DICIONÁRIO ESCOLAR
da língua portuguesa

Silveira Bueno

DICIONÁRIO ESCOLAR
da língua portuguesa

*Edição atualizada,
revista e ampliada*

São Paulo
2024

global
editora

© Global Editora, 2024

1ª Edição, Editora Discubra 1970
5ª Edição, Global Editora, São Paulo 2024

Jefferson L. Alves – diretor editorial
Maria de Lourdes de Carvalho – organização
Myriam Morales (1ª ed.) – revisão técnica, pronúncia, separação silábica e ortoépia
Thereza Christina Pozzoli / Estúdio Zareth (2ª e 3ª ed.) – adaptação do projeto lexicográfico, atualização de verbetes e revisão na edição de 2007; atualização de verbetes, ortografia e revisão na reedição de 2009
Marcia Benjamim de Oliveira (5ª ed.) – atualização de verbetes na reedição de 2024
**Maria Cristina Frota e Vera Maria de Carvalho
(redação e pesquisa na 2ª ed.)** – colaboradoras do Estúdio Zareth
Amanda Meneguete – coordenadora editorial
Flávio Samuel – gerente de produção
Jefferson Campos – analista de produção
Bruna I. Caetano (5ª ed.), Aníbal Mari, Beatriz Chaves, Enymilia Guimarães, Maria Sylvia Corrêa, Salvine Maciel (3ª ed.), Andrea Cozzolino, Denise de Almeida, Marcia Camargo e Rosemary Lima (2ª ed.) – revisão de texto
Sergio Kon / A Máquina de Ideias – projeto gráfico
Victor Burton – capa
Equipe Global Editora – produção editorial e gráfica

**Dados Internacionais de Catalogação na Publicação (CIP)
(Câmara Brasileira do Livro, SP, Brasil)**

Bueno, Silveira
 Dicionário escolar da língua portuguesa / Silveira Bueno. –
5. ed. – São Paulo : Global Editora, 2024.

 ISBN 978-65-5612-534-3

 1. Língua portuguesa – Dicionários I. Título.

23-173306   CDD-469.3

Índices para catálogo sistemático:

1. Língua portuguesa : Dicionários   469.3

Aline Graziele Benitez - Bibliotecária - CRB-1/3129

Obra atualizada conforme o
NOVO ACORDO ORTOGRÁFICO DA LÍNGUA PORTUGUESA

Global Editora e Distribuidora Ltda.
Rua Pirapitingui, 111 – Liberdade
CEP 01508-020 – São Paulo – SP
Tel.: (11) 3277-7999
e-mail: global@globaleditora.com.br

(g) grupoeditorialglobal.com.br (X) @globaleditora
(f) /globaleditora (◯) @globaleditora
(▶) /globaleditora (in) /globaleditora
(●) blog.grupoeditorialglobal.com.br

Direitos reservados.
Colabore com a produção científica e cultural.
Proibida a reprodução total ou parcial desta
obra sem a autorização do editor.

Nº de Catálogo: **2761**

Apresentação

O *Dicionário escolar da língua portuguesa*, de Silveira Bueno, oferece, aproximadamente, 35 mil verbetes, com vocábulos representativos do português usado no Brasil contemporâneo. Destinada ao uso escolar desde a edição original, de 1970, esta obra assumiu, a partir de sua primeira edição pela Global Editora, em 2007, os princípios e compromissos da empresa com a valorização da cultura brasileira e do nosso folclore. Tomando como fonte o *Dicionário do Folclore Brasileiro*, de Luís da Câmara Cascudo, foram incluídas cerca de 1.200 definições, entre vocábulos e acepções, ligadas aos usos e costumes rurais e urbanos de todas as regiões brasileiras. Foram dicionarizados pela primeira vez vocábulos recorrentes na formação educacional brasileira, como *fatorial* e *pictograma*.

Esta quinta edição do dicionário incorpora a nova ortografia, ou seja, as mudanças decorrentes do Acordo Ortográfico da Língua Portuguesa – que foi assinado em 1990 por representantes dos países que falam o português como língua oficial. O Acordo vigora no Brasil, por força de decreto presidencial, desde 2009.

Esta edição segue rigorosamente o *Vocabulário Ortográfico da Língua Portuguesa* (*Volp*), da Academia Brasileira de Letras, que tem a versão impressa de sua quinta edição publicada pela Global Editora. Os vocábulos são consignados com a grafia e a classificação gramatical prescritas pelo *Volp*. Nos raros casos em que o vocábulo não consta no *Volp* (como *antroposfera* e *salinizar*), essa particularidade é informada em uma observação no final do verbete.

A todos, uma boa consulta.

Como usar este dicionário

Veja na simulação de página a seguir os recursos oferecidos pelo seu dicionário

---

[1] letra inicial

[2] palavra-guia

[3] verbete

[4] entrada

[5] partição silábica e sílaba tônica

[6] pronúncia

[7] palavra estrangeira

[8] classificação gramatical

[9] definição

[10] exemplo

[11] áreas especializadas

[12] usos diferenciados

---

bemol

DICIONÁRIO ESCOLAR DA LÍNGUA PORTUGUESA SILVEIRA BUENO 92

B

bemol (be.**mol**) s.m. (Mús.) Sinal que serve para indicar que a nota junto à qual se encontra deve baixar de um semitom (opõe-se a sustenido).
bem-querer (bem-que.**rer**) v.t.i. **1.** Querer bem; dedicar grande estima. s.m. (*sobrecomum*) **2.** Pessoa a quem se ama. ▪ Pl. *bem-quereres*.
bem-vindo (bem-**vin**.do) adj. **1.** Que é bem recebido ou bem acolhido: *seja muito bem-vindo a esta casa*. **2.** Que é recebido bem, com aceitação ou aprovação: *suas ideias sempre foram bem-vindas*. ▪ Pl. *bem-vindos*.
bem-visto (bem-**vis**.to) adj. Que é visto com aprovação; aceito. ▪ Pl. *bem-vistos*.
bendito (ben.**di**.to) adj. Abençoado; louvado.
beneficiado (be.ne.fi.ci.a.do) adj. **1.** Que se beneficiou, que recebe benefício. **2.** Que recebeu beneficiamento.
mordexim (mor.de.**xim**) [cs] s.f. (Med.) Doença infecciosa aguda, contagiosa, que pode manifestar-se sob forma epidêmica, caracterizada, em sua apresentação clássica, por diarreia abundante, prostração e cãibras; cólera-morbo.
mouse [inglês: "máuzi"] s.m. (Inf.) Dispositivo com que se dá comandos a um computador e move o ponteiro do cursor: *ela segura o mouse com a mão esquerda e clica bem rápido; dê um clique com o mouse*. Obs.: o sentido literal é "rato".
motivado (mo.ti.**va**.do) adj. Animado; fundamentado; entusiasmado.
motivador (mo.ti.va.**dor**) [ô] s.m. e adj. (Aquele ou aquilo) que motiva.
motivar (mo.ti.**var**) v.t.d. **1.** Dar motivo a; causar; produzir. **2.** Entusiasmar; animar.
simultâneo (si.mul.**tâ**.neo) adj. Que ocorre ao mesmo tempo que outra coisa; concomitante; coincidente.
seco (**se**.co) [ê] adj. **1.** Que não contém líquido; enxuto. **2.** Que contém pouca água; árido. **3.** De poucas palavras; rude; áspero. **4.** (Fig.) Sequioso, ansioso: *estava seco para tomar um sorvete*.
beneficiamento (be.ne.fi.ci.a.**men**.to) s.m. **1.** Ação de beneficiar. **2.** Tratamento, processo que valoriza um produto agrícola, que o torna mais adequado para o consumo.
nó s.m. **1.** Laço muito apertado que se faz em linha, corda etc. **2.** Articulação das falanges dos dedos. **3.** Saliência anterior da garganta. **4.** (Bot.) Ponto em que as folhas se introduzem no caule. **5.** Parte mais dura da madeira. **6.** (Náut.) Milha percorrida pelas embarcações. **7.** Enlace; ligação. **8.** (Pop.) Grande dificuldade; problema.
palpitante (pal.pi.**tan**.te) adj.2g. **1.** Que palpita; que tem vida. **2.** (Fig.) Que desperta muito interesse.
palpite (pal.**pi**.te) s.m. **1.** Pressentimento; intuição. **2.** (Gír.) Intromissão.

beneficiar (be.ne.fi.ci.**ar**) v.t.d. **1.** Favorecer. **2.** Consertar. **3.** Submeter (produto natural) a tratamento ou processo que o valoriza ou adequa para o consumo: *beneficiar arroz, beneficiar o algodão*. Obs. pres. do ind.: *beneficio, beneficias, beneficia* etc.
beneficiário (be.ne.fi.ci.**á**.rio) s.m. e adj. Aquele quem recebe ou usufrui de benefício ou vantagem.
benefício (be.ne.**fi**.cio) s.m. **1.** Serviço ou favor. **2.** Vantagem; mercê. **3.** Benfeitoria; melhoramento.
benéfico (be.**né**.fi.co) adj. Salutar; que faz bem; favorável; propiciador.
benemerência (be.ne.me.**rên**.cia) s.f. Qualidade ou ato de merecimento.
benemérito (be.ne.**mé**.ri.to) s.m. e adj. **1.** Que ou quem merece o bem. **2.** Ilustre; distinto; digno de honras.
beneplácito (be.ne.**plá**.ci.to) s.m. Consentimento aprovação; licença.
benesse (be.**nes**.se) [é] s.f. **1.** Rendimento extra beneficio, pagamento extraordinário. **2.** Rendimento obtido sem trabalho. **3.** Dádiva, presente.
benevolência (be.ne.vo.**lên**.cia) s.f. **1.** Boa vontade para com todos. **2.** Complacência, condescendência.
benevolente (be.ne.vo.**len**.te) adj.2g. Que tem benevolência; bondoso, generoso.
benévolo (be.**né**.vo.lo) adj. **1.** Que tende a fazer o bem. **2.** Benigno; bondoso; benevolente.
benfazejo (ben.fa.**ze**.jo) [ê] adj. Que faz ou fez o bem: *gesto benfazejo*.
benfeitor (ben.fei.**tor**) [ô] s.m. **1.** O que faz o bem **2.** O que faz benfeitoria. adj. **3.** Benévolo.
benfeitoria (ben.fei.to.**ri**.a) s.f. Obras e melhoramentos realizados em uma propriedade para lhe aumentar o valor.
bengala (ben.**ga**.la) s.f. **1.** Bastão usado como apoio **2.** Pão comprido e fino.
bengalês (ben.ga.**lês**) adj. **1.** De Bengala, antigo nome de Bangladesh, país da Ásia próximo da Índia; bengali. s.m. **2.** Pessoa natural ou habitante desse lugar.
bengali (ben.ga.**li**) adj.2g. **1.** Bengalês. s.m. **2.** Língua falada em Bangladesh.
benigno (be.**nig**.no) adj. **1.** Que não oferece perigo **2.** Suave; brando; agradável.
beninês (be.ni.**nês**) adj. **1.** De Benim, país da África. s.m. **2.** Pessoa natural ou habitante desse lugar.
benjamim (ben.ja.**mim**) s.m. **1.** Recruta mais novo **2.** Dispositivo para conectar mais de um aparelho à mesma tomada elétrica.
benjoim (ben.jo.**im**) s.m. (Bot.) **1.** Resina aromática empregada desde a Antiguidade na fabricação de incenso, em cosmética e farmácia. **2.** Arbusto asiático de que se extrai essa resina.

como usar

bibliográfico

ens s.m.pl. **1.** O que é propriedade de alguém. **2.** O que se possui. **3.** Haveres, domínio, possessão. Cf. *bem*.
entinho (ben.**ti**.nho) s.m. Escapulário.
ento (ben.to) adj. **1.** Benzido. s.m. **2.** Frade beneditino.
enzedeiro (ben.ze.**dei**.ro) s.m. Curandeiro; indivíduo que pratica a benzedura para a cura de moléstias; benzedor.
enzedor (ben.ze.**dor**) [ó] s.m. e adj. (Pessoa) que benze, que faz benzeduras.
enzedura (ben.ze.**du**.ra) s.f. Ação ou ritual de benzer, de rezar pela cura.
enzeno (ben.**ze**.no) s.m. (Quím.) Hidrocarboneto usado como solvente e na fabricação de plásticos, detergentes etc.
enzer (ben.**zer**) v.t.d. **1.** Invocar a proteção de Deus para; fazer o sinal da cruz sobre, recitando fórmulas litúrgicas: *benzer uma pessoa, benzer uma casa*. v.i. **2.** Invocar ajuda sobrenatural para curar doenças ou resolver dificuldades; fazer reza.
enzido (ben.**zi**.do) adj. Que se benzeu; tornado bento.
enzina (ben.**zi**.na) s.f. Nome comercial do benzeno, líquido incolor, volátil usado como solvente.
eócio (be.**ó**.cio) adj.2g. **1.** Da Beócia, região da Grécia antiga. s.m. **2.** Pessoa natural ou habitante desse lugar. **3.** (*Pej*.) Ignorante, simplório.
eque (be.que) [é] s.m. (*Esp*.) Zagueiro.
erçário (ber.**çá**.rio) s.m. **1.** Seção das maternidades onde ficam os berços dos recém-nascidos. **2.** Estabelecimento que cuida de crianças bem pequenas, que usam fraldas.
erço (ber.ço) [ê] s.m. **1.** Cama de criança de colo. **2.** Lugar onde alguém nasceu. **3.** Procedência, origem.
ergamota (ber.ga.**mo**.ta) [ó] s.f. (*Bot*.) **1.** Espécie de limoeiro; tangerina; mexerica. **2.** Espécie de pera sumarenta.
ergantim (ber.gan.**tim**) s.m. Embarcação a remo veloz e ágil, às vezes com dois mastros e vela, usada no Mediterrâneo.
eribéri (be.ri.**bé**.ri) s.m. (*Med*.) Doença, muito frequente nas regiões tropicais, ocasionada por carência da vitamina B.
erílio (be.**rí**.lio) s.m. (Quím.) Metal cristalino, duro, de símbolo Be, número atômico 4 e peso atômico 9,01.
erilo (be.**ri**.lo) s.m. (Quím.) Mineral de que se extrai berílio e que apresenta algumas variedades preciosas, como esmeralda e água-marinha.
errante (ber.**ran**.te) adj. **1.** Que berra. **2.** (*Cor*) muito viva. s.m. **3.** Buzina de chifre, usada pelos boiadeiros principalmente da região Centro-Oeste. **4.** (*Gír*.) Revólver, pistola.

murmúrio (mur.**mú**.rio) s.m. **1.** Ato de murmurar; murmuração. **2.** Ruído das ondas, da água corrente, das folhas agitadas pelo vento. **3.** Som plangente; queixa; lamento; sussurro.
manga (**man**.ga) s.f. **1.** Cada uma das duas partes do vestuário onde se enfiam os braços. **2.** (*Bot*.) O fruto da mangueira, de polpa amarela, suculenta e fibrosa, com um caroço.
colher¹ (co.**lher**) [ê] v.t.d. **1.** Apanhar; tirar da haste. **2.** Conseguir; ganhar; receber. **3.** Atingir.
colher² (co.**lher**) [é] s.f. Utensílio composto de um cabo e de uma parte côncava, usado, por exemplo, para tomar sopa.
hambúrguer (ham.**búr**.guer) s.m. **1.** Porção de carne moída e temperada, com forma chata e arredondada, para fritar. **2.** Sanduíche feito com essa carne. (■ Pl.) *hambúrgueres*.
farinha (fa.**ri**.nha) s.f. **1.** Pó que se obtém da moagem de certos cereais ou tubérculos. **2.** Pó obtido pela moagem do trigo cru; farinha de trigo, farinha do reino. **3.** Pó obtido pelo processamento da mandioca, de que há diversas variedades; fécula de mandioca. *Farinha seca*) farinha de mandioca pura, sem acompanhamento: *passaram dias comendo só farinha seca, sem feijão nem peixe*. Cf. *farinha-seca*. (Ser) farinha do mesmo saco) ter o mesmo valor, ser muito parecido.
incluir (in.clu.**ir**) v.t.d. **1.** Colocar dentro: *incluí seu nome na lista*. **2.** Abranger, compreender, conter: *o pacote incluía passagens, hospedagem e alimentação*. Obs.: pres. do ind.: *incluo, incluis, inclui, incluímos, incluís, incluem*; pres. do subj.: *inclua, incluas, inclua, incluamos, incluais, incluam*.
acerca (a.**cer**.ca) [ê] adv. Acerca de: a respeito de, sobre: *reflexões acerca da escrita e da leitura*. Cf. *cerca (de)*.
cerca (**cer**.ca) [ê] s.f. Muro ou divisória de madeira ou arame, circundando um terreno. adv. Cerca de: quase, aproximadamente, mais ou menos: *cerca de 350 mil alunos farão o exame*. Cf. *acerca*.
terra (**ter**.ra) s.f. (*próprio*) **1.** O planeta que habitamos: *a Terra gira em torno do Sol*. (comum) **2.** Solo: *colocou terra no vaso*. **3.** Parte continental do globo. **4.** Terreno, área: *comprou terras no interior*. **5.** Pátria, torrão, localidade. **6.** Fio neutro, ligado ao solo para descarregar excessos de energia em um circuito elétrico.
cotidiano (co.ti.di.**a**.no) adj. **1.** Que se faz todos os dias. s.m. **2.** O dia a dia. O mesmo que *quotidiano*.
quotidiano (quo.ti.di.**a**.no) s.m. e adj. O mesmo que *cotidiano*.
Bi Símbolo do elemento químico bismuto.
bibliográfico (bi.bli.o.**grá**.fi.co) adj. Relativo a bibliografia. Cf. *biográfico*.

---

[13] número de acepções
[14] rubrica para várias acepções
[15] mesmo verbete
[16] verbetes numerados
[17] flexão de plural ou feminino
[18] locuções, expressões e termos compostos
[19] conjugação
[20] remissão
[21] nome próprio e substantivo comum
[22] "o mesmo que"

como usar

[1] Como todos os dicionários deste tipo, esta obra segue a **ordem alfabética** em vários momentos da pesquisa. No primeiro momento, para pesquisar uma palavra, você deve localizar as páginas correspondentes à letra inicial da palavra. Por exemplo: para fazer a pesquisa da palavra *bem-vindo*, primeiro encontre a letra B na ordem alfabética do dicionário. Isso é facilitado pela **letra destacada na indicação lateral da página**.

[2] As palavras que estão em cada página são indicadas nas guias, que destacam **a primeira palavra da página esquerda** e a **última palavra da página direita**. No exemplo, vemos de *bemol* a *bibliográfico*, intervalo dentro do qual se encontra a palavra pesquisada, *bem-vindo*.

[3] As palavras estão descritas em **verbetes**, que são os parágrafos ou artigos do dicionário. Além das palavras, figuram também no dicionário os símbolos e as siglas mais correntes na língua: são sinais que, embora constituídos por letras, não variam em maiúscula ou minúscula nem na flexão de plural, como o *g* de *grama*, o *m* de *metro*, o *KB* de *kylobyte*, *H* de *hidrogênio*, *CE* de *Ceará* e outros.

[4] As formas de feminino e plural, como *bem-vinda* e *bem-vindos*, assim como as flexões verbais, como *recebam*, *receberemos*, são agrupadas em um lema, que é uma forma neutra, em geral o masculino singular ou o infinitivo dos verbos. O lema é destacado na **entrada** dos verbetes. Quando um vocábulo é usado apenas no plural com determinado sentido, recebe entrada no plural; é o caso de *anais*, *cinzas*, *férias*, *parabéns* etc.

[5] Este dicionário oferece a indicação da **partição silábica** entre parênteses, logo após a entrada, com um destaque gráfico para a **sílaba tônica**.

[6] Oferece também a **indicação de pronúncia**, entre colchetes, para os casos da língua portuguesa que possam suscitar dúvidas, como as vogais fechadas sem acento gráfico, como o *o* em *cor* e o *e* em *estilete*; a pronúncia do *u* equivalente ao antigo trema em casos como *tranquilo* e *sequência*, o valor da letra *x* em *exercício* e outros casos.

[7] As **palavras estrangeiras** de uso corrente no Brasil são apresentadas em itálico, seguidas da língua a que pertencem e de uma indicação aproximada da pronúncia corrente no Brasil (dentro das possibilidades do nosso alfabeto e ortografia), como em *mouse*. A categoria gramatical indicada também corresponde àquela em que a palavra é usada no Brasil e não à do idioma original.

[8] A **classificação gramatical** segue o *Vocabulário Ortográfico da Língua Portuguesa* (*Volp*). Veja o significado das abreviaturas na lista das páginas 13 e 14.

[9] Cada significado de um vocábulo é descrito em uma **definição**, formada por uma frase que o explica ou por uma lista de sinônimos; algumas vezes, o significado é explicado pelas duas formas.

[10] Os **exemplos** mostram o vocábulo em uso, com o sentido correspondente à definição, no seu contexto linguístico e cultural; informam com quais palavras se combina e às vezes acrescentam informações sobre seu significado.

[11] Alguns sentidos pertencem a **áreas especializadas** de conhecimento ou atividade cultural. As áreas aparecem em uma rubrica entre parênteses, antes da definição. As abreviaturas estão reunidas em uma só ordem alfabética, nas páginas 13 e 14.

[12] Há também sentidos que correspondem a **usos diferenciados** da língua, por exemplo em sentido figurado, linguagem popular, regionalismos e gírias. As abreviaturas estão reunidas em uma só ordem alfabética, nas páginas 13 e 14.

[13] As **acepções**, que são os sentidos em que a palavra pode ser usada, são indicadas por números e podem reunir definição, exemplo e rótulo.

[14] Quando uma **rubrica** ou **rótulo linguístico** se aplica a mais de uma acepção, é colocada antes dos números.

[15] Aparecem no mesmo verbete os **homógrafos homófonos**, que são palavras com a mesma grafia e a mesma pronúncia, mesmo em casos de diferentes origens etimológicas. (Alguns dicionários dão essas formas em verbetes separados e numerados.)

[16] Aparecem em verbetes separados e numerados os **homógrafos heterofônicos**, que são vocábulos com mesma grafia, mas pronúncia diferente, como *sede* lugar e *sede* sensação. A maioria dos dicionários dá essas formas em verbetes separados, porém sem numeração; consideramos necessário indicar a duplicidade com o número, a fim de advertir o leitor de que há outro verbete com a mesma grafia, já que, às vezes, podem estar em páginas diferentes.

[17] Os substantivos e adjetivos oferecem **flexão de plural ou de feminino** nos casos que representam alguma dificuldade, como compostos, irregulares e outros.

[18] As **locuções, expressões e termos compostos** são destacados visualmente e seguidos pela definição, algumas vezes também por um exemplo.

[19] Os verbos irregulares oferecem notas sobre sua **conjugação**.

[20] Os vocábulos parecidos entre si recebem **remissiva** de um para outro.

[21] Quase todos os substantivos do dicionário são substantivos ou nomes comuns. Nos casos em que o sentido corresponde a um **nome próprio**, esta indicação é colocada após a classificação gramatical. Quando as acepções seguintes voltam a ser **substantivo comum**, aparece nova indicação.

[22] As formas que são equivalentes em todos os sentidos aparecem no dicionário com a indicação "**o mesmo que**". A definição fica na forma preferencial, quase sempre a mais usada.

Abreviaturas

adj. adjetivo
adj.2g. adjetivo de dois gêneros
adj.2g.2n. adjetivo de dois gêneros e de dois números
adv. advérbio
afirm. afirmativo
Anat. anatomia
Ant. antigo
Antr. antropologia
Art. plást. artes plásticas
art. artigo
Astron. astronomia
Bio. biologia
Bot. botânica
Cf. confira
chul. chulo
conj. conjunção
Const. construção, arquitetura, engenharia
Culin. culinária
dim. irreg. diminutivo irregular
Dir. direito, jurídico
Ecol. ecologia
Econ. economia e comércio
Esp. esportes
Fam. familiar
Fig. figurado
Filos. filosofia
Fís. física e eletricidade
Folc. folclore
fut. futuro
Geo. geografia e geologia
Geom. geometria
ger. gerúndio
Gír. gíria
Gráf. artes gráficas e desenho industrial
Gram. gramática
Hist. história
imperat. afirm. imperativo afirmativo
imperat. neg. imperativo negativo
imperf. imperfeito
ind. indicativo
Inf. informática
Infant. linguagem infantil
infin. infinitivo
infin. pes. infinitivo pessoal
Int. internet
interj. interjeição
Lit. literatura
Lus. lusitanismo
Mar. marinha
Mat. matemática
Med. medicina
Met. meteorologia
Min. mineralogia e mineração
Mit. mitologia
mqp. mais-que-perfeito
Mús. música
Náut. náutica
neg. negativo
num. numeral
Obs. observação
part. particípio
P. ext. por extensão
Pej. pejorativo, depreciativo
perf. perfeito
pl. plural
Pol. política
Pop. popular

abreviaturas

pref. prefixo
prep. preposição
pres. do ind. presente do indicativo
pres. do sub. presente do subjuntivo
pres. presente
pret. pretérito
pron. pronome
pron. dem. pronome demonstrativo
pron. indef. pronome indefinido
pron. inter. pronome interrogativo
pron. pos. pronome possessivo
pron. rel. pronome relativo
Psi. psicologia, psiquiatria
Quím. química
Relig. religião
s.2g. substantivo comum de dois gêneros
s.2g.2n. substantivo comum de dois gêneros e de dois números
s.f. substantivo feminino
s.f.2n. substantivo feminino de dois números
s.m. substantivo masculino
s.m.2n. substantivo masculino de dois números
sing. singular
subj. subjuntivo
Tec. tecnologia
v.i. verbo intransitivo
v. impes. verbo impessoal
v. lig. verbo de ligação
Volp *Vocabulário Ortográfico da Língua Portuguesa*, da Academia Brasileira de Letras
v.p. verbo pronominal
v.t.d. verbo transitivo direto
v.t.d.i. verbo transitivo direto e indireto
v.t.i. verbo transitivo indireto
Zoo. zoologia

Aa

a, A s.m. **1.** Primeira letra do alfabeto e primeira das vogais. prep. **2.** Para, com, até, de: *olhou-o de cima a baixo.* art. **3.** (Gram.) Artigo definido feminino de "o": *a menina, a criança, a bola.* pron. **4.** Forma oblíqua do pronome pessoal "ela": *puxou-a para si.* **5.** Pronome demonstrativo, feminino de "o": *convidou amigas novas e também as de sempre.*
A Símbolo do ampere.
à Contração da preposição "a" com o artigo "a" ou com o pronome demonstrativo "a": *iria à aula e depois ao cinema; deram desconto na passagem para ele e estenderam a cortesia à dela.*
aba (a.ba) s.f. **1.** Rebordo de chapéu. **2.** Prolongamento, projeção: *a mesa podia ser prolongada por abas.* **3.** Parte inferior pendente de casaco ou outras peças de roupas. **4.** Sopé, base, parte inferior: *aba da montanha.* **5.** (Fig.) Proteção, abrigo.
abacá (a.ba.**cá**) s.m. (Bot.) Planta do grupo da banana, da qual se extrai uma fibra empregada na fabricação de tecidos e cordas; bananeira-de-corda.
abacate (a.ba.**ca**.te) s.m. (Bot.) Fruta de polpa amarelada e macia, com um caroço grande e casca verde, rica em nutrientes.
abacateiro (a.ba.ca.**tei**.ro) s.m. (Bot.) Árvore laurácea de grande porte, que dá o abacate.
abacaxi (a.ba.ca.**xi**) s.m. **1.** (Bot.) Fruta de polpa amarela e suculenta, com sabor um pouco ácido. **2.** (Bot.) Planta do grupo da bromélia, que dá essa fruta. **3.** (Pop.) Problema, situação complicada ou difícil de resolver: *ir pegar a bola no quintal do vizinho era um abacaxi.* **Descascar o abacaxi:** resolver um impasse, uma situação difícil.
abacial (a.ba.ci.**al**) adj.2g. Pertencente a abade, abadessa ou abadia.
ábaco (**á**.ba.co) s.m. (Mat.) Prancheta, tábua usada para fazer contas ou cálculos aritméticos, formada por contas presas em vários fios, que são deslocadas de um lado para outro.
abadá (a.ba.**dá**) s.m. (Folc.) Camiseta ou uniforme de bloco ou outro grupo, no Carnaval baiano.
abade (a.**ba**.de) s.m. Superior de abadia. ▫ Fem. *abadessa.*
abadessa (a.ba.**des**.sa) s.f. Superiora de uma abadia. ▫ Masc. *abade.*
abadia (a.ba.**di**.a) s.f. Habitação de monges ou monjas, dirigida por um abade ou uma abadessa; mosteiro.
abafadiço (a.ba.fa.**di**.ço) adj. Muito abafado, sufocante; irrespirável.

abafado (a.ba.**fa**.do) adj. **1.** Que não tem circulação de ar; abafadiço, sufocante. **2.** (Pop.) Que se escondeu, que não foi divulgado. **3.** Contido, reprimido. **4.** (Fig.) Aflito, agoniado.
abafador (a.ba.fa.**dor**) [ô] adj. **1.** Abafante. s.m. **2.** (Mús.) Peça que amortece a vibração dos sons, em alguns instrumentos. **3.** Utensílio próprio para cobrir alimentos, mantendo o calor: *ponha o queijo na frigideira e cubra com um abafador.*
abafamento (a.ba.fa.**men**.to) s.m. **1.** Ação de abafar. **2.** (Fig.) Furto.
abafante (a.ba.**fan**.te) adj.2g. Que abafa; sufocante, abafador.
abafar (a.ba.**far**) v.t.d. **1.** Cobrir para conservar o calor. **2.** Conter, reprimir, sufocar: *queria abafar a saudade dançando.* **3.** Amortecer ou suspender o som. **4.** (Fig.) Impedir a divulgação de; esconder. (Pop.) **5.** Furtar. **6.** Ficar em situação superior.
abaixamento (a.bai.xa.**men**.to) s.m. Ação de abaixar; depreciação.
abaixar (a.bai.**xar**) v.t.d. **1.** Tornar baixo. **2.** Reduzir. v.p. **3.** Dobrar as próprias pernas ou o tronco. v.t.d. e v.p. **4.** Aviltar(-se), humilhar(-se).
abaixo (a.**bai**.xo) adv. **1.** Em posição inferior. interj. **2.** Exprime reprovação, rejeição.
abaixo-assinado (a.bai.xo-as.si.**na**.do) s.m. Petição assinada por diversas pessoas; requerimento; subscrição. ▫ Pl. *abaixo-assinados.*
abajur (a.ba.**jur**) s.m. Quebra-luz; utensílio doméstico destinado a conduzir iluminação a determinados pontos da casa ou aposento.
abalado (a.ba.**la**.do) adj. **1.** Que perdeu firmeza. **2.** (Fig.) Comovido. **3.** Ofendido.
abalar (a.ba.**lar**) v.t.d. **1.** Diminuir a solidez de; enfraquecer. v.t.d. e v.p. **2.** Comover(-se), perturbar(-se).
abalizado (a.ba.li.**za**.do) adj. **1.** Marcado por balizas. **2.** De grande competência; notável, assinalado.
abalo (a.**ba**.lo) s.m. **1.** Estremecimento. **2.** Tremor de terra. **3.** (Fig.) Comoção. **4.** Balanço.
abalroamento (a.bal.ro.a.**men**.to) s.m. Colisão; choque violento entre dois veículos ou embarcações.
abalroar (a.bal.ro.**ar**) v.t.d. **1.** Acometer com violência. v.i. **2.** Ir de encontro a; colidir.
abanador (a.ba.na.**dor**) [ô] s.m. Abano.
abanar (a.ba.**nar**) v.t.d. Refrescar com abano ou leque; agitar.
abancar (a.ban.**car**) v.i. e v.p. Sentar(-se) comodamente; descansar: *abancaram-se à mesa.*
abandonado (a.ban.do.**na**.do) adj. **1.** Desamparado. **2.** Deixado; desprezado, largado.

abandonar

abandonar (a.ban.do.**nar**) v.t.d. **1.** Desprezar; desamparar. **2.** Deixar; renunciar a.
abandono (a.ban.**do**.no) s.m. Desamparo, desprezo, ação de abandonar.
abano (a.**ba**.no) s.m. Objeto em forma de leque, usado para abanar.
abará (a.ba.**rá**) s.m. (*Culin.*) Bolinho de feijão-fradinho cozido em pequenas porções, embrulhadas em folha de bananeira; comida típica da Bahia.
abarcar (a.bar.**car**) v.t.d. **1.** Abranger, envolver, abraçar. **2.** Conseguir, obter.
abarracar (a.bar.ra.**car**) v.i. e v.p. Montar barraca; instalar(-se) em barraca: *abarracaram perto do rio*.
abarrotamento (a.bar.ro.ta.**men**.to) s.m. Ação de abarrotar, de encher demais.
abarrotar (a.bar.ro.**tar**) v.t.d. Lotar, encher, cobrir.
abastado (a.bas.**ta**.do) adj. Rico, abastecido, dono de muitos bens.
abastança (a.bas.**tan**.ça) s.f. Riqueza, abundância.
abastardar (a.bas.tar.**dar**) v.i. e v.p. **1.** Tornar(-se) bastardo, perder a nobreza: *ele se abastardou*. **2.** Misturar-se com o povo. v.t.d. **3.** Desvirtuar, tornar indigno, vil; rebaixar: *a corrupção abastarda a carreira política*.
abastecer (a.bas.te.**cer**) v.t.d. Prover do necessário, fornecer.
abastecimento (a.bas.te.ci.**men**.to) s.m. Fornecimento; provimento.
abate (a.**ba**.te) s.m. **1.** Ação de abater animais para o consumo. **2.** (*Fig.*) Corte; derrubada.
abatedouro (a.ba.te.**dou**.ro) s.m. Local onde se abatem animais para consumo da carne; matadouro.
abater (a.ba.**ter**) v.t.d. **1.** Lançar por terra: *abater um avião*. **2.** Matar para o consumo da carne: *abater reses*. **3.** Descontar, diminuir, reduzir; dar abatimento: *abater 10 reais na conta do restaurante*. v.i. e v.p. **4.** Desanimar, enfraquecer: *com a falta de água, a boiada abateu-se*.
abatido (a.ba.**ti**.do) adj. **1.** Deprimido, fraco. **2.** Posto abaixo. **3.** Morto (gado).
abatimento (a.ba.ti.**men**.to) s.m. **1.** Rebaixamento. **2.** Desconto, redução de preço, dedução. **3.** Humilhação. **4.** Prostração; desânimo.
abaulado (a.bau.**la**.do) adj. Que tem a forma convexa, como a tampa do baú.
abaular (a.bau.**lar**) v.t.d. Arquear; tornar convexo como tampa de baú; dar forma de baú.
abdicação (ab.di.ca.**ção**) s.f. Renúncia voluntária a algo; desistência.
abdicar (ab.di.**car**) v.t.i. Renunciar voluntariamente a; abrir mão de, abandonar, desistir.
abdome (ab.**do**.me) s.m. (*Med.*) Parte do corpo entre o tórax e a bacia; ventre, barriga. O mesmo que *abdômen*.
abdômen (ab.**dô**.men) s.m. (*Med.*) O mesmo que *abdome*. ▣ Pl. *abdômenes, abdomens*.
abdominal (ab.do.mi.**nal**) adj.2g. **1.** Relativo ao ou que pertence ao abdome. s.m. **2.** Exercício para a musculatura do abdome.

abdução (ab.du.**ção**) s.f. **1.** Ação de abduzir. **2.** (*Anat.*) Movimento para fora, afastando-se do corpo: *os músculos de fora da coxa fazem a abdução da perna; e os de dentro, a adução*.
abduzir (ab.du.**zir**) v.t.d. **1.** (*Ant.*) Desviar, afastar: *maus hábitos o abduziram do bom caminho*. **2.** Levar embora, sequestrar: *uma nave espacial teria abduzido os habitantes de Vênus*. **3.** (*Anat.*) Afastar do corpo, produzir movimento de abertura: *abduzir a coxa*.
abecê (a.be.**cê**) s.m. **1.** Alfabeto. **2.** As primeiras letras. **3.** (*Folc.*) Poema cujos versos ou estrofes se iniciam seguindo as letras do alfabeto, tradição latina presente na literatura oral e popular brasileira. O mesmo que á-bê-cê.
abecedário (a.be.ce.**dá**.ri.o) s.m. Alfabeto.
abeirar (a.bei.**rar**) v.i. e v.p. Chegar ou ficar perto; aproximar-se: *abeirei-me da janela e olhei para baixo; o moço abeirou-se e perguntou as horas*.
abelha (a.**be**.lha) [ê] s.f. (*Zoo.*) Inseto himenóptero que vive em colmeia e produz mel e cera.
abelha-mestra (a.be.lha-**mes**.tra) [ê] s.f. A abelha fecunda da colmeia; rainha. ▣ Pl. *abelhas-mestras*.
abelhudo (a.be.**lhu**.do) adj. Curioso, intrometido; que quer saber de tudo.
abençoado (a.ben.ço.**a**.do) adj. **1.** Bendito. **2.** (*Fig.*) Feliz, afortunado.
abençoar (a.ben.ço.**ar**) v.t.d. **1.** Dar a bênção a, benzer. **2.** Bendizer. **3.** Proteger.
aberração (a.ber.ra.**ção**) s.f. Anomalia; deformidade; distorção.
aberrar (a.ber.**rar**) v.i. **1.** Desviar do verdadeiro caminho. **2.** Constituir anomalia; fazer-se anormal; destoar.
aberta (a.**ber**.ta) [é] s.f. Área de uma mata em que as árvores foram derrubadas: *cultivavam milho nas abertas*.
aberto (a.**ber**.to) [é] adj. **1.** Que não está fechado. **2.** À vista; descoberto. **3.** (*Fig.*) Sincero, franco.
abertura (a.ber.**tu**.ra) s.f. **1.** Fenda, orifício. **2.** Inauguração. **3.** (*Fig.*) Sinceridade; franqueza.
abeto (a.**be**.to) [ê] s.m. (*Bot.*) Árvore semelhante ao pinheiro, cultivada como ornamental.
abicar (a.bi.**car**) v.i. **1.** Chegar à margem (a embarcação); ancorar. **2.** Fazer bico em.
abieiro (a.bi.**ei**.ro) s.m. (*Bot.*) Árvore semelhante à sapota, originária da América do Sul.
abio (a.**bi**.o) s.m. (*Bot.*) O mesmo que *abiu*.
abiose (a.bi.**o**.se) s.f. (*Bio.*) Ausência de vida; suspensão da manifestação da vida.
abiótico (a.bi.**ó**.ti.co) adj. **1.** Referente a abiose. **2.** (*Bio.*) Meio onde não há presença de vida.
abiscoitar (a.bis.coi.**tar**) v.t.d. **1.** Dar aspecto ou forma de biscoito. **2.** (*Fig.*) Conseguir, ganhar, lucrar.
abismado (a.bis.**ma**.do) adj. Assombrado, surpreso, espantado.
abismar (a.bis.**mar**) v.t.d. e v.p. **1.** Precipitar(-se) no abismo. **2.** Causar assombro a, deixar surpreso.
abismo (a.**bis**.mo) s.m. Precipício profundo; despenhadeiro; lugar profundo.

abissal (a.bis.**sal**) adj.2g. **1.** Que está relacionado a abismo. **2.** Que pertence às regiões muito profundas do oceano.

abissínio (a.bis.**sí**.ni.o) adj. **1.** Relacionado à Abissínia, região da África hoje na Etiópia. s.m. **2.** Pessoa natural ou habitante desse lugar.

abiu (a.**biu**) s.m. (*Bot.*) Fruta redonda, de polpa branca e macia, do abieiro. O mesmo que *abio*.

abjeção (ab.je.**ção**) s.f. Infâmia, baixeza.

abjeto (ab.**je**.to) adj. Infame, vil, desprezível, imundo.

abjurar (ab.ju.**rar**) v.t.i. **1.** Jurar ao contrário, renunciar a juramento anterior: *abjurar da fé, das ideias*. v.i. **2.** Renunciar às ideias professadas antes: *depois de meses na prisão, ele abjurou*.

ablação (a.bla.**ção**) s.f. Retirada cirúrgica de alguma parte do corpo.

ablução (a.blu.**ção**) s.f. Lavagem, banho de parte do corpo; batismo pela água.

abluir (a.blu.**ir**) v.t.d. e v.p. (*Raro*) Lavar ritualmente; purificar com água: *abluir as mãos antes de rezar*; *abluir-se antes da cerimônia*. Obs.: conjuga-se como *atribuir*.

abnegação (ab.ne.ga.**ção**) s.f. Renúncia, desprendimento.

abnegado (ab.ne.**ga**.do) adj. **1.** Que tem abnegação. **2.** Dedicado, desprendido.

abnegar (ab.ne.**gar**) v.t.i. **1.** Abster-se de (algo) em favor de outra pessoa ou para dedicar-se a outra atividade: *abnegou da vida de prazeres e virou monge*. v.p. **2.** Sacrificar-se; mortificar-se.

ABNT Sigla de *Associação Brasileira de Normas Técnicas*, órgão responsável pela normalização técnica no Brasil.

abóbada (a.**bó**.ba.da) s.f. **1.** Construção em arco. **2.** Cobertura encurvada; domo.

abobado (a.bo.**ba**.do) adj. Tolo, apatetado.

abobalhado (a.bo.ba.**lha**.do) adj. Abobado.

abóbora (a.**bó**.bo.ra) s.f. (*Bot.*) Legume de polpa alaranjada, que é o fruto da aboboreira e se come cozido em doces ou pratos salgados; jerimum.

aboboreira (a.bo.bo.**rei**.ra) s.f. (*Bot.*) Planta rasteira cucurbitácea, de que há várias espécies.

abobrinha (a.bo.**bri**.nha) s.f. **1.** (*Bot.*) Legume alongado, fruto de um tipo de abóbora que se colhe verde e se serve cozido com sal. **2.** (*Pop.*) Tolice, bobagem.

abocanhar (a.bo.ca.**nhar**) v.t.d. Morder; apanhar com a boca.

aboiar (a.boi.**ar**) [ô] v.i. **1.** Cantar aos bois, trabalhar com bois. **2.** Dirigir a boiada cantando o aboio.

aboio (a.**boi**.o) [ô] s.m. (*Folc.*) **1.** Canto sem palavras, de melodia simples e calma, entoado pelos vaqueiros enquanto conduzem a boiada. **2.** Canto folclórico em versos, de origem moura.

aboletar (a.bo.le.**tar**) v.t.d. Alojar, instalar.

abolição (a.bo.li.**ção**) s.f. **1.** Ação de abolir. **2.** Supressão, extinção. **3.** (*Hist.*) **Abolição da escravatura**: assinatura da Lei Áurea, pela princesa Isabel, em 13 de maio de 1888, que extinguiu a escravidão no Brasil.

abolicionismo (a.bo.li.cio.**nis**.mo) s.m. Doutrina e campanha pela extinção ou abolição do tráfico de negros africanos e do trabalho escravo nas Américas.

abolicionista (a.bo.li.cio.**nis**.ta) s.2g. e adj.2g. **1.** (Pessoa) que fazia campanha pela abolição da escravatura. adj.2g. **2.** Pertencente ao abolicionismo: *luta abolicionista*.

abolir (a.bo.**lir**) v.t.d. Revogar, extinguir, suprimir, deixar de usar. Obs.: não se conjuga nas pessoas em que ao *i* da raiz se seguiria *o* ou *a*.

abominação (a.bo.mi.na.**ção**) s.f. **1.** Ação de abominar, repelir. **2.** Repulsa a qualquer ato contrário à moral. **3.** Ação execrável.

abominar (a.bo.mi.**nar**) v.t.d. Detestar, odiar, sentir horror a.

abominável (a.bo.mi.**ná**.vel) adj.2g. Detestável, odioso; o que se deve suprimir.

abonado (a.bo.**na**.do) adj. **1.** Que se abonou: *falta abonada*. **2.** Endinheirado, rico.

abonar (a.bo.**nar**) v.t.d. **1.** Indicar como bom. **2.** Justificar, tornar válido; provar.

abono (a.**bo**.no) [ô] s.m. **1.** Quantia paga para justificar um benefício. **2.** Defesa de opinião. **3.** Aceitação sem desconto de falta ou atraso no trabalho.

abordagem (a.bor.**da**.gem) s.f. Ação de abordar; aproximação.

abordar (a.bor.**dar**) v.t.d. **1.** Chegar a bordo de. **2.** Aproximar-se de. **3.** Entrevistar de surpresa.

aborígene (a.bo.**rí**.ge.ne) s.2g. e adj.2g. O mesmo que *aborígine*.

aborígine (a.bo.**rí**.gi.ne) adj.2g. **1.** Advindo do país em que vive. s.2g. **2.** Nativo, indígena. O mesmo que *aborígene*. Obs.: as duas formas aparecem no *Volp* sem diferenciação, mas vários estudiosos recomendam *aborígine*.

aborrecedor (a.bor.re.ce.**dor**) [ô] adj. Que aborrece, que chateia; maçante, tedioso.

aborrecer (a.bor.re.**cer**) v.t.d. **1.** Causar aborrecimento a. v.i. e v.p. **2.** Desgostar.

aborrecido (a.bor.re.**ci**.do) adj. **1.** Enfadonho. **2.** Que tem aborrecimento. **3.** (*Fig.*) Melancólico, descontente.

aborrecimento (a.bor.re.ci.**men**.to) s.m. **1.** Descontentamento, tristeza. **2.** Tédio.

abortado (a.bor.**ta**.do) adj. **1.** Que se abortou. **2.** Interrompido, fracassado.

abortamento (a.bor.ta.**men**.to) s.m. **1.** Ação de abortar. **2.** Expulsão do feto, aborto.

abortar (a.bor.**tar**) v.i. **1.** Interromper uma gravidez. **2.** (*Fig.*) Malograr, fracassar. v.t.d. **3.** Interromper, parar: *abortar o plano*.

abortivo (a.bor.**ti**.vo) adj. **1.** Que provoca o aborto. s.m. **2.** Substância utilizada para provocar o aborto.

aborto (a.**bor**.to) [ô] s.m. **1.** Ação de abortar; abortamento. **2.** Interrupção de uma gravidez. **3.** (*Fig.*) Deformação.

abotoado (a.bo.to.**a**.do) adj. Fechado com botões: *um vestido abotoado na frente*.

abotoadura

abotoadura (a.bo.to.a.**du**.ra) s.f. **1.** Ação de abotoar. **2.** Acessório removível utilizado em punho de camisa social.
abotoar (a.bo.to.**ar**) v.t.d. Fechar com botões.
abra (a.bra) s.f. (RS) Abertura entre terrenos (clareira na mata); passagem entre elevações.
abracadabra (a.bra.ca.**da**.bra) interj. (Folc.) Emprega-se para provocar efeito mágico ou de ilusionismo: *abracadabra, levite!*
abraçar (a.bra.**çar**) v.t.d. **1.** Cercar com os braços; cingir, circundar. **2.** Adotar para si. **3.** (Fig.) Seguir.
abraço (a.**bra**.ço) s.m. Ação de abraçar, pôr os braços em volta de; amplexo.
abrandamento (a.bran.da.**men**.to) s.m. Ação de abrandar.
abrandar (a.bran.**dar**) v.t.d. **1.** Aplacar; tornar brando. **2.** Suavizar, serenar.
abrangência (a.bran.**gên**.ci.a) s.f. Capacidade de abranger.
abrangente (a.bran.**gen**.te) adj.2g. Que abrange.
abranger (a.bran.**ger**) v.t.d. Abarcar, cingir, compreender.
abrasado (a.bra.**sa**.do) adj. Posto em brasas, aquecido, queimado.
abrasador (a.bra.sa.**dor**) [ô] adj. **1.** Devastador. **2.** Muito quente. **3.** (Fig.) Aflitivo.
abrasão (a.bra.**são**) s.f. Remoção de partículas de um material por raspagem, atrito ou lixamento.
abrasar (a.bra.**sar**) v.t.d. **1.** Queimar, tornar brasa. **2.** Devastar. **3.** (Fig.) Arrebatar, apaixonar.
abrasileirar (a.bra.si.lei.**rar**) v.t.d. **1.** Assimilar ao brasileiro. **2.** Adotar hábitos ou costumes brasileiros.
abrasivo (a.bra.**si**.vo) adj. **1.** Que remove partículas, que muda a forma de um material por raspagem ou lixamento; que causa abrasão: *um jato de água com areia é abrasivo*; *lixa abrasiva*. s.m. **2.** Ferramenta ou substância usada para lixar, polir, afiar etc.
abrejeirar (a.bre.jei.**rar**) v.t.d. e v.p. Tornar-se brejeiro.
abreugrafia (a.breu.gra.**fi**.a) s.f. Método de radiografia do tórax para diagnóstico de tuberculose, com imagem pequena.
abreviação (a.bre.vi.a.**ção**) s.f. **1.** Ação de abreviar. **2.** Abreviatura.
abreviar (a.bre.vi.**ar**) v.t.d. **1.** Encurtar, resumir. **2.** Antecipar precipitadamente. Obs.: pres. do ind. *abrevio, abrevias* etc.; pres. do subj. *abrevie, abrevies*.
abreviatura (a.bre.vi.a.**tu**.ra) s.f. Representação de uma palavra com poucas letras: *"bot." e "v.t.d." são abreviaturas muito usadas nesta obra*; *o "m" de metro é símbolo, e não abreviatura, porque não segue regras de maiúscula e plural*.
abricó (a.bri.**có**) s.m. (Bot.) Fruta semelhante ao damasco.
abricoteiro (a.bri.co.**tei**.ro) s.m. (Bot.) Árvore amazônica que dá o abricó.
abrideira (a.bri.**dei**.ra) s.f. **1.** Primeira dose de bebida alcoólica tomada antes do almoço; aperitivo. **2.** A primeira de uma série de coisas. Opõe-se a *saideira*.

abridor (a.bri.**dor**) [ô] s.m. Instrumento para abrir latas, garrafas.
abrigar (a.bri.**gar**) v.t.d. **1.** Acolher. **2.** Resguardar.
abrigo (a.**bri**.go) s.m. **1.** Asilo. **2.** Proteção; amparo.
abril (a.**bril**) s.m. Quarto mês do ano, com 30 dias.
abrilhantamento (a.bri.lhan.ta.**men**.to) s.m. Ação de abrilhantar.
abrilhantar (a.bri.lhan.**tar**) v.t.d. **1.** Dar brilho a; tornar brilhante. **2.** Realçar.
abrir (a.**brir**) v.t.d. **1.** Romper o invólucro de. **2.** Descerrar. **3.** Rasgar, cortar. **4.** Começar, instalar. **5.** Desabotoar. v.i. **6.** Franquear a entrada. **7.** Desabrochar (flor). **8.** Fazer confidências, desabafar: *abriu-se com a amiga*. Obs.: part. irregular: *aberto*.
abrolhos (a.**bro**.lhos) [ó] s.m.pl. **1.** Rochas submersas no mar, próximas da costa, que podem ser perigosas para a navegação. **2.** (Fig.) Dificuldades.
abrupto (a.**brup**.to) adj. **1.** Íngreme, escarpado. **2.** (Fig.) Súbito, repentino.
abrutalhado (a.bru.ta.**lha**.do) adj. Brutamontes, grosseiro, rude.
abscesso (abs.**ces**.so) [é] s.m. (Med.) Supuração de processo infeccioso; apostema.
abscissa (abs.**cis**.sa) s.f. (Geom.) Em um sistema de duas coordenadas, a coordenada *x* de um ponto, no eixo horizontal.
absinto (ab.**sin**.to) s.m. **1.** (Bot.) Planta que possui forte aroma e sabor amargo. **2.** Fermentação alcoólica preparada com essa planta.
absolutismo (ab.so.lu.**tis**.mo) s.m. Governo caracterizado pelo poder ilimitado, absoluto do governante; despotismo.
absoluto (ab.so.**lu**.to) adj. **1.** Ilimitado, irrestrito. **2.** Soberano.
absolver (ab.sol.**ver**) v.t.d. **1.** Declarar sem culpa; inocentar: *o julgamento absolveu os acusados e eles foram soltos*. **2.** Perdoar: *expôs sua defesa e foi absolvido*. Cf. *absorver*.
absolvição (ab.sol.vi.**ção**) s.f. **1.** Ação de absolver. **2.** Perdão de culpa ou pena imposta.
absolvido (ab.sol.**vi**.do) adj. Que se absolveu; inocente.
absorção (ab.sor.**ção**) s.f. Ação de absorver.
absorto (ab.**sor**.to) [ô] adj. **1.** Concentrado em seus pensamentos. **2.** Extasiado.
absorvente (ab.sor.**ven**.te) adj.2g. **1.** Que tem capacidade de absorver, atrair. **2.** Dominador. s.m. **3.** Produto de algodão usado para absorver o mênstruo.
absorver (ab.sor.**ver**) v.t.d. **1.** Recolher em si, sorver: *a esponja absorve água*. **2.** Assimilar, compreender: *absorver novas ideias*. Cf. *absolver*.
abstêmio (abs.**tê**.mi.o) adj. **1.** Que se abstém de bebidas alcoólicas. **2.** Sóbrio.
abstenção (abs.ten.**ção**) s.f. **1.** Ação de abster-se. **2.** Omissão voluntária de alguma coisa. **3.** Renúncia.
abster (abs.**ter**) v.t.d. e v.p. **1.** Privar. **2.** Deixar de intervir. Obs.: verbo irregular; conjuga-se como *ter*.
absterger (abs.ter.**ger**) v.t.d. **1.** Limpar um ferimento. **2.** Purificar.
abstinência (abs.ti.**nên**.ci.a) s.f. Privação voluntária

abstinente (abs.ti.**nen**.te) *adj.2g.* Que pratica a abstinência.
abstração (abs.tra.**ção**) *s.f.* **1.** Ação de abstrair. **2.** (Fig.) Devaneio, sonho: *perdido em abstrações*.
abstracionismo (abs.tra.cio.**nis**.mo) *s.m.* **1.** Qualidade de abstrato. **2.** Corrente estética do século XX, que não mostra figuras; arte abstrata.
abstracionista (abs.tra.cio.**nis**.ta) *adj.2g.* **1.** Relacionado ao abstracionismo. *s.2g.* **2.** Artista pertencente à corrente abstrata.
abstrair (abs.tra.**ir**) *v.t.d. e v.p.* **1.** Separar, afastar, isolar: *abstraiu a mente do barulho para estudar*; *abstraiu-se em seus pensamentos*. **2.** Tirar, formar a partir de: *abstrair um modelo a partir de vários casos*. Obs.: conjuga-se como *sair*.
abstrato (abs.**tra**.to) *adj.* **1.** Que existe só em ideias ou representações, que não tem existência física: *a informação é abstrata, o meio de armazenamento é concreto*. **2.** Que não tem ou não busca aplicação prática ou realização: *fez propostas abstratas, nada que se pudesse medir*.
absurdo (ab.**sur**.do) *adj.* **1.** Inaceitável à razão. **2.** Contraditório, com disparate.
abulia (a.bu.**li**.a) *s.f.* Perda da vontade, por doença.
abúlico (a.**bú**.li.co) *adj.* Que sofre de abulia.
abundância (a.bun.**dân**.ci.a) *s.f.* Fartura, grande quantidade.
abundante (a.bun.**dan**.te) *adj.2g.* **1.** Que existe em grande quantidade. **2.** (*Gram.*) Diz-se do verbo que tem mais de uma forma do particípio, como "pagar", que tem "pagado" e "pago".
abundar (a.bun.**dar**) *v.i.* Existir em grande quantidade, com fartura, em abundância; ser abundante: *era primavera e as flores abundavam nos jardins*.
aburguesar (a.bur.gue.**sar**) *v.t.d. e v.p.* Tornar(-se) burguês.
abusado (a.bu.**sa**.do) *adj.* **1.** Exagerado. **2.** (*N, NE*) Provocador, ousado, atrevido.
abusão (a.bu.**são**) *s.f.* (*Raro*) **1.** Crença, ilusão. **2.** Crendice, superstição.
abusar (a.bu.**sar**) *v.t.i.* **1.** Exagerar. **2.** Danificar. **3.** Desonrar, violentar.
abusivo (a.bu.**si**.vo) *adj.* Em que existe abuso.
abuso (a.**bu**.so) *s.m.* **1.** Exagero, injustiça. **2.** Ultraje ao pudor, desonra.
abutre (a.**bu**.tre) *s.m.* **1.** (*Zoo.*) Ave de rapina que se alimenta também de carniça. **2.** (*Fig.*) Pessoa de mau agouro; desgraçada.
abútua (a.**bú**.tu.a) *s.f.* (*Bot.*) Cipó de que se extrai uma substância com propriedades aromáticas e medicinais.
a.C. Sigla de *antes de Cristo*, expressão usada na indicação de datas: *Moisés viveu em 1250 a.C.* Cf. *d.C.*
Ac Símbolo do elemento químico actínio.
AC Sigla do Acre, estado brasileiro.
acabado (a.ca.**ba**.do) *adj.* **1.** Pronto. **2.** Completo. **3.** (*Fig.*) Abatido, exausto.
acabamento (a.ca.ba.**men**.to) *s.m.* **1.** Ação de acabar. **2.** Conclusão, remate. **3.** (*Fig.*) Retoque final em alguma obra.

acabar (a.ca.**bar**) *v.i.* **1.** Chegar ao fim, terminar; concluir-se: *a aula acabou*. *v.t.d.* **2.** Completar, ultimar: *o aluno acabou a lição*.
acaboclado (a.ca.bo.**cla**.do) *adj.* **1.** Derivado ou descendente de caboclos. **2.** Afeiçoado ao caboclo.
acabrunhado (a.ca.bru.**nha**.do) *adj.* **1.** Abatido. **2.** Oprimido, humilhado.
acabrunhamento (a.ca.bru.nha.**men**.to) *s.m.* Aflição, desgosto.
acabrunhar (a.ca.bru.**nhar**) *v.t.d.* **1.** Abater, afligir, entristecer, magoar. *v.i.* **2.** Causar mágoa, tristeza.
acaçá (a.ca.**çá**) *s.m.* (*Culin.*) Pudim de milho branco ou arroz, cozido, embrulhado em folha de bananeira, prato da culinária baiana.
acaçapar (a.ca.ça.**par**) *v.t.d. e v.p.* (*Raro*) Amassar, encolher, achatar: *acaçapei a latinha com o pé*; *acaçapou-se atrás do sofá*.
acácia (a.**cá**.ci.a) *s.f.* (*Bot.*) Árvore leguminosa ornamental e florífera.
açacuzeiro (a.ça.cu.**zei**.ro) *s.m.* (*Bot.*) Árvore grande da qual se extrai uma substância com propriedades aromáticas e medicinais.
academia (a.ca.de.**mi**.a) *s.f.* **1.** Sociedade, associação para estudar ou cultivar uma arte ou estudo: *a Academia de Platão ensinava filosofia*; *Academia Brasileira de Letras*; *Academia de Ciências*. **2.** Estabelecimento ou local com equipamentos para condicionamento físico; ginásio. **3.** (*Folc.*) Amarelinha.
acadêmico (a.ca.**dê**.mi.co) *adj.* **1.** Pertencente a alguma academia. **2.** Próprio de academia ou de acadêmico. *s.m.* **3.** Estudante de universidade.
açafrão (a.ça.**frão**) *s.m.* **1.** (*Bot.*) Planta com flores lilases de cujo pistilo se extrai um pó laranja utilizado para dar sabor característico e cor amarela aos alimentos, muito apreciada nas cozinhas italiana, indiana e outras. **2.** O pistilo dessa flor ou o pó dele extraído. **3.** (*Bot.*) Cúrcuma.
açafrão-da-índia (a.ça.frão-da-**ín**.di.a) *s.m.* (*Bot.*) Cúrcuma. ▪ Pl. *açafrões-da-índia*.
açaí (a.ça.**í**) *s.m.* (*Bot.*) **1.** Fruto de uma palmeira comum no Norte do Brasil, com o qual se fazem refresco, suco, sorvete etc., de tom castanho-escuro, quase roxo, e sabor marcante. **2.** Essa palmeira; açaizeiro, juçara.
açaizeiro (a.ça.i.**zei**.ro) *s.m.* (*Bot.*) Açaí.
acaju (a.ca.**ju**) *s.m.* **1.** (*Bot.*) Planta semelhante ao mogno. *adj.2g.* **2.** De cor castanho-avermelhada.
acalantar (a.ca.lan.**tar**) *v.t.d.* Acalentar.
acalanto (a.ca.**lan**.to) *s.m.* Cantiga para fazer dormir; cantiga de ninar, dorme-nenê: *o Boi da Cara Preta é um dos acalantos mais conhecidos no Brasil*.
acalentar (a.ca.len.**tar**) *v.t.d.* **1.** Embalar, fazer dormir com aconchego. **2.** (*Fig.*) Alimentar, nutrir (projetos, planos, ideias). **3.** Acarinhar quem sofre.
acalmar (a.cal.**mar**) *v.t.d.* **1.** Tornar calmo; pacificar. *v.i. e v.p.* **2.** Abrandar, sossegar.
acalorado (a.ca.lo.**ra**.do) *adj.* **1.** Quente, cheio de calor. **2.** (*Fig.*) Animado, veemente.
acamado (a.ca.**ma**.do) *adj.* Que está doente e fica deitado na cama.

acamar (a.ca.**mar**) v.t.d. Prender na cama, por doença: *uma gripe o acamou por vários dias*.
açambarcamento (a.çam.bar.ca.**men**.to) s.m. Ação de açambarcar; monopolização.
açambarcar (a.çam.bar.**car**) v.t.d. Chamar para si; privar alguém de alguma coisa para beneficiar a si mesmo; monopolizar.
acampamento (a.cam.pa.**men**.to) s.m. 1. Ação de acampar. 2. Lugar onde se acampa.
acampar (a.cam.**par**) v.i. Instalar-se em barracas, seja no campo ou na praia.
acanalhar (a.ca.na.**lhar**) v.t.d. e v.p. (*Raro*) Tornar canalha, aviltar: *acanalharam o partido*.
acanhado (a.ca.**nha**.do) adj. 1. Pequeno, raquítico. 2. Apertado, pouco espaçoso. 3. Tímido.
acanhamento (a.ca.nha.**men**.to) s.m. Timidez; vergonha.
acanhar (a.ca.**nhar**) v.t.d. e v.p. 1. Atrofiar; intimidar. 2. Vexar, envergonhar. 3. Embaraçar, tolher.
ação (a.**ção**) s.f. 1. Atuação; movimento, modo de atuar. 2. Aquilo que resulta de uma força. 3. Execução. 4. Gesto. 5. Comportamento, procedimento. 6. Título representativo de capital de uma sociedade. 7. Processo forense.
acará (a.ca.**rá**) s.m. (*Zoo.*) Peixe ornamental de água doce; cará.
acarajé (a.ca.ra.**jé**) s.m. (*Culin.*) Bolinho crocante de massa de feijão-fradinho frito em azeite de dendê, em geral recheado com molho de camarões, comida típica baiana.
acareação (a.ca.re.a.**ção**) s.f. Ação de acarear; esclarecimento, acareamento.
acareamento (a.ca.re.a.**men**.to) s.m. Ação de acarear; esclarecimento, acareação.
acarear (a.ca.re.**ar**) v.t.d. 1. Esclarecer cara a cara, frente a frente. 2. Colocar os envolvidos em presença um do outro. 3. Confrontar. Obs.: pres. do ind. *acareio, acareias* etc.; pres. do subj.: *acareie, acareies* etc.
acariciante (a.ca.ri.ci.**an**.te) adj.2g. Que acaricia.
acariciar (a.ca.ri.ci.**ar**) v.t.d. Fazer carícias a; acarinhar. Obs.: pres. do ind.: *acaricio, acaricias* etc.; pres. do subj.: *acaricie, acaricies* etc.
acarinhar (a.ca.ri.**nhar**) v.t.d. Acariciar.
ácaro (**á**.ca.ro) s.m. (*Zoo.*) Animal invertebrado microscópico, com algumas espécies que causam alergia.
acarretar (a.car.re.**tar**) v.t.d. 1. Conduzir em carro ou carreta. 2. Causar, ocasionar.
acasalamento (a.ca.sa.la.**men**.to) s.m. Ação de acasalar; acoplamento.
acasalar (a.ca.sa.**lar**) v.t.d. 1. Unir para procriação um macho e uma fêmea da mesma espécie: *acasalar as vacas*. v.i. e v.p. 2. Procriar, reproduzir-se: *a égua acasala-se uma vez por ano; a vaca acasala com o touro*. 3. (*Fig.*) Reunir, juntar em casais ou pares.
acaso (a.**ca**.so) s.m. 1. Acontecimento imprevisto; sorte. adv. 2. Porventura, talvez.

acastanhado (a.cas.ta.**nha**.do) adj. Que tem a cor quase castanha ou marrom.
acatamento (a.ca.ta.**men**.to) s.m. Ação de acatar; respeito, consideração.
acatar (a.ca.**tar**) v.t.d. 1. Aceitar, seguir. 2. Respeitar, cumprir.
acauã (a.cau.**ã**) s.f. (*Zoo.*) Ave semelhante ao gavião, que caça cobras; cauã.
acautelado (a.cau.te.**la**.do) adj. Prevenido, precavido, avisado.
acautelar (a.cau.te.**lar**) v.t.d. e v.p. 1. Precaver, prevenir. 2. Vigiar.
acebolado (a.ce.bo.**la**.do) adj. 1. Semelhante a cebola, com gosto de cebola. 2. Diz-se de bife, filé etc. acompanhado de cebolas em fatias, douradas na mesma chapa em que a carne foi feita.
acebolar (a.ce.bo.**lar**) v.t.d. 1. Temperar com cebola. 2. Dar gosto de cebola a.
acedência (a.ce.**dên**.ci.a) s.f. 1. Ação de aceder. 2. Anuência, aquiescência, consentimento.
aceder (a.ce.**der**) v.t.i. e v.i. Concordar, aquiescer.
acéfalo (a.**cé**.fa.lo) adj. 1. Que não tem cabeça. 2. (*Fig.*) Que não tem chefe, sem governante.
aceiro (a.**cei**.ro) s.m. Faixa de terreno sem mato, carpida para controlar uma queimada.
aceitação (a.cei.ta.**ção**) s.f. 1. Ação de aceitar. 2. Aprovação, concordância.
aceitar (a.cei.**tar**) v.t.d. 1. Concordar em receber uma oferta. 2. Aprovar, admitir, concordar. 3. Assumir o pagamento por: *aceitar um título de crédito*.
aceitável (a.cei.**tá**.vel) adj.2g. Que se pode aceitar.
aceite (a.**cei**.te) s.m. Ação de aceitar um título de crédito.
aceleração (a.ce.le.ra.**ção**) s.f. 1. Ação de acelerar. 2. Aumento de velocidade. 3. Pressa, rapidez.
acelerado (a.ce.le.**ra**.do) adj. Tornado rápido.
acelerador (a.ce.le.ra.**dor**) [ô] adj. 1. Que acelera. s.m. 2. (*Inf.*) Diz-se de uma placa adicional que se adapta aos computadores mais antigos tornando-os mais rápidos. 3. Aquilo que acelera. 4. Pedal para acelerar o veículo.
acelerar (a.ce.le.**rar**) v.t.d. 1. Aumentar a velocidade de. 2. Apressar. 3. Tornar célere. 4. Adiantar.
acelga (a.**cel**.ga) s.f. (*Bot.*) Erva hortense de folhas claras e crocantes, que se comem cozidas ou cruas.
acém (a.**cém**) s.m. Corte de carne bovina localizado na lateral dianteira do animal.
acenar (a.ce.**nar**) v.i. 1. Fazer acenos. v.t.i. 2. Chamar a atenção; aludir.
acendedor (a.cen.de.**dor**) [ô] s.m. e adj. 1. Que ou que acende. s.m. 2. Isqueiro.
acender (a.cen.**der**) v.t.d. 1. Pôr fogo a. 2. (*Fig.*) Animar, entusiasmar; suscitar. 3. Produzir fogo. 4. Fazer funcionar sistema elétrico.
aceno (a.**ce**.no) s.m. 1. Gesto para chamar a atenção; cumprimento à distância. 2. Convite.
acento (a.**cen**.to) s.m. 1. Destaque, realce, relevo. 2. (*Gram.*) Sinal que indica o som das vogais, como o **acento agudo**, em *é*; o **acento circunflexo**, em *vê*;

ou o acento grave, que indica a crase em *à*. Cf. *assento*.
acentuação (a.cen.tu.a.**ção**) *s.f.* **1.** Colocação de acento em uma letra: *as formas "por" e "pôr" diferem pela acentuação*. **2.** Posição da sílaba mais forte em uma palavra ou verso: *nos oxítonos, a acentuação recai na última sílaba, como em "café"*.
acentuado (a.cen.tu.**a**.do) *adj.* **1.** Que tem acento: *estudou palavras acentuadas como "ônibus", "pé" e "maçã"*. **2.** Marcado, forte, nítido: *tinha um acentuado sabor de chocolate*.
acentuar (a.cen.tu.**ar**) *v.t.d.* **1.** Usar acentos em. **2.** (Fig.) Dar relevo a, salientar.
acepção (a.cep.**ção**) *s.f.* Sentido dado ao termo; significação; compreensão.
acepilhar (a.ce.pi.**lhar**) *v.t.d.* (*Raro*) Tratar com o cepilho.
acepipe (a.ce.**pi**.pe) *s.m.* Aperitivo, petisco.
acerado (a.ce.**ra**.do) *adj.* **1.** Semelhante a lâmina de aço; resistente. **2.** Afiado, cortante: *folhas aceradas*. **3.** Agudo, cortante, pungente.
acerbo (a.**cer**.bo) *adj.* **1.** Azedo; amargo. **2.** Áspero.
acerca (a.**cer**.ca) [ê] *adv.* **Acerca de**: a respeito de, sobre: *reflexões acerca da escrita e da leitura*. Cf. *cerca (de)*.
acercar (a.cer.**car**) *v.t.d.* e *v.p.* Aproximar(-se), avizinhar(-se).
acerola (a.ce.**ro**.la) [ó] *s.f.* (*Bot.*) Fruta pequena e alaranjada originária da América Central, apreciada em sucos e rica em vitamina C.
acérrimo (a.**cér**.ri.mo) *adj.* Muito acre.
acertador (a.cer.ta.**dor**) [ô] *s.m.* Aquele que acerta.
acertar (a.cer.**tar**) *v.t.d.* **1.** Ajustar, combinar. **2.** Atingir o alvo. **3.** Encontrar. Cf. *assertar*.
acerto (a.**cer**.to) [ê] *s.m.* **1.** Ação de acertar. **2.** Tino, juízo. **3.** Ajuste, correção. Cf. *asserto*.
acervo (a.**cer**.vo) [ê] *s.m.* **1.** Montão. **2.** Acúmulo. **3.** Conjunto das obras que compõem uma biblioteca, museu.
aceso (a.**ce**.so) [ê] *adj.* **1.** Que se acendeu, a que se pôs fogo. **2.** (Fig.) Inflamado.
acessão (a.ces.**são**) *s.f.* **1.** Consentimento, concordância. **2.** Adição, acréscimo.
acessar (a.ces.**sar**) *v.t.d.* **1.** Usar o acesso, fazer acesso; usar, consultar: *acessar dados, acessar uma página*. **2.** Ir até, chegar a, atingir: *acessar a praia*.
acessível (a.ces.**sí**.vel) *adj.2g.* **1.** De possível acesso. **2.** Comunicativo, tratável. **3.** Compreensível, fácil.
acesso (a.**ces**.so) [é] *s.m.* **1.** Crise, ataque: *acesso de tosse, acesso de riso*. **2.** Entrada, ingresso: *acesso à internet*. **3.** Ligação, passagem: *vias de acesso*.
acessório (a.ces.**só**.ri.o) *adj.* **1.** Que se acrescenta a uma coisa como auxiliar ou opcional. *s.m.* **2.** Dependente do objeto principal; complemento.
acetato (a.ce.**ta**.to) *s.m.* **1.** (*Quím.*) Sal ou éster de ácido acético. **2.** Base da película fotográfica e cinematográfica.
acético (a.**cé**.ti.co) *adj.* **1.** Diz-se do ácido que se encontra no vinagre. **2.** Relacionado ao vinagre.
acetilsalicílico (a.ce.til.sa.li.**cí**.li.co) *adj.* (*Quím.*) **Ácido acetilsalicílico**: ácido que tem ação analgésica e antitérmica.
acetinado (a.ce.ti.**na**.do) *adj.* Macio e com brilho como o cetim.
acetona (a.ce.**to**.na) *s.f.* Líquido volátil e inflamável obtido sinteticamente do ácido acético.
acha (**a**.cha) *s.f.* Fragmento de madeira com o qual se faz fogo.
achacante (a.cha.**can**.te) *adj.2g.* Diz-se de preço excessivo, acima do valor razoável.
achacar (a.cha.**car**) *v.t.d.* Tirar dinheiro, roubar por ameaça ou chantagem: *achacaram o feirante*.
achado (a.**cha**.do) *s.m. e adj.* **1.** (Aquilo) que se achou, que se encontrou: *todos os objetos achados vão para a secretaria*. *s.m.* **2.** Coisa muito boa que se descobriu, pesquisou ou inventou: *o novo combustível foi um achado do cientista*.
achaque (a.**cha**.que) *s.m.* **1.** Ação de achacar; extorsão, roubo. **2.** Indisposição rápida, mal-estar, ataque.
achar (a.**char**) *v.t.d.* **1.** Encontrar, localizar: *achou o brinquedo que estava perdido*. **2.** Descobrir. **3.** Julgar, supor: *acho que ele é um gênio*.
achatado (a.cha.**ta**.do) *adj.* **1.** Chato, que se achatou; aplanado. **2.** (Fig.) Humilhado.
achatamento (a.cha.ta.**men**.to) *s.m.* Ação de achatar.
achatar (a.cha.**tar**) *v.t.d.* **1.** Tornar chato; aplanar. **2.** (Fig.) Derrotar, humilhar.
achega (a.**che**.ga) [ê] *s.f.* Ação de achegar; acréscimo.
achegado (a.che.**ga**.do) *adj.* **1.** Unido, ligado. **2.** Próximo. **3.** Partidário.
achegar (a.che.**gar**) *v.t.d.* **1.** Unir, ligar. **2.** Arranjar, trazer. **3.** Acrescentar.
achincalhamento (a.chin.ca.lha.**men**.to) *s.m.* Ação de achincalhar; achincalhe.
achincalhar (a.chin.ca.**lhar**) *v.t.d.* Ridicularizar, humilhar, escarnecer.
achincalhe (a.chin.**ca**.lhe) *s.m.* Ação de achincalhar; achincalhamento.
achocolatado (a.cho.co.la.**ta**.do) *s.m.* Açúcar com chocolate e às vezes outros ingredientes, para se acrescentar ao leite.
acicatar (a.ci.ca.**tar**) *v.t.d.* Picar com acicate; incitar.
acicate (a.ci.**ca**.te) *s.m.* **1.** Espora. **2.** (Fig.) Estímulo, incentivo.
acidentado (a.ci.den.**ta**.do) *adj.* **1.** Que se acidentou. **2.** Irregular (terreno). **3.** Cheio de peripécias. *s.m.* **4.** Vítima de acidente.
acidental (a.ci.den.**tal**) *adj.2g.* Casual, imprevisto.
acidentar (a.ci.den.**tar**) *v.t.d.* **1.** Produzir acidente em. **2.** Alterar. *v.p.* **3.** Ser vítima de acidente.
acidente (a.ci.**den**.te) *s.m.* **1.** Acontecimento casual; aquilo que sobrevém inesperadamente. **2.** Desastre, desgraça. **3.** (*Geo.*) Forma, ocorrência.
acidez (a.ci.**dez**) [ê] *s.f.* Qualidade do que é ácido, azedume.
ácido (**á**.ci.do) *adj.* **1.** Que tem sabor próximo do vinagre, do limão e da laranja. **2.** (Fig.) Que pode magoar; amargo, azedo: *palavras ácidas*. *s.m.*

3. (*Quím.*) Composto hidrogenado que pode formar um sal. (*Bio.*) **Ácido desoxirribonucleico:** substância que armazena a informação genética, contida nos genes de um ser vivo, de sigla DNA.
acima (a.ci.ma) *adv.* **1.** Na parte superior de. **2.** Para cima. **3.** Anteriormente.
acinte (a.cin.te) *s.m.* Ação praticada para desgostar alguém; provocação.
acintoso (a.cin.to.so) [ô] *adj.* Feito com acinte; provocante. ◘ Pl. *acintosos* [ó].
acinzentado (a.cin.zen.ta.do) *adj.* De cor cinza ou próxima de cinza; cinzento.
acinzentar (a.cin.zen.tar) *v.t.d.* Dar cor cinzenta a.
acionado (a.ci.o.na.do) *adj.* Posto em ação.
acionador (a.ci.o.na.dor) [ô] *s.m.* Dispositivo para acionar algo; gatilho.
acionamento (a.ci.o.na.men.to) *s.m.* Ação de acionar, de pôr em funcionamento.
acionar (a.ci.o.nar) *v.t.d.* **1.** Pôr em ação, movimentar. **2.** Processar. **3.** Gesticular.
acionário (a.ci.o.ná.ri.o) *adj.* Relacionado a ações de capital ou a acionista.
acionista (a.ci.o.nis.ta) *s.2g.* Pessoa que possui ações de uma sociedade.
acirrado (a.cir.ra.do) *adj.* **1.** Irritado, exasperado. **2.** Incitado, provocado.
acirrar (a.cir.rar) *v.t.d.* **1.** Irritar, exasperar. **2.** Estimular; incitar.
aclamação (a.cla.ma.ção) *s.f.* **1.** Ação de aclamar. **2.** Aplausos. **3.** Eleição sem escrutínio. **4.** Proclamação, reconhecimento.
aclamar (a.cla.mar) *v.t.d.* **1.** Aplaudir com entusiasmo. **2.** Proclamar. **3.** Eleger por aclamação. **4.** Ovacionar; aprovar.
aclarar (a.cla.rar) *v.t.d.* **1.** Tornar claro. **2.** Iluminar. **3.** Esclarecer, explicar.
aclimação (a.cli.ma.ção) *s.f.* **1.** Ação de aclimar(-se); ajustamento, aclimatação. **2.** (*Bio.*) Acomodação; mudança reversível na fisiologia de um organismo em resposta a uma mudança ambiental.
aclimado (a.cli.ma.do) *adj.* Aclimatado.
aclimar (a.cli.mar) *v.t.d.* Aclimatar.
aclimatação (a.cli.ma.ta.ção) *s.f.* Ação de aclimatar(-se); adaptação, aclimação.
aclimatado (a.cli.ma.ta.do) *adj.* **1.** Adaptado a clima diverso; aclimado. **2.** Ajustado, acostumado. **3.** (*Fig.*) Conformado.
aclimatar (a.cli.ma.tar) *v.t.d.* Habituar a um clima; aclimar.
aclive (a.cli.ve) *s.m.* Inclinação de baixo para cima; ladeira, subida (opõe-se a declive).
acne (ac.ne) *s.f.* (*Med.*) Afecção da pele que apresenta espinhas.
acneico (ac.nei.co) *adj.* Relativo a ou que tende a formar acne.
aço (a.ço) *s.m.* **1.** Liga de ferro (98%) e carbono (2%). **2.** (*Fig.*) Força, vigor. **3.** Amálgama de estanho aplicado a um lado do vidro para produzir o reflexo da imagem.

acobertar (a.co.ber.tar) *v.t.d.* **1.** Encobrir. **2.** Tapar com cobertas.
acobreado (a.co.bre.a.do) *adj.* Com aspecto ou cor do cobre.
acocorado (a.co.co.ra.do) *adj.* De cócoras; agachado.
acocorar-se (a.co.co.rar-se) *v.p.* Ficar de cócoras, agachar-se, abaixar-se.
açodar (a.ço.dar) *v.t.d.* **1.** Cutucar, incitar, estimular: *açodou o cavalo com as esporas*. *v.p.* **2.** Apressar-se, precipitar-se, correr a: *os candidatos açodaram-se nas campanhas eleitorais.*
acoimar (a.coi.mar) *v.t.d.i.* (*Raro*) Acusar, chamar de, condenar: *acoimaram-no de assassino*.
açoitar (a.çoi.tar) *v.t.d.* **1.** Bater com açoite. **2.** Fustigar.
acoitar (a.coi.tar) *v.t.d.* Acolher; dar abrigo.
açoite (a.çoi.te) *s.m.* Chicote, azorrague.
acolá (a.co.lá) *adv.* Naquele lugar, além, ao longe.
acolchoado (a.col.cho.a.do) *adj.* **1.** Estofado. **2.** Tecido como colcha. *s.m.* **3.** Pano estofado.
acolchoar (a.col.cho.ar) *v.t.d.* **1.** Estofar, forrar como colchão. **2.** Guarnecer com colcha.
acolhedor (a.co.lhe.dor) [ô] *adj.* Que acolhe, hospitaleiro.
acolher (a.co.lher) *v.t.d.* **1.** Receber, admitir, hospedar. **2.** Tomar em consideração, atender.
acolhida (a.co.lhi.da) *s.f.* **1.** Ação de acolher; acolhimento. **2.** Recepção, hospitalidade. **3.** Consideração, atenção. **4.** Abrigo.
acolhimento (a.co.lhi.men.to) *s.m.* Acolhida.
acolitar (a.co.li.tar) *v.t.d.* Seguir como acólito; auxiliar, servir.
acólito (a.có.li.to) *s.m.* **1.** Sacerdote que auxilia outro. **2.** (*Fig.*) Assistente, auxiliar.
acometer (a.co.me.ter) *v.t.d.* **1.** Atingir, afetar: *uma doença que acomete o gado*. **2.** Investir contra, atacar, assaltar.
acometida (a.co.me.ti.da) *s.f.* Acometimento.
acometimento (a.co.me.ti.men.to) *s.m.* **1.** Ação de acometer; acometida. **2.** Ataque súbito, investida.
acomodação (a.co.mo.da.ção) *s.f.* **1.** Ação de acomodar; acomodamento. **2.** Colocação, emprego. **3.** Adaptação. **4.** Arranjo, disposição.
acomodado (a.co.mo.da.do) *adj.* **1.** Adequado, apropriado. **2.** Quieto. **3.** Instalado, ajustado. **4.** Conformado.
acomodamento (a.co.mo.da.men.to) *s.m.* Acomodação.
acomodar (a.co.mo.dar) *v.t.d.* **1.** Dispor em ordem, arrumar. **2.** Conciliar, adaptar. *v.p.* **3.** Pôr-se em posição ou situação econômica.
acomodatício (a.co.mo.da.tí.ci.o) *adj.* Que se pode acomodar com facilidade às necessidades ou intenções: *uma interpretação acomodatícia do texto bíblico.*
acompanhado (a.com.pa.nha.do) *adj.* **1.** Que tem companhia: *viajei algumas vezes só e outras acompanhada*. **2.** Que se acompanha.
acompanhamento (a.com.pa.nha.men.to) *s.m.* **1.** Ação de acompanhar. **2.** Cortejo, séquito. **3.** (*Mús.*)

Parte da música executada de acordo com as vozes ou instrumentos.
acompanhante (a.com.pa.**nhan**.te) *adj.2g.* **1.** Que acompanha. *s.2g.* **2.** Músico que executa o acompanhamento. **3.** Pessoa que acompanha, que faz companhia ou dá assistência.
acompanhar (a.com.pa.**nhar**) *v.t.d.* **1.** Ir em companhia de, seguir. **2.** Tomar a mesma direção. **3.** Observar a evolução de. **4.** (Mús.) Tocar o acompanhamento.
aconchegante (a.con.che.**gan**.te) *adj.2g.* Que aconchega, que dá conforto, abriga, agasalha.
aconchegar (a.con.che.**gar**) *v.t.d. e v.p.* **1.** Tornar próximo, unir, juntar. **2.** Tornar confortável.
aconchego (a.con.**che**.go) [ê] *s.m.* **1.** Ação de aconchegar-se. **2.** Proteção, agasalho, abrigo, amparo.
acondicionamento (a.con.di.ci.o.na.**men**.to) *s.m.* **1.** Ação de acondicionar. **2.** Embalagem.
acondicionar (a.con.di.ci.o.**nar**) *v.t.d.* **1.** Embalar, empacotar, acomodar. **2.** Guardar em lugar conveniente. **3.** Dotar de condições.
aconselhamento (a.con.se.lha.**men**.to) *s.m.* **1.** Ação de aconselhar. **2.** Orientação para a escolha de profissão, curso etc.
aconselhar (a.con.se.**lhar**) *v.t.d.* **1.** Dar conselho a. **2.** Procurar persuadir; advertir.
aconselhável (a.con.se.**lhá**.vel) *adj.2g.* Que se aconselha, que se pode aconselhar ou recomendar; recomendável.
acontecer (a.con.te.**cer**) *v.i.* **1.** Suceder inesperadamente, sobrevir: *aconteceram coisas incríveis*. **2.** (Fig.) Ter prestígio social. **3.** Ocorrer. Obs.: verbo defectivo, conjuga-se apenas na 3ª pes., sing. e pl.; não tem imperativo.
acontecido (a.con.te.**ci**.do) *s.m. e adj.* (Aquilo) que aconteceu; ocorrido.
acontecimento (a.con.te.ci.**men**.to) *s.m.* **1.** O que acontece inesperadamente. **2.** Episódio, ocorrência. **3.** Fato digno de notação; evento.
acoplado (a.co.**pla**.do) *adj.* Que se acoplou; acrescentado, adicionado.
acoplagem (a.co.**pla**.gem) *s.f.* Acoplamento.
acoplamento (a.co.pla.**men**.to) *s.m.* **1.** Ligação entre circuitos elétricos. **2.** União (de aeronaves) em voo ou órbita, para abastecimento; acoplagem.
acoplar (a.co.**plar**) *v.t.d.* **1.** Estabelecer acoplamento; unir, ligar, conectar em pares. **2.** Acrescentar, colocar, adicionar: *acoplou um reboque no carro*.
açor (a.**çor**) [ô] *s.m.* (Zoo.) Ave de rapina semelhante ao falcão.
açorda (a.**çor**.da) [ô] *s.f.* (Culin.) Prato típico português, espécie de pirão à base de pão amanhecido, temperos, frutos do mar etc.
acórdão (a.**cór**.dão) [ô] *s.m.* (Dir.) Sentença, resolução de recursos, em tribunais, julgada sem a presença do réu.
acordar (a.cor.**dar**) *v.t.d. e v.i.* 1. Tirar do sono, despertar. **2.** Resolver de comum acordo, concordar. **3.** Conciliar.

acorde (a.**cor**.de) [ó] *adj.* **1.** Que está combinado ou de acordo; concorde, harmônico. *s.m.* **2.** (Mús.) Harmonia gerada pela união de notas: *com três acordes já dá para fazer um baião*. **3.** Cântico, poesia lírica.
acordeão (a.cor.de.**ão**) *s.m.* (Mús.) Sanfona, harmônica; fole, realejo.
acordo (a.**cor**.do) [ô] *s.m.* **1.** Combinação, convenção, harmonia, ajuste. **2.** (Fig.) Composição.
açoriano (a.ço.ri.**a**.no) *adj.* **1.** Relativo aos Açores, arquipélago português no oceano Atlântico. *s.m.* **2.** Pessoa natural ou habitante desse lugar.
acoroçoar (a.co.ro.ço.**ar**) *v.t.d.* (Raro) Estimular, animar: *a tia acoroçoava as visitas*.
acorrentar (a.cor.ren.**tar**) *v.t.d.* **1.** Prender com correntes. **2.** Amarrar, encadear. **3.** Escravizar, subjugar.
acorrer (a.cor.**rer**) *v.i. e v.t.i.* **1.** Acudir, socorrer. **2.** Remediar.
acossado (a.cos.**sa**.do) *adj.* **1.** Que se acossou. **2.** Perseguido, acuado.
acossar (a.cos.**sar**) *v.t.d.* **1.** Perseguir, correr no encalço de. **2.** Flagelar, castigar.
acostamento (a.cos.ta.**men**.to) *s.m.* Parte contígua à pista, nas rodovias, destinada a paradas eventuais e passagem de pedestres.
acostar (a.cos.**tar**) *v.t.d.* **1.** Encostar, arrimar, juntar ao cais. *v.p.* **2.** Navegar junto à costa.
acostável (a.cos.**tá**.vel) *adj.* Em que se pode acostar.
acostumado (a.cos.tu.**ma**.do) *adj.* Que tem o costume; afeito, familiarizado.
acostumar (a.cos.tu.**mar**) *v.t.d.* **1.** Fazer adquirir hábito; costumar. *v.p.* **2.** Adquirir o hábito; habituar-se.
acotovelar (a.co.to.ve.**lar**) *v.t.d. e v.p.* **1.** Tocar(-se) com o cotovelo. **2.** (Fig.) Provocar.
açougue (a.**çou**.gue) *s.m.* Estabelecimento onde se vende carne.
acovardar (a.co.var.**dar**) *v.t.d.* **1.** Amedrontar, intimidar. **2.** Perder a coragem. *v.p.* **3.** Fraquejar, ficar com medo.
acre (a.**cre**) *adj.2g.* **1.** Azedo, ácido, amargo. **2.** De cheiro muito forte. *s.m.* **3.** Medida agrária de vários países.
acreditar (a.cre.di.**tar**) *v.t.i.* Achar que é verdade; pôr fé, crer, confiar: *acreditavam em tudo o que liam no jornal*.
acreditável (a.cre.di.**tá**.vel) *adj.2g.* Em que se pode acreditar; confiável.
acrescentado (a.cres.cen.**ta**.do) *adj.* Que acrescentou; adicionado, somado: *com os cinco reais acrescentados, a conta chegou a dez reais*.
acrescentar (a.cres.cen.**tar**) *v.t.d.* **1.** Tornar maior; aumentar, crescer. **2.** Adicionar. **3.** Ajuntar.
acrescer (a.cres.**cer**) *v.t.d.* **1.** Aumentar, juntar a, adicionar, crescer. **2.** Sobrevir.
acrescido (a.cres.**ci**.do) *adj.* Que se acresceu; aumentado, acrescentado.
acréscimo (a.**crés**.ci.mo) *s.m.* **1.** Ação de acrescer. **2.** Aumento.
acriançado (a.cri.an.**ça**.do) *adj.* Com jeito ou pensamentos de criança.
acriano (a.cri.**a**.no) *s.m. e adj.* **1.** Do Acre, estado brasileiro. *s.m.* **2.** Pessoa natural ou habitante desse lugar.

acrídeo (a.**crí**.de.o) *adj.* Próprio de ou semelhante a gafanhoto.
acridez (a.cri.**dez**) [ê] *s.f.* Qualidade de acre; sabor picante, azedo.
acrílico (a.**crí**.li.co) *s.m.* **1.** Fibra têxtil sintética, obtida por polimerização e de que há vários tipos. **2.** Tinta transparente para quadros. *adj.* **3.** Feito com essa fibra: *lã acrílica*.
acrimônia (a.cri.**mô**.ni.a) *s.f.* Qualidade do que é acre ou azedo; azedume.
acrobacia (a.cro.ba.**ci**.a) *s.f.* **1.** Arte ou profissão de acrobata. **2.** Peripécia aeronáutica.
acrobata (a.cro.**ba**.ta) *s.2g.* Ginasta, equilibrista, saltimbanco, malabarista, funâmbulo. O mesmo que *acróbata*.
acróbata (a.**cró**.ba.ta) *s.2g.* O mesmo que *acrobata*.
acrofobia (a.cro.fo.**bi**.a) *s.f.* Medo doentio de altura.
acrófobo (a.**cró**.fo.bo) *s.m.* Aquele que tem acrofobia.
acromegalia (a.cro.me.ga.**li**.a) *s.f.* (*Med.*) Doença crônica caracterizada pelo desenvolvimento excessivo das extremidades do corpo, provocada por disfunção da glândula hipófise.
acrônimo (a.**crô**.ni.mo) *s.m.* Palavra formada com as letras iniciais de uma locução.
acrópole (a.**cró**.po.le) *s.f.* (*Hist.*) Parte mais alta das cidades gregas da Antiguidade. O mesmo que *acropólio*.
acropólio (a.cro.**pó**.li.o) *s.m.* (*Hist.*) O mesmo que *acrópole*.
acróstico (a.**crós**.ti.co) *s.m.* Composição poética em que a primeira letra de cada verso faz parte da palavra que lhe serve de tema.
actínio (ac.**tí**.ni.o) *s.m.* (*Quím.*) Elemento que é um metal, de símbolo Ac, com número atômico 89 e massa atômica 227.
-açu Elemento de composição de origem tupi que significa "grande", equivalente a *guaçu*: *inambuaçu*.
acuado (a.cu.**a**.do) *adj.* **1.** Perseguido, acossado. **2.** (*NE, MG*) Constrangido, obrigado. **3.** Confuso.
acuar (a.cu.**ar**) *v.t.d.* **1.** Perseguir (a caça). **2.** Cercar (o inimigo). **3.** Colocar na defensiva.
açúcar (a.**çú**.car) *s.m.* **1.** Pó doce produzido de cana, beterraba etc., empregado para fazer doces e adoçar alimentos, e de que há vários tipos. **2.** Esse pó, no tipo branco e refinado: *colocou uma colher de açúcar no café*. **3.** (*Fig.*) Substância química que há nesse pó; sacarose. **4.** Glicose.
açucarado (a.çu.ca.**ra**.do) *adj.* **1.** Cheio de açúcar, muito doce. **2.** Cristalizado: *mel açucarado*. **3.** (*Fig.*) Muito romântico e doce; ingênuo: *histórias açucaradas sobre amores impossíveis que dão certo para sempre*.
açucarar (a.çu.ca.**rar**) *v.t.d.* **1.** Encher de açúcar, cobrir com açúcar. **2.** Formar cristais; cristalizar: *o mel açucarou*. **3.** (*Fig.*) Suavizar.
açúcar-cande (a.çú.car-**can**.de) *s.m.* Tipo de açúcar formado por grandes cristais. O mesmo que *açúcar-cândi, cande*. ▪ Pl. *açúcares-candes, açúcares-cande*.
açúcar-cândi (a.çú.car-**cân**.di) *s.m.* O mesmo que *açúcar-cande*. ▪ Pl. *açúcares-cândis, açúcares-cândi*.
açucareiro (a.çu.ca.**rei**.ro) *s.m.* **1.** Recipiente para guardar ou servir o açúcar. *adj.* **2.** Relativo ao açúcar: *economia açucareira*.
açucena (a.çu.**ce**.na) *s.f.* (*Bot.*) Planta ornamental do grupo das liliáceas; lírio-branco.
açude (a.**çu**.de) *s.m.* **1.** Barragem feita em rio, destinada a represar água; represa; dique. **2.** Nome dado ao lago formado pelo represamento.
acudir (a.cu.**dir**) *v.t.d.* **1.** Prestar socorro a; atender. **2.** Retrucar de pronto; vir à lembrança. *v.i.* **3.** Sobrevir; ir em socorro de alguém. Obs.: verbo irregular, troca o *u* da raiz por *o* na 2ª e 3ª pes. do sing. e 3ª pes. do pl. no pres. do ind.: *acodes, acode, acodem*; e na 2ª pes. do sing. no imperativo: *acode tu*.
acuidade (a.cu.i.**da**.de) *s.f.* **1.** Qualidade do que é agudo; agudeza. **2.** Precisão, finura: *o cão tem grande acuidade auditiva*.
açular (a.çu.**lar**) *v.t.d.* Incitar, estumar: *açulou os cães para que pegassem o ladrão*.
acúleo (a.**cú**.le.o) *s.m.* **1.** (*Bot.*) Saliência pontiaguda mais superficial que o espinho. **2.** (*Zoo.*) Fio rígido presente em alguns peixes, equinodermos e insetos; espinho, ferrão.
aculturação (a.cul.tu.ra.**ção**) *s.f.* Ação de aculturar(-se).
aculturar (a.cul.tu.**rar**) *v.t.d. e v.p.* Adquirir ou mudar hábitos de outra cultura: *alguns índios ainda não se aculturaram*.
acumpliciar (a.cum.pli.ci.**ar**) *v.t.d.* Tornar cúmplice; aliciar.
açum-preto (a.çum-**pre**.to) *s.m.* (*Zoo.*) Pássaro todo preto, de canto muito apreciado. ▪ Pl. *açuns-pretos*.
acumulação (a.cu.mu.la.**ção**) *s.f.* Ação de acumular; acúmulo.
acumulada (a.cu.mu.**la**.da) *s.f.* Prêmio de loteria que acumula as apostas do sorteio anterior, que não saiu, com as do atual.
acumulado (a.cu.mu.**la**.do) *adj.* **1.** Que se acumulou. **2.** Que acumula as apostas do sorteio anterior, que não saiu, com as apostas do atual.
acumulador (a.cu.mu.la.**dor**) [ô] *adj.* **1.** Que acumula. *s.m.* **2.** Aparelho que armazena eletricidade.
acumular (a.cu.mu.**lar**) *v.t.d.* **1.** Reunir, amontoar. **2.** Exercer mais de uma função ao mesmo tempo.
acumulativo (a.cu.mu.la.**ti**.vo) *adj.* Que pode ser acumulado; acumulável.
acumulável (a.cu.mu.**lá**.vel) *adj.2g.* Que se pode acumular; acumulativo.
acúmulo (a.**cú**.mu.lo) *s.m.* Acumulação.
acupuntura (a.cu.pun.**tu**.ra) *s.f.* (*Med.*) Terapia de origem chinesa, reconhecida por diversas autoridades de saúde, que introduz agulhas sob a pele, em certos pontos do corpo.
acupunturista (a.cu.pun.tu.**ris**.ta) *s.2g.* Terapeuta que pratica acupuntura.

acurado (a.cu.**ra**.do) *adj.* **1.** Feito com cuidado e atenção; caprichado. **2.** Preciso; exato.
acurar (a.cu.**rar**) *v.t.d. e v.p.* Tratar ou fazer com muito cuidado e atenção; caprichar.
acusação (a.cu.sa.**ção**) *s.f.* **1.** Ação de acusar. **2.** Denúncia.
acusado (a.cu.**sa**.do) *adj.* **1.** Que sofre ou que sofreu acusação; notificado; imputado. *s.m.* **2.** Réu.
acusador (a.cu.sa.**dor**) [ô] *s.m. e adj.* (Aquele) que acusa ou incrimina.
acusar (a.cu.**sar**) *v.t.d.* **1.** Denunciar, declarar culpado. **2.** Revelar. **3.** Incriminar. **4.** Declarar o recebimento.
acusativo (a.cu.sa.**ti**.vo) *adj.* **1.** Relacionado a acusação. *s.m.* **2.** (*Gram.*) Caso em que se flexiona o objeto direto, em latim e em outras línguas.
acústica (a.**cús**.ti.ca) *s.f.* (*Fís.*) Parte da física que estuda o som e sua propagação.
acústico (a.**cús**.ti.co) *adj.* **1.** Referente a ouvido ou audição. **2.** Próprio do som ou da acústica. **3.** (*Mús.*) Diz-se do instrumento que não precisa de amplificação elétrica.
acutilar (a.cu.ti.**lar**) *v.t.d.* (*Raro*) Golpear, agredir, ferir: *acutilou-a no braço, deixando uma cicatriz*.
adaga (a.**da**.ga) *s.f.* Arma branca, de um ou mais gumes; punhal grande.
adágio (a.**dá**.gi.o) *s.m.* Provérbio.
adamantino (a.da.man.**ti**.no) *adj.* De diamante; diamantino.
adamascado (a.da.mas.**ca**.do) *adj.* Revestido com damasco ou tecido semelhante.
adaptabilidade (a.dap.ta.bi.li.**da**.de) *s.f.* Capacidade de adaptação.
adaptação (a.dap.ta.**ção**) *s.f.* **1.** Ação de adaptar-se. **2.** Adequação; acomodação.
adaptado (a.dap.**ta**.do) *adj.* **1.** Que se adaptou. **2.** Adequado, acomodado, ajustado.
adaptar (a.dap.**tar**) *v.t.d. e v.p.* **1.** Ajustar(-se), acomodar(-se). **2.** Tornar(-se) apto. **3.** Adequar(-se), transformando(-se).
adaptável (a.dap.**tá**.vel) *adj.2g.* Que se pode adaptar; ajustável.
adarrum (a.dar.**rum**) *s.m.* Toque de atabaque que determina a incorporação dos orixás.
adega (a.**de**.ga) [é] *s.f.* Lugar para guardar bebidas e provisões.
adejar (a.de.**jar**) *v.i.* Voar, revoar.
adejo (a.**de**.jo) [ê] *s.m.* Ação de adejar; voo.
adelgaçar (a.del.ga.**çar**) *v.t.d.* Tornar delgado.
ademais (a.de.**mais**) *adv.* Além disso; demais.
ademanes (a.de.**ma**.nes) *s.m.pl.* **1.** Gestos ensaiados, posados. **2.** Trejeitos.
adendo (a.**den**.do) *s.m.* **1.** Complemento de uma obra, anexo. **2.** Apêndice; acréscimo; lembrete.
adenite (a.de.**ni**.te) *s.f.* (*Med.*) Inflamação de uma glândula ou dos gânglios linfáticos.
adenoide (a.de.**noi**.de) [ói] *adj.* **1.** Que tem forma de glândula. *s.f.* **2.** (*Med.*) Hipertrofia da amídala.
adensamento (a.den.sa.**men**.to) *s.m.* Ação de adensar.
adensar (a.den.**sar**) *v.t.d.* Condensar, tornar denso.

adentrar (a.den.**trar**) *v.t.d.* **1.** Entrar em. **2.** Penetrar.
adepto (a.**dep**.to) *s.m.* Partidário.
adequação (a.de.qua.**ção**) *s.f.* **1.** Ação de adequar-se. **2.** Adaptação, ajustamento; conformidade.
adequado (a.de.**qua**.do) *adj.* **1.** Apropriado, ajustado. **2.** Acomodado. **3.** Conveniente.
adequar (a.de.**quar**) *v.t.d. e v.p.* **1.** Amoldar(-se); apropriar(-se), acomodar(-se). **2.** Igualar(-se). **3.** Adaptar(-se), moldar(-se), ajustar(-se); conformar(-se). *Obs.*: verbo defectivo, conjuga-se nas formas arrizotônicas; pres. do ind. adequamos, adequais; imperat. afirm. adequai.
adereçar (a.de.re.**çar**) *v.t.d.* Adornar, ornamentar.
adereço (a.de.**re**.ço) [ê] *s.m.* **1.** Adorno, enfeite. **2.** Objeto que acompanha um traje, como enfeite: *a espada é um adereço*.
aderência (a.de.**rên**.ci.a) *s.f.* **1.** Ligação. **2.** União, vínculo. **3.** (*Fig.*) Adesão.
aderente (a.de.**ren**.te) *adj.2g.* **1.** Que adere. **2.** Unido, colado, pegado. *s.2g.* **3.** Partidário.
aderir (a.de.**rir**) *v.t.i.* **1.** Estar ou ficar intimamente colado; grudar: *o tecido molhado adere à pele*. **2.** Aceitar, adotar, escolher: *aderir a uma associação*. *Obs.*: verbo irregular; troca o e da raiz por *i* na 1ª pes. do sing. do pres. do ind.: *adiro*; e em todas as pessoas do subj.: *adira, adiras* etc.
adernar (a.der.**nar**) *v.i.* Inclinar-se para um dos lados, afundando: *o barco adernou*.
adesão (a.de.**são**) *s.f.* **1.** Ação ou ato de aderir. **2.** União, apego. **3.** Aprovação. **4.** (*Quím.*) Força de atração entre moléculas de substâncias diferentes.
adesismo (a.de.**sis**.mo) *s.m.* (*Pej.*) Ato ou prática de aderir ou aceitar uma mudança ou proposta política apenas para benefício próprio.
adesista (a.de.**sis**.ta) *s.2g.* Pessoa que adere a ou aceita todas as propostas, que pratica o adesismo.
adesivo (a.de.**si**.vo) *adj.* **1.** Que adere, gruda. *s.m.* **2.** Fita ou tira colante: *prendeu o embrulho com adesivo*. **3.** Imagem em plástico ou papel, que se pode colar em vidro ou outra superfície.
adestrado (a.des.**tra**.do) *adj.* **1.** Que se adestrou; ensinado, destro. **2.** Submetido a adestramento; treinado: *cavalo adestrado, cães adestrados*.
adestrador (a.des.tra.**dor**) [ô] *s.m. e adj.* (Pessoa) que adestra animais, que treina cães, amansa cavalos etc.
adestramento (a.des.tra.**men**.to) *s.m.* **1.** Ação de adestrar; destreza. **2.** Treinamento; exercício. **3.** Treinamento de um cavalo para que obedeça a comandos ou de um cão para rastreamento, guarda, guia etc.
adestrar (a.des.**trar**) *v.t.d.* **1.** Ensinar, exercitar, habilitar. **2.** Ensinar (um animal) a obedecer comandos ou desenvolver atividades de rastreamento, guarda, guia de cegos etc.
adeus (a.**deus**) *interj.* **1.** Emprega-se em despedida formal ou definitiva. *s.m.* **2.** Despedida; separação.
adiamento (a.di.a.**men**.to) *s.m.* Ação de adiar.
adiantado (a.di.an.**ta**.do) *adj.* **1.** Que se adiantou. **2.** Avançado; progressista. **3.** Atrevido.

adiantamento (a.di.an.ta.**men**.to) s.m. 1. Ação de adiantar-se. 2. Progresso; avanço. 3. Quantia que se paga antes do tempo combinado: *adiantamento de salário*.
adiantar (a.di.an.**tar**) v.t.d. e v.p. 1. Antecipar(-se). 2. Promover o progresso de. 3. Fazer ou pagar com antecipação.
adiante (a.di.**an**.te) adv. 1. Na frente, na dianteira. 2. Para diante.
adiar (a.di.**ar**) v.t.d. Transferir para outro dia, protelar; delongar.
adiável (a.di.**á**.vel) adj.2g. Que se pode adiar.
adição (a.di.**ção**) s.f. 1. Acréscimo, aumento, aditamento, soma de parcelas. 2. (*Mat.*) A primeira operação aritmética.
adicional (a.di.ci.o.**nal**) s.m. e adj.2g. (Aquilo) que se adiciona ou acrescenta; extra: *pediu um (valor) adicional pela dificuldade do trabalho*.
adicionar (a.di.ci.o.**nar**) v.t.d. Acrescentar, aumentar, ajuntar.
adido (a.**di**.do) adj. 1. Adjunto, auxiliar. 2. Acrescentado; somado. s.m. 3. Funcionário agregado a outro.
adiposo (a.di.**po**.so) [ô] adj. (*Bio.*) Que contém ou é formado por gordura: *tecido adiposo, células adiposas*. ▣ Pl. *adiposos* [ó].
aditamento (a.di.ta.**men**.to) s.m. 1. Ação de aditar. 2. Suplemento.
aditar (a.di.**tar**) v.t.d. Adicionar, acrescentar.
aditivo (a.di.**ti**.vo) adj. 1. Que se adicionou. s.m. 2. Projeto de emenda a uma lei em tramitação. 3. (*Quím.*) Componente especial para alterar óleos e lubrificantes.
adivinha (a.di.**vi**.nha) s.f. 1. Pergunta, frase etc. para se adivinhar; enigma, adivinhação: *uma adivinha quase sempre começa com "o que é? o que é?"*. 2. Qualquer charada ou enigma. 3. Feminino de *adivinho*.
adivinhação (a.di.vi.nha.**ção**) s.f. 1. Ação de adivinhar; predição. 2. Adivinha.
adivinhador (a.di.vi.nha.**dor**) [ô] s.m. Pessoa que, em um jogo, deve adivinhar o que se pede.
adivinhar (a.di.vi.**nhar**) v.t.d. 1. Prever o futuro. 2. Predizer, vislumbrar, conjeturar. 3. Decifrar.
adivinho (a.di.**vi**.nho) s.m. Pessoa que afirma ser capaz de adivinhar, descobrir fatos passados ou futuros por meios mágicos.
adjá (ad.**já**) s.m. (*Folc.*) Sino ou campainha de metal usada no candomblé.
adjacência (ad.ja.**cên**.ci.a) s.f. Vizinhança, proximidade; situação contígua.
adjacente (ad.ja.**cen**.te) adj.2g. Vizinho, próximo, contíguo.
adjetivado (ad.je.ti.**va**.do) adj. 1. Acompanhado de ou tomado como adjetivo. 2. Tornado adjetivo.
adjetivar (ad.je.ti.**var**) v.t.d. Qualificar, empregar como ou acompanhar de adjetivo.
adjetivo (ad.je.**ti**.vo) s.m. (*Gram.*) Palavra que atribui ao substantivo uma qualidade, classe ou tipo, como "azul", "grande" ou "estranho".

adjudicar (ad.ju.di.**car**) v.t.d. (*Dir.*) Atribuir, conceder, entregar legalmente: *o leiloeiro adjudicou a peça ao ruivo*.
adjunto (ad.**jun**.to) adj. 1. Unido, agregado. 2. Contíguo, próximo. 3. Auxiliar. s.m. 4. Assistente.
adjutório (ad.ju.**tó**.ri.o) s.m. 1. Ajuda, socorro, auxílio. 2. Mutirão. O mesmo que *ajutório*.
administração (ad.mi.nis.tra.**ção**) s.f. 1. Ação de administrar. 2. Pessoa ou departamento que administra (uma empresa, um negócio); direção, gerência. 3. Lugar onde se administra.
administrador (ad.mi.nis.tra.**dor**) [ô] s.m. 1. Pessoa que cuida dos bens ou negócios de outra: *contratou um administrador para a fazenda*. 2. Pessoa com formação profissional em administração.
administrar (ad.mi.nis.**trar**) v.t.d. 1. Cuidar de; dirigir, gerir: *administrar uma loja*. 2. Aplicar, ministrar: *administrou-lhe uma injeção*.
administrativo (ad.mi.nis.tra.**ti**.vo) adj. Relacionado a administração.
admiração (ad.mi.ra.**ção**) s.f. 1. Espanto, enlevo. 2. Veneração.
admirado (ad.mi.**ra**.do) adj. 1. Cheio de admiração; surpreso, impressionado. 2. Que se admira apreciado.
admirador (ad.mi.ra.**dor**) [ô] s.m. e adj. (Pessoa) que admira, gosta muito de: *os admiradores de Beatriz lhe enviaram flores pelo aniversário*.
admirar (ad.mi.**rar**) v.t.d. 1. Olhar com enlevo ou com espanto; apreciar: *admirar a paisagem*. v.t.i 2. Causar admiração a: *seu ato admirou a todos* v.p. 3. Sentir admiração: *todos se admiraram de vê-la ali*.
admirativo (ad.mi.ra.**ti**.vo) adj. Relacionado a admiração, que expressa admiração.
admirável (ad.mi.**rá**.vel) adj.2g. 1. Espantoso, maravilhoso. 2. Excelente.
admissão (ad.mis.**são**) s.f. 1. Ação de admitir 2. Introdução. 3. Aceitação. 4. Ingresso; entrada.
admissível (ad.mis.**sí**.vel) adj.2g. Que se pode admitir; aceitável.
admitir (ad.mi.**tir**) v.t.d. 1. Aceitar, receber. 2. Aprovar, concordar com. 3. Reconhecer. 4. Tolerar 5. Acolher.
admoestação (ad.mo.es.ta.**ção**) s.f. 1. Ação de admoestar. 2. Advertência, repreensão, reprimenda
admoestar (ad.mo.es.**tar**) v.t.d. Advertir, avisar repreender.
adnominal (ad.no.mi.**nal**) adj.2g. Relativo a nome que fica junto do nome.
adobe (a.**do**.be) [ô] s.m. Tijolo cru, que foi secado ao sol.
adoçante (a.do.**çan**.te) adj.2g. 1. Que adoça. s.m 2. Substância natural ou artificial usada para adoçar um alimento ou bebida.
adoção (a.do.**ção**) s.f. Ação de adotar.
adoçar (a.do.**çar**) v.t.d. 1. Tornar doce. 2. (*Fig.*) Suavizar.
adocicado (a.do.ci.**ca**.do) adj. De sabor levemente doce
adocicar (a.do.ci.**car**) v.t.d. Tornar levemente doce.

adoecer (a.do.e.**cer**) v.i. Ficar doente.
adoentado (a.do.en.**ta**.do) adj. Doente, enfermo.
adoentar (a.do.en.**tar**) v.t.d. e v.p. Ficar doente, adoecer.
adoidado (a.doi.**da**.do) adj. 1. Um pouco doido. 2. Desatinado. 3. Amalucado.
adolescência (a.do.les.**cên**.ci.a) s.f. Fase ou período do desenvolvimento físico e psicológico após a puberdade, em que se desenvolvem a maturidade sexual, mudanças hormonais e aquisição de estruturas lógicas abstratas, que pode durar até os 22 anos.
adolescente (a.do.les.**cen**.te) s.2g. e adj.2g. 1. (Pessoa) que está na adolescência; jovem. adj.2g. 2. Pertencente ao período de adolescência.
adolescer (a.do.les.**cer**) v.i. Viver a adolescência.
adoração (a.do.ra.**ção**) s.f. 1. Ação de adorar. 2. Culto, veneração.
adorador (a.do.ra.**dor**) [ô] s.m. e adj. 1. (Pessoa) que adora, idolatra, cultua, venera. 2. (Pessoa) que aprecia; admirador.
adorar (a.do.**rar**) v.t.d. 1. Cultuar, idolatrar, venerar: *adoravam o Criador do universo*. 2. (Pop.) Gostar muito, amar extremamente: *adorava jogar basquete*.
adorável (a.do.**rá**.vel) adj.2g. 1. Encantador. 2. Muito amado, digno de adoração.
adormecer (a.dor.me.**cer**) v.t.d. 1. Fazer dormir. 2. Entorpecer. v.i. 3. Pegar no sono. 4. (Fig.) Acalmar, tornar insensível.
adormecimento (a.dor.me.ci.**men**.to) s.m. Ação de adormecer.
adornar (a.dor.**nar**) v.t.d. 1. Enfeitar, ornar, cobrir de adornos. 2. Decorar, embelezar.
adorno (a.**dor**.no) [ô] s.m. Enfeite, ornato.
adotado (a.do.**ta**.do) adj. 1. Escolhido, selecionado. s.m. e adj. 2. (Pessoa) criada como filho.
adotar (a.do.**tar**) v.t.d. 1. Aceitar como filho, perfilhar. 2. Escolher. 3. Seguir, aprovar.
adotivo (a.do.**ti**.vo) adj. 1. Relativo a adoção: *processo adotivo*. 2. Que se adotou: *pátria adotiva, filho adotivo*.
adquirir (ad.qui.**rir**) v.t.d. 1. Conseguir, obter, ganhar, conquistar. 2. Comprar. 3. Passar a ter, contrair. 4. (Fig.) Assumir.
adrede (a.**dre**.de) [ê] adv. 1. Antes, previamente. 2. De propósito, por querer.
adrenalina (a.dre.na.**li**.na) s.f. (Med.) Hormônio segregado pela glândula suprarrenal, estimulante do coração.
adro (a.dro) s.m. Pátio aberto de uma igreja.
adsorção (ad.sor.**ção**) s.f. (Quím.) Adesão de partículas de um fluido a um sólido, usada, por exemplo, para purificar água com filtro de carvão.
adstringência (ads.trin.**gên**.ci.a) s.f. Aperto, contração.
adstringente (ads.trin.**gen**.te) adj.2g. Que adstringe, fecha ou comprime.
adstringir (ads.trin.**gir**) v.t.d. Apertar, comprimir, fechar.

adstrito (ads.**tri**.to) adj. Unido, ligado.
aduana (a.du.**a**.na) s.f. Alfândega.
aduaneiro (a.du.a.**nei**.ro) adj. Relacionado a aduana ou alfândega; alfandegário.
adubação (a.du.ba.**ção**) s.f. Ação de adubar.
adubar (a.du.**bar**) v.t.d. 1. Fertilizar com adubo. 2. Temperar.
adubo (a.**du**.bo) s.m. Fertilizante.
adução (a.du.**ção**) s.f. 1. Ação de aduzir. 2. (Anat.) Movimento para dentro, aproximando-se do corpo: *os músculos de dentro da coxa fazem a adução da perna; os de fora, a abdução*.
aduela (a.du.**e**.la) s.f. Tábua curva, usada para fazer barris, tonéis etc. ou revestir superfícies.
adufe (a.**du**.fe) s.m. (Mús.) Pandeiro quadrado, com couro dos dois lados.
adulação (a.du.la.**ção**) s.f. Lisonja.
adulador (a.du.la.**dor**) [ô] s.m. e adj. (Pessoa) que adula.
adular (a.du.**lar**) v.t.d. Bajular, lisonjear.
adulteração (a.dul.te.ra.**ção**) s.f. Ação de adulterar; falsificação.
adulterar (a.dul.te.**rar**) v.t.d. 1. Corromper, falsificar. 2. Alterar, mudar. v.i. 3. Cometer adultério.
adulterino (a.dul.te.**ri**.no) adj. Relativo a adultério, que se originou de adultério: *filho adulterino*.
adultério (a.dul.**té**.ri.o) s.m. 1. Infidelidade conjugal. 2. Falsificação; adulteração.
adúltero (a.**dúl**.te.ro) s.m. e adj. (Pessoa) que pratica adultério.
adulto (a.**dul**.to) s.m. 1. Pessoa que já passou pela adolescência, que completou seu desenvolvimento biológico. adj. 2. Maduro, desenvolvido, crescido: *tinha ideias adultas e vontades infantis*.
adunco (a.**dun**.co) adj. Que tem forma de gancho; curvo, recurvado.
adusto (a.**dus**.to) adj. 1. Muito quente; em brasa. 2. Escurecido, queimado.
adutor (a.du.**tor**) [ô] adj. 1. Que faz adução, que aduz ou traz alguma coisa. s.m. e adj. 2. (Anat.) (Músculo) responsável pelo movimento de adução em direção ao corpo.
adutora (a.du.**to**.ra) [ô] s.f. 1. Conduto artificial de água. 2. Canal, galeria, condutora.
aduzir (a.du.**zir**) v.t.d. 1. Trazer, apresentar: *aduziu novas provas para o julgamento*. 2. (Anat.) Aproximar do corpo, fazer adução.
adventício (ad.ven.**tí**.ci.o) adj. 1. Que advém, que vem depois. 2. (Relig.) Relacionado ao advento, ou vinda do Salvador.
adventismo (ad.ven.**tis**.mo) s.m. Doutrina protestante que espera o próximo advento de Cristo à Terra.
advento (ad.**ven**.to) s.m. 1. Chegada, vinda. 2. Aparecimento; início.
adverbial (ad.ver.bi.**al**) adj.2g. (Gram.) Relativo a advérbio.
advérbio (ad.**vér**.bi.o) s.m. (Gram.) Palavra que modifica um verbo, um adjetivo ou outro advérbio, exprimindo circunstâncias como tempo, modo, lugar etc.

adversário (ad.ver.**sá**.ri.o) s.m. e adj. **1.** Opositor. **2.** Antagonista, competidor, rival. **3.** Inimigo.
adversidade (ad.ver.si.**da**.de) s.f. **1.** Infortúnio. **2.** Contrariedade, desventura. **3.** Oposição. **4.** Hostilidade, antagonismo.
adverso (ad.**ver**.so) adj. Contrário, desfavorável, hostil, inimigo.
advertência (ad.ver.**tên**.ci.a) s.f. **1.** Ação de advertir; aviso. **2.** Repreensão branda, admoestação. **3.** Observação, aconselhamento.
advertir (ad.ver.**tir**) v.t.d. **1.** Avisar, prevenir, exortar: *advertiu a criança para o perigo de jogar bola na sala*. **2.** Censurar, repreender com palavras: *advertiu os moleques*. **3.** Insistir, lembrar.
advindo (ad.**vin**.do) adj. Que adveio, que veio depois.
advir (ad.**vir**) v.i. e v.t.i. **1.** Suceder, acontecer depois. **2.** Sobrevir. **3.** Vir em consequência. Obs.: verbo irregular; pres. do ind.: *advenho, advéns, advém, advimos, advindes, advêm*; perf.: *advim, advieste, adveio, adviemos, adviestes, advieram*; mqp.: *adviera* etc.; pres. do subj.: *advenha, advenhas* etc.
advocacia (ad.vo.ca.**ci**.a) s.f. Profissão de advogado.
advocatício (ad.vo.ca.**tí**.ci.o) adj. Relacionado a advogado: *honorários advocatícios*.
advogado (ad.vo.**ga**.do) s.m. **1.** O que defende em juízo. **2.** Defensor, patrono. **3.** Formado em leis. **4.** Mediador, intercessor.
advogar (ad.vo.**gar**) v.i. Trabalhar como advogado, exercer a advocacia.
aedo (a.**e**.do) [é] s.m. Poeta da Grécia antiga que apresentava suas composições ao som da lira: *Homero foi um dos mais célebres aedos*.
aeração (a.e.ra.**ção**) s.f. **1.** Ventilação; método de purificar a água por meio do ar. **2.** Ação de arejar.
aéreo (a.**é**.re.o) adj. **1.** Relacionado ao ar. **2.** (Fig.) Imaginário, infundado, desatento.
aeróbica (a.e.**ró**.bi.ca) s.f. Ginástica que combina movimentos rítmicos com respiração intensa.
aeróbico (a.e.**ró**.bi.co) adj. **1.** (Bio.) Que combina o oxigênio com a quebra de glicose, para produzir energia: *respiração aeróbica*. **2.** Que usa principalmente esse tipo de energia: *exercícios aeróbicos*.
aeróbio (a.e.**ró**.bi.o) adj. **1.** Dependente do ar ou oxigênio. **2.** Aeróbico.
aeroclube (a.e.ro.**clu**.be) s.m. Clube de formação de pilotos de aeronaves.
aerodinâmica (a.e.ro.di.**nâ**.mi.ca) s.f. **1.** (Fís.) Estudo das leis reguladoras do movimento dos fluidos elásticos, dos efeitos dos gases sobre os sólidos em movimento. **2.** Alterações no desenho de um veículo para que enfrente menor resistência do ar: *melhorou a aerodinâmica do carro*.
aerodinâmico (a.e.ro.di.**nâ**.mi.co) adj. **1.** Relacionado à aerodinâmica. **2.** Que tem formas de acordo com esse estudo: *asas aerodinâmicas*.
aeródromo (a.e.**ró**.dro.mo) s.m. Área reservada a pouso, decolagem e manutenção de aeronaves.
aeroespacial (a.e.ro.es.pa.ci.**al**) adj.2g. Referente à aeronáutica ou à astronáutica.

aerofobia (a.e.ro.fo.**bi**.a) s.f. **1.** Horror ao ar livre e às correntes de ar. **2.** Medo de voar de avião.
aerofólio (ae.ro.**fó**.li.o) s.m. Peça em forma de lâmina colocada sobre um veículo para melhorar sua estabilidade e aerodinâmica.
aerofotogrametria (a.e.ro.fo.to.gra.me.**tri**.a) s.f. Levantamento fotográfico e geodésico da Terra por meio de fotografia aérea.
aerografia (a.e.ro.gra.**fi**.a) s.f. Técnica de pintura que utiliza aerógrafo, aerosol ou *spray*.
aerógrafo (a.e.**ró**.gra.fo) s.m. Equipamento para pintura que lança tinta em jatos ou gotas muito finas, usando compressor de ar.
aerograma (ae.ro.**gra**.ma) s.m. Página com porte postal pago, em que se escreve a mensagem em um lado da página, que é dobrado para dentro, e os dados de destinatário e remetente do lado de fora.
aerólito (a.e.**ró**.li.to) s.m. **1.** Pedra caída da atmosfera. **2.** Meteorito. **3.** Estrela cadente.
aeromoça (a.e.ro.**mo**.ça) [ô] s.f. Comissária de bordo nas aeronaves.
aeromodelismo (a.e.ro.mo.de.**lis**.mo) s.m. Esporte praticado com aeromodelos.
aeromodelo (a.e.ro.mo.**de**.lo) s.m. Miniatura de aeronave.
aeronauta (a.e.ro.**nau**.ta) s.2g. Pessoa que comanda ou tripula aeronave.
aeronáutica (a.e.ro.**náu**.ti.ca) s.f. **1.** Ciência que estuda a navegação aérea. **2.** Força militar de um país dedicada à proteção do espaço aéreo: *a aeronáutica do Brasil é a Força Aérea Brasileira*.
aeronáutico (ae.ro.**náu**.ti.co) adj. Relativo à navegação aérea, à aeronáutica.
aeronave (a.e.ro.**na**.ve) s.f. **1.** Qualquer aparelho ou veículo de navegação aérea. **2.** Veículo aéreo com asas; aeroplano, avião. **3.** Nave espacial.
aeroplano (a.e.ro.**pla**.no) s.m. Avião.
aeroporto (a.e.ro.**por**.to) [ô] s.m. Estação para transporte aéreo com pista de pouso de aeronaves, hangar, local para embarque e desembarque de passageiros e carga etc. ▪ Pl. *aeroportos* [ó].
aerosol (a.e.ro.**sol**) s.m. **1.** (Quím.) Suspensão de partículas sólidas ou líquidas em meio gasoso; *spray*. **2.** Embalagem que permite borrifar líquidos; lata de *spray*. O mesmo que *aerossol*.
aerossol (a.e.ros.**sol**) s.m. O mesmo que *aerosol*.
aeróstato (a.e.**rós**.ta.to) s.m. Aeronave que levanta voo e se mantém no ar com o uso de um gás mais leve que o ar, como o balão e o dirigível.
aerovia (a.e.ro.**vi**.a) s.f. Espaço aéreo navegável.
aeroviário (a.e.ro.vi.**á**.ri.o) adj. **1.** Pertencente a tráfego aéreo. s.m. **2.** Pessoa que trabalha com essa forma de transporte.
afã (a.**fã**) s.m. **1.** Ânsia, vontade. **2.** Pressa. **3.** Trabalho, azáfama.
afabilidade (a.fa.bi.li.**da**.de) s.f. Qualidade de afável.
afagar (a.fa.**gar**) v.t.d. Acariciar, agradar com afagos e mimos.
afago (a.**fa**.go) s.m. **1.** Carícia; mimo. **2.** Ação de afagar. **3.** (Fig.) Graça, favor.

afamado (a.fa.**ma**.do) adj. Célebre, notório, famoso, notável.
afanar (a.fa.**nar**) v.i. **1.** Trabalhar com afã. **2.** (Pop.) Furtar, roubar.
afasia (a.fa.**si**.a) s.f. (Med.) Distúrbio em que o indivíduo perde habilidades da linguagem falada ou escrita, com frequência ligado a doença vascular cerebral.
afastado (a.fas.**ta**.do) adj. **1.** Distante, longínquo, remoto. **2.** Desviado.
afastamento (a.fas.ta.**men**.to) s.m. **1.** Ação de afastar; retirada, distanciamento. **2.** Ausência, separação.
afastar (a.fas.**tar**) v.t.d. **1.** Pôr distante. **2.** Remover, apartar. **3.** Expulsar. **4.** Separar.
afável (a.**fá**.vel) adj.2g. Benigno, brando, cortês, meigo, agradável.
afazer (a.fa.**zer**) [ê] s.m. Coisa a ser feita; dever, atribuição, ocupação, trabalho.
afear (a.fe.**ar**) v.t.d. e v.p. Tornar(-se) feio; enfear.
afecção (a.fec.**ção**) s.f. Doença, enfermidade.
afegão (a.fe.**gão**) adj. **1.** Do Afeganistão, país da Ásia. s.m. **2.** Pessoa natural ou habitante desse lugar.
afeição (a.fei.**ção**) s.f. Afeto, amizade, carinho, amor.
afeiçoado (a.fei.ço.**a**.do) adj. Que tem afeição a: *era afeiçoado ao gatinho*.
afeiçoar (a.fei.ço.**ar**) v.t.d. **1.** Tomar afeição. **2.** Dar feição a, modelar.
afeito (a.**fei**.to) adj. Acostumado, habituado.
afélio (a.**fé**.li.o) s.m. (Astron.) Ponto da órbita de um astro que tem a maior distância do Sol. Cf. *periélio*.
afeminado (a.fe.mi.**na**.do) s.m. e adj. Efeminado.
aférese (a.**fé**.re.se) s.f. Mudança linguística em que se elimina o início da palavra, como em *enamorar* para *namorar*, em *até* para *té*; a palavra assim formada.
aferir (a.fe.**rir**) v.t.d. **1.** Conferir pesos ou medidas. **2.** Cotejar, avaliar, julgar. **3.** Ajustar. Obs.: verbo irregular, conjuga-se como *ferir*.
aferrado (a.fer.**ra**.do) adj. **1.** Agarrado. **2.** Pertinaz, obstinado.
aferrar (a.fer.**rar**) v.t.d. **1.** Prender com ferro. **2.** Ancorar (o navio).
aferroar (a.fer.ro.**ar**) v.t.d. **1.** Picar com ferrão; ferroar. **2.** Picar, repicar.
aferrolhar (a.fer.ro.**lhar**) v.t.d. Fechar com ferrolho.
aferventar (a.fer.ven.**tar**) v.t.d. Pôr a ferver.
afetação (a.fe.ta.**ção**) s.f. **1.** Ação de afetar. **2.** Fingimento, simulação de incômodo ou sofrimento.
afetado (a.fe.**ta**.do) adj. **1.** Atingido, ferido, implicado. **2.** Fingido, exagerado, falso.
afetar (a.fe.**tar**) v.t.d. **1.** Afligir, incomodar, atingir. **2.** Produzir lesão em. **3.** Fingir, simular, aparentar; usar de afetação. Obs.: part. *afetado* e *afeto*.
afetividade (a.fe.ti.vi.**da**.de) s.f. **1.** Qualidade de afetivo. **2.** (Psi.) Conjunto de reações do indivíduo ao mundo exterior.
afetivo (a.fe.**ti**.vo) adj. **1.** Relacionado a afeto, aos sentimentos: *vida afetiva*. **2.** Que tem afeto; afetuoso, carinhoso: *criança afetiva*.
afeto (a.**fe**.to) [é] s.m. **1.** Sentimento de amizade, afeição, dedicação. adj. **2.** Afeiçoado, dedicado. **3.** Partidário, aficionado.
afetuosidade (a.fe.tu.o.si.**da**.de) s.f. Qualidade de afetuoso.
afetuoso (a.fe.tu.**o**.so) [ô] adj. **1.** Que tem afeto. **2.** Afável, carinhoso, terno, amoroso, afetivo. ▣ Pl. *afetuosos* [ó].
afiado (a.fi.**a**.do) adj. Que se afiou; amolado, cortante.
afiançar (a.fi.an.**çar**) v.t.d. **1.** Ser fiador de. **2.** Garantir, prestar fiança. **3.** Assegurar, asseverar.
afiar (a.fi.**ar**) v.t.d. **1.** Amolar, tornar cortante. **2.** Apurar, aprimorar. **3.** Aguçar.
aficionado (a.fi.cio.**na**.do) adj. **1.** Amador, adorador, admirador, entusiasta de uma arte, de um esporte. **2.** Partidário de. **3.** Afeiçoado, dedicado.
afidalgar (a.fi.dal.**gar**) v.t.d. e v.p. (Raro) Tornar(-se) fidalgo ou nobre, receber título de nobreza.
afigurar-se (a.fi.gu.**rar**-se) v.t.d. Parecer, dar a impressão, apresentar-se: *o conflito afigurou-se inevitável*.
afilado (a.fi.**la**.do) adj. Fino, alongado: *nariz afilado*.
afilar (a.fi.**lar**) v.t.d. Dar forma de fio; apontar, afinar.
afilhado (a.fi.**lha**.do) s.m. **1.** O menino ou o homem em relação ao seu padrinho. **2.** O protegido em relação ao seu protetor; favorito.
afiliar (a.fi.li.**ar**) v.t.d. **1.** Fazer a filiação, ingressar. v.p. **2.** Filiar-se.
afim (a.**fim**) adj.2g. **1.** Que tem afinidade. **2.** Semelhante. s.2g. **3.** Parente por afinidade.
afinação (a.fi.na.**ção**) s.f. **1.** Ação de afinar. **2.** (Mús.) Sequência das notas de um instrumento de cordas: *a afinação do violão é mi, si, sol, ré, lá, mi*.
afinado (a.fi.**na**.do) adj. **1.** Que se afinou no correto tom. **2.** Ajustado (instrumento musical, voz). **3.** Ajustado, de acordo com.
afinal (a.fi.**nal**) adv. Por fim, finalmente, enfim.
afinar (a.fi.**nar**) v.t.d. **1.** Tornar fino. **2.** Harmonizar. **3.** (Mús.) Pôr no tom próprio. **4.** Purificar.
afinco (a.**fin**.co) s.m. Apego, perseverança.
afinidade (a.fi.ni.**da**.de) s.f. **1.** Qualidade de afim. **2.** Vínculo de parentesco. **3.** Semelhança, analogia. **4.** (Quím.) Força atrativa que une substâncias. **5.** Relação estabelecida por vínculos.
afirmação (a.fir.ma.**ção**) s.f. **1.** Ação de afirmar-se. **2.** Declaração formal. **3.** Asseveração, assertiva.
afirmar (a.fir.**mar**) v.t.d. **1.** Declarar com firmeza, asseverar, assegurar, dar por certo. **2.** Consolidar, fixar.
afirmativo (a.fir.ma.**ti**.vo) adj. **1.** Relacionado a afirmação, que expressa afirmação: *frase afirmativa*. **2.** Que afirma, que assegura como positivo: *ações afirmativas para a autoestima de crianças pobres*.
afivelar (a.fi.ve.**lar**) v.t.d. Prender, fechar com fivela.
afixar (a.fi.**xar**) [cs] v.t.d. **1.** Firmar, fixar, segurar. **2.** Tornar fixo.
afixo (a.**fi**.xo) [cs] s.m. (Gram.) Prefixo ou sufixo.
aflição (a.fli.**ção**) s.f. **1.** Angústia, sofrimento, desgosto. **2.** Inquietação, preocupação, ansiedade. **3.** Agonia. **4.** Mágoa, tristeza.
afligir (a.fli.**gir**) v.t.d. **1.** Causar aflição a; angustiar, ansiar. **2.** (Fig.) Atacar, atingir.

aflitivo (a.fli.ti.vo) *adj.* Que causa aflição, angustioso.
aflito (a.fli.to) *adj.* **1.** Que sente ou demonstra aflição; angustiado. **2.** Preocupado.
aflorar (a.flo.rar) *v.t.d.* **1.** Tocar de leve. *v.i.* **2.** Vir à tona. **3.** (Fig.) Esboçar.
afluência (a.flu.ên.ci.a) *s.f.* Afluxo, grande concorrência de pessoas ou coisas.
afluente (a.flu.en.te) *adj.2g.* **1.** Que aflui. **2.** Abundante. *s.m.* **3.** Rio que deságua em outro.
afluir (a.flu.ir) *v.t.i.* **1.** Correr ou convergir para. **2.** Vir em grande quantidade.
afluxo (a.flu.xo) [cs] *s.m.* **1.** Ação de afluir. **2.** Afluência. **3.** Abundância.
afobação (a.fo.ba.ção) *s.f.* Afã, pressa, precipitação, afobamento.
afobado (a.fo.ba.do) *adj.* Apressado, atrapalhado; tomado de afobação.
afobamento (a.fo.ba.men.to) *s.m.* Afobação.
afobar (a.fo.bar) *v.t.d.* Causar afobação a.
afofar (a.fo.far) *v.t.d.* **1.** Tornar fofo. **2.** Amaciar.
afogadilho (a.fo.ga.di.lho) *s.m.* Precipitação, pressa, aperto. **De afogadilho:** às pressas, apressadamente.
afogado (a.fo.ga.do) *s.m. e adj.* **1.** Que se afogou. **2.** Morto pela entrada de muita água no pulmão. **3.** Diz-se de motor ou carro que para de funcionar por excesso de combustível no cilindro. *s.m.* **4.** Comida típica das festas do Divino Espírito Santo no município paulista de São Luís do Paraitinga.
afogador (a.fo.ga.dor) [ô] *s.m.* Dispositivo para jogar combustível extra no carburador do carro, usado para dar partida em temperaturas baixas.
afogamento (a.fo.ga.men.to) *s.m.* **1.** Ação de afogar-se. **2.** Morte pela entrada de água nos pulmões.
afogar (a.fo.gar) *v.t.d.* **1.** Asfixiar por imersão. **2.** Sufocar, privar da respiração. *v.p.* **3.** Matar-se ou morrer por asfixia na água.
afogueado (a.fo.gue.a.do) *adj.* **1.** Abrasado, em fogo, ardente. **2.** Corado, enrubescido.
afoguear (a.fo.gue.ar) *v.t.d.* **1.** Pôr fogo, queimar. **2.** Enrubescer. Obs.: pres. do ind.: *afogueio, afogueias, afogueia, afogueamos* etc.
afoito (a.foi.to) *adj.* Audaz, intrépido, destemido.
afonia (a.fo.ni.a) *s.f.* (Med.) Perda da voz.
afônico (a.fô.ni.co) *adj.* Sem voz.
afora (a.fo.ra) [ó] *adv.* **1.** Por toda a extensão ou duração: *seguia pela estrada afora; foi ensinando pela vida afora*. **2.** (Raro) Para o lado de fora: *disse tchau e saiu porta afora*. *prep.* **3.** Fora, menos, exceto; à exceção de: *agradou a todos afora um ou outro.*
aforismo (a.fo.ris.mo) *s.m.* Sentença breve, que expressa um conceito ou uma moral; máxima, apotegma.
afortunado (a.for.tu.na.do) *adj.* Feliz, ditoso, venturoso.
afoxé (a.fo.xé) *s.m.* (Folc.) **1.** Grupo do Carnaval da Bahia, originalmente integrado apenas por seguidores do candomblé: *o afoxé Filhos de Gandhi é um dos mais antigos*. **2.** (Mús.) Instrumento de percussão formado por uma cabaça com cabo, dentro de uma rede de contas; piano de cuia, xequerê.

afrancesar (a.fran.ce.sar) *v.t.d.* Dar feições ou modos franceses; tornar semelhante a francês.
afreguesado (a.fre.gue.sa.do) *adj.* Que tem fregueses; bem-conceituado.
afresco (a.fres.co) [ê] *s.m.* **1.** Processo usado em pintura, que consiste na aplicação das tintas sobre o reboco ainda fresco. **2.** Pintura feita por esse processo.
africânder (a.fri.cân.der) *s.m.* Língua falada na África do Sul pelos boêres, derivada do neerlandês, com influências variadas.
africano (a.fri.ca.no) *adj.* **1.** Pertencente ao continente da África; africo, afro: *regiões africanas*. *s.m.* **2.** Pessoa natural desse lugar.
áfrico (á.fri.co) *s.m. e adj.* Africano.
afro (a.fro) *s.m. e adj.2g.* **1.** Africano. *adj.2g.* **2.** Que tem influências genéticas, estéticas, culturais etc. de povos africanos: *dança afro, cabelo afro*.
afro-americano (a.fro-a.me.ri.ca.no) *adj.* Relativo à África e à América, à influência africana na América, ou aos descendentes de africanos nascidos na América: *costumes afro-americanos, ritmos afro-americanos*. ▫ Pl. *afro-americanos*.
afro-asiático (a.fro-a.si.á.ti.co) *adj.* Relativo à África e à Ásia. ▫ Pl. *afro-asiáticos*.
afro-brasileiro (a.fro-bra.si.lei.ro) *adj.* **1.** Relativo à África e ao Brasil. **2.** Diz-se de características ou influências das culturas africanas desenvolvidas no Brasil: *cultos afro-brasileiros, culinária afro-brasileira*. ▫ Pl. *afro-brasileiros*.
afrodisíaco (a.fro.di.sí.a.co) *s.m. e adj.* Excitante, estimulante do apetite sexual.
afronta (a.fron.ta) *s.f.* Injúria, ultraje, ofensa.
afrontamento (a.fron.ta.men.to) *s.m.* Ação de afrontar.
afrontar (a.fron.tar) *v.t.d.* **1.** Encarar, desafiar. **2.** Medir forças com. **3.** Insultar. **4.** Infligir afronta a. **5.** (Fig.) Acometer.
afrontoso (a.fron.to.so) [ô] *adj.* Que afronta, em que há afronta; ofensivo. ▫ Pl. *afrontosos* [ó].
afrouxamento (a.frou.xa.men.to) *s.m.* Ação de afrouxar.
afrouxar (a.frou.xar) *v.t.d.* **1.** Tornar frouxo, despertar. **2.** Diminuir o empenho, o entusiasmo.
afta (af.ta) *s.f.* (Bio.) Ulceração da mucosa do aparelho digestivo; lesão bucal inflamatória.
aftosa (af.to.sa) [ó] *s.f.* (Bio.) Doença viral muito contagiosa, comum no gado bovino. Também chamada febre aftosa.
aftoso (af.to.so) [ô] *adj.* (Bio.) **1.** Relacionado a afta, que tem afta. **2.** Relacionado a aftosa, que tem aftosa. ▫ Pl. *aftosos* [ó].
afugentar (a.fu.gen.tar) *v.t.d.* Fazer fugir.
afundamento (a.fun.da.men.to) *s.m.* **1.** Ação de afundar. **2.** Região ou parte afundada.
afundar (a.fun.dar) *v.t.d.* **1.** Fazer ir ao fundo. **2.** Escavar fundo. **3.** (Fig.) Deitar a perder.
afunilado (a.fu.ni.la.do) *adj.* Que se afunila ou se estreita, que termina em forma de funil.
afunilar (a.fu.ni.lar) *v.t.d.* **1.** Dar forma de funil a. **2.** Estreitar.
Ag Símbolo do elemento químico prata.

agonizar

agá (a.gá) s.m. Nome da letra H.
agachamento (a.ga.cha.**men**.to) s.m. Ação de agachar-se.
agachar-se (a.ga.**char**-se) v.p. **1.** Abaixar-se, dobrando as pernas. **2.** Humilhar-se, ceder.
agadanhar (a.ga.da.**nhar**) v.t.d. Gadanhar.
agaloado (a.ga.lo.**a**.do) adj. Enfeitado com galões.
ágape (á.ga.pe) s.m. **1.** (Hist.) Refeição comunitária entre cristãos dos primeiros séculos. **2.** Amor benevolente e caridoso.
ágar (á.gar) s.m. (Quím.) Polissacarídeo de uso farmacológico extraído de algas comuns, tem consistência de hidrogel; usado na indústria de cosméticos, alimentos, medicamentos etc. O mesmo que *ágar-ágar*.
ágar-ágar (á.gar-á.gar) s.m. (Quím.) O mesmo que *ágar*.
agarrado (a.gar.**ra**.do) adj. **1.** Aferrado, apegado. **2.** Teimoso. **3.** Avarento.
agarramento (a.gar.ra.**men**.to) s.m. Ação de agarrar, abraçar.
agarrar (a.gar.**rar**) v.t.d. **1.** Segurar com força; prender. **2.** Grudar, ligar. **3.** Abraçar, apalpar com volúpia.
agasalhar (a.ga.sa.**lhar**) v.t.d. Abrigar, acolher, proteger; aquecer.
agasalho (a.ga.**sa**.lho) s.m. **1.** Ato de agasalhar. **2.** Peça de vestuário com que se conserva o calor do corpo. **3.** Abrigo, hospedagem. **4.** Proteção.
agastar (a.gas.**tar**) v.t.d. e v.p. Aborrecer(-se), irritar(-se), chatear(-se).
ágata (á.ga.ta) s.f. Pedra semipreciosa que apresenta camadas distintas e multicoloridas.
agatanhar (a.ga.ta.**nhar**) v.t.d. Gadanhar.
agave (a.**ga**.ve) s.m. (Bot.) Planta de que se extrai uma fibra chamada sisal, cultivada também como ornamental.
agência (a.**gên**.ci.a) s.f. **1.** Escritório de negócios. **2.** Filial (de banco, casa bancária ou comercial, repartição pública). **3.** Sucursal.
agenciar (a.gen.ci.**ar**) v.t.d. Tratar de negócios alheios. Obs.: pres. do ind.: *agencio, agencias, agencia, agenciamos, agenciais, agenciam*; pres. do subj.: *agencie, agencies, agencie* etc.
agenda (a.**gen**.da) s.f. **1.** Caderneta de apontamentos e lembretes de compromissos. **2.** Programação das atividades e compromissos: *estava com a agenda cheia e não tinha como aceitar outro compromisso.*
agendar (a.gen.**dar**) v.t.d. Marcar na agenda, escolher data para (compromisso): *agendar uma reunião.*
agente (a.**gen**.te) s.2g. **1.** Aquele que age, que executa uma ação: *as rochas foram desgastadas por agentes naturais; agente infeccioso.* **2.** Pessoa que executa certos trabalhos ligados a polícia, investigações e fiscalização: *agente de polícia, agente secreto*. adj.2g. **3.** Que age, que pratica uma ação.
agigantar (a.gi.gan.**tar**) v.t.d. e v.p. **1.** Tornar(-se) gigante; crescer além do normal. **2.** Destacar-se, sobressair. v.t.d. **3.** Aumentar o tamanho de; ressaltar: *agigantou as qualidades e apequenou os defeitos para agradar ao cliente.*

ágil (á.gil) adj.2g. Hábil, destro, ligeiro.
agilidade (a.gi.li.**da**.de) s.f. Ligeireza, presteza, desembaraço, rapidez.
agilizar (a.gi.li.**zar**) v.t.d. Tornar ágil, fazer com que ande logo; dinamizar: *agilizar o atendimento.*
ágio (á.gi.o) s.m. **1.** Diferença entre o valor nominal e o valor real. **2.** Comissão.
agiota (a.gi.**o**.ta) [ó] s.2g. Pessoa que empresta dinheiro a juros sem seguir a legislação; usurário.
agiotagem (a.gio.**ta**.gem) s.f. Especulação exagerada sobre fundos ou mercadorias; usura.
agir (a.**gir**) v.i. Pôr em ação, operar, atuar, realizar.
agitação (a.gi.ta.**ção**) s.f. **1.** Ação de agitar. **2.** Movimento. **3.** Perturbação. **4.** Alvoroço, tumulto, desordem.
agitado (a.gi.**ta**.do) adj. **1.** Que se agita, cheio de agitação; movimentado, dinâmico. **2.** Perturbado, nervoso.
agitador (a.gi.ta.**dor**) [ô] adj. **1.** Que agita. s.m. **2.** O que promove agitação. **3.** Revolucionário.
agitar (a.gi.**tar**) v.t.d. **1.** Mover, sacudir. **2.** Alvoroçar, amotinar.
aglomeração (a.glo.me.ra.**ção**) s.f. Agrupamento; ajuntamento.
aglomerado (a.glo.me.**ra**.do) adj. **1.** Que se aglomerou. s.m. **2.** Placa feita com partículas de madeira aglomeradas ou coladas.
aglomerar (a.glo.me.**rar**) v.t.d. Amontoar, reunir, juntar, acumular.
aglutinação (a.glu.ti.na.**ção**) s.f. **1.** Ação de aglutinar. **2.** Aderência, consolidação.
aglutinante (a.glu.ti.**nan**.te) s.m. e adj.2g. (Substância) que se acrescenta a uma mistura para que esta ganhe poder de aglutinar ou colar: *o cimento é um aglutinante.*
aglutinar (a.glu.ti.**nar**) v.t.d. **1.** Unir com glúten ou cola. **2.** Unir, colar, grudar. **3.** Consolidar.
agnato (ag.**na**.to) s.m. (Zoo.) Peixe primitivo, sem mandíbula e com boca em forma de ventosa, como a lampreia.
agnosticismo (ag.nos.ti.**cis**.mo) s.m. (Filos.) Doutrina que considera impossível provar a existência de Deus.
agnóstico (ag.**nós**.ti.co) adj. **1.** Pertencente ao agnosticismo. s.m. **2.** Seguidor do agnosticismo.
agogô (a.go.**gô**) s.m. (Mús.) Instrumento de percussão formado por duas campânulas metálicas de tamanhos diferentes, tocadas com uma haste metálica, importante no samba e no candomblé; xique-xique.
agonia (a.go.**ni**.a) s.f. **1.** Ânsia, transe de morte. **2.** Angústia.
agoniado (a.go.ni.**a**.do) adj. **1.** Cheio de ansiedade. **2.** Aflito, atribulado, amargurado.
agoniar (a.go.ni.**ar**) v.t.d. **1.** Causar agonia a. **2.** Amargurar, mortificar.
agonizante (a.go.ni.**zan**.te) adj.2g. **1.** Que está na agonia. s.2g. **2.** Moribundo, pessoa que agoniza.
agonizar (a.go.ni.**zar**) v.t.d. **1.** Causar agonia a. v.i. **2.** Estar à morte.

agora (a.go.ra) *adv.* Neste instante, atualmente.
ágora (á.go.ra) *s.f.* (*Hist.*) Local central e aberto, praça em Atenas e outras cidades do mundo grego, onde se encontravam os cidadãos e discutiam política e negócios.
agorafobia (a.go.ra.fo.**bi**.a) *s.f.* (*Med.*) Horror doentio aos espaços abertos.
agostiniano (a.gos.ti.ni.a.no) *adj.* Relacionado ao filósofo católico Santo Agostinho (354-430).
agosto (a.**gos**.to) *s.m.* Oitavo mês do ano, com 31 dias.
agourar (a.gou.**rar**) *v.t.d.* Pressagiar, profetizar, predizer, vaticinar.
agourento (a.gou.**ren**.to) *adj.* Relativo a agouro.
agouro (a.**gou**.ro) *s.m.* Presságio, vaticínio, profecia.
agraciar (a.gra.ci.**ar**) *v.t.d.* **1.** Conceder graça a. **2.** Honrar com título.
agradar (a.gra.**dar**) *v.t.i.* **1.** Satisfazer, contentar. *v.i.* **2.** Impressionar favoravelmente. **2.** Fazer carinho, afago; afagar: *agradar o gato*.
agradável (a.gra.**dá**.vel) *adj.2g.* Aprazível, ameno, gostoso, que dá prazer.
agradecer (a.gra.de.**cer**) *v.t.d. e i.* **1.** Demonstrar gratidão a. **2.** Retribuir favores a. **3.** Reconhecer. *v.i.* **4.** Demonstrar gratidão.
agradecido (a.gra.de.**ci**.do) *adj.* Que sente gratidão; grato, reconhecido.
agradecimento (a.gra.de.ci.**men**.to) *s.m.* **1.** Ação de agradecer. **2.** Reconhecimento, gratidão.
agrado (a.**gra**.do) *s.m.* **1.** Ação de agradar. **2.** Gosto, satisfação. **3.** Demonstração de carinho.
ágrafo (á.gra.fo) *adj.* Que não tem escrita: *língua ágrafa, povos ágrafos*.
agrário (a.**grá**.ri.o) *adj.* Relativo ao campo ou à cultura de terras.
agravamento (a.gra.va.**men**.to) *s.m.* **1.** Ação de agravar(-se); exacerbação: *o agravamento da crise gerou protestos*. **2.** Recaída, piora.
agravante (a.gra.**van**.te) *adj.2g.* **1.** Que agrava. **2.** Ofensivo. *s.m.* **3.** Circunstância que aumenta a gravidade.
agravar (a.gra.**var**) *v.t.d. e v.p.* **1.** Tornar(-se) mais grave. **2.** Piorar, exacerbar.
agravo (a.**gra**.vo) *s.m.* Ofensa, injúria, dano, afronta.
agredir (a.gre.**dir**) *v.t.d.* **1.** Atacar, bater em, ofender a. **2.** Provocar. **3.** Hostilizar, injuriar.
agregação (a.gre.ga.**ção**) *s.f.* **1.** Ação de agregar(-se). **2.** (*Ecol.*) Ajuntamento de indivíduos por consequências ambientais; (re)união, conjunto, acumulação.
agregado (a.gre.**ga**.do) *adj.* **1.** Junto, reunido. **2.** Que se acrescenta ou agrega ao principal. *s.m.* **3.** Pessoa que vive com uma família sem ser parente, como pessoa da casa. **4.** Lavrador sem recursos, que trabalha em terra alheia.
agregar (a.gre.**gar**) *v.t.d.* **1.** Ajuntar, aglomerar, reunir. **2.** Congregar.
agremiação (a.gre.mi.a.**ção**) *s.f.* Reunião de pessoas em sociedade, grêmio etc.

agremiar (a.gre.mi.**ar**) *v.t.d.* **1.** Reunir em grêmio: *agremiar os estudantes*. **2.** Associar, reunir: *agremiou os metalúrgicos*.
agressão (a.gres.**são**) *s.f.* **1.** Ação de agredir. **2.** Provocação, hostilidade, ofensa.
agressividade (a.gres.si.vi.**da**.de) *s.f.* **1.** Disposição para agredir. **2.** Impulso para agressão.
agressivo (a.gres.**si**.vo) *adj.* **1.** Que tem agressividade. **2.** Ofensivo, hostil.
agressor (a.gres.**sor**) [ô] *s.m. e adj.* (Pessoa) que agride, que comete a agressão.
agreste (a.**gres**.te) *adj.2g.* **1.** Campestre **2.** Tosco, rústico. *s.m.* **3.** Zona geográfica do Nordeste do Brasil, entre a mata e a caatinga.
agrião (a.gri.**ão**) *s.m.* (*Bot.*) Planta hortense com folhas de verde intenso e sabor picante, usada em geral em saladas.
agrião-do-norte (a.gri.ão-do-**nor**.te) *s.m.* (*Bot.*) Jambu. ▣ Pl. *agriões-do-norte*.
agrícola (a.**grí**.co.la) *adj.2g.* Pertencente à agricultura: *técnicas agrícolas*.
agricultor (a.gri.cul.**tor**) [ô] *s.m.* Aquele que se dedica à agricultura.
agricultura (a.gri.cul.**tu**.ra) *s.f.* Arte e ciência de cultivar a terra, e de fazer plantações.
agridoce (a.gri.**do**.ce) [ô] *adj.2g.* Que é azedo e doce ao mesmo tempo.
agrilhoar (a.gri.lho.**ar**) *v.t.d.* Prender com grilhão.
agrimensor (a.gri.men.**sor**) [ô] *s.m.* Aquele que mede terras agrícolas.
agrimensura (a.gri.men.**su**.ra) *s.f.* Arte e técnica de medir terras agrícolas.
agroindústria (a.gro.in.**dús**.tri.a) *s.f.* A indústria nas suas relações com a agricultura e que cuida do beneficiamento da matéria-prima utilizada.
agrologia (a.gro.lo.**gi**.a) *s.f.* Estudo dos solos e sua relação com a agricultura.
agronomia (a.gro.no.**mi**.a) *s.f.* Ciência da agricultura.
agrônomo (a.**grô**.no.mo) *s.m.* Pessoa que se dedica à agronomia.
agropecuária (a.gro.pe.cu.**á**.ri.a) *s.f.* Prática conjunta da agricultura e da pecuária.
agropecuário (a.gro.pe.cu.**á**.rio) *adj.* Relacionado à agropecuária.
agrotóxico (a.gro.**tó**.xi.co) [cs] *s.m. e adj.* (Composto químico) colocado em plantas para combater insetos, fungos, ervas daninhas etc. e aumentar a produção; defensivo agrícola.
agrupamento (a.gru.pa.**men**.to) *s.m.* **1.** Ação de agrupar-se. **2.** Ajuntamento, grupo reunido.
agrupar (a.gru.**par**) *v.t.d.* **1.** Juntar em grupo; grupar. **2.** Associar.
agrura (a.**gru**.ra) *s.f.* **1.** Sabor amargo. **2.** Dureza, amargura, dissabor.
água (á.gua) *s.f.* **1.** Líquido natural, incolor, insípido e inodoro, composto de hidrogênio e oxigênio, essencial para a vida: *o vapor é a condensação da água*. **2.** A porção líquida do globo terrestre: *nem toda água é potável*. **3.** Qualquer líquido mais ou menos claro e transparente. **4.** (*Arquit.*) Superfície

ou lado de um telhado. **Água doce:** as águas das fontes, rios e lagos. **Água salgada:** os mares e oceanos. **Ir por água abaixo:** desmanchar-se; não dar certo; não perdurar: *os planos foram por água abaixo.*
aguaceiro (a.gua.**cei**.ro) *s.m.* Chuva repentina e forte, de curta duração.
aguada (a.**gua**.da) *s.f.* **1.** Técnica de pintura em que se dissolve aquarela etc. em água. **2.** Obra pintada com essa técnica.
água de cheiro (á.gua de **chei**.ro) *s.f.* **1.** (*Folc.*) Infusão de ervas aromáticas, usada no rito do banho de cheiro ou para perfumar-se. **2.** Líquido de aroma suave; colônia.
água de coco (á.gua de **co**.co) *s.f.* Líquido claro que há dentro do coco de algumas palmeiras, com concentração de minerais próxima da do sangue humano e de sabor apreciado.
água-de-colônia (á.gua-de-co.**lô**.ni.a) *s.f.* **1.** Líquido aromático de lavanda, ou alfazema, mais suave que um perfume; colônia, lavanda. **2.** Líquido de aroma suave, para uso pessoal; colônia, água de cheiro. ▫ Pl. *águas-de-colônia*. Obs.: segundo o Acordo Ortográfico de 1990, emprega-se o hífen neste vocábulo por tratar-se de uma exceção consagrada pelo uso (Base XV, art. 6º).
aguadeiro (a.gua.**dei**.ro) *s.m.* Vendedor de água.
aguado (a.**gua**.do) **1.** Diluído em água. **2.** Ralo, enfraquecido, com muita água.
água-forte (á.gua-**for**.te) *s.f.* **1.** (*Quím.*) Solução de ácido nítrico em água. **2.** Gravura em metal feita com essa solução para fixar a imagem na chapa. ▫ Pl. *águas-fortes*.
água-furtada (á.gua-fur.**ta**.da) *s.f.* O último andar de uma casa, com janelas para o telhado. ▫ Pl. *águas-furtadas*.
água-marinha (á.gua-ma.**ri**.nha) *s.f.* Pedra semipreciosa, variedade azulada de berilo. ▫ Pl. *águas-marinhas*.
aguamento (a.gua.**men**.to) *s.m.* (*Zoo.*) Doença que afeta os cascos de cavalgaduras após esforço intenso e prolongado; laminite.
aguapé (a.gua.**pé**) *s.m.* (*Bot.*) Denominação dada a diversas plantas aquáticas flutuantes, que se entrelaçam, formando um tapete sobre a água.
aguar (a.**guar**) *v.t.d.* **1.** Diluir em água. **2.** Regar, molhar: *eu águo as plantas de manhã, elas águam de tarde*. *v.i.* **3.** Ficar com forte vontade de comer, ficar com água na boca: *os meninos aguavam quando os doces passavam no carrinho.* Obs.: pres. do ind.: *águo, águas* etc.; pret. perf.: *aguei* etc.; pres. do subj.: *águe, águes* etc.
aguardar (a.guar.**dar**) *v.t.d.* **1.** Esperar. **2.** Vigiar, espreitar.
aguardente (a.guar.**den**.te) *s.f.* **1.** Bebida alcoólica feita por destilação: *o conhaque é uma aguardente de vinho*. **2.** Cachaça.
aguarrás (a.guar.**rás**) *s.f.* Essência de terebintina.
água-viva (á.gua-**vi**.va) *s.f.* (*Zoo.*) Invertebrado marinho cujo corpo, ou medusa, tem forma de sino gelatinoso e transparente, com tentáculos que queimam a pele humana. ▫ Pl. *águas-vivas*.
aguçado (a.gu.**ça**.do) *adj.* Afiado, com gume.
aguçar (a.gu.**çar**) *v.t.d.* **1.** Tornar agudo. **2.** Afiar. **3.** (*Fig.*) Excitar, estimular.
agudeza (a.gu.**de**.za) *s.f.* Qualidade de agudo; acuidade.
agudo (a.**gu**.do) *adj.* **1.** Afiado, fino. **2.** Perspicaz. **3.** Intenso. **4.** (*Gram.*) **Acento agudo:** acento colocado sobre as vogais *a*, *e* e *o* para indicar pronúncia aberta, como em *lá*, *pé* e *avó*.
aguentar (a.guen.**tar**) [ü] *v.t.d.* Sustentar, suportar, resistir.
aguerrido (a.guer.**ri**.do) *adj.* Pronto para guerrear; belicoso.
aguerrir (a.guer.**rir**) *v.t.d.* (*Raro*) **1.** Habituar à guerra. **2.** Habituar às adversidades.
águia (á.gui.a) *s.f.* **1.** (*Zoo.*) A maior e a mais robusta das aves de rapina, que voa alto e caça muito bem. **2.** (*Fig.*) Pessoa perspicaz, talentosa.
aguilhão (a.gui.**lhão**) *s.m.* Agulha grande, presa na ponta da haste do chuço ou de uma lança.
aguilhoada (a.gui.lho.**a**.da) *s.f.* Picada com aguilhão.
aguilhoar (a.gui.lho.**ar**) *v.t.d.* **1.** Picar com aguilhão. **2.** Ferir, incomodar, magoar.
agulha (a.**gu**.lha) *s.f.* **1.** Haste de aço com uma ponta aguçada e um orifício na outra, por onde se enfia a linha para costura. **2.** Ponteiro de relógio, balança ou outro mostrador. **3.** Varinha ou haste para trabalhos de crochê, tricô etc. **4.** Peça de aço das modernas armas de fogo. **5.** Pico de montanha. **6.** Pedaço da carne unida ao espinhaço do boi. **7.** (*epíceno*) (*Zoo.*) Peixe de corpo cilíndrico e focinho alongado. **(Ser como) procurar agulha em palheiro:** (ser) uma tarefa muito difícil.
agulhada (a.gu.**lha**.da) *s.f.* **1.** Picada com agulha. **2.** (*Fig.*) Dor aguda e rápida, fisgada.
agulhão (a.gu.**lhão**) *s.m.* **1.** Pedra pontiaguda no fundo de um rio. **2.** (*Zoo.*) Nome de vários peixes teleósteos que têm mandíbula superior alongada.
agulheiro (a.gu.**lhei**.ro) *s.m.* Estojo pequeno em que se guardam agulhas.
ah *interj.* Exprime alegria, surpresa, prazer, sofrimento, dor, admiração etc.
ai *s.m.* **1.** Grito de dor ou de alegria. *interj.* **2.** Exprime dor, aflição, surpresa etc.
aí (a.**í**) *adv.* **1.** Nesse lugar. *interj.* **2.** (*Pop.*) Exprime aprovação, aplauso.
aia (**ai**.a) *s.f.* (*Ant.*) Criada de fino trato; camareira.
aiatolá (ai.a.to.**lá**) *s.m.* Título dos líderes religiosos do Islã xiita.
aicaná (ai.ca.**ná**) *s.2g.* **1.** Indivíduo dos aicanás, povo indígena que vive hoje em Rondônia. *adj.2g.* **2.** Relacionado a esse povo.
aidético (ai.**dé**.ti.co) *s.m.* e *adj.* Portador do vírus HIV que desenvolveu a aids.
aids *s.f.2n.* (*Med.*) Síndrome caracterizada por um grupo de doenças que podem se desenvolver em quem porta o vírus HIV. Obs.: originou-se da sigla inglesa. ▫ Pl. *aids*.

aimoré (ai.mo.ré) s.2g. **1.** Indivíduo dos aimorés, povo botocudo que habitava os territórios hoje pertencentes aos estados do Espírito Santo e da Bahia. adj.2g. **2.** Pertencente a esse povo.
ainda (a.in.da) adv. **1.** Até então. **2.** Além de.
aio (ai.o) s.m. **1.** Criado respeitável, preceptor de crianças ricas. **2.** Camareiro. **3.** Escudeiro.
aipi (ai.pi) s.m. (Bot.) Mandioca. O mesmo que *aipim*.
aipim (ai.pim) s.m. (Bot.) Mandioca.
aipo (ai.po) s.m. (Bot.) Planta utilizada como condimento cujas folhas são usadas em saladas, sopas etc.
airado (ai.ra.do) adj. Leviano, irresponsável, descompromissado: *vida airada, convívio airado*.
airbag [inglês: "ér-begue"] s.m. Bolsa de ar instalada como equipamento de segurança em veículos, que é inflada em caso de colisão. Também grafado *air bag*.
airoso (ai.ro.so) [ô] adj. De boa aparência; bonito. ▪ Pl. *airosos* [ó].
ajantarado (a.jan.ta.ra.do) s.m. Almoço mais substancioso e mais tarde que o normal, para substituir o jantar.
ajardinar (a.jar.di.nar) v.t.d. Transformar em jardim; plantar flores em; jardinar.
ajeitado (a.jei.ta.do) adj. Que se ajeitou.
ajeitar (a.jei.tar) v.t.d. **1.** Dar jeito, conseguir com jeito. v.t.d e v.p. **2.** Adaptar(-se), acomodar(-se).
ajoelhar (a.jo.e.lhar) v.t.d. **1.** Ficar de joelhos. **2.** (Fig.) Humilhar-se.
ajoujar (a.jou.jar) v.t.d. **1.** Prender com ajoujo. **2.** Associar, emparelhar.
ajoujo (a.jou.jo) s.m. **1.** Corrente, cordão ou tira de couro que prende dois animais um ao outro. **2.** Parelha, par de animais.
ajuda (a.ju.da) s.f. **1.** Ação de ajudar. **2.** Auxílio.
ajudante (a.ju.dan.te) s.2g. e adj.2g. (Aquele) que ajuda.
ajudar (a.ju.dar) v.t.d. **1.** Prestar ajuda a. **2.** Socorrer. **3.** Facilitar. **4.** Dar assistência a alguém.
ajuizado (a.ju.i.za.do) adj. Que tem juízo; assisado.
ajuizar (a.ju.i.zar) v.t.d. **1.** (Dir.) Estabelecer em juízo. v.p. **2.** Criar juízo, ser responsável.
ajuntamento (a.jun.ta.men.to) s.m. **1.** Grupamento. **2.** Multidão.
ajuntar (a.jun.tar) v.t.d. **1.** Reunir, unir. **2.** Acumular, acrescentar. **3.** Aproximar.
ajuramentado (a.ju.ra.men.ta.do) adj. Que prestou juramento.
ajuramentar (a.ju.ra.men.tar) v.t.d. **1.** Fazer jurar. v.p. **2.** Obrigar-se por juramento.
ajuru (a.ju.ru) s.2g. **1.** Indivíduo dos ajurus, povo indígena que vive hoje em Rondônia. adj.2g. **2.** Relacionado a esse povo.
ajustado (a.jus.ta.do) adj. **1.** Que se ajustou. **2.** Combinado, acertado.
ajustagem (a.jus.ta.gem) s.f. Ajuste.
ajustamento (a.jus.ta.men.to) s.m. **1.** Ação de ajustar. **2.** Acerto.
ajustar (a.jus.tar) v.t.d. **1.** Pôr justo ou certo: *ajustar uma calça*. **2.** Definir, estabelecer, determinar, configurar: *ajustou a máquina para dois cafés*. **3.** Completar o pagamento; liquidar (contas). **4.** Adaptar, acomodar. **5.** Fazer acordo ou ajuste; combinar: *ajustaram de se encontrar dali a dois dias*.
ajustável (a.jus.tá.vel) adj.2g. Que se pode ajustar.
ajuste (a.jus.te) s.m. **1.** Ação de ajustar; ajustagem, ajustamento. **2.** Combinação, acerto.
ajutório (a.ju.tó.ri.o) s.m. O mesmo que *adjutório*.
AL Sigla de Alagoas, estado brasileiro.
Al Símbolo do elemento químico alumínio.
ala (a.la) s.f. **1.** Fila. **2.** (Const.) Prolongamento lateral de uma edificação. **3.** Subgrupo, grupo dentro de um partido ou instituição: *a ala jovem, a ala dos radicais*. **4.** Divisão de escola de samba: *ala das baianas*.
alabarda (a.la.bar.da) s.f. Tipo de lança antiga.
alabastrino (a.la.bas.tri.no) adj. Relativo ou semelhante a alabastro.
alabastro (a.la.bas.tro) s.m. Mineral branco, translúcido, usado para fazer vasos finos.
alabê (a.la.bê) s.m. Ogã.
álacre (á.la.cre) adj.2g. Alegre, animado.
alacridade (a.la.cri.da.de) s.f. Qualidade de álacre; vivacidade.
alado (a.la.do) adj. **1.** Provido de asas. **2.** (Fig.) Que voa; sonhador.
alagadiço (a.la.ga.di.ço) adj. **1.** Com tendência a alagar. s.m. **2.** Charco.
alagado (a.la.ga.do) s.m. e adj. (Local) que virou lago, coberto de água: *cuidado com as áreas alagadas na pista*.
alagamento (a.la.ga.men.to) s.m. **1.** Ação de alagar. **2.** Região alagada.
alagar (a.la.gar) v.t.d. **1.** Cobrir, encher de água. **2.** Encharcar.
alagoense (a.la.go.en.se) s.2g. e adj.2g. Alagoano.
alagoano (a.la.go.a.no) adj. **1.** Do Alagoas, estado brasileiro; alagoense. s.m. **2.** Pessoa natural ou habitante desse lugar.
alambicar (a.lam.bi.car) v.t.d. **1.** Processar no alambique; destilar: *alambicar cana, alambicar vinhos*. **2.** (Fig.) Fazer, formar lenta e pacientemente: *alambicar um texto*.
alambique (a.lam.bi.que) s.m. Aparelho de destilação constituído por caldeira, serpentina e outras partes.
alambrado (a.lam.bra.do) adj. **1.** Cercado com arame. s.m. **2.** Cerca de fios de arame para cercar terreno.
alameda (a.la.me.da) [ê] s.f. **1.** Rua ou avenida orlada de árvores; bulevar. **2.** Plantação de álamos.
álamo (á.la.mo) s.m. (Bot.) Árvore de madeira muito branca e macia de origem europeia.
alamoa (a.la.mo.a) s.f. **1.** Certo jogo de cartas; lamoa. **2.** (Folc.) Espírito de mulher loura e má, muito atraente, que aparece à noite e transforma o homem que a toca em esqueleto.
alar (a.lar) v.t.d. **1.** Prover de asas. **2.** Dispor em alas. **3.** Içar.

alaranjado (a.la.ran.**ja**.do) *adj.* Cor de laranja; amarelo-avermelhado.

alarde (a.**lar**.de) *s.m.* **1.** Ostentação, vaidade, aparato. **2.** Bazófia.

alardear (a.lar.de.**ar**) *v.t.d.* Ostentar, exibir, mostrar com alarde: *alardeou as glórias do time.*

alargamento (a.lar.ga.**men**.to) *s.m.* Ação de alargar.

alargar (a.lar.**gar**) *v.t.d.* **1.** Tornar largo ou mais largo. **2.** Dilatar, ampliar. **3.** Tornar-se largo ou mais largo.

alarido (a.la.**ri**.do) *s.m.* Confusão, gritaria.

alarma (a.**lar**.ma) *s.m.* O mesmo que *alarme.*

alarmante (a.lar.**man**.te) *adj.2g.* Que alarma; assustador.

alarmar (a.lar.**mar**) *v.t.d.* **1.** Pôr em alarme. **2.** Dar voz de alarme a; assustar.

alarme (a.**lar**.me) *s.m.* **1.** Grito de alerta, rebate. **2.** Aviso de perigo. O mesmo que *alarma.*

alarmista (a.lar.**mis**.ta) *adj.2g.* **1.** Que vê motivo de alarme em tudo, que sempre se alarma. *s.2g. e adj.2g.* **2.** (Pessoa) que age assim.

alastramento (a.las.tra.**men**.to) *s.m.* Ação de alastrar.

alastrar (a.las.**trar**) *v.t.d.* **1.** Cobrir com lastro. **2.** Estender; encher.

alaúde (a.la.**ú**.de) *s.m.* (Mús.) Instrumento de cordas de origem árabe muito difundido na Europa medieval.

alavanca (a.la.**van**.ca) *s.f.* **1.** Barra inflexível para levantar ou deslocar pesos, móvel em torno de um ponto chamado fulcro. **2.** (Fig.) Força moral.

alavancar (a.la.van.**car**) *v.t.d.* **1.** Mover com uma alavanca. **2.** Elevar, colocar em posição superior. **3.** Incentivar, mover para a frente, fazer progredir, aumentar: *alavancar o progresso da cidade.*

alazão (a.la.**zão**) *s.m. e adj.* (Zoo.) Raça de cavalo que tem cor castanho-avermelhada.

alba (**al**.ba) *s.f.* O mesmo que *alva.*

albanês (al.ba.**nês**) *adj.* **1.** Da Albânia, país da Europa. *s.m.* **2.** Pessoa natural ou habitante desse lugar. **3.** Língua falada nesse país.

albarda (al.**bar**.da) *s.f.* (*Raro*) **1.** Proteção para lombo de animal de carga. **2.** Casaco malfeito.

albatroz (al.ba.**troz**) *s.m.* (*epiceno*) (Zoo.) Grande ave marinha originária da parte meridional dos oceanos Atlântico e Pacífico.

albergar (al.ber.**gar**) *v.t.d.* Dar albergue; hospedar, abrigar.

albergue (al.**ber**.gue) *s.m.* **1.** Hospedaria. **2.** Lugar onde se recolhem indigentes para passarem a noite. **3.** Abrigo.

albinismo (al.bi.**nis**.mo) *s.m.* **1.** (Bio.) Anomalia congênita que se caracteriza pela falta do pigmento da pele, dos cabelos e dos olhos. **2.** (Bot.) Doença das plantas, que torna brancas as partes verdes.

albino (al.**bi**.no) *s.m. e adj.* (Pessoa) que tem albinismo.

albornoz (al.bor.**noz**) *s.m.* Manto ou casaco grande com capuz, de origem árabe.

álbum (**ál**.bum) *s.m.* **1.** Coleção de retratos, livros, desenhos, lembranças ou poesias disposta em formato de livro com folhas apropriadas para recebê-los adequadamente. **2.** Esse livro ou caderno.

albume (al.**bu**.me) *s.m.* Substância que envolve e alimenta o embrião (semente).

albumina (al.bu.**mi**.na) *s.f.* Matéria viscosa, esbranquiçada, um tanto salgada, que constitui grande parte do soro do sangue e da clara do ovo.

alça (**al**.ça) *s.f.* **1.** Peça para segurar ou puxar alguma coisa. **2.** Suspensório.

alcachofra (al.ca.**cho**.fra) [ô] *s.f.* (Bot.) Planta hortense originária da Europa.

alcaçuz (al.ca.**çuz**) *s.m.* **1.** Substância muito doce, empregada na fabricação de alimentos, cigarros e medicamentos. **2.** (Bot.) Planta da qual se extrai essa substância.

alçada (al.**ça**.da) *s.f.* Jurisdição; competência.

alcaguetar (al.ca.gue.**tar**) [ü] *v.t.d.* Delatar. O mesmo que *caguetar.*

alcaguete (al.ca.**gue**.te) [üê] *s.2g.* Delator. O mesmo que *caguete.*

alcaide (al.**cai**.de) *s.m.* (Hist.) Antiga autoridade das cidades brasileiras, equivalente ao atual prefeito.

álcali (**ál**.ca.li) *s.m.* (Quím.) Denominação dada aos óxidos, hidróxidos e carbonatos de metais alcalinos.

alcalino (al.ca.**li**.no) *adj.* (Quím.) Relativo a álcali, ou que o contém; que forma sais básicos.

alcalino-terroso (al.ca.li.no-ter.**ro**.so) [ô] *s.m. e adj.* (Quím.) (Elemento) que pertence a uma série de sete metais com propriedades alcalinas, como cálcio, magnésio e outros. ▫ Pl. *alcalino-terrosos* [ó].

alcaloide (al.ca.**loi**.de) [ói] *s.m.* (Quím.) Substância extraída de algumas plantas ou obtida por síntese, que contém nitrogênio e, em alguns casos, propriedades estimulantes, como a cafeína.

alcançar (al.can.**çar**) *v.t.d.* **1.** Chegar a; atingir; obter. **2.** Avistar.

alcançável (al.can.**çá**.vel) *adj.2g.* Que se pode alcançar ou atingir.

alcance (al.**can**.ce) *s.m.* **1.** Ação de alcançar. **2.** Distância alcançada pela vista ou projétil. **3.** Inteligência.

alcano (al.**ca**.no) *s.m.* (Quím.) Hidrocarboneto com átomos de carbono unidos por ligações simples.

alcantil (al.can.**til**) *s.m.* **1.** Rocha talhada a pique. **2.** Cume, pináporo.

alcantilado (al.can.ti.**la**.do) *adj.* Que tem alcantis ou piques; pontiagudo.

alçapão (al.ça.**pão**) *s.m.* **1.** Abertura que comunica um pavimento com outro. **2.** Armadilha para capturar pássaros formada por uma cesta que cai sobre a ave quando se puxa um cordão.

alcaparra (al.ca.**par**.ra) *s.f.* (Bot.) Planta cujo botão é usado em conserva, como condimento para pratos salgados.

alçar (al.**çar**) *v.t.d.* **1.** Levantar, erguer. **2.** Exaltar.

alcaravia (al.ca.ra.**vi**.a) *s.f. Kümmel.*

alcateia (al.ca.**tei**.a) [éi] *s.f.* Bando de lobos.

alcatifa (al.ca.**ti**.fa) *s.f.* **1.** Tapete grande para decoração ou piso; tapeçaria. **2.** Alfombra.

alcatifado (al.ca.ti.**fa**.do) *adj.* Recoberto de alcatifas; atapetado.

alcatra (al.**ca**.tra) *s.f.* **1.** Parte do lombo ou da anca de um bovino. **2.** Corte de carne bovina tirado dessa parte, usado para churrasco, e que se divide em miolo de alcatra, maminha e picanha.

alcatrão (al.ca.**trão**) *s.m.* Resíduo da queima de carvão, de tabaco ou do refino do petróleo, usado como matéria-prima na indústria.

alcatraz (al.ca.**traz**) *s.m.* (*epiceno*) (*Zoo.*) Ave aquática do grupo dos pelicanos, de grande porte, bico largo e comprido.

alce (**al**.ce) *s.m.* (*epiceno*) (*Zoo.*) Veado europeu, de tamanho grande, com chifres semelhantes a galhos nos animais machos.

alceno (al.**ce**.no) *s.m.* (*Quím.*) Hidrocarboneto insaturado com uma ligação dupla.

alcíone (al.**cío**.ne) *s.f.* (*epiceno*) **1.** (*Zoo.*) Ave marinha. *s.f.* (*próprio*) **2.** (*Astron.*) Uma das estrelas da constelação das Plêiades.

alcofa (al.**co**.fa) [ô] *s.f.* Cesto de vime achatado e com asas.

alcoice (al.**coi**.ce) *s.m.* Prostíbulo.

álcool (**ál**.co.ol) *s.m.* **1.** (*Quím.*) Composto orgânico que contém um átomo de hidrogênio e um de oxigênio. **2.** Líquido volátil que se obtém pela destilação de certos produtos que fermentam. **3.** Aguardente retificada. ▫ *Pl. álcoois*.

alcoólatra (al.co.**ó**.la.tra) *s.2g.* Pessoa que ingere bebidas alcoólicas em excesso e sem controle; dependente químico de álcool; alcoolista.

alcoólico (al.co.**ó**.li.co) *adj.* **1.** Que contém álcool: *bebida alcoólica*. **2.** Que diz respeito ao álcool: *teor alcoólico*. *s.m.* **3.** Alcoólatra: *o grupo dos alcoólicos anônimos o ajudou muito*.

alcoolismo (al.co.o.**lis**.mo) *s.m.* Doença ocasionada pela dependência química de bebidas alcoólicas.

alcoolista (al.co.o.**lis**.ta) *s.2g.* Alcoólatra.

alcoolizado (al.co.o.li.**za**.do) *adj.* **1.** Que se misturou com álcool. **2.** Que está sob efeito de bebida alcoólica; bêbado, embriagado.

alcoolizar (al.co.o.li.**zar**) *v.t.d.* **1.** Misturar com álcool. **2.** Embriagar(-se).

Alcorão (al.co.**rão**) *s.m.* O mesmo que *Corão*, o livro sagrado do Islã e dos muçulmanos. Obs.: o prefixo "al" é o equivalente em árabe ao artigo definido *o*.

alcova (al.**co**.va) [ô] *s.f.* **1.** Quarto ou aposento interior, sem janelas e com privacidade, em geral utilizado para encontros amorosos. **2.** Esconderijo.

alcovitar (al.co.vi.**tar**) *v.i.* Tramar, combinar encontro em alcova.

alcoviteiro (al.co.vi.**tei**.ro) *s.m.* Pessoa que combina encontros na alcova.

alcovitice (al.co.vi.**ti**.ce) *s.f.* Ação de alcoviteiro.

alcunha (al.**cu**.nha) *s.f.* Apelido que se aplica a uma pessoa.

alcunhar (al.cu.**nhar**) *v.t.d.* Dar alcunha ou apelido a; apelidar.

aldeamento (al.de.a.**men**.to) *s.m.* Grupo de casas; pequena aldeia.

aldeão (al.de.**ão**) *s.m.* **1.** Pessoa que nasceu ou mora em aldeia. *adj.* **2.** Relativo a aldeia. **3.** (*Fig.*) Rústico.

Aldebarã (al.de.ba.**rã**) *s.f.* (*próprio*) (*Astron.*) Estrela alfa da constelação do Touro.

aldeia (al.**dei**.a) *s.f.* **1.** Pequena povoação, geralmente sem jurisdição própria, de categoria inferior a vila. **2.** Assentamento original de índios.

aldeído (al.de.**í**.do) *s.m.* (*Quím.*) Composto orgânico que contém certo radical.

aldeola (al.de.**o**.la) [ó] *s.f.* Pequena aldeia.

aldraba (al.**dra**.ba) *s.f.* Argola ou objeto semelhante fixado em uma porta e usado para bater.

aleatório (a.le.a.**tó**.ri.o) *adj.* Ocasional, fortuito, casual: *o sorteio é uma escolha aleatória*.

alecrim (a.le.**crim**) *s.m.* (*Bot.*) Erva aromática de folhas escuras e sabor forte, com propriedades medicinais, usada como condimento e em rituais religiosos.

alegação (a.le.ga.**ção**) *s.f.* **1.** Ação de alegar. **2.** Argumento defensivo.

alegar (a.le.**gar**) *v.t.d.* **1.** Citar, apresentar como prova. **2.** Expor fatos, razões, argumentos para defesa.

alegoria (a.le.go.**ri**.a) *s.f.* **1.** Representação simbólica de uma abstração ou de um objeto material: *a mulher de olhos vendados segurando uma balança é a alegoria da justiça*. **2.** Cada um dos cenários de uma escola de samba.

alegórico (a.le.**gó**.ri.co) *adj.* Ligado a alegoria, próprio de alegoria.

alegrar (a.le.**grar**) *v.t.d.* Contentar(-se), pôr(-se) alegre.

alegre (a.**le**.gre) [é] *adj.2g.* **1.** Que sente alegria ou que a inspira. **2.** Contente, jubiloso, gaio.

alegreto (a.le.**gre**.to) [ê] *s.m.* (*Mús.*) Andamento musical lento.

alegria (a.le.**gri**.a) *s.f.* Satisfação, contentamento, gáudio.

alegro (a.**le**.gro) [ê] *s.m.* (*Mús.*) Andamento musical animado.

aleia (a.**lei**.a) [éi] *s.f.* **1.** Fila de arbustos ou árvores nas laterais de uma via. **2.** Via assim ornamentada.

aleijado (a.lei.**ja**.do) *s.m. e adj.* Que tem aleijão.

aleijão (a.lei.**jão**) *s.m.* Defeito físico, deformidade.

aleijar (a.lei.**jar**) *v.t.d.* **1.** Cortar (um órgão, uma parte). **2.** Estragar, inutilizar (um órgão).

aleitamento (a.lei.ta.**men**.to) *v.t.d.* Ação de aleitar; amamentação.

aleitar (a.lei.**tar**) *v.t.d.* Amamentar, dar leite.

aleive (a.**lei**.ve) *s.m.* Aleivosia, fraude, calúnia.

aleivosia (a.lei.vo.**si**.a) *s.f.* **1.** Fingimento. **2.** Traição, aleive.

aleivoso (a.lei.**vo**.so) [ô] *adj.* Em que há aleive ou aleivosia; fraudulento. ▫ *Pl. aleivosos* [ó].

aleluia (a.le.**lui**.a) *interj. s.f.* **1.** Exprime louvor, alegria, agradecimento. *s.f.* **2.** Cupim alado que no verão sai para formar novo cupinzeiro; siriri. **3.** Trecho da missa católica. **Sábado de Aleluia:** rememoração da crucificação de Jesus, na véspera do domingo de Páscoa, em que se celebra sua ressurreição.

além (a.**lém**) adv. **1.** Que está situado depois, do lado de lá; acolá. Cf. *aquém*. **2.** Longe, mais longe. s.m. **3.** Lugar afastado. **4.** O outro mundo.
alemão (a.le.**mão**) adj. **1.** Da Alemanha, país da Europa; germânico. s.m. **2.** Pessoa natural ou habitante desse lugar; germano. s.m. **3.** O idioma falado nesse país e em outros lugares.
além-mar (a.lém-**mar**) adj.2g. Além do mar, ultramar. ▣ Pl. *além-mares*.
além-túmulo (a.lém-**tú**.mu.lo) s.m. Depois da morte; o outro mundo. ▣ Pl. *além-túmulos*.
alentado (a.len.**ta**.do) adj. **1.** Animado, cheio de alento. **2.** Grande, volumoso, portentoso.
alentar (a.len.**tar**) v.t.d. Dar alento; animar, inspirar.
alento (a.**len**.to) s.m. **1.** Hálito, sopro. **2.** Ânimo.
alergia (a.ler.**gi**.a) s.f. **1.** (*Med.*) Sensibilidade a determinadas substâncias. **2.** (*Fig.*) Aversão, repugnância.
alérgico (a.**lér**.gi.co) s.m. O que tem alergia.
alergizante (a.ler.gi.**zan**.te) adj.2g. Que causa reação alérgica.
alergologia (a.ler.go.lo.**gi**.a) s.f. (*Med.*) Ramo da medicina que estuda as causas e os tratamentos das alergias.
alergologista (a.ler.go.lo.**gis**.ta) s.2g. (*Med.*) Médico especialista em alergologia.
alerta (a.**ler**.ta) interj. **1.** Emprega-se para pedir prontidão, atenção: *alerta, companheiros!* adv. **2.** Atentamente. adj.2g. **3.** Atento, pronto, vigilante: *companheiros alertas*. s.m. **4.** Aviso, pedido de prontidão e atenção: *mandou um alerta para os companheiros*.
alertar (a.ler.**tar**) v.t.d. **1.** Tornar ou deixar alerta. v.i. **2.** Pôr-se alerta.
aletria (a.le.**tri**.a) s.f. Massa de macarrão feita de farinha de trigo em fios muito delgados.
alevantar (a.le.van.**tar**) v.i., v.t.d. e v.p. Levantar(-se), erguer(-se).
alexandrino (a.le.xan.**dri**.no) adj. **1.** De Alexandria (importante cidade no Egito). s.m. e adj. **2.** (Verso) de doze sílabas, ou dodecassílabo.
alfa (**al**.fa) s.m. **1.** Nome da primeira letra do alfabeto grego, semelhante ao A. **2.** A principal estrela de uma constelação. **3.** Nome da primeira letra do alfabeto siríaco.
alfabético (al.fa.**bé**.ti.co) adj. **1.** Do alfabeto. **2.** Pela ordem das letras do alfabeto: *lista alfabética*.
alfabetização (al.fa.be.ti.za.**ção**) s.f. Processo de ensino e aprendizagem da leitura e da escrita: *a alfabetização pode começar na primeira série ou até fora da escola*. Cf. *letramento*.
alfabetizar (al.fa.be.ti.**zar**) v.t.d. Ensinar a ler e escrever: *uma pessoa alfabetizada anota um recado e entende uma instrução escrita*. Cf. *letramento*.
alfabeto (al.fa.**be**.to) [é] s.m. Conjunto das letras de uma língua; abecedário, abecê.
alface (al.**fa**.ce) s.f. (*Bot.*) Planta hortense de folhas claras, muito comuns em saladas.
alfafa (al.**fa**.fa) s.f. (*Bot.*) Planta leguminosa, boa para forragem.

alfaia (al.**fai**.a) s.f. **1.** Móvel, objeto, artefato, especialmente de luxo. **2.** Paramentos de igreja. **3.** (*Mús.*) Tambor grande de madeira, usado no maracatu; faia.
alfaiataria (al.fai.a.ta.**ri**.a) s.f. Atividade, estabelecimento de alfaiate; criação e costura de roupas masculinas sob encomenda.
alfaiate (al.fai.**a**.te) s.m. **1.** Profissão de costureiro de roupas masculinas. **2.** (*epiceno*) (*Zoo.*) Pássaro brasileiro; tiziu.
alfândega (al.**fân**.de.ga) s.f. Repartição pública responsável pela cobrança dos direitos sobre mercadorias importadas ou exportadas; aduana.
alfandegagem (al.fan.de.**ga**.gem) s.f. Cobrança de taxas na alfândega; taxação aduaneira; taxas de importação e exportação.
alfandegário (al.fan.de.**gá**.ri.o) adj. Relacionado a alfândega ou aduana, a taxas para circulação de mercadorias entre países.
alfanje (al.**fan**.je) s.m. **1.** Espada árabe de lâmina curva; sabre. **2.** Gadanha.
alfarrábio (al.far.**rá**.bi.o) s.m. Livro antigo valioso por sua antiguidade.
alfarrabista (al.far.ra.**bis**.ta) s.2g. Pessoa que comercializa alfarrábios.
alfavaca (al.fa.**va**.ca) s.f. (*Bot.*) Planta ornamental, cultivada nos jardins e usada como tempero.
alfazema (al.fa.**ze**.ma) s.f. (*Bot.*) Lavanda.
alféloa (al.**fé**.loa) s.f. Doce feito com massa de açúcar, em forma de bala opaca, geralmente branca, que derrete na boca.
alfenim (al.fe.**nim**) s.m. Doce feito com massa de açúcar cortada como bala, de origem árabe e muito popular em festas de aniversário de crianças e festas religiosas.
alferes (al.**fe**.res) s.m.2n. Antigo posto militar dos exércitos portuguese e brasileiro. ▣ Pl. *alferes*.
alfinetada (al.fi.ne.**ta**.da) s.f. **1.** Picada com alfinete: *deu uma alfinetada no dedo*. **2.** Que se prendeu com alfinete.
alfinetar (al.fi.ne.**tar**) v.t.d. **1.** Picar com alfinete. **2.** (*Fig.*) Provocar, criticar, satirizar. **3.** Prender com alfinetes.
alfinete (al.fi.**ne**.te) [ê] s.m. **1.** Pequena haste de metal com ponta aguçada utilizada para prender peças de roupa. **2.** Joia usada na gravata.
alfombra (al.**fom**.bra) s.f. Tapete espesso e fofo; alcatifa.
alforje (al.**for**.je) s.m. **1.** Bolsa, saco de viajante. **2.** Par de bolsas unidas por uma aba, carregadas na garupa de montaria ou motocicleta.
alforria (al.for.**ri**.a) s.f. Liberdade sonhada ou comprada pelo escravo.
alforriado (al.for.ri.**a**.do) s.m. e adj. **1.** (Escravo) que recebeu carta de alforria. adj. **2.** Liberto, livre.
alforriar (al.for.ri.**ar**) v.t.d. **1.** Conceder ou vender a alforria a (escravo). **2.** Libertar, tirar do cativeiro.
alga (**al**.ga) s.f. (*Bot.*) **1.** Planta aquática marinha, que cresce perto das rochas e forma longos talos nas cores verde, azul, vermelha e outras, com algumas espécies comestíveis. **2.** Organismo unicelular

protista, microscópico, que vive na água doce ou salgada, sem raízes, folhas ou caule, e que forma limo verde nos aquários. **Alga verde-azul**: organismo microscópico que vive na água e realiza fotossíntese, pertencente ao reino das moneras; cianofícea.

algaravia (al.ga.ra.**vi**.a) s.f. **1.** Vozearia confusa, conversa incompreensível. **2.** Barulheira, confusão.

algarismo (al.ga.**ris**.mo) s.m. Cada um dos dez símbolos usados na numeração árabe para representar quantidades de 1 a 9 mais o 0.

algaroba (al.ga.**ro**.ba) s.f. (Bot.) Planta leguminosa que dá uma vagem muito nutritiva empregada na alimentação do gado e de animais, originária dos Andes e bem adaptada a solos secos e pouco férteis do semiárido nordestino.

algazarra (al.ga.**zar**.ra) s.f. Vozearia, gritaria.

álgebra (**ál**.ge.bra) s.f. (Mat.) Ramo da matemática elementar que emprega símbolos e fórmulas para generalizar o uso da aritmética.

algébrico (al.**gé**.bri.co) adj. **1.** Pertencente à álgebra. **2.** (Fig.) Rigoroso, preciso.

algebrista (al.ge.**bris**.ta) s.2g. Pessoa que estuda álgebra.

algema (al.**ge**.ma) s.f. **1.** Argola metálica, utilizada aos pares para prender alguém pelos pulsos. **2.** (Fig.) Opressão.

algemar (al.ge.**mar**) v.t.d. **1.** Prender com algemas. **2.** (Fig.) Oprimir, dominar.

algia (al.**gi**.a) s.f. (Med.) Qualquer dor sem lesão orgânica.

algibeira (al.gi.**bei**.ra) s.f. Bolso lateral.

álgido (**ál**.gi.do) adj. Muito frio; gelado.

algo (**al**.go) pron. indef. **1.** Ser ou objeto indeterminado, desconhecido: *algo iria acontecer*. adv. **2.** Um pouco.

algodão (al.go.**dão**) s.m. (Bot.) **1.** Fibra macia que envolve a semente do algodoeiro. **2.** Fio feito com esse filamento. **3.** Tecido que se fabrica com esse fio.

algodoal (al.go.do.**al**) s.m. Plantação de algodoeiros.

algodoar (al.go.do.**ar**) v.t.d. Revestir com algodão.

algodoeiro (al.go.do.**ei**.ro) s.m. (Bot.) Árvore que dá o algodão.

algologia (al.go.lo.**gi**.a) s.f. (Bio.) Ficologia.

algoritmo (al.go.**rit**.mo) s.m. (Mat.) **1.** Ciência do cálculo. **2.** Processo formal de cálculo. **3.** Série determinada de instruções para solucionar um problema, em linguagem específica e sem ambiguidades.

algoz (al.**goz**) [ô] s.m. **1.** Carrasco; verdugo. **2.** (Fig.) Que maltrata.

alguém (al.**guém**) pron. indef. **1.** Alguma pessoa, qualquer pessoa, uma pessoa qualquer. **2.** (Fig.) Pessoa importante. s.m. **3.** Ente, pessoa.

alguidar (al.gui.**dar**) s.m. Vasilha cônica, em geral de cerâmica, usada para servir alimentos.

algum (al.**gum**) pron. indef. **1.** Pessoa ou objeto indeterminado entre outros: *algum dia vou achar o livro*. **2.** Nenhum: *em momento algum pensou em abandoná-los*. ▫ Pl. *alguns*. Fem. *alguma, algumas*.

algures (al.**gu**.res) adv. Em algum lugar.

alhada (a.**lha**.da) s.f. **1.** Guisado com muito alho. **2.** Conserva de alhos. **3.** (Fig.) Situação difícil, embaraçosa; encrenca.

alheado (a.lhe.**a**.do) adj. Que se alheou, se tornou alheio; alienado, distante.

alheamento (a.lhe.a.**men**.to) s.m. Ação ou efeito de alhear-se; distanciamento, alienação.

alhear-se (a.lhe.**ar**-se) v.p. Perder o interesse, tornar-se alienado ou alheio; desinteressar-se.

alheio (a.**lhei**.o) adj. **1.** Estranho. **2.** Absorto, distraído. s.m. e adj. **3.** (O) que pertence a outrem.

alho (**a**.lho) s.m. (Bot.) Planta cujo bulbo, em forma de gomos, é usado como condimento e tem propriedades medicinais: *uma tradição popular de origem europeia atribui ao alho o poder de espantar espíritos maus*.

alho-poró (a.lho-**po**.ró) s.m. (Bot.) Planta hortense com folhas longas, em tons do branco ao verde, comidas cozidas ou em sopas. O mesmo que *alho--porro* e *alho-porró*. ▫ Pl. *alhos-porós*.

alho-porro (a.lho-**por**.ro) [ô] s.m. (Bot.) O mesmo que *alho-poró*. Diz-se também *alho-porró*. ▫ Pl. *alhos-porros*.

alhures (a.**lhu**.res) adv. Em outro lugar.

ali (a.**li**) adv. Naquele lugar.

aliado (a.li.**a**.do) s.m. e adj. (Aquele) que é unido, ligado por aliança ou ideal: *as forças aliadas*; *os aliados*.

aliança (a.li.**an**.ça) s.f. **1.** Ação de aliar-se. **2.** Anel de noivado ou casamento. **3.** União.

aliar (a.li.**ar**) v.t.d. **1.** Unir. **2.** Harmonizar. **3.** Confederar.

aliás (a.li.**ás**) adv. **1.** De outro modo. **2.** (Fig.) Diga-se de passagem.

álibi (**á**.li.bi) s.m. Presença de alguém em lugar diverso daquele em que se cometeu o crime do qual a pessoa é acusada.

alicate (a.li.**ca**.te) s.m. Ferramenta com a ponta em pinça, para segurar ou cortar outra peça; torquês pequena.

alicerçar (a.li.cer.**çar**) v.t.d. **1.** Fazer o alicerce de. **2.** (Fig.) Fundamentar.

alicerce (a.li.**cer**.ce) [é] s.m. Base de alvenaria, fundamento de uma obra.

aliciador (a.li.ci.a.**dor**) [ô] adj. e s.m. (Aquele) que alicia.

aliciar (a.li.ci.**ar**) v.t.d. **1.** Atrair para uma atividade ou organização ilegal: *aliciar menores para prostituição e tráfico de drogas*. **2.** Subornar, corromper.

alienação (a.li.e.na.**ção**) s.f. **1.** Ação de alienar. **2.** Cessão de bens. **3.** Alucinação, loucura.

alienado (a.li.e.**na**.do) adj. **1.** Que se alienou. **2.** Diz-se de um bem cuja posse não pertence ao portador: *carro alienado*. s.m. **3.** Doente mental.

alienar (a.li.e.**nar**) v.t.d. **1.** Transferir a posse de: *o banco alienou o carro e eles ficaram a pé*. v.p. **2.** Perder o senso, o juízo ou a razão, o contato com a realidade; enlouquecer.

alienígena (a.li.e.**ní**.ge.na) *s.2g. e adj.2g.* Estranho, de outro país, ou de outro planeta.

alienista (a.li.e.**nis**.ta) *adj.2g.* **1.** Relativo ao tratamento dos alienados. *s.2g.* **2.** Especialista em doenças mentais.

aligeirar (a.li.gei.**rar**) *v.t.d.* (*Raro*) Tornar ligeiro, dar leveza.

alijar (a.li.**jar**) *v.t.d.* **1.** Jogar fora a carga. **2.** (*P. ext.*) Desembaraçar-se de. **3.** (*Fig.*) Jogar de escanteio.

alimária (a.li.**má**.ri.a) *s.f.* (*Raro*) Animal irracional.

alimentação (a.li.men.ta.**ção**) *s.f.* **1.** Ação de alimentar(-se). **2.** Aquilo que se come habitualmente: *preferia uma alimentação saudável*. **3.** Abastecimento, provimento.

alimentador (a.li.men.ta.**dor**) [ô] *s.m. e adj.* (Dispositivo) que alimenta outro, que faz alimentação.

alimentar (a.li.men.**tar**) *v.t.d.* **1.** Dar alimento a, nutrir; sustentar com comida. *v.p.* **2.** Ingerir alimentos; nutrir-se. *adj.2g.* **3.** Relativo a ou causado por alimento: *intoxicação alimentar*.

alimentício (a.li.men.**tí**.ci.o) *adj.* Relativo a alimento; alimentar.

alimento (a.li.**men**.to) *s.m.* Aquilo que alimenta, que serve para nutrição.

alindar (a.lin.**dar**) *v.t.d. e v.p.* Tornar(-se) lindo, enfeitar(-se).

alínea (a.**lí**.ne.a) *s.f.* **1.** Linha escrita, iniciando parágrafo. **2.** Parágrafo.

alinhado (a.li.**nha**.do) *adj.* Bem-vestido, trajado com bom gosto, elegante.

alinhamento (a.li.nha.**men**.to) *s.m.* **1.** Ação de alinhar. **2.** Direção do eixo de uma rua, de uma estrada, das rodas de um carro.

alinhar (a.li.**nhar**) *v.t.d.* **1.** Pôr em linha reta. **2.** Fazer o alinhamento de (rua, estrada etc.).

alinhavar (a.li.nha.**var**) *v.t.d.* **1.** Costurar provisoriamente, com pontos grandes. **2.** Articular, negociar.

alinhavo (a.li.**nha**.vo) *s.m.* Ação de alinhavar; costura provisória com pontos grandes.

alíquota (a.**lí**.quo.ta) [co ou quo] *adj.* **1.** Diz-se da parte contida em um número exato de vezes em outra. *s.f.* **2.** Percentual que incide sobre uma taxa ou imposto.

alisar (a.li.**sar**) *v.t.d.* **1.** Tornar liso; amaciar. **2.** Igualar.

alísio (a.**lí**.si.o) *s.m. e adj.* (Vento) que sopra entre os trópicos, de NE para SO no hemisfério Norte, e de SE para NO no hemisfério Sul.

alistamento (a.lis.ta.**men**.to) *s.m.* **1.** Ação de alistar. **2.** Inscrição.

alistar (a.lis.**tar**) *v.t.d.* **1.** Pôr em lista. **2.** Recrutar *v.p.* **3.** Pôr-se em lista; inscrever-se.

aliteração (a.li.te.ra.**ção**) *s.f.* (*Lit.*) Repetição de sons iguais ou parecidos, em um verso ou frase, como em "aonde anda a onda" (Cecília Meireles).

aliviado (a.li.vi.**a**.do) *adj.* **1.** Livre, descansado. **2.** Desobrigado.

aliviar (a.li.vi.**ar**) *v.t.d.* **1.** Tornar leve, ou mais leve. **2.** Minorar, suavizar. **3.** Desobrigar. *v.i.* **4.** Abrandar.

alívio (a.**lí**.vi.o) *s.m.* **1.** Descanso, refrigério. **2.** Diminuição de dor ou outro mal-estar.

aljofre (al.**jo**.fre) [ô] *s.m.* **1.** Pérola pequena. **2.** Corrente de bolas pequenas. **3.** (*Fig.*) Orvalho.

alma (**al**.ma) *s.f.* **1.** Essência imaterial do ser humano, ligada às emoções: *em algumas religiões, alma e espírito são uma coisa só, em outras são partes distintas do ser humano*. **2.** Pessoa, ser humano: *àquela hora não se via uma alma na rua*. **3.** Vida, animação, entusiasmo: *ela era a alma daquele lugar*. **4.** O lado de dentro, o âmago, o interior, a essência: *a alma brasileira sempre foi multicultural*. (*Folc.*) **Alma penada:** ser sobrenatural, espírito de uma pessoa que morreu e não conseguiu ir para o mundo dos mortos.

almácega (al.**má**.ce.ga) *s.f.* **1.** Tanque baixo para água de chuva ou puxada do poço. **2.** (*Bot.*) Certa árvore de resina aromática.

almaço (al.**ma**.ço) *s.m. e adj.* Tipo de papel encorpado, pautado ou não, utilizado para escrever.

alma-de-caboclo (al.ma-de-ca.**bo**.clo) [ô] *s.f.* (*epiceno*) (*Zoo.*) Alma-de-gato. ▪ Pl. *almas-de-caboclo*.

alma-de-gato (al.ma-de-**ga**.to) *s.f.* (*Zoo.*) (*epiceno*) Ave vermelha de cauda longa, que voa sozinha ou em pares, em matas e cidades; alma-de-caboclo. ▪ Pl. *almas-de-gato*.

almádena (al.**má**.de.na) *s.f.* Minarete.

almanaque (al.ma.**na**.que) *s.m.* Pequeno livro que contém indicações úteis, folhinha, calendário, anedotas, trechos literários etc.

almeirão (al.mei.**rão**) *s.m.* (*Bot.*) Planta hortense comestível.

almejar (al.me.**jar**) *v.t.d.* **1.** Desejar ardentemente. *v.t.i.* **2.** Ansiar.

almirantado (al.mi.ran.**ta**.do) *s.m.* Cargo, dignidade de almirante.

almirante (al.mi.**ran**.te) *s.m.* Posto máximo da Marinha de Guerra brasileira, que é preenchido apenas em tempo de guerra.

almíscar (al.**mís**.car) *s.m.* Substância aromática utilizada na fabricação de perfumes.

almoçar (al.mo.**çar**) *v.i.* **1.** Tomar, ingerir o almoço. *v.t.d.* **2.** Comer ao almoço.

almoço (al.**mo**.ço) [ô] *s.m.* A primeira das duas principais refeições diárias, tomada entre a manhã e a tarde.

almocreve (al.mo.**cre**.ve) *s.m.* Aquele que guia animais de carga.

almofada (al.mo.**fa**.da) *s.f.* **1.** Saco estofado que serve para encosto, assento, ornato etc. **2.** Caixinha com pedaço de madeira revestido de feltro, para tinta de carimbo.

almofadão (al.mo.fa.**dão**) *s.m.* Grande almofada colocada diretamente sobre o chão.

almofadinha (al.mo.fa.**di**.nha) *s.m.* (*Gír. Ant.*) Homem vestido com rendas em excesso, enfeitado demais.

almofariz (al.mo.fa.**riz**) *s.m.* Utensílio côncavo com ranhuras e pequeno bastão, semelhante a um pilão, usado em cozinha e laboratório, para moer ou triturar grãos em porções pequenas.

almôndega (al.môn.de.ga) s.f. Pequena bola de carne moída, feita com massa de pão, ovos e temperos.
almotolia (al.mo.to.**li**.a) s.f. Recipiente de óleo com bico longo, para lubrificar trens e outros mecanismos.
almoxarifado (al.mo.xa.ri.**fa**.do) s.m. Depósito de material de uma repartição pública ou empresa.
almoxarife (al.mo.xa.**ri**.fe) s.2g. Pessoa encarregada de controlar e distribuir os materiais de uma repartição ou empresa.
alô (a.**lô**) interj. **1.** Emprega-se como saudação ao telefone. s.m. **2.** Lembranças, saudações: *mande um alô de vez em quando*.
alocar (a.lo.**car**) v.t.d. Destinar, separar para um uso: *alocar recursos*; *alocou a sala grande e equipamento de som para a festa*.
alocução (a.lo.cu.**ção**) s.f. Discurso breve.
aloés (a.lo.**és**) s.m.2n. (*Bot.*) Babosa.
alógeno (a.**ló**.ge.no) adj. e s.m. (*Geo.*) (Diz-se de componente da rocha) que se forma em local diferente de onde atualmente se encontra.
aloirar (a.loi.**rar**) v.t.d. e v.p. O mesmo que *alourar*.
alojamento (a.lo.ja.**men**.to) s.m. **1.** Ação de alojar. **2.** Hospedaria. **3.** Quartel.
alojar (a.lo.**jar**) v.t.d. **1.** Hospedar. **2.** Acomodar em loja. **3.** Aquartelar.
alongado (a.lon.**ga**.do) adj. Que tem o comprimento maior que a largura; longo.
alongamento (a.lon.ga.**men**.to) s.m. **1.** Ação de alongar. **2.** Afastamento.
alongar (a.lon.**gar**) v.t.d. **1.** Fazer longo, ou mais longo. **2.** Dilatar. **3.** Olhar ao longe.
alopata (a.lo.**pa**.ta) s.2g. Pessoa que exerce a alopatia.
alopatia (a.lo.pa.**ti**.a) s.f. Sistema de combate às doenças por vias contrárias à sua natureza.
alopecia (a.lo.pe.**ci**.a) s.f. (*Med.*) Queda dos cabelos.
aloprado (a.lo.**pra**.do) adj. Adoidado; amalucado.
alotropia (a.lo.tro.**pi**.a) s.f. (*Quím.*) Capacidade que um elemento tem de formar estruturas diferentes, originando substâncias distintas.
alotrópico (a.lo.**tró**.pi.co) adj. (*Quím.*) Pertencente ou relacionado a alotropia: *o ozônio é uma forma alotrópica do oxigênio*.
alótropo (a.**ló**.tro.po) s.m. (*Quím.*) (Elemento) que apresenta alotropia.
aloucado (a.lou.**ca**.do) adj. Que é um tanto louco; amalucado; insensato.
alourado (a.lou.**ra**.do) adj. Que é quase louro.
alourar (a.lou.**rar**) v.t.d. e v.p. Tornar(-se) louro, clarear (os pelos). O mesmo que *aloirar*.
alpaca (al.**pa**.ca) s.f. (*epiceno*) **1.** (*Zoo.*) Ruminante das regiões andinas da América do Sul. **2.** Tecido feito com a lã desse animal. **3.** Metal branco, liga de níquel e prata, usado para fabricar talheres.
alparcata (al.par.**ca**.ta) s.f. O mesmo que *alpargata*.
alpargata (al.par.**ga**.ta) s.f. **1.** Sandália. **2.** Calçado rústico de pano ou couro, que cobre todo o pé e tem solado de corda trançada. O mesmo que *alparcata*, *alpercata*, *precata*.

alpendrado (al.pen.**dra**.do) adj. Que tem alpendre.
alpendre (al.**pen**.dre) s.m. Varanda, marquise.
alpercata (al.per.**ca**.ta) s.f. O mesmo que *alpargata*.
alpestre (al.**pes**.tre) adj.2g. O mesmo que *alpino*.
alpinismo (al.pi.**nis**.mo) s.m. **1.** Esporte de escalar os Alpes. **2.** Esporte de escalar montanhas; montanhismo.
alpinista (al.pi.**nis**.ta) s.2g. Pessoa que pratica alpinismo.
alpino (al.**pi**.no) adj. Relativo aos Alpes, cadeia de montanhas na Europa central. O mesmo que *alpestre*.
alpiste (al.**pis**.te) s.m. (*Bot.*) Planta gramínea que tem uma semente pequena, usada na alimentação de pássaros.
alquebrado (al.que.**bra**.do) adj. Fraco, abatido.
alquebrar (al.que.**brar**) v.t.d. **1.** Causar fraqueza a. **2.** Abater.
alqueire (al.**quei**.re) s.m. Medida agrária brasileira, variável entre os estados, com mínima de 24.200 metros quadrados, em SP, e máxima de 48.400 metros quadrados, no RJ, e nos estados centrais.
alquimia (al.qui.**mi**.a) s.f. Misto de ciência e arte, praticado na Idade Média, em que se pesquisavam química e simbologia psicológica, na busca do elixir da vida eterna e da pedra filosofal, que transformaria os metais em ouro.
alquímico (al.**quí**.mi.co) adj. e s.m. Relativo à alquimia.
alquimista (al.qui.**mis**.ta) s.2g. **1.** Pessoa que cultiva a alquimia. **2.** (*Fig.*) Mágico; mistificador.
alta (**al**.ta) s.f. **1.** Autorização médica dada ao paciente para sair do hospital. **2.** Aumento de preços, subida de cotação.
alta-fidelidade (al.ta-fi.de.li.**da**.de) s.f. Técnica para reprodução de sons sem grandes distorções. ▫ Pl. *altas-fidelidades*.
altaneiro (al.ta.**nei**.ro) adj. **1.** Que voa alto. **2.** Impávido, soberbo.
altar (al.**tar**) s.m. **1.** Mesa utilizada pelo sacerdote na celebração da missa. (*próprio*) **2.** Conhecida constelação astral.
altar-mor (al.tar-**mor**) s.m. [ó] (*Relig.*) Altar principal, do santo padroeiro. ▫ Pl. *altares-mores*.
alta-roda (al.ta-**ro**.da) s.f. Grupo social que ostenta riqueza e figura em páginas de revistas e colunas sociais; grã-finos. ▫ Pl. *altas-rodas*.
altear (al.te.**ar**) v.t.d. Levantar, erguer: *alteou as sobrancelhas*.
alteração (al.te.ra.**ção**) s.f. **1.** Ação de alterar. **2.** Mudança. **3.** Desordem.
alterado (al.te.**ra**.do) adj. Que se alterou, que sofreu alteração.
alterar (al.te.**rar**) v.t.d. **1.** Mudar, modificar. **2.** Falsificar, adulterar. **3.** Causar alteração.
altercação (al.ter.ca.**ção**) s.f. Ação de altercar; discussão, bate-boca.
altercar (al.ter.**car**) v.t.i. e v.i. Debater, discutir acaloradamente.
alternação (al.ter.na.**ção**) s.f. Ação de alternar.

alternado (al.ter.**na**.do) *adj.* **1.** Que se alterna. **2.** Que faz um movimento de vaivém; oscilatório. **3.** (*Fís.*) Diz-se de corrente elétrica ou tensão que flui ora em um, ora em outro sentido, como a fornecida pela rede doméstica. Cf. *contínuo*.
alternador (al.ter.na.**dor**) [ô] *s.m. e adj.* (Dispositivo) que fornece tensão ou corrente alternada.
alternância (al.ter.**nân**.ci.a) *s.f.* Ação de alternar, qualidade do que se alterna.
alternar (al.ter.**nar**) *v.t.d.* **1.** Revezar, fazer suceder repetidamente. *v.i. e v.p.* **2.** Suceder alternadamente.
alternativa (al.ter.na.**ti**.va) *s.f.* **1.** Escolha entre duas ou mais opções. **2.** (*Gram.*) Conjunção coordenativa que liga dois termos ou duas orações que exprimem ideias alternadas.
alternativo (al.ter.na.**ti**.vo) *adj.* Que se pode escolher ou seguir em lugar ou em vez de outro: *foi por um caminho alternativo*. Cf. *alternativa*.
alteroso (al.te.**ro**.so) [ô] *adj.* Que fica no alto; elevado. ▪ Pl. *alterosos* [ó].
alteza (al.**te**.za) *s.f.* **1.** Grandeza. **2.** Título de príncipe.
altimetria (al.ti.me.**tri**.a) *s.f.* Ciência utilizada para a medição de alturas.
altímetro (al.**tí**.me.tro) *s.m.* Instrumento utilizado para medir alturas ou altitudes.
altiplano (al.ti.**pla**.no) *s.m.* Planalto.
altissonante (al.tis.so.**nan**.te) *adj.2g.* Que soa muito alto; sonoro, retumbante.
altitude (al.ti.**tu**.de) *s.f.* Altura ou elevação em relação ao nível do mar.
altivez (al.ti.**vez**) [ê] *s.f.* **1.** Qualidade do que é altivo. **2.** Nobreza, dignidade. **3.** Orgulho, arrogância.
altivo (al.**ti**.vo) *adj.* **1.** Nobre, ilustre. **2.** Orgulhoso, arrogante.
alto (**al**.to) *adj.* **1.** Que é maior em altura. **2.** Elevado, superior. **3.** Importante, nobre. **4.** Que soa forte, com muito volume. **5.** (*Más.*) Que soa agudo ou mais agudo. *s.m.* **6.** Aquilo que está acima, que é superior. *interj.* **7.** Emprega-se para pedir ou ordenar interrupção, parada.
alto-falante (al.to-fa.**lan**.te) *s.m.* Dispositivo que amplifica o som e pode ficar dentro de uma caixa ou embutido em um computador, aparelho de som ou outro equipamento. ▪ Pl. *alto-falantes*.
alto-forno (al.to-**for**.no) [ô] *s.m.* Forno de altas temperaturas, usado para fundir minério de ferro. ▪ Pl. *altos-fornos* [ó].
alto-mar (al.to-**mar**) *s.m.* Região do mar distante do litoral e fora da área territorial de qualquer nação. ▪ Pl. *altos-mares*.
alto-relevo (al.to-re.**le**.vo) [ê] *s.m.* **1.** Escultura em que as figuras se destacam do fundo. **2.** Gravura em que algumas partes ficam salientes. ▪ Pl. *altos--relevos*.
altruísmo (al.tru.**ís**.mo) *s.m.* Amor ao próximo, filantropia.
altruísta (al.tru.**ís**.ta) *adj.2g.* **1.** Relativo ao altruísmo. *s.2g.* **2.** Pessoa que se preocupa com o próximo.

altura (al.**tu**.ra) *s.f.* **1.** Distância considerada de baixo para cima. **2.** Elevação. **3.** Profundidade. **4.** (*Fig.*) Importância.
aluá (a.lu.**á**) *s.m.* Bebida fermentada de abacaxi ou arroz, açúcar, limão etc.
aluado (a.lu.**a**.do) *adj.* Que parece viver no mundo da Lua; alienado, amalucado.
alucinação (a.lu.ci.na.**ção**) *s.f.* **1.** Ação de alucinar. **2.** Ilusão, devaneio.
alucinado (a.lu.ci.**na**.do) *adj.* Que tem alucinações, que está alucinando; desvairado, louco.
alucinante (a.lu.ci.**nan**.te) *adj.2g.* **1.** Que alucina. **2.** Estonteante.
alucinar (a.lu.ci.**nar**) *v.i.* **1.** Acreditar que percebe, pela visão, audição ou outro meio, algo que não existe: *estaria alucinando ou um coelho branco passou no jardim?* **2.** Ter percepções alteradas.
alucinógeno (a.lu.ci.**nó**.ge.no) *s.m. e adj.* (Droga) que provoca alucinações.
aludir (a.lu.**dir**) *v.t.i.* Mencionar, referir-se a.
alugado (a.lu.**ga**.do) *adj.* Que se alugou ou locou; tomado em aluguel.
alugar (a.lu.**gar**) *v.t.d.* Dar ou tomar em aluguel.
aluguel (a.lu.**guel**) *s.m.* Preço que se dá ou se paga pelo uso de uma coisa por algum tempo.
aluir (a.lu.**ir**) *v.i.* Afundar, desmoronar, ruir: *a laje aluiu*. Obs.: conjuga-se como *atribuir*.
alumbrar (a.lum.**brar**) *v.t.d.* (*Raro*) **1.** Iluminar, alumiar. **2.** Maravilhar, encantar.
alume (a.**lu**.me) *s.m.* **1.** (*Quím.*) Sulfato duplo de alumínio e potássio. **2.** Pedra-ume. O mesmo que *alúmen*.
alúmen (a.**lú**.men) *s.m.* O mesmo que *alume*. ▪ Pl. *alúmenes*.
alumiar (a.lu.mi.**ar**) *v.t.d.* Espalhar luz sobre; iluminar.
alumínio (a.lu.**mí**.ni.o) *s.m.* **1.** (*Quím.*) Elemento que é um metal branco, levemente azulado, muito maleável, de símbolo Al, número atômico 13 e peso atômico 26,98. **2.** Liga desse metal, empregada para fazer utensílios.
aluno (a.**lu**.no) *s.m.* Educando, discípulo, escolar, estudante.
alusão (a.lu.**são**) *s.f.* Ação de aludir; referência.
alusivo (a.lu.**si**.vo) *adj.* Que contém alusão, que alude.
aluvial (a.lu.vi.**al**) *adj.2g.* De aluvião.
aluvião (a.lu.vi.**ão**) *s.2g.* **1.** Depósito de areia, cascalho e argila, que resulta de inundações ou enchentes. **2.** (*Fig.*) Em grande quantidade.
alva (**al**.va) *s.f.* **1.** Primeira claridade da manhã. **2.** Traje sacerdotal. O mesmo que *alba*.
alvacento (al.va.**cen**.to) *adj.* Quase alvo; esbranquiçado, alvadio.
alvadio (al.va.**di**.o) *adj.* Alvacento.
alvaiade (al.vai.**a**.de) *s.m.* Pigmento branco feito com um composto de chumbo, para a pintura de exteriores.
alvará (al.va.**rá**) *s.m.* Documento judiciário ou administrativo que se passa a favor de alguém,

autorizando, confirmando ou certificando certos atos e direitos.
alvarenga (al.va.**ren**.ga) s.f. Embarcação de madeira ou ferro, movida a remo e usada na carga e descarga de navios maiores.
alvedrio (al.ve.**dri**.o) s.m. Vontade própria, arbítrio.
alvejante (al.ve.**jan**.te) adj.2g. **1.** Que alveja. s.m. **2.** Substância utilizada para alvejar.
alvejar (al.ve.**jar**) v.t.d. **1.** Tornar muito branco, clarear. **2.** Tomar como ponto de mira.
alvenaria (al.ve.na.**ri**.a) s.f. **1.** Arte ou ofício de pedreiro. **2.** Obra que se compõe de pedras.
álveo (**ál**.ve.o) s.m. **1.** Leito de rio. **2.** Sulco.
alvéolo (al.**vé**.o.lo) s.m. **1.** (Bio.) Pequeno saco que fica nos bronquíolos, nos pulmões, no qual ocorre a troca gasosa. **2.** (Zoo.) Célula em que as abelhas depositam as larvas e o mel. **3.** Pequena cavidade, casulo.
alvião (al.vi.**ão**) s.m. Picareta ou enxadão.
alvíssaras (al.**vís**.sa.ras) s.f.pl. Prêmio, recompensa ou gratificação dado a quem traz boas notícias ou encontra algo perdido.
alvissareiro (al.vis.sa.**rei**.ro) adj. Que merece alvíssaras; promissor, auspicioso.
alvitrar (al.vi.**trar**) v.t.d. **1.** Sugerir, lembrar. **2.** Determinar, fixar: *alvitrou um castigo leve*.
alvitre (al.**vi**.tre) s.m. **1.** Lembrança. **2.** Opinião, sugestão.
alvo (**al**.vo) s.m. **1.** Ponto a que se aponta ou dirige algo: *alvo de gozação, alvo de olhares*. **2.** Ponto a que se aponta um tiro. adj. **3.** Muito claro, sem cor: *pele alva*.
alvor (al.**vor**) [ô] s.m. Qualidade de alvo; brancura.
alvorada (al.vo.**ra**.da) s.f. **1.** Crepúsculo matutino; alvorecer. **2.** Toque militar nos quartéis, às primeiras horas do dia.
alvorecer (al.vo.re.**cer**) v.i. **1.** Romper o dia, amanhecer. **2.** (Fig.) Aparecer. s.m. **3.** Alvorada; amanhecer.
alvoroçar (al.vo.ro.**çar**) v.t.d. Pôr em alvoroço, remexer.
alvoroço (al.vo.**ro**.ço) [ô] s.m. **1.** Agitação de espírito, por acontecimento inesperado; reboliço. **2.** Entusiasmo incontido. **3.** Gritaria.
alvura (al.**vu**.ra) s.f. **1.** Brancura. **2.** (Fig.) Pureza.
Alzheimer [alemão: "alzáimer"] (Med.) Doença ou mal de Alzheimer: doença caracterizada pela perda progressiva de memória, raciocínio e comunicação, causa mais comum de demência em pessoas acima dos 85 anos.
AM Sigla de Amazonas, estado brasileiro.
Am Símbolo do elemento químico amerício.
ama (a.ma) s.f. **1.** Mulher que amamenta criança alheia. (Ant.) **2.** Mulher nobre, senhora, dona em relação aos servos e criados. **3.** Criada importante em relação aos demais servos; governanta.
amabilidade (a.ma.bi.li.**da**.de) s.f. **1.** Qualidade de amável. **2.** Meiguice, delicadeza. **3.** Dito amável; lisonja.
amaciante (a.ma.ci.**an**.te) adj.2g. **1.** Que amacia. adj.2g. e s.m. **2.** (Produto) que amacia tecidos, carnes etc.

amaciar (a.ma.ci.**ar**) v.t.d. Tornar macio; abrandar.
amada (a.**ma**.da) s.f. **1.** Aquela que se quer com predileção. **2.** A mulher que se ama. **3.** Namorada.
ama de leite (a.ma de **lei**.te) s.f. Mulher que amamenta filho de outra.
amado (a.**ma**.do) adj. **1.** Que é objeto de amor; querido. s.m. **2.** Namorado, amante.
amador (a.ma.**dor**) [ô] adj. **1.** Que ama. s.m. **2.** Pessoa que se dedica a uma atividade por gosto ou arte. **3.** Pessoa sem técnica, inábil.
amadorismo (a.ma.do.**ris**.mo) s.m. **1.** Qualidade de amador. **2.** Falta de técnica ou habilidade.
amadurecer (a.ma.du.re.**cer**) v.t.d. e v.i. Tornar maduro.
amadurecido (a.ma.du.re.**ci**.do) adj. **1.** Que amadureceu; maduro. **2.** Sazonado, maturado.
amadurecimento (a.ma.du.re.ci.**men**.to) s.m. Ato ou efeito de amadurecer; maturação.
âmago (**â**.ma.go) s.m. **1.** (Bot.) Cerne ou medula das plantas. **2.** A parte mais íntima; coração, alma.
amainar (a.mai.**nar**) v.i. Acalmar, tornar-se ameno ou menos intenso: *a chuva amainou*.
amalá (a.ma.**lá**) s.m. **1.** (Culin.) Prato da cozinha baiana feito com quiabo e arroz ou pirão de mandioca. **2.** (Relig.) Prato ritual oferecido a um orixá, principalmente Xangô.
amaldiçoado (a.mal.di.ço.**a**.do) adj. Maldito; detestado.
amaldiçoar (a.mal.di.ço.**ar**) v.t.d. Lançar maldição a; execrar, abominar.
amálgama (a.**mál**.ga.ma) s.m. **1.** (Quím.) Liga de mercúrio com outro metal. **2.** (Fig.) Mistura de coisas diversas.
amalgamar (a.mal.ga.**mar**) v.t.d. Misturar, mesclar: *amalgamou os dois componentes do adesivo*.
amalucado (a.ma.lu.**ca**.do) adj. Maluco, adoidado.
amamentação (a.ma.men.ta.**ção**) s.f. Ação de amamentar; aleitamento.
amamentar (a.ma.men.**tar**) v.t.d. Dar de mamar a; aleitar.
amanaié (a.ma.nai.**é**) s.2g. **1.** Indivíduo dos amanaiés, povo indígena que vive hoje no Pará. adj.2g. **2.** Relacionado a esse povo.
amanamanha (a.ma.na.**ma**.nha) s.f. (Folc.) Espécie de sapo amazônico que canta apenas quando está para chover; mãe-da-chuva.
amancebado (a.man.ce.**ba**.do) adj. Que se amancebou; que vive como cônjuge sem fazer contrato legal ou sem bênção religiosa.
amancebar-se (a.man.ce.**bar**-se) v.i. e v.p. Morar junto como cônjuge, sem fazer contrato legal ou receber bênção religiosa.
amaneirado (a.ma.nei.**ra**.do) adj. De maneiras ou gestos estudados e artificiais; afetado, pomposo.
amanhã (a.ma.**nhã**) s.m. **1.** O dia seguinte. **2.** Futuro; porvir.
amanhecer (a.ma.nhe.**cer**) v.i. **1.** Romper o dia, raiar a manhã. s.m. **2.** O romper do dia; o alvorecer.
amanho (a.**ma**.nho) s.m. Colheita, usufruto.

amansador (a.man.sa.**dor**) [ô] *adj.* **1.** Que amansa, que serve para amansar. *s.m.* **2.** Pessoa que amansa um burro ou outra montaria.
amansar (a.man.**sar**) *v.t.d.* **1.** Tornar manso; fazer perder a braveza. **2.** (Fig.) Moderar, aplacar.
amante (a.**man**.te) *s.2g. e adj.2g.* **1.** (Pessoa) que ama, que aprecia muito ou gosta de algo: *eram amantes da paz. s.2g.* **2.** Pessoa que ama outra, que faz amor com outra. **3.** Pessoa que tem relação amorosa ou casamento informal, sem vínculo conjugal.
amanteigado (a.man.tei.**ga**.do) *adj.* **1.** Que contém manteiga. *s.m.* **2.** Biscoito doce de manteiga, farinha de trigo e ovos.
amanuense (a.ma.nu.**en**.se) *s.2g.* Pessoa que escreve textos a mão; escrevente, copista.
amapá (a.ma.**pá**) *s.m.* (Bot.) Árvore da região Norte do Brasil, que dá frutos roxo-escuros comestíveis e cujo látex tem várias aplicações medicinais.
amapaense (a.ma.pa.**en**.se) *adj.2g.* **1.** Do Amapá, estado brasileiro. *s.2g.* **2.** Pessoa natural ou habitante desse lugar.
amar (a.**mar**) *v.t.d.* **1.** Ter amor a. **2.** Querer bem a. **3.** Desejar. *v.i.* **4.** Estar enamorado.
amaragem (a.ma.**ra**.gem) *s.f.* **1.** Ato ou efeito de amarar. **2.** Pouso na água.
amarar (a.ma.**rar**) *v.i.* **1.** Pousar na água; amerissar. **2.** Partir da terra em direção ao mar.
amarelado (a.ma.re.**la**.do) *adj.* Próximo de amarelo.
amarelão (a.ma.re.**lão**) *s.m.* (Med.) Infecção intestinal causada por um parasita; opilação.
amarelar (a.ma.re.**lar**) *v.t.d.* **1.** Tornar amarelo; amarelecer: *essa luz amarela a cara. v.i.* **2.** (Gír.) Ficar com medo, acovardar-se.
amarelecer (a.ma.re.le.**cer**) *v.t.d.* Amarelar.
amarelento (a.ma.re.**len**.to) *adj.* De cor amarela.
amarelinha (a.ma.re.**li**.nha) *s.f.* (Folc.) Jogo infantil que consiste em pular, em um pé só, sobre casas riscadas no chão, as quais vão sendo sucessivamente assinaladas por uma pedra jogada para esse fim; academia, avião, cademia.
amarelo (a.ma.**re**.lo) *adj.* **1.** Da cor do ouro. **2.** (Fig.) Pálido. *s.m.* **3.** A cor amarela.
amarfanhar (a.mar.fa.**nhar**) *v.t.d.* Amarrotar.
amargar (a.mar.**gar**) *v.t.d.* **1.** Tornar amargo. **2.** Sofrer males em consequência de. **3.** Causar desgosto.
amargo (a.**mar**.go) *adj.* **1.** De sabor desagradável como o fel; amaro. **2.** (Fig.) Doloroso. *s.m.* **3.** Sabor amargo.
amargor (a.mar.**gor**) [ô] *s.m.* **1.** Qualidade de amargo. **2.** Amargura.
amargoso (a.mar.**go**.so) [ô] *adj.* **1.** Amargo. **2.** (Fig.) Triste, doloroso. ▣ Pl. *amargosos* [ó].
amargura (a.mar.**gu**.ra) *s.f.* **1.** Sabor amargo. **2.** Azedume. **3.** (Fig.) Angústia, dor moral, aflição.
amargurado (a.mar.gu.**ra**.do) *adj.* Cheio de amargura.
amargurar (a.mar.gu.**rar**) *v.t.d.* **1.** Causar amargura a. *v.t.d. e v.p.* **2.** Afligir(-se), mortificar(-se).

amarílis (a.ma.**rí**.lis) *s.f.2n.* (Bot.) Planta ornamental, florífera, de cheiro muito suave; açucena. ▣ Pl. *amarílis*.
amarizar (a.ma.ri.**zar**) *v.i.* Pousar no mar (o hidroavião).
amaro (a.**ma**.ro) *adj.* Amargo.
amarra (a.**mar**.ra) *s.f.* **1.** Corrente ou corda com a qual se prende o navio à âncora. **2.** (Fig.) Proteção, apoio, segurança.
amarração (a.mar.ra.**ção**) *s.f.* **1.** Ação de amarrar. **2.** Ancoradouro.
amarrado (a.mar.**ra**.do) *adj.* **1.** Preso com amarras. **2.** Difícil, emperrado. **3.** (Gír.) Apaixonado, vidrado.
amarrar (a.mar.**rar**) *v.t.d.* **1.** Segurar, prender com amarra. **2.** (Fig.) Prender moralmente. *v.p.* **3.** (Gír.) Gostar muito de; ser muito apaixonado por: *ele se amarrou na garota*.
amarrilho (a.mar.**ri**.lho) *s.m.* Aquilo com que se amarra um maço de flores, de verduras.
amarrotado (a.mar.ro.**ta**.do) *adj.* **1.** Que se amarrotou. **2.** (Fig.) Contundido, machucado.
amarrotar (a.mar.ro.**tar**) *v.t.d.* Machucar, amarfanhar, comprimir.
ama-seca (a.ma-**se**.ca) [ê] *s.f.* Empregada, babá ou pajem que cuida de crianças crescidas. ▣ Pl. *amas--secas*.
amasiar-se (a.ma.si.**ar**-se) *v.i. e v.p.* **1.** Tornar-se amásio ou amante. **2.** Morar junto na condição de amásio ou amante.
amásio (a.**má**.si.o) *s.m.* (Pej.) Pessoa que mantém um relacionamento amoroso sem união ou casamento legal. Obs.: é um termo mais formal para *amante*.
amassadeira (a.mas.sa.**dei**.ra) *s.f.* **1.** Pessoa ou máquina que amassa a farinha para fazer o pão. **2.** Recipiente para essa tarefa.
amassar (a.mas.**sar**) *v.t.d.* **1.** Converter em massa. **2.** Misturar.
amasso (a.**mas**.so) *s.m.* (Gír.) Abraço forte, expressão de interesse amoroso ou sexual.
amauaca (a.mau.**a**.ca) *s.2g.* **1.** Indivíduo dos amauacas, povo indígena que vive hoje no Acre. *adj.2g.* **2.** Relacionado a esse povo.
amável (a.**má**.vel) *adj.2g.* **1.** Gentil, delicado. **2.** Digno de ser amado.
amazona (a.ma.**zo**.na) *s.f.* **1.** Mulher que pratica equitação. **2.** Mulher que anda a cavalo. **3.** Na mitologia greco-romana, mulher de um povo de exímias arqueiras que montavam muito bem: *exploradores do século XVI viram mulheres com arcos no Norte do Brasil e as chamaram de amazonas*.
amazonense (a.ma.zo.**nen**.se) *adj.2g.* **1.** Do Amazonas, estado brasileiro. *s.2g.* **2.** Pessoa natural ou habitante desse lugar.
amazônico (a.ma.**zô**.ni.co) *adj.* Relativo à Amazônia, região da América do Sul em torno da bacia do rio Amazonas, na maior parte situada em território brasileiro e coberta por uma floresta. **Floresta Amazônica**: a floresta dessa região, uma das três maiores do mundo; hileia. Cf. *amazonense*.

âmbar (âm.bar) s.m. **1.** Matéria sólida, escura e de cheiro doce semelhante ao do almíscar, que se usa em medicina e perfumaria. **2.** Resina fóssil de pinheiro, cedro ou outra árvore conífera, amarela e quebradiça, empregada para fazer rosários etc.
ambição (am.bi.ção) s.f. Desejo veemente de riquezas, poder, glórias; cobiça.
ambicionar (am.bi.ci.o.nar) v.t.d. Ter ambição de; cobiçar.
ambicioso (am.bi.ci.o.so) [ô] adj. **1.** Que tem ambição. **2.** Ousado, audacioso. ▪ Pl. *ambiciosos* [ó].
ambidestro (am.bi.des.tro) [ê] adj. Que usa ambas as mãos com a mesma facilidade.
ambiência (am.bi.en.ci.a) s.f. (*Const.*) Conjunto de fatores necessários para tornar um ambiente agradável, como luz, ventilação, acústica, móveis etc.
ambiental (am.bi.en.tal) adj.2g. Relacionado ao ambiente ou meio em que vivem os seres.
ambientalista (am.bi.en.ta.lis.ta) adj.2g. **1.** Relacionado ao meio ambiente, principalmente à sua preservação ou recuperação. s.2g. **2.** Especialista em questões relacionadas ao meio ambiente.
ambientar (am.bi.en.tar) v.t.d. e v.p. Adaptar(-se) a um meio diferente do que se vivia.
ambiente (am.bi.en.te) adj.2g. **1.** Que cerca ou envolve os seres vivos: *alguns parasitas vivem no meio ambiente e outros vivem no meio interno*. s.m. **2.** Meio, local em que está ou vive um ser: *ambiente aquático, ambiente terrestre; as condições do ambiente*.
ambiguidade (am.bi.gui.da.de) [ü] s.f. Qualidade de ambíguo.
ambíguo (am.bí.guo) adj. **1.** Que tem mais de um sentido. **2.** Incerto, hesitante.
âmbito (âm.bi.to) s.m. **1.** Recinto; contorno; ao redor de. **2.** Campo de ação.
ambivalência (am.bi.va.lên.ci.a) s.f. **1.** Caráter do que apresenta dois aspectos diferentes. **2.** (Psi.) Estado de quem experimenta sentimentos opostos.
ambivalente (am.bi.va.len.te) adj.2g. Em que há ambivalência.
ambos (am.bos) pron. indef. Um e outro; os dois.
ambrosia (am.bro.si.a) s.f. (Mit.) **1.** Alimento dos deuses gregos. **2.** (Culin.) Doce de leite e ovos, com aparência de flocos em calda.
ambulância (am.bu.lân.ci.a) s.f. Viatura utilizada para a condução de doentes e feridos.
ambulante (am.bu.lan.te) adj.2g. **1.** Que anda, que se desloca: *biblioteca ambulante*. s.2g. **2.** Vendedor que exerce sua profissão em logradouros públicos.
ambulatorial (am.bu.la.to.ri.al) adj.2g. Relacionado a ou executado em ambulatório ou enfermaria.
ambulatório (am.bu.la.tó.ri.o) s.m. Local para fazer curativos, pequenas cirurgias e outros tratamentos em pacientes capazes de se deslocar, que vão embora e não ficam internados. Cf. *internação*.
ameaça (a.me.a.ça) s.f. **1.** Ação de ameaçar; ameaço. **2.** Promessa de castigo. **3.** Prenúncio de desgraça.
ameaçador (a.me.a.ça.dor) [ô] adj. Que ameaça, que assusta.
ameaçar (a.me.a.çar) v.t.d. **1.** Dirigir ameaças a; intimidar. **2.** Pôr em perigo. **3.** Prever maldades. **4.** Prometer malefícios. v.i. **5.** Fazer ameaças.
ameaço (a.me.a.ço) s.m. Ameaça.
amealhar (a.me.a.lhar) v.t.d. Juntar, reunir, coligir: *amealhar doações*.
ameba (a.me.ba) [é] s.f. (Zoo.) **1.** Protozoário que é circundado por uma membrana e muda de forma. **2.** Certa espécie desse protozoário que causa amebíase.
amebiano (a.me.bi.a.no) adj. Pertencente a ameba; amébico.
amebíase (a.me.bí.a.se) s.f. Doença causada pela ingestão de alimento contaminado por uma ameba, cujo principal sintoma é a disenteria.
amébico (a.mé.bi.co) adj. Amebiano, ameboide.
ameboide (a.me.boi.de) [ói] adj.2g. **1.** Semelhante a ameba; amébico. **2.** Sem forma.
amedrontado (a.me.dron.ta.do) adj. Com medo, assustado.
amedrontador (a.me.dron.ta.dor) [ô] s.m. e adj. Que ou o que amedronta.
amedrontar (a.me.dron.tar) v.t.d. Assustar, meter medo a.
ameigar (a.mei.gar) v.t.d. Tornar meigo; adoçar.
amêijoa (a.mêi.joa) s.f. (Zoo.) Grupo de moluscos que têm o corpo protegido por duas conchas e em geral são comestíveis.
ameixa (a.mei.xa) s.f. (Bot.) **1.** Fruto de vermelho intenso, casca fina e uma semente, de origem asiática, que se come fresco ou seco. **2.** Nêspera.
ameixeira (a.mei.xei.ra) s.f. (Bot.) Árvore do grupo das rosáceas, cujo fruto é a ameixa.
amém (a.mém) interj. **1.** Exprime o desejo de que assim seja. s.m. **2.** (Fam.) Aprovação incondicional.
amêndoa (a.mên.doa) s.f. **1.** (Bot.) Fruto da amendoeira. **2.** Semente contida em caroço.
amendoado (a.men.do.a.do) adj. **1.** Feito de amêndoa. **2.** Que tem a cor e o feitio de amêndoa.
amendoeira (a.men.do.ei.ra) s.f. (Bot.) Árvore originária da África e da Mesopotâmia, de sementes oleaginosas.
amendoim (a.men.do.im) s.m. **1.** (Bot.) Semente comestível de uma planta leguminosa, que se desenvolve dentro de uma vagem subterrânea e tem grande importância na alimentação. **2.** Essa planta: *uma plantação de amendoins*.
amenidade (a.me.ni.da.de) s.f. **1.** Qualidade daquilo que é ameno. **2.** Graça, suavidade.
amenizar (a.me.ni.zar) v.t.d. **1.** Tornar ameno. **2.** Suavizar.
ameno (a.me.no) [ê] adj. **1.** Suave, brando. **2.** Delicado.
amenorreia (a.me.nor.rei.a) [éi] s.f. (Med.) Supressão do fluxo menstrual.
americanizar (a.me.ri.ca.ni.zar) v.t.d. e v.p. Tornar(-se) semelhante a americano, fazer(-se) parecer americano.
americano (a.me.ri.ca.no) adj. **1.** Pertencente ao continente da América, incluindo América do Sul, do Norte e Central. **2.** Pertencente aos Estados

Unidos da América, país da América do Norte; estadunidense, norte-americano. s.m. **3.** Pessoa natural ou habitante de um desses lugares.
amerício (a.me.**rí**.ci.o) s.m. (*Quím.*) Elemento radioativo de símbolo Am, de número atômico 95 e peso atômico 243.
ameríndio (a.me.**rín**.di.o) s.m. *e adj.* **1.** Indígena da América. *adj.* **2.** Relativo a esses índios: *há mais de 700 povos e línguas ameríndias, 250 só no Brasil.*
amerissagem (a.me.ris.**sa**.gem) s.f. Amaragem.
amesquinhar (a.mes.qui.**nhar**) v.t.d. *e* v.p. Tornar(-se) mesquinho; apequenar(-se).
amestrado (a.mes.**tra**.do) *adj.* Adestrado, ensinado; domado.
amestrar (a.mes.**trar**) v.t.d. **1.** Tornar-se mestre. **2.** Tornar perito. **3.** Adestrar, ensinar, domar.
ametista (a.me.**tis**.ta) s.f. (*Min.*) Variedade de quartzo de cor violeta, pedra semipreciosa.
amianto (a.mi.**an**.to) s.m. (*Min.*) Denominação dada aos silicatos naturais de cálcio e magnésio, de fibra fina.
amídala (a.**mí**.da.la) s.f. (*Anat.*) Cada uma das glândulas ovoides e achatadas que ficam na entrada da garganta. O mesmo que *amígdala*.
amidalite (a.mi.da.**li**.te) s.f. (*Med.*) Inflamação das amídalas. O mesmo que *amigdalite*.
amido (a.**mi**.do) s.m. **1.** Pó branco extraído de partes aéreas comestíveis de cereais, usado para engrossar cremes: *amido de milho.* Cf. *fécula.* **2.** Hidrato de carbono que se forma pela fotossíntese em inúmeras plantas: *a batata contém muito amido.*
amigado (a.mi.**ga**.do) *adj.* Diz-se da pessoa que vive junto como cônjuge, mas não é casado legalmente: *eles eram amigados há muitos anos.*
amigável (a.mi.**gá**.vel) *adj.2g.* Feito entre amigos, sem briga, de comum acordo entre as partes.
amígdala (a.**míg**.da.la) s.f. O mesmo que *amídala.*
amigdalite (a.mig.da.**li**.te) s.f. O mesmo que *amidalite.*
amigo (a.**mi**.go) *adj.* **1.** Que ama, que estima. **2.** Aliado. **3.** Simpático, afetuoso: *um abraço amigo.* s.m. **4.** Pessoa de quem se gosta, com quem se mantém relacionamento de amizade: *eram amigas desde criança.* **5.** Amásio, amante. Obs.: é bastante utilizado também na forma reduzida *migo* como tratamento entre pessoas com as quais há relação de afeto.
aminoácido (a.mi.no.**á**.ci.do) s.m. (*Bio.*) Ácido orgânico de que há vinte tipos que se combinam para formar as proteínas.
amistoso (a.mis.**to**.so) [ô] *adj.* **1.** Próprio de amigos; amigável. s.m. *e adj.* **2.** (Partida de futebol) Que não se inclui nos jogos de um campeonato. ▪ Pl. *amistosos* [ó].
amiudado (a.mi.u.**da**.do) *adj.* Frequente, repetido.
amiúde (a.mi.**ú**.de) *adv.* Frequentemente.
amizade (a.mi.**za**.de) s.f. Simpatia, estima, afeição.
amnésia (am.**né**.si.a) s.f. Perda da memória.
amnésico (am.**né**.si.co) *adj.* **1.** Pertencente a amnésia. **2.** Que sofre de amnésia.

âmnio (**âm**.ni.o) s.m. (*Bio.*) Membrana que reveste o embrião dos vertebrados superiores.
amniótico (am.ni.**ó**.ti.co) *adj.* Relacionado ou pertencente ao âmnio.
amo (a.mo) s.m. Nobre em relação aos servos ou escravos; senhor.
amofinado (a.mo.fi.**na**.do) *adj.* Aborrecido, aflito.
amofinar (a.mo.fi.**nar**) v.t.d. *e* v.p. Aborrecer(-se), chatear(-se).
amoitar (a.moi.**tar**) v.i. *e* v.p. **1.** Esconder-se. **2.** Permanecer quieto.
amojar (a.mo.**jar**) v.i. Ficar com o úbere cheio de leite: *a vaca amojou.*
amolação (a.mo.la.**ção**) s.f. **1.** Ação de amolar-se. **2.** Incômodo, desgosto.
amolado (a.mo.**la**.do) *adj.* **1.** Afiado, aguçado. **2.** Contrariado, desgostoso.
amolador (a.mo.la.**dor**) [ô] s.m. Pessoa que faz afiação de facas, tesouras etc.
amolar (a.mo.**lar**) v.t.d. **1.** Afiar objeto cortante no rebolo. **2.** (*Fig.*) Enfadar, aborrecer, molestar.
amoldar (a.mol.**dar**) v.t.d. **1.** Ajustar ao molde. **2.** Adequar, adaptar. **3.** Acostumar.
amolecado (a.mo.le.**ca**.do) *adj.* Que tem jeito de moleque, que parece moleque.
amolecer (a.mo.le.**cer**) v.t.d. **1.** Tornar brando, mole. **2.** (*Fig.*) Enternecer, comover.
amolecimento (a.mo.le.ci.**men**.to) s.m. Ação ou processo de amolecer.
amolgar (a.mol.**gar**) v.t.d. Amassar, entornar.
amondaua (a.mon.**dau**.a) s.2g. **1.** Indivíduo dos amondauas, povo indígena que vive hoje em Rondônia. *adj.2g.* **2.** Relacionado a esse povo.
amônia (a.**mô**.ni.a) s.f. Solução aquosa de amoníaco.
amoníaco (a.mo.**ní**.a.co) s.m. (*Quím.*) Gás incolor que se forma pela combinação de um átomo de nitrogênio e três de hidrogênio.
amontoar (a.mon.to.**ar**) v.t.d. **1.** Pôr em monte ou montão. v.i. *e* v.p. **2.** Juntar(-se) de modo desordenado.
amor (a.**mor**) [ô] s.m. **1.** Afeição acentuada de uma pessoa por outra. **2.** Objeto de afeição. **3.** Conjunto de fenômenos que constituem o instinto sexual. **4.** Grande amizade. **5.** Pessoa amada.
amora (a.**mo**.ra) [ó] s.f. (*Bot.*) Fruto da amoreira.
amoral (a.mo.**ral**) *adj.2g.* Que não tem moral, que não aceita nem nega a moral.
amoralismo (a.mo.ra.**lis**.mo) s.m. (*Filos.*) Ética que não aceita nenhum juízo de valor, por não considerar que haja uma moral universalmente válida.
amorável (a.mo.**rá**.vel) *adj.2g.* **1.** Que trata com amor. **2.** Em que há ternura ou afeição.
amordaçar (a.mor.da.**çar**) v.t.d. Colocar mordaça em; calar.
amoreira (a.mo.**rei**.ra) s.f. (*Bot.*) Denominação dada a várias plantas de cujas folhas se alimenta o bicho-da-seda.
amorfo (a.**mor**.fo) [ó] *adj.* Que não tem forma determinada.

amoroso (a.mo.ro.so) [ô] *adj.* **1.** Que tem amor. **2.** Terno, meigo, carinhoso. ▣ Pl. *amorosos* [ó].
amor-perfeito (a.mor-per.fei.to) *s.m.* (Bot.) Erva ornamental de flores roxa, branca e amarela; violeta-tricolor. ▣ Pl. *amores-perfeitos*.
amor-próprio (a.mor-pró.pri.o) *s.m.* **1.** Respeito da própria dignidade, de si mesmo. **2.** Orgulho. **3.** Sensibilidade. ▣ Pl. *amores-próprios*.
amortalhar (a.mor.ta.lhar) *v.t.d.* Cobrir com a mortalha.
amortecedor (a.mor.te.ce.dor) [ô] *s.m. e adj.* **1.** Que ou o que amortece, atenua. **2.** Que ou o que abafa (o som). *s.m.* **3.** Aparelho ou peça para amortecer vibrações ou choques.
amortecer (a.mor.te.cer) *v.t.d.* **1.** Tornar como morto, diminuir a reação, a sensibilidade ou o movimento; entorpecer: o timbó amortece a musculatura dos peixes. **2.** Reduzir o impacto, tornar menor: o colchão amorteceu a queda. **3.** Abafar, abrandar (o som).
amortecimento (a.mor.te.ci.men.to) *s.m.* Ação de amortecer, de reduzir a sensibilidade ou o impacto.
amortização (a.mor.ti.za.ção) *s.f.* Ação de amortizar.
amortizar (a.mor.ti.zar) *v.t.d.* Diminuir (dívida) realizando parte do pagamento; pagar gradativamente.
amostra (a.mos.tra) *s.f.* **1.** Pequena parte de um todo, para exame ou prova de suas qualidades. **2.** Indício, sinal. **3.** Modelo.
amostragem (a.mos.tra.gem) *s.f.* **1.** Método estatístico que se baseia em amostras para analisar um todo. **2.** Coleta de amostras.
amotinar (a.mo.ti.nar) *v.t.d. e v.p.* **1.** Pôr(-se) em motim. **2.** Revoltar(-se).
amparado (am.pa.ra.do) *adj.* Protegido, apoiado, a que se deu amparo.
amparar (am.pa.rar) *v.t.d.* **1.** Dar amparo a. **2.** Escorar. **3.** Proteger.
amparo (am.pa.ro) *s.m.* **1.** Ação de amparar. **2.** Auxílio. **3.** Resguardo, abrigo.
amperagem (am.pe.ra.gem) *s.f.* (Fís.) Intensidade de uma corrente elétrica.
ampere (am.pe.re) *s.m.* [é] (Fís.) Unidade de intensidade das correntes elétricas. Obs.: do francês *ampère*.
amperímetro (am.pe.rí.me.tro) *s.m.* (Fís.) Instrumento que mede correntes elétricas.
amplexo (am.ple.xo) *s.m.* [cs] (Raro) Abraço.
ampliação (am.pli.a.ção) *s.f.* **1.** Ação de ampliar; aumento: *a ampliação da casa*. **2.** Imagem ampliada.
ampliador (am.pli.a.dor) [ô] *s.m. e adj.* (Dispositivo) que amplia.
ampliar (am.pli.ar) *v.t.d.* **1.** Tornar amplo. **2.** Aumentar, desenvolver. **3.** Estender. Obs.: pres. do ind.: *amplio, amplias* etc.
amplidão (am.pli.dão) *s.f.* **1.** Qualidade do que é amplo. **2.** Vastidão, grandeza.

amplificação (am.pli.fi.ca.ção) *s.f.* **1.** Ação de amplificar, de tornar maior ou mais intenso. **2.** Transformação de sinal elétrico em som audível: *instrumentos elétricos requerem amplificação*.
amplificador (am.pli.fi.ca.dor) [ô] *adj.* **1.** Que amplifica ou aumenta, que torna grande. *s.m.* **2.** Aparelho para aumentar a intensidade de um sinal elétrico, por exemplo transformando o sinal captado pelo microfone em som audível.
amplificar (am.pli.fi.car) *v.t.d.* **1.** Tornar mais amplo; ampliar. **2.** Tornar audível (um sinal elétrico); ligar a amplificador: *amplificar as guitarras*.
amplitude (am.pli.tu.de) *s.f.* **1.** Extensão; vastidão. **2.** (Fís.) Deslocamento máximo da matéria na passagem de uma onda.
amplo (am.plo) *adj.* **1.** Espaçoso, extenso, desafogado. **2.** Grande. **3.** Abundante, copioso, rico.
ampola (am.po.la) [ô] *s.f.* Tubozinho hermeticamente fechado, em que se introduziu um líquido.
ampulheta (am.pu.lhe.ta) [ê] *s.f.* Instrumento para medir o tempo formado por dois vasos cônicos que se comunicam no vértice por um pequeno orifício, através do qual passa areia fina.
amputação (am.pu.ta.ção) *s.f.* Ação de amputar.
amputar (am.pu.tar) *v.t.d.* **1.** Cortar (um membro do corpo ou parte dele): *amputaram o rabo do cão*. **2.** (Fig.) Cortar, retirar, eliminar, suprimir: *amputaram dois capítulos do livro*.
amuado (a.mu.a.do) *adj.* **1.** Que se amuou. **2.** Que se retrai desgostoso, melindrado.
amuar (a.mu.ar) *v.t.d.* **1.** Provocar amuo a. *v.i.* **2.** Mostrar amuo. **3.** Demonstrar que está desgostoso. *v.p.* **4.** Ficar amuado.
amuleto (a.mu.le.to) *s.m.* [ê] (Folc.) Objeto que se traz pendurado ao pescoço ou junto ao corpo, por motivos religiosos; talismã: *existem amuletos em todos os povos da história humana*.
amuo (a.mu.o) *s.m.* Aborrecimento, ofensa, mágoa momentânea; birra, arrufo.
amurada (a.mu.ra.da) *s.f.* Muro baixo, mureta entre o convés de uma embarcação e o mar.
amuralhar (a.mu.ra.lhar) *v.t.d.* Proteger com muralha.
anabatismo (a.na.ba.tis.mo) *s.m.* (Relig.) Doutrina e movimento protestante do século XVI que defendeu a conversão e o batismo apenas na idade adulta.
anabatista (a.na.ba.tis.ta) *adj.2g.* (Relig.) **1.** Relacionado ao anabatismo. *s.2g.* **2.** Membro dessa Igreja.
anabolizante (a.na.bo.li.zan.te) *s.m. e adj.2g.* (Bio.) (Substância) ligada à formação de tecidos.
anacoluto (a.na.co.lu.to) *s.m.* Figura de sintaxe em que um termo se acha como que solto, sem se ligar sintaticamente a outro da frase.
anacoreta (a.na.co.re.ta) [ê] *s.2g.* Eremita.
anacrônico (a.na.crô.ni.co) *adj.* **1.** Errado em relação à data, à cronologia. **2.** Que se acha em desacordo com os usos da época a que se refere.
anacronismo (a.na.cro.nis.mo) *s.m.* **1.** Erro de considerar datas ou fatos em época errada: *telefone em*

cenário medieval é anacronismo. **2.** Fato ou costume em desacordo com a época.
anaeróbio (a.na.e.**ró**.bi.o) *adj*. (*Bio*.) Que, para viver, tem de achar-se fora do contato do ar ou do oxigênio livre: *bactérias anaeróbias*.
anafilático (a.na.fi.**lá**.ti.co) *adj*. **1.** Relativo a anafilaxia. **2.** Que ocorre em consequência de anafilaxia.
anafilaxia (a.na.fi.la.**xi**.a) [cs] *s.m*. (*Med*.) Reação violenta de um organismo a determinada substância externa.
anagrama (a.na.**gra**.ma) *s.m*. Palavra ou frase cujo rearranjo de letras forma outra palavra ou frase.
anágua (a.**ná**.gua) *s.f*. Roupa íntima feminina usada debaixo da saia e sobre a calcinha. Cf. *combinação*.
anais (a.**nais**) *s.m.pl*. **1.** Relatos históricos de um povo, nação, contados ano a ano, arquivados. **2.** Publicação periódica de ciências, letras e artes.
anal (a.**nal**) *adj.2g*. (*Anat*.) Relativo a ânus.
analéptico (a.na.**lép**.ti.co) *adj*. (*Med*.) Que restaura as forças; tônico.
analfabetismo (a.nal.fa.be.**tis**.mo) *s.m*. Qualidade, estado ou condição de analfabeto.
analfabeto (a.nal.fa.**be**.to) [é] *adj*. **1.** Que não sabe ler nem escrever. *s.m*. **2.** O que desconhece o alfabeto.
analgésico (a.nal.**gé**.si.co) *s.m*. (*Med*.) Medicamento ou substância utilizada para aliviar ou suprimir a dor.
analisar (a.na.li.**sar**) *v.t.d*. **1.** Fazer análise de. **2.** Investigar; descobrir detalhes.
análise (a.**ná**.li.se) *s.f*. **1.** Decomposição de um todo em partes. **2.** Exame minucioso de cada uma das partes de um todo. **3.** Forma reduzida de *psicanálise*.
analista (a.na.**lis**.ta) *s.2g*. **1.** Pessoa que faz análises químicas, clínicas etc. **2.** Médico ou psicólogo que submete alguém a análise psicológica.
analítico (a.na.**lí**.ti.co) *adj*. Relacionado à análise, feito por análise: *raciocínio analítico*.
analogia (a.na.lo.**gi**.a) *s.f*. **1.** Ponto de semelhança entre objetos diferentes. **2.** Semelhança. **3.** Técnica de raciocínio utilizada em filosofia, para estabelecer comparações.
analógico (a.na.**ló**.gi.co) *adj*. **1.** Que se faz por analogia, ligado a analogia: *raciocínio analógico*. **2.** (*Inf*.) Que expressa uma grandeza em função de outra: *o relógio analógico mostra o tempo como a distância percorrida pelos ponteiros*. Cf. *digital*.
análogo (a.**ná**.lo.go) *adj*. **1.** Que apresenta analogia. **2.** Semelhante. **3.** Baseado na analogia.
anambé (a.nam.**bé**) *s.2g*. **1.** Indivíduo dos anambés, povo indígena que vive hoje no Pará. *adj.2g*. **2.** Relacionado a esse povo.
anamnese (a.nam.**ne**.se) *s.f*. **1.** Reminiscência, recordação. **2.** (*Med*.) Informação dos antecedentes de uma doença ou de uma pessoa desde a sua gestação.
ananás (a.na.**nás**) *s.m*. (*Bot*.) Planta originária da América, entre cujas variedades se inclui o abacaxi.

anão (a.**não**) *s.m. e adj*. (Aquele) que é bem menor que os semelhantes.
anarquia (a.nar.**qui**.a) *s.f*. **1.** Negação do princípio de autoridade. **2.** Organização social em que não há governo. **3.** (*Fig*.) Desordem, confusão, ausência de autoridade. Cf. *anarquismo*.
anarquismo (a.nar.**quis**.mo) *s.m*. (*Pol*.) Concepção política que rejeita as ideias de Estado, autoridade administrativa ou religiosa, e defende a liberdade, a educação e as iniciativas individuais como base da sociedade ideal. Cf. *anarquia*.
anarquista (a.nar.**quis**.ta) *adj.2g*. **1.** Pertencente ao anarquismo. *s.2g. e adj.2g*. **2.** (Pessoa) partidária do anarquismo. **3.** (*Fig*.) Desordeiro.
anarquizar (a.nar.qui.**zar**) *v.t.d*. Criar anarquia em; bagunçar, tumultuar.
anátema (a.**ná**.te.ma) *s.m*. (*Relig*.) **1.** Excomunhão; expulsão da Igreja. **2.** Repreensão, condenação. *s.2g. e adj.2g*. **3.** (Pessoa) que foi atingida por anátema; excomungado. **4.** Maldito, execrado.
anatematizar (a.na.te.ma.ti.**zar**) *v.t.d*. Lançar anátema contra.
anatômico (a.na.**tô**.mi.co) *adj*. **1.** Relacionado à anatomia ou às formas de um organismo. **2.** Diz-se de formas desenhadas para acompanhar a anatomia humana: *cadeira com desenho anatômico*.
anatomia (a.na.to.**mi**.a) *s.f*. **1.** Ciência que estuda a estrutura dos organismos de seres vivos, principalmente do corpo humano. **2.** (*Fig*.) Análise minuciosa, com identificação das partes.
anavalhar (a.na.va.**lhar**) *v.t.d*. (*Raro*) Navalhar, cortar com navalha.
anca (**an**.ca) *s.f*. **1.** Parte lateral do corpo humano, entre a cintura e a articulação da coxa. **2.** (*Anat*.) Quadril, nádega. **3.** Quarto traseiro do animal.
ancestral (an.ces.**tral**) *adj.2g*. **1.** Relativo a antepassados; muito antigo; remoto ou velho. *s.2g*. **2.** Ser de quem outro descende; antepassado: *nossos ancestrais eram índios, europeus e africanos*.
ancho (**an**.cho) *adj*. **1.** Largo, grande, amplo. **2.** Cheio, estufado.
anchova (an.**cho**.va) [ô] *s.f*. (*Zoo*.) Peixe teleósteo marinho de sabor apreciado e alto valor comercial. O mesmo que *enchova*.
ancião (an.ci.**ão**) *adj*. **1.** Velho. **2.** Antigo. *s.m*. **3.** Homem idoso e respeitável. ◘ Pl. *anciões, anciãos, anciães*. Fem. *anciã*.
ancinho (an.**ci**.nho) *s.m*. Instrumento agrícola, dentado, que se usa para juntar palha etc.
âncora (**ân**.co.ra) *s.f*. **1.** Peça de ferro que se lança ao fundo da água para que a embarcação fique segura. **2.** (*Fig*.) Apoio, recurso. *s.2g*. **3.** Jornalista que articula um programa de notícias na televisão ou no rádio.
ancoradouro (an.co.ra.**dou**.ro) *s.f*. Lugar onde o navio ancora.
ancorar (an.co.**rar**) *v.t.d*. **1.** Fundear, lançando âncora. **2.** Basear, estribar, fundar.

andador

andador (an.da.**dor**) [ô] s.m. Dispositivo para auxiliar a marcha, usado por crianças pequenas e pessoas com dificuldade de locomoção.
andadura (an.da.**du**.ra) s.f. Modo de andar dos quadrúpedes: *as andaduras do cavalo são passo, trote, marcha e galope*.
andaime (an.**dai**.me) s.m. Estrutura provisória de metal ou madeira, sobre a qual trabalham os operários nas construções.
andaluz (an.da.**luz**) adj.2g. **1.** Da Andaluzia, comunidade autônoma que integra a Espanha. s.2g. **2.** Pessoa natural ou habitante desse lugar. s.m. **3.** Dialeto que se fala nessa região.
andamento (an.da.**men**.to) s.m. **1.** Ação de andar, de desenvolver-se ou progredir; progresso: *a obra estava em ótimo andamento*. **2.** (Mús.) Desenvolvimento rítmico de movimento regular.
andança (an.**dan**.ça) s.f. Ação de andar; trajeto a pé, caminhada.
andante (an.**dan**.te) adj.2g. Que anda: *Dom Quixote queria viver as aventuras dos cavaleiros andantes, que iam de um castelo a outro*.
andar (an.**dar**) v.i. **1.** Dar passos, mover-se, percorrer um caminho, caminhar. **2.** Passar (o tempo), ir adiante. **3.** Funcionar, ter seguimento. s.m. **4.** Pavimento de um edifício.
andarilho (an.da.**ri**.lho) s.m. Aquele que anda muito, andante.
andejo (an.**de**.jo) [ê] adj. Que anda muito ou sempre.
andino (an.**di**.no) adj. Relativo aos Andes, cordilheira da América do Sul.
andor (an.**dor**) [ô] s.m. Suporte para carregar imagem religiosa em procissão; charola.
andorinha (an.do.**ri**.nha) s.f. *(epiceno)* (Zoo.) Pássaro de cor escura que vive em bandos, alimenta-se de insetos e faz longas migrações.
andorrano (an.dor.**ra**.no) adj. **1.** Do principado de Andorra, entre a Espanha e a França. s.m. **2.** Pessoa natural ou habitante desse lugar; andorrense.
andorrense (an.dor.**ren**.se) s.2g. e adj.2g. Andorrano.
andragogia (an.dra.go.**gi**.a) s.f. **1.** Ciência ou arte de orientar adultos a aprender. **2.** Conceito de educação voltada para o adulto em oposição à pedagogia, que se refere à educação de crianças. Obs.: do grego *andros*, "adulto", e *gogos*, "educar".
andrajo (an.**dra**.jo) s.m. Farrapo, roupa esfarrapada.
andrajoso (an.dra.**jo**.so) [ô] adj. Coberto de andrajos. ▪ Pl. *andrajosos* [ó].
androceu (an.dro.**ceu**) s.m. (Bot.) Órgão masculino da flor, representado pelos estames.
androginia (an.dro.gi.**ni**.a) s.f. Característica de andrógino.
andrógino (an.**dró**.gi.no) adj. Que exibe aparência, estilo ou comportamento atribuídos ao sexo oposto. Cf. hermafrodita.
androide (an.**droi**.de) [ói] s.m. Autômato com figura humana.
Andrômeda (an.**drô**.me.da) [ê] s.f. *(próprio)* (Astron.) Constelação boreal.

andropausa (an.dro.**pau**.sa) s.f. (Med.) Diminuição da atividade reprodutiva no homem.
anedota (a.ne.**do**.ta) [ó] s.f. **1.** Narração curta e engraçada, que alguém conta para divertir os outros; piada. **2.** Particularidade engraçada de alguém.
anedotário (a.ne.do.**tá**.ri.o) s.m. Coleção de anedotas.
anel (a.**nel**) s.m. **1.** Argola utilizada nos dedos, para enfeitar ou caracterizar estado civil, profissão etc. **2.** Qualquer objeto de forma circular. **3.** Espiral de cabelo.
anelado (a.ne.**la**.do) adj. **1.** Disposto em anéis. **2.** Encaracolado.
anelante (a.ne.**lan**.te) adj.2g. **1.** Que arfa ou ofega; ofegante. **2.** Que deseja ou aspira, que tem anelos.
anelar (a.ne.**lar**) adj.2g. **1.** Relativo a anel; anular. v.t.d. **2.** Dar aspecto ou forma de anel a. **3.** Cachear, encaracolar, pôr em anéis.
anelídeo (a.ne.**lí**.de.o) s.m. e adj. (Zoo.) Invertebrado de corpo fino e segmentado, como se formado por anéis, que constitui um filo em que se classificam a minhoca e a sanguessuga.
anelo (a.ne.lo) [é] s.m. Aspiração, anseio.
anemia (a.ne.**mi**.a) s.f. (Med.) Diminuição da hemoglobina nos corpúsculos do sangue.
anêmico (a.**nê**.mi.co) adj. **1.** Relativo a anemia. **2.** Que sofre de anemia.
anemômetro (a.ne.**mô**.me.tro) s.m. Aparelho que mede a velocidade e a força dos ventos.
anêmona (a.**nê**.mo.na) s.f. **1.** (Zoo.) Invertebrado marinho cujo corpo ou pólipo é um disco largo, com longos tentáculos. **2.** (Bot.) Planta ornamental de flores multicoloridas.
anestesia (a.nes.te.**si**.a) s.2g. (Med.) Perda total ou parcial da sensibilidade, provocada por anestésico.
anestesiar (a.nes.te.si.**ar**) v.t.d. (Med.) Causar anestesia em.
anestésico (a.nes.**té**.si.co) adj. (Med.) **1.** Que anestesia. s.m. **2.** Medicamento que suprime ou diminui a sensibilidade.
anestesista (a.nes.te.**sis**.ta) s.2g. Médico que define, prepara e administra a anestesia.
aneurisma (a.neu.**ris**.ma) s.m. (Med.) Dilatação de uma artéria.
anexação (a.ne.xa.**ção**) [cs] s.f. Ação de anexar.
anexar (a.ne.**xar**) [cs] v.t.d. e i. Ligar; juntar.
anexim (a.ne.**xim**) [cs] s.m. Provérbio.
anexo (a.**ne**.xo) [é-cs] adj. **1.** Junto, ligado. s.m. **2.** Aquilo que acompanha, que vai junto. **3.** Acessório, apêndice.
anfetamina (an.fe.ta.**mi**.na) s.f. (Med.) Substância vasoconstritora e estimulante, de uso medicinal.
anfíbio (an.**fi**.bi.o) adj. **1.** Que vive ou se desloca na terra e na água. s.m. e adj. **2.** (Zoo.) (Animal) vertebrado de pele nua, que respira por brânquias na fase larvar e na fase adulta possui respiração aeróbica, que forma a classe dos sapos, rãs e pererecas.
anfisbena (an.fis.**be**.na) [ê] s.f. **1.** (Mit.) Cobra de duas cabeças, dos antigos romanos. **2.** (Zoo.) Cobra-cega.

anfiteatro (an.fi.te.**a**.tro) *s.m.* Recinto destinado a espetáculos diversos.
anfitrião (an.fi.tri.**ão**) *s.m.* Aquele que recebe convidados à sua mesa ou em sua casa.
ânfora (**ân**.fo.ra) *s.f.* Antigo vaso de gargalo estreito.
angariar (an.ga.ri.**ar**) *v.t.d.* **1.** Aliciar, recrutar. **2.** Obter ou juntar (dinheiro) com campanhas e promoções: *angariar fundos para a biblioteca*. Obs.: pres. do ind.: *angario, angarias*.
angélica (an.**gé**.li.ca) *s.f.* (*Bot.*) Planta originária da Europa e das Guianas; tuberosa.
angelical (an.ge.li.**cal**) *adj.2g.* **1.** Relativo a anjo; angélico: *acreditava em seres angelicais que viviam no céu*. **2.** Puro, suave, inocente: *um sorriso angelical*.
angélico (an.**gé**.li.co) *adj.* **1.** Angelical. **2.** Puríssimo.
angico (an.**gi**.co) *s.m.* (*Bot.*) **1.** Certa árvore que dá boa madeira. **2.** Cipó de que se extrai uma substância com propriedades aromáticas e medicinais.
angina (an.**gi**.na) *s.f.* (*Med.*) Inflamação das mucosas da garganta, faringe, laringe, traqueia e peito, às vezes grave, caracterizada por dor aguda.
angiologia (an.gi.o.lo.**gi**.a) *s.f.* (*Med.*) Ramo da medicina que estuda artérias, veias, vasos sanguíneos e linfáticos.
angiologista (an.gi.o.lo.**gis**.ta) *s.2g.* (*Med.*) Médico especialista em angiologia.
angiosperma (an.gios.**per**.ma) *s.f.* (*Bot.*) Grupo de plantas cujas sementes crescem dentro de flores.
anglicanismo (an.gli.ca.**nis**.mo) *s.m.* Religião cristã oficial da Inglaterra desde o século XVI e presente em vários outros países.
anglicano (an.gli.**ca**.no) *adj.* **1.** Relacionado ao anglicanismo. *s.m.* **2.** Adepto do anglicanismo.
anglicismo (an.gli.**cis**.mo) *s.m.* Palavra ou expressão da língua inglesa que se introduz em outra língua: *alguns anglicismos correntes no Brasil são "mouse", "shopping" e "baby"*.
anglo-saxão (an.glo-sa.**xão**) [cs] *s.m.* **1.** Indivíduo dos anglo-saxões, povo germânico que no século V se fixou no território da atual Inglaterra; inglês, saxão. *adj.* **2.** Relacionado a esse povo; inglês, anglo-saxônico. ◙ Pl. *anglo-saxões*.
anglo-saxônico (an.glo-sa.**xô**.ni.co) [cs] *adj.* Anglo-saxão. ◙ Pl. *anglo-saxônicos*.
angola (an.**go**.la) *s.f.* (*Zoo.*) Galinha-d'angola.
angolano (an.go.**la**.no) *adj.* **1.** Pertencente a Angola, país da África. *s.m. e adj.* **2.** (Pessoa) natural ou habitante desse lugar. Obs.: o sinônimo *angolense* é de uso raro no Brasil.
angolense (an.go.**len**.se) *s.2g. e adj.2g.* (*Raro*) Angolano.
angorá (an.go.**rá**) *adj.2g.* Diz-se das raças de gatos, coelhos e cabras de origem turca, com pelo longo.
angra (**an**.gra) *s.f.* Pequena baía.
angu (an.**gu**) *s.m.* (*Culin.*) Massa mole ou papa de farinha, em geral de milho, e salgada: *o angu de milho é muito apreciado em Minas Gerais*; *o angu de mandioca é também chamado pirão*.

angular (an.gu.**lar**) *adj.2g.* **1.** Que tem ângulos. **2.** Em forma de ângulo. **3.** Relativo a ângulo.
ângulo (**ân**.gu.lo) *s.m.* **1.** Canto. **2.** (*Geom.*) Porção de superfície compreendida entre duas retas ou curvas que se encontram em um mesmo ponto chamado vértice. **Ângulo reto:** ângulo de 90 graus, como os do quadrado ou do T.
anguloso (an.gu.**lo**.so) [ô] *adj.* **1.** Que tem ângulos. **2.** Que tem ossos salientes. ◙ Pl. *angulosos* [ó].
angústia (an.**gús**.ti.a) *s.f.* Aflição, ansiedade, opressão, agonia.
angustiante (an.gus.ti.**an**.te) *adj.2g.* Angustioso; que provoca sensação de angústia.
angustiar (an.gus.ti.**ar**) *v.t.d.* Causar angústia a, afligir. Obs.: pres. do ind.: *angustio, angustias* etc.
angustioso (an.gus.ti.**o**.so) [ô] *adj.* Que tem angústia; angustiante. ◙ Pl. *angustiosos* [ó].
angusto (an.**gus**.to) *adj.* Oprimido, apertado.
anhanga (a.**nhan**.ga) *s.m.* (*Folc.*) Fantasma, visão, espectro, visagem.
anhanguera (a.nhan.**gue**.ra) [üê] *s.m.* Diabo, gênio manhoso e velhaco.
anho (**a**.nho) *s.m.* (*Zoo.*) Filhote de ovelha; cordeiro.
aniagem (a.ni.**a**.gem) *s.f.* Tecido grosso para sacos.
anidrido (a.ni.**dri**.do) *s.m.* (*Quím.*) Categoria de produtos químicos derivados dos ácidos por remoção de água.
anidro (a.**ni**.dro) *s.m.* (*Quím.*) Que não tem água em sua composição.
anil (a.**nil**) *s.m.* **1.** Substância corante azul extraída das folhas de uma árvore. *adj.2g.* **2.** Azul.
anilado (a.ni.**la**.do) *adj.* Que tem cor próxima do anil; azulado.
anilina (a.ni.**li**.na) *s.f.* Substância corante que se extrai do alcatrão.
animação (a.ni.ma.**ção**) *s.f.* **1.** Ação de animar-se. **2.** Alegria, entusiasmo. **3.** Técnica para produção de filmes ou imagens animadas sem atores, usando desenhos, modelagem etc.
animado (a.ni.**ma**.do) *adj.* **1.** Que se animou, feito com animação; entusiasmado, movimentado. **2.** Que tem movimento; vivo: *seres animados e seres inanimados*. **Desenho animado:** filme para televisão, cinema etc. feito com desenho, com técnicas de animação e não com atores e cenários.
animador (a.ni.ma.**dor**) [ô] *adj.* **1.** Que anima. *s.m.* **2.** Aquele que anima. **3.** Pessoa que apresenta e anima um programa de auditório no rádio ou na televisão. **4.** Apresentador de programa.
animal (a.ni.**mal**) *s.m.* **1.** (*Bio.*) Ser vivo que se alimenta de outros seres e constitui um dos cinco reinos da biologia. **2.** (*Fig.*) Pessoa grosseira, insensível. *adj.2g.* **3.** Relativo a esses seres: *vida animal, reino animal*. **4.** (*Pop.*) Muito bom, forte e cheio de energia: *foi um gol animal*.
animalesco (a.ni.ma.**les**.co) [ê] *adj.* **1.** Relativo aos animais. **2.** Próprio de animal.
animalidade (a.ni.ma.li.**da**.de) *s.f.* Qualidade de animal; bestialidade.

animar (a.ni.**mar**) v.t.d. **1.** Tornar vivo, dar vida a. **2.** Estimular, encorajar.
anímico (a.**ní**.mi.co) adj. Relacionado a alma; psíquico.
animismo (a.ni.**mis**.mo) s.m. (Filos.) **1.** Crença de que todos os seres vivos possuem alma similar à alma humana. **2.** Prática religiosa ou crença de que as almas de outros seres podem se incorporar em médiuns.
animista (a.ni.**mis**.ta) adj.2g. **1.** Pertencente ao animismo. s.2g. e adj. **2.** (Pessoa) adepta do animismo.
ânimo (**â**.ni.mo) s.m. **1.** Espírito, caráter, vida, valor. interj. **2.** Emprega-se para estimular, incitar: *coragem! ânimo! vamos lá!*
animosidade (a.ni.mo.si.**da**.de) s.f. **1.** Prevenção, ressentimento. **2.** Violência.
animoso (a.ni.**mo**.so) [ô] adj. Que tem o ânimo exaltado, que reage com facilidade; nervoso. ▣ Pl. *animosos* [ó].
aninhar (a.ni.**nhar**) v.t.d. **1.** Pôr em ninho. **2.** Abrigar, esconder. v.i. **3.** Fazer ninho.
ânion (**â**.ni.on) s.m. (Quím. Fís.) O íon que tem carga elétrica negativa.
aniquilação (a.ni.qui.la.**ção**) s.f. **1.** Ação de aniquilar. **2.** Ruína, demolição.
aniquilar (a.ni.qui.**lar**) v.t.d. Reduzir a nada, exterminar; tornar vão.
anis (a.**nis**) s.m. (Bot.) **1.** Planta aromática com sementes em forma de estrela; anis-estrelado. **2.** Semente dessa planta, usada em culinária. **3.** Erva-doce.
anis-estrelado (a.nis-es.tre.**la**.do) s.m. (Bot.) Anis. ▣ Pl. *anises-estrelados*.
anisete (a.ni.**se**.te) [é] s.m. Licor de anis-estrelado.
anistia (a.nis.**ti**.a) s.f. **1.** Perdão geral. **2.** Perdão coletivo de crimes políticos. **3.** Indulto que se concede a criminosos em determinada época do ano e por uma razão determinada.
anistiado (a.nis.ti.**a**.do) s.m. e adj. Que ou aquele que teve anistia.
anistiar (a.nis.ti.**ar**) v.t.d. Conceder anistia a.
aniversariante (a.ni.ver.sa.ri.**an**.te) s.2g. e adj.2g. (Pessoa) que aniversaria, que faz aniversário.
aniversariar (a.ni.ver.sa.ri.**ar**) v.i. Fazer anos; comemorar o aniversário.
aniversário (a.ni.ver.**sá**.ri.o) s.m. e adj. **1.** Dia em que se faz anos. **2.** Comemoração anual do dia em que aconteceu alguma coisa.
anjo (an.jo) s.m. **1.** (Relig.) Ente intermediário ou mensageiro entre Deus e os homens, nas religiões judaica, cristãs e muçulmana. **2.** Cadáver de criança com menos de cinco anos, batizada. **Anjo da guarda** ou **anjo custódio:** ser de natureza supra-humana que cuida de cada pessoa, nas tradições judaica, cristã e muçulmana.
ano (a.no) s.m. Tempo gasto pela Terra na translação em torno do Sol, dividido em doze meses; período de 365 dias e 6 horas, que se repete indefinidamente. **Ano civil:** o ano que começa em janeiro e termina em dezembro. **Ano letivo:** o período em que funciona uma escola.

anódino (a.**nó**.di.co) adj. **1.** Que não faz mal; inofensivo. **2.** (Quím.) Referente a anodo.
anodo (a.**no**.do) [ô] s.m. (Quím.) Eletrodo positivo para onde migram os íons negativos em uma corrente elétrica. O mesmo que *ânodo*.
ânodo (**â**.no.do) s.m. (Quím.) O mesmo que *anodo*.
anoitecer (a.noi.te.**cer**) v.i. **1.** Fazer-se noite; escurecer. s.m. **2.** O cair da noite.
ano-luz (a.no-**luz**) s.m. (Fís.) Unidade de medida que traduz a distância que a luz percorre no vácuo ao longo de um ano, a uma velocidade de 300 mil km/s. ▣ Pl. *anos-luz*.
anomalia (a.no.ma.**li**.a) s.f. Irregularidade; aberração.
anômalo (a.**nô**.ma.lo) adj. Em que há anomalia.
anonimato (a.no.ni.**ma**.to) s.m. Condição do que ou de quem é anônimo.
anônimo (a.**nô**.ni.mo) adj. **1.** Sem nome, sem assinatura. **2.** Sem fama, obscuro.
ano-novo (a.no-**no**.vo) s.m. A passagem de ano, do dia 31 de dezembro para o 1º de janeiro; *réveillon: foram passar o ano-novo na praia.* ▣ Pl. *anos-novos*.
anorético (a.no.**ré**.ti.co) s.m. e (Med.) O mesmo que *anoréxico*.
anorexia (a.no.re.**xi**.a) [cs] s.f. (Med.) Doença mental que leva à perda do apetite e do peso corpóreo.
anoréxico (a.no.**ré**.xi.co) [cs] adj. (Med.) **1.** Relacionado a anorexia. s.m. e adj. **2.** (Indivíduo) que sofre de anorexia. O mesmo que *anorético*.
anormal (a.nor.**mal**) adj.2g. **1.** Anômalo. **2.** Contrário às regras. s.2g. **3.** Pessoa que não é normal.
anormalidade (a.nor.ma.li.**da**.de) s.f. **1.** Característica, condição do que é anormal. **2.** Aquilo que foge à normalidade, o que não é normal.
anotação (a.no.ta.**ção**) s.f. **1.** Ação de anotar. **2.** Nota, apontamento escrito.
anotar (a.no.**tar**) v.t.d. Tomar nota, escrever.
anoxia (a.no.**xi**.a) [cs] s.f. (Med.) Ausência de oxigênio no ar, no cérebro, no sangue arterial ou nos tecidos.
anóxico (a.**nó**.xi.co) [cs] adj. Referente a anoxia.
anquinha (an.**qui**.nha) s.f. Enfeite feminino antigo, enchimento para a região das nádegas.
anseio (an.**sei**.o) s.m. Desejo ardente, vontade.
anserino (an.se.**ri**.no) adj. Pertencente ou semelhante a pato ou ganso.
ânsia (**ân**.si.a) s.f. **1.** Aflição, angústia. **2.** Ansiedade, vontade. **3.** Náusea, enjoo; ânsias.
ansiar (an.si.**ar**) v.t.d. **1.** Causar ânsia a. **2.** Desejar com ardor. v.t.i. **3.** Almejar, desejar. **4.** Ter ânsias; ficar enjoado.
ânsias (**ân**.sias) s.f.pl. Náusea, enjoo, ânsia: *sentiu ânsias e saiu para o banheiro.*
ansiedade (an.si.e.**da**.de) s.f. **1.** Angústia, aflição. **2.** Desejo ardente. **3.** Sofreguidão, impaciência.
ansioso (an.si.**o**.so) [ô] adj. **1.** Que têm ânsia. **2.** Sôfrego, impaciente. **3.** Desejoso. ▣ Pl. *ansiosos* [ó].
anta (**an**.ta) s.f. (*epiceno*) **1.** (Zoo.) Maior mamífero originário da América do Sul, herbívoro e dotado de tromba, que vive sozinho; tapir. **2.** (Pop.) Pessoa sem inteligência ou de raciocínio lento.

antagônico (an.ta.gô.ni.co) *adj.* Oposto, contrário.
antagonismo (an.ta.go.**nis**.mo) *s.m.* **1.** Ação contrária. **2.** Rivalidade; incompatibilidade.
antagonista (an.ta.go.**nis**.ta) *s.2g. e adj.2g.* Adversário.
antanho (an.**ta**.nho) *adv.* **1.** (*Raro*) Antigamente, nos tempos idos, no passado. **2.** No ano passado.
antártico (an.**tár**.ti.co) *adj.* Que se opõe ao Ártico; no Polo Sul.
ante (an.te) *prep.* **1.** Na presença de. **2.** Por efeito de; diante de.
antebraço (an.te.**bra**.ço) *s.m.* (*Anat.*) Parte do braço humano entre o pulso e o cotovelo.
antecâmara (an.te.câ.ma.ra) *s.f.* Câmara ou sala que fica antes da principal.
antecedência (an.te.ce.**dên**.ci.a) *s.f.* **1.** Ação de anteceder. **2.** Precedência, vinda antes de.
antecedente (an.te.ce.**den**.te) *adj.2g.* **1.** Que antecede. **2.** Ido ou sucedido anteriormente. *s.m.* **3.** Fato anterior.
antecedentes (an.te.ce.**den**.tes) *s.m.pl.* Atos ou posições que pertencem ao passado ou ao histórico de uma pessoa: *o professor tinha ótimos antecedentes e logo foi contratado*.
anteceder (an.te.ce.**der**) *v.t.d.* **1.** Estar ou vir antes de. *v.t.i.* **2.** Antepor-se; ser anterior, preceder. **3.** Prenunciar, prever.
antecessor (an.te.ces.**sor**) [ô] *s.m.* **1.** Aquele que antecede. **2.** Antepassado.
antecipação (an.te.ci.pa.**ção**) *s.f.* Ação de antecipar.
antecipado (an.te.ci.**pa**.do) *adj.* Que se antecipou, que se fez antes.
antecipar (an.te.ci.**par**) *v.t.d.* **1.** Fazer, dizer antes. **2.** Anteceder.
antediluviano (an.te.di.lu.vi.**a**.no) *adj.* **1.** Que aconteceu antes do dilúvio. **2.** (*Fig.*) Muito antigo.
antegozar (an.te.go.**zar**) *v.t.d.* Gozar antecipadamente, prever o gozo.
antegozo (an.te.**go**.zo) [ô] *s.m.* Gozo antecipado; ação de antegozar.
antemanhã (an.te.ma.**nhã**) *s.f.* Momento antes da manhã, antes de o sol nascer.
antemão (an.te.**mão**) *adv.* **De antemão:** com antecedência, de modo antecipado: *separe todos os ingredientes de antemão e só depois comece a fazer a receita*.
antena (an.**te**.na) *s.f.* **1.** Fio ou conjunto de fios para recepção ou transmissão de ondas hertzianas; torre metálica para o mesmo fim. **2.** (*Zoo.*) Estrutura cefálica sensorial dos artrópodes.
anteontem (an.te.**on**.tem) *adv.* No dia anterior ao de ontem.
anteparo (an.te.**pa**.ro) *s.m.* Objeto, peça ou superfície colocada sobre outra, para protegê-la: *o boné tem um anteparo para proteger os olhos do sol*.
antepassado (an.te.pas.**sa**.do) *adj.* **1.** Antecedente. *s.m.* **2.** Antecessor.
antepassados (an.te.pas.**sa**.dos) *s.m.pl.* Ancestrais, ascendentes, avós.
antepasto (an.te.**pas**.to) *s.m.* Aperitivo, entrada, ace-pipe, iguaria que se come antes do primeiro prato.
antepenúltimo (an.te.pe.**núl**.ti.mo) *adj.* Que precede o penúltimo.
antepor (an.te.**por**) *v.t.d.* **1.** Pôr antes. **2.** Preferir.
anteprojeto (an.te.pro.**je**.to) *s.m.* Estudo para a preparação de um projeto.
antera (an.**te**.ra) *s.f.* (*Bot.*) Parte do estame da flor que produz o pólen.
anterior (an.te.ri.**or**) [ô] *adj.* **1.** Que está antes; que existiu, sucedeu antes. **2.** Que fica na frente ou na parte da frente; dianteiro: *um quadrúpede tem dois membros anteriores e dois posteriores*.
antes (**an**.tes) *adv.* **1.** Em tempo anterior. **2.** Pelo contrário.
antessala (an.tes.**sa**.la) *s.f.* Sala que fica antes de outra, à qual se vai; sala de espera.
antever (an.te.**ver**) *v.t.d.* **1.** Supor a visão de, imaginar: *anteviu as delícias do paraíso*. **2.** Prever, ver antecipadamente: *anteviu os riscos da aventura*. Obs.: conjuga-se como *ver*.
antevéspera (an.te.**vés**.pe.ra) *s.f.* Dia anterior à véspera.
antiácido (an.ti.**á**.ci.do) *adj.* **1.** Que anula a ação dos ácidos. *s.m.* **2.** (*Med.*) Substância usada para combater a acidez estomacal.
antiacneico (an.ti.ac.**nei**.co) [éi] *adj.* Que impede ou reduz a incidência da acne.
antiaéreo (an.ti.a.**é**.re.o) *adj.* Que combate ataque aéreo: *defesas antiaéreas*.
antialcoólico (an.ti.al.co.**ó**.li.co) *adj.* Que combate ou trata o alcoolismo: *liga antialcoólica*.
antialérgico (an.ti.a.**lér**.gi.co) *s.m. e adj.* **1.** (Substância) que age contra a alergia. *adj.* **2.** Que não provoca alergia.
antibacteriano (an.ti.bac.te.ri.**a**.no) *adj.* Que impede ou reduz a proliferação de bactérias: *o álcool tem ação antibacteriana*.
antibiótico (an.ti.bi.**ó**.ti.co) *adj.* **1.** Que impede o crescimento ou mata bactérias e outros micro--organismos. *s.m.* **2.** Substância natural ou produzida em laboratório empregada como medicamento para tratar doenças infecciosas.
anticaspa (an.ti.**cas**.pa) *adj.2g.2n. e s.m.* (Substância ou produto) que trata da caspa ou evita que se manifeste.
anticiclone (an.ti.ci.**clo**.ne) *s.m.* (*Geo.*) Zona de alta pressão atmosférica, onde o tempo apresenta--se bom.
anticoagulante (an.ti.co.a.gu.**lan**.te) *s.m. e adj.2g.* (Substância) que impede a coagulação do sangue.
anticoncepcional (an.ti.con.cep.ci.o.**nal**) *adj.2g.* (*Med.*) Que impede a concepção ou a gravidez; contraceptivo: *métodos anticoncepcionais*. **Pílula anticoncepcional:** medicamento constituído por uma dose diária de hormônio, tomado para impedir a gravidez ou tratar problemas de saúde.
anticonstitucional (an.ti.cons.ti.tu.ci.o.**nal**) *adj.2g.* Que é contra a Constituição.
anticorpo (an.ti.**cor**.po) [ô] *s.m.* (*Med.*) Proteína produzida para combater um corpo estranho que

entra no organismo, como reação a vírus ou substâncias tóxicas. ▫ Pl. *anticorpos* [ó].
Anticristo (An.ti.**cris**.to) s.m. *(próprio)* (Relig.) Figura que é a representação do mal em oposição a Jesus Cristo, citado no último livro do Novo Testamento, o Apocalipse.
antidemocrático (an.ti.de.mo.**crá**.ti.co) adj. Que é contrário à democracia; que não é democrático.
antidepressivo (an.ti.de.pres.**si**.vo) adj. **1.** Que combate ou trata a depressão: *as atividades físicas têm efeito antidepressivo.* s.m. **2.** Medicamento empregado para tratar a depressão: *tomou antidepressivos por meses.*
antiderrapante (an.ti.der.ra.**pan**.te) adj.2g. Que impede a derrapagem, que aumenta a aderência ao solo: *adesivo antiderrapante para solados.*
antidoping [inglês: "antidópim"] adj. Que tenta identificar e combater o *doping*, o uso de substância ilegal em atleta ou animal de corrida: *comitê antidoping, teste antidoping.*
antídoto (an.**tí**.do.to) s.m. *e adj.* (Aquilo) que combate o efeito dos venenos; contraveneno, antitóxico.
antiético (an.ti.**é**.ti.co) adj. Que ofende a ética, que é contra a ética.
antifona (an.**tí**.fo.na) s.f. (Relig.) Verso declamado antes e depois de um salmo e repetido pelo coro.
antígeno (an.**tí**.ge.no) s.m. (Med.) Proteína que não é reconhecida ou aceita por um organismo.
antigo (an.**ti**.go) adj. **1.** Que existia antes. **2.** De tempo remoto. **3.** (Hist.) Pertencente à Antiguidade: *o Coliseu foi construído na Roma antiga.*
antigos (an.**ti**.gos) s.m.pl. **1.** Pessoas que viveram muito tempo atrás. **2.** Povos europeus da Antiguidade: *os antigos já sabiam calcular eclipses.*
antiguidade (an.ti.gui.**da**.de) [ü ou u] s.f. **1.** Qualidade daquilo que é antigo. **2.** O tempo passado. **3.** Tempo de serviço em um cargo. *(próprio)* **4.** (Hist.) Período da história europeia que vai desde a invenção da escrita, mais ou menos em 3300 a.C., até o fim do Império Romano, em 476 d.C. **5.** Objeto antigo, de valor.
anti-hemorrágico (an.ti-he.mor.**rá**.gi.co) adj. *e s.m.* (Aquilo) que combate ou estanca uma hemorragia.
anti-herói (an.ti-he.**rói**) s.m. Personagem com atributos opostos aos do herói clássico: *o lutador covarde e a mocinha feiosa são anti-heróis.*
anti-higiênico (an.ti-hi.gi.**ê**.ni.co) adj. Que é contra as normas ou preceitos de higiene; sujo. ▫ Pl. *anti--higiênicos.*
anti-histamínico (an.ti-his.ta.**mí**.ni.co) s.m. *e adj.* (Medicamento) que reduz os efeitos ou a produção de histamina, usado no combate a alergia e em outras condições.
anti-horário (an.ti-ho.**rá**.ri.o) adj. Que gira no sentido contrário ao dos ponteiros de um relógio.
anti-infeccioso (an.ti-in.fec.ci.**o**.so) [ô] adj. Que combate as infecções. ▫ Pl. *anti-infecciosos* [ó].
anti-inflamatório (an.ti-in.fla.ma.**tó**.ri.o) s.m. *e adj.* (Aquilo) que combate as inflamações.

antilhano (an.ti.**lha**.no) adj. **1.** Das Antilhas, país da América Central. s.m. **2.** Pessoa natural ou habitante desse lugar.
antílope (an.**tí**.lo.pe) s.m. *(epiceno)* (Zoo.) Mamífero ruminante originário da África.
antimônio (an.ti.**mô**.ni.o) s.m. (Quím.) Elemento de símbolo Sb, número atômico 51 e massa atômica 121,75.
antinomia (an.ti.no.**mi**.a) s.f. Oposição entre duas leis ou princípios.
antiofídico (an.ti.o.**fí**.di.co) adj. (Med.) Soro que combate o veneno das cobras.
antipartícula (an.ti.par.**tí**.cu.la) s.f. (Fís.) Partícula que tem propriedades opostas às de outra partícula.
antipatia (an.ti.pa.**ti**.a) s.f. **1.** Aversão espontânea, repugnância. **2.** Incompatibilidade.
antipático (an.ti.**pá**.ti.co) adj. Que inspira antipatia ou que a sente.
antipatizar (an.ti.pa.ti.**zar**) v.t.i. Não simpatizar; ter antipatia por.
antipedagógico (an.ti.pe.da.**gó**.gi.co) adj. Que se opõe aos fundamentos da pedagogia.
antipirético (an.ti.pi.**ré**.ti.co) s.m. *e adj.* (Aquilo) que combate a febre.
antípoda (an.**tí**.po.da) s.2g. *e adj.2g.* **1.** (O) que tem características opostas. **2.** (Pessoa) que mora em região oposta no globo terrestre.
antiquado (an.ti.**qua**.do) adj. Tornado antigo; arcaico, desusado.
antiquário (an.ti.**quá**.ri.o) s.m. **1.** Pessoa que estuda antiguidades. **2.** Aquele que coleciona coisas antigas, ou que faz comércio delas. **3.** Loja que vende antiguidades.
antiquíssimo (an.ti.**quís**.si.mo) [ü] adj. Muito antigo.
antirrábico (an.tir.**rá**.bi.co) adj. Que combate a raiva, ou hidrofobia.
antissemita (an.tis.se.**mi**.ta) s.2g. *e adj.2g.* (Aquele) que é contrário aos semitas, principalmente contra os judeus.
antisséptico s.m. *e adj.* (Med.) (Aquilo) que evita a contaminação ou que a combate; desinfetante. ▫ Pl. *antissépticos.*
antissocial (an.tis.so.ci.**al**) adj.2g. Que não é social ou sociável: *os cães antissociais tentavam morder as visitas.*
antitérmico (an.ti.**tér**.mi.co) s.m. (Med.) **1.** Medicamento que faz baixar a febre. adj. **2.** Que faz descer a temperatura.
antiterrorismo (an.ti.ter.ro.**ris**.mo) s.m. Combate ao terrorismo, prevenção de ações terroristas: *comitê antiterrorismo.*
antiterrorista (an.ti.ter.ro.**ris**.ta) adj.2g. Relacionado ao antiterrorismo; que previne ou combate o terrorismo: *grupos antiterroristas.*
antítese (an.**tí**.te.se) s.f. Oposição de pensamentos ou de palavras.
antitetânico (an.ti.te.**tâ**.ni.co) adj. (Med.) Que combate o tétano: *vacina antitetânica.*

antitóxico (an.ti.**tó**.xi.co) [cs] *s.m. e adj.* (*Med.*) Antídoto.
antiviral (an.ti.vi.**ral**) *adj.2g. e s.m.* Antivirótico.
antivirótico (an.ti.vi.**ró**.ti.co) *adj. e s.m.* (Aquilo) que combate a ação de vírus.
antivírus (an.ti.**ví**.rus) *s.m.* (*Inf.*) Programa que localiza e elimina vírus de computador.
antolhos (an.**to**.lhos) [ô] *s.m.pl.* Cobertura colocada nos olhos de um animal, para que puxe uma carga, carroça etc. sem se assustar com o movimento.
antologia (an.to.lo.**gi**.a) *s.f.* Coleção de trechos escolhidos, de bons autores, em prosa ou verso.
antológico (an.to.**ló**.gi.co) *adj.* Relativo a antologia.
antonímia (an.to.**ní**.mi.a) *s.f.* **1.** Qualidade, condição das palavras antônimas. **2.** Emprego de antônimos.
antônimo (an.**tô**.ni.mo) *s.m. e adj.* (Palavra) que significa o contrário de outra: *vertical/horizontal, fazer/desfazer, pequeno/grande são antônimos*.
antro (**an**.tro) *s.m.* **1.** Cova escura e profunda; caverna. **2.** (*Fig.*) Lugar de corrupção e vícios.
antropocêntrico (an.tro.po.**cên**.tri.co) *adj.* Relativo a antropocentrismo.
antropocentrismo (an.tro.po.cen.**tris**.mo) *s.m.* (*Filos.*) Forma de pensamento que considera o ser humano o centro de todo o Universo.
antropofagia (an.tro.po.fa.**gi**.a) *s.f.* Estado ou condição de antropófago.
antropófago (an.tro.**pó**.fa.go) *s.m. e adj.* Que ou o que come carne humana.
antropogênese (an.tro.po.**gê**.ne.se) *s.f.* **1.** (*Bio.*) Ciência que estuda a geração e reprodução humanas. **2.** (*Antr.*) Estudo da origem e do desenvolvimento da espécie humana.
antropoide (an.tro.**poi**.de) [ói] *adj.2g.* **1.** De forma semelhante à humana. *s.m. e adj.* **2.** (*Zoo.*) Macaco sem cauda, como o gorila e o chipanzé, que formam o grupo mais próximo dos seres humanos; símio.
antropologia (an.tro.po.lo.**gi**.a) *s.f.* Ciência que estuda o ser humano, sua classificação e caracteres físicos, culturais etc.
antropológico (an.tro.po.**ló**.gi.co) *adj.* Relativo a antropologia.
antropólogo (an.tro.**pó**.lo.go) *s.m.* Pessoa que se dedica à antropologia.
antropomórfico (an.tro.po.**mór**.fi.co) *adj.* Antropomorfo.
antropomorfo (an.tro.po.**mor**.fo) *adj.* **1.** Semelhante ao homem: *símio antropomorfo.* **2.** Que tem forma parecida com a de seres humanos; antropomórfico: *desenhos antropomorfos*.
antropônimo (an.tro.**pô**.ni.mo) *s.m.* Nome próprio de uma pessoa: *Luís e Luísa são antropônimos.*
antroposfera (an.tro.pos.**fe**.ra) *s.f.* (*Geo.*) Parte da Terra em que vive o homem; a superfície do globo terrestre no contato entre a atmosfera e a litosfera. Obs.: esta palavra não consta no *Volp.*
antúrio (an.**tú**.ri.o) *s.m.* (*Bot.*) Erva ornamental com folhas de formatos variados e inflorescência vermelha ou branca, semelhante a uma espiga.

anu (a.**nu**) *s.m.* (*epiceno*) (*Zoo.*) Pequena ave preta brasileira. O mesmo que *anum*.
anual (a.nu.**al**) *adj.2g.* **1.** Que se faz ou que sucede todos os anos. **2.** Que dura um ano; que tem um ciclo de um ano: *planta anual, orçamento anual.*
anuário (a.nu.**á**.ri.o) *s.m.* **1.** Registro do que sucede ou se faz durante um ano. **2.** Publicação anual.
anuência (a.nu.**ên**.ci.a) *s.f.* Ação de anuir; aprovação.
anuidade (a.nu.i.**da**.de) *s.f.* Quantia paga anualmente.
anuir (a.nu.**ir**) *v.t.i. e v.i.* Estar de acordo; dar anuência.
anulação (a.nu.la.**ção**) *s.f.* Ação de anular.
anular (a.nu.**lar**) *adj.2g.* **1.** Relativo a anel. **2.** Com aspecto ou forma de anel. **Dedo anular:** dedo ao lado do mínimo, no qual se coloca o anel. *v.t.d.* **3.** Tornar nulo. **4.** Eliminar.
anum (a.**num**) *s.m.* (*epiceno*) O mesmo que *anu*.
anunciação (a.nun.cia.**ção**) *s.f.* Ação de anunciar; proclamação.
anunciante (a.nun.ci.**an**.te) *s.2g. e adj.2g.* (Aquele) que anuncia, que paga a uma publicação para que seus anúncios apareçam.
anunciar (a.nun.ci.**ar**) *v.t.d.* **1.** Noticiar; fazer conhecer por anúncio. **2.** Revelar; dar a notícia. Obs.: pres. do ind.: *anuncio, anuncias, anuncia* etc.; pres. do subj.: *anuncie, anuncies* etc.
anúncio (a.**nún**.ci.o) *s.m.* **1.** Aviso por intermédio do qual se dá notícia de alguma coisa. **2.** Indício.
anuro (a.**nu**.ro) *s.m.* (*Zoo.*) Anfíbio sem cauda, como rã, sapo ou perereca.
ânus (**â**.nus) *s.m.2n.* (*Anat.*) Orifício exterior do reto, por onde se expelem os excrementos. ▫ Pl. *ânus*.
anuviar (a.nu.vi.**ar**) *v.t.d. e v.p.* Nublar-se.
anverso (an.**ver**.so) *s.m.* Lado oposto ao verso; frente.
anzol (an.**zol**) *s.m.* Pequeno gancho farpado, para se enfiar à isca de pescar.
ao Contração da preposição "a" com o artigo "o".
aonde (a.**on**.de) Contração da preposição "a" com o pronome relativo "onde".
aorta (a.**or**.ta) *s.f.* (*Anat.*) Artéria que tem origem no ventrículo esquerdo do coração e da qual se originam as demais artérias.
aos Contração da preposição "a" com o artigo "os".
AP Sigla de Amapá, estado brasileiro.
apache (a.**pa**.che) *s.2g.* **1.** Indivíduo dos apaches, povo indígena norte-americano. *s.m.* **2.** A língua falada por esse povo. *adj.2g.* **3.** Relacionado a esse povo ou à sua língua.
apadrinhamento (a.pa.dri.nha.**men**.to) *s.m.* Ação de apadrinhar ou proteger.
apadrinhar (a.pa.dri.**nhar**) *v.t.d.* **1.** Ser padrinho de. **2.** Proteger, apoiar, promover. *v.p.* **3.** Obter proteção ou patrocínio.
apagado (a.pa.**ga**.do) *adj.* **1.** Que não tem fogo ou luz; extinto. **2.** Sem brilho. **3.** (*Fig.*) Frustrado.
apagador (a.pa.ga.**dor**) [ô] *s.m.* **1.** O que apaga. *adj.* **2.** Que se usa para apagar.
apagar (a.pa.**gar**) *v.t.d.* **1.** Abafar, extinguir (fogo, luz). **2.** Empanar (brilho).

apaixonado (a.pai.xo.**na**.do) *adj*. **1**. Dominado por paixão; gamado, enamorado. **2**. Entusiasmado, aficionado por.

apaixonante (a.pai.xo.**nan**.te) *adj.2g*. Que desperta paixão; muito interessante, encantador.

apaixonar (a.pai.xo.**nar**) *v.t.d*. **1**. Inspirar paixão a. **2**. Exaltar. *v.p*. **3**. Encher-se de paixão por.

apalaí (a.pa.la.**í**) *s.2g*. **1**. Indivíduo dos apalaís, povo indígena que vive hoje no Pará e no Amapá. *adj.2g*. **2**. Relacionado a esse povo.

apalavrar (a.pa.la.**vrar**) *v.t.d*. Combinar, tratar oralmente: *apalavraram o trabalho*.

apalpadela (a.pal.pa.**de**.la) *s.f*. Ação de apalpar rapidamente, de apertar e soltar logo.

apalpar (a.pal.**par**) *v.t.d*. **1**. Tocar com a mão para examinar pelo tato; sondar. *v.p*. **2**. Tocar-se com a mão para procurar alguma coisa em si mesmo. **3**. (Fig.) Bulir.

apanágio (a.pa.**ná**.gi.o) *s.m*. Vantagem, privilégio.

apanha (a.**pa**.nha) *s.f*. Ação de apanhar; colheita.

apanhado (a.pa.**nha**.do) *adj*. **1**. Colhido. **2**. Tomado; agarrado. **3**. Interceptado. *s.m*. **4**. Resumo. **5**. (Fig.) Repuxado, prega.

apanhar (a.pa.**nhar**) *v.t.d*. **1**. Colher: *apanhar frutas*. **2**. Levantar do chão. **3**. Pegar, contrair: *apanhou um resfriado*. **4**. (Fig.) Surpreender, pegar: *apanharam-no furtando biscoitos*. *v.i*. **5**. Levar surra, tapa: *apanhou de leve quando era criança*. **6**. (Fig.) Perder em jogo: *o time visitante estava apanhando*.

apaniguado (a.pa.ni.**gua**.do) *adj*. **1**. Protegido, favorecido. **2**. Seguidor, partidário.

apara (a.**pa**.ra) *s.f*. Fragmento que escapa de um objeto quando se desbasta ou corta.

aparado (a.pa.**ra**.do) *adj*. **1**. Que se aparou. *s.m*. **2**. Em uma montanha ou serra, face muito íngreme; contraforte.

aparador (a.pa.ra.**dor**) [ô] *adj*. **1**. Que apara. *s.m*. **2**. Balcão pequeno ou mesa comprida usada para colocar objetos; bufê.

aparafusar (a.pa.ra.fu.**sar**) *v.t.d*. **1**. Prender com parafusos. **2**. (Fig.) Meditar; refletir.

aparar (a.pa.**rar**) *v.t.d*. **1**. Pegar com as mãos (coisa atirada). **2**. Cortar as aparas.

aparato (a.pa.**ra**.to) *s.m*. Ostentação, pompa.

aparatoso (a.pa.ra.**to**.so) [ô] *adj*. Cheio de aparato ou ostentação; pomposo. ▣ Pl. *aparatosos* [ó].

aparecer (a.pa.re.**cer**) *v.i*. **1**. Surgir, mostrar-se. **2**. Suceder. *v.t.i*. **3**. Apresentar-se.

aparecimento (a.pa.re.ci.**men**.to) *s.m*. Ação de aparecer.

aparelhagem (a.pa.re.**lha**.gem) *s.f*. Conjunto de aparelhos para indústria; instrumentos.

aparelhar (a.pa.re.**lhar**) *v.t.d*. **1**. Dotar de aparelhos; equipar: *aparelhou o barco para fazer uma longa viagem*. **2**. Preparar para o uso. **3**. Cortar do mesmo tamanho, deixar de tamanho parelho: *aparelhou as tábuas do telhado*.

aparelho (a.pa.**re**.lho) *s.m*. **1**. Objeto ou conjunto de objetos com função determinada; aparelhagem, equipamento: *aparelho de som, aparelho de jantar*. **2**. (Ant.) Aparelho de telefone: *vovó sempre pergunta "quem está no aparelho?" quando liga*. **3**. (Med. Ant.) Conjunto de órgãos, hoje denominado "sistema".

aparência (a.pa.**rên**.ci.a) *s.f*. **1**. Aspecto exterior; forma. **2**. Aquilo que só aparece.

aparentado (a.pa.ren.**ta**.do) *adj*. Parente, próximo.

aparentar (a.pa.ren.**tar**) *v.t.d*. **1**. Mostrar na aparência. **2**. Fingir. *v.t.i*. **3**. Ter aparência; dar ares.

aparente (a.pa.**ren**.te) *adj.2g*. Que se vê, que aparece, visível.

aparição (a.pa.ri.**ção**) *s.f*. **1**. Aparecimento. **2**. Visão.

apartação (a.par.ta.**ção**) *s.f*. **1**. Ação de apartar, de separar. **2**. (NE) Reunião do gado que crescia solto no sertão e sua separação, para ser entregue aos respectivos donos: *a apartação deu origem a uma importante festa popular, com provas para vaqueiros chamadas vaquejada*.

apartamento (a.par.ta.**men**.to) *s.m*. **1**. Ação de apartar. **2**. Parte independente de um edifício que pode ser usada como residência ou moradia, com quarto, banheiro e em geral cozinha. **3**. Acomodação com quarto e banheiro em um hotel ou semelhante.

apartar (a.par.**tar**) *v.t.d*. **1**. Colocar de parte. **2**. Separar. **3**. Conciliar briga.

aparte (a.**par**.te) *s.m*. Interrupção que se faz a um orador, para dar um palpite ou tirar dúvida.

apartear (a.par.te.**ar**) *v.t.d*. Fazer aparte; interromper (alguém) para dizer algo.

apartheid [inglês: "apartaide"] *s.m*. **1**. Regime de separação das populações negra e branca que vigorou na África do Sul durante grande parte do século XX. **2**. Segregação racial.

apartidário (a.par.ti.**dá**.ri.o) *adj*. Que não é partidário, que não pertence a nenhum partido.

aparvalhado (a.par.va.**lha**.do) *adj*. Parvo, bobo.

aparvalhar (a.par.va.**lhar**) *v.t.d. e v.p*. Tornar(-se) parvo: *a ave bateu na janela e aparvalhou-se; a pancada aparvalhou a ave*.

apascentar (a.pas.cen.**tar**) *v.t.d*. **1**. Levar para o pasto, vigiar enquanto pasta: *apascentavam ovelhas na montanha*. **2**. (Fig.) Doutrinar, converter. **3**. Alimentar, acalmar, sossegar.

apassivar (a.pas.si.**var**) *v.t.d*. Tornar passivo.

apatetado (a.pa.te.**ta**.do) *adj*. Atoleimado; abobalhado.

apatia (a.pa.**ti**.a) *s.f*. **1**. Insensibilidade; indiferença. **2**. Ausência de sentimento.

apático (a.**pá**.ti.co) *adj*. **1**. Que tem apatia. **2**. Incapaz de paixões.

apátrida (a.**pá**.tri.da) *s.2g. e adj.2g*. (Pessoa) que não tem pátria.

apavorado (a.pa.vo.**ra**.do) *adj*. Espavorido; amedrontado.

apavorante (a.pa.vo.**ran**.te) *adj.2g*. Que apavora; terrificante.

apavorar (a.pa.vo.**rar**) *v.t.d. e v.p*. Provocar pavor em; assustar(-se), meter medo.

apaziguado (a.pa.zi.**gua**.do) *adj.* Que se apaziguou; reconciliado, acalmado.
apaziguar (a.pa.zi.**guar**) *v.t.d. e v.p.* Pacificar; pôr em paz; reconciliar. Obs.: pres. do ind.: *apaziguo* [ú] ou *apazíguo*, *apaziguas* [ú] ou *apazíguas*, *apazigua* [ú] ou *apazígua* etc.; perf. do ind.: *apaziguei* etc.; pres. do subj.: *apazigue* [ú] ou *apazígue*, *apazigues* [ú] ou *apazígues*, *apazigue* [ú] ou *apazígue*, *apaziguemos* [ü], *apazigueis*, *apaziguem*.
apear (a.pe.**ar**) *v.t.d.* **1.** Pôr no chão. **2.** *(Fig.)* Demitir. *v.i.* **3.** Descer do cavalo. Obs.: conjuga-se como *frear*.
apedeuta (a.pe.**deu**.ta) *s.2g.* Pessoa que não se instruiu; ignorante.
apedrejar (a.pe.dre.**jar**) *v.t.d.* **1.** Atirar pedras a. **2.** *(Fig.)* Insultar.
apegado (a.pe.**ga**.do) *adj.* **1.** Próximo; unido. **2.** Agarrado; afeiçoado.
apegar (a.pe.**gar**) *v.t.d. e i.* **1.** Fazer aderir; juntar, colar. *v.p.* **2.** Dedicar-se, afeiçoar-se.
apego (a.**pe**.go) [ê] *s.m.* **1.** Ação de apegar-se. **2.** Constância, perseverança.
apelação (a.pe.la.**ção**) *s.f.* **1.** Ação de apelar. **2.** *(Dir.)* Recurso para tribunal superior.
apelar (a.pe.**lar**) *v.t.i.* **1.** Chamar em auxílio. **2.** *(Dir.)* Interpor apelação; recorrer por apelação. *v.i.* **3.** Fazer apelação. **4.** Chamar a atenção.
apelativo (a.pe.la.**ti**.vo) *adj.* **1.** Que contém apelação, que apela. **2.** Que chama a atenção.
apelidar (a.pe.li.**dar**) *v.t.d.* **1.** Pôr apelido em. *v.p.* **2.** Ter por apelido, chamar-se.
apelido (a.pe.**li**.do) *s.m.* **1.** Nome atribuído a uma pessoa em caráter informal; alcunha: *Cacá é o apelido de Carlos*. **2.** *(Ant.)* Sobrenome, nome de família.
apelo (a.**pe**.lo) [ê] *s.m.* **1.** Recurso; apelação. **2.** Pedido de auxílio. **3.** Chamamento.
apenas (a.**pe**.nas) *adv.* Unicamente, só: *ia tomar água apenas, nada de refrigerantes*.
apêndice (a.**pên**.di.ce) *s.m.* **1.** Parte que pende de outra parte. **2.** Anexo de uma obra. *(Anat.)* **3.** Parte acessória de um órgão, porém contínua. **4.** Pequena porção do intestino grosso de muitos mamíferos, sem função específica; diz-se também apêndice ileocecal.
apendicite (a.pen.di.**ci**.te) *s.f.* *(Med.)* Inflamação do apêndice ileocecal.
apendoar (a.pen.do.**ar**) *v.i.* **1.** Formar pendão, frutificar: *o milho apendoou*. **2.** Crescer, desenvolver-se.
apensar (a.pen.**sar**) *v.t.d.* **1.** Juntar, anexar. **2.** Pendurar, suspender.
apenso (a.**pen**.so) *s.m. e adj.* **1.** (Aquilo) que se colocou junto, que se anexou. *adj.* **2.** Pendurado, suspenso.
apequenar (a.pe.que.**nar**) *v.i. e v.p.* **1.** Tornar(-se) pequeno. *v.t.d.* **2.** Reduzir, diminuir: *apequenou sua participação no projeto*.
aperceber-se (a.per.ce.**ber**-se) *v.p.* **1.** Tomar conhecimento de, notar, perceber. **2.** Preparar-se, prevenir-se.
aperfeiçoado (a.per.fei.ço.**a**.do) *adj.* Que se tornou mais perfeito; melhorado.

aperfeiçoamento (a.per.fei.ço.a.**men**.to) *s.m.* **1.** Ação de aperfeiçoar, de melhorar. **2.** Retoque, melhoria. **3.** Progresso material, moral ou intelectual.
aperfeiçoar (a.per.fei.ço.**ar**) *v.t.d.* **1.** Tornar perfeito ou melhor. **2.** Melhorar. Obs.: conjuga-se como *coroar*.
aperitivo (a.pe.ri.**ti**.vo) *s.m.* Bebida ou comida ingerida antes da refeição, para abrir o apetite.
aperreação (a.per.re.a.**ção**) *s.f.* **1.** Ação de aperrear, aborrecer. **2.** *(NE)* Dificuldade; chateação.
aperreado (a.per.re.**a**.do) *adj.* **1.** Molestado; oprimido. **2.** *(NE)* Aborrecido.
aperrear (a.per.re.**ar**) *v.t.d.* **1.** Lançar cães a. **2.** *(NE)* *(Fig.)* Vexar; atormentar.
apertado (a.per.**ta**.do) *adj.* **1.** Muito unido. **2.** Estreito, limitado, sem folga. **3.** *(Fam.)* Que está com vontade de urinar ou defecar: *o menino estava apertado e saiu correndo para ir ao banheiro*.
apertão (a.per.**tão**) *s.m.* Aperto forte; apalpadela.
apertar (a.per.**tar**) *v.t.d.* **1.** Comprimir; estreitar; unir muito. **2.** *(Fig.)* Apressar; afligir.
aperto (a.**per**.to) [ê] *s.m.* **1.** Ação de apertar. **2.** *(Fig.)* Pressa. **3.** Sujeição. **4.** Situação difícil, embaraçosa. **5.** Rigor.
apesar (a.pe.**sar**) *adv.* **Apesar de:** a despeito de, não obstante, embora.
apetecer (a.pe.te.**cer**) *v.t.d.* **1.** Ter apetite de; desejar. *v.i.* **2.** Ser apetitoso. **3.** Causar apetite.
apetecível (a.pe.te.**cí**.vel) *adj.2g.* Apetitoso.
apetência (a.pe.**tên**.ci.a) *s.f.* **1.** Apetite; vontade de comer. **2.** Característica do que é apetitoso.
apetite (a.pe.**ti**.te) *s.m.* **1.** Desejo de comer ou de satisfazer um gozo. **2.** Ambição. **3.** Sensualidade.
apetitivo (a.pe.ti.**ti**.vo) *adj.* Relacionado a apetites ou vontades.
apetitoso (a.pe.ti.**to**.so) [ô] *adj.* **1.** Que desperta o apetite. **2.** Gostoso; digno de ser apetecido. ▪ Pl. *apetitosos* [ó].
apetrechar (a.pe.tre.**char**) *v.t.d. e v.p.* Munir ou munir-se de apetrechos.
apetrecho (a.pe.**tre**.cho) [ê] *s.m.* Petrecho, dispositivo, badulaque.
apiacá (a.pi.a.**cá**) *s.2g.* **1.** Indivíduo dos apiacás, povo indígena que vive hoje em Mato Grosso e no Pará. *adj.2g.* **2.** Relacionado a esse povo.
apiário (a.pi.**á**.ri.o) *adj.* **1.** Relativo às abelhas. *s.m.* **2.** Local onde se criam abelhas; grupo de colmeias.
apical (a.pi.**cal**) *adj.2g.* *(Bio.)* Que diz respeito ao ápice.
ápice (**á**.pi.ce) *s.m.* **1.** Cume; vértice. **2.** O mais alto grau. **3.** *(Bio.)* Extremidade superior de um órgão ou organismo.
apicultor (a.pi.cul.**tor**) [ô] *s.m.* O que se dedica à apicultura; criador de abelhas.
apicultura (a.pi.cul.**tu**.ra) *s.f.* Criação de abelhas.
apimentado (a.pi.men.**ta**.do) *adj.* **1.** Que tem pimenta. **2.** *(Fig.)* Malicioso, libidinoso, erotizado.
apimentar (a.pi.men.**tar**) *v.t.d.* **1.** Temperar com pimenta. **2.** *(Fig.)* Tornar malicioso.

apinagé (a.pi.na.gé) s.2g. **1.** Indivíduo dos apinagés, povo indígena que vive hoje no Tocantins. adj.2g. **2.** Relacionado a esse povo.

apinhado (a.pi.nha.do) adj. Aglomerado, cheio.

apinhar (a.pi.nhar) v.t.d. e v.p. Encher(-se), lotar (como pinhões na pinha): *as crianças apinharam o museu; o ônibus apinhou-se.*

apitar (a.pi.tar) v.i. **1.** Tocar apito. **2.** Soar como apito.

apito (a.pi.to) s.m. **1.** Pequeno instrumento de assobiar. **2.** O som desse instrumento. **3.** Silvo ou som semelhante: *o apito da sirene.*

aplacar (a.pla.car) v.t.d. **1.** Acalmar, apaziguar. v.i. e v.p. **2.** Acalmar-se.

aplainar (a.plai.nar) v.t.d. Trabalhar com a plaina; regularizar, igualar: *aplainar uma superfície.*

aplanar (a.pla.nar) v.t.d. Tornar plano; achatar, espalmar.

aplaudir (a.plau.dir) v.t.d. **1.** Dar aplauso a. **2.** Enaltecer; aprovar. **3.** Ficar satisfeito.

aplauso (a.plau.so) s.m. **1.** Ação de aplaudir. **2.** Demonstração de agrado. **3.** Louvor; elogio público.

aplicabilidade (a.pli.ca.bi.li.da.de) s.f. Qualidade do que é aplicável.

aplicação (a.pli.ca.ção) s.f. **1.** Ação de aplicar. **2.** Uso, indicação. **3.** Adaptação. **4.** Dedicação. **5.** (Inf.) Programa com que o usuário executa um trabalho; aplicativo.

aplicado (a.pli.ca.do) adj. **1.** Que se aplicou, que tem aplicação. **2.** Dedicado, diligente, atento.

aplicar (a.pli.car) v.t.d. **1.** Empregar. **2.** Pôr em prática. **3.** Concentrar a atenção.

aplicativo (a.pli.ca.ti.vo) adj. (Inf.) Aplicação.

aplicável (a.pli.cá.vel) adj.2g. **1.** Que pode ser aplicado. **2.** Cabível.

apneia (ap.nei.a) [éi] s.f. (Med.) Suspensão da respiração.

apocalipse (a.po.ca.lip.se) s.m. (próprio) **1.** O último livro da Bíblia. (comum) **2.** (Fig.) Fim trágico.

apocalíptico (a.po.ca.líp.ti.co) adj. **1.** Relativo ao Apocalipse. **2.** (Fig.) Difícil de compreender. **3.** Monstruoso.

apócope (a.pó.co.pe) s.f. (Gram.) Metaplasmo que consiste na supressão de fonema ou sílaba no fim da palavra.

apócrifo (a.pó.cri.fo) adj. **1.** (Relig.) Diz-se de texto que não é aceito como verdadeiro pela autoridade religiosa. **2.** Diz-se de texto cuja autoria é questionada ou duvidosa.

ápode (á.po.de) adj.2g. (Bio.) **1.** Que não tem pés. s.m. **2.** (Zoo.) Cobra-cega.

apoderar-se (a.po.de.rar-se) v.t.i. e v.p. Tomar em seu poder, tomar para si: *apoderou-se da cidade.*

apodo (a.po.do) [ô] s.m. Apelido depreciativo; alcunha de gozação.

apodrecer (a.po.dre.cer) v.t.d. e v.i. **1.** Tornar(-se) podre. **2.** (Fig.) Estragar(-se) moralmente.

apodrecimento (a.po.dre.ci.men.to) s.m. **1.** Ação de apodrecer. **2.** Putrefação; decomposição orgânica.

apófise (a.pó.fi.se) s.f. (Anat.) Parte saliente de um osso, de um órgão.

apogeu (a.po.geu) s.m. (Astron.) **1.** Ponto em que um astro se acha a maior distância da Terra. **2.** (Fig.) O mais alto grau; o ponto culminante.

apoiado (a.poi.a.do) adj. **1.** Encostado; amparado, sustentado. interj. **2.** Exprime aprovação, apoio, muito bem.

apoiar (a.poi.ar) v.t.d. **1.** Dar apoio a, aplaudir. **2.** Amparar, encostar, fundamentar.

apoio (a.poi.o) [ô] s.m. **1.** Base, sustentáculo, suporte: *apoio para pés.* **2.** Auxílio, participação na execução, defesa, proteção: *apoio a atividades culturais.*

apojo (a.po.jo) s.m. [ô] Leite mais espesso que vem depois dos primeiros minutos de ordenha.

apólice (a.pó.li.ce) s.f. (Econ.) **1.** Certificado de uma obrigação financeira, com promessa de pagamento. **2.** Documento de seguro.

apolítico (a.po.lí.ti.co) adj. Que não acompanha a política; alheio à política.

apologia (a.po.lo.gi.a) s.f. Escrito ou discurso para justificar ou defender algum ponto de vista; louvor.

apólogo (a.pó.lo.go) s.m. Conto alegórico em que se atribui fala aos animais e às coisas inanimadas; fábula.

apontador (a.pon.ta.dor) [ô] s.m. **1.** Aquele que faz pontas de instrumentos. **2.** Instrumento para fazer ponta de lápis.

apontamento (a.pon.ta.men.to) s.m. Anotação, nota rápida; lembrete: *caderno de apontamentos.*

apontar (a.pon.tar) v.t.d. **1.** Fazer a ponta de, aguçar. **2.** Mostrar, indicar. **3.** Citar. **4.** Expor, alegar.

apoplexia (a.po.ple.xi.a) [cs] s.f. (Med.) Derramamento de sangue ou líquido seroso no interior dos órgãos.

apoquentar (a.po.quen.tar) v.t.d. e v.p. Aborrecer(-se), irritar(-se), chatear(-se), aporrinhar(-se).

apor (a.por) v.t.d. Pôr, colocar.

aporrinhar (a.por.ri.nhar) v.t.d. e v.p. Aborrecer(-se), irritar(-se), chatear(-se); apoquentar(-se).

aportar (a.por.tar) [ô] v.t.d. **1.** Conduzir (ao porto). v.t.i. e v.i. **2.** Chegar (ao porto); fundear; ancorar.

aportuguesamento (a.por.tu.gue.sa.men.to) s.m. **1.** Ação de aportuguesar. **2.** Palavra adaptada para a pronúncia e escrita do português: *a palavra "sutiã" surgiu como aportuguesamento do francês "soutien".*

aportuguesar (a.por.tu.gue.sar) v.t.d. Adaptar para o português; escrever ou falar de modo semelhante ao da língua portuguesa: *aportuguesar uma palavra estrangeira.*

após (a.pós) prep. **1.** Depois de; atrás de. adv. **2.** Depois, em seguida.

aposentado (a.po.sen.ta.do) s.m. e adj. (Pessoa) que se aposentou, que recebe aposentadoria.

aposentadoria (a.po.sen.ta.do.ri.a) s.f. Pensão, benefício que uma pessoa recebe mensalmente depois de ter contribuído por um período ou de cumprir outras condições.

aposentar (a.po.sen.**tar**) v.t.d. **1.** Conceder aposentadoria a. v.p. **2.** Parar de trabalhar.
aposento (a.po.**sen**.to) s.m. Cada compartimento da casa.
apossar-se (a.pos.**sar**-se) v.p. Tomar posse; apoderar-se, conquistar.
aposta (a.**pos**.ta) s.f. **1.** Ajuste entre pessoas opositoras, firmado em determinado valor. **2.** Quantia ou coisa que se aposta.
apostador (a.pos.ta.**dor**) [ô] s.m. e adj. (Aquele) que faz apostas.
apostar (a.pos.**tar**) v.t.d.i. **1.** Fazer aposta ou ajuste de. **2.** Afirmar. **3.** Arriscar. **4.** Disputar.
apostasia (a.pos.ta.**si**.a) s.f. **1.** Renúncia de uma religião, abandono da fé. **2.** Ato de renegar uma fé, crença ou ideia.
apóstata (a.**pós**.ta.ta) s.2g. e adj.2g. (Pessoa) que praticou apostasia.
apostatar (a.pos.ta.**tar**) v.t.d. Renunciar, renegar, abandonar (uma fé).
apostema (a.pos.**te**.ma) s.m. (Med.) Abscesso.
apostila (a.pos.**ti**.la) s.f. **1.** Aditamento (a um escrito). **2.** Resumos de matéria de uma aula ou mais, publicados em folhas avulsas.
aposto (a.**pos**.to) [ô] adj. **1.** Que se apôs. s.m. **2.** (Gram.) Substantivo que modifica outro, sem o auxílio de preposição, escrito entre vírgulas. ▣ Pl. *apostos* [ó].
apostolado (a.pos.to.**la**.do) s.m. Missão, dignidade de apóstolo.
apostólico (a.pos.**tó**.li.co) adj. **1.** Relativo aos apóstolos ou que deles procede. **2.** Da Santa Sé.
apóstolo (a.**pós**.to.lo) s.m. **1.** Cada um dos doze discípulos de Jesus Cristo. **2.** (P. ext.) Evangelizador. **3.** Propagandista de uma ideia ou doutrina.
apóstrofe (a.**pós**.tro.fe) s.m. **1.** Interrupção na fala ou na escrita para dirigir-se a alguém, como "prezado leitor" na frase "foi então, prezado leitor, que a história complicou". **2.** Interrupção, intromissão na fala de outra pessoa. Cf. *apóstrofo*.
apóstrofo (a.**pós**.tro.fo) s.m. (Gram.) Sinal gráfico (') que indica a supressão de uma ou mais letras, como em pé-d'água. Cf. *apóstrofe*.
apotegma (a.po.**teg**.ma) s.m. Aforismo.
apoteose (a.po.te.**o**.se) [ó] s.f. Final deslumbrante, grandioso.
apoteótico (a.po.te.**ó**.ti.co) adj. Relacionado a apoteose; grandioso, retumbante.
apoucar (a.pou.**car**) v.t.d. **1.** Reduzir a quantidade; diminuir: *apoucar as despesas*. v.p. **2.** Diminuir em importância ou tamanho; encolher.
aprazar (a.pra.**zar**) v.t.d. (Raro) Estabelecer prazo, marcar data para que se cumpra: *aprazou a entrega dos trabalhos para a segunda-feira*.
aprazer (a.pra.**zer**) v.t.d.i. Dar prazer, agradar: *muito me aprazia a visita*.
aprazível (a.pra.**zí**.vel) adj.2g. Que apraz.
apreçar (a.pre.**çar**) v.t.d. **1.** Ajustar o preço de. **2.** Indagar o preço de. **3.** Avaliar.

apreciação (a.pre.ci.a.**ção**) s.f. Ação ou efeito de apreciar.
apreciador (apre.ci.a.**dor**) [ô] s.m. e adj. (Pessoa) que aprecia (um tema ou assunto).
apreciar (a.pre.ci.**ar**) v.t.d. Dar apreço a; avaliar; admirar.
apreciável (a.pre.ci.**á**.vel) adj.2g. **1.** Digno de apreço. **2.** Que pode ser apreciado; estimável.
apreço (a.**pre**.ço) [ê] s.m. **1.** Valor que se atribui a alguma coisa. **2.** Estima; consideração.
apreender (a.pre.en.**der**) v.t.d. **1.** Fazer apreensão de. **2.** Assimilar; compreender.
apreensão (a.pre.en.**são**) s.f. **1.** Ação de apreender; tomada. **2.** Medo, desassossego, receio. **3.** Compreensão.
apreensível (apre.en.**sí**.vel) adj.2g. Que se pode apreender.
apreensivo (a.pre.en.**si**.vo) adj. Que sente apreensão.
apregoar (a.pre.go.**ar**) v.t.d. Anunciar por pregão; divulgar, pregoar.
aprender (a.pren.**der**) v.t.d. **1.** Adquirir o conhecimento de; ficar sabendo. **2.** Registrar na memória.
aprendiz (a.pren.**diz**) s.m. **1.** Aquele que está aprendendo um ofício ou arte; principiante. **2.** (Fig.) O que tem pouca experiência.
aprendizado (a.pren.di.**za**.do) s.m. **1.** Ação de aprender. **2.** Tempo durante o qual se aprende. **3.** Aprendizagem.
aprendizagem (a.pren.di.**za**.gem) s.f. Aprendizado.
apresar (a.pre.**sar**) v.t.d. Capturar, prender: *apresou um navio*.
apresentação (a.pre.sen.ta.**ção**) s.f. **1.** Ação de apresentar(-se). **2.** Nomeação.
apresentador (a.pre.sen.ta.**dor**) [ô] s.m. e adj. (Pessoa) que apresenta um programa na televisão, no rádio etc. ou um espetáculo: *o apresentador do circo usava cartola*.
apresentar (a.pre.sen.**tar**) v.t.d. **1.** Tornar presente. **2.** Expor. **3.** Recomendar. v.p. **4.** Identificar-se, nomear-se.
apresentável (a.pre.sen.**tá**.vel) adj.2g. Que tem apresentação; que se pode apresentar.
apressado (a.pres.**sa**.do) adj. Que tem pressa; acelerado; impaciente.
apressar (a.pres.**sar**) v.t.d. e v.p. **1.** Dar pressa a, fazer com rapidez. **2.** Estimular, instigar.
apresto (a.**pres**.to) s.m. Preparativo, providência.
aprimoramento (a.pri.mo.ra.**men**.to) s.m. Ação de aprimorar; melhoria, aperfeiçoamento.
aprimorar (a.pri.mo.**rar**) v.t.d. e v.p. Tornar(-se) melhor, aperfeiçoar(-se), desenvolver(-se).
a priori [latim: "aprióri"] Que se admite ou considera verdadeiro sem necessidade de prova ou comprovação: *a igualdade de direitos é reconhecida "a priori"*.
aprisco (a.**pris**.co) s.m. **1.** Curral de ovelhas. **2.** (Fig.) Abrigo, reduto.
aprisionar (a.pri.si.o.**nar**) v.t.d. **1.** Fazer prisioneiro; encarcerar. **2.** Cativar.
aproar (a.pro.**ar**) v.t.i. Voltar a proa para (algum lugar).

aprobativo (a.pro.ba.**ti**.vo) *adj.* Que aprova; aprobatório.
aprobatório (a.pro.ba.**tó**.ri.o) *adj.* **1.** Relacionado a aprovação. **2.** Aprobativo.
aprofundar (a.pro.fun.**dar**) *v.t.d.* **1.** Tornar fundo, ou mais fundo. **2.** Investigar minuciosamente.
aprontar (a.pron.**tar**) *v.t.d.* **1.** Apresentar pronto; concluir. *v.i.* **2.** (Fig.) Fazer travessuras: *seu irmão vivia aprontando*.
apropriação (a.pro.pri.a.**ção**) *s.f.* **1.** Ação de apropriar-se. **2.** Adaptação.
apropriado (a.pro.pri.**a**.do) *adj.* Próprio, adequado, oportuno.
apropriar (a.pro.pri.**ar**) *v.t.d.* **1.** Tornar próprio. **2.** Dar de propriedade. **3.** Tornar adequado. *v.p.* **4.** Apoderar-se.
aprovação (a.pro.va.**ção**) *s.f.* **1.** Ação de aprovar. **2.** Confirmação.
aprovado (a.pro.**va**.do) *adj.* **1.** Julgado bom. **2.** Autorizado. **3.** Habilitado.
aprovar (a.pro.**var**) *v.t.d.* **1.** Considerar bom. **2.** Aplaudir. **3.** Dar por habilitado. **4.** Concordar com.
aproveitador (a.pro.vei.ta.**dor**) [ô] *s.m. e adj.* (Aquele) que aproveita uma oportunidade para benefício próprio; oportunista.
aproveitamento (a.pro.vei.ta.**men**.to) *s.m.* **1.** Ato de aproveitar. **2.** Rendimento, desempenho nos estudos.
aproveitar (a.pro.vei.**tar**) *v.t.d.* **1.** Tirar proveito de. **2.** Tornar proveitoso, útil. **3.** Empregar. *v.t.i.* **4.** Ser proveitoso, útil. *v.p.* **5.** Tirar proveito ou vantagem.
aproveitável (a.pro.vei.**tá**.vel) *adj.2g.* Que se pode aproveitar; que merece ser aproveitado.
aprovisionar (a.pro.vi.sio.**nar**) *v.t.d.* Sortir, abastecer, prover de mantimentos.
aproximação (a.pro.xi.ma.**ção**) [ss] *s.f.* **1.** Ação de aproximar. **2.** Estimativa.
aproximado (a.pro.xi.**ma**.do) [ss] *adj.* **2.** Próximo.
aproximar (a.pro.xi.**mar**) [ss] *v.t.d.* **1.** Tornar próximo; pôr perto. **2.** Relacionar, pôr em contato: *uma boa festa aproxima as pessoas*. **3.** Aliar. *v.p.* **4.** Acercar-se.
aproximativo (a.pro.xi.ma.**ti**.vo) [ss] *adj.* Relacionado a aproximação, feito por aproximação; aproximado: *cálculo aproximativo*.
aprumado (a.pru.**ma**.do) *adj.* Posto no prumo; alinhado, reto.
aprumar (a.pru.**mar**) *v.t.d.* **1.** Pôr a prumo, endireitar. *v.p.* **2.** Endireitar-se; mostrar-se altivo.
aprumo (a.**pru**.mo) *s.m.* Ação de aprumar(-se).
áptero (**áp**.te.ro) *s.m. e adj.* (Zoo.) Diz-se de insetos sem asas, como a traça.
aptidão (ap.ti.**dão**) *s.f.* Qualidade de apto; capacidade.
apto (**ap**.to) *adj.* Capaz; hábil; idôneo.
apud [latim: "ápude"] *prep.* Expressão usada para indicar que uma citação foi transcrita da obra de outro autor: *como disse Lennon apud Antônia, "a gente só precisa é de amor"*.

apunhalar (a.pu.nha.**lar**) *v.t.d.* **1.** Matar ou ferir com punhal. **2.** (Fig.) Ferir por traição.
apupar (a.pu.**par**) *v.t.d.* Vaiar.
apupo (a.**pu**.po) *s.m.* Reprovação, crítica coletiva; vaia.
apuração (a.pu.ra.**ção**) *s.f.* **1.** Ação de apurar. **2.** Contagem de votos.
apurar (a.pu.**rar**) *v.t.d.* **1.** Tornar puro, perfeito. **2.** Verificar. **3.** Concluir. **4.** Reunir (dinheiro) vendendo alguma coisa. **5.** Contar (votos) *v.p.* **6.** Sobrecarregar-se de serviço.
apurinã (a.pu.ri.**nã**) *s.2g.* **1.** Indivíduo dos apurinãs, povo indígena que vive hoje no Amazonas. *adj.2g.* **2.** Relacionado a esse povo.
apuro (a.**pu**.ro) *s.m.* **1.** Esmero, correção (no falar, no vestir). **2.** Situação angustiosa. **3.** *(S, SE)* Pressa, correria.
aquaplanagem (a.qua.pla.**na**.gem) *s.f.* **1.** Pouso de hidroavião sobre a água. **2.** (P. ext.) Derrapagem de veículo em pista molhada.
aquarela (a.qua.**re**.la) *s.f.* **1.** Tinta especial que se dilui em água para pintura. **2.** A pintura.
aquariano (a.qua.ri.**a**.no) *s.m. e adj.* (Mit.) (Pessoa) do signo astrológico de Aquário.
aquário (a.**quá**.ri.o) *adj.* **1.** Aquático. **2.** Que vive na água. *s.m.* **3.** Reservatório para plantas ou peixes. (próprio) **4.** (Astron.) Constelação do Zodíaco situada no hemisfério Sul. **5.** (Mit.) Décimo primeiro signo astrológico, de 21 de janeiro a 18 de fevereiro, correspondente aos aquarianos.
aquartelar (a.quar.te.**lar**) *v.t.d.* Abrigar em quartel, levar para o quartel: *aquartelar as tropas*.
aquático (a.**quá**.ti.co) *adj.* Da água; que vive na água ou sobre ela.
aquecedor (a.que.ce.**dor**) [ô] *adj.* **1.** Que aquece. *s.m.* **2.** Aparelho que serve para aquecer.
aquecer (a.que.**cer**) *v.t.d.* **1.** Tornar quente, esquentar. *v.i. e v.p.* **2.** Fazer-se quente.
aquecimento (a.que.ci.**men**.to) *s.m.* Ação de aquecer. **Aquecimento global:** aumento da temperatura generalizada na Terra, decorrente da elevação do efeito estufa pelo grande acúmulo na atmosfera de gases como metano, dióxido de carbono etc.
aqueduto (a.que.**du**.to) *s.m.* Canal ou tubulação para conduzir água de um lugar para outro.
àquela (à.**que**.la) Contração da preposição "a" com o pronome "aquela".
aquela (a.**que**.la) *pron.* Pronome demonstrativo que designa ser feminino ou coisa que se encontra um tanto distante de quem fala.
àquele (à.**que**.le) Contração da preposição "a" com o pronome "aquele".
aquele (a.**que**.le) *pron.* Pronome demonstrativo que designa ser masculino ou coisa que se encontra um tanto distante de quem fala. ▫ Fem. *aquela*.
aquém (a.**quém**) *adv.* Do lado de cá, antes. Cf. *além*.
aquênio (a.**quê**.ni.o) *s.m.* (Bot.) Fruto seco que tem uma única semente, como as cápsulas do girassol ou a castanha do caju.
aquentar (a.quen.**tar**) *v.t.d.* (Raro) Aquecer, esquentar.
aqui (a.**qui**) *adv.* Neste lugar.

aquícola (a.quí.co.la) [ü] adj.2g. e s.2g. **1.** Referente a aquicultura. **2.** Que vive na água. **3.** Quem vive na água.
aquicultura (a.qui.cul.tu.ra) [ü] s.f. (Tec.) Tratamento de rios e lagos para criação de peixes, mariscos, algas etc.
aquiescência (a.qui.es.cên.ci.a) s.f. Ação de aquiescer; assentimento, concordância, consentimento.
aquiescer (a.qui.es.cer) v.t.i. Assentir, concordar, consentir.
aquietar (a.qui.e.tar) v.t.d. Tornar quieto; acalmar.
aquífero (a.quí.fe.ro) [ü] adj. **1.** Que contém ou conduz água. **2.** (Const.) Solo ou formação geológica subterrânea porosa, que emana água para poços e mananciais. s.m. **3.** (Geo.) Tipo de solo ou formação geológica.
aquilão (a.qui.lão) s.m. (Mit.) Vento do norte na Grécia, personificação da rudeza.
aquilatar (a.qui.la.tar) v.t.d. **1.** Determinar o quilate de. **2.** (Fig.) Apreciar; avaliar.
aquilino (a.qui.li.no) adj. Relativo ou pertencente à águia.
àquilo (à.qui.lo) Contração da preposição "a" com o pronome "aquilo".
aquilo (a.qui.lo) pron. Pronome demonstrativo que designa coisa que se encontra um tanto distante de quem fala. Não tem plural.
aquinhoado (a.qui.nho.a.do) adj. **1.** Dividido em quinhões. s.m. **2.** Aquele que recebeu quinhão.
aquinhoar (a.qui.nho.ar) v.t.d. **1.** Dividir, repartir em quinhões. **2.** Partilhar. v.p. **3.** Tomar para si algum quinhão.
aquisição (a.qui.si.ção) s.f. **1.** Ação de adquirir. **2.** A coisa adquirida.
aquisitivo (a.qui.si.ti.vo) adj. Relacionado a aquisição, que pode adquirir: *capacidade aquisitiva*. Poder aquisitivo: poder de compra, condição econômica, posses financeiras.
aquoso (a.quo.so) [ô] adj. **1.** Da natureza da água. **2.** Que contém água. ▫ Pl. *aquosos* [ó].
ar s.m. **1.** Mistura gasosa que envolve a Terra. **2.** Clima; vento; aragem. **3.** Espaço que fica acima do solo. **4.** (Fig.) Aparência; aspecto.
Ar Símbolo do elemento químico argônio.
ara (a.ra) s.f. Pedra de ara: pedra sagrada em um altar.
árabe (á.ra.be) adj.2g. **1.** Pertencente à Arábia, região da Ásia próxima da África; arábico. s.2g. **2.** Indivíduo dos árabes, grupo de povos semitas que vivem em vários países dessa região, mas já invadiram várias outras: *os árabes são de maioria muçulmana; os árabes permaneceram 700 anos na península Ibérica*. s.m. **3.** Idioma desses povos, escrito com alfabeto próprio.
arabesco (a.ra.bes.co) [ê] adj. **1.** Relativo aos árabes. s.m. **2.** Ornato caprichoso, de estilo árabe.
arábico (a.rá.bi.co) adj. **1.** Pertencente aos árabes. **2.** Pertencente a um sistema de numeração que representa números com combinações de dez símbolos, de 0 a 9.

arabismo (a.ra.bis.mo) s.m. Expressão típica da língua árabe, usada em outra língua.
arabista (a.ra.bis.ta) s.2g. e adj.2g. Especialista em língua e cultura árabe.
arabu (a.ra.bu) s.m. (Culin.) Prato amazônico constituído por pirão ou mingau doce de ovos de tartaruga com farinha.
araçá (a.ra.çá) s.m. (Bot.) **1.** Fruto semelhante à goiaba. **2.** Árvore que dá esse fruto e tem o tronco manchado; araçazeiro.
aracajuano (a.ra.ca.ju.a.no) adj. **1.** Do município de Aracaju, capital do estado de Sergipe. s.m. **2.** Pessoa natural ou habitante desse lugar.
aracajuense (a.ra.ca.ju.en.se) s.2g. e adj.2g. Aracajuano.
araçanga (a.ra.çan.ga) s.f. Pau ou cacete curto com que os jangadeiros matam um peixe grande preso no anzol.
araçazeiro (a.ra.ça.zei.ro) s.m. Árvore que dá o araçá.
aracnídeo (a.rac.ní.de.o) adj. **1.** Próprio de ou semelhante à aranha. s.m. e adj. **2.** (Zoo.) Diz-se de ou animal invertebrado sem antenas e com quatro pares de patas, como a aranha, o escorpião e o ácaro, que formam um grupo dos artrópodes.
aracnoide (a.rac.noi.de) [ói] adj.2g. **1.** Semelhante à aranha, cujo formato lembra o da aranha. s.f. **2.** (Anat.) Uma das três membranas da meninge.
arado (a.ra.do) s.m. Instrumento utilizado para lavrar a terra.
aragem (a.ra.gem) s.f. **1.** Vento brando e fresco; brisa. **2.** (Fig.) Oportunidade; bafejo de sorte.
aramado (a.ra.ma.do) adj. **1.** Fechado com cerca de arame. s.m. **2.** Cerca de arame; alambrado.
aramaico (a.ra.mai.co) adj. **1.** Pertencente aos arameus. s.m. **2.** Língua semítica falada por esse povo: *Jesus falava aramaico*.
arame (a.ra.me) s.m. **1.** (Quím.) Liga de cobre e zinco, não raro com outros metais. **2.** Fio de latão ou cobre.
arameu (a.ra.meu) s.m. Indivíduo dos arameus, povo semita da Antiguidade que viveu em Aram, atual Síria, e na Mesopotâmia, atual Iraque: *os arameus falavam aramaico*.
arandela (a.ran.de.la) s.f. **1.** Peça do castiçal em que se coloca a vela. **2.** Braço de metal, na parede, para nele colocar vela ou lâmpada elétrica.
aranha (a.ra.nha) s.f. (epiceno) **1.** (Zoo.) Animal artrópode aracnídeo. **2.** Carro pequeno de duas rodas, puxado por um só cavalo.
arapaço (a.ra.pa.ço) s.2g. **1.** Indivíduo dos arapaços, povo indígena que vive hoje no Amazonas. adj.2g. **2.** Relacionado a esse povo.
araponga (a.ra.pon.ga) s.f. (epiceno) **1.** (Zoo.) Ave branca cujo canto parece a batida de um martelo no metal; ferreiro, ferrador, guiraponga. **2.** (sobrecomum) (Fig.) Pessoa de voz estridente.
arapuca (a.ra.pu.ca) s.f. **1.** Armação para capturar animais, em forma de pirâmide, mantida aberta por uma vareta que o animal derruba ao entrar para comer a isca: *o alçapão é uma arapuca para*

passarinhos. **2.** (Fig.) Negócio em que há engano ou ilusão; negociata; embuste; engodo.
arar (a.**rar**) v.t.d. Lavrar (a terra).
arara (a.**ra**.ra) s.f. (epiceno) **1.** (Zoo.) Ave do mesmo grupo do papagaio, de bico grande e cauda longa, com cores exuberantes, característica da América e de que há várias espécies. **2.** Armação com cano horizontal, para se pendurar cabides de roupa em lojas etc. (Pop.) Ficar uma arara: ficar muito irritado ou com raiva, reclamar muito. s.2g. **3.** Indivíduo dos araras, povo indígena que vive hoje no Acre, no Mato Grosso, no Pará e em Rondônia. s.m. **4.** Idioma falado por esse povo. adj.2g. **5.** Relacionado a esse povo.
ararinha (a.ra.**ri**.nha) s.f. (Zoo.) Espécie de arara pequena.
araruta (a.ra.**ru**.ta) s.f. **1.** (Bot.) Planta originária da América do Sul, de cujos rizomas se extrai uma fécula alimentar, ou polvilho. **2.** Essa fécula ou polvilho, empregada para fazer biscoitos, bolos etc. com massa mais leve.
araticum (a.ra.ti.**cum**) s.m. Pinha.
araucária (a.rau.**cá**.ri.a) s.f. (Bot.) Árvore conífera que pertence a um gênero em que se inclui o pinheiro-do-paraná.
arauetê (a.rau.e.**tê**) s.2g. **1.** Indivíduo dos arauetés, povo indígena que vive hoje no Pará. adj.2g. **2.** Relacionado a esse povo.
arauto (a.**rau**.to) s.m. **1.** Pregoeiro. **2.** (Fig.) Mensageiro.
arável (a.**rá**.vel) adj.2g. Que se pode arar.
arbitragem (ar.bi.**tra**.gem) s.f. **1.** Julgamento levado a efeito por árbitros. **2.** Ato de conduzir um jogo esportivo.
arbitrar (ar.bi.**trar**) v.t.d. **1.** Julgar como árbitro. **2.** Determinar por arbítrio; estipular. v.i. **3.** Servir, atuar como árbitro.
arbitrariedade (ar.bi.tra.ri.e.**da**.de) s.f. Ação arbitrária; injustiça, iniquidade.
arbitrário (ar.bi.**trá**.ri.o) adj. **1.** Procedente de arbítrio. **2.** Que não tem ou não obedece a regras.
arbítrio (ar.**bí**.tri.o) s.m. **1.** Resolução, que depende só da vontade. **2.** Julgamento de árbitros. **3.** Opinião.
árbitro (**ár**.bi.tro) s.m. **1.** Aquele escolhido pelas partes para resolver uma questão; juiz. **2.** Juiz de competição esportiva.
arbóreo (ar.**bó**.re.o) adj. (Bot.) **1.** Relativo a árvore. **2.** Que tem características de árvore.
arborescente (ar.bo.res.**cen**.te) adj.2g. (Bot.) Diz-se da planta que toma a forma ou o porte de árvore.
arborescer (ar.bo.res.**cer**) v.i. (Raro) Crescer como árvore.
arborícola (ar.bo.**rí**.co.la) adj.2g. (Zoo.) Que vive em árvores.
arborização (ar.bo.ri.za.**ção**) s.f. Ação de arborizar.
arborizar (ar.bo.ri.**zar**) v.t.d. Plantar árvores em.
arbustivo (ar.bus.**ti**.vo) adj. (Bot.) **1.** Pertencente a arbusto. **2.** Semelhante a um arbusto.

arbusto (ar.**bus**.to) s.m. (Bot.) Vegetal lenhoso de 1 a 4 metros de altura, menor que a árvore, cujo caule se ramifica desde a base.
arca (**ar**.ca) s.f. Caixa de grandes dimensões e tampa chata.
arcabouço (ar.ca.**bou**.ço) s.m. (Anat.) **1.** Ossatura da caixa torácica. **2.** Conjunto dos ossos do corpo; esqueleto. **3.** (P. ext.) Madeiramento de uma construção.
arcabuz (ar.ca.**buz**) s.m. Antiga arma de fogo de cano curto e largo, difundida no século XV.
arcada (ar.**ca**.da) s.f. **1.** Série de arcos, abóbada arqueada. **2.** Construção em forma de arco. **3.** (Anat.) Nome de certas partes ósseas arqueadas: *arcada dentária*.
árcade (**ár**.ca.de) adj.2g. **1.** Pertencente à Arcádia, região da Grécia antiga. **2.** Relacionado ao arcadismo. s.2g. **3.** Pessoa natural ou habitante da região grega. **4.** Artista ligado ao arcadismo.
Arcádia (ar.**cá**.di.a) s.f. Sociedade ou grupo de poetas ligados ao arcadismo.
arcadismo (ar.ca.**dis**.mo) s.m. Estilo literário do século XVIII, inspirado na poesia bucólica e pastoril da Grécia clássica, que evocava a região da Arcádia; neoclassicismo.
arcado (ar.**ca**.do) adj. Que tem forma de arco; arqueado; curvado.
arcaico (ar.**cai**.co) adj. **1.** Muito antigo. **2.** Desusado; antiquado; obsoleto.
arcaísmo (ar.ca.**ís**.mo) s.m. Palavra ou expressão arcaica.
arcanjo (ar.**can**.jo) s.m. Anjo de ordem superior.
arcano (ar.**ca**.no) s.m. **1.** Segredo, mistério dos cristãos do primeiros séculos. adj. **2.** Secreto, misterioso.
arcar (ar.**car**) v.t.d. **1.** Curvar em forma de arco. **2.** Guarnecer de arcos. **3.** Assumir sozinho. v.p. **4.** Curvar.
arcebispado (ar.ce.bis.**pa**.do) s.m. Jurisdição de um arcebispo.
arcebispo (ar.ce.**bis**.po) s.m. Posto da Igreja Católica acima de bispo.
arcediago (ar.ce.di.**a**.go) s.m. (Relig.) Distinção católica concedida a cônego.
archote (ar.**cho**.te) s.m. Facho, tocha.
arcipreste (ar.ci.**pres**.te) s.m. (Relig.) Cargo da hierarquia católica acima de padre e abaixo de bispo.
arco (**ar**.co) s.m. **1.** Arma de atirar setas. **2.** (Geom.) Porção de uma curva ou de um círculo. **3.** (Mús.) Vara com fios usada para tocar o violino e outros instrumentos de cordas. **4.** (Const.) Curva de abóbada.
arcobotante (ar.co.bo.**tan**.te) s.m. (Const.) Construção em forma de meio arco feita para apoiar, exteriormente, uma parede ou abóbada.
arco-da-velha (ar.co.da-**ve**.lha) s.m. Arco-íris.
▪ Pl. *arcos-da-velha*. Obs.: segundo o Acordo Ortográfico de 1990, emprega-se o hífen neste vocábulo por tratar-se de uma exceção consagrada pelo uso (Base XV, art. 6º).

arco-íris (ar.co-í.ris) s.m.2n. Fenômeno atmosférico luminoso que tem a configuração de um arco com faixas coloridas, formado por gotículas suspensas de água; arco-da-velha. ▫ Pl. *arco-íris*.

ar-condicionado (ar-con.di.ci.o.**na**.do) s.m. Aparelho ou instalação para controlar a temperatura de um ambiente, em geral para combater o calor; condicionador de ar. ▫ Pl. *ares-condicionados*.

arcossauro (ar.cos.**sau**.ro) s.m. (*Zoo.*) Réptil extinto, muito grande, que pertence a um grupo de que evoluíram os jacarés e os pássaros.

árdego (**ár**.de.go) *adj.* Que arde; fogoso, ardente, vivo.

ardência (ar.**dên**.ci.a) s.f. Sensação de ardor, de queimação.

ardente (ar.**den**.te) *adj.2g.* **1.** Que arde; cálido. **2.** (*Fig.*) Intenso, impetuoso; tomado de paixão.

arder (ar.**der**) v.i. **1.** Estar em chamas. **2.** Brilhar como chama. **3.** Ter sabor picante.

ardido (ar.**di**.do) *adj.* **1.** Que ardeu. **2.** Queimado; fermentado.

ardil (ar.**dil**) s.m. Manha; sutileza; estratagema.

ardiloso (ar.di.**lo**.so) [ô] *adj.* Que emprega ardis, astucioso; sagaz. ▫ Pl. *ardilosos* [ó].

ardor (ar.**dor**) [ô] s.m. **1.** Calor intenso; ardume. **2.** Sensação de coceira ou irritação na pele; ardência. **3.** Sabor picante. **4.** (*Fig.*) Entusiasmo, paixão.

ardoroso (ar.do.**ro**.so) [ô] *adj.* Cheio de ardor, ardente. ▫ Pl. *ardorosos* [ó].

ardósia (ar.**dó**.si.a) s.f. (*Min.*) Rocha escura, separável em lâminas resistentes, que se aplica em pisos e, antigamente, na fabricação de lousas, ou quadros-negros.

ardume (ar.**du**.me) s.m. Ardor.

árduo (**ár**.duo) *adj.* **1.** Em forma de alcantil; escarpado. **2.** (*Fig.*) Custoso; difícil; trabalhoso.

are (a.re) s.m. Medida de superfície equivalente a 100 metros quadrados.

área (**á**.re.a) s.f. **1.** Superfície de figuras e corpos geométricos; terreno. **2.** Espaço; campo em que é exercida alguma atividade.

areal (a.re.**al**) s.m. Lugar coberto de areia.

arear (a.re.**ar**) v.t.d. **1.** Cobrir, encher de areia. **2.** Limpar, esfregando pó semelhante à areia.

areento (a.re.**en**.to) *adj.* **1.** Cheio de areia. **2.** Com consistência de areia; granuloso.

areia (a.**rei**.a) s.f. Substância mineral granulosa que se estende nas praias e no leito dos rios.

arejamento (a.re.ja.**men**.to) s.m. Ato de arejar.

arejar (a.re.**jar**) v.t.d. **1.** Ventilar; expor ao ar. v.p. **2.** Espairecer-se.

arena (a.**re**.na) s.f. **1.** Lugar onde se exibe a gente de circo. **2.** Parte coberta de areia, nos anfiteatros da Roma antiga, onde lutavam os gladiadores e feras. **3.** (*P. ext.*) Lugar de discussão e debate.

arenga (a.**ren**.ga) s.f. Discussão, bate-boca, altercação.

arengar (a.ren.**gar**) v.i. Dizer arengas, discutir; argumentar com veemência.

arenito (a.re.**ni**.to) s.m. Rocha cujos grânulos foram unidos por cimento.

arenoso (a.re.**no**.so) [ô] *adj.* Areento; misturado com areia; com aspecto de areia. ▫ Pl. *arenosos* [ó].

arenque (a.**ren**.que) s.m. (*Zoo.*) Peixe marinho de 30 cm, azul e prateado, de sabor apreciado.

aréola (a.**ré**.o.la) s.f. **1.** Canteiro de jardim. **2.** (*Med.*) Círculo avermelhado ao redor de uma inflamação. **3.** (*Anat.*) Círculo pigmentado em redor do bico do seio.

areópago (a.re.**ó**.pa.go) s.m. (*Hist.*) Tribunal ateniense na Grécia da Antiguidade.

aresta (a.**res**.ta) s.f. **1.** Saliência angulosa; quina. **2.** (*Geom.*) Interseção de dois planos que formam ângulo diedro.

arfar (ar.**far**) v.i. Respirar com dificuldade; ofegar.

argamassa (ar.ga.**mas**.sa) s.f. Mistura de areia, água e cal ou cimento utilizada em alvenaria.

argeliano (ar.ge.li.**a**.no) s.m. *e adj.* (*Raro*) Argelino.

argelino (ar.ge.**li**.no) *adj.* **1.** Da Argélia, país da África. s.m. **2.** Pessoa natural ou habitante desse lugar. Obs.: o sinônimo *argeliano* é pouco usado.

argentar (ar.gen.**tar**) v.t.d. Pratear; cobrir com prata.

argentário (ar.gen.**tá**.ri.o) *adj.* **1.** Relacionado a dinheiro, vantagens financeiras. s.m. **2.** Pessoa que tem muito dinheiro.

argênteo (ar.**gên**.te.o) *adj.* Da natureza da prata, semelhante à prata; argentino, argírico.

argentino (ar.gen.**ti**.no) *adj.* **1.** Da Argentina, país da América do Sul. s.m. **2.** Pessoa natural ou habitante desse lugar. **3.** Argênteo.

argila (ar.**gi**.la) s.f. **1.** Substância terrosa e um tanto branca, silicato de alumínio hidratado. **2.** Barro.

argírico (ar.**gí**.ri.co) *adj.* Argênteo.

argola (ar.**go**.la) s.f. **1.** Objeto circular; aro, anel: *usava brincos de argola prateados*. **2.** Aro ou anel a que se prende alguma coisa: *coloquei a chave na argola do chaveiro*.

argolinha (ar.go.**li**.nha) s.f. **1.** Pequena argola. **2.** (*Folc.*) Jogo ou disputa em que os cavaleiros tentam, passando a galope, pegar com a lança uma argolinha pendurada em uma trava ou poste, para oferecê-la à autoridade ou à moça: *na cavalhada teve jogo de argolinha*.

argonauta (ar.go.**nau**.ta) s.m. **1.** (*Mit.*) Cada um dos gregos que viajaram em uma nau chamada Argo, à procura do velocino de ouro. **2.** (*Bot.*) Polvo cuja fêmea secreta uma concha em que põe ovos e se abriga.

argônio (ar.**gô**.ni.o) s.m. (*Quím.*) Elemento que é um gás de número atômico 18, peso atômico 39,95 e símbolo Ar.

argúcia (ar.**gú**.ci.a) s.f. **1.** Agudeza de espírito. **2.** Sutileza de argumentação.

argueiro (ar.**guei**.ro) s.m. **1.** Grão muito pequeno, cisco, palhinha. **2.** (*Fig.*) Coisa insignificante.

arguição (ar.gui.**ção**) [ü] s.f. Ação de arguir.

arguir (ar.**guir**) [ü] v.t.d. **1.** Acusar; censurar. **2.** Examinar, interrogando. v.i. **3.** Argumentar. Obs.: pres. do ind.: *arguo* [ú], *arguis* [ú-i], *argui* [ú-i], *arguimos* [úí], *arguis* [úí], *arguem* [ú-e]; perf. ind.:

arguí, *arguíste* [u-í], *arguiu* [u-í] etc.; pres. do subj.: *argua* [ú] etc.

argumentação (ar.gu.men.ta.**ção**) *s.f.* **1.** Ato de argumentar. **2.** Reunião de argumentos. **3.** Discussão.

argumentar (ar.gu.men.**tar**) *v.t.d.* **1.** Servir-se de argumento; alegar. **2.** Discutir; raciocinar.

argumento (ar.gu.**men**.to) *s.m.* **1.** Raciocínio por meio do qual se chega a uma conclusão. **2.** Prova. **3.** Objeção. **4.** Tema, assunto.

arguto (ar.**gu**.to) *adj.* **1.** Em que há argúcia; sutil; engenhoso. **2.** De espírito vivo.

ária (**á**.ri.a) *s.f.* **1.** Peça musical para uma só voz. **2.** Poesia para ser cantada. *s.m.* **3.** Ariano.

arianismo (a.ri.a.**nis**.mo) *s.m.* Crença na superioridade do povo alemão, proposta pelo nazismo.

ariano (a.ri.**a**.no) *adj.* **1.** Pertencente aos árias, povo de pele clara que em 5000 a.C. saiu do Cáucaso e se fixou na região onde hoje estão Irã e Índia, deixando descendentes em várias regiões até a atual Alemanha. *s.m. e adj.* **2.** (Indivíduo) desse povo ou de seus descendentes. **3.** Alemão. **4.** (Mit.) (Pessoa) do signo astrológico de Áries.

aricapu (a.ri.ca.**pu**) *s.2g.* **1.** Indivíduo dos aricapus, povo indígena que vive hoje em Rondônia. *adj.2g.* **2.** Relacionado a esse povo.

aricobé (a.ri.co.**bé**) *s.2g.* **1.** Indivíduo dos aricobés, povo indígena que vive hoje na Bahia. *adj.2g.* **2.** Relacionado a esse povo.

aridez (a.ri.**dez**) [ê] *s.f.* **1.** Qualidade do que é árido. **2.** Esterilidade, aspereza; secura. **3.** Falta de sensibilidade.

árido (**á**.ri.do) *adj.* **1.** Estéril; seco. **2.** Desagradável. **3.** Insensível.

Áries (**á**.ri.es) *s.f.* (*próprio*) **1.** (*Astron.*) Constelação do Zodíaco situada no hemisfério Norte; Carneiro. **2.** (Mit.) Primeiro signo astrológico, de 21 de março a 20 de abril, correspondente aos arianos; Carneiro.

aríete (a.**rí**.e.te) *s.m.* Haste longa usada para bater contra uma porta, portão etc. ou para atacar um navio.

arietino (a.ri.e.**ti**.no) *adj.* **1.** Próprio de carneiro. **2.** Semelhante a carneiro.

ariqueme (a.ri.**que**.me) *s.2g.* **1.** Indivíduo dos ariquemes, povo indígena que vive hoje em Rondônia. *adj.2g.* **2.** Relacionado a esse povo.

ariranha (a.ri.**ra**.nha) *s.f.* (*epiceno*) (*Zoo.*) Mamífero mustelídeo do grupo das lontras, que se alimenta de peixes, originário da Amazônia.

arisco (a.**ris**.co) *adj.* **1.** Esquivo; desconfiado. **2.** Diz-se do animal que não se deixa domesticar.

aristocracia (a.ris.to.cra.**ci**.a) *s.f.* **1.** Governo de nobres. **2.** Classe da nobreza.

aristocrata (a.ris.to.**cra**.ta) *s.2g. e adj.2g.* (Pessoa) que pertence à aristocracia; nobre.

aristocrático (a.ris.to.**crá**.ti.co) *adj.* **1.** Relativo à aristocracia; da aristocracia. **2.** Distinto.

aristotélico (a.ris.to.**té**.li.co) *adj.* **1.** Relativo a Aristóteles, filósofo grego (384-322 a.C.) que desenvolveu a lógica e a biologia. **2.** De acordo com a doutrina desse filósofo.

aristotelismo (a.ris.to.te.**lis**.mo) *s.m.* Conjunto das ideias e teorias do filósofo grego Aristóteles. Cf. *aristotélico*.

aritmética (a.rit.**mé**.ti.ca) *s.f.* (*Mat.*) Parte da matemática que estuda as operações que se efetuam com os números.

aritmético (a.rit.**mé**.ti.co) *adj.* **1.** Pertencente à aritmética. *s.m.* **2.** Pessoa que se dedica à aritmética.

arlequim (ar.le.**quim**) *s.m.* **1.** (*Folc.*) Personagem da antiga comédia italiana e do bumba meu boi: *o arlequim do bumba meu boi é ajudante do capitão*. **2.** (P. ext.) Antiga fantasia carnavalesca, semelhante a palhaço com roupa de losangos.

arma (**ar**.ma) *s.f.* **1.** Instrumento com o qual se ataca ou defende. **2.** Classe ou subdivisão de tropa do exército. **Arma biológica**: arma que transporta micro-organismos vivos (bactérias, vírus etc.) que disseminam doenças mortais e impactantes; pode ser criada em laboratório ou com toxinas extraídas de animais ou plantas.

armação (ar.ma.**ção**) *s.f.* **1.** Ação de armar. **2.** Aquilo que serve para dispor ou revestir madeiramento de um edifício.

armada (ar.**ma**.da) *s.f.* **1.** Marinha de guerra. **2.** Conjunto dos navios de guerra de uma nação.

armadilha (ar.ma.**di**.lha) *s.f.* **1.** Artifício para apanhar caça. **2.** Cilada.

armado (ar.**ma**.do) *adj.* **1.** Que usa armas de fogo, em que há tiros: *homens armados*, *conflito armado*. **2.** Que tem armação, que tem uma estrutura interna. **3.** Que se armou ou montou.

armador (ar.ma.**dor**) [ô] *s.m.* **1.** Aquele que arma. **2.** Aquele que possui ou que equipa navios mercantes.

armadura (ar.ma.**du**.ra) *s.f.* **1.** Conjunto de armas. **2.** Veste metálica dos antigos guerreiros.

armamentismo (ar.ma.men.**tis**.mo) *s.m.* Opinião de que um maior armamento das nações evita guerras.

armamentista (ar.ma.men.**tis**.ta) *adj.2g.* Relacionado ao armamentismo.

armamento (ar.ma.**men**.to) *s.m.* **1.** Ação de armar. **2.** Conjunto ou depósito de armas.

armar (ar.**mar**) *v.t.d. e v.p.* **1.** Prover(-se), munir(-se) de armas. **2.** Equipar(-se); aparelhar(-se); fortificar(-se). *v.t.d.* **3.** Montar, preparar para o funcionamento.

armarinho (ar.ma.**ri**.nho) *s.m.* Loja que vende agulhas, aviamentos de costura, miudezas em geral.

armário (ar.**má**.ri.o) *s.m.* Móvel provido de prateleiras ou divisões, para guardar objetos de uso doméstico.

armazém (ar.ma.**zém**) *s.m.* **1.** Lugar onde se guardam mercadorias ou material bélico. **2.** Grande estabelecimento comercial.

armazenagem (ar.ma.ze.**na**.gem) *s.f.* **1.** Ação de armazenar; armazenamento. **2.** Quantia que se paga pelo depósito de mercadorias.

armazenamento (ar.ma.ze.na.**men**.to) *s.m.* **1.** Ação de armazenar; armazenagem. **2.** Período em que algo fica guardado.
armazenar (ar.ma.ze.**nar**) *v.t.d.* **1.** Pôr em armazém. **2.** Acumular. **3.** Conservar.
armeiro (ar.**mei**.ro) *s.m.* **1.** Pessoa que fabrica, conserta e comercializa armas. **2.** Depósito de armas.
armênio (ar.**mê**.ni.o) *adj.* **1.** Da Armênia, país da Ásia. *s.m.* **2.** Pessoa natural ou habitante desse lugar. **3.** Língua falada nesse país.
arminho (ar.**mi**.nho) *s.m.* (*Zoo.*) **1.** Mamífero mustelídeo com 30 cm de comprimento, que tem pelagem branca no inverno e castanho-avermelhada no verão. **2.** Pele desse animal.
armistício (ar.mis.**tí**.ci.o) *s.m.* Acordo que suspende em caráter temporário uma guerra ou disputa; trégua.
arnica (ar.**ni**.ca) *s.f.* **1.** (*Bot.*) Planta de propriedades medicinais, excelente para cicatrização de ferimentos. **2.** A tintura extraída dessa planta.
aro (a.ro) *s.m.* Pequeno círculo; argola; abertura ou objeto circular.
aroeira (a.ro.**ei**.ra) *s.f.* (*Bot.*) Árvore de madeira útil, cuja casca tem propriedades medicinais.
aroma (a.**ro**.ma) *s.m.* Perfume agradável; odor.
aromático (a.ro.**má**.ti.co) *adj.* Que tem aroma; fragrante.
aromatizador (a.ro.ma.ti.za.**dor**) [ô] *adj. e s.m.* (Aquilo) que espalha aroma, que dá cheiro agradável, em geral, a um ambiente; aromatizante.
aromatizante (a.ro.ma.ti.**zan**.te) *adj.2g.* **1.** Que tem a capacidade de aromatizar, perfumar; aromatizador. *s.m.* **2.** Substância que acrescenta aroma aos alimentos ou acentua o que já existe.
aromatizar (a.ro.ma.ti.**zar**) *v.t.d. e v.p.* **1.** Tornar aromático. **2.** Perfumar.
arpão (ar.**pão**) *s.m.* Haste com uma ponta metálica afiada, usada para aferrar grandes peixes.
arpejar (ar.pe.**jar**) *v.t.d.* (*Mús.*) Tocar (as cordas de um instrumento) uma depois da outra, em arpejo.
arpejo (ar.**pe**.jo) [ê] *s.m.* (*Mús.*) Acorde com as notas tocadas uma depois da outra.
arpéu (ar.**péu**) *s.m.* Gancho para pegar ou fisgar peixes; arpão pequeno.
arpoar (ar.po.**ar**) *v.t.d.* Acertar com arpéu ou arpão; fisgar: *arpoar um peixe*.
arqueado (ar.que.**a**.do) *adj.* Em forma de arco; curvo.
arqueamento (ar.que.a.**men**.to) *s.m.* Ação de arquear; dobra, curvatura.
arquear (ar.que.**ar**) *v.t.d.* **1.** Dar aspecto ou forma de arco a; curvar. *v.p.* **2.** Tomar aspecto ou forma de arco; dobrar-se. Obs.: pres. do ind.: *arqueio* etc.; pres. do subj.: *arqueie* etc.
arqueiro (ar.**quei**.ro) *s.m.* **1.** Fabricante ou vendedor de arcos ou de arcas. **2.** O que combate com arco.
arquejante (ar.que.**jan**.te) *adj.2g.* Que arqueja; ofegante.
arquejar (ar.que.**jar**) *v.i.* Ofegar; ansiar; respirar a custo.
arquejo (ar.**que**.jo) [ê] *s.m.* Ação de arquejar.

arqueologia (ar.que.o.lo.**gi**.a) *s.f.* Ciência que estuda as coisas da Antiguidade.
arqueológico (ar.que.o.**ló**.gi.co) *adj.* Relativo a arqueologia.
arqueólogo (ar.que.**ó**.lo.go) *s.m.* Aquele que é versado em arqueologia.
arquétipo (ar.**qué**.ti.po) *s.m.* **1.** Modelo de seres criados. **2.** Protótipo. **3.** Símbolo que se repete com frequência.
arquibancada (ar.qui.ban.**ca**.da) *s.f.* Série de bancos dispostos em ordem para assento do público em teatros, circos, campos de futebol etc.
arquidiocesano (ar.qui.di.o.ce.**sa**.no) *adj.* Relacionado a arquidiocese: *colégio arquidiocesano*.
arquidiocese (ar.qui.di.o.**ce**.se) *s.f.* (*Relig.*) Grupo de dioceses sob a jurisdição de um arcebispo.
arquiduque (ar.qui.**du**.que) *s.m.* **1.** Título de nobreza superior a duque. **2.** Pessoa que tem esse título. ▫ Fem. *arquiduquesa*.
arquiepiscopal (ar.qui.e.pis.co.**pal**) *adj.2g.* Relacionado a arcebispo ou a arcebispado.
arqui-inimigo (ar.qui-i.ni.**mi**.go) *s.m.* O maior de todos os inimigos; o chefe dos inimigos.
arquimilionário (ar.qui.mi.li.o.**ná**.ri.o) *adj.* Muitas vezes milionário.
arquipélago (ar.qui.**pé**.la.go) *s.m.* Grupo de ilhas que estão a pequena distância umas das outras.
arquitetar (ar.qui.te.**tar**) *v.t.d.* **1.** Edificar; planejar; idear. *v.i.* **2.** Trabalhar como arquiteto.
arquiteto (ar.qui.**te**.to) *s.m.* Pessoa que cria obras de construção, residenciais ou públicas; pessoa que exerce a arte da arquitetura.
arquitetônico (ar.qui.te.**tô**.ni.co) *adj.* Relativo a arquitetura.
arquitetura (ar.qui.te.**tu**.ra) *s.f.* **1.** Arte de edificar, de construir edifícios. **2.** (*Fig.*) Plano; projeto.
arquitrave (ar.qui.**tra**.ve) *s.f.* Viga horizontal apoiada sobre as demais.
arquivamento (ar.qui.va.**men**.to) *s.m.* Ação de arquivar.
arquivar (ar.qui.**var**) *v.t.d.* **1.** Guardar em arquivo. **2.** (*Fig.*) Colecionar; guardar; registrar.
arquivista (ar.qui.**vis**.ta) *s.2g.* Pessoa encarregada de um arquivo.
arquivo (ar.**qui**.vo) *s.m.* Lugar ou móvel onde se recolhem ou guardam documentos. **2.** Conjunto de informações sobre um assunto ou tema. **3.** (*Inf.*) Conjunto de dados armazenado com um endereço em um computador: *há arquivos de texto, arquivos de imagem, de programas e outros*.
arrabalde (ar.ra.**bal**.de) *s.m.* Cercanias de uma cidade; subúrbio.
arraia (ar.**rai**.a) *s.f.* **1.** (*Zoo.*) Raia. **2.** (*Folc.*) Papagaio de papel, pipa. **3.** Grupo social mais pobre; povo, plebe, arraia-miúda.
arraial (ar.rai.**al**) *s.m.* Povoação menor que aldeia.
arraia-miúda (ar.rai.a-mi.**ú**.da) *s.f.* Grupo social mais pobre; povo, plebe, arraia. ▫ Pl. *arraias-miúdas*.
arraigado (ar.rai.**ga**.do) *adj.* Firmemente estabelecido; enraizado.

arraigar (ar.rai.**gar**) v.t.d. **1.** Firmar pela raiz. **2.** (Fig.) Fixar. v.p. **3.** Estabelecer-se; fixar-se. Obs.: pres. do ind.: *arraigo, arraigas, arraiga, arraigamos, arraigais, arraigam*; pres. do subj.: *arraigue* etc.
arrais (ar.**rais**) s.m.2n. Comandante de um barco.
arrancada (ar.ran.**ca**.da) s.f. **1.** Ação de arrancar. **2.** Partida precipitada, impetuosa.
arrancar (ar.ran.**car**) v.t.d. **1.** Tirar, extirpar. **2.** Libertar; separar. v.i. **3.** Sair de repente e com ímpeto.
arranca-rabo (ar.ran.ca-**ra**.bo) s.m. Discussão, conflito, altercação. ▣ Pl. *arranca-rabos*.
arranchar (ar.ran.**char**) v.i. e v.p. Construir o rancho, estabelecer-se em rancho.
arranco (ar.**ran**.co) s.m. Ação de arrancar; saída, arrancada.
arranha-céu (ar.ra.nha-**céu**) s.m. Edifício muito alto, com mais de 100 m de altura. ▣ Pl. *arranha-céus*.
arranhadura (ar.ra.nha.**du**.ra) s.f. Ação de arranhar; arranhão.
arranhão (ar.ra.**nhão**) s.m. Ferida leve, superficial; arranhadura.
arranhar (ar.ra.**nhar**) v.t.d. **1.** Ferir com as unhas: *o gatinho arranhou a criança*. **2.** (Fig.) Tocar mal: *arranhava a guitarra*. **3.** Conhecer de modo superficial, falar mal: *arranhava francês, mas dominava a língua alemã*.
arranjado (ar.ran.**ja**.do) adj. Arrumado; preparado; organizado.
arranjador (ar.ran.ja.**dor**) [ô] s.m. e adj. (Mús.) Aquele que faz arranjo, que cria maneiras de executar uma obra diferentes da original. Cf. *orquestrador*.
arranjar (ar.ran.**jar**) v.t.d. **1.** Dispor; pôr em ordem; conciliar. **2.** Obter; conseguir.
arranjo (ar.**ran**.jo) s.m. **1.** Ação de arranjar. **2.** Boa ordem. **3.** (Fig.) Conchavo, conluio; negociata. **4.** (Mús.) Execução diferente da escrita ou proposta pelo compositor; versão.
arranque (ar.**ran**.que) s.m. **1.** Arranco. **2.** Peça de automóvel por meio da qual se aciona o motor.
arrasado (ar.ra.**sa**.do) adj. Que se arrasou; destruído, aniquilado.
arrasar (ar.ra.**sar**) v.t.d. **1.** Devastar, destruir, aniquilar. v.i. **2.** (Gír.) Sobressair-se, destacar-se; humilhar os demais ou a concorrência: *com aquela fantasia, ela arrasou na festa*.
arrastado (ar.ras.**ta**.do) adj. **1.** Que se arrasta; puxado, à força. **2.** Lento, de desenvolvimento difícil: *um filme arrastado*.
arrastão (ar.ras.**tão**) s.m. **1.** Esforço para arrastar. **2.** Rede de pesca que apresenta a forma de um saco. **3.** Ação de recolher a rede de pesca; arrasto. **4.** (Gír.) Assalto praticado por várias pessoas ao mesmo tempo, em local geralmente público: *fizeram um arrastão na praia*. Meia arrastão: meia feminina com fios escuros em trançado largo, semelhante a rede de pesca.
arrasta-pé (ar.ras.ta-**pé**) s.m. Festa para dançar, baile popular. ▣ Pl. *arrasta-pés*.
arrastar (ar.ras.**tar**) v.t.d. **1.** Levar de rastos, arrastado; puxar pelo chão. **2.** Levar à força; forçar: *arrastou as crianças para fora do mar*. v.p. **3.** Mover-se com dificuldade, progredir devagar.
arrasto (ar.**ras**.to) s.m. **1.** Ato ou efeito de arrastar(-se). **2.** Arrastão. **3.** (Fís.) Força de resistência do ar a uma aeronave em voo.
arrátel (ar.**rá**.tel) s.m. Antiga unidade de medida de peso equivalente a 459 gramas ou 1 libra.
arrazoado (ar.ra.zo.**a**.do) s.m. Monte de razões, justificativas, apresentadas juntas; argumentação.
arrazoar (ar.ra.zo.**ar**) v.t.d. e v.i. Dizer, expor, defender: *arrazoou que era necessário correr*.
arre (**ar**.re) interj. Emprega-se para incitar animais a andar ou para expressar raiva, aborrecimento, irritação: *arre, ainda faltam 500 metros!*
arreamento (ar.re.a.**men**.to) s.m. **1.** Ação de arrear. **2.** Conjunto de arreios.
arrear (ar.re.**ar**) v.t.d. Pôr os arreios em; aparelhar: *arreou o cavalo*. Cf. *arriar*.
arreata (ar.re.**a**.ta) s.f. Tira de couro para prender arreios.
arrebanhar (ar.re.ba.**nhar**) v.t.d. **1.** Juntar em rebanho. **2.** Recolher; reunir.
arrebatado (ar.re.ba.**ta**.do) adj. **1.** Irritado. **2.** Precipitado. **3.** Extasiado, entusiasmado. **4.** Levado pelos ares.
arrebatador (ar.re.ba.ta.**dor**) [ô] s.m. e adj. Que ou o que arrebata.
arrebatamento (ar.re.ba.ta.**men**.to) s.m. **1.** Furor súbito; excitação; enlevo. **2.** Ato de arrebatar.
arrebatar (ar.re.ba.**tar**) v.t.d. **1.** Tirar à força, arrancar. **2.** Levar; impelir.
arrebentação (ar.re.ben.ta.**ção**) s.f. Choque das ondas na praia ou nos rochedos.
arrebentado (ar.re.ben.**ta**.do) adj. **1.** Que se rompeu. **2.** Quebrado. **3.** Cansado.
arrebentar (ar.re.ben.**tar**) v.t.d. e v.i. Rebentar estourar; quebrar violentamente.
arrebique (ar.re.**bi**.que) s.m. **1.** Cosmético, maquiagem. **2.** Enfeite, adorno.
arrebitado (ar.re.bi.**ta**.do) adj. **1.** De ponta levantada. **2.** (Fig.) Petulante; pernóstico.
arrebitar (ar.re.bi.**tar**) v.t.d. Virar para cima a ponta de
arrebol (ar.re.**bol**) s.m. Pôr do sol com reflexos em vermelho, laranja, rosa etc.
arrecadação (ar.re.ca.da.**ção**) s.f. **1.** Ato de arrecadar. **2.** Lugar onde se arrecada. **3.** Cobrança.
arrecadar (ar.re.ca.**dar**) v.t.d. **1.** Colocar em lugar seguro; guardar. **2.** Depositar. **3.** Cobrar. v.i. **4.** Obter o que se deseja.
arredar (ar.re.**dar**) v.t.d. Tirar, afastar: *não arredou o pé de perto da filha doente*.
arredio (ar.re.**di**.o) adj. **1.** Que anda afastado **2.** Arisco.
arredondado (ar.re.don.**da**.do) adj. Que tem forma redonda, circular.
arredondamento (ar.re.don.da.**men**.to) s.m **1.** (Mat.) Aproximação de um número a outro: arredondamento de 9,99 é 10. **2.** Ação de arredondar, de tornar redondo.

arredondar (ar.re.don.**dar**) v.t.d. **1.** Tornar redondo. **2.** Aproximar um número ou quantidade de outro: *se o preço é 9,99, arredondamos para 10 reais.*
arredores (ar.re.**do**.res) s.m.pl. Cercanias, vizinhanças.
arreeiro (ar.re.**ei**.ro) s.m. Arrieiro.
arrefecer (ar.re.fe.**cer**) v.i. **1.** Esfriar, resfriar; dissipar o calor: *a sopa arrefeceu*. **2.** Diminuir, atenuar-se, reduzir-se: *as suspeitas arrefeceram*. **3.** (Fig.) Perder a energia; desanimar. v.t.d. **4.** Diminuir, reduzir: *a resposta arrefeceu o debate; a chuva arrefeceu o ânimo das pessoas.*
arrefecimento (ar.re.fe.ci.**men**.to) s.m. Ação de arrefecer; esfriamento, resfriamento.
arregaçar (ar.re.ga.**çar**) v.t.d. **1.** Virar do avesso para dobrar; recolher: *arregaçou as mangas.* **2.** (Chul.) Abusar, estragar. Arregaçar as mangas: fazer trabalho braçal; trabalhar pesado.
arregalado (ar.re.ga.**la**.do) adj. Muito aberto; esbugalhado.
arregalar (ar.re.ga.**lar**) v.t.d. Abrir muito (os olhos).
arreganhar (ar.re.ga.**nhar**) v.t.d. Pôr à mostra: *o cão rosnou e arreganhou os dentes.*
arreganho (ar.re.**ga**.nho) s.m. Ação de arreganhar.
arregimentar (ar.re.gi.men.**tar**) v.t.d. **1.** Buscar, conseguir para o regimento: *arregimentou novos recrutas.* **2.** Obter, conseguir (recursos).
arreio (ar.**rei**.o) s.m. Conjunto das peças com que se preparam os animais de sela ou tração.
arrelia (ar.re.**li**.a) s.f. **1.** Provocação de brincadeira. **2.** Irritação, aborrecimento.
arreliar (ar.re.li.**ar**) v.t.d. Fazer arrelia; brincar, espicaçar: *o gato ficava arreliando o cachorro.*
arrematado (ar.re.ma.**ta**.do) adj. **1.** Comprado em leilão ou hasta pública. **2.** Concluído, terminado, finalizado.
arrematar (ar.re.ma.**tar**) v.t.d. **1.** Concluir; dar remate. **2.** Fazer remate de ponto em (costura). **3.** Comprar em leilão.
arremate (ar.re.**ma**.te) s.m. Ação de arrematar.
arremedar (ar.re.me.**dar**) v.t.d. Imitar de modo grotesco; remedar.
arremedo (ar.re.**me**.do) [ê] s.m. **1.** Ação de arremedar. **2.** Imitação grosseira.
arremessar (ar.re.mes.**sar**) v.t.d. Atirar para a frente; arrojar.
arremesso (ar.re.**mes**.so) [ê] s.m. **1.** Ação de arremessar. **2.** Acometimento.
arremeter (ar.re.me.**ter**) v.t.i. e v.i. Investir, avançar com ímpeto.
arremetida (ar.re.me.**ti**.da) s.f. Investida, impulso de quem arremete, assalto.
arrendado (ar.ren.**da**.do) adj. **1.** Que se deu ou tomou de arrendamento. **2.** Ornado de renda.
arrendador (ar.ren.da.**dor**) [ô] s.m. e adj. (Aquele) que arrenda, que toma em arrendamento.
arrendamento (ar.ren.da.**men**.to) s.m. **1.** Ação de arrendar. **2.** Escritura de contrato de renda.
arrendar (ar.ren.**dar**) v.t.d. **1.** Dar ou tomar em contrato para exploração comercial, para gerar renda: *arrendou o sítio para o japonês.* **2.** Rendilhar, guarnecer de rendas.
arrendatário (ar.ren.da.**tá**.ri.o) s.m. O que toma sob a forma de arrendamento.
arrenegado (ar.re.ne.**ga**.do) adj. **1.** Renegado. **2.** Zangado, irritado, enfadado.
arrenegar (ar.re.ne.**gar**) v.t.d. Renegar, abjurar; amaldiçoar, detestar.
arrepanhar (ar.re.pa.**nhar**) v.t.d. (Raro) **1.** Agarrar, pegar. **2.** Recolher, puxar; pôr no lugar com a mão: *arrepanhou a roupa; arrepanhou os cabelos.*
arrepelar (ar.re.pe.**lar**) v.t.d. e v.p. (Raro) Agarrar, puxar: *arrepelou os cabelos; arrepelou-se de desespero.*
arrepender-se (ar.re.pen.**der**-se) v.p. **1.** Ter pesar pelas faltas cometidas. **2.** Mudar de parecer; desdizer-se.
arrependido (ar.re.pen.**di**.do) adj. Que se arrependeu; contrito.
arrependimento (ar.re.pen.di.**men**.to) s.m. Ação de arrepender-se.
arrepiado (ar.re.pi.**a**.do) adj. Eriçado (de medo ou de frio).
arrepiar (ar.re.pi.**ar**) v.t.d. **1.** Eriçar (o cabelo). **2.** Causar arrepios em. v.i. **3.** Retroceder; desdizer-se. v.p. **4.** Sentir arrepios; tremer de frio ou de medo.
arrepio (ar.re.**pi**.o) s.m. **1.** Estremecimento, excitação por sensação nervosa. **2.** (Med.) Contrações musculares repetidas para produzir calor; calafrio.
arrestar (ar.res.**tar**) v.t.d. (Dir.) Fazer o arresto de; apreender, confiscar.
arresto (ar.**res**.to) s.m. (Dir.) Apreensão de objetos ou bens por decisão judicial; confisco.
arrevesado (ar.re.ve.**sa**.do) adj. Torto, de lado, de revés.
arriar (ar.ri.**ar**) v.t.d. **1.** Fazer que desça. **2.** Abaixar; pôr abaixo. v.i. **3.** Vergar sob um peso. Cf. *arrear.*
arriba (ar.**ri**.ba) adv. Para cima, acima.
arribação (ar.ri.ba.**ção**) s.f. Ação de arribar.
arribar (ar.ri.**bar**) v.t.i. **1.** Chegar, dirigir-se, acolher-se. v.i. **2.** Melhorar (o doente). **3.** Partir para lugar ignorado. **4.** Migrar.
arrieiro (ar.ri.**ei**.ro) s.m. Condutor de tropa de animais que vai montado; arreeiro.
arrimar (ar.ri.**mar**) v.t.d. Colocar arrimo ou apoio em; escorar.
arrimo (ar.**ri**.mo) s.m. **1.** Encosto; apoio. **2.** (Fig.) Proteção.
arriscado (ar.ris.**ca**.do) adj. **1.** Temerário. **2.** Arrojado; audacioso.
arriscar (ar.ris.**car**) v.t.d. **1.** Aventurar; pôr em risco. **2.** Sujeitar a sorte. v.p. **3.** Sujeitar-se ao perigo.
arritmia (ar.rit.**mi**.a) s.f. **1.** Ausência de ritmo. **2.** (Med.) Qualquer variação do ritmo normal das contrações cardíacas.
arrivismo (ar.ri.**vis**.mo) s.m. Ambição, desejo de ascensão social a qualquer custo.
arrivista (ar.ri.**vis**.ta) adj.2g. **1.** Pertencente ao arrivismo. s.2g. **2.** Pessoa que tem ambição desmedida.

arrizotônico (ar.ri.zo.tô.ni.co) *adj.* (*Gram.*) Diz-se da forma verbal cuja sílaba tônica está fora do radical ou tema.

arroba (ar.ro.ba) [ô] *s.f.* **1.** Medida de peso equivalente a 15 quilos, usada para gado. **2.** Símbolo (@) internacional usado em endereços de correio eletrônico.

arrochado (ar.ro.cha.do) *adj.* **1.** Que se apertou com arrocho. **2.** Apertado; comprimido. **3.** (*Fig.*) Em apuros, em situação difícil.

arrochar (ar.ro.char) *v.t.d.* Apertar, prender, cingir: *arrochou bem o parafuso*.

arrocho (ar.ro.cho) *s.m.* [ô] **1.** Pedaço de pau que se usa para torcer as cordas que prendem fardos, cargas etc. **2.** (*Fig.*) Rigor; situação difícil.

arrogância (ar.ro.gân.ci.a) *s.f.* Orgulho; altivez; insolência.

arrogante (ar.ro.gan.te) *adj.2g.* Que tem arrogância; altivo; orgulhoso.

arrogar (ar.ro.gar) *v.t.d.* e *v.p.* Atribuir(-se), dar(-se): *arrogou-se o direito de criticar o mundo todo*.

arroio (ar.roi.o) [ô] *s.m.* Pequena corrente de água intermitente.

arrojado (ar.ro.ja.do) *adj.* Intrépido; ousado; destemido; temerário.

arrojar (ar.ro.jar) *v.t.d.* **1.** Levar de rojo; arrastar. **2.** Lançar de modo impetuoso, arremessar. *v.p.* **3.** Lançar-se; precipitar-se.

arrojo (ar.ro.jo) [ô] *s.m.* **1.** Audácia; ousadia. **2.** Representação pomposa; animação.

arrolamento (ar.ro.la.men.to) *s.m.* **1.** Ação de arrolar. **2.** Inventário.

arrolar (ar.ro.lar) *v.t.d.* Inscrever no rol; relacionar.

arrolhar (ar.ro.lhar) *v.t.d.* Colocar rolha em, fechar com rolha: *arrolhou a garrava*.

arromba (ar.rom.ba) *s.f.* (*Mús.*) Cantiga ruidosa própria para viola.

arrombamento (ar.rom.ba.men.to) *s.m.* **1.** Ato de arrombar. **2.** Rompimento; abertura forçada.

arrombar (ar.rom.bar) *v.t.d.* Praticar rombo em; abrir com violência.

arrostar (ar.ros.tar) *v.t.d.* Enfrentar, olhar de frente: *arrostou dificuldades*; *arrostou o avô com coragem*.

arrotar (ar.ro.tar) *v.i.* Soltar gases estomacais pela boca.

arroto (ar.ro.to) [ô] *s.m.* Eructação; emissão pela boca dos gases que se formam no estômago.

arroubo (ar.rou.bo) *s.m.* **1.** Ímpeto, rompante, repente. **2.** Arrebatamento, enlevo, êxtase.

arroxeado (ar.ro.xe.a.do) *adj.* Que se arroxeou; que se aproxima do roxo.

arroxear (ar.ro.xe.ar) *v.t.d.* e *v.p.* Tornar(-se) roxo ou próximo de roxo.

arroz (ar.roz) *s.m.* **1.** (*Bot.*) Planta gramínea. **2.** O grão dessa planta, usado na alimentação. **3.** Prato feito com esse grão. **Arroz carreteiro**: arroz de carreteiro.

arrozal (ar.ro.zal) *s.m.* Plantação de arroz.

arroz de carreteiro (ar.roz de car.re.tei.ro) *s.m.* (*Culin.*) Prato gaúcho feito com arroz e carne-seca desfiada; arroz carreteiro.

arroz de cuxá (ar.roz de cu.xá) *s.m.* (*Culin.*) Cuxá.

arroz de festa (ar.roz de fes.ta) *s.2g.* (*Pop. SE*) Pessoa animada e assídua a festas e divertimentos; arroz-doce de festa.

arroz de leite (ar.roz de lei.te) *s.m.* Arroz-doce.

arroz-doce (ar.roz-do.ce) *s.m.* (*Culin.*) Doce feito de arroz cozido no leite, polvilhado com canela, típico das festas juninas; arroz de leite. ▪ Pl. *arrozes-doces*.

arroz-doce de festa (ar.roz-do.ce de fes.ta) *s.2g.* (*Pop.*) Arroz de festa.

arruaça (ar.ru.a.ça) *s.f.* Tumulto popular; alvoroço.

arruaçar (ar.ru.a.çar) *v.i.* Fazer arruaça.

arruaceiro (ar.ru.a.cei.ro) *s.m.* e *adj.* Que ou o que faz arruaças.

arruar (ar.ru.ar) *v.t.d.* **1.** Abrir ruas ou dividir em. **2.** Alinhar (ruas ou passeios).

arruda (ar.ru.da) *s.f.* (*Bot.*) Planta aromática e medicinal, empregada também em rituais afro-brasileiros.

arruela (ar.ru.e.la) *s.f.* Pequena chapa de ferro na qual se mete o parafuso.

arrufar (ar.ru.far) *v.t.d.* Irritar; fazer zangar-se.

arrufo (ar.ru.fo) *s.m.* Alteração sem consequências entre pessoas que se querem bem; amuo.

arruinado (ar.rui.na.do) *adj.* **1.** Destruído; perdido. **2.** Falido. **3.** Que perdeu o que possuía; empobrecido.

arruinar (ar.rui.nar) *v.t.d.* **1.** Causar ruína em; destruir. **2.** Estragar (a saúde). **3.** Reduzir à pobreza. *v.p.* **4.** Ficar sem recursos.

arruivado (ar.rui.va.do) *adj.* Quase ruivo, próximo de ruivo; avermelhado: *pelos arruivados*.

arrulhar (ar.ru.lhar) *v.i.* Emitir arrulhos; fazer barulho semelhante ao dos pombos.

arrulho (ar.ru.lho) *s.m.* **1.** Canto de pombos, de rolas. **2.** (*Fig.*) Meiguice; namoro com dengues e carícias.

arrumação (ar.ru.ma.ção) *s.f.* **1.** Ação de arrumar. **2.** Boa disposição, arranjo.

arrumadeira (ar.ru.ma.dei.ra) *s.f.* Empregada que faz arrumação e limpeza da casa.

arrumadinho (ar.ru.ma.di.nho) *s.m.* Refeição servida em um prato individual, popular no Nordeste: *o arrumadinho de carne-seca é acompanhado de feijão*.

arrumado (ar.ru.ma.do) *adj.* **1.** Posto em ordem, arranjado. **2.** (*Fig.*) Ajustado; empregado; endinheirado.

arrumar (ar.ru.mar) *v.t.d.* **1.** Dispor de modo conveniente. **2.** Pôr ordem; acomodar. **3.** (*Pop.*) Conseguir, obter, adquirir. *v.p.* **4.** Cuidar da aparência para ficar elegante ou bonito: *ficava horas se arrumando para sair*. **5.** (*Pop.*) Empregar-se, estabelecer-se, ficar bem.

arsenal (ar.se.nal) *s.m.* **1.** Estabelecimento onde se fabricam e reparam navios. **2.** Depósito de petrechos de guerra. **3.** (*P. ext.*) Local provido de armas.

arsênico (ar.**sê**.ni.co) *s.m.* (*Quím.*) Elemento químico de número 33, símbolo As e peso atômico 74,92. O mesmo que *arsênio*.
arsênio (ar.**sê**.ni.o) *s.m.* (*Quím.*) O mesmo que *arsênico*.
arte (**ar**.te) *s.f.* **1.** Conjunto das normas para a execução mais ou menos perfeita de qualquer coisa. **2.** (*Fig.*) Astúcia. **3.** (*Pop.*) Travessura, traquinagem. Arte marcial: luta que segue regras, ética e filosofia tradicionais, como judô, esgrima e outras. Artes plásticas: artes ligadas às formas, como escultura, pintura, desenho etc.
artefato (ar.te.**fa**.to) *s.m.* Objeto feito a mão ou fabricado em indústria: *artefatos indígenas, artefato industrial*.
arteiro (ar.**tei**.ro) *adj.* **1.** Que tem ou revela arte, astúcia. **2.** Travesso; traquinas.
artemísia (ar.te.**mí**.si.a) *s.f.* **1.** Arbusto cultivado para uso como tempero em infusões. **2.** A flor dessa planta.
artelho (ar.**te**.lho) *s.m.* [ê] **1.** (*Bio.*) Dedo. **2.** (*Anat.*) Dedo do pé; pododáctilo.
artéria (ar.**té**.ri.a) *s.f.* (*Anat.*) **1.** Cada um dos vasos que levam o sangue do coração às diversas partes do corpo. **2.** (*Fig.*) Via, rua.
arterial (ar.te.ri.**al**) *adj.2g.* Relacionado às artérias.
arteriosclerose (ar.te.ri.os.cle.**ro**.se) *s.f.* (*Med.*) Esclerose das artérias.
artesanal (ar.te.sa.**nal**) *adj.2g.* Relativo ao artesanato; feito a mão.
artesanato (ar.te.sa.**na**.to) *s.m.* **1.** Produção de objetos a mão, seguindo técnicas tradicionais da cultura popular: *no artesanato indígena há cestas trançadas de palha, potes e objetos decorativos de cerâmica*. **2.** Produção de objetos a mão.
artesão (ar.te.**são**) *s.m.* Artífice. ▣ Pl. *artesões*.
artesiano (ar.te.si.**a**.no) *adj.* Diz-se dos poços em que a água jorra com repuxo.
ártico (**ár**.ti.co) *adj.* Boreal; do Norte.
articulação (ar.ti.cu.la.**ção**) *s.f.* (*Anat.*) **1.** Juntura de duas ou mais peças ósseas: *as articulações do corpo são presas pelos ligamentos*. **2.** Relação, ligação entre elementos variados ou entre as partes de um conjunto. **3.** (*Gram.*) Pronunciação distinta dos vocábulos.
articulado (ar.ti.cu.**la**.do) *adj.* **1.** Que tem articulação, formado por partes que se dobram. **2.** Que tem partes bem ligadas; coerente, coeso: *pensamento articulado*.
articular (ar.ti.cu.**lar**) *adj.2g.* **1.** Relativo a articulações. **2.** (*Gram.*) Da natureza do artigo. *v.t.d.* **3.** Juntar pelas articulações. **4.** Estabelecer relações entre partes ou elementos: *articular as ideias*. **5.** Proferir, pronunciar: *articulava muito bem as palavras*.
articulista (ar.ti.cu.**lis**.ta) *s.2g.* Pessoa que escreve artigos para jornais e revistas.
artífice (ar.**tí**.fi.ce) *s.2g.* Pessoa que executa um trabalho que requer habilidade e criação; artesão.

artificial (ar.ti.fi.ci.**al**) *adj.2g.* **1.** Que não é natural. **2.** Produzido por arte ou indústria. **3.** Falso, postiço.
artificialidade (ar.ti.fi.ci.a.li.**da**.de) *s.f.* Qualidade, característica de artificial.
artificializar (ar.ti.fi.ci.a.li.**zar**) *v.t.d.* Tornar artificial.
artifício (ar.ti.**fi**.ci.o) *s.m.* **1.** Conjunto de artefatos e meios usados para a obtenção de algo; modo, processo engenhoso. **2.** (*Fig.*) Ardil, sagacidade, astúcia. Fogo de artifício: artefato de pirotecnia.
artificioso (ar.ti.fi.ci.**o**.so) [ô] *adj.* Que contém artifício, feito por ardis ou engenho: *uma argumentação artificiosa*. ▣ Pl. *artificiosos* [ó].
artigo (ar.**ti**.go) *s.m.* **1.** Mercadoria; objeto de negócio. **2.** Parte de uma lei ou código. **3.** Escrito de jornal ou revista. **4.** (*Gram.*) Palavra variável que acompanha o substantivo para indicar gênero e número, e pode ser **artigo definido**, como "a, o", ou **artigo indefinido**, como "um, uns".
artilharia (ar.ti.lha.**ri**.a) *s.f.* **1.** Material de guerra constituído por diversos gêneros de armas de fogo. **2.** Uma das armas do Exército.
artilheiro (ar.ti.**lhei**.ro) *s.m.* **1.** Soldado de artilharia. **2.** (*Esp.*) Jogador de futebol que faz o maior número de gols.
artimanha (ar.ti.**ma**.nha) *s.f.* Ardil; artifício; manha.
artiodáctilo (ar.ti.o.**dác**.ti.lo) *s.m. e adj.* (*Zoo.*) (Mamífero) que tem o casco dividido em dois, como o boi e o camelo. O mesmo que *artiodátilo*.
artiodátilo (ar.ti.o.**dá**.ti.lo) *s.m. e adj.* (*Zoo.*) O mesmo que *artiodáctilo*.
artista (ar.**tis**.ta) *s.2g.* **1.** Pessoa que se dedica a uma arte, que trabalha com arte: *artistas amadores e artistas profissionais*. **2.** (*Fig.*) Pessoa que consegue realizar feitos notáveis, proezas: *aquele piloto é um artista do volante*.
artístico (ar.**tís**.ti.co) *adj.* **1.** Relativo às artes. **2.** Que tem arte.
artrite (ar.**tri**.te) *s.f.* (*Med.*) Processo inflamatório na articulação.
artrítico (ar.**trí**.ti.co) *adj.* (*Med.*) Relativo a artrite.
artrópode (ar.**tró**.po.de) *s.m. e adj.* **1.** (*Zoo.*) (Animal invertebrado) com o corpo coberto por carapaça segmentada em anéis e com apêndices articulados, que constitui o filo de insetos, aracnídeos, crustáceos e outros. *adj.* **2.** Relativo a esse filo.
artrose (ar.**tro**.se) *s.f.* (*Med.*) Afecção de uma articulação.
aru (a.**ru**) *s.m.* (*Zoo.*) Sapo pequeno que vive nas clareiras do mato, em bandos que acodem quando se abre um roçado.
aruá (a.ru.**á**) *s.m.* **1.** (*Zoo.*) Caramujo brasileiro dos rios, ameaçado de extinção; uruá. *s.2g. e adj.2g.* **2.** (Indivíduo) dos aruás, povo indígena que vive hoje em Rondônia. *adj.2g.* **3.** Arisco, arredio, bravio: *boi aruá*.
arvorado (ar.vo.**ra**.do) *adj.* Que se arvora, que se atribui uma condição: *os gurus arvorados continuavam dando receitas*.

arvorar (ar.vo.**rar**) v.t.d. **1.** Hastear; desfraldar. v.p. **2.** Elevar-se a, assumir um cargo ou condição por deliberação própria: *arvorou-se em juiz do jogo*.
árvore (**ár**.vo.re) s.f. (*Bot.*) Vegetal de porte alto e caule lenhoso, formando tronco, em geral com galhos e ramos.
arvoredo (ar.vo.**re**.do) s.m. Conjunto de árvores.
arvoreta (ar.vo.**re**.ta) s.f. [ê] Árvore pequena.
as art. (*Gram.*) Artigo definido feminino, plural de "os": as moças, as montanhas, as ideias.
às Contração da preposição "a" com o "as" artigo ou pronome demonstrativo.
ás s.m. **1.** Carta de maior valor no baralho, a primeira e a última, marcada com a letra A. **2.** (*sobrecomum*) (*Fig.*) Pessoa que se destaca em uma atividade.
As Símbolo do elemento químico arsênico.
asa (**a**.sa) s.f. **1.** (*Zoo.*) Membro que as aves e alguns insetos movem para voar. **2.** Estrutura na lateral das aeronaves que as sustenta no ar. **3.** Aba vertical em xícara, bule etc.
asa-delta (a.sa-**del**.ta) s.f. (*Esp.*) Aparelho para voo livre constituído de uma vela triangular presa a uma armação metálica. ▫ Pl. *asas-delta, asas-deltas*.
asbesto (as.**bes**.to) [ê] s.m. (*Min.*) Amianto, mineral incombustível.
ascaridíase (as.ca.ri.**dí**.a.se) s.f. (*Med.*) Infecção intestinal causada pela lombriga, ou bicha.
ascendência (as.cen.**dên**.ci.a) s.f. **1.** Ato de elevar-se. **2.** Antepassado; geração; raça. **3.** Superioridade; predomínio; influência.
ascendente (as.cen.**den**.te) adj.2g. **1.** Que sobe. s.2g. **2.** Antepassado; pessoa de quem se descende.
ascender (as.cen.**der**) v.i. e v.t.i. Elevar-se, subir.
ascensão (as.cen.**são**) s.f. **1.** Ação de ascender. **2.** (*Fig.*) Progresso. **3.** Promoção. **4.** (*Relig.*) Festa comemorativa da elevação de Jesus Cristo ao Céu.
ascensional (as.cen.si.o.**nal**) adj.2g. Pertencente a ascensão, que ascende.
ascensor (as.cen.**sor**) [ô] s.m. e adj. **1.** (Aquilo) que eleva, levanta ou faz subir. s.m. **2.** Elevador.
ascensorista (as.cen.so.**ris**.ta) s.2g. Pessoa que maneja o ascensor ou elevador; cabineiro.
ascese (as.**ce**.se) s.f. Prática do asceta; exercício de ascetismo.
asceta (as.**ce**.ta) [é] s.2g. **1.** Pessoa que exercita a privação das necessidades e das sensações do corpo como meio de evolução espiritual ou religiosa. **2.** (*Fig.*) Pessoa de vida irrepreensível.
ascético (as.**cé**.ti.co) adj. Relacionado a asceta ou ascetismo.
ascetismo (as.ce.**tis**.mo) s.m. Conjunto de práticas e hábitos para controlar os desejos e as necessidades do corpo, a fim de fortalecer a vontade e o desenvolvimento espiritual.
asco (**as**.co) s.m. Nojo, náusea; aversão; rancor.
asfaltado (as.fal.**ta**.do) adj. Pavimentado com asfalto.
asfaltamento (as.fal.ta.**men**.to) s.m. Ação ou processo de asfaltar, de pavimentar com asfalto.
asfaltar (as.fal.**tar**) v.t.d. Cobrir de asfalto.

asfalto (as.**fal**.to) s.m. (*Quím.*) Variedade de betume, resíduo da destilação do petróleo bruto.
asfixia (as.fi.**xi**.a) [cs] s.f. **1.** Morte causada pela falta de oxigenação; sufocação. **2.** (*Fig.*) Situação opressiva, imobilização forçada.
asfixiante (as.fi.xi.**an**.te) [cs] adj.2g. **1.** Que asfixia. **2.** Opressor.
asfixiar (as.fi.xi.**ar**) [cs] v.t.d. **1.** Causar asfixia a. v.i. **2.** Cair em estado de asfixia. v.p. **3.** Morrer por asfixia. Obs.: pres. do ind. *asfixio* etc.; pres. do subj. *asfixie* etc.
asiático (a.si.**á**.ti.co) adj. **1.** Pertencente ao continente da Ásia. s.m. **2.** Pessoa natural ou habitante desse lugar.
asilado (a.si.**la**.do) adj. **1.** Que está internado em asilo. **2.** Que recebeu asilo; refugiado.
asilar (a.si.**lar**) v.t.d. Recolher em asilo; abrigar.
asilo (a.**si**.lo) s.m. **1.** Estabelecimento para indigentes e desvalidos. **2.** Lugar onde alguém se recolhe para fugir à morte ou à prisão. **3.** (*Fig.*) Abrigo; proteção.
asinino (a.si.**ni**.no) adj. **1.** (*Zoo.*) Relativo a asno, a jumento. **2.** Próprio de asno; pouco inteligente, burro. s.m. **3.** Asno, jumento.
asma (**as**.ma) s.f. (*Med.*) Dispneia; estado que se caracteriza pela dificuldade de respirar.
asmático (as.**má**.ti.co) adj. **1.** Relativo a asma. **2.** Que sofre de asma.
asneira (as.**nei**.ra) s.f. Grande tolice, burrice, burrada.
asnice (as.**ni**.ce) s.f. Asneira.
asno (**as**.no) s.m. **1.** (*Zoo.*) Jegue. **2.** (*Fig.*) Pessoa estúpida, de pouco entendimento.
aspa (**as**.pa) s.f. **1.** Cada um de um par de sinais colocados no início e no final de uma palavra ou expressão, para indicar citação ou alteração de sentido: *as aspas podem ser 'simples' ou "duplas"*. Aspas retas: aspas iguais para abrir e fechar, usadas nas máquinas de datilografia. **2.** (*Zoo.*) Corno.
aspar (as.**par**) v.t.d. Pôr entre aspas.
aspargo (as.**par**.go) s.m. (*Bot.*) Planta hortense de talos brancos ou verdes, comidos cozidos e muito apreciados na culinária europeia. O mesmo que *espargo*.
aspas (**as**.pas) s.f.pl. Veja *aspa*.
aspecto (as.**pec**.to) s.m. **1.** Aparência exterior. **2.** Modo pelo qual uma coisa se apresenta.
aspereza (as.pe.**re**.za) s.f. **1.** Qualidade do que é áspero. **2.** Rudeza; inclemência.
aspergir (as.per.**gir**) v.t.d. Jogar (líquido) em gotas muito pequenas; borrifar.
áspero (**ás**.pe.ro) adj. **1.** Rugoso; escabroso. **2.** Grosseiro; ríspido.
aspersão (as.per.**são**) s.f. Ação de aspergir ou borrifar; borrifo.
aspersor (as.per.**sor**) [ô] s.m. Objeto para aspergir ou borrifar; borrifador.
áspide (**ás**.pi.de) s.f. (*Zoo.*) Naja.
aspiração (as.pi.ra.**ção**) s.f. **1.** Ação de aspirar. **2.** Desejo veemente.

aspirador (as.pi.ra.**dor**) [ô] *adj.* **1.** Que produz aspiração. *s.m.* **2.** Aparelho para aspirar.
aspirante (as.pi.**ran**.te) *adj.2g.* **1.** Que aspira, deseja ser. *s.2g.* **2.** Candidato, pretendente: *aspirante a modelo; profissionais e aspirantes.* **3.** Cargo do Exército, da Aeronáutica e da Polícia Militar acima de subtenente e abaixo de tenente; aspirante a oficial.
aspirante a oficial (as.pi.ran.te.a.o.fi.ci.**al**) *s.2g.* Aspirante.
aspirar (as.pi.**rar**) *v.t.d.* **1.** Atrair ar para os pulmões. **2.** Chupar; absorver. *v.i.* **3.** Respirar *v.t.i.* **4.** Desejar com veemência.
aspirina (as.pi.**ri**.na) *s.f.* Medicamento antipirético e analgésico, constituído de ácido acetilsalicílico.
asqueroso (as.que.**ro**.so) [ô] *adj.* Que dá asco; nojento. ◙ Pl. *asquerosos* [ó].
assacar (as.sa.**car**) *v.t.d.i.* (*Raro*) Imputar, atribuir: *assacou-lhe crimes horrendos.*
assadeira (as.sa.**dei**.ra) *s.f.* Utensílio para assar carnes ou massas; tabuleiro de assar.
assado (as.**sa**.do) *adj.* **1.** Que se assou. *s.m.* **2.** Pedaço de carne tostada ao fogo.
assadura (as.sa.**du**.ra) *s.f.* **1.** Ação de assar. **2.** Inflamação causada na pele por atrito ou calor.
assa-fétida (as.sa-**fé**.ti.da) *s.f.* (*Bot.*) **1.** Nome de várias plantas de cheiro ruim, que contêm resina de uso medicinal; férula. **2.** Resina obtida dessas plantas. ◙ Pl. *assa-fétidas.*
assalariado (as.sa.la.ri.**a**.do) *s.m. e adj.* Que ou o que trabalha por salário.
assalariar (as.sa.la.ri.**ar**) *v.t.d.* **1.** Dar salário a. *v.p.* **2.** Empregar-se por salário. Obs.: pres. do ind.: *assalario* etc.; pres. do subj.: *assalarie* etc.
assaltante (as.sal.**tan**.te) *s.2g. e adj.2g.* (Pessoa) que assalta.
assaltar (as.sal.**tar**) *v.t.d.* **1.** Atacar de súbito, dar assalto a. **2.** Acometer à traição.
assalto (as.**sal**.to) *s.m.* **1.** Investida; ataque. **2.** Acontecimento repentino. **3.** (*Fig.*) Pedido inesperado.
assanhado (as.sa.**nha**.do) *adj.* Excitado, animado.
assanhamento (as.sa.nha.**men**.to) *s.m.* Ato de assanhar-se.
assanhar (as.sa.**nhar**) *v.t.d.* **1.** Despertar a vontade, a sanha de; incitar, instigar: *assanhava a fome e a vontade de comer. v.p.* **2.** Excitar-se, animar-se.
assar (as.**sar**) *v.t.d.* Submeter à ação do fogo; abrasar; queimar; tostar.
assassinar (as.sas.si.**nar**) *v.t.d.* **1.** Matar traiçoeiramente ou de modo premeditado. **2.** (*Fig.*) Interpretar mal, executar mal (uma música, uma peça de teatro). **3.** (*Fig.*) Falar (uma língua) mal, cometendo muitos erros.
assassinato (as.sas.si.**na**.to) *s.m.* Assassínio.
assassínio (as.sas.**sí**.ni.o) *s.m.* Crime de matar uma pessoa; assassinato, homicídio.
assassino (as.sas.**si**.no) *s.m.* **1.** Homicida. **2.** O que mata de modo traiçoeiro. *adj.* **3.** Que assassina.
assaz (as.**saz**) *adv.* Muito, demasiado, em alto grau: *ficara assaz preocupado com a notícia.*
asseado (as.se.**a**.do) *adj.* Que tem asseio; limpo.

assear (as.se.**ar**) *v.t.d.* Tornar limpo; dar asseio a. Obs.: pres. do ind.: *asseio, asseias, asseia* etc.; pres. do subj.: *asseie, asseies, asseie, asseemos, asseeis, asseiem* etc.
assecla (as.**se**.cla) *s.2g.* Seguidor, sequaz.
assediar (as.se.di.**ar**) *v.t.d.* **1.** Cercar; pôr assédio a. **2.** (*Fig.*) Perseguir; importunar. Obs.: pres. do ind.: *assedio* etc.; pres. do subj.: *assedie* etc.
assédio (as.**sé**.di.o) *s.m.* **1.** Cerco de uma praça, de um reduto. **2.** (*Fig.*) Insistência impertinente.
assegurado (as.se.gu.**ra**.do) *adj.* Que se assegurou; seguro.
assegurar (as.se.gu.**rar**) *v.t.d.* **1.** Tornar seguro; pôr fora de perigo. **2.** Afirmar.
asseio (as.**sei**.o) *s.m.* Limpeza; esmero.
asselvajar (as.sel.va.**jar**) *v.t.d. e v.p.* Tornar(-se) selvagem.
assembleia (as.sem.**blei**.a) [éi] *s.f.* Reunião de pessoas para determinado fim; congresso, junta. Assembleia legislativa: instituição em que os deputados fazem as leis, existente em cada estado e na federação.
assemelhado (as.se.me.**lha**.do) *adj.* Que se assemelhou; equiparado.
assemelhar (as.se.me.**lhar**) *v.t.d.* **1.** Tornar parecido ou semelhante; equiparar. **2.** Imitar. *v.t.i.* **3.** Ser semelhante a. *v.p.* **4.** Parecer-se.
assenhorear (as.se.nho.re.**ar**) *v.t.d. e v.p.* Tornar(-se) senhor; conquistar.
assentado (as.sen.**ta**.do) *adj.* **1.** Que se assentou; assente. **2.** Que se comporta bem; ajuizado.
assentador (as.sen.ta.**dor**) [ô] *s.m. e adj.* (Aquele) que assenta tijolos, revestimentos etc.
assentamento (as.sen.ta.**men**.to) *s.m.* **1.** Ação de assentar. **2.** Local onde várias pessoas se assentaram, se instalaram para ali permanecer.
assentar (as.sen.**tar**) *v.t.d.* **1.** Colocar de modo permanente: *assentar tijolos, assentar revestimento de piso.* **2.** Inscrever, contratar, combinar. **3.** Fazer sentar. *v.i.* **4.** Tomar assento. **5.** Tornar-se ajuizado.
assente (as.**sen**.te) *adj.2g.* Que se assentou; combinado, contratado.
assentimento (as.sen.ti.**men**.to) *s.m.* Ação de assentir; aprovação, concordância.
assentir (as.sen.**tir**) *v.t.i. e v.i.* **1.** Aceitar, aquiescer: *assentiu com a venda do sítio; assentiu com um gesto de cabeça.* **2.** Concordar, aprovar.
assento (as.**sen**.to) *s.m.* **1.** Lugar ou objeto em que alguém se assenta. **2.** Base; apoio. **3.** Nádegas. **4.** Descanso. **5.** (*Dir.*) Termo de ato civil ou oficial.
assepsia (as.sep.**si**.a) *s.f.* Processo para impedir a penetração de germes patogênicos no corpo; limpeza.
asséptico (as.**sép**.ti.co) *adj.* **1.** Limpo, livre de germes. **2.** Relacionado a, próprio para assepsia.
asserção (as.ser.**ção**) *s.f.* Ação de assertar; asserto.
assertar (as.ser.**tar**) *v.t.d.* Declarar, afirmar, dizer com convicção. Cf. *acertar.*
assertiva (as.ser.**ti**.va) *s.f.* Asserção.

assertivo (as.ser.ti.vo) *adj.* Relacionado a asserção; afirmativo.

asserto (as.ser.to) [ê] *s.m.* Afirmação, declaração. Cf. *acerto*.

assessor (as.ses.sor) [ô] *s.m.* Assistente, adjunto.

assessorar (as.ses.so.rar) *v.t.d.* Servir de assessor a; assistir; auxiliar tecnicamente. Obs.: pres. do ind.: *assessoro* [ó], *assessoras, assessora* etc.; pres. do subj.: *assessores, assessore* etc.

assessoria (as.ses.so.ri.a) *s.f.* Função ou cargo de assessor.

assestar (as.ses.tar) *v.t.d.i.* (*Raro*) Virar na direção de; apontar: *assestou uma arma contra ele*.

asseveração (as.se.ve.ra.ção) *s.f.* Ação de asseverar; afirmação, declaração.

asseverar (as.se.ve.rar) *v.t.d.* Garantir, afiançar, afirmar.

assexuado (as.se.xu.a.do) [cs] *s.m. e adj.* (*Bio.*) **1.** (Organismo ou ser) que não tem diferença de sexo. *adj.* **2.** Que ocorre sem a participação dos dois sexos: *algumas espécies têm reprodução assexuada*.

assexual (as.se.xu.al) [cs] *adj.2g.* Que não é sexual, que não está ligado ao sexo.

assiduidade (as.si.du.i.da.de) *s.f.* Qualidade do que é assíduo; pontualidade.

assíduo (as.sí.duo) *adj.* **1.** Frequente; contínuo; repetido: *visitas assíduas à amiga*. **2.** Que vai sempre, presente muitas vezes ou com frequência: *era frequentador assíduo da livraria*.

assim (as.sim) *adv.* Deste, desse, daquele modo; igualmente.

assimetria (as.si.me.tri.a) *s.f.* Ausência de simetria.

assimilação (as.si.mi.la.ção) *s.f.* Ação de assimilar.

assimilar (as.si.mi.lar) *v.i.* **1.** Tornar similar ou semelhante. **2.** (*Bio.*) Processo pelo qual as substâncias digeridas são usadas por um organismo: *a assimilação das vitaminas, do ferro*.

assimilável (as.si.mi.lá.vel) *adj.2g.* Que se pode assimilar ou absorver.

assinalado (as.si.na.la.do) *adj.* **1.** Que se assinalou; marcado. **2.** (*Ant.*) Notável, distinto, destacado: *Camões cantou o engenho dos barões assinalados que exploraram terras distantes*.

assinalar (as.si.na.lar) *v.t.d.* **1.** Marcar com sinal. **2.** Dar notícia ou conhecimento de.

assinante (as.si.nan.te) *s.2g.* Aquele que assina; subscritor.

assinar (as.si.nar) *v.t.d.* **1.** Pôr o próprio nome ou sinal em: *assinou o trabalho*. **2.** Assinalar, mostrar, demarcar.

assinatura (as.si.na.tu.ra) *s.f.* **1.** Ação de assinar. **2.** Firma; nome assinado. **3.** Direito adquirido, mediante o pagamento de certa quantia, a alguma publicação.

assírio (as.sí.ri.o) *s.m.* **1.** Indivíduo dos assírios, povo que viveu entre 2000 e 900 a.C. na Mesopotâmia, atual Iraque. **2.** Língua desse povo. *adj.* **3.** Pertencente a esse povo.

assisado (as.si.sa.do) *adj.* Que age com siso; ajuizado, sensato.

assistência (as.sis.tên.ci.a) *s.f.* **1.** Ação de assistir. **2.** Presença. **3.** Conjunto de pessoas presentes a algum ato; auditório. **4.** Socorro médico. **5.** Proteção; morada.

assistencial (as.sis.ten.ci.al) *adj.2g.* **1.** Relativo a assistência. **2.** Que presta assistência.

assistente (as.sis.ten.te) *s.2g.* **1.** Pessoa que executa um trabalho sob a direção de outra ou de um chefe: *assistente de cozinha*. *adj.2g.* **2.** Que não é o titular de um cargo: *professor-assistente, editor-assistente*.

assistido (as.sis.ti.do) *adj.* **1.** Que se assistiu. **2.** Ajudado, auxiliado, acompanhado.

assistir (as.sis.tir) *v.t.i.* **1.** Estar presente; comparecer. **2.** Presenciar. *v.t.d.* **3.** Auxiliar; socorrer; acompanhar. **4.** Estar junto a.

assoalhado (as.so.a.lha.do) *adj.* Dotado de soalho ou assoalho, que se assoalhou.

assoalhar (as.so.a.lhar) *v.t.d.* **1.** Fazer soalho em. **2.** Cobrir à semelhança de soalho; soalhar.

assoalho (as.so.a.lho) *s.m.* Soalho.

assoar (as.so.ar) *v.t.d.* **1.** Limpar (o nariz) das mucosidades. *v.p.* **2.** Expelir o muco nasal, fazendo sair o ar com força pelas narinas.

assoberbado (as.so.ber.ba.do) *adj.* **1.** Que se assoberbou. **2.** Cheio de serviço, muito ocupado.

assoberbar (as.so.ber.bar) *v.t.d.* **1.** Tratar com soberba. **2.** Tornar soberbo. **3.** Humilhar; oprimir. **4.** Encher de serviço.

assobiadeira (as.so.bi.a.dei.ra) *s.f.* (*Zoo.*) Certa ave palmípede de canto parecido com o assobio; piadeira.

assobiar (as.so.bi.ar) *v.i.* **1.** Soltar ou dar assobios: *chegou assobiando; assobiou para chamar o cachorro*. *v.t.d.* **2.** Executar por assobios (trecho de música). **3.** Vaiar com assobios; vaiar. O mesmo que *assoviar*.

assobio (as.so.bi.o) *s.m.* **1.** Som semelhante a silvo ou apito, que se faz assoprando com os lábios em determinada posição: *anunciou sua chegada ao acampamento com um assobio*. **2.** Pio longo feito por ave. O mesmo que *assovio*.

associação (as.so.ci.a.ção) *s.f.* **1.** Ação de associar; vínculo, relação. **2.** Reunião de indivíduos para um fim determinado. **3.** Sociedade.

associacionismo (as.so.ci.a.ci.o.nis.mo) *s.m.* (*Filos.*) Doutrina que explica a atividade intelectual e as demais operações da mente humana pela associação de ideias.

associado (as.so.ci.a.do) *adj.* **1.** Que se associa; ligado, relacionado. *s.m. e adj.* **2.** (Aquele) que faz parte de uma associação.

associar (as.so.ci.ar) *v.t.d.* **1.** Juntar, unir, relacionar. **2.** Constituir em sociedade. *v.p.* **3.** Reunir-se. Obs.: pres. do ind.: *associo* etc.; pres. do subj.: *associe* etc.

associativo (as.so.ci.a.ti.vo) *adj.* **1.** Relacionado a associação, que contém associação. **2.** Relacionado a sócios ou associados.

assolação (as.so.la.ção) *s.f.* **1.** Ato de assolar. **2.** Devastação; ruína; estrago. **3.** Desolação.

assolar (as.so.lar) *v.t.d.* Devastar; arrasar; destruir.

assomar (as.so.**mar**) v.t.i. Aparecer, surgir: *assomou à porta*.
assombração (as.som.bra.**ção**) s.f. (*sobrecomum*) **1.** Ação de assombrar ou assustar, metendo medo. **2.** (*Folc.*) Fantasma, ser fantástico ou assustador.
assombrado (as.som.**bra**.do) adj. Cheio de assombro; espantado, assustado.
assombrar (as.som.**brar**) v.i. **1.** Causar assombro ou espanto; espantar: *a altura do jogador de basquete assombrava*. v.t.i. **2.** (*Folc.*) Aparecer (alma ou ente sobrenatural) ou viver em um local: *a alma do negrinho ia assombrá-los de noite*; *o castelo era assombrado pelo fantasma do capitão*. v.p. **3.** Espantar-se, assustar-se, admirar-se: *assombrei-me com tanto dinheiro*.
assombro (as.**som**.bro) s.m. **1.** Ação de assombrar(-se); espanto: *sua coragem encheu-nos de assombro*. **2.** Aquilo que assombra; maravilha, portento: *a habilidade em matemática daquela menina era um assombro*.
assombroso (as.som.**bro**.so) [ô] adj. **1.** Que causa assombro. **2.** Espantoso; extraordinário. ◘ Pl. *assombrosos* [ó].
assoprar (as.so.**prar**) v.t.d. e v.i. Soprar.
assopro (as.**so**.pro) [ô] s.m. Sopro.
assoreamento (as.so.re.a.**men**.to) s.m. Amontoado de terras ou areias, causado por enchentes ou construções.
assossegar (as.sos.se.**gar**) v.i. Sossegar, ficar tranquilo.
assoviar (as.so.vi.**ar**) v.i. O mesmo que *assobiar*.
assovio (as.so.**vi**.o) s.m. O mesmo que *assobio*.
assuada (as.su.**a**.da) s.f. Vozearia de muitas pessoas; apupo.
assumido (as.su.**mi**.do) adj. Que se assumiu.
assumir (as.su.**mir**) v.t.d. **1.** Tomar sobre si; responsabilizar-se por. **2.** Tomar conta de. **3.** Entrar no exercício de. v.p. **4.** Declarar publicamente a própria condição: *assumiu-se como aspirante a músico*.
assunção (as.sun.**ção**) s.f. **1.** Ato ou efeito de assumir(-se). (*Relig.*) **2.** No catolicismo, subida do corpo de Maria ao céu. **3.** Festa que celebra essa subida. **4.** Obra que retrata essa subida.
assuntar (as.sun.**tar**) v.t.d. Verificar, investigar: *foi assuntar o motivo da discussão*.
assunto (as.**sun**.to) s.m. Aquilo de que se trata; sobre o que se conversa; tema, objeto, matéria.
assurini (as.su.ri.**ni**) s.2g. **1.** Indivíduo dos assurinis, povo indígena que vive hoje no Pará. adj.2g. **2.** Relacionado a esse povo.
assustadiço (as.sus.ta.**di**.ço) adj. Que se assusta com facilidade.
assustado (as.sus.**ta**.do) adj. Medroso; apavorado; sobressaltado; aterrorizado.
assustador (as.sus.ta.**dor**) [ô] s.m. e adj. Que ou o que assusta.
assustar (as.sus.**tar**) v.t.d. **1.** Causar susto a; amedrontar. v.i. e v.p. **2.** Ter susto ou medo.
astatínio (as.ta.**tí**.ni.o) s.m. (*Quím.*) Elemento de símbolo At, número atômico 85 e massa atômica 210.

asteca (as.**te**.ca) [é] s.2g. **1.** Indivíduo dos astecas, povo que vivia no México quando os espanhóis chegaram. s.m. **2.** Língua desse povo. adj.2g. **3.** Pertencente a esse povo.
astenia (as.te.**ni**.a) s.f. Fraqueza, debilidade.
astênico (as.**tê**.ni.co) adj. Que sofre de astenia.
astenosfera (as.te.nos.**fe**.ra) s.f. (*Geo.*) Camada interior do manto terrestre, frágil e plástica, logo abaixo da parte rochosa ou da litosfera.
astéria (as.**té**.ri.a) s.f. (*Zoo.*) Estrela-do-mar.
asterisco (as.te.**ris**.co) s.m. Sinal gráfico (*) que faz remissão a alguma nota ou observação.
asteroide (as.te.**roi**.de) [ói] adj. **1.** Cada corpo celeste que orbita o Sol, apresentando forma de estrela, entre Marte e Júpiter. s.m. **2.** Pequeno planeta, planetoide.
astigmatismo (as.tig.ma.**tis**.mo) s.m. (*Med.*) Defeito da visão causado mais frequentemente por irregularidades na córnea.
astral (as.**tral**) adj.2g. Relacionado aos astros.
astro (**as**.tro) s.m. **1.** (*Astron.*) Corpo celeste que orbita o Sol e possui luz própria. **2.** (*Fig.*) Pessoa que se destaca em espetáculos ou no esporte: *astro do cinema*, *astros da bola*.
astrofísica (as.tro.**fí**.si.ca) s.f. (*Fís.*) Ciência que estuda as estrelas, os planetas e o espaço.
astrolábio (as.tro.**lá**.bi.o) s.m. Instrumento para observar os astros e determinar a localização do observador, inventado por Ptolomeu no século II.
astrologia (as.tro.lo.**gi**.a) s.f. Estudo da influência dos astros no comportamento das pessoas, baseado na simbologia da Antiguidade greco-romana.
astrológico (as.tro.**ló**.gi.co) adj. Relacionado à ou baseado na astrologia.
astrólogo (as.**tró**.lo.go) s.m. Aquele que se dedica à astrologia.
astronauta (as.tro.**nau**.ta) s.2g. **1.** Pessoa que trata de astronáutica. **2.** Piloto ou viajante de astronave; espaçonauta.
astronáutica (as.tro.**náu**.ti.ca) s.f. Ciência que trata da construção e manobra de veículos destinados a viagens no espaço interplanetário.
astronave (as.tro.**na**.ve) s.f. Nave que faz viagens para fora deste planeta, que navega no espaço.
astronomia (as.tro.no.**mi**.a) s.f. Ciência que estuda a constituição e o movimento dos astros.
astronômico (as.tro.**nô**.mi.co) adj. **1.** Relacionado à astronomia. **2.** (*Fig.*) Muito grande, de valores enormes: *distâncias astronômicas*.
astrônomo (as.**trô**.no.mo) s.m. Pessoa que se dedica à astronomia.
astúcia (as.**tú**.ci.a) s.f. Ardil; sagacidade; manha; artifício.
astucioso (as.tu.ci.**o**.so) [ô] adj. Que revela astúcia; astuto; sagaz. ◘ Pl. *astuciosos* [ó].
astuto (as.**tu**.to) adj. Astucioso.
At Símbolo do elemento químico astatínio.
ata (**a**.ta) s.f. **1.** Registro de sessão de convenções, conselhos e reuniões. **2.** Fruta-do-conde.

atabalhoar (a.ta.ba.lho.**ar**) v.t.d. Confundir, atrapalhar: *atabalhoou o trabalho da equipe fazendo tantas perguntas*.
atabaque (a.ta.**ba**.que) s.m. (Mús. Folc.) Tambor em cone longo, tocado com as mãos, de grande importância na música popular e no candomblé.
atacadista (a.ta.ca.**dis**.ta) adj.2g. **1.** Pertencente ao comércio de atacado. s.2g. **2.** Negociante que vende por atacado.
atacado (a.ta.**ca**.do) adj. **1.** Que sofreu ataque. s.m. **2.** Comércio em grandes quantidades, geralmente para lojas: *o mercadinho compra no atacado e vende no varejo*.
atacador (a.ta.ca.**dor**) [ô] adj. Que ataca, que tem o hábito de atacar.
atacante (a.ta.**can**.te) s.2g. e adj.2g. **1.** (Pessoa) que ataca. **2.** (Esp.) (Aquele) que joga no ataque, que tenta fazer os pontos.
atacar (a.ta.**car**) v.t.d. Investir; hostilizar; acometer; combater.
atadura (a.ta.**du**.ra) s.f. **1.** Ação de atar. **2.** Aquilo com que se ata. **3.** Ligadura. **4.** Faixa ou tira de pano ou gaze para curativos.
atalaia (a.ta.**lai**.a) s.f. Sentinela, vigia.
atalhar (a.ta.**lhar**) v.i. **1.** Pegar um atalho, cortar caminho. v.t.d. **2.** Cortar a palavra de; interromper.
atalho (a.**ta**.lho) s.m. Trajeto mais curto, que corta o caminho e em geral é menos cuidado que este.
atamancar (a.ta.man.**car**) v.t.d. Fazer depressa e malfeito.
atapetado (a.ta.pe.**ta**.do) adj. Coberto por tapete.
atapetar (a.ta.pe.**tar**) v.t.d. Cobrir com tapete.
ataque (a.**ta**.que) s.m. **1.** Ação de atacar. **2.** Sortida; assalto. **3.** Acusação. **4.** Acesso repentino de doença. **5.** (Esp.) No futebol e outros esportes, função de marcar pontos: *eles jogam no ataque*.
atar (a.**tar**) v.t.d. Apertar, prender: *atou os punhos com cordas grossas*.
atarantado (a.ta.ran.**ta**.do) adj. Estonteado; aturdido; atrapalhado; perturbado.
atarantar (a.ta.ran.**tar**) v.t.d. Estontear, atrapalhar, perturbar.
atarefado (a.ta.re.**fa**.do) adj. Com muitas tarefas; ocupado; apressado.
atarracado (a.tar.ra.**ca**.do) adj. **1.** Baixo e gordo. **2.** Carregado. **3.** Apertado; batido.
atarraxar (a.tar.ra.**xar**) v.t.d. Apertar com tarraxa ou parafuso.
ataúde (a.ta.**ú**.de) s.m. Caixão, esquife.
atávico (a.**tá**.vi.co) adj. Relacionado a ou causado por atavismo.
atavio (a.ta.**vi**.o) s.m. Adorno, enfeite.
atavismo (a.ta.**vis**.mo) s.m. Herança de caracteres físicos e psíquicos de antepassados.
atazanar (a.ta.za.**nar**) v.t.d. Incomodar, importunar, chatear, atenazar: *os gatos viviam atazanando os cachorrões*.
até (a.**té**) prep. **1.** Indica limite no tempo, espaço etc.: *caminhou até a praia, estudou até os 30 anos*. adv. **2.** Também, mesmo, ainda: *sabia até grego e latim*.

atear (a.te.**ar**) v.t.d. **1.** Fazer lavrar; acender: *ateou fogo à lareira*. **2.** (Fig.) Provocar; excitar. Obs.: pres. do ind.: *ateio, ateias, ateia, ateamos* etc.; pres. do subj.: *ateie, ateies, ateie, ateemos, ateeis, ateiem* etc.
ateia (a.**tei**.a) [éi] s.f. Feminino de *ateu*.
ateísmo (a.te.**ís**.mo) s.m. Falta de crença na existência de Deus.
ateísta (a.te.**ís**.ta) s.2g. Relacionado ao ateísmo.
ateliê (a.te.li.**ê**) s.m. Local de trabalho de um pintor, escultor ou outro artista plástico.
atemorizador (a.te.mo.ri.za.**dor**) [ô] adj. **1.** Que atemoriza; assustador; amedrontador. s.m. **2.** Aquele que atemoriza.
atemorizar (a.te.mo.ri.**zar**) v.t.d. Causar temor a; aterrorizar.
atenazar (a.te.na.**zar**) v.t.d. **1.** Torturar com tenaz; afligir, incomodar. **2.** Atanazar.
atenção (a.ten.**ção**) s.f. **1.** Aplicação do espírito; estudo. **2.** Delicadeza. interj. **3.** Emprega-se para pedir ou ordenar cuidado.
atencioso (a.ten.ci.**o**.so) [ô] adj. **1.** Que presta atenção. **2.** Feito com atenção. **3.** Delicado. ▪ Pl. *atenciosos* [ó].
atendente (a.ten.**den**.te) s.2g. Pessoa que atende o público.
atender (a.ten.**der**) v.t.i. **1.** Dar ou prestar atenção a. **2.** Tomar em consideração. **3.** Deferir, aceitar: *atendeu aos pedidos*.
atendimento (a.ten.di.**men**.to) s.m. Ação de atender.
ateneu (a.te.**neu**) s.m. Local público onde os literatos gregos liam suas obras; ginásio.
ateniense (a.te.ni.**en**.se) adj.2g. **1.** Relacionado a Atenas, capital da Grécia, país da Europa e importante centro cultural da Antiguidade. s.2g. **2.** Natural ou habitante de Atenas.
atentado (a.ten.**ta**.do) s.m. **1.** Ação criminosa. **2.** Ofensa, às leis. **3.** Execução ou tentativa de crime.
atentar (a.ten.**tar**) v.t.d. **1.** Observar de modo atento; reparar em; atender. v.t.i. **2.** Reparar; olhar. **3.** Perpetrar atentado.
atentatório (a.ten.ta.**tó**.ri.o) adj. Que atenta, que contém atentado: *atos atentatórios contra a segurança do ambiente*.
atento (a.**ten**.to) adj. **1.** Que atende. **2.** Estudioso; aplicado. **3.** Que presta atenção.
atenuação (a.te.nu.a.**ção**) s.f. Ação de atenuar(-se); minoração, abrandamento.
atenuante (a.te.nu.**an**.te) adj.2g. **1.** Que atenua. s.f. **2.** (Dir.) Circunstância prevista em lei para diminuição da penalidade.
atenuar (a.te.nu.**ar**) v.t.d. **1.** Tornar tênue; diminuir. **2.** Tornar menos grave.
aterrador (a.ter.ra.**dor**) [ô] adj. Que causa terror; pavoroso.
aterragem (a.ter.**ra**.gem) s.f. Aterrissagem.
aterramento (a.ter.ra.**men**.to) s.m. **1.** Ação de aterrar; aterro. **2.** Conexão de um circuito elétrico ao solo, para que picos ou excessos de energia sejam descarregados sem prejudicar nenhum aparelho.

aterrar (a.ter.rar) v.t.d. **1.** Encher de terra; cobrir com terra: *aterrou o jardim*. **2.** Causar medo a; assustar; atemorizar. **3.** Fazer o aterramento; ligar um fio terra: *aterrou o computador*. **4.** Aterrissar.
aterrissagem (a.ter.ris.sa.gem) s.f. O ato de o avião pousar no solo; aterragem.
aterrissar (a.ter.ris.sar) v.t.d. Descer à terra (avião, balão); aterrar, pousar.
aterro (a.ter.ro) [ê] s.m. **1.** Ato de cobrir com terra. **2.** Porção de terra com que se nivela um terreno: *pediu dois caminhões de aterro*. **3.** Terreno assim nivelado: *foram correr no Aterro do Flamengo, no Rio de Janeiro*. (Ecol.) **Aterro sanitário:** lugar onde se depositam resíduos sólidos em camadas ou compactados, com a finalidade de minimizar os danos causados ao meio ambiente.
aterrorizar (a.ter.ro.ri.zar) v.t.d. **1.** Causar terror a. v.p. **2.** Encher-se de terror.
atestado (a.tes.ta.do) s.m. **1.** Declaração escrita e assinada sobre a veracidade de um fato. **2.** Demonstração, prova.
atestar (a.tes.tar) v.t.d. **1.** Afirmar como testemunha. **2.** Mostrar; provar. v.t.i. **3.** Dar atestado.
ateu (a.teu) s.m. e adj. (Pessoa) que não crê em nenhum deus, que não segue nenhuma religião; ímpio, infiel.
atiçador (a.ti.ça.dor) [ô] adj. **1.** Que serve para atiçar. s.m. **2.** O que atiça, incita ou instiga; fomentador.
atiçar (a.ti.çar) v.t.d. **1.** Atear, avivar: *atiçou as brasas da fogueira*. **2.** Instigar; fomentar.
ático (á.ti.co) adj. **1.** Relativo à Ática, região da Grécia antiga. **2.** Puro, sóbrio, elegante (estilo).
aticum (a.ti.cum) s.2g. **1.** Indivíduo dos aticuns, povo indígena que vive hoje em Minas Gerais, no Mato Grosso do Sul, na Bahia, em Pernambuco e no Pará. adj.2g. **2.** Relacionado a esse povo.
atijolar (a.ti.jo.lar) v.t.d. Revestir com tijolos.
atilado (a.ti.la.do) adj. Zeloso, caprichoso, dedicado.
atilamento (a.ti.la.men.to) s.m. Dedicação, capricho, cuidado, zelo.
atilar (a.ti.lar) v.t.d. Fazer com cuidado; caprichar.
atilho (a.ti.lho) s.m. Material usado para atar: *o buquê tinha um atilho de capim*.
átimo (á.ti.mo) s.m. Instante, minuto, segundo.
atinar (a.ti.nar) v.t.d. **1.** Descobrir pelo tino (o significado de). **2.** Compreender; entender.
atinente (a.ti.nen.te) adj.2g. Que toca a; ligado, relacionado, concernente.
atingir (a.tin.gir) v.t.d. **1.** Chegar a. **2.** Tocar; alcançar; subir à. **3.** Compreender. **4.** Abranger. **5.** Acertar, ferindo.
atípico (a.tí.pi.co) adj. Que se afasta do normal.
atiradeira (a.ti.ra.dei.ra) s.f. Instrumento para atirar pedras pequenas, impulsionadas por elástico no tipo chamado bodoque ou estilingue, ou lançadas girando-se uma faixa na funda; baladeira.
atirado (a.ti.ra.do) adj. **1.** Lançado com violência. **2.** Ousado; petulante; atrevido.

atirador (a.ti.ra.dor) [ô] adj. **1.** Que atira. s.m. **2.** Pessoa com treinamento para tiros de precisão. **3.** Disparador de arma de fogo.
atirar (a.ti.rar) v.t.d. **1.** Arremessar; lançar: *atirou a bola*. v.i. **2.** Dar tiros.
atitude (a.ti.tu.de) s.f. Postura do corpo; posição, aspecto; jeito; procedimento em determinada situação.
ativa (a.ti.va) s.f. Ação, atuação, serviço ativo.
ativar (a.ti.var) v.t.d. **1.** Dar atividade a. **2.** Tornar ativo. **3.** Impulsionar.
atividade (a.ti.vi.da.de) s.f. **1.** Aquilo que se faz, com que uma pessoa se ocupa. **2.** Em um livro didático, proposta de exercício, pesquisa etc.: *leia o texto e execute as atividades seguintes*. **3.** Qualidade, condição de ativo.
ativismo (a.ti.vis.mo) s.m. (Filos.) Atuação, militância, campanha prática por um ideal ou ideologia.
ativista (a.ti.vis.ta) adj.2g. **1.** Pertencente ao ativismo. s.2g. **2.** Pessoa que se dedica ao ativismo; militante.
ativo (a.ti.vo) adj. **1.** Que atua, age, exerce ação. **2.** Enérgico; vivo. **3.** (Quím.) Diz-se do ingrediente que age, que cumpre a função esperada de uma mistura: *o ingrediente ativo do xampu é o que lava, os outros dão cor, cheiro etc.* **4.** (Econ.) Parte de um patrimônio que gera dinheiro ou que pode ser convertida em dinheiro. Cf. *passivo*.
atlântico (a.tlân.ti.co) s.m. (próprio) **1.** Oceano que banha toda a costa do Brasil, situado entre as Américas, a Europa e a África, com alguns mares como o Mediterrâneo: *o oceano Atlântico banha regiões quentes e frias*. (comum) adj. **2.** Relacionado, pertencente a ou próximo desse oceano: *praias atlânticas*.
atlas (a.tlas) s.m. **1.** Coleção de mapas ou cartas geográficas. **2.** (Anat.) Vértebra principal do pescoço, que sustenta a cabeça.
atleta (a.tle.ta) s.2g. Pessoa que pratica esportes.
atlético (a.tlé.ti.co) adj. **1.** Próprio de atleta. **2.** Aquele que possui musculatura desenvolvida. **3.** Vigoroso; forte.
atletismo (a.tle.tis.mo) s.m. Grupo de esportes olímpicos constituído pelas modalidades de corrida, arremesso ou lançamento e salto.
atmosfera (at.mos.fe.ra) s.f. **1.** Camada gasosa que envolve a Terra. **2.** O ar que respiramos. **3.** Ambiente, clima.
atmosférico (at.mos.fé.ri.co) adj. Relativo à atmosfera.
ato (a.to) s.m. **1.** Aquilo que se fez; ação; obra; feito. **2.** Solenidade. **3.** Divisão de uma peça teatral.
à toa (à to.a) adv. Sem rumo, sem direção, ao acaso: *caminharam à toa pela cidade*. adj.2g.2n. **1.** De pouco valor, de baixo custo: *compraram por um precinho à toa, mas venderam bem e tiveram lucro*. **2.** Sem ocupação, vadio, desprezível: *ofendeu a moça chamando-a de à toa*.
atochar (a.to.char) v.t.d. Introduzir, inserir, enfiar prendendo firmemente: *atochar a rolha na garrafa*.

atol (a.**tol**) s.m. Conjunto de ilhas vulcânicas cobertas de corais e dispostas em semicírculo, formando um lago: *o navio precisa desviar dos atóis.*

atolar (a.to.**lar**) v.t.d. **1.** Enterrar no lodo. **2.** Meter em atoleiro.

atoleimado (a.to.lei.**ma**.do) adj. Tolo, bobo, pateta.

atoleiro (a.to.**lei**.ro) s.m. Terreno pantanoso; lamaçal.

atômico (a.**tô**.mi.co) adj. **1.** Relativo ou pertencente ao átomo. **2.** Que acontece por modificação nos átomos ou em seu núcleo; nuclear.

atomismo (a.to.**mis**.mo) s.m. (Filos.) Doutrina que considera que o universo é formado pela associação de átomos ao acaso.

atomista (a.to.**mis**.ta) adj.2g. **1.** Relativo ao atomismo. s.2g. **2.** Adepto do atomismo.

átomo (**á**.to.mo) s.m. **1.** (Fís.) A menor porção ou partícula de um elemento, que possui suas propriedades químicas e pode entrar em combinação: *o átomo é feito de partículas menores.* **2.** (Fig.) Porção muito pequena, insignificante.

atonia (a.to.**ni**.a) s.f. (Med.) Falta de tônus; flacidez em um músculo.

atônito (a.**tô**.ni.to) adj. Espantado; admirado; estupefato.

átono (**á**.to.no) adj. (Gram.) Sem acento tônico; cujo som quase não se percebe: *a última sílaba de "pato" é átona; o pronome "te" é átono.*

atopetar (a.to.pe.**tar**) v.t.d. **1.** (Náut.) Içar até o tope. **2.** Abarrotar.

ator (a.**tor**) [ô] s.m. **1.** O que pratica um ato. **2.** Pessoa que representa, que atua em teatro, cinema ou televisão.

atordoado (a.tor.do.**a**.do) adj. **1.** Que perdeu os sentidos, estonteado. **2.** Aturdido; pasmado; abalado. **3.** Sonolento.

atordoamento (a.tor.do.a.**men**.to) s.m. Perturbação dos sentidos em consequência de pancada, queda, embriaguez etc.

atordoar (a.tor.do.**ar**) v.t.d. **1.** Causar perturbação dos sentidos. v.p. **2.** Perturbar-se, confundir-se.

atormentado (a.tor.men.**ta**.do) adj. **1.** Torturado. **2.** Aflito; atribulado. **3.** Perseguido.

atormentar (a.tor.men.**tar**) v.t.d. **1.** Submeter a tormento. **2.** Afligir; mortificar.

atóxico (a.**tó**.xi.co) [cs] adj. Que não é tóxico, que não solta resíduos que podem prejudicar a saúde.

atracação (a.tra.ca.**ção**) s.f. (Náut.) **1.** Ação de atracar. **2.** Atracadouro.

atracadouro (a.tra.ca.**dou**.ro) s.m. **1.** Lugar onde se pode atracar uma embarcação. **2.** Atracação.

atração (a.tra.**ção**) s.f. **1.** Ação de atrair. **2.** Força que atrai. **3.** (Fig.) Simpatia mútua. **4.** Divertimento.

atracar (a.tra.**car**) v.t.d. **1.** Amarrar (uma embarcação) à terra. v.i. **2.** Chegar-se, amarrar-se à terra. v.p. **3.** Lutar; engalfinhar-se.

atraente (a.tra.**en**.te) adj.2g. Que atrai; encantador; agradável.

atraiçoar (a.trai.ço.**ar**) v.t.d. Trair.

atraído (a.tra.**í**.do) adj. **1.** Que sofre atração; puxado. **2.** Chamado, convocado. **3.** Interessado, encantado, seduzido.

atrair (a.tra.**ir**) v.t.d. **1.** Exercer atração sobre. **2.** Trazer, puxar para si; prender. **3.** Induzir; seduzir.

atrapalhação (a.tra.pa.lha.**ção**) s.f. **1.** Ação de atrapalhar(-se); embaraço. **2.** Confusão, azáfama.

atrapalhada (a.tra.pa.**lha**.da) s.f. Atrapalhação, confusão, trapalhada.

atrapalhado (a.tra.pa.**lha**.do) adj. **1.** Embaraçado. **2.** Perplexo; confuso; perturbado. **3.** Desordenado.

atrapalhar (a.tra.pa.**lhar**) v.t.d. e v.p. **1.** Pôr(-se) em desordem. **2.** Confundir(-se), perturbar(-se).

atrás (a.**trás**) adv. **1.** Na parte posterior; detrás; na retaguarda. **2.** Anteriormente. **3.** Em posição inferior à de outrem.

atrasado (a.tra.**sa**.do) s.m. e adj. **1.** (O) que está em atraso, (o) que se atrasou: *esperaram pelos (amigos) atrasados; receberam o (pagamento) atrasado.* adj. **2.** Que não progrediu; antiquado.

atrasar (a.tra.**sar**) v.t.d. **1.** Fazer que fique atrás, que aconteça depois: *atrasou a turma, a viagem.* v.i. **2.** Ocorrer depois do previsto; demorar: *o trem atrasou.* v.t.d. **3.** Impedir o desenvolvimento de: *a falta de comunicação atrasava o progresso.* v.p. **4.** Ficar retido, sofrer atraso: *atrasou-se no trânsito e perdeu a consulta.*

atraso (a.**tra**.so) s.m. **1.** Ação de atrasar; retardo, demora. **2.** Tempo ou período dessa demora: *um atraso de 30 minutos.* **3.** Falta de desenvolvimento, retardamento.

atrativo (a.tra.**ti**.vo) adj. **1.** Que atrai ou tem força de atrair. s.m. **2.** Aquilo que atrai. **3.** Estímulo.

atravancar (a.tra.van.**car**) v.t.d. **1.** Impedir com travanca. **2.** Embaraçar; obstruir.

através (a.tra.**vés**) adv. **Através de:** pelo meio de, de um lado para o outro de, por: *caminharam através da floresta, a luz passa através do prisma, a luz passava através da cortina;* pelo lado de dentro de: *a água passa através dos canos.*

atravessado (a.tra.ves.**sa**.do) adj. **1.** Posto de través; oblíquo, traspassado. **2.** Estendido de lado a lado.

atravessador (a.tra.ves.sa.**dor**) [ô] adj. **1.** Que atravessa. s.m. **2.** Aquele que atravessa. **3.** Pessoa que compra gêneros alimentícios ao pequeno agricultor, explorando-o, para os revender.

atravessar (a.tra.ves.**sar**) v.t.d. **1.** Fazer que passe através de: *o brinco atravessava sua orelha.* **2.** Passar de um lado para o outro; cruzar: *atravessar a rua.* **3.** Passar por entre. v.p. **4.** Meter-se de permeio. v.t.i. **5.** Andar, passar.

atrelado (a.tre.**la**.do) adj. **1.** Preso com trela. **2.** Vinculado.

atrelar (a.tre.**lar**) v.t.d. **1.** Segurar, prender com trela. **2.** (P. ext.) Engatar.

atrever-se (a.tre.**ver**-se) v.p. **1.** Ousar. **2.** Afrontar. **3.** Animar-se; decidir-se.

atrevido (a.tre.**vi**.do) adj. Que se atreve; insolente.

atrevimento (a.tre.vi.**men**.to) s.m. **1.** Ação de atrever-se. **2.** Arrojo; ousadia. **3.** Insolência; petulância.
atribuição (a.tri.bu.i.**ção**) s.f. **1.** Ação de atribuir. **2.** Privilégio. **3.** Função; competência.
atribuir (a.tri.bu.**ir**) v.t.d. **1.** Referir; imputar; conceder. v.p. **2.** Dar a si mesmo (uma condição). Obs.: pres. do ind.: *atribuo, atribuis, atribui, atribuímos, atribuís, atribuem*; imperf. do ind.: *atribuía* etc.; perf. do ind.: *atribuí, atribuíste, atribuiu* etc.; pres. do subj.: *atribua, atribuas* etc.
atribulação (a.tri.bu.la.**ção**) s.f. Tormento moral; tribulação.
atribulado (a.tri.bu.**la**.do) adj. **1.** Que padece atribulação. **2.** Aflito; atormentado.
atribular (a.tri.bu.**lar**) v.t.d. Causar atribulação a; mortificar; afligir; angustiar.
atributivo (a.tri.bu.**ti**.vo) adj. Relacionado a atributo, que estabelece atributo.
atributo (a.tri.**bu**.to) s.m. **1.** Aquilo que é próprio de um ser, que lhe é peculiar. **2.** Qualidade.
atrição (a.tri.**ção**) s.f. **1.** Ação de atritar; atrito. **2.** Desgaste resultante de atrito.
atril (a.**tril**) s.m. Estante inclinada, onde se põe papel ou livro para leitura.
átrio (**á**.tri.o) s.m. **1.** Espaço por onde se entra em uma casa ou prédio; salão de entrada. **2.** (*Anat*.) Cavidade do coração por onde entra o sangue; aurícula. **3.** Pátio interno, aberto, de uma construção.
atritar (a.tri.**tar**) v.t.i. **1.** Causar atrito, esfregar-se, friccionar: *a dobra da meia atritava contra o dedão*. **2.** (*Raro*) Entrar em atrito ou conflito; brigar: *o jogador atritou com o juiz*.
atrito (a.**tri**.to) s.m. **1.** Fricção entre dois corpos duros. **2.** (*Fig.*) Desentendimento. **3.** (*Fís.*) Força que se opõe ao movimento.
atriz (a.**triz**) s.f. **1.** Feminino de *ator*. **2.** (*Fig.*) Mulher que sabe fingir.
atroar (a.tro.**ar**) v.t.d. Soar muito alto, com estrondo: *ao longe atroava uma tempestade*.
atrocidade (a.tro.ci.**da**.de) s.f. Qualidade do que é atroz.
atrofia (a.tro.**fi**.a) s.f. **1.** Definhamento causado por nutrição insuficiente ou por falta de exercício. **2.** Decadência, enfraquecimento.
atrofiado (a.tro.fi.**a**.do) adj. **1.** Que perdeu vitalidade. **2.** Definhado.
atrofiar (a.tro.fi.**ar**) v.t.d. **1.** Provocar atrofia a. v.i. e v.p. **2.** Definhar. Obs.: pres. do ind.: *atrofio, atrofias* etc.; pres. do subj.: *atrofie, atrofies* etc.
atropelamento (a.tro.pe.la.**men**.to) s.m. **1.** Ação de atropelar. **2.** Atropelo. **3.** Precipitação; confusão; investida.
atropelar (a.tro.pe.**lar**) v.t.d. **1.** Derrubar, passando por cima. **2.** Bater (o veículo) em alguém. **3.** (*Fig.*) Passar por cima de; desprezar.
atropelo (a.tro.**pe**.lo) [ê] s.m. **1.** Ação de atropelar. **2.** Encontrão. **3.** (*Fig.*) Pressa, desorganização.
atroz (a.**troz**) adj.2g. **1.** Impiedoso, cruel; desumano; monstruoso. **2.** Pungente.

attachment [inglês: "atátchiman"] s.m. Anexo a uma mensagem de *e-mail*.
atuação (a.tu.a.**ção**) s.f. Ação de atuar.
atual (a.tu.**al**) adj.2g. **1.** Da época presente: *território do atual Tocantins*. **2.** Feito, criado conforme conhecimentos recentes: *uma obra muito atual*.
atualidade (a.tu.a.li.**da**.de) s.f. **1.** Qualidade do que é atual. **2.** Tempo, época presente.
atualização (a.tu.a.li.za.**ção**) s.f. Ação de atualizar.
atualizado (a.tu.a.li.**za**.do) adj. **1.** Que se atualizou. **2.** Que acompanha os acontecimentos recentes; atual.
atualizar (a.tu.a.li.**zar**) v.t.d. **1.** Tornar atual, incluir informações ou dados recentes. **2.** Renovar, modernizar.
atuante (a.tu.**an**.te) adj.2g. Que atua; que está no exercício de sua atividade.
atuar (a.tu.**ar**) v.t.d. **1.** Dar atividade a. v.i. **2.** Exercer ação; agir. **3.** Pôr em ação. v.t.i. **4.** Influir.
atuária (a.tu.**á**.ri.a) s.f. Parte da estatística que faz cálculos como avaliação de riscos, prêmios, indenizações e outros ligados a seguros.
atuarial (a.tu.a.ri.**al**) adj.2g. Relacionado a atuária ou cálculo de seguros.
atuário (a.tu.**á**.ri.o) s.m. **1.** Profissional que se dedica à atuária. **2.** Aquele que trabalha com seguros.
atulhado (a.tu.**lha**.do) adj. Abarrotado; cheio.
atulhar (a.tu.**lhar**) v.t.d. Encher completamente; entupir.
atum (a.**tum**) s.m. (*epiceno*) (*Zoo*.) Peixe de carne muito apreciada, originário do Atlântico.
aturar (a.tu.**rar**) v.t.d. **1.** Suportar; sofrer. **2.** Sustentar.
aturdido (a.tur.**di**.do) adj. Que se aturdiu; atarantado, confuso.
aturdir (a.tur.**dir**) v.t.d. **1.** Atordoar; espantar, confundir. v.p. **2.** Ficar confuso, atarantar-se.
Au Símbolo do elemento químico ouro.
au-au (au-**au**) s.m. **1.** Onomatopeia da voz do cão. **2.** (*Infant*.) Cachorro, cão. ▪ Pl. *au-aus*.
audácia (au.**dá**.ci.a) s.f. **1.** Impulso arrojado. **2.** Valor; ousadia; intrepidez. **3.** Atrevimento.
audacioso (au.da.ci.**o**.so) [ô] adj. **1.** Audaz, que tem audácia; ousado; atrevido. **2.** Temerário. ▪ Pl. *audaciosos* [ó].
audaz (au.**daz**) adj.2g. Que possui audácia.
audibilidade (au.di.bi.li.**da**.de) s.f. Qualidade do que se pode ouvir.
audição (au.di.**ção**) s.f. **1.** Sentido que permite a percepção dos sons pelo ouvido. **2.** Audiência. **3.** Concerto musical.
audiência (au.di.**ên**.ci.a) s.f. **1.** Audição. **2.** Recepção dada a pessoa para tratar de determinado assunto. **3.** Sessão de tribunal. **4.** Atenção dada a determinado programa de rádio ou televisão.
áudio (**áu**.di.o) s.m. Aquilo que se ouve, a parte sonora de uma obra; registro sonoro: *o áudio do filme era ótimo*; *equipamentos de áudio*.
audiograma (au.di.o.**gra**.ma) s.m. (*Fís.*) Gráfico que indica o grau de audibilidade em função da

frequência das ondas sonoras perceptíveis pelo aparelho auditivo.
audiometria (au.di.o.me.**tri**.a) s.f. (*Med.*) Exame da capacidade ou acuidade auditiva.
audiovisual (au.di.o.vi.su.**al**) adj.2g. **1.** Que emprega som e imagem: *um curso com recursos audiovisuais*. s.m. **2.** Obra feita com recursos sonoros e visuais: *os audiovisuais podem ser assistidos na internet, na televisão e no cinema*.
auditivo (au.di.**ti**.vo) adj. Relacionado a audição ou ao ouvido.
auditor (au.di.**tor**) [ô] s.m. Aquele que faz auditoria.
auditoria (au.di.to.**ri**.a) s.f. Exame minucioso de operações contábeis em uma empresa pública ou privada.
auditório (au.di.**tó**.ri.o) s.m. **1.** As pessoas presentes a um ato. **2.** Local de apresentações.
audível (au.**dí**.vel) adj.2g. Que se pode ouvir: *sons audíveis*.
auê (au.**ê**) s.m. (*Gír.*) Festa, agitação.
aueti (au.e.**ti**) s.2g. **1.** Indivíduo dos auetis, povo indígena que vive hoje no Mato Grosso. adj.2g. **2.** Relacionado a esse povo.
auferir (au.fe.**rir**) v.t.d. Obter, conseguir, tirar: *auferir bons lucros*. Obs.: conjuga-se como *ferir*.
auge (**au**.ge) s.m. O ponto mais elevado, o mais alto grau; o apogeu; cúmulo.
augurar (au.gu.**rar**) v.t.d. Fazer augúrio, adivinhar o futuro: *augurou dias melhores*.
áugure (**áu**.gu.re) s.m. Adivinho, vidente.
augúrio (au.**gú**.ri.o) s.m. Prognóstico; presságio.
augusto (au.**gus**.to) adj. **1.** Respeitável, honorável. **2.** Elevado, magnífico.
aula (**au**.la) s.f. **1.** Momento de apresentação e estudo de determinado assunto ou conhecimento. **2.** Lição de uma matéria. **3.** Preleção.
áulico (**áu**.li.co) s.m. e adj. Cortesão, palaciano.
aumentar (au.men.**tar**) v.t.d. **1.** Tornar maior; acrescentar. **2.** Agravar.
aumentativo (au.men.ta.**ti**.vo) adj. **1.** Que aumenta. s.m. **2.** (*Gram.*) Palavra de significação engrandecida em relação àquela primitiva: o aumentativo de "casa" é "casarão".
aumento (au.**men**.to) s.m. Ação de aumentar; acréscimo.
aura (**au**.ra) s.f. **1.** Auréola. **2.** O que há em torno de um ser; clima, ambiente: *o casarão tinha uma aura de mistério*. **3.** (*Relig.*) Em algumas religiões, campo energético ou corpo imaterial dos seres vivos e de alguns objetos.
áureo (**áu**.re.o) adj. **1.** Próprio de, semelhante a ouro. **2.** De muito valor; nobre.
auréola (au.**ré**.o.la) s.f. **1.** (*Relig.*) Círculo luminoso representado ao redor da cabeça dos santos; aura. **2.** (*Fig.*) Glória; prestígio.
aureolar (au.re.o.**lar**) v.t.d. **1.** Ornar com auréola. **2.** (*Fig.*) Glorificar.
aurícula (au.**rí**.cu.la) s.f. (*Anat.*) Cavidade superior do coração; átrio.

auricular (au.ri.cu.**lar**) adj.2g. **1.** Relacionado ao ouvido. **2.** Que se usa na orelha: *protetor auricular*. Pavilhão auricular: orelha.
aurífero (au.**rí**.fe.ro) adj. Que contém ou produz ouro: *solo aurífero*.
aurifulgente (au.ri.ful.**gen**.te) adj.2g. (*Raro*) Que fulge ou brilha como o ouro.
auriverde (au.ri.**ver**.de) adj.2g. **1.** Que é dourado e verde. **2.** Que é amarelo e verde; verde-amarelo.
aurora (au.**ro**.ra) s.f. **1.** Luminosidade no horizonte antes do nascer do Sol; alvorada. **2.** (*Fig.*) Juventude, época agradável da vida.
auscultar (aus.cul.**tar**) v.t.d. (*Med.*) **1.** Ouvir o funcionamento de, com ouvido ou estetoscópio: *a médica auscultou os pulmões do paciente*. **2.** (*Fig.*) Sondar; procurar conhecer a opinião de.
ausência (au.**sên**.ci.a) s.f. **1.** Estada fora, afastamento. **2.** Tempo que dura esse afastamento. **3.** Falta, inexistência.
ausentar-se (au.sen.**tar**-se) v.p. Deixar um lugar; afastar-se; retirar-se.
ausente (au.**sen**.te) adj.2g. **1.** Afastado; distante. s.2g. **2.** Pessoa que deixou o seu domicílio ou local de trabalho por algum tempo.
auspício (aus.**pí**.ci.o) s.m. **1.** Vaticínio; augúrio. **2.** (*Fig.*) Promessa.
auspicioso (aus.pi.ci.**o**.so) [ô] adj. Que tem bom auspício, a que se atribui boa sorte; promissor. ▪ Pl. *auspiciosos* [ó].
austeridade (aus.te.ri.**da**.de) s.f. **1.** Qualidade de austero; severo, íntegro. **2.** Inteireza ou integridade de caráter, rigor.
austero (aus.**te**.ro) adj. **1.** Severo. **2.** Rígido de caráter, de princípios. **3.** Íntegro.
austral (aus.**tral**) adj.2g. Do lado do Sul; meridional.
australiano (aus.tra.li.**a**.no) adj. **1.** Da Austrália, país da Oceania. s.m. **2.** Pessoa natural ou habitante desse lugar.
australopiteco (aus.tra.lo.pi.**te**.co) s.m. **1.** Hominídeo extinto que pertencia a um gênero próximo do nosso. **2.** Fóssil desse hominídeo.
austríaco (aus.**trí**.a.co) adj. **1.** Da Áustria, país da Europa. s.m. **2.** Pessoa natural ou habitante desse lugar.
autarquia (au.tar.**qui**.a) s.f. **1.** Poder absoluto. **2.** Corporação administrativa autônoma.
autárquico (au.**tár**.qui.co) adj. Relativo a autarquia.
autenticação (au.ten.ti.ca.**ção**) s.f. Ação de autenticar: *autenticação de cópias no cartório*.
autenticar (au.ten.ti.**car**) v.t.d. **1.** Tornar autêntico. **2.** Reconhecer como verdadeiro: *autentique as cópias no cartório*. **3.** Autorizar; legalizar.
autenticidade (au.ten.ti.ci.**da**.de) s.f. Qualidade do que é autêntico.
autêntico (au.**tên**.ti.co) adj. **1.** Que pertence ao autor a quem se atribui. **2.** Legítimo. **3.** Legalizado.
autígeno (au.**tí**.ge.no) adj. e s.m. (*Geo.*) Diz-se de componente de rocha que se forma no mesmo local de origem em que a rocha se situa.

autismo (au.**tis**.mo) s.m. (*Med.*) Doença congênita em que a criança não desenvolve relações sociais normais, se comporta de modo compulsivo e cria um mundo autônomo.

autista (au.**tis**.ta) *s.2g. e adj.2g.* (Pessoa) que apresenta autismo.

auto (**au**.to) s.m. **1.** Ato público; solenidade. **2.** Composição de teatro popular, em geral encenada em local público e entremeada de cantos: *os autos religiosos encenam a crucificação de Jesus Cristo; o bumba meu boi é um auto de criação popular brasileira*. **3.** Narração escrita e autenticada de um ato. **4.** Carro, automóvel. **5.** (*Dir.*) Peça ou parte de um processo judicial: *auto de infração; autos de processos da Igreja*. Cf. *auto de fé*.

autoadesivo (au.to.a.de.**si**.vo) adj. Que contém adesivo, que pode ser colado sem que se passe cola: *as figurinhas autoadesivas eram mais caras*.

autoajuda (au.to.a.**ju**.da) s.f. Categoria de textos e obras literárias que oferecem ajuda para desenvolvimento pessoal, apoio psicológico e/ou motivação.

autoavaliação (au.to,a.va.li.a.**ção**) s.f. Avaliação de si mesmo, ou do próprio trabalho.

autobiografia (au.to.bio.gra.**fi**.a) s.f. Vida de uma pessoa narrada por ela mesma.

autoclave (au.to.**cla**.ve) s.f. **1.** Aparelho fechado hermeticamente, para aquecer líquidos. **2.** Esterilizador que usa esse método.

autoconfiança (au.to.con.fi.**an**.ça) s.f. Confiança em si mesmo; segurança.

autoconhecimento (au.to.co.nhe.ci.**men**.to) s.m. Conhecimento de si mesmo, conhecimento do mundo interior.

autocontrole (au.to.con.**tro**.le) s.m. Controle de si mesmo; autodomínio.

autocorreção (au.to.cor.re.**ção**) s.f. **1.** Correção de si mesmo, ou do trabalho que se fez. **2.** (*Inf.*) Correção automática de textos ou números digitados em um programa.

autocracia (au.to.cra.**ci**.a) s.f. **1.** Governo absoluto exercido por uma única pessoa. **2.** Governo despótico.

autocrata (au.to.**cra**.ta) *s.2g. e adj.2g.* (Pessoa) que exerce governo absoluto.

autocrático (au.to.**crá**.ti.co) adj. **1.** Pertencente a autocracia. **2.** Autoritário, despótico.

autocrítica (au.to.**crí**.ti.ca) s.f. Crítica de si mesmo, de seus atos.

autóctone (au.**tóc**.to.ne) *s.2g. e adj.2g.* Habitante primitivo de uma terra; aborígene, indígena.

auto de fé (au.to de fé) s.m. **1.** Cerimônia pública em que eram lidas e executadas as sentenças da Inquisição. **2.** (*Fig.*) Fogueira, destruição pelo fogo: *fizeram um auto de fé com a documentação*.

autodefesa (au.to.de.**fe**.sa) s.f. Defesa de si mesmo: *treinava lutas para autodefesa*.

autodestruição (au.to.des.trui.**ção**) s.f. Destruição de si mesmo.

autodeterminação (au.to.de.ter.mi.na.**ção**) s.f. **1.** Capacidade de escolher o que deseja ou como agir. **2.** Perseverança, persistência, resistência.

autodidata (au.to.di.**da**.ta) *s.2g. e adj.2g.* Que ou o que se instrui por si, sozinho.

autodomínio (au.to.do.**mí**.ni.o) s.m. Domínio de si; autocontrole.

autódromo (au.**tó**.dro.mo) s.m. Local em que se realizam corridas de automóvel.

autoecologia (au.to.e.co.lo.**gi**.a) s.f. (*Ecol.*) Estudo concentrado numa espécie animal ou vegetal e sua relação com o ambiente.

autoescola (au.to.es.**co**.la) s.f. Escola para ensino e treinamento de condutores de veículos ou motoristas.

autoestima (au.to.es.**ti**.ma) s.f. **1.** Sentimento ou avaliação sobre si mesmo: *quem tem boa autoestima não se deixa enganar tão facilmente; ficou com a autoestima baixa quando perdeu o jogo*. **2.** Sentimento positivo sobre si mesmo; amor-próprio, orgulho de si.

autoestrada (au.to.es.**tra**.da) s.f. Estrada construída para automóveis; rodovia.

autofertilização (au.to.fer.ti.li.za.**ção**) s.f. (*Bio.*) Produção de um zigoto a partir de óvulos e espermatozoides provenientes do mesmo indivíduo.

autógeno (au.**tó**.ge.no) adj. (*Bio.*) Produzido pelo próprio organismo.

autogestão (au.to.ges.**tão**) s.f. Gestão conduzida pelos integrantes ou membros de uma entidade, sem delegação de poderes ou contratação de terceiros.

autogoverno (au.to.go.**ver**.no) [ê] s.m. Ação ou efeito de autogovernar-se; autocontrole.

autografar (au.to.gra.**far**) v.t.d. Pôr ou dar autógrafo em, a.

autógrafo (au.**tó**.gra.fo) s.m. Assinatura do próprio autor; original.

autointitular-se (au.to.in.ti.tu.**lar**-se) v.t.d. e v.p. Dar a si mesmo o título de; achar-se: *autointitulou-se o maior presidente que o time já teve*.

automação (au.to.ma.**ção**) s.f. Uso de máquinas para substituir tarefas anteriormente feitas por seres humanos.

automático (au.to.**má**.ti.co) adj. **1.** Que tem movimento de autômato. **2.** Que se realiza mecanicamente. **3.** (*Fig.*) Inconsciente: *digitou de maneira automática*.

automatismo (au.to.ma.**tis**.mo) s.m. Qualidade ou caráter do que é automático.

automatização (au.to.ma.ti.za.**ção**) s.f. Ação de automatizar; automação.

automatizar (au.to.ma.ti.**zar**) v.t.d. Tornar automático.

autômato (au.**tô**.ma.to) s.m. **1.** Máquina que executa um trabalho; robô. **2.** (*Fig.*) Pessoa que age sem motivação ou sem senso crítico.

automobilismo (au.to.mo.bi.**lis**.mo) s.m. Esporte praticado com automóveis; corrida de carro, em suas várias modalidades.

automobilista (au.to.mo.bi.**lis**.ta) *s.2g.* Pessoa que pratica o automobilismo.

automobilístico (au.to.mo.bi.**lís**.ti.co) *adj.* **1.** Pertencente ao automobilismo. **2.** Pertencente a automóvel: *indústria automobilística*.

automorfismo (au.to.mor.**fis**.mo) *s.m.* **1.** Hábito ou tendência de julgar as pessoas atribuindo características próprias. **2.** (*Bio.*) Hipotético predomínio de células e órgãos no organismo, o que define a variedade e harmonia das funções.

automotivo (au.to.mo.**ti**.vo) *adj.* Relacionado a motores para veículos: *indústria, setor automotivo*.

automotriz (au.to.mo.**triz**) *s.f.* e *adj.* Veículo ferroviário com motor próprio, que pode funcionar como locomotiva ou como vagão de passageiros.

automóvel (au.to.**mó**.vel) *s.m.* **1.** Veículo terrestre com motor; carro, auto. *adj.2g.* **2.** Que se move por si, que não é puxado por outro veículo ou por animais.

autonomia (au.to.no.**mi**.a) *s.f.* **1.** Direito ou faculdade de reger-se por leis próprias: *a autonomia dos países e povos*. **2.** Independência.

autônomo (au.**tô**.no.mo) *adj.* **1.** Livre; independente. **2.** Que se governa por leis próprias. *s.m.* e *adj.* **3.** (Trabalhador) que não é empregado e trabalha para várias pessoas: *começou trabalhando em uma frota e depois tornou-se um taxista autônomo*.

autopista (au.to.**pis**.ta) *s.f.* Rodovia para o trânsito de veículos em alta velocidade.

autópsia (au.**tóp**.si.a) *s.f.* Necropsia.

autor (au.**tor**) [ô] *s.m.* **1.** Criador, inventor. **2.** Escritor que cria uma obra literária ou científica: *autores, tradutores e revisores trabalham no texto*.

autoral (au.to.**ral**) *adj.2g.* De autor.

autorama (au.to.**ra**.ma) *s.m.* Brinquedo que consiste em miniaturas de pista e carros de corrida.

autoria (au.to.**ri**.a) *s.f.* Qualidade ou condição de autor.

autoridade (au.to.ri.**da**.de) *s.f.* **1.** Condição de se fazer obedecer. **2.** Poder de mandar. **3.** Prestígio. **4.** Magistrado que exerce poder. **5.** Pessoa competente em um assunto.

autoritário (au.to.ri.**tá**.ri.o) *adj.* **1.** Que se impõe pela autoridade. **2.** Arrogante.

autoritarismo (au.to.ri.ta.**ris**.mo) *s.m.* **1.** Caráter ou sistema de autoritário. **2.** Despotismo.

autorização (au.to.ri.za.**ção**) *s.f.* **1.** Ação de autorizar. **2.** Consentimento expresso; permissão.

autorizado (au.to.ri.**za**.do) *adj.* **1.** Que se autorizou ou permitiu; que tem autorização: *oficina autorizada*. **2.** Legitimado, justificado: *como vítima, sentia-se autorizada a dar depoimentos*.

autorizar (au.to.ri.**zar**) *v.t.d.* **1.** Permitir, consentir: *os pais autorizaram a viagem das crianças*. **2.** Dar autoridade; legitimar, justificar.

autorretrato (au.tor.re.**tra**.to) *s.m.* Pintura ou desenho em que o autor retrata a si mesmo.

autos *s.m.pl.* (*Dir.*) Conjunto das peças ou partes de um processo judicial.

autossuficiente (au.tos.su.fi.ci.**en**.te) *adj.2g.* **1.** Que se sustenta ou se basta. **2.** Que produz o que necessita: *o país é autossuficiente em petróleo, mas não em tecnologia*.

autossustentável (au.to.sus.ten.**tá**.vel) *adj.2g.* Que pode sustentar a si mesmo, que é capaz de manter-se com os próprios recursos.

autossugestão (au.tos.su.ges.**tão**) *s.f.* Influência sobre si mesmo, capacidade de impor uma sugestão como verdade a si mesmo.

autuação (au.tu.a.**ção**) *s.f.* Ação de autuar.

autuar (au.tu.**ar**) *v.t.d.* (*Dir.*) Inscrever em auto de infração; registrar em auto judicial: *o guarda autuou os contraventores*.

auxiliar (au.xi.li.**ar**) [ss] *s.2g.* e *adj.2g.* **1.** (Pessoa) que auxilia. *v.t.i.* **2.** Ajudar, facilitar: *essa erva auxilia a digestão*. **3.** Assistir; ajudar: *ele me auxilia na limpeza da casa*.

auxílio (au.**xí**.li.o) [ss] *s.m.* Ajuda; socorro.

avacalhar (a.va.ca.**lhar**) *v.t.d.* (*Pop.*) Destituir de autoridade ou valor, desmoralizar: *avacalharam o concurso*.

avá-canoeiro (a.vá-ca.no.**ei**.ro) *s.2g.* **1.** Indivíduo dos avás-canoeiros, povo indígena que vive hoje em Goiás e no Tocantins. *adj.2g.* **2.** Relacionado a esse povo. ▪ Pl. *avás-canoeiros*.

aval (a.**val**) *s.m.* Garantia de pagamento em uma transação bancária; caução.

avalancha (a.va.**lan**.cha) *s.f.* **1.** Queda rápida de geleira; alude. **2.** (Fig.) Invasão súbita. O mesmo que *avalanche*.

avalanche (a.va.**lan**.che) *s.f.* O mesmo que *avalancha*.

avaliação (a.va.li.a.**ção**) *s.f.* **1.** Ação de avaliar. **2.** Cálculo; apreciação.

avaliador (a.va.li.a.**dor**) [ô] *s.m.* e *adj.* Que ou aquele que avalia.

avaliar (a.va.li.**ar**) *v.t.d.* **1.** Determinar o valor de. **2.** Sondar. **3.** Fazer ideia de. *v.p.* **4.** Ter-se em conta. Obs.: pres. do ind.: *avalio, avalias* etc.; pres. do subj.: *avalie, avalies* etc.

avalista (a.va.**lis**.ta) *s.2g.* Pessoa que garante por meio de aval.

avalizar (a.va.li.**zar**) *v.t.d.* Dar aval, ser avalista de.

avançada (a.van.**ça**.da) *s.f.* Avanço.

avançar (a.van.**çar**) *v.t.d.* e *v.i.* **1.** Andar para a frente. **2.** Progredir.

avanço (a.**van**.ço) *s.m.* **1.** Ato de avançar; avançada. **2.** Adiantamento; progresso; vantagem; melhoria.

avantajado (a.van.ta.**ja**.do) *adj.* De tamanho maior; grande.

avantajar (a.van.ta.**jar**) *v.t.d.* **1.** Melhorar. **2.** Ter vantagem sobre. **3.** Fazer superior. **4.** Levar vantagem.

avante (a.**van**.te) *adv.* **1.** Adiante. *interj.* **2.** Emprega-se para incentivar um movimento para a frente, de avanço.

avant-première [francês: "avã-premiér"] *s.f.* Pré-estreia. ▪ Pl. *avant-premières*.

avarandado (a.va.ran.**da**.do) *s.m.* e *adj.* (Local) que tem uma varanda: *casa avarandada; sentou-se no avarandado*.

avarento (a.va.**ren**.to) *adj.* Que tem muito apego aos bens; mesquinho, sovina; avaro.

avareza (a.va.**re**.za) *s.f.* Qualidade de avaro ou avarento; sovinice.

avaria (a.va.**ri**.a) *s.f.* **1.** Dano. **2.** Perda; prejuízo.

avariar (a.va.ri.**ar**) *v.t.d.* Causar avaria a; danificar.

avaro (a.**va**.ro) *adj.* Avarento.

avassalador (a.vas.sa.la.**dor**) [ô] *adj.* Que domina, que destrói a autonomia ou a independência.

avassalar (a.vas.sa.**lar**) *v.t.d.* **1.** Tornar vassalo. **2.** Dominar, invadir.

ave (a.**ve**) *s.f.* (*epiceno*) **1.** (Zoo.) Animal vertebrado ovíparo, com o corpo revestido de penas e de bico córneo. *interj.* **2.** Exprime saudação ou aprovação; salve.

aveia (a.**vei**.a) *s.f.* (Bot.) Planta gramínea cujo grão é um cereal muito nutritivo.

avelã (a.ve.**lã**) *s.f.* (Bot.) Fruto da aveleira.

aveleira (a.ve.**lei**.ra) *s.f.* (Bot.) Árvore do grupo da bétula, de frutos comestíveis e oleaginosos, originária do hemisfério Norte.

avelhentado (a.ve.lhen.**ta**.do) *adj.* Velho, envelhecido.

aveludado (a.ve.lu.**da**.do) *adj.* Semelhante a veludo; suave no tato ou na audição.

aveludar (a.ve.lu.**dar**) *v.t.d.* **1.** Revestir com veludo. **2.** Tornar macio, suavizar.

ave-maria (a.ve-ma.**ri**.a) *s.f.* Oração à Virgem Maria. ▣ Pl. *ave-marias*.

avenca (a.**ven**.ca) *s.f.* (Bot.) Planta ornamental de folhagem delicada, cultivada em vasos.

avença (a.**ven**.ça) *s.f.* Combinação, acordo, combinado.

avenida (a.ve.**ni**.da) *s.f.* **1.** Rua geralmente mais larga que as comuns, considerada de maior importância. **2.** Alameda.

avental (a.ven.**tal**) *s.m.* Peça colocada sobre a roupa e amarrada atrás, usada para proteger a parte da frente do corpo ou da roupa, em oficinas, cozinhas, laboratórios, hospitais etc. Cf. *guarda-pó*.

aventar (a.ven.**tar**) *v.t.d.* Trazer como possibilidade; lembrar, mencionar: *aventou a hipótese de irem ao cinema naquela noite*.

aventura (a.ven.**tu**.ra) *s.f.* **1.** Acontecimento, imprevisto. **2.** Perigo, risco. **3.** Romance passageiro.

aventurar (a.ven.tu.**rar**) *v.t.d.* **1.** Tentar, arriscar: *aventurou um palpite*. *v.p.* **2.** Fazer correndo risco, ousar; atrever-se, lançar-se, meter-se a: *aventurou-se a escalar o pico*.

aventureiro (a.ven.tu.**rei**.ro) *s.m.* e *adj.* **1.** (Aquele) que se propõe a viver aventuras, que gosta de enfrentar riscos e imprevistos: *expedição de aventureiros; espírito aventureiro*. **2.** (Pej.) Amador, despreparado, oportunista.

averbação (a.ver.ba.**ção**) *s.f.* **1.** Ato de averbar. **2.** (Dir.) Nota lançada em certos documentos ou à margem de um registro.

averbar (a.ver.**bar**) *v.t.d.* **1.** Escrever: *averbar um termo de compra e venda, averbar um depoimento*. **2.** Registrar; anotar. **3.** Escrever à margem de título ou registro.

averiguação (a.ve.ri.gua.**ção**) *s.f.* **1.** Ato de averiguar. **2.** Investigação; verificação. **3.** Inquirição.

averiguar (a.ve.ri.**guar**) *v.t.d.* **1.** Investigar. **2.** Inquirir. *v.t.i.* **3.** Indagar. *v.p.* **4.** Certificar-se. Obs.: pres. do ind.: *averiguo* [ú] ou *averíguo*, *averiguas* [ú] ou *averíguas*, *averigua* [ú] ou *averígua* etc.; perf. do ind.: *averiguei* [ü] etc.; pres. do subj.: *averigue* [ú] ou *averígue*, *averigues* [ú] ou *averígues* [ü], *averigue* [ú] ou *averigue* [ü], *averiguemos* [ü], *averigueis* [ü], *averiguem* [ú], etc.

avermelhado (a.ver.me.**lha**.do) *adj.* De cor quase vermelha, de tom próximo do vermelho: *estava com os olhos avermelhados pela fumaça*.

avermelhar (a.ver.me.**lhar**) *v.t.d.* e *v.p.* Tornar(-se) da cor vermelha: *o choro avermelhou-lhe os olhos*.

aversão (a.ver.**são**) *s.f.* Antipatia; repulsa.

avessas (a.**ves**.sas) *s.f.pl.* Às avessas: de maneira contrária, ao inverso, inversamente.

avesso (a.**ves**.so) [ê] *s.m.* **1.** Lado oposto ao principal; reverso. *adj.* **2.** Contrário.

avestruz (a.ves.**truz**) *s.m.* (*epiceno*) (Zoo.) Ave muito grande, de penas pretas e brancas, com longo pescoço nu.

aviação (a.vi.a.**ção**) *s.f.* Produção de aviões e navegação aérea.

aviador (a.vi.a.**dor**) [ô] *s.m.* **1.** Aquele que constrói aviões. **2.** Piloto de aviões.

aviamento (a.vi.a.**men**.to) *s.m.* **1.** Ação de aviar. **2.** Objeto pequeno necessário à confecção de roupas, como botões, elásticos, zíperes: *loja de aviamentos*.

avião (a.vi.**ão**) *s.m.* **1.** Aparelho mais pesado que o ar, que voa sustentado por motor e asas; aeroplano. **2.** Jogo infantil também conhecido como amarelinha.

aviar (a.vi.**ar**) *v.t.d.* Prover, fornecer, prontificar: *a farmácia de manipulação avia receitas médicas*.

aviário (a.vi.**á**.ri.o) *s.m.* **1.** Viveiro de aves. *adj.* **2.** Relacionado a aves.

avícola (a.**ví**.co.la) *adj.2g.* **1.** Pertencente a ave ou à avicultura. *s.f.* **2.** Estabelecimento para criar aves, em geral para a produção de frangos e ovos.

avicultor (a.vi.cul.**tor**) [ô] *s.m.* O que se dedica à avicultura.

avicultura (a.vi.cul.**tu**.ra) *s.f.* Criação de aves.

avidez (a.vi.**dez**) [ê] *s.f.* **1.** Qualidade de ávido. **2.** Desejo veemente; sofreguidão; ambição; cobiça.

ávido (**á**.vi.do) *adj.* **1.** Sôfrego; que deseja veementemente; insaciável. **2.** Avarento.

aviltamento (a.vil.ta.**men**.to) *s.m.* Ação ou processo de tornar vil.

aviltante (a.vil.**tan**.te) *adj.2g.* **1.** Que avilta. **2.** Que desonra.

aviltar (a.vil.**tar**) *v.t.d.* **1.** Tornar vil, mesquinho, abjeto. **2.** Desprezar; humilhar.

avinhado (a.vi.**nha**.do) *adj.* (Zoo.) Curió.

avisado (a.vi.**sa**.do) *adj.* **1.** Que recebeu aviso. **2.** Discreto. **3.** Ajuizado.
avisar (a.vi.**sar**) *v.t.d. e i.* **1.** Dar aviso a. **2.** Fazer saber; cientificar.
aviso (a.**vi**.so) *s.m.* **1.** Ação de avisar. **2.** Notícia. **3.** Prevenção, conselho. **4.** Comunicação.
avistar (a.vis.**tar**) *v.t.d.* **1.** Ver ao longe. **2.** Principiar a ver. **3.** Entrever.
avitaminose (a.vi.ta.mi.**no**.se) *s.f.* (*Med.*) Doença ou distúrbio provocado por falta de vitaminas.
avivar (a.vi.**var**) *v.t.d.* **1.** Tornar vivo ou mais vivo; estimular, acender: *avivar a fogueira.* **2.** Realçar, destacar: *avivar o sabor, a memória.*
avizinhar (a.vi.zi.**nhar**) *v.t.d.* **1.** Aproximar. **2.** Estar perto de. *v.t.i. e v.p.* **3.** Aproximar-se.
avo (a.vo) *s.m.* (*Mat.*) Cada uma das partes iguais em que foi dividida a unidade e se emprega na leitura das frações de denominador maior que dez.
avó (a.**vó**) *s.f.* Mãe do pai ou da mãe.
avô (a.**vô**) *s.m.* Pai do pai ou da mãe.
avoado (a.vo.**a**.do) *adj.* Desatento, distraído, meio bobo: *estava tão avoado que perdeu a hora.*
avoante (a.vo.**an**.te) *adj.2g.* Que voa; voador.
avocar (a.vo.**car**) *v.t.d.* **1.** Atrair; chamar a si. **2.** Atribuir. **3.** (*Dir.*) Deslocar (uma causa) para juízo ou tribunal superior.
avoengo (a.vo.**en**.go) *s.m.* **1.** O que é herdado dos antepassados. **2.** Antepassado.
avolumar (a.vo.lu.**mar**) *v.t.d.* **1.** Fazer que aumente o volume de. *v.p.* **2.** Tornar-se volumoso.
avós (a.**vós**) *s.m.pl.* Antepassados, ascendentes.
avulso (a.**vul**.so) *adj.* **1.** Que se arrancou à força. **2.** Isolado, solto.
avultar (a.vul.**tar**) *v.t.d.* **1.** Dar vulto a. *v.t.i.* **2.** Sobressair. *v.i.* **3.** Crescer.
axadrezado (a.xa.dre.**za**.do) *adj.* Com estampa xadrez.
axé (a.**xé**) *s.m.* **1.** (*Relig.*) Energia, força sagrada de um orixá, transmitida a seu filho ou filha. **2.** (*Pop.*) Espírito, clima emocional, astral agradável.
axila (a.**xi**.la) [cs] *s.f.* **1.** (*Anat.*) Cavidade na junção do braço com o ombro; sovaco. **2.** (*Bot.*) Ângulo entre o caule e o pecíolo.
axiologia (a.xi.o.lo.**gi**.a) [cs] *s.f.* (*Filos.*) Estudo dos valores e dos juízos de valor.
axioma (a.xi.o.ma) [cs] *s.m.* **1.** Proposição evidente por si mesma. **2.** Máxima; adágio.
axolote (a.xo.**lo**.te) [cs] *s.m.* (*Zoo.*) Salamandra que pode se reproduzir sem completar a sua metamorfose.
axônio (a.**xô**.ni.o) [cs] *s.m.* (*Bio.*) Prolongamento do neurônio.
azado (a.**za**.do) *adj.* Oportuno.
azáfama (a.**zá**.fa.ma) *s.f.* **1.** Grande afã, muita pressa. **2.** Atrapalhação, confusão.
azagaia (a.za.**gai**.a) *s.f.* Lança curta. O mesmo que *zagaia.*
azaleia (a.za.**lei**.a) [éi] *s.f.* (*Bot.*) Arbusto que dá flores brancas ou de rosa intenso, utilizado em adornos.
azar (a.**zar**) *s.m.* Má sorte, desgraça, infortúnio.
azarado (a.za.**ra**.do) *s.m. e adj.* Que ou o que tem azar; azarento.
azarão (a.za.**rão**) *s.m.* Competidor tido como o mais fraco, com menos chance de vencer.
azarar (a.za.**rar**) *v.t.d.* **1.** Dar azar. **2.** (*Gír.*) Olhar (alguém) para se aproximar e conversar; paquerar.
azarento (a.za.**ren**.to) *adj.* Azarado.
azedar (a.ze.**dar**) *v.t.d. e v.i.* **1.** Tornar azedo: *o limão azedou o leite; o doce azedou.* **2.** (*Fig.*) Irritar.
azedinha (a.ze.**di**.nha) *s.f.* (*Bot.*) Vinagreira.
azedo (a.**ze**.do) [ê] *adj.* **1.** Áspero ao paladar; acre **2.** (*Fig.*) Irritado; de mau humor. *s.m.* **3.** O sabor ácido
azedume (a.ze.**du**.me) *s.m.* **1.** Qualidade de azedo; acidez. **2.** (*Fig.*) Aspereza.
azeitar (a.zei.**tar**) *v.t.d.* **1.** Temperar ou untar com azeite. **2.** Lubrificar.
azeite (a.**zei**.te) *s.m.* **1.** Óleo de azeitona. **2.** Óleo de outros frutos.
azeite de dendê (a.zei.te de den.**dê**) *s.m.* Azeite que se extrai do fruto da palmeira do dendê, de grande uso em pratos da culinária baiana e de influência africana.
azeitona (a.zei.**to**.na) *s.f.* (*Bot.*) Fruto da oliveira, pequeno, verde ou preto, que se come depois de curtido e salgado e do qual se extrai o azeite.
azêmola (a.**zê**.mo.la) *s.f.* **1.** Animal de carga. **2.** Cavalo velho e sem utilidade. **3.** (*Fig.*) Pessoa estúpida.
azerbaijanês (a.zer.bai.ja.**nês**) *adj.* **1.** Do Azerbaijão, país da Ásia. *s.m.* **2.** Pessoa natural ou habitante desse lugar.
azeviche (a.ze.**vi**.che) *s.m.* Substância negra de origem orgânica, com que são feitas bijuterias e outros objetos de adorno; linhito.
azevinho (a.ze.**vi**.nho) *s.m.* (*Bot.*) Arbusto de propriedades medicinais.
azia (a.**zi**.a) *s.f.* Azedume do estômago, acidez estomacal; pirose.
aziago (a.zi.**a**.go) *adj.* Que dá azar, de mau agouro, nefasto.
ázimo (**á**.zi.mo) *adj.* Que não leva fermento em sua fabricação: *massa ázima, pão ázimo.*
azinhavre (a.zi.**nha**.vre) *s.m.* Depósito verde que se forma sobre alguns metais como o cobre, pela exposição à umidade.
azo (a.zo) *s.m.* Motivo, pretexto.
azorrague (a.zor.**ra**.gue) *s.m.* **1.** Látego; açoite. **2.** (*Fig.*) Flagelo; castigo.
azoto (a.**zo**.to) [ô] *s.m.* (*Quím.*) Nitrogênio.
azougue (a.**zou**.gue) *s.m.* **1.** Mercúrio. **2.** (*sobrecomum*) (*Fig.*) Pessoa viva, esperta.
azucrinante (a.zu.cri.**nan**.te) *adj.2g.* Que azucrina; importuno; irritante.
azucrinar (a.zu.cri.**nar**) *v.t.d.* Importunar, amolar: *o remorso o azucrinava noite e dia.*
azul (a.**zul**) *adj.2g.* **1.** Da cor do céu limpo de nuvens. *s.m.* **2.** A cor azul. **3.** O firmamento; o céu; os ares. (*Folc.*) Azul e encarnado: os dois grupos rivais em várias festas populares, originariamente representando os cristãos em azul e os mouros em vermelho, ou encarnado.

azulado (a.zu.la.do) *adj*. De cor próxima do azul, quase azul.
azulão (a.zu.lão) *s.m*. **1.** Azul intenso, forte. **2.** Pano grosseiro de algodão; zuarte **3.** (*Zoo.*) (*epiceno*) Denominação dada a diversos pássaros azuis.
azular (a.zu.lar) *v.t.d*. **1.** Tingir de azul. **2.** Dar cor azul a. *v.i*. **3.** (*Fig.*) Fugir; desaparecer.
azul-celeste (a.zul-ce.les.te) *adj.2g.2n*. **1.** Azul da cor do céu: *blusas azul-celeste*. *s.m*. **2.** Essa cor. ▣ Pl. do substantivo: *azul-celestes* e *azuis-celestes*, do *adj*.: *azul-celeste*.

azulejado (a.zu.le.ja.do) *adj*. **1.** Tingido de azul. **2.** Forrado com azulejos.
azulejar (a.zu.le.jar) *v.t.d*. **1.** Tornar azul. **2.** Dar cor azul a. *v.i*. **3.** Tornar-se azul. *v.t.d*. **4.** Assentar ou guarnecer de azulejos.
azulejo (a.zu.le.jo) [ê] *s.m*. Ladrilho vidrado para revestir ou guarnecer paredes.
azul-marinho (a.zul-ma.ri.nho) *adj.2g.2n*. **1.** Azul da cor do mar: *cortinas azul-marinho*. *s.m*. **2.** Essa cor. ▣ Pl. do substantivo: *azuis-marinhos*.
azurrar (a.zur.rar) *v.i*. Zurrar.

Bb

b, B s.m. Segunda letra do nosso alfabeto, consoante, de nome "bê".
B Símbolo do elemento químico boro.
Ba Símbolo do elemento químico bário.
BA Sigla de Bahia, estado brasileiro.
bá s.f. (*Infant.*) Babá.
Baal (ba.al) s.m. (*próprio*) Divindade do sol e do fogo, entre assírios e fenícios.
baamiano (ba.a.mi.a.no) *adj.* **1.** Das Baamas, país da América Central. *s.m.* **2.** Pessoa natural ou habitante desse lugar.
baba (ba.ba) *s.f.* **1.** Saliva que escorre da boca. **2.** Mucosidade segregada por alguns animais. **3.** Líquido viscoso de algumas plantas.
babá (ba.bá) *s.f.* Mulher que toma conta de crianças, em geral de colo ou com até seis anos; bá.
babaca (ba.ba.ca) *s.2g. e adj.2g.* **1.** (*Chul. Pej.*) Bobo, idiota, besta. *s.f.* **2.** (*Chul. Ant.*) Genitália feminina; vulva.
babaçu (ba.ba.çu) *s.m.* (*Bot.*) Palmeira amazônica difundida em todo o Brasil, cujos frutos têm amêndoas oleaginosas importantes na alimentação e na indústria.
baba de moça (ba.ba de mo.ça) *s.f.* (*Culin.*) Doce cremoso feito de leite de coco, gemas de ovos e açúcar, tradicional do Brasil.
babado (ba.ba.do) *adj.* **1.** Molhado de baba. *s.m.* **2.** Enfeite de roupa em forma de dobras ou faixas que se sobrepõem. **3.** (*Fig.*) Mexerico.
babador (ba.ba.dor) [ô] *s.m.* **1.** Resguardo de pano ou material impermeável colocado no peito das crianças, para não sujar a roupa. *adj.* **2.** Que baba.
babalaô (ba.ba.la.ô) *s.m.* Pai de santo.
babalorixá (ba.ba.lo.ri.xá) *s.m.* Pai de santo.
babão (ba.bão) *adj.* **1.** Que baba muito. **2.** (*Fig.*) Bobo, dengoso.
babar (ba.bar) *v.i.* **1.** Molhar com baba: *o nenê babou na roupa.* *v.t.i.* **2.** (*Fig.*) Estar muito interessado por, estar apaixonado: *babava por aquele menino.*
babau (ba.bau) *s.m.* **1.** (*Folc.*) Personagem de teatro de mamulengo e marionete que representa a vida nos engenhos e fazendas de cana-de-açúcar do Nordeste. **2.** Jumento, jegue. *interj.* **3.** Emprega-se quando tudo está perdido, quando não há esperança: *o lobo chegou e babau, acabou com a vovozinha; se o ovo cair no chão, babau omelete.*
babel (ba.bel) *s.f.* (*Fig.*) Balbúrdia; desordem; confusão; algazarra. *Obs.*: originou-se de *Babel*, cidade bíblica.
babilônico (ba.bi.lô.ni.co) *adj.* **1.** Babilônio. **2.** (*P.ext.*) Muito grande, imponente, majestoso.
babilônio (ba.bi.lô.ni.o) *adj.* (*Hist.*) **1.** Pertencente à Babilônia, império da Antiguidade situado na Mesopotâmia. *s.m.* **2.** Pessoa natural ou habitante desse lugar.
babosa (ba.bo.sa) [ó] *s.f.* (*Bot.*) Planta de folhas carnudas, com uma seiva espessa e grudenta, com propriedades medicinais e cosméticas; aloés.
baboseira (ba.bo.sei.ra) *s.f.* Conversa fiada; asneira; tolice; disparate.
baboso (ba.bo.so) [ô] *s.m. e adj.* **1.** Que, ou o que baba. **2.** Babão; tolo; apaixonado. ▣ Pl. *babosos* [ó].
babugem (ba.bu.gem) *s.f.* **1.** Quaisquer restos. **2.** Espuma produzida pela agitação da água. **3.** Coisa insignificante.
babuíno (ba.bu.í.no) *s.m.* (*Zoo.*) Espécie de macaco de grande porte, originário da África e que vive mais tempo no chão que nas árvores.
bacairi (ba.cai.ri) [a-i] *s.2g.* **1.** Indivíduo dos bacairis, povo indígena que vive hoje no Mato Grosso. *adj.2g.* **2.** Relacionado a esse povo.
bacalhau (ba.ca.lhau) *s.m.* (*Zoo.*) Peixe marinho de grande importância comercial, vendido em geral salgado e seco, sem gordura.
bacalhoada (ba.ca.lho.a.da) *s.f.* (*Culin.*) **1.** Prato feito com bacalhau. **2.** Prato típico português, feito com bacalhau e batatas ao forno.
bacamarte (ba.ca.mar.te) *s.m.* Antiga arma de fogo de se apoiar sobre o ombro, maior que o trabuco.
bacana (ba.ca.na) *adj.* (*Gír.*) Excelente; muito bom; o que há de melhor.
bacanal (ba.ca.nal) *s.f.* **1.** Orgia. **2.** (*Mit.*) Festa ou ritual em honra de Baco, deus romano do vinho.
bacante (ba.can.te) *s.f.* **1.** (*Mit.*) Sacerdotisa de Baco, deus romano do vinho. **2.** (*Fig.*) Mulher que participa de bacanais.
bacará (ba.ca.rá) *s.m.* **1.** Cristal que se fabrica na cidade francesa de Baccarat. **2.** Jogo de cartas de origem italiana difundido na Europa pelos soldados franceses no século XV.
bacharel (ba.cha.rel) *s.m.* O que recebeu grau de formatura em faculdade de Direito ou de Filosofia, Ciências e Letras.
bacharelado (ba.cha.re.la.do) *s.m.* **1.** Curso para adquirir o grau de bacharel. *s.m. e adj.* **2.** Que ou o que tomou esse grau.
bacharelando (ba.cha.re.lan.do) *s.m.* O que vai se formar em uma faculdade; aquele que vai tomar o grau de bacharel.

bacharelar (ba.cha.re.**lar**) v.t.d. **1.** Dar o grau de bacharel; formar, graduar. v.p. **2.** Obter o grau de bacharel.
background [inglês: "bé gráundi"] s.m. **1.** O que se percebe ao fundo de uma cena; fundo. **2.** Conjunto dos cursos, conhecimentos e experiências de uma pessoa ou organização.
back-up [inglês: "becápi"] s.m. Cópia de um arquivo ou conjunto de dados, guardada em outro local por segurança: *fiz back-up dos meus trabalhos*. (Aport. becape).
bacia (ba.**ci**.a) s.f. **1.** Vasilha redonda e larga. **2.** Quadril, região da pelve. **3.** (*Geo.*) Bacia (hidrográfica, fluvial): região formada por um rio e seus afluentes: *pensavam em uma barragem para a bacia do São Francisco*. Bacia sanitária: vaso sanitário; patente, privada.
bacilar (ba.ci.**lar**) adj.2g. Relativo a bacilo.
bacilo (ba.**ci**.lo) s.m. (*Bio.*) Bactéria em forma de bastonete reto.
bacinete (ba.ci.**ne**.te) [ê] s.m. (*Anat.*) Parte do rim que leva a urina ao ureter.
baço (ba.ço) s.m. **1.** (*Anat.*) Víscera glandular que se situa do lado esquerdo, atrás do estômago. adj. **2.** Embaciado, sem brilho.
bacon [inglês: "bêicon"] s.m. Toicinho defumado.
bácoro (**bá**.co.ro) s.m. Leitão; porco pequeno.
bacorinho (ba.co.**ri**.nho) s.m. **1.** Pequeno bácoro. **2.** Leitão.
bactéria (bac.**té**.ri.a) s.f. (*Bio.*) Microrganismo unicelular desprovido de núcleo individualizado, que pode viver no meio ambiente ou no meio interno de outro ser vivo.
bactericida (bac.te.ri.**ci**.da) s.m. e adj.2g. (Substância) que combate ou destrói bactérias, como a penicilina e o cloro.
bacteriologia (bac.te.ri.o.lo.**gi**.a) s.f. Ciência que estuda as bactérias.
bacteriologista (bac.te.ri.o.lo.**gis**.ta) s.2g. **1.** Pessoa que se dedica à bacteriologia. **2.** Médico especializado em doenças causadas por bactérias.
báculo (**bá**.cu.lo) s.m. **1.** Cajado episcopal. **2.** Bordão alto. **3.** (*Fig.*) Arrimo; amparo.
bacupari (ba.cu.pa.**ri**) s.m. (*Bot.*) Árvore ou arbusto de que se extrai uma substância com propriedades aromáticas e medicinais.
bacurau (ba.cu.**rau**) s.m. **1.** (*Zoo.*) Ave parecida com uma coruja pequena; curiango. **2.** (*Fig.*) Pessoa que só sai a noite; coruja.
bacuri (ba.cu.**ri**) s.m. (*Bot.*) **1.** Fruto de uma árvore alta, natural da Amazônia, com duas ou três sementes grandes, polpa branca e perfumada, usada para fazer suco, sorvetes, doces etc. **2.** Essa árvore, de que se extrai uma substância com propriedades aromáticas e medicinais.
badalação (ba.da.la.**ção**) s.f. **1.** (*Pop.*) Ação de badalar. **2.** Ostentação; exibição de virtudes reais ou imaginárias.
badalada (ba.da.**la**.da) s.f. Som que produz a pancada do badalo no sino, campainha, chocalho etc.

badalado (ba.da.**la**.do) adj. (*Pop.*) Que tem muito prestígio, que está na moda; prestigiado, valorizado: *evitaram os lugares mais badalados, sempre lotados naquela época*.
badalar (ba.da.**lar**) v.t.d. **1.** Tocar o sino. **2.** Fazer soar, mediante badaladas. **3.** (*Fig.*) Divulgar, propalar, fazer badalação. **4.** (*Pop.*) Puxar o saco.
badalo (ba.**da**.lo) s.m. Peça de metal que fica suspensa no interior do sino, campainha etc., e que serve para fazer soar o sino.
badejo (ba.**de**.jo) [ê] s.m. (*Zoo.*) Espécie de peixe.
baderna (ba.**der**.na) [é] s.f. **1.** Bagunça, confusão, desordem. **2.** Grupo, bando de bagunceiros. **3.** Briga; conflito; confusão.
baderneiro (ba.der.**nei**.ro) s.m. e adj. (Pessoa) que faz baderna; bagunceiro.
badernista (ba.der.**nis**.ta) s.2g. e adj.2g. (Pessoa) que faz badernas; baderneiro, bagunceiro, desordeiro.
badminton [inglês: "bédi-mínton"] s.m. Esporte olímpico praticado com raquete especial, peteca e rede alta, semelhante ao tênis, disputado entre duplas ou indivíduos.
badulaque (ba.du.**la**.que) s.m. **1.** Coisa de pequeno valor; treco. **2.** Enfeite, adorno, bijuteria.
baeta (ba.**e**.ta) [ê] s.f. Tecido grosso de lã.
bafafá (ba.fa.**fá**) s.m. (*Pop.*) Confusão, gritaria, conflito.
bafejar (ba.fe.**jar**) v.t.d. **1.** Aquecer com o bafo. **2.** Favorecer; inspirar. v.t.i. **3.** Inspirar. v.i. **4.** Exalar bafo. **5.** Soprar de modo brando.
bafejo (ba.**fe**.jo) [ê] s.m. **1.** Hálito, bafo. **2.** (*Fig.*) Proteção; favor.
bafio (ba.**fi**.o) s.m. Cheiro ruim causado por mofo ou falta de ventilação.
bafo (**ba**.fo) s.m. **1.** Ar que exala dos pulmões. **2.** Hálito. **3.** (*Fig.*) Calor; proteção; inspiração.
bafômetro (ba.**fô**.me.tro) s.m. Aparelho para medir a quantidade de álcool presente no hálito, usado para fiscalizar motoristas.
baforada (ba.fo.**ra**.da) s.f. **1.** Fumaça de cigarro expelida de uma vez. **2.** (*Fig.*) Bravata, abrigo, aconchego.
baforar (ba.fo.**rar**) v.t.d. (*Raro*) **1.** Emitir como bafo. v.i. **2.** Tirar baforadas; fumar.
baga (**ba**.ga) s.f. **1.** (*Bot.*) Pequeno fruto carnudo, com sementes envolvidas em polpa, como a uva p. ex. **2.** Gota, pingo de suor.
bagaceira (ba.ga.**cei**.ra) s.f. **1.** Lugar onde se junta o bagaço da uva. **2.** Aguardente de bagaço de uva.
bagaço (ba.**ga**.ço) s.m. **1.** Resíduo de frutos ou de outras substâncias depois de espremidos. **2.** Coisa muito usada, surrada. **3.** (*Pop.*) Pessoa muito cansada.
bagageiro (ba.ga.**gei**.ro) s.m. **1.** Local para transportar bagagens; porta-bagagens. **2.** Estrutura que se adapta ao teto dos automóveis para o transporte de bagagens.
bagagem (ba.**ga**.gem) s.f. **1.** Conjunto de objetos, pacotes e malas que os viajantes carregam consigo. **2.** O conjunto das obras de um escritor, artista, cientista.
bagana (ba.**ga**.na) s.f. (*Gír.*) Ponta de cigarro.

bajulador

bagatela (ba.ga.**te**.la) s.f. Mixaria; ninharia; insignificância.

bago (ba.go) s.m. **1.** (Bot.) Cada fruto do cacho de uva. **2.** Grão miúdo de chumbo. **3.** Qualquer fruto que se assemelhe à uva.

bagre (ba.gre) s.m. (Zoo.) Peixe que tem boca grande, coberta de fios, e um ferrão venenoso, com numerosas espécies de água doce e de mar.

baguete (ba.**gue**.te) [é] s.f. (Culin.) Pão salgado cilíndrico, com mais de 20 cm, típico da França.

bagulho (ba.**gu**.lho) s.m. **1.** Semente contida na uva e outros bagos. **2.** (Gír.) Pessoa feia ou envelhecida, acabada. **3.** (Fig.) Quinquilharia, inutilidade.

bagunça (ba.**gun**.ça) s.f. Desordem, confusão, pândega, balbúrdia, sarrabulho.

bagunçado (ba.gun.**ça**.do) adj. Desarrumado, em bagunça.

bagunçar (ba.gun.**çar**) v.i. Promover desordem.

bagunceiro (ba.gun.**cei**.ro) s.m. e adj. (Pessoa) que faz bagunça.

baía (ba.**í**.a) s.f. **1.** Pequeno golfo; porto. **2.** Lagoa que se liga a um rio; canal para escoamento de lodaçais.

baia (**ba**.ia) s.f. Compartimento delimitado por divisórias que não chegam ao teto.

baiacu (bai.a.**cu**) s.m. **1.** (Zoo.) Peixe teleósteo revestido de escamas. **2.** (Fig.) Aquele que é baixo e gordo.

baiana (bai.**a**.na) s.f. Traje típico ou fantasia carnavalesca feminina, com vestido de saia com armação e turbante, tudo branco: *a ala das baianas é uma das mais tradicionais das escolas de samba*.

baiano (bai.**a**.no) adj. **1.** Da Bahia, estado brasileiro. s.m. **2.** Pessoa natural ou habitante desse lugar.

baião (bai.**ão**) s.m. **1.** (Mús.) Ritmo brasileiro de origem nordestina. **2.** (Folc.) Canto e dança popular dos sertanejos, ao som da sanfona e outros instrumentos.

baião de dois (bai.ão de **dois**) s.m. (Culin.) Prato cearense feito com arroz misturado com feijão, às vezes com leite de coco e outros temperos.

baila (**bai**.la) s.f. À baila: à discussão, ao comentário geral: *o assunto veio à baila alguns dias depois*.

bailado (bai.**la**.do) s.m. **1.** Dança artística; balé. **2.** Qualquer dança. **3.** Baile sobre um tema musical.

bailar (bai.**lar**) v.i. **1.** Dançar. **2.** Oscilar; tremer.

bailarino (bai.la.**ri**.no) s.m. **1.** Dançarino. **2.** Pessoa que dança balé; profissional da dança.

baile (**bai**.le) s.m. Reunião dançante de caráter festivo e um pouco mais formal do que festa.

bainha (ba.**i**.nha) s.f. **1.** Estojo onde se guarda a lâmina de arma branca. **2.** Dobra costurada na borda de uma roupa. **3.** (Bot.) Base da folha, que envolve os filamentos.

baio (**bai**.o) adj. **1.** Da cor de ouro desmaiado. **2.** (cavalo) amarelo-torrado ou castanho-claro. s.m. **3.** (Zoo.) Cavalo baio.

baioneta (bai.o.**ne**.ta) [ê] s.f. Arma cortante adaptada à extremidade de um fuzil, usada em batalhas corpo a corpo.

bairrismo (bair.**ris**.mo) s.m. Defesa dos interesses de um bairro ou região de maneira exagerada e em detrimento dos demais.

bairrista (bair.**ris**.ta) s.2g. e adj.2g. (Aquele) que defende os interesses de seu bairro, cidade ou terra com ardor excessivo.

bairro (**bair**.ro) s.m. Cada uma das divisões principais de uma cidade.

baita (**bai**.ta) adj.2g. (Pop.) Muito grande, forte ou intenso; extraordinário, gigantesco, fantástico.

baitola (bai.**to**.la) [ó] s.m. (Gír. Pej.) Homossexual do sexo masculino; boiola. O mesmo que *baitolo*.

baitolo (bai.**to**.lo) [ô] s.m. O mesmo que *baitola*.

baiuca (bai.**u**.ca) s.f. Pequena taverna; botequim.

baixa (**bai**.xa) s.f. **1.** Depressão do terreno. **2.** Redução (de valor, de altura); abatimento. **Dar baixa:** retirar de uma lista.

baixada (bai.**xa**.da) s.f. **1.** Terreno plano entre montanhas. **2.** Terreno baixo, próximo a uma lombada.

baixa-mar (bai.xa-**mar**) s.f. Maré baixa. ▪ Pl. *baixa-mares* e *baixas-mares*.

baixar (bai.**xar**) v.t.d. **1.** Fazer descer; arriar. **2.** Percorrer descendo. **3.** Fazer que baixe o tom de. **4.** Abater. v.i. **5.** Diminuir de altura ou de valor. v.t.i. **6.** Dirigir-se para baixo; descer.

baixeiro (bai.**xei**.ro) s.m. Manta que se coloca por baixo da sela.

baixela (bai.**xe**.la) [é] s.f. Conjunto dos utensílios usados no serviço de mesa.

baixeza (bai.**xe**.za) [ê] s.f. **1.** Qualidade do que é baixo ou do que está embaixo. **2.** Situação inferior. **3.** Humilhação.

baixinho (bai.**xi**.nho) adj. **1.** Muito baixo. **2.** (Pop.) Criança. adv. **3.** Com pouco volume: *o rádio tocava baixinho*. **4.** Em segredo.

baixio (bai.**xi**.o) s.m. Banco de areia sobre o qual a água atinge pouca altura.

baixista (bai.**xis**.ta) s.2g. Músico que toca baixo.

baixo (**bai**.xo) adj. **1.** De pequena estatura: *pessoa baixa*. **2.** Inclinado para o chão, próximo do chão: *olhos baixos, pneus baixos*. **3.** Que mal se ouve, que não tem volume: *som baixo*. **4.** Grosseiro. s.m. **5.** Parte inferior. **6.** (Mús.) Voz masculina mais grave; aquele que tem essa voz; contrabaixo. **7.** (Mús.) O mais grave instrumento de cordas, que na versão acústica usa arco; contrabaixo, rabecão. adv. **8.** Com pouca altura, com pouco volume: *voar baixo, falar baixo*.

baixo-relevo (bai.xo-re.**le**.vo) s.m. Escultura em que os motivos ficam pouco salientes em relação ao plano que lhes serve de fundo. ▪ Pl. *baixos-relevos*.

baixote (bai.**xo**.te) [ó] s.m. e adj. (Pessoa) de pequena estatura; baixo: *uma morena baixota e um loiro comprido*. ▪ Fem. *baixota*.

baixo-ventre (bai.xo-**ven**.tre) s.m. (Anat.) Barriga e genitália. ▪ Pl. *baixos-ventres*.

bajulação (ba.ju.la.**ção**) s.f. Ato de bajular; adulação, servilismo, candonga.

bajulador (ba.ju.la.**dor**) [ô] s.m. e adj. Adulador; puxa-saco.

bajular (ba.ju.**lar**) v.t.d. Lisonjear de modo servil; adular.
bala (**ba**.la) s.f. **1.** Projétil de arma de fogo. **2.** Caramelo de açúcar refinado solidificado em ponto vítreo.
balaço (ba.**la**.ço) s.m. Bala, tiro certeiro ou muito prejudicial.
balada (ba.**la**.da) s.f. **1.** Poesia narrativa que reproduz tradições ou lendas. **2.** Música romântica para cantar ou dançar.
baladeira (ba.la.**dei**.ra) s.f. Atiradeira.
Balaiada (ba.lai.**a**.da) s.f. (Hist.) Conflito armado que ocorreu no Maranhão, de 1838 a 1841, assim chamado porque seu líder tinha o apelido de Balaio, estendido aos demais participantes.
balaio (ba.**lai**.o) s.m. Cesto fabricado com talas de taquara, cipó, bambu etc., com ou sem tampa. Balaio de gatos: instituição cujos membros brigam com violência, em que os conflitos são agressivos.
balalaica (ba.la.**lai**.ca) s.f. (Mús.) Instrumento de três cordas, de forma triangular, utilizado pelos russos, muito parecido com o bandolim.
balança (ba.**lan**.ça) s.f. **1.** Instrumento para medir a massa ou o peso relativo dos corpos. **2.** (Fig.) Símbolo da Justiça. **3.** (Mit.) Na astrologia, Libra.
balançado (ba.lan.**ça**.do) adj. **1.** Que se balançou. **2.** Abalado, inseguro, hesitante.
balançar (ba.lan.**çar**) v.t.d. **1.** Fazer oscilar. **2.** Menear um corpo de um lado para outro. **3.** Hesitar.
balancê (ba.lan.**cê**) s.m. (Folc.) Passo da quadrilha e de outras danças de par.
balanceado (ba.lan.ce.**a**.do) adj. Que se balanceou; equilibrado: *dieta balanceada, pneus balanceados*.
balanceamento (ba.lan.ce.a.**men**.to) s.m. **1.** Ação ou processo de balancear; balanceio. **2.** Distribuição do peso nas rodas de um veículo para melhorar o rendimento.
balancear (ba.lan.ce.**ar**) v.t.d. Distribuir de modo equilibrado; equilibrar, contrabalançar: *balancear as calorias de uma dieta, o peso de uma carga em um veículo*.
balanceio (ba.lan.**cei**.o) s.m. Balanceamento.
balancete (ba.lan.**ce**.te) [ê] s.m. (Econ.) Resumo de um balanço comercial.
balanço (ba.**lan**.ço) s.m. **1.** Ação de balançar em movimentos de vaivém. **2.** Solavanco, agitação. **3.** (Econ.) Exposição completa do ativo e passivo de uma firma. **4.** Brinquedo infantil, para balançar.
balangandã (ba.lan.gan.**dã**) s.m. **1.** Adereço formado por muitas miniaturas metálicas de campainha, figa, sapatinho etc., pendurados juntos, a princípio usado como parte da fantasia da baiana. **2.** Enfeite barato; bugiganga; penduricalho.
balão (ba.**lão**) s.m. **1.** Aerostato. **2.** Globo de papel colorido para enfeite nas festas juninas. **3.** Forma circular que, nos quadrinhos, contém as falas de cada personagem.
balão de ensaio (ba.lão de en.**sai**.o) s.m. **1.** Pequeno balão ou aerostato que se solta para observar os ventos, antes de soltar o maior. **2.** Recipiente esférico usado em laboratório para misturar reagentes químicos. **3.** (Fig.) Teste, ensaio; aquilo que se faz para experimentar o resultado. **4.** (Fig.) Boato, história para sondar a opinião pública.
balaustrada (ba.laus.**tra**.da) s.f. Série de balaústres dispostos lado a lado.
balaústre (ba.la.**ús**.tre) s.m. Coluna ou pilar pequeno que sustenta um corrimão ou travessa.
balázio (ba.**lá**.zi.o) s.m. Bala ou tiro certeiro.
balboa (bal.**bo**.a) s.f. Moeda do Panamá.
balbuciar (bal.bu.ci.**ar**) v.t.d. **1.** Proferir, articular (palavras) de modo pouco seguro. v.i. **2.** Gaguejar.
balbucio (bal.bu.**ci**.o) s.m. Ato de balbuciar; sons emitidos por quem não consegue falar.
balbúrdia (bal.**búr**.di.a) s.f. Algazarra; vozearia; confusão; desordem.
balcânico (bal.**câ**.ni.co) adj. Relacionado aos Bálcãs.
balcanização (bal.ca.ni.za.**ção**) s.f. Ato ou efeito de balcanizar(-se), fragmentar(-se), dividir (uma região, país, estado).
balcanizar (bal.ca.ni.**zar**) v.t.d. Fragmentar região, país ou estado em unidades menores, tornando-as (ou não) opostas.
balcão (bal.**cão**) s.m. **1.** Sacada ou varanda de peitoril. **2.** Móvel baixo, em que se apoia mercadorias em lojas. **3.** Localidade de teatro entre os camarotes e as galerias.
balconista (bal.co.**nis**.ta) s.2g. Quem trabalha no balcão das lojas, atendendo clientes.
balda (**bal**.da) s.f. Hábito, ação habitual, mania.
baldado (bal.**da**.do) adj. Malogrado; frustrado; inutilizado.
baldaquim (bal.**da**.quim) s.m. Cobertura ou dossel sobre um andor. O mesmo que *baldaquino*.
baldaquino (bal.da.**qui**.no) s.m. O mesmo que *baldaquim*.
baldar (bal.**dar**) v.t.d. Frustrar, fazer malograr: *baldou os planos*.
balde (**bal**.de) s.m. Vasilhame de metal ou plástico para receptar líquidos.
baldeação (bal.de.a.**ção**) s.f. Troca; passagem de um veículo para outro.
baldear (bal.de.**ar**) v.t.d. **1.** Tirar com balde: *baldear água do poço para encher a caixa d'água*. v.t.d. e v.i. **2.** Transferir(-se) de um veículo ou meio de transporte para outro: *baldeamos em Bauru para outro trem; baldeia do ônibus para o trem e do trem para o metrô todos os dias*.
baldio (bal.**di**.o) adj. Abandonado, sem uso, inculto.
baldrame (bal.**dra**.me) s.m. (Const.) Fundação constituída por viga vertical.
balé (ba.**lé**) s.m. **1.** Dança artística teatral, combinada nos gestos e movimentos dos bailarinos. **2.** Coreografia, bailado.
balear (ba.le.**ar**) v.t.d. Acertar uma bala em: *balearam dois bandidos*.
baleeira (ba.le.**ei**.ra) s.f. Barco usado na pesca da baleia; baleeiro.
baleeiro (ba.le.**ei**.ro) s.m. **1.** Pescador de baleias. **2.** Baleeira. adj. **3.** Relativo a baleias.

baleia (ba.**lei**.a) s.f. **1.** (*Zoo.*) Mamífero marinho de grande porte, cetáceo. **2.** (*Fig.*) Indivíduo muito gordo.

baleia-azul (ba.**lei**.a-a.**zul**) s.f. (*Zoo.*) Espécie de baleia da família dos balenopterídeos, encontrada em todos os oceanos; é o maior animal do mundo, podendo ter até 30 metros de comprimento e pesar mais de 120 toneladas.

baleiro (ba.**lei**.ro) s.m. **1.** Recipiente para guardar balas. **2.** Aquele que vende balas e doces.

balela (ba.**le**.la) [é] s.f. Notícia infundada; boato.

balido (ba.**li**.do) s.m. A voz da ovelha ou do cordeiro.

balir (ba.**lir**) v.i. Dar balidos: *as ovelhas baliram a tarde toda*. Obs.: verbo defectivo, geralmente se conjuga na 3ª pes.: *bale, balem; balia, baliam* etc.

balística (ba.**lís**.ti.ca) s.f. Ciência que se ocupa da trajetória dos projéteis, principalmente de armas de fogo.

baliza (ba.**li**.za) s.f. **1.** Marco; meta; limite. **2.** Sinal. **3.** Haste de madeira fincada no solo para indicar o alinhamento de uma estrada, construção etc.

balizar (ba.li.**zar**) v.t.d. **1.** Marcar com balizas. **2.** Limitar, determinar a grandeza de. **3.** Distinguir.

balneário (bal.ne.**á**.ri.o) s.m. **1.** Estabelecimento de banhos. **2.** Estância de águas minerais. adj. **3.** Relativo a banho.

balneoterapia (bal.ne.o.te.ra.**pi**.a) s.f. Terapia baseada em banhos com águas minerais.

balofo (ba.**lo**.fo) [ô] adj. Gordo, obeso.

balouçar (ba.lou.**çar**) v.t.d. **1.** Balançar. v.i. **2.** Oscilar, balançar.

balsa (bal.sa) s.f. **1.** (*Náut.*) Embarcação larga e lenta, para travessia de trechos curtos de mar ou rio. **2.** Jangada de tábuas ou toros.

balsâmico (bal.**sâ**.mi.co) adj. **1.** Que parece bálsamo, que suaviza e conforta. **2.** Aromático, perfumado.

bálsamo (**bál**.sa.mo) s.m. **1.** Líquido aromático extraído de alguns vegetais como a cabriúva. **2.** Perfume, óleo aromático. **3.** Lenitivo, conforto, alívio.

báltico (**bál**.ti.co) adj. Relativo ao mar Báltico, na Europa.

baluarte (ba.lu.**ar**.te) s.m. **1.** Suporte; apoio; fortaleza. **2.** Construção alta sustentada por muralhas; bastião. **3.** (*Fig.*) Lugar seguro.

bamba (**bam**.ba) s.2g. (*Pop.*) **1.** Pessoa muito hábil, exímia, perita em uma atividade: *os bambas do chorinho*. **2.** Valentão, fortão, bom de briga: *roda de bambas*. Cf. *bambo*.

bambaquerê (bam.ba.que.**rê**) s.m. (*Folc.*) Dança gaúcha de origem africana.

bambear (bam.be.**ar**) v.t.d. **1.** Soltar; tornar bambo; frouxo. v.i. **2.** Vacilar; hesitar. Obs.: pres. do ind.: *bambeio, bambeias, bambeia* etc.

bambo (**bam**.bo) adj. **1.** Frouxo, lasso, relaxado, mole: *o elástico estava bambo e não prendia os cabelos*. **2.** (*Fig.*) Vacilante, trêmulo, hesitante: *chegou ao fim da corrida com as pernas bambas*. Cf. *bamba*.

bambochata (bam.bo.**cha**.ta) s.f. **1.** Festa, reunião com excesso de bebidas ou comidas. **2.** Exagero, extravagância, excesso.

bambolê (bam.bo.**lê**) s.m. Aro de plástico ou metal usado como brinquedo por crianças e adolescentes, gira-se na cintura.

bambolear (bam.bo.le.**ar**) v.i. Menear o corpo; gingar. Obs.: pres. do ind.: *bamboleio, bamboleias, bamboleia* etc.

bamboleio (bam.bo.**lei**.o) s.m. Movimento ritmado e suave: *ficou hipnotizado pelo bamboleio dos quadris das dançarinas*.

bambu (bam.**bu**) s.m. **1.** (*Bot.*) Planta gramínea de caule lenhoso, que cresce em touceiras e de que há várias espécies. **2.** Caule dessa planta, cortado e usado como bengala, vara de pesca, na fabricação de móveis e outros.

bambual (bam.bu.**al**) s.m. Bambuzal.

bambuzal (bam.bu.**zal**) s.m. Plantação ou mata de bambus; bambual.

banal (ba.**nal**) adj.2g. Vulgar, trivial, comum.

banalidade (ba.na.li.**da**.de) s.f. Qualidade de banal; futilidade.

banalizar (ba.na.li.**zar**) v.t.d. Tornar banal, corriqueiro, comum; vulgarizar.

banana (ba.**na**.na) s.f. **1.** Fruto da bananeira, saboroso e de valor nutricional, apreciado cru, em doces etc. **2.** (*Pop.*) Gesto obsceno. s.2g. **3.** (*Fig.*) Pessoa sem energia; palerma.

bananada (ba.na.**na**.da) s.f. Doce feito de banana.

banana-da-terra (ba.na.na-da-**ter**.ra) s.f. (*Bot.*) Banana nativa da América do Sul, comestível apenas cozida. ▣ Pl. *bananas-da-terra*.

bananal (ba.na.**nal**) s.m. Plantação de bananeiras.

bananeira (ba.na.**nei**.ra) s.f. (*Bot.*) Grande erva musácea que dá pencas de frutos saborosos e de grande poder alimentício. *Plantar bananeira*: ficar em posição vertical invertida, com apoio nas mãos e os pés para cima.

bananeira-de-corda (ba.na.nei.ra-de-**cor**.da) s.f. (*Bot.*) Abacá. ▣ Pl. *bananeiras-de-corda*.

bananeiro (ba.na.**nei**.ro) s.m. e adj. **1.** (Aquele) que cultiva bananas. **2.** Vendedor de bananas; bananicultor.

bananicultor (ba.na.ni.cul.**tor**) [ô] s.m. (Agricultor) que planta bananas.

bananicultura (ba.na.ni.cul.**tu**.ra) s.f. Cultivo de bananeiras, produção de bananas.

banauá-iafi (ba.nau.á-ia.**fi**) s.2g. **1.** Indivíduo dos banauás-iafis, povo indígena que vive hoje no Amazonas. adj.2g. **2.** Relacionado a esse povo. ▣ Pl. *banauás-iafis*.

banca (**ban**.ca) s.f. **1.** Pequena montada na feira ou na rua, para expor mercadorias: *banca de feira*. **2.** Loja de revistas em um abrigo na rua. **3.** Em alguns jogos, o jogador que fica com o dinheiro e paga as apostas. **4.** Escritório de advogado. **5.** Grupo de examinadores.

bancada (ban.ca.da) s.f. **1.** Banco comprido em que se sentam várias pessoas. **2.** Conjunto de deputados ou senadores.

bancar (ban.car) v.t.d. **1.** Ser a banca, pagar as apostas em um jogo. **2.** Pagar os custos; sustentar: *bancou o passeio de domingo*. **3.** Fingir, tentar parecer: *tentou bancar o herói e se machucou*.

bancário (ban.cá.ri.o) adj. **1.** Que diz respeito a bancos. s.m. **2.** Pessoa que trabalha em banco ou casa bancária.

bancarrota (ban.car.ro.ta) [ô] s.f. Ruína financeira, falência, quebra.

banco (ban.co) s.m. **1.** Cadeira sem encosto. **2.** Assento para várias pessoas. **3.** Estabelecimento de crédito. (Inf.) **Banco de dados**: programa de computador que organiza informações.

banda (ban.da) s.f. **1.** Lateral de um objeto; lado. **2.** (Mús.) Corporação de músicos. **3.** Faixa de frequência de ondas: *banda de rádio AM, banda de televisão*. **4.** (Inf.) Velocidade de transmissão de dados. **Banda larga**: conexão de internet com mais de 56 Kbps, transmitidos por linha telefônica digital, cabo de TV, rádio ou satélite.

bandagem (ban.da.gem) s.f. **1.** Faixa, atadura. **2.** Cobertura com bandas ou ataduras de uma parte afetada do corpo.

bandalheira (ban.da.lhei.ra) s.f. Ação, ato de bandalho; roubalheira, enganação.

bandalho (ban.da.lho) s.m. Pessoa desonesta; ladrão, malandro.

bandana (ban.da.na) s.f. **1.** Lenço amarrado sob o pescoço, em estilo caubói, ou na cabeça. **2.** Lenço tingido artesanalmente.

bandear (ban.de.ar) v.i. e v.p. Passar para outro lado ou partido; passar de uma banda ou lado para o outro: *ela bandeou(-se) para o lado deles*. Obs.: pres. do ind.: *bandeio, bandeias, bandeia* etc.

bandeira (ban.dei.ra) s.f. **1.** Pedaço de pano hasteado em um pau que serve de distintivo de nação, corporação, partido etc.; estandarte, pavilhão. **2.** Cada uma das duas tarifas de táxi, antigamente acionadas por uma chapa metálica no taxímetro. **3.** (Hist.) Expedição de exploração que, entre os séculos XVI e XVIII, partia da cidade de São Paulo para explorar os sertões, aprisionar índios ou descobrir minas.

bandeirada (ban.dei.ra.da) s.f. **1.** Movimento com bandeira. **2.** Valor mínimo que se paga para tomar um táxi.

bandeirante (ban.dei.ran.te) s.2g. **1.** Pessoa que fazia parte de uma bandeira; desbravador. s.f. **2.** Menina ou mulher que participa de um grupo exclusivamente feminino, análogo aos escoteiros.

bandeirantismo (ban.dei.ran.tis.mo) s.m. **1.** (Hist.) Atividade dos bandeirantes e suas expedições. **2.** Movimento feminino semelhante ao escotismo, formado pelas bandeirantes.

bandeirinha (ban.dei.ri.nha) s.m. (Esp.) No futebol, árbitro auxiliar que cuida da lateral do campo.

bandeirola (ban.dei.ro.la) [ó] s.f. Flâmula, pequena bandeira.

bandeja (ban.de.ja) [ê] s.f. Tabuleiro para servir alimentos e bebidas. **De bandeja**: de modo fácil de pegar: *entregou a chave do mistério de bandeja para os colegas*.

bandejão (ban.de.jão) s.m. **1.** Bandeja grande. **2.** Refeição servida em bandeja, comum em refeitórios de escolas, fábricas etc. **3.** Refeitório em que as refeições são servidas assim.

bandidagem (ban.di.da.gem) s.f. **1.** Vida de bandido. **2.** Grupo de bandidos.

bandido (ban.di.do) s.m. Salteador; malfeitor; que vive de assalto.

banditismo (ban.di.tis.mo) s.m. Ação ou vida de bandido.

bando (ban.do) s.m. **1.** Grupo de pessoas ou animais; multidão. **2.** Quadrilha de malfeitores.

bandó (ban.dó) s.m. **1.** Penteado com cabelos divididos ao meio, caindo em curvas e presos na nuca. **2.** Cobertura de cabeça feita de pano, tricô, renda etc.

bandô (ban.dô) s.m. Aba ou cobertura rígida usada como arremate ou decoração em cortinas e paredes.

bandola (ban.do.la) [ó] s.f. (Mús.) Instrumento do grupo do bandolim; bandolim tenor.

bandoleira (ban.do.lei.ra) s.f. Correia à tiracolo na qual se prende uma arma.

bandoleiro (ban.do.lei.ro) s.m. **1.** Salteador; malfeitor; bandido. adj. **2.** Que não para em lugar algum; errante.

bandolim (ban.do.lim) s.m. (Mús.) Instrumento de origem italiana de quatro cordas duplas, tocadas com palheta: *o bandolim é muito usado no chorinho*.

bandulho (ban.du.lho) s.m. (Pop.) Pança, barriga. O mesmo que *pandulho*.

bandurra (ban.dur.ra) s.f. (Mús.) Instrumento de origem espanhola com seis pares de cordas e tocado com palheta.

bangalô (ban.ga.lô) s.m. Casa de construção leve e pequena, para residência em locais quentes, na praia ou no campo.

bangladeshiano (ban.gla.de.shi.a.no) adj. **1.** De Bangladesh, país da Ásia. s.m. **2.** Pessoa natural ou habitante desse lugar.

banguê (ban.guê) [ü] s.m. **1.** Espécie de liteira rasa, levada por um animal na frente e outro atrás. **2.** Modelo dos primeiros engenhos de açúcar movidos a tração animal. **3.** Padiola levada sobre os ombros por duas pessoas, para transportar cargas ou uma pessoa na rede.

bangue-bangue (ban.gue-ban.gue) s.m. **1.** (Filme de) faroeste, *western*. **2.** Tiroteio. ◙ Pl. *bangue-bangues*.

banguela (ban.gue.la) [é] adj.2g. **1.** Que não tem dentes; desdentado, banguelo. s.2g. e adj.2g. **2.** (Pessoa) com poucos ou nenhum dente; banguelo. s.f. **3.** (Pop.) Condução de um veículo sem nenhum marcha engatada, em descida.

banguelo (ban.gue.lo) [é] s.m. e adj. Banguela.

banha (ba.nha) s.f. Gordura de animais, particularmente do porco.
banhado (ba.**nha**.do) s.m. Charco, brejo.
banhar (ba.**nhar**) v.t.d. **1.** Meter em banho; dar banho a. **2.** Correr (um rio etc.) junto de. **3.** Envolver em um fluido. v.t.i. **4.** Embeber; mergulhar.
banheira (ba.**nhei**.ra) s.f. **1.** Bacia, tanque ou pequena obra para banhos de imersão. **2.** No futebol, impedimento.
banheiro (ba.**nhei**.ro) s.m. **1.** Cômodo com vaso sanitário, pia e chuveiro; toalete. **2.** Cômodo com vaso sanitário; quartinho, w.c. **3.** (Ant.) Cômodo para banho, com banheira, chuveiro etc.
banhista (ba.**nhis**.ta) s.2g. Pessoa que se banha em praia, piscina ou rio.
banho (ba.nho) s.m. **1.** Ato de banhar. **2.** Ação de lavar o corpo. **3.** Líquido em que se mergulham substâncias para alterá-las.
banho de cheiro (ba.nho de **chei**.ro) s.m. (Folc.) Rito em que se joga infusão de ervas aromáticas sobre uma pessoa, para protegê-la ou livrá-la de problemas.
banho-maria (ba.nho-ma.**ri**.a) s.m. Processo de aquecimento ou cozimento feito em vasilha cheia de água, na qual se mergulha outra vasilha com o que se quer cozinhar. ▪ Pl. *banhos-marias* e *banhos-maria*.
baniba (ban.jo.**is**.ta) s.2g. e adj.2g. O mesmo que *baniua*.
banido (ba.**ni**.do) adj. Que se baniu; expatriado, exilado.
banimento (ba.ni.**men**.to) s.m. **1.** Ação de banir. **2.** Desterro, exílio.
banir (ba.**nir**) v.t.d. Expulsar da pátria; desterrar; afugentar. Obs.: verbo defectivo; pres. do ind.: *banes, bane, banimos, banis, banem*. Não possui as formas em que a letra *n* seria seguida de *o* ou *a*, como a 1ª pes. sing. do pres. do ind. e todas as do pres. do subj.
baniua (ba.**niu**.a) s.2g. **1.** Indivíduo dos baniuas, povo indígena que vive hoje no Amazonas. adj.2g. **2.** Relacionado a esse povo. s.m. **3.** Idioma desse povo. O mesmo que *baniba, baniva*.
baniva (ba.**ni**.va) s.2g. e adj.2g. O mesmo que *baniua*.
banjo (ban.jo) s.m. (Mús.) Instrumento de cinco cordas com caixa de ressonância coberta por pele de animal, muito difundido nos EUA.
banjoísta (ban.jo.**ís**.ta) s.2g. Pessoa que toca banjo.
banner [inglês: "bâner"] s.m. Peça publicitária em forma de bandeira, impressa em um ou dois lados, feita para ser pendurada em eventos, exposições, pontos de venda etc.
banqueiro (ban.**quei**.ro) s.m. Aquele que comercializa dinheiro; que se dedica a operações bancárias e financeiras.
banqueta (ban.**que**.ta) [ê] s.f. Pequeno banco.
banquete (ban.**que**.te) [ê] s.m. Refeição solene e formal geralmente festiva.
banquetear-se (ban.que.te.**ar**-se) v.t.d. **1.** Oferecer banquete a: *banquetear os visitantes*. v.p. **2.** Comer em ou como em banquete; comer muito bem: *banqueteou-se com o peixe*. **3.** Fartar-se, satisfazer-se.
banto (ban.to) adj. **1.** Pertencente a um grupo de povos africanos que vivem nas regiões de Angola, Guiné, Moçambique, Congo e outras, de grande influência na cultura brasileira: *a palavra "samba" é de origem banta*. **2.** Relacionado a uma das línguas faladas por esses povos. s.m. **3.** Indivíduo de um desses povos.
banzar (ban.**zar**) v.i. Parar no meio de uma ação para pensar; ficar meditativo.
banzé (ban.**zé**) s.m. Agitação, desordem, barulho.
banzeiro (ban.**zei**.ro) s.m. e adj. (Aquele) que faz banzé; desordeiro, bagunceiro.
banzo (ban.zo) s.m. **1.** Nostalgia mortal dos negros africanos. adj. **2.** Pensativo; triste.
baobá (ba.o.**bá**) s.m. (Bot.) Árvore grande, de até nove metros de diâmetro e cujo tronco possui grandes reservas de água, muito procurada pelos elefantes.
baque (ba.que) s.m. Ruído forte de um corpo que vai ao chão, ou choca-se com outro; queda.
baquear (ba.que.**ar**) v.i. **1.** Levar um baque, cair inesperadamente. **2.** Arruinar.
baquelite (ba.que.**li**.te) s.f. (Quím.) Resina empregada na fabricação de revestimentos como a fórmica.
baqueta (ba.**que**.ta) [ê] s.f. (Mús.) Bastão com que se percute ou toca instrumentos de percussão: *o surdo é tocado com uma baqueta, a caixa, com duas*.
bar s.m. **1.** Lugar onde são servidas bebidas alcoólicas; bodega, botequim. **2.** Balcão onde são servidas bebidas.
baraçana (ba.ra.**ça**.na) s.2g. **1.** Indivíduo dos baraçanas, povo indígena que vive hoje no Amazonas. adj.2g. **2.** Relacionado a esse povo.
baraço (ba.**ra**.ço) s.m. Corda para enforcamento.
barafunda (ba.ra.**fun**.da) s.f. **1.** Tumulto. **2.** Algazarra; confusão.
baralhada (ba.ra.**lha**.da) s.f. Confusão, balbúrdia, tumulto, barafunda.
baralhado (ba.ra.**lha**.do) adj. Que se baralhou; confuso, misturado.
baralhar (ba.ra.**lhar**) v.t.d. **1.** Confundir, misturar. **2.** Misturar as cartas de um baralho, antes de jogar; embaralhar.
baralho (ba.**ra**.lho) s.m. **1.** Conjunto de 52 cartas usado para jogar; jogo de cartas: *jogava dados e baralho muito bem*. **2.** Confusão, tumulto, bagunça.
barão (ba.**rão**) s.m. **1.** Título de nobreza inferior a visconde e superior a cavaleiro, que se acompanha de um baronato. **2.** Pessoa que tem esse título.
barata (ba.**ra**.ta) s.f. (Zoo.) Inseto ortóptero castanho, de corpo chato e oval, onívoro, muito comum no verão.
baratear (ba.ra.te.**ar**) v.t.d. **1.** Vender por preço menor. **2.** Menosprezar; dar pouco valor. v.i. **3.** Diminuir de preço.
barateiro (ba.ra.**tei**.ro) adj. Que vende por baixo preço.

barateza (ba.ra.**te**.za) [ê] s.f. Qualidade do que é barato, do que custa pouco.
baratinar (ba.ra.ti.**nar**) v.t.d. **1.** Estar em processo de perturbação mental. **2.** Fazer perguntas para provocar desatino.
barato (ba.**ra**.to) adj. **1.** De preço pequeno, módico. **2.** (Fig.) Que se consegue com facilidade; concessão. adv. **3.** A preço pequeno, baixo: *essa loja vende mais barato*.
báratro (**bá**.ra.tro) s.m. Abismo; precipício.
barba (**bar**.ba) s.f. **1.** Pelos da parte inferior do rosto, ou queixo, do homem: *aos quinze anos ele já tinha barba*. **2.** Esses pelos, usados crescidos: *teve de tirar a barba mas deixou o bigode*. *Fazer a barba*: aparar esses fios ou pelos, rente da pele ou de um outro tamanho.
barba-azul (bar.ba-a.**zul**) s.m. Homem que tem muitas mulheres; conquistador. ▣ Pl. *barbas-azuis*.
barbada (bar.**ba**.da) s.f. **1.** Beiço inferior do cavalo, em que se prende a parte inferior do freio ou bridão. **2.** Qualquer competição em que se ganha facilmente.
barbadense (bar.ba.**den**.se) adj.2g. **1.** De Barbados, país da América Central. s.m. **2.** Pessoa natural ou habitante desse lugar.
barbado (bar.**ba**.do) s.m. e adj. **1.** (Aquele) que tem barba. **2.** Adulto, grande, maduro.
barbante (bar.**ban**.te) s.m. Fio, cordel de algodão.
barbaria (bar.ba.**ri**.a) s.f. **1.** Ação própria de bárbaro. **2.** Selvageria. **3.** Ajuntamento de bárbaros.
barbaridade (bar.ba.ri.**da**.de) s.f. **1.** Qualidade ou ato de bárbaro; crueldade. (RS) *Uma barbaridade*: uma grande quantidade, uma enormidade. interj. **2.** (RS) Exprime espanto, admiração ou estupefação.
barbárie (bar.**bá**.rie) s.f. Estado ou condição de bárbaro; selvageria.
barbarismo (bar.ba.**ris**.mo) s.m. **1.** Estado de gente bárbara; barbárie. **2.** (Gram.) Vício de linguagem que compromete a língua; estrangeirismo.
bárbaro (**bár**.ba.ro) adj. **1.** Sem civilização; rude; grosseiro; inculto. s.m. e adj. **2.** (Indivíduo) de alguns dos povos que invadiram o Império Romano do Ocidente: *invasões bárbaras, chegada dos bárbaros*. interj. **3.** Exprime espanto ou admiração.
barbatana (bar.ba.**ta**.na) s.f. (Zoo.) **1.** Dobra de cartilagem exterior do peixe, que lhe permite nadar. **2.** Lâmina córnea inserida no céu da boca da baleia.
barbatimão (bar.ba.ti.**mão**) s.m. (Bot.) Cipó de que se extrai uma substância com propriedades aromáticas e medicinais.
barbeador (bar.be.a.**dor**) [ô] s.m. Aparelho elétrico de barbear.
barbear (bar.be.**ar**) v.t.d. Fazer a barba. Obs.: pres. do ind.: *barbeio, barbeias, barbeia* etc.
barbearia (bar.be.a.**ri**.a) s.f. Loja ou ofício de barbeiro.
barbeiragem (bar.bei.**ra**.gem) s.f. (Pop.) Ação de conduzir ou dirigir mal um veículo: *uma barbeiragem quase o matou*.
barbeiro (bar.**bei**.ro) s.m. **1.** Pessoa que corta cabelos, raspa ou apara barba. **2.** (Pop.) Mau condutor de veículos; pessoa inábil em uma profissão ou atividade, que pode prejudicar os outros. **3.** (Zoo.) Inseto cuja picada transmite a doença de Chagas, hemíptero preto ou cinza, com manchas vermelhas, amarelas ou alaranjadas; chupão, bicudo.
barbela (bar.**be**.la) [é] s.f. **1.** Parte de baixo do queixo de alguns animais. **2.** Parte do freio que passa nessa região.
barbicha (bar.**bi**.cha) s.f. **1.** Barba pequena e rala. s.m. **2.** Homem de pouca barba.
barbitúrico (bar.bi.**tú**.ri.co) adj. (Quím.) Ácido barbitúrico: substância composta usada como sedativo ou para fazer dormir.
barbudo (bar.**bu**.do) adj. Que tem muita barba.
barca (**bar**.ca) s.f. **1.** (Náut.) Antiga embarcação larga e pouco funda. **2.** Cantiga de barqueiros. **3.** (Folc.) Tradição nordestina de origem portuguesa, celebrada nas festas juninas, em que se representa a vida no mar ou a chegada de vários personagens em uma barca; chegança de marujos, marujada, fandango.
barcaça (bar.**ca**.ça) s.f. Embarcação de grande porte para serviços particulares de navegação.
barcarola (bar.ca.**ro**.la) [ó] s.f. **1.** Canção dos gondoleiros de Veneza. **2.** Gênero de poesia com ritmo semelhante.
barco (**bar**.co) s.m. Pequena embarcação descoberta.
bardo (**bar**.do) s.m. Poeta; trovador.
baré (ba.**ré**) s.2g. e adj.2g. **1.** Manauara. s.2g. **2.** Indivíduo dos barés, povo indígena que vive hoje no Amazonas. s.m. **3.** Idioma falado por esse povo. adj.2g. **4.** Relacionado a esse povo.
baremita (ba.re.**mi**.ta) adj.2g. **1.** De Barém, país da Ásia. s.2g. **2.** Pessoa natural ou habitante desse lugar.
barganha (bar.**ga**.nha) s.f. Troca, permuta.
barganhar (bar.ga.**nhar**) v.t.d. Trocar, permutar, negociar.
barimetria (ba.ri.me.**tri**.a) s.f. (Fís.) Medição da gravidade ou do peso.
bário (**bá**.ri.o) s.m. (Quím.) Metal alcalinoterroso, de símbolo Ba, peso atômico 137,34 e número atômico 56.
bárion (**bá**.ri.on) s.m. (Fís.) Partículas elementares pesadas e instáveis, constituídas por três *quarks*.
bariônico (ba.ri.**ô**.ni.co) adj. (Fís.) Referente a bárion.
barisfera (ba.ris.**fe**.ra) [é] s.f. (Geo.) Parte interior da Terra, constituída de metais pesados em fusão, antigamente chamada nife.
barítono (ba.**rí**.to.no) s.m. (Mús.) **1.** Voz masculina entre o grave e o agudo. **2.** Diz-se do bombardino, cujo registro é entre o baixo e o soprano.
barlavento (bar.la.**ven**.to) s.m. **1.** (Náut.) Bordo do navio que se acha do lado de onde o vento sopra. **2.** (Fig.) Situação favorável.
barnabé (bar.na.**bé**) s.m. (Pop. Pej.) Funcionário público de cargo baixo na hierarquia.
barômetro (ba.**rô**.me.tro) s.m. (Fís.) Instrumento com o qual se mede a pressão atmosférica, inventado pelo físico Torricelli.

baronato (ba.ro.**na**.to) s.m. Dignidade de um barão ou baronesa; baronia.
baronesa (ba.ro.ne.sa) [ê] s.f. **1.** Mulher que recebeu o baronato. **2.** Esposa do barão.
baronia (ba.ro.**ni**.a) s.f. **1.** Território sob domínio de um barão ou baronesa. **2.** Baronato.
barosânemo (ba.ro.**sâ**.ne.mo) s.m. (Fís.) Instrumento destinado a mostrar a força do vento.
barqueiro (bar.**quei**.ro) s.m. Piloto de barco.
barra (**bar**.ra) s.f. **1.** Pedaço, bloco de matéria sólida: *barras de metal, chocolate em barra*. **2.** Objeto retangular mais comprido que largo. **3.** Dobra na extremidade de uma roupa, toalha, cortina etc.; debrum. **4.** Aparelho de ginástica. **5.** Traço, risco, linha interrompida. **6.** Traço oblíquo (/ ou \) de uso variado na escrita. **7.** (Gír.) Dificuldade, situação difícil. **8.** Foz de um rio ou riacho.
barraca (bar.**ra**.ca) s.f. **1.** Abrigo de lona, plástico ou madeira, usado em acampamento. **2.** Balcão, em geral com cobertura, para venda de mercadorias em feiras ou na rua. **3.** Barraco.
barracão (bar.ra.**cão**) s.m. **1.** Grande barraca. **2.** Local coberto para guardar instrumentos diversos.
barraco (bar.**ra**.co) s.m. Abrigo de construção precária, em madeira, palha, zinco etc. (Pop.) **(Armar)** um barraco: (criar) confusão, gritaria, atrito.
barracuda (bar.ra.**cu**.da) s.f. (Zoo.) Peixe agressivo das águas quentes do Atlântico, pode medir até dois metros.
barrado (bar.**ra**.do) adj. **1.** Coberto ou revestido de barro. **2.** Guarnecido ou forrado de barras: *vestido barrado*. **3.** Impedido; frustrado.
barragem (bar.**ra**.gem) s.f. **1.** Construção de alvenaria, em um rio ou riacho, para represar águas. **2.** Tapume de troncos e ramos trançados para impedir a passagem dos peixes.
barra-manteiga (bar.ra-man.**tei**.ga) s.f. (Folc.) Brincadeira de pegar em que uma pessoa bate na palma da mão de alguém do outro time, que se torna pegador, e sai correndo; ganha o último que ficar. ▣ Pl. *barra-manteigas*.
barranca (bar.**ran**.ca) s.f. Barranco, ribanceira.
barranco (bar.**ran**.co) s.m. **1.** Escavação provocada por agentes naturais. **2.** Precipício, abismo.
barranqueiro (bar.ran.**quei**.ro) s.m. (NE) Habitante das margens do rio São Francisco, ou de outro rio.
barrar (bar.**rar**) v.t.d. **1.** Cobrir com barro. **2.** Atravessar com barras. **3.** Guarnecer com barras. **3.** Impedir a entrada ou a realização de; frustrar.
barreado (bar.re.**a**.do) s.m. (Culin.) Prato tradicional paranaense feito só de carne muito cozida em panela com a tampa fixada por uma massa de mandioca: *antigamente a panela do barreado era colocada em um braseiro enterrado no solo*.
barrear (bar.re.**ar**) v.t.d. Tapar, vedar com barro ou massa de consistência semelhante.
barregão (bar.re.**gão**) s.m. (Ant.) Pessoa que vive com outra sem casar-se; amásio, amante.
barreira (bar.**rei**.ra) s.f. **1.** Obstáculo que impede ou dificulta a passagem ou um processo: *barreiras na pista*. **2.** Local de onde se extrai barro; barreiro. **3.** (Esp.) No futebol, grupo de jogadores em linha diante do gol. **4.** Obstáculo, empecilho: *a falta de computadores era uma barreira para a comunicação*.
barreiro (bar.**rei**.ro) s.m. **1.** Lugar de onde se extrai barro. **2.** Lugar onde se amassa o barro para fabricação de tijolos.
barrela (bar.**re**.la) [é] s.f. **1.** Água que se ferve com cinzas, usada para branquear roupas. **2.** (Fig.) Engano; esparrela.
barrento (bar.**ren**.to) adj. Que contém barro, que apresenta a cor do barro.
barrete (bar.**re**.te) [ê] s.m. Cobertura mole para a cabeça; touca.
barrica (bar.**ri**.ca) s.f. Barril ou tambor pequeno.
barricada (bar.ri.**ca**.da) s.f. Entrincheiramento improvisado com barricas, carros, estacas etc.
barrido (bar.**ri**.do) s.m. Som emitido pelo elefante; barrito.
barriga (bar.**ri**.ga) s.f. **1.** Região do corpo abaixo do peito; ventre: *levantou a camiseta e mostrou a barriga cheia de músculos*. **2.** Acúmulo de gordura nessa região; pança: *ela não tinha barriga*. **3.** (Pop.) Estômago: *encher a barriga*. **4.** Qualquer saliência ou elevação. **Barriga da perna**: parte de trás da perna, oposta à canela; panturrilha.
barrigada (bar.ri.**ga**.da) s.f. **1.** Vísceras, intestino. **2.** Choque da barriga contra a água, ao mergulhar.
barriga-d'água (bar.ri.ga-d'**á**.gua) s.f. Acúmulo de líquido no abdome; hidropsia. ▣ Pl. *barrigas-d'água*.
barriga-verde (bar.ri.ga-**ver**.de) s.2g. e adj.2g. Santa-catarinense. Obs.: alusão ao colete dos fuzileiros em 1832. ▣ Pl. *barrigas-verdes*.
barrigudo (bar.ri.**gu**.do) adj. Que tem barriga proeminente.
barrigueira (bar.ri.**guei**.ra) s.f. Peça do arreio que passa pela barriga da cavalgadura.
barril (bar.**ril**) s.m. Vasilha de aduelas, de forma bojuda, geralmente para líquidos.
barrir (bar.**rir**) v.i. Emitir barridos ou barritos; soltar a voz (elefante).
barrito (bar.**ri**.to) s.m. Som emitido pelo elefante; barrido.
barro (**bar**.ro) s.m. **1.** Argila própria para a fabricação de tijolos e telhas. **2.** Mistura de argila e água que se emprega no assentamento de alvenaria. **3.** (Pop.) Coisa insignificante, sem valor.
barroca (bar.**ro**.ca) [ó] s.f. Cova em barranco, de formação natural.
barroco (bar.**ro**.co) [ô] s.m. **1.** Estilo arquitetônico, plástico e literário em que predomina o exagero. adj. **2.** Extravagante; irregular; exagerado.
barroso (bar.**ro**.so) [ô] adj. **1.** Que diz respeito ao barro. **2.** De cor semelhante à do barro: *a música do Boi Barroso é muito popular entre os gaúchos*. ▣ Pl. *barrosos* [ó].
barulhada (ba.ru.**lha**.da) s.f. Barulheira.

barulheira (ba.ru.lhei.ra) s.f. Monte de barulho; barulhada.
barulhento (ba.ru.lhen.to) adj. Ruidoso; agitado.
barulho (ba.ru.lho) s.m. **1.** Som, ruído. **2.** Som alto; alarde, alarido. **3.** Conflito, encrenca com discussão; confusão.
basal (ba.sal) adj.2g. Referente a base.
basáltico (ba.sál.ti.co) adj. Relativo a, ou formado de basalto.
basalto (ba.sal.to) s.m. (Min.) Rocha vulcânica escura, de grande dureza.
basbaque (bas.ba.que) s.2g. e adj.2g. (Ant.) (Pessoa) que fica pasmo ou bobo, chocado, diante de qualquer coisa.
basbaquice (bas.ba.qui.ce) s.f. Qualidade ou modo de basbaque.
basco (bas.co) adj. **1.** Do País Basco, comunidade autônoma que integra a Espanha. s.m. **2.** Pessoa natural ou habitante desse lugar. **3.** Idioma falado nesse lugar.
basculante (bas.cu.lan.te) adj.2g. **1.** Que funciona com movimento de básculo. **2.** Provido de básculo.
básculo (bás.cu.lo) s.m. **1.** Peça de ferro para abrir e fechar os ferrolhos das portas. **2.** Espécie de ponte levadiça.
base (ba.se) s.f. **1.** Tudo que serve de fundamento ou apoio: *os pés são a base do corpo, as raízes são a base da planta*. **2.** (Fig.) Fundamento, origem. **3.** (Quím.) Substância que pode neutralizar um ácido. **4.** (Mat.) Número de algarismos que um sistema numérico contém. **Base de dados**: conjunto de dados sobre um assunto, organizado para que possam ser pesquisados ou utilizados.
baseado (ba.se.a.do) adj. **1.** Que tem base ou fundamento; firme argumentação baseada em pesquisas científicas. s.m. **2.** (Gír.) Cigarro de maconha.
basear (ba.se.ar) v.t.d. Servir de base ou constituir-se na base de; fundamentar.
básico (bá.si.co) adj. **1.** Que serve de base. **2.** Fundamental, essencial, principal. **3.** (Quím.) Que é capaz de libertar certos ânions e também sais de neutralização incompleta.
basilar (ba.si.lar) adj.2g. **1.** Que está na base. **2.** Fundamental; essencial.
basílica (ba.sí.li.ca) s.f. **1.** Entre ao romanos, edifício público onde funcionavam os tribunais. **2.** Igreja principal; igreja privilegiada, que desfruta certas prerrogativas sobre as outras igrejas.
basquete (bas.que.te) [é] s.m. Jogo disputado entre duas equipes de cinco jogadores que buscam colocar a bola em uma cesta usando as mãos; bola ao cesto. O mesmo que *basquetebol*.
basquetebol (bas.que.te.bol) s.m. O mesmo que *basquete*.
basta (bas.ta) interj. **1.** Emprega-se para pedir ou ordenar que algo pare, cesse ou se interrompa: *basta! chega! sai!* **2.** Fim, término, ponto-final: *dar um basta na situação*.
bastante (bas.tan.te) **1.** Muito numeroso. adv. **2.** Em quantidade suficiente. adj.2g. **3.** Que basta.

bastão (bas.tão) s.m. Pedaço de pau delgado e comprido que se traz na mão para arrimo ou como arma. **Em bastão**: diz-se de letra de mão com traços retos, separados. Cf. *cursiva*.
bastar (bas.tar) v.i. e v.t.d. **1.** Ser suficiente, ser o bastante: *dois quilos de bolo bastam para a festa; bastou um telefonema para retomarem a amizade*. v.p. **2.** Ser completo, independente: *o eremita se basta*.
bastardo (bas.tar.do) adj. (Pej.) **1.** Que nasceu fora do matrimônio; ilegítimo: *filho bastardo*. **2.** Que não é puro; espúrio. Obs.: na segunda acepção, usado como xingamento, sem relação com a situação conjugal dos pais da pessoa.
bastião (bas.ti.ão) s.m. **1.** Aquele que defende, garante ou sustenta: *a música e a dança são bastiões da cultura brasileira*. **2.** (Hist.) No castelo medieval, construção com local para posicionar armas; baluarte.
bastidor (bas.ti.dor) [ô] s.m. Caixilho, armação para prender o pano que será bordado. Cf. *bastidores*.
bastidores (bas.ti.do.res) [ô] s.m.pl. **1.** Parte lateral do palco do teatro. **2.** Intimidades da política, das artes etc. Cf. *bastidor*.
bastilha (bas.ti.lha) s.f. **1.** Fortaleza. (próprio) **2.** (Hist.) Prisão em Paris, invadida pelo povo durante a Revolução Francesa: *a queda da Bastilha foi em 1789*.
basto (bas.to) adj. **1.** Denso, cerrado: *cabeleira basta*. **2.** Na baralho, o dois de paus. **3.** Jogo de baralho com três cartas, em que a de maior valor é o dois de paus.
bastonada (bas.to.na.da) s.f. Golpe com bastão.
bastonete (bas.to.ne.te) [ê] s.m. **1.** Pequeno bastão; varinha. **2.** (Bio.) Bacilo alongado e articulado.
bata (ba.ta) s.f. Vestido de mulher solto e largo; vestimenta usada por médicos, dentistas, advogados, no exercício de sua profissão.
batalha (ba.ta.lha) s.f. **1.** Combate, luta, disputa. **2.** (Fig.) Matéria de discussão. **3.** (Pop.) Luta; peleja.
batalhador (ba.ta.lha.dor) [ô] s.m. e adj. (Pessoa) que batalha, luta muito; trabalhador.
batalhão (ba.ta.lhão) s.m. Unidade tática de infantaria que faz parte de um regimento e se subdivide em companhias.
batalhar (ba.ta.lhar) v.i. **1.** Combater; lutar; dar batalha. v.t.i. **2.** Discutir; teimar; argumentar. **3.** Esforçar-se, lutar, fazer por conseguir. v.t.d. **4.** Travar batalha.
batata (ba.ta.ta) s.f. **1.** (Bot.) Planta de tubérculo comestível, originária das Américas Central e do Sul, e de que há várias espécies. **2.** O tubérculo dessa planta, comestível cozido ou frito. **3.** (Zoo.) Namorado. **Batata quente**: brincadeira em que as pessoas ficam em roda, jogando rapidamente a bola entre si enquanto outra diz "batata quente, quente... queimou", quem estiver com a bola no "queimou" é eliminado. (Fig.) Tarefa ou problema da qual ninguém quer encarregar-se.
batata-baroa (ba.ta.ta-ba.ro.a) s.f. Mandioquinha.
batatada (ba.ta.ta.da) s.f. **1.** Grande quantidade de batatas. **2.** Doce de batatas. **3.** (Fig.) Besteira; asneira.

batata-doce (ba.ta.ta-**do**.ce) [ô] s.f. (*Bot.*) Batata de sabor adocicado, esverdeada ou roxa e muito apreciada para fazer doces. ▫ Pl. *batatas-doces*.

batata-inglesa (ba.ta.ta-in.**gle**.sa) [ê] s.f. (*Bot.*) Variedade mais comum de batata. ▫ Pl. *batatas-inglesas*.

batavo (ba.**ta**.vo) *adj*. **1.** Pertencente a um povo germânico que ocupou a Batávia, atual Holanda. *s.m*. **2.** Indivíduo desse povo.

batear (ba.te.**ar**) v.t.d. **1.** Garimpar usando a bateia; passar (terra, lama) na bateia para separar as pedras preciosas. **2.** (*Fig.*) Selecionar, peneirar, filtrar.

bate-boca (ba.te-**bo**.ca) [ô] s.m. Altercação, discussão violenta; briga. ▫ Pl. *bate-bocas*.

bate-bola (ba.te-**bo**.la) [ó] s.m. **1.** Jogo de futebol informal, recreativo. **2.** Troca de passes. **3.** (*Fig.*) Conversa, diálogo, troca de informações. ▫ Pl. *bate-bolas*.

bateção (ba.te.**ção**) s.f. Batedeira.

batedeira (ba.te.**dei**.ra) s.f. **1.** Aparelho manual ou elétrico para bater massas, claras de ovo etc. **2.** Ação de bater repetidas vezes; bateção.

batedor (ba.te.**dor**) [ô] s.m. **1.** Aquilo ou quem bate. **2.** Soldado que vai à frente para explorar o terreno ou abrir caminho. **3.** (*Fig.*) Precursor.

bateeiro (ba.te.**ei**.ro) s.m. Pessoa que trabalha com a bateia.

bate-estaca (ba.te-es.**ta**.ca) s.m. **1.** Aparelho para cravar estacas por percussão. **2.** (*Gír. Pej.*) *Dance*. ▫ Pl. *bate-estacas*.

bátega (**bá**.te.ga) s.f. (*Raro*) Pancada de chuva, chuva rápida: *caiu bátega muito forte*.

bateia (ba.**tei**.a) s.f. Bacia de fundo cônico, usada no garimpo para separar as pedras da terra.

batel (ba.**tel**) s.m. **1.** Canoa; barco pequeno. **2.** (*Náut.*) Peça de madeira em forma de setor, presa à parte curva da barquinha.

batelada (ba.te.**la**.da) s.f. Grande quantidade, montão, porção grande.

batelão (ba.te.**lão**) s.m. **1.** Canoa grande, para transporte fluvial de pessoas ou carga. **2.** Barca grande para transporte de carga.

batente (ba.**ten**.te) s.m. **1.** Rebaixa ou ombreira onde bate a porta ou janela quando se fecha. **2.** (*Pop.*) Trabalho efetivo.

bate-papo (ba.te-**pa**.po) s.m. **1.** Conversa informal, prosa, proseio, cavaco. **2.** (*Inf.*) Troca instantânea de mensagens escritas, em uma página da internet ou em programas específicos. ▫ Pl. *bate-papos*.

bate-pau (ba.te-**pau**) s.m. **1.** (*Folc.*) Dança em que dois violeiros ficam no centro de uma roda e dirigem os pares, que batem um pau ou cacete. **2.** Colaborador da polícia ou do exército; delator. **3.** Capanga, jagunço. ▫ Pl. *bate-paus*.

bate-pé (ba.te-**pé**) s.m. (*Folc.*) Xiba. ▫ Pl. *bate-pés*.

bater (ba.**ter**) v.t.d. **1.** Dar sucessivas pancadas em. **2.** Agitar fortemente. **3.** Derrotar. **4.** Explorar. *Bater papo*: conversar. v.i. **5.** Soar. v.t.i. **6.** Dar pancadas. **7.** Chocar-se; ir de encontro. **8.** Chegar; ir ter a alguma parte.

bateria (ba.te.**ri**.a) s.f. **1.** Fração de um corpo de artilharia. **2.** Conjunto de utensílios para a cozinha. **3.** Conjunto de condensadores elétricos, em comunicação uns com os outros. **4.** (*Mús.*) Os instrumentos de percussão de uma banda ou orquestra.

baterista (ba.te.**ris**.ta) s.2g. (*Mús.*) Pessoa que toca bateria.

baticum (ba.ti.**cum**) s.m. **1.** Som de percussão; batida, batuque. **2.** Discussão, bate-boca.

batida (ba.**ti**.da) s.f. **1.** Ação de bater. **2.** Rastro, pista: *o cão foi na batida do coelho*. **3.** Diligência policial em busca de criminosos ou mercadorias ilegais. **4.** Coquetel feito com aguardente e suco de frutas, em geral adoçado: *serviram batida de limão e caipirinha*. **5.** Colisão (de veículos).

batido (ba.**ti**.do) *adj*. **1.** Vulgar; corriqueiro; comum. **2.** Usado em excesso. **3.** Espancado; sovado. **4.** (*Lus.*) Leite batido com sorvete ou frutas; frapê.

batimento (ba.ti.**men**.to) s.m. **1.** Ação de bater. **2.** Choque impetuoso. **3.** (*Med.*) Pulsação.

batina (ba.**ti**.na) s.f. Hábito ou vestimenta dos sacerdotes e de estudantes de algumas universidades.

batismo (ba.**tis**.mo) s.m. **1.** (*Relig.*) Primeiro sacramento das igrejas cristãs, que consiste na purificação por aspersão ou imersão em água. **2.** Admissão, iniciação. **3.** Cerimônia para dar nome a uma pessoa. **4.** Escolha, atribuição de nome.

batista (ba.**tis**.ta) *adj.2g.* (*Relig.*) **1.** Que celebra cerimônia de batismo. **2.** Relacionado à Igreja Batista: *culto batista*. **Igreja Batista:** Igreja cristã fundada na Inglaterra no século XVI. *s.2g.* **3.** Membro dessa Igreja.

batistério (ba.tis.**té**.ri.o) s.m. Local da igreja em que está a pia onde é feito o batismo.

batizado (ba.ti.**za**.do) s.m. *e adj*. **1.** (Aquele) que recebeu o batismo. *s.m*. **2.** Festa que comemora o batismo.

batizar (ba.ti.**zar**) v.t.d. **1.** (*Relig.*) Administrar o sacramento do batismo a. **2.** Usar pela primeira vez. **3.** Benzer com certas cerimônias. **4.** Adulterar (líquido) adicionando-lhe água. v.t.d. *e i*. **5.** Denominar.

batom (ba.**tom**) s.m. Cosmético em forma de pequeno bastão, usado para colorir os lábios.

batota (ba.**to**.ta) [ó] s.f. (*Raro*) **1.** Trapaça no jogo. **2.** Trapaça, roubalheira. **3.** Vozearia, barulheira.

batráquio (ba.**trá**.qui.o) s.m. **1.** Qualquer sapo, rã ou pererca. **2.** (*Zoo.*) Antiga denominação dos anfíbios.

batucada (ba.tu.**ca**.da) s.f. **1.** Ação de batucar. **2.** (*Folc.*) Reunião para tocar samba ou outros ritmos usando instrumentos de percussão.

batucar (ba.tu.**car**) v.i. Fazer batuque ou batucada; tocar, percutir.

batuíra (ba.tu.**í**.ra) s.f. (*Zoo.*) Ave migratória de 15 cm, com plumagem clara.

batuque (ba.**tu**.que) s.m. **1.** Música feita com instrumentos de percussão. **2.** (*Folc.*) Dança acompanhada somente por instrumentos de percussão, com movimentação ágil e requebros. **3.** Culto religioso com acompanhamento de atabaques ou tambores.

batuta (ba.**tu**.ta) s.f. **1.** (Mús.) Bastão delgado e leve com que os regentes de orquestra marcam o compasso da música. s.2g. e adj.2g. **2.** (Pop.) (Pessoa) que tem maestria em um assunto, que domina uma arte.

baú (ba.**ú**) s.m. Arca, mala ou caixa, com tampa convexa.

baunilha (bau.**ni**.lha) s.f. **1.** (Bot.) Planta aromática. **2.** Fava dessa planta, usada em confeitaria pelo sabor e pelo aroma. **3.** Essência desse fruto ou produto artificial equivalente.

bauxita (bau.**xi**.ta) s.f. (Min.) Hidróxido de alumínio granuloso; minério de alumínio.

bávaro (**bá**.va.ro) adj. Natural da Baviera, região da Alemanha.

bazar (ba.**zar**) s.m. Loja onde se vendem objetos variados, sobretudo quinquilharias, louças e brinquedos.

bazófia (ba.**zó**.fi.a) s.f. **1.** Vaidade; jactância. **2.** Prosápia; fanfarrice.

bazofiar (ba.zo.fi.**ar**) v.i. Dizer bazófias; gabar-se, jactar-se.

bazuca (ba.**zu**.ca) s.f. Arma de fogo portátil que lança projéteis de grande poder de destruição.

bazulaque (ba.zu.**la**.que) s.m. (Culin.) Doce feito de coco ralado e mel ou açúcar.

bê s.m. Nome da letra B.

Be Símbolo do elemento químico berílio.

bê-á-bá (bê-á-**bá**) s.m. Primeiras noções, conhecimentos fundamentais e básicos sobre um assunto. ▣ Pl. *bê-á-bás*.

beagle [inglês: "bígou"] s.m. (Zoo.) Cão de raça médio, com pelo curto e liso, sempre tricolor, alegre e inteligente.

beata (be.**a**.ta) s.f. **1.** Mulher muito devota. **2.** Mulher que obteve a beatificação.

beatice (be.a.**ti**.ce) s.f. Devoção religiosa de forma falsa e fingida.

beatificação (be.a.ti.fi.ca.**ção**) s.f. (Relig.) Reconhecimento dado pela Igreja Católica do merecimento de veneração local.

beatificado (be.a.ti.fi.**ca**.do) s.m. e adj. (Relig.) (Indivíduo) que obteve beatificação.

beatificar (be.a.ti.fi.**car**) v.t.d. Fazer beato ou bem--aventurado.

beatífico (be.a.**tí**.fi.co) adj. Relativo a beato.

beatitude (be.a.ti.**tu**.de) s.f. Qualidade, condição de beato.

beato (be.**a**.to) adj. **1.** Beatificado. **2.** Bem-aventurado; feliz. s.m. **3.** Pessoa muito devota.

bêbado (**bê**.ba.do) s.m. e adj. **1.** (Aquele) que está embriagado; borracho: *ficava bêbada antes da segunda dose de gim*. **2.** (Aquele) que está sempre embriagado; alcoólatra: *era um bêbado inveterado*. O mesmo que *bêbedo*.

bebê (be.**bê**) s.m. Criança de colo; nenê.

bebedeira (be.be.**dei**.ra) s.f. Estado de quem bebeu demais, ingeriu excesso de bebida alcoólica; embriaguez, pileque.

bêbedo (**bê**.be.do) adj. O mesmo que bêbado.

bebedor (be.be.**dor**) [ô] s.m. Pessoa que bebe sempre, que aprecia a bebida com frequência.

bebedouro (be.be.**dou**.ro) s.m. **1.** Local onde os animais bebem. **2.** Aparelho com água encanada que esguicha pequeno jorro.

beber (be.**ber**) v.t.d. **1.** Consumir o conteúdo líquido de; tomar: *beber água, beber suco*. v.i. **2.** Apreciar, tomar bebidas alcoólicas: *só bebia de vez em quando*. **3.** (Pop.) Ingerir bebidas alcoólicas em excesso; embriagar-se: *deu para beber e ficou doente*.

beberagem (be.be.**ra**.gem) s.f. **1.** Remédio feito com o cozimento de ervas. **2.** Água enfarelada para animais. **3.** Bebida desagradável.

bebericar (be.be.ri.**car**) v.t.d. **1.** Beber aos goles. v.i. **2.** Beber pouco e frequentemente.

beberrão (be.ber.**rão**) s.m. e adj. (Aquele) que bebe muito; borracho.

bebida (be.**bi**.da) s.f. **1.** Aquilo que se bebe: *a festa tinha comidas e bebidas deliciosas; refresco é uma bebida feita de suco de fruta com água*. **2.** Cerveja, vinho, aguardente ou outro líquido que contém álcool. **3.** Dependência de álcool; alcoolismo.

beca (**be**.ca) [é] s.f. **1.** Veste de cor negra usada por magistrados; toga. **2.** (Fig.) Magistratura. **3.** Roupa. s.m. **4.** Magistrado.

beça (**be**.ça) [é] s.f. À beça: em grande quantidade, à farta.

beco (**be**.co) [ê] s.m. Rua estreita e curta sem saída. (Fig.) Beco sem saída: dificuldade; situação embaraçosa.

bedel (be.**del**) s.m. Funcionário dos estabelecimentos de ensino encarregado principalmente de manter a disciplina; auxiliar de classe: *viviam desafiando os bedéis*.

bedelho (be.**de**.lho) [ê] s.m. Pequena tranca ou ferrolho de porta. Meter o bedelho em: intrometer-se em conversa ou assunto que não é da sua conta.

beduíno (be.du.**í**.no) s.m. Árabe do deserto.

bege (**be**.ge) [é] adj.2n. **1.** De cor amarelada, como de areia, polpa de banana ou lã natural. s.m. **2.** Essa cor. ▣ Pl. do s.: *beges*, pl. do adj.: *beges*.

begônia (be.**gô**.ni.a) s.f. (Bot.) Planta cultivada pela beleza de suas folhas e flores.

beiço (**bei**.ço) s.m. **1.** (Anat.) Lábio. **2.** Rebordo; ressalto. Fazer beiço: fazer manha ou birra.

beiçola (bei.**ço**.la) [ó] s.f. **1.** Beiço grande. s.2g. **2.** Beiçudo.

beiçudo (bei.**çu**.do) s.m. e adj. (Indivíduo) que tem beiços grossos; beiçola.

beija-flor (bei.ja-**flor**) [ô] s.m. (Zoo.) Pássaro pequeno, o menor do mundo, colorido e brilhante, que suga o néctar das flores e consegue pairar, flutuar no ar; colibri. ▣ Pl. *beija-flores*.

beija-mão (bei.ja-**mão**) s.m. Ato de beijar ou dar a beijar as costas da mão, pedindo a benção. ▣ Pl. *beija-mãos*.

beijar (bei.**jar**) v.t.d. Tocar com os lábios em; oscular.

beijinho (bei.**ji**.nho) *s.m.* (*Culin.*) Doce pequeno feito com massa de leite e coco ou amendoim, enrolado em bolinha ou cone e passado no açúcar: *a festa tinha brigadeiros e beijinhos de coco*.
beijo (bei.jo) *s.m.* Ação de chegar os lábios à coisa ou pessoa fazendo uma leve sucção.
beijoca (bei.**jo**.ca) [ó] *s.f.* Beijo curto e ruidoso; bicota.
beijocar (bei.jo.**car**) *v.t.d.* Dar beijos amiúde de forma ruidosa e alegre.
beijoqueiro (bei.jo.**quei**.ro) *s.m. e adj.* (Pessoa) que beija ou tenta beijar em excesso; dado a dar beijocas.
beiju (bei.**ju**) *s.m.* (*Culin.*) **1.** Doce de massa de mandioca em forma de tubo, crocante; biju. **2.** Massa de fécula de mandioca assada na chapa, comida com manteiga, coco ou outros recheios doces ou salgados; tapioca. Do tupi *mbeiú*, o enroscado, o enrolado.
beira (bei.ra) *s.f.* **1.** Borda; orla; margem. **2.** Aba de telhado. **3.** Proximidade.
beirada (bei.**ra**.da) *s.f.* **1.** Margem; beira. **2.** Cercanias, arredores. **3.** (*Pop.*) Uma parte de um todo, um bocado.
beiradeiro (bei.ra.**dei**.ro) *s.m.* (NE) Pessoa que mora à margem de uma estrada.
beiral (bei.**ral**) *s.m.* Prolongamento do telhado além do prumo das paredes.
beira-mar (bei.ra-**mar**) *s.f.* Praia, litoral. ◘ Pl. *beira-mares*.
beirar (bei.**rar**) *v.t.d.* **1.** Caminhar, correr ou estar à beira de. *v.t.i.* **2.** Confinar; defrontar. **3.** Orçar.
beisebol (bei.se.**bol**) *s.m.* (*Esp.*) Jogo em que se rebate uma bola pequena com o bastão e corre para alcançar quatro bases, disputado por dois times de nove jogadores cada e esporte olímpico.
beladona (be.la.**do**.na) [ô] *s.f.* (*Bot.*) Planta solanácea com propriedades medicinais.
belas-artes (be.las-**ar**.tes) *s.f.pl.* A pintura e a escultura.
belas-letras (be.las-**le**.tras) *s.f.pl.* A literatura e a poesia.
belchior (bel.chi.**or**) [ó] *s.m.* **1.** Negociante de objetos usados. **2.** Brechó; bricabraque. **3.** Ferro-velho.
beldade (bel.**da**.de) *s.f.* Pessoa, em geral mulher, muito bonita.
beleguim (be.le.**guim**) *s.m.* (*Ant.*) Policial encarregado de prender.
beleléu (be.le.**léu**) *s.m.* Ir para o beleléu. **1.** Deixar de acontecer ou funcionar; estragar-se: *a festa foi para o beleléu quando começou a briga*. **2.** Morrer: *tomando aquela droga, qualquer um vai para o beleléu em algumas semanas*.
belenense (be.le.**nen**.se) *adj.2g.* **1.** Do município de Belém, capital do estado do Pará. *s.2g.* **2.** Pessoa natural ou habitante desse lugar.
beleza (be.**le**.za) [ê] *s.f.* **1.** Qualidade de belo, bonito; formosura. **2.** Beldade; encanto. **3.** Coisa muito agradável.

belga (**bel**.ga) [é] *adj.2g.* **1.** Da Bélgica, país da Europa. *s.2g.* **2.** Pessoa natural ou habitante desse lugar.
beliche (be.**li**.che) *s.m.* **1.** Compartimento de camarote nos navios. **2.** Cama dupla, ou tripla uma sobreposta à outra.
bélico (**bé**.li.co) *adj.* Relacionado à guerra; próprio da guerra.
belicoso (be.li.**co**.so) [ô] *adj.* **1.** Guerreiro, combativo. **2.** Preparado para a guerra. **3.** Revolto; agitado. ◘ Pl. *belicosos* [ó].
beligerância (be.li.ge.**rân**.ci.a) *s.f.* **1.** Qualidade ou condição do que é beligerante, de quem é ou está beligerante. **2.** Estado de guerra.
beligerante (be.li.ge.**ran**.te) *adj.2g.* Que está em guerra ou faz a guerra.
beliscão (be.lis.**cão**) *s.m.* Ação de beliscar, de apertar uma dobra de pele fazendo doer.
beliscar (be.lis.**car**) *v.t.d.* **1.** Apertar uma dobra de pele com a ponta dos dedos e causar dor. **2.** (*Pop.*) Comer bem pouco: *beliscou o almoço*.
belizense (be.li.**zen**.se) *adj.2g.* **1.** De Belize, país da América Central. *s.2g.* **2.** Pessoa natural ou habitante desse lugar.
belo (**be**.lo) [é] *adj.* **1.** Formoso; gentil; bonito. **2.** De proporções harmônicas. **3.** Que agrada à vista ou ao ouvido. *s.m.* **4.** Perfeição; aquilo que eleva o espírito.
belo-horizontino (be.lo-ho.ri.zon.**ti**.no) *adj.* **1.** Do município de Belo Horizonte, capital do estado de Minas Gerais. *s.m.* **2.** Pessoa natural ou habitante desse lugar. ◘ Pl. *belo-horizontinos*.
belonave (be.lo.**na**.ve) *s.f.* Navio de guerra.
bel-prazer (bel-pra.**zer**) *s.m.* Vontade própria, talante, arbítrio. **A (seu) bel-prazer:** como der vontade, à vontade, sem regra, livre. ◘ Pl. *bel-prazeres*.
beltrano (bel.**tra**.no) *s.m.* Pessoa cujo nome não se quer declarar ou não se sabe.
belvedere (bel.ve.**de**.re) [ê] *s.m.* **1.** Terraço alto. **2.** Pequeno mirante onde se descortina um vasto panorama.
Belzebu (bel.ze.**bu**) *s.m.* (*próprio*) (*Relig.*) Demônio, Satanás, Satã.
bem *s.m.* **1.** Qualidade positiva atribuída a ações e obras conforme aos preceitos morais. **2.** Felicidade, virtude. **3.** Benefício; utilidade. **4.** (*Econ.*) O que tem valor econômico, pertence e está no poder de alguém: *os bens da família eram uma casa, um carro e algum dinheiro no banco*. **Bem de consumo:** alimento, roupas, cadernos, veículos etc., produtos que são consumidos pelo proprietário. **Bem de produção:** máquina, matéria-prima, dinheiro ou outro usado para produção, para fazer produtos. **(Meu) bem:** tratamento dado a quem se ama. *adv.* **5.** Muito, bastante: *estava bem feliz*. **6.** Com boa disposição, com boa saúde: *sentia-se muito bem*. *interj.* **7.** Exprime aprovação: *muito bem*. **8.** Exprime dúvida, hesitação: *bem... você vai ou não?*
bem-amado (bem-a.**ma**.do) *s.m. e adj.* Querido; predileto; que é de afeto ou amor particular. ◘ Pl. *bem-amados*.

bem-apessoado (bem-a.pes.so.**a**.do) *adj.* Que parece boa pessoa, que tem boa aparência. ◘ Pl. *bem-apessoados.*

bem-aventurado (bem-a.ven.tu.**ra**.do) *adj.* **1.** Muito feliz. *s.m.* **2.** Santo. ◘ Pl. *bem-aventurados.*

bem-aventurança (bem-a.ven.tu.**ran**.ça) *s.f.* **1.** A felicidade suprema. **2.** *(Relig.)* No cristianismo, a glória; o Céu. ◘ Pl. *bem-aventuranças.*

bem-casado (bem-ca.**sa**.do) *s.m.* (Culin.) Bolo macio, de fécula de batata com recheio de doce de leite ou outro, embrulhado em porção individual: *é costume distribuir bem-casados na festa de casamento.* ◘ Pl. *bem-casados.*

bem-conceituado (bem-con.cei.tu.**a**.do) *adj.* Que goza de bom conceito ou boa conceituação; admirado. ◘ Pl. *bem-conceituados.*

bem-educado (bem-e.du.**ca**.do) *adj.* **1.** Que tem boa educação. **2.** Gentil, cortês, educado. ◘ Pl. *bem-educados.*

bem-estar (bem-es.**tar**) *s.m.* Estado perfeito de satisfação física e moral; conforto. ◘ Pl. *bem-estares.*

bem-falante (bem-fa.**lan**.te) *adj.2g.* Que fala bem, que tem boa expressão oral. ◘ Pl. *bem-falantes.*

bem-humorado (bem-hu.mo.**ra**.do) *adj.* Que tem bom humor. ◘ Pl. *bem-humorados.*

bem-nascido (bem-nas.**ci**.do) *adj.* Que nasceu bem, em família de tradição honrosa ou de posses. ◘ Pl. *bem-nascidos.*

bemol (be.**mol**) *s.m.* (Mús.) Sinal que serve para indicar que a nota junto à qual se encontra deve baixar de um semitom (opõe-se a sustenido).

bem-querer (bem-que.**rer**) *v.t.i.* **1.** Querer bem; dedicar grande estima. *s.m.* (sobrecomum) **2.** Pessoa a quem se ama. ◘ Pl. *bem-quereres.*

bem-te-vi (bem-te-**vi**) *s.m.* (epiceno) *(Zoo.)* Passarinho comum em todo o Brasil, cujo canto lembra essas palavras. ◘ Pl. *bem-te-vis.*

bem-vindo (bem-**vin**.do) *adj.* **1.** Que é bem recebido ou bem acolhido: *seja muito bem-vindo a esta casa.* **2.** Que é recebido bem, com aceitação ou aprovação: *suas ideias sempre foram bem-vindas.* ◘ Pl. *bem-vindos.*

bem-visto (bem-**vis**.to) *adj.* Que é visto com aprovação; aceito. ◘ Pl. *bem-vistos.*

bênção (**bên**.ção) *s.f.* **1.** Ato de benzer ou abençoar. **2.** Graça; favor divino. **3.** Palavras e sentimentos de gratidão.

bendito (ben.**di**.to) *adj.* Abençoado; louvado.

bendizer (ben.di.**zer**) *v.t.d.* **1.** Dizer bem de; louvar; glorificar. **2.** Abençoar.

beneditino (be.ne.di.**ti**.no) *s.m.* **1.** Monge pertencente à Ordem de São Bento. *adj.* **2.** Próprio dos beneditinos ou a eles relativo.

beneficência (be.ne.fi.**cên**.ci.a) *s.f.* **1.** Hábito ou virtude de fazer o bem. **2.** Caridade; filantropia.

beneficente (be.ne.fi.**cen**.te) *adj.2g.* Que beneficia; que faz benefício.

beneficiado (be.ne.fi.ci.**a**.do) *adj.* **1.** Que se beneficiou, que recebe benefício. **2.** Que recebeu beneficiamento.

beneficiamento (be.ne.fi.ci.a.**men**.to) *s.m.* **1.** Ação de beneficiar. **2.** Tratamento, processo que valoriza um produto agrícola, que o torna mais adequado para o consumo.

beneficiar (be.ne.fi.ci.**ar**) *v.t.d.* **1.** Favorecer. **2.** Consertar. **3.** Submeter (produto natural) a tratamento ou processo que o valoriza ou adequa para o consumo: *beneficiar arroz, beneficiar o algodão.* Obs.: pres. do ind.: *benefício, benefícias, benefícia* etc.

beneficiário (be.ne.fi.ci.**á**.ri.o) *s.m. e adj.* Que ou quem recebe ou usufrui de benefício ou vantagem.

benefício (be.ne.**fí**.ci.o) *s.m.* **1.** Serviço ou favor. **2.** Vantagem; mercê. **3.** Benfeitoria; melhoramento.

benéfico (be.**né**.fi.co) *adj.* Salutar; que faz bem; favorável; propiciador.

benemerência (be.ne.me.**rên**.ci.a) *s.f.* Qualidade ou ato de merecimento.

benemérito (be.ne.**mé**.ri.to) *s.m. e adj.* **1.** Que ou quem merece o bem. **2.** Ilustre; distinto; digno de honras.

beneplácito (be.ne.**plá**.ci.to) *s.m.* Consentimento; aprovação; licença.

benesse (be.**nes**.se) [é] *s.f.* **1.** Rendimento extra, benefício, pagamento extraordinário. **2.** Rendimento obtido sem trabalho. **3.** Dádiva, presente.

benevolência (be.ne.vo.**lên**.ci.a) *s.f.* **1.** Boa vontade para com todos. **2.** Complacência, condescendência.

benevolente (be.ne.vo.**len**.te) *adj.2g.* Que tem benevolência; bondoso, generoso.

benévolo (be.**né**.vo.lo) *adj.* **1.** Que tende a fazer o bem. **2.** Benigno; bondoso; benevolente.

benfazejo (ben.fa.**ze**.jo) [ê] *adj.* Que faz ou fez o bem: *gesto benfazejo.*

benfeitor (ben.fei.**tor**) [ô] *s.m.* **1.** O que faz o bem **2.** O que faz benfeitoria. *adj.* **3.** Benévolo.

benfeitoria (ben.fei.to.**ri**.a) *s.f.* Obras e melhoramentos realizados em uma propriedade para lhe aumentar o valor.

bengala (ben.**ga**.la) *s.f.* **1.** Bastão usado como apoio **2.** Pão comprido e fino.

bengalês (ben.ga.**lês**) *adj.* **1.** De Bengala, antigo nome de Bangladesh, país da Ásia próximo da Índia; bengali. *s.m.* **2.** Pessoa natural ou habitante desse lugar.

bengali (ben.ga.**li**) *adj.2g.* **1.** Bengalês. *s.m.* **2.** Língua falada em Bangladesh.

benigno (be.**nig**.no) *adj.* **1.** Que não oferece perigo **2.** Suave; brando; agradável.

beninês (be.ni.**nês**) *adj.* **1.** De Benim, país da África *s.m.* **2.** Pessoa natural ou habitante desse lugar.

benjamim (ben.ja.**mim**) *s.m.* **1.** Recruta mais novo **2.** Dispositivo para conectar mais de um aparelho à mesma tomada elétrica.

benjoim (ben.jo.**im**) *s.m.* (Bot.) **1.** Resina aromática empregada desde a Antiguidade na fabricação de incenso, em cosmética e farmácia. **2.** Arbusto asiático de que se extrai essa resina.

benquerença (ben.que.**ren**.ça) s.f. Sentimento de querer bem; afeição, estima; qualidade de benquisto.
benquisto (ben.**quis**.to) adj. Bem-visto por todos; estimado; prezado.
bens s.m.pl. **1.** O que é propriedade de alguém. **2.** O que se possui. **3.** Haveres, domínio, possessão. Cf. *bem*.
bentinho (ben.**ti**.nho) s.m. Escapulário.
bento (ben.to) adj. **1.** Benzido. s.m. **2.** Frade beneditino.
bentos (**ben**.tos) s.m.2n. (Bio.) Conjunto de seres, animais e vegetais que vivem no fundo dos mares, rios e lagos.
benzedeiro (ben.ze.**dei**.ro) s.m. Curandeiro; indivíduo que pratica a benzedura para a cura de moléstias; benzedor.
benzedor (ben.ze.**dor**) [ô] s.m. e adj. (Pessoa) que benze, que faz benzeduras.
benzedura (ben.ze.**du**.ra) s.f. Ação ou ritual de benzer, de rezar pela cura.
benzeno (ben.**ze**.no) [ê] s.m. (Quím.) Hidrocarboneto usado como solvente e na fabricação de plásticos, detergentes etc.
benzer (ben.**zer**) v.t.d. **1.** Invocar a proteção de Deus para; fazer o sinal da cruz sobre, recitando fórmulas litúrgicas: *benzer uma pessoa, benzer uma casa*. v.i. **2.** Invocar ajuda sobrenatural para curar doenças ou resolver dificuldades; fazer reza.
benzido (ben.**zi**.do) adj. Que se benzeu; tornado bento.
benzina (ben.**zi**.na) s.f. Nome comercial do benzeno, líquido incolor, volátil usado como solvente.
beócio (be.**ó**.ci.o) adj.2g. **1.** Da Beócia, região da Grécia antiga. s.m. **2.** Pessoa natural ou habitante desse lugar. **3.** (Pej.) Ignorante, simplório.
beque (**be**.que) [é] s.m. (Esp.) Zagueiro.
berçário (ber.**çá**.ri.o) s.m. **1.** Seção das maternidades onde ficam os berços dos recém-nascidos. **2.** Estabelecimento que cuida de crianças bem pequenas, que usam fraldas.
berço (**ber**.ço) [ê] s.m. **1.** Cama de criança de colo. **2.** Lugar onde alguém nasceu. **3.** Procedência, origem.
bergamota (ber.ga.**mo**.ta) [ó] s.f. (Bot.) **1.** Espécie de limoeiro; tangerina; mexerica. **2.** Espécie de pera sumarenta.
bergantim (ber.gan.**tim**) s.m. Embarcação a remo veloz e ágil, às vezes com dois mastros e vela, usada no Mediterrâneo.
beribéri (be.ri.**bé**.ri) s.m. (Med.) Doença, muito frequente nas regiões tropicais, ocasionada por carência da vitamina B.
berílio (be.**rí**.li.o) s.m. (Quím.) Metal cristalino, duro, de símbolo Be, número atômico 4 e peso atômico 9,01.
berilo (be.**ri**.lo) s.m. (Quím.) Mineral de que se extrai berílio e que apresenta algumas variedades preciosas, como esmeralda e água-marinha.
berimbau (be.rim.**bau**) s.m. (Mús.) Instrumento de percussão formado por um grande arco de madeira com uma corda metálica e uma cabaça cortada para ressonância, que se toca batendo com uma haste: *o berimbau é muito importante na capoeira e no candomblé, mas está presente em vários ritmos brasileiros*.
berinjela (be.rin.**je**.la) [é] s.f. (Bot.) **1.** Fruto hortense de casca roxa brilhante, comestível cozido. **2.** Planta solanácea que dá esse fruto.
berlinda (ber.**lin**.da) s.f. Coche pequeno de quatro rodas e suspenso entre dois varais. *Estar na berlinda*: ser alvo de comentários; na ordem do dia.
berlinense (ber.li.**nen**.se) adj.2g. **1.** De Berlim, capital da Alemanha. s.2g. **2.** Pessoa natural ou habitante desse lugar.
berloque (ber.**lo**.que) [ó] s.m. Adorno que é pendurado em pulseira ou relógio.
bermuda (ber.**mu**.da) s.f. Calção que desce até os joelhos.
bermudense (ber.mu.**den**.se) adj.2g. **1.** De Bermudas, ilha na costa leste da América do Norte que é uma colônia britânica. s.2g. **2.** Pessoa natural ou habitante desse lugar.
berne (**ber**.ne) [é] s.m. Larva de mosca ou verme que pode crescer na pele de animais ou seres humanos.
berquélio (ber.**qué**.li.o) s.m. (Quím.) Elemento artificial transurânico, de número atômico 97 e símbolo Bk e peso atômico 247.
berrante (ber.**ran**.te) adj.2g. **1.** Que berra. **2.** (Cor) muito viva. s.m. **3.** Buzina de chifre, usada pelos boiadeiros principalmente da região Centro-Oeste. **4.** (Gír.) Revólver, pistola.
berrar (ber.**rar**) v.i. **1.** Soltar berros. **2.** Bramir; roncar. v.t.i. **3.** Chamar aos gritos. **4.** Vociferar; gritar.
berreiro (ber.**rei**.ro) s.m. **1.** Berros contínuos e altos; gritaria. **2.** Choro ruidoso.
berro (**ber**.ro) [é] s.m. **1.** Grito de alguns animais. **2.** Grito alto e áspero. **3.** Brado. **4.** (Gír.) Revólver.
berruga (ber.**ru**.ga) s.f. O mesmo que *verruga*.
bertalha (ber.**ta**.lha) s.f. (Bot.) Trepadeira de folhas comestíveis.
besouro (be.**sou**.ro) s.m. (Zoo.) Inseto coleóptero que tem as asas dianteiras córneas.
besta¹ (**bes**.ta) [ê] s.f. **1.** (Zoo.) Animal quadrúpede usado para transporte de carga. **2.** (Fig.) Pessoa curta de inteligência.
besta² (**bes**.ta) [é] s.f. Arma antiga que se assemelha a uma espingarda curta com um arco na ponta, que atira flechas.
besta-fera (bes.ta-**fe**.ra) [é] s.f. **1.** Animal feroz. **2.** (Fig.) Pessoa cruel, desumana. ▣ Pl. *bestas-feras*.
bestalhão (bes.ta.**lhão**) s.m. e adj. (Pessoa) estúpida; paspalhão; rústico; ignorante. ▣ Fem. *bestalhona*.
bestar (bes.**tar**) v.i. Ficar sem fazer nada, à toa.
besteira (bes.**tei**.ra) s.f. **1.** Asneira, parvoíce, disparate. **2.** Coisa ou quantia mínima: *riam por qualquer besteira*.
bestial (bes.ti.**al**) adj.2g. **1.** Próprio de besta. **2.** Grosseiro; repugnante; brutal.

bestialidade (bes.ti.a.li.**da**.de) s.f. **1.** Qualidade ou ação do que é bestial. **2.** Estupidez; brutalidade; animalidade.

bestunto (bes.**tun**.to) s.m. (*Pej.*) Inteligência curta.

besuntar (be.sun.**tar**) v.t.**d.** Untar; sujar com substância gordurosa.

beta (be.ta) [é] s.f. Nome da segunda letra do alfabeto grego, semelhante ao bê.

beterraba (be.ter.**ra**.ba) s.f. (*Bot.*) Planta de raiz tuberosa comestível da qual se extrai açúcar.

betoneira (be.to.**nei**.ra) s.f. Máquina destinada a preparar concreto.

bétula (bé.tu.la) s.f. (*Bot.*) Árvore de madeira clara e de boa qualidade.

betume (be.**tu**.me) s.m. **1.** (*Quím.*) Substância pegajosa e escura, facilmente inflamável, empregada em construção e como verniz em gravura. **2.** Massa para tapar fendas ou buracos feita com essa substância.

betuminoso (be.tu.mi.**no**.so) [ô] adj. **1.** Que contém betume. **2.** Semelhante a betume; preto, pegajoso. ▫ Pl. *betuminosos* [ó].

bexiga (be.**xi**.ga) s.f. **1.** Balão de borracha inflável, usado em festas infantis e outros. **2.** (*Anat.*) Órgão em forma de balão, situado na parte inferior do abdome, que contém a urina. **3.** (*Pop.*) Varíola. **4.** (*Zoo.*) Bolsa cheia de gás com que os peixes controlam a profundidade do nado.

bexiguento (be.xi.**guen**.to) adj. Que apresenta no rosto os sinais de varíola.

bezerro (be.**zer**.ro) [ê] s.m. **1.** (*Zoo.*) Novilho; vitelo. **2.** (*P. ext.*) A pele curtida desse animal.

Bi Símbolo do elemento químico bismuto.

bianual (bi.a.nu.**al**) adj.2g. **1.** Que ocorre duas vezes no ano; semestral. **2.** Que acontece de dois em dois anos; bienal.

bibelô (bi.be.**lô**) s.m. **1.** Objeto pequeno de luxo, para adorno de ambientes. **2.** Enfeite de pouco valor.

bíblia (bí.bli.a) s.f. (*próprio*) **1.** Conjunto dos 72 livros do Antigo e do Novo Testamento; a Sagrada Escritura: *a Bíblia pode ser lida em centenas de línguas*. (comum) **2.** (*Fig.*) Livro abrangente, com os fundamentos inquestionáveis de um assunto: *a bíblia dos cozinheiros*.

bíblico (bí.bli.co) adj. Relativo ou pertencente à Bíblia.

bibliófilo (bi.bli.**ó**.fi.lo) s.m. **1.** Colecionador de livros. **2.** Amigo, apreciador de livros.

bibliografia (bi.bli.o.gra.**fi**.a) s.f. **1.** Relação de obras de um autor, ou das obras relativas a determinado assunto. **2.** Lista das obras consultadas pelo autor, ou para consultas, geralmente aparece no fim do volume. Cf. *biografia*.

bibliográfico (bi.bli.o.**grá**.fi.co) adj. Relativo a bibliografia. Cf. *biográfico*.

bibliógrafo (bi.bli.**ó**.gra.fo) s.m. Pessoa que pesquisa ou escreve bibliografias. Cf. *biógrafo*.

biblioteca (bi.bli.o.**te**.ca) [é] s.f. Coleção de livros, públicos ou particulares, dispostos de modo ordenado para estudo ou consulta.

bibliotecário (bi.bli.o.te.**cá**.ri.o) s.m. Pessoa responsável por uma biblioteca.

biblioteconomia (bi.bli.o.te.co.no.**mi**.a) s.f. Ciência e técnica de organizar e administrar bibliotecas e sistemas de acesso à informação.

biblioteconomista (bi.bli.o.te.co.no.**mis**.ta) s.2g. Pessoa que se dedica à biblioteconomia; bibliotecônomo.

bibliotecônomo (bi.bli.o.te.**cô**.no.mo) s.m. Biblioteconomista.

biboca (bi.**bo**.ca) [ó] s.f. **1.** Habitação ou estabelecimento simples, pobre, sem recursos. **2.** Lugar de difícil acesso.

bica (bi.ca) s.f. **1.** Fonte ou chafariz de água potável. **2.** Tubo, pequeno canal, meia-cana por onde corre a água. **3.** Chute com o bico ou ponta do calçado.

bicada (bi.**ca**.da) s.f. **1.** Picada com o bico. **2.** Aquilo que uma ave leva no bico de uma só vez. **3.** (*Pop.*) Porção de aguardente que se toma de uma só vez.

bicampeão (bi.cam.pe.**ão**) adj. e s.m. (Aquele) que é campeão pela segunda vez. Fem.: *bicampeã*.

bicampeonato (bi.cam.pe.o.**na**.to) s.m. Campeonato conquistado pela segunda vez.

bicar (bi.**car**) v.t.i. **1.** Dar bicadas. v.t.d. **2.** Dar bicadas em; picar com o bico. **3.** Beber aos poucos.

bicarbonato (bi.car.bo.**na**.to) s.m. (*Quím.*) Sal com dois equivalentes de ácido carbônico e um de uma base HCO-3. **Bicarbonato de sódio:** pó branco usado na culinária para massas assadas, clarear legumes etc.

bicentenário (bi.cen.te.**ná**.ri.o) adj. **1.** Que tem dois séculos. s.m. **2.** Aniversário de duzentos anos.

bíceps (bí.ceps) s.m.2n. **1.** (*Anat.*) Músculo da parte superior do braço, que tem dois ligamentos ou cabeças. **2.** (*Pop.*) Muque. ▫ Pl. *bíceps*.

bicha (bi.cha) s.f. **1.** (*Pop.*) Lombriga. **2.** (*Gír. Pej.*) Homossexual.

bichano (bi.**cha**.no) s.m. (*Fam.*) Gato.

bichado (bi.**cha**.do) adj. Que tem bichos, que foi estragado por bichos.

bichar (bi.**char**) v.i. **1.** Criar bicho, encher-se de bichos. **2.** (*Pop.*) Estragar.

bicharada (bi.cha.**ra**.da) s.f. Grande porção de bichos; bicharia.

bicharia (bi.cha.**ri**.a) s.f. Bicharada.

bicheira (bi.**chei**.ra) s.f. Ferida cheia de vermes.

bicheiro (bi.**chei**.ro) s.m. **1.** O que vende talões de jogo do bicho. **2.** Aquele que banca, nesse jogo.

bicho (bi.cho) s.m. **1.** Qualquer animal terrestre, com exceção do homem. **2.** Pessoa de maus modos, grosseira. **3.** (*Pop.*) Gratificação dada a um jogador de futebol. **4.** Pessoa que passou no vestibular; calouro de faculdade. **5.** (*Folc.*) Jogo de apostas em números associados aos animais do zoológico, criado no Rio de Janeiro no final do século XIX e mantido na informalidade.

bicho-da-seda (bi.cho-da-**se**.da) [ê] s.m. (*Zoo.*) Lagarta da borboleta *Bombix mori*, que tece um casulo usado na produção da seda. ▫ Pl. *bichos--da-seda*.

bicho-de-pé (bi.cho-de-**pé**) s.m. O mesmo que *bicho-do-pé*. ▫ Pl. *bichos-de-pé*.

bicho de sete cabeças (bi.cho de se.te ca.**be**.ças) [ê] s.m. Problema de difícil solução: *não faça dessa dificuldade um bicho de sete cabeças, dá para superá-la*.
bicho-do-pé (bi.cho-do-**pé**) s.m. (Zoo.) Inseto cuja fêmea penetra na pele de porcos e de seres humanos. ◘ Pl. *bichos-do-pé*. O mesmo que *bicho-de-pé*.
bicho-papão (bi.cho-pa.**pão**) s.m. Ser imaginário com que se amedrontam as criancinhas. O mesmo que *papão*. ◘ Pl. *bichos-papões*.
bicho-preguiça (bi.cho-pre.**gui**.ça) s.m. (Zoo.) Preguiça. ◘ Pl. *bichos-preguiça*.
bicicleta (bi.ci.**cle**.ta) [ê] s.f. **1.** Veículo de duas rodas iguais, montado em um quadro. **2.** (Esp.) Espécie de lance em futebol.
biociências (bi.o.ci.**ên**.cias) s.f.pl. Grupo de ciências ligadas ao estudo de seres vivos; ciências biológicas.
biciclo (bi.**ci**.clo) s.m. **1.** Velocípede de duas rodas desiguais. **2.** (Quím.) Que diz respeito a dois ciclos.
bico (**bi**.co) s.m. **1.** (Zoo.) Par de mandíbulas compridas, sem dentes, próprio das aves. (Pop.) **2.** Ponta de um calçado ou outro objeto. **3.** Boca, falação: *fiquem de bico fechado!* **4.** Trabalho irregular e avulso, que não é a ocupação principal; biscate. Meter o bico: intrometer-se, entrar em assunto ou conversa. adv. **5.** Muito fácil: *a prova ia ser bico*.
bico de papagaio (bi.co de pa.pa.**gai**.o) s.m. (Pop.) **1.** Nariz adunco. **2.** Excrescência óssea na coluna vertebral. Cf. *bico-de-papagaio*.
bico-de-papagaio (bi.co-de-pa.pa.**gai**.o) s.m. (Bot.) Planta ornamental cactácea, de exóticas flores vermelhas com miolo amarelo. Cf. *bico de papagaio*. ◘ Pl. *bicos-de-papagaio*.
bicolor (bi.co.**lor**) [ô] adj. Que tem duas cores.
bicôncavo (bi.**côn**.ca.vo) adj. Que tem duas faces côncavas.
biconvexo (bi.con.**ve**.xo) [cs] adj. Convexo dos dois lados.
bicota (bi.**co**.ta) [ó] s.f. Beijoca.
bicuda (bi.**cu**.da) s.f. (Pop.) Chute forte.
bicudo (bi.**cu**.do) adj. **1.** Que tem bico grande. **2.** Que termina em bico ou ponta; pontiagudo. **3.** (Pop.) Diz-se de pessoa magoada, ofendida e amuada. **4.** Difícil de aturar. s.m. (Zoo.) **4.** Pássaro canoro semelhante ao curió, mas de bico branco. **5.** Barbeiro.
bidê (bi.**dê**) s.m. Bacia oblonga para higienizar com maior eficácia as partes íntimas do corpo humano.
bíduo (**bí**.du.o) s.m. O espaço de dois dias.
biela (bi.**e**.la) [é] s.f. Peça do motor que serve para transformar o movimento retilíneo do pistão em movimento circular do eixo do motor.
bielorrusso (bi.e.lor.**rus**.so) adj. **1.** Da Bielorrússia, país da Ásia. s.m. **2.** Pessoa natural ou habitante desse lugar.
bienal (bi.e.**nal**) adj.2g. **1.** Relativo ao ciclo de dois anos. **2.** Que acontece a cada dois anos; bianual. s.f. **3.** Exposição que se realiza de dois em dois anos.
biênio (bi.**ê**.ni.o) adj. Período de dois anos seguidos.

bife (**bi**.fe) s.m. **1.** Fatia de carne frita ou assada; bisteca. **2.** (Gír.) Partícula de pele cortada involuntariamente ao fazer a barba ou as unhas.
bifendido (bi.fen.**di**.do) adj. Dividido em duas partes por uma fenda; aberto ao meio; bífido.
bífido (**bí**.fi.do) adj. Bifendido.
bifocal (bi.fo.**cal**) adj.2g. **1.** Que tem dois focos. s.f. e adj. **2.** (Lente) que tem dois níveis de foco.
bifronte (bi.**fron**.te) adj.2g. **1.** Que tem duas frontes, faces ou caras. **2.** (Fig.) Falso; traiçoeiro, volúvel.
bifurcação (bi.fur.ca.**ção**) s.f. Divisão em duas direções, em forma de forquilha.
bifurcar (bi.fur.**car**) v.t.d. e v.p. Dividir(-se) (um caminho) em dois.
biga (**bi**.ga) s.f. Carro romano de duas ou quatro rodas, puxado por dois cavalos.
bigamia (bi.ga.**mi**.a) s.f. Estado ou crime de bígamo.
bígamo (**bí**.ga.mo) s.m. O que tem dois cônjuges simultaneamente.
bigode (bi.**go**.de) [ó] s.m. Pelos que nascem sobre o lábio superior dos homens.
bigodear (bi.go.de.**ar**) v.t.d. Enganar, iludir.
bigodeira (bi.go.**dei**.ra) s.f. Bigode grande e farto.
bigodinho (bi.go.**di**.nho) s.m. (Zoo.) Pássaro de peito branco e dorso preto, comum em todo o Brasil.
bigorna (bi.**gor**.na) [ó] s.f. **1.** Peça de ferro de corpo quadrangular em que se malham e amoldam metais. **2.** (Anat.) Pequeno osso do ouvido.
biguá (bi.**guá**) s.m. (Zoo.) Ave do grupo dos pelicanos, de porte grande e cor negra.
biju (bi.**ju**) s.m. Beiju.
bijuteria (bi.ju.te.**ri**.a) s.f. Joia feita com material não precioso, que se usa para enfeite e ornato.
bilabial (bi.la.bi.**al**) adj.2g. (Gram.) Diz-se da consoante que se pronuncia com o concurso de ambos os lábios como o bê, o eme ou o pê.
bilateral (bi.la.te.**ral**) adj.2g. **1.** Que tem dois lados, que se repete em dois lados: *simetria bilateral*. **2.** Que tem reciprocidade ou equilíbrio entre dois lados. **3.** (Dir.) Diz-se do contrato em que as partes tomam sobre si obrigações recíprocas.
bilboquê (bil.bo.**quê**) s.m. Brinquedo constituído por uma bola de madeira com um furo, a qual se deve encaixar por impulso em um bastonete em que a bola está presa por um cordel.
bile (**bi**.le) s.f. **1.** (Anat.) Líquido esverdeado e amargo segregado pelo fígado. O mesmo que *bílis*. **2.** (Fig.) Mau humor.
bilha (**bi**.lha) s.f. Jarro bojudo, geralmente de barro, usado para água, leite etc.
bilhão (bi.**lhão**) num. **1.** Numeral cardinal que corresponde a mil milhões. s.m. **2.** Esse número: *o bilhão tem dez dígitos*.
bilhar (bi.**lhar**) s.m. Jogo com bolas de marfim impelidas por um taco sobre uma mesa retangular forrada por pano aveludado.
bilhete (bi.**lhe**.te) [ê] s.m. **1.** Papel pequeno com uma mensagem escrita: *escreveu um bilhetinho para a mãe*. **2.** Senha que autoriza a entrada em

locais onde se cobra ingresso. **3.** Cédula de habilitação em jogos de loteria.
bilheteiro (bi.lhe.**tei**.ro) *s.m.* Vendedor de ingressos em teatros, cinemas etc.
bilheteria (bi.lhe.te.**ri**.a) *s.f.* Espaço, boxe ou guichê destinado à venda de bilhetes para espetáculos públicos, ingressos e passagens.
biliar (bi.li.**ar**) *adj.2g. (Anat.)* Relativo à bile; bilioso.
bilíngue (bi.**lín**.gue) [ü] *adj.2g.* Que fala ou utiliza duas línguas: *edição bilíngue, secretária bilíngue.* Cf. *monolíngue* e *poliglota*.
bilionário (bi.li.o.**ná**.ri.o) *s.m. e adj.* (Aquele) que é duas vezes milionário; multimilionário.
bilionésimo (bi.li.o.**né**.si.mo) *num.* **1.** Numeral ordinal que corresponde à posição do número 1.000.000.000, ou um bilhão. **2.** Numeral fracionário correspondente a 1 dividido por um bilhão.
bilioso (bi.li.**o**.so) [ô] *adj.* **1.** *(Anat.)* Relacionado a bílis; biliar. **2.** *(Fig.)* Mal-humorado, ranzinza. ▣ Pl. *biliosos* [ó].
bilirrubina (bi.lir.ru.**bi**.na) *s.f. (Bio.)* Composto cristalino de coloração alaranjada que ocorre na bílis, nos cálculos biliares, no sangue e na urina.
bílis (**bí**.lis) *s.f.2n. (Anat.)* O mesmo que *bile*. ▣ Pl. *bílis*.
bilontra (bi.**lon**.tra) *s.2g.* **1.** Pessoa desonesta, que burla a lei; malandro. *s.m.* **2.** *(Ant.)* Aquele que é dado a práticas amorosas ou sexuais fora do casamento.
bilro (**bil**.ro) *s.m.* **1.** Cada uma das várias hastes ou fusos em que se enrolam os fios que serão entrelaçados para fazer um tipo de renda. **2.** Essa renda, bastante delicada e detalhada, feita no Nordeste e em Santa Catarina.
biltre (**bil**.tre) *s.m.* pessoa vil, infame.
bímano (**bí**.ma.no) *adj.* Que tem duas mãos.
bímanos (**bí**.ma.nos) *s.m.pl.* A espécie humana.
bimbalhar (bim.ba.**lhar**) *v.i.* Repicar, soar: *os sinos bimbalhavam.*
bimensal (bi.**men**.sal) *adj.2g.* Que ocorre duas vezes por mês; quinzenal.
bimestral (bi.mes.**tral**) *adj.2g.* **1.** Que dura dois meses; bimestre. **2.** Que aparece ou se realiza de dois em dois meses.
bimestre (bi.**mes**.tre) *s.m.* Período de dois meses.
bimotor (bi.mo.**tor**) [ô] *s.m. e adj.* (Avião) de dois motores.
binário (bi.**ná**.ri.o) *adj.* Que tem apenas duas unidades; formado por apenas dois elementos.
binga (**bin**.ga) *s.f. (Folc.)* **1.** Ponta de chifre de bovino usada como vasilha para água ou outros líquidos; guampa. **2.** Ponta de chifre de bovino usada para guardar tabaco ou fumo. **3.** Antigo modelo de isqueiro com tampa.
bingo (**bin**.go) *s.m.* **1.** Jogo de azar que se faz por sorteio de bolas numeradas e distribuição de cartelas entre os jogadores. **2.** Estabelecimento onde se pratica esse jogo. *interj.* **3.** Usada para comunicar acerto nesse jogo.

binóculo (bi.**nó**.cu.lo) *s.m.* Instrumento óptico com lentes duplas e portátil, provido de lentes poderosas para aumentar coisas distantes.
binômio (bi.**nô**.mi.o) *s.m. (Mat.)* Expressão algébrica que se compõe de dois termos, separados pelos sinais + ou −.
biocatalisador (bi.o.ca.ta.li.sa.**dor**) [ô] *adj. e s.m. (Bio.)* Relativo a ou que exerce papel essencial em organismos vivos, ativando processos biológicos ou permitindo o surgimento de bactérias.
biociclo (bi.o.**ci**.clo) *s.m.* **1.** *(Ecol.)* Qualquer uma das subdivisões da biosfera: geociclo (ecossistemas terrestres), limnociclo (ecossistemas de água doce) e talassociclo (ecossistemas marinhos). **2.** *(Bio.)* Sequência de fases pelas quais passam certos seres vivos, do nascimento à morte.
biocida (bi.o.**ci**.da) *s.m. e adj.2g. (Quím.)* Diz-se de substância que possui ação letal sobre organismos vivos ou que impede o crescimento deles, geralmente usada contra micro-organismos.
biocombustível (bi.o.com.bus.**tí**.vel) *adj.2g. e s.m.* (Combustível) obtido de cana-de-açúcar, mamona ou outro vegetal, e não de origem fóssil, como o petróleo, nem mineral, como carvão: *o álcool é um biocombustível bastante utilizado no Brasil.*
biodegradável (bi.o.de.gra.**dá**.vel) *adj.2g.* Que se desmancha ou dispersa sob ação de microrganismos: *o papel é biodegradável, o plástico não é.*
biodiesel (bi.o.**die**.sel) [dí] *s.m.* Combustível obtido de óleos vegetais ou gorduras animais, portanto de fontes renováveis, que pode ser misturado ao óleo *diesel* ou substituí-lo.
biodigestor (bi.o.di.ges.**tor**) [ô] *s.m.* Equipamento que faz a fermentação de matérias orgânicas e gera gás combustível.
biodinâmico (bi.o.di.**nâ**.mi.co) *adj.* **1.** Relacionado à interação entre organismos vivos. **2.** Diz-se da agricultura e das técnicas agrícolas em que o controle das pragas e a fertilização do solo são feitos com organismos vivos e sem produtos químicos.
biodiversidade (bi.o.di.ver.si.**da**.de) *s.f. (Bio.)* Conjunto das espécies animais e vegetais de uma região; diversidade de espécies.
bioenergia (bi.o.e.ner.**gi**.a) *s.f. (Ecol.)* Energia que se consegue da transformação química da biomassa.
biofísica (bi.o.**fi**.si.ca) *s.f.* Ciência que estuda as mudanças físicas que ocorrem com os seres vivos.
biogás (bi.o.**gás**) *s.m.* Gás combustível obtido de matéria orgânica.
biografar (bi.o.gra.**far**) *v.t.d.* Escrever a biografia de.
biografia (bi.o.gra.**fi**.a) *s.f.* Descrição pormenorizada da vida de uma pessoa. Cf. *bibliografia*.
biográfico (bi.o.**grá**.fi.co) *adj.* Relativo a biografia; que conta a história de uma vida. Cf. *bibliográfico*.
biógrafo (bi.**ó**.gra.fo) *s.m.* Pessoa que escreve biografia. Cf. *bibliógrafo*.
biologia (bi.o.lo.**gi**.a) *s.f.* Ciência que estuda os seres vivos e suas relações. **Biologia molecular:** estudo das moléculas dos seres vivos, da química orgânica.

biológicas (bi.o.ló.gi.cas) s.f.pl. Grupo de ciências e estudos como biologia, medicina, zoologia, botânica e outros que não se incluem nas humanas ou nas exatas.

biológico (bi.o.ló.gi.co) adj. **1.** Relativo a biologia: *teorias biológicas*. **2.** Relacionado ou pertencente aos seres vivos.

biologista (bi.o.lo.**gis**.ta) s.2g. e adj.2g. (Bio.) **1.** Biólogo. adj.2g. **2.** Que invoca argumentos biológicos: *uma visão biologista da diferença entre os sexos*.

biólogo (bi.ó.lo.go) s.m. (Bio.) Pessoa que se dedica à biologia.

bioma (bi.o.ma) [ô] s.m. (Ecol.) Grande comunidade permanente de animais e plantas adaptados a certa região com condições ambientais determinadas, como relevo e clima.

biomassa (bi.o.**mas**.sa) s.f. (Bio.) Quantidade de matéria viva em determinado espaço.

biombo (bi.**om**.bo) s.m. Anteparo de madeira ou pano na vertical articulado, para separar ambientes.

biomedicina (bi.o.me.di.**ci**.na) s.f. Ciência que estuda fenômenos ligados à biologia e à medicina, como doenças com causas ambientais, efeitos do saneamento e análises laboratoriais.

biomédico (bi.o.**mé**.di.co) s.m. **1.** Aquele que é especializado em biomedicina. adj. **2.** Relacionado à biomedicina.

biometria (bi.o.me.**tri**.a) s.f. (Inf.) Tecnologia ou conjunto de tecnologias que facilita a verificação da identidade de uma pessoa de acordo com as características físicas, como a impressão digital, a face, a íris do olho etc.

biônica (bi.**ô**.ni.ca) s.f. Ciência que estuda a aplicação dos conhecimentos da biologia aos sistemas eletrônicos.

biônico (bi.**ô**.ni.co) adj. **1.** Pertencente à biônica. **2.** Diz-se de prótese construída com esses conhecimentos: *a perna biônica é uma realidade, mas o olho biônico ainda é ficção*.

biopirataria (bi.o.pi.ra.ta.**ri**.a) s.f. Manipulação, exploração e/ou comercialização não autorizada de recursos biológicos como órgãos, plantas, animais etc.

biópsia (bi.**óp**.si.a) s.f. (Med.) Operação para a retirada de um fragmento de tecido vivo para exame histológico.

bioquímica (bi.o.**quí**.mi.ca) s.f. Ciência que estuda a química dos organismos vivos.

bioquímico (bi.o.**quí**.mi.co) adj. **1.** Que diz respeito à bioquímica. s.m. **2.** Pessoa que se dedica a essa ciência.

biosfera (bi.os.**fe**.ra) [é] s.f. (Bio.) Parte ou camada da Terra habitada pelos seres vivos.

biossegurança (bi.os.se.gu.**ran**.ça) s.f. (Med.) Conjunto de estudos e procedimentos que visam ao controle e à prevenção de problemas decorrentes de pesquisas e/ou de suas aplicações.

biota (bi.o.ta) s.f. (Ecol.) Conjunto de organismos vivos que habitam uma região.

biotecnologia (bi.o.tec.no.lo.**gi**.a) s.f. **1.** Emprego de leveduras e outras bactérias, ou de partes de animais e vegetais para produção industrial. **2.** Uso da tecnologia de manipulação genética para desenvolvimento de produtos.

bioterrorismo (bi.o.ter.ro.**ris**.mo) s.m. Terrorismo praticado com armas biológicas, por meio de produtos químicos ou agentes infecciosos que poderiam contaminar o ar ou as fontes de água.

biótico (bi.**ó**.ti.co) adj. (Ecol.) **1.** Referente a biota. **2.** Formado ou induzido pelos seres vivos.

biótipo (bi.**ó**.ti.po) s.m. **1.** (Bio.) Conjunto de características semelhantes ou comuns a vários indivíduos. **2.** Tipo físico: *o biótipo da loira alta de olhos azuis é muito comum na Finlândia, lá não chama a atenção*. Obs.: a pronúncia *biotipo* é mais comum no Brasil, embora não recomendada pelos estudiosos.

biotipo (bi.o.**ti**.po) s.m. Biótipo.

biotipologia (bi.o.ti.po.lo.**gi**.a) s.f. Ciência que estuda a constituição, o temperamento e o caráter; biologia diferencial.

bipartição (bi.par.ti.**ção**) s.f. Ação de bipartir, de dividir em duas partes.

bipartidarismo (bi.par.ti.da.**ris**.mo) s.m. Situação política de um Estado, onde só existem dois partidos políticos.

bipartir (bi.par.**tir**) v.t.d. Dividir em duas partes ou ao meio.

bípede (**bí**.pe.de) adj. **1.** Que se sustenta sobre dois pés. s.m. **2.** (Zoo.) Animal que anda sobre dois pés.

bipolar (bi.po.**lar**) adj.2g. Que tem dois polos.

bipolaridade (bi.po.la.ri.**da**.de) s.f. **1.** Qualidade ou estado de bipolar. **2.** (Fís.) Existência de dois polos contrários em um corpo.

biqueira (bi.**quei**.ra) s.f. **1.** Bico; extremidade; ponteira. **2.** Remate que se ajusta à ponta de alguma coisa. **3.** Ponta geralmente metálica que se coloca na ponta dos sapatos.

biquíni (bi.**quí**.ni) s.m. Roupa de banho de duas peças, de dimensões reduzidas.

biriba (bi.**ri**.ba) s.f. **1.** Jogo de cartas semelhante à canastra. **2.** (Gír.) Cheio de melindres; desconfiado.

birita (bi.**ri**.ta) s.f. (Pop.) Qualquer bebida alcoólica: *saíram a pé porque iam tomar umas biritas*.

birmanês (bir.ma.**nês**) adj. **1.** Da Birmânia, país da Ásia que mudou o nome para Myanmar em 1989, aportuguesado Mianmar e Mianmá. Veja *mianmarense*. s.m. **2.** Língua falada nesse lugar.

birosca (bi.**ros**.ca) [ó] s.f. Estabelecimento comercial modesto com características de bar e de mercearia.

birote (bi.**ro**.te) [ó] s.m. Coque.

birra (**bir**.ra) s.f. Amuo; teima; zanga; antipatia.

birrento (bir.**ren**.to) adj. Que tem birra; que embirra com tudo.

biruta (bi.**ru**.ta) s.f. **1.** Aparelho que indica a direção dos ventos de superfície, parecendo uma sacola cônica na extremidade de um mastro. s.2g. **2.** (Gír.) Pessoa amalucada.

bis adv. **1.** Que se repete; duas vezes. interj. **2.** Exprime pedido de repetição; outra vez, de novo: *a cada*

música a plateia gritava "bis! bis!". s.m. **3.** Repetição de número de espetáculo: *na hora do bis todos cantaram junto*.
bisanual (bi.sa.nu.**al**) *adj.2g.* **1.** Bienal. **2.** Que acontece de dois em dois anos.
bisão (bi.**são**) *s.m.* (Zoo.) Mamífero ruminante do grupo do boi.
bisar (bi.**sar**) *v.t.d.* **1.** Pedir repetição de. **2.** Repetir; reprisar.
bisavó (bi.sa.**vó**) *s.f.* Mãe da avó ou do avô. ▫ Masc. *bisavô*.
bisavô (bi.sa.**vô**) *s.m.* Pai de um dos avós. ▫ Fem. *bisavó*.
bisbilhotar (bis.bi.lho.**tar**) *v.i.* Andar em mexericos, em intrigas; investigar com curiosidade.
bisbilhoteiro (bis.bi.lho.**tei**.ro) *s.m. e adj.* Intrometido, intrigante, mexeriqueiro, curioso.
bisbilhotice (bis.bi.lho.**ti**.ce) *s.f.* **1.** Ato e ação de bisbilhotar. **2.** Mexerico; intriga; enredo.
bisca (**bis**.ca) *s.f.* **1.** Jogo de cartas com numerosas variedades populares no Brasil, Portugal e Espanha. **2.** Pessoa de mau caráter e dissimulada. **3.** (Gír.) Meretriz.
biscate (bis.**ca**.te) *s.m.* **1.** Trabalho que dá pequenos lucros; bico. **2.** (Gír.) Prostituta; meretriz.
biscatear (bis.ca.te.**ar**) *v.i.* Fazer biscate.
biscateiro (bis.ca.**tei**.ro) *adj.* Que faz biscates.
biscoiteiro (bis.coi.**tei**.ro) *s.m.* **1.** (Aquele) que fabrica ou vende biscoitos. **2.** (Gír. Int.) Pessoa que posta algo (vídeos, fotos, textos etc.) nas redes sociais para chamar a atenção e ganhar curtidas.
biscoito (bis.**coi**.to) *s.m.* (Culin.) Massa assada crocante, em geral de farinha de trigo, doce ou salgada, com formatos variados: *vovó fazia biscoitos em forma de patinho; a bolacha é um biscoito plano*. (Gír. Int.) Dar biscoito: expressão utilizada em redes sociais como elogio ou chacota, direcionada, por meio de comentários, às pessoas biscoiteiras.
bisel (bi.**sel**) *s.m.* **1.** Peça de vidro, madeira ou outro material que se cortou de modo oblíquo. **2.** Corte de aresta formando dois ângulos obtusos.
bismuto (bis.**mu**.to) *s.m.* (Quím.) Elemento metálico, branco-avermelhado, de símbolo Bi, peso atômico 208,98 e número atômico 83, utilizado como medicamento.
bisnaga (bis.**na**.ga) *s.f.* **1.** Tubo plástico ou folha de chumbo para conter tintas a óleo, pasta para dentes, vaselina etc. **2.** Pão comprido e cilíndrico.
bisneto (bis.**ne**.to) [é] *s.m.* Filho do neto ou da neta.
bisonho (bi.**so**.nho) [ô] *adj.* **1.** Sem experiência; principiante. **2.** Próprio de principiante. **3.** Tímido.
bispado (bis.**pa**.do) *adj.* **1.** Área sob a autoridade de um bispo; diocese, episcopado. **2.** Cargo ou atribuição de bispo; diocese, episcopado.
bispar (bis.**par**) *v.t.d.* (Pop. Gír.) **1.** Furtar. **2.** Espreitar.
bispo (**bis**.po) *s.m.* **1.** Cargo pleno que governa uma diocese da igreja. **2.** Uma das peças do jogo de xadrez.
bissemanal (bis.se.ma.**nal**) *adj.2g.* Que acontece duas vezes por semana.

bissetriz (bis.se.**triz**) *s.f.* (Geom.) Reta que divide um ângulo ao meio.
bissexto (bis.**sex**.to) [ês] *adj.* **1.** Que tem um dia a mais no mês de fevereiro: *os anos bissextos ocorrem de quatro em quatro anos*. **2.** (Fig.) Que acontece raramente. *s.m.* **3.** O dia acrescentado a fevereiro.
bissexual (bis.se.xu.**al**) [cs] *adj.2g.* **1.** (Bio.) Que tem dois sexos; hermafrodita: *organismos bissexuais*. *s.2g. e adj.2g.* **2.** (Pessoa) que tem relacionamento sexual com outras de ambos os sexos.
bissexualidade (bis.se.xu.a.li.**da**.de) [cs] *s.f.* Condição ou caráter de bissexual.
bisteca (bis.**te**.ca) [é] *s.f.* **1.** Bife. **2.** Corte de carne bovina formado por contrafilé com osso; chuleta. **3.** Costeleta.
bisturi (bis.tu.**ri**) *s.m.* (Med.) Instrumento cirúrgico para fazer incisões. **Bisturi elétrico:** o que simultaneamente corta e coagula o sangue.
bit [inglês: "bíti"] *s.m.* (Inf.) Menor unidade de informação digital, de valor 0 ou 1, empregada nos sistemas de computador em lotes de 8 bits, que constituem 1 *byte*.
bitácula (bi.**tá**.cu.la) *s.f.* Caixa que contém uma bússola, geralmente em uma embarcação.
bitola (bi.**to**.la) [ó] *s.f.* **1.** Medida reguladora, padrão. **2.** Largura de uma linha férrea. **3.** Diâmetro de um vergalhão de construção.
bitolado (bi.to.**la**.do) *adj.* Que tem visão acanhada; de curto entendimento.
bituca (bi.**tu**.ca) *s.f.* **1.** Aquele que não paga dívidas. **2.** (Gír.) Resto de cigarro, charuto etc.; guimba.
biunívoco (bi.u.**ní**.vo.co) *adj.* (Mat.) Relativo à correspondência entre conjuntos, que associa a cada um dos elementos de um conjunto um único elemento do outro conjunto, e vice-versa.
bivalência (bi.va.**lên**.ci.a) *s.f.* (Quím.) Condição de bivalente.
bivalente (bi.va.**len**.te) *adj.2g.* (Quím.) Que tem valência dois.
bivalve (bi.**val**.ve) *s.m. e adj.* (Zoo.) (Molusco) aquático que tem a concha formada por duas valvas.
bivaque (bi.**va**.que) *s.m.* Acampamento de tropas militares em abrigos naturais.
bizantino (bi.zan.**ti**.no) *adj.* **1.** Habitante de Bizâncio (mais tarde Constantinopla e hoje Istambul). **2.** (Fig.) Sutil e fútil como as questões teológicas da corte de Bizâncio.
bizarria (bi.zar.**ri**.a) *s.f.* Qualidade de bizarro.
bizarro (bi.**zar**.ro) *adj.* **1.** Gentil. **2.** Que se veste bem. **3.** Generoso, nobre. **4.** Jactancioso. **5.** Esquisito.
Bk Símbolo do elemento químico berquélio.
blá-blá-blá (blá-blá-**blá**) *s.m.* (Gír.) Conversa sem sentido ou sem importância; conversa fiada.
blandícia (blan.**dí**.ci.a) *s.f.* (Raro) Gesto de carinho; afago, agrado.
blasfemar (blas.fe.**mar**) *v.t.d.* **1.** Ultrajar com blasfêmia. *v.i.* **2.** Proferir blasfêmias ou palavras ofensivas; injuriar.

blasfêmia (blas.**fé**.mi.a) s.f. **1.** Palavras que ultrajam uma divindade ou uma religião. **2.** Ultraje a coisa ou pessoa que merece respeito.
blasfemo (blas.**fe**.mo) [ê] s.m. Pessoa que blasfema.
blasonar (bla.so.**nar**) v.t.d. Exibir, ostentar: *blasonou seus feitos*.
blaterar (bla.te.**rar**) v.t.d. e v.i. **1.** Falar alto, reclamando ou protestando: *deu uma topada e saiu blaterando palavrões*. **2.** Emitir (o camelo) sua voz.
blazer [inglês: "blêizer"] s.m. Casaco ou paletó semelhante ao do terno porém mais esportivo, masculino ou feminino.
blecaute (ble.**cau**.te) s.m. **1.** Interrupção total de luz em um bairro, cidade ou região. **2.** (Hist.) Procedimento de segurança que deixa tudo às escuras em uma área de bombardeio aéreo. Obs.: do inglês *blackout*.
blefar (ble.**far**) v.i. **1.** Iludir no jogo fazendo apostas, dando a entender que tem boas cartas. **2.** Esconder uma situação difícil ou precária. v.t.d. **3.** Lograr.
blefarite (ble.fa.**ri**.te) s.f. (Med.) Inflamação das pálpebras.
blefe (**ble**.fe) [ê ou é] s.m. **1.** Ação ou resultado de blefar; mentira. **2.** Afirmação feita para iludir ou enganar.
blenorragia (ble.nor.ra.**gi**.a) s.f. (Med.) Eliminação excessiva de muco; inflamação das membranas mucosas, principalmente da uretra e vagina.
blindado (blin.**da**.do) **1.** Revestido de chapas de aço (couraça). **2.** (Fig.) Defendido; protegido; imune.
blindagem (blin.**da**.gem) s.f. **1.** Ação ou resultado de blindar. **2.** Revestimento colocado em veículos ou abrigos, capaz de resistir a tiros e projéteis. **3.** Dispositivo que limita a ação de campos elétricos, radiativos etc. de um meio a outro.
blindar (blin.**dar**) v.t.d. **1.** Revestir de chapas de aço. **2.** Proteger. v.t.d. e i. **3.** Cobrir.
blitz [alemão: "blítis"] s.f. Operação, batida ou visita policial inesperada e ostensiva.
bloco (**blo**.co) [ó] s.m. **1.** Quantidade, porção de matéria sólida: *bloco de pedra*. **2.** Elemento para construir paredes, feito de cimento e de forma retangular. **3.** Brinquedo formado por peças retangulares, quadradas etc. que se encaixam. **4.** Grupamento de papel. **5.** (Folc.) Grupo de pessoas que desfilam no Carnaval, menor e mais espontâneo que uma escola de samba: *o Galo da Madrugada é um dos blocos mais tradicionais de Recife*. **6.** Cada um dos edifícios de um grupo.
blog [inglês: "blógui"] s.m. (Inf.) Diário pessoal e geralmente informal, publicado na internet.
bloquear (blo.que.**ar**) v.t.d. Impedir movimento; conter; inibir; cercar.
bloqueio (blo.**quei**.o) s.m. **1.** Cerco ou operação militar que tem por objetivo cortar as comunicações de um porto ou de uma praça com o exterior. **2.** Interrupção da continuidade. **3.** (Esp.) Ação de neutralizar o ataque adversário.

blues [inglês: "blus"] s.m. (Mús.) Ritmo popular norte-americano de origem negra, tocado com guitarra, e que é uma das raízes do *rock*.
blusa (**blu**.sa) s.f. **1.** Parte superior da vestimenta usada pelas mulheres. **2.** Veste larga usada por operários, colegiais etc., com ou sem mangas.
blusão (blu.**são**) s.m. Casaco esportivo usado por cima de camiseta etc.
boa (**bo**.a) s.f. e adj. Feminino de *bom*. Cf. *boá*.
boá (bo.**á**) s.f. Estola de plumas ou de pele, comprida e tubular. Cf. *boa*.
boa-fé (bo.a-**fé**) s.f. **1.** Honestidade. **2.** Credulidade. ▣ Pl. *boas-fés*.
boa-noite (bo.a-**noi**.te) s.f. **1.** Saudação que se dirige a alguém, de noite. **2.** (Bot.) Planta ornamental tipo trepadeira. ▣ Pl. *boas-noites*.
boa-nova (bo.a-**no**.va) s.f. **1.** Notícia boa ou feliz. **2.** (Rel.) Notícia sobre a salvação do mundo por Jesus Cristo; Evangelho. ▣ Pl. *boas-novas*.
boas-festas (bo.as-**fes**.tas) [é] s.f.pl. Saudação por ocasião do Natal e do Ano-Novo.
boas-vindas (bo.as-**vin**.das) s.f.pl. Expressão de contentamento pela chegada de alguém.
boa-tarde (bo.a-**tar**.de) s.m. Saudação que se dirige a alguém, de tarde. Obs.: usa-se também no plural. ▣ Pl. *boas-tardes*.
boate (bo.**a**.te) s.f. Casa de diversão noturna onde se bebe e dança.
boateiro (bo.a.**tei**.ro) s.m. e adj. (Pessoa) que conta e espalha boatos; fofoqueiro.
boato (bo.**a**.to) s.m. Notícia anônima espalhada publicamente sem confirmação; balela; fofoca.
boa-vida (bo.a-**vi**.da) s.2g. Pessoa pouco dada ao trabalho, que procura viver com o mínimo de esforços. ▣ Pl. *boas-vidas*.
boa-vistense (boa-vis.**ten**.se) adj.2g. **1.** Do município de Boa Vista, capital do estado de Roraima. s.2g. **2.** Pessoa natural ou habitante desse lugar. ▣ Pl. *boa--vistenses*.
bobagem (bo.**ba**.gem) s.f. Insignificância, coisa sem importância, asnice, asneira.
bobeada (bo.be.**a**.da) s.f. Ação de bobear; hesitação, vacilo.
bobear (bo.be.**ar**) v.t.d. Perder uma oportunidade, não agir quando poderia ou deveria.
bobeira (bo.**bei**.ra) s.f. **1.** Comportamento de bobo. **2.** (Pop.) Asneira.
bobice (bo.**bi**.ce) s.m. Bobeira.
bobina (bo.**bi**.na) s.f. Carretel em que se enrolam fios, papel, fitas etc.
bobo (**bo**.bo) [ô] s.m. **1.** Indivíduo tonto, tolo que vivia no palácio dos príncipes e nobres, para os divertir, na Idade Média; truão; bufão; jogral. **2.** (Bot.) Arvoreta de 6 a 8 metros. **3.** (Zoo.) Ave oceânica. adj. **4.** Tolo; parvo. Cf. *bobó*.
bobó (bo.**bó**) s.m. (Culin.) Prato da cozinha baiana feito com creme espesso de mandioca ou inhame com vinagreira, leite de coco e azeite de dendê. **Bobó de camarão:** esse creme acrescido de camarões. Cf. *bobo*.

boboca (bo.bo.ca) [ó] s.2g. e adj.2g. Tolo, bobo.
boca (bo.ca) [ô] s.f. 1. (Anat.) Abertura na cabeça pela qual os seres humanos e os animais introduzem alimentos no organismo. 2. Abertura em um túnel, saco etc. **Fazer boca de pito:** fumar, em geral cigarro.
boca de sino (bo.ca de si.no) s.f. Modelo de calça que se alarga abaixo do joelho até a barra, dando à boca um forma que lembra sino.
bocado (bo.ca.do) s.m. 1. Porção de alimento que se leva à boca de uma só vez; pedaço; porção. 2. Pequeno decurso de tempo. 3. Pequena quantidade de qualquer coisa.
bocal (bo.cal) s.m. 1. Abertura de vaso, candeeiro, frasco, castiçal etc. 2. (Mús.) Embocadura dos instrumentos de sopro. Cf. *bucal*.
boçal (bo.çal) adj.2g. Rude, grosseiro, estúpido.
boçalidade (bo.ça.li.da.de) s.f. Qualidade de boçal.
boca-livre (bo.ca-li.vre) s.f. 1. Evento no qual são servidos comida e bebida de graça. 2. Circunstância ou lugar que permite a alguém viver à custa de dinheiro ilícito; mamata. ▪ Pl. *bocas-livres*.
bocarra (bo.car.ra) s.f. Boca grande.
bocejar (bo.ce.jar) v.i. 1. Abrir a boca em sinal de sono, enfado ou tédio. 2. Dar bocejos.
bocejo (bo.ce.jo) [ê] s.m. Ação de abrir a boca de modo involuntário, aspirando o ar e depois expirando-o prolongadamente.
boceta (bo.ce.ta) [ê] s.f. 1. Caixa pequena. 2. (Chul.) Vulva, vagina.
bocha (bo.cha) [ó] s.f. Jogo que consiste no arremesso de bolas, em geral de madeira, o mais próximo possível de uma bola menor ou marca, previamente posicionada sobre a pista ou campo: *a bocha chegou ao Brasil com os imigrantes italianos*.
bochecha (bo.che.cha) [ê] s.f. (Anat.) Cada uma das partes mais salientes situada na porção lateral da boca.
bochechar (bo.che.char) v.t.d. Agitar, com o movimento das bochechas, um líquido que se tem na boca.
bochecho (bo.che.cho) [ê] s.m. 1. Ato ou efeito de bochechar. 2. O líquido com que se vai bochechar.
bochechudo (bo.che.chu.do) s.m. e adj. (Aquele) que tem grandes bochechas.
bócio (bó.ci.o) s.m. (Med.) Hipertrofia da glândula tireoide; papo.
bocó (bo.có) s.2g. e adj.2g. Bobo, tonto, pateta, tolo.
boda (bo.da) [ô] s.f. 1. Celebração de casamento. 2. Festa com a qual se celebra um casamento.
bodas (bo.das) [ô] s.f.pl. 1. Casamento; matrimônio. 2. A festa de casamento.
bode (bo.de) [ó] s.m. (Zoo.) Animal caprino macho; o macho da cabra. **Bode expiatório:** pessoa sobre a qual se faz recair a culpa dos outros. (Pop.Gír.) **Estar, ficar de bode; amarrar um bode:** estar aborrecido, zangado ou preocupado.
bodega (bo.de.ga) [é] s.f. Taberna; ponto de encontro de pessoas; pequeno armazém de secos e molhados.

bodegueiro (bo.de.guei.ro) s.m. 1. Dono ou empregado de bodega. adj. 2. (Fig.) Que não tem asseio, porcalhão.
bodoque (bo.do.que) [ó] s.m. Atiradeira com elástico; estilingue.
bodum (bo.dum) s.m. 1. Mau cheiro que exala o bode. 2. Transpiração malcheirosa; sovaqueira. 3. Exalação fétida, cheiro ruim; fartum.
boemia (bo.e.mi.a) s.f. O mesmo que *boêmia*.
boêmia (bo.ê.mi.a) s.f. 1. Vida desregrada, sem regras ou horários. 2. Grupo de boêmios. O mesmo que *boemia*.
boêmio (bo.ê.mi.o) adj. 1. Relativo à Boêmia, antiga Tchecoslováquia, hoje República Tcheca e Eslovênia. s.m. e adj. 2. Que ou o que leva vida airada e noturna.
bôer (bô.er) s.2g. 1. Sul-africano descendente dos colonizadores calvinistas de origem holandesa, alemã ou francesa, que desenvolveram a língua africânder. adj.2g. 2. Relacionado a essas pessoas: *costumes bôeres*. s.m. 3. Raça de cabras sul-africana de corpo branco e cabeça escura ou vermelha, criada para a produção de carne.
bofe (bo.fe) [ó] s.m. 1. (Pop.) Pulmão, especialmente de boi. 2. (Gír. Ant.) Pessoa sem atrativos físicos. 3. (Gír.) Homossexual de aparência ou estilo masculino. Cf. *bofes* [ó].
bofes (bo.fes) [ó] s.m.pl. Entranhas, vísceras; pulmão. Cf. *bofe* [ó].
bofetada (bo.fe.ta.da) s.f. 1. Golpe com a mão aberta no rosto. 2. (Fig.) Injúria, insulto, ofensa.
bofetão (bo.fe.tão) s.m. Bofetada dada com vigor.
bofete (bo.fe.te) [é] s.m. (Pop.) Bofetada leve; tapinha; tabefe.
bogotano (bo.go.ta.no) adj. 1. De Bogotá, capital da Colômbia. s.m. 2. Pessoa natural ou habitante desse lugar.
boi s.m. (Zoo.) Quadrúpede mamífero ruminante bovídeo, utilizado pelo homem no trabalho de carga e na alimentação. Cf. *bói*.
bói s.m. Aportuguesamento de *boy*. Cf. *boi*.
boia (boi.a) [ói] s.f. 1. Qualquer corpo flutuante, para diversos fins; flutuador. 2. (Pop.) Comida ou refeição.
boiada (boi.a.da) s.f. (Zoo.) Grande número de bovinos.
boiadeiro (boi.a.dei.ro) s.m. 1. Tocador que conduz o gado. 2. Quem compra gado para revender. 3. Marchante.
boia-fria (boi.a-fri.a) [ói] s.2g. (Pop.) Trabalhador agrícola que se desloca para a zona rural, submetido a precárias condições de sobrevivência; que leva comida de casa e a consome fria. ▪ Pl. *boias-frias*.
boião (boi.ão) s.m. Pote de boca larga para guardar conservas.
boiar (boi.ar) v.t.d. 1. Flutuar. 2. (Pop.) Não entender ou ficar por fora do assunto.
boi-bumbá (boi-bum.bá) s.m. (Folc.) Forma de bumba meu boi característica do Pará e do Amazonas. ▪ Pl. *bois-bumbás* e *bois-bumbá*.

boi-corneta (boi-cor.**ne**.ta) [ê] s.m. **1.** (Zoo.) Boi de um só chifre ou aleijado de um dos chifres. **2.** (Fig.) Indivíduo rixoso, indisciplinado. ▫ Pl. *bois--cornetas*.

boicotar (boi.co.**tar**) v.t.d. **1.** Punir ou constranger por meio de recusa sistemática de relações sociais ou comerciais. **2.** Criar embaraços nos negócios de.

boicote (boi.**co**.te) [có] s.m. Ato ou ação de boicotar.

boi de mamão (boi de ma.**mão**) s.m. (Folc.) Folguedo catarinense em que se representa um boi, semelhante ao bumba meu boi nordestino.

boídeo (bo.**í**.de.o) s.m. (Zoo.) Cobra do grupo da jiboia, da sucuri e da píton.

boina (**boi**.na) s.f. Boné chato, sem costura, desprovido de pala, geralmente de lã.

boiola (boi.**o**.la) [ó] s.m. Baitola.

boi-surubi (boi-su.ru.**bi**) s.m. (Folc.) Bumba meu boi. ▫ Pl. *bois-surubis*.

boi-surubim (boi-su.ru.**bim**) s.m. Boi-surubi. ▫ Pl. *bois-surubins*.

boitatá (boi.ta.**tá**) s.m. **1.** Cintilação ou fogo-fátuo que ocorre à noite, sobre ossadas de animais decompostas. **2.** (Folc.) Assombração em forma de cobra de fogo ou de um boi furioso que solta fogo pelas ventas, que pode matar quem encontra pelo caminho.

boiuna (boi.**u**.na) s.f. (Folc.) Mito amazônico, aparição de uma enorme cobra preta ou embarcação fantasma no meio do rio; cobra-grande.

bojo (**bo**.jo) [ô] s.m. **1.** Saliência arredondada. **2.** Barriga grande. **3.** (Fig.) Capacidade, envergadura.

bojudo (bo.**ju**.do) adj. Que tem grande bojo.

bola (**bo**.la) [ó] s.f. **1.** Corpo esférico. **2.** Juízo; cabeça. **3.** Piada; chiste. **4.** (Pop.) Futebol: *ser bom de bola, gostar de bola*. **5.** (Gír.) Propina; suborno.

bola ao cesto (bo.la ao **ces**.to) [ê] s.f. O mesmo que basquetebol.

bolacha (bo.**la**.cha) s.f. **1.** Biscoito achatado, de farinha de trigo, maisena etc., salgado ou doce. (Pop.) **2.** Bofetada. **3.** Mulher homossexual; lésbica.

bolada (bo.**la**.da) s.f. **1.** Pancada com bola. **2.** Monte de dinheiro ao jogo. **3.** Grande soma de dinheiro.

bolandeira (bo.lan.**dei**.ra) s.f. Nos engenhos de açúcar, roda dentada que gira sobre a moenda.

bolar (bo.**lar**) v.t.d. **1.** Tocar com a bola; acertar com a bola. **2.** Imaginar, arquitetar.

bolas (**bo**.las) [ó] s.f.pl. **1.** Boleadeiras. **2.** (Pop.) Testículos.

bolchevique (bol.che.**vi**.que) s.2g. e adj.2g. **1.** Partidário ou militante do bolchevismo. adj.2g. **2.** Bolchevista.

bolchevismo (bol.che.**vis**.mo) s.m. (Pol.) Movimento político que foi um dos iniciadores da Revolução Russa de 1917.

bolchevista (bol.che.**vis**.ta) adj.2g. Pertencente ao bolchevismo; bolchevique.

boldo (**bol**.do) [ô] s.m. (Bot.) Arbusto cujas folhas têm sabor amargo e propriedades medicinais.

boldrié (bol.dri.**é**) s.m. Correia para prender uma arma; talabarte, talim.

boleadeira (bo.le.a.**dei**.ra) s.f. Aparelho usado pelos campeiros para laçar animais, constituído por três bolas de ferro ou pedra, envolvidas em couro espesso e amarradas entre si por tiras de couro; bolas: *as boleadeiras já eram usadas pelos indígenas quando chegaram os europeus*.

bolear (bo.le.**ar**) v.t.d. **1.** Dar aspecto ou forma de bola a. **2.** Arremessar a boleadeira para laçar um animal.

boleia (bo.**lei**.a) [éi] s.f. **1.** Cabine do motorista, no caminhão. **2.** Assento do cocheiro.

bolero (bo.**le**.ro) [é] s.m. **1.** Dança espanhola. **2.** (Mús.) Música que acompanha essa dança. **3.** Casaco feminino bem curto, acima da cintura.

boletim (bo.le.**tim**) s.m. **1.** Relação de notas de um aluno. **2.** Escrito noticioso ou informativo de pequenas dimensões. **3.** Impresso de propaganda.

boleto (bo.**le**.to) [ê] s.m. **1.** Documento que atesta um direito: *boleto turístico, boleto do passeio*. **2.** Documento emitido por instituição financeira, com dados sobre uma transação: *o pagamento pode ser feito por boleto bancário ou diretamente na tesouraria*.

bolha (**bo**.lha) [ô] s.f. **1.** (Med.) Vesícula ou ampola que aparece sobre a pele. **2.** (Quím.) Glóbulo de ar que se forma na superfície de líquidos em ebulição ou fermentação. **3.** (Gír.) Pessoa que amola, enfadonha.

boliche (bo.**li**.che) s.m. Jogo que consiste em fazer deslizar uma bola para derrubar um conjunto de balizas ou pinos com formato de garrafas.

bólide (**bó**.li.de) s.m. O mesmo que *bólido*.

bólido (**bó**.li.do) s.m. (Astron.) Meteorito grande que, ao entrar na atmosfera terrestre, passa rapidamente com rastro luminoso e som característico. **2.** (Fig.) Veículo muito rápido. O mesmo que *bólide*.

bolina (bo.**li**.na) s.f. (Náut.) **1.** Cabo que prende as velas de uma embarcação. **2.** Peça instalada no centro do casco de uma embarcação para regular a inclinação e a direção.

bolinar (bo.li.**nar**) v.t.d. Tocar, apalpar (alguém, alguma parte do corpo) com intenção sexual.

bolinho (bo.**li**.nho) s.m. (Culin.) **1.** Petisco frito, de massa de ovos e em geral salgado: *bolinho de bacalhau, bolinho de arroz*. **2.** Bolo assado em porções individuais.

bolívar (bo.**lí**.var) s.m. Moeda da Venezuela.

boliviano (bo.li.vi.**a**.no) adj. **1.** Da Bolívia, país da América do Sul. s.m. **2.** Pessoa natural ou habitante desse lugar. **3.** Moeda desse país.

bolo (**bo**.lo) [ô] s.m. **1.** (Culin.) Massa de farinha com ovos, açúcar etc., assada em forma e servida em fatias. (Pop.) **2.** Confusão, desordem. **3.** Ajuntamento desordenado, monte: *um bolo de notas, um bolo de pessoas*. **4.** Ausência injustificada em compromisso: *levar, dar bolo*.

bolonhês (bo.lo.**nhês**) adj. **1.** De Bolonha, cidade na Itália. Molho à bolonhesa: molho de tomate com carne moída, que acompanha massas. s.m. **2.** Pessoa natural ou habitante dessa cidade.

bolor (bo.**lor**) [ô] s.m. **1.** (*Biol.*) Fungo microscópico que se desenvolve em alimentos e matérias orgânicas. **2.** Mofo.

bolorento (bo.lo.**ren**.to) adj. **1.** Coberto de bolor. **2.** (*Pop.*) Velho; antiquado; decadente.

bolota (bo.**lo**.ta) [ó] s.f. **1.** Glande do carvalho. **2.** Qualquer penduricalho.

bolsa (**bol**.sa) [ô] s.f. **1.** Carteira com fecho, geralmente de couro, usada pelas mulheres. **2.** Auxílio financeiro, pensão: *ganhou uma bolsa de estudos de dois mil reais; distribuir uma bolsa de pesquisa.* **Bolsa (de Valores):** organização onde se realizam operações financeiras com ações, títulos e semelhantes.

bolsista (bol.**sis**.ta) adj.2g. **1.** Referente a bolsa, ou bolsa de valores. s.2g. **2.** Pessoa que joga com fundos públicos. s.2g. e adj.2g. **3.** (Pessoa) que recebe uma bolsa de estudos, pesquisa etc.: *os alunos bolsistas; a chegada dos bolsistas.*

bolso (**bol**.so) [ô] s.m. Saquinho de pano cosido no vestuário e no qual se guardam objetos pessoais; algibeira. ▪ Pl. *bolsos* [ó].

bom adj. **1.** Com qualidades adequadas, satisfatórias ou superiores. **2.** Bondoso; que pratica o bem. **3.** Favorável; benigno; justo; razoável. interj. **4.** Exprime surpresa, aprovação. **5.** (*Pop.*) Muito disposto; corajoso.

bomba (**bom**.ba) s.f. **1.** Projétil cheio de substâncias explosivas. **2.** (*Fig.*) Acontecimento inesperado e escandaloso. **3.** Reprovação em exame. **4.** Fogo de artifício. **5.** (*Fís.*) Máquina para movimentar líquidos ou gases. **6.** (*Esp.*) No futebol, chute muito forte. **7.** Bombilha. **8.** (*Culin.*) Doce cilíndrico feito de massa de trigo com recheio e cobertura de creme, chocolate etc.; *eclair.*

bombachas (bom.**ba**.chas) s.f.pl. Calças largas que se apertam nos tornozelos por botões, vestimenta típica gaúcha.

bombarda (bom.**bar**.da) s.f. (*Mús.*) Instrumento de sopro em madeira, antecessor do fagote.

bombardear (bom.bar.de.**ar**) v.t.d. **1.** Arremessar bombas ou projéteis contra. **2.** (*Fig.*) Agredir verbalmente.

bombardeio (bom.bar.**dei**.o) s.m. Ação de bombardear.

bombardeiro (bom.bar.**dei**.ro) s.m. Avião que carrega e lança bombas aéreas.

bombardino (bom.bar.**di**.no) s.m. (*Mús.*) Instrumento de sopro com bocal e timbre suave.

bombástico (bom.**bás**.ti.co) adj. **1.** Estrondoso; altissonante; retumbante; estrondoso. **2.** (*Fig.*) Empolado; extravagante.

bombear (bom.be.**ar**) v.t.d. **1.** Extrair com o uso de bomba. **2.** Reprovar um exame. **3.** Dar forma redonda.

bombeiro (bom.**bei**.ro) s.m. **1.** Policial militar do corpo salvamento e extinção de incêndios. **2.** Encanador.

bombilha (bom.**bi**.lha) s.f. Canudo de metal usado para tomar chimarrão; bomba.

bombo (**bom**.bo) (*Mús.*) s.m. **1.** Tambor de grandes proporções e som grave. **2.** Zabumba; bumbo.

bom-bocado (bom-bo.**ca**.do) s.m. (*Culin.*) Bolo de coco e mandioca, às vezes com queijo, leite de coco etc., em geral assado em forminhas individuais. ▪ Pl. *bons-bocados.*

bombom (bom.**bom**) s.m. Confeito de chocolate, com ou sem recheio.

bombordo (bom.**bor**.do) [ó] s.m. (*Náut.*) Lado esquerdo do navio no sentido da popa à proa.

bom-tom (bom-tom) s.m. **1.** Modos próprios de distinção social. **2.** Modos que denotam boa educação. ▪ Pl. *bons-tons.*

bonachão (bo.na.**chão**) s.m. e adj. (Aquele) que é bondoso, paciente, tolerante.

bonacheirão (bo.na.chei.**rão**) adj. Que é bondoso, paciente, tolerante, bonachão.

bonança (bo.**nan**.ça) s.f. **1.** Calmaria, bom tempo. **2.** (*Fig.*) Sossego; tranquilidade; serenidade.

bonançoso (bo.nan.**ço**.so) [ô] adj. Em que há bonança, sossego. ▪ Pl. *bonançosos* [ó].

bondade (bon.**da**.de) s.f. **1.** Qualidade ou caráter do que é bom. **2.** Benevolência. **3.** Brandura; doçura.

bonde (**bon**.de) s.m. Antigo veículo elétrico para transporte coletivo urbano, que andava sobre trilhos na superfície das ruas.

bondoso (bon.**do**.so) [ô] adj. Em quem há bondade. ▪ Pl. *bondosos* [ó].

boné (bo.**né**) s.m. Vestimenta para a cabeça, redonda e com pala sobre os olhos.

boneca (bo.**ne**.ca) [é] s.f. **1.** Brinquedo que representa uma figura humana, feito com pano, plástico ou outros materiais. **2.** (*Fig.*) Mulher ou menina muito enfeitada, ou pequena e perfeitinha. **3.** (*Pej.*) Homem efeminado ou travesti.

boneco (bo.**ne**.co) [é] s.m. **1.** Figura de ser humano ou animal, feita de pano, madeira, massa etc.: *a história do boneco de piche; teatro de bonecos.* **2.** (*Gráf.*) Modelo de um livro, revista etc., com o formato e o papel, porém sem a impressão.

bongô (bon.**gô**) s.m. (*Mús.*) Instrumento de percussão formado por dois pequenos tambores que são percutidos com as mãos.

bonificação (bo.ni.fi.ca.**ção**) s.f. Bônus.

bonificar (bo.ni.fi.**car**) v.t.d. Conceder bônus.

bonifrate (bo.ni.**fra**.te) s.m. Fantoche.

boniteza (bo.ni.**te**.za) [ê] s.f. (*Pop.*) Qualidade de bonito; beleza.

bonito (bo.**ni**.to) adj. **1.** Belo; formoso; lindo. **2.** Que tem boa aparência, que agrada à vista. **3.** De bom aspecto.

bonomia (bo.no.**mi**.a) s.f. Característica de pessoa bondosa, simples e ingênua.

bônus (**bô**.nus) s.m. Prêmio ou vantagem que algumas empresas ou companhias concedem.

bonzo (**bon**.zo) s.m. **1.** Sacerdote budista. **2.** (*Fig.*) Indivíduo impassível. **3.** (*Pej.*) Dissimulado.

boom [ingl.: "bum"] s.m. **1.** Crescimento econômico, forte aumento nas vendas em um setor ou área: *a abertura da estrada gerou um boom*

imobiliário na região. **2.** O período em que ocorre essa expansão: *no boom da bolsa de valores, surgiram alguns milionários*.
boqueira (bo.**quei**.ra) s.f. Ferimento nos cantos da boca.
boqueirão (bo.quei.**rão**) s.m. **1.** Abertura em costa marítima. **2.** Abertura de rio ou de canal. **3.** Quebrada da serra. **4.** Foz de um rio.
boquejar (bo.que.**jar**) v.t.d. **1.** Falar mal de, criticar, reclamar pelas costas: *vivia boquejando dos pais*. **2.** Falar baixo, resmungar.
boquiaberto (bo.qui.a.**ber**.to) [é] adj. **1.** De boca aberta. **2.** Admirado; pasmo.
boquilha (bo.**qui**.lha) s.f. **1.** Cigarrilha. **2.** Ponta do cachimbo que fica na boca. **3.** (Mús.) Peça de um instrumento de sopro que se encaixa na palheta.
boquinha (bo.**qui**.nha) s.f. Boca pequena. **Fazer uma boquinha**: comer alguma coisa leve; petiscar, beliscar.
borace (bo.**ra**.ce) s.m. O mesmo que *bórax*.
bórax (**bó**.rax) [cs] s.m. (Quím.) Sal que contém boro e oxigênio, usado como antisséptico. O mesmo que *borace*. ▣ Pl. *bóraces*.
borboleta (bor.bo.**le**.ta) [ê] s.f. **1.** (Zoo.) Inseto lepidóptero diurno que passa por uma metamorfose completa, passando pelos estágios de lagarta, casulo e adulto com asas de cores variadas, algumas muito coloridas. **2.** (Fig.) Pessoa inconstante, que vai cada hora para um lado, como o voo das borboletas. **3.** Aparelho giratório para registrar a passagem de pessoas; catraca.
borboletear (bor.bo.le.te.**ar**) v.i. **1.** Esvoaçar como as borboletas; vaguear. **2.** (Fig.) Fantasiar; devanear.
borbotão (bor.bo.**tão**) s.m. Jorro, jato impetuoso, golfada.
borbotar (bor.bo.**tar**) v.i. Brotar, sair como borbotão; borbulhar.
borbulha (bor.**bu**.lha) s.f. **1.** (Med.) Pequena vesícula ou ampola. **2.** (P. ext.) Bolha de ar que se forma na superfície da água. **3.** (Fig.) Mácula; defeito. **4.** (Bot.) Gema para enxerto de plantas.
borbulhar (bor.bu.**lhar**) v.i. **1.** Formar bolhas; borbotar: *a sopa borbulhava*. v.t.d. **2.** Surgir em grande quantidade; pulular, ferver.
borco (**bor**.co) [ô] s.m. **De borco**: com a boca para baixo.
borda (**bor**.da) [ó] s.f. Extremidade de uma superfície, beira; margem; orla; fímbria.
bordadeira (bor.da.**dei**.ra) s.f. Mulher que borda.
bordado (bor.**da**.do) adj. **1.** Obra e trabalho de bordadura. s.m. **2.** Obra de bordadura. **3.** Trabalho em linha com desenhos em relevo.
bordadura (bor.da.**du**.ra) s.f. **1.** Ato ou efeito de bordar. **2.** Bordado.
bordão (bor.**dão**) s.m. **1.** Apoio, cajado. (Mús.) **2.** Nos instrumentos de corda, a corda mais espessa e grave. **3.** Nota mais grave que serve de base para coral, orquestra ou outra formação musical.
bordar (bor.**dar**) v.t.d. **1.** Fazer bordado em. v.i. **2.** Fazer bordas; orlas. **3.** Ornar; guarnecer.

bordejar (bor.de.**jar**) v.t.d. **1.** Navegar ou deslocar-se sem destino certo; passar, percorrer. **2.** Passar próximo de.
bordel (bor.**del**) s.m. Prostíbulo.
borderô (bor.de.**rô**) s.m. **1.** Relação de operações financeiras referentes a um período. **2.** Relação de títulos entregues a um banco para ser cobrados, descontados ou afiançados.
bordo (**bor**.do) [ó] s.m. **1.** Lado do navio. **A bordo**: dentro de veículo ou nave; dentro de navio, avião ou trem. **2.** (Fig.) Disposição de espírito.
bordô (bor.**dô**) adj.2g.2n. **1.** Que é de um vermelho escuro, da cor do vinho tinto: *carro bordô, almofadas bordô*. s.m. **2.** Essa cor. Obs.: do francês *bordeaux*, tipo de vinho tinto. ▣ Pl. do s.: *bordôs*, pl. do adj.: *bordô*.
bordoada (bor.do.**a**.da) s.f. **1.** Pancada com bordão; paulada, fubecada. **2.** (Fig.) Fato que causa choque psicológico; golpe.
boreal (bo.re.**al**) adj.2g. **1.** (Bot.) Planta própria do hemisfério norte. **2.** Setentrional, do lado do Norte.
boreste (bo.**res**.te) [é] s.m. (Náut.) Lado direito do navio, no sentido da popa à proa.
bori (bo.**ri**) s.m. (Relig.) Ritual do candomblé em que se alimenta o orixá de uma pessoa.
bórico (**bó**.ri.co) adj. (Quím.) Diz-se do ácido e do anidrido em que entra o boro, que se usa como desinfetante.
borla (**bor**.la) [ó] s.f. **1.** Enfeite de passamanaria formado por um feixe de fios. Cf. *pompom*. **2.** Objeto esférico na ponta de um mastro.
bornal (bor.**nal**) s.m. **1.** Saco de couro ou pano para provisões e ferramentas. **2.** Saco que se adapta ao focinho do animal, para comer.
boro (**bo**.ro) [ó] s.m. (Quím.) Elemento metaloide de número atômico 5, símbolo B e peso atômico 10,81.
bororo (bo.**ro**.ro) [ô] s.2g. **1.** Indivíduo dos bororos, povo indígena que vive hoje no Mato Grosso. adj.2g. **2.** Relacionado a esse povo. s.m. **3.** Idioma falado por esse povo. O mesmo que *bororó*.
bororó (bo.ro.**ró**) O mesmo que *bororo*.
borra (**bor**.ra) [ô] s.f. **1.** (Quím.) Substância sólida que se deposita no fundo depois de haver estado suspenso no líquido. **2.** Resíduo da seda depois da fiação.
borra-botas (bor.ra-**bo**.tas) [ó] s.2g.2n. João-ninguém. ▣ Pl. *borra-botas*.
borracha (bor.**ra**.cha) s.f. **1.** (Bot.) Substância elástica extraída do látex de algumas plantas; goma. **2.** Produto industrial feito com essa substância, usado na fabricação de pneus, calçados, elásticos etc. **3.** Objeto para apagar a escrita a lápis.
borracharia (bor.ra.cha.**ri**.a) s.f. Estabelecimento em que se consertam pneus.
borracheiro (bor.ra.**chei**.ro) s.m. **1.** Quem extrai o leite da mangabeira. **2.** Pessoa que conserta pneus. **3.** Borracharia.
borracho (bor.**ra**.cho) adj. Bêbado, embriagado.

borrachudo (bor.ra.**chu**.do) s.m. **1.** (Zoo.) Mosquito cuja picada causa dor e prurido. adj. **2.** (Cheque) que não tem fundos.

borrador (bor.ra.**dor**) [ô] s.m. e adj. **1.** (Aquele) que borra. s.m. **2.** No comércio, caderneta ou local para anotar os registros que deverão ser lançados na contabilidade.

borralho (bor.ra.lho) s.m. Resto de corpo queimado; cinza.

borrão (bor.**rão**) s.m. **1.** Mancha de tinta. **2.** Esboço, rascunho.

borrar (bor.**rar**) v.t.d. **1.** Sujar, manchar. **2.** Fazer sair do contorno, desmanchar: *borrou o desenho, borrar a pintura*.

borrasca (bor.**ras**.ca) s.f. **1.** Temporal súbito com vento e chuva. **2.** (Fig.) Contrariedade repentina.

borrego (bor.**re**.go) [ê] s.m. Cordeiro com menos de um ano de idade.

borrifador (bor.ri.fa.**dor**) [ô] s.m. Aparelho para jogar líquido em gotas muito pequenas; aspersor.

borrifar (bor.ri.**far**) v.t.d. **1.** Molhar com borrifos; aspergir, rociar, orvalhar. v.i. **2.** Chuviscar.

borrifo (bor.**ri**.fo) s.m. Pequena quantidade de líquido.

borzeguim (bor.ze.**guim**) s.m. Bota que se amarra com cadarço.

bósnio-herzegovino (bós.ni.o-her.ze.go.**vi**.no) adj. **1.** Da Bósnia e Herzegovina, país da Europa. s.m. **2.** Pessoa natural ou habitante desse lugar. ▪ Pl. *bósnios-herzegovinos*.

bosque (**bos**.que) [ó] s.m. (Bot.) Quantidade considerável de árvores dispostas de forma próxima; mata; floresta; selva.

bosquejar (bos.que.**jar**) v.t.d. Esboçar, rascunhar.

bosquejo (bos.**que**.jo) [ê] s.m. Esboço.

bossa (**bos**.sa) [ó] s.f. **1.** (Med.) Tumor; inchação causada por contusão. **2.** (Fig.) Tendência; queda; aptidão. **3.** (Gír.) Habilidade; jeito de agradar.

bosta (**bos**.ta) [ó] s.f. **1.** Fezes dos animais. **2.** (Gír.) Coisa malfeita ou de má qualidade.

bota (**bo**.ta) [ó] s.f. Calçado de couro ou borracha que envolve o pé e parte da perna.

bota-fora (bo.ta-**fo**.ra) [ó] s.m. Festa ou ato de despedida a pessoas que se ausentam. ▪ Pl. *bota-foras*.

botânica (bo.**tâ**.ni.ca) s.f. Ciência que estuda os vegetais.

botânico (bo.**tâ**.ni.co) adj. **1.** Relativo a botânica ou a plantas. s.m. **2.** Especialista em botânica.

botão (bo.**tão**) s.m. **1.** Pequena peça arredondada que se usa para fechar o vestuário. **2.** (Bot.) O estado da flor antes de desabrochar; gomo de planta.

botar (bo.**tar**) v.t.d. Pôr, colocar.

bote (**bo**.te) [ó] s.m. **1.** Pequeno barco com remos ou velas; escaler. **2.** Golpe com arma branca; estocada; cutilada. **3.** Salto da cobra para picar. **4.** (P.ext.) Investida, ataque.

boteco (bo.**te**.co) [é] s.m. (Pej.) Botequim ou bar muito simples.

botequim (bo.te.**quim**) s.m. Estabelecimento que vende bebidas alcoólicas; bar.

botica (bo.ti.**cão**) s.f. (Ant.) Drogaria.

boticão (bo.ti.**cão**) s.m. (Med.) Espécie de tenaz para arrancar dentes.

boticário (bo.ti.**cá**.ri.o) s.m. Farmacêutico.

botija (bo.**ti**.ja) s.f. Vaso bojudo de boca estreita e gargalo curto, provido de pequena asa: *as botijas já foram usadas para batucar*.

botijão (bo.ti.**jão**) s.m. Botija ou vaso grande: *um botijão de gás*.

botina (bo.**ti**.na) s.f. Bota de cano curto.

boto (**bo**.to) [ô] s.m. **1.** (Zoo.) Golfinho de água doce, do rio Amazonas. **2.** (Folc.) Golfinho encantado que assume aparência humana, com os pés para trás e um furo no alto da cabeça, e seduz as moças na beira do rio.

botocudo (bo.to.**cu**.do) s.m. e adj. **1.** Indivíduo dos botocudos, povo indígena que vive hoje na Bahia e usa botoque. adj.2g. **2.** Relacionado a esse povo.

botoeira (bo.to.**ei**.ra) s.f. **1.** Casa de botão. **2.** Painel de botões de uma máquina.

botoque (bo.**to**.que) [ó] s.m. Adorno em forma de disco, que alguns indígenas sul-americanos colocam no lábio inferior, nas narinas ou nas orelhas.

botsuano (bot.su.a.no) adj. **1.** De Botsuana, país da África. s.m. **2.** Pessoa natural ou habitante desse lugar.

botulismo (bo.tu.**lis**.mo) s.m. (Med.) Intoxicação alimentar causada por toxina de uma bactéria e que afeta o sistema nervoso.

bouba (**bou**.ba) [ô] s.f. **1.** (Zoo.) Doença das aves causada por vírus e caracterizada por verrugas nos olhos e nas patas. **2.** Bubão. **3.** (Raro Med.) Doença infecciosa provocada por germe semelhante ao da sífilis.

boubento (bou.**ben**.to) adj. Que tem bouba.

bovídeo (bo.**ví**.de.o) adj. (Zoo.) Que pertence a um grupo de mamíferos artiodáctilos ruminantes que inclui boi, cabra, carneiro e antílope.

bovino (bo.**vi**.no) adj. Relativo ou pertencente ao boi.

bovinocultura (bo.vi.no.cul.**tu**.ra) s.f. Criação de gado bovino.

boxador (bo.xa.**dor**) [cs] s.m. Boxeador.

boxe (**bo**.xe) [cs] s.m. **1.** (Esp.) Luta e esporte olímpico em que os atletas usam luvas e trocam socos; pugilismo. **2.** Compartimento, repartição em garagem, escritório, cavalariça etc. **3.** Compartimento para a área do chuveiro. **4.** Quadro em página impressa.

boxeador (bo.xe.a.**dor**) [cs] s.m. Lutador de boxe; pugilista.

bóxer (**bó**.xer) [cs] s.m. (Zoo.) Cão de raça grande, com pelo curto e liso, castanho-claro ou malhado com manchas brancas, alegre e empregado para guarda.

boy [inglês: "bói"] s.m. Auxiliar de escritório, auxiliar de serviços externos; empregado que executa pagamentos, entregas e outros serviços externos; contínuo, *office boy*, bói. Obs.: do inglês *office boy*, que significa "rapaz, menino do escritório"; o feminino seria *girl* ou *office girl*, mas não é usado.

bozó (bo.zó) s.m. Jogo de três a cinco dados que usa combinações semelhantes às do pôquer.
Br Símbolo do elemento químico bromo.
brabeza (bra.**be**.za) [ê] s.f. O mesmo que *braveza*.
brabo (bra.bo) adj. O mesmo que *bravo*.
braça (bra.ça) s.f. **1.** Antiga medida de comprimento equivalente a 2,2 m. **2.** (*Náut.*) Medida correspondente a 1,83 m.
braçada (bra.ça.da) s.f. **1.** Porção que se pode tomar nos braços. **2.** Movimento que o nadador faz com os braços.
braçadeira (bra.ça.**dei**.ra) s.f. **1.** Correia do escudo, pela qual se enfia o braço. **2.** Correia que atletas usam no braço.
braçal (bra.**çal**) adj.2g. Relativo aos braços, ao uso dos braços: *trabalho braçal, trabalhador braçal*.
bracejar (bra.ce.**jar**) v.t.d. **1.** Trabalhar com os braços; labutar. **2.** Mover os braços; gesticular.
bracelete (bra.ce.**le**.te) [ê] s.m. Argola de adorno usada no braço; pulseira.
braço (bra.ço) s.m. **1.** (*Anat.*) Cada um dos dois membros superiores do corpo humano. **2.** (*Anat.*) Parte desse membro, no trecho entre o ombro e o cotovelo. **3.** Cada um dos membros dianteiros dos quadrúpedes. **4.** Prolongamento, extensão, ramo: *a organização italiana tinha braços no mundo todo*. **5.** Prolongamento de rio ou mar que entra pela terra.
bradar (bra.**dar**) v.t.d. **1.** Gritar; dizer em brados. **2.** Reclamar em altas vozes. v.t.i. **3.** Reclamar; pedir; protestar. v.i. **4.** Rugir; gritar; bramir.
brado (bra.do) s.m. **1.** Grito; exclamação. **2.** Reclamação em voz alta. **3.** (*Fig.*) Renome; fama.
braguilha (bra.**gui**.lha) s.f. Abertura dianteira das calças.
braile (**brai**.le) s.m. Escrita com caracteres em relevo, lidos com o tato: *livros em braile; elevadores e produtos com caracteres em braile podem ser utilizado por cegos*.
brâmane (**brâ**.ma.ne) s.2g. **1.** (*Relig.*) Sacerdote do bramanismo. **2.** Uma das castas tradicionais da Índia.
bramanismo (bra.ma.**nis**.mo) s.m. (*Relig.*) Sistema religioso e social da Índia, que se funda na crença em Brama, divindade hindu considerada a fonte que deu origem ao universo.
bramar (bra.**mar**) v.i. **1.** Fazer barulho forte; rugir: *a onça bramava na caverna*. **2.** (*Fig.*) Gritar, vociferar.
bramido (bra.**mi**.do) s.m. **1.** Rugido (de feras, do mar etc.). **2.** Estampido. **3.** Voz ameaçadora.
bramir (bra.**mir**) v.i. **1.** Soltar bramidos. **2.** Fazer grande estrondo. v.t.d. **3.** Dizer em altos brados.
branco (**bran**.co) adj. **1.** Da cor do leite ou da neve. **2.** De cor clara. **3.** Claro; pálido. **4.** Descorado. **5.** (Lit.) Diz-se do verso sem rima. s.m. **6.** A cor branca. s.m. e adj. **7.** (Pessoa) de etnia europeia, com pele clara: *a população brasileira é formada de brancos, negros, índios e outros; era uma mulher branca de chapéu de sol*.

brancura (bran.**cu**.ra) s.f. Qualidade daquilo que é branco; alvura.
brandir (bran.**dir**) v.t.d. **1.** Agitar com a mão, antes de arremessar. **2.** Atirar; descarregar. **3.** Acenar com. v.i. **4.** Oscilar; vibrar.
brando (**bran**.do) adj. **1.** Que cede facilmente. **2.** Mole; flexível. **3.** Afável; manso. **4.** Suave.
brandura (bran.**du**.ra) s.f. **1.** Qualidade do que é brando. **2.** Moderação. **3.** Suavidade.
branqueamento (bran.que.a.**men**.to) s.m. Ação de branquear.
branquear (bran.que.**ar**) v.t.d. **1.** Tornar branco ou mais branco. **2.** Cobrir com substância branca. **3.** Limpar. v.i. **4.** Tornar-se branco; alvejar, branquejar.
branquejar (bran.que.**jar**) v.i. Branquear.
brânquia (**brân**.qui.a) s.f. (Zoo.) Órgão da respiração da maioria dos animais aquáticos.
branquial (bran.qui.**al**) adj.2g. **1.** Relativo a brânquia. **2.** Que ocorre por meio das brânquias: *respiração branquial*.
brasa (**bra**.sa) s.f. **1.** Carvão incandescente. **2.** Estado de aflição; ansiedade. **3.** Ira.
brasão (bra.**são**) s.m. **1.** Escudo de armas. **2.** Insígnia de nobres. **3.** (Fig.) Honra; timbre.
braseiro (bra.**sei**.ro) s.m. **1.** Recipiente cheio de brasas. **2.** Conjunto de brasas que ficam depois de um incêndio.
brasileirismo (bra.si.lei.**ris**.mo) s.m. **1.** Expressão ou maneira de dizer peculiar aos brasileiros. **2.** Modismo próprio da linguagem dos naturais ou habitantes do Brasil. **3.** Qualidade, sentimento de brasileiro; brasilidade.
brasileiro (bra.si.**lei**.ro) adj. **1.** Do Brasil, este país da América do Sul: *este é um dicionário brasileiro*. s.m. **2.** Pessoa natural ou habitante deste lugar.
brasilianista (bra.si.li.a.**nis**.ta) s.2g. Pessoa que se especializou em estudos sobre o Brasil.
brasílico (bra.**sí**.li.co) adj. Relativo ao pau-brasil ou ao Brasil antes da chegada dos portugueses.
brasilidade (bra.si.li.**da**.de) s.f. **1.** Caráter distintivo do brasileiro e do Brasil. **2.** Sentimento de amor ao Brasil; brasileirismo.
brasiliense (bra.si.li.**en**.se) adj.2g. **1.** Do município de Brasília, capital do Distrito Federal. s.2g. **2.** Pessoa natural ou habitante desse lugar.
braúna (bra.**ú**.na) s.f. (Bot.) Árvore da caatinga, de madeira muito dura.
bravata (bra.**va**.ta) s.f. **1.** Fanfarrice. **2.** Ameaça arrogante.
bravatear (bra.va.te.**ar**) v.t.d. **1.** Dizer bravatas. **2.** Ameaçar; dirigir (ameaças).
braveza (bra.**ve**.za) [ê] s.f. **1.** Bravura. **2.** Sanha; ferocidade; impetuosidade. O mesmo que *brabeza*.
bravio (bra.**vi**.o) adj. **1.** Bravo; feroz. s.m. **2.** Terreno inculto.
bravo (bra.vo) adj. **1.** Destemido, corajoso, valente, intrépido. **2.** Impetuoso, brigão. **3.** Admirável, valoroso. **4.** Que não foi amansado, adestrado ou domesticado: *burro bravo*. s.m. **5.** Indivíduo

corajoso. *interj.* **6.** Exprime agrado, aprovação. O mesmo que *brabo*.
bravura (bra.**vu**.ra) *s.f.* Qualidade de bravo; valentia, arrojo.
breca (bre.ca) [é] *s.f.* (*Pop.*) Contração espasmódica dos músculos; cãibra. **Com a breca!** com os diabos!.
brecar (bre.**car**) *v.t.d.* **1.** Manobrar os freios de veículo para que ele pare. *v.i.* **2.** Fazer parar um veículo sob a ação dos freios.
brecha (bre.cha) [é] *s.f.* **1.** Fenda; abertura; ruptura. **2.** Ferida larga. **3.** Espaço vazio; quebrada.
brechó (bre.**chó**) *s.m.* Estabelecimento onde se vendem objetos usados; belchior.
brega (bre.ga) [é] *adj.* (*Pop.*) De mau gosto.
brejeiro (bre.**jei**.ro) *adj.* **1.** Vadio, gaiato. **2.** Maroto; biltre. **3.** Malicioso. **4.** Relativo a brejo. *s.m.* **5.** Indivíduo brejeiro.
brejo (bre.jo) [é] *s.m.* **1.** Pântano; lameiro. **2.** Terreno que só dá urzes. **3.** (*Bot.*) Matagal.
brenha (bre.nha) [ê] *s.f.* **1.** (*Bot.*) Floresta espessa; matagal. **2.** (*Fig.*) Confusão.
breque (bre.que) [é] *s.m.* Freio mecânico das viaturas.
bretão (bre.**tão**) *adj.* **1.** Relacionado à Bretanha, província francesa. **2.** Relacionado à Grã-Bretanha, ilha e nação que integra o Reino Unido, Estado da Europa com possessões em outros continentes. **3.** Inglês. *s.m.* **4.** Pessoa natural ou habitante de um desses dois lugares.
breu *s.m.* Substância escura semelhante ao pez negro, que se obtém pela destilação da hulha.
breve (bre.ve) [é] *adj.* **1.** De curta duração; rápido; curto; resumido. *adv.* **2.** Dentro de pouco tempo. *s.m.* **3.** Escapulário, saquinho com orações que os fiéis trazem no pescoço.
brevê (bre.**vê**) *s.m.* Diploma de aviador.
brevetar (bre.ve.**tar**) *v.t.d.* Diplomar em curso de aviação.
breviário (bre.vi.**á**.ri.o) *s.m.* **1.** Livro de rezas dos sacerdotes. **2.** Resumo; sumário.
brevidade (bre.vi.**da**.de) *s.f.* **1.** Qualidade do que é breve. **2.** (*Culin.*) Bolo fofo feito de polvilho, ovos etc. e assado em forma individual.
bricabraque (bri.ca.**bra**.que) *s.m.* **1.** Objetos usados. **2.** Estabelecimento que comercializa objetos usados; belchior; brechó.
bricolagem (bri.co.**la**.gem) *s.f.* Trabalho manual ou conserto feito pela mesma pessoa que irá utilizá-lo: *as ferramentas e produtos para bricolagem servem para você mesmo usar em casa, e não para uso profissional.*
brida (bri.da) *s.f.* Rédea.
bridão (bri.**dão**) *s.m.* Peça articulada que se coloca dentro da boca de um cavalo, de ação semelhante à do freio.
bridge (**brid**.ge) *s.m.* Jogo de cartas para quatro pessoas.
briga (bri.ga) *s.f.* Luta; disputa; combate; desavença.
brigada (bri.**ga**.da) *s.f.* Corpo militar, composto quase sempre de dois regimentos.

brigadeiro (bri.ga.**dei**.ro) *s.m.* **1.** Comandante de uma brigada. **2.** (*Culin.*) Doce pequeno feito com leite condensado e chocolate, enrolado e polvilhado com chocolate granulado: *a festa tinha brigadeiros e beijinhos de amendoim.*
brigão (bri.**gão**) *s.m.* e *adj.* (Aquele) que briga sempre.
brigar (bri.**gar**) *v.t.i.* e *v.i.* **1.** Lutar. **2.** Discutir. **3.** Discordar.
brigue (bri.gue) *s.m.* Antigo navio a vela.
briguento (bri.**guen**.to) *s.m.* e *adj.* (Aquele) que briga sempre; brigão.
brilhante (bri.**lhan**.te) *adj.2g.* **1.** Que brilha. **2.** Ilustre; magnífico. *s.m.* **3.** Diamante facetado, com a parte superior plana.
brilhantina (bri.lhan.**ti**.na) *s.f.* Cosmético para dar brilho ao cabelo.
brilhantismo (bri.lhan.**tis**.mo) *s.m.* **1.** Qualidade de brilhante. **2.** Esplendor.
brilhar (bri.**lhar**) *v.i.* **1.** Ter brilho, luzir. **2.** Distinguir-se. *v.t.d.* **3.** Ostentar.
brilho (bri.lho) *s.m.* **1.** Esplendor. **2.** Luz viva. **3.** (*Fig.*) Vivacidade. **4.** Celebridade.
brim *s.m.* Pano forte de linho ou algodão.
brincadeira (brin.ca.**dei**.ra) *s.f.* **1.** Ato de brincar; folgança. **2.** Festa familiar. **3.** Atividade feita por prazer, como pega-pega, esconder-esconde.
brincalhão (brin.ca.**lhão**) *s.m.* e *adj.* (Aquele) que faz brincadeiras, que brinca bastante; divertido: *um cachorro brincalhão, jeito brincalhão.*
brincar (brin.**car**) *v.i.* **1.** Divertir-se; folgar. **2.** Não levar a sério. *v.t.i.* **3.** Zombar; gracejar.
brinco (**brin**.co) *s.m.* **1.** Objeto para enfeitar as orelhas. **2.** Coisa muito limpa.
brinco-de-princesa (brin.co-de-prin.**ce**.sa) [é] *s.m.* (*Bot.*) Planta ornamental com flores coloridas. ▣ Pl. *brincos-de-princesa.*
brindar (brin.**dar**) *v.t.d.* **1.** Beber à saúde de. **2.** Oferecer presente a. **3.** Atribuir alguma coisa a alguém. *v.t.i.* **4.** Erguer um brinde.
brinde (**brin**.de) *s.m.* **1.** Palavras de saudação a uma pessoa no ato de beber. **2.** Oferta, presente.
brinquedo (brin.**que**.do) [ê] *s.m.* **1.** Objeto para brincar: *fazia seus próprios brinquedos de madeira.* **2.** Diversão, folguedo, brincadeira, folia.
brio (**bri**.o) *s.m.* **1.** Sentimento de dignidade pessoal. **2.** Coragem, valentia. **3.** Generosidade.
brioche (bri.**o**.che) [ó] *s.f.* (*Culin.*) Pequeno pão de farinha de trigo, ovos e manteiga.
briófita (bri.**ó**.fi.ta) *s.f.* (*Bot.*) Planta terrestre muito simples, que forma grupo no qual se incluem os musgos.
brioso (bri.**o**.so) [ô] *adj.* **1.** Que tem brio. **2.** Orgulhoso; pundonoroso. **3.** Garboso; fogoso (cavalo). ▣ Pl. *briosos* [ó].
brisa (**bri**.sa) *s.f.* Vento brando e fresco à beira-mar; viração, aragem.
britadeira (bri.ta.**dei**.ra) *s.f.* Máquina para britar.
britado (bri.**ta**.do) *adj.* Que se britou ou partiu em pedaços; quebrado: *pedra britada.*

bruxa

- **ritânico** (bri.**tâ**.ni.co) *adj.* **1.** Relativo à Grã--Bretanha, país da Europa. *s.m.* **2.** Pessoa natural ou habitante da Grã-Bretanha.
- **ritar** (bri.**tar**) *v.t.d.* Partir (a pedra) em fragmentos; quebrar, triturar.
- **roa** (**bro**.a) [ô] *s.f.* (*Culin.*) Bolo ou pão de farinha de milho.
- **roadcast** [inglês: "bródiquésti"] *s.m.* Emissão e transmissão de programas de notícias, entretenimento, propagandas etc., por meio do rádio ou da televisão.
- **roca** (**bro**.ca) [ó] *s.f.* **1.** Instrumento para fazer furos ou buracos. **2.** (*Zoo.*) Larva que se desenvolve nas raízes, nos frutos e no córtex das plantas.
- **rocado** (bro.**ca**.do) *s.m.* Seda bordada com fios de ouro ou prata.
- **rocardo** (bro.**car**.do) *s.m.* **1.** Sentença; provérbio, máxima. **2.** Axioma jurídico.
- **rocha** (**bro**.cha) [ó] *s.f.* Prego de cabeça larga e chata. Cf. *broxa*.
- **rochado** (bro.**cha**.do) *adj.* Que tem capa mole, que não é encadernado com capa dura: *livro brochado*.
- **roche** (**bro**.che) [ó] *s.m.* Joia para prender nas roupas, em geral no peito.
- **rochura** (bro.**chu**.ra) *s.f.* Acabamento de livro ou caderno costurado e de capa mole.
- **rócolis** (**bró**.co.lis) *s.m.pl.* (*Bot.*) Planta hortense semelhante à couve, com flores em cachos, comestíveis quando colhidas em botão e cozidas.
- **ródio** (**bró**.di.o) *s.m.* (*Raro*) Refeição farta e alegre.
- **romélia** (bro.**mé**.li.a) *s.f.* (*Bot.*) Planta ornamental sem caule e com flores coloridas.
- **romo** (**bro**.mo) [ô] *s.m.* (*Quím.*) Elemento metaloide líquido vermelho, tóxico, de símbolo Br, número atômico 35 e peso atômico 79,904.
- **romofórmio** (bro.mo.**fór**.mi.o) *s.m.* (*Quím.*) Substância orgânica anestésica, semelhante ao clorofórmio, em cuja composição entra o bromo.
- **ronca** (**bron**.ca) *s.f.* (*Gír.*) **1.** Ação de repreender de maneira áspera; admoestação. **2.** Antipatia, disposição contrária: *ter bronca de alguém, ficar com bronca de algo*.
- **ronco** (**bron**.co) *adj.* **1.** Obtuso; rude; estúpido; grosseiro. **2.** Áspero.
- **ronquear** (bron.que.**ar**) *v.i.* (*Gír.*) Dar bronca.
- **rônquio** (**brôn**.qui.o) *s.m.* (*Anat.*) Cada um dos ramos das bifurcações da traqueia.
- **ronquíolo** (bron.**quí**.o.lo) [ô] *s.m.* (*Anat.*) Subdivisão dos brônquios.
- **ronquite** (bron.**qui**.te) *s.f.* (*Med.*) Inflamação dos brônquios.
- **ronze** (**bron**.ze) *s.m.* (*Min.*) Liga de cobre e estanho à qual se juntam, às vezes, outros metais.
- **ronzeado** (bron.ze.**a**.do) *adj.* **1.** Que se bronzeou: *rosto bronzeado*. *s.m.* **2.** Cor dourada ou morena da pele: *o bronzeado durou várias semanas*.
- **ronzeador** (bron.ze.a.**dor**) [ô] *adj.* **1.** Que bronzeia. *s.m.* **2.** Substância passada na pele para melhorar o bronzeado.

bronzear (bron.ze.**ar**) *v.t.d.*, *v.p. e v.i.* Dar (à pele) cor de bronze ou dourada; tornar moreno: *ficou tomando sol para se bronzear, bronzear o rosto, um tratamento para bronzear*.
brônzeo (**brôn**.ze.o) *adj.* **1.** Feito de cobre, da natureza do cobre. **2.** Semelhante ao cobre; dourado, moreno: *pele brônzea*.
brotar (bro.**tar**) *v.i.* **1.** (*Bot.*) Crescer, começar a germinar: *o feijão brotou*. *v.t.d.* **2.** Aparecer, surgir, nascer: *brotaram-lhe mil ideias*; *o suor brotava-lhe da testa*.
brotinho (bro.**ti**.nho) *s.m.* **1.** (*Pop.*) Tamanho pequeno ou individual de pizza. **2.** (*Gír. Ant.*) Pessoa jovem; broto.
broto (**bro**.to) [ô] *s.m.* **1.** (*Bot.*) Parte da semente que começa a germinar ou crescer; muda, rebento. **2.** (*Gír. Ant.*) Pessoa jovem.
brotoeja (bro.to.**e**.ja) [ê] *s.f.* (*Med.*) Erupção cutânea acompanhada de prurido.
browser [inglês: "bráuser"] *s.m.* (*Inf.*) Aplicativo que permite acessar e pesquisar páginas na internet; navegador.
broxa (**bro**.xa) [ó] *s.f.* **1.** Pincel grande que se emprega sobretudo em caiação. **2.** (*Chul.*) Aquele que perdeu a potência sexual. Cf. *brocha*.
broxante (bro.**xan**.te) *adj.2g.* (*Chul.*) Que faz perder o estímulo ou interesse.
broxar (bro.**xar**) *v.i.* (*Chul.*) **1.** Perder a ereção. **2.** Perder o interesse, o estímulo.
bruaca (bru.**a**.ca) *s.f.* **1.** Mala própria para carregar em cavalos ou burros. **2.** (*Gír.*) Pessoa feia.
bruços (**bru**.ços) *s.m.pl.* **De bruços**: com o rosto e o ventre voltados para baixo.
bruma (**bru**.ma) *s.f.* Nevoeiro espesso; cerração.
brumoso (bru.**mo**.so) [ô] *adj.* **1.** Envolto em brumas. **2.** Obscuro; impreciso. ▣ Pl. *brumosos* [ó].
bruneíno (bru.ne.**í**.no) *adj.* **1.** De Brunei, país da Ásia. *s.m.* **2.** Pessoa natural ou habitante desse lugar.
brunido (bru.**ni**.do) *adj.* Polido; brilhante; luzidio.
brunir (bru.**nir**) *v.t.d.* **1.** Polir, dar brilho. **2.** Lustrar, escovar: *brunir um tecido*. **3.** (*Fig.*) Aperfeiçoar.
brusco (**brus**.co) *adj.* **1.** Forte, violento e inesperado: *gestos bruscos, movimentos bruscos*. **2.** Que muda muito e depressa: *o tempo deu uma virada brusca de sol para chuva*.
brutal (bru.**tal**) *adj.2g.* **1.** Próprio de bruto; violento. **2.** Rude; grosseiro.
brutalidade (bru.ta.li.**da**.de) *s.f.* **1.** Qualidade de bruto. **2.** Ação brutal; ferocidade.
brutalizar (bru.ta.li.**zar**) *v.t.d.* Tratar com brutalidade, dar tratamento brutal; violentar.
brutamontes (bru.ta.**mon**.tes) *s.2g.2n.* Indivíduo grande, forte e grosseiro. ▣ Pl. *brutamontes*.
bruto (**bru**.to) *adj.* **1.** Rude; grosseiro; violento. **2.** Sem desconto: *peso bruto*. **3.** Diz-se do sertão vazio de moradores. *s.m.* **4.** Animal irracional. **5.** Indivíduo rude.
bruxa (**bru**.xa) *s.f.* **1.** Mulher que se dedica à feitiçaria; maga. **2.** Boneca de pano. **3.** (*Folc.*) Feiticeira

maligna de lendas europeias, que tem uma vassoura voadora e persegue as crianças.
bruxaria (bru.xa.ri.a) s.f. Ação ou prática de bruxo ou bruxa; sortilégio, feitiço.
bruxo (bru.xo) s.m. Mago; feiticeiro.
bruxuleante (bru.xu.le.an.te) adj.2g. Que bruxuleia: *a luz bruxuleante das velas cria um clima especial*.
bruxulear (bru.xu.le.ar) v.i. Luzir, brilhar de modo trêmulo ou oscilante: *a vela bruxuleava*.
buba (bu.ba) s.f. (*Med.*) Bubão.
bubão (bu.bão) s.m. (*Med.*) Inflamação de gânglio linfático; bubo, buba.
bubo (bu.bo) s.m. (*Med.*) Bubão.
bubônico (bu.bô.ni.co) adj. (*Med.*) Caracterizado pelo surgimento de bubões. **Peste bubônica:** doença infecciosa grave transmitida por um bacilo encontrado nas pulgas dos ratos.
bucal (bu.cal) adj.2g. Relacionado à boca. Cf. *bocal*.
bucéfalo (bu.cé.fa.lo) s.m. (próprio) **1.** Nome do cavalo de Alexandre, o Grande. (*comum*) **2.** (*P. ext.*) Cavalo fogoso, garboso. **3.** (*Pop.*) Cavalo ordinário.
bucha (bu.cha) s.f. **1.** (*Bot.*) Planta cujo fruto seco produz uma esponja vegetal usada no banho. **2.** Essa esponja. **3.** Objeto usado para tapar orifícios.
buchada (bu.cha.da) s.f. (*Culin.*) Prato da culinária nordestina, feito com bucho de bode, cabra ou carneiro recheado com miúdos do animal e cozido longamente.
bucho (bu.cho) s.m. **1.** (*Zoo.*) Estômago dos animais. (*Pop.*) **2.** Estômago do ser humano. **3.** Ventre, barriga. **4.** (*Gír.*) Pessoa feia. Cf. *buxo*.
buço (bu.ço) s.m. Penugem sobre o lábio superior do homem ou da mulher.
bucólico (bu.có.li.co) adj. **1.** Que pertence à vida simples dos pastores; campestre. **2.** Inocente; simples. **3.** Gracioso.
bucolismo (bu.co.lis.mo) s.m. (*Lit.*) Estilo literário ligado a temas bucólicos.
budismo (bu.dis.mo) s.m. **1.** Doutrina filosófica exposta por Buda, ou Siddharta Gautama, príncipe indiano que viveu de 560-480 a.C. **2.** Grupo de religiões que seguem os ensinamentos de Buda.
budista (bu.dis.ta) adj.2g. **1.** Relativo a Buda ou ao budismo. s.2g. e adj.2g. **2.** Praticante do budismo.
bueiro (bu.ei.ro) s.m. Tubo para água de esgoto.
búfalo (bú.fa.lo) s.m. **1.** Designação comum a duas espécies de bovinos. **2.** Nome que se dá impropriamente ao bisão americano.
bufante (bu.fan.te) adj.2g. Diz-se da roupa, ou de parte dela, que fica franzida e cheia, mais afastada do corpo.
bufão (bu.fão) s.m. Ator que faz o público rir; bufo.
bufar (bu.far) v.t.d. **1.** Soprar, enchendo de ar as bochechas. v.i. **2.** Expelir o ar pela boca de modo violento.
bufarinha (bu.fa.ri.nha) s.f. Coisa de pequeno valor; bugiganga, quinquilharia.
bufarinheiro (bu.fa.ri.nhei.ro) s.m. Vendedor de bufarinha; camelô, ambulante.

bufê (bu.fê) s.m. **1.** Mesa em que se dispõem baixelas, garrafas etc.; aparador. **2.** Empresa que se encarrega da realização de festas e comemorações.
buffer [inglês: "bâfer"] s.m. (*Inf.*) Local reservado, na memória de um computador, para armazenamento temporário de dados à espera de processamento.
bufo (bu.fo) adj. **1.** Próprio para rir, para fazer rir *ópera bufa*. s.m. **2.** Bufão.
bug [inglês: "búgui"] s.m. (*Inf.*) Defeito em um programa de computador.
bugalho (bu.ga.lho) s.m. (*Bot.*) Hipertrofia arredondada que ocorre na casca de carvalhos, devido à ação de insetos.
buganvília (bu.gan.ví.li.a) s.f. (*Bot.*) Planta trepadeira e espinhosa de flores coloridas; primavera.
bugiganga (bu.gi.gan.ga) s.f. Bagatela; quinquilharia. Obs.: quase sempre usada no plural, *bugigangas*.
bugio (bu.gi.o) s.m. **1.** Bate-estacas. **2.** (*Zoo.*) Macaco das Américas com cauda longa preênsil, que lhe permite viver nas árvores, mais que no chão.
bugre (bu.gre) s.m. **1.** Índio bravio. **2.** (*Fig.*) Indivíduo selvagem.
bujão (bu.jão) s.m. (*Quím.*) Recipiente de gás liquefeito.
bujarrona (bu.jar.ro.na) [ô] s.f. (*Náut.*) Vela de formato triangular que é içada à proa dos navios.
bula (bu.la) s.f. **1.** Carta patente que encerra decreto pontifício. **2.** (*Med.*) Nota explicativa que acompanha um medicamento.
bulbo (bul.bo) s.m. **1.** (*Bot.*) Caule subterrâneo que estoca alimentos. **2.** (*Anat.*) Parte globulosa do eixo entre a medula espinhal e o cérebro, que controla os processos involuntários.
bulboso (bul.bo.so) [ô] adj. **1.** Referente a bulbo. **2.** Em forma de bulbo. ▫ Pl. *bulbosos* [ó].
buldogue (bul.do.gue) [ó] s.m. (*Zoo.*) Cão de raça média, de pelo geralmente branco e tigrado ou apenas tigrado, afetuoso e muito inteligente.
bule (bu.le) s.m. Recipiente para servir chá, café leite etc.
bulevar (bu.le.var) s.m. Alameda.
búlgaro (búl.ga.ro) adj. **1.** Da Bulgária, país da Europa. s.m. **2.** Pessoa natural ou habitante desse lugar. **3.** Língua eslava falada nesse país.
bulha (bu.lha) s.f. **1.** Confusão de sons ou muito barulho. **2.** Tumulto.
bulhento (bu.lhen.to) adj. Que provoca bulha, que tumultua.
bulhufas (bu.lhu.fas) s.f.pl. Nada; coisa alguma: *não entender bulhufas*.
bulício (bu.lí.ci.o) s.m. **1.** Agitação; inquietação **2.** Ruído constante de vozes, murmúrio.
buliçoso (bu.li.ço.so) [ô] adj. **1.** Que se agita **2.** Inquieto; turbulento. ▫ Pl. *buliçosos* [ó].
bulimia (bu.li.mi.a) s.f. (*Med.*) Doença mental em que o indivíduo ingere grandes quantidades de comida e depois provoca o vômito ou toma laxante, para não engordar.

bulir (bu.**lir**) v.i. **1.** Mexer-se levemente. **2.** Mudar de posição; agitar-se. v.t.i. **3.** Mexer; tocar. v.t.d. **4.** Mover fracamente. Obs.: pres. do ind.: *bulo, boles, bole, bulimos, bulis, bolem*; pres. do subj.: *bula* etc.
bullying [inglês: "búlin"] s.m. Ato em forma de agressão proposital e repetida, sem causa aparente, para humilhar ou perseguir alguém, praticado por um indivíduo ou grupo de pessoas.
bumba (bum.ba) s.m. **1.** (*Folc.*) Bumba meu boi. *interj.* **2.** Som de pancada ou queda de um objeto.
bumba meu boi (bum.ba meu boi) s.m.2n. (*Folc.*) Folguedo nordestino em que se dança e canta histórias ligadas à morte de um boi, representado por um ator com uma armação com cabeça e corpo de boi; bumba, boi-surubi.
bumbo (bum.bo) s.m. (*Mús.*) Zabumba.
bumbódromo (bum.**bó**.dro.mo) s.m. Local onde se representa o bumba meu boi.
bumbum (bum.**bum**) s.m. **1.** Som de bombo. s.m. **2.** (*Fam.*) Nádegas.
bumerangue (bu.me.**ran**.gue) s.m. **1.** Arma de arremesso dos indígenas da Austrália. **2.** Esporte dela derivado.
bunda (bun.da) s.f. (*Pop.*) Nádegas.
buquê (bu.**quê**) s.m. **1.** Pequeno ramalhete de flores. **2.** Reunião de pequenas coisas, em forma de ramalhete.
buraco (bu.**ra**.co) s.m. **1.** Pequena abertura; orifício; furo. **2.** Jogo de cartas para duas pessoas ou duas duplas, semelhante à canastra. **3.** (*Fig.*) Coisa desagradável, embaraçosa. (*Fís.*) **Buraco negro:** parte do cosmo em que há grande força de gravitação, atraindo para ela tudo, inclusive a luz e radiações eletromagnéticas.
buraqueira (bu.ra.**quei**.ra) s.f. Terreno com muitos buracos.
burburinhar (bur.bu.ri.**nhar**) v.i. Fazer burburinho.
burburinho (bur.bu.**ri**.nho) s.m. **1.** Ruído confuso de vozes. **2.** Tumulto; confusão.
bureta (bu.**re**.ta) [ê] s.f. (*Quím.*) Tubo de vidro graduado em mililitros ou centímetros cúbicos, com uma torneira na parte inferior, usado em laboratórios para medir o volume de gases ou soluções.
burgo (bur.go) s.m. (*Hist.*) Na Idade Média, território em torno de um castelo, habitado por aldeões e protegido por muralhas.
burguês (bur.**guês**) s.m. **1.** Homem da classe média, em geral prático e prudente. **2.** Pessoa rica. *adj.* **3.** Relativo a essa classe social. **4.** Relativo a burgo.
burguesia (bur.gue.**si**.a) s.f. **1.** Qualidade de burguês. **2.** Classe média, na sociedade capitalista, formada por comerciantes, industriais, proprietários dos meios de produção e os que exercem os diversos ramos das profissões liberais.
burgúndio (bur.**gún**.di.o) s.m. (*Hist.*) Indivíduo dos burgúndios, povo germânico de origem escandinava que se instalou na Gália e na Germânia.

buril (bu.**ril**) s.m. (*Mús.*) Instrumento de aço usado para fazer gravuras em metal e trabalhar pedras de cantaria.
burilar (bu.ri.**lar**) v.t.d. **1.** Lavrar (pedras ou metais) com buril. **2.** Rendilhar, enfeitar: *burilar uma frase, um poema*. v.t.d. e v.i. **3.** Gravar, fixar no espírito.
buriti (bu.ri.**ti**) s.m. (*Bot.*) Palmeira que dá um coco de polpa amarela, empregado para fazer doces.
burla (**bur**.la) s.f. Ação de burlar; engano, dolo, fraude.
burlar (bur.**lar**) v.t.d. Ludibriar; enganar.
burlesco (bur.**les**.co) [ê] adj. Grotesco; ridículo; caricato.
burocracia (bu.ro.cra.**ci**.a) s.f. **1.** A classe dos funcionários públicos, principalmente dos ministérios. **2.** A influência desses funcionários.
burocrata (bu.ro.**cra**.ta) s.2g. Funcionário público.
burocrático (bu.ro.**crá**.ti.co) adj. **1.** Relacionado à burocracia. **2.** Próprio de burocrata.
burocratização (bu.ro.cra.ti.za.**ção**) s.f. **1.** Ato ou efeito de burocratizar(-se). **2.** Acomodação de alguém ou algo (uma instituição, por exemplo) a procedimento burocrático.
burocratizar (bu.ro.cra.ti.**zar**) v.t.d. Dar feição burocrática a.
burquinense (bur.qui.**nen**.se) adj.2g. **1.** De Burquina Fasso, país da África. s.2g. **2.** Pessoa natural ou habitante desse lugar.
burra (bur.ra) s.f. **1.** Burro do sexo feminino; mula. **2.** Caixa ou cofre para guardar valores. **3.** Peça de marcenaria usada para prender a madeira enquanto ela é serrada.
burrada (bur.**ra**.da) s.f. **1.** Rebanho de burros; burrama. **2.** Ato feito sem pensar; asneira.
burrama (bur.**ra**.ma) s.f. Rebanho de burros; burrada.
burrice (bur.**ri**.ce) s.f. Qualidade ou ato de pessoa burra; estupidez, asneira.
burrico (bur.**ri**.co) s.m. **1.** (*Zoo.*) Burro pequeno; burrinho. (*Quím.*) **2.** Pequena bomba movida a eletricidade. **3.** Bomba de freio hidráulico dos automóveis.
burrinho (bur.**ri**.nho) s.f. **1.** (*Zoo.*) Burro pequeno; burrico. **2.** Bomba para aspirar líquidos. **3.** Nos automóveis, bomba de freio hidráulico.
burro (**bur**.ro) s.m. **1.** (*Zoo.*) Animal híbrido resultante do cruzamento de um jumento com uma égua, menor que o cavalo, porém mais forte e mais resistente, chamado mula, se fêmea. s.m. *e adj.* **2.** (Pessoa) que tem dificuldade para aprender ou que não aprende, ou que tem dificuldade de entendimento. s.m. **3.** Certo jogo de cartas.
burro em pé (bur.ro em **pé**) s.m. Jogo de cartas infantil que se joga com o baralho dividido em duas metades apoiadas uma contra a outra, e perde quem, ao retirar cartas, derrubar o monte.
burundiano (bu.run.di.**a**.no) adj. **1.** De Burundi, país da África; burundinês. s.m. **2.** Pessoa natural ou habitante desse lugar; burundinês.
burundinês (bu.run.di.**nês**) s.m. *e adj.* Burundiano.

busca (bus.ca) s.f. **1.** Ação de buscar. **2.** Pesquisa; investigação.
busca-pé (bus.ca-pé) s.m. Rojão rasteiro antigamente muito popular nas festas juninas. ▫ Pl. *busca-pés*.
buscar (bus.car) v.t.d. **1.** Fazer por encontrar. **2.** Procurar; investigar. **3.** Ir ter a (alguma parte). **4.** Tratar de adquirir. **5.** Recorrer a; tentar.
busílis (bu.sí.lis) s.m.2n. Ponto central de um problema; dificuldade. ▫ Pl. *busílis*.
bússola (bús.so.la) s.f. **1.** Caixa do feitio de um relógio em cujo mostrador, com uma rosa dos ventos, se move uma agulha magnética para indicar o rumo. **2.** O que serve de guia.
bustiê (bus.ti.ê) s.m. Veste feminina para cobrir o busto, justa e decotada; *top*.
busto (bus.to) s.m. **1.** (*Anat.*) A parte superior do corpo até a cintura. **2.** Escultura que representa cabeça e parte superior do tronco. **3.** Conjunto de ambos os seios da mulher.
butanês (bu.ta.nês) *adj.* **1.** Do Butão, país da África. s.m. **2.** Pessoa natural ou habitante desse lugar.
butano (bu.ta.no) s.m. (*Quím.*) Alcano usado como combustível.
butiá (bu.ti.á) s.m. (*Bot.*) Palmeira brasileira de fruto comestível.
butique (bu.ti.que) s.f. Pequena loja que vende roupas e acessórios, em geral femininos.
buxo (bu.xo) s.m. (*Bot.*) Arbusto ornamental de pequenas flores brancas e madeira apreciada como matéria-prima para esculturas. Cf. *bucho*.
buzina (bu.zi.na) s.f. Aparelho com que nos automóveis e outros veículos se dá sinal sonoro de advertência.
buzinar (bu.zi.nar) v.i. **1.** Tocar a buzina. **2.** Pedir com insistência, amolar.
búzio (bú.zi.o) s.m. **1.** (*Zoo.*) Molusco marinho gastrópode. **2.** A concha desse molusco, em uma só peça, usada como peça de enfeite, adivinhação etc.
buzo (bu.zo) s.m. **1.** (*Zoo.*) Búzio. **2.** Antigo jogo popular brasileiro.
byte [inglês: "báiti"] s.m. (*Inf.*) Unidade de armazenamento de informação do computador, formada por lotes de oito *bits* e mais usada em múltiplos como quilobyte (KB), *megabyte* (MB) e *gigabyte* (GB).

Cc

c, C s.m. **1.** Terceira letra do alfabeto, consoante, de nome "cê". **2.** Na numeração romana, representa cem unidades ou centésimo lugar. Obs.: a letra *c* seguida das vogais *a*, *o* ou *u* lê-se como em *casa, paca, cola, mico, curto, jacu*; seguida das vogais *e* ou *i*, lê-se como em *cedo, macete, cima, macio*.
C Símbolo do elemento químico carbono.
Ca Símbolo do elemento químico cálcio.
cá adv. **1.** Neste lugar, aqui. **2.** Entre nós; nesta terra. **3.** Agora, nesta época. s.m. **4.** Nome da letra K.
cã s.m. Soberano oriental. Cf. *cãs*.
Caaba (Ca.a.ba) s.f. (próprio) Monumento islâmico situado em Meca, local mais sagrado dos muçulmanos.
caapora (ca.a.po.ra) s.f. (Folc.) O mesmo que *caipora*.
caatinga (ca.a.tin.ga) s.f. (Bot.) Formação vegetal com pequenas árvores e ervas rasteiras, característica do interior do Nordeste e norte de Minas Gerais, em diversos tipos. Cf. *catinga*.
cabaça (ca.ba.ça) s.f. **1.** (Bot.) Fruto de forma esférica que, quando seco, torna-se rígido e impermeável, sendo empregado como recipiente e na confecção de instrumentos musicais como o berimbau; cabaço, cuia, porongo. **2.** Recipiente feito com este fruto. **3.** Cuia.
cabaçal (ca.ba.çal) s.m. (Folc.) Conjunto instrumental de percussão e sopro, dos sertões do Nordeste: *a banda de cabaçal tinha duas zabumbas e dois pifes*.
cabaceira (ca.ba.cei.ra) s.f. (Bot.) Planta cujo fruto é a cabaça; cabaceiro. Cf. *cuieira*.
cabaceiro (ca.ba.cei.ro) s.m. (Bot.) Cabaceira.
cabaço (ca.ba.ço) s.m. **1.** Cabaça. **2.** (Chul.) Virgindade, inexperiência, ingenuidade.
cabal (ca.bal) adj.2g. Final, terminante, completo, conclusivo: *a prova cabal da lei da gravidade é que tudo cai*.
cabala (ca.ba.la) s.f. (próprio) **1.** (Relig.) Texto hebraico que contém interpretações da Torá: *estudar a Cabala*. (comum) **2.** Estudo de temas ocultistas ou assunto secreto. **3.** Ação combinada e secreta; manobra, ardil.
cabalista (ca.ba.lis.ta) s.2g. e adj.2g. (Pessoa) que estuda a cabala.
cabalístico (ca.ba.lís.ti.co) adj. **1.** Pertencente a cabala. **2.** Místico, misterioso, ocultista.
cabana (ca.ba.na) s.f. Habitação pequena, precária e rústica.
Cabanagem (ca.ba.na.gem) s.f. (Hist.) Revolta popular ocorrida entre 1835 e 1840, na Província do Grão-Pará durante a Regência; Guerra dos Cabanos.

cabano (ca.ba.no) adj. **1.** Que tem os chifres para baixo: *um boi cabano*. s.m. e adj. **2.** (Hist.) Indivíduo que participou da Cabanagem.
cabaré (ca.ba.ré) s.m. **1.** Casa noturna que serve bebidas e apresenta números de dança: *as dançarinas do cabaré usavam meia arrastão*. **2.** Espetáculo de variedades.
cabaz (ca.baz) s.m. Cesto de vime ou junco, com tampa e asa arqueada.
cabeça (ca.be.ça) [ê] s.f. **1.** (Bio.) Extremidade superior do organismo animal, em que ficam o cérebro, olhos, boca etc. **2.** (P. ext.) Extremidade superior de um objeto, geralmente mais dilatada que o restante: *cabeça do prego*. **3.** (Fig.) Inteligência, raciocínio, mente: *ela tinha uma cabeça ótima*. **4.** Pessoa muito culta ou inteligente. **5.** Cabeçote. s.m. **6.** (sobrecomum) Chefe, líder, guia: *ela é o cabeça do grupo*.
cabeça-chata (ca.be.ça-cha.ta) [ê] s.2g. e adj.2g. (Pop.) Apelido dos cearenses. ◘ Pl. *cabeças-chatas*.
cabeçada (ca.be.ça.da) s.f. **1.** Batida ou golpe dado com a cabeça. **2.** (Fig.) Passo errado, tolice, desacerto.
cabeça de negro (ca.be.ça de ne.gro) [ê] s.f. (Folc.) Artefato pirotécnico que é uma bomba que explode com muito barulho. Cf. *cabeça-de-negro*.
cabeça-de-negro (ca.be.ça-de-ne.gro) [ê] s.f. (Bot.) Arbusto cearense de flores amarelas, de propriedades medicinais no combate à diarreia. ◘ Pl. *cabeças-de-negro*. Cf. *cabeça de negro*.
cabeça de proa (ca.be.ça de pro.a) [ê] s.f. (Folc.) Carranca.
cabeçalho (ca.be.ça.lho) s.m. **1.** Parte superior de uma página; cabeço. **2.** Parte superior da primeira página de um jornal.
cabeção (ca.be.ção) s.f. **1.** Cabeça grande; cabeçorra. **2.** (Folc.) Boneco carnavalesco com cabeça enorme, que representa um personagem.
cabecear (ca.be.ce.ar) v.i. **1.** Pender ou menear a cabeça com sono. v.t.d. **2.** Arremessar com a cabeça: *cabeceou a bola com gosto*.
cabeceira (ca.be.cei.ra) s.f. **1.** Parte da cama destinada a repousar a cabeça. **2.** Nascente de um rio. **3.** Extremidade da mesa.
cabeço (ca.be.ço) [ê] s.m. Cabeçalho.
cabeçorra (ca.be.çor.ra) s.f. Cabeção.
cabeçote (ca.be.ço.te) [ó] s.m. **1.** Peça saliente na parte superior de um mecanismo; cabeça: *o gravador tinha dois cabeçotes de leitura*. **2.** Parte superior

do motor de um veículo. **3.** Parte dianteira superior da sela.
cabeçudo (ca.be.çu.do) s.m. e adj. **1.** (Pessoa) de cabeça grande. **2.** (Fig.) Persistente, teimoso.
cabedal (ca.be.dal) s.m. **1.** Bens, riqueza. **2.** (Fig.) Conhecimento, habilidade e sabedoria adquiridos por estudo ou experiência. **3.** Parte de cima de um calçado, colocada sobre o solado.
cabeleira (ca.be.lei.ra) s.f. O conjunto dos cabelos; cabelo.
cabeleireiro (ca.be.lei.rei.ro) s.m. **1.** Aquele que cuida de cabeleiras, profissional que corta, pinta etc. cabelos. **2.** (P. ext.) Estabelecimento onde esse profissional atende.
cabelo (ca.be.lo) [ê] s.m. **1.** Conjunto de pelos que crescem na cabeça ou em outras partes do corpo humano; cabeleira. **2.** Filamento dos relógios, que lhes regula o movimento.
cabeludo (ca.be.lu.do) adj. **1.** Dotado de muito cabelo. (Fig.) **2.** Obsceno, imoral. **3.** Complicado, difícil.
caber (ca.ber) v.t.i. **1.** Estar dentro, poder ser contido. **2.** Ser possível ou apropriado (fazer algo): *cabe ao juiz julgar*. **3.** Ser atribuído a: *a parte que lhe coube no terreno, couberam-lhe novas tarefas*. Obs.: pres. do ind.: *caibo, cabes, cabe* etc.; pres. do subj.: *caiba, caibas, caiba* etc.; pret. perf. do ind.: *coube, coubeste, coube* etc.; pret. mqp.: *coubera, couberas, coubera* etc.; imperf. do subj.: *coubesse, coubesses, coubesse* etc.; fut. do subj.: *couber, couberes, couber* etc.; infin. pes.: *caber, caberes, caber* etc.; part.: *cabido*.
cabide (ca.bi.de) s.m. **1.** Móvel com pequenos braços ou suporte, destinado a pendurar roupas, chapéus, bolsas etc. **2.** Suporte de madeira, plástico ou metal, em que se penduram roupas no armário.
cabidela (ca.bi.de.la) [é] s.f. **1.** Miúdos das aves. **2.** (Culin.) Ensopado com miúdos de galinha, pato etc., no sangue da ave.
cabido (ca.bi.do) s.m. (Relig.) Grupo de sacerdotes católicos que celebra ações litúrgicas solenes.
cabimento (ca.bi.men.to) s.m. Pertinência, propriedade: *aquela acusação não tinha cabimento*.
cabina (ca.bi.na) s.f. O mesmo que *cabine*.
cabinda (ca.bin.da) s.f. **1.** (Folc.) Grupo carnavalesco com passos e ritmos próprios, que participava dos desfiles de maracatu em Recife. O mesmo que *cambinda*. *s.2g. e adj.2g.* **2.** (Pessoa) natural ou habitante da região angolana de Cabinda.
cabine (ca.bi.ne) s.f. **1.** Compartimento reservado para passageiros nos navios e trens. **2.** Compartimento onde fica o piloto, motorista ou operador, em um avião, caminhão, camionete, guindaste etc.; habitáculo. **3.** Compartimento onde estão instalados os aparelhos telefônicos. O mesmo que *cabina*.
cabineiro (ca.bi.nei.ro) s.m. Pessoa que opera um elevador; ascensorista.
cabisbaixo (ca.bis.bai.xo) adj. **1.** De cabeça baixa. **2.** (Fig.) Abatido, envergonhado, humilhado.

cabiúna (ca.bi.ú.na) s.f. (Bot.) Árvore que fornece madeira forte e escura bastante usada na fabricação de móveis; jacarandá.
cabível (ca.bí.vel) adj.2g. Que cabe, que tem cabimento; possível: *tomar as medidas cabíveis*.
cabo (ca.bo) s.m. **1.** Graduação militar entre o soldado raso e o sargento. **2.** Término, fim. **3.** Faixa de terra que entra pelo mar. **4.** Extremidade pela qual se segura um objeto. **5.** Feixe de fios usados na transmissão de sinais de telefone, dados etc.: *o cabo da rede quase sempre é azul*.
caboclada (ca.bo.cla.da) s.f. Bando, grupo de caboclos.
caboclinho (ca.bo.cli.nho) s.m. (Folc.) Grupo fantasiado de índio, com dança e ritmo de influência africana, acompanhado de pequenas flautas, pífanos, tambor, ganzá e pife, com danças que representam as lutas entre caboclos e brancos.
caboclo (ca.bo.clo) [ô] s.m. **1.** Descendente de europeu e indígena brasileiro; cariboca, curiboca. **2.** Sertanejo.
cabo de guerra (ca.bo de guer.ra) s.m. **1.** Disputa de força entre dois grupos, que puxam uma corda ou cabo em direções opostas. **2.** (Fig.) Conflito, disputa, briga que tende ora para um lado e ora para outro.
cabo-friense (ca.bo-fri.en.se) s.2g. e adj.2g. Do município de Cabo Frio (RJ). ▪ Pl. *cabo-frienses*.
cabograma (ca.bo.gra.ma) s.m. (Ant.) Telegrama de longa distância, transmitido por cabo.
caboré (ca.bo.ré) s.m. (Folc.) (Zoo.) **1.** Ave noturna semelhante ao mocho, de pio lúgubre, tido como agoureiro. **2.** Certo gavião amazônico.
cabotagem (ca.bo.ta.gem) s.f. Navegação costeira.
cabotinagem (ca.bo.ti.na.gem) s.f. Ação de cabotino; cabotinismo.
cabotinismo (ca.bo.ti.nis.mo) s.m. Cabotinagem.
cabotino (ca.bo.ti.no) s.m. Pessoa que procura chamar a atenção para si mesma.
cabo-verdiano (ca.bo-ver.di.a.no) adj. **1.** De Cabo Verde, país da África. s.m. **2.** Pessoa natural ou habitante desse lugar. ▪ Pl. *cabo-verdianos*.
cabra (ca.bra) s.f. **1.** (Zoo.) fêmea do bode. s.m. (NE) **2.** Homem, pessoa do sexo masculino. **3.** (Fig.) Homem forte ou valente, destemido.
cabra da peste (ca.bra da pes.te) Indivíduo valente e cheio de qualidades, mas imprevisível.
cabra-cega (ca.bra-ce.ga) s.f. (Folc.) **1.** Brincadeira infantil em que uma criança, vendada, tenta pegar outra e adivinhar quem é pelo tato. **2.** Essa brincadeira, semelhante ao pegador. ▪ Pl. *cabras-cegas*.
cabralino (ca.bra.li.no) adj. **1.** Relacionado ao navegador português Pedro Álvares Cabral ou a sua chegada ao Brasil em 1500: *a esquadra cabralina*. **2.** Relacionado ao poeta brasileiro João Cabral de Melo Neto (1920-1999): *a poesia cabralina*.
cabreiro (ca.brei.ro) s.m. **1.** Pastor de cabras. **2.** (Fig.) Desconfiado, inseguro.
cabrestante (ca.bres.tan.te) s.m. **1.** Aparelho para enrolar um cabo ou fio em um eixo vertical. Cf.

molinete. **2.** Dispositivo com esse aparelho, para suspender uma carga.
cabresto (ca.**bres**.to) [ê] s.m. **1.** Parte do arreio com a qual se prendem as cavalgaduras pela cabeça. **2.** (Fig.) Sujeição, submissão, jugo.
cabreúva (ca.bre.**ú**.va) s.f. (Bot.) Árvore da América do Sul, de madeira avermelhada pesada, empregada para móveis e construção, da qual se extrai um óleo ou bálsamo usado em perfumaria. O mesmo que *cabriúva*.
cabril (ca.**bril**) s.m. Curral de cabras.
cabriola (ca.bri.**o**.la) s.f. Salto, pulo, cambalhota.
cabriolé (ca.bri.o.**lé**) s.m. **1.** Veículo com dois ou três lugares. **2.** Carro de duas rodas, conversível, puxado por cavalos.
cabrita (ca.**bri**.ta) s.f. **1.** (Zoo.) Cabra pequena. **2.** (Fig.) Moça no começo da adolescência.
cabritar (ca.bri.**tar**) v.i. Pular, saltar como cabrito.
cabrito (ca.**bri**.to) s.m. **1.** (Zoo.) Bode pequeno. **2.** (Fig.) Pessoa jovem; moleque.
cabriúva (ca.bri.**ú**.va) s.f. (Bot.) O mesmo que *cabreúva*.
cabrocha (ca.**bro**.cha) [ó] s.f. Mulata jovem.
cábula (**cá**.bu.la) s.2g. **1.** Pessoa indigna, vil. s.f. **2.** Falta às aulas.
cabular (ca.bu.**lar**) v.t.d. Faltar a, não ir: *cabulou a aula de matemática*.
caburé (ca.bu.**ré**) s.m. **1.** Caboclo, cafuzo. **2.** (Zoo.) Coruja.
caca (**ca**.ca) s.f. (Infant.) **1.** Coisa suja, em que não se deve tocar. **2.** Excremento, fezes.
caça (ca.ça) s.f. **1.** Ação ou atividade de caçar; caçada: *os índios viviam da caça e da pesca*. **2.** Animal que é objeto da caçada: *a floresta tinha muita caça*. **3.** Busca, procura: *saíram à caça de uma pista*. s.m. **4.** Avião de guerra que persegue e atira em outros aviões.
caçada (ca.**ça**.da) s.f. Ato ou efeito de caçar; caça.
caçador (ca.ça.**dor**) [ô] s.m. e adj. (Aquele) que caça, que mata animais.
caça-dotes (ca.ça-**do**.tes) s.2g.2n. Pessoa que busca se casar com outra para usufruir do dote ou de propriedades da família. ▣ Pl. *caça-dotes*.
caçamba (ca.**çam**.ba) s.f. **1.** Balde amarrado a uma corda, com o qual se puxa água de um poço. **2.** Recipiente colocado na carroceria de um caminhão, para carregar areia, entulho etc.
caça-minas (ca.ça-**mi**.nas) s.m.2n. Embarcação equipada com dispositivo de detecção e destruição de minas submarinas. ▣ Pl. *caça-minas*.
cação (ca.**ção**) s.m. (Zoo.) Tubarão do Nordeste, pouco apreciado para a pesca.
caçapa (ca.**ça**.pa) s.f. Cada um dos buracos da mesa de sinuca, onde devem ser colocadas as bolas.
caçar (ca.**çar**) v.i. **1.** Matar animais para se alimentar deles: *a onça e os índios caçam na floresta*. **2.** Perseguir animais para aprisioná-los ou matá-los: *gostavam de caçar e pescar*. v.t.d. **3.** Procurar, buscar, tentar localizar ou encontrar; campear: *saíram caçando os objetos perdidos*.

cacareco (ca.ca.**re**.co) s.m. (Pej.) Objeto velho ou muito usado e sem valor.
cacarejar (ca.ca.re.**jar**) v.i. **1.** Cantar como a galinha ou outras aves. **2.** (Fig.) Tagarelar.
cacarejo (ca.ca.**re**.jo) [ê] s.m. Som, pio de galinha.
caçarola (ca.ça.**ro**.la) s.f. Panela com duas alças e tampa.
cacau (ca.**cau**) s.m. **1.** (Bot.) Fruto do cacaueiro: *colher cacau*. **2.** As sementes desse fruto, de grande importância alimentícia: *o cacau é seco, torrado e moído para fazer chocolate*.
cacaual (ca.cau.**al**) s.m. (Bot.) Plantação de cacaueiros.
cacaueiro (ca.cau.**ei**.ro) s.m. (Bot.) Árvore que produz o cacau.
cacauicultura (ca.cau.i.cul.**tu**.ra) [u-i] s.f. Cultura de cacau.
cacetada (ca.ce.**ta**.da) s.f. Pancada com cacete; bordoada.
cacete (ca.**ce**.te) [ê] s.m. **1.** Pedaço de madeira grosso e curto que se usa como arma; porrete. adj. **2.** (Pop.) Maçante, enfadonho. **3.** (Chul.) Pênis.
caceteação (ca.ce.te.a.**ção**) s.f. (Pop.) Chatice, amolação.
cacetear (ca.ce.te.**ar**) v.t.d. (Pop.) Chatear, amolar, aborrecer.
cachaça (ca.**cha**.ça) s.f. **1.** Aguardente de cana-de-açúcar, bebida destilada típica do Brasil; cana, pinga. **2.** (Fig.) Atividade feita com paixão e dedicação, mesmo que com prejuízo; vício: *a fotografia era sua cachaça*.
cachaceiro (ca.cha.**cei**.ro) adj. **1.** Relacionado à cachaça. s.m. e adj. **2.** Apreciador de cachaça. **3.** Alcoólatra.
cachaço (ca.**cha**.ço) s.m. **1.** Parte de trás do pescoço. **2.** Porco macho reprodutor.
cachalote (ca.cha.**lo**.te) [ó] s.m. (epiceno) (Zoo.) Mamífero cetáceo, do grupo das baleias, do qual se extrai o âmbar.
cachão (ca.**chão**) s.m. Jato que sai com violência; borbotão.
cachê (ca.**chê**) s.m. Pagamento dado a artista, por sua participação em evento.
cacheado (ca.che.**a**.do) adj. Que forma cachos.
cachear (ca.che.**ar**) v.t.d. Encrespar ou ondular (os cabelos).
cachecol (ca.che.**col**) s.m. Manta estreita e longa, para proteger o pescoço e o peito contra o frio.
cachenê (ca.che.**nê**) s.m. Faixa de tecido para proteger a parte de baixo do rosto e o pescoço do frio.
cachimbada (ca.chim.**ba**.da) s.f. **1.** Porção de fumo colocada de uma vez no cachimbo. **2.** Ação de fumar cachimbo: *ficou na rede dando umas cachimbadas*.
cachimbar (ca.chim.**bar**) v.i. Fumar cachimbo.
cachimbo (ca.**chim**.bo) s.m. **1.** Aparelho para fumar, constituído de um recipiente onde se coloca o fumo e um cano ou canudo pelo qual se aspira a fumaça; pito. **2.** Peça que, nos motores sem ignição eletrônica, leva a centelha da bobina à vela. **3.** (Folc.) Bebida feita de mel e aguardente.

cachimônia (ca.chi.**mô**.ni.a) s.f. **1.** Pensamento, mente. **2.** Calma; paciência.
cacho (**ca**.cho) s.m. **1.** (Bot.) Penca ou conjunto de flores ou frutos. **2.** Anel de cabelo.
cachoeira (ca.cho.**ei**.ra) s.f. Queda de água; catarata; cachoeiro.
cachoeiro (ca.cho.**ei**.ro) s.m. Cachoeira.
cachola (ca.**cho**.la) s.f. (Pop.) **1.** Cabeça, crânio. **2.** Mente, vontade: *meteu na cachola que iria atravessar o rio a nado e começou a treinar*.
cacholeta (ca.cho.**le**.ta) [ê] s.f. **1.** Pancada de leve na cabeça de alguém. **2.** (Fig.) Censura.
cachopa (ca.**cho**.pa) [ô] s.f. Cacho, ramo de flores.
cachorra (ca.**chor**.ra) [ô] s.f. **1.** (Zoo.) Cadela. **2.** (Fig.) Mulher devassa, de má fama.
cachorrada (ca.chor.**ra**.da) s.f. **1.** Bando de cachorros, matilha. **2.** (Fig.) Má ação, traição.
cachorro (ca.**chor**.ro) [ô] s.m. **1.** Cão. **2.** (Fig.) Mau indivíduo, patife.
cachorro-quente (ca.chor.ro-**quen**.te) [ô] s.m. Sanduíche de salsicha com pão especial, alongado, em geral servido com molho de tomate, mostarda e outros. ▫ Pl. *cachorros-quentes*.
cacife (ca.**ci**.fe) s.m. **1.** Quantia de dinheiro necessária para comprar as fichas iniciais de jogos como roleta, pôquer etc. **2.** (Fig.) Poder aquisitivo: *ele não tinha cacife para bancar a lancha e a casa de praia, teria de escolher um ou outro*.
cacimba (ca.**cim**.ba) s.f. **1.** Poço cavado manualmente, com abertura de até 2m, que capta água próxima da superfície. **2.** Escavação em baixada úmida ou próxima de rio, que acumula água de modo que o gado possa beber.
cacique (ca.**ci**.que) s.m. **1.** Líder indígena, chefe de uma tribo ou povo indígena. (Fig.) **2.** Líder político. **3.** Mandachuva.
caco (**ca**.co) s.m. **1.** Pedaço de louça, cerâmica ou vidro. **2.** Coisa que se quebrou e se tornou inútil. **3.** (Fig.) Pessoa que parece muito cansada, doente, sofrida etc.
caçoada (ca.ço.**a**.da) s.f. Zombaria, zoada, mangação, mofa.
caçoar (ca.ço.**ar**) v.t.d. Zombar; fazer caçoada de; escarnecer.
cacoete (ca.co.**e**.te) [ê] s.m. Movimento repetido de contração muscular involuntária; tique; trejeito.
cacófato (ca.**có**.fa.to) s.m. (Gram.) Vício de linguagem que se verifica quando a última sílaba de uma palavra forma, com a primeira da palavra seguinte, um som desagradável ou ridículo, como em "beijar a b*oca dela*".
cacofonia (ca.co.fo.**ni**.a) s.f. Encontro ou repetição desagradável de sons.
cacofônico (ca.co.fô.ni.co) adj. Em que há cacofonia.
cactácea (cac.**tá**.ce.a) s.f. (Bot.) Planta de caule grosso e com espinhos, típica de ambientes áridos, que forma um grupo a que pertencem os cactos.
cactáceo (cac.**tá**.ce.o) adj. (Bot.) Que pertence a um grupo de plantas semelhante ao cacto.

cacto (**cac**.to) s.m. (Bot.) Planta típica dos desertos e regiões muito secas da América, cobertas de espinhos, com caule capaz de armazenar água e que apresenta numerosas espécies, algumas de poucos centímetros e outras de vários metros.
caçula (ca.**çu**.la) s.2g. e adj.2g. (O) mais novo dos filhos, seja menino ou menina: *a caçula, o irmão caçula*.
cacunda (ca.**cun**.da) s.f. **1.** (Pop.) Costas, dorso. **2.** Corcunda, corcova. s.2g. **3.** Pessoa que tem corcunda; corcunda.
cada (**ca**.da) pron. indef. Pronome invariável que designa uma unidade que deve ser considerada de modo separado em determinado grupo.
cadafalso (ca.da.**fal**.so) s.m. Tablado onde se executam os condenados à forca; patíbulo.
cadarço (ca.**dar**.ço) s.m. Cordão ou fita estreita, com que se atam os sapatos.
cadastramento (ca.das.tra.**men**.to) s.m. Ação de fazer o cadastro, de cadastrar.
cadastrar (ca.das.**trar**) v.t.d. Fazer o cadastro de.
cadastro (ca.**das**.tro) s.m. **1.** Registro de elementos, com descrição de dados ou coleta de informações: *cadastro de usuários, cadastro do patrimônio histórico*. **2.** Lista, relação, rol. **3.** Recenseamento.
cadáver (ca.**dá**.ver) s.m. Corpo inanimado, sem vida; defunto.
cadê (ca.**dê**) adv. (Pop.) Emprega-se em frases interrogativas, com o sentido de "o que foi feito de, onde está, em qual local se encontra": *cadê o gato?*
cadeado (ca.de.**a**.do) s.m. Fechadura portátil, usada para fechar uma porta, um portão ou ainda a tampa de uma caixa.
cadeia (ca.**dei**.a) s.f. **1.** Corrente formada de anéis ou elos de metal; grilhão. **2.** Série ininterrupta de objetos ou coisas semelhantes. **3.** Cativeiro; prisão; cárcere.
cadeira (ca.**dei**.ra) s.f. **1.** Banco com encosto para uma pessoa. **2.** Cátedra.
cadeiras (ca.**dei**.ras) s.f.pl. (Pop.) Quadris, ancas.
cadeirinha (ca.dei.**ri**.nha) s.f. (Folc.) Brincadeira em que duas pessoas entrelaçam os braços, formando assento em que outra pessoa pode ser transportada, apoiando os braços no ombro dos carregadores.
cadela (ca.**de**.la) [é] s.f. **1.** (Zoo.) Fêmea do cão. **2.** (Fig.) Meretriz; prostituta.
cademia (ca.de.**mi**.a) s.f. (Folc.) Academia.
cadência (ca.**dên**.ci.a) s.f. **1.** Sequência regular de movimentos ou de sons; ritmo. **2.** Na dança, sincronia da música e do movimento.
cadenciado (ca.den.ci.**a**.do) adj. Que tem cadência.
cadenciar (ca.den.ci.**ar**) v.t.d. Dar ritmo ou cadência a.
cadente (ca.**den**.te) adj.2g. **1.** Que cai: *estrela cadente*. **2.** Que tem cadência ou ritmo.
caderneta (ca.der.**ne**.ta) [ê] s.f. Pequeno caderno; agenda.
caderno (ca.**der**.no) [é] s.m. **1.** Porção de folhas, agrupadas e utilizadas para a escrita, desenhos,

exercícios escolares etc. **2.** Cada uma das partes, formadas de várias folhas, que constituem o jornal.
cadete (ca.**de**.te) [ê] s.m. Aluno de escola militar superior do Exército e da Aeronáutica, aspirante a oficial.
cadinho (ca.**di**.nho) s.m. Recipiente que suporta altas temperaturas e no qual se funde minério.
cadivéu (ca.di.**véu**) s.2g. **1.** Indivíduo dos cadivéus, povo indígena que vive hoje no Mato Grosso do Sul. adj.2g. **2.** Relacionado a esse povo. s.m. **3.** Idioma falado por esse povo.
cádmio (**cád**.mi.o) s.m. (Quím.) Elemento de símbolo Cd, número atômico 48 e massa atômica 112,40.
caducar (ca.du.**car**) v.i. **1.** Perder parte do uso da razão, devido à idade avançada. **2.** (Fig.) Não estar mais em vigor, perder o valor.
caduceu (ca.du.**ceu**) s.m. Bastão que tem duas serpentes enroscadas e um par de asas no topo, insígnia do deus Mercúrio e símbolo da medicina.
caduco (ca.**du**.co) adj. **1.** Que é muito velho e meio maluco, que não pensa direito. **2.** (Fig.) Que não está mais em vigor.
caduquice (ca.du.**qui**.ce) s.f. Condição, estado ou ato de caduco.
caeté (ca.e.**té**) s.2g. **1.** Indivíduo dos caetés, povo indígena extinto que viveu entre a ilha de Itamaracá e as margens do rio São Francisco, na capitania de Pernambuco. adj.2g. **2.** Relacionado a esse povo.
cafajeste (ca.fa.**jes**.te) s.m. Indivíduo sem moral; patife, velhaco, canalha.
café (ca.**fé**) s.m. **1.** (Bot.) Fruto do cafeeiro. **2.** Bebida que se obtém com a infusão de seus grãos torrados e moídos. **3.** Botequim, bar. **4.** Refeição que pode ser a primeira do dia, também chamada **café da manhã**, ou entre o almoço e o jantar, o **café da tarde**: *no café ela come uma fruta, pão e chá*.
café-concerto (ca.fé-con.**cer**.to) [ê] s.m. Casa de diversão onde as pessoas comem e bebem enquanto assistem a apresentações artísticas. ▣ Pl. *cafés-concerto*, *cafés-concertos*.
cafeeiro (ca.fe.**ei**.ro) s.m. (Bot.) Arbusto originário da Arábia, rubiácea cuja semente é o grão de café.
cafeicultura (ca.fei.cul.**tu**.ra) s.f. Cultura de café.
cafeína (ca.fe.**í**.na) s.f. (Quím.) Substância estimulante existente no café, chá, mate, guaraná, cola etc.
cafetão (ca.fe.**tão**) s.m. Homem que explora a prostituição de outra pessoa.
cafeteira (ca.fe.**tei**.ra) s.f. Recipiente em que se serve ou se faz o café.
cafeteria (ca.fe.te.**ri**.a) s.f. Estabelecimento comercial onde se serve café, lanches rápidos etc.
cafetina (ca.fe.**ti**.na) s.f. Mulher que explora a prostituição de outra pessoa.
cafezal (ca.fe.**zal**) s.m. Plantação de café.
cafezinho (ca.fe.**zi**.nho) s.m. Café servido em pequenas xícaras.
cáfila (**cá**.fi.la) s.f. **1.** Coletivo de camelos. **2.** (Fig.) Bando, corja, grupo de malfeitores.
cafofo (ca.**fo**.fo) [ô] s.m. (Pop.) Morada, casa, apartamento, barraco etc.

cafona (ca.**fo**.na) [ô] s.m. e adj.2g. (Fam.) (Aquele) que se veste mal ou tem mau gosto; brega.
cafonice (ca.fo.**ni**.ce) s.f. (Fam.) Maneira ou atitude de cafona.
cáften (**cáf**.ten) s.m. Cafetão. ▣ Pl. *caftens* (**caf**.tens).
cafua (ca.**fu**.a) s.f. **1.** Caverna; furna. **2.** Esconderijo.
cafundó (ca.fun.**dó**) s.m. Lugar muito distante e ermo.
cafungar (ca.fun.**gar**) v.t.d. **1.** (Gír.) Fungar, aspirar. v.i. **2.** (Gír.) Cheirar (cocaína, pó).
cafuné (ca.fu.**né**) s.m. **1.** Carinho em que se toca com leveza a cabeça de outra pessoa, até fazê-la dormir. **2.** Carícia em que se pressiona o dedo sobre a cabeça de outra pessoa, produzindo estalo.
cafuzo (ca.**fu**.zo) s.m. Mestiço de índio com negro.
cágado (**cá**.ga.do) s.m. (*epiceno*) (Zoo.) Nome comum ao jabuti e outros quelônios terrestres, bem como a certas tartarugas de água doce.
cagar (ca.**gar**) v.i. **1.** (Chul.) Defecar, evacuar, expelir fezes. v.p. **2.** Sentir muito medo. v.t.d. **3.** (Chul. Gír.) Estragar, pôr a perder.
caga-regras (ca.ga-**re**.gras) s.2g.2n. (Chul.) Pessoa que julga tudo e todos, que tenta impor sua opinião sobre o que é certo ou errado; dono da verdade.
caguete (ca.**gue**.te) [üê] s.2g. Delator, dedo-duro. O mesmo que *alcaguete*.
caguetar (ca.gue.**tar**) [ü] v.t.d. Delatar. O mesmo que *alcaguetar*.
caiabi (cai.a.**bi**) s.2g. **1.** Indivíduo dos caiabis, povo indígena que vive hoje no Mato Grosso e no Pará. adj.2g. **2.** Relacionado a esse povo.
caiação (cai.a.**ção**) s.f. **1.** Ação de caiar, de pintar com cal. **2.** Essa pintura.
caiapó (cai.a.**pó**) s.2g. **1.** Indivíduo dos caiapós, povo indígena que vive hoje no Mato Grosso e no Pará. adj.2g. **2.** Relacionado a esse povo. s.m. **3.** (Folc.) Folguedo cujas músicas e danças representam o rapto de uma menina indígena pelos colonos portugueses, com acompanhamento de viola, tambor, caixa, reco-reco e matraca.
caiaque (cai.a.que) s.m. Embarcação a remo, usada em canoagem.
caiar (cai.**ar**) v.t.d. Pintar com cal: *caiou o muro da frente*.
cãibra (**cãi**.bra) s.f. (Med.) Contração involuntária, espasmódica e dolorosa dos músculos.
caibro (**cai**.bro) s.m. Madeira, trave sobre a qual se sustentam as ripas dos telhados.
caiçara (cai.**ça**.ra) s.2g. **1.** Indígena do litoral paulista ou seus descendentes. adj.2g. **2.** Relativo aos habitantes do litoral paulista. s.f. **3.** Cerca feita de varas.
caída (ca.**í**.da) s.f. **1.** Inclinação, declive. **2.** (Fig.) Decadência, ruína.
caído (ca.**í**.do) adj. **1.** Lançado por terra; derrubado. **2.** (Fig.) Abatido; triste; apaixonado.
caieira (cai.**ei**.ra) s.f. Forno usado para fazer cal.
caimbé (ca.im.**bé**) s.2g. **1.** Indivíduo dos caimbés, povo indígena que vive hoje na Bahia. adj.2g. **2.** Relacionado a esse povo.

caimento (cai.**men**.to) s.m. **1.** Inclinação, caída, declive. **2.** A maneira como a roupa se ajusta ao corpo.

cainçalha (ca.in.**ça**.lha) s.f. Matilha; canzoada.

caingangue (ca.in.**gan**.gue) [a-in] s.2g. **1.** Indivíduo dos caingangues, povo indígena que vive hoje no Rio Grande do Sul, em Santa Catarina, no Paraná e em São Paulo. adj.2g. **2.** Relacionado a esse povo.

cainho (ca.**i**.nho) adj. **1.** Canino. adj. e s.m. **2.** (Fig.) Sovina, avaro, mesquinho.

caiová (cai.o.**vá**) s.2g. O mesmo que *guarani-caiouá*.

caipira (cai.**pi**.ra) s.2g. e adj.2g. **1.** (Pessoa) que vive no campo, ligada ao mundo rural; roceiro. adj.2g. **2.** Que tem esse estilo, em músicas, comidas etc.: *comidas caipiras, música caipira*. **3.** (Fig.) Que não conhece os usos da cidade. **Festa caipira:** festa junina.

caipirice (cai.pi.**ri**.ce) s.f. Ato, dito ou ação de caipira.

caipirinha (cai.pi.**ri**.nha) s.f. Cachaça com pedaços de limão espremidos e açúcar ou adoçante: *serviram caipirinha, batida de limão e outros drinques*.

caipora (cai.**po**.ra) [ó] s.2g. **1.** (Folc.) Ente fantástico de origem tupi, que é muito maléfico e dá má sorte a quem o encontra. adj.2g. e s.2g. **2.** Pessoa azarada, sem sorte. O mesmo que *caapora*.

caiporismo (cai.po.**ris**.mo) s.m. Má sorte; malogro.

cair (ca.**ir**) v.i. **1.** Ir ao chão, levar um tombo. **2.** Declinar, decair. v.lig. **3.** Tornar-se; ficar: *cair doente*. Obs.: pres. do ind.: *caio, cais, cai, caímos, caís, caem*; pret. imp. do ind.: *caía, caías, caía* etc.; pret. perf. do ind.: *caí, caíste, caiu, caímos, caístes, caíram*; pres. do subj.: *caia, caias, caia* etc.

cairota (cai.**ro**.ta) adj.2g. **1.** Do Cairo, capital do Egito. s.m. **2.** Pessoa natural ou habitante desse lugar.

cais s.m.2n. **1.** Construção na margem de rio ou na praia, para atracar embarcações. **2.** Parte do porto onde atracam os navios e onde embarcam e desembarcam os passageiros. ▫ Pl. *cais*.

caititu (cai.ti.**tu**) s.m. (*epiceno*) (Zoo.) Espécie de javali; porco-do-mato; queixada.

caixa (**cai**.xa) s.f. **1.** Recipiente ou estojo rígido, em geral retangular ou quadrado, onde se guardam objetos. **2.** Local ou máquina onde se registra e guarda dinheiro. **3.** Estabelecimento bancário. **4.** (Mús.) Instrumento de percussão tocado com duas baquetas, importante em marchas militares e na escola de samba. s.m. **5.** (Econ.) Registro da entrada e da saída do dinheiro de uma organização; livro-caixa. **6.** Seção de banco, loja, empresa etc. onde são feitos pagamentos ou recebimentos. s.2g. **7.** Pessoa que trabalha nessa atividade: *ela era caixa em uma loja de tecidos*.

caixana (cai.**xa**.na) s.2g. **1.** Indivíduo dos caixanas, povo indígena que vive hoje no Amazonas. adj.2g. **2.** Relacionado a esse povo.

caixão (cai.**xão**) s.m. **1.** Caixa grande. **2.** Caixa comprida, em que se encerram e conduzem os mortos.

caixa-preta (cai.xa-**pre**.ta) s.f. **1.** Dispositivo que registra informações do voo de uma aeronave. **2.** (Fig.) Tecnologia ou assunto fechado, secreto. ▫ Pl. *caixas-pretas*.

caixeiro (cai.**xei**.ro) s.m. **1.** Balconista em estabelecimento comercial. **2.** Entregador de mercadorias. **3.** Fabricante de caixas.

caixeta (cai.**xe**.ta) [ê] s.f. **1.** Caixa pequena. **2.** (Bot.) Árvore originária da Mata Atlântica cultivada pela madeira, clara, leve e pouco resistente, usada para fazer lápis e artesanato; caxeta.

caixilho (cai.**xi**.lho) s.m. Moldura instalada em uma parede para servir de nicho a uma janela ou porta etc.

caixinha (cai.**xi**.nha) s.f. **1.** Caixa pequena. **2.** Coleta de dinheiro para uma finalidade comum. **3.** Gorjeta. **4.** Dinheiro usado para subornar alguém.

caixote (cai.**xo**.te) [ó] s.m. **1.** Caixa pequena. **2.** Caixa de madeira onde se acondicionam mercadorias.

cajá (ca.**já**) s.m. (Bot.) Fruto da cajazeira.

cajado (ca.**ja**.do) s.m. Bastão com a extremidade superior curvada, usado pelos pastores ao conduzir o rebanho; bordão; báculo.

cajazeira (ca.ja.**zei**.ra) s.f. (Bot.) Árvore que produz o cajá.

caju (ca.**ju**) s.m. (Bot.) Fruta nordestina de casca amarela com tons de vermelho e polpa macia amarelada, muito apreciada crua, em refrescos, doces etc., formada pelo pseudofruto do cajueiro. **Castanha de caju:** extremidade do caju, que se come torrada e é o fruto da planta.

cajual (ca.ju.**al**) s.m. Lugar onde há muitos cajueiros; plantação de cajueiros.

cajueiro (ca.ju.**ei**.ro) s.m. (Bot.) Árvore baixa que produz o caju e a castanha. O mesmo que *cajuzeiro*.

cajuína (ca.ju.**í**.na) s.f. (Culin.) Bebida feita com suco de caju cozido, algumas vezes fermentada.

cajuzeiro (ca.ju.**zei**.ro) s.m. O mesmo que *cajueiro*.

cal s.f. **1.** (Quím.) Óxido de cálcio obtido pela queima de pedras calcárias. **2.** Tinta muito branca, usada em paredes externas.

calabaça (ca.la.**ba**.ça) s.2g. **1.** Indivíduo dos calabaças, povo indígena que vive hoje no Ceará. adj.2g. **2.** Relacionado a esse povo.

calabouço (ca.la.**bou**.ço) s.m. **1.** Prisão subterrânea. **2.** (Fig.) Lugar úmido e sombrio.

calabrês (ca.la.**brês**) adj. **1.** Da Calábria, região da Itália. s.m. **2.** Pessoa natural ou habitante desse lugar.

calabresa (ca.la.**bre**.sa) s.f. Linguiça temperada com uma pimenta originária da Calábria, região da Itália.

calada (ca.**la**.da) s.f. Silêncio, calmaria: *na calada noite, ouviu-se o pio da coruja*.

calado (ca.**la**.do) adj. **1.** Que fala pouco; silencioso, quieto. **2.** Espaço que o navio ocupa dentro da água.

calafetar (ca.la.fe.**tar**) v.t.d. Tapar com breu, piche etc. as fendas de um barco, impedindo, assim, a passagem da água.

calafrio (ca.la.**fri**.o) s.m. **1.** Sensação inesperada de frio. **2.** Arrepio. **3.** Sensação de febre.

calamidade (ca.la.mi.**da**.de) s.f. Desgraça pública; catástrofe; infortúnio.

calamitoso (ca.la.mi.**to**.so) [ô] adj. Que provoca calamidade; infeliz; funesto. ▣ Pl. *calamitosos* [ó].
calandra (ca.**lan**.dra) s.f. **1.** Máquina que alisa ou enruga tecidos. **2.** Máquina que dobra lâminas de metal.
calandragem (ca.lan.**dra**.gem) s.f. Ação de passar na calandra, de calandrar.
calandrar (ca.lan.**drar**) v.t.d. Passar na calandra: *calandrar tecidos*.
calango (ca.**lan**.go) s.m. **1.** (Zoo.) Lagarto pequeno e verde. **2.** (Folc.) Festa, dança e música dos estados de Minas Gerais e Rio de Janeiro, com desafio ou improviso de dois a dois.
calão (ca.**lão**) s.m. Maneira de falar ofensiva, com palavrões e sem educação: *evite usar palavras de calão; a princesa detestou aquele linguajar de baixo calão.*
calapalo (ca.la.**pa**.lo) s.2g. **1.** Indivíduo dos calapalos, povo indígena que vive hoje no Mato Grosso. adj.2g. **2.** Relacionado a esse povo. s.m. **3.** Idioma falado por esse povo.
calar (ca.**lar**) v.i. **1.** Fazer silêncio, ficar mudo: *quem cala consente; calou-se*. v.t.d. e v.p. **2.** Impor silêncio, fazer emudecer: *calar a boca; calem-se todos*.
calça (**cal**.ça) s.f. Roupa que vai do quadril ou cintura aos tornozelos e reveste as pernas.
calçada (cal.**ça**.da) s.f. Caminho pavimentado para pedestres; passeio.
calçadeira (cal.ça.**dei**.ra) s.f. Objeto para ajudar a calçar o sapato.
calçado (cal.**ça**.do) s.m. **1.** Peça de vestuário que protege os pés e existe em vários modelos, como tênis, sapato, chinelo, bota, sandália. adj. **2.** Que se calçou.
calçamento (cal.ça.**men**.to) s.m. **1.** Ato de calçar. **2.** Revestimento de vias públicas, de asfalto, pedra etc.
calcâneo (cal.**câ**.ne.o) s.m. (Anat.) Osso que forma o calcanhar.
calcanhar (cal.ca.**nhar**) s.m. (Anat.) A parte posterior do pé.
calção (cal.**ção**) s.m. Calça cortada entre o joelho e o quadril, usada para nadar, praticar esportes etc.
calcar (cal.**car**) v.t.d. **1.** Pisar com os pés. **2.** Apertar com força, esmagar. **3.** (Fig.) Desprezar; humilhar; vexar.
calçar (cal.**çar**) v.t.d. **1.** Colocar meias ou calçados nos pés. **2.** Pôr luvas. **3.** Pôr calço em.
calcário (cal.**cá**.ri.o) adj. **1.** (Quím.) Que contém cálcio; cálcico. s.m. **2.** Rocha constituída de carbonato de cálcio.
calças (**cal**.ças) s.f.pl. (Ant.) Calça.
calceiro (cal.**cei**.ro) s.m. Parte do armário própria para se pendurar calças.
calceteiro (cal.ce.**tei**.ro) s.m. Pessoa que coloca o calçamento em ruas, calçadas etc.
cálcico (**cál**.ci.co) adj. (Quím.) Referente à cal ou ao cálcio.
calcificação (cal.ci.fi.ca.**ção**) s.f. (Med.) Acúmulo de cálcio em qualquer parte do organismo.
calcificar (cal.ci.fi.**car**) v.i. **1.** (Med.) Refazer-se, restaurar-se: *as fraturas calcificaram muito bem.* v.p. **2.** Acumular cálcio; formar calcificação.
calcinação (cal.ci.na.**ção**) s.f. **1.** Ato, processo ou efeito de calcinar(-se). **2.** (Quím.) Aquecimento de sólidos em elevadas temperaturas para obter a decomposição sem oxidação.
calcinado (cal.ci.**na**.do) adj. Que se calcinou; queimado, destruído, em cinzas.
calcinante (cal.ci.**nan**.te) adj.2g. **1.** Que calcina, que transforma em cal. **2.** Que queima; abrasador: *um calor calcinante.*
calcinar (cal.ci.**nar**) v.t.d. **1.** Transformar em cal. **2.** Reduzir a carvão ou a cinzas.
calcinha (cal.**ci**.nha) s.f. Peça íntima feminina para vestir os genitais.
cálcio (**cál**.ci.o) s.m. (Quím.) Elemento metal alcalino-terroso extraído da cal, de símbolo Ca, peso atômico 40,08 e número atômico 20, mineral essencial para a formação dos ossos.
calço (**cal**.ço) s.m. Objeto que se coloca sob outro, para segurá-lo onde está: *colocou um calço sob a mesa; ponha um calço na roda de trás.*
calçudo (cal.**çu**.do) adj. Que tem penas na perna: *um frango calçudo.*
calculado (cal.cu.**la**.do) adj. Que se calculou; medido, pensado, previsto: *era um risco calculado.*
calculadora (cal.cu.la.**do**.ra) [ô] s.f. (Mat.) Máquina que permite fazer cálculos aritméticos.
calcular (cal.cu.**lar**) v.t.d. **1.** (Mat.) Determinar por meio de cálculos. **2.** Computar, contar. v.i. **3.** Fazer cálculos matemáticos.
calculável (cal.cu.**lá**.vel) adj.2g. Que se pode calcular, contar ou prever.
calculista (cal.cu.**lis**.ta) s.2g. e adj.2g. **1.** (Aquele) que calcula. **2.** (Fig.) (Pessoa) interesseira.
cálculo (**cál**.cu.lo) s.m. **1.** Ato de calcular. **2.** (Mat.) Realização de uma operação matemática. **3.** (Fig.) Plano, ideia. **4.** (Med.) Formação de corpos duros em alguns órgãos.
calda (**cal**.da) s.f. Água açucarada, com ou sem suco de frutas, engrossada no fogo.
caldeamento (cal.de.a.**men**.to) s.m. **1.** Ato ou efeito de caldear. **2.** Fusão.
caldear (cal.de.**ar**) v.t.d. **1.** Pôr em brasa. **2.** Soldar, ligar.
caldeira (cal.**dei**.ra) s.f. Tanque de metal para esquentar líquidos e produzir vapor.
caldeirada (cal.dei.**ra**.da) s.f. (Culin.) Prato de peixes ou frutos do mar cozidos em caldeirão, com caldo abundante. Cf. *moqueca.*
caldeirão (cal.dei.**rão**) s.m. **1.** Panela grande para cozinhar ensopados e sopas. **2.** Escavação que as águas fazem no leito de um rio e onde se podem encontrar pedras preciosas ou minério de ouro.
caldeu (cal.**deu**) adj. **1.** Da Caldeia, região da antiga Ásia. s.m. **2.** Pessoa natural ou habitante desse lugar.
caldinho (cal.**di**.nho) s.m. (Culin.) Caldo de feijão ou outro alimento, servido como entrada ou petisco.

caldo (cal.do) s.m. **1.** Alimento líquido obtido com a cocção de carne ou outras substâncias nutritivas. **2.** Suco extraído de frutas e vegetais.

calefação (ca.le.fa.ção) s.f. Aquecimento de espaços internos para suprimir o frio.

caleidoscópio (ca.lei.dos.có.pi.o) s.m. Aparelho óptico que oferece aos olhos do observador figuras simétricas e multicores. O mesmo que *calidoscópio*.

calejado (ca.le.ja.do) adj. **1.** Que tem calos. **2.** (Fig.) Acostumado, experiente.

calejar (ca.le.jar) v.t.d. **1.** Produzir calos em. **2.** (Fig.) Deixar insensível. v.p. **3.** Tornar-se insensível, endurecer.

calembur (ca.lem.bur) s.m. Jogo de palavras, trocadilho.

calendário (ca.len.dá.ri.o) s.m. Folha impressa anualmente, na qual se indicam os dias e meses do ano, fases da Lua, festas religiosas e feriados.

calêndula (ca.lên.du.la) s.f. (Bot.) **1.** Erva que tem propriedades terapêuticas. **2.** Flor dessa planta.

calha (ca.lha) s.f. Cano de drenagem de águas pluviais.

calhamaço (ca.lha.ma.ço) s.m. **1.** Livro ou caderno com muitas folhas. **2.** (Pej.) Livro de difícil leitura.

calhambeque (ca.lham.be.que) [é] s.m. Veículo velho e em mau estado de conservação.

calhar (ca.lhar) v.t.i. **1.** Acontecer, coincidir. **2.** Vir a tempo.

calhau (ca.lhau) s.m. **1.** Fragmento de pedra dura. **2.** Texto que serve para preencher uma lacuna em jornal ou revista.

calhorda (ca.lhor.da) [ó] s.2g. e adj.2g. (Pessoa) que é desprezível; canalha.

calibrador (ca.li.bra.dor) [ô] s.m. e adj. (Dispositivo) que serve para calibrar.

calibragem (ca.li.bra.gem) s.f. **1.** Ação de calibrar. **2.** Valores usados nessa operação: *a calibragem dos pneus*.

calibrar (ca.li.brar) v.t.d. **1.** Colocar ar ou outro gás dentro de um tubo: *calibrar os pneus*. **2.** Dar ou medir o calibre de.

calibre (ca.li.bre) s.m. **1.** Diâmetro do cano de uma arma ou tubo. **2.** (Fig.) Dimensão, volume, tamanho.

caliça (ca.li.ça) s.f. Restos de uma obra demolida; entulho.

cálice (cá.li.ce) s.m. **1.** Copinho provido de pé, em que se tomam licores. **2.** Copo com pé, que se usa na missa para a consagração do vinho. **3.** (Bot.) Invólucro exterior da flor depois de completa.

calidez (ca.li.dez) [ê] s.f. Qualidade do que é cálido; calor.

cálido (cá.li.do) adj. **1.** Quente. **2.** Muito intenso, ardente.

calidoscópio (ca.li.dos.có.pi.o) s.m. O mesmo que *caleidoscópio*.

califa (ca.li.fa) s.m. Chefe político e religioso de mais alto grau em uma comunidade islâmica.

califado (ca.li.fa.do) s.m. Governo de um califa.

califasia (ca.li.fa.si.a) s.f. Arte de falar com boa dicção e de pronunciar bem as palavras.

califórnio (ca.li.fór.ni.o) s.m. Elemento químico de símbolo Cf, número atômico 98 e massa atômica 251.

caligrafia (ca.li.gra.fi.a) s.f. **1.** Arte de traçar as letras com perfeição. **2.** Maneira de escrever, letra de cada pessoa. Obs.: do grego *kallos*, "belo", e *graphein*, "escrever".

calígrafo (ca.lí.gra.fo) s.m. Pessoa que se dedica à caligrafia.

calipígio (ca.li.pí.gi.o) adj. Que tem nádegas bonitas: *era uma estátua calipígia*.

calista (ca.lis.ta) s.2g. Pessoa que trata de calos nos pés, como pedicuro ou como podólogo.

cálix (cá.lix) s.m.2n. (Pop.) Cálice. ▫ Pl.: *cálices*.

calma (cal.ma) s.f. **1.** Calor atmosférico. **2.** Falta de vento, calmaria. **3.** Tranquilidade, paz de espírito.

calmante (cal.man.te) adj.2g. **1.** Que acalma. s.m. **2.** (Med.) Medicamento para tranquilizar ou diminuir a dor; sedativo.

calmaria (cal.ma.ri.a) s.f. **1.** Cessação total dos ventos e movimentos das ondas. **2.** (Fig.) Tranquilidade.

calmo (cal.mo) adj. **1.** Que está em calmaria. **2.** Tranquilo, sereno.

calmoso (cal.mo.so) [ô] adj. Cheio de calma; tranquilo, lento. ▫ Pl. *calmosos* [ó].

calo (ca.lo) s.m. **1.** (Med.) Endurecimento da pele, originado por atrito constante. **2.** Crosta de consolidação que se verifica após uma fratura óssea.

colombo (ca.lom.bo) s.m. Saliência dura na pele, por pancada ou cisto.

calor (ca.lor) [ô] s.m. **1.** Forma de energia expressada pela variação de temperatura de certo corpo. **2.** Sensação que um corpo quente transmite. **3.** Elevação da temperatura. **4.** (Fig.) Vivacidade, animação.

calorão (ca.lo.rão) s.m. Calor muito forte: *de tarde fez um calorão danado*.

calorento (ca.lo.ren.to) adj. Que sente muito calor.

caloria (ca.lo.ri.a) s.f. **1.** (Fís.) Unidade com a qual é medida a quantidade de calor. **2.** Calor necessário para elevar em um grau centígrado a temperatura de um grama de água. **3.** (Bio.) Unidade que serve para medir o valor nutritivo dos alimentos.

calórico (ca.ló.ri.co) adj. Relacionado a caloria, que contém calorias: *o chocolate é muito calórico; os vegetais quase não são calóricos*.

calorífero (ca.lo.rí.fe.ro) adj. Que produz calor: *carvão com alto poder calorífero*.

calorífico (ca.lo.rí.fi.co) adj. Que produz calor.

caloroso (ca.lo.ro.so) [ô] adj. Ardoroso; cordial; entusiástico. ▫ Pl. *calorosos* [ó].

calosidade (ca.lo.si.da.de) s.f. **1.** Calo. **2.** Qualidade do que tem calos.

caloso (ca.lo.so) [ô] adj. Que tem calos. ▫ Pl. *calosos* [ó].

calota (ca.lo.ta) [ó] s.f. Peça de metal que se coloca na parte externa das rodas de um carro.

calote (ca.lo.te) [ó] s.m. **1.** (Fam.) Dívida que não se pagou. **2.** (Fig.) Velhacaria, logro.

calotear (ca.lo.te.ar) v.t.d. Dar calote em; enganar: *caloteou os próprios pais*.

cambaio

caloteiro (ca.lo.**tei**.ro) *s.m. e adj.* **1.** (Aquele) que não paga suas dívidas. **2.** Velhaco.
calouro (ca.**lou**.ro) *s.m.* **1.** Aluno novato. **2.** *(Fig.)* Pessoa inexperiente.
caluda (ca.**lu**.da) *interj.* *(Ant.)* Exprime pedido de silêncio, de sigilo.
calundu (ca.**lun**.du) *s.m.* *(Folc.)* Tristeza, desgosto, tédio ou depressão causados por entes sobrenaturais.
calunga (ca.**lun**.ga) *s.f.* **1.** *(Folc.)* Boneca de pano, madeira, osso etc. que representa uma divindade feminina africana. *s.m.* **2.** *(Relig.)* Desenho ou boneco que representa uma pessoa, usado em alguns rituais. **3.** *(Folc.)* Boneco em tamanho de uma pessoa ou maior, com que se dança no maracatu. **4.** Ajudante de caminhoneiro.
calúnia (ca.**lú**.ni.a) *s.f.* **1.** Imputação infundada. **2.** Difamação.
caluniar (ca.lu.ni.**ar**) *v.t.d.* **1.** Falar mal de alguém sem fundamento. **2.** Difamar. Obs.: pres. do ind.: *calunio, calunias, calunia* etc. pres. do subj.: *calunie, calunies, calunie* etc.
calunioso (ca.lu.ni.**o**.so) [ô] *adj.* Que contém ou constitui calúnia, que calunia; injurioso. ▣ Pl. *caluniosos* [ó].
calva (**cal**.va) *s.f.* Parte da cabeça sem cabelos; careca.
calvário (cal.**vá**.ri.o) *s.m.* **1.** *(Relig.)* Local onde Cristo foi crucificado. **2.** *(Fig.)* Sofrimento, agruras.
calvície (cal.**ví**.cie) *s.f.* Estado ou condição de calvo.
calvinismo (cal.vi.**nis**.mo) *s.m.* *(Relig.)* Doutrina e reinterpretação dos evangelhos propostas por J. Calvino (1509-1564), que deram origem à Igreja Calvinista.
calvinista (cal.vi.**nis**.ta) *adj.2g.* **1.** Pertencente a Calvino ou ao calvinismo. *s.2g.* **2.** Pessoa que segue o calvinismo.
calvo (**cal**.vo) *s.m. e adj.* **1.** (Aquele) que não tem cabelo. **2.** Careca.
cama (**ca**.ma) *s.f.* **1.** Móvel em que a pessoa se deita para dormir ou repousar; leito. **2.** Camada.
cama de gato (ca.ma de **ga**.to) *s.f.* *(Folc.)* **1.** Jogo em que uma pessoa entrelaça um fio nas mãos em uma sequência determinada, formando desenhos elaborados, para que outra pessoa o retire, dando continuidade à sequência, formando assim outro desenho e sucessivamente. **2.** Brincadeira violenta ou golpe em que alguém abaixa-se atrás de uma pessoa, que, sem aviso, será empurrada por outra pessoa para que caia. **3.** *(Fig.)* Golpe, armação, embuste, logro.
camada (ca.**ma**.da) *s.f.* **1.** Quantidade de matéria que se estende sobre uma superfície. **2.** Classe social, categoria.
camada de ozônio (ca.ma.da de o.**zô**.ni.o) *s.f.* *(Ecol., Geo.)* Camada da atmosfera da Terra situada entre 12 e 150 km de altitude, onde a concentração de ozônio é elevada; ozonosfera.
camafeu (ca.ma.**feu**) *s.m.* **1.** Rosto esculpido em pedra semipreciosa de duas cores, usado como joia ou na decoração de objetos. **2.** Pequena escultura ou entalhe em pedra. **3.** Doce pequeno e decorado, para festas: *camafeu de nozes*.
camaiurá (ca.mai.u.**rá**) *s.2g.* **1.** Indivíduo dos camaiurás, povo indígena que vive hoje no Mato Grosso. *adj.2g.* **2.** Relacionado a esse povo. *s.m.* **3.** Idioma falado por esse povo.
camaleão (ca.ma.le.**ão**) *s.m.* **1.** *(epiceno)* *(Zoo.)* Lagarto que muda de cor para escapar dos predadores. **2.** *(Fig.)* Pessoa oportunista, que muda de opinião, de acordo com suas conveniências.
câmara (**câ**.ma.ra) *s.f.* **1.** Compartimento ou parte fechada: *câmara de frio*. **2.** Recinto grande, salão. **3.** Órgão, assembleia pública: *Câmara de Deputados, Câmara de Vereadores*. **4.** Câmera. **5.** *(Med.)* Parte do olho limitada pela córnea, pela íris e pelo cristalino. **6.** Câmara de ar. **Música de câmara:** música para uma formação menor que orquestra.
camarada (ca.ma.**ra**.da) *s.2g.* **1.** Pessoa com quem se convive por compartilhar atividade; colega. **2.** Amigo. **3.** Um indivíduo qualquer. *adj.2g.* **4.** Amigável, bom, compreensivo: *jeito camarada*.
camaradagem (ca.ma.ra.**da**.gem) *s.f.* **1.** Condição de camaradas. **2.** Solidariedade, amizade.
câmara de ar (câ.ma.ra de ar) *s.f.* Estrutura cilíndrica de material flexível, que se enche com ar comprimido e coloca dentro de um pneu, para dar-lhe sustentação. (Diz-se também apenas *câmara*.)
camarão (ca.ma.**rão**) *s.m.* *(epiceno)* *(Zoo.)* Pequeno crustáceo decápode, marinho ou de água doce.
camareira (ca.ma.**rei**.ra) *s.f.* **1.** Funcionária que arruma quartos em hotéis etc. **2.** *(Ant.)* Criada que servia nos aposentos da rainha e das princesas.
camareiro (ca.ma.**rei**.ro) *s.m.* Funcionário que arruma quartos em hotéis etc.
camarilha (ca.ma.**ri**.lha) *s.f.* Grupo de pessoas que cercam um líder ou chefe e tentam influenciá-lo em suas decisões.
camarim (ca.ma.**rim**) *s.m.* Sala em um teatro ou local de gravação onde os artistas podem se trocar, maquiar etc., antes e depois da apresentação.
camarinha (ca.ma.**ri**.nha) *s.f.* *(Raro)* Quarto de dormir.
camaronês (ca.ma.ro.**nês**) *adj.* **1.** De Camarões, país da África. *s.m.* **2.** Pessoa natural ou habitante desse lugar.
camarote (ca.ma.**ro**.te) [ó] *s.m.* **1.** Quarto de dormir nos navios. **2.** Compartimento destinado aos espectadores nos teatros.
camba (**cam**.ba) *s.2g.* **1.** Indivíduo dos cambas, povo indígena que vive hoje no Mato Grosso do Sul. *adj.2g.* **2.** Relacionado a esse povo.
cambada (cam.**ba**.da) *s.f.* **1.** Grupo ou bando de pessoas desclassificadas; corja. **2.** Grupo de coisas penduradas.
cambado (cam.**ba**.do) *adj.* **1.** Que foi trocado ou alterado. **2.** Inclinado para um dos lados; torto.
cambaio (cam.**bai**.o) *s.m. e adj.* **1.** Que ou quem tem pernas tortas; cambeta. **2.** Que ou quem manca de uma perna; coxo, manco.

cambalacho (cam.ba.**la**.cho) s.m. **1.** Troca com intuito de dolo; permutação ardilosa. **2.** Trapaça; tramoia; conluio.
cambaleante (cam.ba.le.**an**.te) adj.2g. Que cambaleia.
cambalear (cam.ba.le.**ar**) v.i. Andar sem firmeza, perder o equilíbrio.
cambaleio (cam.ba.**lei**.o) s.m. Ato ou efeito de cambalear.
cambalhota (cam.ba.**lho**.ta) [ó] s.f. **1.** Volta que se dá com o corpo, pondo as mãos ou a cabeça no chão; cambota. **2.** Salto mortal.
cambar (cam.**bar**) v.i. **1.** Andar sem firmeza, cambalear. **2.** Inclinar-se. **3.** Mudar de rumo (uma embarcação).
cambará (cam.ba.**rá**) s.m. (Bot.) Arbusto de casca avermelhada e madeira resistente.
cambeba (cam.**be**.ba) s.2g. **1.** Indivíduo dos cambebas, povo indígena que vive hoje no Amazonas. adj.2g. **2.** Relacionado a esse povo.
cambeta (cam.**be**.ta) [ê] adj.2g. Cambaio.
cambial (cam.bi.**al**) adj.2g. Relativo a câmbio: *taxa cambial.*
cambiante (cam.bi.**an**.te) adj.2g. **1.** Que cambia, muda. **2.** Que passa de uma cor a outra. **3.** De cor indistinta.
cambiar (cam.bi.**ar**) v.t.i. Mudar, trocar: *cambiou de cor.*
cambiário (cam.bi.**á**.ri.o) adj. Relativo a títulos cambiais.
cambinda (cam.**bin**.da) s.2g. e adj.2g. O mesmo que *cabinda*.
câmbio (**câm**.bi.o) s.m. **1.** Troca, permuta. **2.** Troca de dinheiro de um país pelo de outro. **3.** Taxa de conversão fixada pelo governo entre a moeda nacional e a de outros países. **4.** Dispositivo para mudar a marcha de um veículo.
cambista (cam.**bis**.ta) s.2g. **1.** Aquele que faz negócios cambiais. **2.** Aquele que vende bilhetes de loteria. **3.** Pessoa que vende ingressos com ágio, à porta dos estádios e casas de diversão.
cambito (cam.**bi**.to) s.m. **1.** Pau fino, haste, vareta. **2.** (Pop.) Perna fina; gambito.
cambiuá (cam.biu.**á**) s.2g. **1.** Indivíduo dos cambiuás, povo indígena que vive hoje em Pernambuco. adj.2g. **2.** Relacionado a esse povo.
cambojano (cam.bo.**ja**.no) adj. **1.** Do Camboja, país da Ásia. s.m. **2.** Pessoa natural ou habitante desse lugar.
cambota (cam.**bo**.ta) s.f. Cambalhota.
cambraia (cam.**brai**.a) s.f. Tecido fino e transparente de linho ou algodão.
Cambriano (Cam.bri.**a**.no) s.m. (próprio) (Geo.) Período da história da Terra ao qual pertencem os fósseis mais antigos encontrados, sucedido pelo Ordoviciano.
cambucá (cam.bu.**cá**) s.m. (Bot.) **1.** Árvore frondosa que dá frutos comestíveis. **2.** O fruto dessa árvore.
cambuí (cam.bu.**í**) s.m. (Bot.) **1.** Árvore frondosa de flores brancas e frutos de cor roxa muito apreciados. **2.** O fruto dessa árvore.
cambuquira (cam.bu.**qui**.ra) s.f. **1.** (Bot.) Broto da aboboreira. **2.** (Culin.) Guisado feito com esse broto.
camélia (ca.**mé**.li.a) s.f. (Bot.) Planta ornamental teácea, de até 2m de altura, com belas flores brancas, vermelhas ou rosas e folhas escuras, brilhantes.
camelídeo (ca.me.**lí**.de.o) s.m. (Zoo.) Relacionado ao grupo de mamíferos artiodáctilos a que pertencem o camelo, o dromedário e a lhama.
camelo (ca.**me**.lo) [ê] s.m. (epiceno) (Zoo.) Mamífero ruminante com duas corcovas, típico da África. Cf. *dromedário*.
camelô (ca.me.**lô**) s.2g. **1.** Ambulante. **2.** Vendedor que expõe suas mercadorias nas ruas e as apregoa de modo peculiar.
câmera (**câ**.me.ra) s.f. **1.** Máquina de capturar imagens de fotografia, vídeo ou cinema. **2.** Máquina para filmar. s.2g. **3.** Cinegrafista. s.f. **4.** Assembleia com função legislativa. **5.** Local onde se reúne essa assembleia.
camerístico (ca.me.**rís**.ti.co) adj. Relacionado à música de câmara: *produção camerística*.
camicase (ca.mi.**ca**.se) s.2g. **1.** Piloto suicida japonês, combatente que se tornou conhecido na II Guerra Mundial, quando jogava um avião ou lancha com bombas em um alvo inimigo. adj.2g. **2.** Diz-se desse ataque.
caminhada (ca.mi.**nha**.da) s.f. **1.** Ato de caminhar. **2.** Passeio longo, jornada, andança.
caminhante (ca.mi.**nhan**.te) s.2g. Pessoa que caminha, que faz uma caminhada ou viagem a pé; caminheiro.
caminhão (ca.mi.**nhão**) s.m. Veículo construído especialmente para o transporte de carga.
caminhar (ca.mi.**nhar**) v.i. **1.** Percorrer (a pé), seguir, andar. v.t.d. **2.** Percorrer andando.
caminheiro (ca.mi.**nhei**.ro) s.m. Caminhante.
caminho (ca.**mi**.nho) s.m. **1.** Faixa de terreno que leva de um ponto a outro; estrada; via; atalho. **2.** Direção, destino.
caminhoneiro (ca.mi.nho.**nei**.ro) s.m. e adj. (Pessoa) que dirige um caminhão.
caminhonete (ca.mi.nho.**ne**.te) s.f. Caminhão pequeno. O mesmo que *camionete*.
camionete (ca.mi.o.**ne**.te) s.f. O mesmo que *caminhonete*.
camisa (ca.**mi**.sa) s.f. Peça do vestuário masculino, que protege do pescoço até as coxas.
camisa de força (ca.mi.sa de **for**.ça) s.f. **1.** Equipamento para imobilizar os braços de uma pessoa, formado por camisa de lona com mangas mais compridas que os braços, as quais são amarradas atrás: *ele estava tão descontrolado que precisaram de uma camisa de força para levá-lo ao médico*. **2.** (Fig.) Aquilo que tolhe os movimentos, que imobiliza: *a ansiedade cresceu até tornar-se uma camisa de força que a impedia de relacionar-se*.
camisa de vênus (ca.mi.sa de **vê**.nus) s.f. Preservativo, camisinha.
camisaria (ca.mi.sa.**ri**.a) s.f. Fábrica ou loja de camisas e camisetas.

camiseira (ca.mi.**sei**.ra) s.f. Cômoda para guardar camisas.
camiseiro (ca.mi.**sei**.ro) s.m. **1.** Fabricante ou vendedor de camisas ou camisetas. **2.** Armário onde se guardam camisas ou camisetas.
camiseta (ca.mi.**se**.ta) [ê] s.f. Roupa para vestir o tronco, de malha e em geral sem gola.
camisinha (ca.mi.**si**.nha) s.f. Camisa de vênus.
camisola (ca.mi.**so**.la) [ó] s.f. **1.** Camisa feminina comprida, usada para dormir. **2.** (*P. ext.*) Vestimenta feminina, dos mais variados tipos e tecidos, usada para dormir.
camomila (ca.mo.**mi**.la) s.f. (*Bot.*) Erva de flores amarelas, usadas para fins medicinais e chá; macela.
camondongo (ca.mon.**don**.go) s.m. O mesmo que *camundongo*.
camoniano (ca.mo.ni.**a**.no) *adj.* Pertencente ao poeta português Luís de Camões (1524-1580) ou a sua obra.
camorra (ca.**mor**.ra) [ô] s.f. Organização criminosa.
campa (**cam**.pa) s.f. **1.** Pequeno sino; sineta. **2.** Laje sepulcral; túmulo. *s.2g.* **3.** Indivíduo dos campas, povo indígena que vive hoje no Acre, Peru e Bolívia. *adj.2g.* **4.** Relacionado a esse povo.
campainha (cam.pa.**i**.nha) s.f. **1.** Dispositivo que, quando acionado, emite um som característico e que é instalado nas portas das residências ou em aparelhos, como, por exemplo, o telefone. **2.** (*Bot.*) Planta com flor em forma de sino ou campainha. **3.** (*Pop.*) Úvula.
campal (cam.**pal**) *adj.2g.* Relativo ao campo ou que nele se realiza.
campana (cam.**pa**.na) s.f. Sino.
campanário (cam.pa.**ná**.ri.o) s.m. Torre que abriga um ou mais sinos, em geral de igreja.
campanha (cam.**pa**.nha) s.f. **1.** Planície; campo extenso. **2.** Ação militar. **3.** (*Fig.*) Esforço conjunto e continuado para se conseguir alguma coisa.
campânula (cam.**pâ**.nu.la) s.f. **1.** Sino ou campainha de metal: *o agogô é formado por duas campânulas*. **2.** Qualquer objeto com forma de cone ou sino.
campeão (cam.pe.**ão**) s.m. Vencedor de uma disputa ou certame esportivo.
campear (cam.pe.**ar**) v.t.d. Buscar, procurar, especialmente animal no campo: *foi campear o cavalo*.
campeiro (cam.**pei**.ro) *adj.* Pertencente ao trabalho com animais no campo.
campeonato (cam.pe.o.**na**.to) s.m. Certame ou disputa em que o vencedor recebe o título de campeão.
campesino (cam.pe.**si**.no) s.m. **1.** Camponês. *adj.* **2.** Campestre.
campestre (cam.**pes**.tre) *adj.* **1.** Que pertence ao campo; rural, campesino. **2.** Que nasce nos campos, que não é cultivado; silvestre: *flores campestres*.
campina (cam.**pi**.na) s.f. Terreno pouco acidentado coberto de vegetação rasteira; prado.
campineiro (cam.pi.**nei**.ro) *s.2g. e adj.2g.* Do município de Campinas (SP).

camping [inglês: "câmpin"] s.m. Local para acampamento em barracas ou estacionamento de *trailers*, com fornecimento de energia elétrica, água e outros.
campista (cam.**pis**.ta) s.m. **1.** Pessoa que acampa, que se instala em uma barraca por algum tempo, ou que se instala em um *camping*. **2.** (*Folc.*) Certo jogo de cartas.
campo (**cam**.po) s.m. **1.** Região fora da cidade, onde predominam as atividades agrícolas; área rural: *mudaram-se para o campo*. **2.** Terreno, área: *um campo de trigo*. **3.** Local onde são realizados alguns jogos esportivos como futebol. **4.** Conjunto, grupo, área: *o campo dos estudos sobre a linguagem*.
campo-grandense (cam.po-gran.**den**.se) *adj.2g.* **1.** Do município de Campo Grande, capital do Estado do Mato Grosso do Sul. *s.2g.* **2.** Pessoa natural ou habitante desse lugar. ▫ Pl. *campo-grandenses*.
campolina (cam.po.**li**.na) s.f. Cavalo de raça mineira, marchador e muito forte, criado para lazer.
camponês (cam.po.**nês**) s.m. Aquele que habita ou trabalha no campo; campônio, rurícola.
campônio (cam.**pô**.ni.o) s.m. Camponês.
campo-santo (cam.po-**san**.to) s.m. Cemitério. ▫ Pl. *campos-santos*.
camuflagem (ca.mu.**fla**.gem) s.f. **1.** Ação de camuflar. **2.** Dissimulação, disfarce.
camuflar (ca.mu.**flar**) v.t.d. Disfarçar, mascarar.
camundongo (ca.mun.**don**.go) s.m. (*epiceno*) (*Zoo.*) Mamífero roedor caseiro, semelhante a um rato bem pequeno. O mesmo que *camondongo*.
camurça (ca.**mur**.ça) s.f. (*epiceno*) **1.** (*Zoo.*) Cabra das regiões montanhosas. **2.** (*P. ext.*) Pele desse animal, curtida, usada na produção de calçados, bolsas etc.
cana (**ca**.na) s.f. **1.** (*Bot.*) Caule de várias gramíneas, como o bambu e a cana-de-açúcar. **2.** (*Fig.*) Cadeia; prisão: *meteu os corruptos em cana*. **3.** Cachaça.
cana-de-açúcar (ca.na-de-a.**çú**.car) s.f. (*Bot.*) Planta gramínea cultivada para produção do açúcar, do álcool e de cachaça. ▫ Pl. *canas-de-açúcar*.
canadense (ca.na.**den**.se) *adj.2g.* **1.** Do Canadá, país da América do Norte. *s.2g.* **2.** Pessoa natural ou habitante desse lugar.
canal (ca.**nal**) s.m. **1.** Escavação, sulco ou fosso, para escoamento de água. **2.** Estreito. **3.** Gama de frequências ocupada por uma emissão modulada, permitindo comunicação sem interferências. **4.** Cavidade pela qual escoam líquidos no organismo humano, como o canal lacrimal, por exemplo.
canalha (ca.na.**lha**) s.f. **1.** Gente vil, ralé, biltre. *s.2g. e adj.2g.* **2.** Infame, patife, sem caráter, cafajeste.
canalhada (ca.na.**lha**.da) s.f. **1.** Bando, monte de canalhas. **2.** Canalhice.
canalhice (ca.na.**lhi**.ce) s.f. **1.** Ação ou qualidade de canalha; canalhada. **2.** Falta de caráter.
canalização (ca.na.li.za.**ção**) s.f. **1.** Ato ou efeito de canalizar. **2.** Conjunto de canos ou canais, para escoamento e distribuição de água.

canalizar (ca.na.li.**zar**) v.t.d. **1.** Dirigir por meio de canais ou canos. **2.** (Fig.) Concentrar, dirigir, encaminhar.
canamari (ca.na.ma.**ri**) s.2g. **1.** Indivíduo dos canamaris, povo indígena que vive hoje no Amazonas. adj.2g. **2.** Relacionado a esse povo.
cananeu (ca.na.**neu**) s.m. **1.** Indivíduo dos cananeus, povo da Antiguidade que vivia em Canaã, atual Palestina, antes da chegada do hebreus. adj. **2.** Relacionado a esse povo ou a sua língua.
canapê (ca.na.**pê**) s.m. Salgadinho servido em festa ou coquetel, constituído por pão ou outra base com patê ou outras coberturas.
canapé (ca.na.**pé**) s.m. Sofá com encosto e braços; divã.
canário (ca.**ná**.ri.o) s.m. (Zoo.) Pássaro de canto melodioso, oriundo das ilhas Canárias.
canastra (ca.**nas**.tra) s.f. **1.** Recipiente para guardar objetos, de madeira, palha ou outro material. **2.** Jogo de cartas para duas pessoas ou duas duplas, semelhante ao jogo de buraco. **3.** Sequência de sete cartas nesse jogo, que aumenta a pontuação das cartas.
canastrão (ca.nas.**trão**) s.m. Ator muito ruim, sem habilidade ou sem talento. ◙ Fem. *canastrona*.
canato (ca.**na**.to) s.m. (Hist.) Território e governo de um cã.
cana-verde (ca.na-**ver**.de) s.f. (Folc.) Antiga dança popular rural do Rio Grande do Sul. ◙ Pl. *canas-verdes*.
canavial (ca.na.vi.**al**) s.m. Plantação de cana-de-açúcar.
cancã (can.**cã**) s.m. **1.** (Mús.) Música e dança de salão de origem francesa, popular no século XVIII. **2.** Espetáculo dessa época, com dançarinas de meia arrastão que levantavam a saia.
canção (can.**ção**) s.f. Canto; composição poética geralmente destinada a ser cantada.
cancela (can.**ce**.la) s.f. **1.** Porta ou portão gradeado de madeira ou ferro. **2.** Haste horizontal que é levantada ou abaixada para controlar a passagem de veículos.
cancelamento (can.ce.la.**men**.to) s.m. Ato de cancelar.
cancelar (can.ce.**lar**) v.t.d. Tornar sem efeito; anular; eliminar.
câncer (**cân**.cer) s.m. **1.** (Med.) Tumor maligno; cancro. (próprio) **2.** (Mit.) Quarto signo astrológico, de 21 de junho a 20 de julho, correspondente aos cancerianos; Caranguejo.
cancerologista (can.ce.ro.lo.**gis**.ta) s.2g. Médico especialista em tratamento de câncer.
canceriano (can.ce.ri.**a**.no) s.m. (Mit.) (Pessoa) do signo astrológico de Câncer.
cancerígeno (can.ce.**rí**.ge.no) adj. Capaz de causar câncer.
canceroso (can.ce.**ro**.so) [ô] adj. Relacionado a câncer, atingido por câncer: *tecido canceroso*. ◙ Pl. *cancerosos* [ó].
cancha (**can**.cha) s.f. **1.** Local preparado para corridas de cavalo, partidas de tênis, jogos de futebol etc. **2.** (Gír.) Experiência, prática, destreza: *tinha cancha e executou a tarefa sem dificuldade*.
cancioneiro (can.ci.o.**nei**.ro) s.m. **1.** Livro ou coleção de canções e poesias. **2.** O conjunto das canções de uma época ou lugar: *o cancioneiro popular baiano*.
cançoneta (can.ço.**ne**.ta) [ê] s.f. Canção curta e de tema leve.
cancro (**can**.cro) s.m. Câncer.
candango (can.**dan**.go) s.m. **1.** Trabalhador que participou da construção de Brasília: *os candangos imigraram com toda a família e quando a cidade ficou pronta, continuaram morando em volta dela*. **2.** Os primeiros habitantes dessa cidade.
cande (**can**.de) s.m. Açúcar-cande.
candeeiro (can.de.**ei**.ro) s.m. Aparelho para iluminação que sustenta uma candeia ou vela, ou que tem bocal para queima de óleo, gás etc.
candeia (can.**dei**.a) s.f. Aparelho de iluminação, alimentado por óleo ou outro material comburente.
candela (can.**de**.la) s.f. (Fís.) Unidade de medida de intensidade de luz.
candelabro (can.de.**la**.bro) s.m. Castiçal com vários braços; lustre.
candente (can.**den**.te) adj.2g. Em brasa; incandescente.
candidatar-se (can.di.da.**tar**-se) v.p. Alistar-se como candidato.
candidato (can.di.**da**.to) s.m. **1.** Qualidade ou estado daquele que se propõe a um cargo público. **2.** Aspirante, pretendente.
candidatura (can.di.da.**tu**.ra) s.f. Pretensão e apresentação de um candidato a um cargo.
candidez (can.di.**dez**) [ê] s.f. Candura.
candidíase (can.di.**dí**.a.se) s.f. (Med.) Infecção por um fungo que acomete lábios, boca, vagina ou trato gastrintestinal.
cândido (**cân**.di.do) adj. Inocente, puro, ingênuo.
candombe (can.**dom**.be) s.m. (Folc.) Dança e ritmo de cunho religioso e origem jeje-nagô, praticada no Brasil e no Uruguai.
candomblé (can.dom.**blé**) s.m. Culto aos orixás, divindades trazidas da África, em rituais brasileiros com cantos e percussão, conduzidos pela mãe de santo ou pelo pai de santo, com incorporação dos espíritos.
candonga (can.**don**.ga) s.f. **1.** Elogio interesseiro; bajulação. **2.** Pessoa querida.
candor (can.**dor**) [ô] s.m. Candura.
candura (can.**du**.ra) s.f. Qualidade de cândido; doçura, delicadeza, suavidade; candor.
caneca (ca.**ne**.ca) [ê] s.f. Pequeno copo ou xícara com asa, para conter líquidos.
caneco (ca.**ne**.co) [é] s.m. Caneca mais alta e estreita que a comum.
canela (ca.**ne**.la) [é] s.f. **1.** (Bot.) Planta de origem asiática, de casca odorífera, com muitos usos medicinais e culinários; caneleira, cinamomo. **2.** Casca dessa árvore, usada em pó ou pau, no preparo de doces etc.; cinamomo. **3.** (Anat.) Parte anterior da

perna, situada entre o joelho e o pé. s.2g. **4.** Indivíduo dos canelas, povo indígena que vive hoje no Maranhão. adj.2g. **5.** Relacionado a esse povo.
canelada (ca.ne.**la**.da) s.f. Pancada, batida com a canela.
canelado (ca.ne.**la**.do) adj. Que tem caneluras.
caneleira (ca.ne.**lei**.ra) s.f. **1.** (Bot.) Canela. **2.** Tira larga elástica e acolchoada usada para proteger a canela.
canelura (ca.ne.**lu**.ra) s.f. Riscos verticais feitos em colunas e pilastras e que têm função decorativa.
caneta (ca.**ne**.ta) [ê] s.f. Tubo de metal ou plástico, provido de tinta para escrever.
caneta-tinteiro (ca.ne.ta-tin.**tei**.ro) s.f. Caneta em que há pequeno reservatório para reposição de tinta líquida. ▫ Pl. *canetas-tinteiro, canetas-tinteiros.*
cânfora (**cân**.fo.ra) s.f. (Bot.) Substância aromática que se extrai da canforeira.
canforado (can.fo.**ra**.do) adj. Que tem cânfora, misturado com cânfora: *álcool canforado.*
canforeira (can.fo.**rei**.ra) s.f. (Bot.) Árvore da qual se extrai a cânfora.
canga (**can**.ga) s.f. **1.** Jugo, peça de madeira com que se unem os bois. **2.** (Fig.) Domínio; opressão. **3.** Pedaço retangular de tecido que as mulheres usam sobre o traje de banho, ao sair da praia ou da piscina.
cangaceiro (can.ga.**cei**.ro) s.m. Salteador que vivia geralmente em bandos pelo sertão nordestino: *Virgulino, ou Lampião, foi um dos mais célebres cangaceiros.*
cangaço (can.**ga**.ço) s.m. O modo de vida dos cangaceiros.
cangalha (can.**ga**.lha) s.f. **1.** Triângulo de madeira que se coloca no pescoço dos porcos para impedir que atravessem cercas e entrem em hortas ou jardins. **2.** Armação colocada no lombo de um animal para pendurar a carga dos dois lados.
cangote (can.**go**.te) s.m. Nuca.
canguçu (can.gu.**çu**) s.m. (Zoo.) Onça-pintada.
cangulo (can.**gu**.lo) s.m. (Zoo.) Peixe marinho do Atlântico.
canguru (can.gu.**ru**) s.m. (epiceno) (Zoo.) Mamífero australiano cuja fêmea, como o gambá, tem na barriga uma bolsa chamada marsúpio, onde os filhotes mamam e ficam protegidos; as patas traseiras são bem fortes, para dar grandes saltos.
cânhamo (**câ**.nha.mo) s.m. (Bot.) Planta originária da Ásia, muito usada na indústria têxtil.
canhão (ca.**nhão**) s.m. **1.** Peça de artilharia. **2.** Garganta sinuosa e profunda cavada por um curso d'água. **3.** (Fig.) Mulher muito feia; bruxa. **4.** Parte mais grossa da haste das penas das asas das aves.
canhestro (ca.**nhes**.tro) [ê] adj. Canhoto.
canhonaço (ca.nho.**na**.ço) s.m. Grande canhão.
anhonear (ca.nho.ne.**ar**) v.t.d. Destruir com tiros de canhões: *canhonearam a cidade.*
anhoneio (ca.nho.**nei**.o) s.m. Ação de canhonear; ataque, bombardeio de canhões.
anhota (ca.**nho**.ta) [ó] s.f. A mão esquerda.

canhoto (ca.**nho**.to) [ô] s.m. e adj. **1.** (Pessoa) que usa a mão esquerda para escrever, comer etc.; canhestro. s.m. **2.** Parte esquerda de um talão, que não se destaca.
canibal (ca.ni.**bal**) s.2g. Selvagem que come carne humana.
canibalesco (ca.ni.ba.**les**.co) [ê] adj. Referente a canibalismo; próprio de canibal.
canibalismo (ca.ni.ba.**lis**.mo) s.m. Ato ou condição do canibal; antropofagia.
canície (ca.**ní**.cie) s.f. Surgimento de cãs, de cabelos brancos; embranquecimento dos cabelos por idade ou doença.
caniço (ca.**ni**.ço) s.m. Cana ou bambu fino, delgado, muito usado em pescarias.
canícula (ca.**ní**.cu.la) s.f. Período, época de calor mais forte.
canicular (ca.ni.cu.**lar**) adj.2g. **1.** Relacionado a canícula; muito quente. **2.** Ardente, fogoso.
canídeo (ca.**ní**.de.o) s.m. e adj. **1.** (Zoo.) (Animal) que pertence ao grupo de mamíferos carnívoros em que estão cães, lobos e outros. adj. **2.** Relativo a essa família.
canil (ca.**nil**) s.m. Local onde se abrigam os cães; casinha de cachorro.
caninana (ca.ni.**na**.na) s.f. (epiceno) **1.** Cobra não venenosa. (sobrecomum) **2.** (Fig.) Pessoa facilmente irritável.
canindé (ca.nin.**dé**) s.f. (Zoo.) Arara azul e amarela.
caninha (ca.**ni**.nha) s.f. Pinga, cachaça.
canino (ca.**ni**.no) adj. **1.** Que diz respeito a cão ou cachorro. **2.** Próprio de cão, semelhante ao do cão: *uma fidelidade canina.* s.m. **3.** (Anat.) Dente que fica entre os incisivos e os molares no ser humano.
canivete (ca.ni.**ve**.te) [é] s.m. Pequena faca que se fecha sobre o cabo, ocultando sua lâmina.
canja (**can**.ja) s.f. **1.** Caldo que se faz com galinha e arroz. **2.** (Fig.) Coisa fácil de se fazer.
canjerê (can.je.**rê**) s.m. **1.** (Folc.) Feitiço, despacho, macumba. **2.** (Folc.) Reunião para culto com dança e feitiços; macumba.
canjica (can.**ji**.ca) s.f. (Culin.) **1.** (SP) Prato doce feito de grãos de milho branco cozidos em leite de vaca ou de coco, com canela, chamado de mungunzá no Nordeste. **2.** (NE) Creme ou pudim doce de milho verde com leite de vaca ou de coco, chamado de curau no Sudeste.
canjiquinha (can.ji.**qui**.nha) s.f. Milho usado na alimentação de aves.
canjirão (can.ji.**rão**) s.m. Vaso grande de boca larga.
cano (**ca**.no) s.m. **1.** Tubo para a condução de líquidos ou gases. **2.** Tubo nas armas de fogo, por onde sai o projétil. **3.** Parte da bota que protege a perna.
canoa (ca.**no**.a) [ô] s.f. Pequena embarcação, sem cobertura, formada por um casco.
canoagem (ca.no.**a**.gem) s.f. (Esp.) Atividade praticada em canoa ou caiaque, com várias modalidades e incluída como esporte olímpico.

canoê (ca.no.ê) s.2g. **1.** Indivíduo dos canoês, povo indígena que vive hoje em Rondônia. adj.2g. **2.** Relacionado a esse povo.

canoeiro (ca.no.ei.ro) s.m. **1.** Aquele que conduz a canoa. **2.** Avá-canoeiro.

cânon (câ.non) s.m. O mesmo que cânone. ▫ Pl. cânones.

cânone (câ.no.ne) s.m. **1.** Lista de obras reconhecidas como expressão de uma tradição e autoridade. **2.** (Mús.) Música que tem uma melodia igual para todas as vozes de uma formação, e iniciada em compassos diferentes. **3.** (Relig.) Parte central da missa católica. **4.** Norma, regra. **5.** (Relig.) Rol dos santos da Igreja Católica. O mesmo que cânon.

canonicidade (ca.no.ni.ci.da.de) s.f. Caráter do que segue o cânone, do que é canônico.

canônico (ca.nô.ni.co) adj. Que pertence ao cânone: obras canônicas.

canonização (ca.no.ni.za.ção) s.f. **1.** Ação de incluir no cânone. **2.** (Relig.) Processo para atribuição do título de santo da Igreja Católica.

canonizado (ca.no.ni.za.do) s.m. e adj. Indivíduo a quem foi concedida canonização.

canonizar (ca.no.ni.zar) v.t.d. Inscrever no cânone ou rol dos santos.

canoro (ca.no.ro) adj. Que canta muito bem: as aves canoras são engaioladas por seu belo canto.

cansaço (can.sa.ço) s.m. Fadiga, falta de energia ou de forças.

cansado (can.sa.do) adj. Que se cansou, que sente cansaço ou fadiga.

cansar (can.sar) v.t.d. **1.** Causar cansaço. **2.** (Fig.) Importunar. v.i. **3.** Sentir cansaço. v.p. **4.** Fatigar-se.

cansativo (can.sa.ti.vo) adj. Que causa cansaço.

canseira (can.sei.ra) s.f. Cansaço, fadiga.

cantada (can.ta.da) s.f. (Pop.) Conversa para seduzir.

cantador (can.ta.dor) [ô] s.m. (Folc.) Cantor popular nos estados do Nordeste, que se apresenta em feiras, cantando versos de sua autoria ou alheios, em forma de desafio, com elaborada métrica.

cantão (can.tão) s.m. Divisão administrativa de alguns países, como a Suíça.

cantar (can.tar) v.t.d. **1.** Expressar-se por meio do canto. (Fig.) **2.** Celebrar em verso. **3.** Seduzir. s.m. **4.** (Mús.) Cântico; canção.

cantareira (can.ta.rei.ra) s.f. Suporte ou estante de pedra para depositar cântaros com água.

cantaria (can.ta.ri.a) s.f. Técnica e arte de cortar e trabalhar pedras para emprego em edifícios, lápides etc.

cântaro (cân.ta.ro) s.m. Vaso de barro grande e bojudo, com asas, onde se guardam líquidos.

cantarola (can.ta.ro.la) s.f. Ação de cantarolar.

cantarolar (can.ta.ro.lar) v.t.d. e v.i. (Mús.) Cantar a meia-voz; trautear.

cantaruré (can.ta.ru.ré) s.2g. **1.** Indivíduo dos cantarurés, povo indígena que vive hoje na Bahia. adj.2g. **2.** Relacionado a esse povo.

cantata (can.ta.ta) s.f. Composição poética para canto.

cantável (can.tá.vel) adj.2g. Que se pode cantar.

canteiro (can.tei.ro) s.m. **1.** Profissional que faz obra de cantaria. **2.** Área com camada de terra preparada para cultivo de horta ou flores.

cântico (cân.ti.co) s.m. (Mús. Lit.) Hino em louvor a uma divindade ou autoridade.

cantiga (can.ti.ga) s.f. Composição com letra e melodia; poesia feita para ser cantada; canção: no folclore há cantigas de vários tipos, de ninar, de roda e outras.

cantil (can.til) s.m. **1.** Instrumento usado pelos carpinteiros. **2.** Instrumento usado pelo escultor, para alisar as pedras. **3.** Recipiente, geralmente de couro, usado para transportar água em viagens.

cantilena (can.ti.le.na) [ê] s.f. **1.** Cantiga delicada e curta. **2.** (Fig.) Conversa maçante.

cantina (can.ti.na) s.f. **1.** Restaurante italiano especializado em massas. **2.** Lugar onde se vendem bebidas e comidas em colégios, fábricas, acampamentos etc.

canto (can.to) s.m. **1.** Ângulo; aresta; esquina. **2.** Local afastado. **3.** Som musical produzido pelo homem ou pelas aves. **4.** (Lit.) Cada uma das partes de um longo poema. **5.** Poesia lírica.

cantochão (can.to.chão) s.m. (Mús.) Canto gregoriano.

cantoneira (can.to.nei.ra) s.f. Peça de metal usada na sustentação de prateleiras.

cantonês (can.to.nês) adj. **1.** Relativo a Cantão, na China. s.m. **2.** Pessoa natural ou habitante desse lugar. **3.** Variedade de chinês falada em Cantão.

cantor (can.tor) [ô] s.m. Aquele que canta.

cantoria (can.to.ri.a) s.f. **1.** Conjunto de vozes que cantam juntas. **2.** Encontro de poeta e cantadores, para apresentar composições ou desenvolver improvisos.

canudo (ca.nu.do) s.m. **1.** Tubo cilíndrico e oco nos mais variados tamanhos, desde o canudinho de refrigerante, até o canudo em que se guardam mapas, documentos, diplomas etc. **2.** (P.ext.) O próprio diploma.

cânula (câ.nu.la) s.f. Tubo que é introduzido em orifícios do corpo humano para lavagens ou drenagens.

canutilho (ca.nu.ti.lho) s.m. Canudo curto ou tubinho usado em bijuteria ou bordado.

canzoada (can.zo.a.da) s.f. Matilha, cainçalha.

cão s.m. **1.** (Zoo.) Mamífero quadrúpede carnívoro, animal doméstico muito afeiçoado ao dono, de que há várias raças, criado para companhia e trabalho variados; cachorro. **2.** Peça de percussão nas armas de fogo. **3.** (Fig.) Capeta, diabo.

cão de guarda (cão de guar.da) s.m. Cão, em geral de raça, treinado para proteger uma pessoa ou território.

caolho (ca.o.lho) [ô] s.m. e adj. **1.** (Aquele) que só possui um olho. **2.** Estrábico, vesgo, zarolho.

caos s.m. **1.** (Mit.) Vazio e escuridão existentes antes da criação do mundo. **2.** Confusão, desordem

bagunça. 3. Comportamento aleatório, desenvolvimento imprevisível de um fenômeno.
caótico (ca.ó.ti.co) *adj.* Totalmente desordenado; muito confuso.
capa (ca.pa) *s.f.* **1.** Vestuário que se usa sobre a roupa, para proteger do frio ou da chuva. **2.** Cobertura, proteção, que se usa em livros, cadernos, malas, sofás etc. **3.** Nome da décima letra do alfabeto grego, semelhante ao cá.
capação (ca.pa.**ção**) *s.f.* Ação de capar; castração.
capacete (ca.pa.**ce**.te) [ê] *s.f.* Cobertura rígida para proteger a cabeça de operários, exploradores, pilotos, motociclistas e outros.
capacho (ca.**pa**.cho) *s.m.* **1.** Tapete usado para limpar as solas dos sapatos. **2.** (Fig.) Pessoa que se deixa humilhar por outra.
capacidade (ca.pa.ci.**da**.de) *s.f.* **1.** Volume interior de um corpo que se acha vazio. **2.** Aptidão, qualidade específica de uma pessoa em determinada área.
capacitação (ca.pa.ci.ta.**ção**) *s.f.* **1.** Ação de capacitar, processo de tornar(-se) capaz: *capacitação para dirigir veículo escolar.*
capacitância (ca.pa.ci.**tân**.ci.a) *s.f.* (Fís.) Capacidade de armazenar energia elétrica.
capacitar (ca.pa.ci.**tar**) *v.t.d. e v.p.* **1.** Tornar(-se) capaz. **2.** Persuadir(-se), convencer(-se).
capacitor (ca.pa.ci.**tor**) [ô] *s.m.* (Fís.) Dispositivo para armazenar carga elétrica, formado por dois ou mais condutores isolados; condensador.
capado (ca.**pa**.do) *s.m.* **1.** Bode, porco ou carneiro castrado. *adj.* **2.** Castrado.
capadócio (ca.pa.**dó**.ci.o) *adj.* **1.** Da Capadócia, região na Ásia. *s.m.* **2.** Pessoa natural ou habitante desse lugar. **3.** (Pej.) Pessoa sem inteligência ou sem educação.
capanga (ca.**pan**.ga) *s.f.* **1.** Bolsa pequena, usada a tiracolo por viajantes. **2.** Bolsa masculina de mão. *s.2g.* **3.** Segurança: *a senhora pediu que saíssem da casa ou chamaria os capangas.* **4.** Pessoa contratada para ações de intimidação ou agressão; jagunço: *os capangas o pegaram na saída do restaurante e acabaram com ele.*
capão (ca.**pão**) *s.m.* **1.** Bosque isolado, no meio de um descampado. **2.** Animal castrado.
capar (ca.**par**) *v.t.d.* Castrar; extrair ou inutilizar os órgãos de reprodução masculinos.
capataz (ca.pa.**taz**) *s.m.* Chefe ou administrador dos trabalhadores de uma fazenda.
capaz (ca.**paz**) *adj.2g.* Que tem capacidade; apto; competente.
capcioso (cap.ci.o.so) [ô] *adj.* Que tenta, de maneira astuta, enganar ou induzir ao erro: *pergunta capciosa.* ▣ Pl. *capciosos* [ó].
capear (ca.pe.**ar**) *v.t.d.* Revestir, encapar.
capela (ca.**pe**.la) [ê] *s.f.* **1.** Pequena igreja, com um só altar. **2.** Cada uma das divisões de uma igreja, com altar próprio. **3.** (Folc.) Grupo de foliões ou rancho que percorre as casas nas festas juninas: *saíram cantando a Capelinha de Melão.* **A capela:** sem acompanhamento instrumental: *apresentou duas músicas a capela.*
capelão (ca.pe.**lão**) *s.m.* (Relig.) Clérigo encarregado dos serviços de uma capela.
capelo (ca.**pe**.lo) [ê] *s.m.* **1.** Capuz usado por viúvas e religiosas. **2.** Pequena capa ou murça usada por acadêmicos em cerimônias.
capenga (ca.**pen**.ga) *adj.* **1.** Coxo, manco. **2.** Torto, instável, precário.
capengar (ca.pen.**gar**) *v.i.* Mancar.
capeta (ca.**pe**.ta) [ê] *s.m.* Diabo.
capiau (ca.pi.**au**) *s.m.* Matuto, roceiro, caipira.
capilar (ca.pi.**lar**) *adj.2g.* **1.** Relativo a cabelo. **2.** Fino como fio de cabelo. *s.m. e adj.* **3.** (Anat.) (Vaso) de pequeno calibre.
capilaridade (ca.pi.la.ri.**da**.de) *s.f.* (Fís.) Conjunto de fenômenos relativos ao comportamento dos líquidos em tubos muito delgados.
capim (ca.**pim**) *s.m.* (Bot.) Planta gramínea de folha apreciada pelo gado.
capim-limão (ca.pim-li.**mão**) *s.m.* (Bot.) Erva de propriedades medicinais, muito apreciada também em infusões e na culinária, de folhas em forma de lâmina, cortantes; erva-cidreira, capim-santo. ▣ Pl. *capins-limão, capins-limões.*
capim-santo (ca.pim-**san**.to) *s.m.* (Bot.) Capim-limão. ▣ Pl. *capins-santos.*
capina (ca.**pi**.na) *s.f.* Ação ou resultado de capinar.
capinador (ca.pi.na.**dor**) [ô] *s.m. e adj.* Que ou o que capina.
capinar (ca.pi.**nar**) *v.t.d.* Aparar e limpar o capim; carpir.
capinauá (ca.pi.nau.**á**) *s.2g.* **1.** Indivíduo dos capinauás, povo indígena que vive hoje em Pernambuco. *adj.2g.* **2.** Relacionado a esse povo.
capincho (ca.pi.**n**cho) *s.m.* Macho da capivara.
capinzal (ca.pin.**zal**) *s.m.* Terreno onde há muito capim.
capiongo (ca.pi.**on**.go) *adj.* **1.** Triste; macambúzio. **2.** Que tem defeito em um dos olhos.
capital (ca.pi.**tal**) *adj.2g.* **1.** Que diz respeito à cabeça; fundamental. **2.** Referente à pena de morte. *s.f.* **3.** Principal cidade de um município, estado ou país. **4.** (Gráf.) Diz-se da letra maiúscula. *s.m.* (Econ.) **5.** Dinheiro que constitui o fundo de uma empresa. **6.** Todo bem capaz de dar renda e que é investido em nova produção.
capitalismo (ca.pi.ta.**lis**.mo) *s.m.* **1.** Predomínio do capital. **2.** (Pol.) Sistema socioeconômico em que os meios de produção não se encontram nas mãos do governo, mas pertencem à iniciativa privada.
capitalista (ca.pi.ta.**lis**.ta) *adj.2g.* **1.** (Pol.) Que diz respeito ao capital, recurso financeiro, ou ao capitalismo. *s.2g.* **2.** Pessoa que fornece o capital, que financia uma empresa ou empreendimento.
capitalização (ca.pi.ta.li.za.**ção**) *s.f.* Ação de capitalizar.
capitalizar (ca.pi.ta.li.**zar**) *v.t.d.* **1.** Converter em capital, transformar em recurso financeiro: *capitalizou um imóvel.* **2.** Juntar ao capital, aumentar os

recursos financeiros: *capitalizar os juros.* **3.** Aproveitar, explorar: *capitalizaram a fama obtida na televisão.*

capitanear (ca.pi.ta.ne.**ar**) *v.t.d.* Comandar; chefiar; governar.

capitania (ca.pi.ta.**ni**.a) *s.f.* **1.** (Hist.) Cada uma das catorze faixas de terra que, entre 1534 e 1548, constituíam divisões administrativas do Brasil. **2.** Posto de capitão.

capitânia (ca.pi.tâ.ni.a) *s.f. e adj.* (Diz-se da) nau em que segue o capitão ou comandante da esquadra.

capitão (ca.pi.**tão**) *s.m.* **1.** Oficial do Exército, da Marinha ou da Aeronática cuja patente se encontra entre o tenente e o major. **2.** Em uma equipe esportiva, o jogador mais experiente e ponderado, incumbido de liderar o seu grupo nas partidas esportivas.

capitão de corveta (ca.pi.tão de cor.**ve**.ta) *s.m.* **1.** Posto da Marinha do Brasil abaixo do capitão de fragata e acima do capitão-tenente. **2.** Pessoa que ocupa esse posto.

capitão de fragata (ca.pi.tão de fra.**ga**.ta) *s.m.* **1.** Posto da Marinha do Brasil abaixo do capitão de mar e guerra e acima do capitão de corveta. **2.** Pessoa que ocupa esse posto.

capitão de mar e guerra (ca.pi.tão de mar e **guer**.ra) *s.m.* **1.** Posto da Marinha do Brasil abaixo do contra-almirante e acima do capitão de fragata. **2.** Pessoa que ocupa esse posto.

capitel (ca.pi.**tel**) *s.m.* Arremate de uma coluna ou pilastra.

capitólio (ca.pi.**tó**.li.o) *s.m.* (próprio) **1.** Templo dedicado a Júpiter, o pai dos deuses na mitologia romana. (comum) **2.** Construção imponente, em estilo que lembra o romano.

capitoso (ca.pi.**to**.so) [ô] *adj.* Inebriante, embriagante. ▪ Pl. *capitosos* [ó].

capituí (ca.pi.tu.**í**) *s.m.* (Bot.) Árvore ou arbusto de que se extrai uma substância com propriedades aromáticas e medicinais.

capitulação (ca.pi.tu.la.**ção**) *s.f.* **1.** Ação ou resultado de capitular. **2.** Acordo de rendição.

capitular (ca.pi.tu.**lar**) *s.f. e adj.2g.* **1.** (Gráf.) (Letra) que inicia um capítulo, maior e às vezes ornamentada. *v.i.* **2.** Render-se: *Napoleão capitulou em 1814.*

capítulo (ca.**pí**.tu.lo) *s.m.* **1.** Cada uma das divisões de um livro, tratado, lei ou contrato. **2.** Seção, divisão, parte de uma organização.

capivara (ca.pi.**va**.ra) *s.f.* (Zoo.) Maior roedor do mundo, típico da América do Sul, que vive nas matas e pesa mais de 50 quilos, com pelos grossos castanhos e focinho curto e grosso.

capixaba (ca.pi.**xa**.ba) *adj.2g.* **1.** Do Espírito Santo, estado brasileiro. *s.2g.* **2.** Pessoa natural ou habitante desse lugar. Cf. *vitoriense.*

capô (ca.**pô**) *s.m.* Cobertura do motor dos automóveis.

capoeira (ca.po.**ei**.ra) *s.f.* **1.** Gaiola para capões ou aves domésticas. **2.** (Pop.) Mato ralo já roçado. **3.** Luta de ataque e defesa, com chutes peculiares e saltos, criada pelos negros durante a escravidão. **4.** Jogo ou competição popular baseado nessa luta, acompanhado por berimbau, pandeiro e cânticos próprios. **5.** Esporte derivado desse jogo: *desde que adotou regras, a capoeira tornou-se um esporte.* **6.** Capoeirista.

capoeirista (ca.po.ei.**ris**.ta) *s.2g.* Pessoa que joga ou pratica a capoeira; capoeira.

caporal (ca.po.**ral**) *s.m.* Antigo posto do exército brasileiro, abaixo de sargento.

capota (ca.**po**.ta) *s.f.* Parte de cima, teto de um veículo: *colocou um bagageiro sobre a capota do carro.*

capotado (ca.po.**ta**.do) *adj.* Que capotou; virado para baixo: *carros capotados.*

capotar (ca.po.**tar**) *v.t.d.* Tombar e cair sobre a capota; virar sobre a capota: *o fusca capotou na curva.*

capote (ca.**po**.te) *s.m.* **1.** Casaco largo e longo, com mangas compridas e capuz. **2.** Casaco longo usado por militares. **3.** Galinha-d'angola.

caprichar (ca.pri.**char**) *v.t.i.* Fazer com capricho.

capricho (ca.**pri**.cho) *s.m.* **1.** Cuidado, esmero. **2.** Fantasia, extravagância. **3.** Desejo impulsivo, sem fundamento.

caprichoso (ca.pri.**cho**.so) [ô] *adj.* **1.** Cuidadoso, que faz com esmero. **2.** Excêntrico; teimoso. ▪ Pl. *caprichosos* [ó].

capricorniano (ca.pri.cor.ni.**a**.no) *s.m.* (Mit.) (Pessoa) do signo astrológico de Capricórnio.

Capricórnio (ca.pri.**cór**.ni.o) *s.m.* (próprio) **1.** (Astron.) A décima constelação do Zodíaco. **2.** (Mit.) Décimo signo astrológico, de 22 de dezembro a 20 de janeiro, correspondente aos capricornianos.

caprino (ca.**pri**.no) *adj.* **1.** Relacionado a cabras e bodes: *rebanho caprino.* **2.** Próprio de cabra ou bode.

cápsula (**cáp**.su.la) *s.f.* **1.** Pequena caixa, invólucro ou embalagem. **2.** Película de gelatina para envolver medicamentos ou outras substâncias em pó. **3.** (Bot.) Invólucro membranoso das sementes dos frutos secos. **4.** (Astron.) Cabine pressurizada, destinada aos astronautas, nos voos espaciais.

capsular (cap.su.**lar**) *adj.2g.* (Bot.) Relativo a ou que dá cápsulas: *fruto capsular, sementes capsulares.*

captar (cap.**tar**) *v.t.d.* **1.** Pegar, apanhar, obter. **2.** Retirar (água) da nascente. **3.** (Fig.) Compreender, assimilar.

captor (cap.**tor**) [ô] *s.m. e adj.* (Aquele) que captura ou prende.

captura (cap.**tu**.ra) *s.f.* Ação de capturar; prisão, detenção, tomada.

capturar (cap.tu.**rar**) *v.t.d.* Prender; segurar; deter; tomar.

capuchinho (ca.pu.**chi**.nho) *s.m.* **1.** (Relig.) Que ou quem pertence à ordem dos franciscanos. **2.** Pequeno capuz.

capuz (ca.**puz**) *s.m.* Cobertura para a cabeça que se prende geralmente ao agasalho ou ao hábito.

caquético (ca.**qué**.ti.co) *adj.* **1.** Que ou quem sofre de caquexia. **2.** (Fig.) Que está muito envelhecido ou usado.

caquexia (ca.que.**xi**.a) [cs] s.f. (*Med.*) Estado de debilidade em razão de desnutrição ou velhice.
caqui (ca.**qui**) s.m. (*Bot.*) Fruta de polpa alaranjada, macia, doce e transparente, com várias sementes e casca fina.
cáqui (**cá**.qui) *adj.2g.* Cor de palha mais escura ou de poeira.
caquizeiro (ca.qui.**zei**.ro) s.m. (*Bot.*) Árvore frutífera que produz o caqui.
cara (**ca**.ra) s.f. **1.** (*Pop.*) Parte anterior da cabeça; rosto; face. **2.** Fisionomia; aparência. **3.** Coragem, ousadia. **4.** Lado da moeda oposto ao da coroa. *s.2g.* **5.** (*Gír.*) Indivíduo, pessoa.
cará (ca.**rá**) s.m. **1.** (*Bot.*) Hortaliça que é uma raiz branca que se come cozida. **2.** (*Zoo.*) Acará.
carabina (ca.ra.**bi**.na) s.f. Espingarda; fuzil.
caracará (ca.ra.ca.**rá**) s.m. **1.** (*Folc.*) Carapinhé. **2.** (*Zoo.*) Carcará.
caracol (ca.ra.**col**) s.m. (*epiceno*) **1.** (*Zoo.*) Molusco gastrópode, com concha em forma de espiral; lesma. **2.** (*Fig.*) Anel de cabelo enrolado. **3.** Escada espiralada. **4.** (*Folc.*) Jogo infantil semelhante ao de amarelinha, em que as casas são desenhadas em uma espiral no solo; rocambole.
caracolar (ca.ra.co.**lar**) v.i. Formar caracóis; encaracolar.
caractere (ca.rac.**te**.re) [é] s.m. **1.** Letra, número, sinal, símbolo ou signo usado na escrita. **2.** Tipo de impressão. **3.** Característica que distingue um elemento de outro; traço, caráter.
característica (ca.rac.te.**rís**.ti.ca) s.f. Aquilo que caracteriza; traço, caráter.
característico (ca.rac.te.**rís**.ti.co) *adj.* Que caracteriza ou distingue; típico.
caracterização (ca.rac.te.ri.za.**ção**) s.f. Ação de caracterizar.
caracterizar (ca.rac.te.ri.**zar**) v.t.d. **1.** Individualizar, assinalar. **2.** Dar a alguém a exata aparência do personagem que ele quer representar. v.p. **3.** Fantasiar-se, dar-se a aparência daquele que se quer imitar.
caracu (ca.ra.**cu**) s.m. (*Zoo.*) Boi de pelo curto e avermelhado.
cara de pau (ca.ra de **pau**) *adj.2g.* Que não tem vergonha; cínico, descarado.
carafauiana (ca.ra.fa.ui.a.na) *s.2g.* **1.** Indivíduo dos carafauianas, povo indígena que vive hoje no Pará e no Amazonas. *adj.2g.* **2.** Relacionado a esse povo.
caraguatá (ca.ra.gua.**tá**) s.m. (*Bot.*) Gravatá.
carajá (ca.ra.**já**) *s.2g.* **1.** Indivíduo dos carajás, povo indígena que vive hoje no Mato Grosso, em Goiás, no Tocantins e no Pará. *adj.2g.* **2.** Relacionado a esse povo.
carajuru (ca.ra.ju.**ru**) s.m. **1.** Corante vermelho, extraído do cipó de mesmo nome, usado pelos indígenas em pintura corporal e na culinária amazônica. **2.** Esse cipó.
caralho (ca.ra.lho) s.m. (*Chul.*) Pênis.
caramanchão (ca.ra.man.**chão**) s.m. Treliça, coberta de trepadeiras, que se constrói nos jardins.

caramba (ca.**ram**.ba) *interj.* (*Pop.*) Empregada para exprimir surpresa, admiração ou irritação.
carambola (ca.ram.**bo**.la) [ó] s.f. **1.** (*Bot.*) Fruto da caramboleira, elíptico e com fatias em forma de estrela de cinco pontas, com polpa amarela e sabor ácido. **2.** Jogo praticado com o taco e três bolas, em mesa sem caçapa.
carambolar (ca.ram.bo.**lar**) v.i. Jogar carambola; fazer ponto no jogo da carambola.
caramboleira (ca.ram.bo.**lei**.ra) s.f. (*Bot.*) Árvore cujo fruto é a carambola.
caramelo (ca.ra.**me**.lo) [é] s.m. **1.** Açúcar queimado em ponto de bala. **2.** Bala mais pastosa que as demais. *adj.2g.* **3.** Que é da cor do café com leite ou quase dourado, castanho bem claro: *uma cabra de pelagem caramelo.*
cara-metade (ca.ra-me.**ta**.de) s.f. Cônjuge: *várias professoras viajaram para o congresso com suas caras-metades.* ▫ Pl. *caras-metades.*
caraminholas (ca.ra.mi.**nho**.las) s.f.pl. Ideias fantasiosas ou mentirosas.
caramujo (ca.ra.**mu**.jo) s.m. (*epiceno*) **1.** (*Zoo.*) Molusco marítimo ou de água doce. (*comum*) **2.** Homem esquisitão, fechado em si, casmurro.
caramuru (ca.ra.mu.**ru**) s.m. (*epiceno*) **1.** (*Zoo.*) Peixe dos mares brasileiros; enguia, moreia. (*próprio*) **2.** Apelido dado a Diogo Álvares Correia pelos índios tupinambás da Bahia.
carancho (ca.**ran**.cho) s.m. (*Zoo.*) Carcará.
caranguejada (ca.ran.gue.**ja**.da) s.f. (*Culin.*) Prato nordestino preparado com caranguejos.
caranguejeira (ca.ran.gue.**jei**.ra) s.f. (*epiceno*) (*Zoo.*) Aranha grande, peluda e de picada dolorosa.
caranguejo (ca.ran.**gue**.jo) [ê] s.m. (*epiceno*) **1.** (*Zoo.*) Crustáceo decápode com duas pinças, que vive nos mangues e rios, em numerosas espécies, algumas comestíveis. (*próprio*) **2.** (*Astron.*) Constelação do Zodíaco. **3.** Câncer.
caranguejola (ca.ran.gue.**jo**.la) s.f. Armação de madeira pouco firme.
carão (ca.**rão**) s.m. **1.** Cara feia. **2.** Repreensão. **3.** (*Gír.*) Situação embaraçosa, de vergonha; vexame.
carapaça (ca.ra.**pa**.ça) s.f. (*Zoo.*) **1.** Esqueleto externo dos caranguejos e outros invertebrados. **2.** Casco do tatu. **3.** Parte de cima do casco da tartaruga e outros quelônios. Cf. *carapuça.*
carapanã (ca.ra.pa.**nã**) *s.2g.* **1.** Indivíduo dos carapanãs, povo indígena que vive hoje no Amazonas. *adj.2g.* **2.** Relacionado a esse povo. **3.** Mosquito.
carapanaúba (ca.ra.pa.na.**ú**.ba) s.f. (*Bot.*) Árvore ou arbusto de que se extrai uma substância com propriedades aromáticas e medicinais.
carapina (ca.ra.**pi**.na) s.f. Carpinteiro.
carapinha (ca.ra.**pi**.nha) s.f. Pixaim.
carapinhé (ca.ra.pi.**nhé**) s.m. (*Folc.*) Brincadeira infantil que consiste em puxar suavemente a pele das costas da mão de uma criança e, balançando os braços, dizer "cará, cará... pinhééé!", tradicional em São Paulo; caracará.

carapotó (ca.ra.po.**tó**) s.2g. **1.** Indivíduo dos carapotós, povo indígena que vive hoje em Alagoas. adj.2g. **2.** Relacionado a esse povo.

carapuça (ca.ra.**pu**.ça) s.f. Cobertura mole para cabeça, em forma de cone. (Fig.) Vestir a carapuça: assumir um erro que se lhe imputa ou a que se faz alusão indireta. Cf. *carapaça*.

caratê (ca.ra.**tê**) s.m. Esporte e arte marcial em que se luta com as mãos limpas, sobre o tatame.

carateca (ca.ra.**te**.ca) s.2g. Pessoa que luta caratê.

caráter (ca.**rá**.ter) s.m. **1.** Sinal ou figura usada na escrita. **2.** Cunho; tipo de impressão. **3.** Firmeza de vontade; honradez. ▫ Pl. *caracteres*.

caravana (ca.ra.**va**.na) s.f. **1.** Grupo de mercadores, peregrinos ou viajantes que atravessam juntos o deserto. **2.** (P.ext.) Grupo de pessoas que se reúnem para ir a determinado lugar.

caravaneiro (ca.ra.va.**nei**.ro) s.m. Guia ou condutor de caravanas.

caravela (ca.ra.**ve**.la) [é] s.f. **1.** Embarcação grande usada antigamente para atravessar os oceanos, com muitas velas. **2.** (epiceno) (Zoo.) Água-viva.

carboidrato (car.bo.i.**dra**.to) s.m. (Bio.) Composto orgânico que contém carbono, hidrogênio e oxigênio, substância que contém a energia usada pelos organismos animais: *o açúcar é um carboidrato simples, o amido é complexo*.

carbonatado (car.bo.na.**ta**.do) adj. **1.** Que contém carbonato. **2.** Diz-se de bebidas a que se acrescentou gás: *os refrigerantes são bebidas carbonatadas*.

carbonato (car.bo.**na**.to) s.m. (Quím.) Sal ou éster do ácido carbônico.

carboneto (car.bo.**ne**.to) [ê] s.m. (Quím.) Carbureto.

carbônico (car.**bô**.ni.co) adj. (Quím.) Ácido que se forma pela união de um átomo de carbono, dois de hidrogênio e três de oxigênio.

carbonífero (car.bo.**ní**.fe.ro) s.m. (Geo.) **1.** (próprio) Período da história da Terra entre o Devoniano e o Permiano, quando se desenvolveram as florestas que depois originaram o carvão e surgiram os répteis. adj. **2.** (comum) Que pertence a esse período.

carbonizar (car.bo.ni.**zar**) v.t.d. Reduzir a carvão, queimar.

carbono (car.**bo**.no) [ô] s.m. **1.** (Quím.) Metaloide de símbolo C, número atômico 6 e peso atômico 12,01, presente em todos os seres vivos e quase todas as substâncias orgânicas. **2.** Papel-carbono.

carburação (car.bu.ra.**ção**) s.f. (Quím.) **1.** Operação pela qual um corpo se submete à ação do carbono. **2.** Mistura, que se dá no carburador, do ar atmosférico com um líquido inflamável.

carburador (car.bu.ra.**dor**) [ô] s.m. (Quím.) Aparelho em que se faz a mistura do ar com o líquido inflamável, nos motores de explosão.

carbureto (car.bu.**re**.to) [ê] s.m. (Quím.) Substância binária de carbono; carboneto.

carcaça (car.**ca**.ça) s.f. **1.** (Anat.) Esqueleto; arcabouço; ossada. **2.** Casco de navio. **3.** Armação.

carcará (car.ca.**rá**) s.m. (Zoo.) Ave brasileira da família do falcão; caracará, caruncho.

carceragem (car.ce.**ra**.gem) s.f. **1.** Ato de encarcerar. **2.** Despesa gerada pelos presos. **3.** Local onde ficam os presos.

carcerário (car.ce.**rá**.ri.o) adj. Relacionado com cárcere ou carcereiro.

cárcere (**cár**.ce.re) s.m. Prisão; cadeia; calabouço.

carcereiro (car.ce.**rei**.ro) s.m. Guarda de cárcere.

carcinógeno (car.ci.**nó**.ge.no) s.m. (Med.) Substância ou agente que provoca o desenvolvimento de carcinoma no corpo.

carcinoma (car.ci.**no**.ma) [ô] s.m. (Med.) Tumor maligno; câncer.

carcoma (car.**co**.ma) s.f. **1.** Qualquer inseto que ataque e destrua madeira, alimentos, livros etc.; caruncho. **2.** (Fig.) Qualquer coisa que destrua outra lentamente.

carcomer (car.co.**mer**) v.t.d. Roer, corroer, estragar: *as traças carcomeram o rendado*.

carcomido (car.co.**mi**.do) adj. Roído; gasto; estragado.

carda (**car**.da) s.f. Instrumento ou máquina para desembaraçar pelos ou fibras têxteis.

cardado (car.**da**.do) adj. Que se desembaraçou com a carda: *lã cardada, algodão cardado*.

cardápio (car.**dá**.pi.o) s.m. **1.** Lista dos pratos que um restaurante oferece, com o preço de cada um deles. **2.** Alimentação, comidas que se come habitualmente.

cardar (car.**dar**) v.t.d. Desembaraçar (pelos, fios) com carda.

cardeal (car.de.**al**) adj.2g. **1.** Principal; cardinal. s.m. **2.** (Relig.) Membro da hierarquia da Igreja Católica que vota para a escolha do papa. **3.** (Zoo.) Nome dado a vários pássaros.

cárdia (**cár**.di.a) s.f. (Anat.) Abertura superior do estômago.

cardíaco (car.**dí**.a.co) adj. **1.** Que pertence à cárdia ou ao coração. s.m. **2.** Pessoa que sofre do coração.

cardigã (car.di.**gã**) s.m. Paletó sem gola, em geral de lã.

cardinal (car.di.**nal**) s.m. e adj.2g. **1.** (Gram.) (Numeral) que designa quantidade absoluta, como "três", "vinte", "novecentos". adj.2g. **2.** Cardeal.

cardinalato (car.di.na.**la**.to) s.m. Dignidade, cargo de cardeal.

cardinalício (car.di.na.**lí**.ci.o) adj. Relacionado a cardeal.

cardiologia (car.di.o.lo.**gi**.a) s.f. (Med.) Parte da medicina que se ocupa das moléstias do coração e dos vasos sanguíneos.

cardiologista (car.di.o.lo.**gis**.ta) s.2g. e adj.2g. (Med.) (Médico) especialista em cardiologia.

cardiopatia (car.di.o.pa.**ti**.a) s.f. (Med.) Doença, moléstia do coração.

cardo (**car**.do) s.m. (Bot.) Erva europeia de propriedades medicinais.

cardume (car.**du**.me) s.m. (Zoo.) Grupo de peixes.

careca (ca.**re**.ca) [é] s.f. **1.** Calva; calvície. s.2g. e adj.2g. **2.** (Pessoa) calva. adj. **3.** (Fig.) Diz-se de pneu gasto, com as lonas quase à mostra.

carecer (ca.re.cer) v.t.i. **1.** Precisar, necessitar: *carecia de mais alimentos para as crianças*. **2.** Não ter, não possuir: *carecia de conhecimento para aquele trabalho*.
careiro (ca.rei.ro) adj. Que cobra muito caro: *loja careira*.
carência (ca.rên.ci.a) s.f. **1.** Falta, necessidade, precisão: *carência de vitaminas, carência afetiva*. **2.** Período entre o recebimento de um empréstimo e o início de sua amortização. **3.** Período de espera, estabelecido por contrato, para a utilização de um plano de saúde.
carente (ca.ren.te) adj.2g. **1.** Que sofre falta de: *carente de vitaminas, carente de afeto*. **2.** Que sofre necessidade, que não tem o necessário para viver com dignidade: *distribuição de alimentos para pessoas carentes*.
carestia (ca.res.ti.a) s.f. Encarecimento, aumento do custo.
careta (ca.re.ta) [ê] s.f. **1.** Expressão facial de recusa, desagrado ou outra: *treinou umas caretas na frente do espelho; uma careta de dor*. s.2g. (Gír.) **2.** Pessoa que recusa drogas: *eram todos caretas na sala*. **3.** Aborrecido, sem graça, convencional: *música careta*.
caretice (ca.re.ti.ce) s.f. Qualidade ou ato de careta.
carga (car.ga) s.f. **1.** Aquilo que se transporta. **2.** (Fig.) Encargo. **3.** Opressão. **4.** Investida, ataque. Carga elétrica: quantidade de eletricidade.
cargo (car.go) s.m. **1.** Emprego público ou particular; função. **2.** Obrigação; encargo.
cargueiro (car.guei.ro) s.m. e adj. (Transporte) Que leva carga.
cariado (ca.ri.a.do) adj. (Med.) (Dente) que tem cárie.
cariar (ca.ri.ar) v.t.d. **1.** (Med.) Causar cárie. v.i. **2.** Adquirir cárie.
caribe (ca.ri.be) s.m. **1.** Grupo de povos indígenas da Amazônia, de agrupamento linguistico próprio. adj.2g. **2.** Relacionado a esse grupo de povos ou a um desses povos.
caribé (ca.ri.bé) s.m. (Folc.) **1.** Mingau ralo usado na culinária do Pará e do Amazonas para doentes. **2.** Refresco tradicional da Amazônia preparado com farinha de mandioca e suco de fruta, às vezes com ovos crus da tartaruga tracajá; carimbé.
cariboca (ca.ri.bo.ca) s.2g. Caboclo; curiboca.
caricato (ca.ri.ca.to) adj. Ridículo, burlesco.
caricatura (ca.ri.ca.tu.ra) s.f. Desenho humorístico que exagera traços de um rosto, pessoa, situação ou acontecimento. Cf. *cartum*.
caricaturar (ca.ri.ca.tu.rar) v.t.d. Representar com caricatura.
caricaturista (ca.ri.ca.tu.ris.ta) s.2g. Desenhista que faz caricaturas.
carícia (ca.rí.ci.a) s.f. Manifestação de afeto; carinho; afago.
caridade (ca.ri.da.de) s.f. Uma das três virtudes teologais do catolicismo, expressa pela doação e assistência, entre outros meios; amor ao próximo, qualidade de caridoso.

caridoso (ca.ri.do.so) [ô] adj. **1.** Que tem caridade; filantropo. **2.** Generoso, altruísta. ◘ Pl. *caridosos* [ó].
cárie (cá.rie) s.f. (Med.) Ulceração que ataca e destrói progressivamente os ossos e os dentes.
carijó (ca.ri.jó) adj.2g. **1.** Diz-se de galo ou galinha que tem penas salpicadas de preto e branco. s.2g. **2.** Indivíduo dos carijós, povo indígena extinto que viveu entre Cananeia (SP) e a Lagoa dos Patos (RS).
caril (ca.ril) s.m. **1.** Condimento indiano que é a mistura de várias ervas. **2.** Molho feito com esse condimento. Obs.: do inglês *curry*.
carimã (ca.ri.mã) s.m. **1.** (Culin.) Massa ou polpa de mandioca seca ao sol em formato de discos, usados no preparo de bolos, mingaus etc. **2.** Bolo com massa de mandioca.
carimbá (ca.rim.bá) s.m. (Folc.) Refresco tradicional na Amazônia, feito com mel e farinha de mandioca, semelhante ao caribé.
carimbar (ca.rim.bar) v.t.d. Aplicar tinta com um carimbo.
carimbé (ca.rim.bé) s.m. (Folc.) Caribé.
carimbo (ca.rim.bo) s.m. **1.** Instrumento que serve para imprimir com tinta no papel. **2.** Impressão deixada por esse instrumento.
carimbó (ca.rim.bó) s.m. **1.** Tambor de origem africana, feito de um tronco e tocado com as mãos. (Folc.) **2.** Dança de roda típica dos caboclinhos, tradicional da ilha de Marajó e arredores de Belém, com acompanhamento desse tambor, pandeiros, reco-reco e às vezes instrumentos de corda. **3.** Ritmo popular derivado do acompanhamento dessa dança.
carinho (ca.ri.nho) s.m. Carícia; afago; ternura; afeição.
carinhoso (ca.ri.nho.so) [ô] adj. Que trata com carinho; afetuoso; meigo; terno. ◘ Pl. *carinhosos* [ó].
carioca (ca.ri.o.ca) [ó] adj.2g. **1.** Do município do Rio de Janeiro, capital do estado de mesmo nome. s.2g. **2.** Pessoa natural ou habitante desse lugar. Cf. *fluminense*.
caripuna (ca.ri.pu.na) s.2g. **1.** Indivíduo dos caripunas, povo indígena que vive hoje no Amazonas, no Amapá e em Rondônia. adj.2g. **2.** Relacionado a esse povo.
cariri (ca.ri.ri) s.2g. **1.** Indivíduo dos cariris, povo indígena que vive hoje na Bahia e no Ceará, mas vivia no interior da Paraíba, na região de mesmo nome, com vegetação de caatinga. adj.2g. **2.** Relacionado a esse povo.
carisma (ca.ris.ma) s.m. Faculdade sobrenatural, que torna uma pessoa fascinante, atraindo e encantando as demais.
carismático (ca.ris.má.ti.co) adj. Que tem carisma.
caritativo (ca.ri.ta.ti.vo) adj. Caridoso.
caritiana (ca.ri.ti.a.na) s.2g. **1.** Indivíduo dos caritianas, povo que vive em Rondônia. adj.2g. **2.** Relacionado a esse povo.
caritó (ca.ri.tó) adj. **1.** (Pop. PE) Prateleira alta em que se guardam objetos fora do alcance de crianças.

2. Condição da mulher que não se casa na idade habitual: *a tia Vitalina ficou no caritó*.
carlinga (car.**lin**.ga) s.f. Cabine para piloto de aeronave.
carma (**car**.ma) s.f. (*Relig.*) Segundo a filosofia budista, relação existente entre as ações dos homens e suas consequências.
carme (**car**.me) s.m. Composição poética; poema, canto.
carmelita (car.me.**li**.ta) s.2g. Frade ou freira da ordem católica de Nossa Senhora do Carmo ou do Monte Carmelo.
carmesim (car.me.**sim**) s.m. e adj. Vermelho muito intenso, pintado com carmim.
carmim (car.**mim**) s.m. Corante vermelho extraído de um besouro.
carnação (car.na.**ção**) s.f. Representação da pele em estátuas ou quadros.
carnadura (car.na.**du**.ra) s.f. Revestimento de carne; musculatura.
carnal (car.**nal**) adj.2g. Que diz respeito à carne.
carnaúba (car.na.**ú**.ba) s.f. (*Bot.*) Palmeira nativa do Nordeste e do Pantanal, que dá cachos de coquinhos roxos quando maduros, usados na alimentação de pessoas e animais, e de cujas folhas se extrai uma cera de grande importância industrial; carnaubeira.
carnaubeira (car.na.u.**bei**.ra) [a-u] s.f. Carnaúba.
Carnaval (car.na.**val**) s.m. Os três dias de folia que precedem a quarta-feira de cinzas, início da época pascal.
carnavalesco (car.na.va.**les**.co) [ê] adj. **1.** Que diz respeito ao Carnaval: *os blocos são grupos carnavalescos menores que as escolas de samba*. s.m. **2.** Pessoa que cria ou dirige o desfile de uma escola de samba. **3.** Pessoa que participa do Carnaval; folião.
carne (**car**.ne) s.f. **1.** Tecido muscular dos animais. **2.** O corpo, a matéria. **3.** Concupiscência, sensualidade.
carnê (car.**nê**) s.m. Talão de contas a prestação.
carnear (car.ne.**ar**) v.t.d. Abater e descarnar (o gado).
carne de sol (car.ne de **sol**) s.f. (*Culin.*) Carne salgada e exposta ao sol, produção artesanal típica do interior do Nordeste; carne do ceará, carne do sertão: *carne de sol com macaxeira é um prato típico nordestino*. Cf. *carne-seca*.
carne do ceará (car.ne do ce.a.**rá**) s.f. Carne de sol. Cf. *carne-seca*.
carne do sertão (car.ne do ser.**tão**) s.f. Carne de sol. Cf. *carne-seca*.
carnegão (car.ne.**gão**) s.m. (*Med.*) Parte central e mais problemática de um furúnculo ou tumor.
carneira (car.**nei**.ra) s.f. **1.** Ovelha. **2.** Em túmulos, carneiro.
carneirada (car.nei.**ra**.da) s.f. **1.** Rebanho de carneiros. **2.** (*Fig.*) Grupo de pessoas que não tem vontade própria.
carneiro (car.**nei**.ro) s.m. **1.** (*Zoo.*) Mamífero ruminante, grande fornecedor de lã e cuja fêmea é a ovelha. **2.** Sepultura ou compartimento em um túmulo; gaveta, ossuário, carneira. (*próprio*) **3.** Constelação e signo de Áries.
carne-seca (car.ne-**se**.ca) [ê] s.f. (*Culin.*) Carne salgada e desidratada, de produção artesanal típica do Rio Grande do Sul ou industrializada; charque, jabá: *a carne-seca é ingrediente da feijoada e produto de exportação, chamado em inglês "jerked beef"*. Obs.: às vezes também é chamada de "carne do ceará" e "carne do sertão". Cf. *carne de sol*. ▣ Pl. *carnes-secas*.
carniça (car.**ni**.ça) s.f. Carne podre, de animal morto e abandonado pelos campos. (*Folc.*) *Pular carniça*: brincadeira infantil em que uma pessoa se inclina e as outras saltam sobre ela apoiando as mãos nas suas costas.
carniceiro (car.ni.**cei**.ro) s.m. e adj. **1.** (Aquele) que se alimenta de carne. **2.** (Aquele) que vende carne no atacado. **3.** (*Fig.*) Sanguinário.
carnificina (car.ni.fi.**ci**.na) s.f. Mortandade; extermínio.
carnívoro (car.**ní**.vo.ro) adj. e s.m. **1.** (Aquele) que se alimenta de carne. **2.** (*Zoo.*) (Animal) mamífero que caça outros animais para se alimentar: *a onça é um carnívoro*.
carnoso (car.**no**.so) [ô] adj. De consistência semelhante à da carne; carnudo: *fruto carnoso*. ▣ Pl. *carnosos* [ó].
carnudo (car.**nu**.do) adj. **1.** Que contém muita carne: *lábios carnudos*. **2.** Carnoso: *fruto carnudo*.
caro (**ca**.ro) adj. **1.** Que custa muito dinheiro. **2.** (*Fig.*) Amado; querido. adv. **3.** Por preço elevado.
caroá (ca.ro.**á**) s.m. (*Bot.*) Planta do grupo da bromélia, típica da caatinga, muito resistente e que dá fibras empregadas para fazer cordas e tecidos; gravatá.
caroço (ca.**ro**.ço) [ô] s.m. **1.** (*Bot.*) Semente de determinados frutos, como a melancia ou o abacate. **2.** Qualquer objeto esférico; grão, grumo. **3.** Nódulo, íngua. ▣ Pl. *caroços* [ó].
carola (ca.**ro**.la) s.2g. Pessoa muito devota.
carolice (ca.ro.**li**.ce) s.f. Qualidade ou ação de quem é carola.
carolíngio (ca.ro.**lín**.gi.o) adj. Pertencente ao imperador Carlos Magno (747-814) e sua dinastia, ou a seu império no centro da Europa.
carona (ca.**ro**.na) s.f. **1.** Manta que se usa sobre a sela. **2.** (*Pop.*) Condução gratuita em um veículo. s.m. **3.** Pessoa que deixa de pagar a passagem.
carótida (ca.**ró**.ti.da) s.f. (*Anat.*) Cada uma das duas artérias que levam o sangue da aorta até a cabeça.
carpa (**car**.pa) s.f. (*epiceno*) (*Zoo.*) Peixe de água doce, ornamental e comestível, tricolor em laranja, branco e preto, importante na cozinha japonesa e chinesa.
carpelo (car.**pe**.lo) [é] s.m. (*Bot.*) Parte da flor que contém o ovário, o estigma e o estilete, com funções reprodutivas.
carpete (car.**pe**.te) [é] s.m. Revestimento de tecido ou madeira que é aplicado a todo um cômodo.

carpideira (car.pi.**dei**.ra) s.f. Mulher paga para fazer orações nos enterros e chorar o morto.
carpintaria (car.pin.ta.**ri**.a) s.f. **1.** Ofício ou oficina de carpinteiro. **2.** Armação de madeira de uma casa.
carpinteiro (car.pin.**tei**.ro) s.m. Aquele que faz as armações de madeira de uma construção; carapina.
carpir (car.**pir**) v.t.d. **1.** Tirar o mato que cobre um terreno, capinar. **2.** Prantear; chorar; lamentar. Obs.: verbo defectivo, não se conjuga na 1ª pes. sing. do pres. do ind., no pres. do subj. inteiro, na 3ª e 1ª pes. pl. do imperat. afirm. nem no imperat. neg. inteiro.
carpo (**car**.po) s.m. (Anat.) Osso do pulso.
carqueja (car.**que**.ja) [ê] s.f. (Bot.) Planta medicinal, do grupo das compostas.
carquilha (car.**qui**.lha) s.f. Ruga, dobra na pele.
carrada (car.**ra**.da) s.f. Grande quantidade, imensidão: *tinha carradas de razão*.
carrança (car.**ran**.ça) s.2g. e adj.2g. (Pessoa) saudosista, apegada ao passado.
carranca (car.**ran**.ca) s.f. **1.** Figura de rosto assustador, entalhada em madeira e pintada com cores vivas, posta na proa das embarcações; cabeça de proa: *são famosas as carrancas dos barcos do rio São Francisco*. **2.** (Fig.) Rosto sombrio, semblante carregado.
carrancudo (car.ran.**cu**.do) adj. Que tem carranca; que demonstra mau humor.
carranquinha (car.ran.**qui**.nha) s.f. (Folc.) Carrasquinha.
carrapateira (car.ra.pa.**tei**.ra) s.f. (Bot.) Mamona.
carrapaticida (car.ra.pa.ti.**ci**.da) s.m. e adj.2g. (Substância) que combate ou destrói carrapatos.
carrapato (car.ra.**pa**.to) s.m. (epiceno) **1.** (Zoo.) Aracnídeo que se fixa à pele de alguns animais e suga seu sangue, vivendo como parasito. s.m. (sobrecomum) **2.** (Fig.) Pessoa importuna, que não desgruda de outra.
carrapato-estrela (car.ra.pa.to-es.**tre**.la) s.m. (Zoo.) Carrapato mais comum, que parasita cavalos, cachorros ou animais silvestres e cuja forma é uma cabeça de alfinete quando pequeno. ▫ Pl. *carrapatos-estrela, carrapatos-estrelas*.
carrapeta (car.ra.**pe**.ta) [ê] s.f. **1.** Pião pequeno, que se gira com os dedos. **2.** Salto para botas masculinas com a base menor que o calcanhar.
carrapicho (car.ra.**pi**.cho) s.m. **1.** (Bot.) Semente ou folha de planta cheia de espinhozinhos, que aderem à pele ou à roupa. **2.** Cabelo atado no alto da cabeça.
carrascal (car.ras.**cal**) s.m. (NE) Trecho de caatinga com mata cerrada, difícil de cruzar.
carrasco (car.**ras**.co) s.m. O executor da pena de morte; algoz, verdugo.
carraspana (car.ras.**pa**.na) s.f. (Pop.) **1.** Bebedeira, embriaguez. **2.** Advertência; repreensão.
carrasquinha (car.ras.**qui**.nha) s.f. (Folc.) Brincadeira e canção de roda infantil de origem portuguesa; carranquinha.

carreador (car.re.a.**dor**) [ô] s.m. e adj. Que leva ou carreia.
carrear (car.re.**ar**) v.t.d. **1.** Transportar em carro. v.t.d. **2.** Acarretar; ocasionar.
carreata (car.re.**a**.ta) s.f. Manifestação pública na qual os participantes desfilam de carro.
carregação (car.re.ga.**ção**) s.f. Ato de carregar. *De carregação*: feito depressa e sem capricho; de baixa qualidade.
carregadeira (car.re.ga.**dei**.ra) s.f. (Zoo.) Saúva.
carregado (car.re.**ga**.do) adj. **1.** Que se carrega. **2.** Cheio, lotado.
carregador (car.re.ga.**dor**) [ô] s.m. e adj. (Aquele) que carrega.
carregamento (car.re.ga.**men**.to) s.m. **1.** Ação de carregar. **2.** Conjunto de coisas carregadas. **3.** (Inf.) Transmissão de um arquivo para outro computador; *download*.
carregar (car.re.**gar**) v.t.d. **1.** Pôr carga em. **2.** Tornar carrancudo. **3.** Acumular eletricidade em. **4.** Colocar munição em. (Inf.) **5.** Pôr um programa em uso; rodar. **6.** Transmitir um ou mais arquivos para o computador do usuário; fazer *download*.
carreira (car.**rei**.ra) s.f. **1.** Corrida veloz. **2.** Profissão. **3.** Fileira, renque. **4.** Percurso habitual de qualquer meio de transporte.
carreirismo (car.rei.**ris**.mo) s.m. **1.** Hábito de ter a carreira como prioridade. **2.** Prática sem escrúpulos em nome da carreira; arrivismo.
carreirista (car.rei.**ris**.ta) s.2g. Pessoa sem escrúpulos, que usa práticas condenáveis para atingir seus objetivos profissionais; arrivista.
carreiro (car.**rei**.ro) s.m. **1.** Pessoa que conduz um carro de boi. **2.** Caminho aberto pela passagem de animais ou carros puxados por animais. **3.** Caminho ou trilha de formigas. adj. **4.** Do carro de boi.
carreta (car.**re**.ta) [ê] s.f. **1.** Carro pequeno. **2.** Veículo puxado por animais; carroça. **3.** Caminhão grande utilizado no transporte de carga pesada; jamanta.
carreteiro (car.re.**tei**.ro) s.m. **1.** Pessoa que dirige uma carreta. **2.** Pessoa que faz carretos. adj. **2.** Relacionado a carreta ou quem a dirige. *Arroz (de) carreteiro*: prato típico gaúcho feito com arroz e carne-seca desfiada.
carretel (car.re.**tel**) s.m. Cilindro de madeira em que se enrolam fios, linhas, arames etc.; bobina.
carretilha (car.re.**ti**.lha) s.f. **1.** Na vara de pesca, roldana com que se enrola a linha. **2.** Instrumento para cortar massa formado por roda que gira na ponta de um cabo.
carreto (car.**re**.to) [ê] s.m. Serviço de transporte de carga; frete, carregamento.
carril (car.**ril**) s.m. Trilho.
carrilhão (car.ri.**lhão**) s.m. (Mús.) Instrumento de percussão formado por sinos de tamanhos variados.
carrinho (car.**ri**.nho) s.m. **1.** Carro pequeno, automóvel em miniatura. **2.** Carro empurrado por uma pessoa, em geral de duas rodas: *carrinho de feira, carrinho de mão, carrinho de supermercado*.

carro (car.ro) s.m. **1.** Qualquer veículo com rodas. **2.** Veículo com rodas puxado por um animal: *carro de boi*. **3.** Veículo com motor; automóvel: *carros e ônibus parados*. **4.** Vagão.

carroça (car.ro.ça) [ó] s.f. **1.** Carro puxado por animal, para transporte de cargas. **2.** (*Fig.*) Veículo lento ou de acabamento grosseiro.

carroção (car.ro.ção) s.m. Grande carro de bois.

carroçaria (car.ro.ça.ri.a) s.f. Carroceria.

carroçável (car.ro.çá.vel) adj.2g. Que pode ser percorrido de carroça ou de carro: *caminho carroçável pela mata*.

carroceiro (car.ro.cei.ro) s.m. Pessoa que conduz uma carroça ou que faz frete com carroça.

carroceria (car.ro.ce.ri.a) s.f. **1.** Parte de um veículo colocada sobre o motor e o chassis, com bancos, portas etc. **2.** Parte superior do caminhão onde se coloca a carga, distinta da cabine do motorista; carroçaria.

carrocinha (car.ro.ci.nha) s.f. **1.** Pequena carroça de duas rodas usada para vender pipoca, doces etc. na rua. **2.** Veículo que recolhe cães abandonados nas ruas.

carrossel (car.ros.sel) s.m. Espécie de rodízio, onde se colocam cavalos de madeira ou carrinhos e que serve de recreação para as crianças nos parques de diversão.

carruagem (car.ru.a.gem) s.f. Carro de quatro rodas, puxado por cavalos, usado para o transporte de pessoas.

carta (car.ta) s.f. **1.** Epístola; missiva. **2.** Cada uma das peças do jogo de baralho. **3.** Documento de habilitação. **4.** Mapa. **Carta fora do baralho:** elemento excluído, que não participará mais da ação. **Carta votiva:** carta que pede graças a um santo ou a uma divindade, colocada junto ao altar.

cartada (car.ta.da) s.f. Jogada com baralho.

cartaginês (car.ta.gi.nês) adj. **1.** De Cartago, antiga cidade ao norte da África, hoje a Tunísia; púnico. s.m. **2.** Pessoa natural ou habitante desse lugar.

cartão (car.tão) s.m. **1.** Papel mais encorpado ou mais espesso, com que se faz papelão. **2.** Impresso retangular, nesse papel, com nome, endereço ou outras informações sobre uma pessoa; diz-se também **cartão de visita**. **3.** Placa retangular em geral de plástico, com dados gravados em meio magnético, que aciona um equipamento: *paguei com o cartão de débito*. **Cartão de crédito:** contrato de crédito com instituição bancária, para compras com pagamento posterior.

cartão-postal (car.tão-pos.tal) s.m. **1.** Cartão com fotografia ou desenho em uma face e espaço para escrita na outra; postal. **2.** Símbolo representativo de um lugar. ▫ Pl. *cartões-postais*.

cartapácio (car.ta.pá.ci.o) s.m. Livro grande e antigo.

cartaz (car.taz) s.m. **1.** Anúncio que se afixa em lugar público. **2.** (*Fig.*) Conceito elevado; fama; popularidade.

cartazista (car.ta.zis.ta) s.2g. Artista que faz cartaz.

cartear (car.te.ar) v.i. **1.** Jogar cartas, jogar baralho. **2.** Mentir, tentar iludir ou enganar.

carteira (car.tei.ra) s.f. **1.** Bolsa pequena, para guardar dinheiro e documentos, usada no bolso ou dentro da bolsa. **2.** Mesa escolar; escrivaninha. **3.** Conjunto de títulos ou valores de que uma pessoa dispõe. **4.** Seção de um estabelecimento de crédito. **5.** Documento em forma ou formato de caderneta: *carteira de trabalho, carteira de motorista*. **Carteira de identidade:** documento de identidade emitido pelo Ministério da Justiça; cédula de identidade, RG.

carteiro (car.tei.ro) s.m. Funcionário dos Correios, que distribui a correspondência em domicílio.

cartel (car.tel) s.m. Acordo entre empresários, com relação ao monopólio de cotas de produção e mercado e fixação de preços.

cartela (car.te.la) [é] s.f. Cada um dos cartões numerados que se usam no jogo de bingo.

cárter (cár.ter) s.m. Caixa protetora que fica na parte inferior do automóvel, e onde é armazenado óleo do motor.

cartilagem (car.ti.la.gem) s.f. (*Anat.*) Tecido elástico que reveste as superfícies articulares dos ossos.

cartilaginoso (car.ti.la.gi.no.so) [ô] adj. **1.** Que tem cartilagens. **2.** (*Zoo.*) Peixe cujo esqueleto é formado de cartilagem e não de osso, como o cação e a raia. ▫ Pl. *cartilaginosos* [ó].

cartilha (car.ti.lha) s.f. **1.** Livro com que se aprende a ler. **2.** Livro que ensina passo a passo qualquer assunto.

cartografia (car.to.gra.fi.a) s.f. Arte e técnica da composição de mapas.

cartógrafo (car.tó.gra.fo) s.m. Pessoa que se dedica à cartografia.

cartola (car.to.la) s.f. **1.** Chapéu masculino alto, para ocasiões solenes. **2.** (*Culin.*) Sobremesa nordestina feita com bananas fritas, queijo assado, açúcar e canela. **3.** (*Pop.*) Dirigente de clube de futebol.

cartolina (car.to.li.na) s.f. Papel encorpado, de textura acetinada, porém mais fino que o papelão.

cartomancia (car.to.man.ci.a) s.f. (*Folc.*) Adivinhação pela leitura de cartas.

cartomante (car.to.man.te) s.2g. (*Folc.*) Pessoa que faz adivinhações pela cartomancia, lendo cartas.

cartonado (car.to.na.do) adj. Que utiliza papel cartão: *embalagem cartonada, gesso cartonado*.

cartonagem (car.to.na.gem) s.f. Arte de fazer trabalhos em cartão.

cartorário (car.to.rá.ri.o) adj. **1.** Relacionado a cartório. s.m. **2.** Escrevente de cartório.

cartório (car.tó.ri.o) s.m. **1.** Arquivo de documentos importantes. **2.** Repartição onde funcionam os tabelionatos, registros públicos etc.

cartucheira (car.tu.chei.ra) s.f. Estojo de lona ou couro, próprio para guardar armas de fogo.

cartucho (car.tu.cho) s.m. **1.** Tubo de papel ou cartão. **2.** Invólucro que contém a carga de uma arma de fogo. **3.** Embalagem, invólucro.

cartum (car.**tum**) s.m. Desenho humorístico que mostra uma cena às vezes com legenda ou diálogo curto, em um só desenho ou com poucos quadros. Cf. *caricatura*. ▫ Pl. *cartuns*.
caruncho (ca.**run**.cho) s.m. *(epiceno)* (Zoo.) Coleóptero que ataca e destrói a madeira e os cereais; broca.
caruru (ca.ru.**ru**) s.m. **1.** (Bot.) Planta hortense usada em culinária. **2.** (Culin.) Prato da cozinha baiana feito com quiabos, camarão seco moído e amendoim torrado, servido com arroz.
carvalhal (car.va.**lhal**) s.m. Bosque ou grupo de carvalhos; robledo.
carvalho (car.**va**.lho) s.m. (Bot.) Árvore de madeira muito resistente, do mesmo grupo da faia e da castanheira.
carvão (car.**vão**) s.m. **1.** (Min.) Produto da combustão incompleta de substâncias vegetais, animais ou minerais. **2.** Tição, brasa que se extingue. **3.** Tipo de lápis para desenho que faz linhas grossas, que podem ser esfumadas. **Carvão vegetal:** produto da combustão incompleta de madeiras, empregado para fazer churrasco etc. **Carvão mineral** ou **carvão de pedra:** substância combustível fóssil, empregada na indústria; hulha.
carvoaria (car.vo.a.**ri**.a) s.f. Local onde se vende ou fabrica carvão.
carvoeiro (car.vo.**ei**.ro) adj. **1.** Relativo a indústria ou comércio de carvão. s.m. **2.** Pessoa que produz ou vende carvão.
cãs s.f.pl. Cabelos brancos. Cf. *cã*.
casa (ca.sa) s.f. **1.** Edifício destinado à habitação; morada. **2.** Família. **3.** Estabelecimento comercial. **4.** Abertura no tecido por onde passam os botões da roupa. **5.** Posição dos algarismos de um número. **6.** Cada década da idade humana.
casaca (ca.**sa**.ca) s.f. Peça social do vestuário masculino. **Virar a casaca:** mudar de partido, trocar de lado em uma disputa.
casacão (ca.sa.**cão**) s.m. Casaco grande e quente, apropriado para os dias mais frios.
casaco (ca.**sa**.co) s.m. Capote, agasalho.
casado (ca.**sa**.do) adj. **1.** Que se casou; ligado, unido. s.m. *e* adj. **2.** (Pessoa) que se ligou a outra pessoa por casamento. adj. **3.** Diz-se de operação comercial associada obrigatoriamente a outra: *a venda casada de um produto com outro é proibida pelo Código do Consumidor.*
casadoiro (ca.sa.**doi**.ro) adj. O mesmo que *casadouro*.
casadouro (ca.sa.**dou**.ro) adj. Que está em idade e condições de casar; núbil: *moça casadoura*. O mesmo que *casadoiro*.
casa-grande (ca.sa-**gran**.de) s.f. Nas fazendas brasileiras, a casa onde viviam o proprietário rural, sua família e agregados. ▫ Pl. *casas-grandes*.
casal (ca.**sal**) s.m. **1.** Situação em que duas pessoas têm ligação amorosa; par. **2.** Par composto de macho e fêmea: *um casal de periquitos*.

casamata (ca.sa.**ma**.ta) s.f. Abrigo subterrâneo em geral dentro de forte militar, e que também servia para guardar munição.
casamenteiro (ca.sa.men.**tei**.ro) adj. (Aquele) que arranja ou promove casamentos.
casamento (ca.sa.**men**.to) s.m. **1.** União legal, legítima entre homem e mulher; matrimônio, núpcias, bodas, himeneu. **2.** União, relacionamento amoroso estável entre duas pessoas que em geral moram juntas. **3.** União, junção, combinação.
casar (ca.**sar**) v.t.d. **1.** Ligar por meio de casamento. v.p. **2.** Unir-se em casamento. v.i. *e* v.t.i. **3.** Unir-se a alguém pelo casamento.
casarão (ca.sa.**rão**) s.m. **1.** Casa grande e luxuosa. **2.** Casa grande de estilo colonial.
casario (ca.sa.**ri**.o) s.m. Série ou agrupamento de casas.
casca (**cas**.ca) s.f. **1.** (Bot.) Invólucro externo de caules, troncos, raízes, frutos ou sementes. **2.** (Zoo.) Invólucro do ovo das aves. **3.** (Fig.) Aparência; exterioridade.
cascalho (cas.**ca**.lho) s.m. (Min.) Pedra britada ou misturada com cascas de crustáceos e areia.
cascão (cas.**cão**) s.m. **1.** Casca grossa; crosta endurecida. **2.** Crosta de sujeira ou ferimento.
cascata (cas.**ca**.ta) s.f. **1.** Pequena queda d'água. **2.** (Pop.) Mentira; conversa fiada.
cascateiro (cas.ca.**tei**.ro) (Pop.) s.m. Pessoa que conta cascatas, que diz mentiras ou exageros.
cascavel (cas.ca.**vel**) s.f. *(epiceno)* **1.** (Zoo.) Cobra muito venenosa cuja cauda termina em chocalho. s.f. *(sobrecomum)* **2.** (Fig.) Pessoa de mau gênio e má língua, que usa palavras para ferir. s.m. **3.** Guizo.
casco (**cas**.co) s.m. **1.** (Zoo.) Unha que termina pata de vários animais, como boi, porco, cavalo. **2.** Garrafa vazia. **3.** Quilha e costado das embarcações.
cascoso (cas.**co**.so) [ô] adj. Que tem muita casca, que tem casca grossa. ▫ Pl. *cascosos* [ó].
cascudo (cas.**cu**.do) adj. **1.** Que tem casca grossa. s.m. *(epiceno)* **2.** (Zoo.) Certo peixe de rio coberto de placas ósseas. **3.** Pancada que se dá com o nó dos dedos na cabeça de alguém; coque.
casear (ca.se.**ar**) v.t.d. Fazer ou abrir casas em (um tecido ou roupa).
casebre (ca.**se**.bre) s.m. Casa pobre; pardieiro.
caseína (ca.se.**í**.na) s.f. Proteína rica em fósforo encontrada no leite.
caseiro (ca.**sei**.ro) adj. **1.** Que se relaciona com a casa; usado ou feito em casa. **2.** Que gosta de ficar em casa. **3.** (Fig.) Modesto; simples. s.m. **4.** Pessoa que toma conta de propriedade alheia, mediante salário.
caserna (ca.**ser**.na) [é] s.f. Dormitório ou habitação dos soldados dentro do quartel.
casimira (ca.si.**mi**.ra) s.f. Tecido fino de lã.
casinhola (ca.si.**nho**.la) s.f. Casa pequena e simples.
casmurro (cas.**mur**.ro) s.m. *e* adj. (Aquele) que é cabeçudo, triste, de poucas palavras.
caso (**ca**.so) s.m. **1.** Fato, acontecimento. **2.** Conto, história. **3.** Hipótese. **4.** Aventura extraconjugal. **5.** Consideração, apreço. conj. **6.** Se, desde que.

casório (ca.só.ri.o) s.m. Casamento.
caspa (cas.pa) s.f. (Med.) Resíduo causado pela escamação do couro cabeludo.
caspento (cas.pen.to) adj. Que tem caspa.
cáspite (cás.pi.te) interj. Exprime admiração, espanto; caramba.
casquete (cas.que.te) s.m. Cobertura de tecido para cabeça, sem abas.
casquinada (cas.qui.na.da) s.f. Risada alta, gargalhada estridente.
casquinar (cas.qui.nar) v.i. Rir alto, gargalhar com estridência.
cassa (cas.sa) s.f. Tecido fino de linho ou de algodão.
cassação (cas.sa.ção) s.f. Ação de cassar.
cassar (cas.sar) v.t.d. Tornar nulo e sem efeito; fazer cessar licença, autorização etc.
cassete (cas.se.te) [é] s.m. Fita magnética para gravação de áudio ou vídeo.
cassetete (cas.se.te.te) [é] s.m. Bastonete de borracha ou madeira, com uma alça de couro que os policiais prendem ao pulso.
cassino (cas.si.no) s.m. Estabelecimento destinado aos jogos de azar.
cassiterita (cas.si.te.ri.ta) s.f. O minério de estanho.
casta (cas.ta) s.f. 1. Grupo social caracterizado por etnia, origem e ocupação, cujos membros não se misturam com os de outro grupo: *a sociedade indiana tinha leis diferentes para cada casta de cidadãos*. 2. (Bot.) Tipo; qualidade: *casta de uvas*.
castanha (cas.ta.nha) s.f. 1. (Bot.) Semente cuja casca é de um marrom característico, que cresce dentro de espinhos e se come cozida ou assada, fruto da castanheira. 2. (Bot.) Semente, noz ou fruto seco. Castanha de caju: semente do cajueiro, que cresce na ponta do caju e se come torrada.
castanha-do-pará (cas.ta.nha-do-pa.rá) s.f. (Bot.) 1. Noz de casca muito dura que é fruto do castanheiro-do-pará. 2. Essa árvore. ▪ Pl. *castanhas-do-pará*.
castanhal (cas.ta.nhal) s.m. Mata de castanheiros.
castanheira (cas.ta.nhei.ra) s.f. (Bot.) Árvore de madeira muito resistente, cujo fruto é a castanha; castanheiro.
castanheiro (cas.ta.nhei.ro) s.m. Castanheira.
castanho (cas.ta.nho) adj. 1. Que tem a cor da casca de castanha. s.m. 2. Essa cor. 3. Madeira do castanheiro. 4. Tempo das castanhas.
castanholas (cas.ta.nho.las) s.f.pl. (Mús.) Instrumento de percussão composto de duas rodelas de madeira tocadas com uma das mãos, típico do folclore espanhol.
castão (cas.tão) s.m. Enfeite no cabo da bengala.
castelão (cas.te.lão) s.m. Senhor feudal que exercia jurisdição própria em certa área; dono de castelo.
castelhano (cas.te.lha.no) adj. 1. De Castela-La Mancha, comunidade autônoma que integra a Espanha. s.m. e adj. 2. Espanhol.
castelinho (cas.te.li.nho) s.m. (Folc.) Certo jogo de baralho.
castelo (cas.te.lo) [é] s.m. 1. Residência senhorial fortificada; fortaleza. 2. (Náut.) Parte que se eleva acima do convés do navio.
castiçal (cas.ti.çal) s.m. Utensílio com um bocal onde se coloca a vela.
castiço (cas.ti.ço) adj. 1. De boa casta; puro. 2. (Fig.) Diz-se da língua pura.
castidade (cas.ti.da.de) s.f. Total abstinência de pensamentos, palavras ou atos sensuais.
castigar (cas.ti.gar) v.t.d. 1. Dar castigo a; punir repreender. v.p. 2. Castigar-se a si próprio.
castigo (cas.ti.go) s.m. Punição dada a um culpado.
casto (cas.to) adj. 1. Puro, sem mistura. 2. Virginal pudico, recatado.
castor (cas.tor) [ô] s.m. 1. (epiceno) (Zoo.) Roedor da Europa e América do Norte, que vive em rios, onde constrói abrigo com gravetos, formando pequenas represas. 2. Pele ou pelo desse animal.
castração (cas.tra.ção) s.f. 1. Ação de castrar, de extrair os testículos; capação. 2. (Fig.) Impossibilidade ou incapacidade de agir; impotência.
castrado (cas.tra.do) s.m. e adj. 1. (Zoo.) (Macho) impotente, que se castrou; capado. adj. 2. (Fig.) Tolhido, oprimido, contido.
castrar (cas.trar) v.t.d. 1. (Zoo.) Cortar ou inutilizar os órgãos reprodutores animais; capar. 2. (Fig.) Sufocar a personalidade de alguém.
castrense (cas.tren.se) adj.2g. Ligado a acampamento militar.
casual (ca.su.al) adj.2g. Que aconteceu por acaso; eventual; fortuito; acidental.
casualidade (ca.su.a.li.da.de) s.f. Acontecimento casual.
casuar (ca.su.ar) s.m. (epiceno) (Zoo.) Ave semelhante ao avestruz e que vive na Austrália.
casuísmo (ca.su.ís.mo) s.m. Adaptação forçada de um princípio ou lei a um caso particular.
casuísta (ca.su.ís.ta) adj.2g. Relacionado a casuísmo, que usa de casuísmos.
casula (ca.su.la) s.f. Paramento ou veste sacerdotal semelhante a um manto, em geral bordado, usado sobre as demais vestes.
casulo (ca.su.lo) s.m. (Zoo.) Invólucro filamentoso, dentro do qual se dá a transformação do bicho-da-seda em crisálida.
cata (ca.ta) s.f. Ato de catar, de procurar obter. À cata de: em busca de, à procura de.
cataclismo (ca.ta.clis.mo) s.m. Revolução geológica que dá origem a grandes desastres; catástrofe.
catacumba (ca.ta.cum.ba) s.f. Sepultura. Cf. *catacumbas*.
catacumbas (ca.ta.cum.bas) s.f.pl. Subterrâneos em cujas galerias eram feitas tumbas para os mortos. Cf. *catacumba*.
catador (ca.ta.dor) [ô] s.m. e adj. (Pessoa) que cata ou coleta papéis, latas etc. a fim de vendê-los para reciclagem.
catadupa (ca.ta.du.pa) s.f. Cachoeira.
catafalco (ca.ta.fal.co) s.m. Estrado sobre o qual se coloca o esquife.

catinga

catalão (ca.ta.**lão**) *adj.* **1.** Da Catalunha, comunidade autônoma que integra a Espanha. *s.m.* **2.** Pessoa natural ou habitante desse lugar. **3.** Idioma falado nesse lugar.
catalepsia (ca.ta.lep.**si**.a) *s.f.* (*Med.*) Estado de rigidez muscular, acompanhado de respiração e pulso lentos, o qual é às vezes confundido com a morte.
catalisador (ca.ta.li.sa.**dor**) [ô] *s.m.* (*Quím.*) Substância que acelera ou retarda uma ação química.
catalisar (ca.ta.li.**sar**) *v.t.d.* Agir por catálise.
catálise (ca.**tá**.li.se) *s.f.* (*Quím.*) Aceleração da velocidade de uma reação química, pela presença de agentes físicos, químicos ou biológicos.
catalogar (ca.ta.lo.**gar**) *v.t.d.* Inscrever em catálogo; classificar; arrolar.
catálogo (ca.**tá**.lo.go) *s.m.* Relação, geralmente em ordem alfabética, de pessoas, firmas ou artigos; lista; elenco.
catana (ca.**ta**.na) *s.f.* Espada curta e curva de origem japonesa.
catanduva (ca.tan.**du**.va) *s.f.* **1.** (*Bot.*) Árvore de flores amarelas. **2.** Mato rasteiro e espinhento.
catão (ca.**tão**) *s.m.* Pessoa muito severa, rígida.
cataplasma (ca.ta.**plas**.ma) *s.f.* (*Med.*) Substância curativa que se aplica, entre dois panos, sobre a pele, no tratamento de inflamações.
catapora (ca.ta.**po**.ra) [ó] *s.f.* (*Med.*) Varicela.
catapulta (ca.ta.**pul**.ta) *s.f.* (*Hist.*) Na Antiguidade, máquina de guerra com que se lançavam projéteis contra o inimigo.
catar (ca.**tar**) *v.t.d.* **1.** Recolher, procurando entre outras coisas. **2.** Procurar e exterminar: *catar pulgas e piolhos requer paciência*.
catarata (ca.ta.**ra**.ta) *s.f.* **1.** Queda d'água de grande altura; cachoeira. **2.** (*Med.*) Opacidade do cristalino, impedindo a chegada dos raios luminosos à retina.
catarense (ca.ta.**ren**.se) *adj.2g.* **1.** De Catar, país da Ásia. *s.2g.* **2.** Pessoa natural ou habitante desse lugar.
catarinense (ca.ta.ri.**nen**.se) *s.2g.* e *adj.2g.* Santa-catarinense.
catarral (ca.tar.**ral**) *adj.2g.* Relativo a catarro.
catarreira (ca.tar.**rei**.ra) *s.f.* Grande quantidade de catarro ou muco.
catarro (ca.**tar**.ro) *s.m.* (*Med.*) Muco decorrente da inflamação das mucosas.
catarse (ca.**tar**.se) *s.f.* **1.** Clímax, apogeu purificador. **2.** Purgação, limpeza.
catártico (ca.**tár**.ti.co) *adj.* Que causa catarse, próprio de catarse.
catástrofe (ca.**tás**.tro.fe) *s.f.* Grande desastre; hecatombe.
catastrófico (ca.tas.**tró**.fi.co) *adj.* Que tem as características de uma catástrofe.
catatau (ca.ta.**tau**) *s.m.* **1.** Coisa grande. **2.** Livro ou texto muito longo: *ia demorar um ano para ler aquele catatau de 500 páginas*. **3.** (*Fig.*) Pessoa de baixa estatura.
catatonia (ca.ta.to.**ni**.a) *s.f.* (*Med.*) Desequilíbrio mental, com manifestações de catalepsia, depressão, melancolia.
catatônico (ca.ta.**tô**.ni.co) *adj.* (*Med.*) Que diz respeito à catatonia.
catauixi (ca.tau.i.**xi**) *s.2g.* **1.** Indivíduo dos catauixis, povo indígena que vive hoje no Amazonas. *adj.2g.* **2.** Relacionado a esse povo.
cata-vento (ca.ta-**ven**.to) *s.m.* **1.** Aparelho com pás ou hélices, que indica a direção do vento. **2.** Hélice movida pelo vento. **3.** Brinquedo feito com uma hélice de papel presa em uma haste; papa-vento. ▫ Pl. *cata-ventos*.
catchup ["quéti-chúpi"] *s.m.* (*Culin.*) Molho agridoce de tomate, servido com hambúrguer, cachorro-quente etc. Obs.: a grafia em inglês é *ketchup*; a forma *catchup* é corrente no Brasil, na legislação e no comércio, ainda que não conste do *Volp*.
catecismo (ca.te.**cis**.mo) *s.m.* (*Relig.*) Conjunto dos dogmas e preceitos em que se baseia a religião católica.
catecúmeno (ca.te.**cú**.me.no) *s.m.* Indivíduo que aprende o catecismo.
cátedra (**cá**.te.dra) *s.f.* Cadeira professoral ou pontifícia.
catedral (ca.te.**dral**) *s.f.* Igreja que é sede de uma diocese.
catedrático (ca.te.**drá**.ti.co) *s.m.* e *adj.* (Aquele) que exerce o ensino superior.
categoria (ca.te.go.**ri**.a) *s.f.* **1.** Espécie; natureza. **2.** Posição social. **3.** Hierarquia administrativa.
categórico (ca.te.**gó**.ri.co) *adj.* **1.** De categoria. **2.** Decisivo; terminante: *ouviu um não categórico e nunca mais pediu de novo*.
categorizado (ca.te.go.ri.**za**.do) Dividido em categorias.
categorizar (ca.te.go.ri.**zar**) *v.t.d.* Dar categoria a.
categute (ca.te.**gu**.te) *s.m.* (*Med.*) Fio que se faz do intestino de lebre, carneiro ou gato e que é empregado em cirurgia, para suturas.
catequese (ca.te.**que**.se) [é] *s.f.* Explicação de qualquer doutrina social ou religiosa.
catequista (ca.te.**quis**.ta) *s.2g.* e *adj.2g.* (Aquele) que cateqüiza.
catequizar (ca.te.qui.**zar**) *v.t.d.* **1.** Doutrinar. **2.** (*Fig.*) Seduzir; aliciar.
cateretê (ca.te.re.**tê**) *s.m.* (*Folc.*) Catira.
caterva (ca.**ter**.va) [é] *s.f.* **1.** Multidão. **2.** Multidão de pessoas desprezíveis; corja.
cateter (ca.te.**ter**) [é] *s.m.* (*Med.*) Sonda que se introduz no corpo humano, para exames mais minuciosos.
cateterismo (ca.te.te.**ris**.mo) *s.m.* (*Med.*) Sondagem realizada com o cateter.
cateto (ca.**te**.to) [ê] *s.m.* (*Mat.*) Cada um dos lados do triângulo retângulo unidos pela hipotenusa.
catilinária (ca.ti.li.**ná**.ri.a) *s.f.* Acusação enérgica contra alguém.
catimbó (ca.tim.**bó**) *s.m.* Culto brasileiro que mistura características de feitiçaria, candomblé e espiritismo.
catinga (ca.**tin**.ga) *s.f.* Cheiro desagradável que exala do corpo humano; bodum. Cf. *caatinga*.

catingar (ca.tin.**gar**) v.i. Exalar cheiro ruim.
catinguento (ca.tin.**guen**.to) adj. Que cheira mal; fedorento.
cátion (**cá**.ti.on) s.m. (Quím.) O íon que tem carga elétrica positiva.
catira (ca.**ti**.ra) s.f. (Folc.) Dança masculina presente no interior de vários estados brasileiros, em que os participantes, acompanhados por dois violeiros, cantam uma história de amor enquanto sapateiam e batem palmas; cateretê.
catita (ca.**ti**.ta) adj.2g. Que se veste bem; elegante.
cativante (ca.ti.**van**.te) adj.2g. Que cativa; encantador; atraente.
cativar (ca.ti.**var**) v.t.d. **1.** Tornar cativo; reduzir a cativeiro. **2.** Seduzir; encantar; atrair.
cativeiro (ca.ti.**vei**.ro) s.m. **1.** Estado de cativo; escravidão. **2.** Local onde se está cativo.
cativo (ca.**ti**.vo) adj. **1.** Mantido em cativeiro; subjugado. s.m. **2.** Prisioneiro de guerra; escravo.
catodo (ca.**to**.do) s.m. (Quím.) Eletrodo com carga negativa, e que atrai íons positivos. O mesmo que *cátodo*.
cátodo (**cá**.to.do) s.m. (Quím.) O mesmo que *catodo*.
catolé (ca.to.**lé**) s.m. **1.** (Bot.) Palmeira que cresce desde o Nordeste até o Sudeste e Centro-Oeste, cujos frutos são pequenos cocos comestíveis, vendidos como rosários e empregados na produção de óleo. **2.** (NE) Homem de baixa estatura. **3.** (Folc.) Dança de roda semelhante ao coco, com umbigada, praticada em Recife.
catolicismo (ca.to.li.**cis**.mo) s.m. Conjunto de dogmas, instituições e preceitos da Igreja Católica, que reconhece o papa de Roma como autoridade máxima.
católico (ca.**tó**.li.co) adj. Igreja Católica Apostólica Romana: Igreja cristã cuja autoridade máxima é o papa e tem sede no Vaticano, na cidade de Roma. **1.** Relacionado a essa Igreja: *culto católico*. s.m. **2.** Membro dessa Igreja: *os católicos seguem o Papa*.
catorze (ca.**tor**.ze) num. **1.** Numeral cardinal que corresponde a 14, ou dez mais quatro. s.m. **2.** Esse número. O mesmo que *quatorze*.
catraca (ca.**tra**.ca) s.f. **1.** Espécie de borboleta, usada para controlar a passagem das pessoas em ônibus, metrô etc. **2.** Roda dentada que transmite movimento a uma corrente, como nas bicicletas.
catraia (ca.**trai**.a) s.f. Bote pequeno tripulado por uma só pessoa.
catraieiro (ca.trai.**ei**.ro) s.m. Tripulante de catraia.
catre (**ca**.tre) s.m. **1.** Cama dobrável de viagem. **2.** Leito tosco.
catuaba (ca.tu.**a**.ba) s.f. (Bot.) Arbusto de que se extrai uma substância com propriedades aromáticas e medicinais.
catuená (ca.tu.e.**ná**) s.2g. **1.** Indivíduo dos catuenás, povo indígena que vive hoje no Acre e no Amazonas. adj.2g. **2.** Relacionado a esse povo. s.m. **3.** Idioma falado por esse povo.
catuquina (ca.tu.**qui**.na) s.2g. **1.** Indivíduo dos catuquinas, povo indígena que vive hoje no Acre e no Amazonas. adj.2g. **2.** Relacionado a esse povo. s.m. **3.** Idioma falado por esse povo.
caturra (ca.**tur**.ra) s.f. **1.** Pessoa teimosa, birrenta. **2.** (Bot.) Mamona. **3.** (Zoo.) Nome dado a certos tipos de ave.
caturrice (ca.tur.**ri**.ce) s.f. Atitude de quem é caturra; teimosia, birra.
cauã (cau.**ã**) s.m. (Zoo.) Acauã.
caubói (cau.**bói**) s.m. Vaqueiro, peão de boiadeiro dos Estados Unidos. Obs.: do inglês *cowboy*.
caução (cau.**ção**) s.f. **1.** Cautela. **2.** Precaução. **3.** Garantia. **4.** Fiança.
caucasiano (cau.ca.si.**a**.no) adj. **1.** Que diz respeito ao Cáucaso, cordilheira no leste europeu; caucásio. s.m. **2.** Pessoa natural ou habitante desse lugar.
caucásio (cau.**cá**.si.o) adj. s.m. Caucasiano.
caucho (**cau**.cho) s.m. (Bot.) Árvore cujo látex é usado para fabricar borracha. O mesmo que *cautchu*.
caucionar (cau.ci.o.**nar**) v.t.d. Dar em garantia ou em caução.
cauda (**cau**.da) s.f. **1.** (Zoo.) Apêndice traseiro de alguns animais; rabo. **2.** Parte de trás de um vestido, a qual se arrasta pelo chão. **3.** (Astron.) Rasto luminoso deixado pelos cometas. **4.** Penas que saem do uropígio das aves.
caudal (cau.**dal**) adj.2g. **1.** Que pertence a cauda. **2.** Torrencial; abundante; caudaloso. s.m. **3.** Cachoeira; volume d'água.
caudaloso (cau.da.**lo**.so) [ô] adj. Torrencial; abundante; caudal. ▪ Pl. *caudalosos* [ó].
caudatário (cau.da.**tá**.ri.o) s.m. **1.** Aquele que carrega a cauda do manto de uma autoridade real ou eclesiástica. **2.** Afluente (de um rio).
caudilhismo (cau.di.**lhis**.mo) s.m. Método usado pelo caudilho.
caudilho (cau.**di**.lho) s.m. **1.** Militar que acumula cargo de governo. **2.** Usurpador, ditador.
cauim (cau.**im**) s.m. Bebida indígena à base de mandioca.
caule (**cau**.le) s.m. (Bot.) Parte da planta que sustenta ramos, folhas etc.
caulim (cau.**lim**) s.m. Argila branca usada em cerâmica.
causa (**cau**.sa) s.f. **1.** Aquilo que determina um acontecimento. **2.** Motivo; razão; origem. **3.** Ação ou demanda judicial.
causador (cau.sa.**dor**) [ô] s.m. e adj. Que ou o que causa, dá origem: *esse vírus é o causador da gripe*.
causal (cau.**sal**) adj.2g. **1.** Que exprime causa. s.f. **2.** Causa; motivo; origem.
causalidade (cau.sa.li.**da**.de) s.f. Relação existente entre a causa e o efeito.
causar (cau.**sar**) v.t.d. Ser a causa de; originar, determinar: *a queda causou-lhe um machucado*.
causídico (cau.**sí**.di.co) adj. (Pej.) Advogado.
causticante (caus.ti.**can**.te) adj.2g. Que caustica ou queima.
causticar (caus.ti.**car**) v.i. Queimar, ser muito quente.

cavilação

cáustico (cáus.ti.co) *adj.* **1.** Diz-se de substância que queima: *o ácido era muito cáustico*. **2.** Crítico, amargo, ácido: *palavras cáusticas*.
cautchu (cau.**tchu**) *s.m.* (Bot.) O mesmo que *caucho*.
cautela (cau.**te**.la) [é] *s.f.* **1.** Cuidado; precaução. **2.** Documento referente a um objeto que se penhorou. **3.** Documento utilizado na hora da transação, representando ações ou debêntures em nome de alguém.
cauteloso (cau.te.**lo**.so) [ô] *adj.* Que tem cautela. ▫ Pl. *cautelosos* [ó].
cautério (cau.**té**.ri.o) *s.m.* **1.** (Med.) Instrumento metálico ou elétrico com que se queima (uma ferida, um corte) para tratamento. **2.** Substância cáustica, que tem o mesmo efeito. **3.** (Fig.) Castigo, sofrimento.
cauterização (cau.te.ri.za.**ção**) *s.f.* Aplicação de cautério.
cauterizar (cau.te.ri.**zar**) *v.t.d.* Queimar com cautério.
cauto (**cau**.to) *adj.* Cauteloso.
cava (**ca**.va) *s.f.* Buraco cortado em roupa para passar o braço, a perna ou colocar a manga.
cavação (ca.va.**ção**) *s.f.* **1.** Ação de cavar, de abrir buracos na terra. **2.** (Pop.) Trabalho obtido por meio ilícito: *ninguém o respeitava porque vivia de cavações junto ao governo*.
cavaco (ca.**va**.co) *s.m.* **1.** Lasca de madeira. **2.** (Mús.) Cavaquinho. **3.** Bate-papo.
cavadeira (ca.va.**dei**.ra) *s.f.* Ferramenta para abrir buraco no solo, formada por duas pás opostas.
cavado (ca.**va**.do) *adj.* Que tem a cava grande, pronunciada: *uma blusa cavada, um biquíni cavado*.
cavador (ca.va.**dor**) [ô] *s.m. e adj.* **1.** (Aquele) que cava. **2.** (Fig.) Trabalhador diligente.
cavala (ca.**va**.la) *s.f.* (epiceno) (Zoo.) Peixe que se assemelha à sarda.
cavalar (ca.va.**lar**) *adj.2g.* **1.** Relativo a cavalo; equino. **2.** Próprio para cavalo; grande demais para uma pessoa: *dose, porção cavalar*.
cavalaria (ca.va.la.**ri**.a) *s.f.* **1.** Conjunto de pessoas a cavalo. **2.** Tropa montada. **3.** (Folc.) Romaria a cavalo. **4.** Na Idade Média, o grupo social dos cavaleiros, dedicados ao serviço de um rei ou uma dama e tema de canções e histórias.
cavalariano (ca.va.la.ri.**a**.no) *adj.* **1.** Relacionado a cavalaria. *s.m. e adj.* **2.** (Militar) de cavalaria.
cavalariça (ca.va.la.**ri**.ça) *s.f.* Lugar onde se abrigam os cavalos; estrebaria; cocheira.
cavalariço (ca.va.la.**ri**.ço) *s.m.* Empregado da cavalariça.
cavaleiro (ca.va.**lei**.ro) *s.m.* **1.** Aquele que monta a cavalo ou é membro da cavalaria. **2.** Homem nobre, ilustre, paladino.
cavalete (ca.va.**le**.te) [ê] *s.m.* **1.** Armação em que os pintores apoiam a tela para pintar. **2.** Espécie de banqueta em que se coloca uma peça para trabalhar. **3.** Armação usada para sustentar uma lousa ou quadro-negro na escola.

cavalgada (ca.val.**ga**.da) *s.f.* Passeio de um ou um grupo de cavaleiros.
cavalgadura (ca.val.ga.**du**.ra) *s.f.* **1.** Qualquer animal de sela. (sobrecomum) **2.** (Fig.) Pessoa grosseira e estúpida.
cavalgar (ca.val.**gar**) *v.i.* Andar a cavalo.
cavalhada (ca.va.**lha**.da) *s.f.* **1.** Grande quantidade de cavalos; manada. **2.** Gado cavalar. **3.** (Folc.) Festa com disputa entre cavaleiros ou com representação das lutas entre cristãos e mouros: *há cavalhadas em Montes Claros, no estado de Minas, em Pirenópolis, Goiás e outros*.
cavalheiresco (ca.va.lhei.**res**.co) [ê] *adj.* Próprio de cavalheiro.
cavalheirismo (ca.va.lhei.**ris**.mo) *s.m.* Atitude própria de um cavalheiro; nobreza.
cavalheiro (ca.va.**lhei**.ro) *s.m.* **1.** Homem educado, distinto, nobre e de bons sentimentos. **2.** Homem que acompanha uma dama.
cavalo (ca.**va**.lo) *s.m.* **1.** (Zoo.) Animal doméstico quadrúpede, de pescoço comprido, com pelos longos no rabo, criado para montaria e tração de veículos, que forma o grupo dos equinos: *o cavalo saiu galopando*. **2.** Peça do jogo de xadrez. **3.** Pessoa grosseira. **4.** (Pop.) Médium.
cavalo-marinho (ca.va.lo-ma.**ri**.nho) *s.m.* (epiceno) **1.** (Zoo.) Peixe marinho que nada em posição ereta; hipocampo. **2.** (Folc.) Cavalo encantado capaz de viver no fundo da água, um dos personagens do bumba meu boi. ▫ Pl. *cavalos-marinhos*.
cavalo-vapor (ca.va.lo-va.**por**) [ô] *s.m.* (Fís.) Unidade de potência dos motores, de símbolo hp, que equivale a 745,7 watts. ▫ Pl. *cavalos-vapor*.
cavanhaque (ca.va.**nha**.que) *s.m.* Barbicha que se deixa crescer no queixo.
cavaquear (ca.va.que.**ar**) *v.i.* Papear.
cavaquinho (ca.va.**qui**.nho) *s.m.* (Mús.) Pequena viola de quatro cordas, de origem portuguesa e muito popular no Brasil e em outras ex-colônias lusas como Cabo Verde e Moçambique.
cavar (ca.**var**) *v.t.d.* **1.** Abrir, escavar: *cavou um buraco de sete palmos*. **2.** (Fig.) Esforçar-se para conseguir alguma coisa: *cavar uma oportunidade*.
caveira (ca.**vei**.ra) *s.f.* **1.** Cabeça de um ser morto sem carnes. **2.** (Fig.) Rosto extremamente magro e abatido. **3.** Conjunto de ossos de um ser morto; esqueleto.
caverna (ca.**ver**.na) [é] *s.f.* Gruta subterrânea, típica de terrenos rochosos; furna.
cavername (ca.ver.**na**.me) *s.m.* Esqueleto; ossada.
cavernoso (ca.ver.**no**.so) [ô] *adj.* **1.** Relativo a caverna. **2.** (Gír.) Que dá medo; medonho, assustador, pavoroso. ▫ Pl. *cavernosos* [ó].
caviar (ca.vi.**ar**) *s.m.* Iguaria feita com ovas de esturjão em conserva.
cavidade (ca.vi.**da**.de) *s.f.* Buraco que se cava em um corpo sólido; cova, depressão.
cavilação (ca.vi.la.**ção**) *s.f.* Argumento ardiloso para enganar alguém.

cavilha (ca.**vi**.lha) s.f. Pino cilíndrico para tapar orifícios ou unir peças.
caviloso (ca.vi.**lo**.so) [ô] adj. Que tem cavilação; ardiloso, enganador. ▫ Pl. *cavilosos* [ó].
caviúna (ca.vi.**ú**.na) s.f. (Bot.) Jacarandá.
cavo (**ca**.vo) adj. Que se cavou, que tem cavidade; fundo, cavado.
cavoucar (ca.vou.**car**) v.t.d. Fazer buracos, cavar, furar.
cavouco (ca.**vou**.co) s.m. Ação de cavoucar; buraco, cova, furo.
caxambu (ca.xam.**bu**) s.m. **1.** Tambor afro-brasileiro. **2.** Dança na qual se toca esse tambor.
caxangá (ca.xan.**gá**) s.m. **1.** Gorro usado por marinheiros no Nordeste. **2.** Brinco ou adereço usado nas orelhas pelas mulheres de Alagoas. **3.** (Folc.) Brinquedo de roda em que os participantes passam entre si um objeto, entoando a cantiga tradicional: *"escravos de Jó / Jogavam caxangá / Tira, põe, deixa ficar"*.
caxarari (ca.xa.ra.**ri**) s.2g. **1.** Indivíduo dos caxararis, povo indígena que vive hoje no Amazonas e em Rondônia. adj.2g. **2.** Relacionado a esse povo.
caxeta (ca.**xe**.ta) [ê] s.f. (Bot.) Caixeta.
caxias (ca.**xi**.as) s.2g.2n. Pessoa que cumpre seus deveres com muito rigor. ▫ Pl. *caxias*.
caxinauá (ca.xi.nau.**á**) s.2g. **1.** Indivíduo dos caxinauás, povo indígena que vive hoje no Acre e no Amazonas. adj.2g. **2.** Relacionado a esse povo. s.m. **3.** Idioma falado por esse povo. O mesmo que *huni kui*.
caxinguba (ca.xin.**gu**.ba) s.f. (Bot.) Árvore ou arbusto de que se extrai uma substância com propriedades aromáticas e medicinais.
caxinguelê (ca.xin.gue.**lê**) s.m. (epiceno) (Zoo.) Pequeno mamífero roedor semelhante ao esquilo; serelepe.
caxiri (ca.xi.**ri**) s.m. (Folc.) Nas regiões Norte e Nordeste, papa doce de farinha de mandioca e água, comida no desjejum.
caxixi (ca.xi.**xi**) s.m. (Folc.) Instrumento de percussão formado por uma cestinha cilíndrica fechada, com sementes no interior, usado no acompanhamento da capoeira e no candomblé.
caxuiana (ca.xui.**a**.na) s.2g. **1.** Indivíduo dos caxuianas, povo indígena que vive hoje no Pará. adj.2g. **2.** Relacionado a esse povo.
caxumba (ca.**xum**.ba) s.f. (Med.) Inflamação aguda das parótidas ou glândulas salivares; papeira.
cazaquistanês (ca.za.quis.ta.**nês**) adj. **1.** Do Cazaquistão, país da Ásia. s.m. **2.** Pessoa natural ou habitante desse lugar.
CD Sigla do inglês *compact disc*, "disco compacto". **1.** Dispositivo magnético em forma de disco, para gravar ou armazenar arquivos digitais que serão lidos por equipamento a laser. **2.** Esse dispositivo com músicas gravadas.
cd Símbolo de *candela*.
Cd Símbolo do elemento químico cádmio.
CD-ROM (Inf.) Sigla do inglês *Compact Disk – Read Only Memory*, "disco compacto – memória somente para leitura", disco digital apenas para leitura, com programas, jogos ou obras multimídia.

cê s.m. Nome da letra C. Cf. *se*.
CE Sigla de Ceará, estado brasileiro.
Ce Símbolo do elemento químico cério.
cear (ce.**ar**) v.i. **1.** Comer a ceia. v.t.d. **2.** Comer (algo) à noite.
cearense (ce.a.**ren**.se) adj.2g. **1.** Do Ceará, estado brasileiro. s.2g. **2.** Pessoa natural ou habitante desse lugar.
cebola (ce.**bo**.la) [ô] s.f. **1.** (Bot.) Planta hortense cujo bulbo é formado por várias camadas, muito usado em culinária como tempero e acompanhamento. **2.** Relógio antigo de prata, que se usava na algibeira.
cebolão (ce.bo.**lão**) s.m. Antigo relógio de bolso.
cebolinha (ce.bo.**li**.nha) s.f. (Bot.) Planta hortense muito usada como tempero.
cecear (ce.ce.**ar**) v.i. Pronunciar os *ss* e os *z*, apoiando a ponta da língua nos dentes incisivos superiores.
ceco (**ce**.co) [é] s.m. (Anat.) A primeira parte do intestino grosso.
cedente (ce.**den**.te) s.2g. e adj.2g. (Aquele) que cede.
ceder (ce.**der**) v.t.d. e i. **1.** Transferir os direitos de algo em favor de outrem. v.t.i. **2.** Não resistir; sujeitar-se.
cedilha (ce.**di**.lha) s.f. Sinal gráfico usado sob a letra *c* antes de *a*, *o* ou *u* para indicar que deve ser pronunciada como em *caça*, *moço* ou *açúcar*.
cedilhado (ce.di.**lha**.do) adj. Que tem cedilha: *o cê cedilhado aparece nas palavras pescoço, ação e doçura*.
cedo (**ce**.do) [ê] adv. Antes da hora; prematuramente; antes do tempo; em hora pouco adiantada.
cedro (**ce**.dro) [é] s.m. (Bot.) Árvore de grande porte que fornece madeira de lei de excelente qualidade e uma substância com propriedades aromáticas e medicinais.
cédula (**cé**.du.la) s.f. **1.** Papel que representa moeda de curso legal; nota. **2.** Papel com o nome do candidato, em época de eleição; voto.
cefalalgia (ce.fa.lal.**gi**.a) s.f. (Med.) Dor de cabeça; cefaleia.
cefaleia (ce.fa.**lei**.a) [éi] s.f. (Med.) Dor de cabeça muito intensa.
cefálico (ce.**fá**.li.co) adj. (Med.) Que diz respeito à cabeça.
cefalópode (ce.fa.**ló**.po.de) s.m. (Zoo.) Molusco com tentáculos ligados à cabeça, como a lula e o polvo.
cegar (ce.**gar**) v.t.d. **1.** Tornar cego; tirar a visão. **2.** (Fig.) Deslumbrar; alucinar; ofuscar. v.i. **3.** Deixar de ver, perder a visão. Cf. *segar*.
cego (**ce**.go) [é] adj. **1.** Que foi privado da visão. **2.** (Fig.) Alucinado; transtornado. **3.** Diz-se de um nó muito difícil de desatar. **4.** Diz-se de lâmina que perdeu o gume ou o corte. s.m. **5.** Pessoa que não vê.
cegonha (ce.**go**.nha) s.f. (epiceno) (Zoo.) Grande ave pernalta.
cegueira (ce.**guei**.ra) s.f. **1.** Estado daquele que é cego. **2.** (Fig.) Fanatismo; ignorância. **3.** Afeição exagerada por alguém.

eia (cei.a) s.f. Refeição que se faz à noite, em horário mais tarde que o jantar. (Relig.) **Santa Ceia:** a última ceia que Jesus Cristo fez com seus discípulos.
eifa (cei.fa) s.f. Ato de ceifar ou colher cereais; vindima, colheita.
eifadeira (cei.fa.dei.ra) s.f. Máquina agrícola para ceifar ou colher cereais.
eifar (cei.far) v.t.d. **1.** Segar; colher. **2.** (Fig.) Cortar, interromper o crescimento.
eifeira (cei.fei.ra) s.f. Instrumento para ceifar ou cortar; segadeira.
eifeiro (cei.fei.ro) s.m. Aquele que ceifa ou sega; segador.
eitil (cei.til) s.m. Antiga moeda portuguesa de pouco valor.
ela (ce.la) [é] s.f. Aposento ocupado pelos religiosos nos conventos ou pelos presos nas cadeias. Cf. *sela*.
elebração (ce.le.bra.ção) s.f. Ação de celebrar.
elebrado (ce.le.bra.do) adj. Que se celebra; célebre, cultuado.
elebrante (ce.le.bran.te) s.2g. e adj.2g. (Aquele) que celebra.
elebrar (ce.le.brar) v.t.d. **1.** Realizar. **2.** Comemorar com solenidade; acolher com festejos.
élebre (cé.le.bre) adj.2g. Que tem fama; notável; notório; famoso.
elebridade (ce.le.bri.da.de) s.f. **1.** Qualidade do que é célebre; notoriedade; fama. **2.** Pessoa ou coisa célebre, famosa.
elebrizar (ce.le.bri.zar) v.t.d. e v.p. Tornar(-se) célebre; notabilizar(-se), destacar(-se).
eleiro (ce.lei.ro) s.m. Depósito onde se recolhem os cereais. Cf. *seleiro*.
elenterado (ce.len.te.ra.do) s.m. e adj. (Zoo.) Cnidário. Cf. *celerado*.
elerado (ce.le.ra.do) s.m. e adj. **1.** (Pessoa) que comete atos de extrema violência; facínora. **2.** Malfeitor; (pessoa) má, perversa.
élere (cé.le.re) adj.2g. Ligeiro; rápido; veloz.
eleste (ce.les.te) adj.2g. **1.** Pertencente ao céu: *espaço celeste*. **2.** Pertencente a divindades que vivem no céu.
elestial (ce.les.ti.al) adj.2g. Que pertence ao céu; divino; celeste.
eleuma (ce.leu.ma) s.f. **1.** Vozearia de homens que trabalham. **2.** Algazarra; barulho; discussão.
elíaco (ce.lí.a.co) adj. Relacionado ao abdome.
elibatário (ce.li.ba.tá.ri.o) s.m. e adj. (Aquele) que não se casou, que abraçou o celibato.
elibato (ce.li.ba.to) s.m. Estado daquele que se manteve solteiro.
elofane (ce.lo.fa.ne) s.m. e adj.2g. (Papel) transparente e semelhante ao plástico, feito de viscose e usado, entre outros, para embrulhar alimentos.
elta (cel.ta) s.2g. **1.** Indivíduo dos celtas, povo que viveu na Europa no II milênio a.C., desde a península Ibérica até a Anatólia. adj.2g. **2.** Pertencente a esse povo; céltico.
eltibero (cel.ti.be.ro) s.2g. Indivíduo dos celtiberos, povo que viveu na Celtibéria, na península Ibérica, a partir do século III, resultante da fusão dos celtas com os povos autóctones, os iberos.
céltico (cél.ti.co) adj. Celta.
célula (cé.lu.la) s.f. **1.** (Bio.) Unidade fundamental dos seres vivos; elemento formador de todos os tipos de tecidos animais e vegetais. **2.** Diminutivo de *cela*. (Anat.) **Célula B:** linfócito que produz anticorpos.
célula-mãe (cé.lu.la-mãe) s.f. (Bio.) O mesmo que *célula-tronco*. ▣ Pl. *células-mãe* e *células-mães*.
celular (ce.lu.lar) adj.2g. **1.** Relativo a célula, que pertence a uma célula. s.m. **2.** Linha de telefone móvel e aparelho para essa linha, que usa bateria.
célula-tronco (cé.lu.la-tron.co) s.f. (Bio.) Célula de um embrião animal dotada da propriedade de se transformar em vários tecidos. O mesmo que *célula-mãe*. ▣ Pl. *células-tronco*, *células-troncos*.
celulite (ce.lu.li.te) s.f. (Med.) Inflamação do tecido celular.
celuloide (ce.lu.loi.de) [ó] s.m. (Quím.) Substância sólida fabricada com uma mistura de cânfora e algodão-pólvora.
celulose (ce.lu.lo.se) [ó] s.f. **1.** (Bot.) Carboidrato insolúvel que constitui a parede da célula dos vegetais. **2.** Essa substância, empregada na fabricação de papel.
cem num. **1.** Numeral cardinal que corresponde a 100, ou uma centena; um cento. s.m. **2.** Esse número.
cemento (ce.men.to) s.m. (Anat.) Camada que recobre a raiz do dente e fica sob o esmalte.
cemitério (ce.mi.té.ri.o) s.m. Terreno em que se enterram os mortos; campo-santo; necrópole.
cena (ce.na) s.f. **1.** No teatro, local em que os atores representam; palco. **2.** Cada uma das divisões de um ato, em uma peça teatral. **3.** (Fig.) Local onde se passa algum fato. **Entrar em cena:** participar da ação, surgir.
cenáculo (ce.ná.cu.lo) s.m. **1.** Cômodo de uma casa onde é servida a ceia. **2.** (Fig.) Reunião de pessoas que têm os mesmos ideais.
cenário (ce.ná.ri.o) s.m. **1.** Caracterização de um local para cena de teatro, cinema etc. **2.** Decoração de palco para um espetáculo. **3.** (Fig.) Lugar onde se realiza algum fato.
cenarista (ce.na.ris.ta) s.2g. Cenógrafo.
cenho (ce.nho) s.m. Fisionomia.
cênico (cê.ni.co) adj. Que diz respeito à cena, às representações dramáticas.
cenóbio (ce.nó.bi.o) s.m. Lugar onde monges vivem em comunidade.
cenobita (ce.no.bi.ta) s.2g. **1.** Monge que vive em cenóbio. **2.** (Fig.) Pessoa que tem vida semelhante a de asceta.
cenografia (ce.no.gra.fi.a) s.f. **1.** Arte de fazer cenários. **2.** Cenários de uma peça, filme etc.
cenográfico (ce.no.grá.fi.co) adj. Relativo ou pertencente à cenografia.
cenógrafo (ce.nó.gra.fo) s.m. Pessoa que faz cenários; cenarista.

cenotáfio (ce.no.tá.fi.o) s.m. Monumento erigido para homenagear um morto que está enterrado alhures.

cenotécnica (ce.no.téc.ni.ca) s.f. Técnica para construção e manejo de cenários.

cenotécnico (ce.no.téc.ni.co) s.m. **1.** Pessoa que constrói cenários. adj. **2.** Relacionado à construção de cenários.

cenoura (ce.nou.ra) s.f. (Bot.) Planta hortense de raiz alaranjada, comida crua ou cozida.

Cenozoico (Ce.no.zoi.co) [ói] s.m. (próprio) (Geo.) Era atual da história da Terra, posterior à era Mesozoica e formada pelos períodos Paleogeno e Neogeno. Também chamada Neozoico.

censitário (cen.si.tá.ri.o) adj. Relativo a censo.

censo (cen.so) s.m. Relação ou conjunto de todos os habitantes de um lugar, com dados estatísticos a seu respeito; recenseamento.

censor (cen.sor) [ô] s.m. Aquele que censura; crítico.

censura (cen.su.ra) s.f. **1.** Exame de uma obra artística ou de comunicação, por um censor, autoridade com poder para impedir sua divulgação. **2.** Reprovação, crítica, repreensão. **3.** (Psi.) Inibição, controle inconsciente de um desejo que possa prejudicar as intenções conscientes de uma pessoa.

censurar (cen.su.rar) v.t.d. **1.** Criticar; condenar; repreender. **2.** Proibir, impedir a divulgação de uma obra, no todo ou em parte.

censurável (cen.su.rá.vel) adj.2g. Que é passível de censura; condenável.

centauro (cen.tau.ro) s.m. **1.** (Mit.) Ente da mitologia grega formado por metade homem e metade cavalo. **2.** (Astron.) Constelação austral.

centavo (cen.ta.vo) s.m. Centésima parte da unidade monetária de vários países.

centeio (cen.tei.o) [êi] s.m. (Bot.) Cereal de grão escuro, usado para fazer pão.

centelha (cen.te.lha) [tê] s.f. Partícula luminosa que escapa de um corpo incandescente; faísca; fagulha.

centena (cen.te.na) s.f. (Mat.) Unidade de terceira ordem no sistema decimal de numeração, equivalente a cem unidades.

centenário (cen.te.ná.ri.o) adj. **1.** Que diz respeito a cem anos. **2.** Cêntuplo; centuplicado; secular. s.m. **3.** Comemoração de um século.

centesimal (cen.te.si.mal) adj.2g. Relativo a centésimo; dividido em cem.

centésimo (cen.té.si.mo) num. **1.** (O) que está na posição do número 100; numeral ordinal que corresponde a esse número. **2.** Numeral fracionário correspondente a 1/100.

centiare (cen.ti.a.re) s.m. A centésima parte do are, ou um metro quadrado.

centígrado (cen.tí.gra.do) adj. Que corresponde a um grau, na escala de temperatura centesimal.

centigrama (cen.ti.gra.ma) s.m. (Mat.) A centésima parte do grama.

centilhão (cen.ti.lhão) num. **1.** Número formado pelo algarismo 1 seguido por 303 zeros. s.m. **2.** Grande quantidade, grande número.

centilitro (cen.ti.li.tro) s.m. (Mat.) A centésima parte do litro.

centímetro (cen.tí.me.tro) s.m. (Mat.) A centésima parte do metro.

cêntimo (cên.ti.mo) s.m. A centésima parte d moeda de alguns países.

cento (**cen**.to) s.m. e num. O número cem; grupo d cem unidades; centena.

centopeia (cen.to.pei.a) [éi] s.f. (epiceno) (Zoo. Lacraia.

centrado (cen.tra.do) adj. **1.** Que se centrou, qu escolheu um centro ou um foco; dirigido. **2.** Qu tem centro, que não se dispersa; concentrado: *um pessoa centrada*.

central (cen.tral) adj.2g. **1.** Que se localiza no cen tro. **2.** Principal. s.f. **3.** Local, instituição ou depar tamento que oferece vários serviços ao usuário *central de atendimento, central de informações*.

centralização (cen.tra.li.za.ção) s.f. **1.** Ato de cen tralizar(-se). **2.** Reunião, acúmulo de decisões o poder.

centralizar (cen.tra.li.zar) v.t.d. **1.** Tornar central **2.** Concentrar; fazer convergir, reunir em um ponto

centrar (cen.trar) v.t.d. Dirigir para um centro focar, focalizar: *centraram os ataques na parte mai fraca da muralha*.

centrífuga (cen.trí.fu.ga) s.f. **1.** Aparelho que rea liza a centrifugação. **2.** (Fís.) Força que se desvi do centro.

centrifugação (cen.tri.fu.ga.ção) s.f. (Fís.) Separa ção dos elementos de uma mistura usando a força centrífuga.

centrifugar (cen.tri.fu.gar) v.t.d. Fazer a centrifu gação de.

centrífugo (cen.trí.fu.go) adj. **1.** Que se desvia do centro. **2.** (Fís.) Diz-se da força e do movimento que, em uma curva, levam para fora.

centrípeto (cen.trí.pe.to) adj. Que se aproxima de centro ou atrai para o centro; o oposto de cen trífugo.

centro (**cen**.tro) s.m. (Mat.) **1.** Ponto interior situado a igual distância de todos os demais pontos d uma circunferência. **2.** Parte de uma cidade onde se localiza seu setor comercial. **3.** Associação lite rária, cultural, comercial ou religiosa. **4.** Posição política situada entre a extrema direita e a extrema esquerda.

centro-africano (cen.tro-a.fri.ca.no) adj. **1.** D República Centro-Africana, país da África. **2.** Rela tivo ao centro da África. **3.** Pessoa natural ou habitante desse lugar. ◘ Pl. *centro-africanos*.

centro-americano (cen.tro-a.me.ri.ca.no) adj Pertencente à América Central. ◘ Pl. *centro -americanos*.

centroavante (cen.tro.a.van.te) s.2g. (Esp.) No fute bol, jogador que atua no centro, entre o meia -direita e o meia-esquerda.

centroide (cen.troi.de) [ói] s.m. **1.** (Geom.) Ponto cujas coordenadas são as médias das coordenada

dos pontos que formam uma figura geométrica. *adj.2g.* **2.** Relativo a centro.
centromédio (cen.tro.**mé**.di.o) *s.m.* (*Esp.*) No futebol, jogador que ocupa a posição central da linha média.
centro-oeste (cen.tro-o.**es**.te) *adj.2g.2n.* **1.** Pertencente ao centro e ao oeste. *s.m.* (*próprio*) **2.** Região brasileira, de sigla CO, que abrange os estados de Goiás, Mato Grosso e Mato Grosso do Sul, mais Brasília.
centuplicado (cen.tu.pli.**ca**.do) *adj.* Multiplicado por cem.
centuplicar (cen.tu.pli.**car**) *v.t.d.* **1.** Multiplicar por cem. **2.** (*Fig.*) Aumentar muito.
cêntuplo (**cên**.tu.plo) *num.* Cem vezes maior. *s.m.* Produto da multiplicação por cem.
centúria (cen.**tú**.ri.a) *s.f.* **1.** Grupo de cem. **2.** Cem anos, um século. **3.** (*Hist.*) Grupo de cem combatentes do exército romano.
centurião (cen.tu.ri.**ão**) *s.m.* (*Hist.*) Líder de uma centúria romana.
centúnviro (cen.**tún**.vi.ro) *s.m.* Cada um dos cem magistrados que, na antiga Roma, constituíam um foro ou tribunal.
CEP Sigla de *Código de Endereçamento Postal*, sequência de números atribuída a logradouros pelo Correio brasileiro, para divisão e entrega da correspondência.
cepa (**ce**.pa) [ê] *s.f.* **1.** Tronco, caule da videira. **2.** (*Fig.*) Linhagem, estirpe, gênero.
cepilho (ce.**pi**.lho) *s.m.* **1.** Plaina de mão, para alisar madeira; cepo. **2.** Raspas de madeira cortadas com cepilho. **3.** Lima para metais. **4.** Parte alta da sela, com local para se segurar.
cepo (**ce**.po) [ê] *s.m.* **1.** Tronco ou galho de árvore cortado em sentido latitudinal, em rodela. **2.** Pedaço da árvore cortada que fica no solo. **3.** Cepilho.
cepticismo (cep.ti.**cis**.mo) *s.m.* O mesmo que *ceticismo*.
céptico (**cép**.ti.co) *s.m. e adj.* O mesmo que *cético*.
cera (**ce**.ra) [ê] *s.f.* **1.** (*Zoo.*) Substância amarelada, do grupo dos lipídios, produzida pelas abelhas para fazer os favos. **2.** Lipídio vegetal semelhante.
cerâmica (ce.**râ**.mi.ca) *s.f.* **1.** Arte de fabricar louça, adornos, azulejos etc., usando argila cozida. **2.** O produto dessa arte.
cerâmico (ce.**râ**.mi.co) *adj.* Relacionado a, próprio ou feito de cerâmica: *materiais cerâmicos*.
ceramista (ce.ra.**mis**.ta) *adj.2g.* **1.** Pertencente à cerâmica. *s.2g.* **2.** Pessoa que faz cerâmica.
cérbero (**cér**.be.ro) *s.m.* **1.** (*Mit.*) Cão de três cabeças que guarda a porta do Inferno. (*próprio*) **2.** (*Astron.*) Constelação boreal.
cerca (**cer**.ca) [ê] *s.f.* Muro ou divisória de madeira ou arame, circundando um terreno. *adv.* **Cerca de:** quase, aproximadamente, mais ou menos: *cerca de 350 mil alunos farão o exame*. Cf. *acerca*.
cercado (cer.**ca**.do) *s.m.* **1.** Terreno circundado por uma cerca. *adj.* **2.** Murado; rodeado por cerca.

cercadura (cer.ca.**du**.ra) *s.f.* Aquilo que cerca ou circunda um jardim, um canteiro: *uma cercadura de flores*.
cercania (cer.ca.**ni**.a) *s.f.* Proximidades, arredores, vizinhança.
cercar (cer.**car**) *v.t.d.* **1.** Fechar com cerca: *cercou o terreno*. **2.** Colocar-se perto ou em torno de, para dominar ou constranger; sitiar, assediar: *as tropas cercaram a cidade*. **3.** Ficar próximo, em torno: *cercaram o professor para ouvir a história*. **4.** Aproximar-se para prender; acuar: *cercou um bandido*.
cerce (**cer**.ce) *adv.* Pela raiz, rente.
cercear (cer.ce.**ar**) *v.t.d.* **1.** Cortar pela raiz, rente ao chão. **2.** (*Fig.*) Coibir; limitar.
cerco (**cer**.co) [ê] *s.m.* **1.** Ação de cercar: *cerco ao bandido, cerco da cidade*. **2.** Assédio, perseguição.
cerda (**cer**.da) [é ou ê] *s.f.* **1.** (*Zoo.*) Pelo mais grosso. **2.** Fio curto e resistente, fixado em um suporte como escova, vassoura etc.
cereal (ce.re.**al**) *s.m.* **1.** Grão de certas plantas gramíneas como trigo, milho ou arroz, de grande importância alimentícia. **2.** Produto industrializado feito com um ou mais desses grãos: *gosta de cereais com leite no café da manhã*.
cerealífero (ce.re.a.**lí**.fe.ro) *adj.* Que produz cereais.
cerealista (ce.re.a.**lis**.ta) *adj.2g.* **1.** Que se relaciona com o comércio especializado em cereais. *s.2g.* **2.** Pessoa que compra e vende cereais.
cerebelo (ce.re.**be**.lo) [ê] *s.m.* (*Anat.*) Parte do encéfalo situada na porção de baixo e traseira, que coordena os movimentos.
cerebral (ce.re.**bral**) *adj.2g.* (*Anat.*) Que diz respeito ao cérebro.
cerebrino (ce.re.**bri**.no) *adj.* Ligado ao uso do cérebro e ao pensamento; racional.
cérebro (**cé**.re.bro) *s.m.* (*Anat.*) **1.** Parte do encéfalo que fica na porção frontal e superior, que participa das ações voluntárias. **2.** (*Fig.*) Inteligência; capacidade.
cereja (ce.**re**.ja) [ê] *s.f.* (*Bot.*) **1.** Fruta pequena, de vermelho muito intenso, com um caroço. **2.** Fruto maduro do cafeeiro e de outras plantas.
cerejeira (ce.re.**jei**.ra) *s.f.* (*Bot.*) **1.** Árvore de excelente madeira, que dá a cereja e pertence ao grupo das rosáceas. **2.** Umburana.
cerífero (ce.**rí**.fe.ro) *adj.* Que produz ou pode se transformar em cera: *da carnaúba se extrai um pó cerífero*.
cerimônia (ce.ri.**mô**.ni.a) *s.f.* **1.** Reunião em caráter solene; solenidade; pompa. **2.** Formalidade entre pessoas não muito íntimas. **3.** (*Fig.*) Acanhamento.
cerimonial (ce.ri.mo.ni.**al**) *adj.2g.* **1.** Que diz respeito a cerimônia. *s.m.* **2.** Conjunto de formalidades que se devem observar em um ato solene ou festa pública.
cerimonioso (ce.ri.mo.ni.**o**.so) [ô] *adj.* Que age com cerimônia, que tem tom de cerimônia. ▫ Pl. *cerimoniosos* [ó].

cério (cé.ri.o) s.m. (Quím.) Metal raro, de símbolo Ce, de número atômico 58 e peso atômico 140,12.
cerne (cer.ne) [é] s.m. (Bot.) A parte interior e mais dura do tronco das árvores, constituída pelas células mortas que são desprovidas de substâncias nutritivas.
ceroula (ce.rou.la) s.f. **1.** Antiga roupa masculina usada sob a calça, com comprimento próximo dos tornozelos. **2.** Cueca samba-canção.
cerração (cer.ra.ção) s.f. Nevoeiro espesso.
cerrado (cer.ra.do) adj. **1.** Denso; espesso. **2.** Coberto de nuvens ou de névoas. **3.** Fechado. s.m. **4.** (Bot.) Mato relativamente denso, com arbustos espinhosos.
cerrar (cer.rar) v.t.d. **1.** Encobrir. **2.** Fechar; tapar. **3.** Ajuntar; unir. v.i. **4.** Juntar-se muito; acumular-se. **5.** Escurecer.
cerro (cer.ro) [ê] s.m. Morro, colina.
certame (cer.ta.me) s.m. Disputa, competição.
certeiro (cer.tei.ro) adj. **1.** Que atinge o alvo: *tiro certeiro*. **2.** Eficaz, contundente, preciso: *uma resposta certeira*.
certeza (cer.te.za) [ê] s.f. **1.** Qualidade daquilo que é certo. **2.** Conhecimento exato; convicção.
certidão (cer.ti.dão) s.f. Documento em que se certifica alguma coisa; atestado; certificado.
certificação (cer.ti.fi.ca.ção) s.f. **1.** Ato ou efeito de certificar, afirmar a verdade de um fato. **2.** (Dir.) Emissão de certidão.
certificado (cer.ti.fi.ca.do) s.m. Documento em que se certifica um fato; diploma.
certificar (cer.ti.fi.car) v.t.d. **1.** Atestar a certeza de: *certificar um fato.* v.t.d. e v.p. **2.** Tornar(-se) ciente de: *certificou à mãe que o filho era um bom aluno; certificou-se de ter apagado a luz.*
certo (cer.to) [é] adj. **1.** Exato; verdadeiro; sem erros. pron.indef. **2.** Um; qualquer; algum. s.m. **3.** Algo, alguma coisa correta, direita ou segura. adv. **4.** Certamente; sem dúvida: *bateu na porta certo de que alguém abriria.*
cerúleo (ce.rú.le.o) adj. Azul como o céu: *olhos cerúleos; lago cerúleo.*
cerume (ce.ru.me) s.m. Cera de ouvido.
cerveja (cer.ve.ja) s.f. Bebida fermentada, levemente alcoólica, que se faz com cevada, lúpulo e outros cereais.
cervejaria (cer.ve.ja.ri.a) s.f. Estabelecimento onde se fabrica ou vende cerveja.
cervejeiro (cer.ve.jei.ro) s.m. e adj. **1.** Fabricante de cerveja. **2.** Apreciador de cerveja.
cervical (cer.vi.cal) adj.2g. Que diz respeito à cerviz.
cerviz (cer.viz) s.f. Parte posterior do pescoço; nuca.
cervo (cer.vo) [é] s.m. (Zoo.) Veado.
cerzideira (cer.zi.dei.ra) s.f. Costureira que cerze.
cerzido (cer.zi.do) adj. **1.** Que se cerziu; costurado. s.m. **2.** Costura, remendo ou conserto feito com pontos bem pequenos.
cerzir (cer.zir) v.i. **1.** Costurar com pontos muito pequenos, invisíveis ou quase: *máquina de cerzir.* v.t.d. **2.** Consertar, costurar, remendar com pontos pequenos: *mandou cerzir as calças do terno.*
cesárea (ce.sá.re.a) s.f. Cesariana.
cesariana (ce.sa.ri.a.na) s.f. e adj. (Med.) (Operação) para completar um parto; cesárea.
césio (cé.si.o) s.m. Elemento químico radiativo de símbolo Cs, número atômico 55 e massa atômica 132,91.
cessação (ces.sa.ção) s.f. **1.** Ação de cessar; parada. **2.** Suspensão, interrupção.
cessante (ces.san.te) adj.2g. Que cessa ou não chega a se efetivar.
cessão (ces.são) s.f. Ação de ceder; concessão. Cf. *seção* e *sessão*.
cessar (ces.sar) v.t.d. **1.** Interromper. v.i. **2.** Interromper-se. v.t.i. **3.** Desistir; não continuar.
cessar-fogo (ces.sar-fo.go) s.m.2n. Interrupção em tiroteio ou conflito armado. ▪ Pl. *cessar-fogo*.
cessionário (ces.si.o.ná.ri.o) s.m. e adj. (Aquele) que recebe os direitos de algo, que recebe uma cessão.
cesta (ces.ta) [ê] s.f. **1.** Utensílio para guardar ou carregar roupas, alimentos, mercadorias e outros objetos, feito geralmente de palha ou vime trançado, com ou sem alças. **2.** Conteúdo desse recipiente: *comprou três cestas de laranja.* **3.** (Esp.) No basquete, aro de ferro guarnecido de uma rede de malha para onde a bola é lançada. **4.** Cada um dos pontos marcados no basquete pela passagem da bola pelo interior do aro.
cesto (ces.to) [ê] s.m. Pequena cesta sem asa; cabaz.
cetáceo (ce.tá.ce.o) s.m. e adj. **1.** (Zoo.) (Animal) mamífero marinho que pertence ao mesmo grupo da baleia, do golfinho, boto e outros. adj. **2.** Relativo a esses animais.
ceticismo (ce.ti.cis.mo) s.m. **1.** Doutrina filosófica segundo a qual nunca se atinge uma certeza absoluta. **2.** Estado de quem duvida; descrença. O mesmo que *cepticismo*.
cético (cé.ti.co) s.m. e adj. **1.** Partidário do ceticismo. adj. **2.** Que revela ceticismo: *ela olhou-me com um risinho cético e disse que duvidava daquilo tudo.* O mesmo que *céptico*.
cetim (ce.tim) s.m. Tecido de seda, fino, macio e lustroso.
cetona (ce.to.na) s.f. (Quím.) Função química orgânica formada por uma carbonila ligada a dois átomos de carbono.
cetro (ce.tro) [é] s.m. Bastão de apoio usado pelos reis e generais, significando hoje o poder de comando ou real; insígnia real.
céu s.m. **1.** Espaço ilimitado em que giram os astros. **2.** (Relig.) Lugar para onde vão as almas dos justos; paraíso. *Céu da boca*: palato.
ceva (ce.va) s.f. **1.** Ação de cevar; cevadura. **2.** Alimento dado para cevar.
cevada (ce.va.da) s.f. **1.** (Bot.) Gramínea do grupo dos cereais. **2.** O grão dessa planta, comestível cozido e usado para fabricar cerveja.
cevado (ce.va.do) adj. **1.** Que se cevou; habituado a ceva. **2.** Gordo, cheio de carne ou gordura.

cevadura (ce.va.**du**.ra) s.f. Ação de cevar; ceva.
cevar (ce.**var**) v.t.d. **1.** Nutrir; alimentar; fazer engordar. **2.** Habituar (animal) a comer em determinado local: *cevou os peixes e agora é mais fácil de pescá-los*. **3.** (*Fig.*) Enriquecer.
Cf Símbolo do elemento químico califórnio.
CFC Sigla de *clorofluorcarbono*.
chã s.f. **1.** Terreno plano; planície. **2.** (*Anat.*) Extensão de carne localizada entre o joelho e a virilha do boi.
chá s.m. **1.** (*Bot.*) Arbusto teáceo de cujas folhas se faz uma infusão; chá preto. **2.** Infusão das folhas ou grãos de outras plantas.
chacal (cha.**cal**) s.m. (*epiceno*) **1.** (*Zoo.*) Cão selvagem e feroz, que se alimenta de carniça. (*sobrecomum*) **2.** (*Fig.*) Pessoa de índole má, violenta e exploradora.
chácara (**chá**.ca.ra) s.f. Casa de campo, geralmente cultivada de hortaliças, flores e frutos; quinta.
chacareiro (cha.ca.**rei**.ro) s.m. **1.** Aquele que possui uma chácara ou dela cuida. **2.** Pessoa que faz os trabalhos de uma chácara, que cuida de horta, pomar e jardim.
chacina (cha.**ci**.na) s.f. Matança, mortandade, carnificina, morticínio.
chacinar (cha.ci.**nar**) v.t.d. Matar cruelmente; massacrar.
chacoalhar (cha.co.a.**lhar**) v.t.d. **1.** Agitar como chocalho; sacolejar: *chacoalhou o sino*. **2.** Balançar, agitar: *chacoalhou os ânimos*.
chacota (cha.**co**.ta) [ó] s.f. **1.** Antiga canção popular. **2.** Zombaria; mofa; troça.
chacotear (cha.co.te.**ar**) v.t.d. Fazer chacota; zombar, rir, troçar.
chadiano (cha.di.**a**.no) adj. **1.** Do Chade, país da África. s.m. **2.** Pessoa natural ou habitante desse lugar.
chafariz (cha.fa.**riz**) s.m. Fonte com várias bicas, construída em jardins e praças públicas.
chafurdar (cha.fur.**dar**) v.t.d. Afundar-se, revolver: *os porcos chafurdam na lama*.
chaga (**cha**.ga) s.f. **1.** Ferida aberta; úlcera. **2.** (*Fig.*) Grande sofrimento moral.
chagado (cha.**ga**.do) adj. Coberto de chagas.
chalaça (cha.**la**.ça) s.f. **1.** Escárnio, gozação, provocação. **2.** Piada, brincadeira.
chalacear (cha.la.ce.**ar**) v.t.d. **1.** Fazer, dizer por chalaça. v.i. **2.** Escarnecer, zombar, rir.
chalana (cha.**la**.na) s.f. **1.** Embarcação pequena, usada em rios rasos e igarapés. **2.** Barco para fazer limpeza e pintura do casco de navios.
chalé (cha.**lé**) s.m. Casa de madeira, em estilo suíço, com o telhado pontudo, como forma de proteção contra o acúmulo de neve.
chaleira (cha.**lei**.ra) s.f. **1.** Recipiente bojudo, com bico e tampa, usado para ferver água, principalmente para o chá. adj.2g. e s.2g. **2.** (*Gír.*) Bajulador, adulador, puxa-saco.
chaleirar (cha.lei.**rar**) v.t.d. Adular, bajular.
chalupa (cha.**lu**.pa) s.f. Barco pequeno.
chama (**cha**.ma) s.f. **1.** Gás incandescente que resulta da combustão; labareda, flama. **2.** (*Fig.*) Paixão; ardor.

chamada (cha.**ma**.da) s.f. **1.** Ato de chamar. **2.** Comunicação telefônica. **3.** (*Fig.*) Advertência, censura.
chamado (cha.**ma**.do) adj. **1.** Que se chamou. s.m. **2.** Ação de chamar; apelo, chamamento.
chamalote (cha.ma.**lo**.te) s.m. **1.** Tecido de pelo ou de lã. **2.** Tecido com brilho ondeado.
chamamé (cha.ma.**mé**) s.m. (*Folc.*) Dança de salão de pares soltos, das regiões Sul e Centro-Oeste, acompanhada por sanfona, violão e, às vezes, também harpa e contrabaixo. Obs.: embora não conste do *Volp*, esta palavra é tradicional nas obras sobre folclore.
chamamento (cha.ma.**men**.to) s.m. Ação de chamar; apelo, chamado.
chamar (cha.**mar**) v.t.d. **1.** Dizer em voz alta o nome de alguém. **2.** Convocar para um emprego. **3.** Dar nome a. v.p. **4.** Denominar-se, ter o nome de.
chamariz (cha.ma.**riz**) s.m. Aquilo que chama ou atrai; atração, engodo.
chamarrita (cha.mar.**ri**.ta) s.f. (*Folc.*) Fandango.
chamativo (cha.ma.**ti**.vo) adj. Que chama atenção, feito para chamar atenção.
chambre (**cham**.bre) s.m. Casaco longo para uso dentro de casa, sobre camisola, pijama ou roupa de baixo; robe.
chamego (cha.**me**.go) [ê] s.m. **1.** Carinho, carícia ardente. **2.** Afeto especial; xodó.
chamejar (cha.me.**jar**) v.t.d. **1.** Lançar chamas. **2.** Brilhar.
chaminé (cha.mi.**né**) s.f. Tubo que comunica o fogão, a churrasqueira ou a lareira com o exterior e pelo qual sai a fumaça e se renova o ar interno.
champanha (cham.**pa**.nha) s.m. Vinho branco ou rosado, espumante, fabricado na região de Champagne, França. O mesmo que *champanhe*. Obs.: do francês *champagne*.
champanhe (cham.**pa**.nhe) s.2g. O mesmo que *champanha*.
champignon [francês: "xampinhom"] s.m. (*Bio.*) Cogumelo amarelo comestível, muito usado na culinária francesa.
chamuscado (cha.mus.**ca**.do) adj. Que chamuscou; levemente queimado.
chamuscar (cha.mus.**car**) v.t.d. Queimar de leve; passar pela chama.
chamusco (cha.**mus**.co) s.m. **1.** Ação de queimar de leve. **2.** Odor de queimado. **3.** Briga; tiroteio.
chanca (**chan**.ca) s.f. **1.** Pé grande e feio. **2.** Sapato grande e desajeitado. **3.** Perna masculina comprida e magra. **4.** Perna de pau.
chance (**chan**.ce) s.f. **1.** Oportunidade. **2.** Sorte, acaso.
chancela (chan.**ce**.la) s.f. **1.** Marca, impressão de assinatura ou selo que se coloca para autenticar um documento; timbre: *a carta tinha a chancela do presidente*. **2.** Aprovação, aceitação: *deu sua chancela para a campanha*.
chancelar (chan.ce.**lar**) v.t.d. **1.** Colocar a chancela em. **2.** Aprovar, concordar, aceitar.

chancelaria (chan.ce.la.**ri**.a) s.f. **1.** Ministério das Relações Exteriores. **2.** Cargo de chanceler.
chanceler (chan.ce.**ler**) [é] s.m. Ministro das Relações Exteriores.
chanchada (chan.**cha**.da) s.f. Peça teatral, filme ou espetáculo leve e humorístico, de entretenimento.
chanfalho (chan.**fa**.lho) s.m. Espada grande e velha, usada pela polícia.
chanfradura (chan.fra.**du**.ra) s.f. Ação de chanfrar; corte oblíquo; chanfro.
chanfrar (chan.**frar**) v.t.d. Cortar de modo oblíquo: *chanfrou a moldura para dar melhor acabamento.*
chanfro (**chan**.fro) s.m. Chanfradura.
chantagear (chan.ta.ge.**ar**) v.t.d. Fazer chantagem: *não deixou que a chantageassem.*
chantagem (chan.**ta**.gem) s.f. Extorsão de dinheiro ou favores, sob a ameaça de revelar algum segredo ou escândalo; crime punido em lei.
chantagista (chan.ta.**gis**.ta) s.2g. e adj.2g. (Aquele) que pratica a chantagem.
chantili (chan.ti.**li**) s.m. (Culin.) Espuma doce feita de nata ou creme de leite batido com açúcar.
chão s.m. **1.** Solo; terreno. **2.** Lugar onde se nasce ou vive. adj. **3.** Plano; liso. **4.** Simples, habitual.
chapa (**cha**.pa) s.f. **1.** Peça metálica que reveste alguma coisa. **2.** (*Med.*) Radiografia. **3.** União de candidatos de um mesmo partido a determinado cargo eletivo. **4.** (Fig.) Camarada; companheiro. **5.** Placa.
chapada (cha.**pa**.da) s.f. **1.** Região plana e elevada; planalto; altiplano; platô. **2.** (Fig.) Pancada; bofetada.
chapadão (cha.pa.**dão**) s.m. Série de chapadas.
chapado (cha.**pa**.do) adj. **1.** Guarnecido de chapas. **2.** (Fig.) Bêbado; drogado.
chapar (cha.**par**) v.t.d. **1.** Chapear. **2.** (Gír.) Gostar muito, ficar encantado.
chaparral (cha.par.**ral**) s.m. Região semiárida com pouca vegetação, no norte do México e sudoeste dos EUA.
chapear (cha.pe.**ar**) v.t.d. Revestir com chapas; chapar.
chapeirão (cha.pei.**rão**) s.m. Chapéu de abas bem largas; chapelão.
chapeiro (cha.**pei**.ro) s.m. Profissional que faz sanduíches de chapa, em padarias ou lanchonetes.
chapelão (cha.pe.**lão**) s.m. Chapeirão.
chapelaria (cha.pe.la.**ri**.a) s.f. **1.** Fábrica ou loja de chapéus. **2.** Local em teatro, casa noturna etc. onde se guardavam chapéus e hoje se guardam casacos, bolsas etc. Cf. *chapeleira*.
chapeleira (cha.pe.**lei**.ra) s.f. (Ant.) Móvel para guardar chapéu, guarda-chuva etc., geralmente na entrada da casa. Cf. *chapelaria*.
chapeleiro (cha.pe.**lei**.ro) adj. **1.** Relacionado a fabricação ou comércio de chapéus. s.m. **2.** Aquele que faz chapéus.
chapeleta (cha.pe.**le**.ta) [ê] s.f. Chapéu de abas estreitas.

chapéu (cha.**péu**) s.m. **1.** Cobertura de tecido, couro ou palha, com copa e abas, para proteger a cabeça: *há chapéus de vários modelos.* **2.** (Esp.) No futebol, lance em que o jogador cobre o adversário, fazendo passar a bola por sobre sua cabeça.
chapéu-coco (cha.péu-**co**.co) s.m. Chapéu duro com copa redonda, masculino: *Carlitos usa chapéu-coco.* ▪ Pl. *chapéus-cocos, chapéus-coco.*
chapéu-panamá (cha.péu-pa.na.**má**) s.m. O mesmo que panamá. ▪ Pl. *chapéus-panamá.*
chapinhar (cha.pi.**nhar**) v.t.d. Caminhar sobre local molhado: *os patinhos chapinhavam na beira do lago.*
charada (cha.**ra**.da) s.f. **1.** Enigma cuja solução é uma palavra composta de sílabas de outras palavras dadas; adivinhação. **2.** (Fig.) Linguagem pouco clara e enigmática.
charadista (cha.ra.**dis**.ta) s.2g. e adj.2g. (Pessoa) que compõe ou decifra charadas.
charanga (cha.**ran**.ga) s.f. Banda de música composta de instrumentos de sopro.
charango (cha.**ran**.go) s.m. (Mús.) Instrumento com cinco cordas duplas, de origem andina, e tradicionalmente feito com carapaça de um tatu.
charco (**char**.co) s.m. Água estagnada e pouco profunda; atoleiro, brejo, pântano, lamaçal, paul.
charcutaria (char.cu.ta.**ri**.a) s.f. **1.** Produção de presunto, bacon, salame e semelhantes. **2.** Seção ou loja onde são vendidos esses produtos.
charge (**char**.ge) s.f. Desenho que retrata uma situação com humor e crítica: *uma charge mostrou o presidente tampando os olhos, os ouvidos etc.*
charivari (cha.ri.va.**ri**) s.m. (Pop.) Gritaria, barulheira, confusão.
charla (**char**.la) s.f. Conversa à toa, sem importância.
charlar (char.**lar**) v.t.d. Falar muito; tagarelar, papaguear.
charlatanesco (char.la.ta.**nes**.co) [ê] adj. Relacionado a ou próprio de charlatão; falso.
charlatanice (char.la.ta.**ni**.ce) s.f. Qualidade, ato de charlatão; enganação, engodo, charlatanismo.
charlatanismo (char.la.ta.**nis**.mo) s.m. Charlatanice.
charlatão (char.la.**tão**) s.m. **1.** Pessoa que explora a boa fé dos outros. **2.** Aquele que exerce a medicina sem ser médico. ▪ Pl. *charlatães, charlatões.* Fem. *charlatona.*
charme (**char**.me) s.m. **1.** Encanto, sedução, atração que certas pessoas exercem. **2.** Qualidade daquilo que agrada: *o charme de uma casa na montanha.* **3.** (Fís.) Número quântico específico de um *quark.*
charmoso (char.**mo**.so) [ô] adj. Que tem charme; atraente, interessante. ▪ Pl. *charmosos* [ó].
charneca (char.**ne**.ca) s.f. Porção de árvores; mata, mato.
charola (cha.**ro**.la) s.f. Andor.
charque (**char**.que) s.m. Carne-seca.
charqueada (char.que.**a**.da) s.f. Lugar onde se prepara o charque.
charquear (char.que.**ar**) v.t.d. Preparar como charque ou carne-seca: *charquear a carne.*

charrete (char.**re**.te) s.f. Veículo de duas rodas, com um assento para duas ou três pessoas, puxado por cavalo ou outro animal.
charrua (char.**ru**.a) s.f. Instrumento de tração animal ou mecânica usada para arar o solo; arado.
charutaria (cha.ru.ta.**ri**.a) s.f. Estabelecimento onde se vendem charutos, cigarros, fumo e demais artigos para fumantes; tabacaria.
charuteiro (cha.ru.**tei**.ro) s.m. **1.** Dono de charutaria ou vendedor de charutos. **2.** Trabalhador que fabrica charutos.
charuto (cha.**ru**.to) s.m. Rolo de folhas secas de tabaco, preparado para se fumar.
chasquear (chas.que.**ar**) v.t.d. Dizer como brincadeira; provocar.
chassi (chas.**si**) s.m. **1.** Estrutura que serve de suporte à carroceria dos carros; armação. **2.** Caixilho de máquina fotográfica.
chat [inglês: "tchéti"] s.m. Bate-papo; conversa pela internet.
chata (**cha**.ta) s.f. Embarcação de fundo chato, para transporte de cargas pesadas.
chateação (cha.te.a.**ção**) s.f. Ação de chatear.
chatear (cha.te.**ar**) v.t.d. Aborrecer; importunar.
chatice (cha.**ti**.ce) s.f. Aborrecimento, amolação.
chato (**cha**.to) adj. **1.** Liso; plano; sem relevo. **2.** (Fig.) Maçante, importuno, aborrecido. s.m. (epiceno) **3.** (Zoo.) Espécie de carrapato.
chauvinismo (chau.vi.**nis**.mo) [cho] s.m. Patriotismo exagerado, ufanismo.
chauvinista (chau.vi.**nis**.ta) [cho] adj.2g. **1.** Que é exageradamente patriótico. s.2g. **2.** Pessoa que pensa ou age dessa maneira.
chavão (cha.**vão**) s.m. **1.** Aumentativo de *chave*. **2.** Modelo, molde, forma, padrão. **3.** Lugar-comum, fórmula já muito repetida, trivialidade, clichê.
chave (**cha**.ve) s.f. **1.** Instrumento para fazer correr a lingueta de uma fechadura, apertar parafusos, dar corda ou montar objetos. **2.** Par de sinais gráficos que abrem e fecham, { e }, usados em matemática e como parênteses. **3.** Princípio ou explicação de uma charada.
chaveiro (cha.**vei**.ro) s.m. **1.** Fabricante de chaves. **2.** Objeto ou corrente em que se prende uma ou mais chaves.
chavelha (cha.**ve**.lha) [ê] s.f. Cunha que prende uma peça à outra.
chávena (**chá**.ve.na) s.f. Xícara (palavra usada literariamente no Brasil).
chaveta (cha.**ve**.ta) [ê] s.f. Chave que fixa uma roda ou outro elemento.
checagem (che.**ca**.gem) s.f. Ação de checar, verificar ou conferir.
checar (che.**car**) v.t.d. e i. Verificar, conferir.
checkup [inglês: "xecápi"] s.m. **1.** Verificação, conferência, checagem. **2.** Grupo de exames feitos periodicamente, como acompanhamento da saúde e prevenção de doenças.
checo (**che**.co) s.m. e adj. O mesmo que *tcheco*.

checoslovaco (che.cos.lo.**va**.co) s.m. e adj. O mesmo que *tchecoslovaco*.
chefão (che.**fão**) s.m. Mandachuva; mandão.
chefatura (che.fa.**tu**.ra) s.f. **1.** Cargo de chefe; chefia. **2.** Repartição onde o chefe exerce suas funções.
chefe (**che**.fe) [é] s.2g. Aquele que dirige, comanda; aquele que tem a autoridade.
chefia (che.**fi**.a) s.f. **1.** Cargo de chefe. **2.** Local onde o mesmo trabalha; chefatura.
chefiar (che.fi.**ar**) v.t.d. Dirigir, comandar. Obs.: pres. do ind.: *chefio, chefias, chefia* etc. pres. do subj.: *chefie, chefies, chefie* etc.
chega (**che**.ga) [ê] interj. Emprega-se para pedir ou ordenar que algo pare, que se encerre, que termine: "*chega! basta! parem as hostilidades!*", *pediam todos*.
chegada (che.**ga**.da) s.f. **1.** Ato de chegar, de se aproximar. **2.** Regresso. **3.** Término; final.
chegado (che.**ga**.do) adj. **1.** Que se chegou. s.m. **2.** (Gír.) Amigo, camarada.
chegança (che.**gan**.ça) s.f. (Folc.) Dança de origem ibérica que dramatiza as lutas contra os mouros; chegança de mouros, chegança de marujos, marujada.
chegar (che.**gar**) v.i. **1.** Atingir certo lugar; retornar. **2.** Ser suficiente; bastar.
cheguei (che.**guei**) adj.2g. (Gír.) Que chama muita atenção, que ofusca os demais: *uma roupa muito cheguei*.
cheia (**chei**.a) s.f. **1.** Enchente de rio; inundação. **2.** (Fig.) Multidão; grande quantidade. **3.** Fase da Lua cheia; plenilúnio (veja Lua).
cheio (**chei**.o) adj. **1.** Que tem dentro tudo o que pode conter. **2.** Bem nutrido; gordo; redondo. **3.** (Fig.) Farto; aborrecido.
cheirar (chei.**rar**) v.t.d. **1.** Usar o sentido do olfato; aspirar. **2.** Introduzir no nariz, aspirando: *antigamente se cheirava rapé*. v.i. **3.** Exalar cheiro; recender.
cheiro (**chei**.ro) s.m. **1.** Aroma, odor, fragrância. **2.** Olfato. **3.** (Fig.) Rastro, vestígio, indício.
cheiroso (chei.**ro**.so) [ô] adj. Que tem bom cheiro; aromático; perfumado. ▪ Pl. *cheirosos* [ó].
cheiro-verde (chei.ro-**ver**.de) s.m. Maço ou porção de salsinha e cebolinha, usado como tempero. ▪ Pl. *cheiros-verdes*.
cheque (**che**.que) [é] s.m. Ordem de pagamento ao portador.
chiado (chi.**a**.do) s.m. **1.** Ato ou efeito de chiar. **2.** Som agudo e desagradável. **3.** Som anormal na respiração causado por bronquite ou asma.
chiar (chi.**ar**) v.i. **1.** Emitir chiado. **2.** (Pop.) Reclamar, protestar.
chibante (chi.**ban**.te) adj.2g. (RS) **1.** Orgulhoso, altivo. **2.** Arrumado, elegante.
chibata (chi.**ba**.ta) s.f. Vara de cipó ou de junco, usada para açoitar.
chibatada (chi.ba.**ta**.da) s.f. Pancada dada com a chibata; chicotada, vergalhada.

chicana (chi.ca.na) s.f. 1. (Dir.) Em um processo judicial, dificuldade criada com recursos e sutilezas jurídicas. 2. Trapaça, fraude.
chicanear (chi.ca.ne.ar) v.t.d. e v.i. Fazer chicana (com).
chicaneiro (chi.ca.nei.ro) s.m. Pessoa que faz chicana; chicanista.
chicanista (chi.ca.nis.ta) s.2g. Chicaneiro.
chicle (chi.cle) s.m. O mesmo que *chiclete*.
chiclé (chi.clé) s.m. O mesmo que *chiclete*.
chiclete (chi.cle.te) [é] s.m. Goma de mascar. O mesmo que *chicle*, *chiclé*.
chicória (chi.có.ri.a) s.f. (Bot.) Planta hortense de uso culinário.
chicotada (chi.co.ta.da) s.f. Golpe com chicote.
chicote (chi.co.te) [ó] s.m. Tira de couro ou cordel trançado, preso a um cabo de madeira e usado para castigar; chibata; látego; azorrague.
chicotear (chi.co.te.ar) v.t.d. Dar chicotadas em.
chicote-queimado (chi.co.te-quei.ma.do) s.m. 1. (Folc.) Brincadeira infantil em que o pegador usa um lenço com nós na ponta e quem for atingido torna-se o novo pegador. 2. Brincadeira em que o pegador passa pelo chão numa corda, e os outros têm de pular para não serem queimados. ▣ Pl. *chicotes-queimados*.
chifrada (chi.fra.da) s.f. Golpe dado com o chifre.
chifrar (chi.frar) v.t.d. 1. Agredir com o chifre: *o boi chifrou o peão*. 2. (Pop.) Trair, cometer infidelidade amorosa.
chifre (chi.fre) s.m. 1. Corno; aspa. 2. (Pop.) Traição amorosa: *pôr chifres em alguém, levar chifre*.
chifrudo (chi.fru.do) adj. 1. Que tem chifres, ou que os tem grandes. s.m. e adj. 2. (Pop.) Que foi traído amorosamente. s.m. (próprio) 3. (Pop.) Alcunha de Satanás, do Diabo.
chihuahua [espanhol: "xiu-au-a"] s.2g. (Zoo.) Cão de raça bem pequeno, de pelo liso, curto ou longo. Obs.: o aportuguesamento "chiuaua" não consta do *Volp*.
chilenas (chi.le.nas) s.f.pl. Esporas com rosetas grandes.
chileno (chi.le.no) adj. 1. Do Chile, país da América do Sul. s.m. 2. Pessoa natural ou habitante desse lugar.
chilique (chi.li.que) s.m. Síncope; faniquito; perda súbita da consciência.
chilrar (chil.rar) v.i. O mesmo que *chilrear*.
chilrear (chil.re.ar) v.i. Gorjear, cantar, trilar. O mesmo que *chilrar*.
chilreio (chil.rei.o) s.m. Ação de chilrear; gorjeio, trilo, canto de aves. O mesmo que *chilro*.
chilro (chil.ro) s.m. O mesmo que *chilreio*.
chimango (chi.man.go) s.2g. (Hist.) Na Revolução Federalista de 1893-1895, partidário do governo: *os maragatos eram inimigos dos chimangos*.
chimarrão (chi.mar.rão) s.m. (Folc.) Bebida típica do Rio Grande do Sul, feita com infusão das folhas de mate, tomada em bomba ou cuia; mate amargo.
chimarrita (chi.mar.ri.ta) s.f. (Folc.) 1. Dança portuguesa da ilha da Madeira e Açores, com homens e mulheres em fila e um violeiro ao centro. 2. Fandango.
chimpanzé (chim.pan.zé) s.m. (epiceno) (Zoo.) Macaco antropoide que tem o DNA mais próximo do ser humano e vive na África, em florestas tropicais e savanas. O mesmo que *chipanzé*.
chinchila (chin.chi.la) s.f. (epiceno) (Zoo.) Mamífero roedor do Peru, de pele valorizada para fazer agasalhos.
chinela (chi.ne.la) [é] s.f. 1. Calçado macio, sem tacão, em geral com duas tiras fixas entre o dedão, para uso doméstico; chinelo. 2. Surra, tunda com esse calçado.
chinelada (chi.ne.la.da) s.f. Golpe dado com a chinela.
chinelo (chi.ne.lo) [é] s.m. 1. Calçado para uso doméstico: *vestiu o pijama e calçou os chinelos*. 2. Chinela.
chinês (chi.nês) adj. 1. Da China, país da Ásia. s.m. 2. Pessoa natural ou habitante desse lugar. 3. Idioma desse povo, escrito por ideogramas.
chinfrim (chin.frim) adj.2g. Insignificante, inferior, reles.
chinó (chi.nó) s.m. Porção de cabelos artificiais, ou peruca pequena, para parte da cabeça.
chio (chi.o) s.m. (Zoo.) Som agudo produzido pelos ratos, por algumas aves e pelos carros, quando freiam.
chip [inglês: "xípi"] s.m. (Inf.) Conjunto de circuitos eletrônicos que são impressos em camadas superpostas em uma pastilha e contêm programas; pastilha.
chipanzé (chi.pan.zé) s.m. (Zoo.) O mesmo que *chimpanzé*.
chique (chi.que) adj.2g. Elegante no trajar; bem vestido.
chiquê (chi.quê) s.m. (Gír.) Qualidade de chique; elegância.
chiqueiro (chi.quei.ro) s.m. 1. Local onde se criam porcos; pocilga. 2. (Fig.) Local muito sujo.
chiquinhas (chi.qui.nhas) s.f.pl. O mesmo que *maria-chiquinha*.
chiquitano (chi.qui.ta.no) s.m. 1. Indivíduo dos chiquitanos, povo indígena que vive hoje no Mato Grosso do Sul e no Mato Grosso. 2. Relacionado a esse povo.
chispa (chis.pa) s.f. Faísca; fagulha.
chispada (chis.pa.da) s.f. Ação de chispar; corrida, disparada: *veio numa chispada*; *saiu numa chispada*.
chispar (chis.par) v.i. 1. Soltar chispas. 2. (Fig.) Sair correndo em disparada.
chiste (chis.te) s.m. Dito espirituoso; pilhéria; gracejo.
chistoso (chis.to.so) [ô] adj. Espirituoso; engraçado. ▣ Pl. *chistosos* [ó].
chita (chi.ta) s.f. Tecido de algodão, com estampas bem coloridas.
chitão (chi.tão) s.m. Chita com estampado de desenhos grandes.

choça (cho.ça) s.f. Abrigo feito com materiais leves; cabana, choupana, rancho.
chocadeira (cho.ca.dei.ra) s.f. Estufa onde se colocam ovos para chocar.
chocalhante (cho.ca.lhan.te) adj.2g. Que chocalha.
chocalhar (cho.ca.lhar) v.t.d. Balançar como chocalho: *ela veio chocalhando as pulseiras*.
chocalho (cho.ca.lho) s.m. **1.** Sino ou guizo que se prende no pescoço dos animais. **2.** Brinquedo que, quando balançado, faz um barulho que diverte os bebês. **3.** (Zool.) Parte óssea na cauda da cobra cascavel, de ruído característico; guizo. **4.** (Mús.) Instrumento de percussão formado por um cilindro com grãos em seu interior.
chocante (cho.can.te) adj.2g. Que choca ou espanta.
chocar (cho.car) v.t.d. **1.** Dar choque. **2.** (Fig.) Ofender, assustar. **3.** Cobrir e aquecer os ovos, para que se desenvolva o embrião. v.i. **4.** Estar no choco. v.p. **4.** Ir de encontro a; esbarrar em.
chocarreiro (cho.car.rei.ro) adj. Gozador, brincalhão, jocoso.
chocho (cho.cho) [ô] adj. **1.** Seco; sem grão. **2.** (Fig.) Sem graça; insípido.
choco (cho.co) adj. **1.** Diz respeito ao ovo em que um embrião se está desenvolvendo. **2.** Podre; gorado. s.m. **3.** Ação de chocar.
chocolate (cho.co.la.te) s.m. **1.** Bebida feita com sementes de cacau torradas, criada pelos indígenas da América Central: *tomar um chocolate quente*. **2.** Doce sólido feito com cacau e manteiga ou outra gordura, consumido em barra, como bombons ou em cremes: *pedaços de chocolate*. **Chocolate em pó**: cacau torrado e moído misturado com açúcar, usado para fazer bolo, creme, sorvete etc.
chocolateira (cho.co.la.tei.ra) s.f. Recipiente para preparar ou servir chocolate líquido.
chofer (cho.fer) s.2g. Motorista.
chofre (cho.fre) [ô] s.m. **De chofre**: de modo inesperado, súbito.
choldra (chol.dra) [ô] s.f. Bando de malandros, de gente vil; ralé, escória.
chope (cho.pe) [ô] s.m. Cerveja fresca, conservada em barril.
choque (cho.que) [ó] s.m. **1.** Encontro violento. **2.** Abalo; comoção. **3.** Sensação produzida por uma carga elétrica.
choradeira (cho.ra.dei.ra) s.f. Choro demorado e impertinente; lamúria.
choramingar (cho.ra.min.gar) v.i. Chorar a toda hora e por motivos fúteis.
choramingas (cho.ra.min.gas) s.2g.2n. Pessoa que choraminga; chorão. ▪ Pl. *choramingas*.
chorão (cho.rão) s.m. e adj. **1.** (Aquele) que chora frequentemente. s.m. **2.** (Bot.) Árvore cujos ramos pendem, como o salgueiro. **3.** (Mús.) Pessoa que participa de um conjunto de choro.
chorar (cho.rar) v.i. **1.** Derramar lágrimas; lastimar-se: *passou dias chorando*. v.t.d. **2.** Prantear; lamentar: *chorou a morte do gatinho*. **3.** (Pop.) Pedir, solicitar com insistência.

chorinho (cho.ri.nho) s.m. Choro.
choro (cho.ro) [ô] s.m. **1.** Ato de chorar; pranto; lágrimas. **2.** (Mús.) Gênero brasileiro urbano, com composições elaboradas, instrumentais ou cantadas, acompanhadas por flauta, bandolim, clarinete, violão, baixo, pandeiro etc.; chorinho.
choroso (cho.ro.so) [ô] adj. Que chora, que lembra choro; que expressa dor ou tristeza. ▪ Pl. *chorosos* [ó].
chorrilho (chor.ri.lho) s.m. Grande número, jato, fluxo, enxurrada: *um chorrilho de palavrões*.
chorume (cho.ru.me) s.m. **1.** (Ecol.) Líquido que escorre do lixo, resultante de matéria orgânica em decomposição. **2.** Gordura que sai da carne de um animal em forma de suor ou gotas; banha.
choupana (chou.pa.na) s.f. Habitação rústica; choça; cabana.
chouriço (chou.ri.ço) s.m. Linguiça de carne e sangue de porco, bem temperados, e defumada.
chover (cho.ver) v.i. **1.** Cair água, em gotas, da atmosfera: *estava chovendo*. **2.** (Fig.) Ocorrer, surgir em abundância: *choveram convites para festas*. Obs.: na acepção 1, é verbo impessoal, só conjugado na 3ª pes. sing. No sentido figurado, pode ser conjugado em todas as pessoas.
chuçar (chu.çar) v.t.d. Chuchar.
chuchar (chu.char) v.t.d. **1.** Tocar, cutucar com chuço ou vara; chuçar: *chuchou a onça com uma vara*. **2.** Pedir ou cobrar de novo; insistir, instar: *chuchou a secretária*.
chuchu (chu.chu) s.m. (Bot.) Fruto verde de uma planta hortense da família *Cucurbitacea*, que se come cozido em água.
chuço (chu.ço) s.m. Vara com ponta metálica, o aguilhão, usada como arma ou para cutucar animais.
chucrute (chu.cru.te) s.m. (Culin.) Repolho picado e fermentado na salmoura.
chué (chu.é) s.m. De pouco valor, ruim, ordinário.
chula (chu.la) s.f. (Folc.) **1.** No Sul, dança masculina com sapateado e evoluções sobre uma lança deixada no solo. **2.** No Nordeste, dança de par com acompanhamento de violão.
chulé (chu.lé) s.m. **1.** (Pop.) Cheiro ruim de suor dos pés. adj.2g. **2.** (Fig.) De má qualidade, barato: *acabou comprando uma mochila chulé para ir à escola*.
chuleado (chu.le.a.do) adj. **1.** Que tem o acabamento em chuleio. s.m. **2.** Esse acabamento de costura.
chulear (chu.le.ar) v.t.d. Costurar com pontos ligeiros, para que o tecido não se desfie.
chuleio (chu.lei.o) s.m. **1.** Ato e efeito de chulear. **2.** Esse ponto largo e inclinado, usado como acabamento; chuleado.
chuleta (chu.le.ta) [ê] s.f. Bisteca.
chulo (chu.lo) adj. **1.** Grosseiro, sem refinamento, obsceno: *alguns motoristas se expressam com gestos muito chulos*; *"cu" é uma palavra chula*; *só um dos vários sentidos da palavra "rabo" é chulo*. **2.** Indigno, baixo, vil.

chumaço (chu.ma.ço) s.m. 1. Porção de algodão ou gaze, usada em curativos ou na higiene; tampão. 2. Mecha de cabelo. 3. O que serve de enchimento de um travesseiro, colchão, poltrona ou mesmo de certas partes do vestuário.

chumbada (chum.ba.da) s.f. Pedaço de chumbo que se prende ao anzol para que afunde.

chumbado (chum.ba.do) adj. 1. Soldado com chumbo ou outro metal. 2. Fixado na parede com argamassa. 3. (Pop.) Embriagado. 4. (Fig.) Muito cansado.

chumbar (chum.bar) v.t.d. 1. Fixar com chumbo ou outro metal derretido. 2. Fixar com argamassa: *chumbou o suporte de bicicleta na parede*.

chumbo (chum.bo) s.m. 1. (Quím.) Metal azulado de símbolo Pb, peso atômico 207,19 e número atômico 82. 2. (Fig.) Tudo que é muito pesado. 3. Grãos desse metal usados como projéteis nas espingardas de caça.

chupada (chu.pa.da) s.f. 1. Ação de chupar; chupão. 2. Marca ou hematoma deixado na pele por sucção; chupão. 3. (Chul.) Bronca, repreensão forte.

chupado (chu.pa.do) adj. 1. Que se chupou. 2. (Pop.) Magro, encovado.

chupão (chu.pão) s.m. 1. Chupada. 2. (Zoo.) Barbeiro.

chupar (chu.par) v.t.d. Sorver; absorver; sugar.

chupeta (chu.pe.ta) [ê] s.f. Bico ou mamilo de borracha para crianças.

chupim (chu.pim) s.m. (epiceno) 1. (Zoo.) Nome dado a duas aves que colocam seus filhotes nos ninhos de tico-tico, para que este os crie; vira-bosta. adj. 2. (Fig.) Parasita, aproveitador.

chupitar (chu.pi.tar) v.t.d. (Raro) Chupar aos poucos, em várias vezes.

churrascaria (chur.ras.ca.ri.a) s.f. Restaurante que serve churrasco.

churrasco (chur.ras.co) s.m. 1. (Culin.) Prato típico das regiões Sul e Centro-Oeste, feito de carne, em geral de boi, assada na brasa apenas com sal. 2. Carne assada na brasa, com ou sem temperos: *fizeram churrasco de frango*.

churrasquear (chur.ras.que.ar) v.i. Fazer, comer churrasco.

churrasqueira (chur.ras.quei.ra) s.f. Aparelho ou instalação para fazer churrasco.

churro (chur.ro) s.m. (Culin.) Cilindro feito com massa de farinha cozida, frito com recheio doce.

chusma (chus.ma) s.f. Grande porção; monte, bando.

chutar (chu.tar) v.t.d. 1. Dar chute. 2. (Fig.) Dar o fora; mandar embora. v.t.i. 3. (Pop.) Responder sem pensar, arriscar.

chute (chu.te) s.m. 1. Ação de chutar. 2. Pontapé.

chuteira (chu.tei.ra) s.f. Calçado para jogar futebol.

chuva (chu.va) s.f. 1. Precipitação atmosférica em forma de gotas de água. 2. (Fig.) Grande quantidade. (Met.) *Chuva ácida*: precipitação de elementos ácidos a partir de gases poluentes lançados na atmosfera, como o dióxido de enxofre e o óxido de nitrogênio.

chuvarada (chu.va.ra.da) s.f. Chuva forte; toró.

chuveirinho (chu.vei.ri.nho) s.m. Pequeno chuveiro na ponta de uma mangueira, usado para dirigir o jato de água.

chuveiro (chu.vei.ro) s.m. 1. Aparelho para soltar água por vários furos, acima da cabeça, usado no banho. 2. Banheiro.

chuviscar (chu.vis.car) v.i. Chover pouco, cair chuvisco; garoar.

chuvisco (chu.vis.co) s.m. Chuva fina; garoa, chuvisqueiro.

chuvisqueiro (chu.vis.quei.ro) s.m. Chuvisco.

chuvoso (chu.vo.so) [ô] adj. Que diz respeito a chuva. ▫ Pl. *chuvosos* [ó].

cianídrico (ci.a.ní.dri.co) adj. (Quím.) Diz-se do ácido prússico, contido na mandioca.

ciano (ci.a.no) s.m. Azul muito claro.

cianofícea (cia.no.fí.ce.a) s.f. (Bio.) Alga verde-azul.

cianose (ci.a.no.se) [ó] s.f. (Med.) Má oxigenação do sangue, que dá à pele um tom azul.

cianótico (ci.a.nó.ti.co) adj. (Med.) Relacionado a cianose; azul por problemas de circulação.

ciática (ci.á.ti.ca) s.f. (Med.) Inflamação no nervo ciático.

ciático (ci.á.ti.co) adj. (Anat.) 1. Relacionado ao osso sacro e à parte superior das coxas. 2. Relacionado ao nervo que liga o sacro aos músculos da parte superior da coxa, dito *nervo ciático*.

ciberespaço (ci.be.res.pa.ço) s.m. (Inf.) Rede mundial de computadores; internet, net.

cibernética (ci.ber.né.ti.ca) s.f. Estudo das relações entre o homem e as máquinas.

cicatriz (ci.ca.triz) s.f. 1. (Med.) Sinal de uma ferida já curada. 2. (Fig.) Impressão duradoura de uma mágoa ou ofensa.

cicatrização (ci.ca.tri.za.ção) s.f. Ação de cicatrizar.

cicatrizante (ci.ca.tri.zan.te) adj.2g. Que ajuda na cicatrização, que faz cicatrizar.

cicatrizar (ci.ca.tri.zar) v.t.d. 1. Fazer que se forme uma cicatriz; curar. 2. (Fig.) Dissipar, dissolver, fazer passar (uma mágoa). v.i. 3. Ter seus tecidos refeitos: *a ferida cicatrizou logo*. 4. Dissipar-se; ir embora (mágoa).

cicerone (ci.ce.ro.ne) s.m. Guia que mostra aos turistas (ou visitantes) os pontos mais importantes e interessantes de um lugar.

ciciar (ci.ci.ar) v.i. 1. Produzir ruído baixo: *a cigarra cicia*. 2. Dizer em voz baixa; murmurar, sussurrar.

cicio (ci.ci.o) s.m. Rumor brando como o da aragem nas folhas das árvores; sussurro, murmúrio.

cíclico (cí.cli.co) adj. Que diz respeito a ciclo; que se repete periodicamente.

ciclismo (ci.clis.mo) s.m. 1. Arte de andar de bicicleta. 2. Esporte olímpico praticado com bicicleta e que pode ser praticado em estrada, pista ou trilha

ciclista (ci.clis.ta) s.2g. Aquele que anda de bicicleta

ciclo (ci.clo) s.m. 1. Série de fenômenos que se sucedem em certa ordem e duração mais ou menos fixas: *ciclo de vida*. 2. Fase, período.

ciclone (ci.clo.ne) s.m. Turbilhão em que o ar se precipita em círculos espiralados para dentro de uma área de baixa pressão; tufão, tornado.

ciclope (ci.**clo**.pe) s.m. (Mit.) Gigante com um olho redondo no meio da testa, muito trabalhador, da mitologia grega.

cicuta (ci.**cu**.ta) s.f. (Bot.) Planta extremamente venenosa.

cidadania (ci.da.da.**ni**.a) s.f. **1.** Os direitos e deveres de um cidadão: *exercer a cidadania*. **2.** A condição ou nacionalidade de um cidadão: *conquistar a cidadania daquele país*.

cidadão (ci.da.**dão**) s.m. **1.** Pessoa no gozo dos direitos civis e políticos de um Estado: *os cidadãos podem eleger seus governantes*. adj. **2.** Relativo aos direitos e deveres dessas pessoas, à cidadania: *votar o orçamento é uma prática cidadã*. ▣ Pl. *cidadãos*.

cidade (ci.**da**.de) s.f. **1.** Agrupamento de residências e estabelecimentos para atividades produtivas, comerciais, educativas, culturais, governamentais etc. **2.** Sede de um município e de uma prefeitura. **3.** Local que concentra atividades administrativas e comerciais; centro.

cidade-estado (ci.da.de-es.**ta**.do) s.f. (Hist.) Na Grécia antiga, unidade política controlada por uma cidade, como Atenas e Esparta. ▣ Pl. *cidades-estado*, *cidades-estados*.

cidadela (ci.da.**de**.la) [é] s.f. Fortaleza que defende uma cidade.

cidade-dormitório (ci.da.de-dor.mi.**tó**.ri.o) s.m. Cidade-satélite. ▣ Pl. *cidades-dormitórios* e *cidades-dormitório*.

cidade-satélite (ci.da.de-sa.**té**.li.te) s.f. Cidade que se desenvolve perto de outra, maior, onde a maioria dos moradores exerce atividades de trabalho, consumo, cultura e lazer; cidade-dormitório. ▣ Pl.: *cidades-satélites* e *cidades-satélite*.

cidra (ci.dra) s.f. **1.** (Bot.) Fruto semelhante a uma laranja de casca grossa, usado para fazer doce ou uma bebida alcoólica. **2.** Essa bebida, semelhante à champanhe.

cidreira (ci.**drei**.ra) s.f. (Bot.) **1.** Árvore de flores alvas e madeira amarela, que dá a cidra. **2.** Erva-cidreira. **3.** Capim-limão.

ciência (ci.**ên**.ci.a) s.f. **1.** Conjunto de conhecimentos, obtidos pela observação, por métodos próprios, sobre determinado objeto. **2.** (Fig.) Saber; instrução; informação. Cf. *ciências*.

ciências (ci.**ên**.cias) s.f.pl. **Ciências naturais:** as ciências que estudam o mundo natural, como biologia, física, química, geologia, astronomia etc.; disciplina do ensino fundamental com conteúdos dessas ciências. Cf. *ciência*.

ciente (ci.**en**.te) adj.2g. Que tem ciência ou conhecimento de algo; sabedor.

cientificar (ci.en.ti.fi.**car**) v.t.d. **1.** Tornar ciente; informar. v.p. **2.** Ficar ciente.

científico (ci.en.**tí**.fi.co) adj. **1.** Que diz respeito a ciência. **2.** Determinado pela ciência, que segue a ciência: *nome científico*.

cientista (ci.en.**tis**.ta) s.2g. Pessoa que se dedica a determinada ciência.

cifose (ci.**fo**.se) s.f. (Med.) Certo tipo de desvio da coluna vertebral.

cifra (ci.fra) s.f. **1.** (Mat.) Zero, único algarismo sem valor absoluto. **2.** Montante de uma operação comercial. **3.** Chave de uma escrita enigmática.

cifrão (ci.**frão**) s.m. ($) Sinal que se usa, em diversos países, para expressar quantias monetárias.

cifrar (ci.**frar**) v.t.d. **1.** Escrever em cifra. **2.** Resumir; reduzir; sintetizar.

cigano (ci.**ga**.no) s.m. **1.** Nômade originário da Índia e que possui um código ético próprio, dedicando-se à quiromancia e à cartomancia. adj. **2.** Que diz respeito aos ciganos.

cigarra (ci.**gar**.ra) s.f. **1.** (epiceno) (Zoo.) Inseto hemíptero que emite um chiado alto, muito característico dos dias mais quentes do verão. **2.** Brinquedo que produz som semelhante ao desse inseto.

cigarreira (ci.gar.**rei**.ra) s.f. Estojo para guardar cigarros.

cigarrilha (ci.gar.**ri**.lha) s.f. Charuto pequeno; cigarro feito de folhas de tabaco enroladas inteiras.

cigarro (ci.**gar**.ro) s.m. Pequena quantidade de tabaco, enrolada em papel ou palha.

cilada (ci.**la**.da) s.f. Emboscada; armadilha; traição; embuste.

cilha (**ci**.lha) s.f. Peça com que se prende a sela à montaria, mais próxima das patas dianteiras que a barrigueira. Cf. *silhão*.

ciliado (ci.li.**a**.do) adj. Que tem cílios.

ciliar (ci.li.**ar**) adj.2g. **1.** Relativo a cílio, em forma de cílio. **2.** Diz-se da vegetação nas margens de cursos d'água: *mata ciliar*.

cilício (ci.**lí**.ci.o) s.m. **1.** Túnica ou cinto de material áspero usado sobre a pele para machucar, como penitência. **2.** (Fig.) Suplício, tormento, sofrimento. Cf. *silício*.

cilindrada (ci.lin.**dra**.da) s.f. Medida de capacidade de um motor, correspondente ao volume de mistura combustível aceito em todos os cilindros: *quanto maior a cilindrada, mais potente o motor*.

cilíndrico (ci.**lín**.dri.co) adj. Que tem forma de cilindro.

cilindro (ci.**lin**.dro) s.m. **1.** Corpo roliço, com o mesmo diâmetro em todo o seu comprimento. **2.** Peça do motor de explosão.

cílio (**cí**.li.o) s.m. **1.** Pelo da parte inferior das pálpebras, destinado a proteger as vistas; pestana. **2.** (Bot.) Pelo que se encontra em certos órgãos vegetais.

cima (**ci**.ma) s.f. Em cima, de cima, por cima: na parte superior: *o telhado fica em cima da casa; a bola passou por cima do muro e foi parar no vizinho*.

cimalha (ci.**ma**.lha) s.f. Saliência na parte superior de uma construção.

címbalo (**cím**.ba.lo) s.m. (Mús.) **1.** Instrumento de percussão com som de sino, formado por dois discos de metal pequenos tocados um contra o outro com os dedos, usado na música árabe. **2.** Na bateria, prato.

cimentar (ci.men.**tar**) v.t.d. **1.** Pavimentar ou ligar com cimento. **2.** (Fig.) Consolidar, alicerçar.

cimento (ci.**men**.to) s.m. (Quím.) Substância em pó, aglutinante, obtida do cozimento de calcários com argila.

cimitarra (ci.mi.**tar**.ra) s.f. Espada curva usada por árabes, persas e outros povos orientais.

cimo (**ci**.mo) s.m. Cume; pico.

cinabre (ci.**na**.bre) s.m. (Quím.) Minério de mercúrio de cor avermelhada.

cinamomo (ci.na.**mo**.mo) s.m. (Bot.) **1.** Árvore de até 40m, com flores pequenas lilás e frutos amarelos, tóxicos, plantada pela madeira e como ornamental. **2.** Canela.

cincerro (cin.**cer**.ro) [ê] s.m. Sino colocado no pescoço de uma mula, cabra etc. para orientar os demais da tropa.

cincha (**cin**.cha) s.f. (RS) Tipo de arreio constituído por uma faixa larga que cinge o dorso do cavalo, à qual o cavaleiro se agarra.

cinco (**cin**.co) num. **1.** Numeral cardinal que corresponde a 5, ou quatro mais um. s.m. **2.** Esse número.

cindir (cin.**dir**) v.t.d. e v.p. Dividir, separar: *cindiu o ovo; o ovo cindiu-se em duas partes*.

cine (**ci**.ne) s.m. Cinema.

cineasta (ci.ne.**as**.ta) s.2g. **1.** Pessoa que faz filmes, que dirige obras cinematográficas. **2.** Cinegrafista.

cineclube (ci.ne.**clu**.be) s.m. Organização de apreciadores de cinema, de filmes de arte.

cineclubista (ci.ne.clu.**bis**.ta) adj.2g. Relacionado a cineclube: *movimento cineclubista*.

cinegrafista (ci.ne.gra.**fis**.ta) s.2g. Operador de câmera de cinema ou televisão; câmera.

cinema (ci.**ne**.ma) s.m. **1.** Técnica ou tecnologia de projetar imagens em movimento. **2.** Arte e linguagem que utilizam essa tecnologia. **3.** Local onde se exibem filmes; cine.

cinemateca (ci.ne.ma.**te**.ca) s.f. Estabelecimento, organização ou local que guarda, conserva e exibe filmes, obras cinematográficas.

cinemática (ci.ne.**má**.ti.ca) s.f. (Fís.) Estudo geométrico do movimento.

cinemático (ci.ne.**má**.ti.co) adj. Que diz respeito ao movimento mecânico.

cinematografar (ci.ne.ma.to.gra.**far**) v.t.d. Filmar.

cinematografia (ci.ne.ma.to.gra.**fi**.a) s.f. Conjunto dos métodos e processos que possibilitam o registro e a projeção de imagens; cinema.

cinematográfico (ci.ne.ma.to.**grá**.fi.co) adj. **1.** Que diz respeito a cinema: *obra cinematográfica*. **2.** (Fig.) Muito bonito, espetacular: *casa cinematográfica*.

cinerama (ci.ne.**ra**.ma) s.m. Tecnologia para filmar e projetar filmes cinematográficos de formato mais largo, com três câmeras e três projetores.

cinerário (ci.ne.**rá**.ri.o) adj. Próprio para guardar cinzas de pessoas cremadas: *vaso, urna cinerária*.

cinéreo (ci.**né**.re.o) adj. Das cinzas; relacionado a cinzas: *o tom cinéreo dos edifícios*.

cinética (ci.**né**.ti.ca) s.f. (Fís.) Estudo do movimento.

cinético (ci.**né**.ti.co) adj. Relativo a movimento.

cingalês (cin.ga.**lês**) adj. **1.** Do Sri Lanca, país da Ásia. s.m. **2.** Pessoa natural ou habitante desse lugar.

cingapurense (cin.ga.pu.**ren**.se) adj.2g. e s.2g. O mesmo que *singapurense*.

cingir (cin.**gir**) v.t.d. **1.** Rodear, circundar: *um muro cingia a escola*. **2.** Envolver com os braços; abraçar. v.p. **3.** Enrolar, colocar em torno de si.

cínico (**cí**.ni.co) s.m. **1.** Filósofo membro de um grupo da Grécia antiga que repudiava as fórmulas sociais. **2.** (Fig.) Pessoa sem pudor. adj. **3.** Que diz respeito ao filósofo cínico. **4.** (Fig.) Desavergonhado; despudorado.

cinismo (ci.**nis**.mo) s.m. **1.** Sistema dos filósofos cínicos. **2.** (Fig.) Falta de vergonha; descaramento.

cinologia (ci.no.lo.**gi**.a) s.f. Estudo dos cães.

cinológico (ci.no.**ló**.gi.co) adj. Relacionado à cinologia.

cinquenta (cin.**quen**.ta) [ü] num. **1.** Numeral cardinal que corresponde a 50, ou cinco dezenas. s.m. **2.** Esse número.

cinquentão (cin.quen.**tão**) [ü] s.m. e adj. (Aquele) que está na casa dos cinquenta anos.

cinquentenário (cin.quen.te.**ná**.ri.o) [ü] s.m. Quinquagésimo aniversário; meio século.

cinta (**cin**.ta) s.f. **1.** Cinto. **2.** Peça colocada sob a roupa, para comprimir o abdome e dar firmeza às costas ou disfarçar a barriga.

cinta-larga (cin.ta-**lar**.ga) s.2g. **1.** Indivíduo dos cintas-largas, povo indígena que vive hoje no Mato Grosso e em Rondônia. adj.2g. **2.** Relacionado a esse povo. ▪ Pl. *cintas-largas*.

cintilação (cin.ti.la.**ção**) s.f. Ação de cintilar; brilho luminescência.

cintilante (cin.ti.**lan**.te) adj.2g. Que cintila; brilhante; resplandecente.

cintilar (cin.ti.**lar**) s.f. Brilhar discretamente; luzir.

cinto (**cin**.to) s.m. Correia que aperta a cintura com uma só volta; cinta, cinturão.

cintura (cin.**tu**.ra) s.f. (Anat.) A parte média do corpo humano, a qual divide o tórax do abdome.

cinturado (cin.tu.**ra**.do) adj. Estreitado na parte da cintura: *camisa cinturada, vestido cinturado*.

cinturão (cin.tu.**rão**) s.m. Cinto largo e reforçado de couro e que pode ser usado para portar armas.

cinturão verde (cin.tu.**rão** ver.de) s.m. Região de vegetação e agricultura na periferia de uma grande cidade.

cinza (**cin**.za) s.m. e adj.2g. (Cor) de resíduos queimados, entre preto e branco: *o cinza é uma cor neutra uma blusa cinza, um carro cinza*. Cf. *cinzas*.

cinzas (**cin**.zas) s.f.pl. **1.** Resíduos de lenha, carvão ou outra coisa queimada. **2.** Restos mortais de pessoa cremada. **3.** (Fig.) Resquícios, restos, lembranças.

cinzeiro (cin.**zei**.ro) s.m. Objeto decorativo, em que se deposita a cinza dos cigarros.

cinzel (cin.**zel**) s.m. Instrumento com ponta para esculpir ou gravar materiais duros.

cinzelado (cin.ze.**la**.do) adj. Trabalhado com o cinzel.

cinzelar (cin.ze.**lar**) v.t.d. Burilar, trabalhar com cinzel.

cinzento (cin.**zen**.to) *adj.* Que tem a cor da cinza.
cio (**ci**.o) *s.m.* (*Bio.*) Período de atividade sexual dos animais, em épocas determinadas e repetidas do ano.
cioba (ci.**o**.ba) *s.f.* (*Zoo.*) Peixe marinho vermelho, de carne branca muito apreciada na culinária nordestina.
cioso (ci.**o**.so) [ô] *adj.* Ciumento; zeloso; cuidadoso. ▣ Pl. *ciosos* [ó].
cipó (ci.**pó**) *s.m.* (*Bot.*) Planta com raiz flexível, que se enrola no tronco das árvores e algumas vezes fica com uma parte pendurada, como uma corda.
cipoal (ci.po.**al**) *s.m.* **1.** (*Bot.*) Mato onde há muitos cipós. **2.** (*Fig.*) Situação difícil; problema intrincado.
cipó-cravo (ci.pó-**cra**.vo) *s.m.* (*Bot.*) Cipó de que se extrai uma substância com propriedades aromáticas e medicinais. ▣ Pl. *cipós-cravo*, *cipós-cravos*.
cipreste (ci.**pres**.te) *s.m.* (*Bot.*) Árvore de grande porte, com folhas em forma de agulha, e forma cônica.
cipriota (ci.pri.**o**.ta) *adj.2g.* **1.** De Chipre, país próximo da Turquia. *s.2g.* **2.** Pessoa natural ou habitante desse lugar.
ciranda (ci.**ran**.da) *s.f.* **1.** Peneira grossa. (*Folc.*) **2.** Brincadeira de roda infantil, acompanhada por várias cantigas tradicionais. **3.** Dança de roda das regiões Sudeste e Nordeste, com canções de influência portuguesa.
cirandar (ci.ran.**dar**) *v.i.* Brincar de ciranda, fazer ciranda: *vamos cirandar*.
circadiano (cir.ca.di.**a**.no) *adj.* **1.** Relativo ao período de um dia. **2.** Diz respeito ao ritmo diário do funcionamento do organismo.
circense (cir.**cen**.se) *adj.2g.* Que diz respeito a circo.
circo (**cir**.co) *s.m.* **1.** Local circular e coberto, provido de muitas arquibancadas, onde se realizam espetáculos de trapézio, malabarismo, números com mágicos e palhaços. **2.** Grande recinto onde se realizavam jogos públicos, na Roma antiga; coliseu.
circuito (cir.**cui**.to) *s.m.* **1.** Contorno de um círculo; volta; giro. **2.** Série, sequência de estações ou paradas: *circuito das praias*. **3.** (*Fís.*) Série ininterrupta de condutores da corrente elétrica.
circulação (cir.cu.la.**ção**) *s.f.* **1.** Ação de circular. **2.** (*Med.*) Função vital que consiste na renovação de oxigênio no organismo, pelo movimento contínuo do sangue pelo aparelho circulatório. **3.** Tráfego.
circulante (cir.cu.**lan**.te) *adj.2g.* Que circula ou passa entre os usuários: *os livros da biblioteca circulante podem ser levados para casa*.
circular (cir.cu.**lar**) *adj.2g.* **1.** Que diz respeito a círculo. *s.f.* **2.** Carta reproduzida em várias cópias e enviada a diversas pessoas, comunicando alguma decisão. *v.i.* **3.** Mover-se em círculos. **4.** Passar de mão em mão; ter curso. **5.** Renovar-se; propagar-se.
circulatório (cir.cu.la.**tó**.ri.o) *adj.* Que diz respeito a circulação.
círculo (**cír**.cu.lo) *s.m.* **1.** Figura plana, limitada por uma circunferência. **2.** Grêmio; associação.
circum-navegação (cir.cum-na.ve.ga.**ção**) *s.f.* Navegação em volta do mundo.

circuncidar (cir.cun.ci.**dar**) *v.t.d.* Praticar a circuncisão em.
circuncisão (cir.cun.ci.**são**) *s.f.* **1.** Corte ou retirada de parte do prepúcio. **2.** (*Relig.*) Ritual judaico em que se faz essa operação, praticada em geral no bebê.
circunciso (cir.cun.**ci**.so) *s.m. e adj.* (Aquele) que passou por circuncisão, que tem o prepúcio cortado na ponta.
circundante (cir.cun.**dan**.te) *adj.2g.* Que circunda, que fica em volta ou ao redor de.
circundar (cir.cun.**dar**) *v.t.d.* Dispor-se ao redor de; rodear: *uma cerca circundava o jardim*.
circunferência (cir.cun.fe.**rên**.ci.a) *s.f.* (*Geom.*) Curva plana e fechada, em que todos os pontos são equidistantes de um ponto interior chamado centro.
circunflexo (cir.cun.**fle**.xo) [cs] *s.m. e adj.* (*Gram.*) (Acento) que é colocado sobre as vogais *a*, *e* e *o* para indicar pronúncia fechada, como em *ângulo*, *gênio* e *ônibus*.
circunlóquio (cir.cun.**ló**.qui.o) *s.m.* Frases que giram em torno do tema ou assunto; rodeio.
circunscrever (cir.cuns.cre.**ver**) *v.t.d.* **1.** Escrever, traçar em redor. *v.p.* **2.** Limitar-se, restringir-se.
circunscrição (cir.cuns.cri.**ção**) *s.f.* **1.** Ação de circunscrever. **2.** Divisão territorial.
circunscrito (cir.cuns.**cri**.to) *adj.* **1.** Limitado de todos os lados por uma linha. **2.** Restrito; limitado.
circunspecção (cir.cuns.pec.**ção**) *s.f.* **1.** Exame detalhado, minucioso, de algo. **2.** Moderação; prudência; cautela; ponderação.
circunspecto (cir.cuns.**pec**.to) *adj.* Ponderado, prudente, reservado. O mesmo que *circunspeto*.
circunspeto (cir.cuns.**pe**.to) *adj.* O mesmo que *circunspecto*.
circunstância (cir.cuns.**tân**.ci.a) *s.f.* **1.** Particularidade, condição de uma determinada situação. **2.** Estado, condição de (pessoa ou coisa) no momento ou lugar; traço, característica momentânea.
circunstancial (cir.cuns.tan.ci.**al**) *adj.2g.* Ligado à circunstância; momentâneo, passageiro.
circunstante (cir.cuns.**tan**.te) *adj.2g.* **1.** Que está em volta. *s.2g.* **2.** Aquele que está próximo de uma ocorrência: *os circunstantes socorreram o atropelado*.
circunvagar (cir.cun.va.**gar**) *v.t.d.* Andar em volta, percorrer os arredores.
circunvizinhança (cir.cun.vi.zi.**nhan**.ça) *s.f.* Arredores, vizinhança.
circunvizinho (cir.cun.vi.**zi**.nho) *adj.* Que fica próximo, em torno.
círio (**cí**.ri.o) *s.m.* Vela grande de cera. (*Folc.*) *Círio de Nazaré*: importante festa religiosa em Belém (PA), com uma procissão com a imagem de Nossa Senhora de Nazaré.
cirro (**cir**.ro) *s.m.* Nuvem branca e muito alta, formada de cristais de gelo.
cirrose (cir.**ro**.se) [ó] *s.f.* (*Med.*) Doença crônica e degenerativa do fígado, causada por alcoolismo ou infecções virais.

cirrótico (cir.ró.ti.co) *adj.* (*Med.*) Relacionado a cirrose.
cirurgia (ci.rur.gi.a) *s.f.* (*Med.*) **1.** Tratamento que abre o organismo, corta partes para tratar de doenças, lesões ou deformidades; operação. **2.** Parte da medicina que estuda essa forma de tratamento.
cirurgião (ci.rur.gi.ão) *s.m.* (*Med.*) Médico que faz cirurgias.
cirurgião-dentista (ci.rur.gi.ão-den.tis.ta) *s.2g.* (*Med.*) Dentista. ▫ Pl. *cirurgiões-dentistas, cirurgiãs-dentistas*.
cirúrgico (ci.rúr.gi.co) *adj.* (*Med.*) Que diz respeito a cirurgia.
cisão (ci.são) *s.f.* **1.** Ato de cindir, separar, cortar. **2.** Divisão, fissão, corte. **3.** Separação, divergência.
ciscar (cis.car) *v.i.* Revolver o cisco de.
cisco (cis.co) *s.m.* Pó; poeira; partícula; argueiro.
cisma (cis.ma) *s.m.* **1.** Separação; dissidência; ruptura. *s.f.* **2.** Receio; desconfiança; preocupação.
cismar (cis.mar) *v.t.i.* Pensar insistentemente em; desconfiar; presumir.
cismático (cis.má.ti.co) *adj.* **1.** Pertencente a cisma. *s.m.* **2.** Pessoa que cisma com alguma coisa.
cisne (cis.ne) *s.m.* (*epiceno*) **1.** (*Zoo.*) Ave palmípede com longo pescoço e uma bela plumagem branca. (próprio) **2.** (*Astron.*) Constelação setentrional.
cisplatino (cis.pla.ti.no) *adj.* **1.** Que está situado do lado de cá, aquém do rio da Prata, na região que hoje pertence ao Uruguai. **2.** (*Hist.*) Que está relacionado a um conflito armado entre Brasil e Argentina, em 1825-1828, pela posse dessa região, então chamada Banda Oriental do rio da Prata.
cisterna (cis.ter.na) *s.f.* Reservatório de água; poço, cacimba.
cístico (cís.ti.co) *adj.* (*Med.*) Relativo a cisto.
cistite (cis.ti.te) *s.f.* (*Med.*) Inflamação da bexiga.
cisto (cis.to) *s.m.* (*Med.*) Tumor formado por um saco membranoso, onde se acumulam secreções ou substâncias semissólidas. O mesmo que *quisto*.
citação (ci.ta.ção) *s.f.* **1.** Ação de citar; menção, referência. **2.** Trecho de texto criado por outra pessoa, colocado em um trabalho ou obra: *coloque a citação entre aspas e indique o autor*. **3.** (*Dir.*) Intimação judicial.
citadino (ci.ta.di.no) *s.m. e adj.* (Aquele) que habita a cidade.
citar (ci.tar) *v.t.d.* **1.** Referir; mencionar; indicar. **2.** Copiar, transcrever um trecho criado por outra pessoa. **3.** (*Dir.*) Intimar para comparecer em juízo ou cumprir qualquer outra ordem judicial.
cítara (cí.ta.ra) *s.f.* (*Mús.*) Instrumento musical de cordas, semelhante à harpa ou à lira.
citologia (ci.to.lo.gi.a) *s.f.* **1.** Parte da biologia que estuda a estrutura e as funções das células. **2.** Exame ou análise laboratorial das células e estruturas celulares presentes em um tecido.
citológico (ci.to.ló.gi.co) *adj.* Relacionado à citologia.
citoplasma (ci.to.plas.ma) *s.m.* (*Bio.*) Material que fica dentro de uma célula, em volta do núcleo.

citoplasmático (ci.to.plas.má.ti.co) *adj.* (*Bio.*) Que diz respeito a citoplasma.
cítrico (cí.tri.co) *adj.* Que diz respeito às frutas do gênero *Citrus*, como a laranja e o limão.
citro (ci.tro) *s.m.* Qualquer planta cítrica, como limão, mexerica, lima.
ciúme (ci.ú.me) *s.m.* Temor, por vezes doentio, de que certo afeto não seja exclusivamente para nós; zelo amoroso, emulação.
ciumeira (ci.u.mei.ra) *s.f.* (*Pop.*) Ciúme de proporções exageradas.
ciumento (ci.u.men.to) *s.m. e adj.* (Aquele) que tem ciúme.
cível (cí.vel) *adj.2g.* **1.** Que diz respeito ao Direito Civil. *s.m.* **2.** Tribunal em que se julgam as causas cíveis ou do Direito Civil.
cívico (cí.vi.co) *adj.* **1.** Patriótico. **2.** Que diz respeito ao cidadão.
civil (ci.vil) *adj.2g.* **1.** Educado; polido; cortês. **2.** Que não é militar nem eclesiástico. **3.** Cível. *s.m.* **4.** Pessoa que não exerce carreira militar nem eclesiástica.
civilização (ci.vi.li.za.ção) *s.f.* **1.** Estado de progresso e aperfeiçoamento da humanidade na sua evolução social, cultural e intelectual. **2.** Cada um dos grupos humanos que atingiram esse estado: *civilização chinesa*.
civilizado (ci.vi.li.za.do) *adj.* **1.** Que tem civilização. **2.** Educado, polido.
civilizar (ci.vi.li.zar) *v.t.d.* **1.** Desenvolver, evoluir cultura: *civilizar os povos*. *v.p.* **2.** Tornar-se cortês, polido; educar-se.
civismo (ci.vis.mo) *s.m.* Patriotismo; dedicação ao interesse público.
cizânia (ci.zâ.ni.a) *s.f.* **1.** Divisão, separação. **2.** (*Bot.*) Gramínea nociva que se desenvolve entre o trigo; joio.
Cl Símbolo do elemento químico cloro.
clã *s.m.* **1.** Aglomeração de famílias com ancestrais comuns; parentela. **2.** Grei; partido.
clade (cla.de) *s.f.* (*Bio.*) Grupo de espécies que inclui o ancestral comum de origem.
clamar (cla.mar) *v.i.* **1.** Gritar; bradar. *v.t.i.* **2.** Suplicar por, bradar por.
clamor (cla.mor) [ô] *s.m.* Ação de clamar; súplica; brado; grito.
clamoroso (cla.mo.ro.so) [ô] *adj.* Em que há clamor; ruidoso; escandaloso; barulhento. ▫ Pl. *clamorosos* [ó].
clandestinidade (clan.des.ti.ni.da.de) *s.f.* Qualidade do que é oculto ou clandestino.
clandestino (clan.des.ti.no) *adj.* **1.** Que é feito às ocultas ou ilegalmente. *s.m.* **2.** Pessoa que se esconde em um navio ou avião, para viajar sem passagem nem documentos.
claque (cla.que) *s.f.* **1.** Grupo de pessoas contratadas para aplaudir um espetáculo. **2.** Grupo de admiradores.
clara (cla.ra) *s.f.* **1.** Albumina do ovo. **2.** Membrana branca que reveste o globo ocular; esclerótica.

clientela

claraboia (cla.ra.**boi**.a) [ó] s.f. Abertura no teto ou na parte superior da parede, para entrada de luz.

clarão (cla.**rão**) s.m. Claridade intensa; brilho; fulgor.

clarear (cla.re.**ar**) v.t.d. **1.** Tornar claro; branquear. **2.** Esclarecer. v.i. **3.** Tornar-se claro; iluminar-se; fazer-se dia.

clareira (cla.**rei**.ra) s.f. Espaço sem vegetação na mata.

clareza (cla.**re**.za) [ê] s.f. Qualidade do que é claro ou translúcido; transparência; limpidez.

claridade (cla.ri.**da**.de) s.f. Qualidade daquilo que é claro; fulgor; luminosidade.

clarim (cla.**rim**) s.m. (Mús.) Instrumento de sopro de bocal, com tubo mais estreito que o da corneta, usado nos sinais de ordenança de cavalaria e artilharia.

clarineta (cla.ri.**ne**.ta) [ê] s.f. (Mús.) Instrumento musical de sopro e de palheta. O mesmo que clarinete.

clarinete (cla.ri.**ne**.te) [ê] s.f. (Mús.) O mesmo que clarineta.

clarinetista (cla.ri.ne.**tis**.ta) s.2g. Músico que toca clarineta.

clarividência (cla.ri.vi.**dên**.ci.a) s.f.) **1.** Qualidade de clarividente; sagacidade, visão. **2.** Capacidade de ver formas e seres imateriais, acontecimentos passados ou futuros; vidência.

clarividente (cla.ri.vi.**den**.te) adj.2g. **1.** Que vê com clareza; perscrutador. s.2g. **2.** Pessoa que afirma ver formas e seres imateriais, acontecimentos passados ou futuros.

claro (**cla**.ro) adj. **1.** Iluminado; límpido; fácil de se ver. **2.** Fácil de se entender. **3.** Fácil de se ouvir. **4.** Sem nuvens. **5.** (Indivíduo) branco. **6.** Evidente, óbvio. s.m. **7.** Espaço em branco. adv. **8.** Com clareza; nitidamente. interj. **9.** Emprega-se para garantir, dar certeza, reafirmar uma constatação.

clarone (cla.**ro**.ne) s.m. (Mús.) Instrumento de sopro semelhante à clarineta, de tessitura mais grave.

classe (**clas**.se) s.f. **1.** Categoria, grupo, conjunto, divisão, ordem. **2.** Categoria gramatical. **3.** Grupo de pessoas que exercem uma mesma profissão. **4.** Grupo de alunos que assistem aula e fazem um curso juntos. **5.** (Bio.) Categoria da classificação dos seres vivos que agrupa as ordens e participa de um filo. **6.** (Pop.) Caráter nobre, valor, requinte: *ter classe, agir com classe*. **Classe social:** conjunto de pessoas agrupadas por semelhanças econômicas, culturais etc.

classicismo (clas.si.**cis**.mo) s.m. Escola literária que se estendeu do século XVI ao século XVII.

clássico (**clás**.si.co) adj. **1.** Que serve de padrão; correto, modelar. **2.** Diz-se da arte e da cultura greco-latinas, ou nelas inspiradas: *estátuas em estilo clássico, escritores clássicos*. **3.** Diz-se de obra artística, criador ou outro elemento que se mantém valorizado e apreciado por muitas pessoas ao longo do tempo: *os clássicos gregos; as peças de Shakespeare são grandes clássicos da literatura*.

classificação (clas.si.fi.ca.**ção**) s.f. **1.** Ato de classificar(-se). **2.** Posição em uma ordem: *pegou a segunda classificação*. **3.** (Bio.) Forma de agrupar e descrever os seres vivos, cujas categorias são reino, filo, classe, ordem, família, gênero e espécie.

classificado (clas.si.fi.**ca**.do) adj. **1.** Que se classificou ou qualificou; aprovado. s.m. **2.** Anúncio que se coloca nos jornais, oferecendo ou procurando trabalhadores ou determinado produto.

classificador (clas.si.fi.ca.**dor**) [ô] s.m. e adj. Que ou o que executa a classificação, que separa em classes; separador: (dispositivo) *classificador de batatas*.

classificar (clas.si.fi.**car**) v.t.d. **1.** Distribuir em classes; pôr em ordem. **2.** Qualificar. v.p. **3.** Ser aprovado ou qualificado.

classificatório (clas.si.fi.ca.**tó**.ri.o) adj. Relacionado a classificação, que determina classificação: *prova classificatória*.

claudicante (clau.di.**can**.te) adj.2g. Que claudica; manco.

claudicar (clau.di.**car**) v.i. Mancar.

claustro (**claus**.tro) s.m. **1.** Área interna de um convento. **2.** (P. ext.) Convento; vida monástica.

claustrofobia (claus.tro.fo.**bi**.a) s.f. Medo doentio de lugares fechados, como elevadores, túneis, labirintos.

cláusula (**cláu**.su.la) s.f. Cada uma das disposições de um contrato ou outro documento; preceito; artigo.

clausura (clau.**su**.ra) s.f. Reclusão em claustro.

clava (**cla**.va) s.f. Arma constituída por um bastão ou porrete com a ponta grossa; massa, maço.

clavicórdio (cla.vi.**cór**.di.o) s.m. (Mús.) Instrumento de cordas semelhante ao cravo, de som suave, popular no século XVIII.

clavícula (cla.**ví**.cu.la) s.f. (Anat.) Osso da parte superior do tórax, articulado com o esterno, de um lado, e com a escápula, de outro.

clemência (cle.**mên**.ci.a) s.f. Disposição para perdoar; indulgência; benevolência.

clemente (cle.**men**.te) adj.2g. Que revela clemência; indulgente; benevolente.

cleptomania (clep.to.ma.**ni**.a) s.f. (Med.) Estado mórbido que se caracteriza por um impulso irresistível de furtar.

cleptomaníaco (clep.to.ma.**ní**.a.co) s.m. (Med.) Pessoa que sofre de cleptomania.

clérigo (**clé**.ri.go) s.m. Aquele que entrou para o clero; sacerdote cristão.

clero (**cle**.ro) [é] s.m. Corporação dos sacerdotes pertencentes à Igreja.

clicar (cli.**car**) v.i. e v.t.i. **1.** Apertar e soltar o botão que dispara um comando do *mouse*, da câmera etc.: *clique no ícone, clicou a câmera fotográfica*. v.t.d. **2.** Fazer fotos de, tirar fotografia: *clicou a modelo em poses variadas*.

clichê (cli.**chê**) s.m. **1.** Chapa de metal gravada em relevo, para ser reproduzida por meio de impressão. **2.** Frase muito usada; lugar-comum; chavão.

cliente (cli.**en**.te) s.2g. Pessoa que necessita dos serviços de um advogado, médico, dentista; freguês.

clientela (cli.en.**te**.la) [é] s.f. Conjunto de clientes.

clientelismo (cli.en.te.**lis**.mo) s.m. Tipo de relação política em que alguém dá proteção ou favorece a outrem e recebe em troca seu apoio ou favores.

clima (cli.ma) s.m. Conjunto da temperatura e outras condições atmosféricas de uma determinada região.

climatério (cli.ma.**té**.ri.o) s.m. (*Med.*) Período da vida em que cessa a atividade reprodutora da mulher e diminui a atividade sexual do homem.

climático (cli.**má**.ti.co) adj. Relacionado ao clima: *os fenômenos climáticos são estudados pela meteorologia*.

climatização (cli.ma.ti.za.**ção**) s.f. **1.** Ação de climatizar. **2.** Conjunto de aparelhos e processos empregados para criar, em um recinto, condições ambientais adequadas.

climatizado (cli.ma.ti.**za**.do) adj. Que tem a temperatura e outras condições climáticas controladas: *ambiente climatizado*.

climatizar (cli.ma.ti.**zar**) v.t.d. **1.** Habituar a um novo clima; aclimatar; aclimar. **2.** Controlar as condições climáticas de temperatura, umidade etc.

clímax (**clí**.max) [cs] s.m. Ponto culminante; grau mais elevado; auge.

clínica (**clí**.ni.ca) s.f. (*Med.*) **1.** Local onde um médico atende seus clientes. **2.** Prática da Medicina.

clinicar (cli.ni.**car**) v.i. (*Med.*) Exercer a Medicina.

clínico (**clí**.ni.co) s.m. e adj. (*Med.*) (Médico) que exerce a Medicina.

clipe (cli.pe) s.m. **1.** Objeto com que se prendem folhas de papel. **2.** Videoclipe. **3.** Programa curto no rádio ou na televisão. **4.** Notícia, matéria separada de uma publicação.

clique (cli.que) s.m. **1.** Ação de clicar, de apertar e soltar o botão que dispara a máquina fotográfica ou dá comandos de *mouse*. **2.** Som desse disparo.

clitóris (cli.**tó**.ris) s.m.2n. (*Anat.*) Protuberância eréctil localizada na parte superior da vulva. ▫ Pl. *clitóris*.

clivagem (cli.**va**.gem) s.f. (*Bio.*) Primeiro estágio de desenvolvimento de um embrião, que consiste na divisão do ovo em muitas células.

clonagem (clo.**na**.gem) s.f. Processo pelo qual se produz um clone.

clonar (clo.**nar**) v.t.d. **1.** (*Bio.*) Fazer um clone de: *clonaram uma ovelha*. **2.** Fazer uma cópia de algo que deveria ser único: *clonar um cartão de crédito*.

clone (clo.ne) [ô] s.m. (*Bio.*) **1.** Indivíduo que tem o mesmo código genético que outro. **2.** Grupo de indivíduos que descendem de um só organismo.

cloreto (clo.**re**.to) [ê] s.m. (*Quím.*) Sal do ácido clorídrico. **Cloreto de sódio**: substância que constitui o sal de cozinha.

cloro (**clo**.ro) [ó] s.m. (*Quím.*) Elemento metaloide gasoso, de símbolo Cl, peso atômico 35,45 e número atômico 17, mineral que compõe o sal de cozinha.

clorofila (clo.ro.fi.la) s.f. (*Bot.*) Substância fotossintetizadora existente nas células das plantas, responsável por sua cor verde.

clorofluorcarbono (clo.ro.flu.or.car.**bo**.no) s.m. (*Quím.*) Composto que contém cloro, flúor e carbono, de sigla CFC, que deixou de ser usado n indústria de refrigeradores e aerosol por prejudica a atmosfera terrestre.

clorofórmio (clo.ro.**fór**.mi.o) s.m. (*Quím.*) Substân cia líquida, incolor, volátil e aromática, cujas pro priedades são anestésicas.

closet [inglês: "clôseti"] s.m. Cômodo para guarda roupas, calçados etc. em uma residência.

clube (clu.be) s.m. Associação recreativa, literária o esportiva, onde as pessoas se reúnem para joga dançar, beber, difundir o gosto pela leitura, prati car esportes etc.

Cm Símbolo do elemento químico cúrio.

cnidário (cni.**dá**.ri.o) s.m. (*Zoo.*) Invertebrado sim ples que forma um filo em que se classificam água-viva, o coral, a anêmona etc.; celenterado.

Co Símbolo do elemento químico cobalto.

coação (co.a.**ção**) s.f. Ação de coagir; constrangi mento; violência; coerção.

coadjuvante (co.ad.ju.**van**.te) adj.2g. **1.** Que coad juva ou ajuda. **2.** Referente ao ator que faz papéi secundários.

coadjuvar (co.ad.ju.**var**) v.t.d. Auxiliar; ajudar.

coador (co.a.**dor**) [ô] adj. **1.** Que coa. s.m. **2.** Sac de tecido ou filtro de papel pelo qual se coa café **3.** Recipiente onde se coa café.

coadunar (co.a.du.**nar**) v.i. Combinar, harmonizar -se: *exercício e dieta se coadunam muito bem par promover a saúde*.

coagir (co.a.**gir**) v.t.d. constranger; forçar; submeter Obs.: pres. do ind.: *coajo*, *coages*, *coage* etc. pres do subj.: *coaja*, *coajas*, *coaja* etc.

coagulação (co.a.gu.la.**ção**) s.f. Ação de coagular.

coagular (co.a.gu.**lar**) v.t.d. **1.** Coalhar; solidificar. v.i **2.** Solidificar-se.

coágulo (co.**á**.gu.lo) s.m. **1.** Parte de um líquido qu coagulou; coalho. **2.** (*Bio.*) Camada de células for mada quando um vaso sanguíneo se rompe, impe dindo hemorragia.

coala (co.a.la) s.m. (*Zoo.*) Marsupial australiano de 6(cm, cinza, com focinho curto, orelhas grandes redondas.

coalhada (co.a.**lha**.da) s.f. Leite coalhado ou coa gulado.

coalhado (co.a.**lha**.do) adj. **1.** Que coalhou; coagu lado. **2.** (*Pop.*) Cheio, lotado: *a praia estava coalhad de banhistas*.

coalhar (co.a.**lhar**) v.t.d. e v.i. Coagular; azedar: *limão coalha o leite*; *o leite coalhou*.

coalho (co.a.lho) s.m. Substância usada para coagula o leite e fazer os vários tipos de queijo. **Queijo de coalho**: queijo artesanal típico do agreste nordes tino, comido assado ou frito.

coalizão (co.a.li.**zão**) s.f. Acordo entre pessoas, parti dos ou outro tipo de organizações para um alcança uma meta comum; liga, aliança.

coar (co.**ar**) v.t.d. Fazer passar pelo coador ou filtro filtrar.

coautor (co.au.tor) [ô] s.m. **1.** Pessoa que, juntamente com outrem, produz uma obra. **2.** Em direito, aquele que, juntamente com outrem, é culpado da prática de um delito.

coaxar (co.a.xar) v.i. Verbo que representa a voz dos sapos e rãs.

cobaia (co.bai.a) s.f. (epiceno) (Zoo.) Mamífero roedor, usado em experiências nos laboratórios; porquinho-da-índia.

cobalto (co.bal.to) s.m. (Quím.) Metal cinzento, elemento de símbolo Co, peso atômico 58,93 e número atômico 27.

coberta (co.ber.ta) s.f. **1.** Tudo aquilo que serve para cobrir; cobertura; capa. **2.** (Fig.) Abrigo; proteção.

coberto (co.ber.to) adj. **1.** Que se cobriu; tapado, protegido, resguardado. **2.** Agasalhado, abrigado, vestido. **3.** Pago, liquidado. **4.** Oculto, dissimulado. **5.** Diz-se da fêmea animal que está prenhe. s.m. **6.** Área coberta; alpendre, varanda.

cobertor (co.ber.tor) [ô] s.m. Coberta de lã que se usa na cama para proteger do frio.

cobertura (co.ber.tu.ra) s.f. **1.** Tudo o que cobre; coberta. **2.** Apartamento mais alto de um edifício.

cobiça (co.bi.ça) s.f. Avidez, cupidez, ganância.

cobiçar (co.bi.çar) v.t.d. Ambicionar, desejar.

cobra (co.bra) s.f. (epiceno) (Zoo.) **1.** Réptil sem patas e carnívoro, com algumas espécies de picada peçonhenta e outras não; serpente, ofídio. **2.** Réptil do mesmo grupo, não peçonhento. (sobrecomum) **3.** (Fig.) Pessoa de gênio forte e má índole; serpente. Obs.: em alguns locais de língua inglesa, "cobra" é sinônimo de "naja".

obra-cega (co.bra-ce.ga) s.f. (Zoo.) **1.** Anfíbio sem patas e de corpo cilíndrico, de até 60cm, que vive nos cerrados e campos da América do Sul e come insetos; anfisbena, ápode, minhocão. **2.** Cobra. **3.** (Folc.) Brincadeira infantil em que uma pessoa vendada deve encontrar as outras. ▫ Pl. *cobras--cegas*.

obra-de-vidro (co.bra-de-vi.dro) s.f. (Zoo.) Lagarto sem pés. ▫ Pl. *cobras-de-vidro*.

obrador (co.bra.dor) [ô] s.m. **1.** Pessoa que, em ônibus, trem etc., cobra a passagem. adj. **2.** Que cobra: *um olhar cobrador*.

obra-grande (co.bra-gran.de) s.f. (Folc.) Boiuna. ▫ Pl. *cobras-grandes*.

obrança (co.bran.ça) s.f. Ação de cobrar.

obrar (co.brar) v.t.d. **1.** Proceder à cobrança de. **2.** Readquirir; recuperar.

obre (co.bre) [ó] s.m. **1.** (Quím.) Metal simples, elemento de símbolo Cu, peso atômico 63,55 e número atômico 29. **2.** (Fig.) Dinheiro.

obreiro (co.brei.ro) s.m. (Pop.) Erupção cutânea acompanhada de coceira, atribuída à passagem de cobra, aranha etc. sobre a pele ou sobre a roupa, e algumas vezes correspondente a herpes.

obrir (co.brir) v.t.d. **1.** Pôr cobertura sobre: *cobriu a cabeça*. **2.** Esconder, ocultar. **3.** Ultrapassar, exceder.

v.p. **4.** Pôr sobre si; proteger-se. Obs.: pres. do ind.: *cubro, cobres, cobre* etc.; pres. do subj.: *cubra, cubras, cubra* etc.; part.: *coberto*.

coca (co.ca) s.f. **1.** (Bot.) Arbusto com folhas de propriedades estimulantes. **2.** Cocaína. **3.** Redução de Coca-Cola, marca de refrigerante de cor escura e com cafeína.

coça (co.ça) s.f. (Pop.) **1.** Ato de coçar ou coçar-se; coçadura. **2.** Sova, surra.

cocada (co.ca.da) s.f. Doce de coco em forma sólida, branco ou em tons de açúcar queimado.

cocaína (co.ca.í.na) s.f. (Bot.) Alcaloide tóxico que se encontra na coca.

cocal (co.cal) s.m. Coqueiral.

cocama (co.ca.ma) s.2g. **1.** Indivíduo dos cocamas, povo indígena que vive hoje no Amazonas. **2.** Relacionado a esse povo.

cocar (co.car) s.m. Adorno para cabeça feito de penas, usado por alguns povos indígenas.

coçar (co.çar) v.t.d. **1.** Passar as unhas onde se sente comichão. **2.** (Fig.) Sovar; surrar.

cocção (coc.ção) s.f. Ação de cozinhar; cozimento.

cóccix (cóc.cix) [csis] s.m. (Anat.) Osso que fica na extremidade inferior da coluna vertebral.

cócegas (có.ce.gas) s.f.pl. **1.** Sensação acompanhada de risos produzida pelo toque suave em partes sensíveis do corpo. **2.** (Fig.) Desejo; tentação.

coceira (co.cei.ra) s.f. Comichão; prurido.

coche (co.che) s.m. Carruagem fechada; sege.

cocheira (co.chei.ra) s.f. Local onde se abrigam os cavalos.

cocheiro (co.chei.ro) s.m. **1.** Aquele que conduz os cavalos de uma carruagem. (próprio) **2.** (Astron.) Constelação boreal.

cochichar (co.chi.char) v.i. Falar baixinho; segredar.

cochicho (co.chi.cho) s.m. Ato de cochichar.

cochilada (co.chi.la.da) s.f. **1.** Ato ou efeito de cochilar. **2.** Cochilo.

cochilar (co.chi.lar) v.i. **1.** Dormir por pouco tempo. **2.** (Fig.) Descuidar-se; distrair-se.

cochilo (co.chi.lo) s.m. **1.** Ação de cochilar, dormir por pouco tempo; cochilada, soneca. **2.** (Fig.) Descuido; falha; distração.

cocho (co.cho) [ô] s.m. **1.** Recipiente de madeira escavada onde se põe água ou comida para o gado. **2.** Viola de cinco cordas feitas com tripa de mico ou de quati, usada em Mato Grosso e Mato Grosso do Sul, também chamada viola de cocho.

cochonilha (co.cho.ni.lha) s.f. (Zoo.) **1.** Inseto de que se extrai a púrpura, corante vermelho. **2.** Inseto que parasita hortas; pulgão.

cociente (co.ci.en.te) s.m. O mesmo que *quociente*.

cocker spaniel [inglês: "cóquer-ispâniel"] s.m. (Zoo.) Cão para companhia, de raça, médio, com pelo longo e abundante, dourado, preto ou malhado.

cocô (co.cô) s.m. (Infant.) Excremento, fezes.

cocó (co.**có**) s.m. **1.** Onomatopeia do som da galinha, galo ou frango; cocoricó. **2.** (Inf.) Frango, galinha.
coco¹ (co.co) [ô] s.m. **1.** (Bot.) Fruto do coqueiro, que contém a água-de-coco e polpa comestível. **2.** (Bot.) Fruto de qualquer palmeira, de tamanhos e utilidades variados. **3.** (Pop.) Cabeça, crânio. **4.** (Folc.) Ritmo e dança popular do Nordeste, com numerosas métricas e variedades, dançado em roda ou em pares soltos; quebra-coco: *cantavam um coco alegre enquanto quebravam a fruta de mesmo nome*. **Leite de coco:** suco branco feito com a polpa do coco e usado em numerosos pratos.
coco² (co.co) s.m. [ó] (Bio.) Bactéria de forma esférica.
cócoras (có.co.ras) s.f.pl. **De cócoras:** sentado sobre os calcanhares; agachado.
cocoricó (co.co.ri.có) s.m. Cocó.
côdea (cô.de.a) s.f. Crosta, casca.
codificação (co.di.fi.ca.ção) s.f. Ação de codificar, de escrever em código.
codificar (co.di.fi.car) v.t.d. Transformar em código, escrever como código.
código (có.di.go) s.m. **1.** Coleção de leis, regras e preceitos. **2.** Vocabulário ou conjunto de símbolos, signos de significado secreto. **3.** Conjunto de disposições legais relativas a um ramo do direito. **Código genético:** informações contidas nas células para que se reproduzam e mantenham o organismo vivo.
codorna (co.dor.na) s.f. (*epiceno*) (Zoo.) Ave pequena e marrom, do grupo do inhambu, criada para aproveitamento dos pequenos ovos rajados de castanho que coloca e da carne.
codorniz (co.dor.niz) s.f. (Zoo.) Ave europeia de 17 cm, castanha e rajada, de voo rápido.
coedição (co.e.di.ção) s.f. **1.** Edição em conjunto. **2.** Livro ou outra obra editada por duas editoras ou instituições.
coerdeiro (co.er.dei.ro) s.m. Aquele que herda ou recebe parte de uma herança, que é um de dois ou mais herdeiros.
coeficiente (co.e.fi.ci.en.te) s.m. (Mat.) Algarismo ou letra (fator de um termo) que indica quantas vezes a parte literal deve ser tomada como parcela.
coelho (co.e.lho) s.m. (Zoo.) Mamífero roedor, de orelhas compridas e rabo curto, pertencente ao gênero *Lepus*.
coentro (co.en.tro) s.m. (Bot.) Planta hortense usada como tempero.
coerção (co.er.ção) s.f. Ato de coagir; repressão; limitação dos direitos.
coercitivo (co.er.ci.ti.vo) adj. Relativo a coerção, em que há coerção; forçado.
coerência (co.e.rên.ci.a) s.f. Qualidade daquilo que é coerente, do que tem lógica e nexo; coesão, congruência.
coerente (co.e.ren.te) adj.2g. **1.** Que diz respeito a coerência; lógico; consequente. **2.** Coeso, sem contradições, congruente.
coesão (co.e.são) s.f. **1.** (Bio.) Interligação das moléculas de um corpo. **2.** (Fís.) Força de atração entre moléculas de uma mesma substância. **3.** Conexão; ligação.
coeso (co.e.so) [ê] adj. Unido; ligado; conexo.
coetâneo (co.e.tâ.ne.o) adj. e s.m. **1.** Contemporâneo **2.** (Aquele) que é da mesma idade de outro.
coevolução (co.e.vo.lu.ção) s.f. Evolução recíproca em duas ou mais espécies inter-relacionadas, que agem como agentes de seleção natural umas para as outras. Obs.: esta palavra não consta no *Volp*.
coexistência (co.e.xis.tên.ci.a) [z] s.f. Existência simultânea. **Coexistência pacífica:** tolerância entre pessoas com características ou ideologias diversas.
coexistente (co.e.xis.ten.te) [z] adj.2g. Que coexiste
coexistir (co.e.xis.tir) [z] v.t.d.i. e v.i. Existir ao mesmo tempo ou em conjunto: *os patos coexistiam bem com as galinhas*; *modernidade e tradição coexistiam*.
cofre (co.fre) [ó] s.m. Caixa resistente, dotada de um segredo, destinada a guardar dinheiro, documentos e objetos de valor.
cogestão (co.ges.tão) s.f. Gerência conjunta.
cogitação (co.gi.ta.ção) s.f. Ação de cogitar; pensamento, reflexão. **(Ser, estar) fora de cogitação:** aquilo que se recusa em pensamento, que se julga impossível, impensável: *deixar o gato e o pássaro sozinhos na mesma caixa estava fora de cogitação*.
cogitar (co.gi.tar) v.t.i. **1.** Pensar profundamente, refletir, meditar. **2.** Mencionar ou propor como hipótese: *cogitaram no nome dele para representante da classe*.
cognato (cog.na.to) s.m. e adj. (Gram.) (Vocábulo) que tem a mesma origem de outro ou que dele deriva, derivado, como *rosa, roseira, roseiral, rosado*.
cognição (cog.ni.ção) s.f. Aquisição de um conhecimento.
cognitivo (cog.ni.ti.vo) adj. Relacionado a cognição ou ao conhecimento.
cognome (cog.no.me) s.m. Alcunha; apelido; epíteto.
cogumelo (co.gu.me.lo) s.m. (Bio.) Nome de vários fungos, alguns comestíveis e outros tóxicos.
coibir (co.i.bir) v.t.d. Reprimir; conter; inibir.
coice (coi.ce) s.m. (Zoo.) **1.** Golpe dado pelos animais com as patas traseiras. **2.** (Fig.) Grosseria. **3.** Recuo de uma arma de fogo, no momento em que é disparada.
coifa (coi.fa) s.f. **1.** Exaustor em forma de chaminé que se coloca sobre os fogões, para renovar o ar do ambiente. **2.** Redinha para o cabelo. **3.** (Bot.) Revestimento da raiz das plantas.
coincidência (co.in.ci.dên.ci.a) s.f. Identidade ou simultaneidade de duas ou mais situações.
coincidente (co.in.ci.den.te) adj.2g. Que coincide que acontece ao mesmo tempo ou do mesmo modo que outro: *interesses coincidentes*.
coincidir (co.in.ci.dir) v.t.i. **1.** Ajustar-se perfeitamente. v.i. **2.** Realizar-se ao mesmo tempo.

coiote (coi.o.te) [ó] s.m. (epiceno) (Zoo.) Lobo da América do Norte.
coisa (coi.sa) s.f. **1.** Objeto ou ser inanimado. **2.** (Fig.) Indisposição repentina; troço. **3.** Aquilo cujo verdadeiro nome não queremos citar.
coisa-feita (coi.sa-fei.ta) s.f. (Folc.) Feitiço maléfico, magia, macumba. ▪ Pl. *coisas-feitas*.
coisas (coi.sas) s.f.pl. Pertences, bens, propriedades.
coitado (coi.ta.do) adj. **1.** Infeliz; sofredor; que inspira compaixão. interj. **2.** Exprime pena, compaixão, piedade: "*coitado! pobrezinho!*", *repetiam para o pardal caído*.
coité (coi.té) s.m. (Folc.) Cuia.
coito (coi.to) s.m. Ato sexual com penetração do pênis na vagina ou no ânus; cópula.
cola (co.la) s.f. **1.** Substância grudenta ou pegajosa, usada para fazer aderir duas superfícies. **2.** (Fig.) Cópia clandestina, feita pelos alunos, nos exames escritos. **3.** Refrigerante de cor escura e com cafeína, semelhante à Coca-Cola. **4.** Palmeira de origem africana que dá uma noz ou semente de uso culinário e ritual.
colaboração (co.la.bo.ra.ção) s.f. **1.** Trabalho em comum; auxílio. **2.** Artigo de jornal ou revista, que foi escrito por pessoa estranha à redação.
colaboracionismo (co.la.bo.ra.ci.o.nis.mo) s.m. Ato, comportamento ou sentimento de colaboracionista.
colaboracionista (co.la.bo.ra.ci.o.nis.ta) s.2g. e adj. Que ou quem apoia ou colabora com o inimigo que invade seu país.
colaborador (co.la.bo.ra.dor) [ô] s.m. e adj. (Pessoa) que participa de um trabalho, que coopera em uma obra: *o autor do livro agradeceu aos colaboradores*.
colaborar (co.la.bo.rar) v.t.i. Prestar colaboração; cooperar; ajudar; auxiliar.
colação (co.la.ção) s.f. **1.** Ação ou efeito de grudar com cola. **2.** Concessão de título ou grau. **3.** Porção de alimento entre uma refeição e outra; lanche.
colaço (co.la.ço) adj. e s.m. **1.** (Aquele) que foi amamentado pela mesma mulher que outrem, apesar de não ser filho dela: *meu irmão colaço era negro*; *os colaços se davam muito bem*. **2.** (Pessoa) que tem forte amizade ou afinidade com outro; irmão.
colágeno (co.lá.ge.no) s.m. Substância proteica presente nos ossos, pele e cartilagens.
colante (co.lan.te) adj.2g. **1.** Que cola; adesivo: *argamassa colante*. **2.** Diz-se de roupa grudada no corpo: *vestido colante*.
colapso (co.lap.so) s.m. **1.** (Med.) Diminuição repentina da excitabilidade nervosa; prostração. **2.** (Fig.) Crise; falência de alguma atividade.
colar (co.lar) s.m. **1.** Enfeite de contas, pedras etc., que se usa no pescoço. v.t.d. **2.** Unir com cola. v.i. **3.** (Gír. Fig.) Copiar clandestinamente as respostas de um exame. **4.** (Pop.) Seguir de perto, imitar. **Colar grau**: receber graduação, após o término de um curso.
colarinho (co.la.ri.nho) s.m. Parte da camisa que fica em torno do pescoço.

colateral (co.la.te.ral) adj.2g. **1.** Que está ao lado; paralelo. **2.** Parente mas não em linha reta. **Efeito colateral**: efeito nocivo de um medicamento, que vem junto com o efeito esperado ou buscado de cura ou melhora.
colcha (col.cha) s.f. Cobertura de cama, geralmente usada sobre os lençóis.
colchão (col.chão) s.m. Peça que se coloca sobre o estrado da cama, recheada de material macio e confortável.
colcheia (col.chei.a) s.f. (Mús.) Figura musical que vale meia semínima.
colchete (col.che.te) [ê] s.m. **1.** Ganchinho de metal, que se usa para prender uma parte do vestuário à outra. **2.** Cada um dos dois sinais gráficos em forma de parênteses retos [ ], com que se isola um trecho do discurso.
coleção (co.le.ção) s.f. **1.** Conjunto de objetos de mesma natureza: *coleção de arte, coleção de figurinhas*. **2.** Conjunto de livros lançados por uma editora, sobre um tema e com quantidade definida de obras: *uma coleção de obras de filosofia*. Cf. série.
colecionador (co.le.ci.o.na.dor) [ô] s.m. Pessoa que faz uma coleção, que coleciona objetos.
colecionar (co.le.ci.o.nar) v.t.d. **1.** Fazer coleção de: *começou a colecionar autógrafos aos 15 anos*. **2.** Comprar as obras que integram uma coleção.
colega (co.le.ga) [é] s.2g. Companheiro de escola, profissão ou trabalho.
colegial (co.le.gi.al) adj.2g. **1.** Que diz respeito a colégio. s.m. e adj. **(Curso) colegial**: antigo nome do curso de nível médio. s.2g. **2.** Pessoa que estuda em colégio. **3.** (Ant.) Aluno do colegial.
colégio (co.lé.gi.o) s.m. **1.** Estabelecimento de ensino. **2.** Corporação de pessoas da mesma categoria: *colégio eleitoral*. **3.** (Ant.) Curso colegial.
coleguismo (co.le.guis.mo) s.m. Espírito de companheirismo existente entre colegas.
coleira (co.lei.ra) s.f. **1.** Aquilo que se coloca em volta do pescoço dos cães e de outros animais. **2.** (Zoo.) Papa-capim.
coleóptero (co.le.óp.te.ro) s.m. (Zoo.) Inseto que tem as asas dianteiras duras em forma de colher ou concha, como besouro e joaninha.
cólera (có.le.ra) s.f. **1.** Ira; raiva; fúria. **2.** (Med.) Doença infecciosa aguda, geralmente epidêmica, cujos sinais são vômito, supressão da urina, diarreia, cãibras e prostração.
colérico (co.lé.ri.co) adj. **1.** Cheio de cólera; furioso; violento. s.m. e adj. **2.** (Indivíduo) atacado de cólera.
colesterol (co.les.te.rol) s.m. Álcool esteroide que se encontra em todas as gorduras e óleos animais, na bile, no sangue, no tecido cerebral, no leite, na gema de ovo, no fígado, nos rins e na glândula suprarrenal.
coleta (co.le.ta) [é] s.f. **1.** Ato de coletar. **2.** Quantia ofertada para obra de caridade. **3.** Arrecadação.
coletânea (co.le.tâ.ne.a) s.f. Trechos de diversos autores, selecionados e reunidos em uma só obra; antologia.

coletar (co.le.tar) v.t.d. **1.** Tributar; lançar contribuição. **2.** Arrecadar; recolher.
colete (co.le.te) [ê] s.m. **1.** Casaco sem mangas usado sobre a camisa, com calça e paletó. **2.** Equipamento de segurança colocado sobre o tronco: *colete salva-vidas, colete à prova de balas.*
coletiva (co.le.ti.va) s.f. Entrevista dada a vários repórteres.
coletividade (co.le.ti.vi.da.de) s.f. Comunidade; conjunto; sociedade.
coletivismo (co.le.ti.vis.mo) s.m. (*Pol.*) Doutrina ou sistema social em que os bens materiais são igualmente distribuídos para cada integrante da coletividade.
coletivização (co.le.ti.vi.za.ção) s.f. Uso ou posse coletiva dos bens de produção e consumo; distribuição igualitária.
coletivo (co.le.ti.vo) adj. **1.** Que pertence a muitos ou à coletividade; comum; que não é individual: *interesses coletivos, bens coletivos.* **2.** Que deve atender ou servir várias pessoas ao mesmo tempo; que não é individual: *transporte coletivo, atendimento coletivo.* s.m. e adj. **3.** Veículo destinado a transportar muitas pessoas de uma vez, como ônibus. **4.** (*Gram.*) (Substantivo singular) que denomina grande quantidade de seres, seja um grupo ou um conjunto, como *batalhão, rebanho, coleção.*
coletor (co.le.tor) [ô] adj. e s.m. **1.** (Aquele) que coleta, cobra ou recebe. **2.** (Pessoa) que compila ou colige. **3.** (Cano, tubo) que é o principal de uma rede, no qual desembocam os demais.
coletoria (co.le.to.ri.a) s.f. Repartição pública onde são pagos os impostos.
colheita (co.lhei.ta) s.f. **1.** Ato de colher produtos agrícolas. **2.** Resultado deste trabalho.
colher[1] (co.lher) [ê] v.t.d. **1.** Apanhar; tirar da haste. **2.** Conseguir; ganhar; receber. **3.** Atingir.
colher[2] (co.lher) [é] s.f. Utensílio composto de um cabo e de uma parte côncava, usado, por exemplo, para tomar sopa.
colibri (co.li.bri) s.m. (*epiceno*) (*Zoo.*) Beija-flor.
cólica (có.li.ca) s.f. (*Med.*) Contração dolorosa dos órgão abdominais; espasmo.
colidir (co.li.dir) v.t.d. **1.** Abalroar. v.t.i. **2.** Chocar; ir de encontro.
coliforme (co.li.for.me) [ó] s.m. (*Bio.*) Denominação comum aos bacilos gram-negativos, encontrados em fezes humanas e de animais.
coligação (co.li.ga.ção) s.f. **1.** Aliança; associação; confederação. **2.** Trama; maquinação; conspiração.
coligir (co.li.gir) v.t.d. Juntar, colher, recolher: *coligiu os poemas em um livro de poesia.*
colina (co.li.na) s.f. Pequeno monte; morro, outeiro, cerro.
colírio (co.lí.ri.o) s.m. (*Med.*) Medicamento que se pinga nos olhos.
colisão (co.li.são) s.f. Ato de colidir; choque; conflito.
coliseu (co.li.seu) s.m. **1.** Estádio; circo. (*próprio*) **2.** O maior anfiteatro da antiga Roma, cujas ruínas sobreviveram até nossos dias, no qual cristãos e leões se enfrentavam na arena.
colite (co.li.te) s.f. (*Med.*) Inflamação do cólon.
collant [francês: "colã"] s.m. Roupa de malha inteiriça, que cobre o tronco; maiô: *collant de bailarina.*
collie [inglês: "cóli"] s.m. (*Zoo.*) Cão de raça grande, de pelagem longa e abundante, dourada com manchas pretas e/ou brancas.
colmeia (col.mei.a) [é ou ê] s.f. (*Zoo.*) Conjunto de vários cortiços de abelhas.
colmo (col.mo) s.m. (*Bot.*) Caule de nós bem marcados, característico de algumas gramíneas como a cana-de-açúcar e o bambu.
colo (co.lo) [ó] s.m. **1.** Ação de segurar uma criança nos braços ou sobre as pernas da pessoa que está sentada: *dar colo, segurar no colo.* **2.** Parte do corpo entre o pescoço e os ombros.
colocação (co.lo.ca.ção) s.f. **1.** Ato de colocar. **2.** (*Fig.*) Emprego.
colocado (co.lo.ca.do) adj. **1.** Que se colocou; posto, posicionado. **2.** Situado em uma posição: *primeiro colocado, último colocado.*
colocar (co.lo.car) v.t.d. e v.p. **1.** Pôr(-se), posicionar(-se) v.t.d. **2.** Aplicar, introduzir.
coloidal (co.loi.dal) adj.2g. (*Quím.*) Relativo a coloide, formado por coloide.
coloide (co.loi.de) [ó] s.m. (*Quím.*) Mistura com partículas de uma substância espalhada de maneira uniforme em outra.
colom (co.lom) s.m. **1.** Moeda da Costa Rica. **2.** Moeda de El Salvador. Obs.: do espanhol *colón.*
colombiano (co.lom.bi.a.no) adj. **1.** Da Colômbia, país da América do Sul. s.m. **2.** Pessoa natural ou habitante desse lugar.
colombina (co.lom.bi.na) s.f. (*Folc.*) Fantasia de mulher sedutora e volúvel, originária do Carnaval de Veneza e inspirada em uma personagem teatral. Cf. *columbino.*
cólon (có.lon) s.m. (*Anat.*) Parte do intestino grosso, localizada entre o ceco e o reto.
colônia (co.lô.ni.a) s.f. **1.** Grupo de imigrantes, de pessoas que moram juntas em outro país: *as colônias de italianos surgiram no fim do século XIX.* **2.** (*Hist.*) Território ocupado e explorado por outro Estado, dito metrópole: *o Brasil foi colônia de Portugal.* **3.** (*Bio.*) Conjunto de seres da mesma espécie que vivem juntos. **4.** Líquido aromático de lavanda, ou alfazema, mais suave que um perfume; água-de-colônia, lavanda.
colonial (co.lo.ni.al) adj.2g. **1.** Pertencente a colônia. **2.** Pertencente ao Brasil no período em que era colônia de Portugal: *o Período Colonial começa em 1530 e vai até a declaração de independência, em 7 de setembro de 1822.* **3.** Típico dessa época: *arquitetura colonial.*
colonialismo (co.lo.ni.a.lis.mo) s.m. Política em que um país, dito metrópole, estabelece seu domínio sobre possessões, ditas colônias, para explorar seus recursos.

colonialista (co.lo.ni.a.**lis**.ta) adj.2g. **1.** Relacionado a, próprio do colonialismo. **2.** Que pratica essa exploração. adj.2g. e s.2g. **3.** Partidário do colonialismo.

colonização (co.lo.ni.za.**ção**) s.f. Ação de colonizar.

colonizador (co.lo.ni.za.**dor**) [ô] s.m. e adj. (Aquele) que coloniza.

colonizar (co.lo.ni.**zar**) v.t.d. **1.** Transformar em colônia; ocupar e explorar como colônia: *Portugal colonizou regiões na África, Ásia e América.* **2.** Estabelecer colônias, povoar com colonos: *a colonização da região Sul contou com italianos, alemães, poloneses, japoneses e outros.*

colono (co.**lo**.no) s.m. **1.** Membro ou habitante de uma colônia. **2.** Cultivador de terra que não lhe pertence.

coloquial (co.lo.qui.**al**) adj.2g. **1.** Relacionado a, próprio de colóquio ou conversa. **2.** Diz-se do estilo literário que utiliza vocabulário e sintaxe próximos da fala cotidiana.

colóquio (co.**ló**.qui.o) s.m. Conversa, palestra.

coloração (co.lo.ra.**ção**) s.f. Ato e efeito de colorir.

colorau (co.lo.**rau**) s.m. Pó vermelho que se obtém da pulverização de pimentão seco e também da semente de urucum.

colorido (co.lo.**ri**.do) adj. **1.** Que se coloriu. **2.** Que tem, usa ou mostra várias cores: *desenho colorido.* s.m. **3.** Combinação de cores.

colorir (co.lo.**rir**) v.t.d. **1.** Dar cor a; matizar. v.p. **2.** Adquirir cor. Obs.: verbo defectivo, não conjugado na 1ª pes. sing. do pres. do ind. nem nos tempos dela derivados; pres. subj., imperat. neg., 3ª pes. sing. e pl., 1ª pl. do imperat. afirm.

colossal (co.los.**sal**) adj.2g. De proporções enormes; vasto; prodigioso.

colosso (co.**los**.so) [ô] s.m. **1.** Estátua ou obra de grandes dimensões. (*sobrecomum*) **2.** Pessoa notável em alguma atividade: *ela é um colosso no basquete.* Obs.: originou-se do Colosso de Rodes, estátua de 30 ou 52m de altura, construída na entrada do porto de Rodes, no Mediterrâneo, destruída por um terremoto em 226 a.C.

colostro (co.**los**.tro) s.m. Primeiro leite que surge após o parto.

columbino (co.lum.**bi**.no) adj. Próprio de ou para pombos. Cf. *colombina.*

coluna (co.**lu**.na) s.f. **1.** Pilar que sustenta uma abóbada, ou serve de decoração. **2.** Área vertical de uma página impressa: *o livro tem uma coluna, o jornal tem várias.* **3.** Seção de jornal, revista ou *site* com texto assinado pelo mesmo autor, em geral opinativos: *coluna social, coluna de esportes.* **4.** Grupo de soldados em linha. (*Anat.*) **Coluna vertebral:** série de vértebras que sustenta o esqueleto dos animais vertebrados; espinha dorsal.

colunista (co.lu.**nis**.ta) s.2g. Pessoa que assina uma coluna em jornal ou revista.

com prep. Indica relações de causa, companhia, instrumento, ligação, modo.

coma (**co**.ma) s.m. **1.** (*Med.*) Sonolência profunda, acompanhada de perda das atividades cerebrais superiores. s.f. **2.** (*Astron.*) Nuvem de gases e vapor em torno do núcleo de um cometa.

comadre (co.**ma**.dre) s.f. **1.** Madrinha em relação aos pais do afilhado; a mulher do compadre. **2.** Mãe do afilhado em relação aos padrinhos. **3.** (*Med.*) Urinol achatado, usado por pessoas que não conseguem sair da cama. **4.** Parteira.

comandância (co.man.**dân**.ci.a) s.f. Cargo de comandante.

comandante (co.man.**dan**.te) s.2g. Aquele que tem um comando militar.

comandar (co.man.**dar**) v.t.d. Exercer comando; mandar.

comando (co.**man**.do) s.m. **1.** Ação de comandar. **2.** Autoridade e funções do comandante. **3.** Local ou sede da comandância.

comarca (co.**mar**.ca) s.f. (*Dir.*) Circunscrição judiciária sob a alçada de um juiz.

comatoso (co.ma.**to**.so) [ô] adj. **1.** Relativo a coma. **2.** Que está em coma. ▣ Pl. *comatosos* [ó].

combate (com.**ba**.te) s.m. Ato de combater; luta, disputa.

combatente (com.ba.**ten**.te) s.2g. e adj.2g. (Pessoa) que participa de combate: *homenagear os combatentes.*

combater (com.ba.**ter**) v.t.d. **1.** Lutar contra; bater-se com. **2.** Contestar. v.i. **3.** Lutar; guerrear.

combativo (com.ba.**ti**.vo) adj. Polêmico; pugnaz; lutador.

combinação (com.bi.na.**ção**) s.f. **1.** Ato de combinar; ligação; acordo. **2.** Roupa íntima feminina que cobre o tronco, usada sob vestido. Cf. *anágua.*

combinado (com.bi.**na**.do) adj. Aquilo que se combina ou combinou; trato, compromisso, prometido: *o combinado era tomar sorvete na praia, mas foram para o circo.*

combinar (com.bi.**nar**) v.t.d. **1.** Reunir em determinada ordem; unir; agrupar. v.t.i. **2.** Convir; concordar. v.p. **3.** Estar de acordo.

combinatório (com.bi.na.**tó**.ri.o) adj. Que envolve ou em que há combinação ou combinações.

comboiar (com.boi.**ar**) v.t.d. **1.** Acompanhar, levar (um comboio). **2.** Conduzir, rebocar.

comboio (com.**boi**.o) s.m. **1.** Conjunto de veículos que se dirigem ao mesmo destino. **2.** Navio escoltado por vasos de guerra. **3.** Trem, composição férrea.

comburente (com.bu.**ren**.te) adj.2g. Que queima, que pega fogo.

combustão (com.bus.**tão**) s.f. **1.** Ação de queimar-se, de pegar fogo. **2.** (*Quím.*) Estado de um corpo que arde, produzindo luz e calor.

combustível (com.bus.**tí**.vel) adj.2g. **1.** Que tem a propriedade de se consumir, de arder. s.m. **2.** (*Quím.*) Substância que se queima para produzir energia, como gasolina, álcool ou óleo.

começar (co.me.**çar**) v.t.d. **1.** Iniciar. v.i. **2.** Ter começo.

começo (co.me.ço) [ê] s.m. Início; princípio; origem.
comédia (co.mé.di.a) s.f. **1.** Obra teatral ou filme em que predomina a sátira e a graça. **2.** (Fig.) Fingimento; simulação.
comediante (co.me.di.an.te) s.2g. **1.** Ator de comédias; cômico. **2.** (Fig.) Farsante; impostor.
comedido (co.me.di.do) adj. Moderado; discreto; prudente.
comedimento (co.me.di.men.to) s.m. Moderação; modéstia; prudência.
comediógrafo (co.me.di.ó.gra.fo) s.m. Autor de comédias.
comedir (co.me.dir) v.t.d. e v.p. Moderar(-se), conter(-se), regular(-se) de modo conveniente: *comediu os gastos; comediu-se nos doces.*
comedouro (co.me.dou.ro) s.m. **1.** Local onde animais selvagens comem. **2.** Sala de um imóvel própria para as refeições. adj. **3.** Próprio para ser comido.
comemoração (co.me.mo.ra.ção) s.f. Ato de comemorar; solenidade; celebração.
comemorar (co.me.mo.rar) v.t.d. Lembrar, trazer à memória, fazer recordar um fato.
comemorativo (co.me.mo.ra.ti.vo) adj. Que comemora ou celebra.
comenda (co.men.da) s.f. Distinção e insígnia de comendador.
comendador (co.men.da.dor) [ô] s.m. Titular de uma comenda.
comensal (co.men.sal) s.2g. **1.** Cada um dos que comem ou se alimentam juntos: *um jantar para oito comensais.* **2.** Pessoa que se alimenta na casa de outra. **3.** (Bio.) Espécie que se beneficia de uma relação de comensalismo.
comensalismo (co.men.sa.lis.mo) s.m. (Bio.) Relação simbiótica na qual uma das espécies participantes se beneficia e outra não é prejudicada. Cf. *parasitismo.*
comensurar (co.men.su.rar) v.t.d. Medir, mensurar.
comensurável (co.men.su.rá.vel) adj.2g. Que se pode comensurar ou medir.
comentar (co.men.tar) v.t.d. **1.** Fazer comentário a. **2.** Analisar. **3.** Criticar; censurar.
comentário (co.men.tá.ri.o) s.m. Análise; nota crítica; censura.
comentarista (co.men.ta.ris.ta) s.2g. Aquele que faz comentários.
comer (co.mer) v.t.d. **1.** Mastigar e deglutir. v.i. **2.** Alimentar-se. **3.** (Fig.) Gastar em alimentação. **4.** (Fig.) Desgastar; corroer. **5.** (Chul.) Penetrar com pênis, dedo etc.; copular. s.m. **6.** Alimento; comida.
comercial (co.mer.ci.al) adj.2g. **1.** Que diz respeito a comércio; mercantil. s.m. **2.** Anúncio, propaganda em rádio ou televisão.
comercialização (co.mer.ci.a.li.za.ção) s.f. Ato de comercializar.
comercializar (co.mer.ci.a.li.zar) v.t.d. Comerciar; comprar e vender.
comercializável (co.mer.ci.a.li.zá.vel) adj.2g. Que se pode comercializar; comerciável.
comerciante (co.mer.ci.an.te) adj.2g. **1.** Que exerce algum ramo de comércio. s.2g. **2.** Negociante.
comerciar (co.mer.ci.ar) v.t.d. Fazer comércio; trocar comercialmente, comprar e vender; comercializar.
comerciário (co.mer.ci.á.ri.o) s.m. Pessoa que trabalha no comércio.
comerciável (co.mer.ci.á.vel) adj.2g. Que se pode comerciar; comercializável.
comércio (co.mér.ci.o) s.m. **1.** Negócio, que pode compreender a permuta, troca e venda de produtos (ou valores). **2.** Classe dos comerciantes.
comestível (co.mes.tí.vel) s.m. e adj.2g. (Aquilo) que se pode comer.
cometa (co.me.ta) [ê] s.m. (Astron.) Astro de cauda luminosa.
cometer (co.me.ter) v.t.d. Fazer; praticar; perpetrar.
comichão (co.mi.chão) s.f. **1.** Prurido; coceira. **2.** (Fig.) Desejo muito forte.
comicidade (co.mi.ci.da.de) s.f. Qualidade de cômico.
comício (co.mí.ci.o) s.m. Reunião pública, geralmente com finalidade política.
cômico (cô.mi.co) adj. **1.** Que diz respeito a comédia. **2.** (Fig.) Ridículo; grotesco. s.m. **3.** Ator de comédias; comediante; humorista.
comida (co.mi.da) s.f. Tudo aquilo que serve para comer.
comida de santo (co.mi.da de san.to) s.f. Preparação culinária ou prato oferecido a um orixá ou santo, como parte do culto, e origem de várias receitas de grande sucesso na culinária afro-brasileira, como acarajé.
comigo (co.mi.go) pron. Forma oblíqua do pronome pessoal "eu", tônica, empregada com os sentidos de "em minha companhia, a mim, sobre mim": *ele falou comigo, ela saiu comigo, brincaram comigo.*
comilança (co.mi.lan.ça) s.f. **1.** Ato de comer muito. **2.** (Fig.) Lucro ilícito; ladroeira; patifaria.
comilão (co.mi.lão) s.m. e adj. (Aquele) que come muito; glutão.
cominho (co.mi.nho) s.m. (Bot.) Planta cujas sementes são usadas como condimento, típica da culinária do Nordeste.
comiseração (co.mi.se.ra.ção) s.f. Pena, piedade, dó, compaixão. O mesmo que *miseração.*
comissão (co.mis.são) s.f. **1.** Conjunto de pessoas encarregadas de tratar de certo assunto. **2.** Gratificação dada a alguém por um serviço prestado. **Cargo em comissão:** cargo que não é efetivo.
comissariado (co.mis.sa.ri.a.do) s.m. **1.** Cargo de comissário. **2.** Repartição onde este exerce sua função.
comissário (co.mis.sá.ri.o) s.m. **1.** Aquele que exerce uma comissão. **2.** Autoridade policial. **3.** Aquele que, ao lado da aeromoça, atende os passageiros no avião. (Diz-se também **comissário de bordo.**)

comissionar (co.mis.si.o.**nar**) v.t.d. Encarregar de uma comissão; incumbir.
comitê (co.mi.**tê**) s.m. Comissão; grupo de pessoas que examinam determinado assunto.
comitiva (co.mi.**ti**.va) s.f. Grupo de pessoas que acompanham uma outra; séquito; cortejo; companhia.
como (co.mo) conj. **1.** Porque. **2.** Conforme. **3.** Do mesmo modo que. adv. **4.** De que modo.
comoção (co.mo.**ção**) s.f. Abalo; perturbação.
cômoda (**cô**.mo.da) s.f. Móvel com várias gavetas e um tampo ou aparador em cima. Cf. *gaveteiro*.
comodidade (co.mo.di.**da**.de) s.f. Bem-estar; conforto.
comodismo (co.mo.**dis**.mo) s.m. Atitude daquele que visa apenas a seu bem-estar e conforto; egoísmo.
comodista (co.mo.**dis**.ta) s.2g. e adj.2g. (Aquele) que se preocupa apenas com seu bem-estar e conforto; egoísta.
cômodo (**cô**.mo.do) adj. **1.** Confortável. s.m. **2.** Acomodação; compartimento de uma casa.
comoriano (co.mo.ri.**a**.no) adj. **1.** De Comores, país da África. s.m. **2.** Pessoa natural ou habitante desse lugar.
comovedor (co.mo.ve.**dor**) [ô] adj. Próprio para comover; comovente.
comovente (co.mo.**ven**.te) adj.2g. Que comove; enternecedor; comovedor; emocionante.
comover (co.mo.**ver**) v.t.d. **1.** Causar emoção; impressionar; enternecer. v.p. **2.** Emocionar-se.
comovido (co.mo.**vi**.do) adj. Que se comoveu; emocionado, impressionado.
compactação (com.pac.ta.**ção**) s.f. Ação de compactar, procedimento para tornar compacto.
compactado (com.pac.**ta**.do) adj. Que se compactou, submetido a compactação.
compactar (com.pac.**tar**) v.t.d. **1.** Tornar compacto, reduzir o espaço entre as partículas de: *compactar o solo*. **2.** (Inf.) Tornar menor, submeter (um arquivo) a codificação que reduz seu tamanho, para armazenamento ou transmissão.
compacto (com.**pac**.to) adj. Denso; sólido; comprimido.
compactuar (com.pac.tu.**ar**) v.t.i. **1.** Pactuar; fazer pacto: *compactuar com os concorrentes*. **2.** Aceitar, ser conivente: *compactuar com injustiças*.
compadecer (com.pa.de.**cer**) v.t.d. **1.** Inspirar compaixão em. v.p. **2.** Sentir compaixão de.
compadre (com.**pa**.dre) s.m. **1.** Padrinho, em relação aos pais do afilhado; o marido da comadre. **2.** Pai do afilhado em relação aos padrinhos.
compaixão (com.pai.**xão**) s.f. Pesar pelo sofrimento ou pela dor de outrem; dó, piedade.
companheirismo (com.pa.nhei.**ris**.mo) s.m. Relacionamento entre companheiros.
companheiro (com.pa.**nhei**.ro) adj. **1.** Que acompanha. s.m. **2.** Pessoa que acompanha. **3.** Camarada; amigo; colega. **4.** Esposo.
companhia (com.pa.**nhi**.a) s.f. **1.** Sociedade comercial que se compõe de acionistas. **2.** Grupo artístico de um teatro. (*sobrecomum*) **3.** Pessoa que acompanha outra ou com quem se vive: *ele era a companhia da mãe nos jantares e festas*.
comparação (com.pa.ra.**ção**) s.f. Ato de comparar; confrontação.
comparar (com.pa.**rar**) v.t.d. **1.** Confrontar; cotejar. v.p. **2.** Igualar-se; rivalizar-se; cotejar-se.
comparativo (com.pa.ra.**ti**.vo) adj. **1.** Que serve para comparar. s.m. **2.** (*Gram.*) (Grau) dos adjetivos usado para comparar: *"melhor" e "pior" são comparativos de "bom"*.
comparável (com.pa.**rá**.vel) adj.2g. Que se pode comparar; próximo de: *preços comparáveis aos das lojas caras*.
comparecer (com.pa.re.**cer**) v.i. Apresentar-se em local determinado.
comparecimento (com.pa.re.ci.**men**.to) s.m. Ação de comparecer.
comparsa (com.**par**.sa) s.2g. **1.** Ator secundário; figurante. **2.** (*Fig.*) Cúmplice; parceiro.
compartilhado (com.par.ti.**lha**.do) adj. Que se compartilha, que se usa em comum.
compartilhar (com.par.ti.**lhar**) v.t.i. **1.** Participar de; tomar parte em: *compartilhar da alegria*. **2.** Usar junto com outros; partilhar, dividir: *compartilhar um computador com os irmãos*.
compartimentalização (com.par.ti.men.ta.li.za.**ção**) s.f. Ato ou efeito de dividir em compartimentos ou categorias.
compartimento (com.par.ti.**men**.to) s.m. Divisão, seção, parte isolada de um objeto ou construção: *o compartimento de frutas da geladeira, um compartimento para bagagem no navio*.
compassivo (com.pas.**si**.vo) adj. Que tem ou revela compaixão.
compasso (com.**pas**.so) s.m. **1.** Instrumento com que se traça uma curva, a partir de um centro. **2.** Cadência. **3.** (*Mús.*) Unidade métrica formada de tempos iguais.
compatibilidade (com.pa.ti.bi.li.**da**.de) s.f. Qualidade de compatível; coexistência.
compatibilizar (com.pa.ti.bi.li.**zar**) v.t.d. Tornar compatível; conciliar.
compatível (com.pa.**tí**.vel) adj.2g. Conciliável; que pode existir conjuntamente.
compatriota (com.pa.tri.**o**.ta) [ó] s.2g. e adj.2g. (Pessoa) que tem a mesma pátria em relação a outrem; patrício.
compelir (com.pe.**lir**) v.t.d. Impelir; incitar; obrigar. Obs.: pres. do ind.: *compilo, compeles, compele, compelimos, compelis, compelem*; pres. do subj.: *compila, compilas, compila* etc.
compendiar (com.pen.di.**ar**) v.t.d. Descrever em compêndio, explicando todas as partes.
compêndio (com.**pên**.di.o) s.m. **1.** Resumo, síntese. **2.** Livro de texto usado em escolas de nível superior.

compenetrado (com.pe.ne.**tra**.do) *adj*. Convicto; introspectivo.
compenetrar (com.pe.ne.**trar**) *v.p*. Convencer-se; persuadir-se.
compensação (com.pen.sa.**ção**) *s.f*. Ato de compensar.
compensar (com.pen.**sar**) *v.t.d*. **1**. Contrabalançar. **2**. Reparar algum erro. **3**. Indenizar.
competência (com.pe.**tên**.ci.a) *s.f*. **1**. (Dir.) Faculdade de apreciar e julgar uma questão. **2**. Qualidade de quem é capaz; capacidade; aptidão.
competente (com.pe.**ten**.te) *adj.2g*. **1**. (Dir.) Que tem competência para julgar uma questão. **2**. Capaz; apto. **3**. Próprio; adequado.
competição (com.pe.ti.**ção**) *s.f*. **1**. Ação de competir; disputa. **2**. Prova em que se compete ou disputa: *competição esportiva*. **3**. Rixa, rivalidade.
competidor (com.pe.ti.**dor**) [ô] *adj*. Cada um dos participantes de uma competição; concorrente.
competir (com.pe.**tir**) *v.i*. **1**. Concorrer, rivalizar; disputar competição esportiva: *competiu com atletas do mundo todo*. *v.t.d*. **2**. Disputar, concorrer: *dez candidatos competiam pela vaga*. **3**. Pertencer por direito: *direitos e deveres que competem a todos*. **4**. Ser da competência de; caber a: *compete ao juiz decidir as penas*. Obs.: pres. do ind.: *compito, competes, compete, competimos, competis, competem*; pres. do subj.: *compita, compitas, compita* etc.
competitividade (com.pe.ti.ti.vi.**da**.de) *s.f*. Qualidade do que é competitivo, do que tem condições de participar de uma competição.
competitivo (com.pe.ti.**ti**.vo) *adj*. **1**. Relacionado a competição ou disputa. **2**. Que tem condições de competir, que pode ganhar.
compilar (com.pi.**lar**) *v.t.d*. **1**. Reunir em uma só obra textos de fontes diversas; coligir. **2**. Resumir em um texto informações de várias fontes.
complacência (com.pla.**cên**.ci.a) *s.f*. Condescendência; benevolência.
complacente (com.pla.**cen**.te) *adj.2g*. Condescendente; benévolo.
compleição (com.plei.**ção**) *s.f*. Constituição, tipo, caráter: *compleição física, compleição psicológica*.
complementar (com.ple.men.**tar**) *v.t.d*. **1**. Completar. *adj*. **2**. Que serve de complemento.
complemento (com.ple.**men**.to) *s.m*. Aquilo que complementa ou completa.
completar (com.ple.**tar**) *v.t.d*. **1**. Acabar; concluir; rematar. *v.p*. **2**. Tornar-se completo.
completo (com.**ple**.to) [é] *adj*. A que nada falta; preenchido; total; perfeito.
complexado (com.ple.**xa**.do) [cs] *adj*. Perturbado por complexos ou sentimentos negativos; frustrado, invejoso.
complexidade (com.ple.xi.**da**.de) [cs] *s.f*. Qualidade do que é complexo ou intrincado; dificuldade.
complexo (com.**ple**.xo) [cs] *adj*. **1**. Que contém ou é composto por muitas ideias ou elementos; que não é simples. **2**. Complicado, intrincado. **3**. Difícil,

elaborado. *s.m*. **4**. (Psi.) Conjunto de fatores mentais inconscientes, mais ou menos autônomos, que podem interferir nas realizações conscientes de uma pessoa.
complicação (com.pli.ca.**ção**) *s.f*. Ação de complicar; embaraço.
complicado (com.pli.**ca**.do) *adj*. **1**. Que se complicou; difícil, trabalhoso. **2**. Confuso, atrapalhado.
complicador (com.pli.ca.**dor**) [ô] *adj. e s.m*. (O) que complica.
complicar (com.pli.**car**) *v.t.d*. **1**. Tornar difícil, complexo ou trabalhoso; dificultar: *usar dois dados em vez de um só ia complicar mais o jogo*. **2**. Tornar confuso, atrapalhar, embaralhar.
complô (com.**plô**) *s.m*. **1**. Conspiração contra o governo. **2**. Ação secreta, trama contra o poder em uma organização.
componente (com.po.**nen**.te) *s.2g. e adj.2g*. **1**. (O) que entra na composição de, o que faz parte: *componente do jogo, componente do grupo*. **2**. (Fís.) Cada uma das forças que se combinam para produzir uma força resultante.
compor (com.**por**) *v.i*. **1**. Fazer música ou poesia. *v.t.d*. **2**. Construir; consertar. **3**. Colocar em ordem. **4**. Formar com várias peças. *v.p*. **5**. Ser composto; constituir-se. Obs.: conjuga-se como *pôr*.
comporta (com.**por**.ta) *s.f*. Dispositivo para conter uma massa de líquidos ou sólidos, capaz de abrir e fechar. Cf. *eclusa*.
comportado (com.por.**ta**.do) *adj*. Que se comporta bem, que tem bom comportamento, que segue os padrões: *um aluno comportado, roupas comportadas*.
comportamento (com.por.ta.**men**.to) *s.m*. Procedimento; conduta; atuação.
comportar (com.por.**tar**) *v.t.d*. **1**. Conter em si; suportar. *v.p*. **2**. Agir; proceder.
composição (com.po.si.**ção**) *s.f*. **1**. Ato de compor. **2**. Produção científica, literária ou artística. **3**. Trem; comboio.
compositor (com.po.si.**tor**) [ô] *s.m*. **1**. Autor de música. **2**. (Ant.) Tipógrafo.
composto (com.**pos**.to) [ô] *adj*. **1**. Arrumado; disposto. **2**. Que é formado por mais de um elemento, que não é simples. *s.m*. **3**. (Quím.) Substância formada por mais de um elemento: *a água é um composto*. ▣ Pl. *compostos* [ó].
compostura (com.pos.**tu**.ra) *s.f*. Capacidade de manter a boa postura, de comportar-se com decência e decoro: *ficou nervoso e perdeu a compostura*.
compota (com.**po**.ta) [ó] *s.f*. Doce de frutas em calda.
compra (com.pra) *s.f*. **1**. Ato de comprar. **2**. Aquilo que se comprou. **3**. Suborno. **4**. (Fig.) Ação de retirar uma carta do baralho.
comprador (com.pra.**dor**) [ô] *s.m. e adj*. (Aquele) que compra, que faz uma compra.
comprar (com.**prar**) *v.t.d*. **1**. Obter, adquirir por dinheiro. **2**. (Fig.) Subornar. **3**. Retirar, quando é sua vez, durante um jogo, uma carta do baralho.

compreender (com.pre.en.**der**) *v.t.d.* **1.** Conter; abranger. **2.** Entender; perceber.
compreensão (com.pre.en.**são**) *s.f.* Ato de compreender; percepção.
compreensível (com.pre.en.**sí**.vel) *adj.2g.* Fácil de ser compreendido.
compreensivo (com.pre.en.**si**.vo) *adj.* Que compreende, que tem compreensão; camarada, receptivo: *uma pessoa compreensiva*.
compressão (com.pres.**são**) *s.f.* Ato de comprimir; aperto; pressão.
compressor (com.pres.**sor**) [ô] *adj.* **1.** Que comprime: *meias de alto poder compressor*. *s.m.* **2.** Aparelho que aumenta a pressão de um gás: *usei um compressor para encher as bolas*.
comprido (com.**pri**.do) *adj.* **1.** Extenso; longo. **2.** Alto. **3.** Demorado; prolixo. *s.m.* **4.** Comprimento.
comprimento (com.pri.**men**.to) *s.m.* Dimensão longitudinal; distância.
comprimido (com.pri.**mi**.do) *adj.* **1.** Que se comprimiu; apertado; compactado. *s.m.* **2.** Medicamento compactado, em forma de pastilha.
comprimir (com.pri.**mir**) *v.t.d.* Reduzir o volume, por compressão; apertar; diminuir, compactar.
comprobatório (com.pro.ba.**tó**.ri.o) *adj.* Que encerra alguma prova; que comprova.
comprometedor (com.pro.me.te.**dor**) [ô] *adj.* Que compromete ou expõe a algum risco.
comprometer (com.pro.me.**ter**) *v.t.d.* **1.** Obrigar por compromisso; expor a algum risco. **2.** Reduzir as possibilidades; estragar, prejudicar: *as chuvas comprometeram o jogo*. *v.p.* **3.** Responsabilizar-se, assumir compromisso por.
comprometido (com.pro.me.**ti**.do) *adj.* **1.** Que tem compromisso, que se comprometeu. **2.** Prejudicado, diminuído nas possibilidades: *visão comprometida pela neblina*.
comprometimento (com.pro.me.ti.**men**.to) *s.m.* **1.** Ação de comprometer(-se), de assumir compromissos ou fazer promessas. **2.** Ação de comprometer, prejudicar o funcionamento de: *a pancada causou um comprometimento das funções cerebrais do gato*.
compromisso (com.pro.**mis**.so) *s.m.* **1.** Obrigação; promessa; acordo. **2.** Dívida.
comprovação (com.pro.va.**ção**) *s.f.* Ato de comprovar; corroboração; prova; documentação.
comprovante (com.pro.**van**.te) *adj.2g.* **1.** Que comprova. *s.m.* **2.** Recibo que serve para comprovar uma despesa.
comprovar (com.pro.**var**) *v.t.d.* Provar; corroborar; provar; confirmar.
compulsão (com.pul.**são**) *s.f.* (Psi.) Impulso irresistível que leva à repetição de um ato.
compulsar (com.pul.**sar**) *v.t.d.* **1.** Ler com detalhe; examinar. **2.** Empurrar, compelir, obrigar.
compulsivo (com.pul.**si**.vo) *adj.* **1.** Relacionado a compulsão, caracterizado por compulsão: *ato compulsivo*. **2.** (Fig.) Que é repetido de modo doentio e automático.
compulsório (com.pul.**só**.ri.o) *adj.* Que é feito por obrigação; obrigatório.
computação (com.pu.ta.**ção**) *s.f.* **1.** Ciência que estuda os algoritmos, seus cálculos e aplicações. **2.** Aplicação desse conhecimento em sistemas de computador.
computacional (com.pu.ta.ci.o.**nal**) *adj.2g.* Relacionado a computador ou computação.
computador (com.pu.ta.**dor**) [ô] *s.m.* (Inf.) Dispositivo mecânico e eletrônico capaz de armazenar e manipular dados, de fazer computação em tarefas matemáticas, de comunicação, desenho etc.
computar (com.pu.**tar**) *v.t.d.* **1.** (Inf.) Realizar operações no computador. **2.** Contar; calcular; orçar.
cômputo (**côm**.pu.to) *s.m.* Cálculo; contagem; soma.
comum (co.**mum**) *adj.2g.* **1.** Que pertence a muitos ou a todos. **2.** Vulgar; habitual.
comum de dois (co.mum de **dois**) *s.2g.* (Substantivo) que tem uma forma comum para os dois gêneros mas recebe adjuntos masculinos ou femininos, como *o/a cientista, o/a atleta, o/a jovem*. Cf. *sobrecomum* ("a criança, o animal") e *epiceno* ("um jacaré fêmea, uma cobra macho").
comuna (co.**mu**.na) *s.f.* **1.** Na Idade Média, cidade emancipada que conquistava autonomia para se governar. **2.** Em vários países europeus, subdivisão territorial correspondente a município. **3.** (Pop.) Comunista.
comungar (co.mun.**gar**) *v.i.* **1.** Estar de acordo com relação a uma crença. **2.** Participar. **3.** (Relig.) Receber o sacramento da comunhão.
comunhão (co.mu.**nhão**) *s.f.* **1.** Ato de comungar. **2.** Participação. **3.** (Relig.) Sacramento da Eucaristia.
comunicação (co.mu.ni.ca.**ção**) *s.f.* **1.** Troca de informação. **2.** Ato de comunicar. **3.** Informação, aviso.
comunicado (co.mu.ni.**ca**.do) *s.m.* Aviso, informação.
comunicar (co.mu.ni.**car**) *v.t.d.* **1.** Tornar comum. **2.** Estabelecer comunicação. *v.p.* **3.** Propagar-se. **4.** Corresponder-se, entrar em contato.
comunicativo (co.mu.ni.ca.**ti**.vo) *adj.* **1.** Que se comunica com facilidade. **2.** Expansivo; franco; extrovertido.
comunidade (co.mu.ni.**da**.de) *s.f.* **1.** Associação de pessoas, organizações ou estados com fins comuns. **2.** Grupo de pessoas que vivem em um local, que têm vida em comum: *comunidade de pescadores*. **3.** Grupo de pessoas com interesses comuns: *comunidade científica*. **4.** Divisão administrativa de alguns países, como a Espanha.
comunismo (co.mu.**nis**.mo) *s.m.* (Pol.) Doutrina que propõe a coletivização dos meios de produção, a divisão equitativa dos bens de consumo e a extinção das classes sociais.
comunista (co.mu.**nis**.ta) *adj.2g.* **1.** Pertencente ao comunismo. *s.2g.* **2.** Partidário do comunismo.
comunitário (co.mu.ni.**tá**.ri.o) *adj.* Que diz respeito à comunidade; coletivo.

comunitarismo (co.mu.ni.ta.**ris**.mo) s.m. Sistema ou prática de governo que privilegia o que é comunitário ou decorrente da participação da comunidade.

comutação (co.mu.ta.**ção**) s.f. Ação de comutar; troca, substituição.

comutar (co.mu.**tar**) v.t.d. Trocar, mudar, substituir: *comutar uma pena de prisão por trabalhos para a comunidade*.

concatenação (con.ca.te.na.**ção**) s.f. Ação de concatenar; associação, relacionamento: *concatenação de ações de todos os agentes*.

concatenar (con.ca.te.**nar**) v.t.d. Ligar em cadeia; associar, relacionar; encadear: *concatenar ideias*.

concavidade (con.ca.vi.**da**.de) s.f. Forma côncava.

côncavo (**côn**.ca.vo) adj. Que é mais elevado nas bordas do que no centro; escavado.

conceber (con.ce.**ber**) v.t.d. **1.** Gerar; dar origem a (um embrião, um novo ser): *conceber filhos*. **2.** Gerar, criar, dar origem na mente, espírito ou coração: *concebeu um plano, uma obra*.

concebível (con.ce.**bí**.vel) adj.2g. Que é passível de se conceber.

conceder (con.ce.**der**) v.t.d. Permitir; dar; consentir.

concedido (con.ce.**di**.do) adj. **1.** Que se concedeu; dado. **2.** Consentido, permitido.

conceitual (con.cei.tu.**al**) adj.2g. Relacionado ao conceito.

conceito (con.**cei**.to) s.m. **1.** Opinião, ideia. **2.** Definição. **3.** Em uma charada, chave para se chegar à solução proposta.

conceituação (con.cei.tu.a.**ção**) s.f. Ação de conceituar, de criar ou atribuir um conceito.

conceituado (con.cei.tu.**a**.do) adj. **1.** De que se tem algum conceito. **2.** Reputado; respeitado; acatado.

conceituar (con.cei.tu.**ar**) v.t.d. **1.** Formar, desenvolver ou expressar um conceito: *conceituar uma ideia*. **2.** Atribuir um conceito, definir o valor: *conceituar os trabalhos*.

concentração (con.cen.tra.**ção**) s.f. **1.** Ação de concentrar; aglomeração, condensação. **2.** Lugar isolado onde os esportistas ficam, descansando e treinando, às vésperas de uma competição.

concentrado (con.cen.**tra**.do) adj. **1.** Que se concentrou. **2.** Que tem a mente dedicada a uma questão; concentrado; absorto.

concentrar (con.cen.**trar**) v.t.d. e v.p. **1.** Tornar(-se) mais denso, com os elementos mais próximos; condensar(-se). **2.** Aproximar vários elementos; aglomerar. v.p. **3.** Pensar, refletir; dedicar a atenção ou a mente a: *concentrou-se no problema*.

concêntrico (con.**cên**.tri.co) adj. Que tem o mesmo centro.

concepção (con.cep.**ção**) s.f. Ato de conceber; conhecimento.

concernente (con.cer.**nen**.te) adj.2g. Que concerne, diz respeito; relacionado, ligado, atinente.

concernir (con.cer.**nir**) v.t.i. Dizer respeito a; referir-se a; ter relação com. Obs.: verbo só conjugado na 3ª pes.

concertar (con.cer.**tar**) v.t.d. **1.** (*Mús.*) Compor; harmonizar. **2.** Entrar em acordo com alguém, com relação a algo.

concertina (con.cer.**ti**.na) s.f. Instrumento semelhante ao acordeão, mas com teclado de botões, sanfona, harmônica.

concertista (con.cer.**tis**.ta) s.2g. Pessoa que dá concertos.

concerto (con.**cer**.to) [ê] s.m. **1.** Ato de concertar. **2.** Composição musical para um instrumento, mas com acompanhamento de orquestra. **3.** Sessão musical. Cf. *conserto*.

concessão (con.ces.**são**) s.f. **1.** Ato de conceder; autorização; permissão. **2.** Privilégio concedido pelo Estado, para que uma pessoa ou empresa explore um serviço ou recurso mineral.

concessionário (con.ces.sio.**ná**.ri.o) s.m. e adj. (Aquele) que obtém uma concessão.

concha (**con**.cha) s.f. **1.** (*Zoo.*) Invólucro calcário do corpo de certos moluscos. **2.** Colher grande e funda, para servir sopa, feijão etc. **3.** (*Anat.*) Parte exterior do canal auditivo.

conchavar (con.cha.**var**) v.t.d. Fazer conchavo: *conchavou com outros líderes uma nova associação*.

conchavo (con.**cha**.vo) s.m. Acordo, combinação, nem sempre lícita, para defesa de interesses.

conciliação (con.ci.li.a.**ção**) s.f. Ato de conciliar; harmonização; congraçamento.

conciliador (con.ci.li.a.**dor**) [ô] adj. Que concilia, que promove conciliação.

conciliar (con.ci.li.**ar**) v.t.d. Pôr em acordo; aliar, unir, congraçar.

conciliatório (con.ci.li.a.**tó**.ri.o) adj. Que busca conciliar: *um tom conciliatório*.

conciliável (con.ci.li.**á**.vel) adj.2g. Que se pode conciliar.

concílio (con.**cí**.li.o) s.m. (*Relig.*) Assembleia de bispos católicos dirigida pelo papa, para tratar de questões doutrinárias, disciplinares etc.: *Concílio de Trento*.

concisão (con.ci.**são**) s.f. Qualidade de conciso: *era um texto curto e claro, um primor de concisão*.

conciso (con.**ci**.so) adj. Sucinto, breve, resumido.

concitar (con.ci.**tar**) v.t.d. **1.** Excitar, incitar. **2.** Excitar, incitar.

conclave (con.**cla**.ve) s.m. **1.** Assembleia, reunião de cardeais para eleger o papa. **2.** Recinto onde ocorre essa reunião. **3.** Reunião, assembleia para tratar de um tema.

concludente (con.clu.**den**.te) adj.2g. Que conclui; terminante; conclusivo.

concluído (con.clu.**í**.do) adj. **1.** Que se concluiu. **2.** Terminado, feito, pronto: *trabalho concluído*.

concluir (con.clu.**ir**) v.t.d. **1.** Acabar; terminar. **2.** Deduzir; inferir.

conclusão (con.clu.**são**) s.f. **1.** Ato de concluir; finalização. **2.** Dedução.

conclusivo (con.clu.**si**.vo) adj. Que encerra conclusão; terminante; concludente.

concomitante (con.co.mi.**tan**.te) *adj.2g.* Que se manifesta ao mesmo tempo que outro; simultâneo.
concordância (con.cor.**dân**.ci.a) *s.f.* **1.** Ato de concordar; consonância. **2.** (*Gram.*) Harmonização de flexões entre as palavras.
concordar (con.cor.**dar**) *v.t.i.* **1.** Pôr-se ou estar de acordo. *v.i.* **2.** Combinar-se.
concordata (con.cor.**da**.ta) *s.f.* Acordo pelo qual os credores de um negociante insolvente reduzem a dívida e estabelecem novo prazo para seu pagamento.
concorde (con.**cor**.de) *adj.2g.* Que está de acordo; acorde.
concórdia (con.**cór**.di.a) *s.f.* Harmonia; paz; concordância.
concorrência (con.cor.**rên**.ci.a) *s.f.* Ação de concorrer; competição.
concorrente (con.cor.**ren**.te) *s.2g.* **1.** (O) que concorre; candidato, competidor. *adj.2g.* **2.** Rival, opositor, adversário.
concorrer (con.cor.**rer**) *v.t.i.* Ir a concurso; competir.
concretar (con.cre.**tar**) *v.t.d.* Lançar o concreto na fôrma de uma construção: *concretar a laje*.
concretização (con.cre.ti.za.**ção**) *s.f.* Ato ou efeito de concretizar(-se).
concretizar (con.cre.ti.**zar**) *v.t.d.* **1.** Tornar concreto. **2.** Tornar-se concreto.
concreto (con.**cre**.to) [é] *adj.* **1.** Que tem forma material. **2.** Que não é abstrato. *s.m.* **3.** Massa obtida de água, cimento, areia e pedra britada, usada em construções. **Concreto armado:** essa massa moldada com estruturas de ferro no interior.
concubina (con.cu.**bi**.na) *s.f.* Mulher que vive ou mantém relacionamento amoroso com um homem sem casar-se legalmente, sem formalizar o casamento.
concunhado (con.cu.**nha**.do) *s.m.* Indivíduo em relação ao cunhado ou cunhada de seu cônjuge.
concupiscência (con.cu.pis.**cên**.ci.a) *s.f.* Sensualidade, lascívia, lubricidade, luxúria.
concupiscente (con.cu.pis.**cen**.te) *adj.2g.* Que tem concupiscência; sensual, lascivo.
concursado (con.cur.**sa**.do) *s.m. e adj.* (Funcionário público) aprovado por concurso.
concurso (con.**cur**.so) *s.m.* **1.** Ato de concorrer. **2.** Afluência; concorrência. **2.** Prova seletiva a que se submetem os candidatos a determinado emprego.
condado (con.**da**.do) *s.m.* Domínio de um conde.
condão (con.**dão**) *s.m.* **1.** Poder mágico. **2.** Poder, dom, faculdade. **Varinha de condão:** bastão a que se atribuem poderes especiais, utilizado por mágicos, feiticeiros e bruxas.
conde (**con**.de) *s.m.* **1.** Título de nobreza abaixo de marquês, superior a visconde e a barão, que se acompanha de um condado. **2.** Pessoa que tem esse título. ◨ Fem. *condessa* [ê].
condecoração (con.de.co.ra.**ção**) *s.f.* **1.** Título, prêmio, comenda recebidos de autoridade como reconhecimento de mérito. **2.** Medalha, broche etc. usados na lapela, como símbolo desse reconhecimento.
condecorar (con.de.co.**rar**) *v.t.d.* **1.** Conceder condecoração ou prêmio: *a rainha condecorou o cantor com um título de nobreza*. **2.** Destacar, valorizar, realçar.
condenação (con.de.na.**ção**) *s.f.* **1.** Ato de condenar. **2.** Sentença condenatória; pena imposta. **3.** Reprovação; censura.
condenado (con.de.**na**.do) *s.m. e adj.* (Aquele) que sofreu condenação.
condenar (con.de.**nar**) *v.t.d.* **1.** Prolatar sentença condenatória. **2.** Reprovar; censurar.
condenatória (con.de.na.**tó**.ri.a) *s.f.* Que contém condenação.
condenável (con.de.**ná**.vel) *adj.2g.* **1.** Que merece condenação; recriminável. **2.** Que pode ser condenado.
condensação (con.den.sa.**ção**) *s.f.* **1.** Ação de condensar. **2.** Efeito, resultado ou obra assim obtida: *o filme era uma condensação do romance de 500 páginas*. **3.** (Fís.) Mudança de estado gasoso para estado líquido.
condensado (con.den.**sa**.do) *adj.* **1.** Que sofreu condensação. **2.** Concentrado, resumido.
condensador (con.den.sa.**dor**) [ô] *adj.* **1.** Que condensa. *s.m.* (Fís.) **2.** Aparelho para condensar vapor. **3.** Capacitor.
condensar (con.den.**sar**) *v.t.d.* **1.** (Fís.) Passar de estado gasoso para líquido: *quando o vapor das nuvens se condensa, forma a chuva*. **2.** Concentrar, resumir, encurtar.
condescendência (con.des.cen.**dên**.ci.a) *s.f.* **1.** Atitude de quem aceita, suporta com compreensão. **2.** Falta de rigor, conivência com algo ruim.
condescendente (con.des.cen.**den**.te) *adj.2g.* Que condescende, que aceita com compreensão algo que pode ser ruim.
condescender (con.des.cen.**der**) *v.t.d.* **1.** Aceitar, suportar (algo que pode ser ruim); consentir. **2.** Relaxar (na disciplina), contemporizar.
condição (con.di.**ção**) *s.f.* **1.** Circunstância. **2.** Classe social; categoria. **3.** Cláusula.
condicionador (con.di.ci.o.na.**dor**) [ô] *adj.* **1.** Que condiciona. *s.m.* **2.** Produto usado nos cabelos, para desembaraçá-los. **Condicionador de ar:** ar-condicionado.
condicional (con.di.ci.o.**nal**) *adj.2g.* Que depende de condição.
condicionamento (con.di.ci.o.na.**men**.to) *s.m.* **1.** Ação de condicionar. **2.** Aptidão, resistência ou força resultantes de um treinamento.
condicionar (con.di.ci.o.**nar**) *v.t.d.* Pôr ou impor condições; limitar a ação de.
condigno (con.**dig**.no) *adj.* Que é proporcional ao valor, tamanho ou mérito; merecido, devido: *o castigo e o prêmio devem ser condignos aos atos*.
condimentado (con.di.men.**ta**.do) *adj.* Que tem condimentos ou temperos.

condimento (con.di.**men**.to) s.m. Sal, ervas, molhos etc. acrescentados a alimento para melhorar o sabor ou a durabilidade; tempero.

condiscípulo (con.dis.**cí**.pu.lo) s.m. e adj. (Aquele) que foi discípulo junto com outrem, que teve o mesmo mestre.

condizente (con.di.**zen**.te) adj.2g. Que condiz; adequado: *essas roupas são condizentes com a idade da sua filha, não ficam bem na mãe ou na avó*.

condizer (con.di.**zer**) v.t.i. Estar em harmonia com. Obs.: conjuga-se como *dizer*.

condoer (con.do.**er**) v.t.d. e v.p. Solidarizar(-se) na dor; comover(-se): *a miséria condoía a todos; condoeu-se com a pobreza*.

condoído (con.do.**í**.do) adj. Que se condoeu; solidário, penalizado.

condolência (con.do.**lên**.ci.a) s.f. Sentimento daquele que se condói.

condolências (con.do.**lên**.ci.as) s.f.pl. Pêsames.

condomínio (con.do.**mí**.ni.o) s.m. Domínio comum; domínio exercido juntamente com outrem.

condômino (con.**dô**.mi.no) s.m. Dono, ao lado de outros, de uma fração de um condomínio, de um apartamento, casa ou terreno que fica em uma propriedade maior.

condor (con.**dor**) [ô] s.m. (epiceno) (Zoo.) Ave de rapina de grande envergadura da cordilheira dos Andes.

condoreiro (con.do.**rei**.ro) adj. Diz-se de alguns poemas e poetas românticos brasileiros do fim do século XIX como Castro Alves e "O Navio Negreiro", que defendiam a abolição e outras causas sociais.

condução (con.du.**ção**) s.f. 1. Ato de conduzir. 2. Meio de conduzir; transporte. 3. Meio de transporte; veículo.

conducente (con.du.**cen**.te) adj.2g. Que conduz a certo fim.

conduta (con.**du**.ta) s.f. Procedimento; modo de agir; comportamento.

condutância (con.du.**tân**.ci.a) s.f. (Fís.) Capacidade de um meio determinado de conduzir eletricidade.

condutividade (con.du.ti.vi.**da**.de) s.f. Qualidade do que conduz ou transmite: *um elemento com boa condutividade térmica transmite bem o calor*.

conduto (con.**du**.to) s.m. Aquilo que conduz, que leva; duto, cano: *o canal é um conduto de água*.

condutor (con.du.**tor**) [ô] adj. 1. Que serve para conduzir. s.m. 2. Aquele que conduz; guia. 3. (Quím.) Corpo ou substância que conduz, transmite o calor ou a eletricidade. 4. Que conduz o bonde; motorneiro.

conduzir (con.du.**zir**) v.t.d. 1. Guiar, dirigir: *conduzir um veículo*. 2. Levar, fazer chegar, acompanhar: *conduziu as crianças à escola*. 3. Transmitir, deixar passar: *os metais conduzem eletricidade*.

cone (co.ne) s.m. 1. (Geom.) Corpo sólido de base circular e forma afunilada. 2. Qualquer objeto com essa forma: *o pião tem forma de cone invertido*. 3. (Bot.) Estrutura reprodutiva de uma conífera.

conectado (co.nec.**ta**.do) adj. 1. Que se conectou; ligado. 2. (Inf.) Que está em uma rede de computadores ou sistema.

conectar (co.nec.**tar**) v.t.d. e v.t.i. 1. Ligar, estabelecer ligação ou conexão: *conectei meu computador na rede*. v.t.d. e v.i. 2. Entrar em, conseguir a conexão com (uma rede): *conectamos a internet; não conseguia conectar*.

conectividade (co.nec.ti.vi.**da**.de) s.f. 1. Característica ou qualidade do que é conectivo. 2. (Inf.) Capacidade de um computador, sistema operacional etc. de operar em rede e de conectar-se à internet.

conectivo (co.nec.**ti**.vo) s.m. Aquilo que liga uma coisa a outra, que estabelece conexão: *as conjunções são um tipo de conectivo*. O mesmo que *conetivo*.

conector (co.nec.**tor**) [ô] s.m. e adj. 1. Que conecta, que estabelece conexão.

cônego (**cô**.ne.go) s.m. Clérigo secular, com obrigações religiosas em uma jurisdição episcopal.

conetivo (co.ne.**ti**.vo) s.m. e adj. O mesmo que *conectivo*.

conexão (co.ne.**xão**) [cs] s.f. 1. Ato ou efeito de conectar; ligação. 2. Associação, relação, ligação, nexo. 3. (Inf.) Ligação, comunicação, troca de dados: *conexão com a internet, a impressora está com problemas de conexão*.

conexo (co.**ne**.xo) [cs] adj. Que tem conexão, ligado; unido.

confecção (con.fec.**ção**) s.f. 1. Ato de confeccionar. 2. Fábrica de roupas. 3. Roupa comprada pronta.

confeccionar (con.fec.ci.o.**nar**) v.t.d. Preparar; fazer; executar.

confederação (con.fe.de.ra.**ção**) s.f. 1. Ato de confederar. 2. Conjunto de Estados autônomos, mas que se subordinam a um poder central. 3. Associação; liga; aliança.

confederar (con.fe.de.**rar**) v.t.d. e v.p. Unir(-se) em confederação.

confeitar (con.fei.**tar**) v.t.d. Enfeitar bolos e doces com uma cobertura feita de açúcar.

confeitaria (con.fei.ta.**ri**.a) s.f. Estabelecimento onde se vendem tortas, bolos, doces etc.

confeito (con.**fei**.to) s.m. Doce em porção individual decorada.

conferência (con.fe.**rên**.ci.a) s.f. 1. Ato de conferir. 2. Exposição oral de um tema; palestra.

conferencista (con.fe.ren.**cis**.ta) s.2g. Aquele que faz uma conferência.

conferir (con.fe.**rir**) v.t.d. 1. Verificar, comparar; confrontar. 2. Conceder; outorgar. Obs.: pres. do ind.: *confiro, conferes, confere, conferimos, conferis, conferem*; pres. do subj.: *confira, confiras, confira* etc.

confessar (con.fes.**sar**) v.t.d. 1. Revelar; admitir. 2. Contar (pecados) a um confessor. 3. Ouvir em confissão. v.p. 4. Declarar-se; reconhecer-se culpado.

confundir

confessional (con.fes.si.o.**nal**) *adj.2g.* **1.** Relacionado a ou próprio de confissão: *disse em tom confessional que queria fugir*. **2.** Relacionado a um grupo religioso ou igreja.

confesso (con.**fes**.so) [é] *adj.* Que confessou seu erro.

confessor (con.fes.**sor**) [ô] *adj. e s.m.* (*Relig.*) (Aquele) que recebe confissões.

confete (con.**fe**.te) [é] *s.m.* Rodelinhas de papel de várias cores, com que se brinca no Carnaval.

confiança (con.fi.**an**.ça) *s.f.* **1.** Segurança íntima de procedimento. **2.** Crédito; boa fama. **3.** (Fig.) Atrevimento; petulância. **4.** Fé, esperança, fiúza.

confiante (con.fi.**an**.te) *adj.2g.* Que confia, que tem confiança.

confiar (con.fi.**ar**) *v.i.* Ter confiança, fé ou esperança; esperar.

confiável (con.fi.**á**.vel) *adj.2g.* Que merece confiança, em que se pode confiar: *um equipamento de segurança precisa ser muito confiável*.

confidência (con.fi.**dên**.ci.a) *s.f.* Aquilo que se conta só a uma outra pessoa; segredo.

confidencial (con.fi.den.ci.**al**) *adj.2g.* Que deve ser mantido em segredo; reservado, secreto.

confidenciar (con.fi.den.ci.**ar**) *v.t.d.* Dizer em confidência; segredar.

confidente (con.fi.**den**.te) *s.2g. e adj.2g.* (Pessoa) a quem se confiam segredos.

configuração (con.fi.gu.ra.**ção**) *s.f.* **1.** Conformação; feitio. **2.** Aspecto; figura. **3.** Conjunto de equipamentos e programas de um computador.

configurar (con.fi.gu.**rar**) *v.t.d.* Dar a forma ou figura de.

confim (con.**fim**) *s.m.* Limite, fronteira: *nos confins do deserto ficavam as aldeias*.

confinado (con.fi.**na**.do) *adj.* Que se confinou ou manteve em confinamento; preso.

confinamento (con.fi.na.**men**.to) *s.m.* **1.** Ação de confinar; prisão, segregação. **2.** Maneira de criar gado preso, sem permitir que ande pelo pasto.

confinar (con.fi.**nar**) *v.t.d.* Prender, limitar, impedir que circule: *confinou o gado no curral*.

confirmação (con.fir.ma.**ção**) *s.f.* **1.** Ato de confirmar; comprovação. **2.** Sacramento da crisma.

confirmar (con.fir.**mar**) *v.t.d.* Afirmar categoricamente; comprovar; ratificar; reafirmar.

confirmativo (con.fir.ma.**ti**.vo) *adj.* Que confirma, que contém confirmação.

confiscar (con.fis.**car**) *v.t.d.* **1.** Apreender em proveito do fisco. **2.** (P. ext.) Apreender; arrestar; apossar-se de.

confisco (con.**fis**.co) *s.m.* Ação de confiscar; tomada, apreensão: *determinaram o confisco de bens dos criminosos*.

confissão (con.fis.**são**) *s.f.* **1.** Ato de confessar(-se). **2.** Desabafo; confidência; declaração de culpa.

conflitante (con.fli.**tan**.te) *adj.2g.* Que está em conflito com; incompatível.

conflitar (con.fli.**tar**) *v.t.i.* Entrar em conflito com; ser contrário a.

conflito (con.**fli**.to) *s.m.* Combate; discussão; luta; guerra.

confluência (con.flu.**ên**.ci.a) *s.f.* Local onde se encontram dois ou mais rios.

confluir (con.flu.**ir**) *v.i.* **1.** Fluir, ir para o mesmo lugar: *os rios confluíam para um lago*. **2.** Contribuir, colaborar: *as explicações confluíram para o entendimento geral*.

conformação (con.for.ma.**ção**) *s.f.* **1.** Ação de conformar(-se). **2.** Configuração, compleição, constituição. **3.** Forma, feitio.

conformado (con.for.**ma**.do) *adj.* Que se conformou; conciliado, resignado.

conformar (con.for.**mar**) *v.t.d.* **1.** Harmonizar; conciliar. **2.** Dar forma ou configurar. *v.p.* **3.** Resignar-se; acomodar-se.

conformativo (con.for.ma.**ti**.vo) *adj.* Que expressa conformidade. **Oração conformativa:** oração subordinada que expressa conformidade de um ato, iniciada com conjunções como *conforme*, *segundo*, *consoante* etc.

conforme (con.**for**.me) *adj.2g.* **1.** Com a mesma forma; idêntico. **2.** Resignado. *adv.* **3.** De acordo com; em conformidade. *conj. e prep.* **4.** Como, segundo; consoante.

conformidade (con.for.mi.**da**.de) *s.f.* Qualidade do que é conforme, do que se conforma: *conformidade às leis*.

conformismo (con.for.**mis**.mo) *s.m.* Atitude de quem se conforma com qualquer situação; passividade; resignação.

conformista (con.for.**mis**.ta) *s.2g. e adj.2g.* (Aquele) que se conforma; resignado.

confortante (con.for.**tan**.te) *adj.2g.* Que conforta.

confortar (con.for.**tar**) *v.t.d.* Dar forças a; fortificar; consolar; fortalecer; reanimar.

confortável (con.for.**tá**.vel) *adj.2g.* Que propicia conforto; cômodo.

conforto (con.**for**.to) [ô] *s.m.* **1.** Ato de confortar. **2.** Comodidade; bem-estar. **3.** Alívio; consolo.

confrade (con.**fra**.de) *s.m.* Membro de uma confraria; irmão.

confraria (con.fra.**ri**.a) *s.f.* Associação laica de pessoas em torno de um objetivo; irmandade.

confraternização (con.fra.ter.ni.za.**ção**) *s.f.* **1.** Ação de confraternizar. **2.** Comemoração; festa.

confraternizar (con.fra.ter.ni.**zar**) *v.t.d.* **1.** Unir como irmãos. *v.t.i.* **2.** Participar de uma confraternização. **3.** Conviver fraternalmente.

confrontação (con.fron.ta.**ção**) *s.f.* **1.** Ação de confrontar(-se). **2.** Acareação; comparação.

confrontar (con.fron.**tar**) *v.t.d.* **1.** Colocar em confronto. **2.** Acarear. *v.t.d. e v.t.i.* **3.** Ficar frente a frente com: *o terreno confronta com a nova estrada*. *v.p.* **4.** Defrontar-se.

confronto (con.**fron**.to) *s.m.* **1.** Ação de confrontar. **2.** Comparação.

confundir (con.fun.**dir**) *v.t.d.* **1.** Atordoar; baralhar; misturar. **2.** Humilhar; vexar. *v.p.* **3.** Embaraçar-se; perturbar-se.

confusão (con.fu.**são**) s.f. **1.** Ato de confundir(-se). **2.** Barulho; tumulto; barafunda.
confuso (con.**fu**.so) adj. **1.** Desordenado; baralhado; tumultuado. **2.** Perplexo; aturdido.
congada (con.**ga**.da) s.f. (*Folc.*) Dança de origem africana que ocorre no Sudeste e no Nordeste, em que uma procissão acompanha, tocando e dançando, um rei e uma rainha que serão coroados na frente da igreja; congo.
congelado (con.ge.**la**.do) s.m. *e* adj. (Aquele ou aquilo) que se congelou.
congelador (con.ge.la.**dor**) [ô] s.m. **1.** Compartimento da geladeira que faz gelo e conserva alimentos congelados em temperatura próxima de 4 graus negativos. **2.** Aparelho que congela alimentos e os mantém a 18 graus negativos ou menos.
congelamento (con.ge.la.**men**.to) s.m. **1.** Ato de congelar. **2.** (*Econ.*) Medida pela qual são fixados os preços dos gêneros, taxas, aluguéis etc. cujo aumento é proibido.
congelar (con.ge.**lar**) v.t.d. **1.** Transformar em gelo; solidificar. **2.** (*Econ.*) Estabelecer congelamento dos preços. v.p. **3.** Resfriar-se; transformar-se em gelo.
congênere (con.**gê**.ne.re) adj.2g. Que tem o mesmo gênero; similar; idêntico.
congênito (con.**gê**.ni.to) adj. Que nasce com o indivíduo; de nascença, inato, ingênito, nato.
congestão (con.ges.**tão**) s.f. (*Med.*) Afluência acima da normal do sangue aos vasos de certo órgão.
congestionado (con.ges.ti.o.**na**.do) adj. **1.** Que sofreu congestão. **2.** Que tem congestionamento; cheio, parado: *ruas congestionadas*.
congestionamento (con.ges.ti.o.na.**men**.to) s.m. **1.** Ato de congestionar. **2.** Excesso de veículos; engarrafamento.
congestionar (con.ges.ti.o.**nar**) v.t.d. **1.** Causar congestão em. **2.** Deixar congestionado; engarrafar (o trânsito).
conglomerar (con.glo.me.**rar**) v.t.d. Reunir em um só bloco; amontoar.
congo (**con**.go) s.m. (*Folc.*) Congada.
congolês (con.go.**lês**) adj. **1.** De Congo, capital Brazzaville, ou do Congo, capital Kinshasa, antigo Zaire, países da África de mesmo nome. s.m. **2.** Pessoa natural ou habitante de um desses lugares.
congraçamento (con.gra.ça.**men**.to) s.m. **1.** Ação de congraçar(-se). **2.** Reunião festiva, para convívio e confraternização.
congraçar (con.gra.**çar**) v.t.d. **1.** Reconciliar, pacificar, harmonizar. v.p. **2.** Fazer as pazes; reconciliar-se.
congratulação (con.gra.tu.la.**ção**) s.f. Ato ou efeito de congratular; cumprimento, felicitação.
congratulações (con.gra.tu.la.**ções**) s.f.pl. Felicitações; votos de felicidade.
congratular (con.gra.tu.**lar**) v.t.d. Felicitar; formular votos de felicidade; cumprimentar.
congregação (con.gre.ga.**ção**) s.f. **1.** Ato de congregar(-se). **2.** Assembleia. **3.** Associação religiosa; confraria. **4.** Reunião dos catedráticos de uma escola.

congregar (con.gre.**gar**) v.t.d. **1.** Juntar; convocar. v.p. **2.** Juntar-se; reunir-se em congregação.
congressista (con.gres.**sis**.ta) s.2g. *e* adj.2g. (Aquele) que toma parte em um congresso.
congresso (con.**gres**.so) s.m. **1.** Assembleia para tratar de assuntos de interesse comum; encontro; conferência. **2.** A Câmara e o Senado; o poder legislativo de um Estado.
congro (**con**.gro) s.m. (*Zoo.*) Peixe semelhante à enguia.
congruência (con.gru.**ên**.ci.a) s.f. Coerência, lógica, nexo.
congruente (con.gru.**en**.te) adj.2g. Coerente, lógico.
conhaque (co.**nha**.que) s.m. Aguardente de vinho, assim chamada por ser originalmente fabricada em Cognac, região da França.
conhecedor (co.nhe.ce.**dor**) [ô] s.m. *e* adj. (Aquele) que conhece um assunto ou tema, que entende bastante esse tema; especialista, experto, perito: *conhecedor de ervas, conhecedor de vinhos*.
conhecer (co.nhe.**cer**) v.t.d. **1.** Saber; ter noção de. **2.** Saber quem é; ter amizade com. **3.** Experimentar.
conhecido (co.nhe.**ci**.do) adj. **1.** Que se conhece. **2.** Experimentado. **3.** Famoso; célebre. s.m. **4.** Aquele com quem mantemos relações.
conhecimento (co.nhe.ci.**men**.to) s.m. **1.** Ato de conhecer. **2.** Ideia; noção. **3.** Nota de entrega de mercadorias para transporte. Cf. *conhecimentos*.
conhecimentos (co.nhe.ci.**men**.tos) s.m.pl. **1.** Cultura; instrução: *uma pessoa de conhecimentos*. **2.** Círculo de pessoas conhecidas ou amigas. Cf. *conhecimento*.
cônico (**cô**.ni.co) adj. Que tem formato de cone; afunilado.
conífera (co.**ní**.fe.ra) s.f. (*Bot.*) Árvore como o pinheiro e a araucária, cujas sementes se desenvolvem fora do fruto, em cones.
conífero (co.**ní**.fe.ro) adj. (*Bot.*) Que diz respeito a coníferas: *vegetal conífero*.
conivência (co.ni.**vên**.ci.a) s.f. Qualidade de conivente; cumplicidade.
conivente (co.ni.**ven**.te) adj.2g. Cúmplice.
conjectura (con.jec.**tu**.ra) s.f. Suposição, hipótese. O mesmo que *conjetura*.
conjecturar (con.jec.tu.**rar**) v.t.d. Fazer conjectura; supor, imaginar. O mesmo que *conjeturar*.
conjetura (con.je.**tu**.ra) s.f. O mesmo que *conjectura*.
conjecturar (con.jec.tu.**rar**) v.t.d. O mesmo que *conjecturar*.
conjugação (con.ju.ga.**ção**) s.f. **1.** Ato de conjugar. **2.** Junção; reunião. **3.** (*Gram.*) Cada um dos três conjuntos ordenados das flexões verbais, com verbos em -*ar*, -*er* ou -*ir*.
conjugado (con.ju.**ga**.do) adj. **1.** Que se conjugou. **2.** Reunido, juntado; feito no mesmo espaço: *cozinha conjugada à sala*. s.m. **3.** Apartamento formado por um cômodo que junta quarto e sala, mais banheiro e pequena cozinha.

consequente

conjugal (con.ju.**gal**) *adj.2g.* Que diz respeito aos cônjuges ou ao casamento.
conjugar (con.ju.**gar**) *v.t.d.* (*Gram.*) Dizer de modo ordenado as flexões de um verbo.
cônjuge (**côn**.ju.ge) *s.m.* (*sobrecomum*) Marido, em relação à sua esposa e vice-versa.
conjunção (con.jun.**ção**) *s.f.* **1.** Encontro; união. **2.** (*Gram.*) Palavra que liga dois termos semelhantes de uma oração ou duas orações. **3.** (*Astron.*) Encontro aparente de dois astros em um mesmo ponto.
conjuntiva (con.jun.**ti**.va) *s.f.* (*Anat.*) Membrana que forra a parte anterior do globo ocular e a parte interna das pálpebras.
conjuntivite (con.jun.ti.**vi**.te) *s.f.* (*Med.*) Inflamação da conjuntiva.
conjuntivo (con.jun.**ti**.vo) *adj.* (*Bio.*) **Tecido conjuntivo**: tecido ou tipo de células mais comum nos animais, que forma ou constitui os ossos, as cartilagens ou o sangue.
conjunto (con.**jun**.to) *adj.* **1.** Ligado; anexo. *s.m.* **2.** Reunião das partes de um todo. **3.** Grupo de coisas semelhantes. Conjunto comercial, parte independente de um edifício, própria para escritório, consultório etc.
conjuntura (con.jun.**tu**.ra) *s.f.* **1.** Encontro de acontecimentos; situação. **2.** Oportunidade; acontecimento; ensejo.
conjuração (con.ju.ra.**ção**) *s.f.* Reunião, agremiação, associação para atingir um objetivo: *uma conjuração política*.
conjurado (con.ju.**ra**.do) *s.m. e adj.* (Pessoa) que participa de conjuração.
conjurar (con.ju.**rar**) *v.i.* Entrar em conjuração; conspirar; tramar: *conjuraram pela formação de uma república*.
conluiado (con.lui.**a**.do) *adj.* Que entrou em conluio; mancomunado.
conluio (con.**lui**.o) *s.m.* Combinação, acordo, trama, conchavo.
conosco (co.**nos**.co) *pron.* Forma oblíqua do pronome pessoal "nós", que significa "em nossa companhia, sobre nós".
conotação (co.no.ta.**ção**) *s.f.* Associação, ideia ligada a uma palavra, expressão ou outra ideia: *a expressão "ir para a diretoria" tem conotação ruim*. Cf. *denotação*.
conotar (co.no.**tar**) *v.t.d.* Ter um sentido associado; sugerir, lembrar. Cf. *denotar*.
conquiliologia (con.qui.li.o.lo.**gi**.a) *s.f.* Estudo das conchas e dos animais que vivem nelas.
conquista (con.**quis**.ta) *s.f.* **1.** Ato de conquistar. **2.** O que se conquistou. **3.** (*Fam.*) Namoro. **4.** Obtenção, consecução.
conquistador (con.quis.ta.**dor**) [ô] *s.m. e adj.* **1.** (Aquele) que conquista; dominador. **2.** (Homem) que conquista muitas mulheres.
conquistar (con.quis.**tar**) *v.t.d.* **1.** Tomar à força; subjugar; vencer. **2.** Alcançar; conseguir; granjear.
consagração (con.sa.gra.**ção**) *s.f.* Ação de consagrar(-se); sagração.

consagrado (con.sa.**gra**.do) *adj.* **1.** Famoso, reconhecido, respeitado. **2.** Sagrado, dedicado.
consagrar (con.sa.**grar**) *v.t.d.* **1.** Tornar sagrado. (*Relig.*) **2.** Dedicar a Deus ou a um santo. **3.** Converter pão e vinho no corpo e sangue de Jesus Cristo.
consaguinidade (con.sa.gui.ni.**da**.de) [ü] *s.f.* Parentesco, relação entre os que procedem do mesmo pai, da mesma mãe ou da mesma raça.
consanguíneo (con.san.**guí**.ne.o) [ü] *adj.* **1.** Que tem o mesmo sangue; carnal. *s.m.* **2.** Parente.
consciência (cons.ci.**ên**.ci.a) *s.f.* **1.** Faculdade de julgar os próprios atos. **2.** Percepção do que se passa em nós e à nossa volta; lucidez. **3.** (*Fig.*) Retidão; justiça.
consciente (cons.ci.**en**.te) *adj.2g.* **1.** Que tem consciência da própria existência e daquilo que faz; lúcido; responsável; cônscio. **2.** Que foi feito com consciência.
conscientização (cons.ci.en.ti.za.**ção**) *s.f.* Ação de conscientizar(-se); tomada de consciência, consciência.
conscientizar (cons.ci.en.ti.**zar**) *v.t.d.* **1.** Promover a consciência, o conhecimento de; explicar o significado e o sentido: *conscientizou as crianças sobre procedimentos de segurança na internet*. *v.p.* **2.** Adquirir consciência, ficar sabendo; entender, compreender.
cônscio (**côns**.ci.o) *adj.* Convencido do que deve fazer; consciente.
conscrição (cons.cri.**ção**) *s.f.* Alistamento para aqueles obrigados ao serviço militar.
consecução (con.se.cu.**ção**) *s.f.* Ato de conseguir.
consecutivo (con.se.cu.**ti**.vo) *adj.* **1.** Que segue outro; imediato. **2.** (*Mat.*) Número que difere do outro em apenas uma unidade.
conseguinte (con.se.**guin**.te) *adj.2g.* Sucessivo, consecutivo, seguinte.
conseguir (con.se.**guir**) *v.t.d.* Obter; alcançar. Obs.: conjuga-se como *seguir*.
conselheiro (con.se.**lhei**.ro) *s.m. e adj.* **1.** (Aquele) que aconselha. *s.m.* **2.** Membro de conselho, junta ou tribunal. **3.** Título honorífico concedido no Império.
conselho (con.**se**.lho) [ê] *s.m.* **1.** Parecer; admoestação; aviso. **2.** Corpo consultivo ou deliberativo. **3.** Reunião ou assembleia de ministros. **4.** Tribunal.
consenso (con.**sen**.so) *s.m.* **1.** Consentimento; aprovação. **2.** Concordância de ideias ou opiniões.
consensual (con.sen.su.**al**) *adj.2g.* Feito por consenso.
consentimento (con.sen.ti.**men**.to) *s.m.* **1.** Ato de consentir; licença; ordem. **2.** Tolerância; anuência; permissão.
consentir (con.sen.**tir**) *v.t.d.* **1.** Permitir; autorizar. *v.i.* **2.** Aprovar; anuir. *v.t.i.* **3.** Concordar com. Obs.: conjuga-se como *sentir*.
consequência (con.se.**quên**.ci.a) [ü] *s.f.* Resultado; efeito; conclusão; dedução.
consequente (con.se.**quen**.te) [ü] *adj.2g.* Lógico; coerente.

consertar (con.ser.tar) v.t.d. Reparar; emendar; fazer consertos em.
conserto (con.ser.to) [ê] s.m. Ato de consertar; reparo; arranjo; remendo. Cf. *concerto*.
conserva (con.ser.va) [é] s.f. Substância alimentar conservada em líquido ou calda.
conservação (con.ser.va.ção) s.f. **1.** Ato ou efeito de conservar; manutenção. **2.** (*Fís.*) Manutenção do mesmo estado físico ou de uma característica.
conservacionista (con.ser.va.ci.o.nis.ta) adj.2g. **1.** Que defende a conservação dos recursos naturais e do meio ambiente. s.2g. **2.** Pessoa que milita, faz campanha por isso.
conservado (con.ser.va.do) adj. **1.** Que se conservou. **2.** Guardado, mantido: *conservado em líquido próprio*.
conservador (con.ser.va.dor) [ô] s.m. *e* adj. **1.** (Aquele) que conserva. **2.** (Pessoa) que é contra mudanças sociais ou reformas políticas, que quer conservar a situação ou a sociedade como está.
conservadorismo (con.ser.va.do.ris.mo) s.m. Qualidade de conservador; imobilismo.
conservante (con.ser.van.te) adj.2g. *e* s.m. **1.** Que ou aquilo que conserva ou serve para conservar. **2.** (*Quím.*) Substância química que, acrescentada aos alimentos, impede a proliferação de bactérias e a deterioração de produtos.
conservar (con.ser.var) v.t.d. Preservar em bom estado; resguardar de danos; proteger contra a deterioração.
conservatório (con.ser.va.tó.ri.o) adj. **1.** Que se destina a conservar. s.m. **2.** Estabelecimento destinado ao aprendizado de música e canto.
consideração (con.si.de.ra.ção) s.f. **1.** Ato de considerar. **2.** Respeito, estima. **3.** Reflexão; raciocínio. Cf. *considerações*.
considerações (con.si.de.ra.ções) s.f.pl. Reflexões; ponderações. Cf. *consideração*.
considerado (con.si.de.ra.do) adj. **1.** Que se considera. **2.** Tido, tomado. **3.** Refletido, pensado.
considerar (con.si.de.rar) v.t.d. **1.** Examinar; analisar. **2.** Reputar. v.i. **3.** Refletir. v.p. **4.** Julgar-se.
considerável (con.si.de.rá.vel) adj.2g. Que merece consideração ou exame; importante, grande.
consignação (con.sig.na.ção) s.f. Ato de consignar.
consignar (con.sig.nar) v.t.d. Confiar mercadorias a alguém, para que as negocie em comissão.
consignatário (con.sig.na.tá.ri.o) s.m. Pessoa a quem se consignam mercadorias.
consigo (con.si.go) pron. Forma oblíqua do pronome pessoal "ele", "ela", que significa "em sua companhia, dirigido a si mesmo, de si para si".
consistência (con.sis.tên.ci.a) s.f. Qualidade do que é consistente; firmeza; estabilidade; resistência.
consistente (con.sis.ten.te) adj.2g. Que tem certa consistência; sólido; firme.
consistir (con.sis.tir) v.t.d. Ser constituído ou feito de, ser formado por: *o curso consiste em 15 aulas e exercícios*.

consoada (con.so.a.da) s.f. (*Folc.*) Refeição caprichada feita à noite após um dia de jejum, em geral por motivo religioso.
consoante (con.so.an.te) s.f. **1.** (*Gram.*) Fonema que necessita de uma vogal para ser pronunciado. **2.** Letra que exprime esse fonema. *prep.* **3.** Conforme, de acordo. adj.2g. **4.** Semelhante; parecido.
consogro (con.so.gro) [ô] s.m. Pai de um dos cônjuges, em relação ao pai do outro.
consolação (con.so.la.ção) s.f. Ação de consolar(-se); consolo, conforto.
consolar (con.so.lar) v.t.d. Suavizar a dor ou o sofrimento de.
console (con.so.le) s.m. **1.** Balcão, mesa estreita ou suporte encostado à parede, para pratos, vasos etc. **2.** Caixa ou mesa com o processador e entrada de dispositivos de um jogo de vídeo ou outro equipamento. **3.** Em um veículo, painel com mostradores, instrumentos e local para objetos.
consolidação (con.so.li.da.ção) s.f. **1.** Ação de consolidar(-se). **2.** Texto que consolida uma lei.
consolidar (con.so.li.dar) v.t.d. **1.** Tornar consistente ou sólido. **2.** (*Med.*) Fazer aderir, firmar as partes de um osso fraturado. **3.** Ratificar uma lei.
consolo (con.so.lo) [ô] s.m. Ato ou efeito de consolar, dar conforto ou alívio de sofrimento ou incômodo; consolação. ▣ Pl. *consolos*.
consonância (con.so.nân.ci.a) s.f. Harmonia, acordo, conformidade.
consonantal (con.so.nan.tal) adj.2g. Consonântico.
consonântico (con.so.nân.ti.co) adj. Que diz respeito a consoante; consonantal.
consórcio (con.sór.ci.o) s.m. **1.** União; associação. **2.** Casamento.
consorte (con.sor.te) [ó] s.2g. *e* adj.2g. **1.** Companheiro na mesma sorte. *Príncipe consorte*: esposo da rainha, mas sem direito ao trono. s.2g. **2.** Cônjuge.
conspiração (cons.pi.ra.ção) s.f. Ato de conspirar; maquinação; trama; golpe.
conspirar (cons.pi.rar) v.t.i. Maquinar; tramar; preparar um golpe contra.
conspurcar (cons.pur.car) v.t.d. **1.** Sujar, manchar, estragar. **2.** Corromper, desonrar.
constância (cons.tân.ci.a) s.f. Persistência; perseverança; teimosia.
constante (cons.tan.te) adj.2g. **1.** Que tem constância, que pouco se altera. **2.** Inalterável, imutável. **3.** Que consta; presente: *os nomes constantes na relação foram chamados*. s.f. **4.** Fator que permanece igual durante um fenômeno.
constar (cons.tar) v.i. Passar por certo; persistir; estar escrito.
constatar (cons.ta.tar) v.t.d. Estabelecer; comprovar; verificar; averiguar.
constelação (cons.te.la.ção) s.f. (*Astron.*) Conjunto de estrelas, batizado pelos astrônomos de acordo com as figuras com que se assemelham.
consternação (cons.ter.na.ção) s.f. Ato de consternar-se; tristeza, desalento, decepção.

consternado (cons.ter.**na**.do) *adj.* Decepcionado, triste, desalentado.
consternar (cons.ter.**nar**) *v.t.d.* Entristecer, desolar, desapontar.
constipação (cons.ti.pa.**ção**) *s.f.* **1.** (*Med.*) Prisão de ventre. **2.** Resfriado.
constitucional (cons.ti.tu.ci.o.**nal**) *adj.2g.* **1.** Que diz respeito à Constituição, que dela consta. **2.** Diz-se de um regime político em que o poder executivo é exercido de acordo com a Constituição.
constitucionalismo (cons.ti.tu.ci.o.na.**lis**.mo) *s.m.* **1.** Sistema ou regime constitucional. **2.** Defesa do respeito à Constituição de um país ou outra organização.
constitucionalista (cons.ti.tu.ci.o.na.**lis**.ta) *adj.2g.* **1.** Relativo ao constitucionalismo, à defesa da Constituição. Revolução Constitucionalista: revolta armada ocorrida em 1932, quando o Estado de São Paulo enfrentou as tropas federais a fim de exigir eleições: *o feriado de Nove de Julho relembra os mortos na Revolução Constitucionalista*.
constituição (cons.ti.tui.**ção**) *s.f.* **1.** Ato de constituir ou organizar; organização: *a constituição de uma empresa*. **2.** Lei fundamental de um país, que regula os direitos e deveres do cidadão com relação ao Estado: *a Constituição brasileira em vigor é de 1988*. **3.** Compleição corporal, tipo físico: *constituição forte, constituição delicada*.
constituído (cons.ti.tu.**í**.do) *adj.* **1.** Que se constituiu. **2.** Formado, integrado.
constituinte (cons.ti.tu.**in**.te) *adj.2g.* **1.** Que constitui; integrante. **2.** Relacionado a Constituição: *Assembleia Constituinte, deputado constituinte*. *s.2g.* **3.** Pessoa que participa da elaboração de uma Constituição. **4.** Pessoa que constitui um procurador ou representante.
constituir (cons.ti.tu.**ir**) *v.t.d.* **1.** Formar; integrar. **2.** Dar procuração; delegar poderes a.
constitutivo (cons.ti.tu.**ti**.vo) *adj.* Que constitui, relacionado a constituição.
constrangedor (cons.tran.ge.**dor**) [ô] *adj.* Que constrange; que aperta; que força.
constranger (cons.tran.**ger**) *v.t.d.* Violentar; coagir; forçar; apertar.
constrangido (cons.tran.**gi**.do) *adj.* Que se constrangeu, feito por constrangimento; forçado.
constrangimento (cons.tran.gi.**men**.to) *s.m.* Ato de constranger; coação; violência.
constrição (cons.tri.**ção**) *s.f.* Redução de volume; estrangulação, aperto.
construção (cons.tru.**ção**) *s.f.* **1.** Ato de construir; edificação. **2.** Prédio ainda não concluído. **3.** Estrutura; organização.
construído (cons.tru.**í**.do) *adj.* Que se construiu.
construir (cons.tru.**ir**) *v.t.d.* **1.** Agrupar as partes de um todo. **2.** Edificar; arquitetar. **3.** Organizar; estruturar. Obs.: apresenta duas formas no pres. do ind.: *construo, construis, construi, construem* ou *construo, constróis, constrói, constroem*; no imperat. afirm.: *construi tu, construí vós* ou *constrói tu, construí vós*.
construtivo (cons.tru.**ti**.vo) *adj.* Que constrói.
construtor (cons.tru.**tor**) [ô] *s.m. e adj.* (Aquele ou aquilo) que constrói.
construtora (cons.tru.**to**.ra) [ô] *s.f.* Empresa que constrói edifícios, pontes etc.
consuetudinário (con.sue.tu.di.**ná**.ri.o) *adj.* Habitual; fundamentado nos costumes.
cônsul (**côn**.sul) *s.m.* **1.** Representante diplomático de um país em outro. **2.** Magistrado da antiga Roma. ▪ Pl. *cônsules*. ▪ Fem. *consulesa* [ê].
consulado (con.su.**la**.do) *s.m.* **1.** Representação consular. **2.** Sede consular.
consular (con.su.**lar**) *adj.2g.* Relativo a cônsul ou consulesa.
consulta (con.**sul**.ta) *s.f.* **1.** Ação de consultar(-se). **2.** Pesquisa, busca. **3.** Entrevista para saber a opinião de um médico, advogado ou outro profissional.
consultar (con.sul.**tar**) *v.t.d.* **1.** Ouvir a opinião de. **2.** Examinar. *v.i.* **3.** Dar parecer; aconselhar.
consultivo (con.sul.**ti**.vo) *adj.* Relacionado a consulta, a consultor; que deve ser consultado mas que não delibera.
consultor (con.sul.**tor**) [ô] *s.m.* Aquele que dá consulta ou parecer.
consultório (con.sul.**tó**.ri.o) *s.m.* Local onde é dada uma consulta.
consumação (con.su.ma.**ção**) *s.f.* **1.** Ato de consumar. **2.** Taxa mínima estabelecida, a qual deve ser gasta em um restaurante.
consumado (con.su.**ma**.do) *adj.* Acabado, terminado; completo; findo.
consumar (con.su.**mar**) *v.t.d.* Acabar, terminar, completar: *consumou o trabalho*.
consumição (con.su.mi.**ção**) *s.f.* **1.** Ato de consumir(-se). **2.** Tormento; inquietação; apreensão.
consumidor (con.su.mi.**dor**) [ô] *s.m. e adj.* (Aquele) que consome.
consumir (con.su.**mir**) *v.t.d.* **1.** Usar até o fim; gastar. **2.** Comer; beber. **3.** (Fig.) Inquietar; afligir. *v.p.* **4.** Afligir-se; mortificar-se. Obs.: pres. do ind. *consumo, consomes, consome* etc. pres. do subj.: *consuma, consumas, consuma* etc.
consumismo (con.su.**mis**.mo) *s.m.* Consumo exagerado; valorização excessiva da compra de bens que se gastam com o uso.
consumista (con.su.**mis**.ta) *adj.2g.* **1.** Relacionado ao consumismo; que dá muita importância ao consumo, que compra muitos produtos. *s.2g.* **2.** Pessoa que compra exageradamente.
consumo (con.**su**.mo) *s.m.* Ato de consumir; gasto.
conta (con.ta) *s.f.* **1.** Ato de contar. **2.** Operação aritmética; cálculo: *uma conta de somar*. **3.** Total a pagar por uma despesa: *a conta da lanchonete*. **4.** Inscrição em um fornecedor: *conta no banco, conta de e-mail*. **5.** Bolinha com que se fazem colares ou rosários. **6.** (Fig.) Responsabilidade; alçada.

contábil (con.**tá**.bil) adj.2g. Que pertence à contabilidade: *fato contábil*. **Ciências contábeis**: estudo da maneira de registrar os fatos que afetam a situação financeira e patrimonial de uma pessoa física ou jurídica.

contabilidade (con.ta.bi.li.**da**.de) s.f. **1**. Escrituração comercial ou bancária. **2**. Curso de ciências contábeis.

contabilista (con.ta.bi.**lis**.ta) s.2g. Pessoa formada em contabilidade; contador.

contacto (con.**tac**.to) s.m. e adj. O mesmo que *contato*.

contador (con.ta.**dor**) [ô] s.m. e adj. **1**. (Aquele) que verifica as contas; contabilista. s.m. **2**. Aparelho para contagem de água, gás ou eletricidade; medidor; relógio.

contadoria (con.ta.do.**ri**.a) s.f. Repartição onde é feita a verificação de contas.

contagem (con.**ta**.gem) s.f. Ato de contar; apuração; levantamento.

contagiar (con.ta.gi.**ar**) v.t.d. **1**. Transmitir por contágio. **2**. (Fig.) Corromper; viciar.

contágio (con.**tá**.gi.o) s.m. (Med.) Transmissão de doença por contato direto ou indireto com o doente.

contagioso (con.ta.gi.**o**.so) [ô] adj. Passível de se transmitir por contágio. ▣ Pl. *contagiosos* [ó].

contaminação (con.ta.mi.na.**ção**) s.f. **1**. Ato de contaminar; contágio. **2**. (Fig.) Corrupção; impureza.

contaminar (con.ta.mi.**nar**) v.t.d. **1**. Contagiar. **2**. (Fig.) Sujar, corromper.

contanto (con.**tan**.to) conj. Contanto que: se, desde que, uma vez que.

contar (con.**tar**) v.t.d. **1**. (Mat.) Computar, calcular. **2**. Levar em conta. **3**. Relatar; narrar. v.t.i. **4**. Ter confiança em. v.i. **5**. Fazer contas; calcular.

contatar (con.ta.**tar**) v.t.d. Entrar em contato, fazer contato: *contatei os amigos para chamá-los para a festa*.

contato (con.**ta**.to) s.m. **1**. Situação de corpos que se tocam. **2**. Ligação; relação; interferência. O mesmo que *contacto*.

contemplação (con.tem.pla.**ção**) s.f. Ação de contemplar; observação, consideração sem ação: *evitava a ação e se dedicava à contemplação*.

contemplado (con.tem.**pla**.do) adj. Que se contemplou; premiado, presenteado.

contemplar (con.tem.**plar**) v.t.d. **1**. Olhar, observar com atenção ou deleite: *contemplar as estrelas*. **2**. Presentear, premiar: *contemplou a neta com um passeio*. **3**. Considerar, pensar sobre: *contemplar uma oferta*.

contemplativo (con.tem.pla.**ti**.vo) adj. **1**. Relacionado a contemplação. **2**. Que prefere olhar, observar, do que agir: *os templários não eram monges de vida contemplativa*.

contemporâneo (con.tem.po.**râ**.ne.o) s.m. e adj. (Aquele ou aquilo) que é do mesmo tempo ou da mesma época de outrem; coetâneo.

contemporização (con.tem.po.ri.za.**ção**) s.f. Ato de contemporizar, transigência.

contemporizar (con.tem.po.ri.**zar**) v.t.i. Transigir; condescender; ceder; concordar.

contenção (con.ten.**ção**) s.f. **1**. Ato, ação de contender ou disputar; briga, disputa: *contenção pelo trono*. **2**. Ato ou efeito de conter(-se), de esforçar-se para controlar ou reduzir: *contenção de despesas*; *construíram um muro para contenção do barranco*. Obs.: na acepção 2, escreve-se também *contensão*.

contenda (con.**ten**.da) s.f. Briga; questão; disputa.

contender (con.ten.**der**) v.t.d. Entrar em contenda; brigar, disputar: *contendiam pela primeira posição*.

contensão (con.ten.**são**) s.f. Ato, ação de conter; esforço para controlar. Obs.: escreve-se também *contenção*.

contentamento (con.ten.ta.**men**.to) s.m. Ato de contentar-se; alegria; júbilo.

contentar (con.ten.**tar**) v.t.d. Satisfazer; alegrar.

contente (con.**ten**.te) adj.2g. Satisfeito; alegre; jubiloso.

contento (con.**ten**.to) s.m. Aprovação, gosto, contentamento. **A contento**: de maneira satisfatória, ao gosto: *a festa saiu a seu contento*.

conter (con.**ter**) v.t.d. **1**. Ter em si. **2**. Moderar. v.p. **3**. Reprimir-se; moderar-se.

conterrâneo (con.ter.**râ**.ne.o) adj. Que é da mesma terra, que tem a mesma origem que outrem; patrício: *o cearense encontrou um conterrâneo no Japão*.

contestação (con.tes.ta.**ção**) s.f. **1**. Ato de contestar. **2**. Contradição.

contestador (con.tes.ta.**dor**) [ô] s.m. e adj. (Aquele) que contesta, que questiona.

contestar (con.tes.**tar**) v.t.d. **1**. Negar, questionar, desobedecer, contrariar. **2**. Impugnar, rejeitar. **3**. (Dir.) Responder ao libelo do autor. v.i. **4**. Opor-se.

conteúdo (con.te.**ú**.do) s.m. Aquilo que é contido em.

contexto (con.**tex**.to) [ês] s.m. **1**. O todo que constitui um texto: *o sentido das palavras e das frases depende do contexto*. **2**. Aquilo que está em torno; circunstâncias, adjacências: *no contexto da música popular, era um compositor excelente*.

contido (con.**ti**.do) adj. **1**. Compreendido; encerrado. **2**. Moderado; controlado; coibido; reprimido.

contigo (con.**ti**.go) pron. Forma oblíqua do pronome pessoal "tu", que significa "em companhia da pessoa a quem se fala, dirigido a ti".

contiguidade (con.ti.gui.**da**.de) [ü] s.f. Estado ou condição do que é contíguo; proximidade.

contíguo (con.**tí**.guo) adj. Que está em contato; vizinho; adjacente.

continência (con.ti.**nên**.ci.a) s.f. **1**. Ação de conter(-se), de controlar os impulsos ou reflexos: *aos dois anos a criança é capaz de continência urinária*. **2**. Saudação feita a um superior militar, esticando o braço direito e depois dobrando-o para tocar a lateral da testa.

continental (con.ti.nen.**tal**) *adj.2g.* Que diz respeito a continente.
continente (con.ti.**nen**.te) *adj.2g.* **1.** Que contém alguma coisa. **2.** Que se contém; sóbrio; refreado. *s.m.* **3.** Cada uma das cinco grandes extensões de terra do planeta (África, América, Ásia, Europa e Oceania), as quais são delimitadas pelos oceanos. **4.** Tudo o que contém alguma coisa; vaso; vasilha.
contingente (con.tin.**gen**.te) *adj.2g.* **1.** Eventual; duvidoso; incerto. *s.m.* **2.** Guarnição militar; agrupamento de pessoas.
continuação (con.ti.nu.a.**ção**) *s.f.* Ato de continuar; sequência; prosseguimento.
continuado (con.ti.nu.**a**.do) *adj.* Contínuo.
continuador (con.ti.nu.a.**dor**) [ô] *s.m. e adj.* (Aquele) que continua a obra de outrem.
continuar (con.ti.nu.**ar**) *v.t.d.* **1.** Prosseguir; levar adiante. *v.lig.* **2.** Ficar; permanecer. *v.i.* **3.** Perdurar; prosseguir.
continuidade (con.ti.nu.i.**da**.de) *s.f.* **1.** Caráter do que é contínuo. **2.** Prosseguimento.
contínuo (con.**tí**.nuo) *adj.* **1.** Incessante, seguido, ininterrupto, continuado. **2.** (*Fís.*) Diz-se de corrente elétrica ou tensão que flui sempre no mesmo sentido, como a fornecida por pilhas e baterias. Cf. *alternado*. *s.m.* **3.** Empregado que leva e traz papéis, transmite recados, efetua pagamentos etc.; bói, *office boy*.
contista (con.**tis**.ta) *s.2g.* Escritor que cria contos.
conto (**con**.to) *s.m.* **1.** Narração não muito longa de fatos imaginários ou reais. **2.** Embuste; trapaça.
contorção (con.tor.**ção**) *s.f.* **1.** Ato de contorcer-se. **2.** (*Med.*) Contração muscular. **3.** Movimento ou posição incomum, que requer habilidade, força ou flexibilidade.
contorcer (con.tor.**cer**) *v.t.d.* **1.** Torcer, virar: *contorceu o pescoço tentando ver quem chegava*. *v.p.* **2.** Contrair-se, retorcer-se, revolver-se: *contorceu-se tentando escapar das cordas*.
contorcionista (con.tor.ci.o.**nis**.ta) *s.2g.* Pessoa que se apresenta com contorções incomuns, geralmente no circo.
contornar (con.tor.**nar**) *v.t.d.* **1.** Traçar o contorno de. **2.** Dar volta em torno de.
contorno (con.**tor**.no) [ô] *s.m.* **1.** Linha que limita exteriormente um corpo. **2.** Periferia; circuito.
contra (**con**.tra) *prep.* **1.** Em oposição a. **2.** Em direção oposta à de. **3.** Em direção a. **4.** Em frente de. **5.** Encostado a. *s.m.* **6.** Obstáculo; objeção. *adv.* **7.** Contrariamente.
contra-almirante (con.tra-al.mi.**ran**.te) *s.m.* **1.** Posto da Marinha do Brasil abaixo do almirante e acima do capitão de mar e guerra. **2.** Pessoa que ocupa esse posto.
contra-ataque (con.tra-a.**ta**.que) *s.m.* Reação ou resposta a um ataque em que a defesa é substituída por outro ataque: *em vez de defender-se alguns acusados partem para o contra-ataque com insultos e agressões*.

contrabaixista (con.tra.bai.**xis**.ta) *s.2g.* Músico que toca contrabaixo, ou baixo.
contrabaixo (con.tra.**bai**.xo) *s.m.* (*Mús.*) Baixo.
contrabalançar (con.tra.ba.lan.**çar**) *v.t.d.* Equilibrar; compensar.
contrabandear (con.tra.ban.de.**ar**) *v.t.d.* **1.** Introduzir clandestinamente, de contrabando. *v.i.* **2.** Fazer contrabando.
contrabandista (con.tra.ban.**dis**.ta) *s.2g.* Aquele que faz contrabando.
contrabando (con.tra.**ban**.do) *s.m.* Introdução clandestina de mercadorias estrangeiras em um país, sem pagar os devidos impostos.
contração (con.tra.**ção**) *s.f.* **1.** Ato de contrair. (*Gram.*) **2.** Combinação de uma palavra com outra, como *da*, combinação de *de + a*; *num*, combinação de *em + um*. **3.** Combinação de duas vogais idênticas em uma só, assinalada na escrita pelo sinal de crase, como em *à*, *àquele*, *às* etc.
contraceptivo (con.tra.cep.**ti**.vo) *s.m. e adj.* Anticoncepcional.
contracheque (con.tra.**che**.que) *s.m.* Documento em que se especificam a remuneração do empregado e seus descontos; holerite.
contracultura (con.tra.cul.**tu**.ra) *s.f.* Fenômeno social surgido na década de 1960 nos EUA, caracterizado pela rejeição dos valores morais, de consumo e estilo da sociedade americana: *roupas rasgadas e cabelos desalinhados eram algumas das propostas da contracultura*.
contradição (con.tra.di.**ção**) *s.f.* Incoerência; desacordo.
contraditório (con.tra.di.**tó**.ri.o) *adj.* **1.** Relacionado a contradição, que contradiz: *declarações contraditórias*. **2.** Incoerente, paradoxal.
contradizer (con.tra.di.**zer**) *v.t.d.* Dizer o contrário; contrariar; desmentir. Obs.: conjuga-se como *dizer*.
contrafeito (con.tra.**fei**.to) *adj.* Contrariado, desgostoso, insatisfeito, forçado: *um sorriso contrafeito*.
contrafilé (con.tra.fi.**lé**) *s.m.* Corte de carne bovina da parte traseira, próximo do filé e próprio para bifes.
contraforte (con.tra.**for**.te) *s.m.* **1.** Bloco ou parede que reforça uma construção ou muro: *os contrafortes da barragem*. **2.** Face muito íngreme de uma montanha; aparado. **3.** Parte do calçado que cobre o calcanhar.
contragosto (con.tra.**gos**.to) [ô] *s.m.* Falta de gosto, vontade ou prazer.
contraído (con.tra.**í**.do) *adj.* **1.** Que se contraiu, que sofreu contração; estreitado, encolhido. **2.** Que se contraiu ou assumiu.
contraindicação (con.tra.in.di.ca.**ção**) *s.f.* **1.** Indicação contrária, oposta a outra. **2.** Condição na qual se deve evitar o emprego de um medicamento ou procedimento. ▪ Pl.: *contraindicações*.
contraindicado (con.tra.in.di.**ca**.do) *adj.* Que recebeu contraindicação, que não se deve usar: *esse analgésico é contraindicado em caso de dengue*.

contrair (con.tra.**ir**) v.t.d. **1.** Encolher. **2.** Adquirir. **3.** Contagiar-se. **4.** Encolher-se. Obs.: conjuga-se como *sair*.

contralto (con.**tral**.to) s.m. (Mús.) **1.** Voz feminina mais grave. **2.** Cantora com essa voz.

contramão (con.tra.**mão**) s.f. Sentido de circulação contrário ou oposto à mão.

contrapeso (con.tra.**pe**.so) [ê] s.m. Peso adicional com que se equilibra o outro prato da balança.

contraponto (con.tra.**pon**.to) s.m. (Mús.) Música composta para ser executada por vários instrumentos ou vozes.

contrapor (con.tra.**por**) [ô] v.t.d. Pôr em frente ou contra; opor; comparar. Obs.: conjuga-se como *pôr*.

contraposição (con.tra.po.si.**ção**) s.f. Ação de contrapor; comparação, oposição.

contraproducente (con.tra.pro.du.**cen**.te) adj.2g. Cujos resultados são negativos ou o contrário do que se esperava.

contraprova (con.tra.**pro**.va) s.f. Segunda prova ou teste, destinada a verificar a primeira: *a contraprova confirmou a acusação de doping*.

contrariado (con.tra.ri.**a**.do) adj. Que sente ou mostra contrariedade; desagradado, contrafeito, desgostoso.

contrariar (con.tra.ri.**ar**) v.t.d. Fazer oposição a; ser contrário; desagradar.

contrariedade (con.tra.ri.e.**da**.de) s.f. Contratempo; oposição; estorvo.

contrário (con.**trá**.ri.o) adj. **1.** Oposto; diverso; desfavorável. s.m. **2.** Adversário.

contrarregra (con.trar.**re**.gra) s.2g. Profissional que, em uma montagem teatral, filmagem ou programa de televisão, encarrega-se dos cenários e da indicação de entrada e saída dos atores.

contrassenso (con.tras.**sen**.so) s.m. Comportamento contrário ao bom senso; absurdo, disparate: *tentar apagar uma fogueira assoprando é um contrassenso*.

contrastar (con.tras.**tar**) v.t.i. Opor-se; estar em oposição; fazer contraste.

contraste (con.**tras**.te) s.m. **1.** Oposição; reverso. **2.** Diferença de tons ou de luz. **3.** Verificação dos quilates do ouro ou da prata.

contratação (con.tra.ta.**ção**) s.f. **1.** Ação de contratar, de fazer contrato. **2.** Admissão como empregado.

contratar (con.tra.**tar**) v.t.d. **1.** Fazer contrato. **2.** Tomar como empregado. v.i. **3.** Combinar; ajustar.

contratempo (con.tra.**tem**.po) s.m. Dificuldade; imprevisto; incidente; contrariedade.

contrátil (con.**trá**.til) adj.2g. Que pode se contrair; retrátil.

contrato (con.**tra**.to) s.m. **1.** Ato de contratar. **2.** Acordo para a execução de algo sob certas condições. **2.** Documento em que se firma esse acordo. **3.** Ajuste; convenção.

contratorpedeiro (con.tra.tor.pe.**dei**.ro) s.m. Destróier.

contratual (con.tra.tu.**al**) adj.2g. Relacionado a contrato, estabelecido em contrato: *cláusulas contratuais, obrigações contratuais*.

contravenção (con.tra.ven.**ção**) s.f. Infração; transgressão; violação.

contraveneno (con.tra.ve.**ne**.no) s.m. Antídoto.

contraventor (con.tra.ven.**tor**) [ô] s.m. e adj (Aquele) que faz uma contravenção, que transgride

contribuição (con.tri.bu.i.**ção**) s.f. **1.** Ato de contribuir. **2.** Tributo; imposto. **3.** Donativo; oferenda **4.** Quinhão; cota.

contribuinte (con.tri.bu.**in**.te) s.2g. e adj.2g. (Pessoa) que paga tributos ou impostos.

contribuir (con.tri.bu.**ir**) v.t.i. **1.** Colaborar na realização de um fim. **2.** Cooperar; doar. **3.** Pagar contribuição. Obs.: pres. do ind.: *contribuo, contribuis, contribui, contribuímos, contribuís, contribuem*. pres. do subj.: *contribua, contribuas, contribua* etc. imperat. afirm.: *contribui, contribuí*.

contrição (con.tri.**ção**) s.f. Arrependimento remorso, sofrimento moral.

contrito (con.**tri**.to) adj. Que sente contrição ou remorso; arrependido, penalizado.

controlado (con.tro.**la**.do) adj. **1.** Que se controla contido, moderado. **2.** Dominado, manipulado.

controlador (con.tro.la.**dor**) [ô] s.m. e adj. (Aquele ou aquilo) que controla, que faz o controle.

controladoria (con.tro.la.do.**ri**.a) s.f. Seção ou organização encarregada de controlar os gastos ou o funcionamento de uma instituição; função do controlador.

controlar (con.tro.**lar**) v.t.d. **1.** Dominar, mandar exercer autoridade ou vontade sobre: *controlar os músculos, controlar a entrada*. **2.** Verificar, fiscalizar, policiar. **3.** Conter, moderar: *controlar a raiva*

controlável (con.tro.**lá**.vel) adj.2g. Que se pode controlar ou dominar.

controle (con.**tro**.le) [ô] s.m. **1.** Verificação; fiscalização; supervisão. **2.** Dispositivo para controlar um equipamento: *os controles ficam no painel do carro*. **Controle remoto**: aparelho que controla outro a distância.

controvérsia (con.tro.**vér**.si.a) s.f. Existência de versões ou opiniões divergentes; discussão, debate questionamento.

controverso (con.tro.**ver**.so) adj. **1.** Que suscita ou inspira controvérsia; debatido. **2.** Discutível, questionável, duvidoso.

contudo (con.**tu**.do) conj. Mas; porém; todavia; não obstante.

contundente (con.tun.**den**.te) adj.2g. **1.** Que machuca sem perfurar ou cortar: *paus, pedras e outros objetos contundentes*. **2.** Que toca no fundo da questão; penetrante, agudo: *declaração contundente, palavras contundentes*.

contundido (con.tun.**di**.do) adj. Que se contundiu machucado, ferido.

contundir (con.tun.**dir**) v.t.d. Provocar contusão em ferir; machucar.

conturbar (con.tur.**bar**) v.t.d. Perturbar; agitar; alvoroçar; amotinar.

contusão (con.tu.**são**) s.f. (*Med.*) Lesão feita por objeto contundente ou pancada em um corpo duro; pisadura; machucado.

convalescença (con.va.les.**cen**.ça) s.f. (*Med.*) Estado de transição entre a doença e a recuperação da saúde.

convalescente (con.va.les.**cen**.te) s.2g. e adj.2g. (Aquele) que convalesce.

convalescer (con.va.les.**cer**) v.t.d. e v.i. Entrar em convalescença; restabelecer-se; recuperar a saúde.

convenção (con.ven.**ção**) s.f. **1.** Ajuste ou pacto entre partes interessadas. **2.** Norma estabelecida nas relações sociais.

convencer (con.ven.**cer**) v.t.d. e v.t.d.i. **1.** Mudar a opinião de alguém; persuadi-lo de determinada coisa. v.p. **2.** Persuadir-se; mudar a própria opinião.

convencido (con.ven.**ci**.do) adj. **1.** Persuadido; certificado. **2.** (*Pop.*) Presunçoso; sem modéstia.

convencimento (con.ven.ci.**men**.to) s.m. **1.** Ato de convencer-se. **2.** (*Pop.*) Falta de modéstia; presunção.

convencional (con.ven.ci.o.**nal**) adj.2g. **1.** Que diz respeito a uma convenção; tradicional. s.2g. **2.** Membro de uma convenção.

convencionar (con.ven.cio.**nar**) v.t.d. Estabelecer por convenção ou acordo; combinar, estipular: *convencionou-se que o vermelho é a cor da parada.*

conveniência (con.ve.ni.**ên**.ci.a) s.f. Vantagem; interesse.

conveniências (con.ve.ni.**ên**.cias) s.f.pl. **1.** Utilidades; interesses. **2.** Decoro; decência.

conveniente (con.ve.ni.**en**.te) adj.2g. **1.** Que convém. **2.** Útil; proveitoso; vantajoso. **3.** Decente.

convênio (con.**vê**.ni.o) s.m. **1.** Convenção; pacto; acordo. **2.** Contrato de prestação de serviços.

convento (con.**ven**.to) s.m. Habitação de uma comunidade religiosa; mosteiro; abadia.

convergência (con.ver.**gên**.ci.a) s.f. Ato de convergir ou de se dirigir, de locais variados, para um mesmo ponto.

convergente (con.ver.**gen**.te) adj.2g. Que converge, que vai para o mesmo ponto: *os raios da roda da bicicleta são convergentes.*

convergir (con.ver.**gir**) v.t.i. Dirigir-se para o mesmo ponto, ou para um mesmo fim. Obs.: pres. do ind.: *convirjo, converges, converge, convergimos, convergis, convergem*; pres. do subj.: *convirja, convirjas, convirja, convirjamos, convirjais, convirjam.*

conversa (con.**ver**.sa) s.f. **1.** Conversação, colóquio, prosa, entendimento. **2.** (*Fig.*) Mentira. interj. **3.** Exprime desacordo, descrença: *conversa! é tudo mentira, pura bobagem.*

conversação (con.ver.sa.**ção**) s.f. Ato de conversar; colóquio; prosa.

conversão (con.ver.**são**) s.f. Ato de converter ou convencer uma pessoa a abraçar uma fé ou doutrina.

conversar (con.ver.**sar**) v.i. Falar com alguém; palestrar; trocar ideias; entender-se.

conversível (con.ver.**sí**.vel) adj.2g. **1.** Que pode ser convertido: *dívidas conversíveis em dólar.* s.m. e adj.2g. **2.** (Veículo) cuja capota pode ser removida: *foi para a praia em um lindo conversível vermelho.*

conversor (con.ver.**sor**) [ô] s.m. **1.** Dispositivo que faz a conversão, que converte uma coisa em outra. **2.** (*Fís.*) Dispositivo que converte um tipo de corrente elétrica em outro.

converter (con.ver.**ter**) v.t.d. **1.** Conduzir a, levar a, fazer acreditar: *converteu o amigo para sua religião.* **2.** Transformar, mudar: *converteu a festa de fim de ano em um passeio.* v.p. **3.** Abraçar uma nova religião, crença ou partido.

convertido (con.ver.**ti**.do) adj. Que ou quem se converteu.

convés (con.**vés**) s.m. (*Náut.*) Local situado na coberta superior do navio, acima dos porões.

convexão (con.ve.**xão**) [cs] s.f. (*Fís.*) Movimento de calor através de um fluido.

convexo (con.**ve**.xo) [cs] adj. De relevo curvo, mais rebaixado nas bordas que no centro, como nas costas de uma colher.

convicção (con.vic.**ção**) s.f. Certeza; persuasão.

convicto (con.**vic**.to) adj. Que tem convicção; convencido, certo.

convidado (con.vi.**da**.do) s.m. e adj. (Aquele) que se convidou, que recebeu convite: *todos os convidados foram à festa.*

convidar (con.vi.**dar**) v.t.d. Pedir o comparecimento de; convocar; solicitar a presença.

convidativo (con.vi.da.**ti**.vo) adj. Que convida ou atrai; atraente.

convincente (con.vin.**cen**.te) adj.2g. Que convence, em que é fácil acreditar; persuasivo: *argumentos convincentes.*

convir (con.**vir**) v.t.d. **1.** Vir bem, ser bom ou conveniente; cumprir: *convinha que se retirassem.* **2.** Combinar, concordar: *convieram que era hora de ir embora.*

convite (con.**vi**.te) s.m. **1.** Ato de convidar. **2.** Cartão ou mensagem com que se convida: *os convites de casamento.* **3.** Oportunidade, ocasião propícia: *a praia era um convite ao ócio.*

convivência (con.vi.**vên**.ci.a) s.f. **1.** Ato de conviver. **2.** Trato diário; familiaridade; coexistência.

conviver (con.vi.**ver**) v.i. **1.** Viver ou ficar junto; manter relacionamento: *conviveram bem por muitos anos.* v.t.i. **2.** Relacionar-se com, conhecer: *conviveu com muitos artistas.*

convívio (con.**ví**.vi.o) s.m. Ação de conviver, de viver ou ficar junto.

convocação (con.vo.ca.**ção**) s.f. Ação de convocar; chamado, intimação.

convocar (con.vo.**car**) v.t.d. **1.** Chamar, convidar: *convocou os amigos para uma festa.* **2.** Mandar reunir, ordenar a presença: *convocou toda a polícia para conter a rebelião.*

convulsão (con.vul.**são**) s.f. **1.** (*Med.*) Contração violenta e involuntária dos músculos. **2.** Cataclismo; agitação.

convulsivo (con.vul.**si**.vo) *adj.* Relacionado a convulsão, que se acompanha de convulsões: *choro convulsivo*.

cookie [inglês: "cúqui"] *s.m.* **1.** Biscoito arredondado de farinha de trigo, doce, crocante e amanteigado. **2.** (*Inf.*) Arquivo com informação sobre a visita a uma página de internet, gerado pelo programa da página e gravado no computador do visitante.

cooperação (co.o.pe.ra.**ção**) *s.f.* Ato de cooperar.

cooperado (co.o.pe.**ra**.do) *s.m. e adj.* Membro de uma cooperativa; que trabalha em uma cooperativa.

cooperar (co.o.pe.**rar**) *v.t.i.* Operar simultaneamente; colaborar; ajudar; auxiliar.

cooperativa (co.o.pe.ra.**ti**.va) *s.f.* Sociedade para desempenho de atividade econômica e na qual todos os associados são igualmente beneficiados com os lucros.

cooperativo (co.o.pe.ra.**ti**.vo) *adj.* **1.** Que coopera. **2.** Que foi realizado por várias pessoas, em que há cooperação: *essa enciclopédia é feita por trabalho cooperativo*.

cooptar (co.op.**tar**) *v.t.d.* **1.** Atrair (alguém) e fazer participar de um partido, movimento, ideologia etc.; aliciar, agregar. **2.** Admitir (alguém) em uma corporação, instituição etc., dispensando as formalidades de praxe.

coordenação (co.or.de.na.**ção**) *s.f.* Ato de coordenar.

coordenada (co.or.de.**na**.da) *s.f.* Número que, combinado com outro, fornece a posição de um ponto em um gráfico.

coordenador (co.or.de.na.**dor**) [ô] *s.m. e adj.* (Pessoa) que coordena, que faz a coordenação.

coordenar (co.or.de.**nar**) *v.t.d.* Dispor de acordo com uma certa ordem; organizar; arranjar.

coordenativo (co.or.de.na.**ti**.vo) *adj.* Relacionado a coordenação, que estabelece coordenação: *conjunção coordenativa*.

copa (**co**.pa) [ó] *s.f.* **1.** (*Bot.*) Parte superior das árvores formada pelos ramos e folhas. **2.** Parte da casa, próxima da cozinha, onde são feitas as refeições. **3.** (*Esp.*) Campeonato em que se disputa uma taça ou copa. Cf. *copas*.

copaíba (co.pa.**í**.ba) *s.f.* (*Bot.*) Planta amazônica da qual se extrai um óleo empregado em cosmética e com propriedades medicinais.

copas (**co**.pas) [ó] *s.f.pl.* **1.** Um dos quatro naipes do baralho, representado por um coração vermelho. **2.** Certo jogo de cartas. Cf. *copa*.

copázio (co.**pá**.zi.o) *s.m.* Copo grande.

copeiro (co.**pei**.ro) *s.m.* **1.** Indivíduo que trabalha na copa e serve à mesa. **2.** Aquele que acumula as mesmas funções de um mordomo.

copeque (co.**pe**.que) *s.m.* Antiga moeda russa.

cópia (**có**.pi.a) *s.f.* **1.** Reprodução. **2.** Imitação; plágio. **3.** Transcrição de um texto.

copiador (co.pi.a.**dor**) [ô] *s.m. e adj.* **1.** (Aquele) que copia. **2.** Imitador, plagiador.

copiadora (co.pi.a.**do**.ra) [ô] *s.f.* Máquina que faz cópias xerográficas, ou fotocópias; fotocopiadora, xerox.

copiar (co.pi.**ar**) *v.t.d.* **1.** Fazer a cópia de; transcrever. **2.** Imitar; plagiar. Obs.: pres. do ind.: *copio, copias, copia* etc.; pres. do subj.: *copie, copies, copie* etc.

copioso (co.pi.**o**.so) [ô] *adj.* Que ocorre em cópia em grande quantidade; abundante, farto. ▪ Pl. *copiosos* [ó].

copista (co.**pis**.ta) *s.2g. e adj.2g.* (Pessoa) que copiava manualmente o texto de um livro, oração etc.

copo (**co**.po) [ó] *s.m.* **1.** Recipiente de vidro ou plástico, para beber água, vinho etc. **2.** O conteúdo de um copo.

coprologia (co.pro.lo.**gi**.a) *s.f.* **1.** Em literatura, o emprego de expressões ligadas a fezes e excreções. **2.** Estudo das fezes. **3.** Estudo dos adubos orgânicos.

cópula (**có**.pu.la) *s.f.* Ato sexual com penetração do pênis na vagina ou no ânus; coito. Cf. *cúpula*.

copular (co.pu.**lar**) *v.i.* Fazer a cópula, ou o coito: *os animais copulavam pelos campos*.

copyright [inglês: "cópi-raite"] *s.m.* Direito de imprimir, reproduzir ou vender obra literária, artística ou científica.

coque (**co**.que) *s.m.* Penteado com os cabelos presos e enrolados em forma semelhante a bola, na parte de trás da cabeça; cascudo.

coqueiral (co.quei.**ral**) *s.m.* Grupo de coqueiros; plantação de coco; cocal.

coqueiro (co.**quei**.ro) *s.m.* (*Bot.*) Árvore que produz o coco.

coqueluche (co.que.**lu**.che) *s.f.* (*Med.*) **1.** Doença infantil infecciosa, também conhecida como tosse comprida ou tosse convulsa. **2.** (*Fig.*) Aquilo que cai, durante algum tempo, na preferência popular.

coquetel (co.que.**tel**) *s.m.* Bebida que se obtém misturando duas ou mais bebidas alcoólicas.

cor¹ [ô] *s.f.* **1.** Impressão visual que a luz refletida pelos corpos produz no cérebro, passando pela retina: *as cores do arco-íris*. **2.** Matéria corante; tinta. **3.** Tom, colorido da pele. **De cor:** diz-se da pessoas que têm a pele escura.

cor² [ó] *s.m.* **De cor:** de memória.

coração (co.ra.**ção**) *s.m.* **1.** (*Anat.*) Órgão oco e muscular, centro da circulação do sangue. **2.** (*Fig.*) A parte mais central e importante de uma região. **3.** Parte emocional da pessoa, sede da moral, paixões, do amor.

corado (co.**ra**.do) *adj.* **1.** Com a face avermelhada pelo afluxo de sangue. **2.** Tingido, pintado.

coragem (co.**ra**.gem) *s.f.* **1.** Firmeza diante do perigo; intrepidez; ousadia; bravura. *inter.* **2.** Emprega-se para estimular, incitar: *coragem, ânimo! vamos lá!*

corajoso (co.ra.**jo**.so) [ô] *adj.* Que possui coragem. ▪ Pl. *corajosos* [ó].

coral (co.**ral**) *s.m.* **1.** (*Zoo.*) Invertebrado marinho com tentáculos orais, que vive em grandes grupos de pólipos fixos às rochas e forma recifes.

2. Cor vermelha e um pouco amarelada desses animais. **3.** (Mús.) Canto em coro. s.f. (epiceno) **4.** (Zoo.) Pequena cobra venenosa, de coloração mista.
oralista (co.ra.**lis**.ta) s.2g. Pessoa que canta em coral; corista.
orânico (co.**râ**.ni.co) adj. (Relig.) Relacionado ou pertencente ao Corão.
orante (co.**ran**.te) adj.2g. Que dá cor; que tinge.
Corão (Co.**rão**) s.m. (próprio) Livro sagrado do Islã e dos muçulmanos, com as revelações de Deus a Maomé. O mesmo que *Alcorão*.
orar (co.**rar**) v.i. **1.** Ficar com a face vermelha, pelo afluxo de sangue, após uma emoção ou esforço intenso: *Maria corou só de pensar na ideia*. v.t.d. **2.** Dar cor vermelha ou avermelhada a: *o sol corou o rosto dela*.
orcova (cor.**co**.va) [ó] s.f. **1.** Curva saliente. **2.** Cada uma das duas corcundas que tem o camelo.
orcovado (cor.co.**va**.do) adj. Que tem corcova; corcunda.
orcovo (cor.**co**.vo) [ô] s.m. Salto que dá um animal, arqueando o dorso; pinote.
orcunda (cor.**cun**.da) s.f. **1.** (Anat.) Protuberância, deformação, geralmente nas costas do indivíduo; giba. s.2g. e adj.2g. **2.** (Pessoa) que tem corcunda.
orda (**cor**.da) [ó] s.f. **1.** Cabo resistente, feito com muitos fios torcidos, usado para amarrar animais, suspender ou puxar objetos grandes etc. **2.** Fio que vibra e produz sons nos instrumentos de corda. **3.** Lâmina de aço que aciona certos maquinismos, como o dos relógios. **4.** (Mat.) Linha reta que une dois pontos de uma circunferência. **Corda bamba:** corda ou cabo estendido entre dois pontos, sobre o qual anda um equilibrista.
ordão (cor.**dão**) s.m. **1.** Corda fina, usada para amarrar objetos leves. **2.** Corrente metálica que se costuma colocar em volta do pescoço. **3.** (Folc.) Grupo de carnavalescos que saem para brincar nas ruas, um tanto menor que o bloco.
ordato (cor.**da**.to) adj. Sensato; ajuizado; prudente.
ordeiro (cor.**dei**.ro) s.m. **1.** (Zoo.) Carneiro ainda novo. **2.** (Fig.) Pessoa mansa e cordata.
ordel (cor.**del**) s.m. **1.** Corda fina, usada para pendurar objetos leves. **2.** (Folc.) Folheto com um poema de métrica rigorosa, que é apresentado em cantoria nas feiras no Nordeste e exposto para venda pendurado em cordas: *os cordéis contam histórias reais ou lendárias, discutem temas políticos e amorosos*.
or-de-rosa (cor-de-**ro**.sa) adj.2g.2n. **1.** Que é de um vermelho suave, que se aproxima do branco, como algumas rosas: *blusas cor-de-rosa*. **2.** (Fig.) Feminino, suave, delicado, sem conflitos e sem intensidade: *o mundo cor-de-rosa dos programas infantis*. s.m.2n. **3.** Essa cor; rosa: *o rosa e o verde combinam muito bem*. ◘ Pl. *cor-de-rosa*. Obs.: segundo o Acordo Ortográfico de 1990, emprega-se o hífen neste vocábulo por tratar-se de uma exceção consagrada pelo uso (Base XV, art. 6º).

cordial (cor.di.**al**) adj.2g. **1.** (Ant.) Que diz respeito ao coração. **2.** Que contém afetos; carinhoso. **3.** Educado, gentil.
cordialidade (cor.di.a.li.**da**.de) s.f. Afetuosidade; amenidade no trato.
cordilheira (cor.di.**lhei**.ra) s.f. Cadeia de montanhas.
cordoaria (cor.do.a.**ri**.a) s.f. Fabricação de cordas e cordões.
córdoba (**cór**.do.ba) s.f. Moeda da Nicarágua.
coreano (co.re.**a**.no) adj. **1.** Da Coreia do Norte ou da Coreia do Sul, países da Ásia. s.m. **2.** Pessoa natural ou habitante de um desses lugares.
coreografia (co.re.o.gra.**fi**.a) s.f. **1.** Passos que compõem uma obra de dança. **2.** A arte da dança; a arte de compor bailados.
coreográfico (co.reo.**grá**.fi.co) adj. Relacionado a coreografia.
coreógrafo (co.re.**ó**.gra.fo) s.m. Pessoa que compõe coreografias.
coreto (co.**re**.to) [ê] s.m. **1.** (Ant.) Pequeno palco em praça pública, no qual se apresentavam bandas de música. **2.** (Folc.) Encontro de amigos para cantar e beber.
corfebol (cor.fe.**bol**) s.m. Esporte olímpico similar ao basquete, praticado por times mistos, de quatro homens e quatro mulheres.
coriáceo (co.ri.**á**.ce.o) adj. De couro, com a consistência do couro.
coriscar (co.ris.**car**) v.i. Cair coriscos ou relâmpagos; relampaguear, relampear.
corisco (co.**ris**.co) s.m. Raio, relâmpago.
corista (co.**ris**.ta) s.2g. **1.** Pessoa que canta ou dança em um coro. **2.** Coralista.
coriza (co.**ri**.za) s.f. (Med.) Catarro nasal; inflamação e corrimento da mucosa nasal; defluxo.
corja (**cor**.ja) [ó] s.f. Grupo de pessoas desprezíveis; bando; súcia.
córnea (**cór**.ne.a) s.f. (Anat.) Membrana exterior do globo ocular.
corne-inglês (cor.ne-in.**glês**) s.m. (Mús.) Instrumento similar ao oboé, com tessitura mais grave. ◘ Pl. *cornes-ingleses*.
córneo (**cór**.ne.o) adj. **1.** (Bio.) Pertencente a córnea. **2.** (Zoo.) Pertencente a corno. **3.** Que é duro como chifre.
córner (**cór**.ner) s.m. (Esp.) Escanteio.
corneta (cor.**ne**.ta) [ê] s.f. **1.** (Mús.) Instrumento de sopro usado na orquestra, no jazz e em bandas militares; trombeta. s.2g. **2.** (P. ext.) Tocador de corneta; corneteiro. adj.2g. **3.** Que só tem um chifre: *boi corneta*.
corneteiro (cor.ne.**tei**.ro) s.m. Soldado que toca corneta no batalhão.
córnico (**cór**.ni.co) adj. **1.** Da Cornualha, nação do Reino Unido da Grã-Bretanha. s.m. **2.** Pessoa natural ou habitante desse lugar.
cornija (cor.**ni**.ja) s.f. (Const.) Faixa horizontal ou moldura feita no arremate superior de uma construção, próxima do teto ou da cobertura.

corno (cor.no) [ô] s.m. **1.** (Zoo.) Apêndice duro que alguns ruminantes têm na cabeça; chifre, aspa. **2.** (Fig.) Marido traído. **3.** Traição amorosa. ▫ Pl. *cornos* [ó].

coro (co.ro) [ô] s.m. **1.** Canto de várias vozes. **2.** Em uma igreja, local que é destinado ao canto.

coroa (co.ro.a) s.f. **1.** Objeto que reis e rainhas usam na cabeça. **2.** Símbolo do poder real. **3.** Grinalda de flores com que se homenageiam os mortos. **4.** Cume, cimo, a parte de cima. **5.** (Anat.) Parte do dente fora do alvéolo. **6.** Nome da moeda de vários países, como Dinamarca, Eslováquia, Suécia e Noruega. s.2g. **7.** (Pop.) Pessoa de meia-idade.

coroação (co.ro.a.ção) s.f. Ato de coroar.

coroar (co.ro.ar) v.t.d. Pôr coroa em; aclamar.

coroinha (co.ro.i.nha) s.m. Pessoa que ajuda na celebração da missa e nas ladainhas.

corola (co.ro.la) s.f. (Bot.) Conjunto das pétalas de uma flor.

corolário (co.ro.lá.ri.o) s.m. Proposição que se deduz de uma outra já demonstrada.

coronária (co.ro.ná.ri.a) s.f. (Anat.) Cada uma das artérias, em forma de coroa, que irriga o coração.

coronel (co.ro.nel) s.m. **1.** Comandante de um regimento militar. **2.** Latifundiário que se torna também líder chefe político, nas zonas rurais.

coronelismo (co.ro.ne.lis.mo) s.m. Poder e influência política de um coronel.

corpete (cor.pe.te) [ê] s.m. Roupa justa feminina que cobre o tronco.

corpo (cor.po) [ô] s.m. **1.** Tudo o que ocupa espaço: *um corpo celeste.* **2.** Organismo, ser físico: *o cachorro tem o corpo coberto de pelos.* **3.** Classe de indivíduos de uma mesma profissão ou função: *o corpo de bombeiros, o corpo docente da escola.* **4.** Cadáver. ▫ Pl. *corpos* [ó].

corporação (cor.po.ra.ção) s.f. Coletividade sujeita às mesmas regras.

corporal (cor.po.ral) adj.2g. **1.** Que diz respeito ao corpo. **2.** (Fig.) Material.

corporativismo (cor.po.ra.ti.vis.mo) s.m. Sistema baseado no agrupamento das classes produtoras em corporações ou sindicatos, sob a fiscalização do Estado.

corpóreo (cor.pó.re.o) adj. Que diz respeito a corpo; material; corporal.

corpulento (cor.pu.len.to) adj. Que tem corpo grande; forte, desenvolvido.

corpúsculo (cor.pús.cu.lo) s.m. Corpo muito pequeno, minúsculo.

correção (cor.re.ção) s.f. **1.** Ato de corrigir. **2.** Qualidade do que é correto. **3.** Punição; castigo.

corre-corre (cor.re-cor.re) s.m. **1.** Correria ou fuga desordenada, debandada. **2.** Agitação, pressa, afã. ▫ Pl.: *corre-corres.*

corre-cotia (cor.re-co.ti.a) s.f. (Folc.) Brincadeira infantil que começa com uma roda e alguém que, andando pelo lado de fora, deixa cair um lenço atrás de outra pessoa, que se torna o pegador; ganha o último a ser pego. ▫ Pl. *corre-cotias.* O mesmo que *corre-cutia.*

corre-cutia (cor.re-cu.ti.a) s.f. (Folc.) O mesmo que *corre-cotia.* ▫ Pl. *corre-cutias.*

corredeira (cor.re.dei.ra) s.f. Trecho inclinado do rio, em que as águas correm mais velozmente.

corrediço (cor.re.di.ço) adj. Que corre facilmente liso; escorregadio.

corredor (cor.re.dor) [ô] s.m. e adj. **1.** (Aquele) que corre muito. **2.** Passagem interna de uma casa **3.** Galeria.

córrego (cór.re.go) s.m. Regato; riacho; pequeno rio

correia (cor.rei.a) s.f. Tira de couro; cinto; cinta.

correio (cor.rei.o) s.m. **1.** Empresa e serviço de distribuição de correspondência. **2.** Local onde ela funciona. **3.** Aquele que traz a correspondência mensageiro. **4.** Veículo que faz o transporte da correspondência. **Correio eletrônico:** serviço de troca de mensagens pela internet, em formato próprio programa que faz essa tarefa; *e-mail.*

correlação (cor.re.la.ção) s.f. **1.** Ligação, relação **2.** Relação matemática entre duas variáveis: *o peso de uma pessoa tem correlação com a alimentação.*

correlacionado (cor.re.la.cio.na.do) adj. Que está em correlação.

correlacionar (cor.re.la.cio.nar) v.t.d. **1.** Estabelece relação mútua entre elementos. **2.** Ligar, relacionar

correligionário (cor.re.li.gi.o.ná.ri.o) s.m. Pessoa que tem a mesma filiação religiosa ou política que outra: *o político estava rodeado de correligionários e todos o aplaudiram.*

corrente (cor.ren.te) adj.2g. **1.** Que corre ou flui *lave a verdura em água corrente.* **2.** De que todos têm notícia; sabido. **3.** Atual; em que se está: *o mês corrente.* s.f. **4.** Cordão metálico. **5.** Grupo de pessoas que compartilham um mesmo valor estético ou pensamento; escola. **6.** (Folc.) Texto enviado várias pessoas para que o enviem a outras, com instruções para obtenção de dinheiro, graças religiosas ou outro benefício: *recebeu uma corrente mas não repassou.* **Corrente elétrica:** carga elétrica que flui por uma substância que conduz eletricidade como o fio de cobre.

correnteza (cor.ren.te.za) [ê] s.f. Velocidade da água que corre em um rio; corrente.

correr (cor.rer) v.t.d. **1.** Percorrer. **2.** Andar com pressa **3.** Estar sujeito a. v.i. **4.** Ir com pressa. **5.** Decorrer.

correria (cor.re.ri.a) s.f. Corrida desordenada pressa.

correspondência (cor.res.pon.dên.ci.a) s.f. Troca de cartas.

correspondente (cor.res.pon.den.te) s.2g. e adj.2g. **1.** (Pessoa) que se corresponde com alguém **2.** Repórter de um jornal que trabalha em outro país. adj.2g. **3.** Que corresponde; respectivo; apropriado: *ligue as formas aos nomes correspondentes.*

corresponder (cor.res.pon.der) v.t.i. **1.** Retribuir devolver. **2.** Ser adequado; ser próprio. v.p. **3.** Troca correspondência.

corresponsabilidade (cor.res.pon.sa.bi.li.**da**.de) s.f. Responsabilidade compartilhada com outros.

corresponsável (cor.res.pon.**sá**.vel) s.m. e adj. (Aquele) que é responsável junto com outros.

corretivo (cor.re.**ti**.vo) adj. **1.** Que corrige. s.m. **2.** Repreensão; castigo; pena.

correto (cor.**re**.to) [é] adj. Que se corrigiu; honesto; íntegro; digno.

corretor (cor.re.**tor**) [ô] s.m. Intermediário entre o vendedor e o comprador em uma transação comercial.

corrida (cor.**ri**.da) s.f. **1.** Ato de correr. **2.** Disputa de velocidade: *corrida de automóveis, corrida de cavalos*. **3.** Disputa esportiva de velocidade. **4.** (*Fig.*) Grande afluência a determinado lugar, em busca de algo: *a corrida do ouro para serra Pelada*.

corrigido (cor.ri.**gi**.do) adj. Que se corrigiu; correto.

corrigir (cor.ri.**gir**) v.t.d. **1.** Emendar; modificar. **2.** Reprimir; punir; castigar.

corrimão (cor.ri.**mão**) s.m. Apoio para a mão, ao longo dos dois lados de uma escada, usado como medida de segurança. ▣ Pl. *corrimãos*.

corrimento (cor.ri.**men**.to) s.m. **1.** Ação de correr; fluxo. **2.** (*Med.*) Fluxo anormal de líquido em uma mucosa: *corrimento nasal, corrimento vaginal*.

corriqueiro (cor.ri.**quei**.ro) adj. Vulgar; corrente; trivial.

corroboração (cor.robo.ra.**ção**) s.f. Ação de corroborar; confirmação.

corroborar (cor.ro.bo.**rar**) v.t.d. Comprovar, confirmar: *corroborou a hipótese*.

corroer (cor.ro.**er**) v.t.d. **1.** Roer aos poucos; desgastar; destruir. **2.** (*Fig.*) Depravar; viciar.

corromper (cor.rom.**per**) v.t.d. **1.** Estragar; infectar. **2.** Perverter. v.p. **3.** Perverter-se; depravar-se.

corrompido (cor.rom.**pi**.do) adj. Que se corrompeu, que sofreu corrupção: *dados corrompidos não podem ser usados*. Cf. *corrupto*.

corrosão (cor.ro.**são**) s.f. **1.** Ato de corroer. **2.** (*Quím.*) Reação que destrói materiais. **3.** (*Fig.*) Destruição lenta e gradual.

corrosivo (cor.ro.**si**.vo) s.m. e adj. (Aquilo) que corrói.

corrupção (cor.rup.**ção**) s.f. Ato de corromper; depravação; suborno.

corrupio (cor.ru.**pi**.o) s.m. Brincadeira em que duas crianças giram, de mãos dadas e braços esticados, com voltas cada vez mais rápidas.

corruptela (cor.rup.**te**.la) s.f. Forma alterada ou modificada de uma palavra, considerada corrompida em relação à forma anterior: "*cê*" *é corruptela de "você"*.

corruptível (cor.rup.**tí**.vel) adj.2g. **1.** Que é suscetível de corrupção. **2.** Capaz de se deixar corromper ou subornar; venal.

corrupto (cor.**rup**.to) adj. **1.** Que se corrompeu; desonesto. **2.** Devasso, pervertido. Cf. *corrompido*.

corruptor (cor.rup.**tor**) [ô] s.m. e adj. Que ou aquele que corrompe ou tenta corromper: *foi preso como corruptor de menores*.

corsário (cor.**sá**.ri.o) s.m. **1.** (*Náut.*) Navio que faz o corso. **2.** Seu comandante; pirata. adj. **3.** Que diz respeito a corso.

corso (cor.so) adj. **1.** Da Córsega, ilha francesa no Mediterrâneo. s.m. **2.** (*Náut.*) Caça aos navios mercantes de nação inimiga. **3.** Ato de pirataria; pilhagem. **4.** Carreata que se fazia antigamente durante o Carnaval. s.m. **5.** Pessoa natural ou habitante da Córsega.

cortado (cor.**ta**.do) adj. **1.** Que se cortou; recortado, entrecortado. **2.** Picado. **3.** Atravessado, cruzado.

corta-jaca (cor.ta-**ja**.ca) s.f. (*Folc.*) Dança sensual, solta ou de par, popular no Rio de Janeiro e na Bahia no início do século XIX. ▣ Pl. *corta-jacas*.

cortante (cor.**tan**.te) adj.2g. Que corta; que gela; que fere os ouvidos.

cortar (cor.**tar**) v.t.d. **1.** Separar ou talhar, com ajuda de faca ou tesoura. v.t.i. **2.** Atravessar; passar.

corte[1] (**cor**.te) [ô] s.f. **1.** Residência de um monarca. **2.** Pessoas que convivem com o soberano. **3.** Cidade onde fica a corte. **4.** Tribunal. **5.** (*Ant.*) Proposta de namoro; galanteio.

corte[2] (**cor**.te) [ó] s.m. **1.** Ato de cortar; incisão; talho. **2.** Diminuição; redução.

cortejar (cor.te.**jar**) v.t.d. **1.** Tratar com cortesia. **2.** Fazer a corte a; paquerar.

cortejo (cor.**te**.jo) [ê] s.m. **1.** Ato de cortejar. **2.** Séquito; procissão; desfile.

cortês (cor.**tês**) adj.2g. Que tem cortesia; delicado, cerimonioso, educado.

cortesã (cor.te.**sã**) s.f. **1.** Mulher que participa de uma corte, como membro ou serviçal. (*Ant.*) **2.** Dama da corte, amante do rei ou de um nobre. **3.** Prostituta de luxo.

cortesão (cor.te.**são**) s.m. **1.** Pessoa que participa de uma corte, como membro ou serviçal: *o príncipe vivia rodeado de lindas cortesãs*. adj. **2.** Relacionado a corte: *hábitos cortesãos*.

cortesia (cor.te.**si**.a) s.f. Delicadeza; urbanidade; amabilidade.

córtex (**cór**.tex) [cs] s.m. **1.** (*Bot.*) Tecido vegetal que forma a camada externa da casca das árvores. **2.** (*Anat.*) Camada superficial de alguns órgãos.

cortiça (cor.**ti**.ça) s.f. **1.** Casca do tronco do sobreiro, macia, leve e resistente, usada para vedar garrafas e outros fins. **2.** (*Bot.*) Casca do tronco de uma planta lenhosa.

cortical (cor.ti.**cal**) adj.2g. Pertencente ao córtex.

cortiço (cor.**ti**.ço) s.m. **1.** Local em que as abelhas vivem e fabricam cera e mel. **2.** Casa de cômodos onde vivem muitas famílias.

cortina (cor.**ti**.na) s.f. Peça de tecido com que se protegem ou enfeitam as janelas.

corubo (co.**ru**.bo) s.2g. **1.** Indivíduo dos corubos, povo indígena que vive hoje no Amazonas. adj.2g. **2.** Relacionado a esse povo.

coruja (co.**ru**.ja) s.f. (*epiceno*) **1.** (*Zoo.*) Ave noturna de rapina; mocho. **2.** (*Fig.*) Pai ou mãe que elogiam exageradamente os filhos ou os superprotegem.

corveta (cor.**ve**.ta) [ê] s.f. (*Náut.*) Navio de guerra com três mastros.
corvo (cor.vo) [ô] s.m. (*epiceno*) (*Zoo.*) **1.** Pássaro preto, que se alimenta de carne putrefata. **2.** Urubu, abutre. s.m. (*próprio*) **3.** (*Astron.*) Constelação austral. ▪ Pl. *corvos* [ó].
cós s.m.2n. Tira de pano que reforça a cintura de calças e saias. ▪ Pl. *cós*.
coser (co.**ser**) v.t.d. e v.i. Unir com pontos de agulha; costurar; suturar. Cf. *cozer*.
cosmético (cos.**mé**.ti.co) s.m. Produto que se passa na pele ou nos cabelos para ficar com boa aparência.
cósmico (**cós**.mi.co) adj. Que diz respeito ao cosmo, ao universo.
cosmo (**cos**.mo) [ó] s.m. **1.** Universo, mundo. **2.** Espaço entre os astros; céu. O mesmo que *cosmos*.
cosmobiologia (cos.mo.bi.o.lo.**gi**.a) s.f. Ciência que investiga a correlação entre os fenômenos cósmicos e os processos biológicos terrestres, por exemplo, a relação entre as fases da Lua e a germinação das sementes.
cosmogonia (cos.mo.go.**ni**.a) s.f. Narrativa, teoria ou doutrina sobre a origem do mundo: *cada povo tem ao menos uma cosmogonia*.
cosmogônico (cos.mo.**gô**.ni.co) adj. Relacionado a cosmogonia: *os mitos cosmogônicos de vários povos indígenas situam o começo do mundo na água*.
cosmologia (cos.mo.lo.**gi**.a) s.f. Ciência das leis gerais que regem o Universo.
cosmonauta (cos.mo.**nau**.ta) s.2g. Pessoa que viaja pelo cosmo, como tripulante ou piloto das espaçonaves enviadas pela antiga União Soviética; espaçonauta.
cosmonave (cos.mo.**na**.ve) s.f. Nave espacial ou espaçonave da antiga União Soviética.
cosmopolita (cos.mo.po.**li**.ta) s.2g. e adj.2g. **1.** (Pessoa) que conhece várias partes do mundo e se sente bem em qualquer lugar. adj.2g. **2.** Que está presente em várias partes do mundo.
cosmos (cos.**mos**) s.m.2n. O mesmo que *cosmo*. ▪ Pl. *cosmos*.
cosquento (cos.**quen**.to) adj. Que tem cócegas.
cosseno (cos.**se**.no) s.m. (*Mat.*) Razão entre a medida do cateto adjacente e a hipotenusa em um ângulo de um triângulo retângulo.
costa (**cos**.ta) s.f. Parte da terra firme que é banhada pelo mar; litoral. Cf. *costas*.
costado (cos.**ta**.do) s.m. (*Náut.*) Parte lateral e externa do casco do navio.
costa-marfinense (cos.ta-mar.fi.**nen**.se) adj.2g. **1.** Da Costa do Marfim, país da África; ebúrneo. s.2g. **2.** Pessoa natural ou habitante desse lugar; ebúrneo. ▪ Pl. *costa-marfinenses*.
costa-riquenho (cos.ta-ri.**que**.nho) adj. **1.** Da Costa Rica, país da América Central. s.m. **2.** Pessoa natural ou habitante desse lugar. ▪ Pl. *costa-riquenhos*.

costas (**cos**.tas) s.f.pl. **1.** Parte posterior do tronco humano; dorso. **2.** Verso; reverso. Cf. *costa*.
costear (cos.te.**ar**) v.t.d. Navegar junto da costa, rodear.
costeiro (cos.**tei**.ro) adj. **1.** Que diz respeito à costa, litorâneo. **2.** Que navega junto à costa.
costela (cos.**te**.la) [é] s.f. **1.** (*Anat.*) Cada um dos ossos curvos e alongados que formam a caixa torácica. **2.** Corte de carne bovina com ossos.
costeleta (cos.te.**le**.ta) [ê] s.f. **1.** Costela de alguns animais, com carne aderente; bisteca. **2.** Porção de pelos que se deixa crescer dos dois lados do rosto.
costumar (cos.tu.**mar**) v.t.d. Ter como costume ou hábito; fazer sempre: *costumava dormir depois do almoço*.
costume (cos.**tu**.me) s.m. **1.** Uso; hábito; modo de proceder. **2.** Jurisprudência baseada no uso. **3.** Vestuário de teatro. **4.** Vestuário feminino, composto de casaco e saia.
costumeiro (cos.tu.**mei**.ro) adj. Usual, habitual, comum, consuetudinário.
costura (cos.**tu**.ra) s.f. **1.** Ação de costurar ou coser de fazer roupas; ocupação de costureiro: *começou na costura aos 17 anos*. **2.** Linha que costura ou fixa as partes de uma roupa; trecho onde a linha passa pelo tecido: *a calça era azul com costura amarela*.
costurar (cos.tu.**rar**) v.t.d. e v.i. Coser; trabalhar em costura.
costureiro (cos.tu.**rei**.ro) s.m. Pessoa que costura por profissão; modista.
cota (**co**.ta) [ó] s.f. **1.** Parte em que foi dividido um todo. **2.** Porção, quinhão. O mesmo que *quota*.
cotação (co.ta.**ção**) s.f. **1.** Ato de cotar. **2.** Preço pelo qual se negociam títulos nas bolsas. **3.** Determinação dos preços das mercadorias. **4.** (*Fig.*) Apreço, conceito.
cotado (co.**ta**.do) adj. **1.** Que tem cotação. **2.** (*Fig.*) Que tem bom conceito.
cotar (co.**tar**) v.t.d. Estabelecer o preço; fixar a taxa; avaliar; taxar.
cotejar (co.te.**jar**) v.t.d. Pôr lado a lado e comparar, confrontar.
cotejo (co.**te**.jo) [ê] s.m. Ação de cotejar; comparação, confronto.
cotia (co.**ti**.a) (*Zoo.*) s.f. O mesmo que *cutia*.
cotidiano (co.ti.di.**a**.no) adj. **1.** Que se faz todos os dias. s.m. **2.** O dia a dia. O mesmo que *quotidiano*.
cotilédone (co.ti.**lé**.do.ne) s.m. (*Bot.*) Folha embrionária que fica dentro da semente e pode brotar dando origem a uma nova planta.
cotização (co.ti.za.**ção**) s.f. Ato de cotizar, distribuição em cotas. O mesmo que *quotização*.
cotizado (co.ti.**za**.do) adj. Dividido em quotas ou cotas; parcelado. O mesmo que *quotizado*.
cotizar (co.ti.**zar**) v.t.d. **1.** Distribuir em cotas. **2.** Atribuir um preço. v.p. **3.** Dividir com outrem uma despesa comum. O mesmo que *quotizar*.
cotó (co.**tó**) adj. **1.** Que teve uma parte do corpo cortada ou amputada: *com o acidente, ficou cotó*

2. Que não tem rabo, de nascença ou por corte; rabicó: *cachorro cotó*.
cotovelada (co.to.ve.**la**.da) s.f. Pancada que se dá com o cotovelo.
cotovelo (co.to.**ve**.lo) [ê] s.m. **1.** (*Anat.*) Ângulo formado pela articulação média do braço. **2.** Peça em forma de cotovelo, com que se faz a junção de dois canos.
coudelaria (cou.de.la.**ri**.a) s.f. Haras.
couraça (cou.**ra**.ça) s.f. **1.** Armadura que cobria apenas o peito e parte das costas do cavaleiro. **2.** Revestimento em metal dos cascos dos navios. s.m. **3.** (*Bio.*) Pele de certos quadrúpedes, como o rinoceronte e o hipopótamo. **4.** (*Fig.*) Proteção.
couraçado (cou.ra.**ça**.do) s.m. e adj. (Navio) dotado de couraça ou blindagem; encouraçado.
couro (**cou**.ro) s.m. **1.** Pele espessa dos bovinos e de outros animais. **2.** Essa pele, curtida ou tratada para que não apodreça, empregada para fazer bolsas, calçados, roupas etc. **3.** (*Pop.*) Bola de futebol.
couve (**cou**.ve) s.f. (*Bot.*) Planta hortense de folhas verdes bem escuras, comestíveis cruas ou cozidas, do grupo das crucíferas.
couve-flor (cou.ve-**flor**) [ô] s.f. (*Bot.*) Planta hortense cujas flores modificadas são comestíveis cozidas. ▫ Pl. *couves-flor*, *couves-flores*.
cova (**co**.va) [ó] s.f. **1.** Escavação; cavidade; depressão. **2.** Sepultura. **3.** (*Fig.*) Fim da vida.
côvado (**cô**.va.do) s.m. Antiga unidade de medida de comprimento, equivalente a três palmos ou 66 centímetros.
covarde (co.**var**.de) s.2g. e adj.2g. (Pessoa) que não tem coragem; pusilânime.
covardia (co.var.**di**.a) s.f. Atitude do covarde; pusilanimidade; medo.
coveiro (co.**vei**.ro) s.m. Pessoa que abre covas nos cemitérios.
covil (co.**vil**) s.m. **1.** Cova de feras. **2.** (*Fig.*) Abrigo de malfeitores.
covo¹ (**co**.vo) [ô] adj. Cavado, côncavo, fundo.
covo² (**co**.vo) [ó] s.m. (*Folc.*) Cesto afunilado para pesca de pitu, lagosta, caranguejo etc., de produção artesanal em bambu ou outro material.
cowboy [inglês: "caubói"] s.m. Caubói; vaqueiro ou peão de boiadeiro dos Estados Unidos.
coxa (**co**.xa) s.f. (*Anat.*) Parte superior da perna, das virilhas ou junta com o tronco até os joelhos ou meio da pata: *coxa de frango*.
coxear (co.xe.**ar**) v.i. Manquejar; manquitolar; mancar; claudicar.
coxinha (co.**xi**.nha) s.f. Salgadinho em forma de cone, com recheio de frango desfiado envolto em massa frita.
coxo (**co**.xo) [ô] s.m. e adj. **1.** (Aquele) que coxeia. adj. **2.** Manco; manquitola.
cozer (co.**zer**) v.t.d. Preparar alimentos ao fogo; cozinhar. Cf. *coser*.
cozido (co.**zi**.do) adj. **1.** Que foi preparado ao fogo. s.m. **2.** Prato suculento, em que são cozidos na mesma panela carnes de boi e porco, com verduras e legumes variados.
cozimento (co.zi.**men**.to) s.m. Ação, processo de cozer.
cozinha (co.**zi**.nha) s.f. **1.** Cômodo de uma casa em que se prepara a comida. **2.** Arte de preparar alimentos; culinária.
cozinhar (co.zi.**nhar**) v.t.d. e v.i. Cozer (alimentos) ao fogo.
cozinheiro (cozi.**nhei**.ro) s.m. Pessoa encarregada de uma cozinha, de preparar os alimentos: *a cozinheira caprichou no almoço*.
CPF Sigla de *Cadastro de Pessoa Física*, registro de cada indivíduo no Ministério da Fazenda, utilizado em transações financeiras e comerciais.
CPU Sigla do inglês *central processing unit*, "unidade central de processamento", *chip* mais importante do computador, que controla e realiza todas as tarefas exigidas pelos programas.
Cr Símbolo do elemento químico cromo.
crack [inglês: "créqui"] s.m. (*Gír.*) Craque.
cracker [inglês: "cráquer"] s.2g. (*Inf.*) Pessoa que invade um sistema de computadores e causa algum estrago, prejuízo ou dano. Cf. *hacker*.
craniano (cra.ni.**a**.no) adj. (*Anat.*) Que diz respeito ao crânio.
crânio (**crâ**.ni.o) s.m. **1.** (*Anat.*) Caixa óssea que protege o encéfalo. (*sobrecomum*) **2.** (*Fig.*) Pessoa muito inteligente ou de grande preparo: *ela é um crânio*.
craô (cra.**ô**) s.2g. **1.** Indivíduo dos craôs, povo indígena que vive hoje no Tocantins. **2.** Relacionado a esse povo.
crapô (cra.**pô**) s.m. Jogo de cartas semelhante à paciência, com dois baralhos. Obs.: do francês *crapaud*.
crápula (**crá**.pu.la) s.2g. Pessoa desprezível, de comportamento cruel, prejudicial ou indigno; canalha.
craque (**cra**.que) s.m. **1.** Pessoa muito hábil, exímia: *craques da bola, um craque em matemática*. **2.** Jogador de futebol famoso. **3.** Droga ilegal muito tóxica, derivada da cocaína e consumida em cachimbos; pedra.
crase (**cra**.se) s.f. (*Gram.*) Sinal que marca na escrita a contração de duas vogais em uma só, como em *ir à escola* (*a* preposição + *a* artigo) ou *pedir ajuda àqueles que têm poder* (*a* preposição mais *aqueles*).
cratera (cra.**te**.ra) [é] s.f. **1.** Abertura no topo de um vulcão em erupção, por onde sai a lava. **2.** Buraco muito profundo.
cravar (cra.**var**) v.t.d. **1.** Enfiar, introduzir, encravar: *cravou um prego na parede*. **2.** Fixar, pôr, fincar: *cravar os olhos em alguém*.
craveira-da-terra (cra.vei.ra-da-**ter**.ra) s.f. (*Bot.*) Árvore ou arbusto de que se extrai uma substância com propriedades aromáticas e medicinais. ▫ Pl. *craveiras-da-terra*.
cravelha (cra.**ve**.lha) [ê] s.f. Peça que estica a corda de um instrumento musical, controlando a afinação.
craviola (cra.vi.**o**.la) s.f. (*Mús.*) Instrumento de doze cordas criado por Paulinho Nogueira, compositor

e instrumentista brasileiro contemporâneo, com formato de violão e sonoridade com características do cravo e da viola.

cravo (cra.vo) s.m. **1.** Prego comprido, para prender ferraduras e outros fins. **2.** (Bot.) Flor com muitas pétalas finas e crespas, em geral branca ou vermelha: *ofereceu um cravo vermelho à amada*. **3.** (Mús.) Instrumento de cordas e teclado, ancestral do piano. **4.** (Bot.) Semente usada em doces, da qual se extrai um óleo usado em odontologia; cravo-da-índia.

cravo-da-índia (cra.vo-da-ín.di.a) s.m. (Bot.) Cravo. ▣ Pl. *cravos-da-índia*.

creche (cre.che) [é] s.f. Estabelecimento que cuida de crianças em idade pré-escolar, de menos de quatro anos de idade segundo a legislação vigente em 2006. Cf. berçário.

credenciado (cre.den.ci.a.do) adj. Que recebeu credenciais, está habilitado: *poucas empresas foram credenciadas para oferecer esse serviço*.

credencial (cre.den.ci.al) s.f. **1.** Título, carta ou documento com que uma autoridade identifica uma pessoa e lhe dá prerrogativas: *era preciso uma credencial de imprensa para entrar no Palácio*. **2.** Procuração que o governo de um país outorga a um embaixador ou diplomata, para representá-lo em um país estrangeiro: *recebeu credenciais de embaixador aos 35 anos*.

crediário (cre.di.á.ri.o) s.m. Sistema de vendas a crédito, com pagamento em prestações.

credibilidade (cre.di.bi.li.da.de) s.f. Qualidade de quem tem boa reputação, que goza da confiança e em quem todos acreditam: *quem mente não tem credibilidade*.

creditar (cre.di.tar) v.t.d. **1.** Inscrever, incluir como crédito; depositar, pagar: *creditar uma quantia na conta bancária*. **2.** Atribuir, imputar; acreditar: *creditaram-lhe a autoria da façanha*.

crédito (cré.di.to) s.m. **1.** Valor a receber ou recebido; valor que entra em uma conta; entrada: *um crédito de cem reais*. **2.** Boa reputação, credibilidade, confiança: *tinha crédito com toda a família*. **3.** Possibilidade de obter bens para pagamento posterior ou obter dinheiro por empréstimo: *conseguir crédito na loja*. **4.** O haver de uma conta.

credo (cre.do) s.m. **1.** Oração cristã que inicia pela palavra latina *credo*, que significa "creio". **2.** Religião ou conjunto de crenças religiosas; fé: *professavam o credo cristão*. interj. **3.** Exprime espanto ou aversão: *credo! cruz credo! que horror!*

credor (cre.dor) [ô] s.m. **1.** Aquele a quem se deve dinheiro. adj. **2.** (Fig.) Merecedor; digno.

credulidade (cre.du.li.da.de) s.f. Qualidade de quem é crédulo; boa-fé.

crédulo (cré.du.lo) s.m. *e adj.* (Aquele) que crê facilmente em tudo; ingênuo; singelo; simplório.

cremação (cre.ma.ção) s.f. Ato de cremar.

cremar (cre.mar) v.t.d. Destruir pelo fogo; queimar; incinerar.

crematório (cre.ma.tó.ri.o) adj. **1.** Que diz respeito à cremação. **2.** Lugar onde se cremam cadáveres.

creme (cre.me) s.m. **1.** Nata de leite. **2.** Mingau feito com leite e espessante, usado como recheio de doces ou prato. adj.2g. **3.** Que é de uma cor clara, próxima de leite com bem pouco café; bege.

cremoso (cre.mo.so) [ô] adj. Com consistência de creme. ▣ Pl. *cremosos* [ó].

crenacarore (cre.na.ca.ro.re) s.2g., adj.2g. *e* s.m. O mesmo que *panará*.

crenaque (cre.na.que) s.2g. **1.** Indivíduo dos crenaques, povo indígena que vive hoje em Minas Gerais e em São Paulo. **2.** Relacionado a esse povo.

crença (cren.ça) s.f. Ação de crer; fé; convicção.

crendice (cren.di.ce) s.f. (Pej.) Crença infundada; superstição, abusão.

crente (cren.te) s.2g. *e* adj.2g. **1.** (Aquele) que crê, que é adepto (de uma religião); religioso. **2.** Membro de algumas Igrejas evangélicas.

crepe (cre.pe) [é] s.m. **1.** Tipo de tecido crespo. **2.** Fita preta, usada em sinal de luto. **3.** (Culin.) Panqueca pequena, com recheio doce ou salgado.

crepitar (cre.pi.tar) v.i. Dar estalidos, estalar, como a madeira ao fogo.

crepom (cre.pom) s.m. Tipo de papel de seda enrugado, empregado em trabalhos manuais; crepe grosso.

crepuscular (cre.pus.cu.lar) adj.2g. Relativo a ou que ocorre no crepúsculo.

crepúsculo (cre.pús.cu.lo) s.m. **1.** Luminosidade fraca que precede o romper do dia e a chegada da noite. **2.** (Fig.) Decadência; declínio.

crer v.t.i. **1.** Acreditar; ter confiança. v.t.d. **2.** Supor; presumir. v.i. **3.** Ter fé; ter crença. Obs.: pres. do ind.: *creio, crês, crê, cremos, credes, creem*; pret. imperf.: *crias, crias, cria, críamos, críeis, criam*; pret. mqp.: *crera, creras, crera* etc.; fut. do pres.: *crerei* etc.; fut. do pret.: *creria* etc.; pres. do subj.: *creia, creias, creia* etc.; imperf. do subj.: *cresse, cresses, cresse* etc.; gerúndio: *crendo*; particípio: *crido*.

crescente (cres.cen.te) adj.2g. **1.** Que está crescendo. s.f. **2.** Fase da Lua crescente (veja Lua). s.m. **3.** A Lua nessa fase. **4.** Símbolo do Islã, com uma Lua nessa forma.

crescer (cres.cer) v.i. Aumentar; desenvolver-se; inchar; medrar; avolumar-se.

crescimento (cres.ci.men.to) s.m. Ato de crescer.

crespo (cres.po) [ê] adj. **1.** Que apresenta superfície áspera; rugoso. **2.** Diz-se de cabelos ou pelos com textura ondulada, encaracolada. **3.** Diz-se do mar agitado, encapelado.

crestar (cres.tar) v.t.d. Tostar, queimar, ressecar.

cretáceo (cre.tá.ce.o) s.m. (Geo.) **1.** (próprio) Período da história da Terra em que surgiram as plantas com flores e os dinossauros proliferaram e se extinguiram no final, posterior ao Jurássico e anterior ao Paleogeno. adj. **2.** (comum) Relativo ou pertencente a esse período.

cretino (cre.**ti**.no) *adj*. **1**. Idiota, bobo, imbecil. **2**. Ofensivo, desrespeitoso, descarado, atrevido, insolente.
cria (cri.a) *s.f.* (*epiceno*) **1**. (*Zoo.*) Filhote que ainda mama. (*sobrecomum*) **2**. Pessoa que é criada por outra família.
criação (cri.a.**ção**) *s.f.* **1**. Ato de criar. **2**. Invento; obra; produção.
criadagem (cri.a.**da**.gem) *s.f.* Conjunto dos criados de uma casa.
criado (cri.**a**.do) *adj*. **1**. Que se criou; crescido. **2**. Inventado, desenvolvido. *s.m.* **3**. (*Ant.*) Pessoa que cresceu em casa de nobres ou ricos, encarregada do serviço doméstico.
criado-mudo (cri.a.do-**mu**.do) *s.m.* Mesa baixa, colocada na altura da cabeceira da cama. ▣ Pl. *criados-mudos*.
criador (cri.a.**dor**) [ô] *adj*. **1**. Que cria; inventor. *s.m.* (*próprio*) **2**. Deus. (*comum*) **3**. Fazendeiro que cria gado.
criança (cri.**an**.ça) *s.f.* (*sobrecomum*) Ser humano em sua primeira etapa de desenvolvimento; menino ou menina.
criançada (cri.an.**ça**.da) *s.f.* **1**. Grupo de crianças. **2**. Criancice.
criancice (cri.an.**ci**.ce) *s.f.* Atitude de criança.
criar (cri.**ar**) *v.t.d.* Dar existência a; dar origem a; inventar; formar.
criatividade (cri.a.ti.vi.**da**.de) *s.f.* **1**. Qualidade de criativo. **2**. Capacidade de criar; engenho.
criativo (cri.a.**ti**.vo) *adj*. **1**. Que cria, que tem facilidade para criar: *crianças criativas*. **2**. Original, diferente.
criatura (cri.a.**tu**.ra) *s.f.* (*sobrecomum*) **1**. Ser que se cria, ser vivo. **2**. Indivíduo, pessoa.
cricati (cri.ca.**ti**) *s.2g*. **1**. Indivíduo dos cricatis, povo indígena que vive hoje no Maranhão. **2**. Relacionado a esse povo.
cricri (cri.**cri**) *s.m.* Som emitido pelo grilo.
crime (**cri**.me) *s.m.* Transgressão de um preceito legal; delito; ato punível.
criminal (cri.mi.**nal**) *adj.2g*. **1**. Relativo a crime. **2**. Relativo a penas por crimes; penal.
criminalidade (cri.mi.na.li.**da**.de) *s.f.* **1**. Qualidade de quem é criminoso. **2**. Evolução do crime.
criminalista (cri.mi.na.**lis**.ta) *s.2g*. (*Dir.*) Especialista em direito penal.
criminoso (cri.mi.**no**.so) [ô] *s.m.* **1**. Pessoa que praticou um crime. *adj*. **2**. Que diz respeito a crime. ▣ Pl. *criminosos* [ó].
crina (**cri**.na) *s.f.* Tufo de pelos longos, que crescem no pescoço, no alto da cabeça e na cauda do cavalo e de outros animais.
cringe [inglês: "cringe"] *adj*. (*Gír.*) Palavra usada para se referir a situações constrangedoras e embaraçosas; vergonha alheia.
criobiologia (cri.o.bi.o.lo.**gi**.a) *s.f.* (*Bio.*) Setor da biologia que estuda os efeitos das temperaturas extremamente baixas sobre células, tecidos e organismos vivos.
criogenia (crio.ge.**ni**.a) *s.f.* (*Fís.*) Estudo da matéria em temperaturas muito baixas.
criopreservação (cri.o.pre.ser.va.**ção**) *s.f.* (*Med.*) Técnica de congelamento, em uma temperatura de 196°C negativos, de tecidos biológicos e células, como embriões, óvulos, espermatozoides etc., para que possam ser utilizados futuramente.
crioulo (cri.**ou**.lo) *s.m. e adj*. **1**. (*Pop.*) Negro. **2**. (*Ant.*) Descendente de africanos ou de europeus nascido nas colônias americanas. *adj*. **3**. Que não foi trazido de fora, que é natural da América: *cavalo crioulo*.
cripta (**crip**.ta) *s.f.* **1**. Construção subterrânea em Igrejas da Europa, com sepultura de mortos ilustres. **2**. (*Fig.*) Local secreto, esconderijo subterrâneo.
criptógamo (crip.**tó**.ga.mo) *adj*. (*Bot.*) Que não tem flores.
criptografia (crip.to.gra.**fi**.a) *s.f.* Escrita de mensagens em um código ou cifra, para proteger seu conteúdo.
criptograma (crip.to.**gra**.ma) *s.m.* **1**. Mensagem ou documento em linguagem cifrada. **2**. Sinal ou figura simbólica. **3**. Frase cifrada que se apresenta para o leitor decifrar em publicações, passatempos etc.
criptônio (crip.**tô**.ni.o) *s.m.* (*Quím.*) Elemento de símbolo Kr, número atômico 36 e massa atômica 83,80.
crisálida (cri.**sá**.li.da) *s.f.* (*Zoo.*) Estado intermediário, de transição, entre a lagarta e a borboleta; casulo.
crise (**cri**.se) *s.f.* **1**. (*Med.*) Ocorrência súbita de uma doença. **2**. Agravamento de uma doença. **3**. Situação difícil, perigosa. **4**. Situação política, em que o governo encontra dificuldades para manter-se no poder.
crisma (**cris**.ma) *s.f.* **1**. O sacramento da confirmação. *s.m.* **2**. Óleo perfumado usado na ministração dos sacramentos.
crista (**cris**.ta) *s.f.* **1**. (*Zoo.*) Saliência existente na cabeça de algumas aves e répteis. **2**. Cimo; cume.
cristal (cris.**tal**) *s.m.* **1**. (*Geo.*) Substância mineral sólida com as partículas, ou átomos, em arranjo determinado: *alguns cristais têm lindas cores e formas, outros têm propriedades especiais*. **2**. Quartzo vítreo incolor e transparente, usado para fazer copos, vasos e peças valiosas.
cristalino (cris.ta.**li**.no) *adj*. **1**. Que diz respeito ao cristal. *s.m.* **2**. (*Anat.*) Corpo com forma de disco, transparente, situado na parte anterior do humor vítreo do olho.
cristalização (cris.ta.li.za.**ção**) *s.f.* Formação de cristais; ação de cristalizar(-se).
cristalizado (cris.ta.li.**za**.do) *adj*. Que cristalizou, que solidificou-se em cristais.
cristalizar (cris.ta.li.**zar**) *v.t.d.* **1**. Converter em cristal. *v.i.* **2**. Tomar a forma de cristal. **3**. Permanecer em um mesmo estado, adquirir ou manter sempre a mesma forma.
cristalizável (cris.ta.li.**zá**.vel) *adj.2g*. Que pode cristalizar(-se), formar cristais.

cristalografia (cris.ta.lo.gra.**fi**.a) s.f. (*Geo.*) Ciência que estuda os cristais, quanto a formação, classificação etc.

cristalográfico (cris.ta.lo.**grá**.fi.co) *adj.* Referente a cristalografia.

cristalógrafo (cris.ta.**ló**.gra.fo) s.m. (*Geo.*) Pessoa que se dedica à cristalografia.

cristão (cris.**tão**) *adj.* **1.** Relacionado a Jesus Cristo ou ao cristianismo. s.m. **2.** Seguidor de Jesus Cristo; membro de um grupo cristão ou de uma Igreja cristã. **3.** Membro da Igreja Católica de Roma. (*Folc.*) Cristãos e mouros: encenação das lutas a cavalo contra os mouros, na reconquista da península Ibérica, com a conversão dos muçulmanos à Igreja Católica: *as lutas de cristãos e mouros fazem parte de festas folclóricas como a cavalhada.* ▫ Pl. *cristãos*.

cristianismo (cris.ti.a.**nis**.mo) s.m. **1.** O ensinamento de Jesus Cristo. **2.** Conjunto das religiões e grupos religiosos que seguem Jesus Cristo.

cristianizar (cris.ti.a.ni.**zar**) v.t.d. Tornar cristão.

critério (cri.**té**.ri.o) s.m. Norma para julgar uma coisa; raciocínio; juízo; tino; discernimento.

criterioso (cri.te.ri.**o**.so) [ô] *adj.* Que revela critério; ajuizado; ponderado. ▫ Pl. *criteriosos* [ó].

crítica (**crí**.ti.ca) s.f. **1.** Exame, avaliação, julgamento. **2.** Condenação, reprovação. **3.** Arte de julgar produções literárias, artísticas ou científicas; comentário; apreciação.

criticar (cri.ti.**car**) v.t.d. **1.** Fazer a crítica de; examinar, julgar. **2.** Censurar, condenar, reprovar.

criticável (cri.ti.**cá**.vel) *adj.2g.* **1.** Que pode ser criticado. **2.** Que merece críticas; condenável, reprovável.

crítico (**crí**.ti.co) *adj.* **1.** Que diz respeito à crítica. **2.** Que diz respeito à crise. **3.** Grave; perigoso. s.m. **4.** Pessoa que faz críticas.

crivo (**cri**.vo) s.m. **1.** Peneira de arame. **2.** Parte cheia de furinhos do chuveiro e do regador, por onde sai a água. **3.** Trabalho manual que consiste em tirar fios do tecido, sempre no mesmo sentido, para em seguida bordar ou trançar os fios que sobraram no sentido oposto.

croapé (cro.a.**pé**) s.m. (*Bot.*) Cipó de que se extrai uma substância com propriedades aromáticas e medicinais.

croata (cro.**a**.ta) *adj.2g.* **1.** Da Croácia, país da Europa. *s.2g.* **2.** Pessoa natural ou habitante desse lugar.

crocante (cro.**can**.te) *adj.2g.* **1.** (Alimento) que se quebra e faz barulho quando é mordido: *verduras crocantes, bolacha crocante.* s.m. **2.** Mistura de açúcar queimado, amendoim ou nozes, colocada no sorvete.

crochê (cro.**chê**) s.m. Espécie de renda que se faz com linha e uma agulha de ponta recurvada.

crocodilo (cro.co.**di**.lo) s.m. (*epiceno*) (*Zoo.*) Grande réptil anfíbio, voraz e perigoso, semelhante ao jacaré.

cromar (cro.**mar**) v.t.d. Revestir com cromo, galvanizar com cromo: *os para-choques e outras peças dos carros antigos eram cromados.*

cromático (cro.**má**.ti.co) *adj.* **1.** Que diz respeito às cores. **2.** (*Mús.*) Composto de uma série de semitons.

cromatóforo (cro.ma.**tó**.fo.ro) s.m. (*Zoo.*) Célula com pigmento dos cefalópodes.

cromo (**cro**.mo) s.m. **1.** (*Quím.*) Elemento de símbolo Cr, de peso atômico 52 e número atômico 24. **2.** Imagem colorida, impressa ou em filme para impressão.

cromossômico (cro.mos.**sô**.mi.co) *adj.* (*Bio.*) Relativo a cromossomo.

cromossomo (cro.mos.**so**.mo) [ô] s.m. (*Bio.*) Parte da célula que contém os genes e transporta a informação genética.

crônica (**crô**.ni.ca) s.f. **1.** Narração histórica, por ordem cronológica. **2.** Narração de um fato do cotidiano, geralmente constituindo uma das seções de um jornal.

crônico (**crô**.ni.co) *adj.* Que dura muito tempo; perseverante; permanente.

cronista (cro.**nis**.ta) *s.2g.* Aquele que escreve crônicas.

cronologia (cro.no.lo.**gi**.a) s.f. Ciência que se utiliza de regras, para estabelecer as divisões do tempo e fixação de datas.

cronológico (cro.no.**ló**.gi.co) *adj.* Que diz respeito à cronologia.

cronômetro (cro.**nô**.me.tro) s.m. Instrumento que serve para medir o tempo; relógio de precisão.

croqui (cro.**qui**) s.m. Esboço; plano; rascunho de um desenho.

crosta (**cros**.ta) s.f. **1.** Camada espessa e dura de um corpo. **2.** Invólucro; casca. **Crosta terrestre:** a parte sólida da Terra; litosfera.

cru *adj.* Que não foi cozido ou curtido.

crucial (cru.ci.**al**) *adj.2g.* **1.** Com aspecto ou forma de cruz. **2.** (*Fig.*) Angustiante; mortificador; crítico.

cruciante (cru.ci.**an**.te) *adj.2g.* Que aflige ou mortifica.

cruciar (cru.ci.**ar**) v.t.d. Mortificar; afligir; angustiar. Obs.: pres. do ind.: *crucio, crucias* etc.

crucífera (cru.**cí**.fe.ra) s.f. (*Bot.*) Planta herbácea de um grupo em que as flores são reunidas em cachos, como a couve e o brócolis.

crucificação (cru.ci.fi.ca.**ção**) s.f. Ato de crucificar.

crucificar (cru.ci.fi.**car**) v.t.d. **1.** Pregar na cruz. **2.** (*Fig.*) Torturar; mortificar; angustiar.

crucifixo (cru.ci.**fi**.xo) [cs] s.m. Imagem de Cristo pregado na cruz.

cruel (cru.**el**) *adj.2g.* Desumano; sanguinolento; insensível, sicário: *alguns tiranos são cruéis com o povo, outros não.*

crueldade (cru.el.**da**.de) s.f. Ato cruel; ruindade; maldade; tirania.

cruento (cru.**en**.to) *adj.* (*Raro*) Cruel, feito com violência e derramamento de sangue: *luta cruenta.*

crupe (**cru**.pe) s.m. (*Med.*) Difteria.

crush [inglês: "crâxi"] s.2g. (Gír.) Expressão usada para se referir à pessoa por quem se tem atração, sentimentos correspondidos ou não; paixonite.

crustáceo (crus.**tá**.ce.o) s.m. (epiceno) **1.** (Zoo.) Animal artrópode como o camarão, a lagosta e o caranguejo, com dois pares de antenas e esqueleto externo calcário. adj. **2.** Relativo a esses animais.

cruz s.f. **1.** Forma de duas retas que se cruzam perpendicularmente: *marque a resposta com uma cruz*. **2.** Símbolo do cristianismo e dos seguidores de Jesus Cristo. **3.** Instrumento de suplício usado na Antiguidade, em que os condenados eram amarrados, de braços abertos, até a morte. **4.** Sofrimento, dor, dificuldade que uma pessoa carrega.

cruzada (cru.**za**.da) s.f. **1.** Campanha feita em favor de uma boa causa. **2.** (Hist.) Na Idade Média, expedição militar a Jerusalém, em nome da fé cristã: *o filme se passa na época das cruzadas*. **3.** (Fig.) Campanha agressiva ou conflito armado por motivo religioso: *quando o presidente chamou a invasão de cruzada, foi muito criticado*.

cruzadinha (cru.za.**di**.nha) s.f. Jogo em que se deve adivinhar e escrever palavras escritas em quadrinhos que se cruzam, forma mais simples de palavras cruzadas.

cruzado (cru.**za**.do) adj. **1.** Que se cruza, que se cruzou: *braços cruzados*. **2.** Que é resultado de cruzamento; cruza: *o cachorro era cruzado com labrador*. s.m. **3.** Unidade monetária brasileira que circulou de 1986 a 1989. **Cruzado novo**: unidade monetária brasileira que circulou em 1989-1990. **4.** Nome de várias moedas brasileiras do século XIX e de uma moeda portuguesa também antiga. **5.** (Hist.) Pessoa que participou de uma Cruzada: *os cruzados usavam uma cruz vermelha no peito*.

cruzador (cru.za.**dor**) [ô] s.m. Navio de guerra muito veloz.

cruzamento (cru.za.**men**.to) s.m. **1.** Ato de cruzar ou cruzar-se; transposição. **2.** (Bio.) Acasalamento de animais de raças diferentes; mestiçagem; hibridismo.

cruzar (cru.**zar**) v.t.d. **1.** Atravessar; transpor. **2.** Acasalar animais de raças diferentes. v.p. **3.** Encontrar-se, vindo de sentidos diferentes.

cruzeiro (cru.**zei**.ro) s.m. **1.** Grande cruz erguida nos largos, cemitérios, praças ou lugares elevados. **2.** Viagem marítima de alguma extensão, que cruza mares ou oceano. **3.** Unidade monetária usada no Brasil em 1942-1967, em 1970-1986 e em 1990-1993, substituída pelo **cruzeiro novo** em 1967-1970 e pelo **cruzeiro real** em 1993. (próprio) **Cruzeiro do Sul**: constelação austral em forma de cruz.

cruzes (cru.zes) interj. Exprime aversão, horror, nojo: *cruzes, que coisa horrorosa!*

Cs Símbolo do elemento químico césio.

cu s.m. (Chul.) Ânus.

Cu Símbolo do elemento químico cobre.

cuba (cu.ba) s.f. Vasilha grande, de madeira, para vinhos ou outros líquidos; tonel; tina.

cubano (cu.**ba**.no) adj. **1.** De Cuba, país da América Central. s.m. **2.** Pessoa natural ou habitante desse lugar.

cúbico (**cú**.bi.co) adj. Que diz respeito a cubo; com seu aspecto ou formato.

cubículo (cu.**bí**.cu.lo) s.m. **1.** Casa ou compartimento pequeno. **2.** Cela de convento ou prisão.

cubismo (cu.**bis**.mo) s.m. Escola de pintura que se caracterizou pelo emprego de formas geométricas e de linhas retas, em vez de curvas.

cubista (cu.**bis**.ta) adj.2g. **1.** Que diz respeito ao cubismo. s.2g. **2.** Seguidor, adepto do cubismo.

cúbito (**cú**.bi.to) s.m. (Anat.) Osso mais externo do antebraço, antes chamado cotovelo; ulna.

cubo (**cu**.bo) s.m. **1.** (Geom.) Poliedro regular com seis faces quadradas. **2.** Brinquedo com essa forma. **3.** Produto de três fatores iguais a um certo número. **Cubo mágico**: brinquedo formado por numerosos cubos com faces coloridas que devem ser girados para formar cada face de uma só cor.

cuca (**cu**.ca) s.m. **1.** Mestre-cuca. s.f. **2.** (Folc.) Ser fantástico brasileiro, de forma feminina, que devora crianças; bicho-papão. **3.** (Fig.) Cabeça; raciocínio; inteligência.

cuco (**cu**.co) s.m. (epiceno) **1.** (Zoo.) Ave europeia que põe ovos no ninho de outros pássaros, e de que há numerosas espécies. s.m. **2.** Relógio de pêndulo que ao bater as horas inteiras mostra uma miniatura de pássaro.

cucurbitácea (cu.cur.bi.**tá**.ce.a) s.f. (Bot.) Planta que pertence ao mesmo grupo da abobrinha e da abóbora.

cueca (cu.**e**.ca) [é] s.f. **1.** Peça de roupa masculina usada sob a calça, de que há vários modelos. **2.** Essa peça, no modelo com elástico na virilha e abertura ou recorte na frente. O mesmo que *cuecas*.

cuecas (cu.**e**.cas) [é] s.m.pl. O mesmo que *cueca*.

cueiro (cu.**ei**.ro) s.m. Pano com que se enfaixam os bebezinhos da cintura para baixo, para protegê-los.

cuia (**cui**.a) s.f. **1.** (Bot.) Fruto seco da cuieira, de forma esférica, usado como recipiente para líquidos, na confecção de berimbau e outros instrumentos; coité, cuité. **2.** Cabaça.

cuiabano (cui.a.**ba**.no) adj.2g. **1.** Do município de Cuiabá, capital do Estado de Mato Grosso; papa-peixe. s.m. **2.** Pessoa natural ou habitante desse lugar.

cuíca (cu.**í**.ca) s.f. (epiceno) **1.** (Zoo.) Mamífero pequeno, assemelhado ao rato. s.f. **2.** (Mús.) Instrumento de percussão de origem africana, formado por um tambor com um fio que é puxado pela pele, produzindo um som prolongado, que lembra um ronco ou assobio.

cuicuro (cui.**cu**.ro) s.2g. **1.** Indivíduo dos cuicuros, povo indígena que vive hoje no Mato Grosso. adj.2g. **2.** Relacionado a esse povo. s.m. **3.** Idioma falado por esse povo.

cuidado (cui.**da**.do) adj. **1.** Que se cuidou. s.m. **2.** Atenção; desvelo. interj. **3.** Emprega-se para pedir ou ordenar atenção: *cuidado, cachorro bravo*.

cuidadoso (cui.da.**do**.so) [ô] *adj.* Que tem cuidado; zeloso; precavido; cauteloso. ▣ Pl. *cuidadosos* [ó].

cuidar (cui.**dar**) *v.t.i.* Cogitar; interessar-se por; preocupar-se com.

cuieira (cui.**ei**.ra) *s.f.* (Bot.) Arbusto de flores verdes cujo fruto é a cuia. Cf. *cabaceira*.

cuité (cui.**té**) *s.f.* Cuia.

cujo (**cu**.jo) *pron.rel.* **1.** De que; do qual; da qual; dos quais; das quais; de quem. *s.m.* **2.** Pessoa cujo nome se quer ocultar; fulano; sujeito.

culatra (cu.**la**.tra) *s.f.* A parte posterior de uma arma de fogo.

culina (cu.**li**.na) *s.2g.* **1.** Indivíduo dos culinas, povo indígena que vive hoje no Acre e no Amazonas. *adj.2g.* **2.** Relacionado a esse povo.

culinária (cu.li.**ná**.ri.a) *s.f.* A arte de cozinhar.

culinário (cu.li.**ná**.ri.o) *adj.* Relativo a culinária, à preparação de alimentos: *aquela farmácia vende álcool para uso culinário*.

culminância (cul.mi.**nân**.ci.a) *s.f.* O ponto mais elevado; ápice; clímax; auge; apogeu.

culminante (cul.mi.**nan**.te) *adj.2g.* Mais elevado; eminente.

culminar (cul.mi.**nar**) *v.t.i.* Atingir o auge; finalizar.

culote (cu.**lo**.te) [ó] *s.m.* **1.** Calça larga nos quadris e justa dos joelhos para baixo, própria para montaria. **2.** Acúmulo de gordura na região dos quadris.

culpa (**cul**.pa) *s.f.* Falta voluntária contra a lei ou a moral; delito; crime; pecado.

culpabilidade (cul.pa.bi.li.**da**.de) *s.f.* Qualidade ou estado do que tem culpa.

culpado (cul.**pa**.do) *s.m. e adj.* **1.** (Aquele) que tem culpa. *s.m.* **2.** Acusado; criminoso; réu; transgressor.

culpar (cul.**par**) *v.t.d.* Declarar culpado; incriminar, acusar; responsabilizar.

culposo (cul.**po**.so) [ô] *adj.* Em que existe culpa. ▣ Pl. *culposos* [ó].

cult [inglês: "cult"] *adj.* Diz-se de obra admirada intensamente por um grupo ou por muitas pessoas: *um filme cult*.

cultivado (cul.ti.**va**.do) *adj.* **1.** Que se cultivou; culto. **2.** Diz-se de vegetal plantado e cuidado, por oposição aos que crescem espontaneamente: *flores cultivadas*.

cultivador (cul.ti.va.**dor**) [ô] *s.m. e adj.* **1.** (Aquele) que cultiva; cultor. **2.** Plantador, lavrador, agricultor, plantador.

cultivar (cul.ti.**var**) *v.t.d.* **1.** Trabalhar para que cresça na terra; plantar: *cultivava rosas no jardim*, *cultivar café*. **2.** Dedicar-se ao desenvolvimento pessoal, cuidar: *cultivar a mente com boas leituras*, *cultivar as amizades*.

cultivável (cul.ti.**vá**.vel) *adj.2g.* Que se pode cultivar, em que se pode plantar.

cultivo (cul.**ti**.vo) *s.m.* **1.** Ato de cultivar; cultura. **2.** Plantação, crescimento de plantas.

culto (**cul**.to) *s.m.* **1.** Adoração, homenagem a uma divindade; veneração. *adj.* **2.** Que se cultivou, que tem cultura; instruído, preparado: *pessoas cultas*. **3.** Que tem cultura ou erudição. **4.** Diz-se da linguagem, norma ou estilo usada em obras eruditas; formal.

cultor (cul.**tor**) [ô] *s.m.* **1.** Aquele que cultiva; cultivador. **2.** Adepto, partidário, seguidor, sectário.

cultuar (cul.tu.**ar**) *v.t.d.* Render culto a; adorar.

cultura (cul.**tu**.ra) *s.f.* **1.** Ato, modo ou efeito de cultivar; lavoura. **2.** Desenvolvimento intelectual; saber; instrução. **3.** Conjunto de obras e estilos artísticos de grande importância; erudição. **4.** Conjunto de valores estéticos, éticos, sociais e tecnológicos que caracteriza um povo: *cultura brasileira*, *cultura tupi*, *cultura japonesa*. **5.** Área de atuação ligada a artes e entretenimentos.

cultural (cul.tu.**ral**) *adj.2g.* **1.** Que diz respeito a cultura, determinado pela cultura. **2.** Ligado a atividades artísticas.

cumarina (cu.ma.**ri**.na) *s.f.* (Med.) Substância anticoagulante extraída da árvore cumaru, usada para fabricar a warfarina, medicamento de mesma ação.

cumaru (cu.ma.**ru**) *s.m.* (Bot.) Árvore ou arbusto de que se extrai a cumarina, substância empregada para aromatizar tabaco.

cumbuca (cum.**bu**.ca) *s.f.* **1.** Vasilha feita de cabaça, para conter líquidos, com a boca menor que o bojo. **2.** Tigela ou vasilha alta: *serviu a feijoada em cumbucas*.

cume (**cu**.me) *s.m.* Ponto mais elevado; cimo; apogeu; pico.

cúmplice (**cúm**.pli.ce) *s.2g.* **1.** Aquele que tomou parte em um delito ou crime. **2.** Pessoa que partilha um segredo com outra ou que executa uma atividade junto com outra; parceiro.

cumplicidade (cum.pli.ci.**da**.de) *s.f.* Qualidade de cúmplice.

cumprimentar (cum.pri.men.**tar**) *v.t.d.* Dirigir ou fazer cumprimentos a; saudar; elogiar; felicitar.

cumprimento (cum.pri.**men**.to) *s.m.* **1.** Ato de cumprimentar; saudação; parabéns, congratulação. **2.** Ato de cumprir; execução; observância.

cumprir (cum.**prir**) *v.t.d.* **1.** Executar pontualmente; realizar: *eles cumpriam seus deveres*. *v.t.i.* **2.** Ser necessário; convir; ser conveniente: *cumpria que chegassem logo*.

cumulativo (cu.mu.la.**ti**.vo) *adj.* Em que há acumulação; que faz parte daquilo que se acumula.

cúmulo (**cú**.mu.lo) *s.m.* **1.** Reunião de coisas sobrepostas; grande quantidade; montão. **2.** (Fig.) O máximo; o auge. **3.** Nuvem branca semelhante a flocos de algodão.

cuneiforme (cu.nei.**for**.me) [ó] *adj.2g.* **1.** Que tem a forma de cunha. **2.** Que pertence à antiga escrita dos assírios, babilônios, medas e persas.

cunha (**cu**.nha) *s.f.* Peça de ferro utilizada para fender pedras ou madeiras ou ainda para servir de calço.

cunhada (cu.**nha**.da) *s.f.* Irmã de um dos cônjuges em relação ao outro.

cunhado (cu.nha.do) s.m. Irmão de um dos cônjuges em relação ao outro.
cunhar (cu.nhar) v.t.d. Criar, dar forma: *cunhavam moedas de ouro*; *cunhavam novas expressões e termos técnicos*.
cunho (cu.nho) s.m. **1.** Peça de ferro que imprime marca em moedas ou medalhas. **2.** Marca feita nas moedas ou medalhas. **3.** (Fig.) Qualquer impressão ou marca.
cunicular (cu.ni.cu.lar) adj.2g. Relacionado a coelho ou a cunicultura.
cunicultura (cu.ni.cul.tu.ra) s.f. Criação de coelhos.
cupidez (cu.pi.dez) [ê] s.f. Qualidade de cúpido; ambição desmedida, ganância.
cúpido (cú.pi.do) adj. Ávido, ganancioso por dinheiro ou outros bens materiais.
Cupido (cu.pi.do) s.m. (*próprio*) (Fig.) (Mit.) Deus do amor.
cupim (cu.pim) s.m. **1.** (Zoo.) Inseto que rói madeira, papel, plantas etc. e constrói ninhos com barro endurecido; caruncho, térmita. **2.** Cupinzeiro. **3.** Corte do pescoço ou corcova de gado zebu, muito gorduroso, usado em churrasco.
cupinzeiro (cu.pin.zei.ro) s.m. Casa de cupins; cupim: *o pasto tinha cupinzeiros de mais de um metro*.
cupom (cu.pom) s.m. Cédula impressa destacável, que dá direito a receber brindes, assistir espetáculos, participar de promoções etc.
cúprico (cú.pri.co) adj. **1.** De cobre, feito com cobre. **2.** Semelhante ao cobre; avermelhado: *usava cabelo em tons cúpricos*.
cupuaçu (cu.pu.a.çu) s.m. (Bot.) Fruta nordestina de polpa branca aromática, muito apreciada em refrescos, doces etc.
cúpula (cú.pu.la) s.f. **1.** Parte superior redonda de certos edifícios; abóbada. **2.** (Fig.) Conjunto dos dirigentes; chefia. Cf. *cópula*.
cura (cu.ra) s.f. **1.** Ato de curar; restabelecimento da saúde. **2.** (Fig.) Regeneração, recuperação. s.m. **3.** (Ant.) Pároco, vigário.
curado (cu.ra.do) adj. **1.** Que se curou; sarado, recuperado. **2.** Seco, desidratado: *carne curada, queijo curado*.
curador (cu.ra.dor) [ô] adj. **1.** Que cura. s.m. **2.** Aquele que exerce curatela, ou seja, administra os bens e interesses de menores, interditos ou ausentes. **3.** Membro do Ministério Público, que defende os interesses dos incapazes ou de certas instituições.
curadoria (cu.ra.do.ri.a) s.f. Ação de curador; curatela.
curandeiro (cu.ran.dei.ro) s.m. (Pop.) Pessoa que receita ervas ou outros tratamentos da medicina popular: *alguns curandeiros são também benzedores*.
curar (cu.rar) v.t.d. **1.** (Med.) Restabelecer a saúde de: *curou muitas pessoas*. **2.** Livrar de uma doença: *um medicamento que cura tuberculose*. **3.** Secar ao calor: *curar o queijo*. v.p. **4.** Restabelecer-se, recuperar a saúde: *curou-se da gripe com dois dias de repouso*.
curare (cu.ra.re) s.m. Veneno extraído de certos cipós, usado pelos indígenas da Amazônia para envenenar flechas.
curatela (cu.ra.te.la) s.f. Ação do curador; curadoria.
curativo (cu.ra.ti.vo) adj. **1.** Que diz respeito a cura. s.m. **2.** Aplicação de remédios em uma ferida ou incisão cirúrgica, para ajudar na regeneração dos tecidos.
curau (cu.rau) s.m. (Culin.) (SP) Creme ou pudim de milho verde com leite de vaca ou de coco, chamado de canjica no Nordeste: *o curau é muito apreciado nas festas de São João*.
curável (cu.rá.vel) adj.2g. Que se pode curar.
cúrcuma (cúr.cu.ma) s.f. (Bot.) Planta cujos rizomas secos são utilizados para dar cor amarela aos alimentos; açafrão-da-índia.
curdo (cur.do) adj. **1.** Do Curdistão, região da Ásia. s.m. **2.** Indivíduo dos curdos, povo muçulmano que vive nessa região. **3.** O idioma dos curdos.
cureta (cu.re.ta) [ê] s.f. (Med.) Instrumento cirúrgico com o qual se fazem raspagens ou curetagens.
curetagem (cu.re.ta.gem) s.f. (Med.) Raspagem de uma cavidade com auxílio de uma cureta.
cúria (cú.ri.a) s.f. (Relig.) **1.** Tribunal católico. **2.** Vaticano.
curiango (cu.ri.an.go) s.m. (Zoo.) Bacurau.
curiboca (cu.ri.bo.ca) s.2g. Caboclo; cariboca.
curió (cu.ri.ó) s.m. (Zoo.) Passarinho de canto muito apreciado e corpo preto com o peito marrom escuro; avinhado.
cúrio (cú.ri.o) s.m. (Quím.) Elemento de símbolo Cm, número atômico 96 e massa atômica 247.
curiosidade (cu.ri.o.si.da.de) s.f. **1.** Vontade de saber ou descobrir; qualidade de curioso. **2.** Qualidade de xereta; indiscrição. **3.** Objeto ou informação incomum, raro; preciosidade.
curioso (cu.ri.o.so) [ô] s.m. e adj. **1.** (Aquele) que quer saber ou descobrir, que tem curiosidade; indiscreto: *pessoa curiosa, olhar curioso*. adj. **2.** Que desperta a atenção; interessante: *hábitos curiosos*. s.m. **3.** Pessoa que entende um pouco de uma atividade ou assunto, sem ter formação; amador. Pl. *curiosos* [ó].
curitibano (cu.ri.ti.ba.no) adj.2g. **1.** Do município de Curitiba, capital do Estado do Paraná. s.m. **2.** Pessoa natural ou habitante desse lugar.
curral (cur.ral) s.m. **1.** Local onde se junta ou recolhe o gado. **2.** (Fig.) Local sujo. **Curral eleitoral:** áreas onde um político obtém muitos votos por compra, intimidação ou outros meios ilícitos.
currículo (cur.rí.cu.lo) s.m. **1.** Relatório de atividades profissionais e ligadas à formação acadêmica; histórico de vida. **2.** Sequência de disciplinas e

atividades previstas para um curso: *o currículo do ensino fundamental.* **3.** (Fig.) Histórico, passado.
curry [inglês: "cârri"] s.m. Caril.
cursar (cur.sar) v.t.d. **1.** Frequentar, seguir um curso. v.i. **2.** Andar; percorrer.
cursinho (cur.si.nho) s.m. Curso preparatório para vestibular; curso pré-vestibular.
cursivo (cur.si.vo) s.m. e adj. (Letra) manuscrita em que uma linha liga uma letra à outra; letra de mão. Cf. *bastão*.
curso (cur.so) s.m. **1.** Movimento em determinada direção. **2.** Percurso marítimo. **3.** Estudo com um professor ou uma matéria; disciplina: *curso de violão, curso de ciências.* **4.** Conjunto dos estudos agrupados em série ou ano: *o curso de medicina leva cinco anos.*
cursor (cur.sor) [ô] s.m. Dispositivo que corre ao longo de outro, em certos instrumentos.
curta (cur.ta) s.m. Filme com duração de até 15 minutos; curta-metragem.
curta-metragem (cur.ta-me.tra.gem) s.m. Curta. ▪ Pl. *curtas-metragens.*
curtição (cur.ti.ção) s.f. **1.** Ação de curtir ou amaciar peles e couros. **2.** (Gír.) Diversão máxima.
curtido (cur.ti.do) adj. **1.** Que se curtiu: *couro curtido, peles curtidas.* **2.** Tratado, trabalhado.
curtir (cur.tir) v.t.d. **1.** Preparar, tratar (pele, couro) para que não apodreça e fique macio; amaciar. **2.** (Gír.) Gozar, desfrutar, aproveitar: *curtir uma viagem.* **3.** Gostar, apreciar, admirar: *curtir música eletrônica.*
curto (cur.to) adj. **1.** De pequeno comprimento. **2.** De pequena duração; breve. **3.** Limitado.
curtume (cur.tu.me) s.m. Estabelecimento onde se curtem, ou tratam, couros e peles.
curuaia (cu.ru.ai.a) s.2g. **1.** Indivíduo dos curuaias, povo indígena que vive hoje no Pará. adj.2g. **2.** Relacionado a esse povo.
curumim (cu.ru.mim) s.m. Menino, garoto.
curupira (cu.ru.pi.ra) s.m. (Folc.) Ser mitológico que é um menino ou moleque com os pés virados para trás, que vive nas matas e castiga com acontecimentos azarados os que as destroem.
cururu (cu.ru.ru) s.m. (Folc.) **1.** Dança rural das festas dos catequistas jesuítas, conhecida em Goiás, Mato Grosso e São Paulo, que começa com uma louvação. **2.** Desafio entre repentistas. **3.** Sapo-cururu.
curva (cur.va) s.f. **1.** Mudança de direção em caminho ou movimento: *fez uma curva com a bicicleta.* **2.** Esse trecho: *o caminho tinha muitas curvas.* **3.** (Geom.) Linha que muda constantemente de direção, que não é reta; segmento de círculo, arco.
curvar (cur.var) v.t.d. **1.** Tornar curvo. (Fig.) **2.** Dominar; subjugar. v.p. **3.** Abater-se; sujeitar-se.
curvatura (cur.va.tu.ra) s.f. **1.** Estado do que é curvo. **2.** Formação curva: *a coluna vertebral tem curvas naturais e algumas curvaturas que podem ser desvios.*

curvilíneo (cur.vi.lí.ne.o) adj. Que é formado por linhas curvas; curvo; curvado.
curvo (cur.vo) adj. Em forma de arco; arqueado, curvado.
cuscuz (cus.cuz) s.m.2n. (Culin.) Bolo cozido, de farinha de milho com recheios variados. **Cuscuz marroquino**: prato salgado feito de semolina cozida e carneiro ou legumes em pedaços. ▪ Pl. *cuscuz.*
cusparada (cus.pa.ra.da) s.f. Grande quantidade de cuspe ou cuspo.
cuspe (cus.pe) s.m. Saliva; líquido segregado pelas glândulas bucais. O mesmo que *cuspo*.
cuspida (cus.pi.da) s.f. Ação de cuspir, de lançar saliva.
cuspideira (cus.pi.dei.ra) s.f. **1.** (Zoo.) Naja. **2.** Escarradeira.
cuspir (cus.pir) v.i. **1.** Expelir cuspo. v.t.d. **2.** Lançar pelas boca. **3.** (Fig.) Proferir injúrias; lançar ofensas Obs.: pres. do ind.: *cuspo, cospes, cospe, cuspimos cuspis, cospem.* pres. do subj.: *cuspa, cuspas, cuspa cuspamos, cuspais, cuspam.*
cuspo (cus.po) s.m. O mesmo que *cuspe*.
custa (cus.ta) s.f. Despesa; trabalho; expensas.
custar (cus.tar) v.t.d. **1.** Ser vendido ou comprade pelo preço de. v.i. e v.t.i. **2.** Ser penoso, difícil. Obs. neste sentido, o verbo é impessoal, ou seja, só é conjugado na 3ª pes. sing.
custas (cus.tas) s.f.pl. Despesas judiciais. Cf. *custa.*
custear (cus.te.ar) v.t.d. Arcar com as despesas.
custeio (cus.tei.o) s.m. **1.** Ato de custear. **2.** Relação de despesas. **3.** Dinheiro necessário para a manutenção de uma empresa; custo.
custo (cus.to) s.m. **1.** Preço; valor em dinheiro **2.** (Fig.) Dificuldade; trabalho; esforço. **A custo** com dificuldade.
custódia (cus.tó.di.a) s.f. **1.** Lugar onde se guarda alguém ou alguma coisa com segurança; detenção; guarda; segurança. **2.** (Relig.) Objeto de ouro ou prata, em que se expõe a hóstia, para a adoração dos fiéis.
customizar (cus.to.mi.zar) v.t.d. Transformar ou adaptar um produto, serviço etc., ao gosto dc cliente ou com a caracterização por ele definida personalizar.
custoso (cus.to.so) [ô] adj. **1.** Que custa muito **2.** Difícil, árduo, penoso, complicado: *chegar até lá é muito custoso.* **3.** De custo alto; oneroso, caro ▪ Pl. *custosos* [ó].
cutâneo (cu.tâ.ne.o) adj. Que diz respeito à cútis.
cutelaria (cu.te.la.ri.a) s.f. Oficina onde se fabricam armas brancas.
cuteleiro (cu.te.lei.ro) s.m. Pessoa que fabrica ou vende armas brancas.
cutelo (cu.te.lo) [é] s.m. Instrumento cortante de forma semicircular.
cutia (cu.ti.a) s.f. (epiceno) (Zoo.) Pequeno mamífero roedor, selvagem, castanho e muito veloz, com

patas traseiras bem fortes e orelhas pequenas, típico das Américas. O mesmo que *cotia*.

cutícula (cu.**tí**.cu.la) s.f. Película que se forma principalmente na base da unha.

cutilada (cu.ti.**la**.da) s.f. Golpe com cutelo; facada.

cútis (**cú**.tis) s.f.2n. (*Anat.*) Pele humana; tez; epiderme. ▫ Pl. *cútis*.

cutucada (cu.tu.**ca**.da) s.f. Ação de cutucar.

cutucar (cu.tu.**car**) v.t.d. Tocar levemente alguém com o dedo, o cotovelo, ou qualquer objeto, com o intuito de chamar sua atenção.

cuxá (cu.**xá**) s.m. (*Culin.*) Prato típico do Maranhão, preparado com folhas de vinagreira ou azedinha, quiabo, gergelim e camarão seco, servido com arroz e acompanhando peixe ou ave.

czar s.m. Título dado ao imperador da Rússia.

czarda (**czar**.da) s.f. Dança húngara.

czarina (cza.**ri**.na) s.f. Feminino de *czar*.

czarismo (cza.**ris**.mo) s.m. Sistema político despótico da Rússia, na época dos czares.

czarista (cza.**ris**.ta) *adj*.2g. **1.** Relativo ao czarismo: *época czarista*. s.2g. **2.** Partidário do czarismo.

Dd

d, D s.m. **1.** Quarta letra do nosso alfabeto, consoante, de nome "dê". **2.** Na numeração romana, representa 500 unidades.

d., D. Abreviatura de "dom", título honorífico usado apenas antes de prenome masculino: *o primeiro governante do Brasil após a Independência foi D. Pedro I.* ◘ Fem. *dona.*

da Contração da preposição "de" com o "a", seja artigo definido ou pronome demonstrativo.

dáblio (dá.bli.o) s.m. Nome da letra W.

dadaísmo (da.da.**ís**.mo) s.m. Movimento artístico-literário que contestou as formas e os valores dominantes na arte e na cultura europeias, durante a Primeira Guerra, manifestando as contradições e a violência da sociedade por meio de provocações, da falta de lógica, do ridículo etc.

dádiva (dá.di.va) s.f. Oferta; presente; donativo; ajuda.

dadivoso (da.di.**vo**.so) [ô] adj. Generoso. ◘ Pl. *dadivosos* [ó].

dado (**da**.do) s.m. **1.** Pequeno cubo com as faces marcadas de um a seis, valendo pontos para jogos. **2.** Elemento ou base conhecidos de uma pesquisa ou problema, para a formação de um juízo ou hipótese. adj. **3.** Doado, afável.

daí (da.**í**) Contração da preposição "de" com o advérbio "aí".

dalai-lama (da.lai-**la**.ma) s.m. (Relig.) Lama superior, líder máximo do budismo tibetano. ◘ Pl. *dalai-lamas*.

dali (da.**li**) Contração da preposição "de" com o advérbio "ali".

dália (dá.li.a) s.f. **1.** (Bot.) Planta ornamental que dá flores com grande variedade em formas e cores. **2.** A flor dessa planta.

dálmata (**dál**.ma.ta) s.2g. (Zoo.) Cão de raça médio, de pelo curto branco com pintas pretas, criado para companhia.

daltônico (dal.**tô**.ni.co) adj. **1.** Relativo a daltonismo. s.m. **2.** Aquele que sofre de daltonismo.

daltonismo (dal.to.**nis**.mo) s.m. (Med.) Incapacidade de distinguir cores, em especial o vermelho e o verde, provocada por um distúrbio visual hereditário.

dama (**da**.ma) s.f. **1.** Mulher distinta, nobre. **2.** No xadrez, rainha. **3.** Carta do baralho marcada com a figura de uma mulher e a letra Q, e situada entre o valete e o rei. **4.** No jogo de damas, peça que atingiu o lado oposto do tabuleiro e com isso pode mover-se quantas casas quiser, em linha reta. Cf. *damas.*

damas (**da**.mas) s.f.pl. Jogo de tabuleiro dividido em 32 quadrados claros e 32 escuros, alternadamente, com 12 peças iguais para cada parceiro, claras ou escuras, que andam uma casa por vez até atingir o lado oposto.

damasco (da.**mas**.co) s.m. **1.** (Bot.) Fruto semelhante ao pêssego. **2.** Tecido grosso de seda, fabricado em Damasco, na Síria.

damasqueiro (da.mas.**quei**.ro) s.m. Árvore frutífera que dá o damasco, do grupo das rosáceas.

danação (da.na.**ção**) s.f. Ação de danar-se, de dar-se mal para sempre.

danado (da.**na**.do) adj. **1.** Que se danou. **2.** Furioso. **3.** Hábil; esperto. **4.** Valente.

danar (da.**nar**) v.t.d. **1.** Causar dano a; prejudicar. **2.** Irritar, incomodar. v.p. **3.** Perder-se, corromper-se de modo definitivo ou eterno; dar-se muito mal.

dança (**dan**.ça) s.f. **1.** Arte de dançar; bailado. **2.** Forma de dançar; coreografia: *a quadrilha é uma dança das festas juninas.*

dançante (dan.**çan**.te) adj.2g. Em que há dança, que estimula a dança: *jantar dançante, ritmos dançantes.*

dançar (dan.**çar**) v.t.d. Bailar; movimentar-se ao ritmo da música.

dançarino (dan.ça.**ri**.no) s.m. **1.** Pessoa que dança: *pares de dançarinos lotavam o salão.* **2.** Pessoa que dança por profissão.

dance [inglês: "dence"] adj. **Dance music:** estilo ou gênero de música pop para dançar; bate-estaca.

danceteria (dan.ce.te.**ri**.a) s.f. Casa, clube para dança, em especial no estilo *dance music: frequentavam danceterias nos anos 1980.*

dândi (**dân**.di) s.m. **1.** Ideal estético do final do século XIX, em que o artista cultivava o belo e o sublime mesclando vida e arte: *o dândi Dorian Gray.* s.m. **2.** (Fig.) Homem que se destaca pelas vestes elegantes e comportamento extravagante. Obs.: do inglês *dandy.*

danificado (da.ni.fi.**ca**.do) adj. Que se danificou, que sofreu danos; estragado.

danificar (da.ni.fi.**car**) v.t.d. Causar dano a; estragar; prejudicar.

daninho (da.**ni**.nho) adj. Que causa dano, que faz mal. **Erva daninha:** erva que cresce espontaneamente e se multiplica muito, prejudicando o crescimento dos vegetais cultivados; praga.

dano (**da**.no) s.m. Aquilo que prejudica, que constitui prejuízo, perda ou lesão.

danoso (da.**no**.so) [ô] adj. Que causa dano; prejudicial, deletério. ◘ Pl. *danosos* [ó].

dantes (dan.tes) Contração da preposição "de" e do advérbio "antes"; de antes: *era um livro novo, cheio de páginas nunca dantes folheadas*.

dantesco (dan.tes.co) [ê] *adj.* **1.** Relativo ao poeta Dante Alighieri (1265-1321) ou a sua obra. **2.** Que evoca o Inferno descrito por Dante na "Divina Comédia"; muito forte e intenso; extravagante, exagerado: *um sonho dantesco*.

daquela (da.que.la) Contração da preposição "de" com o pronome "aquela"; de aquela.

daquele (da.que.le) [ê] Contração da preposição "de" com o pronome "aquele"; de aquele.

daqui (da.qui) Contração da preposição "de" com o advérbio "aqui"; de aqui.

daquilo (da.qui.lo) Contração da preposição "de" com o pronome "aquilo"; de aquilo.

dar *v.t.d.* **1.** Ceder gratuitamente; conceder, presentear: *ela deu um presente lindo*. **2.** Proporcionar, oferecer: *ele deu muita alegria a todos*. **3.** Produzir, gerar: *a roseira dá rosas*. **4.** Bater, aplicar: *deu um chute na bola*. v.p. **5.** Relacionar-se, entender-se: *ele se dá muito bem com a irmã*. Obs.: pres. do ind.: *dou, dás, dá* etc.; perf. do ind.: *dei, deste, deu, demos, destes, deram*; pres. do subj.: *dê, dês, dê, demos, deis, deem*; imp. do subj.: *desse, desses, desse* etc.

dardejar (dar.de.jar) *v.t.d.* Arremessar, lançar como dardo: *dardejar uma ordem, um olhar*.

dardo (dar.do) *s.m.* **1.** Arma que se arremessa com a mão ou com zarabatana, semelhante a uma pequena seta ou flecha. **2.** Jogo que consiste em atirar essas armas a um alvo.

darwinismo (dar.wi.nis.mo) [daru-i] *s.m.* (Bio.) Teoria proposta por Charles Darwin (1809-1882) para a evolução dos seres vivos, que reconhece a seleção natural como origem de novas espécies.

darwinista (dar.wi.nis.ta) [daru-i] *adj.2g.* **1.** Que diz respeito ao darwinismo. *s.2g.* e *adj.2g.* **2.** Defensor do darwinismo.

das Contração da preposição "de" com o artigo "as".

data (da.ta) *s.f.* **1.** Indicação de ano, mês e dia em que se realizou algum fato; época. **2.** Porção de terreno com 800 a 880 metros quadrados.

datação (da.ta.ção) *s.f.* Ação de datar, de identificar a data em que algo existiu ou foi feito: *métodos para datação de achados arqueológicos*.

datado (da.ta.do) *adj.* **1.** Que traz data. **2.** Peculiar a uma época.

datar (da.tar) *v.t.d.* **1.** Pôr, escrever a data em: *datar uma mensagem*. **2.** Identificar a data em que algo existiu ou foi feito: *datar um fóssil*. *v.t.i.* **3.** Começar a existir: *o rock data da metade do século XX*.

datashow [inglês: "dataxou"] *s.m.* Dispositivo para exibir em tela grande os dados de um computador: *a aula tinha datashow e lousa branca*.

date [inglês: "dêiti"] *s.m.* (Gír.) Termo utilizado para se referir a um encontro romântico marcado entre duas pessoas.

datilografar (da.ti.lo.gra.far) *v.t.d.* e *v.i.* Escrever usando a máquina de datilografia: *datilografar um texto*; *ele datilografava rápido*.

datilografia (da.ti.lo.gra.fi.a) *s.f.* Técnica de escrever usando uma máquina com teclas que acionam hastes com caracteres na ponta, que batem em uma fita com tinta, marcando o papel.

datilógrafo (da.ti.ló.gra.fo) *s.m.* Pessoa que opera uma máquina de datilografia: *era um datilógrafo exímio, mas péssimo escritor*.

datiloscopia (da.ti.los.co.pi.a) *s.f.* Sistema de identificação por meio das impressões digitais.

datiloscopista (da.ti.los.co.pis.ta) *s.2g.* Técnico em datiloscopia.

d.C. Sigla de *depois de Cristo*, expressão usada para indicar datas: *o vulcão Vesúvio destruiu Pompeia em 79 d.C. Cf. a.C.*

Db Símbolo do elemento químico dúbnio.

de *prep.* Exprime relações de lugar, proveniência, modo, tempo, causa, dimensão etc.

dê *s.m.* Nome da letra D.

deambular (de.am.bu.lar) *v.i.* Andar sem rumo; perambular, vaguear.

deão (de.ão) *s.m.* Decano.

debaixo (de.bai.xo) *adv.* Por baixo, sob: *guardou o chinelo debaixo da cama*; *saiu debaixo de chuva*.

debalde (de.bal.de) *adv.* Inutilmente, sem sucesso: *esperamos horas debalde, ninguém veio*.

debandada (de.ban.da.da) *s.f.* Ação de debandar; fuga, dispersão.

debandar (de.ban.dar) *v.i.* **1.** Desordenar. *v.i.* **2.** Fugir.

debate (de.ba.te) *s.m.* Discussão; disputa de opiniões.

debatedor (de.ba.te.dor) [ô] *s.m.* e *adj.* (Pessoa) Que participa de um debate.

debater (de.ba.ter) *v.t.d.* Discutir; disputar.

debelar (de.be.lar) *v.t.d.* Controlar, dominar, vencer: *debelar uma doença, debelar um ataque*.

debênture (de.bên.tu.re) *s.f.* (Econ.) Título ou documento que garante um pagamento ao portador, em prazo geralmente longo, emitido por determinadas instituições.

debicar (de.bi.car) *v.t.d.* **1.** Dar bicadas; bicar. **2.** Debochar, caçoar, zoar.

débil (dé.bil) *adj.2g.* Fraco; frouxo; frágil.

debilidade (de.bi.li.da.de) *s.f.* Qualidade de débil; prostração; fraqueza.

debilitar (de.bi.li.tar) *v.t.d.* Tornar débil; enfraquecer.

debique (de.bi.que) *s.m.* Zombaria, troça, caçoada, zoada.

debitar (de.bi.tar) *v.t.d.* Abater; descontar; inscrever, como devedor.

débito (dé.bi.to) *s.m.* **1.** O que se deve; dívida. **2.** Desconto.

deblaterar (de.bla.te.rar) *v.t.d.* (Raro) Reprovar, condenar; rejeitar ou criticar com veemência: *deblaterar contra a corrupção*.

debochado (de.bo.cha.do) *adj.* Que expressa deboche; sem respeito, irreverente: *jeito debochado*.

debochar (de.bo.**char**) v.t.i. **1.** Zombar, troçar, gozar, zoar. **2.** Ridicularizar, desmoralizar.
deboche (de.**bo**.che) s.m. Zombaria, troça.
debruar (de.bru.**ar**) v.t.d. **1.** Guarnecer com debrum. **2.** (Fig.) Ornar; apurar.
debruçar (de.bru.**çar**) v.t.d. e v.p. **1.** Inclinar-se sobre, colocar o tronco sobre: *debruçou-se na janela*. v.p. **2.** Dedicar-se a, estudar, examinar: *debruçar-se sobre uma questão*.
debrum (de.**brum**) s.m. Suporte de pano, em tiras, que se cose dobrado sobre a orla de um tecido para o guarnecer; orla.
debulhar (de.bu.**lhar**) v.t.d. Tirar os grãos dos cereais para consumo, separando-os do invólucro e das folhas.
debutante (de.bu.**tan**.te) s.f. **1.** Moça que ao completar quinze anos faz ou participa de uma festa que celebra seu ingresso na vida social. s.2g. **2.** Iniciante, estreante.
debutar (de.bu.**tar**) v.t.d. **1.** Fazer festa de debutante. **2.** Iniciar, começar, estrear.
debuxar (de.bu.**xar**) v.t.d. Fazer o debuxo de; esboçar.
debuxo (de.**bu**.xo) s.m. Desenho de um objeto em suas linhas gerais; projeto; esboço.
década (**dé**.ca.da) s.f. Período de dez anos: *passou duas décadas aperfeiçoando sua fórmula*.
decadência (de.ca.**dên**.ci.a) s.f. Ruína; abatimento; enfraquecimento.
decadente (de.ca.**den**.te) adj.2g. Que decai; arruinado; enfraquecido.
decágono (de.**cá**.go.no) s.m. (*Geom.*) Polígono de dez lados.
decaída (de.ca.**í**.da) s.f. **1.** Efeito de decair; arruinada. **2.** (Fig.) Meretriz; prostituta.
decaído (de.ca.**í**.do) adj. **1.** Que decaiu, que foi para condição inferior. **2.** Empobrecido; arruinado.
decair (de.ca.**ir**) v.i. **1.** Ir em decadência; declinar. v.t.i. **2.** Sofrer diminuição; perda.
decalcar (de.cal.**car**) v.t.d. **1.** Reproduzir (um desenho) por meio de decalque. **2.** (Fig.) Imitar; plagiar.
decalcomania (de.cal.co.ma.**ni**.a) s.f. Técnica para fazer decalques.
decálogo (de.**cá**.lo.go) s.m. Os dez mandamentos da Lei de Deus.
decalque (de.**cal**.que) s.m. **1.** Cópia feita à mão. **2.** Imagem obtida colocando-se um papel sobre superfície em relevo e passando o lápis por cima: *fez um decalque da moeda*. **3.** Imagem reproduzida sobre papel ou plástico; adesivo.
decâmetro (de.**câ**.me.tro) s.m. Medida de dez metros.
decano (de.**ca**.no) s.m. **1.** Membro mais antigo de uma instituição ou grupo; deão. **2.** (Fig.) Pessoa que há muitos anos defende uma causa.
decantação (de.can.ta.**ção**) s.f. (*Quím.*) Processo utilizado na separação de sólidos de líquidos, e de líquidos que não se misturam.
decantar (de.can.**tar**) v.t.d. **1.** Fazer decantação. **2.** Celebrar em cantos; elogiar cantando.
decapitação (de.ca.pi.ta.**ção**) s.f. Ação de decapitar; execução.

decapitar (de.ca.pi.**tar**) v.t.d. Cortar a cabeça de; executar cortando a cabeça; degolar.
decápode (de.**cá**.po.de) adj.2g. Que tem dez patas, como os caranguejos e outros crustáceos.
decasségui (de.cas.**sé**.gui) s.2g. e adj.2g. Pessoa estrangeira que reside e trabalha no Japão, em geral descendente de japoneses. Obs.: a grafia internacional é *dekasegui*.
decassílabo (de.cas.**sí**.la.bo) adj. **1.** (*Gram.*) Vocábulo de dez sílabas. s.m. **2.** (*Lit.*) Verso que tem dez sílabas.
decatlo (de.**ca**.tlo) s.m. (*Esp.*) Disputa esportiva com dez provas, constituídas por corrida de 100m, salto em distância, arremesso de peso, salto em altura, corrida de 400m, arremesso de disco, corrida de 110m com barreiras, salto com vara, arremesso de dardo e corrida de 1500m.
decenal (de.ce.**nal**) adj.2g. Que dura dez anos ou que se realiza de dez em dez anos.
decência (de.**cên**.ci.a) s.f. **1.** Qualidade de decente. **2.** Compostura; decoro; honradez.
decêndio (de.**cên**.di.o) s.m. Prazo de dez dias.
decênio (de.**cê**.ni.o) s.m. Espaço de dez anos; década.
decente (de.**cen**.te) adj.2g. **1.** Que tem decência. **2.** Comportado; honesto; conveniente; honrado.
decepar (de.ce.**par**) v.t.d. **1.** Cortar rente ao cepo ou cepa; aleijar. **2.** Cortar, extirpar.
decepção (de.cep.**ção**) s.f. Desilusão; desapontamento; logro.
decepcionado (de.cep.cio.**na**.do) adj. Que sofreu decepção; desapontado, frustrado.
decepcionante (de.cep.cio.**nan**.te) adj.2g. Que decepciona; frustrante.
decepcionar (de.cep.cio.**nar**) v.t.d. **1.** Causar decepção a; desiludir, desapontar. **2.** Frustrar, enganar; lograr.
decerto (de.**cer**.to) adv. Com certeza, certamente, sem dúvida: *decerto choverá amanhã*.
decibel (de.ci.**bel**) s.m. (*Fís.*) Unidade de medida da intensidade do som: *representa o som mais fraco capaz de ser registrado pelo ouvido humano, símbolo dB*.
decidido (de.ci.**di**.do) adj. **1.** Que foi objeto de decisão; resolvido, estabelecido. **2.** Firme, enérgico. **3.** Corajoso, valente, destemido.
decidir (de.ci.**dir**) v.t.d. **1.** Determinar; resolver. **2.** Emitir opinião ou voto.
decíduo (de.**cí**.duo) adj. (*Bot.*) Diz-se da planta que perde todas as folhas ao mesmo tempo, para renovação. Cf. *sempre-verde*.
decifrar (de.ci.**frar**) v.t.d. **1.** Esclarecer; resolver. **2.** Interpretar; adivinhar.
decigrama (de.ci.**gra**.ma) s.m. A décima parte de um grama.
decilitro (de.ci.**li**.tro) s.m. A décima parte de um litro.
décima (**dé**.ci.ma) s.f. Composição poética com dez versos de oito pés, importante nos versos improvisados do Nordeste.
decimal (de.ci.**mal**) adj.2g. Relativo a décimo; dividido em dez.

decímetro (de.cí.me.tro) *s.m.* A décima parte de um metro.
décimo (dé.ci.mo) *num.* **1.** (O) que está na posição do número 10; numeral ordinal que corresponde a esse número. **2.** Cada uma das partes de algo que foi dividido igualmente em 10; numeral fracionário correspondente a 1/10.
decisão (de.ci.são) *s.f.* **1.** Ação ou efeito de decidir. **2.** Sentença; resolução.
decisivo (de.ci.si.vo) *adj.* **1.** Que decide. **2.** Em que não há dúvida; determinante.
decisório (de.ci.só.ri.o) *adj.* Relacionado a decisão, envolvido na decisão: *um longo processo decisório*.
declamação (de.cla.ma.ção) *s.f.* **1.** Ação de declamar. **2.** Apresentação em que se declamam poesias; recital de poesia, récita.
declamado (de.cla.ma.do) *adj.* Lido em voz alta com interpretação; recitado.
declamador (de.cla.ma.dor) [ô] *s.m. e adj.* (Pessoa) que declama, que lê em voz alta e interpreta (poesias, textos).
declamar (de.cla.mar) *v.t.d.* Ler em voz alta, recitar interpretando: *declamar um poema acompanhado de instrumentos*.
declaração (de.cla.ra.ção) *s.f.* **1.** Ação ou efeito de declarar. **2.** Documento. **3.** Confissão de amor.
declaradamente (de.cla.ra.da.men.te) *adv.* De maneira declarada, aberta; claramente, sem disfarces.
declarado (de.cla.ra.do) *adj.* Que se declara ou declarou; evidente: *inimigo declarado*.
declarante (de.cla.ran.te) *s.2g. e adj.2g.* (Aquele) que declara, que faz declaração.
declarar (de.cla.rar) *v.t.d.* **1.** Manifestar; esclarecer. **2.** Pronunciar.
declinação (de.cli.na.ção) *s.f.* Modelo, padrão de flexões associadas à função sintática, presente em latim e outras línguas.
declinado (de.cli.na.do) *adj.* **1.** Que se declinou. **2.** Recusado, rejeitado. **3.** Que tem declinações.
declinar (de.cli.nar) *v.t.d.* **1.** Desviar-se, eximir-se de; afastar-se. *v.t.d. e v.i.* **2.** Rejeitar, recusar: *declinou o convite de ficar para o jantar e foi embora*. **3.** Baixar; descer; cair. *v.i.* **4.** Diminuir, descer: *a produção foi declinando até parar de vez*. **5.** Entrar em decadência. *v.t.d.* **6.** (Gram.) Flexionar em declinações.
declínio (de.clí.ni.o) *s.m.* Decadência.
declive (de.cli.ve) *s.m.* Inclinação de terreno.
decodificador (de.co.di.fi.ca.dor) [ô] *s.m. e adj.* (Aquilo) que decodifica, que traduz ou transforma um código ou sinal em outro: *decodificador de sinal de televisão*.
decodificar (de.co.di.fi.car) *v.t.d.* **1.** Passar, traduzir, transformar (um sinal) para outro código ou padrão: *a máquina decodifica sinais de televisão*. **2.** Decifrar, entender (mensagem em código): *decodifique a mensagem e descubra onde está escondido o tesouro*.
decolagem (de.co.la.gem) *s.f.* Ação de decolar.
decolar (de.co.lar) *v.i.* Levantar voo (aeroplano, hidroplano etc.).

decompor (de.com.por) *v.t.d.* **1.** Separar os elementos componentes de. **2.** (Fig.) Analisar minuciosamente. **3.** Estragar, deteriorar.
decomposição (de.com.po.si.ção) *s.f.* **1.** Ação de decompor. **2.** Corrupção; desorganização; deterioração; putrefação. **3.** Análise. **4.** (Quím.) Divisão de um composto em outro mais simples ou em seus elementos.
decompositor (de.com.po.si.tor) [ô] *adj.* **1.** Que decompõe, que realiza decomposição. *s.m.* **2.** (Zoo.) Animal que se alimenta de substâncias ao seu redor, como a minhoca.
decoração (de.co.ra.ção) *s.f.* Ação de decorar.
decorado (de.co.ra.do) *adj.* **1.** Que se decorou, que tem decoração. **2.** Memorizado, gravado.
decorador (de.co.ra.dor) [ô] *s.m.* Aquele que decora ou ornamenta.
decorar (de.co.rar) *v.t.d.* **1.** Aprender de memória, de cor. *v.i.* **2.** Reter na memória aquilo que leu. *v.t.d.* **3.** Ornar; ornamentar; embelezar; enfeitar.
decorativo (de.co.ra.ti.vo) *adj.* Que serve para decorar; ornamental.
decoreba (de.co.re.ba) *s.f.* (Gír.) **1.** Aquilo que se decora ou memoriza sem compreender o sentido. **2.** Prova em que basta repetir o texto do livro ou da aula.
decoro (de.co.ro) [ô] *s.m.* Decência, honra, pundonor.
decoroso (de.co.ro.so) [ô] *adj.* Que tem decoro; honroso, decente. ▪ Pl. *decorosos* [ó].
decorrência (de.cor.rên.ci.a) *s.f.* Aquilo que decorre, que acontece depois; consequência, sequência.
decorrente (de.cor.ren.te) *adj.2g.* Que decorre.
decorrer (de.cor.rer) *v.i.* **1.** Escoar-se (o tempo); passar. **2.** Acontecer; resultar.
decorrido (de.cor.ri.do) *adj.* Passado, acontecido; pregresso, perpassado.
decotado (de.co.ta.do) *adj.* **1.** Que tem decote. **2.** Que tem decote destacado, chamativo ou grande.
decotar (de.co.tar) *v.t.d.* Fazer o decote de: *decotar um vestido*.
decote (de.co.te) [ó] *s.m.* Corte em vestido, camiseta ou blusa feito abaixo do pescoço, no colo ou nas costas.
decrépito (de.cré.pi.to) *adj.* **1.** Muito velho; gasto; caduco. **2.** Arruinado.
decrepitude (de.cre.pi.tu.de) *s.f.* Estado de decrépito ou caduco; decadência; velhice.
decrescente (de.cres.cen.te) *adj.2g.* **1.** Que decresce, que declina. **2.** (Gram.) Diz-se do ditongo em que a vogal soa primeiro que a semivogal.
decrescer (de.cres.cer) *v.i.* **1.** Tornar-se menor; diminuir; declinar. **2.** Abater.
decréscimo (de.crés.ci.mo) *s.m.* Diminuição, declínio, redução.
decretar (de.cre.tar) *v.t.d.* **1.** Ordenar por decreto. **2.** Determinar; destinar; decidir.
decreto (de.cre.to) *s.m.* **1.** Determinação, ordem de autoridade, de observância obrigatória: *existem limites para a autoridade e abrangência dos decretos*. **2.** Desígnio; vontade superior.

decreto-lei (de.cre.to-**lei**) s.m. Decreto que tem a mesma força de lei, embora sem aprovação do Poder Legislativo. ▣ Pl. *decretos-leis, decretos-lei.*
decúbito (de.**cú**.bi.to) s.m. Posição de quem está deitado (em decúbito dorsal, lateral direito ou lateral esquerdo).
decuplicar (de.cu.pli.**car**) v.i. Multiplicar por dez.
décuplo (**dé**.cu.plo) adj. **1.** Que contém dez vezes uma quantidade. **2.** Dez vezes maior. s.m. **3.** Quantidade décupla.
decurso (de.**cur**.so) s.m. Extensão de tempo; transcurso, intervalo, período: *no decurso de dois dias ficou bom da gripe.* **Decurso de prazo:** final, término do prazo.
dedada (de.**da**.da) s.f. **1.** Ação de dedar; delação. **2.** Toque com o dedo.
dedal (de.**dal**) s.m. Instrumento que protege o dedo médio para empurrar a agulha de costura; dedeira.
dédalo (**dé**.da.lo) s.m. Labirinto, emaranhado, situação confusa.
dedão (de.**dão**) s.m. Dedo grande da mão ou do pé.
dedar (de.**dar**) v.t.d. e v.i. Delatar, denunciar, revelar: *dedar uma má ação, dedar uma pessoa para a polícia.*
dedeira (de.**dei**.ra) s.f. Dedal.
dedetização (de.de.ti.za.**ção**) s.f. Aplicação de inseticida; ação de dedetizar.
dedetizadora (de.de.ti.za.**do**.ra) [ô] s.f. Empresa que faz dedetização.
dedetizar (de.de.ti.**zar**) v.t.d. Aplicar inseticida ou veneno para pulgas, baratas e outros insetos: *dedetizou a sala.*
dedéu (de.**déu**) s.m. (Pop.Ant.) **Para dedéu:** muito, bastante, em grande quantidade ou alto grau: *chovia para dedéu; aquilo era bom para dedéu.*
dedicação (de.di.ca.**ção**) s.f. **1.** Ação de dedicar. **2.** Afeto; veneração; devotamento.
dedicado (de.di.**ca**.do) adj. **1.** Que se dedica; cuidadoso, zeloso. **2.** Destinado, designado, comprometido: *um computador dedicado ao uso público.*
dedicar (de.di.**car**) v.t.d. **1.** Oferecer; ofertar; tributar; aplicar. v.p. **2.** Ocupar-se, realizar (uma atividade) com muita atenção e cuidado: *dedica-se à música.* **3.** Cuidar, zelar: *dedicava-se à avó com todo o carinho.*
dedicatória (de.di.ca.**tó**.ri.a) s.f. Palavras escritas em homenagem ou oferta de alguma publicação ou fotografia para alguém.
dedilhado (de.di.**lha**.do) adj. **1.** Que se dedilhou, que fez vibrar. s.m. **2.** (Mús.) Estilo de movimento dos dedos para tocar um instrumento de cordas.
dedilhar (de.di.**lhar**) v.t.d. **1.** Tocar com os dedos. **2.** (Mús.) Executar música em instrumento de corda com os dedos.
dedilhável (de.di.**lhá**.vel) adj.2g. (Mús.) Diz-se de um instrumento de cordas que se toca com os dedos, dedilhando.
dedo (**de**.do) [ê] s.m. (Anat.) Prolongamento com ossos e articulações com o qual termina a mão e o pé de vários animais e também do homem.

dedo-de-moça (de.do-de-**mo**.ça) [ê] s.f. (Bot.) Pimenta fina e longa. ▣ Pl. *dedos-de-moça.*
dedo-duro (de.do-**du**.ro) [ê] s.m. Delator, cagueta. ▣ Pl. *dedos-duros.*
dedução (de.du.**ção**) s.f. **1.** Ação de deduzir. **2.** Redução; abatimento.
dedurar (de.du.**rar**) v.t.d. Agir como dedo-duro; delatar, denunciar.
dedurismo (de.du.**ris**.mo) s.m. Delação; ato ou prática de delator ou dedo-duro.
dedutível (de.du.**tí**.vel) adj.2g. Que se pode deduzir.
dedutivo (de.du.**ti**.vo) adj. Relacionado a dedução, que serve para deduzir.
deduzir (de.du.**zir**) v.t.d. **1.** Inferir; enumerar de maneira minuciosa. **2.** Diminuir; subtrair; abater; descontar. **3.** Tirar como consequência; concluir.
defasagem (de.fa.**sa**.gem) s.f. Atraso, retardo.
defasar (de.fa.**sar**) v.t.d. **1.** Atrasar, reter, demorar. **2.** Estagnar, degenerar.
defatigante (de.fa.ti.**gan**.te) adj.2g. (Raro) Que se usa para reduzir a fadiga ou o cansaço. Obs.: esta forma não consta no *Volp,* mas aparece na legislação brasileira.
defecação (de.fe.ca.**ção**) s.f. Ação de defecar; evacuação, excreção.
defecado (de.fe.**ca**.do) adj. Que se defecou.
defecar (de.fe.**car**) v.i. (Anat.) Expelir os excrementos.
defecção (de.fec.**ção**) s.f. **1.** Desaparecimento, ausência, sumiço. **2.** Retirada súbita, deserção.
defectivo (de.fec.**ti**.vo) s.m. e adj. (Gram.) (Verbo) que não apresenta ou possui uma ou mais flexões em tempos, modos ou pessoas.
defeito (de.**fei**.to) s.m. **1.** Falta. **2.** Deformidade; imperfeição. **3.** Vício; mancha.
defeituoso (de.fei.tu.**o**.so) [ô] adj. Que tem defeito; faltoso; deformado; imperfeito. ▣ Pl. *defeituosos* [ó].
defender (de.fen.**der**) v.t.d. e v.p. **1.** Proteger(-se); resguardar(-se). **2.** Falar a favor de (alguém ou outrem); sustentar argumentação. v.p. **3.** (Fig.) Cavar a vida.
defendido (de.fen.**di**.do) adj. Que se defende ou defendeu.
defenestrar (de.fe.nes.**trar**) v.t.d. Jogar pela janela: *defenestrou o gato.*
defensa (de.**fen**.sa) s.f. Dispositivo para absorver impacto, colocado em portos ou ao longo de rodovias: *boia de defensa, defensa metálica.*
defensável (de.fen.**sá**.vel) adj.2g. Que pode ser defendido; sustentável (em argumentos).
defensiva (de.fen.**si**.va) s.f. Posição de quem se defende.
defensivo (de.fen.**si**.vo) adj. Que serve para defesa.
defensor (de.fen.**sor**) [ô] s.m. Aquele que defende.
deferência (de.fe.**rên**.ci.a) s.f. **1.** Ação de deferir. **2.** Favor, concessão, autorização.
deferente (de.fe.**ren**.te) adj.2g. Que defere, permite ou autoriza.
deferido (de.fe.**ri**.do) adj. Que se deferiu, que obteve deferimento; aprovado, autorizado, concedido.

deferimento (de.fe.ri.**men**.to) s.m. Ação de deferir; aprovação.

deferir (de.fe.**rir**) v.t.d. **1.** Outorgar; conferir. **2.** Anuir ao que se pede ou requer; atender; conceder; acatar. Obs.: verbo irregular, conjuga-se como *ferir*.

defesa (de.**fe**.sa) [ê] s.f. **1.** Ação de defender-se. **2.** Contestação; resguardo; preservação. **3.** Resistência a um ataque. **4.** Equipe que defende o réu em juízo.

defeso (de.**fe**.so) [ê] adj. Defendido, protegido.

deficiência (de.fi.ci.**ên**.ci.a) s.f. **1.** Insuficiência; falta. **2.** Imperfeição.

deficiente (de.fi.ci.**en**.te) adj.2g. **1.** Imperfeito; em que há imperfeição. **2.** Em que há deficiência; falho.

déficit (**dé**.fi.cit) s.m. Falta, deficiência, débito, prejuízo, em contabilidade.

deficitário (de.fi.ci.**tá**.ri.o) adj. Que apresenta déficit.

definhamento (de.fi.nha.**men**.to) s.m. Ação de definhar; estiolamento, atrofia.

definhar (de.fi.**nhar**) v.i. Mirrar, encolher, enfraquecer-se dia a dia.

definição (de.fi.ni.**ção**) s.f. **1.** Ação de definir; decisão. **2.** Explicação, determinação. **3.** Frase que define ou explica o significado de uma palavra ou conceito.

definido (de.fi.**ni**.do) s.m. **1.** O que se definiu; explicado; decidido. adj. **2.** Determinado; fixo.

definir (de.fi.**nir**) v.t.d. **1.** Dar a definição de; explicar; decidir. **2.** Expor com precisão; clarear; esclarecer.

definitivo (de.fi.ni.**ti**.vo) adj. **1.** Que define; explicado. **2.** Que termina; final; conclusivo. **3.** Exato, preciso, definido.

definível (de.fi.**ní**.vel) adj.2g. Que se pode definir ou compreender; explicável, compreensível.

deflagração (de.fla.gra.**ção**) s.f. Ação de deflagrar; explosão.

deflagrador (de.fla.gra.**dor**) [ô] s.m. e adj. (Aquele) que deflagra.

deflagrar (de.fla.**grar**) v.t.d. **1.** Fazer explodir ou pegar fogo: *deflagrar a carga explosiva*. **2.** Dar início, disparar: *deflagrou uma greve*.

deflexão (de.fle.**xão**) [cs] s.f. Desvio, rodeio, contorno.

defloração (de.flo.ra.**ção**) s.f. Ação de deflorar ou desvirginar; defloramento.

defloramento (de.flo.ra.**men**.to) s.m. Defloração.

deflorar (de.flo.**rar**) v.t.d. Tirar a virgindade; desvirginar.

defluir (de.flu.**ir**) v.t.i. Derivar, decorrer: *a conclusão deflui das provas*; *o nome deflui da cor da planta*.

deflúvio (de.**flú**.vi.o) s.m. Ato de correr ou fluir; escoamento.

defluxo (de.**flu**.xo) [cs] s.m. Corrimento nasal; constipação, coriza.

deformação (de.for.ma.**ção**) s.f. Ação ou efeito de deformar; alteração; deturpação; modificação na forma.

deformar (de.for.**mar**) v.t.d. Alterar a forma de; deturpar; modificar.

deformidade (de.for.mi.**da**.de) s.f. **1.** Irregularidade de conformação. **2.** Aleijão; anormalidade. **3.** Falta de proporção; anomalia.

defraudação (de.frau.da.**ção**) s.f. Ação de defraudar; fraude.

defraudar (de.frau.**dar**) v.t.d. **1.** Retirar, tomar com fraude; fraudar. **2.** Corromper, desencaminhar, perverter.

defrontar (de.fron.**tar**) v.t.i. **1.** Estar fronteiro. **2.** Confrontar; encarar.

defronte (de.**fron**.te) adv. **1.** Em face de. **2.** Frente a frente.

defumação (de.fu.ma.**ção**) s.f. **1.** Ação de defumar, de expor à fumaça para conservar e dar gosto. **2.** Substância, erva etc. que se usa para defumar.

defumado (de.fu.**ma**.do) adj. **1.** Que se defumou, submetido a defumação: *carnes defumadas*. s.m. **2.** Qualquer produto preparado por defumação.

defumador (de.fu.ma.**dor**) [ô] s.m. e adj. **1.** (Aquele) que defuma. s.m. **2.** Vasilhame utilizado para colocar e queimar substâncias próprias para defumar.

defumar (de.fu.**mar**) v.t.d. **1.** Expor, curar ao fumo ou fumaça. **2.** Queimar perfume ou incenso.

defunto (de.**fun**.to) adj. **1.** Que faleceu; morto. s.m. **2.** Cadáver, corpo.

degelar (de.ge.**lar**) v.t.d. **1.** Derreter (o que estava congelado), fundir o gelo. **2.** Aquecer.

degelo (de.**ge**.lo) [ê] s.m. Ato de degelar; fusão do gelo ou da neve; descongelamento.

degeneração (de.ge.ne.ra.**ção**) s.f. Ação de degenerar(-se).

degenerado (de.ge.ne.**ra**.do) adj. **1.** Que perdeu as qualidades, que se estragou. s.m. **2.** Pessoa que perdeu seus valores ou condição; decaído.

degenerar (de.ge.ne.**rar**) v.i. **1.** Perder as qualidades primitivas, mudar para pior. **2.** Estragar, defasar: *o serviço degenerou muito e tudo estava pior*. v.p. **3.** Perder a qualidade original; estragar-se.

degenerativo (de.ge.ne.ra.**ti**.vo) adj. Que produz ou revela degeneração.

degenerescência (de.ge.ne.res.**cên**.ci.a) s.f. Ação ou processo de degenerar(-se).

deglutição (de.glu.ti.**ção**) s.f. Ação ou efeito de deglutir; absorção de líquidos.

deglutir (de.glu.**tir**) v.t.d. Engolir; absorver.

degola (de.**go**.la) [ó] s.f. **1.** Ação de degolar. **2.** (Hist.) Durante a Primeira República (1889-1929) no Brasil, artifício para que candidatos de oposição eleitos não tomassem posse de seus cargos.

degolado (de.go.**la**.do) adj. Que teve o pescoço cortado; decapitado.

degolar (de.go.**lar**) v.t.d. Cortar o pescoço a; decapitar.

degradação (de.gra.da.**ção**) s.f. Ação ou efeito de degradar; destituição humilhante de um grau; aviltamento.

degradante (de.gra.**dan**.te) adj.2g. Que degrada; aviltante; humilhante; infamante.

degradar (de.gra.**dar**) v.t.d. **1.** Privar de graus, cargos, empregos. **2.** Humilhar; aviltar. v.p. **3.** Decompor-se, deteriorar, desmanchar-se: *o papel se degrada na água*.

degradável (de.gra.**dá**.vel) *adj.2g.* Que se degrada, que se desmancha: *o papel é um produto degradável.*
degradê (de.gra.**dê**) s.m. Graduação de tons mais claros ou mais escuros em uma mesma cor: *um degradê em cinza.* Obs.: do francês *dégradé.*
degrau (de.**grau**) s.m. Parte simétrica de uma escada, utilizado para subir ou descer.
degredado (de.gre.**da**.do) s.m. *e adj.* Condenado ao degredo.
degredar (de.gre.**dar**) v.t.d. **1.** Condenar ao degredo. **2.** Banir, afastar.
degredo (de.**gre**.do) [ê] s.m. **1.** Pena ou castigo em que o condenado tem de ir para outro país: *condenou os revoltosos ao degredo.* **2.** Local onde se cumpre essa pena: *no degredo, alguns faleceram logo e outros prosperaram.*
degringolada (de.grin.go.**la**.da) s.f. Ação de degringolar; decaída, queda, caída.
degringolar (de.grin.go.**lar**) v.i. Mudar para pior; cair, decair, desandar: *a situação degringolou e todos foram embora.*
degustação (de.gus.ta.**ção**) s.f. Ação ou efeito de degustar; avaliação pelo paladar; prova do sabor.
degustador (de.gus.ta.**dor**) [ô] s.m. Pessoa que degusta alimentos, para avaliar sua qualidade.
degustar (de.gus.**tar**) v.t.d. **1.** Provar; avaliar pelo paladar; experimentar: *degustar tipos de chocolate.* **2.** Comer lentamente, para apreciar o sabor; deliciar-se: *comeu pouco, apenas degustando.*
deidade (dei.**da**.de) s.f. Qualidade ou caráter de deus, de divino; divindade.
deificação (dei.fi.ca.**ção**) s.f. Ação de deificar, de transformar em deus.
deificar (dei.fi.**car**) v.t.d. **1.** Transformar em deus: *alguns povos deificam os rios, o céu e toda a natureza.* **2.** Tratar como deus, dar importância demasiada a: *deificaram a cantora.*
deiscência (deis.**cên**.ci.a) s.f. (Bot.) Fruto deiscente.
deiscente (deis.**cen**.te) adj.2g. (Bot.) Diz-se de fruto que se rompe para liberar suas sementes.
deitado (dei.**ta**.do) adj. **1.** Que se deitou. **2.** Que está em posição horizontal; estendido.
deitar (dei.**tar**) v.t.d. *e v.p.* **1.** Estender(-se) ao comprido: *deitou(-se) na cama.* **2.** Arremessar, jogar, lançar. **3.** Exalar, soltar: *o dragão deita fogo pelo nariz.*
deixa (**dei**.xa) s.f. **1.** Ação ou efeito de deixar; legado. **2.** Palavra que, nos papéis dos atores, indica que um acabou de falar e o outro vai começar.
deixar (dei.**xar**) v.t.d. **1.** Separar-se de. **2.** Largar; soltar. **3.** Pôr de parte; abandonar; desistir. **4.** Consentir; permitir.
déjà-vu [francês: "dejá-vi"] s.m. Sensação de já ter vivido um acontecimento presente: *ao passar pelo corredor teve um déjà-vu.* Escreve-se também *déjà vu.*
dejeção (de.je.**ção**) s.f. **1.** Evacuação. **2.** Coisa evacuada; dejeto, excremento.
dejejum (de.je.**jum**) s.m. O mesmo que *desjejum.*
dejeto (de.**je**.to) [é] s.m. **1.** Aquilo que foi evacuado; excremento. **2.** Resíduo; resto; lixo.

dekasegui [japonês: "decasségui"] s.2g. *e adj.2g.* Decasségui.
dela (**de**.la) [é] Contração da preposição "de" com o pronome "ela".
delação (de.la.**ção**) s.f. Ação de delatar; denúncia; traição.
delatar (de.la.**tar**) v.t.d. **1.** Denunciar o autor de um crime. **2.** Trair; revelar.
delator (de.la.**tor**) [ô] s.m. *e adj.* **1.** (Pessoa) que delata, que dá informações à autoridade. **2.** Traidor.
dele (**de**.le) [ê] Contração da preposição "de" com o pronome "ele".
deleção (de.le.**ção**) s.f. Ação de deletar ou apagar.
delegação (de.le.ga.**ção**) s.f. **1.** Ação de delegar. **2.** Comissão representativa.
delegacia (de.le.ga.**ci**.a) s.f. Cargo ou repartição do delegado.
delegado (de.le.**ga**.do) s.m. **1.** O que é autorizado por uma ou mais para uma representação. **2.** O que tem a seu cargo serviço público dependente de autoridade policial; comissário.
delegar (de.le.**gar**) v.t.d. Transmitir poderes ou enviar alguém com poderes de delegação para julgar, obrar ou resolver.
deleitar (de.lei.**tar**) v.t.d. Causar deleite a; deliciar; causar prazer.
deleite (de.**lei**.te) s.m. **1.** Delícia. **2.** Prazer; voluptuosidade.
deleitoso (de.lei.**to**.so) [ô] adj. Que promove o deleite; agradável, prazeroso. ◘ Pl. *deleitosos* [ó].
deletar (de.le.**tar**) v.t.d. Apagar, eliminar, excluir.
deletério (de.le.**té**.ri.o) adj. Ruim, prejudicial, danoso.
delfim (del.**fim**) s.m. **1.** (Zoo.) Golfinho. **2.** (Hist.) Filho mais velho do rei da França, herdeiro do trono.
delgado (del.**ga**.do) adj. **1.** De pouca grossura. **2.** Magro. **3.** Exíguo; fino.
delibar (de.li.**bar**) v.t.d. **1.** Beber, libar. **2.** Saborear, apreciar com deleite: *delibou uma taça de vinho.*
deliberação (de.li.be.ra.**ção**) s.f. Ação de deliberar; resolução; decisão.
deliberado (de.li.be.**ra**.do) adj. Pensado, decidido, escolhido: *sorriso deliberado.*
deliberante (de.li.be.**ran**.te) s.2g. *e adj.2g.* (Aquele) que delibera.
deliberar (de.li.be.**rar**) v.t.d. **1.** Decidir, determinar. **2.** Escolher, resolver depois de exame e discussão.
deliberativo (de.li.be.ra.**ti**.vo) adj. **1.** Relativo à deliberação. **2.** Que delibera, que decide.
delicadeza (de.li.ca.**de**.za) s.f. **1.** Qualidade de delicado. **2.** Cortesia; dedicação; atenção.
delicado (de.li.**ca**.do) adj. **1.** Cortês; atencioso; gentil. **2.** Fraco; frágil. **3.** Meigo; suave.
delicatessen [inglês: "delicatéssem"] s.f. **1.** Loja que vende vinhos, queijos, frios, pães especiais, doces etc. **2.** Esses produtos. Obs.: do alemão *Delikatessen*; em francês, *délicatesses.*
delícia (de.**lí**.ci.a) s.f. **1.** Aquilo que delicia; gostosura. **2.** Encanto; agrado. **3.** Deleite.
deliciado (de.li.**cia**.do) adj. Que sente delícia, grande prazer; encantado: *ela estava deliciada com o doce.*

deliciar (de.li.ci.ar) v.t.d. **1.** Dar grande prazer, agradar: *a peça deliciava pessoas de todas as idades.* v.p. **2.** Sentir delícia, grande prazer; apreciar muito: *a criançada se deliciava com os docinhos.*
delicioso (de.li.ci.o.so) [ô] adj. Que provoca delícia; encantador; gostoso; agradável. ▪ Pl. *deliciosos* [ó].
delido (de.li.do) adj. **1.** Apagado, destruído, eliminado. **2.** Esmaecido, apagado, tênue.
delimitação (de.li.mi.ta.ção) s.f. **1.** Ação de delimitar, marcar. **2.** Aquilo que delimita; marco, limite.
delimitado (de.li.mi.ta.do) adj. Que se delimitou; limitado, marcado.
delimitador (de.li.mi.ta.dor) [ô] adj. Que delimita, que estabelece o limite.
delimitar (de.li.mi.tar) v.t.d. **1.** Estabelecer limite; limitar. **2.** Marcar, demarcar.
delineado (de.li.ne.a.do) adj. Estabelecido, mascado, planejado.
delineador (de.li.ne.a.dor) [ô] s.m. e adj. **1.** (Aquilo) que delineia. **2.** (Lápis) de maquiagem para marcar o contorno dos olhos ou dos lábios.
delineamento (de.li.ne.a.men.to) s.m. Processo de delinear; planejamento, esboço.
delinear (de.li.ne.ar) v.t.d. **1.** Estabelecer as linhas que limitam. **2.** Planejar, esboçar.
delinquência (de.lin.quên.ci.a) [ü] s.f. **1.** Ação de delinquir; criminalidade; marginalidade. **2.** Estado ou qualidade de delinquente.
delinquente (de.lin.quen.te) [ü] s.2g. e adj.2g. (Pessoa) que delinque; criminoso, marginal.
delinquir (de.lin.quir) [ü] v.i. Cometer crime ou delito. Obs.: pres. do ind.: *delinquo* [ú] ou *delínquo*, *delinques* [ú] ou *delínques*, *delinque* [ú] ou *delínque*, *delinquem* [ú] ou *delínquem*, *delinquimos* [u-í], *delinquís* [u-í], *delinquem* [ú] ou *delínquem*; pret. perf.: *delinqui* [ü] etc.; pres. do subj.: *delinqua* [ú] ou *delínqua*, etc.
deliquescência (de.li.ques.cên.ci.a) [ü] s.f. Absorção natural de água por uma substância sólida.
delíquio (de.lí.qui.o) s.m. **1.** Desmaio, mal-estar. **2.** Desfalecimento, desvanecimento, amolecimento, dissolução.
delirante (de.li.ran.te) adj.2g. **1.** Que delira; louco; doido. **2.** Que entusiasma; arrebatador.
delirar (de.li.rar) v.i. **1.** Ter delírio; enlouquecer; endoidecer. **2.** Exaltar-se. **3.** (Fig.) Estar muito apaixonado ou contente.
delírio (de.lí.ri.o) s.m. **1.** Perturbação das faculdades intelectuais. **2.** Loucura; desvario.
delirium tremens [latim: "delírium trêmens"] s.m. (Med.) Perturbação causada em dependente de álcool pela abstinência ou falta da bebida.
delito (de.li.to) s.m. **1.** Fato que a lei declara punível. **2.** Transgressão; crime.
delituoso (de.li.tu.o.so) [ô] adj. Em que há delito; criminoso; culposo. ▪ Pl. *delituosos* [ó].
delivery [inglês: "delíveri"] s.m. Entrega, serviço em geral oferecido pelo vendedor.
delonga (de.lon.ga) s.f. Demora; adiamento; dilação; atraso.

delongar (de.lon.gar) v.i. Demorar, postergar, adiar
delta (del.ta) s.m. **1.** A quarta letra do alfabeto grego, de som semelhante ao dê e, na versão maiúscula com formato de triângulo com a base para baixo. **2.** Área triangular na foz de um rio, delimitada por vários braços que desaguam em outro rio ou no mar.
deltoide (del.toi.de) [ói] adj.2g. **1.** Semelhante à letra grega delta; triangular. s.m. e adj. **2.** (Anat.) (Músculo) que cobre a articulação do ombro e levanta o braço para o lado.
demagogia (de.ma.go.gi.a) s.f. Promessas de realizações maravilhosas para iludir as massas; populismo; anarquia.
demagógico (de.ma.gó.gi.co) adj. Referente à demagogia.
demagogo (de.ma.go.go) s.m. **1.** Partidário da demagogia. **2.** Aquele que excita as paixões populares; populista.
demais (de.mais) adv. **1.** Em excesso; exageradamente. **2.** Além disso.
demanda (de.man.da) s.f. **1.** Ação de demandar; requerimento; pedido. **2.** Ação judicial; litígio.
demandante (de.man.dan.te) s.2g. Pessoa que entra com demanda ou pedido judicial.
demandar (de.man.dar) v.t.d. **1.** Ir em busca de; perguntar. **2.** Pleitear; pedir; requerer. **3.** Exigir intentar ação judicial contra.
demão (de.mão) s.f. Camada de tinta ou cal aplicada em uma superfície.
demaquilante (de.ma.qui.lan.te) s.m. e adj. (Produto) que retira maquiagem.
demarcação (de.mar.ca.ção) s.f. Ação de demarcar delimitação.
demarcado (de.mar.ca.do) adj. **1.** Que se demarcou. **2.** Marcado, limitado, estabelecido.
demarcar (de.mar.car) v.t.d. Traçar os limites de delimitar; definir.
demasia (de.ma.si.a) s.f. **1.** O que é demais **2.** Excesso; sobejo.
demasiado (de.ma.si.a.do) adj. Excessivo; abusivo supérfluo.
demência (de.mên.ci.a) s.f. (Med.) Perda das faculdades mentais; loucura, insanidade; alienação mental
demencial (de.men.ci.al) adj.2g. **1.** Relativo a demência. **2.** Insano, louco.
demente (de.men.te) s.2g. e adj.2g. **1.** (Pessoa) que sofre de demência; louco. adj.2g. **2.** Insensato doido, insano.
demérito (de.mé.ri.to) s.m. Falta de mérito, de valor ou merecimento; vergonha.
demissão (de.mis.são) s.f. **1.** Ação ou processo de demitir. **2.** Ato de demitir-se: *pediu demissão do emprego.*
demissional (de.mis.si.o.nal) adj.2g. Relativo a demissão.
demissionário (de.mis.sio.ná.ri.o) adj. Que pediu demissão ou que a recebeu; que se demitiu.
demitido (de.mi.ti.do) adj. Que sofreu demissão, que foi mandado embora.

demitir (de.mi.**tir**) v.t.d. **1.** Destituir de um emprego ou cargo; exonerar: *demitiu dois empregados*. **2.** Despedir, mandar embora: *demitiu o porteiro*. v.p. **3.** Desligar-se, sair do emprego: *demitiu-se e foi viajar*.

demiúrgico (de.mi.**úr**.gi.co) adj. Relacionado a, próprio de demiurgo: *poderes demiúrgicos*.

demiurgo (de.mi.**ur**.go) s.m. Aquele que cria um universo.

demo (**de**.mo) [ê] s.m. Demônio, diabo.

democracia (de.mo.cra.**ci**.a) s.f. Sistema de governo que se caracteriza pelo poder emanado pelo povo e por ele constituído; igualdade; soberania popular.

democrata (de.mo.**cra**.ta) s.2g. Pessoa partidária da democracia ou do governo democrático.

democrático (de.mo.**crá**.ti.co) adj. Relativo ou pertencente à democracia; popular.

democratização (de.mo.cra.ti.za.**ção**) s.f. Ação, processo ou ato de democratizar.

democratizar (de.mo.cra.ti.**zar**) v.t.d. **1.** Tornar democrático, estabelecer ou restabelecer a democracia. **2.** Dividir com os demais, permitir que todos participem: *democratizar o atendimento médico de qualidade*.

demografia (de.mo.gra.**fi**.a) s.f. (*Geo.*) Estudo e descrição da população.

demográfico (de.mo.**grá**.fi.co) adj. (*Geo.*) Referente ou pertencente à demografia.

demógrafo (de.**mó**.gra.fo) s.m. (*Geo.*) Pessoa que se dedica à demografia.

demolhar (de.mo.**lhar**) v.t.d. Pôr de molho em água.

demolição (de.mo.li.**ção**) s.f. Ação de demolir; destruição; ruína; aniquilação.

demolidor (de.mo.li.**dor**) [ô] s.m. e adj. (O) que demole; destruidor.

demolir (de.mo.**lir**) v.t.d. **1.** Destruir; arrasar; aniquilar; arruinar. **2.** Deitar por terra. Obs.: verbo defectivo, não se conjuga na 1ª pes. sing. do pres. do ind. e no pres. do subj.; pres. do ind.: *demoles, demole, demolimos, demolis, demolem*.

demoníaco (de.mo.**ní**.a.co) adj. **1.** Que é do demônio ou de sua natureza: *seres demoníacos*. **2.** Intenso e maléfico; infernal: *riso demoníaco*.

demônio (de.**mô**.ni.o) s.m. **1.** Espírito ou gênio do mal; diabo. **2.** Tormento interior, aflição. (*próprio*) **3.** Satanás, Belzebu, Lúcifer.

demonismo (de.mo.**nis**.mo) s.m. Adoração de demônios ou de seres inferiores.

demonizar (de.mo.ni.**zar**) v.t.d. Tratar como demônio, atribuir a condição ou qualidades de demônio a: *demonizaram o cineasta só porque criticou os valores americanos*.

demonologia (de.mo.no.lo.**gi**.a) s.f. Estudo dos demônios.

demonstração (de.mons.tra.**ção**) s.f. **1.** Ação ou efeito de demonstrar; prova. **2.** Manifestação convincente.

demonstrador (de.mons.tra.**dor**) [ô] adj. Que serve para demonstrar, próprio para mostrar.

demonstrar (de.mons.**trar**) v.t.d. **1.** Mostrar, exibir, expor. **2.** Provar, comprovar, verificar, revelar.

demonstrativo (de.mons.tra.**ti**.vo) adj. **1.** Que serve para demonstrar ou como amostra. s.m. **2.** Relatório, exposição detalhada.

demonstrável (de.mons.**trá**.vel) adj.2g. Que se pode demonstrar ou comprovar: *o que acontece depois da morte não é demonstrável*.

demora (de.**mo**.ra) [ó] s.f. **1.** Ação de demorar. **2.** Lentidão; morosidade; dilação.

demorado (de.mo.**ra**.do) adj. Que demora ou que dura; longo: *um passeio demorado, um olhar demorado*.

demorar (de.mo.**rar**) v.t.d. **1.** Retardar; tardar. **2.** Deter. **3.** Fazer esperar.

demover (de.mo.**ver**) v.t.d. **1.** Deslocar. **2.** Fazer renunciar a uma pretensão; dissuadir; convencer do contrário.

demudar (de.mu.**dar**) v.t.d. Mudar, transformar, alterar.

dendê (den.**dê**) s.m. **1.** (*Bot.*) Coco de que se extrai um óleo de grande uso na culinária nordestina. **2.** Palmeira que dá esse coco; dendezeiro. **3.** Óleo extraído desse coco; azeite de dendê: *o acarajé é frito em dendê*.

dendezeiro (den.de.**zei**.ro) s.m. (*Bot.*) Palmeira que dá o dendê.

dendrito (den.**dri**.to) s.m. (*Bio.*) Ramificação do neurônio, menor que o axônio.

denegar (de.ne.**gar**) v.t.d. **1.** Indeferir, não conceder ou não atender: *a criança não pôde viajar porque o juiz denegou a autorização*. v.t.d. e v.p. **2.** Negar(-se), recusar(-se): *denegou-se a ir*.

denegrir (de.ne.**grir**) v.t.d. **1.** Tornar negro, escuro. **2.** Macular; manchar; infamar. Obs.: pres. do ind.: *denigro, denigres, denigre, denegrimos, denegris, denigrem*; pres. do subj.: *denigra, denigras, denigra* etc.

dengo (**den**.go) s.m. Fingimento, charme, afetação para atrair, cativar ou agradar; faceirice, dengue: *a criança fazia dengo para a mãe*.

dengoso (den.**go**.so) [ô] adj. Cheio de dengo; afetado; melindroso. ▣ Pl. *dengosos* [ó].

dengue (**den**.gue) s.f. **1.** (*Med.*) Doença infecciosa transmissível por picada de mosquito, caracterizada por febre, dor de cabeça e no corpo, que sem tratamento pode causar hemorragia ou morte. s.m. **2.** Dengo.

denguice (den.**gui**.ce) s.f. Qualidade de dengoso.

deni (de.**ni**) s.2g. **1.** Indivíduo dos denis, povo indígena que vive hoje no Acre e no Amazonas. adj.2g. **2.** Relacionado a esse povo.

denodado (de.no.**da**.do) adj. Que tem denodo; corajoso.

denodo (de.**no**.do) [ô] s.m. Firmeza, coragem.

denominação (de.no.mi.na.**ção**) s.f. **1.** Ação de denominar. **2.** Designação; nome; apelido. **3.** Grupo religioso cristão pertencente a uma das Igrejas que reinterpretaram os evangelhos: *compareceram ao culto fiéis de várias denominações*.

denominado (de.no.mi.**na**.do) *adj.* Que se denomina ou denominou; chamado, nomeado.
denominador (de.no.mi.na.**dor**) [ô] *s.m. e adj.* **1.** Que, ou o que denomina. *s.m.* **2.** Parte da fração, colocada sob o traço, que indica em quantas partes o todo foi dividido.
denominar (de.no.mi.**nar**) *v.t.d.* **1.** Indicar o nome de. **2.** Pôr nome a; nomear; chamar; apelidar.
denotação (de.no.ta.**ção**) *s.f.* Ação de denotar; sentido evidente, primeiro de uma palavra ou expressão. Cf. *conotação*.
denotar (de.no.**tar**) *v.t.d.* Nomear, expressar, significar com clareza: *os pés sujos de barro denotavam que estivera no jardim*. Cf. *conotar*.
denotativo (de.no.ta.**ti**.vo) *adj.* Relacionado a denotação, que expressa denotação.
densidade (den.si.**da**.de) *s.f.* **1.** Qualidade do que é denso. **2.** Espessura. **3.** Concentração de população. **4.** Relação entre a massa do corpo e o volume desse corpo.
denso (**den**.so) *adj.* Espesso; cerrado; compacto.
dentada (den.**ta**.da) *s.f.* Ferimento com os dentes; mordida.
dentado (den.**ta**.do) *adj.* **1.** Guarnecido de dentes. **2.** Que se recortou em dentes; em forma de dente; denteado.
dentadura (den.ta.**du**.ra) *s.f.* **1.** Conjunto dos dentes nas pessoas e nos animais. **2.** Prótese; conjunto dos dentes artificiais preparados para uma pessoa.
dental (den.**tal**) *adj.2g.* Relativo ou pertencente aos dentes.
dentar (den.**tar**) *v.t.d.* **1.** Dotar de dentes, guarnecer com dentes. **2.** Morder.
dentário (den.**tá**.ri.o) *adj.* Relacionado aos dentes; dental.
dente (**den**.te) *s.m.* **1.** Órgão ósseo da boca, que serve para morder e mastigar alimentos. **2.** Cada uma das pontas que guarnecem a engrenagem de determinados instrumentos.
denteado (den.te.**a**.do) *adj.* Dentado.
dente de leite (den.te de **lei**.te) *s.m.* **1.** Cada um dos dentes que crescem no bebê e caem por volta dos sete anos de idade, quando nascem os dentes definitivos. **2.** (*Esp.*) Categoria dos jogadores entre sete e doze anos de idade.
dentição (den.ti.**ção**) *s.f.* Formação e nascimento dos dentes: *a primeira dentição é a dos dentes de leite*.
dentículo (den.**tí**.cu.lo) *s.m.* **1.** Dente pequeno. **2.** Escamas parecidas com dentes, encontradas na pele de alguns peixes cartilaginosos.
dentifrício (den.ti.**frí**.ci.o) *s.m.* Substância gelatinosa utilizada para limpar os dentes; pasta de dentes; pasta dentifrícia.
dentina (den.**ti**.na) *s.f.* Marfim dos dentes, encontrada sob o esmalte.
dentista (den.**tis**.ta) *s.2g.* Profissional que se dedica a tratar dos dentes e das moléstias dentárias.
dentre (**den**.tre) *prep.* Do meio de.
dentro (**den**.tro) *adv.* Na parte ou no lado interior.
dentuço (den.**tu**.ço) *adj.* Que tem os dentes grandes, especialmente os da frente.
denúncia (de.**nún**.ci.a) *s.f.* Ação de denunciar; acusação; delação; revelação.
denunciante (de.nun.ci.**an**.te) *s.2g. e adj.2g.* (Pessoa) que faz uma denúncia.
denunciar (de.nun.ci.**ar**) *v.t.d.* **1.** Delatar. **2.** Acusar em segredo. **3.** Comunicar; revelar; dar a conhecer.
denuncismo (de.nun.**cis**.mo) *s.m.* Costume de denunciar tudo; delação.
deparar (de.pa.**rar**) *v.t.i. e v.p.* Encontrar, topar: *deparou-se em uma encruzilhada, deparou-se com um dilema*.
departamental (de.par.ta.men.**tal**) *adj.2g.* Pertencente a departamento.
departamento (de.par.ta.**men**.to) *s.m.* **1.** Divisão, parte especializada de uma instituição: *departamentos de vendas nas empresas, departamento de brinquedos de uma loja*. **2.** Divisão administrativa de alguns países, semelhantes aos estados brasileiros.
depauperar (de.pau.pe.**rar**) *v.t.d.* **1.** Empobrecer, exaurir, esgotar os recursos: *tantos anos de guerra depauperaram a população*. **2.** Enfraquecer, debilitar: *o esforço depauperou o time*.
depenar (de.pe.**nar**) *v.t.d.* **1.** Tirar as penas de: *depenar um frango*. **2.** (*Pop.*) Arrancar, tomar, retirar com violência (peças): *roubaram e depenaram o carro*.
dependência (de.pen.**dên**.ci.a) *s.f.* **1.** Situação de quem ou daquilo que é ou está dependente. **2.** Sujeição; subordinação. **3.** Edificação anexa a uma casa.
dependente (de.pen.**den**.te) *adj.2g.* Que depende; subordinado.
depender (de.pen.**der**) *v.t.i.* **1.** Estar na dependência. **2.** Estar sujeito, subordinado a. **3.** Estar sob a influência, viver à custa de, sob o domínio de.
dependura (de.pen.**du**.ra) *s.f.* Pendura.
dependurar (de.pen.du.**rar**) *v.t.d. e v.i.* Pendurar; pender de.
deperecer (de.pe.re.**cer**) *v.i.* Ir diminuindo ou perecendo aos poucos; enfraquecer.
depilação (de.pi.la.**ção**) *s.f.* Ação de depilar, arrancar pelos.
depilar (de.pi.**lar**) *v.t.d.* Tirar o pelo ou o cabelo a; pelar.
depilatório (de.pi.la.**tó**.ri.o) *adj.* **1.** Que depila. *s.m.* **2.** Produto para retirar pelos ou cabelos.
deplorar (de.plo.**rar**) *v.i.* Lamentar, lastimar, condenar: *todos deploram a violência e a corrupção*.
deplorável (de.plo.**rá**.vel) *adj.2g.* Lastimável; detestável.
depoente (de.po.**en**.te) *s.2g.* Aquele que faz um depoimento, que depõe.
depoimento (de.po.i.**men**.to) *s.m.* **1.** Ação de depor. **2.** Testemunho, declaração.
depois (de.**pois**) *adv.* **1.** Em tempo posterior. **2.** Em seguida. **3.** Além disso.
depor (de.**por**) [ô] *v.t.d.* **1.** Despojar, afastar do cargo ou dignidade; destronar. **2.** Declarar em juízo; testemunhar.

deportação (de.por.ta.**ção**) s.f. Ação de deportar, de mandar embora do país.
deportado (de.por.**ta**.do) adj. Que se deportou; desterrado, expatriado.
deportar (de.por.**tar**) v.t.d. Mandar para fora e para longe; desterrar, expatriar.
deposição (de.po.si.**ção**) s.f. 1. Afastamento de um cargo ou dignidade: *a deposição do presidente era pedida por todos*. 2. Acúmulo, depósito: *deposição de resíduos no fundo da garrafa*.
depositante (de.po.si.**tan**.te) s.2g. e adj.2g. (Aquele) que deposita, que faz um depósito; guardião.
depositar (de.po.si.**tar**) v.t.d. 1. Pôr em depósito. 2. Guardar; sedimentar. 3. Confiar; entregar. 4. Dar a guardar por algum tempo. v.p. 5. Acumular-se no fundo, formar deposição: *o excesso de açúcar se deposita no fundo do copo*.
depositário (de.po.si.**tá**.ri.o) s.m. 1. Aquele que recebe em depósito; administrador de bens. 2. (Fig.) Confidente.
depósito (de.**pó**.si.to) s.m. 1. Ato de depositar. 2. Entrega; armazém. 3. Substância que se deposita, forma ou acumula sobre outra.
deposto (de.**pos**.to) [ô] adj. Que se depôs; afastado: *o presidente deposto tomou o avião*. ▪ Pl. *depostos* [ó].
depravação (de.pra.va.**ção**) s.f. 1. Ação de depravar(-se). 2. Devassidão, promiscuidade.
depravado (de.pra.**va**.do) adj. Que se depravou; corrupto, desvirtuado.
depravar (de.pra.**var**) v.t.d. 1. Corromper, estragar, desvirtuar: *a corrupção depravou o clube*. v.p. 2. Estragar-se, desvirtuar-se: *o time não se depravaria*.
depreciação (de.pre.ci.a.**ção**) s.f. 1. Redução no valor; desvalorização. 2. Aviltamento, desconsideração.
depreciado (de.pre.ci.**a**.do) adj. 1. Que se depreciou, que sofreu depreciação; desvalorizado. 2. Desprezado, desconsiderado.
depreciar (de.pre.ci.**ar**) v.t.d. 1. Rebaixar o valor, o preço de; desvalorizar. 2. (Fig.) Aviltar; desprezar; desconsiderar; menosprezar.
depreciativo (de.pre.ci.a.**ti**.vo) adj. 1. Em que há depreciação. 2. (Fig.) Aviltante; humilhante; desdenhoso.
depredação (de.pre.da.**ção**) s.f. Ação de depredar; vandalismo, estrago.
depredar (de.pre.**dar**) v.t.d. Estragar de propósito; atacar, tentar destruir: *não depredaram as estátuas do parque*.
depreender (de.pre.en.**der**) v.t.d. Perceber a partir de, concluir, deduzir: *pelas pistas depreenderam quem era o invasor*.
depressa (de.**pres**.sa) [é] adv. Com brevidade; sem demora; rapidamente.
depressão (de.pres.**são**) s.f. 1. Ação de deprimir. 2. Abaixamento de nível devido à pressão. 3. (Psi.) Doença em que a pessoa sofre um predomínio anormal de tristeza. 4. (Fig.) Abatimento físico ou moral; fossa.
depressivo (de.pres.**si**.vo) adj. 1. Ligado à depressão: *estado depressivo*. 2. Que causa ou desencadeia depressão; deprimente.
deprimente (de.pri.**men**.te) adj.2g. Que deprime; aviltante; humilhante.
deprimido (de.pri.**mi**.do) adj. 1. Abatido; humilhado; aviltado. 2. (Fig.) Na fossa.
deprimir (de.pri.**mir**) v.t.d. 1. Causar depressão em; debilitar. 2. Abater; humilhar; aviltar.
depuração (de.pu.ra.**ção**) s.f. 1. Ação de depurar; apuração. 2. Purificação; limpeza. 3. Esclarecimento.
depurador (de.pu.ra.**dor**) [ô] adj. Que depura, que promove depuração.
depurar (de.pu.**rar**) v.t.d. 1. Tornar puro; purificar. 2. Limpar. 3. Esclarecer.
depurativo (de.pu.ra.**ti**.vo) adj. Que se usa para depurar, que promove a depuração.
deputação (de.pu.ta.**ção**) s.f. Conjunto de deputados ou representantes.
deputado (de.pu.**ta**.do) s.m. 1. O que é incumbido de tratar dos negócios de outrem. 2. Representante, pessoa eleita para uma assembleia legislativa.
deriva (de.**ri**.va) s.f. 1. Derivação. 2. Deslocação, desvio do rumo.
derivação (de.ri.va.**ção**) s.f. 1. Ação ou efeito de derivar. 2. (Gram.) Formação, procedência de uma palavra, originária de outra. 3. (Fig.) Origem.
derivado (de.ri.**va**.do) s.m. (Gram.) Vocábulo que deriva de outro; produto que se origina de outro.
derivar (de.ri.**var**) v.t.d. 1. Desviar (curso de água). 2. Formar (uma palavra de outra). 3. Originar; provir.
derivativo (de.ri.va.**ti**.vo) adj. 1. Relativo à derivação; afastamento. s.m. 2. Consolo; alívio.
derma (**der**.ma) [é] s.m. (Anat.) O mesmo que *derme*.
dermatite (der.ma.**ti**.te) s.f. (Med.) Inflamação da pele.
dermatologia (der.ma.to.lo.**gi**.a) s.f. (Med.) Ramo da medicina que estuda as doenças da pele.
dermatológico (der.ma.to.**ló**.gi.co) adj. 1. Pertencente à dermatologia. 2. Relacionado a derme ou à pele.
dermatologista (der.ma.to.lo.**gis**.ta) s.2g. (Med.) Médico especialista em dermatologia.
dermatose (der.ma.**to**.se) [ó] s.f. (Med.) Moléstia de pele sem inflamação.
derme (**der**.me) [é] s.f. (Anat.) Camada interior da pele, que fica abaixo da epiderme. O mesmo que *derma*.
derradeiro (der.ra.**dei**.ro) adj. 1. Último. 2. Final; que termina uma série. 3. Que está depois.
derrama (der.**ra**.ma) s.f. 1. Ação de derramar. 2. Cobrança arbitrária de impostos.
derramamento (der.ra.ma.**men**.to) s.m. Ação de derramar; derrama, derrame.

derramar (der.ra.**mar**) v.t.d. **1.** Aparar; cortar os ramos de. **2.** Deixar correr por fora. **3.** Verter; fazer correr (um líquido). **4.** Espargir; espalhar; difundir. **5.** Entornar.

derrame (der.**ra**.me) s.m. **1.** Ação de derramar; derramamento. **2.** (Med.) Acúmulo de líquido ou de gases em uma cavidade; acidente vascular cerebral.

derrapagem (der.ra.**pa**.gem) s.f. Ação de derrapar.

derrapar (der.ra.**par**) v.i. **1.** Escorregar de lado, perdendo a direção; deslizar: *o carro derrapou na curva*. **2.** Deslizar ao andar ou correr: *o chão estava liso e ela derrapou*.

derrear (der.re.**ar**) v.t.d. (Raro) Inclinar, deixar pender: *derreou a cabeça para o lado*.

derredor (der.re.**dor**) [ó] s.m. Arredor, o que há em volta.

derressol (der.res.**sol**) s.m. (Culin.) Doce tradicional nordestino feito de coco ralado, melado e azeite ou óleo, cortado em tabletes: *o derressol era vendido a "dez-réis-só", de onde seu nome*.

derreter (der.re.**ter**) v.t.d. **1.** Tornar líquido; dissolver. **2.** Amolecer. **3.** Fundir.

derretido (der.re.**ti**.do) adj. Que se derreteu.

derretimento (der.re.ti.**men**.to) s.m. **1.** Ato de derreter; fundição. **2.** (Fig.) Desvanecimento; denguice; afetação.

derribar (der.ri.**bar**) v.t.d. **1.** Lançar por terra; fazer cair; derrubar; demolir. **2.** Abater; prostrar.

derrisão (der.ri.**são**) s.f. Escárnio, zombaria.

derrocada (der.ro.**ca**.da) s.f. **1.** Ruína. **2.** Desmoronamento. **3.** Queda. **4.** (Fig.) Degringolada.

derrocar (der.ro.**car**) v.t.d. **1.** Desmoronar; arruinar. **2.** Destruir; arrasar. **3.** Destituir do poder. **4.** Abater.

derrogar (der.ro.**gar**) v.t.d. Destituir, anular, revogar: *a nova lei derrogou as leis anteriores*.

derrota (der.**ro**.ta) [ó] s.f. **1.** Ação ou efeito de derrotar, de vencer. **2.** Ruína; perda; fracasso.

derrotar (der.ro.**tar**) v.t.d. **1.** Destroçar; desbaratar; desviar da rota. **2.** Vencer em discussão, jogo, competência, habilidade. **3.** Cansar; prostrar.

derrotismo (der.ro.**tis**.mo) s.m. Hábito ou conjunto de ideias dos que só esperam derrotas, fracassos; conformismo.

derrotista (der.ro.**tis**.ta) s.2g. e adj.2g. (Pessoa) partidária do derrotismo.

derrubada (der.ru.**ba**.da) s.f. **1.** Ação de derrubar. **2.** Corte das árvores de uma mata ou floresta.

derrubar (der.ru.**bar**) v.t.d. **1.** Pôr abaixo, fazer cair: *derrubar um copo, um muro*. **2.** Jogar no chão, fazer cair: *o cavalo derrubou o vaqueiro*. v.t.d.i. **3.** Deixar cair em, entornar: *derrubou café na roupa*. v.t.i. **4.** Deprimir, abater, entristecer: *a notícia derrubou a todos*.

derruir (der.ru.**ir**) v.t.d. (Raro) **1.** Destruir, desmanchar, arrasar: *derruir uma construção*. **2.** Destruir, arruinar, acabar com: *derruir uma instituição*.

dervixe (der.**vi**.xe) s.2g. Monge muçulmano; membro de ordem religiosa islâmica.

desabado (de.sa.**ba**.do) adj. **1.** De abas largas, estendidas ou caídas; desmoronado; caído. **2.** Que desabou; desmoronou; caiu.

desabafar (de.sa.ba.**far**) v.t.d. **1.** Descobrir; desagasalhar; refrescar. **2.** Tornar livre (a respiração). **3.** Dizer com franqueza. **4.** Livrar; aliviar; expandir.

desabafo (de.sa.**ba**.fo) s.m. **1.** Ação de desabafar. **2.** Expansão; alívio.

desabalado (de.sa.ba.**la**.do) adj. Desmedido, incontido, desimpedido: *o ladrão fugiu em desabalada carreira*.

desabamento (de.sa.ba.**men**.to) s.m. Ação de desabar; desmoronamento.

desabar (de.sa.**bar**) v.t.d. **1.** Abaixar a aba de. **2.** Fazer soar; vibrar. v.i. **3.** Desmoronar-se; cair.

desabastecer (de.sa.bas.te.**cer**) v.i. Ficar sem abastecimento, sem provimento.

desabitado (de.sa.bi.**ta**.do) adj. Que não tem habitantes; ermo; deserto.

desabituar (de.sa.bi.tu.**ar**) v.t.d. Perder o hábito; desacostumar.

desabonador (de.sa.bo.na.**dor**) [ô] adj. Que desabona, que condena: *roubar é um ato desabonador*.

desabonar (de.sa.bo.**nar**) v.t.d. Retirar o mérito; desmerecer: *a empregada nunca fez nada que desabonasse*.

desabotoar (de.sa.bo.to.**ar**) v.t.d. Abrir os botões de: *desabotoou a blusa*.

desabrido (de.sa.**bri**.do) adj. Sem freio, incontido, descomedido: *uma gargalhada desabrida*.

desabrigado (de.sa.bri.**ga**.do) adj. Que ficou sem abrigo; desprotegido, exposto, desamparado.

desabrigar (de.sa.bri.**gar**) v.t.d. **1.** Tirar o abrigo a. **2.** Desproteger; expor; desamparar.

desabrigo (de.sa.**bri**.go) s.m. **1.** Falta de abrigo. **2.** Desamparo; desproteção; exposição ao relento.

desabrimento (de.sa.bri.**men**.to) s.m. Falta de contenção ou compostura; desrespeito, insolência.

desabrochar (de.sa.bro.**char**) v.i. Abrir-se, desenvolver-se: *a rosa desabrochou*.

desabusar (de.sa.bu.**sar**) v.t.d. **1.** Vingar um abuso; desforrar-se: *desabusaram os invasores*. v.p. **2.** Exceder-se, cometer excesso, folgar, abusar: *em poucos dias desabusou-se e foi demitido*.

desacatar (de.sa.ca.**tar**) v.t.d. **1.** Não acatar; desobedecer, desrespeitar: *desacatou as ordens*. **2.** Ofender, desrespeitar, insultar: *desacatou a autoridade*.

desacato (de.sa.**ca**.to) s.m. **1.** Falta de acatamento, espanto, admiração. **2.** Desrespeito; afronta.

desacelerar (de.sa.ce.le.**rar**) v.t.d. e v.i. Perder a aceleração, diminuir a velocidade: *desacelerou o motor, desacelerar um movimento*.

desacertar (de.sa.cer.**tar**) v.t.d. Perder, desfazer o acerto; discordar.

desacerto (de.sa.**cer**.to) [ê] s.m. Ação de desacertar(-se); discordância.

desacomodar (de.sa.co.mo.**dar**) v.t.d. Tirar da acomodação; despejar.

desacompanhado (de.sa.com.pa.**nha**.do) adj. Sem companhia; só.

desacompanhar (de.sa.com.pa.**nhar**) v.t.d. **1.** Deixar de acompanhar. **2.** Deixar de dar apoio, auxílio; desproteger. **3.** Não estar de acordo com.

desaconselhar (de.sa.con.se.**lhar**) v.t.d. Dissuadir; desviar de uma resolução.

desaconselhável (de.sa.con.se.**lhá**.vel) adj.2g. Que não é aconselhável, que se desaconselha; reprovável.

desacorçoado (de.sa.cor.ço.**a**.do) adj. Desesperado, aflito, nervoso. O mesmo que *descorçoado*.

desacordado (de.sa.cor.**da**.do) adj. **1.** Que perdeu os sentidos; desmaiado; inconsciente. **2.** Que perdeu o acordo.

desacordar (de.sa.cor.**dar**) v.t.d. **1.** Pôr em desacordo. v.i. **2.** Não concordar. **3.** Desmaiar. **4.** Deixar de estar de acordo; discordar.

desacordo (de.sa.**cor**.do) [ô] s.m. **1.** Ausência de acordo. **2.** Divergência; desarmonia; discordância. **3.** Desmaio; perda de sentidos.

desacorrentar (de.sa.cor.ren.**tar**) v.t.d. **1.** Desligar da corrente. **2.** Desprender; soltar.

desacostumar (de.sa.cos.tu.**mar**) v.t.d. **1.** Fazer perder (hábito ou costume). **2.** Desabituar.

desacreditar (de.sa.cre.di.**tar**) v.t.d. **1.** Fazer perder o crédito, a reputação. **2.** Desmerecer; depreciar. **3.** Não crer; desabonar. **4.** Difamar.

desafeição (de.sa.fei.**ção**) s.f. Falta de afeição; desafeto.

desafeito (de.sa.**fei**.to) adj. Desacostumado; desabituado.

desaferrolhar (de.sa.fer.ro.**lhar**) v.t.d. Tirar o ferrolho de; destrancar.

desafeto (de.sa.**fe**.to) [é] adj. **1.** Falto de afeto ou afeição. s.m. **2.** Falta de afeto, de afeição. **3.** Inimigo; adversário.

desafiador (de.sa.fia.**dor**) [ô] adj. Que desafia, que contém ou expressa desafio: *olhar desafiador*.

desafiante (de.sa.fi.**an**.te) s.2g. e adj.2g. **1.** (Aquele) que lança um desafio, que desafia outra pessoa. adj.2g. **2.** Provocante; irritante.

desafiar (de.sa.fi.**ar**) v.t.d. **1.** Chamar a desafio. **2.** Provocar; afrontar. **3.** Estimular; excitar.

desafinado (de.sa.fi.**na**.do) adj. **1.** Que desafinou, que não tem ou que perdeu a afinação. **2.** Dissonante.

desafinar (de.sa.fi.**nar**) v.t.d. **1.** Fazer perder a afinação: *desafinar o piano*. v.i. **2.** Cantar ou emitir som sem afinação: *o cantor desafinou, o violão desafinou*.

desafio (de.sa.**fi**.o) s.m. **1.** Ato de desafiar. **2.** Afronta; porfia; provocação. **3.** (Folc.) Disputa de improviso poético, entre dois cantadores: *o desafio é um repente entre dois cantadores*.

desafivelar (de.sa.fi.ve.**lar**) v.t.d. Soltar a fivela de: *desafivelou o cinto*.

desafogar (de.sa.fo.**gar**) v.t.d. Desabafar, desoprimir: *riam para desafogar as mágoas*.

desafogo (de.sa.**fo**.go) [ô] s.m. Ação de desafogar; desabafo.

desaforado (de.sa.fo.**ra**.do) adj. Que diz ou faz desaforos; atrevido, inconveniente.

desaforo (de.sa.**fo**.ro) [ô] s.m. **1.** Atrevimento; insolência; insulto. **2.** Injúria.

desafortunado (de.sa.for.tu.**na**.do) adj. Que não tem fortuna ou boa sorte; azarado, infeliz.

desafronta (de.sa.**fron**.ta) s.f. Ação de desafrontar; desagravo.

desafrontar (de.sa.fron.**tar**) v.t.d. Tirar a afronta de; desagravar.

desagasalhar (de.sa.ga.sa.**lhar**) v.t.d. **1.** Tirar o agasalho a. **2.** Desabrigar; desproteger.

deságio (de.**sá**.gi.o) s.m. Diminuição, retirada, desconto do ágio.

desagradar (de.sa.gra.**dar**) v.t.d. Descontentar; desgostar; aborrecer.

desagradável (de.sa.gra.**dá**.vel) adj.2g. Que desagrada; incômodo; desconfortável.

desagrado (de.sa.**gra**.do) adj. Falta de agrado; descontentamento, desgosto, aborrecimento.

desagravar (de.sa.gra.**var**) v.t.d. Tirar o agravo de; desafrontar.

desagravo (de.sa.**gra**.vo) s.m. Ação de desagravar; desafronta.

desagregação (de.sa.gre.ga.**ção**) s.f. Ação de desagregar(-se); separação, divisão.

desagregar (de.sa.gre.**gar**) v.i. Separar-se, desunir-se, desgrudar-se.

desaguadouro (de.sa.gua.**dou**.ro) s.m. Local onde deságua um rio ou curso d'água.

desaguar (de.sa.**guar**) v.t.d. **1.** Esgotar a água de; despejar. **2.** Lançar as suas águas em; confluir: *o rio Amazonas deságua no Atlântico*. Obs.: pres. do ind.: *desaguo* [ú] ou *deságuo, desaguas* [ú] ou *deságuas, desagua* [ú] ou *deságua* etc.; pres. do subj.: *desaguo* [ú] ou *deságue, desagues* [ú] ou *deságues, desague* [ú] ou *deságue* etc.

desaire (de.**sai**.re) s.m. Falta de charme; deselegância.

desairoso (de.sai.**ro**.so) [ô] adj. Que tem desaire; deselegante. ▫ Pl. *desairosos* [ó].

desajeitado (de.sa.jei.**ta**.do) adj. **1.** Que não tem jeito, desastrado. **2.** Pateta, bronco, inábil, acanhado.

desajuizado (de.sa.ju.i.**za**.do) adj. **1.** Que não tem juízo; insensato; louco; doido. **2.** (*Fam.*) Imprudente; leviano.

desajustado (de.sa.jus.**ta**.do) adj. **1.** Desordenado. **2.** Desadaptado; transtornado. **3.** Desunido. s.m. **4.** (*Psi.*) Indivíduo que apresenta desajustamento.

desajustamento (de.sa.jus.ta.**men**.to) s.m. **1.** Desajuste; desordem. **2.** (*Psi.*) Falta de adaptação ao meio social ou à comunidade a que pertence.

desajustar (de.sa.jus.**tar**) v.t.d. **1.** Romper (o ajuste, o acordo); desequilibrar. **2.** Separar; desunir.

desajuste (de.sa.**jus**.te) s.m. **1.** Ação de desajustar. **2.** Anulação de ajuste. **3.** Desajustamento; inadaptação.

desalentado (de.sa.len.**ta**.do) adj. Que perdeu o alento ou o entusiasmo; desanimado, abatido.

desalentar (de.sa.len.**tar**) v.i. Tirar o alento, a esperança ou o entusiasmo de; desanimar, abater.

desalento (de.sa.**len**.to) *s.m.* Falta de alento; desânimo, abatimento.
desalinhado (de.sa.li.**nha**.do) *adj.* Que se tirou da linha, do alinhamento ou da ordem; irregular, desordenado, desarrumado.
desalinhavar (de.sa.li.nha.**var**) *v.t.d.* Tirar o alinhavo de: *desalinhavou a barra da calça.*
desalinho (de.sa.**li**.nho) *s.m.* Condição do que está desarrumado, em desordem: *chegou com os cabelos em desalinho por causa do vento.*
desalmado (de.sal.**ma**.do) *adj.* Que não tem alma; insensível, cruel.
desalojar (de.sa.lo.**jar**) *v.t.d.* **1.** Fazer que saia do alojamento; despejar. **2.** Fazer sair de um posto; retirar; destituir. **3.** Repelir; expulsar; retirar.
desalterar (de.sal.te.**rar**) *v.t.d.* Alterar-se, descontrolar-se.
desamarrar (de.sa.mar.**rar**) *v.t.d.* **1.** Soltar, desfazer a amarra: *desamarrar o cordão do tênis.* **2.** Libertar, desprender da amarra; desatar. **3.** Demover; fazer abandonar.
desamarrotar (de.sa.mar.ro.**tar**) *v.t.d.* Desamassar.
desamassar (de.sa.mas.**sar**) *v.t.d.* Tirar o amassado de; desamarrotar: *desamassou a lata.*
desambição (de.sam.bi.**ção**) *s.f.* Falta de ambição; desapego.
desambientado (de.sam.bi.en.**ta**.do) *adj.* Que está fora de seu ambiente, que não está à vontade.
desamolgar (de.sa.mol.**gar**) *v.t.d.* Desamassar, aplainar.
desamontoar (de.sa.mon.to.**ar**) *v.t.d.* Pôr em ordem, desfazer o amontoado ou a bagunça.
desamor (de.sa.**mor**) [ô] *s.m.* **1.** Ausência de amor. **2.** Desprezo. **3.** Crueldade.
desamparado (de.sam.pa.**ra**.do) *adj.* Que ficou ao desamparo; abandonado; desprotegido; jogado ao léu.
desamparar (de.sam.pa.**rar**) *v.t.d.* **1.** Não amparar. **2.** Deixar de dar sustento; abandonar. **3.** Não tratar; desproteger.
desamparo (de.sam.**pa**.ro) *s.m.* Ausência de amparo; abandono; desproteção.
desana (de.**sa**.na) *s.2g.* **1.** Indivíduo dos desanas, povo indígena que vive hoje na Amazônia. *adj.2g.* **2.** Relacionado a esse povo.
desancar (de.san.**car**) *v.t.d.* **1.** Espancar, bater, surrar: *desancou a mulinha.* **2.** Criticar com violência; bronquear: *desancou os inimigos.*
desancorar (de.san.co.**rar**) *v.t.d.* Levantar a âncora, partir: *o navio desancorou de manhã.*
desandar (de.san.**dar**) *v.i.* **1.** Perder o ponto ou equilíbrio; estragar o ritmo ou o andamento. **2.** Perder o rumo, extraviar-se.
desanimado (de.sa.ni.**ma**.do) *adj.* Que não tem ou que perdeu o ânimo; triste, amuado.
desanimador (de.sa.ni.ma.**dor**) [ô] *adj.* Que desanima ou desencoraja.
desanimar (de.sa.ni.**mar**) *v.t.d.* **1.** Fazer perder o ânimo, a energia. **2.** Desfavorecer; esmorecer; desencorajar.

desânimo (de.**sâ**.ni.mo) *s.m.* Falta de ânimo; desalento; abatimento.
desanuviar (de.sa.nu.vi.**ar**) *v.t.d.* **1.** Tirar as nuvens limpar: *o céu desanuviou.* *v.p.* **2.** Tirar as preocupações; tranquilizar.
desaparafusar (de.sa.pa.ra.fu.**sar**) *v.t.d.* Soltar o parafuso de; desprender. O mesmo que *desparafusar.*
desaparecer (de.sa.pa.re.**cer**) *v.i.* **1.** Deixar de ser visto; sumir; esconder-se; ausentar-se. **2.** Ocultar **3.** Morrer.
desaparecido (de.sa.pa.re.**ci**.do) *adj.* Que desapareceu; sumido.
desaparecimento (de.sa.pa.re.ci.**men**.to) *s.m.* **1.** Ação de desaparecer; ausência; sumiço. **2.** Falecimento.
desaparelhado (de.sa.pa.re.**lha**.do) *adj.* Que não está aparelhado ou equipado; despreparado.
desaparição (de.sa.pa.ri.**ção**) *s.f.* Sumiço, desaparecimento.
desapegar-se (de.sa.pe.**gar**-se) *v.t.i.* e *v.p.* Perder o apego, desvincular-se, desprender-se: *desapegou-se dos medos.*
desapego (de.sa.**pe**.go) [ê] *s.m.* Ação de desapegar-se; desprendimento.
desapercebido (de.sa.per.ce.**bi**.do) *adj.* **1.** Desprevenido, despreparado. **2.** Desprovido, desguarnecido.
desapertar (de.sa.per.**tar**) *v.t.d.* **1.** Soltar, desprender, afrouxar. *v.i.* **2.** Sair do aperto; livrar-se de necessidade.
desaperto (de.sa.**per**.to) [ê] *s.m.* Ação de desapertar
desapiedado (de.sa.pi.e.**da**.do) *adj.* Que não tem piedade; incompassível.
desapontado (de.sa.pon.**ta**.do) *adj.* **1.** Desiludido, decepcionado. **2.** Frustrado; logrado. **3.** Envergonhado.
desapontamento (de.sa.pon.ta.**men**.to) *s.m.* **1.** Surpresa, acontecimento desagradável. **2.** Decepção desilusão; frustração.
desapontar (de.sa.pon.**tar**) *v.t.d.* **1.** Causar desapontamento a; desiludir. **2.** Frustrar; envergonhar.
desapossar (de.sa.pos.**sar**) *v.t.d.* Tirar a posse de *desapossou o velhinho de sua carteira.*
desapreço (de.sa.**pre**.ço) [ê] *s.m.* Falta de apreço, estima ou aprovação; desprezo.
desaprender (de.sa.pren.**der**) *v.t.d.* Esquecer o que havia aprendido: *desaprendeu o caminho em poucos meses.*
desapropriação (de.sa.pro.pri.a.**ção**) *s.f.* **1.** Ação de desapropriar. **2.** Requisição pela qual o poder público intervém na propriedade privada; esbulho, despejo.
desapropriar (de.sa.pro.pri.**ar**) *v.t.d.* **1.** Privar da propriedade a; requerer uma propriedade para uso público. **2.** Tirar (alguma coisa do seu dono) **3.** Despejar.
desaprovação (de.sa.pro.va.**ção**) *s.f.* Reprovação, censura, rejeição.

desaprovar (de.sa.pro.**var**) v.t.d. Reprovar; censurar; não aprovar; rejeitar.
desaprumar (de.sa.pru.**mar**) v.i. e v.t.d. Sair ou tirar do prumo; desequilibrar-se.
desaquecer (de.sa.que.**cer**) v.t.d. **1.** Esfriar. **2.** Desacelerar, reduzir o ritmo.
desaquecimento (de.sa.que.ci.**men**.to) s.m. **1.** Ação de desaquecer. **2.** Redução de ritmo; calma.
desarmado (de.sar.**ma**.do) adj. **1.** Que está sem armas. **2.** Que se desarmou.
desarmamento (de.sar.ma.**men**.to) s.m. Ação de desarmar(-se), de recolher as armas.
desarmar (de.sar.**mar**) v.t.d. **1.** Tirar as armas a. **2.** Desmontar; desmanchar.
desarmonia (de.sar.mo.**ni**.a) s.f. **1.** Falta de harmonia; perturbação. **2.** Discordância; divergência. **3.** Falta de proporção.
desarmônico (de.sar.**mô**.ni.co) adj. Que não é harmônico, que não tem harmonia; conflitante.
desarmonizar (de.sar.mo.ni.**zar**) v.t.d. Desfazer a harmonia de.
desarquivar (de.sar.qui.**var**) v.t.d. Tirar do arquivo, reabrir (um processo judicial): *desarquivou o caso após novas denúncias*.
desarraigar (de.sar.rai.**gar**) v.t.d. Eliminar, extirpar: *desarraigar a pobreza*.
desarranjado (de.sar.ran.**ja**.do) adj. Que se desarranjou; com desarranjo.
desarranjar (de.sar.ran.**jar**) v.t.d. **1.** Pôr em desordem; desarrumar. **2.** Desconjuntar; desmontar. **3.** Perturbar; alterar.
desarranjo (de.sar.**ran**.jo) s.m. **1.** Ausência de arranjo; desordem. **2.** Contratempo; alteração. **3.** (Pop.) Diarreia.
desarrazoado (de.sar.ra.zo.**a**.do) adj. Que não tem razão; irracional, ilógico.
desarrear (de.sar.re.**ar**) v.t.d. Tirar o arreio de: *desarreou o jeguinho*.
desarrolhar (de.sar.ro.**lhar**) v.t.d. Tirar a rolha; destampar.
desarrumação (de.sar.ru.ma.**ção**) s.f. **1.** Ação ou efeito de desarrumar. **2.** Desarranjo; desordem; bagunça.
desarrumado (de.sar.ru.**ma**.do) adj. Que se desarrumou, que está em bagunça; bagunçado.
desarrumar (de.sar.ru.**mar**) v.t.d. **1.** Desarranjar (o que estava arrumado); desordenar. **2.** Pôr fora do seu lugar; deslocar; bagunçar.
desarticular (de.sar.ti.cu.**lar**) v.t.d. **1.** Desunir; desconjuntar. **2.** Cortar pela articulação. **3.** Desconectar; desligar.
desarvorado (de.sar.vo.**ra**.do) adj. Perturbado, desesperado, atarantado, abalado: *mamães desarvoradas vieram ao ouvir os gritos*.
desarvorar (de.sar.vo.**rar**) v.t.d. Perturbar, abalar profundamente, desesperar: *essa barulheira desarvora qualquer um*.
desasnar (de.sas.**nar**) v.t.d. Tirar da burrice, ensinar os fundamentos: *desasnou o amigo*.

desassimilar (de.sas.si.mi.**lar**) v.t.d. (Bio.) Interromper o processo de assimilação de uma substância.
desassistido (de.sas.sis.**ti**.do) adj. Sem assistência, abandonado, desamparado.
desassociar (de.sas.so.ci.**ar**) v.t.d. Desfazer a associação; desvincular, separar.
desassombrar (de.sas.som.**brar**) v.t.d. **1.** Tirar a assombração de; exorcizar: *contrataram um bruxo para desassombrar o castelo*. **2.** Tirar o assombro; acostumar.
desassombro (de.sas.**som**.bro) s.m. Coragem, valentia, ausência de medo: *enfrentou o adversário com desassombro*.
desassoreamento (de.sas.so.re.a.**men**.to) s.m. Eliminar o assoreamento, livrar da terra acumulada.
desassossegar (de.sas.sos.se.**gar**) v.t.d. Tirar o sossego; inquietar.
desassossego (de.sas.sos.**se**.go) [ê] s.m. **1.** Falta de sossego. **2.** Inquietação; intranquilidade; excitação. **3.** Receio; aflição.
desastrado (de.sas.**tra**.do) adj. **1.** Que resultou em desastre. **2.** Desajeitado; inábil. **3.** Infeliz.
desastre (de.**sas**.tre) s.m. Fatalidade; desgraça; acidente.
desastroso (de.sas.**tro**.so) [ô] adj. **1.** Em que há desastre. **2.** Que provoca desastre. **3.** Funesto; azarento; infeliz. ▫ Pl. *desastrosos* [ó].
desatamento (de.sa.ta.**men**.to) s.m. **1.** Ação de desatar. **2.** Desligamento; afastamento.
desatar (de.sa.**tar**) v.t.d. **1.** Desmanchar (um nó). **2.** Resolver; explicar; solucionar. **3.** Libertar; desligar; soltar.
desatarraxar (de.sa.tar.ra.**xar**) v.t.d. Girar ao contrário da rosca, para soltar; desenroscar.
desataviar (de.sa.ta.vi.**ar**) v.t.d. Tirar os atavios ou enfeites, limpar da decoração.
desatenção (de.sa.ten.**ção**) s.f. **1.** Falta de atenção; distração. **2.** Indelicadeza; falta de cortesia.
desatencioso (de.sa.ten.ci.**o**.so) [ô] adj. **1.** Que não dá atenção; distraído. **2.** Incivil; descortês; indelicado. ▫ Pl. *desatenciosos* [ó].
desatender (de.sa.ten.**der**) v.t.d. Deixar sem atendimento, sem serviço.
desatento (de.sa.**ten**.to) adj. **1.** Distraído. **2.** Que não presta atenção.
desatinado (de.sa.ti.**na**.do) adj. **1.** Falto de tino; louco; demente; desvairado. **2.** Estouvado.
desatinar (de.sa.ti.**nar**) v.t.d. **1.** Fazer perder o juízo ou a razão a. v.i. **2.** Enlouquecer.
desatino (de.sa.**ti**.no) s.m. **1.** Falta de tino; loucura; demência. **2.** Disparate.
desativação (de.sa.ti.va.**ção**) s.f. Ação de desativar; encerramento de atividades.
desativar (de.sa.ti.**var**) v.t.d. Tirar da condição de ativo ou tirar da ativa; fazer parar de funcionar; interromper: *desativar uma base militar*.
desatolar (de.sa.to.**lar**) v.t.d. Tirar do atoleiro, fazer andar ou mover-se novamente.
desatracar (de.sa.tra.**car**) v.i. Sair do atracadouro, seguir viagem: *o navio desatracou*.

desatrelar (de.sa.tre.**lar**) v.t.d. Tirar da trela, soltar: *desatrelou os cavalos da charrete*.

desatualizado (de.sa.tu.a.li.**za**.do) adj. Que não é atualizado, que ignora os acontecimentos atuais: *o livro estava desatualizado apenas para a última década do século XX*.

desautorizar (de.sau.to.ri.**zar**) v.t.d. **1.** Tirar a autoridade, o prestígio, a autorização de. **2.** Desacreditar; proibir.

desavença (de.sa.**ven**.ça) s.f. **1.** Desentendimento, discórdia, desinteligência. **2.** Discussão, rixa, inimizade.

desavergonhado (de.sa.ver.go.**nha**.do) s.m. e adj. Que, ou o que não tem vergonha; insolente; descarado.

desavindo (de.sa.**vin**.do) adj. Que se desaveio, que entrou em desavença.

desavir-se (de.sa.**vir**-se) v.t.i., v.p. e v.i. Desentender-se, brigar, entrar em desacordo ou desavença: *desaviram-se pela divisão da conta*.

desavisado (de.sa.vi.**sa**.do) adj. Sem aviso, desprevenido, distraído: *vinha desavisado e bateu a cabeça na porta de vidro*.

desavisar (de.sa.vi.**sar**) v.t.d. e i. (Raro) Perder de vista, deixar de prestar atenção: *desavisou-se da gramática*.

desbalanceado (des.ba.lan.ce.**a**.do) adj. Sem equilíbrio, fora do balanceamento: *dieta desbalanceada*, *pneus desbalanceados*.

desbalancear (des.ba.lan.ce.**ar**) v.t.d. Desequilibrar, tirar do balanceamento.

desbancar (des.ban.**car**) v.t.d. **1.** Vencer. **2.** Levar vantagem a. **3.** Subjugar.

desbaratamento (des.ba.ra.ta.**men**.to) s.m. **1.** Ação de desbaratar; derrota. **2.** Desperdício; dissipação; esbanjamento.

desbaratar (des.ba.ra.**tar**) v.t.d. **1.** Dissipar; desperdiçar; malbaratar. **2.** Destruir; esbanjar.

desbastar (des.bas.**tar**) v.t.d. Tornar menos basto, menos cerrado ou denso: *desbastar a mata*, *desbastar o cabelo*.

desbloquear (des.blo.que.**ar**) v.t.d. Tirar o bloqueio; soltar, liberar; permitir que seja usado: *desbloquear a senha*.

desbocado (des.bo.**ca**.do) adj. **1.** Impudico; que usa linguagem obscena. **2.** Desenfreado; debochado.

desbotado (des.bo.**ta**.do) adj. **1.** Desmaiado; pálido; sem brilho; descolorido. **2.** Amortecido.

desbotar (des.bo.**tar**) v.t.d. Fazer desmaiar a cor ou o brilho de; descolorir.

desbragado (des.bra.**ga**.do) adj. Sem contenção; solto, livre: *riso desbragado*.

desbravador (des.bra.va.**dor**) [ô] s.m. e adj. (Aquele) que desbrava, explora: *desbravadores do sertão*.

desbravar (des.bra.**var**) v.t.d. **1.** Entrar (em região bravia); explorar, descobrir: *desbravou o sul do Mato Grosso*. **2.** Limpar, preparar para cultivo; abrir.

desburocratizar (des.bu.ro.cra.ti.**zar**) v.t.d. Reduzir a burocracia, melhorar o atendimento administrativo.

descabeçado (des.ca.be.**ça**.do) adj. Que não tem juízo, não pensa direito; desmiolado.

descabelado (des.ca.be.**la**.do) adj. **1.** Sem cabelo; calvo; careca. **2.** Com os cabelos em desalinho; desgrenhado; despenteado. **3.** (Fig.) Fora de si.

descabelar (des.ca.be.**lar**) v.i. e v.p. **1.** Preocupar-se muito, desesperar-se: *a mãe se descabelava enquanto as crianças se divertiam*. v.t.d. **2.** (Raro) Derrubar os cabelos de: *a doença descabelou-a*.

descabido (des.ca.**bi**.do) adj. **1.** Que não tem cabimento. **2.** Inconveniente; impróprio.

descair (des.ca.**ir**) v.i. **1.** Cair, tombar, pender: *o topete descaía para a direita*. **2.** Diminuir, reduzir-se: *sentiu as forças descaindo*. Obs.: conjuga-se como *cair*.

descalabro (des.ca.**la**.bro) s.m. Grande dano; perda; ruína; derrota.

descalçar (des.cal.**çar**) v.t.d. **1.** Tirar o calçado. **2.** Tirar o calço a.

descalço (des.**cal**.ço) adj. **1.** Sem calçado. **2.** (Fig.) Desprevenido; sem proteção.

descalibrado (des.ca.li.**bra**.do) adj. Que perdeu o calibre ou a calibragem; murcho: *pneus descalibrados*.

descamação (des.ca.ma.**ção**) s.f. **1.** (Med.) Eliminação de células mortas da pele ou do couro cabeludo, que pode ser normal ou patológica; escamação. **2.** (Geo.) Formação de placas ou escamas em uma rocha, pela ação do tempo.

descamar (des.ca.**mar**) v.i. **1.** (Med.) Eliminar placas de células mortas. **2.** Escamar.

descambar (des.cam.**bar**) v.i. **1.** Cair, declinar: *o sol descambava no horizonte*. v.t.i. e v.i. **2.** Decair, degenerar, perverter-se: *o jogo descambou em pancadaria*.

descaminhar (des.ca.mi.**nhar**) v.t.d. O mesmo que *desencaminhar*.

descaminho (des.ca.**mi**.nho) s.m. Efeito de descaminhar ou desencaminhar; desvio.

descampado (des.cam.**pa**.do) s.m. e adj. Campo inculto; desabrigado; desabitado.

descampar (des.cam.**par**) v.i. **1.** Correr pelo campo. **2.** Desaparecer. **3.** Desabrigar.

descansar (des.can.**sar**) v.t.d. **1.** Livrar de fadiga ou aflição; tranquilizar; folgar. **2.** Dormir; repousar.

descanso (des.**can**.so) s.m. **1.** Repouso; sono. **2.** Folga. **3.** Sossego; pachorra; alívio.

descapitalizar (des.ca.pi.ta.li.**zar**) v.t.d. Reduzir o capital, ficar ou deixar sem recursos financeiros, sem dinheiro para produzir.

descaracterizar (des.ca.rac.te.ri.**zar**) v.t.d. Retirar as características, alterar o caráter; mudar, alterar: *descaracterizou a fachada da casa*.

descarado (des.ca.**ra**.do) adj. **1.** Sem-vergonha, cínico, safado. **2.** Evidente, declarado, sem disfarce: *uma declaração de amor descarada*.

descaramento (des.ca.ra.**men**.to) s.m. Ausência de vergonha; insolência, cinismo, descaro.

descarga (des.**car**.ga) s.f. **1.** Ato de descarregar. **2.** Disparo simultâneo de muitas armas; carga.

3. Emissão de líquido ou eletricidade, feita de uma só vez. 4. Dispositivo que joga uma carga ou volume de água em uma latrina.
descarnar (des.car.**nar**) v.t.d. Tirar a carne de. Cf. *desencarnar*.
descaro (des.**ca**.ro) s.m. Descaramento.
descaroçar (des.ca.ro.**çar**) v.t.d. Tirar o caroço a.
descarregamento (des.car.re.ga.**men**.to) s.m. Ação de descarregar: *o descarregamento da bateria*.
descarregar (des.car.re.**gar**) v.t.d. 1. Tirar a carga de. 2. Aliviar. 3. Isentar. 4. Desabafar; desafogar.
descarrilamento (des.car.ri.la.**men**.to) s.m. Ação de descarrilar ou descarrilhar.
descarrilar (des.car.ri.**lar**) v.t.d. 1. Fazer sair dos carris. v.i. 2. Sair dos carris, por onde vinha. O mesmo que *descarrilhar*.
descarrilhar (des.car.ri.**lhar**) v.i. O mesmo que *descarrilar*.
descartar (des.car.**tar**) v.t.d. 1. Rejeitar (a carta que não serve). 2. Afastar; livrar; libertar. 3. Desembaraçar-se.
descartável (des.car.**tá**.vel) adj.2g. Que se descarta, que se joga fora após o uso: *vasilhame descartável*.
descasado (des.ca.**sa**.do) s.m. e adj. (Pessoa) que se descasou, que desfez o casamento por separação, divórcio ou desquite.
descasar (des.ca.**sar**) v.t.d. Anular, desfazer o casamento de.
descascar (des.cas.**car**) v.t.d. Tirar a casca de.
descaso (des.**ca**.so) s.m. Desprezo; desatenção; inadvertência; pouco-caso.
descendência (des.cen.**dên**.ci.a) s.f. Série de indivíduos que procedem de um mesmo tronco familiar.
descendente (des.cen.**den**.te) adj.2g. 1. Que descende. 2. Que desce. s.2g. 3. Pessoa que descende de outra.
descender (des.cen.**der**) v.t.i. 1. Provir por geração. 2. Originar-se de.
descenso (des.**cen**.so) s.m. Queda, caída.
descentralização (des.cen.tra.li.za.**ção**) s.f. Ação ou efeito de descentralizar.
descentralizar (des.cen.tra.li.**zar**) v.t.d. Afastar, separar do centro.
descentrar (des.cen.**trar**) v.t.d. Desviar do centro geométrico.
descer (des.**cer**) v.t.d. 1. Abaixar, baixar. 2. Percorrer de cima para baixo. v.i. 3. Vir para baixo. 4. Diminuir; degradar.
descerrar (des.cer.**rar**) v.t.d. Abrir (o que estava fechado ou cerrado): *descerrou a janela*.
descida (des.**ci**.da) s.f. 1. Ação de descer. 2. Terreno inclinado, ladeira, quando se desce. 3. Decadência.
desclassificação (des.clas.si.fi.ca.**ção**) s.f. 1. Ação de desclassificar; rebaixamento; degradação. 2. Eliminação; reprovação.
desclassificado (des.clas.si.fi.**ca**.do) adj. 1. Que se desclassificou; eliminado, reprovado. s.m. e adj. 2. (O) que não teve classificação. 3. Rebaixado; desacreditado; indigno.

desclassificar (des.clas.si.fi.**car**) v.t.d. 1. Tirar, deslocar de; rebaixar; reprovar. 2. Aviltar; desonrar; desacreditar. 3. Excluir; eliminar.
descoberta (des.co.**ber**.ta) [é] s.f. Ação de descobrir, de achar; descobrimento; invenção; achado.
descoberto (des.co.**ber**.to) [é] adj. 1. Não coberto; destapado. 2. Exposto à vista; achado. 3. Inventado, patente; divulgado.
descobridor (des.co.bri.**dor**) [ô] s.m. e adj. Que ou o que descobre; explorador; inventor.
descobrimento (des.co.bri.**men**.to) s.m. 1. Ação de descobrir; descoberta; invenção; achado. 2. (Hist.) Descoberta do Brasil pela expedição de Pedro Álvares Cabral, em 22 de abril de 1500. Cf. *descobrimentos*.
descobrimentos s.f.pl. (Hist.) Descoberta do continente americano pelas expedições europeias das grandes navegações, séculos XV e XVI.
descobrir (des.co.**brir**) v.t.d. 1. Pôr à vista; tirar a cobertura de. 2. Manifestar. 3. Dar com; achar. 4. Inventar; dar a conhecer. 5. Avistar. 6. Denunciar. Obs.: conjuga-se como *cobrir*.
descolado (des.co.**la**.do) adj. 1. Que se descolou. s.m. e adj. 2. (Gír.) (Pessoa) que tem independência financeira e gasta com cultura, lazer, diversão: *o restaurante era um reduto de descolados*.
descolar (des.co.**lar**) v.t.d. 1. Tirar a cola de, desgrudar: *descolou a figurinha do álbum*. (Gír.) 2. Obter, conseguir: *descolar ingressos*. v.i. e v.p. 3. Conquistar a independência, arranjar-se financeiramente, resolver-se: *descolou-se e foi viajar*.
descolonização (des.co.lo.ni.za.**ção**) s.f. Processo de reverter os efeitos da colonização: *durante a descolonização exacerbou-se o nacionalismo*.
descoloração (des.co.lo.ra.**ção**) s.f. Ação de descolorir, de tirar a cor.
descolorir (des.co.lo.**rir**) v.t.d. Tirar a cor de: *descoloriu os cabelos*.
descomedido (des.co.me.**di**.do) adj. Que não tem comedimento; desabrido, despropositado.
descomedimento (des.co.me.di.**men**.to) s.m. Ação descomedida; exagero, imoderação.
descompactar (des.com.pac.**tar**) v.t.d. (Inf.) Abrir (um arquivo) que se compactou.
descompassado (des.com.pas.**sa**.do) adj. 1. Que bate sem compasso, que perdeu o compasso. 2. Que perdeu o sossego; desvairado, desequilibrado.
descompasso (des.com.**pas**.so) s.m. Falta de compasso, de equilíbrio.
descompensar (des.com.pen.**sar**) v.t.d. (Raro) Desequilibrar, desbalancear, sair do bom funcionamento ou ritmo.
descomplicado (des.com.pli.**ca**.do) adj. Que não é complicado, que não tem complicação; simples.
descomplicar (des.com.pli.**car**) v.t.d. Tirar a complicação de, simplificar.
descompor (des.com.**por**) v.t.d. 1. Pôr fora do seu lugar; desordenar. 2. Desarranjar; alterar.

3. Descobrir, desnudar. 4. Injuriar. Obs.: conjuga-se como *pôr*.

descompostura (des.com.pos.**tu**.ra) s.f. 1. Ação ou efeito de descompor. 2. Falta de compostura ou de decoro. 3. Censura; ralho.

descompressão (des.com.pres.**são**) s.f. Ação de descomprimir, de desfazer a compressão.

descomprimir (des.com.pri.**mir**) v.t.d. Desfazer a compressão ou a pressurização: *descomprimir uma cabine*.

descomunal (des.co.mu.**nal**) adj.2g. 1. Que é ou está fora do comum. 2. Exagerado; colossal.

desconcentrar (des.con.cen.**trar**) v.t.d. Tirar a concentração de: *a torcida desconcentrou o goleiro*.

desconcertado (des.con.cer.**ta**.do) adj. Que se desconcertou.

desconcertante (des.con.cer.**tan**.te) adj.2g. Que desconcerta ou desorienta; discordante; perturbador.

desconcertar (des.con.cer.**tar**) v.t.d. 1. Destruir ou desfazer a. 2. Tirar a harmonia, desarranjar. 3. Atrapalhar; desorientar. v.t.i. 4. Discordar; perturbar.

desconcerto (des.con.**cer**.to) [ê] s.m. 1. Ação de desconcertar. 2. Desarmonia; perturbação. 3. Desordem; desarranjo. 4. Discórdia; desavença.

desconchavo (des.con.**cha**.vo) s.m. (*Raro*) Desentendimento, desavença, discordância.

desconectado (des.co.nec.**ta**.do) adj. 1. Que perdeu a conexão. 2. Solto, sem conexão: *o cabo estava desconectado*.

desconectar (des.co.nec.**tar**) v.t.d. Desfazer a conexão, a ligação.

desconexão (des.co.ne.**xão**) [cs] s.f. 1. Falta de conexão. 2. Incoerência. 3. Desunião.

desconexo (des.co.**ne**.xo) [cs] adj. 1. Falto de conexão. 2. Desunido. 3. Incoerente.

desconfiado (des.con.fi.**a**.do) adj. 1. Que tem desconfiança. 2. Receoso; suspeitoso. 3. Apreensivo.

desconfiança (des.con.fi.**an**.ça) s.f. 1. Falta de confiança. 2. Receio. 3. Suspeita; temor de ser enganado.

desconfiar (des.con.fi.**ar**) v.t.d. 1. Supor; conjeturar. v.i. 2. Duvidar da honestidade; suspeitar. v.t.i. 3. Deixar de ter confiança.

desconforme (des.con.**for**.me) adj.2g. Que não é conforme, que não tem conformidade.

desconformidade (des.con.for.mi.**da**.de) s.f. Qualidade de desconforme; ausência de conformidade.

desconfortável (des.con.for.**tá**.vel) adj.2g. Que não é confortável, que não tem conforto.

desconforto (des.con.**for**.to) [ô] s.m. 1. Falta de conforto. 2. Abatimento de ânimo; desconsolo.

descongelamento (des.con.ge.la.**men**.to) s.m. Ação de descongelar: *descongelamento de alimentos*.

descongelar (des.con.ge.**lar**) v.t.d. Fundir, derreter (o que estava congelado), degelar, liquefazer.

descongestionante (des.con.ges.ti.o.**nan**.te) adj.2g. Que descongestiona, que evita a congestão ou a elimina.

descongestionar (des.con.ges.ti.o.**nar**) v.t.d. 1. Livrar de congestão. 2. Tornar menos compacto; desinchar. 3. Desobstruir.

desconhecer (des.co.nhe.**cer**) v.t.d. 1. Não conhecer; ignorar. 2. Não saber. 3. Estranhar.

desconhecido (des.co.nhe.**ci**.do) adj. 1. Que não é conhecido; ignorado. s.m. 2. Estranho.

desconhecimento (des.co.nhe.ci.**men**.to) s.m. 1. Ação de desconhecer. 2. Ignorância. 3. Ingratidão.

desconjuntado (des.con.jun.**ta**.do) adj. Que se desconjuntou; deslocado; desarticulado; separado.

desconjuntar (des.con.jun.**tar**) v.t.d. Desorganizar, desarticular, desestruturar, desarranjar: *a saída do capitão desconjuntou o time*.

desconsideração (des.con.si.de.ra.**ção**) s.f. Falta de consideração, desrespeito, desacato, descrédito.

desconsiderar (des.con.si.de.**rar**) v.t.d. 1. Não considerar; desacreditar. 2. Não examinar atentamente. 3. Faltar ao respeito a.

desconsolado (des.con.so.**la**.do) adj. Triste; desanimado; desalentado; magoado.

desconsolar (des.con.so.**lar**) v.t.d. 1. Afligir. 2. Desanimar. 3. Entristecer; magoar. 4. Fazer perder o ânimo ou o alento.

desconsolo (des.con.**so**.lo) [ô] s.m. Ausência de consolo; tristeza, aflição, desânimo.

desconstrução (des.cons.tru.**ção**) s.f. Ação de desconstruir; análise da construção ou montagem.

desconstruir (des.cons.tru.**ir**) v.t.d. Desfazer, reverter a construção de; desmontar peça por peça, ou passo a passo: *desconstruir uma argumentação, um raciocínio*.

descontaminação (des.con.ta.mi.na.**ção**) s.f. Ação de retirar a contaminação ou a infecção; limpeza.

descontaminar (des.con.ta.mi.**nar**) v.t.d. Retirar a contaminação; limpar, desinfetar.

descontar (des.con.**tar**) v.t.d. 1. Tirar, deduzir, diminuir, abater. 2. Não levar em conta.

descontentamento (des.con.ten.ta.**men**.to) s.m. 1. Falta de contentamento; desprazer. 2. Desgosto; desagrado.

descontentar (des.con.ten.**tar**) v.t.d. 1. Tornar descontente. 2. Contrariar; desgostar.

descontente (des.con.**ten**.te) adj.2g. Desgostoso; aborrecido; triste; contrariado.

descontextualizado (des.con.tex.tu.a.li.**za**.do) [ês] adj. Que saiu ou foi retirado do contexto.

descontinuado (des.con.ti.nu.a.do) adj. 1. Que não é contínuo; interrompido. 2. Que teve a produção interrompida; fora de linha.

descontínuo (des.con.**tí**.nuo) adj. Interrompido; suspenso; que não é contínuo.

desconto (des.**con**.to) s.m. 1. Ato de descontar. 2. Abatimento; diminuição. 3. Ágio.

descontração (des.con.tra.**ção**) s.f. Ação de descontrair-se, de ficar à vontade, sem formalidades.

descontraído (des.con.tra.**í**.do) adj. 1. Que se descontraiu. 2. Relaxado, solto, à vontade. 3. Sem formalidade; esportivo, festivo: *ambiente descontraído*.

descontrair (des.con.tra.**ir**) v.t.d. **1.** Tirar a contração de: *descontrair um músculo*. v.p. **2.** Relaxar, ficar à vontade: *descontraíram-se após algumas conversas*.

descontratar (des.con.tra.**tar**) v.t.d. Desfazer ou anular o contrato: *descontratou os músicos*.

descontrolado (des.con.tro.**la**.do) adj. **1.** Que perdeu o controle; desequilibrado. **2.** Desgovernado; desorientado.

descontrolar (des.con.tro.**lar**) v.t.d. **1.** Fazer perder o controle; desequilibrar. **2.** Desgovernar; desorientar.

descontrole (des.con.**tro**.le) [ô] s.m. Ato de se descontrolar; desorientação; desgoverno; desequilíbrio.

desconversar (des.con.ver.**sar**) v.i. Desviar a conversa, mudar de assunto, não responder: *pediu para sair, mas o pai desconversou*.

descorar (des.co.**rar**) v.i. Perder a cor; desbotar.

descorçoado (des.cor.ço.**a**.do) adj. Aflito, nervoso. O mesmo que *desacorçoado*.

descortês (des.cor.**tês**) adj.2g. **1.** Que não é cortês. **2.** Grosseiro; incivil; indelicado; mal-educado.

descortesia (des.cor.te.**si**.a) s.f. Falta de cortesia ou de educação; grosseria, ofensa.

descortinar (des.cor.ti.**nar**) v.t.d. **1.** Patentear. **2.** Descobrir; revelar. **3.** Notar; distinguir; atinar; vislumbrar.

descoser (des.co.**ser**) v.t.d. **1.** Desfazer a costura de. **2.** Desunir; rasgar.

descosturado (des.cos.tu.**ra**.do) adj. Que se descosturou; com a costura desfeita.

descosturar (des.cos.tu.**rar**) v.i. **1.** Ficar sem costura, perder a costura: *o bolso descosturou*. v.t.d. **2.** Desmanchar a costura de: *ela descosturou o travesseiro para esconder um segredo lá dentro*.

descredenciar (des.cre.den.ci.**ar**) v.t.d. Retirar a credencial de.

descrédito (des.**cré**.di.to) s.m. **1.** Diminuição ou perda de crédito; desconfiança. **2.** Depreciação; má fama; desonra.

descrença (des.**cren**.ça) s.f. Falta de crença; incredulidade; desconfiança de.

descrente (des.**cren**.te) adj.2g. **1.** Que não crê; descrente; desconfiado. s.2g. **2.** Pessoa que perdeu a crença ou a fé; incrédulo.

descrer (des.**crer**) v.t.d. **1.** Deixar de crer; desacreditar. **2.** Perder a fé; desconfiar; negar.

descrever (des.cre.**ver**) v.t.d. **1.** Fazer a descrição de; representar. **2.** Narrar; expor; detalhar.

descrição (des.cri.**ção**) s.f. **1.** Ação ou efeito de descrever. **2.** Relação detalhada de alguma coisa, de forma oral ou escrita; enumeração.

descriminalizar (des.cri.mi.na.li.**zar**) v.t.d. Retirar da categoria de crime; legalizar.

descritível (des.cri.**tí**.vel) adj.2g. Que se pode descrever.

descritivo (des.cri.**ti**.vo) adj. **1.** Que descreve ou encerra descrição. **2.** Em que há descrição. **3.** Relativo à descrição.

descrito (des.**cri**.to) adj. Que se descreveu.

descruzar (des.cru.**zar**) v.t.d. Desfazer a cruz ou o cruzamento; abrir: *descruzou os braços*.

descuidado (des.cui.**da**.do) adj. **1.** Que não tem cuidado. **2.** Desleixado; relaxado. **3.** Indolente; preguiçoso.

descuidar (des.cui.**dar**) v.t.d. **1.** Descurar; tratar sem cuidado; não cuidar. **2.** Desprezar, negligenciar.

descuidista (des.cui.**dis**.ta) s.2g. Pessoa que tem o hábito de ser descuidada, de descuidar(-se).

descuido (des.**cui**.do) s.m. **1.** Falta de cuidado. **2.** Erro. **3.** Negligência; inadvertência.

desculpa (des.**cul**.pa) s.f. **1.** Ação de desculpar-se; evasiva. **2.** Falta de culpa; justificativa. **3.** Perdão; indulgência.

desculpado (des.cul.**pa**.do) adj. Que se desculpou; perdoado.

desculpar (des.cul.**par**) v.t.d., v.t.d.i. e v.p. **1.** Justificar. **2.** Absolver; perdoar.

desculpável (des.cul.**pá**.vel) adj.2g. Que se pode desculpar; justificável; perdoável.

descumprimento (des.cum.pri.**men**.to) s.m. Ação de descumprir; desobediência.

descumprir (des.cum.**prir**) v.t.d. Não cumprir; desobedecer: *descumprir o regulamento*.

descupinização (des.cu.pi.ni.za.**ção**) s.f. Procedimento para combater cupins: *contratou uma descupinização para o final de semana*.

descurar (des.cu.**rar**) v.t.i. Não cuidar de; largar, abandonar: *descurou do jardim e o mato cresceu*.

desde (**des**.de) prep. **1.** A começar de. **2.** A datar de. **3.** A contar de.

desdém (des.**dém**) s.m. Desprezo; menosprezo; altivez.

desdenhar (des.de.**nhar**) v.t.d. **1.** Mostrar desdém por. **2.** Desprezar; menosprezar; fazer pouco-caso.

desdenhoso (des.de.**nho**.so) [ô] adj. **1.** Em que há desdém. **2.** Que não dá importância, que despreza. ▣ Pl. *desdenhosos* [ó].

desdentado (des.den.**ta**.do) adj. **1.** Que não tem dentes, que nasceu sem dentes. **2.** Que perdeu os dentes; banguela.

desdita (des.**di**.ta) s.f. Falta de sorte, desgraça, infelicidade.

desditoso (des.di.**to**.so) [ô] adj. Em que há desdita; infeliz. ▣ Pl. *desditosos* [ó].

desdizer (des.di.**zer**) v.t.d. e v.p. **1.** Contradizer(-se); desmentir(-se). v.t.d. **2.** Impugnar. Obs.: conjuga-se como *dizer*.

desdobrar (des.do.**brar**) v.t.d. **1.** Estender, patentear, abrir. **2.** Desenvolver.

desdourar (des.dou.**rar**) v.t.d. Fazer incorrer em desdouro; desonrar.

desdouro (des.**dou**.ro) s.m. Desonra, vergonha.

deseducar (de.se.du.**car**) v.t.d. Reverter, desfazer a educação.

desejado (de.se.**ja**.do) adj. Que se deseja, que se quer muito; querido: *ganhou o brinquedo desejado*.

desejar (de.se.**jar**) v.t.d. **1.** Ter vontade de; apetecer; querer. **2.** Ambicionar; cobiçar; almejar.

desejável (de.se.já.vel) *adj.2g.* Que é digno de se desejar; apetecível; almejado.
desejo (de.**se**.jo) [ê] *s.m.* **1.** Cobiça; ambição; apetite. **2.** Vontade ou capricho da grávida, em geral por um alimento.
desejoso (de.se.**jo**.so) [ô] *adj.* Que tem desejo; ambicioso. ▫ Pl. *desejosos* [ó].
deselegância (de.se.le.**gân**.ci.a) *s.f.* **1.** Falta de elegância. **2.** Ato deselegante: *cometeu a deselegância de ligar de madrugada.*
deselegante (de.se.le.**gan**.te) *adj.2g.* Que não tem elegância, que não é elegante.
desemaranhar (de.se.ma.ra.**nhar**) *v.t.d.* Desfazer o emaranhado; desembaraçar.
desembaçar (de.sem.ba.**çar**) *v.t.d.* Retirar, limpar o embaçado: *desembaçar o para-brisa.*
desembainhar (de.sem.ba.i.**nhar**) *v.t.d.* **1.** Tirar da bainha. **2.** Desmanchar a costura da bainha de alguma roupa.
desembalar (de.sem.ba.**lar**) *v.t.d.* Tirar a embalagem de; tirar de dentro da embalagem: *desembalou os livros.*
desembaraçado (de.sem.ba.ra.**ça**.do) *adj.* **1.** Livre de embaraços; isento. **2.** Ativo; desimpedido; esperto.
desembaraçar (de.sem.ba.ra.**çar**) *v.t.d.* **1.** Livrar de embaraço; isentar. **2.** Desimpedir; livrar; ativar.
desembaraço (de.sem.ba.**ra**.ço) *s.m.* **1.** Ação de desembaraçar. **2.** Presteza; agilidade; facilidade; desimpedimento.
desembarcadouro (de.sem.bar.ca.**dou**.ro) *s.m.* Local para desembarque: *construir um desembarcadouro para animais do lado do rio.*
desembarcar (de.sem.bar.**car**) *v.t.d.* Tirar ou fazer sair de (uma embarcação); saltar, descer.
desembargador (de.sem.bar.ga.**dor**) [ô] *s.m.* Juiz do Tribunal Superior de Apelação; juiz de Segunda Instância.
desembarque (de.sem.**bar**.que) *s.m.* **1.** Ato de desembarcar, de sair de uma embarcação e pisar na terra. **2.** Local para essa ação.
desembestado (de.sem.bes.**ta**.do) *adj.* Que desembestou; disparado, descontrolado.
desembestar (de.sem.bes.**tar**) *v.i.* **1.** Disparar, correr; mover-se sem freio ou contenção: *desembestou pela rua abaixo.* *v.t.i.* **2.** Disparar, desatar: *desembestou a falar palavrões.*
desembocadura (de.sem.bo.ca.**du**.ra) *s.f.* Local onde um fluxo de água desemboca; foz.
desembocar (de.sem.bo.**car**) *v.t.d.* **1.** Sair (de lugar estreito); confluir; desaguar. **2.** Terminar.
desembolsar (de.sem.bol.**sar**) *v.t.d.* **1.** Tirar do bolso: *desembolsou um lenço.* **2.** Pagar, gastar: *desembolsou 15 reais para ir ao cinema.*
desembolso (de.sem.**bol**.so) [ô] *s.m.* Ato ou efeito de desembolsar; pagamento.
desembrulhar (de.sem.bru.**lhar**) *v.t.d.* Tirar o embrulho, desfazer o embrulho.
desembuchar (de.sem.bu.**char**) *v.i.* (Pop.) Falar, dizer, externar.

desempacotar (de.sem.pa.co.**tar**) *v.t.d.* Desfazer o pacote, tirar do pacote.
desemparelhar (de.sem.pa.re.**lhar**) *v.t.d.* Desmanchar a parelha, perder o par: *desemparelhou a meia.*
desempatar (de.sem.pa.**tar**) *v.t.d.* Fazer sair do empate; decidir.
desempate (de.sem.**pa**.te) *s.m.* Ação de desempatar; decisão da vitória.
desempenado (de.sem.pe.**na**.do) *adj.* Que se desempenou; reto, endireitado.
desempenar (de.sem.pe.**nar**) *v.t.d.* Tirar o empeno ou desvio a; endireitar, nivelar.
desempenhar (de.sem.pe.**nhar**) *v.t.d.* **1.** Resgatar o que se havia empenhado. **2.** Cumprir; executar. **3.** Representar; exercer; realizar.
desempenho (de.sem.**pe**.nho) [ê] *s.m.* **1.** Ato ou efeito de desempenhar(-se). **2.** Cumprimento, execução. **3.** Funcionamento de máquina, equipamento etc. avaliado em termos de eficiência. **4.** No teatro, representação, atuação em cena.
desempeno (de.sem.**pe**.no) *s.m.* Ação de desempenar; nivelamento.
desemperrar (de.sem.per.**rar**) *v.t.d.* Desimpedir, destravar, liberar o movimento: *desemperrou a porta.*
desempoçar (de.sem.po.**çar**) *v.t.d.* Tirar da poça; drenar: *desempoçar a água.*
desempoleirar (de.sem.po.lei.**rar**) *v.t.d.* e *v.i.* Tirar ou sair do poleiro.
desempregado (de.sem.pre.**ga**.do) *adj.* Que perdeu o emprego; demitido; sem serviço; desocupado.
desempregar (de.sem.pre.**gar**) *v.t.d.* Tirar o emprego a; demitir.
desemprego (de.sem.**pre**.go) [ê] *s.m.* Falta de emprego, de ocupação.
desencabeçar (de.sen.ca.be.**çar**) *v.t.d.* (Raro) Tirar do juízo, do bom comportamento: *o cantor desencabeçou a moça.*
desencabrestar (de.sen.ca.bres.**tar**) *v.t.d.* Tirar o cabresto de; libertar, soltar.
desencadeado (de.sen.ca.de.**a**.do) *adj.* Que desencadeou; causado, provocado: *as reações desencadeadas pelo escândalo.*
desencadeamento (de.sen.ca.de.a.**men**.to) *s.m.* Evento, acontecimento causado por outro.
desencadear (de.sen.ca.de.**ar**) *v.t.d.* **1.** Soltar; desunir; desatar; desprender. **2.** Excitar; provocar.
desencadernar (de.sen.ca.der.**nar**) *v.t.d.* Tirar do caderno, da encadernação; deixar solto, sem encadernação.
desencaixar (de.sen.cai.**xar**) *v.t.d.* **1.** Fazer sair do encaixe. **2.** Desconjuntar; deslocar; desarticular.
desencaixotar (de.sen.cai.xo.**tar**) *v.t.d.* Tirar dos caixotes: *desencaixotar a mudança.*
desencalhar (de.sen.ca.**lhar**) *v.t.d.* **1.** Tirar do encalhe, fazer sair de onde encalhou: *desencalhar um barco.* *v.i.* **2.** Sair, ir embora, ter saída: *a mercadoria desencalhou.*

desencaminhar (de.sen.ca.mi.**nhar**) *v.t.d.* **1.** Desviar do verdadeiro caminho; desnortear. **2.** Corromper; defraudar; perverter. O mesmo que *descaminhar*.

desencanado (de.sen.ca.**na**.do) *adj.* (Gír.) Que não tem encanação ou preocupação; despreocupado, leve.

desencanar (de.sen.ca.**nar**) *v.i. e v.t.i.* (Gír.) Sair da encanação; despreocupar-se, relaxar: *desencanou de controlar o mundo*.

desencantar (de.sen.can.**tar**) *v.t.d.* **1.** Desfazer o encantamento de. **2.** Desiludir; decepcionar; desenganar.

desencanto (de.sen.**can**.to) *s.m.* **1.** Falta de encanto ou de esperança. **2.** Desilusão; decepção.

desencapado (de.sen.ca.**pa**.do) *adj.* Que não tem capa; de que se retirou a capa: *fios elétricos desencapados podem dar choque*.

desencapar (de.sen.ca.**par**) *v.t.d.* Retirar a capa de.

desencardir (de.sen.car.**dir**) *v.t.d.* Tirar o encardido, a sujeira de; limpar.

desencargo (de.sen.**car**.go) *s.m.* Tirar o encargo de.

desencarnado (de.sen.car.**na**.do) *adj.* (Relig.) Que desencarnou; falecido, morto: *pessoas vivas conversam com pessoas desencarnadas no centro espírita*.

desencarnar (de.sen.car.**nar**) *v.i.* **1.** (Relig.) Sair de um corpo: *o espírito de Chico Xavier desencarnou em 2002.* **2.** (Pop.) Morrer, falecer. Cf. *descarnar*.

desencarregar-se (de.sen.car.re.**gar**-se) *v.t.i. e v.p.* Livrar-se de encargo ou incumbência: *os alunos se desencarregaram daquela lição*.

desencavar (de.sen.ca.**var**) *v.t.d.* Trazer, lembrar algo que estava distante ou esquecido: *desencavou roupas da avó*.

desencilhar (de.sen.ci.**lhar**) *v.t.d.* Soltar a cilha de, desarrear: *desencilhou os cavalos*.

desencontrado (de.sen.con.**tra**.do) *adj.* Que se desencontrou, que perdeu o encontro.

desencontrar (de.sen.con.**trar**) *v.t.d.* **1.** Fazer que duas ou mais pessoas sigam rumos diferentes. *v.i.* **2.** Discordar; entrar em desacerto.

desencontro (de.sen.**con**.tro) *s.m.* Ação de desencontrar; desacerto; discordância.

desencorajar (de.sen.co.ra.**jar**) *v.t.d.* Tirar a coragem a; acovardar; desanimar.

desencostar (de.sen.cos.**tar**) *v.t.d.* **1.** Mudar de lugar, mover, deslocar (algo que estava encostado): *desencostou a cadeira da parede*. **2.** Pôr em uso.

desencovar (de.sen.co.**var**) *v.t.d.* Tirar da cova; desenterrar.

desencravar (de.sen.cra.**var**) *v.t.d.* Soltar o que está encravado; tratar: *desencravar uma unha*.

desencrespar (de.sen.cres.**par**) *v.t.d.* (Raro) **1.** Alisar, fazer com que deixe de ser crespo: *desencrespar o cabelo*. *v.i.* **2.** Acalmar-se, sossegar: *o mar desencrespou*.

desendividar-se (de.sen.di.vi.**dar**-se) *v.t.d. e v.p.* Livrar(-se) das dívidas; pagar o que (se) devia: *desendividou-se em um ano*; *desendividar um amigo*.

desenfado (de.sen.**fa**.do) *s.m.* Ação contrária ao enfado, aborrecimento ou tédio.

desenfeitar (de.sen.fei.**tar**) *v.t.d.* Tirar o enfeite.

desenferrujar (de.sen.fer.ru.**jar**) *v.t.d.* Pôr novamente em condições de uso; reativar: *desenferrujar as armas, as pernas*.

desenfiar (de.sen.fi.**ar**) *v.t.d.* **1.** Tirar o fio a ou tirar do fio. *v.p.* **2.** Desviar-se; perder o rumo. Obs.: pres. do ind.: *desenfio, desenfias, desenfia* etc.

desenformar (de.sen.for.**mar**) *v.t.d.* Tirar da forma: *desenforme o bolo depois de frio*.

desenfreado (de.sen.fre.**a**.do) *adj.* **1.** Que não tem freio; desgovernado. **2.** Imoderado; descomedido. **3.** Arrebatado.

desenfrear (de.sen.fre.**ar**) *v.t.d.* **1.** Tirar o freio a; desgovernar. **2.** Dar largas; soltar; descomedir-se. **3.** (Fig.) Arrebatar.

desengajado (de.sen.ga.**ja**.do) *s.m. e adj.* Que não tem engajamento político, que não milita por nenhuma causa.

desengajar (de.sen.ga.**jar**) *v.t.d.* Desobrigar (o que estava engajado); livrar do compromisso; liberar.

desenganado (de.sen.ga.**na**.do) *adj.* **1.** Que sofreu desengano. **2.** Desiludido; decepcionado. **3.** (Fig.) Diz-se de doente que não tem esperança ou ilusão de cura.

desenganar (de.sen.ga.**nar**) *v.t.d.* Tirar do engano, esclarecer, desiludir.

desenganchar (de.sen.gan.**char**) *v.t.d.* **1.** Soltar o gancho que prendia: *desenganchou o sutiã*. *v.t.d. e v.p.* **2.** Desprender(-se), soltar(-se): *a nave desenganchou-se do foguete*.

desengano (de.sen.**ga**.no) *s.m.* Ação de desenganar; desilusão; decepção.

desengatar (de.sen.ga.**tar**) *v.t.d.* **1.** Soltar do engate: *desengatar um vagão do trem*. **2.** Desvincular, soltar, liberar.

desengatilhar (de.sen.ga.ti.**lhar**) *v.t.d.* Desarmar o gatilho; preparar (arma) para ser guardada.

desengonçado (de.sen.gon.**ça**.do) *adj.* De movimentos grosseiros; desajeitado, deselegante.

desengordurar (de.sen.gor.du.**rar**) *v.t.d.* Tirar a gordura de: *desengordurar a roupa, a sopa*.

desengraçado (de.sen.gra.**ça**.do) *adj.* Que não é engraçado, que não tem graça.

desenguiçar (de.sen.gui.**çar**) *v.t.d.* Resolver o enguiço; consertar: *chame o técnico para desenguiçar o elevador*.

desenhar (de.se.**nhar**) *v.t.d.* **1.** Traçar o desenho de. **2.** Delinear; debuxar; traçar. **3.** Tornar notório ou perceptível; projetar; ressaltar; destacar.

desenhista (de.se.**nhis**.ta) *s.2g.* Pessoa que exerce a arte do desenho; pessoa que desenha.

desenho (de.**se**.nho) *s.m.* **1.** Arte de desenhar. **2.** Delineamento; debuxo. **3.** Plano; desígnio; projeto.

desenlaçar (de.sen.la.**çar**) *v.t.d.* Desfazer o enlace; soltar.

desenlace (de.sen.**la**.ce) *s.m.* **1.** Desfecho; epílogo. **2.** Remate; solução. **3.** Falecimento.

desenovelar (de.se.no.ve.**lar**) v.t.d. Tirar do novelo; desenrolar.

desenquadrar (de.sen.qua.**drar**) v.t.d. Tirar do quadro ou do enquadramento.

desenraizar (de.sen.rai.**zar**) v.t.d. Desarraigar, desentranhar: *desenraizar hábitos é difícil, mas não impossível.*

desenrascar (de.sen.ras.**car**) v.t.d. Tirar, fazer sair da enrascada.

desenredar (de.sen.re.**dar**) v.t.d. **1.** Desfazer o enredo de; desembaraçar. **2.** Esclarecer; descobrir.

desenrolar (de.sen.ro.**lar**) v.t.d. **1.** Tirar do rolo; estender, esticar: *desenrolar um fio.* v.p. **2.** Desenvolver-se, acontecer: *as coisas se desenrolaram de outro jeito* **3.** Desembrulhar; desfazer um rolo. **4.** Explicar.

desenroscar (de.sen.ros.**car**) v.t.d. **1.** Desfazer as roscas de; soltar. **2.** Desatarraxar; estirar.

desenrugar (de.sen.ru.**gar**) v.t.d. Desfazer as rugas; alisar.

desentalar (de.sen.ta.**lar**) v.t.d. Soltar, desprender, livrar.

desentender (de.sen.ten.**der**) v.t.d. **1.** Não entender; não compreender. **2.** Desavir; discordar.

desentendido (de.sen.ten.**di**.do) adj. Que não entendeu.

desentendimento (de.sen.ten.di.**men**.to) s.m. Falta de entendimento; má compreensão; discórdia.

desenterrar (de.sen.ter.**rar**) v.t.d. **1.** Tirar do solo ou da cova: *desenterrar um osso.* **2.** Tirar do esquecimento, trazer à lembrança: *desenterrar histórias.*

desentocar (de.sen.to.**car**) v.t.d. Tirar da toca; fazer sair. Cf. *destocar.*

desentorpecer (de.sen.tor.pe.**cer**) v.t.d. Desfazer o entorpecimento; despertar.

desentortar (de.sen.tor.**tar**) v.t.d. Endireitar, desamassar.

desentranhar (de.sen.tra.**nhar**) v.t.d. Tirar das entranhas o que estava preso; fazer sair.

desentravar (de.sen.tra.**var**) v.t.d. Retirar os entraves; liberar.

desentrosamento (de.sen.tro.sa.**men**.to) s.m. Ação de desentrosar-se; desentendimento.

desentrosar-se (de.sen.tro.**sar**-se) v.p. Perder o entrosamento, desentender-se: *eles se desentrosaram.*

desentulhar (de.sen.tu.**lhar**) v.t.d. **1.** Tirar o entulho. **2.** (Fig.) Tirar os obstáculos, os impedimentos; livrar.

desentupidor (de.sen.tu.pi.**dor**) [ô] s.m. e adj. (Dispositivo) para desentupir (um cano, uma pia).

desentupimento (de.sen.tu.pi.**men**.to) s.m. Ato de desentupir; desobstrução; abertura.

desentupir (de.sen.tu.**pir**) v.t.d. Desobstruir (o que se tinha entupido); abrir. Obs.: conjuga-se como *entupir.*

desenvolto (de.sen.**vol**.to) [ô] s.m. Desembaraçado; extrovertido; esperto.

desenvoltura (de.sen.vol.**tu**.ra) s.f. Qualidade de desenvolto; desembaraço; espertza.

desenvolvedor (de.sen.vol.ve.**dor**) [ô] s.m. e adj. (Aquele) que desenvolve, executa um projeto: *desenvolvedor de programas de computador.*

desenvolver (de.sen.vol.**ver**) v.t.d. e v.p. **1.** Fazer crescer (ou crescer); ampliar(-se); propagar(-se). **2.** Melhorar, progredir. v.t.d. **3.** Aumentar as capacidades ou habilidades de.

desenvolvido (de.sen.vol.**vi**.do) adj. **1.** Que se desenvolveu; cresceu; aumentado; expandido. **2.** Adiantado. **3.** Próspero.

desenvolvimento (de.sen.vol.vi.**men**.to) s.m. **1.** Ação de desenvolver; crescimento; progresso. **2.** Ampliação; expansão; propagação.

desenvolvimento sustentável (de.sen.vol.vi.men.to sus.ten.**tá**.vel) s.m. (Econ.) Desenvolvimento econômico que tem compromisso com a preservação ambiental, ou seja, que não causa destruição ou esgotamento dos recursos naturais.

desenxabido (de.sen.xa.**bi**.do) adj. Que não tem graça, gosto ou sabor; bobo.

desequilibrado (de.se.qui.li.**bra**.do) adj. **1.** Que se desequilibrou; instável. **2.** Que não tem equilíbrio mental; louco; demente. s.m. **3.** Indivíduo desequilibrado.

desequilibrar (de.se.qui.li.**brar**) v.t.d. **1.** Desfazer o equilíbrio de; perder o centro de gravidade. **2.** Enlouquecer.

desequilíbrio (de.se.qui.**lí**.bri.o) s.m. **1.** Falta de equilíbrio. **2.** Perturbação ou instabilidade mental; doideira.

deserção (de.ser.**ção**) s.f. Ação ou efeito de desertar; abandono; fuga.

deserdado (de.ser.**da**.do) adj. **1.** Excluído da herança ou sucessão. **2.** (Fig.) Desamparado, destituído.

deserdar (de.ser.**dar**) v.t.d. Excluir (alguém) da herança ou sucessão.

desertar (de.ser.**tar**) v.i. Ir embora, abandonar, deixar deserto ou vazio, fugir: *milhares desertaram do exército, a população de fronteira desertou.*

desértico (de.**sér**.ti.co) adj. **1.** Relacionado a deserto; seco, árido, de vegetação escassa. **2.** Vazio, despovoado.

desertificação (de.ser.ti.fi.ca.**ção**) s.f. Formação de áreas desérticas, com pouca vegetação e umidade.

deserto (de.**ser**.to) [é] adj. **1.** Desabitado. **2.** Solitário. s.m. **3.** Lugar estéril e desabitado. **4.** Lugar ermo; vazio.

desertor (de.ser.**tor**) [ô] s.m. **1.** Aquele que desertou do serviço militar. **2.** Fujão.

desesperador (de.ses.pe.ra.**dor**) [ô] adj. **1.** Que desespera; desanimador. **2.** Que causa apreensão; sem esperança.

desesperança (de.ses.pe.**ran**.ça) s.f. Ausência de esperança, descrença de que algo desejável irá acontecer.

desesperançar (de.ses.pe.ran.**çar**) v.t.d. Desanimar; fazer perder a esperança; desesperar.

desesperante (de.ses.pe.**ran**.te) adj.2g. Que causa desespero; desanimador.

desesperar (de.ses.pe.**rar**) v.t.d. **1.** Pôr em desespero, tirar a esperança. **2.** Tirar o alento; desanimar; afligir. **3.** Causar desespero a. **4.** Irritar.
desespero (de.ses.**pe**.ro) [ê] s.m. Sofrimento, agonia, ansiedade por achar que acontecerão coisas ruins ou não acontecerão coisas boas; ausência de esperança.
desestabilizar (de.ses.ta.bi.li.**zar**) v.t.d. Tirar a estabilidade de.
desestatizar (de.ses.ta.ti.**zar**) v.t.d. Retirar da responsabilidade do Estado: *desestatizaram as telecomunicações*.
desestimular (de.ses.ti.mu.**lar**) v.t.d. Retirar o estímulo ou o incentivo, não estimular, desencorajar, desaconselhar.
desestruturado (de.ses.tru.tu.**ra**.do) adj. **1.** Que se desestruturou; desorganizado. **2.** Que não tem estrutura rígida: *casaco desestruturado*. **3.** Que não tem estrutura organizada; desorganizado.
desestruturar (de.ses.tru.tu.**rar**) v.t.d. Desorganizar a estrutura, prejudicar o funcionamento: *a saída da diretora desestruturou a escola*.
desfaçatez (des.fa.ça.**tez**) [ê] s.f. Cinismo, descaramento, falta de juízo.
desfalcado (des.fal.**ca**.do) adj. Que sofreu desfalque, que perdeu algo importante: *o grupo ficou desfalcado de três componentes*.
desfalcar (des.fal.**car**) v.t.d. Retirar, eliminar, tirar (parte importante); deixar faltando: *desfalcar dez reais do caixa, desfalcar a equipe*.
desfalecer (des.fa.le.**cer**) v.i. **1.** Desmaiar, perder os sentidos. **2.** Abater-se, murchar.
desfalecimento (des.fa.le.ci.**men**.to) s.m. Ação de desfalecer; desmaio; abatimento.
desfalque (des.**fal**.que) s.m. **1.** Ação de desfalcar; golpe; furto. **2.** Quantia subtraída de determinada soma de dinheiro; roubo.
desfastio (des.fas.**ti**.o) s.m. Ausência de fastio ou tédio; desenfado: *arrumou uma briga por desfastio*.
desfavelar (des.fa.ve.**lar**) v.t.d. Desmanchar ou remover as favelas: *desfavelar as áreas sujeitas a enchentes*.
desfavor (des.fa.**vor**) [ô] s.m. Desprezo, antipatia, aversão.
desfavorável (des.fa.vo.**rá**.vel) adj.2g. Adverso, contrário, prejudicial: *um ângulo desfavorável para a foto*.
desfavorecer (des.fa.vo.re.**cer**) v.t.d. Tornar desfavorável, sem favorecimento.
desfavorecido (des.fa.vo.re.**ci**.do) adj. **1.** Que não tem favor, ajuda ou favorecimento: *desfavorecido pela sorte*. **2.** Pobre, sem recursos, necessitado: *doações para os desfavorecidos*.
desfazer (des.fa.**zer**) v.t.d. **1.** Destruir (o que se tinha feito); desmanchar; anular. **2.** Partir em pedaços; destroçar. **3.** Dissolver; desbaratar. Obs.: conjuga-se como *fazer*.
desfechar (des.fe.**char**) v.t.d. Dar como fecho, desferir: *desfechou-lhe um tapa no traseiro*.

desfecho (des.**fe**.cho) [ê] s.m. **1.** Final, conclusão, fim. **2.** Desenlace, resultado.
desfeita (des.**fei**.ta) s.f. Ofensa; desconsideração; desaforo; injúria; ultraje.
desfeitear (des.fei.te.**ar**) v.t.d. Fazer desfeita a; ofender, injuriar: *não queria desfeitear a cunhada*.
desfeito (des.**fei**.to) adj. **1.** Que se desfez; desmanchado: *um pacto desfeito*. **2.** Desarranjado, desarrumado: *cabelos desfeitos*.
desferir (des.fe.**rir**) v.t.d. **1.** Dar, aplicar, sentar: *desferiu-lhe um beliscão*. **2.** Lançar, atirar: *desferia setas com o arco*.
desfiado (des.**fi.a**.do) adj. **1.** Que se desfiou. s.m. **2.** Carne desfiada: *desfiado de frango*.
desfiar (des.fi.**ar**) v.t.d. **1.** Reduzir a fios; esfiapar. **2.** Explicar com pormenores; expor em detalhes. **3.** Narrar; explicar; referir.
desfibrar (des.fi.**brar**) v.t.d. Tirar, desmanchar as fibras de: *desfibrar o algodão*.
desfigurar (des.fi.gu.**rar**) v.t.d. **1.** Alterar a figura, deformar. **2.** Adulterar; deturpar; descaracterizar.
desfiladeiro (des.fi.la.**dei**.ro) s.m. Passagem estreita entre montes ou montanhas; garganta.
desfilar (des.fi.**lar**) v.i. **1.** Passar em filas; marchar sucessivamente. **2.** Participar de desfiles.
desfile (des.**fi**.le) s.m. **1.** Ação de desfilar; exibição em passarela. **2.** Parada (militar ou estudantil).
desfolhante (des.fo.**lhan**.te) s.m. e adj.2g. (Substância) que faz cair as folhas da vegetação: *bombardearam o Vietnã com (produtos) desfolhantes*.
desfolhar (des.fo.**lhar**) v.t.d. Tirar, fazer cair as folhas de: *essa substância desfolha as pragas*.
desforra (des.**for**.ra) [ó] s.f. Vingança.
desforrado (des.for.**ra**.do) adj. Que se desforrou; vingado.
desforrar (des.for.**rar**) v.t.d. **1.** Vingar; recuperar o perdido. **2.** Ressarcir.
desfragmentação (des.frag.men.ta.**ção**) s.f. (Inf.) Ação ou procedimento para desfragmentar, reverter a fragmentação.
desfragmentar (des.frag.men.**tar**) v.t.d. (Inf.) Desfazer a fragmentação, reunir (arquivos) em uma só localização.
desfraldar (des.fral.**dar**) v.t.d. **1.** Soltar ao vento. **2.** Largar; despregar. v.p. **3.** Tremular a bandeira.
desfrutar (des.fru.**tar**) v.t.i. Colher os frutos, aproveitar: *desfrutar da sabedoria, de uma boa vida*.
desfrute (des.**fru**.te) s.m. Ação de desfrutar, de usufruir.
desgalhar (des.ga.**lhar**) v.t.d. Cortar os galhos a; podar.
desgarrado (des.gar.**ra**.do) adj. **1.** Que se desgarrou; extraviado; perdido. **2.** Que perdeu o rumo.
desgarrar (des.gar.**rar**) v.i. **1.** Perder o rumo, a direção. v.p. **2.** Extraviar.
desgastar (des.gas.**tar**) v.t.d. **1.** Gastar aos poucos; consumir. **2.** Incomodar; chatear. v.p. **3.** Destruir-se lentamente.
desgaste (des.**gas**.te) s.m. Ato de desgastar; estrago; chateação; consumição.

desgostar (des.gos.**tar**) v.t.d. **1.** Provocar desgosto a; descontentar. **2.** Mortificar; desagradar; aborrecer; amolar.
desgosto (des.**gos**.to) [ô] s.m. **1.** Descontentamento; pesar; mágoa. **2.** Desprazer; desagrado; aborrecimento.
desgostoso (des.gos.**to**.so) [ô] adj. Que tem desgosto; aborrecido; amolado; descontente. ▣ Pl. *desgostosos* [ó].
desgovernar (des.go.ver.**nar**) v.t.d. **1.** Governar mal; desperdiçar, gastar fora da regra. v.i. **2.** Perder o governo de si próprio.
desgoverno (des.go.**ver**.no) [ê] s.m. **1.** Mau governo; anarquia. **2.** Desperdício; desregramento.
desgraça (des.**gra**.ça) s.f. **1.** Acontecimento funesto, infortúnio. **2.** Má sorte, infelicidade, miséria.
desgraçado (des.gra.**ça**.do) adj. **1.** Que caiu em desgraça; infeliz, sofrido. **2.** Infausto, azarado, desventurado.
desgraçar (des.gra.**çar**) v.t.d. Causar, fazer desgraça a.
desgraceira (des.gra.**cei**.ra) s.f. Grande quantidade, uma série de desgraças.
desgracioso (des.gra.ci.**o**.so) [ô] adj. Que não é gracioso; desajeitado, feio. ▣ Pl. *desgraciosos* [ó].
desgrenhado (des.gre.**nha**.do) adj. Com o cabelo eriçado, arrepiado; despenteado.
desgrenhar (des.gre.**nhar**) v.t.d. Arrepiar, eriçar; escabelar, despentear: *desgrenhar o cabelo*.
desgrudar (des.gru.**dar**) v.t.d. **1.** Soltar, descolar: *desgrudou o adesivo*. **2.** Soltar, largar, separar-se de: *ela não desgruda do telefone*.
desguarnecer (des.guar.ne.**cer**) v.t.d. **1.** Tirar a guarnição a. **2.** Desmobiliar.
desguiar (des.gui.**ar**) v.t.d. Desviar, afastar, levar para outro caminho: *desguiou os perseguidores*.
desiderato (de.si.de.**ra**.to) s.m. Desejo, vontade, aspiração: *a festa era desiderato de todos*.
desídia (de.**sí**.di.a) s.f. Descuido, abandono de obrigações; negligência, descaso.
desidratação (de.si.dra.ta.**ção**) s.f. **1.** Ação de desidratar(-se) ou perder a água; ressecamento. **2.** (*Med.*) Perda de líquidos orgânicos.
desidratado (de.si.dra.**ta**.do) adj. Que se desidratou; seco.
desidratar (de.si.dra.**tar**) v.t.d. Separar ou extrair a água de; ressecar.
design [inglês: "dizáim"] s.m. Desenho, criação, concepção de um produto industrial, principalmente no que se refere ao desenho ou forma, projeto e funcionalidade; projeto: *design gráfico, de embalagens, de veículos*.
designação (de.sig.na.**ção**) s.f. **1.** Ação de designar. **2.** Indicação; nome; denominação.
designado (de.sig.**na**.do) adj. **1.** Que se designou; indicado. **2.** Apontado, destinado. **3.** Chamado, nomeado.
designar (de.sig.**nar**) v.t.d. **1.** Indicar; apontar. **2.** Dar a conhecer; mostrar. **3.** Nomear; denominar. **4.** Assinalar.

designativo (de.sig.na.**ti**.vo) adj. Que designa, relacionado a designação.
designer [inglês: "dizáiner"] s.2g. Pessoa que faz *design*, que desenha, projeta ou cria um produto ou um modelo de algo que será produzido em série ou como obra única.
desígnio (de.**síg**.ni.o) s.m. Intento; projeto.
desigual (de.si.**gual**) adj.2g. **1.** Que não é igual; variável. **2.** Irregular; acidentado. **3.** Distinto.
desigualar (de.si.gua.**lar**) v.t.d. Tornar desigual.
desigualdade (de.si.gual.**da**.de) s.f. **1.** Qualidade ou estado de desigual; diferença. **2.** Distinção; diversificação.
desiludido (de.si.lu.**di**.do) adj. **1.** Que se desiludiu; desenganado. **2.** Desencantado.
desiludir (de.si.lu.**dir**) v.t.d. **1.** Tirar ilusões a; perder as ilusões. **2.** Causar decepção a; desenganar.
desilusão (de.si.lu.**são**) s.f. Perda de ilusão; desengano; desvanecimento; decepção.
desimpedimento (de.sim.pe.di.**men**.to) s.m. Ação de desimpedir; desobstrução.
desimpedir (de.sim.pe.**dir**) v.t.d. **1.** Tirar o impedimento a; desembaraçar. **2.** Facilitar; libertar. Obs. pres. do ind.: *desimpeço, desimpedes, desimpede desimpedimos, desimpedis, desimpedem*; pres. do subj.: *desimpeça, desimpeças, desimpeça, desimpeçamos, desimpeçais, desimpeçam*.
desincentivar (de.sin.cen.ti.**var**) v.t.d. Não incentivar, desestimular: *o cachorro desincentivava a entrada de estranhos*.
desinchar (de.sin.**char**) v.t.d. Reverter o inchaço; diminuir o tamanho.
desincompatibilizar-se (de.sin.com.pa.ti.bi.li.**zar**-se) v.t.i. Livrar-se da incompatibilidade: *renunciou ao mandato de prefeito para desincompatibilizar-se a tempo de concorrer à presidência*.
desincumbir-se (de.sin.cum.**bir**-se) v.t.i. Livrar-se de incumbência ou encargo; cumprir: *desincumbiu-se da lição e foi jogar bola*.
desindexação (de.sin.de.xa.**ção**) [cs] s.f. (*Econ.*) Ação de desindexar.
desindexar (de.sin.de.**xar**) [cs] v.t.d. (*Econ.*) Desfazer a indexação; deixar de reajustar (um preço) pelo índice.
desinência (de.si.**nên**.ci.a) s.f. **1.** Fim; extremidade. **2.** (*Gram.*) Elemento variável que indica gênero número, grau e pessoa em nomes e verbos.
desinfecção (de.sin.fec.**ção**) s.f. **1.** Ato de desinfetar. **2.** Assepsia. **3.** (*Med.*) Procedimento de cura de infecção.
desinfetador (de.sin.fe.ta.**dor**) [ô] adj. Desinfetante
desinfetante (de.sin.fe.**tan**.te) adj.2g. **1.** Que desinfeta; desinfetador. s.m. **2.** Substância própria para desinfetar; saneador.
desinfetar (de.sin.fe.**tar**) v.t.d. **1.** Sanear; eliminar a infecção. **2.** Livrar do que infectava.
desinflamar (de.sin.fla.**mar**) v.t.d. Reduzir, diminuir a inflamação: *esse medicamento desinflama a garganta*.

desinibido (de.si.ni.**bi**.do) *adj*. **1.** Que não tem inibições; sem acanhamento. **2.** Desembaraçado; livre.
desinibir (de.si.ni.**bir**) *v.t.d. e v.p*. Tornar-se desinibido. Obs.: conjuga-se como *inibir*.
desinquietar (de.sin.qui.e.**tar**) *v.t.d.* Inquietar, desassossegar, preocupar.
desinquieto (de.sin.qui.**e**.to) *adj*. Inquieto, desassossegado.
desintegração (de.sin.te.gra.**ção**) *s.f*. Ação de desintegrar-se; divisão; desmantelamento.
desintegrar (de.sin.te.**grar**) *v.t.d.* **1.** Tirar a integração de; perder a integridade. **2.** Separar (um de outro).
desinteligência (de.sin.te.li.**gên**.ci.a) *s.f*. Desentendimento, desavença, desacordo.
desinteressante (de.sin.te.res.**san**.te) *adj.2g*. Que não tem interesse; sem graça.
desinteressar (de.sin.te.res.**sar**) *v.t.d.* **1.** Privar dos interesses, dos lucros. *v.p*. **2.** Despreocupar-se; alhear-se.
desinteresse (de.sin.te.**res**.se) [ê] *s.m*. **1.** Falta de interesse; alheamento. **2.** Generosidade; desprendimento.
desintoxicação (de.sin.to.xi.ca.**ção**) [cs] *s.f*. Ação de desintoxicar(-se).
desintoxicar (de.sin.to.xi.**car**) [cs] *v.t.d. e v.p*. Tratar de uma intoxicação, eliminar os efeitos tóxicos de: *desintoxicar o fígado, desintoxicar-se da poluição*.
desistência (de.sis.**tên**.ci.a) *s.f*. Ação de desistir; renúncia; abstenção; abandono.
desistente (de.sis.**ten**.te) *adj.2g*. Que desiste, ou que desistiu; renunciante; que abandona.
desistir (de.sis.**tir**) *v.t.d.* Não prosseguir deliberadamente; abster-se; renunciar; abandonar.
desjejuar (des.je.ju.**ar**) *v.i*. **1.** Sair do jejum. **2.** Tomar o desjejum, ou café da manhã.
desjejum (des.je.**jum**) *s.m*. A primeira refeição do dia; café, café da manhã. O mesmo que *dejejum*.
desktop [inglês: "désqui-tópi"] *s.m*. (Inf.) Computador de mesa. Cf. *notebook*.
deslanchar (des.lan.**char**) *v.i*. Entrar em movimento, em funcionamento; começar a andar ou progredir sem entraves; fluir.
deslavado (des.la.**va**.do) *adj*. **1.** Descarado; petulante; atrevido. **2.** Desbotado.
deslavar (des.la.**var**) *v.t.d.* **1.** Fazer perder a cor; descolorir. **2.** Tornar insípido. **3.** Tornar descarado; sem-vergonha.
desleal (des.le.**al**) *adj.2g*. **1.** Que não tem lealdade; traidor; infiel. **2.** Falso; pérfido.
deslealdade (des.le.al.**da**.de) *s.f*. **1.** Qualidade de desleal. **2.** Perfídia; traição; falsidade; infidelidade.
desleitar (des.lei.**tar**) *v.t.d.* Tirar o leite de; ordenhar.
desleixado (des.lei.**xa**.do) *adj*. Descuidado; negligente; desmazelado.
desleixar (des.lei.**xar**) *v.t.d.* Descuidar; tornar-se negligente; negligenciar.
desleixo (des.**lei**.xo) *s.m*. Descuido, negligência, incúria, desmazelo.
deslembrar (des.lem.**brar**) *v.t.i.* Esquecer, tirar da lembrança.
desligado (des.li.**ga**.do) *adj*. **1.** Que se desligou, separado, desatado, solto. **2.** Desatento, alheio, desinteressado.
desligamento (des.li.ga.**men**.to) *s.m*. **1.** Ação de desligar-se. **2.** Separação; ausência de ligação.
desligar (des.li.**gar**) *v.t.d.* **1.** Desprender; separar; soltar; desatar; desconectar; interromper circuito elétrico. **2.** Desobrigar.
deslindar (des.lin.**dar**) *v.t.d.* Descobrir, desvendar, compreender: *deslindar um enigma*.
deslizamento (des.li.za.**men**.to) *s.m*. **1.** Ação de deslizar ou escorregar. **2.** Desmoronamento de barranco, barreira ou neve.
deslizante (des.li.**zan**.te) *adj.2g*. Que desliza.
deslizar (des.li.**zar**) *v.i.* Escorregar suavemente; resvalar.
deslize (des.**li**.ze) *s.m*. Deslizamento; engano; equívoco.
deslocação (des.lo.ca.**ção**) *s.f*. Ação de deslocar(-se); movimento, deslocamento.
deslocado (des.lo.**ca**.do) *adj*. **1.** Fora do seu lugar; transferido. **2.** Desarticulado; luxado. **3.** Despropositado.
deslocamento (des.lo.ca.**men**.to) *s.m*. Ação ou processo de deslocar(-se); deslocação.
deslocar (des.lo.**car**) *v.t.d. e v.p*. **1.** Mudar(-se) de um para outro lugar; afastar(-se); transferir(-se). **2.** Desconjuntar(-se), desarticular(-se), luxar.
deslumbrado (des.lum.**bra**.do) *adj*. Que se deslumbrou; fascinado; ofuscado.
deslumbramento (des.lum.bra.**men**.to) *s.m*. **1.** Perturbação momentânea da vista causada por ofuscamento; ofuscação. **2.** (Fig.) Sedução; fascinação; maravilha.
deslumbrante (des.lum.**bran**.te) *adj.2g*. Que deslumbra; ofuscante; maravilhoso.
deslumbrar (des.lum.**brar**) *v.t.i.* Agradar muito, maravilhar, encantar: *sua beleza deslumbrou a todos*.
deslustrar (des.lus.**trar**) *v.t.d.* Tirar o brilho ou a honra; envergonhar: *atos de corrupção deslustram um partido*.
desmagnetização (des.mag.ne.ti.za.**ção**) *s.f*. **1.** Ação de desmagnetizar(-se). **2.** Remoção da carga magnética de um meio de armazenamento magnético, com perda das informações gravadas.
desmagnetizar (des.mag.ne.ti.**zar**) *v.t.d.* **1.** Remover o magnetismo de. **2.** Remover a carga magnética (de cartão, fita), com perda das informações armazenadas: *desmagnetizou o cartão*. *v.p*. **3.** Perder o magnetismo. **4.** Perder a carga magnética e a informação armazenada: *o cartão desmagnetizou-se*.
desmaiado (des.mai.**a**.do) *adj*. **1.** Que perdeu os sentidos; desfalecido; desacordado. **2.** Que mal se percebe. **3.** Que tem pouca viveza; pálido; sem cor.
desmaiar (des.mai.**ar**) *v.t.d.* **1.** Fazer perder a cor. *v.i. e v.p*. **2.** Perder a cor. **3.** Desfalecer; perder os

sentidos; desacordar. **4.** Perder o brilho; empalidecer; esmorecer.
desmaio (des.**mai**.o) s.m. Perda dos sentidos.
desmama (des.**ma**.ma) s.f. Ação de desmamar. Var. *desmame*.
desmamado (des.ma.**ma**.do) adj. Que se desmamou, que deixou de ser amamentado.
desmamar (des.ma.**mar**) v.t.d. **1.** Tirar a mama a. **2.** Deixar de amamentar.
desmanchar (des.man.**char**) v.t.d. **1.** Desfazer; desarranjar; desalinhar. **2.** Inutilizar; demolir. **3.** Eliminar; anular; revogar.
desmanche (des.**man**.che) s.m. Local onde são desmontados veículos para venda das peças.
desmando (des.**man**.do) s.m. **1.** Indisciplina; transgressão de ordens. **2.** Abuso; excesso; desregramento; exorbitância.
desmantelado (des.man.te.**la**.do) adj. Desarranjado; desconjuntado; arruinado.
desmantelamento (des.man.te.la.**men**.to) s.m. Ação de desmantelar; derrocada, desintegração.
desmantelar (des.man.te.**lar**) v.t.d. **1.** Derrubar, demolir, arruinar: *desmantelou as fortificações do inimigo*. **2.** Separar os elementos, peças ou componentes de; desmontar, desmanchar: *desmantelar um esquema de corrupção*.
desmarcar (des.mar.**car**) v.t.d. Tirar a marca de: *desmarcou a ficha de pedido*.
desmascarar (des.mas.ca.**rar**) v.t.d. **1.** Descobrir, tirando a máscara; revelar. **2.** Tornar patente (coisa que se ocultava); desmoralizar.
desmatamento (des.ma.ta.**men**.to) s.m. Ação de desmatar; derrubada de uma mata ou floresta.
desmatar (des.ma.**tar**) v.t.d. Derrubar, pôr abaixo (as árvores ou a mata de): *desmatou a área*.
desmaterialização (des.ma.te.ri.a.li.za.**ção**) s.f. Ato ou efeito de desmaterializar.
desmaterializar (des.ma.te.ri.a.li.**zar**) v.t.d. **1.** Eliminar a matéria, transformar em energia ou fazer desaparecer. v.p. **2.** Sumir, desaparecer.
desmazelado (des.ma.ze.**la**.do) s.m. e adj. Desleixado; negligente; descuidado.
desmazelo (des.ma.**ze**.lo) [ê] s.m. Desleixo; negligência; descuido.
desmedido (des.me.**di**.do) adj. **1.** Enorme; de grande extensão. **2.** Descomedido, sem comedimento.
desmembramento (des.mem.bra.**men**.to) s.m. **1.** Ato de desmembrar(-se). **2.** Desagregação, separação, partilha.
desmembrar (des.mem.**brar**) v.t.d. **1.** Cortar os membros ou algum membro de. **2.** Separar as partes de um todo; desagregar. v.p. **3.** Separar-se, dividir-se.
desmemoriado (des.me.mo.ri.**a**.do) adj. **1.** Que tem falta de memória; esquecido. s.m. **2.** Aquele que perdeu a memória da própria personalidade.
desmemoriar (des.me.mo.ri.**ar**) v.t.d. **1.** Esquecer; perder a memória; olvidar. **2.** Fazer perder a memória a.

desmentido (des.men.**ti**.do) s.m. **1.** Declaração com que se desmente. adj. **2.** Que se desmentiu, se contradisse ou negou.
desmentir (des.men.**tir**) v.t.d. **1.** Declarar que (alguém) não disse a verdade. **2.** Contradizer; negar; divergir.
desmerecer (des.me.re.**cer**) v.t.d. **1.** Ser indigno de; menoscabar. **2.** Desfazer em. v.i. **3.** Perder o merecimento, o valor; rebaixar.
desmesurado (des.me.su.**ra**.do) adj. Muito grande; desmedido; enorme; excessivo.
desmesurar (des.me.su.**rar**) v.t.d. **1.** Estender de modo demasiado. **2.** Exceder as medidas de.
desmilinguido (des.mi.lin.**gui**.do) [ü] adj. Desmanchado, desfeito, derretido.
desmilinguir-se (des.mi.lin.**guir**-se) [ü] v.i. Desmanchar-se, desfazer-se.
desmilitarização (des.mi.li.ta.ri.za.**ção**) s.f. Retirada das forças armadas.
desmilitarizar (des.mi.li.ta.ri.**zar**) v.t.d. Retirar os militares, o exército ou o caráter militar: *desmilitarizar uma região*.
desmineralização (des.mi.ne.ra.li.za.**ção**) s.f. Perda de minerais.
desmineralizar (des.mi.ne.ra.li.**zar**) v.t.d. Eliminar, retirar os minerais.
desmiolado (des.mi.o.**la**.do) adj. Sem juízo; insensato; louco.
desmistificar (des.mis.ti.fi.**car**) v.t.d. **1.** Retirar o misticismo, o caráter de mistério: *desmistificar uma religião*. **2.** Desvendar, explicar, detalhar.
desmitificar (des.mi.ti.fi.**car**) v.t.d. Desfazer um mito ou mentira, eliminar uma crença: *desmitificou a ideia de que manga com leite é perigoso*.
desmobiliar (des.mo.bi.li.**ar**) v.t.d. Tirar a mobília.
desmobilizar (des.mo.bi.li.**zar**) v.t.d. Desfazer a mobilização, cancelar a ação prevista: *desmobilizou as forças armadas*.
desmoldante (des.mol.**dan**.te) adj.2g. Que se usa para facilitar a retirada do molde ou da forma.
desmontar (des.mon.**tar**) v.t.d. **1.** Fazer descer do cavalo; apear. **2.** Fazer descer. **3.** Desmanchar; desmantelar. **4.** Desarmar maquinismo.
desmontável (des.mon.**tá**.vel) adj.2g. Que se pode desmontar.
desmonte (des.**mon**.te) s.m. Ação de desmontar.
desmoralização (des.mo.ra.li.za.**ção**) s.f. **1.** Ação de desmoralizar. **2.** Corrupção; imoralidade.
desmoralizado (des.mo.ra.li.**za**.do) adj. Pervertido; corrupto; devasso; desacreditado.
desmoralizar (des.mo.ra.li.**zar**) v.t.d. e v.p. **1.** Tornar(-se) imoral; corromper(-se), perverter(-se). v.t.d. **2.** Abater o moral de; desacreditar.
desmoronamento (des.mo.ro.na.**men**.to) s.m. Ação de desmoronar-se; desabamento; demolição.
desmoronar (des.mo.ro.**nar**) v.t.d. **1.** Derrubar; destruir; demolir. **2.** Desabar; vir abaixo; ruir.
desmotivado (des.mo.ti.**va**.do) adj. Sem fundamento, sem motivo; desanimado.

desmunhecado (des.mu.nhe.**ca**.do) *s.m. e adj.* (Aquele) que desmunheca.
desmunhecar (des.mu.nhe.**car**) *v.i.* (Pop. Pej.) Gesticular muito, forçando uma aparência exageradamente feminina: *nem todo homossexual desmunheca.*
desnacionalizar (des.na.cio.na.li.**zar**) *v.t.d.* **1.** Tirar da nação ou do Estado; desestatizar: *desnacionalizar os serviços de comunicação.* v.p. **2.** Deixar de ser nacional; internacionalizar: *a indústria se desnacionalizou.*
desnatadeira (des.na.ta.**dei**.ra) *s.f.* Aparelho para separar a nata do leite.
desnatado (des.na.**ta**.do) *adj.* Que foi desnatado, de que se retirou a nata, ou gordura: *leite desnatado.*
desnatar (des.na.**tar**) *v.t.d.* Tirar a nata do leite.
desnaturado (des.na.tu.**ra**.do) *s.m. e adj.* Que ou o que não é conforme aos sentimentos naturais; cruel; desumano.
desnecessário (des.ne.ces.**sá**.ri.o) *adj.* Que não é necessário; dispensável; supérfluo.
desnível (des.**ní**.vel) *s.m.* Diferença de nível entre duas superfícies.
desnivelar (des.ni.ve.**lar**) *v.t.d.* Tirar do nivelamento; sair do nível.
desnorteado (des.nor.te.**a**.do) *adj.* Sem rumo; tonto; desorientado.
desnortear (des.nor.te.**ar**) *v.t.d.* **1.** Fazer perder o rumo; desorientar. v.i. e v.p. **2.** Desorientar-se.
desnudar (des.nu.**dar**) *v.t.d.* Tornar nu; despir; tirar a roupa.
desnudo (des.**nu**.do) *adj.* Despido; nu; sem roupa.
desnutrição (des.nu.tri.**ção**) *s.f.* Ausência ou falta de nutrição; emagrecimento; debilidade.
desnutrir (des.nu.**trir**) *v.t.d.* Nutrir mal; não nutrir; emagrecer; enfraquecer; debilitar.
desobedecer (de.so.be.de.**cer**) *v.t.i.* Deixar de obedecer; transgredir.
desobediência (de.so.be.di.**ên**.ci.a) *s.f.* Falta de obediência; transgressão.
desobediente (de.so.be.di.**en**.te) *adj.2g.* Que não obedece; transgressor; insubordinado; rebelde.
desobrigar (de.so.bri.**gar**) *v.t.d.* **1.** Livrar; isentar (de uma obrigação). v.p. **2.** Cumprir a sua obrigação.
desobstrução (de.sobs.tru.**ção**) *s.f.* Ação ou efeito de desobstruir; desimpedimento; desentupimento.
desobstruir (de.sobs.tru.**ir**) *v.t.d.* Desimpedir; desembaraçar. Obs.: pres. do ind.: *desobstruo, desobstruis, desobstrui, desobstruímos, desobstruís, desobstruem*; imperat.: *desobstrui, desobstruí*; pres. do subj.: *desobstrua* etc.
desocupação (de.so.cu.pa.**ção**) *s.f.* Falta de ocupação; ociosidade; vadiação.
desocupado (de.so.cu.**pa**.do) *s.m. e adj.* Que, ou o que não tem ocupação; vadio; ocioso.
desocupar (de.so.cu.**par**) *v.t.d.* **1.** Deixar de ocupar; esvaziar. **2.** Desembaraçar; desimpedir; despejar.
desodorante (de.so.do.**ran**.te) *s.m.* **1.** Líquido ou creme que se passa sob as axilas para evitar que cheirem mal. *adj.2g.* **2.** Desodorizante.

desodorizante (de.so.do.ri.**zan**.te) *adj.2g.* **1.** Que desodoriza; desodorante. *s.m.* **2.** Produto cosmético que tem essa finalidade.
desodorizar (de.so.do.ri.**zar**) *v.t.d.* Tirar o odor de.
desolação (de.so.la.**ção**) *s.f.* **1.** Tristeza, desânimo, consternação. **2.** Destruição, devastação.
desolado (de.so.**la**.do) *adj.* Triste; pesaroso.
desolador (de.so.la.**dor**) [ô] *adj.* Que desola; devastador, desanimador.
desolar (de.so.**lar**) *v.t.d.* **1.** Entristecer, desanimar, consternar. **2.** Assolar; devastar. **3.** Despovoar; deixar sem habitantes.
desonerar (de.so.ne.**rar**) *v.t.d.* Tirar o ônus, o peso ou a obrigação.
desonestidade (de.so.nes.ti.**da**.de) *s.f.* Falta de honestidade; indignidade; malandragem.
desonesto (de.so.**nes**.to) [é] *s.m. e adj.* (Aquele) que não tem honestidade; indigno; corrupto; malandro.
desonra (de.**son**.ra) *s.f.* Falta de honra; infâmia; aviltamento.
desonrado (de.son.**ra**.do) *adj.* Sem honra; sem vergonha; desacreditado; aviltado.
desonrar (de.son.**rar**) *v.t.d.* **1.** Ofender a honra de; infamar; envergonhar. **2.** Desvirginar. v.p. **3.** Perder a honra.
desonroso (de.son.**ro**.so) [ô] *adj.* Que desonra; aviltante. ▫ Pl. *desonrosos* [ó].
desopilar (de.so.pi.**lar**) *v.t.d.* Desobstruir. (Folc.) Desopilar o fígado: permitir que saiam a bile e o mau humor.
desoprimir (de.so.pri.**mir**) *v.t.d.* Tirar da opressão; libertar.
desordeiro (de.sor.**dei**.ro) *s.m. e adj.* (Aquele) que promove desordem.
desordem (de.**sor**.dem) *s.f.* **1.** Falta de ordem. **2.** Confusão; arruaça; algazarra; tumulto; sarrabulho. **3.** Desalinho; descuido.
desordenado (de.sor.de.**na**.do) *adj.* Que não tem ordem; desarranjado; confuso; bagunçado.
desordenar (de.sor.de.**nar**) *v.t.d.* **1.** Tirar da ordem; desarranjar; confundir; bagunçar. v.p. **2.** Confundir-se.
desorganização (de.sor.ga.ni.za.**ção**) *s.f.* Falta de organização; confusão; bagunça.
desorganizar (de.sor.ga.ni.**zar**) *v.t.d.* **1.** Acabar com a organização de; desordenar. v.p. **2.** Confundir-se; desordenar-se.
desorientação (de.so.ri.en.ta.**ção**) *s.f.* Falta de orientação; estado de quem está desorientado.
desorientado (de.so.ri.en.**ta**.do) *adj.* Sem orientação; confuso; sem rumo; desnorteado.
desorientar (de.so.ri.en.**tar**) *v.t.d.* **1.** Fazer com que perca o rumo; confundir; desnortear. v.p. **2.** Atrapalhar-se; desnortear-se.
desossar (de.sos.**sar**) *v.t.d.* Tirar os ossos de.
desova (de.**so**.va) [ó] *s.f.* Ato de desovar.
desovar (de.so.**var**) *v.i.* **1.** Soltar os ovos: *os peixes desovam em águas calmas.* v.t.d. **2.** (Fig.) Depositar em grande número.

despachado (des.pa.**cha**.do) *adj.* **1.** Que se despachou ou remeteu. **2.** Ativo; desembaraçado; expedito.
despachante (des.pa.**chan**.te) *s.2g.* e *adj.2g.* **1.** (Aquele) que despacha mercadorias. **2.** (Aquele) que encaminha papéis ou documentos junto às repartições públicas.
despachar (des.pa.**char**) *v.t.d.* **1.** Expedir; enviar. **2.** Incumbir; designar. **3.** (*Fig.*) Matar. **4.** Dispensar; demitir. *v.i.* **5.** Lavrar um despacho.
despacho (des.**pa**.cho) *s.m.* **1.** Ação de despachar; envio, remessa. **2.** (*Relig.*) Feitiço, sortilégio, macumba, oferenda.
desparafusar (des.pa.ra.fu.**sar**) *v.t.d.* Soltar um parafuso de. O mesmo que *desaparafusar*.
despautério (des.pau.**té**.ri.o) *s.m.* Absurdo, despropósito, exagero.
despedaçado (des.pe.da.**ça**.do) *adj.* Que se despedaçou; partido, quebrado. O mesmo que *espedaçado*.
despedaçar (des.pe.da.**çar**) *v.t.d.* e *v.p.* Partir(-se), quebrar(-se) em pedaços; fragmentar-se. O mesmo que *espedaçar*.
despedida (des.pe.**di**.da) *s.f.* **1.** Ato de despedir(-se). **2.** Palavras usadas para se despedir, em um encontro ou no final de uma carta.
despedir (des.pe.**dir**) *v.t.d.* **1.** Fazer sair; despachar. **2.** Demitir; despachar. *v.p.* **3.** Demitir-se do emprego. **4.** Cumprimentar alguém em embora.
despegar (des.pe.**gar**) *v.t.d.* Desapegar, soltar, desgrudar, remover: *use removedor para despegar a mancha de batom.*
despeitado (des.pei.**ta**.do) *adj.* Que sente despeito; ressentido, ofendido.
despeito (des.**pei**.to) *s.m.* Desgosto, ressentimento ou mágoa por inveja ou ciúme. **A despeito de:** apesar de, não obstante, mesmo assim: *tentou ir ao parque a despeito da chuva.*
despejado (des.pe.**ja**.do) *adj.* **1.** Entornado; derramado. **2.** (*Dir.*) Que foi retirado de um imóvel.
despejar (des.pe.**jar**) *v.t.d.* **1.** Vazar o conteúdo de. **2.** Desembaraçar; desobstruir. **3.** (*Dir.*) Promover o despejo.
despejo (des.**pe**.jo) [ê] *s.m.* **1.** Ato de despejar. **2.** Quarto de despejo: *compartimento da casa onde se guardam coisas velhas ou sem muito uso.* **3.** (*Dir.*) Ação judiciária obrigando alguém a desocupar um imóvel.
despenar (des.pe.**nar**) *v.t.d.* Tirar as penas; depenar.
despencar (des.pen.**car**) *v.t.d.* **1.** Arrancar da penca. *v.i.* **2.** Cair de uma grande altura.
despender (des.pen.**der**) *v.t.d.* Fazer despesas; gastar; empregar; distribuir.
despenhadeiro (des.pe.nha.**dei**.ro) *s.m.* Local alto com corte abrupto; penhasco, abismo.
despensa (des.**pen**.sa) *s.f.* Local onde ficam guardados os alimentos, mantimentos, bebidas etc.: *a despensa da igreja, despensa da casa.* Cf. *dispensa*.
despenseiro (des.pen.**sei**.ro) *s.m.* Pessoa que cuida da despensa de uma instituição.

despentear (des.pen.te.**ar**) *v.t.d.* **1.** Desmanchar o penteado de. *v.p.* **2.** Desfazer o próprio penteado.
despercebido (des.per.ce.**bi**.do) *adj.* **1.** Que não se percebeu; que não atraiu a atenção. **2.** Desatento distraído; desapercebido.
desperdiçador (des.per.di.ça.**dor**) [ô] *adj.* Que desperdiça, que gasta mal ou sem propósito; esbanjador, gastador. O mesmo que *esperdiçador*.
desperdiçar (des.per.di.**çar**) *v.t.d.* Gastar muito e mal; malbaratar. O mesmo que *esperdiçar*.
desperdício (des.per.**dí**.ci.o) *s.m.* Ato de desperdiçar; gasto sem propósito, mau uso. O mesmo que *esperdício*.
despersonalizar (des.per.so.na.li.**zar**) *v.t.d.* Tirar a personalidade ou a personalização; descaracterizar igualar a todos.
despertador (des.per.ta.**dor**) [ô] *s.m.* **1.** Relógio ou outro dispositivo que emite um som para despertar ou acordar alguém. *adj.* **2.** Que desperta: *rádio despertador*.
despertar (des.per.**tar**) *v.t.d.* **1.** Acordar, tirar do sono: *despertou as crianças.* **2.** Fazer surgir, excitar; estimular: *despertar a vontade de aprender.* *v.i.* **3.** Sair do sono; acordar, levantar.
desperto (des.**per**.to) [é] *adj.* **1.** Que despertou, que está acordado. **2.** Bem disposto, esperto, ativo.
despesa (des.**pe**.sa) [ê] *s.f.* **1.** Ato de despender ou gastar; dispêndio. **2.** Valor que se gasta.
despetalar (des.pe.ta.**lar**) *v.t.d.* **1.** Arrancar as pétalas de. *v.p.* **2.** Perder as próprias pétalas.
despicar (des.pi.**car**) *v.t.i.* Desagravar-se, vingar-se desforrar-se: *despicou-se dos insultos com uma vingança engraçada.*
despido (des.**pi**.do) *adj.* **1.** Nu; desnudo. **2.** Despojado; isento; desprovido.
despigmentado (des.pig.men.**ta**.do) *adj.* Sem pigmento, sem cor.
despir (des.**pir**) *v.t.d.* **1.** Tirar a roupa de. **2.** Tirar alguma peça do corpo. *v.p.* **3.** Tirar a roupa desnudar-se.
despistar (des.pis.**tar**) *v.t.d.* Fazer perder a pista enganar; desorientar; iludir.
desplante (des.**plan**.te) *s.m.* Atrevimento, insolência, ousadia.
despojado (des.po.**ja**.do) *adj.* **1.** Que se despojou. **2.** Sem enfeites, sem ornamentos.
despojar (des.po.**jar**) *v.t.d.* **1.** Espoliar; saquear; roubar. *v.p.* **2.** Privar-se.
despojo (des.**po**.jo) [ô] *s.m.* Espólio, saque, roubo ▣ Pl. *despojos* [ó].
despoluir (des.po.lu.**ir**) *v.t.d.* Tirar a poluição de limpar: *despoluir um rio.*
despontar (des.pon.**tar**) *v.t.d.* **1.** Gastar a ponta de *v.i.* **2.** Começar a aparecer; surgir.
desporte (des.**por**.te) [ó] *s.m.* (*Raro*) O mesmo que *esporte*.
desportista (des.por.**tis**.ta) *s.2g.* e *adj.2g.* (*Raro*) O mesmo que *esportista*.
desportivo (des.por.**ti**.vo) *adj.* (*Raro*) O mesmo que *esportivo*.

desporto (des.**por**.to) [ô] s.m. (*Raro*) O mesmo que *esporte*. ▣ Pl. *desportos* [ó].
desposar (des.po.**sar**) v.t.d. Unir-se como esposa ou esposo; casar-se com: *o príncipe desposou uma plebeia*.
déspota (**dés**.po.ta) s.2g. Pessoa que exerce poder absoluto; tirano.
despótico (des.**pó**.ti.co) adj. Próprio de déspota; ditatorial; tirânico.
despotismo (des.po.**tis**.mo) s.m. Sistema de governo que se baseia no poder total e absoluto de seu dirigente.
despovoado (des.po.vo.**a**.do) adj. Sem povoação, desabitado.
despovoamento (des.po.vo.a.**men**.to) s.m. Ato de despovoar(-se).
despovoar (des.po.vo.**ar**) v.t.d. **1.** Diminuir a povoação a. v.p. **2.** Ficar deserto ou desabitado.
desprazer (des.pra.**zer**) s.m. Falta, ausência de prazer; desgosto, descontentamento, dissabor.
despregar (des.pre.**gar**) v.t.d. Soltar, desgrudar, desprender.
desprender (des.pren.**der**) v.t.d. **1.** Soltar; desatar; desamarrar; despregar. v.p. **2.** Soltar-se.
desprendido (des.pren.**di**.do) adj. Que denota desprendimento; abnegado.
desprendimento (des.pren.di.**men**.to) s.m. Ato de desprender-se; abnegação; altruísmo; generosidade.
despreocupação (des.pre.o.cu.pa.**ção**) s.f. Estado de quem se acha despreocupado.
despreocupado (des.pre.o.cu.**pa**.do) adj. Que não tem preocupação; sossegado; tranquilo.
despreocupar (des.pre.o.cu.**par**) v.t.d. **1.** Livrar de preocupação. v.p. **2.** Isentar-se de preocupação.
despreparo (des.pre.**pa**.ro) s.m. Ausência de preparo.
desprestigiar (des.pres.ti.gi.**ar**) v.t.d. **1.** Tirar o prestígio ou o apoio a; desacreditar. v.p. **2.** Perder o prestígio.
desprestígio (des.pres.**tí**.gi.o) s.m. Ausência de prestígio ou de apoio; descrédito.
despretensão (des.pre.ten.**são**) s.f. Ausência de pretensão.
despretensioso (des.pre.ten.si.**o**.so) [ô] adj. Que não tem pretensão, que não pretende ser grandioso ou grande. ▣ Pl. *despretensiosos* [ó].
desprevenido (des.pre.ve.**ni**.do) adj. **1.** Sem cautela ou preocupação; desapercebido. **2.** (*Fig.*) Sem dinheiro disponível.
desprezado (des.pre.**za**.do) adj. **1.** Que se desprezou; rejeitado. **2.** Posto de lado, refugado.
desprezar (des.pre.**zar**) v.t.d. **1.** Sentir desprezo de; rejeitar. **2.** Ignorar; não fazer caso de.
desprezível (des.pre.**zí**.vel) adj.2g. Digno de desprezo; indigno; vil; abjeto.
desprezo (des.**pre**.zo) [ê] s.m. **1.** Ato de desprezar. **2.** Desdém; desconsideração; falta de apreço. **3.** Repulsa; aversão.
desproporção (des.pro.por.**ção**) s.f. Ausência de proporção; incoerência de proporções.
desproporcional (des.pro.por.ci.o.**nal**) adj.2g. Que não é proporcional, que não segue a proporção; exagerado ou diminuto, muito grande ou muito pequeno.
despropositado (des.pro.po.si.**ta**.do) adj. Que está fora do propósito; exagerado, desmedido.
despropositar (des.pro.po.si.**tar**) v.i. Dizer despropósitos; ofender, xingar abertamente.
despropósito (des.pro.**pó**.si.to) s.m. **1.** Falta de propósito, de comedimento; destempero. **2.** (*Fig.*) Abundância; quantidade enorme. **3.** Absurdo, estupidez, despautério.
desproteção (des.pro.te.**ção**) s.f. Ausência de proteção.
desproteger (des.pro.te.**ger**) v.t.d. Retirar a proteção; desabrigar, desamparar.
desprotegido (des.pro.te.**gi**.do) adj. Que não tem proteção; desamparado.
desprover (des.pro.**ver**) v.t.d. Negar o provimento, privar, indeferir.
desprovido (des.pro.**vi**.do) adj. Sem provisões ou recursos; desprevenido.
despudor (des.pu.**dor**) [ô] s.m. Ausência de pudor.
despudorado (des.pu.do.**ra**.do) s.m. e adj. (Aquele) que não tem pudor.
desqualificado (des.qua.li.fi.**ca**.do) s.m. e adj. (Aquele) que deixou de possuir (ou não possui) qualidades; desclassificado.
desqualificar (des.qua.li.fi.**car**) v.t.d. **1.** Tirar a qualificação a. **2.** Excluir de um torneio. v.p. **3.** Desclassificar-se.
desquitado (des.qui.**ta**.do) s.m. e adj. (Aquele) que se desquitou.
desquitar (des.qui.**tar**) v.t.d. **1.** Separar (os cônjuges) por desquite. v.p. **2.** Separar-se (os cônjuges) por desquite. **3.** Renunciar, abandonar, deixar.
desquite (des.**qui**.te) s.m. Separação legal dos cônjuges e seus bens sem quebra do vínculo matrimonial.
desratizar (des.ra.ti.**zar**) v.t.d. Extinguir os ratos de.
desregrado (des.re.**gra**.do) adj. Que não é regrado; descomedido, exagerado, excessivo, desmedido.
desregramento (des.re.gra.**men**.to) s.m. Ausência de regras; desordem; descomedimento.
desregulado (des.re.gu.**la**.do) adj. Que perdeu a regulagem, que desregulou.
desregular (des.re.gu.**lar**) v.t.d. e v.i. Desfazer ou perder a regulagem.
desrespeitar (des.res.pei.**tar**) v.t.d. Faltar ao respeito a; molestar; perturbar.
desrespeito (des.res.**pei**.to) s.m. Ato de faltar ao respeito; irreverência.
desrespeitoso (des.res.pei.**to**.so) [ô] adj. Que não tem respeito; irreverente. ▣ Pl. *desrespeitosos* [ó].
dessa (**des**.sa) Contração da preposição "de" com o pronome demonstrativo "essa".
dessacralizar (des.sa.cra.li.**zar**) v.t.d. Tirar o caráter sacro ou sagrado; tornar comum ou leigo.

dessalinização (des.sa.li.ni.za.**ção**) s.f. Ato ou efeito de dessalinizar, extrair ou separar o sal contido na água.

dessalinizador (des.sa.li.ni.za.**dor**) [ô] s.m. Aparelho para retirar o sal da água do mar ou de outro líquido.

dessalinizar (des.sa.li.ni.**zar**) v.t.d. Extrair ou diminuir os sais minerais da água (por exemplo, da água do mar) para se obter água pura ou potável.

desse (**des**.se) Contração da preposição "de" com o pronome demonstrativo "esse".

dessecação (des.se.ca.**ção**) s.f. Ação de dessecar, remoção do líquido. Cf. *dissecação*.

dessecar (des.se.**car**) v.t.d. Retirar a umidade ou o líquido; secar, desidratar. Cf. *dissecar*.

dessedentar (des.se.den.**tar**) v.t.d. Matar a sede, dar de beber: *dessedentar o gado*.

dessemelhança (des.se.me.**lhan**.ça) s.f. Ausência de semelhança; diferença.

desserviço (des.ser.**vi**.ço) s.m. Serviço ruim, ação prejudicial: *a nova lei seria um desserviço à população*.

desservir (des.ser.**vir**) v.t.d. Fazer desserviço; não servir, deixar sem serviço ou prejudicar.

dessorar (des.so.**rar**) v.t.d. Tirar o soro de: *dessorar o creme de leite*.

desta (**des**.ta) Contração da preposição "de" com o pronome demonstrativo "esta".

destacado (des.ta.**ca**.do) adj. **1.** Que se sobressaiu; relevante. **2.** Solto; arrancado. **3.** Enviado em um destacamento (militar). **4.** Sublinhado, grifado.

destacamento (des.ta.ca.**men**.to) s.m. Tropa que é enviada em alguma missão tática.

destacar (des.ta.**car**) v.t.d. **1.** Dar destaque; fazer sobressair. **2.** Tirar, separar de um bloco ou conjunto: *destacou uma folha do bloquinho*. **3.** Enviar um destacamento (militar). v.p. **4.** Aparecer mais que os outros; sobressair, distinguir-se: *destacou-se como cientista*.

destacável (des.ta.**cá**.vel) adj.2g. **1.** Que se pode destacar. **2.** Próprio para ser destacado: *talão com folhas destacáveis*.

destampado (des.tam.**pa**.do) adj. Sem tampa; destapado; aberto.

destampar (des.tam.**par**) v.t.d. Tirar o tampo ou a tampa a.

destampatório (des.tam.pa.**tó**.ri.o) s.m. (*Raro*) Bronca, falatório, discussão, desabafo em voz alta.

destapar (des.ta.**par**) v.t.d. Descobrir; destampar.

destaque (des.**ta**.que) s.m. Qualidade do que se destaca; realce; relevo.

destarte (des.**tar**.te) adv. Deste modo; assim.

deste (**des**.te) [ê] Contração da preposição "de" com o pronome demonstrativo "este".

destelhar (des.te.**lhar**) v.t.d. Tirar as telhas de.

destemido (des.te.**mi**.do) adj. Valente; intrépido; corajoso.

destemor (des.te.**mor**) [ô] s.m. Falta de temor; valentia; coragem.

destemperar (des.tem.pe.**rar**) v.t.d. **1.** Fazer perder a têmpera. **2.** Tirar o sabor de. **3.** Diluir em água. v.i. **4.** Perder a têmpera. **5.** Insultar, ofender, xingar abertamente. **6.** Ter problemas gastrointestinais ou diarreia.

destempero (des.tem.**pe**.ro) [ê] s.m. **1.** Disparate; exagero. **2.** Diarreia.

desterrado (des.ter.**ra**.do) s.m. e *adj.* (Aquele) que foi banido da pátria; exilado.

desterrar (des.ter.**rar**) v.t.d. **1.** Mandar para fora de seu país; exilar; degredar; banir. v.p. **2.** Isolar-se.

desterro (des.**ter**.ro) [ê] s.m. **1.** Ato de desterrar; exílio; degredo; banimento. **2.** Local onde o desterrado vive.

destilação (des.ti.la.**ção**) s.f. **1.** Ato de destilar, de evaporar e depois condensar um líquido, processo com que se produz álcool e outros líquidos. **2.** Estabelecimento onde se destila; destilaria.

destilado (des.ti.**la**.do) adj. **1.** Que se destilou. s.m. **2.** Bebida alcoólica produzida por destilação, como cachaça, conhaque, uísque ou vodca, que apresentam maior teor de álcool.

destilar (des.ti.**lar**) v.t.d. **1.** Passar do estado líquido ao gasoso, retornando em seguida, pela condensação, ao estado líquido: *para destilar a água é preciso fervê-la*. v.i. **2.** Gotejar.

destilaria (des.ti.la.**ri**.a) s.f. Estabelecimento onde se faz a destilação.

destinado (des.ti.**na**.do) adj. Que se destinou, que tem destino estabelecido; reservado: *cadeiras destinadas a deficientes*.

destinar (des.ti.**nar**) v.t.d. **1.** Direcionar; encaminhar. **2.** Reservar para determinado fim. v.p. **3.** Consagrar-se; dedicar-se.

destinatário (des.ti.na.**tá**.ri.o) s.m. Pessoa para quem se dirige uma mensagem ou para quem se remete uma encomenda.

destino (des.**ti**.no) s.m. **1.** Conjunto de fatos que podem constituir a vida humana; fatalidade; sorte; sestro. **2.** O futuro. **3.** Lugar para onde se envia algo; direção.

destituição (des.ti.tu.i.**ção**) s.f. **1.** Ato de destituir. **2.** Demissão; deposição.

destituído (des.ti.tu.**í**.do) adj. Que se destituiu; privado, despojado: *destituído da farda, era um homem como os outros*.

destituir (des.ti.tu.**ir**) v.t.d. **1.** Demitir; privar de um cargo. v.p. **2.** Privar-se; despojar-se.

destoante (des.to.**an**.te) adj.2g. Que destoa; discordante; divergente.

destoar (des.to.**ar**) v.i. **1.** Soar mal; desafinar. v.t.i. **2.** Não condizer; não combinar com.

destocar (des.to.**car**) v.t.d. Cortar as árvores e arrancar o toco: *destocar um terreno*. Cf. *desentocar*.

destorcer (des.tor.**cer**) v.t.d. **1.** Desfazer uma torcedura; desembaraçar. **2.** (Fig.) Mudar o rumo de um assunto.

destra (**des**.tra) [ê ou é] s.f. A mão direita.

destrambelhado (des.tram.be.**lha**.do) adj. Confuso, desorganizado, disparatado.

destrambelhar (des.tram.be.**lhar**) v.t.d. Confundir, desorganizar, disparatar.
destrançar (des.tran.**çar**) v.t.d. Desfazer as tranças; soltar: *destrançou os cabelos*.
destrancar (des.tran.**car**) v.t.d. Soltar a tranca; abrir: *destrancou o cofre*.
destratar (des.tra.**tar**) v.t.d. **1.** Tratar mal; maltratar. **2.** Insultar; descompor. Cf. *distratar*.
destrato (des.**tra**.to) s.m. Ação de destratar, tratar mal; insulto.
destravar (des.tra.**var**) v.t.d. Soltar a trava de: *destravou a porta*.
destreza (des.**tre**.za) [ê] s.f. Qualidade de quem é destro; agilidade; habilidade.
destrinçar (des.trin.**çar**) v.t.d. Destrinchar.
destrinchar (des.trin.**char**) v.t.d. Destrinçar; resolver; esmiuçar.
destripar (des.tri.**par**) v.t.d. Tirar as tripas de. **Destripar o mico**: vomitar muito.
destro (**des**.tro) [ê ou é] adj. **1.** Que se situa do lado direito. **2.** Dotado de destreza; hábil, ágil. s.m. e adj. **3.** (Pessoa) que usa a mão direita para escrever, comer etc.
destrocar (des.tro.**car**) v.t.d. Desfazer uma troca.
destroçar (des.tro.**çar**) v.t.d. Destruir, desfazer, desmanchar, transformar em troços ou em ruínas: *destroçar um brinquedo*.
destroço (des.**tro**.ço) [ô] s.m. Ato de destroçar. Cf. *destroços*. ▪ Pl. *destroços* [ó].
destroços (des.**tro**.ços) [ó] s.m.pl. Restos de coisa destruída; ruínas.
destróier (des.**trói**.er) s.m. Navio de guerra equipado com lança-torpedos, capaz de combater submarinos torpedeiros e destinado a escoltar comboios e porta-aviões; contratorpedeiro.
destronar (des.tro.**nar**) v.t.d. Tirar do trono, da posição de rei.
destroncar (des.tron.**car**) v.t.d. Torcer, machucar, lesar: *destroncou o pulso*.
destruição (des.tru.i.**ção**) s.f. Ato de destruir.
destruído (des.tru.**í**.do) adj. Que se destruiu; desfeito, desmanchado, arruinado.
destruidor (des.tru.i.**dor**) [ô] s.m. e adj. (Aquele) que destrói; demolidor.
destruir (des.tru.**ir**) v.t.d. Demolir; desfazer; desmanchar; arruinar.
destrutivo (des.tru.**ti**.vo) adj. Que destrói ou aniquila; destruidor.
desumanidade (de.su.ma.ni.**da**.de) s.f. Falta de humanidade; crueldade.
desumano (de.su.**ma**.no) adj. Desprovido de sentimentos humanos; feroz; cruel; impiedoso.
desumidificar (de.su.mi.di.fi.**car**) v.t.d. Tirar a umidade de.
desunião (de.su.ni.**ão**) s.f. Falta de união; discórdia; desinteligência.
desunido (de.su.**ni**.do) adj. Que não tem união, que não se une.
desunir (de.su.**nir**) v.t.d. **1.** Desfazer a união de; separar. v.p. **2.** Desligar-se; separar-se.

desusado (de.su.**sa**.do) adj. Que não se usa; incomum, raro.
desuso (de.**su**.so) s.m. Falta de uso.
desvairado (des.vai.**ra**.do) adj. Que perdeu o juízo; desnorteado; louco; doido.
desvairar (des.vai.**rar**) v.t.d. **1.** Endoidar; enlouquecer; alucinar. v.i. e v.p. **2.** Alucinar-se; enlouquecer.
desvalia (des.va.**li**.a) s.f. **1.** Ausência de valor ou de validade: *desvalia jurídica*. **2.** Sentimento de não ter valor, de desvalorização de si mesmo.
desvalido (des.va.**li**.do) s.m. e adj. Desamparado, desprotegido, infeliz, sem valimento.
desvalorização (des.va.lo.ri.za.**ção**) s.f. Ato de desvalorizar(-se).
desvalorizar (des.va.lo.ri.**zar**) v.t.d. **1.** Depreciar. v.p. **2.** Depreciar-se.
desvanecer (des.va.ne.**cer**) v.i. **1.** Diminuir gradualmente, desaparecer aos poucos. **2.** Desfalecer, desmaiar.
desvanecimento (des.va.ne.ci.**men**.to) s.m. **1.** Ação de desvanecer, diminuir ou esvair-se. **2.** Redução, diminuição gradual.
desvantagem (des.van.**ta**.gem) s.f. Falta de vantagem; prejuízo; inferioridade.
desvantajoso (des.van.ta.**jo**.so) [ô] adj. Em que não há vantagem; desfavorável; inferior; prejudicial. ▪ Pl. *desvantajosos* [ó].
desvão (des.**vão**) s.m. **1.** (Const.) Espaço vazio entre o forro e o teto. **2.** (Const.) Espaço, vão sob uma escada, ponte ou viaduto. **3.** (Fig.) Vazio, oco, perdido: *sumiu-se nos desvãos da memória*.
desvario (des.va.**ri**.o) s.m. Delírio.
desvelado (des.ve.**la**.do) adj. **1.** Que se desvelou. **2.** Descoberto, revelado.
desvelar (des.ve.**lar**) v.t.d. **1.** Deixar ver, mostrar, expor: *desvelou o lindo rosto*. **2.** Revelar, descobrir: *desvelar um plano*. v.p. **3.** Cuidar com muito zelo, desdobrar-se: *desvelou-se dia e noite ao lado do doente*.
desvelo (des.**ve**.lo) [ê] s.m. Dedicação; zelo; carinho; cuidado.
desvencilhar (des.ven.ci.**lhar**) v.t.d. **1.** Desatar; soltar; desprender. v.p. **2.** Desatar-se; desprender-se.
desvendar (des.ven.**dar**) v.t.d. **1.** Tirar a venda. **2.** (Fig.) Descobrir; revelar; esclarecer.
desventura (des.ven.**tu**.ra) s.f. Infortúnio; desgraça; desdita; infelicidade.
desventurado (des.ven.tu.**ra**.do) adj. Infortunado; infeliz; desgraçado; desditoso.
desvestir (des.ves.**tir**) v.t.d. Tirar as vestes de; descobrir: *desvestiu um santo para vestir o outro*.
desviar (des.vi.**ar**) v.t.d. **1.** Mudar de direção. v.t.d. e i. **2.** Desencaminhar. v.p. **3.** Desencaminhar-se; afastar-se.
desvincular (des.vin.cu.**lar**) v.t.d. Romper o vínculo de; tornar independente: *desvinculou a data da festa da data do aniversário*.
desvio (des.**vi**.o) s.m. **1.** Ato de desviar. **2.** Caminho alternativo, em geral usado quando a estrada principal está em obras. **3.** Subtração fraudulenta; furto.

desvirar (des.vi.**rar**) v.t.d. **1.** Voltar à posição normal (o que havia virado): *desvirou o carro capotado*. **2.** Remexer, mexer ou virar de novo.
desvirginar (des.vir.gi.**nar**) v.t.d. Tirar a virgindade de.
desvirtuar (des.vir.tu.**ar**) v.t.d. Tirar a virtude ou o caráter; deturpar, alterar, descaracterizar: *ela desvirtuou a festa quando permitiu a entrada de estranhos*.
detalhado (de.ta.**lha**.do) adj. Que tem ou mostra detalhe; bem explicado, minucioso.
detalhar (de.ta.**lhar**) v.t.d. Expor com detalhes; particularizar; pormenorizar; esmiuçar.
detalhe (de.**ta**.lhe) s.m. Particularidade; minúcia; pormenor.
detalhista (de.ta.**lhis**.ta) s.2g. e adj.2g. (Pessoa) que se dedica muito a detalhes.
detecção (de.tec.**ção**) s.f. Ação de detectar; descoberta, revelação.
detectar (de.tec.**tar**) v.t.d. Revelar; tornar perceptível; descobrir.
detector (de.tec.**tor**) [ô] s.m. (Fís.) **1.** Galvanômetro usado para verificar se há corrente em um circuito. **2.** Aparelho que transforma onda hertziana em sinais perceptíveis.
detenção (de.ten.**ção**) s.f. **1.** Ato de deter. **2.** Prisão provisória.
detento (de.**ten**.to) s.m. Aquele que foi detido; preso; prisioneiro.
detentor (de.ten.**tor**) [ô] s.m. Aquele que detém; depositário.
deter (de.**ter**) v.t.d. **1.** Determinar a detenção de. **2.** Impedir; fazer parar. **3.** Reter em seu poder. v.p. **4.** Parar. **5.** Ocupar-se por algum tempo.
detergente (de.ter.**gen**.te) s.m. e adj.2g. **1.** Que deterge, purifica. **2.** Substância que dissolve a gordura, que se usa para lavar.
detergir (de.ter.**gir**) v.t.d. Desengordurar com o auxílio de substâncias químicas. Obs.: verbo defectivo, não se conjuga quando ao *i* da raiz se seguiria um *a* ou *o*.
deterioração (de.te.ri.o.ra.**ção**) s.f. **1.** Ato de deteriorar; apodrecimento. **2.** Estrago, dano.
deteriorar (de.te.ri.o.**rar**) v.t.d. **1.** Causar deterioração; estragar. v.p. **2.** Estragar-se.
determinação (de.ter.mi.na.**ção**) s.f. **1.** Ato de determinar; resolução; ordem; prescrição. **2.** Clareza, firmeza, força de vontade.
determinado (de.ter.mi.**na**.do) adj. **1.** Que se determinou; marcado, certo. **2.** Que tem determinação; decidido, resolvido.
determinante (de.ter.mi.**nan**.te) adj.2g. Que determina; que estabelece um resultado.
determinar (de.ter.mi.**nar**) v.t.d. **1.** Demarcar; delimitar; fixar. **2.** Prescrever; ordenar. **3.** Resolver; decidir. v.p. **4.** Decidir-se.
determinismo (de.ter.mi.**nis**.mo) s.m. (Filos.) Sistema de ideias que defende que os fenômenos presentes são consequência dos fenômenos que os antecederam e determinarão os que virão. Cf. *fatalismo*.
determinista (de.ter.mi.**nis**.ta) adj.2g. **1.** Relacionado ao determinismo. s.2g. **2.** Pessoa que crê nessas ideias. Cf. *fatalista*.
detestar (de.tes.**tar**) v.t.d. Ter aversão a; abominar; odiar.
detestável (de.tes.**tá**.vel) adj.2g. Digno de se detestar; odiável; péssimo; abominável.
detetive (de.te.**ti**.ve) s.m. Agente investigador da polícia ou particular.
detido (de.**ti**.do) adj. Que se deteve; retido, preso.
detonação (de.to.na.**ção**) s.f. **1.** Ato de detonar. **2.** Ruído provocado por uma explosão. **3.** Tiro.
detonar (de.to.**nar**) v.i. **1.** Produzir um estrondo. **2.** Atirar.
detração (de.tra.**ção**) s.f. Difamação, maledicência.
detrair (de.tra.**ir**) v.t.d. Falar mentiras desabonadoras sobre; difamar, insultar, detratar: *detraiu a atriz*.
detrás (de.**trás**) adv. Na parte posterior; atrás.
detratar (de.tra.**tar**) v.t.d. Detrair, difamar, insultar: *detratou a atriz e teve de responder na justiça*.
detrator (de.tra.**tor**) [ô] s.m. Aquele que detrata ou detrai, que difama ou insulta.
detrimento (de.tri.**men**.to) s.m. Dano; prejuízo; perda.
detritívoro (de.tri.**tí**.vo.ro) s.m. (Zoo.) Animal que se alimenta de restos de organismos.
detrito (de.**tri**.to) s.m. Sobra de qualquer substância; resíduo, resto.
deturpação (de.tur.pa.**ção**) s.f. Ação de deturpar; deformação, abuso.
deturpar (de.tur.**par**) v.t.d. **1.** Desfigurar; estragar; conspurcar; adulterar. **2.** Viciar; corromper.
deus s.m. **1.** (Relig.) Ser superior aos homens; divindade: *deuses gregos*. **2.** Nas religiões monoteístas, ente supremo, perfeito, existente por si mesmo, criador do Universo e de tudo o que nele existe. **3.** (Fig.) Pessoa com grande poder, ou que atingiu grande perfeição.
deusa (deu.sa) s.f. **1.** Divindade feminina, nas religiões politeístas. **2.** (Fig.) Mulher muito bela.
deus-dará (deus-da.**rá**) s.m. Ao deus-dará: sem amparo nem esperança, sem meios de manter-se, ao acaso: *a enchente deixou várias famílias ao deus-dará*. Obs.: segundo o Acordo Ortográfico de 1990, emprega-se o hífen neste vocábulo por tratar-se de uma exceção consagrada pelo uso (Base XV, art. 6°).
deus nos acuda (deus nos a.**cu**.da) s.m.2n. Confusão, tumulto: *no fim do jogo foi um deus nos acuda para sair do estádio, porque houve briga*.
devagar (de.va.**gar**) adv. Sem pressa, lentamente, vagarosamente.
devanear (de.va.ne.**ar**) v.i. **1.** Sonhar com coisas vãs. **2.** Delirar; desvairar.
devaneio (de.va.**nei**.o) s.m. Ato de devanear; fantasia; sonho; quimera.
devassa (de.**vas**.sa) s.f. Inquérito; sindicância.

devassar (de.vas.**sar**) v.t.d. **1.** Abrir devassa ou sindicância. **2.** Ver o que se passa em local defeso.
devassidão (de.vas.si.**dão**) s.f. Atitude do devasso.
devasso (de.**vas**.so) s.m. e adj. (Aquele) que é libertino, dissoluto.
devastação (de.vas.ta.**ção**) s.f. Ato de devastar; destruição; ruína.
devastador (de.vas.ta.**dor**) [ô] adj. Que devasta; destruidor, desolador: *efeito devastador*.
devastar (de.vas.**tar**) v.t.d. Destruir; arruinar; danificar.
devedor (de.ve.**dor**) [ô] s.m. e adj. (Aquele) que deve.
dever (de.**ver**) v.t.d. **1.** Ter dívidas. **2.** Ter obrigação de. **3.** Ser provável. s.m. **4.** O que se está obrigado a fazer; obrigação, tarefa: *cada personagem tinha seus deveres e direitos*. Cf. *direito*.
deveras (de.**ve**.ras) [é] adv. Realmente; verdadeiramente; muito.
devido (de.**vi**.do) adj. **1.** Que se deve, determinado pelo dever ou por dívida: *pagou a quantia devida*. **2.** Como deve ser; correto, adequado: *devido tempo*. **3.** Causado, motivado por.
devir (de.**vir**) s.m. **1.** O futuro, o que há de acontecer. v.t.d. **2.** (Raro) Vir a acontecer; suceder, chegar: *deveio o dia do julgamento*.
devoção (de.vo.**ção**) s.f. **1.** Prática e sentimento religiosos. **2.** Dedicação íntima; afeto; devotamento.
devocional (de.vo.ci.o.**nal**) adj.2g. Relacionado a devoção, próprio para devoção ou culto: *velas devocionais*.
devolução (de.vo.lu.**ção**) s.f. Ato de devolver; restituição; retorno.
devoluto (de.vo.**lu**.to) adj. Que não tem moradores; desocupado, vazio, vago.
devolver (de.vol.**ver**) v.t.d. **1.** Restituir; entregar a quem emprestou. **2.** Recusar; deixar de aceitar. **3.** Responder.
devoniano (de.vo.ni.**a**.no) s.m. (Geo.) **1.** Período da história da Terra entre o siluriano e o carbonífero, em que surgiram insetos e anfíbios, e desenvolveram-se as florestas. adj. **2.** Que pertence a esse período.
devorar (de.vo.**rar**) v.t.d. **1.** Comer vorazmente. **2.** (Fig.) Ler com muita rapidez.
devotamento (de.vo.ta.**men**.to) s.m. Ato de devotar-se; dedicação, devoção.
devotar (de.vo.**tar**) v.t.d. e i. **1.** Dedicar; consagrar; tributar. v.p. **2.** Dedicar-se.
devoto (de.**vo**.to) [ó] s.m. e adj. (Aquele) que tem devoção; fiel: *era devota de Santa Luzia*.
dextrogiro (dex.**tro**.gi.ro) adj. Que gira ou desvia para a direita. Cf. *levogiro*.
dez num. **1.** Numeral cardinal que corresponde a 10, ou nove mais um; uma dezena. s.m. **2.** Esse número.
dezembro (de.**zem**.bro) s.m. Décimo segundo e último mês do ano civil, com 31 dias.
dezena (de.**ze**.na) s.f. **1.** Grupo de dez. **2.** Unidade de segunda ordem no sistema decimal.
dezenove (de.ze.**no**.ve) num. **1.** Numeral cardinal que corresponde a 19, ou uma dezena mais nove. s.m. **2.** Esse número.
dezesseis (de.zes.**seis**) num. **1.** Numeral cardinal que corresponde a 16, ou uma dezena mais seis. s.m. **2.** Esse número.
dezessete (de.zes.**se**.te) num. **1.** Numeral cardinal que corresponde a 17, ou uma dezena mais sete. s.m. **2.** Esse número.
dezoito (de.**zoi**.to) num. **1.** Numeral cardinal que corresponde a 18, ou uma dezena mais oito. s.m. **2.** Esse número.
DF Sigla do Distrito Federal, território da capital brasileira.
dia s.m. **1.** Espaço de tempo de 24 horas: *passamos vinte dias na praia*. **2.** Espaço de tempo entre o nascer e o pôr do Sol: *durante o dia fez calor e à noite esfriou*. **Dia útil:** dia entre segunda e sexta-feira, em que escolas, órgãos públicos e empresas funcionam: *sábado é dia útil para algumas lojas*. **Dia de São Nunca:** nunca, jamais.
dia a dia (di.a a **di**.a) s.m. **1.** O cotidiano, a sequência dos dias: *o dia a dia do aluno é ir para a escola e estudar, mas também brincar e conviver com os colegas*. adv. **2.** De modo diário, todos ou quase todos os dias: *levava o cachorro para passear dia a dia*. **3.** De modo contínuo, sempre, um pouco por dia: *o pé de feijão cresce dia a dia*.
diabete (di.a.**be**.te) s.2g. (Med.) Distúrbio das glândulas endócrinas responsáveis pelo metabolismo da glicose. O mesmo que *diabetes*.
diabetes (di.a.**be**.tes) s.2g.2n. (Med.) O mesmo que *diabete*. ▫ Pl. *diabetes*.
diabético (di.a.**bé**.ti.co) adj. **1.** Que diz respeito a diabetes. s.m. **2.** Indivíduo que sofre de diabetes.
diabo (di.**a**.bo) s.m. **1.** Espírito maligno das trevas; Satanás; Demônio; Lúcifer. **2.** (Fig.) Pessoa má. interj. **3.** Exprime raiva, frustração ou contrariedade: *diabo! droga! deu tudo errado!*
diabólico (di.a.**bó**.li.co) adj. Que diz respeito ao diabo; infernal; maligno; demoníaco.
diabolô (di.a.bo.**lô**) s.m. Objeto de malabarismo com forma de carretel bem grande, que se rola sobre um fio, sozinho ou em pares, trios etc.
diabrete (di.a.**bre**.te) [ê] s.m. **1.** Diabinho. **2.** (Fig.) Criança muito levada.
diabrura (di.a.**bru**.ra) s.f. Arte, travessura de criança.
diacho (di.**a**.cho) s.m. e interj. (Pop.) Diabo, demônio.
diácono (di.**á**.co.no) s.m. Clérigo no segundo grau das ordens maiores.
diadema (di.a.**de**.ma) s.m. Ornato que os reis e as rainhas põem à cabeça; coroa.
diáfano (di.**á**.fa.no) adj. Transparente; translúcido.
diafragma (di.a.**frag**.ma) s.m. **1.** Músculo largo que separa a cavidade torácica da abdominal. **2.** (Fís.) Membrana elástica usada para detectar e transmitir vibrações. **3.** Chapa metálica e perfurada, usada em aparelhos ópticos.
diagnose (di.ag.**no**.se) s.f. Estudo ou técnica de fazer diagnósticos.

diagnosticar (di.ag.nos.ti.**car**) v.t.d. Fazer o diagnóstico de; avaliar.

diagnóstico (di.ag.**nós**.ti.co) s.m. Conhecimento ou determinação de uma doença pelos sintomas; avaliação.

diagonal (di.a.go.**nal**) s.f. e adj. **1.** (Geom.) (Linha reta) que vai de um ângulo ao outro que lhe é oposto, em uma figura retilínea. **2.** (Direção) oblíqua ou transversal.

diagrama (di.a.**gra**.ma) s.m. **1.** Representação por meio de sinais que não se dispõem em linha, ou seja, por meio de desenhos. **2.** Esse desenho; esquema, quadro. **3.** (Gráf.) Papel grosso em que se colava o texto e mais alguns elementos que seriam fotografados e impressos.

diagramação (di.a.gra.ma.**ção**) s.f. (Gráf.) **1.** Disposição dos elementos que serão impressos. **2.** Processo de paginação em que o texto é colado no diagrama e depois fotografado. **3.** Preparação das páginas de uma publicação.

diagramador (di.a.gra.ma.**dor**) [ô] s.m. Pessoa que executa a diagramação.

diagramar (di.a.gra.**mar**) v.t.d. Dispor os textos, títulos, ilustrações, legendas etc. em um diagrama ou página; paginar.

dial (di.**al**) s.m. **1.** Visor graduado ao longo do qual corre o ponteiro que, nos rádios analógicos, indica a emissora sintonizada. **2.** Conjunto das emissoras de rádio: *a melhor rádio do dial*.

dialética (di.a.**lé**.ti.ca) s.f. Arte de argumentar ou discutir.

dialético (di.a.**lé**.ti.co) adj. **1.** Que diz respeito à dialética. s.m. **2.** Aquele que argumenta bem.

dialeto (di.a.**le**.to) [é] s.m. Variedade de uma língua incompreensível para os demais falantes e que não é a reconhecida como oficial do país ou principal da comunidade: *na China e na Índia existem várias línguas e dialetos*.

diálise (di.**á**.li.se) s.f. **1.** (Quím.) Separação das substâncias cristalizáveis das que não se cristalizam em uma solução. **2.** (Med.) Hemodiálise.

dialogar (di.a.lo.**gar**) v.i. **1.** Usar, na escrita ou na fala, a forma de diálogo; conversar. **2.** (Fig.) Comunicar-se, entender-se por diálogo ou conversa.

diálogo (di.**á**.lo.go) s.m. **1.** Conversa (em princípio) entre duas pessoas. **2.** (Fig.) Comunicação; entendimento.

diamante (di.a.**man**.te) s.m. Pedra preciosa muito dura e de brilho intenso, formada por carbono puro cristalizado; brilhante.

diamantífero (di.a.man.**tí**.fe.ro) adj. Que produz diamantes.

diamantino (di.a.man.**ti**.no) adj. Relativo a diamante, próprio de diamante; adamantino.

diametral (di.a.me.**tral**) adj.2g. Que se relaciona ao diâmetro.

diametralmente (di.a.me.tral.**men**.te) adv. De modo diametral, relacionado ao diâmetro. **Diametralmente oposto:** oposto pelo diâmetro, completamente contrário.

diâmetro (di.**â**.me.tro) s.m. (Geom.) Segmento de reta que une dois pontos da circunferência, passando pelo seu centro.

diante (di.**an**.te) adv. **Diante de:** na parte anterior, em frente de.

dianteira (di.an.**tei**.ra) s.f. A parte anterior; a frente.

dianteiro (di.an.**tei**.ro) adj. Que se encontra na frente.

diapasão (di.a.pa.**são**) s.f. (Mús.) **1.** Altura relativa de um som na escala; tom. **2.** Pequeno aparelho de aço usado para afinação dos instrumentos musicais. **3.** (Fig.) Nível; padrão.

diapositivo (di.a.po.si.**ti**.vo) adj. Imagem fotográfica registrada sobre filme transparente, para ser vista em mesa de luz ou projetada; *slide*.

diária (di.**á**.ri.a) s.f. **1.** Ganho correspondente a um dia de trabalho. **2.** Aquilo que se paga por uma estada de um dia no hotel ou hospital. **3.** Importância paga aos funcionários que se encontram viajando, para seus gastos pessoais.

diário (di.**á**.ri.o) adj. **1.** Que acontece todos os dias; cotidiano. s.m. **2.** Jornal publicado diariamente. **3.** Caderno ou livro em que se registram todos os fatos marcantes daquele dia. **4.** Livro comercial em que se registram as contas de cada dia.

diarista (di.a.**ris**.ta) s.2g. e adj.2g. (Pessoa) que é contratada e remunerada por dia de trabalho.

diarreia (di.ar.**rei**.a) [é] s.f. (Med.) Evacuação líquida e frequente; disenteria.

diáspora (di.**ás**.po.ra) s.f. **1.** Dispersão de um povo pelo mundo. **2.** (Hist.) Migração dos gregos para a Ásia Menor e o Mediterrâneo, entre os séculos VII e V a.C. **3.** Dispersão dos judeus depois da destruição de Jerusalém pelos romanos, em 70 d.C.

diástole (di.**ás**.to.le) s.f. (Zoo.) Movimento de relaxamento do coração, em oposição à sístole.

diatômico (di.a.**tô**.mi.co) adj. (Fís.) Que ou o que possui dois átomos.

diatônico (di.a.**tô**.ni.co) adj. (Mús.) Que procede conforme a sequência natural de tons e semitons.

diatribe (di.a.**tri**.be) s.f. Crítica severa.

dica (**di**.ca) s.f. (Pop.) Informação pouco conhecida.

dicção (dic.**ção**) s.f. **1.** Ato de dizer. **2.** Pronúncia correta das palavras.

dicionário (di.ci.o.**ná**.ri.o) s.m. **1.** Obra que descreve as palavras de uma ou mais línguas, organizada em verbetes e geralmente em ordem alfabética: *dicionário de português, dicionário bilíngue*. **2.** Obra que descreve um conjunto de palavras; vocabulário, léxico: *dicionário de gírias, dicionário de mitologia*.

dicionarista (di.ci.o.na.**ris**.ta) s.2g. Autor de dicionário.

dicotiledôneo (di.co.ti.le.**dô**.ne.o) adj. (Bot.) Diz-se de planta cujas sementes ou cotilédones dividem-se em duas partes, como o feijão.

dicotomia (di.co.to.**mi**.a) s.f. Par de opostos, das duas partes em que se dividiu um todo: *a dicotomia do bem e do mal aparece em várias histórias*.

dicotômico (di.co.**tô**.mi.co) adj. Relacionado a, que apresenta dicotomia.

didata (di.**da**.ta) s.2g. e adj.2g. (Aquele) que ensina, preparado para ensinar; professor: *piloto didata*.
didática (di.**dá**.ti.ca) s.f. Doutrina do ensino e direção da aprendizagem.
didático (di.**dá**.ti.co) adj. **1.** Que diz respeito ao ensino e à aprendizagem. **2.** Adequado para instruir.
diedro (di.**e**.dro) [ê] s.m. e adj. (*Geom.*) (Ângulo) formado pelo encontro de dois planos.
diesel [inglês: "dízeu"] s.m. Óleo combustível derivado do petróleo, usado em caminhões, outros veículos e máquinas.
diet [inglês: "daieti"] adj.2g. Diz-se de alimento ou bebida que não tem um dos ingredientes, seja açúcar, gordura ou outro.
dieta (di.**e**.ta) [é] s.f. Regime alimentício que se prescreve a um doente ou pessoa que pretende emagrecer.
dietética (di.e.**té**.ti.ca) s.f. Ramo da medicina que estuda dietas.
dietético (di.e.**té**.ti.co) adj. Que diz respeito a dieta.
difamação (di.fa.ma.**ção**) s.f. Ato de difamar, calúnia, injúria, detração.
difamador (di.fa.ma.**dor**) [ô] s.m. e adj. (Aquele) que difama, que fala mal; detrator.
difamante (di.fa.**man**.te) adj.2g. Que difama; maledicente, maldizente.
difamar (di.fa.**mar**) v.t.d. Caluniar; injuriar; desonrar; infamar.
difamatório (di.fa.ma.**tó**.ri.o) adj. Que difama; injurioso.
diferença (di.fe.**ren**.ça) s.f. **1.** Qualidade do que é diferente; diversidade. **2.** Aquilo que diferencia um ser de outro: *duas diferenças entre banana e laranja são forma e gosto*. **3.** Subtração indicada: *a diferença de cinco para dois é três*. Cf. *diferenças*.
diferençar (di.fe.ren.**çar**) v.t.d. O mesmo que *diferenciar*.
diferenças (di.fe.ren.ças) s.f.pl. Desavenças; desentendimentos.
diferenciação (di.fe.ren.ci.a.**ção**) s.f. **1.** Ato de diferenciar-se. **2.** (*Mat.*) Cálculo para chegar a um diferencial.
diferenciado (di.fe.ren.ci.**a**.do) adj. Que se diferenciou ou distinguiu; distinto, diferente.
diferencial (di.fe.ren.ci.**al**) adj.2g. **1.** Que diz respeito a diferença. s.m. **2.** Aquilo que constitui uma diferença, que diferencia um elemento de outro: *o diferencial do elefante é a tromba*. s.m. **3.** Engrenagem do automóvel entre o motor e as rodas, responsável pelo equilíbrio nas curvas.
diferenciar (di.fe.ren.ci.**ar**) v.t.d. **1.** Fazer distinção ou diferença entre; distinguir, discriminar. **2.** Diversificar, variar, mudar. v.p. **2.** Distinguir-se, sobressair, destacar-se. O mesmo que *diferençar*.
diferente (di.fe.**ren**.te) adj.2g. **1.** Que difere, que não é igual: *colocou roupas diferentes nos gêmeos*. **2.** De vários tipos; variado, diverso: *enfeitou a mesa com diferentes frutas e doces*. **3.** Fora do comum; especial, distinto, original: *queria uma roupa diferente para ir à festa*.

diferir (di.fe.**rir**) v.t.i. **1.** Ser de outra forma ou natureza que; ser diferente de: *a ovelha negra diferia do rebanho por sua cor*. **2.** Divergir, discordar. v.t.d. **3.** Adiar; retardar; prorrogar. Obs.: conjuga-se como *ferir*.
difícil (di.**fi**.cil) adj.2g. **1.** Que não é fácil; complicado; árduo, dificultoso. **2.** Custoso; penoso. ▣ Pl. *difíceis*.
dificuldade (di.fi.cul.**da**.de) s.f. **1.** Qualidade daquilo que é difícil; obstáculo; impedimento. **2.** Situação precária; crise.
dificultar (di.fi.cul.**tar**) v.t.d. **1.** Fazer difícil. **2.** Impedir; objetar.
dificultoso (di.fi.cul.**to**.so) [ô] adj. Difícil. ▣ Pl. *dificultosos* [ó].
difração (di.fra.**ção**) s.f. (*Fís.*) Maneira como os raios de luz são desviados quando atravessam as bordas de um objeto.
difteria (dif.te.**ri**.a) s.f. (*Med.*) Doença infecciosa que afeta as mucosas, em geral na garganta e no nariz; crupe, garrotilho.
difundido (di.fun.**di**.do) adj. Que se difundiu; conhecido.
difundir (di.fun.**dir**) v.t.d. **1.** Espalhar; estender. **2.** Divulgar, tornar conhecido, propagar: *difundir uma música*. v.p. **3.** Estender-se; propagar-se; divulgar-se: *a gripe difundiu-se rapidamente*.
difusão (di.fu.**são**) s.f. **1.** Dispersão, espalhamento de uma substância a partir de um centro. **2.** (*Fig.*) Propagação, divulgação.
difuso (di.**fu**.so) adj. Que se difundiu; espalhado; prolixo.
digerir (di.ge.**rir**) v.t.d. **1.** Fazer a digestão de: *a vaca digere capim*. **2.** (*Fig.*) Assimilar o que foi lido. **3.** Aceitar uma situação desagradável; suportar. Obs.: pres. do ind.: *digiro, digeres, digere, digerimos, digeris, digerem*; pres. do subj.: *digira, digiras, digira* etc.
digestão (di.ges.**tão**) s.f. **1.** Ação de digerir. **2.** (*Zoo.*) Processo de transformação dos alimentos em substâncias assimiláveis pelo organismo.
digestivo (di.ges.**ti**.vo) adj. **1.** Relacionado com a digestão. **2.** Que facilita a digestão: *chá digestivo*.
digesto (di.**ges**.to) [é] s.m. **1.** Resumo de livro ou matéria jornalística. **2.** Publicação com vários textos desse tipo.
digestório (di.ges.**tó**.ri.o) adj. Que tem a propriedade ou o poder de digerir.
digitação (di.gi.ta.**ção**) s.f. **1.** Ação de digitar. **2.** Criação de arquivo de texto em um computador, pelo acionamento das teclas: *serviços de digitação*.
digitador (di.gi.ta.**dor**) [ô] s.m. Pessoa que faz digitação, que digita textos.
digital (di.gi.**tal**) adj.2g. **1.** Que diz respeito a dedo, feito com os dedos. **2.** Relacionado a dígito; numérico. **3.** (*Inf.*) Representado por sequências de números e não por grandezas contínuas: *mostrador digital, linha digital*. Cf. *analógico*.
digitalizador (di.gi.ta.li.za.**dor**) [ô] s.m. e adj. (*Inf.*) **1.** (Equipamento) que transforma uma imagem ou som em arquivo digital. **2.** Escâner.

digitalizar (di.gi.ta.li.**zar**) v.t.d. Transformar em sinal digital: *digitalizar uma imagem*.
digitar (di.gi.**tar**) v.t.d. Acionar teclas para inserir dados ou comandos em um computador ou aparelho eletrônico.
dígito (**dí**.gi.to) s.m. **1.** Cada um dos algarismos, ou números arábicos, de 0 a 9. **2.** Dedo, em alguns poemas. **3.** Cada uma das doze partes iguais do diâmetro da lua e do sol, utilizadas no cálculo dos eclipses.
digladiar-se (di.gla.di.**ar**-se) v.t.i. e v.p. Disputar em luta, brigar, lutar: *digladiavam-se por um lugar na fila da frente*.
dignar-se (dig.**nar**-se) v.t.i. Fazer, conceder como favor: *dignou-se a ouvir um pedido*.
dignatário (dig.na.**tá**.ri.o) s.m. Pessoa que detém um cargo elevado ou de honra; dignitário: *altos dignatários da organização*.
dignidade (dig.ni.**da**.de) s.f. **1.** Qualidade daquele ou daquilo que é digno; respeitabilidade; decoro; honestade. **2.** Cargo honorífico; nobreza; autoridade moral.
dignificar (dig.ni.fi.**car**) v.t.d. Tornar digno; honrar; enobrecer.
dignitário (dig.ni.**tá**.ri.o) s.m. Dignatário.
digno (**dig**.no) adj. Honrado; merecedor; decoroso; honesto.
dígrafo (**dí**.gra.fo) s.m. Grupo de duas letras que representa um som de consoante; digrama. Obs.: os dígrafos do português são *rr*, ou erre duplo, como em *morro*; *ss*, ou esse duplo, como em *passo*; *ch*, ou cê-agá, como em *chapéu*; *lh*, ou ele-agá, como em *molhado*; *nh*, ou ene-agá, como em *minha*; *gu*, ou guê-u, como em *guitarra*; e *qu*, ou quê-u, como em *quilo*.
digrama (di.**gra**.ma) s.m. Dígrafo.
digressão (di.gres.**são**) s.f. Desvio de rumo; evasiva.
dilação (di.la.**ção**) s.f. Demora, atraso, delonga.
dilacerante (di.la.ce.**ran**.te) adj.2g. Que dilacera; lacerante.
dilacerar (di.la.ce.**rar**) v.t.d. **1.** Rasgar em pedaços; despedaçar; destruir. **2.** (Fig.) Afligir. v.p. **3.** Torturar-se; ferir-se.
dilapidar (di.la.pi.**dar**) v.t.d. Arruinar; dissipar; esbanjar.
dilatação (di.la.ta.**ção**) s.f. **1.** Ato de dilatar; aumento de dimensão ou volume, intumescimento. **2.** Expansão. **3.** Prorrogação.
dilatar (di.la.**tar**) v.t.d. **1.** Estender; ampliar; aumentar a dimensão ou o volume de. **2.** Expandir. **3.** Prorrogar. v.p. **4.** Demorar-se; retardar-se.
dilema (di.**le**.ma) s.m. Situação embaraçosa que oferece duas saídas igualmente difíceis.
diletante (di.le.**tan**.te) adj.2g. Que exerce uma arte ou profissão por puro prazer.
diletantismo (di.le.tan.**tis**.mo) s.m. **1.** Qualidade daquele que é diletante. **2.** (P. ext.) Prazer.
dileto (di.**le**.to) [é] adj. Preferido; amado; estimado; querido.

diligência (di.li.**gên**.ci.a) s.f. **1.** Zelo; cuidado. **2.** Investigação oficial; pesquisa. s.f. **3.** Carruagem que transportava passageiros.
diligenciar (di.li.gen.ci.**ar**) v.t.d. Fazer com cuidado, cuidar, esforçar-se: *diligenciou para que nada nos faltasse*.
diligente (di.li.**gen**.te) adj.2g. Cuidadoso, zeloso, esforçado.
diluição (di.lu.i.**ção**) s.f. Ato de diluir; enfraquecimento.
diluído (di.lu.**í**.do) adj. Que se misturou com água, que sofreu diluição.
diluir (di.lu.**ir**) v.t.d. **1.** Misturar com água; diminuir a concentração de. v.p. **2.** Desfazer-se em um líquido. Obs.: pres. do ind.: *diluo, diluis, dilui, diluímos, diluís, diluem*; imperat. afirm.: *dilui, dilua, diluamos, diluí, diluam*; pres. subj.: *dilua, diluas, dilua* etc.
diluviano (di.lu.vi.**a**.no) adj. Relativo ao dilúvio bíblico.
dilúvio (di.**lú**.vi.o) s.m. **1.** Na Bíblia, cataclismo, chuva torrencial que inundou a Terra e de que só sobreviveram Noé, em uma arca, com alguns eleitos e casais de animais de todas as espécies, para repovoar o planeta. **2.** Chuva muito forte; temporal; inundação.
dimanar (di.ma.**nar**) v.t.i. Brotar, provir, surgir.
dimensão (di.men.**são**) s.f. **1.** Extensão; tamanho. **2.** (Fig.) Grandeza.
dimensionar (di.men.sio.**nar**) v.t.d. **1.** Avaliar a dimensão, medir. **2.** Escolher o tamanho, estimar.
diminuendo (di.mi.nu.**en**.do) s.m. Minuendo.
diminuição (di.mi.nu.i.**ção**) s.f. **1.** Ato de diminuir; atenuação; abreviação. **2.** Subtração.
diminuído (di.mi.nu.**í**.do) adj. Que (se) diminuiu; diminuto.
diminuir (di.mi.nu.**ir**) v.t.d. **1.** Tornar menor; abreviar; encurtar. **2.** Tornar raro. **3.** Abrandar. **4.** Subtrair. v.i. **5.** Decrescer.
diminutivo (di.mi.nu.**ti**.vo) s.m. e adj. (*Gram.*) (Grau do substantivo) que dá ideia de pequenez ou indica afetividade.
diminuto (di.mi.**nu**.to) adj. De pequenas dimensões; pequeno, diminuído, mínimo.
dinamarquês (di.na.mar.**quês**) adj. **1.** Da Dinamarca, país da Europa. s.m. **2.** Pessoa natural ou habitante desse lugar.
dinâmica (di.**nâ**.mi.ca) s.f. **1.** Movimentação, movimento, mudanças. **2.** (*Fís.*) Parte da mecânica que estuda as forças que causam mudanças nos movimentos.
dinâmico (di.**nâ**.mi.co) adj. **1.** Que diz respeito ao movimento. **2.** (Fig.) Ativo; enérgico; agitado.
dinamismo (di.na.**mis**.mo) s.m. Atividade; agitação; energia.
dinamitar (di.na.mi.**tar**) v.t.d. Destruir com dinamite; explodir.
dinamite (di.na.**mi**.te) s.f. Substância explosiva composta basicamente de nitroglicerina e areia.

dinamizar (di.na.mi.**zar**) v.t.d. Dar caráter dinâmico a; energizar; agilizar.

dínamo (**dí**.na.mo) s.m. Aparelho que transforma a energia mecânica em elétrica; máquina dínamo-elétrica.

dinamômetro (di.na.**mô**.me.tro) s.m. Instrumento para medir forças.

dinar (di.**nar**) s.m. Nome da moeda de vários países, como Argélia, Líbia, Marrocos e outros.

dinastia (di.nas.**ti**.a) s.f. Série de soberanos que pertencem a uma mesma família.

dindim (din.**dim**) s.m. (Pop.) Dinheiro.

dinheiro (di.**nhei**.ro) s.m. **1.** Valor ou bem financeiro: *aprendeu a ganhar dinheiro com trabalho*. **2.** Moeda corrente de um país, em metal ou papel; unidade monetária: *o dinheiro do Brasil é o real*. **3.** Quantia; pecúnia.

dinossauro (di.nos.**sau**.ro) s.m. (Zoo.) Réptil extinto, do grupo dos arcossauros, com algumas espécies semelhantes a lagartos com vários metros de altura e pescoço longo.

diocese (di.o.**ce**.se) s.f. Bispado.

diodo (di.**o**.do) s.m. (Fís.) Componente eletrônico que conduz ou bloqueia uma corrente.

dionisíaco (di.o.ni.**sí**.a.co) adj. **1.** Pertencente a ou próprio de Dionísio, deus grego. **2.** (Fig.) Exuberante, expansivo, exagerado.

dióxido (di.**ó**.xi.do) [cs] s.m. (Quím.) Ácido cuja molécula tem dois átomos de oxigênio.

dipirona (di.pi.**ro**.na) s.f. (Med.) Substância com propriedades analgésicas e antitérmicas.

diploma (di.**plo**.ma) s.m. Título que afirma as habilitações de alguém ou lhe confere um grau.

diplomacia (di.plo.ma.**ci**.a) s.f. **1.** Ciência das relações internacionais e negócios estrangeiros de um Estado. **2.** (Fig.) Habilidade; astúcia; tato.

diplomado (di.plo.**ma**.do) s.m. e adj. (Pessoa) Que recebeu diploma, que se formou em curso que confere diploma: *diplomada em letras*.

diplomar (di.plo.**mar**) v.t.d. **1.** Conceder diploma, formar: *a escola diplomou 50 médicos*. v.p. **2.** Obter diploma, formar-se em: *diplomou-se em Educação Física*.

diplomata (di.plo.**ma**.ta) s.2g. **1.** Representante de um Estado junto a outro. **2.** (Fig.) Pessoa hábil no relacionamento com os outros.

diplomático (di.plo.**má**.ti.co) adj. **1.** Que diz respeito à diplomacia. **2.** Discreto; cortês; hábil.

dipsomania (dip.so.ma.**ni**.a) s.f. (Med.) Impulso incontrolável de ingerir grande quantidade de bebida alcoólica forte.

díptero (**díp**.te.ro) s.m. e adj. (Zoo.) (Inseto) com duas asas, como as moscas e mosquitos.

dique (**di**.que) s.m. **1.** Reservatório com comporta; açude. **2.** Construção para represar águas; represa.

direção (di.re.**ção**) s.f. **1.** Ato de dirigir; comando. **2.** Cargo de diretor. **3.** Diretoria; administração. **4.** Volante de um veículo.

direcional (di.re.ci.o.nal) adj.2g. Que se deve direcionar, cujo alcance é concentrado em uma direção: *microfone direcional*.

direcionar (di.re.cio.**nar**) v.t.d. **1.** Virar para uma direção; dirigir: *direcionar o foco de luz para o palco*. **2.** Concentrar, focar: *direcionar os esforços*.

direcionável (di.re.ci.o.**ná**.vel) adj.2g. Que se pode voltar para uma direção: *foco direcionável*.

direita (di.**rei**.ta) s.f. **1.** Destra; lado direito. **2.** A mão direita. **3.** (Hist.) No início da Revolução Francesa, grupo que apoiava a monarquia e se sentava do lado direito do rei. **4.** (Pol.) Posição, opinião de quem defende ideais conservadores. Cf. *esquerda*.

direitista (di.rei.**tis**.ta) adj.2g. **1.** Relacionado à direita. s.2g. **2.** Simpatizante ou militante político de direita.

direito (di.**rei**.to) adj. **1.** Que não é curvo; reto. **2.** Contrário de esquerdo: *segurou a caneta com a mão direita*. **3.** Justo; honrado: *é uma mulher direita*. s.m. **4.** Estudo das leis, ou ciência jurídica. **5.** O que pertence a alguém, ainda que não esteja sob sua posse: *direitos humanos, direitos do cidadão*. **6.** O lado mais perfeito de um tecido ou objeto, oposto ao avesso. **7.** O que se pode escolher fazer ou não; prerrogativa, privilégio. Cf. *dever*. adv. **8.** Da maneira correta, do modo certo: *queria fazer tudo direitinho*.

direitura (di.rei.**tu**.ra) s.f. **1.** Qualidade de direito ou reto. **2.** Viagem de ida, para a qual se contrata um veículo: *brigaram na direitura mas fizeram as pazes na volta*.

direta (di.**re**.ta) s.f. Menção direta, alusão clara.

diretiva (di.re.**ti**.va) s.m. Instrução sobre a direção, rumo ou objetivo: *seguir as diretivas*.

diretivo (di.re.**ti**.vo) adj. Relacionado a diretor ou direção: *plano diretivo*.

direto (di.**re**.to) adj. **1.** Reto, direito; em linha reta. **2.** Que não se desvia. **3.** Sem rodeios, franco. **4.** Em que não há intermediário.

diretor (di.re.**tor**) [ô] s.m. e adj. (Aquele) que dirige; administrador; mentor.

diretoria (di.re.to.**ri**.a) s.f. **1.** Direção; conjunto de diretores. **2.** Cargo de diretor. **3.** Escritório de diretor.

diretório (di.re.**tó**.ri.o) s.m. **1.** Grupo, comissão que dirige um partido político. **2.** Grupo organizado, agremiação, grêmio: *diretório acadêmico*. **3.** (Inf.) Categoria para organização de arquivos no disco de um computador; pasta. **4.** Na internet, catálogo temático de páginas e *sites*.

diretriz (di.re.**triz**) s.f. Orientação; rumo; norma; critério.

dirigente (di.ri.**gen**.te) s.m. e adj.2g. (Pessoa) que dirige.

dirigido (di.ri.**gi**.do) adj. **1.** Feito sob a direção de outrem; orientado. **2.** Administrado, governado, gerido.

dirigir (di.ri.**gir**) v.t.d. **1.** Governar; administrar; gerir. **2.** Encaminhar; endereçar. v.p. **3.** Encaminhar-se.

dirigível (di.ri.gí.vel) *s.m. e adj.2g.* (Balão) que se pode dirigir.

dirimir (di.ri.mir) *v.t.d.* Fazer cessar, resolver, eliminar: *dirimir as dúvidas, dirimir uma divergência*.

discado (dis.ca.do) *adj.* **1.** Que se discou. **2.** (Inf.) Feito por linha de telefone analógica: *conexão discada, acesso discado*.

discagem (dis.ca.gem) *s.f.* **1.** Ação de discar. **2.** Procedimento para estabelecer conexão ou ligação telefônica.

discar (dis.car) *v.t.d.* Acionar (disco ou teclas de um aparelho de telefone) para chamar outro número, estabelecer conexão: *disque 104*.

discente (dis.cen.te) *adj.2g.* Que diz respeito ao aluno. Cf. *docente*.

discernimento (dis.cer.ni.men.to) *s.m.* Habilidade, capacidade de discernir; juízo; critério.

discernir (dis.cer.nir) *v.t.d.* Discriminar; distinguir; separar; avaliar com critério.

disciplina (dis.ci.pli.na) *s.f.* **1.** Conjunto de regras e normas. **2.** Prescrições para que se mantenha a ordem. **3.** Cada uma das matérias de estudo de um curso ou estabelecimento escolar.

disciplinado (dis.ci.pli.na.do) *adj.* Que tem disciplina; obediente.

disciplinar (dis.ci.pli.nar) *adj.2g.* Relativo a disciplina.

discípulo (dis.cí.pu.lo) *s.m.* Aquele que aprende ou segue as doutrinas ou ideias de um mestre.

disco (dis.co) *s.m.* **1.** Chapa circular de vinil, onde se gravavam músicas. **2.** Chapa de ferro que os atletas lançam em competições esportivas. **3.** Peça dos aparelhos telefônicos antigos, quase sempre substituída pelas teclas, nos modelos mais novos. **Disco rígido:** peça do computador que armazena programas, dados etc.; HD. **Disco magnético:** meio de armazenamento de dados digitais. **Disco voador:** nave espacial de seres extraterrestres.

discografia (dis.co.gra.fi.a) *s.f.* Conjunto de discos de música ou trabalhos gravados: *a discografia desse músico é muito vasta; uma discografia básica da bossa-nova*.

discordância (dis.cor.dân.ci.a) *s.f.* Divergência; disparidade; dissonância.

discordante (dis.cor.dan.te) *adj.2g.* Que discorda; divergente, destoante: *opiniões discordantes*.

discordar (dis.cor.dar) *v.i.* **1.** Estar em desacordo; destoar; divergir. *v.t.i.* **2.** Divergir de; não concordar com.

discórdia (dis.cór.di.a) *s.f.* Discordância; desavença; divergência.

discorrer (dis.cor.rer) *v.i.* Falar; tratar; expor; analisar.

discoteca (dis.co.te.ca) *s.f.* **1.** Coleção, arquivo de discos. **2.** Casa noturna onde se dança ao som de discos ou música gravada.

discotecário (dis.co.te.cá.ri.o) *s.m.* Pessoa encarregada de uma discoteca.

discrepância (dis.cre.pân.ci.a) *s.f.* Divergência; dissonância; disparidade.

discrepante (dis.cre.pan.te) *adj.2g.* Divergente; discordante; dissonante.

discrepar (dis.cre.par) *v.t.i.* Divergir, discordar, destoar.

discreto (dis.cre.to) [é] *adj.* Que tem discrição; reservado; prudente.

discrição (dis.cri.ção) *s.f.* Prudência; discernimento; sensatez; reserva.

discriminação (dis.cri.mi.na.ção) *s.f.* Ato de discriminar; separação; distinção. Discriminação racial, crime de tratar separadamente ou de modo diferente pessoas que tenham diferenças na cor da pele, formato de olhos etc.

discriminado (dis.cri.mi.na.do) *adj.* **1.** Que se discriminou. **2.** Excluído, afastado, marginalizado.

discriminar (dis.cri.mi.nar) *v.t.d.* **1.** Perceber a diferença, distinguir; diferençar; separar: *discriminava bem o que fazia por vontade e o que fazia por necessidade*. **2.** Separar, afastar, excluir: *discriminar uma parte da população*.

discriminatório (dis.cri.mi.na.tó.ri.o) *adj.* Que faz discriminação, que se usa para discriminar.

discursar (dis.cur.sar) *v.i.* Fazer discurso, falar em público, orar.

discurseira (dis.cur.sei.ra) *s.f.* Grande quantidade de discursos ou falação de muitas pessoas.

discursivo (dis.cur.si.vo) *adj.* Relacionado a discurso ou a fala.

discurso (dis.cur.so) *s.m.* **1.** Exposição de ideias que se faz em público; fala. **2.** Expressão verbal; ato de falar ou escrever: *a primeira pessoa do discurso é "eu", a pessoa que fala*.

discussão (dis.cus.são) *s.f.* Ato de discutir; disputa; contenda; controvérsia.

discutidor (dis.cu.ti.dor) [ô] *adj.* Que discute, questiona ou debate.

discutir (dis.cu.tir) *v.t.d.* **1.** Debater um assunto; questionar. *v.i.* **2.** Entrar em discussão.

discutível (dis.cu.tí.vel) *adj.2g.* Que se pode discutir; questionável, criticável.

disenteria (di.sen.te.ri.a) *s.f.* (Med.) Perturbação intestinal, causada por inflamação do cólon; diarreia.

disfarçado (dis.far.ça.do) *adj.* **1.** Que usa disfarce; escondido, oculto. **2.** Mascarado, fingido.

disfarçar (dis.far.çar) *v.t.d.* **1.** Encobrir; ocultar. **2.** Fingir; dissimular. *v.p.* **3.** Mascarar-se; camuflar-se.

disfarce (dis.far.ce) *s.m.* **1.** Tudo o que serve para disfarçar, esconder ou iludir. **2.** Fingimento; dissimulação. **3.** Máscara; camuflagem.

disforme (dis.for.me) [ó] *adj.2g.* De formas anormais; monstruoso; defeituoso; deformado.

disfunção (dis.fun.ção) *s.f.* Deficiência no funcionamento de um órgão ou sistema.

disjuntor (dis.jun.tor) [ô] *s.m.* (Fís.) Dispositivo de segurança de aparelhos elétricos que interrompe o circuito, para evitar danos causados pelo excesso de corrente elétrica.

dislate (dis.**la**.te) s.m. Afirmação sem lógica; disparate, bobagem.
dislexia (dis.le.**xi**.a) [cs] s.f. (*Med.*) Dificuldade na leitura e escrita com causa neurológica.
disléxico (dis.**lé**.xi.co) [cs] adj. (*Med.*) 1. Relacionado a dislexia. s.m. e adj. 2. (Aquele) que tem dislexia.
dismenorreia (dis.me.nor.**rei**.a) [éi] s.f. (*Med.*) Menstruação dolorosa, cólica menstrual.
díspar (**dís**.par) adj.2g. Desigual; diverso; diferente.
disparada (dis.pa.**ra**.da) s.f. Corrida desenfreada.
disparado (dis.pa.**ra**.do) adj. Que disparou: *cavalos disparados*.
disparador (dis.pa.ra.**dor**) [ô] s.m. e adj. 1. (Aquilo) que faz disparar, que aciona um dispositivo ou processo. s.m. 2. Em uma arma de fogo, dispositivo acionado pelo gatilho.
disparar (dis.pa.**rar**) v.t.d. 1. Desfechar arma de fogo; atirar. v.i. 2. Fugir de modo desenfreado; desembestar.
disparatar (dis.pa.ra.**tar**) v.i. (*Raro*) Dizer disparates, falar bobagens.
disparate (dis.pa.**ra**.te) s.m. Despropósito; absurdo; despautério.
disparidade (dis.pa.ri.**da**.de) s.f. Qualidade de díspar, do que não é par; diferença, desigualdade.
disparo (dis.**pa**.ro) s.m. 1. Ação ou efeito de disparar. 2. Tiro, detonação.
dispêndio (dis.**pên**.di.o) s.m. Custo, gasto, despesa.
dispendioso (dis.pen.di.**o**.so) [ô] adj. Que tem dispêndio ou gasto alto; caro. ◙ Pl. *dispendiosos* [ó].
dispensa (dis.**pen**.sa) s.f. 1. Isenção, licença. 2. Permissão para ausentar-se de uma obrigação: *dispensa da aula de Educação Física*. Cf. *despensa*.
dispensar (dis.pen.**sar**) v.t.d. 1. Dar dispensa; desobrigar. 2. Não precisar de. 3. Distribuir, espalhar. v.p. 4. Desobrigar-se; eximir-se.
dispensário (dis.pen.**sá**.ri.o) s.m. 1. Em um hospital, local onde os medicamentos são estocados e separados para distribuição. 2. Instituição beneficente para assistência de saúde.
dispensável (dis.pen.**sá**.vel) adj.2g. Que se pode dispensar; desnecessário.
dispepsia (dis.**pep**.si.a) s.f. (*Med.*) Distúrbio da função digestiva; má digestão.
dispersão (dis.per.**são**) s.f. 1. Ato de dispersar(-se); debandada. 2. (*Fís.*) Separação da luz solar nas sete cores do arco-íris.
dispersar (dis.per.**sar**) v.t.d. 1. Disseminar, espalhar. 2. Gastar, dissipar. v.p. 3. Espalhar-se, dissipar-se.
dispersivo (dis.per.**si**.vo) adj. Que provoca dispersão.
disperso (dis.**per**.so) [é] adj. Separado; espalhado; dissipado.
displasia (dis.pla.**si**.a) s.f. (*Med.*) Desenvolvimento anormal de ossos ou tecidos.
display [inglês: "displêi"] s.m. 1. Mostruário. 2. Visor.
displicência (dis.pli.**cên**.ci.a) s.f. 1. Aborrecimento; tédio; descontentamento. 2. Descuido; descaso.
displicente (dis.pli.**cen**.te) s.m. e adj.2g. (Pessoa) que revela displicência; desleixado; negligente.

dispneia (disp.**nei**.a) [éi] s.f. (*Med.*) Dificuldade de respirar.
disponibilidade (dis.po.ni.bi.li.**da**.de) s.f. 1. Qualidade ou estado do que está disponível. 2. Situação da pessoa que não está exercendo uma função fixa.
disponibilizar (dis.po.ni.bi.li.**zar**) v.t.d. Oferecer, tornar disponível: *disponibilizar um serviço*.
disponível (dis.po.**ní**.vel) adj.2g. Que está à disposição; livre.
dispor (dis.**por**) [ô] v.t.d. 1. Colocar ordenadamente. 2. Pôr em lugar conveniente. v.t.i. 3. Desfazer-se de algo. 4. Dar aplicação; gastar. v.p. 5. Decidir-se; resolver-se. Obs.: conjuga-se como *pôr*.
disposição (dis.po.si.**ção**) s.f. 1. Colocação metódica. 2. Tendência. 3. Preceito. 4. Prescrição legal. 5. Estado de espírito ou de saúde.
dispositivo (dis.po.si.**ti**.vo) adj. 1. Que contém disposição, regra ou prescrição: *as partes dispositivas de uma lei ou contrato*. s.m. 2. Aparelho ou parte de aparelho que cumpre uma função: *um dispositivo interruptor para acender ou apagar a luz; a impressora é um dispositivo que dá saída aos dados de um computador*.
disposto (dis.**pos**.to) [ô] adj. 1. Ordenado; colocado metodicamente. 2. Que revela bom estado de ânimo ou de saúde. 3. Vivo; animado. 4. Aquilo que se determinou. ◙ Pl. *dispostos* [ó].
disprósio (dis.**pró**.si.o) s.m. (*Quím.*) Elemento de símbolo Dy, número atômico 66 e massa atômica 162,50.
disputa (dis.**pu**.ta) s.f. Luta; contenda; rixa.
disputado (dis.pu.**ta**.do) adj. Que se disputa, que gera disputa; renhido.
disputar (dis.pu.**tar**) v.t.d. Lutar pela posse de; concorrer; pleitear.
disquete (dis.**que**.te) [é] s.m. (*Inf.*) Disco magnético para armazenamento de dados, protegido por capa plástica quadrangular.
disritmia (dis.rit.**mi**.a) s.f. (*Med.*) Alteração no ritmo de funcionamento de um órgão: *disritmia cardíaca*.
dissabor (dis.sa.**bor**) [ô] s.m. Desprazer; desgosto; contrariedade; aborrecimento.
dissecação (dis.se.ca.**ção**) s.f. Acção de dissecar; corte para estudo e análise. Cf. *dessecação*.
dissecar (dis.se.**car**) v.t.d. 1. (*Med.*) Cortar, seccionar separando as partes, para estudo: *dissecar um cadáver*. 2. (*Fig.*) Analisar, estudar pedaço por pedaço. Cf. *dessecar*.
disseminação (dis.se.mi.na.**ção**) s.f. Ato de disseminar; difusão; propagação.
disseminar (dis.se.mi.**nar**) v.t.d. 1. Semear; difundir; propagar. v.p. 2. Propagar-se.
dissensão (dis.sen.**são**) s.f. Divergência, desentendimento.
dissentir (dis.sen.**tir**) v.t.i. e v.i. Discordar, não entrar em acordo, brigar: *dissentiam muito; dissentia sobre a educação das crianças*.
disse que disse (*diz* que **dis**.se) s.m.2n. Falatório, mexerico, boato; diz que diz: *ficamos sabendo da festa pelo disse que disse*.

dissertação (dis.ser.ta.**ção**) s.f. Exposição desenvolvida de qualquer matéria; discurso.
dissertar (dis.ser.**tar**) v.t.i. e v.i. Fazer dissertação; discorrer.
dissertativo (dis.ser.ta.**ti**.vo) adj. Relacionado a dissertação, que disserta: *transformou o texto dissertativo em poesia*.
dissidência (dis.si.**dên**.ci.a) s.f. Divergência de opiniões; cisma; cisão.
dissidente (dis.si.**den**.te) s.m. e adj.2g. (Pessoa) que discorda da opinião de todos.
dissídio (dis.**sí**.di.o) s.m. Dissensão; divergência.
dissílabo (dis.**sí**.la.bo) s.m. e adj. (*Gram.*) (Vocábulo) que tem duas sílabas.
dissimetria (dis.si.me.**tri**.a) s.f. Diferença pequena entre dois lados quase simétricos. Cf. *assimetria*.
dissimulação (dis.si.mu.la.**ção**) s.f. Ato de dissimular; fingimento; disfarce.
dissimulado (dis.si.mu.**la**.do) adj. Disfarçado; fingido; hipócrita; camuflado.
dissimular (dis.si.mu.**lar**) v.t.d. **1.** Disfarçar; encobrir; camuflar. v.i. **2.** Não revelar o que se sente.
dissipação (dis.si.pa.**ção**) s.f. Ação de dissipar; gasto, dispersão: *dissipação das riquezas*.
dissipar (dis.si.**par**) v.t.d. **1.** Fazer que desapareça; desvanecer. **2.** Gastar exageradamente. v.p. **3.** Dispersar-se; espalhar-se.
disso (**dis**.so) Contração da preposição "de" com o pronome demonstrativo "isso".
dissociação (dis.so.ci.a.**ção**) s.f. Ato de dissociar(-se); desagregar; separar.
dissociar (dis.so.ci.**ar**) v.t.d. e v.p. **1.** Desagregar(-se); separar(-se). **2.** Decompor quimicamente.
dissolução (dis.so.lu.**ção**) s.f. **1.** Ato de dissolver. **2.** Extinção de contrato de sociedade. **3.** (Fig.) Devassidão; corrupção; perversão. **4.** (Quím.) Processo pelo qual uma substância desaparece, ao ser colocada em contato com outra, formando o conjunto homogêneo que se chama solução.
dissolutivo (dis.so.lu.**ti**.vo) adj. Que dissolve, desmancha: *na água o papel entra em processo dissolutivo*.
dissoluto (dis.so.**lu**.to) adj. **1.** (Quím.) Que se dissolveu; dissolvido. s.m. e adj. **2.** Libertino, devasso, depravado.
dissolúvel (dis.so.**lú**.vel) adj.2g. Que pode ser dissolvido; solúvel.
dissolver (dis.sol.**ver**) v.t.d. **1.** Promover a desagregação de um corpo sólido, desmanchando-o em um líquido. **2.** Fazer evaporar. **3.** Dispersar. v.p. **4.** Entrar em dissolução; desmanchar-se.
dissolvido (dis.sol.**vi**.do) adj. **1.** Que se dissolveu. **2.** Desmanchado, desfeito.
dissonância (dis.so.**nân**.ci.a) s.f. **1.** (Mús.) Falta de harmonia entre os sons, sucessão de sons desarmônicos. **2.** (Fig.) Divergência de opiniões, desacordo. **3.** Falta de harmonia ou combinação; discrepância.
dissonante (dis.so.**nan**.te) adj.2g. Em que existe dissonância.
dissuadir (dis.su.a.**dir**) v.t.d. Fazer mudar de ideia.

dissuasão (dis.su.a.**são**) s.f. **1.** Ato ou efeito de dissuadir, de convencer alguém a desistir de uma intenção ou mudar de opinião. **2.** Circunstância na qual o medo de uma retaliação impede que um conflito evolua para o enfrentamento.
dissuasivo (dis.su.a.**si**.vo) adj. Próprio para dissuadir
distal (dis.**tal**) adj.2g. (Bio.) Que está no ponto mais distante ou afastado do centro de um organismo ou órgão. Cf. *proximal*.
distância (dis.**tân**.ci.a) s.f. Espaço; afastamento intervalo.
distanciado (dis.tan.ci.**a**.do) adj. Que se distanciou distante, longe.
distanciamento (dis.tan.ci.a.**men**.to) s.m. Ação de distanciar(-se); afastamento, distância.
distanciar (dis.tan.ci.**ar**) v.t.d. **1.** Pôr distante; afastar; espaçar. v.p. **2.** Apartar-se; afastar-se; separar-se Obs.: pres. do ind.: *distancio, distancias, distancia, distanciamos, distanciais, distanciam*; pres. do subj.: *distancie, distancies, distancie* etc.
distante (dis.**tan**.te) adj.2g. Que está longe; remoto afastado.
distar (dis.**tar**) v.t.i. Ficar, situar-se, localizar-se (em relação a outro ponto): *a praia distava cem metros da casa*.
distender (dis.ten.**der**) v.t.d. **1.** Estender muito; dilatar; esticar. v.p. **2.** Dilatar-se.
distensão (dis.ten.**são**) s.f. **1.** Ato de distender; dilatação. **2.** Torção violenta dos músculos ou dos ligamentos de uma articulação.
dístico (**dís**.ti.co) s.m. **1.** Grupo de dois versos **2.** Rótulo; divisa; letreiro.
distinção (dis.tin.**ção**) s.f. **1.** Ato de distinguir; diferença. **2.** Educação esmerada. **3.** Correção de procedimento.
distinguir (dis.tin.**guir**) v.t.d. **1.** Diferençar; discriminar. **2.** Ver; avistar. **3.** Tornar notável. v.p. **4.** Tornar-se notável: *o amigo distinguia-se pela inteligência* Obs.: pres. do ind.: *distingo, distingues* etc.; pres. do subj.: *distinga, distingas* etc.
distintivo (dis.tin.**ti**.vo) s.m. e adj. (Objeto) que serve para distinguir; emblema.
distinto (dis.**tin**.to) adj. **1.** Diferente, separado outro. **2.** Ilustre; notável.
disto (**dis**.to) Contração da preposição "de" com o pronome "isto".
distorção (dis.tor.**ção**) s.f. **1.** Ato de distorcer **2.** (Fís.) Defeito óptico de algumas lentes, que torna curvas as linhas retas.
distorcer (dis.tor.**cer**) v.t.d. Mudar o sentido ou a posição normal de.
distração (dis.tra.**ção**) s.f. **1.** Falta de atenção **2.** Diversão; recreação; divertimento.
distraído (dis.tra.**í**.do) adj. **1.** Que se distraiu, em distração. **2.** Desatento.
distrair (dis.tra.**ir**) v.t.d. **1.** Tornar desatento. **2.** Divertir; recrear. v.p. **3.** Descuidar-se. **4.** Divertir-se.
distratar (dis.tra.**tar**) v.t.d. Desfazer, cancelar ou encerrar um contrato: *distratou os serviços*. Cf. *destratar*.

distrato (dis.**tra**.to) s.m. Ação de distratar, de desfazer ou encerrar um contrato. Cf. *destrato*.
distribuição (dis.tri.bui.**ção**) s.f. **1.** Ato de distribuir. **2.** Setor das empresas ou dos correios que faz entrega das mercadorias ou da correspondência aos seus destinatários.
distribuído (dis.tri.bu.**í**.do) *adj*. **1.** Que se distribuiu. **2.** Dividido, repartido, espalhado.
distribuidor (dis.tri.bui.**dor**) [ô] s.m. *e adj*. (Aquele) que distribui.
distribuir (dis.tri.bu.**ir**) v.t.d. *e i*. Repartir, dividir, espalhar, entregar; encaminhar. Obs.: pres. do ind.: *distribuo, distribuis, distribui, distribuímos, distribuís, distribuem*; pres. do subj.: *distribua, distribuas, distribua* etc.
distributivo (dis.tri.bu.**ti**.vo) *adj*. Relacionado a distribuição, que apresenta distribuição.
distrital (dis.tri.**tal**) *adj.2g*. Que pertence ou se refere a distrito.
distrito (dis.**tri**.to) s.m. Divisão territorial, que abrange um ou mais bairros, a cargo de autoridade administrativa, judicial ou fiscal.
distrofia (dis.tro.**fi**.a) s.f. (*Med*.) Anomalia no desenvolvimento muscular.
distúrbio (dis.**túr**.bi.o) s.m. Perturbação; motim; desordem; algazarra.
dita (**di**.ta) s.f. Fortuna; sorte; ventura; felicidade; bem-estar.
ditado (di.**ta**.do) s.m. **1.** Aquilo que se ditou para ser escrito. **2.** Adágio; provérbio; rifão, também chamado ditado popular: *vovó gostava do ditado "macaco velho não põe a mão em cumbuca"*.
ditador (di.ta.**dor**) [ô] s.m. **1.** Governante que concentra em suas mãos todos os poderes do Estado. **2.** (*P. ext*.) Pessoa autoritária; déspota; tirano.
ditadura (di.ta.**du**.ra) s.f. **1.** Sistema de governo em que todos os poderes do Estado são exercidos por um só governante. **2.** (*P. ext*.) Tirania; despotismo; autoritarismo. **Ditadura militar:** fase da história do Brasil entre 1964 e 1988, em que o país foi governado por membros das Forças Armadas.
ditame (di.**ta**.me) s.m. Ordem, norma, imperativo, preceito: *ditames da consciência*.
ditar (di.**tar**) v.t.d. *e* v.t.d.i. **1.** Ler ou dizer, para que outra pessoa escreva. **2.** Impor.
ditatorial (di.ta.to.ri.**al**) *adj.2g*. Relacionado a ditador ou ditadura.
dito (**di**.to) *adj*. **1.** Que se disse; mencionado. s.m. **2.** Sentença; expressão. **3.** Ditado; provérbio.
dito-cujo (di.to-**cu**.jo) s.m. Aquele de que já se falou e não se quer falar o nome: *cadê o dito-cujo?* ▣ Pl. *ditos-cujos*. Obs.: expressa brincadeira, tom informal ou piada.
ditongo (di.**ton**.go) s.m. (*Gram*.) Reunião em uma mesma sílaba de uma vogal e uma semivogal ou vice-versa, como em "pai", que é um ditongo decrescente, ou em "pia", que é um ditongo crescente.
ditoso (di.**to**.so) [ô] *adj*. Que tem dita; venturoso; feliz; afortunado. ▣ Pl. *ditosos* [ó].

diu s.m. Dispositivo que se coloca dentro do útero, para impedir a gestação. Obs.: a palavra originou-se da sigla de "dispositivo intrauterino".
diurese (diu.**re**.se) s.f. (*Med*.) Produção de urina.
diurético (di.u.**ré**.ti.co) s.m. *e adj*. (Medicamento) que provoca a secreção da urina.
diurno (di.**ur**.no) *adj*. Que se faz ou que ocorre durante o dia.
diuturno (diu.**tur**.no) *adj*. Que tem longa duração.
diva (**di**.va) s.f. **1.** Deusa. **2.** (*Fig*.) Mulher muito bonita. **3.** Musa inspiradora.
divã (di.**vã**) s.m. **1.** Sofá sem encosto; canapé. **2.** (*Fig*.) Tratamento psicanalítico; psicoterapia freudiana.
divagação (di.va.ga.**ção**) s.f. Ato de divagar; devaneio; fantasia; imaginação.
divagar (di.va.**gar**) v.i. **1.** Percorrer; andar sem sentido; vaguear. **2.** Fantasiar; imaginar.
divalente (di.va.**len**.te) *adj.2g*. (*Quím*.) Que tem valência dupla.
divergência (di.ver.**gên**.ci.a) s.f. Desacordo; discordância; afastamento progressivo.
divergente (di.ver.**gen**.te) *adj.2g*. Que diverge; discordante; conflitante.
divergir (di.ver.**gir**) v.t.i. **1.** Discordar. v.i. **2.** Desviar-se. Obs.: pres. do ind.: *divirjo, diverges, diverge, divergimos, divergis, divergem*; pres. do subj.: *divirja, divirjas, divirja* etc.
diversão (di.ver.**são**) s.f. **1.** Divergência. **2.** Divertimento; distração.
diversidade (di.ver.si.**da**.de) s.f. Qualidade daquilo que é diverso; diferença; variedade.
diversificação (di.ver.si.fi.ca.**ção**) s.f. Ação de diversificar, de criar variedade; diferenciação.
diversificar (di.ver.si.fi.**car**) v.t.d. **1.** Tornar diverso. v.t.i. **2.** Ser diverso. v.i. **3.** Variar.
diverso (di.**ver**.so) *adj*. Diferente; distinto. Cf. *diversos*.
diversos (di.**ver**.sos) *pron.indef.pl*. Vários, alguns.
diverticulite (di.ver.ti.cu.**li**.te) s.f. (*Med*.) Inflamação de um divertículo.
divertículo (di.ver.**tí**.cu.lo) s.m. (*Med*.) **1.** Dobra, prega em parede de órgão. **2.** Pequena bolsa anormal na parede do intestino.
divertido (di.ver.**ti**.do) *adj*. Que se diverte ou diverte os outros; alegre; pândego; folgazão.
divertimento (di.ver.ti.**men**.to) s.m. Diversão; entretenimento; distração.
divertir (di.ver.**tir**) v.t.d. **1.** Recrear; entreter. v.p. **2.** Recrear-se; distrair-se. v.t.d. *e* v.p. **3.** Desviar(-se); afastar(-se). Obs.: pres. do ind.: *divirto, divertes, diverte, divertimos, divertis, divertem*; pres. do subj.: *divirta, divirtas, divirta* etc.
dívida (**dí**.vi.da) s.f. **1.** Aquilo que se deve; débito; obrigação. **2.** (*Fig*.) Erro; pecado.
dividendo (di.vi.**den**.do) s.m. **1.** (*Mat*.) Número que vai ser dividido por outro. **2.** Parte dos lucros de uma empresa mercantil que cabe a cada um de seus acionistas.
dividido (di.vi.**di**.do) *adj*. **1.** Que se dividiu. **2.** Separado em duas ou mais partes; desunido.

dividir (di.vi.**dir**) v.t.d. **1.** Separar; partir; distribuir em partes. v.p. **2.** Separar-se em partes diferentes.

divinal (di.vi.**nal**) adj.2g. Divino.

divinatório (di.vi.na.**tó**.ri.o) adj. Relacionado a adivinhação: *arte divinatória, técnica divinatória*.

divindade (di.vin.**da**.de) s.f. **1.** Ser divino, deus ou deusa. **2.** Qualidade ou natureza de ser divino.

divinizar (di.vi.ni.**zar**) v.t.d. Tratar como divindade, atribuir características divinas a: *divinizar um líder religioso*.

divino (di.**vi**.no) adj. **1.** Que diz respeito a deus; superior aos seres humanos, supra-humano; divinal. **2.** Sobrenatural, excelso, perfeito. s.m. **3.** O mundo religioso, os aspectos sagrados da vida humana. (*próprio*) **4.** No catolicismo, o Espírito Santo, a terceira pessoa da Santíssima Trindade. (*Folc.*) Festa do Divino: festa popular com manifestações folclóricas variadas.

divisa (di.**vi**.sa) s.f. **1.** Limite; marco; raia; fronteira. **2.** Lema. **3.** Galão indicativo de patente militar. Cf. *divisas*.

divisão (di.vi.**são**) s.f. **1.** Ato de dividir. **2.** Linha divisória. **3.** Segmentação; parte de um todo. **4.** Cada uma das partes de um exército ou esquadra. **5.** (*Mat.*) Operação para determinar quantas vezes um número menor está contido em um maior.

divisar (di.vi.**sar**) v.t.d. **1.** Avistar; enxergar; distinguir. **2.** Delimitar; marcar; balizar.

divisas (di.**vi**.sas) s.f.pl. Disponibilidade cambial que um país possui em países estrangeiros.

divisibilidade (di.vi.si.bi.li.**da**.de) s.f. **1.** Qualidade do que pode ser dividido. **2.** (*Mat.*) Característica de um número de ser divisível por outro.

divisionário (di.vi.si.o.**ná**.ri.o) adj. Relacionado a divisão, que constitui uma divisão.

divisível (di.vi.**sí**.vel) adj.2g. Que se pode dividir exatamente.

divisor (di.vi.**sor**) [ô] adj. **1.** Que divide. s.m. **2.** (*Mat.*) Número pelo qual se divide outro, dito dividendo, para chegar ao quociente, o resultado.

divisória (di.vi.**só**.ri.a) s.f. **1.** Linha que divide. **2.** Artifício usado para dividir um compartimento da casa (biombo, tapume, estante etc.).

divisório (di.vi.**só**.ri.o) adj. **1.** Que diz respeito a divisão. **2.** Que divide ou separa; delimitador.

divorciar (di.vor.ci.**ar**) v.t.d. **1.** Decretar o divórcio de. **2.** Separar; desunir. v.p. **3.** Separar-se judicialmente.

divórcio (di.**vór**.ci.o) s.m. **1.** Separação judicial dos cônjuges. **2.** (*P. ext.*) Separação; desunião; desagregação.

divulgação (di.vul.ga.**ção**) s.f. Ato de divulgar; difusão; publicação.

divulgador (di.vul.ga.**dor**) [ô] s.m. e adj. (Pessoa) que divulga, apresenta ou promove: *divulgadores da moda*.

divulgar (di.vul.**gar**) v.t.d. **1.** Difundir; propalar; publicar. v.p. **2.** Tornar-se conhecido; popularizar-se.

dizer (di.**zer**) v.t.d. **1.** Exprimir por palavras; pronunciar. **2.** Exclamar; afirmar; enunciar. **3.** Mandar; aconselhar. v.i. **4.** Falar. v.t.i. **5.** Condizer. v.p. **6.** Ter-se na conta de; achar-se. s.m. **7.** Dito; expressão. **8.** Modo de exprimir; estilo. Obs.: pres. do ind.: *digo, dizes, diz, dizemos, dizeis, dizem*; pret. perf.: *disse, disseste, disse, dissemos* etc.; mqp.: *dissera, disseras, dissera* etc.; fut. do pres.: *direi, dirás, dirá* etc.; fut. do pret.: *diria, dirias, diria* etc.; pres. do subj.: *diga, digas, diga* etc.; imperf. do subj.: *dissesse, dissesses, dissesse* etc.; imperat. afirm.: *dize, diga, digamos, dizei, digam*.; imperat. neg.: *não digas, não diga, não diga* etc.; part.: *dito*.

dízima (**dí**.zi.ma) s.f. **1.** Imposto que corresponde a um décimo dos rendimentos. **2.** Décima. (*Mat.*) Dízima periódica: número decimal em que, após a vírgula, os algarismos se repetem infinitamente, sempre na mesma ordem.

dizimar (di.zi.**mar**) v.t.d. **1.** Matar uma pessoa, em cada grupo de dez; destruir parte de. **2.** Lançar o imposto de dízima sobre.

dízimo (**dí**.zi.mo) s.m. **1.** A décima parte. **2.** Contribuição que se faz à Igreja.

diz que diz (diz que **diz**) s.m.2n. Falatório, mexerico, boato; disse que disse.

DNA Sigla de *ácido desoxirribonucleico*, substância que armazena a informação genética de todos os seres vivos.

do Contração da preposição "de" com o "o", seja artigo definido ou pronome demonstrativo.

dó s.m. **1.** (*Mús.*) Primeira nota da escala de mesmo nome. **2.** Compaixão; pena; piedade.

doação (do.a.**ção**) s.f. Ato de doar, aquilo que se doou ou documento em que se faz a doação.

doador (do.a.**dor**) [ô] s.m. e adj. (Aquele) que doa, que faz uma doação: *doador de órgãos*.

doar (do.**ar**) v.t.d. e v.t.d.i. Fazer doação de; dar; ofertar. Obs.: pres. do ind.: *doo, does, doa* etc.; pres. do subj.: *doe, does, doe* etc.

dobermann [alemão: "dóberman"] s.2g. (*Zoo.*) Cão de raça grande, de pelagem curta e espessa, geralmente preta com dourado, criado para guarda.

dobra (do.bra) s.f. Parte de tecido que se sobrepõe a outra; vinco; prega.

dobradiça (do.bra.**di**.ça) s.f. Peça de metal que prende a porta à parede, formada de duas chapas ligadas por um eixo, de modo que as chapas se dobram uma sobre a outra.

dobradinha (do.bra.**di**.nha) s.f. **1.** (*Culin.*) Estômago de boi, cortado em tiras e cozido puro ou com feijão-branco. **2.** (*Pop.*) Aquilo que acontece duas vezes ou com dois elementos de mesma origem: *dobradinha de brasileiros no campeonato*.

dobrado (do.**bra**.do) adj. **1.** Voltado sobre si; enrolado; duplicado. s.m. **2.** (*Mús.*) Tipo de marcha militar. adj. **3.** Em dobro, de modo duplicado: *pagaram dobrado pelos anos de sofrimento*.

dobradura (do.bra.**du**.ra) s.f. **1.** Ato de dobrar; dobra; dobramento. **2.** Arte de fazer objetos com papel dobrado; origami.

dobramento (do.bra.**men**.to) s.m. Dobradura; dobra.

dobrar (do.**brar**) *v.t.d.* **1.** Multiplicar por dois. *v.i.* **2.** Duplicar-se. **3.** Badalar. *v.p.* **4.** Ceder; curvar-se; transigir.
dobrável (do.**brá**.vel) *adj.2g.* Que se pode dobrar, que pode ser dobrado: *uma cadeira dobrável*.
dobro (do.bro) [ô] *s.m.* Duplo; duplicação.
doca (do.ca) [ó] *s.f.* Parte de um porto onde ficam os navios e onde são feitos o carregamento e descarregamento.
doce (do.ce) [ô] *adj.2g.* **1.** Que tem sabor parecido com o do mel, das frutas maduras ou do açúcar: *o suco está bem doce*. *s.m.* **2.** Comida feita com mel, frutas maduras ou açúcar: *doce de goiaba; na festa tinha brigadeiro e outros doces*. *adj.2g.* **3.** Agradável, meigo, carinhoso; suave, gentil: *palavras doces*. **Água doce:** água de rio, fonte etc., que não é salgada.
doceiro (do.**cei**.ro) *adj.* **1.** Relacionado a doce: *comércio doceiro*. *s.m.* **2.** Pessoa que faz ou vende doces.
docência (do.**cên**.ci.a) *s.f.* Exercício do magistério; ensino.
docente (do.**cen**.te) *adj.2g.* **1.** Que diz respeito a professores. *s.m.* **2.** Lente; professor. Cf. *discente*.
dócil (dó.cil) *adj.2g.* Obediente; brando; submisso.
docilidade (do.ci.li.**da**.de) *s.f.* Qualidade daquilo que é dócil.
documentação (do.cu.men.ta.**ção**) *s.f.* Conjunto de documentos.
documental (do.cu.men.**tal**) *adj.2g.* Relacionado a documento, que tem valor de documento: *ficha documental*.
documentar (do.cu.men.**tar**) *v.t.d.* Juntar documentos para comprovar algo.
documentário (do.cu.men.**tá**.ri.o) *adj.* **1.** Que diz respeito a, que constitui documento. *s.m.* **2.** Filme, em geral de curta metragem, registra a realidade, que documenta pessoa, local ou evento. **3.** Esse gênero de filmes.
documento (do.cu.**men**.to) *s.m.* Papel que prova alguma coisa; declaração emitida por autoridade: *o documento de identidade prova quem a pessoa é*.
doçura (do.**çu**.ra) *s.f.* **1.** Qualidade daquilo que é doce. **2.** (Fig.) Suavidade; meiguice; brandura.
dodecaedro (do.de.ca.**e**.dro) [é] *s.m.* (Geom.) Poliedro de doze faces.
dodecágono (do.de.**cá**.go.no) *s.m.* **1.** (Geom.) Polígono de doze lados. **2.** (Const. Ant.) Praça que possui doze baluartes.
dodecassílabo (do.de.cas.**sí**.la.bo) *s.m. e adj.* (Vocábulo ou verso) de doze sílabas.
dodói (do.**dói**) *s.m.* (Infant.) **1.** Machucado, lesão: *fez um dodói no dedo*. **2.** Doente ou indisposto: *ele está dodói e não pode sair da cama*.
doença (do.**en**.ça) *s.f.* **1.** Moléstia; mal; enfermidade. **2.** Vício; defeito; mania.
doente (do.**en**.te) *s.2g. e adj.2g.* **1.** (Pessoa) que tem doença. *adj.2g.* **2.** Que não tem saúde, que não é saudável.

doentio (do.en.**ti**.o) *adj.* **1.** Que adoece com facilidade; frágil; débil; enfermiço. **2.** Prejudicial à saúde; mórbido.
doer (do.**er**) *v.i.* **1.** Causar dor, arrependimento ou dó. *v.p.* **2.** Ressentir-se; arrepender-se.
doesto (do.**es**.to) [é] *s.m.* Insulto, acusação vergonhosa, injúria.
dogma (**dog**.ma) *s.m.* Cada um dos pontos fundamentais de um sistema ou doutrina.
dogmático (dog.**má**.ti.co) *adj.* **1.** Relacionado a dogma. **2.** Que segue os dogmas; fiel, obediente.
dogmatismo (dog.ma.**tis**.mo) *s.m.* Sistema daqueles que se baseiam em dogmas, não aceitando oposição ao que afirmam.
dogmatizar (dog.ma.ti.**zar**) *v.t.d.* Criar, instituir dogmas: *dogmatizar uma religião*.
doideira (doi.**dei**.ra) *s.f.* (Pop.) **1.** Ato de doido; coisa doida, doidice. **2.** Condição de doido; loucura, maluquice: *dias de doideira*.
doidice (doi.**di**.ce) *s.f.* Doideira.
doidivanas (doi.di.**va**.nas) *s.2g.2n.* Pessoa leviana, estouvada, meio doida. ▫ Pl. *doidivanas*.
doído (do.**í**.do) *adj.* **1.** Que dói. **2.** Machucado, magoado, ferido. Cf. *doido*.
doido (**doi**.do) *s.m. e adj.* **1.** (Indivíduo) que é demente, louco. **2.** (Pessoa) temerária, valente; exaltada. Cf. *doído*.
dois *num.* **1.** Numeral cardinal que corresponde a 2, ou um mais um. *s.m.* **2.** Algarismo que representa esse número.
dólar (**dó**.lar) *s.m.* Nome da moeda de vários países, como Estados Unidos, Canadá, Austrália, Nova Zelândia e outros.
dolarização (do.la.ri.za.**ção**) *s.f.* Indexação da economia ao valor do dólar americano.
dolarizar (do.la.ri.**zar**) *v.t.d.* Indexar a economia ao valor do dólar americano.
doleiro (do.**lei**.ro) *s.m. e adj.* (Aquele) que compra e vende dólares americanos.
dolência (do.**lên**.ci.a) *s.f.* Qualidade de dolente; sofrimento, dor.
dolente (do.**len**.te) *adj.2g.* Que sente dor ou sofrimento; magoado, dolorido.
dólmã (**dól**.mã) *s.m.* **1.** Casaco longo de mangas largas. **2.** Casaco militar longo e de gola alta.
dolo (**do**.lo) [ô] *s.m.* Logro; fraude; má-fé.
dolorido (do.lo.**ri**.do) *adj.* Que dói, em que há dor: *passou uma pomada nos músculos doloridos*.
doloroso (do.lo.**ro**.so) [ô] *adj.* Que causa dor; dorido; lastimoso; sofrido. ▫ Pl. *dolorosos* [ó].
doloso (do.**lo**.so) [ô] *adj.* Em que há dolo; fraudulento; enganador. ▫ Pl. *dolosos* [ó].
dom *s.m.* **1.** Dote natural, talento: *ele tinha dons para música e dança*. **2.** Título honorífico que precede os nomes próprios, em geral abreviado d. ou D.: *o primeiro governante do Brasil após a Independência foi D. Pedro I*. **3.** (Fig.) Poder, talento: *tinha o dom de fazer as mais incríveis acrobacias na bicicleta*.
domador (do.ma.**dor**) [ô] *s.m. e adj.* (Aquele) que doma.

domar (do.**mar**) v.t.d. Domesticar; amansar; subjugar; dominar.

doméstica (do.**més**.ti.ca) s.f. Mulher contratada para fazer o trabalho doméstico, como empregada ou como diarista.

domesticar (do.mes.ti.**car**) v.t.d. **1.** Tornar doméstico; domar; amansar. v.p. **2.** Civilizar-se.

doméstico (do.**més**.ti.co) adj. **1.** Que diz respeito à vida em família, caseiro; familiar. s.m. **2.** Pessoa que faz o serviço de uma casa; empregado, serviçal. **3.** (Ant.) Criado.

domiciliar (do.mi.ci.li.**ar**) adj.2g. Que diz respeito a domicílio.

domicílio (do.mi.**cí**.li.o) s.m. Residência permanente; habitação fixa.

dominação (do.mi.na.**ção**) s.f. **1.** Ato de dominar. **2.** Autoridade absoluta. **3.** Exercício de mando; poder.

dominador (do.mi.na.**dor**) [ô] s.m. e adj. (Aquele) que domina.

dominância (do.mi.**nân**.ci.a) s.f. Qualidade de dominante; predomínio.

dominante (do.mi.**nan**.te) adj.2g. Que domina ou predomina; predominante: *a cor dominante é o azul*.

dominar (do.mi.**nar**) v.t.d. **1.** Ter autoridade sobre; reprimir. **2.** Ocupar; tomar; subjugar. v.t.i. **3.** Ter influência. v.p. **4.** Conter-se; reprimir-se.

domingo (do.**min**.go) s.m. Primeiro dia da semana, em que muitas pessoas não trabalham: *o domingo é véspera de segunda, o primeiro dia útil da semana*.

domingueiro (do.min.**guei**.ro) adj. Que se faz ou usa aos domingos.

dominical (do.mi.ni.**cal**) adj.2g. Relativo ao dia de domingo.

dominicano (do.mi.ni.**ca**.no) adj. **1.** Da República Dominicana, país da América Central que divide a ilha de Hispaniola com o Haiti. s.m. **2.** Pessoa natural ou habitante desse lugar. Cf. *dominiquense*.

domínio (do.**mí**.ni.o) s.m. **1.** Autoridade; poder. **2.** Extensão de terra que pertence a uma pessoa ou ao Estado. **3.** Alçada; âmbito. **4.** (Mat.) Conjunto de valores que pode assumir esta variável. **5.** (Inf.) Nome de uma página ou *site* na internet, associado a um endereço numérico: *o domínio www.brasil.gov.br pertence ao governo brasileiro*.

dominiquense (do.mi.ni.**quen**.se) adj.2g. **1.** Da Dominica, país da América Central situado na ilha de mesmo nome e membro do Reino Unido. s.2g. **2.** Pessoa natural ou habitante desse lugar. Cf. *dominicano*.

dominó (do.mi.**nó**) s.m. **1.** Fantasia com capuz e mangas, nas cores preta e branca, usada no carnaval. **2.** Jogo que se compõe de 28 peças ou pedras com pontos marcados de 0 a 6.

domo (do.mo) s.m. **1.** Na Itália, igreja central; catedral: *visitaram o domo de Milão*. **2.** (Const.) Cobertura, teto de forma curva; cúpula, abóbada.

dona (do.na) s.f. **1.** Senhora, proprietária. **2.** Título que precede o nome próprio das senhoras. **3.** A chefe da casa. **Dona de casa:** pessoa que administra o lar ou residência, que cuida da casa e decide as compras.

donaire (do.**nai**.re) s.m. Charme, elegância, graça.

donatário (do.na.**tá**.ri.o) s.m. **1.** Aquele que recebe um donativo ou doação. **2.** (Hist.) Pessoa que recebeu da Coroa portuguesa uma capitania, primeira divisão administrativa brasileira.

donativo (do.na.**ti**.vo) s.m. Oferta; dom; dádiva; presente; esmola.

donde (**don**.de) Contração da preposição "de" com o advérbio "onde".

dondoca (don.**do**.ca) [ó] s.f. Mulher ociosa, fútil que cuida apenas da própria aparência.

doninha (do.**ni**.nha) s.f. **1.** (Zoo.) Animal silvestre mustelídeo europeu, de pelo castanho ou avermelhado muito macio, caçado para fazer casacos. **2.** (Zoo.) Animal silvestre brasileiro semelhante parente da ariranha, que vive no Pará e está em extinção.

dono (**do**.no) s.m. **1.** Senhor ou proprietário de alguma coisa ou ser: *ele era dono de dois cachorros*. **2.** O chefe da casa.

donzel (don.**zel**) adj. **1.** Donzelo. s.m. **2.** (Ant.) Moço jovem de boa aparência e solteiro.

donzela (don.**ze**.la) s.f. **1.** Moça, jovem virgem. **2.** Mulher virgem de qualquer idade.

donzelo (don.**ze**.lo) adj. (Ant.) Virgem, casto, puro donzel: *era um moço donzelo de quase 18 anos*.

dopado (do.**pa**.do) adj. **1.** Que se dopou, que usa de *doping*. **2.** Entorpecido, drogado.

dopar (do.**par**) v.t.d. **1.** Dar droga ou entorpecente para sedar: *dopou o leão para tratar da ferida*. v.t.d. e v.p. **2.** Usar substância ilegal para melhorar o desempenho em competição esportiva: *o atleta dopou-se; dopou o cavalo*.

doping [inglês: "dópim"] s.m. (Esp.) Uso de substância proibida para melhorar o desempenho de um atleta ou cavalo de corrida.

dor s.f. Sofrimento moral ou físico causado por um desgosto, lesão ou doença.

dor de corno (dor de **cor**.no) s.f. Sofrimento, infelicidade causados por infidelidade amorosa ou traição.

dor de cotovelo (dor de co.to.**ve**.lo) s.f. Sofrimento infelicidade causados por abandono ou rejeição amorosa.

doravante (do.ra.**van**.te) adv. De agora em diante, a partir de agora.

dorido (do.**ri**.do) adj. Que tem dor; dolorido.

dormência (dor.**mên**.ci.a) s.f. **1.** Estado de torpor característico de quem está adormecido. **2.** Insensibilidade em alguma parte do corpo; formigamento.

dorme-nenê (dor.me-ne.**nê**) s.m. (Infant.) Acalanto. ▪ Pl. *dorme-nenês*.

dormente (dor.**men**.te) adj.2g. **1.** Que dorme. s.m. **2.** Travessa em que são assentados os trilhos das estradas de ferro. **3.** Travessa em que é preso o assoalho.

dormida (dor.**mi**.da) s.f. Abrigo para dormir; pernoite

dormideira (dor.mi.**dei**.ra) *s.f.* (*Bot.*) **1.** Planta de cujas sementes ou folhas se faz chá calmante, sonífero. **2.** Planta que, quando tocada, fecha as folhas ou as flores. **3.** (*Zoo.*) Certa cobra preta e branca, não venenosa.

dorminhoco (dor.mi.**nho**.co) [ô] *s.m. e adj.* (Aquele) que dorme muito.

dormir (dor.**mir**) *v.i.* **1.** Entregar-se ao sono. **2.** (*Fig.*) Distrair-se; ausentar-se.

dormitar (dor.mi.**tar**) *v.i.* Começar a dormir, cochilar.

dormitório (dor.mi.**tó**.ri.o) *s.m.* Compartimento de uma casa onde as pessoas dormem; quarto.

dorsal (dor.**sal**) *adj.2g.* **1.** Que diz respeito ao dorso. **2.** Situado nas costas, no dorso.

dorso (**dor**.so) [ô] *s.m.* **1.** Região posterior de um organismo ou órgão; costas; lado oposto ao ventre: *o dorso dos animais é chamado lombo*. **2.** No ser humano, região posterior do tronco, entre os ombros e os rins; costas. **3.** Em um livro, o lado em que se fixam as páginas; lombada.

dos Contração da preposição "de" com o artigo definido "os".

DOS (*Inf.*) Sigla do inglês *disk operating system*, "sistema operacional de disco", primeiro sistema operacional a ser utilizado nos computadores.

dosagem (do.**sa**.gem) *s.f.* Ato de dosar; dose.

dosar (do.**sar**) *v.t.d.* Regular por dose.

dose (**do**.se) [ó] *s.f.* Quantidade que se toma de uma vez; porção.

dossel (dos.**sel**) *s.m.* Cobertura colocada sobre um leito, trono ou outro móvel; sobrecéu.

dossiê (dos.si.**ê**) *s.m.* **1.** Conjunto de documentos que descrevem um assunto, uma vida, um processo; documentação, pesquisa. **2.** Pasta, arquivo que os contém.

dotação (do.ta.**ção**) *s.f.* Ação de dotar; doação de dote.

dotar (do.**tar**) *v.t.d.* **1.** Dar dote a. **2.** Dar em doação. **3.** Beneficiar; favorecer.

dote (**do**.te) [ó] *s.m.* **1.** Conjunto de bens que uma mulher leva ao se casar. **2.** (*Fig.*) Qualidade; dom natural; predicado.

dourado (dou.**ra**.do) *adj.* **1.** Que é amarelo e brilhante como o ouro. **2.** (*Fig.*) Muito precioso, muito bom. **3.** (*Zoo.*) Peixe de rio, grande e comestível; pirajuba.

dourar (dou.**rar**) *v.t.d.* **1.** Revestir ou dar cor de ouro a. *v.p.* **2.** Bronzear-se ao sol.

douto (**dou**.to) *adj.* Muito instruído; erudito; sábio.

doutor (dou.**tor**) [ô] *s.m.* **1.** Aquele que defendeu tese de doutorado. **2.** (*P. ext.*) Tratamento dispensado aos bacharéis em direito e médicos.

doutorado (dou.to.**ra**.do) *s.m.* Curso de pós-graduação; doutoramento.

doutoral (dou.to.**ral**) *adj.2g.* Relacionado a ou próprio do doutor: *ar doutoral*.

doutoramento (dou.to.ra.**men**.to) *s.m.* **1.** Ato de doutorar-se. **2.** Doutorado.

doutorando (dou.to.**ran**.do) *s.m.* Aquele que vai receber o grau de doutor.

doutorar (dou.to.**rar**) *v.t.i.* **1.** Conceder título de doutor: *a universidade doutorou mil pesquisadores*. *v.t.i. e v.p.* **2.** Obter título de doutor; defender tese de pós-graduação: *doutorou-se em Ciências da Computação*.

doutrina (dou.**tri**.na) *s.f.* **1.** Conjunto de normas de um sistema religioso, político ou filosófico. **2.** Catequese cristã. **3.** Ensinamento.

doutrinar (dou.tri.**nar**) *v.t.d.* Instruir em uma doutrina; ensinar.

doutrinário (dou.tri.**ná**.ri.o) *adj.* Relativo a doutrinação ou doutrina.

download [inglês: "daunlôudi"] *s.m.* (*Inf.*) Carregamento, transmissão de arquivo para o computador do usuário. Cf. *upload*.

doze (**do**.ze) [ô] *num.* **1.** Numeral cardinal que corresponde a 12, ou dez mais dois. *s.m.* **2.** Esse número.

dracma (**drac**.ma) *s.m.* **1.** Moeda da Grécia antiga e de antes da adoção do euro. **2.** Antiga medida de peso, de valores variados.

draconiano (dra.co.ni.**a**.no) *adj.* Duro, rígido, severo. Obs.: origina-se do código de leis atribuído a Dracon, ateniense do século VII a.C.

draga (**dra**.ga) *s.f.* Aparelho para extração de areia e outros detritos do fundo dos rios ou do mar.

dragado (dra.**ga**.do) *adj.* Limpo, retirado ou desobstruído por draga.

dragagem (dra.**ga**.gem) *s.f.* Operação efetuada pela draga.

dragão (dra.**gão**) *s.m.* Monstro fabuloso com cauda de serpente, garras, asas e que cospe fogo.

drágea (**drá**.ge.a) *s.f.* **1.** Comprimido com revestimento. **2.** Amêndoa com cobertura de açúcar endurecido.

dragona (dra.**go**.na) *s.f.* Tira ou enfeite no ombro de casaco.

drama (**dra**.ma) *s.m.* **1.** Gênero teatral entre a tragédia e a comédia. **2.** Acontecimento triste e comovente.

dramalhão (dra.ma.**lhão**) *s.f.* Drama medíocre, cheio de lances trágicos.

dramaticidade (dra.ma.ti.ci.**da**.de) *s.f.* Qualidade daquilo que é dramático.

dramático (dra.**má**.ti.co) *adj.* Que diz respeito a drama; comovente; patético.

dramatizar (dra.ma.ti.**zar**) *v.t.d.* **1.** Tornar dramático. **2.** (*Fig.*) Encenar. **3.** Exagerar.

dramaturgia (dra.ma.tur.**gi**.a) *s.f.* Arte dramática.

dramaturgo (dra.ma.**tur**.go) *s.m.* Aquele que escreve dramas.

drástico (**drás**.ti.co) *s.m. e adj.* **1.** (purgante) enérgico. **2.** (*P. ext.*) (Medida) enérgica, eficaz.

drenagem (dre.**na**.gem) *s.f.* Ato de drenar; escoamento da água de terrenos alagadiços, através de tubos ou canais.

drenar (dre.**nar**) *v.t.d.* **1.** Fazer a drenagem de; escoar. **2.** (*Med.*) Limpar por meio de dreno.

dreno (dre.no) s.m. (*Med.*) Tubo ou gaze que se usa para facilitar a saída de líquido de um abscesso.

driblar (dri.**blar**) v.t.d. **1.** No futebol, passar (por outro jogador) levando a bola: *driblou dois e chutou para o gol*. **2.** (Fig.) Superar, passar, vencer, ir além: *driblar as dificuldades*.

drible (**dri**.ble) s.m. Ato ou efeito de driblar; finta.

drink [inglês: "drinque"] s.m. Drinque.

drinque (**drin**.que) s.m. Dose de bebida alcoólica, especialmente destilado ou coquetel: *parou de beber no segundo drinque*. Obs.: do inglês *drink*.

drive [inglês: "dráive"] s.m. (Inf.) Abertura, local onde se encaixa ou coloca um dispositivo; unidade.

drive-in [inglês: "drái-vim"] s.m. Loja, cinema etc. onde se entra de carro. ▫ Pl. *drive-ins*.

driver [inglês: "dráiver"] s.m. (Inf.) Programa que controla uma impressora, modem etc. ou outro programa.

droga (**dro**.ga) [ó] s.f. **1.** Produto usado em farmácia, como medicamento, para tratar doença. **2.** (Fig.) Coisa de pouco valor. **3.** Substância que altera o funcionamento da mente, o humor e a percepção, consumida como lazer: *algumas drogas fazem muito mal e viciam em pouco tempo*.

drogado (dro.**ga**.do) s.m. e adj. **1.** (Pessoa) que está sob efeito de droga. **2.** (Pessoa) que usa drogas.

drogar (dro.**gar**) v.t.d. **1.** Administrar droga a. v.p. **2.** Fazer uso de drogas.

drogaria (dro.ga.**ri**.a) s.f. Estabelecimento onde se vendem drogas; farmácia, botica.

dromedário (dro.me.**dá**.ri.o) s.m. (epiceno) (Zoo.) Mamífero ruminante, espécie de camelo, com pescoço curto e dotado de uma única corcova.

drosófila (dro.**só**.fi.la) s.f. (Zoo.) Mosca muito pequena, que é atraída pelas frutas.

druida (**drui**.da) s.m. Sacerdote gaulês ou bretão.

druidesa (drui.**de**.sa) [ê] s.f. Feminino de *druida*.

druídico (dru.**í**.di.co) adj. Relativo a druida.

drupa (**dru**.pa) s.f. (Bot.) Fruto carnudo e suculento com um caroço duro, como o pêssego e a manga.

DST Sigla de *doença sexualmente transmissível*, grupo de doenças que podem se transmitir de uma pessoa para outra em uma relação sexual sem preservativo ou por falta de higiene.

dual (du.**al**) adj.2g. Relativo a dois.

dualidade (du.a.li.**da**.de) s.f. Caráter daquilo que é dual ou duplo; dualismo.

dualismo (du.a.**lis**.mo) s.m. **1.** (Filos.) Teoria segundo a qual a natureza humana e a realidade estão divididas em dois princípios fundamentais e contrários, como bem e mal, corpo e espírito etc. **2.** Qualidade do que é dual ou duplo; dualidade.

duas (**du**.as) num. e s.m. Feminino de *dois*.

dubiedade (du.bi.e.**da**.de) s.f. Qualidade do que é dúbio.

dúbio (**dú**.bi.o) adj. Duvidoso, vago, indeciso, ambíguo.

dubitativo (du.bi.ta.**ti**.vo) adj. Que está em dúvida, que envolve dúvida.

dublado (du.**bla**.do) adj. **1.** Que se dublou: *assisti um filme dublado em espanhol*. **2.** Diz-se de filme com as falas gravadas em português: *o cinema exibe a versão dublada em um dia e a versão com legendas em outra*. Cf. *legendado*.

dublador (du.bla.**dor**) [ô] s.m. Ator que dubla, que coloca voz em um filme. Cf. *dublê*.

dublagem (du.**bla**.gem) s.f. **1.** Gravação das falas ou canções após a filmagem. **2.** Substituição da parte falada ou cantada original de um filme por outra, em idioma diferente.

dublar (du.**blar**) v.t.d. **1.** Gravar as falas de um filme sobre as falas originais: *dublar um filme em português*, *dublar um personagem de desenho animado*. **2.** Mover os lábios acompanhando o som gravado: *a cantora foi vaiada porque estava dublando*.

dublê (du.**blê**) s.2g. Profissional que atua em algumas cenas no lugar do ator: *usaram dublê nas cenas de luta, perseguição e nas de praia também*. Cf. *dublador*.

dúbnio (**dúb**.ni.o) s.m. (Quím.) Elemento metálico de símbolo Db, número atômico 104.

ducado (du.**ca**.do) s.m. **1.** Terras de um duque. **2.** Título de nobreza do duque. **3.** Moeda de metal precioso, emitida no passado por alguns países.

ducentésimo (du.cen.**té**.si.mo) num. **1.** Numeral ordinal que corresponde à posição do número 200. **2.** Numeral fracionário correspondente a 1/200.

ducha (**du**.cha) s.f. **1.** Jato de água que se dirige sobre o corpo de uma pessoa. **2.** (Fig.) Tudo o que esfria um entusiasmo ou acalma uma exaltação.

ductibilidade (duc.ti.bi.li.**da**.de) s.f. Capacidade de um sólido de ser esticado sem quebrar.

dúctil (**dúc**.til) adj.2g. Que pode ser aquecido e transformado em fios ou lâminas: *os metais dúcteis são empregados para fazer objetos*.

ducto (**duc**.to) s.m. **1.** Canal encontrado no organismo animal. **2.** Tubulação para passagem de água, petróleo, gás etc.

duelar (due.**lar**) v.i. **1.** Lutar, enfrentar (outra pessoa) em duelo. v.t.i. e v.i. **2.** Disputar, brigar por: *duelaram pela atenção da moça*.

duelista (due.**lis**.ta) s.2g. Pessoa que duela.

duelo (du.**e**.lo) [é] s.m. **1.** Combate entre duas pessoas com armas iguais e regras. **2.** (Fig.) Disputa, competição, combate.

duende (du.**en**.de) s.m. Entidade fantástica que aparece à noite para fazer travessuras.

dueto (du.**e**.to) [ê] s.m. Composição musical especialmente para duas vozes ou dois instrumentos.

dulcificar (dul.ci.fi.**car**) v.t.d. **1.** Tornar doce ou mais doce; adoçar. **2.** Suavizar; abrandar.

dum Contração da preposição "de" com "um", seja numeral, artigo ou pronome.

duma Contração da preposição "de" com "uma", seja artigo ou pronome.

dumping [inglês: "dúmpim"] s.m. Oferta de produtos com preços abaixo do custo, para conquistar o mercado.

duna (du.na) s.f. Monte de areias levadas e acumuladas pelo vento.
duns Contração da preposição "de" com o "uns", seja numeral, artigo ou pronome.
duo s.m. Dueto.
duodécimo (du.o.dé.ci.mo) num. **1.** (O) que está na posição do número 12; numeral ordinal que corresponde a esse número. **2.** Numeral fracionário correspondente a 1/12.
duodécuplo (du.o.dé.cu.plo) s.m. Quantidade doze vezes maior que outra.
duodenal (du.o.de.nal) adj.2g. Que diz respeito ao duodeno.
duodeno (du.o.de.no) s.m. (Anat.) A primeira parte do intestino delgado, compreendida entre o estômago e o jejuno.
dupla (du.pla) s.f. Grupo de duas pessoas: *eram uma dupla inseparável ele e seu amigo*.
duplicação (du.pli.ca.ção) s.f. Ato de duplicar; dobro.
duplicado (du.pli.ca.do) adj. Dobrado; em dobro.
duplicar (du.pli.car) v.t.d. **1.** Dobrar. **2.** Fazer repetidas vezes. v.p. **3.** Dobrar-se.
duplicata (du.pli.ca.ta) s.f. **1.** Título de crédito formal e nominativo, com promessa de pagamento do valor nela consignado. **2.** Cópia.
dúplice (dú.pli.ce) adj.2g. Duplo, dobrado.
duplicidade (du.pli.ci.da.de) s.f. **1.** Qualidade daquilo que é dúplice ou duplo. **2.** (Fig.) Falsidade; hipocrisia.
duplo (du.plo) s.m. e adj. (Aquilo) que é dobrado; duplicado.
duque (du.que) s.m. **1.** Um dos mais altos títulos de nobreza, superior a marquês e que se acompanha de um ducado: *ganhou o título de duque*. **2.** Pessoa que tem esse título: *o Duque de Caxias era general*.
durabilidade (du.ra.bi.li.da.de) s.f. Qualidade daquilo que é durável; resistência.
duração (du.ra.ção) s.f. **1.** Tempo que uma coisa dura. **2.** Qualidade daquilo que dura; durabilidade; resistência.
duradouro (du.ra.dou.ro) adj. Que pode durar muito; durável.
dura-máter (du.ra-má.ter) s.f. (Anat.) Uma das três membranas da meninge. ▫ Pl. *duras-máteres*.
durante (du.ran.te) prep. No decurso de; pelo espaço de.
durar (du.rar) v.i. Ter duração; prolongar-se; persistir.
durável (du.rá.vel) adj.2g. Que dura; duradouro.
dureza (du.re.za) [ê] s.f. **1.** Qualidade daquilo que é duro. **2.** (Fís.) Capacidade de um sólido de resistir a riscos: *o diamante é um mineral de grande dureza*. **3.** Rigidez; crueldade; insensibilidade.
duro (du.ro) adj. **1.** Que não se penetra facilmente; rijo; resistente. **2.** Que não se comove com facilidade; insensível. **3.** Estoico; corajoso; valente.
duto (du.to) s.m. **1.** Conduto, canal, cano. **2.** (Anat.) Canal por onde passam as secreções e excreções.
dúvida (dú.vi.da) s.f. **1.** Incerteza; indecisão; hesitação. **2.** Suspeita. **3.** Ceticismo; descrença.
duvidar (du.vi.dar) v.t.d. **1.** Ter dúvida; não acreditar. v.t.i. **2.** Estar na dúvida. v.i. **3.** Não crer.
duvidoso (du.vi.do.so) [ô] adj. **1.** Indeciso; hesitante. **2.** Suspeito. ▫ Pl. *duvidosos* [ó].
duzentos (du.zen.tos) num. **1.** Numeral cardinal que corresponde a 200, ou duas centenas. s.m. **2.** Esse número.
dúzia (dú.zi.a) s.f. Conjunto de doze objetos da mesma natureza.
dúzias (dú.zias) s.f.pl. (Fig.) Quantidade enorme: *recebeu dúzias de reclamações*.
DVD Sigla do inglês *digital versatile disc*, "disco digital versátil". **1.** Disco magnético para gravar ou armazenar arquivos digitais em geral de filmes, que serão lidos por equipamento leitor próprio, a *laser*. **2.** Obra gravada nesse dispositivo ou mídia. **3.** Aparelho que utiliza essa tecnologia.
Dy Símbolo do elemento químico disprósio.

Ee

e, E s.m. **1.** Quinta letra do nosso alfabeto e segunda das vogais, de nome "ê". *conj.* **2.** Liga palavras ou orações de igual função: *azul e amarelo, ria e gargalhava*.
ê s.m. Nome da letra E.
ébano (é.ba.no) s.m. (*Bot.*) Árvore de madeira muito escura e resistente, usada para fazer as teclas pretas do piano e outros fins.
ebó (e.bó) s.m. **1.** (*Relig.*) Oferenda a um orixá. **2.** (*Folc.*) Despacho, feitiço.
ebonite (e.bo.ni.te) s.f. Vulcanite.
ébrio (é.bri.o) s.m. e adj. Embriagado, bêbado: *deixou de ser um ébrio e voltou a trabalhar*.
ebulição (e.bu.li.ção) s.f. **1.** Ação de ferver; fervura. **2.** (*Fís.*) Passagem do estado líquido para o gasoso.
ebúrneo (e.búr.ne.o) adj. **1.** Próprio de ou semelhante a marfim; muito branco ou muito duro: *uma loira de colo ebúrneo*. s.m. e adj. **2.** Branco como marfim. **3.** Costa-marfinense.
echarpe (e.char.pe) s.f. Faixa usada em torno do pescoço, para aquecer ou enfeitar, menor que um cachecol; cachenê. Obs.: do francês *écharpe*.
éclair [francês: "eclér"] s.m. (*Culin.*) Bomba.
eclâmpsia (e.clâm.psi.a) s.f. (*Med.*) Doença que se manifesta por ocasião da gestação, parto ou puerpério caracterizada por espasmos convulsivos e pressão alta.
eclesiástico (e.cle.si.ás.ti.co) adj. **1.** Pertencente ou relacionado à Igreja ou ao clero; que não é leigo. s.m. **2.** Membro do clero, da organização da Igreja.
eclético (e.clé.ti.co) adj. **1.** Que mistura vários estilos ou tendências. **2.** Relacionado ao ecletismo.
ecletismo (e.cle.tis.mo) s.m. **1.** Mistura de elementos de várias correntes, estilos ou tendências. **2.** Sistema filosófico que busca a razão ou a verdade misturando vários pensamentos divergentes entre si.
eclipsar (e.clip.sar) v.t.d. **1.** Ocultar, encobrir, esconder. **2.** Tirar o brilho, superar.
eclipse (e.clip.se) s.m. (*Astron.*) Sombreamento total ou parcial de um astro quando outro se interpõe, em relação à luz do Sol.
eclíptica (e.clíp.ti.ca) s.f. (*Astron.*) Órbita aparente do Sol.
eclíptico (e.clíp.ti.co) s.m. Relacionado a eclipse ou à eclíptica.
eclodir (e.clo.dir) v.t.d. Aparecer, surgir, manifestar-se: *eclodiram conflitos*.
écloga (é.clo.ga) s.f. (*Lit.*) Poesia de tema pastoril. O mesmo que *égloga*.

eclosão (e.clo.são) s.f. Ação de vir à luz, desenvolvimento.
eclusa (e.clu.sa) s.f. **1.** Dique ou comporta dupla, para transporte aquático em desníveis: *para subir o rio com represas, o barco entra em uma eclusa*. **2.** Sistema de portas duplas em transporte terrestre, para controle de portaria. Obs.: o mesmo que *esclusa*, forma muito pouco usada.
eco (e.co) [é] s.m. **1.** Repetição de um som. **2.** Reflexão, reflexo.
ecoar (e.co.ar) v.t.d. **1.** Repercutir, ressoar. v.i. **2.** Ressoar; fazer eco.
ecolocalização (e.co.lo.ca.li.za.ção) s.f. (*Zoo.*) Maneira de orientar-se no deslocamento emitindo sons de alta frequência, como os morcegos e os golfinhos.
ecologia (e.co.lo.gi.a) s.f. (*Bio.*) Ciência que estuda a relação dos seres vivos com o meio ambiente.
ecológico (e.co.ló.gi.co) adj. Relativo à ecologia ou ao meio ambiente.
ecologista (e.co.lo.gis.ta) s.2g. **1.** Biólogo que se dedica à ecologia. **2.** Pessoa que milita pela proteção do ambiente.
e-commerce [inglês: "icômers"] s.m. (*Inf.*) Expressão usada para as transações feitas pela internet, compra e venda de produtos e serviços; comércio virtual. Obs.: forma reduzida de *electronic commerce*, "comércio eletrônico".
economia (e.co.no.mi.a) s.f. **1.** Estudo de leis que presidem a produção e distribuição das riquezas. **2.** Ato de poupar; moderação nos gastos: *vivia fazendo economia*. Cf. *economias*.
economias (e.co.no.mi.as) s.f.pl. Dinheiro guardado, em reserva.
economia verde (e.co.no.mi.a ver.de) s.f. (*Econ.*) Modelo de economia que visa ao desenvolvimento sustentável e se preocupa com o meio ambiente.
econômico (e.co.nô.mi.co) adj. **1.** Relativo à economia. **2.** Que consome pouco.
economista (e.co.no.mis.ta) s.2g. Bacharel e especialista em ciências econômicas.
economizar (e.co.no.mi.zar) v.t.d. **1.** Fazer economia. **2.** Poupar; guardar.
ecônomo (e.cô.no.mo) s.m. **1.** Pessoa que controla ou administra os recursos de uma organização. **2.** (*Ant.*) Mordomo, despenseiro. **3.** Economista.
ecossistema (e.cos.sis.te.ma) s.m. (*Bio.*) Sistema resultante da interação entre fatores físicos e químicos de um ambiente e os organismos vivos nele existentes.

ecossonda (e.cos.**son**.da) s.f. (*Mar.*) Equipamento que determina a profundidade da água considerando-se o tempo que um sinal sonoro emitido pela embarcação leva para alcançar o fundo do mar e retornar. Obs.: esta palavra não consta no *Volp*.

ecoturismo (e.co.tu.**ris**.mo) s.m. Turismo para locais de grande beleza ecológica ou natural, realizado de maneira a preservar o ambiente.

ecoturista (e.co.tu.**ris**.ta) s.2g. Turista que visita um ecossistema com o compromisso de não prejudicá-lo; praticante de ecoturismo.

ecstasy [inglês: "êques-tazi"] s.m. Droga ilegal que provoca euforia e alucinação.

ectoparasita (ec.to.pa.ra.**si**.ta) s.m. e adj.2g. (*Ecol.*) Que ou o que vive sobre outro organismo.

ectoplasma (ec.to.**plas**.ma) s.m. **1.** (*Bio.*) Região periférica do citoplasma, de consistência gelatinosa. **2.** (*Relig.*) No espiritismo, plasma ou matéria que forma os espíritos, vivos ou desencarnados.

ectotérmico (ec.to.**tér**.mi.co) adj. (*Zoo.*) Relativo aos animais (répteis, peixes, anfíbios) cuja temperatura do corpo se eleva por meio da absorção do calor de uma fonte externa.

ecumênico (e.cu.**mê**.ni.co) adj. **1.** Relacionado a ecumenismo. **2.** Universal; geral.

ecumenismo (e.cume.**nis**.mo) s.m. **1.** Movimento pela união dos povos. **2.** (*Relig.*) Movimento pela união de todas as igrejas cristãs.

ecúmeno (e.**cú**.me.no) s.m. Pessoa favorável ao ecumenismo.

eczema (ec.**ze**.ma) s.m. (*Med.*) Infecção vesiculosa e pruriginosa da pele, que causa coceira.

edema (e.**de**.ma) s.m. (*Med.*) Acúmulo anormal de linfa ou outro líquido em um tecido ou órgão, com causa renal ou circulatória e acompanhado de inchaço.

edematoso (e.de.ma.**to**.so) [ô] adj. (*Med.*) Semelhante a ou da natureza do edema; inchado. ▫ Pl. *edematosos* [ó].

Éden (**é**.den) s.m. (próprio) Paraíso, nas religiões israelita, cristã e muçulmana.

edênico (e.**dê**.ni.co) adj. Relacionado ao Éden; paradisíaco.

edição (e.di.**ção**) s.f. **1.** Ato ou efeito de editar. **2.** Impressão de revista ou livro. **3.** Seleção do que será publicado, em meio impresso ou outro: *edição de texto, edição de imagem*. **4.** Cada um dos lotes de livros impressos na mesma ocasião: *edição original, segunda edição*.

edícula (e.**dí**.cu.la) s.f. Pequena construção em fundos de terreno.

edificação (e.di.fi.ca.**ção**) s.f. **1.** Qualquer construção; obra. **2.** Edifício.

edificante (e.di.fi.**can**.te) adj.2g. Que edifica; instrutivo; construtivo.

edificar (e.di.fi.**car**) v.t.d. **1.** Construir. **2.** Doutrinar moralmente; instruir.

edifício (e.di.**fi**.ci.o) s.m. Construção para habitação ou comércio; prédio.

edil (e.**dil**) s.m. Vereador.

edital (e.di.**tal**) adj.2g. **1.** Relativo a édito. s.m. **2.** Cópia de édito para divulgação em lugares públicos e imprensa.

editar (e.di.**tar**) v.t.d. **1.** Publicar, imprimir, lançar: *editou um livro e uma revista*. **2.** Escolher os elementos que serão publicados, fazendo cortes ou alterações de conteúdo.

édito (**é**.di.to) s.m. Ordem judicial publicada em editais ou anúncios.

edito (e.**di**.to) s.m. Preceito; decreto; lei.

editor (e.di.**tor**) [ô] s.m. e adj. **1.** Que, ou o que edita. s.m. **2.** Pessoa responsável pela publicação de livros, jornais ou revistas. **3.** Pessoa responsável pela edição de um dos elementos de uma publicação ou veículo de comunicação: *editor de texto, editor de imagens*. **4.** Pessoa responsável por uma editoria ou área especializada de uma publicação: *editor de esportes, editor de política*.

editora (e.di.**to**.ra) [ô] s.f. Organização que edita livros e outras publicações.

editoração (e.di.to.ra.**ção**) s.f. **1.** Ação de editorar. **2.** Produção de um livro, jornal, revista ou outra publicação, reunindo texto e imagens de modo que possam ser impressos na gráfica.

editorar (e.di.to.**rar**) v.t.d. Produzir uma publicação, dispondo texto e imagens no formato final.

editoria (e.di.to.**ri**.a) s.f. Cada uma das seções especializadas de um jornal, enciclopédia, *site* etc.; cargo, função de editor especializado: *editoria de política, editoria de esportes*.

editorial (e.di.to.ri.**al**) adj.2g. **1.** Relativo a editor ou editora de livros, à publicação de livros. s.m. **2.** Artigo assinado pelo editor de um jornal ou revista, que debate uma questão; artigo de fundo.

editorialista (e.di.to.ri.a.**lis**.ta) s.2g. Autor de editorial.

edredão (e.dre.**dão**) s.m. O mesmo que *edredom*.

edredom (e.dre.**dom**) s.m. Cobertura para cama, acolchoado. O mesmo que *edredão*.

educação (e.du.ca.**ção**) s.f. **1.** Ciência ou arte de educar, de colaborar para o aprendizado. **2.** Ação de educar; ensino, instrução. **3.** Cortesia; polidez.

educacional (e.du.ca.ci.o.**nal**) adj.2g. Relacionado a educação ou ensino, que oferece educação.

educado (e.du.**ca**.do) adj. **1.** Que se educou. **2.** Gentil, polido.

educador (e.du.ca.**dor**) [ô] s.m. e adj. (Aquele) que educa; preceptor; professor; mestre.

educandário (e.du.can.**dá**.ri.o) s.m. Estabelecimento que se destina à educação.

educando (e.du.**can**.do) s.m. Aquele que recebe educação; colegial; aluno.

educar (e.du.**car**) v.t.d. **1.** Professar a educação; ensinar. **2.** Doutrinar.

educativo (e.du.ca.**ti**.vo) adj. Que se aplica à educação ou que serve para educar.

edulcorante (e.dul.co.**ran**.te) adj.2g. **1.** Que adoça, que dá sabor doce: *efeito edulcorante*. s.m. **2.** Substância sem calorias usada na indústria de alimentos, bebidas ou medicamentos.

eira

efe (e.fe) [é] s.m. Nome da letra F.
efeito (e.**fei**.to) s.m. **1.** Consequência. **2.** Resultado; realização. **3.** Destino; fim.
efeito estufa (e.**fei**.to es.**tu**.fa) s.m. (Met.) Fenômeno atmosférico natural ocasionado pela concentração de gases na atmosfera (especialmente dióxido de carbono e metano), os quais formam uma camada que permite a passagem dos raios solares e a absorção de calor.
efemeridade (e.fe.me.ri.**da**.de) s.f. Qualidade de efêmero, do que dura pouco.
efeméride (e.fe.**mé**.ri.de) s.f. **1.** Notícia diária. **2.** Registro dos acontecimentos de cada dia. **3.** Data histórica.
efêmero (e.**fê**.me.ro) adj. **1.** Que dura pouco. **2.** Passageiro; transitório.
efeminação (e.fe.mi.na.**ção**) s.f. Ação de efeminar(-se).
efeminado (e.fe.mi.**na**.do) adj. Que tem aparência ou gestos femininos; muito delicado, feminino.
efeminar (e.fe.mi.**nar**) v.t.d. e v.p. Tornar(-se) efeminado.
efervescência (e.fer.ves.**cên**.ci.a) s.f. **1.** Ebulição dentro de um líquido. **2.** Fervura. **3.** (Fig.) Abalo do espírito; excitação.
efervescente (e.fer.ves.**cen**.te) adj.2g. **1.** Que provoca ebulição dentro de um líquido; em efervescência. **2.** (Fig.) Buliçoso.
efetivação (e.fe.ti.va.**ção**) s.f. Ação de efetivar; homologação.
efetivar (e.fe.ti.**var**) v.t.d. **1.** Provocar a efetivação ou tornar efetivo. **2.** Levar a efeito; realizar.
efetivo (e.fe.**ti**.vo) adj. **1.** Que tem efeito. **2.** Permanente; real; verdadeiro. s.m. **3.** Pessoa pronta para exercer suas funções.
efetuar (e.fe.tu.**ar**) v.t.d. Levar a efeito; executar; realizar; fazer; cumprir.
eficácia (e.fi.**cá**.ci.a) s.f. Qualidade de eficaz; capacidade de cumprir a função.
eficaz (e.fi.**caz**) adj.2g. **1.** Que produz efeito, que dá resultado: *um medicamento eficaz trata a doença*. **2.** Que cumpre suas funções, que atinge o objetivo: *método eficaz*. Cf. *eficiente*.
eficiência (e.fi.ci.**ên**.ci.a) s.f. Qualidade de eficiente; capacidade de produzir ou funcionar bem.
eficiente (e.fi.ci.**en**.te) adj.2g. Que atinge o objetivo, que cumpre a função com o melhor uso dos recursos: *um processo eficiente tem rendimento ótimo*. Cf. *eficaz*.
efígie (e.**fi**.gie) s.f. **1.** Representação em pintura, escultura etc. de uma pessoa. **2.** Retrato.
eflorescência (e.flo.res.**cên**.ci.a) s.f. **1.** (Bot.) Formação e aparecimento de uma flor. **2.** (Fig.) Surgimento, aparecimento.
efluente (e.flu.**en**.te) adj.2g. **1.** Que eflui ou emana de um corpo de forma imperceptível. **2.** Resíduo ou rejeito que sai de indústrias, esgotos sanitários etc.
eflúvio (e.**flú**.vi.o) s.m. **1.** Emissão de fluidos. **2.** Odor, perfume.
efó (e.**fó**) s.m. (Culin.) Prato baiano feito de folhas de língua-de-vaca ou taioba guisadas com camarão seco (ou bacalhau salgado ou peixe), temperado com pimenta e azeite de dendê.
efusão (e.fu.**são**) s.f. **1.** Qualidade de efusivo; expansão, fervor, demonstração exagerada de afeto. **2.** (Fís.) Passagem de um gás por orifícios muito pequenos.
efusivo (e.fu.**si**.vo) adj. **1.** Fervoroso. **2.** Em que há efusão.
egestão (e.ges.**tão**) [ê-gê] s.f. (Bio.) Ato de excretar; excreção, dejeto. Obs.: esta palavra não consta no *Volp*.
égide (**é**.gi.de) s.f. Escudo; amparo; proteção; defesa.
egípcio (e.**gíp**.ci.o) adj. **1.** Do Egito, país da África. s.m. **2.** Pessoa natural ou habitante desse lugar.
egiptologia (e.gip.to.lo.**gi**.a) s.f. Ciência ou estudo da civilização do antigo Egito.
egiptologista (e.gip.to.lo.**gis**.ta) s.2g. Egiptólogo.
egiptólogo (e.gip.**tó**.lo.go) s.m. Pessoa que se dedica ao estudo do Egito antigo, à egiptologia; egiptologista.
eglantina (e.glan.**ti**.na) s.f. (Bot.) Variedade de rosa com cabo longo.
égloga (**é**.glo.ga) s.f. (Lit.) O mesmo que *écloga*.
ego (e.go) [é] s.m. (Psi.) O eu individual; eu.
egocêntrico (e.go.**cên**.tri.co) adj. Centrado no próprio eu, centrado em si mesmo.
egocentrismo (e.go.cen.**tris**.mo) s.m. Atitude daquele que tudo refere ao próprio eu; personalista.
egoísmo (e.go.**ís**.mo) s.m. Ação, ato que beneficia a própria pessoa e prejudica as outras; amor exagerado ao próprio bem-estar e desprezo ao dos outros.
egoísta (e.go.**ís**.ta) s.2g. e adj.2g. **1.** (Pessoa) que faz um bem para si mesma e prejudica os outros. adj.2g. **2.** Que é assim; egoístico: *gesto egoísta*.
egoístico (e.go.**ís**.ti.co) adj. **1.** Relacionado a egoísmo. **2.** Egoísta.
egrégio (e.**gré**.gi.o) adj. Nobre, insigne, ilustre.
egresso (e.**gres**.so) [é] adj. **1.** Que saiu. s.m. **2.** Indivíduo que deixou de fazer parte de uma comunidade.
égua (**é**.gua) s.f. Fêmea do cavalo.
egum (e.**gum**) s.m. (Relig.) No candomblé, alma ou espírito de pessoa morta.
eh interj. Empregada para chamar a atenção de alguém.
eia (ei.a) interj. Empregada para animar, incitar ou dar coragem.
einsteiniano (eins.tei.ni.**a**.no) [ainstain] adj. Relacionado ao físico alemão Albert Einstein (1879-1955) ou à teoria da relatividade, de sua autoria. Obs.: a forma registrada no *Volp* é *einsteiniano*.
einsteniano (eins.te.ni.**a**.no) [ainstain] adj. O mesmo que *einsteiniano*.
einstênio (eins.**tê**.ni.o) s.m. (Quím.) Elemento metálico de símbolo Es, número atômico 99 e massa atômica 254.
eira (**ei**.ra) s.f. Terreno lajeado onde se preparam cereais para consumo. **Sem eira nem beira:** muito pobre, com vida precária.

eis adv. Aqui está, veja, olhe: *apontou o dedo para a bola e disse "eis o culpado pela vidraça quebrada"*.

eita (ei.ta) [ê] interj. (Pop.) Exprime surpresa, admiração ou espanto.

eito (ei.to) s.m. Roça, trecho de plantação para trabalho com enxada: *trabalhava no eito*.

eiva (ei.va) s.f. **1.** Rachadura, fenda, defeito em cerâmica ou porcelana. **2.** Defeito, mancha, estrago. **3.** Vício, mácula.

eivar (ei.var) v.t.d.i. Encher de: *eivaram a professora de perguntas; o mural estava eivado de fotos*.

eixo (ei.xo) s.m. **1.** Peça em torno da qual gira uma roda. **2.** (Mat.) Linha reta orientada. **3.** Linha em torno da qual um corpo executa movimento de rotação. **4.** (Fig.) Ponto principal; centro.

ejá (e.já) s.m. (Relig.) Peixe oferecido a Iemanjá, em alguns cultos nagôs.

EJA Sigla de *Educação de Jovens e Adultos*, modalidade de educação para pessoas com mais de quinze anos, que oferece o Ensino Fundamental, do primeiro ao nono ano, e o Ensino Médio.

ejaculação (e.ja.cu.la.ção) s.f. **1.** Ação de ejacular. **2.** Jato de esperma.

ejacular (e.ja.cu.lar) v.t.d. **1.** Lançar de si (sêmen, pólen). **2.** Expelir esperma.

ejeção (e.je.ção) s.f. Ação de ejetar, lançar fora.

ejetar (e.je.tar) v.t.d. Lançar fora, fazer sair: *deu o comando para ejetar o disco*.

ejetável (e.je.tá.vel) adj.2g. Que se pode ejetar: *assento ejetável*.

ejetor (e.je.tor) [ô] s.m. e adj. (Aquilo) que ejeta ou lança algo: *bico ejetor de combustível*.

ela (e.la) [é] pron. Pronome pessoal da terceira pessoa do singular, feminino, que indica a pessoa de quem se fala.

elaboração (e.la.bo.ra.ção) s.f. **1.** Ação de elaborar; trabalho, criação. **2.** Preparo, ordenação.

elaborado (e.la.bo.ra.do) adj. **1.** Que se elaborou; feito, executado. **2.** Trabalhado, caprichado, detalhado.

elaborar (e.la.bo.rar) v.t.d. **1.** Preparar, executar, fazer. **2.** Fazer com capricho, perfazer em detalhes, aperfeiçoar. **3.** Ordenar; formar.

elas (e.las) pron. Pronome pessoal da terceira pessoa do plural, feminino.

elasticidade (e.las.ti.ci.da.de) s.f. Capacidade de recuperar o estado primitivo quando cessa a causa da mudança; flexibilidade.

elástico (e.lás.ti.co) adj. **1.** Que tem elasticidade. **2.** Flexível. s.m. **3.** Cordão com capacidade de se alongar ou esticar.

ele[1] (e.le) [ê] pron. Pronome pessoal da terceira pessoa do singular, masculino, que indica a pessoa de quem se fala.

ele[2] (e.le) [é] s.m. Nome da letra L.

elefante (e.le.fan.te) s.m. (epiceno) **1.** (Zoo.) Maior mamífero terrestre, que tem uma tromba e pesa até seis toneladas, que vive na Ásia e na África. **2.** (Fig.) Aquilo que é muito grande, pesado ou lento.

elefantíase (e.le.fan.tí.a.se) s.f. (Med.) Enfermidade cutânea que se caracteriza por hipertrofia da pele, causada por deficiência de circulação da linfa.

elefantino (e.le.fan.ti.no) adj. **1.** De elefante, próprio do elefante. **2.** Semelhante ao elefante.

elegância (e.le.gân.ci.a) s.f. **1.** Distinção de maneiras e porte. **2.** Graça; encanto. **3.** Bom gosto no vestir. **4.** Gentileza; delicadeza.

elegante (e.le.gan.te) adj.2g. **1.** Que tem ou revela elegância. **2.** Apurado; esbelto; gracioso. s.2g. **3.** Pessoa que é elegante.

eleger (e.le.ger) v.t.d. **1.** Escolher; preferir entre muitos. **2.** Mudar de. **3.** Nomear, escolher por meio de votos.

elegia (e.le.gi.a) s.f. **1.** Certa forma de poema da literatura grega clássica. **2.** Poema ou canção sentimental, romântica.

elegível (e.le.gí.vel) adj.2g. Que pode ser eleito; candidato.

eleição (e.lei.ção) s.f. **1.** Ação ou efeito de eleger. **2.** Escolha; preferência; nomeação.

eleito (e.lei.to) s.m. e adj. **1.** Escolhido; preferido. **2.** Indivíduo no qual recaiu a eleição.

eleitor (e.lei.tor) [ô] s.m. O que elege ou que tem direito de eleger.

eleitorado (e.lei.to.ra.do) s.m. Conjunto de eleitores.

eleitoral (e.lei.to.ral) adj.2g. Pertencente ou relacionado a eleição.

eleitoreiro (e.lei.to.rei.ro) adj. Que visa apenas atrair votos para a eleição de um indivíduo.

elementar (e.le.men.tar) adj.2g. **1.** Relacionado a elementos. **2.** Simples; rudimentar. **3.** Fundamental; principal.

elemento (e.le.men.to) s.m. **1.** Cada parte de um todo. **2.** (Quím.) Substância simples, formada por apenas um tipo de átomo, que entra na composição de alguma coisa. **3.** O que permite formar um raciocínio; dado.

elencar (e.len.car) v.t.d. Mencionar, citar, listar, relacionar: *elencou os motivos para mudar de escola*.

elenco (e.len.co) s.m. **1.** Lista; catálogo; relação. **2.** O conjunto de atores de uma peça teatral, novela ou um filme.

eles (e.les) [ê] pron. Pronome pessoal da terceira pessoa do plural, masculino.

eletivo (e.le.ti.vo) adj. **1.** Relativo à eleição. **2.** Que se nomeou por eleição.

eletricidade (e.le.tri.ci.da.de) s.f. (Fís.) **1.** Causa dos fenômenos elétricos que se manifestam nos corpos quando são batidos, friccionados, comprimidos ou aquecidos, nas composições e decomposições químicas, na atmosfera etc. **2.** Fluido hipotético a que se atribui a produção dos fenômenos elétricos.

eletricista (e.le.tri.cis.ta) s.2g. Pessoa que trabalha em instalações elétricas.

eletricitário (e.le.tri.ci.tá.ri.o) s.m. Pessoa que trabalha em empresa de geração ou fornecimento de energia elétrica.

elétrico (e.lé.tri.co) adj. **1.** Que é causado pela forma de energia ligada ao fenômeno da eletricidade: *a*

energia elétrica mudou a vida da cidade. **2.** Que tem eletricidade. **3.** Diz-se de aparelho, instrumento musical, ferramenta etc. que usa essa energia: *a guitarra e os teclados são instrumentos elétricos.* **4.** (Fig.) Diz-se de pessoa agitada, nervosa.
eletrificar (e.le.tri.fi.**car**) v.t.d. Tornar elétrico, empregar com energia elétrica: *eletrificou um cavaquinho.*
eletrizante (e.le.tri.**zan**.te) adj.2g. **1.** Que eletriza. **2.** (Fig.) Que arrebata, excitante.
eletrizar (e.le.tri.**zar**) v.t.d. **1.** Eletrificar; tornar elétrico. (Fig.) **2.** Exaltar; inflamar. **3.** Encantar; arrebatar.
eletroacústico (e.le.tro.a.**cús**.ti.co) adj. Música eletroacústica: gênero ou estilo musical que utiliza sons produzidos em estúdio por sintetizadores e outros aparelhos elétricos, mesclados aos instrumentos acústicos ou não.
eletrocardiografia (e.le.tro.car.di.o.gra.**fi**.a) s.f. (Med.) Registro das oscilações elétricas resultantes da atividade do coração.
eletrocardiograma (e.le.tro.car.di.o.**gra**.ma) s.m. (Med.) Exame de eletrocardiografia, que avalia o funcionamento do coração.
eletrochoque (e.le.tro.**cho**.que) s.m. (Med.) Choque elétrico utilizado para fins terapêuticos, em alguns casos de depressão profunda e outras doenças mentais.
eletrocutar (e.le.tro.cu.**tar**) v.t.d. **1.** Executar, matar por meio de choques elétricos. **2.** Submeter a choque elétrico: *eletrocutou os pelos da face.*
eletrodinâmica (e.le.tro.di.**nâ**.mi.ca) s.f. (Fís.) Ramo da física que estuda as cargas elétricas em movimento e as forças criadas pelos campos elétrico e magnético, bem como as interações entre eles.
eletrodo (e.le.**tro**.do) [ô] s.m. Condutor metálico pelo qual uma corrente elétrica penetra em um corpo ou pilha.
eletrodoméstico (e.le.tro.do.**més**.ti.co) s.m. e adj. (Aparelho) elétrico utilizado em casas, domicílios.
eletroeletrônico (e.le.tro.e.le.**trô**.ni.co) s.m. e adj. (Aparelho) que é elétrico e eletrônico.
eletroencefalograma (e.le.tro.en.ce.fa.lo.**gra**.ma) s.m. (Med.) Exame que registra as oscilações da corrente elétrica do cérebro.
eletroforese (e.le.tro.fo.**re**.se) s.f. (Fís.) Método de separação das partículas sólidas do líquido em um coloide pela passagem de corrente elétrica.
eletróforo (e.le.**tró**.fo.ro) s.m. (Fís.) Dispositivo que produz e transporta carga elétrica.
eletroímã (e.le.tro.**í**.mã) s.m. Ímã que funciona com eletricidade.
eletrola (e.le.**tro**.la) s.f. Antigo aparelho que reunia toca-discos de vinil, amplificador e alto-falante; vitrola.
eletrólise (e.le.**tró**.li.se) s.f. (Quím.) Uso de uma corrente elétrica para decompor uma substância.
eletrólito (e.le.**tró**.li.to) s.m. **1.** (Fís.) Condutor elétrico, sólido ou líquido, no qual uma corrente é conduzida pelo movimento de íons. **2.** (Quím.) Qualquer matéria que, quando dissolvida em água, se torna condutora de corrente elétrica.
eletromagnético (e.le.tro.mag.**né**.ti.co) adj. Que se refere a eletromagnetismo ou decorre deste.
eletromagnetismo (e.le.tro.mag.ne.**tis**.mo) s.m. (Fís.) Estudo das relações existentes entre a eletricidade e o magnetismo, quando atuam em conjunto.
eletromotriz (e.le.tro.mo.**triz**) adj. Que pode produzir corrente elétrica em um circuito.
elétron (e.**lé**.tron) s.m. (Fís.) Partícula contida no átomo; quantidade elementar de eletricidade negativa.
eletronegativo (e.le.tro.ne.ga.**ti**.vo) adj. Que tende a atrair elétrons.
eletrônica (e.le.**trô**.ni.ca) s.f. (Fís.) Estudo e aplicação dos fenômenos originários da fabricação e montagem dos circuitos elétricos que contêm válvulas e semicondutores.
eletrônico (e.le.**trô**.ni.co) adj. **1.** (Fís.) Pertencente à eletrônica. **2.** Que usa conhecimentos dessa ciência ou tecnologia: *aparelho eletrônico.* **3.** Diz-se de instrumento que utiliza sons gravados ou sintetizados, que não é acústico: *um teclado eletrônico pode ter som de órgão, de piano e até de instrumentos de sopro.*
eletropositivo (e.le.tro.po.si.**ti**.vo) adj. (Fís.) Que tende a liberar elétrons.
eletroquímica (e.le.tro.**quí**.mi.ca) s.f. Ramo da química que estuda reações de que participa a eletricidade.
eletroscópio (e.le.tros.**có**.pi.o) s.m. Instrumento que detecta uma carga elétrica.
eletrosfera (e.le.tros.**fe**.ra) s.f. (Quím.) Região do átomo onde os elétrons podem se movimentar; divide-se em sete camadas: K, L, M, N, O, P e Q.
eletrostática (e.le.tros.**tá**.ti.ca) s.f. (Fís.) Ramo da física que estuda as cargas elétricas em repouso.
eletrostático (e.le.tros.**tá**.ti.co) adj. (Fís.) Referente à eletrostática.
elevação (e.le.va.**ção**) s.f. **1.** Ascensão. **2.** Ação de ser promovido. **3.** Ponto elevado.
elevado (e.le.**va**.do) adj. **1.** Que se elevou; alto; superior. s.m. **2.** Via urbana em nível superior ao do solo.
elevador (e.le.va.**dor**) [ô] adj. **1.** Que eleva. s.m. **2.** Ascensor; aparelho que eleva ou transporta em posição vertical.
elevar (e.le.**var**) v.t.d. **1.** Levantar; fazer subir. **2.** Aumentar. **3.** Exaltar; engrandecer. **4.** Promover.
elfo (**el**.fo) s.m. (Mit.) Ser sábio e imortal da mitologia alemã, presente no folclore do norte da Europa, que controla algum aspecto da natureza e seria o lado masculino do povo das fadas.
elidir (e.li.**dir**) v.t.d. Suprimir, eliminar; fazer a elisão de.
eliminação (e.li.mi.na.**ção**) s.f. Ação de eliminar; supressão; cancelamento.
eliminado (e.li.mi.**na**.do) adj. **1.** Que se eliminou, que sofreu eliminação. **2.** Excluído. **3.** Excretado, expelido.

eliminar (e.li.mi.**nar**) v.t.d. **1.** Suprimir do organismo de que fazia parte. **2.** Excluir; expulsar; banir.
eliminatório (e.li.mi.na.**tó**.ri.o) adj. Que elimina, em que há eliminação: *prova eliminatória*.
elipse (e.**lip**.se) s.f. **1.** (*Gram.*) Omissão de uma ou mais palavras que se subentendem. **2.** (*Geom.*) Lugar geométrico dos pontos de um plano cujas distâncias a dois pontos fixos desse plano é constante, fixa.
elipsoide (e.lip.**soi**.de) [ói] adj.2g. **1.** Relacionado a elipse. **2.** Que tem forma de elipse; fusiforme.
elíptica (e.**líp**.ti.ca) s.f. Linha que tem forma de elipse.
elíptico (e.**líp**.ti.co) adj. **1.** Relativo à elipse. **2.** Em que há elipse.
elisão (e.li.**são**) s.f. **1.** Supressão, eliminação. **2.** (*Gram.*) Supressão da vogal final de uma palavra, como em "d'água". **3.** (*Econ.*) Planejamento para reduzir legalmente o total dos impostos e tributos devidos.
elite (e.**li**.te) s.f. **1.** Minoria que detém prestígio e domínio sobre determinado grupo social. **2.** O que há de melhor ou de maior valor em uma sociedade ou um grupo: *elite intelectual, elite econômica, esporte de elite, uma elite de atletas.*
elitismo (e.li.**tis**.mo) s.m. **1.** Sistema que favorece as elites e lhes concede maior poder e influência sobre a maioria da sociedade. **2.** Certeza na superioridade das elites.
elitista (e.li.**tis**.ta) adj.2g. Que protege interesses e privilégios de uma elite: *política elitista*.
elixir (e.li.**xir**) s.m. Preparado farmacêutico medicamentoso ou balsâmico; xarope.
elmo (**el**.mo) s.m. Peça de armadura que protegia a cabeça.
El Niño [espanhol: "él ninho"] s.m. (*próprio*) Fenômeno de aquecimento das águas superficiais do oceano Pacífico, que altera a circulação atmosférica e os índices de chuvas em grande parte do mundo. Cf. *La Niña*.
elo (e.lo) [é] s.m. **1.** Aro de cadeia. **2.** (*Fig.*) Ligação.
elocução (e.lo.cu.**ção**) s.f. **1.** Forma de se exprimir, falando ou escrevendo, escolhendo palavras ou frases com distinção. **2.** Estilo.
elogiar (e.lo.gi.**ar**) v.t.d. Tecer elogios a; louvar; enaltecer.
elogiável (e.lo.gi.**á**.vel) adj.2g. Que merece elogios; recomendável.
elogio (e.lo.**gi**.o) s.m. **1.** Louvor; enaltecimento; aplauso. **2.** Discurso em louvor de alguém ou de alguma coisa; gabo.
elogioso (e.lo.gi.**o**.so) [ô] adj. Que contém elogios, que expressa elogios ou aprovação. ▫ Pl. *elogiosos* [ó].
eloquência (e.lo.**quên**.ci.a) [ü] s.f. **1.** Capacidade de bem falar; expressividade ao falar. **2.** Competência de convencer, deleitar ou comover, pelo discurso falado ou escrito.
eloquente (e.lo.**quen**.te) [ü] adj.2g. **1.** Dotado de eloquência; que fala bem. **2.** Convincente; persuasivo; expressivo.

elucidação (e.lu.ci.da.**ção**) s.f. Ato ou efeito de elucidar; esclarecimento.
elucidar (e.lu.ci.**dar**) v.t.d. Esclarecer; explicar; informar.
elucubração (e.lu.cu.bra.**ção**) s.f. Meditação profunda; lucubração.
eluvião (e.lu.vi.**ão**) s.f. (*Geo.*) Matéria residual ou produto da erosão que não é levado para outros lugares.
em prep. Exprime ideia de estado ou qualidade, fim, forma ou semelhança, lugar, meio, modo, preço, sucessão, tempo.
ema (**e**.ma) [ê] s.f. (*epiceno*) (*Zoo.*) Ave pernalta que se assemelha ao avestruz; nhandu-guaçu.
emagrecedor (e.ma.gre.ce.**dor**) [ô] adj. Que emagrece, que auxilia ou promove o emagrecimento: *efeito emagrecedor*.
emagrecer (e.ma.gre.**cer**) v.t.d. **1.** Tornar-se magro. v.i. **2.** Tornar-se magro. **3.** Enfraquecer.
emagrecimento (e.ma.gre.ci.**men**.to) s.m. **1.** Ato de emagrecer. **2.** Enfraquecimento.
e-mail [inglês] s.m. **1.** Correio eletrônico. **2.** (*P. ext.*) Mensagem eletrônica. Obs.: forma reduzida de *electronic mail*. A pronúncia corrente no Brasil é "imêiu", mas em inglês se diz "ímel". ▫ Pl. *e-mails*.
emanação (e.ma.na.**ção**) s.f. **1.** Ação de emanar. **2.** Coisa emanada; exalação.
emanar (e.ma.**nar**) v.t.i. **1.** Provir; originar-se; proceder. **2.** Sair; exalar.
emancipação (e.man.ci.pa.**ção**) s.f. **1.** Ação de emancipar. **2.** Libertação.
emancipar (e.man.ci.**par**) v.t.d. **1.** Eximir do poder paterno ou de tutoria. **2.** Tornar independente; libertar. v.p. **3.** Livrar-se do pátrio poder. **4.** Tornar-se livre, independente; libertar-se.
emaranhado (e.ma.ra.**nha**.do) s.m. e adj. **1.** (O) que é intrincado, confuso: *um emaranhado de ruas*. **2.** Misturado confusamente; embaraçado: *cabelos emaranhados pelo vento*.
emaranhar (e.ma.ra.**nhar**) v.t.d. **1.** Embaraçar. **2.** Confundir; complicar; enredar. v.p. **2.** Confundir-se. **3.** Envolver-se (em embaraços).
emascular (e.mas.cu.**lar**) v.t.d. Tirar a masculinidade de; castrar, afeminar.
embaçado (em.ba.**ça**.do) adj. **1.** Que se embaçou. s.m. **2.** Aquilo que embaça; cobertura de água condensada sobre o vidro: *limpou o embaçado com um pano*.
embaçar (em.ba.**çar**) v.t.d. **1.** Tornar baço. **2.** Ofuscar; tirar o prestígio a. **3.** Enganar; iludir.
embaciado (em.ba.ci.**a**.do) adj. Sem brilho, baço, fosco.
embaciar (em.ba.ci.**ar**) v.t.d. **1.** Fazer perder o brilho a. **2.** Ofuscar. **3.** Desonrar. v.i. e v.p. **4.** Tornar-se baço, sem brilho; ofuscar-se.
embaimento (em.bai.**men**.to) s.m. **1.** Ato ou efeito de embair. **2.** Engano, embuste, artifício.
embainhar (em.bai.**nhar**) v.t.d. **1.** Pôr na bainha. **2.** Fazer bainha em. v.i. **3.** Fazer bainhas.
embair (em.ba.**ir**) v.t.d. (*Raro*) Enganar, iludir.

embaixada (em.bai.**xa**.da) s.f. **1.** Cargo, missão de embaixador. **2.** Residência do embaixador. **3.** Comissão; encargo. **4.** (*Esp.*) Ação de chutar a bola para cima, a pequena altura, repetidas vezes.

embaixador (em.bai.xa.**dor**) [ô] s.m. **1.** Representante de um Estado junto a outro. **2.** Emissário. ▫ Fem. *embaixadora*. Cf. *embaixatriz*.

embaixadora (em.bai.xa.**do**.ra) [ô] s.f. Feminino de *embaixador*. Cf. *embaixatriz*.

embaixatriz (em.bai.xa.**triz**) s.f. Esposa de um embaixador. Cf. *embaixadora*.

embaixo (em.**bai**.xo) adv. Que fica ou está na parte inferior.

embalado (em.ba.**la**.do) adj. **1.** Que se embalou ou colocou em embalagem: *café embalado a vácuo*. **2.** Que pegou embalo: *carros embalados*. **3.** Movido, movimentado. adv. **4.** (*Pop.*) De modo rápido, em alta velocidade: *veio embalado e derrapou na curva*.

embalagem (em.ba.**la**.gem) s.f. **1.** Ação de embalar; empacotamento. **2.** Material com que se embala ou empacota.

embalar (em.ba.**lar**) v.t.d. **1.** Balouçar (a criança) para que adormeça. **2.** Iludir; entreter. **3.** Agitar levemente. v.p. **4.** Balouçar-se. v.t.d. **5.** Enfardar; empacotar.

embalo (em.**ba**.lo) s.m. **1.** Ação de embalar. **2.** Balanço. **3.** Impulso.

embalsamado (em.bal.sa.**ma**.do) adj. **1.** Que foi tratado com substâncias que impedem a decomposição: *cadáver embalsamado, bicho embalsamado*. **2.** Perfumado, cheirando a bálsamo.

embalsamamento (em.bal.sa.ma.**men**.to) s.m. Ação de embalsamar.

embalsamar (em.bal.sa.**mar**) v.t.d. **1.** Impregnar de aromas. **2.** Introduzir em um cadáver substâncias balsâmicas para que não apodreça.

embandeirar-se (em.ban.dei.**rar**-se) v.p. Escolher uma bandeira ou mostrá-la: *a rua se embandeirou para ver a seleção passar*.

embaraçar (em.ba.ra.**çar**) v.t.d. **1.** Causar embaraço a. **2.** Complicar. **3.** Estorvar. v.p. **4.** Sentir embaraços. **5.** Complicar-se.

embaraço (em.ba.**ra**.ço) s.m. **1.** Impedimento, estorvo, obstáculo. **2.** Constrangimento, vergonha, mal-estar: *o palavrão causou embaraço a todos os presentes*.

embaraçoso (em.ba.ra.**ço**.so) [ô] adj. Que causa embaraço ou estorvo. ▫ Pl. *embaraçosos* [ó].

embaralhar (em.ba.ra.**lhar**) v.t.d. Baralhar; confundir; misturar.

embarcação (em.bar.ca.**ção**) s.f. **1.** Ação de embarcar. **2.** Barco; navio; construção destinada a navegar.

embarcadouro (em.bar.ca.**dou**.ro) s.m. Lugar para embarque e desembarque de passageiros ou carga em uma embarcação.

embarcar (em.bar.**car**) v.t.d. **1.** Carregar a bordo de um veículo. v.i. e v.p. **2.** Entrar em um veículo. v.i. **3.** (*Pop.*) Morrer.

embargar (em.bar.**gar**) v.t.d. **1.** Pôr embargos a. **2.** Embaraçar o uso de; estorvar. **3.** Conter; reprimir.

embargo (em.**bar**.go) s.m. **1.** Embaraço; estorvo; obstáculo; impedimento. **2.** (*Dir.*) Suspensão de execução de uma sentença, do uso livre de bens. **3.** Retenção de bens ou rendimentos. **4.** Paralisação de uma obra ordenada pela prefeitura ou outra autoridade administrativa.

embarque (em.**bar**.que) s.m. **1.** Ação de embarcar, entrar em um veículo. **2.** Lugar onde se embarca.

embasamento (em.ba.sa.**men**.to) s.m. **1.** Aquilo que serve de base a uma construção. **2.** Fundamentação; argumentação.

embasar (em.ba.**sar**) v.t.d. **1.** Fazer o embasamento ou o alicerce de. v.p. **2.** Alicerçar-se; fundamentar-se; basear-se.

embasbacar (em.bas.ba.**car**) v.t.d. **1.** Causar espanto a. v.i. e v.p. **2.** Ficar estupefato; admirar-se.

embate (em.**ba**.te) s.m. **1.** Choque violento; pancada. **2.** Batalha. **3.** Resistência; oposição.

embater (em.ba.**ter**) v.i. e v.p. Entrar em embate; chocar-se, enfrentar-se.

embebedar (em.be.be.**dar**) v.t.d. e v.p. Tornar(-se) bêbado, embriagar(-se).

embeber (em.be.**ber**) v.t.d. e v.p. **1.** Absorver; ensopar. **2.** Encharcar-se; ensopar-se. **3.** Infiltrar-se.

embebido (em.be.**bi**.do) adj. **1.** Encharcado; molhado. **2.** (*Fig.*) Absorto; extasiado; enlevado.

embeiçar (em.bei.**çar**) v.t.d. e v.p. Apaixonar-se, encantar-se: *embeiçou o moço; embeiçou-se pela morena*.

embelezado (em.be.le.**za**.do) adj. Que se embelezou; tornado belo, enfeitado.

embelezamento (em.be.le.za.**men**.to) s.m. Ato de embelezar(-se).

embelezar (em.be.le.**zar**) v.t.d. **1.** Tornar belo. **2.** Ornamentar, enfeitar. v.p. **3.** Tornar-se belo; enfeitar-se; adornar-se.

embevecer (em.be.ve.**cer**) v.t.d. e v.p. Comover(-se), impressionar(-se).

embiá s.2g. e adj.2g. O mesmo que *guarani-mbiá*.

embicar (em.bi.**car**) v.t.i. Virar o bico, rumar para: *embicou para casa*.

embira (em.**bi**.ra) s.f. (*Bot.*) Árvore de cuja casca se extrai uma fibra empregada para fabricação de corda.

embirrar (em.bir.**rar**) v.i. **1.** Fazer birra: *a criança embirrava à toa*. v.p. **2.** Ficar magoado; ofender-se, emburrar.

embirutar (em.bi.ru.**tar**) v.i. Ficar biruta ou maluco, endoidecer.

emblema (em.**ble**.ma) s.m. **1.** Desenho que simboliza uma instituição; distintivo: *emblema do Brasil, emblema do time*. **2.** Figura simbólica que personifica uma ideia: *a mulher de olhos vendados segurando uma balança de pratos é o emblema da justiça*.

emblemático (em.ble.**má**.ti.co) adj. Relacionado a emblema, que constitui emblema.

emboaba (em.bo.a.ba) s.2g. (Hist.) Apelido dado, nos tempos coloniais, em princípio aos portugueses que se aventuravam na busca de pedras e metais preciosos, e, com o passar dos tempos, estendido a todos os portugueses.

embocadura (em.bo.ca.du.ra) s.f. **1.** Parte do instrumento de sopro que o músico introduz na boca. **2.** Foz ou boca de um rio. **3.** Parte do freio que se introduz na boca do animal.

embocar (em.bo.car) v.t.d. **1.** Virar a boca de: embocou o copo para baixo. **2.** Fazer passar por abertura estreita.

embolada (em.bo.la.da) s.f. **1.** (Folc.) Canto nordestino em sextilha e com refrão, improvisado ou composto previamente, com andamento rápido. **2.** Briga; desentendimento.

embolar (em.bo.lar) v.t.d. **1.** Misturar, confundir: *embolou a situação.* v.p. **2.** Engalfinhar-se, atracar-se: *os gatos se embolaram pela grama.*

embolia (em.bo.li.a) s.f. (Med.) Obstrução de um vaso sanguíneo causada por um êmbolo.

êmbolo (êm.bo.lo) s.m. **1.** Cilindro ou disco móvel existente nas bombas, seringas e outros maquinismos. **2.** (Med.) Coágulo sanguíneo capaz de obstruir os vasos.

embolorado (em.bo.lo.ra.do) adj. **1.** Que embolorou; mofado. **2.** (Fig.) Envelhecido; antiquado.

embolorar (em.bo.lo.rar) v.i. Criar bolor; mofar.

embolsar (em.bol.sar) v.t.d. **1.** Guardar no bolso (ou bolsa). **2.** Receber. **3.** Pagar o que se deve a.

embolso (em.bol.so) [ô] s.m. **1.** Ação de embolsar. **2.** Pagamento.

embora (em.bo.ra) [ó] adv. **1.** Em boa hora. conj. **2.** Ainda que; se bem que; apesar de; não obstante.

emborcar (em.bor.car) v.t.d. **1.** Pôr de boca para baixo. **2.** Beber; engolir. v.i. **3.** Cair ou virar para baixo, de borco.

embornal (em.bor.nal) s.m. **1.** Saco com ração que se põe no focinho dos animais. **2.** Saco ou bolsa, para o transporte de alimentos ou ferramentas.

emboscada (em.bos.ca.da) s.f. Ato de emboscar ou de espreitar alguém para o atacar; cilada; traição: *fazer uma emboscada, cair numa emboscada.*

emboscar (em.bos.car) v.t.d. **1.** Preparar cilada; trair. v.p. **2.** Camuflar-se; esconder-se para atacar. **3.** Embrenhar-se.

embotar (em.bo.tar) v.t.d. **1.** Tirar o fio ou o gume a. **2.** (Fig.) Tornar insensível; fraco ou sem energia. v.p. **3.** Perder o fio ou o gume. **4.** (Fig.) Enfraquecer-se, perder o brilho ou a sensibilidade.

embranquecer (em.bran.que.cer) v.t.d. **1.** Deixar branco. v.i. e v.p. **2.** Tornar(-se) branco.

embranquecimento (em.bran.que.ci.men.to) s.m. Ação de embranquecer, de tornar(-se) branco: *o embranquecimento dos cabelos.*

embravecer (em.bra.ve.cer) v.i. e v.p. Tornar(-se) bravo; enfurecer(-se).

embreagem (em.bre.a.gem) s.f. Dispositivo que troca as marchas de um veículo.

embrear (em.bre.ar) v.t.d. Acionar a embreagem de engrenar.

embrenhar (em.bre.nhar) v.t.d. e v.p. Esconder(-se) meter(-se) nas brenhas ou em matagal.

embriagado (em.bri.a.ga.do) adj. Bêbado, ébrio.

embriagador (em.bri.a.ga.dor) [ô] adj Embriagante.

embriagante (em.bri.a.gan.te) adj.2g. Que embriaga, embebeda ou inebria; perturbador embriagador.

embriagar (em.bri.a.gar) v.t.d. **1.** Tornar ébrio embebedar; inebriar. **2.** (Fig.) Extasiar; maravi lhar. v.p. **3.** Embebedar-se. **4.** (Fig.) Extasiar-se transportar-se; maravilhar-se.

embriaguez (em.bri.a.guez) [ê] s.f. **1.** Estado causado pela ingestão de bebidas alcoólicas em excesso. (Fig.) **2.** Estado de encantamento ou ale gria; êxtase. **3.** Diminuição da capacidade de pen sar, perda do discernimento ou da sensibilidade: *embriaguez do poder.*

embrião (em.bri.ão) s.m. **1.** O feto, assim con siderado até o terceiro mês de vida intrauterina **2.** Qualquer animal vivo, em suas primeiras fase de desenvolvimento. **3.** Nos vegetais, organismo rudimentar formado na semente. **4.** (Fig.) Começo origem.

embriologia (em.bri.o.lo.gi.a) s.f. (Bio.) Estudo da formação e do desenvolvimento embrionário do animais, em especial do embrião humano.

embrionário (em.bri.o.ná.ri.o) adj. **1.** Relacionado a embrião. **2.** Que está em formação; inicial.

embromação (em.bro.ma.ção) s.f. Ação de embro mar; mentira, engano, ilusão.

embromar (em.bro.mar) v.t.d. Mentir, iludir, enga nar: *embromou os pais dizendo que ia para a escola*

embrulhada (em.bru.lha.da) s.f. Confusão; emba raço; obstáculo; dificuldade; embrulho.

embrulhar (em.bru.lhar) v.t.d. **1.** Envolver em papel, dando forma de pacote; empacotar **2.** (Fig.) Confundir; embaraçar. v.p. **3.** Embaraçar -se; atrapalhar-se.

embrulho (em.bru.lho) s.m. **1.** Aquilo que se embrulhou ou empacotou. **2.** (Fig.) Confusão complicação; embrulhada.

embrutecer (em.bru.te.cer) v.t.d. **1.** Deixar bruto brutalizar. v.i. **2.** Estupidificar. v.p. **3.** Tornar-se brute ou estúpido.

embrutecimento (em.bru.te.ci.men.to) s.m. Ate de embrutecer(-se).

embuçar (em.bu.çar) v.t.d. Cobrir, esconder: *embu çou o rosto com a touca.*

embuchar (em.bu.char) v.t.d. **1.** Colocar no bucho comer. v.i. e v.p. **2.** Tornar(-se) feio. v.i. **3.** (Pop.) (NE Engravidar, pegar barriga.

emburrar (em.bur.rar) v.i. Magoar-se, retrair-se amuar.

emburrecer (em.bur.re.cer) v.t.d. e v.p. Tornar(-se burro, inibir a inteligência: *alguns programas d televisão emburrecem o público.*

embuste (em.bus.te) s.m. Mentira; ardil; engano.

embusteiro (em.bus.**tei**.ro) *adj.* Que se utiliza de embuste; impostor.

embutido (em.bu.**ti**.do) *adj.* **1.** Que se embutiu. *s.m.* **2.** Alimento feito com carne colocada dentro de tripa ou película, como linguiça, salsicha e paio: *os embutidos podem ser crus, cozidos ou defumados*.

embutidor (em.bu.ti.**dor**) [ô] *s.m. e adj.* Marcheteiro.

embutir (em.bu.**tir**) *v.t.d.* **1.** Introduzir; enfiar; encaixar. **2.** Marchetar; entalhar.

eme (e.me) *s.m.* Nome da letra M.

emenda (e.**men**.da) *s.f.* **1.** Ato de emendar; correção de defeito ou falta. **2.** Remendo. **3.** (Dir.) Modificação de uma Constituição, a qual só pode ser feita mediante proposta da Câmara dos Deputados, do Senado Federal, do Presidente da República ou das Assembleias Legislativas.

emendado (e.men.**da**.do) *adj.* **1.** Que se emendou. **2.** Que contém emendas: *um fio emendado pode não conduzir bem o sinal*.

emendar (e.men.**dar**) *v.t.d.* **1.** Corrigir; modificar; reparar. *v.p.* **2.** Corrigir-se; arrepender-se.

ementa (e.**men**.ta) *s.f.* **1.** Nota, anotação. **2.** Resumo, sumário.

ementário (e.men.**tá**.ri.o) *s.m.* Livro ou caderno onde se anotam ementas.

emergência (e.mer.**gên**.ci.a) *s.f.* **1.** Ato de emergir. **2.** Ocorrência perigosa; situação crítica; incidente.

emergencial (e.mer.gen.ci.**al**) *adj.2g.* Relacionado a emergência, que constitui emergência: *perigo emergencial*.

emergente (e.mer.**gen**.te) *adj.2g.* **1.** Que emerge; que surge; que aparece. *s.2g.* **2.** Pessoa que acabou de elevar-se financeira e socialmente.

emergir (e.mer.**gir**) *v.i.* **1.** Sair de onde estava mergulhado; vir à tona. **2.** Manifestar-se; mostrar-se. Obs.: pres. do ind.: *emerges, emerge, emergimos, emergis, emergem*; não apresenta o pres. do subj.; imperat. afirm.: *emerge, emergi*; não tem imperat. neg.

emérito (e.**mé**.ri.to) *adj.* Jubilado; insigne; sábio.

emersão (e.mer.**são**) *s.f.* Ato de emergir, de vir à tona.

emerso (e.**mer**.so) [é] *adj.* Que emergiu.

emético (e.**mé**.ti.co) *adj.* (Med.) Diz-se de medicamento para provocar vômitos.

emigração (e.mi.gra.**ção**) *s.f.* **1.** Ato de emigrar, de deixar um país, para estabelecer-se em outro. **2.** Mudança anual de alguns animais de uma região para outra, em busca de melhor clima.

emigrante (e.mi.**gran**.te) *s.2g. e adj.2g.* (Pessoa) que emigra.

emigrar (e.mi.**grar**) *v.t.i. e v.i.* **1.** Sair de seu país, para estabelecer-se em outro. **2.** Mudar anualmente de região, em busca de clima mais favorável.

eminência (e.mi.**nên**.ci.a) *s.f.* **1.** Elevação do terreno; ponto elevado. **2.** Tratamento dado aos cardeais. Cf. *iminência*.

eminente (e.mi.**nen**.te) *adj.2g.* **1.** Elevado, alto. **2.** Superior, excelente. *pron.* **3.** Emprega-se com a forma de tratamento "eminência", dada a cardeais. Cf. *iminente*.

emir (e.**mir**) *s.m.* Título que recebiam os chefes de certas regiões muçulmanas.

emirado (e.mi.**ra**.do) *s.m.* Território governado por um emir.

emiratense (e.mi.ra.**ten**.se) *adj.2g.* **1.** Dos Emirados Árabes Unidos, país da África. *s.2g.* **2.** Pessoa natural ou habitante desse lugar.

emissão (e.mis.**são**) *s.f.* **1.** Ato de emitir ou projetar; pôr em circulação: *emissão de poluentes, emissão de cheque*. **2.** (Fís.) Processo físico que implica na liberação de energia.

emissário (e.mis.**sá**.ri.o) *s.m. e adj.* (Aquele) que é enviado em uma missão; mensageiro.

emissor (e.mis.**sor**) [ô] *s.m.* **1.** Aquele que emite ou envia. *adj.* **2.** Referente ao banco que emite papel-moeda.

emissora (e.mis.**so**.ra) [ô] *s.f.* Estação transmissora de rádio ou televisão.

emitente (e.mi.**ten**.te) *s.2g. e adj.2g.* (Aquele) que emite, lança ou publica: *a emitente dos cheques esqueceu-se de assiná-los*.

emitido (e.mi.**ti**.do) *adj.* **1.** Que se emitiu; produzido, feito. **2.** Dito, pronunciado. **3.** Posto em circulação.

emitir (e.mi.**tir**) *v.t.d.* Pôr em circulação; exprimir; publicar.

emoção (e.mo.**ção**) *s.f.* Abalo moral; comoção; perturbação.

emocional (e.mo.cio.**nal**) *adj.2g.* Que causa emoção ou é por ela transmitido.

emocionante (e.mo.cio.**nan**.te) *adj.2g.* Que causa emoção.

emocionar (e.mo.cio.**nar**) *v.t.d.* **1.** Provocar emoção em; comover; impressionar. *v.p.* **2.** Comover-se; sensibilizar-se.

emoldurar (e.mol.du.**rar**) *v.t.d.* **1.** Guarnecer com moldura. **2.** Ornar, enfeitar em volta.

emoliente (e.mo.li.**en**.te) *adj.2g.* (Med.) Que amolece e abranda uma inflamação dos tecidos.

emolumento (e.mo.lu.**men**.to) *s.m.* **1.** Lucro, ganho, vantagem. **2.** Prêmio, recompensa, gratificação.

emoticon [inglês: "imôticom"] *s.m.* (Int.) Representação gráfica de expressões faciais e estados de espírito (alegria, felicidade, surpresa etc.), por meio de sinais de pontuação, números e caracteres especiais, usada em conversas em redes sociais e mensagens on-line. Obs.: junção das palavras *emotion*, "emoção", e *icon*, "ícone".

emotividade (e.mo.ti.vi.**da**.de) *s.f.* Estado ou condição do emotivo.

emotivo (e.mo.**ti**.vo) *adj.* Sensível; que tem ou revela emoção.

empacar (em.pa.**car**) *v.i.* **1.** Estacar, parar, recusar-se a prosseguir: *o burro empacou*. **2.** Parar de progredir, emperrar: *as obras empacaram*.

empachar (em.pa.**char**) *v.t.i. e v.p.* Comer muito, fartar-se, empanzinar-se: *empachou-se de chocolate*.

empaçocar (em.pa.ço.**car**) v.t.d. Socar, meter um sobre o outro fazendo pressão: *empaçocou o agasalho na mochila*.

empacotadeira (em.pa.co.ta.**dei**.ra) s.f. **1.** Mulher que faz pacotes. **2.** Máquina que faz pacotes.

empacotadeiro (em.pa.co.ta.**dei**.ro) s.m. e adj. Empacotador.

empacotador (em.pa.co.ta.**dor**) [ô] s.m. e adj. (Pessoa) que coloca compras em pacotes, que faz pacotes; empacotadeiro.

empacotamento (em.pa.co.ta.**men**.to) s.m. Ação de empacotar, de formar pacote ou embalar em pacote.

empacotar (em.pa.co.**tar**) v.t.d. **1.** Embalar; enfardar; embrulhar. v.i. **2.** (Pop.) Morrer.

empada (em.**pa**.da) s.f. (Culin.) Salgado assado ao forno, em forminhas, com recheio de camarão, frango, palmito etc.

empadão (em.pa.**dão**) s.m. (Culin.) Empada grande servida em pedaços.

empadinha (em.pa.**di**.nha) s.f. (Culin.) Empada bem pequena, servida em festas e coquetéis.

empáfia (em.**pá**.fi.a) s.f. Soberba; orgulho vão; altivez; arrogância.

empalar (em.pa.**lar**) v.t.d. Enfiar em uma haste: *empalou o frango no espeto e levou à churrasqueira*.

empalhador (em.pa.lha.**dor**) [ô] s.m. e adj. (Pessoa) que empalha.

empalhar (em.pa.**lhar**) v.t.d. Forrar, cobrir ou encher com palha.

empalidecer (em.pa.li.de.**cer**) v.t.d. **1.** Tornar pálido; tirar o viço a. v.i. **2.** Perder a cor; ficar pálido.

empalmar (em.pal.**mar**) v.t.d. Pegar, ocultar na palma da mão: *empalmou a caneta da amiga*.

empanada (em.pa.**na**.da) s.f. (Culin.) Assado de massa com pouca gordura e recheio em geral de carne, em porções individuais de formato próprio, típico da Argentina e do Chile.

empanar (em.pa.**nar**) v.t.d. **1.** Cobrir com ovo e farinha para em seguida fritar. **2.** (Fig.) Embaciar; ofuscar. v.p. **3.** Perder o brilho; embaciar-se.

empanturrar (em.pan.tur.**rar**) v.t.d. **1.** Encher (alguém) de comida; empanzinar. v.p. **2.** Encher-se exageradamente de comida; empanzinar-se.

empanzinar (em.pan.zi.**nar**) v.t.d. **1.** Empanturrar. v.p. **2.** Empanturrar-se; comer com exagero.

empapar (em.pa.**par**) v.t.d. **1.** Deixar com a consistência de papa. **2.** Encharcar; ensopar. v.p. **3.** Embeber-se; ensopar-se.

empapelar (em.pa.pe.**lar**) v.t.d. Envolver ou revestir com papel.

empapuçar (em.pa.pu.**çar**) v.i. **1.** Encher até formar papo; fartar, enjoar: *muito chocolate empapuça*. **2.** Formar dobras, pregas: *a saia era grande e empapuçou*.

emparceirar (em.par.cei.**rar**) v.t.i. Formar par ou parceria; emparelhar.

emparedar (em.pa.re.**dar**) v.t.d. e v.p. Encerrar(-se) entre paredes.

emparelhado (em.pa.re.**lha**.do) adj. Colocado lado a lado; nivelado; igualado.

emparelhar (em.pa.re.**lhar**) v.t.d. **1.** Colocar lado a lado. **2.** Igualar; nivelar. v.p. **3.** Ficar ao lado de. **4.** Equiparar-se; igualar-se.

empastar (em.pas.**tar**) v.t.d. Transformar em pasta, tornar pastoso; emplastrar.

empastelamento (em.pas.te.la.**men**.to) s.m. **1.** Ato de empastelar. **2.** (Fig.) Ato de destruir por meios violentos as instalações de um jornal.

empastelar (em.pas.te.**lar**) v.t.d. **1.** (Gráf.) Agrupar os caracteres tipográficos de modo confuso, inutilizando a composição. **2.** Destruir as instalações de um jornal a fim de prejudicar a continuidade dos trabalhos.

empatar (em.pa.**tar**) v.i. **1.** Chegar ao fim de um jogo ou eleição sem vencedor; igualar. v.t.d. **2.** Embaraçar; interromper. **3.** Aplicar dinheiro sem ter grandes lucros.

empate (em.**pa**.te) s.m. **1.** Ato de empatar. **2.** Conclusão de jogo ou eleição, sem que haja um vencedor.

empatia (em.pa.**ti**.a) s.f. **1.** Maneira de entender outra pessoa, de notar seus sentimentos e motivações, pela capacidade de se imaginar na sua situação ou seu lugar. **2.** Identificação, ligação.

empático (em.**pá**.ti.co) adj. Relacionado a empatia, que tem empatia: *relacionamento empático*.

empecer (em.pe.**cer**) v.t.d. Dificultar, embaraçar, impedir, estorvar.

empecilho (em.pe.**ci**.lho) s.m. Aquilo que embaraça ou estorva; obstáculo, impedimento.

empeçonhar (em.pe.ço.**nhar**) v.t.d. Encher de peçonha; envenenar.

empedernido (em.pe.der.**ni**.do) adj. **1.** Que se empederniu. **2.** (Fig.) Inflexível; insensível.

empedernir (em.pe.der.**nir**) v.t.d. **1.** Transformar em pedra; endurecer. **2.** Tornar insensível, cruel. v.p. **3.** Tornar-se insensível, desumano.

empedrar (em.pe.**drar**) v.t.d. **1.** Cobrir com pedras. v.i. **2.** Adquirir consistência ou aspecto de pedra; endurecer; empedernir. v.p. **3.** Petrificar-se.

empelotar (em.pe.lo.**tar**) v.t.d. **1.** Reduzir a pelotas. v.i. **2.** Adquirir consistência ou aspecto de pelota.

empenado (em.pe.**na**.do) adj. Que empenou ou deformou; deformado; torto.

empenar (em.pe.**nar**) v.t.d. **1.** Deformar; entortar. v.i. **2.** Deformar-se pela ação da umidade ou do calor.

empenhado (em.pe.**nha**.do) adj. **1.** Que se empenhou. **2.** Que mostra empenho.

empenhar (em.pe.**nhar**) v.t.d. **1.** Dar em penhor; hipotecar. v.p. **2.** Esforçar-se; pôr todo o seu empenho.

empenho (em.**pe**.nho) s.m. Ato de empenhar(-se); diligência; ardor; interesse.

empeno (em.**pe**.no) [ê] s.m. Desvio, trecho torto em uma peça.

emperrar (em.per.**rar**) v.t.d. **1.** Travar. v.i. **2.** Não poder mover-se nem para um lado, nem para outro.

empertigado (em.per.ti.**ga**.do) adj. Aprumado; altivo; teso.

empertigar (em.per.ti.**gar**) v.t.d. e v.p. Endireitar(-se), aprumar(-se), esticar(-se): *empertigou-se todo para impressionar bem.*
empestar (em.pes.**tar**) v.t.d. Empestear.
empestear (em.pes.te.**ar**) v.t.d. Contagiar com peste; pestear.
empetecar (em.pe.te.**car**) v.t.d. e v.p. Enfeitar(-se), ornar(-se), adornar(-se): *empetecou-se toda para encontrar a amiga; empetecou a sala com flores.*
empilhadeira (em.pi.lha.**dei**.ra) s.f. Veículo próprio para empilhar pacotes pesados, usado em fábricas ou depósitos de mercadorias.
empilhamento (em.pi.lha.**men**.to) s.m. Ato de empilhar.
empilhar (em.pi.**lhar**) v.t.d. Colocar em pilha; amontoar.
empinado (em.pi.**na**.do) adj. Íngreme; erguido; levantado.
empinar (em.pi.**nar**) v.t.d. **1.** Colocar a pino. **2.** Fazer que suba aos ares. v.p. **3.** Erguer-se sobre as patas traseiras.
empipocar (em.pi.po.**car**) v.i. e v.p. Encher(-se) de coceiras; irritar(-se): *o braço empipocou; o bebê empipocou-se.*
empírico (em.**pí**.ri.co) adj. Que diz respeito ao empirismo; baseado apenas na experiência e não no estudo.
empirismo (em.pi.**ris**.mo) s.m. (Filos.) Doutrina pela qual só a experiência é tida como guia seguro.
empirista (em.pi.**ris**.ta) adj.2g. **1.** Relacionado ao empirismo. s.2g. **2.** Adepto do empirismo.
emplacamento (em.pla.ca.**men**.to) s.m. Ato de emplacar.
emplacar (em.pla.**car**) v.t.d. Colocar placa ou chapa em.
emplasto (em.**plas**.to) s.m. **1.** Medicamento que amolece com o calor do corpo e adere ao local em que foi aplicado. **2.** (*sobrecomum*) (Fig.) Pessoa chata, inoportuna; grude. O mesmo que *emplastro*.
emplastrar (em.plas.**trar**) v.t.d. Dar consistência de emplastro ou emplasto; empastar.
emplastro (em.**plas**.tro) s.m. O mesmo que *emplasto*.
emplumado (em.plu.**ma**.do) adj. Dotado de plumas.
emplumar (em.plu.**mar**) v.t.d. **1.** Enfeitar com penas. v.p. **2.** Enfeitar-se; adornar-se.
empoado (em.po.**a**.do) adj. Coberto de pó.
empoar (em.po.**ar**) v.t.d. **1.** Cobrir de pó. v.p. **2.** Cobrir-se de pó.
empobrecer (em.po.bre.**cer**) v.t.d. e v.p. **1.** Tornar(-se) pobre. v.i. **2.** Ficar pobre.
empobrecido (em.po.bre.**ci**.do) adj. Que ficou pobre.
empobrecimento (em.po.bre.ci.**men**.to) s.m. Ato de empobrecer(-se).
empoçar (em.po.**çar**) v.i. Formar poça, reter água.
empoeirar (em.po.ei.**rar**) v.t.d. e v.p. Cobrir(-se) de pó.
empola (em.**po**.la) [ô] s.f. **1.** (Med.) Bolha localizada entre a derme e a epiderme, causada pelo derramamento de serosidade. **2.** Bolha de água fervendo. **3.** Recipiente para injeções; ampola.
empolado (em.po.**la**.do) adj. **1.** Inchado. **2.** (Fig.) Pomposo, soberbo.
empolar (em.po.**lar**) v.t.d. **1.** Estufar, inchar: *empolou o peito e soltou um vozeirão*. v.i. **2.** Cobrir-se de empolas ou bolhas; pipocar.
empoleirar (em.po.lei.**rar**) v.t.d. e v.p. Pôr(-se) no poleiro ou em posição mais alta: *os pombos se empoleiravam na estátua.*
empolgação (em.pol.ga.**ção**) s.f. Ato de empolgar-se; entusiasmo; animação; arrebatamento; êxtase.
empolgante (em.pol.**gan**.te) adj.2g. Que empolga; animador; arrebatador.
empolgar (em.pol.**gar**) v.t.d. Prender o interesse de; arrebatar; extasiar.
empombar (em.pom.**bar**) v.t.i. e v.p. Reclamar, expressar irritação: *empombou-se com a dona da festa.*
emporcalhar (em.por.ca.**lhar**) v.t.d. e v.p. **1.** Sujar(-se), enxovalhar(-se), manchar(-se). **2.** Lambuzar(-se), borrar(-se).
empório (em.**pó**.ri.o) s.m. **1.** Centro de comércio internacional. **2.** Armazém de secos e molhados.
empós (em.**pós**) adv. (Ant.) Após, depois.
empossar (em.pos.**sar**) v.t.d. **1.** Dar posse a. v.p. **2.** Tomar posse; apossar-se.
empostação (em.pos.ta.**ção**) s.f. Ação de empostar. O mesmo que *impostação*.
empostar (em.pos.**tar**) v.t.d. Emitir corretamente, com clareza: *empostou a voz*. O mesmo que *impostar*.
emprazar (em.pra.**zar**) v.t.d. Combinar o prazo; aprazar.
empreendedor (em.pre.en.de.**dor**) [ô] s.m. e adj. **1.** (Aquele) que empreende. **2.** (Pessoa) que cria uma empresa. adj. **3.** Arrojado; ousado; impetuoso: *um ímpeto empreendedor, caráter empreendedor.*
empreendedorismo (em.pre.en.de.do.**ris**.mo) s.m. **1.** Qualidade de empreendedor, de quem cria empresas ou negócios. **2.** Movimento que propõe o ensino nas escolas dos conhecimentos e habilidades ligados à criação de empresas.
empreender (em.pre.en.**der**) v.t.d. Colocar em prática; ter iniciativa.
empreendimento (em.pre.en.di.**men**.to) s.m. Ato de empreender; tentativa; iniciativa.
empregado (em.pre.**ga**.do) adj. **1.** Usado, aplicado. s.m. **2.** Trabalhador contratado para um emprego. Cf. *funcionário*.
empregador (em.pre.ga.**dor**) [ô] s.m. e adj. (Pessoa ou empresa) que dá emprego, que contrata empregado.
empregar (em.pre.**gar**) v.t.d. **1.** Dar emprego a. **2.** Usar; fazer uso de. v.p. **3.** Ingressar como empregado.
empregatício (em.pre.ga.**tí**.ci.o) adj. Pertencente a ou que caracteriza emprego: *vínculo empregatício*.
empregável (em.pre.**gá**.vel) adj.2g. Que se pode empregar, a que ou a quem se pode dar emprego.

emprego (em.**pre**.go) [ê] s.m. **1.** Ato de empregar; uso, aplicação: *erva de emprego na medicina*. **2.** Contrato de trabalho fixo, regular, entre duas pessoas ou entre uma pessoa e uma empresa: *alguns empregos têm função definida, outros não*. **3.** Cargo, função: *achou emprego de pedreiro*.
empreitada (em.prei.**ta**.da) s.f. Obra por conta de outrem, mediante pagamento previamente combinado; tarefa.
empreitar (em.prei.**tar**) v.t.d. Contratar a execução de: *empreitou a criação da horta*.
empreiteira (em.prei.**tei**.ra) s.f. Empresa de construção civil contratada para empreitadas ou projetos.
empreiteiro (em.prei.**tei**.ro) s.m. **1.** Quem ajusta trabalho por empreitada. **2.** Proprietário ou responsável por uma empreiteira.
emprenhar (em.pre.**nhar**) v.t.d. e v.i. Tornar(-se) prenhe; engravidar.
empresa (em.**pre**.sa) [ê] s.f. Associação mercantil; firma que explora qualquer atividade econômica.
empresar (em.pre.**sar**) v.t.d. Empresariar.
empresariado (em.pre.sa.ri.**a**.do) s.m. A classe, a categoria dos empresários de uma região ou país.
empresarial (em.pre.sa.ri.**al**) adj.2g. Pertencente ou relacionado a empresa ou empresário.
empresariar (em.pre.sa.ri.**ar**) v.t.d. Trabalhar como empresa, explorar comercialmente; empresar: *empresariava festinhas e eventos*.
empresário (em.pre.**sá**.ri.o) s.m. Pessoa que possui ou dirige uma empresa.
emprestado (em.pres.**ta**.do) adj. **1.** Que se emprestou, de que não se tem a posse: *foi com um casaco emprestado*. **2.** Cedido em empréstimo: *todos os seus casacos estavam emprestados ou perdidos*.
emprestar (em.pres.**tar**) v.t.d. **1.** Confiar algo a alguém, durante algum tempo. **2.** Dar a juros.
empréstimo (em.**prés**.ti.mo) s.m. **1.** Ato de emprestar. **2.** Aquilo que se empresta.
emproado (em.pro.**a**.do) adj. Orgulhoso; vaidoso; presunçoso.
empulhar (em.pu.**lhar**) v.t.d. Enganar, iludir: *empulhou o cliente vendendo carne de gato por lebre*.
empunhadura (em.pu.nha.**du**.ra) s.f. Parte por onde se empunha um objeto; punho.
empunhar (em.pu.**nhar**) v.t.d. Segurar firmemente, trazer no punho: *empunhava uma espada*.
empurrão (em.pur.**rão**) s.m. Ato de empurrar; encontrão; esbarrão.
empurrar (em.pur.**rar**) v.t.d. Dar empurrões em; esbarrar; empuxar.
empuxar (em.pu.**xar**) v.t.d. **1.** Impelir com violência; empurrar. **2.** Abalar. **3.** Induzir.
empuxo (em.**pu**.xo) s.m. **1.** Ato ou efeito de empuxar. **2.** (Fís.) Força vertical e inversa à força da gravidade exercida por um fluido sobre um corpo submerso nele.
emudecer (e.mu.de.**cer**) v.i. **1.** Tornar(-se) mudo; calar(-se). v.t.d. **2.** Fazer calar; tornar quieto, calado.
emudecimento (e.mu.de.ci.**men**.to) s.m. Ato de emudecer.

emulação (e.mu.la.**ção**) s.f. **1.** Ação de emular; imitação. **2.** Ciúme, inveja.
emular (e.mu.**lar**) v.t.i. **1.** (Ant.) Competir, rivalizar concorrer: *emulavam pelo amor da formosa dama* v.t.d. **2.** (Inf.) Imitar, reproduzir o comportamentc ou desempenho de: *emular um programa antigo*.
êmulo (**ê**.mu.lo) s.m. (Ant.) Concorrente, rival.
emulsão (e.mul.**são**) s.f. **1.** Preparação com consistência entre creme e espuma, como alguns molhos ou certos produtos de farmácia. **2.** (Quím.) Suspensão coloidal de um líquido em outro, como poi exemplo a maionese.
emulsificante (e.mul.si.fi.**can**.te) s.m. e adj.2g. (Substância) de consistência leitosa ou cremosa que estabiliza uma emulsão.
enaltação (e.nal.ta.**ção**) s.f. Ação de enaltecer; elogio, exaltação, louvor.
enaltecedor (e.nal.te.ce.**dor**) [ô] adj. Que enaltece elogioso.
enaltecer (e.nal.te.**cer**) v.t.d. Elogiar, exaltar.
enaltecimento (e.nal.te.ci.**men**.to) s.m. Ato de enaltecer; exaltação.
enamorado (e.na.mo.**ra**.do) adj. Apaixonado.
enamorar (e.na.mo.**rar**) v.t.d. e v.p. Enlevar(-se) apaixonar(-se).
enauenê-nauê (e.nau.e.nê-nau.**ê**) s.2g. **1.** Indivíduc dos enauenês-nauês, povo indígena que vive hoje no Mato Grosso. adj.2g. **2.** Relacionado a esse povo ▣ Pl. *enauenês-nauês*.
encabeçar (en.ca.be.**çar**) v.t.d. **1.** Ser o cabeça de chefiar; comandar. **2.** Vir à frente de: *encabeçar (lista de aprovados*.
encabrestar (en.ca.bres.**tar**) v.t.d. Prender nc cabresto, trazer pelo cabresto: *encabrestou (mulinha*.
encabulado (en.ca.bu.**la**.do) s.m. e adj. (Aquele) que é vexado, acanhado, constrangido.
encabular (en.ca.bu.**lar**) v.t.d. **1.** Envergonhar intimidar; constranger. v.p. **2.** Envergonhar-se constranger-se; acanhar-se.
encachoeirado (en.ca.cho.ei.**ra**.do) adj. Que ten forma de cachoeira.
encadeado (en.ca.de.**a**.do) adj. Ligado ou disposto em cadeia.
encadeamento (en.ca.de.a.**men**.to) s.m. União em cadeia.
encadear (en.ca.de.**ar**) v.t.d. **1.** Ligar em cadeia concatenar. v.p. **2.** Ligar-se a outros, seguindo uma ordem natural.
encadernação (en.ca.der.na.**ção**) s.f. **1.** Ato de encadernar. **2.** A capa do livro que foi encadernado.
encadernado (en.ca.der.**na**.do) adj. Que recebeu encadernação.
encadernar (en.ca.der.**nar**) v.t.d. Unir e costura folhas de um livro, protegendo-as com uma cap resistente.
encafifar (en.ca.fi.**far**) v.t.i. (Pop.) Ficar em dúvida desconfiado: *encafifou com a desculpa esfarrapada*

encaixar (en.cai.**xar**) v.t.d. **1.** Colocar em uma caixa; encaixotar. **2.** Adaptar em um encaixe. v.i. e v.p. **3.** Vir a propósito. v.p. **4.** Adaptar-se.
encaixe (en.**cai**.xe) s.m. Cavidade feita para se introduzir uma peça saliente.
encaixilhar (en.cai.xi.**lhar**) v.t.d. Dotar de caixilho ou moldura.
encaixotar (en.cai.xo.**tar**) v.t.d. Colocar em caixa, encaixar.
encalacração (en.ca.la.cra.**ção**) s.f. Ato de encalacrar(-se).
encalacrar (en.ca.la.**crar**) v.t.d. **1.** Colocar em situação difícil. v.p. **2.** Embaraçar-se; endividar-se; entrar em uma fria.
encalço (en.**cal**.ço) s.m. Rasto; pegada; pista.
encalhado (en.ca.**lha**.do) adj. Que encalhou.
encalhar (en.ca.**lhar**) v.t.d. **1.** Fazer uma embarcação dar em seco, ficar presa no fundo: *o comandante encalhou o navio*. v.i. **2.** Ficar em seco; entalar nos rochedos: *o navio encalhou*. **3.** Não ter saída, não ter venda: *a mercadoria encalhou*.
encalhe (en.**ca**.lhe) s.m. **1.** Ato de encalhar; estorvo; obstáculo. **2.** Qualquer tipo de mercadoria que encalhou.
encalistrar (en.ca.lis.**trar**) v.t.d. Envergonhar, encabular: *encalistrou o amigo*.
encalombar (en.ca.lom.**bar**) v.t.d. **1.** Provocar a formação de calombos. v.i. **2.** Encher-se de calombos.
encaminhado (en.ca.mi.**nha**.do) adj. Que se encaminhou; conduzido.
encaminhamento (en.ca.mi.nha.**men**.to) s.m. Ato de encaminhar.
encaminhar (en.ca.mi.**nhar**) v.t.d. **1.** Indicar o caminho a. **2.** Aconselhar; conduzir, guiar. **3.** Remeter; enviar. v.p. **4.** Dirigir-se.
encamisada (en.ca.mi.**sa**.da) s.f. (Folc.) Antigo cortejo carnavalesco cujos participantes saíam na segunda-feira, vestidos com longas camisas e mascarados de branco, no Rio Grande do Norte e na Paraíba.
encampar (en.cam.**par**) v.t.d. **1.** Assumir como tarefa, responsabilizar-se, adotar: *encampar uma ideia*. **2.** Estatizar, nacionalizar.
encanação (en.ca.na.**ção**) s.f. (Gír.) Preocupação, aflição, angústia: *detestava aquela encanação com segurança, mas era necessária*.
encanado (en.ca.**na**.do) adj. **1.** Que se encanou; canalizado. **2.** (Gír.) Que tem encanação; preocupado.
encanador (en.ca.na.**dor**) [ô] s.m. Aquele que assenta e conserta encanamentos.
encanamento (en.ca.na.**men**.to) s.m. Conjunto de canos para a distribuição de água e gás.
encanar (en.ca.**nar**) v.t.d. **1.** Conduzir através de canos ou de um canal; canalizar. **2.** (Med.) Imobilizar um osso quebrado, a fim de que a fratura consolide. **3.** (Gír.) Prender; colocar em cana.
encanecer (en.ca.ne.**cer**) v.i. **1.** Ficar com cãs, com o cabelo branco. **2.** Envelhecer, passar a vida.

encangalhar (en.can.ga.**lhar**) v.t.d. Colocar cangalha, carga no lombo de: *encangalhou os burros*.
encangar (en.can.**gar**) v.t.d. Pôr, prender na canga, atrelar: *encangar um boi*.
encantado (en.can.**ta**.do) adj. Com encantamento; enlevado; muito contente.
encantador (en.can.ta.**dor**) [ô] adj. **1.** Que encanta, que agrada muito: *um sorriso encantador*. s.m. **2.** Mago, mágico, feiticeiro.
encantamento (en.can.ta.**men**.to) s.m. **1.** Ato de encantar(-se); enlevo; sedução. **2.** Mágica, magia, encanto, feitiço.
encantar (en.can.**tar**) v.t.d. **1.** Seduzir; cativar. **2.** Causar prazer a. **3.** Transformar por magia; enfeitiçar. v.p. **4.** Enlevar-se.
encantatório (en.can.ta.**tó**.ri.o) adj. Que serve para encantar, para promover encantamento: *fórmulas encantatórias*.
encanto (en.**can**.to) s.m. **1.** Ação de encantar(-se); enlevo, sedução. **2.** Encantamento.
encantoar (en.can.to.**ar**) v.t.d. Conduzir para um canto, acuar: *encantoar bois*.
encanzinar (en.can.zi.**nar**) v.i. Irritar-se muito, endemoniar-se: *a vizinha encanzinou com o barulho e chamou a polícia*.
encapar (en.ca.**par**) v.t.d. Envolver com capa.
encapelado (en.ca.pe.**la**.do) adj. Agitado, com muitas ondas.
encapelar (en.ca.pe.**lar**) v.t.d., v.i. e v.p. Encrespar(-se), agitar(-se): *encapelar as águas; o mar encapelou*.
encapetado (en.ca.pe.**ta**.do) adj. Endiabrado, endemoniado, travesso, traquinas.
encapotar (en.ca.po.**tar**) v.t.d. e v.p. Proteger(-se) com capote ou capa.
encaracolado (en.ca.ra.co.**la**.do) adj. **1.** Que tem forma de caracol. **2.** Diz-se de cabelo com cachos; cacheado.
encaracolar (en.ca.ra.co.**lar**) v.t.d. **1.** Dar forma de caracol ou espiral. v.p. **2.** Torcer-se; enrolar-se.
encarangado (en.ca.ran.**ga**.do) adj. Encolhido, sem movimento: *pernas encarangadas*.
encarangar (en.ca.ran.**gar**) v.t.d. Encolher os membros, tolher os movimentos, entrevar: *a doença encarangou o animal*.
encarapinhado (en.ca.ra.pi.**nha**.do) adj. Encrespado; enrolado; pixaim.
encarapitar (en.ca.ra.pi.**tar**) v.t.d e v.p. Colocar(-se) no alto; instalar(-se) comodamente.
encarar (en.ca.**rar**) v.t.d. **1.** Olhar de frente. v.t.i. **2.** Fixar os olhos em.
encarcerar (en.car.ce.**rar**) v.t.d. **1.** Colocar em cárcere, prender. v.p. **2.** Isolar-se; esconder-se.
encardido (en.car.**di**.do) adj. Sujo; manchado; imundo: *mandou trocar as cortinas encardidas*.
encardir (en.car.**dir**) v.t.d. e v.i. Sujar; deixar manchado; lavar mal.
encarecer (en.ca.re.**cer**) v.t.d. **1.** Tornar caro; elevar o preço de. v.i. **2.** Tornar-se caro.

encarecimento (en.ca.re.ci.**men**.to) s.m. **1.** Ato ou efeito de encarecer. **2.** Empenho, insistência, cuidado.
encargo (en.**car**.go) s.m. Obrigação; incumbência; cargo.
encarnação (en.car.na.**ção**) s.f. **1.** Ato de encarnar. (Relig.) **2.** Para a maioria dos cristãos, mistério pelo qual Deus se fez Homem e encarnou em Jesus Cristo. **3.** Para algumas religiões, cada uma das sucessivas vidas, ou vezes que um espírito renasce em outro corpo.
encarnado (en.car.**na**.do) s.m. e adj. **1.** (Relig.) (Espírito) que encarnou, que está vivendo em um corpo. adj. **2.** Vermelho muito vivo: *comprou um tecido vermelho encarnado para fazer a roupa do baile*. (Folc.) Azul e encarnado: os dois grupos rivais em várias festas populares, originalmente representando os cristãos em azul e os mouros em vermelho.
encarnar (en.car.**nar**) v.i. **1.** Tornar-se em carne humana; humanar-se. **2.** Personificar ou ser o modelo vivo de. **3.** Penetrar em um novo corpo. **4.** Dar cor de carne e vida a imagens e pinturas.
encarniçado (en.car.ni.**ça**.do) adj. Disputado vivamente; renhido, ferrenho.
encarniçar (en.car.ni.**çar**) v.t.d. **1.** Açular, instigar (um cão contra uma presa); iscar. **2.** Incitar, açular. v.p. **3.** Indispor-se, irar-se, enraivecer: *encarniçou-se com o vizinho*.
encaroçar (en.ca.ro.**çar**) v.i. Criar caroços.
encarquilhado (em.car.qui.**lha**.do) adj. Cheio de rugas ou carquilhas; enrugado, velho.
encarquilhar (en.car.qui.**lhar**) v.t.d. e v.p. Encher(-se) de rugas ou carquilhas; enrugar(-se).
encarregado (en.car.re.**ga**.do) adj. **1.** Que se encarregou, que assumiu cargo ou compromisso. s.m. **2.** Pessoa que tem (um serviço, uma seção) a seu encargo: *encarregado da bilheteria*.
encarregar (en.car.re.**gar**) v.t.d.i. **1.** Dar cargo a; incumbir. v.p. **2.** Receber incumbência ou encargo.
encarreirado (en.car.rei.**ra**.do) adj. Posto em carreira ou fila, um atrás do outro.
encarreirar (en.car.rei.**rar**) v.t.d. Colocar em carreira, formar fila: *encarreirou os brinquedos no chão*.
encarrilhar (en.car.ri.**lhar**) v.t.d. **1.** Colocar no carril ou trilho. v.t.i. **2.** Progredir, movimentar-se, desenvolver: *a leitura encarrilhou*. v.p. **3.** Pôr-se em marcha regular; avançar.
encartar (en.car.**tar**) v.t.d. Fazer um encarte, colocar dentro de uma publicação: *encartou um guia para a Copa*.
encarte (en.**car**.te) s.m. **1.** Grupo de páginas com outro papel ou outro assunto, grampeado ou colado em uma revista ou dobrado com um jornal. **2.** Impresso embalado junto com uma publicação.
encasquetar (en.cas.que.**tar**) v.t.d. **1.** Persuadir; pôr na cabeça. v.p. **2.** Teimar; persuadir-se; obstinar-se.
encastoar (en.cas.to.**ar**) v.t.d. **1.** Engastar, embutir. **2.** Prender, colocar.

encavalar (en.ca.va.**lar**) v.t.d. **1.** Colocar em cima, sobrepor, confundir, misturar: *encavalar mensagens*. **2.** Acontecer ao mesmo tempo: *encavalar compromissos*.
encefálico (en.ce.**fá**.li.co) adj. Relativo ao encéfalo.
encefalite (en.ce.fa.**li**.te) s.f. (Med.) Inflamação do encéfalo.
encéfalo (en.**cé**.fa.lo) s.m. (Anat.) Parte do sistema nervoso localizada no crânio, formada por cérebro, cerebelo e bulbo raquiano, responsável pelo funcionamento mental, pelo processamento da informação.
encenação (en.ce.na.**ção**) s.f. **1.** Ato de encenar. **2.** (Fig.) Fingimento; afetação.
encenar (en.ce.**nar**) v.t.d. **1.** Fazer representar no teatro. **2.** Fingir; simular.
enceradeira (en.ce.ra.**dei**.ra) s.f. Aparelho eletrodoméstico destinado a encerar soalhos.
encerado (en.ce.**ra**.do) adj. **1.** Em que se passou cera. s.m. **2.** Tecido impermeabilizado com cera ou verniz; oleado.
encerar (en.ce.**rar**) v.t.d. Lustrar ou impermeabilizar com cera.
encerramento (en.cer.ra.**men**.to) s.m. Ato de encerrar; remate; conclusão.
encerrar (en.cer.**rar**) v.t.d. **1.** Rematar; concluir; terminar. **2.** Colocar em lugar fechado ou seguro. v.p. **3.** Fechar-se; enclausurar-se.
encestar (en.ces.**tar**) v.t.d. (Esp.) Marcar ponto no basquete, fazendo que a bola entre na cesta.
encetar (en.ce.**tar**) v.t.d. **1.** Começar, iniciar: *encetou uma conversa*. **2.** Desenvolver, fazer.
encharcar (en.char.**car**) v.t.d. **1.** Transformar em charco; alagar; inundar. v.p. **2.** Molhar-se completamente.
enchação (en.che.**ção**) s.f. (Gír.) Atividade muito aborrecida, que enfada.
enchente (en.**chen**.te) s.f. **1.** Inundação; cheia. **2.** Grande afluência ou fluxo. adj.2g. **3.** Que enche, que está enchendo ou inundando.
encher (en.**cher**) v.t.d. **1.** Deixar cheio; ocupar todo o espaço de; preencher; completar. **2.** (Fig.) Aborrecer, chatear. v.i. **3.** Ficar cheio. v.p. **4.** Abarrotar-se, fartar-se. **5.** (Fig.) Aborrecer-se; amolar-se; enfadar-se. Obs.: part. *enchido* e *cheio*.
enchimento (en.chi.**men**.to) s.m. Material macio que se coloca dentro de um objeto: *a almofada tinha enchimento de espuma*.
enchova (en.**cho**.va) [ô] s.f. (Zoo.) O mesmo que anchova.
encíclica (en.**cí**.cli.ca) s.f. (Relig.) Carta circular pontifical sobre os dogmas ou a disciplina da fé católica
enciclopédia (en.ci.clo.**pé**.di.a) s.f. Obra que abrange todos os ramos do conhecimento humano
enciclopédico (en.ci.clo.**pé**.di.co) adj. Relacionado a enciclopédia, próprio de enciclopédia: *saber enciclopédico*, *estilo enciclopédico*.
encilhar (en.ci.**lhar**) v.t.d. Apertar a cilha, prender a sela; arrear.

encimar (en.ci.**mar**) v.t.d. **1.** Colocar em cima de. **2.** Finalizar; coroar.
enciumar (en.ci.u.**mar**) v.t.d. **1.** Provocar ciúmes. v.p. **2.** Sentir ciúmes de.
enclausurar (en.clau.su.**rar**) v.t.d. **1.** Encerrar em clausura; prender. v.p. **2.** Pôr-se em clausura.
ênclise (**ên**.cli.se) s.f. (*Gram.*) Colocação do pronome átono após o verbo.
enclítico (en.**clí**.ti.co) adj. Relativo a ou que tem ênclise.
encoberto (en.co.**ber**.to) adj. **1.** Oculto; escondido; disfarçado. **2.** Coberto de nuvens; toldado.
encobrir (en.co.**brir**) v.t.d. **1.** Ocultar. **2.** Deixar de revelar. v.i. **3.** Cobrir-se de nuvens; toldar-se.
encolerizar (en.co.le.ri.**zar**) v.t.d. **1.** Irar; enraivecer; irritar. v.p. **2.** Irritar-se; zangar-se; enraivecer-se.
encolher (en.co.**lher**) v.t.d. **1.** Encurtar; diminuir; estreitar. v.i. **2.** Diminuir de dimensão. v.p. **3.** Contrair-se. **4.** Ocultar-se; envergonhar-se.
encolhido (en.co.**lhi**.do) adj. Que se encolheu; retraído, diminuído.
encomenda (en.co.**men**.da) s.f. **1.** Ato de encomendar. **2.** Aquilo que foi encomendado. **3.** Solicitação de mercadoria. **4.** (*Pop.*) Despacho.
encomendação (en.co.men.da.**ção**) s.f. (*Folc.*) Encomendação das almas: tradição de cunho católico, popular em Portugal e no interior do Brasil, em que um grupo com pessoas cobertas por um lençol branco sai à noite, durante a Quaresma, e reza para os mortos.
encomendado (en.co.men.**da**.do) adj. Que se encomendou.
encomendar (en.co.men.**dar**) v.t.d. **1.** Fazer uma encomenda. **2.** Rezar por alguém que faleceu. v.p. **3.** Entregar-se à proteção de.
encomiástico (en.co.mi.**ás**.ti.co) adj. Que contém encômio; elogioso, apologético.
encômio (en.**cô**.mi.o) s.m. Elogio, louvor, apologia.
encompridar (en.com.pri.**dar**) v.t.d. Tornar comprido; alongar, estender, estirar: *encompridar uma conversa*.
encontradiço (en.con.tra.**di**.ço) adj. Que é encontrado facilmente; fácil de achar.
encontrado (en.con.**tra**.do) adj. **1.** Que se encontrou; achado. **2.** Localizado, situado, presente.
encontrão (en.con.**trão**) s.m. Colisão, choque, esbarro.
encontrar (en.con.**trar**) v.t.d. **1.** Ir ao encontro de. **2.** Ver por acaso. **3.** Achar; descobrir. v.t.i. **4.** Ir de encontro a; chocar-se com. v.p. **5.** Topar por acaso. **6.** Ir ter com uma pessoa.
encontrável (en.con.**trá**.vel) adj.2g. Que se pode encontrar ou localizar: *encontrável em qualquer loja do ramo*.
encontro (en.**con**.tro) s.m. **1.** Ato de encontrar(-se): *ela foi ao encontro marcado por ele*. **2.** Choque; encontrão: *bateu de encontro ao vidro*. **3.** Confluência de rios.
encorajamento (en.co.ra.ja.**men**.to) s.m. Ato de encorajar.

encorajar (en.co.ra.**jar**) v.t.d. Dar coragem a; estimular; animar.
encordoamento (en.cor.do.a.**men**.to) s.m. Conjunto de cordas de um instrumento musical.
encordoar (en.cor.do.**ar**) v.t.d. Colocar cordas em: *encordoar um violão*.
encorpado (en.cor.**pa**.do) adj. Que tem corpo; grosso, resistente, consistente: *tecido encorpado, papel encorpado*.
encorpar (en.cor.**par**) v.t.d. **1.** Dar mais corpo a; engrossar; dar mais consistência. v.i. **2.** Adquirir mais consistência; engrossar.
encosta (en.**cos**.ta) [ó] s.f. Declive; ladeira; descida.
encostado (en.cos.**ta**.do) adj. **1.** Apoiado; firmado. s.m. e adj. **2.** (*Fig.*) (Pessoa) que não gosta de trabalhar e que vive na dependência dos outros.
encostar (en.cos.**tar**) v.t.d. **1.** Apoiar; firmar. v.p. **2.** Firmar-se; apoiar-se. **3.** (*Fig.*) Viver na dependência dos outros.
encosto (en.**cos**.to) [ô] s.m. **1.** Parte de uma cadeira ou banco em que as pessoas se encostam. **2.** (*Relig.*) Nas religiões animistas, espírito indesejado que influencia alguém. **3.** (*Fig.*) Proteção; apoio.
encouraçado (en.cou.ra.**ça**.do) s.m. e adj. (*Navio*) couraçado; revestido de metal; blindado.
encovado (en.co.**va**.do) adj. De forma cavada, afundado, magro: *rosto encovado*.
encravado (en.cra.**va**.do) adj. **1.** Fixado com cravos; cravado; engastado. **2.** Diz-se de pelo, unha etc. que cresce para dentro da pele.
encravamento (en.cra.va.**men**.to) s.m. Ação, processo de encravar: *o encravamento de pelos; encravamento da unha*.
encravar (en.cra.**var**) v.t.d. **1.** Fixar cravos; cravar; engastar. v.i. **2.** Fixar-se na parte de dentro; embutir-se: *a unha encravou*.
encrenca (en.**cren**.ca) s.f. Situação embaraçosa, complicada ou perigosa.
encrencar (en.cren.**car**) v.t.d. **1.** Complicar; dificultar. v.p. **2.** Meter-se em apuros.
encrenqueiro (en.cren.**quei**.ro) s.m. e adj. (Aquele) que cria encrencas.
encrespado (en.cres.**pa**.do) adj. **1.** Crespo; encarapinhado. **2.** Agitado, com muitas ondas. **3.** Irritado.
encrespar (en.cres.**par**) v.t.d. **1.** Tornar crespo. v.p. **2.** Levantar-se; agitar-se; formar ondas enormes. **3.** Irritar-se.
encruar (en.cru.**ar**) v.t.d. **1.** Tornar duro; enrijecer (alguma coisa que estava quase cozida); deixar cru. v.i. **2.** Ficar cru. **3.** Estagnar; deixar de progredir.
encruzilhada (en.cru.zi.**lha**.da) s.f. Ponto onde se cruzam dois ou mais caminhos.
encurralar (en.cur.ra.**lar**) v.t.d. **1.** Colocar no curral; acuar; sitiar. v.p. **2.** Esconder-se em local sem saída.
encurtar (en.cur.**tar**) v.t.d. Tornar curto; abreviar; diminuir.
encurvado (en.cur.**va**.do) adj. Curvo, dobrado.
encurvar (en.cur.**var**) v.t.d. **1.** Tornar curvo. v.i. **2.** Tornar-se curvo; curvar-se. v.p. **3.** Dobrar-se. **4.** Humilhar-se; rebaixar-se.

endemia (en.de.**mi**.a) s.f. Enfermidade comum em determinados lugares e climas.
endêmico (en.dê.mi.co) adj. Que diz respeito a endemia.
endemoniado (en.de.mo.ni.**a**.do) adj. **1.** Que tem o demônio no corpo. **2.** (Fig.) Travesso; endiabrado. O mesmo que *endemoninhado*.
endemoninhado (en.de.mo.ni.**nha**.do) adj. O mesmo que *endemoniado*.
endereçamento (en.de.re.ça.**men**.to) s.m. **1.** Ato de endereçar. **2.** Envio de correspondência para um endereço.
endereçar (en.de.re.**çar**) v.t.d. **1.** Enviar; remeter; encaminhar: *endereçou o pedido ao diretor*. **2.** Escrever o endereço: *endereçou a carta para a matriz*. v.p. **3.** Dirigir-se, ir.
endereço (en.de.**re**.ço) [ê] s.m. **1.** Identificação de um local, por exemplo com nome da rua, número do prédio, do apartamento, CEP, cidade, estado e país. (Inf.) **2.** Identificação para entrega de mensagem de correio eletrônico, ou *e-mail*, por exemplo seu.nome@servidor.com.br. **3.** Identificação para localização de uma página na internet, por exemplo www.nomedapagina.com.br.
endeusado (en.deu.**sa**.do) adj. Exaltado ao máximo; divinizado.
endeusamento (en.deu.sa.**men**.to) s.m. Ato de endeusar ou divinizar; deificação.
endeusar (en.deu.**sar**) v.t.d. **1.** Exaltar; divinizar; deificar. v.p. **2.** Exaltar-se; colocar-se em posição de superioridade.
endiabrado (en.di.a.**bra**.do) adj. **1.** Endemoniado. **2.** Travesso; muito levado.
endinheirado (en.di.nhei.**ra**.do) adj. Que tem muito dinheiro; rico.
endireitar (en.di.rei.**tar**) v.t.d. **1.** Tornar direito; retificar; corrigir. **2.** Colocar em linha reta. v.i. e v.p. **3.** Emendar-se; corrigir-se.
endívia (en.**dí**.vi.a) s.f. (Bot.) Planta hortense de folhas amargas, do grupo da chicória.
endividar (en.di.vi.**dar**) v.p. Contrair dívidas; encalacrar-se.
endocárdio (en.do.**cár**.di.o) s.m. (Anat.) Membrana que reveste interiormente o coração.
endocardite (en.do.car.**di**.te) s.f. (Med.) Inflamação do endocárdio.
endocarpo (en.do.**car**.po) s.m. (Bot.) Membrana que reveste interiormente o pericarpo, estando em contato direto com a semente do fruto.
endócrino (en.**dó**.cri.no) adj. Referente às glândulas de secreção interna.
endocrinologia (en.do.cri.no.lo.**gi**.a) s.f. Ramo da medicina que estuda as glândulas de secreção interna.
endocrinologista (en.do.cri.no.lo.**gis**.ta) s.2g. e adj.2g. Médico especializado em endocrinologia.
endocruzamento (en.do.cru.za.**men**.to) s.m. (Bio.) Cruzamento entre indivíduos de genética semelhante e elevado grau de parentesco.

endoenças (en.do.**en**.ças) s.f.pl. (Relig.) Solenidades da quinta-feira da Semana Santa.
endogamia (en.do.ga.**mi**.a) s.f. Regime social em que os casamentos são realizados com membros do mesmo grupo, tribo, família ou clã. Cf. *exogamia*.
endogâmico (en.do.**gâ**.mi.co) adj. Relacionado a ou que pratica endogamia; que se casa dentro do próprio grupo. Cf. *exogâmico*.
endógeno (en.**dó**.ge.no) adj. Que origina de fatores internos do organismo.
endoidar (en.doi.**dar**) v.t.d. Endoidecer; enlouquecer.
endoidecer (en.doi.de.**cer**) v.t.d. e v.i. Tornar-se doido; endoidar; enlouquecer.
endoidecimento (en.doi.de.ci.**men**.to) s.m. Ato de endoidecer.
endoscopia (en.dos.co.**pi**.a) s.f. (Med.) Exame visual dos órgãos internos, feito com endoscópio.
endoscópio (en.dos.**có**.pi.o) s.m. Tubo com uma câmera na extremidade, usado para examinar partes internas do corpo, ou fazer endoscopia.
endosperma (en.dos.**per**.ma) s.m. (Bot.) Tecido que envolve e nutre o embrião da semente de certas plantas.
endossado (en.dos.**sa**.do) s.m. **1.** Aquele para quem se endossou uma letra; endossatário. adj. **2.** Diz-se de título de crédito em que há endosso.
endossante (en.dos.**san**.te) s.2g. e adj.2g. (Aquele) que endossa.
endossar (en.dos.**sar**) v.t.d. **1.** Pôr endosso em letra. **2.** (Fig.) Defender; apoiar.
endossatário (en.dos.sa.**tá**.ri.o) s.m. Endossado.
endosso (en.**dos**.so) [ô] s.m. Declaração escrita (ou assinatura) no verso de uma letra, como garantia do pagamento da mesma.
endotérmico (en.do.**tér**.mi.co) adj. **1.** (Quím.) Diz-se de reação química ou processo no qual ocorre absorção de calor. **2.** (Zoo.) Diz-se de animais de sangue quente (aves e mamíferos) cuja temperatura do corpo aumenta por meio da produção metabólica de calor.
endovenoso (en.do.ve.**no**.so) [ô] adj. (Anat.) Que está dentro das veias; intravenoso. ▪ Pl. *endovenosos* [ó].
endurecer (en.du.re.**cer**) v.t.d. **1.** Tornar duro; enrijecer. v.i. e v.p. **2.** Tornar-se duro, insensível.
endurecimento (en.du.re.ci.**men**.to) s.m. Ação de endurecer(-se), de ficar duro ou rijo.
enduro (en.**du**.ro) s.m. Competição de motociclismo ou hipismo disputada em terrenos com barro, muito acidentados e difíceis.
ene (e.ne) [ê] s.m. **1.** Nome da letra N. adj.2g.2n. **2.** Várias, diversas: *pediu ene vezes licença*. ▪ Pl. do s.: *enes*, do adj.: *ene*.
eneágono (e.ne.**á**.go.no) s.m. **1.** (Geom.) Polígono de nove lados. adj. **2.** Que tem nove lados.
enegrecer (e.ne.gre.**cer**) v.t.d. **1.** Denegrir; escurecer. **2.** (Fig.) Caluniar; difamar. v.i. **3.** Tornar-se escuro.

enegrecimento (e.ne.gre.ci.**men**.to) *s.m.* **1.** Ato de enegrecer. **2.** (*Fig.*) Difamação; calúnia.

energético (e.ner.**gé**.ti.co) *adj.* **1.** Relativo ou pertencente a energia: *fontes energéticas*. **2.** (Bio.) Que produz energia; calórico: *valor energético*. **3.** Que estimula, que produz boa disposição; estimulante. *s.m.* **4.** Bebida com substâncias como cafeína, teína e outras de ação estimulante.

energia (e.ner.**gi**.a) *s.f.* **1.** Maneira vigorosa de agir, de dizer ou de querer. **2.** Maneira como se exerce uma força. **3.** Vigor; firmeza. **4.** (Fís.) Capacidade, potencial de realizar um trabalho: *a energia do fogo cozinha alimentos; energia nuclear, energia elétrica*.

enérgico (e.**nér**.gi.co) *adj.* Que tem energia.

energizar (e.ner.gi.**zar**) *v.t.d.* **1.** Dotar de energia, de ânimo ou vigor. **2.** Transmitir energia.

energúmeno (e.ner.**gú**.me.no) *s.m.* Louco; tonto; possesso.

enervante (e.ner.**van**.te) *adj.2g.* Que enerva; irritante; desagradável.

enervar (e.ner.**var**) *v.t.d.* **1.** Irritar; provocar; desagradar. *v.p.* **2.** Irritar-se; desgastar-se.

enésimo (e.**né**.si.mo) *adj. e num.* Que está em lugar indefinido, porém distante: *pela enésima vez pediu silêncio*.

enevoar (e.ne.vo.**ar**) *v.t.d.* **1.** Cobrir de névoa; nublar; anuviar. *v.p.* **2.** Entristecer-se; tornar-se sombrio.

enfadar (en.fa.**dar**) *v.t.d.* **1.** Cansar; aborrecer; enfastiar. *v.p.* **2.** Aborrecer-se; entediar-se.

enfado (en.**fa**.do) *s.m.* Aborrecimento; tédio.

enfadonho (en.fa.**do**.nho) [õ] *adj.* Que enfada; fastidioso; incômodo; tedioso.

enfaixar (en.fai.**xar**) *v.t.d.* Envolver com faixas.

enfarar (en.fa.**rar**) *v.i.* **1.** Aborrecer, enjoar, enfastiar: *muito doce enfara*. *v.p.* **2.** Fartar-se, enjoar, cansar-se: *enfarou-se de viajar*.

enfardar (en.far.**dar**) *v.t.d.* Colocar em fardo; empacotar; embrulhar.

enfarelado (en.fa.re.**la**.do) *adj.* Cheio de farelos: *comeu bolacha no sofá e o deixou todo enfarelado*.

enfarpelar (en.far.pe.**lar**) *v.t.d.* Vestir, usar, trajar: *enfarpelava um vestido*.

enfarruscar (en.far.rus.**car**) *v.i.* **1.** Escurecer, enevoar-se: *o dia enfarruscou de repente*. *v.p.* **2.** Fechar a cara, fazer cara feia: *enfarruscou-se por ouvir a reprimenda*.

enfartar (en.far.**tar**) *v.i.* Sofrer enfarte.

enfarte (en.**far**.te) *s.m.* **1.** Ato de enfartar. **2.** (Med.) Necrose causada pela obstrução de uma artéria e falta de circulação. O mesmo que *infarto*.

ênfase (**ên**.fa.se) *s.f.* Destaque exagerado no falar ou no escrever.

enfastiamento (en.fas.tia.**men**.to) *s.m.* Ação de enfastiar(-se); fastio.

enfastiar (en.fas.ti.**ar**) *v.t.d.* **1.** Causar fastio; aborrecer; enfarar. *v.i.* **2.** Entediar. *v.p.* **3.** Aborrecer-se; entediar-se.

enfático (en.**fá**.ti.co) *adj.* Que revela ênfase; empolado; enérgico.

enfatizar (en.fa.ti.**zar**) *v.t.d.* Dar ênfase, realçar, destacar: *enfatizou a importância do estudo diário*.

enfatuar (en.fa.tu.**ar**) *v.t.d.* Tornar fátuo, encher de vaidade ou presunção.

enfear (en.fe.**ar**) *v.t.d.* Tornar feio.

enfeitado (en.fei.**ta**.do) *adj.* Que se enfeitou, cheio de enfeites.

enfeitar (en.fei.**tar**) *v.t.d.* **1.** Pôr enfeites em. *v.p.* **2.** Ornamentar-se; embelezar-se.

enfeite (en.**fei**.te) *s.m.* Adorno; atavio; ornamento.

enfeitiçar (en.fei.ti.**çar**) *v.t.d.* **1.** Sujeitar à ação de um feitiço. **2.** Seduzir; encantar. *v.p.* **3.** Deixar-se vencer por um feitiço. **4.** Deixar-se seduzir.

enfeixar (en.fei.**xar**) *v.t.d.* Reunir em feixe; juntar, aproximar.

enfermagem (en.fer.**ma**.gem) *s.f.* **1.** Arte e função de cuidar dos enfermos. **2.** Conjunto de serviços de uma enfermaria.

enfermar (en.fer.**mar**) *v.i.* Ficar enfermo; adoecer.

enfermaria (en.fer.ma.**ri**.a) *s.f.* Local destinado ao tratamento de enfermos.

enfermeiro (en.fer.**mei**.ro) *s.m.* Aquele que se diplomou em enfermagem e cuja função é cuidar dos enfermos.

enfermiço (en.fer.**mi**.ço) *adj.* Que anda sempre doente; doentio; enfermo.

enfermidade (en.fer.mi.**da**.de) *s.f.* Moléstia; doença; mal.

enfermo (en.**fer**.mo) [ê] *s.m. e adj.* (Aquele) que está doente, débil.

enferrujar (en.fer.ru.**jar**) *v.i.* **1.** Criar ferrugem. **2.** (*Fig.*) Perder a fluência. *v.t.d.* **3.** Fazer criar ferrugem; oxidar. *v.p.* **4.** Encher-se de ferrugem; oxidar-se.

enfestar (en.fes.**tar**) *v.t.d.* Aumentar, estender. Cf. *infestar*.

enfezado (en.fe.**za**.do) *adj.* **1.** Raquítico; acanhado. **2.** Aborrecido, irritado.

enfezamento (en.fe.za.**men**.to) *s.m.* **1.** Raquitismo. **2.** Aborrecimento; irritação.

enfezar (en.fe.**zar**) *v.t.d.* **1.** Impedir o desenvolvimento ou o funcionamento. *v.t.d. e v.p.* **2.** Aborrecer(-se), irritar(-se).

enfiada (en.fi.**a**.da) *s.f.* Fileira; série; porção (de contas, por exemplo) que se enfia em uma linha.

enfiar (en.fi.**ar**) *v.t.d.* **1.** Colocar um fio no orifício de. **2.** Vestir; calçar. *v.p.* **3.** Entrar furtivamente.

enfileirar (en.fi.lei.**rar**) *v.t.d.* **1.** Dispor em fileiras; alinhar. *v.p.* **2.** Entrar em uma fileira.

enfim (en.**fim**) *adv.* Finalmente; afinal.

enfisema (en.fi.**se**.ma) *s.m.* (Med.) **1.** Infiltração de ar ou formação de gás nos tecidos. **2.** Dilatação anormal dos alvéolos pulmonares.

enflorar (en.flo.**rar**) *v.i.* **1.** Florescer, florir. *v.t.d.* **2.** Enfeitar, embelezar com flores.

enfocar (en.fo.**car**) *v.t.d.* **1.** Pôr em foco, focalizar. **2.** Abordar, tratar, apresentar.

enfoque (en.**fo**.que) *s.m.* Maneira de ver, considerar ou apresentar; visão, abordagem.

enforcado (en.for.ca.do) s.m. e adj. **1.** (Aquele) que se enforcou ou foi supliciado na forca. **2.** (Aquele) que está com problemas financeiros.

enforcador (en.for.ca.dor) [ô] s.m. Dispositivo colocado no pescoço de cães perigosos ou em treinamento, para contê-los com um puxão da guia: *cães de guarda só podem entrar no parque se conduzidos com enforcador*.

enforcamento (en.for.ca.men.to) s.m. **1.** Ação de enforcar, de apertar o pescoço. **2.** Morte na forca.

enforcar (en.for.car) v.t.d. **1.** Supliciar na forca; esganar; estrangular. v.p. **2.** Cometer o suicídio, pendurando-se pelo pescoço.

enfraquecer (en.fra.que.cer) v.t.d. **1.** Debilitar; desanimar. v.p. **2.** Debilitar-se; tornar-se fraco.

enfraquecido (en.fra.que.ci.do) adj. Que ficou fraco, débil.

enfraquecimento (en.fra.que.ci.men.to) s.m. Ato de enfraquecer(-se); fraqueza; debilidade.

enfrear (en.fre.ar) v.t.d. Colocar freio, conter, frear.

enfrentar (en.fren.tar) v.t.d. Encarar; defrontar; atacar de frente.

enfronhado (en.fro.nha.do) adj. **1.** Que foi colocado em fronha. **2.** Conhecedor; instruído.

enfronhar (en.fro.nhar) v.t.d. **1.** Colocar em fronha. **2.** Tornar instruído, conhecedor. v.p. **3.** Tomar conhecimento; instruir-se.

enfumaçar (en.fu.ma.çar) v.t.d. Encher de fumaça.

enfunar (en.fu.nar) v.t.d. Encher, estufar, inflar: *enfunar as velas da embarcação, enfunar o peito de orgulho*.

enfurecer (en.fu.re.cer) v.t.d. **1.** Deixar furioso. v.i. **2.** Ficar furioso. v.p. **3.** Tornar-se furioso.

enfurnar (en.fur.nar) v.t.d. Meter em furna; ocultar; guardar.

engabelar (en.ga.be.lar) v.t.d. Iludir com falsas promessas; enganar; tapear; fraudar; engambelar: *engabelou as crianças*.

engaiolar (en.gai.o.lar) v.t.d. **1.** Colocar na gaiola. **2.** (Fig.) Encarcerar; colocar na cadeia. v.p. **3.** Viver isolado.

engajado (en.ga.ja.do) s.m. e adj. (Aquele) que se engajou.

engajamento (en.ga.ja.men.to) s.m. Ato de engajar; alistamento; contrato.

engajar (en.ga.jar) v.t.d. **1.** Aliciar para emigração ou emprego. v.p. **2.** Alistar-se nas forças armadas. **3.** Comprometer-se.

engalanado (en.ga.la.na.do) adj. Ornado; enfeitado; adornado.

engalanar (en.ga.la.nar) v.t.d. **1.** Colocar galas. **2.** Enfeitar; adornar. v.p. **3.** Ornar-se; embelezar-se.

engalfinhar-se (en.gal.fi.nhar-se) v.p. Atracar-se com alguém; entrar em luta corporal.

engambelação (en.gam.be.la.ção) s.f. Ação de engambelar; logro, trapaça, tapeação.

engambelar (en.gam.be.lar) v.t.d. Engabelar.

enganação (en.ga.na.ção) s.f. **1.** Ato ou efeito de enganar. **2.** Engano, logro, burla.

enganado (en.ga.na.do) s.f. Que se enganou, que está em engano; tapeado.

enganador (en.ga.na.dor) [ô] adj. Que engana; ilusório, falso.

enganar (en.ga.nar) v.t.d. **1.** Burlar; iludir. **2.** Induzir em erro. v.p. **3.** Cometer um erro; iludir-se.

enganchar (en.gan.char) v.t.d. **1.** Prender com gancho. v.p. **2.** Enlaçar-se; ficar preso em algo.

engano (en.ga.no) s.m. **1.** Erro; equívoco; ilusão. **2.** Ardil; traição.

enganoso (en.ga.no.so) [ô] adj. Ilusório; falso; equivocado. ▪ Pl. *enganosos* [ó].

engarrafamento (en.gar.ra.fa.men.to) s.m. **1.** Ato de engarrafar. **2.** Congestionamento.

engarrafar (en.gar.ra.far) v.t.d. **1.** Colocar em garrafas. **2.** Causar congestionamento.

engasgamento (en.gas.ga.men.to) s.m. Ato de engasgar; engasgo.

engasgar (en.gas.gar) v.i. e v.p. **1.** Ficar engasgado. v.i. **2.** (Fig.) Atrapalhar-se; não saber o que dizer.

engasgo (en.gas.go) s.m. **1.** Ato de engasgar; engasgamento, obstrução na garganta. **2.** Atrapalhação.

engastar (en.gas.tar) v.t.d. Embutir ou encravar em metal valioso.

engaste (en.gas.te) s.m. **1.** Ato de engastar. **2.** Aro de metal em que se engasta algo.

engatar (en.ga.tar) v.t.d. Prender com engates; conectar, ligar.

engate (en.ga.te) s.m. Aparelho com que se ligam carros ou vagões.

engatilhar (en.ga.ti.lhar) v.t.d. **1.** Armar o gatilho; preparar (a arma) para atirar. **2.** (Fig.) Armar (uma situação); deixá-la no ponto de dar certo.

engatinhar (en.ga.ti.nhar) v.i. Andar de gatinhas.

engavetar (en.ga.ve.tar) v.t.d. **1.** Colocar em gavetas. **2.** (Fig.) Impedir o andamento de um processo. v.p. **3.** Meter-se (um carro ou um vagão) por dentro do outro, provocando um desastre.

engazopar (en.ga.zo.par) v.t.d. Enganar, ludibriar, tapear: *o malandro tenta engazopar os otários*.

engelhar (en.ge.lhar) v.t.d. Enrugar, encarquilhar: *engelhou os dedos na água*.

engendrar (en.gen.drar) v.t.d. Gerar; inventar; produzir.

engenhar (en.ge.nhar) v.t.d. Pensar, imaginar, conceber: *engenhar um plano*.

engenharia (en.ge.nha.ri.a) s.f. **1.** Ciência ou arte da aplicação de princípios matemáticos e científicos às construções e criação de engenhos. **2.** Carreira liberal de engenheiro.

engenheirando (en.ge.nhei.ran.do) s.m. Aquele que está no 5º ano do curso de engenharia.

engenheiro (en.ge.nhei.ro) s.m. Indivíduo que tem o curso de engenharia.

engenho (en.ge.nho) s.m. **1.** Aptidão natural; talento; gênio. **2.** Qualquer máquina. **3.** Aparelho ou máquina para moer cana e fabricar açúcar ou álcool. **4.** (Folc.) Dança popular nordestina de roda, em ritmo de embolada e com acompanhamento de canto e palmas.

engenhoca (en.ge.**nho**.ca) s.f. **1.** Invento sem sofisticação. **2.** Máquina velha ou que funciona mal.
engenhoso (en.ge.**nho**.so) [ô] *adj.* Inventivo; imaginoso. ▣ Pl. *engenhosos* [ó].
engessar (en.ges.**sar**) v.t.d. Cobrir de gesso; imobilizar para que haja consolidação de ossos fraturados.
englobar (en.glo.**bar**) v.t.d. Reunir a um todo; conglomerar; agrupar.
engodo (en.**go**.do) [ô] s.m. **1.** Isca para apanhar peixes ou aves. **2.** (Fig.) Situação com que se atrai alguém.
engolfar (en.gol.**far**) v.t.d. Envolver, rodear, cercar: *a multidão engolfou o jogador*.
engolidor (en.go.li.**dor**) [ô] s.m. *e adj.* (Aquele) que engole: *o circo tinha um engolidor de fogo e outro de espada*.
engolir (en.go.**lir**) v.t.d. **1.** Deglutir; devorar. **2.** Acreditar; aceitar. Obs.: pres. do ind.: *engulo, engoles, engole, engolimos, engolis, engolem*; pres. do subj.: *engula, engulas, engula* etc.
engomadeira (en.go.ma.**dei**.ra) s.f. Mulher que engoma roupas.
engomar (en.go.**mar**) v.t.d. Alisar com ferro quente uma peça que foi mergulhada em goma.
engorda (en.**gor**.da) [ó] s.f. Ato de engordar; ceva.
engordar (en.gor.**dar**) v.t.d. **1.** Tornar gordo; cevar. v.i. **2.** Tornar-se gordo.
engordurar (en.gor.du.**rar**) v.t.d. Untar ou sujar com gordura.
engraçado (en.gra.**ça**.do) s.m. *e adj.* (Aquele) que tem graça; espirituoso.
engraçar-se (en.gra.**çar**-se) v.p. Simpatizar com, fazer galanteios a: *engraçou-se com uma morena*.
engradado (en.gra.**da**.do) s.m. Armação em que se guardam garrafas, para transportá-las de um lugar a outro.
engradar (en.gra.**dar**) v.t.d. Colocar em engradado.
engrandecedor (en.gran.de.ce.**dor**) [ô] *adj.* Que engrandece.
engrandecer (en.gran.de.**cer**) v.t.d. **1.** Tornar grande; enaltecer. v.i. *e* v.p. **2.** Tornar-se maior, mais importante; crescer em honra ou dignidade.
engrandecimento (en.gran.de.ci.**men**.to) s.m. Ato de engrandecer.
engravidar (en.gra.vi.**dar**) v.i. Ficar grávida, entrar em gestação.
engraxar (en.gra.**xar**) v.t.d. Lustrar com graxa; dar brilho.
engraxate (en.gra.**xa**.te) s.2g. Aquele que engraxa sapatos.
engrenagem (en.gre.**na**.gem) s.f. Jogo de rodas dentadas, que transmitem movimento em certos mecanismos.
engrenar (en.gre.**nar**) v.t.d. **1.** Engatar (uma marcha). **2.** (Fig.) Iniciar; entabular.
engrinaldar (en.gri.nal.**dar**) v.t.d. Enfeitar, adornar: *engrinaldou a igreja*.
engrolar (en.gro.**lar**) v.t.d. *e* v.i. Pronunciar mal, com a língua presa ou enrolada: *engrolar as palavras*.

engrossar (en.gros.**sar**) v.t.d. **1.** Tornar grosso. v.i. **2.** (Fig.) Zangar-se, irritar-se.
enguia (en.**gui**.a) s.f. *(epiceno)* (Zoo.) Peixe roliço como uma cobra; caramuru.
enguiçar (en.gui.**çar**) v.t.d. **1.** Provocar enguiço a. v.i. **2.** Parar por defeito.
enguiço (en.**gui**.ço) s.m. **1.** Defeito; desarranjo. **2.** (Folc.) Mau-olhado; quebranto. **3.** Briga, confusão.
engulhar (en.gu.**lhar**) v.i. **1.** Dar enjoo, repugnar, nausear: *o cheiro engulhava*. **2.** Sentir enjoo, nausear: *engulhou de olhar a comida*.
engulho (en.**gu**.lho) s.m. Enjoo, náusea, vontade de vomitar.
enigma (e.**nig**.ma) s.m. **1.** Proposição ambígua, feita para ser decifrada; adivinha, adivinhação, charada. **2.** Questão, mistério: *a história apresenta o enigma de um crime a partir das cartas de duas amigas*.
enigmático (e.nig.**má**.ti.co) *adj.* Que diz respeito a enigma; misterioso; obscuro.
enigmista (e.nig.**mis**.ta) s.2g. Pessoa que faz ou decifra enigmas; charadista.
enigmística (e.nig.**mís**.ti.ca) s.f. Atividade de resolver charadas e outros enigmas.
enjaular (en.jau.**lar**) v.t.d. Colocar em jaula; prender; encarcerar.
enjeitado (en.jei.**ta**.do) s.m. *e adj.* (Aquele) que foi rejeitado ou abandonado.
enjeitar (en.jei.**tar**) v.t.d. Repelir; recusar; desprezar.
enjoado (en.jo.**a**.do) *adj.* **1.** Que sofre ou provoca enjoo. **2.** Que aborrece; maçante; antipático.
enjoamento (en.jo.a.**men**.to) s.m. **1.** Enjoo. **2.** Antipatia; mau humor; enfado.
enjoar (en.jo.**ar**) v.t.d. **1.** Causar enjoo ou repugnância a. **2.** Provocar tédio, aborrecimento a. v.i. **3.** Ter náuseas ou enjoos. v.p. **4.** Enfadar-se; aborrecer-se. Obs.: pres. do ind.: *enjoo, enjoas, enjoa* etc.
enjoativo (en.jo.a.**ti**.vo) *adj.* Que provoca enjoo.
enjoo (en.**jo**.o) [ô] s.m. **1.** Mal-estar, geralmente de origem digestiva, que provoca vontade de vomitar; náusea; engulho. **2.** (Fig.) Aborrecimento; tédio; repugnância.
enlaçar (en.la.**çar**) v.t.d. **1.** Prender com laço. **2.** Cativar; conquistar. v.p. **3.** Juntar-se, ligar-se.
enlace (en.**la**.ce) s.m. **1.** Ato de enlaçar. **2.** Casamento; união; matrimônio.
enlameado (en.la.me.**a**.do) *adj.* Cheio de lama; sujo; manchado.
enlamear (en.la.me.**ar**) v.t.d. **1.** Sujar com lama; manchar. **2.** (Fig.) Denegrir; aviltar. v.p. **3.** Sujar-se; aviltar-se.
enlanguescer (en.lan.gues.**cer**) v.i. Ficar lânguido, embevecido; encantar-se, amolecer.
enlatado (en.la.**ta**.do) *adj.* **1.** Colocado, embalado em latas; industrializado. s.m. **2.** Alimento conservado em lata. **3.** (Fig.) Filme de televisão com conteúdo simples, para entretenimento fácil.
enlatar (en.la.**tar**) v.t.d. Pôr em lata.
enlear (en.le.**ar**) v.t.d. **1.** Envolver, rodear, abraçar: *enleou o pescoço da mãe*. v.p. **2.** Envolver-se, enredar-se, enveredar: *enleou-se no novo trabalho*.

enleio (en.**lei**.o) *s.m.* Envolvimento, ocupação, enredo.
enlevação (en.le.va.**ção**) *s.f.* Ato de enlevar; arrebatamento; arroubo.
enlevado (en.le.**va**.do) *adj.* Que mostra ou sente enlevo.
enlevar (en.le.**var**) *v.t.d.* **1.** Causar enlevo a; arrebatar; encantar. *v.p.* **2.** Extasiar-se.
enlevo (en.**le**.vo) [ê] *s.m.* Arrebatamento; arroubo; êxtase.
enlodar (en.lo.**dar**) *v.t.d.* **1.** Sujar com lodo; enlamear. **2.** (Fig.) Denegrir; contaminar.
enlouquecedor (en.lou.que.ce.**dor**) [ô] *adj.* Que enlouquece.
enlouquecer (en.lou.que.**cer**) *v.t.d.* **1.** Tirar o uso da razão a. *v.i.* **2.** Perder o uso da razão.
enluarado (en.lu.a.**ra**.do) *adj.* Banhado pelo luar.
enlutar (en.lu.**tar**) *v.t.d.* Causar luto ou sofrimento, entristecer, magoar.
enobrecer (e.no.bre.**cer**) *v.t.d. e v.p.* Tornar(-se) nobre.
enobrecimento (e.no.bre.ci.**men**.to) *s.m.* Ato de enobrecer, de dignificar.
enodoar (e.no.do.**ar**) *v.t.d.* **1.** Colocar nódoas em; manchar. **2.** (Fig.) Desonrar; difamar. *v.p.* **3.** Manchar-se; desonrar-se.
enófilo (e.**nó**.fi.lo) *s.m. e adj.* (Aquele) que gosta ou se dedica ao comércio de vinho.
enojado (e.no.**ja**.do) *adj.* **1.** Nauseado. **2.** Entediado; enfadado.
enojar (e.no.**jar**) *v.t.d.* **1.** Nausear. **2.** Causar tédio ou enfado a. *v.p.* **3.** Entediar-se.
enologia (e.no.lo.**gi**.a) *s.f.* Estudo dos vinhos.
enólogo (e.**nó**.lo.go) *s.m.* Pessoa que estuda enologia.
enorme (e.**nor**.me) [ó] *adj.2g.* Muito grande; fora dos padrões.
enormidade (e.nor.mi.**da**.de) *s.f.* Qualidade do que é enorme; desproporção; desconformidade.
enovelado (e.no.ve.**la**.do) *adj.* Enrolado como um novelo.
enovelar (e.no.ve.**lar**) *v.t.d.* **1.** Dar forma de novelo a. *v.p.* **2.** Enrolar-se; enredar-se.
enquadramento (en.qua.dra.**men**.to) *s.m.* Ato de enquadrar; ajustamento.
enquadrar (en.qua.**drar**) *v.t.d.* **1.** Colocar em quadro; emoldurar. *v.p.* **2.** Adaptar-se; ajustar-se.
enquanto (en.**quan**.to) *conj.* No tempo em que; ao passo que; durante.
enquete (en.**que**.te) [é] *s.f.* Pergunta ou pesquisa para saber a opinião de várias pessoas.
enquizilar (en.qui.zi.**lar**) *v.t.d.* Causar quizila ou antipatia; incomodar, irritar, zangar: *aquela voz enquizilava qualquer um*.
enrabichado (en.ra.bi.**cha**.do) *adj.* **1.** Que tem forma de rabicho. **2.** (Fig.) Apaixonado; enamorado.
enrabichar (en.ra.bi.**char**) *v.t.d.* **1.** Dar forma de rabicho a. *v.p.* **2.** Enamorar-se; apaixonar-se.
enraivecer (en.rai.ve.**cer**) *v.t.d.* **1.** Causar raiva a; irritar; irar. *v.i. e v.p.* **2.** Irritar-se; irar-se.

enraizado (en.rai.**za**.do) *adj.* **1.** Que criou raiz; arraigado. **2.** (Fig.) Aferrado; apegado.
enraizar (en.ra.i.**zar**) *v.i.* Arraigar; prender-se por raízes.
enrascada (en.ras.**ca**.da) *s.f.* Dificuldade; situação complicada ou embaraçosa.
enrascar (en.ras.**car**) *v.t.d.* **1.** Apanhar com rasca. *v.p.* **2.** Enredar-se; embaraçar-se.
enredado (en.re.**da**.do) *adj.* Emaranhado; enroscado; embaraçado.
enredar (en.re.**dar**) *v.t.d.* **1.** Recolher na rede. **2.** Intrigar; armar enredos a; comprometer. *v.p.* **3.** Embaraçar-se; enrolar-se; complicar-se.
enredo (en.**re**.do) [ê] *s.m.* **1.** Ato de enredar; intriga; trama. **2.** Desenvolvimento de uma peça musical, teatral, cinematográfica ou literária.
enregelar (en.re.ge.**lar**) *v.t.d.* **1.** Tornar gelado; congelar. *v.i.* **2.** Ficar gelado; congelar. *v.p.* **3.** Congelar-se.
enricar (en.ri.**car**) *v.t.d.* **1.** Enriquecer; deixar rico. *v.i.* **2.** Ficar rico.
enrijar (en.ri.**jar**) *v.i. e v.p.* Tornar(-se) rijo ou duro; enrijecer.
enrijecer (en.ri.je.**cer**) *v.t.d.* **1.** Tornar(-se) rijo ou duro; enrijar. *v.i.* **2.** Ficar rijo; enrijar. *v.p.* **3.** Enrijar-se.
enriquecer (en.ri.que.**cer**) *v.t.d.* **1.** Tornar rico. *v.i. e v.p.* **2.** Enricar; tornar-se rico.
enriquecido (en.ri.que.**ci**.do) *adj.* Que (se) enriqueceu.
enriquecimento (en.ri.que.ci.**men**.to) *s.m.* Ato de enriquecer (ou enricar).
enristar (en.ris.**tar**) *v.t.d.* Erguer, pôr em riste: *enristou o dedo e começou a bronquear*.
enrodilhar (en.rodi.**lhar**) *v.t.d.* **1.** Enrolar, virar, pôr em forma de rodilha. *v.p.* **2.** Enrolar-se, encolher-se: *o cão enrodilhou-se aos seus pés*.
enrolado (en.ro.**la**.do) *adj.* **1.** Que se enrolou. **2.** Confuso, embrulhado, desordenado: *conversa enrolada*.
enrolador (en.ro.la.**dor**) [ô] *adj.* (Gír.) Pessoa que enrola, que tenta enganar ou iludir; trapaceiro.
enrolamento (en.ro.la.**men**.to) *s.m.* Ato de enrolar.
enrolar (en.ro.**lar**) *v.t.d.* **1.** Dobrar em forma de rolo ou espiral. **2.** Rolar para dar forma redonda: *enrolar brigadeiros e docinhos*. **3.** (Gír.) Embrulhar; tapear; confundir.
enroscar (en.ros.**car**) *v.t.d.* **1.** Dar a forma de rosca a; enrolar. *v.p.* **2.** Mover-se em espiral. **3.** Enredar-se.
enrouquecer (en.rou.que.**cer**) *v.i.* Ficar rouco.
enrubescer (en.ru.bes.**cer**) *v.t.d.* **1.** Deixar vermelho. *v.i.* **2.** Ruborizar-se; envergonhar-se.
enrubescido (en.ru.bes.**ci**.do) *adj.* Vermelho, ruborizado.
enrugado (en.ru.**ga**.do) *adj.* Que tem rugas.
enrugar (en.ru.**gar**) *v.t.d.* **1.** Fazer rugas em. *v.p.* **2.** Ficar enrugado.
enrustido (en.rus.**ti**.do) *adj.* Introvertido, fechado em si mesmo.

enrustir (en.rus.**tir**) v.t.d. **1.** Ocultar, sonegar, disfarçar: *enrustiu as doações ilícitas.* v.p. **2.** Disfarçar-se, fingir, ocultar-se.
ensaboar (en.sa.bo.**ar**) v.t.d. **1.** Lavar ou untar com sabão. v.p. **2.** Lavar-se com sabão.
ensacamento (en.sa.ca.**men**.to) s.m. Ato de ensacar.
ensacar (en.sa.**car**) v.t.d. Acomodar em sacos.
ensaiar (en.sai.**ar**) v.t.d. Exercitar; preparar; treinar.
ensaio (en.**sai**.o) s.m. **1.** Treino; exercício; tentativa. **2.** Estudo de uma peça de teatro ou televisão. **3.** Gênero literário em que o tema é desenvolvido mais superficialmente do que em um tratado.
ensaísta (en.sa.**ís**.ta) s.2g. Autor de um ensaio.
ensancha (en.**san**.cha) s.f. Ocasião, ensejo, momento, oportunidade.
ensandecer (en.san.de.**cer**) v.i. e v.t.d. Ficar ou tornar insano; enlouquecer, endoidar.
ensanguentado (en.san.guen.**ta**.do) [ü] adj. Coberto de sangue.
ensanguentar (en.san.guen.**tar**) [ü] v.t.d. e v.p. Cobrir(-se) de sangue.
ensarilhar (en.sa.ri.**lhar**) v.t.d. Guardar, retirar de uso, recolher (armas).
enseada (en.se.**a**.da) s.f. Pequeno porto na costa; angra.
ensebado (en.se.**ba**.do) adj. Coberto ou untado de sebo; gorduroso.
ensebar (en.se.**bar**) v.t.d. Untar com sebo; engordurar.
ensejar (en.se.**jar**) v.t.d. Oferecer oportunidade ou ocasião de. Obs.: pres. do ind.: *ensejo, ensejas, enseja* etc.
ensejo (en.**se**.jo) [ê] s.m. Oportunidade; ocasião.
ensilar (en.si.**lar**) v.t.d. Armazenar em silos.
ensimesmado (en.si.mes.**ma**.do) adj. Pensativo, absorto, introvertido.
ensimesmar-se (en.si.mes.**mar**-se) v.p. Fechar-se em si mesmo.
ensinamento (en.si.na.**men**.to) s.m. **1.** Ato de ensinar. **2.** Lição; adestramento. **3.** Castigo.
ensinar (en.si.**nar**) v.t.d. **1.** Instruir; educar; adestrar. **2.** Castigar. v.i. **3.** Lecionar; dar aulas.
ensino (en.**si**.no) s.m. **1.** Ato de ensinar; instrução; educação; adestramento. **2.** Castigo.
ensolarado (en.so.la.**ra**.do) adj. Banhado pelo sol.
ensombrar (en.som.**brar**) v.t.d. Cobrir de sombra, sombrear, escurecer.
ensopado (en.so.**pa**.do) adj. **1.** Encharcado; molhado. s.m. **2.** (Culin.) Carne cozida com legumes ou batatas; guisado, picadinho.
ensopar (en.so.**par**) v.t.d. **1.** Encharcar; molhar muito. v.p. **2.** Ficar muito molhado; encharcar-se.
ensurdecedor (en.sur.de.ce.**dor**) [ô] adj. Que ensurdece; muito barulhento.
ensurdecer (en.sur.de.**cer**) v.t.d. **1.** Deixar surdo. v.i. **2.** Ficar surdo.
ensurdecimento (en.sur.de.ci.**men**.to) s.m. Ato de ensurdecer; surdez.

entablamento (en.ta.bla.**men**.to) s.m. (Const.) Conjunto na parte superior de uma construção, formado por arquitrave, friso e cornija; cimalha.
entabular (en.ta.bu.**lar**) v.t.d. **1.** Revestir de tábuas. **2.** (Fig.) Iniciar uma conversa ou uma negociação.
entaipar (en.tai.**par**) v.t.d. Cobrir de taipas; emparedar.
entalar (en.ta.**lar**) v.t.d. **1.** Apertar entre talas. v.i. e v.p. **2.** Ficar preso em um lugar apertado.
entalhador (en.ta.lha.**dor**) [ô] s.m. **1.** Pessoa que talha, grava ou esculpe madeira. **2.** Instrumento usado neste trabalho.
entalhar (en.ta.**lhar**) v.t.d. Fazer talhes na madeira; esculpir; talhar; gravar.
entalhe (en.**ta**.lhe) s.m. Escultura em madeira; talha; entalho.
entalho (en.**ta**.lho) s.m. Entalhe.
entanguido (en.tan.**gui**.do) adj. **1.** Duro de frio; enregelado. **2.** (NE) Engasgado, entalado.
entanto (en.**tan**.to) adv. Neste meio tempo; entrementes. **No entanto:** todavia, entretanto, contudo.
então (en.**tão**) adv. **1.** Nesse ou naquele tempo. **2.** Nesse caso.
entardecer (en.tar.de.**cer**) s.m. **1.** O cair da tarde. v.i. **2.** Ir terminando o dia e chegando a noite: *quando chegaram já entardecia.* Obs.: verbo impessoal, só conjugado na 3ª pes. sing.
ente (**en**.te) s.m. Aquele que existe ou supomos existir; criatura; ser.
enteado (en.te.**a**.do) s.m. **1.** Filho ou filha do cônjuge em relação ao padrasto ou madrasta. **2.** Esse parentesco.
entediar (en.te.di.**ar**) v.t.d. **1.** Causar tédio a; aborrecer. v.p. **2.** Aborrecer-se.
entendedor (en.ten.de.**dor**) [ô] s.m. e adj. (Aquele) que entende bem; conhecedor.
entender (en.ten.**der**) v.t.d. **1.** Compreender. v.t.i. **2.** Ser hábil ou perito. s.m. **3.** Opinião; entendimento.
entendido (en.ten.**di**.do) adj. **1.** Compreendido; sabido. **2.** Sabedor; perito; experto.
entendimento (en.ten.di.**men**.to) s.m. Faculdade de entender ou de permitir ao espírito apoderar-se das ideias, assimilando-as; compreensão.
entérico (en.**té**.ri.co) adj. Que diz respeito aos intestinos.
enterite (en.te.**ri**.te) s.f. (Med.) Inflamação nos intestinos.
enternecedor (en.ter.ne.ce.**dor**) [ô] adj. Que enternece; comovedor; sensibilizador.
enternecer (en.ter.ne.**cer**) v.t.d. **1.** Tornar terno; comover; sensibilizar. v.p. **2.** Comover-se; sensibilizar-se; condoer-se.
enternecimento (en.ter.ne.ci.**men**.to) s.m. Compaixão; brandura; piedade; comoção.
enterocolite (en.te.ro.co.**li**.te) s.f. (Med.) Inflamação da mucosa do intestino delgado e do cólon.
enterramento (en.ter.ra.**men**.to) s.m. Ato de enterrar; inumação; enterro; sepultação.

enterrar (en.ter.**rar**) v.t.d. **1.** Colocar dentro da terra; soterrar: *o cão enterrou um osso*. **2.** Colocar (um corpo) na sepultura; inumar. **2.** (Fig.) Pôr fim a uma situação desagradável. v.p. **3.** Atolar-se em dívidas; perder o crédito. **4.** Isolar-se do convívio da sociedade.

enterro (en.**ter**.ro) [ê] s.m. Enterramento; inumação; funeral.

entesar (en.te.**sar**) v.t.d. Tornar teso; esticar, enrijecer.

entesourar (en.te.sou.**rar**) v.t.d. Guardar como tesouro; acumular.

entestar (en.tes.**tar**) v.t.d. Ficar frente a frente, enfrentar, defrontar.

entibiar (en.ti.bi.**ar**) v.t.d. Enfraquecer, debilitar, amolecer.

entidade (en.ti.**da**.de) s.f. **1.** Aquilo que constitui a essência de uma coisa. **2.** Ser, ente. **3.** Associação de classe; grêmio, sociedade.

entoação (en.to.a.**ção**) s.f. Ato de entoar; tom; inflexão; entonação.

entoar (en.to.**ar**) v.t.d. **1.** Dar tom a; fazer soar. **2.** Recitar; cantar.

entocaiar (en.to.cai.**ar**) v.t.d. Fazer uma tocaia, ficar de tocaia.

entocar (en.to.**car**) v.t.d. e v.p. **1.** Meter na toca. **2.** Isolar-se; enfurnar-se; esconder-se.

entojado (en.to.**ja**.do) adj. Enjoado; antipático; repugnante.

entojar (en.to.**jar**) v.t.d. **1.** Causar nojo a. v.i. **2.** Sentir nojo.

entojo (en.**to**.jo) [ô] s.m. Nojo ou desejo extravagante que sente a mulher, no período de gravidez.

entomologia (en.to.mo.lo.**gi**.a) s.f. Ramo da zoologia que estuda os insetos.

entomologista (en.to.mo.lo.**gis**.ta) s.2g. Pessoa que se dedica à entomologia.

entonação (en.to.na.**ção**) s.f. Tom dado ao que se fala; inflexão; entoação.

entono (en.**to**.no) s.m. Amor-próprio, autoestima, orgulho de si.

entontecer (en.ton.te.**cer**) v.t.d. **1.** Deixar tonto. v.i. **2.** Ficar tonto.

entornar (en.tor.**nar**) v.t.d. **1.** Derramar; despejar. v.t.d. e v.i. **2.** (Fig.) Beber excessivamente.

entorno (en.**tor**.no) [ô] s.m. O que há em volta, arredores, adjacências.

entorpecente (en.tor.pe.**cen**.te) s.m. e adj.2g. (Substância) que entorpece, que altera o comportamento físico e emocional.

entorpecer (en.tor.pe.**cer**) v.t.d. **1.** Produzir torpor, reduzir a sensibilidade ou a capacidade de mover-se; amortecer, estupefazer, narcotizar, drogar. **2.** Tornar torpe, nojento; envilecer.

entorpecimento (en.tor.pe.ci.**men**.to) s.m. Ato de entorpecer; torpor; paralisia.

entorse (en.**tor**.se) [ó] s.f. Distensão grave dos ligamentos de uma articulação.

entortar (en.tor.**tar**) v.t.d. **1.** Deixar torto; torcer; empenar; arquear. v.i. e v.p. **2.** Tornar(-se) torto.

entrada (en.**tra**.da) s.f. **1.** Ato de entrar; ingresso. **2.** Lugar por onde se entra; abertura; porta. **3.** Bilhete de teatro, cinema, espetáculo etc. **4.** (Hist.) Expedição organizada pelo governo da autoridade colonial, entre os séculos XVI e XVIII, que penetrava no interior do Brasil, em busca de índios e riquezas. **5.** Primeira quantia que se paga ao efetuar uma compra a crédito. **6.** Cada um dos itens em um dicionário, lista de livros etc.

entrançado (en.tran.**ça**.do) adj. Trançado, entrelaçado, ligado.

entrância (en.**trân**.ci.a) s.f. **1.** Etapa, fase. **2.** Categoria, nível de carreira jurídica.

entranha (en.**tra**.nha) s.f. Qualquer víscera do tórax ou do abdome.

entranhado (en.tra.**nha**.do) adj. Que se entranhou; íntimo, arraigado.

entranhar (en.tra.**nhar**) v.t.d. **1.** Introduzir nas entranhas; arraigar. v.p. **2.** Penetrar; embrenhar-se.

entranhas (en.**tra**.nhas) s.f.pl. **1.** O ventre materno. **2.** Índole; coração. **3.** Profundeza; o que há de mais interior.

entrante (en.**tran**.te) adj.2g. Que entra; vindouro: *no mês entrante*.

entrar (en.**trar**) v.t.i. e v.i. **1.** Passar de fora para dentro; introduzir-se. **2.** Fazer parte; aderir a.

entravar (en.tra.**var**) v.t.d. Embaraçar; obstruir; atravancar.

entrave (en.**tra**.ve) s.m. Obstáculo; estorvo; embaraço.

entre (**en**.tre) prep. No meio ou no intervalo de.

entreaberto (en.tre.a.**ber**.to) adj. Aberto apenas pela metade.

entreabrir (en.tre.a.**brir**) v.t.d. **1.** Abrir mansamente. v.i. e v.p. **2.** Desabrochar. v.i. **3.** Principiar a abrir.

entreato (en.tre.**a**.to) s.m. **1.** Intervalo entre dois atos de teatro. **2.** Intervalo, período entre dois acontecimentos.

entrecasca (en.tre.**cas**.ca) s.f. (Bot.) Parte interna da casca das árvores.

entrecho (en.**tre**.cho) [ê] s.m. Acontecimentos de uma trama dramática; enredo.

entrechoque (en.tre.**cho**.que) s.m. Choque, batida, encontrão.

entrecortado (en.tre.cor.**ta**.do) adj. **1.** Cortado com interrupções; interrompido. **2.** Convulsivo (choro; voz).

entrecortar (en.tre.cor.**tar**) v.t.d. **1.** Cortar com interrupções; interromper. v.p. **2.** Cortar-se mutuamente.

entrefechar (en.tre.fe.**char**) v.t.d. Fechar em parte, um pouco.

entrega (en.**tre**.ga) [é] s.f. **1.** Ato de entregar; rendição. **2.** (Fig.) Traição.

entregador (en.tre.ga.**dor**) [ô] s.m. e adj. (Aquele) que faz entregas.

entregar (en.tre.**gar**) v.t.d. **1.** Dar; restituir. **2.** (Fig.) Denunciar; trair. v.p. **3.** Deixar-se dominar por. **4.** Desanimar.

entregue (en.tre.gue) adj.2g. Que se entregou.
entrelaçado (en.tre.la.ça.do) s.m. e adj. (Aquilo) que está enlaçado; emaranhado.
entrelaçamento (en.tre.la.ça.men.to) s.m. Ato de entrelaçar.
entrelaçar (en.tre.la.çar) v.t.d. **1.** Entretecer; enlaçar; trançar. v.p. **2.** Unir-se; ligar-se.
entrelinha (en.tre.li.nha) s.f. **1.** Espaço compreendido entre duas linhas. **2.** (Fig.) Sentido implícito, oculto no texto.
entrelinhamento (en.tre.li.nha.men.to) s.f. Espaçamento das linhas de um texto: *o trabalho tinha entrelinhamento duplo*.
entremeado (en.tre.me.a.do) adj. Que está no entremeio, colocado de permeio; intercalado.
entremear (en.tre.me.ar) v.t.d. Pôr de permeio; alternar, intercalar, entremeter.
entremeio (en.tre.mei.o) s.m. **1.** Espaço entre dois pontos; intervalo. **2.** Bordado que se aplica entre duas peças lisas.
entrementes (en.tre.men.tes) adv. Entretanto; nesse meio tempo.
entremeter (en.tre.me.ter) v.t.d. Colocar, pôr no meio ou de permeio; entremear.
entremostrar (en.tre.mos.trar) v.t.d. Mostrar um pouco ou rapidamente.
entrenó (en.tre.nó) s.m. (Bot.) Espaço entre dois nós no caule da cana e semelhantes.
entreolhar-se (en.tre.o.lhar-se) v.p. Olhar-se mutuamente.
entreouvir (en.tre.ou.vir) v.t.d. Ouvir entre uma conversa e outra, de passagem.
entreposto (en.tre.pos.to) [ô] s.m. Armazém ou centro distribuidor de mercadorias; feitoria; empório.
entressafra (en.tres.sa.fra) s.f. **1.** Período entre duas colheitas ou duas safras. **2.** Período de menor atividade.
entressorrir (en.tres.sor.rir) v.i. (Raro) Sorrir discretamente, de leve.
entretanto (en.tre.tan.to) adv. **1.** Neste meio tempo; entrementes. conj. **2.** Contudo; todavia; no entanto.
entretecer (en.tre.te.cer) v.t.d. Entrelaçar, entremeter, inserir.
entretela (en.tre.te.la) [é] s.f. Tecido encorpado que se põe entre o forro e a fazenda, para dar a esta maior consistência.
entretempo (en.tre.tem.po) s.m. Tempo entre dois acontecimentos ou pontos; ínterim.
entretenimento (en.tre.te.ni.men.to) s.m. **1.** Diversão, divertimento. **2.** Passatempo, distração.
entreter (en.tre.ter) v.t.d.i. **1.** Distrair; divertir; ajudar alguém a passar o tempo: *entreter as crianças com jogos*. v.i. e v.p. **2.** Ocupar-se; distrair-se.
entretido (en.tre.ti.do) adj. Distraído, com a atenção presa.
entrevado (en.tre.va.do) s.m. e adj. (Aquele) que não pode mover-se; imobilizado; paralítico.
entrevar (en.tre.var) v.t.d. **1.** Deixar paralítico. v.i. e v.p. **2.** Ficar imobilizado ou paralítico.
entrever (en.tre.ver) v.t.d. Ver com dificuldade; vislumbrar, perceber.
entreverar (en.tre.ve.rar) v.i. Criar entrevero, discutir, disputar.
entrevero (en.tre.ve.ro) [ê] s.m. Disputa em que os combatentes lutam desordenadamente.
entrevista (en.tre.vis.ta) s.f. **1.** Matéria com declarações dadas à imprensa, espontâneas ou em resposta a perguntas. **2.** Encontro combinado entre duas pessoas: *entrevista de emprego*.
entrevistado (en.tre.vis.ta.do) s.m. e adj. (Aquele) que dá declarações em uma entrevista.
entrevistador (en.tre.vis.ta.dor) [ô] s.m. e adj. (Pessoa) que faz perguntas em entrevistas.
entrevistar (en.tre.vis.tar) v.t.d. Ter entrevista com.
entrevisto (en.tre.vis.to) adj. Que se entreviu, que se viu pouco ou rapidamente; vislumbrado.
entrincheiramento (en.trin.chei.ra.men.to) s.m. Ato de entrincheirar-se.
entrincheirar (en.trin.chei.rar) v.t.d. **1.** Fortificar, construindo trincheiras; defender. v.p. **2.** Proteger-se com trincheiras ou barricadas.
entristecedor (en.tris.te.ce.dor) [ô] adj. Que entristece; desolador.
entristecer (en.tris.te.cer) v.t.d. **1.** Tornar triste; afligir. v.i. e v.p. **2.** Ficar triste; penalizar-se.
entristecimento (en.tris.te.ci.men.to) s.m. Ato de entristecer; tristeza; desolação.
entroncado (en.tron.ca.do) adj. Corpulento; espadaúdo; robusto.
entroncamento (en.tron.ca.men.to) s.m. Ponto onde cruzam dois ou mais caminhos ou linhas.
entronizar (en.tro.ni.zar) v.t.d. **1.** Elevar ao trono. **2.** Pôr (a imagem de um santo) em um altar. **3.** (Fig.) Glorificar, engrandecer.
entropia (en.tro.pi.a) s.f. (Fís.) Medida da desordem das moléculas de uma substância, relacionada com a temperatura.
entrosamento (en.tro.sa.men.to) s.m. Ato de entrosar(-se).
entrosar (en.tro.sar) v.t.d. **1.** Ordenar; encaixar; harmonizar. v.p. **2.** Encaixar-se; harmonizar-se; ajustar-se.
entrouxar (en.trou.xar) v.t.d. Meter, guardar em trouxa.
entrudo (en.tru.do) s.m. **1.** Carnaval antigo. **2.** (Folc.) Antigo divertimento carnavalesco em que as pessoas iam às ruas e atiravam água, farinha, fuligem, água com perfume etc. umas nas outras.
entulhar (en.tu.lhar) v.t.d. **1.** Colocar em tulha; amontoar. v.p. **2.** Encher-se; abarrotar-se.
entulho (en.tu.lho) s.m. **1.** Material inútil proveniente da demolição de um prédio; caliça. **2.** (Fig.) Coisa inútil, que atravanca ou atrapalha.
entupido (en.tu.pi.do) adj. Tapado, obstruído, entulhado.
entupimento (en.tu.pi.men.to) s.m. Ato de entupir; obstrução.
entupir (en.tu.pir) v.t.d. Tapar, obstruir, entulhar. Obs.: pres. do ind.: *entupo, entopes, entope*,

entupimos, entupis, entopem; pres. do subj.: *entupa, entupas, entupa* etc.; imperat. afirm.: *entope, entupa, entupamos, entupi, entupam*; imperat. neg.: *não entupas, não entupa* etc.

entusiasmar (en.tu.si.as.**mar**) v.t.d. **1.** Causar entusiasmo a; animar; empolgar; excitar. v.p. **2.** Empolgar-se; animar-se.

entusiasmo (en.tu.si.**as**.mo) s.m. Arrebatamento; paixão; animação, excitação.

entusiasta (en.tu.si.**as**.ta) s.2g. Aquele que se entusiasma.

entusiástico (en.tu.si.**ás**.ti.co) adj. Próprio de entusiasta, feito com entusiasmo; vivo, apaixonado.

enumeração (e.nu.me.ra.**ção**) s.f. **1.** Ato de enumerar. **2.** Citação em série; cômputo; conta.

enumerar (e.nu.me.**rar**) v.t.d. Relacionar metodicamente; citar em série; especificar.

enunciação (e.nun.ci.a.**ção**) s.f. **1.** Ação de enunciar. **2.** Aquilo que se enuncia; expressão verbal, falada ou escrita.

enunciado (e.nun.ci.**a**.do) s.m. **1.** Exposição resumida de um teorema ou problema. adj. **2.** Declarado; exposto.

enunciar (e.nun.ci.**ar**) v.t.d. Expor; declarar; exprimir.

enunciativo (e.nun.ci.a.**ti**.vo) adj. Relacionado a enunciação, que enuncia.

enurese (e.nu.**re**.se) s.f. (Med.) Incontinência urinária, emissão involuntária de urina.

envaidecer (en.vai.de.**cer**) v.t.d. **1.** Encher de vaidade. v.p. **2.** Ficar vaidoso; vangloriar-se.

envasar (en.va.**sar**) v.t.d. Colocar dentro de vaso ou vasilhame, embalar (líquido).

envelhecer (en.ve.lhe.**cer**) v.t.d. **1.** Tornar velho. v.i. **2.** Perder o vigor; tornar-se velho.

envelhecido (en.ve.lhe.**ci**.do) adj. Que envelheceu.

envelhecimento (en.ve.lhe.ci.**men**.to) s.m. **1.** Ação de envelhecer. **2.** Perda gradual de função nas células do organismo.

envelopar (en.ve.lo.**par**) v.t.d. Colocar em envelope.

envelope (en.ve.**lo**.pe) [ó] s.m. Invólucro para correspondência, impressos ou documentos; sobrecarta.

envenenamento (en.ve.ne.na.**men**.to) s.m. Ato de envenenar; intoxicação.

envenenar (en.ve.ne.**nar**) v.t.d. **1.** Colocar veneno em; intoxicar. **2.** (Fig.) Influenciar negativamente alguém. v.p. **3.** Ingerir veneno; cometer suicídio pela ingestão de veneno; intoxicar-se.

enverdecer (en.ver.de.**cer**) v.t.d. e v.p. Tornar(-se) verde; verdejar.

enveredar (en.ve.re.**dar**) v.t.i. Seguir por uma vereda; tomar um caminho; encaminhar-se.

envergadura (en.ver.ga.**du**.ra) s.f. **1.** Extensão das asas abertas (de uma ave ou de um avião) de ponta a ponta. **2.** Capacidade; competência; aptidão.

envergar (en.ver.**gar**) v.t.d. **1.** Dobrar; curvar. **2.** Trajar. v.i. **3.** Dobrar-se; curvar-se; vergar-se.

envergonhado (en.ver.go.**nha**.do) adj. **1.** Que sente vergonha; humilhado, vexado. **2.** Abatido, cabisbaixo.

envergonhar (en.ver.go.**nhar**) v.t.d. **1.** Causar vergonha a; humilhar; vexar. v.p. **2.** Ficar acanhado; encher-se de vergonha.

envernizar (en.ver.ni.**zar**) v.t.d. Lustrar com verniz; polir.

envesgar (en.ves.**gar**) v.t.d. Tornar vesgo, virar para dentro: *envesgou os olhos*.

enviado (en.vi.**a**.do) adj. **1.** Remetido; expedido. s.m. **2.** Mensageiro; portador. **3.** Encarregado de negócios diplomáticos.

enviar (en.vi.**ar**) v.t.d. Mandar; remeter; encaminhar.

envidar (en.vi.**dar**) v.t.d. Despender, aplicar: *envidar esforços*.

envidraçado (en.vi.dra.**ça**.do) adj. Coberto ou feito de vidro.

envidraçar (en.vi.dra.**çar**) v.t.d. Cobrir ou revestir de vidros.

enviesado (en.vi.e.**sa**.do) adj. Colocado ou cortado de viés ou obliquamente.

enviesar (en.vi.e.**sar**) v.t.d. Entortar; colocar ou cortar em diagonal.

envilecer (en.vi.le.**cer**) v.t.i. e v.p. Tornar(-se) vil, indigno.

envio (en.**vi**.o) s.m. Ato de enviar; expedição; remessa.

enviuvar (en.vi.u.**var**) v.i. Ficar viúvo ou viúva.

envolto (en.**vol**.to) [ô] adj. Envolvido; coberto; embrulhado.

envoltório (en.vol.**tó**.ri.o) s.m. Aquilo que envolve; invólucro; embrulho; envelope.

envolvente (en.vol.**ven**.te) adj.2g. Que envolve; cativante; sedutor.

envolver (en.vol.**ver**) v.t.d. **1.** Abranger; rodear; cobrir; cercar. **2.** Ocasionar; causar. **3.** Seduzir; cativar. v.p. **4.** Participar; comprometer-se; intrometer-se.

envolvido (en.vol.**vi**.do) adj. Envolto, enrolado.

envolvimento (en.vol.vi.**men**.to) s.m. Ato de envolver.

enxada (en.**xa**.da) s.f. Instrumento agrícola, usado para capinar ou cavar a terra.

enxadão (en.xa.**dão**) s.m. Enxada grande; alvião.

enxadrezado (en.xa.dre.**za**.do) adj. Dividido em quadrados, como o tabuleiro de xadrez.

enxadrismo (en.xa.**dris**.mo) s.m. A arte de jogar xadrez.

enxadrista (en.xa.**dris**.ta) s.2g. Jogador de xadrez.

enxaguar (en.xa.**guar**) v.t.d. Jogar água para retirar o sabão ou outro produto usado na lavagem: *enxaguar a roupa, os cabelos*. Obs.: pres. do ind.: *enxaguo* [ú] ou *exáguo, enxaguas* [ú] ou *enxáguas, enxagua* [ú] ou *enxágua* etc.; pret. perf.: *enxaguei* etc.; pres. do subj.: *enxague* [ú] ou *enxágue, enxagues* [ú] ou *enxágues, enxague* [ú] ou *enxágue* etc.

enxaguatório (en.xa.gua.**tó**.ri.o) s.m. Aquilo que serve para enxaguar: *enxaguatório bucal*.

enxágue (en.**xá**.gue) [ü] s.m. Ação de enxaguar.

enxame (en.**xa**.me) s.m. Conjunto de abelhas de uma colmeia.

enxamear (en.xa.me.**ar**) v.t.d. e v.p. Mover-se em torno, ajuntar, formar enxame: *abelhas enxameavam as flores; pensamentos enxameavam-lhe a mente.*

enxaqueca (en.xa.**que**.ca) [ê] s.f. Forte dor de cabeça unilateral, acompanhada de perturbações digestivas e visuais.

enxárcia (en.**xár**.ci.a) s.f. Conjunto de cabos e cordas que seguram os mastros de embarcações a vela.

enxerga (en.**xer**.ga) [ê] s.f. **1.** Cama pobre. **2.** Colchão rústico.

enxergão (en.xer.**gão**) s.m. **1.** Colchão grosseiro, rústico. **2.** Estrutura que sustenta a cama; estrado.

enxergar (en.xer.**gar**) v.t.d. **1.** Ver; entrever; divisar. **2.** (*Fig.*) Entender bem de um certo assunto.

enxerido (en.xe.**ri**.do) s.m. e adj. Intrometido; curioso.

enxerimento (en.xe.ri.**men**.to) s.m. Ação de enxerido; intromissão, ingerência.

enxertar (en.xer.**tar**) v.t.d. Fazer enxertos em; introduzir; inserir.

enxertia (en.xer.**ti**.a) s.f. (*Bot.*) Processo de reprodução de vegetais pelo qual se introduz uma parte de uma planta (dita enxerto) em outra, para que se desenvolva.

enxerto (en.**xer**.to) [ê] s.m. **1.** Ato de enxertar. (*Bot.*) **2.** Pedaço de vegetal ou planta que se coloca em outro, para que se desenvolva. **3.** A planta que cresce dessa maneira.

enxó (en.**xó**) s.m. Instrumento para desbastar madeira, com cabo curto e lâmina cortante.

enxofre (en.**xo**.fre) [ô] s.m. (*Quím.*) Elemento sólido, de cor amarela, e odor forte, de símbolo S, peso atômico 32,06 e número atômico 16.

enxotar (en.xo.**tar**) v.t.d. Expulsar; afugentar; pôr para fora.

enxoval (en.xo.**val**) s.m. Conjunto de roupas e acessórios de uma noiva, recém-nascido, aluno interno etc.

enxovalhar (en.xo.va.**lhar**) v.t.d. **1.** Manchar; emporcalhar; sujar. **2.** (*Fig.*) Injuriar; aviltar. v.p. **3.** Manchar-se; aviltar-se.

enxovia (en.xo.**vi**.a) s.f. **1.** (*Ant.*) Cárcere subterrâneo, úmido e muito sujo, a que eram condenados os piores presos. **2.** Local úmido e escuro. **3.** Prisão, cadeia.

enxugar (en.xu.**gar**) v.t.d. **1.** Tirar a umidade a; secar. **2.** (*Fig.*) Beber em demasia. v.i. **3.** Perder a umidade. v.p. **4.** Secar-se.

enxurrada (en.xur.**ra**.da) s.f. **1.** Corrente formada pelas águas da chuva; enxurro. **2.** (*Fig.*) Grande quantidade; abundância.

enxurro (en.**xur**.ro) s.m. Enxurrada.

enxuto (en.**xu**.to) adj. **1.** Seco; sem umidade. **2.** (*Fig.*) Magro.

enzima (en.**zi**.ma) s.f. (*Quím.*) Proteína que facilita reações químicas nos seres vivos: *o abacaxi contém enzimas que ajudam na digestão; o fermento é uma enzima.*

enzimático (en.zi.**má**.ti.co) adj. Relativo a enzima.

Eoceno (Eo.**ce**.no) s.m. (*Geo.*) Época da história da Terra pertencente ao período Paleogeno, situada entre as épocas Paleoceno e Oligoceno.

eólico (e.**ó**.li.co) adj. **1.** Que diz respeito ao vento; eólio. **2.** Obtido ou causado pelo vento: *energia eólica.*

eólio (e.**ó**.li.o) adj. Eólico.

eolítico (eo.**lí**.ti.co) s.m. e adj. **1.** (Período da pré-história) anterior ao Paleolítico e no qual a ação do homem sobre as pedras é considerada não intencional. adj. **2.** Pertencente a esse período.

éolo (**é**.o.lo) s.m. (*próprio*) **1.** (*Mit.*) O deus dos ventos. (*comum*) **2.** Vento forte.

éon (**é**.on) s.m. (*Geo.*) Maior divisão do tempo na história da Terra, subdividida em eras.

epa (**e**.pa) [ê] interj. Exprime espanto, surpresa; opa, upa.

epiceno (e.pi.**ce**.no) s.m. e adj. (*Gram.*) (Substantivo) que tem um só gênero, masculino ou feminino, e designa seres que podem ser masculinos ou femininos: *o jacaré, o jacaré fêmea, a baleia, a baleia macho.* Cf. *comum de dois* ("o/a cientista, o/a atleta, o/a jovem") e *sobrecomum* ("um animal, a criança").

epicentro (e.pi.**cen**.tro) s.m. **1.** (*Geo.*) Ponto da superfície da Terra mais próximo do centro de abalo dos terremotos. **2.** (*Fig.*) Ponto mais próximo do centro ou da origem: *o epicentro da rebelião era na cela 15.*

épico (**é**.pi.co) adj. **1.** Que diz respeito à epopeia. s.m. **2.** Autor de uma epopeia.

epicurismo (e.pi.cu.**ris**.mo) s.m. **1.** Doutrina do filósofo grego Epicuro (342-271 a.C.), segundo a qual o bem deve ser realizado em vida, evitando-se o sofrimento físico ou mental. **2.** (*Fig.*) Apego aos prazeres sensuais; sensualidade, hedonismo.

epicurista (e.pi.cu.**ris**.ta) adj.2g. **1.** Relacionado a Epicuro ou ao epicurismo. **2.** Que busca o prazer sensual; hedonista. s.2g. **2.** Pessoa que acredita, pratica ou defende o epicurismo.

epidemia (e.pi.de.**mi**.a) s.f. **1.** Surto de doença contagiosa, que ataca grande número de pessoas, em um mesmo lugar. **2.** (*Fig.*) Tudo o que se difunde com rapidez; mania.

epidêmico (e.pi.**dê**.mi.co) adj. Que diz respeito a epidemia.

epidemiologia (e.pi.de.mi.o.lo.**gi**.a) s.f. Tratado das doenças epidêmicas.

epiderme (e.pi.**der**.me) s.f. **1.** (*Anat.*) Camada exterior da pele. **2.** (*Bot.*) Tegumento, invólucro da semente de uma planta.

epidérmico (e.pi.**dér**.mi.co) adj. **1.** Relacionado a epiderme. **2.** Raso, pouco profundo, superficial, fútil.

epidídimo (e.pi.**dí**.di.mo) s.m. (*Anat.*) Canal dos testículos que os espermatozoides atravessam lentamente, enquanto completa sua maturação.

epifania (e.pi.fa.**ni**.a) s.f. **1.** Aparição ou manifestação divina. **2.** (*Relig.*) Apresentação de Jesus aos três Reis Magos; dia de Reis.

epífise (e.pí.fi.se) s.f. (*Anat.*) Glândula em forma de pinha, situada atrás do terceiro ventrículo do cérebro.

epigástrio (e.pi.gás.tri.o) s.m. (*Anat.*) Região superior do abdome, parte de cima do estômago.

epiglote (e.pi.glo.te) [ó] s.f. (*Anat.*) Membrana que, quando se engole, cobre a laringe e a glote, para que o alimento siga pelo esôfago.

epígono (e.pí.go.no) s.m. Aquele que vem depois de outrem; continuador, descendente.

epígrafe (e.pí.gra.fe) s.f. **1.** Inscrição. **2.** Palavra ou frase que serve de tema a um assunto.

epigrama (e.pi.gra.ma) s.m. Pequena poesia mordaz, satírica; sátira.

epilepsia (e.pi.lep.si.a) s.f. (*Med.*) Doença nervosa que, se não controlada por medicamentos, pode causar crises convulsivas e desmaios.

epiléptico (e.pi.lép.ti.co) adj. e s.m. O mesmo que *epilético*.

epilético (e.pi.lé.ti.co) adj. **1.** Que diz respeito à epilepsia. s.m. **2.** Pessoa que sofre de epilepsia. O mesmo que *epiléptico*.

epílogo (e.pí.lo.go) s.m. Remate; fecho; finalização; resumo.

epinício (e.pi.ní.ci.o) s.m. Hino triunfal.

episcopado (e.pis.co.pa.do) s.m. Bispado.

episcopal (e.pis.co.pal) adj.2g. Relacionado a bispo ou a bispado.

episódico (e.pi.só.di.co) adj. **1.** Relacionado a episódio. **2.** Que acontece raramente, que não é frequente: *crises episódicas de dor no ouvido*.

episódio (e.pi.só.di.o) s.m. Incidente relacionado com uma ação principal; fato importante, caso, acontecimento.

epístola (e.pís.to.la) s.f. **1.** Carta; missiva. **2.** (*Relig.*) Parte da missa em que são lidas as cartas dos apóstolos.

epistolar (e.pis.to.lar) adj.2g. Relacionado a epístola ou carta.

epistolário (e.pis.to.lá.ri.o) s.m. Grupo, reunião de epístolas ou cartas.

epitáfio (e.pi.tá.fi.o) s.m. Inscrição tumular; elogio fúnebre.

epitalâmio (e.pi.ta.lâ.mi.o) s.m. Canto ou poema para celebrar um casamento.

epitelial (e.pi.te.li.al) adj.2g. Pertencente ou relacionado a epitélio.

epitélio (e.pi.té.li.o) s.m. (*Anat.*) Tecido que reveste superfícies, cavidades ou dutos e tem funções secretora, sensorial e de absorção.

epíteto (e.pí.te.to) s.m. Cognome, alcunha.

época (é.po.ca) s.f. **1.** Tempo em que um fato ocorreu; fase, era, período. **2.** (*Geo.*) Menor divisão do tempo da história da Terra, que se agrupa em períodos.

epopeia (e.po.pei.a) [éi] s.f. **1.** (*Lit.*) Poema épico, sobre assunto grandioso e heroico. **2.** (*Fig.*) Sequência de acontecimentos marcantes.

épsilon (é.psi.lon) s.m. Nome da quinta letra do alfabeto grego, de valor semelhante ao *e*.

equação (e.qua.ção) s.f. (*Mat.*) Fórmula de igualdade com incógnitas, que será resolvida com a obtenção dos valores dessas incógnitas.

equacionar (e.qua.cio.nar) v.t.d. **1.** Transformar em equação. **2.** (*Fig.*) Tornar compreensível algo complicado.

Equador (e.qua.dor) [ô] s.m. (*Geo.*) Círculo máximo da esfera terrestre, o qual divide a Terra nos hemisférios Norte e Sul.

equânime (e.quâ.ni.me) adj.2g. **1.** Que não toma partido; imparcial, justo. **2.** Moderado, ponderado, prudente: *julgamento equânime*.

equanimidade (e.qua.ni.mi.da.de) s.f. Igualdade; moderação; imparcialidade; ponderação; prudência.

equatorial (e.qua.to.ri.al) adj.2g. Que se refere ao Equador.

equatoriano (e.qua.to.ri.a.no) adj. **1.** Do Equador, país da América do Sul. s.m. **2.** Pessoa natural ou habitante desse lugar.

equestre (e.ques.tre) [ü] adj.2g. Que se refere a cavalos, cavalaria ou cavaleiros. Cf. *equino*, *hípico*.

equidade (e.qui.da.de) [ü] s.f. Igualdade; moderação; retidão; imparcialidade.

equídeo (e.quí.de.o) [ü] adj. Semelhante a equino ou cavalo.

equidistância (e.qui.dis.tân.ci.a) [ü] s.f. Qualidade do que é equidistante.

equidistante (e.qui.dis.tan.te) [ü] adj.2g. Que está à mesma distância.

equilátero (e.qui.lá.te.ro) [u ou ü] adj. (*Geom.*) Que tem os lados iguais entre si.

equilibrado (e.qui.li.bra.do) adj. **1.** Que está em equilíbrio. **2.** Prudente; ajuizado; moderado.

equilibrar (e.qui.li.brar) v.t.d. **1.** Colocar em equilíbrio; contrabalançar. v.p. **2.** Manter-se em equilíbrio.

equilíbrio (e.qui.lí.bri.o) s.m. **1.** Estado de um corpo que se mantém na posição normal, sem oscilações ou desvios. **2.** Estabilidade emocional e mental.

equilibrismo (e.qui.li.bris.mo) s.m. Arte de equilibrar-se em posições difíceis.

equilibrista (e.qui.li.bris.ta) s.2g. Pessoa que pratica equilibrismo, que se mantém em equilíbrio, nas situações mais difíceis.

equimose (e.qui.mo.se) [ó] s.f. (*Med.*) Mancha escura, proveniente de uma hemorragia provocada por contusão.

equino (e.qui.no) [ü] adj. **1.** Que diz respeito a cavalo; cavalar. Cf. *hípico*. s.m. **2.** Cavalo: *a cavalhada tinha provas para equinos e para asininos*.

equinócio (e.qui.nó.ci.o) s.m. Momento em que o Sol passa pelo Equador, tornando os dias e as noites com a mesma duração em toda a Terra.

equinodermo (e.qui.no.der.mo) s.m. (*Zoo.*) Invertebrado marinho que tem esqueleto interno e cinco planos de simetria, como a estrela-do-mar e o ouriço-do-mar.

equipagem (e.qui.**pa**.gem) s.f. **1.** Tripulantes de um avião ou de um navio. **2.** Aquilo que se leva em uma viagem; bagagem. **3.** Equipamento.

equipamento (e.qui.pa.**men**.to) s.m. **1.** Ato de equipar. **2.** Tudo aquilo que é necessário para desenvolver uma tarefa; equipagem.

equipar (e.qui.**par**) v.t.d. e v.p. Prover(-se) do necessário; abastecer-se.

equiparação (e.qui.pa.ra.**ção**) s.f. Ato de equiparar.

equiparar (e.qui.pa.**rar**) v.t.d. **1.** Igualar em condições. v.p. **2.** Igualar-se; colocar-se em igualdade de condições.

equipe (e.**qui**.pe) s.f. Grupo de pessoas que participam de uma competição esportiva ou executam juntas uma tarefa.

equitabilidade (e.qui.ta.bi.li.**da**.de) [u ou ü] s.f. (Ecol.) Índice que define a quantidade de indivíduos das várias espécies existentes em uma comunidade em relação ao total de indivíduos dessa mesma comunidade; uniformidade.

equitação (e.qui.ta.**ção**) s.f. Arte de andar a cavalo.

equitativo (e.qui.ta.**ti**.vo) [ü] adj. Que tem equidade; justo; reto.

equivalência (e.qui.va.**lên**.ci.a) s.f. Qualidade de equivalente; igualdade, correspondência de valor: *tabela de equivalências entre centímetros e polegadas.*

equivalente (e.qui.va.**len**.te) s.m. e adj.2g. (Aquele) que equivale ou tem igual valor.

equivaler (e.qui.va.**ler**) v.t.i. Ser equivalente; ter o mesmo valor, peso, preço etc.

equivocado (e.qui.vo.**ca**.do) adj. Que contém equívoco; errado, enganado.

equivocar (e.qui.vo.**car**) v.t.d. e v.p. Enganar(-se); confundir(-se).

equívoco (e.**quí**.vo.co) adj. **1.** Errado; confuso; ambíguo. s.m. **2.** Engano; erro; confusão.

Er Símbolo do elemento químico érbio.

era (e.ra) [é] s.f. **1.** Época determinada, elemento de contagem do tempo: *era cristã, era muçulmana.* **2.** (Geo.) Divisão do tempo geológico menor que o éon e maior que o período. **3.** Época; período; data.

erário (e.**rá**.ri.o) s.m. Tesouro público; fisco.

eratataca (e.ra.ta.**ta**.ca) s.f. (Bot.) Baga verde que é o fruto do manacá.

érbio (**ér**.bi.o) s.m. (Quím.) Elemento de número atômico 68, com símbolo Er e peso atômico 167,26.

erê (e.**rê**) s.m. (Relig.) No candomblé, espírito de criança que expressa em palavras, para cada filho de santo, a vontade de seu orixá.

ereção (e.re.**ção**) s.f. Ato de erigir ou erguer; levantamento.

eréctil (e.**réc**.til) adj.2g. O mesmo que *erétil.*

erecto (e.**rec**.to) adj. O mesmo que *ereto.*

eremita (e.re.**mi**.ta) s.2g. Pessoa que vive retirada em local ermo e solitário; anacoreta.

eremitério (e.re.mi.**té**.ri.o) s.m. Abrigo de eremita.

erétil (e.**ré**.til) adj.2g. Que pode ficar ereto; que pode ter ereção. O mesmo que *eréctil.*

ereto (e.**re**.to) adj. Aprumado; elevado; erguido. O mesmo que *erecto.*

ergástulo (er.**gás**.tu.lo) s.m. Cadeia, cárcere.

ergometria (er.go.me.**tri**.a) s.f. Exame que mede a capacidade funcional do coração e sistema circulatório, em teste de esforço físico.

ergométrico (er.go.**mé**.tri.co) adj. **1.** Pertencente à ergometria ou à capacidade funcional do coração e sistema circulatório. **2.** Usado para fazer esse exame: *bicicleta ergométrica.*

ergômetro (er.**gô**.me.tro) s.m. Aparelho que mede o esforço.

ergonomia (er.go.no.**mi**.a) s.f. **1.** Estudo da interação entre pessoas e objetos, para melhorar o bem-estar e o desempenho do trabalhador: *pesquisas em ergonomia.* **2.** Qualidade de uma máquina, móvel ou objeto assim projetado.

ergonômico (er.go.**nô**.mi.co) adj. **1.** Relacionado à ergonomia. **2.** Construído segundo esse conhecimento: *teclado ergonômico.*

erguer (er.**guer**) v.t.d. **1.** Levantar, alçar. **2.** Construir; edificar. v.p. **3.** Elevar-se, levantar-se.

eriçar (e.ri.**çar**) v.t.d. **1.** Encrespar; arrepiar; ouriçar. v.p. **2.** Arrepiar-se.

erigir (e.ri.**gir**) v.t.d. Erguer; construir; levantar; fundar; criar.

erisipela (e.ri.si.**pe**.la) [é] s.f. (Med.) Dermatite aguda manifestada em surtos e que se caracteriza por rubor local e febre.

eritema (e.ri.**te**.ma) s.f. (Med.) Dermatose que se caracteriza por rubor da pele e desaparece por instantes, sob a pressão do dedo.

eritreu (e.ri.**treu**) adj. **1.** Da Eritreia, país da África. s.m. **2.** Pessoa natural ou habitante desse lugar.

ermida (er.**mi**.da) s.f. Pequena igreja ou capela campestre.

ermitão (er.mi.**tão**) s.m. Aquele que cuida de uma ermida; eremita.

ermo (**er**.mo) [ê] s.m. e adj. (Lugar) despovoado; solitário; abandonado.

erosão (e.ro.**são**) s.f. Ato de corroer; corrosão lenta.

erosivo (e.ro.**si**.vo) adj. Relacionado a erosão, que corrói ou desgasta.

erótico (e.**ró**.ti.co) adj. Que diz respeito ao amor; lascivo; sensual.

erotismo (e.ro.**tis**.mo) s.m. Qualidade do que é erótico; lubricidade; sensualidade.

erotização (e.ro.ti.za.**ção**) s.f. Ação de erotizar.

erotizar (e.ro.ti.**zar**) v.t.d. Dar caráter erótico, incitar ao erotismo, à lubricidade: *alguns programas de televisão foram acusados de erotizar precocemente as crianças.*

erradicação (er.ra.di.ca.**ção**) s.f. Ato de erradicar.

erradicar (er.ra.di.**car**) v.t.d. Tirar de onde está enraizado; extirpar; extinguir de todo; destruir.

erradio (er.ra.**di**.o) adj. Que erra ou vagueia; errante.

errado (er.ra.do) adj. **1.** Que contém erro; equivocado, equívoco. **2.** Que se errou.

errante (er.**ran**.te) adj.2g. Que erra ou anda a esmo; erradio; vagabundo.

errar (er.**rar**) v.t.d. **1.** Cometer erro ou engano. **2.** Andar a esmo; vaguear. v.i. **3.** Cometer erro; cair em pecado.
errata (er.**ra**.ta) s.f. Indicação de erros tipográficos de um livro.
errático (er.**rá**.ti.co) adj. Erradio; errante; vagabundo.
erre (er.re) [ê] s.m. Nome da letra R.
erro (er.ro) [ê] s.m. **1.** Ato de errar; juízo errado; engano. **2.** Incorreção. **3.** Pecado; falta; culpa.
errôneo (er.**rô**.ne.o) adj. Que contém erro; falso; enganoso.
eructação (e.ruc.ta.**ção**) s.f. Arroto.
erudição (e.ru.di.**ção**) s.f. Conhecimento vasto das obras de vários autores e épocas; saber profundo.
eruditismo (eru.di.**tis**.mo) s.m. **1.** Ostentação de erudição. **2.** Excesso de citações.
erudito (e.ru.**di**.to) adj. **1.** Que tem erudição, que requer longos estudos: *música erudita, arte erudita*. s.m. **2.** Pessoa que tem erudição, que estudou muito: *perguntou aos eruditos*.
erupção (e.rup.**ção**) s.f. **1.** Emissão de lavas ou cinzas de um vulcão. **2.** (Med.) Surgimento de manchas ou borbulhas na pele ou na mucosa; exantema.
eruptivo (e.rup.**ti**.vo) adj. Relacionado a erupção, que provoca erupção.
erva (er.va) [é] s.f. **1.** (Bot.) Qualquer planta cujo caule não é lenhoso; herbácea. **2.** Planta herbácea de vida curta, cultivada ou espontânea, usada como tempero ou medicamento.
erva-cidreira (er.va-ci.**drei**.ra) s.f. (Bot.) **1.** Erva de propriedades medicinais, com folhas pequenas, em forma de coração, com sulcos e nervuras; melissa. **2.** Capim-limão. ▪ Pl. *ervas-cidreiras*.
ervado (er.**va**.do) adj. Cheio de ervas.
erva-doce (er.va-**do**.ce) s.f. (Bot.) **1.** Erva cujas sementes são usadas em culinária; anis. **2.** Planta hortense de talos comestíveis, semelhante ao salsão. ▪ Pl. *ervas-doces*.
erva-mate (er.va-**ma**.te) s.f. Mate. ▪ Pl. *ervas-mates, ervas-mate*.
ervilha (er.**vi**.lha) s.f. (Bot.) Leguminosa trepadeira cujas sementes são grãos redondos e verdes, comestíveis cozidos.
ervilha-torta (er.vi.lha-**tor**.ta) s.f. (Bot.) Fava. ▪ Pl. *ervilhas-tortas*.
ES Sigla de Espírito Santo, estado brasileiro.
Es Símbolo do elemento químico einstênio.
esbaforido (es.ba.fo.**ri**.do) adj. Ofegante; arquejante; apressado.
esbaforir-se (es.ba.fo.**rir**-se) v.p. Arquejar; resfolegar; apressar-se.
esbagaçar (es.ba.ga.**çar**) v.t.d. Reduzir a bagaço; despedaçar; fazer em cacos.
esbanjador (es.ban.ja.**dor**) [ô] s.m. e adj. (Pessoa) que esbanja, que gasta em excesso; dissipador.
esbanjamento (es.ban.ja.**men**.to) s.m. Ato de esbanjar.
esbanjar (es.ban.**jar**) v.t.d. Gastar excessivamente; dissipar; consumir.
esbarrada (es.bar.**ra**.da) s.f. Esbarro.

esbarrão (es.bar.**rão**) s.m. Colisão; encontrão; choque; esbarro.
esbarrar (es.bar.**rar**) v.t.i. **1.** Ir de encontro; tropeçar; topar. **2.** Deter-se (diante de dificuldades). v.t.d. **3.** Arremessar-se; atirar. v.p. **4.** Acotovelar-se.
esbarro (es.**bar**.ro) s.m. Ação de esbarrar; colisão; encontrão, choque; esbarrada, esbarrão.
esbater (es.ba.**ter**) v.t.d. Atenuar, enfraquecer, diminuir a intensidade ou a força.
esbeltez (es.bel.**tez**) [ê] s.f. Qualidade de esbelto; beleza.
esbelto (es.**bel**.to) adj. Magro e elegante; garboso; airoso.
esbirro (es.**bir**.ro) s.m. **1.** (Pej.) Agente de polícia; policial. **2.** Escora, ripa de madeira.
esboçar (es.bo.**çar**) v.t.d. Fazer o esboço de; delinear; traçar o contorno de.
esboço (es.**bo**.ço) [ô] s.m. **1.** Delineamento inicial; borrão, bosquejo. **2.** Plano, projeto.
esbofetear (es.bo.fe.te.**ar**) v.t.d. Dar bofetadas em.
esbordoar (es.bor.do.**ar**) v.t.d. Dar bordoadas em; espancar.
esbórnia (es.**bór**.ni.a) s.f. Orgia.
esborrachar (es.bor.ra.**char**) v.t.d. **1.** Esmagar; rebentar. v.p. **2.** Estatelar-se, cair no chão.
esbranquiçado (es.bran.qui.**ça**.do) adj. Quase branco, de cor bem clara.
esbrasear (es.bra.se.**ar**) v.t.d. Tornar semelhante a brasa, na cor ou na temperatura; avermelhar; aquecer.
esbravejar (es.bra.ve.**jar**) v.i. Gritar; bradar; vociferar: *esbravejou até cansar*.
esbregue (es.**bre**.gue) s.m. (Pop.) **1.** Descompostura; bronca, repreensão. **2.** Confusão, desordem.
esbugalhado (es.bu.ga.**lha**.do) adj. Diz-se de olho muito aberto, arregalado.
esbugalhar (es.bu.ga.**lhar**) v.t.d. Abrir muito, arregalar: *esbugalhou os olhos quando viu o avião*.
esbulhar (es.bu.**lhar**) v.t.d. Desapropriar, espoliar.
esbulho (es.**bu**.lho) s.m. Desapropriação, espoliação.
esburacar (es.bu.ra.**car**) v.t.d. **1.** Fazer um ou vários buracos. v.p. **2.** Encher-se de buracos.
escabeche (es.ca.**be**.che) [é] s.m. Molho refogado para peixe ou carne.
escabelado (es.ca.be.**la**.do) adj. Despenteado; desgrenhado; descabelado.
escabelar (es.ca.be.**lar**) v.t.d. **1.** Soltar, desgrenhar (os cabelos). v.p. **2.** Desgrenhar-se; despentear-se.
escabelo (es.ca.**be**.lo) [ê] s.m. Pequeno banco para descanso dos pés; escano.
escabiose (es.ca.bi.**o**.se) [ó] s.f. (Med.) Sarna.
escabreado (es.ca.bre.**a**.do) adj. Ressabiado; desconfiado; acanhado.
escabrear (es.ca.bre.**ar**) v.t.d. Irritar, enfurecer, enraivecer.
escabroso (es.ca.**bro**.so) [ô] adj. Difícil; áspero; árduo; pedregoso. ▪ Pl. *escabrosos* [ó].
escachar (es.ca.**char**) v.t.d. **1.** Abrir, separar. v.p. **2.** (Fig.) Rachar, fender: *escachou-se de rir*.

escada (es.**ca**.da) s.f. Sequência de degraus, por onde se sobe ou desce. **Escada rolante:** sequência de degraus puxados por motor.

escadaria (es.ca.da.**ri**.a) s.f. Sequência de escadas.

escafandrista (es.ca.fan.**dris**.ta) s.2g. Mergulhador que utiliza um escafandro para descer ao fundo do mar.

escafandro (es.ca.**fan**.dro) s.m. Vestimenta hermeticamente fechada, acompanhada de bomba de oxigênio e que é usada em mergulhos de grande profundidade.

escafeder-se (es.ca.fe.**der**-se) v.p. Sumir, desaparecer, retirar-se rapidamente.

escala (es.**ca**.la) s.f. **1.** Linha graduada que relaciona as dimensões ou distâncias reais com as marcadas sobre um plano. **2.** Parada habitual de qualquer meio de transporte. **3.** (Mús.) Série de notas em sua ordem natural (dó, ré, mi, fá, sol, lá, si).

escalada (es.ca.**la**.da) s.f. Ato de escalar.

escalafobético (es.ca.la.fo.**bé**.ti.co) adj. **1.** Esquisito, excêntrico. **2.** Exagerado, excessivo.

escalão (es.ca.**lão**) s.m. Cada um dos graus sucessivos de uma série; nível; categoria; degrau.

escalar (es.ca.**lar**) v.t.d. **1.** Chegar a algum lugar, galgando muros, muralhas ou escarpas. **2.** Designar para serviços em horas ou locais diferentes.

escalavrar (es.ca.la.**vrar**) v.t.d. Arranhar, esfolar.

escaldado (es.cal.**da**.do) adj. **1.** Queimado; aquecido com líquido quente. **2.** Experiente; experimentado. **3.** (Culin.) Caldo ou pirão em que se cozinha um ovo.

escaldante (es.cal.**dan**.te) adj.2g. Que escalda; muito quente: *calor escaldante.*

escalda-pés (es.cal.da-**pés**) s.m.2n. Banho ou imersão dos pés em água quente, para aquecer o corpo. ▣ Pl. *escalda-pés.*

escaldar (es.cal.**dar**) v.t.d. **1.** Queimar ou aquecer com líquido quente. v.i. **2.** Produzir muito calor. v.p. **3.** Queimar-se.

escaleno (es.ca.**le**.no) adj. (Geom.) Diz-se do triângulo cujos ângulos e lados são desiguais.

escaler (es.ca.**ler**) [é] s.m. Barco pequeno, para serviço do próprio navio que o leva.

escalonamento (es.ca.lo.na.**men**.to) s.m. Ato de escalonar.

escalonar (es.ca.lo.**nar**) v.t.d. **1.** Dispor ou distribuir em escalões. **2.** Escalar.

escalpelar (es.cal.pe.**lar**) v.t.d. **1.** Cortar com o auxílio de um escalpelo. **2.** Arrancar a pele do crânio a.

escalpelo (es.cal.**pe**.lo) [ê] s.m. Instrumento cirúrgico usado em dissecações; bisturi.

escalpo (es.**cal**.po) s.m. Pele do crânio dos inimigos, usada pelos índios norte-americanos como troféu de guerra.

escama (es.**ca**.ma) s.f. **1.** (Zoo.) Placa ou lâmina pequena, que cobre a pele de alguns peixes, répteis e outros animais. **2.** Película que se forma na epiderme, em decorrência de algumas doenças.

escamação (es.ca.ma.**ção**) s.f. O mesmo que *descamação.*

escamar (es.ca.**mar**) v.t.d. **1.** Tirar as escamas a; descamar. v.p. **2.** (Gír.) Ficar irritado; zangar-se.

escambo (es.**cam**.bo) s.m. Permuta; troca; câmbio.

escamoso (es.ca.**mo**.so) [ô] adj. **1.** Coberto de escamas. **2.** (Fig.) Irritadiço; nervoso; exacerbado. ▣ Pl. *escamosos* [ó].

escamotear (es.ca.mo.te.**ar**) v.t.d. Fazer desaparecer sem que se veja; furtar sorrateiramente.

escancarado (es.can.ca.**ra**.do) adj. **1.** Totalmente aberto. **2.** Manifesto; evidente; patente.

escancarar (es.can.ca.**rar**) v.t.d. e v.p. **1.** Abrir(-se) totalmente, de par a par: *escancarou as janelas.* **2.** Dizer abertamente, revelar: *escancarar um segredo.*

escâncaras (es.**cân**.ca.ras) s.f.pl. **Às escâncaras:** em grande quantidade, sem contenção: *chovia às escâncaras.*

escanchar (es.can.**char**) v.t.d. e v.p. **1.** Sentar com uma perna de cada lado: *escanchou-se na cadeira.* **2.** Largar-se, sentar sem elegância.

escandalizar (es.can.da.li.**zar**) v.t.d. **1.** Causar escândalo a; ofender; melindrar. v.p. **2.** Melindrar-se; ofender-se.

escândalo (es.**cân**.da.lo) s.m. **1.** Mau procedimento; mau exemplo; ato reprovável. **2.** Tumulto; escarcéu.

escandaloso (es.can.da.**lo**.so) [ô] adj. Que escandaliza; vergonhoso; indecoroso; pernicioso. ▣ Pl. *escandalosos* [ó].

escandinavo (es.can.di.**na**.vo) adj. **1.** Da Escandinávia, região da Europa. **2.** Dos escandinavos, povo que vivia nessa região. s.m. **3.** Pessoa natural ou habitante desse lugar.

escândio (es.**cân**.di.o) s.m. (Quím.) Metal de símbolo Sc, peso atômico 44,96 e número atômico 21.

escandir (es.can.**dir**) v.t.d. **1.** Pronunciar com bastante destaque as sílabas de uma palavra. **2.** Medir o número de sílabas métricas do verso.

escâner (es.**câ**.ner) s.m. (Inf.) Equipamento que digitaliza imagens e textos transportando-os do papel para um arquivo de computador; digitalizador. Obs.: do inglês *scanner*.

escangalhar (es.can.ga.**lhar**) v.t.d. e v.p. Desmanchar(-se); romper(-se); desarranjar(-se).

escanhoar (es.ca.nho.**ar**) v.t.d. e v.p. Barbear(-se) com apuro, passando a navalha mais de uma vez e nos dois sentidos.

escanifrado (es.ca.ni.**fra**.do) adj. Muito magro, esquálido.

escaninho (es.ca.**ni**.nho) s.m. Compartimento secreto dentro de um móvel; lugar oculto; esconderijo.

escano (es.**ca**.no) s.m. Escabelo.

escanteio (es.can.**tei**.o) s.m. (Esp.) No futebol, saída da bola pela linha de fundo; córner.

escapada (es.ca.**pa**.da) s.f. Ato de escapar; fuga; escapulida; escapadela.

escapadela (es.ca.pa.**de**.la) [é] s.f. Escapada.

escapamento (es.ca.pa.**men**.to) s.m. Cano ou tubo de saída dos gases nos veículos motorizados.

escapar (es.ca.**par**) v.t.i. **1.** Livrar-se; esquivar-se; fugir; evitar. v.i. **2.** Não morrer; sobreviver.

escapatória (es.ca.pa.tó.ri.a) s.f. Subterfúgio; desculpa; escusa.
escape (es.ca.pe) s.m. 1. Ação de escapar; fuga, escapatória. 2. Alívio, desafogo, desabafo: *jogava bola para escape das tensões*.
escapismo (es.ca.pis.mo) s.m. Prática ou hábito de tentar fugir de problemas e obrigações, ou de tentar fazer algo para esquecê-los.
escápula (es.cá.pu.la) s.f. 1. Prego com a cabeça dobrada em L, para pendurar objetos. 2. (*Anat.*) Omoplata.
escapular (es.ca.pu.lar) *adj.2g.* (*Anat.*) Relacionado a escápula ou à região das omoplatas.
escapulário (es.ca.pu.lá.ri.o) s.m. 1. Tira de pano que certos religiosos usam em volta do pescoço e caindo sobre o peito. 2. Dois quadradinhos, originalmente de pano bento, com orações, relíquia ou imagem de santo, atados por um fio e usados no pescoço; bentinho.
escapulida (es.ca.pu.li.da) s.f. Escapada; fuga; escapadela.
escapulir (es.ca.pu.lir) v.t.i. e v.i. Escapar; fugir; retirar-se.
escara (es.ca.ra) s.f. (*Med.*) Crosta escura resultante da mortificação de uma parte do tecido.
escarafunchar (es.ca.ra.fun.char) v.t.d. Remexer; investigar pacientemente; bisbilhotar.
escaramuça (es.ca.ra.mu.ça) s.f. Briga, contenda, desordem, combate.
escaramuçar (es.ca.ra.mu.çar) v.t.i. e v.i. Fazer escaramuça, provocar briga ou desordem.
escaravelho (es.ca.ra.ve.lho) [ê] s.m. (*epiceno*) (*Zoo.*) Inseto preto e azulado, semelhante ao besouro, que vive no excremento dos ruminantes.
escarcéu (es.car.céu) s.m. 1. Onda enorme; vagalhão. 2. (*Fig.*) Gritaria; alarido.
escarlate (es.car.la.te) adj. 1. De cor vermelha viva. s.m. 2. Essa cor.
escarlatina (es.car.la.ti.na) s.f. (*Med.*) Doença infecciosa caracterizada por febre, dores de garganta, manchas e descamação da pele.
escarmento (es.car.men.to) s.m. Repreensão, bronca, reprimenda.
escarnar (es.car.nar) v.t.d. Tirar a carne; carnear.
escarnecer (es.car.ne.cer) v.t.i. Fazer escárnio; zombar; mofar.
escarninho (es.car.ni.nho) adj. Que escarnece, que faz escárnio; sarcástico, irônico, crítico.
escárnio (es.cár.ni.o) s.m. Zombaria; desdém; sarcasmo; menosprezo.
escarola (es.ca.ro.la) [ó] s.f. (*Bot.*) Variedade de chicória, conhecida como chicória-doce ou endívia.
escarpa (es.car.pa) s.f. Ladeira íngreme; declive.
escarpado (es.car.pa.do) adj. Que tem escarpa; íngreme; a pique.
escarradeira (es.car.ra.dei.ra) s.f. Vaso, recipiente onde se escarra; cuspideira.
escarranchado (es.car.ran.cha.do) adj. Sentado com as pernas bem abertas.

escarranchar (es.car.ran.char) v.t.d. 1. Abrir bem as pernas, como se fosse montar a cavalo. v.p. 2. Sentar-se com as pernas bem abertas; escarrapachar-se.
escarrapachar (es.car.ra.pa.char) v.t.d. 1. Abrir muito as pernas; escarranchar. v.p. 2. Escarranchar-se. 3. Estatelar-se no chão.
escarrar (es.car.rar) v.i. Expelir o escarro; cuspir expectorar.
escarro (es.car.ro) s.m. Expectoração; cuspe.
escarvar (es.car.var) v.t.d. Bater com as patas; patear *os cavalos escarvavam o chão mostrando sua impaciência.*
escassear (es.cas.se.ar) v.i. Tornar-se escasso; minguar; rarear.
escassez (es.cas.sez) [ê] s.f. Falta; carência; míngua.
escasso (es.cas.so) adj. Parco; raro; minguado.
escatologia (es.ca.to.lo.gi.a) s.f. 1. Tratado religioso ou narrativa mitológica sobre o fim do mundo 2. Tratado acerca dos excrementos.
escatológico (es.ca.to.ló.gi.co) adj. 1. Relativo a escatologia ou ao final do mundo. 2. Relativo a fezes, excrementos.
escavação (es.ca.va.ção) s.f. Buraco, perfuração abertura.
escavacar (es.ca.va.car) v.t.d. 1. Reduzir a cavacos quebrar, espatifar. 2. Cavar, escavar, abrir em profundidade.
escavadeira (es.ca.va.dei.ra) s.f. Máquina de escavar de abrir covas ou buracos.
escavar (es.ca.var) v.t.d. 1. Abrir buracos ou escavações em. 2. (*Fig.*) Aprofundar; investigar.
escaveirado (es.ca.vei.ra.do) adj. Muito magro semelhante a caveira.
esclarecedor (es.cla.re.ce.dor) [ô] adj. Que esclarece; explicativo.
esclarecer (es.cla.re.cer) v.t.d. 1. Tornar claro ou inteligível. v.t.d.i. 2. Prestar esclarecimento a. v.p. 3. Obter esclarecimentos.
esclarecido (es.cla.re.ci.do) adj. 1. Claro; elucidado explicado. 2. Ilustre; erudito; preclaro.
esclarecimento (es.cla.re.ci.men.to) s.m. Ato de esclarecer; informação; elucidação; comentário explicação.
esclerosado (es.cle.ro.sa.do) adj. 1. Que tem esclerose, ou endurecimento de um tecido orgânico 2. (*Fig.*) Gagá; caduco.
esclerosar (es.cle.ro.sar) v.t.d. Fazer com que adquira esclerose.
esclerose (es.cle.ro.se) [ó] s.f. (*Med.*) Endurecimento de um tecido orgânico por acúmulo de tecido conjuntivo.
esclerótica (es.cle.ró.ti.ca) s.f. (*Anat.*) Membrana branca e fibrosa de que se reveste o globo ocular.
esclusa (es.clu.sa) s.f. (*Raro*) O mesmo que *eclusa*.
escoadouro (es.co.a.dou.ro) s.m. Local por onde escoam águas ou dejetos.
escoamento (es.co.a.men.to) s.m. 1. Ato de escoar 2. Declive por onde escoam as águas.

escoar (es.co.**ar**) *v.t.d.* **1.** Deixar escorrer. *v.i.* **2.** Correr; escorrer. **3.** Transcorrer (o tempo). *v.p.* **4.** Esvair-se.

escocês (es.co.**cês**) *adj.* **1.** Da Escócia, nação europeia que faz parte do Reino Unido da Grã-Bretanha. *s.m.* **2.** Pessoa natural ou habitante desse lugar.

escoicear (es.coi.ce.**ar**) *v.i. e v.t.d.* **1.** Dar coices (em). **2.** (Fig.) Tratar com grosseria. O mesmo que *escoucear*.

escoima (es.**coi**.ma) *s.f.* Ação de escoimar; eliminação, retirada.

escoimar (es.coi.**mar**) *v.t.d.* Eliminar, retirar, livrar de: *escoimar um processo de erros*.

escol (es.**col**) [ó] *s.m.* Conjunto das pessoas mais distintas ou mais cultas; a nata; a fina flor; a elite.

escola (es.**co**.la) *s.f.* **1.** Estabelecimento de ensino; colégio. **2.** Corrente artística, filosófica ou literária. **Escola de samba:** agremiação ou grupo que se organiza para tocar e dançar samba, e participar de desfiles no Carnaval.

escolado (es.co.**la**.do) *adj.* Experimentado; esperto; descolado.

escolar (es.co.**lar**) *adj.2g.* **1.** Que diz respeito a escola. *s.2g.* **2.** Aquele que frequenta a escola; aluno; estudante.

escolaridade (es.co.la.ri.**da**.de) *s.f.* Instrução; aprendizado escolar.

escolarizar (es.co.la.ri.**zar**) *v.t.d.* Levar para a escola, fazer estudar: *escolarizou os analfabetos*.

escolástica (es.co.**lás**.ti.ca) *s.f.* Filosofia baseada em Aristóteles e São Tomás de Aquino e adotada oficialmente pela Igreja Católica.

escolha (es.**co**.lha) [ô] *s.f.* Ato de escolher; preferência; seleção; opção.

escolher (es.co.**lher**) *v.t.d.* Dar preferência a; preferir; eleger; selecionar.

escolho (es.**co**.lho) [ô] *s.m.* **1.** Recife ou outro obstáculo à navegação submerso. **2.** (Fig.) Dificuldade, obstáculo. ▣ Pl. *escolhos* [ó].

escoliose (es.co.li.o.se) [ó] *s.f.* (Med.) Desvio da espinha dorsal.

escolta (es.**col**.ta) [ó] *s.f.* Acompanhamento; força militar de proteção.

escoltar (es.col.**tar**) *v.t.d.* Acompanhar para proteger ou defender.

escombros (es.**com**.bros) *s.m.pl.* Destroços, ruínas, entulhos.

escondedor (es.con.de.**dor**) [ô] *s.m.* **1.** Esconde-esconde. *adj.* **2.** Que esconde.

esconde-esconde (es.con.de-es.**con**.de) *s.m.2n.* Jogo infantil em que uma pessoa deve procurar as demais, que se escondem; escondedor. ▣ Pl. *esconde-esconde*.

esconder (es.con.**der**) *v.t.d.* **1.** Ocultar; encobrir. *v.p.* **2.** Ocultar-se; encobrir-se.

esconderijo (es.con.de.**ri**.jo) *s.m.* Lugar onde alguém se esconde.

escondido (es.con.**di**.do) *adj.* Oculto; encoberto. **Às escondidas:** às ocultas; secretamente.

esconjurar (es.con.ju.**rar**) *v.t.d.* **1.** Fazer jurar. **2.** Afastar (o mal); exorcizar. **3.** Maldizer; amaldiçoar: *esconjurou o dia em que entrou no navio*.

esconjuro (es.con.**ju**.ro) *s.m.* Ação ou fórmula de esconjurar; fórmula de exorcismo ou maldição.

esconso (es.**con**.so) *adj.* **1.** Escondido, oculto. **2.** Inclinado, oblíquo.

escopa (es.**co**.pa) [ô] *s.f.* Jogo de cartas, em que o objetivo é somar quinze pontos.

escopeta (es.co.**pe**.ta) [ê] *s.f.* Espingarda antiga de cano curto.

escopo (es.**co**.po) [ô] *s.m.* Alvo; mira; objetivo.

escopro (es.**co**.pro) [ô] *s.m.* Instrumento de ferro e aço usado para lavrar pedras ou madeira; cinzel.

escora (es.**co**.ra) [ó] *s.f.* **1.** Madeira que se usa para amparar ou sustentar algo; esteio. **2.** (Fig.) Amparo, proteção.

escoramento (es.co.ra.**men**.to) [ô] *s.m.* Ato de escorar; conjunto de escoras; estaqueamento.

escorar (es.co.**rar**) *v.t.d.* **1.** Amparar com escoras. **2.** Apoiar; amparar; sustentar. *v.p.* **3.** Firmar-se. **4.** (Fig.) Basear-se; fundamentar-se.

escorbuto (es.cor.**bu**.to) *s.m.* (Med.) Doença ocasionada pela falta de vitamina C, sendo responsável pela ocorrência de hemorragias.

escorchar (es.cor.**char**) *v.t.d.* **1.** Retirar a pele, esfolar, descascar. **2.** Estragar, desmanchar.

escorço (es.**cor**.ço) [ô] *s.m.* **1.** Desenho, reprodução em tamanho menor. **2.** Resumo, condensação.

escore (es.**co**.re) [ó] *s.m.* Resultado em números de um torneio esportivo.

escória (es.**có**.ri.a) *s.f.* **1.** Resíduo que se forma, quando da fusão dos metais. **2.** Fezes; detritos. **3.** (Fig.) Parte pior de um grupo ou sociedade; ralé, canalha.

escoriação (es.co.ri.a.**ção**) *s.f.* Ato de escoriar ou esfolar.

escoriar (es.co.ri.**ar**) *v.t.d. e v.p.* Esfolar(-se); arranhar(-se).

escorpiano (es.cor.pi.a.no) *s.m. e adj.* (Mit.) (Pessoa) do signo astrológico de Escorpião.

escorpião (es.cor.pi.**ão**) *s.m.* (epiceno) **1.** (Zoo.) Aracnídeo com pinças e um ferrão venenoso na cauda; lacrau, lacraia. *s.m.* (próprio) **2.** (Astron.) Constelação austral do Zodíaco; Cruzeiro do Sul. **3.** (Mit.) Oitavo signo astrológico, de 23 de outubro a 21 de novembro, correspondente aos escorpianos.

escorraçar (es.cor.ra.**çar**) *v.t.d.* Expulsar; afugentar; rejeitar.

escorredor (es.cor.re.**dor**) [ô] *s.m.* Dispositivo em que se coloca a louça lavada, para que a água escorra.

escorregadela (es.cor.re.ga.**de**.la) *s.f.* **1.** Ação de escorregar levemente. **2.** Falta, deslize sem importância.

escorregadio (es.cor.re.ga.**di**.o) *adj.* Em que se escorrega com facilidade; liso; resvaladiço.

escorregador (es.cor.re.ga.**dor**) [ô] *adj.* **1.** Que escorrega. *s.m.* **2.** Brinquedo em que as crianças escorregam, depois de subir por uma escada.

escorregão (es.cor.re.gão) s.m. Ação de escorregar; deslizamento.
escorregar (es.cor.re.gar) v.i. **1.** Deslizar; cair; resvalar. **2.** (Fig.) Cometer uma falha.
escorreito (es.cor.rei.to) adj. **1.** Correto, certo. **2.** Fluente, ágil: *linguagem escorreita*.
escorrer (es.cor.rer) v.i. Fluir; gotejar; pingar.
escoteirismo (es.co.tei.ris.mo) s.m. Escotismo.
escoteiro (es.co.tei.ro) s.m. **1.** Aquele que pertence à associação criada por Baden-Powell, ligada ao escotismo ou escoteirismo. adj. **2.** Que diz respeito ao escotismo.
escotilha (es.co.ti.lha) s.f. (*Náut.*) Cada uma das aberturas no convés dos navios.
escotismo (es.co.tis.mo) s.m. Sistema educativo da infância e juventude, baseado em valores morais e criado pelo general inglês Baden-Powell (1857-1941); escoteirismo.
escoucear (es.cou.ce.ar) v.t.d. e v.i. O mesmo que *escoicear*.
escova (es.co.va) [ô] s.f. Instrumento de tamanhos variados, em que são implantados pelos, sedas ou arames e que se usa em roupas, sapatos, cabelos, dentes etc.
escovação (es.co.va.ção) s.f. Ato de escovar; escovadela.
escovadela (es.co.va.de.la) s.f. **1.** Escovação mais superficial. **2.** (Fig.) Repreensão; advertência.
escovão (es.co.vão) s.m. Escova grande com cabo, para limpar o chão.
escovar (es.co.var) v.t.d. **1.** Passar escova em. **2.** Limpar com o auxílio de uma escova.
escravagismo (es.cra.va.gis.mo) s.m. Emprego de trabalho escravo; opinião de quem defende ou considera correta a escravidão.
escravagista (es.cra.va.gis.ta) adj.2g. **1.** Relacionado ao escravagismo; que utiliza ou defende trabalho escravo: *sociedade escravagista*. s.2g. **2.** Pessoa que possui escravos ou utiliza trabalho escravo.
escravatura (es.cra.va.tu.ra) s.f. **1.** Estado ou condição de escravo; escravidão. **2.** Sistema que admite a escravidão; escravismo.
escravidão (es.cra.vi.dão) s.f. **1.** Condição de escravo; escravaria, servidão. **2.** Falta de liberdade; sujeição, opressão.
escravismo (es.cra.vis.mo) s.m. Sistema social baseado no direito de escravização de um ser humano por outro; escravatura.
escravista (es.cra.vis.ta) adj.2g. **1.** Pertencente ao escravismo. s.2g. **2.** Aquele que é partidário do escravismo.
escravização (es.cra.vi.za.ção) s.f. Ato de escravizar.
escravizar (es.cra.vi.zar) v.t.d. **1.** Reduzir à condição de escravo; subjugar; oprimir; tiranizar. v.p. **2.** Tornar-se escravo, submeter-se totalmente.
escravo (es.cra.vo) s.m. e adj. **1.** (Aquele) que vive em total submissão; prisioneiro. **2.** (Fig.) Totalmente dependente ou submisso a.
escravocrata (es.cra.vo.cra.ta) adj.2g. **1.** Que tem a escravidão como regime de trabalho; escravagista: *sociedade escravocrata*. s.2g. e adj.2g. **2.** (Hist.) (Pessoa, partido) que era contra a abolição da escravidão; escravagista.
escrete (es.cre.te) [é] s.m. Grupo dos melhores; seleção.
escrevente (es.cre.ven.te) s.2g. Funcionário de cartório; escriturário; amanuense.
escrever (es.cre.ver) v.t.d. e v.i. **1.** Fazer mensagens de texto, usar a escrita: *aprendeu a escrever o nome*. **2.** Expressar-se por escrito; redigir: *escreveu um bilhete*. **3.** Produzir um texto, compor uma obra escrita: *escrevia romances e poemas*.
escrevinhador (es.cre.vi.nha.dor) [ô] s.m. (Pej.) Escritor ruim, tosco.
escrevinhar (es.cre.vi.nhar) v.t.d. e v.i. (Pej.) Escrever (obra literária) mal, sem arte.
escriba (es.cri.ba) s.m. **1.** Pessoa que escreve o que outra dita. **2.** Doutor da lei religiosa judaica. **3.** (Fig.) Escritor sem muitos talentos.
escrínio (es.crí.ni.o) s.m. **1.** Porta-joias, cofre. **2.** Pequeno armário; escrivaninha.
escrita (es.cri.ta) s.f. **1.** Arte de escrever. **2.** Escrituração comercial; contabilidade.
escrito (es.cri.to) adj. **1.** Que se escreveu; registrado; gravado: *linguagem escrita, expressão escrita*. Cf. *oral*. s.m. **2.** Trecho ou obra com essa linguagem: *encontraram os escritos em uma caverna*.
escritor (es.cri.tor) [ô] s.m. Aquele que compõe obras literárias ou científicas.
escritório (es.cri.tó.ri.o) s.m. Local onde se recebem os clientes; gabinete.
escritura (es.cri.tu.ra) s.f. Documento autêntico de um contrato. **As (Sagradas) Escrituras**: a Bíblia.
escrituração (es.cri.tu.ra.ção) s.f. **1.** Ato de escriturar. **2.** Escrita de livros comerciais; contabilidade.
escriturar (es.cri.tu.rar) v.t.d. **1.** Fazer a escrituração (ou contabilidade) de livros comerciais. **2.** Lavrar um documento autêntico ou uma escritura.
escriturário (es.cri.tu.rá.ri.o) s.m. O que faz escrituração; escrevente; guarda-livros.
escrivaninha (es.cri.va.ni.nha) s.f. Mesa em que se estuda; secretária.
escrivão (es.cri.vão) s.m. Oficial público que escreve autos, termos de processo e outros documentos públicos. Pl. *escrivãos, escrivões*.
escroque (es.cro.que) [ó] s.m. Aquele que se apossa dos bens alheios fraudulentamente; ladrão; falsário.
escroto (es.cro.to) [ô] s.m. **1.** (Anat.) Bolsa que envolve e protege os testículos. adj. **2.** (Chul.) Muito ruim, nojento, indigno.
escrúpulo (es.crú.pu.lo) s.m. Hesitação da consciência; cuidado; zelo.
escrupuloso (es.cru.pu.lo.so) [ô] adj. Que demonstra escrúpulo; zeloso; cuidadoso. Pl. *escrupulosos* [ó].
escrutar (es.cru.tar) v.t.d. Pesquisar, verificar, investigar.
escrutinar (es.cru.ti.nar) v.i. Fazer a apuração dos votos.

escrutínio (es.cru.**tí**.ni.o) s.m. **1.** Ato de escrutinar; apuração dos votos; exame minucioso. **2.** Votação em urna.
escudar (es.cu.**dar**) v.t.d. **1.** Proteger com escudo; defender. v.p. **2.** Proteger-se. **3.** (Fig.) Apoiar-se.
escudeiro (es.cu.**dei**.ro) s.m. **1.** Primeiro título da nobreza. **2.** Aquele que levava o escudo do cavaleiro.
escudela (es.cu.**de**.la) [é] s.f. Tigela, vasilha pouco profunda.
escuderia (es.cu.de.**ri**.a) s.f. Empresa que participa de corridas de carros, contrata pilotos, providencia automóveis.
escudo (es.**cu**.do) s.m. **1.** Arma defensiva usada para proteger o corpo dos golpes de espada e lança. **2.** (Fig.) Proteção, amparo. **3.** Moeda do Cabo Verde. **4.** Antiga moeda de Portugal, substituída pelo euro entre 1999 e 2002.
esculachar (es.cu.la.**char**) v.t.d. (Pop.) **1.** Repreender, dar esculacho: *esculachou o moleque*. **2.** Desmoralizar, desvirtuar, tratar sem respeito: *esculacharam a competição*.
esculacho (es.cu.**la**.cho) s.m. Repreensão forte, bronca, descompostura, reprimenda.
esculápio (es.cu.**lá**.pi.o) s.m. **1.** Médico. (próprio) **2.** (Mit.) Deus da medicina, filho de Apolo e de Corônis.
esculhambar (es.cu.lham.**bar**) v.t.d. (Chul.) **1.** Repreender, criticar de modo violento. **2.** Estragar, desmanchar: *esculhambou o motor na corrida*.
esculpido (es.cul.**pi**.do) adj. Que foi entalhado; cinzelado; gravado.
esculpir (es.cul.**pir**) v.t.d. **1.** Gravar; entalhar; imprimir. **2.** Criar uma escultura.
escultor (es.cul.**tor**) [ô] s.m. Artista que faz esculturas.
escultura (es.cul.**tu**.ra) s.f. **1.** Obra de escultor; estátua. **2.** Arte de esculpir; estatuária.
escultural (es.cul.tu.**ral**) adj.2g. **1.** Que diz respeito a escultura. **2.** (Fig.) Que tem as formas perfeitas.
escuma (es.**cu**.ma) s.f. O mesmo que *espuma*.
escumadeira (es.cu.ma.**dei**.ra) s.f. Utensílio de cozinha formado por colher vazada, própria para retirar escuma ou espuma de um caldo ou retirar alimentos da fritura. O mesmo que *espumadeira*.
escumar (es.cu.**mar**) v.i. O mesmo que *espumar*.
escumilha (es.cu.**mi**.lha) s.f. **1.** Chumbo miúdo usado como munição. **2.** (Bot.) Erva de flores ornamentais, semelhante à violeta, com pétalas crespas.
escuna (es.**cu**.na) s.f. Embarcação pequena com dois mastros e velas.
escuras (es.**cu**.ras) s.f. Às escuras: sem luz; ocultamente; desorientadamente.
escurecer (es.cu.re.**cer**) v.t.d. **1.** Tornar escuro; obscurecer; ofuscar. v.i. **2.** Perder a claridade; anoitecer.
escurecimento (es.cu.re.ci.**men**.to) s.m. Ato de escurecer.
escuridão (es.cu.ri.**dão**) s.f. **1.** Falta de luz; trevas; obscuridade. **2.** (Fig.) Ignorância; cegueira; desconhecimento.

escuro (es.**cu**.ro) adj. **1.** Com pouca luz; sombrio; triste. s.m. **2.** Escuridão; noite.
escusa (es.**cu**.sa) s.f. Ato de escusar(-se); desculpa; perdão; justificativa.
escusado (es.cu.**sa**.do) adj. Desculpado; desnecessário; inútil.
escusar (es.cu.**sar**) v.t.d. **1.** Desculpar; justificar. v.p. **2.** Dispensar-se de fazer, recusar-se.
escusável (es.cu.**sá**.vel) adj.2g. **1.** Que se pode escusar; desculpável, justificável: *erros escusáveis*. **2.** Que se pode dispensar, recusar ou evitar: *pergunta escusável*.
escuso (es.**cu**.so) adj. **1.** Que foi objeto de escusa; isento. **2.** Suspeito; sujo. **3.** Oculto; escondido.
escuta (es.**cu**.ta) s.f. Ato de escutar: *ficaram horas na escuta do depoimento*.
escutar (es.cu.**tar**) v.t.d. Ouvir com atenção; dar ouvidos a.
esdrúxulo (es.**drú**.xu.lo) adj. (Gram.) **1.** Proparoxítono. **2.** (Fig.) Esquisito; exótico; extravagante; anômalo.
esfacelamento (es.fa.ce.la.**men**.to) s.m. Ação de esfacelar(-se) ou desmanchar(-se).
esfacelar (es.fa.ce.**lar**) v.t.d. **1.** Estragar; arruinar; desfazer. v.p. **2.** Arruinar-se; desfazer-se.
esfaimado (es.fai.**ma**.do) s.m. e adj. Faminto; esfomeado.
esfalfado (es.fal.**fa**.do) adj. Cansado; exausto; extenuado.
esfalfar (es.fal.**far**) v.t.d. **1.** Cansar; fatigar; extenuar. v.p. **2.** Extenuar-se; cansar-se.
esfaquear (es.fa.que.**ar**) v.t.d. Ferir (ou matar) com faca; retalhar.
esfarelar (es.fa.re.**lar**) v.t.d. **1.** Reduzir a farelo; esmigalhar; fragmentar; estilhaçar. v.p. **2.** Esmigalhar-se; esfacelar-se.
esfarelento (es.fa.re.**len**.to) adj. Que esfarela com facilidade, que solta muitos farelos.
esfarrapado (es.far.ra.**pa**.do) adj. **1.** Em farrapos; roto. **2.** (Fig.) Desgastado, muito usado: *chegou duas horas atrasado e veio com desculpas esfarrapadas*. s.m. **3.** Pessoa cuja roupa está em farrapos.
esfarrapar (es.far.ra.**par**) v.t.d. Transformar em farrapos; rasgar; dilacerar; retalhar.
esfenoide (es.fe.**noi**.de) [ói] s.m. (Anat.) Osso na base do crânio de alguns vertebrados.
esfera (es.**fe**.ra) [é] s.f. **1.** (Geom.) Sólido formado pela rotação completa de um semicírculo em volta de seu diâmetro. **2.** Globo; bola. **3.** (Fig.) Condição; classe; setor.
esférico (es.**fé**.ri.co) adj. Em forma de esfera; redondo.
esferográfica (es.fe.ro.**grá**.fi.ca) s.f. e adj. (Caneta) cuja tinta passa por uma ponta metálica esférica: *seu estojo tinha canetas hidrográficas e esferográficas*.
esferoide (es.fe.**roi**.de) [ói] adj.2g. **1.** Semelhante a esfera. s.m. **2.** Sólido oval.
esfiapar (es.fi.a.**par**) v.t.d. e v.i. Formar ou transformar-se em fiapos: *a barra da calça esfiapou*.

esfíncter (es.**fínc**.ter) *s.m.* (*Anat.*) Músculo circular contrátil destinado a abrir ou fechar orifícios naturais do corpo.

esfinge (es.**fin**.ge) *s.f.* **1.** (Mit.) Monstro com cabeça humana e corpo de leão alado, que matava todos os viajantes que não soubessem decifrar o enigma que ela lhes propunha. **2.** Gênio protetor dos sepulcros, sempre encontrada ao lado das pirâmides. **3.** (Fig.) Enigma; mistério; pessoa misteriosa.

esfirra (es.**fir**.ra) *s.f.* (Culin.) Salgado assado de origem árabe, com recheio de carne moída ou outro, em formato triangular com recheio dentro, na **esfirra fechada**, ou em formato redondo com recheio em cima, na **esfirra aberta**.

esfoladura (es.fo.la.**du**.ra) *s.f.* Ato de esfolar; arranhadura, arranhão.

esfolar (es.fo.**lar**) *v.t.d.* **1.** Ferir superficialmente; arranhar. **2.** (Fig.) Vender por um preço exorbitante; extorquir dinheiro a. *v.p.* **3.** Ferir-se superficialmente; arranhar-se.

esfolhar (es.fo.**lhar**) *v.t.d.* Tirar as folhas a.

esfoliação (es.fo.li.a.**ção**) *s.f.* Ato ou efeito de esfoliar; retirada das células mais superficiais da pele.

esfoliante (es.fo.li.**an**.te) *s.m. e adj.2g.* (Aquilo) que retira as células mortas da superfície da pele: *tratamento esfoliante, passar um esfoliante no joelho*.

esfoliar (es.fo.li.**ar**) *v.t.d.* Retirar as células mortas da superfície da pele: *esfoliar com cuidado a pele do cotovelo*.

esfomeado (es.fo.me.**a**.do) *s.m. e adj.* (Aquele) que tem fome; faminto.

esfomear (es.fo.me.**ar**) *v.t.d.* Fazer sentir fome, privar de alimentos: *a seca esfomeou primeiro os animais, depois a população mais pobre do campo*.

esforçado (es.for.**ça**.do) *adj.* Diligente; forte; vigoroso; enérgico.

esforçar-se (es.for.**çar**-se) *v.p.* Encorajar-se; ter coragem, animar-se.

esforço (es.**for**.ço) [ô] *s.m.* Coragem; ânimo; força; vigor. ▪ Pl. *esforços* [ó].

esfrega (es.**fre**.ga) [é] *s.f.* **1.** Ato de esfregar. **2.** (Fig.) Trabalho cansativo. **3.** Repreensão; castigo. **4.** Surra.

esfregação (es.fre.ga.**ção**) *s.f.* Ato de esfregar; fricção.

esfregão (es.fre.**gão**) *s.m.* Pano de esfregar.

esfregar (es.fre.**gar**) *v.t.d.* **1.** Limpar; lustrar. **2.** Friccionar; coçar. *v.p.* **3.** Coçar-se; roçar-se.

esfriamento (es.fri.a.**men**.to) *s.m.* Ato de esfriar; resfriamento; arrefecimento.

esfriar (es.fri.**ar**) *v.t.d.* **1.** Deixar mais frio; arrefecer. **2.** Desanimar; esmorecer. *v.i.* **3.** Perder o calor. *v.p.* **4.** Tornar-se frio, perder o entusiasmo.

esfrolar (es.fro.**lar**) *v.t.d.* Roçar, esfregar.

esfumaçar (es.fu.ma.**çar**) *v.t.d.* Encher de fumaça; enfumaçar.

esfumado (es.fu.**ma**.do) *s.m. e adj.* (Desenho) com linhas e sombras suavizadas com esfuminho.

esfumar (es.fu.**mar**) *v.t.d.* Suavizar, amenizar com esfuminho: *esfumou o contorno do desenho*.

esfuminho (es.fu.**mi**.nho) *s.m.* Rolo que se passa sobre traços de lápis ou carvão, para suavizá-los.

esfuziante (es.fu.zi.**an**.te) *adj.2g.* Que esfuzia (ou sibila) como um projétil; sibilante.

esfuziar (es.fu.zi.**ar**) *v.i.* Sibilar; zunir; silvar.

esgalhar (es.ga.**lhar**) *v.t.d.* **1.** Cortar os galhos de. *v.p.* **2.** Dividir-se, espalhar-se.

esganação (es.ga.na.**ção**) *s.f.* **1.** Ato de esganar; enforcamento. **2.** (Fig.) Avidez; gana. **3.** Apetite exagerado.

esganado (es.ga.**na**.do) *s.m. e adj.* **1.** (Fig.) (Indivíduo) faminto. **2.** Sovina; avarento.

esganar (es.ga.**nar**) *v.t.d.* Enforcar; sufocar; estrangular.

esganiçado (es.ga.ni.**ça**.do) *adj.* Fino, alto e estridente, semelhante a ganido: *grito esganiçado, voz esganiçada*.

esganiçar (es.ga.ni.**çar**) *v.t.d.* Transformar (voz) em ganido, em som estridente e fino.

esgar (es.**gar**) *s.m.* Careta, trejeito, expressão facial de reprovação.

esgarçar (es.gar.**çar**) *v.t.d.* **1.** Desfiar; rasgar desfiando. *v.i. e v.p.* **2.** Desfiar-se; fragmentar-se.

esgazeado (es.ga.ze.**a**.do) *adj.* **1.** Esbranquiçado. **2.** Diz-se do olho muito aberto, arregalado, deixando o branco à mostra.

esgoelar (es.go.e.**lar**) *v.i. e v.p.* Berrar; gritar muito, abrindo bem a goela.

esgotado (es.go.**ta**.do) *adj.* Que se esgotou ou depauperou; exausto; exaurido; gasto.

esgotamento (es.go.ta.**men**.to) *s.m.* Ato ou efeito de esgotar(-se).

esgotar (es.go.**tar**) *v.t.d.* **1.** Despejar ou tomar até a última gota. **2.** Exaurir; consumir; gastar. *v.p.* **3.** Exaurir-se; extenuar-se; consumir-se.

esgoto (es.**go**.to) [ô] *s.m.* Canal ou cano por onde passam os detritos ou a água usada.

esgravatar (es.gra.va.**tar**) *v.t.d.* Revirar, revolver, cutucar.

esgrima (es.**gri**.ma) *s.f.* Arte e esporte olímpico de lutar com espada, sabre ou florete.

esgrimir (es.gri.**mir**) *v.i.* **1.** Lutar esgrima: *esgrimia muito bem*. *v.t.i. e v.p.* **2.** (Fig.) Disputar, brigar, competir: *se esgrimiam por um sorriso da musa*.

esgrimista (es.gri.**mis**.ta) *s.2g.* Pessoa que pratica esgrima.

esgrouviado (es.grou.vi.**a**.do) *adj.* Desgrenhado, descabelado. O mesmo que *esgrouvinhado*.

esgrouvinhado (es.grou.vi.**nha**.do) *adj.* O mesmo que *esgrouviado*.

esguedelhado (es.gue.de.**lha**.do) *adj.* Despenteado, desgrenhado.

esguedelhar (es.gue.de.**lhar**) *v.t.d.* Despentear, desgrenhar.

esgueirar-se (es.guei.**rar**-se) *v.p.* Retirar-se sorrateiramente; safar-se.

esguelha (es.**gue**.lha) [ê] *s.f.* **De esguelha**: na diagonal, de través ou de soslaio; obliquamente.

esguelhar (es.gue.**lhar**) *v.t.d.* Dispor-se ou mover-se em sentido lateral ou oblíquo.

esguichar (es.gui.**char**) v.t.d. **1.** Fazer sair com força através de um tubo ou orifício; expelir. v.i. **2.** Sair com força por uma abertura estreita.
esguicho (es.**gui**.cho) s.m. Jato forte de um líquido, passando por um orifício apertado; repuxo.
esguio (es.**gui**.o) adj. Alto e delgado.
eslavo (es.**la**.vo) adj. **1.** Pertencente ao mais numeroso grupo étnico e linguístico da Europa, predominantemente fixado no Leste, que inclui russos, poloneses, tchecos, búlgaros. s.m. **2.** Pessoa desse grupo.
eslovaco (es.lo.**va**.co) adj. **1.** Da Eslováquia, país da Europa. s.m. **2.** Pessoa natural ou habitante desse lugar.
esloveno (es.lo.**ve**.no) adj. **1.** Da Eslovênia, país da Europa. s.m. **2.** Pessoa natural ou habitante desse lugar.
esmaecer (es.ma.e.**cer**) v.i. Perder a cor; desmaiar; esmorecer.
esmaecido (es.ma.e.**ci**.do) adj. Desmaiado; sem vigor; sem cor.
esmaecimento (es.ma.e.ci.**men**.to) s.m. Ato de desmaiar; esmorecimento; perda do vigor ou cor.
esmagação (es.ma.ga.**ção**) s.f. Achatamento; opressão.
esmagado (es.ma.**ga**.do) adj. **1.** Achatado; pisado; triturado. **2.** Escravizado; desmoralizado; humilhado.
esmagador (es.ma.ga.**dor**) [ô] adj. **1.** Que esmaga; opressivo. **2.** Tirânico.
esmagadura (es.ma.ga.**du**.ra) s.f. Esmagamento.
esmagamento (es.ma.ga.**men**.to) s.m. Ação ou processo de esmagar; esmagadura.
esmagar (es.ma.**gar**) v.t.d. **1.** Comprimir, calcar, pisar, destruindo. **2.** (Fig.) Oprimir.
esmaiar (es.mai.**ar**) v.i. Desmaiar; perder a consciência.
esmaltado (es.mal.**ta**.do) adj. **1.** Coberto de esmalte. **2.** (Fig.) Embelezado.
esmaltador (es.mal.ta.**dor**) [ô] s.m. Aquele que trabalha com esmalte.
esmaltagem (es.mal.**ta**.gem) s.f. Ato de pintar com esmalte, de esmaltar.
esmaltar (es.mal.**tar**) v.t.d. **1.** Pintar com esmalte. **2.** (Fig.) Embelezar.
esmalte (es.**mal**.te) s.m. **1.** Cosmético apropriado para a pintura de unhas. **2.** Substância líquida própria para se aplicar em objetos, geralmente de metal ou porcelana, para protegê-los ou ornamentá-los.
esmerado (es.me.**ra**.do) adj. Que tem esmero; elegante; apurado.
esmeralda (es.me.**ral**.da) s.f. **1.** (Min.) Pedra preciosa de cor verde. adj.2g. **2.** De cor verde.
esmeraldino (es.me.ral.**di**.no) adj. **1.** De esmeralda. **2.** Semelhante a esmeralda; verde.
esmerar (es.me.**rar**) v.t.d. e v.p. Fazer com perfeição; aperfeiçoar: *esmerou-se para fazer a festa de aniversário*.
esmeril (es.me.**ril**) s.m. Pedra apropriada para polir.
esmerilar (es.me.ri.**lar**) v.t.d. O mesmo que *esmerilhar*.

esmerilhado (es.me.ri.**lha**.do) adj. **1.** Polido com esmeril. **2.** Aperfeiçoado.
esmerilhar (es.me.ri.**lhar**) v.t.d. **1.** Polir com esmeril. **2.** Aperfeiçoar. O mesmo que *esmerilar*.
esmero (es.**me**.ro) [ê] s.m. Grande capricho e cuidado em fazer algum serviço; perfeição: *fez a redação com muito esmero*.
esmigalhado (es.mi.ga.**lha**.do) adj. Reduzido a migalhas.
esmigalhador (es.mi.ga.lha.**dor**) [ô] adj. Que esmigalha, quebra ou esfacela.
esmigalhadura (es.mi.ga.lha.**du**.ra) s.f. Ato de esmigalhar algo ou de reduzi-lo a migalhas.
esmigalhar (es.mi.ga.**lhar**) v.t.d. Reduzir a migalhas; quebrar em pequenas partes; esfacelar em partículas.
esmiolado (es.mi.o.**la**.do) adj. Tolo; desmiolado; louco.
esmiolar (es.mi.o.**lar**) v.t.d. **1.** Tirar o miolo. **2.** Tirar a razão; enlouquecer.
esmiuçado (es.mi.u.**ça**.do) adj. Explicado em detalhes; investigado a fundo; pormenorizado.
esmiuçador (es.mi.u.ça.**dor**) [ô] s.m. Fuçador; pesquisador; investigador.
esmiuçar (es.mi.u.**çar**) v.t.d. **1.** Verificar os pormenores; analisar a miúdo. **2.** Explicar em detalhes; investigar a fundo. Obs.: o *u* das formas rizotônicas é acentuado no radical: *esmiúço, esmiúças, esmiúça, esmiuçamos, esmiuçais, esmiúçam*.
esmiudar (es.mi.u.**dar**) v.t.d. Examinar a miúdo; esmiuçar. Obs.: conjuga-se como *esmiuçar*.
esmo (**es**.mo) [ê] s.m. Cálculo; estimativa. **A esmo:** ao acaso; sem certeza; à toa.
esmoedor (es.mo.e.**dor**) [ô] adj. Que esmói ou quebra; moedor, triturador.
esmoer (es.mo.**er**) v.t.d. Remoer; digerir; moer; quebrar.
esmola (es.**mo**.la) [ó] s.f. Aquilo que se dá aos pobres por caridade.
esmolambado (es.mo.lam.**ba**.do) adj. Esfarrapado; com a roupa em molambos.
esmolambar (es.mo.lam.**bar**) v.t.d. Remendar; esfarrapar.
esmolar (es.mo.**lar**) v.i. Mendigar; pedir; implorar por caridade.
esmoleiro (es.mo.**lei**.ro) s.m. Pedinte; aquele que pede esmolas.
esmoler (es.mo.**ler**) [é] s.m. Aquele que dá ou que pede esmolas.
esmorecer (es.mo.re.**cer**) v.i. Desmaiar; esmaiar; perder as forças.
esmorecido (es.mo.re.**ci**.do) adj. Desanimado; desfalecido; abatido.
esmorecimento (es.mo.re.ci.**men**.to) s.m. Desânimo, abatimento, chateação.
esmurraçar (es.mur.ra.**çar**) v.t.d. Socar; bater com o punho cerrado; esmurrar.
esmurrado (es.mur.**ra**.do) adj. Batido; socado; esbofeteado.

esmurrar (es.mur.**rar**) v.t.d. Dar murros em; esmurraçar, socar.
esnobação (es.no.ba.**ção**) s.f. Esnobismo; afetação.
esnobar (es.no.**bar**) v.i. Agir de maneira esnobe.
esnobe (es.**no**.be) [ó] adj. **1.** Pedante; tolo; que demonstra esnobismo. **2.** (*Pop.*) Que quer aparecer perante os outros.
esnobismo (es.no.**bis**.mo) s.m. Afetação de gosto e admiração por alguma coisa que está em voga.
esnúquer (es.**nú**.quer) s.m. (*Raro*) Sinuca. Obs.: aportuguesamento do inglês *snooker*.
esofagiano (e.so.fa.gi.**a**.no) adj. Relativo ao esôfago; esofágico.
esofágico (e.so.**fá**.gi.co) adj. Esofagiano.
esofagismo (e.so.fa.**gis**.mo) s.m. (*Med.*) Sensação de espasmos no esôfago.
esofagite (e.so.fa.**gi**.te) (*Med.*) s.f. Inflamação no esôfago.
esôfago (e.**sô**.fa.go) s.m. (*Anat.*) Parte do sistema digestivo em forma de canal que vai da faringe ao estômago.
esotérico (e.so.**té**.ri.co) adj. Secreto, oculto, reservado.
esoterismo (e.so.te.**ris**.mo) s.m. Doutrina esotérica.
espaçado (es.pa.**ça**.do) adj. Intervalado; intercalado; espaçado; distanciado.
espaçamento (es.pa.ça.**men**.to) s.m. Adiamento; distanciamento; intervalo.
espaçar (es.pa.**çar**) v.t.d. **1.** Colocar espaço entre: *espaçou mais os quadros na parede*. **2.** Tornar mais raro: *espaçou as visitas e um dia não veio mais*.
espacear (es.pa.ce.**ar**) v.t.d. Colocar espaço entre; espaçar.
espacejar (es.pa.ce.**jar**) v.t.d. Espaçar; espacear; deixar espaço entre letras, palavras ou linhas; dar um intervalo.
espacial (es.pa.ci.**al**) adj.2g. Relativo ao espaço.
espaço (es.**pa**.ço) s.m. **1.** Extensão indefinida que se vê ao olhar para o céu; firmamento, universo. **2.** Dimensão onde os corpos existem: *todo corpo ocupa um lugar no espaço*. **3.** Distância: *o espaço entre as carteiras era muito apertado*. **4.** Duração de tempo. **5.** (*Fig.*) Oportunidade.
espaçonave (es.pa.ço.**na**.ve) s.f. Nave interplanetária; foguete; nave de exploração espacial.
espaçonauta (es.pa.ço.**nau**.ta) s.2g. Pessoa que viaja em uma espaçonave; astronauta.
espaçoso (es.pa.**ço**.so) [ô] adj. **1.** Extenso; largo; grande; amplo. **2.** (*Fig.*) Folgado. ▣ Pl. *espaçosos* [ó].
espada (es.**pa**.da) s.f. Arma branca longa, com uma lâmina de ferro pontuda e cortante. Cf. *espadas*.
espadachim (es.pa.da.**chim**) s.m. O que luta armado de espada.
espadada (es.pa.**da**.da) s.f. Golpe de espada ou sabre.
espadana (es.pa.**da**.na) s.f. **1.** Coisa em forma de espada. **2.** Jato de líquido. **3.** Cauda de cometa. **4.** Barbatana de peixe.
espadanado (es.pa.da.**na**.do) adj. Batido; borrifado.
espadanar (es.pa.da.**nar**) v.t.d. Bater na água; borrifar; agitar.

espadarte (es.pa.**dar**.te) s.m. (*Zoo.*) Peixe de mar conhecido como peixe-espada.
espadas (es.**pa**.das) s.f.pl. **1.** Um dos quatro naipes do baralho, representado por uma seta para cima, preta. **2.** Certo jogo de cartas. Cf. *espada*.
espadaúdo (es.pa.da.**ú**.do) adj. Que tem espáduas ou ombros largos: *um moço espadaúdo*.
espadeirada (es.pa.dei.**ra**.da) s.f. Golpe com espada; espadada.
espadeirão (es.pa.dei.**rão**) s.m. Espada longa e estreita usada para ferir como estoque; espetada.
espadeirar (es.pa.dei.**rar**) v.t.d. Dar golpes de espada em; dar espadeiradas em.
espadeiro (es.pa.**dei**.ro) s.m. Fabricante de espadas.
espadela (es.pa.**de**.la) s.f. Instrumento geralmente feito de madeira próprio para separar as fibras mais grossas do linho.
espadelador (es.pa.de.la.**dor**) [ô] s.m. Mesa ou peça de madeira sobre a qual se firma o linho para separar as fibras.
espadelagem (es.pa.de.**la**.gem) s.f. Separação da celulose das fibras de de uma planta têxtil.
espadelar (es.pa.de.**lar**) v.t.d. Bater o linho com a espadela.
espadilha (es.pa.**di**.lha) s.f. Jogo de baralho antigo, do início do século XIX.
espadim (es.pa.**dim**) s.m. Espada pequena, própria dos aspirantes militares e navais.
espádua (es.**pá**.dua) s.f. Ombro, costas, omoplata.
espaguete (es.pa.**gue**.te) s.m. Espécie de macarrão de várias espessuras, geralmente fino e de fios longos, servido com molho de tomate ou outro.
espairecer (es.pai.re.**cer**) v.t.i. e v.p. Distrair(-se); recrear(-se); entreter-se; arejar.
espairecido (es.pai.re.**ci**.do) adj. Entretido; distraído; arejado.
espairecimento (es.pai.re.ci.**men**.to) s.m. Recreação; recreio; distração, entretenimento.
espalda (es.**pal**.da) s.f. **1.** Espádua. **2.** Espaldar.
espaldar (es.pal.**dar**) s.m. As costas da cadeira; espalda, encosto, respaldar.
espalha-brasas (es.pa.lha-**bra**.sas) s.2g.2n. Indivíduo agitado, espalhafatoso: *as meninas espalha-brasas chegaram*. ▣ Pl. *espalha-brasas*.
espalhada (es.pa.**lha**.da) s.f. Ato de se espalhar algo.
espalhadeira (es.pa.lha.**dei**.ra) s.f. Instrumento que serve para abrir e separar a palha.
espalhado (es.pa.**lha**.do) adj. Disperso; difundido.
espalhador (es.pa.lha.**dor**) [ô] s.m. e adj. Boateiro; fofoqueiro.
espalhafato (es.pa.lha.**fa**.to) s.m. Barulho; desordem; estardalhaço.
espalhafatoso (es.pa.lha.fa.**to**.so) [ô] adj. Ruidoso; ostensivo; escandaloso; barulhento. ▣ Pl. *espalhafatosos* [ó].
espalhamento (es.pa.lha.**men**.to) s.m. Ação de espalhar(-se); dispersão, esparrame, difusão.
espalhar (es.pa.**lhar**) v.t.d., v.i. e v.p. Divulgar(-se); difundir(-se).

espalmado (es.pal.**ma**.do) *adj.* Achatado; alisado; plano ou aberto como a palma da mão.

espalmar (es.pal.**mar**) *v.t.d.* Achatar; aplanar; estender alisando; dilatar; distender.

espanador (es.pa.na.**dor**) [ô] *s.m.* Penacho próprio para remover o pó.

espanar (es.pa.**nar**) *v.t.d.* Ato de se remover o pó com ou sem um espanador.

espancado (es.pan.**ca**.do) *adj.* **1.** Agredido com pancadas. **2.** (Fig.) Afugentado; espandongado.

espancador (es.pan.ca.**dor**) [ô] *s.m.* Agressor; pessoa que espanca.

espancamento (es.pan.ca.**men**.to) *s.m.* Agressão; surra; linchamento.

espancar (es.pan.**car**) *v.t.d.* Bater; agredir; surrar; linchar; esmurrar; sovar.

espandongar (es.pan.don.**gar**) *v.t.d.* Desleixar; desalinhar; relaxar.

espanejado (es.pa.ne.**ja**.do) *adj.* Limpo de pó, com o espanador.

espanejar (es.pa.ne.**jar**) *v.t.d.* Limpar o pó espanando; sacudir.

espanhol (es.pa.**nhol**) *adj.* **1.** Da Espanha, país da Europa. *s.m.* **2.** Pessoa natural ou habitante desse lugar. **3.** Língua falada na Espanha e em quase todos os países da América do Sul e Central.

espanholada (es.pa.nho.**la**.da) *s.f.* **1.** Bravata; expressão exagerada; hipérbole. **2.** (Pej.) Porção de espanhóis.

espanholismo (es.pa.nho.**lis**.mo) *s.m.* Expressão do espanhol transportada para outro idioma; hispanismo.

espantadiço (es.pan.ta.**di**.ço) *adj.* Que se assusta facilmente; que se espanta fácil.

espantado (es.pan.**ta**.do) *adj.* **1.** Assustado; atônito; surpreso. **2.** Assombrado; amedrontado. **3.** Admirado; maravilhado.

espantador (es.pan.ta.**dor**) [ô] *adj.* Assustador; amedrontador.

espantalho (es.pan.**ta**.lho) *s.m.* **1.** Boneco que se coloca nos campos para afugentar as aves e roedores. **2.** (Fig.) Pessoa feia ou desarrumada.

espantar (es.pan.**tar**) *v.t.d.* **1.** Afugentar, amedrontar, assustar. *v.t.d.* e *v.p.* **2.** Causar ou sentir assombro; impressionar(-se).

espanto (es.**pan**.to) *s.m.* **1.** Susto, medo. **2.** Assombro, pasmo. **3.** Admiração, maravilha.

espantoso (es.pan.**to**.so) [ô] *adj.* Assombroso; maravilhoso. ▣ Pl. *espantosos* [ó].

esparadrapo (es.pa.ra.**dra**.po) *s.m.* Fita adesiva, esterilizada, para prender curativo.

espargimento (es.par.gi.**men**.to) *s.m.* Ação de espargir ou borrifar (um líquido); aspersão.

espargir (es.par.**gir**) *v.t.d.* Derramar algum líquido; difundir; espalhar; borrifar. O mesmo que *esparzir*. Obs.: pres. do ind.: *esparjo, esparges, esparge, espargimos, espargis, espargem*.

espargo (es.**par**.go) *s.m.* (Bot.) O mesmo que *aspargo*.

esparramado (es.par.ra.**ma**.do) *adj.* Espalhado; disperso; derramado.

esparramar (es.par.ra.**mar**) *v.t.d.* Espalhar; dispersar; derramar.

esparrame (es.par.**ra**.me) *s.m.* **1.** Espalhamento, dispersão em grande quantidade: *esparrame de notas falsas no mercado*. **2.** Escândalo. O mesmo que *esparramo*.

esparramo (es.par.**ra**.mo) *s.m.* O mesmo que *esparrame*.

esparrela (es.par.**re**.la) [é] *s.f.* **1.** Armadilha de caçador; arapuca. **2.** Logro; emboscada; cilada.

esparso (es.**par**.so) *adj.* Disperso; espalhado.

espartano (es.par.**ta**.no) *adj.* **1.** De Esparta, importante cidade-estado da Grécia antiga, célebre pela educação rigorosa e pelo poder militar. **2.** Rígido, rigoroso, austero, severo. **3.** Comedido, sem excessos. *s.m.* **4.** Pessoa natural ou habitante dessa cidade.

espartilhado (es.par.ti.**lha**.do) *adj.* Apertado com espartilho.

espartilheiro (es.par.ti.**lhei**.ro) *s.m.* Vendedor ou fabricante de espartilhos.

espartilho (es.par.**ti**.lho) *s.m.* Colete com armação rígida, para comprimir a cintura e dar mais elegância ao corpo feminino.

esparzir (es.par.**zir**) *v.t.d.* O mesmo que *espargir*.

espasmo (es.**pas**.mo) *s.m.* (Med.) Contração súbita e involuntária dos músculos que pode ser acompanhada de dores.

espasmódico (es.pas.**mó**.di.co) *adj.* (Med.) Relativo ao espasmo.

espatifado (es.pa.ti.**fa**.do) *adj.* Destroçado; arrebentado; quebrado.

espatifar (es.pa.ti.**far**) *v.t.d.* Espedaçar; retalhar; dividir em pedaços.

espátula (es.**pá**.tu.la) *s.f.* **1.** Lâmina larga e sem corte, para espalhar massa ou creme. **2.** Lâmina fina e de pouco corte, para abrir envelopes, retirar grampos etc.

espatuleta (es.pa.tu.**le**.ta) [ê] *s.f.* Pequena espátula.

espaventado (es.pa.ven.**ta**.do) *adj.* Assustado; amedrontado; espantado.

espaventador (es.pa.ven.ta.**dor**) [ô] *s.m.* Aquele que espaventa; espantalho; o que assusta.

espaventar (es.pa.ven.**tar**) *v.t.d.* Assustar; amedrontar.

espavento (es.pa.**ven**.to) *s.m.* Susto, espanto.

espaventoso (es.pa.ven.**to**.so) [ô] *adj.* Aparatoso; pomposo. ▣ Pl. *espaventosos* [ó].

espavorido (es.pa.vo.**ri**.do) *adj.* Cheio de pavor; aterrado; apavorado; com medo.

espavorir (es.pa.vo.**rir**) *v.t.d.* Assustar; meter medo; apavorar.

especar (es.pe.**car**) *v.t.d.* Suspender, sustentar com espeque; escorar.

especiação (es.pe.ci.a.**ção**) *s.f.* **1.** (Bio.) Processo de formação de novas espécies. **2.** (Quím.) Descrição das diversas formas (espécies) de um elemento existentes num sistema.

especial (es.pe.ci.**al**) *adj.2g.* **1.** Relativo a uma espécie. **2.** Exclusivo; particular. **3.** Excelente. **4.** Diferente; peculiar.
especialidade (es.pe.ci.a.li.**da**.de) *s.f.* **1.** Particularidade. **2.** Atividade ou ramo profissional. **3.** Aprimoramento; excelência.
especialista (es.pe.ci.a.**lis**.ta) *s.2g. e adj.2g.* **1.** (Pessoa) que se especializa em certo estudo ou ramo profissional. **2.** Técnico, perito.
especialização (es.pe.ci.a.li.za.**ção**) *s.f.* **1.** Ato de se especializar em algo. **2.** Diferenciação em virtude da divisão do trabalho. **3.** Aperfeiçoamento técnico, científico ou literário.
especializado (es.pe.ci.a.li.**za**.do) *adj.* Aperfeiçoado; diferenciado.
especializar (es.pe.ci.a.li.**zar**) *v.t.d. e v.p.* Aperfeiçoar(-se); diferenciar; particularizar.
especiaria (es.pe.ci.a.**ri**.a) *s.f.* Condimento; droga aromática de qualquer espécie, com a qual se tempera iguarias.
espécie (es.**pé**.cie) *s.f.* **1.** Tipo, modelo, forma: *no porto havia barcos pequenos e grandes, com toda espécie de vela ou motor.* **2.** (Bio.) Grupo de seres vivos semelhantes, capazes de gerar descendente fértil e que é a base da classificação biológica: *cavalo e burro são animais de espécies diferentes.* **3.** Condição, classe, natureza: *eram bandidos da pior espécie.*
especificação (es.pe.ci.fi.ca.**ção**) *s.f.* Ato de especificar.
especificador (es.pe.ci.fi.ca.**dor**) [ô] *adj.* Que especifica; classificador; indicador.
especificar (es.pe.ci.fi.**car**) *v.t.d.* Apontar individualmente.
especificativo (es.pe.ci.fi.ca.**ti**.vo) *adj.* Que especifica ou determina; exclusivo; em especial.
especificidade (es.pe.ci.fi.ci.**da**.de) *s.f.* Qualidade do que é específico.
específico (es.pe.**cí**.fi.co) *adj.* **1.** Relativo a espécie. **2.** Exclusivo; determinado; exatamente este ou aquele; apontado.
espécime (es.**pé**.ci.me) *s.f.* **1.** Indivíduo, ser individual: *o cachorro que ganhou a corrida era um lindo espécime da sua raça.* **2.** Modelo; amostra; que serve de exemplo. O mesmo que *espécimen.*
espécimen (es.**pé**.ci.men) *s.f.* (*Raro*) O mesmo que *espécime.* ▫ Pl. *espécimens.*
especioso (es.pe.ci.**o**.so) [ô] *adj.* **1.** Enganador, falso. **2.** Belo, especial. ▫ Pl. *especiosos* [ó].
espectador (es.pec.ta.**dor**) [ô] *s.m.* Pessoa que assiste a um espetáculo.
espectral (es.pec.**tral**) *adj.2g.* Do espectro.
espectro (es.**pec**.tro) *s.m.* **1.** (*Fís.*) Imagem resultante da decomposição da luz através de um prisma. **2.** Fantasma, assombração, imagem fantástica. **3.** (*Fís.*) Frequência de radiação em ordem crescente.
espectrologia (es.pec.tro.lo.**gi**.a) *s.f.* Tratado dos fenômenos espectrais.
espectrológico (es.pec.tro.**ló**.gi.co) *adj.* Relativo à espectrologia.
espectrometria (es.pec.tro.me.**tri**.a) *s.f.* Método de análise de larga aplicação em química e física baseado na dispersão de radiação emitida por determinada substância.
espectrométrico (es.pec.tro.**mé**.tri.co) *adj.* Relativo à espectrometria.
espectrômetro (es.pec.**trô**.me.tro) *s.m.* Instrumento próprio utilizado na espectrometria.
espectroscopia (es.pec.tros.co.**pi**.a) *s.f.* (*Fís.*) Processo de análise pelo espectro luminoso para estudo das radiações.
espectroscópico (es.pec.tros.**có**.pi.co) *adj.* Relativo ao espectroscópio.
espectroscópio (es.pec.tros.**có**.pi.o) *s.m.* (*Fís.*) Aparelho destinado ao estudo dos diferentes espectros luminosos.
especulação (es.pe.cu.la.**ção**) *s.f.* **1.** Investigação teórica; exploração. **2.** Apuração do negócio em que uma das partes abusa da boa-fé da outra de alguma forma.
especulador (es.pe.cu.la.**dor**) [ô] *s.m. e adj.* **1.** (Aquele) que especula, investiga. **2.** (Aquele) que busca tirar proveito de uma situação em negociação.
especular (es.pe.cu.**lar**) *v.t.d.* **1.** Investigar, averiguar. **2.** Tirar proveito de uma situação ou circunstância. *adj.* **3.** Relativo a espelho; transparente.
especulativo (es.pe.cu.la.**ti**.vo) *adj.* Relativo à especulação.
espéculo (es.**pé**.cu.lo) *s.m.* Instrumento cirúrgico para observação de certas cavidades do corpo.
espedaçado (es.pe.da.**ça**.do) *adj.* (*Raro*) O mesmo que *despedaçado.*
espedaçar (es.pe.da.**çar**) *v.t.d.* (*Raro*) O mesmo que *despedaçar.*
espeitorar (es.pei.to.**rar**) *v.i.* Escarrar; cuspir; expectorar.
espeleologia (es.pe.le.o.lo.**gi**.a) *s.f.* Estudo que versa sobre as cavidades naturais do solo, grutas, cavernas etc.
espeleológico (es.pe.le.o.**ló**.gi.co) *adj.* Relativo à espeleologia.
espeleologista (es.pe.le.o.lo.**gis**.ta) *s.2g.* Aquele que se ocupa dos estudos da espeleologia; espeleólogo.
espeleólogo (es.pe.le.**ó**.lo.go) *s.m.* Espeleologista.
espelhado (es.pe.**lha**.do) *adj.* **1.** Que se espelhou, inspirado. **2.** Polido ou liso como um espelho.
espelhamento (es.pe.lha.**men**.to) *s.m.* **1.** Ação de espelhar(-se). **2.** Polimento.
espelhar (es.pe.**lhar**) *v.t.d.* **1.** Tornar semelhante a espelho; polir. *v.p.* **2.** Repetir, refletir, imitar: *espelhava-se no pai.*
espelheiro (es.pe.**lhei**.ro) *s.m.* Fabricante ou vendedor de espelhos.
espelhento (es.pe.**lhen**.to) *adj.* Polido; cristalino; liso; claro.
espelho (es.pe.**lho**) [ê] *s.m.* Qualquer superfície suficientemente polida e lisa cuja luz reflete a imagem

espeloteado (es.pe.lo.te.**a**.do) *adj.* Desmiolado; maluco.
espeloteamento (es.pe.lo.te.a.**men**.to) *s.m.* Maluquice; falta de razão.
espelunca (es.pe.**lun**.ca) *s.f.* Antro; bar ou local mal frequentado e/ou de péssima categoria.
espenda (es.**pen**.da) *s.f.* Parte da sela onde se apoia e encaixa a coxa do cavaleiro; aba.
espenicar (es.pe.ni.**car**) *v.t.d.* Depenar; despenar.
espeque (es.**pe**.que) *s.m.* Estaca ou escora; amparo.
espera (es.**pe**.ra) [é] *s.f.* **1.** Ato ou efeito de aguardar, esperar por algo ou alguém. **2.** Demora; delonga. **3.** Cilada.
esperado (es.pe.**ra**.do) *adj.* Aguardado; previsto.
esperança (es.pe.**ran**.ça) *s.f.* **1.** Confiança, crença de que algo que se quer muito irá acontecer. **2.** Ato de se esperar pelo que apetece.
esperançado (es.pe.ran.**ça**.do) *adj.* Confiante; esperançoso.
esperançar (es.pe.ran.**çar**) *v.t.d.* Ter fé; confiar.
esperançoso (es.pe.ran.**ço**.so) [ô] *adj.* Confiante; com esperança. ▪ Pl. *esperançosos* [ó].
esperantista (es.pe.ran.**tis**.ta) *adj.2g.* **1.** Relacionado ao uso do esperanto: *movimento esperantista*. *s.2g. e adj.2g.* **2.** (Pessoa) que estuda esperanto.
esperanto (es.pe.**ran**.to) *s.m.* Língua criada para comunicação internacional, com gramática e vocabulário de línguas indo-europeias simplificadas.
esperar (es.pe.**rar**) *v.t.d.* Aguardar; ficar na expectativa de algum acontecimento.
esperável (es.pe.**rá**.vel) *adj.2g.* Que se pode esperar.
esperdiçador (es.per.di.ça.**dor**) [ô] *adj.* (*Raro*) O mesmo que *desperdiçador*.
esperdiçar (es.per.di.**çar**) *v.t.d.* (*Raro*) O mesmo que *desperdiçar*.
esperdício (es.per.**dí**.ci.o) *s.m.* (*Raro*) O mesmo que *desperdício*.
esperma (es.**per**.ma) [é] *s.m.* (*Bio.*) Sêmen; líquido que contém espermatozoides, produzido pelos órgãos genitais do homem e dos animais machos.
espermacete (es.per.ma.**ce**.te) [é] *s.m.* Substância branca e oleosa extraída do cérebro do cachalote.
espermático (es.per.**má**.ti.co) *adj.* Relativo a esperma.
espermatizar (es.per.ma.ti.**zar**) *v.t.d.* Fecundar com o esperma.
espermatocele (es.per.ma.to.**ce**.le) *s.m.* (*Bio.*) Tumor cístico do cordão que contém espermatozoides.
espermatorreia (es.per.ma.tor.**rei**.a) [éi] *s.f.* (*Med.*) Derramamento involuntário de esperma.
espermatozoide (es.per.ma.to.**zoi**.de) [ói] *s.m.* (*Bio.*) Célula sexual masculina.
espermicida (es.per.mi.**ci**.da) *s.m. e adj.2g.* (*Med.*) (Substância) que extermina os espermatozoides; que diminui o risco de gravidez indesejada.
espernear (es.per.ne.**ar**) *v.i.* **1.** Agitar as pernas. **2.** Reclamar, protestar.

espertado (es.per.**ta**.do) *adj.* **1.** Desperto, acordado. **2.** Ativo, excitado.
espertador (es.per.ta.**dor**) [ô] *adj.* Estimulante; excitante.
espertalhão (es.per.ta.**lhão**) *adj.* Que usa de muita esperteza, às vezes para enganar os outros; astuto e mal-intencionado.
espertamento (es.per.ta.**men**.to) *s.m.* Estimulação; excitação.
espertar (es.per.**tar**) *v.i.* **1.** Despertar, acordar. *v.p.* **2.** Ficar esperto, ativo.
esperteza (es.per.**te**.za) *s.f.* Habilidade maliciosa; astúcia.
espertinar (es.per.ti.**nar**) *v.t.d.* Tirar o sono; causar insônia.
esperto (es.**per**.to) *adj.* Fino; inteligente; vivo. Cf. *experto*.
espessado (es.pes.**sa**.do) *adj.* Engrossado; feito mais grosso; adensado.
espessamento (es.pes.sa.**men**.to) *s.m.* Ato de espessar.
espessante (es.pes.**san**.te) *s.m. e adj.2g.* (Substância) adicionada a uma mistura para torná-la mais espessa: *a farinha de mandioca é o espessante do pirão*.
espessar (es.pes.**sar**) *v.t.d.* Engrossar; adensar; condensar.
espessidão (es.pes.si.**dão**) *s.f.* Espessura; densidade; grossura.
espesso (es.**pes**.so) [ê] *adj.* Grosso; denso; basto; engrossado.
espessura (es.pes.**su**.ra) *s.f.* **1.** Qualidade de espesso; grossura, densidade. **2.** Medida dessa qualidade.
espetacular (es.pe.ta.cu.**lar**) *adj.2g.* Ostentoso; de grande efeito visual.
espetáculo (es.pe.**tá**.cu.lo) *s.m.* **1.** Representação teatral, educativa, cinematográfica etc. **2.** Vista bonita; visual espetacular; panorama.
espetaculoso (es.pe.ta.cu.**lo**.so) [ô] *adj.* Que constitui espetáculo; admirável. ▪ Pl. *espetaculosos* [ó].
espetada (es.pe.**ta**.da) *s.f.* Golpe de espeto; ferimento; machucado.
espetadela (es.pe.ta.**de**.la) *s.f.* Espetada; cutucada; golpe.
espetado (es.pe.**ta**.do) *adj.* **1.** Que se espetou; transpassado, atravessado. **2.** Diz-se de cabelo que fica em posição vertical, que não cai pela cabeça.
espetar (es.pe.**tar**) *v.t.d.* Furar; atravessar; transpassar.
espeto (es.**pe**.to) [ê] *s.m.* Ferro ou pau pontiagudo para assar carnes.
espevitadeira (es.pe.vi.ta.**dei**.ra) *s.f.* Aparelho para cortar a parte queimada das velas.
espevitado (es.pe.vi.**ta**.do) *adj.* Vivo; loquaz.
espevitar (es.pe.vi.**tar**) *v.t.d.* **1.** Aparar a torcida de candeeiro. **2.** Avivar o fogo mexendo nas brasas. *v.p.* **3.** Tornar-se pretensioso.
espezinhado (es.pe.zi.**nha**.do) *adj.* Humilhado; oprimido.
espezinhador (es.pe.zi.nha.**dor**) [ô] *adj.* Que espezinha, humilha ou despreza.

espezinhar (es.pe.zi.**nhar**) *v.t.d.* Calcar aos pés; humilhar; oprimir.
espia (es.**pi**.a) *s.2g.* O mesmo que *espião*.
espiada (es.pi.**a**.da) *s.f.* Olhadela; mirada.
espia-maré (es.pi.a-ma.**ré**) *s.m.* (*Zoo.*) Pequeno caranguejo. ◘ Pl. *espia-marés*.
espião (es.pi.**ão**) *s.m.* **1.** Agente secreto que se mistura ao inimigo para obter informações sobre governo ou forças militares. **2.** Pessoa que fica espionando, buscando informações secretas. O mesmo que *espia*.
espiar (es.pi.**ar**) *v.t.d.* Observar ocultamente; olhar; espreitar.
espicaçado (es.pi.ca.**ça**.do) *adj.* Provocado; excitado.
espicaçar (es.pi.ca.**çar**) *v.t.d.* Provocar, cutucar, picar: *as denúnicas espicaçaram os candidatos*.
espichado (es.pi.**cha**.do) *adj.* Esticado; puxado.
espichar (es.pi.**char**) *v.t.d.* Esticar; puxar.
espícula (es.**pí**.cu.la) *s.f.* (*Zoo.*) Cada uma das cerdas que formam o esqueleto da esponja.
espículo (es.**pí**.cu.lo) *s.m.* Agulhão; ferrão; alfinete.
espiga (es.**pi**.ga) *s.f.* Parte das gramíneas que contém o grão.
espigado (es.pi.**ga**.do) *adj.* Que criou a espiga.
espigão (es.pi.**gão**) *s.m.* **1.** Espiga grande. **2.** (*Fig.*) Prédio muito alto; arranha-céu.
espigar (es.pi.**gar**) *v.i.* Criar espiga; desenvolver.
espinafrado (es.pi.na.**fra**.do) *adj.* Ridicularizado; repreendido; censurado.
espinafrar (es.pi.na.**frar**) *v.t.d.* (*Pop.*) Repreender asperamente.
espinafre (es.pi.**na**.fre) *s.m.* (*Bot.*) Hortaliça de folhas escuras e de alto valor nutritivo.
espinal (es.pi.**nal**) *adj.2g.* O mesmo que *espinhal*.
espineta (es.pi.**ne**.ta) [ê] *s.f.* (*Mús.*) Instrumento semelhante ao cravo e anterior a este.
espinforme (es.pin.**for**.me) *adj.2g.* Que tem a forma de espinho.
espingarda (es.pin.**gar**.da) *s.f.* Arma de fogo de cano comprido, portátil.
espingardada (es.pin.gar.**da**.da) *s.f.* Tiro de espingarda, fuzil ou carabina.
espingardaria (es.pin.gar.da.**ri**.a) *s.f.* Tropa armada com espingardas.
espingardeamento (es.pin.gar.de.a.**men**.to) *s.m.* Fuzilamento.
espingardear (es.pin.gar.de.**ar**) *v.t.d.* Atirar; fuzilar.
espingardeiro (es.pin.gar.**dei**.ro) *s.m.* Fabricante ou vendedor de espingardas.
espinha (es.**pi**.nha) *s.f.* (*Anat.*) **1.** Série de ossos que formam a coluna vertebral. **2.** Osso de peixe. **3.** (*Pop.*) Erupção inflamada na pele.
espinhaço (es.pi.**nha**.ço) *s.m.* **1.** Coluna vertebral. **2.** Cordilheira; serrania; aresta de monte.
espinhado (es.pi.**nha**.do) *adj.* Picado com espinhos.
espinhal (es.pi.**nhal**) *adj.2g.* **1.** Relativo à espinha. O mesmo que *espinal*. **2.** Espinheiral.
espinhar (es.pi.**nhar**) *v.t.d.* **1.** Picar, ferir com espinho. **2.** Irritar; incomodar; chatear.

espinheiral (es.pi.nhei.**ral**) *s.m.* Lugar onde crescem os espinheiros; espinhal.
espinheiro (es.pi.**nhei**.ro) *s.m.* (*Bot.*) Arbusto cuja casca tem grande valor medicinal.
espinhel (es.pi.**nhel**) *s.m.* Modalidade de pesca com vários anzóis presos a uma linha mestra.
espinhela (es.pi.**nhe**.la) *s.f.* (*Pop.*) Apêndice cartilaginoso do esterno. (*Folc.*) **Espinhela caída:** doença caracterizada por dores nas costas ou no peito, que forçam a pessoa a se inclinar, acompanhadas de vômitos e inapetência.
espinhento (es.pi.**nhen**.to) *adj.* **1.** Que tem espinhos, que cria espinhos; espinhoso: *fruto espinhento*. **2.** Que tem espinhas; acneico.
espinho (es.**pi**.nho) *s.m.* **1.** (*Bot.*) Saliência pontiaguda e rígida do caule de alguns vegetais, que pode ferir quem a toca. Cf. *acúleo*. **2.** (*Fig.*) Dificuldades, sofrimentos: *um caminho cheio de espinhos*.
espinhoso (es.pi.**nho**.so) [ô] *adj.* **1.** Espinheiro. **2.** Semelhante a espinho; difícil, tormentoso, dolorido. ◘ Pl. *espinhosos* [ó].
espiniforme (es.pi.ni.**for**.me) *adj.2g.* Que tem forma de espinho.
espinoteado (es.pi.no.te.**a**.do) *adj.* Maluco; leviano; louco; ruim da cabeça; sem juízo.
espinotear (es.pi.no.te.**ar**) *v.i.* Pular; saltar; escoicear.
espiolhar (es.pi.o.**lhar**) *v.t.d.* Catar piolhos.
espionado (es.pi.o.**na**.do) *adj.* Espiado; espreitado.
espionagem (es.pi.o.**na**.gem) *s.f.* Ato de espionar, de observar sem que se percebam.
espionar (es.pi.o.**nar**) *v.t.d.* Espiar; investigar; espreitar.
espipocar (es.pi.po.**car**) *v.i.* Explodir; pipocar.
espíquer (es.**pí**.quer) *s.m.* Anunciante de rádio; locutor. Obs.: do inglês *speaker*.
espira (es.**pi**.ra) *s.f.* Cada volta da espiral.
espiráculo (es.pi.**rá**.cu.lo) *s.m.* Orifício por onde sai o ar.
espiral (es.pi.**ral**) *s.f.* **1.** Curva que se afasta cada vez mais do seu ponto de partida fazendo certo número de revoluções em volta desse ponto. *adj.2g.* **2.** Que tem essa forma, como o caracol.
espiralado (es.pi.ra.**la**.do) *adj.* Que tem forma de espiral.
espiralar (es.pi.ra.**lar**) *v.t.d.* Dar forma de espiral a.
espirante (es.pi.**ran**.te) *adj.2g.* Que respira, que está vivo.
espirar (es.pi.**rar**) *v.i.* Soprar; respirar; exalar.
espírita (es.**pí**.ri.ta) *s.2g.* **1.** Adepto do espiritismo; espiritista. *adj.2g.* **2.** Relativo ou pertencente ao espiritismo; espiritista: *doutrina espírita*.
espiriteira (es.pi.ri.**tei**.ra) *s.f.* Pequeno fogareiro a álcool, usado em laboratório e culinária.
espiritismo (es.pi.ri.**tis**.mo) *s.m.* Doutrina filosófica ou religiosa que crê em sucessivas reencarnações do espírito de cada pessoa e na comunicação entre espíritos encarnados e desencarnados.
espiritista (es.pi.ri.**tis**.ta) *s.2g. e adj.2g.* Espírita.
espírito (es.**pí**.ri.to) *s.m.* **1.** Parte imortal de um ser vivo, em algumas religiões e doutrinas filosóficas,

identificada à alma. **2.** (Mit.) Ser vivo incorpóreo; fantasma, visão. **3.** Índole; caráter; temperamento. **4.** Álcool.

espírito-santense (es.pí.ri.to-san.**ten**.se) *s.2g. e adj.2g.* Capixaba. ◘ Pl. *espírito-santenses*.

espiritual (es.pi.ri.tu.**al**) *adj.2g.* Relativo ao espírito.

espiritualidade (es.pi.ri.tu.a.li.**da**.de) *s.f.* Qualidade do que é espiritual.

espiritualismo (es.pi.ri.tu.a.**lis**.mo) *s.m.* Doutrina religiosa ou filosófica que crê no espírito, na parte imortal dos seres, e que valoriza a vida espiritual, o aperfeiçoamento do espírito. Cf. *espiritismo*.

espiritualista (es.pi.ri.tu.a.**lis**.ta) *s.2g. e adj.2g.* (Pessoa) que segue o espiritismo ou que crê no espírito.

espiritualização (es.pi.ri.tu.a.li.za.**ção**) *s.f.* Ato ou efeito de espiritualizar.

espiritualizado (es.pi.ri.tu.a.li.**za**.do) *adj.* Que se espiritualizou.

espiritualizar (es.pi.ri.tu.a.li.**zar**) *v.t.d. e v.p.* Cuidar mais do espírito que do corpo ou dos bens.

espirituoso (es.pi.ri.tu.**o**.so) [ô] *adj.* **1.** Engraçado; irônico. **2.** Alcoólico. ◘ Pl. *espirituosos* [ó].

espiroide (es.pi.**roi**.de) [ói] *adj.2g.* Que tem forma de espiral.

espiroqueta (es.pi.ro.**que**.ta) [ê] *s.m.* (Med.) Micróbio em forma de saca-rolhas que causa a sífilis, doença altamente infecciosa.

espirrar (es.pir.**rar**) *v.i.* **1.** Soltar espirros. *v.t.d.* **2.** Jorrar; lançar involuntariamente e subitamente com violência.

espirro (es.**pir**.ro) *s.m.* Expiração violenta e estrepitosa, em consequência de comichão no nariz, devido à excitação da membrana pituitária.

esplanada (es.pla.**na**.da) *s.f.* Local elevado e descoberto de onde se tem boa perspectiva; terreno plano e descoberto; belvedere.

esplâncnico (es.**plânc**.ni.co) *adj.* (Anat.) Que pertence ou concerne às vísceras.

esplancnografia (es.planc.no.gra.**fi**.a) *s.f.* Descrição das vísceras.

esplancnográfico (es.planc.no.**grá**.fi.co) *adj.* Relativo à esplancnografia.

esplancnologia (es.planc.no.lo.**gi**.a) *s.f.* (Anat.) Parte da anatomia dedicada ao estudo das vísceras.

esplancnológico (es.planc.no.**ló**.gi.co) *adj.* Relativo à esplancnologia.

esplanctonomia (es.planc.to.no.**mi**.a) *s.f.* (Med.) Dissecação das vísceras.

esplenalgia (es.ple.nal.**gi**.a) *s.f.* (Med.) Dor no baço.

esplenálgico (es.ple.**nál**.gi.co) *adj.* Relativo à esplenalgia.

esplendência (es.plen.**dên**.ci.a) *s.f.* Brilho; resplandecência.

esplender (es.plen.**der**) *v.i.* Brilhar; resplandecer.

esplendidez (es.plen.di.**dez**) [ê] *s.f.* Brilho; esplendor.

esplêndido (es.**plên**.di.do) *adj.* Brilhante; magnífico.

esplendor (es.plen.**dor**) [ô] *s.m.* Pompa; fulgor; brilho.

esplendoroso (es.plen.do.**ro**.so) [ô] *adj.* Brilhante; esplêndido. ◘ Pl. *esplendorosos* [ó].

esplenectomia (es.ple.nec.to.**mi**.a) *s.f.* (Med.) Extirpação cirúrgica do baço.

esplenético (es.ple.**né**.ti.co) *adj.* Que tem doença no baço.

esplênico (es.**plê**.ni.co) *adj.* Relativo ao baço.

esplenificação (es.ple.ni.fi.ca.**ção**) *s.f.* (Med.) Transformação dos tecidos endurecidos do fígado e dos pulmões em uma substância parecida com a do baço.

esplênio (es.**plê**.ni.o) *s.m.* (Anat.) Músculo da parte superior das costas e posterior do pescoço.

esplenite (es.ple.**ni**.te) *s.f.* (Med.) Inflamação do baço.

esplenocele (es.ple.no.**ce**.le) *s.f.* (Med.) Hérnia do baço.

esplenografia (es.ple.no.gra.**fi**.a) *s.f.* Radiografia do baço.

esplenográfico (es.ple.no.**grá**.fi.co) *adj.* Relativo à esplenografia.

esplenoide (es.ple.**noi**.de) [ói] *adj.* Que tem a aparência do baço.

esplenologia (es.ple.no.lo.**gi**.a) *s.f.* (Anat.) Estudo do baço.

esplenológico (es.ple.no.**ló**.gi.co) *adj.* Relativo à esplenologia.

esplenopatia (es.ple.no.pa.**ti**.a) *s.f.* (Med.) Doença do baço.

esplenopático (es.ple.no.**pá**.ti.co) *adj.* Relativo à esplenopatia.

esplim (es.**plim**) *s.m.* Melancolia; tédio de tudo.

espocar (es.po.**car**) *v.i.* Explodir; arrebentar.

espoleta (es.po.**le**.ta) [ê] *s.f.* **1.** Dispositivo para produzir fogo da carga dos projéteis no momento certo. *s.2g. e adj.2g.* **2.** (Fig.) (Pessoa) muito irrequieta.

espoliação (es.po.li.a.**ção**) *s.f.* Ato de privar alguém de alguma coisa ilegitimamente, por fraude ou violência.

espoliado (es.po.li.**a**.do) *adj.* Que se espoliou ou roubou; privado injustamente de um direito.

espoliador (es.po.li.a.**dor**) [ô] *adj.* Que espolia ou rouba.

espoliante (es.po.li.**an**.te) *adj.2g.* Ligado a espoliação.

espoliar (es.po.li.**ar**) *v.t.d.* Privar da posse de alguma coisa; esbulhar.

espoliativo (es.po.li.a.**ti**.vo) *adj.* Que espolia.

espólio (es.**pó**.li.o) *s.m.* Bens que alguém deixou ao morrer; herança.

espondeu (es.pon.**deu**) *s.m.* (Lit.) Pé de verso formado por duas sílabas longas.

espondílico (es.pon.**dí**.li.co) *adj.* Relativo à vértebra.

espondilite (es.pon.di.**li**.te) *s.f.* (Med.) Inflamação das vértebras.

espôndilo (es.**pôn**.di.lo) *s.m.* (Ant.) Vértebra.

esponja (es.**pon**.ja) *s.f.* **1.** (Zoo.) Animal invertebrado aquático que tem no corpo furos ou poros que filtram alimentos da água. **2.** Esqueleto seco desse animal, absorvente e macio. **3.** Objeto de plástico

macio e absorvente. **4.** (*Fig.*) O que absorve muita água ou outro líquido.
esponjar (es.pon.**jar**) *v.t.d.* Usar a esponja para apagar.
esponjosidade (es.pon.jo.si.**da**.de) *s.f.* Porosidade; qualidade do que é esponjoso.
esponjoso (es.pon.**jo**.so) [ô] *adj.* Que absorve e é poroso; leve. ▣ Pl. *esponjosos* [ó].
esponsais (es.pon.**sais**) *s.m.pl.* Casamento; núpcias; matrimônio.
esponsal (es.pon.**sal**) *adj.2g.* Nupcial, matrimonial.
espontaneidade (es.pon.ta.nei.**da**.de) *s.f.* Característica daquilo que é espontâneo, natural.
espontâneo (es.pon.**tâ**.ne.o) *adj.* Natural; voluntário.
espontar (es.pon.**tar**) *v.t.d.* Aparar as pontas; cortar as pontas.
espora (es.**po**.ra) *s.f.* **1.** Roseta pontiaguda de metal que se adapta ao calçado para estimular o animal que se monta. **2.** Estímulo.
esporacidade (es.po.ra.ci.**da**.de) *s.f.* Raridade; qualidade daquilo que é esporádico.
esporada (es.po.**ra**.da) *s.f.* Estimular com a espora.
esporádico (es.po.**rá**.di.co) *adj.* Que ocorre raramente; ocasional; acidental.
esporângio (es.po.**rân**.gi.o) *s.m.* (*Bio.*) Órgão dos fungos onde os esporos são formados.
esporão (es.po.**rão**) *s.m.* **1.** (*Zoo.*) Saliência que alguns machos galináceos possuem no tarso. **2.** (*Const.*) Contraforte de uma parede.
esporar (es.po.**rar**) *v.t.d.* O mesmo que *esporear*.
esporear (es.po.re.**ar**) *v.t.d.* **1.** Cutucar com espora. **2.** Incitar, cutucar, picar. O mesmo que *esporar*.
esporífero (es.po.**rí**.fe.ro) *adj.* (*Bio.*) Que produz esporos.
esporim (es.po.**rim**) *s.m.* Pequena espora.
espório (es.**pó**.ri.o) *s.m.* (*Bio.*) (*Ant.*) O mesmo que *esporo*.
esporo (es.**po**.ro) [ó] *s.m.* (*Bio.*) **1.** Forma latente assumida por uma bactéria para sobreviver em condições ruins. **2.** Célula assexuada que faz a reprodução de fungos e de plantas sem flores, como musgos e samambaias. O mesmo que *espório*.
esporrar (es.por.**rar**) *v.i.* (*Chul.*) **1.** Ejacular, lançar esperma. **2.** Repreender com violência; reclamar aos berros, bronquear.
esporro (es.**por**.ro) [ô] *s.m.* (*Chul.*) **1.** Esperma. **2.** Chamada de atenção; bronca; descompostura.
esporte (es.**por**.te) *s.m.* **1.** Prática de exercícios físicos com respeito aos métodos e regras em que consistem. **2.** Passatempo; divertimento. O mesmo que *desporte* e *desporto*, formas menos usadas.
esportismo (es.por.**tis**.mo) *s.m.* Admiração, prática ou gosto pelo esporte.
esportista (es.por.**tis**.ta) *s.2g.* Pessoa que pratica um esporte. O mesmo que *desportista*.
esportivo (es.por.**ti**.vo) *adj.* **1.** Relativo ao esporte. **2.** Informal; descontraído. **3.** (*Fig.*) Que leva tudo na brincadeira. O mesmo que *desportivo*.
espórtula (es.**pór**.tu.la) *s.f.* Dízimo; emolumento; pagamento voluntário por serviços religiosos.

esposa (es.**po**.sa) [ô] *s.f.* Mulher; cônjuge: *Maria é esposa de Pedro*.
esposado (es.po.**sa**.do) *adj.* Casado. O mesmo que *desposado*.
esposar (es.po.**sar**) *v.t.d.* Casar. O mesmo que *desposar*.
esposo (es.**po**.so) [ô] *s.m.* Marido, cônjuge: *Pedro é esposo de Maria*.
esposório (es.po.**só**.ri.o) *s.m.* Bodas; esponsais.
espraiado (es.prai.**a**.do) *adj.* Que se alastrou; espalhado; expandido; estendido.
espraiamento (es.prai.a.**men**.to) *s.m.* Ato de espraiar.
espraiar (es.prai.**ar**) *v.i. e v.p.* Expandir(-se); alastrar(-se); espalhar(-se); estender(-se).
espreguiçadeira (es.pre.gui.ça.**dei**.ra) *s.f.* Cadeira própria para repousar; para relaxar.
espreguiçamento (es.pre.gui.ça.**men**.to) *s.m.* Ato de espreguiçar; de relaxar; de repousar.
espreguiçar (es.pre.gui.**çar**) *v.t.d. e v.p.* **1.** Relaxar para repousar. **2.** Estirar os membros para despertar.
espreita (es.**prei**.ta) *s.f.* **1.** Ação de vigiar; observação, espionagem. **2.** Pessoa que faz essa ação.
espreitadeira (es.prei.ta.**dei**.ra) *s.f.* **1.** Espiã; vigia. **2.** (*Fig.*) Xereta; curiosa.
espreitadela (es.prei.ta.**de**.la) *s.f.* Espiada; olhadela.
espreitado (es.prei.**ta**.do) *adj.* Espiado; vigiado; observado.
espreitador (es.prei.ta.**dor**) [ô] *s.m.* Aquele que espreita; espião.
espreitar (es.prei.**tar**) *v.t.d.* Espiar; espionar; observar; investigar.
espremedor (es.pre.me.**dor**) [ô] *s.m.* Utensílio usado para espremer.
espremedura (es.pre.me.**du**.ra) *s.f.* Ação de espremer; compressão.
espremer (es.pre.**mer**) *v.t.d.* **1.** Apertar; comprimir; esmagar. **2.** Pressionar alguém com o propósito de conseguir alguma confissão.
espremido (es.pre.**mi**.do) *adj.* Comprimido; apertado.
espuma (es.**pu**.ma) *s.f.* Grande quantidade de pequenas bolhas que se formam sobre um líquido que se agita, ferve ou fermenta. O mesmo que *escuma*.
espumadeira (es.pu.ma.**dei**.ra) *s.f.* O mesmo que *escumadeira*.
espumante (es.pu.**man**.te) *adj.2g.* **1.** Que tem facilidade em criar espuma. **2.** (*Fig.*) Raivoso. *s.m. e adj.2g.* **3.** (Vinho) de fermentação especial, que forma pequenas bolhas, como as do champanhe.
espumar (es.pu.**mar**) *v.i.* **1.** Fazer espuma: *o leite espumava nos copos*. **2.** (*Pop.*) Sentir muita raiva; irar-se. *v.t.d.* **3.** Dizer com raiva: *chegou espumando desaforos*. O mesmo que *escumar*.
espumarada (es.pu.ma.**ra**.da) *s.f.* Espuma em abundância.
espumejar (es.pu.me.**jar**) *v.i.* **1.** Ter raiva. **2.** Espumar.
espumígero (es.pu.**mí**.ge.ro) *adj.* **1.** Que produz espuma em abundância; espumoso. **2.** Raivoso.
espumoso (es.pu.**mo**.so) [ô] *adj.* Que faz ou contém bastante espuma. ▣ Pl. *espumosos* [ó].

espúrio (es.**pú**.ri.o) *adj.* **1.** Falso; simulado. **2.** Bastardo.
esputação (es.pu.ta.**ção**) *s.f.* Salvação.
esputar (es.pu.**tar**) *v.i.* Ato de salivar e cuspir com frequência.
esquadra (es.**qua**.dra) *s.f.* **1.** Conjunto de navios de guerra. **2.** Divisão de combate de infantaria.
esquadrado (es.qua.**dra**.do) *adj.* Dividido em ângulo reto; colocado no esquadro.
esquadrão (es.qua.**drão**) *s.m.* **1.** Divisão tática de cavalaria. **2.** Parte administrativa de navios ou aviões de guerra.
esquadrar (es.qua.**drar**) *v.t.d.* Dividir em ângulo reto; colocar no esquadro.
esquadrejamento (es.qua.dre.ja.**men**.to) *s.m.* Ato de esquadrejar.
esquadrejar (es.qua.dre.**jar**) *v.t.d.* Cortar ou serrar em esquadria.
esquadria (es.qua.**dri**.a) *s.f.* **1.** Esquadro. **2.** Corte em ângulo reto.
esquadrilha (es.qua.**dri**.lha) *s.f.* Coletivo de navios ou aviões de guerra.
esquadrinhado (es.qua.dri.**nha**.do) *adj.* Examinado; investigado; pesquisado.
esquadrinhador (es.qua.dri.nha.**dor**) [ô] *s.m.* Examinador; investigador; pesquisador.
esquadrinhamento (es.qua.dri.nha.**men**.to) *s.m.* Exame; investigação; pesquisa.
esquadrinhar (es.qua.dri.**nhar**) *v.t.d.* Examinar; investigar; pesquisar; estudar.
esquadro (es.**qua**.dro) *s.m.* Instrumento adequado para medir ou traçar ângulos retos.
esqualidez (es.qua.li.**dez**) [ê] *s.f.* **1.** Imundícia; sujidade. **2.** Fraqueza; palidez.
esquálido (es.**quá**.li.do) *adj.* **1.** Imundo, sujo. **2.** Fraco, debilitado. **3.** Muito magro, franzino.
esquartejado (es.quar.te.**ja**.do) *adj.* Cortado em quartos; partido em quartos; despedaçado.
esquartejamento (es.quar.te.ja.**men**.to) *s.m.* Ato de esquartejar; ato de cortar em quartos.
esquartejar (es.quar.te.**jar**) *v.t.d.* Cortar em quartos; despedaçar; retalhar.
esquecer (es.que.**cer**) *v.t.d.* **1.** Perder da lembrança, da memória, olvidar. **2.** Não fazer caso de. **3.** Abandonar, desprezar. *v.p.* **4.** Perder a lembrança, a memória, ouvidar-se. Obs.: pres. do ind.: *esqueço, esqueces, esquece* etc.; pres. subj.: *esqueça, esqueças, esqueça* etc.
esquecidiço (es.que.ci.**di**.ço) *adj.* Desmemoriado; que esquece fácil.
esquecido (es.que.**ci**.do) *adj.* **1.** Que se esqueceu; que apagou as lembranças. **2.** (*Pop.*) Leso; paralítico.
esquecimento (es.que.ci.**men**.to) *s.m.* Ato ou efeito de esquecer por descuido ou não.
esquelético (es.que.**lé**.ti.co) *adj.* Muito magro.
esqueleto (es.que.**le**.to) [ê] *s.m.* (*Anat.*) **1.** Estrutura óssea dos vertebrados. **2.** (*Fig.*) Estrutura de uma construção. **3.** (*Fig.*) Esboço de trabalhos literários ou artísticos.
esquema (es.**que**.ma) [ê] *s.m.* **1.** Esboço; resumo. **2.** Programa; plano. **3.** Diagrama.

esquemático (es.que.**má**.ti.co) *adj.* Que faz esquemas.
esquematizar (es.que.ma.ti.**zar**) *v.t.d.* Fazer esboços, resumos, planos, programas, esquemas.
esquentação (es.quen.ta.**ção**) *s.f.* **1.** Aquecimento. **2.** Provocação que causa irritação.
esquentada (es.quen.**ta**.da) *s.f.* Período de maior calor.
esquentado (es.quen.**ta**.do) *adj.* **1.** Quente; aquecido. **2.** Provocado; irritado.
esquentador (es.quen.ta.**dor**) [ô] *adj.* Que esquenta, que produz calor.
esquentamento (es.quen.ta.**men**.to) *s.m.* Ato de esquentar, de aquecer.
esquentar (es.quen.**tar**) *v.t.d.* **1.** Aquecer; produzir calor. **2.** Entusiasmar; animar. **3.** Irritar; provocar.
esquerda (es.**quer**.da) *s.f.* **1.** Lado oposto ao direito. **2.** A mão esquerda. **3.** (*Hist.*) No início da Revolução Francesa, grupo que era contra a monarquia e se sentava do lado esquerdo do rei. **4.** (*Pol.*) Posição, opinião de quem defende ideais de igualdade social.
esquerdista (es.quer.**dis**.ta) *adj.2g.* (*Pol.*) Partidário da esquerda, pertencente à esquerda.
esquerdo (es.**quer**.do) *s.m.* **1.** Lado oposto ao direito; sestro. **2.** Canhoto. **3.** Desajeitado.
esquete (es.**que**.te) [é] *s.m.* Pequena peça teatral, de rádio ou de televisão de curta duração.
esqui (es.**qui**) *s.m.* **1.** Patim apropriado para correr sobre a neve ou sobre a água. **2.** Esporte praticado com o patim.
esquiar (es.qui.**ar**) *v.i.* **1.** Deslizar com o esqui. **2.** Praticar esqui.
esquife (es.**qui**.fe) *s.m.* **1.** Caixão de defunto; ataúde. **2.** Leve barco a remo.
esquilo (es.**qui**.lo) *s.m.* (*Zoo.*) Pequeno roedor castanho, com um rabo grande e enrolado, que vive aos pares e sobe em árvores.
esquimó (es.qui.**mó**) *s.2g.* **1.** Indivíduo que pertence a um povo nativo da Groenlândia. *adj.2g.* **2.** Relativo a esse povo.
esquina (es.**qui**.na) *s.f.* Canto formado pelo ângulo de paredes.
esquinado (es.qui.**na**.do) *adj.* Em forma de esquina.
esquinar (es.qui.**nar**) *v.t.d.* Cortar em ângulos para formar uma esquina.
esquipar (es.qui.**par**) *v.t.d.* Apresentar, aparelhar, equipar.
esquipático (es.qui.**pá**.ti.co) *adj.* Excêntrico; esquisito; extravagante.
esquírola (es.**quí**.ro.la) *s.f.* Lâmina ou lasca de algum objeto duro, geralmente de osso.
esquisitão (es.qui.si.**tão**) *s.m.* e *adj.* (Aquele) que é desconfiado; arredio; muito esquisito.
esquisitice (es.qui.si.**ti**.ce) *s.f.* Qualidade daquele que é esquisito.
esquisito (es.qui.**si**.to) *adj.* **1.** Excêntrico; extravagante; esquipático. **2.** Feio e de aparência má.
esquistossoma (es.quis.tos.**so**.ma) *s.f.* (*Zoo.*) O mesmo que *esquistossomo*.

esquistossomo (es.quis.tos.**so**.mo) *s.m.* (*Zoo.*) Verme parasita causador da esquistossomose, cujas larvas crescem em caramujos que tiveram contato com fezes de pessoas doentes. O mesmo que *esquistossoma*.

esquistossomose (es.quis.tos.so.**mo**.se) *s.f.* (*Med.*) Doença causada por um parasita de intestino, que pode ser tratada com medicamento ou matar se não tratada; barriga d'água, xistose.

esquiva (es.**qui**.va) *s.f.* Desvio.

esquivado (es.qui.**va**.do) *adj.* Desviado.

esquivança (es.qui.**van**.ça) *s.f.* Excentricidade; desapego; recusa por desconfiança.

esquivar (es.qui.**var**) *v.t.d. e v.p.* Desviar(-se); afastar(-se); fugir de algo desagradável.

esquivo (es.**qui**.vo) *adj.* **1.** Áspero; arredio; intratável. **2.** Pouco sociável; reservado.

esquizofrenia (es.qui.zo.fre.**ni**.a) *s.f.* (*Med.*) Doença mental crônica em que o doente perde o contato com a realidade passando a viver em um mundo imaginário.

esquizofrênico (es.qui.zo.**frê**.ni.co) *adj.* (*Med.*) Que sofre de esquizofrenia; psicopata; maníaco.

esquizoide (es.qui.**zoi**.de) [ói] *adj.* **1.** (*Med.*) Relativo à esquizofrenia. **2.** (*Fig.*) Desequilibrado; anormal.

essa (**es**.sa) [é] *pron.* **1.** Feminino de *esse*. *s.f.* **2.** Cadafalso; armação fúnebre.

esse¹ (**es**.se) [ê] *pron.* Pronome demonstrativo que designa ser que está mais ou menos próximo da pessoa com quem se fala. ▪ Pl. *esses*, *essas*. Fem. *essa*.

esse² (**es**.se) [é] *s.m.* Nome da letra S.

essência (es.**sên**.ci.a) *s.f.* **1.** O que constitui a natureza das coisas. **2.** Perfume; substância.

essencial (es.sen.ci.**al**) *adj.2g.* **1.** Importante; indispensável; necessário, fundamental. **2.** Que constitui a essência de algo.

essênio (es.**sê**.ni.o) *s.m.* **1.** Indivíduo dos essênios, grupo religioso e ascético judeu que vivia em comunidades próximas de Jerusalém na época de Jesus. *adj.* **2.** Relacionado a esse grupo.

és-sudeste (és-su.**des**.te) *s.m.* O mesmo que *és-sueste*. ▪ Pl. *és-sudestes*.

és-sudoeste (és-su.do.**es**.te) *s.m.* Ponto cardeal entre o este e o sudoeste, de símbolos ESO ou ESW. ▪ Pl. *és-sudoestes*.

és-sueste (és-su.**es**.te) *s.m.* Ponto cardeal entre este e sueste, de símbolo ESE. ▪ Pl. *és-suestes*.

esta (**es**.ta) [é] *pron.* Feminino de *este*.

estabanado (es.ta.ba.**na**.do) *adj.* Desajeitado; desordeiro; precipitado; bagunceiro.

estabanar (es.ta.ba.**nar**) *v.t.d.* Desordenar; precipitar; bagunçar.

estabelecedor (es.ta.be.le.ce.**dor**) [ô] *adj.* Que estabelece ou institui; organizador; ordenador.

estabelecer (es.ta.be.le.**cer**) *v.t.d.* **1.** Instituir, ordenar, criar, determinar. *v.t.d. e v.p.* **2.** Firmar(-se), organizar(-se).

estabelecido (es.ta.be.le.**ci**.do) *adj.* Que tem estabelecimento próprio.

estabelecimento (es.ta.be.le.ci.**men**.to) *s.m.* **1.** Ato de estabelecer. **2.** Instituição; fundação. **3.** Casa comercial. **4.** Colocação.

estabilidade (es.ta.bi.li.**da**.de) *s.f.* **1.** Segurança; firmeza. **2.** (*Fís.*) Propriedade geral dos sistemas mecânicos.

estabilização (es.ta.bi.li.za.**ção**) *s.f.* Equilíbrio; fixação.

estabilizado (es.ta.bi.li.**za**.do) *adj.* Equilibrado; fixado.

estabilizador (es.ta.bi.li.za.**dor**) [ô] *adj.* **1.** Que estabiliza. *s.m.* **2.** Aparelho eletroeletrônico que assegura a constância de corrente elétrica em um circuito.

estabilizante (es.ta.bi.li.**zan**.te) *s.m. e adj.2g.* (*Quím.*) (Substância) que estabiliza uma mistura, faz com que não se altere.

estabilizar (es.ta.bi.li.**zar**) *v.t.d.* **1.** Equilibrar; fixar; tornar estável. **2.** (*Quím.*) Fazer com que uma mistura ou emulsão se mantenha como está, que não se separe: *a gema estabiliza a maionese por algum tempo*.

estabulação (es.ta.bu.la.**ção**) *s.f.* Engorda ou criação, em estábulo, de animais.

estábulo (es.**tá**.bu.lo) *s.m.* Local coberto onde se recolhe o gado; estrebaria; cocheira.

estaca (es.**ta**.ca) *s.f.* **1.** Pau que se introduze na terra. **2.** Amparo; escora. **3.** (*Const.*) Alicerce.

estacada (es.ta.**ca**.da) *s.f.* Ação de estacar; parada brusca.

estação (es.ta.**ção**) *s.f.* **1.** Época; quadra do ano; temporada. **2.** Lugar determinado para parada de trens, ônibus etc. **3.** Emissora de rádio ou televisão. **4.** Local de banhos; termas. **5.** Posto meteorológico ou policial.

estacar (es.ta.**car**) *v.t.d.* **1.** Deter; parar. **2.** Firmar com estacas.

estacaria (es.ta.ca.**ri**.a) *s.f.* Conjunto de estacas.

estacionado (es.ta.ci.o.**na**.do) *adj.* Fixado; imobilizado; parado.

estacionamento (es.ta.ci.o.na.**men**.to) *s.m.* Local próprio para estacionar; garagem.

estacionar (es.ta.ci.o.**nar**) *v.i.* **1.** Fixar; imobilizar; parar. **2.** Demorar; permanecer. *v.t.d. e v.i.* **3.** Parar, posicionar, guardar (um veículo): *estacionou (o veículo) perto da porta*.

estacionário (es.ta.ci.o.**ná**.ri.o) *adj.* Que não se desloca, que se mantém parado; fixo: *motor estacionário*.

estada (es.**ta**.da) *s.f.* **1.** Permanência de pessoa: *sua estada na praia foi ótima*. **2.** Estância. Cf. *estadia*.

estadear (es.ta.de.**ar**) *v.t.d.* Alardear; ostentar; exibir.

estadia (es.ta.**di**.a) *s.f.* Permanência de veículos ou animais. Cf. *estada*.

estádia (es.**tá**.di.a) *s.f.* (*Geom.*) Instrumento próprio para avaliar distâncias.

estádio (es.**tá**.di.o) *s.m.* **1.** Época; período; fase. **2.** Local de jogos esportivos; campo. **3.** Antiga medida itinerária.

estância

estadismo (es.ta.**dis**.mo) *s.m.* Doutrina que admite a onipotência do Estado.

estadista (es.ta.**dis**.ta) *s.2g. e adj.2g.* (Pessoa) que lidera um Estado, que se destaca na política entre os Estados.

estado (es.ta.do) *s.m.* **1.** Nação politicamente organizada (com inicial maiúscula). **2.** Divisão territorial de países (com inicial minúscula); governo. **3.** Modo de estar ou de ser. **4.** (Fís.) Arranjo das moléculas de uma matéria: *os estados da matéria são sólido, líquido e gasoso*.

estado-maior (es.ta.do-mai.or) *s.m.* **1.** Corpo de oficiais que têm a seu cargo todas as estratégias. **2.** (Fig.) Grupo de pessoas muito importantes. ▣ Pl. *estados-maiores*.

estado-unidense (es.ta.do-u.ni.**den**.se) *s.2g. e adj.2g.* O mesmo que *estadunidense*. ▣ Pl. *estado-unidenses*.

estadual (es.ta.du.**al**) *adj.2g.* Relativo a estado.

estadunidense (es.ta.du.ni.**den**.se) *adj.2g.* **1.** Dos Estados Unidos, país da América do Norte; americano, norte-americano. *s.2g.* **2.** Pessoa natural ou habitante desse lugar. Cf. *americano*.

estafa (es.ta.fa) *s.f.* Canseira; fadiga causada pelo trabalho intenso.

estafado (es.ta.**fa**.do) *adj.* Cansado; com fadiga.

estafamento (es.ta.fa.**men**.to) *s.m.* Estafa; cansaço; fadiga.

estafante (es.ta.**fan**.te) *adj.2g.* Que causa fadiga; cansativo, fatigante.

estafar (es.ta.**far**) *v.t.d.* **1.** Causar estafa em. *v.t.d. e v.p.* **2.** Cansar(-se), fatigar(-se).

estafermo (es.ta.**fer**.mo) [ê] *s.m.* Inútil; espantalho; tonto.

estafeta (es.ta.**fe**.ta) [ê] *s.f.* **1.** (Ant.) Mensageiro do correio que entrega telegramas. **2.** (Lus.) Correio a cavalo: *Camões enviava cartas pelo estafeta*.

estafilococo (es.ta.fi.lo.**co**.co) *s.m.* (Med.) Bactéria causadora de doenças que em geral se encontra aglomerada em grupos com aparência de cachos de uva.

estafiloma (es.ta.fi.**lo**.ma) *s.f.* (Med.) Excrescência da córnea.

estagiar (es.ta.gi.**ar**) *v.i.* Fazer estágio.

estagiário (es.ta.gi.**á**.ri.o) *s.m. e adj.* (Aquele) que faz estágio.

estágio (es.**tá**.gi.o) *s.m.* Aprendizagem; situação transitória de preparação.

estagnação (es.tag.na.**ção**) *s.f.* Ação de estagnar ou parar; paralisação, parada.

estagnado (es.tag.**na**.do) *adj.* Parado; estancado.

estagnar (es.tag.**nar**) *v.t.d. e v.i.* Fazer estancar; parar; paralisar.

estala (es.**ta**.la) *s.f.* Assento no coro das comunidades religiosas; cadeira.

estalactífero (es.ta.lac.**tí**.fe.ro) *adj.* (Geo.) Que tem estalactites.

estalactite (es.ta.lac.**ti**.te) *s.f.* (Geo.) Formação calcária que se dá no teto de cavernas pela infiltração lenta das águas.

estalactítico (es.ta.lac.**tí**.ti.co) *adj.* (Geo.) Relativo à estalactite.

estalada (es.ta.**la**.da) *s.f.* Ruído de algo que estala.

estalagem (es.ta.**la**.gem) *s.f.* Pousada; hospedaria; casa de pouso; hotel de baixa classe.

estalagmite (es.ta.lag.**mi**.te) *s.f.* (Geo.) Formação calcária que se dá no solo de cavernas pela infiltração lenta das águas calcárias em posição oposta à estalactite.

estalajadeiro (es.ta.la.ja.**dei**.ro) *s.m.* Dono de estalagem.

estalão (es.ta.**lão**) *s.m.* Medida, padrão.

estalar (es.ta.**lar**) *v.t.d.* **1.** Produzir estalo; crepitar. **2.** Quebrar; fender; arrebentar.

estaleiro (es.ta.**lei**.ro) *s.m.* Local onde se constroem e consertam navios.

estalido (es.ta.**li**.do) *s.m.* Estalos repetitivos; ruído do que estala.

estalo (es.**ta**.lo) *s.m.* **1.** Som seco e breve produzido repentinamente por coisas que se chocam. **2.** (Pop.) Lembrança súbita, ideia que aparece de repente: *teve um estalo*.

estame (es.**ta**.me) *s.m.* **1.** (Bot.) Órgão reprodutivo masculino das flores de certas plantas. **2.** Fio de tecelagem.

estamenha (es.ta.**me**.nha) *s.f.* Tecido grosseiro feito de lã.

estaminado (es.ta.mi.**na**.do) *adj.* Reduzido a fio.

estaminar (es.ta.mi.**nar**) *v.t.d.* Reduzir a fio.

estaminífero (es.ta.mi.**ní**.fe.ro) *adj.* (Bot.) Que tem estames.

estaminoide (es.ta.mi.**noi**.de) [ói] *adj.* Relativo a estame.

estaminoso (es.ta.mi.**no**.so) [ô] *adj.* Que tem estames muito salientes. ▣ Pl. *estaminosos* [ó].

estampa (es.**tam**.pa) *s.f.* Imagem; figura impressa; impressão.

estampado (es.tam.**pa**.do) *adj.* **1.** Impresso; desenhado; que se estampou. *s.m.* **2.** Tecido com desenhos.

estampador (es.tam.pa.**dor**) [ô] *s.m.* Aquele que estampa; impressor; desenhista.

estampagem (es.tam.**pa**.gem) *s.f.* Impressão; desenho.

estampar (es.tam.**par**) *v.t.d.* Imprimir; desenhar; pintar.

estamparia (es.tam.pa.**ri**.a) *s.f.* **1.** Arte e técnica de produzir estampas ou estampar tecidos. **2.** Estabelecimento para essa atividade.

estampido (es.tam.**pi**.do) *s.m.* Barulho; detonação; estouro; estrondo.

estampilha (es.tam.**pi**.lha) *s.f.* Pequena estampa; selo do tesouro.

estampilhar (es.tam.pi.**lhar**) *v.t.d.* Selar.

estancamento (es.tan.ca.**men**.to) *s.m.* Parada, estagnação; interrupção.

estancar (es.tan.**car**) *v.t.d.* Parar; estagnar; interromper.

estância (es.**tân**.ci.a) *s.f.* Local de repouso; sítio; fazendinha; fazenda de criação.

estanciar (es.tan.ci.**ar**) v.t.i. Parar para descanso; alojar-se. Obs.: pres. do ind.: *estancio, estancias, estancia* etc.

estancieiro (es.tan.ci.**ei**.ro) s.m. Dono da estância; proprietário da fazenda.

estandardização (es.tan.dar.di.za.**ção**) s.f. Redução a um padrão comum de convenção internacional conforme estabelecido.

estandardizado (es.tan.dar.di.**za**.do) adj. Padronizado.

estandardizar (es.tan.dar.di.**zar**) v.t.d. **1.** Padronizar; uniformizar. **2.** Fabricar conforme um padrão próprio ou não, que se tenha estabelecido.

estandarte (es.tan.**dar**.te) s.m. Bandeira de um grupo ou instituição, levada em movimento, desfile ou marcha.

estande (es.**tan**.de) s.m. Espaço delimitado para cada participante de uma exposição ou feira receber as pessoas interessadas no que está expondo. Obs.: do inglês *stand*.

estanhado (es.ta.**nha**.do) adj. Coberto de estanho.

estanhadura (es.ta.nha.**du**.ra) s.f. Ato ou efeito de cobrir (um objeto) com estanho.

estanho (es.**ta**.nho) s.m. (Quím.) Elemento de número atômico 50, símbolo Sn e peso atômico 118,69, metal prateado maleável, empregado em ligas metálicas para evitar a corrosão.

estânico (es.**tâ**.ni.co) adj. Que diz respeito aos compostos químicos do estanho.

estanoso (es.ta.**no**.so) [ô] adj. Próprio dos sais do estanho. ◼ Pl. *estanosos* [ó].

estanque (es.**tan**.que) adj. **1.** Fechado, vedado, tapado. **2.** Isolado, separado.

estante (es.**tan**.te) s.f. Armário com prateleiras onde se colocam livros, papéis etc.

estapafúrdio (es.ta.pa.**fúr**.di.o) adj. **1.** Esquisito; excêntrico. **2.** (Pop.) Sem pé nem cabeça.

estapeado (es.ta.pe.**a**.do) adj. Socado; esbofeteado; esmurrado.

estapear (es.ta.pe.**ar**) v.t.d. Socar; bater; esmurrar; esbofetear.

estaqueação (es.ta.que.a.**ção**) s.f. Colocação de estacas; estaqueamento, estaqueio.

estaqueador (es.ta.que.a.**dor**) [ô] s.m. e adj. (Pessoa) que assenta as estacas.

estaqueamento (es.ta.que.a.**men**.to) s.m. **1.** Escoramento. **2.** Estaqueação.

estaquear (es.ta.que.**ar**) v.t.d. Firmar com estacas; colocar estacas.

estaqueio (es.ta.**quei**.o) s.m. Colocação de estacas; estaqueamento.

estaqueira (es.ta.**quei**.ra) s.f. **1.** Cabide. **2.** Mancebo.

estar (es.**tar**) v.i. **1.** Achar-se em algum lugar; estar ou ser presente: *fui lá mas ele não estava*. v.lig. **2.** Encontrar-se em certa condição, no passado, no presente ou no futuro. Obs.: pres. do ind.: *estou, estás, está, estamos, estais, estão*; imperf. do ind.: *estava, estavas, estava* etc.; perf. do ind.: *estive, estiveste, esteve, estivemos, estivestes, estiveram*; fut. do pres.: *estarei, estarás* etc.; fut. do pret.: *estaria, estarias, estaria* etc.; pres. do subj.: *esteja, estejas, esteja, estejamos, estejais, estejam*; ger.: *estando*; part.: *estado*.

estardalhaço (es.tar.da.**lha**.ço) s.m. Grande barulho ou agitação; espalhafato; estrondo.

estarrecedor (es.tar.re.ce.**dor**) [ô] adj. Que estarrece; chocante, aterrorizador.

estarrecer (es.tar.re.**cer**) v.t.d. e v.i. Ficar pasmo, chocado, apavorado; aterrar, assustar.

estarrecido (es.tar.re.**ci**.do) adj. Apavorado; pasmo; incrédulo; aterrorizado.

estarrecimento (es.tar.re.ci.**men**.to) s.m. Estado de apavoramento; incredulidade.

estase (es.**ta**.se) s.m. (Med.) Estagnação de substâncias líquidas do corpo.

estasiofobia (es.ta.si.o.fo.**bi**.a) s.f. (Med.) Medo doentio de se pôr de pé.

estatal (es.ta.**tal**) adj.2g. Relativo ao Estado; que é controlado pelo Estado.

estatelado (es.ta.te.**la**.do) adj. Estendido no chão; imobilizado; caído.

estatelamento (es.ta.te.la.**men**.to) s.m. Ato ou efeito de se estatelar, de cair.

estatelar-se (es.ta.te.**lar**-se) v.p. Cair no chão; levar um tombo; ficar estendido.

estática (es.**tá**.ti.ca) s.f. (Fís.) **1.** Ciência do equilíbrio dos corpos em repouso. **2.** Ruído das descargas atmosféricas que perturbam a audição radiofônica.

estático (es.**tá**.ti.co) adj. **1.** Que não se mexe, que não tem movimento; fixo, imóvel. **2.** Relativo ao equilíbrio; firme. Cf. *extático*.

estatística (es.ta.**tís**.ti.ca) s.f. **1.** Ciência que analisa variações quantitativas dos fenômenos, criando gráficos demonstrativos para tirar conclusões gerais. **2.** Conjunto de dados numéricos relativos a um fenômeno ou evento.

estatístico (es.ta.**tís**.ti.co) adj. **1.** Relativo a estatística, feito por estatística. s.m. **2.** Especialista em estatística.

estatizar (es.ta.ti.**zar**) v.t.d. Passar para o Estado.

estátua (es.**tá**.tua) s.f. Figura inteira, em pleno relevo de homem, mulher ou animal.

estatuaria (es.ta.tu.a.**ri**.a) s.f. Coleção de estátuas.

estatuária (es.ta.tu.**á**.ri.a) s.f. Arte de modelar esculturas; estátuas etc.

estatuário (es.ta.tu.**á**.ri.o) s.m. e adj. Relativo a estátua; escultor.

estatueta (es.ta.tu.**e**.ta) [ê] s.f. Estátua pequena.

estatuir (es.ta.tu.**ir**) v.t.d. Decretar; ordenar; estabelecer como preceito. Obs.: pres. do ind.: *estatuo, estatuis, estatui, estatuímos, estatuís, estatuem*; pres. do subj.: *estatua, estatuas, estatua* etc.

estatura (es.ta.**tu**.ra) s.f. Altura de uma pessoa; tamanho.

estatutário (es.ta.tu.**tá**.ri.o) adj. Relativo a estatutos

estatuto (es.ta.**tu**.to) s.m. Regulamento; lei de um estado; constituição.

estável (es.**tá**.vel) adj.2g. **1.** Que tem firmeza ou constância, que não muda: *tempo estável, humor estável, saúde estável*. **2.** Que se mantém, que não

se separa ou não se desmancha: *sociedade estável, misturas estáveis.*
este[1] (es.te) [ê] *pron.* Pronome demonstrativo que designa o ser que está próximo da pessoa que afirma, como por exemplo: *quero este aqui.* ▫ Pl. *estes, estas.* Fem. *esta.* Cf. *esse.*
este[2] (es.te) [é] *s.m.* O mesmo que *leste.*
estear (es.te.ar) *v.t.d.* Sustentar com esteios; apoiar, amparar.
estearato (es.te.a.ra.to) *s.m.* (Quím.) Sais e ésteres do ácido esteárico.
esteárico (es.te.á.ri.co) *adj.* Feito com estearina.
estearina (es.te.a.ri.na) *s.f.* (Quím.) Substância graxa de éster esteárico de glicerina, usada na fabricação de velas.
esteatita (es.te.a.ti.ta) *s.f.* (Min.) Pedra-sabão; talco maciço de cor esverdeada ou escura.
esteatoma (es.te.a.to.ma) *s.m.* (Med.) Tumor sebáceo.
esteatorreia (es.te.a.tor.rei.a) [éi] *s.f.* (Med.) Fezes com excesso de substâncias gordurosas.
esteio (es.tei.o) *s.m.* Peça de madeira ou de ferro para escorar.
esteira (es.tei.ra) *s.f.* **1.** Tecido feito de junco ou taquara, de hastes entrelaçadas, próprio para se deitar por cima. **2.** Rastro deixado por embarcação: *na esteira da lancha formavam-se ondas e espuma.* **3.** Vestígio, marca. **Esteira rolante:** aparelho para transportar pessoas ou cargas constituído por um piso que se move em sentido horizontal ou inclinado.
esteirado (es.tei.ra.do) *adj.* Coberto de esteiras.
esteirar (es.tei.rar) *v.t.d.* Cobrir com esteiras.
esteireiro (es.tei.rei.ro) *s.m.* Fabricante ou vendedor de esteiras.
esteiro (es.tei.ro) *s.m.* **1.** Braço estreito de um rio. **2.** Mar que adentra por formações rochosas se estendendo pela terra.
estelar (es.te.lar) *adj.2g.* Relativo às estrelas.
estelífero (es.te.li.fe.ro) *adj.* Em que há estrelas.
estelionatário (es.te.li.o.na.tá.ri.o) *s.m.* Pessoa que pratica estelionato; falsário, vigarista.
estelionato (es.te.li.o.na.to) *s.m.* Venda fraudulenta de alguma coisa que não existe ou que não se possui; dolo.
estema (es.te.ma) *s.m.* **1.** Grinalda. **2.** Árvore genealógica; linhagem.
estêncil (es.tên.cil) *s.m.* Papel parafinado para copiar desenhos ou textos. ▫ Pl. *estênceis.*
estendal (es.ten.dal) *s.m.* **1.** Lugar onde se estende; varal. **2.** Exposição de assuntos ou coisas variadas. **3.** Superfície extensa.
estendedouro (es.ten.de.dou.ro) *s.m.* Local onde se estende algo.
estender (es.ten.der) *v.t.d.* Prorrogar; encompridar; esticar.
estendido (es.ten.di.do) *adj.* Prorrogado; encompridado; esticado.
estendível (es.ten.dí.vel) *adj.2g.* Que se pode estender ou encompridar; esticável; prorrogável.

estenia (es.te.ni.a) *s.f.* (Med.) Exaltação da ação orgânica; força.
estenocardia (es.te.no.car.di.a) *s.f.* (Med.) Angina no peito.
estenocéfalo (es.te.no.cé.fa.lo) *adj.* (Med.) Que possui a cabeça estreita.
estenodatilografia (es.te.no.da.ti.lo.gra.fi.a) *s.f.* Uso da estenografia seguida de datilografia.
estenodatilográfico (es.te.no.da.ti.lo.grá.fi.co) *adj.* Pertinente à estenodatilografia.
estenodatilógrafo (es.te.no.da.ti.ló.gra.fo) *s.m.* Pessoa que sabe estenografia e datilografia.
estenografar (es.te.no.gra.far) *v.t.d.* Registrar por escrito, com técnica de taquigrafia; taquigrafar: *estenografar uma carta.*
estenografia (es.te.no.gra.fi.a) *s.f.* Técnica para anotar ditado com escrita a mão, muito rápida, abreviada e simplificada; taquigrafia.
estenógrafo (es.te.nó.gra.fo) *s.m.* Pessoa que faz trabalhos de estenografia; taquígrafo.
estenose (es.te.no.se) *s.f.* (Med.) Estreitamento orgânico de qualquer canal ou orifício.
estenotipar (es.te.no.ti.par) *v.t.d.* Estenografar à máquina.
estenotipia (es.te.no.ti.pi.a) *s.f.* Estenografia mecânica.
estenotipista (es.te.no.ti.pis.ta) *s.2g.* Profissional ou perito que usa a estenografia mecânica.
estentor (es.ten.tor) [ô] *s.m.* Pessoa que possui voz muito forte.
estentóreo (es.ten.tó.re.o) *adj.* Relativo a estentor; estentórico.
estentórico (es.ten.tó.ri.co) *adj.* Relativo a estentor; estentóreo.
estepe (es.te.pe) *s.m.* **1.** (Geo.) Planície vasta e oculta com rala vegetação. **2.** Pneu sobressalente, de reserva.
estépico (es.té.pi.co) *adj.* Relativo a estepe.
éster (és.ter) *s.m.* (Quím.) Composto orgânico resultante da reação de um ácido com um radical alcoólico. ▫ Pl. *ésteres.*
estercado (es.ter.ca.do) *adj.* Em que se colocou esterco; adubado; estrumado.
esterçar (es.ter.çar) *v.t.d.* Girar para a esquerda ou para a direita usando o volante de um veículo.
estercar (es.ter.car) *v.t.d.* Adubar; estrumar.
esterco (es.ter.co) [ê] *s.m.* Estrume; adubo; excremento.
estercorário (es.ter.co.rá.ri.o) *adj.* Que cresce ou vive no esterco.
estéreo (es.té.re.o) *s.m.* **1.** Medida de volume para lenha equivalente a um metro cúbico. **2.** Estereofônico.
estereocromia (es.te.re.o.cro.mi.a) *s.f.* Método para se fixar cores em corpos sólidos.
estereodinâmica (es.te.re.o.di.nâ.mi.ca) *s.f.* (Fís.) Parte da dinâmica que estuda a movimentação de corpos sólidos.

estereofônico (es.te.re.o.**fô**.ni.co) *adj.* Diz-se de um sistema de registro sonoro que reproduz sons e perspectivas auditivas.

estereografia (es.te.re.o.gra.**fi**.a) *s.f.* Sistema que permite exibir e estudar gráficos a partir de sons devidamente filtrados por aparelhos próprios.

estereográfico (es.te.re.o.**grá**.fi.co) *adj.* Relativo à estereografia.

estereologia (es.te.re.o.lo.**gi**.a) *s.f.* Estudo das partes sólidas dos seres vivos.

estereológico (es.te.re.o.**ló**.gi.co) *adj.* Relativo à estereologia.

estereometria (es.te.re.o.me.**tri**.a) *s.f.* Cálculo do volume dos sólidos.

estereométrico (es.te.re.o.**mé**.tri.co) *adj.* Relativo à estereometria.

estereômetro (es.te.re.**ô**.me.tro) *s.m.* Instrumento usado para medir os sólidos na geometria.

estereoscópico (es.te.re.os.**có**.pi.co) *adj.* Relativo ao estereoscópio.

estereoscópio (es.te.re.os.**có**.pi.o) *s.m.* Aparelho óptico que dá a ilusão de relevo às imagens planas.

estereostática (es.te.re.os.**tá**.ti.ca) *s.f.* (*Fís.*) Parte da física que estuda o equilíbrio dos corpos sólidos.

estereostático (es.te.re.os.**tá**.ti.co) *adj.* Relativo à estereostática.

estereotipado (es.te.re.o.ti.**pa**.do) *adj.* **1.** Que é feito por estereotipia ou clichê. **2.** Muito comum, sem originalidade.

estereotipagem (es.te.re.o.ti.**pa**.gem) *s.f.* Ato ou efeito de estereotipar.

estereotipar (es.te.re.o.ti.**par**) *v.t.d.* **1.** Usar a estereotipia para imprimir. **2.** Converter em clichê.

estereotipia (es.te.re.o.ti.**pi**.a) *s.f.* (*Gráf.*) **1.** Arte de converter em clichê. **2.** O que primeiro se compõe com tipos móveis.

estereotípico (es.te.re.o.**tí**.pi.co) *adj.* Relativo à estereotipia.

estereótipo (es.te.re.**ó**.ti.po) *s.m.* **1.** Lugar-comum; o que é trivial. **2.** Costume.

estereotomia (es.te.re.o.to.**mi**.a) *s.f.* Ação de cortar os materiais de construção com rigor.

estéril (es.**té**.ril) *adj.2g.* Que não é fértil; que não pode fertilizar; improdutivo.

esterilidade (es.te.ri.li.**da**.de) *s.f.* Incapacidade de se reproduzir, de fertilizar; infecundidade.

esterilização (es.te.ri.li.za.**ção**) *s.f.* **1.** Ação de esterilizar, de tornar estéril. **2.** Purificação, limpeza, higienização.

esterilizado (es.te.ri.li.**za**.do) *adj.* Que se esterilizou.

esterilizador (es.te.ri.li.za.**dor**) [ô] *s.m.* Aparelho próprio para esterilizar.

esterilizar (es.te.ri.li.**zar**) *v.t.d.* **1.** Tornar estéril. **2.** Limpar.

esterlino (es.ter.**li**.no) *adj.* **1.** Pertencente à libra, moeda inglesa: *libra esterlina*. **2.** Liga metálica usada em joalheria.

esterno (es.**ter**.no) [é] *s.m.* (*Anat.*) Osso localizado na parte anterior do tórax.

esternutação (es.ter.nu.ta.**ção**) *s.f.* Espirro.

esternutar (es.ter.nu.**tar**) *v.i.* Espirrar.

esternutatório (es.ter.nu.ta.**tó**.ri.o) *s.m.* Aquilo que faz espirrar com muita facilidade.

esteroide (es.te.**roi**.de) [ói] *s.m.* (*Bio.*) Substância dos organismos vivos que tem importante papel metabólico e hormonal. **Esteroide anabolizante**: substância derivada do hormônio masculino testosterona e que promove a formação de tecido muscular.

esterqueira (es.ter.**quei**.ra) *s.f.* Local onde se prepara ou guarda estrume; esterquilínio.

esterquilínio (es.ter.qui.**lí**.ni.o) *s.m.* Esterqueira.

estertor (es.ter.**tor**) [ô] *s.m.* Respiração característica das pessoas que estão morrendo, agonizando.

estesia (es.te.**si**.a) *s.f.* (*Med.*) Sensibilidade.

esteta (es.**te**.ta) [é] *s.2g.* **1.** Pessoa que estuda as teorias filosóficas sobre o belo. **2.** Pessoa que cultua o belo, a aparência ou o visual.

estética (es.**té**.ti.ca) *s.f.* **1.** Ciência que estuda o belo, a harmonia da beleza física e das formas. **2.** Beleza, aparência física. **3.** Área de serviços e produtos para embelezar o corpo.

esteticista (es.te.ti.**cis**.ta) *s.2g.* Pessoa que presta serviços de estética, como limpeza de pele e depilação.

estético (es.**té**.ti.co) *adj.* **1.** Relativo à estética. **2.** Que é belo e possui formas harmônicas.

estetoscópio (es.te.tos.**có**.pi.o) *s.m.* Instrumento próprio para auscultar o ouvir os órgãos internos.

estiada (es.ti.**a**.da) *s.f.* Interrupção nas chuvas.

estiado (es.ti.**a**.do) *adj.* (Tempo) seco e sereno.

estiagem (es.ti.**a**.gem) *s.f.* Escassez de chuva; falta de água nos rios e nas fontes.

estiar (es.ti.**ar**) *v.i.* Parar de chover.

estibordo (es.ti.**bor**.do) [ó] *s.m.* Lado direito do navio quando este é olhado da popa para a proa.

esticada (es.ti.**ca**.da) *s.f.* **1.** Ação de esticar. **2.** Passeio, ida, jornada: *uma esticada até a praia*.

esticado (es.ti.**ca**.do) *adj.* Distendido; retesado.

esticar (es.ti.**car**) *v.t.d.* **1.** Distender, retesar, puxar: *esticar uma corda no varal*. *v.t.d. e v.p.* **2.** Tornar(-se) mais longo, ir mais longe; estender(-se): *esticar a conversa, a espera esticou-se*. (*Pop.*) **Esticar as canelas**: morrer.

esticável (es.ti.**cá**.vel) *adj.2g.* Que se pode esticar; elástico.

estigma (es.**tig**.ma) *s.f.* **1.** Marca permanente; cicatriz; sinal. **2.** (*Bot.*) Parte final do pistilo, que recebe o pólen.

estigmatizar (es.tig.ma.ti.**zar**) *v.t.d.* **1.** Marcar com cicatriz. **2.** Condenar; acusar de ação infame. **3.** Censurar.

estigmologia (es.tig.mo.lo.**gi**.a) *s.f.* Conjunto dos diferentes sinais da escrita como o til, a vírgula etc.

estigmológico (es.tig.mo.**ló**.gi.co) *adj.* Que é relativo à estigmologia.

estilar (es.ti.**lar**) *v.t.d.* **1.** Gotejar; destilar. **2.** Ferir com estilo.

estilete (es.ti.**le**.te) [ê] *s.m.* **1.** (*Med.*) Sonda cirúrgica. **2.** (*Bot.*) Parte que prolonga o ovário para cima. **3.** Lâmina fina; aparelho pontiagudo.

estilha (es.ti.lha) s.f. Fragmento, lasca, cavaco.
estilhaçado (es.ti.lha.ça.do) adj. Fragmentado, lascado, quebrado em inúmeros pedacinhos.
estilhaçar (es.ti.lha.çar) v.t.d. Fragmentar, lascar, quebrar; estilhar.
estilhaço (es.ti.lha.ço) s.m. Estilha grande; pedaço, fragmento.
estilhar (es.ti.lhar) v.t.d. Estilhaçar.
estilicídio (es.ti.li.cí.di.o) s.m. **1.** Chuva que escorre dos beirais dos telhados. **2.** Gotejar de um líquido. **3.** (Fig.) Coriza; fluxo aquoso do nariz.
estiliforme (es.ti.li.for.me) adj.2g. Que possui a forma de estilete.
estilingada (es.ti.lin.ga.da) s.f. Arremesso com estilingue.
estilingar (es.ti.lin.gar) v.t.d. Arremessar com o estilingue.
estilingue (es.ti.lin.gue) s.m. Atiradeira feita com tiras de elástico presas a uma haste em forma de Y; bodoque.
estilista (es.ti.lis.ta) s.2g. **1.** Escritor que possui um estilo próprio e elegante. **2.** Desenhista de moda.
estilística (es.ti.lís.ti.ca) s.f. Estudo das diferentes formas de estilo; arte de escrever bem.
estilístico (es.ti.lís.ti.co) adj. Relativo à estilística.
estilização (es.ti.li.za.ção) s.f. Ato de estilizar.
estilizado (es.ti.li.za.do) adj. Que possui estilo; que se estilizou.
estilizar (es.ti.li.zar) v.t.d. **1.** Dar estilo. **2.** Florear um tema musical ou literário.
estilo (es.ti.lo) s.m. **1.** Qualidade; características de uma época na história. **2.** Maneira de ser, dizer, compor, pintar ou esculpir. **3.** Costume; uso. **4.** Estilete; ponteiro.
estima (es.ti.ma) s.f. Afeição; apreciação; amizade; consideração.
estimação (es.ti.ma.ção) s.f. **1.** Ação de estimar. **2.** Grande estima ou afeto. **De estimação:** diz-se de animal doméstico criado por gosto, para fazer companhia, e não para trabalhar ou servir de alimento. **3.** (Mat.) Atribuição de um valor por método estatístico.
estimado (es.ti.ma.do) adj. Apreciado; considerado.
estimar (es.ti.mar) v.t.d. **1.** Apreciar; considerar; ter afeição por. **2.** Avaliar o valor ou preço de.
estimativa (es.ti.ma.ti.va) s.f. **1.** Cálculo, avaliação. **2.** Apreciação. **3.** Cômputo.
estimativo (es.ti.ma.ti.vo) adj. Que se estima.
estimável (es.ti.má.vel) adj.2g. **1.** Digno de estima. **2.** Que se pode estimar, avaliar.
estimulação (es.ti.mu.la.ção) s.f. Impulso; excitação.
estimulado (es.ti.mu.la.do) adj. Incitado; excitado.
estimulante (es.ti.mu.lan.te) adj.2g. Instigante; excitante.
estimular (es.ti.mu.lar) v.t.d. **1.** Instigar; dar estímulo. **2.** Excitar.
estimulável (es.ti.mu.lá.vel) adj.2g. Que se pode estimular, que responde a estímulo.
estímulo (es.tí.mu.lo) s.m. Incentivo; impulso.
estio (es.ti.o) s.m. Calor; verão; temperatura quente.

estiolamento (es.ti.o.la.men.to) s.m. Fraqueza.
estiolar-se (es.ti.o.lar-se) v.p. **1.** Enfraquecer-se; debilitar-se. **2.** Desfalecer; perder a cor ou o vigor.
estipe (es.ti.pe) s.f. (Bot.) Tronco ou caule que não possui ramificações.
estipendiar (es.ti.pen.di.ar) v.t.d. Pagar o ordenado; assalariar.
estipendiário (es.ti.pen.di.á.ri.o) adj. Contratado; ajustado; assalariado.
estipêndio (es.ti.pên.di.o) s.m. Pagamento; salário; ordenado.
estípite (es.tí.pi.te) s.f. (Bot.) Estipe; caule.
estípula (es.tí.pu.la) s.f. (Bot.) Pequeno apêndice junto a base do pecíolo de uma folha.
estipulação (es.ti.pu.la.ção) s.f. Ato de estipular; cláusula; convenção; ajuste.
estipulado (es.ti.pu.la.do) adj. Contratado; combinado; ajustado.
estipulador (es.ti.pu.la.dor) [ô] s.m. Patrão; aquele que contrata ou estipula.
estipulante (es.ti.pu.lan.te) adj.2g. Que estipula.
estipular (es.ti.pu.lar) v.t.d. Contratar; combinar; ajustar; convencionar.
estipuloso (es.ti.pu.lo.so) [ô] adj. Que possui estípulas. ▣ Pl. *estipulosos* [ó].
estirada (es.ti.ra.da) s.f. **1.** Estendida; esticada; puxada. **2.** Caminhada.
estirado (es.ti.ra.do) adj. Estendido; extenso.
estiramento (es.ti.ra.men.to) s.m. Distensão.
estirão (es.ti.rão) s.m. Caminhada; caminho longo.
estirar (es.ti.rar) v.t.d. Esticar; encompridar; alongar; estender.
estirpe (es.tir.pe) s.f. **1.** Raiz. **2.** Tronco. **3.** Raça.
estiva (es.ti.va) s.f. **1.** Carregamento marítimo. **2.** Porão de navio.
estivação (es.ti.va.ção) s.f. Ação de estivar.
estivador (es.ti.va.dor) [ô] s.m. Empregado que trabalha em portos na carga e descarga.
estivagem (es.ti.va.gem) s.f. Trabalho de estiva.
estival (es.ti.val) adj.2g. Relacionado ao verão.
estivar (es.ti.var) v.t.d. Arrumar a carga; ou estiva de.
estivo (es.ti.vo) adj. Que é quente.
esto (es.to) [ê] s.m. Ardor; entusiasmo; inspiração.
estocada (es.to.ca.da) s.f. **1.** Golpe com espada. **2.** Surpresa dolorosa e desagradável.
estocagem (es.to.ca.gem) s.f. Ato ou efeito de estocar; armazenagem.
estocar (es.to.car) v.t.d. **1.** Guardar; formar estoque. **2.** Golpear com um estoque.
estofa (es.to.fa) [ô] s.f. O mesmo que *estofo*.
estofado (es.to.fa.do) adj. Coberto de estofo.
estofador (es.to.fa.dor) [ô] s.m. Aquele que é especializado em estofados; moveleiro.
estofar (es.to.far) v.t.d. Acolchoar; cobrir de estofo.
estofo (es.to.fo) [ô] s.m. Tecido próprio para enchimento ou para revestir interiormente determinados móveis. O mesmo que *estofa*.
estoicidade (es.toi.ci.da.de) s.f. Resignação; firmeza; austeridade.

estoicismo (es.toi.**cis**.mo) s.m. **1.** (*Filos.*) Sistema filosófico criado no séc. III a.C. que preconizava a indiferença à dor e ao prazer. **2.** (*Fig.*) Resignação à dor e aos infortúnios.

estoico (es.**toi**.co) [ói] s.m. e adj. **1.** Adepto do estoicismo. **2.** (Indivíduo) resignado; impassível; austero.

estoirar (es.toi.**rar**) v.i. e v.t.d. Estourar, explodir.

estojo (es.**to**.jo) [ô] s.m. Caixa própria para se guardar pequenos objetos, como o material escolar.

estola (es.**to**.la) [ó] s.f. **1.** Tira larga de pano usada sobre os ombros. **2.** Abrigo de pele.

estolho (es.**to**.lho) [ô] s.m. (*Bot.*) Feixe de raízes em rizoma e haste das plantas rasteiras.

estolhoso (es.to.**lho**.so) [ô] adj. Que possui estolhos. ▫ Pl. *estolhosos* [ó].

estomacal (es.to.ma.**cal**) adj.2g. Relativo ao estômago.

estomagar (es.to.ma.**gar**) v.t.d. Zangar; esbravejar.

estômago (es.**tô**.ma.go) s.m. **1.** (*Anat.*) Órgão digestivo situado entre o esôfago e o duodeno. **2.** Ânimo; disposição.

estomáquico (es.to.**má**.qui.co) adj. Estomacal.

estomático (es.to.**má**.ti.co) adj. Relativo a boca e ao sistema digestivo.

estomatite (es.to.ma.**ti**.te) s.f. (*Med.*) Inflamação da mucosa da boca.

estômato (es.**tô**.ma.to) s.m. (*Bot.*) Estrutura da epiderme das folhas formada por células que fazem as trocas gasosas.

estoniano (es.to.ni.**a**.no) s.m. e adj. Estônio.

estônio (es.**tô**.ni.o) adj. **1.** Da Estônia, país da Europa; estoniano. s.m. **2.** Pessoa natural ou habitante desse lugar; estoniano.

estonteado (es.ton.te.**a**.do) adj. Espeloteado; tonto.

estonteador (es.ton.te.a.**dor**) [ô] adj. Estonteante.

estonteamento (es.ton.te.a.**men**.to) s.m. Alucinação; espeloteamento.

estonteante (es.ton.te.**an**.te) adj.2g. **1.** Que deixa tonto, que estonteia; estonteador. **2.** Alucinante; enlouquecedor.

estontear (es.ton.te.**ar**) v.t.d. Deslumbrar; perturbar; aturdir.

estopa (es.**to**.pa) [ó] s.f. Tecido grosseiro ou a parte mais grosseira do linho.

estopada (es.to.**pa**.da) s.f. **1.** Conjunto de estopa. **2.** Coisa amassada; enfadonha.

estopador (es.to.pa.**dor**) [ô] s.m. Maçador; importuno.

estopar (es.to.**par**) v.t.d. **1.** Colocar chumaço ou estopa em. **2.** Maçar; enfadar.

estopim (es.to.**pim**) s.m. **1.** Cordão embebido em explosivo para conduzir fogo (a bombas, minas etc.). **2.** Agente desencadeador de (revolução, guerra, etc.).

estoque (es.**to**.que) s.m. **1.** Depósito de mercadorias. **2.** Lâmina pontiaguda e estreita.

estoquear (es.to.que.**ar**) v.t.d. **1.** Estocar; armazenar. **2.** Ferir com estoque.

estoquista (es.to.**quis**.ta) s.2g. **1.** Encarregado de estoque. **2.** Esgrimista.

estorcer (es.tor.**cer**) v.t.d. Torcer com violência.

estória (es.**tó**.ri.a) s.f. (*Folc.*) Conto popular, narrativa tradicional folclórica; história: *passaram a noite contando estórias de assombração*. Obs.: vocábulo proposto como equivalente do inglês *story*, sem semelhança com *history*.

estornado (es.tor.**na**.do) adj. Retirado; devolvido.

estornar (es.tor.**nar**) v.t.d. **1.** Dissolver contrato. **2.** Lançar em conta de débito o que havia sido creditado e vice-versa.

estorninho (es.tor.**ni**.nho) s.m. (*Zoo.*) Pássaro europeu que possui capacidade de aprender a articular algumas palavras.

estorno (es.**tor**.no) [ô] s.m. Correção de lançamento indevido de crédito ou em débito, assentando quantia igual na conta oposta.

estorrador (es.tor.ra.**dor**) [ô] s.m. Máquina agrícola própria para quebrar torrões de terra escavada.

estorricado (es.tor.ri.**ca**.do) adj. Queimado; assado demais; torrado; seco.

estorricar (es.tor.ri.**car**) v.t.d. Queimar; assar demais; tostar; torrar; secar.

estorvado (es.tor.**va**.do) adj. Atrapalhado.

estorvador (es.tor.va.**dor**) [ô] s.m. Trapalhão; aquele que atrapalha ou incomoda os outros.

estorvamento (es.tor.va.**men**.to) s.m. Embaraço; atrapalhação; frustração.

estorvar (es.tor.**var**) v.t.d. Atrapalhar; incomodar.

estorvo (es.**tor**.vo) [ô] s.m. Embaraço; dificuldade; incômodo; obstáculo; impedimento.

estourada (es.tou.**ra**.da) s.f. Conflito; explosão; rumor; tropel.

estourado (es.tou.**ra**.do) adj. **1.** Arrebentado; que explodiu. **2.** Irritado; nervoso; impaciente.

estourar (es.tou.**rar**) v.t.d. Arrebentar; estrondar; explodir.

estouro (es.**tou**.ro) [ô] s.m. **1.** Barulho muito forte; estampido; estrondo; explosão. **2.** Debandada.

estouvado (es.tou.**va**.do) adj. Doido; sem jeito; estabanado; atrapalhado.

estouvamento (es.tou.va.**men**.to) s.m. Imprudência; doideira; ato ou estado estabanado.

estrábico (es.**trá**.bi.co) adj. **1.** Que tem problema na vista. **2.** (*Pop.*) Vesgo; caolho; zarolho.

estrabismo (es.tra.**bis**.mo) s.m. **1.** (*Med.*) Desvio dos olhos de seu eixo normal. **2.** (*Pop.*) Condição de zarolho; vesguice.

estrabometria (es.tra.bo.me.**tri**.a) s.f. Grau do estrabismo.

estrabométrico (es.tra.bo.**mé**.tri.co) adj. Relativo à estrabometria.

estrabômetro (es.tra.**bô**.me.tro) s.m. (*Med.*) Instrumento próprio para medir o grau do estrabismo.

estraçalhar (es.tra.ça.**lhar**) v.t.d. Rasgar; despedaçar; espatifar; retalhar.

estrada (es.**tra**.da) s.f. Caminho de longa extensão; via pública.

estradeiro (es.tra.**dei**.ro) s.m. Vagabundo; velhaco; trapaceiro; vadio.
estradivário (es.tra.di.**vá**.ri.o) s.m. Violino do século XVII fabricado pelo italiano Stradivarius.
estrado (es.**tra**.do) s.m. **1.** Parte da cama sobre a qual se apoia o colchão. **2.** (Pop.) Lastro. **3.** Palco; tablado.
estragado (es.tra.**ga**.do) adj. Deteriorado; danificado; corrompido; que passou da validade; que não presta mais.
estragar (es.tra.**gar**) v.t.d. **1.** Causar estrago; danificar. v.p. **2.** Deteriorar(-se); danificar(-se). **3.** Corromper--se; passar da validade.
estrago (es.**tra**.go) s.m. Deterioração; dano; prejuízo.
estralada (es.tra.**la**.da) s.f. **1.** Conflito; briga; encrenca. **2.** Estrépito.
estralar (es.tra.**lar**) v.i. Estralejar; estalar; estrepitar.
estralejar (es.tra.le.**jar**) v.t.d. Estralar.
estralheira (es.tra.**lhei**.ra) s.f. Aparelho próprio para elevar grandes pesos.
estralo (es.**tra**.lo) s.m. Estalo; pequeno ruído.
estrambote (es.tram.**bo**.te) (Lit.) s.m. Verso que é adicionado aos catorze versos de um soneto. O mesmo que *estramboto*.
estrambótico (es.tram.**bó**.ti.co) adj. **1.** Extravagante; esquisito. s.m. *e* adj. **2.** (Soneto) com estrambote.
estramboto (es.tram.**bo**.to) s.m. O mesmo que *estrambote*.
estrangeirada (es.tran.gei.**ra**.da) s.f. (Pej.) Conjunto ou grupo de estrangeiros.
estrangeirado (es.tran.gei.**ra**.do) adj. Que possui hábitos ou sotaque estrangeiro.
estrangeirice (es.tran.gei.**ri**.ce) s.f. **1.** Gosto por coisas estrangeiras. **2.** Algo feito de acordo com os costumes dos estrangeiros.
estrangeirismo (es.tran.gei.**ris**.mo) s.m. Barbarismo; estrangeirice; uso de palavras estrangeiras.
estrangeiro (es.tran.**gei**.ro) s.m. *e* adj. **1.** (Aquele) que é de outro país. **2.** Alienígena.
estrangulação (es.tran.gu.la.**ção**) s.f. Enforcamento; garroteamento; constrição.
estrangulado (es.tran.gu.**la**.do) adj. Que se estrangulou ou garroteou; enforcado.
estrangulador (es.tran.gu.la.**dor**) [ô] s.m. Enforcador; garroteador; esmagador.
estrangulamento (es.tran.gu.la.**men**.to) s.m. Ação de estrangular; morte causada dessa maneira.
estrangular (es.tran.gu.**lar**) v.t.d. **1.** Apertar o pescoço; enforcar, garrotear, esganar. **2.** Matar apertando o pescoço: *a jiboia estrangulou um rato.*
estranhamento (es.tra.nha.**men**.to) s.m. Estranheza; esquivança.
estranhar (es.tra.**nhar**) v.t.d. Achar diferença; não reconhecer; achar esquisito, estranho.
estranhável (es.tra.**nhá**.vel) adj.2g. Que causa estranheza.
estranheza (es.tra.**nhe**.za) s.f. Esquivança; surpresa; sensação de estranhar.

estranho (es.**tra**.nho) s.m. *e* adj. **1.** (Aquele) que é desconhecido; que não é familiar; estrangeiro; alheio. **2.** Diferente do normal.
estrapeamento (es.tra.pe.a.**men**.to) s.m. (Inf.) Configuração física de placas eletrônicas para conectar dois terminadores de circuito, evitando conflito entre várias placas.
estratagema (es.tra.ta.**ge**.ma) s.f. Ardil; astúcia; manha.
estratégia (es.tra.**té**.gi.a) s.f. **1.** Plano; programa. **2.** Arte de traçar planos em uma guerra.
estratégico (es.tra.**té**.gi.co) adj. Relativo à estratégia.
estrategista (es.tra.te.**gis**.ta) s.2g. Pessoa que planeja; quem faz estratégias.
estratificação (es.tra.ti.fi.ca.**ção**) s.f. **1.** Superposição de camadas sociais. **2.** Disposição por estrato.
estratificado (es.tra.ti.fi.**ca**.do) adj. Sedimentado; em camadas.
estratificar (es.tra.ti.fi.**car**) v.t.d. Sedimentar; dispor em camadas.
estratiforme (es.tra.ti.**for**.me) adj.2g. Relativo a estrato; composto de camadas.
estrato (es.**tra**.to) s.m. **1.** (Geo.) Camada de terrenos sedimentares. **2.** Nuvens baixas; nevoeiro. **3.** Camada, nível. Cf. *extrato*.
estratocracia (es.tra.to.cra.**ci**.a) s.f. Preponderância do militarismo ou do elemento militar; governo militar.
estrato-cúmulo (es.tra.to-**cú**.mu.lo) s.m. Nome dado a nuvens muito grandes e baixas. ▣ Pl. *estratos--cúmulos, estratos-cúmulo*.
estratografia (es.tra.to.gra.**fi**.a) s.f. Descrição de tudo pertencente ao exército e do próprio exército.
estratográfico (es.tra.to.**grá**.fi.co) adj. Relativo à estratografia.
estratosfera (es.tra.tos.**fe**.ra) s.f. Parte da atmosfera compreendida entre 12 e 70 quilômetros de altura.
estratosférico (es.tra.tos.**fé**.ri.co) adj. **1.** Relativo à estratosfera. **2.** (Fig.) Mirabolante.
estreante (es.tre.**an**.te) s.2g. *e* adj.2g. (Aquele) que é novato; principiante; iniciante.
estrear (es.tre.**ar**) v.t.d. Inaugurar; iniciar; começar; usar pela primeira vez. Obs.: pres. do ind.: *estreio, estreias, estreia, estreamos, estreais, estreiam*; pres. do subj.: *estréie, estréies, estréie* etc.
estrebaria (es.tre.ba.**ri**.a) s.f. Rancho de recolhimento de animais de carga e arreios; cavalaria; curral.
estrebuchamento (es.tre.bu.cha.**men**.to) s.m. Convulsão; agitação.
estrebuchar (es.tre.bu.**char**) v.i. Debater-se; agitar--se; espernear; ter convulsão.
estreia (es.**trei**.a) [éi] s.f. Inauguração; início; começo; ato de fazer pela primeira vez.
estreitamento (es.trei.ta.**men**.to) s.m. Redução; aperto; diminuição da largura; limite.
estreitar (es.trei.**tar**) v.t.d. Reduzir; apertar; afinar; diminuir a largura; limitar; restringir.
estreiteza (es.trei.**te**.za) s.f. **1.** De pouco espaço; pouca largura; aperto. **2.** Miséria; mesquinhez.

estreito (es.**trei**.to) *adj.* **1.** Reduzido; apertado; afinado; que teve a largura diminuída; limitado; restrito. *s.m.* **2.** Braço de mar que liga duas partes do mesmo mar ou dois mares diversos.

estrela (es.**tre**.la) [ê] *s.f.* **1.** (*Astron.*) Corpo celeste de luz própria; astro brilhante. **2.** Sorte, destino, sina, fado: *era uma pessoa de sorte, tinha uma estrela muito boa*. *s.2g.* **3.** Artista; pessoa muito importante ou muito conhecida: *as estrelas da música popular*.

Estrela-d'alva (es.tre.la-d'**al**.va) *s.f.* (*próprio*) O planeta Vênus, quando pode ser visto pouco antes do amanhecer ou pouco antes do anoitecer. ▪ Pl. *estrelas-d'alva*.

estrela de davi (es.**tre**.la de da.**vi**) *s.f.* Símbolo formado por dois triângulos entrelaçados em forma de estrela com seis pontas, associado aos judeus; signo de salomão.

estreladeira (es.tre.la.**dei**.ra) *s.f.* Frigideira própria para estrelar ovos.

estrelado (es.tre.**la**.do) *adj.* **1.** Coberto de estrelas; cheio de estrelas. **2.** Diz-se do ovo frito, não mexido. **3.** Que tem a forma de estrela.

estrela-do-mar (es.tre.la-do-**mar**) *s.m.* (*Zoo.*) Equinodermo marinho que tem forma de estrela; astéria. ▪ Pl. *estrelas-do-mar*.

estrelante (es.tre.**lan**.te) *adj.2g.* Brilhante; refulgente; ornado de estrelas.

estrelar (es.tre.**lar**) *v.t.d.* **1.** Matizar; cobrir de estrelas. **2.** Frigir ovos sem batê-los. **3.** Ser artista de cinema. Obs.: verbo regular.

estrelário (es.tre.**lá**.ri.o) *adj.* Que possui a forma de estrela.

estrelejar (es.tre.le.**jar**) *v.i.* (*Raro*) **1.** Emitir fagulhas, faíscas: *os fogos de artifício estrelejavam*. **2.** Emitir estalidos; estalar: *a batata estrelejou na fogueira*.

estrelinha (es.tre.**li**.nha) *s.f.* **1.** Asterisco. **2.** Diminutivo de *estrela*. **3.** Fogo de salão. **4.** Massa para sopa em forma de estrelas.

estrelismo (es.tre.**lis**.mo) *s.m.* Comportamento arrogante, exigência de ser tratado com privilégios, como estrela.

estrema (es.**tre**.ma) *s.f.* Limite de terras; marco.

estremado (es.tre.**ma**.do) *adj.* Dividido; limitado; demarcado.

estremadura (es.tre.ma.**du**.ra) *s.f.* Limite; fronteira, raia.

estremar (es.tre.**mar**) *v.t.d.* Separar; delimitar; demarcar; distinguir.

estreme (es.**tre**.me) *adj.* Sem mistura; puro.

estremeção (es.tre.me.**ção**) *s.f.* Convulsão; tremor.

estremecer (es.tre.me.**cer**) *v.t.d.* **1.** Causar tremor; fazer tremer. *v.i.* **2.** Assustar-se, ter medo. **3.** Tremer.

estremecido (es.tre.me.**ci**.do) *adj.* **1.** Tremido. **2.** Assustado. **3.** Extremamente amado.

estremecimento (es.tre.me.ci.**men**.to) *s.m.* Ação de estremecer.

estremunhar (es.tre.mu.**nhar**) *v.t.d.* Acordar subitamente; despertar de repente.

estrênuo (es.**trê**.nuo) *adj.* **1.** Valente, corajoso. **2.** Cuidadoso, zeloso.

estrepada (es.tre.**pa**.da) *s.f.* **1.** Machucado causado por estrepe. **2.** Mau negócio.

estrepar-se (es.tre.**par**-se) *v.p.* **1.** Machucar-se; levar estrepe. **2.** Fazer um mau negócio. **3.** (*Gír.*) Entrar pelo cano.

estrepe (es.**tre**.pe) [é] *s.m.* **1.** Espinho; lasca pontiaguda. **2.** Aquilo que não presta. **3.** Pessoa muito feia.

estrepitante (es.tre.pi.**tan**.te) *adj.2g.* Que faz muitos ruídos; barulhento.

estrepitar (es.tre.pi.**tar**) *v.i.* Explodir; estralar; estalar; crepitar.

estrépito (es.**tré**.pi.to) *s.m.* **1.** Ruído; estrondo; grande barulho. **2.** Tumulto. **3.** Pompa.

estrepitoso (es.tre.pi.**to**.so) [ô] *adj.* Que produz estrépito. ▪ Pl. *estrepitosos* [ó].

estrepolia (es.tre.po.**li**.a) *s.f.* Desordem; conflito; travessura. O mesmo que *estripulia*.

estreptocócico (es.trep.to.**có**.ci.co) *adj.* (*Med.*) Relativo a estreptococo.

estreptococo (es.trep.to.**co**.co) *s.m.* (*Med.*) Bactéria esférica que se apresenta em cadeia, usada também para induzir a fermentação de laticínios.

estreptomicina (es.trep.to.mi.**ci**.na) *s.f.* (*Med.*) Substância própria para combater a tuberculose e outras doenças infecciosas.

estressado (es.tres.**sa**.do) *adj.* Esgotado; que está com estresse.

estressante (es.tres.**san**.te) *adj.2g.* **1.** Que causa estresse. **2.** Irritante, desagradável.

estressar (es.tres.**sar**) *v.i.* e *v.p.* **1.** Esgotar; chegar ao estresse. *v.t.d.* **2.** Causar estresse.

estresse (es.**tres**.se) [é] *s.m.* **1.** (*Med.*) Esgotamento físico e mental; conjunto de reações orgânicas capazes de perturbar o equilíbrio interno. **2.** (*Pop.*) Irritação, impaciência, agressividade. Obs.: do inglês *stress*.

estria (es.**tri**.a) *s.f.* **1.** Linha fina formada sobre a pele. **2.** Sulco, ranhura, traço. **3.** Sulco interno dos canos das armas.

estriado (es.tri.**a**.do) *adj.* Em forma de estrias.

estriamento (es.tri.a.**men**.to) *s.m.* Ato de estriar.

estriar (es.tri.**ar**) *v.t.d.* Fazer estrias, riscos ou ranhuras em. Obs.: pres. do ind.: *estrio, estrias, estria* etc.

estribado (es.tri.**ba**.do) *adj.* Baseado; fundamentado; apoiado em estribos.

estribar (es.tri.**bar**) *v.t.d.* Apoiar, firmar, segurar ou assentar nos estribos.

estribeira (es.tri.**bei**.ra) *s.m.* Estribo de carruagem ou de montar. **Perder as estribeiras**: perder a paciência; desnortear-se; fazer coisas fora de propósito.

estribeiro (es.tri.**bei**.ro) *s.m.* Ter a seu cargo arreios, coches, cavalarias etc.

estribilhar (es.tri.bi.**lhar**) *v.t.d.* Repetir como estribilho.

estribilho (es.tri.**bi**.lho) *s.m.* **1.** Verso que se repete no fim de cada estrofe de uma composição; refrão. **2.** (*Fig.*) Coisa muito repetitiva.

estribo (es.**tri**.bo) *s.m.* **1.** Peça onde o cavaleiro firma o pé. **2.** Degrau; pequena plataforma. **3.** (*Anat.*) Osso do ouvido médio.

estricnina (es.tric.**ni**.na) s.f. (*Quím.*) Alcaloide extraído da nox-vômica e de outras plantas do gênero *Strychnos*.

estridência (es.tri.**dên**.ci.a) s.f. Qualidade de estridente.

estridente (es.tri.**den**.te) adj.2g. Diz-se de som muito agudo e forte; ardido; gritante: *uma voz estridente*.

estridor (es.tri.**dor**) [ô] s.m. Estrondo; silvo; ruído desagradável e muito forte.

estridulante (es.tri.du.**lan**.te) adj.2g. Que estridula ou chia; estridente, desagradável.

estridular (es.tri.du.**lar**) v.i. Produzir som penetrante e agudo.

estrídulo (es.**trí**.du.lo) adj. Estriduloso; estridente.

estriduloso (es.tri.du.**lo**.so) [ô] adj. Estrídulo. ▪ Pl. *estridulosos* [ó].

estriga (es.**tri**.ga) s.f. Porção de linho pronto para ser fiado.

estrilador (es.tri.la.**dor**) [ô] s.m. Reclamador; que vive zangado.

estrilar (es.tri.**lar**) v.i. **1.** Zangar-se; enfurecer-se. **2.** Falar muito alto; bradar. **3.** Soltar som estridente.

estrilo (es.**tri**.lo) s.m. Zanga; protesto; reclamação; fúria.

estringir (es.trin.**gir**) v.t.d. Limitar; circundar; restringir.

estripação (es.tri.pa.**ção**) s.f. Estripamento.

estripado (es.tri.**pa**.do) adj. Sem as vísceras; eviscerado.

estripamento (es.tri.pa.**men**.to) s.m. Ação ou efeito de tirar as tripas; evisceração, eventração, estripação.

estripar (es.tri.**par**) v.t.d. Retirar as vísceras; eviscerar.

estripulia (es.tri.pu.**li**.a) s.f. O mesmo que *estrepolia*.

estrito (es.**tri**.to) adj. Exato; rigoroso; preciso.

estritura (es.tri.**tu**.ra) s.f. Compressão; estrangulação.

estro (**es**.tro) [é] s.m. Entusiasmo artístico; inspiração; imaginação fecunda.

estroboscópico (es.tro.bos.**có**.pi.co) adj. Diz-se de uma luz que pisca, usada para observar movimento ou efeito de iluminação em festa.

estroço (es.**tro**.ço) [ô] s.m. Enxame de abelhas recém-mudadas para outra colmeia; colmeia abandonada.

estrofe (es.**tro**.fe) [ó] s.f. Cada um dos grupos de versos de um poema; grupo de versos que formam um todo; estância.

estrófico (es.**tró**.fi.co) adj. Relativo a estrofe.

estrófulo (es.**tró**.fu.lo) s.m. (*Med.*) Dermatite ou dermatose com erupções em geral pruriginosas, frequente nas crianças.

estrógeno (es.**tró**.ge.no) s.m. (*Bio.*) Hormônio feminino produzido nos ovários, que prepara o corpo para a reprodução.

estrogonofe (es.tro.go.**no**.fe) s.m. (*Culin.*) Prato de origem russa ou francesa, feito com tiras de filé servidas com molho de creme de leite e cogumelos, acompanhado de arroz e batata palha.

estroina (es.**troi**.na) [ói] adj.2g. Extravagante; doidivanas; boêmio; esbanjador.

estroinice (es.troi.**ni**.ce) s.f. Ação de gastar demais; extravagância; boemia; esbanjamento; dissipação.

estrompado (es.trom.**pa**.do) adj. Gasto; deteriorado; estragado.

estrompar (es.trom.**par**) v.t.d. Gastar; deteriorar; estragar.

estrompido (es.trom.**pi**.do) s.m. Estampido; estrépito.

estronca (es.**tron**.ca) s.f. Alavanca em forma de forquilha apropriada para levantar grandes pesos.

estroncamento (es.tron.ca.**men**.to) s.m. Ato ou efeito de estroncar.

estroncar (es.tron.**car**) v.t.d. Destroncar; separar do tronco; desmembrar; desmanchar.

estrôncio (es.**trôn**.ci.o) s.m. (*Quím.*) Elemento de número atômico 38, símbolo Sr e peso atômico 87,62, que é um metal amarelo.

estrondar (es.tron.**dar**) v.i. Estrondear.

estrondeante (es.tron.de.**an**.te) adj.2g. Barulhento; retumbante; que soa ruidosamente.

estrondear (es.tron.de.**ar**) v.i. Fazer estrondo, barulho forte; retumbar; estrondar.

estrondo (es.**tron**.do) s.m. Estampido; barulho; ruído muito alto.

estrondoso (es.tron.**do**.so) [ô] adj. **1.** Estrepitoso; muito barulhento; retumbante; que soa ruidosamente. **2.** Que faz sensação. ▪ Pl. *estrondosos* [ó].

estropeada (es.tro.pe.**a**.da) s.f. Tropel.

estropear (es.tro.pe.**ar**) v.i. Fazer tropel; estrupidar.

estropiação (es.tro.pi.a.**ção**) s.f. Ato de estropiar; mutilar; cortar algum membro; aleijar.

estropiado (es.tro.pi.**a**.do) adj. **1.** Esgotado; cansado. **2.** Mutilado; cortado; aleijado; deformado. **3.** Mal interpretado.

estropiar (es.tro.pi.**ar**) v.t.d. **1.** Esgotar; cansar. **2.** Mutilar; cortar; aleijar; deformar. **3.** Interpretar mal o sentido de uma explicação.

estropício (es.tro.**pí**.ci.o) s.m. **1.** Dano; malefício. **2.** Pessoa indesejada. Cf. *estrupício*.

estrugido (es.tru.**gi**.do) s.m. Estrondo; barulho; clamor; forte vibração.

estrugidor (es.tru.gi.**dor**) [ô] adj. Barulhento; gritante; estrondoso.

estrugimento (es.tru.gi.**men**.to) s.m. Barulho; estrondo; clamor.

estrugir (es.tru.**gir**) v.i. **1.** Estrondear; gritar; clamar. **2.** Atroar; vibrar fortemente.

estrumação (es.tru.ma.**ção**) s.f. Ato de estrumar.

estrumada (es.tru.**ma**.da) s.f. Quantidade de estrume.

estrumar (es.tru.**mar**) v.t.d. **1.** Espalhar estrume; estercar; adubar. **2.** Fazer estrumeira.

estrume (es.**tru**.me) s.m. Qualquer substância orgânica que serve para fertilizar o solo; fertilizante; esterco; adubo; excremento.

estrumeira (es.tru.**mei**.ra) s.f. Local onde se guarda estrume.

estrumoso (es.tru.**mo**.so) [ô] *adj.* Cheio de estrume ou adubo. ◘ Pl. *estrumosos* [ó].
estrupício (es.tru.**pí**.ci.o) *s.m.* Motim; algazarra; conflito. Cf. *estropício*.
estrupidar (es.tru.pi.**dar**) *v.i.* Fazer barulho, rumorejar.
estrupido (es.tru.**pi**.do) *s.m.* Barulho, estrondo, estrépito.
estrutura (es.tru.**tu**.ra) *s.f.* **1.** Conjunto de elementos ou partes e suas relações: *a estrutura da árvore é raiz, tronco, galhos e folhas*; *uma estrutura de frase pode ser sujeito e predicado*. **2.** Disposição da ordem das partes de um edifício, que também se aplica aos seres vivos.
estruturação (es.tru.tu.ra.**ção**) *s.f.* Ação de estruturar(-se), de fazer com estruturas, de organizar segundo uma estrutura ou planejamento.
estruturado (es.tru.tu.**ra**.do) *adj.* **1.** Organizado, disposto, esquematizado. **2.** Arranjado, feito, preparado de acordo com uma estrutura ou plano.
estrutural (es.tru.tu.**ral**) *adj.2g.* Relativo a estrutura, que faz parte da estrutura.
estruturalismo (es.tru.tu.ra.**lis**.mo) *s.m.* **1.** Teoria antropológica que considera a realidade social como um conjunto de elementos interligados, que formam uma estrutura. **2.** Movimento filosófico em que os fenômenos são estudados como partes de uma estrutura e têm seu valor determinado pela relação com os demais.
estruturalista (es.tru.tu.ra.**lis**.ta) *adj.2g.* **1.** Relativo ao estruturalismo. *s.2g. e adj.2g.* **2.** (Aquele) que segue o estruturalismo.
estruturar (es.tru.tu.**rar**) *v.t.d. e v.p.* Pôr(-se) em ordem; organizar(-se); dispor(-se); arranjar(-se).
estuar (es.tu.**ar**) *v.i.* Tornar muito quente; ferver.
estuário (es.tu.**á**.ri.o) *s.m.* Região onde um rio se lança ao mar misturando águas doce e salgada.
estucador (es.tu.ca.**dor**) [ô] *s.m.* **1.** Aquele que reveste com estuque. *s.m.* **2.** Pessoa que trabalha estucando, revestindo com estuque.
estucar (es.tu.**car**) *v.t.d.* Revestir com estuque.
estucha (es.**tu**.cha) *s.f.* Cunha.
estuchar (es.tu.**char**) *v.t.d.* Introduzir; fazer penetrar.
estudado (es.tu.**da**.do) *adj.* **1.** Preparado; instruído. **2.** Examinado. **3.** (Fig.) Artificial, ensaiado.
estudantada (es.tu.dan.**ta**.da) *s.f.* **1.** Brincadeira de estudantes. **2.** Conjunto de estudantes.
estudante (es.tu.**dan**.te) *s.2g.* Aluno; escolar; pessoa que estuda; discípulo; aprendiz.
estudantil (es.tu.dan.**til**) *adj.2g.* Relacionado a estudantes: *vida estudantil*.
estudar (es.tu.**dar**) *v.t.d.* **1.** Dedicar-se a (um curso ou tema), a fim de aprender. *v.t.i.* **2.** Cursar, frequentar: *estudava no sexto ano*. **3.** Observar, considerar, examinar: *estudou a situação*. **4.** Analisar; pesquisar.
estúdio (es.**tú**.di.o) *s.m.* Local onde um artista trabalha em filmagens, pinturas, fotografias etc.; oficina.
estudioso (es.tu.di.**o**.so) [ô] *adj.* Intelectual, atento, aplicado, que estuda muito. ◘ Pl. *estudiosos* [ó].
estudo (es.**tu**.do) *s.m.* Trabalho de aplicação intelectual; análise, exame, pesquisa.
estufa (es.**tu**.fa) *s.f.* **1.** Aquecedor de casas. **2.** Recinto fechado em que mantém a temperatura elevada para cultura de plantas. **3.** Esterilizador de instrumentos cirúrgicos. **4.** Aparelho de laboratório para cultura de bactérias. **5.** (Fig.) Local fechado muito quente.
estufadeira (es.tu.fa.**dei**.ra) *s.f.* Frigideira funda.
estufado (es.tu.**fa**.do) *adj.* Cheio; gordo; inchado; inflado.
estufagem (es.tu.**fa**.gem) *s.f.* Ato de estufar.
estufar (es.tu.**far**) *v.t.d.* **1.** Inchar; inflar; encher. **2.** Aquecer em estufa.
estugar (es.tu.**gar**) *v.t.d.* Estumar; instigar; apressar.
estultice (es.tul.**ti**.ce) *s.f.* Asneira; burrice; estupidez.
estultícia (es.tul.**tí**.ci.a) *s.f.* Qualidade de estulto; estultice.
estultificar (es.tul.ti.fi.**car**) *v.t.d.* Emburrecer; estupidificar; tornar estulto.
estulto (es.**tul**.to) *adj.* Imbecil; estúpido; tonto; bobo; idiota.
estumar (es.tu.**mar**) *v.t.d.* Gritar e assobiar para excitar cães; assanhar, açular.
estupefação (es.tu.pe.fa.**ção**) *s.f.* **1.** Adormecimento de uma das partes do corpo. **2.** (Fig.) Assombro; susto.
estupefaciente (es.tu.pe.fa.ci.**en**.te) *adj.2g.* **1.** Que causa estupefação; estupefativo. *s.m.* **2.** Entorpecente.
estupefativo (es.tu.pe.fa.**ti**.vo) *adj.* Estupefaciente.
estupefato (es.tu.pe.**fa**.to) *adj.* **1.** Entorpecido. **2.** (Fig.) Assustado; atônito; pasmo.
estupefazer (es.tu.pe.fa.**zer**) *v.t.d.* Entorpecer; pasmar; assustar; causar espanto. Obs.: conjuga-se como *fazer*.
estupendo (es.tu.**pen**.do) *adj.* Extraordinário; maravilhoso; espantoso; admirável; monstruoso.
estupidez (es.tu.pi.**dez**) [ê] *s.f.* **1.** Indelicadeza; grosseria. **2.** Burrice.
estupidificado (es.tu.pi.di.fi.**ca**.do) *adj.* Que se tornou estúpido; que adquiriu estupidez.
estupidificar (es.tu.pi.di.fi.**car**) *v.t.d.* Tornar estúpido.
estúpido (es.**tú**.pi.do) *adj.* **1.** Indelicado; grosseiro; mal-educado. **2.** Burro.
estupor (es.tu.**por**) [ô] *s.m.* Assombro; susto; paralisia.
estuporado (es.tu.po.**ra**.do) *adj.* Que foi atingido por estupor.
estuporar-se (es.tu.po.**rar**-se) *v.p.* Ser vítima de estupor.
estuprado (es.tu.**pra**.do) *adj.* Vítima de estupro.
estuprador (es.tu.pra.**dor**) [ô] *s.m. e adj.* (Aquele) que estupra.
estuprar (es.tu.**prar**) *v.t.d.* Cometer estupro.
estupro (es.**tu**.pro) *s.m.* Violência ou abuso sexual.
estuque (es.**tu**.que) *s.m.* Massa a base de água, gesso e cola, utilizada para revestir ou ornamentar paredes.

estúrdio (es.túr.di.o) adj. Curioso; raro; extravagante; esquisito.
esturjão (es.tur.jão) s.m. (Zoo.) Peixe marinho raro, com cuja ova se faz o caviar.
esturrado (es.tur.ra.do) adj. Torrado; seco; queimado.
esturrar (es.tur.rar) v.t.d. Esturricar; torrar; secar; queimar.
esturricado (es.tur.ri.ca.do) adj. Queimado; seco; torrado.
esturricar (es.tur.ri.car) v.t.d. Esturrar.
esturro (es.tur.ro) s.m. O urrar de feras.
esturvinhado (es.tur.vi.nha.do) adj. Atordoado; estonteado.
esvaecer (es.va.e.cer) v.i. Desmaiar; desvanecer; desfazer-se.
esvaecido (es.va.e.ci.do) adj. Desmaiado; desvanecido; desfeito.
esvaecimento (es.va.e.ci.men.to) s.m. Desmaio; desvanecimento; enfraquecimento; desânimo.
esvair (es.va.ir) v.i. Esvaecer; exaurir-se; desfazer-se. Obs.: pres. do ind.: *esvaio, esvais, esvai, esvaímos, esvaís, esvaem*; pres. do subj.: *esvaia, esvaias, esvaia* etc.
esvanecer (es.va.ne.cer) v.i. e v.p. Esvaecer(-se); esvair(-se).
esvazar (es.va.zar) v.t.d. **1.** Despejar; esvaziar. **2.** Esgotar; terminar.
esvaziado (es.va.zi.a.do) adj. **1.** Despejado. **2.** Esgotado; terminado.
esvaziamento (es.va.zi.a.men.to) s.m. Ato de esvaziar.
esvaziar (es.va.zi.ar) v.t.d. Tornar vazio, retirar o conteúdo; esvazar. Obs.: pres. do ind.: *esvazio, esvazias, esvazia* etc.
esverdeado (es.ver.de.a.do) adj. Que tem cor próxima de verde ou com tons de verde.
esverdear (es.ver.de.ar) v.t.d. Tornar verde.
esverdinhado (es.ver.di.nha.do) adj. Quase verde; verde claro.
esverdinhar (es.ver.di.nhar) v.t.d. Tornar quase verde, verde claro.
esviscerado (es.vis.ce.ra.do) adj. **1.** Impiedoso; cruel; ruim; mau. **2.** Destripado; estripado.
esviscerar (es.vis.ce.rar) v.t.d. **1.** Tornar impiedoso; cruel; ruim; mau. **2.** Destripar; estripar; tirar as vísceras.
esvoaçar (es.vo.a.çar) v.i. **1.** Voejar; bater as asas para voar. **2.** (Fig.) Flutuar.
eta (e.ta) [ê] interj. Exprime surpresa, admiração ou espanto.
eta (e.ta) [é] s.m. Nome da sétima letra do alfabeto grego, semelhante ao E.
etana (e.ta.na) s.f. (Quím.) Hidrocarboneto parafínico.
etanal (e.ta.nal) s.m. (Quím.) Composto químico orgânico; aldeído acético; aldeído comum.
etano (e.ta.no) s.m. (Quím.) Hidrocarboneto usado como combustível.
etanoico (e.ta.noi.co) [ói] adj. (Quím.) Diz do ácido acético.
etanol (e.ta.nol) s.m. (Quím.) Composto químico orgânico que é o álcool comum, ou álcool etílico.
etapa (e.ta.pa) s.f. Fase; período; parte.
etário (e.tá.ri.o) adj. Relativo à idade.
etc. Abreviatura da locução latina *et coetera*, que significa "e outras coisas", no fim de uma enumeração ou lista: *a banana é apreciada em bolos, sorvetes, doces etc.*; *no estojo havia lápis, borracha, caneta etc.* Obs.: a vírgula antes do etc. é muito discutida e não há consenso se está correta, se é opcional ou erro, entre os estudiosos.
éter (é.ter) s.m. **1.** (Quím.) Líquido de cheiro característico, incolor, inflamável e volátil, usado como anestésico e formado por um composto orgânico que contém um átomo de oxigênio entre dois átomos da cadeia. **2.** (Fís.) Fluido hipotético usado para explicar o fenômeno da luz e do calor. **3.** Espaço celeste; atmosfera.
etéreo (e.té.re.o) adj. **1.** Relativo ao éter. **2.** Fluido, impalpável.
eterificar (e.te.ri.fi.car) v.t.d. Transformar em éter.
eterismo (e.te.ris.mo) s.m. Insensibilidade que o éter provoca em sua aplicação.
eterização (e.te.ri.za.ção) s.f. Ação de eterizar.
eterizar (e.te.ri.zar) v.t.d. Aplicar éter para anestesiar; misturar com éter.
eternal (e.ter.nal) adj.2g. Eterno.
eternidade (e.ter.ni.da.de) s.f. **1.** Infinito; para sempre; além da vida. **2.** Duração extremamente longa.
eternizar (e.ter.ni.zar) v.t.d. Tornar eterno.
eterno (e.ter.no) adj. **1.** Que é para sempre; imortal, eternal. **2.** Que não tem princípio nem fim; infinito, sempiterno.
eteromania (e.te.ro.ma.ni.a) s.f. Vício de inalar éter ou produtos que o contêm; dependência química por substâncias inalantes.
eteromaníaco (e.te.ro.ma.ní.a.co) adj. **1.** Relacionado a eteromania. s.m. **2.** Eterômano.
eterômano (e.te.rô.ma.no) s.m. e adj. (Pessoa) que tem mania ou vício de inalar, cheirar éter; eteromaníaco.
ethernet [inglês: "idernéti"] s.f. (Inf.) Família de tecnologias de rede de computadores com fio muito usada em redes de área local, metropolitana e de longa distância.
ética (é.ti.ca) s.f. Estudo da moral; parte da filosofia que estuda as relações entre Deus e o homem.
ético (é.ti.co) adj. Relativo à moral e aos costumes da sociedade.
etílico (e.tí.li.co) adj. Diz-se da substância orgânica que possui como radical o etilo.
etilo (e.ti.lo) s.m. (Quím.) Radical monovalente.
étimo (é.ti.mo) s.m. Palavra que dá origem a outras quanto ao significado.
etimologia (e.ti.mo.lo.gi.a) s.f. **1.** Estudo do significado e origem das palavras. **2.** Origem de uma palavra.
etimológico (e.ti.mo.ló.gi.co) adj. Relativo à etimologia.

etimologismo (e.ti.mo.lo.**gis**.mo) s.m. Maneira de explicar a etimologia.
etimologista (e.ti.mo.lo.**gis**.ta) s.2g. Aquele que tem como objeto de estudo as palavras; estudioso da etimologia; etimólogo.
etimologizar (e.ti.mo.lo.gi.**zar**) v.t.d. Determinar a etimologia das palavras.
etimólogo (e.ti.**mó**.lo.go) s.m. Etimologista.
etiologia (e.ti.o.lo.**gi**.a) s.f. Estudo da origem das coisas e suas causas.
etíope (e.**tí**.o.pe) adj.2g. **1.** Da Etiópia, país da África. s.2g. **2.** Pessoa natural ou habitante desse lugar.
etiópico (e.ti.**ó**.pi.co) s.m. e adj. Etíope.
etiqueta (e.ti.**que**.ta) [ê] s.f. **1.** Rótulo; marca; classificação. **2.** Formalidade; regras de estilo bem-educado.
etiquetado (e.ti.que.**ta**.do) adj. Que possui etiqueta.
etiquetadora (e.ti.que.ta.**do**.ra) [ô] s.f. Máquina própria para colocar etiquetas.
etiquetagem (e.ti.que.**ta**.gem) s.f. Ato de etiquetar.
etiquetar (e.ti.que.**tar**) v.t.d. Colocar etiquetas.
etmoide (et.**moi**.de) [ói] s.m. (Anat.) Osso craniano cartilaginoso encravado no frontal.
etnia (et.**ni**.a) s.f. Grupo humano unido por origens, história, costumes, cultura e semelhanças genéticas.
étnico (**ét**.ni.co) adj. Relativo à etnia, a grupos humanos com patrimônio cultural ou genético em comum.
etnografia (et.no.gra.**fi**.a) s.f. Estudo das etnias.
etnográfico (et.no.**grá**.fi.co) adj. Relativo à etnografia.
etnógrafo (et.**nó**.gra.fo) s.m. Estudante ou entendedor da etnografia.
etnologia (et.no.lo.**gi**.a) s.f. Estudo da cultura material e espiritual de um povo.
etnológico (et.no.**ló**.gi.co) adj. Relativo à etnologia.
etnologista (et.no.lo.**gis**.ta) s.2g. Etnólogo.
etnólogo (et.**nó**.lo.go) s.m. Pessoa que se dedica à etnologia; etnologista.
etnônimo (et.**nô**.ni.mo) s.m. Nome de uma etnia, povo ou tribo. Cf. *gentílico*.
etocracia (e.to.cra.**ci**.a) s.f. Governo fundado na moral.
etocrático (e.to.**crá**.ti.co) adj. Relativo à etocracia.
etogenia (e.to.ge.**ni**.a) s.f. Estudo dos costumes de um povo.
etogênico (e.to.**gê**.ni.co) adj. Relativo à etogenia.
etognosia (e.tog.no.**si**.a) s.f. Conhecimento de etogenia.
etografia (e.to.gra.**fi**.a) s.f. Descrição da etogenia.
etográfico (e.to.**grá**.fi.co) adj. Relativo à etografia.
etologia (e.to.lo.**gi**.a) s.f. (Zoo.) Estudo do comportamento social e individual de animais.
etológico (e.to.**ló**.gi.co) adj. Relacionado à etologia ou ao comportamento de animais.
etologista (e.to.lo.**gis**.ta) s.2g. (Zoo.) Pessoa que se dedica à etologia.
etrioscópio (e.tri.os.**có**.pi.o) s.m. Instrumento apropriado para medir o calor irradiado da Terra.
etrusco (e.**trus**.co) adj. **1.** Da Etrúria, antiga região da Itália. s.m. **2.** Pessoa natural ou habitante desse lugar.
eu pron. **1.** Pronome pessoal da primeira pessoa do singular, que indica a pessoa que fala, no caso reto. ▪ Pl. *nós*. s.m. **2.** Individualidade.
Eu Símbolo do elemento químico európio.
eucaliptal (eu.ca.lip.**tal**) s.m. Plantação ou bosque de eucaliptos.
eucalipto (eu.ca.**lip**.to) s.m. (Bot.) Árvore do grupo do pinheiro, cuja madeira é empregada para produção de celulose e outros fins.
eucaristia (eu.ca.ris.**ti**.a) s.f. (Relig.) Sacramento católico celebrado na missa, pela comunhão dos fiéis com Jesus Cristo.
eucarístico (eu.ca.**rís**.ti.co) adj. Relativo à eucaristia.
eucinesia (eu.ci.ne.**si**.a) s.f. Movimento natural e regular dos órgãos.
eucrasia (eu.cra.**si**.a) s.f. **1.** Robusta organização. **2.** Temperamento bom.
eucrásico (eu.**crá**.si.co) adj. Relativo à eucrasia.
eudiômetro (eu.di.**ô**.me.tro) s.m. Instrumento próprio para medir o volume relativo dos gases.
eufêmico (eu.**fê**.mi.co) adj. Relativo ao eufemismo.
eufemismo (eu.fe.**mis**.mo) s.m. Recurso linguístico para suavizar notícias pesadas ou ruins: *a expressão "passar desta para a melhor" é um eufemismo para "morrer".*
eufemístico (eu.fe.**mís**.ti.co) adj. Relacionado a ou que constitui eufemismo.
eufonia (eu.fo.**ni**.a) s.f. Som gostoso, agradável.
eufônico (eu.**fô**.ni.co) adj. Melodioso; suave.
euforbiácea (eu.for.bi.**á**.ce.a) s.f. (Bot.) Planta cujas sementes têm duas partes, como a mandioca e a mamona.
euforbiáceo (eu.for.bi.**á**.ce.o) adj. (Bot.) Relativo às euforbiáceas.
euforia (eu.fo.**ri**.a) s.f. Grau muito elevado de alegria; exaltação.
eufórico (eu.**fó**.ri.co) adj. Muito alegre; exaltado.
eufótico (eu.**fó**.ti.co) adj. (Bio.) Referente à camada superior de uma superfície de água em que penetra luz suficiente para o desenvolvimento de plantas verdes; fótico.
eugenia (eu.ge.**ni**.a) s.f. Estudo das maneiras de como melhorar as gerações.
eugênico (eu.**gê**.ni.co) adj. Relativo à eugenia.
eunuco (eu.**nu**.co) s.m. **1.** Homem castrado que atuava como guardião de harém. **2.** (Fig.) Homem estéril, impotente.
euquimo (eu.**qui**.mo) s.m. (Bot.) Seiva dos vegetais.
eureca (eu.**re**.ca) [é] interj. Emprega-se para expressar alegria por ter encontrado resposta ou solução para problema. O mesmo que *heureca*.
euro (**eu**.ro) s.m. Moeda da União Europeia.
eurocêntrico (eu.ro.**cên**.tri.co) adj. Que tem como centro de referências a Europa, que coloca os interesses dos europeus acima dos demais: *a colonização foi um processo eurocêntrico.*

eurodólar (eu.ro.dó.lar) s.m. Dólar americano depositado na Europa ou em outro local fora dos Estados Unidos.

europeanismo (eu.ro.pe.a.nis.mo) s.m. Influência dos costumes europeus.

europeísmo (eu.ro.pe.ís.mo) s.m. Admiração por coisas europeias.

europeísta (eu.ro.pe.ís.ta) adj.2g. Adepto do europeísmo.

europeização (eu.ro.pei.za.ção) s.f. Utilizar os hábitos da Europa.

europeizar (eu.ro.pei.zar) v.t.d. e v.p. Imitar ou deixar-se influenciar pelos hábitos da Europa.

europeu (eu.ro.peu) adj. 1. Pertencente ao continente da Europa: *muitos países europeus reuniram-se na Comunidade Europeia.* s.m. 2. Pessoa natural ou habitante desse lugar.

európio (eu.ró.pi.o) s.m. (Quím.) Elemento metálico de símbolo Eu, número atômico 63 e peso atômico 151,96.

eurritmia (eur.rit.mi.a) s.f. Ritmo natural e regular.

eurrítmico (eur.rít.mi.co) adj. Que possui eurritmia.

eutanásia (eu.ta.ná.si.a) s.f. Prática de tirar a vida de quem sofre de uma doença incurável.

eutaxia (eu.ta.xi.a) [cs] s.f. Proporção exata entre as partes do corpo de um ser vivo.

Euterpe (eu.ter.pe) s.f. (próprio) (Mit.) Deusa da poesia lírica e da música.

eutimia (eu.ti.mi.a) s.f. Tranquilidade de espírito; estar bem consigo mesmo.

eutroficação (eu.tro.fi.ca.ção) s.f. (Bio.) Introdução de nutrientes em ecossistemas aquáticos.

evacuação (e.va.cu.a.ção) s.f. 1. Retirada das pessoas; desocupação. 2. Ação de esvaziar os intestinos, expelir excrementos ou fezes; defecação.

evacuado (e.va.cu.a.do) adj. 1. Desocupado; despejado; vazio; abandonado. 2. Defecado.

evacuar (e.va.cu.ar) v.t.d. 1. Esvaziar; abandonar uma região; desocupar. v.i. 2. Defecar.

evacuativo (e.va.cu.a.ti.vo) adj. 1. Relacionado a evacuação. 2. Que faz evacuar.

evacuatório (e.va.cu.a.tó.ri.o) s.m. Substância ou produto que faz evacuar.

evadido (e.va.di.do) adj. Escapado; fugido.

evadir (e.va.dir) v.t.d. e v.p. Escapar; fugir.

evanescente (e.va.nes.cen.te) adj.2g. Que desaparece; que se torna invisível.

evangelho (e.van.ge.lho) s.m. Cada um dos quatro livros principais do Novo Testamento, que expõem o ensinamento de Jesus Cristo.

evangélico (e.van.gé.li.co) adj. 1. Pertencente aos evangelhos. 2. Relacionado às Igrejas que reinterpretaram os evangelhos, principalmente as surgidas a partir do início do século XX nos Estados Unidos e Brasil. s.m. 3. Membro, seguidor de uma dessas Igrejas.

evangelismo (e.van.ge.lis.mo) s.m. Doutrina que tem o evangelho como base.

evangelista (e.van.ge.lis.ta) s.2g. 1. Autor de um dos quatro livros do evangelho. 2. Evangelizador. 3. Evangélico.

evangelização (e.van.ge.li.za.ção) s.f. Ato de evangelizar.

evangelizado (e.van.ge.li.za.do) adj. 1. Que se evangelizou; doutrinado pelo evangelho. 2. Catequizado.

evangelizador (e.van.ge.li.za.dor) [ô] s.m. e adj. (Missionário) que prega o evangelho.

evangelizar (e.van.ge.li.zar) v.t.d. 1. Doutrinar, converter conforme os preceitos do evangelho. 2. Converter à Igreja evangélica. 3. Catequizar.

evaporação (e.va.po.ra.ção) s.f. 1. Ato de evaporar. 2. (Fís.) Passagem do estado líquido para o de vapor.

evaporado (e.va.po.ra.do) adj. 1. Transformado em vapor. 2. Sumido; desaparecido.

evaporar (e.va.po.rar) v.t.d. e v.i. 1. Transformar em vapor. 2. Desaparecer; evadir; sumir.

evaporativo (e.va.po.ra.ti.vo) adj. Que ajuda na evaporação.

evaporatório (e.va.po.ra.tó.ri.o) s.m. 1. Orifício de saída de vapor. 2. Aparelho próprio para ajudar na evaporação.

evaporável (e.va.po.rá.vel) adj.2g. Que tem capacidade de evaporar.

evaporômetro (e.va.po.rô.me.tro) s.m. Aparelho próprio para medir a evaporação de superfícies extensas.

evasão (e.va.são) s.f. Escapada; fuga.

evasiva (e.va.si.va) s.f. 1. Ato de escapar. 2. Desculpa; subterfúgio.

evasivo (e.va.si.vo) adj. Hábil em evasivas.

evecção (e.vec.ção) s.f. Desigualdade no movimento lunar devido à atração do Sol.

evento (e.ven.to) s.m. Acontecimento; festa; fato; sucesso.

eventração (e.ven.tra.ção) s.f. Estripamento.

eventrar (e.ven.trar) v.t.d. Destripar; eviscerar.

eventual (e.ven.tu.al) adj.2g. Casual; que só ocorre de vez em quando; fortuito.

eventualidade (e.ven.tu.a.li.da.de) s.f. Casualidade; acaso.

eventualmente (e.ven.tu.al.men.te) adv. Casualmente; esporadicamente.

eversão (e.ver.são) s.f. Destroços; destruição; ruína.

eversivo (e.ver.si.vo) adj. Revolucionário; destrutivo. O mesmo que *eversor*.

eversor (e.ver.sor) [ô] adj. O mesmo que *eversivo*.

everter (e.ver.ter) v.t.d. Revirar; subverter; revolucionar.

evicção (e.vic.ção) s.f. (Dir.) Ato judicial pelo qual alguém reivindica o que lhe foi retirado.

evicto (e.vic.to) adj. (Dir.) Que é sujeito à evicção.

evictor (e.vic.tor) [ô] s.m. Aquele que reivindica juridicamente.

evidência (e.vi.dên.ci.a) s.f. Certeza; clareza.

evidenciado (e.vi.den.ci.a.do) adj. Verificado; visto; comprovado; esclarecido.

evidenciar (e.vi.den.ci.ar) v.t.d. Tornar evidente. Obs.: pres. do ind.: *evidencio, evidencias, evidencia* etc.
evidente (e.vi.**den**.te) adj.2g. Que é claro; sem dúvidas.
evisceração (e.vis.ce.ra.**ção**) s.f. Estripamento.
eviscerar (e.vis.ce.**rar**) v.t.d. Estripar; destripar.
evitado (e.vi.**ta**.do) adj. Evadido; desviado; fugido; esquivado; impedido.
evitar (e.vi.**tar**) v.t.d. Evadir; desviar; fugir; esquivar; impedir.
evitável (e.vi.**tá**.vel) adj.2g. Que pode ser evitado.
evocação (e.vo.ca.**ção**) s.f. Ato de evocar.
evocado (e.vo.**ca**.do) adj. Recordado; lembrado.
evocar (e.vo.**car**) v.t.d. Recordar; lembrar.
evocativo (e.vo.ca.**ti**.vo) adj. Que serve ou que ajuda a evocar; evocatório.
evocatório (e.vo.ca.**tó**.ri.o) adj. Evocativo.
evocável (e.vo.**cá**.vel) adj.2g. Que pode ser evocado.
evoé (e.vo.**é**) interj. 1. Emprega-se para saudar ou receber com alegria. 2. (Mit.) Grito de evocação ao deus olímpico Baco, nas festas durante as orgias.
evolar-se (e.vo.**lar**-se) v.p. Evaporar-se; elevar-se.
evolução (e.vo.lu.**ção**) s.f. 1. Mudança, transformação: *a evolução dos acontecimentos*. 2. Progresso, desenvolvimento, melhoria: *evolução das condições de vida*. 3. (Bio.) Processo de mudança genética em gerações de seres vivos, que pode formar novas espécies.
evolucionar (e.vo.lu.ci.o.**nar**) v.t.d. e v.i. Progredir; desenvolver; transformar; modificar.
evolucionário (e.vo.lu.ci.o.**ná**.ri.o) adj. Que evoluciona.
evolucionismo (e.vo.lu.ci.o.**nis**.mo) s.m. (Bio.) Doutrina que se baseia na ideia da evolução das espécies pela mutação genética e seleção natural.
evolucionista (e.vo.lu.ci.o.**nis**.ta) adj.2g. 1. Relativo ao evolucionismo: *ideias evolucionistas*. s.2g. 2. Adepto do evolucionismo.
evoluído (e.vo.lu.**í**.do) adj. Adiantado; estudado; transformado; que sabe mais que o normal.
evoluir (e.vo.lu.**ir**) v.i. 1. Mudar, transformar-se, alterar-se; evolucionar, evolver. 2. Mudar para melhor; progredir, desenvolver-se.
evoluta (e.vo.**lu**.ta) s.f. (Geom.) Centro de curvatura da evolvente.
evolutivo (e.vo.lu.**ti**.vo) adj. Que evolui ou transforma; modificativo; progressivo.
evolvente (e.vol.**ven**.te) s.f. (Geom.) Curva cujos centros de curvatura formam uma outra curva.
evolver (e.vol.**ver**) v.i. Evoluir.
evulsão (e.vul.**são**) s.f. Extração; ato de tirar com força.
evulsivo (e.vul.**si**.vo) adj. Que ajuda na evulsão.
ex- pref. Indica término, cessação do modo ou estado anterior.
exação (e.xa.**ção**) [x] s.f. Cumprimento exato, observância rigorosa: *exação das obrigações religiosas*.
exacerbação (e.xa.cer.ba.**ção**) [z] s.f. 1. Exasperação; irritação. 2. Agravamento de uma doença.
exacerbado (e.xa.cer.**ba**.do) [z] adj. 1. Exasperado irritado. 2. Piorado.
exacerbar (e.xa.cer.**bar**) [z] v.t.d. e v.p. 1. Exasperar(-se); irritar(-se). 2. Piorar; agravar(-se).
exageração (e.xa.ge.ra.**ção**) [z] s.f. Ação de exagerar; exagero.
exagerado (e.xa.ge.**ra**.do) [z] adj. Aumentado engrandecido; desproporcional; que tem um volume muito grande.
exagerador (e.xa.ge.ra.**dor**) [z...ô] adj. Que exagera
exagerar (e.xa.ge.**rar**) [z] v.t.d. Aumentar; engrandecer; exceder o normal; tornar desproporcional.
exagero (e.xa.**ge**.ro) [z...ê] s.m. Excesso; engrandecimento; amplificação, exageração.
exalação (e.xa.la.**ção**) [z] s.f. Desprendimento; emanação; evaporação; eflúvio.
exalado (e.xa.**la**.do) [z] adj. Desprendido; emanado evaporado.
exalante (e.xa.**lan**.te) [z] adj.2g. Que exala.
exalar (e.xa.**lar**) [z] v.t.d. Desprender; emanar; evaporar; perfumar; cheirar.
exalçamento (e.xal.ça.**men**.to) [z] s.m. Exaltação elogio; elevação; engrandecimento.
exalçar (e.xal.**çar**) [z] v.t.d. Exaltar; elogiar; elevar engrandecer.
exaltação (e.xal.ta.**ção**) [z] s.f. 1. Exalçamento 2. Excitação.
exaltado (e.xal.**ta**.do) [z] adj. 1. Irritado. 2. Exagerado. 3. Excitado.
exaltar (e.xal.**tar**) [z] v.t.d. e v.p. 1. Irritar(-se). 2. Exagerar. 3. Excitar(-se); arder. 4. Elevar; erguer.
exame (e.**xa**.me) [z] s.m. Análise, avaliação, esquadrinhamento do conhecimento.
examinado (e.xa.mi.**na**.do) [z] adj. Interrogado; analisado; avaliado; esquadrinhado; verificado.
examinador (e.xa.mi.na.**dor**) [z...ô] s.m. e adj. (Aquele) que examina.
examinando (e.xa.mi.**nan**.do) [z] s.m. Aquele que deve ser examinado; candidato; aluno em período de provas.
examinar (e.xa.mi.**nar**) [z] v.t.d. Analisar; avaliar; esquadrinhar; investigar; verificar.
examinável (e.xa.mi.**ná**.vel) [z] adj.2g. Que pode ser examinado.
exangue (e.**xan**.gue) [z] adj. Esvaído; sem sangue.
exanimação (e.xa.ni.ma.**ção**) [z] s.f. Desmaio; morte aparente.
exânime (e.**xâ**.ni.me) [z] adj.2g. Desmaiado; aparentemente morto.
exantema (e.xan.**te**.ma) [z] s.m. Erupção da pele.
exantemático (e.xan.te.**má**.ti.co) [z] adj. Relativo ao exantema.
exarar (e.xa.**rar**) [z] v.t.d. Gravar; registrar.
exartrose (e.xar.**tro**.se) [z...ó] s.f. (Med.) Luxação dos ossos.
exasperação (e.xas.pe.ra.**ção**) [z] s.f. Ação de exasperar(-se); cólera, fúria, exaspero.
exasperado (e.xas.pe.**ra**.do) [z] adj. Enfurecido; irritado; exaltado; exacerbado.

excitar

xasperador (e.xas.pe.ra.**dor**) [z...ô] adj. Que exaspera.
xasperar (e.xas.pe.**rar**) [z] v.t.d. e v.p. Enfurecer(-se); irritar(-se); exaltar(-se); exacerbar(-se).
xaspero (e.xas.**pe**.ro) [z...ê] s.m. Descontrole emocional, exaltação, fúria, cólera, irritação.
xatamente (e.xa.ta.**men**.te) [z] adv. Pontualmente; precisamente.
xatas (e.**xa**.tas) [z] s.f.pl. Grupo de ciências e estudos como matemática, física, química, astronomia, engenharia e outras que não se incluem nas ciências biológicas ou nas humanas.
xatidão (e.xa.ti.**dão**) [z] s.f. Pontualidade; precisão.
xatificar (e.xa.ti.fi.**car**) [z] v.t.d. Precisar; comprovar; verificar.
xato (e.**xa**.to) [z] adj. Pontual; preciso; correto; extremamente certo.
xator (e.xa.**tor**) [z...ô] s.m. Pessoa que cobra contribuições e impostos.
xatoria (e.xa.to.**ri**.a) [z] s.f. Repartição pública onde os impostos são pagos.
xaurido (e.xau.**ri**.do) [z] adj. 1. Cansado; exausto; estressado. 2. Dissipado; gasto; esgotado; terminado.
xaurir (e.xau.**rir**) [z] v.t.d. e v.p. 1. Cansar(-se), estressar(-se). 2. Dissipar; gastar(-se); esgotar(-se); terminar; acabar. Obs.: verbo defectivo, não se conjuga na 1ª pes. do sing. do pres. do ind. e em todo o pres. do subj.; part.: *exaurido* com "ter", "haver" e *exausto* com "ser" e "estar".
exaurível (e.xau.**rí**.vel) [z] adj.2g. Que se pode exaurir, que pode acabar: *as riquezas do subsolo são exauríveis*.
exaustão (e.xaus.**tão**) [z] s.f. 1. Ação de exaurir; esgotamento. 2. Cansaço, estresse.
exaustivamente (e.xaus.ti.va.**men**.te) [z] adv. 1. Até a exaustão. 2. De maneira exaustiva, de modo minucioso, com detalhade.
exaustivo (e.xaus.**ti**.vo) [z] adj. Cansativo; estressante; estafante.
exausto (e.**xaus**.to) [z] adj. 1. Cansado, esgotado. 2. Estressado, estafado.
exaustor (e.xaus.**tor**) [z...ô] s.m. Aparelho próprio para a ventilação ou renovação do ar.
exautoração (e.xau.to.ra.**ção**) [z] s.f. Desacato a uma autoridade; desobediência; desrespeito.
exautorar (e.xau.to.**rar**) [z] v.t.d. Desacatar; desobedecer; desrespeitar.
exceção (ex.ce.**ção**) s.f. Desvio de regra; prerrogativa; privilégio.
excedente (ex.ce.**den**.te) adj.2g. Que excede; que ultrapassa.
exceder (ex.ce.**der**) v.t.d. 1. Superar-se; exceder; ultrapassar; estar em vantagem. v.p. 2. Ir além do que é normal ou justo.
excedível (ex.ce.**dí**.vel) adj.2g. Que se pode exceder ou superar; ultrapassar; superável.
excelência (ex.ce.**lên**.ci.a) s.f. 1. Qualidade de excelente, condição do que oferece muita qualidade: *excelência em serviços*. pron. 2. Tratamento que se dá a autoridades do governo. s.f. 3. (Folc.) Série de doze versos cantados ou recitados em uníssono, sem acompanhamento, em velórios no Nordeste; incelença.
excelente (ex.ce.**len**.te) adj.2g. Ótimo; perfeito; muito bom.
excelentíssimo (ex.ce.len.**tís**.si.mo) adj. 1. Muito excelente; boníssimo. Obs.: é o grau superlativo absoluto sintético de *excelente*. pron. 2. Pronome de tratamento de abreviatura Exmo.
exceler (ex.ce.**ler**) v.i. e v.p. Superar em bondade; extremar-se; elevar-se.
excelsitude (ex.cel.si.**tu**.de) s.f. Grandeza; elevação; altura.
excelso (ex.**cel**.so) adj. Elevado; bondoso; sublime; excelente; que se supera em grandeza.
excentricidade (ex.cen.tri.ci.**da**.de) s.f. Qualidade de quem é excêntrico; estranheza; extravagância; esquisitice.
excêntrico (ex.**cên**.tri.co) adj. 1. Que se desvia do centro. 2. Original, estranho, extravagante, esquisito. s.m. 3. (Fís.) Dispositivo que transforma um movimento rotatório em movimento alternado.
excepcional (ex.cep.ci.o.**nal**) adj.2g. 1. Relativo a exceção; muito bom; extraordinário. s.m. 2. Pessoa incapaz, deficiente físico ou mental.
exceptiva (ex.cep.**ti**.va) s.f. Condição, cláusula de aceitação.
exceptivo (ex.cep.**ti**.vo) adj. 1. Relativo a exceção. 2. Que encerra.
excerto (ex.**cer**.to) [ê] s.m. Tirado de; extraído; extrato.
excessivo (ex.ces.**si**.vo) adj. Demasiado; desnecessário; exagerado.
excesso (ex.**ces**.so) [é] s.m. Demasia; o que excede; estar a mais do que o necessário.
exceto (ex.**ce**.to) [é] prep. À exceção de; com exceção de; salvo.
excetuar (ex.ce.tu.**ar**) v.t.d. Tornar isento; excluir; desobrigar-se; fazer exceção de.
excipiente (ex.ci.pi.**en**.te) s.m. Substância agregada a medicamento para dissolver ou melhorar-lhe o gosto.
excisão (ex.ci.**são**) s.f. Amputação; extração.
excisar (ex.ci.**sar**) v.t.d. Amputar; extrair; cortar; separar.
excitabilidade (ex.ci.ta.bi.li.**da**.de) s.f. Qualidade de excitável.
excitação (ex.ci.ta.**ção**) s.f. Exaltação, agitação, estimulação, provocação, excitamento.
excitado (ex.ci.**ta**.do) adj. Estimulado, agitado, exaltado, provocado, irritado.
excitador (ex.ci.ta.**dor**) [ô] adj. Que serve para excitar; estimulante.
excitamento (ex.ci.ta.**men**.to) s.m. Excitação.
excitante (ex.ci.**tan**.te) adj.2g. 1. Que excita; estimulante. 2. Sensual, afrodisíaco, erótico.
excitar (ex.ci.**tar**) v.t.d. 1. Estimular, incitar, provocar. 2. Agitar, exaltar, irritar. 3. Provocar desejo sexual; erotizar.

excitativo (ex.ci.ta.**ti**.vo) *adj*. Relacionado a excitação, que excita.
excitável (ex.ci.**tá**.vel) *adj.2g*. Que pode excitar-se; estimulável.
exclamação (ex.cla.ma.**ção**) *s.f*. Grito de alegria; surpresa.
exclamado (ex.cla.**ma**.do) *adj*. Pronunciado em voz muito alta; bradado; gritado.
exclamador (ex.cla.ma.**dor**) [ô] *adj*. Que exclama.
exclamar (ex.cla.**mar**) *v.t.i*. Pronunciar em voz alta; bradar; vociferar.
exclamativo (ex.cla.ma.**ti**.vo) *adj*. Que se exclama em voz alta; exclamatório.
exclamatório (ex.cla.ma.**tó**.ri.o) *adj*. Exclamativo.
excludente (ex.clu.**den**.te) *adj.2g*. Que exclui; que deixa de fora; que elimina.
excluído (ex.clu.**í**.do) *adj*. Discriminado; eliminado; afastado.
excluir (ex.clu.**ir**) *v.t.d*. Discriminar; eliminar; afastar. Obs.: pres. do ind.: *excluo, excluis, exclui, excluímos, excluís, excluem*; pres. do subj.: *exclua, excluas, exclua* etc.
exclusão (ex.clu.**são**) *s.f*. **1.** Ação de excluir. **2.** Discriminação; eliminação; afastamento.
exclusivamente (ex.clu.si.va.**men**.te) *adv*. De modo exclusivo; de maneira restritiva, com restrição.
exclusive (ex.clu.**si**.ve) *adv*. Sem computar.
exclusividade (ex.clu.si.vi.**da**.de) *s.f*. Caráter, condição do que é exclusivo.
exclusivismo (ex.clu.si.**vis**.mo) *s.m*. Preferência pela exclusividade ou pelo espírito de exclusão.
exclusivista (ex.clu.si.**vis**.ta) *s.2g*. e *adj.2g*. (Aquele) que exclui, que defende o exclusivismo.
exclusivo (ex.clu.**si**.vo) *adj*. **1.** Privativo; restrito; preferencial. **2.** Único. **3.** Que exclui.
excluso (ex.**clu**.so) *adj*. Excluído.
excogitar (ex.co.gi.**tar**) *v.t.d*. Cogitar, pensar, considerar.
excomungado (ex.co.mun.**ga**.do) *adj*. Que sofreu excomunhão.
excomungar (ex.co.mun.**gar**) *v.t.d*. Amaldiçoar; privar dos sacramentos da Igreja; esconjurar; censurar.
excomunhão (ex.co.mu.**nhão**) *s.f*. Ato de excomungar.
excreção (ex.cre.**ção**) *s.f*. **1.** Dejeção; expulsão. **2.** Liberação de excrementos. **3.** Defecação, evacuação.
excrementício (ex.cre.men.**tí**.ci.o) *adj*. Da qualidade do excremento; excrementoso.
excremento (ex.cre.**men**.to) *s.m*. Dejetos; fezes.
excrementoso (ex.cre.men.**to**.so) [ô] *adj*. Excrementício. ▣ Pl. *excrementosos* [ó].
excrescência (ex.cres.**cên**.ci.a) *s.f*. (Med.) **1.** Tumor. **2.** Saliência.
excrescer (ex.cres.**cer**) *v.i*. Intumescer; formar excrescência.
excreta (ex.**cre**.ta) [é] *s.m*. (Med.) Aquilo que se excreta; excreção.
excretado (ex.cre.**ta**.do) *adj*. Que se excretou; expelido, excreto.

excretar (ex.cre.**tar**) *v.t.d*. Expelir naturalmente d corpo: *excretar urina, excretar fezes*.
excreto (ex.**cre**.to) [é] *adj*. **1.** Excretado. *s.r* **2.** O produto da excreção.
excretor (ex.cre.**tor**) [ô] *adj*. (Med.) Que serve pa excreção: *canal excretor*.
excruciante (ex.cru.ci.**an**.te) *adj.2g*. Aflitivo; pur gente; doloroso; martirizante.
excruciar (ex.cru.ci.**ar**) *v.t.d*. Afligir; fazer doe martirizar.
exculpar (ex.cul.**par**) *v.i*. e *v.p*. Desculpar; inocenta
excursão (ex.cur.**são**) *s.f*. Passeio em grupo; viager de turismo.
excursionar (ex.cur.si.o.**nar**) *v.t.d*. e *v.i*. Fazer excu são; viajar: *excursionar pelas praias*.
excursionista (ex.cur.si.o.**nis**.ta) *s.2g*. Aquele qu participa de uma excursão; viajante; turista.
excutir (ex.cu.**tir**) *v.t.d*. (Dir.) Executar judicialment os bens de um devedor.
execração (e.xe.cra.**ção**) [z] *s.f*. **1.** Ação de execra **2.** Excomunhão.
execrado (e.xe.**cra**.do) [z] *adj*. Excomungado; amal diçoado; detestado; abominado.
execrador (e.xe.cra.**dor**) [z...ô] *adj*. Que execra o amaldiçoa.
execrando (e.xe.**cran**.do) [z] *s.m*. Aquele que dev ser atingido pela execração.
execrar (e.xe.**crar**) [z] *v.t.d*. Abominar; excomunga amaldiçoar; detestar.
execratório (e.xe.cra.**tó**.ri.o) [z] *adj*. Que tem exe cração.
execrável (e.xe.**crá**.vel) [z] *adj.2g*. Que merece exe cração.
execução (e.xe.cu.**ção**) [z] *s.f*. **1.** Cumprimento d uma ordem ou de um mandato. **2.** Cumprimento da pena de morte.
executado (e.xe.cu.**ta**.do) [z] *adj*. **1.** Que se execu tou. **2.** Justiçado; condenado.
executante (e.xe.cu.**tan**.te) [z] *s.2g*. e *adj.2g* (Aquele) que executa.
executar (e.xe.cu.**tar**) [z] *v.t.d*. **1.** Levar a efeito fazer; realizar. **2.** Tocar; cantar. **3.** Interpretar representar. **4.** (Dir.) Aplicar uma pena. **5.** Supliciar, matar. **6.** (Inf.) Fazer funcionar um programa.
executável (e.xe.cu.**tá**.vel) [z] *adj.2g*. Que se pode executar.
executivo (e.xe.cu.**ti**.vo) [z] *adj*. **1.** Que executa faz, realiza. (Pol.) **Poder Executivo**: autoridade para governar e executar leis. *s.m*. **2.** Funcionário que comanda uma empresa ou grupo de empresas *uma reunião de executivos*. **3.** O Poder Executivo *o Executivo governa, o Legislativo cria leis e o Judiciário julga infrações*.
executor (e.xe.cu.**tor**) [z...ô] *s.m*. **1.** Aquele que executa. **2.** Carrasco; algoz.
executório (e.xe.cu.**tó**.ri.o) [z] *adj*. (Dir.) Que se pode executar: *ação executória*.
exegese (e.xe.**ge**.se) [z] *s.f*. Interpretação de um texto ou de uma palavra.

xegeta (e.xe.**ge**.ta) [z] s.2g. Aquele que se dedica à exegese.
xegética (e.xe.**gé**.ti.ca) [z] s.f. Estudo teológico que trata da exegese da Bíblia.
xegético (e.xe.**gé**.ti.co) [z] adj. Relativo à exegese.
xemplar (e.xem.**plar**) [z] adj.2g. **1.** Que serve de exemplo ou modelo; perfeito. s.m. **2.** Cada uma das cópias de uma obra reproduzida em série.
xemplaridade (e.xem.pla.ri.**da**.de) [z] s.f. Característica de quem é exemplar.
xemplário (e.xem.**plá**.ri.o) [z] s.m. Conjunto de exemplos.
xemplificação (e.xem.pli.fi.ca.**ção**) [z] s.f. Ato de dar exemplos; de exemplificar.
xemplificado (e.xem.pli.fi.**ca**.do) [z] adj. Bem explicado; mostrado com exemplos.
xemplificar (e.xem.pli.fi.**car**) [z] v.t.d. Explicar bem; mostrar com exemplos; confirmar.
xemplificativo (e.xem.pli.fi.ca.**ti**.vo) [z] adj. Confirmativo; explicativo.
xemplo (e.**xem**.plo) [z] s.m. Lição; confirmação; modelo.
xéquias (e.**xé**.qui.as) [z] s.f.pl. Cerimônias fúnebres.
xequibilidade (e.xe.qui.bi.li.**da**.de) [z...u] s.f. Característica do que é exequível.
xequível (e.xe.**quí**.vel) [z...u] adj.2g. Que pode ser executado.
xercer (e.xer.**cer**) [z] v.t.d. **1.** Efetuar, realizar, fazer. **2.** Cumprir, desempenhar: *exercer uma função*.
xercício (e.xer.**cí**.ci.o) [z] s.m. **1.** Ato ou efeito de exercer ou exercitar. **2.** Desempenho, prática. **3.** Uso, serviço. **4.** Tarefa, dever, lição.
xercitar (e.xer.ci.**tar**) [z] v.t.d. e v.p. **1.** Praticar, treinar. **2.** Empregar, usar.
xército (e.**xér**.ci.to) [z] s.m. **1.** Forças armadas. **2.** Tropas de uma nação em guerra. **3.** (Fig.) Multidão. (próprio) **Exército Brasileiro**: uma das três forças armadas nacionais, ao lado da Marinha do Brasil e da Força Aérea Brasileira.
xibição (e.xi.bi.**ção**) [z] s.f. Ato ou efeito de exibir(-se) ou apresentar(-se); demonstração, exposição. **Em exibição**: diz-se de filme ou espetáculo que está sendo exibido ou apresentado, que está em cartaz.
xibicionismo (e.xi.bi.ci.o.**nis**.mo) [z] s.m. **1.** Mania de ostentação. **2.** Perversão que consiste em gostar de exibir o corpo.
xibicionista (e.xi.bi.ci.o.**nis**.ta) [z] s.2g. e adj.2g. (Pessoa) que gosta de exibir-se, de ostentar.
xibido (e.xi.**bi**.do) [z] adj. **1.** Exposto; mostrado. **2.** Metido.
xibidor (e.xi.bi.**dor**) [z...ô] s.m. Empresa que exibe filmes de cinema.
xibir (e.xi.**bir**) [z] v.t.d. **1.** Expor, mostrar, apresentar: *exibir um filme, exibir uma roupa nova*. **2.** Mostrar, chamando a atenção para; alardear, ostentar. **3.** Deixar claro, patentear.
xigência (e.xi.**gên**.ci.a) [z] s.f. Ato de exigir; necessidade urgente; pedido imperioso; intimação.

exigente (e.xi.**gen**.te) [z] adj.2g. Que exige; difícil de contentar.
exigibilidade (e.xi.gi.bi.li.**da**.de) [z] s.f. Qualidade do que é exigível.
exigido (e.xi.**gi**.do) [z] adj. Que se exige ou demanda; imposto; reclamado, requerido; insistido.
exigir (e.xi.**gir**) [z] v.t.d. **1.** Reclamar sob alegação de direito; pedir, demandar. **2.** Precisar, necessitar, carecer de. **3.** Requerer, impor.
exigível (e.xi.**gí**.vel) [z] adj.2g. Que se pode exigir.
exiguidade (e.xi.gui.**da**.de) [z...u] s.f. Limitação; estreiteza; escassez; o que tem pequenas proporções.
exíguo (e.**xí**.guo) [z] adj. Pequeno; diminuto; escasso; minguado; limitado.
exilado (e.xi.**la**.do) [z] s.m. e adj. Expatriado; (aquele) que foi expulso da pátria.
exilar (e.xi.**lar**) [z] v.t.d. Expulsar da pátria; banir; mandar embora para fora do país.
exílio (e.**xí**.li.o) [z] s.m. **1.** Banimento; desterro. **2.** Lugar onde vive o exilado.
eximido (e.xi.**mi**.do) [z] adj. Desobrigado; dispensado; isento.
exímio (e.**xí**.mi.o) [z] adj. Excelente; notável; eminente.
eximir (e.xi.**mir**) [z] v.t.d. e v.p. Isentar(-se); dispensar(-se); esquivar(-se); escapar.
existência (e.xis.**tên**.ci.a) [z] s.f. **1.** O fato de existir; vida; realidade; ente; ser. **2.** Modo de vida.
existencial (e.xis.ten.ci.**al**) [z] adj.2g. Relativo à existência.
existencialismo (e.xis.ten.ci.a.**lis**.mo) [z] s.m. (Filos.) Doutrina de Jean-Paul Sartre (1905-1980) e Simone de Beauvoir (1908-1996), que afirma que o ser humano determina a própria existência por meio de suas escolhas.
existencialista (e.xis.ten.ci.a.**lis**.ta) [z] adj.2g. **1.** Relacionado ao existencialismo. s.2g. **2.** Seguidor do existencialismo.
existente (e.xis.**ten**.te) [z] adj.2g. Que existe.
existir (e.xis.**tir**) [z] v.i. Viver; ser; subsistir.
êxito (**ê**.xi.to) [z] s.m. **1.** Sucesso; resultado feliz; bom efeito. **2.** Fim.
exócrino (e.**xó**.cri.no) [z] adj. Diz-se da glândula que lança secreção fora do corpo, como as mamas, ou em superfícies como a boca, caso das glândulas que produzem saliva.
êxodo (**ê**.xo.do) [z] s.m. **1.** Emigração em massa. **2.** Saída de um povo. (próprio) **3.** Livro da Bíblia que narra a saída de hebreus do Egito.
exoesqueleto (e.xo.es.que.**le**.to) [z...ê] s.m. (Zoo.) Carapaça articulada ou esqueleto externo, que cobre o corpo dos artrópodes.
exoftalmia (e.xof.tal.**mi**.a) [z] s.f. (Med.) Saliência desmesurada do globo ocular.
exoftálmico (e.xof.**tál**.mi.co) [z] adj. Relativo à exoftalmia.
exogamia (e.xo.ga.**mi**.a) [z] s.f. Regime social em que os casamentos são realizados com membros de outro grupo, tribo, família ou clã. Cf. *endogamia*.

exogâmico

exogâmico (e.xo.gâ.mi.co) [z] *adj.* Relacionado a ou que pratica exogamia; que se casa fora do próprio grupo.
exoneração (e.xo.ne.ra.ção) [z] *s.f.* Ação de exonerar.
exonerado (e.xo.ne.ra.do) [z] *adj.* Que sofreu exoneração.
exonerar (e.xo.ne.rar) [z] *v.t.d.* **1.** Destituir de posto, cargo ou emprego; demitir, dispensar. **2.** Isentar, desobrigar.
exorar (e.xo.rar) [z] *v.t.d.* Suplicar; ter insistência ao invocar; pedir muito.
exorável (e.xo.rá.vel) [z] *adj.2g.* Que tem pena; que tem dó; vulnerável às súplicas.
exorbitância (e.xor.bi.tân.ci.a) [z] *s.f.* Aquilo que é excessivo, que vai além dos limites.
exorbitante (e.xor.bi.tan.te) [z] *adj.2g.* Que exorbita, que constitui excesso ou exagero; excessivo.
exorbitar (e.xor.bi.tar) [z] *v.t.d.* Exceder os limites; colocar fora de órbita.
exorcismar (e.xor.cis.mar) [z] *v.t.d.* Praticar o exorcismo.
exorcismo (e.xor.cis.mo) [z] *s.m.* Ato de espantar os maus espíritos; esconjuro.
exorcista (e.xor.cis.ta) [z] *s.2g. e adj.2g.* (Aquele) que pratica o exorcismo.
exorcizado (e.xor.ci.za.do) [z] *adj.* Que passou por exorcismo, que se esconjurou.
exorcizar (e.xor.ci.zar) [z] *v.t.d.* **1.** Mandar sair, expulsar (algo ruim). **2.** Fazer exorcismo; exorcismar.
exordial (e.xor.di.al) [z] *adj.2g.* Relativo a exórdio.
exordiar (e.xor.di.ar) [z] *v.t.d.* Iniciar; começar; principiar; preambular.
exórdio (e.xór.di.o) [z] *s.m.* Início; começo; princípio; preâmbulo.
exornar (e.xor.nar) [z] *v.t.d.* Enfeitar, adornar: *exornaram o templo*.
exortação (e.xor.ta.ção) [z] *s.f.* Ação de exortar.
exortado (e.xor.ta.do) [z] *adj.* Aconselhado; advertido; animado.
exortador (e.xor.ta.dor) [z...ô] *adj.* Que exorta.
exortar (e.xor.tar) [z] *v.t.d.* Aconselhar; advertir; animar.
exortativo (e.xor.ta.ti.vo) [z] *adj.* Que serve para exortar.
exortatório (e.xor.ta.tó.ri.o) [z] *adj.* Que envolve a exortação.
exosmose (e.xos.mo.se) [z] *s.f.* (Quím.) Corrente de dentro para fora que é produzida quando dois líquidos de densidade diferentes estão separados por uma membrana.
exosmótico (e.xos.mó.ti.co) [z] *adj.* Relativo à exosmose.
exotérico (e.xo.té.ri.co) [z] *adj.* Relativo ao exoterismo.
exoterismo (e.xo.te.ris.mo) [z] *s.m.* Doutrina filosófica que foi exposta ao público, contrária aos segredos do esoterismo.

exotérmico (e.xo.tér.mi.co) [z] *adj.* (Quím.) Que desprende calor.
exótico (e.xó.ti.co) [z] *adj.* **1.** Diferente; esquisito extravagante; estranho. **2.** Estrangeiro.
exotismo (e.xo.tis.mo) [z] *s.m.* Característica d exótico.
expandido (ex.pan.di.do) *adj.* Que sofreu expansão
expandir (ex.pan.dir) *v.t.d. e v.p.* Dilatar(-se); alargar(-se); estender(-se); difundir(-se).
expansão (ex.pan.são) *s.f.* Ação de expandir.
expansibilidade (ex.pan.si.bi.li.da.de) *s.f.* Característica da expansão.
expansionismo (ex.pan.si.o.nis.mo) *s.m.* Tendência de expandir.
expansionista (ex.pan.si.o.nis.ta) *adj.2g.* Que adepto do expansionismo.
expansível (ex.pan.sí.vel) *adj.2g.* Que pod expandir-se.
expansivo (ex.pan.si.vo) *adj.* **1.** Comunicativo; entusiasta; afável; franco. **2.** Que expande.
expatriação (ex.pa.tri.a.ção) *s.f.* Ação de expatriar.
expatriado (ex.pa.tri.a.do) *s.m. e adj.* (Aquele) qu se expatriou; exilado.
expatriar (ex.pa.tri.ar) *v.i.* **1.** Mandar para fora d pátria; exilar. *v.p.* **2.** Sair voluntariamente da pátria exilar-se.
expectador (ex.pec.ta.dor) [ô] *s.m.* Observador aquele que assiste.
expectante (ex.pec.tan.te) *adj.2g.* Relacionado espera, que espera: *conduta expectante*.
expectativa (ex.pec.ta.ti.va) *s.f.* Esperança que ten algum fundamento; possibilidade; probabilidade.
expectoração (ex.pec.to.ra.ção) *s.f.* Ação d expectorar.
expectorante (ex.pec.to.ran.te) *s.m. e adj.2g.* (Substância) que ajuda na expectoração.
expectorar (ex.pec.to.rar) *v.t.d.* Desprender; soltar expelir; escarrar.
expedição (ex.pe.di.ção) *s.f.* **1.** Ação de expedir de enviar (encomendas ou correspondência) **2.** Grupo de pessoas que parte para fazer alguma coisa: *expedição de exploração, expedição de caça*.
expedicionário (ex.pe.di.ci.o.ná.ri.o) *s.m. e adj* (Aquele) que faz expedição.
expedido (ex.pe.di.do) *adj.* Enviado; despachado remetido.
expedidor (ex.pe.di.dor) [ô] *s.m.* O que expede.
expediente (ex.pe.di.en.te) *s.m.* **1.** Meio que se usa para resolver uma situação. **2.** Horário de trabalho em uma repartição ou escritório.
expedir (ex.pe.dir) *v.t.d.* **1.** Despachar, enviar, mandar: *expediu cartas para todos os amigos*. **2.** Promover a solução de; promulgar. Obs.: conjuga-se como *pedir*.
expedito (ex.pe.di.to) *adj.* Despachado; ativo; desembaraçado; ágil.
expelido (ex.pe.li.do) *adj.* Lançado fora com violência; compelido; arremessado.
expelir (ex.pe.lir) *v.t.d.* **1.** Empurrar para o exterior, levar para fora: *a contração da musculatura faz com*

que um órgão oco como o intestino expila seu conteúdo. **2.** Lançar fora com violência; compelir; arremessar. Obs.: conjuga-se como *compelir*.
expender (ex.pen.**der**) v.t.d. Expor com minúcia; explicar; gastar.
expensas (ex.**pen**.sas) s.f.pl. Despesas; gastos; custos. Às expensas de: à custa de.
experiência (ex.pe.ri.**ên**.ci.a) s.f. **1.** Prática de vida. **2.** Uso; ensaio; prova; tentativa. **3.** Observação para efeito de aprendizado. **4.** Habilidade pela prática que nos torna experientes; descoberta.
experiente (ex.pe.ri.**en**.te) adj.2g. Experimentado; que sabe das coisas, que já passou por provas; testado.
experimentação (ex.pe.ri.men.ta.**ção**) s.f. Ação de experimentar.
experimentado (ex.pe.ri.men.**ta**.do) adj. **1.** Relativo à experiência. s.m. **2.** Testado; aquele que já passou por provas.
experimentador (ex.pe.ri.men.ta.**dor**) [ô] s.m. Aquele que experimenta.
experimental (ex.pe.ri.men.**tal**) adj.2g. Relativo a experimento.
experimentar (ex.pe.ri.men.**tar**) v.t.d. **1.** Pôr à prova; pôr em prática; tentar. **2.** Verificar por experiência. **3.** Tomar o sabor. **4.** Sentir; sofrer.
experimentável (ex.pe.ri.men.**tá**.vel) adj.2g. Que se pode experimentar.
experimento (ex.pe.ri.**men**.to) s.m. **1.** Experiência, experimentação. **2.** Teste ou observação de fenômeno físico.
expert [inglês: "équis-pér"] s.2g. Perito, especialista, grande conhecedor, experto.
experto (ex.**per**.to) s.m. e adj. Perito, especialista, grande conhecedor. Obs.: é mais usado na forma inglesa, *expert*. Cf. *esperto*.
expiação (ex.pi.a.**ção**) s.f. Ação de expiar.
expiar (ex.pi.**ar**) v.t.d. **1.** Reparar uma falta por meio de penitência: *expiar os crimes*. **2.** Obter perdão; cumprir pena. **3.** Sofrer a consequência; padecer.
expiatório (ex.pi.a.**tó**.ri.o) adj. Que serve para expiação.
expiável (ex.pi.**á**.vel) adj.2g. Que se pode expiar.
expiração (ex.pi.ra.**ção**) s.f. Ação de expirar.
expirado (ex.pi.**ra**.do) adj. **1.** Respirado; exalado (o ar). **2.** Morto; falecido. **3.** Terminado; acabado (o prazo).
expirante (ex.pi.**ran**.te) adj.2g. **1.** Que expira. **2.** Moribundo.
expirar (ex.pi.**rar**) v.t.d. **1.** Respirar; exalar o ar. v.i. **2.** Definhar; morrer; falecer. **3.** Acabar; vencer: *expirar uma senha, um prazo*.
expiratório (ex.pi.ra.**tó**.ri.o) adj. Que serve para expirar.
explanação (ex.pla.na.**ção**) s.f. Ação de explanar e/ou de tornar plano.
explanado (ex.pla.**na**.do) adj. **1.** Explicado; esclarecido; comentado; dito. **2.** Tornado plano.
explanador (ex.pla.na.**dor**) [ô] s.m. Aquele que explana.
explanar (ex.pla.**nar**) v.t.d. **1.** Tornar plano. **2.** Explicar; esclarecer; comentar; dizer.
explanatório (ex.pla.na.**tó**.ri.o) adj. Próprio para explanar; para explicar; para ser dito.
expletivo (ex.ple.**ti**.vo) adj. Que serve para preencher ou completar.
explicação (ex.pli.ca.**ção**) s.f. Ação de explicar.
explicado (ex.pli.**ca**.do) adj. Que se explicou; explanado.
explicador (ex.pli.ca.**dor**) [ô] s.m. Aquele que explica.
explicar (ex.pli.**car**) v.t.d. **1.** Tornar inteligível; esclarecer; ensinar; tornar fácil de entender. v.i. **2.** Dar explicação. v.p. **3.** Exprimir-se. **4.** Justificar-se.
explicativo (ex.pli.ca.**ti**.vo) adj. Esclarecedor.
explicável (ex.pli.**cá**.vel) adj.2g. Que se pode explicar.
explicitação (ex.pli.ci.ta.**ção**) s.f. Ação de explicitar, dizer claramente; formulação.
explicitar (ex.pli.ci.**tar**) v.t.d. Tornar explícito, expressar claramente, com todas as palavras: *explicitou o desejo de visitar o pai*.
explícito (ex.**plí**.ci.to) adj. Evidente; claro.
explodido (ex.plo.**di**.do) adj. Que explodiu.
explodir (ex.plo.**dir**) v.i. **1.** Estourar; arrebentar; deflagrar. **2.** Agir por impulso, instinto, compulsivamente. Obs.: verbo defectivo, não se conjuga na 1ª pes. do sing. do pres. do ind.: *explodes, explode, explodimos, explodis, explodem*; não se conjuga no pres. do subj., nem no imperat. neg.; imperat. afirm.: *explode, explodi*.
exploração (ex.plo.ra.**ção**) s.f. Ação de explorar.
explorado (ex.plo.**ra**.do) adj. **1.** Especulado; investigado; estudado. **2.** Roubado; que sofreu abuso.
explorador (ex.plo.ra.**dor**) [ô] s.m. Aquele que explora, investiga ou estuda.
explorar (ex.plo.**rar**) v.t.d. **1.** Especular; investigar; estudar. **2.** Roubar; abusar da boa vontade de alguém.
exploratório (ex.plo.ra.**tó**.ri.o) adj. **1.** Que é próprio para explorar. s.m. **2.** Sonda.
explorável (ex.plo.**rá**.vel) adj.2g. Que pode sofrer exploração.
explosão (ex.plo.**são**) s.f. **1.** Arrebentação violenta. **2.** Deflagração; estouro; ruído muito forte; estrondo.
explosível (ex.plo.**sí**.vel) adj.2g. Que pode acabar explodindo; explosivo.
explosivo (ex.plo.**si**.vo) adj. **1.** Que pode explodir; explosível. s.m. **2.** Substância que explode.
explotação (ex.plo.ta.**ção**) s.f. (Econ.) **1.** Ato de explotar. **2.** Conjunto de regiões ou terras explotadas.
explotar (ex.plo.**tar**) v.t.d. (Econ.) Tirar proveito econômico de alguma área (região, terra etc.), especialmente de seus recursos naturais.
expoente (ex.po.**en**.te) s.m. **1.** (Mat.) Número elevado a outro que indica o grau da potência do qual é elevado. (*sobrecomum*) **2.** Pessoa que se destaca.
exponencial (ex.po.nen.ci.**al**) adj.2g. **1.** Distinto; elevado. **2.** Que possui expoente.
expor (ex.**por**) v.t.d. Mostrar; contar; narrar; exibir.

exportação (ex.por.ta.**ção**) s.f. Ação de exportar.
exportado (ex.por.**ta**.do) adj. 1. Vendido para outro país ou estado. 2. Remetido; enviado.
exportador (ex.por.ta.**dor**) [ô] s.m. e adj. (Aquele) que exporta.
exportar (ex.por.**tar**) v.t.d. 1. Vender para outro país ou estado. 2. Remeter; enviar.
exportável (ex.por.**tá**.vel) adj.2g. Que se pode exportar.
exposed [inglês: "equispôsedi"] s.m. (Gír.) Palavra usada como forma de denúncia na internet, para um fato que está sendo exposto ou revelado.
exposição (ex.po.si.**ção**) s.f. 1. Ação de expor. 2. Evento.
expositivo (ex.po.si.**ti**.vo) adj. Relativo à exposição.
expositor (ex.po.si.**tor**) [ô] s.m. Aquele que expõe.
exposto (ex.**pos**.to) [ô] adj. 1. Que foi abandonado; enjeitado. 2. À mostra; exibido; à vista. ▫ Pl. *expostos* [ó].
expressão (ex.pres.**são**) s.f. Ação de expressar.
expressar (ex.pres.**sar**) v.t.d. 1. Comunicar, manifestar, dizer: *expressar gratidão*. 2. Representar por palavras escritas ou faladas; expor. v.p. 3. Comunicar-se, expremir-se.
expressionismo (ex.pres.si.o.**nis**.mo) s.m. Movimento artístico em artes plásticas e música que se opôs ao impressionismo e cuja visão do criador se sobrepõe aos valores objetivos ou convencionais.
expressionista (ex.pres.si.o.**nis**.ta) adj.2g. 1. Relacionado ao expressionismo. s.2g. e adj.2g. 2. Adepto desse movimento artístico.
expressividade (ex.pres.si.vi.**da**.de) s.f. Qualidade do que é expressivo.
expressivo (ex.pres.**si**.vo) adj. Que exprime um significado; de que se conclui algo.
expresso (ex.**pres**.so) adj. 1. Qualquer veículo coletivo que viaja diretamente ao seu destino. 2. Claro, explícito, dito. 3. Terminante, concludente. s.m. 4. Café feito na hora, com uma máquina especial.
exprimir (ex.pri.**mir**) v.t.d. 1. Expor, mostrar. v.p. 2. Expressar-se, comunicar. Obs.: part. *exprimido* e *expresso*.
exprimível (ex.pri.**mí**.vel) adj.2g. Que se pode exprimir.
exprobração (ex.pro.bra.**ção**) s.f. Ação de exprobrar.
exprobrante (ex.pro.**bran**.te) adj.2g. Que censura ou repreende.
exprobrar (ex.pro.**brar**) v.t.d. Dirigir censuras; censurar com veemência; vituperar; repreender violentamente.
exprobratório (ex.pro.bra.**tó**.ri.o) adj. Que envolve exprobração.
expropriação (ex.pro.pri.a.**ção**) s.f. Ação de expropriar.
expropriado (ex.pro.pri.**a**.do) adj. Privado da posse.
expropriador (ex.pro.pri.a.**dor**) [ô] s.m. e adj. (Aquele) que expropria.
expropriar (ex.pro.pri.**ar**) v.t.d. Privar da posse; tirar alguém de sua propriedade mediante indenização e sob as formas da lei.

expugnação (ex.pug.na.**ção**) s.f. Ação de expugnar.
expugnado (ex.pug.**na**.do) adj. Vencido; tomado a força; levado de assalto.
expugnador (ex.pug.na.**dor**) [ô] s.m. e adj. (Aquele) que expugna.
expugnar (ex.pug.**nar**) v.t.d. Vencer; tomar a força; conquistar.
expugnável (ex.pug.**ná**.vel) adj.2g. Que se pode expugnar; que se pode vencer, tomar a força ou conquistar.
expulsão (ex.pul.**são**) s.f. Ação de expulsar.
expulsar (ex.pul.**sar**) v.t.d. Pôr para fora; fazer sair do lugar onde estava; eliminar; expelir; repugnar. Obs.: part.: *expulsado* e *expulso*.
expulsivo (ex.pul.**si**.vo) adj. Que facilita a expulsão.
expulso (ex.**pul**.so) adj. Repelido; posto para fora.
expulsor (ex.pul.**sor**) [ô] s.m. e adj. (Aquele) que expulsa.
expulsório (ex.pul.**só**.ri.o) adj. (Dir.) Que envolve mandato de expulsão.
expurgação (ex.pur.ga.**ção**) s.f. Ação de expurgar.
expurgado (ex.pur.**ga**.do) adj. 1. Limpo; depurado; separado do que é nocivo, inútil ou sujo. 2. Apurado; corrigido.
expurgador (ex.pur.ga.**dor**) [ô] s.m. e adj. (Aquele) que expurga.
expurgar (ex.pur.**gar**) v.t.d. 1. Limpar; depurar. 2. Apurar; corrigir.
expurgo (ex.**pur**.go) s.m. Limpeza; depuração.
exsudação (ex.su.da.**ção**) s.f. Ação de exsudar.
exsudar (ex.su.**dar**) v.i. Secretar sob forma de gotas; suar; transpirar.
exsudato (ex.su.**da**.to) s.m. (Med.) Líquido produzido por uma inflamação.
êxtase (**êx**.ta.se) s.m. Encanto; maravilha; arrebatamento; enlevo.
extasiado (ex.ta.si.**a**.do) adj. Encantado; maravilhado; arrebatado.
extasiar (ex.ta.si.**ar**) v.t.d. e v.p. Encantar; maravilhar; arrebatar; enlevar.
extático (ex.**tá**.ti.co) adj. Absorto; admirado; enlevado em êxtase. Cf. *estático*.
extemporaneidade (ex.tem.po.ra.nei.**da**.de) s.f. Inoportunidade; qualidade do que é extemporâneo.
extemporâneo (ex.tem.po.**râ**.ne.o) adj. Impróprio do tempo; inoportuno.
extensão (ex.ten.**são**) s.f. 1. Ação de estender; ampliação; aumento. 2. Superfície, área. 3. Amplitude; alcance; duração. 4. (Fís.) Propriedade da matéria na qual os corpos ocupam uma parte do espaço.
extensibilidade (ex.ten.si.bi.li.**da**.de) s.f. Qualidade do que é extensível.
extensível (ex.ten.**sí**.vel) adj.2g. Que se pode estender.
extensivo (ex.ten.**si**.vo) adj. 1. Que se pode estender a outrem ou a um grupo: *a bronca era extensiva a toda a classe*. 2. Que utiliza áreas extensas: *na pecuária extensiva, o gado fica solto no pasto*.
extenso (ex.**ten**.so) adj. 1. Que se estende, que tem grande extensão; comprido, longo: *uma extensa*

caminhada. **2.** Largo, desenvolvido, expandido: *remédios de uso extenso.*
extensor (ex.ten.**sor**) [ô] s.m. e adj. **1.** (Aquilo) que faz estender. s.m. **2.** (*Anat.*) Músculo que, ao se contrair, faz com que uma parte do corpo se estenda. **3.** Certo aparelho de ginástica.
extenuação (ex.te.nu.a.**ção**) s.f. Ação de extenuar.
extenuado (ex.te.nu.**a**.do) adj. Prostrado; enfraquecido; debilitado.
extenuador (ex.te.nu.a.**dor**) [ô] s.m. e adj. (Aquele) que extenua.
extenuante (ex.te.nu.**an**.te) adj.2g. Cansativo; estafante.
extenuar (ex.te.nu.**ar**) v.i. e v.p. Debilitar(-se); enfraquecer(-se); cansar(-se).
exterior (ex.te.ri.**or**) [ô] adj.2g. **1.** Que está do lado de fora; externo. **2.** Relacionado ao que está fora: *mundo exterior.* s.m. **3.** País, nação estrangeira.
exterioridade (ex.te.ri.o.ri.**da**.de) s.f. Qualidade daquilo que é exterior; aparência.
exteriorização (ex.te.ri.o.ri.za.**ção**) s.f. Ação de exteriorizar.
exteriorizado (ex.te.ri.o.ri.**za**.do) adj. Dado a conhecer; manifestado; patenteado.
exteriorizar (ex.te.ri.o.ri.**zar**) v.t.d. Manifestar; patentear.
exterminação (ex.ter.mi.na.**ção**) s.f. Ação de exterminar.
exterminado (ex.ter.mi.**na**.do) adj. **1.** Destruído, terminado. **2.** Morto, extinto.
exterminador (ex.ter.mi.na.**dor**) [ô] s.m. e adj. (Aquele) que extermina.
exterminar (ex.ter.mi.**nar**) v.t.d. Destruir; matar; extinguir.
extermínio (ex.ter.**mí**.ni.o) s.m. Destruição; morte; extinção.
externar (ex.ter.**nar**) v.t.d. Exteriorizar; manifestar; patentear.
externato (ex.ter.**na**.to) s.m. Colégio onde não residem alunos, em que só há alunos externos.
externo (ex.**ter**.no) adj. **1.** Relativo a ou que está no lado de fora; exterior: *áreas externas da casa.* s.m. **2.** Aluno que não reside no colégio.
extinção (ex.tin.**ção**) s.f. Ação de extinguir(-se). Em *extinção*: que corre o risco de desaparecer; de que há poucos indivíduos.
extinguir (ex.tin.**guir**) v.t.d. **1.** Acabar, fazer cessar, destruir, abolir. **2.** Matar, eliminar, exterminar: *a poluição extinguiu algumas espécies de animais.* v.p. **3.** Deixar de existir, acabar: *a fogueira extinguiu-se aos poucos.* Obs. part. *extinto.*
extinguível (ex.tin.**guí**.vel) adj.2g. Que se pode extinguir.
extinto (ex.**tin**.to) adj. **1.** Que foi eliminado ou suprimido. **2.** Que deixou de existir; que não vive ou não se reproduz mais: *os dinossauros estão extintos há milênios.* **3.** Que não arde mais, que se apagou: *fogo extinto, chamas extintas.*
extintor (ex.tin.**tor**) [ô] s.m. Aparelho que serve para apagar incêndios de pequenas proporções.

extirpação (ex.tir.pa.**ção**) s.f. Ação de extirpar.
extirpado (ex.tir.**pa**.do) adj. Arrancado; destruído; removido; extraído.
extirpador (ex.tir.pa.**dor**) [ô] s.m. e adj. (Aquele) que extirpa.
extirpar (ex.tir.**par**) v.t.d. Arrancar; destruir; remover; extrair.
extirpável (ex.tir.**pá**.vel) adj.2g. Que se pode extirpar.
extorquir (ex.tor.**quir**) v.t.d. Obter por violência ou ameaça; chantagear; roubar.
extorsão (ex.tor.**são**) s.f. Ação de extorquir.
extorsionário (ex.tor.si.o.**ná**.ri.o) s.m. e adj. (Aquele) que pratica extorsões.
extorsivo (ex.tor.**si**.vo) adj. Violento; bruto; que faz extorsão.
extra (**ex**.tra) s.m. e adj.2g. **1.** (Pessoa) que faz serviço acidental ou suplementar. **2.** (Ator) figurante. **3.** (Hora) trabalhada a mais. Obs.: seguida de hífen quando precede outra palavra iniciada por vogal, *h, r* e *s.*
extra-alcance (ex.tra-al.**can**.ce) adv. (*Raro*) Fora do alcance: *bens de consumo extra-alcance da maioria da população.*
extrabíblico (ex.tra.**bí**.bli.co) adj. Que está fora da Bíblia.
extração (ex.tra.**ção**) s.f. **1.** Ato de extrair; arrancar; operar (cirurgias). **2.** Sorteio das loterias. **3.** (*Mat.*) Operação algébrica para se conhecer a raiz de uma potência. **4.** (*Quím.*) Obtenção de uma substância a partir de uma matéria-prima.
extracelular (ex.tra.ce.lu.**lar**) adj.2g. Que se situa ou ocorre fora da célula.
extraconjugal (ex.tra.con.ju.**gal**) adj.2g. Fora do casamento.
extradição (ex.tra.di.**ção**) s.f. Ação de extraditar.
extraditado (ex.tra.di.**ta**.do) s.m. e adj. Criminoso ou refugiado estrangeiro que foi enviado para o seu país de origem.
extraditar (ex.tra.di.**tar**) v.t.d. Ato de uma extradição; entregar um criminoso ou refugiado estrangeiro ao governo do seu país de origem.
extraescolar (ex.tra.es.co.**lar**) adj.2g. Que ocorre ou se faz fora da escola.
extrafino (ex.tra.**fi**.no) adj. Muito fino.
extra-humano (ex.tra-hu.**ma**.no) adj. Que está fora do âmbito humano ou da influência da humanidade. ▫ Pl. *extra-humanos.*
extraído (ex.tra.**í**.do) adj. **1.** Que se extraiu ou retirou de; tirado: *o ouro extraído das minas.* **2.** Arrancado, extirpado.
extrair (ex.tra.**ir**) v.t.d. Tirar; arrancar; extirpar. Obs.: conjuga-se como *sair.*
extraível (ex.tra.**í**.vel) adj.2g. Que pode ser extraído; arrancado ou extirpado.
extrajudicial (ex.tra.ju.di.ci.**al**) adj.2g. Feito sem processo ou formalidade judicial; extrajudiciário.
extrajudiciário (ex.tra.ju.di.ci.**á**.ri.o) adj. Extrajudicial.
extralegal (ex.tra.le.**gal**) adj.2g. Ilegal.

extramatrimonial (ex.tra.ma.tri.mo.ni.**al**) adj.2g. Fora do matrimônio; extraconjugal.
extramural (ex.tra.mu.**ral**) adj.2g. Que está fora dos muros.
extranatural (ex.tra.na.tu.**ral**) adj.2g. Que é fora da natureza ou do natural; sobrenatural.
extranumeral (ex.tra.nu.me.**ral**) adj.2g. Que está fora do número certo, normal ou previsto; que não pertence ao quadro efetivo ou permanente.
extraoficial (ex.tra.o.fi.ci.**al**) adj.2g. Que não é oficial, que provém de fora da instituição oficial.
extraordinário (ex.tra.or.di.**ná**.ri.o) adj. Fora do comum; anormal; excepcional.
extrapolar (ex.tra.po.**lar**) v.t.d. **1.** Ir além de, superar, passar, ultrapassar: *o preço extrapolou dez milhões.* v.t.i. **2.** Ir além dos limites, exceder-se, cometer excessos: *extrapolaram nas brincadeiras e agora estão brigados.*
extraprograma (ex.tra.pro.**gra**.ma) s.m. e adj.2g. (Programa) além daquele previsto anteriormente.
extrassensorial (ex.tras.sen.so.ri.**al**) adj.2g. Que está além dos sentidos, que se realiza sem a participação dos sentidos: *a telepatia e outras formas de percepção extrassensorial não foram comprovadas em laboratório.*
extraterreno (ex.tra.ter.**re**.no) s.m. e adj. Extraterrestre.
extraterrestre (ex.tra.ter.**res**.tre) adj.2g. **1.** Que se realiza ou se situa fora da Terra: *pesquisas extraterrestres.* **2.** Que veio de fora da Terra, de outro planeta; extraterreno: *pedras extraterrestres.* s.2g. **3.** Ser de outro planeta; alienígena: *no filme, os extraterrestres eram amigos dos terráqueos.*
extraterritorial (ex.tra.ter.ri.to.ri.**al**) adj.2g. Que está fora de um território.
extraterritorialidade (ex.tra.ter.ri.to.ri.a.li.**da**.de) s.f. Qualidade de extraterritorial, do que está fora de um território.
extrativismo (ex.tra.ti.**vis**.mo) s.m. Atividade econômica de extrair produtos do subsolo ou das matas.
extrativista (ex.tra.ti.**vis**.ta) adj.2g. Relacionado ao extrativismo.
extrativo (ex.tra.**ti**.vo) adj. Que se pode extrair; que se pode remover; retirar.
extrato (ex.**tra**.to) s.m. **1.** Substância concentrada produzida a partir dos frutos, folhas etc. de um vegetal: *extrato de tomate.* **2.** Trecho que dá ideia do conteúdo de um texto. **3.** Resumo, sumário: *um extrato das notícias da semana.* Cf. *estrato.*
extrator (ex.tra.**tor**) [ô] s.m. e adj. (Aquele) que extrai.
extratorácico (ex.tra.to.**rá**.ci.co) adj. Que está fora do tórax.
extrauterino (ex.tra.u.te.**ri**.no) adj. (Med.) Que se realizou ou que se encontra fora do útero.
extravagância (ex.tra.va.**gân**.ci.a) s.f. Qualidade do que é extravagante.
extravagante (ex.tra.va.**gan**.te) adj.2g. Excêntrico, muito diferente e esquisito, original.
extravagar (ex.tra.va.**gar**) v.i. Distrair; andar disperso.
extravasado (ex.tra.va.**sa**.do) adj. Que sofreu extravasamento.
extravasamento (ex.tra.va.sa.**men**.to) s.m. Ação de extravasar.
extravasar (ex.tra.va.**sar**) v.t.d. **1.** Derramar; transbordar. **2.** Passar dos limites.
extraviado (ex.tra.vi.a.do) adj. **1.** Roubado. **2.** Desaparecido; sumido. **3.** Perdido; que saiu do caminho.
extraviador (ex.tra.vi.a.**dor**) [ô] s.m. e adj. (Aquele) que extravia.
extraviar (ex.tra.vi.**ar**) v.t.d. **1.** Roubar. **2.** Desaparecer; sumir. v.t.d. e v.p. **3.** Perder(-se); descaminhar(-se); desviar(-se).
extravio (ex.tra.**vi**.o) s.m. **1.** Ação de extraviar. **2.** Roubo. **3.** Desaparecimento; sumiço. **4.** Perda; descaminho; desvio.
extrema-direita (ex.tre.ma-di.**rei**.ta) s.m. **1.** (Pol.) Indivíduo ou grupo de direita que tem opiniões radicais. **2.** (Esp.) Jogador de futebol que ocupa a posição da extremidade direita da linha dianteira no campo. ▪ Pl. *extremas-direitas.*
extremado (ex.tre.**ma**.do) adj. **1.** Que vai a extremos; exagerado, radical. **2.** Extraordinário, excelente. **3.** Notável, distinto.
extrema-esquerda (ex.tre.ma-es.**quer**.da) s.m. **1.** (Pol.) Indivíduo ou grupo de esquerda que tem posturas radicais. **2.** (Esp.) Jogador de futebol que ocupa a posição da extremidade esquerda da linha dianteira no campo. ▪ Pl. *extremas-esquerdas.*
extremar (ex.tre.**mar**) v.t.d. Tornar extremo.
extrema-unção (ex.tre.ma-un.**ção**) s.f. (Relig.) Sacramento que se dá a um indivíduo quando este está prestes a morrer. ▪ Pl. *extremas-unções.*
extremável (ex.tre.**má**.vel) adj.2g. Que pode tornar-se extremo.
extremidade (ex.tre.mi.**da**.de) s.f. **1.** Fim; limite; o término de algo. **2.** Canto; beira.
extremismo (ex.tre.**mis**.mo) s.m. Doutrina radical, que adota os extremos como princípios.
extremista (ex.tre.**mis**.ta) s.2g. e adj.2g. (Aquele) que é radical, exagerado, excessivo.
extremo (ex.**tre**.mo) adj. **1.** Exagerado; excessivo. **2.** Perfeito. **3.** Muito longe; afastado; remoto. s.m. **4.** O ponto mais distante; limite. **5.** (Mat.) O último ou o primeiro em uma proporção aritmética. **6.** Último; derradeiro.
extremoso (ex.tre.**mo**.so) [ô] adj. **1.** Que é extremamente carinhoso; que tem muito amor para dar. **2.** Que chega a extremos. ▪ Pl. *extremosos* [ó].
extrínseco (ex.**trín**.se.co) adj. **1.** Exterior. **2.** Tudo aquilo que não é essencial.
extroversão (ex.tro.ver.**são**) s.f. Qualidade de extrovertido.
extroverter-se (ex.tro.ver.**ter**-se) v.p. Tornar-se extrovertido, melhorar a comunicação com os outros.
extrovertido (ex.tro.ver.**ti**.do) adj. Diz-se de pessoa, temperamento etc. voltado para os outros e para o mundo exterior. Cf. *introvertido.*

extrusão (ex.tru.**são**) s.f. Técnica de moldagem de metal ou outro material forçando sua passagem por um orifício.
exu (e.**xu**) s.m. **1.** (Relig.) No candomblé, espírito apegado a prazeres sensuais, cultuado como orixá em alguns terreiros. **2.** (Pop.) Diabo; espírito maligno.
exuberância (e.xu.be.**rân**.ci.a) [z] s.f. **1.** Excessiva abundância. **2.** Maravilha; animação; vigor.
exuberante (e.xu.be.**ran**.te) [z] adj.2g. **1.** Que existe em abundância. **2.** Lindo; maravilhoso; animado.
exuberar (e.xu.be.**rar**) [z] v.t.i. Ser, existir em abundância; abundar.
exul (e.**xul**) [z] adj.2g. Animado; alegre; entusiasmado.
exular (e.xu.**lar**) [z] v.i. Ir viver longe de onde nasceu; exilar-se.
exulceração (e.xul.ce.ra.**ção**) [z] s.f. **1.** Mágoa; sofrimento. **2.** Úlcera.
exulcerar (e.xul.ce.**rar**) [z] v.t.d. **1.** Magoar; desgostar. **2.** Causar úlcera.
exulcerativo (e.xul.ce.ra.**ti**.vo) [z] adj. Que causa úlcera.
exultação (e.xul.ta.**ção**) [z] s.f. Euforia; alegria; júbilo; regozijo.
exultante (e.xul.**tan**.te) [z] adj.2g. Que exulta.
exultar (e.xul.**tar**) [z] v.i. Ter grande alegria; rejubilar-se.
exumação (e.xu.ma.**ção**) [z] s.f. Remoção de alguém que se encontra na sepultura.
exumado (e.xu.**ma**.do) [z] adj. Desenterrado; retirado da sepultura.
exumar (e.xu.**mar**) [z] v.t.d. Desenterrar; retirar da sepultura.
exúvia (e.**xú**.vi.a) [z] s.f. (Zoo.) Tegumento de um animal que foi deixado no período de muda.
exuviabilidade (e.xu.vi.a.bi.li.**da**.de) [z] s.f. (Zoo.) Muda de pele dos animais.
exuviável (e.xu.vi.**á**.vel) [z] adj.2g. Que muda de pele e não perde a forma.
ex-voto (ex-**vo**.to) s.m. (Relig.) Objeto que se promete ou oferece a um santo ou a uma divindade, em agradecimento por uma graça: *aos pés da santa havia velas, partes do corpo de cera e outros ex-votos.* ▫ Pl. *ex-votos.*

Ff

f, F s.m. Sexta letra do nosso alfabeto, consoante, de nome "efe" ou "fê".
F Símbolo do elemento químico flúor.
fá s.m. Quarta nota da escala de dó, entre o mi e o sol.
fã s.2g. Admirador exaltado.
fábrica (fá.bri.ca) s.f. Estabelecimento onde se preparam produtos ou são manufaturados utensílios, roupas, máquinas etc.
fabricação (fa.bri.ca.**ção**) s.f. Ato de fabricar; fabrico.
fabricante (fa.bri.**can**.te) s.2g. Aquele que fabrica.
fabricar (fa.bri.**car**) v.t.d. **1.** Fazer, engendrar, produzir. **2.** Produzir em fábrica; manufaturar.
fabricável (fa.bri.**cá**.vel) adj.2g. Que se pode produzir em fábrica: *esses produtos são fabricáveis em série*.
fabrico (fa.**bri**.co) s.m. Ato de fabricar; fabricação.
fabril (fa.**bril**) adj.2g. Que diz respeito a fábrica ou a fabricante.
fábula (fá.bu.la) s.f. **1.** (Lit.) Narração curta, em que os personagens geralmente são animais, e que encerra uma lição de moral. **2.** (Fig.) Grande quantidade de dinheiro.
fabular (fa.bu.**lar**) adj.2g. **1.** Que diz respeito à fábula. v.i. **2.** Narrar em forma de fábula. v.t.d. **3.** (Fig.) Mentir; inventar; fingir.
fabulário (fa.bu.**lá**.ri.o) s.m. Coleção de fábulas.
fabulista (fa.bu.**lis**.ta) s.2g. Autor de fábulas.
fabuloso (fa.bu.**lo**.so) [ô] adj. **1.** Que diz respeito à fábula; mitológico; imaginário. **2.** Grandioso; extraordinário. ▫ Pl. *fabulosos* [ó].
faca (fa.ca) s.f. Objeto cortante, com lâmina e cabo.
facada (fa.**ca**.da) s.f. **1.** Golpe dado com a faca. (Fig.) **2.** Pedido de empréstimo de dinheiro. **3.** Mágoa ou desgosto.
façanha (fa.**ça**.nha) s.f. Proeza; feito heroico; fato extraordinário.
facão (fa.**cão**) s.m. **1.** Faca grande, para cortar peixe ou abrir caminho no mato. **2.** (Pop.) Corte de funcionários.
facção (fac.**ção**) s.f. **1.** Grupo diferenciado dentro de uma categoria ou grupo maior: *uma facção criminosa*. **2.** Grupo dissidente de uma organização ou instituição.
faccioso (fac.ci.**o**.so) [ô] adj. Pertencente a uma facção. ▫ Pl. *facciosos* [ó].
face (fa.ce) s.f. **1.** Rosto; cara. **2.** Lado da moeda onde fica a efígie. **3.** Lado anterior; frente.
facear (fa.ce.**ar**) v.t.d. **1.** Cortar em faces ou lados; facetar: *facear uma tora de madeira para fazer tábuas*. **2.** Enfrentar, ficar diante de, deparar: *o navegador solitário faceou a morte duas vezes antes de chegar ao Polo Sul*.
facécia (fa.**cé**.ci.a) s.f. (Raro) Dito engraçado, brincadeira falada; chiste, pilhéria, piada.
faceirice (fa.cei.**ri**.ce) s.f. Qualidade de faceiro ou dengoso; dengo.
faceiro (fa.**cei**.ro) adj. **1.** Que gosta de enfeitar-se; vistoso; vaidoso. **2.** Alegre; jovial.
faceta (fa.**ce**.ta) [ê] s.f. **1.** Lado, face, lateral plana, faceada. **2.** Aspecto, âmbito, lado: *a faceta sombria do subúrbio*.
facetado (fa.ce.**ta**.do) adj. Dotado de facetas, cortado em facetas.
facetar (fa.ce.**tar**) v.t.d. Cortar em faces, fazer facetas; facear.
faceto (fa.**ce**.to) [ê] adj. (Raro) Cheio de facécias; brincalhão, gozador.
fachada (fa.**cha**.da) s.f. **1.** Parte da frente de um edifício. **2.** (Fig.) Aparência; aspecto.
facho (fa.cho) s.m. **1.** Archote; lanterna. **2.** (Fig.) Luz intelectual.
facial (fa.ci.**al**) adj.2g. Que diz respeito à face.
fácil (fá.cil) adj.2g. **1.** Que é feito com facilidade; simples; claro. **2.** (Fig.) Dócil. **3.** Leviano. adv. **4.** Facilmente.
facilidade (fa.ci.li.**da**.de) s.f. Qualidade daquilo que é fácil. Cf. *facilidades*.
facilidades (fa.ci.li.**da**.des) s.f.pl. Meios prontos e cômodos de se conseguir algo.
facilitado (fa.ci.li.**ta**.do) adj. **1.** Tornado fácil. **2.** (Pop.) Diz-se de pagamento dividido em parcelas.
facilitar (fa.ci.li.**tar**) v.t.d. **1.** Tornar fácil. v.i. **2.** Agir impensadamente.
facínora (fa.**cí**.no.ra) s.m. Criminoso; marginal; bandido.
fac-similar (fac-si.mi.**lar**) adj.2g. **1.** Feito por fac-símile: *reprodução fac-similar*. **2.** Igual, idêntico. ▫ Pl. *fac-similares*.
fac-símile (fac-**sí**.mi.le) s.m. Técnica de reprodução de um texto, pintura etc. ▫ Pl. *fac-símiles*.
factível (fac.**tí**.vel) adj.2g. Possível de ser feito.
factoide (fac.**toi**.de) s.m. Notícia de algo que poderá acontecer, divulgada a fim de causar impacto na opinião pública: *mudar o nome do bairro foi um dos factoides criados pelo político para desviar a atenção do escândalo*.
factótum (fac.**tó**.tum) s.2g. Pessoa que reúne várias habilidades; faz-tudo.

faculdade (fa.cul.**da**.de) s.f. **1.** Poder, autoridade de fazer ou decidir: *as pessoas têm a faculdade de falar*. **2.** Escola de ensino superior.
facultar (fa.cul.**tar**) v.t.d.i. Facilitar; permitir; conceder.
facultativo (fa.cul.ta.**ti**.vo) adj. **1.** Que faculta ou permite. **2.** Que se pode fazer ou não, que não é obrigatório: *voto facultativo; aquele dia era de ponto facultativo nos órgãos públicos*. s.m. **3.** Médico. **4.** Pessoa que frequenta ou frequentou faculdade.
facúndia (fa.**cún**.di.a) s.f. Facilidade para falar; eloquência.
facundo (fa.**cun**.do) adj. Que fala com facilidade; eloquente.
fada (fa.da) s.f. **1.** (*Folc.*) Entidade fantástica, com poderes sobrenaturais. **2.** (*Fig.*) Pessoa bondosa.
fadar (fa.**dar**) v.t.d. Predestinar; determinar o destino de.
fadário (fa.**dá**.ri.o) s.m. (*Raro*) **1.** Fado, destino. **2.** Sofrimentos, dificuldades.
fadiga (fa.**di**.ga) s.f. Cansaço; canseira; estafa.
fadista (fa.**dis**.ta) s.2g. Pessoa que compõe ou canta fados.
fado (fa.do) s.m. **1.** Estrela; destino. **2.** (*Folc. Mús.*) Canção típica portuguesa, de forte influência árabe, com um cantor solista acompanhado de viola: *Amália Rodrigues foi uma grande cantora de fado*.
fagote (fa.**go**.te) [ó] s.m. (*Mús.*) Instrumento de sopro feito de madeira, muito usado na música erudita.
fagueiro (fa.**guei**.ro) adj. Que gosta de afagar; carinhoso, meigo.
fagulha (fa.**gu**.lha) s.f. Chispa, faísca, centelha.
faia (fai.a) s.f. **1.** (*Bot.*) Árvore da família do carvalho e da castanheira, que dá boa madeira, importante no hemisfério Norte. **2.** Alfaia.
faiança (fai.**an**.ça) s.f. Louça feita com argila vidrada ou esmaltada.
fail [inglês: "fêil"] s.m. (*Gír.*) Termo que expressa algo que não deu certo ou que não foi feito como desejado.
faina (**fai**.na) s.f. Lida, trabalho, azáfama, tarefa.
faisão (fai.**são**) s.m. (*Zoo.*) Ave galinácea que tem penacho e plumagem muito bonita, criada como ornamental e pela carne.
faísca (fa.**ís**.ca) s.f. **1.** Fagulha, chispa, centelha. **2.** Raio, corisco. **3.** (*Raro*) Porção pequena; partícula, isca.
faiscador (fa.is.ca.**dor**) [ô] s.m. **1.** Garimpeiro que busca ouro por conta própria. **2.** Aparelho ou dispositivo que emite faíscas.
faiscante (fa.is.**can**.te) adj.2g. Que faísca; brilhante, cintilante.
faiscar (fa.is.**car**) v.i. Soltar faíscas; brilhar; cintilar.
faixa (**fai**.xa) s.f. **1.** Tira de tecido. **2.** Cada uma das músicas gravadas em um disco. **3.** Porção estreita de terreno. **4.** Intervalo, trecho: *faixa de terreno, faixa etária*.
fajutar (fa.ju.**tar**) v.t.d. Falsificar, fraudar: *fajutou as declarações*.
fajuto (fa.**ju**.to) adj. Falso, ilegal, ilegítimo: *produtos fajutos*.
fake news [inglês: "fêiqui níus"] s.f.pl. Notícias, textos, notas ou quaisquer informações que não correspondem à verdade compartilhadas como verdadeiras; notícia falsa ou mentirosa.
fala (**fa**.la) s.f. **1.** Ato de falar. **2.** Faculdade de se exprimir pela palavra. **3.** Cada uma das partes de um diálogo.
falação (fa.la.**ção**) s.f. (*Pop.*) **1.** Conversa, papo, fala sem importância, tagarelice. **2.** Comentário, crítica maliciosa coletiva.
falácia (fa.**lá**.ci.a) s.f. **1.** Afirmação falsa, engano, engodo. **2.** Qualidade de falaz.
falacioso (fa.la.ci.**o**.so) [ô] adj. **1.** Que contém falácia; enganador, falso. **2.** Falaz. ▪ Pl. *falaciosos* [ó].
falado (fa.**la**.do) adj. **1.** Que se fala. **2.** Que contém falas: *filme falado*. **3.** Oral: *a língua falada é mais dinâmica que a escrita*. **4.** (*Pop.*) Comentado, discutido: *depois das fotos a moça ficou muito falada*.
falador (fa.la.**dor**) [ô] adj. (*Pop.*) **1.** Que fala muito; tagarela. **2.** Maledicente, maldoso.
falange (fa.**lan**.ge) s.f. **1.** (*Anat.*) Cada um dos ossos que formam os dedos. **2.** (*Hist.*) Unidade de infantaria, na Grécia antiga. **3.** Grupo, bando de pessoas agressivas e mal-intencionadas.
falangeta (fa.lan.**ge**.ta) [ê] s.f. (*Anat.*) A terceira falange.
falanginha (fa.lan.**gi**.nha) s.f. (*Anat.*) A segunda falange ou falange média.
falangista (fa.lan.**gis**.ta) adj.2g. Relacionado a uma falange; pertencente a falange ou bando de malfeitores.
falante (fa.**lan**.te) s.2g. e adj.2g. **1.** (Pessoa) que fala um idioma: *o português tem mais falantes que o árabe*. **2.** (Dispositivo) para amplificar o som; caixa. adj.2g. **3.** Que fala muito; falador, tagarela: *a menina era muito falante*.
falar (fa.**lar**) v.i. **1.** Articular palavras. v.t.d. **2.** Expressar por meio de palavras. **3.** Dizer. **4.** Conversar sobre.
falastrão (fa.las.**trão**) s.m. e adj. **1.** Tagarela, falador. **2.** (Pessoa) que fala muito e faz pouco. **3.** Enganador, vigarista.
falatório (fa.la.**tó**.ri.o) s.m. **1.** Ruído de várias vozes. **2.** Maledicência.
falaz (fa.**laz**) adj.2g. Que tenta enganar com palavras; falacioso.
falcão (fal.**cão**) s.m. (*Zoo.*) Ave de rapina de hábitos diurnos.
falcatrua (fal.ca.**tru**.a) s.f. Fraude; logro; ardil.
falconiforme (fal.co.ni.**for**.me) [ó] s.2g. e adj.2g. (*Zoo.*) (Ave de rapina) que pertence a uma ordem em que se classificam o falcão, a águia e os abutres.
falda (**fal**.da) s.f. Sopé.
falecer (fa.le.**cer**) v.i. Expirar; morrer.
falecido (fa.le.**ci**.do) s.m. e adj. (Aquele) que morreu, morto, defunto.
falecimento (fa.le.ci.**men**.to) s.m. Ato de falecer; morte; óbito; passamento.

falência (fa.**lên**.ci.a) s.f. **1.** Ato de falir. **2.** Carência; falha.

falésia (fa.**lé**.si.a) s.f. (Geo.) Rocha íngreme localizada à beira-mar.

falha (fa.lha) s.f. **1.** Fenda; racha. **2.** Omissão. **3.** Defeito.

falhar (fa.**lhar**) v.i. **1.** Negar fogo. **2.** Não ocorrer como se esperava. **3.** Apresentar defeito.

falho (fa.lho) adj. Que tem falhas; incompleto; defeituoso.

fálico (**fá**.li.co) adj. Que diz respeito a falo, que tem forma de falo.

falir (fa.**lir**) v.i. Não ter como pagar aos credores; fracassar; quebrar. Obs.: verbo defectivo, só conjugado nas formas em que houver um *i* após o *l* da raiz, como no pres. do ind.: *falimos, falis*.

falível (fa.**lí**.vel) adj.2g. Passível de falha ou erro.

falo (fa.lo) s.m. Representação do pênis, em desenho ou escultura.

falquejar (fal.que.**jar**) v.t.d. Cortar transversalmente, em diagonal: *falquejar a madeira para o bordo do barco*.

falsário (fal.**sá**.ri.o) s.m. Falsificador; impostor.

falsear (fal.se.**ar**) v.t.d. **1.** Adulterar; falsificar. v.i. **2.** Desafinar. **3.** Pisar em falso.

falsete (fal.**se**.te) [ê] s.m. (Mús.) Forma de colocar a voz para que fique mais aguda.

falsidade (fal.si.**da**.de) s.f. Falta de verdade; hipocrisia; fraude.

falsificação (fal.si.fi.ca.**ção**) s.f. Ato de falsificar; adulteração.

falsificado (fal.si.fi.**ca**.do) adj. Falso; adulterado; alterado.

falsificador (fal.si.fi.ca.**dor**) [ô] s.m. e adj. Falsário.

falsificar (fal.si.fi.**car**) v.t.d. Imitar fraudulentamente; adulterar; forjar.

falso (**fal**.so) adj. **1.** Irreal; contrário à realidade. **2.** Falsificado. **3.** Fingido; hipócrita.

falta (**fal**.ta) s.f. **1.** Ausência; privação. **2.** Culpa; pecado.

faltar (fal.**tar**) v.i. **1.** Deixar de existir. **2.** Não comparecer; ausentar-se. v.t.i. **3.** Sentir privação; carecer.

falto (**fal**.to) adj. **1.** Que não tem; desprovido: *falto de maldade ou malícia*. **2.** Carente, necessitado: *falto de afeto*.

faltoso (fal.**to**.so) [ô] adj. Que cometeu falta; culpado. ▫ Pl. *faltosos* [ó].

fama (**fa**.ma) s.f. Renome; notoriedade; glória.

famélico (fa.**mé**.li.co) adj. Esfomeado; faminto; esfaimado.

famigerado (fa.mi.ge.**ra**.do) adj. Que tem (má) fama.

família (fa.**mí**.li.a) s.f. **1.** Conjunto de pai, mãe, filhos, vivendo geralmente sob um mesmo teto. **2.** Pessoas com o mesmo sangue. **3.** (Gram.) Conjunto de vocábulos com a mesma raiz. **4.** (Bio.) Categoria da classificação que agrupa os gêneros e participa de uma ordem.

familiar (fa.mi.li.**ar**) adj.2g. **1.** Que diz respeito à família. **2.** Usado em família, adequado à família toda: *programação familiar*. **3.** Conhecido, usual, habitual: *um rosto familiar*. s.2g. **4.** Pessoa da família; parente: *ele tinha apenas um familiar distante*.

familiares (fa.mi.li.**a**.res) s.m.pl. Pessoas da família; parentes: *avisar os familiares e amigos*.

familiaridade (fa.mi.li.a.ri.**da**.de) s.f. Intimidade; confiança; franqueza.

familiarizado (fa.mi.li.a.ri.**za**.do) adj. Acostumado; habituado.

familiarizar (fa.mi.li.a.ri.**zar**) v.p. Tornar-se familiar; habituar-se; acostumar-se.

faminto (fa.**min**.to) adj. Esfomeado; esfaimado.

famoso (fa.**mo**.so) [ô] adj. Que tem fama; notável; célebre. ▫ Pl. *famosos* [ó].

fâmulo (**fâ**.mu.lo) s.m. **1.** (Ant. Raro) Pessoa que acompanha e serve outra, de posses: *só saía acompanhado de algum fâmulo ou agregado*. **2.** Pessoa servil, subserviente. **3.** (Raro) Pessoa que comanda uma propriedade que não é sua.

fanar (fa.**nar**) v.t.d. e v.p. Murchar, morrer: *o calor fanou as rosas; as plantas fanaram-se*.

fanático (fa.**ná**.ti.co) s.m. e adj. (Aquele) que tem fanatismo.

fanatismo (fa.na.**tis**.mo) s.m. **1.** Zelo excessivo, com relação a uma religião ou doutrina. **2.** (Fig.) Paixão.

fanatizar (fa.na.ti.**zar**) v.t.d. **1.** Tornar fanático. v.p. **2.** Tornar-se fanático.

fandango (fan.**dan**.go) s.m. (Folc.) **1.** Baile campestre com numerosas danças de roda e sapateados, que ocorre desde o Rio Grande do Sul a São Paulo; chamarrita. **2.** (NE) Barca.

Fanerozoico (fa.ne.ro.**zoi**.co) [ói] adj. (próprio) (Geo.) Éon mais recente na história da Terra, iniciado há cerca de 542 milhões de anos e que se estende até o presente, dividido nas eras Paleozoica, Mesozoica e Cenozoica.

fanfarra (fan.**far**.ra) s.f. Banda de música; grupo de músicos que se apresentam em paradas e desfiles.

fanfarrão (fan.far.**rão**) s.m. e adj. (Aquele) que se diz valentão.

fanfarrice (fan.far.**ri**.ce) s.f. Atitude de fanfarrão; bravata, bazófia; fanfarronada, fanfarronice.

fanfarronada (fan.far.ro.**na**.da) s.f. Fanfarrice.

fanfarronice (fan.far.ro.**ni**.ce) s.f. Fanfarrice.

fanho (fa.nho) s.m. e adj. Fanhoso.

fanhoso (fa.**nho**.so) [ô] adj. Que fala expelindo parte do ar pelas narinas; fanho; roufenho. ▫ Pl. *fanhosos* [ó].

faniquito (fa.ni.**qui**.to) s.m. Ataque de nervos sem gravidade.

fantasia (fan.ta.**si**.a) s.f. **1.** Imaginação; devaneio. **2.** Obra da imaginação. **3.** Roupa com que se brinca no carnaval.

fantasiar (fan.ta.si.**ar**) v.i. **1.** Sonhar; devanear. v.t.d. **2.** Idealizar; imaginar. v.p. **3.** Vestir uma fantasia.

fantasioso (fan.ta.si.**o**.so) [ô] adj. Que é constituído por fantasia; enganoso: *a turma criou uma história fantasiosa para a peça de final de ano*. ▫ Pl. *fantasiosos* [ó].

fantasista (fan.ta.**sis**.ta) s.2g. e adj.2g. **1.** (Pessoa) que faz ou cria fantasias. adj.2g. **2.** Que é próprio de fantasia: *cenário fantasista*.
fantasma (fan.**tas**.ma) s.m. **1.** Visão, assombração, espectro. **2.** Personificação de pessoa morta; espírito.
fantasmagoria (fan.tas.ma.go.**ri**.a) s.f. **1.** Arte de fazer ver fantasmas ou figuras luminosas na escuridão. **2.** (Fig.) Falsa aparência. **3.** Imaginação; utopia.
fantasmagórico (fan.tas.ma.**gó**.ri.co) adj. Ilusório; irreal.
fantástico (fan.**tás**.ti.co) adj. **1.** Que diz respeito a fantasma ou a fantasia. **2.** Que só existe na fantasia ou na imaginação; imaginário: *o dragão é um ser fantástico*. **3.** Incrível, prodigioso, inacreditável: *deu um pulo fantástico e alcançou o outro lado do rio*.
fantoche (fan.**to**.che) [ó] s.m. **1.** Boneco com cabeça de massa e corpo de pano, que se movimenta colocando-se a mão por dentro do corpo; bonifrate. **2.** (Fig.) Pessoa sem personalidade própria, facilmente levada pelos outros; bonifrate, títere.
faqueiro (fa.**quei**.ro) s.m. **1.** Conjunto de talheres. **2.** Estojo onde se guardam esses talheres. **3.** Aquele que fabrica ou comercializa facas.
faquir (fa.**quir**) s.m. **1.** Hindu, em geral de origem muçulmana, devoto e penitente. **2.** Pessoa que se apresenta em público, durante dias, jejuando e se mortificando.
farândola (fa.**rân**.do.la) s.f. **1.** (Ant.) Dança de par em fila muito longa. **2.** Companhia teatral mista, ambulante, no século XVI. **3.** (Raro) Grupo de pessoas maltrapilhas e desordeiras; pândegos.
faraó (fa.ra.**ó**) s.m. Soberano do Egito Antigo.
faraônico (fa.ra.**ô**.ni.co) adj. **1.** Que diz respeito aos faraós. **2.** (Fig.) Extravagante; pomposo; muitíssimo caro.
farda (**far**.da) s.f. **1.** Uniforme, roupa que usam todos os membros de uma categoria. **2.** Roupa, uniforme militar.
fardamento (far.da.**men**.to) s.m. Conjunto da farda; uniforme completo.
fardão (far.**dão**) s.m. Veste vistosa e simbólica dos membros da Academia Brasileira de Letras.
fardar (far.**dar**) v.t.d. **1.** Vestir com farda. v.p. **2.** Vestir-se com farda.
fardo (**far**.do) s.m. **1.** Carga; pacote; embrulho. **2.** (Fig.) Responsabilidade, encargo.
farejar (fa.re.**jar**) v.t.d. **1.** Seguir levado pelo faro. **2.** (Fig.) Pressentir; adivinhar.
farelo (fa.**re**.lo) [é] s.m. **1.** O que sobra da farinha ou outros cereais, depois de peneirados. **2.** Migalha que se desprende do pão ao ser cortado.
farfalhar (far.fa.**lhar**) v.i. Fazer um barulho semelhante ao das folhas ao vento.
farfalhice (far.fa.**lhi**.ce) s.f. Espalhafato; ostentação.
farináceo (fa.ri.**ná**.ce.o) adj. Que diz respeito à farinha, semelhante a farinha.

faringe (fa.**rin**.ge) s.f. (Anat.) Cavidade que se estende da parte posterior das fossas nasais até o começo do estômago.
faringite (fa.rin.**gi**.te) s.f. (Med.) Inflamação da faringe.
farinha (fa.**ri**.nha) s.f. **1.** Pó que se obtém da moagem de certos cereais ou tubérculos: *farinha de milho, farinha de mandioca, farinha de trigo*. **2.** Pó obtido pela moagem do trigo cru; farinha de trigo. farinha do reino: *a massa do pão leva farinha, fermento, sal e água*. **3.** Pó obtido pelo processamento da mandioca, de que há diversas variedades; fécula de mandioca: *coloque a farinha no caldo para fazer pirão*. Cf. fubá. Farinha seca: farinha de mandioca pura, sem acompanhamento: *passaram dias comendo só farinha seca, sem feijão nem peixe, por falta de dinheiro*. Cf. farinha-seca. (Ser) farinha do mesmo saco: ter o mesmo valor, ser muito parecidos.
farinha-seca (fa.ri.nha-**se**.ca) s.f. Farinha de mandioca triturada e seca ao forno, porém não torrada: *a farinha-seca e a farinha-d'água são dois produtos importantes da mandioca*. (Cf. farinha seca.)
farinha-d'água (fa.ri.nha-**d'á**.gua) s.f. Variedade de farinha de mandioca em que a raiz inteira é mergulhada em água por três dias e só depois triturada e seca ao forno. ◘ Pl. *farinhas-d'água*.
farinha do reino (fa.ri.nha do **rei**.no) s.f. (Ant.) Farinha de trigo: *a farinha do reino era trazida em navios durante o período colonial*.
farinheira (fa.ri.**nhei**.ra) s.f. Recipiente em que se guarda a farinha.
farinhento (fa.ri.**nhen**.to) adj. **1.** Que contém muita farinha; seco. **2.** Que deixa cair migalhas ou farelo.
farisaico (fa.ri.**sai**.co) adj. Ligado ou semelhante a fariseu.
fariseu (fa.ri.**seu**) s.m. **1.** Judeu de grande santidade exterior. **2.** (Fig.) Pessoa hipócrita.
farmacêutico (far.ma.**cêu**.ti.co) adj. **1.** Que diz respeito a farmácia. s.m. **2.** Pessoa diplomada em farmácia. **3.** Boticário.
farmácia (far.**má**.ci.a) s.f. **1.** Ramo da farmacologia que se dedica ao preparo e conservação dos medicamentos. **2.** Estabelecimento onde se vendem remédios.
fármaco (**fár**.ma.co) s.m. Medicamento.
farmacologia (far.ma.co.lo.**gi**.a) s.f. Parte da medicina que estuda os medicamentos.
farmacopeia (far.ma.co.**pei**.a) [éi] s.f. **1.** Conjunto de fármacos ou medicamentos. **2.** Obra sobre fármacos ou medicamentos.
farnel (far.**nel**) s.m. Provisão de alimentos para um dia ou uma jornada; bornal, merenda.
faro (**fa**.ro) s.m. **1.** Olfato dos animais: *os cães sabem encontrar objetos pelo faro*. **2.** (Fig.) Intuição, instinto.
faroeste (fa.ro.**es**.te) [é] s.m. Filme de ação sobre o Oeste dos EUA, em geral com muitos tiroteios; filme de bangue-bangue, filme de mocinho e bandido; *western*. Obs.: do inglês *Far West*, "oeste longínquo", região no oeste dos EUA.

farofa (fa.**ro**.fa) [ó] s.f. Farinha de mandioca torrada no óleo ou manteiga, com ovos, linguiça, ou outras iguarias.

farofeiro (fa.ro.**fei**.ro) s.m. e adj. **1.** (Aquele) que leva farnel para comer em passeios. **2.** (Aquele) que é fanfarrão, metido a valentão.

farol (fa.**rol**) s.m. **1.** Torre com luz muito forte colocada à entrada de um porto ou em locais acidentados, para guiar aos navegantes. **2.** (SP) Lanterna de automóveis. **3.** (SP) Sinal luminoso de trânsito; sinaleira, semáforo. **4.** (Pop.) Aquilo que se fala ou faz para impressionar os outros, seja verdade ou mentira.

faroleiro (fa.ro.**lei**.ro) s.m. **1.** Vigia de um farol. **2.** (Pop.) Pessoa que faz farol, que tenta impressionar.

farolete (fa.ro.**le**.te) [ê] s.m. **1.** Farol traseiro dos automóveis. **2.** Lanterna de mão.

farpa (**far**.pa) s.f. **1.** Pequena lasca de madeira. **2.** Ponta metálica penetrante, que se coloca nas setas ou arpões. **3.** Haste com que os toureiros picam os touros.

farpado (far.**pa**.do) adj. Que tem farpas. **Arame farpado:** arame com farpas metálicas, usado em cercas de segurança.

farpar (far.**par**) v.t.d. Colocar farpas em; farpear.

farpear (far.pe.**ar**) v.t.d. Farpar.

farpela (far.**pe**.la) [é] s.f. (Raro) Roupa, traje.

farra (**far**.ra) s.f. Folia; boemia; diversão.

farrancho (far.**ran**.cho) s.m. Grupo de pessoas que saem em romaria ou em busca de alguma diversão.

farrapo (far.**ra**.po) s.m. **1.** Tecido ou roupa muito usada ou gasta; trapo. **2.** (Hist.) Farroupilha.

farrear (far.re.**ar**) v.i. Cair na farra.

farrista (far.**ris**.ta) s.2g. Aquele que é dado a farras.

farroupilha (far.rou.**pi**.lha) s.2g. **1.** Maltrapilho; esfarrapado. **2.** (Hist.) Rebelde da Guerra dos Farrapos ou Revolução Farroupilha, 1835-1845; farrapo.

farsa (**far**.sa) s.f. **1.** Peça cômica e burlesca, em um só ato. **2.** Fingimento; logro; embuste.

farsante (far.**san**.te) s.2g. **1.** Ator de uma farsa. **2.** Fingido; embusteiro.

fartar (far.**tar**) v.t.d. **1.** Satisfazer a fome, a sede ou um desejo. **2.** Aborrecer. v.p. **3.** Cansar-se; encher-se. **4.** Sentir-se farto, saciar-se. Obs.: verbo abundante, apresenta dois particípios: *fartado*, com os auxiliares "ter" e "haver", e *farto*, com os auxiliares "ser" e "estar".

farto (**far**.to) adj. **1.** Em que há abundância: *uma mesa farta*. **2.** Satisfeito; nutrido. **3.** Enfastiado; aborrecido: *estava farta de ouvir sempre as mesmas músicas*.

fartum (far.**tum**) s.m. Cheiro ruim, rançoso; bodum.

fartura (far.**tu**.ra) s.f. Quantidade enorme; abundância.

fascículo (fas.**cí**.cu.lo) s.m. Caderno de uma obra, publicado à proporção em que a mesma vai sendo escrita.

fascinação (fas.ci.na.**ção**) s.f. Forte atração; enlevo; deslumbramento.

fascinador (fas.ci.na.**dor**) [ô] adj. Que enleva; que deslumbra; sedutor; fascinante.

fascinante (fas.ci.**nan**.te) adj.2g. Fascinador; encantador; deslumbrante.

fascinar (fas.ci.**nar**) v.t.d. **1.** Encantar; seduzir. **2.** Enfeitiçar. **3.** Subjugar.

fascínio (fas.**cí**.ni.o) s.m. Fascinação; encanto.

fascismo (fas.**cis**.mo) s.m. Sistema político de direita implantado na Itália de 1922 a 1945, por Benito Mussolini. Obs.: o nome vem da palavra italiana *fascio*, "feixe de varas", símbolo da adesão dos cidadãos.

fascista (fas.**cis**.ta) adj.2g. **1.** Pertencente ao fascismo. s.2g. **2.** Partidário do fascismo. s.2g. e adj.2g. **3.** (Fig.) (Indivíduo) reacionário.

fase (**fa**.se) s.f. **1.** Etapa; época; período. **2.** Aspecto que a Lua ou um planeta apresenta, de acordo com sua posição, em relação ao Sol.

fasquia (fas.**qui**.a) s.f. **1.** Pedaço de madeira fino e comprido; ripa. **2.** Essa madeira, colocada horizontalmente como marca para uma prova.

fast-food [inglês: "fastifúdi"] s.f.2n. **1.** Alimento como hambúrguer, batata frita, refrigerante ou sorvete, que, em excesso, causam obesidade: *inventaram uma fast-food mais saudável*. s.m.2n. **2.** Estabelecimento que serve esse tipo de comida: *almoçaram no fast-food da esquina*.

fastidioso (fas.ti.di.**o**.so) [ô] adj. Que dá fastio; enfadonho; tedioso; chato. ▪ Pl. *fastidiosos* [ó].

fastígio (fas.**tí**.gi.o) s.m. Ponto mais alto; apogeu.

fastio (fas.**ti**.o) s.m. **1.** Inapetência. **2.** Tédio; aborrecimento; enfastiamento.

fastos (**fas**.tos) s.m.pl. **1.** Na Roma antiga, calendário com indicações sobre dias de sorte ou nefastos. **2.** Registro público de acontecimentos.

fatal (fa.**tal**) adj.2g. **1.** Que mata; funesto: *acidente fatal*. **2.** De que não se escapa; inevitável: *encontro fatal*.

fatalidade (fa.ta.li.**da**.de) s.f. Destino; acontecimento funesto; desgraça.

fatalismo (fa.ta.**lis**.mo) s.m. Crença de que tudo é determinado pelo destino, que os acontecimentos são fatalidade e que não há escolha. Cf. *determinismo*.

fatalista (fa.ta.**lis**.ta) adj.2g. **1.** Que crê na fatalidade do destino, no fatalismo. s.2g. **2.** Adepto do fatalismo. Cf. *determinista*.

fateixa (fa.**tei**.xa) s.f. **1.** Âncora para pequenas embarcações. **2.** Gancho de ferro. **3.** Arpão.

fatia (fa.**ti**.a) s.f. Pedaço; talhada; porção.

fatiar (fa.ti.**ar**) v.t.d. Cortar em fatias.

fatídico (fa.**tí**.di.co) adj. Trágico; sinistro; funesto.

fatigante (fa.ti.**gan**.te) adj.2g. Que fatiga; cansativo.

fatigar (fa.ti.**gar**) v.t.d. **1.** Cansar; molestar. v.p. **2.** Cansar-se.

fatiota (fa.ti.**o**.ta) [ó] s.f. Roupa, fato, traje, veste.

fato (**fa**.to) s.m. **1.** Aquilo que realmente existe. **2.** Feito; acontecimento. **3.** (Lus.) Roupa, traje, veste. **4.** Pequeno rebanho de cabras. **De fato**: de verdade, realmente.

fator (fa.**tor**) [ô] s.m. **1.** Aquilo que contribui para um resultado. **2.** (Mat.) Cada um dos termos de uma multiplicação.

fatoração (fa.to.ra.**ção**) s.f. (Mat.) Operação com a qual se decompõe um número em todos os seus fatores, até obter o quociente um.

fatorar (fa.to.**rar**) v.t.d. (Mat.) Decompor um número em todos os seus fatores, até chegar ao quociente mínimo, que é um.

fatorial (fa.to.ri.**al**) s.m. e adj.2g. **1.** Relativo a fator. (Mat.) **2.** Produto dos números naturais de 1 até *n* (número inteiro). **3.** Produto cujos fatores estão em progressão aritmética.

fatual (fa.tu.**al**) adj.2g. Pertencente a fato, constituído por fato.

fátuo (**fá**.tuo) adj. **1.** Tolo; vaidoso; presunçoso. **2.** Transitório; passageiro.

fatura (fa.**tu**.ra) s.f. Documento que discrimina a venda de mercadorias ou serviços, com indicação de quantidade, preço e valor total, às vezes combinado com a nota fiscal: *a oficina mecânica emite fatura de todas as peças e serviços que realiza.*

faturamento (fa.tu.ra.**men**.to) s.m. **1.** Ato ou efeito de faturar. **2.** Valor total das vendas em determinado período.

faturar (fa.tu.**rar**) v.i. e v.t.d. **1.** Vender, fazer a fatura de: *a loja faturou bem aquele mês; a construtora faturou a ponte.* v.t.d. **2.** Ganhar, receber como lucro: *faturou o dobro do investimento; faturou um prêmio.* v.i. **3.** Ganhar dinheiro: *faturamos mais neste ano.*

fauce (**fau**.ce) s.f. (Anat.) Parte superior e interior da goela, ao lado da raiz da língua.

fauna (**fau**.na) s.f. (Bio.) Conjunto de animais próprios de uma determinada região ou era geológica.

fauno (**fau**.no) s.m. (Mit.) Divindade romana campestre, com cabelos, chifres e pés de cabra.

fausto (**faus**.to) s.m. **1.** Ostentação; pompa. adj. **2.** Próspero; faustoso.

faustoso (faus.**to**.so) [ô] adj. Pomposo; próspero; fausto. ▪ Pl. *faustosos* [ó].

fautor (fau.**tor**) [ô] s.m. (Raro) Que defende, favorece ou promove; partidário: *aplaudir os fautores da paz.*

fauvismo (fau.**vis**.mo) [fo] s.m. Corrente artística do início do século XX que utilizava cores puras, vibrantes e intensas, com temas leves, sem intenção crítica, expondo apenas as emoções. Obs.: do francês *fauvisme*.

fava (**fa**.va) s.f. (Bot.) **1.** Invólucro alongado que contém o feijão, a ervilha e outras leguminosas; vagem. **2.** Legume verde, cilíndrico ou achatado, com sementes, que se come cozido; ervilha-torta, orelha-de-padre. **3.** Certo feijão europeu de grão muito grande.

favela (fa.**ve**.la) [é] s.f. **1.** Agrupamento de casas precariamente construídas, geralmente em morros ou terrenos invadidos, por pessoas de baixíssima renda. **2.** (Bot.) Arbusto de que se extrai uma substância com propriedades aromáticas e medicinais.

favelado (fa.ve.**la**.do) s.m. e adj. (Aquele) que habita uma favela.

faveleira (fa.ve.**lei**.ra) s.f. (Bot.) Árvore muito ramificada, típica da caatinga, com folhas de alto valor nutritivo que podem ser utilizadas na alimentação depois de retirados os espinhos.

favo (**fa**.vo) s.m. **1.** Alvéolo onde a abelha deposita o mel. **2.** Parte carnuda e doce da jaca e que envolve cada um de seus caroços. **3.** (Fig.) Pessoa doce e agradável.

favor (fa.**vor**) [ô] s.m. **1.** Benefício, proteção. **2.** Simpatia, agrado. **2.** O que se dá ou faz por gosto, vontade ou atendendo a pedidos, mas não por dever obséquio.

favorável (fa.vo.**rá**.vel) adj.2g. Que favorece; conveniente; propício.

favorecer (fa.vo.re.**cer**) v.t.d. **1.** Ser favorável a; fazer favor a. **2.** Proteger com parcialidade.

favorecido (fa.vo.re.**ci**.do) adj. Protegido.

favorecimento (fa.vo.re.ci.**men**.to) s.m. Ação de favorecer; favor.

favoritismo (fa.vo.ri.**tis**.mo) s.m. Preferência ou proteção dada àquele que é favorito.

favorito (fa.vo.**ri**.to) s.m. e adj. (Aquele) que é predileto, mais querido, amado com preferência.

fax [cs] s.m.2n. **1.** Processo pelo qual se transmitem impressos a longa distância: *o sinal de fax é diferente do sinal de voz.* **2.** Aparelho que executa essa transmissão: *compraram dois fax novos.* **3.** Impresso resultante dessa transmissão: *o fax chegou muito ruim, mande de novo.* Obs.: o plural *faxes* é aceito no Volp, que, porém, prefere a classificação como s.m.2n. ▪ Pl. *fax*.

faxina (fa.**xi**.na) s.f. Serviço de limpeza geral de uma casa, empresa etc.

faxineiro (fa.xi.**nei**.ro) s.m. Pessoa encarregada da faxina.

faz de conta (faz de **con**.ta) s.m. **1.** (Folc.) Brincadeira infantil de fantasia, imaginação e representação improvisadas, que começa com a fórmula "Faz de conta que...": *o faz de conta que a mesa é uma nave espacial e o sofá é uma nuvem acabou em tombo.* **2.** Mentira, aparência. **3.** Farsa, enganação, ilusão.

fazenda (fa.**zen**.da) s.f. **1.** Propriedade rural. **2.** Tecido; pano. **3.** As finanças públicas.

fazendário (fa.zen.**dá**.ri.o) adj. Que diz respeito à Fazenda Pública ou à administração das finanças do Estado.

fazendeiro (fa.zen.**dei**.ro) s.m. Proprietário rural, dono de uma fazenda.

fazer (fa.**zer**) v.t.d. **1.** Criar, produzir, realizar: *fazer uma festa.* **2.** Construir, executar: *fazer uma casa.* **3.** Ocupar-se de; dedicar-se a: *fazer uma brincadeira.* v.impes. **4.** Decorrer: *faz dois dias que cheguei; faz três meses que não chove.* v.p. **5.** Fingir, pretender: *fez-se de morto.* Obs.: pres. do ind.: *faço, fazes, faz, fazemos, fazeis, fazem*; pret. imperf.: *fazia,* *fazias, fazia* etc.; pret. perf.: *fiz, fizeste, fez* etc.; pret. mqp.: *fizera, fizeras, fizera* etc.; fut. do pres.: *farei, farás, fará* etc.; fut. do pret.: *faria, farias, faria* etc.; imperat.: *faze* ou *faz, fazei* etc.; pres. do subj.: *faça, faças, faça* etc.; imperf. do subj.: *fizesse, fizesses, fizesse* etc.; fut. do subj.: *fizer, fizeres, fizer* etc.; infin. pes.: *fazer eu, fazeres tu* etc.; ger.: *fazendo*; part.: *feito*.

faz-tudo (faz-tu.do) s.2g.2n. (Pop.) Factótum. ▫ Pl. *faz-tudo*.

fê s.m. Nome da letra F.

Fe Símbolo do elemento químico ferro.

fé s.f. **1.** Crença religiosa. **2.** (Relig.) Primeira virtude teologal. **3.** Testemunho autêntico, escrito, que certos funcionários dão em juízo. **4.** Crença, confiança, fiúza. **5.** Firmeza na execução de um compromisso.

fealdade (fe.al.da.de) s.f. Qualidade daquilo que é feio; feiura.

febrão (fe.brão) s.m. Febre alta ou forte.

febre (fe.bre) [é] s.f. **1.** (Med.) Estado mórbido caracterizado por aumento de temperatura e aceleração do pulso. **2.** Exaltação do espírito.

febricitante (fe.bri.ci.tan.te) adj.2g. **1.** Febril. **2.** Que aumenta a febre.

febrícula (fe.brí.cu.la) s.f. Febre passageira.

febrífugo (fe.brí.fu.go) s.m. e adj. (Medicamento) que debela a febre.

febril (fe.bril) adj.2g. **1.** Que diz respeito a febre; febricitante. **2.** (Fig.) Exaltado; arrebatado.

fecal (fe.cal) adj.2g. Que diz respeito a fezes; que está contido nas fezes.

fechado (fe.cha.do) adj. **1.** Que não se encontra aberto. **2.** (Fig.) Carrancudo; de poucas palavras. **3.** Nublado; carregado.

fechadura (fe.cha.du.ra) s.f. Peça metálica, dotada de uma lingueta, acionada por uma chave, usada para fechar portas, gavetas, cofres etc.

fechamento (fe.cha.men.to) s.m. **1.** Ato de fechar. **2.** Encerramento. **3.** Cicatrização.

fechar (fe.char) v.t.d. **1.** Cerrar. **2.** Tapar. **3.** Trancar. **4.** Cercar. **5.** Concluir. **6.** Cicatrizar. **7.** Meter em clausura. Obs.: pres. do ind.: *fecho* [ê], *fechas* [ê] etc.; pres. do subj.: *feche* [ê], *feches* [ê] etc.

fecho (fe.cho) [ê] s.m. **1.** Ferrolho para portas. **2.** Zíper. **3.** Acabamento; remate.

fécula (fé.cu.la) s.f. Pó fino ou polvilho obtido pela moagem de tubérculos, raízes ou rizomas, que contém amido: *a fécula de mandioca e a de araruta dão mais leveza a massas de biscoitos e bolos*. Cf. *amido, farinha*.

feculento (fe.cu.len.to) adj. Que contém fécula.

fecundação (fe.cun.da.ção) s.f. Ato de fecundar.

fecundar (fe.cun.dar) v.t.d. Tornar fecundo; fertilizar; engravidar.

fecundidade (fe.cun.di.da.de) s.f. **1.** Faculdade reprodutora. **2.** Proliferação; abundância.

fecundo (fe.cun.do) adj. **1.** Que tem grande força reprodutora. **2.** Fértil.

fedegoso (fe.de.go.so) [ô] s.m. **1.** (Bot.) Planta leguminosa com flores amarelas e odor desagradável. adj. **2.** Que fede; fedido, fedorento.

fedelho (fe.de.lho) [ê] s.m. **1.** Criança pequena: *o fedelho ainda tinha cheiro de fralda*. **2.** Jovem, rapazola pré-adolescente.

fedentina (fe.den.ti.na) s.f. Cheiro insuportável; fedor.

feder (fe.der) v.i. Exalar mau cheiro. Obs.: pres. do ind.: *fedo* [ê], *fedes* [é], *fede* [é] etc.; pres. do subj.: *feda* [ê], *fedas* [ê], *feda* [ê] etc.

federação (fe.de.ra.ção) s.f. **1.** União de Estados ou países em um só. **2.** Associação.

federal (fe.de.ral) adj.2g. Que diz respeito a federação.

federalismo (fe.de.ra.lis.mo) s.m. Sistema de governo que consiste na união de vários Estados, com autonomia própria, em uma só nação.

federalista (fe.de.ra.lis.ta) adj.2g. **1.** Ligado ao federalismo: *partido federalista*. (Hist.) **Revolução Federalista**: revolta armada ocorrida no sul do Brasil, em 1893-1895. s.2g. **2.** Partidário, defensor do federalismo.

federalizar (fe.de.ra.li.zar) v.t.d. **1.** Transferir para a responsabilidade da federação: *federalizar a inspeção dos veículos*. v.p. **2.** (Raro) Reunir-se em federação: *as colônias federalizaram-se*.

federativo (fe.de.ra.ti.vo) adj. Que diz respeito a federação; organizado em federação.

fedido (fe.di.do) adj. Que tem mau cheiro; fétido; fedorento.

fedor (fe.dor) [ô] s.m. Mau cheiro; odor insuportável, fedentina, inhaca.

fedorento (fe.do.ren.to) adj. Fedido; fétido.

feérico (fe.é.ri.co) adj. **1.** Que pertence ao mundo das fadas. **2.** Mágico; maravilhoso.

feição (fei.ção) s.f. **1.** Aspecto; feitio. **2.** (Fig.) Índole; caráter.

feições (fei.ções) s.f.pl. Traços do rosto; face, fisionomia.

feijão (fei.jão) s.m. **1.** (Bot.) Semente de uma leguminosa de grande importância na alimentação, da qual há numerosas variedades. **2.** (Culin.) Prato salgado feito com essa semente cozida, popular em todo o Brasil: *gostava mesmo era de feijão com arroz*.

feijão-fradinho (fei.jão-fra.di.nho) s.m. (Bot.) Variedade de feijão claro com um ponto escuro no meio. ▫ Pl. *feijões-fradinhos* e *feijões-fradinho*.

feijão-soja (fei.jão-so.ja) [ó] s.m. O mesmo que *soja*. ▫ Pl. *feijões-soja* e *feijões-sojas*.

feijoada (fei.jo.a.da) s.f. (Culin.) Prato típico brasileiro, que teve origem entre os escravos africanos, e que se faz com feijão preto, toucinho, carne seca, lombo e demais partes do porco.

feijoal (fei.jo.al) s.m. Plantação de feijão.

feijoeiro (fei.jo.ei.ro) s.m. (Bot.) Planta cuja semente é o feijão.

feio (fei.o) adj. **1.** Que não é bonito; desagradável. **2.** Chuvoso, nublado: *tempo feio, tarde feia*. s.m. **3.** Coisa feia.

feioso (fei.o.so) [ô] adj. Um pouco feio. ▪ Pl. *feiosos* [ó].

feira (fei.ra) s.f. 1. Local público, onde se expõem e vendem mercadorias. 2. Palavra que entra na composição dos nomes de cinco dos dias da semana.

feirante (fei.ran.te) s.2g. Indivíduo que trabalha na feira.

feita (fei.ta) s.f. Vez; ocasião.

feitiçaria (fei.ti.ça.ri.a) s.f. Magia; bruxaria; encantamento.

feiticeiro (fei.ti.cei.ro) s.m. Aquele que pratica a feitiçaria; bruxo.

feitiço (fei.ti.ço) s.m. 1. Encantamento ou magia lançado por feiticeiro; bruxaria. 2. (Fig.) Atração, encanto, magia.

feitio (fei.ti.o) s.m. 1. Feição; configuração. 2. Índole, caráter. 3. Talho; confecção.

feito (fei.to) s.m. 1. Fato; façanha. 2. (Dir.) Processo judicial. adj. 3. Terminado; concluído.

feitor (fei.tor) [ô] s.m. Administrador de bens de outrem; capataz.

feitoria (fei.to.ri.a) s.f. 1. (Hist.) Posto de resgate junto aos indígenas, principalmente de pau-brasil, na época colonial. 2. Administração exercida por feitor.

feitura (fei.tu.ra) s.f. Ato de fazer; confecção; obra.

feiura (fei.u.ra) s.f. Falta de beleza; fealdade.

feixe (fei.xe) s.m. Braçada; grande porção; molho.

fel s.m. 1. (Anat. Ant.) Líquido esverdeado e amargo, segregado pelo fígado; bílis ou bile. 2. (Fig.) Azedume; mau humor.

feldspato (felds.pa.to) s.m. (Geo.) Rocha que é um tipo de granito.

felicidade (fe.li.ci.da.de) s.f. Qualidade ou estado daquele que é feliz; ventura.

felicitação (fe.li.ci.ta.ção) s.f. Ato de felicitar; congratulação; cumprimento; saudação.

felicitar (fe.li.ci.tar) v.t.d. Desejar felicidades a; congratular; cumprimentar; saudar.

felídeo (fe.lí.de.o) s.m. e adj. (Zoo.) (Animal) que pertence a uma família em que se incluem onça, leão, tigre e também os felinos, ou gatos.

felino (fe.li.no) adj. 1. Relativo ao gato. s.m. e adj. 2. (Animal) que pertence a um grupo de felídeos no qual se inclui o gato.

feliz (fe.liz) adj.2g. Afortunado; ditoso; venturoso.

felizardo (fe.li.zar.do) s.m. Indivíduo muito feliz.

felpa (fel.pa) [ê] s.f. 1. Pelo dos tecidos. 2. Farpa. 3. Penugem dos animais. 4. Pelo de algumas flores e frutos.

felpudo (fel.pu.do) adj. Que possui felpas; peludo.

feltro (fel.tro) [ê] s.m. Espécie de tecido para revestir, feito com lã ou pelo prensados.

fêmea (fê.me.a) s.f. 1. Mulher. 2. Animal do sexo feminino.

fêmeo (fê.me.o) adj. Próprio de fêmea; feminino.

feminil (fe.mi.nil) adj.2g. (Raro) Feminino.

feminilidade (fe.mi.ni.li.da.de) s.f. Conjunto das qualidades próprias de uma mulher.

feminino (fe.mi.ni.no) adj. 1. Que diz respeito a fêmea; fêmeo, feminil: *animais do sexo feminino*. 2. Que diz respeito à mulher; feminil: *voto feminino*. 3. Característico ou típico de mulher: *um gesto feminino*.

feminismo (fe.mi.nis.mo) s.m. Sistema que preconiza a igualdade dos direitos civis e políticos da mulheres, com relação aos homens.

feminista (fe.mi.nis.ta) adj.2g. 1. Que diz respeito a feminismo. s.2g. 2. Partidário do feminismo.

feminizar (fe.mi.ni.zar) v.t.d. 1. Tratar como fêmea 2. Tornar feminino, característico de mulher. v.p 3. Exibir características femininas.

femoral (fe.mo.ral) adj.2g. Relacionado ao fêmur.

fêmur (fê.mur) s.m. (Anat.) O maior osso do corpo humano, localizado na coxa.

fenda (fen.da) s.f. Abertura; greta; fresta; racha.

fender (fen.der) v.t.d. 1. Abrir fenda; rachar; separar v.p. 2. Rachar-se.

fenecer (fe.ne.cer) v.i. 1. Morrer; extinguir-se 2. Murchar.

fenício (fe.ní.ci.o) adj. 1. Que diz respeito a Fenícia reino da Antiguidade na região da atual Síria. s.m 2. Pessoa natural ou habitante desse lugar.

fênix (fê.nix) [cs] s.f. 1. (Mit.) Ave fabulosa, que vivi cerca de 500 anos e, depois de morrer queimada ressurgia das próprias cinzas. 2. (Fig.) Pessoa bata lhadora, que vence todos os obstáculos que a vid lhe apresenta.

feno (fe.no) [ê] s.m. (Bot.) Planta gramínea usad como alimento de animais.

fenol (fe.nol) s.m. (Quím.) Substância sólida, d cheiro característico, que se encontra no alcatrão.

fenomenal (fe.no.me.nal) adj.2g. Que diz respeito fenômeno; espantoso.

fenômeno (fe.nô.me.no) s.m. 1. Aquilo que momentâneo, surpreendente ou raro. 2. Qual quer modificação causada por um agente químic ou físico. 3. (Fig.) Indivíduo que se distingue er alguma atividade.

fenomenologia (fe.no.me.no.lo.gi.a) s.f. 1. Tratad sobre os fenômenos. 2. (Filos.) Sistema filosófic em que se estudam os fenômenos interiores trans cendentais.

fenótipo (fe.nó.ti.po) s.m. (Bio.) Expressão física o funcional de um ser vivo produzida pelo genótipo

fera (fe.ra) [é] s.f. 1. Animal bravio, que caça outro para se alimentar. 2. (Fig.) Pessoa violenta e san guinária.

féretro (fé.re.tro) s.m. Caixão de defunto; ataúde esquife.

fereza (fe.re.za) [ê] s.f. Qualidade, caráter de fera.

féria (fé.ri.a) s.f. 1. Dia semanal. 2. Salário do dia (o da semana). Cf. *férias*.

feriado (fe.ri.a.do) s.m. 1. Dia festivo, seja por come moração civil ou religiosa. adj. 2. Em que há féria

férias (fé.rias) s.f.pl. Período em que são suspensa as atividades escolares ou profissionais. Cf. *féria*.

fertilidade

ferida (fe.ri.da) s.f. **1.** Lesão causada por um trauma; ferimento. **2.** Chaga; ulceração. **3.** (Fig.) Sofrimento; injúria; dor.

ferido (fe.ri.do) s.m. e adj. **1.** (Aquele) que recebeu um ferimento. **2.** (Fig.) Magoado; injuriado.

ferimento (fe.ri.men.to) s.m. **1.** Ato de ferir-se. **2.** Chaga; ferida.

ferino (fe.ri.no) adj. Relacionado a fera; feroz, cruel.

ferir (fe.rir) v.t.d. **1.** Provocar ferimento a; machucar. **2.** (Fig.) Magoar; ofender. v.p. **3.** Machucar-se. Obs.: pres. do ind.: *firo, feres, fere, ferimos, feris, ferem*; pret. imperf.: *feria, ferias, feria* etc.; pres. do subj.: *fira, firas, fira* etc.

fermentação (fer.men.ta.ção) s.f. **1.** Transformação química de substâncias orgânicas, provocada por um fermento ou por princípio dele obtido: *o pão, o vinho e o iogurte são feitos por fermentação*. **2.** (Fig.) Crescimento, aumento, multiplicação.

fermentado (fer.men.ta.do) adj. **1.** Que fermentou, que foi submetido a fermentação. **2.** Que entrou em decomposição; estragado.

fermentar (fer.men.tar) v.t.d. **1.** Causar fermentação a; levedar. **2.** (Fig.) Fomentar; agitar. v.i. **3.** Decompor-se por fermentação: *o molho fermentou e precisamos jogá-lo fora*.

fermento (fer.men.to) s.m. Substância que causa uma reação química como o crescimento da massa de pão, a formação de iogurte e queijos, a produção de vinho e outros; levedura.

férmio (fér.mi.o) s.m. (Quím.) Elemento químico de símbolo Fm, número atômico 100 e massa atômica 257.

fero (fe.ro) [é] adj. (Raro) Feroz, agressivo, assustador.

ferocidade (fe.ro.ci.da.de) s.f. Qualidade daquele que é feroz; crueldade; braveza.

ferormônio (fe.ror.mô.ni.o) s.m. (Zoo.) Substância química liberada por um animal no suor, urina etc. e que tem efeito sobre outro animal.

feroz (fe.roz) [ó] adj.2g. **1.** Com índole de fera; bravio. **2.** Perverso; cruel.

ferra (fer.ra) [é] s.f. (Folc.) **1.** Marcação de gado com as letras do proprietário ou da fazenda, estância etc. **2.** Principal reunião de vaqueiros quando o gado era criado em pastos sem cerca e ocasião de competições, festas etc.

ferrado (fer.ra.do) adj. **1.** Preso com ferros. **2.** (Pop.) Que se ferrou; danado. **2.** (Culin.) Diz-se do legume cozido com toucinho: *feijão ferrado, arroz ferrado*.

ferrador (fer.ra.dor) [ô] s.m. Pessoa que põe ferradura em animais; ferreiro.

ferradura (fer.ra.du.ra) s.f. Peça de ferro colocada sob o casco de cavalgaduras, para protegê-lo.

ferragem (fer.ra.gem) s.f. Peça de ferro utilizada em um trabalho: *foi à loja de ferragens comprar fechaduras e dobradiças*.

ferramenta (fer.ra.men.ta) s.f. Instrumento usado em determinado ofício ou arte, para produzir.

ferramentaria (fer.ra.men.ta.ri.a) s.f. **1.** Produção de ferramentas ou peças de precisão como parafusos e roscas. **2.** Estabelecimento que vende ou conserta ferramentas.

ferramenteiro (fer.ra.men.tei.ro) s.m. Aquele que fabrica ferramentas.

ferrão (fer.rão) s.m. **1.** Ponta de ferro; aguilhão. **2.** (Zoo.) Órgão retrátil de alguns insetos, utilizado em sua própria defesa.

ferrar (fer.rar) v.t.d. **1.** Guarnecer de ferro. **2.** Marcar com ferro em brasa: *ferrar o gado*. **3.** Colocar ferradura em: *ferrar o cavalo*. **4.** (Fig.) Prejudicar; desgraçar. v.p. **5.** (Fig.) Dar-se mal; prejudicar-se.

ferreiro (fer.rei.ro) s.m. **1.** Artífice que trabalha com ferro. **2.** Ferrador. **3.** (Zoo.) Araponga.

ferrenho (fer.re.nho) [ê] adj. Que tem a natureza do ferro, que é muito duro; persistente, pertinaz.

férreo (fér.re.o) adj. **1.** De ferro. **2.** Forte; duro; inflexível.

ferrete (fer.re.te) [ê] s.m. **1.** Instrumento metálico com que se marca o gado e, antigamente, escravos ou prisioneiros. **2.** (Fig.) Sinal de vergonha; estigma.

ferretear (fer.re.te.ar) v.t.d. Marcar com ferrete.

ferrífero (fer.rí.fe.ro) adj. Que contém ou produz ferro: *veio ferrífero*.

ferro (fer.ro) [é] s.m. **1.** (Quím.) Metal branco-acinzentado, duro, dúctil, elemento de símbolo Fe, número atômico 26 e massa atômica 55,85, importante na indústria e na nutrição do organismo. **2.** Aparelho de passar roupas. **3.** Instrumento ou objeto feito com este metal. **A ferros**: com correntes fortes ou algemas: *os clandestinos foram descobertos e postos a ferros logo no início da viagem*.

ferroada (fer.ro.a.da) s.f. **1.** Picada com ferrão. **2.** Pontada; fisgada. **3.** Censura mordaz.

ferroar (fer.ro.ar) v.t.d. Picar com ferrão.

ferrolho (fer.ro.lho) [ô] s.m. Tranca pequena, corrediça, com que se fecham portas e janelas.

ferroso (fer.ro.so) [ô] adj. Que tem ferro. ▣ Pl. *ferrosos* [ó].

ferro-velho (fer.ro-ve.lho) [é] s.m. **1.** Sucata. **2.** Estabelecimento que negocia sucata. ▣ Pl. *ferros-velhos*.

ferrovia (fer.ro.vi.a) s.f. Sistema de transporte sobre trilhos; via férrea.

ferroviário (fer.ro.vi.á.ri.o) adj. **1.** Que diz respeito a ferrovia. s.m. **2.** Aquele que trabalha em ferrovia.

ferrugem (fer.ru.gem) s.f. **1.** Óxido alaranjado formado na superfície do ferro e outros metais, quando exposta à umidade. **2.** (Bio.) Fungo microscópico que cresce em algumas plantas.

ferrugento (fer.ru.gen.to) adj. Que contém ferrugem; enferrujado.

ferruginoso (fer.ru.gi.no.so) [ô] adj. **1.** Com a natureza e cor do ferro e da ferrugem. **2.** Que contém ferro. ▣ Pl. *ferruginosos* [ó].

fértil (fér.til) adj.2g. **1.** Que pode gerar frutos; produtivo, fecundo: *solos férteis*. **2.** Que pode gerar filhos: *indivíduo fértil*. **3.** Farto, abundante, frutuoso: *época fértil de ideias*.

fertilidade (fer.ti.li.da.de) s.f. Qualidade daquilo que é fértil; fecundidade; abundância.

fertilização (fer.ti.li.za.**ção**) s.f. Ato de fertilizar; fecundação.
fertilizante (fer.ti.li.**zan**.te) s.m. **1.** Produto que fertiliza; adubo. adj.2g. **2.** Que fertiliza.
fertilizar (fer.ti.li.**zar**) v.t.d. Tornar fértil ou produtivo; fecundar; adubar.
férula (**fé**.ru.la) s.f. **1.** Tala para imobilizar um membro. **2.** Tala usada para bater na palma da mão; palmatória. **3.** (Bot.) Assa-fétida.
fervedouro (fer.ve.**dou**.ro) s.m. **1.** (Ant.) Ponto onde a água emerge do solo; olho-d'água. **2.** (MG) Tanque onde se lavava o cascalho tirado das minas de diamante. **3.** (Fig.) Lugar onde afluem ou fervilham muitas pessoas ou veículos.
fervente (fer.**ven**.te) adj.2g. Que ferve, que está fervendo: *água fervente*.
ferver (fer.**ver**) v.t.d. **1.** Causar ebulição em. v.i. **2.** Entrar em ebulição. **3.** Sentir calor.
fervido (fer.**vi**.do) adj. **1.** Que ferveu; que entrou em ebulição. **2.** Cozido: *legumes fervidos com temperos*.
fervilhante (fer.vi.**lhan**.te) adj.2g. Que está muito animado e cheio de pessoas; pululante.
fervilhar (fer.vi.**lhar**) v.i. **1.** Ferver continuamente. **2.** (Fig.) Surgir em grande quantidade.
fervor (fer.**vor**) [ô] s.m. **1.** Ato de ferver. **2.** Calor. **3.** Ardor; energia. **4.** Dedicação; devoção.
fervoroso (fer.vo.**ro**.so) [ô] adj. Que é cheio de fervor. ▣ Pl. *fervorosos* [ó].
fervura (fer.**vu**.ra) s.f. Estado de um líquido quando entra em ebulição.
fescenino (fes.ce.**ni**.no) s.m. e adj. **1.** (Verso) popular sobre temas sexuais ou escatológicos. **2.** (Autor) que faz esses versos.
festa (**fes**.ta) [é] s.f. Reunião alegre, com a finalidade de comemorar algo ou para simples divertimento; solenidade; comemoração. (Folc.) Festa junina: festa popular e tradicional, celebrada perto dos dias de São João, Santo Antônio ou São Pedro, com danças como a quadrilha, pratos de milho, quentão etc.
festança (fes.**tan**.ça) s.f. Grande festa; festão.
festão (fes.**tão**) s.m. Festança.
festeiro (fes.**tei**.ro) s.m. e adj. (Aquele) que faz, dirige ou frequenta uma festa.
festejar (fes.te.**jar**) v.t.d. **1.** Fazer festa em honra de; comemorar. **2.** Afagar; acariciar.
festejo (fes.**te**.jo) [ê] s.m. Ato de festejar; comemoração; festividade.
festim (fes.**tim**) s.m. **1.** Festa pequena. **2.** Munição que faz barulho mas não fere, usada para assustar ou comemorar: *balas de festim*.
festival (fes.ti.**val**) s.m. Grande festa, em geral realizada em vários dias e com participação de vários artistas.
festividade (fes.ti.vi.**da**.de) s.f. Festa religiosa ou cívica; festejos.
festivo (fes.**ti**.vo) adj. Que diz respeito a festa; alegre; descontraído.
festo[1] (**fes**.to) adj. [é] **1.** Alegre, festivo. s.m. **2.** (RS) Festa, baile.
festo[2] (**fes**.to) s.m. [ê] Dobra em tecido ou no relevo.

fetal (fe.**tal**) adj.2g. Que diz respeito ao feto.
fetiche (fe.**ti**.che) s.m. **1.** Amuleto, ídolo. **2.** Objeto de desejo.
fetichismo (fe.ti.**chis**.mo) s.m. **1.** Adoração de fetiches. **2.** Forte atração erótica por uma parte do corpo ou peça de vestuário, que supera a atração pelo todo.
fetichista (fe.ti.**chis**.ta) s.2g. e adj.2g. (Pessoa) que cultiva o fetichismo.
fétido (**fé**.ti.do) adj. Com mau cheiro; podre.
feto (**fe**.to) [é] s.m. (Bio.) Ser vivo, embrião, a partir do terceiro mês de vida intrauterina.
feudal (feu.**dal**) adj.2g. Que diz respeito a feudo.
feudalismo (feu.da.**lis**.mo) s.m. (Hist.) Regime político medieval, com enfraquecimento do poder do rei e fortalecimento dos laços e alianças entre senhores feudais e seus vassalos.
feudatário (feu.da.**tá**.ri.o) adj. **1.** Feudal. s.m. **2.** Vassalo.
feudo (**feu**.do) s.m. **1.** Direito e dignidade feudal. **2.** Propriedade que um senhor concedia, em troca da prestação de certos serviços e condição de vassalagem.
fevereiro (fe.ve.**rei**.ro) s.m. Segundo mês do ano, com 28 dias (ou 29, nos anos bissextos).
fez [ê] s.m. Cobertura de cabeça usada pelos marroquinos e outros povos árabes.
fezes (**fe**.zes) [é] s.m.pl. Excremento, matéria fecal; excreção sólida de um animal.
fiação (fi.a.**ção**) s.f. **1.** Ato, processo ou efeito de fiar. **2.** Indústria que produz fios para tecelagem. **3.** Conjunto de fios: *trocou a fiação da casa*.
fiacre (fi.a.cre) s.m. Carruagem de aluguel.
fiada (fi.a.da) s.f. **1.** Carreira horizontal de tijolos. **2.** Fila; enfiada.
fiado (fi.a.do) adv. **1.** A crédito. adj. **2.** Que foi vendido a crédito.
fiador (fi.a.**dor**) [ô] s.m. Responsável pelo pagamento de uma letra, duplicata etc.; avalista.
fiambre (fi.**am**.bre) s.m. **1.** Presunto ou outra carne cozida para ser comida fria. **2.** (RS) Provisão de alimento para viagem.
fiança (fi.**an**.ça) s.f. Ato de fiar ou caucionar obrigação alheia; caução.
fiandeira (fi.an.**dei**.ra) s.f. Mulher que se dedica a fazer fios ou tecidos.
fiandeiro (fi.an.**dei**.ro) s.m. e adj. **1.** (Aquele) que fia. adj. **2.** Pertencente a fiandeira ou a fiação.
fiapo (fi.a.po) s.m. Fio tênue; felpa.
fiar (fi.**ar**) v.t.d. **1.** Fazer fios ou tecido; tecer. **2.** Vender fiado. **3.** Afiançar. v.t.i. **4.** Depositar confiança. v.p. **5.** Confiar; acreditar. Obs.: pres. do ind.: *fio, fias, fia* etc.; pres. do subj.: *fie, fies, fie* etc.
fiasco (fi.**as**.co) s.m. Resultado desastroso de uma tentativa; fracasso; vexame.
fibra (**fi**.bra) s.f. **1.** (Bio.) Cada um dos filamentos em feixe que constituem os tecidos animais e vegetais e algumas substâncias minerais. **2.** (Fig.) Energia; firmeza.

fibra óptica (fi.bra óp.ti.ca) s.f. (Fís.) Fibra transparente composta por materiais com diferentes índices de refração, capaz de transportar sinais ópticos a larga distância sem muita redução de intensidade; é usada na transmissão de grande quantidade de informações em alta velocidade.

fibroso (fi.bro.so) [ô] adj. Que tem fibras. ▪ Pl. *fibrosos* [ó].

fíbula (fi.bu.la) s.f. (Anat.) Osso que fica ao lado da tíbia, na perna, antigamente chamado perônio.

ficar (fi.car) v.i. **1.** Quedar-se em determinado lugar. **2.** Situar-se. **3.** Sobrar. v.lig. **4.** Tornar-se; continuar; permanecer.

ficção (fic.ção) s.f. **1.** Ato de inventar ou criar. **2.** Narrativa ou história, mais ou menos de fantasia ou inventada: *os textos de ficção podem parecer com a realidade ou inventar um universo*. **3.** (Fig.) Invenção, mentira, imaginação: *isso é pura ficção, nunca aconteceu*. **Ficção científica:** gênero de narrativa, em livros ou filmes, em que têm grande importância descobertas científicas e avanços tecnológicos: *a nave capaz de ir à Lua surgiu nas obras de ficção científica de Júlio Verne*.

ficcional (fic.ci.o.nal) adj.2g. Relacionado à, ou próprio de ficção ou de uma determinada história, ou narrativa de ficção: *no universo ficcional desse filme, a humanidade convive com anões e gigantes*.

ficcionista (fic.ci.o.nis.ta) s.2g. e adj.2g. (Autor) de obras de ficção.

ficha (fi.cha) s.f. **1.** Cartão onde se escrevem anotações. **2.** Dado policial. **3.** Tento de jogo. **4.** Cupom. **5.** Moeda especial que aciona algumas máquinas. Cf. *fixo*.

fichar (fi.char) v.t.d. **1.** Inscrever em ficha ou fichário; registrar, cadastrar: *a polícia fichou todos os torcedores arruaceiros*. **2.** Resumir, condensar em uma ficha: *fichar um texto*. Cf. *fixar*.

fichário (fi.chá.ri.o) s.m. **1.** Coleção de fichas com anotações. **2.** Móvel onde se guardam essas fichas.

ficologia (fi.co.lo.gi.a) s.f. (Bio.) Estudo das algas; algologia.

ficológico (fi.co.ló.gi.co) adj. Relacionado a ficologia ou às algas.

ficologista (fi.co.lo.gis.ta) s.2g. Biólogo que se dedica à ficologia.

fictício (fic.tí.ci.o) adj. Imaginário; fabuloso; irreal; ilusório.

fidalgo (fi.dal.go) s.m. **1.** Pessoa que possui título de nobreza. adj. **2.** Que diz respeito a fidalgo.

fidalguia (fi.dal.gui.a) s.f. **1.** Classe dos fidalgos. **2.** Qualidade de fidalgo. **3.** Nobreza.

fidedignidade (fi.de.dig.ni.da.de) s.f. Qualidade de fidedigno.

fidedigno (fi.de.dig.no) adj. Digno de fé e de crédito.

fidelidade (fi.de.li.da.de) s.f. Qualidade daquele que é fiel; lealdade; probidade.

fidúcia (fi.dú.ci.a) s.f. Confiança.

fiduciário (fi.du.ci.á.ri.o) adj. Relacionado a fidúcia.

fieira (fi.ei.ra) s.f. **1.** Dispositivo ou aparelho para fazer fios metálicos ou de plástico. **2.** Cordão, fio: *trocou a fieira do pião*. **3.** Série de coisas presas em um fio: *uma fieira de caranguejos*.

fiel (fi.el) adj.2g. **1.** Digno de fé; leal. **2.** Seguro; infalível. **3.** Exato; pontual. s.m. **4.** Ponteiro que indica o equilíbrio perfeito da balança. **5.** Ajudante de tesoureiro. Cf. *fiéis*.

fifó (fi.fó) s.m. (NE) Lamparina.

figa (fi.ga) s.f. **1.** (Folc.) Gesto de origem latina, feito com a mão fechada e o dedo polegar entre o médio e o indicador, para evitar azar, proteger de mau-olhado ou esconjurar o mal. **2.** Amuleto com esse gesto.

figadal (fi.ga.dal) adj.2g. **1.** Que diz respeito ao fígado; hepático. **2.** (Fig.) Íntimo; profundo.

fígado (fi.ga.do) s.m. (Anat.) Víscera glandular, responsável pela secreção da bílis, exercendo papel importante no aparelho digestivo.

figo (fi.go) s.m. (Bot.) Fruto da figueira.

figueira (fi.guei.ra) s.f. (Bot.) **1.** Árvore ornamental de copa grande e sombra fresca. **2.** Planta que produz o figo.

figura (fi.gu.ra) s.f. **1.** Forma exterior, aspecto, imagem reconhecível de um ser: *desenhou a figura de uma pessoa*. **2.** Imagem; estátua. **3.** Carta de baralho após o dez: *as figuras são valete, dama e rei*. **4.** (Gram.) Forma de expressão em que são empregadas intencionalmente formas fonéticas, sintáticas ou morfológicas diferentes das usuais. **5.** Desenho ou gravura; ilustração.

figuração (fi.gu.ra.ção) s.f. **1.** Ato de figurar. **2.** Aparecimento fortuito e sem falas, em cenas de novela, teatro ou cinema.

figurado (fi.gu.ra.do) adj. Alegórico; metafórico; hipotético.

figurante (fi.gu.ran.te) s.2g. Personagem que aparece em uma cena apenas para compô-la, ao fundo, passando etc., sem participar da ação ou história.

figurão (fi.gu.rão) s.m. Pessoa muito importante.

figurar (fi.gu.rar) v.t.d. **1.** Representar artisticamente. **2.** Simbolizar. v.t.i. **3.** Participar; tomar parte. v.i. **4.** Fazer figura; fazer parte de um conjunto.

figurativo (fi.gu.ra.ti.vo) adj. Simbólico; representativo.

figurinha (fi.gu.ri.nha) s.f. Imagem de pequena dimensão reproduzida em cartão ou papel, que pode ser colecionada em álbum: *ganhei um pacote com três figurinhas autoadesivas*.

figurinista (fi.gu.ri.nis.ta) s.2g. **1.** Pessoa que desenha figurinos ou trajes. **2.** Pessoa que escolhe o figurino de um filme ou espetáculo.

figurino (fi.gu.ri.no) s.m. **1.** Conjunto das roupas de um espetáculo, filme, peça etc. **2.** Revista que apresenta os trajes da moda.

fijiano (fi.ji.a.no) adj. **1.** De Fiji, país da Ásia. s.m. **2.** Pessoa natural ou habitante desse lugar.

fila (fi.la) s.f. **1.** Fileira de pessoas que se colocam umas após as outras, por ordem de chegada, para aguardar atendimento. **2.** Série, sequência de elementos. s.2g. **3.** Fila-brasileiro.

fila-brasileiro (fi.la-bra.si.**lei**.ro) s.2g. Cão de raça grande, com pelo curto liso ou tigrado, de cabeça grande e pele solta, criado para guarda de animais e captura de pessoas; fila: *os policiais levaram um cão fila-brasileiro e dois pastores para o desfile.* ▫ Pl. *filas-brasileiros*.

filamento (fi.la.**men**.to) s.m. **1.** Fio bem fino ou tênue. **2.** (*Bot.*) Fio de diâmetro mínimo, que nasce nas raízes das plantas.

filamentoso (fi.la.men.**to**.so) [ô] *adj.* Que tem filamentos. ▫ Pl. *filamentosos* [ó].

filante (fi.**lan**.te) s.m.2g. *e adj.*2g. (Aquele) que sempre pede algo; pedinchão, pidão.

filantropia (fi.lan.tro.**pi**.a) s.f. Altruísmo; caridade; amor à humanidade.

filantrópico (fi.lan.**tró**.pi.co) *adj.* Que diz respeito à filantropia.

filantropo (fi.lan.**tro**.po) [ô] s.m. *e adj.* **1.** (Aquele) que pratica a filantropia; amigo da humanidade. **2.** (Pessoa) caridosa, altruísta.

filão (fi.**lão**) s.m. **1.** Veio de metal em uma mina. **2.** Pão fino e comprido; bengala; baguete. **3.** Assunto literário.

filar (fi.**lar**) v.t.d. Pedir, procurar obter de graça: *filou um almoço.*

filarmônica (fi.lar.**mô**.ni.ca) s.f. **1.** Sociedade musical. **2.** Banda de música.

filarmônico (fi.lar.**mô**.ni.co) *adj.* **1.** Que diz respeito a uma sociedade musical. **2.** Amante da música.

filatelia (fi.la.te.**li**.a) s.f. **1.** Estudo dos selos de correio usados em todos os países do mundo. **2.** Ação de colecionar selos, principalmente os raros.

filatélico (fi.la.**té**.li.co) *adj.* Relacionado a filatelia ou a correios: *selos da série filatélica.*

filatelista (fi.la.te.**lis**.ta) s.2g. Pessoa que coleciona e estuda selos de todo o mundo.

filáucia (fi.**láu**.ci.a) s.f. (*Raro*) Amor exagerado a si mesmo; presunção.

filé (fi.**lé**) s.m. **1.** Corte mais macio e caro do boi; filé-mignon. **2.** Fatia dessa carne; bife. **3.** Fatia de carne de frango, peixe etc., sem ossos. **4.** (*Pop.*) Parte melhor, de maior qualidade.

fileira (fi.**lei**.ra) s.f. Série de pessoas ou objetos em linha reta; fila; renque.

filete (fi.**le**.te) [ê] s.m. **1.** Fio tênue. **2.** (*Anat.*) Ramificação delgada dos nervos. **3.** (*Bot.*) Parte do estame que sustenta a antera.

filharada (fi.lha.**ra**.da) s.f. Grande número de filhos.

filho (fi.lho) s.m. **1.** Pessoa em relação aos seus pais: *tiveram um filho e uma filha.* **2.** Homem, em relação à terra em que nasceu. **3.** Indivíduo, em relação às pessoas de que descende. **4.** Indivíduo, em relação a Deus e à escola ou pessoa que o educou. **5.** Expressão de carinho.

filhó (fi.**lhó**) s.m. Bolinho de farinha e ovos, frito, servido com calda de açúcar ou polvilhado de açúcar e canela. O mesmo que *filhós*. ▫ Pl. *filhoses* [ó].

filho de santo (fi.lho de **san**.to) s.m. (*Relig.*) No candomblé e em outros cultos afro-brasileiros, pessoa que cumpriu certos rituais e cultua seu próprio orixá, que a protege e, às vezes, nela se incorpora.

filhós (fi.**lhós**) s.m.2n. O mesmo que *filhó.*

filhote (fi.**lho**.te) [ó] s.m. **1.** Cria de animal. **2.** Diminutivo de *filho.*

filiação (fi.li.a.**ção**) s.f. **1.** Designação dos pais de alguém. **2.** Admissão em uma comunidade, associação ou partido.

filial (fi.li.**al**) *adj.*2g. **1.** Próprio de filho. s.f. **2.** Estabelecimento dependente de outro.

filiar (fi.li.**ar**) v.t.d. **1.** Admitir em uma comunidade. v.p. **2.** Ligar-se; passar a pertencer a; afiliar-se.

filiforme (fi.li.**for**.me) [ó] *adj.*2g. Que tem forma de fio; comprido e fino.

filigrana (fi.li.**gra**.na) s.f. **1.** Marca-d'água. **2.** Detalhe sutil e fino, recurso elaborado, sofisticação.

filipeta (fi.li.**pe**.ta) [ê] s.f. Impresso de uma folha, de formato pequeno, para ser distribuído como publicidade de evento; folheto. O mesmo que *flyer.*

filipino (fi.li.**pi**.no) *adj.* **1.** Das Filipinas, país da Ásia. s.m. **2.** Pessoa natural ou habitante desse lugar.

filisteu (fi.lis.**teu**) s.m. **1.** Indivíduo dos filisteus, povo antigo que em 1150 a.C. instalou-se na Síria. *adj.* **2.** Relacionado a esse povo.

filmagem (fil.**ma**.gem) s.f. Ato de filmar.

filmar (fil.**mar**) v.t.d. **1.** Registrar imagens em filme cinematográfico. **2.** Fazer um filme.

filme (fil.me) s.m. **1.** Rolo de película de celuloide pronto para receber imagens fotográficas. **2.** Sequência de imagens filmadas; fita.

filmoteca (fil.mo.**te**.ca) [é] s.f. **1.** Local onde se guardam coleções de filmes. **2.** Acervo de filmes.

filo (fi.lo) s.m. (*Bio.*) Categoria da classificação dos seres vivos que agrupa as classes e participa de um reino.

filó (fi.**ló**) s.m. Tecido fino e transparente, semelhante à cassa.

filogenia (fi.lo.ge.**ni**.a) s.f. (*Bio.*) História evolutiva de um grupo particular de seres vivos.

filologia (fi.lo.lo.**gi**.a) s.f. Estudo de uma língua desde sua origem, com pesquisa em documentos.

filólogo (fi.**ló**.lo.go) s.m. Estudioso de filologia.

filosofal (fi.lo.so.**fal**) *adj.*2g. Pedra filosofal: pedra que, segundo os alquimistas, transformaria todos os metais em ouro.

filosofante (fi.lo.so.**fan**.te) *adj.*2g. **1.** Que filosofa. **2.** (*Pej.*) Que trata de assuntos filosóficos de forma pretensamente erudita.

filosofar (fi.lo.so.**far**) v.i. Raciocinar, discorrer ou meditar sobre assuntos filosóficos.

filosofia (fi.lo.so.**fi**.a) s.f. **1.** Investigação mental, pensamento, questionamento sobre ideias e sobre o que não se sabe; raciocínio sobre princípios e valores da conduta humana: *a filosofia ajuda a investigação científica.* **2.** Pensamento, atividade mental. **3.** Conjunto de ideias de um autor: *a filosofia de Sócrates.* **4.** Sabedoria, valores, princípios, visão de mundo.

filosófico (fi.lo.só.fi.co) adj. **1.** Relativo a filosofia ou ao pensamento sobre ideias. **2.** Que pensa; meditativo.

filósofo (fi.ló.so.fo) s.m. e adj. **1.** (Aquele) que se dedica à filosofia; pensador. **2.** (Fig.) (Pessoa) excêntrica.

filtração (fil.tra.ção) s.f. **1.** Filtragem. **2.** Método de separação de uma mistura com partículas sólidas que não estão dissolvidas em um líquido: *o café é feito por filtração*.

filtrador (fil.tra.dor) [ô] s.m. e adj. **1.** (Aquilo) que filtra. s.m. e adj. **2.** (Zoo.) (Animal) que se alimenta peneirando a comida da água, como a baleia.

filtragem (fil.tra.gem) s.f. Ato de filtrar; filtração.

filtrar (fil.trar) v.t.d. **1.** Fazer passar por filtro; coar. **2.** (Fig.) Selecionar, escolher v.p. **3.** Introduzir-se lentamente.

filtro (fil.tro) s.m. **1.** Elemento poroso que deixa passar um líquido e retém impurezas: *filtro de café*. **2.** Dispositivo que deixa passar alguns elementos de um composto e retém outros: *filtro de luz, filtro de sinal elétrico*. Filtro solar: elemento para proteger a pele de alguns tipos de raios solares perigosos.

fim s.m. **1.** Conclusão; término. **2.** Alvo; objetivo. **3.** Morte.

fímbria (fim.bri.a) s.f. Borda, beira.

fimose (fi.mo.se) [ó] s.f. (Med.) Aperto do prepúcio, impedindo que a glande se descubra.

finado (fi.na.do) adj. **1.** Que se finou. s.m. **2.** Defunto; morto. Cf. *Finados*.

Finados (fi.na.dos) s.m.pl. (próprio) Dia dos mortos, celebrado pelos cristãos em 2 de novembro: *no feriado de Finados iria ao cemitério levar flores ao falecido*.

final (fi.nal) adj.2g. **1.** Último, derradeiro: *os momentos finais*. s.m. **2.** Fim, conclusão: *o final do filme*. s.f. **3.** (Esp.) Jogo, etapa final de um campeonato: *foram para a final*.

finalidade (fi.na.li.da.de) s.f. Fim; objetivo; propósito.

finalista (fi.na.lis.ta) s.2g. e adj.2g. (Aquele) que vai para a final de um jogo ou disputa.

finalização (fi.na.li.za.ção) s.f. Ação de finalizar; conclusão, término, fim.

finalizar (fi.na.li.zar) v.t.d. Concluir; terminar; acabar.

finalmente (fi.nal.men.te) adv. De modo final, por fim, enfim.

finanças (fi.nan.ças) s.f.pl. **1.** Tesouro do Estado. **2.** Situação financeira. **3.** Ciência que estuda as variações da moeda.

financeira (fi.nan.cei.ra) s.f. Empresa que fornece crédito e presta serviços de financiamento.

financeiro (fi.nan.cei.ro) adj. Que diz respeito às finanças.

financiado (fi.nan.ci.a.do) adj. Que se financiou, patrocinado.

financiamento (fi.nan.ci.a.men.to) s.m. **1.** Ação de financiar. **2.** Valor obtido por empréstimo junto a banco ou financeira; crédito: *conseguiu um financiamento para comprar a casa*. **3.** Patrocínio, doação.

financiar (fi.nan.ci.ar) v.t.d. Prover as despesas de, o dinheiro necessário para: *os pais financiaram a viagem*.

financista (fi.nan.cis.ta) s.2g. Especialista em finanças.

finar (fi.nar) v.i. e v.p. Acabar; extinguir-se; morrer.

finca (fin.ca) s.f. (Folc.) Certo jogo com o pião.

finca-pé (fin.ca-pé) s.m. Teima, insistência, questão. ▫ Pl. *finca-pés*.

fincar (fin.car) v.t.d. Cravar; enraizar; enterrar.

findar (fin.dar) v.t.d. **1.** Terminar; concluir. v.i. **2.** Acabar; ter fim; morrer.

findo (fin.do) adj. Concluído; encerrado; terminado.

fineza (fi.ne.za) [ê] s.f. Qualidade do que é fino; delicadeza; amabilidade.

fingido (fin.gi.do) adj. Falso; hipócrita; mentiroso.

fingidor (fin.gi.dor) [ô] s.m. e adj. (Aquele) que finge.

fingimento (fin.gi.men.to) s.m. Simulação; hipocrisia; falsidade.

fingir (fin.gir) v.t.d. **1.** Inventar; simular. v.i. **2.** Mostrar-se hipócrita. v.p. **3.** Querer passar por. Obs.: pres. do ind.: *finjo, finges, finge* etc.; pres. do subj.: *finja, finjas, finja, finjamos* etc.

finito (fi.ni.to) s.m. e adj. (Aquilo) que tem fim, que é limitado: *as coisas finitas acabam, as infinitas duram para sempre*.

finlandês (fin.lan.dês) adj. **1.** Da Finlândia, país da Europa. s.m. **2.** Pessoa natural ou habitante desse lugar.

fino (fi.no) adj. **1.** Tênue; delgado; delicado; esbelto. **2.** Agudo; vibrante. **3.** De qualidade superior. s.m. **4.** Coisa fina e delicada.

finório (fi.nó.ri.o) s.m. e adj. (Aquele) que é esperto, sagaz, astucioso.

finta (fin.ta) s.f. (Esp.) Destreza com que se engana o adversário em uma partida de futebol, vôlei etc.

fintar (fin.tar) v.t.d. Fazer finta; driblar.

finura (fi.nu.ra) s.f. **1.** Delicadeza. **2.** Astúcia; malícia. **3.** Perspicácia; esperteza.

fio (fi.o) s.m. **1.** Fibra extraída de planta têxtil. **2.** Linha fiada e torcida. **3.** Encadeamento. **4.** Corrente fina de um líquido. **5.** Gume de objeto cortante. Por um fio: por pouco, quase.

fiorde (fi.or.de) [ó] s.m. (Geo.) Golfo estreito e profundo, localizado entre montanhas altas.

firewall [inglês: "faireuóu"] s.m. (Inf.) Programa que monitora as conexões feitas por um computador, para evitar acesso sem autorização a dados.

firma (fir.ma) s.f. **1.** Assinatura. **2.** Estabelecimento comercial ou industrial. **3.** Razão social desse estabelecimento.

firmado (fir.ma.do) adj. Que se firmou ou assinou; combinado, tratado.

firmamento (fir.ma.men.to) s.m. Abóbada celeste; céu.

firmar (fir.mar) v.t.d. **1.** Tornar firme. **2.** Colocar a firma ou assinatura em; assinar: *firmar um tratado*. **3.** Combinar, tratar, entrar em acordo. v.p.

4. Apoiar(-se), estribar(-se): *firmou-se no corrimão*. **5.** Basear-se, fundamentar-se.
firme (fir.me) adj.2g. **1.** Fixo. **2.** Que não desbota. **3.** Resoluto; decidido.
firmeza (fir.me.za) [ê] s.f. **1.** Solidez; estabilidade. **2.** Segurança.
fiscal (fis.cal) adj.2g. **1.** Que diz respeito ao fisco. s.2g. **2.** Empregado responsável pela fiscalização, inclusive alfandegária.
fiscalização (fis.ca.li.za.ção) s.f. Ato de fiscalizar.
fiscalizar (fis.ca.li.zar) v.t.d. Exercer fiscalização sobre; examinar; sindicar.
fisco (fis.co) s.m. Órgão da administração pública incumbido de arrecadar e fiscalizar os tributos; fazenda pública; erário.
fisga (fis.ga) s.f. Instrumento pontudo, semelhante ao arpão, usado para pescar.
fisgada (fis.ga.da) s.f. **1.** Golpe, lance de fisga: *pegou o peixe na primeira fisgada*. **2.** Dor aguda e rápida; pontada, ferroada.
fisgar (fis.gar) v.t.d. **1.** Pegar com anzol. **2.** (Fig.) Atrair, cativar (uma pessoa).
física (fi.si.ca) s.f. Ciência que estuda as propriedades dos corpos, seus fenômenos e as leis que os regem, sem alterar sua substância.
físico (fi.si.co) s.m. **1.** Aquele que é formado em Física. **2.** Compleição corporal de uma pessoa. adj. **3.** Que diz respeito à Física. **4.** Material; corpóreo.
físico-química (fi.si.co-quí.mi.ca) s.f. Ramo da Química que estuda a formação e transformação corporal das substâncias. ▪ Pl. *físico-químicas*.
fisiculturismo (fi.si.cul.tu.ris.mo) s.m. Combinação de exercícios físicos e dieta para cultivar os músculos e aumentar a massa muscular.
fisiculturista (fi.si.cul.tu.ris.ta) s.2g. Pessoa que pratica o fisiculturismo.
fisiologia (fi.si.o.lo.gi.a) s.f. Ramo da biologia que estuda as funções dos órgãos e os processos saudáveis do organismo.
fisiológico (fi.si.o.ló.gi.co) adj. **1.** Que diz respeito à fisiologia. **2.** Que diz respeito ao funcionamento dos órgãos, ao organismo: *a doença tinha aspectos fisiológicos e psicológicos*. **3.** Que está com as funções normais, que não é patológico.
fisiologista (fi.si.o.lo.gis.ta) s.2g. Médico que se dedica à fisiologia, que cuida do funcionamento normal do organismo.
fisionomia (fi.si.o.no.mi.a) s.f. Feições do rosto.
fisionômico (fi.si.o.nô.mi.co) adj. Que diz respeito à fisionomia.
fisionomista (fi.si.o.no.mis.ta) s.2g. e adj.2g. (Pessoa) que guarda bem a fisionomia de outras.
fisioterapeuta (fi.si.o.te.ra.peu.ta) s.2g. Pessoa que se dedica à fisioterapia, profissional de fisioterapia.
fisioterapêutico (fi.si.o.te.ra.pêu.ti.co) adj. Relacionado a fisioterapia ou a tratamentos para recuperar a movimentação de órgãos.
fisioterapia (fi.si.o.te.ra.pi.a) s.f. Especialidade paramédica que cuida de tratamentos para recuperar a movimentação de órgãos, com exercícios, água, luz, calor e outros.
fissão (fis.são) s.f. Cisão, separação. (Fís.) Fissão nuclear: divisão de um núcleo para liberar energia.
físsil (fis.sil) adj.2g. Que se pode dividir ou separar.
fissura (fis.su.ra) s.f. Fenda; fresta; fratura.
fístula (fis.tu.la) s.f. (Med.) Úlcera em forma de canal estreito e profundo, por onde escoam secreções.
fita (fi.ta) s.f. **1.** Tira estreita de tecido, com que se fazem laços. **2.** Filme cinematográfico: *uma fita de suspense*. **3.** (Gír.) Encenação, fingimento, manha. **4.** Dispositivo magnético para gravar imagens ou sons: *fita cassete, fita de vídeo*.
fitar (fi.tar) v.t.d. Olhar fixamente para; fixar a vista em.
fiteiro (fi.tei.ro) s.m. (Gír.) Que faz fita, que finge; manhoso, dengoso.
fito (fi.to) s.m. **1.** Alvo; mira. **2.** Intento; fim. adj. **3.** Cravado; pregado. **4.** Muito atento.
fitologia (fi.to.lo.gi.a) s.f. Botânica.
fitoplâncton (fi.to.plânc.ton) s.m. (Bio.) Organismo do grupo dos plânctons, que realiza fotossíntese.
fitoterapia (fi.to.te.ra.pi.a) s.f. (Med.) Uso de princípios ativos extraídos de vegetais para tratar doenças.
fitoterápico (fi.to.te.rá.pi.co) adj. Relacionado a fitoterapia ou ao uso de plantas para tratar doenças.
fiúza (fi.ú.za) s.f. Confiança; fé.
fivela (fi.ve.la) [é] s.f. Peça para prender cintos, bolsas ou os cabelos.
fixação (fi.xa.ção) [cs] s.f. **1.** Ato de fixar. **2.** (Quím.) Operação química com que se torna fixo um corpo volátil. **3.** (Fig.) Ideia fixa; obsessão.
fixador (fi.xa.dor) [cs…ô] s.m. e adj. (Aquilo) que fixa, que serve para fixar: *passou fixador no cabelo*.
fixar (fi.xar) [cs] v.t.d. **1.** Tornar fixo. **2.** Fitar. v.p. **3.** Estabelecer-se. Cf. *fichar*.
fixidez (fi.xi.dez) [cs…ê] s.f. Qualidade daquilo que está fixo.
fixo (fi.xo) [cs] adj. **1.** Firme; estável. **2.** Que não desbota. **3.** Que não está para sofrer alterações. Cf. *ficha*.
flacidez (fla.ci.dez) [ê] s.f. Qualidade daquilo que é flácido.
flácido (flá.ci.do) adj. Frouxo; murcho; sem elasticidade.
flagelação (fla.ge.la.ção) s.f. Ato de flagelar; sofrimento.
flagelado (fla.ge.la.do) s.m. e adj. (Aquele) que sofre flagelo, vítima de calamidade pública: *abrigar os flagelados das enchentes*.
flagelar (fla.ge.lar) v.t.d. **1.** Castigar; torturar. v.p. **2.** Castigar-se; mortificar-se.
flagelo (fla.ge.lo) [é] s.m. **1.** Açoite. **2.** Calamidade pública. **3.** (Fig.) Tortura; suplício. **4.** (Bio.) Projeção comprida, em forma de fio, de uma célula ou ser vivo.
flagra (fla.gra) s.m. (Pop.) Flagrante.
flagrância (fla.grân.ci.a) s.f. (Dir.) Visão, observação de um ato no momento em que está sendo praticado. Cf. *fragrância*.

flagrante (fla.**gran**.te) s.m. **1.** Ato visto ou documentado no momento em que ocorre. adj.2g. **2.** Praticado no momento em que é surpreendido.
flagrar (fla.**grar**) v.t.d. Pegar em flagrante; surpreender.
flama (**fla**.ma) s.f. Chama; labareda.
flamar (fla.**mar**) v.t.d. Desinfetar com chamas rápidas e álcool.
flambar (flam.**bar**) v.t.d. (Culin.) Tostar de leve um alimento com álcool de cereais ou bebida alcoólica.
flamejar (fla.me.**jar**) v.i. Lançar chamas; resplandecer. Obs.: verbo defectivo, só conjugado nas 3ª pes.; pres. do ind.: *flameja*; pret. imperf.: *flamejava*; pret. perf.: *flamejou*; pres. do subj.: *flameje* etc.
flamenco (fla.**men**.co) s.m. Dança típica da Andaluzia, região da Espanha, acompanhada pelo som de castanholas.
flamengo (fla.**men**.go) s.m. **1.** (Zoo.) Flamingo. **2.** Dialeto do holandês ou língua falada na Bélgica e em uma região da França.
flamingo (fla.**min**.go) s.m. (Zoo.) Ave pernalta de bela plumagem rosada; guará, flamengo.
flâmula (**flâ**.mu.la) s.f. **1.** Chama pequena. **2.** Bandeirola triangular.
flanar (fla.**nar**) v.i. Passear sem rumo certo e sem nada de importante para fazer; vagabundear.
flanco (**flan**.co) s.m. **1.** Parte lateral de qualquer objeto; lado. **2.** Região lateral do corpo humano ou animal. **3.** Lado de uma tropa.
flandres (**flan**.dres) s.f. Folha de flandres.
flanela (fla.**ne**.la) [é] s.f. **1.** Tecido de lã pouco encorpado, usado para camisa e pijama. **2.** Pedaço desse tecido, usado para tirar pó.
flanquear (flan.que.**ar**) v.t.d. **1.** Marchar ao lado de. **2.** Atacar pelos flancos.
flash [inglês: "fléxi"] s.m. **1.** Dispositivo que emite clarão ou luz momentânea, para tirar fotografias em ambientes com pouca luz. **2.** Essa luz ou clarão momentâneo. **3.** Notícia bem curta em televisão, rádio ou imprensa.
flato (**fla**.to) s.m. (Med.) Flatulência.
flatulência (fla.tu.**lên**.ci.a) s.f. **1.** (Med.) Acúmulo de gases no aparelho digestivo; flato, flatuosidade, ventosidade. **2.** (Fig.) Vanglória, pretensão infundada, jactância.
flatulento (fla.tu.**len**.to) adj. (Med.) Relacionado a flato, que tem ou provoca flatulência.
flatuosidade (fla.tu.o.si.**da**.de) s.f. (Med.) Flatulência.
flauta (**flau**.ta) s.f. (Mús.) Instrumento de sopro, formado por um tubo cilíndrico oco com orifícios e com chaves.
flautear (flau.te.**ar**) v.i. (Raro) **1.** Divertir-se, folgar, recrear-se: *era hora de flautear*. v.t.d. **2.** Enganar, iludir: *ele flauteou os ratos*.
flautim (flau.**tim**) s.m. (Mús.) Instrumento de sopro menor que a flauta.
flautista (flau.**tis**.ta) s.2g. Pessoa que toca flauta.
flavorizante (fla.vo.ri.**zan**.te) adj.2g. e s.m. (Substância) que intensifica o sabor ou o aroma dos alimentos.
flébil (**flé**.bil) adj.2g. (Raro) **1.** Choroso, lastimoso. **2.** Débil, fraco.
flebite (fle.**bi**.te) s.f. (Med.) Inflamação das veias.

flecha (**fle**.cha) [é] s.f. **1.** Seta; dardo. **2.** Extremidade cônica de uma torre.
flechada (fle.**cha**.da) s.f. Golpe dado com flecha.
flechar (fle.**char**) v.t.d. Ferir com flecha.
flecheiro (fle.**chei**.ro) s.m. e adj. (Indivíduo) armado de flecha, que atira flechas.
flertar (fler.**tar**) v.t.i. Namoricar. Obs.: pres. do ind.: *flerto* [é], *flertas* [é], *flerta* [é] etc.; pres. do subj.: *flerte* [é], *flertes* [é], *flerte* [é] etc.
flerte (**fler**.te) [ê] s.m. Namoro sem importância; namorico.
fletir (fle.**tir**) v.t.d. Dobrar, flexionar: *fletir os joelhos*.
fleugma (**fleug**.ma) [ê] s.f. O mesmo que *fleuma*.
fleugmático (fleug.**má**.ti.co) adj. O mesmo que *fleumático*.
fleuma (**fleu**.ma) s.f. Frieza; impassividade; serenidade. O mesmo que *flegma*.
fleumático (fleu.**má**.ti.co) adj. Frio; impassível; pachorrento; tranquilo. O mesmo que *flegmático*.
flexão (fle.**xão**) [cs] s.f. **1.** Ato de curvar-se; curvatura. **2.** (Gram.) Variação das desinências quanto ao gênero, número e grau das palavras e na conjugação dos verbos.
flexibilidade (fle.xi.bi.li.**da**.de) [cs] s.f. **1.** Qualidade daquilo que é flexível. **2.** (Fig.) Docilidade; submissão. **3.** Habilidade de uma pessoa para diversos tipos de trabalhos.
flexibilizar (fle.xi.bi.li.**zar**) [cs] v.t.d. Acrescentar flexibilidade, tornar flexível, abrandar: *flexibilizar as regras*.
flexionar (fle.xi.o.**nar**) [cs] v.t.d. **1.** Dobrar, fletir: *flexionou os joelhos para rezar*. **2.** (Gram.) Combinar, conjugar, usar com as flexões: *flexionar um verbo em todos os tempos, flexionar um substantivo no feminino*.
flexível (fle.**xí**.vel) [cs] adj.2g. **1.** Que se dobra com facilidade; maleável. **2.** (Fig.) Dócil, submisso.
flexor (fle.**xor**) [cs-ô] s.m. e adj. (Músculo) que possibilita a flexão (de certas partes do corpo).
flexuoso (fle.xu.**o**.so) [cs...ô] adj. Torto, sinuoso.
fliperama (fli.pe.**ra**.ma) s.m. **1.** Máquina com jogos eletrônicos. **2.** Local onde funciona esse tipo de máquina.
floco (**flo**.co) [ó] s.m. **1.** Partícula ou grupo de filamentos que cai lentamente ou esvoaça ao vento, como a neve. **2.** Cereal, depois de ter sido laminado.
flóculo (**fló**.cu.lo) s.m. Pequeno floco.
flodar (flo.**dar**) v.t.d. e v.i. (Gír.Int.) Fazer postagens em fóruns da internet ou em redes sociais de forma exagerada, ou seja, "inundá-los" com conteúdo e informações consideradas irrelevantes: *saiu o clipe da minha cantora favorita. Me segurem, pois hoje vou flodar!* Obs.: do inglês *to flood*, que significa "inundar". Esta palavra não consta no *Volp*.
flopar (flo.**par**) v.i. (Gír.Int.) Fracassar; não fazer o sucesso esperado: *eu flopei na prova de Física*. Obs.: do inglês *flop*, que significa "fracasso". Esta palavra não consta no *Volp*.

flor [ô] s.f. **1.** (Bot.) Órgão de reprodução sexuada das plantas angiospermas. (Fig.) **2.** A parte mais distinta. **3.** Pessoa muito bela e bondosa.

flora (flo.ra) [ó] s.f. **1.** (Bio.) Conjunto das espécies vegetais de uma região. **2.** Grupo de plantas.

floração (flo.ra.ção) s.f. Ação de florir; estado das plantas em flor, florada.

florada (flo.ra.da) s.f. **1.** Efeito de florir; floração. **2.** Conjunto das flores que surgem ao mesmo tempo.

floral (flo.ral) adj.2g. **1.** Que diz respeito a flores. **2.** Feito de flores.

florão (flo.rão) s.m. Enfeite em forma de flor, muito usado em tetos, abóbadas etc.

florar (flo.rar) v.i. (N, NE) Cobrir-se de flores, florir.

floreado (flo.re.a.do) adj. **1.** Enfeitado ou coberto de flores. s.m. e adj. **2.** (Estilo) cheio de figuras e imagens. s.m. **3.** Adorno; enfeite.

florear (flo.re.ar) v.t.d. **1.** Enfeitar com flores. **2.** Usar um estilo pomposo. **3.** Manejar com habilidade uma arma branca.

floreio (flo.rei.o) s.m. Ato de florear.

floreira (flo.rei.ra) s.f. **1.** Jarra ou vaso para colocar flores na água. **2.** Vaso ou outro recipiente com terra, para cultivar flores em janela, parede etc.

florentino (flo.ren.ti.no) adj. **1.** De Florença, cidade da Itália. s.m. **2.** Pessoa natural ou habitante desse lugar.

florescência (flo.res.cên.ci.a) s.f. Ato de florescer.

florescente (flo.res.cen.te) adj.2g. Que floresce; viçoso.

florescer (flo.res.cer) v.i. **1.** Produzir flores; enflorar, florir. **2.** (Fig.) Atingir o ponto mais próspero, momento de maior produção: *a cidade floresceu no início do século*.

floresta (flo.res.ta) [é] s.f. Mata espessa e extensa; bosque.

florestal (flo.res.tal) adj.2g. Relativo a floresta.

florete (flo.re.te) [ê] s.m. Arma branca e pontiaguda, que se usa em esgrima.

florianopolitano (flo.ri.a.no.po.li.ta.no) adj. **1.** Do município de Florianópolis, capital do estado de Santa Catarina. s.m. **2.** Pessoa natural ou habitante desse lugar.

floricultor (flo.ri.cul.tor) [ô] s.m. Aquele que cultiva e vende flores.

floricultura (flo.ri.cul.tu.ra) s.f. **1.** Cultura de flores. **2.** Loja onde se vendem flores.

florido (flo.ri.do) adj. **1.** Que está em flor, em florescência. **2.** Adornado de flores; floreado. **3.** Viçoso, alegre.

florífero (flo.rí.fe.ro) adj. Que produz flores.

florilégio (flo.ri.lé.gi.o) s.m. (Lit.) Coletânea de trechos; seleção, antologia.

florim (flo.rim) s.m. Moeda da Hungria e da Holanda.

florir (flo.rir) v.i. Florescer; produzir flores, enflorar. Obs.: verbo defectivo, só conjugado quando ao *r* da raiz sucede o *i*; pres. do ind.: *florimos, floris*; não se conjuga no pres. do subj.; no imperat. neg. e afirm. existe apenas na 2ª pes. pl.: *flori*.

florista (flo.ris.ta) s.2g. **1.** Pessoa que vende flores. **2.** Fabricante de flores artificiais.

flotilha (flo.ti.lha) s.f. Frota pequena.

fluência (flu.ên.ci.a) s.f. **1.** Qualidade daquilo que é fluente; fluidez. **2.** Facilidade no dizer e no escrever. **3.** (Fig.) Grande quantidade; abundância.

fluente (flu.en.te) adj.2g. **1.** Que flui; fluido. **2.** Natural; espontâneo.

fluidez (flu.i.dez) [ê] s.f. Qualidade daquilo que é fluido; fluência.

fluidificar (flu.i.di.fi.car) v.t.d. e v.p. Tornar(-se) fluido; diluir(-se).

fluido (flui.do) adj. **1.** Fluente, fácil. s.m. **2.** (Fís.) Qualquer substância em estado líquido ou gasoso: *fluido de freio, fluido de isqueiro*.

fluir (flu.ir) v.i. **1.** Correr em estado líquido; escoar. v.t.i. **2.** Derivar; decorrer: *a água tinha fluído pelo furo do vaso*. Obs.: pres. do ind.: *fluo, fluis, flui, fluímos, fluís, fluem*; pres. subj.: *flua, fluas, flua, fluamos, fluais, fluam*; part.: *fluído*.

fluminense (flu.mi.nen.se) adj.2g. **1.** Do Rio de Janeiro, estado brasileiro. s.2g. **2.** Pessoa natural ou habitante desse lugar. Cf. *carioca*.

flúor (flú.or) s.m. (Quím.) Elemento de símbolo F, peso atômico 19 e número atômico 9, metaloide gasoso.

fluorescência (flu.o.res.cên.ci.a) s.f. (Fís.) Propriedade que certos corpos têm de transformar a luz refletida em radiações de ondas mais longas.

fluorescente (flu.o.res.cen.te) adj.2g. Que tem a propriedade da fluorescência.

flutuação (flu.tu.a.ção) s.f. **1.** Ato de flutuar. **2.** (Econ.) Instabilidade da cotação de preços e valores. **3.** Hesitação; volubilidade. **4.** (Fís.) Capacidade de um corpo para flutuar em um fluido.

flutuador (flu.tu.a.dor) [ô] s.m. e adj. (Equipamento) usado para flutuar; boia: *todos no bote usavam coletes flutuadores*.

flutuante (flu.tu.an.te) adj.2g. **1.** Que flutua ou boia. **2.** Que oscila; instável, mutante.

flutuar (flu.tu.ar) v.i. **1.** Permanecer na superfície da água; boiar. **2.** Pairar no espaço.

fluvial (flu.vi.al) adj.2g. Que diz respeito aos rios.

fluxo (flu.xo) [cs] s.m. Ato de fluir; movimento, movimentação: *fluxo da maré, fluxo de veículos*.

flyer [inglês: "fláier"] s.m. O mesmo que *filipeta*.

Fm Símbolo do elemento químico férmio.

fobia (fo.bi.a) s.f. Medo mórbido, doentio: *tinha fobia de lugares fechados e entrava em pânico no elevador*.

foca (fo.ca) [ó] s.f. **1.** (Zoo.) Mamífero aquático de pelo curto, capaz de andar na terra e equilibrar uma bola na ponta do focinho comprido. s.2g. **2.** Repórter novato em um jornal.

focal (fo.cal) adj.2g. Que diz respeito a foco.

focalizar (fo.ca.li.zar) v.t.d. **1.** Ajustar um sistema ótico, para obter imagens nítidas. **2.** (Fig.) Salientar; colocar em evidência.

focar (fo.car) v.t.d. **1.** Pôr em foco; focalizar. **2.** (Fig.) Pôr em evidência.

focinheira (fo.ci.**nhei**.ra) s.f. Aparelho para prender o focinho do animal.
focinho (fo.**ci**.nho) s.m. Parte da cabeça do animal que compreende a boca, as ventas e o queixo.
foco (**fo**.co) [ó] s.m. **1.** Centro; sede. **2.** Ponto de convergência ou de saída das emanações. **3.** (Fís.) Ponto de concentração dos raios luminosos refletidos por um espelho ou refratados por uma lente. **4.** (Med.) Ponto de infecção em certas doenças microbianas.
foda (**fo**.da) [ó] s.f. (Chul.) **1.** Ato de foder; ato sexual, cópula, coito. adj.2g. **2.** Difícil, duro, ruim. **3.** Incomum, muito raro, extraordinário.
foder (fo.**der**) v.t.d. (Chul.) **1.** Fazer sexo. **2.** Forçar, violar. v.i. **3.** Praticar sexo. v.p. **4.** Perder tudo, dar-se muito mal. v.i. **5.** Dar errado, estragar de vez.
fodido (fo.**di**.do) adj. (Chul.) Que se fodeu.
fofo (**fo**.fo) [ô] adj. Mole, macio, elástico.
fofoca (fo.**fo**.ca) [ó] s.f. Mexerico; boato; comentário; intriga.
fofocar (fo.fo.**car**) v.i. Fazer fofoca; espalhar boatos; bisbilhotar.
fofoqueiro (fo.fo.**quei**.ro) s.m. e adj. (Aquele) que faz fofocas; falador, mexeriqueiro.
fogacho (fo.**ga**.cho) s.m. **1.** Animação, entusiasmo. **2.** (Med.) Afluxo de sangue, calorão característico da menopausa.
fogão (fo.**gão**) s.m. Aparelho de ferro ou de metal, que se aquece com gás, eletricidade, lenha ou querosene e que serve para cozinhar.
fogareiro (fo.ga.**rei**.ro) s.m. Aparelho portátil, geralmente a gás, álcool ou eletricidade, utilizado para cozinhar.
fogaréu (fo.ga.**réu**) s.m. Fogo intenso; fogueira.
fogo (**fo**.go) [ó] s.m. **1.** Resultado da combustão; lume. **2.** Incêndio. **3.** (Fig.) Paixão; ardor; entusiasmo. **4.** Um dos quatro elementos da Antiguidade, juntamente com o ar, a terra e a água. **5.** Descarga de arma; tiro: *abriram fogo contra o invasor*. **6.** Artefato pirotécnico. ▣ Pl. *fogos* [ó]. Cf. *fogos*.
fogo-apagou (fo.go-a.pa.**gou**) [ô] s.f.2n. (Zoo.) Ave do grupo da rolinha e do pombo, de canto característico, que vive do Nordeste ao Mato Grosso; fogo-pagou. ▣ Pl. *fogo-apagou*.
fogo-fátuo (fo.go-**fá**.tuo) [ô] s.m. Luminosidade emitida pela inflamação espontânea e rápida dos gases emanados de corpos em decomposição, chamada boitatá no folclore. ▣ Pl. *fogos-fátuos* [ó].
fogo-pagou (fo.go-pa.**gou**) [ô] s.f.2n. (Zoo.) Fogo-apagou. ▣ Pl. *fogo-pagou*.
fogos (fo.gos) [ó] s.m.pl. Artefatos pirotécnicos explosivos, às vezes coloridos, usados para sinalização ou comemoração; fogos de artifício: *na queima de fogos havia foguetes e rojões coloridos*.
fogo-selvagem (fo.go-sel.**va**.gem) [ô] s.m. (Med.) Tipo de pênfigo, doença de pele que se manifesta por bolhas. ▣ Pl. *fogos-selvagens* [ó].
fogoso (fo.**go**.so) [ô] adj. Que tem fogo; ardente; impetuoso. ▣ Pl. *fogosos* [ó].

fogueira (fo.**guei**.ra) s.f. Monte de lenha a que se ateia fogo.
foguete (fo.**gue**.te) [ê] s.m. **1.** Fogo de artifício que sobe rápido e estoura no ar fazendo barulho forte; rojão. **2.** (Astron.) Veículo a jato, aperfeiçoado para viagens interplanetárias.
fogueteiro (fo.gue.**tei**.ro) s.m. **1.** Fabricante de foguetes. **2.** Pessoa assanhada.
foguetório (fo.gue.**tó**.ri.o) s.m. Queima de foguetes e fogos de artifício.
foguista (fo.**guis**.ta) s.2g. Pessoa que alimenta as fornalhas das máquinas a vapor.
foice (**foi**.ce) s.f. Instrumento agrícola curvo, utilizado para ceifar.
fojo (**fo**.jo) [ô] s.m. **1.** Armadilha para capturar lobos popular na Europa medieval, formada por uma construção redonda da qual o animal não conseguia sair. **2.** Qualquer armadilha ou mundéu. ▣ Pl. *fojos* [ó].
folclore (fol.**clo**.re) [ó] s.m. **1.** Estudo, descrição de costumes e usos populares, como música, danças, costumes, lendas, alimentação etc. **2.** O conjunto dessas manifestações, ou manifestações da cultura popular sem autoria definida: *o banho de cheiro é parte do folclore paraense*.
folclórico (fol.**cló**.ri.co) adj. **1.** Que diz respeito ao folclore: *estudos folclóricos, danças folclóricas*. **2.** Que foi criado pelo povo, que não tem autoria definida: *a música folclórica é diferente da música popular*. **3.** Lendário, mítico, que não tem origem documentada: *histórias folclóricas*.
folclorista (fol.clo.**ris**.ta) s.2g. Pessoa que estuda folclore.
folder [inglês: "fôlder"] s.m. Impresso de uma folha, ou folheto, com duas ou mais dobras.
fole (**fo**.le) [ó] s.m. **1.** Utensílio para produzir vento, usado para animar o fogo. **2.** (NE) Acordeão, sanfona.
fôlego (**fô**.le.go) s.m. **1.** Capacidade de reter o ar nos pulmões. **2.** (Fig.) Ânimo; coragem.
folga (**fol**.ga) [ó] s.f. **1.** Interrupção do trabalho para descanso: *seu dia de folga é o domingo*. **2.** Espaço livre; largura. **3.** (Gír.) Atitude de folgado; desleixo.
folgado (fol.**ga**.do) adj. **1.** Que tem folga; largo, desapertado: *roupa folgada*. **2.** Largo, desapertado. **3.** (Gír.) Pessoa que não faz suas obrigações, dando trabalho para os outros.
folgança (fol.**gan**.ça) s.f. Brincadeira, divertimento, folguedo, reinação.
folgar (fol.**gar**) v.i. **1.** Descansar; ter folga ou descanso. **2.** (Gír.) Incomodar, desrespeitar.
folgazão (fol.ga.**zão**) adj. Descansado; despreocupado; alegre; brincalhão.
folguedo (fol.**gue**.do) [ê] s.m. **1.** Brincadeira; folia; divertimento. **2.** (Folc.) Manifestação tradicional ou festa folclórica caracterizada por música, dança e temas, em geral com narrativas como a morte de um boi, no folguedo do bumba meu boi, ou a coroação de um rei, na congada.

folha (fo.lha) [ô] s.f. **1.** (Bot.) Órgão em forma de lâmina, muitas vezes verde, que cresce no caule ou nos ramos da planta e capta a luz. **2.** Pedaço de papel. **3.** Chapa fina, lâmina. **4.** Parte móvel de uma porta.

folha de flandres (fo.lha de flan.dres) s.f. Chapa ou lâmina de ferro coberta com estanho, usada antigamente na fabricação de latas; flandres.

folhado (fo.lha.do) adj. **1.** Que parece formado por várias folhas superpostas: *a massa folhada é assada e leva muita manteiga.* s.m. **2.** Petisco feito com massa folhada: *pediu um folhado de queijo e um refrigerante.* Cf. *folheado.*

folhagem (fo.lha.gem) s.f. Conjunto das folhas de uma planta.

folheado (fo.lhe.a.do) adj. **1.** Que é composto de folhas. s.m. **2.** Lâmina de madeira ou metal de que são revestidos os móveis. Cf. *folhado.*

folhear (fo.lhe.ar) v.t.d. **1.** Virar as folhas de um livro ou revista. **2.** Ler sem muita atenção.

folhetim (fo.lhe.tim) s.m. Cada capítulo de um romance, que é publicado diariamente em um jornal.

folhetinesco (fo.lhe.ti.nes.co) [ê] adj. **1.** Relacionado a folhetim. **2.** Próprio de folhetim: *amor folhetinesco.*

folhetinista (fo.lhe.ti.nis.ta) s.2g. Autor de folhetins.

folheto (fo.lhe.to) [ê] s.m. Publicação não periódica de uma ou poucas folhas; panfleto.

folhinha (fo.lhi.nha) s.f. Uma ou mais folhas impressas com o calendário do ano.

folhoso (fo.lho.so) [ô] adj. **1.** Cheio de folhas. **2.** Cheio de dobras ou babados. ▫ Pl. *folhosos* [ó].

folhudo (fo.lhu.do) adj. Que tem muitas folhas: *planta folhuda.*

folia (fo.li.a) s.f. **1.** Dança folclórica de várias regiões do país, com características próprias em cada região. **2.** Farra; pândega. (Folc.) **Folia do Divino:** grupo em geral de homens que, no dia do Divino Espírito Santo, visita as casas levando a bandeira do Divino, e realiza cantos e orações, recebendo oferendas de alimentos, bebidas etc.

foliáceo (fo.li.á.ce.o) adj. **1.** Que tem forma de folha. **2.** Formado por folhas.

folião (fo.li.ão) s.m. Pessoa que gosta de folia; carnavalesco.

foliar (fo.li.ar) adj.2g. Relacionado a folha: *superfície foliar.*

folículo (fo.lí.cu.lo) s.m. **1.** (Bot.) Fruto seco que se abre só de um lado para liberar as sementes. **2.** (Anat.) Gânglio linfático.

folíolo (fo.lí.o.lo) s.m. (Bot.) Partes pequenas que se juntam em uma folha, como nas samambaias.

fome (fo.me) s.f. Desejo ou necessidade de comer; apetite; avidez.

fomentação (fo.men.ta.ção) s.f. Ação de fomentar; fomento.

fomentador (fo.men.ta.dor) [ô] s.m. e adj. (O) que fomenta, estimula ou promove o desenvolvimento de: *(agentes) fomentadores de cultura.*

fomentar (fo.men.tar) v.t.d. **1.** Estimular; excitar. **2.** Promover o desenvolvimento de.

fomento (fo.men.to) s.m. Ato de fomentar; fomentação; estímulo.

fonação (fo.na.ção) s.f. Produção fisiológica da voz.

fonador (fo.na.dor) [ô] adj. Responsável pela produção da voz.

fondue [francês: "fondi"] s.f. (Culin.) **1.** Prato de origem suíça, constituído por calda de queijo fundido servida quente, comida com pedaços de pão. **2.** Prato semelhante, com calda de chocolate servida com pedaços de fruta.

fone (fo.ne) [ô] s.m. **1.** Dispositivo para amplificar o som: *ouvia música no fone de ouvido.* **2.** Parte de um aparelho telefônico que se leva ao ouvido. **3.** Telefone.

fonema (fo.ne.ma) [ê] s.m. (Gram.) Unidade sonora que diferencia as palavras, como a diferença entre "carro" e "caro", ou entre "queijo" e "beijo".

fonética (fo.né.ti.ca) s.f. Ciência que estuda os sons da linguagem humana, sua duração, intensidade, timbre e tonalidade.

fonético (fo.né.ti.co) adj. **1.** Relacionado aos sons de uma língua. **2.** Pertencente à fonética.

fônico (fô.ni.co) adj. Que diz respeito à voz ou à pronúncia das palavras.

fonoaudiologia (fo.no.au.di.o.lo.gi.a) s.f. Ciência que estuda a fonação e a audição e propõe terapias corretivas.

fonoaudiólogo (fo.no.au.di.ó.lo.go) s.m. Especialista em fonoaudiologia.

fonógrafo (fo.nó.gra.fo) s.m. Toca-discos, vitrola.

fonograma (fo.no.gra.ma) s.m. Mensagem transmitida por telefone.

fonologia (fo.no.lo.gi.a) s.f. Ciência que trata dos fonemas de uma língua.

fonológico (fo.no.ló.gi.co) adj. relacionado à fonologia.

fontanela (fon.ta.ne.la) [é] s.f. (Anat.) Moleira.

fonte (fon.te) s.f. **1.** Nascente, bica, chafariz: *água da fonte.* **2.** Princípio, origem: *a fonte de um grande bem.* **3.** Obra ou texto de onde provém uma informação: *citar as fontes.* **4.** Aparelho que fornece energia, luz etc.: *fonte elétrica, fonte de luz.* **5.** (Gráf.) Conjunto de letras, números e sinais que têm a mesma forma, as mesmas características tipográficas.

fora (fo.ra) [ó] adv. **1.** Na parte exterior. **2.** Ausente de sua casa. **3.** Em outro país. prep. **4.** Exceto. interj. **5.** Emprega-se para mandar alguém embora ou pedir que se retire. s.m. **6.** (Pop.) Dizer algo impróprio. **Dar o fora em:** despedir-se de, mandar embora (alguém com quem se tinha relacionamento amoroso).

fora da lei (fo.ra da lei) [ó] s.2g.2n. e adj.2g. (Pessoa) que age ou vive fora da lei; bandido, marginal: *prenderam dois fora da lei esta noite.*

foragido (fo.ra.gi.do) s.m. e adj. (Aquele) que se esconde para escapar da justiça.

forasteiro (fo.ras.**tei**.ro) s.m. e adj. (Aquele) que é de fora; estrangeiro.

forca (for.ca) [ô] s.f. Instrumento para o suplício da estrangulação; patíbulo; cadafalso.

força (for.ça) [ô] s.f. **1.** Faculdade de executar algo; poder: *força de vontade, força do amor*. **2.** Vigor, energia física ou moral. **3.** Poder de músculos ou armas: *conseguiu pela força*. **4.** Energia elétrica. **5.** Poder, influência, prestígio. **6.** Destacamento militar ou de policiais. (Fís.) **7.** Interação física entre dois corpos. **8.** Todo agente que atribui aceleração a um corpo. **Forças Armadas:** as organizações de defesa de um país, em geral constituídas por Exército, Marinha e Aeronáutica: as Forças Armadas do Brasil são a **Força Aérea Brasileira**, o Exército Brasileiro e a Marinha do Brasil.

forcado (for.**ca**.do) s.m. Instrumento agrícola, com duas ou três pontas na extremidade de uma haste.

forçado (for.**ça**.do) adj. Obrigado, compelido, contrafeito.

forçamento (for.ça.**men**.to) s.m. Ato de forçar; violação; arrombamento.

forçar (for.**çar**) v.t.d. **1.** Obter pela força. **2.** Arrombar; quebrar. **3.** Constranger; obrigar. v.p. **4.** Constranger-se.

forcejar (for.ce.**jar**) v.i. Fazer força, labutar.

fórceps (**fór**.ceps) s.m. Instrumento cirúrgico usado em partos difíceis, quando a criança é extraída à força do útero.

forçoso (for.**ço**.so) [ô] adj. Inevitável; forçado; indispensável. ◘ Pl. *forçosos* [ó].

forçudo (for.**çu**.do) adj. Que tem muita força; forte.

forense (fo.**ren**.se) adj.2g. **1.** Que diz respeito a fórum ou aos tribunais de justiça. **2.** Que participa da investigação de crimes: *psicologia forense, ciência forense*.

forja (for.ja) s.f. **1.** Oficina de ferreiro. **2.** Conjunto de fornalha, fole e bigorna, usados na fundição de metais.

forjar (for.**jar**) v.t.d. **1.** Trabalhar na forja. **2.** (Fig.) Criar artificialmente, produzir para enganar: *forjar um acidente, forjar uma assinatura, forjar um encontro*.

forma¹ (for.ma) [ó] s.f. **1.** Configuração, feitio: *um desenho em forma de coração*. **2.** Modo, maneira: *forma de pensar*. **3.** Aquilo que se pode perceber com o tato, a visão ou outros sentidos: *o mundo das formas e o mundo espiritual*. **4.** Ser, ente: *formas de vida animal e vegetal*. **5.** Aparência física, contornos do corpo, perfil: *uma pessoa de belas formas*. **6.** Condição do corpo bonito, com bom equilíbrio ou proporções entre músculos, gordura e ossos, que não é magro nem gordo: *a atriz faz exercícios e alimentação equilibrada para manter a forma*. **7.** Fila; alinhamento, formação. Cf. *formas*.

forma² (for.ma) [ô] s.f. O mesmo que *fôrma*.

fôrma (fôr.ma) s.f. **1.** Vasilha usada para assar bolos ou tortas: *coloque a massa na fôrma*. **2.** Qualquer peça que se use para deixar um material com a forma desejada: *o concreto é posto em fôrmas de madeira que depois são retiradas*. **3.** Peça com determinado formato, usada para fazer um objeto: *a fôrma de sapato é como um pé; existem fôrmas de chapéu e de boné*. **4.** (Fig.) Estirpe, caráter, índole. O mesmo que *forma* [ô]

formação (for.ma.**ção**) s.f. **1.** Ação de formar; geração, surgimento, criação. **2.** Grupo de formas, de seres da natureza: *formação rochosa, formação vegetal*. **3.** Estudo, preparo para uma atividade, ocupação ou profissão; educação: *formação acadêmica de nível médio, formação profissional*.

formado (for.**ma**.do) adj. **1.** Que se formou. **2.** Que tem formação; graduado: *médico formado*.

formador (for.ma.**dor**) [ô] s.m. e adj. (Aquele) que forma, que promove a formação: *os textos formadores discutem e questionam mais que informam*.

formal (for.**mal**) adj.2g. **1.** Que é feito da forma reconhecida ou prescrita pelas regras e normas; que segue as formalidades; convencional. **2.** Diz-se da linguagem usada em leis e documentos, que se mantém a mesma ao longo das décadas e em todas as regiões, ao contrário da linguagem informal.

formalidade (for.ma.li.**da**.de) s.f. Maneira expressa de proceder; etiqueta, cerimônia.

formalismo (for.ma.**lis**.mo) s.m. Observação estrita das formalidades; apego às regras.

formalizar (for.ma.li.**zar**) v.t.d. **1.** Dizer, expressar de modo formal. **2.** Executar segundo as formalidades ou regras.

formando (for.**man**.do) s.m. Pessoa que está para concluir um curso: *os formandos de algumas áreas recebem convites para estágio*.

formão (for.**mão**) s.m. Instrumento de carpintaria para talhar a madeira.

formar (for.**mar**) v.t.d. **1.** Dar forma a. **2.** Fazer; constituir; fabricar. **3.** Educar; instruir. **4.** Pôr em linha ou fila. v.i. **5.** Dispor-se em linha ou em ordem. v.p. **6.** Concluir um curso, uma formação: *formou-se médico, formou-se em Computação*. Obs.: a pronúncia é sempre com ó: *formo, formas, forma* etc.; pres. do subj.: *forme, formes, forme* etc.

formas (for.mas) [ó] s.f.pl. Contornos de um corpo.

formatação (for.ma.ta.**ção**) s.f. Ato ou efeito de formatar.

formatar (for.ma.**tar**) v.t.d. **1.** Dar um formato ou forma: *formatou a fonte em negrito e o parágrafo no centro da linha*. **2.** (Inf.) Fazer a divisão em seções e partes: *ao formatar um disco, os dados anteriores são apagados*.

formativo (for.ma.**ti**.vo) adj. Relacionado à formação; que oferece, além da informação, conceitos e atitudes de valor para a formação de uma pessoa: *o estudo tem valor formativo e informativo*.

formato (for.**ma**.to) s.m. Feitio; forma; tamanho; dimensão.

formatura (for.ma.**tu**.ra) s.f. **1.** Conclusão de um curso. **2.** Graduação universitária.

fórmica (**fór**.mi.ca) s.f. Substância plástica usada em revestimentos.

formicida (for.mi.**ci**.da) *s.m. e adj.2g.* (Produto) que combate ou extermina formigas.
formidável (for.mi.**dá**.vel) *adj.2g.* **1.** Descomunal; terrível; pavoroso; tremendo. **2.** Excelente; ótimo; admirável.
formiga (for.**mi**.ga) *s.f.* (Zoo.) Inseto himenóptero que vive em sociedades organizadas.
formigamento (for.mi.ga.**men**.to) *s.m.* Comichão; coceira.
formigar (for.mi.**gar**) *v.i.* Produzir formigamento.
formigueiro (for.mi.**guei**.ro) *s.m.* **1.** Grande reunião de formigas; sociedade em que vivem esses insetos. **2.** Multidão; aglomeração de pessoas.
formol (for.**mol**) *s.m.* Solução antisséptica e bactericida.
formoso (for.**mo**.so) [ô] *adj.* De formas agradáveis; belo; bonito; harmonioso. ▪ Pl. *formosos* [ó].
formosura (for.mo.**su**.ra) *s.f.* **1.** Qualidade daquele que é formoso; perfeição. **2.** (P.ext.) Pessoa formosa.
fórmula (**fór**.mu.la) *s.f.* **1.** Indicação dos componentes e proporções, no preparo de uma mistura; receita. **2.** (Mat.) Expressão para resolver problemas da mesma natureza. **3.** (Quím.) Conjunto de letras ou algarismos com os quais se representam as moléculas de um corpo composto. **4.** Método; regra. **5.** Frase fixa com que se começa ou termina uma história, saudação etc.: "*era uma vez*" *é uma fórmula de iniciar histórias; aprendeu as fórmulas de cortesia e de saudação.*
formulação (for.mu.la.**ção**) *s.f.* **1.** Ação de formular; explicitação, exposição. **2.** Fórmula, composição.
formular (for.mu.**lar**) *v.t.d.* **1.** Reduzir a fórmula. **2.** Expor com precisão. **3.** Receitar.
formulário (for.mu.**lá**.ri.o) *s.m.* **1.** Conjunto de perguntas para se responder; registro de dados ou informações. **2.** Papel impresso com local padronizado para preencher informações.
fornada (for.**na**.da) *s.f.* **1.** Tudo aquilo que se assa ao mesmo tempo no forno. **2.** (Fig.) Porção de coisas que se fazem ao mesmo tempo.
fornalha (for.**na**.lha) *s.f.* Forno grande.
fornecedor (for.ne.ce.**dor**) [ô] *s.m. e adj.* (Aquele) que fornece mercadorias ou serviços.
fornecer (for.ne.**cer**) *v.t.d.* Abastecer; guarnecer.
fornecimento (for.ne.ci.**men**.to) *s.m.* Ato de fornecer; provisão.
forneiro (for.**nei**.ro) *s.m.* **1.** Pessoa que trabalha com forno. **2.** (Zoo.) João-de-barro.
fornicar (for.ni.**car**) *v.i.* **1.** Fazer sexo, copular, penetrar sexualmente. **2.** (Relig.) Fazer sexo sem estar casado; pecar.
fornido (for.**ni**.do) *adj.* **1.** Abastecido, provido: *fornido com pães para viagem.* **2.** Robusto, cheio, gordo.
fornilho (for.**ni**.lho) *s.m.* **1.** Forno ou fornalha pequenos. **2.** Parte do cachimbo onde se queima o fumo.
forno (**for**.no) [ô] *s.m.* **1.** Construção em alvenaria ou parte do fogão em que são feitos os assados. **2.** (Fig.) Lugar muito abafado. ▪ Pl. *fornos* [ó].

foro (**fo**.ro) [ô] *s.m.* (Dir.) **1.** Fórum. **2.** Jurisdição. **3.** Domínio útil de um prédio. **4.** Pensão anual paga ao senhorio por quem tem o domínio útil de um prédio. **5.** Privilégio, imunidade.
forquilha (for.**qui**.lha) *s.f.* Forcado pequeno de madeira usado para fazer estilingues.
forra (**for**.ra) [ó] *s.f.* Desforra; vingança.
forração (for.ra.**ção**) *s.f.* **1.** Ação de forrar; revestimento. **2.** Tecido ou elemento usado para forrar, colocar sobre o solo e sob o tapete ou carpete: *forração de feltro.*
forrado (for.**ra**.do) *adj.* Que tem forro; revestido.
forrageira (for.ra.**gei**.ra) *s.f.* Planta que pode ser usada como forragem, para alimentação do gado.
forragem (for.**ra**.gem) *s.f.* Planta ou grão usados na alimentação do gado.
forrar (for.**rar**) *v.t.d.* **1.** Colocar forro em; revestir. **2.** Cobrir. *v.p.* **3.** Desforrar-se. Obs.: pres. do ind.: *forro* [ó], *forras* [ó], *forra* [ó] etc.; pres. do subj.: *forre* [ó], *forres* [ó], *forre* [ó] etc.
forro (**for**.ro) [ô] *s.m.* **1.** Revestimento interno de roupas, móveis, casas etc. *adj.* **2.** Livre, liberto, alforriado.
forró (for.**ró**) *s.m.* **1.** Festa, baile popular, forrobodó. **2.** (Folc.) Música e dança de par de origem nordestina, surgidas no século XX.
forrobodó (for.ro.bo.**dó**) *s.m.* **1.** Divertimento, festança, forró. **2.** Confusão, discussão.
fortalecer (for.ta.le.**cer**) *v.t.d.* **1.** Tornar forte, robustecer. *v.p.* **2.** Tornar-se forte; robustecer-se.
fortalecimento (for.ta.le.ci.**men**.to) *s.m.* Ato de fortalecer(-se).
fortaleza (for.ta.**le**.za) [ê] *s.f.* **1.** Qualidade daquilo que é forte; segurança; solidez. **2.** Castelo; fortificação.
fortalezense (for.ta.le.**zen**.se) *adj.2g.* **1.** Do município de Fortaleza, capital do estado do Ceará; fortaliciense. *s.2g.* **2.** Pessoa natural ou habitante desse lugar.
fortaliciense (for.ta.li.ci.**en**.se) *s.2g. e adj.2g.* Fortalezense.
forte (**for**.te) [ó] *adj.* **1.** Que tem força; robusto: *músculos fortes.* **2.** Resistente, firme: *corda forte.* **3.** (Pop.) Diz-se de alimento calórico, substancioso ou de digestão difícil. **Ponto forte**: melhor qualidade ou habilidade: *compreensão de texto é seu ponto forte.* **4.** Pessoa que tem força física ou moral: *os fortes e os fracos. s.m.* **5.** Construção reforçada, para abrigar combatentes e armas; fortaleza, reduto: *a ilha abrigava um forte que hoje é ponto turístico.*
fortificação (for.ti.fi.ca.**ção**) *s.f.* **1.** Ato de fortificar(-se). **2.** Forte; reduto; fortaleza.
fortificado (for.ti.fi.**ca**.do) *adj.* **1.** Que se fortificou; fortalecido. **2.** Que tem fortes; guarnecido de fortes, armado.
fortificante (for.ti.fi.**can**.te) *s.m. e adj.2g.* (Substância) que fortifica o organismo, que fortalece a pessoa.
fortificar (for.ti.fi.**car**) *v.t.d.* **1.** Tornar forte. **2.** Transformar em reduto seguro. *v.p.* **3.** Fortalecer-se.

fortim (for.**tim**) s.m. Forte pequeno, fortificação modesta.
fortuito (for.**tui**.to) adj. Casual; acidental; eventual.
fortuna (for.**tu**.na) s.f. **1.** Riqueza; bens. **2.** Sorte; destino; eventualidade.
fórum (**fó**.rum) s.m. **1.** (Dir.) Tribunal de Justiça; foro. **2.** Encontro para discutir um tema. **3.** Na internet, sítio em que os participantes podem postar perguntas e respostas.
fosco (**fos**.co) [ô] adj. Que não tem brilho; opaco; embaciado.
fosfato (fos.**fa**.to) s.m. Sal que se obtém da combinação de ácido fosfórico e uma base.
fosforado (fos.fo.**ra**.do) adj. Que contém fósforo.
fosforescência (fos.fo.res.**cên**.ci.a) s.f. Propriedade que alguns corpos têm de brilhar no escuro; brilho.
fosforescente (fos.fo.res.**cen**.te) adj.2g. Que se torna luminoso quando friccionado ou submetido a uma corrente elétrica.
fosfórico (fos.**fó**.ri.co) adj. (Quím.) Diz-se do ácido ou de outros elementos compostos que contêm fósforo.
fósforo (**fós**.fo.ro) s.m. **1.** (Quím.) Elemento de símbolo P, número atômico 15 e peso atômico 30,97, metaloide luminoso no escuro e que arde em contacto com o ar. **2.** Palito cuja cabeça se inflama, quando em atrito com uma superfície áspera.
fossa (**fos**.sa) [ó] s.f. **1.** Cavidade subterrânea onde se despejam dejetos. **2.** (Fig.) Estado de depressão e tristeza, causado por algum aborrecimento.
fossar (fos.**sar**) v.t.d. e v.i. Revirar, remexer em fossa ou na terra; fuçar: *os porcos fossavam no rio*.
fóssil (**fós**.sil) s.m. **1.** (Bio.) Resto preservado de um organismo, cuja espécie não existe mais: *fósseis de dinossauro*. **2.** (Fig.) Ser, pessoa ou organização muito antiquada. ▣ Pl. *fósseis*.
fossilizar (fos.si.li.**zar**) v.t.d. **1.** Tornar fóssil; petrificar. v.p. **2.** (Fig.) Ser inimigo do progresso.
fosso (**fos**.so) [ô] s.m. **1.** Vala; fossa. **2.** Escavação em volta de uma fortificação, com o intuito de protegê-la. **3.** Canal para passagem da água. ▣ Pl. *fossos* [ó].
fótico (**fó**.ti.co) adj. Referente a luz; eufótico.
foto (**fo**.to) [ó] s.f. Imagem registrada por fotografia.
fotocópia (fo.to.**có**.pi.a) s.f. **1.** Processo de reprodução de documentos ou impressos por fotografia. **2.** A reprodução assim obtida; xerox.
fotocopiadora (fo.to.co.pi.a.**do**.ra) [ô] s.f. Máquina que faz fotocópias; copiadora, xerox.
fotofobia (fo.to.fo.**bi**.a) s.f. **1.** Medo doentio da luz. **2.** Dificuldade de enxergar em ambientes com muita luz.
fotogênico (fo.to.**gê**.ni.co) adj. Que sai bem nas fotografias.
fotografar (fo.to.gra.**far**) v.t.d. Reproduzir pela fotografia.
fotografia (fo.to.gra.**fi**.a) s.f. **1.** Processo de fixar uma imagem, em um filme ou em arquivo digital. **2.** Imagem feita com esse processo. **3.** Arte que utiliza imagens produzidas com essa técnica. **4.** Foto, retrato.
fotográfico (fo.to.**grá**.fi.co) adj.Que diz respeito a fotografia.
fotógrafo (fo.**tó**.gra.fo) s.m. Aquele que se dedica à fotografia.
fotojornalismo (fo.to.jor.na.**lis**.mo) s.m. Atividade de captar e transmitir informações jornalísticas por meio da fotografia; atividade jornalística realizada principalmente por meio de fotografias.
fotojornalista (fo.to.jor.na.**lis**.ta) s.2g. Pessoa que se dedica ao fotojornalismo.
fotolito (fo.to.**li**.to) s.m. Filme que contém textos ou imagens, usado na gravação de chapas de impressão para posterior reprodução.
fotômetro (fo.**tô**.me.tro) s.m. Dispositivo que mede a intensidade de luz, usado em fotografia.
fotomicrografia (fo.to.mi.cro.gra.**fi**.a) s.f. Fotografia feita com microscópio ou lentes muito potentes. Cf. *microfotografia* e *macrofotografia*.
fóton (**fó**.ton) s.m. (Fís.) Partícula de radiação eletromagnética.
fotonovela (fo.to.no.**ve**.la) [é] s.f. **1.** História, em geral romântica, contada em sequência de fotos com textos curtos e publicada em revista especializada. **2.** Essa revista.
fotoproteção (fo.to.pro.te.**ção**) s.f. (Med.) Proteção da luz, em especial da luz do sol.
fotoprotetor (fo.to.pro.te.**tor**) [ô] adj. **1.** Que protege da luz. s.m. **2.** Produto que protege a pele do sol; filtro solar, protetor solar.
fotorreportagem (fo.tor.re.por.**ta**.gem) s.f. Reportagem em que as imagens fotográficas são o principal meio de transmissão da informação; atividade fotográfica com o objetivo de registrar uma realidade.
fotorrepórter (fo.tor.re.**pór**.ter) s.2g. Fotógrafo que faz fotorreportagens.
fotossíntese (fo.tos.**sín**.te.se) s.f. (Bio.) Propriedade que as plantas verdes têm de, pela ação da luz solar, absorver a matéria inorgânica e transformá-la em orgânica, ou transformar a energia da luz em energia química.
fotossintetizador (fo.tos.sin.te.ti.za.**dor**) [ô] adj. Que faz fotossíntese ou que participa desse processo.
fototactismo (fo.to.tac.**tis**.mo) s.m. (Bio.) O mesmo que *fototaxia*.
fototaxia (fo.to.ta.**xi**.a) [cs] s.f. (Bio.) Movimento de atração e repulsa de células livres e micro-organismos, em que a luz é fator direto. O mesmo que *fototactismo*.
fototerapia (fo.to.te.ra.**pi**.a) s.f. (Med.) Terapia com radiação ultravioleta, para problemas de pele.
fototropismo (fo.to.tro.**pis**.mo) s.m. (Bot.) Crescimento em direção à luz.
fox-terrier [inglês: "fócs-terriê"] s.2g. (Zoo.) Cão de raça pequeno, com pelo curto e duro, branco com manchas cinzas ou pretas.

foz [ó] s.f. Local em que um rio lança suas águas no mar ou em outro rio; desembocadura.
Fr Símbolo do elemento químico frâncio.
fração (fra.**ção**) s.f. **1.** Ato de dividir. **2.** Fragmento resultante desta divisão. **3.** (*Mat.*) Número que representa uma ou mais partes da unidade, quando dividida.
fracassado (fra.cas.**sa**.do) *adj.* Que fracassou, que não deu certo; malogrado.
fracassar (fra.cas.**sar**) *v.i.* **1.** Falhar; malograr; arruinar-se. *v.t.d.* **2.** Despedaçar, fazendo grande barulho.
fracasso (fra.**cas**.so) s.m. **1.** Malogro; ruína; mau êxito. **2.** Barulho de coisa que cai ou se quebra.
fracionado (fra.ci.o.**na**.do) *adj.* Que se fracionou; dividido, partido, fragmentado.
fracionar (fra.ci.o.**nar**) *v.t.d.* **1.** Fragmentar; dividir em frações. *v.p.* **2.** Dividir-se.
fracionário (fra.ci.o.**ná**.ri.o) *adj.* Relacionado a fração ou parte da unidade. **Numeral fracionário:** numeral como meio, terço, quarto etc.
fraco (**fra**.co) *adj.* **1.** Que não é forte; frágil. **2.** Débil. **3.** Covarde. **4.** Medíocre. **Ponto fraco:** pior característica, habilidade pouco desenvolvida *s.m.* **5.** Pessoa covarde, sem fibra. **6.** (Fig.) Tendência; inclinação.
fractal (frac.**tal**) s.m. **1.** Fórmula que se repete no desenvolvimento de um fenômeno. **2.** Imagem gerada por computador pela repetição de uma fórmula de grande complexidade, representação visual do caos.
frade (**fra**.de) s.m. Religioso da ordem dos franciscanos.
fraga (**fra**.ga) s.f. Rocha; penhasco.
fragata (fra.**ga**.ta) s.f. Navio antigo da marinha de guerra, entre a nau e a corveta.
frágil (**frá**.gil) *adj.2g.* Fraco; quebradiço; débil: *as flores são frágeis*.
fragilidade (fra.gi.li.**da**.de) s.f. Qualidade daquilo que é frágil; fraqueza; debilidade.
fragmentação (frag.men.ta.**ção**) s.f. **1.** Ato de fragmentar. **2.** (*Inf.*) Divisão de arquivos em várias localizações no disco rígido.
fragmentar (frag.men.**tar**) *v.t.d.* **1.** Reduzir a fragmentos, dividir em pedaços, quebrar. *v.p.* **2.** Separar-se, dividir-se: *o país fragmentou-se*. (*Inf.*) **3.** Dividir-se em várias partes e posições no disco rígido: *os arquivos se fragmentaram*. **4.** Conter arquivos divididos em partes: *o disco rígido se fragmentou*.
fragmentário (frag.men.**tá**.ri.o) *adj.* **1.** Relacionado a fragmento ou fragmentação. **2.** Partido, resumido em partes: *uma visão fragmentária da questão*.
fragmento (frag.**men**.to) s.m. Pedaço de alguma coisa que se quebrou; fração.
fragor (fra.**gor**) [ô] s.m. Barulho de algo que se quebra; estampido.
fragoroso (fra.go.**ro**.so) [ô] *adj.* Ruidoso; barulhento. ▫ Pl. *fragorosos* [ó].

fragrância (fra.**grân**.ci.a) s.f. Aroma, perfume, odor. Cf. *flagrância*.
fragrante (fra.**gran**.te) *adj.2g.* Aromático; perfumado; cheiroso.
frágua (**frá**.gua) s.f. Fornalha, forja.
fralda (**fral**.da) s.f. **1.** Pano macio e absorvente, com que se envolvem os bebês. **2.** Parte inferior da encosta; sopé, aba. **3.** Parte inferior da camisa.
fraldinha (fral.**di**.nha) s.f. Corte de carne bovina que é parte da costela.
framboesa (fram.bo.**e**.sa) [ê] s.f. (*Bot.*) Fruto aromático e vermelho, semelhante ao morango.
framboeseiro (fram.bo.e.**sei**.ro) s.m. (*Bot.*) Arbusto espinhoso, do grupo das rosáceas, que dá a framboesa.
frame [inglês: "frêime"] s.m. (*Inf.*) Quadro ou moldura de documento que se localiza em uma página da internet.
francês (fran.**cês**) *adj.* **1.** Da França, país da Europa. *s.m.* **2.** Pessoa natural ou habitante desse lugar. **3.** Idioma falado na França e em suas ex-colônias.
francesismo (fran.ce.**sis**.mo) s.m. Palavra de origem francesa usada em outra língua, como "sutiã", "elite" e "champanhe". Cf. *galicismo*.
frâncio (**frân**.ci.o) s.m. (*Quím.*) Elemento de símbolo Fr, número atômico 87 e massa atômica 223.
franciscano (fran.cis.**ca**.no) s.m. *e adj.* (Frade) da Ordem de São Francisco.
franco (**fran**.co) *adj.* **1.** Sincero; espontâneo; leal. *s.m.* **2.** Antiga moeda da França, substituída pelo euro em 1999 e 2002. **3.** Moeda da Suíça e de países que foram colônias da França, como o Congo e outros. **4.** Indivíduo dos francos, povo germânico que, nos séculos III e IV, se estabeleceu na área que corresponde à França e ao norte da Baviera, na Alemanha.
franco-atirador (fran.co-a.ti.ra.**dor**) [ô] s.m. Atirador especializado em tiro de precisão, que utiliza armas especiais.
franco-maçom (fran.co-ma.**çom**) s.m. Maçom.
frangalho (fran.**ga**.lho) s.m. Farrapo; trapo; coisa (ou pessoa) em péssimo estado.
frango (**fran**.go) s.m. **1.** Filhote da galinha, antes de se transformar em galo. **2.** Rapazola, ainda adolescente. **3.** (Fig.) Bola que não é agarrada pelo goleiro, apesar de ser de fácil defesa.
frangote (fran.**go**.te) [ó] s.m. **1.** Frango pequeno. **2.** (Fig.) Rapaz novo.
franja (**fran**.ja) s.f. **1.** Parte mais curta do cabelo, que cai na testa. **2.** Galão com fios pendurados, usado como enfeite nas vestimentas.
franjar (fran.**jar**) *v.t.d.* Pôr franja em, guarnecer com franja.
franqueado (fran.que.**a**.do) *adj.* **1.** Que se franqueou, obtido por franquia. *s.m.* **2.** Empresa ou empresário que trabalha pelo contrato de franquia.
franquear (fran.que.**ar**) *v.t.d.* **1.** Isentar de impostos. **2.** Patentear. **3.** Pagar o transporte de.
franqueza (fran.**que**.za) [ê] s.f. Qualidade daquele que é franco; sinceridade; liberalidade.

franquia (fran.**qui**.a) *s.f.* **1.** Ato de franquear. **2.** Selo postal. **3.** Pagamento pelo porte de remessas postais. **4.** Valor estabelecido em uma apólice de seguro, que deve ser pago pelo segurado se utilizar os serviços da seguradora. **5.** Loja ou empresário que comercializa produtos de outra empresa, mediante contrato: *uma franquia de lanchonete*.
franzido (fran.**zi**.do) *adj.* **1.** Que se franziu. **2.** Enrugado, contraído. *s.m.* **3.** Coisa franzida.
franzino (fran.**zi**.no) *adj.* Magro; delgado; de formas delicadas.
franzir (fran.**zir**) *v.t.d.* Preguear; enrugar.
frapê (fra.**pê**) *s.m.* Leite batido com fruta, sorvete ou outro ingrediente: *frapê de chocolate*.
fraque (**fra**.que) *s.m.* Casaco social masculino, em que a parte de trás é mais longa que a da frente.
fraquejar (fra.que.**jar**) *v.i.* Tornar-se fraco; afrouxar.
fraqueza (fra.**que**.za) [ê] *s.f.* Qualidade daquele que é fraco; falta de firmeza; debilidade.
frasal (fra.**sal**) *adj.2g.* (*Gram.*) Relativo a frase.
frasco (**fras**.co) *s.m.* Recipiente de boca estreita, para guardar líquidos.
frase (**fra**.se) *s.f.* (*Gram.*) Palavra ou sequência de palavras com um sentido completo.
fraseado (fra.se.**a**.do) *s.m.* Conjunto, grupo de frases.
fraseologia (fra.se.o.lo.**gi**.a) *s.f.* (*Gram.*) Conjunto de frases ou expressões peculiares a uma língua ou escritor.
frasqueira (fras.**quei**.ra) *s.f.* **1.** Local apropriado para guardar frascos. **2.** Maleta de mão para viagem, onde se colocam objetos de primeira necessidade.
fraternal (fra.ter.**nal**) *adj.2g.* Fraterno; próprio de irmão.
fraternidade (fra.ter.ni.**da**.de) *s.f.* Relacionamento entre irmãos; amizade.
fraternização (fra.ter.ni.za.**ção**) *s.f.* Ato de fraternizar.
fraternizar (fra.ter.ni.**zar**) *v.t.d.* **1.** Unir como irmãos. *v.p.* **2.** Relacionar-se estreitamente, como irmão.
fraterno (fra.**ter**.no) *adj.* Fraternal; afetuoso; próprio de irmão.
fratricida (fra.tri.**ci**.da) *s.2g. e adj.2g.* **1.** (Pessoa) que mata seu irmão. *adj.2g.* **2.** Que contribui para o extermínio de seus irmãos.
fratricídio (fra.tri.**cí**.di.o) *s.m.* Assassínio do próprio irmão.
fratura (fra.**tu**.ra) *s.f.* Ato de fraturar.
fraturar (fra.tu.**rar**) *v.t.d.* Quebrar qualquer osso do corpo.
fraudador (frau.da.**dor**) [ô] *adj. e s.m.* (Aquele) que comete fraudes.
fraudar (frau.**dar**) *v.t.d.* Cometer fraude contra; falsificar; enganar; adulterar.
fraude (**frau**.de) *s.f.* Trapaça; embuste; engano; falsificação.
fraudulência (frau.du.**lên**.ci.a) *s.f.* Fraude; trapaça; falsificação.
fraudulento (frau.du.**len**.to) *adj.* Em que há fraude; doloso; enganoso.
freada (fre.**a**.da) *s.f.* Ato ou efeito de frear, de brecar.
frear (fre.**ar**) *v.t.d.* Acionar o freio; brecar; conter; fazer parar. Obs.: recebe um *i* depois do *e* nas formas rizotônicas; pres. do ind.: *freio, freias, freia, freamos, freais, freiam*; pres. do subj.: *freie, freies, freie, freemos, freeis, freiem*.
frechal (fre.**chal**) *s.m.* Viga horizontal.
freezer [inglês: "frízer"] *s.m.* Congelador.
freguês (fre.**guês**) *s.m.* **1.** Aquele que compra ou vende habitualmente no mesmo lugar; cliente. **2.** Morador de uma freguesia.
freguesia (fre.gue.**si**.a) *s.f.* **1.** Hábito de comprar ou vender em um certo lugar. **2.** Paróquia. **3.** Conjunto dos paroquianos.
frei *s.m.* Membro de uma ordem religiosa; frade.
freio (**frei**.o) *s.m.* **1.** Peça que se destina a fazer frear os veículos. **2.** Peça que se coloca na boca dos cavalos e que é usada para os guiar. **3.** (Fig.) Aquilo que reprime, modera ou sujeita.
freira (**frei**.ra) *s.f.* Religiosa pertencente a uma comunidade; irmã; irmã de caridade.
fremente (fre.**men**.te) *adj.2g.* Vibrante; veemente.
fremir (fre.**mir**) *v.i.* **1.** Bramir; rugir; vibrar. **2.** (Fig.) Estremecer de emoção. Obs.: verbo defectivo, não conjugado na 1ª pes. do pres. do ind. Consequentemente, não é conjugado no pres. do subj., imperat. neg. e, no imperat. afirm., existe apenas na 2ª pes. sing. e pl.: *freme, fremi*.
frêmito (**frê**.mi.to) *s.m.* **1.** Rumor; rugido. **2.** (Fig.) Estremecimento de emoção.
frenesi (fre.ne.**si**) *s.m.* **1.** Impaciência; impertinência. **2.** Arrebatamento; empolgação.
frenético (fre.**né**.ti.co) *adj.* Impaciente; agitado; empolgado; arrebatado.
frente (**fren**.te) *s.f.* Parte anterior de qualquer coisa; fachada.
frente fria (fren.te **fri**.a) *s.f.* (Met.) Massa de ar frio que se espalha sobre uma massa de ar quente em determinada região, tendendo a afastá-la para ocupar seu lugar.
frente quente (fren.te **quen**.te) *s.f.* (Met.) Superfície que divide duas massas de ar, a mais quente que está avançando e ocupando o lugar da mais fria.
frentista (fren.**tis**.ta) *s.2g.* Pessoa que atende nos postos de gasolina.
frequência (fre.**quên**.ci.a) [ü] *s.f.* **1.** Ato de frequentar. **2.** Repetição de fatos. **3.** Número de pessoas presentes a um acontecimento. **4.** (Fís.) Número de vibrações de um corpo em movimento por segundo.
frequentador (fre.quen.ta.**dor**) [u…ô] *s.m. e adj.* (Aquele) que é assíduo ou frequente naquilo que faz.
frequentar (fre.quen.**tar**) [ü] *v.t.d.* **1.** Visitar muitas vezes. **2.** Seguir um curso; cursar.
frequente (fre.**quen**.te) [ü] *adj.2g.* Assíduo; continuado.
fresa (**fre**.sa) [é] *s.f.* Máquina com ponta giratória para cortar lâminas de metal.

fresador (fre.sa.**dor**) [ô] s.m. e adj. (Aquele) que opera uma fresa.

fresar (fre.**sar**) v.t.d. Cortar, trabalhar na fresa.

fresca (**fres**.ca) [ê] s.f. Aragem suave; sensação de frescura.

fresco (**fres**.co) [ê] adj. **1.** Não muito frio. **2.** Novo; recente. s.m. e adj. **3.** (Fig.) (Aquele) que é cheio de trejeitos ou difícil de agradar.

frescobol (fres.co.**bol**) s.m. (Esp.) Jogo praticado ao ar livre, especialmente nas praias, no qual se utilizam duas raquetas de madeira e uma bola de borracha.

frescor (fres.**cor**) [ô] s.m. Qualidade daquilo que é fresco; viço, brilho.

frescura (fres.**cu**.ra) s.f. **1.** Frescor. **2.** (Fig.) Efeminação; excesso de exigências.

fressura (fres.**su**.ra) s.f. Vísceras, miúdos.

fresta (**fres**.ta) [é] s.f. Pequena abertura; greta; fenda.

fretar (fre.**tar**) v.t.d. Ajustar por frete; alugar.

frete (**fre**.te) [é] s.m. **1.** Aluguel de carro, embarcação etc. **2.** Valor pago pelo transporte de uma carga ou entrega de encomenda.

frevo (**fre**.vo) [ê] s.m. (Folc.) Dança e música típicas do carnaval de Pernambuco, de andamento mais rápido que a marchinha, acompanhada com orquestra de metais e dançada com saltos e passos elaborados.

freudiano (freu.di.**a**.no) [frói] adj. Que diz respeito ao médico austríaco Sigmund Freud (1856-1939), fundador da psicanálise, ou a sua obra.

fria (**fri**.a) s.f. (Pop.) **1.** Situação complicada, de grande risco ou complexidade. **2.** Arma de fogo portátil.

friagem (fri.**a**.gem) s.f. Ar frio.

frialdade (fri.al.**da**.de) s.f. **1.** Frieza. **2.** Friagem.

fricção (fric.**ção**) s.f. Ato de friccionar.

friccionar (fric.ci.o.**nar**) v.t.d. Esfregar; atritar.

fricote (fri.**co**.te) [ó] s.m. Dengue; manha.

fricoteiro (fri.co.**tei**.ro) s.m. e adj. (Aquele) que tem fricotes.

frieira (fri.**ei**.ra) s.f. Afecção cutânea, de origem micótica, localizada nos pés, especialmente entre os dedos; pé de atleta.

frieza (fri.**e**.za) [ê] s.f. **1.** Qualidade do que é frio. **2.** (Fig.) Qualidade do que é impassível, não demonstra emoções; indiferença.

frigideira (fri.gi.**dei**.ra) s.f. **1.** Utensílio usado para frigir alimentos. (Culin.) **2.** Prato baiano preparado com caranguejo ou camarões cozidos em leite de coco, servido com ovos. **3.** Fritada.

frigidez (fri.gi.**dez**) [ê] s.f. **1.** Qualidade daquilo que é frígido. **2.** (Fig.) Indiferença; frieza.

frígido (**frí**.gi.do) adj. **1.** Frio; gelado. **2.** (Fig.) Indiferente; sem entusiasmo.

frigir (fri.**gir**) v.t.d. Fritar; cozer em óleo, manteiga ou azeite.

frigorífico (fri.go.**rí**.fi.co) s.m. e adj. **1.** (Aparelho) que produz ou mantém o frio. adj. **2.** Veículo ou equipamento com uma câmara que mantém baixas temperaturas: *caminhão frigorífico*, *balcão frigorífico*. s.m. **3.** Estabelecimento que abate animais e prepara carnes e subprodutos para o consumo.

frincha (**frin**.cha) s.f. Abertura, fenda, fresta.

frio (**fri**.o) adj. **1.** Que não tem calor. **2.** Insensível indiferente. **3.** Violento; cruel. s.m. **3.** Sensação produzida pela ausência de calor.

friorento (fri.o.**ren**.to) adj. Que é muito sensível ao frio.

frisa (**fri**.sa) s.f. Camarote junto à plateia.

frisado (fri.**sa**.do) adj. **1.** Que tem frisos. s.m. **2.** Cabelo encrespado artificialmente.

frisante (fri.**san**.te) s.m. e adj.2g. (Vinho) que forma menos borbulhas que a champanhe e os espumantes.

frisar (fri.**sar**) v.t.d. **1.** Pôr frisos em. **2.** Encrespar, ondular (os cabelos). **3.** Salientar; acentuar.

friso (**fri**.so) s.m. **1.** Faixa pintada na parede **2.** (Const.) Tábua estreita usada nos tetos. **3.** Filete metálico que se usa para proteger quinas de paredes ou laterais de carros.

fritada (fri.**ta**.da) s.f. (Culin.) Massa de ovos batidos, a que se acrescentam camarões, carne, palmito etc., levando-se em seguida para assar, no Nordeste chamada frigideira.

fritar (fri.**tar**) v.t.d. Frigir; cozer em frigideira, com óleo, manteiga ou azeite.

fritas (fri.**tas**) s.f.pl. (Bras.) Batatas fritas: *pediu um filé com fritas*.

frito (**fri**.to) adj. Que se fritou ou frigiu.

fritura (fri.**tu**.ra) s.f. Tudo aquilo que se frita.

frivolidade (fri.vo.li.**da**.de) s.f. Qualidade daquilo que é frívolo.

frívolo (**frí**.vo.lo) adj. Sem importância; fútil; volúvel; vão.

fronde (**fron**.de) s.f. A copa das árvores.

frondoso (fron.**do**.so) [ô] adj. Que tem a fronde ampla; espesso. ▣ Pl. *frondosos* [ó].

fronha (**fro**.nha) [ô] s.f. Capa com que se envolve o travesseiro.

frontal (fron.**tal**) adj.2g. **1.** Que diz respeito à fronte ou à testa. **2.** Relacionado à frente; dianteiro: *parte frontal*.

frontão (fron.**tão**) s.m. **1.** (Const.) Conjunto triangular na parte superior de uma fachada. (Esp.) **2.** As duas paredes usadas no jogo de pelota basca. **3.** Esse esporte.

frontaria (fron.ta.**ri**.a) s.f. Fachada, frente de um edifício.

fronte (**fron**.te) s.f. Testa.

fronteira (fron.**tei**.ra) s.f. Limite de um país com outro; divisa.

fronteiriço (fron.tei.**ri**.ço) adj. Que fica na fronteira.

fronteiro (fron.**tei**.ro) adj. Que está na frente de, ou na fronteira.

frontispício (fron.tis.**pí**.ci.o) s.m. **1.** Fachada. **2.** A primeira página de um livro.

frota (**fro**.ta) [ó] s.f. **1.** Conjunto de navios de guerra; armada. **2.** Conjunto de navios mercantes. **3.** Conjunto de veículos de uma companhia.

frouxidão (frou.xi.**dão**) s.f. Qualidade ou procedimento daquele que é frouxo; moleza.

frouxo (**frou**.xo) adj. Mole; sem energia; medroso.

frugal (fru.**gal**) adj.2g. **1.** Que diz respeito a frutos. **2.** Que se alimenta moderadamente. **3.** (Fig.) Sóbrio; moderado.

frugalidade (fru.ga.li.**da**.de) s.f. **1.** Qualidade daquele que é frugal. **2.** (Fig.) Sobriedade; moderação.

frugívoro (fru.**gí**.vo.ro) adj. Que se alimenta de frutos.

fruição (fru.i.**ção**) s.f. Ação de fruir; desfrute, gozo.

fruir (fru.**ir**) v.t.d. Desfrutar, gozar, tirar proveito de: *fruir um passeio*.

frustração (frus.tra.**ção**) s.f. Ato de frustrar(-se).

frustrado (frus.**tra**.do) adj. **1.** Que não chegou a atingir desenvolvimento completo. **2.** Que não se realizou profissionalmente. **3.** Insatisfeito; malogrado. **4.** (Fig.) Invejoso; complexado.

frustrar (frus.**trar**) v.t.d. **1.** Inutilizar; inviabilizar. v.p. **2.** Desapontar-se; decepcionar-se.

fruta (**fru**.ta) s.f. Parte, em geral doce, de um vegetal, formada por fruto, pseudofruto ou infrutescência: *maçã, caju, banana e morango são todas frutas, mas não são frutos*. Cf. *fruto*.

fruta-do-conde (fru.ta-do-**con**.de) s.f. (Bot.) Fruto da pinheira; pinha, araticum, ata. ▣ Pl. *frutas-do-conde*.

fruta-pão (fru.ta-**pão**) s.f. **1.** (Bot.) Fruto globoso e grande, cuja polpa pode ser usada misturada à farinha para fazer pão ou pura em doces. **2.** (Bot.) Árvore que dá esse fruto. ▣ Pl. *frutas-pão* ou *frutas-pães*.

fruteira (fru.**tei**.ra) s.f. **1.** Árvore frutífera. **2.** Vendedora de frutas. **3.** Recipiente onde se colocam frutas.

fruteiro (fru.**tei**.ro) s.m. e adj. (Aquele) que vende frutas.

fruticultura (fru.ti.cul.**tu**.ra) s.f. Cultura de árvores frutíferas.

frutífera (fru.**tí**.fe.ra) s.f. Árvore que dá frutas.

frutífero (fru.**tí**.fe.ro) adj. **1.** Que dá frutos ou resultados; proveitoso. **2.** Diz-se de árvore que dá frutas. **3.** (Bot.) Que diz respeito ao fruto.

frutificação (fru.ti.fi.ca.**ção**) s.f. Ato de frutificar ou de formar o fruto.

frutificar (fru.ti.fi.**car**) v.i. **1.** Dar frutos. **2.** Ter bom resultado. Obs.: verbo defectivo, conjugado na 3ª pes. sing. e pl.

fruto (**fru**.to) s.m. **1.** (Bot.) Parte de um vegetal que se forma para conter uma ou mais sementes; pericarpo. Cf. *fruta*. **2.** (Fig.) Resultado, proveito, lucro. **3.** (Fig.) Filho, sucessor, prole.

frutose (fru.**to**.se) [ó] s.f. Açúcar das frutas.

frutuoso (fru.tu.**o**.so) [ô] adj. **1.** Que produz frutos. **2.** (Fig.) Que gera bons resultados; fértil. ▣ Pl. *frutuosos* [ó].

fubá (fu.**bá**) s.m. Pó obtido pela moagem de grãos de milho crus. Cf. *farinha de milho*.

fubecada (fu.be.**ca**.da) s.f. **1.** Surra, bordoada. **2.** Prejuízo, dano, malefício.

fuça (**fu**.ça) s.f. **1.** Focinho, nariz de animal. **2.** (Pop. Pej.) Nariz, ventas.

fuçador (fu.ça.**dor**) [ô] adj. (Pop.) Que se dedica a fuçar ou pesquisar; esmiuçador.

fuçar (fu.**çar**) v.t.d. **1.** Remexer com o focinho ou com a fuça: *o porco fuçava o lixo procurando restos para comer*. **2.** (Pop.) Explorar, pesquisar (uma máquina, um assunto) sem ter formação ou treinamento: *tanto fuçou o computador que precisou levar para o conserto*.

fuga (**fu**.ga) s.f. Ato de fugir; retirada: *uma fuga de presos*. Cf. *fugida*.

fugacidade (fu.ga.ci.**da**.de) s.f. Qualidade daquilo que é fugaz.

fugaz (fu.**gaz**) adj.2g. Que foge, passa rapidamente; transitório; efêmero.

fugida (fu.**gi**.da) s.f. Ação de fugir e retornar; escapada: *o gato deu uma fugida de duas semanas*. Cf. *fuga*.

fugidio (fu.gi.**di**.o) adj. Propenso a fugas; arisco; esquivo.

fugir (fu.**gir**) v.i. **1.** Retirar-se, ir embora para escapar de um perigo. **2.** Ausentar-se por pouco tempo; esquivar-se de obrigações. v.t.i. **3.** Afastar-se de. Obs.: pres. do ind.: *fujo, foges, foge, fugimos, fugis, fogem*; pres. do subj.: *fuja, fujas, fuja, fujamos, fujais, fujam*.

fugitivo (fu.gi.**ti**.vo) s.m. e adj. (Aquele) que fugiu; desertor.

fuinha (fu.**i**.nha) s.f. (epiceno) **1.** (Zoo.) Carnívoro pequeno e daninho, do grupo dos mustelídeos. **2.** (Fig.) Pessoa feia, magra, antipática ou avarenta.

fujão (fu.**jão**) s.m. e adj. (Aquele) que foge sempre.

fulano (fu.**la**.no) s.m. Designação dada a alguém, quando se quer omitir seu nome.

fulcro (**ful**.cro) s.m. Fundamento; apoio; base; alicerce.

fulgência (ful.**gên**.ci.a) s.f. Qualidade daquilo que é fulgente.

fulgente (ful.**gen**.te) adj.2g. Fúlgido; brilhante; fulgurante.

fúlgido (**fúl**.gi.do) adj. Que fulge; brilhante, fulgente, esplêndido.

fulgir (ful.**gir**) v.i. Brilhar; resplandecer. Obs.: verbo defectivo, não se conjuga na 1ª pes. do pres. do ind. Consequentemente, não é conjugado no pres. do subj., imperat. neg. e, no imperat. afirm., existe apenas na 2ª pes. sing. e pl.: *fulge, fulgi*.

fulgor (ful.**gor**) [ô] s.m. Brilho; esplendor; cintilação.

fulguração (ful.gu.ra.**ção**) s.f. **1.** Brilho, clarão. **2.** Clarão produzido pela eletricidade na atmosfera, que pode ser acompanhado pelo som do trovão.

fulgurante (ful.gu.**ran**.te) adj.2g. Que fulgura; brilhante; fulgente.

fulgurar (ful.gu.**rar**) v.i. Relampejar; brilhar; refulgir; resplandecer.

fuligem (fu.**li**.gem) s.f. Substância preta, formada pelo depósito da fumaça.

fuliginoso (fu.li.gi.**no**.so) [ô] adj. Que contém fuligem. ▪ Pl. *fuliginosos* [ó].
full-time [inglês: "ful-taime"] adj.2g.2n. De período integral: *pegou um trabalho full-time e não vai mais à praia; eram donas de casa full-time*.
fulminante (ful.mi.**nan**.te) adj.2g. Que fulmina ou mata instantaneamente.
fulminar (ful.mi.**nar**) v.t.d. 1. Matar instantaneamente. v.i. 2. Ferir com o raio.
fulniô (ful.ni.**ô**) s.2g. 1. Indivíduo dos fulniôs, povo indígena que vive hoje em Pernambuco. adj.2g. 2. Relacionado a esse povo.
fulo (**fu**.lo) adj. 1. Diz-se do filho de negro com mulato. 2. (Fig.) Furioso; encolerizado.
fulvo (**ful**.vo) adj. Alourado; amarelo-escuro; dourado.
fumaça (fu.**ma**.ça) s.f. Grande porção de fumo, inclusive a que é absorvida pelo fumante.
fumaçar (fu.ma.**çar**) v.t.d. Encher de fumaça; enfumaçar.
fumaceira (fu.ma.**cei**.ra) s.f. Grande porção de fumaça.
fumante (fu.**man**.te) s.2g. e adj.2g. (Pessoa) que tem o hábito de fumar.
fumar (fu.**mar**) v.t.d. e v.i. Aspirar e desprender o fumo de (cigarros, charutos, cachimbos etc.).
fumarento (fu.ma.**ren**.to) adj. 1. Cheio de fumaça; enfumaçado. 2. Que produz muita fumaça.
fumegante (fu.me.**gan**.te) adj.2g. Que fumega.
fumegar (fu.me.**gar**) v.i. Lançar fumo, fumaça ou vapores.
fumigação (fu.mi.ga.**ção**) s.f. Ação de fumigar; purificação ritual pela fumaça.
fumigar (fu.mi.**gar**) v.t.d. Fazer com que a fumaça atinja um ambiente ou peça, para purificação ritual.
fumo (**fu**.mo) s.m. 1. Névoa parda que se desprende dos corpos em combustão; fumaça. 2. Tabaco. 3. Faixa preta que as pessoas de luto usam.
funambulismo (fu.nam.bu.**lis**.mo) s.m. Equilibrismo em arame; prática de funâmbulo.
funâmbulo (fu.**nâm**.bu.lo) s.m. Equilibrista que anda no arame.
função (fun.**ção**) s.f. 1. Cargo; ofício: *a função de pedreiro*. 2. Utilidade, serventia; ação própria de determinado aparelho: *a função da faca é cortar*. 3. (Pop.) Solenidade ou festa: *no sábado teria uma função no clube*. 4. Sessão de espetáculo.
funcho (**fun**.cho) s.m. (Bot.) Planta de sementes semelhantes às da erva-doce, com propriedades medicinais e aromáticas.
funcional (fun.ci.o.**nal**) adj.2g. 1. Relacionado a função ou funcionamento. 2. Que diz respeito a função ou funcionários; de trabalho: *identidade funcional*. 3. Prático, eficiente, adequado.
funcionalismo (fun.ci.o.na.**lis**.mo) s.m. Classe dos funcionários públicos.
funcionamento (fun.ci.o.na.**men**.to) s.m. Ato de funcionar.
funcionar (fun.ci.o.**nar**) v.i. Exercer uma função; trabalhar com regularidade.
funcionário (fun.ci.o.**ná**.ri.o) s.m. Empregado público ou não, que tem ocupação fixa e remunerada.
funda (**fun**.da) s.f. Estilingue.
fundação (fun.da.**ção**) s.f. 1. Ato de fundar. 2. Instituição ou organização mantida por um capital, sem fim lucrativo. 3. (Const.) Obra em geral subterrânea feita para suportar outra; alicerce. 4. Fundamento, base.
fundador (fun.da.**dor**) [ô] s.m. e adj. (Aquele) que fundou algo; criador.
fundamentação (fun.da.men.ta.**ção**) s.f. 1. Ação de fundamentar(-se). 2. Embasamento.
fundamental (fun.da.men.**tal**) adj.2g. 1. Que é o fundamento, a base de uma estrutura; básico. 2. Indispensável, essencial. Ensino fundamental: os cursos de primeira à oitava série ou do primeiro ao nono ano.
fundamentalismo (fun.da.men.ta.**lis**.mo) s.m. (Relig.) Doutrina ou prática de tomar as escrituras sagradas como verdades absolutas.
fundamentalista (fun.da.men.ta.**lis**.ta) adj.2g. 1. Relacionado ao fundamentalismo. s.2g. 2. Pessoa que segue algum fundamentalismo.
fundamentar (fun.da.men.**tar**) v.t.d. 1. Dar fundamento; documentar; justificar. v.p. 2. Basear-se; fundamentar-se.
fundamento (fun.da.**men**.to) s.m. Base; sustentáculo; documentação.
fundão (fun.**dão**) s.m. A parte mais funda ou distante.
fundar (fun.**dar**) v.t.d. 1. Assentar os alicerces; edificar. 2. Instituir; criar. v.p. 3. Basear-se; fundamentar-se.
fundear (fun.de.**ar**) v.i. Ancorar; deitar ferros.
fundiário (fun.di.**á**.ri.o) adj. Que diz respeito a terrenos.
fundição (fun.di.**ção**) s.f. 1. Ato de fundir. 2. Local onde são feitas as fundições. 3. (Quím.) Aquecimento de um minério para obtenção de um metal.
fundido (fun.**di**.do) adj. Que se fundiu: *a peça era em ferro fundido*.
fundilho (fun.**di**.lho) s.m. Parte das calças entre as pernas e o local correspondente ao assento.
fundir (fun.**dir**) v.t.d. 1. Derreter, liquefazer: *fundir metais*. v.t.d. e v.p. 2. Juntar(-se), unir(-se), incorporar(-se): *fundiu as empresas; as famílias fundiram-se*.
fundo (**fun**.do) adj. 1. Que tem profundidade; profundo: *um buraco fundo*. s.m. 2. Parte de um objeto oposta à abertura: *o fundo do saco*. 3. Solo, leito de mar ou rio. 4. Essência, âmago, íntimo: *no fundo, era feliz*. 5. Dinheiro, saldo em conta bancária: *o cheque tinha fundos*. adv. 6. Profundamente. Cf. *fundos*.
fundos (**fun**.dos) s.m.pl. Recursos financeiros, capital de uma firma.
fundura (fun.**du**.ra) s.f. Profundidade; distância vertical até o fundo.

fúnebre (fú.ne.bre) *adj.2g.* **1.** Que diz respeito à morte ou aos mortos; funerário; funéreo. **2.** Lúgubre; macabro.
funeral (fu.ne.ral) *s.m.* **1.** Cerimônia de enterramento; pompa fúnebre. *adj.* **2.** Fúnebre.
funerário (fu.ne.rá.ri.o) *adj.* Relacionado a funeral; fúnebre, funéreo.
funéreo (fu.né.re.o) *adj.* Fúnebre.
funesto (fu.nes.to) [é] *adj.* **1.** Que causa a morte; fatal. **2.** Infausto; azarento.
fungar (fun.gar) *v.i.* Absorver ar pelo nariz, produzindo um som.
fungicida (fun.gi.ci.da) *s.m. e adj.2g.* (Substância) que combate ou mata fungos.
fungível (fun.gí.vel) *adj.2g.* Que se gasta com o primeiro uso.
fungo (fun.go) *s.m.* (*Bio.*) Organismo que constitui um dos cinco reinos dos seres vivos e é capaz de absorver seus nutrientes da matéria orgânica sem necessidade de luz, como cogumelos e orelha-de-pau.
funicular (fu.ni.cu.lar) *s.m. e adj.2g.* (Veículo) puxado por cordas ou cabos de aço, como o bondinho do Pão de Açúcar.
funículo (fu.ní.cu.lo) *s.m.* **1.** Corda pequena. **2.** (*Anat.*) Cordão umbilical. **3.** (*Bot.*) Ligação entre a semente e a placenta das plantas.
funil (fu.nil) *s.m.* Objeto em forma de cone invertido, usado para transvasar líquidos.
funilaria (fu.ni.la.ri.a) *s.f.* Atividade do funileiro.
funileiro (fu.ni.lei.ro) *s.m.* Aquele que desamassa, conserta e pinta a lataria dos veículos e faz outros trabalhos de lata; latoeiro.
fura-bolo (fu.ra-bo.lo) [ô] *s.m.* (*Fam.*) Dedo que fica entre o polegar e o médio; indicador. ▪ Pl. *fura-bolos*.
furacão (fu.ra.cão) *s.m.* **1.** Vento forte que gira entre 100 a 200 km por hora, destruindo tudo por onde passa; tufão; ciclone; tornado. **2.** (*Fig.*) Aquilo que destrói, que arrasa.
furadeira (fu.ra.dei.ra) *s.f.* Ferramenta com broca usada para furar madeira, metal, pedra.
furador (fu.ra.dor) [ô] *s.m.* Utensílio que serve para fazer furos.
furão (fu.rão) *s.m.* **1.** (*Zoo.*) Mamífero carnívoro pequeno, do grupo dos mustelídeos; irara. **2.** (*Fig.*) Pessoa intrometida; penetra.
furar (fu.rar) *v.t.d.* **1.** Abrir furo; esburacar. *v.i.* **2.** (*Fig.*) Dar errado; falhar.
furgão (fur.gão) *s.m.* Veículo coberto para transporte de cargas.
fúria (fú.ri.a) *s.f.* Ira, cólera, raiva, furor.
furibundo (fu.ri.bun.do) *adj.* Furioso; enfurecido.
furioso (fu.ri.o.so) [ô] *adj.* Irritado; raivoso; enfurecido, iracundo. ▪ Pl. *furiosos* [ó].
furna (fur.na) *s.f.* **1.** Caverna; gruta. **2.** Local desolado: *meteram-se em furnas até passar o escândalo.*
furo (fu.ro) *s.m.* **1.** Buraco; abertura; orifício. **2.** Notícia de primeira mão de um jornal.
furor (fu.ror) [ô] *s.m.* Fúria; arrebatamento; delírio.

furriel (fur.ri.el) *s.m.* Antigo posto da hierarquia militar mais ou menos equivalente a sargento.
furrundum (fur.run.dum) *s.f.* (*Culin.*) Doce de cidra ralada, feito com rapadura ou açúcar mascavo.
furta-cor (fur.ta-cor) [ô] *adj.2g.2n.* **1.** Que apresenta cores diversas, de acordo com a luz: *camisetas furta-cor. s.m.* **2.** A cor cambiante. ▪ Pl. do s.m.: *furta-cores* [ô].
furtar (fur.tar) *v.t.d.* **1.** Subtrair fraudulentamente; roubar. *v.p.* **2.** Esquivar-se. *v.i.* **3.** Ser ladrão.
furtivo (fur.ti.vo) *adj.* Praticado às ocultas; dissimulado; escondido.
furto (fur.to) *s.m.* **1.** Ato de furtar; roubo. **2.** O produto do furto.
furúnculo (fu.rún.cu.lo) *s.m.* (*Med.*) Pequena inflamação na pele, que termina em supuração.
furunculose (fu.run.cu.lo.se) [ó] *s.f.* (*Med.*) Afecção por furúnculos.
fusa (fu.sa) *s.f.* (*Mús.*) Figura que vale a metade da semicolcheia.
fusão (fu.são) *s.f.* **1.** Ato de fundir(-se). **2.** (*Quím.*) Passagem de uma substância do estado sólido para o líquido. **Fusão nuclear:** combinação de núcleos atômicos para liberar energia.
Fusca (Fus.ca) *s.m.* (*próprio*) Modelo de automóvel popular fabricado pela Volkswagen desde 1945 a 2003, de forma arredondada, conhecido mundialmente.
fusco (fus.co) *adj.* **1.** Escuro; pardo. **2.** Lusco-fusco.
fuselagem (fu.se.la.gem) *s.f.* O corpo principal do avião, sua parte mais resistente.
fusiforme (fu.si.for.me) [ó] *adj.2g.* Que tem forma de fuso, que é alongado com as pontas finas; elipsoide.
fusível (fu.sí.vel) *s.m.* **1.** Dispositivo que protege os circuitos elétricos, interrompendo-os quando a corrente for excessiva. *adj.2g.* **2.** Que pode ser fundido.
fuso (fu.so) *s.m.* Instrumento de fiar ou tecer no qual se enrola ou prende o fio. **Fuso horário:** zona ou região que segue o mesmo horário.
fustão (fus.tão) *s.m.* Tecido de algodão ou seda trabalhado em cordões.
fuste (fus.te) *s.m.* Haste, tronco.
fustigação (fus.ti.ga.ção) *s.f.* Ato de fustigar.
fustigar (fus.ti.gar) *v.t.d.* Açoitar; castigar; bater com vara.
futebol (fu.te.bol) *s.m.* Esporte olímpico disputado por duas equipes de onze jogadores, que têm como objetivo marcar gol sem usar mãos e braços.
futebolista (fu.te.bo.lis.ta) *s.2g.* **1.** Pessoa que se dedica ao futebol. **2.** Jogador de futebol.
futebolístico (fu.te.bo.lís.ti.co) *adj.* Relacionado a futebolista ou a futebol.
fútil (fú.til) *adj.2g.* Frívolo; leviano; vão. ▪ Pl. *fúteis*.
futilidade (fu.ti.li.da.de) *s.f.* Coisa fútil; leviandade; frivolidade; ninharia.
futrica (fu.tri.ca) *s.f.* (*Pop.*) Fuxico, intriga, fofoca.
futricar (fu.tri.car) *v.i.* Fuxicar; intrigar; intrometer-se.

futriqueiro (fu.tri.**quei**.ro) s.m. e adj. (Aquele) que futrica; fuxiqueiro; intrometido.
futurismo (fu.tu.**ris**.mo) s.m. Movimento modernista que se baseia em uma concepção dinâmica da vida, sempre voltada para o futuro.
futurista (fu.tu.**ris**.ta) adj.2g. **1.** Que diz respeito ao futurismo. s.2g. **2.** Adepto do futurismo.
futuro (fu.**tu**.ro) s.m. **1.** Tempo que está para vir; porvir. **2.** (Gram.) Tempo verbal que se emprega nas ações que ainda vão acontecer. adj. **3.** Que está para acontecer.
futuroso (fu.tu.**ro**.so) [ô] adj. Que tem bom futuro; promissor, auspicioso. ▫ Pl. *futurosos* [ó].
fuxicar (fu.xi.**car**) v.t.d. **1.** Amarrotar. **2.** Costurar com pontos largos. v.i. **3.** Futricar; mexericar; fazer mexerico.

fuxico (fu.**xi**.co) s.m. **1.** Intriga; mexerico; fofoca. **2.** Certo trabalho de agulha ou tecido.
fuxiqueiro (fu.xi.**quei**.ro) s.m. Pessoa intrigante; leva e traz; futriqueiro.
fuzarca (fu.**zar**.ca) s.f. Farra; folia; algazarra.
fuzil (fu.**zil**) s.m. Tipo de espingarda; carabina.
fuzilamento (fu.zi.la.**men**.to) s.m. Execução de pena de morte a tiros.
fuzilar (fu.zi.**lar**) v.t.d. Matar com arma de fogo.
fuzilaria (fu.zi.la.**ri**.a) s.f. Tiros simultâneos disparados por várias armas de fogo.
fuzileiro (fu.zi.**lei**.ro) s.m. Combatente armado de fuzil, que pertence à infantaria. **Fuzileiro naval:** membro da infantaria da Marinha.
fuzuê (fu.zu.**ê**) s.m. **1.** Barulho; confusão; desordem. **2.** Festa barulhenta.

Gg

g, G s.m. Sétima letra do nosso alfabeto, consoante, de nome "gê" ou "guê".
g Símbolo internacional de grama.
Ga Símbolo do elemento químico gálio.
gabar (ga.**bar**) v.t.d. **1.** Elogiar, louvar; lisonjear. v.p. **2.** Elogiar a si mesmo, exibir-se: *gabava-se de ser o mais forte da turma*.
gabardina (ga.bar.**di**.na) s.f. **1.** Tecido de lã impermeável. **2.** Capa de chuva ou sobretudo feito com esse tecido. **3.** Tecido de algodão, lã etc. encorpado, para a confecção de roupas. O mesmo que *gabardine*.
gabardine (ga.bar.**di**.ne) s.f. O mesmo que *gabardina*.
gabarito (ga.ba.**ri**.to) s.m. **1.** Modelo. **2.** Tabela onde se ordenam as respostas corretas de uma prova ou exame.
gabinete (ga.bi.**ne**.te) [ê] s.m. **1.** Pequeno cômodo usado para escrever. **2.** Escritório: *o gabinete do prefeito*. **3.** Conselho de ministros; ministério. **4.** (Inf.) Caixa que abriga componentes do computador como placas, disco rígido, processador etc.
gabiroba (ga.bi.**ro**.ba) [ó] s.f. O mesmo que *guabiroba*.
gabiru (ga.bi.**ru**) s.m. **1.** (Zoo.) Mamífero roedor de dorso acinzentado comum nas regiões secas do Brasil. **2.** Patife, velhaco.
gabo (**ga**.bo) s.m. Elogio, louvor.
gabola (ga.**bo**.la) [ó] adj.2g. Que elogia as próprias qualidades.
gabolice (ga.bo.**li**.ce) s.f. Dito ou feito de gabola; mentira, lorota.
gabonense (ga.bo.**nen**.se) s.2g. e adj.2g. Gabonês.
gabonês (ga.bo.**nês**) adj. **1.** Do Gabão, país da África; gabonense. s.m. **2.** Pessoa natural ou habitante desse lugar; gabonense.
gadanha (ga.**da**.nha) s.f. Ferramenta para cortar, ou ceifar cereais formada por uma lâmina pouco curva, perpendicular a um cabo longo, símbolo da morte em várias representações; alfanje.
gadanhar (ga.da.**nhar**) v.t.d. **1.** Cortar com a gadanha; colher: *gadanhar o capim*. **2.** Pegar com firmeza; conseguir, obter; agadanhar: *gadanhar um prêmio*.
gadanho (ga.**da**.nho) s.m. **1.** Garra da ave de rapina. **2.** (P. ext.) Unha. **3.** Ancinho com três dentes.
gado (**ga**.do) s.m. (Zoo.) Rebanho criado no campo; reses.

gadolínio (ga.do.**lí**.ni.o) s.m. (Quím.) Elemento metálico de símbolo Gd, número atômico 64 e massa atômica 157,25.
gafanhoto (ga.fa.**nho**.to) [ô] s.m. (epiceno) (Zoo.) Inseto saltador ortóptero, de que há várias espécies que prejudicam as plantações.
gafe (**ga**.fe) s.f. Erro de etiqueta; lapso.
gafieira (ga.fi.**ei**.ra) s.f. (Pop.) Salão com pista de dança, próprio para bailes de roda de samba.
gaforinha (ga.fo.**ri**.nha) [ó] s.f. Cabeleira despenteada.
gagá (ga.**gá**) adj.2g. Decrépito.
gago (**ga**.go) s.m. e adj. (Pessoa) que gagueja, que sofre de gaguez.
gagueira (ga.**guei**.ra) s.f. Gaguez; gaguice.
gaguejar (ga.gue.**jar**) v.t.d. **1.** Pronunciar com hesitação. v.i. **2.** Vacilar nas respostas. **3.** Pronunciar como o gago, repetindo sílabas.
gaguez (ga.**guez**) [ê] s.f. **1.** Qualidade de gago. **2.** Dificuldade fônica dos gagos. **3.** Gaguice.
gaguice (ga.**gui**.ce) s.f. Gaguez.
Gaia (**gai**.a) s.f. (próprio) (Mit.) Segundo a mitologia grega, deusa que personifica a Terra.
gaiatice (gai.a.**ti**.ce) s.f. Brincadeira de moleque ou criança.
gaiato (gai.**a**.to) s.m. **1.** Rapaz brincalhão; garoto. adj. **2.** Alegre; travesso.
gaio (**gai**.o) adj. **1.** Alegre. s.m. **2.** (Zoo.) Ave europeia do grupo dos corvos, com penas escuras.
gaiola (gai.**o**.la) [ó] s.f. **1.** Caixa vazada feita de metal, madeira etc. para aprisionar pássaros ou outros animais. **2.** Jaula. **3.** (Fig.) Prisão, cadeia.
gaita (**gai**.ta) s.f. **1.** (Mús.) Instrumento tocado com a boca e pelo sopro; harmônica de boca. **2.** (Pop.) Dinheiro, grana.
gaita de fole (gai.ta de **fo**.le) s.f. (RS) Acordeão.
gaivota (gai.**vo**.ta) [ó] s.f. (epiceno) (Zoo.) Ave aquática de cor cinza-azulada, palmípede, que se alimenta de peixes.
gajeiro (ga.**jei**.ro) s.m. Marinheiro encarregado de subir no mastaréu para vigiar o horizonte.
gajo (**ga**.jo) s.m. Um sujeito qualquer.
gala (**ga**.la) s.f. Mancha da fecundação no ovo. **De gala**: muito solene, em que o protocolo e as solenidades são obrigatórios: *festa de gala*, *roupas de gala*.
galã (ga.**lã**) s.m. **1.** Ator no papel principal em uma peça, novela ou filme. **2.** (Fig.) Aquele que sempre elogia ou tenta conquistar as mulheres ou meninas; paquerador, galanteador.

galáctico (ga.**lác**.ti.co) adj. O mesmo que *galático*.
galalau (ga.la.**lau**) s.m. Homem de estatura elevada.
galalite (ga.la.**li**.te) s.f. Material plástico obtido da caseína.
galante (ga.**lan**.te) adj.2g. **1**. Gentil. **2**. Distinto. s.2g. **3**. Pessoa galante.
galanteador (ga.lan.te.a.**dor**) [ô] s.m. *e* adj. (Pessoa) que diz galanteios, que faz elogios amorosos.
galantear (ga.lan.te.**ar**) v.t.d. **1**. Cortejar. v.i. **2**. Dizer galanteios; namorar.
galanteio (ga.lan.**tei**.o) s.m. Conversa amorosa; namoro.
galanteria (ga.lan.te.**ri**.a) s.f. **1**. Arte de galantear. **2**. Graça; delicadeza.
galão (ga.**lão**) s.m. **1**. Medida de volume originária da Inglaterra, onde vale 4,456 litros (**galão imperial**), usada também nos EUA e no Brasil, com valor de 3,785 litros (**galão americano**). **2**. Tira de tecido bordado e usado como enfeite.
galardão (ga.lar.**dão**) s.m. **1**. Recompensa de serviços importantes; prêmio. **2**. Glória.
gálata (**gá**.la.ta) adj.2g. **1**. Da Galácia, província do Império Romano localizada onde hoje é porção asiática da Turquia. s.2g. **2**. Pessoa natural ou habitante desse lugar.
galático (ga.**lá**.ti.co) adj. Relacionado a galáxia. O mesmo que *galáctico*.
galáxia (ga.**lá**.xi.a) [cs] s.f. (*Astron*.) Grupo de sistemas solares, estrelas, planetas e outros astros, como a Via-Láctea.
galé (ga.**lé**) s.f. **1**. Antiga embarcação movida por remos e vela; galera. **2**. Antiga pena de trabalho forçado em que o indivíduo remava em uma dessas embarcações: *passou dez anos na galé*.
galeão (ga.le.**ão**) s.m. Antigo navio de alto bordo, utilizado para guerra.
galego (ga.**le**.go) [ê] adj. **1**. Relativo à Galícia, comunidade autônoma que integra a Espanha; galiciano. s.m. **2**. Pessoa natural ou habitante desse lugar. **3**. Idioma falado nesse lugar. s.m. *e* adj. **4**. (*NE Pop.*) (Pessoa) loura ou de pele clara.
galena (ga.**le**.na) [ê] s.f. (*Min*.) Minério de chumbo, que às vezes contém prata.
galera (ga.**le**.ra) [é] s.f. **1**. Galé. **2**. (*Pop.*) Grupo de torcedores que, no estádio, assiste ao jogo dos piores lugares. **3**. (*Fig.*) Turma de amigos.
galeria (ga.le.**ri**.a) s.f. **1**. Espaço coberto onde estão dispostas várias lojas, às vezes utilizado para exposições. **2**. Coleção de retratos, estátuas ou quadros. **3**. Corredor subterrâneo.
galês (ga.**lês**) adj. **1**. Do País de Gales, nação do Reino Unido da Grã-Bretanha. s.m. **2**. Pessoa natural ou habitante desse lugar. **3**. Língua falada nesse lugar.
galeto (ga.**le**.to) [ê] s.m. **1**. Galo jovem. **2**. Frango assado ou no espeto.
galgar (gal.**gar**) v.t.d. **1**. Saltar por cima de. v.i. **2**. Pular; trepar. **3**. Elevar-se com rapidez.
galgo (**gal**.go) s.m. (*Zoo.*) Cão de raça grande, com pernas compridas e focinho afilado, antigamente empregado na caça de lebres.

galhada (ga.**lha**.da) s.f. **1**. (*Bot.*) Galho grande com muitas ramificações. **2**. (*Zoo.*) Chifre grande e muito ramificado, de ruminantes machos como o alce e a rena.
galhardete (ga.lhar.**de**.te) [ê] s.m. **1**. Bandeira em forma de trapézio usada em sinalização naval. **2**. Bandeirola usada em festividades.
galhardia (ga.lhar.**di**.a) s.f. **1**. Elegância; formosura, bizarria. **2**. Grandeza. **3**. Bravura.
galhardo (ga.**lhar**.do) adj. **1**. Elegante; garboso. **2**. Generoso. **3**. Folgazão.
galheiro (ga.**lhei**.ro) adj. Que tem grandes chifres, que tem galhadas.
galheta (ga.**lhe**.ta) [ê] s.f. **1**. Recipiente de vidro, para servir azeite e vinagre ou para outros fins. **2**. Recipiente para líquidos, usado em laboratório.
galheteiro (ga.lhe.**tei**.ro) s.m. Suporte que contém as galhetas de azeite e vinagre, o saleiro etc.
galho (ga.lho) s.m. **1**. Ramo de árvore. **2**. Parte quebrada do ramo. **3**. (*Pop.*) Dificuldade; o que é de difícil resolução: *quebrar um galho*. **4**. (*Fig.*) Bico, trabalho sem vinculação empregatícia.
galhofa (ga.**lho**.fa) [ó] s.f. **1**. Gracejo; dito de brincadeira. **2**. Zombaria.
galhofar (ga.lho.**far**) v.i. Dizer galhofas, pilhérias; dizer de brincadeira.
galhudo (ga.**lhu**.do) adj. **1**. Que tem galhos ou chifres grandes. s.m. **2**. (*Pej.*) Homem traído pela mulher.
galibi (ga.li.**bi**) s.2g. **1**. Indivíduo dos galibis, povo indígena que vive hoje no Amapá. adj.2g. **2**. Relacionado a esse povo.
galibi-maruorno (ga.li.bi-ma.ru.**or**.no) s.2g. **1**. Indivíduo dos galibis-maruornos, povo indígena que vive hoje no Amapá. adj.2g. **2**. Relacionado a esse povo. ▪ Pl. *galibis-maruornos*.
galiciano (ga.li.ci.**a**.no) s.m. *e* adj. Galego.
galicismo (ga.li.**cis**.mo) s.m. Palavra ou expressão originária da língua francesa, de uso condenado porque pode ser substituída por outra própria da língua: "*reclame*" *é um galicismo para* "*anúncio*" *ou* "*propaganda*". Cf. *francesismo*.
galileu (ga.li.**leu**) adj. **1**. Relativo à Galileia, região hoje no norte de Israel, de onde eram Jesus Cristo e vários apóstolos. s.m. **2**. Pessoa natural ou habitante desse lugar.
galináceo (ga.li.**ná**.ce.o) s.m. *e* adj. **1**. (Ave) que pertence ao grupo em que estão o galo e galinha, bem como peru, pato e semelhantes: *criação de galináceos*. adj. **2**. Relativo a essas aves.
galinha (ga.**li**.nha) s.f. **1**. (*Zoo.*) Ave doméstica criada pelos ovos e pela carne, fêmea do galo: *a galinha cria seus pintinhos, rodeada de frangos*. **2**. Carne dessa ave; frango. s.2g. *e* adj.2g. **3**. (*Pej. Gír.*) (Pessoa) que tem ou tenta ter muitos namoros e parceiros. **4**. (Pessoa) covarde.
galinha-d'angola (ga.li.nha-d'an.**go**.la) [ó] s.f. (*Zoo.*) Ave doméstica de origem africana, maior que uma galinha, cinza com pintas brancas; angola, guiné, tô-fraco, capote. ▪ Pl. *galinhas-d'angola*.

galinheiro (ga.li.**nhei**.ro) s.m. **1.** Local onde se criam galinhas. **2.** (Fig.) Local ou situação em que várias pessoas falam ao mesmo tempo.
gálio (**gá**.li.o) s.m. (Quím.) Metal semelhante ao zinco, de símbolo Ga, peso atômico 69,72 e número atômico 31.
galo (ga.lo) s.m. **1.** (Zoo.) Ave galinácea, de crista carnuda, asas curtas e largas; macho da galinha. **2.** Inchação resultante de pancada na testa ou cabeça.
galocha (ga.**lo**.cha) [ó] s.f. Calçado de borracha usado por cima dos sapatos, na chuva.
galopada (ga.lo.**pa**.da) s.f. Corrida a galope.
galopante (ga.lo.**pan**.te) adj.2g. **1.** Que ou quem galopa. **2.** Que progride com velocidade, que anda rápido.
galopar (ga.lo.**par**) v.i. Cavalgar o cavalo no galope. O mesmo que *galopear*.
galope (ga.**lo**.pe) [ó] s.m. **1.** A mais rápida marcha do cavalo, ou outro animal de montaria, quando cavalgado. **2.** (Folc.) Um dos tipos de martelo, desafio ou disputa de improviso, cantada com sextilha de decassílabos.
galopear (ga.lo.pe.**ar**) v.i. O mesmo que *galopar*.
galpão (gal.**pão**) s.m. Depósito telhado para guardar máquinas agrícolas, materiais etc.
galvanismo (gal.va.**nis**.mo) s.m. **1.** (Fís.) Eletricidade produzida por meios químicos ou por contato de certos corpos. **2.** Fenômeno elétrico que se processa nos músculos.
galvanização (gal.va.ni.za.**ção**) s.f. Ação de galvanizar.
galvanizar (gal.va.ni.**zar**) v.t.d. **1.** Cobrir com uma fina camada de metal, por eletrólise; cromar. **2.** (Fig.) Reunir em torno de um tema ou objetivo.
galvanômetro (gal.va.**nô**.me.tro) s.m. Instrumento usado para detectar correntes elétricas de pequena intensidade.
gama (ga.ma) s.f. **1.** Nome da terceira letra do alfabeto grego, semelhante ao gê. **2.** Conjunto de coisas variadas; série. **Raios gama:** radiação eletromagnética de alta energia emitida por elemento radiativo.
gamado (ga.**ma**.do) adj. **1.** Em forma da letra grega gama; com as extremidades dobradas. **2.** (Gír.) Que gamou; apaixonado.
gamão (ga.**mão**) s.m. Jogo com um tabuleiro próprio, para dois parceiros, que envolve raciocínio e cálculo.
gamar (ga.**mar**) v.t.i. (Gír.) Gostar muito, amar com paixão: *é gamado pela namorada*.
gambá (gam.**bá**) s.m. (epiceno) **1.** (Zoo.) Nome comum a vários roedores marsupiais que, quando acuados, exalam forte odor desagradável; mucura. **2.** (Pop.) Pessoa que se embriaga ou fede com frequência.
gambiano (gam.bi.**a**.no) adj. **1.** Da Gâmbia, país da África. s.m. **2.** Pessoa natural ou habitante desse lugar.
gambiarra (gam.bi.**ar**.ra) s.f. **1.** Extensão de fio com uma ou mais lâmpadas ligadas. **2.** (Pop.) Ligação clandestina de energia elétrica; gato. **3.** (Gír.) Truque, jeito, solução improvisada.
gambito (gam.**bi**.to) s.m. **1.** Estratégia para enganar e vencer um jogo. **2.** (Pop.) Perna fina.
gamboa (gam.**bo**.a) [ô] s.f. **1.** (Bot.) Fruto do gamboeiro. **2.** Igarapé, trecho de rio em que as águas remansam, dando a aparência de lago tranquilo.
gamboeiro (gam.bo.**ei**.ro) s.m. (Bot.) Árvore frutífera, variedade de marmeleiro.
game [inglês: "gueime"] s.m. **1.** (Esp.) No jogo de tênis, conjunto de quatro pontos que faz alternar o saque. **2.** *Videogame*.
gamela (ga.**me**.la) [é] s.f. **1.** Tigela de madeira ou barro para servir alimentos. **2.** (Pop.) Mentira.
gameleira (ga.me.**lei**.ra) s.f. (Bot.) Árvore de grande porte, de propriedades medicinais.
gameta (ga.**me**.ta) [ê] s.m. (Bio.) Célula sexual, denominada espermatozoide se masculina e óvulo se feminina.
gamo (ga.mo) s.m. (Zoo.) Mamífero ruminante, do grupo dos cervos e veados.
gana (ga.na) s.f. Vontade, desejo, afã.
ganância (ga.**nân**.ci.a) s.f. Ambição desmedida.
ganancioso (ga.nan.ci.**o**.so) [ô] adj. **1.** Que só visa lucro. **2.** Aquele que tem a ambição do ganho. ▫ Pl. *gananciosos* [ó].
gancho (**gan**.cho) s.m. **1.** Peça curva ou com uma ponta curva, para prender, suspender ou fixar objetos: *a interrogação tem forma de gancho*; *um gancho de pendurar vasos*. **2.** Aquilo que prende a atenção ou que pode puxar um novo assunto. **3.** Em alguns modelos de aparelho telefônico, local onde se coloca o fone para terminar a ligação ou pegar linha.
gandaia (gan.**dai**.a) s.f. Vadiagem; farra.
gandaiar (gan.dai.**ar**) v.i. Vadiar; farrear.
gandula (gan.**du**.la) s.2g. Pessoa que vai apanhar a bola que sai de quadra ou campo esportivo.
ganense (ga.**nen**.se) s.2g. e adj.2g. Ganês.
ganês (ga.**nês**) adj. **1.** De Gana, país da África. s.m. **2.** Pessoa natural ou habitante desse lugar.
ganga (**gan**.ga) s.f. Resto inaproveitável de minério precioso.
gânglio (**gân**.gli.o) s.m. (Med.) Tumor cístico de tamanho variável; nódulo, nodo.
gangorra (gan.**gor**.ra) [ô] s.f. **1.** Brinquedo que consiste em uma tábua comprida, apoiada no centro, em cujas extremidades duas crianças sentam-se e, dando impulso, descem e sobem alternadamente. **2.** (Fig.) Alternância, mudança de posições: *gangorra do poder*.
gangrena (gan.**gre**.na) [ê] s.f. (Med.) Necrose.
gangrenar (gan.gre.**nar**) v.t.d. e v.p. Necrosar.
gângster (**gângs**.ter) s.2g. **1.** Membro de gangue. **2.** (Fig.) Malfeitor, bandido, criminoso.
gangue (**gan**.gue) s.f. **1.** Bando de criminosos; quadrilha. **2.** Bando, grupo.
ganhador (ga.nha.**dor**) [ô] s.m. e adj. (Aquele) que ganhou: *o prêmio teve dois ganhadores*.

ganha-pão (ga.nha-pão) s.m. Trabalho de que se vive: *a medicina era seu ganha-pão, mas se realizava mesmo é com a música*. ◘ Pl. *ganha-pães*.
ganhar (ga.**nhar**) v.t.d. **1.** Adquirir a posse de. **2.** Obter. **3.** Alcançar, conseguir. **4.** Vencer uma prova, um obstáculo. **5.** Receber como recompensa. **6.** Dar como lucro ou proveito. **7.** Receber salário por serviços prestados. Obs.: part.: *ganho*.
ganho (ga.nho) s.m. **1.** Ato de ganhar. **2.** Recompensa; aquisição; vantagem; lucro.
ganido (ga.**ni**.do) s.m. **1.** Grito doloroso dos cães. **2.** (Fig.) Voz esganiçada.
ganir (ga.**nir**) v.i. **1.** Dar ganidos. **2.** Gemer.
ganja (**gan**.ja) s.f. Presunção; vaidade.
ganso (**gan**.so) s.m. (Zoo.) Ave aquática do grupo dos patos, marrecos etc., que vive em bandos.
ganzá (gan.**zá**) s.m. (Mús.) **1.** Instrumento de percussão feito de folha metálica em forma de caixa, com pequenas pedras; reco-reco. **2.** Chocalho feito de cesto trançado.
garagem (ga.**ra**.gem) s.f. Abrigo para veículos.
garanhão (ga.ra.**nhão**) s.m. Cavalo de boa compleição e boa linhagem, que não é castrado para que sirva como reprodutor.
garantia (ga.ran.**ti**.a) s.f. **1.** Fiança. **2.** Segurança. **3.** Aquilo que se garante.
garantido (ga.ran.**ti**.do) adj. Que tem garantia, que se garantiu.
garantir (ga.ran.**tir**) v.t.d. **1.** Abonar; afiançar. **2.** Certificar. **3.** Assumir a responsabilidade de ou por: *o fabricante garante seus produtos contra defeitos nas peças*. **4.** Defender. **5.** Asseverar.
garapa (ga.**ra**.pa) s.f. **1.** Caldo de cana puro, para beber. **2.** Caldo de cana com água, usado para fabricar cachaça. **3.** (Culin.) Qualquer refresco feito com suco de frutas ácidas e muito açúcar, mel etc.
garatuja (ga.ra.**tu**.ja) s.f. **1.** Esgar; trejeito. **2.** Tolice. **3.** Rabisco.
garbo (**gar**.bo) s.m. Elegância; distinção.
garboso (gar.**bo**.so) [ô] adj. Que tem garbo; distinto; elegante. ◘ Pl. *garbosos* [ó].
garça (**gar**.ça) s.f. (*epiceno*) (Zoo.) Ave pernalta, aquática, que vive em bandos.
garção (gar.**ção**) s.m. (Raro.) O mesmo que *garçom*.
garçom (gar.**çom**) s.m. Pessoa que serve os clientes em restaurantes, bares etc. ou em recepções. O mesmo que *garção*, forma de uso raro. ◘ Fem. *garçonete* [é].
gardênia (gar.**dê**.ni.a) s.f. (Bot.) Planta rubiácea florífera, ornamental; jasmim-do-cabo.
gare (ga.re) s.f. **1.** Estação terminal, ponto final de trem: *foram até a gare de Santos*. (próprio) **2.** Guia de arrecadação estadual, formulário específico para taxa de licenciamento de veículos: *pagar a Gare*.
garfada (gar.**fa**.da) s.f. **1.** Ação ou resultado de tirar comida do prato com um garfo. **2.** (Pej.) Roubo.
garfar (gar.**far**) v.t.d. **1.** Pegar com o garfo. (Gír.) **2.** Pegar, ganhar, tomar. **3.** Roubar, apropriar-se ilicitamente.

garfo (gar.fo) s.m. **1.** Utensílio de mesa. **2.** Sistema de enxerto no qual se transporta de uma planta para outra um pedaço de casca que tenha um ou mais botões.
gargalhada (gar.ga.**lha**.da) s.f. Risada ruidosa e intensa.
gargalhar (gar.ga.**lhar**) v.i. Rir alto, dar gargalhada.
gargalo (gar.**ga**.lo) s.m. Colo de garrafa ou de outra vasilha com entrada estreita.
garganta (gar.**gan**.ta) s.f. **1.** (Anat.) Parte anterior do pescoço, por onde os alimentos passam da boca ao estômago; goela, gogó. **2.** (Geo.) Desfiladeiro.
gargantear (gar.gan.te.**ar**) v.t.d. (Raro) **1.** Prometer ou ameaçar fazer em voz alta; jactar-se, exibir-se: *garganteou que iria dar-lhe uma surra*. **2.** Cantar, cantarolar.
gargantilha (gar.gan.**ti**.lha) s.f. Colar curto.
gargarejar (gar.ga.re.**jar**) v.t.i. Fazer gargarejo.
gargarejo (gar.ga.**re**.jo) [ê] s.m. **1.** Ação de colocar um líquido na garganta e, expelindo o ar, não deixar que passe para o estômago: *fazia gargarejos a cada duas horas*. **2.** Líquido usado para isso: *um gargarejo com vinagre e sal*. **3.** (Pop.) Primeira fila em sala de espetáculo: *sentou-se no gargarejo*.
gari (ga.**ri**) s.2g. Varredor de via pública.
garimpar (ga.rim.**par**) v.t.d. e v.i. **1.** Procurar (ouro, pedras preciosas) em garimpo. v.t.d. **2.** Buscar, pesquisar, procurar: *garimpou um livro raro*.
garimpeiro (ga.rim.**pei**.ro) s.m. Pessoa que procura ouro, outros metais e pedras preciosas em lavras ou rios.
garimpo (ga.**rim**.po) s.m. **1.** Lugar onde se encontram diamantes etc. **2.** Local onde existem explorações auríferas e diamantinas.
garnisé (gar.ni.**sé**) s.2g. (Zoo.) Ave galinácea de tamanho menor, originária da Inglaterra.
garoa (ga.**ro**.a) [ô] s.f. Chuva miúda que cai suavemente em gotículas de diâmetro inferior a 0,5 mm.
garoar (ga.ro.**ar**) v.i. Cair garoa.
garota (ga.**ro**.ta) [ô] s.f. **1.** Feminino de *garoto*. **2.** Moça, mulher jovem. **3.** (Pop.) Namorada.
garotada (ga.ro.**ta**.da) s.f. Grupo de garotos.
garoto (ga.**ro**.to) [ô] s.m. Menino, criança.
garoupa (ga.**rou**.pa) s.f. (*epiceno*) (Zoo.) Peixe marinho de carne branca, com sabor apreciado.
garra (**gar**.ra) s.f. **1.** Unha afiada, comprida e curva de certas aves e feras, que serve de defesa ou ataque. **2.** (Fig.) Gana; entusiasmo; vigor.
garrafa (gar.**ra**.fa) s.f. Recipiente para líquido, cuja característica é o estreito gargalo.
garrafada (gar.ra.**fa**.da) s.f. **1.** Porção de líquido que a garrafa leva. **2.** Pancada com garrafa. **3.** Preparado de ervas maceradas em álcool, com propriedades diversas: *a garrafada era vendida para ajudar na digestão*.
garrafal (gar.ra.**fal**) adj.2g. Letras garrafais: letras muito grandes, em geral na capa de jornal ou revista.
garrafão (gar.ra.**fão**) s.m. **1.** Garrafa grande e bojuda. **2.** (Esp.) Parte da quadra de basquete que fica mais próxima à tabela.

garrancho (gar.ran.cho) s.m. Rabisco ou letra mal feita.
garrido (gar.ri.do) adj. (Ant.) Elegante, garboso.
garrote (gar.ro.te) [ó] s.m. 1. (Ant.) Instrumento para executar pena de estrangulamento. 2. Faixa, elástico ou torniquete usado para apertar uma parte do corpo, prendendo a circulação. 3. Região entre o pescoço e o ombro de um animal. 4. Bovino jovem, de dois a quatro anos.
garroteador (gar.ro.te.a.dor) [ô] s.m. Estrangulador, enforcador.
garroteamento (gar.ro.te.a.men.to) s.m. 1. Ação de garrotear. 2. Enforcamento.
garrotear (gar.ro.te.ar) v.t.d. 1. Apertar (parte do corpo) impedindo a circulação. 2. Apertar a garganta; estrangular.
garrotilho (gar.ro.ti.lho) s.m. (Med.) Difteria.
garrucha (gar.ru.cha) s.f. Pistola antiga.
garrulice (gar.ru.li.ce) s.f. Hábito de falar demais, de tagarelar.
gárrulo (gár.ru.lo) s.m. e adj. 1. (Aquele) que canta muito. 2. (Fig.) Tagarela.
garupa (ga.ru.pa) s.f. 1. Lugar atrás de quem dirige uma bicicleta ou moto. 2. Parte do lombo de uma montaria depois da sela: *o peão montou e colocou a mocinha atrás, na garupa de seu cavalo*.
gás s.m. 1. Fluido que pode ser infinitamente expandido ou comprimido: *o ar é uma mistura de gases*. 2. (Fig.) Animação incontida. (Quím.) **Gás carbônico**: substância, também conhecida como dióxido de carbono, encontrada na atmosfera; com a água, participa do processo de fotossíntese; possui diversos usos industriais. **Gás hilariante**: substância, também conhecida como óxido nitroso, usada como anestésico; quando aspirada, provoca sensação de euforia e movimentos descoordenados. **Gás natural**: aquele que se encontra em jazidas subterrâneas, separado ou ligado ao petróleo bruto; é usado como combustível (conhecido como gás natural veicular, de sigla GNV), cuja queima libera menor quantidade de resíduos poluentes no meio ambiente. **Gás nobre**: nome dado aos elementos químicos do grupo 18 da tabela periódica (hélio, neônio, argônio, criptônio, xenônio e radônio) que não possuem elétrons livres em sua eletrosfera. Cf. *gases*.
gaseificado (ga.sei.fi.ca.do) adj. 1. Que contém gás; gasoso. 2. Diz-se de bebida a que se acrescentou gás: *água gaseificada*.
gaseificar (ga.sei.fi.car) v.t.d. 1. Reduzir a gás; vaporizar. 2. Acrescentar gás a (bebida).
gases (ga.ses) s.m.pl. Ventosidade intestinal; flato. Cf. *gás*.
gasoduto (ga.so.du.to) s.m. Tubulação através da qual se transporta gás e outros derivados de petróleo.
gasolina (ga.so.li.na) s.f. (Quím.) Carbonato de hidrogênio líquido, volátil, derivado do petróleo bruto, usado como combustível.

gasômetro (ga.sô.me.tro) s.m. 1. Aparelho que mede a quantidade de gás em uma mistura. 2. Reservatório de gás. 3. Fábrica de gás.
gasoso (ga.so.so) [ô] adj. 1. Da natureza do gás. 2. Que contém gás: *água gasosa, bebida gasosa*. 3. (Quím.) Estado em que a matéria não tem volume e forma definidos. ▣ Pl. *gasosos* [ó].
gasparinho (gas.pa.ri.nho) s.m. Menor fração de um bilhete de loteria.
gastador (gas.ta.dor) [ô] s.m. e adj. (Aquele) que gasta demais; esbanjador, perdulário.
gastar (gas.tar) v.t.d. 1. Diminuir o volume de. 2. Usar. 3. Esgotar; consumir. 4. Deteriorar. 5. Enfraquecer. v.i. 6. Despender dinheiro. Obs.: part. *gastado*, com os auxiliares *ter* e *haver*; *gasto* com os auxiliares *ser* e *estar*; a tendência é para unificar a forma *gasto* com todos os auxiliares.
gasto (gas.to) s.m. 1. Aquilo que se gastou. adj. 2. (Fig.) Abatido. 3. Utilizado.
gastralgia (gas.tral.gi.a) s.f. (Med.) Dor de estômago.
gástrico (gás.tri.co) adj. (Med.) Relacionado a estômago.
gastrintestinal (gas.trin.tes.ti.nal) adj.2g. (Med.) O mesmo que *gastrointestinal*.
gastrite (gas.tri.te) s.f. (Med.) Inflamação da membrana estomacal.
gastroenterologia (gas.tro.en.te.ro.lo.gi.a) s.f. Ramo da medicina que estuda o sistema digestivo.
gastrointestinal (gas.tro.in.tes.ti.nal) adj.2g. Relativo ao estômago e aos intestinos: *um dos problemas gastrointestinais mais comuns é a diarreia*. O mesmo que *gastrintestinal*.
gastronomia (gas.tro.no.mi.a) s.f. Arte de cozinhar de maneira a proporcionar prazer aos que comem.
gastrônomo (gas.trô.no.mo) s.m. Aquele que aprecia os prazeres da boa comida.
gastrópode (gas.tró.po.de) adj. (Zoo.) Molusco que possui concha com uma só peça e um grande pé, como o caramujo, a lesma, o caracol etc.
gastura (gas.tu.ra) s.f. (Pop.) 1. Sensação de queimação no estômago. 2. Náusea, enjoo, mal-estar estomacal. 3. Comichão; prurido.
gatafunho (ga.ta.fu.nho) s.m. Letra ou desenho malfeito; rabisco.
gatilho (ga.ti.lho) s.m. 1. Dispositivo com que se aciona uma arma de fogo: *contou até dez antes de puxar o gatilho*. 2. Dispositivo para acionar um mecanismo; acionador, disparador. 3. (Fig.) Aquilo que desencadeia uma ação.
gatinhas (ga.ti.nhas) s.f.pl. De gatinhas: apoiado sobre as mãos e os joelhos; de quatro.
gato (ga.to) s.m. 1. (Zoo.) Animal doméstico, felídeo, carnívoro, muito esperto para caçar ratos ou pegar alimentos em lugares difíceis. 2. (Fig.) Pessoa bonita: *ele era um gato, ela era uma gatinha*. 3. (Fig.) Ligação clandestina para roubar energia elétrica; gambiarra.
gato-do-mato (ga.to-do-ma.to) s.m. (Zoo.) 1. Maracajá. 2. Jaguatirica. ▣ Pl. *gatos-do-mato*.

gatunagem (ga.tu.**na**.gem) *s.f.* Ação de gatunos; roubalheira, ladroeira.
gatuno (ga.**tu**.no) *s.m. e adj.* Ladrão, larápio.
gaturamo (ga.tu.**ra**.mo) *s.m.* (*Zoo.*) Ave do grupo do sanhaço, de cores vivas e canto apreciado.
gauchesco (ga.u.**ches**.co) [ê] *adj.* **1.** Pertencente a gaúcho. **2.** Semelhante a gaúcho.
gaúcho (ga.**ú**.cho) *s.m. e adj.* **1.** Do Rio Grande do Sul, estado brasileiro; rio-grandense-do-sul, sul-rio-grandense. *s.m.* **2.** Pessoa natural ou habitante desse lugar.
gaudério (gau.**dé**.ri.o) *s.m. e adj.* (Aquele) que é vagabundo, vadio.
gáudio (**gáu**.di.o) *s.m.* Alegria, júbilo.
gaulês (gau.**lês**) *s.m.* **1.** Da Gália, antiga província do Império Romano no território onde hoje é a França. *s.m.* **2.** Pessoa natural ou habitante desse lugar.
gávea (**gá**.ve.a) *s.f.* **1.** Prolongamento de um mastro. **2.** Estrutura circular colocada no mastro mais alto de uma embarcação grande, para guarita do gajeiro.
gaveta (ga.**ve**.ta) [ê] *s.f.* Caixa corrediça colocada em um móvel, para guardar objetos diversos.
gaveteiro (ga.ve.**tei**.ro) *s.m.* Conjunto de gavetas, dentro de um armário ou em cômoda.
gavião (ga.vi.**ão**) *s.m.* (*epiceno*) **1.** (*Zoo.*) Ave de rapina agressiva, de que há numerosas espécies: *um gavião caçou o patinho*. *s.2g.* **2.** Indivíduo dos gaviões, povo indígena que vive hoje em Rondônia. *adj.2g.* **3.** Relacionado a esse povo.
gavinha (ga.**vi**.nha) *s.f.* (*Bot.*) Prolongamento em forma de fio longo, com que algumas plantas trepadeiras se prendem a um suporte.
gay [inglês: "guêi"] *s.m.* **1.** Homossexual masculino. **2.** Homossexual masculino com estilo colorido e alegre. *adj.2g.* **3.** Relacionado a esse estilo: *roupas gay*. (*Gír. Int.*) **Yag:** grafia da palavra *gay* escrita de trás para frente, comum nas redes sociais.
gaze (**ga**.ze) *s.f.* **1.** Tecido leve e transparente. **2.** Tecido fino de algodão usado para fazer curativos.
gazear (ga.ze.**ar**) *v.i.* Não ir à escola; matar ou cabular aula, gazetear.
gazeio (ga.**zei**.o) *s.m.* **1.** Canto de algumas aves como a andorinha. **2.** Ato de gazear; gazeta.
gazela (ga.**ze**.la) [ê] *s.f.* (*epiceno*) (*Zoo.*) Denominação do bovídeo de chifres espiralados e patas longas e delgadas, habitante da África e da Ásia.
gazeta (ga.**ze**.ta) [ê] *s.f.* **1.** Publicação periódica. **2.** (*Ant.*) Falta à aula: *iam fazer gazeta na praça*.
gazetear (ga.ze.te.**ar**) *v.i.* Não ir à escola; gazear, matar ou cabular aula.
gazeteiro (ga.ze.**tei**.ro) *s.m. e adj.* **1.** (Aquele) que gazeteia, que não vai à aula. **2.** (Aquele) que escreve ou publica gazeta.
gazua (ga.zu.a) *s.f.* Pedaço de metal usado para abrir fechaduras na ausência de chave.
GB Sigla de Guanabara, antigo estado brasileiro.
Gb Símbolo de *gigabyte*, um bilhão de *bytes*.
Gd Símbolo do elemento químico gadolínio.
Ge Símbolo do elemento químico germânio.

gê *s.m.* Nome da letra G.
geada (ge.**a**.da) *s.f.* Orvalho que se congela formando camada branca ou transparente sobre uma região.
gear (ge.**ar**) *v.i.* Cair geada. *Obs.*: verbo defectivo; conjuga-se apenas na 3ª pes. sing.; pres. do ind.: *geia*; imperf.: *geava*; perf.: *geou*; fut.: *geará*; pres. do subj.: *geie*; imperf.: *geasse*; part.: *geado*.
geek [inglês: "gíqui"] *s.2g.* (*Inf.*) Pessoa com grande interesse por tecnologia e talento em programação.
gêiser (**gêi**.ser) *s.m.* Fonte quente, de sais dissolutos, que aparece de forma eruptiva.
gel *s.m.* **1.** (*Quím.*) Substância de consistência gelatinosa, entre líquido e sólido, feita com um líquido coloidal. **2.** Qualquer produto com essa consistência: *gel para cabelo*, *gel dental*.
geladeira (ge.la.**dei**.ra) *s.f.* Eletrodoméstico com função frigorífica; refrigerador.
gelado (ge.**la**.do) *s.f.* **1.** Doce frio e consistente. **2.** Bebida gelada. *adj.* **3.** Muito frio. **4.** Coberto de gelo; congelado.
gelar (ge.**lar**) *v.t.d.* **1.** Congelar. *v.i.* **2.** Converter-se em gelo. **3.** (*Fig.*) Ficar assombrado; emudecer.
gelatina (ge.la.**ti**.na) *s.f.* **1.** Substância semelhante à albumina que se extrai de ossos e de tecidos fibrosos dos animais. **2.** Prato em geral doce feito com essa substância.
gelatinoso (ge.la.ti.**no**.so) [ô] *adj.* **1.** Relativo à gelatina. **2.** Com aspecto de geleia. ▫ Pl. *gelatinosos* [ó].
geleia (ge.**lei**.a) [éi] *s.f.* Qualquer extrato mucilaginoso de substâncias animais ou vegetais que pelo resfriamento adquire consistência branda e trêmula.
geleira (ge.**lei**.ra) *s.f.* Grande massa de gelo no cume das montanhas, em regiões frias.
gelha (**ge**.lha) [ê] *s.f.* Dobra, ruga em grãos e frutas.
gélido (**gé**.li.do) *adj.* Muito frio.
gelo (**ge**.lo) [ê] *s.m.* **1.** Água em estado sólido. **2.** Solidificação do líquido causada pelo resfriamento. Era do gelo: glaciação.
gelosia (ge.lo.**si**.a) *s.f.* Grade em geral de madeira colocada na janela; rótula.
gema (**ge**.ma) [ê] *s.f.* **1.** (*Bio.*) Parte amarela e interior do ovo. **2.** Início do broto de um vegetal. **3.** Pedra ou substância fóssil preciosa, usada para fazer joias. **4.** Centro; parte essencial. ▫ Diminutivo irregular: *gêmula*.
gemada (ge.**ma**.da) *s.f.* (*Culin.*) Creme feito com gema de ovo batida com açúcar e leite quente, servido como fortificante.
gêmeo (**gê**.me.o) *s.m. e adj.* **1.** Nascido do mesmo parto que outro ou outros. *adj.* **2.** Igual; idêntico.
gêmeos (**gê**.meos) *s.m.pl.* **1.** (*Anat.*) Músculo da parte posterior da perna. (*próprio*) **2.** (*Astron.*) Constelação do Zodíaco. **3.** (*Mit.*) Terceiro signo astrológico de 21 de maio a 20 de junho, correspondente aos geminianos.
gemer (ge.**mer**) *v.t.d. e v.i.* **1.** Lastimar. **2.** Sofrer. **3.** Proferir gemidos.

gemido (ge.**mi**.do) s.m. Som lastimoso; lamento, lamentação.
geminado (ge.mi.**na**.do) adj. **1.** Duplicado. **2.** Ligado a outro idêntico.
geminar (ge.mi.**nar**) v.i. Começar a desenvolver-se, emitir gema; brotar: *as sementes geminaram*.
geminiano (ge.mi.ni.**a**.no) s.m. e adj. (Mit.) (Pessoa) do signo astrológico de Gêmeos.
gêmula (gê.mu.la) s.f. Gema muito pequena.
genciana (gen.ci.**a**.na) s.f. **1.** (Bot.) Erva originária dos Alpes, com propriedades medicinais e usada na fabricação de licores. **2.** O licor feito com essa erva.
gendarme (gen.**dar**.me) s.m. Soldado francês encarregado de manter a segurança pública.
gene (ge.ne) [ê] s.m. (Bio.) Menor partícula do cromossomo que encerra os caracteres hereditários.
genealogia (ge.ne.a.lo.**gi**.a) s.f. **1.** (Bio.) Exposição da origem e ramificações de uma família; estirpe; linhagem. **2.** Procedência.
genealógico (ge.ne.a.**ló**.gi.co) adj. Que pertence à genealogia.
genebra (ge.**ne**.bra) [é] s.f. Aguardente feita de cereais e zimbro.
genebrês (ge.ne.**brês**) adj. **1.** De Genebra, capital da Suíça. s.m. **2.** Pessoa natural ou habitante desse lugar; genebrino.
genebrino (ge.ne.**bri**.no) s.m. e adj. Genebrês.
general (ge.ne.**ral**) s.m. Oficial militar do Exército de graduação superior.
generalato (ge.ne.ra.**la**.to) s.m. Posto de general.
generalidade (ge.ne.ra.li.**da**.de) s.f. Qualidade do que é geral. Cf. *generalidades*.
generalidades (ge.ne.ra.li.**da**.des) s.f.pl. Assuntos gerais, princípios elementares.
generalíssimo (ge.ne.ra.**lís**.si.mo) s.m. Chefe supremo das forças de um Estado.
generalista (ge.ne.ra.**lis**.ta) adj.2g. e s.2g. **1.** Diz-se de indivíduo cujos conhecimentos e talentos abrangem vários assuntos sem especialização. **2.** (Med.) Médico clínico geral que encaminha pacientes a especialistas se necessário.
generalização (ge.ne.ra.li.za.**ção**) s.f. **1.** Ato ou efeito de generalizar. **2.** Ação de tomar uma análise particular e estendê-la a toda uma categoria.
generalizado (ge.ne.ra.li.**za**.do) adj. Que se generalizou.
generalizar (ge.ne.ra.li.**zar**) v.t.d. e v.p. Tornar(-se) geral ou comum; difundir(-se).
genérico (ge.**né**.ri.co) adj. **1.** Relativo ao gênero. **2.** Geral, generalizado. s.m. **3.** Medicamento que difere de outro apenas por não possuir a marca do fabricante.
gênero (gê.ne.ro) s.m. **1.** (Bio.) Grupo com uma ou mais espécies que apresentam analogias: *gênero de flores, gênero de animais*. **2.** Classe, categoria, tipo, modelo. **3.** Estilo, jeito, modo. **4.** (Gram.) Atributo masculino ou feminino de certas categorias de palavras, algumas vezes associado ao sexo do ser e outras não: *"mesa", "criança" e "voz" são substantivos do gênero feminino*. **5.** Sexo de pessoas.

gêneros (gê.ne.ros) s.m.pl. Víveres.
generosidade (ge.ne.ro.si.**da**.de) s.f. Ação generosa.
generoso (ge.ne.**ro**.so) [ô] adj. Magnânimo; benevolente. ◙ Pl. *generosos* [ó].
gênese (gê.ne.se) s.f. **1.** Formação de seres, a partir de uma origem. s.m. **2.** Primeira parte do Antigo Testamento que fala da criação do mundo e dos seres.
gênesis (gê.ne.sis) s.2g. Gênese.
genética (ge.**né**.ti.ca) s.f. (Bio.) Estudo da hereditariedade dos organismos, suas leis e transmissão das características dos indivíduos.
genético (ge.**né**.ti.co) adj. **1.** Relativo à genética. **2.** Pertencente aos genes, determinado pelos genes; hereditário. **3.** Relacionado a gênese ou surgimento.
genetlíaco (ge.ne.**tlí**.a.co) adj. Pertencente ao nascimento, à gênese.
gengibirra (gen.gi.**bir**.ra) s.f. (Culin.) Refresco picante e espumoso, feito de calda de gengibre com açúcar, fruta etc. O mesmo que *jinjibirra*, forma que, embora presente em importantes obras de referência, não é aceita pelo Volp.
gengibre (gen.**gi**.bre) s.m. (Bot.) Erva originária da Ásia, cujo rizoma tem propriedades medicinais e é apreciado na culinária, pelo sabor levemente picante, usado entre outros no quentão.
gengiva (gen.**gi**.va) s.f. (Anat.) Tecido fibroso e muscular em que estão os alvéolos dentários.
gengivite (gen.gi.**vi**.te) s.f. (Med.) Inflamação da gengiva.
genial (ge.ni.**al**) adj.2g. **1.** Relativo a gênio, índole ou inclinação. **2.** (Fig.) Excelente, talentoso.
genialidade (ge.ni.a.li.**da**.de) s.f. Relativo à genial.
gênio (gê.ni.o) s.m. (sobrecomum) **1.** Elevada capacidade mental criadora. **2.** Aptidão especial. **3.** Temperamento.
genioso (ge.ni.**o**.so) [ô] adj. Dotado de mau gênio; colérico. ◙ Pl. *geniosos* [ó].
genital (ge.ni.**tal**) adj.2g. Que se refere aos órgãos sexuais.
genitália (ge.ni.**tá**.li.a) s.f. O conjunto dos órgãos sexuais, principalmente na parte externa: *a calcinha e a cueca são roupas para a genitália*.
genitor (ge.ni.**tor**) [ô] s.m. Pai; aquele que gera.
genocida (ge.no.**ci**.da) adj.2g. Pertencente a genocídio: *ideias genocidas*.
genocídio (ge.no.**cí**.di.o) s.m. Extermínio ou tentativa de eliminação de um povo. Cf. *holocausto*.
genoma (ge.**no**.ma) [ô] s.m. (Bio.) Material genético contido nos cromossomos de um organismo.
genótipo (ge.**nó**.ti.po) s.m. (Bio.) Constituição genética, hereditária, de um ser vivo, que determina como ele pode se desenvolver de acordo com o ambiente.
genovês (ge.no.**vês**) adj. **1.** De Gênova, cidade da Itália. s.m. **2.** Pessoa natural ou habitante desse lugar.
genro (gen.ro) s.m. O marido da filha.
gentalha (gen.**ta**.lha) s.f. (Pej.) **1.** Pessoas ruins; ralé, escória. **2.** Gente pobre; plebe.

gente (gen.te) s.f. (*sobrecomum*) 1. Pessoa, ser humano: *era um cão tão esperto que até parecia gente*. 2. População. 3. Pessoas em geral.

gentil (gen.**til**) adj.2g. 1. Que age como nobre. 2. (Fig.) Delicado.

gentileza (gen.ti.**le**.za) [ê] s.f. 1. Qualidade de gentil. 2. Ação nobre. 3. Delicadeza.

gentílico (gen.**tí**.li.co) s.m. e adj. (Palavra) que designa povo, país, região, município etc.: *o gentílico dos habitantes do Brasil é "brasileiro"*.

gentilismo (gen.ti.**lis**.mo) s.m. Religião dos gentios; paganismo.

gentinha (gen.**ti**.nha) s.f. 1. Gentalha, ralé. 2. Pessoa dada a mexericos.

gentio (gen.**ti**.o) s.m. e adj. (Pessoa) que é de outra religião, em relação a judeus ou católicos: *sua família era judia e custou a aceitar o casamento com uma gentia; os apóstolos se esforçaram para converter os gentios; com os padres viviam índios gentios e índios convertidos*.

genuflexão (ge.nu.fle.**xão**) [cs] s.f. Ato de dobrar a perna na altura do joelho, de ajoelhar.

genuflexo (ge.nu.**fle**.xo) [cs] adj. Ajoelhado.

genuflexório (ge.nu.fle.**xó**.ri.o) [cs] s.m. Móvel para rezar, com estrado à frente para ajoelhar.

genuíno (ge.nu.**í**.no) adj. Puro; natural.

geocêntrico (ge.o.**cên**.tri.co) adj. (Astron.) Relacionado ao geocentrismo.

geocentrismo (ge.o.cen.**tris**.mo) s.m. (Astron.) Teoria de que a Terra é o centro do sistema planetário, formulada pelo polonês Nicolau Copérnico (1473-1543).

geodésia (ge.o.**dé**.si.a) s.f. Estudo da forma e das dimensões da Terra e de escolha de pontos de referência em sua superfície.

geodésico (ge.o.**dé**.si.co) adj. Pertencente à geodésia.

geofísica (ge.o.**fí**.si.ca) s.f. Ciência que trata da física do globo.

geofísico (geo.**fí**.si.co) adj. 1. Relacionado à geofísica. s.m. 2. Pessoa que se dedica à geofísica.

geografia (ge.o.gra.**fi**.a) s.f. 1. Campo de ciências e estudos que descrevem a ocupação e as transformações do espaço na Terra. 2. Disciplina escolar em que se estudam esses conteúdos, às vezes reunida com História. 3. Descrição da ocupação de um território: *a geografia do Brasil*.

geográfico (geo.**grá**.fi.co) adj. Relacionado a geografia.

geógrafo (ge.**ó**.gra.fo) s.m. Pessoa que se dedica à geografia.

geoide (ge.**oi**.de) [ói] s.m. Forma da Terra, achatada nos polos.

geologia (ge.o.lo.**gi**.a) s.f. Ciência que estuda a estrutura da Terra.

geológico (ge.o.**ló**.gi.co) adj. 1. Pertencente à geologia. 2. Estudado ou descrito pela geologia: *tempo geológico*.

geometria (ge.o.me.**tri**.a) s.f. Ciência que estuda a forma e dimensões dos seres matemáticos como linha, ponto, círculo, triângulo, polígonos e outros.

geométrico (ge.o.**mé**.tri.co) adj. 1. Pertencente à geometria. 2. Que tem formas de linhas, quadrados, círculos etc.: *um tecido com desenhos geométricos*.

geomorfologia (ge.o.mor.fo.lo.**gi**.a) s.f. (Geo.) Área da geologia que estuda formas, características, origem e evolução do relevo terrestre.

geopolítica (ge.o.po.**lí**.ti.ca) s.f. Estudo da relação entre os fatores geográficos e políticos nas relações entre pessoas e países.

geoprocessamento (ge.o.pro.ces.sa.**men**.to) s.m. (Geo.) Método de processamento de informações geográficas e mapas. Obs.: esta palavra não consta no *Volp*.

geoquímica (ge.o.**quí**.mi.ca) s.f. Ciência que estuda a composição da Terra.

georgiano (ge.or.gi.**a**.no) adj. 1. Da Geórgia, país da Europa. s.m. 2. Pessoa natural ou habitante desse lugar.

georreferenciar (ge.or.re.fe.ren.ci.**ar**) v.t.d. (Geo.) Descrever e determinar a localização de uma informação geográfica, através de suas coordenadas geográficas, obtidas, por exemplo, por levantamento topográfico, com aparelhos de precisão, usados por profissional habilitado.

geotropismo (ge.o.tro.**pis**.mo) s.m. (Bot.) Faculdade que têm os vegetais de crescer no caule para cima e nas raízes para baixo, sob a influência da gravidade.

geração (ge.ra.**ção**) s.f. 1. Ação de gerar ou ser gerado; surgimento. 2. Pessoas de uma determinada época.

gerador (ge.ra.**dor**) [ô] adj. 1. Que gera. s.m. 2. Aquele que gera, cria ou produz. 3. (Fís.) Máquina que gera carga elétrica.

geral (ge.**ral**) adj.2g. 1. Comum à quase totalidade, genérico. s.m. 2. A maior parte. s.f. 3. Local em que são cobrados os preços mais baixos, nos estádios etc.

gerânio (ge.**râ**.ni.o) s.m. (Bot.) Planta ornamental com flores de várias cores, em cachos.

gerar (ge.**rar**) v.t.d. 1. Criar; produzir; formar. 2. Fecundar.

gerativo (ge.ra.**ti**.vo) adj. Relacionado a geração, que gera.

geratriz (ge.ra.**triz**) adj. 1. Que gera. s.f. 2. Aquela que gera.

gerência (ge.**rên**.ci.a) s.f. 1. Ação de gerir. 2. Funções de gerente; administração.

gerenciador (ge.ren.ci.a.**dor**) [ô] s.m. e adj. (Inf.) (Programa) que gerencia um equipamento, ou controla a execução de uma tarefa: *gerenciador de impressora, de impressão*.

gerenciar (ge.ren.ci.**ar**) v.t.d. Cuidar da execução de supervisionar: *gerenciar a transmissão de informações*.

gerente (ge.**ren**.te) s.2g. e adj.2g. (Pessoa) que gere um negócio ou seção.

gergelim (ger.ge.**lim**) s.m. 1. (Bot.) Planta que produz sementes comestíveis e das quais se extrai óleo sésamo. 2. Essas sementes; sésamo.

geriatra (ge.ri.**a**.tra) *s.2g.* (*Med.*) Especialista em geriatria.
geriatria (ge.ri.a.**tri**.a) *s.f.* (*Med.*) Ramo da medicina que estuda os idosos quanto às suas condições de saúde.
geriátrico (ge.ri.**á**.tri.co) *adj.* **1.** Relacionado a geriatria. **2.** Próprio para uso em pessoas idosas: *fraldas geriátricas*.
gerido (ge.**ri**.do) *adj.* Que se gere ou gerencia.
geringonça (ge.rin.**gon**.ça) *s.f.* (*Pop.*) Coisa malfeita e desengonçada.
gerir (ge.**rir**) *v.t.d.* Administrar; gerenciar. Obs.: pres. do ind.: *giro, geres, gere, gerimos, geris, gerem*; pres. do subj.: *gira, giras, gira, giramos, girais, giram*.
germânico (ger.**mâ**.ni.co) *adj.* **1.** Germano. **2.** Alemão.
germânio (ger.**mâ**.ni.o) *s.m.* (*Quím.*) Metal terroso, elemento cristalino cinza-metálico, de símbolo Ge, peso atômico 72,59 e número atômico 32.
germanismo (ger.ma.**nis**.mo) *s.m.* **1.** Palavra ou expressão peculiar à língua alemã. **2.** Exaltação por tudo o que é alemão.
germanizar (ger.ma.ni.**zar**) *v.t.d. e v.p.* Dar ou adquirir estilo germânico: *germanizar a decoração, germanizou-se depois de dois anos vivendo na Alemanha*.
germano (ger.**ma**.no) *s.m.* **1.** Indivíduo dos germanos, grupo de povos que habitavam a antiga Germânia, região europeia que hoje pertence à Alemanha. *adj.* **2.** Relacionado a um desses povos; germânico. *s.m. e adj.* **3.** Alemão.
germe (**ger**.me) [é] *s.m.* **1.** Micróbio. **2.** Parte da semente de que se forma a planta. **3.** Causa; origem.
germicida (ger.mi.**ci**.da) *s.m. e adj.2g.* Substância ou agente físico que mata germes; microbicida.
germinação (ger.mi.na.**ção**) *s.f.* **1.** (*Bio.*) Crescimento ou desenvolvimento de uma semente ou do esporo de uma nova planta. **2.** (*Fig.*) Surgimento de novas ideias ou elementos.
germinar (ger.mi.**nar**) *v.i.* **1.** Manifestar germinação. **2.** Nascer; ter princípio.
germinativo (ger.mi.na.**ti**.vo) *adj.* Relativo a germinação.
gerontocracia (ge.ron.to.cra.**ci**.a) *s.f.* Governo baseado na autoridade de anciãos.
gerontologia (ge.ron.to.lo.**gi**.a) *s.f.* (*Med.*) Estudo dos fenômenos associados ao envelhecimento e saúde do idoso.
gerúndio (ge.**rún**.di.o) *s.m.* (*Gram.*) Forma invariável da flexão verbal, que exprime uma ação presente e funciona como adjetivo ou advérbio, como em "sendo", "correndo".
gesso (**ges**.so) [ê] *s.m.* **1.** Substância branca obtida do sulfato de cal hidratado, que se mistura à água para fazer uma pasta que mantém a forma quando seca: *estátuas de gesso*. **2.** Ataduras com essa substância, usadas para imobilizar uma parte do corpo: *colocou um gesso no braço*.

gesta (**ges**.ta) [é] *s.f.* **1.** Feito heroico; façanha, proeza. **2.** (*Lit.*) Composição poética musical em que são narrados feitos heroicos.
gestação (ges.ta.**ção**) *s.f.* **1.** Desenvolvimento do feto e do embrião dentro do útero; gravidez. **2.** (*Fig.*) Planejamento, concepção, elaboração.
gestalt [alemão: "guestálti"] *s.f.* **1.** (*Psi.*) Teoria que considera os fenômenos psicológicos como conjuntos organizados, articulados e inseparáveis, ou seja, como configurações. **2.** (*Art. plást.*) Corrente que postula que o conceito estético e a carga emocional são atributos de uma obra de arte e não do seu espectador.
gestante (ges.**tan**.te) *s.f.* Mulher durante a gestação; grávida.
gestão (ges.**tão**) *s.f.* Gerência; administração.
gesticulação (ges.ti.cu.la.**ção**) *s.f.* Ação de gesticular, de fazer gestos.
gesticular (ges.ti.cu.**lar**) *v.i.* **1.** Fazer gestos. **2.** Exprimir-se por meio de gestos.
gesto (**ges**.to) [é] *s.m.* **1.** Movimento do corpo para exprimir ou realçar uma ideia. **2.** Ato.
gestual (ges.tu.**al**) *adj.2g.* **1.** Relativo a gesto, expresso por gestos e não por palavras: *comunicação gestual, linguagem gestual*. *s.m.* **2.** Conjunto de gestos: *a personagem tinha um gestual muito rico*.
getulismo (ge.tu.**lis**.mo) *s.m.* (*Hist., Pol.*) **1.** Movimento político-social brasileiro de que foi líder e mentor Getúlio Vargas (1882-1954). **2.** O desempenho político e social de Getúlio Vargas. **3.** Época em que Getúlio Vargas controlou a cena política brasileira (1930-1945 e 1951-1954).
giba (**gi**.ba) *s.f.* **1.** Corcunda. **2.** Vela triangular de uma embarcação. **3.** Mastro em que se iça essa vela.
gibão (gi.**bão**) *s.m.* **1.** (*NE*) Casaco de couro usado pelos vaqueiros. (*epiceno*) **2.** (*Zoo.*) Macaco que vive em árvores, do sul da Ásia.
gibi (gi.**bi**) *s.m.* Revista de histórias em quadrinhos, em geral para crianças ou jovens.
giboso (gi.**bo**.so) [ô] *adj.* **1.** Que tem giba; corcunda. **2.** Semelhante a giba; curvo. ▣ Pl. *gibosos* [ó].
gibraltino (gi.bral.**ti**.no) *adj.* **1.** De Gibraltar, território britânico no sul da península Ibérica. *s.m.* **2.** Pessoa natural ou habitante desse lugar.
giesta (gi.**es**.ta) [é] *s.f.* (*Bot.*) Planta ornamental do grupo das leguminosas.
GIF (*Inf.*) Sigla do inglês *graphics interchange format*, "formato de intercâmbio gráfico", formato de imagem muito usado na internet, que permite armazenar várias imagens no mesmo arquivo, criando curtas animações.
gigabit [inglês: "gigabíti"] *s.m.* (*Inf.*) Unidade de medida de informação equivalente a um bilhão de *bits* ou mil *megabits*, representado por Gb.
gigabyte [inglês: "gigabáiti"] *s.m.* (*Inf.*) Um bilhão de *bytes*, representado por Gb.
gigante (gi.**gan**.te) *adj.2g.* **1.** Muito grande, muito maior que o normal. **2.** (*Folc.*) Pessoa imaginária, de tamanho maior que várias pessoas juntas.

gigantesco

3. (Fig.) Pessoa de grande talento: *gigantes da música*. ◘ Fem. *giganta*.
gigantesco (gi.gan.**tes**.co) [ê] *adj*. **1.** Pertencente a gigante. **2.** (Fig.) De proporções grandiosas.
gigantismo (gi.gan.**tis**.mo) *s.m.* (Med.) Crescimento excepcional.
gigolô (gi.go.**lô**) *s.m.* Homem que é sustentado por sua amante.
gilete (gi.**le**.te) [é] *s.f.* Lâmina de barbear. Obs.: do nome da marca, criada pelo inventor e primeiro fabricante, o francês Gillette (1855-1932).
gilvaz (gil.**vaz**) *s.m.* Cicatriz no rosto.
gim *s.m.* Aguardente à base de cereais.
gimnosperma (gim.nos.**per**.ma) [é] *s.f.* (Bot.) Planta cujas sementes se desenvolvem fora dos frutos.
ginasial (gi.na.si.**al**) *adj.2g.* **1.** Relativo a ginásio. **2.** (Ant.) Relacionado ao curso ginasial. *s.m.* **3.** Curso de ginásio.
ginasiano (gi.na.si.**a**.no) *s.m.* (Ant.) Aluno do ginásio.
ginásio (gi.**ná**.si.o) *s.m.* **1.** Lugar destinado à pratica de ginástica. **2.** Antigo curso ou nível escolar brasileiro que vinha após o primário, equivalente hoje às ultimas séries do Ensino Fundamental.
ginasta (gi.**nas**.ta) *s.2g.* Aquele que pratica ginástica.
ginástica (gi.**nás**.ti.ca) *s.f.* **1.** Arte ou ação de exercitar o corpo. **2.** Esporte olímpico com provas de movimentos que exigem força, flexibilidade e coordenação motora.
gincana (gin.**ca**.na) *s.f.* Competição entre equipes com várias provas de rapidez e agilidade.
gineceu (gi.ne.**ceu**) *s.m.* (Bot.) Pistilo.
ginecologia (gi.ne.co.lo.**gi**.a) *s.f.* (Med.) Ramo da medicina que estuda as doenças do aparelho genital feminino.
ginecológico (gi.ne.co.**ló**.gi.co) *adj*. Relacionado a ginecologia ou ao aparelho genital feminino.
ginecologista (gi.ne.co.lo.**gis**.ta) *s.2g. e adj.2g.* (Med.) Médico especialista em ginecologia.
ginete (gi.**ne**.te) [ê] *s.m.* **1.** Cavalo de raça e bem adestrado. **2.** Cavaleiro hábil. **3.** (NE) Sela grosseira usada pelo vaqueiro.
ginga (gin.ga) *s.f.* **1.** Ação de gingar. **2.** Modo de andar com ritmo e balanço.
gingar (gin.**gar**) *v.i.* Dançar bamboleando; menear os quadris.
gípseo (**gíp**.se.o) *adj*. Relacionado ao gesso, de gesso.
gipsita (gip.**si**.ta) *s.f.* (Min.) Substância com que se produz o gesso, constituída de sulfato hidratado de cálcio monoclínico.
gir *s.2g.* (Zoo.) Raça de boi zebu de origem indiana, com pelagem branca, criado para a produção de carne.
girador (gi.ra.**dor**) [ô] *s.m.* Gira-gira.
girafa (gi.**ra**.fa) *s.f.* (epiceno) (Zoo.) Mamífero de origem africana, ruminante, de pescoço comprido.
gira-gira (gi.ra-**gi**.ra) *s.m.* Brinquedo ou equipamento de lazer formado por um banco circular que gira, para uso infantil; girador. ◘ Pl. *gira-giras*.

Obs.: não consta do *Volp*, que registra o vocábulo semelhante "pega-pega".
girândola (gi.**rân**.do.la) *s.f.* **1.** Artifício no qual se colocam foguetes que sobem e estouram ao mesmo tempo. **2.** Coletivo de foguetes.
girante (gi.**ran**.te) *adj.2g.* Que gira; giratório.
girar (gi.**rar**) *v.i.* **1.** Mover em círculos. **2.** (Fig.) Vaguear. *v.t.d.* **3.** Circundar.
girassol (gi.ras.**sol**) *s.m.* (Bot.) Flor ornamental grande, com pétalas em forma de círculo amarelo e de cujas sementes se extrai óleo comestível.
giratório (gi.ra.**tó**.ri.o) *adj*. Que gira; girante: *movimento giratório, cadeira giratória*.
gíria (**gí**.ri.a) *s.f.* Linguagem própria de um determinado grupo social ou profissional.
girino (gi.**ri**.no) *s.m.* (Zoo.) Forma larvar dos anfíbios.
giro (**gi**.ro) *s.m.* **1.** Rotação em torno de um centro. **2.** Circunlóquio. **3.** (Pop.) Pequeno passeio.
giz *s.m.* (Min.) Calcário que contém sílica e argila, de fácil fragmentação, que, em forma de bastonete, é usado para escrever em lousa. ◘ Pl. *gizes*.
glabro (**gla**.bro) *adj*. Que não tem pelo, barba ou penugem.
glacê (gla.**cê**) *s.m.* Cobertura de açúcar dissolvido própria para bolos; glace.
glace (**gla**.ce) *s.m.* Glacê.
glaciação (gla.ci.a.**ção**) *s.f.* (Geo.) **1.** Fenômeno climático em que a temperatura da Terra diminuiu, aumentaram as geleiras e regiões com neves próximas de picos montanhosos. **2.** Período que dura esse fenômeno; era do gelo, era glacial.
glacial (gla.ci.**al**) *adj.2g.* **1.** Relacionado a gelo. **2.** Gelado, muito frio. **3.** Relacionado à glaciação.
gladiador (gla.di.a.**dor**) [ô] *s.m.* Pessoa que, na Roma antiga, lutava na arena ou no circo.
gládio (**glá**.di.o) *s.m.* Arma usada pelo gladiador.
glande (**glan**.de) *s.f.* **1.** (Bot.) Fruto do carvalho; bolota. **2.** (Anat.) Cabeça do pênis.
glândula (**glân**.du.la) *s.f.* (Anat.) Órgão ou conjunto de células que produz hormônio ou alguma outra substância que será eliminada.
glandular (glan.du.**lar**) *adj.2g.* Pertencente a glândula.
glauco (**glau**.co) *adj*. Verde-azulado.
glaucoma (glau.**co**.ma) *s.m.* (Med.) Doença oftalmológica caracterizada pelo aumento de pressão intraocular e que causa diminuição de campo visual transitória ou definitiva.
gleba (**gle**.ba) [é] *s.f.* **1.** Torrão. **2.** Terreno onde se encontra mineral.
glicemia (gli.ce.**mi**.a) *s.f.* (Med.) Teor ou presença de glicose no sangue.
glicerina (gli.ce.**ri**.na) *s.f.* (Quím.) Substância orgânica líquida, alcoólica, incolor e viscosa, que unida aos graxos forma gordura.
glicose (gli.**co**.se) [ó] *s.f.* (Quím.) Açúcar que se encontra no sangue, nas frutas e no mel. O mesmo que *glucose*.
global (glo.**bal**) *adj.2g.* **1.** Total, integral. **2.** Relativo ao globo terrestre.

globalização (glo.ba.li.za.**ção**) s.f. **1.** Processo crescente de integração entre as economias, sociedades e culturas do mundo, em função do aumento da comunicação global. **2.** Difusão em vários países.
globalizar (glo.ba.li.**zar**) v.t.d. **1.** Tornar global, espalhar por vários países: *globalizar uma marca*. **2.** Adaptar a padrões internacionais: *globalizar uma empresa, um produto*.
globo (glo.bo) [ô] s.m. **1.** Corpo esférico. **2.** A Terra. Globo espelhado: esfera entre 30 e 90 cm recoberta de pequenos espelhos, usada para criar efeito especial em festa ou casa noturna.
globoso (glo.**bo**.so) [ô] adj. Semelhante a globo. ▣ Pl. *globosos* [ó].
globular (glo.bu.**lar**) adj.2g. Relativo a globo; globoso.
globulina (glo.bu.**li**.na) s.f. (Bio.) Proteína presente no plasma sanguíneo, como os anticorpos e as proteínas que transportam lipídios.
glóbulo (**gló**.bu.lo) s.m. **1.** Globo pequeno. **2.** Cada um dos elementos do sangue.
globuloso (glo.bu.**lo**.so) [ô] adj. Em forma de globo; esférico, redondo. ▣ Pl. *globulosos* [ó].
glória (**gló**.ri.a) s.f. **1.** Fama. **2.** Esplendor. **3.** Honra.
glorificação (glo.ri.fi.ca.**ção**) s.f. Ato ou efeito de glorificar.
glorificar (glo.ri.fi.**car**) v.t.d. **1.** Prestar glória a. **2.** Honrar.
glorioso (glo.ri.**o**.so) [ô] adj. **1.** Cheio de glória. **2.** Vitorioso; honroso. ▣ Pl. *gloriosos* [ó].
glosa (glo.sa) [ó] s.f. **1.** Comentário inserido ao longo ou à margem de um texto. **2.** Análise crítica. **3.** (Folc.) Poesia improvisada a partir dos versos chamados motes, apresentados pelo cantador que faz um desafio.
glosar (glo.**sar**) v.t.d. **1.** Comentar; anotar; explicar. **2.** (Folc.) Dar o mote, iniciar uma glosa.
glossário (glos.**sá**.ri.o) s.m. Pequeno dicionário de termos técnicos ou explicativos a determinados assuntos.
glote (glo.te) [ó] s.f. (Anat.) Abertura da laringe, limitada pelas cordas vocais.
GLP (Quím.) Sigla de *gás liquefeito de petróleo*, também chamado de gás de cozinha.
glucínio (glu.**cí**.ni.o) s.m. (Quím.) Nome antigo do berílio.
glucose (glu.**co**.se) [ó] s.f. (Quím.) O mesmo que *glicose*.
glutão (glu.**tão**) s.m. e adj. (Aquele) que come muito, com voracidade: *um porco muito glutão, uma avestruz glutona*.
glúten (**glú**.ten) s.m. **1.** Parte proteica da semente dos cereais, muito nutritiva e pouco calórica. **2.** Farinha constituída apenas por essa parte dos cereais. ▣ Pl. *glutens* (**glu**.tens) e *glútenes*.
glúteo (**glú**.te.o) adj. **1.** Que se refere às nádegas: *região glútea*. s.m. **2.** (Anat.) Cada um dos três músculos dessa região.
glutonaria (glu.to.na.**ri**.a) s.f. Ato, prática de glutão, de quem come grandes quantidades de comida.

gnomo (gno.mo) [ô] s.m. **1.** (Folc.) Entidade que, segundo os cabalistas, habita o interior da Terra, tido como portador de poderes especiais. **2.** Homem pequeno e disforme.
gnose (gno.se) [ó] s.f. Gnosticismo.
gnosticismo (gnos.ti.**cis**.mo) s.m. Sistema teológico e filosófico que busca unificar todas as crenças religiosas; gnose.
gnóstico (**gnós**.ti.co) s.m. e adj. **1.** (Pessoa) que segue o gnosticismo. adj. **2.** Relativo a esse sistema filosófico.
GO Sigla de Goiás, estado brasileiro.
godê (go.**dê**) s.m. Corte de tecido em forma de circunferência, a partir do qual se faz saia ou manga.
godo (go.do) [ô] s.m. Indivíduo dos godos, povo germânico de origem escandinava.
goela (go.**e**.la) [é] s.f. (Pop.) Garganta, gogó.
gofrado (go.**fra**.do) adj. Que tem textura semelhante a nervuras ou rugas: *papel gofrado, couro gofrado*.
gogo (go.go) [ô] s.m. Doença que ataca a língua dos galináceos; gosma.
gogó (go.**gó**) s.m. (Pop.) Garganta, pescoço.
goiaba (goi.a.ba) s.f. (Bot.) Fruto da goiabeira, de polpa branca, amarela ou vermelha: *a goiaba vermelha é muito apreciada para fazer doce, a goiabada*.
goiabada (goi.a.**ba**.da) s.f. Doce de goiaba, de massa mais ou menos consistente.
goiabeira (goi.a.**bei**.ra) s.f. (Bot.) Árvore que dá a goiaba e cujas folhas têm propriedades medicinais.
goiamum (goi.a.**mum**) s.m. Guaiamum.
goianiense (goi.a.ni.**en**.se) adj.2g. **1.** Do município de Goiânia, capital do estado de Goiás. s.2g. **2.** Pessoa natural ou habitante desse lugar. Cf. *goiano*.
goiano (goi.a.no) adj. **1.** De Goiás, estado brasileiro. s.m. **2.** Pessoa natural ou habitante desse lugar. Cf. *goianiense*.
goitacá (goi.ta.**cá**) s.2g. **1.** Indivíduo dos goitacás, povo indígena extinto que vivia na foz do rio Paraíba. adj.2g. **2.** Relacionado a esse povo.
goiva (goi.va) [ó] s.f. Tipo de formão usado por marceneiros e escultores.
goiveiro (goi.**vei**.ro) s.m. (Bot.) Arbusto ornamental de flores aromáticas.
gol s.m. **1.** (Esp.) Armação guarnecida de rede, limitada por duas traves e um travessão superior, a qual deve ser transposta pela bola para marcação de ponto no jogo de futebol e outros esportes. **2.** Ponto que marca cada um dos times de futebol, quando a bola penetra a linha do gol adversário. Obs.: o plural seria "gois" ou "goles" [ô], mas a forma *gols* é muito mais usada.
gola (go.la) [ó] s.f. Colarinho.
gole (go.le) [ó] s.m. Porção de líquido bebida de uma vez; trago, hausto.
golear (go.le.**ar**) v.t.d. (Esp.) Fazer gols; marcar gols em: *goleou o time adversário nos três jogos*.
goleiro (go.**lei**.ro) s.m. (Esp.) No futebol e em outros esportes, jogador que defende o gol.

golfada (gol.fa.da) s.f. **1.** Ato ou efeito de golfar. **2.** Porção de líquido, vômito ou sangue expelida de uma só vez.
golfar (gol.far) v.t.d. Expelir pela garganta, em um só movimento: *o bebê golfou o leite*.
golfe (gol.fe) [ô] s.m. Jogo de campo, oriundo da Escócia, que consiste em arremessar uma pequena bola com um taco para uma série de buracos distribuídos pelo terreno.
golfinho (gol.fi.nho) s.m. *(epiceno)* (Zoo.) Mamífero marinho com dentes, que atinge até dois metros de comprimento e é do mesmo grupo da baleia; delfim.
golfo (gol.fo) [ô] s.m. (Geo.) Penetração do mar para a terra, com uma larga abertura.
gólgota (gól.go.ta) s.m. **1.** Lugar de sofrimento. **2.** Suplício atroz.
golpe (gol.pe) [ó] s.m. **1.** Pancada. **2.** Ferimento. **3.** Crise. **4.** Ardil; esperteza.
golpear (gol.pe.ar) v.t.d. **1.** Dar golpes em. **2.** Espancar. **3.** (Fig.) Afligir.
goma (go.ma) [ô] s.f. **1.** Substância viscosa presente em certos vegetais. **2.** Preparado de amido para engomar roupas. **3.** Cola feita com farinha e água.
goma-arábica (goma-a.rá.bi.ca) [ô] s.f. (Quím.) Resina extraída de algumas espécies de acácias, empregada na indústria farmacêutica, alimentícia e na fabricação de cola. ▪ Pl. *gomas-arábicas*.
goma-laca (go.ma-la.ca) [ô] s.f. Substância excretada por inseto asiático sobre as cascas das árvores, com a qual se prepara verniz para madeira. ▪ Pl. *gomas-lacas*, *gomas-laca*.
gomar (go.mar) v.t.d. Passar goma em; engomar.
gomo (go.mo) [ô] s.m. (Bot.) **1.** Cada uma das divisões naturais de certos frutos, como os da mexerica. **2.** Cada uma das divisões naturais de certos caules, como os da cana e do bambu.
gônada (gô.na.da) s.f. (Bio.) Glândula reprodutora dos animais.
gôndola (gôn.do.la) s.f. **1.** (Náut.) Pequeno barco a remo, para navegação em canais, típico da cidade italiana de Veneza. **2.** Móvel para expor mercadorias em supermercados.
gondoleiro (gon.do.lei.ro) s.m. O que conduz a gôndola.
gongo (gon.go) s.m. (Mús.) Instrumento de percussão com formato circular, percutido no centro por baquetas forradas, muito usado em orquestra e cerimônias religiosas.
gongórico (gon.gó.ri.co) adj. Pertencente ao gongorismo.
gongorismo (gon.go.ris.mo) s.m. (Lit.) Escola artístico-literária do século XVII; seiscentismo.
gonococo (go.no.co.co) [ô] s.m. (Med.) Bactéria que causa gonorreia, transmitida por relações sexuais sem preservativos.
gonorreia (go.nor.rei.a) [éi] s.f. (Med.) Doença da uretra masculina e da vagina, caracterizada nos homens por coceira, secreção e ardência ao urinar, causada por gonococo e tratada com antibióticos.

gonzo (gon.zo) s.m. Dobradiça de porta ou de janela.
gorado (go.ra.do) adj. Que não deu certo; malogrado, frustrado.
gorar (go.rar) [ô] v.t.d. e v.i. **1.** Não se completar, não terminar seu desenvolvimento: *a galinha chocou cinco ovos mas dois goraram e só nasceram três pintinhos*. **2.** Dar errado, falhar, malograr.
gordo (gor.do) [ô] adj. **1.** Que tem gordura. **2.** Gorduroso. s.m. **3.** Pessoa com acúmulo de gordura.
gorducho (gor.du.cho) adj. Quase gordo, rechonchudo.
gordura (gor.du.ra) s.f. **1.** (Bio.) Lipídio encontrado em células de animais; substância formada por glicerina e ácido graxo, em geral sólida. **2.** Acúmulo de células com essa substância; tecido adiposo: *uma pessoa gorda tem muita gordura no corpo*.
gorduroso (gor.du.ro.so) [ô] adj. Que contém muita gordura; gordo. ▪ Pl. *gordurosos* [ó].
gorgolejar (gor.go.le.jar) v.i. **1.** Beber em goles grandes, fazendo barulho. v.t.d. **2.** Falar fazendo ruído semelhante; grunhir.
górgona (gór.go.na) s.f. (Mit.) Cada uma das três irmãs, Esteno, Euríalo e Medusa, que transformavam em pedra aqueles que as encaravam.
gorgorão (gor.go.rão) s.m. Tecido espesso de seda com relevos.
gorgulho (gor.gu.lho) s.m. *(epiceno)* (Zoo.) Inseto nocivo aos cereais; caruncho.
gorila (go.ri.la) s.m. *(epiceno)* **1.** (Zoo.) Macaco originário da África, que não possui cauda e anda sobre as pernas traseiras. **2.** (Fig.) Pessoa grande, desajeitada
gorjear (gor.je.ar) v.i. **1.** Trilar; cantar; trinar. v.t.d. **2.** Exprimir em gorjeios. Obs.: pres. do ind. *gorjeio*, *gorjeias*, *gorjeia*, *gorjeamos*, *gorjeais*, *gorjeiam*.
gorjeio (gor.jei.o) s.m. Ação de gorjear; trinado.
gorjeta (gor.je.ta) [ê] s.f. Gratificação por pequenos serviços.
goro (go.ro) [ô] adj. Diz-se de ovo podre, choco.
gorro (gor.ro) [ô] s.m. Boina, boné.
gosma (gos.ma) [ó] s.f. **1.** Doença que ataca a língua dos galináceos; gogo. **2.** (Pop.) Saliva.
gosmento (gos.men.to) adj. Que tem gosma.
gospel (gos.pel) [ó] s.m. Canto religioso originário das comunidades negras norte-americanas, difundido pelas igrejas evangélicas.
gostar (gos.tar) v.t.i. **1.** Sentir agrado por; achar agradável. **2.** Ter afeição ou amizade. **3.** Aprovar **4.** Simpatizar.
gosto (gos.to) [ô] s.m. **1.** Paladar; sabor. **2.** (Fig.) Prazer. **3.** Simpatia. ▪ Pl. *gostos* [ó].
gostoso (gos.to.so) [ô] adj. **1.** Saboroso. **2.** Agradável. ▪ Pl. *gostosos* [ó].
gostosura (gos.to.su.ra) s.f. **1.** Qualidade de gostoso **2.** (P. ext.) Coisa gostosa; delícia.
gota (go.ta) [ô] s.f. **1.** Pingo de qualquer líquido **2.** (Med.) Doença que afeta músculos e articulações causada pelo excesso de ácido úrico no organismo
goteira (go.tei.ra) s.f. Orifício no teto por onde caem gotas de água.

gotejante (go.te.**jan**.te) *adj.2g.* Que goteja; que pinga.
gotejar (go.te.**jar**) *v.i.* Cair em gotas; pingar.
gótico (**gó**.ti.co) *adj.* **1.** Gênero de arquitetura ogival. **2.** Tipo de letra usada na Idade Média e ainda hoje na imprensa alemã.
gotícula (go.**tí**.cu.la) *s.f.* Gota minúscula.
goto (**go**.to) [ô] *s.m.* Entrada da laringe; glote.
governabilidade (go.ver.na.bi.li.**da**.de) *s.f.* **1.** Qualidade do que é governável. **2.** (Pol.) Conjuntura definida pela estabilidade política, financeira, social etc., e que permite que o poder vigente possa governar de maneira equilibrada.
governador (go.ver.na.**dor**) [ô] *s.m. e adj.* Que, ou aquele que governa; governante.
governamental (go.ver.na.men.**tal**) *adj.2g.* Relativo ao governo.
governanta (go.ver.**nan**.ta) *s.f.* Mulher contratada para cuidar do serviço, manutenção e funcionamento de uma mansão ou casa grande.
governante (go.ver.**nan**.te) *s.2g. e adj.2g.* (Pessoa) que governa, que lidera um governo.
governar (go.ver.**nar**) *v.t.d.* **1.** Dirigir; administrar. *v.i.* **2.** Exercer governo.
governável (go.ver.**ná**.vel) *adj.2g.* Que se pode governar ou dirigir.
governista (go.ver.**nis**.ta) *s.2g. e adj.2g.* Partidário do governo.
governo (go.**ver**.no) [ê] *s.m.* **1.** Ação de governar. **2.** Administração superior; autoridade.
gozação (go.za.**ção**) *s.f.* Brincadeira; zombaria.
gozador (go.za.**dor**) [ô] *s.m. e adj.* (Indivíduo) que faz brincadeiras sobre coisas ou pessoas o tempo todo.
gozar (go.**zar**) *v.t.d.* **1.** Desfrutar; usufruir. **2.** (Fig.) Rir à custa. *v.i.* **3.** Ter prazer.
gozo (**go**.zo) [ô] *s.m.* **1.** Prazer; gosto. **2.** Graça; motivo de riso.
gozoso (go.**zo**.so) [ô] *adj.* **1.** Em que há gozo. **2.** Que revela prazer. ▣ Pl. *gozosos* [ó].
GPS 1. (Inf.) Sigla do inglês *Global Positioning System*, "Sistema de Posicionamento Global". **2.** Sigla de *Guia de Previdência Social*.
graça (gra.ça) *s.f.* **1.** Benevolência. **2.** Favor. **3.** Atrativo; elegância. **4.** Dito espirituoso; gracejo.
graças (**gra**.ças) *s.f.pl.* Agradecimento.
gracejar (gra.ce.**jar**) *v.t.d. e v.i.* Fazer gracejos.
gracejo (gra.**ce**.jo) [ê] *s.m.* Ato ou dito espirituoso.
grácil (**grá**.cil) *adj.2g.* Gracioso.
gracioso (gra.ci.**o**.so) [ô] *adj.* Que tem graça; em que há graça. ▣ Pl. *graciosos* [ó].
graçola (gra.**ço**.la) [ó] *s.f.* (Pop.) Piada de mau gosto.
gradação (gra.da.**ção**) *s.f.* **1.** Transição gradual. **2.** Aumento ou diminuição gradual.
gradativo (gra.da.**ti**.vo) *adj.* **1.** Em que há gradação. **2.** Gradual.
grade (**gra**.de) *s.f.* **1.** Armação formada por barras cruzadas, para impedir o acesso a um lugar: *o prisioneiro ficava atrás das grades*. **2.** Prisão, cadeia. **3.** Forma quadriculada: *riscou uma grade com seis quadrados para o jogo da velha*.

gradeado (gra.de.**a**.do) *adj.* **1.** Que se gradeou, protegeu com grades: *uma caixa de areias gradeada*. *s.m.* **2.** Essa proteção; gradeamento: *fez um gradeado no jardim*.
gradeamento (gra.de.a.**men**.to) *s.m.* Cobertura com grades; gradeado.
gradear (gra.de.**ar**) *v.t.d.* Cobrir com grades, pôr grades em: *gradeou o canteiro para o cachorro não pisar nas sementes*.
gradil (gra.**dil**) *s.m.* Grade baixa utilizada para cercar jardins, praças etc.
graduação (gra.du.a.**ção**) *s.f.* **1.** Divisão de uma escala graduada. **2.** Cada um desses graus. **3.** Ação ou resultado de graduar-se. **4.** Curso de nível universitário; bacharelado.
graduado (gra.du.**a**.do) *adj.* **1.** Dividido em graus. **2.** Distinto. **3.** (Fig.) Diplomado.
gradual (gra.du.**al**) *adj.2g.* Gradativo.
graduar (gra.du.**ar**) *v.t.d.* **1.** Dispor por graus. **2.** Ordenar. *v.p.* **3.** Obter grau, título universitário.
grafar (gra.**far**) *v.t.d.* Escrever.
grafema (gra.**fe**.ma) *s.m.* Qualquer signo que tem significado na escrita, seja uma letra, acento, sinal como cedilha ou pontuação, ou dígrafo como nh.
grafia (gra.**fi**.a) *s.f.* Maneira de escrever; ortografia.
gráfica (**grá**.fi.ca) *s.f.* Estabelecimento gráfico.
gráfico (**grá**.fi.co) *adj.* **1.** Relativo a grafia, a escrita ou a impressão de imagens. *s.m.* **2.** Representação sobre papel, parede ou em duas dimensões; desenho, diagrama. **3.** Indivíduo que trabalha em uma gráfica.
grã-fino (grã-**fi**.no) *s.m.* **1.** Pessoa com alto poder aquisitivo que vive com sofisticação. *adj.* **2.** Próprio dessa condição. ▣ Pl. *grã-finos*. Obs.: a grafia "granfino" não é recomendada.
grafismo (gra.**fis**.mo) *s.m.* Desenho elaborado, que valoriza formas abstratas, ritmo e técnicas: *uma camiseta tinha figuras de bichinhos e outra tinha grafismos tribais*.
grafita (gra.**fi**.ta) *s.f.* (Min.) Mineral de cor cinza, que se emprega especialmente na fabricação de lápis e lubrificantes; grafite.
grafite (gra.**fi**.te) *s.f.* **1.** (Min.) Grafita. **2.** Pedaço desse mineral, cortado em cilindro para escrever com lapiseira ou lápis. **3.** Inscrição anônima em parede ou local público: *os grafites de Pompeia são fontes históricas*. **4.** Desenho ou pintura mural feita em lugar público, quase sempre com *spray* e sem autorização. Cf. *pichação*.
grafologia (gra.fo.lo.**gi**.a) *s.f.* Ciência que estuda o talhe da letra.
grafólogo (gra.**fó**.lo.go) *s.m.* Aquele que estuda ou entende de grafologia.
gralha (**gra**.lha) *s.f.* (*epiceno*) (Zoo.) Ave do grupo do corvo, colorida e de voz estridente, que vive nas matas e descampados.
gralha-azul (gra.lha-a.**zul**) *s.f.* (Zoo.) Ave que se alimenta de uma parte da semente da araucária e enterra a outra parte, semeando a planta: *a gralha-azul é o símbolo do Paraná*. ▣ Pl. *gralhas-azuis*.

grama (gra.ma) s.f. **1.** (Bot.) Denominação dada a diversas plantas gramíneas, forrageiras, medicinais e ornamentais. s.m. **2.** Unidade de massa (g).
gramado (gra.ma.do) s.m. **1.** Terreno coberto de grama. **2.** Campo de futebol.
gramar (gra.mar) v.t.d. **1.** Cobrir ou plantar de grama. **2.** (Fig.) Penar para conseguir algo.
gramática (gra.má.ti.ca) s.f. Estudo dos elementos da linguagem e das suas regularizações: fonologia, morfologia, significação das palavras e sintaxe.
gramatical (gra.ma.ti.cal) adj.2g. Relativo à gramática.
gramático (gra.má.ti.co) adj. **1.** Que pertence à gramática. s.m. **2.** Aquele que entende de gramática.
gramatura (gra.ma.tu.ra) s.f. Espessura de uma folha de papel, medida em gramas por metro quadrado.
gramínea (gra.mí.ne.a) s.f. (Bot.) Planta de um só cotilédone, de folhas geralmente longas e estreitas, como o trigo, o bambu e o milho.
gramofone (gra.mo.fo.ne) s.m. (Ant.) Aparelho usado para reproduzir sons gravados em discos de plástico.
grampeador (gram.pe.a.dor) [ô] s.m. Aparelho para fixar, com grampos metálicos, folhas de papel, tecidos de estofamento etc.
grampear (gram.pe.ar) v.t.d. Prender com grampos.
grampo (gram.po) s.m. **1.** Haste de ferro ou madeira para segurar peças. **2.** Presilhas de cabelo. **3.** (Fig.) Interceptação clandestina para detectar informações telefônicas.
grana (gra.na) s.f. (Pop.) Dinheiro.
granada (gra.na.da) s.f. **1.** Artefato bélico, arremessado com a mão, a pequenas distâncias. **2.** (Min.) Pedra preciosa.
granadeiro (gra.na.dei.ro) s.m. **1.** Soldado armado com granadas. **2.** (Zoo.) Peixe teleósteo marinho e abissal.
grande (gran.de) adj.2g. **1.** Que é de tamanho ou volume maior; que não é pequeno: *o osso da perna é grande, o do dedo é pequeno*. **2.** Que cresceu, que terminou seu desenvolvimento: *quando for grande vai trabalhar como piloto*. s.m. **3.** Que tem maior valor ou importância; destacado: *os grandes gênios, uma grande mulher*. **4.** Adulto.
grandeza (gran.de.za) [ê] s.f. **1.** Qualidade de grande. **2.** Magnitude; generosidade; bondade. **3.** Ostentação. **4.** (Fís.) Qualquer entidade passível de medição; dimensão.
grandiloquente (gran.di.lo.quen.te) adj.2g. **1.** Que tem grande eloquência; que se expressa em estilo elevado, pomposo. **2.** Diz-se de texto ou estilo que procura convencer e impressionar pelo uso de palavras e construções difíceis: *discurso grandiloquente*.
grandiosidade (gran.di.o.si.da.de) s.f. Qualidade do que é grandioso; magnificência, esplendor.
grandioso (gran.di.o.so) [ô] adj. **1.** Muito grande. **2.** Elevado; nobre. **3.** Magnificente; pomposo. ▪ Pl. *grandiosos* [ó].

granel (gra.nel) s.m. **1.** Mercadoria sem embalagem, retirada de saco ou caixote. **2.** Depósito de cereais.
granfino s.m. e adj. Grã-fino. Obs.: a grafia "granfino" não é recomendada.
granítico (gra.ní.ti.co) adj. Relacionado ao granito.
granito (gra.ni.to) s.m. (Min.) Rocha muito dura, formada por quartzo e um feldspato alcalino.
granívoro (gra.ní.vo.ro) adj. Que se alimenta de grãos ou sementes.
granizo (gra.ni.zo) s.m. **1.** Gelo muito pequeno que cai como chuva. **2.** Grão miúdo.
granja (gran.ja) s.f. **1.** Estabelecimento agrícola. **2.** Estabelecimento para criação de galináceos.
granjear (gran.je.ar) v.t.d. **1.** Cultivar. **2.** (Fig.) Adquirir. Obs.: pres. do ind.: *granjeio, granjeias, granjeia, granjeamos, granjeais, granjeiam*.
granjeiro (gran.jei.ro) s.m. Relativo a granja.
granola (gra.no.la) [ó] s.f. Mistura de grãos, frutas secas, castanhas etc., usada como alimento matinal para ser ingerido com leite.
granulação (gra.nu.la.ção) s.f. **1.** Ação ou resultado de granular. **2.** Estrutura em forma de grãos sobre uma superfície. **3.** Qualidade dos pontos que formam a definição de uma fotografia.
granulado (gra.nu.la.do) adj. **1.** Que se apresenta em grânulos. s.m. **2.** Chocolate em grânulos ou canutilhos, usado para cobrir o brigadeiro, decorar bolos e doces.
granular (gra.nu.lar) v.t.d. **1.** Reduzir a grânulos. adj. **2.** Semelhante a grão; granuloso.
grânulo (grâ.nu.lo) s.m. Pequeno grão ou globo; grumo.
granuloso (gra.nu.lo.so) [ô] adj. Que tem forma de grão ou grânulo; granular. ▪ Pl. *granulosos* [ó].
grão s.m. **1.** (Bot.) Semente de cereais. **2.** Objeto esférico, pequeno e duro; glóbulo, partícula. **3.** Fração diminuta de qualquer coisa.
grão-de-bico (grão-de-bi.co) s.m. (Bot.) **1.** Grão redondo e com um pequeno bico, de cor alaranjada, semelhante ao feijão; gravanço. **2.** Planta leguminosa que dá esse grão. ▪ Pl. *grãos-de-bico*.
grão-ducado (grão-du.ca.do) s.m. Estado ou país governado por um grão-duque. ▪ Pl. *grão-ducados*.
grão-duque (grão-du.que) s.m. Título dado a alguns príncipes soberanos. ▪ Pl. *grão-duques*.
grão-mestre (grão-mes.tre) s.m. **1.** (Ant.) Chefe de ordem religiosa ou de ordem de cavalaria. **2.** Chefe maçom. ▪ Pl. *grão-mestres*.
grão-vizir (grão-vi.zir) s.m. (Hist.) Primeiro-ministro do Império Otomano. ▪ Pl. *grão-vizires*.
grasnada (gras.na.da) s.f. **1.** Ação de grasnar. **2.** (Fig.) Falatório; gritaria.
grasnar (gras.nar) v.i. **1.** Soltar a voz (o pato, corvo ou rã). **2.** Gritar com voz semelhante a deles.
grasnido (gras.ni.do) s.m. Grasnada.
grassar (gras.sar) v.i. **1.** Alastrar-se. **2.** Propagar, espalhar doença. Obs.: conjuga-se somente na 3ª pes.
gratidão (gra.ti.dão) s.f. Agradecimento.

gratificação (gra.ti.fi.ca.**ção**) s.f. **1.** Ação de gratificar. **2.** Recompensa; pagamento.
gratificar (gra.ti.fi.**car**) v.t.d. **1.** Dar gorjeta a. v.i. **2.** Mostrar-se reconhecido.
gratinado (gra.ti.**na**.do) s.m. e adj. (Prato) em geral salgado com uma cobertura de queijo ou creme derretidos e levemente tostados no forno.
gratinar (gra.ti.**nar**) v.t.d. Colocar (um prato com cobertura de queijo ou molho) no forno até que crie crosta dourada: *gratinou as batatas*.
grátis (**grá**.tis) adv. **1.** De graça; de modo gratuito: *queriam passear grátis*. adj.2g.2n. **2.** Que é dado, que não custa nada: *figurinhas grátis*. ▣ Pl. *grátis*.
grato (gra.to) adj. Agradecido; reconhecido.
gratuidade (gra.tu.i.**da**.de) s.f. Qualidade de gratuito.
gratuito (gra.**tui**.to) adj. **1.** Feito de graça. **2.** Sem motivo.
grau s.m. **1.** Categoria; ordem; hierarquia. **2.** Medida; intensidade. **3.** Posição. **4.** Título universitário. **5.** (Gram.) Flexão vocabular que indica a comparação entre vocábulos de uma mesma categoria. **6.** (Mat.) Cada uma das 360 partes em que se divide a circunferência.
graúdo (gra.**ú**.do) adj. **1.** Grande. **2.** Importante.
graúna (gra.**ú**.na) s.f. (*epiceno*) (Zoo.) Ave passeriforme, que possui bico longo, também conhecida por *chico-preto*.
gravação (gra.va.**ção**) s.f. **1.** Ação de gravar. **2.** Registro de sons.
gravador (gra.va.**dor**) [ô] s.m. **1.** Artista que faz gravuras. **2.** Aparelho que grava e reproduz sons em vários meios: fita cassete, CD etc. adj. **3.** Que grava.
gravame (gra.**va**.me) s.m. **1.** Imposto oneroso. **2.** (Fig.) Incômodo, pesar.
gravanço (gra.**van**.ço) s.m. Grão-de-bico.
gravar (gra.**var**) v.t.d. **1.** Imprimir; registrar. **2.** (Fig.) Perpetuar. **3.** Fazer a gravação.
gravata (gra.**va**.ta) s.f. Peça do vestuário masculino.
gravatá (gra.va.**tá**) s.m. (Bot.) Planta do grupo das bromélias, espécies ornamentais; caraguatá; bromélia.
gravata-borboleta (gra.va.ta-bor.bo.**le**.ta) [ê] s.f. Modelo de gravata formado por um laço preso no pescoço. ▣ Pl. *gravatas-borboletas, gravatas-borboleta*.
grave (gra.ve) adj.2g. **1.** Importante, sério; que tem gravidade: *doença grave*. (Mús.) **2.** Diz-se de som como o da voz grossa ou das notas da esquerda no piano; que não é agudo. s.m. **3.** Som grave: *regulou os graves e os agudos*. adj. (Gram.) **Acento grave:** acento colocado sobre a letra "a" para indicar que preposição e artigo feminino se combinaram em uma crase, como em "ir à escola".
graveto (gra.**ve**.to) [ê] s.m. Pequeno pedaço de lenha: *juntou gravetos para acender o fogo*.
grávida (**grá**.vi.da) s.f. Mulher durante a gestação; gestante.
gravidade (gra.vi.**da**.de) s.f. **1.** Qualidade do que é grave. **2.** (Fís.) Força que atrai os corpos para o centro da Terra.

gravidez (gra.vi.**dez**) [ê] s.f. Período de gestação. ▣ Pl. *gravidezes* [ê].
grávido (**grá**.vi.do) adj. **1.** Em estado de gravidez; prenhe. **2.** (Fig.) Cheio; pesado.
graviola (gra.vi.**o**.la) [ó] s.f. **1.** (Bot.) Árvore de que se extrai uma substância com propriedades aromáticas e medicinais. **2.** Fruto dessa árvore, de polpa branca, apreciado em sucos e sorvetes.
gravitação (gra.vi.ta.**ção**) s.f. **1.** Ação de gravitar. **2.** Força pela qual os corpos se atraem reciprocamente.
gravitar (gra.vi.**tar**) v.i. **1.** Tender para determinado ponto em virtude da força da gravitação. **2.** Girar em torno de um astro, atraído por ele.
gravoso (gra.**vo**.so) [ô] adj. Vexatório; oneroso. ▣ Pl. *gravosos* [ó].
gravura (gra.**vu**.ra) s.f. **1.** Desenho reproduzido a partir da imagem gravada em uma matriz, constituída por chapa de metal, pedra, madeira etc. **2.** Essa técnica e arte de obtenção de imagens. **3.** Desenho, ilustração em livro ou outro impresso.
graxa (gra.xa) s.f. Produto industrial pastoso, preparado com óleo, para a lubrificação de maquinismos ou para conservação de objetos encerados.
graxento (gra.**xen**.to) adj. **1.** Lambuzado de graxa; sujo. **2.** Graxo.
graxo (gra.xo) adj. **1.** Gorduroso. **2.** Oleoso; graxento.
grazinar (gra.zi.**nar**) v.i. **1.** Falar muito e em voz alta. **2.** Vozear; palrar. **3.** Importunar com lamentos.
greco-latino (gre.co-la.**ti**.no) adj. **1.** Relacionado ao mundo grego e ao mundo latino. **2.** Pertencente às línguas grego e latim. ▣ Pl. *greco-latinos*.
greco-romano (gre.co-ro.**ma**.no) adj. Relativo à Grécia e à Roma, em especial na Antiguidade, depois que os romanos invadiram os territórios gregos, a partir de 146 a.C. ▣ Pl. *greco-romanos*.
greda (gre.da) [ê] s.f. Argila, barro macio, de cor amarelada.
gregário (gre.**gá**.ri.o) adj. **1.** Relativo à grei. **2.** Que vive em bando.
grego (gre.go) [ê] adj. **1.** Da Grécia, país da Europa. **2.** Da civilização com vários povos e culturas da Antiguidade, desenvolvida nessa região e em ilhas próximas, que criou os fundamentos das artes, ciências e instituições da civilização ocidental; helênico. s.m. **3.** Pessoa natural ou habitante desse lugar. **4.** Idioma desse povo e desse país, escrito com alfabeto próprio, origem de vários vocábulos das línguas latinas e neolatinas.
gregoriano (gre.go.ri.**a**.no) adj. Relacionado a um dos papas de nome Gregório. **Canto gregoriano:** música para coro com uma só melodia, única permitida em cerimônias cristãs desde o papa Gregório I (504-640) até o século XV; cantochão. **Calendário gregoriano:** o calendário que usamos, instituído pelo papa Gregório XIII em 1582.
grei s.f. **1.** Rebanho de gado miúdo. **2.** (Fig.) Congregação; conjunto dos paroquianos.

grelar (gre.lar) v.i. Desenvolver grelos, brotar, germinar.
grelha (gre.lha) s.f. Pequena grade de ferro utilizada para assados sem gordura.
grelhado (gre.lha.do) adj. 1. Feito, assado sobre a grelha. s.m. e adj. 2. (Carne) feita na grelha: *almoçou uma salada e um grelhado.*
grelhar (gre.lhar) v.t.d. Assar ou torrar na grelha.
grelo (gre.lo) [ê] s.m. 1. Folha nova, broto. 2. Pequena haste sem flores. 3. (Chul.) Clitóris.
grêmio (grê.mi.o) s.m. Corporação; sociedade.
grená (gre.ná) adj.2g. Da cor vermelha bem forte; vinho.
grenha (gre.nha) [ê] s.f. 1. Crina do leão. 2. Cabelo em desalinho. 3. Bosque denso.
greta (gre.ta) [ê] s.f. Abertura; fenda.
greve (gre.ve) [é] s.f. Suspensão das atividades como forma de reivindicação: *greve de estudantes, de trabalhadores.*
grevista (gre.vis.ta) adj.2g. 1. Relativo à greve. s.2g. e adj.2g. 2. (Pessoa) que está em greve.
grifado (gri.fa.do) adj. Sublinhado, destacado.
grifar (gri.far) v.t.d. 1. Escrever em grifo; destacar, realçar. 2. (Fig.) Sublinhar; evidenciar.
grife (gri.fe) s.f. Marca que distingue seu criador ou pessoa famosa.
grifo (gri.fo) s.m. 1. (Mit.) Animal fabuloso com cabeça e asas de águia, corpo de leão e garras afiadas. 2. Ferramenta manual para prender ou segurar firme uma peça. (Gráf.) 3. Destaque, realce gráfico dado a um trecho, usado itálico ou outro recurso. 4. Letra em itálico.
grilagem (gri.la.gem) s.f. Ação de grilar; aquisição de um imóvel com documentação falsa.
grilar (gri.lar) v.t.d. 1. Obter (imóvel) pela falsificação de documentos: *grilar um sítio.* v.t.d. e v.p. 2. (Gír.) Preocupar(-se), incomodar(-se), abater(-se): *o acidente grilou a turma; ela se grila muito com mentiras.*
grileiro (gri.lei.ro) s.m. Indivíduo que tenta se apoderar da propriedade de outros usando escritura falsa.
grilhão (gri.lhão) s.m. 1. Corrente forte de metal. 2. (Fig.) Prisão; algema.
grilheta (gri.lhe.ta) [ê] s.f. Grilhão.
grilo (gri.lo) s.m. (epiceno) 1. (Zoo.) Inseto saltador que possui longas antenas e cujo macho emite um som de cricri característico. 2. (Fig.) Preocupação, cisma.
grinalda (gri.nal.da) s.f. 1. Adorno de flores para enfeitar a cabeça da noiva. 2. (Const.) Ornato de folhas ou flores.
gringo (grin.go) s.m. (Pop.Pej.) Indivíduo estrangeiro.
gripado (gri.pa.do) adj. Que está com gripe, que se gripou.
gripal (gri.pal) adj.2g. (Med.) Relativo à gripe.
gripar (gri.par) v.t.d. 1. Causar gripe: *o ar-condicionado desregulado gripa muita gente.* v.p. 2. Pegar gripe, ser atacado por gripe: *ela se gripou no domingo.*

gripe (gri.pe) s.f. (Med.) Enfermidade virótica, infecciosa das mucosas respiratórias.
gris adj.2g.2n. 1. Que é de uma cor entre branco e preto; cinza: *uma boina gris, casacos gris.* s.m.2n. 2. Essa cor: *o gris lhe caía bem.* ▣ Pl. gris.
grisalho (gri.sa.lho) adj. 1. Diz-se de cabelos ou pelos que começaram a embranquecer: *uma mecha grisalha caía na testa.* s.m. 2. Esses cabelos: *via-se o grisalho na raiz do cabelo.* 3. Pessoa com esses cabelos: *aos trinta anos de idade já era grisalho.*
grita (gri.ta) s.f. Gritaria, reclamação, protesto: *ouviu-se a grita do outro lado do pátio.*
gritante (gri.tan.te) adj.2g. 1. Que grita. 2. Clamoroso. 3. Que salta aos olhos. 4. Cor muito viva 5. Que chama a atenção pelo exagero.
gritar (gri.tar) v.i. 1. Levantar muito a voz. 2. Soltar gritos. v.t.i. 3. Bradar.
gritaria (gri.ta.ri.a) s.f. 1. Conjunto de gritos 2. Barulho.
grito (gri.to) s.m. 1. Som de voz agudo e muito elevado. 2. Clamor.
groelandês (gro.e.lan.dês) adj. 1. Da Groelândia, país da América do Norte. s.m. 2. Pessoa natural ou habitante desse lugar.
grogue (gro.gue) [ó] s.m. 1. Bebida alcoólica misturada com água quente e limão. adj.2g. 2. Tonto, bêbado: *ela estava grogue e tropeçou na almofada*
grosa (gro.sa) [ó] s.f. Doze dúzias.
groselha (gro.se.lha) [é] s.f. 1. (Bot.) Fruto da groselheira. 2. Xarope desse fruto, do qual são preparadas bebidas e comidas.
groselheira (gro.se.lhei.ra) s.f. (Bot.) Planta que dá a groselha.
grosseirão (gros.sei.rão) adj. 1. Muito grosso. 2. Mal-educado, incivil. s.m. 3. Indivíduo grosseirão.
grosseiro (gros.sei.ro) adj. 1. Grosso. 2. Ordinário de má qualidade.
grosseria (gros.se.ri.a) s.f. Indelicadeza.
grosso (gros.so) [ô] adj. 1. Que tem grossura ou espessura. 2. Espesso; volumoso. 3. Grosseiro. ▣ Pl *grossos* [ó].
grossura (gros.su.ra) s.f. 1. Qualidade de grosso espesso. 2. Indelicadeza; ato ou expressão grosseira
grota (gro.ta) [ó] s.f. 1. Cavidade na encosta de montanhas ou em margens de rios provocada pela força da água. 2. Terreno entre duas montanhas.
grotesco (gro.tes.co) [ê] adj. Ridículo; caricato.
grou s.m. (Zoo.) Ave pernalta e de largas asas, que permitem planar. ▣ Fem. *grua.*
grua (gru.a) s.f. 1. (Zoo.) A fêmea do grou. 2. Guindaste. 3. Equipamento para erguer e transportar na vertical um cinegrafista, eletricista ou outro trabalhador.
grudar (gru.dar) v.t.d. 1. Unir com grude. 2. (Fig.) Aderir. 3. (Fig.) Estar junto, sempre ao lado de uma pessoa.
grude (gru.de) s.m. 1. Cola caseira, feita de farinha de trigo. 2. (Pop.) Pessoa que tenta ficar muito próxima de outra.
grudento (gru.den.to) adj. Que gruda; pegajoso.

grumete (gru.**me**.te) [ê] *s.m.* Marinheiro iniciante.
grumo (gru.mo) *s.m.* Grânulo.
grunhido (gru.**nhi**.do) *s.m.* **1.** A voz do porco. **2.** (Fig.) Voz desagradável.
grunhir (gru.**nhir**) *v.i.* **1.** Soltar grunhidos. **2.** (Fig.) Resmungar.
grupal (gru.**pal**) *adj.2g.* Relacionado a grupo, feito em grupo.
grupamento (gru.pa.**men**.to) *s.m.* Ação de grupar.
grupar (gru.**par**) *v.t.d.* Agrupar.
grupelho (gru.**pe**.lho) [ê] *s.m.* (*Pej.*) Grupo pequeno, sem importância.
grupo (gru.po) *s.m.* **1.** Reunião de pessoas. **2.** Reunião de coisas, formando um todo. **3.** Pequena associação.
gruta (gru.ta) *s.f.* **1.** Caverna natural ou artificial. **2.** (Fig.) Antro.
guabiraba (gua.bi.**ra**.ba) *s.f.* (*Bot.*) **1.** Árvore frutífera. **2.** O fruto dessa árvore.
guabiroba (gua.bi.**ro**.ba) [ó] *s.f.* **1.** (*Bot.*) Denominação de várias plantas cujos frutos têm propriedades medicinais. **2.** O fruto dessas plantas. O mesmo que *gabiroba*.
guache (gua.che) *s.m.* **1.** Substância corante diluída em água e goma, de consistência pastosa, utilizada para pintura em papel. **2.** Pintura executada com essa substância. Cf. *guaxe*.
guaiaca (guai.**a**.ca) *s.f.* Cinto largo de couro ou camurça, para carregar arma.
guáiaco (**guái**.a.co) *s.m.* **1.** (*Bot.*) Árvore de madeira dura, resinosa e aromática, com propriedades sudoríficas e estimulantes. **2.** Resina extraída dessa árvore.
guaiacol (guai.a.**col**) *s.m.* Substância extraída do guáiaco, usada como expectorante.
guaiamum (guai.a.**mum**) *s.m.* (*Zoo.*) Caranguejo terrestre azulado, que vive em buracos no mangue ou é criado em casa, para fins culinários; goiamum.
guaicuru (guai.cu.**ru**) *s.2g.* **1.** Indígena da tribo dos guaicurus, que habitavam o Mato Grosso e o Paraguai. *s.m.* **2.** O idioma dos guaicurus. *adj.2g.* **3.** Relativo aos guaicurus.
guajá (gua.**já**) *s.m.* **1.** (*Zoo.*) Crustáceo vermelho que, segundo a lenda, abriga em seu casco uma princesa encantada. *s.2g.* **2.** Indivíduo dos guajás, povo indígena que vive hoje no Maranhão e no Pará. *adj.2g.* **3.** Relacionado a esse povo.
guajajara (gua.ja.**ja**.ra) *s.2g.* **1.** Indivíduo dos guajajaras, povo indígena que vive hoje no Maranhão. *adj.2g.* **2.** Relacionado a esse povo.
guampa (**guam**.pa) *s.f.* (*Folc.*) Chifre de boi usado no Sul e Centro-Oeste como vasilha para água ou outros líquidos e como berrante, para reunir o gado.
guanabarino (gua.na.ba.**ri**.no) *adj.* **1.** Da Guanabara, antigo estado brasileiro. *s.m.* **2.** Pessoa natural ou habitante desse lugar.
guanaco (gua.**na**.co) *s.m.* (*Zoo.*) Mamífero artiodáctilo dos Andes, de pelagem lanosa, castanha e branca.

guano (gua.no) *s.m.* Adubo proveniente do acúmulo de excremento de aves aquáticas.
guapo (gua.po) *adj.* **1.** Animoso; ousado; corajoso; valente. **2.** Elegante.
guará (gua.**rá**) *s.m.* (*Zoo.*) **1.** Flamingo. **2.** Lobo-guará.
guaraná (gua.ra.**ná**) *s.m.* **1.** (*Bot.*) Planta amazônica cujos frutos têm propriedades medicinais e são empregados para fazer bebidas. **2.** Refrigerante que se prepara com esses frutos.
guarani (gua.ra.**ni**) *s.2g.* **1.** Indivíduo dos guaranis, grande grupo de povos indígenas da América do Sul. **2.** Indivíduo dos guaranis, povo indígena que vive hoje no Rio Grande do Sul, em Santa Catarina, em São Paulo, no Rio de Janeiro, no Tocantins e no Pará. *adj.2g.* **3.** Relacionado a esse grupo de povos ou a esse povo. *s.m.* **4.** Língua indígena que é uma das oficiais do Paraguai. **5.** Moeda do Paraguai.
guarani-caiouá (gua.ra.ni-cai.ou.**á**) *s.2g.* **1.** Indivíduo dos guarani-caiouás, povo indígena que vive hoje no Mato Grosso do Sul. *adj.2g.* **2.** Relacionado a esse povo. O mesmo que *caiová*. ▪ Pl. *guarani-caiouás*.
guarani-mbiá (gua.ra.ni-mbi.**á**) *s.2g.* **1.** Indivíduo dos guarani-mbiás, povo indígena que vive hoje nos estados de Rio Grande do Sul, Santa Catarina, Paraná, São Paulo e Espírito Santo. *adj.2g.* **2.** Relacionado a esse povo. O mesmo que *mbiá* e *embiá*. ▪ Pl. *guarani-mbiás*.
guarani-nhandeva (gua.ra.ni-nhan.**de**.va) [é] *s.2g.* **1.** Indivíduo dos guarani-nhandevas, povo indígena que vive hoje em Santa Catarina, no Paraná, em São Paulo e no Mato Grosso do Sul. *adj.2g.* **2.** Relacionado a esse povo. O mesmo que *nhandeva*. ▪ Pl. *guarani-nhandevas*.
guarantã *s.2g.* (gua.ran.**tã**) (*Bot.*) Árvore nativa do Brasil de madeira resistente e pequenas flores brancas.
guarará (gua.ra.**rá**) *s.m.* Instrumento indígena formado por cabaça com sementes secas dentro, usado para marcar o ritmo da dança.
guarda (**guar**.da) *s.f.* **1.** Ação de guardar. **2.** Vigilância, vigia. **3.** Serviço de quem guarda; cuidado; amparo. *s.2g.* **4.** Pessoa que guarda ou vigia.
guarda-chuva (guar.da-**chu**.va) *s.m.* Objeto para proteger da chuva, constituído por cobertura circular de tecido flexível em uma armação dobrável. ▪ Pl. *guarda-chuvas*.
guarda-comida (guar.da-co.**mi**.da) *s.m.* Móvel de cozinha com telas de proteção nas portas. ▪ Pl. *guarda-comidas*.
guarda-costas (guar.da-**cos**.tas) *s.m.2n.* **1.** (*Ant.*) Navio que percorre as costas de um país para vigiá-las. *s.2g.2n.* **2.** Pessoa contratada para acompanhar outra e cuidar de sua segurança. ▪ Pl. *guarda-costas*.
guardado (guar.**da**.do) *adj.* Protegido, escondido. Cf. *guardados*.
guardador (guar.da.**dor**) [ô] *s.m. e adj.* (Aquele) que guarda, toma conta ou vigia: *guardador de rebanhos, guardador de automóveis*.

guardados (guar.**da**.dos) s.m.pl. Objetos particulares juntados como recordação de alguém ou de algo. Cf. *guardado*.

guarda-livros (guar.da-**li**.vros) s.2g.2n. (Ant.) Contador, contabilista. ▫ Pl. *guarda-livros*.

guarda-marinha (guar.da-ma.**ri**.nha) s.m. Aluno da Escola Naval, que na hierarquia da Marinha do Brasil está abaixo do segundo-tenente. ▫ Pl. *guardas-marinha, guardas-marinhas*.

guardanapo (guar.da.**na**.po) s.m. Pedaço de pano ou papel que se usa à mesa, para limpar a boca ou colocar sobre o colo, para proteger a roupa.

guarda-noturno (guar.da-no.**tur**.no) s.m. Vigia, segurança contratado para fazer a ronda nas ruas durante a noite. ▫ Pl. *guardas-noturnos*.

guarda-pó (guar.da-**pó**) s.m. Casaco abotoado na frente, de tecido leve, usado durante o trabalho por professores, bibliotecários, médicos etc. para proteger as roupas. Cf. *aventa*l. ▫ Pl. *guarda-pós*.

guardar (guar.**dar**) v.t.d. **1.** Defender; proteger. **2.** Ocultar. **3.** Não permitir que se perca. **4.** Manter; conservar. **5.** Reservar. **6.** Livrar.

guarda-roupa (guar.da-**rou**.pa) s.m. **1.** Armário embutido ou móvel para guardar roupas etc. **2.** Conjunto de roupas usado pelas personagens de teatro, filme etc., como figurino, ou por uma pessoa. ▫ Pl. *guarda-roupas*.

guarda-sol (guar.da-**sol**) s.m. Peça semelhante a um guarda-chuva porém maior e de tecido grosso, para proteger do sol na praia ou na piscina. ▫ Pl. *guarda-sóis*.

guardião (guar.di.**ão**) s.m. e adj. Que ou aquele que guarda e protege; protetor. ▫ Pl. *guardiões, guardiães*. Fem. *guardiã, guardiãs*.

guariba (gua.**ri**.ba) s.m. (epiceno) (Zoo.) Macaco amazônico grande e pesado, que urra à noite.

guarida (gua.**ri**.da) s.f. Abrigo; refúgio; proteção.

guarita (gua.**ri**.ta) s.f. **1.** Abrigo de vigilante ou sentinela. **2.** Esse abrigo, em uma torre de castelo.

guarnecer (guar.ne.**cer**) v.t.d. **1.** Prover, dotar de: *guarnecer a casa de móveis*. **2.** Colocar (forças, defesas): *guarneceu o castelo com dez soldados*. **3.** Ornar, enfeitar. **4.** Colocar ao lado, acompanhando ou enfeitando.

guarnecido (guar.ne.**ci**.do) adj. **1.** Que tem como guarnição; dotado, acompanhado de. **2.** Adornado, enfeitado, decorado.

guarnição (guar.ni.**ção**) s.f. **1.** Conjunto de tropas estabelecido em um local. **2.** Pessoal que serve em um navio de guerra. **3.** Prato que acompanha o principal: *um peixe com guarnição de batatas*.

guasca (**guas**.ca) s.2g. **1.** Alcunha dada aos gaúchos pelos nordestinos, antigamente com valor pejorativo. s.f. **2.** Tira, corda ou correia de couro de uso variado.

guatambu (gua.tam.**bu**) s.m. (Bot.) Árvore nativa do Brasil, de flores brancas, de madeira resistente, própria para marcenaria.

guatemalteco (gua.te.mal.**te**.co) [é] adj. **1.** Da Guatemala, país da América do Sul. s.m. **2.** Pessoa natural ou habitante desse lugar.

guató (gua.**tó**) s.2g. **1.** Indivíduo dos guatós, povo indígena que vive hoje no Mato Grosso do Sul adj.2g. **2.** Relacionado a esse povo.

guaxe (**gua**.xe) s.m. (Zoo.) Ave sul-americana de plumagem negra com base da cauda vermelha e bico amarelo-esverdeado. Cf. *guache*.

guaxima (gua.**xi**.ma) s.f. (Bot.) Arbusto nativo das regiões tropicais, de que se extraem fibras brancas com propriedades medicinais.

guaxinim (gua.xi.**nim**) s.m. (epiceno) (Zoo.) Mamífero silvestre de rabo listrado e mancha escura nos olhos, que vive próximo de brejos e rios, do Canadá ao Brasil; mão-pelada.

guaxo (**gua**.xo) adj. (RS) **1.** Que perdeu a mãe durante a amamentação: *bezerro guaxo, criança guaxa*. **2.** Que germina depois da colheita, que cresce sem cultivo: *soja guaxa*. s.m. **3.** (Zoo.) Pássaro que faz um ninho grande e pendurado, trançando gravetos.

gude (**gu**.de) s.m. (Folc.) Jogo ou brincadeira infantil com bolinhas de vidro colorido, que são impulsionadas com o polegar sobre o solo.

guê s.m. Um dos nomes da letra G.

guedelha (gue.**de**.lha) [ê] s.f. **1.** Cabelo comprido e desgrenhado. **2.** (Fig.) Proveito, vantagem.

gueixa (**guei**.xa) s.f. Jovem japonesa que, em uma casa especial e com trajes típicos, faz apresentações de artes tradicionais como canto, dança, cerimônia do chá e outros.

guelra (**guel**.ra) s.f. (Zoo.) Parte do aparelho respiratório dos peixes por onde entra a água; brânquias.

guerra (**guer**.ra) s.f. **1.** Luta com armas. **2.** Campanha militar. **3.** (Fig.) Oposição.

guerrear (guer.re.**ar**) v.t.d. **1.** (Fig.) Fazer oposição a; oprimir; perseguir. v.i. **2.** Fazer guerra; combater.

guerreiro (guer.**rei**.ro) adj. **1.** Relativo à guerra. s.m. **2.** Aquele que guerreia.

guerrilha (guer.**ri**.lha) s.f. Guerra feita por um pequeno corpo de guerreiros voluntários que atacam o inimigo fora do campo ou de emboscada.

guerrilheiro (guer.ri.**lhei**.ro) s.m. **1.** Aquele que faz parte de uma guerrilha. **2.** Chefe de guerrilha.

gueto (**gue**.to) [ê] s.m. Local ou bairro onde vive um grupo separado, segregado, que não convive ou convive pouco com a população da cidade.

guia (**gui**.a) s.f. **1.** Documento que acompanha, com que se recebem mercadorias ou encomendas. **2.** Limite e direção de uma calçada. **3.** Corda com que se conduz um cão ou outro animal: *prendeu a guia na coleira e saíram pela rua*. s.2g. **4.** Pessoa que guia, conduz ou dirige. s.m. **5.** Livro que contém indicações acerca de uma região ou cidade.

guianês (gui.a.**nês**) adj. **1.** Da Guiana ou da Guiana Francesa, países da América do Sul. s.m. **2.** Pessoa natural ou habitante desse lugar.

guiar (gui.**ar**) v.t.d. **1.** Servir de guia a. **2.** Conduzir; dirigir. **3.** (Fig.) Aconselhar; proteger; encaminhar.

guichê (gui.chê) s.m. Janela ou balcão adaptado para atendimento ao público.
guidão (gui.dão) s.m. Barra de direção das bicicletas, triciclos e motos. O mesmo que *guidom*. ◙ Pl. *guidões*.
guidom (gui.dom) s.m. O mesmo que *guidão*.
guilda (guil.da) s.f. (Hist.) Organização, associação de profissionais europeus durante a Idade Média, fortemente hierarquizada.
guilhotina (gui.lho.ti.na) s.f. **1.** Instrumento de decapitação em que a lâmina cai verticalmente sobre o pescoço. **2.** Tipo de vidraça de janela com movimento semelhante. **3.** Aparelho para cortar papel.
guilhotinar (gui.lho.ti.nar) v.t.d. **1.** Executar na guilhotina; decapitar: *guilhotinaram a princesa*. **2.** Cortar com guilhotina: *guilhotinou os impressos*.
guimba (guim.ba) s.f. (Gír.) Resto de cigarro, charuto etc.; bituca.
guinada (gui.na.da) s.f. **1.** Mudança repentina de direção. **2.** (Fig.) Mudança de atitude.
guinar (gui.nar) v.t.i. e v.i. Virar, mudar de direção: *guinou subitamente para a direita*.
guinchar (guin.char) v.t.d. **1.** Remover, levar embora (um veículo) com guincho: *guincharam o carro para a oficina*. v.i. **2.** Emitir sons agudos e estridentes: *o macaco guinchava na jaula*.
guincho (guin.cho) s.m. **1.** Som agudo e estridente. **2.** Guindaste. **3.** Veículo para erguer e transportar outro, em sua carroceria ou a reboque.
guinda (guin.da) s.f. (Náut.) **1.** Altura de um mastro. **2.** Corda para içar, erguer vela.
guindar (guin.dar) v.t.d. **1.** Erguer, levantar; mover em sentido vertical: *guindar o piano ao sétimo andar*. **2.** (Fig.) Elevar, promover.
guindaste (guin.das.te) s.m. **1.** Equipamento ou máquina para levantar cargas pesadas. **2.** Guincho.
guiné (gui.né) s.f. **1.** Galinha-d'angola. **2.** (Bot.) Erva de origem africana, com propriedades medicinais, uso culinário e em rituais religiosos.
guineense (gui.ne.en.se) adj.2g. **1.** Da Guiné, da Guiné-Bissau ou da Guiné Equatorial, três países da África; guinéu. s.2g. **2.** Pessoa natural ou habitante desse lugar.

guinéu (gui.néu) s.m. e adj. **1.** Guineense. s.m. **2.** Antiga moeda de ouro inglesa que valia 21 xelins.
guiraponga (gui.ra.pon.ga) s.f. (Zoo.) Araponga.
guirlanda (guir.lan.da) s.f. Ornamento feito com ramagens, folhas, flores etc.
guisa (gui.sa) s.f. Maneira; modo.
guisado (gui.sa.do) s.m. e adj. (Alimento) cozido em pouca ou nenhuma água, como o picadinho.
guisar (gui.sar) v.t.d. Cozer em pouca ou nenhuma água: *guisou a carne em fogo baixo*.
guitarra (gui.tar.ra) s.f. (Mús.) **1.** Grupo de instrumentos de corda. **2.** Instrumento elétrico em geral com seis cordas, característico do *rock*. **3.** Em Portugal, o que mesmo que violão.
guitarrista (gui.tar.ris.ta) s.2g. Pessoa que toca ou ensina a tocar guitarra.
guizo (gui.zo) s.m. **1.** Pequena esfera oca de metal com bolinhas dentro, que produz som característico. **2.** Chocalho.
gula (gu.la) s.f. Excesso na comida e bebida.
gulodice (gu.lo.di.ce) s.f. **1.** O vício da gula. **2.** (Fig.) Doces, balas, bombons.
guloseima (gu.lo.sei.ma) s.f. Manjar delicado; gulodice.
guloso (gu.lo.so) [ô] adj. **1.** Que tem o vício da gula. s.m. **2.** Indivíduo guloso. ◙ Pl. *gulosos* [ó].
gume (gu.me) s.m. Parte afiada e cortante da lâmina de uma faca ou espada.
guri (gu.ri) s.m. Criança; menino. ◙ Fem. *guria*.
guria (gu.ri.a) s.f. **1.** Feminino de *guri*. **2.** Mocinha.
gurizada (gu.ri.za.da) s.f. Grupo de guris; criançada.
guru (gu.ru) s.2g. Guia ou líder espiritual.
gusa (gu.sa) s.m. (Quím.) Produto resultante da fundição de minério de ferro em alto-forno, com alta proporção de impurezas e geralmente de pouca utilidade.
gustação (gus.ta.ção) s.f. **1.** Ação de provar ou perceber o gosto. **2.** (Bio.) Sentido com que um animal percebe as substâncias químicas daquilo que ingere ou prova.
gustativo (gus.ta.ti.vo) adj. Relativo ao gosto, ao sentido do paladar.
gutural (gu.tu.ral) adj.2g. **1.** Relacionado ou relativo à garganta. **2.** Produzido na garganta; profundo: *um grito gutural*.

Hh

h, H s.m. Oitava letra do nosso alfabeto, consoante, de nome "agá". Obs.: no início da palavra, o *h* não é pronunciado, como em *hora, hábito*. Forma os grupos *ch, lh* e *nh*.
h Símbolo internacional de hora.
H Símbolo do elemento químico hidrogênio.
hã interj. Exprime admiração, reflexão ou indecisão.
habeas corpus [latim: "ábeas-córpus"] s.m. (Dir.) Lei constitucional para proteger quem teme sofrer, por parte da autoridade legítima, violência ou constrangimento ilegal na liberdade dè locomoção.
hábil (há.bil) adj.2g. **1.** Que possui capacidade em algum setor, aptidão para alguma coisa. **2.** Destro; apto; útil.
habilidade (ha.bi.li.**da**.de) s.f. **1.** Qualidade de hábil. **2.** Capacidade; competência; aptidão em executar determinada coisa.
habilidoso (ha.bi.li.**do**.so) [ô] s.m. e adj. (Aquele) que possui habilidade ou tem aptidão para. ▣ Pl. *habilidosos* [ó].
habilitação (ha.bi.li.ta.**ção**) s.f. **1.** Ação de habilitar-se. **2.** Capacidade; aptidão; competência.
habilitações (ha.bi.li.ta.**ções**) s.f.pl. **1.** Certificados que demonstram estar alguém habilitado para. **2.** Competências.
habilitado (ha.bi.li.**ta**.do) adj. Capacitado; hábil; apto.
habilitar (ha.bi.li.**tar**) v.t.d. **1.** Dar condições para ser apto, capaz para executar alguma coisa. **2.** Preparar. **3.** Justificar legalmente, juridicamente.
habitação (ha.bi.ta.**ção**) s.f. **1.** Ação de habitar. **2.** Casa; residência.
habitacional (ha.bi.ta.ci.o.**nal**) adj.2g. Relativo a habitação.
habitáculo (ha.bi.**tá**.cu.lo) s.m. **1.** Local onde se habita. **2.** Local, em uma máquina, onde fica o condutor ou operador; cabine, cabina: *habitáculo do guindaste*. **3.** Pequena habitação; casinha: *habitáculos de plástico para pássaros*.
habitante (ha.bi.**tan**.te) s.2g. e adj.2g. (Pessoa) que habita um lugar, que nele reside: *os habitantes de uma cidade*.
habitar (ha.bi.**tar**) v.t.d. **1.** Residir; estar residindo em. v.t.i. **2.** Viver.
habitat [latim: "ábita"] s.m. (Bio.) Lugar onde um ser nasce e cresce naturalmente, onde vive uma população em torno de seu meio ambiente. Obs.: *hábitat*, a forma aportuguesada, não está no *Volp*.
habitável (ha.bi.**tá**.vel) adj.2g. Que se pode habitar, onde se pode morar.

habite-se (ha.**bi**.te-se) s.m.2n. Documento fornecido pela administração do município, autorizando que um prédio recém-construído ou reformado seja habitado. ▣ Pl. *habite-se*.
hábito (há.bi.to) s.m. **1.** Aquisição de determinado uso, costume pela frequência de sua utilização. **2.** Vestuário de religiosos.
habitual (ha.bi.tu.**al**) adj.2g. Feito por hábito; frequente; usual.
habituar (ha.bi.tu.**ar**) v.t.d. **1.** Atuar para adquirir o hábito de. v.p. **2.** Fazer, usar frequentemente.
hachurado (ha.chu.**ra**.do) s.m. Padrão formado por hachuras: *o hachurado indica áreas com problemas no mapa*.
hachurar (ha.chu.**rar**) v.t.d. Traçar hachuras em: *hachure dois quartos do todo*.
hachuras (ha.**chu**.ras) s.f.pl. Traços pararelos que dão ao desenho sombreado e profundidade.
hacker [inglês: "ráquer"] s.2g. **1.** Programador que consegue alterar um programa pronto ou em desenvolvimento, aprimorando-o. **2.** *Cracker*.
háfnio (**háf**.ni.o) s.m. (Quím.) Elemento metal de símbolo Hf, com número atômico 72 e peso atômico 178,49.
hagiografia (ha.gi.o.gra.**fi**.a) s.f. Estudo da vida dos santos; biografia de pessoas santas.
hagiógrafo (ha.gi.**ó**.gra.fo) s.m. Pessoa que se dedica à hagiografia; biógrafo de santo.
hagiônimo (ha.gi.**ô**.ni.mo) s.m. Nome de santo.
hânio (**hâ**.ni.o) s.m. (Quím.) Elemento transurânico de símbolo Hn, número atômico 108.
haicai (hai.**cai**) s.m. (Lit.) Poema japonês de três versos.
haitiano (ha.i.ti.**a**.no) adj. **1.** Do Haiti, país da América Central. s.m. **2.** Pessoa natural ou habitante desse lugar.
haliêutica (ha.li.**êu**.ti.ca) s.f. Arte da pesca.
hálito (**há**.li.to) s.m. Cheiro exalado pela boca; bafo.
halitose (ha.li.**to**.se) [ó] s.f. (Med.) Mau hálito.
hall [inglês: "ral"] s.m. Espaço de uma casa ou prédio que liga dois ou mais cômodos. *Hall* **de entrada:** espaço logo após a entrada em uma construção; átrio.
halo (**ha**.lo) s.m. **1.** Círculo luminoso que circunda os astros, em certas condições atmosféricas. **2.** (Fig.) Louros da vitória; glória.
halobento (ha.lo.**ben**.to) s.m. Denominação geral dada aos animais e vegetais que vivem na profundeza dos oceanos. Obs.: do grego *háls, halós*, "sal", "salina", "salmoura", e *bénthos*, "fundo do mar".

halogênio

halogênio (ha.lo.gê.ni.o) s.m. e adj. (Quím.) (Elemento) que pertence a um grupo de gases e sólidos em que se incluem flúor, cloro, bromo, iodo e outros, todos muito reativos.
haltere (hal.**te**.re) [é] s.m. Aparelho de ginástica em que se colocam pesos, para levantamento.
halterofilismo (hal.te.ro.fi.**lis**.mo) s.m. Esporte olímpico que consiste no levantamento de peso com halteres.
halterofilista (hal.te.ro.fi.**lis**.ta) s.2g. Atleta que pratica halterofilismo.
hálux (**há**.lux) [ks] s.m.2n. Dedo grande do pé.
hambúrguer (ham.**búr**.guer) s.m. 1. Porção de carne moída e temperada, com forma chata e arredondada, para fritar. 2. Sanduíche feito com essa carne. ▫ Pl. *hambúrgueres*.
handebol (han.de.**bol**) s.m. Esporte olímpico muito semelhante ao futebol, jogado com as mãos, por duas equipes de sete pessoas.
hangar (han.**gar**) s.m. Abrigo ou galpão para guarda de aviões, geralmente em aeroporto.
hanseniano (han.se.ni.**a**.no) s.m. e adj. (Med.) 1. (Pessoa) que sofre de hanseníase. adj. 2. Pertencente a essa doença.
hanseníase (han.se.**ní**.a.se) s.f. (Med.) Doença que pode afetar os nervos e a pele, causada por um bacilo e curável com antibiótico, fatal se não tratada; lepra, mal de lázaro.
hantavírus (han.ta.**ví**.rus) s.m. (Med.) Vírus transmitido pelas fezes e urinas de roedores, causador de uma doença epidêmica caracterizada por febre hemorrágica.
haraquiri (ha.ra.qui.**ri**) s.m. Suicídio ritual da cultura japonesa, praticado quando a pessoa prefere morrer a viver sem sua honra.
haras (**ha**.ras) s.m.2n. Estabelecimento de criação de cavalos selecionados; coudelaria. ▫ Pl. *haras*.
hardware [inglês: "rardi-uér"] s.m. Equipamento, peça ou componente físico de um computador, por oposição ao *software*, os programas.
harém (ha.**rém**) s.m. 1. Aposento da casa de um sultão onde ficam suas esposas. 2. Conjunto das esposas de um sultão. 3. (Fig.) Grupo de mulheres em torno de um homem.
harmonia (har.mo.**ni**.a) s.f. 1. (Mús.) Arte de organizar os acordes musicais. 2. Ordenação criativa entre as partes de um todo. 3. Suavidade de sentimentos. 4. Entrosamento; coerência.
harmônica (har.**mô**.ni.ca) s.f. 1. Gaita. 2. Pequeno acordeão.
harmônico (har.**mô**.ni.co) adj. 1. Relativo a harmonia. 2. Pleno de harmonia; harmonioso.
harmônio (har.**mô**.ni.o) s.m. (Mús.) Instrumento de teclado semelhante a um órgão com foles.
harmonioso (har.mo.ni.**o**.so) [ô] adj. 1. Em que há harmonia. 2. Que tem sons agradáveis ao ouvido. ▫ Pl. *harmoniosos* [ó].
harmonista (har.mo.**nis**.ta) s.2g. (Mús.) 1. Indivíduo que toca harmônio. 2. Indivíduo que conhece as normas da harmonia.

harmonização (har.mo.ni.za.**ção**) s.f. Ato ou efeito de harmonizar.
harmonizar (har.mo.ni.**zar**) v.t.d. e v.p. 1. Tornar harmônico. v.p. 2. Pôr(-se) em harmonia; conciliar(-se). v.i. e v.t.i. 3. Estar em harmonia.
harpa (**har**.pa) s.f. (Mús.) Instrumento de cordas de forma triangular, que se apoia no ombro, conhecido desde as primeiras civilizações: *a música paraguaia usa harpas de até 102 cordas*.
harpia (har.**pi**.a) s.f. (Mit.) Monstro fabuloso, com rosto de mulher e corpo de abutre.
harpista (har.**pis**.ta) s.2g. (Mús.) Tocador de harpa.
hasta (**has**.ta) s.f. Leilão.
haste (**has**.te) s.f. 1. Elemento fino e vertical que sustenta algo: *haste da bandeira, haste da flor*. 2. Traço vertical das letras.
hasteado (has.te.**a**.do) adj. Que se hasteou.
hasteamento (has.te.a.**men**.to) s.m. Ação de hastear.
hastear (has.te.**ar**) v.t.d. Erguer, levantar à extremidade de uma haste; desfraldar.
hater [inglês: "rêiter"] s.2g. (Gír.) 1. Pessoa ou grupo de pessoas que critica, desmerece, ofende, principalmente famosos e celebridades. 2. Pessoas que praticam *bullying virtual* ou *cyber bullying*.
haurir (hau.**rir**) v.t.d. 1. Esgotar. 2. Sorver.
hausto (**haus**.to) s.m. 1. Ação ou resultado de aspirar. 2. Gole. 3. Trago.
Havaiana (Ha.vai.**a**.na) s.f. e adj. (próprio) (Sandália) de tiras, baixa, presa entre o dedão e os demais dedos; sandália rasteira. Obs.: é marca registrada e no início do séc. XXI surgiu o sinônimo "rasteira".
havaiano (ha.vai.**a**.no) adj. 1. Relacionado ao Havaí, arquipélago que é um dos estados que integram os EUA. s.m. 2. Pessoa natural ou habitante desse lugar.
havana (ha.**va**.na) s.m. 1. Tabaco produzido em Cuba. 2. Charuto feito com esse tabaco; havano. 3. Cor castanho-clara desse tabaco.
havanês (ha.va.**nês**) adj. 1. Relacionado a Havana, capital de Cuba. s.m. 2. Pessoa natural ou habitante desse lugar.
havano (ha.**va**.no) s.m. Charuto de Havana; havana.
haver (ha.**ver**) v.t.d. 1. Ter; possuir. 2. Julgar; ter na conta de; supor. v.impes. 3. Existir. Obs.: pres. do ind.: hei, hás, há, hemos, heis, hão; imperf.: havia, havias, havia, havíamos, havíeis, haviam; perf.: houve, houveste etc.; pres. do subj.: haja, hajas, haja, hajamos, hajais, hajam; imperf.: houvesse etc.; fut.: houver, houveres etc.
haveres (ha.**ve**.res) s.m.pl. Bens, pertences, propriedades.
haxixe (ha.**xi**.xe) s.m. 1. Resina extraída das folhas e flores do cânhamo. 2. Poção narcótica feita com essa resina.
HD (Inf.) Sigla de *hard disk*, "disco rígido", peça do computador que armazena programas e dados.
He Símbolo do elemento químico hélio.
hebdomadário (heb.do.ma.**dá**.ri.o) s.m. Publicação semanal; semanário.
hebraico (he.**brai**.co) adj. 1. Relativo aos hebreus s.m. 2. O idioma dos hebreus.

hebraísmo (he.bra.**ís**.mo) s.m. Palavra, construção ou locução própria da língua hebraica.
hebreu (he.**breu**) s.m. **1**. Nome antigo dos judeus. **2**. Hebraico. *adj*. **3**. Relacionado aos hebreus. ▫ Fem. *hebreia*.
hecatombe (he.ca.**tom**.be) s.f. **1**. Sacrifício de cem bois, que se fazia aos deuses na Antiguidade. **2**. Mortandade; matança.
hectare (hec.**ta**.re) s.m. Medida agrária equivalente a 100 ares, de símbolo Ha.
hectômetro (hec.**tô**.me.tro) s.m. Medida de cem metros, de símbolo Hm.
hediondez (he.di.on.**dez**) [ê] s.f. **1**. Sordidez. **2**. Procedimento hediondo.
hediondo (he.di.**on**.do) *adj*. Sórdido; nojento.
hedonismo (he.do.**nis**.mo) s.m. (*Filos*.) Doutrina que coloca o prazer como a coisa mais importante da vida.
hedonista (he.do.**nis**.ta) *adj.2g.* **1**. Relativo ao hedonismo, cujo principal objeto da vida é o prazer. *s.2g.* **2**. Pessoa que vive só para buscar prazeres.
hegemonia (he.ge.mo.**ni**.a) s.f. Superioridade ou dominação de uma cidade ou povo sobre outros.
hegemônico (he.ge.**mô**.ni.co) *adj*. Relacionado a hegemonia; que domina em termos políticos ou econômicos.
Hégira (**hé**.gi.ra) s.f. (*próprio*) Período da história muçulmana que teve como início a fuga de Maomé para Medina, em 622 d.C.
helênico (he.**lê**.ni.co) *adj*. Relacionado aos gregos antigos ou helenos.
helenismo (he.le.**nis**.mo) s.m. (*Hist*.) A civilização grega, em especial durante o período de influência oriental.
helenista (he.le.**nis**.ta) *s.2g.* Estudioso da língua e antiguidade gregas.
helenístico (he.le.**nís**.ti.co) *adj*. Pertencente ao helenismo.
heleno (he.**le**.no) [ê] s.m. **1**. Habitante de Hélade ou da Grécia antiga. **2**. Grego.
hélice (**hé**.li.ce) s.f. **1**. Peça propulsora formada por lâminas giratórias e acionada por um motor. **2**. Forma de uma mola.
helicoidal (he.li.coi.**dal**) *adj.2g.* Em forma de hélice.
helicóptero (he.li.**cóp**.te.ro) s.m. Aparelho voador que se eleva verticalmente por meio de hélices horizontais.
hélio (**hé**.li.o) s.m. (*Quím*.) Elemento gasoso simples, de símbolo He, peso atômico 4 e número atômico 2.
heliocentrismo (he.li.o.cen.**tris**.mo) s.m. (*Astron*.) Teoria que tem o Sol como centro do nosso sistema planetário.
heliotrópico (he.li.o.**tró**.pi.co) *adj*. (*Bot*.) Vegetal cujas flores, folhas ou hastes se voltam para o Sol.
heliotropismo (he.li.o.tro.**pis**.mo) s.m. (*Bot*.) Movimento dos vegetais heliotrópicos.
heliporto (he.li.**por**.to) [ô] s.m. Local de pouso e decolagem de helicópteros. ▫ Pl. *heliportos* [ó].
hemácia (he.**má**.ci.a) s.f. (*Anat*.) Glóbulo vermelho do sangue, que transporta oxigênio.

hematita (he.ma.**ti**.ta) s.f. (*Min*.) Óxido natural de ferro, de extrema pureza, um dos mais importantes minérios desse metal.
hematófago (he.ma.**tó**.fa.go) s.m. *e adj*. (*Zoo*.) (Animal) que se alimenta de sangue.
hematofobia (he.ma.to.fo.**bi**.a) s.f. Medo doentio de sangue.
hematófobo (he.ma.**tó**.fo.bo) s.m. Aquele que não pode ver sangue, que tem horror ao sangue.
hematologia (he.ma.to.lo.**gi**.a) s.f. (*Bio*.) Estudo e descrição do sangue e de sua produção.
hematoma (he.ma.**to**.ma) [ô] s.m. (*Med*.) Tumor sanguíneo extravasado.
hematose (he.ma.**to**.se) [ó] s.f. (*Bio*.) Transformação de sangue venoso em arterial, pela oxigenação nos pulmões.
hemeroteca (he.me.ro.**te**.ca) [é] s.f. Seção, nas bibliotecas, onde se localizam reportagens de jornais e revistas.
hemiciclo (he.mi.**ci**.clo) s.m. **1**. Semicírculo. **2**. Anfiteatro em semicírculo.
hemicrania (he.mi.cra.**ni**.a) s.f. (*Med*.) Enxaqueca; dor que dói em um só lado da cabeça.
hemiplegia (he.mi.ple.**gi**.a) s.f. (*Med*.) Paralisia de um dos lados do corpo.
hemiplégico (he.mi.**plé**.gi.co) *adj*. Relacionado à hemiplegia.
hemíptero (he.**míp**.te.ro) s.m. (*Zoo*.) Inseto cujo primeiro par de asas divide-se em uma parte fina, membranosa, e outra parte dura, e que suga seu alimento por um tubo, como cigarra e barbeiro.
hemisférico (he.mis.**fé**.ri.co) *adj*. Relativo a hemisfério.
hemisfério (he.mis.**fé**.ri.o) s.m. **1**. Meia esfera. **2**. Uma das duas metades da Terra, abstratamente dividida pelo círculo do Equador.
hemistíquio (he.mis.**tí**.qui.o) s.m. Metade de um verso, geralmente marcada por uma pausa.
hemocentro (he.mo.**cen**.tro) s.m. Local que coleta, armazena e prepara sangue e derivados para uso em medicina.
hemodiálise (he.mo.di.**á**.li.se) s.f. (*Med*.) Separação das impurezas do sangue por rim artificial; diálise.
hemofilia (he.mo.fi.**li**.a) s.f. (*Med*.) Distúrbio congênito e hereditário, que se manifesta só em homens, caracterizado pela dificuldade em coagular o sangue.
hemofílico (he.mo.**fi**.li.co) *adj*. **1**. Relacionado a hemofilia. s.m. **2**. Aquele que tem hemofilia.
hemoglobina (he.mo.glo.**bi**.na) (*Bio*.) s.f. Substância corante dos glóbulos vermelhos do sangue cuja função é transportar o oxigênio.
hemograma (he.mo.**gra**.ma) s.m. (*Med*.) Exame de quantidade e qualidade dos três principais tipos de células sanguíneas.
hemoptise (he.**mop**.ti.se) s.f. (*Med*.) Hemorragia da membrana mucosa do pulmão.
hemorragia (he.mor.ra.**gi**.a) s.f. (*Med*.) Derramamento do sangue provocado pela ruptura de vasos sanguíneos.

hemorrágico (he.mor.rági.co) *adj.* Relativo a hemorragia.
hemorroida (he.mor.roi.da) [ói] *s.f.pl.* (*Med.*) Dilatação em uma veia do ânus; varizes anais.
hendecassílabo (hen.de.cas.sí.la.bo) *adj.* Diz-se do verso ou vocábulo que tem onze sílabas.
hepática (he.pá.ti.ca) *s.f.* (*Bot.*) Planta simples de forma achatada que cresce em camadas e lembra a forma de um fígado.
hepático (he.pá.ti.co) *adj.* Relativo ao fígado.
hepatite (he.pa.ti.te) *s.f.* (*Med.*) Inflamação do fígado, causada por vírus de vários tipos.
hepatotóxico (he.pa.to.tó.xi.co) *adj.* Que é tóxico para o fígado.
heptacórdio (hep.ta.cór.di.o) *adj.* (*Mús.*) **1.** (Instrumento) que tem sete cordas. *s.m.* **2.** Sistema de sons formado por sete graus diatônicos encerrados em uma oitava. **3.** Lira de sete cordas.
heptaedro (hep.ta.e.dro) *s.m.* (*Geom.*) Poliedro de sete faces.
heptagonal (hep.ta.go.nal) *adj.2g.* Que tem sete lados.
heptágono (hep.tá.go.no) (*Geom.*) *s.m.* Polígono de sete lados.
heptassílabo (hep.tas.sí.la.bo) *adj.* (*Lit.*) Diz-se do verso ou do vocábulo de sete sílabas.
hera (he.ra) [é] *s.f.* (*Bot.*) Denominação dada a diversas trepadeiras.
heráldica (he.rál.di.ca) *s.f.* Estudo dos brasões e do conjunto dos emblemas de um brasão.
heráldico (he.rál.di.co) *adj.* Relacionado a brasões e emblemas de nobreza: *símbolos heráldicos*.
herança (he.ran.ça) *s.f.* **1.** Aquilo que se herda; herdade, legado: *ganhou a casa de herança*. **2.** O que se transmite pelo sangue, pelo código genético; hereditariedade: *a cor dos olhos e a forma do rosto são heranças genéticas*.
herbácea (her.bá.ce.a) *s.f.* (*Bot.*) Planta cujo caule não é lenhoso, como o das ervas.
herbáceo (her.bá.ce.o) *adj.* Relativo a erva, do grupo das ervas, de caule fino como as ervas: *plantas herbáceas*.
herbanário (her.ba.ná.ri.o) *s.m.* **1.** Pessoa que conhece ou vende ervas medicinais. **2.** Loja de ervas.
herbário (her.bá.ri.o) *s.m.* **1.** Conjunto de plantas ou parte de plantas, secas por compressão e organizadas em um livro. **2.** Local onde se guardam plantas secas.
herbicida (her.bi.ci.da) *s.m. e adj.2g.* (Substância) que combate ou elimina ervas daninhas.
herbívoro (her.bí.vo.ro) *adj.* **1.** Que se nutre de ervas ou de vegetais. *s.m.* **2.** Animal herbívoro.
herbóreo (her bó.re.o) *adj.* Herbáceo.
herborista (her.bo.ris.ta) *s.2g.* Aquele que estuda as propriedades das ervas e/ou que vende plantas medicinais.
hercúleo (her.cú.le.o) *adj.* **1.** Relacionado a Hércules, herói da mitologia grega. **2.** De força descomunal.
herdade (her.da.de) *s.f.* **1.** Propriedade rural. **2.** Herança.

herdar (her.dar) *v.t.d.* Receber ou adquirir por herança.
herdeiro (her.dei.ro) *s.m.* **1.** Aquele que recebe ou tem direito a herança; legatário. **2.** (*Fig.*) Sucessor.
hereditariedade (he.re.di.ta.ri.e.da.de) *s.f.* (*Bio.*) Transmissão das informações genéticas, dos genes, entre as gerações.
hereditário (he.re.di.tá.ri.o) *adj.* Que se transmite por herança, que os pais deixam para os filhos.
herege (he.re.ge) [é] *s.2g. e adj.2g.* **1.** (Pessoa) que propõe uma heresia, que crê em uma heresia ou que a professa. **2.** (Pessoa) que questiona ou duvida de dogmas e crenças.
heresia (he.re.si.a) *s.f.* **1.** (*Relig.*) Ideia ou doutrina que nega os dogmas da Igreja Católica ou da religião em que se desenvolveu. **2.** Grupo religioso dissidente. **3.** (*Pop.*) Despropósito; absurdo; disparate.
heresiarca (he.re.si.ar.ca) *s.2g.* (*Relig.*) Líder religioso que propôs uma heresia, que fundou um grupo religioso dissidente.
herético (he.ré.ti.co) *adj.* Relativo a herege ou a heresia.
herma (her.ma) [ê] *s.f.* Busto ou escultura que representa apenas meio-corpo.
hermafrodita (her.ma.fro.di.ta) *s.2g. e adj.2g.* (*Bio.*) (Animal ou vegetal) que possui características físicas dos dois sexos. Cf. *andrógino*.
hermeneuta (her.me.neu.ta) *s.2g.* Indivíduo que se dedica ao estudo da hermenêutica.
hermenêutica (her.me.nêu.ti.ca) *s.f.* Interpretação de textos, particularmente os relacionados com leis e religião.
hermético (her.mé.ti.co) *adj.* **1.** Totalmente fechado, que não deixa entrar ou sair ar: *potes herméticos*. **2.** (*Fig.*) Difícil de compreender, impenetrável, incompreensível.
hermetismo (her.me.tis.mo) *s.m.* Característica do que é hermético, difícil de compreender ou interpretar.
hérnia (hér.ni.a) *s.f.* (*Med.*) Deslocamento de uma víscera, produzindo intumescimento.
herói (he.rói) *s.m.* **1.** Pessoa que realizou feitos de grande valor, admirada por um povo ou grupo por suas ações e qualidades: *os heróis gregos, heróis brasileiros*. **2.** Personagem que representa o bem e luta contra o mal. ▣ Fem. *heroína*.
heroico (he.roi.co) [ói] *adj.* **1.** Relativo a herói, próprio de herói. **2.** Corajoso, valoroso.
heroína (he.ro.í.na) *s.f.* **1.** Feminino de *herói*. **2.** Droga derivada da morfina, com propriedades narcóticas e analgésicas.
heroísmo (he.ro.ís.mo) *s.m.* **1.** Qualidade de herói. **2.** Ato heroico.
herpes (her.pes) [é] *s.m.pl.* (*Med.*) Afecção vesiculosa da pele, contagiosa e de local determinado.
herpetologia (her.pe.to.lo.gi.a) *s.f.* (*Zoo.*) Estudo dos répteis.
herpetologista (her.pe.to.lo.gis.ta) *s.2g.* Zoólogo que estuda répteis.

hertz [rértis] s.m. (*Fís.*) Unidade de medição de frequência, de símbolo Hz.
hertziano (hertzi.**a**.no) [rertiziano] s.m. Pertencente às ondas eletromagnéticas, em especial as de rádio.
hesitação (he.si.ta.**ção**) s.f. **1.** Ação ou efeito de hesitar. **2.** Indecisão.
hesitante (he.si.**tan**.te) adj.2g. Que hesita; em dúvida, inseguro, incerto.
hesitar (he.si.**tar**) v.t.i. **1.** Vacilar. v.i. **2.** Titubear; duvidar; estar incerto.
heterodoxia (he.te.ro.do.**xi**.a) [cs] s.f. Caráter ou condição de heterodoxo.
heterodoxo (he.te.ro.**do**.xo) [ó...cs] adj. **1.** Que não é ortodoxo. **2.** Herético.
heterofonia (he.te.ro.fo.**ni**.a) s.f. (*Gram.*) Característica das palavras heterofônicas.
heterofônico (he.te.ro.**fô**.ni.co) adj. (*Gram.*) Palavras que têm a mesma grafia e pronúncia diferente, como *sede*, "vontade de beber" e *sede*, "local".
heterogeneidade (he.te.ro.ge.nei.**da**.de) s.f. Qualidade do que é heterogêneo.
heterogêneo (he.te.ro.**gê**.ne.o) adj. Composto de várias partes de natureza diferentes.
heterônimo (he.te.**rô**.ni.mo) s.m. e adj. Diz-se do autor que publica obra com nome suposto, ou nome imaginário com que um autor assina certas obras.
heterossexual (he.te.ros.se.xu.**al**) [cs] adj.2g. **1.** Que tem afinidade sexual com pessoas do sexo oposto. s.2g. **2.** Pessoa que tem relacionamento sexual com outra do sexo oposto. Cf. *homossexual*.
heterossexualidade (he.te.ros.se.xu.a.li.**da**.de) [cs] s.f. Condição, caráter de heterossexual; heterossexualismo.
heterossexualismo (he.te.ros.se.xu.a.**lis**.mo) [cs] s.m. Desejo sexual por pessoas do sexo oposto; heterossexualidade.
heureca (heu.**re**.ca) [é] interj. Emprega-se para expressar uma alegria por ter encontrado resposta ou solução para um problema. O mesmo que *eureca*.
hexaedro (he.xa.**e**.dro) [cs ou z...é] s.m. (*Geom.*) Poliedro de seis faces.
hexagonal (he.xa.go.**nal**) [cs ou z] adj.2g. **1.** Que tem seis ângulos. **2.** Relacionado ao hexágono.
hexágono (he.**xá**.go.no) [cs ou z] s.m. (*Geom.*) Polígono de seis ângulos e seis lados.
hexagrama (he.xa.**gra**.ma) [cs ou z] s.m. **1.** Conjunto de seis caracteres ou letras. **2.** Estrela de seis pontas formada pela superposição de dois triângulos equiláteros.
hexassílabo (he.xas.**sí**.la.bo) [cs ou z] s.m. (*Gram.*) Vocábulo ou verso que tem seis sílabas.
Hf Símbolo do elemento químico háfnio.
Hg Símbolo do elemento químico mercúrio.
hialino (hi.a.**li**.no) adj. **1.** Relacionado ao vidro; vítreo. **2.** Transparente, translúcido.
hiato (hi.a.to) s.m. **1.** (*Gram.*) Encontro de duas vogais que pertencem a sílabas diferentes, como *i-a* em *areia* ou *a-í* em *saída*. **2.** Lacuna.

hibernação (hi.ber.na.**ção**) s.f. (*Zoo.*) Sono de certos animais durante o inverno.
hibernal (hi.ber.**nal**) adj.2g. Relacionado a inverno; invernal.
hibernar (hi.ber.**nar**) v.i. (*Zoo.*) Estar, cair em hibernação.
hibridismo (hi.bri.**dis**.mo) s.m. **1.** (*Gram.*) Palavra resultante do sincretismo de duas ou mais línguas. **2.** Qualidade do que é híbrido.
híbrido (**hí**.bri.do) adj. **1.** Composto de espécies diferentes, que se coadunam. **2.** Mesclado, misturado. s.m. e adj. **3.** (*Bio.*) (Indivíduo) que é filho de pais de espécies diferentes, incapaz de gerar filhos: *a mula é um híbrido de cavalo e égua*.
hidra (**hi**.dra) s.f. (*próprio*) **1.** (*Mit.*) Serpente fabulosa, de sete cabeças, vencida por Hércules. (*comum*) **2.** (*Zoo.*) Animal celenterado de água doce, cujo corpo, ou pólipo, é um tronco oco com anéis de tentáculos.
hidrante (hi.**dran**.te) s.m. Equipamento para combate a incêndio constituído de um ponto de onde sai água, com uma válvula a qual se pode conectar ou ligar uma mangueira.
hidratação (hi.dra.ta.**ção**) s.f. Ação de hidratar-se.
hidratado (hi.dra.**ta**.do) adj. **1.** Tratado com água ou outro líquido. **2.** Que tem hidratação natural.
hidratante (hi.dra.**tan**.te) s.m. e adj.2g. (Substância) que serve para amaciar a pele; emoliente.
hidratar (hi.dra.**tar**) v.t.d. Prover de água.
hidrato (hi.**dra**.to) s.m. (*Quím.*) Composto que contém água.
hidráulica (hi.**dráu**.li.ca) s.f. (*Fís.*) Parte da mecânica que estuda os fenômenos dos líquidos.
hidráulico (hi.**dráu**.li.co) adj. **1.** Relativo à hidráulica. **2.** Que funciona pela pressão ou movimento de um líquido: *freio hidráulico*, *guindaste hidráulico*.
hidravião (hi.dra.vi.**ão**) s.m. Avião de motor provido de hélice, munido de flutuadores que lhe permitem pousar e decolar na água; hidroplano. O mesmo que *hidroavião*.
hidrelétrica (hi.dre.**lé**.tri.ca) s.f. **1.** Empresa produtora de energia elétrica. **2.** Usina hidrelétrica. O mesmo que *hidroelétrica*.
hidreletricidade (hi.dre.le.tri.ci.**da**.de) s.f. Energia elétrica produzida com a força da água. O mesmo que *hidroeletricidade*.
hidrelétrico (hi.dre.**lé**.tri.co) adj. **1.** Que produz eletricidade pela força da água: *usina hidrelétrica*, *turbina hidrelétrica*. **2.** Relacionado à hidreletricidade. O mesmo que *hidroelétrico*.
hídrico (**hí**.dri.co) adj. Relacionado à água: *uma região com bons recursos hídricos*.
hidroavião (hi.dro.a.vi.**ão**) s.m. O mesmo que *hidravião*.
hidrocarboneto (hi.dro.car.bo.**ne**.to) [ê] s.m. (*Quím.*) Composto orgânico que contém apenas carbono e hidrogênio.
hidrocefalia (hi.dro.ce.fa.**li**.a) s.f. (*Med.*) Acúmulo anormal de líquor no cérebro; hidropsia cerebral.

hidroelétrica (hi.dro.e.**lé**.tri.ca) s.f. O mesmo que *hidrelétrica*.

hidroeletricidade (hi.dro.e.le.tri.ci.**da**.de) s.f. O mesmo que *hidreletricidade*.

hidroelétrico (hi.dro.e.**lé**.tri.co) adj. O mesmo que *hidrelétrico*.

hidrofílico (hi.dro.**fí**.li.co) adj. O mesmo que *hidrófilo*.

hidrófilo (hi.**dró**.fi.lo) adj. Que absorve bem a água ou outros líquidos. O mesmo que *hidrofílico*.

hidrofobia (hi.dro.fo.**bi**.a) s.f. **1.** (Psi.) Pavor mórbido de água e quaisquer líquidos. **2.** (Med.) O mesmo que *raiva*.

hidrofóbico (hi.dro.**fó**.bi.co) adj. **1.** Relativo a hidrofobia. **2.** (Quím.) Diz-se de substância que não se dissolve na água ou que a repele.

hidrófobo (hi.**dró**.fo.bo) s.m. e adj. Vítima de hidrofobia.

hidrofólio (hi.dro.**fó**.li.o) s.m. Lâmina horizontal semelhante a uma asa, colocada sob uma embarcação para melhorar sua sustentação.

hidrogenação (hi.dro.ge.na.**ção**) s.f. (Quím.) Combinação de hidrogênio com outra substância.

hidrogenado (hi.dro.ge.**na**.do) adj. (Quím.) Que contém hidrogênio.

hidrogênio (hi.dro.**gê**.ni.o) s.m. (Quím.) Elemento de número atômico 1, peso atômico 1,01, de símbolo H, gás incolor que entra na composição da água.

hidrografia (hi.dro.gra.**fi**.a) s.f. **1.** Ciência que estuda a parte líquida da Terra. **2.** Descrição dos rios, lagos, mares etc. de um local.

hidrográfica (hi.dro.**grá**.fi.ca) s.f. e adj. (Caneta) cuja tinta, em geral a álcool e colorida, passa por uma ponta porosa: *seu estojo tinha canetas hidrográficas e esferográficas*.

hidrográfico (hi.dro.**grá**.fi.co) adj. Relativo a hidrografia. **Bacia hidrográfica:** conjunto formado por um rio e seus afluentes: *a bacia hidrográfica do São Francisco*. Cf. *hidrográfica*.

hidrólise (hi.**dró**.li.se) s.f. (Quím.) Reação que requer a participação da água: *as estalactites se formam pela hidrólise das rochas*.

hidrômetro (hi.**drô**.me.tro) s.m. Aparelho que mede e registra a quantidade de água que se consome.

hidromineral (hi.dro.mi.ne.**ral**) adj.2g. Pertencente a água mineral.

hidrópico (hi.**dró**.pi.co) adj. (Med.) Pertencente à retenção de líquido no corpo.

hidropisia (hi.dro.pi.**si**.a) s.f. Hidropsia.

hidroplano (hi.dro.**pla**.no) s.m. **1.** Aeroplano capaz de pousar na água. **2.** Barco veloz que desliza sobre a água. **3.** Lâmina horizontal na lateral de um submarino que auxilia no seu direcionamento.

hidropsia (hi.drop.**si**.a) s.f. (Med.) **1.** Derramamento de líquido orgânico ou serosidade em um tecido celular. **2.** Acúmulo de líquido no abdome, popularmente chamado de barriga-d'água.

hidroscopia (hi.dros.co.**pi**.a) s.f. Técnica usada para identificar lençóis freáticos.

hidrosfera (hi.dros.**fe**.ra) [é] s.f. A parte líquida da superfície da Terra.

hidroterapia (hi.dro.te.ra.**pi**.a) s.f. (Med.) Terapia que utiliza a água.

hidrovia (hi.dro.**vi**.a) s.f. Via navegável em rio, mar ou lago, usada para transporte de carga ou passageiros.

hidróxido (hi.**dró**.xi.do) [cs] s.m. (Quím.) Composto que contém hidroxila.

hidroxila (hi.dro.**xi**.la) [cs] s.f. (Quím.) Radical OH, formado por um átomo de hidrogênio e outro de oxigênio.

hiena (hi.**e**.na) s.f. (epiceno) **1.** (Zoo.) Mamífero carnívoro selvagem, semelhante ao cão, que vive na África e sul da Ásia, come animais mortos ou os que caça e tem um latido esganiçado. **2.** (Fig.) Pessoa que tira proveito das dificuldades dos outros.

hierarquia (hi.e.rar.**qui**.a) s.f. Organização em categorias, graduações.

hierárquico (hi.e.**rár**.qui.co) adj. Relativo à hierarquia.

hierarquizar (hi.e.rar.qui.**zar**) v.t.d. Definir, ordenar em hierarquia; estabelecer relações de poder ou domínio.

hieróglifo (hi.e.**ró**.gli.fo) s.m. **1.** Caracteres da escrita antiga dos egípcios. **2.** (Fig.) Letra difícil de se ler; de difícil compreensão. O mesmo que *hieroglifo*.

hierônimo (hi.e.**rô**.ni.mo) s.m. Nome próprio de divindade: *Jeová, Jesus, Alá e Oxalá são alguns hierônimos tradicionais em português*.

hierosolimita (hi.e.ro.so.li.**mi**.ta) adj.2g. **1.** De Jerusalém, cidade do Oriente Médio, pertencente em sua maior parte ao Estado de Israel: *vários lugares hierosolimitas são sagrados para judeus, cristãos e muçulmanos*. s.2g. **2.** O natural ou habitante de Jerusalém.

hifa (**hi**.fa) s.f. (Bio.) Filamento pelo qual os fungos absorvem nutrientes.

hífen (**hí**.fen) s.m. (Gram.) Sinal (-) com que se indicam os elementos de uma palavra composta como "beija-flor", a partição da palavra no final de linha e as ligações com ênclise e mesóclise, como em "dar-te-ei" e "salvou-se". ▫ Pl. *hífenes, hifens*.

higidez (hi.gi.**dez**) [ê] s.f. (Med.) Estado de hígido, de perfeita saúde.

hígido (**hí**.gi.do) adj. **1.** Relativo à saúde. **2.** Que tem boa saúde; saudável.

higiene (hi.gi.**e**.ne) s.f. **1.** (Med.) Parte preventiva da medicina que cuida da conservação da saúde. **2.** Asseio; limpeza.

higiênico (hi.gi.**ê**.ni.co) adj. **1.** Relativo à higiene, que segue as regras de limpeza e saúde. **2.** Salubre.

higienismo (hi.gi.e.**nis**.mo) s.m. Corrente médica do século XIX que primeiro propôs as práticas para prevenção de doenças, como asseio e limpeza.

higienista (hi.gi.e.**nis**.ta) s.2g. **1.** Médico ou técnico especializado em saúde pública; sanitarista. **2.** Adepto do higienismo.

higienização (hi.gi.e.ni.za.**ção**) s.f. Ação de higienizar; limpeza.

higienizar (hi.gi.e.ni.**zar**) *v.t.d.* **1.** Tornar higiênico, retirar os germes. **2.** Assear; desinfetar.
higrometria (hi.gro.me.**tri**.a) *s.f.* Estudo ou medida da umidade do ar.
higrométrico (hi.gro.**mé**.tri.co) *adj.* Relacionado à higrometria ou à umidade do ar.
higrômetro (hi.**grô**.me.tro) *s.m.* Instrumento utilizado para determinar a quantidade de água em vapor, contida na atmosfera.
hilariante (hi.la.ri.**an**.te) *adj.2g.* Que provoca o riso: *o gás hilariante faz rir, mas não é engraçado.*
hilaridade (hi.la.ri.**da**.de) *s.f.* Vontade de rir.
hilário (hi.**lá**.ri.o) *adj.* **1.** Que inspira o riso; engraçado, cômico. **2.** Ridículo.
hileia (hi.**lei**.a) [éi] *s.f.* (*Bot.*) A Floresta Amazônica, conforme descrita pelo alemão Alexander Friedrich Heinrich, barão de Humboldt (1769-1859).
hímen (**hí**.men) *s.m.* (*Anat.*) Membrana elástica situada na entrada da vagina. ▣ Pl. *hímenes*, *himens* (**hi**.mens).
himeneu (hi.me.**neu**) *s.m.* Casamento.
himenóptero (hi.me.**nóp**.te.ro) *s.m. e adj.* (*Zoo.*) (Inseto) com asas finas ou sem asas, como abelha e formiga.
hinário (hi.**ná**.ri.o) *s.m.* Coleção de hinos.
hindi (hin.**di**) *s.m.* Língua sânscrita falada na Índia por mais de 100 milhões de pessoas.
hindu (hin.**du**) *adj.2g.* **1.** Relacionado ao hinduísmo e às tradições culturais da Índia. *s.2g. e adj.2g.* **2.** Indiano.
hinduísmo (hin.du.**ís**.mo) *s.m.* (*Relig.*) Religião advinda do bramanismo, atual sistema religioso hindu.
hino (**hi**.no) *s.m.* Composição poética e musical que celebra ou louva um herói, uma pátria, uma instituição valorosa.
hiperatividade (hi.pe.ra.ti.vi.**da**.de) *s.f.* Estado de agitação patológica, característico da mania.
hipérbole (hi.**pér**.bo.le) *s.f.* **1.** (*Gram.*) Exagero de uma expressão para dar ênfase, como em "ligou mais de cem vezes e ninguém atendeu". **2.** (*Geom.*) Curva cujos extremos são equidistantes dos focos.
hiperbólico (hi.per.**bó**.li.co) *adj.* **1.** Relativo à hipérbole. **2.** (*Fig.*) Exagerado, excessivo.
hipercalórico (hi.per.ca.**ló**.ri.co) *adj.* **1.** Que apresenta calorias muito acima do necessário para uma pessoa comum. **2.** (*Fig.*) Muito calórico. *s.m. e adj.* **3.** (Bebida ou gel) que oferece grande quantidade de carboidratos por porção, empregada por atletas em determinadas situações: *o lutador tomou um hipercalórico para ganhar peso.*
hipercrítico (hi.per.**crí**.ti.co) *adj.* Que é muito crítico, que critica com muita severidade.
hiperlink [inglês: "hiperlínqui"] *s.m.* (*Inf.*) Nome que se dá a imagens ou palavras que dão acesso a outros conteúdos em um documento, podendo levar a outra parte do mesmo documento ou a outros. Cf. *link*.

hipermetropia (hi.per.me.tro.**pi**.a) *s.f.* (*Med.*) Deficiência visual, geralmente hereditária, em que a imagem dos objetos se forma além da retina.
hipermídia (hi.per.**mí**.di.a) *s.f.* **1.** Suporte de informação ou mídia capaz de registrar grande volume de texto, imagens e sons. Cf. *multimídia*.
hiperpigmentação (hi.per.pig.men.ta.**ção**) *s.f.* (*Med.*) Excesso de pigmentação.
hiperplasia (hi.per.pla.**si**.a) *s.f.* (*Med.*) Crescimento anormal de um tecido ou órgão, causado pela multiplicação das células, geralmente benigno.
hipersensibilidade (hi.per.sen.si.bi.li.**da**.de) *s.f.* Sensibilidade excessiva.
hipertensão (hi.per.ten.**são**) *s.f.* (*Med.*) Doença caracterizada por pressão arterial elevada.
hipertenso (hi.per.**ten**.so) *s.m.* Indivíduo portador de hipertensão arterial.
hipertexto (hi.per.**tex**.to) [ês] *s.m.* Texto que se desenvolve em várias direções ou sequências, que é organizado com remissivas ou *links* para outras partes do mesmo texto ou de outros.
hipertrofia (hi.per.tro.**fi**.a) *s.f.* (*Med.*) Desenvolvimento excessivo de um órgão ou de parte do organismo.
hipiatria (hi.pi.a.**tri**.a) *s.m.* Parte da medicina veterinária que cuida especialmente do tratamento dos cavalos.
hípico (**hí**.pi.co) *adj.* Próprio para hipismo, que se pratica com cavalos: *esportes hípicos*. Cf. *equino*.
hipismo (hi.**pis**.mo) *s.m.* **1.** Atividade praticada com cavalos. **2.** Esporte olímpico que consiste na disputa de corrida de cavalos e provas de equitação.
hipnógeno (hip.**nó**.ge.no) *adj.* **1.** Relativo à hipnose, que causa hipnose: *sinal hipnógeno*. **2.** Que faz adormecer, que induz ao sono.
hipnose (hip.**no**.se) [ó] *s.f.* (*Med.*) Estado mental semelhante ao sono, mas em que a pessoa conversa ou reage com o senso crítico reduzido, provocado por técnicas ou medicamentos.
hipnótico (hip.**nó**.ti.co) *adj.* **1.** Relativo a ou que induz à hipnose: *estado hipnótico*. **2.** (*Fig.*) Que atrai e prende a atenção; magnético.
hipnotismo (hip.no.**tis**.mo) *s.m.* Fenômenos nervosos (especialmente o sono) provocados por processos artificiais.
hipnotizar (hip.no.ti.**zar**) *v.t.d.* **1.** Levar ao estado de hipnose: *o médico hipnotizou a paciente*. *v.t.d. e v.i.* **2.** (*Fig.*) Atrair muito, prender a atenção: *a beleza de seu rosto hipnotizava*.
hipocampo (hi.po.**cam**.po) *s.m.* **1.** (*Zoo.*) Cavalo-marinho. **2.** Ser da mitologia grega metade peixe e metade homem, associado ao deus Netuno. **3.** (*Anat.*) Estrutura cerebral considerada a principal sede da memória.
hipocondria (hi.po.con.**dri**.a) *s.f.* (*Med.*) Depressão em consequência da preocupação mórbida com doenças imaginárias.
hipocondríaco (hi.po.con.**drí**.a.co) *adj.* **1.** Relativo à hipocondria. *s.m. e adj.* **2.** (Aquele) que sofre de hipocondria.

hipocrisia (hi.po.cri.**si**.a) s.f. Fingimento.
hipócrita (hi.**pó**.cri.ta) s.2g. e adj.2g. (Aquele) que age com hipocrisia; fingidor.
hipodérmico (hi.po.**dér**.mi.co) adj. Que se encontra ou que se aplica sob a pele.
hipódromo (hi.**pó**.dro.mo) s.m. Local apropriado para a realização de corridas de cavalos.
hipófise (hi.**pó**.fi.se) s.f. (*Anat.*) Glândula reguladora de secreção interna, localizada na base do encéfalo; pituitária.
hipopótamo (hi.po.**pó**.ta.mo) s.m. (*epiceno*) (*Zoo.*) Mamífero paquiderme de duas ou três toneladas, que vive às margens dos rios africanos e se alimenta de ervas.
hipotálamo (hi.po.**tá**.la.mo) s.m. (*Anat.*) Parte do encéfalo que controla o sono, o apetite, a temperatura do corpo etc.
hipoteca (hi.po.**te**.ca) [é] s.f. Penhora de bens imóveis para garantir o pagamento de uma dívida.
hipotecar (hi.po.te.**car**) v.t.d. **1.** Dar por ou onerar com hipoteca. **2.** (Fig.) Assegurar; garantir.
hipotecário (hi.po.te.**cá**.ri.o) adj. Pertencente à hipoteca.
hipotensão (hi.po.ten.**são**) s.f. (*Med.*) Diminuição da pressão sanguínea arterial.
hipotenso (hi.po.**ten**.so) s.m. Indivíduo portador de hipotensão arterial.
hipotenusa (hi.po.te.**nu**.sa) s.f. (*Geom.*) Lado oposto ao ângulo reto, em qualquer triângulo retângulo.
hipótese (hi.**pó**.te.se) s.f. **1.** Suposição baseada em dados coletados e observados, da qual se poderá tirar uma conclusão, dita tese: *testar uma hipótese*. **2.** Afirmação que não foi comprovada; cogitação. **3.** Probabilidade, possibilidade, eventualidade.
hipotético (hi.po.**té**.ti.co) adj. **1.** Relativo à hipótese. **2.** Duvidoso, incerto. **3.** Fictício, inventado.
hipoxia (hi.po.**xi**.a) [cs] s.f. (*Med.*) **1.** Carência parcial ou total de oxigênio no sangue, nas células ou nos tecidos. **2.** Escassez de oxigênio no ar inspirado.
hippie [inglês: "rípi"] s.2g. **1.** Pessoa ligada a um movimento filosófico e de estilo da contracultura surgido na década de 1960 nos Estados Unidos, que defendia o pacifismo, a liberdade sexual e experiências com drogas: *os hippies criaram os grandes festivais de música ao ar livre*. adj.2g. **2.** Relacionado a ou próprio desse movimento: *estilo hippie*.
hircino (hir.**ci**.no) adj. Relacionado a bode.
hirsuto (hir.**su**.to) adj. **1.** Que tem pelos longos, grossos e duros. **2.** Hirto.
hirto (**hir**.to) adj. **1.** Duro, rígido, sem movimento. **2.** Que não tem flexibilidade. **3.** (Fig.) Rude, grosseiro, áspero, hirsuto.
hispânico (his.**pâ**.ni.co) adj. **1.** Relativo à Espanha; espanhol. **2.** Relacionado aos países que foram colônia da Espanha.
hispanismo (his.pa.**nis**.mo) s.m. **1.** Espanholismo. **2.** Dedicação às coisas ou costumes da Espanha.
hispano-americano (his.pa.no-a.me.ri.**ca**.no) adj. **1.** Pertencente simultaneamente à Espanha e à América. **2.** Pertencente à América espanhola. ▣ Pl. *hispano-americanos*.
histamina (his.ta.**mi**.na) s.f. (*Med.*) Substância produzida pelo organismo durante uma alergia ou em outras condições.
histerectomia (his.te.rec.to.**mi**.a) s.f. (*Med.*) Amputação do útero.
histeria (his.te.**ri**.a) s.f. (*Med.*) Neurose advinda de conflitos psicológicos.
histérico (his.**té**.ri.co) adj. **1.** Relativo à histeria. **2.** s.m. e adj. (Indivíduo) que sofre de histeria.
histerismo (his.te.**ris**.mo) s.m. (*Med.*) Histeria.
histeroscópio (his.te.ros.**có**.pi.o) s.m. (*Med.*) Espéculo uterino.
histologia (his.to.lo.**gi**.a) s.f. Ramo da fisiologia que se dedica ao estudo da composição e da estrutura microscópica das células.
histológico (his.to.**ló**.gi.co) adj. Relacionado à histologia.
história (his.**tó**.ri.a) s.f. **1.** Sucessão de acontecimentos referentes a um povo ou civilização: *a história do Brasil*. **2.** (Hist.) Período histórico iniciado por volta de 4.000 a.C., com a invenção da escrita. **3.** Estudo desse período: *diplomou-se em história*. **4.** Narrativa, conto, fábula: *a história do Chapeuzinho Vermelho*. **5.** (Fig.) Invenção, imaginação, conversa fiada. **História e Geografia**: disciplina escolar em que são estudados conteúdos dessas áreas. **História natural**: campo de estudos que inclui biologia, geologia, ecologia e outros.
historiador (his.to.ri.a.**dor**) [ô] s.m. Autor que escreve sobre história.
historiar (his.to.ri.**ar**) v.t.d. **1.** Fazer a história de. **2.** Contar; narrar.
histórico (his.**tó**.ri.co) adj. **1.** Relacionado à história: *estudos históricos*. **2.** Que faz parte da história; que existiu: *documentos históricos*.
historieta (his.to.ri.**e**.ta) [ê] s.f. História breve.
historiografia (his.to.ri.o.gra.**fi**.a) s.f. Ciência e arte de escrever a história de uma época.
historiógrafo (his.to.ri.**ó**.gra.fo) s.m. Historiador.
histrião (his.tri.**ão**) s.m. **1.** Ator de comédia. **2.** (Fig.) Indivíduo que provoca riso.
hit [inglês: "rit"] s.m. **1.** O que faz sucesso: *a música foi um hit por vários anos*. **2.** (Inf.) Contador estatístico que registra cada acesso a uma página da internet.
hitar (hi.**tar**) v.i. (Gír. Int.) Fazer grande sucesso: *você hitou com aquelas dicas de moda!* Obs.: do inglês *hit*, que significa "sucesso". Esta palavra não consta no Volp.
hitita (hi.**ti**.ta) s.2g. **1.** Indivíduo dos hititas, povo indo-europeu que fundou um poderoso império na Anatólia (atual Turquia), extinto no século XII a.C. adj.2g. **2.** Relacionado a esse povo. s.m. **3.** Língua falada por esse povo.
hitlerismo (hi.tle.**ris**.mo) s.m. Conjunto das ideias e medidas tomadas por Adolf Hitler (1889-1945) quando era líder da Alemanha; nazismo.

HIV Sigla da expressão inglesa para o vírus da imunodeficiência humana; o vírus que pode causar aids.
hixcariana (hix.ca.ri.a.na) *s.2g.* **1.** Indivíduo dos hixcarianas, povo indígena que vive hoje no Pará e no Amazonas. *adj.2g.* **2.** Relacionado a esse povo.
Hm Símbolo de hectômetro.
Hn Símbolo do elemento químico hâhnio.
Ho Símbolo do elemento químico hólmio.
hobby [inglês: "róbi"] *s.m.* Atividade que se desenvolve para lazer, distração ou prazer: *tirava fotografia como hobby e trabalhava como professor.* ▣ Pl. *hobbies*.
hodierno (ho.di.**er**.no) [é] *adj.* Referente ao dia de hoje; recente; atual.
hodômetro (ho.**dô**.me.tro) *s.m.* Instrumento que mede a distância percorrida pelo veículo.
hoje (ho.je) [ô] *s.m.* O dia ou a época em que estamos.
holandês (ho.lan.**dês**) *adj.* **1.** Da Holanda, região dos Países Baixos, reino europeu. *s.m.* **2.** Pessoa natural ou habitante desse lugar. Cf. *neerlandês*.
holerite (ho.le.**ri**.te) *s.m.* Contracheque.
holismo (ho.**lis**.mo) *s.m.* Teoria biológica que considera o ser humano como um todo indecomponível.
holística (ho.**lís**.ti.ca) *s.f.* Aplicação dos postulados do holismo no conhecimento do homem.
hólmio (**hól**.mi.o) *s.m.* (Quím.) Metal do grupo das terras raras, elemento de símbolo Ho, peso atômico 164,93 e número atômico 67.
holocausto (ho.lo.**caus**.to) *s.m.* **1.** Execução em massa dos judeus, ciganos e outros prisioneiros nos campos de concentração nazistas, durante a Segunda Guerra Mundial (1933-1945). **2.** Grande mortandade de pessoas. Cf. *genocídio*. **3.** (Hist.) Entre os hebreus antigos, sacrifício ritual em que eram queimados animais inteiros.
Holoceno (Ho.lo.**ce**.no) [ê] *s.m.* (próprio) (Geo.) Época atual da história da Terra, iniciada após o Pleistoceno, há cerca de 11500 anos.
holofote (ho.lo.**fo**.te) [ó] *s.m.* Projetor que ilumina os objetos à distância; foco elétrico.
hologênese (ho.lo.gê.**ne**.se) *s.f.* (Bio.) Teoria que explica a sucessão das espécies, uma dando origem a outra, em um processo de transformação, desaparecendo a primitiva.
holografia (ho.lo.gra.**fi**.a) *s.f.* Tecnologia para produção de hologramas; fotografia ou impressão tridimensional.
holográfico (ho.lo.**grá**.fi.co) *adj.* Relacionado a holografia, feito por holografia: *imagem holográfica.*
holograma (ho.lo.**gra**.ma) *s.m.* Imagem tridimensional produzida por luz laser.
hombridade (hom.bri.**da**.de) *s.f.* Dignidade; magnanimidade.
home page [inglês: "rômi-pêigi"] *s.m.* (Inf.) Página de entrada de um *site*.

homem (ho.mem) *s.m.* **1.** Ser humano, a espécie humana, nossa espécie: *o homem cria linguagens.* **2.** Ser humano do sexo masculino.
homenagear (ho.me.na.ge.**ar**) *v.t.d.* Prestar honras a alguém por um feito merecido.
homenagem (ho.me.**na**.gem) *s.f.* Cortesia oferecida a alguém; ação de homenagear.
homeopata (ho.me.o.**pa**.ta) *s.2g.* Aquele que medica pela homeopatia.
homeopatia (ho.me.o.pa.**ti**.a) *s.f.* (Med.) Forma de tratamento que usa venenos em diluições extremas, proposta pelo médico alemão Samuel Hahnemann (1755-1843), sem explicação científica, porém reconhecida por autoridades internacionais e brasileiras.
homeostase (ho.me.os.**ta**.se) *s.f.* (Bio.) Manutenção das condições de equilíbrio em um organismo ou célula.
homeotermo (ho.me.o.**ter**.mo) [é] *s.m. e adj.* (Animal) que mantém a temperatura do corpo estável e mantém seu sangue quente gerando calor pelo metabolismo, como os mamíferos, as aves e outros. Cf. *pecilotermo*.
homérico (ho.**mé**.ri.co) *adj.* **1.** Pertencente ao poeta grego Homero, que viveu no século VI a.C. **2.** (Fig.) Extraordinário, grandioso.
homicida (ho.mi.**ci**.da) *adj.2g.* **1.** Que pratica homicídio. *s.2g.* **2.** Assassino.
homicídio (ho.mi.**cí**.di.o) *s.m.* Crime de matar uma pessoa; assassinato, assassínio.
hominídeo (ho.mi.**ní**.de.o) *s.m.* (Bio.) **1.** Primata do mesmo grupo em que se classificam o homem e seus ancestrais. *adj.* **2.** Relativo a esse grupo.
homiziar (ho.mi.zi.**ar**) *v.t.d.* **1.** Acobertar; dar asilo. *v.t.d. e v.p.* **2.** Esconder(-se).
homizio (ho.mi.**zi**.o) *s.m.* **1.** Ato ou efeito de homiziar(-se). **2.** Esconderijo.
Homo [latim: "omo"] *s.m.* (Bio.) Gênero que inclui a espécie humana e seus ancestrais diretos. *Homo sapiens*: a espécie humana, o homem atual.
homofobia (ho.mo.fo.**bi**.a) *s.f.* **1.** Medo doentio de conviver com homossexuais, de cometer um ato homossexual ou de tornar-se homossexual. **2.** Intolerância com homossexuais.
homofóbico (ho.mo.**fó**.bi.co) *adj.* **1.** Relacionado a homofobia. **2.** Intolerante com homossexuais ou homossexualismo.
homofonia (ho.mo.fo.**ni**.a) *s.f.* Igualdade de pronúncia: as palavras "caçar" e "cassar" são um exemplo de homofonia.
homofônico (ho.mo.**fô**.ni.co) *adj.* **1.** Relativo a homofonia. **2.** Homófono.
homófono (ho.**mó**.fo.no) *s.m. e adj.* (Palavra) que tem o mesmo som ou pronúncia que outra; homofônico: *"caçar" e "cassar" são (substantivos) homófonos*.
homogeneidade (ho.mo.ge.nei.**da**.de) *s.f.* Qualidade ou característica do que é homogêneo.
homogeneizado (ho.mo.ge.nei.**za**.do) *adj.* **1.** Que se homogeneizou. **2.** Padronizado, igualado.

homogeneizar (ho.mo.ge.nei.**zar**) v.t.d. Tornar homogêneo.

homogêneo (ho.mo.**gê**.ne.o) adj. **1.** Que tem a mesma natureza que; análogo. **2.** Que tem a mesma consistência em todas as partes: *bata a mistura até virar um creme homogêneo*.

homógrafo (ho.**mó**.gra.fo) adj. (*Gram.*) Que tem a mesma grafia, mas sentido diferente.

homologação (ho.mo.lo.ga.**ção**) s.f. Ação ou efeito de homologar.

homologar (ho.mo.lo.**gar**) v.t.d. Aprovar, autorizar a efetivação de; confirmar por autoridade.

homologia (ho.mo.lo.**gi**.a) s.f. **1.** Equivalência. **2.** (Bio.) Semelhança de origem e estrutura que ocorre entre organismos diferentes.

homólogo (ho.**mó**.lo.go) adj. Que mantém com outro elemento uma relação de homologia, de correspondência de função, forma etc.

homonímia (ho.mo.**ní**.mi.a) s.f. Qualidade de homônimo.

homônimo (ho.**mô**.ni.mo) s.m. e adj. **1.** (Aquele) que tem o mesmo nome que outro: *um autor homônimo*; *conheceu um homônimo na escola*. **2.** (*Gram.*) (Palavra) que tem a mesma pronúncia que outra, como "acento" e "assento", ou a mesma grafia, como "pode" e "pôde" ou "Rio (de Janeiro)" e "rio".

homossexual (ho.mos.se.xu.**al**) [cs] adj.2g. **1.** Pertencente à afinidade sexual entre pessoas do mesmo sexo. s.2g. **2.** Pessoa que tem relacionamento sexual com outras do mesmo sexo. Cf. *heterossexual*.

homossexualidade (ho.mos.se.xu.a.li.**da**.de) [cs] s.f. Condição, caráter de homossexual; homossexualismo.

homossexualismo (ho.mos.se.xu.a.**lis**.mo) [cs] s.m. Desejo sexual por pessoas do mesmo sexo; homossexualidade.

homúnculo (ho.**mún**.cu.lo) s.m. **1.** Homem muito pequeno, de estatura muito baixa. **2.** No folclore medieval, homem em miniatura com poderes sobrenaturais. **3.** (*Fig.*) Homem desprezível, vil.

hondurenho (hon.du.**re**.nho) adj. **1.** De Honduras, país da América Central. s.m. **2.** Pessoa natural ou habitante desse lugar.

honestidade (ho.nes.ti.**da**.de) s.f. **1.** Qualidade de honesto. **2.** Probidade, dignidade, boa-fé.

honesto (ho.**nes**.to) [é] adj. Honrado; probo; virtuoso.

honguechonguês (hon.gue.con.**guês**) adj. **1.** De Hong Kong, região administrativa especial da República Popular da China. s.m. **2.** Pessoa natural ou habitante desse lugar.

honorabilidade (ho.no.ra.bi.li.**da**.de) s.f. Qualidade de honorável.

honorário (ho.no.**rá**.ri.o) adj. **1.** Relativo a honra. **2.** Que preserva o título, as honras ou prerrogativas, mas não atua ou não recebe remuneração. Cf. *honorífico* e *honorários*.

honorários (ho.no.**rá**.rios) s.m.pl. Remuneração por serviço eventual de médico, advogado ou de outro profissional. Cf. *honorário*.

honorável (ho.no.**rá**.vel) adj.2g. Que merece honras.

honorífico (ho.no.**rí**.fi.co) adj. Que expressa reconhecimento da honra. Cf. *honorário*.

honra (hon.ra) s.f. **1.** Consciência do dever, sentimento de dignidade e respeito. **2.** Reconhecimento de valor elevado; mérito, respeito. **3.** (*Fig.*) Castidade, virgindade. Cf. *honras*.

honradez (hon.ra.**dez**) [ê] s.f. Qualidade de quem tem honra; dignidade, honestidade.

honrado (hon.**ra**.do) adj. Que tem honra; honesto, digno, respeitado.

honrar (hon.**rar**) v.t.d. **1.** Conferir honras a; distinguir. **2.** Respeitar; dignificar; enobrecer.

honraria (hon.ra.**ri**.a) s.f. Manifestação que dá honra e respeito; honras.

honras (hon.ras) s.f.pl. Honraria.

honroso (hon.**ro**.so) [ô] adj. **1.** Que mostra honra ou nobreza; distinto. **2.** Decente. ◘ Pl. *honrosos* [ó].

hóquei (**hó**.quei) s.m. Esporte olímpico em que os jogadores batem com o bastão num a bola ou disco, praticado sobre grama, gelo ou madeira.

hora (**ho**.ra) [ó] s.f. **1.** Vigésima quarta parte do dia. **2.** Período de sessenta minutos. **3.** Vez, oportunidade, ocasião. (*Gír.*) **Da hora:** que está na moda; legal, bacana, bom, recente, atualizado.

horário (ho.**rá**.ri.o) adj. **1.** Relativo a horas, expresso em horas: *carga horária*. **Sentido horário:** sentido em que giram os ponteiros de um relógio. s.m. **2.** Hora determinada: *horário das aulas*. **3.** Cada uma das 24 zonas da Terra que seguem a mesma referência de tempo; diz-se também **fuso horário**; hora. **Horário de verão:** mudança de uma hora no horário de uma região.

horda (**hor**.da) [ó] s.f. **1.** Tribo nômade. **2.** (*Fig.*) Bando de pessoas indisciplinadas ou de malfeitores.

horista (ho.**ris**.ta) s.2g. e adj.2g. (Pessoa) que é contratada e remunerada por hora.

horizontal (ho.ri.zon.**tal**) adj.2g. **1.** Relativo ao horizonte. s.f. **2.** Linha paralela ao horizonte.

horizontalidade (ho.ri.zon.ta.li.**da**.de) s.f. Qualidade do que é horizontal ou está nessa posição.

horizonte (ho.ri.**zon**.te) s.m. Linha imaginária, percebida pelo observador em relação ao ponto máximo que a visão alcança.

hormonal (hor.mo.**nal**) adj.2g. Pertencente ou relacionado a hormônio.

hormônio (hor.**mô**.ni.o) s.m. (Bio.) Substância segregada por glândulas ou órgãos, com funções específicas e distintas.

horóscopo (ho.**rós**.co.po) s.m. (*Folc.*) Prognóstico para uma pessoa, instituição ou outro, baseado na posição dos astros em determinado momento como o nascimento, a fundação etc.

horrendo (hor.**ren**.do) adj. Horroroso; medonho.

horripilante (hor.ri.pi.**lan**.te) adj.2g. Que horripila; que causa horror.

horripilar (hor.ri.pi.**lar**) v.t.d. Horrorizar.

horrível (hor.**rí**.vel) adj. Horrendo; medonho.

horror (hor.**ror**) [ô] s.m. **1.** Sensação de medo. **2.** Ódio; aversão; repulsão.

horrorizar (hor.ro.ri.**zar**) v.t.d. **1.** Causar horror a; amedrontar. v.p. **2.** Sentir horror.
horroroso (hor.ro.**ro**.so) [ô] adj. Horrendo; horrível; medonho. ◘ Pl. *horrorosos* [ó].
horta (**hor**.ta) [ó] s.f. Local onde são cultivadas ervas, legumes, verduras e outras plantas alimentícias.
hortaliça (hor.ta.**li**.ça) s.f. Planta herbácea leguminosa, de folhas ou frutos comestíveis, cultivada em hortas; verdura.
hortelã (hor.te.**lã**) s.f. (Bot.) Erva rasteira cujas folhas são usadas como tempero e para fazer chá.
hortelão (hor.te.**lão**) s.m. Pessoa que cultiva a horta.
hortense (hor.**ten**.se) adj.2g. Que se cultiva em horta: *planta hortense*.
hortênsia (hor.**tên**.si.a) s.f. (Bot.) Erva ornamental que dá flores em grandes cachos azuis ou rosas.
horticultor (hor.ti.cul.**tor**) [ô] s.m. Aquele que se dedica à horticultura.
horticultura (hor.ti.cul.**tu**.ra) s.f. Cultura, cultivo de hortas e jardins.
hortifrutigranjeiro (hor.ti.fru.ti.gran.**jei**.ro) adj. Pertencente à produção de horta, pomar ou granja: *verduras, legumes, frutas e ovos são produtos hortifrutigranjeiros*.
horto (**hor**.to) [ô] s.m. **1.** Pequeno estabelecimento de horticultura. **2.** Jardim. **3.** Lugar de tormento (por alusão ao Horto das Oliveiras, onde Jesus sofreu).
hosana (ho.**sa**.na) s.m. (Relig.) **1.** Hino católico cantado especialmente no Domingo de Ramos. **2.** Cântico de glória e louvor. interj. **3.** Emprega-se para expressar alegria.
hospedagem (hos.pe.**da**.gem) s.f. Ação de hospedar.
hospedar (hos.pe.**dar**) v.t.d. **1.** Receber como hóspede. **2.** Dar alojamento a. Obs.: pres. do ind.: *hospedo, hospedas, hospeda, hospedamos, hospedais, hospedam*; pres. do subj.: *hospede, hospedes, hospede, hospedemos, hospedeis, hospedem*.
hospedaria (hos.pe.da.**ri**.a) s.f. Casa que serve para estalagem; albergue.
hóspede (**hós**.pe.de) s.2g. Aquele que se hospeda em casa alheia ou hospedaria por período determinado.
hospedeiro (hos.pe.**dei**.ro) adj. **1.** Relacionado a hóspede. s.m. **2.** Aquele que hospeda, que dá hospedagem. **3.** (Zoo.) Animal ou vegetal que abriga um parasita.
hospício (hos.**pí**.ci.o) s.m. **1.** Asilo. **2.** Manicômio.
hospital (hos.pi.**tal**) s.m. Estabelecimento próprio para tratamento de doentes.
hospitalar (hos.pi.ta.**lar**) adj.2g. Pertencente a hospital ou hospício.
hospitaleiro (hos.pi.ta.**lei**.ro) s.m. e adj. **1.** Que ou o que hospeda com satisfação. **2.** Acolhedor; receptivo.
hospitalidade (hos.pi.ta.li.**da**.de) s.f. Acolhimento, liberalidade para com os hóspedes.
hospitalização (hos.pi.ta.li.za.**ção**) s.f. Ação de hospitalizar, internar em hospital.

hospitalizar (hos.pi.ta.li.**zar**) v.t.d. e v.p. Internar(-se) em hospital.
host [inglês: "rôusti", anfitrião] s.m. Computador que hospeda páginas ou *sites* da internet.
hostess [inglês: "róstes", anfitriã] s.f. Mulher que recebe os clientes em restaurantes e casas noturnas.
hóstia (**hós**.ti.a) s.f. (Relig.) Rodela de pão ázimo consagrada e distribuída na missa católica, durante a comunhão.
hostil (hos.**til**) adj.2g. **1.** Que hostiliza. **2.** Adverso. **3.** Agressivo.
hostilidade (hos.ti.li.**da**.de) s.f. Qualidade de hostil; adversidade; agressividade.
hostilizar (hos.ti.li.**zar**) v.t.d. **1.** Tratar de modo hostil. **2.** Prejudicar. **3.** Agredir; ferir.
hotel (ho.**tel**) s.m. **1.** Edifício, construção para receber viajantes: *construir um hotel*. **2.** Estabelecimento que recebe hóspedes para pernoite: *abrir um hotel, cuidar de um hotel*.
hotelaria (ho.te.la.**ri**.a) s.f. Atividade econômica, ramo de trabalho com hotéis e hospedagem: *área de hotelaria, curso de hotelaria*.
hoteleiro (ho.te.**lei**.ro) adj. **1.** Relacionado a hotel ou hotelaria: *ramo hoteleiro*. s.m. **2.** Proprietário ou gerente de hotel.
HTML (Inf.) Sigla do inglês *hypertext markup language*, "linguagem de marcação de hipertexto", linguagem de programação usada na criação de páginas da internet que podem conter arquivos, textos, imagens e ligações com outros documentos da internet.
HTTP (Inf.) Sigla do inglês *hypertext transfer protocol*, "protocolo de transferência de hipertexto", protocolo usado para compartilhar informações na internet.
hulha (**hu**.lha) s.f. (Quím.) Substância combustível sólida, resultante da combustão incompleta de materiais orgânicos; carvão mineral, carvão de pedra.
humanar-se (hu.ma.**nar**-se) v.t.d. Viver como ser humano; encarnar.
humanas (hu.**ma**.nas) s.f.pl. Estudos ou ciências como letras, história, filosofia, comunicação, antropologia, sociologia e outras que não se incluem nas exatas ou nas biológicas.
humanidade (hu.ma.ni.**da**.de) s.f. **1.** O conjunto dos seres humanos. **2.** Natureza humana. **3.** Benevolência; compaixão. Cf. *humanidades*.
humanidades (hu.ma.ni.**da**.des) s.f.pl. Estudos da produção cultural, literária, filosófica etc.; estudos que não se incluem nas ciências exatas ou nas biológicas. Cf. *humanidade*.
humanismo (hu.ma.**nis**.mo) s.m. Doutrina dos humanistas da Renascença, que ressuscitaram o culto das línguas e das literaturas antigas.
humanista (hu.ma.**nis**.ta) adj.2g. **1.** Relativo ao Humanismo. s.2g. **2.** Aquele que se dedica ao estudo de humanidades, às ciências humanas.
humanístico (hu.ma.**nís**.ti.co) adj. Relacionado ao humanismo ou às ciências humanas.

humanitário (hu.ma.ni.**tá**.ri.o) *adj.* **1.** Relativo à humanidade. **2.** Benfeitor; que procura o bem da humanidade. *s.m.* **3.** Filantropo.

humanitarismo (hu.ma.ni.ta.**ris**.mo) *s.m.* Doutrina filosófica que preconiza o amor pela humanidade; filantropia.

humanizar (hu.ma.ni.**zar**) *v.t.d. e v.p.* Dar (ou adquirir) características de humano.

humano (hu.**ma**.no) *adj.* **1.** Relacionado ao homem: *espécie humana.* **2.** Próprio do homem, de qualquer pessoa. **3.** Preocupado com a sobrevivência e o bem-estar das pessoas: *atendimento humano.*

humildade (hu.mil.**da**.de) *s.f.* **1.** Qualidade de humilde. **2.** Modéstia.

humilde (hu.**mil**.de) *adj.2g.* Modesto; simples.

humilhação (hu.mi.lha.**ção**) *s.f.* **1.** Ação ou efeito de humilhar. **2.** Vexame.

humilhado (hu.mi.**lha**.do) *adj.* **1.** Que se humilhou, que sofreu humilhação; envergonhado, vilipendiado. **2.** Espezinhado, oprimido, vexado.

humilhante (hu.mi.**lhan**.te) *adj.2g.* Que humilha; vexatório.

humilhar (hu.mi.**lhar**) *v.t.d.* **1.** Tornar humilde. **2.** Vexar. **3.** Maltratar. *v.p.* **4.** Submeter-se, deixar-se dominar.

humo (**hu**.mo) *s.m.* Camada de matéria orgânica em decomposição, que se acumula no solo, fertilizando a terra e nutrindo os vegetais; terra vegetal; húmus.

humor (hu.**mor**) [ô] *s.m.* **1.** Traços característicos ou estado habitual de ânimo; disposição: *bom humor, mal humor; humor alegre.* **2.** Gênero ou estilo de obras, histórias ou ditos cômicos, que fazem rir; atividade do humorista.

humorismo (hu.mo.**ris**.mo) *s.m.* Qualidade de humorista, ou dos escritos humorísticos.

humorista (hu.mo.**ris**.ta) *s.2g.* Pessoa que faz espetáculos, desenhos, programas ou outro tipo de obra que provoca o riso, que faz rir.

humorístico (hu.mo.**rís**.ti.co) *adj.* Relativo a humor, que contém humor.

húmus (**hú**.mus) *s.m.2n.* Humo. ▪ Pl. *húmus.*

huni kui [indígena: "runicui"] *s.2g.* **1.** Indivíduo dos *huni kui*, povo indígena que vive hoje no Mato Grosso. *adj.2g.* **2.** Relacionado a esse povo. *s.m.* **3.** Idioma falado por esse povo. O mesmo que *caxinauá.*

húngaro (**hún**.ga.ro) *adj.* **1.** Da Hungria, país da Europa; magiar. *s.m.* **2.** Pessoa natural ou habitante desse lugar; magiar. **3.** O idioma desse país.

huno (**hu**.no) *s.m.* **1.** Indivíduo dos hunos, povo bárbaro que invadiu a Europa em meados do século V. *adj.* **2.** Relacionado aos hunos. **3.** Bárbaro, destruidor.

hurra (hur.ra) *interj.* Expressa saudação, felicitação, vitória.

husky [inglês: "râsqui"] *s.2g.* (Zoo.) Cão de raça grande, com pelo abundante e longo, cinza ou branco e malhado, em geral com olhos azuis, usado para puxar trenós na neve.

hype [inglês: "ráipe"] *adj.2g.2n.* O que está em alta, que chama muito a atenção; geralmente refere-se a moda, séries, músicas e filmes. Obs.: esta palavra não consta do *Volp.*

Hz Símbolo do *hertz.*

Ii

i, I s.m. **1.** Nona letra do alfabeto e terceira das vogais, de nome "i". **2.** Na numeração romana, representa uma unidade ou primeiro lugar: *em números romanos, I é um ou primeiro; III é três ou terceiro*. **I** Símbolo do elemento químico iodo.
iaiá (ia.**iá**) s.f. Tratamento dado principalmente no Nordeste às filhas dos senhores de escravos. Obs.: é redução de *sinhá*.
ialorixá (ia.lo.ri.**xá**) s.f. (Relig.) Mãe de santo.
ianomâmi (ia.no.**mâ**.mi) s.2g. **1.** Indivíduo dos ianomâmis, povo indígena que vive hoje no Amazonas e em Roraima. adj.2g. **2.** Relacionado a esse povo. s.m. **3.** Idioma falado por esse povo.
ianque (i.**an**.que) s.2g. **1.** (Hist.) Membro da facção federalista, do norte, durante a Guerra de Secessão nos EUA, em 1861-1865. **2.** Pessoa natural ou habitante dos EUA; estadunidense.
iaô (i.a.**ô**) s.f. (Relig.) Filha de santo.
iaque (i.**a**.que) s.m. Bovino natural do Tibet e regiões vizinhas, usado para transporte de carga e pessoas.
iara (i.**a**.ra) s.f. Ente folclórico, senhora dos rios e lagos, contado pelos indígenas, possuindo forma de uma mulher de rara beleza; mãe-d'água, uiara.
iate (i.**a**.te) s.m. **1.** Embarcação luxuosa utilizada para passeios. **2.** Barco a vela usado em competição esportiva.
iatismo (i.a.**tis**.mo) s.m. Esporte olímpico praticado com embarcação à vela; corrida de iates.
iatista (i.a.**tis**.ta) s.2g. Pessoa que pratica o iatismo.
iatrogênico (i.a.tro.**gê**.ni.co) adj. Diz-se de doença ou problema de saúde causado pela medicação.
iaualapiti (iau.a.la.pi.**ti**) s.2g. **1.** Indivíduo dos iaualapitis, povo indígena que vive hoje no Mato Grosso. adj.2g. **2.** Relacionado a esse povo.
iauanauá (iau.a.nau.**á**) s.2g. **1.** Indivíduo dos iauanauás, povo indígena que vive hoje no Acre. adj.2g. **2.** Relacionado a esse povo.
Ibama Sigla de *Instituto Brasileiro do Meio Ambiente e dos Recursos Naturais Renováveis*.
ibérico (i.**bé**.ri.co) adj. **1.** Que se refere ou pertence à península Ibérica, onde hoje estão Portugal e Espanha. s.m. **2.** Pessoa natural ou habitante desse lugar.
ibero (i.**be**.ro) [é] adj. **1.** Ibérico. s.m. **2.** Indivíduo dos iberos, povo da Antiguidade que vivia na região hoje correspondente a Portugal e Espanha.
ibero-americano (i.be.ro-a.me.ri.**ca**.no) adj. Pertencente simultaneamente à península Ibérica e à América. ▣ Pl. *ibero-americanos*.
IBGE Sigla de *Instituto Brasileiro de Geografia e Estatística*.

ibidem [latim: "ibídem"] adv. Na mesma obra e página; expressão usada para indicar que um trecho citado foi transcrito da mesma obra e mesma página da citação anterior.
ibirapitanga (i.bi.ra.pi.**tan**.ga) s.f. Nome indígena do pau-brasil.
içá (i.**çá**) s.f. **1.** (Zoo.) Formiga tanajura. **2.** (Bot.) Palmeira nativa do Brasil, de folhas verde-escuras e frutos alaranjados, em extinção.
içar (i.**çar**) v.t.d. **1.** Erguer; alçar. **2.** Arvorar (bandeira, vela de navio).
ícone (**í**.co.ne) s.m. **1.** Imagem que representa algo; desenho: *o ícone do lápis indica que há uma atividade no caderno de exercícios*. **2.** Representação de uma divindade, de um ideal ou de valor estabelecido: *ícones religiosos, ícones da modernidade*.
iconoclasta (i.co.no.**clas**.ta) s.2g. **1.** Pessoa que destrói ícones religiosos. **2.** Pessoa que ataca ícones ideológicos, que ataca valores estabelecidos ou ideais.
iconografia (i.co.no.gra.**fi**.a) s.f. **1.** Pesquisa, estudo e classificação do tema das figuras ou representações artísticas. **2.** Coleção de figuras.
iconográfico (i.co.no.**grá**.fi.co) adj. Relacionado a iconografia.
iconógrafo (i.co.**nó**.gra.fo) adj. Pessoa que faz iconografia, que pesquisa imagens.
icosaedro (i.co.sa.**e**.dro) s.m. (Geom.) Poliedro de vinte faces.
icterícia (ic.te.**rí**.ci.a) s.f. (Med.) Alteração do sangue por absorção da bílis, caracterizada por coloração amarelada da pele e das escleróticas, muito comum em recém-nascidos.
ictiologia (ic.ti.o.lo.**gi**.a) s.f. Parte da zoologia dedicada ao estudo dos peixes.
ictiológico (ic.ti.o.**ló**.gi.co) adj. Relacionado à ictiologia.
ida (**i**.da) s.f. Ação de ir; partida para um determinado destino.
idade (i.**da**.de) s.f. **1.** Número de anos de alguém ou de alguma coisa. **2.** Época histórica ou geológica. **3.** (Fig.) Velhice. **4.** Época da vida utilizada como referencial. (Hist.) **Idade Média:** período da história europeia entre a queda do Império Romano, em 476 d.C., e a retomada do comércio, os descobrimentos e o Renascimento, no século XV.
ideal (i.de.**al**) adj.2g. **1.** Relacionado a ideia, que existe nas ideias. s.m. *e* adj. **2.** (Aquilo) que se gostaria que existisse, que passasse da ideia à realidade.

adj. **3.** Que corresponde ao que se queria; perfeito, ótimo: *ali era o local ideal para armar a barraca.*
idealismo (i.de.a.**lis**.mo) *s.m.* **1.** Motivação para agir seguindo ideais e princípios: *o motorista declarou a verdade por idealismo.* **2.** Hábito, costume de idealizar tudo.
idealista (i.de.a.**lis**.ta) *adj.2g.* **1.** Pertencente a idealismo. *s.2g.* **2.** Pessoa que vive e age de acordo com seus ideais.
idealização (i.de.a.li.za.**ção**) *s.f.* **1.** Ação de idealizar, de criar na imaginação ou conceber. **2.** Atribuição de características ideais: *achar que ricos e famosos são sempre felizes é uma idealização.*
idealizador (i.de.a.li.za.**dor**) [ô] *adj. e s.m.* Que ou aquele que idealiza, que cria a ideia ou conceito: *o idealizador do projeto foi homenageado.*
idealizar (i.de.a.li.**zar**) *v.t.d.* **1.** Dar caráter ideal a. **2.** Imaginar, conceber, criar na mente. **3.** Poetizar.
idear (i.de.**ar**) *v.t.d.* **1.** Ter a ideia, o plano de. **2.** Projetar; imaginar. Obs.: pres. do ind.: *ideio, ideias, ideia, ideamos, ideais, ideiam;* pres. do subj.: *ideie, ideies, ideie, ideemos, ideeis, ideiem.*
ideia (i.**dei**.a) [éi] *s.f.* **1.** Representação de alguma coisa no pensamento. **2.** Concepção intelectual. **3.** Modelo, tipo. **4.** Esboço. **5.** Engenho; imaginação. **6.** Juízo; inteligência.
idem [latim: "ídem"] *pron.* **1.** O mesmo: *ela pediu sorvete de morango e ele idem.* **2.** Expressão usada para indicar que uma citação é do mesmo autor da precedente.
idêntico (i.**dên**.ti.co) *adj.* Igual, o mesmo.
identidade (i.den.ti.**da**.de) *s.f.* **1.** Qualidade de idêntico. **2.** Conjunto, combinação de características que faz único cada ser.
identificação (i.den.ti.fi.ca.**ção**) *s.f.* **1.** Ação de identificar ou identificar-se. **2.** Determinação da identidade.
identificador (i.den.ti.fi.ca.**dor**) [ô] *s.m. e adj.* (O) que identifica, que serve para identificar.
identificar (i.den.ti.fi.**car**) *v.t.d.* **1.** Tornar idêntico a. **2.** Estabelecer a identidade de.
identificável (i.den.ti.fi.**cá**.vel) *adj.2g.* Que se pode identificar: *a sopa era feita de vários legumes identificáveis pela cor e forma.*
ideográfico (i.de.o.**grá**.fi.co) *adj.* Relacionado à escrita que usa sinais para representar ideias, os ideogramas, e não sinais que representam sons: *o chinês e o japonês têm escrita ideográfica, o português tem escrita fonética.*
ideograma (i.de.o.**gra**.ma) *s.m.* Sinal que representa uma ideia, usado na escrita de línguas como chinês e japonês.
ideologia (i.de.o.lo.**gi**.a) *s.f.* **1.** Ciência que trata da formação das ideias. **2.** Conjunto de convicções e convenções filosóficas, religiosas, jurídicas, sociais ou políticas; doutrina; crença.
ideológico (i.de.o.**ló**.gi.co) *adj.* Relacionado a ideologia, fundamentado em uma ideologia.
IDH 1. Sigla de *Índice de Desenvolvimento Humano.* **2.** Unidade de medida usada para classificar o grau de desenvolvimento de determinada sociedade nos quesitos de saúde, educação e renda.
idílico (i.**dí**.li.co) *adj.* **1.** Relacionado a idílio. **2.** Suave; amoroso.
idílio (i.**dí**.li.o) *s.m.* **1.** Composição poética de caráter campestre. **2.** Amor simples e poético. **3.** Sonho amoroso.
idioma (i.di.**o**.ma) *s.m.* **1.** Conjunto de palavras e regras de gramática usado por um povo ou grupo humano; língua, linguagem verbal: *esta obra está escrita no idioma português.* **2.** Código, linguagem.
idiomático (i.di.o.**má**.ti.co) *adj.* Relacionado a ou próprio de um idioma. **Expressão idiomática:** expressão cujo sentido foi criado no idioma e não corresponde ao significado literal das palavras, como "marcar touca", "pé de moleque", "acabar em pizza".
idiossincrasia (i.di.os.sin.cra.**si**.a) *s.f.* **1.** Disposição particular de pensamento, crença de cada indivíduo. **2.** Maneira de ver, sentir, reagir, própria de cada pessoa.
idiota (i.di.**o**.ta) [ó] *s.2g. e adj.2g.* **1.** (Med.) (Aquele) que sofre de atraso mental; doente de idiotia. **2.** (Pej.) Bobo, pateta, tolo, ignorante. **3.** (Fig.) Pretensioso.
idiotia (i.di.o.**ti**.a) *s.f.* (Med.) Desenvolvimento mental lento ou limitado, por defeito congênito ou lesão cerebral; idiotice.
idiotice (i.di.o.**ti**.ce) *s.f.* **1.** Idiotia. **2.** (Pej.) Ato, dito ou qualidade de idiota; bobagem.
idiótico (i.di.**ó**.ti.co) *adj.* Pertencente a idiota ou a idiotia.
idiotismo (i.di.o.**tis**.mo) *s.m.* **1.** Idiotia. **2.** (Gram.) Palavra ou construção típicas de um determinado idioma.
idiotizar (i.di.o.ti.**zar**) *v.t.d.* **1.** Tornar idiota ou burro, tratar como se fosse idiota: *alguns programas de televisão idiotizam as pessoas, outros educam ou divertem sem reduzir a inteligência. v.p.* **2.** Tornar-se idiota; perder a capacidade de comunicar-se ou pensar: *não experimentou drogas para evitar o risco de se idiotizar.*
idólatra (i.**dó**.la.tra) *adj.2g.* **1.** Relacionado à idolatria. *s.2g.* **2.** Pessoa que adora ídolos.
idolatrado (i.do.la.**tra**.do) *adj.* Que se idolatra, que se adora como ídolo.
idolatrar (i.do.la.**trar**) *v.t.d.* **1.** Adorar (ídolos). **2.** Amar excessivamente; venerar.
idolatria (i.do.la.**tri**.a) *s.f.* **1.** Adoração de ídolos. **2.** Amor excessivo; paixão.
ídolo (**í**.do.lo) *s.m.* **1.** Figura, estátua ou imagem que representa uma divindade e é objeto de culto. **2.** (sobrecomum) (Fig.) Pessoa a quem se tributa grande admiração.
idoneidade (i.do.nei.**da**.de) *s.f.* **1.** Qualidade de idôneo. **2.** Competência; capacidade.
idôneo (i.**dô**.ne.o) *adj.* Apto; adequado, de boa reputação, acreditado.
idoso (i.**do**.so) [ô] *adj.* Que tem muita idade; velho. ▫ Pl. *idosos* [ó].

iecuana (ie.cu.**a**.na) s.2g. **1.** Indivíduo dos iecuanas, povo indígena que vive hoje em Roraima. adj.2g. **2.** Relacionado a esse povo.

Iemanjá (i.e.man.**já**) s.f. (próprio) (Relig.) Orixá feminino, o próprio mar divinizado.

iemenita (i.e.me.**ni**.ta) adj.2g. **1.** Do Iêmen, país da Ásia. s.2g. **2.** Pessoa natural ou habitante desse lugar.

iene (i.**e**.ne) s.m. Moeda do Japão.

igapó (i.ga.**pó**) s.m. Área que fica ao redor dos rios e se alaga com frequência, na floresta Amazônica.

igara (i.**ga**.ra) s.f. Embarcação ou canoa pequena.

igarapé (i.ga.ra.**pé**) s.m. Pequeno rio, canal, por onde passam igaras ou outras embarcações pequenas.

iglu (i.**glu**) s.m. Habitação dos esquimós, feita com blocos de gelo que se ordenam em forma de cúpula.

ignaro (ig.**na**.ro) adj. Ignorante; sem instrução.

ignavo (ig.**na**.vo) adj. Covarde; fraco; indolente.

ígneo (**íg**.ne.o) adj. **1.** Relacionado ao fogo; que tem a cor ou a natureza do fogo. **2.** Do fogo. **3.** Produzido pela ação do fogo.

ignição (ig.ni.**ção**) s.f. **1.** Estado de um corpo em combustão. **2.** Nos motores de combustão interna, operação que provoca a combustão da mistura de combustível e comburente.

ignóbil (ig.**nó**.bil) adj.2g. **1.** Que não tem nobreza. **2.** Vil; desprezível; abjeto.

ignomínia (ig.no.**mí**.ni.a) s.f. Infâmia; desonra.

ignominioso (ig.no.mi.ni.**o**.so) [ô] adj. Que causa ou traz ignomínia; desonroso. ▣ Pl. ignominiosos [ó].

ignorado (ig.no.**ra**.do) adj. Obscuro; desconhecido, não valorizado.

ignorância (ig.no.**rân**.ci.a) s.f. Estado de ignorante; falta de saber.

ignorante (ig.no.**ran**.te) s.g. e adj.2g. (Aquele) que não tem instrução, saber; beócio.

ignorar (ig.no.**rar**) v.t.d. **1.** Não saber; desconhecer: *ignoro onde está a chave.* **2.** Fingir que não existe, não reconhecer, não aceitar: *ignorar uma pessoa, um pedido.*

ignoto (ig.**no**.to) adj. Desconhecido; obscuro; ignorado.

igreja (i.**gre**.ja) s.f. **1.** Conjunto dos cristãos que têm o mesmo credo, rituais e líder: *líderes de várias Igrejas fizeram um encontro.* **2.** Templo cristão: *Salvador tem mais de 300 igrejas.*

igual (i.**gual**) adj.2g. **1.** Que tem a mesma grandeza, o mesmo valor; idêntico. s.2g. **2.** Pessoa da mesma condição, classe ou categoria.

igualar (i.gua.**lar**) v.t.d. **1.** Tornar igual; nivelar; aplainar. **2.** Tornar-se igual a; ser igual a.

igualdade (i.gual.**da**.de) s.f. **1.** Qualidade de igual. **2.** Uniformidade, regularidade. **Igualdade de direitos:** equiparação dos direitos dos membros de uma sociedade, ou dos cidadãos de um povo ou Estado.

igualha (i.**gua**.lha) s.f. Igualdade de condição social.

igualitário (i.gua.li.**tá**.ri.o) adj. **1.** Que defende a igualdade de direitos para todos os seres humanos. **2.** Que busca criar igualdade de oportunidades para todos, que tenta amenizar as diferenças econômicas e sociais.

igualitarismo (i.gua.li.ta.**ris**.mo) s.m. Sistema dos que defendem a igualdade social.

iguana (i.**gua**.na) s.2g. (Zoo.) Lagarto grande, de pernas compridas, cores brilhantes e crista em algumas espécies, que vivem nas Américas. O mesmo que *iguano.*

iguano (i.**gua**.no) s.m. (epiceno) (Zoo.) O mesmo que *iguana.*

iguaria (i.gua.**ri**.a) s.f. **1.** Manjar delicado, apetitoso. **2.** Qualquer comida apetitosa.

iídiche (i.**í**.di.che) adj.2g. **1.** Pertencente às comunidades judaicas da Europa central e oriental. s.m. **2.** Língua falada nessas comunidades, baseada no alemão, com elementos hebraicos e eslavos.

ikpeng [indígena: "icpengue"] s.2g. **1.** Indivíduo dos *ikpeng*, povo indígena que vive hoje no sul da Amazônia. adj.2g. **2.** Relacionado a esse povo. s.m. **3.** Idioma falado por esse povo.

ilação (i.la.**ção**) s.f. Inferência.

ilaquear (i.la.que.**ar**) v.t.d. Enganar, iludir: *ilaquear a boa-fé.*

ilegal (i.le.**gal**) adj.2g. Não legal; contrário à lei.

ilegalidade (i.le.ga.li.**da**.de) s.f. Condição, caráter de ilegal.

ilegítimo (i.le.**gí**.ti.mo) adj. **1.** Que não é legítimo. **2.** Que não foi registrado legalmente. **3.** Diz-se de filho cujos pais não eram casados legalmente entre si.

ilegível (i.le.**gí**.vel) adj.2g. Não legível; que não se pode ler.

íleo (**í**.le.o) s.m. (Anat.) Parte do intestino delgado que se estende por quase 2 metros, desde o jejuno até o início do intestino grosso.

ileocecal (i.le.o.ce.**cal**) adj.2g. (Anat.) Pertencente ao íleo e ao ceco. **Apêndice ileocecal:** pequeno prolongamento do intestino grosso de muitos mamíferos, sem função específica; apêndice.

ileso (i.**le**.so) [ê ou é] adj. Sem lesão; são; incólume.

iletrado (i.le.**tra**.do) s.m. e adj. **1.** (Aquele) que não tem hábito de leitura. **2.** Analfabeto.

ilha (i.lha) s.f. (Geo.) Porção de terra que se eleva acima das águas, que a cercam por todos os lados.

ilhado (i.**lha**.do) adj. Sem comunicação ou circulação; isolado.

ilhar (i.**lhar**) v.t.d. Isolar em ilha: *a inundação ilhou vários trechos da cidade.*

ilharga (i.**lhar**.ga) s.f. **1.** Cada um dos lados do corpo humano, dos quadris aos ombros. **2.** Lateral de animais ou objetos.

ilhéu (i.**lhéu**) adj. **1.** Relativo à ilha. s.m. **2.** Pessoa natural ou habitante de uma ilha. **3.** Rochedo no meio do mar. ▣ Fem. *ilhoa*, apenas para as acepções 1 e 2.

ilhó (i.**lhó**) s.m. (Ant.) Furo, orifício em tecido ou couro: *fazer um ilhó.* Cf. *ilhós.*

ilhós (i.**lhós**) s.m. Aro arrebitado em orifícios de tecido ou couro, por onde passa uma fita ou cordão

em roupas, calçados etc.: *uma calça com ilhoses decorativos*. Cf. *ilhó*.
ilhota (i.**lho**.ta) [ó] s.f. Pequena ilha.
ilíaco (i.**lí**.a.co) s.m. (*Anat.*) **1.** Osso que ocupa as partes laterais e anteriores da bacia. *adj.* **2.** Relativo à bacia.
ilibado (i.li.**ba**.do) *adj.* Não tocado; imaculado; puro.
ilibar (i.li.**bar**) v.t.d. **1.** Reabilitar. **2.** Tornar puro, sem mancha.
ilícito (i.**lí**.ci.to) *adj.* **1.** Que não é lícito; que contraria a lei ou as regras. **2.** Ilegítimo, imoral, indecente.
ilídimo (i.**lí**.di.mo) *adj.* Que não é lídimo; ilícito.
ilimitado (i.li.mi.**ta**.do) *adj.* Sem limites; imenso.
ilógico (i.**ló**.gi.co) *adj.* **1.** Sem lógica. **2.** Absurdo; incoerente.
ilogismo (i.lo.**gis**.mo) s.m. Caráter do que é ilógico; incoerência, absurdo.
iludir (i.lu.**dir**) v.t.d. e v.p. **1.** Causar ilusão a. **2.** Enganar(-se); lograr.
iluminação (i.lu.mi.na.**ção**) s.f. **1.** Ação de iluminar; irradiação. **2.** Luminárias; conjunto das luzes. **3.** (*Fís.*) Quantidade de luz que atinge uma superfície. **4.** (*Fig.*) Inspiração.
iluminado (i.lu.mi.**na**.do) *adj.* **1.** Que tem ou recebe luz. **2.** (*Fig.*) Ilustrado; instruído.
iluminador (i.lu.mi.na.**dor**) [ô] s.m. e *adj.* (Aquele) que ilumina.
iluminar (i.lu.mi.**nar**) v.t.d. **1.** Derramar luz sobre. **2.** Ornar com iluminação. **3.** (*Fig.*) Esclarecer; instruir. **4.** Inspirar.
iluminismo (i.lu.mi.**nis**.mo) s.m. Movimento cultural que se espalhou na Europa durante os séculos XVII e XVIII, que tinha a razão como valor supremo, acima da fé na Igreja Católica ou dos dogmas religiosos.
iluminista (i.lu.mi.**nis**.ta) *adj.2g.* **1.** Relacionado a, ou próprio do iluminismo. s.2g. e adj.2g. **2.** (Aquele) que é partidário do iluminismo.
iluminura (i.lu.mi.**nu**.ra) s.f. Pintura minuciosa, a cores, nos livros da Idade Média.
ilusão (i.lu.**são**) s.f. **1.** Engano dos sentidos ou da inteligência. **2.** Errônea interpretação de um fato ou sensação. **3.** Coisa efêmera.
ilusionismo (i.lu.sio.**nis**.mo) s.m. Técnica para criar ilusões com efeito de magia; prestidigitação: *ela desapareceu da caixa por um truque de ilusionismo*.
ilusionista (ilu.si.o.**nis**.ta) s.2g. e adj.2g. (Aquele) que faz números de ilusionismo: *o ilusionista cortou o corpo em duas metades*.
ilusório (i.lu.**só**.ri.o) *adj.* Enganoso; falso; vão.
ilustração (i.lus.tra.**ção**) s.f. **1.** Ação de ilustrar. **2.** Conjunto de conhecimentos; sabedoria. **3.** Desenho, gravura ou imagem intercalada em um texto.
ilustrado (i.lus.**tra**.do) *adj.* **1.** Que tem ilustração. **2.** (*Fig.*) Instruído. **3.** Que tem gravuras, desenhos, ilustrações.
ilustrador (i.lus.tra.**dor**) [ô] *adj.* Artista que cria as ilustrações, os desenhos ou a arte que ilustra um livro, revista ou outro tipo de impresso.

ilustrar (i.lus.**trar**) v.t.d. e v.p. **1.** Tornar ilustre. **2.** Instruir; elucidar. **3.** Adornar com gravuras ou ilustrações.
ilustre (i.**lus**.tre) s.2g. e adj.2g. **1.** (Aquele) que se distingue por qualidades dignas de louvor. adj.2g. **2.** Distinto, famoso, célebre.
ímã (**í**.mã) s.m. **1.** (*Fís.*) Magneto natural que atrai o ferro e outros metais. **2.** Ferradura, barra ou agulha imantada. **3.** (*Fig.*) Aquilo que atrai.
imaculado (i.ma.cu.**la**.do) *adj.* Sem mácula; puro.
imagem (i.**ma**.gem) s.f. **1.** Figura que representa uma pessoa ou um objeto pelo desenho, pintura, escultura etc. **2.** Representação de um santo. **3.** Reflexo de um objeto ou de uma pessoa em espelho, água ou outra superfície. **4.** (*Fig.*) Papel social de alguém.
imaginação (i.ma.gi.na.**ção**) s.f. **1.** Faculdade de imaginar os objetos pelo pensamento. **2.** Cisma; superstição. **3.** Criação.
imaginar (i.ma.gi.**nar**) v.t.d. **1.** Criar, conceber na imaginação. **2.** Fantasiar, inventar. **3.** Conjeturar.
imaginária (i.ma.gi.**ná**.ri.a) s.f. **1.** Conjunto de figuras ou imagens. **2.** Estatuária.
imaginário (i.ma.gi.**ná**.ri.o) *adj.* Que só existe na imaginação; ilusório; fantástico.
imaginativo (i.ma.gi.na.**ti**.vo) *adj.* **1.** Que tem capacidade para imaginar. **2.** Que tem imaginação fértil; engenhoso.
imaginável (i.ma.gi.**ná**.vel) adj.2g. Que se pode imaginar, criar na imaginação: *todas as cores imagináveis*.
imaginoso (i.ma.gi.**no**.so) [ô] *adj.* **1.** De imaginação fértil. **2.** Fantástico. **3.** Esperto; sagaz. ▣ Pl. *imaginosos* [ó].
imanência (i.ma.**nên**.ci.a) s.f. Qualidade ou estado de imanente.
imanente (i.ma.**nen**.te) adj.2g. **1.** Que está contido dentro de um objeto ou ser e dele é inseparável. **2.** (*Filos.*) Que está contido em um ser e é originário dele mesmo, sem interferência externa.
imantação (i.man.ta.**ção**) s.f. Magnetização.
imantado (i.man.**ta**.do) *adj.* Que recebeu imantação; magnetizado.
imantar (i.man.**tar**) v.t.d. Dar propriedades de ímã; magnetizar: *imantar uma peça*.
imarcescível (i.mar.ces.**cí**.vel) adj.2g. Que não murcha; perene, eterno.
imaterial (i.ma.te.ri.**al**) adj.2g. Que não é feito de matéria, que não tem peso ou cheiro; incorpóreo.
imaturidade (i.ma.tu.ri.**da**.de) s.f. Qualidade de imaturo.
imbatível (im.ba.**tí**.vel) adj.2g. Que não se pode bater ou derrotar; invencível, soberano, superior: *os irmãos eram imbatíveis na corrida de saco*.
imaturo (i.ma.**tu**.ro) *adj.* **1.** Que não atingiu pleno desenvolvimento. **2.** Que não é maduro; prematuro.
imbaúba (im.ba.**ú**.ba) s.f. Árvore típica de regiões quentes e úmidas, cujas flores são o alimento preferido do bicho-preguiça.

imbé (im.bé) s.m. Planta trepadeira de folhas grandes, de cujas raízes são extraídas fibras empregadas para fazer cordas.
imbecil (im.be.cil) adj.2g. 1. Que revela tolice ou fraqueza de espírito. 2. Débil; néscio.
imbecilidade (im.be.ci.li.da.de) s.f. Qualidade, condição ou ato de imbecil.
imbecilizar (im.be.ci.li.zar) v.t.d. e v.p. Tornar(-se) imbecil; emburrecer.
imberbe (im.ber.be) adj.2g. 1. Sem barba. 2. (Fig.) Muito moço.
imbricar (im.bri.car) v.t.d. Implicar, trazer como consequência.
imbróglio (im.bró.gli.o) s.m. 1. Confusão, miscelânia, trapalhada. 2. Peça teatral com enredo cheio de problemas.
imbu (im.bu) s.m. (Bot.) O mesmo que *umbu*.
imbuia (im.bui.a) s.f. (Bot.) Árvore alta, nativa do Sul do Brasil, de pequenas flores amarelas e madeira usada em marcenaria.
imbuído (im.bu.í.do) adj. Cheio, impregnado: *imbuído das melhores intenções, retirou o passarinho do lixo*.
imbuir (im.bu.ir) v.t.d. 1. Embeber; encher; impregnar. 2. (Fig.) Infundir. 3. Insinuar; sugerir. Obs.: conjuga-se como *atribuir*.
imbuzeiro (im.bu.zei.ro) s.m. (Bot.) O mesmo que *umbuzeiro*.
imediação (i.me.di.a.ção) s.f. Qualidade de imediato. Cf. *imediações*.
imediações (i.me.di.a.ções) s.f.pl. Proximidades; vizinhanças; arredores. Cf. *imediação*.
imediatismo (i.me.di.a.tis.mo) s.m. Modo de agir que se preocupa apenas com resultados imediatos e rápidos, sem medir consequências ou sem planejar consequências futuras.
imediatista (i.me.di.a.tis.ta) adj.2g. 1. Relacionado a, ou que demonstra imediatismo. s.2g. 2. Aquele que age com imediatismo, que só se preocupa com o resultado imediato e não cuida das consequências.
imediato (i.me.di.a.to) adj. 1. Próximo. 2. Que não tem nada de permeio. s.m. 3. Funcionário de categoria logo abaixo da do chefe e que o substitui em suas faltas.
imemorável (i.me.mo.rá.vel) adj.2g. 1. Que não se pode ou não se deve memorizar ou lembrar. 2. Imemorial.
imemorial (i.me.mo.ri.al) adj.2g. De que não há memória; muito antigo.
imensidade (i.men.si.da.de) s.f. Extensão ilimitada; espaço imenso; o infinito.
imensidão (i.men.si.dão) s.f. Imensidade.
imenso (i.men.so) adj. Enorme; infinito.
imensurável (i.men.su.rá.vel) adj.2g. Que não se pode medir.
imerecido (i.me.re.ci.do) adj. Não merecido; indevido; injusto.
imergir (i.mer.gir) v.i. 1. Mergulhar: *a baleia imergiu e desapareceu da vista*. v.t.d. 2. Fazer penetrar, colocar dentro: *imergiu o biscoito no leite*. Obs.: pres. do ind.: *imerjo* [ê], *imerges* [é], *imerge* etc.
imersão (i.mer.são) s.f. Ação de imergir, de ficar mergulhado em um líquido: *banhos de imersão na banheira*.
imerso (i.mer.so) [é] adj. 1. Mergulhado. 2. Abismado; concentrado.
imigração (i.mi.gra.ção) s.f. Ação de imigrar, de mudar-se para um outro país.
imigrante (i.mi.gran.te) s.2g. 1. Pessoa que imigra. 2. (Hist.) Trabalhador europeu ou asiático que veio para as regiões Sul ou Sudeste, no movimento migratório estimulado pelo governo brasileiro, entre a década de 1870 e o início do século XX.
imigrar (i.mi.grar) v.t.i. e v.i. Ir viver em outro país, mudar-se para outro país: *muitos italianos imigraram para São Paulo*.
imigratório (i.mi.gra.tó.ri.o) adj. Relacionado a imigração ou a imigrantes. Cf. *migratório*.
iminência (i.mi.nên.ci.a) s.f. Qualidade de iminente; proximidade. Cf. *eminência*.
iminente (i.mi.nen.te) adj.2g. Que pode ocorrer a qualquer momento. Cf. *eminente*.
imiscuir-se (i.mis.cuir-se) v.p. 1. Intrometer-se. 2. Tomar parte em alguma coisa.
imitação (i.mi.ta.ção) s.f. 1. Ação de imitar. 2. Produto industrial que se pode confundir com outro.
imitador (i.mi.ta.dor) [ô] adj. e adj. 1. (Aquele) que imita outra pessoa ou outros seres: *imitador de passarinho; os imitadores do jogador de futebol*. 2. Plagiário.
imitar (i.mi.tar) v.t.d. 1. Fazer à semelhança de. 2. Reproduzir o que alguém faz ou fez. 3. Tomar como modelo. 4. Falsificar.
imitativo (i.mi.ta.ti.vo) adj. Relacionado a imitação, que tenta imitar: *assobio imitativo do canto dos pássaros*.
imobiliária (i.mo.bi.li.á.ri.a) s.f. Empresa que compra, vende, aluga etc. imóveis.
imobiliário (i.mo.bi.li.á.ri.o) adj. Relacionado a imóvel.
imobilidade (i.mo.bi.li.da.de) s.f. Qualidade de imóvel; estabilidade.
imobilismo (i.mo.bi.lis.mo) s.m. Aversão a mudança ou ao progresso; conservadorismo.
imobilização (i.mo.bi.li.za.ção) s.f. Ação ou efeito de imobilizar, ou imobilizar-se.
imobilizar (i.mo.bi.li.zar) v.t.d. e v.p. 1. Tornar(-se) imóvel. 2. Fazer parar o curso de; reter. 3. Não progredir; estacionar.
imoderação (i.mo.de.ra.ção) s.f. Ausência de moderação ou contenção; descomedimento.
imoderado (i.mo.de.ra.do) adj. Sem moderação ou comedimento; descomedido, desenfreado.
imodéstia (i.mo.dés.ti.a) s.f. Falta, ausência de modéstia.
imodesto (i.mo.des.to) s.m. e adj. (Aquele) que não tem modéstia, que não é modesto.
imolação (i.mo.la.ção) s.f. Ação ou efeito de imolar; sacrifício.

imolar

imolar (i.mo.**lar**) v.t.d. e v.p. Sacrificar(-se).
imoral (i.mo.**ral**) adj.2g. **1.** Que é contrário à moral. **2.** Desonesto; devasso. s.2g. **3.** Pessoa imoral.
imoralidade (i.mo.ra.li.**da**.de) s.f. **1.** Qualidade de imoral. **2.** Falta de moralidade.
imoralismo (i.mo.ra.**lis**.mo) s.m. Doutrina que propõe regras diferentes às da moral vigente.
imorredouro (i.mor.re.**dou**.ro) adj. Que não há de morrer; imortal: *um interesse imorredouro na música dos Beatles*.
imortal (i.mor.**tal**) adj.2g. **1.** Que não morre; eterno. s.2g. **2.** Membro da Academia Brasileira de Letras.
imortalidade (i.mor.ta.li.**da**.de) s.f. **1.** Qualidade de imortal. **2.** Duração perpétua.
imortalizar (i.mor.ta.li.**zar**) v.t.d. Tornar imortal; fazer com que seja lembrado para sempre: *a obra imortalizou o escritor*.
imotivado (i.mo.ti.**va**.do) adj. Que não tem motivo ou motivação; gratuito: *agressão imotivada*.
imóvel (i.**mó**.vel) adj.2g. **1.** Que não se move; hirto. **2.** Parado; quieto. s.m. **3.** Bem ou propriedade como um terreno ou uma casa, que não pode ser levado para outro lugar.
impaciência (im.pa.ci.**ên**.ci.a) s.f. Falta de paciência; pressa, ansiedade, sofreguidão.
impacientar (im.pa.ci.en.**tar**) v.t.d. e v.p. Tornar ou ficar impaciente, sem paciência; enfezar(-se), irritar(-se), rabiar.
impaciente (im.pa.ci.**en**.te) adj.2g. **1.** Que não tem paciência, que não quer esperar; ansioso. **2.** Frenético, sôfrego.
impacto (im.**pac**.to) s.m. Colisão; choque.
impacto ambiental (im.pac.to am.bi.en.**tal**) s.m. (*Ecol.*) O efeito sobre o meio ambiente, principalmente as alterações no seu equilíbrio, resultante da ação do ser humano ou de algum fenômeno.
impagável (im.pa.**gá**.vel) adj.2g. **1.** Que não se pode pagar; inestimável. **2.** Muito engraçado.
impalpável (im.pal.**pá**.vel) adj.2g. **1.** Que não se pode palpar, tocar com as mãos. **2.** Abstrato, incompreensível.
impaludismo (im.pa.lu.**dis**.mo) s.m. (*Med.*) Malária.
impar (im.**par**) v.t.d. e v.p. **1.** Comer ou beber em excesso; fartar-se, entupir-se: *imparam-se durante horas*. v.t.i. **2.** Mostrar-se cheio de, jactar-se, ostentar: *impou de orgulho pela conquista do prêmio*.
ímpar (**ím**.par) adj.2g. **1.** Que não é par. **2.** Que é só; que é único. adj. **3.** (*Mat.*) Diz-se do número que não é divisível por dois.
imparcial (im.par.ci.**al**) adj.2g. Que não é parcial, que não favorece só uma das partes; reto, justo.
imparcialidade (im.par.ci.a.li.**da**.de) s.f. Qualidade de imparcial; justiça, retidão.
impasse (im.**pas**.se) s.m. Situação embaraçosa e de difícil solução; embaraço.
impassível (im.pas.**sí**.vel) adj.2g. **1.** Imperturbável, incapaz de alterar-se. **2.** Indiferente, imóvel.
impassividade (im.pas.si.vi.**da**.de) s.f. Qualidade, estado de impassível, inalterável; imobilidade.

impávido (im.**pá**.vi.do) adj. Que não tem medo nem pavor; destemido, intrépido.
impeachment [inglês: "impítimã"] s.m. (*Pol.*) Destituição do presidente ou chefe do Poder Executivo, conduzida legalmente pelo Poder Legislativo.
impecável (im.pe.**cá**.vel) adj.2g. **1.** Sem defeito; irrepreensível. **2.** Que se fez com segurança ou correção.
impedância (im.pe.**dân**.ci.a) s.f. (*Fís.*) Resistência de um circuito a uma corrente alternada.
impedido (im.pe.**di**.do) adj. **1.** Que sofreu impedimento. **2.** Interrompido. **3.** (*Esp.*) Que está na situação de impedimento.
impedimento (im.pe.di.**men**.to) s.m. **1.** Ação de impedir. **2.** Aquilo que impede a realização de alguma coisa. **3.** (*Esp.*) No futebol, falta que consiste em estar o jogador atacante na área adversária, ou proximidades desta, sem ter mais de um jogador do time contrário pela frente; banheira.
impedir (im.pe.**dir**) v.t.d. **1.** Embargar; obstar a, pôr obstáculo. **2.** Interromper; obstruir. **3.** Tornar impraticável. **4.** Estorvar; tolher; embaraçar. Obs. conjuga-se como *pedir*.
impeditivo (im.pe.di.**ti**.vo) adj. Que constitui impedimento, que impede.
impelido (im.pe.**li**.do) adj. Empurrado, arremessado, estimulado: *impelido pela ambição*.
impelir (im.pe.**lir**) v.t.d. **1.** Empurrar. **2.** Arremessar. **3.** Incitar; estimular.
impenetrável (im.pe.ne.**trá**.vel) adj.2g. **1.** Que não se pode penetrar; impérvio. **2.** Insensível. **3.** (*Fig.*) Que não deixa perceber o que pensa, o que sente.
impenitente (im.pe.ni.**ten**.te) adj.2g. Que não cumpriu ou não cumpre penitência religiosa insubmisso.
impensado (im.pen.**sa**.do) adj. Não pensado; irrefletido; imprevisto.
impensável (im.pen.**sá**.vel) adj. Que não se pensou ou não se imaginou; inconcebível: *jogar lixo no rio ou na rua era impensável para aquelas pessoas*.
imperador (im.pe.ra.**dor**) [ô] s.m. Soberano, maior autoridade de um império.
imperar (im.pe.**rar**) v.t.d. **1.** Governar como soberano de um império. v.i. **2.** Exercer o mando supremo. **3.** Dominar; prevalecer.
imperativo (im.pe.ra.**ti**.vo) adj. **1.** Imperioso; arrogante. **2.** Que dá ordem, que governa ou tem autoridade. s.m. e adj. **3.** (*Gram.*) (Modo) verbal que exprime ordem, conselho, súplica, como em "sê" "correi". Cf. *indicativo, subjuntivo*.
imperatriz (im.pe.ra.**triz**) s.f. **1.** Feminino de *imperador*. **2.** Mulher do imperador.
imperceptível (im.per.cep.**tí**.vel) adj.2g. Que não se pode perceber; que não se distingue.
imperdível (im.per.**dí**.vel) adj.2g. Que não se pode perder.
imperdoável (im.per.do.**á**.vel) adj.2g. Que não tem perdão.
imperecível (im.pe.re.**cí**.vel) adj.2g. Que não perece que não se estraga.

imperfeição (im.per.fei.**ção**) s.f. Incorreção; defeito.
imperfeito (im.per.**fei**.to) adj. **1.** Que não é perfeito. **2.** Que não foi acabado ou terminado. **3.** Incorreto; defeituoso. s.m. e adj. **4.** (Gram.) (Pretérito) imperfeito: tempo verbal que expressa ação iniciada mas não terminada, como ir em: *ela ia sair mas decidiu esperar passar a chuva*.
imperial (im.pe.ri.**al**) adj.2g. Relacionado a império ou a imperador.
imperialismo (im.pe.ri.a.**lis**.mo) s.m. **1.** Forma de governo em que a nação é um império. **2.** Política de expansão e domínio de uma nação sobre outra ou outras.
imperialista (im.pe.ri.a.**lis**.ta) adj.2g. **1.** Relacionado ao imperialismo. s.2g. **2.** Pessoa adepta do imperialismo.
imperícia (im.pe.**rí**.ci.a) s.f. Falta de perícia; incompetência.
império (im.**pé**.ri.o) s.m. **1.** Nação cujo soberano tem o nome de imperador. **2.** Estado de grandes dimensões. **3.** (Fig.) Mando, predomínio, comando: *no império do consumo, todos queriam comprar o tempo todo*.
imperioso (im.pe.ri.**o**.so) [ô] adj. Que tem império, que manda ou comanda: *um chamado imperioso a fez voltar para casa*. ▪ Pl. *imperiosos* [ó].
impermeabilização (im.per.me.a.bi.li.za.**ção**) s.f. Ação ou efeito de impermeabilizar.
impermeabilizado (im.per.me.a.bi.li.**za**.do) adj. Que passou por impermeabilização.
impermeabilizante (im.per.me.a.bi.li.**zan**.te) s.m. e adj.2g. (Produto) que torna impermeável, que evita a passagem de líquidos: *aplicou um impermeabilizante no sofá*.
impermeabilizar (im.per.me.a.bi.li.**zar**) v.t.d. Tornar impermeável.
impermeável (im.per.me.**á**.vel) adj.2g. **1.** Que não é permeável. **2.** Que não se deixa atravessar por água ou fluidos. s.m. **3.** Casaco, agasalho etc. para chuva, de tecido que não deixa passar água.
imperscrutável (im.pers.cru.**tá**.vel) adj.2g. Que não se pode ou não se deve perscrutar ou examinar; insondável.
impertinência (im.per.ti.**nên**.ci.a) s.f. **1.** Qualidade de impertinente. **2.** Ato ou dito impertinente.
impertinente (im.per.ti.**nen**.te) adj.2g. **1.** Enfadonho; aborrecido. **2.** Importuno. **3.** Rabugento. **4.** Insolente.
imperturbável (im.per.tur.**bá**.vel) adj.2g. **1.** Que não se perturba. **2.** Que não se pode perturbar. **3.** Impassível; tranquilo.
impérvio (im.**pér**.vi.o) s.m. **1.** Que não dá passagem; intransitável. **2.** Que não se deixa influenciar; impenetrável.
impessoal (im.pes.so.**al**) adj.2g. **1.** Que não é pessoal, que não é de nenhuma pessoa. **2.** Que não existe como pessoa. **3.** (Gram.) Diz-se do verbo que não tem sujeito: *"choveu" é um verbo impessoal*.

impetigo (im.pe.**ti**.go) s.m. (Med.) Infecção bacteriana da pele, comum em crianças, causada pelos germes estafilococos e estreptococos.
ímpeto (**ím**.pe.to) s.m. **1.** Movimento súbito. **2.** Arrebatamento. **3.** Impulso; precipitação.
impetrante (im.pe.**tran**.te) s.2g. e adj.2g. (Que ou aquele) que impetra, pede, suplica.
impetrar (im.pe.**trar**) v.t.d. Pedir; suplicar; requerer; rogar.
impetuosidade (im.pe.tu.o.si.**da**.de) s.f. **1.** Qualidade de impetuoso. **2.** Fúria; violência. **3.** Arrebatamento.
impetuoso (im.pe.tu.**o**.so) [ô] adj. **1.** Que tem ímpeto. **2.** Arrebatado. **3.** Violento. ▪ Pl. *impetuosos* [ó].
impiedade (im.pi.e.**da**.de) s.f. **1.** Qualidade ou caráter de ímpio. **2.** Falta de piedade.
impiedoso (im.pi.e.**do**.so) [ô] adj. Que não tem piedade; insensível; desumano. ▪ Pl. *impiedosos* [ó].
impigem (im.**pi**.gem) s.f. Erupção cutânea.
impingir (im.pin.**gir**) v.t.d. **1.** Dar forçosamente. **2.** Obrigar a aceitar. **3.** Fazer acreditar.
ímpio (**ím**.pi.o) s.m. e adj. **1.** Impiedoso; desumano. **2.** Incrédulo.
implacável (im.pla.**cá**.vel) adj.2g. **1.** Que não se pode aplacar. **2.** Que não perdoa; inexorável.
implantação (im.plan.ta.**ção**) s.f. Ato ou efeito de implantar, estabelecer, introduzir.
implantar (im.plan.**tar**) v.t.d. **1.** Pôr em cena, ação ou funcionamento; inaugurar, estabelecer, implementar: *implantar regras*. **2.** Inserir, introduzir, colocar dentro: *implantar um dente*.
implante (im.**plan**.te) s.m. **1.** Ação de implantar. **2.** Peça, natural ou artificial, colocada no organismo: *implante de cabelo, implante de seios*.
implausível (im.plau.**sí**.vel) adj. Que não é plausível; inaceitável, impensável.
implementação (im.ple.men.ta.**ção**) s.f. Ato ou efeito de implementar.
implementar (im.ple.men.**tar**) v.t.d. Executar um projeto; levar a efeito, implantar: *implementar um plano de combate à poluição*.
implemento (im.ple.**men**.to) s.m. Ferramenta, máquina, instrumento ou objeto necessário para execução de uma tarefa; acessório, dispositivo: *implementos agrícolas, implemento rodoviário*.
implicância (im.pli.**cân**.ci.a) s.f. **1.** Ação de implicar, ou implicar-se. **2.** (Pop.) Má vontade; birra; rabugice.
implicante (im.pli.**can**.te) s.2g. e adj.2g. (Pessoa) que implica.
implicar (im.pli.**car**) v.t.d. **1.** Enredar; embaraçar. **2.** Fazer supor; dar a entender. v.t.i. **3.** Antipatizar.
implícito (im.**plí**.ci.to) adj. Incluído; subentendido.
implodir (im.plo.**dir**) v.t.d. Estourar para dentro, provocar a implosão de.
implorar (im.plo.**rar**) v.t.d. **1.** Pedir, solicitar com instância; suplicar. v.i. **2.** Rogar.

implosão (im.plo.são) s.f. Detonação sucessiva de explosivos, com efeitos concentrados em um ponto central, diferindo da explosão.
implume (im.plu.me) adj.2g. Que ainda não tem penas ou plumas.
impolido (im.po.li.do) adj. 1. Que não foi polido. 2. (Fig.) Não polido; rude.
impoluto (im.po.lu.to) adj. 1. Que não foi poluído; puro. 2. (Fig.) (Indivíduo) honesto, virtuoso.
imponderado (im.pon.de.ra.do) adj. Sem ponderação; impensado, impulsivo.
imponderável (im.pon.de.rá.vel) adj.2g. 1. Que não se pode pesar, ou que não tem peso apreciável. 2. Que não se pode medir; abstrato. 3. Que não se pode pensar.
imponência (im.po.nên.ci.a) s.f. Qualidade de imponente.
imponente (im.po.nen.te) adj.2g. 1. Que se impõe. 2. Que impõe a sua importância. 3. (Fig.) Altivo; majestoso.
impontual (im.pon.tu.al) adj.2g. Que não é pontual.
impopular (im.po.pu.lar) adj.2g. 1. Que não tem popularidade. 2. Que não agrada ao povo.
impopularizar (im.po.pu.la.ri.zar) v.t.d. e v.p. Tornar(-se) impopular.
impor (im.por) v.t.d. e v.i. 1. Tornar obrigatório. 2. Estabelecer; determinar; obrigar a aceitar. 3. Infligir; imputar.
importação (im.por.ta.ção) s.f. 1. Ação ou efeito de importar. 2. Introdução de mercadorias em um país, estado ou município, procedentes de outros.
importado (im.por.ta.do) s.m. e adj. (Aquilo) que se importou, que se trouxe ou veio de outro país: *produtos importados, hábitos importados*.
importador (im.por.ta.dor) [ô] s.m. e adj. Que, ou o que importa.
importância (im.por.tân.ci.a) s.f. 1. Qualidade de importante. 2. Consideração; crédito. 3. Quantia em dinheiro.
importante (im.por.tan.te) adj.2g. 1. Que tem importância. 2. Essencial. 3. Que se dá importância. s.m. 4. Aquilo que é essencial ou que mais interessa.
importar (im.por.tar) v.t.d. 1. Trazer para o país, pôr dentro do país, comprar no exterior: *importar livros*. Cf. *exportar*. v.i. e v.t.i. 2. Ter importância, ser importante; valer, significar: *a vitória importava muito para o grupo*. v.t.i. 3. Chegar a, atingir: *a dívida importava em 20 mil reais*. v.p. 4. Dar valor, preocupar-se: *não se importava muito com beleza*.
importunação (im.por.tu.na.ção) s.f. Ato ou efeito de importunar.
importunar (im.por.tu.nar) v.t.d. 1. Incomodar. 2. Causar transtorno com a sua presença a.
importuno (im.por.tu.no) adj. Que importuna; incômodo; inoportuno; impertinente.
imposição (im.po.si.ção) s.f. Ação de impor, de obrigar, de infligir.
impositivo (im.po.si.ti.vo) adj. Que impõe ou se impõe.

impossibilidade (im.pos.si.bi.li.da.de) s.f. Qualidade de impossível.
impossibilitado (im.pos.si.bi.li.ta.do) adj. Que não tem a possibilidade; incapacitado.
impossibilitar (im.pos.si.bi.li.tar) v.t.d. 1. Tornar impossível. 2. Privar alguém de fazer alguma coisa.
impossível (im.pos.sí.vel) adj.2g. 1. Que não é possível. 2. Impraticável. 3. Insuportável.
impostação (im.pos.ta.ção) s.f. Ação de impostar. O mesmo que *empostação*.
impostar (im.pos.tar) v.t.d. O mesmo que *empostar*.
imposto (im.pos.to) [ô] adj. 1. Feito, realizado à força. s.m. 2. Tributo; contribuição devida ao Estado. ▫ Pl. *impostos* [ó].
impostor (im.pos.tor) [ô] s.m. e adj. (Pessoa) que tenta se impor como outra, que mente sobre a própria identidade; embusteiro.
impostura (im.pos.tu.ra) s.f. Ação de impostor; mentira, engodo.
impotência (im.po.tên.ci.a) s.f. Qualidade de impotente; incapacidade de realizar.
impotente (im.po.ten.te) adj.2g. 1. Que não pode; fraco; incapaz. s.m.2g. 2. Aquele que tem impotência.
impraticável (im.pra.ti.cá.vel) adj.2g. Que não se pode praticar; impossível.
imprecação (im.pre.ca.ção) s.f. Ação de imprecar; maldição, praga.
imprecar (im.pre.car) v.t.i. e v.i. Condenar, amaldiçoar.
imprecisão (im.pre.ci.são) s.f. Falta de precisão, de rigor.
impreciso (im.pre.ci.so) adj. 1. Que tem ou revela falta de precisão, de rigor. 2. Indeterminado.
impregnar (im.preg.nar) v.t.d. Embeber; imbuir.
imprensa (im.pren.sa) s.f. 1. Arte de imprimir. 2. O conjunto dos jornais e outras publicações periódicas. 3. Os escritores, jornalistas, apresentadores de jornais radiofônicos e telejornais, os repórteres.
imprensar (im.pren.sar) v.t.d. 1. Imprimir; estampar. 2. Apertar na prensa.
imprescindível (im.pres.cin.dí.vel) adj.2g. Que não se pode prescindir; necessário, insubstituível.
imprescritível (im.pres.cri.tí.vel) adj.2g. Que não se pode prescrever ou recomendar.
impressão (im.pres.são) s.f. 1. Ação ou efeito de imprimir. 2. Efeito, marca de um sentimento despertado em alguém por um fato estranho. **Impressão digital**: a marca das pontas dos dedos, usada para identificar as pessoas por ser única de cada indivíduo.
impressionante (im.pres.si.o.nan.te) adj.2g. 1. Que impressiona. 2. Comovente; tocante.
impressionar (im.pres.si.o.nar) v.t.d. 1. Causar impressão moral ou material em. 2. Abalar; comover.
impressionável (im.pres.si.o.ná.vel) adj.2g. 1. Fácil de impressionar. 2. Aquele que se impressiona.
impressionismo (im.pres.si.o.nis.mo) s.m. Movimento estético que se preocupa em comunicar pela

arte (especialmente pictórica) a impressão subjetiva recebida dos fatos ou da natureza.

impressionista (im.pres.si.o.**nis**.ta) *adj.2g.* **1.** Impressionável. **2.** Relacionado ao impressionismo. *s.2g.* **3.** Artista que cultiva o impressionismo.

impresso (im.**pres**.so) *adj.* **1.** Que se imprimiu. *s.m.* **2.** Folheto ou papel impresso.

impressor (im.pres.**sor**) [ô] *adj.* **1.** Que imprime. *s.m.* **2.** Pessoa ou empresa responsável pela impressão de uma obra, em geral também pela edição.

impressora (im.pres.so.ra) *s.f.* Máquina que imprime páginas, que reproduz texto e imagens sobre papel ou outro suporte.

imprestável (im.pres.**tá**.vel) *adj.2g.* **1.** Que não presta; inútil. *s.2g.* **2.** (Pop.) Pessoa desocupada, que não ajuda nem tem préstimo.

impreterível (im.pre.te.**rí**.vel) *adj.2g.* **1.** Indispensável. **2.** Que não se pode deixar de fazer.

imprevidência (im.pre.vi.**dên**.ci.a) *s.f.* Qualidade, condição ou ato de imprevidente; falta de cautela ou precaução; descuido, imprevisão.

imprevidente (im.pre.vi.**den**.te) *adj.2g.* Que não é previdente, que não tem cautela; imprudente.

imprevisão (im.pre.vi.**são**) *s.f.* Imprevidência, imprudência.

imprevisível (im.pre.vi.**sí**.vel) *adj.2g.* Que não se pode prever.

imprevisto (im.pre.**vis**.to) *adj.* **1.** Não previsto; súbito. *s.m.* **2.** Aquilo que não se prevê.

imprimir (im.pri.**mir**) *v.t.d.* **1.** Fixar, marcar por meio de pressão. **2.** Estampar por meio de impressão no prelo. **3.** Publicar, deixar impresso, marcado.

improbidade (im.pro.bi.**da**.de) *s.f.* Falta de probidade; mau caráter.

improcedência (im.pro.ce.**dên**.ci.a) *s.f.* Qualidade de improcedente.

improcedente (im.pro.ce.**den**.te) *adj.2g.* **1.** Que não é procedente. **2.** Que não se justifica.

improdutivo (im.pro.du.**ti**.vo) *adj.* **1.** Que não produz. **2.** Estéril. **3.** Vão.

improfícuo (im.pro.**fí**.cuo) *adj.* Que não é profícuo, que não resulta conforme a expectativa.

impronunciável (im.pro.nun.ci.**á**.vel) *adj.2g.* **1.** Que não se pode pronunciar: *uma palavra com nove letras e nenhuma vogal é impronunciável em português.* **2.** Que não se deve pronunciar, dizer em voz alta: *eram segredos de amigas, impronunciáveis na frente de pessoas estranhas.*

impropério (im.pro.**pé**.ri.o) *s.m.* Ofensa verbal, insulto, xingamento: *saiu dizendo impropérios.*

impróprio (im.**pró**.pri.o) *adj.* **1.** Que não é próprio; inadequado. **2.** Importuno.

improrrogável (im.pror.ro.**gá**.vel) *adj.2g.* Que não se pode prorrogar nem dilatar; inadiável.

improvável (im.pro.**vá**.vel) *adj.2g.* **1.** Que não é provável. **2.** Que não se pode provar.

improvisação (im.pro.vi.sa.**ção**) *s.f.* Ação ou efeito de improvisar.

improvisado (im.pro.vi.**sa**.do) *adj.* Que se improvisou; inventado, criado na hora.

improvisar (im.pro.vi.**sar**) *v.t.d. e v.i.* **1.** Inventar na hora, de repente. *v.t.d. e v.i.* **2.** Compor improvisos. **3.** Arranjar às pressas. **4.** Citar falsamente.

improviso (im.pro.**vi**.so) *s.m.* **1.** Ação de improvisar. **2.** Discurso, poesia ou trecho musical que se faz de repente, sem preparo. **De improviso:** de modo improvisado; repentino, súbito.

imprudência (im.pru.**dên**.ci.a) *s.f.* Qualidade ou ato de imprudente; estouvamento, falta de juízo, leviandade.

imprudente (im.pru.**den**.te) *adj.2g.* **1.** Que não tem prudência. *s.2g.* **2.** Pessoa imprudente.

impúbere (im.**pú**.be.re) *adj.2g.* **1.** Que ainda não chegou à puberdade. *s.2g.* **2.** (Fig.) Adolescente.

impublicável (im.pu.bli.**cá**.vel) *adj.2g.* Que não se pode ou não se deve publicar: *ouviram xingamentos impublicáveis em jornais de grande circulação.*

impudência (im.pu.**dên**.ci.a) *s.f.* **1.** Caráter ou qualidade do que é impudico. **2.** Falta de pudor; impudor.

impudico (im.pu.**di**.co) *s.m. e adj.* (Aquele) que não tem pudor.

impudor (im.pu.**dor**) [ô] *s.m.* Falta de pudor; impudência.

impugnação (im.pug.na.**ção**) *s.f.* Ação ou efeito de impugnar; contestação.

impugnar (im.pug.**nar**) *v.t.d.* **1.** Refutar. **2.** Contestar.

impugnável (im.pug.**ná**.vel) *adj.2g.* Que se pode ou se deve impugnar.

impulsão (im.pul.**são**) *s.f.* Impulso.

impulsionar (im.pul.si.o.**nar**) *v.t.d.* **1.** Impelir, fazer com que se mova: *impulsionou o skate com a perna direita.* **2.** Incentivar, estimular o desenvolvimento, o progresso: *impulsionou as artes.*

impulsividade (im.pul.si.vi.**da**.de) *s.f.* Qualidade de impulsivo.

impulsivo (im.pul.**si**.vo) *adj.* **1.** Que dá impulso. **2.** Arrebatado.

impulso (im.**pul**.so) *s.m.* **1.** Ação de impelir. **2.** Força com que se impele. **3.** Estímulo; abalo.

impulsor (im.pul.**sor**) [ô] *s.m. e adj.* (Aquele ou aquilo) que impulsiona.

impune (im.**pu**.ne) *adj.2g.* Que fica sem pena ou castigo; que escapou à punição.

impunidade (im.pu.ni.**da**.de) *s.f.* **1.** Estado de impune. **2.** Ausência de punição a.

impureza (im.pu.**re**.za) *s.f.* **1.** Qualidade de impuro. **2.** Ausência de pureza.

impuro (im.**pu**.ro) *adj.* **1.** Que não é puro. **2.** Que não tem pureza. **3.** Imundo.

imputação (im.pu.ta.**ção**) *s.f.* **1.** Ato ou efeito de imputar. **2.** Acusação.

imputar (im.pu.**tar**) *v.t.d.* Atribuir algo a alguém.

imputável (im.pu.**tá**.vel) *adj.2g.* Que se pode imputar ou atribuir: *a culpa é imputável ao engenheiro.*

imputrescível (im.pu.tres.**cí**.vel) *adj.2g.* Que não apodrece.

imundícia (i.mun.**dí**.ci.a) *s.f.* O mesmo que *imundície.*

imundície (i.mun.dí.cie) s.f. **1.** Falta de asseio. **2.** Sujeira. O mesmo que *imundícia*.
imundo (i.**mun**.do) *adj*. **1.** Sujo. **2.** (Fig.) Indecente; imoral.
imune (i.**mu**.ne) *adj.2g*. **1.** Isento, livre. **2.** Que não corre risco: *imune à doença*.
imunidade (i.mu.ni.**da**.de) s.f. **1.** Propriedade que tem um organismo vivo de ficar isento de determinadas enfermidades. **2.** Privilégio.
imunização (imu.ni.za.**ção**) s.f. Ato ou efeito de imunizar.
imunizar (i.mu.ni.**zar**) *v.t.d.* e *v.p.* Tornar(-se) imune a.
imunodeficiência (i.mu.no.de.fi.ci.**ên**.ci.a) s.f. (Med.) Deficiência do sistema imunológico.
imunologia (i.mu.no.lo.**gi**.a) s.f. (Med.) Ramo da medicina que estuda os mecanismos de defesa do organismo, o sistema imunológico.
imunológico (i.mu.no.**ló**.gi.co) *adj*. (Med.) Relativo à imunologia ou às defesas de um organismo.
imutável (i.mu.**tá**.vel) *adj.2g*. Não sujeito a mudança; permanente; inalterável.
In Símbolo do elemento químico índio.
inabalável (i.na.ba.**lá**.vel) *adj.2g*. **1.** Que não pode ser abalado; firme. **2.** Que não se modifica (decisão).
inábil (i.**ná**.bil) *adj.2g*. Que não é hábil; sem competência.
inabilidade (i.na.bi.li.**da**.de) s.f. Falta de habilidade, qualidade de inábil; incompetência.
inabilitar (i.na.bi.li.**tar**) *v.t.d.* **1.** Reprovar em exame. **2.** Tornar inábil.
inabitável (i.na.bi.**tá**.vel) *adj.2g*. Que não se pode habitar, onde não é possível viver: *regiões inabitáveis do planeta*.
inabitual (i.na.bi.tu.**al**) *adj.2g*. Que não é habitual; raro, desusado.
inabordável (i.na.bor.**dá**.vel) *adj.2g*. Que não se pode ou consegue abordar: *assunto, pessoa inabordável*.
inacabado (i.na.ca.**ba**.do) *adj*. Que não foi acabado.
inacabável (i.na.ca.**bá**.vel) *adj.2g*. Que não se pode acabar ou concluir, que não se consegue terminar.
inação (i.na.**ção**) s.f. Falta de ação; inatividade.
inaceitável (i.na.cei.**tá**.vel) *adj.2g*. Que não se pode ou não se deve aceitar; inadmissível.
inacessível (i.na.ces.**sí**.vel) *adj.2g*. **1.** Não acessível. **2.** A que não se pode chegar; incompreensível.
inacreditável (i.na.cre.di.**tá**.vel) *adj.2g*. Que não merece crédito ou confiança, em que não se deve acreditar.
inadaptação (i.na.dap.ta.**ção**) s.f. Falta de adaptação; inadequação.
inadaptado (i.na.dap.**ta**.do) *adj*. Que não se adaptou, que não conseguiu passar pela adaptação.
inadaptável (i.na.dap.**tá**.vel) *adj.2g*. Que não se pode adaptar.
inadequação (i.na.de.qua.**ção**) s.f. Falta de adequação; desajuste, impropriedade.
inadequado (i.na.de.**qua**.do) *adj*. Não adequado; impróprio.

inadiável (i.na.di.**á**.vel) *adj.2g*. Que não se pode ou não se deve adiar; improrrogável.
inadimplemento (i.na.dim.ple.**men**.to) s.m. Não cumprimento de obrigações previstas em contrato.
inadimplência (i.na.dim.**plên**.ci.a) s.f. Qualidade, situação de inadimplente.
inadimplente (i.na.dim.**plen**.te) s.2g. e *adj.2g*. (Aquele) que não paga uma dívida ou que não cumpre uma obrigação.
inadmissível (i.nad.mis.**sí**.vel) *adj.2g*. Que não se pode admitir.
inadvertência (i.nad.ver.**tên**.ci.a) s.f. **1.** Falta de advertência; descuido. **2.** Irreflexão.
inadvertido (i.nad.ver.**ti**.do) *adj*. Impensado; feito sem reflexão.
inafiançável (i.na.fi.an.**çá**.vel) *adj.2g*. Que não pode ser afiançado.
inalação (i.na.la.**ção**) s.f. Ação ou efeito de inalar.
inalante (i.na.**lan**.te) *adj.2g*. Que se inala: *substâncias inalantes*.
inalar (i.na.**lar**) *v.t.d.* Aspirar o perfume ou a emanação de; aspirar.
inalienável (i.na.li.e.**ná**.vel) *adj.2g*. Que não se pode alienar, que não pode ser tomado do dono ou transmitido a outrem.
inalterável (i.nal.te.**rá**.vel) *adj.2g*. **1.** Que não pode ser alterado. **2.** Imperturbável.
inambu (i.nam.**bu**) s.m. (Zoo.) O mesmo que *inhambu*.
inambuaçu (i.nam.bu.a.**çu**) s.m. (Zoo.) Ave amazônica muito arisca, de plumagem avermelhada e verde-oliva.
inamovível (i.na.mo.**ví**.vel) *adj.2g*. Que não pode ser movido de lugar ou posto.
inane (i.**na**.ne) *adj.2g*. **1.** Sem ânimo, sem movimento; imóvel. **2.** Muito fraco e abatido por falta de alimentação.
inanição (i.na.ni.**ção**) s.f. **1.** Debilidade, fraqueza extrema por falta de alimentação. **2.** Estado de inane; imobilidade, paralisia.
inanimado (i.na.ni.**ma**.do) *adj*. Diz-se de um ser que não se mexe, que não é animado: *a mesa e a montanha são seres inanimados*.
inapelável (i.na.pe.**lá**.vel) *adj.2g*. Que não pode receber apelação, do qual não se pode apelar; final.
inapetência (i.na.pe.**tên**.ci.a) s.f. Falta de apetite.
inapetente (i.na.pe.**ten**.te) s.2g. e *adj.2g*. (Pessoa) que não tem apetite, que não tem vontade de comer.
inaplicável (i.na.pli.**cá**.vel) *adj.2g*. Que não se pode aplicar.
inapreciável (i.na.pre.ci.**á**.vel) *adj.2g*. Que não se pode apreciar ou avaliar.
inaproveitável (i.na.pro.vei.**tá**.vel) *adj.2g*. Que não se pode ou não se deve aproveitar; inútil.
inaptidão (i.nap.ti.**dão**) s.f. Falta de aptidão.
inapto (i.**nap**.to) *adj*. Que não tem ou não revela aptidão; inábil; incapaz.
inarticulado (i.nar.ti.cu.**la**.do) *adj*. **1.** Que não é articulado. **2.** (Zoo.) Que não tem articulações; invertebrado.

inatacável (i.na.ta.**cá**.vel) *adj.2g.* Que não pode ser atacado; incontestável.
inatingível (i.na.tin.**gí**.vel) *adj.2g.* Que não se pode atingir.
inatividade (i.na.ti.vi.**da**.de) *s.f.* Qualidade ou caráter de inativo.
inativo (i.na.**ti**.vo) *adj.* **1.** Que não está em atividade. **2.** Que não está em exercício de suas funções.
inato (i.**na**.to) *adj.* Que nasce com o indivíduo; congênito, ingênito.
inaudito (i.nau.**di**.to) *adj.* **1.** Que jamais se ouviu. **2.** Desconhecido, novo.
inaudível (i.nau.**dí**.vel) *adj.2g.* Que não se pode ouvir.
inauguração (i.nau.gu.ra.**ção**) *s.f.* **1.** Ação de inaugurar. **2.** Solenidade, festa para inaugurar algo.
inaugural (i.nau.gu.**ral**) *adj.2g.* Relacionado a inauguração; inicial.
inaugurar (i.nau.gu.**rar**) *v.t.d.* **1.** Dar princípio a. **2.** Expor pela primeira vez ao público. **3.** Estabelecer pela primeira vez; começar.
inautêntico (i.nau.**tên**.ti.co) *adj.* Que não é autêntico; falso.
inca (**in**.ca) *s.2g.* **1.** Indivíduo dos incas, povo que vivia na América do Sul quando chegaram os espanhóis. *adj.2g.* **2.** Relacionado a esse povo: *civilização inca*.
incabível (in.ca.**bí**.vel) *adj.2g.* Que não tem cabimento, que não cabe; inaceitável.
incaico (in.**cai**.co) *adj.* Relativo aos incas.
incalculável (in.cal.cu.**lá**.vel) *adj.2g.* Que não pode ser calculado; inumerável.
incandescência (in.can.des.**cên**.ci.a) *s.f.* (Fís.) Emissão de luz por uma substância com temperatura elevada.
incandescente (in.can.des.**cen**.te) *adj.2g.* **1.** Em estado de incandescência. **2.** Em brasa, ardente, candente. **3.** (Fig.) Exaltado; fogoso.
incandescer (in.can.des.**cer**) *v.t.d. e v.p.* **1.** Tornar-se candente. **2.** Ficar em brasa; arder. **3.** Pegar fogo; queimar.
incansável (in.can.**sá**.vel) *adj.2g.* Que não se cansa; ativo.
incapacidade (in.ca.pa.ci.**da**.de) *s.f.* Falta de capacidade; inaptidão; inabilidade.
incapacitado (in.ca.pa.ci.**ta**.do) *adj.* Que não tem a capacidade ou possibilidade de; impossibilitado.
incapacitante (in.ca.pa.ci.**tan**.te) *adj.2g.* (Med.) Que incapacita, que torna incapaz, que retira a capacidade ou a possibilidade de fazer: *doença incapacitante*, *sintoma incapacitante*.
incapacitar (in.ca.pa.ci.**tar**) *v.t.d.* Tornar incapaz; inabilitar.
incapaz (in.ca.**paz**) *adj.2g.* **1.** Não capaz; inapto. **2.** Impossibilitado.
incauto (in.**cau**.to) *adj.* **1.** Sem cautela; imprudente. **2.** Ingênuo; crédulo.
incelença (in.ce.**len**.ça) *s.f.* Excelência.
incendiar (in.cen.di.**ar**) *v.t.d.* **1.** Pôr fogo a; fazer arder. **2.** Inflamar; excitar. Obs.: conjuga-se como *odiar*.
incendiário (in.cen.di.**á**.ri.o) *adj.* **1.** Que incendeia. **2.** Próprio para incendiar.
incêndio (in.**cên**.di.o) *s.m.* **1.** Ato de incendiar. **2.** Devastação pelo fogo.
incensar (in.cen.**sar**) *v.t.d.* **1.** Purificar com incenso. **2.** (Fig.) Elogiar, louvar, aprovar.
incenso (in.**cen**.so) *s.m.* Resina aromática que se extrai de diversas espécies de plantas, utilizada para aromatizar e purificar o ar.
incensurável (in.cen.su.**rá**.vel) *adj.2g.* Que não se pode ou não se deve censurar; perfeito, inatacável.
incentivar (in.cen.ti.**var**) *v.t.d.* Dar incentivo a; animar; estimular.
incentivo (in.cen.**ti**.vo) *adj.* **1.** Que excita, que estimula. *s.m.* **2.** Estímulo.
incerteza (in.cer.**te**.za) *s.f.* Falta de certeza; dúvida; hesitação.
incerto (in.**cer**.to) [é] *adj.* **1.** Que não é certo; duvidoso, variável. **2.** Indeciso, inseguro, hesitante.
incessante (in.ces.**san**.te) *adj.2g.* Que não cessa; constante; contínuo; assíduo.
incesto (in.**ces**.to) [é] *s.m.* Relação erótica entre pais e filho ou filha, ou entre irmãos.
incestuoso (in.ces.tu.**o**.so) [ô] *adj.* Relacionado a incesto. ◘ Pl. *incestuosos* [ó].
inchação (in.cha.**ção**) *s.f.* **1.** Ação de inchar. **2.** Tumor; inchaço.
inchaço (in.**cha**.ço) *s.m.* Inchação, intumescimento.
inchado (in.**cha**.do) *adj.* **1.** Que tem inchação. **2.** (Fig.) Arrogante, vaidoso, presunçoso, empolado.
inchar (in.**char**) *v.t.d.* **1.** Tornar túmido; engrossar ou avolumar (por inchação). **2.** (Fig.) Tornar vaidoso. *v.i. e v.p.* **3.** Tornar-se tumefato; aumentar de volume.
incidência (in.ci.**dên**.ci.a) *s.f.* Ação de incidir.
incidental (in.ci.den.**tal**) *adj.2g.* Que acontece ou se faz por incidente, que não estava previsto ou programado.
incidente (in.ci.**den**.te) *adj.2g.* **1.** Que incide. **2.** Superveniente. *s.m.* **3.** Episódio; circunstância acidental.
incidir (in.ci.**dir**) *v.i.* Acontecer; sobrevir.
incinerador (in.ci.ne.ra.**dor**) [ô] *s.m. e adj.* (Dispositivo) para incinerar ou queimar.
incinerar (in.ci.ne.**rar**) *v.t.d.* **1.** Reduzir a cinzas. **2.** Proceder à cremação de.
incipiência (in.ci.pi.**ên**.ci.a) *s.f.* Qualidade ou estado de incipiente.
incipiente (in.ci.pi.**en**.te) *adj.2g.* Que está no início; iniciante.
incircunciso (in.cir.cun.**ci**.so) *adj.* Que não tem circuncisão.
incisão (in.ci.**são**) *s.f.* Corte; golpe.
incisivo (in.ci.**si**.vo) *adj.* **1.** Que corta. **2.** Eficaz. *s.m.* **3.** Dente incisivo.
inciso (in.**ci**.so) *adj.* **1.** Ferido com instrumento cortante. *s.m.* **2.** (Dir.) Subdivisão dos artigos de leis, regulamentos, estatutos etc.
incitação (in.ci.ta.**ção**) *s.f.* Ação de incitar; estímulo, provocação.

incitar (in.ci.**tar**) *v.t.d.* **1.** Provocar; estimular; desafiar. **2.** Açular. **3.** Instigar, mover, impelir, induzir à violência.
incivil (in.ci.**vil**) *adj.2g.* Incivilizado, descortês, grosseiro.
incivilizado (in.ci.vi.li.**za**.do) *adj.* **1.** Que não tem civilização; incivil. **2.** Grosseiro, rude.
inclassificável (in.clas.si.fi.**cá**.vel) *adj.2g.* Que não pode ser classificado, que não se consegue classificar.
inclemência (in.cle.**mên**.ci.a) *s.f.* Falta de clemência.
inclemente (in.cle.**men**.te) *adj.2g.* **1.** Que não é clemente. **2.** (Fig.) Rigoroso; áspero; severo.
inclinação (in.cli.na.**ção**) *s.f.* **1.** Ação ou efeito de inclinar-se. **2.** (Fig.) Simpatia; afeição. **3.** Propensão.
inclinado (in.cli.**na**.do) *adj.* **1.** Desviado da linha vertical; pendente. (Fig.) **2.** Afeiçoado. **3.** Propenso.
inclinar (in.cli.**nar**) *v.t.d.* **1.** Desviar da verticalidade. **2.** Curvar. *v.t.i.* **3.** Mostrar preferência por. **4.** Ter propensão a.
ínclito (**ín**.cli.to) *adj.* Famoso, notável, ilustre, egrégio.
incluído (in.clu.**í**.do) *adj.* Que se inclui ou incluiu, que está dentro: *as instruções do jogo estão incluídas na caixa*.
incluir (in.clu.**ir**) *v.t.d.* **1.** Colocar dentro: *incluí seu nome na lista*. **2.** Abranger, compreender, conter: *o pacote incluía passagens, hospedagem e alimentação*. Obs.: pres. do ind.: *incluo, incluis, inclui, incluímos, incluís, incluem*; pres. do subj.: *inclua, incluas, inclua, incluamos, incluais, incluam*.
inclusão (in.clu.**são**) *s.f.* Ação ou efeito de incluir. Inclusão social: conquista de educação, saúde, trabalho etc.
inclusive (in.clu.**si**.ve) *adv.* De modo inclusivo; até, até mesmo.
inclusivo (in.clu.**si**.vo) *adj.* Que inclui; que abrange.
incluso (in.**clu**.so) *adj.* Que se inclui; compreendido; abrangido.
incoercível (in.co.er.**cí**.vel) *adj.2g.* Que não se pode coagir, que não aceita coerção.
incoerência (in.co.e.**rên**.ci.a) *s.f.* Qualidade de incoerente; falta de coerência.
incoerente (in.co.e.**ren**.te) *adj.2g.* **1.** Que não tem coerência. **2.** Contraditório; ilógico.
incógnita (in.**cóg**.ni.ta) *s.f.* **1.** (Mat.) Quantidade cujo valor se procura ao resolver um problema ou equação. **2.** (Fig.) Enigma; segredo.
incógnito (in.**cóg**.ni.to) *adj.* Não conhecido; que não se dá a conhecer.
incognoscível (in.cog.nos.**cí**.vel) *adj.2g.* Que não se pode conhecer ou examinar.
incolor (in.co.**lor**) [ô] *adj.2g.* Sem cor; descolorido.
incólume (in.**có**.lu.me) *adj.2g.* São e salvo; ileso; conservado; que não sofreu dano.
incombustível (in.com.bus.**tí**.vel) *adj.2g.* Que não é combustível, não sofre combustão.
incomensurável (in.co.men.su.**rá**.vel) *adj.2g.* Que não pode ser medido; sem limites conhecidos.
incomodado (in.co.mo.**da**.do) *adj.* Perturbado; importunado.
incomodar (in.co.mo.**dar**) *v.t.d.* **1.** Causar incômodo a. **2.** Perturbar; desgostar; irritar; molestar.
incômodo (in.**cô**.mo.do) *adj.* **1.** Que incomoda, importuna. *s.m.* **2.** Doença ligeira. **3.** Estorvo.
incomparável (in.com.pa.**rá**.vel) *adj.2g.* Não comparável; extraordinário; insigne.
incompassível (in.com.pas.**sí**.vel) *adj.2g.* Que não tem compaixão; desapiedado.
incompatibilidade (in.com.pa.ti.bi.li.**da**.de) *s.f.* Qualidade de incompatível.
incompatibilizar (in.com.pa.ti.bi.li.**zar**) *v.t.i.* e *v.p.* Tornar(-se) incompatível.
incompatível (in.com.pa.**tí**.vel) *adj.2g.* Que não é compatível; que não se pode conciliar ou harmonizar.
incompetência (in.com.pe.**tên**.ci.a) *s.f.* Qualidade de incompetente; inabilidade.
incompetente (in.com.pe.**ten**.te) *s.2g.* e *adj.2g.* (Pessoa) que não tem competência; inábil.
incompleto (in.com.**ple**.to) [é] *adj.* Que não é completo; a que falta alguma coisa.
incompreendido (in.com.pre.en.**di**.do) *adj.* Que não é compreendido, a que ou a quem falta compreensão: *sentiu-se incompreendido e começou a chorar*.
incompreensão (in.com.pre.en.**são**) *s.f.* Falta de compreensão.
incompreensível (in.com.pre.en.**sí**.vel) *adj.2g.* Que não se pode compreender; ininteligível; enigmático: *ouviu palavras incompreensíveis*.
incompressível (in.com.pres.**sí**.vel) *adj.2g.* Que não se pode comprimir, que não pode ser comprimido.
incomum (in.co.**mum**) *adj.2g.* Que não é comum; extraordinário.
incomunicável (in.co.mu.ni.**cá**.vel) *adj.2g.* **1.** Que não tem comunicação. **2.** Que não se pode comunicar.
inconcebível (in.con.ce.**bí**.vel) *adj.2g.* Que não se pode conceber; inacreditável; incrível.
inconciliável (in.con.ci.li.**á**.vel) *adj.2g.* Que não se pode conciliar, que não se concilia.
inconcludente (in.con.clu.**den**.te) *adj.2g.* **1.** Que não é concludente, que não conclui ou não chega a conclusão. **2.** Vago, impreciso, dubitativo.
inconcluso (in.con.**clu**.so) *adj.* Que não se concluiu ou não foi concluído, que não terminou; inacabado.
incondicional (in.con.di.ci.o.**nal**) *adj.2g.* Que não é sujeita a condições.
inconfessado (in.con.fes.**sa**.do) *adj.* Que não foi revelado ou contado; secreto, oculto.
inconfessável (in.con.fes.**sá**.vel) *adj.2g.* **1.** Que não se pode ou não se deve confessar. **2.** Condenável.
inconfesso (in.con.**fes**.so) *adj.* Que não se confessou, que não revelou ter cometido pecados ou erros.
inconfidência (in.con.fi.**dên**.ci.a) *s.f.* **1.** Falta de lealdade, de fidelidade para com o soberano ou o Estado. **2.** Revelação de segredo confiado.

inconfidente (in.con.fi.**den**.te) *adj.2g.* **1.** Que divulga os segredos que lhe confiaram; infiel. **2.** Que está envolvido em inconfidência.

inconformado (in.con.for.**ma**.do) *adj.* Que não se conforma; que não se consola.

inconformismo (in.con.for.**mis**.mo) *s.m.* Ato ou atitude de quem não se conforma, do que se revolta.

inconfundível (in.con.fun.**dí**.vel) *adj.2g.* Que não se pode confundir; diferente.

incongruência (in.con.gru.**ên**.ci.a) *s.f.* Qualidade de incongruente.

incongruente (in.con.gru.**en**.te) *adj.2g.* Inconveniente; incompatível; impróprio.

inconjugável (in.con.ju.**gá**.vel) *adj.2g.* Que não se pode conjugar.

inconquistável (in.con.quis.**tá**.vel) *adj.2g.* **1.** Que não se pode conquistar. **2.** Inacessível, inatingível.

inconsciência (in.cons.ci.**ên**.ci.a) *s.f.* **1.** Qualidade ou estado de inconsciente. **2.** (Fig.) Desumanidade.

inconsciente (in.cons.ci.**en**.te) *adj.2g.* **1.** Não consciente. **2.** Que não tem consciência dos atos que pratica; irresponsável. *s.m.* **3.** (Psi.) Parte da vida psíquica da qual não se tem consciência.

inconsequência (in.con.se.**quên**.ci.a) [u] *s.f.* **1.** Falta de consequência. **2.** Contradição; incoerência.

inconsequente (in.con.se.**quen**.te) [u] *adj.2g.* **1.** Que não prevê consequência. **2.** Contraditório; incoerente.

inconsiderado (in.con.si.de.**ra**.do) *adj.* Sem consideração ou reflexão; de modo imprudente.

inconsistência (in.con.sis.**tên**.ci.a) *s.f.* **1.** Falta de consistência. **2.** Qualidade ou estado de inconsistente.

inconsistente (in.con.sis.**ten**.te) *adj.2g.* **1.** Que não tem consistência; onde falta solidez. **2.** Inconstante; indeciso.

inconsolável (in.con.so.**lá**.vel) *adj.2g.* Sem consolo.

inconstância (in.cons.**tân**.ci.a) *s.f.* **1.** Falta de constância. **2.** Volubilidade; leviandade.

inconstante (in.cons.**tan**.te) *adj.2g.* **1.** Não constante. **2.** Volúvel; incerto.

inconstitucional (in.cons.ti.tu.ci.o.**nal**) *adj.2g.* Não constitucional; contrário às praxes constitucionais.

inconstitucionalidade (in.cons.ti.tu.ci.o.na.li.**da**.de) *s.f.* Qualidade ou caráter de inconstitucional.

incontável (in.con.**tá**.vel) *adj.2g.* **1.** Que não se pode contar ou narrar; indescritível. **2.** Muito numeroso, impossível de contar; inumerável.

incontentável (in.con.ten.**tá**.vel) *adj.2g.* Que não se contenta, que não se consegue contentar.

incontestado (in.con.tes.**ta**.do) *adj.* Que não foi contestado, posto em dúvida; aceito sem questionamento.

incontestável (in.con.tes.**tá**.vel) *adj.2g.* Que não pode sofrer contestação; indiscutível, irrefutável.

inconteste (in.con.**tes**.te) *adj.2g.* Que não se contesta; inquestionável, unânime.

incontido (in.con.**ti**.do) *adj.* Que não se contém ou controla; descontrolado, desabrido.

incontinência (in.con.ti.**nên**.ci.a) *s.f.* Falta de continência, dificuldade para conter ou controlar: *incontinência urinária.*

incontinente (in.con.ti.**nen**.te) *adj.2g.* Que tem incontinência. Cf. *incontinenti.*

incontinenti [latim: "incontinênti"] *adv.* Imediatamente; sem interrupção: *como ninguém respondeu, procedeu-se incontinenti a novo sorteio.* Cf. *incontinente.*

incontrolável (in.con.tro.**lá**.vel) *adj.2g.* Que não se pode controlar.

incontroverso (in.con.tro.**ver**.so) *adj.* Que não tem controvérsia, que não é controvertido; certo, aceito por todos.

inconveniência (in.con.ve.ni.**ên**.ci.a) *s.f.* **1.** Qualidade de inconveniente; falta de conveniência. **2.** Contrário às conveniências sociais.

inconveniente (in.con.ve.ni.**en**.te) *adj.2g.* **1.** Não conveniente. **2.** Impróprio; importuno.

inconversível (in.con.ver.**sí**.vel) *adj.2g.* Que não se pode converter, que não se converte.

incorporação (in.cor.po.ra.**ção**) *s.f.* Ação de incorporar.

incorporar (in.cor.po.**rar**) *v.t.d.* **1.** Dar a forma corpórea a. **2.** Unir; ligar. **3.** Agregar (pessoa física ou jurídica) em companhias ou sociedades por ações, cotas, com o fim de construir edifícios de apartamentos, condomínios etc. *v.i.* **4.** Tomar corpo.

incorpóreo (in.cor.**pó**.re.o) *adj.* Sem corpo; imaterial.

incorreção (in.cor.re.**ção**) *s.f.* Falta de correção; erro.

incorrer (in.cor.**rer**) *v.t.d.* **1.** Atrair sobre si. **2.** *v.t.i.* Cair em; cometer.

incorreto (in.cor.**re**.to) [é] *adj.* Falto de correção; errado.

incorrigível (in.cor.ri.**gí**.vel) *adj.2g.* Incapaz de se corrigir ou de ser corrigido.

incorruptível (in.cor.rup.**tí**.vel) *adj.2g.* **1.** Que não se corrompe ou não se deixa corromper. **2.** Que não se deixa subornar; íntegro; reto.

incorrupto (in.cor.**rup**.to) *adj.* Que não é corrupto; honesto, digno, respeitável.

incredulidade (in.cre.du.li.**da**.de) *s.f.* **1.** Qualidade de incrédulo. **2.** Falta de fé.

incrédulo (in.**cré**.du.lo) *adj.* **1.** Que não crê. **2.** Ímpio. *s.m.* **3.** Indivíduo incrédulo.

incrementar (in.cre.men.**tar**) *v.t.d.* Dar incremento a.

incremento (in.cre.**men**.to) *s.m.* Desenvolvimento; aumento.

increpar (in.cre.**par**) *v.t.d.* (*Raro*) **1.** Tachar, acusar: *increpou os políticos de corrupção.* **2.** Repreender, criticar.

incréu (in.**créu**) *s.m. e adj.* (Pessoa) que não crê, que não acredita ou não é crente.

incriminar (in.cri.mi.**nar**) *v.t.d.* **1.** Considerar como crime. **2.** Culpar; acusar.

incrível (in.**crí**.vel) *adj.2g.* **1.** Que não pode ser acreditado. **2.** Extraordinário; inexplicável.

incruento (in.cru.**en**.to) *adj*. Que não é cruento ou violento; sem violência.

incrustação (in.crus.ta.**ção**) *s.f.* **1.** Ação de incrustar; aquilo que se incrustou. **2.** Ornamentação, decoração inserida em uma superfície.

incrustar (in.crus.**tar**) *v.t.d.* **1.** Cobrir com uma camada ou crosta. **2.** Ornar com incrustações. **3.** Embutir, inserir.

incubação (in.cu.ba.**ção**) *s.f.* **1.** Ação ou efeito de incubar. **2.** (*Fig.*) Preparação. **3.** (*Med.*) Espaço entre a aquisição de uma doença e a sua manifestação.

incubadeira (in.cu.ba.**dei**.ra) *s.f.* Incubadora.

incubadora (in.cu.ba.**do**.ra) [ô] *s.f.* **1.** Aparelho para incubação artificial; incubadeira, chocadeira. **2.** (*Med.*) Espécie de pequena estufa onde se mantêm recém-nascidos prematuros ou muito débeis, em ambiente esterilizado e climatizado.

incubar (in.cu.**bar**) *v.t.d.* **1.** Chocar ovos. **2.** (*Fig.*) Premeditar. **3.** Elaborar.

íncubo (**ín**.cu.bo) *s.m.* Demônio masculino do folclore europeu, que, segundo crença popular, iria durante o sono com as mulheres e lhes causar pesadelos.

inculcar (in.cul.**car**) *v.t.d.* **1.** Indicar; propor; aconselhar. **2.** Apontar. **3.** Fazer penetrar.

inculpado (in.cul.**pa**.do) *adj.* Acusado, incriminado.

inculpar (in.cul.**par**) *v.t.d.* Acusar, atribuir culpa, culpar.

inculto (in.**cul**.to) *adj.* **1.** Não cultivado. **2.** Que não é culto. **3.** (*Fig.*) Rude; grosseiro.

incumbência (in.cum.**bên**.ci.a) *s.f.* **1.** Ação ou efeito de incumbir; encargo. **2.** Algo que se incumbe a alguém.

incumbir (in.cum.**bir**) *v.t.d. e v.p.* Encarregar(-se); confiar.

incunábulo (in.cu.**ná**.bu.lo) *s.m.* Livro das primeiras edições após a invenção da imprensa, impresso entre 1455 e 1500: *a Bíblia de Gutemberg é o mais famoso incunábulo*.

incurável (in.cu.**rá**.vel) *adj.2g.* **1.** Que não tem cura. **2.** Irremediável.

incúria (in.**cú**.ri.a) *s.f.* Falta de cuidado; desleixo, descuido.

incursão (in.cur.**são**) *s.f.* **1.** Invasão. **2.** (*Fig.*) Contaminação.

incurso (in.**cur**.so) *adj.* **1.** Que incorreu. **2.** Que se atém a uma disposição legal.

incutir (in.cu.**tir**) *v.t.d.* **1.** Introduzir; fazer que penetre no ânimo de. **2.** Infundir; sugerir.

indagação (in.da.ga.**ção**) *s.f.* Ação ou efeito de indagar; pergunta.

indagar (in.da.**gar**) *v.t.d.* **1.** Procurar saber. **2.** Investigar; averiguar; pesquisar. **3.** Perguntar; inquirir.

indaiá (in.dai.**á**) *s.m.* (*Bot.*) Palmeira baixa das regiões Centro-Oeste e Sudeste, cujas folhagens eram usadas para fazer telhados.

indébito (in.**dé**.bi.to) *adj.* Que não é devido, que não procede; indevido, improcedente: *cobrança indébita*.

indecência (in.de.**cên**.ci.a) *s.f.* **1.** Falta de decência; imoralidade. **2.** Ação desonesta ou obscena. **3.** Ato ou dito indecente.

indecente (in.de.**cen**.te) *adj.2g.* Que não é decente, que não tem decência; indecoroso, imoral.

indecifrável (in.de.ci.**frá**.vel) *adj.2g.* Que não se decifra; incompreensível.

indecisão (in.de.ci.**são**) *s.f.* **1.** Qualidade de indeciso. **2.** Perplexidade; hesitação.

indeciso (in.de.**ci**.so) *adj.* **1.** Duvidoso; hesitante. **2.** Indeterminado; vago.

indeclinável (in.de.cli.**ná**.vel) *adj.2g.* **1.** Que não se declina, que não se pode declinar. **2.** Irrecusável. **3.** Impronunciável, impublicável.

indecomponível (in.de.com.po.**ní**.vel) *adj.2g.* Que não se pode decompor; uno, inseparável.

indecoro (in.de.**co**.ro) [ô] *s.m.* Ausência de decoro.

indecoroso (in.de.co.**ro**.so) [ô] *adj.* **1.** Que não tem decoro. **2.** Indigno; indecente. ▫ Pl. *indecorosos* [ó].

indefectível (in.de.fec.**tí**.vel) *adj.2g.* Que não falha ou não falta; certo, seguro.

indefensável (in.de.fen.**sá**.vel) *adj.2g.* Que não tem defesa; que não é defensável.

indeferimento (in.de.fe.ri.**men**.to) *s.m.* Ação de indeferir.

indeferir (in.de.fe.**rir**) *v.t.d.* Não deferir; não atender; dar despacho contra ou desfavorável.

indefeso (in.de.**fe**.so) [ê] *adj.* Que não tem defesas, que ninguém defende.

indefinido (in.de.fi.**ni**.do) *adj.* **1.** Que não se define ou determina, que não se classifica: *cor indefinida, raça indefinida*. **2.** Sem fim, ilimitado: *prazo indefinido*. **3.** (*Gram.*) Diz-se de artigos como *um, uma, uns, umas* e de pronomes como *algum, algo* etc., que se referem a qualquer ser, que não definem a quem se referem.

indefinível (in.de.fi.**ní**.vel) *adj.2g.* Que não se pode definir; indeterminável.

indelével (in.de.**lé**.vel) *adj.2g.* **1.** Que não se pode apagar. **2.** Que não se dissipa; indestrutível.

indelicadeza (in.de.li.ca.**de**.za) [ê] *s.f.* **1.** Falta de delicadeza. **2.** Ato ou dito indelicado.

indelicado (in.de.li.**ca**.do) *adj.* Não delicado; rude; grosseiro; descortês.

indene (in.**de**.ne) *adj.2g.* Sem dano ou estrago; ileso.

indenização (in.de.ni.za.**ção**) *s.f.* **1.** Ação ou efeito de indenizar. **2.** Valor pago para compensar um dano.

indenizar (in.de.ni.**zar**) *v.t.d.* Dar indenização, compensação ou reparação a.

independência (in.de.pen.**dên**.ci.a) *s.f.* **1.** Qualidade ou caráter de independente; liberdade; autonomia. **2.** (*Hist.*) Proclamação da autonomia política do Brasil com relação a Portugal, em 7 de setembro de 1822.

independente (in.de.pen.**den**.te) *adj.2g.* **1.** Que goza de independência; livre. **2.** Que se governa por leis próprias.

indescritível (in.des.cri.**tí**.vel) *adj.2g.* Que não se pode descrever; extraordinário; assombroso.

indesculpável (in.des.cul.**pá**.vel) *adj.2g.* Que não se pode ou não se deve desculpar.
indesejado (in.de.se.**ja**.do) *adj.* Que não se deseja, que não se quer.
indesejável (in.de.se.**já**.vel) *adj.2g.* **1.** Que não é desejável. *s.2g.* **2.** Pessoa ou coisa que não pode ser desejada.
indestrutível (in.des.tru.**tí**.vel) *adj.2g.* Que não se pode destruir; inalterável; firme.
indeterminação (in.de.ter.mi.na.**ção**) *s.f.* Falta, ausência de determinação.
indeterminado (in.de.ter.mi.**na**.do) *adj.* Não determinado; indefinido.
indeterminável (in.de.ter.mi.**ná**.vel) *adj.2g.* Que não se pode determinar; indefinível.
indevassável (in.de.vas.**sá**.vel) *adj.2g.* Que não pode ou não deve ser devassado.
indevido (in.de.**vi**.do) *adj.* **1.** Não devido. **2.** Impróprio; inconveniente.
index (**ín**.dex) [cs] *s.m.* O mesmo que *índice*.
indexação (in.de.xa.**ção**) [cs] *s.f.* Ação de indexar.
indexar (in.de.**xar**) [cs] *v.t.d.* **1.** Ordenar em forma de índice; fazer índices para: *indexar um livro*. **2.** (*Econ.*) Reajustar segundo índices predeterminados: *indexar preços pela cotação do dólar*.
indez (in.**dez**) [ê] *s.m.* Ovo deixado para induzir a ave a botar outros no local.
indianismo (in.di.a.**nis**.mo) *s.m.* **1.** Estudo da Índia; hinduísmo. **2.** (*Lit.*) Tema e literatura inspirados que exaltam a figura do índio.
indianista (in.di.a.**nis**.ta) *adj.2g.* **1.** Relacionado ao indianismo literário ou ao estilo dos índios. *s.2g.* **2.** Pessoa que se dedica ao estudo da língua e civilização hindus.
indiano (in.di.**a**.no) *adj.* **1.** Da Índia, país da Ásia; hindu. *s.m.* **2.** Pessoa natural ou habitante desse lugar; hindu.
indicação (in.di.ca.**ção**) *s.f.* Ação ou efeito de indicar.
indicado (in.di.**ca**.do) *adj.* **1.** Que se indica ou indicou: *a pessoa mais indicada para uma tarefa é a que saberá fazê-la melhor*. **2.** Recomendado, sugerido.
indicador (in.di.ca.**dor**) [ô] *adj.* **1.** Que indica. *s.m.* **2.** O dedo que fica entre o polegar e o médio, usado para apontar ou indicar; fura-bolo.
indicar (in.di.**car**) *v.t.d.* **1.** Dar a conhecer. **2.** Demonstrar. **3.** Aconselhar.
indicativo (in.di.ca.**ti**.vo) *adj.* **1.** Que indica. *s.m.* **2.** Sinal; indicação. *s.m. e adj.* **3.** (*Gram.*) (Modo) verbal para ações, estados que acontecem, como "sou", "correram". Cf. *subjuntivo, imperativo*.
índice (**ín**.di.ce) *s.m.* **1.** Tabela. **2.** Lista dos capítulos de um livro ou revista com indicação da página respectiva. **3.** Tudo o que denota uma qualidade. O mesmo que *index*.
indiciado (in.di.ci.**a**.do) *s.m. e adj.* (*Dir.*) (Réu) que foi acusado por indícios.
indiciar (in.di.ci.**ar**) *v.t.d.* Dar indícios de; denunciar; acusar; declarar pronunciado.
indício (in.**dí**.ci.o) *s.m.* **1.** Sinal; vestígio. **2.** (*Dir.*) Prova circunstancial.

Índico (**Ín**.di.co) *s.m.* (próprio) Oceano situado entre a África, a Ásia, a Austrália e a Antártida.
indiferença (in.di.fe.**ren**.ça) *s.f.* **1.** Qualidade de indiferente. **2.** Desinteresse; insensibilidade; apatia.
indiferente (in.di.fe.**ren**.te) *adj.2g.* **1.** Apático; que não mostra interesse por nada. *s.2g.* **2.** Pessoa que não tem afetos nem desafetos.
indígena (in.**dí**.ge.na) *adj.2g.* **1.** Relacionado ou pertencente aos povos que viviam nas Américas antes da chegada dos europeus; índio, ameríndio: *culturas indígenas, povos indígenas*. *s.2g.* **2.** Indivíduo de um desses povos. *adj.2g.* **3.** Que é natural do lugar em que habita; autóctone.
indigenismo (in.di.ge.**nis**.mo) *s.m.* Defesa e preservação dos povos indígenas.
indigenista (in.di.ge.**nis**.ta) *adj.2g.* **1.** Relacionado ao indigenismo. *s.2g.* **2.** Pessoa que defende o indigenismo. **3.** Pessoa que atende populações indígenas.
indigência (in.di.**gên**.ci.a) *s.f.* Pobreza extrema; falta do necessário para sobreviver.
indigente (in.di.**gen**.te) *adj.2g.* **1.** Muito pobre. *s.2g.* **2.** Pessoa que vive em extrema miséria.
indigestão (in.di.ges.**tão**) *s.f.* Perturbação das funções digestivas.
indigesto (in.di.**ges**.to) [é] *adj.* **1.** Que causa indigestão; difícil de digerir. **2.** (*Fig.*) Enfadonho.
indigitado (in.di.gi.**ta**.do) *adj.* **1.** Citado, mencionado, referido, apontado, indicado. *s.m. e adj.* **2.** (Aquele) que é apontado como culpado de crime ou de falta.
indigitar (in.di.gi.**tar**) *v.t.d.* Citar, mencionar, referir: *indigitou várias pessoas em seu depoimento*.
indignação (in.dig.na.**ção**) *s.f.* **1.** Revolta que se inspira no que não é digno. **2.** Repulsão; aversão.
indignar (in.dig.**nar**) *v.t.d. e v.p.* **1.** Causar indignação a. **2.** Revoltar(-se); indispor(-se).
indignidade (in.dig.ni.**da**.de) *s.f.* Qualidade do que é indigno, do que não tem dignidade; vileza.
indigno (in.**dig**.no) *adj.* Que não é digno; vil; desprezível; odioso.
índio (**ín**.di.o) *s.m.* **1.** Indivíduo de um dos povos nativos da América; indígena, ameríndio. **2.** (*Quím.*) Elemento metálico, de símbolo In, número atômico 49 e peso atômico 114,82.
indireta (in.di.**re**.ta) *s.f.* Alusão feita disfarçadamente.
indireto (in.di.**re**.to) *adj.* **1.** Que não é direto. **2.** (*Gram.*) Diz-se do objeto que se liga indiretamente ao verbo, por meio de preposição.
indiscernível (in.dis.cer.**ní**.vel) *adj.2g.* Que não se discerne, que não se percebe com clareza.
indisciplina (in.dis.ci.**pli**.na) *s.f.* Falta de disciplina; desordem; desobediência.
indisciplinado (in.dis.ci.pli.**na**.do) *adj.* Sem disciplina, que não segue as regras; insubordinado.
indiscreto (in.dis.**cre**.to) *adj.* **1.** Que não é discreto; imprudente; tagarela. *s.m.* **2.** Aquele que não tem discrição.
indiscrição (in.dis.cri.**ção**) *s.f.* **1.** Falta de discrição. **2.** Dito indiscreto. **3.** Qualidade de indiscreto.

indiscriminado (in.dis.cri.mi.na.do) adj. Misturado; não discriminado.
indiscutível (in.dis.cu.tí.vel) adj.2g. Que não é discutível; que não merece discussão; que não se pode contestar.
indisfarçável (in.dis.far.çá.vel) adj.2g. Que não se pode disfarçar.
indispensável (in.dis.pen.sá.vel) adj.2g. **1.** Que não se pode ou não se deve dispensar. s.m. **2.** O que é essencial, fundamental.
indisponível (in.dis.po.ní.vel) adj.2g. Inalienável; de que não se pode dispor.
indispor (in.dis.por) [ô] v.t.d. **1.** Alterar a disposição de. **2.** Produzir discórdia em; causar desavenças.
indisposição (in.dis.po.si.ção) s.f. **1.** Falta de disposição. **2.** Pequena alteração na saúde. **3.** Desavença.
indisposto (in.dis.pos.to) [ô] adj. **1.** Incomodado; adoentado. **2.** Malquisto. ◘ Pl. *indispostos* [ó].
indisputável (in.dis.pu.tá.vel) adj.2g. Que não se disputa, sobre o que não há disputa ou controvérsia.
indissolúvel (in.dis.so.lú.vel) adj.2g. Que não se pode dissolver.
indistinto (in.dis.tin.to) adj. Que não se distingue ou percebe; confuso, misturado.
inditoso (in.di.to.so) [ô] adj. Que não tem dita, fortuna ou sorte; infeliz. ◘ Pl. *inditosos* [ó].
individual (in.di.vi.du.al) adj.2g. **1.** Próprio do indivíduo, de uma só pessoa. **2.** Singular; pessoal.
individualidade (in.di.vi.du.a.li.da.de) s.f. **1.** O todo do indivíduo ou do ser. **2.** Conjunto das qualidades que caracterizam o indivíduo. **3.** Personalidade.
individualismo (in.di.vi.du.a.lis.mo) s.m. **1.** Sistema de isolamento do indivíduo na sociedade. **2.** Existência individual. **3.** Teoria na qual preponderá a preferência do direito individual sobre o coletivo.
individualista (in.di.vi.du.a.lis.ta) adj.2g. **1.** Relacionado ao individualismo. s.2g. **2.** Pessoa partidária do individualismo.
individualizar (in.di.vi.du.a.li.zar) v.t.d. **1.** Tornar individual. **2.** Caracterizar; distinguir; especializar.
individuar (in.di.vi.du.ar) v.t.d. e v.p. Desenvolver(-se), caracterizar(-se) como indivíduo.
indivíduo (in.di.ví.duo) s.m. (*sobrecomum*) **1.** Ser humano, pessoa, sujeito. (*epiceno*) **2.** Organismo único, exemplar, espécime de uma espécie.
indivisibilidade (in.di.vi.si.bi.li.da.de) s.f. Característica ou estado daquilo que é indivisível.
indivisível (in.di.vi.sí.vel) adj.2g. **1.** Que não se pode dividir. **2.** Que não é divisível.
indiviso (in.di.vi.so) adj. **1.** Não dividido. **2.** Que pertence simultaneamente a diversos indivíduos.
indizível (in.di.zí.vel) adj.2g. Que não se pode dizer.
indo-ariano (in.do-a.ri.a.no) adj. **1.** Pertencente a um dos vários povos arianos da Antiguidade que viviam nas proximidades do rio Indo. **2.** Pertence a um grande grupo de línguas de onde se originaram sânscrito, latim, romeno, italiano, português e outras.

indochinês (in.do.chi.nês) adj. Da Indochina, península no Sudeste da Ásia onde estão os países de Vietã, Laos, Camboja, Tailândia e Mianmá.
indócil (in.dó.cil) adj.2g. **1.** Que não é dócil; indomável. **2.** Insubmisso.
indo-europeu (in.do-eu.ro.peu) adj. **1.** Pertencente a um dos vários povos originários das proximidades do rio Indo, no atual Paquistão, e da região que hoje constitui a Europa. **2.** Pertencente a um dos idiomas que evoluíram a partir dos idiomas desses povos: *o sânscrito é uma língua indo-europeia.* ◘ Pl. *indo-europeus*.
índole (ín.do.le) s.f. Propensão natural; caráter.
indolência (in.do.lên.ci.a) s.f. **1.** Qualidade de indolente. **2.** Falta de estímulo para atuar no momento oportuno. **3.** Apatia; negligência; insensibilidade.
indolente (in.do.len.te) adj.2g. **1.** Apático; negligente. **2.** Ocioso; preguiçoso.
indolor (in.do.lor) [ô] adj.2g. Que não provoca dor.
indomável (in.do.má.vel) adj.2g. **1.** Que não se consegue domar. **2.** Selvagem, indomesticável. Cf. *indômito*.
indomesticável (in.do.mes.ti.cá.vel) adj.2g. **1.** Que não se consegue domesticar. **2.** Selvagem, indomável.
indômito (in.dô.mi.to) adj. Que não se domou, que não foi domesticado; selvagem. Cf. *indomável*.
indonésio (in.do.né.si.o) adj. **1.** Da Indonésia, país da Ásia. s.m. **2.** Pessoa natural ou habitante desse lugar.
indubitável (in.du.bi.tá.vel) adj.2g. Incontestável; que não oferece dúvida; certo; evidente.
indução (in.du.ção) s.f. **1.** Ação ou efeito de induzir. **2.** Estabelecimento de uma proposição lógica geral a partir do conhecimento de certo número de dados singulares.
indulgência (in.dul.gên.ci.a) s.f. **1.** Qualidade de indulgente. **2.** Clemência. **3.** Perdão (ou atenuação) de uma falta. **4.** Bondade.
indulgente (in.dul.gen.te) adj.2g. **1.** Que tem ou revela indulgência. **2.** Clemente; tolerante. **3.** Que perdoa facilmente; benévolo.
indultar (in.dul.tar) v.t.d. Conceder indulto; comutar a pena ou anistiar: *indultou os presos*.
indulto (in.dul.to) s.m. **1.** Comutação ou cancelamento de uma pena. **2.** Concessão de uma graça ou indulgência.
indumentária (in.du.men.tá.ri.a) s.f. Tudo que diz respeito à história ou à arte do vestuário ao longo dos tempos.
indumento (in.du.men.to) s.m. **1.** (*Raro*) Traje, roupa, indumentária. **2.** (*Bot.*) Revestimento peludo de partes vegetais.
indústria (in.dús.tri.a) s.f. Conjunto das operações que concorrem para a produção das riquezas ou bens, pela transformação da matéria-prima em produto utilizável.
industrial (in.dus.tri.al) adj.2g. **1.** Que se refere ou pertence à indústria. s.2g. **2.** Pessoa que possui um estabelecimento industrial.

industrialização (in.dus.tri.a.li.za.**ção**) s.f. Ação de industrializar.
industrializado (in.dus.tri.a.li.**za**.do) adj. **1.** Produzido em indústria, fabricado em série: *produtos industrializados*. **2.** Que tem indústrias: *região industrializada*.
industrializar (in.dus.tri.a.li.**zar**) v.t.d. **1.** Tornar industrial: *industrializar uma região*. **2.** Produzir em indústria: *industrializaram a produção de doces*.
industriário (in.dus.tri.**á**.ri.o) s.m. *e* adj. (Pessoa) que trabalha em indústria.
industrioso (in.dus.tri.**o**.so) [ô] adj. **1.** Que trabalha e produz; trabalhador. **2.** Feito com engenho; sagaz. ◘ Pl. *industriosos* [ó].
indutância (in.du.**tân**.ci.a) s.f. (Fís.) **1.** Propriedade de indução de força eletromotriz em um circuito gerada pela variação de uma corrente. **2.** Medida de indução eletromagnética de um circuito.
indutivo (in.du.**ti**.vo) adj. Que procede por indução.
induzido (in.du.**zi**.do) adj. Que se induziu, que foi levado por indução.
induzir (in.du.**zir**) v.t.d. **1.** Raciocinar por indução. **2.** Causar, levar, conduzir; fazer cair em: *induzir um resultado*. **3.** Concluir; deduzir; inferir. **4.** Persuadir, convencer: *induzir alguém a uma ação*.
inebriante (i.ne.bri.**an**.te) adj.2g. Que inebria.
inebriar (i.ne.bri.**ar**) v.t.d. *e* v.p. **1.** Embriagar. **2.** (Fig.) Extasiar; deliciar; encantar; entusiasmar.
ineditismo (i.ne.di.**tis**.mo) s.m. Qualidade do que é inédito.
inédito (i.**né**.di.to) adj. **1.** Que não foi publicado; que não se imprimiu. **2.** Diz-se de autor cujas obras nunca foram publicadas. **3.** (Fig.) Original; nunca visto.
inefável (i.ne.**fá**.vel) adj.2g. **1.** Indizível, indescritível. **2.** Muito bom, encantador.
ineficácia (i.ne.fi.**cá**.ci.a) s.f. Qualidade de ineficaz; insuficiência; inutilidade.
ineficaz (i.ne.fi.**caz**) adj.2g. **1.** Não eficaz; inútil. **2.** Que não produz efeito.
ineficiente (i.ne.fi.ci.**en**.te) adj.2g. Que não é eficiente, que não tem eficiência.
inegável (i.ne.**gá**.vel) adj.2g. Que não se pode negar; evidente; incontestável.
inegociável (i.ne.go.ci.**á**.vel) adj.2g. Que não se pode negociar.
inelegibilidade (i.ne.le.gi.bi.li.**da**.de) s.f. Qualidade de inelegível.
inelegível (i.ne.le.**gí**.vel) adj.2g. Que não se pode eleger; não elegível.
ineludível (i.ne.lu.**dí**.vel) adj.2g. Que não se pode iludir ou esconder; indisfarçável: *seu sorriso expressava uma felicidade ineludível*.
inelutável (i.ne.lu.**tá**.vel) adj.2g. Que não se pode combater, contra o que não se pode lutar; inquestionável, invencível.
inenarrável (i.ne.nar.**rá**.vel) adj.2g. Que não se pode narrar; indescritível.
inépcia (i.**nép**.ci.a) s.f. **1.** Falta de inteligência. **2.** Tolice; absurdo.

inepto (i.**nep**.to) adj. Que não tem aptidão; que não é inteligente.
inequação (i.ne.qua.**ção**) s.f. (*Mat.*) Desigualdade entre duas expressões matemáticas, em que se procura encontrar os valores das variáveis para tornar a desigualdade em sentença verdadeira.
inequívoco (i.ne.**quí**.vo.co) adj. Que não tem equívoco ou dúvida; claro, nítido: *sinais inequívocos de aprovação*.
inércia (i.**nér**.ci.a) s.f. **1.** Falta de movimento ou de atividade. **2.** Preguiça; indolência; torpor. **3.** (Fís.) Propriedade que têm os corpos de persistir no seu estado de movimento ou de repouso até a interferência de uma nova força que os faça sair do estado em que se encontram.
inerente (i.ne.**ren**.te) adj.2g. Que faz parte de; intrínseco, essencial.
inerme (i.**ner**.me) adj.2g. Sem armas, indefeso, desarmado.
inerte (i.**ner**.te) [é] adj.2g. **1.** Que não tem movimento próprio. **2.** Sem atividade.
inervação (i.ner.va.**ção**) s.f. (*Bio.*) **1.** Ação da atividade dos elementos nervosos sobre as funções orgânicas. **2.** Distribuição dos nervos no organismo.
inervar (i.ner.**var**) v.t.d. (*Bio.*) Comunicar atividade nervosa a.
inescrupuloso (i.nes.cru.pu.**lo**.so) [ô] adj. Que não tem ou não revela escrúpulos. ◘ Pl. *inescrupulosos* [ó].
inescrutável (i.nes.cru.**tá**.vel) adj.2g. Que não se pode escrutar ou pesquisar; inverificável.
inescusável (i.nes.cu.**sá**.vel) adj.2g. Indesculpável; indispensável.
inesgotável (i.nes.go.**tá**.vel) adj.2g. Que não se pode esgotar; abundante.
inesperado (i.nes.pe.**ra**.do) adj. Imprevisto, repentino.
inesquecível (i.nes.que.**cí**.vel) adj.2g. Que não se pode esquecer; inolvidável.
inestimável (i.nes.ti.**má**.vel) adj.2g. **1.** De grande valor. **2.** Que não se pode apreciar.
inevitável (i.ne.vi.**tá**.vel) adj.2g. Que não se pode evitar; fatal.
inexato (i.ne.**xa**.to) [z] adj. Não exato; incorreto.
inexaurível (i.ne.xau.**rí**.vel) [z] adj.2g. Que não se exaure; infindável, inesgotável.
inexcedível (i.nex.ce.**dí**.vel) adj.2g. Que não se pode exceder.
inexecutável (i.ne.xe.cu.**tá**.vel) [z] adj.2g. Que não se pode executar ou fazer; inexequível.
inexequível (i.ne.xe.**quí**.vel) [z...u] adj.2g. Que não se pode executar; inexecutável.
inexistência (i.ne.xis.**tên**.ci.a) [z] s.f. Falta de existência; carência; falta.
inexistente (i.ne.xis.**ten**.te) [z] adj.2g. Que não existe; que falta.
inexorável (i.ne.xo.**rá**.vel) [cs] adj.2g. Que não cede a rogos nem a lágrimas; implacável; austero.

inexperiência (i.nex.pe.ri.ên.ci.a) s.f. Qualidade de inexperiente.
inexperiente (i.nex.pe.ri.en.te) adj.2g. Que não tem experiência.
inexplicável (i.nex.pli.cá.vel) adj.2g. Que não se pode explicar; obscuro; incompreensível.
inexplorado (i.nex.plo.ra.do) adj. Não explorado; desconhecido.
inexplorável (i.nex.plo.rá.vel) adj.2g. Que não se pode explorar; fora de alcance.
inexpressivo (i.nex.pres.si.vo) adj. Sem expressão; que não é expressivo.
inexprimível (i.nex.pri.mí.vel) adj.2g. 1. Que não se pode exprimir. 2. (Fig.) Inefável; encantador.
inexpugnável (i.nex.pug.ná.vel) adj.2g. Invencível; que não se pode conquistar ou vencer.
inextinguível (i.nex.tin.guí.vel) adj.2g. Que não se extingue; infindável.
inextirpável (i.nex.tir.pá.vel) adj.2g. Que não se pode extirpar ou eliminar.
inextricável (i.nex.tri.cá.vel) adj.2g. Que não se consegue compreender, penetrar ou desembaraçar; muito confuso.
infalibilidade (in.fa.li.bi.li.da.de) s.f. Qualidade de infalível.
infalível (in.fa.lí.vel) adj.2g. 1. Que não pode falhar. 2. Que nunca erra.
infamante (in.fa.man.te) adj.2g. Que traz infâmia; desonroso, degradante.
infamar (in.fa.mar) v.t.d. 1. Tornar infame. 2. Desonrar; desacreditar; difamar; atribuir infâmias a; manchar a reputação de.
infame (in.fa.me) adj.2g. 1. Que tem má fama; vil; abjeto; vergonhoso. s.2g. 2. Pessoa que pratica atos infames.
infâmia (in.fã.mi.a) s.f. 1. Ignomínia; desonra, ação vergonhosa. 2. Perda da fama, do crédito.
infância (in.fân.ci.a) s.f. 1. Idade da meninice. 2. Período de crescimento que precede a puberdade.
infantaria (in.fan.ta.ri.a) s.f. Tropa militar que se desloca ou combate a pé.
infante (in.fan.te) s.m. 1. Príncipe, filho de rei que não é herdeiro da coroa. 2. (Fig.) Criança; recém-nascido. adj.2g. 3. Infantil; que está na infância.
infanticida (in.fan.ti.ci.da) s.2g. Criminoso que mata uma criança.
infanticídio (in.fan.ti.cí.di.o) s.m. Crime de matar uma criança.
infantil (in.fan.til) adj.2g. 1. Relacionado a crianças. 2. Próprio de criança; inocente.
infantilidade (in.fan.ti.li.da.de) s.f. 1. Qualidade de infantil. 2. Ato, dito infantil.
infantilismo (in.fan.ti.lis.mo) s.m. (Med.) Permanência de características infantis durante a idade adulta.
infantilizar (in.fan.ti.li.zar) v.t.d. Tornar infantil; dar aspecto infantil a.
infantojuvenil (in.fan.to.ju.ve.nil) adj.2g. Que é infantil e juvenil; relacionado a ou proposto para crianças e jovens: *literatura infantojuvenil, conteúdo infantojuvenil*. ▫ Pl. *infantojuvenis*.

infarto (in.far.to) s.m. (Med.) O mesmo que *enfarte*.
infatigável (in.fa.ti.gá.vel) adj.2g. 1. Que não se cansa. 2. Zeloso, dedicado, cuidadoso.
infausto (in.faus.to) adj. Adverso; funesto; desgraçado; infeliz.
infecção (in.fec.ção) s.f. 1. Ação ou efeito de infeccionar. 2. Contágio; corrupção. 3. (Med.) Penetração e multiplicação de micróbios no organismo, ocasionando doenças inflamatórias.
infeccionar (in.fec.ci.o.nar) v.t.d. 1. Contaminar; corromper; viciar. 2. (Fig.) Depravar; perverter.
infeccioso (in.fec.ci.o.so) [ô] adj. 1. Relativo a infecção. 2. Que produz ou causa uma infecção. 3. Diz-se de doença causada por micróbio. ▫ Pl. *infecciosos* [ó].
infectado (in.fec.ta.do) adj. Que se infectou, que sofreu infecção.
infectar (in.fec.tar) v.t.d. e v.p. 1. Tornar(-se) infecto; infeccionar. 2. Contagiar; corromper.
infecto (in.fec.to) adj. 1. Que tem infecção. 2. De que se desprende mau cheiro. 3. (Fig.) Ruim.
infectocontagioso (in.fec.to.con.ta.gi.o.so) [ô] adj. Que produz infecção e se propaga por contágio: *gripe, sarampo e hepatite são doenças infectocontagiosas*.
infectologia (in.fec.to.lo.gi.a) s.f. Ramo da medicina que estuda as doenças causadas por micróbios, ditas infecciosas.
infectologista (in.fec.to.lo.gis.ta) s.2g. Especialista em infectologia.
infecundidade (in.fe.cun.di.da.de) s.f. Qualidade de infecundo; esterilidade.
infecundo (in.fe.cun.do) adj. Que nada produz; que não dá fruto; estéril.
infelicidade (in.fe.li.ci.da.de) s.f. Desventura; infortúnio.
infelicitar (in.fe.li.ci.tar) v.t.d. Tornar infeliz.
infeliz (in.fe.liz) adj.2g. 1. Desditoso; desafortunado; desgraçado; desventurado. s.2g. 2. Pessoa infeliz.
infenso (in.fen.so) adj. 1. Hostil, contrário. 2. Irritado, agressivo.
inferência (in.fe.rên.ci.a) s.f. 1. Ação ou efeito de inferir. 2. Dedução; consequência; conclusão.
inferior (in.fe.ri.or) [ô] adj.2g. 1. Que está por baixo ou abaixo. s.2g. 2. Pessoa inferior.
inferioridade (in.fe.ri.o.ri.da.de) s.f. Qualidade ou condição de inferior.
inferiorizar (in.fe.ri.o.ri.zar) v.t.d. e v.p. Tornar(-se) inferior.
inferir (in.fe.rir) v.t.d. 1. Deduzir, raciocinando. 2. Concluir.
infernal (in.fer.nal) adj.2g. 1. Do inferno. 2. Diabólico. 3. Terrível. 4. (Fig.) De não aguentar.
infernar (in.fer.nar) v.t.d. Infernizar.
inferninho (in.fer.ni.nho) s.m. (Pop.) Casa noturna pequena, pouco ventilada, com bar e pista de dança, onde há prostitutas.
infernizar (in.fer.ni.zar) v.t.d. Criar um inferno em; infernar, atormentar: *infernizava a vida da mãe com pedidos impossíveis*.

inferno (in.**fer**.no) [é] s.m. **1.** (*Relig.*) Lugar destinado ao suplício eterno. **2.** (*Fig.*) Confusão; desordem.
ínfero (**ín**.fe.ro) *adj.* Que está por baixo; inferior.
infértil (in.**fér**.til) *adj.2g.* Que não é fértil, que não tem fertilidade.
infestação (in.fes.ta.**ção**) *s.f.* **1.** Ato ou efeito de infestar. **2.** Invasão de parasitas: *uma infestação por pulgas é comum e facilmente tratável*.
infestado (in.fes.**ta**.do) *adj.* **1.** Assolado, devastado por praga. **2.** Cheio de insetos: *infestado de pulgas*.
infestar (in.fes.**tar**) *v.t.d.* **1.** Assolar, devastar. **2.** Contagiar; contaminar. Cf. *enfestar*.
infidelidade (in.fi.de.li.**da**.de) *s.f.* **1.** Traição. **2.** Qualidade de infiel.
infiel (in.fi.**el**) *adj.2g.* **1.** Que não é fiel. **2.** Desleal; traiçoeiro. *s.2g.* **3.** Pessoa infiel.
infiltração (in.fil.tra.**ção**) *s.f.* **1.** Ação de infiltrar(-se). **2.** Umidade que se infiltra por paredes ou pisos.
infiltrar-se (in.fil.**trar**-se) *v.t.d. e v.p.* **1.** Penetrar, entrar: *a umidade infiltrou-se pelas paredes*. **2.** Entrar, ingressar, misturar-se com: *infiltrou-se no grupo de turistas*.
ínfimo (**ín**.fi.mo) *adj.* **1.** Que é o mais baixo de todos. **2.** Diminuto.
infindável (in.fin.**dá**.vel) *adj.2g.* Que não tem fim; permanente; contínuo.
infindo (in.**fin**.do) *adj.* **1.** Que não tem fim ou limite; infinito. **2.** Inesgotável; interminável.
infinidade (in.fi.ni.**da**.de) *s.f.* **1.** Qualidade do que é infinito. **2.** (*Fig.*) Grande quantidade, grande número: *a cantora recebia uma infinidade de mensagens todos os dias*.
infinitesimal (in.fi.ni.te.si.**mal**) *adj.2g.* **1.** Relativo a infinito. **2.** Muito pequeno, minúsculo.
infinitivo (in.fi.ni.**ti**.vo) *s.m.* (*Gram.*) Forma nominal do verbo, caracterizada pelas terminações *-ar* para a 1ª conjugação, *-er* para a segunda conjugação e *-ir* para a terceira conjugação: *o infinitivo de "cantamos" é "cantar"*.
infinito (in.fi.**ni**.to) *adj.* **1.** Que não tem fim ou limite, que não termina ou acaba. **2.** (*Mat.*) Que é grande demais para ser contado. *s.m.* **3.** Ponto no horizonte.
inflação (in.fla.**ção**) *s.f.* **1.** Ação ou efeito de inflar. **2.** (*Fig.*) Vaidade; soberba; presunção. **3.** (*Econ.*) Redução do poder aquisitivo da moeda ocasionando alta geral dos preços.
inflacionar (in.fla.ci.o.**nar**) *v.t.d.* Provocar inflação em.
inflacionário (in.fla.ci.o.**ná**.ri.o) *adj.* **1.** Relativo à inflação. **2.** Em que há inflação.
inflado (in.**fla**.do) *adj.* **1.** Cheio de ar. **2.** Inchado. **3.** (*Fig.*) Soberbo; orgulhoso.
inflamação (in.fla.ma.**ção**) *s.f.* (*Med.*) Dor, rubor, calor e tumefação, advindos de uma infecção.
inflamado (in.fla.**ma**.do) *adj.* **1.** Que possui inflamação. **2.** Exaltado.
inflamar (in.fla.**mar**) *v.t.d.* **1.** Acender, fazer arder. **2.** (*Fig.*) Estimular negativamente. **3.** Afoguear. **4.** (*Med.*) Estar afetado por inflamação.

inflamatório (in.fla.ma.**tó**.ri.o) *adj.* Relacionado a inflamação, que contém inflamação: *processo inflamatório*.
inflamável (in.fla.**má**.vel) *adj.2g.* Que pode se inflamar, que pode pegar fogo: *líquidos inflamáveis*.
inflar (in.**flar**) *v.t.d.* **1.** Encher de ar. **2.** Inchar. **3.** (*Fig.*) Tornar vaidoso.
inflável (in.**flá**.vel) *adj.2g.* Que se pode inflar, que pode ser enchido de ar: *boia inflável*.
inflexão (in.fle.**xão**) [cs] *s.f.* **1.** Inclinação de uma linha. **2.** Tom de voz. **3.** (*Gram.*) Variação das desinências nas palavras.
inflexibilidade (in.fle.xi.bi.li.**da**.de) [cs] *s.f.* Qualidade de inflexível.
inflexível (in.fle.**xí**.vel) [cs] *adj.2g.* **1.** Não flexível. **2.** (*Fig.*) Que não cede, que não se deixa dobrar, que resiste em sua forma.
infligir (in.fli.**gir**) *v.t.d.* Penalizar.
inflorescência (in.flo.res.**cên**.ci.a) *s.f.* (*Bot.*) Grupo de flores unidas que pode parecer uma única flor, como a hortênsia e o miolo da margarida.
influência (in.flu.**ên**.ci.a) *s.f.* **1.** Ação ou efeito de influir; influxo. **2.** Preponderância.
influenciar (in.flu.en.ci.**ar**) *v.t.d.* Exercer influência sobre. Obs.: pres. do ind.: *influencio, influencias, influencia* etc.; pres. do subj.: *influencie, influencies, influencie* etc.
influenciável (in.flu.en.ci.**á**.vel) *adj.2g.* Que se pode influenciar.
influente (in.flu.**en**.te) *adj.2g.* Que influi, inspira; que exerce influência, inspiração.
influenza [italiano] *s.f.* Gripe.
influir (in.flu.**ir**) *v.t.d.* **1.** Inspirar. **2.** Exercer influência. Obs.: conjuga-se como *fluir*.
influxo (in.**flu**.xo) [cs] *s.m.* **1.** Ato ou efeito de influir; influência. **2.** Concorrência, convergência.
informação (in.for.ma.**ção**) *s.f.* **1.** Indagação. **2.** Opinião sobre alguém. **3.** Esclarecimento.
informal (in.for.**mal**) *adj.2g.* Não formal; sem formalidades.
informalidade (in.for.ma.li.**da**.de) *s.f.* **1.** Qualidade, condição de informal. **2.** Condição do que trabalha ou funciona sem registro legal.
informante (in.for.**man**.te) *adj.2g.* **1.** Que informa. *s.2g.* **2.** Pessoa que informa.
informar (in.for.**mar**) *v.t.d. e v.i.* **1.** Dar informe, parecer sobre. **2.** Instruir; ensinar. **3.** Dar informação, noticiar. **4.** Participar.
informática (in.for.**má**.ti.ca) *s.f.* Tratamento automático da informação, ou seja, o emprego da ciência da informação no computador eletrônico.
informatizar (in.for.ma.ti.**zar**) *v.t.d.* **1.** Processar com recursos de informática; fazer no computador: *informatizar a biblioteca*. **2.** Dotar (empresa, instituição etc.) de sistemas de informática, ou computadores.
informativo (in.for.ma.**ti**.vo) *adj.* Que informa, que expressa ou transmite informações e não julgamentos ou opiniões. Cf. *opinativo*.

informe (in.**for**.me) [ó] s.m. **1.** Informação. adj.2g. **2.** Sem forma determinada; inacabado, vago.
infortunado (in.for.tu.**na**.do) adj. Acometido de infortúnio; infeliz, desventurado.
infortúnio (in.for.**tú**.ni.o) s.m. Falta de fortuna, de sorte; infelicidade, desventura.
infra-axilar (in.fra-a.xi.**lar**) adj.2g. Que se situa sob a axila.
infração (in.fra.**ção**) s.f. Ação de infringir; transgressão, violação.
infraestrutura (in.fra.es.tru.**tu**.ra) s.f. **1.** Estrutura que fica sob outra, como os fundamentos de uma construção. **2.** Grupo de serviços públicos como fornecimento de água tratada, esgoto, energia elétrica etc.
infrator (in.fra.**tor**) [ô] s.m. Aquele que infringe; transgressor.
infravermelho (in.fra.ver.**me**.lho) s.m. (Fís.) **1.** Raio eletromagnético, aquém do vermelho, invisível na decomposição da luz solar pelo prisma, eficiente e perigoso no processo de transmissão do calor por irradiação. adj. **2.** Relativo a esse raio.
infrene (in.**fre**.ne) adj.2g. Que não tem freio ou não tem moderação.
infringir (in.frin.**gir**) v.t.d. Transgredir; violar.
infrutescência (in.fru.tes.**cên**.ci.a) s.f. (Bot.) **1.** Grupo de frutos como um cacho de uvas, resultado da fecundação da inflorescência. **2.** Fruta como a jaca e o abacaxi, formada por um conjunto de frutos contíguos ou aderidos.
infrutífero (in.fru.**tí**.fe.ro) adj. **1.** (Bot.) Que não dá fruto. **2.** (Fig.) Que não produz resultados; inútil.
infundado (in.fun.**da**.do) adj. Que não tem fundamento ou fundamentação; que não procede.
infundir (in.fun.**dir**) v.t.d.i. **1.** Derramar, colocar, verter: *infundiu água na xícara*. v.t.d. **2.** Sugerir, inspirar, suscitar: *infundir respeito*.
infusão (in.fu.**são**) s.f. **1.** Ação ou efeito de infundir. **2.** Processo de deixar folhas ou outra substância em repouso em um líquido previamente aquecido. **3.** Líquido assim obtido; chá, infuso: *a infusão de hortelã é boa para a digestão*.
infusível (in.fu.**sí**.vel) adj.2g. Que não se pode fundir, que não se derrete ou não é fusível: *substâncias infusíveis*.
infuso (in.**fu**.so) adj. **1.** Que se infundiu; inspirado, sugerido: *virtudes infusas*. s.m. **2.** Infusão.
ingá (in.**gá**) s.m. (Bot.) **1.** Árvore leguminosa nativa de regiões tropicais e temperadas das Américas, cultivada como ornamental e pelos frutos. **2.** O fruto dessa árvore.
ingaricó (in.ga.ri.**có**) s.2g. **1.** Indivíduo dos ingaricós, povo indígena que vive hoje em Roraima. adj.2g. **2.** Relacionado a esse povo.
ingazeiro (in.ga.**zei**.ro) s.m. (Bot.) Ingá de madeira branca usada em carpintaria.
ingênito (in.**gê**.ni.to) adj. Congênito, inato.
ingente (in.**gen**.te) adj.2g. Muito grande; gigante.
ingenuidade (in.ge.nu.i.**da**.de) s.f. Qualidade de ingênuo; simplicidade.

ingênuo (in.**gê**.nuo) adj. **1.** Sincero; desprovido de malícia. **2.** Cândido; simples. s.m. **3.** Indivíduo ingênuo.
ingerência (in.ge.**rên**.ci.a) s.f. **1.** Ação de ingerir(-se). **2.** Intromissão, enxerimento.
ingerir (in.ge.**rir**) v.t.d. **1.** Engolir, comer, colocar dentro do corpo; introduzir. v.p. **2.** Intrometer-se, meter-se. Obs.: pres. do ind.: *ingiro, ingeres, ingere, ingerimos, ingeris, ingerem*; pres. do subj.: *ingira, ingiras, ingira, ingiramos, ingirais, ingiram*.
ingestão (in.ges.**tão**) s.f. Ação de ingerir.
inglês (in.**glês**) adj. **1.** Pertencente ou relacionado à Inglaterra, nação que faz parte do Reino Unido da Grã-Bretanha, país europeu. **2.** Bretão. s.m. **3.** Pessoa natural ou habitante desse lugar. **4.** Língua falada no Reino Unido, EUA e numerosos outros países.
inglório (in.**gló**.ri.o) adj. Que não é glorioso; modesto.
ingovernável (in.go.ver.**ná**.vel) adj.2g. Que não se consegue governar.
ingratidão (in.gra.ti.**dão**) s.f. **1.** Falta de gratidão. **2.** Qualidade de ingrato.
ingrato (in.**gra**.to) adj. Que não sente gratidão, que não agradece os benefícios recebidos ou a afeição que se lhe dedica.
ingrediente (in.gre.di.**en**.te) s.m. Elemento que entra na composição de comidas e bebidas.
íngreme (**ín**.gre.me) adj.2g. Escarpado; em aclive.
ingressar (in.gres.**sar**) v.t.i. Entrar; fazer ingresso.
ingresso (in.**gres**.so) [é] s.m. **1.** Entrada; admissão. **2.** Bilhete para admissão em determinado local ou evento.
íngua (**ín**.gua) s.f. (Med.) Acúmulo de líquido em gânglio linfático, mais comum na virilha.
inguinal (in.gui.**nal**) adj.2g. (Anat.) Relacionado à virilha, situado na virilha.
ingurgitar (in.gur.gi.**tar**) v.t.d. **1.** Engolir com avidez. **2.** Obstruir.
inhaca (i.**nha**.ca) s.f. **1.** Cheiro ruim, fedor, morrinha. **2.** Má sorte.
inhambu (i.**nham**.bu) s.m. (Zoo.) Ave que ocorre do México à Patagônia, semelhante à codorna, robusta, de pernas grossas e cauda pequena. O mesmo que *inambu, nambu, nhambu*.
inhambuxororó (i.nham.bu.xo.ro.**ró**) s.m. (Zoo.) Ave de canto característico, com plumagem castanha, bico e pé vermelhos, típica dos campos do Norte, Nordeste e Centro-Oeste.
inhame (i.**nha**.me) s.m. (Bot.) Erva que dá um tubérculo comestível, rico em vitaminas, amido, proteínas e açúcar, e com propriedades medicinais.
inharé (i.nha.**ré**) s.m. (Bot.) Árvore de madeira branca e mole, da qual se extrai uma substância com propriedades aromáticas e medicinais.
inibição (i.ni.bi.**ção**) s.f. Ação de inibir-se.
inibidor (i.ni.bi.**dor**) [ô] s.m. e adj. (Aquilo) que inibe, não deixa se manifestar: *inibidor do apetite*.

inibir (i.ni.**bir**) *v.t.d. e v.p.* **1.** Proibir forçosamente. **2.** Impedir; impossibilitar.
iniciação (i.ni.ci.a.**ção**) *s.f.* **1.** Ação ou efeito de iniciar. **2.** Cerimônia religiosa para ingresso em uma seita ou doutrina. **3.** Ação de começar qualquer coisa.
iniciado (i.ni.ci.**a**.do) *adj.* **1.** Que se iniciou. **2.** Que foi iniciado em (conhecimento ou arte); que passou pela iniciação.
inicial (i.ni.ci.**al**) *adj.2g.* **1.** Que começa. *s.f.* **2.** A primeira letra de uma palavra.
iniciante (i.ni.ci.**an**.te) *adj.2g.* Que está iniciando ou no início; principiante, estreante.
iniciar (i.ni.ci.**ar**) *v.t.d. e v.p.* **1.** Começar. **2.** Introduzir no conhecimento e na participação dos costumes de.
iniciativa (i.ni.ci.a.**ti**.va) *s.f.* Ação daquele que é o primeiro a pôr uma ideia em prática.
início (i.**ní**.ci.o) *s.m.* Princípio; começo.
inidôneo (i.ni.**dô**.ne.o) *adj.* Que não é idôneo, que não tem idoneidade.
inigualável (i.ni.gua.**lá**.vel) *adj.2g.* Que não se pode igualar.
iludível (i.ni.lu.**dí**.vel) *adj.2g.* Que não ilude; muito claro: *verdade iniludível*.
inimaginável (i.ni.ma.gi.**ná**.vel) *adj.2g.* Que não se pode imaginar; incrível.
inimigo (i.ni.**mi**.go) *adj.* **1.** Que não é amigo; adversário. *s.m.* **2.** Indivíduo que odeia alguém.
inimitável (i.ni.mi.**tá**.vel) *adj.2g.* Que não se pode imitar ou fazer igual; original, único.
inimizade (i.ni.mi.**za**.de) *s.f.* Aversão; ausência de amizade.
ininteligível (i.nin.te.li.**gí**.vel) *adj.2g.* Que não se pode entender; obscuro.
ininterrupto (i.nin.ter.**rup**.to) *adj.* Que não é interrompido, que não sofre interrupção; contínuo.
iniquidade (i.ni.qui.**da**.de) [u] *s.f.* **1.** Caráter de iníquo. **2.** Ato iníquo, injusto; injustiça.
iníquo (i.**ní**.quo) *adj.* **1.** Contrário à equidade; injusto. **2.** Mau, perverso.
injeção (in.je.**ção**) *s.f.* **1.** Ação ou resultado de injetar. **2.** (*Med.*) Aplicação de medicamento em músculo ou veia, introduzindo-se uma agulha.
injetar (in.je.**tar**) *v.t.d.* **1.** Fazer entrar, jogar dentro: *injetar soro nas veias.* **2.** Dar, infundir, atribuir: *injetou ânimo no time.*
injetável (in.je.**tá**.vel) *adj.2g.* Que se pode injetar: *medicamento injetável.*
injetor (in.je.**tor**) [ô] *s.m. e adj.* (Aquilo) que injeta, que serve para injetar: *injetor de combustível.*
injunção (in.jun.**ção**) *s.f.* Imposição, exigência: *injunção das circunstâncias.*
injúria (in.**jú**.ri.a) *s.f.* **1.** Ação ou dito com que se ofende alguém. **2.** Ofensa; insulto.
injuriar (in.ju.ri.**ar**) *v.t.d.* **1.** Ofender por ações ou ditos. **2.** Insultar.
injurioso (in.ju.ri.**o**.so) [ô] *adj.* Que contém ou expressa injúria; ofensivo. ▪ Pl. *injuriosos* [ó].

injustiça (in.jus.**ti**.ça) *s.f.* Ausência de justiça; iniquidade.
injustiçado (in.jus.ti.**ça**.do) *adj.* Que sofreu injustiça; agravado.
injustificável (in.jus.ti.fi.**cá**.vel) *adj.2g.* Que não se pode justificar, que não tem justificativa.
injusto (in.**jus**.to) *adj.* Que não é justo; contrário à justiça.
inobservância (i.nob.ser.**vân**.ci.a) *s.f.* Ausência de observância.
inobservável (i.nob.ser.**vá**.vel) *adj.2g.* Que não se pode observar.
inocência (i.no.**cên**.ci.a) *s.f.* **1.** Falta de culpa. **2.** Candura; simplicidade.
inocentar (i.no.cen.**tar**) *v.t.d.* Considerar inocente.
inocente (i.no.**cen**.te) *adj.2g.* **1.** Que não cometeu erro. **2.** Cândido; simples.
inoculação (i.no.cu.la.**ção**) *s.f.* Ato ou efeito de inocular.
inocular (i.no.cu.**lar**) *v.t.d.* Introduzir, colocar dentro, inserir: *a cobra inocula veneno com as presas.*
inócuo (i.**nó**.cuo) *adj.* Que não é nocivo; que não danifica.
inodoro (i.no.**do**.ro) *adj.* Que não exala cheiro; sem odor.
inofensivo (i.no.fen.**si**.vo) *adj.* Que não ofende, que não faz mal.
inolvidável (i.nol.vi.**dá**.vel) *adj.2g.* Que não se pode olvidar ou esquecer; inesquecível.
inominável (i.no.mi.**ná**.vel) *adj.2g.* Que não se pode nomear, de que não se pode dizer o nome.
inoperante (i.no.pe.**ran**.te) *adj.2g.* Que não opera.
inópia (i.**nó**.pi.a) *s.f.* **1.** Pobreza, indigência, penúria. **2.** Falta, escassez.
inopinado (i.no.pi.**na**.do) *adj.* Súbito, imprevisto.
inoportunidade (i.no.por.tu.ni.**da**.de) *s.f.* **1.** Falta de oportunidade. **2.** Caráter de coisa ou pessoa inoportuna.
inoportuno (i.no.por.**tu**.no) *adj.* **1.** Intempestivo. **2.** Que atua fora de tempo.
inorgânico (i.nor.**gâ**.ni.co) *adj.* **1.** Que não é orgânico, que não é formado de organismos vivos. **2.** (*Quím.*) Que não contém cadeias de carbono: *o gás carbônico contém carbono mas é um composto inorgânico.*
inóspito (i.**nós**.pi.to) *adj.* Que não acolhe, não abriga; rude, grosseiro.
inovação (i.no.va.**ção**) *s.f.* **1.** Ação ou efeito de inovar; mudança. **2.** Novidade, criação em tecnologia, legislação, costumes etc.
inovador (i.no.va.**dor**) [ô] *s.m. e adj.* (Aquele) que inova.
inovar (i.no.**var**) *v.t.d.* **1.** Tornar novo. **2.** Renovar.
inoxidável (i.no.xi.**dá**.vel) [cs] *adj.2g.* Que não se oxida.
INPE Sigla de *Instituto Nacional de Pesquisas Espaciais.*
input [inglês: "impúti"] *s.m.* Entrada de dados ou informações em um sistema. Cf. *output.*
inqualificável (in.qua.li.fi.**cá**.vel) *adj.2g.* Que não se pode qualificar, que não tem qualificação.

inquebrantável (in.que.bran.**tá**.vel) adj.2g. Que não se quebranta, que não se abate; imbatível, inabalável: *uma vontade inquebrantável de estudar.*

inquebrável (in.que.**brá**.vel) adj.2g. Que não se quebra, que não se pode quebrar.

inquérito (in.**qué**.ri.to) s.m. **1.** Interrogatório de testemunhas. **2.** Sindicância.

inquestionável (in.ques.ti.o.**ná**.vel) adj.2g. Indiscutível.

inquietação (in.qui.e.ta.**ção**) s.f. Agitação; excitação; inquietude.

inquietante (in.qui.e.**tan**.te) adj.2g. Que causa inquietação.

inquietar (in.qui.e.**tar**) v.t.d. e v.p. **1.** Tornar(-se) inquieto. v.p. **2.** Preocupar-se, agitar-se.

inquieto (in.qui.e.to) [é] adj. Que não está quieto; aflito.

inquietude (in.qui.e.**tu**.de) s.f. Condição, qualidade de inquieto; inquietação.

inquilinato (in.qui.li.**na**.to) s.m. Condição de inquilino.

inquilino (in.qui.**li**.no) s.m. **1.** Pessoa ou empresa que aluga um imóvel. **2.** Pessoa que mora na casa de outrem.

inquinar (in.qui.**nar**) v.t.d. (Raro) Manchar, corromper, contaminar.

inquirição (in.qui.ri.**ção**) s.f. Ação ou efeito de inquirir.

inquirir (in.qui.**rir**) v.t.d. Interrogar.

inquisição (in.qui.si.**ção**) s.f. **1.** Ação de inquirir. (próprio) **2.** (Hist.) Tribunal da Igreja Católica, criado no século XIII e abolido no século XIX, para julgar hereges e bruxos.

inquisidor (in.qui.si.**dor**) [ô] s.m. e adj. **1.** (Aquele) que inquire, que faz perguntas. s.m. **2.** (Hist.) Juiz do tribunal da Inquisição.

inquisitivo (in.qui.si.**ti**.vo) adj. Relacionado a ou próprio de inquisição.

inquisitorial (in.qui.si.to.ri.**al**) adj.2g. **1.** Pertencente a Inquisição. **2.** Relativo a inquérito. **3.** Severo.

insaciável (in.sa.ci.**á**.vel) adj.2g. Que não se pode saciar ou fartar.

insalubre (in.sa.**lu**.bre) adj.2g. Que não é saudável; doentio.

insanável (in.sa.**ná**.vel) adj.2g. Que não se pode sanar ou resolver; insolúvel.

insânia (in.**sâ**.ni.a) s.f. Insanidade.

insanidade (in.sa.ni.**da**.de) s.f. Falta de senso; demência; insânia; loucura.

insano (in.**sa**.no) adj. Louco; demente; doido.

insatisfação (in.sa.tis.fa.**ção**) s.f. Descontentamento.

insatisfeito (in.sa.tis.**fei**.to) s.m. e adj. Descontente.

insaturado (in.sa.tu.**ra**.do) adj. (Quím.) Diz-se de um composto orgânico em cujas moléculas os átomos de carbono estão unidos por duas ou três ligações.

inscrever (ins.cre.**ver**) v.t.d. e v.p. **1.** Assentar em registro. **2.** Gravar.

inscrição (ins.cri.**ção**) s.f. **1.** Ação de inscrever. **2.** Letras ou palavras escritas como registro em monumentos, mausoléus etc.

inscrito (ins.**cri**.to) adj. **1.** Escrito sobre. **2.** Gravado.

insegurança (in.se.gu.**ran**.ça) s.f. Falta de segurança.

inseguro (in.se.**gu**.ro) adj. **1.** Que não é seguro. **2.** Medroso, hesitante, cheio de dúvida: *pessoa insegura.* **3.** Perigoso, arriscado: *ponte insegura.*

inseminação (in.se.mi.na.**ção**) s.f. Introdução do sêmen no útero.

inseminar (in.se.mi.**nar**) v.t.d. Fazer a inseminação em.

insensatez (in.sen.sa.**tez**) [ê] s.f. Qualidade de insensato.

insensato (in.sen.**sa**.to) adj. **1.** Que não tem senso. **2.** Contrário ao bom senso.

insensibilidade (in.sen.si.bi.li.**da**.de) s.f. **1.** Falta de sensibilidade. **2.** Ausência de sentimentos.

insensibilizar (in.sen.si.bi.li.**zar**) v.t.d. e v.p. Tornar(-se) insensível, reduzir ou anular a sensibilidade.

insensível (in.sen.**sí**.vel) adj.2g. **1.** Que não sente, não se emociona. **2.** Indiferente aos males alheios. **3.** (Fig.) Indelicado.

inseparável (in.se.pa.**rá**.vel) adj.2g. Que não se consegue separar.

insepulto (in.se.**pul**.to) adj. Que não foi sepultado, que não tem sepultura.

inserção (in.ser.**ção**) s.f. Ação de inserir.

inserir (in.se.**rir**) v.t.d. **1.** Introduzir. **2.** Intercalar. Obs.: conjuga-se como *ingerir.*

inseticida (in.se.ti.**ci**.da) s.m. e adj.2g. (Substância) que combate ou mata insetos.

insetívoro (in.se.**tí**.vo.ro) adj. Que se alimenta de insetos.

inseto (in.**se**.to) [é] s.m. (epiceno) **1.** (Zoo.) Invertebrado com até três pares de patas e duas asas, que forma um grande grupo no qual se classificam borboleta, gafanhoto, mosca e outros. **2.** (Fig.) Ser pequeno e inofensivo: *naquele dia se sentia um inseto.*

insídia (in.**sí**.di.a) s.f. **1.** Cilada, emboscada, ardil. **2.** Traição, infidelidade.

insidioso (in.si.di.**o**.so) [ô] adj. **1.** Que contém insídia. **2.** Que arma insídias; traiçoeiro. ◘ Pl. *insidiosos* [ó].

insigne (in.**sig**.ne) adj.2g. Notável, célebre, distinto.

insight [inglês: "insaite"] s.m. **1.** Compreensão repentina e intuitiva de um aspecto da própria mente; estalo. **2.** Visão ou solução intuitiva; palpite.

insígnia (in.**síg**.ni.a) s.f. Símbolo, timbre, brasão.

insignificância (in.sig.ni.fi.**cân**.ci.a) s.f. Condição do que é de pouca importância; sem significância.

insignificante (in.sig.ni.fi.**can**.te) adj.2g. De pouca importância; sem significado.

insincero (in.sin.**ce**.ro) adj. Que não é sincero; falso, fingido, mentiroso.

insinuação (in.si.nu.a.**ção**) s.f. **1.** Ação de insinuar-se. **2.** Sugestão; advertência.

insinuar (in.si.nu.**ar**) v.t.d. **1.** Fazer entender de maneira sutil e indireta. **2.** Sugerir.

insípido (in.**sí**.pi.do) adj. **1.** Que não tem sabor. **2.** (Fig.) Monótono.

insistência (in.sis.tên.ci.a) s.f. **1.** Ação de insistir. **2.** Obstinação; teimosia.
insistente (in.sis.ten.te) adj.2g. **1.** Que insiste. **2.** Obstinado; perseverante.
insistir (in.sis.tir) v.t.d. **1.** Persistir na afirmativa de. **2.** Perseverar.
insociável (in.so.ci.á.vel) adj.2g. Que não é sociável; agressivo, mal-educado.
insofismável (in.so.fis.má.vel) adj.2g. Que não contém ou não admite sofisma; inquestionável, evidente.
insofrido (in.so.fri.do) adj. Impaciente, sôfrego, incontido.
insofrível (in.so.frí.vel) adj.2g. Que não se pode sofrer; insuportável.
insolação (in.so.la.ção) s.f. **1.** Ação direta da luz solar. **2.** (Med.) Resultado ruim causado por exposição excessiva ao sol.
insolência (in.so.lên.ci.a) s.f. Qualidade de insolente; ato ou dito atrevido, grosseiro; desaforo.
insolente (in.so.len.te) adj.2g. **1.** Insólito; atrevido. **2.** Grosseiro.
insólito (in.só.li.to) adj. **1.** Inusitado, ocasional. **2.** Que se opõe às regras.
insolúvel (in.so.lú.vel) adj.2g. Que não se pode resolver ou dissolver.
insolvência (in.sol.vên.ci.a) s.f. Qualidade de insolvente.
insolvente (in.sol.ven.te) adj.2g. **1.** Que não tem condições de pagar o que deve. s.2g. **2.** Pessoa insolvente.
insondável (in.son.dá.vel) adj.2g. **1.** Que não se pode sondar; impossível de ser pesquisado. **2.** (Fig.) Misterioso; inexplicável.
insone (in.so.ne) s.2g. e adj.2g. **1.** (Pessoa) que não tem sono, que não consegue dormir. adj.2g. **2.** Sem sono, em que não se dorme: *noites insones*.
insônia (in.sô.ni.a) s.f. Falta de sono.
insopitável (in.so.pi.tá.vel) adj.2g. Que não se pode sopitar ou conter; irrefreável.
insosso (in.sos.so) [ô] adj. **1.** Que não tem sal. **2.** Que não tem tempero ou sabor.
inspeção (ins.pe.ção) s.f. **1.** Ação de examinar. **2.** Vistoria.
inspecionar (ins.pe.ci.o.nar) v.t.d. Exercer inspeção, ação de inspetor sobre.
inspetor (ins.pe.tor) [ô] s.m. **1.** Aquele que inspeciona. **2.** Encarregado de fazer a inspeção.
inspetoria (ins.pe.to.ri.a) s.f. Repartição encarregada de inspecionar.
inspiração (ins.pi.ra.ção) s.f. **1.** Ação ou efeito de inspirar. **2.** Entrada de ar nos pulmões. **3.** Entusiasmo, motivação para criação artística.
inspirador (ins.pi.ra.dor) [ô] s.m. e adj. (Aquele) que proporciona inspiração, que inspira: *musa inspiradora*.
inspirar (ins.pi.rar) v.t.d. e v.i. **1.** Introduzir (o ar) nos pulmões, pelos movimentos da inspiração. **2.** Promover a inspiração.

inspiratório (ins.pi.ra.tó.ri.o) adj. Relacionado a inspiração, à entrada de ar nos pulmões: *movimento inspiratório*.
instabilidade (ins.ta.bi.li.da.de) s.f. Falta de estabilidade; insegurança.
instalação (ins.ta.la.ção) s.f. Ação de distribuir ou pôr em ordem os objetos necessários para uma obra.
instalar (ins.ta.lar) v.t.d. **1.** Estabelecer, dispor para funcionamento. v.p. **2.** Posicionar-se para ficar; estabelecer-se: *instalou-se para tirar um cochilo*.
instância (ins.tân.ci.a) s.f. **1.** Pedido; solicitação urgente e reiterada. **2.** Jurisdição; foro.
instantâneo (ins.tan.tâ.ne.o) adj. **1.** Que se realiza ou acontece em um instante; súbito. **2.** Que se realiza ou acontece no mesmo instante; imediato.
instante (ins.tan.te) adj.2g. **1.** Que insta; insistente. s.m. **2.** Momento muito breve; ocasião.
instar (ins.tar) v.t.d. **1.** Pedir; solicitar com urgência. **2.** Insistir.
instaurar (ins.tau.rar) v.t.d. **1.** Começar; fundar; estabelecer. **2.** Organizar. **3.** Reparar; reformar.
instável (ins.tá.vel) adj.2g. Que não é estável; mutante.
instigante (ins.ti.gan.te) adj.2g. Que instiga; estimulante.
instigar (ins.ti.gar) v.t.d. **1.** Incitar; estimular. **2.** Induzir.
instilar (ins.ti.lar) v.t.d. Inserir, introduzir gota a gota, colocar aos poucos: *instilou colírio no olho*.
instintivo (ins.tin.ti.vo) adj. **1.** Relativo ao instinto. **2.** Espontâneo.
instinto (ins.tin.to) s.m. **1.** Impulso ou estímulo interior que visa a determinado fim. **2.** Aptidão inata nos animais.
institucional (ins.ti.tu.ci.o.nal) adj.2g. **1.** Relativo a instituição. **2.** Diz-se de trabalhos de comunicação feitos para uma instituição: *revista institucional*, *matérias institucionais*.
institucionalização (ins.ti.tu.ci.o.na.li.za.ção) s.f. Ato ou efeito de institucionalizar(-se), de alterar-se ou transformar-se em instituição.
institucionalizar (ins.ti.tu.ci.o.na.li.zar) v.t.d. e v.p. Atribuir ou assumir caráter de instituição.
instituição (ins.ti.tui.ção) s.f. **1.** Ação ou efeito de instituir. **2.** Fundação. **3.** Instituto.
instituições (ins.ti.tui.ções) s.f.pl. Leis fundamentais que regem uma sociedade.
instituir (ins.ti.tu.ir) v.t.d. **1.** Fundar. **2.** Declarar; nomear. Obs.: pres. do ind.: *instituo, instituis, institui, instituímos, instituís, instituem*; pres. do subj.: *institua, instituas, institua, instituamos, instituais, instituam*.
instituto (ins.ti.tu.to) s.m. Corporação literária, científica, cultural etc.
instrução (ins.tru.ção) s.f. **1.** Ação ou efeito de instruir. **2.** Ensino. **3.** Descrição de como proceder ou fazer: *instruções do jogo*, *instruções para montar o brinquedo*.
instruído (ins.tru.í.do) adj. **1.** Que se instruiu, que tem instrução; estudado. **2.** Culto, douto, ilustrado.

instruir (ins.tru.**ir**) v.t.d. **1.** Ensinar. **2.** Dar instruções a. **3.** Informar. Obs.: conjuga-se como *instituir*.
instrumentador (ins.tru.men.ta.**dor**) [ô] s.m. Pessoa que passa os instrumentos a um cirurgião.
instrumental (ins.tru.men.**tal**) adj.2g. **1.** Relacionado a instrumento. **2.** Que serve de instrumento. s.m. **3.** Conjunto de instrumentos de uma orquestra ou banda.
instrumentista (ins.tru.men.**tis**.ta) s.2g. e adj.2g. (Pessoa) que toca um instrumento musical.
instrumento (ins.tru.**men**.to) s.m. **1.** Utensílio, objeto que se usa para fazer alguma coisa; ferramenta. **2.** (Mús.) Objeto com que se toca, que produz sons musicais. **3.** Meio, elemento usado por outrem para atingir um fim: *a voz é o instrumento de trabalho dos cantores, atores e professores*.
instrutivo (ins.tru.**ti**.vo) adj. Que instrui ou ensina; que contém instruções: *texto instrutivo*.
instrutor (ins.tru.**tor**) [ô] s.m. e adj. (Aquele) que instrui, ensina, dá instruções ou lições: *instrutor de tênis*.
insubmissão (in.sub.mis.**são**) s.f. Qualidade ou ato de insubmisso; desobediência.
insubmisso (in.sub.**mis**.so) adj. Que não se submete; independente.
insubordinação (in.su.bor.di.na.**ção**) s.f. Ação de insubordinar(-se); revolta, rebeldia, indisciplina.
insubordinado (in.su.bor.di.**na**.do) adj. Que se rebela contra os seus superiores; indisciplinado.
insubordinar (in.su.bor.di.**nar**) v.t.d. e v.p. **1.** Tornar(-se) insubordinado. v.p. **2.** Não se submeter.
insubsistente (in.sub.sis.**ten**.te) adj.2g. Que não subsiste, que não se mantém ou não persiste.
insubstituível (in.subs.ti.tu.**í**.vel) adj.2g. **1.** Que não pode ser substituído. **2.** Insuperável, inigualável.
insucesso (in.su.**ces**.so) s.m. Malogro; fracasso.
insuficiência (in.su.fi.ci.**ên**.ci.a) s.f. Inaptidão; incompetência; incapacidade.
insuficiente (in.su.fi.ci.**en**.te) adj.2g. **1.** Que não é suficiente. **2.** Deficiente; inepto.
insuflar (in.su.**flar**) v.t.d. **1.** Introduzir por meio do sopro. **2.** (Fig.) Inspirar; incutir; insinuar. **3.** Encher, soprando.
insulado (in.su.**la**.do) adj. Isolado, ilhado.
insular (in.su.**lar**) adj.2g. **1.** Relativo a ilha, situado em ilha. v.t.d. **2.** Dar aspecto ou feitio de ilha a. **3.** Tornar solitário; isolar.
insulina (in.su.**li**.na) s.f. (*Anat.*) Hormônio segregado pelo pâncreas, indispensável à utilização do açúcar no organismo.
insultante (in.sul.**tan**.te) adj.2g. Que insulta; ultrajante.
insultar (in.sul.**tar**) v.t.d. Injuriar, afrontar, ultrajar.
insulto (in.**sul**.to) s.m. Injúria; ultraje.
insumo (in.**su**.mo) s.m. (*Econ.*) Conjunto dos fatores de produção de determinada quantidade de bens ou serviços.
insuperável (in.su.pe.**rá**.vel) adj.2g. Que não se pode superar, que não se supera: *ela é insuperável no salto triplo*.
insuportável (in.su.por.**tá**.vel) adj.2g. **1.** Que não se pode suportar. **2.** Intolerável; aflitivo.
insurgente (in.sur.**gen**.te) adj.2g. Que se insurge revoltoso.
insurgir (in.sur.**gir**) v.t.d. e v.p. Sublevar(-se), revoltar(-se).
insurreição (in.sur.rei.**ção**) s.f. **1.** Ação de se insurgir, desestabilizar o poder. **2.** Revolta; rebelião.
insurreto (in.sur.**re**.to) adj. Que se insurgiu; sublevado, revoltado, revoltoso.
insuspeito (in.sus.**pei**.to) adj. **1.** Não suspeito. **2.** Que merece confiança.
insustentável (in.sus.ten.**tá**.vel) adj.2g. Que não se sustenta, que não se pode sustentar: *afirmações insustentáveis*.
intacto (in.**tac**.to) adj. **1.** Que ninguém tocou. **2.** Ileso. **3.** (Fig.) Puro; ilibado.
intangível (in.tan.**gí**.vel) adj.2g. Que não se pode atingir ou tocar com as mãos; imaterial: *os direitos autorais são bens intangíveis*.
intato (in.**ta**.to) adj. Intacto.
íntegra (**ín**.te.gra) s.f. Totalidade. Na íntegra: inteiro, sem faltar uma palavra.
integração (in.te.gra.**ção**) s.f. Ato ou efeito de integrar.
integral (in.te.**gral**) adj.2g. **1.** Inteiro, completo. **2.** Diz-se de alimentos que usam todo o grão descascado de arroz, trigo etc.: *pão integral, arroz integral*.
integralismo (in.te.gra.**lis**.mo) s.m. **1.** Aceitação total a um movimento de ideias ou a uma teoria. **2.** (*Hist.*) Movimento político brasileiro conservador e de extrema direita, fundado em 1932 e extinto em 1937.
integralizar (in.te.gra.li.**zar**) v.t.d. Tornar integral; completar.
integrante (in.te.**gran**.te) adj.2g. **1.** Que integra, que faz parte de: *as partes integrantes da caneta são carga, ponta e corpo*. s.m. **2.** Aquele que faz parte de; membro: *todos os integrantes do grupo votaram a favor*.
integrar (in.te.**grar**) v.t.d. **1.** Completar, inteirar, integralizar. **2.** Fazer ou ser parte de, pertencer, constituir: *o goleiro integra o time de futebol*.
integridade (in.te.gri.**da**.de) s.f. Virtude ou qualidade do que é íntegro.
íntegro (**ín**.te.gro) adj. Reto; incorruptível.
inteirar (in.tei.**rar**) v.t.d. **1.** Tornar inteiro. **2.** Fazer ciente; informar.
inteireza (in.tei.**re**.za) s.f. Qualidade do que é inteiro ou completo; integridade.
inteiriço (in.tei.**ri**.ço) adj. Que é feito de uma só peça.
inteiro (in.**tei**.ro) adj. **1.** Que tem todas as partes de que se compõe. **2.** Todo, completo. s.m. **3.** (*Mat.*) Designação do número não fracionado.
intelecção (in.te.lec.**ção**) s.f. Apreensão, percepção pelo raciocínio, pelo pensamento; compreensão.
intelectivo (in.te.lec.**ti**.vo) adj. Relacionado a intelecto ou intelecção.

intelecto (in.te.**lec**.to) s.m. Inteligência; entendimento.
intelectual (in.te.lec.tu.**al**) adj.2g. **1.** Bem-dotado espiritualmente. s.2g. **2.** Pessoa que se caracteriza pelo apego às coisas do espírito.
intelectualidade (in.te.lec.tu.a.li.**da**.de) s.f. **1.** Qualidade de intelectual. **2.** A categoria dos intelectuais.
intelectualismo (in.te.lec.tu.a.**lis**.mo) s.m. Predominância de aspectos intelectuais ou racionais sobre os demais.
intelectualizar (in.te.lec.tu.a.li.**zar**) v.t.d. Atribuir condições ou caráter de intelectual a.
inteligência (in.te.li.**gên**.ci.a) s.f. **1.** Faculdade de entender, de conhecer bem. **2.** Compreensão fácil.
inteligente (in.te.li.**gen**.te) adj.2g. **1.** Que tem inteligência. **2.** Que compreende com facilidade.
inteligível (in.te.li.**gí**.vel) adj.2g. Que se pode entender; compreensível: *palavras bem inteligíveis*.
intemerato (in.te.me.**ra**.to) adj. Sem mancha; honrado, digno. Cf. *intimorato*.
intemperança (in.tem.pe.**ran**.ça) s.f. Falta de moderação ou de sobriedade.
intemperante (in.tem.pe.**ran**.te) adj.2g. **1.** Que não tem sobriedade. **2.** Imoderado.
intempérie (in.tem.**pé**.rie) s.f. Mau tempo; perturbação atmosférica.
intempestivo (in.tem.pes.**ti**.vo) adj. Que não aguarda o tempo necessário, que ocorre fora de hora; inoportuno.
intenção (in.ten.**ção**) s.f. Vontade, intento, propósito: *tinha a intenção de ajudar*.
intencional (in.ten.ci.o.**nal**) adj.2g. **1.** Em que há intenção; feito de propósito. **2.** Relativo ou pertencente à intenção.
intendência (in.ten.**dên**.ci.a) s.f. Cargo ou direção de intendente.
intendente (in.ten.**den**.te) s.2g. Pessoa que dirige, que administra alguma coisa.
intensidade (in.ten.si.**da**.de) s.f. Grau de tensão, de energia, de força.
intensificar (in.ten.si.fi.**car**) v.t.d. Tornar intenso.
intensivo (in.ten.**si**.vo) adj. **1.** Que tem intensidade. **2.** Que faz aumentar a força. **3.** Que se faz em tempo menor que o usual.
intenso (in.**ten**.so) adj. Forte, concentrado, intensivo.
intentar (in.ten.**tar**) v.t.d. **1.** Tentar. **2.** Projetar. **3.** Empreender.
intento (in.**ten**.to) s.m. Intenção; desígnio; projeto.
intentona (in.ten.**to**.na) s.f. **1.** Intento louco. **2.** Revolta; conspiração.
interação (in.te.ra.**ção**) s.f. Ação recíproca entre dois elementos ou pessoas; reciprocidade de ação: *interação com um jogo de computador, interação com outros jogadores*.
interagir (in.te.ra.**gir**) v.t.i. Exercer interação.
interativo (in.te.ra.**ti**.vo) adj. Que propõe interação, que permite participação: *espetáculo interativo*.
intercalação (in.ter.ca.la.**ção**) s.f. Ação de intercalar, de pôr dentro ou entre, em intervalos.

intercalado (in.ter.ca.**la**.do) adj. Que se intercalou, colocou dentro ou em intervalos.
intercalar (in.ter.ca.**lar**) v.t.d. **1.** Interpor. **2.** Inserir; introduzir.
intercâmbio (in.ter.**câm**.bi.o) s.m. **1.** Troca; permuta. **2.** Relações entre países e povos.
interceder (in.ter.ce.**der**) v.t.i. e v.i. Pedir, rogar: *intercedeu pelo irmão junto ao pai*.
intercelular (in.ter.ce.lu.**lar**) adj.2g. Que se situa ou ocorre entre as células: *espaço intercelular*.
interceptação (in.ter.cep.ta.**ção**) s.f. Ação de interceptar; tomada.
interceptar (in.ter.cep.**tar**) v.t.d. **1.** Interromper no seu curso. **2.** Fazer parar; cortar.
intercessão (in.ter.ces.**são**) s.f. Ação de interceder; pedido, intervenção.
intercessor (in.ter.ces.**sor**) [ô] s.m. Aquele que intercede.
intercontinental (in.ter.con.ti.nen.**tal**) adj.2g. Que está situado ou se efetua entre dois ou mais continentes.
intercorrente (in.ter.cor.**ren**.te) adj.2g. Que ocorre durante algo semelhante: *uma doença intercorrente dificultou o tratamento*.
intercostal (in.ter.cos.**tal**) adj.2g. (Anat.) Que se dispõe ao longo das costas; dorsal: *músculos intercostais*.
intercurso (in.ter.**cur**.so) s.m. Encontro, comunicação; curso.
interdependência (in.ter.de.pen.**dên**.ci.a) s.f. Dependência mútua ou recíproca.
interdependente (in.ter.de.pen.**den**.te) adj.2g. Que depende mutuamente de outros: *concentração e descanso são fatores interdependentes para um bom rendimento escolar*.
interdepender (in.ter.de.pen.**der**) v.t.i. Depender mutuamente ou de maneira recíproca.
interdição (in.ter.di.**ção**) s.f. Ação de interditar; impedimento.
interditar (in.ter.di.**tar**) v.t.d. Impedir a passagem, o trânsito ou o uso: *interditar as ruas*.
interdito (in.ter.**di**.to) adj. Que se interditou; proibido, impedido.
interessante (in.te.res.**san**.te) adj.2g. **1.** Que interessa. **2.** Importante.
interessar (in.te.res.**sar**) v.t.d. e v.p. Provocar interesse.
interesse (in.te.**res**.se) [ê] s.m. **1.** Aquilo que afeta, diz respeito, atrai: *a festa era um assunto do interesse de todos*. **2.** Lucro, utilidade, proveito.
interesseiro (in.te.res.**sei**.ro) adj. Movido apenas por interesses materiais próprios; egoísta.
interestadual (in.te.res.ta.du.**al**) adj.2g. **1.** Que se realiza entre dois ou mais estados. **2.** Que liga dois ou mais estados.
interestelar (in.te.res.te.**lar**) adj.2g. Que se situa ou ocorre entre as estrelas; sideral: *espaço interestelar*.
interface (in.ter.**fa**.ce) s.f. **1.** Área de contato entre duas superfícies ou lados, entre dois sistemas, campos ou conhecimentos. (Inf.) **2.** Meio de interação

entre o usuário e um programa. **3.** Área compartilhada entre dois programas ou sistemas.
interferência (in.ter.fe.**rên**.ci.a) *s.f.* **1.** Intervenção. **2.** (Fís.) Resultado da combinação de ondas da mesma natureza e de frequências iguais ou próximas.
interferir (in.ter.fe.**rir**) *v.t.i.* Produzir interferência. Obs.: conjuga-se como *inferir*.
interfone (in.ter.**fo**.ne) *s.m.* Aparelho semelhante a telefone, para comunicação interna em um prédio ou grupo de casas.
intergovernamental (in.ter.go.ver.na.men.**tal**) *adj.2g.* Que é feito por dois ou mais governos em conjunto.
ínterim (**ín**.te.rim) *s.m.* Tempo entre dois eventos; período, entretempo.
interino (in.te.**ri**.no) *adj.* Provisório; temporário.
interior (in.te.ri.**or**) [ô] *s.m. e adj.2g.* **1.** Que ou o que está na parte de dentro; interno: *jaqueta com o (lado) interior forrado*. *adj.2g.* **2.** (Geo.) Que não dispõe de litoral, sem comunicação com o mar: *o Mar Morto é um mar interior*. *s.m.* **3.** Região longe do litoral e da capital: *cidade do interior*.
interiorano (in.te.rio.**ra**.no) *adj.* **1.** Relacionado a ou próprio do interior, da região longe do litoral e da capital. **2.** Que não tem os hábitos das cidades grandes; caipira, provinciano.
interjeição (in.ter.jei.**ção**) *s.f.* (Gram.) Palavra ou locução que exprime satisfação, dor ou outros sentimentos (como *oba! ai!*), ou empregada para saudar, pedir, ordenar etc. (como *oi! fora!*).
interligação (in.ter.li.ga.**ção**) *s.f.* **1.** Ação de interligar. **2.** Aquilo que liga dois ou mais elementos entre si; ligação.
interligado (in.ter.li.**ga**.do) *adj.* Que se interligou; ligado.
interligar (in.ter.li.**gar**) *v.t.d.* Ligar entre si, ligar, estabelecer ligação.
interlocução (in.ter.lo.cu.**ção**) *s.f.* Interação oral ou verbal, alternância de falas; conversa, diálogo.
interlocutor (in.ter.lo.cu.**tor**) [ô] *s.m.* Pessoa com quem se conversa, com quem se reveza na posição de locutor; o outro locutor: *esperou o interlocutor acabar a frase*.
interlúdio (in.ter.**lú**.di.o) *s.m.* **1.** (Mús.) Composição que separa duas partes de uma peça musical. **2.** (Fig.) Intervalo.
intermediar (in.ter.me.di.**ar**) *v.i.* Intervir; interceder. Obs.: pres. do ind.: *intermedeio*, *intermedeias*, *intermedeia* etc.; pres. do subj.: *intermedeie*, *intermedeies*, *intermedeie* etc.
intermediário (in.ter.me.di.**á**.ri.o) *s.m.* **1.** Aquele que intervém para conseguir alguma coisa para outrem. *adj.* **2.** Que se coloca entre.
intermédio (in.ter.**mé**.di.o) *s.m.* Ação entre dois elementos; mediação, meio: *conseguiu ajuda por intermédio da amiga*.
interminável (in.ter.mi.**ná**.vel) *adj.2g.* **1.** Que não termina, que não tem fim. **2.** (Fig.) Muito longo, muito comprido: *uma história interminável*.

interministerial (in.ter.mi.nis.te.ri.**al**) *adj.2g.* Que ocorre ou é realizado entre vários ministérios.
intermitência (in.ter.mi.**tên**.ci.a) *s.f.* Qualidade de intermitente; parada, interrupção momentânea: *a intermitência do cursor pode ser regulada*.
intermitente (in.ter.mi.**ten**.te) *adj.2g.* **1.** Que para por intervalos: *o pisca-pisca é uma luz intermitente*. **2.** (Med.) Denominação da febre que ataca com intervalos.
intermunicipal (in.ter.mu.ni.ci.**pal**) *adj.2g.* Que ocorre entre municípios, que vai de um município a outro.
intermuscular (in.ter.mus.cu.**lar**) *adj.2g.* (Anat.) Que se situa ou ocorre entre os músculos.
internação (in.ter.na.**ção**) *s.f.* **1.** Ação de internar(-se). **2.** Seção de hospital ou outro estabelecimento de saúde onde ficam os internos: *ele não podia caminhar e foi levado para a internação*.
internacional (in.ter.na.ci.o.**nal**) *adj.2g.* Que se faz entre nações: *viagens internacionais*.
internacionalismo (in.ter.na.cio.na.**lis**.mo) *s.m.* **1.** Caráter do que é internacional. **2.** (Pol.) Cooperação internacional.
internacionalizar (in.ter.na.cio.na.li.**zar**) *v.t.d.* Tornar intencional.
internado (in.ter.**na**.do) *adj.* Diz-se da pessoa que está residindo em um hospital, hospício etc.
internar (in.ter.**nar**) *v.t.d.* **1.** Obrigar a residir. **2.** Colocar dentro, pôr em regime interno (em colégio, hospício, hospital etc.). *v.p.* **3.** Tornar-se interno.
internato (in.ter.**na**.to) *s.m.* **1.** Regime em que os participantes de um curso ou atividade ficam internos, residem na instituição. **2.** Estabelecimento de ensino em que os alunos moram e estudam.
internauta (in.ter.**nau**.ta) *s.2g.* Pessoa que navega pela internet.
internet (in.ter.**net**) *s.f.* **1.** (Inf.) Rede mundial de computadores, formada por várias redes interligadas; *net*. **2.** Rede das páginas e *sites* com hipertexto, que podem ser vistos ou acessados com o programa navegador; *web*.
interno (in.**ter**.no) *adj.* **1.** Interior. **2.** Que vive dentro de um estabelecimento. *s.m.* **3.** Estudante de medicina residente em um hospital.
interpartidário (in.ter.par.ti.**dá**.ri.o) *adj.* Que ocorre entre partidos.
interpelar (in.ter.pe.**lar**) *v.t.d.* Exigir declaração ou resposta; intimar a responder.
interplanetário (in.ter.pla.ne.**tá**.ri.o) *adj.* Situado entre planetas.
interpolação (in.ter.po.la.**ção**) *s.f.* **1.** Ato ou efeito de interpolar. **2.** Intercalação de palavras ou frases num texto. **3.** (Mat.) Método em que se define o valor de uma função num ponto interno de um intervalo a partir dos valores da função nos extremos desse intervalo.
interpolar (in.ter.po.**lar**) *v.t.d.* **1.** Introduzir, colocar dentro: *interpolou alguns exemplos na palestra*.

2. Alternar, colocar nos intervalos: *interpolou explicações e canções*.
interpor (in.ter.**por**) v.t.d. e v.p. **1.** Opor; contrapor. **2.** Meter de permeio. Obs.: conjuga-se como *pôr*.
interposição (in.ter.po.si.**ção**) s.f. **1.** Ação de interpor. **2.** (Fig.) Interrupção.
interposto (in.ter.**pos**.to) [ô] adj. Que se interpôs; contraposto, oposto. ▪ Pl. *interpostos* [ó].
interpretação (in.ter.pre.ta.**ção**) s.f. **1.** Ação ou efeito de interpretar. **2.** Versão.
interpretar (in.ter.pre.**tar**) v.t.d. **1.** Aclarar o sentido de. **2.** Exprimir o pensamento, a intenção.
intérprete (in.**tér**.pre.te) s.2g. **1.** Pessoa que interpreta. **2.** Pessoa que serve de intermediário entre indivíduos que não falam a mesma língua.
interracial (in.ter.ra.ci.**al**) adj.2g. Que se estabelece entre duas ou mais raças ou etnias.
interregno (in.ter.**reg**.no) s.m. **1.** Intervalo entre dois reinados, durante o qual não há rei hereditário ou eletivo. **2.** (Fig.) Intervalo.
interrogação (in.ter.ro.ga.**ção**) s.f. **1.** Ação de interrogar; pergunta, inquisição. **2.** Frase com que se interroga; pergunta. **3.** Sinal escrito para indicar pergunta ou dúvida; ponto de interrogação.
interrogar (in.ter.ro.**gar**) v.t.d. **1.** Fazer perguntas a. **2.** Inquirir; examinar. **3.** Sondar.
interrogativo (in.ter.ro.ga.**ti**.vo) adj. Que contém interrogação ou pergunta: *frase interrogativa*.
interrogatório (in.ter.ro.ga.**tó**.ri.o) s.m. **1.** Ato de interrogar; inquirição. **2.** Perguntas feitas a um acusado, por ordem judicial.
interromper (in.ter.rom.**per**) v.t.d. Romper ou cortar a continuação de.
interrupção (in.ter.rup.**ção**) s.f. Corte; suspensão.
interruptor (in.ter.rup.**tor**) [ô] adj. **1.** Que interrompe, que faz parar. s.m. **2.** Dispositivo para controlar a passagem de corrente elétrica e, assim, acender ou apagar luzes, acionar máquinas etc.
interseção (in.ter.se.**ção**) s.f. **1.** Corte. **2.** (Geom.) Ponto em que se cruzam ou se cortam duas linhas ou superfícies. **3.** (Mat.) Conjunto interseção. O mesmo que *intersecção*.
intersecção (in.ter.sec.**ção**) s.f. O mesmo que *interseção*.
intersindical (in.ter.sin.di.**cal**) adj.2g. Que ocorre entre sindicatos.
interstício (in.ters.**tí**.ci.o) s.m. **1.** Espaço, abertura, vão. **2.** Período, entretempo, intervalo.
intertítulo (in.ter.**tí**.tu.lo) s.m. Título colocado no meio de um texto para indicar o assunto e facilitar a leitura.
intertropical (in.ter.tro.pi.**cal**) adj.2g. Que ocorre ou se situa entre os trópicos.
interurbano (in.te.rur.**ba**.no) adj. Relacionado à comunicação entre cidades.
intervalado (in.ter.va.**la**.do) adj. Que tem intervalos, feito com intervalos.
intervalar (in.ter.va.**lar**) v.t.d. Dispor em intervalos, distribuir com intervalos e não de modo contínuo.
intervalo (in.ter.**va**.lo) s.m. Espaço ou distância entre dois pontos, duas épocas, dois fatos; interlúdio, interregno.
intervenção (in.ter.ven.**ção**) s.f. Ação de intervir; intercessão.
interventor (in.ter.ven.**tor**) [ô] adj. **1.** Que intervém. s.m. **2.** Pessoa nomeada para exercer um governo em nome de autoridade que não é reconhecida pela população.
intervir (in.ter.**vir**) v.t.i. Colocar sua ação sobre. Obs.: pres. do ind.: *intervenho, intervéns, intervém, intervimos, intervindes, intervêm*; fut. do subj.: *intervier, intervieres, intervier, interviermos, intervierdes, intervierem*.
intervocálico (in.ter.vo.**cá**.li.co) adj. (Gram.) Situado entre vogais.
intestinal (in.tes.ti.**nal**) adj.2g. Relativo ao intestino: *a diarreia e a prisão de ventre são problemas intestinais*.
intestino (in.tes.**ti**.no) s.m. (Anat.) Víscera abdominal que se estende desde o estômago até o ânus.
intimação (in.ti.ma.**ção**) s.f. Ação de intimar; notificação.
intimar (in.ti.**mar**) v.t.d. **1.** Ordenar autoritariamente. **2.** Notificar.
intimidação (in.ti.mi.da.**ção**) s.f. Ação de intimidar.
intimidade (in.ti.mi.**da**.de) s.f. **1.** Qualidade do que é íntimo. **2.** Familiaridade.
intimidar (in.ti.mi.**dar**) v.t.d. **1.** Causar medo, amedrontar, assustar: *intimidar uma criança*. v.p. **2.** Sentir medo, temer: *intimidou-se com o cachorro*.
íntimo (**ín**.ti.mo) adj. **1.** Que goza de intimidade. Partes íntimas: partes do corpo que em geral ficam sob a roupa; partes pudendas. s.m. **2.** Pessoa afeiçoada.
intimorato (in.ti.mo.**ra**.to) adj. Que não sente temor, que não é timorato; valente, corajoso. Cf. *intemerato*.
intitular (in.ti.tu.**lar**) v.t.d. **1.** Dar título a. **2.** Denominar.
intocado (in.to.**ca**.do) adj. Que ninguém tocou: *um bosque intocado*.
intocável (in.to.**cá**.vel) adj.2g. Que não se pode tocar.
intolerância (in.to.le.**rân**.ci.a) s.f. **1.** Qualidade de intolerante. **2.** Falta de tolerância.
intolerante (in.to.le.**ran**.te) adj.2g. Não tolerante.
intolerável (in.to.le.**rá**.vel) adj.2g. Que não se pode tolerar; inaceitável.
intoxicação (in.to.xi.ca.**ção**) [cs] s.f. Envenenamento brando.
intoxicar (in.to.xi.**car**) [cs] v.t.d. Impregnar de substância tóxica; envenenar.
intracraniano (in.tra.cra.ni.**a**.no) adj. Relativo ao interior do crânio.
intraduzível (in.tra.du.**zí**.vel) adj.2g. Que não se pode traduzir: *uma expressão intraduzível*.
intragável (in.tra.**gá**.vel) adj.2g. Que não se pode tragar, tomar ou beber; muito ruim: *bebida intragável*.
intramuscular (in.tra.mus.cu.**lar**) adj.2g. Relativo ao interior do músculo.

intranet (in.tra.**net**) s.f. Rede interna de computadores, em geral sem transmissão por modem.
intranquilidade (in.tran.qui.li.**da**.de) [ü] s.f. Falta de tranquilidade; inquietação.
intranquilizar (in.tran.qui.li.**zar**) [ü] v.t.d. Tornar intranquilo, retirar a tranquilidade de.
intranquilo (in.tran.**qui**.lo) [ü] adj. Que não é tranquilo, que não tem sossego; inquieto.
intransferível (in.trans.fe.**rí**.vel) adj.2g. Que não pode ser transferido.
intransigência (in.tran.si.**gên**.ci.a) s.f. Intolerância; que não permite transigência.
intransigente (in.tran.si.**gen**.te) adj.2g. **1.** Que não transige; intolerante. **2.** (Fig.) Austero.
intransitável (in.tran.si.**tá**.vel) adj.2g. Que não se pode transitar, por onde não se pode passar: *ruas intransitáveis pela enchente*; *impérvio*.
intransitivo (in.tran.si.**ti**.vo) adj. (Gram.) Diz-se do verbo completo em si mesmo.
intransmissível (in.trans.mis.**sí**.vel) adj.2g. Que não se pode transmitir ou passar: *o talento é pessoal e intransmissível; um bem, uma doença intransmissível*.
intransponível (in.trans.po.**ní**.vel) adj.2g. Que não se pode transpor ou passar: *uma dificuldade intransponível*.
intraocular (in.tra.o.cu.**lar**) adj.2g. Que se situa ou se realiza no interior do olho.
intrapulmonar (in.tra.pul.mo.**nar**) adj.2g. Relacionado ao interior dos pulmões.
intratável (in.tra.**tá**.vel) adj.2g. Diz-se daquele ou daquilo de difícil trato.
intrauterino (in.tra.u.te.**ri**.no) adj. Relativo ao interior do útero.
intravenoso (in.tra.ve.**no**.so) [ô] adj. Relacionado a ou que ocorre no interior das veias: *via intravenosa*. ◘ Pl. *intravenosos* [ó].
intrepidez (in.tre.pi.**dez**) [ê] s.f. **1.** Qualidade de intrépido. **2.** Coragem; valentia; ousadia.
intrépido (in.**tré**.pi.do) adj. Ousado; valente; corajoso.
intricado (in.tri.**ca**.do) adj. **1.** Embaraçado, enredado; emaranhado. **2.** Confuso.
intricar (in.tri.**car**) v.t.d. **1.** Embaraçar; emaranhar. **2.** Confundir.
intriga (in.**tri**.ga) s.f. Maledicência.
intrigado (in.tri.**ga**.do) adj. Que se intrigou.
intrigante (in.tri.**gan**.te) adj.2g. **1.** Que intriga. **2.** Curioso, interessante. **3.** Intrometido, mexeriqueiro.
intrigar (in.tri.**gar**) v.t.d. **1.** Maldizer, fazer intriga. **2.** Gerar curiosidade ou desconfiança: *o motor o intrigava*.
intrincado (in.trin.**ca**.do) adj. Que tem muitas relações complexas; difícil, emaranhado: *um nó intrincado, um conflito intrincado*.
intrínseco (in.**trín**.se.co) adj. Relativo ao interior, inerente a alguma coisa.

introdução (in.tro.du.**ção**) s.f. **1.** Ação de introduzir. **2.** Admissão em um lugar. **3.** Apresentação prefácio.
introdutivo (in.tro.du.**ti**.vo) adj. Introdutório.
introdutório (in.tro.du.**tó**.ri.o) adj. Relacionado a introdução, que serve de introdução; introdutivo *nota introdutória, curso introdutório*.
introduzir (in.tro.du.**zir**) v.t.d. **1.** Fazer passar de um país para outro; importar. **2.** Dar início a **3.** Adentrar.
introito (in.**troi**.to) [ói] s.m. O que procede à ou faz constitui a introdução: *após breve introito começou a peça*.
intrometer (in.tro.me.**ter**) v.t.d. **1.** Fazer entrar, introduzir. v.p. **2.** Tomar parte em; meter-se em algo que não lhe diz respeito; imiscuir-se: *intrometer-se na vida dos outros*.
intrometido (in.tro.me.**ti**.do) s.m. e adj. **1.** Atrevido. **2.** Que se mete no que não lhe pertence.
intromissão (in.tro.mis.**são**) s.f. Ação ou efeito de intrometer.
introspecção (in.tros.pec.**ção**) s.f. Ação de observar a si mesmo, interiormente.
introspectivo (in.tros.pec.**ti**.vo) adj. Que se examina interiormente.
introversão (in.tro.ver.**são**) s.f. Qualidade de introvertido.
introvertido (in.tro.ver.**ti**.do) adj. **1.** Diz-se de pessoa, temperamento etc. voltado para si mesmo, para o mundo interior. **2.** Absorto; concentrado.
intrujão (in.tru.**jão**) s.m. e adj. Mentiroso, trapaceiro, impostor, vigarista.
intrujar (in.tru.**jar**) v.i. Mentir, trapacear, enganar.
intrusão (in.tru.**são**) s.f. Ação de intruso; intromissão.
intruso (in.**tru**.so) adj. Que se introduz, que entra sem permissão; intrometido.
intuição (in.tu.i.**ção**) s.f. Percepção sem necessidade da intervenção do raciocínio.
intuir (in.tu.**ir**) v.t.d. **1.** Perceber por intuição. **2.** Pressentir.
intuitivo (in.tu.i.**ti**.vo) adj. **1.** Que se percebe por intuição; evidente. **2.** Dotado de intuição.
intuito (in.**tui**.to) s.m. Intenção.
intumescer (in.tu.mes.**cer**) v.t.d. e v.p. Tornar(-se) inchado, túmido.
intumescimento (in.tu.mes.ci.**men**.to) s.m. Ato de intumescer(-se), de aumentar de volume; dilatação, inchaço.
inumação (i.nu.ma.**ção**) s.f. Ato ou efeito de inumar; sepultamento, enterro.
inumano (i.nu.**ma**.no) adj. Desumano, cruel, insensível.
inumar (i.nu.**mar**) v.t.d. Enterrar; sepultar.
inumerável (i.nu.me.**rá**.vel) adj.2g. **1.** Que não se pode numerar. **2.** Excessivo, incontável.
inúmero (i.**nú**.me.ro) adj. Inumerável.
inundação (i.nun.da.**ção**) s.f. **1.** Ação ou efeito de inundar. **2.** Grande cheia.
inundar (i.nun.**dar**) v.t.d. **1.** Alagar. v.i. **2.** Transbordar.

inundável (i.nun.**dá**.vel) adj.2g. **1.** Que se pode inundar. **2.** Sujeito a inundação: *não construa em áreas inundáveis.*

inusitado (i.nu.si.**ta**.do) adj. Desusado; desconhecido.

inútil (i.**nú**.til) adj.2g. **1.** Que não tem utilidade; sem proveito. **2.** Desnecessário.

inutilidade (i.nu.ti.li.**da**.de) s.f. **1.** Falta de utilidade. **2.** Coisa sem préstimo.

inutilizável (i.nu.ti.li.**zá**.vel) adj.2g. Que não se pode utilizar; inútil.

inutilizar (i.nu.ti.li.**zar**) v.t.d. Tornar inútil.

invadir (in.va.**dir**) v.t.d. **1.** Penetrar agressivamente. **2.** Dominar.

invalidar (in.va.li.**dar**) v.t.d. **1.** Fazer perder o valor. **2.** Anular; inutilizar. **3.** Desconsiderar a validade para determinada função.

invalidez (in.va.li.**dez**) [ê] s.f. Condição de inválido.

inválido (in.**vá**.li.do) adj. **1.** Que sofreu invalidez. **2.** Que não é válido para o trabalho.

invariável (in.va.ri.**á**.vel) adj.2g. Que não varia; permanente.

invasão (in.va.**são**) s.f. Ação ou efeito de invadir.

invasor (in.va.**sor**) [ô] s.m. e adj. Que, ou o que invade.

invectiva (in.vec.**ti**.va) s.f. Ataque verbal, investida, repreensão, bronca.

invectivar (in.vec.ti.**var**) v.t.d. Atacar verbalmente, dizer invectivas, repreender.

inveja (in.**ve**.ja) s.f. **1.** Sentimento de ódio e desgosto, provocado pela prosperidade ou alegria de outrem. **2.** Desejo de possuir algo do outro.

invejar (in.ve.**jar**) v.t.d. Ter inveja de.

invejável (in.ve.**já**.vel) adj.2g. Que provoca inveja; admirável, muito grande: *uma energia invejável.*

invejoso (in.ve.**jo**.so) [ô] s.m. e adj. Que, ou o que tem inveja. ◘ Pl. *invejosos* [ó].

invenção (in.ven.**ção**) s.f. **1.** Ação ou efeito de inventar. **2.** O que foi inventado.

invencionice (in.ven.ci.o.**ni**.ce) s.f. Mentira; astúcia.

invencível (in.ven.**cí**.vel) adj.2g. Que não se consegue vencer.

invendável (in.ven.**dá**.vel) adj.2g. Que não se vende com facilidade.

inventar (in.ven.**tar**) v.t.d. **1.** Criar; idear. **2.** (Fig.) Armar ou contar mentiras.

inventariar (in.ven.ta.ri.**ar**) v.t.d. Fazer o inventário ou relação de; listar, relacionar.

inventário (in.ven.**tá**.ri.o) s.m. Relação dos bens deixados por alguém que morreu.

inventiva (in.ven.**ti**.va) s.f. **1.** Invento. **2.** Capacidade de inventar.

inventivo (in.ven.**ti**.vo) adj. **1.** Engenhoso. **2.** Criativo, que tem muita imaginação.

invento (in.**ven**.to) s.m. Invenção; a coisa inventada.

inventor (in.ven.**tor**) [ô] s.m. Autor do invento.

inverdade (in.ver.**da**.de) s.f. Aquilo que não é verdade, seja erro ou mentira.

inverídico (in.ve.**rí**.di.co) adj. **1.** Mentiroso; falso. **2.** Que não é exato.

inverificável (in.ve.ri.fi.**cá**.vel) adj.2g. Que não se pode verificar, saber com certeza ou provar: *a vida após a morte é inverificável.*

invernada (in.ver.**na**.da) s.f. **1.** Longa duração de inverno. **2.** Curral onde se coloca o gado para descanso e engorda.

invernal (in.ver.**nal**) adj.2g. Relacionado a inverno; hibernal.

invernar (in.ver.**nar**) v.t.i. Passar o inverno em um lugar apropriado.

invernia (in.ver.**ni**.a) s.f. Inverno rigoroso.

inverno (in.**ver**.no) [é] s.m. Estação do ano entre o outono e a primavera.

invernoso (in.ver.**no**.so) [ô] adj. **1.** Relacionado a inverno. **2.** Semelhante a inverno; frio, gelado. ◘ Pl. *invernosos* [ó].

inverossímil (in.ve.ros.**sí**.mil) adj.2g. Que não parece verdadeiro.

inverossimilhança (in.ve.ros.si.mi.**lhan**.ça) s.f. Qualidade de inverossímil, do que não parece verdadeiro; ausência de verossimilhança.

inversão (in.ver.**são**) s.f. Ação ou efeito de inverter.

inverso (in.**ver**.so) adj. **1.** Contrário, invertido. s.m. **2.** (Mat.) Resultado da divisão de 1 por outro número qualquer: *o inverso de 8 é 1/8.*

invertebrado (in.ver.te.**bra**.do) s.m. e adj. **1.** (Animal) que não tem vértebras e constitui uma das grandes categorias, oposta aos vertebrados. adj. **2.** Relativo a esses animais: *formas invertebradas.*

inverter (in.ver.**ter**) v.t.d. **1.** Colocar ou virar em sentido contrário ao original. **2.** Trocar a ordem de elementos: *inverteu todas as palavras da frase.* **3.** Alterar, mudar. v.p. **4.** Virar-se em sentido contrário.

invertido (in.ver.**ti**.do) adj. **1.** Que se inverteu. **2.** Colocado em sentido contrário, oposto ao que é natural ou ao que se encontrava anteriormente.

invés (in.**vés**) s.m. Contrário, avesso, reverso. **Ao invés de:** em sentido contrário.

investida (in.ves.**ti**.da) s.f. **1.** Ação de investir. **2.** Arremesso, acometimento.

investidor (in.ves.ti.**dor**) [ô] s.m. e adj. (Aquele) que investe, que fornece o capital, que coloca dinheiro em um empreendimento ou empresa para obter lucros.

investidura (in.ves.ti.**du**.ra) s.f. Ação de investir; de dar posse.

investigação (in.ves.ti.ga.**ção**) s.f. **1.** Inquirição. **2.** Pesquisa, busca de dados sobre.

investigador (in.ves.ti.ga.**dor**) [ô] s.m. e adj. **1.** Que, ou o que investiga. s.m. **2.** Agente de polícia.

investigar (in.ves.ti.**gar**) v.t.d. **1.** Fazer pesquisas sobre. **2.** Indagar; inquirir.

investimento (in.ves.ti.**men**.to) s.m. **1.** Ação de investir. **2.** Aplicação de capitais.

investir (in.ves.**tir**) v.t.d. **1.** Atacar; acometer. **2.** Empregar (capitais). Obs.: conjuga-se como *vestir.*

inveterado (in.ve.te.**ra**.do) adj. **1.** Arraigado, radicado. **2.** De conhecimento antigo.

inviabilizar

inviabilizar (in.via.bi.li.**zar**) v.t.d. Tornar inviável, anular a viabilidade de, impedir que aconteça: *o preço das passagens inviabiliza a viagem do grupo.*
inviável (in.vi.**á**.vel) adj.2g. Que não é viável, que não tem possibilidade de acontecer: *era inviável que todos chegassem ao mesmo tempo.*
invicto (in.**vic**.to) adj. Que ainda não foi vencido.
inviolado (in.vi.o.**la**.do) adj. Que não foi violado; íntegro, inteiro.
inviolável (in.vi.o.**lá**.vel) adj.2g. Que não se pode violar ou abrir: *embalagens invioláveis.*
invisível (in.vi.**sí**.vel) adj.2g. 1. Não visível. s.m. 2. O que não se vê.
invocação (in.vo.ca.**ção**) s.f. Ação ou efeito de invocar.
invocado (in.vo.**ca**.do) adj. Que se invocou; chamado, implorado.
invocar (in.vo.**car**) v.t.d. 1. Chamar suplicando. 2. Implorar a proteção de. 3. Citar, alegar em seu favor.
involução (in.vo.lu.**ção**) s.f. Movimento ou processo gradual e regressivo; regressão.
invólucro (in.**vó**.lu.cro) s.m. Envoltório.
involuntário (in.vo.lun.**tá**.ri.o) adj. 1. Que não é voluntário, que não se controla com a vontade: *um riso involuntário.* 2. Inconsciente; automático.
involutivo (in.vo.lu.**ti**.vo) adj. Pertencente a involução.
invulgar (in.vul.**gar**) adj.2g. Incomum; original; raro.
invulnerável (in.vul.ne.**rá**.vel) adj.2g. Que não é vulnerável, difícil de atacar ou vencer: *um abrigo invulnerável.*
inzoneiro (in.zo.**nei**.ro) adj. (Pop.) Mexeriqueiro; gozador; sonso.
iodo (i.o.do) [ô] s.m. (Quím.) Metaloide halogênio usado como desinfetante, de símbolo I, número atômico 53 e peso atômico 126,90.
ioga (i.o.ga) [ó ou ô] s.f. Conjunto de práticas físicas e mentais de origem hindu, com exercícios de posturas, mentalizações e outros, para desenvolvimento espiritual, bem-estar físico e mental.
iogue (i.o.gue) s.2g. Praticante de ioga.
iogurte (i.o.**gur**.te) s.m. Alimento de consistência cremosa, preparado pela fermentação do leite.
ioiô (io.**iô**) s.m. 1. Brinquedo composto de dois discos pequenos de madeira ou plástico, unidos por um pequeno cilindro preso a um cordão que, adequadamente movimentado, faz o brinquedo subir e descer. 2. (NE) Tratamento dado aos filhos dos senhores de escravos. Obs.: é redução de *sinhô.*
íon (**í**.on) s.m. (Fís.) Átomo, ou grupamento de átomos, que tem uma carga elétrica; ionte.
iônico (i.**ô**.ni.co) adj. (Quím.) Relativo a íon.
iônio (i.**ô**.ni.o) s.m. (Raro) Íon.
ionização (i.o.ni.za.**ção**) s.f. (Fís., Quím.) Método pelo qual uma molécula ou um átomo se torna condutor de uma carga elétrica positiva ou negativa, formando íons.
ionizante (i.o.ni.**zan**.te) adj.2g. Que ioniza, que produz íons.

ionosfera (i.o.nos.**fe**.ra) [é] s.f. (Geo.) Localizada na alta atmosfera (40 a 700 km de altitude), é o conjunto das camadas carregadas de íons.
ionte (i.**on**.te) s.m. Íon.
iorubá (i.o.ru.**bá**) s.2g. 1. Indivíduo dos iorubás, povo africano que vive hoje na Nigéria, Benim e outros países ao sul do Saara e de que foram trazidos numerosos indivíduos para o Brasil. adj.2g 2. Relacionado a esse povo ou a esses indivíduos; iorubano: *cultura iorubá, cultos iorubás.* s.m 3. Língua falada por esses povos e por grupos no Brasil e em Cuba; nagô. O mesmo que *iorubano.*
iorubano (i.o.ru.**ba**.no) s.m. e adj. Iorubá.
ipê (i.**pê**) s.m. (Bot.) Árvore ornamental brasileira de madeira resistente, da qual se extrai uma substância com propriedades aromáticas e medicinais, de que há duas espécies, uma com flores roxas e outra com flores amarelas.
ipê-amarelo (i.pê-a.ma.**re**.lo) s.m. (Bot.) Ipê de flor amarela. ▪ Pl. *ipês-amarelos.*
ipeca (i.**pe**.ca) s.f. (Zoo.) Pato.
ipecacuanha (i.pe.ca.cu.**a**.nha) s.f. (Bot.) Planta de cuja raiz se extrai uma substância com propriedades aromáticas e medicinais.
ipê-roxo (i.pê-**ro**.xo) s.m. (Bot.) Ipê de flor roxa. ▪ Pl. *ipês-roxos.*
Iphan Sigla de *Instituto do Patrimônio Histórico e Artístico Nacional.*
ípsilon (**íp**.si.lon) s.m. Nome da letra Y. O mesmo que *ipsilone.*
ipsilone (ip.si.**lo**.ne) s.m. (Pop.) O mesmo que *ípsilon*
ir v.i. 1. Passar ou transitar de um lugar para outro 2. Partir. 3. (Fig.) Morrer. Obs.: pres. do ind. *vou, vais, vai, vamos, ides, vão*; imperf.: *ia, ias, ia, íamos, íeis, iam*; perf. do ind.: *fui, foste, foi, fomos, fostes, foram*; fut.: *irei, irás, irá, iremos, ireis, irão*; pres. do subj.: *vá, vás, vá, vamos, vades, vão*; imperf.: *fosse, fosses, fosse, fôssemos, fôsseis, fossem*; fut.: *for, fores, for, formos, fordes, forem*; gerúndio: *indo*; part.: *ido.*
ira (**i**.ra) s.f. Cólera; raiva; ódio; fúria.
iracúndia (i.ra.**cún**.di.a) s.f. 1. Disposição natural para a ira. 2. Ira, fúria, cólera.
iracundo (i.ra.**cun**.do) adj. Irascível, furioso.
irado (i.**ra**.do) adj. Cheio de ira, muito raivoso.
iraniano (i.ra.ni.**a**.no) adj. 1. Do Irã, país da Ásia. s.m. 2. Pessoa natural ou habitante desse lugar.
iranxe (i.**ran**.xe) s.2g. 1. Indivíduo dos iranxes, povo indígena que vive hoje no Mato Grosso. adj.2g. 2. Relacionado a esse povo.
iraquiano (i.ra.qui.**a**.no) adj. 1. Do Iraque, país da Ásia. s.m. 2. Pessoa natural ou habitante desse lugar.
irar (i.**rar**) v.t.d. Excitar a ira de; causar ira a.
irara (i.**ra**.ra) s.f. (Zoo.) Mamífero mustelídeo de corpo esguio, com pelo curto, áspero e escuro, pernas curtas e cauda comprida.
irascível (i.ras.**cí**.vel) adj.2g. Que se irrita facilmente; iracundo.
iridescente (i.ri.des.**cen**.te) adj.2g. Que tem as cores do arco-íris.

irídio (i.**rí**.di.o) s.m. (*Quím.*) Metal branco, elemento de símbolo Ir, peso atômico 192,20 e número atômico 77, encontrado em certos minérios de platina.

íris (**í**.ris) s.2g.2n. **1.** O espectro solar. **2.** (*Anat.*) Membrana circular, retrátil, pigmentada, com orifício central, popularmente chamada pupila, que se situa no interior do olho. **3.** (*Bot.*) Planta com flores ornamentais, cultivada em jardins. ▫ Pl. *íris*.

irisação (i.ri.sa.**ção**) s.f. (*Fís.*) Propriedade óptica em que a luz é decomposta e produz várias cores.

irisar (i.ri.**sar**) v.t.d. Colorir com várias cores ou tons, como o arco-íris.

irlandês (ir.lan.**dês**) adj. **1.** Da Irlanda, ilha da Europa cujo território pertence na maior parte a um país de mesmo nome e ao Reino Unido da Grã-Bretanha. s.m. **2.** Pessoa natural ou habitante desse lugar. **3.** Idioma desse povo.

irmã (ir.**mã**) s.f. **1.** Feminino de *irmão*. **2.** Mulher que é membro de uma ordem religiosa; freira.

irmanar (ir.ma.**nar**) v.t.d. e v.p. **1.** Tornar irmão. **2.** Congregar.

irmandade (ir.man.**da**.de) s.f. **1.** Fraternidade. **2.** Confraria.

irmão (ir.**mão**) s.m. **1.** Pessoa que nasceu do mesmo pai ou da mesma mãe, ou de ambos: *os irmãos e as irmãs*. **2.** Confrade. **3.** (*Fig.*) Amigão.

ironia (i.ro.**ni**.a) s.f. Zombaria; sarcasmo.

irônico (i.**rô**.ni.co) adj. **1.** Em que há ironia. **2.** Sarcástico; zombeteiro.

ironizar (i.ro.ni.**zar**) v.t.d. Exprimir de modo irônico.

irracional (ir.ra.ci.o.**nal**) adj.2g. Desprovido de razão, de raciocínio.

irradiação (ir.ra.di.a.**ção**) s.f. **1.** Ação de irradiar. **2.** Exposição à radiação.

irradiar (ir.ra.di.**ar**) v.t.d. **1.** Lançar, emitir, espalhar, propagar raios luminosos. **2.** Divulgar pelo rádio. Obs.: pres. do ind.: *irradio, irradias, irradia* etc.

irreal (ir.re.**al**) adj.2g. Não real, imaginário.

irrealizável (ir.re.a.li.**zá**.vel) adj.2g. Que não se realiza: *planos irrealizáveis*.

irreconciliável (ir.re.con.ci.li.**á**.vel) adj.2g. Que não se reconcilia; inconciliável: *os dois cursos eram irreconciliáveis pelo horário*.

irreconhecível (ir.re.co.nhe.**cí**.vel) adj.2g. Que não se pode reconhecer; muito diferente ou mudado.

irrecuperável (ir.re.cu.pe.**rá**.vel) adj.2g. Que não se recupera, que não tem recuperação: *um prejuízo irrecuperável*.

irrecusável (ir.re.cu.**sá**.vel) adj.2g. **1.** Que não se recusa; obrigatório. **2.** Muito bom, excelente.

irredutível (ir.re.du.**tí**.vel) adj.2g. **1.** Que não permite redução. **2.** (*Fig.*) Que não cede.

irreduzível (ir.re.du.**zí**.vel) adj.2g. (*Raro*) Irredutível.

irrefletido (ir.re.fle.**ti**.do) adj. Que não foi objeto de reflexão; impensado.

irreflexão (ir.re.fle.**xão**) [cs] s.f. Imprudência; falta de reflexão.

irrefreável (ir.re.fre.**á**.vel) adj.2g. Que não se pode refrear ou conter; incontrolável.

irrefutável (ir.re.fu.**tá**.vel) adj.2g. Que não se refuta ou contesta; inquestionável.

irregular (ir.re.gu.**lar**) adj.2g. **1.** Contrário à regularidade. **2.** (*Gram.*) Diz-se do verbo que difere dos da sua conjugação, por alguma razão.

irregularidade (ir.re.gu.la.ri.**da**.de) s.f. **1.** Qualidade de irregular, falta de regularidade. **2.** Erro; falta.

irrelevante (ir.re.le.**van**.te) adj.2g. Que não merece relevo, destaque; sem importância.

irreligioso (ir.re.li.gi.**o**.so) [ô] adj. Que não é religioso. ▫ Pl. *irreligiosos* [ó].

irremediável (ir.re.me.di.**á**.vel) adj.2g. **1.** Que não pode ser remediado. **2.** Inevitável.

irremissível (ir.re.mis.**sí**.vel) adj.2g. Que não se pode remitir, quitar ou perdoar.

irremovível (ir.re.mo.**ví**.vel) adj.2g. Que não é removível, que não pode ser removido ou retirado.

irreparável (ir.re.pa.**rá**.vel) adj.2g. Que não se pode reparar ou recuperar; irremediável.

irrepreensível (ir.re.pre.en.**sí**.vel) adj.2g. **1.** Que não oferece motivos para ser repreendido. **2.** Impecável; correto; perfeito.

irreprimível (ir.re.pri.**mí**.vel) adj.2g. Que não se consegue reprimir ou conter: *uma alegria irreprimível*.

irreprochável (ir.re.pro.**chá**.vel) adj.2g. Que não se deve reprochar ou censurar; inatacável, sem defeito.

irrequieto (ir.re.qui.**e**.to) adj. Que não para; que não tem descanso.

irresgatável (ir.re.res.ga.**tá**.vel) adj.2g. Que não se consegue resgatar.

irresistível (ir.re.sis.**tí**.vel) adj.2g. A que não se consegue resistir; sedutor.

irresolução (ir.re.so.lu.**ção**) s.f. Falta de resolução; indecisão.

irresoluto (ir.re.so.**lu**.to) adj. Indeciso; hesitante.

irrespirável (ir.res.pi.**rá**.vel) adj.2g. Que é impróprio para a respiração; asfixiante.

irrespondível (ir.res.pon.**dí**.vel) adj.2g. Que não se pode responder; inquestionável.

irresponsabilidade (ir.res.pon.sa.bi.li.**da**.de) s.f. **1.** Qualidade, caráter ou condição de irresponsável. **2.** Ato irresponsável: *dirigir após tomar bebidas alcoólicas é uma irresponsabilidade*.

irresponsável (ir.res.pon.**sá**.vel) adj.2g. Que não tem responsabilidade pelos seus atos.

irrestrito (ir.res.**tri**.to) adj. Ilimitado; amplo.

irretorquível (ir.re.tor.**quí**.vel) adj.2g. Que não se pode retorquir ou replicar: *um argumento irretorquível*.

irretratável (ir.re.tra.**tá**.vel) adj.2g. Que não tem retratação ou conserto: *insultos irretratáveis a fizeram sair da sociedade*.

irreverência (ir.re.ve.**rên**.ci.a) s.f. **1.** Qualidade de irreverente; falta de reverência. **2.** Desacato.

irreverente (ir.re.ve.**ren**.te) adj.2g. Que não mostra respeito.

irreversível (ir.re.ver.**sí**.vel) adj.2g. Que não é reversível, que não pode ser desfeito ou mudado.

irrevogável (ir.re.vo.**gá**.vel) adj.2g. **1.** Que não pode revogar. **2.** Definitivo. **3.** Que não pode ser anulado.
irrigação (ir.ri.ga.**ção**) s.f. Ação de irrigar; rega.
irrigar (ir.ri.**gar**) v.t.d. Dirigir os regos de água para; regar.
irrisão (ir.ri.**são**) s.f. Ação de rir; zombaria, gozação.
irrisório (ir.ri.**só**.ri.o) adj. Que provoca riso; ridículo.
irritabilidade (ir.ri.ta.bi.li.**da**.de) s.f. Estado ou qualidade de irritável.
irritação (ir.ri.ta.**ção**) s.f. Ação de irritar(-se).
irritadiço (ir.ri.ta.**di**.ço) adj. Que se irrita facilmente.
irritado (ir.ri.**ta**.do) adj. **1.** Que se irritou. **2.** Que sente raiva; exasperado.
irritante (ir.ri.**tan**.te) adj.2g. Que causa irritação; aborrecido.
irritar (ir.ri.**tar**) v.t.d. e v.p. **1.** Encolerizar(-se); exasperar(-se). **2.** Aborrecer(-se).
irritável (ir.ri.**tá**.vel) adj.2g. Que se irrita com facilidade.
irromper (ir.rom.**per**) v.t.i. **1.** Adentrar impetuosamente. v.i. **2.** Brotar; surgir de repente.
irrupção (ir.rup.**ção**) s.f. Ação de irromper; entrada, surgimento brusco.
isca (**is**.ca) s.f. **1.** Elemento utilizado no anzol como atrativo para o peixe afim de pescá-lo. **2.** (Pop.) Alimento cortado em pedaços pequenos.
iscar (is.**car**) v.t.d. Açular, encarniçar: *iscou o cachorro contra o invasor*.
isenção (i.sen.**ção**) s.f. **1.** Ação ou efeito de eximir--se, isentar-se. **2.** Imparcialidade.
isentar (i.sen.**tar**) v.t.d. **1.** Tornar isento. **2.** Eximir; dispensar.
isento (i.**sen**.to) adj. Desobrigado; livre.
Islã (is.**lã**) s.m. (próprio) Comunidade islâmica; as pessoas e territórios que seguem o islamismo e a religião muçulmana. O mesmo que *Islão e Islame*. Obs.: significa "submissão, submeter-se" em árabe.
Islame (Is.**la**.me) s.m. (próprio) O mesmo que *Islã*.
islâmico (is.**lâ**.mi.co) adj. Relativo ao Islã ou ao islamismo, à religião muçulmana.
islamismo (is.la.**mis**.mo) s.m. Religião monoteísta predominante no mundo árabe, que segue a revelação de Deus ao profeta Maomé (570-652), tem como livro sagrado o Corão; religião muçulmana.
islamita (is.la.**mi**.ta) s.2g. **1.** Pessoa que crê no islamismo; muçulmano. adj.2g. **2.** Relativo ao islamismo.
islandês (is.lan.**dês**) adj. **1.** Da Islândia, país da Europa. s.m. **2.** Pessoa natural ou habitante desse lugar.
Islão (is.**lão**) s.m. (próprio) O mesmo que *Islã*.
ismaelita (is.ma.e.**li**.ta) s.2g. Indivíduo dos ismaelitas, que são os descendentes de Ismael, filho de Abraão, ou os árabes.
ISO Sigla de *International Organization for Standardization*, "organização internacional para padronização", organização que tem por objetivo normalizar procedimentos, medidas e materiais no campo da esfera produtiva.
isoeletrônico (i.so.e.le.**trô**.ni.co) adj. (Fís.) Relativo a átomos, moléculas ou íons com o mesmo número de elétrons e a mesma estrutura eletrônica no estado padrão.
isogamia (i.so.ga.**mi**.a) s.f. **1.** (Antr.) Casamento entre pessoas que participam do mesmo grupo social, religioso ou econômico. **2.** (Bio.) Reprodução sexuada em que gametas compatíveis, mas de sexos opostos, são morfologicamente iguais.
isogâmico (i.so.**gâ**.mi.co) adj. Relativo a isogamia.
isoieta (i.soi.**e**.ta) [ê] s.f. (Met.) Linha em um mapa meteorológico que liga os pontos de igual precipitação pluvial durante certo intervalo de tempo.
isolacionismo (i.so.la.ci.o.**nis**.mo) s.m. (Pol.) Doutrina que prega o isolamento de um país do cenário internacional, por meio de recusa a formar alianças econômicas ou políticas, ou a assinar acordos com outros países.
isolado (i.so.**la**.do) adj. **1.** Separado, sem contato com outros ou sem comunicação; ilhado. **2.** Longe, distante. **3.** Com isolamento elétrico: *fios isolados*.
isolador (i.so.la.**dor**) [ô] adj. **1.** Que isola. s.m. **2.** (Fís.) Dispositivo feito de material isolante, para impedir a transferência de eletricidade de um condutor para outro corpo.
isolamento (i.so.la.**men**.to) s.m. **1.** Ação de isolar-se. **2.** Confinamento.
isolante (i.so.**lan**.te) adj.2g. **1.** Que isola; isolador. s.m. e adj. **2.** (Material) que impede a transferência de calor ou outra forma de energia entre corpos.
isolar (i.so.**lar**) v.t.d. **1.** Colocar longe dos demais; separar, segregar: *a distância isolava os moradores da aldeia*. **2.** Impedir a circulação ou a transmissão; conter: *isolar uma área, isolar um circuito elétrico*. v.p. **3.** Ficar longe ou distante; não ter contato, ficar só: *isolou-se nas cavernas*.
isomeria (i.so.me.**ri**.a) s.f. (Quím.) Propriedade do isômero.
isomerismo (i.so.me.**ris**.mo) s.m. (Quím.) Fenômeno dos isômeros; metameria.
isômero (i.**sô**.me.ro) s.m. (Quím.) Substância que tem os mesmos elementos e peso molecular de outra substância, mas cuja estrutura e propriedades são diferentes.
isonomia (i.so.no.**mi**.a) s.f. Igualdade civil e política.
isopor (i.so.**por**) [ô] s.m. **1.** Material sintético que flutua e é isolante térmico, acústico e elétrico; poliestireno. **2.** (P.ext.) Objeto feito com esse material: *um isopor com bebidas*.
isóscele (i.**sós**.ce.le) adj.2g. (Geom.) Denominação dada ao triângulo ou ao trapézio que tem dois lados iguais.
isótopo (i.**só**.to.po) s.m. (Fís.) Átomo de um elemento com um número de nêutrons diferente de outro átomo do mesmo elemento.
isqueiro (is.**quei**.ro) s.m. Dispositivo de produzir uma pequena chama, a partir de uma fagulha e com reservatório de combustível.
isquemia (is.que.**mi**.a) s.f. (Med.) Suspensão da irrigação sanguínea, em determinado local do corpo, em virtude da má circulação.

israelense (is.ra.e.**len**.se) *adj.2g.* **1.** De Israel, país do Oriente Médio. *s.2g.* **2.** Pessoa natural ou habitante desse lugar. Cf. *israelita*.

israelita (is.ra.e.**li**.ta) *adj.2g.* **1.** Pertencente ao povo judeu, também chamado Israel; judeu: *os israelitas são os filhos de Israel*. *s.2g.* **2.** Judeu. Cf. *israelense*.

isso (**is**.so) *pron.* **1.** Pronome demonstrativo que designa ser inanimado, coisa ou objeto mais ou menos próximo da pessoa que fala. Obs.: não tem plural. *interj.* **2.** Exprime aprovação.

istmo (**ist**.mo) *s.m.* (*Geo.*) Faixa estreita de terra que une uma península a um continente, ou continentes entre si.

isto (**is**.to) *pron.* Pronome demonstrativo que designa ser inanimado, coisa ou objeto próximo da pessoa que fala. Obs.: não tem plural.

itabirito (i.ta.bi.**ri**.to) *s.m.* (*Min.*) Rocha que contém elevado teor de óxido de ferro.

italianismo (i.ta.li.a.**nis**.mo) *s.m.* Utilização, em outra língua, de palavra, construção ou locução italiana.

italiano (i.ta.li.**a**.no) *adj.* **1.** Da Itália, país da Europa. *s.m.* **2.** Pessoa natural ou habitante desse lugar. **3.** Idioma falado nesse país e em outros lugares.

itálico (i.**tá**.li.co) *adj.* **1.** Relacionado ou pertencente à Península Itálica, na Europa, onde fica a Itália. *s.m. e adj.* **2.** (Tipo de letra) inclinada e com traços que imitam letras escritas a mão; grifo.

ítalo-brasileiro (í.ta.lo-bra.si.**lei**.ro) *adj.* **1.** Que pertence ou se refere à Itália e ao Brasil, ou a italianos e brasileiros. **2.** Que tem origem italiana e brasileira. *s.m.* **3.** Indivíduo de origem italiana e brasileira. ▣ Pl.: *ítalo-brasileiros*.

itaquatiara (i.ta.qua.ti.**a**.ra) *s.f.* Pintura em pedras e paredes de cavernas.

itararé (i.ta.ra.**ré**) *s.m.* Trecho em que um rio passa por dentro de rochas.

itaúna (i.ta.**ú**.na) *s.f.* Pedra preta, como o basalto.

item (**i**.tem) *s.m.* **1.** Cada um dos elementos de uma lista. **2.** Cada um dos artigos de um contrato, regulamento, requerimento, lista etc. ▣ Pl. *itens*.

iterar (i.te.**rar**) *v.t.d.* Repetir; fazer de novo.

iterativo (i.te.ra.**ti**.vo) *adj.* Reiterado; repetido.

itérbio (i.**tér**.bi.o) *s.m.* (*Quím.*) Elemento de símbolo Yb, de peso atômico 173,04 e número atômico 70, com propriedades químicas semelhantes às do lantânio.

itinerante (i.ti.ne.**ran**.te) *adj.2g.* Que viaja, que se desloca seguindo um roteiro ou itinerário.

itinerário (i.ti.ne.**rá**.ri.o) *s.m.* **1.** Roteiro, percurso de viagem. *adj.* **2.** Relacionado a caminhos.

itororó (i.to.ro.**ró**) *s.m.* Pequena cachoeira ou salto.

ítrio (**í**.tri.o) *s.m.* (*Quím.*) Elemento que é um metal raro de símbolo Y, peso atômico 88,92 e número atômico 39.

iucateque (iu.ca.**te**.que) *s.2g. e adj.2g.* Maia.

iugoslavo (iu.gos.**la**.vo) *adj.* **1.** Do reino da Iugoslávia (1918-1941) ou da República Federativa Socialista da Iugoslávia (1945-1992). *s.m.* **2.** Pessoa natural ou habitante desse lugar.

Jj

j, J s.m. Décima letra do nosso alfabeto, consoante, de nome "jota".
já adv. **1.** Agora; neste momento; sem demora. **2.** Antecipadamente. **3.** Antigamente. conj. **4.** Ora, ou. Já que: visto que; uma vez que.
jabá (ja.**bá**) s.m. **1.** (Culin.) Carne-seca. **2.** (Pop.) Jabaculê.
jabaculê (ja.ba.cu.**lê**) s.m. **1.** Pagamento feito a programas de rádio ou de televisão para que executem várias vezes a mesma música; jabá. **2.** Música divulgada por esse procedimento: *alguns sucessos são puro jabaculê*.
jabiraca (ja.bi.**ra**.ca) s.f. **1.** Mulher velha e feia. **2.** Veículo ou outro objeto velho e feio.
jaborandi (ja.bo.ran.**di**) s.m. (Bot.) Árvore amazônica de que se extrai uma substância usada no controle do glaucoma, em outros medicamentos e também em cosméticos.
jabota (ja.**bo**.ta) [ó] s.f. (Zoo.) Fêmea do jabuti.
jaburu (ja.bu.**ru**) s.m. **1.** (Zoo.) Ave pernalta com um longo bico. **2.** Pessoa esquisita, muito alta e muito magra.
jabuti (ja.bu.**ti**) s.m. **1.** (Zoo.) Cágado terrestre das matas brasileiras, de casco bem arqueado com polígonos amarelos, que vive mais de 70 anos e nas histórias de origem indígena é um personagem que vence pela esperteza. s.2g. **2.** Indivíduo dos jabutis, povo indígena que vive hoje em Rondônia. adj.2g. **3.** Relacionado a esse povo.
jabuticaba (ja.bu.ti.**ca**.ba) s.f. (Bot.) Fruto da jabuticabeira.
jabuticabeira (ja.bu.ti.ca.**bei**.ra) s.f. (Bot.) Árvore frutífera, de frutos pretos, pequenos e muito saborosos.
jaca (**ja**.ca) s.f. (Bot.) Fruto grande, com gomos e em forma de pinha, que cresce na jaqueira.
jacá (ja.**cá**) s.m. Cesto feito de taquara ou de cipó, usado para conduzir cargas no lombo de animais.
jaça (**ja**.ça) s.f. **1.** (Min.) Substância heterogênea encontrada nas pedras preciosas. **2.** (Fig.) Mancha; defeito.
jacamim (ja.ca.**mim**) s.m. (Zoo.) Ave pernalta, de cor escura.
jaçanã (ja.ça.**nã**) s.f. (Zoo.) Ave ribeirinha cujo peito é avermelhado.
jacapá (ja.ca.**pá**) s.m. (Zoo.) Ave do grupo dos sanhaços e saíras.
jacarandá (ja.ca.ran.**dá**) s.m. (Bot.) Árvore leguminosa, que dá uma madeira de lei preciosa, de cor escura; caviúna, cabiúna.

jacaré (ja.ca.**ré**) s.m. (epiceno) (Zoo.) Réptil grande, de rabo comprido e mandíbulas fortes, que vive nos rios e nas lagoas, menor que o crocodilo.
jacareí (ja.ca.re.**í**) s.m. Rio que tem jacarés.
jacaretinga (ja.ca.re.**tin**.ga) s.m. (Zoo.) Jacaré branco.
jacareúba (ja.ca.re.**ú**.ba) s.f. (Bot.) Árvore ou arbusto de que se extrai uma substância com propriedades aromáticas e medicinais.
jacente (ja.**cen**.te) adj.2g. Que jaz; que está deitado; imóvel.
jaci (ja.**ci**) s.f. Do tupi, lua.
jacina (ja.**ci**.na) s.f. (Zoo.) Certa borboleta pequena.
jacinto (ja.**cin**.to) s.m. **1.** (Bot.) Planta famosa pela beleza e perfume de suas flores. **2.** (Min.) Pedra semipreciosa de diversas cores.
jacobinismo (ja.co.bi.**nis**.mo) s.m. **1.** Partido, doutrina ou ideias dos jacobinos. **2.** (P. ext.) Conjunto de ideias revolucionárias.
jacobino (ja.co.**bi**.no) s.m. e adj. **1.** (Membro) de determinado grupo político, quando da Revolução Francesa. **2.** (P. ext.) Nacionalista ferrenho, contrário a pessoas e coisas estrangeiras; xenófobo.
já-começa (já-co.**me**.ça) s.2g.2n. (Pop.) **1.** Coceira, sarna. **2.** Aguardente, cachaça.
jactância (jac.**tân**.ci.a) s.f. **1.** Vaidade; amor-próprio. **2.** Orgulho; arrogância.
jactancioso (jac.tan.ci.**o**.so) [ô] adj. **1.** Cheio de jactância; vaidoso. **2.** Orgulhoso; arrogante. ▫ Pl. *jactanciosos* [ó].
jactar-se (jac.**tar**-se) v.p. Ter jactância; vangloriar-se; ufanar-se; gabar-se.
jacu (ja.**cu**) s.m. **1.** (Zoo.) Ave arborícola semelhante à galinha, de plumagem marrom ou preta, que vive nas matas do Brasil. **2.** (Gír.) Pessoa que se veste mal.
jacuba (ja.**cu**.ba) s.f. (Culin.) **1.** Café com farinha de mandioca, tradicional no sertão nordestino. **2.** (Culin.) Bebida preparada com farinha de mandioca, açúcar, água e às vezes um pouco de cachaça.
jaculatória (ja.cu.la.**tó**.ri.a) s.f. Palavra ou frase curta e fervorosa que se repete em novenas e ladainhas.
jacurutu (ja.cu.ru.**tu**) s.m. (Zoo.) Ave semelhante ao mocho e caburé.
jacuruxi (ja.cu.ru.**xi**) s.m. (Zoo.) Lagarto grande da América do Sul, semelhante ao jacaré, de corpo esverdeado e cabeça amarela.
jacutinga (ja.cu.**tin**.ga) s.f. (Zoo.) Ave galinácea semelhante ao jacu, de plumagem preta e branca.
jade (**ja**.de) s.m. (Min.) Pedra semipreciosa esverdeada, usada para confeccionar enfeites.

jaez (ja.ez) [ê] s.m. 1. Aparelho, adorno para bestas. 2. (Fig.) Índole; qualidade; espécie.
jaguar (ja.guar) s.m. (epiceno) (Zoo.) Onça-pintada.
jaguatirica (ja.gua.ti.ri.ca) s.f. (epiceno) (Zoo.) Felídeo selvagem semelhante a uma onça-pintada pequena, porém maior que o maracajá ou gato selvagem; gato-do-mato.
jagunço (ja.gun.ço) s.m. 1. (Hist.) Fanático do grupo de Antônio Conselheiro, na campanha de Canudos. 2. Cangaceiro, capanga.
jai-alai [basco: "jaialái"] s.m. (Esp.) Pelota basca. Obs.: significa "festa alegre" em basco.
jaleco (ja.le.co) [é] s.m. Casaco curto; jaqueta.
jamaicano (ja.ma.i.ca.no) adj. 1. Da Jamaica, país da América Central. s.m. 2. Pessoa natural ou habitante desse lugar.
jamais (ja.mais) adv. Nunca; em tempo algum; em qualquer tempo passado ou futuro.
jamamadi (ja.ma.ma.di) s.2g. 1. Indivíduo dos jamamadis, povo indígena que vive hoje no Amazonas. adj.2g. 2. Relacionado a esse povo.
jamanta (ja.man.ta) s.f. 1. Caminhão grande, utilizado no transporte de carga pesada; carreta. 2. (Zoo.) Arraia de grande tamanho.
jambeiro (jam.bei.ro) s.m. (Bot.) Árvore originária da Índia, de casca adstringente e frutos comestíveis, bastante cultivada no Brasil como frutífera e ornamental.
jambo (jam.bo) s.m. (Bot.) Fruto do jambeiro, uma baga rosada ou amarelo-rosada, aromática, suculenta e comestível. Cf. *jambu*.
jambu (jam.bu) s.m. (Bot.) Planta amazônica cujas folhas, de propriedades anestésicas e sabor característico, são usadas na medicina popular e na culinária, como tempero do tucupi; agrião-do-norte. Cf. *jambo*.
jamegão (ja.me.gão) s.m. (Pop.) Assinatura, rubrica.
jamelão (ja.me.lão) s.m. (Bot.) 1. Árvore cultivada como ornamental e cuja madeira é usada como lenha. 2. O fruto dessa árvore, oval, roxo, comestível e com sementes medicinais.
jaminauá (ja.mi.nau.á) s.2g. 1. Indivíduo dos jaminauás, povo indígena que vive hoje no Acre. adj.2g. 2. Relacionado a esse povo. s.m. 3. Idioma falado por esse povo.
janaguba (ja.na.gu.ba) s.f. (Bot.) Arbusto de que se extrai uma substância com propriedades aromáticas e medicinais.
jandaia (jan.dai.a) s.f. (Zoo.) Ave amazônica do grupo do papagaio e da arara, de cor geralmente alaranjada ou verde, que vive em bandos.
janeiro (ja.nei.ro) s.m. Primeiro mês do ano, com 31 dias.
janela (ja.ne.la) [é] s.f. Abertura na parede, protegida por madeira, vidro etc., feita com a finalidade de deixar passar a luz e o ar.
jangada (jan.ga.da) s.f. Embarcação feita de paus roliços unidos entre si, típica dos pescadores nordestinos.
jangadeiro (jan.ga.dei.ro) s.m. Aquele que tripula uma jangada.
jângal (jân.gal) s.m. Floresta, mata densa. Obs.: do inglês *jungle*.
janota (ja.no.ta) [ó] s.m.2g. e adj.2g. (Pessoa) que se veste com apuro excessivo.
janta (jan.ta) s.f. (Pop.) Jantar.
jantar (jan.tar) s.m. 1. Uma das principais refeições do dia, feita à noite; (Pop.) janta: *o jantar estava ótimo*. v.i. 2. Fazer essa refeição: *jantaram às 20 horas*. v.t.d. 3. Comer nessa refeição: *jantaram peixe com batata*. 4. (Gír.) Sobressair-se em uma discussão, respondendo a alguém com argumentos considerados bons. Obs.: a acepção 4 é normalmente utilizada em referência a outra pessoa, no pretérito perfeito: *jantou, jantaram*.
jaó (ja.ó) s.m. (Zoo.) Ave que se alimenta de sementes, presente em matas abertas e no cerrado, em risco de extinção.
japa (ja.pa) s.2g. e adj.2g. (Pop.) Japonês.
japi (ja.pi) s.m. (Zoo.) Xexéu.
japona (ja.po.na) [ô] s.f. Jaquetão ou paletó traspassado.
japonês (ja.po.nês) adj. 1. Do Japão, país da Ásia. s.m. 2. Pessoa natural ou habitante desse lugar. 3. Idioma do Japão. Obs.: a forma reduzida *japa* é de uso popular, especialmente em São Paulo.
japu (ja.pu) s.m. Pássaro grande, preto, com cauda e bico amarelos.
jaqueira (ja.quei.ra) s.f. (Bot.) Árvore grande que dá a jaca.
jaqueta (ja.que.ta) [ê] s.f. Casaco curto e com mangas.
jaquetão (ja.que.tão) s.m. Paletó traspassado; japona.
jará (ja.rá) s.f. Certa palmeira amazônica cujos cocos são empregados na alimentação indígena.
jaraguá (ja.ra.guá) s.m. (Bot.) Capim de cor avermelhada, cultivado como forragem para o gado.
jararaca (ja.ra.ra.ca) s.f. (epiceno) 1. Cobra muito venenosa, embora mansa, pertencente ao grupo da víbora; jararacuçu. 2. (Fig.) Pessoa muito má e perigosa.
jararacuçu (ja.ra.ra.cu.çu) s.f. Jararaca.
jarauara (ja.rau.a.ra) s.2g. 1. Indivíduo dos jarauaras, povo indígena que vive hoje no Amazonas. adj.2g. 2. Relacionado a esse povo.
jarda (jar.da) s.f. Medida inglesa de comprimento, com um pouco menos de 1 metro (914 mm) e cuja abreviatura é *j*.
jardim (jar.dim) s.m. 1. Local onde se cultivam flores e outras plantas ornamentais. 2. (Fig.) Lugar aprazível e bonito. 3. Éden.
jardim de infância (jar.dim de in.fân.ci.a) s.m. Antigo nome do curso para crianças abaixo de seis anos de idade.
jardinagem (jar.di.na.gem) s.f. Arte de cultivar jardins.
jardinar (jar.di.nar) v.t.d. Transformar em jardim; plantar flores em; ajardinar.
jardineira (jar.di.nei.ra) s.f. 1. Feminino de *jardineiro*. 2. Vaso fixo onde se colocam plantas.

3. Pequeno ônibus usado em cidades do Nordeste. **4.** (*Folc.*) Dança de pares soltos, tradicional de Santa Catarina e Rio Grande do Sul.
jardineiro (jar.di.**nei**.ro) *s.m.* Pessoa que cuida de jardim, que pratica a jardinagem.
jargão (jar.**gão**) *s.m.* Linguagem própria de certos grupos; vocabulário ligado a uma determinada atividade.
jarra (**jar**.ra) *s.f.* **1.** Vaso com bico e asa, para servir líquidos. **2.** Vaso cilíndrico para flores; jarro.
jarrete (jar.**re**.te) [ê] *s.m.* **1.** (*Zoo.*) Nervo ou tendão localizado na perna dos quadrúpedes. **2.** (*Anat.*) Parte da perna localizada atrás da articulação do joelho.
jarreteira (jar.re.**tei**.ra) *s.f.* **1.** Liga ou elástico usado antigamente abaixo do joelho, para prender as meias. **2.** Ordem da cavalaria inglesa.
jarro (**jar**.ro) *s.m.* **1.** Jarra. **2.** Vaso grande, para decoração.
jasmim (jas.**mim**) *s.m.* (*Bot.*) Planta cultivada pelo perfume de suas flores e por suas propriedades medicinais, apreciada também no chá; jasmineiro.
jasmim-do-cabo (jas.mim-do-**ca**.bo) *s.m.* (*Bot.*) Gardênia. ▫ Pl. *jasmins-do-cabo*.
jasmineiro (jas.mi.**nei**.ro) *s.m.* (*Bot.*) Jasmim.
jaspe (**jas**.pe) *s.m.* (*Min.*) Variedade de quartzo opaco e avermelhado, pela presença de óxido de ferro em sua constituição.
jaspear (jas.pe.**ar**) *v.t.d.* Dar aspecto e cor de jaspe a.
jataí (ja.ta.**í**) *s.f.* **1.** (*Zoo.*) Abelha social comum no Brasil, de cabeça e tórax pretos, com abdome escuro, que produz um mel suave. *s.m.* **2.** (*Bot.*) Palmeira que dá frutos ovoides, com sementes vermífugas e de que se extrai óleo alimentar.
jatear (ja.te.**ar**) *v.t.d.* Submeter a um forte jato de areia, para lixar ou retirar tinta.
jato (**ja**.to) *s.m.* **1.** Impulso; saída repentina e impetuosa de um líquido. **2.** Avião com motor que usa a força do ar impelida pela turbina. **A jato:** muito depressa.
jatobá (ja.to.**bá**) *s.m.* (*Bot.*) Árvore grande de que se extrai madeira de boa qualidade e uma substância com propriedades aromáticas e medicinais.
jaú (ja.**ú**) *s.m.* (*Zoo.*) Peixe teleósteo da bacia do Amazonas e do Paraná, um dos maiores do Brasil, de coloração parda e ventre esbranquiçado.
jaula (**jau**.la) *s.f.* **1.** Gaiola reforçada para animais ferozes. **2.** (*Fig.*) Cadeia; prisão; xadrez.
javaé (ja.va.**é**) *s.2g.* **1.** Indivíduo dos javaés, povo indígena que vive hoje no Tocantins. *adj.2g.* **2.** Relacionado a esse povo.
javali (ja.va.**li**) *s.m.* (*Zoo.*) Suíno selvagem da Europa e da Ásia, listrado quando filhote e castanho quando crescido, de carne apreciada; porco-do-mato.
javalina (ja.va.**li**.na) *s.f.* Fêmea do javali.
javanês (ja.va.**nês**) *adj.* **1.** De Java, maior ilha da Indonésia, na Oceania. *s.m.* **2.** Pessoa natural ou habitante desse lugar. **3.** O idioma falado nesse lugar.
jazer (ja.**zer**) *v.i.* **1.** Ficar deitado. **2.** Estar sepultado. **3.** Situar-se. Obs.: verbo com todas as pessoas, tempos e modos; pres. do ind.: *jazo, jazes, jaz* etc.; pret. imp.: *jazia, jazias* etc.; pret. perf.: *jazi, jazeste* etc.
jazida (ja.**zi**.da) *s.f.* **1.** Ato de jazer. **2.** Filão; mina; depósito de minérios.
jazigo (ja.**zi**.go) *s.m.* Sepultura; túmulo; monumento funerário.
jazz [inglês: "djés"] *s.m.* Música norte-americana de influência africana, com riqueza harmônica e melódica, ritmo sincopado e improvisações.
jazzístico (jaz.**zís**.ti.co) *adj.* Relacionado ao *jazz*: *temas jazzísticos*.
jê *s.2g.* **1.** Indivíduo dos jês, grupo de povos indígenas que viveu na região que hoje é o Centro-Oeste, entre os quais se incluíam os apinagés. *adj.2g.* **2.** Pertencente a um desses povos ou a uma de suas línguas.
jeans [inglês: "djins"] *s.m.2n. e adj.* **1.** Calça originalmente azul, esportiva, feita de brim e cuja moda foi iniciada nos Estados Unidos. **2.** (*P. ext.*) Esse tecido: *uma jaqueta de jeans*. ▫ Pl. *jeans*.
jeca (**je**.ca) [é] *s.2g. e adj.2g.* **1.** Jeca-tatu. *adj.2g.2n.* **2.** Enfeitado demais, de mau gosto, feio. ▫ Pl. do s.: *jecas*; do adj.: *jeca*.
jeca-tatu (je.ca.ta.**tu**) *s.m.* Caboclo ou caipira que vive em más condições de higiene, educação e comunicação; roceiro, matuto, jeca: *ensinou o jeca-tatu a filtrar a água*. ▫ Pl. *jecas-tatus*. Obs.: expressão inspirada pelo personagem Jeca-Tatu, do escritor Monteiro Lobato.
jegue (**je**.gue) [é] *s.m.* (*Zoo.*) Mamífero menor que o cavalo, cinza com uma só faixa escura nas costas, orelhas longas, muito forte e resistente, usado principalmente para transportar cargas; asno, jerico, jumento.
jequice (je.**qui**.ce) *s.f.* **1.** Ato ou maneiras próprias de jeca. **2.** Coisa feia, de mau gosto.
jeira (**jei**.ra) *s.f.* Medida agrária que equivale de 19 a 36 hectares, conforme o país, originariamente constituída pela parcela de terreno que uma junta de bois podia lavrar em um dia.
jeitão (jei.**tão**) *s.m.* (*Pop.*) Aparência; aspecto; modo.
jeitinho (jei.**ti**.nho) *s.m.* (*Pop.*) Solução arranjada com poucos recursos: *a máquina precisava de conserto mas deram um jeitinho para fazê-la funcionar*.
jeito (**jei**.to) *s.m.* **1.** Modo; maneira; aspecto. **2.** Inclinação; habilidade. **3.** Arranjo; ordem.
jeitoso (jei.**to**.so) [ô] *adj.* **1.** Que tem jeito; hábil; habilidoso. **2.** Elegante, de boa aparência. ▫ Pl. *jeitosos* [ó].
jeje (**je**.je) [ê] *s.2g.* **1.** Indivíduo dos jejes, povo negro africano que vivia no reino do Daomé, atual Benim, e hoje vive naquele país e também em Togo e Gana: *milhões de jejes chegaram ao Brasil durante a escravidão*. *adj.2g.* **2.** Relativo a esse povo: *a influência jeje é importante no folclore brasileiro e também no haitiano*.
jejuador (je.ju.a.**dor**) [ô] *adj. e s.m.* **1.** Que tem o costume de jejuar. *s.m.* **2.** Aquele que pratica o jejum.

jejuar (je.ju.**ar**) v.i. **1.** Fazer jejum. **2.** (Fig.) Abster-se de algo.

jejum (je.**jum**) s.m. **1.** Estado da pessoa que não se alimenta desde o dia anterior. **2.** Prática religiosa que aconselha a abstinência de alimentos em certos dias da Quaresma. **3.** (Fig.) Abstenção de algo.

jejuno (je.**ju**.no) adj. **1.** Que está em jejum. s.m. **2.** (Anat.) Parte do intestino delgado entre o duodeno e o íleo, assim chamada por estar sempre vazia, quando das necropsias.

jenipapeiro (je.ni.pa.**pei**.ro) s.m. (Bot.) Árvore de 10 a 12 m de altura, de copa grande e flores amarelas, importante pelo fruto, o jenipapo, e para extração de essência medicinal.

jenipapo (je.ni.**pa**.po) s.m. **1.** (Bot.) Fruto oval de sabor característico, comestível cozido ou frito, que contém um corante preto ou azul, empregado pelos indígenas em pintura corporal e pela indústria, muito apreciado para fazer licor. s.2g. **2.** Indivíduo dos jenipapos, povo indígena que vive hoje no Ceará.

Jeová (je.o.**vá**) s.m. (próprio) Deus, para os hebreus e em linguagem bíblica.

jequitibá (je.qui.ti.**bá**) s.m. (Bot.) Árvore muito frondosa e aproveitada em carpintaria.

jereré (je.re.**ré**) s.m. Rede de pesca trançada em torno de um aro, usada para apanhar crustáceos.

jerico (je.**ri**.co) s.m. (Zoo.) Jegue.

jerimum (je.ri.**mum**) s.m. (Bot.) (NE, N) Abóbora.

jerimunzeiro (je.ri.mun.**zei**.ro) s.m. (Bot.) Aboboreira.

jeripancó (je.ri.pan.**có**) s.2g. **1.** Indivíduo dos jeripancós, povo indígena que vive hoje em Alagoas. adj.2g. **2.** Relacionado a esse povo.

jerosolimita (je.ro.so.li.**mi**.ta) s.m. e adj. (Pessoa) que nasceu em Jerusalém; jerosolimitano.

jerosolimitano (je.ro.so.li.mi.**ta**.no) s.m. e adj. Jerosolimita.

jérsei (**jér**.sei) s.m. Tecido de malha de seda. Obs.: do inglês *jersey*.

jesuíta (je.su.**í**.ta) s.m. Padre da ordem religiosa Companhia de Jesus, fundada por santo Inácio de Loyola.

jesuítico (je.su.**í**.ti.co) adj. Relacionado ou pertencente aos jesuítas: *missões jesuíticas*.

jeton [francês: "jê-tom"] s.m. Comprovante distribuído por uma organização para que seus membros recebam pagamento pela presença em uma sessão.

jia (**ji**.a) s.f. (Zoo.) Pequena rã esverdeada.

jiboia (ji.**boi**.a) [ói] s.f. (epiceno) (Zoo.) Cobra de até quatro metros de comprimento, que não tem veneno e estrangula sua presa.

jiboiar (ji.boi.**ar**) v.i. (Pop.) **1.** Deitar-se para fazer digestão após comer muito. **2.** Ficar imóvel sob o sol.

jihad [árabe: "jirrá"] s.m. Preceito muçulmano de Guerra Santa, luta contra inimigos do Islã.

jiló (ji.**ló**) s.m. (Bot.) Legume que é um fruto esférico, esverdeado e de sabor muito amargo.

jiloeiro (ji.lo.**ei**.ro) s.m. (Bot.) Planta hortense, solanácea, que produz o jiló.

jingle [inglês: "djín-gou"] s.m. **1.** Música curta que acompanha um anúncio em rádio ou televisão. **2.** Vinheta.

jinjibirra (jin.ji.**bir**.ra) s.f. (Culin.) O mesmo que *gengibirra*. Obs.: a forma aceita no *Volp* é *gengibirra*.

jipe (**ji**.pe) s.m. Automóvel próprio para caminhos acidentados, criado durante a Segunda Guerra Mundial.

jirau (ji.**rau**) s.m. **1.** Estrado de varas para guardar panelas, pratos e outros objetos. **2.** Cama de varas. **3.** Armação de madeira sobre a qual se constroem casas em terrenos alagadiços. **4.** Genericamente, qualquer armação de madeira em forma de palanque.

jiu-jítsu (jiu-**jít**.su) s.m. (Esp.) Luta marcial de influência japonesa, com golpes de pés e de mãos, sobre tatame, com a finalidade de imobilizar o adversário. ▫ Pl. *jiu-jítsus*.

Jl Símbolo do elemento químico joliôtio.

joalheiro (jo.a.**lhei**.ro) s.m. **1.** Aquele que fabrica joias. **2.** Negociante de joias.

joalheria (jo.a.lhe.**ri**.a) s.f. Arte de fabricar joias, oficina em que esta arte é exercida ou estabelecimento onde se comercializam joias.

joanete (jo.a.**ne**.te) [ê] s.m. **1.** (Anat.) Saliência lateral no dedo grande do pé, em sua articulação com o metatarso. **2.** (Náut.) Vela superior à gávea.

joaninha (jo.a.**ni**.nha) s.f. (Zoo.) Inseto coleóptero de asinhas coloridas e muito útil para a lavoura.

joão-bobo (jo.ão-**bo**.bo) s.m. **1.** (Zoo.) Ave de plumagem marrom manchada de negro, com as partes inferiores brancas e o bico vermelho. **2.** Boneco inflável com a base abaulada, de forma a fazer um vaivém quando estapeado. ▫ Pl. *joões-bobos*.

joão-de-barro (jo.ão-de-**bar**.ro) s.m. (epiceno) (Zoo.) Ave que constrói seu ninho com barro; forneiro, oleiro, pedreiro. ▫ Pl. *joões-de-barro*.

joão-ninguém (jo.ão-nin.**guém**) s.m. Pessoa sem nenhuma importância; borra-botas. ▫ Pl. *joões-ninguém*.

joça (**jo**.ça) [ó] s.f. Coisa sem valor.

jocosidade (jo.co.si.**da**.de) s.f. Qualidade do que é jocoso; graça; gracejo.

jocoso (jo.**co**.so) [ô] adj. Que provoca ou quer provocar o riso; alegre, gozador, engraçado. ▫ Pl. *jocosos* [ó].

joeirar (jo.ei.**rar**) v.t.d. **1.** Retirar o joio (do trigo), usando uma peneira: *joeirar o trigo*. **2.** Escolher, selecionar, discriminar, distinguir.

joelhada (jo.e.**lha**.da) s.f. Pancada que se dá com o joelho.

joelheira (jo.e.**lhei**.ra) s.f. Proteção para os joelhos, usada pelos jogadores de futebol e outros esportistas.

joelho (jo.e.lho) [ê] s.m. (Anat.) Parte anterior da articulação da perna com a coxa.

joelhudo (jo.e.**lhu**.do) adj. Que tem joelhos largos.

jogada (jo.ga.da) s.f. **1.** Cada um dos movimentos de um jogo; lance. **2.** Ação de jogar.

jogado (jo.ga.do) adj. **1.** Que se joga ou jogou. **2.** Largado, esquecido, abandonado.

jogador (jo.ga.dor) [ô] s.m. e adj. **1.** (Aquele) que joga ou que tem o vício de jogar. **2.** Esportista. **3.** (Fig.) (Aquele) que não tem medo de aventurar-se.

jogar (jo.gar) v.t.d. **1.** Arriscar-se em um jogo; praticar um esporte. v.i. **2.** Ter o vício do jogo. **3.** Balançar; oscilar (navio, avião). v.p. **4.** Atirar-se; lançar-se. Obs.: pres. do ind.: *jogo* [ó], *jogas* [ó], *joga* [ó] etc.; pres. do subj.: *jogue* [ó], *jogues* [ó], *jogue* [ó] etc.

jogatina (jo.ga.ti.na) s.f. Hábito ou vício do jogo.

jogo (jo.go) [ô] s.m. **1.** Passatempo recreativo. **2.** Vício de jogar. **3.** Disputa física ou mental em que são estabelecidas regras. **4.** Conjunto, aparelho. **5.** Astúcia; manha. **6.** Balanço; oscilação. ▪ Pl. *jogos* [ó]. (Folc.) **Jogo da velha:** jogo em que cada um dos dois jogadores tenta preencher três casas em linha reta, seja no sentido horizontal, vertical ou diagonal, em um traçado de nove quadrados.

jogral (jo.gral) s.m. (Liter.) **1.** Apresentação de um grupo que recita versos ou outro tipo de texto literário, às vezes com cantos. **2.** Poeta e cantor medieval que se apresenta de castelo em castelo ou em feiras.

joguete (jo.gue.te) [ê] s.m. **1.** Brinquedo. **2.** Aquele (ou aquilo) que é motivo de gozação. **3.** Aquele (ou aquilo) que é facilmente manobrado por outrem.

joia (joi.a) [ói] s.f. **1.** Objeto de adorno feito de metal e pedras preciosas. **2.** (Fig.) Pessoa ou coisa de muito valor. **3.** Taxa de admissão em uma associação, escola etc.

joio (joi.o) [ô] s.m. **1.** Planta que nasce misturada ao trigo. **2.** (Fig.) Elemento estranho, sujeira que prejudica a pureza da colheita.

joliôtio (jo.li.ô.ti.o) s.m. (Quím.) Elemento de símbolo Jl e número atômico 105.

jongo (jon.go) s.m. (Folc.) Samba de roda tradicional de São Paulo, Minas Gerais, Espírito Santo e Rio de Janeiro, com coreografia variada.

jônico (jô.ni.co) adj. **1.** Da Jônia, cidade e região da Grécia antiga. **2.** Relacionado a um estilo arquitetônico e a uma escala musical desenvolvidos nessa região. O mesmo que *jônio*.

jônio (jô.ni.o) s.m. O mesmo que *jônico*.

jóquei (jó.quei) s.m. Cavaleiro que monta cavalos de corrida profissionalmente.

jordaniano (jor.da.ni.a.no) adj. **1.** Da Jordânia, país da Ásia. s.m. **2.** Pessoa natural ou habitante desse lugar.

jordânio (jor.dâ.ni.o) adj. Jordaniano.

jornada (jor.na.da) s.f. **1.** Marcha ou caminho que se faz em um dia. **2.** Reunião literária ou científica. **3.** Viagem por terra. **4.** Ação militar. **5.** (Folc.) Cada uma das divisões de uma comédia ou auto popular, em vez de atos ou cenas.

jornadear (jor.na.de.ar) v.t.i. e v.i. Andar de jornada; fazer jornada; ir de um ponto a outro; viajar.

jornal (jor.nal) s.m. **1.** Publicação que contém notícias, comentários, anúncios etc.; gazeta; diário; periódico. **2.** Paga de cada dia de trabalho. **3.** Programa noticioso de rádio ou televisão.

jornaleco (jor.na.le.co) s.m. (Pej.) Jornal de pequena circulação e sem importância.

jornaleiro (jor.na.lei.ro) s.m. Pessoa que vende ou entrega jornais.

jornalismo (jor.na.lis.mo) s.m. **1.** Atividade que abrange a imprensa periódica e a transmissão de notícias por rádio ou televisão. **2.** A profissão do jornalista.

jornalista (jor.na.lis.ta) s.2g. Pessoa que dirige, redige, transmite, edita ou colabora na produção de um jornal escrito ou falado.

jornalístico (jor.na.lís.ti.co) adj. Pertencente a jornalista ou a jornalismo.

jorrar (jor.rar) v.t.d. e v.i. (Fazer) sair com ímpeto; (fazer) brotar com força; esguichar. Obs.: pres. do ind.: *jorro* [ó], *jorras* [ó], *jorra* [ó] etc.; pres. do subj.: *jorre* [ó], *jorres* [ó], *jorre* [ó] etc.

jorro (jor.ro) [ô] s.m. Saída impetuosa de um líquido; jato; esguicho; golfada.

jota (jo.ta) [ó] s.m. Nome da letra J.

joule (jou.le) [au] s.m. (Fís.) Unidade de medida de energia.

jovem (jo.vem) adj.2g. **1.** Que é novo, que está em desenvolvimento: *país jovem*. s.2g. e adj.2g. **2.** (Pessoa) que passou da infância e não atingiu a maturidade: *os jovens iam para a escola*.

jovial (jo.vi.al) adj.2g. **1.** Relativo a jovem: *rosto jovial*. **2.** Com energia, bem-disposto. **3.** Bem-humorado, alegre, espirituoso.

jovialidade (jo.vi.a.li.da.de) s.f. Qualidade daquele que é jovial; alegria; presença de espírito.

joviano (jo.vi.a.no) adj. **1.** Relativo ao planeta Júpiter; jupiteriano. **2.** (Fig.) Altivo, dominador.

joystick [inglês: "jóistique"] s.m. Dispositivo para dar comando em jogos eletrônicos, em forma de alavanca.

juá (ju.á) s.m. (Bot.) Fruto do juazeiro, usado em cosmética.

juarauá (ju.a.rau.á) s.m. (Zoo.) Peixe-boi.

juazeiro (ju.a.zei.ro) s.m. (Bot.) Árvore que dá o juá, dicotiledônea característica da caatinga nordestina, que não perde as folhas e serve de abrigo durante a seca.

juba (ju.ba) s.f. **1.** Pelos que o leão tem na cabeça. **2.** (Fig.) Cabeleira com fios longos ou volumosos.

jubarte (ju.bar.te) s.f. (Zoo.) Baleia grande e de nadadeiras longas, que ocorre desde o Rio Grande do Sul até Fernando de Noronha.

jubilação (ju.bi.la.ção) s.f. **1.** Júbilo; contentamento; alegria. **2.** Aposentadoria de um professor. **3.** Afastamento de um aluno.

jubilado (ju.bi.la.do) adj. Que recebeu aposentadoria ou foi afastado.

jubilar (ju.bi.**lar**) *adj.2g.* **1.** Que diz respeito a jubileu. *v.t.d.* **2.** Encher de júbilo; alegrar. **3.** Conceder jubilação ou aposentadoria. **4.** Afastar; impor jubilação. *v.p.* **5.** Encher-se de júbilo. **6.** Aposentar-se.

jubileu (ju.bi.**leu**) *s.m.* **1.** Aniversário de 25 anos, dito jubileu de prata, ou de 50 anos, dito jubileu de ouro, de um casamento, da fundação de um estabelecimento etc. **2.** Indulgência plenária concedida pelo Papa de 25 em 25 anos. **3.** Solenidade da recepção do jubileu.

júbilo (**jú**.bi.lo) *s.m.* Contentamento; alegria; satisfação; regozijo, gáudio.

jubiloso (ju.bi.**lo**.so) [ó] *adj.* Cheio de júbilo; alegre; festivo. ▪ Pl. *jubilosos* [ó].

jucá (ju.**cá**) *s.m.* (Bot.) Árvore ou arbusto de que se extrai uma substância com propriedades aromáticas e medicinais.

juçara (ju.**ça**.ra) *s.f.* (Bot.) **1.** Palmeira de que se retira um palmito muito apreciado. **2.** Açaí.

jucundidade (ju.cun.di.**da**.de) *s.f.* Alegria; júbilo; satisfação.

jucundo (ju.**cun**.do) *adj.* Alegre; aprazível; ameno.

judaico (ju.**dai**.co) *adj.* Que diz respeito aos judeus; hebraico.

judaísmo (ju.da.**ís**.mo) *s.m.* A religião dos judeus.

judaizante (ju.da.i.**zan**.te) *s.2g. e adj.2g.* (Aquele) que judaíza.

judaizar (ju.da.i.**zar**) *v.t.d.* **1.** Converter ao judaísmo. *v.i.* **2.** Observar os ritos e leis dos judeus.

judas (ju.das) *s.m.2n.* **1.** Judas Iscariotes, apóstolo que, por trinta dinheiros, entregou Jesus Cristo aos fariseus. **2.** Boneco que é malhado e queimado no sábado de Aleluia. (Fig.) **3.** Traidor. **4.** Pessoa mal trajada. ▪ Pl. *judas*.

judeu (ju.**deu**) *s.m.* **1.** Indivíduo dos judeus, povo semita que vive em diversos países e em Israel; hebreu. Cf. *judaico, israelense, israelita*. **2.** (Hist.) Pessoa que nasceu na Judeia, região do Oriente entre os mares Morto e Mediterrâneo, hoje em disputa entre Israel e Palestina. Obs.: feminino *judia*.

judia (ju.**di**.a) *s.m. e adj.* Feminino de *judeu*.

judiação (ju.di.a.**ção**) *s.f.* **1.** Ato de judiar; maus tratos; judiaria. *interj.* **2.** Exprime compaixão: *que judiação!*

judiar (ju.di.**ar**) *v.t.i.* Fazer judiaria; maltratar.

judiaria (ju.di.a.**ri**.a) *s.f.* Judiação.

judicante (ju.di.**can**.te) *adj.2g.* Que julga; judicativo.

judicativo (ju.di.ca.**ti**.vo) *adj.* Judicante.

judicatório (ju.di.ca.**tó**.ri.o) *adj.* Que diz respeito a julgamento.

judicatura (ju.di.ca.**tu**.ra) *s.f.* **1.** Função, cargo ou dignidade de juiz. **2.** Poder de julgar.

judicial (ju.di.ci.**al**) *adj.2g.* Que diz respeito ao juiz, aos tribunais ou à justiça; forense.

judiciário (ju.di.ci.**á**.ri.o) *adj.* **1.** Relativo a juiz ou julgamentos. (Pol.) **Poder Judiciário:** autoridade que cuida do cumprimento das leis, julga as infrações e atribui penas. *s.m.* **2.** O Poder Judiciário: *o Executivo governa, o Legislativo cria leis e o Judiciário julga infrações*.

judicioso (ju.di.ci.**o**.so) [ô] *adj.* Que julga com acerto; sensato; sentencioso. ▪ Pl. *judiciosos* [ó].

judô (ju.**dô**) *s.m.* Esporte olímpico e luta marcial de origem japonesa, com golpes de mãos e de pés lutado sobre tatame.

judoca (ju.**do**.ca) [ó] *s.2g.* Pessoa que pratica o judô.

judoísta (ju.do.**ís**.ta) *s.2g.* (Raro) Judoca.

jugo (**ju**.go) *s.m.* **1.** Canga com que unem e prendem os bois ao arado; junta de bois. **2.** (Fig.) Submissão opressão; domínio.

jugular (ju.gu.**lar**) *adj.2g.* **1.** Que diz respeito à garganta ou ao pescoço. *s.f.* **2.** (Anat.) Veia do pescoço que leva o sangue da cabeça ao coração.

juiz (ju.**iz**) *s.m.* **1.** Aquele que tem o poder de julgar **2.** (Esp.) Pessoa que arbitra, cuida da observância das regras, de uma competição esportiva; árbitro **3.** Aquele que julga qualquer pendência. **4.** Membro de um júri.

juizado (ju.i.**za**.do) *s.m.* **1.** Cargo de juiz. **2.** Lugar onde o juiz exerce suas funções.

juízo (ju.**í**.zo) *s.m.* **1.** Ato de julgar. **2.** Tino; ponderação. **3.** Opinião; parecer; conceito. **4.** Tribunal onde se julgam os pleitos. **5.** Jurisdição.

juke-box [inglês: "juquebóquis"] *s.m.* **1.** Máquina colocada em bar, clube etc. acionada por ficha, para executar músicas ou discos. **2.** Unidade de leitura de CD-ROM que comporta vários discos, que podem ser executados em seguida.

jujuba (ju.**ju**.ba) *s.f.* Bala macia e colorida de gelatina; bala de goma.

julgado (jul.**ga**.do) *adj.* **1.** Que se julgou. *s.m.* **2.** (Dir.) A coisa julgada; a sentença.

julgador (jul.ga.**dor**) [ô] *adj.* Que julga, que atua como juiz: *comissão julgadora*.

julgamento (jul.ga.**men**.to) *s.m.* **1.** Ato ou capacidade de julgar. **2.** Audiência. **3.** Sentença; decisão; exame.

julgar (jul.**gar**) *v.t.d.* **1.** Decidir como juiz. **2.** Decidir por sentença. **3.** Imaginar; considerar; avaliar. *v.i.* **4.** Decidir; sentenciar. *v.p.* **5.** Analisar-se; considerar-se.

julho (**ju**.lho) *s.m.* Sétimo mês do ano, com 31 dias.

juliano (ju.li.**a**.no) *s.m.* Calendário juliano, calendário com um ano de 366 dias, ou bissexto, a cada quatro anos, instituído pelo imperador romano Júlio César em 45 a.C.

juma (**ju**.ma) *s.2g.* **1.** Indivíduo dos jumas, povo indígena que vive hoje no Amazonas. *adj.2g.* **2.** Relacionado a esse povo.

jumentice (ju.men.**ti**.ce) *s.f.* Condição, ato ou dito de jumento; burrice, asneira.

jumento (ju.**men**.to) *s.m.* **1.** (Zoo.) Jegue. **2.** (Fig.) Indivíduo grosseiro ou pouco inteligente.

juncal (jun.**cal**) *s.m.* Terreno onde crescem juncos; junqueira.

junção (jun.**ção**) *s.f.* **1.** Ato de juntar. **2.** União de duas ou mais coisas; juntura; ponto de confluência.

juncar (jun.**car**) *v.t.d.* Crescer aos montes, eivar.

jurubeba

unco (jun.co) s.m. (*Bot.*) Planta herbácea natural de terrenos úmidos, com a qual se fazem móveis, bengalas etc.

ungido (jun.**gi**.do) *adj.* Que se jungiu; atado, ligado.

ungir (jun.**gir**) v.t.d. Unir por meio de jugo; emparelhar; atar; ligar; unir. Obs.: verbo sem a 1ª pes. do sing. do pres. do ind.: *junges, junge, jungimos, jungis, jungem*; consequentemente, não tem o pres. do subj. nem o imperat. neg.; no imperat. afirm., tem apenas as formas *junge* e *jungi*.

unho (ju.nho) s.m. Sexto mês do ano, com 30 dias.

unino (ju.**ni**.no) *adj.* **1.** Que diz respeito ao mês de junho. **2.** (*Folc.*) Que diz respeito às festas celebradas nesse mês, de São João, Santo Antônio e São Pedro.

júnior (**jú**.ni.or) *adj.* **1.** Que está no início de uma carreira; iniciante: *secretária júnior*. **2.** (*Esp.*) Que se enquadra na categoria das pessoas mais novas; juvenil. ▫ Pl. *juniores*.

unqueira (jun.**quei**.ra) s.f. Terreno onde crescem juncos; juncal.

unquilho (jun.**qui**.lho) s.m. (*Bot.*) Erva ornamental de flores perfumadas; narciso.

unta (**jun**.ta) s.f. **1.** Articulação; região em que os ossos se articulam. **2.** Reunião de médicos, professores etc., para analisar um doente, aluno etc. **3.** Par ou parelha de bois. **4.** (*Dir.*) Primeira instância da Justiça do Trabalho.

untar (jun.**tar**) v.t.d. **1.** Ajuntar; agrupar. v.p. **2.** Associar-se. **3.** (*Pop.*) Unir-se, amasiar-se.

unto (**jun**.to) *adj.* **1.** Contíguo; próximo; anexo. Junto a, junto de: perto de; ao lado de. *adv.* **2.** Em companhia, acompanhando: *queria ir junto*.

untura (jun.**tu**.ra) s.f. Linha de união; junta; articulação; junção.

upará (ju.pa.**rá**) s.m. (*Zoo.*) Animal semelhante a macaco, com muitos pelos amarelos em todo o corpo, focinho achatado e orelhas curtas, 45 cm de comprimento e outros 45 cm de cauda, que vive do México ao Mato Grosso; macaco-da-noite.

Júpiter (**jú**.pi.ter) s.m. (*próprio*) **1.** (*Astron.*) Planeta do Sistema Solar que gira entre Marte e Saturno, grande, o quinto em ordem de distância do Sol. **2.** (*Mit.*) O pai de todos os deuses romanos, equivalente a Zeus entre os gregos.

jupiteriano (ju.pi.te.ri.**a**.no) *adj.* **1.** Relativo ao planeta Júpiter; joviano. **2.** (*Fig.*) Arrogante, autoritário.

jura (**ju**.ra) s.f. Ato de jurar; juramento.

jurado (ju.**ra**.do) *adj.* **1.** Que prestou juramento. **2.** Solenemente declarado. s.m. **3.** Membro do tribunal do júri; juiz de fato. **4.** Pessoa que participa da comissão que julga mérito em concurso ou semelhante.

juraico (ju.**rai**.co) *adj.* (*Geo.*) O mesmo que *jurássico*.

juramentado (ju.ra.men.**ta**.do) *adj.* Que prestou juramento.

juramentar (ju.ra.men.**tar**) v.t.d. **1.** Fazer jurar. v.p. **2.** Obrigar-se por juramento.

juramento (ju.ra.**men**.to) s.m. **1.** Ato de jurar. **2.** Fórmula com que se jura, promete ou afirma, tomando a Deus por testemunha ou invocando o nome de alguém ou de algo que se tem como sagrado.

jurar (ju.**rar**) v.t.d. **1.** Apresentar, declarar solenemente. **2.** Afirmar sob juramento; afiançar. v.i. **3.** Dar, prestar, proferir juramento. v.t.i. **4.** Fazer juramento. **5.** Tomar resolução. v.p. **6.** Trocar juramento.

jurará (ju.ra.**rá**) s.m. (*Zoo.*) Muçuã.

jurássico (ju.**rás**.si.co) s.m. (*próprio*) (*Geo.*) **1.** Período da história da Terra em que os dinossauros predominaram, posterior ao Triássico e anterior ao Cretáceo. *adj.* (*comum*) **2.** Relativo ou pertencente a esse período. **3.** (*Fig.*) Muito antigo; obsoleto, antiquado, ultrapassado. O mesmo que *juraico*.

jurema (ju.**re**.ma) s.f. (*Bot.*) Árvore com a qual os pajés tupis faziam uma bebida ritual, incorporada aos cultos afro-brasileiros; jurema-branca.

jurema-branca (ju.re.ma-**bran**.ca) s.f. (*Bot.*) Jurema. ▫ Pl. *juremas-brancas*.

juremal (ju.re.**mal**) s.m. Grupo de juremas.

jurema-preta (ju.re.ma-**pre**.ta) s.f. (*Bot.*) Leguminosa típica da caatinga, muito resistente à seca, usada como alimento do gado. ▫ Pl. *juremas-pretas*.

júri (**jú**.ri) s.m. **1.** Conjunto de cidadãos que julgam uma causa como jurados, nos tribunais. **2.** Conselho de sentença. **3.** Comissão encarregada de examinar o mérito de alguém ou de alguma coisa.

jurídico (ju.**rí**.di.co) *adj.* **1.** Relacionado ao Direito. **2.** Conforme os princípios do Direito.

jurisconsulto (ju.ris.con.**sul**.to) s.m. **1.** Aquele que é versado na ciência do Direito. **2.** Aquele que dá pareceres sobre questões jurídicas.

jurisdição (ju.ris.di.**ção**) s.f. **1.** Território em que um juiz exerce as suas atribuições. **2.** As atribuições de uma autoridade. **3.** Alçada; competência. **4.** Poder legal de aplicar as leis e de julgar.

jurisperito (ju.ris.pe.**ri**.to) s.m. Jurisconsulto; indivíduo versado na ciência do Direito.

jurisprudência (ju.ris.pru.**dên**.ci.a) s.f. **1.** Ciência do Direito e da legislação. **2.** Doutrina estabelecida pelas decisões das autoridades competentes ao interpretar os textos pouco claros da lei, ou dar solução a casos não previstos por ela.

jurista (ju.**ris**.ta) s.2g. **1.** Jurisconsulto. **2.** Pessoa que empresta dinheiro a juro ou que possui títulos de dívida pública e recebe o respectivo juro.

juriti (ju.ri.**ti**) s.2g. **1.** Indivíduo dos juritis, povo indígena que vive hoje no Amazonas. *adj.2g.* **2.** Relacionado a esse povo. s.f. **3.** (*Zoo.*) Ave semelhante ao pombo que vive no campo.

juro (**ju**.ro) s.m. Lucro que rende o dinheiro colocado em aplicação ou emprestado.

jurubeba (ju.ru.be.ba) s.f. **1.** (*Bot.*) Árvore de cerca de três metros, cujas folhas são empregadas na medicina popular e em rituais indígenas. **2.** Infusão dessas folhas em cachaça, usada como aperitivo e digestivo.

juruna (ju.ru.na) s.2g. **1.** Indivíduo dos jurunas, povo indígena que vive hoje no Mato Grosso e no Pará. adj.2g. **2.** Relacionado a esse povo.

jurupari (ju.ru.pa.ri) s.m. **1.** (Folc.) Espírito mau, demônio ou diabo entre alguns povos da Amazônia. **2.** (Zoo.) Certo peixe ornamental amazônico; papa-terra.

jurupoca (ju.ru.po.ca) s.f. (Zoo.) Peixe amazônico de corpo escuro, de até 50 cm.

jururu (ju.ru.ru) adj.2g. Tristonho; melancólico; macambúzio.

jurutauí (ju.ru.tau.í) s.m. Mãe-da-lua.

jus s.m. Direito legal ou natural, merecimento, mérito. **Fazer jus a:** tratar de merecer.

jusante (ju.san.te) s.f. **1.** Sentido do fluxo de um curso d'água: *quem estava a jusante recolhia as toras jogadas na cabeceira do rio.* **2.** (Ant.) Maré baixa, vazante; baixa-mar.

justa (jus.ta) s.f. **1.** Combate entre dois homens armados de lança. **2.** Jogo militar antigo que se fazia em praça cercada. **3.** (P. ext.) Pleito; luta; questão; pendência.

justapor (jus.ta.por) [ô] v.t.d. e v.i. **1.** Pôr junto; pôr ao pé; sobrepor. v.p. **2.** Juntar-se; pôr-se em contiguidade.

justaposição (jus.ta.po.si.ção) s.f. **1.** Ato ou efeito de justapor. **2.** Situação das coisas justapostas. **3.** Contiguidade; sobreposição.

justaposto (jus.ta.pos.to) [ô] adj. Que está junto; sobreposto. ▣ Pl. *justapostos* [ó].

justeza (jus.te.za) [ê] s.f. **1.** Qualidade do que é justo. **2.** Exatidão; certeza.

justiça (jus.ti.ça) s.f. **1.** Respeito do Direito. **2.** Virtude moral que inspira o respeito dos direitos de outrem e que faz dar a cada um o que lhe pertence; equidade. **3.** Alçada. **4.** Magistratura. **5.** O conjunto dos magistrados e de todas as pessoas encarregadas de aplicar as leis. **6.** O pessoal de um tribunal.

justiçado (jus.ti.ça.do) adj. Que se justiçou; assassinado.

justiçar (jus.ti.çar) v.t.d. Matar, assassinar em nome da justiça mas sem mandado legal.

justiceiro (jus.ti.cei.ro) adj. **1.** Que é amante da justiça. **2.** Que faz justiça. **3.** Rigoroso na aplicação das leis. **4.** Inflexível; imparcial. s.m. **5.** (Pop.) Pessoa que mata sob alegação de fazer justiça; matador.

justificação (jus.ti.fi.ca.ção) s.f. **1.** Ato ou efeito de justificar. **2.** Fundamento; causa. **3.** Desculpa. **4.** Prova judicial de um fato alegado, ou de um ato anterior de que não resta documento.

justificar (jus.ti.fi.car) v.t.d. **1.** Demonstrar a inocência de. **2.** Dar ou reconhecer por inocente. **3.** Provar judicialmente por meio de justificação. **4.** Desculpar. **5.** Demonstrar. **6.** Reabilitar. v.p. **7.** Provar a sua inocência. **8.** Dar razões convincentes de haver procedido bem. **9.** Reabilitar-se.

justificativa (jus.ti.fi.ca.ti.va) s.f. Explicação, prova ou documento que confirma a existência ou a realidade de um fato; motivo, razão.

justificativo (jus.ti.fi.ca.ti.vo) adj. Que serve para justificar.

justificável (jus.ti.fi.cá.vel) adj.2g. Que se pode justificar; aceitável.

justo (jus.to) adj. **1.** Que tem justiça, que segue os princípios do direito e da retidão; razoável, justo, legítimo. **2.** Preciso, exato. **3.** Apertado; cingido; que se ajusta. s.m. **4.** Pessoa que age com justiça e virtude.

juta (ju.ta) s.f. **1.** (Bot.) Planta originária da Índia e muito cultivada na Amazônia. **2.** Fibra têxtil extraída dessa planta. **3.** Tecido feito com essa fibra.

juvenil (ju.ve.nil) adj.2g. Próprio da juventude, ou a ela relativo.

juvenilidade (ju.ve.ni.li.da.de) s.f. Mocidade; idade juvenil; juventude.

juventude (ju.ven.tu.de) s.f. **1.** Idade juvenil; adolescência. **2.** A gente moça; a mocidade.

Kk

k, K s.m. Décima primeira letra do alfabeto, consoante, de nome "cá", empregada em nomes próprios como *Kubitscheck*; abreviaturas e símbolos como *kg*, de *quilo* e *KB*, de *quilobyte*; palavras estrangeiras, como *kart*; e palavras derivadas de nomes próprios, como *kardecista*. Em Portugal, o nome desta letra é *capa*.

K Símbolo do elemento químico potássio.

K.O. (*Esp.*) Sigla do inglês *knock-out*, "nocaute", termo do pugilismo que significa "fora de combate", conclusão da luta: *perdeu por K.O., venceu com um K.O.*

kafkiano (kaf.ki.a.no) *adj.* Que diz respeito a Franz Kafka, escritor tcheco que viveu de 1883 a 1924.

kaiser [alemão: "cáiser"] *s.m.* Título do soberano do Império Alemão, ou Sacro-Império, Estado europeu que existiu de 1871 a 1918.

kamikaze [inglês: "camicase"] *s.m.* Camicase.

kantiano (kan.ti.a.no) *adj.* Que diz respeito ao filósofo alemão Emmanuel Kant ou à sua filosofia.

kantismo (kan.**tis**.mo) *s.m.* Sistema filosófico de Emmanuel Kant, filósofo alemão que viveu de 1724 a 1804.

karaoke [japonês: "caraoquê"] *s.m.* **1.** Casa onde os clientes cantam acompanhados por gravações. **2.** Equipamento ou recurso de áudio que toca apenas o acompanhamento das canções. Obs.: a forma "caraoquê" não consta no *Volp*.

kardecismo (kar.de.**cis**.mo) *s.m.* Conjunto dos preceitos elaborados pelo pensador francês Allan Kardec, pseudônimo de Léon-Hippolyte Denizard Rivail, que viveu de 1804 a 1869 e que seriam a base da doutrina espírita.

kardecista (kar.de.**cis**.ta) *s.2g.* **1.** Seguidor, adepto do kardecismo. *adj.2g.* **2.** Que diz respeito ao kardecismo.

kart [inglês: "cárti"] *s.m.* Veículo pequeno sem suspensão, carroceria ou caixa de mudanças, com embreagem automática, usado em corridas.

kartódromo (kar.**tó**.dro.mo) *s.m.* Pista própria para corridas de *karts*.

KB Símbolo de quilobyte, mil *bytes*.

kelvin [inglês: "quéuvim"] *s.m.* Unidade internacional de temperatura termodinâmica, de símbolo k.

kepleriano (ke.ple.ri.a.no) *adj.* Que diz respeito a Johann Kepler, astrônomo e matemático alemão que viveu de 1571 a 1638.

ketchup [inglês: "quet-chúpi"] *s.m.* Veja *catchup*.

kg Símbolo de quilograma.

kgm Símbolo de quilogrâmetro.

kibutz [hebraico: "quibútis"] *s.m.* Cooperativa agrícola em Israel.

kieserita (ki.e.se.**ri**.ta) *s.f.* (*Quím.*) Sulfato hidratado de magnésio. Obs.: seu nome deriva de Kieser, o cientista que o descobriu.

kilobyte [inglês: "quilobaite"] *s.m.* Quilobyte; mil *bytes*, símbolo KB.

kilt [inglês: "quílti"] *s.m.* **1.** Saiote masculino escocês. **2.** Saia feminina que lembra o kilt.

kimberlito (kim.ber.**li**.to) (*Min.*) *s.m.* Rocha encontrada nas chaminés diamantíferas de Kimberly, África do Sul.

kirsch [alemão: "quírchi"] *s.m.* Aguardente alemã feita com cerejas.

kitchenette [francês: "quitinéti"] *s.f.* Quitinete.

kitsch [alemão: "quítxi"] *s.m.* Estilo artístico ou literário que explora apenas o sentimentalismo ou sensacionalismo, em objetos industrializados e imitações de arte.

kiwi [inglês: "quiu-i"] *s.m.* **1.** (*Bot.*) Fruta de casca marrom, com pelos, com polpa verde, rica em vitamina C e de sabor apreciado. **2.** (*Zoo.*) Ave de cor castanha, com asas curtas e sem rabo, típica da Nova Zelândia. Obs.: a forma aportuguesada é *quiuí*.

km Símbolo de quilômetro.

kneippismo (kneip.**pis**.mo) *s.m.* [cnai] Método de terapia pela água criado pelo sacerdote alemão Sebastian Kneipp, que viveu de 1821 a 1897.

kneippista (kneip.**pis**.ta) [cnai] *adj.2g.* Que diz respeito ao kneippismo.

know-how [inglês: "nou-ráu"] *s.m.2n.* Conjunto de conhecimentos técnicos e administrativos necessários para um processo ou tarefa; tecnologia, conhecimento, domínio: *o Brasil tem know-how para extrair petróleo no mar.* Obs.: a tradução literal é "saber-como".

Kr Símbolo do elemento químico criptônio.

Kremlin *s.m.* (*próprio*) [russo: "crêmlim"] **1.** O palácio real de Moscou. **2.** O governo ou a diretriz russa.

krill [inglês: "criu"] *s.m.* Camarão pequeno dos mares gelados do hemisfério Sul, importante alimento para baleias e outros animais marinhos.

kümmel [alemão: "químel"] *s.m.* **1.** Semente pequena e alongada, de sabor característico, usada na fabricação de pães e bebidas; alcaravia. **2.** Bebida de origem alemã com alto teor alcoólico.

kurchatóvio (kur.cha.tó.vi.o) *s.m.* (Quím.) Elemento transurânico de símbolo Ku e número atômico 104.

kuwaitiano (ku.wai.ti.a.no) [uai] *adj.* **1.** Do Kuwait, país asiático situado no golfo Pérsico. *s.m.* **2.** Pessoa natural ou habitante desse lugar.

kW Símbolo de quilowatt.

kWh Símbolo de quilowatt-hora.

kyrie [grego: "quírie"] *s.m.* Termo grego com que se invoca a Deus nas missas.

Ll

l, L *s.m.* **1.** Décima segunda letra do nosso alfabeto, consoante, de nome "ele" ("éle") ou "lê". **2.** Na numeração romana, representa 50 unidades ou quinquagésimo lugar.
l Símbolo do litro.
lá *adv.* **1.** Naquele lugar; ali. **2.** Àquele lugar ou para aquele lugar. **3.** Adiante, além. **4.** Nesse tempo futuro; então. **5.** Partícula de realce que exprime a ideia de começo imediato de ação. **6.** Usa-se antes de advérbios de lugar. *s.m.* **7.** (*Mús.*) Sexta nota da escala de dó, entre o sol e o si.
lã *s.f.* **1.** Pelo que cobre o corpo de certos animais, especialmente de ovelhas e carneiros. **2.** Fazenda tecida com esse pelo. **3.** (*Bot.*) Lanugem de certas plantas. **4.** (PE) Algodão em rama, no sertão.
La Símbolo do elemento químico lantânio.
labareda (la.ba.**re**.da) [ê] *s.f.* **1.** Grande chama, língua de fogo. **2.** (*Fig.*) Vivacidade, impetuosidade, ardor; paixão.
lábaro (**lá**.ba.ro) *s.m.* **1.** Bandeira, estandarte, pendão. **2.** (*Hist.*) Estandarte dos exércitos romanos.
labéu (la.**béu**) *s.m.* **1.** Nota infame ou infamante. **2.** Mancha na reputação; desdouro, desonra.
lábia (**lá**.bi.a) *s.f.* **1.** Fala meliflua com a intenção de iludir alguém ou captar agrado ou favores. **2.** Astúcia; manha; solércia; esperteza. **3.** (*Anat.*) Os grandes lábios e os pequenos lábios.
labiado (la.bi.a.do) *adj.* **1.** Que tem lábios. **2.** (*Bot.*) Diz-se da planta cuja flor tem cinco pétalas, duas grudadas por cima e três grudadas por baixo, com aspecto que lembra lábios.
labial (la.bi.**al**) *adj.2g.* Que diz respeito ou pertence aos lábios.
lábil (**lá**.bil) *adj.2g.* Instável, móvel, mutável.
lábio (**lá**.bi.o) *s.m.* **1.** (*Anat.*) Cada uma das partes carnudas que constituem o contorno da fenda bucal; beiço. **2.** (*Anat.*) Borda ou margem carnuda e vermelha. **3.** Parte ou objeto semelhante ao lábio. **4.** (*Anat.*) Pregas ou dobras apresentadas pela vulva.
labioso (la.bi.**o**.so) [ô] *adj.* **1.** Que tem lábios grandes. **2.** Que tem ou em que há lábia. ◙ Pl. *labiosos* [ó].
labiríntico (la.bi.**rín**.ti.co) *adj.* **1.** Relacionado a labirinto. **2.** Que tem ou de labirinto. **3.** Confuso, enrolado.
labirintite (la.bi.rin.**ti**.te) *s.m.* (*Med.*) Inflamação do labirinto, especialmente do ouvido interno.
labirinto (la.bi.**rin**.to) *s.m.* **1.** Edifício composto de grande número de divisões ou corredores, sendo dificílimo achar a saída. **2.** Jardim cortado por numerosas ruas entrelaçadas. **3.** (*Fig.*) Coisa complicada, confusa. **4.** (*Anat.*) Qualquer sistema de cavidades ou canais que se intercomunicam. **5.** (*Anat.*) Ouvido interno. **6.** (*Zoo.*) Órgão especializado de certos peixes que permite a utilização do oxigênio do ar e possibilita a sobrevivência em águas com pouca oxigenação.
labor (la.**bor**) [ô] *s.m.* Trabalho, faina, lavor.
laborar (la.bo.**rar**) *v.i.* **1.** Exercer o seu mister, entrar em função, funcionar. **2.** Trabalhar, lidar. *v.t.d.* **3.** Cultivar (as terras) com instrumentos agrícolas. *v.t.i.* **4.** Trabalhar; lidar. **5.** Cair, incidir, incorrer (em erro, engano), trabalhando, lidando, pesquisando.
laboratorial (la.bo.ra.to.ri.**al**) *adj.2g.* Pertencente a laboratório.
laboratório (la.bo.ra.**tó**.ri.o) *s.m.* **1.** Lugar destinado ao estudo experimental de qualquer ramo da ciência, ou à aplicação dos conhecimentos científicos com objetivo prático. **2.** Lugar onde se efetuam trabalhos fotográficos ou cinematográficos. **3.** Parte de um forno de revérbero onde se põe a matéria sobre a qual atua o combustível.
laboratorista (la.bo.ra.to.**ris**.ta) *s.2g.* **1.** Técnico de laboratório. **2.** Médico que se dedica a fazer análises clínicas.
laborioso (la.bo.ri.**o**.so) [ô] *adj.* **1.** Trabalhador, que gosta de trabalhar. **2.** Trabalhoso, difícil, custoso, árduo. ◙ Pl. *laboriosos* [ó].
laborterapia (la.bor.te.ra.**pi**.a) *s.f.* (*Med.*) **1.** Terapia ocupacional. **2.** Trabalho exercido pelos condenados, nas penitenciárias, para sua reintegração social.
labrador (la.bra.**dor**) [ô] *s.m.* (*Zoo.*) Cão de raça grande, de pelagem preta, marrom ou bege, muito brincalhão, criado para companhia e com habilidades para farejar.
labrego (la.**bre**.go) [ê] *adj.* **1.** (*Fig.*) Malcriado, grosseiro. *s.m.* **2.** Espécie de arado com varredouro para limpar da terra as raízes. **3.** Homem rústico. **4.** Certa pedra semipreciosa semelhante ao topázio.
labuta (la.**bu**.ta) *s.f.* Trabalho, lida, labor.
labutar (la.bu.**tar**) *v.i.* **1.** Trabalhar duramente e com perseverança, laborar. **2.** Esforçar-se. *v.t.d.* **3.** Levar, suportar, viver.
laca (**la**.ca) *s.f.* **1.** Resina vermelha extraída de várias plantas. **2.** Espécie de verniz que se obtém pela precipitação de certo corante orgânico sobre uma base inorgânica e que é usado na pintura de automóveis. **3.** (*Zoo.*) Substância resinosa segregada pela fêmea de certos insetos do Sudeste Asiático.

laçada (la.ça.da) s.f. **1.** Nó corrediço, que desata facilmente. **2.** No tricô ou crochê, alça feita com o fio que se passa na agulha sem executar o ponto.

laçador (la.ça.dor) [ô] s.m. e adj. (Pessoa) que maneja bem o laço.

lacaio (la.cai.o) s.m. **1.** (Ant.) Criado de libré, que acompanha o amo em passeios ou viagens. **2.** (Fig.) Homem sem dignidade. **3.** (Pop.) Quartzo cor de fumaça.

laçar (la.çar) v.t.d. Atar, prender com laços; enlaçar.

laçarote (la.ça.ro.te) s.m. Laço decorativo, vistoso.

lacerante (la.ce.ran.te) adj.2g. **1.** Que lacera; dilacerante. **2.** (Fig.) Aflitivo, doloroso, tormentoso.

lacerar (la.ce.rar) v.t.d. **1.** Dilacerar; rasgar. **2.** (Fig.) Afligir profundamente, magoar.

laço (la.ço) s.m. **1.** Nó que se desata sem esforço. **2.** Armadilha de caça. **3.** (Fig.) Aliança, vínculo, união. **4.** Corda de couro trançado de 15 a 25 m de comprimento, com um nó corrediço em uma das extremidades, usada para laçar animais.

lacônico (la.cô.ni.co) adj. Conciso, breve, dito ou escrito em poucas palavras.

laconismo (la.co.nis.mo) s.m. Modo breve, conciso de falar ou de escrever.

lacrado (la.cra.do) adj. Fechado com lacre.

lacraia (la.crai.a) s.f. **1.** (Zoo.) Artrópode de corpo alongado, com um par de patas em cada segmento e duas pinças de picada venenosa, que caça outros artrópodes; centopeia. Cf. *piolho-de-cobra*. **2.** (Zoo.) Escorpião. **3.** Espécie de canoa.

lacrar (la.crar) v.t.d. **1.** Pôr lacre em, selar ou fechar com lacre. **2.** (Gír.) Arrasar; mandar bem. Obs.: na acepção 2, também é comum o uso da forma substantiva "lacração".

lacrau (la.crau) s.m. (Zoo.) Escorpião.

lacre (la.cre) s.m. **1.** Mistura de substância resinosa com qualquer matéria corante, empregada para fechar garrafas, pacotes, cartas. **2.** (Bot.) Árvore frutífera. **3.** (Pop.) Jaspe vermelho.

lacrimal (la.cri.mal) adj.2g. **1.** Relativo às lágrimas; lagrimal. **2.** Relativo ou pertencente aos órgãos que segregam as lágrimas. **3.** (Anat.) Pequeno osso situado no interior da órbita. s.f. **4.** Pequena nascente de água.

lacrimejante (la.cri.me.jan.te) adj.2g. Que lacrimeja.

lacrimejar (la.cri.me.jar) v.i. Deitar lágrimas; chorar.

lacrimogêneo (la.cri.mo.gê.ne.o) adj. Que provoca ou produz lágrimas; que faz chorar.

lacrimoso (la.cri.mo.so) [ô] adj. **1.** Que chora, choroso. **2.** (Fig.) Aflito, lastimoso. ▫ Pl. *lacrimosos* [ó].

lactação (lac.ta.ção) s.f. **1.** Formação, secreção e excreção do leite. **2.** Ato de amamentar.

lactante (lac.tan.te) adj.2g. **1.** Que dá ou produz leite. s.f. **2.** Mulher que amamenta.

lactente (lac.ten.te) s.2g. e adj.2g. (Pessoa) que ainda mama.

lácteo (lác.te.o) adj. **1.** Relativo ou semelhante ao leite. **2.** Com aspecto de leite, de cor clara ou branca, leitoso: *deram à galáxia o nome de Via Láctea porque no céu limpo parece uma estrada muito clara, de tantas estrelas*.

lactescente (lac.tes.cen.te) adj.2g. **1.** Que tem aspecto do leite. **2.** (Bot.) Que segrega um suco leitoso ou látex.

laticínio (lac.ti.cí.ni.o) s.m. **1.** Preparado alimentício feito com leite ou em que ele entra como principal elemento. **2.** Qualquer produto da indústria do leite. **3.** Empresa que faz esses produtos. O mesmo que *laticínio*.

láctico (lác.ti.co) adj. Pertencente ao leite. O mesmo que *lático*.

lactose (lac.to.se) s.f. (Quím.) Açúcar presente no leite dos mamíferos.

lacuna (la.cu.na) s.f. **1.** Espaço vazio ou em branco, falha. **2.** (Bio.) Cavidade intercelular.

lacunar (la.cu.nar) adj.2g. **1.** Pertencente a lacuna. **2.** Lacunoso.

lacunoso (la.cu.no.so) [ô] adj. Que tem lacuna; lacunar. ▫ Pl. *lacunosos* [ó].

lacustre (la.cus.tre) adj.2g. **1.** Relativo a lago. **2.** Que vive ou cresce nos lagos ou lagoas ou à sua margem.

ladainha (la.da.i.nha) s.f. **1.** (Relig.) Oração em que o celebrante faz uma série de invocações curtas respondidas em uníssono pelos participantes; litania. **2.** (Fig.) Conversa repetitiva e fastidiosa; lengalenga.

ladeado (la.de.a.do) adj. Que tem ao lado: *um caminho ladeado de flores*.

ladear (la.de.ar) v.t.d. **1.** Acompanhar, indo ao lado. **2.** Correr paralelamente a, ou ao lado de. **3.** Atacar de lado; flanquear. **4.** Não tratar diretamente, esquivar-se a enfrentar. v.i. **5.** Andar para os lados, de través (o cavalo).

ladeira (la.dei.ra) s.f. Inclinação mais ou menos acentuada de terreno, rampa, declive.

ladinice (la.di.ni.ce) s.f. Qualidade, modos ou ato de ladino.

ladino (la.di.no) s.m. e adj. (Aquele) que é ardiloso, astuto, finório, manhoso.

lado (la.do) s.m. **1.** Parte lateral de qualquer corpo. **2.** Direção, rumo. **3.** Lugar, sítio, parte. **4.** Partido, facção, grupo, banda. **5.** Aspecto pelo qual se encaram as pessoas ou coisas. **6.** Linha de parentesco. **7.** Cada uma das partes competidoras em um jogo esportivo. **8.** (Geom.) Qualquer dos segmentos da reta que constituem um polígono.

ladrão (la.drão) s.m. e adj. **1.** (Aquele) que furta ou rouba; ladro. s.m. **2.** Cano ou orifício das caixas de água por onde escoa o excedente do líquido; tubo de descarga. **3.** Vaso onde se recolhe o líquido que excede de um recipiente. **4.** (Bot.) Broto que, nas plantas, nasce abaixo do enxerto.

ladrar (la.drar) v.i. **1.** Dar ladridos ou latidos, latir. **2.** (Fig.) Gritar à toa. Obs.: este verbo não é normalmente usado nas primeiras pessoas.

ladravaz (la.dra.vaz) s.m. **1.** Ladrão que rouba quantias elevadas. **2.** Pessoa vil, desprezível; patife.

ladrido (la.dri.do) s.m. Ação de ladrar; latido.

ladrilhado (la.dri.lha.do) s.m. e adj. (Local) coberto com ladrilhos.

ladrilhar (la.dri.**lhar**) v.t.d. Cobrir ou revestir com ladrilhos.
ladrilho (la.**dri**.lho) s.m. **1.** Peça, em geral quadrada ou retangular, de cerâmica, de barro cozido ou cimento, usada para pavimentos. **2.** Pavimento ou chão ladrilhado. **3.** Doce em pasta, bastante sólido, e que se apresenta em blocos regulares.
ladro (la.dro) s.m. Ladrão.
ladroagem (la.dro.**a**.gem) s.f. **1.** Vício de roubar. **2.** Ladroeira. **3.** A classe dos ladrões.
ladroeira (la.dro.**ei**.ra) s.f. **1.** Roubo, furto. **2.** Descaminho continuado de valores. **3.** Extorsão.
lady [inglês: "lêidi"] s.f. **1.** Título de nobreza inglês, dado a mulheres ou a esposas de um lorde. **2.** Pessoa delicada, educada, muito gentil.
lagamar (la.ga.**mar**) s.m. **1.** Cova no fundo do mar ou de um rio. (*Geo.*) **2.** Lagoa de água salgada. **3.** Parte abrigada de uma baía ou golfo.
lagar (la.**gar**) s.m. **1.** Espécie de tanque no qual se espremem e reduzem a líquido certos frutos. **2.** Estabelecimento ou local onde se acha esse tanque ou outras instalações afins.
lagarta (la.**gar**.ta) s.f. (*Zoo.*) Larva da borboleta e de outros insetos lepidópteros. **2.** Dispositivo que facilita a circulação das rodas dos tratores ou dos tanques, fazendo que se movam em terrenos pouco consistentes.
lagartear (la.gar.te.**ar**) v.i. Ficar imóvel sob o sol, como um lagarto.
lagartixa (la.gar.**ti**.xa) s.f. (*Zoo.*) Lagarto pequeno e magro, que sobe pelas paredes e caça insetos.
lagarto (la.**gar**.to) s.m. (*epiceno*) **1.** (*Zoo.*) Réptil terrestre de corpo delgado e escamoso, cauda longa com ponta afinada e quatro pernas em forma de garra. **2.** Corte de carne bovina retirado da parte posterior da coxa.
lago (la.go) s.m. **1.** (*Geo.*) Grande extensão de água cercada de terras. **2.** Tanque de jardim. **3.** Poça, grande porção de líquido derramado no chão.
lagoa (la.**go**.a) s.f. (*Geo.*) **1.** Lago pouco extenso. **2.** Porção de água estagnada ou pantanosa, charco.
lagosta (la.**gos**.ta) [ô] s.f. **1.** (*Zoo.*) Crustáceo decápode, de cauda longa e duas pinças, de carne muito valorizada. **2.** (*Culin.*) Prato feito com esse animal, que fica rosado depois de cozido. **3.** (*Fig.*) Pessoa de tez muito avermelhada.
lagostim (la.gos.**tim**) s.m. (*Zoo.*) Crustáceo decápode semelhante à lagosta porém menor.
lágrima (**lá**.gri.ma) s.f. **1.** Secreção aquosa, levemente alcalina, da glândula lacrimal, que serve para manter úmida a conjuntiva. **2.** Gota ou pingo de qualquer líquido. **3.** Objeto que tem forma de lágrima. **4.** Suco destilado por várias árvores e plantas. **5.** Pequena porção.
lagrimal (la.gri.**mal**) adj.2g. Lacrimal.
lagrimar (la.gri.**mar**) v.i. Deitar lágrimas, chorar.
lagrimejar (la.gri.me.**jar**) v.i. Deitar algumas lágrimas; choramingar, lacrimejar.
laguna (la.**gu**.na) s.f. **1.** Canal ou braço de mar pouco profundo entre ilhas ou entre bancos de areia. **2.** Lago de barragem, formado de águas salgadas e proveniente do trabalho de acumulação das águas do mar.
laia (**lai**.a) s.f. Qualidade, feitio, casta, jaez.
laicidade (lai.ci.**da**.de) s.f. Qualidade de baixo ou leigo.
laicismo (lai.**cis**.mo) s.m. **1.** Estado ou caráter de laico. **2.** Rejeição à influência do clero na vida pública, fora do âmbito da Igreja.
laicizar (lai.ci.**zar**) v.t.d. Tornar-se laico ou leigo, à margem da influência da Igreja.
laico (**lai**.co) adj. Leigo, secular; que não é eclesiástico.
laivo (**lai**.vo) s.m. Mancha, nódoa, pinta. Cf. *laivos*.
laivos (**lai**.vos) s.m.pl. Vestígios; mostras; ligeiras noções.
laje (**la**.je) s.f. **1.** Pedra de superfície plana, de pouca espessura, quadrada ou retangular, que serve para cobrir pavimentos. **2.** (*Const.*) Superfície de concreto armado que pode constituir teto de um compartimento e piso do andar superior.
lajeado (la.je.**a**.do) adj. **1.** Que tem lajes, coberto por lajes. s.m. **2.** Rio, ribeirão, arroio etc. com o leito de rochas mais ou menos planas. **3.** Lajedo.
lajear (la.je.**ar**) v.t.d. Cobrir com lajes, assentar lajes em.
lajedo (la.**je**.do) [ê] s.m. Local em que há lajes, rochas mais ou menos planas.
lajota (la.**jo**.ta) s.f. Pequena laje; tipo de piso.
lalau (la.**lau**) s.m. (*Gír.*) Pessoa que rouba ou furta; ladrão: *um lalau abriu a bolsa dela e levou a carteira enquanto ela almoçava no shopping*.
lama (**la**.ma) s.f. **1.** Mistura semilíquida de terra ou argila; lodo. **2.** (*Zoo.*) O mesmo que *lhama*. s.m. **3.** Monge do budismo tibetano.
lamaçal (la.ma.**çal**) s.m. **1.** Lugar onde há muita lama; atoleiro. **2.** Lamaceira, lodaçal.
lamaceira (la.ma.**cei**.ra) s.f. Sujeira de lama.
lamacento (la.ma.**cen**.to) adj. Cheio de lama, sujo de lama.
lamaísmo (la.ma.**ís**.mo) s.m. Religião dominante do Tibete, descendente do budismo (750 d.C.) e que se caracteriza pela presença de cultos mágicos e práticas xamanistas.
lamaísta (la.ma.**ís**.ta) adj.2g. **1.** Pertencente ao lamaísmo. s.2g. **2.** Pessoa que segue ou pratica o lamaísmo.
lambada (lam.**ba**.da) s.f. **1.** Paulada, cacetada. **2.** Chicotada ou pancada com objeto flexível. **3.** (*Fig.*) Descompostura. **4.** (*Folc.*) Dança de par ou trio com música semelhante ao samba e passos de grande proximidade entre os dançarinos.
lambança (lam.**ban**.ça) s.f. **1.** Coisa que se agarra e lambe sem comedimento. **2.** Tumulto, desordem, confusão. **3.** Desmando, transgressão, violência.
lambão (lam.**bão**) s.m. e adj. **1.** (*Aquele*) que se lambuza ao comer; lambaz. **2.** (*Aquele*) que faz mal o seu serviço ou a sua arte. **3.** Tolo, palerma.
lambari (lam.ba.**ri**) s.m. (*Zoo.*) Peixe pequeno, de rio.
lambaz (lam.**baz**) adj.2g. Guloso, lambão.

lambda (lamb.da) s.m. Nome da décima primeira letra do alfabeto grego, semelhante ao ele.

lambe-lambe (lam.be-lam.be) s.m. 1. Fotógrafo ambulante, que na primeira metade do século XX trabalhava em parques e praças. 2. (Culin.) Prato típico de Santa Catarina, feito de mariscos cozidos com a concha, arroz e temperos. ▣ Pl. *lambe-lambes*.

lamber (lam.ber) v.t.d. 1. Passar a língua sobre. 2. Comer com sofreguidão, devorar, engolir. 3. Tocar, atingir de leve. 4. Aperfeiçoar com requinte, polir.

lambida (lam.bi.da) s.f. 1. Ação de lamber, de passar a língua; lambidela. 2. (Fig.) Adulação; bajulação. 3. Gorjeta.

lambidela (lam.bi.de.la) s.f. Lambida.

lambido (lam.bi.do) adj. 1. Que se lambeu. 2. (Pej.) Muito cuidado, muito arrumado. 3. Diz-se de cabelo com os fios grudados na cabeça.

lambiscar (lam.bis.car) v.i. Comer pouco; beliscar.

lambisgoia (lam.bis.goi.a) [ói] s.f. 1. Mulher com excesso de vaidade ou presunção. 2. Pessoa intrometida, atrevida. 2. Pessoa magra, desenxabida, antipática.

lambreta (lam.bre.ta) [ê] s.f. Veículo de duas rodas com motor e no qual a pessoa se senta, em vez de montar, como na motocicleta.

lambuja (lam.bu.ja) s.f. Lambujem.

lambujem (lam.bu.jem) s.f. 1. Ato de comer gulodices. 2. Resto de comida que fica no prato. 3. Vantagem que um jogador concede ao parceiro; lambuja. 4. (Fig.) Pequeno lucro com que se seduz alguém.

lambuzar (lam.bu.zar) v.t.d. 1. Sujar, emporcalhar, principalmente de comida: *lambuzou a camisa de molho de tomate*. 2. Engordurar, pôr nódoas de gordura em.

lameira (la.mei.ra) s.f. Lamaçal; lameiro.

lameiro (la.mei.ro) s.m. 1. Lugar onde há muita lama. 2. Terra encharcada que produz pastagem abundante. 3. Cavalo de corrida que corre melhor em pista molhada.

lamela (la.me.la) s.f. Placa fina, lâmina.

lamentação (la.men.ta.ção) s.f. 1. Ato de lamentar; lamúria, queixa. 2. Canto fúnebre, elegia.

lamentar (la.men.tar) v.t.d. 1. Chorar ou prantear com gemidos, gritos ou lamentação. 2. Afligir-se, magoar-se por causa de. v.p. 3. Lastimar-se.

lamentável (la.men.tá.vel) adj.2g. 1. Digno de ser lamentado, digno de dó, compaixão. 2. Digno de ser censurado, deplorável.

lamento (la.men.to) s.m. Choro, pranto, lamentação.

lamentoso (la.men.to.so) [ô] adj. 1. Que tem caráter de lamentação ou lamento. 2. Lamentável. 3. Plangente, triste. ▣ Pl. *lamentosos* [ó].

lâmina (lâ.mi.na) s.f. 1. Chapa delgada de metal ou outro material. 2. Fragmento de qualquer substância, chato e delgado. 3. Placa de vidro que serve de porta-objeto em microscópio. 4. Folha de instrumento cortante. 5. (Anat.) Faixa delgada de qualquer tecido.

laminação (la.mi.na.ção) s.f. 1. Ato de laminar. 2. Estabelecimento onde blocos de metal são reduzidos a chapas delgadas.

laminado (la.mi.na.do) adj. 1. Que tem forma de lâmina. 2. Composto ou feito de lâminas. s.m. 3. Chapa de metal que se obtém por laminação. 4. Madeira compensada composta de lâminas.

laminador (la.mi.na.dor) [ô] s.m. e adj. (Instrumento ou máquina) que lamina.

laminar (la.mi.nar) adj. 1. Que tem lâminas ou textura de lâmina. v.t.d. 2. Reduzir a lâminas com o auxílio do laminador. 3. Chapear.

laminite (la.mi.ni.te) s.f. (Zoo.) Aguamento.

lamoa (la.mo.a) s.f. (Folc.) Certo jogo de cartas; alamoa.

lâmpada (lâm.pa.da) s.f. 1. Aparelho para produzir luz, seja pela eletricidade ou pela queima de algum combustível. 2. Aparelho destinado a produzir calor ou radiação terapêutica ultravioleta ou infravermelha.

lampadário (lam.pa.dá.ri.o) s.m. 1. Suporte vertical para uma ou mais lâmpadas; candelabro; lustre. 2. Peça destinada a iluminação, presa ao teto ou a um braço, de onde pendem dispositivos para um ou mais focos de luz.

lamparina (lam.pa.ri.na) s.f. 1. Pequena lâmpada. 2. Pequeno recipiente com um pavio mergulhado em azeite, que, aceso, fornece luz atenuada; fifó.

lampeiro (lam.pei.ro) adj. Serelepe; buliçoso; espevitado; apressado; lesto.

lampejar (lam.pe.jar) v.i. 1. Emitir lampejo, brilhar momentaneamente. v.t.d. 2. Emitir, irradiar.

lampejo (lam.pe.jo) [ê] s.m. 1. Ato de lampejar. 2. (Fig.) Manifestação rápida de uma ideia. 3. Faísca, fagulha, clarão.

lampião (lam.pi.ão) s.m. Lanterna com grandes dimensões, elétrica ou com reservatório para combustível, portátil ou fixa em teto, de uso interno ou externo.

lampreia (lam.prei.a) s.f. (Zoo.) Peixe marinho, semelhante à enguia, saboroso e muito apreciado, natural das regiões temperadas da Europa e Ásia.

lamúria (la.mú.ri.a) s.f. 1. Lamentação, queixa. 2. Choradeira para se alcançar o que se pede.

lamuriante (la.mu.ri.an.te) adj.2g. Que tem caráter de lamúria; que envolve lamúria.

lamuriar (la.mu.ri.ar) v.i. e v.p. 1. Fazer lamúria; lastimar-se; prantear-se. v.t.d. 2. Dizer em tom de lamúria.

lamurioso (la.mu.ri.o.so) [ô] adj. 1. Que expressa lamúria; lastimoso. 2. Que se lamuria; choroso. ▣ Pl. *lamuriosos* [ó].

lança (lan.ça) s.f. Arma ofensiva de arremesso, composta de uma haste com uma lâmina pontiaguda na ponta.

lança-chamas (lan.ça-cha.mas) s.m.2n. Aparelho que lança um jato de gás ou líquido inflamável, projetando chama controlável, usado em agricultura ou na guerra. ▣ Pl. *lança-chamas*.

lançada (lan.ça.da) s.f. Golpe, movimento de lança.

lançadeira (lan.ça.**dei**.ra) *s.f.* **1.** Peça de tear que contém uma bobina, em que se enrola o fio da trama, e com o qual o tecelão faz correr o fio da trama entre os fios da urdidura. **2.** Peça semelhante nas máquinas de costura.

lançado (lan.**ça**.do) *adj.* **1.** Que se lançou. **2.** Posto em circulação, oferecido ao público.

lançamento (lan.ça.**men**.to) *s.m.* **1.** Ação de lançar. **2.** Temporada inicial de um produto: *lançamento de filme*. **3.** Produto novo, novidade: *lançamentos em vídeo*.

lança-perfume (lan.ça-per.**fu**.me) *s.m.* **1.** Droga proibida que já foi comum no Carnaval, mistura de éter, clorofórmio e perfume colocada sob pressão em tubos. **2.** Essa mistura, em outras embalagens. ▣ Pl. *lança-perfumes*.

lançar (lan.**çar**) *v.t.d.* **1.** Atirar com força, arremessar. **2.** Jogar, estendendo, estirando. **3.** Despejar. **4.** Verter, derramar. **5.** Emitir. **6.** Dar, soltar. **7.** Fazer brotar, germinar. **8.** Declarar, exprimir, proferir. **9.** Pôr em circulação, oferecer: *lançar um livro*. *v.p.* **10.** Aventurar-se.

lança-torpedos (lan.ça-tor.**pe**.dos) [ê] *s.m.2n.* Aparelho colocado em um navio para lançar torpedos. ▣ Pl. *lança-torpedos*.

lance (**lan**.ce) *s.m.* **1.** Ação ou efeito de lançar. **2.** Aventura, risco, perigo. **3.** Oferta de preço em leilão ou venda; lanço. **4.** Acontecimento, fato. **5.** Impulso, rasgo. **6.** Jogada.

lancear (lan.ce.**ar**) *v.t.d.* (*Raro*) **1.** Ferir com lança. **2.** (*Fig.*) Atingir com força, afligir.

lanceiro (lan.**cei**.ro) *s.m.* **1.** Combatente armado de lança. *adj.* **2.** Pertencente a lança.

lanceolado (lan.ce.o.**la**.do) *adj.* (*Bot.*) Que tem formato semelhante a uma lança: *árvore com folhas lanceoladas*.

lanceta (lan.**ce**.ta) [ê] *s.f.* **1.** (*Med.*) Instrumento cirúrgico de dois gumes. **2.** Cutelo com que se abatem reses no matadouro.

lancetar (lan.ce.**tar**) *v.t.d.* **1.** Cortar, abrir com lanceta. **2.** Pungir, cruciar.

lancha (**lan**.cha) *s.f.* **1.** Pequena embarcação a vela, a remo ou a motor para navegação costeira, para transporte ou para outro serviço, dentro dos portos. **2.** Qualquer das embarcações miúdas cuja propulsão normal é o motor. **3.** (*Pop.*) Pé grande espalmado, prancha.

lanchar (lan.**char**) *v.i.* **1.** Comer lanche, fazer lanche. *v.t.d.* **2.** Comer (alguma coisa, como lanche).

lanche (**lan**.che) *s.m.* **1.** Merenda. **2.** Pequena refeição entre o almoço e o jantar.

lancheira (lan.**chei**.ra) *s.f.* Maleta onde se leva o lanche.

lanchonete (lan.cho.**ne**.te) *s.f.* Estabelecimento especializado em refeições ligeiras, geralmente no balcão.

lancinante (lan.ci.**nan**.te) *adj.2g.* **1.** Que lancina ou golpeia. **2.** Muito doloroso, aflitivo, pungente. **3.** Diz-se da dor aguda e muito forte.

lancinar (lan.ci.**nar**) *v.t.d.* **1.** Golpear, pungir. **2.** Atormentar, afligir, torturar.

lanço (**lan**.ço) *s.m.* **1.** Ato de lançar. **2.** Lance. **3.** (*Const.*) Porção, seção ou parte de escada, muro etc.

langor (lan.**gor**) [ô] *s.m.* Languidez.

langoroso (lan.go.**ro**.so) [ô] *adj.* **1.** Lânguido. **2.** Enervado, fraco. ▣ Pl. *langorosos* [ó].

languescer (lan.gues.**cer**) *v.i.* **1.** Tornar-se lânguido, enfraquecer. **2.** Diminuir de zelo e atividade.

languidez (lan.gui.**dez**) [ê] *s.f.* Estado ou qualidade de lânguido.

lânguido (**lân**.gui.do) *adj.* **1.** Sem forças, sem energia, fraco, abatido. **2.** Doentio, mórbido. **3.** Voluptuoso, sensual.

lanhar (la.**nhar**) *v.t.d.* **1.** Dar golpes em, ferir, maltratar. **2.** Mortificar, afligir, oprimir. **3.** Deturpar, alterar, estropiar.

lanho (**la**.nho) *s.m.* **1.** Golpe de instrumento cortante. **2.** Pedaço de carne em tiras.

lanifício (la.ni.**fi**.ci.o) *s.m.* **1.** Obra ou tecido de lã. **2.** Manufatura de lã.

lanígero (la.**ní**.ge.ro) *adj.* **1.** Que tem, produz ou cria lã. **2.** Diz-se de todo ser coberto de lã.

La Niña [espanhol: "la ninha"] *s.f.* (*próprio*) Fenômeno climático, definido como oceânico-atmosférico, no qual ocorre o resfriamento incomum das águas do oceano Pacífico, o que provoca alterações sazonais na circulação geral da atmosfera e pode durar de nove a doze meses. Cf. *El Niño*.

lanolina (la.no.**li**.na) *s.f.* (*Quím.*) Mistura de colesterol e seus ésteres, obtida da gordura da lã e usada como base de pomadas e cosméticos.

lanoso (la.**no**.so) [ô] *adj.* **1.** Relativo a lã. **2.** Que tem lã. **3.** Semelhante a lã. **4.** (*Bot.*) Coberto de pelos longos, crespos e suaves que recordam a lã. ▣ Pl. *lanosos* [ó].

lantânio (lan.**tâ**.ni.o) *s.m.* (*Quím.*) Elemento que é um metal raro, de símbolo La, número atômico 57 e peso atômico 138,91, que pertence ao grupo das terras-raras.

lantejoula (lan.te.**jou**.la) *s.f.* Plaquinha circular e muito brilhante, com que se enfeitam roupas e também letreiros; lentejoula.

lanterna (lan.**ter**.na) [é] *s.f.* **1.** Utensílio de iluminação com fonte de luz protegida por vidro ou outra matéria transparente; farol. **2.** Lâmpada elétrica portátil alimentada por pilhas. **3.** Dispositivo de iluminação colocado à frente dos veículos ou de sinalização colocado ao lado ou atrás. **4.** Claraboia em cúpula ou zimbório.

lanternagem (lan.ter.**na**.gem) *s.f.* **1.** Operação de desamassar carrocerias ou peças de carroceria de automóveis; funilaria. **2.** Parte das oficinas de automóveis onde se faz esse serviço.

lanterneiro (lan.ter.**nei**.ro) *s.m.* **1.** Fabricante de lanterna. **2.** Aquele que é encarregado de acender, apagar e limpar lanternas e lampiões. **3.** Faroleiro. **4.** Operário especializado em lanternagem; funileiro.

lanterninha (lan.ter.**ni**.nha) s.f. **1.** Pequena lanterna. s.2g. **2.** Clube esportivo que nas competições tira o último lugar. s.m. **3.** Pessoa que indica o lugar no cinema. **4.** Vaga-lume.

lanugem (la.**nu**.gem) s.f. **1.** Pelo fino que nasce antes da barba. **2.** Pelo fino, aveludado, penugem. **3.** (Bot.) Pelo macio que cobre algumas folhas e frutos.

laociano (la.o.ci.**a**.no) adj. (Raro) O mesmo que laosiano.

laosiano (la.o.si.**a**.no) adj. **1.** De Laos, país da Ásia. s.m. **2.** Pessoa natural ou habitante desse lugar. O mesmo que laociano.

lapa (**la**.pa) s.f. **1.** Grande pedra ou laje que forma um abrigo. (Pop.) **2.** Molusco marinho gastrópode univalve. **3.** Tapa, bofetada.

láparo (**lá**.pa.ro) s.m. (Zoo.) Filhote de coelho ou de lebre.

laparotomia (la.pa.ro.to.**mi**.a) s.f. **1.** (Med.) Incisão cirúrgica em flanco para tratamento de hérnia lombar. **2.** Qualquer incisão destinada a abrir a cavidade abdominal.

lapela (la.**pe**.la) [é] s.f. Parte anterior e superior de um casaco voltada para fora.

lapidação (la.pi.da.**ção**) s.f. **1.** Ação ou efeito de lapidar. **2.** Antigo suplício que consistia em apedrejar o criminoso. **3.** Oficina em que se lapidam pedras preciosas. **4.** (Fig.) Educação, aperfeiçoamento.

lapidar (la.pi.**dar**) adj.2g. **1.** Gravado em lápide ou pedra. **2.** Conciso, breve. **3.** Artístico, primoroso. v.t.d. **4.** Talhar, polir, aperfeiçoar. **5.** Apedrejar. **6.** Dar uma educação primorosa a.

lapidário (la.pi.**dá**.ri.o) adj. **1.** Que se refere a inscrições lapidares. s.m. **2.** Aquele que lapida pedras preciosas; joalheiro. **3.** Instrumento para polir peças de relojoaria.

lápide (**lá**.pi.de) s.f. **1.** Pedra com qualquer inscrição comemorativa. **2.** Laje ou lousa tumular.

lapinha (la.**pi**.nha) s.f. **1.** Pequena lapa. **2.** Nicho ou presépio que se arma nas festas de fim de ano.

lápis (**lá**.pis) s.m.2n. Objeto para escrever ou desenhar, que contém um cilindro de grafite envolvido em madeira. **Lápis de cor:** objeto semelhante, com cilindro de material colorido. ▣ Pl. lápis.

lapiseira (la.pi.**sei**.ra) s.f. Tubo próprio para fixar na ponta um cilindro de grafite, de diâmetro variado, usado como lápis: *a lapiseira, os lápis e a borracha são materiais de desenho.*

lapso (**lap**.so) s.m. **1.** Espaço de tempo. **2.** Erro, culpa, falha, deslize, cometido por descuido, engano involuntário ou esquecimento. adj. **3.** Incurso em erro, culpa ou pecado.

laptop [inglês: "lépi-tópi"] s.m. (Inf.) Computador portátil; *notebook*.

laquê (la.**quê**) s.m. Produto com que se vaporizam os cabelos a fim de fixar o penteado.

laqueadura (la.que.a.**du**.ra) s.f. (Med.) Ligadura, ato ou afeito de ligar, de modo definitivo ou temporário, estruturas ocas tais como artérias, veias etc., como parte principal ou secundária de uma cirurgia.

laquear (la.que.**ar**) v.t.d. **1.** Estrangular. **2.** (Med.) Ligar. **3.** Cobrir com laca. **4.** Pintar móveis com tinta esmalte.

lar s.m. **1.** Lugar na cozinha em que se acende o fogo, lareira, fogão. **2.** Casa de habitação. **3.** Família. **4.** Torrão natal, pátria.

laranja (la.**ran**.ja) s.f. **1.** (Bot.) Fruto cítrico da laranjeira, empregado em sucos, doces etc. s.m. **2.** A cor desse fruto, amarelo-escuro ou avermelhado. **3.** (Gír.) Pessoa que efetua uma transação irregular ou fraudulenta, em benefício de outra pessoa. Cf. *testa de ferro*. adj. **4.** Alaranjado. **Agente laranja:** herbicida de grande capacidade destrutiva usado na Guerra do Vietnã.

laranja-cravo (la.ran.ja-**cra**.vo) s.f. (Bot.) Variedade de laranja muito cheirosa, azeda, pequena e de cor avermelhada. ▣ Pl. laranjas-cravo e laranjas-cravos.

laranjada (la.ran.**ja**.da) s.f. **1.** Bebida feita com o suco da laranja, água e açúcar. **2.** Grande porção de laranjas.

laranjal (la.ran.**jal**) s.m. Plantação ou pomar de laranjeiras.

laranja-lima (la.ran.ja-**li**.ma) s.f. (Bot.) Variedade de laranja de sabor suave, pouco ácida e de cor mais clara. ▣ Pl. laranjas-lima, laranjas-limas.

laranja-pera (la.ran.ja-**pe**.ra) s.f. (Bot.) Variedade mais comum de laranja, utilizada em sucos naturais e industrializados. ▣ Pl. laranjas-pera, laranjas-peras.

laranjeira (la.ran.**jei**.ra) s.f. (Bot.) Árvore cujo fruto é a laranja, com ramos dotados de espinhos, flores alvas que produzem néctar, folhas aromáticas.

laranjinha (la.ran.**ji**.nha) s.f. **1.** Cachaça aromatizada com cascas de laranja. **2.** Bola de cera cheia de água perfumada, com formato de laranja e outras frutas, usada na brincadeira de entrudo e substituída pelas bisnagas.

larápio (la.**rá**.pi.o) s.m. Aquele que tem o hábito de furtar, roubar; ladrão.

lardear (lar.de.**ar**) v.t.d. **1.** Entremear (um pedaço de carne) com fatias de lardo ou toucinho. **2.** (Fig.) Fincar, cravar. **3.** Intercalar.

lardo (**lar**.do) s.m. Toucinho.

lareira (la.**rei**.ra) s.f. **1.** Laje em que se acende o fogo; fogão, chaminé. **2.** Fornalha onde se faz fogo para aquecimento de interiores.

larga (**lar**.ga) s.f. **1.** Ação ou afeito de largar. **2.** Largueza, liberdade, folga. **3.** Aumento, ampliação. À **larga:** com fartura.

largada (lar.**ga**.da) s.f. **1.** Ação de largar. **2.** A partida, o início de uma competição esportiva.

largar (lar.**gar**) v.t.d. **1.** Soltar; deixar cair. **2.** Deixar fugir; libertar. **3.** Deixar de lado; abandonar. **4.** Emitir, soltar. **5.** Contar, dizer, proferir. **6.** Desferir, desfraldar. **7.** Impelir, lançar. v.p. **8.** Soltar-se. v.i. **9.** Partir, ir-se.

largo (**lar**.go) adj. **1.** Que é maior para os lados que para cima. **2.** Que tem sobra de espaço; amplo,

vasto, folgado. **3.** Generoso, bondoso. s.m. **4.** Trecho em que a rua, avenida se alarga. **5.** Mar alto: *o navio fez-se ao largo*. adv. **6.** Com largueza.
largueza (lar.**gue**.za) [ê] s.f. **1.** Qualidade de largo; largura. **2.** Liberdade; generosidade. **3.** Desregramento; esbanjamento; desperdício; dissipação; folga.
largura (lar.**gu**.ra) s.f. **1.** Qualidade de largo. **2.** A dimensão transversal de uma superfície retangular.
laringe (la.**rin**.ge) s.f. (*Anat.*) Conduto formado por músculos e cartilagem, com revestimento interno mucoso, situado logo acima da traqueia e comunicando-se, na parte superior, com a faringe e cuja função, dentre outras, é intervir no mecanismo de fonação e evitar a penetração de alimentos na traqueia. Obs.: o uso como masculino é mais raro porém admitido no *Volp*.
laríngeo (la.**rín**.ge.o) adj. (*Anat.*) Que diz respeito à laringe.
laringite (la.rin.**gi**.te) s.f. (*Med.*) Inflamação aguda ou crônica da laringe.
laringologia (la.rin.go.lo.**gi**.a) s.f. Ramo da medicina que estuda a laringe em todos os seus aspectos.
laringologista (la.rin.go.lo.**gis**.ta) s.2g. e adj.2g. (Médico) especialista em laringologia.
larva (**lar**.va) s.f. **1.** (Zoo.) Fase do desenvolvimento de certos insetos, anfíbios e peixes em que o organismo, recém-saído do ovo, tem uma forma alongada, muito diferente da fase adulta: *a larva da borboleta é uma lagarta*. **2.** Para os antigos romanos, fantasma, espírito maligno.
larvar (lar.**var**) adj.2g. **1.** (Zoo.) Relacionado a larva: *fase larvar*. **2.** (Fig.) Que está em estágio ou fase inicial, em desenvolvimento, com forma irreconhecível.
lasanha (la.**sa**.nha) s.f. (Culin.) Iguaria preparada com massa de macarrão cortada em tiras largas e cozidas, postas em camadas entremeadas com recheio de carne, molho branco ou de tomate, queijo etc. e assadas.
lasca (**las**.ca) s.f. **1.** Fragmento de madeira, pedra ou metal. **2.** Pequena fatia. **3.** Espécie de jogo de azar.
lascar (las.**car**) v.t.d. **1.** Partir ou fazer lascas de; rachar; quebrar. v.i. **2.** Fazer-se em lascas, fender-se. v.p. **3.** Estilhaçar-se.
lascívia (las.**cí**.vi.a) s.f. Qualidade do que é lascivo ou libidinoso; luxúria; sensualidade.
lascivo (las.**ci**.vo) s.m. e adj. (Indivíduo) que é sensual, lúbrico, libidinoso, lascivo.
laser [inglês: "lêiser"] s.m. **1.** (Fís.) Fonte luminosa que produz um feixe de luz fino e intenso, com aplicações na indústria, na medicina etc.; lêiser. **2.** Barco a vela de pequenas proporções. Obs.: a forma em português é *lêiser*. Cf. *lazer*.
lasquenê (las.que.**nê**) s.m. (Folc.) Jogo de baralho de origem alemã, jogado com seis e até doze baralhos.
lassidão (las.si.**dão**) s.f. **1.** Qualidade ou estado de lasso. **2.** Prostração de forças, cansaço, fadiga. **3.** Tédio, enfastiamento, desgosto.

lassitude (las.si.**tu**.de) s.f. **1.** Qualidade de lasso; lassidão. **2.** Fraqueza, moleza, debilidade.
lasso (**las**.so) adj. **1.** Fatigado; cansado. **2.** Bambo; relaxado; frouxo.
lástima (**lás**.ti.ma) s.f. **1.** Ato ou efeito de lastimar(-se); compaixão; pena; dó. **2.** Miséria; infortúnio. **3.** Aquilo ou aquele que merece ser lastimado. **4.** Lamentação; pranto.
lastimar (las.ti.**mar**) v.t.d. **1.** Deplorar; lamentar. v.p. **2.** Lamentar-se; queixar-se.
lastimável (las.ti.**má**.vel) adj.2g. Lamentável; deplorável.
lastimoso (las.ti.**mo**.so) [ô] adj. **1.** Que contém lástima, lamentação ou lamúria. **2.** Que se lastima; choroso, queixoso. ▪ Pl. *lastimosos* [ó].
lastrar (las.**trar**) v.t.d. **1.** Carregar com lastro. **2.** Tornar mais firme, aumentando o peso. v.i. **3.** Propagar-se; alastrar-se.
lastrear (las.tre.**ar**) v.t.d. **1.** Colocar lastro em: *lastreou o navio*. **2.** Embasar, fundamentar. **3.** Garantir, sustentar, suportar: *tinha recursos para lastrear a viagem*.
lastro (**las**.tro) s.m. **1.** Tudo quanto é colocado no porão do navio para lhe dar estabilidade. **2.** Areia levada em sacos por balões e aeróstatos, para, com seu despejo, compensar a perda de gás. **3.** Depósito em ouro que serve de garantia ao papel-moeda. **4.** Camada de pedra britada colocada no leito de estradas de ferro para dar-lhe firmeza e ajudar a nivelar asperezas do terreno.
lata (**la**.ta) s.f. **1.** Folha de ferro coberta de estanho; folha de flandres: *a porta do carro é de lata*. **2.** Recipiente feito desse material ou de alumínio: *refrigerante em lata*. **3.** Conteúdo desse recipiente: *misture uma lata de leite condensado e uma xícara de chocolate em pó*.
latada (la.**ta**.da) s.f. **1.** Pancada com lata. **2.** Grade de varas para sustentar videiras ou outras plantas trepadeiras. **3.** Assuada feita aos noivos, na noite de casamento, com barulho de latas e panelas. **4.** Abrigo ou cobertura de capim ou de coqueiro.
latagão (la.ta.**gão**) s.m. Homem robusto, novo e alto.
latagona (la.ta.**go**.na) s.f. Feminino de *latagão*.
latão (la.**tão**) s.m. **1.** (Quím.) Liga de cobre e zinco. **2.** Vasilha de zinco, estanhada por dentro, própria para transportar leite.
lataria (la.ta.**ri**.a) s.f. **1.** Grande quantidade de latas. **2.** Nome dado aos produtos alimentares enlatados. **3.** A carroceria dos automóveis.
látego (**lá**.te.go) s.m. **1.** Açoite ou chicote de cordas ou correias; azorrague. **2.** Tira de couro com a qual se aperta a barrigueira aos arreios. **3.** Castigo; flagelo.
latejante (la.te.**jan**.te) adj.2g. Que lateja; palpitante.
latejar (la.te.**jar**) v.i. Pulsar; palpitar; bater.
latejo (la.**te**.jo) [ê] s.m. Ação de latejar; pulsação, batimento.
latência (la.**tên**.ci.a) s.f. **1.** Qualidade ou estado de latente. **2.** (Bio.) Período de inatividade entre um estímulo e a resposta por ele provocada.

latente (la.**ten**.te) *adj.2g.* **1.** Que não se vê, que está oculto. **2.** Subentendido. **3.** Dissimulado, disfarçado. **4.** Diz-se da atividade que não se manifesta, mas se desenvolve quando as circunstâncias estão favoráveis.

lateral (la.te.**ral**) *adj.2g.* **1.** Que está situado ao lado. **2.** (*Fon.*) Diz-se da consoante que é pronunciada com escapamento do sopro pelos lados da língua, como o *l* o *lh*. *s.2g.* **3.** (*Esp.*) No futebol e em outros esportes, jogador que atua próximo às laterais do campo.

lateralidade (la.te.ra.li.**da**.de) *s.f.* Qualidade ou estado de lateral.

látex (**lá**.tex) [cs] *s.m.2n.* (*Bot.*) **1.** Suco espesso, quase sempre alvo, de certas plantas, mediante cortes. **2.** Emulsão cujos componentes mais importantes são resinas e borracha. ▪ Pl. *látex*.

latíbulo (la.**tí**.bu.lo) *s.m.* **1.** Lugar oculto, escondido; esconderijo. **2.** Céu, morada dos deuses, em alguns poemas.

laticínio (la.ti.**cí**.ni.o) *s.m.* Alimento em cujo preparo entra o leite. O memo que *lacticínio*.

lático (**lá**.ti.co) *adj.* Pertencente ao leite. O mesmo que *láctico*.

latido (la.**ti**.do) *s.m.* **1.** Ato ou efeito de latir ou ladrar; ladrido; voz do cão. **2.** (*Fig.*) Palavras tolas, sem valor.

latifundiário (la.ti.fun.di.**á**.ri.o) *s.m.* **1.** Proprietário de latifúndio. *adj.* **2.** Relacionado a latifúndio.

latifúndio (la.ti.**fún**.di.o) *s.m.* **1.** Propriedade rural grande. **2.** Propriedade rural grande, com larga extensão de terras não cultivadas.

latim (la.**tim**) *s.f.* **1.** Língua primitivamente falada no Lácio (antiga região da Itália) e depois em todo Império Romano, que deu origem entre outras ao italiano e ao português. **2.** (*Fig.*) Assunto de difícil compreensão.

latinismo (la.ti.**nis**.mo) *s.m.* Locução ou construção gramatical própria do latim.

latinista (la.ti.**nis**.ta) *s.2g.* Estudioso da língua e literatura latinas.

latinizar (la.ti.ni.**zar**) *v.t.d.* **1.** Dar forma latina. *v.i.* **2.** Usar expressões latinas.

latino (la.**ti**.no) *adj.* **1.** Que diz respeito ao latim ou aos povos que falavam essa língua, durante o Império Romano. **2.** Diz-se das línguas que evoluíram do latim, como italiano, espanhol, português, romeno e outras. **América Latina:** conjunto dos países da América que falam espanhol ou português, ou seja, todos menos EUA e Canadá. *s.m.* **3.** Indivíduo natural ou habitante da América Latina.

latino-americano (la.ti.no-a.me.ri.**ca**.no) *adj.* **1.** Pertencente ou relativo aos países da América que falam espanhol ou português. *s.m.* **2.** Pessoa natural ou habitante de um desses países. ▪ Pl. *latino-americanos*.

latir (la.**tir**) *v.i.* Dar ou soltar latidos, ladrar. Obs.: verbo defectivo, só conjugado normalmente na 3ª pes. e nunca quando o *t* da raiz se seguiria um *o* ou *a*.

latitude (la.ti.**tu**.de) *s.f.* (*Geo.*) **1.** Arco do meridiano compreendido entre o Equador e a vertical de qualquer lugar com o plano do Equador. **2.** Distância do Equador a um lugar da Terra, quer no hemisfério Norte, quer no hemisfério Sul, medida em graus sobre o meridiano desse lugar. **3.** Clima. **4.** (*Fig.*) Amplitude, desenvolvimento.

latitudinal (la.ti.tu.di.**nal**) *adj.2g.* **1.** Que diz respeito à latitude. **2.** Feito no sentido da latitude, da largura; colocado de lado: *rodelas de banana são fatias latitudinais*. Cf. *longitudinal*.

latitudinário (la.ti.tu.di.**ná**.ri.o) *adj.* **1.** Largo; dilatado; extenso. **2.** De interpretação livre.

lato (**la**.to) *adj.* Amplo; dilatado; largo.

latoaria (la.to.a.**ri**.a) *s.f.* Ofício (ou oficina) do latoeiro.

latoeiro (la.to.**ei**.ro) *s.m.* **1.** Fabricante ou vendedor de objetos feitos de lata ou de latão. **2.** Funileiro.

latria (la.**tri**.a) *s.f.* **1.** Culto de adoração devido a Deus. **2.** Adoração, culto.

latrina (la.**tri**.na) *s.f.* Lugar apropriado para dejeções; vaso sanitário, sentina.

latrocínio (la.tro.**cí**.ni.o) *s.m.* Roubo, seguido de morte ou graves lesões corporais da vítima.

lauda (**lau**.da) *s.f.* **1.** Página de livro. **2.** Cada um dos lados de uma folha de papel.

láudano (**láu**.da.no) *s.m.* Líquido feito com sementes de papoula ou ópio, usado a partir do século XVII como medicamento, entorpecente ou veneno.

laudatório (lau.da.**tó**.ri.o) *adj.* Que louva ou contém louvor.

laudo (**lau**.do) *s.m.* Parecer de um perito ou árbitro sobre uma questão.

laurácea (lau.**rá**.ce.a) *s.f.* Árvore ou arbusto que pertence a um grupo originário de países quentes, como o loureiro, o abacateiro e a canforeira, algumas das quais dão boa madeira.

láurea (**láu**.re.a) *s.f.* **1.** Coroa de louros com que se premiavam os poetas; laurel. **2.** Galardão, prêmio. **3.** Grau acadêmico.

laureado (lau.re.**a**.do) *s.m. e adj.* (Aquele) que recebeu láurea; premiado; festejado; elogiado.

laurear (lau.re.**ar**) *v.t.d.* **1.** Cingir ou coroar de louros. **2.** Premiar por mérito literário ou artístico. **3.** Enfeitar; adornar. *v.i.* **4.** Vagabundear; vadiar.

laurel (lau.**rel**) *s.m.* **1.** Coroa de louros; láurea. **2.** Prêmio; homenagem.

laurêncio (lau.**rên**.ci.o) *s.m.* (*Quím.*) Elemento transurânico, de símbolo Lr, número atômico 103 e peso atômico 257.

lauto (**lau**.to) *adj.* Magnificente, ostentoso, abundante, opíparo.

lava (**la**.va) *s.f.* **1.** Rocha em fusão expelida pelos vulcões. **2.** A matéria que sai dos vulcões solidificada pelo esfriamento. (*Fig.*) **3.** Torrente, enxurrada. **4.** Língua de fogo, chama.

lavabo (la.**va**.bo) *s.m.* **1.** Oração que o sacerdote profere durante a celebração da missa, lavando os dedos. **2.** Bacia fixa com água corrente para lavar o rosto e as mãos; lavatório. **3.** Pequeno banheiro social.

lavação (la.va.**ção**) s.f. Ato ou efeito de lavar; lavagem.

lavada (la.**va**.da) s.f. **1.** Espécie de rede de pescar. **2.** Lavagem. **3.** (*Pop.*) Grande derrota. **4.** Censura; repreensão.

lavadeira (la.va.**dei**.ra) s.f. **1.** Mulher que lava roupa para fora; lavandeira. **2.** Máquina para lavagem de lãs nas fábricas de lanifícios. **3.** Lavadora. **4.** (*Zoo.*) Libélula.

lavadora (la.va.**do**.ra) [ô] s.f. Máquina elétrica de lavar roupas ou louça.

lavadouro (la.va.**dou**.ro) s.m. Local público com tanques para lavar roupas, construídos antigamente.

lavagem (la.**va**.gem) s.f. **1.** Ação ou efeito de lavar. **2.** Restos de comida dados aos porcos. **3.** Separação das partes úteis de um minério, por meio de água. **4.** (*Med.*) Irrigação de órgãos, como estômago, intestinos e vagina, com o objetivo de remover corpos estranhos. **5.** (*Pop.*) Descompostura; repreensão.

lavanda (la.**van**.da) s.f. **1.** (*Bot.*) Planta aromática e medicinal, originária da região do mar Mediterrâneo, muito utilizada na fabricação de perfumes e sabonetes; alfazema. **2.** Colônia feita dessa planta. **3.** Pequena taça com água colocada na mesa para se lavarem os dedos, durante as refeições.

lavandeira (la.van.**dei**.ra) s.f. **1.** Lavadeira. (*Zoo.*) **2.** Ave do Sul do Brasil, de coloração branca e com a coroa da cabeça pardo-avermelhada e que frequenta os campos nos pampas; lavadeira. **3.** Ave que migra do MA à BA, de dorso cinzento-claro, abdome branco e asa escura e que se alimenta de insetos. **4.** Libélula.

lavanderia (la.van.de.**ri**.a) s.f. **1.** Estabelecimento onde se lavam e passam roupas; tinturaria. **2.** Parte da casa, hotel etc. onde a roupa é lavada e passada.

lava-pés (la.va-**pés**) s.m.2n. **1.** Cerimônia litúrgica, na Quinta-feira Santa, na qual se rememora o fato de Jesus ter lavado os pés dos seus discípulos. **2.** (*Zoo.*) Formiga também chamada formiga-malagueta ou formiga-de-fogo. ▫ Pl. *lava-pés*.

lavar (la.**var**) v.t.d. **1.** Limpar com água; banhar. **2.** Tornar puro; expurgar. v.p. **3.** Banhar-se.

lavatório (la.va.**tó**.ri.o) s.m. **1.** Ação de lavar. **2.** Móvel ou utensílio para lavar as mãos e o rosto; pia. **3.** (N) Na Amazônia, poça ou pequeno lago onde os animais costumam banhar-se.

lavor (la.**vor**) [ô] s.m. **1.** Labor. **2.** Trabalho manual, de caráter artístico ou artesanal. **3.** Obra de agulha, feita por desenho. **4.** Ornato em relevo; lavrado. **5.** Cristalização superficial nas salinas, que impede a evaporação da água e a formação de sal.

lavoura (la.**vou**.ra) s.f. **1.** Cultivo de terra; agricultura. **2.** Preparação do terreno para a sementeira ou plantação. **3.** Propriedade lavrada e cultivada.

lavra (la.vra) s.f. **1.** Ação de lavrar. **2.** Mineração. **3.** Terreno de mineração. **4.** Autoria, composição, invenção.

lavrado (la.**vra**.do) adj. **1.** Que se lavrou; arado; cultivado. **2.** Ornado de lavores. **3.** Escrito em atas, livros de registro; registrado. s.m. **4.** Terra lavrada. **5.** Lavor de agulha, bordado.

lavrador (la.vra.**dor**) [ô] s.m. e adj. (Aquele) que trabalha na lavoura ou possui propriedades; agricultor.

lavragem (la.**vra**.gem) s.f. Ação de lavrar.

lavrar (la.**vrar**) v.t.d. **1.** Preparar para o plantio: *lavrar o solo, adubar e depois semear.* **2.** Fazer lavrados em; desenhar em bordado. **3.** Explorar (minas). **4.** Escrever, redigir atas. **5.** Cunhar (moedas).

lavratura (la.vra.**tu**.ra) s.f. Ato de lavrar uma escritura ou outro documento.

laxante (la.**xan**.te) adj.2g. **1.** Que laxa, solta ou afrouxa; laxativo. s.m. e adj.2g. **2.** (Substância) que estimula a evacuação e o funcionamento dos intestinos.

laxar (la.**xar**) v.t.d. Afrouxar, soltar, desimpedir.

laxativo (la.xa.**ti**.vo) adj. Laxante.

laxo (la.**xo**) adj. Frouxo, solto, desimpedido.

layout [inglês: "leiaute"] s.m. Leiaute.

lazarento (la.za.**ren**.to) adj. **1.** Contaminado pelo mal de lázaro, ou hanseníase. **2.** Que tem pústulas ou chagas. s.m. **3.** (*Ant.*) Doente do mal de lázaro sem tratamento. **4.** (*Pej.*) Pessoa desgraçada, infeliz, repugnante.

lazareto (la.za.**re**.to) [ê] s.m. (*Ant.*) Abrigo improvisado para isolar doentes e conter epidemias. Obs.: do italiano *lazzaretto*.

lazarina (la.za.**ri**.na) s.f. (*Folc.*) Antiga espingarda de chumbo para caçar passarinho, de carregar pela boca.

lázaro (**lá**.za.ro) s.m. (*Ant.*) Pessoa doente do mal de lázaro, ou hanseníase. Obs.: tem origem em um personagem bíblico do Evangelho de São João.

lazer (la.**zer**) s.m. **1.** Ócio; descanso; folga. **2.** Tempo livre. **3.** Atividade praticada nesse tempo; divertimento. Cf. *laser*.

LCD (*Fís.*) Sigla do inglês *liquid crystal display* "monitor de cristal líquido", tipo de tela feita de duas lâminas de vidro seladas com uma película de cristal líquido, geralmente transparente, usada em celulares, *notebooks*, relógios digitais etc.

lê s.m. Nome da letra L.

leal (le.**al**) adj.2g. **1.** Sincero; honesto. **2.** Fiel aos seus compromissos. s.m. **3.** Moeda portuguesa de dez réis, do tempo de D. João I (1357-1433).

lealdade (le.al.**da**.de) s.f. Qualidade ou procedimento de quem é leal.

leão (le.**ão**) s.m. **1.** (*Zoo.*) Felídeo selvagem da África, Ásia e Europa, grande e de cor amarelada, com juba nos machos; vive em grupos e caça animais de todo tamanho. **2.** Homem valente. (*próprio*) **3.** (*Astron.*) Constelação do Zodíaco. **4.** (*Mit.*) Quinto signo astrológico, de 21 de julho a 22 de agosto, correspondente aos leoninos.

leão-marinho (le.ão-ma.**ri**.nho) s.m. (*Zoo.*) Mamífero aquático de águas geladas, semelhante a uma foca muito grande, que se move sobre o gelo apoiado em nadadeiras; lobo-marinho. ▫ Pl. *leões--marinhos*.

lebracho (le.**bra**.cho) s.m. Lebrão.
lebrão (le.**brão**) s.m. Macho da lebre; lebracho.
lebre (**le**.bre) s.f. (Zoo.) Roedor semelhante ao coelho, porém maior e bem mais veloz.
lecionar (le.ci.o.**nar**) v.i. **1.** Dedicar-se ao magistério; ensinar. v.t.d. **2.** Dar lições de; explicar. v.t.d. e v.i. **3.** Ensinar, explicar algo a alguém.
lecitina (le.ci.**ti**.na) s.f. Substância rica em fosfato, presente na soja, na gema do ovo, no cérebro, no tecido nervoso, na medula etc.
ledo (**le**.do) [ê] adj. Risonho; contente; alegre.
ledor (le.**dor**) [ô] s.m. e adj. (Aquele) que lê; leitor.
legação (le.ga.**ção**) s.f. **1.** Ato de legar. **2.** Representação diplomática inferior à embaixada; seus componente; sua sede.
legado (le.**ga**.do) s.m. **1.** Aquilo que se deixa a alguém, que não é o principal herdeiro em testamento. s.m. e adj. **2.** (Aquele) que é encarregado de qualquer missão diplomática.
legal (le.**gal**) adj.2g. **1.** Conforme ou relativo à lei. **2.** Certo, regular, em ordem. **3.** (Pop. Gír.) Correto, ótimo, perfeito.
legalidade (le.ga.li.**da**.de) s.f. Caráter ou qualidade do que é legal.
legalismo (le.ga.**lis**.mo) s.m. Respeito às leis vigentes.
legalização (le.ga.li.za.**ção**) s.f. Ato ou efeito de legalizar.
legalizado (le.ga.li.**za**.do) adj. Que se legalizou, que segue a lei; validado conforme a lei.
legalizar (le.ga.li.**zar**) v.t.d. Tornar legal; dar força de lei; legitimar; autenticar.
legar (le.**gar**) v.t.d. **1.** Enviar alguém como legado. v.t.d. e v.t.i. **2.** Deixar em testamento: *os pais legaram uma casa a cada filha*.
legatário (le.ga.**tá**.ri.o) s.m. Aquele a quem se deixou um legado; herdeiro testamentário.
legenda (le.**gen**.da) s.f. **1.** Texto explicativo que acompanha uma ilustração. **2.** Em um filme ou programa de televisão, texto escrito com a tradução das falas dos personagens ou outra informação. **3.** Letreiro, rótulo, inscrição. **4.** Lenda. **5.** Relato da vida dos santos.
legendado (le.gen.**da**.do) adj. Diz-se de filme com legendas em português ou outra língua. Cf. *dublado*.
legendário (le.gen.**dá**.ri.o) adj. **1.** Que diz respeito a legendas; lendário. s.m. **2.** Autor das legendas. **3.** Coleção da vida de santos.
legging [inglês: "légium"] s.f. Calça de malha colada ao corpo, usada em geral durante a prática de atividade física.
legião (le.gi.**ão**) s.f. **1.** Corpo do antigo exército romano constituído de infantaria e cavalaria. **2.** Grande quantidade de pessoas, multidão.
legionário (le.gi.o.**ná**.ri.o) adj. **1.** Que diz respeito a legião. s.m. **2.** Soldado de uma legião.
legislação (le.gis.la.**ção**) s.f. **1.** Conjunto de leis de um país. **2.** Conjunto de leis sobre determinada matéria. **3.** A ciência das leis.

legislador (le.gis.la.**dor**) [ô] s.m. e adj. (Aquele) que legisla ou elabora as leis; membro de órgão legislativo.
legislar (le.gis.**lar**) v.i. Fazer ou decretar leis.
legislativo (le.gis.la.**ti**.vo) adj. **1.** Relativo a leis, à criação de leis. (Pol.) **Poder Legislativo:** autoridade que cria leis. s.m. **2.** O Poder Legislativo: *o Executivo governa, o Legislativo cria leis e o Judiciário julga infrações*.
legislatura (le.gis.la.**tu**.ra) s.f. **1.** Reunião de deputados e senadores em assembleias. **2.** Espaço de tempo durante o qual os legisladores exercem seus poderes.
legisperito (le.gis.pe.**ri**.to) s.m. Aquele que é perito em leis; jurisconsulto; legista.
legista (le.**gis**.ta) s.2g. e adj.2g. **1.** (Pessoa) que estuda ou conhece a fundo as leis; jurisconsulto. **2.** Médico-legista.
legitimação (le.gi.ti.ma.**ção**) s.f. Ação de legitimar.
legitimar (le.gi.ti.**mar**) v.t.d. Tornar legítimo; reconhecer como autêntico.
legitimidade (le.gi.ti.mi.**da**.de) s.f. Característica daquilo que é legítimo; autenticidade.
legítimo (le.**gí**.ti.mo) adj. **1.** Que se baseia na lei, na razão, na justiça ou no direito. **2.** Autêntico; genuíno; legal. **3.** (Filho) resultante de casamento.
legível (le.**gí**.vel) adj.2g. Que pode ser lido; nítido.
legorne (le.**gor**.ne) s.f. (Zoo.) Galinha branca, de raça poedeira.
légua (**lé**.gua) s.f. Medida itinerária que equivale a 6000 metros. **Légua de beiço:** distância maior que uma légua, indicada com ironia pelo sertanejo esticando o lábio inferior.
leguleio (le.gu.**lei**.o) s.m. (Pej.) **1.** Pessoa que segue a legislação sem compreendê-la. **2.** Pessoa que faz interpretações literais das leis.
legume (le.**gu**.me) s.m. (Bot.) **1.** Fruto fendido em dois, como a vagem, a ervilha, o feijão e outros que formam o grupo das leguminosas. **2.** (P. ext.) Qualquer outra planta hortense.
leguminosa (le.gu.mi.**no**.sa) s.f. (Bot.) Planta que dá uma vagem e pertence a uma família em que se incluem os feijões, ervilhas e soja, importante na alimentação.
leguminoso (le.gu.mi.**no**.so) [ô] adj. (Bot.) Pertencente às leguminosas: *arbusto leguminoso, planta leguminosa*. ▫ Pl. *leguminosos* [ó].
lei s.f. **1.** Preceito que deriva do Poder Legislativo (ou de uma autoridade competente). **2.** Obrigação imposta; norma; regra.
leiaute (lei.**au**.te) s.m. **1.** Projeto gráfico; desenho que mostra o visual pretendido de uma obra impressa ou na tela. **2.** (Gír.) Visual, aparência. Obs.: do inglês *layout*.
leigo (**lei**.go) s.m. e adj. **1.** (Aquele) que não é clérigo. **2.** Estranho ou alheio a um assunto.
leilão (lei.**lão**) s.m. Venda a quem oferecer maior pagamento ou lanço; hasta.
leiloar (lei.lo.**ar**) v.t.d. Colocar em leilão; vender a quem oferecer o melhor lanço.

leiloeiro (lei.lo.**ei**.ro) s.m. Aquele que organiza, promove ou apregoa em leilões.
leira (**lei**.ra) s.f. **1.** Sulco, rego para receber sementes. **2.** Monte, amontoado de terra entre dois sulcos.
lêiser (**léi**.ser) s.m. (Fís.) Fonte luminosa que produz um feixe de luz de forte intensidade. Obs.: é bastante usada a palavra inglesa, *laser*.
leishmaniose (leish.ma.ni.**o**.se) s.f. Doença causada pelo protozoário *Leishmania* e que pode causar úlceras graves nas mucosas do nariz e da garganta.
leitão (lei.**tão**) s.m. Porco novo; bácoro ou bacorinho.
leite (**lei**.te) s.m. **1.** Líquido branco e opaco, produzido pelas glândulas mamárias das fêmeas dos mamíferos. **2.** Líquido branco extraído de um vegetal: *leite de coco*.
leiteira (lei.**tei**.ra) s.f. Recipiente em que se coloca o leite. Cf. *leiteria*.
leiteiro (lei.**tei**.ro) adj. **1.** Que produz leite: *vaca leiteira*. s.m. **2.** Pessoa que vende leite.
leiteria (lei.te.**ri**.a) s.f. **1.** Empresa que produz laticínios, como iogurte, manteiga, queijo e outros derivados de leite. **2.** Estabelecimento que vende esses produtos para o consumidor. Cf. *leiteira*.
leito (**lei**.to) s.m. **1.** Lugar onde se deita; cama. **2.** Local por onde as águas do rio correm. **3.** Parte da rua por onde passam os veículos.
leitoa (lei.**to**.a) s.f. Fêmea do leitão.
leitor (lei.**tor**) [ô] s.m. e adj. (Pessoa) que lê, para si ou para os outros.
leitora (lei.**to**.ra) s.f. Máquina ou dispositivo que lê um tipo de código ou informação: *leitora de código de barras, leitora magnética*.
leitoso (lei.**to**.so) [ô] adj. Que tem o aspecto do leite; lácteo. ▫ Pl. *leitosos* [ó].
leitura (lei.**tu**.ra) s.f. **1.** Ato ou hábito de ler. **2.** O que se lê: *leituras adequadas a cada faixa etária*.
lelê (le.**lê**) s.m. (Folc.) Dança popular nos salões de São Luís do Maranhão, no início do século XX.
lema (**le**.ma) s.f. **1.** Proposição preliminar na demonstração de um teorema. **2.** Emblema; preceito; sentença.
lembrança (lem.**bran**.ça) s.f. **1.** Ato de lembrar(-se). **2.** Aquilo que fica na memória; recordação; reminiscência. **3.** Dádiva; brinde; presente. Cf. *lembranças*.
lembranças (lem.**bran**.ças) s.f.pl. Recomendações; cumprimentos.
lembrar (lem.**brar**) v.t.d.i. **1.** Não se esquecer de. **2.** Advertir. **3.** Sugerir. v.t.d. **4.** Trazer à memória; recordar. v.p. **5.** Recordar-se.
lembrete (lem.**bre**.te) [ê] s.m. **1.** Apontamento feito em um papel para ajudar a memória. **2.** (Fig.) Repreensão; castigo.
leme (**le**.me) s.m. **1.** Aparelho localizado na popa da embarcação (ou na cauda do avião), com a finalidade de lhes dar direção. **2.** (Fig.) Direção; governo.
lêmure (**lê**.mu.re) s.m. (Zoo.) Primata primitivo, arborícola e de olhos grandes.

lenço (len.**ço**) s.m. Tecido quadrangular, delicado, que pode ser usado na cabeça, no pescoço ou ainda para assoar o nariz.
lençol (len.**çol**) s.m. Coberta que se usa para forrar a cama ou sob os cobertores.
lençol freático (len.çol fre.**á**.ti.co) s.m. Lençol de água subterrâneo localizado a pouca profundidade.
lenda (**len**.da) s.f. **1.** Narração fantasiosa, em que fatos históricos se misturam com a imaginação do narrador; legenda. **2.** Tradição popular. **3.** (Fig.) Mentira, ilusão, invencionice.
lendário (len.**dá**.ri.o) adj. Que só existe na lenda; imaginário, fabuloso, fantástico: *o lobisomem é um ser lendário*.
lêndea (**lên**.de.a) s.f. (Zoo.) Ovo de piolho.
lengalenga (len.ga.**len**.ga) s.f. Conversa fiada; discurso enfadonho; conversa monótona.
lenha (**le**.nha) s.f. Madeira usada como combustível, em lareira, forno, fornalha etc. Cf. *lenho*.
lenhador (le.nha.**dor**) [ô] s.m. Pessoa que corta árvores ou madeiras para transformá-las em lenha.
lenho (**le**.nho) s.m. Principal tecido de sustentação das plantas e condução da seiva bruta; tronco, madeiro. Cf. *lenha*.
lenhoso (le.**nho**.so) [ô] adj. Que tem o aspecto, a natureza e a consistência do lenho ou da madeira. ▫ Pl. *lenhosos* [ó].
leniente (le.ni.**en**.te) adj.2g. Brando, suave; que aceita ou participa sem críticas ou sem reação: *a escola deixou de ser leniente e passou a punir as desobediências*.
lenificar (le.ni.fi.**car**) v.t.d. Abrandar; suavizar; lenir.
lenimento (le.ni.**men**.to) s.m. **1.** Remédio para suavizar dores. **2.** O que alivia, torna brando.
lenir (le.**nir**) v.t.d. Suavizar; abrandar; lenificar. Obs.: verbo defectivo, só se conjuga quando ao *n* da raiz se seguir um *i*; pres. do ind.: *lenimos, lenis*; não é conjugado no pres. do subj. nem no imperat. neg.; imperat. afirm.: *leni*.
lenitivo (le.ni.**ti**.vo) adj. **1.** Próprio para lenir; calmante. s.m. **2.** Lenimento; alívio; consolação.
lenocínio (le.no.**cí**.ni.o) s.m. Exploração da prostituição.
lente (**len**.te) s.f. **1.** (Fís.) Disco de vidro côncavo, convexo ou biconvexo, que refrange os raios luminosos. **Lente corretiva:** disco transparente montado em óculos, para correção de dificuldades na visão. **Lentes (de contato):** disco com a mesma finalidade, que fica em contato com os olhos. s.m. **2.** Professor universitário ou secundário.
lentejoula (len.te.**jou**.la) s.f. Lantejoula.
lentidão (len.ti.**dão**) s.f. Lerdeza; demora; pachorra.
lentilha (len.**ti**.lha) s.f. (Bot.) Planta leguminosa que dá um grão redondo e achatado, usado na alimentação.
lento (**len**.to) adj. Vagaroso; demorado; lerdo.
leoa (le.**o**.a) s.f. **1.** Fêmea do leão. **2.** (Fig.) Mulher corajosa e valente, que se sai bem em uma briga.
leonino (le.o.**ni**.no) adj. **1.** Relacionado a leão. **2.** Próprio de leão; forte, feroz. **3.** Que dá vantagens

e privilégios só a um dos participantes: *contrato leonino, divisão leonina*. s.m. e adj. **4.** (Mit.) (Pessoa) do signo astrológico de Leão.

leopardo (le.o.**par**.do) s.m. (Zoo.) Felídeo selvagem semelhante à onça, natural das florestas e savanas da Ásia e da África.

lépido (lé.pi.do) adj. **1.** Rápido; ligeiro. **2.** Jovial; alegre.

lepidóptero (le.pi.**dóp**.te.ro) s.m. (Zoo.) Inseto que pertence ao mesmo grupo das borboletas e mariposas.

leporídeo (le.po.**rí**.de.o) adj. Relativo ao grupo de roedores em que estão o coelho e a lebre.

leporino (le.po.**ri**.no) adj. Que diz respeito a lebre. (Med.) **Lábio leporino:** deformidade em que a pessoa nasce com um ou os dois lábios fendidos.

lepra (**le**.pra) [é] s.f. (Med.) Hanseníase.

leprosário (le.pro.**sá**.ri.o) s.m. (Ant.) Estabelecimento em que, antes de se descobrir o tratamento da doença, eram internados os leprosos.

leproso (le.**pro**.so) [ô] s.m. e adj. (Med.) (Pessoa) que sofre de lepra ou hanseníase; hanseniano. ◙ Pl. *leprosos* [ó].

lépton (**lép**.ton) s.m. (Fís.) Tipo de partícula atômica elementar.

leptospirose (lep.tos.pi.**ro**.se) s.f. Doença infecciosa parasitária, adquirida pelo contato com a urina de ratos.

leque (**le**.que) s.m. Ventarola; abanador; abano.

ler v.t.d. Correr os olhos sobre o que está escrito, tomando conhecimento do conteúdo. Obs.: pres. do ind.: *leio, lês, lê, lemos, ledes, leem*; pret. perf.: *li, leste, leu, lemos, lestes, leram*; pres. do subj.: *leia, leias, leia, leiamos, leiais, leiam*; ger.: *lendo*; part.: *lido*.

lerdeza (ler.**de**.za) [ê] s.f. Qualidade do que é lerdo; demora.

lerdo (**ler**.do) [é] adj. **1.** Lento nos movimentos. **2.** Estúpido; tolo; aparvalhado.

lereia (le.**rei**.a) [éi] s.f. Conversa vazia, sem objetivo; conversa mole. O mesmo que *léria*.

léria (**lé**.ri.a) s.f. O mesmo que *lereia*.

lero-lero (le.ro-**le**.ro) s.m. Conversa, palavras, declarações sem significado prático; palavrório. ◙ Pl. *lero-leros*.

lesado (le.**sa**.do) adj. **1.** Que se lesou. **2.** Bobo, leso. **3.** Prejudicado, desabilitado, incapaz.

lesão (le.**são**) s.f. **1.** Ato de lesar. **2.** Ferimento; contusão. **3.** Violação de um direito; prejuízo moral.

lesa-humanidade (le.sa-hu.ma.ni.**da**.de) s.f. Ofensa à humanidade: *crimes ambientais e genocídio são ações de lesa-humanidade*. ◙ Pl. *lesa-humanidades*.

lesa-pátria (le.sa-**pá**.tri.a) s.f. Ofensa ou traição à pátria. ◙ Pl. *lesa-pátrias*.

lesar (le.**sar**) v.t.d. **1.** Causar lesão; ferir; contundir. **2.** Prejudicar o interesse (ou a reputação) de.

lesbianismo (les.bi.a.**nis**.mo) s.m. Homossexualismo feminino.

lésbica (**lés**.bi.ca) s.f. Mulher homossexual.

lésbico (**lés**.bi.co) adj. Pertencente à mulher homossexual ou ao homossexualismo feminino.

lesivo (le.**si**.vo) adj. Que lesa, que causa lesão: *o falatório foi lesivo à fama da escola*.

lesma (**les**.ma) [ê] s.f. **1.** (Zoo.) Molusco gastrópode, pegajoso e adaptado a lugares úmidos. **2.** Caracol. **3.** (Fig.) Pessoa indolente; mole; vagarosa.

leso (**le**.so) [é] adj. **1.** Lesado; contundido. **2.** Bobo; idiota; amalucado.

lesotiano (leso.ti.**a**.no) adj. **1.** De Lesoto, país da África. s.m. **2.** Pessoa natural ou habitante desse lugar.

leste (**les**.te) [é] s.m. **1.** Ponto cardeal e lado onde nasce o sol; nascente, levante, oriente. **2.** Vento que sopra do oriente. O mesmo que *este*.

lesto (**les**.to) [é] adj. Lépido; expedito; diligente; ligeiro; ágil.

letal (le.**tal**) adj.2g. Que ocasiona a morte; mortífero; mortal; fatal.

letão (le.**tão**) adj. **1.** Da Letônia, país da Europa. s.m. **2.** Pessoa natural ou habitante desse lugar.

letargia (le.tar.**gi**.a) s.f. **1.** (Bio.) Estado de sono profundo, em que as funções vitais quase se tornam imperceptíveis; letargo. **2.** (Fig.) Estado de indiferença ou apatia total.

letárgico (le.**tár**.gi.co) adj. **1.** Que causa letargia. **2.** Marcado pela letargia: *movimentos letárgicos*.

letargo (le.**tar**.go) s.m. Letargia.

letivo (le.**ti**.vo) adj. **1.** Que diz respeito a lições ou aulas. **2.** Que se refere ao período anual de aulas: *ano letivo*.

letra (**le**.tra) s.f. **1.** Cada um dos sinais gráficos com que se escrevem as palavras: *a última letra do alfabeto é o z*. **2.** Modo de escrever tais sinais; caligrafia. **3.** Tipo de impressão; fonte. **4.** Texto, poema de uma canção. **5.** Cada um dos tipos ou desenhos de letras: *letra maiúscula, letra minúscula, letra cursiva*. **Letra de câmbio:** documento que atesta uma operação de crédito; título de crédito. Cf. *letras*.

letrado (le.**tra**.do) s.m. e adj. **1.** (Pessoa) que tem o hábito da leitura, que convive com as letras. **2.** Estudioso, erudito.

letramento (le.tra.**men**.to) s.m. **1.** Capacitação para compreender textos e obras, bem como para expressar-se por escrito: *o letramento aprofunda a alfabetização e pode durar a vida toda, ou pode ser considerado a alfabetização em sentido amplo*. **2.** Convívio com textos escritos de vários gêneros: *o letramento ajuda na alfabetização*. Obs.: termo surgido na década de 1980, entre educadores, com conceito próximo ao do inglês *literacy*.

letras (**le**.tras) s.f.pl. Estudos de literatura e línguas.

letreiro (le.**trei**.ro) s.m. Inscrição feita em uma tabuleta.

letrista (le.**tris**.ta) s.2g. **1.** Pessoa que escreve letras para as músicas. **2.** Aquele que desenha letras.

léu s.m. **Ao léu: 1.** À toa, sem rumo ou sem destino: *andaram ao léu, perdidos no shopping*. **2.** Ao ar livre, sem cobertura: *estava tão calor que dormiram ao léu, fora da barraca*.

leucemia (leu.ce.**mi**.a) s.f. (Med.) Moléstia que se manifesta pelo aumento excessivo de leucócitos; câncer no sangue.

leucêmico (leu.cê.mi.co) s.m. e adj. (Med.) Relacionado a leucemia.

leucócito (leu.**có**.ci.to) s.m. (Zoo.) Glóbulo branco do sangue, que combate infecções.

leva (**le**.va) s.f. 1. Recrutamento; alistamento. 2. Grupo de pessoas; magote.

levadiço (le.va.**di**.ço) adj. Que pode ser levantado e abaixado com facilidade.

levado (le.**va**.do) adj. Traquinas; travesso; irrequieto. Levado da breca: muito travesso, endiabrado.

leva e traz (le.va e traz) s.2g.2n. 1. (Ant.) Pessoa encarregada de dar recados, entregar bilhetes e cartas. 2. Pessoa mexeriqueira, fofoqueira, intrigante. 3. Retirada e entrega (de veículo, roupa etc.): *o lava-rápido e a lavanderia oferecem serviço de leva e traz*.

levantamento (le.van.ta.**men**.to) s.m. 1. Ato de levantar. 2. Insurreição; levante; motim. 3. Estatística. 4. Balanço. 5. Retirada de dinheiro.

levantar (le.van.**tar**) v.t.d. 1. Erguer do chão; guindar. 2. Edificar; erigir. 3. Colocar de pé. 4. Provocar; ocasionar. 5. Conseguir dinheiro. v.p. e v.i. 6. Erguer-se; pôr-se de pé. 7. Sair da cama. v.p. 8. Amotinar-se; rebelar-se. 9. Reabilitar-se; reestruturar-se.

levante (le.**van**.te) s.m. 1. Insurreição; motim; revolta. 2. Ponto onde nasce o sol; nascente, oriente.

levar (le.**var**) v.t.d. 1. Transportar, carregar: *levou as crianças para a escola*. 2. Guiar, conduzir: *levou a bola até o gol*. 3. Receber, tomar: *levou uma bronca*. 4. Consumir, gastar, empregar: *levaríamos uma hora para chegar até lá*. 5. Conter, utilizar, empregar: *essa massa leva farinha de trigo e de milho*.

leve (**le**.ve) adj.2g. 1. Que tem pouco peso. 2. Tênue; delicado. 3. Sem gravidade. 4. Pouco perceptível. 5. Fácil de ser digerido. 6. Aliviado.

levedar (le.ve.**dar**) v.t.d. 1. Fazer com que fermente. v.i. 2. Fermentar.

lêvedo (**lê**.ve.do) adj. 1. Que fermentou. s.m. 2. Levedo.

levedo (le.**ve**.do) s.m. (Bio.) Fungo microscópico que provoca a fermentação, usado na fabricação de bebidas e pães; levedura, lêvedo.

levedura (le.ve.**du**.ra) s.f. (Bio.) Levedo.

leveza (le.**ve**.za) [ê] s.f. 1. Qualidade daquilo que é leve. 2. Leviandade; falta de reflexão. 3. Ligeireza.

leviandade (le.vi.an.**da**.de) s.f. Qualidade daquele que é leviano; imprudência; falta de juízo.

leviano (le.vi.**a**.no) adj. Imprudente; desajuizado; sem seriedade.

levita (le.**vi**.ta) s.2g. Judeu pertencente à tribo de Levi.

levitação (le.vi.ta.**ção**) s.f. Ato de levitar, ou seja, de um corpo levantar-se e flutuar no ar, só por influência do fluido humano.

levitar (le.vi.**tar**) v.i. Levantar-se e flutuar no ar, sem que nada o ampare, apenas por influência do fluido humano.

levogiro (le.vo.**gi**.ro) adj. Que gira ou desvia para a esquerda. Cf. *dextrogiro*.

lexical (le.xi.**cal**) [cs] adj.2g. 1. Relacionado a léxico ou a lexicologia. 2. Que pertence às palavras, à escolha do vocabulário e não à sua combinação, ou sintaxe.

léxico (**lé**.xi.co) [cs] s.m. 1. Conjunto de palavras e expressões de uma língua. 2. Conjunto de palavras; vocabulário.

lexicografia (le.xi.co.gra.**fi**.a) [cs] s.f. Ciência que estuda as palavras que constituem o léxico.

lexicógrafo (le.xi.**có**.gra.fo) [cs] s.m. Aquele que coleciona e estuda palavras, organizando o vocabulário de uma língua; lexicólogo; dicionarista.

lexicologia (le.xi.co.lo.**gi**.a) [cs] s.f. Parte da gramática que trata da etimologia das palavras, de seus elementos formadores e de suas diversas acepções.

lexicólogo (le.xi.**có**.lo.go) [cs] s.m. Aquele que se dedica à lexicologia; lexicógrafo.

lexiogênico (le.xi.o.**gê**.ni.co) [cs] adj. Que dá origem ao léxico, que produz palavras. Obs.: na língua portuguesa, é lexiogênico o caso acusativo do latim, que deu origem a grande número de vocábulos.

lhama (**lha**.ma) s.f. (Zoo.) Ruminante camelídeo dos Andes, de pescoço longo e pesada pelagem lanígera. O mesmo que *lama*.

lhaneza (lha.**ne**.za) s.f. Qualidade de lhano; sinceridade, simplicidade.

lhano (**lha**.no) adj. Simples, sincero, verdadeiro.

lhe pron. Forma oblíqua do pronome pessoal da terceira pessoa, que significa "a ele" ou "a ela": *deu--lhe um abraço*.

lho Contração do pronome pessoal "lhe" com o pronome pessoal "o". ▪ Pl. *lhos* e *lhas*. Fem. *lha*.

Li Símbolo do elemento químico lítio.

liame (li.**a**.me) s.m. Ligação; vínculo; laço.

liana (li.**a**.na) s.f. Tipo de cipó lenhoso.

liar (li.**ar**) v.t.d. Atar; unir; ligar.

libação (li.ba.**ção**) s.f. Ato de beber fazendo brindes.

libanês (li.ba.**nês**) adj. 1. Do Líbano, país da Ásia. s.m. 2. Pessoa natural ou habitante desse lugar.

libar (li.**bar**) v.i. Beber, delibar.

libelo (li.**be**.lo) [é] s.m. 1. (Dir.) Exposição legal daquilo que se pretende provar contra o réu. 2. Acusação. 3. (Fig.) Escrito difamatório.

libélula (li.**bé**.lu.la) s.f. (Zoo.) Inseto com asas membranosas e transparentes; lavadeira.

líber (**lí**.ber) s.m. (Bot.) Entrecasca; camada cortical mais nova.

liberação (li.be.ra.**ção**) s.f. 1. Ato de liberar(-se); libertação. 2. Quitação de uma dívida.

liberal (li.be.**ral**) adj.2g. 1. Que defende a liberdade, as ideias progressistas, as mudanças políticas e sociais. 2. Que não é rígido ou rigoroso; flexível, permissivo. s.2g. 3. Partidário da liberdade religiosa e política ou do liberalismo.

liberalidade (li.be.ra.li.**da**.de) s.f. Qualidade daquele que é liberal; generosidade.

liberalismo (li.be.ra.**lis**.mo) s.m. Doutrina dos defensores da liberdade econômica, política e religiosa.

liberalizar (li.be.ra.li.**zar**) v.t.d. Tornar liberal, destituir de rigor ou rigidez.

liberar (li.be.**rar**) v.t.d. **1.** Libertar; tornar livre; isentar. v.p. **2.** Tornar-se livre; desprender-se.

liberdade (li.ber.**da**.de) s.f. **1.** Faculdade de fazer ou deixar de fazer alguma coisa; livre-arbítrio. **2.** Faculdade de fazer tudo aquilo que não é proibido por lei. **3.** Direito do homem livre. **4.** (Pop.) Familiaridade; intimidade; confiança: *deu liberdades ao moço e depois se arrependeu.*

liberiano (li.be.ri.**a**.no) adj. **1.** Da Libéria, país da África. s.m. **2.** Pessoa natural ou habitante desse lugar.

libertação (li.ber.ta.**ção**) s.f. Ato de libertar(-se); liberação; emancipação; alforria.

libertador (li.ber.ta.**dor**) [ô] s.m. e adj. (Aquele) que dá liberdade; (aquele) que liberta.

libertar (li.ber.**tar**) v.t.d. **1.** Dar liberdade, tirar da prisão, soltar: *libertou o passarinho da gaiola.* **2.** Tirar da condição de escravo; alforriar. v.p. **3.** Livrar-se; desobrigar-se.

libertário (li.ber.**tá**.ri.o) adj. **1.** Que luta pela libertação. **2.** Partidário do anarquismo; anarquista.

libertinagem (li.ber.ti.**na**.gem) s.f. Devassidão; licenciosidade; desregramento da moral e dos costumes.

libertino (li.ber.**ti**.no) s.m. e adj. (Aquele) que é devasso, dissoluto, licencioso.

liberto (li.**ber**.to) adj. Que se libertou; livre.

libidinagem (li.bi.di.**na**.gem) s.f. Ato libidinoso, atividade que busca o prazer sexual.

libidinoso (li.bi.di.**no**.so) [ô] adj. Relacionado à libido, à sensualidade e aos prazeres sexuais: *olhares libidinosos.* ▪ Pl. *libidinosos* [ó].

libido (li.**bi**.do) s.f. **1.** Desejo ou instinto sexual; lascívia, sensualidade. **2.** Energia pela qual se revelam desejos de outras naturezas.

líbio (**lí**.bi.o) adj. **1.** Da Líbia, país da Ásia. s.m. **2.** Pessoa natural ou habitante desse lugar.

libra (**li**.bra) s.f. **1.** Moeda do Reino Unido, também chamada *libra esterlina.* **2.** Moeda do Egito e outros países. **3.** Medida de peso inglesa, equivalente a 453 gramas. **4.** (Astron.) Sétima constelação do Zodíaco. **5.** (Mit.) Sétimo signo astrológico, de 23 de setembro a 22 de outubro, correspondente aos librianos. Obs.: a unidade de peso e moeda, em inglês, se diz *pound*.

libré (li.**bré**) s.f. (Ant.) Uniforme usado por criados de casas nobres.

libreto (li.**bre**.to) [ê] s.m. Texto de uma ópera, opereta ou comédia musicada.

libriano (li.bri.**a**.no) s.m. e adj. (Mit.) (Pessoa) do signo astrológico de Libra.

liça (**li**.ça) s.f. **1.** Combate, luta. **2.** Disputa, briga. **3.** Trabalho, luta, labuta.

lição (li.**ção**) s.f. **1.** Matéria que o professor ensina ao aluno. **2.** Trabalho que o aluno apresenta ao professor; dever. **3.** (P. ext.) Ensinamento, exemplo.

licença (li.**cen**.ça) s.f. **1.** Permissão concedida a uma pessoa para fazer alguma coisa; autorização, consentimento. **2.** Dispensa no trabalho, geralmente por motivo de doença.

licença-maternidade (li.cen.ça-ma.ter.**ni**.da.de) s.f. Afastamento remunerado concedido à trabalhadora que tem registro em carteira e dá à luz, no Brasil com duração de 120 dias: *durante a licença-maternidade, o empregador paga o salário e recolhe impostos enquanto a trabalhadora cuida da criança.* ▪ Pl. *licenças-maternidade, licenças-maternidades.*

licença-paternidade (li.cen.ça-pa.ter.**ni**.da.de) s.f. Afastamento remunerado concedido ao trabalhador que tem registro em carteira quando nasce seu filho, no Brasil por quinze dias: *o aumento da licença-paternidade de cinco para quinze dias foi aprovado em 2008.* ▪ Pl. *licenças-paternidade, licenças-paternidades.*

licença-prêmio (li.cen.ça-**prê**.mi.o) s.f. Direito de alguns trabalhadores que consiste no afastamento remunerado do serviço depois de algum tempo de trabalho. ▪ Pl. *licenças-prêmio, licenças-prêmios.*

licenciado (li.cen.ci.**a**.do) s.m. e adj. **1.** (Pessoa) que tem o grau de licenciatura: *o professor de português era licenciado em Letras.* **2.** (Pessoa) que goza licença no serviço.

licenciamento (li.cen.ci.a.**men**.to) s.m. Ato de licenciar(-se), de obter licença.

licenciar (li.cen.ci.**ar**) v.t.d. **1.** Conceder licença a: *a prefeitura licenciou o feirante.* **2.** Retirar licença, fazer licenciamento: *licenciar o veículo no departamento de trânsito.* v.p. **3.** Concluir uma licenciatura.

licenciatura (li.cen.ci.a.**tu**.ra) s.f. Grau universitário que permite o magistério nos ensinos médio e fundamental.

licenciosidade (li.cen.ci.o.si.**da**.de) s.f. Qualidade do que é licencioso.

licencioso (li.cen.ci.**o**.so) [ô] adj. **1.** Que usa da licença para quebrar regras, para se permitir excessos; desregrado, indisciplinado. **2.** Que se excede no sexo; libertino. ▪ Pl. *licenciosos* [ó].

liceu (li.**ceu**) s.m. Estabelecimento de ensino profissionalizante, em que se ensinam artes ou ofícios.

licitação (li.ci.ta.**ção**) s.f. Ato de licitar.

licitante (li.ci.**tan**.te) s.2g. e adj.2g. (Aquele) que licita.

licitar (li.ci.**tar**) v.t.d. **1.** Colocar em leilão. **2.** Oferecer uma quantia no ato de arrematar, em hasta pública ou partilha judicial.

lícito (**lí**.ci.to) s.m. e adj. (Aquilo) que é conforme a lei, que por ela é permitido.

licitude (li.ci.**tu**.de) s.f. Qualidade de lícito.

licor (li.**cor**) [ô] s.m. Bebida alcoólica doce, feita principalmente de alguma fruta.

licoreira (li.co.**rei**.ra) s.f. Recipiente de vidro ou cristal, acompanhado de cálices, onde se guarda e serve o licor.

icoroso (li.co.**ro**.so) [ô] *adj.* Com a consistência, teor alcoólico, aroma e doçura do licor. ▣ Pl. *licorosos* [ó].

ida (**li**.da) *s.f.* Ato de lidar; labuta; trabalho, afã.

idador (li.da.**dor**) [ô] *s.m. e adj.* (Aquele) que lida ou trabalha; lutador.

idar (li.**dar**) *v.t.i. e v.i.* Trabalhar com afã; labutar; esforçar-se.

ide (**li**.de) *s.f.* Questão; litígio; demanda; contenda.

líder (**lí**.der) *s.2g.* Guia; chefe.

liderança (li.de.**ran**.ça) *s.f.* **1.** Função do líder; direção. **2.** Forma de dominação baseada no prestígio pessoal e aceita pelos que são dirigidos; chefia; comando.

liderar (li.de.**rar**) *v.t.d.* Exercer a liderança; comandar; dirigir.

lídimo (**lí**.di.mo) *adj.* Legítimo; autêntico; fiel.

lídio (**lí**.di.o) *adj.* **1.** Da Lídia, antigo país da Ásia Menor. *s.m.* **2.** Pessoa natural ou habitante desse lugar.

lido (**li**.do) *adj.* **1.** Que leu muito; instruído; culto; erudito. **2.** Que se leu.

liga (**li**.ga) *s.f.* **1.** Aliança; pacto; união. **2.** Mistura de metais que são fundidos e depois solidificam com propriedades especiais. **3.** Elástico para prender meias. **4.** (Gír.) Atração, afinidade.

ligação (li.ga.**ção**) *s.f.* **1.** Ato de ligar(-se); vínculo; união. **2.** Maneira, forma que une dois ou mais elementos.

ligado (li.**ga**.do) *adj.* **1.** Unido; atado. **2.** (Fig.) Que tem fortes vínculos com: *era muito ligado à mãe.* (Gír.) **3.** Atento, absorto. **4.** Que está sob efeito de droga.

ligadura (li.ga.**du**.ra) *s.f.* Ligamento; atadura.

ligamento (li.ga.**men**.to) *s.m.* **1.** Ato de ligar; ligadura. **2.** (*Anat.*) Parte fibrosa que une dois órgãos vizinhos. **3.** Argamassa.

ligamentoso (li.ga.men.**to**.so) [ô] *adj.* Fibroso; com as mesmas características dos ligamentos. ▣ Pl. *ligamentosos* [ó].

ligar (li.**gar**) *v.t.d.* **1.** Juntar; unir. **2.** Unir afetivamente. **3.** Misturar. *v.t.i.* **4.** Prestar atenção. *v.p.* **5.** Unir-se.

ligeireza (li.gei.**re**.za) [ê] *s.f.* Brevidade; rapidez; presteza; ligeirice.

ligeirice (li.gei.**ri**.ce) *s.f.* Ligeireza.

ligeiro (li.**gei**.ro) *adj.* **1.** Rápido; ágil; veloz. *adv.* **2.** Ligeiramente.

light [inglês: "láiti"] *adj.2g.* Diz-se de alimento ou bebida com menos açúcar ou menos gordura que na receita original.

lígneo (**líg**.ne.o) *adj.* Que tem o aspecto, a natureza e a consistência do lenho ou da madeira; lenhoso. Cf. *líneo*.

lilás (li.**lás**) *s.m.* **1.** (*Bot.*) Flor nas diversas tonalidades do violeta, de fragrância suave, que nasce em um arbusto. *adj.2g.* **2.** Que tem essa cor.

liliácea (li.li.**á**.ce.a) *s.f.* (*Bot.*) Planta monocotiledônea que forma um grupo a que pertence o lírio.

liliáceo (li.li.**á**.ce.o) *adj.* Que pertence às liliáceas; semelhante ao lírio.

lima (**li**.ma) *s.f.* **1.** Ferramenta de aço provida de estrias finas que servem para polir ou desbastar metais. **2.** (*Bot.*) Fruto da limeira.

limagem (li.**ma**.gem) *s.f.* Ato de limar; polimento.

limalha (li.**ma**.lha) *s.f.* Pó ou partículas desprendidas de um metal limado.

limão (li.**mão**) *s.m.* (*Bot.*) Fruto cítrico sumarento e de sabor ácido, verde por fora e por dentro, que cresce no limoeiro.

limão-cravo (li.mão-**cra**.vo) *s.m.* (*Bot.*) Limão vermelho-alaranjado, muito aromático e saboroso. ▣ Pl. *limões-cravo, limões-cravos*.

limão-galego (li.mão-ga.**le**.go) [ê] *s.m.* (*Bot.*) Variedade de limão pequeno, apreciado para refresco e caipirinha. ▣ Pl. *limões-galegos*.

limar (li.**mar**) *v.t.d.* Polir com lima; desbastar.

limbo (**lim**.bo) *s.m.* **1.** Orla; rebordo. **2.** (*Bot.*) Parte larga e plana das folhas. **3.** (*Relig.*) Lugar para onde são levadas as almas das criancinhas pagãs.

limeira (li.**mei**.ra) *s.f.* (*Bot.*) Árvore que dá a lima.

limiar (li.mi.**ar**) *s.m.* **1.** Soleira, patamar junto à porta. **2.** Início; começo; entrada.

liminar (li.mi.**nar**) *s.f.* **1.** (*Dir.*) Providência que se toma no início do processo. *adj.* **2.** Colocado no início; preliminar.

limitação (li.mi.ta.**ção**) *s.f.* Ato de limitar; confinamento; restrição.

limitado (li.mi.**ta**.do) *adj.* **1.** Que tem limites; delimitado, circunscrito, demarcado, estremado. **2.** Restrito, apertado, estreito, exíguo, minguado. **3.** Que tem pouca capacidade intelectual; primário. **4.** Finito.

limitar (li.mi.**tar**) *v.t.d.* **1.** Demarcar; determinar os limites. **2.** Reduzir a certas proporções. **3.** Confinar. *v.p.* **4.** Contentar-se; restringir-se.

limitativo (li.mi.ta.**ti**.vo) *adj.* Que impõe limites.

limite (li.**mi**.te) *s.m.* **1.** Fronteira; divisa. **2.** Linha de demarcação. **3.** Termo; fim.

limítrofe (li.**mí**.tro.fe) *adj.2g.* Que está contíguo à fronteira.

limnologia (lim.no.lo.**gi**.a) *s.f.* (*Bio.*) Ciência que estuda os ecossistemas de água doce.

limo (**li**.mo) *s.m.* **1.** Lama; lodo. **2.** (*Bot.*) Alga que se forma em locais úmidos.

limoal (li.mo.**al**) *s.m.* Plantação de limoeiros.

limoeiro (li.mo.**ei**.ro) *s.m.* (*Bot.*) Árvore que dá o limão.

limonada (li.mo.**na**.da) *s.f.* Bebida feita com suco de limão, água e açúcar ou adoçante.

limoso (li.**mo**.so) [ô] *adj.* Que tem limo. ▣ Pl. *limosos* [ó].

limote (li.**mo**.te) [ó] *s.m.* Lima com três quinas, formando um triângulo equilátero.

limpa (**lim**.pa) *s.f.* Ato de limpar; limpeza.

limpadela (lim.pa.**de**.la) *s.f.* Ato de limpar mais superficialmente.

limpa-pasto (lim.pa-**pas**.to) *s.f.* (*Zoo.*) Muçurana. ▣ Pl. *limpa-pastos*.

limpa-pratos (lim.pa-**pra**.tos) s.m.2n. Aquele que é comilão, glutão, guloso.
limpar (lim.**par**) v.t.d. **1.** Deixar limpo. **2.** Purificar. **3.** Carpir; capinar. **4.** Varrer. **5.** Esvaziar (comendo) o prato. **6.** Ganhar tudo de alguém no jogo. v.i. e v.p. **7.** Desanuviar-se (o céu); ficar limpo.
limpa-trilho (lim.pa-**tri**.lho) s.m. O mesmo que *limpa-trilhos*. ▣ Pl. *limpa-trilhos*.
limpa-trilhos (lim.pa-**tri**.lhos) s.m.2n. Grade ou outro dispositivo colocado na frente de uma locomotiva para limpar os trilhos. O mesmo que *limpa-trilho*. ▣ Pl. *limpa-trilhos*.
limpeza (lim.**pe**.za) [ê] s.f. **1.** Ato de limpar. **2.** Estado daquilo que foi limpo. **3.** Perfeição; pureza.
limpidez (lim.pi.**dez**) [ê] s.f. Qualidade daquilo que é límpido; nitidez; pureza.
límpido (**lím**.pi.do) adj. **1.** Nítido; transparente. **2.** Puro; ingênuo.
limpo (**lim**.po) adj. **1.** Sem mancha; lavado; asseado. **2.** Puro; imaculado. **3.** Sem nuvens. **4.** (Gír.) Totalmente sem dinheiro.
limusine (li.mu.**si**.ne) s.f. Automóvel luxuoso e espaçoso.
lince (**lin**.ce) s.m. (Zoo.) **1.** Felídeo selvagem europeu, semelhante a uma onça amarelada ou vermelha que parece um gato grande, com tufos de pelos nas orelhas. **2.** Felídeo semelhante da América do Norte. **Olhos de lince:** visão muito boa, capaz de enxergar muito longe, em alusão a um piloto de barcos da mitologia grega.
linchado (lin.**cha**.do) adj. Executado; morto sumariamente.
linchador (lin.cha.**dor**) [ô] s.m. Aquele que linchou ou executou alguém.
linchamento (lin.cha.**men**.to) s.m. Ato de linchar.
linchar (lin.**char**) v.t.d. Executar a lei de Linch, ou seja, matar sumariamente; justiçar, fazer justiça com as próprias mãos.
linde (**lin**.de) s.m. Fronteira; marco; limite.
lindeiro (lin.**dei**.ro) adj. **1.** Pertencente a linde. **2.** Limítrofe, fronteiriço.
lindeza (lin.**de**.za) [ê] s.f. Qualidade de lindo; formosura; beleza.
lindo (**lin**.do) adj. Belo; bonito; formoso.
lineamento (li.ne.a.**men**.to) s.m. Traço. Cf. *lineamentos*.
lineamentos (li.ne.a.**men**.tos) s.m.pl. Primeiros traços de um projeto ou de uma obra de arte; esboço.
linear (li.ne.**ar**) adj. **1.** Que diz respeito a linha. **2.** Que acontece em linha ou sequência, como um ponto depois do outro: *em uma história linear, os acontecimentos são contados um depois do outro, em ordem.*
linearidade (li.ne.a.ri.**da**.de) s.f. Qualidade ou condição do que é linear.
líneo (**lí**.ne.o) adj. Relacionado ou semelhante ao linho. Cf. *lígneo*.
linfa (**lin**.fa) s.f. (Anat.) Líquido transparente ou branco-amarelado, que contém glóbulos brancos e circula em vasos próprios, chamados vasos linfáticos.
linfático (lin.**fá**.ti.co) adj. **1.** Que diz respeito à linfa ou que a contém. **2.** (Fig.) Sem vida; apático.
linfócito (lin.**fó**.ci.to) s.m. (Med.) Leucócito que participa do sistema imunológico dos animais.
linfoide (lin.**foi**.de) [ói] adj.2g. (Med.) Semelhante à linfa ou aos nodos linfáticos.
linfoma (lin.**fo**.ma) s.f. (Med.) Patologia em que ocorre proliferação de tecido linfoide.
lingerie [francês: "langerri"] s.f. Roupa íntima ou de dormir feminina, feita de rendas e tecidos delicados como o jérsei.
lingote (lin.**go**.te) [ó] s.m. Barra de metal fundido.
língua (**lín**.gua) s.f. **1.** (Anat.) Órgão carnudo e móvel situado na boca de vários animais, com funções na ingestão de alimentos, comunicação sonora e na espécie humana, verbal. **2.** Qualquer objeto de forma alongada. **3.** Idioma, linguagem verbal: *falamos a língua portuguesa*. **4.** Capacidade de atingir ou ferir com as palavras, de criticar: *Emília tinha uma língua terrível, falava mal de todos*. **Língua geral:** língua usada entre vários povos que falam idiomas variados, como o nheengatu na Amazônia o inglês no mundo, o latim durante a Idade Média. **Língua materna:** a língua que se aprende a falar até sete ou oito anos de idade, em geral com a mãe; primeira língua.
língua-de-vaca (lín.gua-de-**va**.ca) s.f. (Bot.) Erva que cresce espontaneamente, usada na medicina popular e na culinária baiana. ▣ Pl. *línguas-de-vaca*.
linguado (lin.**gua**.do) s.m. (epiceno) **1.** (Zoo.) Peixe de rio ou mar, com esqueleto ósseo e até 10 quilos, de carne valorizada. **2.** Lâmina ou lingote de ferro gusa.
linguagem (lin.**gua**.gem) s.f. **1.** Qualquer meio pelo qual se exprime o pensamento ou sentimento, com o qual se fazem representações: *linguagem musical, linguagem verbal.* **2.** Expressão do pensamento pela palavra; fala. **3.** (Inf.) Conjunto de elementos lógicos e regras de sintaxe com que se escrevem programas de computador.
linguajar (lin.gua.**jar**) s.m. **1.** Modo de falar. **2.** Dialeto.
lingual (lin.**gual**) adj.2g. Que diz respeito à língua.
linguarudo (lin.gua.**ru**.do) s.m. e adj. (Aquele) que é falador, maledicente, mexeriqueiro, indiscreto.
lingueta (lin.**gue**.ta) [üê] s.f. **1.** Língua pequena. **2.** Peça móvel das fechaduras. **3.** Peça chata e delgada existente em alguns instrumentos de sopro.
linguiça (lin.**gui**.ça) [ü] s.f. **1.** Carne de porco ou frango moída e temperada e introduzida em uma tripa. **2.** Amontoado de citações sem conteúdo.
linguista (lin.**guis**.ta) [ü] s.2g. Pessoa que estuda linguística.
linguística (lin.**guís**.ti.ca) [ü] s.f. Ciência que estuda as línguas e a linguagem humana.
linguístico (lin.**guís**.ti.co) [ü] adj. **1.** Relativo ao estudo das línguas. **2.** Relativo à linguística.

linha (li.nha) s.f. **1.** Fio de linho, algodão, seda etc. **2.** Fio metálico de telégrafo ou telefone. **3.** Fila ou fileira. **4.** Norma; regra. **5.** Fio para pescar. **6.** Serviço regular de transporte entre locais determinados: *ali passavam várias linhas de ônibus*. **7.** Correção no procedimento, observância das regras: *manter a linha*.
linhaça (li.nha.ça) s.f. A semente do linho.
linha-d'água (li.nha-d'á.gua) s.f. Marca visível em certos papéis através da transparência. ▣ Pl. *linhas-d'água*.
linhada (li.nha.da) s.f. **1.** Arremesso de anzol. **2.** Linha de pesca.
linhagem (li.nha.gem) s.f. **1.** Genealogia; geração; estirpe. **2.** Tecido grosso de linho.
linhas (li.nhas) s.f.pl. Carta; bilhete.
linhito (li.nhi.to) s.m. Carvão fóssil com vestígios das plantas de que se originou, de cor preta ou marrom-escura.
linho (li.nho) s.m. (Bot.) Planta de cujas hastes saem as fibras com que se faz o tecido também chamado linho.
linhol (li.nhol) s.m. Fio grosso, usado pelos sapateiros e ainda para coser lonas.
linimento (li.ni.men.to) s.m. Medicamento gorduroso, creme pesado, usado em fricções.
link [inglês: "línqui"] s.m. (Inf.) Vínculo, ligação de um elemento de um arquivo digital a outro, seja texto, imagem etc.: *a mensagem tinha links para o site*. Obs.: no sentido de "relação, associação, vínculo", não é recomendado. Cf. *hipertexto*.
linóleo (li.nó.le.o) s.m. **1.** Tecido de juta impermeabilizado com óleo de linhaça, resina e cortiça. **2.** Tapete feito com esse tecido.
linotipista (li.no.ti.pis.ta) s.2g. (Gráf.) Pessoa que trabalhava com linotipo.
linotipo (li.no.ti.po) s.m. (Gráf.) Máquina de impressão usada desde o fim do século XIX até meados do século XX, que fundia os caracteres tipográficos de chumbo formando linhas completas.
lipídio (li.pí.di.o) s.m. **1.** (Bio.) Composto orgânico insolúvel em água, como gorduras, óleos ou ceras. **2.** Grupo dos alimentos que são fonte desses compostos, como manteiga, azeite e nozes: *reduzir os lipídios na dieta ajuda a emagrecer*.
lipoide (li.poi.de) [ói] adj.2g. Semelhante a gordura.
lipoma (li.po.ma) s.m. (Med.) Tumor ou caroço formado por tecido adiposo.
liquefação (li.que.fa.ção) [u ou ü] s.f. Passagem do estado gasoso para o líquido.
liquefazer (li.que.fa.zer) [u ou ü] v.t.d. **1.** Reduzir a líquido; derreter. v.p. **2.** Derreter-se, desmanchar-se.
liquefeito (li.que.fei.to) [u ou ü] adj. Que se tornou líquido.
líquen (lí.quen) s.m. (Bio.) Conjunto de uma alga e um fungo que vivem em simbiose e crescem em pedras ou na madeira. ▣ Pl. *líquenes* e *liquens* (li.quens).
liquescer (li.ques.cer) v.i. Tornar-se líquido. Obs.: verbo normalmente defectivo, só se conjuga na 3ª pes.; pres. do ind.: *liquesce*; pret. imperf.: *liquescia*; pret. perf.: *liquesceu* etc.
liquidação (li.qui.da.ção) [u ou ü] s.f. **1.** Ato de liquidar. **2.** Venda de mercadorias a preço baixo.
liquidado (li.qui.da.do) [u ou ü] adj. **1.** Que se liquidou. **2.** Acabado, exaurido.
liquidar (li.qui.dar) [u ou ü] v.t.d. **1.** Fazer liquidação. **2.** Apurar. **3.** Ajustar contas; tirar a limpo. **4.** Matar; assassinar. v.i. **5.** Terminar transações comerciais. **6.** Vender a preços baixos.
liquidatário (li.qui.da.tá.ri.o) [u ou ü] s.m. e adj. (Aquele) que apura contas em uma liquidação comercial.
liquidez (li.qui.dez) [u ou ü...ê] s.f. **1.** Estado daquilo que é líquido. **2.** Valor líquido que se apura facilmente.
liquidificador (li.qui.di.fi.ca.dor) [u ou ü...ô] s.m. Aparelho eletrodoméstico usado para misturar ou triturar alimentos.
liquidificante (li.qui.di.fi.can.te) [u ou ü] adj.2g. Que liquidifica.
liquidificar (li.qui.di.fi.car) [u ou ü] v.t.d. Misturar; triturar; liquefazer; fundir.
líquido (lí.qui.do) [u ou ü] s.m. **1.** (Quím.) Corpo com moléculas muito móveis, que toma a forma do recipiente que ocupa. **2.** Qualquer substância líquida. adj. **3.** Que flui. **4.** (Econ.) Livre de descontos ou despesas.
líquor (lí.quor) [ô] s.m. (Med.) Líquido que se encontra na medula espinhal.
lira (li.ra) s.f. **1.** Antiga moeda da Itália, substituída pelo euro em 1999 e 2002. **2.** (Mús.) Instrumento com seis a oito cordas tocadas com palheta, conhecido desde a Antiguidade. (*próprio*) **3.** (Astron.) Constelação boreal.
lirial (li.ri.al) adj.2g. **1.** Pertencente a lírio. **2.** Alvo. **3.** (Fig.) Puro.
lírica (lí.ri.ca) s.f. **1.** Gênero de poesia lírica. **2.** Coleção de poesias líricas. **3.** Companhia de ópera.
lírico (lí.ri.co) adj. **1.** Que diz respeito à lira e à poesia lírica. s.m. **2.** Poeta que cultiva a poesia lírica.
lírio (lí.ri.o) s.m. (Bot.) Planta de flores brancas ou de outras cores, sempre muito perfumadas e tóxicas; lis, açucena.
lirismo (li.ris.mo) s.m. **1.** Subjetivismo lírico. **2.** Sentimentalismo.
lis s.m. Lírio, açucena.
lisboeta (lis.bo.e.ta) [ê] adj.2g. **1.** De Lisboa, capital de Portugal. s.2g. **2.** Pessoa natural ou habitante desse lugar.
lisérgico (li.sér.gi.co) adj. *Ácido lisérgico*: substância com propriedades alucinógenas, extraída de um cogumelo ou sintetizada em laboratório.
liso (li.so) adj. **1.** Que tem a superfície macia, sem rugas ou asperezas. **2.** (Fig.) Totalmente sem dinheiro.
lisonja (li.son.ja) s.f. Adulação; louvor afetado.
lisonjear (li.son.je.ar) v.t.d. **1.** Elogiar ou agradar com lisonjas; adular; bajular. v.p. **2.** Honrar-se; sentir orgulho. Obs.: pres. do ind.: *lisonjeio, lisonjeias*,

lisonjeiro

lisonjeia, lisonjeamos, lisonjeais, lisonjeiam; pres. do subj.: lisonjeie, lisonjeies, lisonjeie, lisonjeemos, lisonjeeis, lisonjeiem.
lisonjeiro (li.son.**jei**.ro) *adj*. Que lisonjeia; satisfatório; agradável.
lista (**lis**.ta) *s.f*. Rol, relação, catálogo, cardápio, tabela. Cf. *listra*.
listado (lis.**ta**.do) *adj*. Inscrito em lista; arrolado, relacionado: *as pessoas listadas ganharam o prêmio*. Cf. *listrado*.
listagem (lis.**ta**.gem) *s.f*. Rol; relação; catálogo.
listar (lis.**tar**) *v.t.d*. Fazer uma lista ou relação; relacionar: *listou todos os peixes que conhecia*.
listra (**lis**.tra) *s.f*. Risca de cor diferente em um tecido ou desenho. Cf. *lista*.
listrado (lis.**tra**.do) *adj*. Que tem listras, riscas em seu desenho: *a zebra é um animal listrado*. Cf. *listado*.
listrar (lis.**trar**) *v.t.d*. Entremear de listras.
lisura (li.**su**.ra) *s.f*. **1.** Qualidade daquilo que é liso; maciez; suavidade. **2.** (Fig.) Sinceridade; honradez.
litania (li.ta.**ni**.a) *s.f*. **1.** (Relig.) Ladainha. **2.** (Fig.) Qualquer forma de oração.
liteira (li.**tei**.ra) *s.f*. Espécie de cadeirinha coberta e fechada, que é conduzida por dois homens ou animais.
literal (li.te.**ral**) *adj.2g*. **1.** Ao pé da letra. **2.** Exato e rigoroso.
literário (li.te.**rá**.ri.o) *adj*. Que diz respeito às letras e à literatura.
literato (li.te.**ra**.to) *s.m*. Especialista em literatura e em letras; escritor.
literatura (li.te.ra.**tu**.ra) *s.f*. **1.** Conjunto dos trabalhos literários em prosa e em verso de um país, em determinada época. **2.** Arte de compor obras literárias em prosa e em verso. **Literatura de cordel**: gênero popular nordestino com histórias em versos, cantadas nas feiras, onde são vendidas em folhetos que ficam pendurados em cordas finas, ou cordel.
lítico (**lí**.ti.co) *adj*. **1.** Pertencente ou relativo a pedra. **2.** Relacionado ao lítio.
litigante (li.ti.**gan**.te) *s.2g. e adj.2g*. **1.** (Aquele) que litiga ou questiona em juízo. *adj*. **2.** Que diz respeito a litígio.
litigar (li.ti.**gar**) *v.t.d*. **1.** Questionar em juízo. *v.i*. **2.** Contender.
litígio (li.**tí**.gi.o) *s.m*. **1.** Demanda; contenda judicial. **2.** Disputa; questão; pendência.
litigioso (li.ti.gi.**o**.so) [ô] *adj*. Que é objeto de litígio; que depende de decisão judicial. ▣ Pl. *litigiosos* [ó].
lítio (**lí**.ti.o) *s.m*. **1.** (Quím.) Metal alcalino, de símbolo Li, número atômico 3 e massa atômica 6,94. **2.** Medicamento feito com esse metal, indicado em certos transtornos de ansiedade.
litografia (li.to.gra.**fi**.a) *s.f*. **1.** Processo para reprodução de imagens em que estas são gravadas sobre pedra calcária ou placa de metal; gravura em pedra ou metal. **2.** Oficina em que esta técnica é usada. **3.** Obra obtida por essa técnica.
litogravura (li.to.gra.**vu**.ra) *s.f*. Obra reproduzid por litografia.
litologia (li.to.lo.**gi**.a) *s.f*. **1.** Estudo das rochas **2.** Descrição de uma rocha ou das rochas de un local, quanto a composição, tipo, tamanho etc.
litoral (li.to.**ral**) *s.m*. **1.** Faixa de terreno que se estende à beira-mar; costa. *adj.2g*. **2.** Litorâneo, à beira-mar.
litorâneo (li.to.**râ**.ne.o) *adj*. Localizado à beira-mar
litorina (li.to.**ri**.na) *s.f*. Automotriz.
litosfera (li.tos.**fe**.ra) *s.f*. A parte sólida da Terra; crosta terrestre.
litro (**li**.tro) *s.m*. **1.** Unidade fundamental de capacidade, equivalente a um decímetro cúbico. **2.** Frasco cuja capacidade é um litro. **3.** O conteúdo desse frasco.
lituano (li.tu.**a**.no) *adj*. **1.** Da Lituânia, país da Europa *s.m*. **2.** Pessoa natural ou habitante desse lugar.
liturgia (li.tur.**gi**.a) *s.f*. Complexo das cerimônia religiosas; ritual.
litúrgico (li.**túr**.gi.co) *adj*. Pertencente à liturgia.
lividez (li.vi.**dez**) [ê] *s.f*. Qualidade daquele que está lívido; palidez extrema.
lívido (**lí**.vi.do) *adj*. Muito pálido; com cor de cadáver
living [inglês: "lívim"] *s.m*. Sala de estar.
livrar (li.**vrar**) *v.t.d. e v.p*. **1.** Libertar(-se); tornar(-se) livre. **2.** Defender(-se); preservar(-se).
livraria (li.vra.**ri**.a) *s.f*. Local onde se vendem livros.
livre (**li**.vre) *adj.2g*. **1.** Senhor de seus atos. **2.** Que não está sujeito a ninguém. **3.** Em liberdade; solto **4.** Desocupado; disponível. **5.** Sem compromisso afetivo ou sentimental; que não está comprometido. **6.** Sem censura. **7.** Espontâneo. **8.** (Lit.) Que não tem rima ou métrica: *os versos livres surgiram nos últimos séculos*.
livre-arbítrio (li.vre-ar.**bí**.tri.o) *s.m*. Liberdade que a pessoa tem para agir segundo sua própria vontade, autodeterminação. ▣ Pl. *livres-arbítrios*.
livreco (li.**vre**.co) [ê] *s.m*. (Pej.) Livro pequeno e sem valor.
livre-docência (li.vre-do.**cên**.ci.a) *s.f*. Título acadêmico obtido por meio de um concurso. ▣ Pl. *livres-docências*.
livre-docente (li.vre-do.**cen**.te) *s.2g*. Professor universitário aprovado em concurso de livre-docência ▣ Pl. *livres-docentes*.
livreiro (li.**vrei**.ro) *s.m*. **1.** Comerciante de livros. *adj*. **2.** Relativo ao comércio de livros: *setor livreiro*.
livre-pensador (li.vre-pen.sa.**dor**) [ô] *s.m*. Pessoa que só aceita as doutrinas religiosas que estejam de acordo com sua razão. ▣ Pl. *livres-pensadores*.
livresco (li.**vres**.co) [ê] *adj*. Próprio de livro.
livrete (li.**vre**.te) [ê] *s.m*. Pequeno livro; caderneta.
livro (**li**.vro) *s.m*. **1.** Publicação com várias páginas impressas, geralmente com texto em prosa ou em verso, sobre os mais variados assuntos. **2.** Conjunto de páginas encadernadas, para registros de contabilidade, visitas ou outro.
livro-caixa (li.vro-**cai**.xa) *s.m*. (Econ.) Registro da entrada e saída de dinheiro de uma organização

Diz-se também apenas *caixa*. ◘ Pl. *livros-caixa, livros-caixas*.
livro-texto (li.vro-**tex**.to) s.m. Livro que é o texto básico de um curso ou disciplina. ◘ Pl. *livros-texto, livros-textos*.
lixa (**li**.xa) s.f. Papel impregnado de uma massa abrasiva, em que entra areia, e que é utilizado para polir madeiras, metais etc.
lixamento (li.xa.**men**.to) s.m. Ação, processo de lixar, de passar uma lixa sobre: *lixamento e pintura de móveis*.
lixar (li.**xar**) v.t.d. Polir com lixa.
lixeira (li.**xei**.ra) s.f. Recipiente em que se joga o lixo.
lixeiro (li.**xei**.ro) s.m. Indivíduo encarregado da coleta de lixo; gari.
lixívia (li.**xí**.vi.a) s.f. Água alcalina obtida pela fervura da cinza e empregada para lavar roupa.
lixo (**li**.xo) s.m. **1.** Tudo o que não presta e que, consequentemente, é jogado fora. **2.** (*Fig.*) Escória.
lm Símbolo de lúmen.
ló s.m. (*Náut.*) **1.** O lado da embarcação voltado para barlavento. **2.** Tipo de tecido fino.
loa (**lo**.a) [ô] s.f. Apologia; discurso laudatório.
lobby [inglês: "lóbi"] s.m. **1.** Pressão ou campanha, por meios nem sempre lícitos, para aprovação de leis e projetos que favoreçam interesses particulares. **2.** Pessoa ou grupo que atua assim.
lobinho (lo.**bi**.nho) s.m. **1.** Diminutivo de *lobo*. **2.** Categoria de escoteiros para crianças até os dez anos de idade.
lobisomem (lo.bi.**so**.mem) s.m. (*Folc.*) Ser lendário, homem que se transforma em lobo à meia-noite das sextas-feiras de lua cheia.
lobista (lo.**bis**.ta) s.2g. Pessoa que defende os interesses de um *lobby*.
lobo[1] (**lo**.bo) [ô] s.m. **1.** (*Zoo.*) Canídeo selvagem europeu, que vive nas matas e, se necessário, caça seu alimento entre os rebanhos. **2.** (*Fig.*) Caçador experiente, astuto. Pl: *lobos* [ô].
lobo[2] (**lo**.bo) [ó] s.m. Parte arredondada e saliente de um órgão; lóbulo. Pl: *lobos* [ó].
lobo-guará (lo.bo-gua.**rá**) [ô] s.m. (*Zoo.*) Lobo brasileiro com pelagem vermelho-alaranjada, escura nas extremidades dos membros e no focinho; guará. ◘ Pl. *lobos-guará, lobos-guarás*.
lobo-marinho (lo.bo-ma.**ri**.nho) [ô] s.m. (*Zoo.*) Leão-marinho. ◘ Pl. *lobos-marinhos*.
lôbrego (**ló**.bre.go) adj. Escuro; triste; lúgubre.
lobrigar (lo.bri.**gar**) v.t.d. Ver com dificuldade; entrever; ver ao longe.
lóbulo (**ló**.bu.lo) s.m. (*Anat.*) Porção arredondada e saliente de um órgão; lobo.
loca (**lo**.ca) [ó] s.f. Buraco dentro de rio ou lago.
locação (lo.ca.**ção**) s.f. **1.** Ato de alugar; aluguel. **2.** Local onde se gravam cenas externas para o cinema ou televisão.
locador (lo.ca.**dor**) [ô] s.m. Aquele que aluga alguma coisa a alguém.
locadora (lo.ca.**do**.ra) [ô] s.f. **1.** Empresa que aluga objetos ou equipamentos: *locadora de veículos, locadora de filmes*. **2.** Estabelecimento que aluga filmes e jogos eletrônicos, em fita ou DVD.
local (lo.**cal**) adj.2g. **1.** Que diz respeito a certo lugar. s.m. **2.** Lugar; sítio; ponto. s.f. **3.** Notícia dada por um jornal, com relação à localidade em que é publicado.
localidade (lo.ca.li.**da**.de) s.f. **1.** Local determinado. **2.** Povoação; povoado.
localização (lo.ca.li.za.**ção**) s.f. **1.** Ato de localizar. **2.** Determinação.
localizado (lo.ca.li.**za**.do) adj. **1.** Que se localizou ou localiza; situado, encontrado em. **2.** Restrito a um local ou ponto: *persistiam alguns conflitos localizados após a declaração de paz*.
localizar (lo.ca.li.**zar**) v.t.d. **1.** Determinar, descobrir, buscar o local de. **2.** Colocar em local certo. v.p. **3.** Colocar-se; estar situado.
loção (lo.**ção**) s.f. Líquido perfumado para o corpo ou cabelos.
locar (lo.**car**) v.t.d. **1.** Dar em aluguel; alugar a. **2.** Localizar.
locatário (lo.ca.**tá**.ri.o) s.m. Aquele que alugou alguma coisa de alguém.
locomoção (lo.co.mo.**ção**) s.f. Ato de locomover-se; ir de um lugar para outro.
locomotiva (lo.co.mo.**ti**.va) s.f. Máquina que puxa os demais vagões de um trem.
locomotor (lo.co.mo.**tor**) [ô] adj.2g. Pertencente a ou próprio para locomoção. (*Bio.*) **Sistema locomotor**: conjunto de estruturas orgânicas responsável pelo movimento e deslocamento de um ser vivo, como ossos, músculos, articulações etc.
locomóvel (lo.co.**mó**.vel) s.m. Antiga caldeira ou máquina a vapor usada para produzir energia elétrica em indústrias: *o Centro Contemporâneo de Tecnologia restaurou três locomóveis*.
locomover-se (lo.co.mo.**ver**-se) v.p. Deslocar-se ou transportar-se de um lugar para outro.
locução (lo.cu.**ção**) s.f. **1.** Modo especial de falar; linguagem. **2.** (*Gram.*) Grupo de duas ou mais palavras usadas juntas, com um sentido: *"em geral" é uma locução adverbial e equivale a "geralmente"*.
locupletar (lo.cu.ple.**tar**) v.t.d. e v.p. Tornar(-se) rico; fartar(-se); saciar(-se).
locutor (lo.cu.**tor**) [ô] s.m. **1.** Pessoa que fala. **2.** Pessoa que lê o noticiário ou apresenta programas esportivos no rádio ou na televisão.
locutório (lo.cu.**tó**.ri.o) adj. **1.** Relacionado a locução. **2.** Sala na qual os reclusos em presídio ou convento podem conversar através de grades com os visitantes.
lodaçal (lo.da.**çal**) s.m. Atoleiro; lamaçal; pântano.
lodacento (lo.da.**cen**.to) adj. Pantanoso; enlameado; lodoso.
lodo (**lo**.do) [ô] s.m. Sedimento formado de terra e detritos orgânicos no fundo da água; lama.
lodoso (lo.**do**.so) [ô] adj. **1.** Semelhante a lodo; gosmento. **2.** Cheio de lodo. ◘ Pl. *lodosos* [ó].
logaritmo (lo.ga.**rit**.mo) s.m. (*Mat.*) Termo de uma progressão aritmética começada por zero,

correspondente a uma progressão geométrica começada por 1 (definição aritmética).
lógica (ló.gi.ca) s.f. **1.** Ciência que estuda as leis do raciocínio. **2.** Coerência.
lógico (ló.gi.co) adj. Que diz respeito à lógica; racional; coerente.
login [inglês: "loguím"] s.m. (Inf.) O mesmo que *logon*.
logística (lo.gís.ti.ca) s.f. Transporte de materiais e pessoas, em uma unidade militar ou empresa.
logo[1] (lo.go) [ô] s.m. Logotipo.
logo[2] (lo.go) [ó] adv. **1.** Imediatamente. **2.** Mais tarde. conj. **3.** Portanto; por conseguinte.
logoff [inglês: "logófi"] s.m. (Inf.) Processo para finalizar a conexão com uma rede.
logogrifo (lo.go.gri.fo) s.m. Charada ou tipo de enigma cuja solução é uma palavra formada por letras de outras, adivinhadas previamente.
logomarca (lo.go.mar.ca) s.f. Marca, emblema comercial constituído por uma imagem, ou logotipo: *o fabricante usava como logomarca uma estrela de três pontas*.
logon [inglês: "logôm"] s.m. (Inf.) Processo de conexão a uma rede que contém a identificação e o domínio da senha do usuário. O mesmo que *login*.
logotipo (lo.go.ti.po) s.m. Desenho ou imagem usado como símbolo, marca e identidade visual de uma organização ou grupo; logo.
logrado (lo.gra.do) adj. **1.** Que se logrou; conseguido. **2.** Que se enganou; iludido.
logradouro (lo.gra.dou.ro) s.m. Local destinado ao uso do povo: *praça, parque, rua etc. são logradouros*.
lograr (lo.grar) v.t.d. **1.** Obter; conseguir. **2.** Usufruir; gozar. **3.** Burlar; enganar. v.i. **4.** Produzir o efeito esperado. Obs.: pres. do ind.: *logro* [ó], *logras, logra* etc.
logro (lo.gro) [ô] s.m. Ato de lograr; ardil; dolo; trapaça; burla. ▣ Pl. *logros* [ô].
loiro (loi.ro) s.m. e adj. O mesmo que *louro*.
loja (lo.ja) [ó] s.f. **1.** Estabelecimento comercial. **2.** Casa de associação maçônica.
lojista (lo.jis.ta) adj.2g. **1.** Que diz respeito a loja. s.2g. **2.** Pessoa que possui uma loja.
LOL (Gír. Int.) Sigla do inglês *laughing out loud*, "rindo muito alto". Expressão usada como reação, na internet, a algo ou algum acontecimento muito engraçado.
lomba (lom.ba) s.f. Encosta, morro.
lombada (lom.ba.da) s.f. **1.** Dorso do boi. **2.** Costas ou dorso do livro. **3.** Obstáculo construído na pista para que os motoristas reduzam a velocidade.
lombar (lom.bar) adj.2g. **1.** Que diz respeito ao lombo. s.f. **2.** (*Anat.*) Vértebra da parte de baixo da coluna.
lombardo (lom.bar.do) adj. **1.** Da Lombardia, região da Itália. s.m. **2.** Pessoa natural ou habitante desse lugar.
lombeira (lom.bei.ra) s.f. Moleza no corpo; desânimo; preguiça.

lombilho (lom.bi.lho) s.m. **1.** Tipo de sela ou arreio menor. **2.** Lombo, músculo lombar.
lombo (lom.bo) s.m. **1.** Costas, dorso: *colocou a carga no lombo do burro*. **2.** Região carnuda de ambos os lados da espinha dorsal. **3.** Corte de carne suína retirado dessa região, com pouca gordura.
lombriga (lom.bri.ga) s.f. Verme cilíndrico que pode parasitar o intestino humano; bicha.
lona (lo.na) s.f. Tecido muito grosso e resistente, usado como cobertura em barracas, piso de ringue de boxe etc. (Gír.) **Na lona**: diz-se de pneu muito gasto ou de pessoa sem dinheiro.
londrinense (lon.dri.nen.se) s.2g. e adj.2g. Do município de Londrina (PR).
londrino (lon.dri.no) adj. **1.** De Londres, capital da Inglaterra. s.m. **2.** Pessoa natural ou habitante desse lugar.
longa (lon.ga) s.m. Longa-metragem.
longa-metragem (lon.ga-me.tra.gem) s.m. Filme cinematográfico com a duração média de uma hora e meia; longa. ▣ Pl. *longas-metragens*.
longarina (lon.ga.ri.na) s.f. Viga colocada ao longo de uma embarcação ou construção.
longa-vida (lon.ga-vi.da) s.m. **1.** Embalagem de papelão revestida com metal, usada para conservação de alimentos sem refrigeração. **2.** Diz-se de leite, sucos etc. preparados e embalados dessa maneira. ▣ Pl. *longas-vidas*.
longe (lon.ge) adv. A uma longa distância, quer em tempo, quer em espaço.
longevidade (lon.ge.vi.da.de) s.f. Qualidade de longevo; vida longa.
longevo (lon.ge.vo) [é] adj. **1.** Duradouro. **2.** Que tem a idade avançada: *a pessoa mais longeva do mundo tem 120 anos*.
longínquo (lon.gín.quo) adj. Remoto; distante; que vem de longe.
longitude (lon.gi.tu.de) s.f. **1.** (*Geo.*) Distância entre o meridiano de um lugar determinado e o ponto zero do meridiano convencionado. **2.** Distância.
longitudinal (lon.gi.tu.di.nal) adj.2g. **1.** Que diz respeito à longitude. **2.** Colocado ao comprido, feito no sentido do comprimento: *a janela se estende em sentido longitudinal da sala; o pão do cachorro-quente é cortado no sentido longitudinal.* Cf. *latitudinal*.
longo (lon.go) adj. **1.** Comprido; extenso no sentido do comprimento. **2.** Prolongado; demorado.
lonjura (lon.ju.ra) s.f. Grande distância; longitude.
lontra (lon.tra) s.f. (*Zoo.*) Mamífero carnívoro aquático, com corpo delgado e membros pequenos, do grupo dos mustelídeos.
loquacidade (lo.qua.ci.da.de) s.f. Qualidade daquele que é loquaz; verbosidade; eloquência.
loquaz (lo.quaz) adj.2g. Que fala muito; eloquente.
lorde (lor.de) s.m. **1.** Título de nobreza inglês. **2.** Homem muito rico e que vive com ostentação.
lordose (lor.do.se) [ó] s.f. (*Med.*) Curvatura da coluna vertebral para a frente.

loro (lo.ro) s.m. Tira de couro ou correia que prende o estribo à sela. Cf. *louro*.
lorota (lo.ro.ta) [ó] s.f. Mentira; gabolice.
lorotagem (lo.ro.ta.gem) s.f. Gabolices; mentiras.
loroteiro (lo.ro.tei.ro) adj. Mentiroso; gabola.
lorpa (lor.pa) [ô] s.2g. e adj.2g. (Aquele) que é imbecil, idiota.
losango (lo.san.go) s.m. (Geom.) Quadrilátero que tem os quatro lados iguais.
losna (los.na) s.f. (Bot.) Absinto.
lotação (lo.ta.ção) s.f. **1.** Ato de lotar. **2.** Capacidade de um veículo, casa de espetáculos etc.: *o cinema tinha lotação de 500 lugares*. **3.** Serviço de transporte coletivo em veículos menores que ônibus: *a prefeitura vai regularizar as lotações e os perueiros*.
lotar (lo.tar) v.t.d. **1.** Completar a capacidade de um veículo. **2.** Preencher um cargo público. v.i. **3.** Ter sua capacidade totalmente esgotada.
lote (lo.te) s.m. **1.** Pequena área de terreno urbano ou rural. **2.** Quinhão. **3.** Conjunto de objetos levados a leilão.
loteamento (lo.te.a.men.to) s.m. **1.** Ato de lotear. **2.** Terreno de grandes proporções que se divide em lotes.
lotear (lo.te.ar) v.t.d. Dividir em lotes.
loteca (lo.te.ca) [é] s.f. Loteria esportiva.
loteria (lo.te.ri.a) s.f. **1.** Jogo de azar, em que se sorteiam prêmios correspondentes a bilhetes numerados. **2.** (Fig.) Qualquer lance que dependa da sorte para dar certo.
lotérica (lo.té.ri.ca) s.f. Casa que vende bilhetes de loteria.
lotérico (lo.té.ri.co) adj. Pertencente a loteria.
loto¹ (lo.to) [ó] s.m. **1.** Loteria oficial, em que o apostador deve acertar um número determinado de dezenas, que são sorteadas publicamente. **2.** (Bot.) Lótus.
loto² (lo.to) [ô] s.m. Jogo de azar, em que peças são cantadas e marcadas em uma cartela numerada de 1 a 90; víspora.
lótus (ló.tus) s.m. **1.** (Bot.) Planta que cresce na superfície de águas barrentas e dá uma flor muito branca, símbolo da pureza e do desenvolvimento espiritual no budismo e outras religiões orientais; loto. **2.** Posição de sentar-se no solo com as pernas dobradas sobre as coxas.
louça (lou.ça) s.f. Artefato de barro, porcelana, vidro etc., usado para serviço de mesa.
louçania (lou.ça.ni.a) s.f. Qualidade de loução; garbo, elegância.
loução (lou.ção) adj. Garboso; elegante; garrido.
louco (lou.co) adj. **1.** Que não segue a razão ou a lógica; destainado, insensato: *pensamentos loucos*. **2.** Irritado, aborrecido, com raiva: *ficavam loucos com a irmã porque ela não saía do telefone*. s.m. e adj. **3.** (Pessoa) que perdeu a saúde ou o equilíbrio mental; demente, insano, doido, maluco. **4.** (Gír.) (Pessoa) sob efeito de drogas.
loucura (lou.cu.ra) s.f. **1.** Estado ou atitude de louco; demência; alienação. **2.** Grande extravagância.

loura (lou.ra) s.f. (Mulher) que tem os cabelos amarelos; loira.
loureiral (lou.rei.ral) s.m. Plantação de loureiros.
loureiro (lou.rei.ro) s.m. (Bot.) Árvore cujas folhas são usadas como tempero e em rituais da Antiguidade.
louro (lou.ro) s.m. e adj. **1.** (Aquele) que tem os cabelos amarelos. s.m. **2.** (Bot.) Folha do loureiro, usada como prêmio em competições esportivas desde a Antiguidade e como tempero. **3.** (Zoo.) Papagaio. **4.** (Fig.) Prêmio. Cf. *loro*. O mesmo que *loiro*.
lousa (lou.sa) s.f. **1.** Pedra de ardósia que se usa para escrever na escola; quadro-negro. **2.** Lápide de uma sepultura.
louva-a-deus (lou.va-a-deus) s.m.2n. (Zoo.) Gafanhoto que dobra as patas da frente e, por caçar outros insetos, ajuda no controle das pragas de jardim; põe-mesa. ◙ Pl. *louva-a-deus*.
louvação (lou.va.ção) s.f. **1.** Ato de louvar; louvor. **2.** Avaliação feita por um perito.
louvado (lou.va.do) adj. **1.** Que recebeu louvor. s.m. **2.** Perito; avaliador.
louvar (lou.var) v.t.d. **1.** Elogiar; exaltar. **2.** Avaliar. v.p. **3.** Gabar-se.
louvável (lou.vá.vel) adj.2g. Que merece ser louvado ou elogiado.
louvor (lou.vor) [ô] s.m. Ato de louvar; louvação; elogio.
Lr Símbolo do elemento químico laurêncio.
lu s.m. (Folc.) Jogo de baralho antigo, de origem norte-americana. Obs.: do inglês *loo*.
Lu Símbolo do elemento químico lutécio.
lua (lu.a) s.f. (próprio) **1.** Satélite natural da Terra, que reflete a luz do Sol em algumas de suas fases e completa uma volta no planeta em cerca de 28 dias: *a Lua brilhava no céu*. (comum) **2.** (Astron.) Qualquer satélite: *Saturno tem várias luas*. **Lua cheia**: fase em que a Lua pode ser vista como um círculo completo no céu; plenilúnio. **Lua nova**: fase em que a Lua não é vista ou parece um semicírculo fino como a letra C, no hemisfério Sul; novilúnio. **Lua crescente**: fase da Lua posterior à nova, em que a imagem de semicírculo vai completando o círculo. **Lua minguante**: fase da Lua posterior à cheia, em que a imagem diminui até desaparecer na lua nova.
lua de mel (lu.a de mel) s.f. **1.** Primeiros dias da vida conjugal: *iriam passar a lua de mel na praia*. **2.** Viagem para celebração do casamento, viagem de núpcias.
luau (lu.au) s.m. **1.** Festa na praia, à noite. **2.** (Folc.) Festa tradicional havaiana, para celebração de aniversário, casamento etc., com comidas especiais e danças típicas.
luandense (lu.an.den.se) adj.2g. **1.** De Luanda, capital de Angola. s.2g. **2.** Pessoa natural ou habitante desse lugar.
luar (lu.ar) s.m. Claridade da Lua sobre a Terra.
lubricidade (lu.bri.ci.da.de) s.f. Qualidade de lúbrico; sensualidade; lascívia; luxúria.
lúbrico (lú.bri.co) adj. Sensual; lascivo; luxurioso.

lubrificação (lu.bri.fi.ca.**ção**) s.f. Ato de lubrificar; umedecimento.
lubrificante (lu.bri.fi.**can**.te) s.m. e adj.2g. (Substância) que lubrifica: *o óleo é um lubrificante*.
lubrificar (lu.bri.fi.**car**) v.t.d. Acrescentar uma substância oleosa; untar com óleo; engraxar.
lucidez (lu.ci.**dez**) [ê] s.f. Qualidade de lúcido; clareza; perspicácia.
lúcido (**lú**.ci.do) adj. **1.** Resplandecente; brilhante. **2.** Perspicaz; inteligente.
Lúcifer (**lú**.ci.fer) s.m. (*próprio*) Satanás; o Diabo; o Capeta.
lucífugo (lu.**cí**.fu.go) adj. Que foge da luz; noctívago.
lucilação (lu.ci.la.**ção**) s.f. Ato de lucilar.
lucilante (lu.ci.**lan**.te) adj.2g. Que lucila; brilhante.
lucilar (lu.ci.**lar**) v.i. Brilhar sem muita intensidade; luzir.
lucrar (lu.**crar**) v.t.d. **1.** Ganhar. **2.** Aproveitar; gozar. v.i. **3.** Tirar lucro.
lucrativo (lu.cra.**ti**.vo) adj. Que dá lucro; proveitoso.
lucro (lu.cro) s.m. **1.** Ganho líquido, resultado positivo de uma transação, depois de descontadas as despesas. **2.** Vantagem, proveito. **3.** Utilidade; interesse.
lucubração (lu.cu.bra.**ção**) s.f. Trabalho intelectual prolongado; meditação profunda; estudo aprofundado.
ludibriar (lu.di.bri.**ar**) v.t.d. Mentir; tapear; enganar. Obs.: pres. do ind.: *ludíbrio, ludíbrias, ludíbria* etc.; pres. do subj.: *ludíbrie, ludíbries, ludíbrie* etc.
ludíbrio (lu.**dí**.bri.o) s.m. Embuste; logro; tapeação.
ludibrioso (lu.di.bri.**o**.so) [ô] adj. Que ludibria; enganador. ▣ Pl. *ludibriosos* [ó].
lúdico (**lú**.di.co) adj. **1.** Que diz respeito a jogos ou brinquedos. **2.** Que se faz por diversão ou lazer.
ludovicense (lu.do.vi.**cen**.se) s.2g. e adj.2g. São-luisense.
lufada (lu.**fa**.da) s.f. Rajada de vento.
lufa-lufa (lu.fa-**lu**.fa) s.f. Muita pressa; azáfama. ▣ Pl. *lufa-lufas*.
lugar (lu.**gar**) s.m. **1.** Espaço que pode ser ocupado por um corpo. **2.** Local; localidade. **3.** Posição; classe. **4.** Cargo; emprego. **5.** Assento marcado.
lugar-comum (lu.gar-co.**mum**) s.m. Expressão muito usada; clichê; chavão; chapa batida; trivialidade. ▣ Pl. *lugares-comuns*.
lugarejo (lu.ga.**re**.jo) s.m. Pequena aldeia ou povoado.
lugar-tenente (lugar-te.**nen**.te) s.2g. (*Ant.*) Pessoa que substitui temporariamente uma autoridade. ▣ Pl. *lugar-tenentes*.
lúgubre (**lú**.gu.bre) adj.2g. Fúnebre; sombrio; que se relaciona com luto e morte.
lula (**lu**.la) s.f. (*Zoo.*) Molusco marinho com tentáculos ligados à região da cabeça, que fornece a tinta chamada sépia.
lumbago (lum.**ba**.go) s.m. Dor repentina e muito forte na região lombar.
lume (**lu**.me) s.m. Fogo; fogueira; luz; clarão.

lúmen (**lú**.men) s.m. (*Fís.*) Unidade de fluxo luminoso ou fluxo de luz, de símbolo lm. ▣ Pl. *lúmenes* e *lumens* (**lu**.mens).
luminar (lu.mi.**nar**) adj.2g. **1.** Pertencente ou semelhante a lume, a luz. s.m. **2.** Pessoa de grande saber.
luminária (lu.mi.**ná**.ri.a) s.f. **1.** Aparelho que contém uma ou mais lâmpadas. **2.** Lustre; arandela.
luminescência (lu.mi.nes.**cên**.ci.a) s.f. (*Fís.*) Emissão de luz sem uso de calor.
luminosidade (lu.mi.no.si.**da**.de) s.f. **1.** Qualidade do que é luminoso, do que emite luz. **2.** Intensidade de iluminação.
luminoso (lu.mi.**no**.so) [ô] adj. Que difunde a luz; brilhante; iluminado. ▣ Pl. *luminosos* [ó].
lumpesinato (lum.pe.si.**na**.to) s.m. (*Hist.*) No marxismo, classe social formada por pessoas muito pobres, sem consciência política, que não têm emprego e vivem de transgressões como prostituição, roubo, invasão de propriedades etc.
lunação (lu.na.**ção**) s.f. Tempo compreendido entre duas luas novas, abrangendo, assim, as quatro fases da Lua.
lunar (lu.**nar**) adj.2g. Que diz respeito à Lua; selênico.
lunático (lu.**ná**.ti.co) adj. Sujeito às influências da lua; extravagante; visionário.
lundu (lun.**du**) s.m. (*Folc.*) Música de origem angolana, com dança sensual que chegou a ser popular também nos salões, além de nas senzalas.
luneta (lu.**ne**.ta) [ê] s.f. Óculo de longo alcance; telescópio.
lupa (**lu**.pa) s.f. **1.** Tipo de lente biconvexa, que permite ver os objetos em tamanho muito maior. **2.** Dispositivo com essa lente e um cabo, símbolo dos detetives.
lupanar (lu.pa.**nar**) s.m. Casa de prostituição; prostíbulo, bordel.
lupino (lu.**pi**.no) adj. Relacionado a lobo.
lúpulo (**lú**.pu.lo) s.m. (*Bot.*) Planta europeia que produz uma substância usada na fabricação de cerveja.
lúrido (**lú**.ri.do) adj. (*Raro*) **1.** Pálido, descorado. **2.** Escuro, sombrio.
lusco-fusco (lus.co-**fus**.co) s.m. O momento em que o sol nasce ou se põe. ▣ Pl. *lusco-fuscos*.
lusíada (lu.**sí**.a.da) s.2g. e adj.2g. Lusitano.
lusitanismo (lu.si.ta.**nis**.mo) s.m. Costume, linguagem etc. próprios dos portugueses.
lusitano (lu.si.**ta**.no) s.m. e adj. Luso; português; lusíada.
luso (**lu**.so) s.m. e adj. Português; lusitano; lusíada.
luso-brasileiro (luso-bra.si.**lei**.ro) adj. **1.** Pertencente ao Brasil e a Portugal. **2.** Descendente de portugueses nascido no Brasil. ▣ Pl. *luso-brasileiros*.
lustração (lus.tra.**ção**) s.f. (*Raro*) Ação de lustrar, de dar lustre ou brilho.
lustrador (lus.tra.**dor**) [ô] s.m. e adj. (O) que lustra ou serve para lustrar: *lustrador de móveis*.
lustral (lus.**tral**) adj.2g. Que serve para purificar ou lustrar. *Água lustral*: água usada no batismo cristão.
lustra-móveis (lus.tra-**mó**.veis) s.m.2n. Preparado com que se lustram os móveis. ▣ Pl. *lustra-móveis*.

lustrar (lus.**trar**) v.t.d. **1.** Dar lustre ou brilho; encerar. **2.** Purificar, limpar.
lustre (lus.tre) s.m. **1.** Brilho; polimento. **2.** Esplendor; brilhantismo. **3.** Candelabro; luminária.
lustro (lus.tro) s.m. **1.** Lustre; polimento. **2.** Quinquênio.
lustroso (lus.**tro**.so) [ô] adj. **1.** Brilhante; encerado; polido; reluzente; luzidio. **2.** Notável; esplêndido. ▣ Pl. *lustrosos* [ó].
luta (lu.ta) s.f. **1.** Combate entre duas pessoas ou povos; disputa, peleja, guerra. **2.** (Fig.) Esforço, empenho.
lutador (lu.ta.**dor**) [ô] s.m. *e adj.* (Aquele) que se empenha, que luta.
lutar (lu.**tar**) v.i. *e* v.t.i. Brigar, combater, empenhar-se, esforçar-se.
lutécio (lu.**té**.ci.o) s.m. (Quím.) Elemento metálico de símbolo Lu, número atômico 71 e massa atômica 174,97.
luteranismo (lu.te.ra.**nis**.mo) s.m. (Relig.) Doutrina religiosa proposta pelo padre alemão Martinho Lutero (1483-1546), como reforma da Igreja Católica, e que deu origem a um dos principais grupos protestantes.
luterano (lu.te.**ra**.no) s.m. *e adj.* **1.** (Aquele) que segue o luteranismo. **2.** Relacionado ao luteranismo: *há várias igrejas luteranas*.
luteria (lu.te.**ri**.a) s.f. Arte e técnica de fazer instrumentos musicais, ou de consertá-los; profissão do *luthier*. Obs.: do francês *lutherie*.
luthier [francês: "lutiê"] s.m. Profissional que fabrica ou conserta instrumentos musicais.
luto (lu.to) s.m. **1.** Sentimento de pesar pela morte de alguém. **2.** Exteriorização deste sentimento, com uso de trajes pretos. **3.** Tristeza profunda.
lutuoso (lu.tu.**o**.so) [ô] adj. Triste, fúnebre. ▣ Pl. *lutuosos* [ó].
luva (lu.va) s.f. **1.** Peça do vestuário, destinada a proteger a mão. **2.** Peça tubular, com rosca girando em sentidos opostos nas duas extremidades, para ser rosqueada a dois canos ao mesmo tempo. **3.** Quantia que se paga na assinatura de um contrato.

lux [cs] s.m. (Fís.) Unidade de iluminação de uma superfície, símbolo lx.
luxação (lu.xa.**ção**) s.f. Deslocamento de um osso de sua articulação.
luxar (lu.**xar**) v.i. **1.** Ostentar luxo e riqueza. v.t.d. **2.** Desarticular ou deslocar um osso.
luxaria (lu.xa.**ri**.a) s.f. Luxo excessivo; superfluidade.
luxemburguês (lu.xem.bur.**guês**) adj. **1.** De Luxemburgo, país da Europa. s.m. **2.** Pessoa natural ou habitante desse lugar.
luxento (lu.**xen**.to) adj. Cheio de luxo, melindres e exigências.
luxo (lu.xo) s.m. **1.** Ostentação; superfluidade; esplendor. **2.** (Fig.) Negação afetada; afetação; melindres.
luxuoso (lu.xu.**o**.so) [ô] adj. Ostentoso; pomposo. ▣ Pl. *luxuosos* [ó].
luxúria (lu.**xú**.ri.a) s.f. **1.** Lascívia; sensualidade; libertinagem. **2.** Viço das plantas.
luxuriante (lu.xu.ri.**an**.te) adj.2g. **1.** Luxurioso; impudico. **2.** Viçoso; exuberante.
luxurioso (lu.xu.ri.**o**.so) [ô] adj. **1.** Impudico; licencioso; luxuriante. **2.** Viçoso. ▣ Pl: *luxuriosos* [ó].
luz s.f. **1.** (Fís.) Radiação eletromagnética que, produzindo claridade, torna os objetos visíveis. **2.** Claridade própria ou refletida pelos corpos celestes. **3.** Brilho; fulgor. **4.** Saber; ilustração. **5.** Todo objeto utilizado para iluminar e a claridade por ele produzida. **6.** O dia.
luzeiro (lu.**zei**.ro) s.m. Aquilo que emite luz; clarão; farol.
luzente (lu.**zen**.te) adj.2g. Que luze, que emite luz; luzidio.
luzidio (lu.zi.**di**.o) adj. Que reluz; brilhante; polido.
luzido (lu.**zi**.do) adj. Vistoso; pomposo; esplendoroso.
luzimento (lu.zi.**men**.to) s.m. Brilho, cintilação.
luzir (lu.**zir**) v.i. **1.** Emitir luz ou claridade. **2.** Refletir a luz. **3.** Dar na vista; fazer efeito. Obs.: em sentido normal, só se conjuga na 3ª pes. sing. e pl. do pres. do ind.: *luz, luzem*; pret. imperf.: *luzia, luziam* etc.
lx Símbolo de lux.
lycra [inglês: "laicra"] s.f. Tecido elástico sintético, muito usado na confecção de roupas.

Mm

m, M s.m. **1.** Décima terceira letra do alfabeto, consoante, de nome "eme" ou "mê". **2.** Na numeração romana, representa mil unidades ou milésimo lugar.
m Símbolo internacional do metro.
ma Contração dos pronomes "me" e "a".
MA Sigla de Maranhão, estado brasileiro.
má adj. Ruim, perversa. Obs.: é o feminino de *mau*.
maarani (ma.a.**ra**.ni) s.f. Esposa de marajá ou de grão-rajá da Índia.
Maat (ma.**at**) s.f. (Mit.) Deusa da verdade na mitologia egípcia, chamada comumente de Duas Verdades, filha do deus Sol Rá, usava uma pena na cabeça.
maca (**ma**.ca) s.f. **1.** Tipo de cama para transporte de doentes em estado de emergência; padiola. **2.** Cama geralmente de lona para descanso de marinheiros.
maça (ma.**ça**) s.f. **1.** Clava. **2.** Arma de guerra; porrete geralmente de ferro com extremidade esférica dotada de pontas. **3.** Espécie de martelo de duas cabeças. **4.** Pilão. **5.** Aparelho usado na ginástica rítmica.
maçã (ma.**çã**) s.f. **1.** (Bot.) Fruta vermelha ou verde, de polpa clara, comestível crua, assada, em torta etc., que dá na macieira. **2.** Variedade de banana. Maçãs do rosto: as saliências laterais da face, formadas pelos ossos malares.
macabro (ma.**ca**.bro) adj. Fúnebre; tétrico; medonho; sombrio.
macacada (ma.ca.**ca**.da) s.f. **1.** Bando de macacos. **2.** (Fam.) Pessoal; turma de amigos; companheiros: *chamou a macacada para um churrasco*.
macacal (ma.ca.**cal**) adj.2g. Relativo ao macaco; próprio de macaco.
macacão (ma.ca.**cão**) s.m. **1.** Macaco grande. **2.** Roupa que junta calça e camisa, usada por pilotos, operários e outros.
macacaporanga (ma.ca.ca.po.**ran**.ga) s.f. (Bot.) Árvore amazônica de cuja casca se extrai um óleo essencial muito apreciado em perfumaria e bastante empregado em banhos de cheiro. O mesmo que *macapuranga*.
macacapuranga (ma.ca.ca.pu.**ran**.ga) s.f. O mesmo que *macacaporanga*.
macaco (ma.**ca**.co) s.m. **1.** (Zool.) Nome comum a todos os símios da ordem dos primatas; mamífero antropoide. **2.** Máquina para elevar grandes pesos, como um carro. **3.** Sujeito ladino; astuto; manhoso. **4.** Tipo de paralelepípedo para calçamento. **5.** Bate-estaca. **6.** (Gír.) Ajudante de vaqueiro.

macacoa (ma.ca.**co**.a) s.f. (Pop.) Indisposição, fraqueza, mal-estar semelhante ao de gripe.
macaco-da-noite (ma.ca.co-da-**noi**.te) s.m. (Zoo.) Jupará. ▪ Pl. *macacos-da-noite*.
macaco de auditório (ma.ca.co de au.di.**tó**.ri.o) s.m. Pessoa que, na plateia de programa de auditório ou espetáculo, faz gritaria, aplaude etc.; fã, admirador espalhafatoso: *as macacas de auditório urravam enlouquecidas quando o cantor rebolava*.
maçada (ma.**ça**.da) s.f. **1.** Pancada com maça. (Fig.) **2.** Conversa chata. **3.** Trabalho enfadonho.
macadame (ma.ca.**da**.me) s.m. **1.** Sistema de cobrir o leito das estradas de rodagem com pedras. **2.** Pavimentação de ruas com pedra britada.
macadamização (ma.ca.da.mi.za.**ção**) s.f. Ato de macadamizar.
macadamizar (ma.ca.da.mi.**zar**) v.t.d. Pavimentar utilizando o sistema macadame.
maçadiço (ma.ça.**di**.ço) adj. (Raro) Maçador.
maçador (ma.ça.**dor**) [ô] adj. Que maça; maçante, enfadonho, maçadiço.
macaense (ma.ca.**en**.se) adj.2g. **1.** De Macau, região chinesa na Ásia; macaísta, macauense. s.2g. **2.** Pessoa natural ou habitante desse lugar.
macaísta (ma.ca.**ís**.ta) s.2g. e adj.2g. Macaense.
macambira (ma.cam.**bi**.ra) s.f. (Bot.) Planta do grupo das bromélias, encontrada em regiões quentes e secas no Brasil.
macambuzice (ma.cam.bu.**zi**.ce) s.f. Tristeza; infelicidade.
macambúzio (ma.cam.**bú**.zi.o) adj. Tristonho; carrancudo, chateado.
maçaneta (ma.ça.**ne**.ta) [ê] s.f. Acessório usado como alavanca para abrir ou fechar portas; pode ter diversos formatos (esférico, quadrado etc.), sendo utilizado também para ornamentar as portas, embelezando-as.
maçanico (ma.ça.**ni**.co) s.m. (Folc.) Dança de par comum no estado de Santa Catarina, de onde passou para o Rio Grande do Sul.
maçante (ma.**çan**.te) adj.2g. Que maça, incomoda ou aborrece; tedioso, chato.
mação (ma.**ção**) s.m. **1.** Maço grande. **2.** O mesmo que *maçom*.
macapaense (ma.ca.pa.**en**.se) adj.2g. **1.** Do município de Macapá, capital do estado do Amapá. s.2g. **2.** Pessoa natural ou habitante desse lugar.
maçapão (ma.ça.**pão**) s.m. (Lus.) Marzipã.
macaqueação (ma.ca.que.a.**ção**) s.f. Ato ou efeito de macaquear.

macaqueador (ma.ca.que.a.dor) [ô] s.m. Aquele que macaqueia ou imita.
macaquear (ma.ca.que.ar) v.t.d. 1. Arremedar como fazem os macacos. 2. Imitar ridiculamente.
macaquice (ma.ca.qui.ce) s.f. 1. Momice; ato ou efeito de macaquear. 2. Carinho interesseiro.
maçar (ma.çar) v.t.d. 1. Bater com maça, maço, pau ou outro instrumento. 2. Fazer repetidas vezes; martelar. 3. Aborrecer, entediar, chatear.
macaréu (ma.ca.réu) s.m. Choque entre as águas de um rio e o fluxo da maré; no Amazonas é conhecido como *pororoca*.
maçaricão (ma.ça.ri.cão) s.m. (Zoo.) Ave de grande porte, com bico longo e recurvado, que faz ninho no Ártico e migra para o sul no inverno, atingindo o Norte do Brasil até a Terra do Fogo.
maçarico (ma.ça.ri.co) s.m. 1. Instrumento que produz uma chama fina e dirigida, de alta temperatura, utilizada para soldar ou derreter algum metal. (Zoo.) 2. Ave migratória, de várias espécies. 3. Macho da lebre, com uma malha branca na testa.
maçaroca (ma.ça.ro.ca) [ó] s.f. 1. Porção de fios torcidos e enrolados em volta do fuso; emaranhado. 2. Espiga de milho. 3. Rolo de cabelo. 4. (Fig.) Mexerico; fofoca; confusão; intriga; bagunça.
maçaroqueira (ma.ça.ro.quei.ra) s.f. Aparelho que substitui o fuso, para fazer maçarocas.
macarrão (ma.car.rão) s.m. 1. Massa feita com farinha de trigo e ovos e que pode ser fresca ou seca e ter diversos formatos (espaguete, parafuso, lasanha etc.); bastante conhecida no mundo inteiro e utilizada para fazer sopas e outros pratos muito apreciados. 2. (Fig.) Indivíduo mole, sem préstimos.
macarronada (ma.car.ro.na.da) s.f. (Culin.) Prato preparado com macarrão cozido, ao qual se acrescentam molhos brancos ou de tomate e bastante queijo.
macarronaria (ma.car.ro.na.ri.a) s.f. 1. Pastifício; fábrica de macarrão. 2. Grande quantidade de macarrão.
macarrônea (ma.car.rô.ne.a) s.f. 1. Composição literária em estilo macarrônico. 2. Gênero de poesia. 3. (Pop.) Qualquer idioma mal escrito ou mal falado.
macarroneiro (ma.car.ro.nei.ro) s.m. Aquele que fabrica macarrão.
macarrônico (ma.car.rô.ni.co) adj. 1. Burlesco. 2. Diz-se de latim ou outro idioma usado com erros propositais por ironia, com palavras de outra língua mal adaptadas, como "falatórium latinórium engraçadórium".
macauense (ma.cau.en.se) s.2g. e adj.2g. Macaense.
macaxeira (ma.ca.xei.ra) s.f. (NE) Mandioca.
macaxeiral (ma.ca.xei.ral) s.m. Plantação de macaxeiras; roça de mandiocas, ou aipins.
macedônico (ma.ce.dô.ni.co) adj. Macedônio.
macedônio (ma.ce.dô.ni.o) adj. 1. Da Macedônia, ou antiga República Iugoslava da Macedônia, país da Europa; macedônico. s.m. 2. Pessoa natural ou habitante desse lugar.

macega (ma.ce.ga) [é] s.f. (Bot.) Erva daninha originária das searas.
macegal (ma.ce.gal) s.m. Terreno onde crescem macegas.
maceioense (ma.cei.o.en.se) adj.2g. 1. Do município de Maceió, capital do estado de Alagoas. s.2g. 2. Pessoa natural ou habitante desse lugar.
macela (ma.ce.la) [é] s.f. (Bot.) Camomila.
maceração (ma.ce.ra.ção) s.f. 1. Ação de macerar; maceramento. 2. Mortificação penitente.
macerado (ma.ce.ra.do) adj. Que sofreu maceração; macilento; que foi macerado.
maceramento (ma.ce.ra.men.to) s.m. Maceração.
macerar (ma.ce.rar) v.t.d. Ato de submeter uma substância sólida à maceração, ao amolecimento, à mortificação.
maceta (ma.ce.ta) [ê] s.f. 1. Pequena maça de ferro usada para bater no escopro ou no cinzel (escultores e pedreiros). 2. Maça para tocar bombo. 3. Pedra lisa com base chata, própria para moer.
macetação (ma.ce.ta.ção) s.f. Ato de esmagar ou bater em um vegetal para que as fibras se separem mais facilmente.
macetada (ma.ce.ta.da) s.f. Golpe de macete ou maceta; martelada, pancada, porretada.
macetar (ma.ce.tar) v.t.d. Bater com golpes de macete ou maceta em.
macete (ma.ce.te) [ê] s.m. 1. Pequeno maço. 2. Maço usado por escultores. 3. (Gír.) Truque.
machacá (ma.cha.cá) s.m. (Folc.) Chocalho constituído por um cestinho com grãos secos, amarrado aos pés para acompanhar danças de influência africana.
machadada (ma.cha.da.da) s.f. Golpe de machado.
machadiano (ma.cha.di.a.no) adj. Relativo ou pertencente ao escritor brasileiro Machado de Assis (1839-1908).
machadinha (ma.cha.di.nha) s.f. Machado de tamanho pequeno.
machadinho (ma.cha.di.nho) s.m. Machado pequeno; machadinha.
machado (ma.cha.do) s.m. 1. Instrumento com lâmina cortante, dotado de cabo de madeira, usado para cortar e rachar lenha, aparelhar madeiras etc. 2. Arma de guerra usada nas justas (época medieval). 3. Instrumento de trabalho do carrasco, usado para decepar os condenados na Antiguidade.
machão (ma.chão) s.m. 1. Macho grande. (Pop.) 2. Homem que faz muito alarde de sua masculinidade. 3. Homem metido a valentão.
machete (ma.che.te) [ê] s.m. (Folc. Mús.) Instrumento de cordas de origem lusitana, semelhante a uma pequena viola ou ao cavaquinho, com quatro ou cinco cordas duplas, usado no cururu.
machismo (ma.chis.mo) s.m. Atitude oposta ao feminismo e que não aceita a igualdade de direitos entre homens e mulheres.
machista (ma.chis.ta) s.2g. e adj.2g. (Pessoa) que demonstra machismo.

macho (ma.cho) s.m. **1.** Animal do sexo masculino. **2.** Homem, física e sexualmente falando. **3.** (Pop.) Sujeito valente, másculo, forte, robusto. **4.** Peça em forma de pino que se encaixa em outra, chamada fêmea; plugue. **5.** Dobradura do pano em pregas opostas. **6.** Amante; amásio. **7.** Instrumento cortante para tornar côncava a madeira.

machucação (ma.chu.ca.**ção**) s.f. Ato ou efeito de machucar; ferir.

machucado (ma.chu.**ca**.do) adj. **1.** Ferido, contundido. **2.** Magoado, aborrecido. s.m. **3.** Parte do corpo que se machucou; ferimento, ferida, machucadura.

machucador (ma.chu.ca.**dor**) [ô] s.m. Aquele que machuca.

machucadura (ma.chu.ca.**du**.ra) s.f. Machucado.
machucão (ma.chu.**cão**) s.m. Contusão; ferimento.
machucar (ma.chu.**car**) v.t.d. **1.** Contundir, ferir; causar ferimentos. **2.** Esculpir com as mãos; amoldar um corpo fazendo peso com outro. **3.** Espremer (uma fruta), usando um socador: *machucou o limão para fazer a caipirinha*. **4.** Triturar; debulhar; descascar. **5.** (Fig.) Magoar, ferir, fazer sofrer.

maciço (ma.**ci**.ço) adj. Sólido; compacto; que não tem cavidades: *a melancia é maciça, o coco é oco*.

macieira (ma.ci.**ei**.ra) s.f. (Bot.) Árvore do grupo das rosáceas cujo fruto é a maçã.

maciez (ma.ci.**ez**) [ê] s.f. Qualidade do que é macio; macieza.

macieza (ma.ci.e.za) [ê] s.f. Maciez.

macilência (ma.ci.**lên**.ci.a) s.f. Qualidade de macilento, amarelado; palidez.

macilento (ma.ci.**len**.to) adj. **1.** Pálido; amarelado. **2.** Magro; amortecido.

macio (ma.**ci**.o) adj. **1.** Que é flexível, suave, fofo, agradável ao tato; que não é duro nem áspero. **2.** Diz-se de voz ou fala suave, sem excesso de volume ou de sons agudos.

maciota (ma.ci.**o**.ta) [ó] s.f. (Gír.) **Na maciota:** devagar; suavemente; sem esforço; com jeitinho; sossegadamente; sem pressa.

maço (ma.ço) s.m. **1.** Conjunto de coisas atadas no mesmo invólucro, formando um só volume. **2.** Instrumento de madeira usado por escultores. **3.** Martelo de pau. **4.** Maça ou clava.

maçom (ma.**çom**) s.m. Membro da maçonaria; franco-maçom, mação.

maçonaria (ma.ço.na.**ri**.a) s.f. Sociedade filantrópica milenar, antigamente secreta, ligada aos ofícios de arquiteto e pedreiro, de onde seus símbolos.

maconha (ma.**co**.nha) [ô] s.f. **1.** (Bot.) Erva cujas folhas secas são fumadas pelo efeito narcótico, como droga ilegal, e que está em estudos para fins medicinais; variedade de cânhamo. **2.** As folhas dessa erva, secas; bagulho, pacau.

maconheiro (ma.co.**nhei**.ro) s.m. Pessoa que tem o hábito ou o vício de fumar maconha.

maçônico (ma.**çô**.ni.co) adj. Relativo à maçonaria.
má-criação (má-cri.a.**ção**) s.f. Qualidade de quem é malcriado ou mal-educado; grosseria; falta de modos ou de educação; malcriação. ▪ Pl. *más-criações, má-criações*.

macro (ma.cro) s.f. (Inf.) **1.** Série de comandos gravados e associados a um botão ou a uma tecla. **2.** Bloco de instruções de informática identificadas por uma única palavra. **3.** Rotina de programa de computador.

macróbio (ma.**cró**.bi.o) s.m. e adj. (Pessoa) que viveu muito; ancião.

macrobiótica (ma.cro.bi.**ó**.ti.ca) s.f. **1.** Dieta baseada em cereais integrais, legumes e frutas secas. **2.** Estudo dos meios de se prolongar a vida.

macrocefalia (ma.cro.ce.fa.**li**.a) s.f. **1.** Qualidade de macrocéfalo. **2.** Desenvolvimento anômalo da cabeça.

macrocefálico (ma.cro.ce.**fá**.li.co) adj. Relativo à macrocefalia.

macrocéfalo (ma.cro.**cé**.fa.lo) adj. Que tem a cabeça anormalmente desenvolvida.

macrocosmo (ma.cro.**cos**.mo) [ó] s.m. O universo, considerado como ser orgânico à imagem do ser humano. Cf. *microcosmo*.

macrodáctilo (ma.cro.**dác**.ti.lo) adj. Que tem os dedos muito compridos ou longos. O mesmo que *macrodátilo*.

macrodátilo (ma.cro.**dá**.ti.lo) adj. O mesmo que *macrodáctilo*.

macrófago (ma.**cró**.fa.go) s.m. (Med.) Linfócito que destrói invasores.

macrofotografia (ma.cro.fo.to.gra.**fi**.a) s.f. Fotografia que amplia o objeto fotografado, em que a imagem da foto é maior que a realidade. Cf. *microfotografia* e *fotomicrografia*.

macromolécula (ma.cro.mo.**lé**.cu.la) s.f. (Quím.) Molécula composta por grande e indeterminado número de átomos, e pesa entre 10 mil e 2 milhões de pesos moleculares.

macromolecular (ma.cro.mo.le.cu.**lar**) adj.2g. (Quím.) Relativo a ou constituído de macromoléculas (como a borracha, a celulose, a proteína etc).

macronutriente (ma.cro.nu.tri.**en**.te) s.m. (Bio.) Nutriente como carboidrato, lipídio ou proteína, que fornece energia. Cf. *micronutriente*.

macroscópico (ma.cros.**có**.pi.co) adj. Que pode ser visto sem auxílio de microscópio ou lente; que se vê facilmente a olho nu.

macrosmia (ma.cros.**mi**.a) s.f. Olfato muito apurado, que consegue distinguir odores com muita facilidade.

macrossomatia (ma.cros.so.ma.**ti**.a) s.f. (Med.) Malformação caracterizada pela enormidade em todo o corpo; excessivo crescimento no tamanho, grossura e grandeza dos membros ou de parte deles.

macu (ma.cu) s.2g. **1.** Indivíduo dos macus, povo indígena que vive hoje no Amazonas. adj.2g. **2.** Relacionado a esse povo.

macuco (ma.**cu**.co) s.m. (Zoo.) Ave galinácea brasileira, de costas vermelhas rajadas de preto, que vivia nas matas de todo o território nacional.

maçudo (ma.**çu**.do) *adj.* **1.** Relativo a maça; que tem forma de maça. **2.** Indigesto; monótono.
mácula (**má**.cu.la) *s.f.* Mancha; desonra; infâmia.
maculado (ma.cu.**la**.do) *adj.* Manchado; desonrado.
macular (ma.cu.**lar**) *v.t.d.* **1.** Manchar; sujar. **2.** Desonrar; infamar.
maculável (ma.cu.**lá**.vel) *adj.2g.* Que pode ser maculado ou manchado.
maculelê (ma.cu.le.**lê**) *s.m.* (Folc.) **1.** Dança baiana de origem africana em que entre dez e vinte homens representam uma luta de bastão. **2.** Ritmo e canção que acompanham essa dança.
maculiforme (ma.cu.li.**for**.me) [ó] *adj.2g.* Que tem forma de mancha.
macumba (ma.**cum**.ba) *s.f.* **1.** Ritual ou oferenda para espíritos, em cultos de influências africanas, católicas, espíritas e indígenas: *viu uma macumba na esquina*. **2.** Local ou templo para esse culto; centro, terreiro: *ir à macumba*. **3.** (Folc.) Feitiço, magia prejudicial: *tinha medo de macumba e de mau-olhado*.
macumbeiro (ma.cum.**bei**.ro) *s.m.* Adepto, praticante da macumba.
macurape (ma.cu.**ra**.pe) *s.2g.* **1.** Indivíduo dos macurapes, povo indígena que vive hoje em Rondônia. *adj.2g.* **2.** Relacionado a esse povo.
macuru (ma.cu.**ru**) *s.m.* (Folc.) **1.** Balanço para crianças feito com arco de cipó e duas faixas de pano cruzando-se no fundo. **2.** Cantiga de ninar ou acalanto.
macuxi (ma.cu.**xi**) *s.2g.* **1.** Indivíduo dos macuxis, povo indígena que vive hoje em Roraima. *adj.2g.* **2.** Relacionado a esse povo.
madagascarense (ma.da.gas.ca.**ren**.se) *adj.2g.* **1.** De Madagascar, país da África situado na ilha de mesmo nome. *s.2g.* **2.** Pessoa natural ou habitante desse lugar.
madama (ma.**da**.ma) *s.f.* Senhora, esposa, patroa. O mesmo que *madame*, forma muito mais utilizada e mais próxima da origem francesa.
madame (ma.**da**.me) *s.f.* O mesmo que *madama*.
madeira (ma.**dei**.ra) *s.f.* **1.** Parte lenhosa do tronco das árvores e arbustos, que se aplica em trabalhos de marcenaria ou de carpintaria (quando macia), ou em construções (quando mais resistente). **2.** Lenho ou lenha. **3.** Pau; compensado. Madeira de lei: madeira muito dura, usada em móveis de luxo e na parte externa das construções.
madeiramento (ma.dei.ra.**men**.to) *s.m.* Armação de madeira; porção de madeira.
madeireira (ma.dei.**rei**.ra) *s.f.* Empresa que comercializa madeiras.
madeireiro (ma.dei.**rei**.ro) *s.m.* Homem que trabalha com madeira.
madeirense (ma.dei.**ren**.se) *adj.2g.* **1.** Da Ilha da Madeira, território português a quase 1.000 km de Lisboa. *s.2g.* **2.** Pessoa natural ou habitante desse lugar.
madeiro (ma.**dei**.ro) *s.m.* Peça de madeira ou tronco grosso de madeira.

madeixa (ma.**dei**.xa) *s.f.* **1.** Pequena meada; porção de fios de seda, lã etc. **2.** Porção de fios de cabelos na cabeça.
madona (ma.**do**.na) [ô] *s.f.* **1.** Nossa Senhora. **2.** Imagem, estátua, estatueta ou pintura que representa Nossa Senhora.
madraço (ma.**dra**.ço) *s.m. e adj.* (Lus.) Preguiçoso.
madrasta (ma.**dras**.ta) *s.f.* **1.** Mulher do pai, em relação aos filhos do primeiro casamento dele. **2.** (Pop.) Mulher má e pouco carinhosa.
madre (**ma**.dre) *s.f.* **1.** Freira. **2.** Diretora de um convento. **3.** A matriz dos metais. **4.** (Fig.) O útero.
madrepérola (ma.dre.**pé**.ro.la) *s.f.* **1.** (Zoo.) Molusco marinho acéfalo. **2.** Nácar. **3.** Concha nacarada do referido molusco, composta de carbonato de cálcio.
madressilva (ma.dres.**sil**.va) *s.f.* (Bot.) **1.** Planta lenhosa ornamental cujas flores e folhas pequenas são muito aromáticas e atraem beija-flores. **2.** Trepadeira ornamental de flores muito perfumadas.
madrigal (ma.dri.**gal**) *s.m.* (Lit.) Pequena composição poética, engenhosa e galante; poesia pastoril.
madrigalesco (ma.dri.ga.**les**.co) [ê] *adj.* Relativo a madrigal; que tem caráter de madrigal.
madrigalista (ma.dri.ga.**lis**.ta) *adj.2g.* Que faz madrigais.
madrilenho (ma.dri.**le**.nho) [ê] *adj.* **1.** De Madri, capital da Espanha; madrilense. *s.m.* **2.** Pessoa natural ou habitante desse lugar. O mesmo que *madrileno*.
madrileno (ma.dri.**le**.no) *s.m. e adj.* O mesmo que *madrilenho*.
madrilense (ma.dri.**len**.se) *s.2g. e adj.2g.* Madrilenho.
madrinha (ma.**dri**.nha) *s.f.* **1.** Mulher que, convidada, serve de testemunha em batizados, casamentos, crismas. **2.** (Fig.) Protetora. **3.** Animal que guia ou vai na frente de uma tropa de burros ou cavalos, com um chocalho pendurado no pescoço.
madruga (ma.**dru**.ga) *s.f.* (Pop.) Madrugada: *os pescadores saíram às quatro da madruga, bem antes do sol*.
madrugada (ma.dru.**ga**.da) *s.f.* **1.** Período que vai da uma às cinco ou seis horas da manhã (até o nascer do sol); madruga. **2.** Momento próximo da aurora; alvorada.
madrugador (ma.dru.ga.**dor**) [ô] *s.m. e adj.* **1.** (Aquele) que madruga ou acorda bem cedo. **2.** (Fig.) (Aquele) que é aplicado ou se antecede aos demais nas ações.
madrugar (ma.dru.**gar**) *v.i.* Acordar cedo; levantar-se cedo.
maduração (ma.du.ra.**ção**) *s.f.* Maturação; ato ou efeito de amadurecer ou madurar.
madurar (ma.du.**rar**) *v.t.d.* Tornar maduro; sazonar; amadurecer.
madurecer (ma.du.re.**cer**) *v.i.* Ficar maduro; amadurecer.
madureza (ma.du.**re**.za) [ê] *s.f.* **1.** Estado do que está maduro. **2.** Nome do exame que antecedia o atual supletivo.

magnésia

maduro (ma.**du**.ro) *adj.* **1.** Que atingiu a madureza; amadurecido; sazonado. **2.** (*Fig.*) Experimentado; experiente.
mãe *s.f.* **1.** Mulher ou qualquer fêmea que deu à luz um ou mais filhos. **2.** (*Fig.*) O que dá origem, que faz surgir: *a necessidade é a mãe das invenções*.
mãe-benta (mãe-**ben**.ta) *s.f.* (*Culin.*) Pequeno bolo feito de farinha de trigo, manteiga, açúcar e ovos. ▣ Pl. *mães-bentas*.
mãe-d'água (mãe-d'**á**.gua) *s.f.* **1.** (*Folc.*) Ente fantástico, mulher loira que é peixe da cintura para baixo e vive em rios ou lagos, atraindo os homens com seu canto. **2.** Fonte ou reservatório de água. **3.** (*Zoo.*) Água-viva. **4.** (*Fig.*) Pessoa que tem facilidade para chorar. ▣ Pl. *mães-d'água*.
mãe-da-chuva (mãe-da-**chu**.va) *s.f.* (*Folc.*) Amanamanha. ▣ Pl. *mães-da-chuva*.
mãe-da-lua (mãe-da-**lu**.a) *s.f.* (*Zoo.*) Ave noturna sul-americana, do grupo da coruja, cujo canto lembra uma gargalhada de dor; jurutauí, urutau. ▣ Pl. *mães-da-lua*.
mãe de santo (mãe de **san**.to) *s.f.* sacerdotisa do candomblé e outros cultos afro-brasileiros; ialorixá, mãe de terreiro.
mãe de terreiro (mãe de ter.**rei**.ro) *s.f.* Mãe de santo.
maestria (ma.es.**tri**.a) *s.f.* **1.** O mesmo que *mestria*. **2.** Perícia; sabedoria.
maestrina (ma.es.**tri**.na) *s.f.* **1.** Mulher regente de orquestra. **2.** Mulher que compõe música.
maestro (ma.**es**.tro) [é] *s.m.* **1.** Regente de orquestra. **2.** Compositor de músicas.
má-fé (má-**fé**) *s.f.* Má intenção, intenção de causar mal, dano ou prejuízo; intenção dolosa. ▣ Pl. *más-fés*.
máfia (**má**.fi.a) *s.f.* Sociedade secreta criminosa organizada e criada na Itália no século XIX.
mafioso (ma.fi.**o**.so) [ô] *s.m. e adj.* **1.** (Pessoa) integrante da máfia e participante do crime organizado. **2.** Criminoso; bandido; delinquente. ▣ Pl. *mafiosos* [ó].
má-formação (má-for.ma.**ção**) *s.f.* Deformidade; anomalia; malformação. ▣ Pl. *más-formações*.
nafuá (na.fu.**á**) *s.m.* **1.** Feira ou parque de diversões com barracas, jogos etc., e música ruidosa nos alto-falantes. **2.** Confusão, barulheira.
naga (**na**.ga) *s.f.* **1.** Mulher que pratica magia. **2.** Feiticeira, bruxa, mágica.
naganagem (ma.ga.**na**.gem) *s.f.* (*Raro*) Maganice.
naganão (ma.ga.**não**) *adj.* Que pratica muitas maganices ou é muito magano; brincalhão; pândego.
naganeira (ma.ga.**nei**.ra) *s.f.* Maganice.
naganice (ma.ga.**ni**.ce) *s.f.* (*Raro*) Ato ou dito de magano; maganagem, maganeira.
nagano (ma.**ga**.no) *adj.* Jovial; engraçado; brincalhão; travesso; atrevido; malicioso.
nagarefe (ma.ga.**re**.fe) [é] *s.m.* **1.** Pessoa que mata e também esfola as reses no matadouro. **2.** Mau cirurgião.
nagatô (ma.ga.**tô**) *s.m.* (*Folc.*) Mana-chica.

magazine (ma.ga.**zi**.ne) *s.m.* **1.** Publicação periódica, geralmente ilustrada e de caráter recreativo. **2.** Loja de departamentos onde se vendem artigos variados e na moda.
magia (ma.**gi**.a) *s.f.* **1.** Poder sobrenatural; mágica, bruxaria, feitiçaria. **2.** Religião, estudo ou culto dos magos. **3.** Encantamento, sedução, maravilhamento: *a magia do cinema*.
magiar (ma.gi.**ar**) *s.2g. e adj.2g.* Húngaro.
mágica (**má**.gi.ca) *s.f.* **1.** Ato mágico, feitiçaria, bruxaria. **2.** Magia. **3.** Espetáculo em que se apresentam transformações extraordinárias, aparentemente inexplicáveis; ilusionismo, prestidigitação. **4.** Mulher que faz esses espetáculos; ilusionista, prestidigitadora.
mágico (**má**.gi.co) *adj.* **1.** Relacionado a ou causado por magia; sobrenatural. **2.** Encantador, sedutor, atraente. **3.** Extraordinário, fantástico. *s.m.* **4.** Homem que faz mágicas; ilusionista, prestidigitador. **5.** Mago.
magistério (ma.gis.**té**.ri.o) *s.m.* **1.** Cargo de professor. **2.** Exercício desse cargo; ensino, professorado. **3.** A classe dos professores. **4.** Na Igreja Católica, exercício da autoridade de ensinar, ligada ao episcopado ou ao supremo pontificado.
magistrado (ma.gis.**tra**.do) *s.m.* **1.** Indivíduo que recebe poderes da nação ou do poder central, para governar ou distribuir justiça. **2.** Juiz, desembargador, ministro. **3.** Funcionário público graduado. **4.** Autoridade judicial ou administrativa.
magistral (ma.gis.**tral**) *adj.2g.* **1.** Relativo ou pertencente a mestre. **2.** (*Fig.*) Perfeito; completo; exemplar.
magistratura (ma.gis.tra.**tu**.ra) *s.f.* **1.** Dignidade ou funções de magistrado. **2.** A classe dos magistrados. **3.** Duração do cargo do magistrado. **4.** O exercício do cargo de juiz.
magma (**mag**.ma) *s.m.* **1.** (*Geo.*) Massa natural fluida, ígnea, originada no fundo da Terra, que é expelida por vulcões e, ao esfriar, solidifica-se originando rochas. **2.** Lava esfriada. **3.** Matéria espessa que fica depois que se espremeu uma substância. **4.** Qualquer substância pastosa e viscosa, como a lava, o vidro derretido.
magmático (mag.**má**.ti.co) *adj.* **1.** Relacionado a magma. **2.** Formado por magma: *rocha magmática*.
magnanimidade (mag.na.ni.mi.**da**.de) *s.f.* Qualidade de quem é magnânimo; bondade; generosidade.
magnânimo (mag.**nâ**.ni.mo) *adj.* **1.** Que tem grandeza de alma; generoso; bondoso. **2.** Próprio de alma nobre e generosa.
magnata (mag.**na**.ta) *s.m.* **1.** Pessoa que concentra muito dinheiro, influência e poder em uma área ou atividade: *magnatas do petróleo*, *magnatas da indústria cultural*. **2.** (*Hist.*) Membro da alta nobreza, na Polônia e na Hungria.
magnésia (mag.**né**.si.a) *s.f.* **1.** (*Quím.*) Óxido de magnésio, branco, cristalino, usado como refratário.

2. (Med.) Medicamento com esse composto, empregado como purgativo, laxante e antiácido.
magnesiano (mag.ne.si.**a**.no) adj. **1.** Relativo a magnésio ou a magnésia; magnésico. **2.** Que contém ou tem por base o magnésio ou a magnésia.
magnésico (mag.**né**.si.co) adj. Magnesiano.
magnésio (mag.**né**.si.o) s.m. (Quím.) Elemento metálico, branco-prateado, leve e reativo, de símbolo Mg, de número atômico 12 e de peso atômico 24,31.
magnesita (mag.ne.**si**.ta) s.f. (Min.) Mineral romboédrico, carbonato de magnésio, largamente empregado na manufatura de refratários especiais e na fabricação de vários sais de magnésio.
magnete (mag.**ne**.te) [é] s.m. (Min.) O mesmo que *magneto*.
magnético (mag.**né**.ti.co) adj. **1.** Relativo ao magneto ou ímã, ou ao magnetismo. **2.** Que tem a propriedade de atrair o ferro como o magneto. **3.** (Fig.) Que exerce atração forte ou influência profunda; atraente, fascinador, sedutor: *olhar magnético*.
magnetismo (mag.ne.**tis**.mo) s.m. **1.** (Fís.) Força de atração ou repulsão exercida por ímãs e correntes elétricas sobre objetos de ferro e outros ímãs. **2.** Ramo da física que estuda esse fenômeno. **3.** (Fig.) Capacidade de atrair, encantar, seduzir; fascinação; encantamento.
magnetita (mag.ne.**ti**.ta) s.f. (Min.) Mineral constituído de óxido de ferro, fortemente magnético; minério de ferro.
magnetização (mag.ne.ti.za.**ção**) s.f. (Fís.) **1.** Ato ou efeito de magnetizar. **2.** Processo em que se magnetiza um corpo; imantação. **3.** Momento magnético de um corpo por unidade de volume. **4.** Imantação.
magnetizado (mag.ne.ti.**za**.do) adj. **1.** Imantado; atraído. **2.** Encantado; seduzido; influenciado.
magnetizador (mag.ne.ti.za.**dor**) [ô] adj. Que magnetiza; que atrai.
magnetizar (mag.ne.ti.**zar**) v.t.d. **1.** Comunicar o magnetismo a. **2.** Transmitir propriedades magnéticas a algo (magnetizar uma agulha). **3.** Atrair; encantar; fascinar. **4.** (Fig.) Prender a atenção de.
magneto (mag.**ne**.to) [é] s.m. (Min.) **1.** Minério de ferro que tem a propriedade de atrair certos metais. **2.** Peça de ferro magnetizada; ímã. O mesmo que *magnete*.
magnetogenia (mag.ne.to.ge.**ni**.a) s.f. Estudo dos fenômenos magnéticos.
magnetologia (mag.ne.to.lo.**gi**.a) s.f. **1.** Estudo das ações magnéticas de ímãs e correntes elétricas e das propriedades magnéticas da matéria. **2.** Ciência do magnetismo.
magnetômetro (mag.ne.**tô**.me.tro) s.m. Aparelho usado para medir as variáveis de um campo magnético.
magnificação (mag.ni.fi.ca.**ção**) s.f. Ato ou efeito de magnificar alguém ou alguma coisa, glorificação, louvação; exaltação.
magnificar (mag.ni.fi.**car**) v.t.d. **1.** Engrandecer, louvando; exaltar, glorificar. **2.** Ampliar as dimensões de (um objeto); aumentar. v.p. **3.** Mostrar-se grande, magnífico; engrandecer-se.
magnificência (mag.ni.fi.**cên**.ci.a) s.f. **1.** Qualidade de magnificente; grandiosidade, suntuosidade, pompa, esplendor. **2.** Tratamento que se dá a um reitor de universidade. **3.** Ostentação, aparato, luxo, brilho. **4.** Liberalidade, munificência, generosidade.
magnificente (mag.ni.fi.**cen**.te) adj.2g. **1.** Grandioso; suntuoso. **2.** Luxuoso; brilhante; ostentoso. **3.** Generoso, liberal.
magnífico (mag.**ní**.fi.co) adj. Magnificente; grandioso; suntuoso.
magnitude (mag.ni.**tu**.de) s.f. Qualidade de magno; grandiosidade.
magno (**mag**.no) adj. Grande; muito importante.
magnólia (mag.**nó**.li.a) s.f. (Bot.) Arbusto de origem asiática, com flores muito aromáticas e exuberantes, nas cores brancas, amarelas, róseas ou purpúreas, que forma uma família.
mago (**ma**.go) s.m. **1.** Pessoa que pratica magia, ou faz mágicas; mágico. **2.** Feiticeiro. **3.** Antigo sacerdote persa. **4.** Cada um dos três reis que foram a Belém celebrar o nascimento do Menino Jesus.
mágoa (**má**.goa) s.f. Desgosto; pesar; tristeza; amargura.
magoado (ma.go.**a**.do) adj. Desgostoso; triste; pesaroso; amargurado; aborrecido.
magoar (ma.go.**ar**) v.t.d. **1.** Provocar mágoa. **2.** Ferir, pisar, contundir. **3.** Melindrar, ofender, suscetibilizar. v.p. **4.** Afligir-se com. **5.** Sofrer alguma contusão no corpo.
magoativo (ma.go.a.**ti**.vo) adj. Que magoa; doloroso.
magote (ma.**go**.te) [ó] s.m. Grupo de pessoas ou coisas; multidão.
magrelo (ma.**gre**.lo) [é] s.m. e adj. (Pessoa) magra, magricelo; magriço.
magreza (ma.**gre**.za) [ê] s.f. Qualidade ou estado de magro.
magricela (ma.gri.**ce**.la) [é] s.2g. e adj. (Pessoa) muito magra e pálida; magrelo; magricelo; magriço.
magricelo (ma.gri.**ce**.lo) [é] s.m. e adj. Magricela: *era um menino muito magricelo*.
magriço (ma.**gri**.ço) s.m. e adj. Magrelo, magricela.
magro (**ma**.gro) adj. **1.** Que tem carnes escassas. **2.** Que tem pouca ou nenhuma gordura ou sebo: *filé magro*.
maia (**mai**.a) s.2g. **1.** Indivíduo dos maias, povo indígena da América Central, notável por seu grau de civilização. adj.2g. **2.** Relacionado a esse povo ou a essa civilização. s.m. **3.** Língua desse povo, ainda hoje falada no México; iucateque.
maiêutica (mai.**êu**.ti.ca) s.f. (Filos.) Método de descoberta das próprias verdades, baseado em perguntas e proposto pelo filósofo grego Sócrates (469-399 a.C.).

mailing list [inglês: "mêilim lísti"] s.f. Lista de nomes e endereços para envio de campanhas promocionais, convites etc.
maio (mai.o) s.m. Quinto mês do ano, com 31 dias. **Primeiro de maio**: feriado em que se comemora o Dia do Trabalho ou Dia do Trabalhador.
maiô (mai.ô) s.m. Traje feminino de uma peça, que cobre o tronco, usado por nadadoras, banhistas, atletas e dançarinas.
maionese (mai.o.**ne**.se) [é] s.f. (*Culin.*) Espécie de molho frio feito de ovos, óleo, sal e os condimentos desejados e que acompanha as saladas.
maior (mai.**or**) adj. **1.** Que tem mais tamanho, idade, espaço, intensidade, duração, grandeza, número, importância etc.; comparativo de *grande*. **2.** Máximo, superior. s.m. **3.** O que chegou à maioridade; maior de idade. **4.** (*Pop.*) Aquele que está acima dos demais, que é mais notável ou importante que os demais; o tal.
maioral (mai.o.**ral**) s.m. O chefe; o mandachuva; o cabeça.
maioria (mai.o.**ri**.a) s.f. **1.** A maior parte de; a superioridade; o maior número de. **2.** O maior número de votos em um sufrágio, assembleia, sociedade; corporação etc. **3.** Partido ou aliança de partidos que, no parlamento, compreende o maior número de votos.
maioridade (mai.o.ri.**da**.de) s.f. Idade em que o indivíduo entra no pleno gozo de seus direitos civis e passa também a responder por suas ações em atos criminais. Cf. *minoridade*. **Maioridade relativa**: idade, no Brasil atingida aos dezesseis anos, em que o cidadão pode alistar-se como eleitor, para participar das eleições.
maioruna (mai.o.**ru**.na) s.2g. **1.** Indivíduo dos maiorunas, povo indígena que vive hoje no Amazonas. adj.2g. **2.** Relacionado a esse povo.
mais adv. **1.** Designa aumento, grandeza, superioridade ou comparação. **2.** Exprime limite; além do necessário, do essencial, do devido, ou do ideal; a maior, demais. s.m. **3.** O que resta; o restante.
maisena (mai.**se**.na) [ê] s.f. Amido de milho, pó branco e fino usado para fazer mingau, bolo, biscoito etc. Obs.: é derivado da marca registrada Maizena.
mais-que-perfeito (mais-que-per.**fei**.to) s.m. (*Gram.*) Tempo verbal que indica ação ou estado passado anterior ao pretérito perfeito. ▫ Pl. *mais-que-perfeitos*. Obs.: segundo o Acordo Ortográfico de 1990, emprega-se o hífen neste vocábulo por tratar-se de uma exceção consagrada pelo uso (Base XV, art. 6º).
mais-valia (mais-va.**li**.a) s.f. (*Econ.*) **1.** Aumento de valor de um bem. **2.** Na teoria marxista, diferença entre o valor final de uma mercadoria e o valor recebido pelo trabalhador que a fabricou. ▫ Pl. *mais-valias*.
maitaca (ma.i.**ta**.ca) s.f. (*Zoo.*) Maritaca.

maître [francês: "métre"] s.m. Chefe dos garçons, pessoa que encaminha os clientes às mesas e supervisiona o serviço. ▫ Pl. *maîtres*.
maître-d'hôtel [francês: "métre-dotel"] s.m. **1.** *Maître*. **2.** *Maître* capaz de atender clientes em várias línguas e orientar na escolha dos pratos e bebidas. ▫ Pl. *maîtres-d'hôtel*.
maiúscula (mai.**ús**.cu.la) s.f. Letra maior que as outras, usada em iniciais de nomes próprios e em iniciais de palavras em começo de frases ou orações.
maiúsculo (mai.**ús**.cu.lo) adj. **1.** Que é maior que os outros e tem desenho diferente: *letra maiúscula*. **2.** Grande, excelente, superior, extraordinário.
majestade (ma.jes.**ta**.de) s.f. **1.** Tratamento que se dá ao soberano de um Estado e a sua mulher; tratamento a rei ou a imperador. **2.** Excelência; respeitabilidade; grandeza suprema; elevação, superioridade, magnificência, sublimidade. **3.** Aspecto grandioso e imponente.
majestático (ma.jes.**tá**.ti.co) adj. Relativo a majestade ou ao poder supremo.
majestoso (ma.jes.**to**.so) [ô] adj. Que tem majestade, nobreza, grandeza; imponente; suntuoso; sublime; belo; augusto. ▫ Pl. *majestosos* [ó].
major (ma.**jor**) [ó] s.m. **1.** Posto militar do exército e da aeronáutica. **2.** Oficial que detém esse posto. **3.** Graduação entre capitão e tenente-coronel.
majoração (ma.jo.ra.**ção**) s.f. Aumento.
majorado (ma.jo.**ra**.do) adj. Aumentado.
majorar (ma.jo.**rar**) v.t.d. Aumentar; tornar maior; subir o preço dos produtos e das tarifas.
majoritário (ma.jo.ri.**tá**.ri.o) adj. Relativo à maioria; o que conta com a maioria.
mal s.m. **1.** Aquilo que se opõe ao bem, à virtude, à probidade, à honra. **2.** Estado mórbido; moléstia, enfermidade, doença. **3.** Acontecimento ruim, desgraça, infortúnio. **4.** Dano, estrago, prejuízo. adv. **5.** De modo ruim, nada bem: *sentiu-se mal*. **Mal e mal**: de maneira sofrível, parca ou escassa; muito mal. conj. **6.** Logo que; assim que. Cf. *mau*.
mala (**ma**.la) s.f. **1.** Espécie de caixa de couro, papelão reforçado ou pano, ordinariamente fechada com zíper ou cadeado e com uma alça, usada em viagens. **2.** Bolsa ou saco de couro, lona ou plástico destinados, em geral, ao transporte de roupas em viagem. **3.** Serviço postal, de âmbito internacional, usado para grande quantidade de papéis e impressos enviados por um único remetente para um mesmo destinatário.
malabar (ma.la.**bar**) s.m. **1.** Aparelho, equipamento para fazer malabarismo: *aprender a jogar malabares*. adj.2g. **2.** De Malabar, costa sudoeste da Índia. s.2g. **3.** Pessoa natural ou habitante desse lugar.
malabares (ma.la.**ba**.res) s.m.pl. Equipamentos para fazer malabarismo. **Jogos malabares**: malabarismo. Cf. *malabar*.
malabarismo (ma.la.ba.**ris**.mo) s.m. **1.** Arte circense de jogar e manter no ar várias bolinhas ao mesmo tempo, garrafas, aros, diabolôs etc.; jogos

malabares. **2.** (*Fig.*) Habilidade para lidar com situações difíceis, instáveis; engenho.
malabarista (ma.la.ba.**ris**.ta) *s.2g.* **1.** Equilibrista que faz malabarismos. **2.** (*Fig.*) Pessoa que joga habilmente com as circunstâncias.
mal-acabado (mal-a.ca.**ba**.do) *adj.* Malfeito de corpo; cujo acabamento deixa a desejar; mal-executado; malfeito; feio. ▪ Pl. *mal-acabados.*
malacacheta (ma.la.ca.**che**.ta) [ê] *s.f.* Mica.
mal-agradecido (mal-a.gra.de.**ci**.do) *s.m. e adj.* (Aquele) que não demonstra gratidão; ingrato. ▪ Pl. *mal-agradecidos.*
malaguenha (ma.la.**gue**.nha) [ê] *s.f.* **1.** (*Mús.*) Canção espanhola. **2.** Dança espanhola em compasso ternário e alternada com a canção.
malaguenho (ma.la.**gue**.nho) [ê] *adj.* **1.** De Málaga, cidade espanhola. *s.m.* **2.** Pessoa natural ou habitante desse lugar.
malagueta (ma.la.**gue**.ta) [ê] *s.f.* **1.** (*Bot.*) Pimenta muito ardida; pimenta-malagueta. **2.** (*N*) Fruto novo do cacaueiro. **3.** (*PE*) Pedaço de pau onde se enrola o fio dos papagaios de papel. **4.** (*Náut.*) Cada um dos cabos salientes da roda do leme.
malaiala (ma.lai.**a**.la) *s.m.* Língua falada na costa de Malabar, na Índia.
malaio (ma.**lai**.o) *adj. e s.m.* Malásio.
mal-ajambrado (mal-a.jam.**bra**.do) *adj.* Malvestido, mal arrumado, de aparência pouco agradável. ▪ Pl. *mal-ajambrados.*
mal-amanhado (mal-a.ma.**nha**.do) *adj.* Mal arrumado, de aparência desagradável. ▪ Pl. *mal-amanhados.*
malandragem (ma.lan.**dra**.gem) *s.f.* Qualidade, ato, dito, modos ou vida de malandro; malandrice; vadiagem.
malandrar (ma.lan.**drar**) *v.i.* **1.** Levar vida de malandro. **2.** Mandriar; vadiar.
malandrice (ma.lan.**dri**.ce) *s.f.* Qualidade ou condição de malandro; vadiagem; safadeza.
malandrim (ma.lan.**drim**) *s.m.* Malandro; gatuno; vadio; ladrão.
malandro (ma.**lan**.dro) *s.m.* **1.** Indivíduo dado a abusar da confiança dos outros, ou que não gosta de trabalhar e vive de expedientes. **2.** Velhaco; patife. **3.** Sujeito folgado; preguiçoso. **4.** Mau exemplo. **5.** Gatuno; vadio; ladrão.
mala-posta (ma.la-**pos**.ta) [ó] *s.f.* Diligência que transportava as malas do correio e, por vezes, também as dos passageiros. ▪ Pl. *malas-postas.*
malaquita (ma.la.**qui**.ta) *s.f.* (*Min.*) Mineral monoclínico de coloração verde; carbonato básico de cobre; minério de cobre.
malar (ma.**lar**) *s.m.* **1.** (*Anat.*) Maxilar superior, osso zigomático. **2.** A parte saliente do rosto; as maçãs do rosto.
malaria (ma.la.**ri**.a) *s.f.* **1.** Porção de malas; conjunto de malas. **2.** Lugar onde se fabricam ou vendem malas, bolsas etc.
malária (ma.**lá**.ri.a) *s.f.* (*Med.*) Infecção que pode incidir no homem e em outros mamíferos, assim como em aves e anfíbios, causada por protozoários do gênero *Plasmodium*; febre intermitente, febre palustre, febres, maleita ou maleitas, paludismo ou impaludismo, perniciosa, sezão ou sezões, sezonismo, batedeira.
malárico (ma.**lá**.ri.co) *adj.* Relativo à malária.
malariologia (ma.la.ri.o.lo.**gi**.a) *s.f.* Parte da medicina que estuda a malária.
malarioterapia (ma.la.ri.o.te.ra.**pi**.a) *s.f.* (*Med.*) Forma de tratamento usado na paralisia geral e que consiste em infectar o paciente, inoculando-o com uma das espécies de germe que causam a malária no homem.
malásio (ma.**lá**.si.o) *adj.* **1.** Da Malásia ou Malaísia país da Ásia; malaio. *s.m.* **2.** Pessoa natural ou habitante desse lugar; malaio.
mal-assombrado (mal-as.som.**bra**.do) *adj.* (*Folc.*) Diz-se do lugar onde, segundo a crença, aparecem fantasmas, visões, almas do outro mundo, sons assustadores etc.: *o castelo era mal-assombrado*. ▪ Pl. *mal-assombrados.*
malauiano (ma.la.ui.**a**.no) *adj.* **1.** De Maláui, país da Ásia. *s.m.* **2.** Pessoa natural ou habitante desse lugar
mal-aventurado (mal-a.ven.tu.**ra**.do) *adj.* Infeliz desgraçado; desventurado. ▪ Pl. *mal-aventurados.*
mal-avisado (mal-a.vi.**sa**.do) *adj.* Imprudente imponderado; irrefletido; incauto. ▪ Pl. *mal-avisados.*
malbaratado (mal.ba.ra.**ta**.do) *adj.* Desperdiçado mal gasto; vendido com prejuízo; dissipado.
malbaratador (mal.ba.ra.ta.**dor**) [ô] *adj.* Que desperdiça, que gasta mal, que causa prejuízo.
malbaratar (mal.ba.ra.**tar**) *v.t.d.* Desperdiçar; gastar mal; vender mal; vender e ter prejuízo. O mesmo que *malbaratear.*
malbaratear (mal.ba.ra.te.**ar**) *v.t.d.* O mesmo que *malbaratar.*
malbarato (mal.ba.**ra**.to) *s.m.* **1.** Venda a preço vil ou que deixa prejuízo. **2.** Depreciação. **3.** Desprezo menosprezo; dissipação.
malcasado (mal.ca.**sa**.do) *adj.* **1.** Que vive mal em seu casamento. **2.** Aquele que desposou pessoa de poucas qualidades ou de qualidades abaixo do esperado.
malcheiroso (mal.chei.**ro**.so) [ô] *adj.* Que cheira mal; fedorento, fétido; que exala mau cheiro; que tem cheiro desagradável. ▪ Pl. *malcheirosos* [ó].
malcomido (mal.co.**mi**.do) *adj.* **1.** Mal alimentado magro. **2.** (*Chul.*) Que tem carência de atividade sexual, que é infeliz sexualmente.
malcriação (mal.cri.a.**ção**) *s.f.* Má-criação; grosseria; indelicadeza.
malcriado (mal.cri.**a**.do) *adj.* Grosseiro; mal-educado; indelicado.
malcuidado (mal.cui.**da**.do) *adj.* Que se cuidou mal que recebeu poucos ou maus cuidados: *o jardim estava malcuidado, cheio de ervas e sujo.*
maldade (mal.**da**.de) *s.f.* **1.** Qualidade ou caráter de mau; ruindade, crueldade, malvadeza

2. Desumanidade, iniquidade, perversidade. 3. Ação má, cruel; malvadeza. 4. Malícia, mordacidade.

mal da praia (mal da **prai**.a) s.f. (*Pop.* NE) Erisipela.

maldar (mal.**dar**) v.i. *e* v.t.d. Formar na mente, conceber um mau juízo, suspeitar de algo; ter má suspeita de alguma coisa.

mal de Chagas (mal de **Cha**.gas) s.m. Doença causada por um protozoário, transmitida pelo inseto barbeiro.

mal de Lázaro (mal de **Lá**.za.ro) s.m. (*Pop.*) Hanseníase.

mal de sete dias (mal de se.te **di**.as) s.m. (*Pop.* NE) Infecção tetânica na região umbilical.

maldição (mal.di.**ção**) s.f. **1.** Praga; imprecação. **2.** Ato ou efeito de amaldiçoar ou maldizer. **3.** Desgraça, infortúnio, calamidade.

maldita (mal.**di**.ta) s.f. **1.** Pústula maligna. **2.** Impingem rebelde. **3.** (*Pop.*) Erisipela. **4.** (*Med.*) Doença infecciosa contagiosa, estreptocócica, que atinge a pele. adj. **5.** Feminino de *maldito*.

maldito (mal.**di**.to) adj. **1.** Amaldiçoado; condenado. **2.** Pernicioso, execrando, funesto. **3.** Endemoniado; que exerce más influências.

maldizente (mal.di.**zen**.te) adj.2g. Que fala mal dos outros; difamador, maledicente, malfalante.

maldizer (mal.di.**zer**) v.t.d. Blasfemar; praguejar contra; lançar imprecações contra; amaldiçoar.

mal do monte (mal do **mon**.te) s.m. (*Pop.*) Erisipela.

mal dos aviadores (mal dos a.vi.a.**do**.res) s.m. Doença causada pela descompressão e que causa mal-estar nos que viajam de avião.

maldoso (mal.**do**.so) [ô] adj. **1.** Que tem maldade; de má índole; mau. **2.** Que toma sempre em mau sentido as palavras e ações dos outros. **3.** Travesso, malicioso. ▣ Pl. *maldosos* [ó].

mal dos mergulhadores (mal dos mer.gu.lha.**do**.res) s.m. Doença causada pela descompressão, quando se sobe rapidamente à tona de um mergulho profundo, ocasionando fortes dores de ouvido, zumbidos, náuseas e mal-estar geral, podendo ocorrer ainda embolia, hemorragia e paralisia.

malê (ma.**lê**) s.2g. **1.** Escravo africano islamizado, que se organizou em grupos no Rio de Janeiro e na Bahia até o século XIX: *os malês faziam consórcio para comprar a liberdade dos companheiros*. adj.2g. **2.** Relacionado aos malês ou à sua cultura.

maleabilidade (ma.le.a.bi.li.**da**.de) s.f. **1.** Qualidade do que é maleável. **2.** Capacidade de um sólido de ser batido ou moldado sem quebrar.

malear (ma.le.**ar**) v.t.d. **1.** Tornar mole ou flexível; moldar. **2.** Tornar dócil ou brando; suavizar.

maleável (ma.le.**á**.vel) adj.2g. **1.** Flexível, dobrável; que se pode malear. **2.** Flexível, dócil.

maledicência (ma.le.di.**cên**.ci.a) s.f. **1.** Qualidade de maldizente. **2.** Detração, difamação.

maledicente (ma.le.di.**cen**.te) adj.2g. Maldizente; detrator; difamador.

mal-educado (mal-e.du.**ca**.do) adj. Malcriado; grosseiro; indelicado. ▣ Pl. *mal-educados*.

maleficência (ma.le.fi.**cên**.ci.a) s.f. Qualidade de maléfico.

maleficiar (ma.le.fi.ci.**ar**) v.t.d. **1.** Fazer mal a; prejudicar; danificar; malfazer. **2.** Exercer influência maléfica em. **3.** Enfeitiçar; encantar.

malefício (ma.le.**fí**.ci.o) s.m. **1.** Ato de maleficiar, de causar dano, de fazer mal. **2.** Feitiço; bruxaria; sortilégio.

maléfico (ma.**lé**.fi.co) adj. Que faz ou atrai o mal; maligno; ruim prejudicial.

maleiforme (ma.lei.**for**.me) adj.2g. Que tem forma de malho ou de martelo.

maleiro (ma.**lei**.ro) s.m. **1.** Fabricante ou vendedor de malas. **2.** Parte de um armário onde se guardam as malas. **3.** Carregador de malas e bagagens.

maleita (ma.**lei**.ta) s.f. (*Med.*) Malária intermitente.

maleitoso (ma.lei.**to**.so) [ô] s.m. *e* adj. **1.** (Indivíduo) atacado de maleita. adj. **2.** Que provoca maleita. ▣ Pl. *maleitosos* [ó].

mal-encarado (mal-en.ca.**ra**.do) s.m. *e* adj. (Aquele) que parece mal-intencionado, que desperta medo ou suspeita. ▣ Pl. *mal-encarados*.

mal-entendido (mal-en.ten.**di**.do) s.m. *e* adj. **1.** (Palavra ou ato) mal interpretado ou que causou um desentendimento. **2.** Equívoco; confusão; quiproquó. ▣ Pl. *mal-entendidos*.

maleolar (ma.le.o.**lar**) adj.2g. Relativo ou pertencente aos maléolos.

maléolo (ma.**lé**.o.lo) s.m. (*Anat.*) Cada uma das duas saliências ósseas situadas nas faces interna e externa da extremidade inferior de cada perna, formando o tornozelo.

mal-estar (mal-es.**tar**) s.m. **1.** Indisposição; perturbação moral ou orgânica; doença de pouca gravidade; incômodo. **2.** Situação chata; desassossego. **3.** Constrangimento, embaraço. ▣ Pl. *mal-estares*.

maleta (ma.**le**.ta) [ê] s.f. Mala pequena; pasta; malote; pastinha.

malevolência (ma.le.vo.**lên**.ci.a) s.f. Qualidade ou ação de malevolente.

malevolente (ma.le.vo.**len**.te) adj.2g. **1.** Que tem má vontade contra alguém; malquerente. **2.** Que tem má índole; mau, maléfico; malévolo.

malévolo (ma.**lé**.vo.lo) adj. Malevolente.

malfadado (mal.fa.**da**.do) s.m. *e* adj. **1.** (Aquele) que tem mau fado, má sorte ou um destino ruim. **2.** (Aquele) que é desditoso; desgraçado.

malfadar (mal.fa.**dar**) v.t.i. Vaticinar má sorte a; profetizar mau fado a; prever má sorte.

malfalante (mal.fa.**lan**.te) adj.2g. Maldizente.

malfazejo (mal.fa.**ze**.jo) [ê] adj. Amigo de fazer mal; malfeitor, malfazente.

malfazente (mal.fa.**zen**.te) adj.2g. Malfazejo.

malfazer (mal.fa.**zer**) v.t.i. Fazer mal; causar prejuízo; provocar danos.

malfeito (mal.**fei**.to) adj. Feito sem perfeição; mal executado; mal fabricado.

malfeitor (mal.fei.**tor**) [ô] s.m. Pessoa que comete crimes ou delitos condenáveis; celerado, facínora, criminoso.

malfeitoria (mal.fei.to.ri.a) s.f. **1.** Malefício, dano. **2.** Bandidagem, delito, crime.

malferir (mal.fe.rir) v.t.d. **1.** Ferir gravemente ou mortalmente. **2.** Tornar um combate sangrento, cruel, renhido.

malformação (mal.for.ma.ção) s.f. (Med.) **1.** Formação anormal de órgãos; anormalidade no desenvolvimento de um órgão ou parte dele. **2.** Má formação, total ou parcial.

malgastar (mal.gas.tar) v.t.d. Gastar mal; desperdiçar; esbanjar.

malgaxe (mal.ga.xe) adj.2g. **1.** De Madagascar, país da África. s.2g. **2.** Pessoa natural ou habitante desse lugar. s.m. **3.** Língua falada nesse lugar e em algumas das ilhas vizinhas.

malgovernar (mal.go.ver.nar) v.t.d. Governar mal, gastando acima de suas posses; gastar além do orçamento.

malgrado (mal.gra.do) s.m. **1.** Desagrado; desprazer. prep. **2.** Não obstante; apesar de; a despeito de: *conseguiram ingressos, malgrado a grande fila.*

malha (ma.lha) s.f. **1.** Cada uma das alças ou voltas de um fio. **2.** Blusa de lã ou outro tecido. **3.** Tecido feito a mão ou a máquina. **4.** Jogo onde se lançam discos de ferro ou ferraduras contra pinos fincados no chão, no intuito de acertá-los. **5.** Mancha na pele de animais.

malhação (ma.lha.ção) s.f. **1.** Ato ou ação de malhar. **2.** Ginástica modeladora com halteres. **3.** Surra. **4.** Crítica acerba.

malhada (ma.lha.da) s.f. **1.** Ato de malhar. **2.** Pancada com malho. **3.** Rebanho de ovelhas. **4.** Toca de animais selvagens. **5.** Lugar sombreado por grandes árvores, onde o gado costuma proteger-se do sol.

malhado (ma.lha.do) adj. Que tem malhas ou manchas.

malhador (ma.lha.dor) [ô] s.m. e adj. **1.** (Pessoa) que malha; esportista. **2.** Desordeiro.

malhadouro (ma.lha.dou.ro) s.m. Lugar onde se malham cereais.

malhar (ma.lhar) v.t.d. **1.** Bater com malho. **2.** (Pop.) Fazer ginástica ou praticar esportes para manter a boa forma.

malharia (ma.lha.ri.a) s.f. Fábrica ou loja de roupas de malha.

malhetar (ma.lhe.tar) v.i. Fazer malhetes.

malhete (ma.lhe.te) [ê] s.m. Encaixe especial que se faz nas extremidades de duas vigas, pranchões etc.

malho (ma.lho) s.m. Martelo de ferro ou de madeira, com duas pontas redondas. (Gír.) **Descer o malho em**: criticar, falar mal de.

mal-humorado (mal-hu.mo.ra.do) adj. Que tem ou está de mau humor. ▣ Pl. *mal-humorados*.

maliano (ma.li.a.no) adj. **1.** De Mali, país da África. s.m. **2.** Pessoa natural ou habitante desse lugar.

malícia (ma.lí.ci.a) s.f. **1.** Tendência para o mal; má índole. **2.** Velhacaria. **3.** Intenção, dito picante, mordaz.

maliciador (ma.li.ci.a.dor) [ô] s.m. e adj. (Aquele) que tem malícia, que diz (ou faz) algo com segundas intenções; malicioso.

maliciar (ma.li.ci.ar) v.t.d. e v.i. Atribuir malícia a.

malicioso (ma.li.ci.o.so) [ô] adj. **1.** Que tem malícia picante. **2.** Maliciador. ▣ Pl. *maliciosos* [ó].

maligna (ma.lig.na) s.f. **1.** Febre perniciosa; febre tifoide; tifo; febre palustre. **2.** (Pop.) Febrão; maleita sezão.

malignar (ma.lig.nar) v.i. e v.p. **1.** Recrudescer (uma doença); tornar-se maligna; agravar-se. **2.** Maliciar **3.** Viciar; corromper; perverter ou perverter-se.

maligno (ma.lig.no) adj. Propenso a fazer o mal nocivo; danoso.

má-língua (má-lín.gua) s.f. **1.** Hábito, costume de falar mal de pessoas ou coisas; maledicência. s.2g **2.** Maledicente. ▣ Pl. *más-línguas*.

mal-intencionado (mal-in.ten.ci.o.na.do) adj. Que tem más intenções ou má índole; propenso ao mal ▣ Pl. *mal-intencionados*.

malmequer (mal.me.quer) s.m. (Bot.) Erva de flores amarelas.

malnascido (mal.nas.ci.do) adj. **1.** Nascido com má sorte; malfadado. **2.** Que tem má índole.

maloca (ma.lo.ca) [ó] s.f. **1.** Casa de habitação índia que aloja diversas famílias; oca. **2.** Aldeia indígena **3.** Casa pobre; cabana, barraco.

malogrado (ma.lo.gra.do) adj. Que teve mau êxito que não se deu bem; malsucedido.

malograr (ma.lo.grar) v.i. Falhar; falir; ter mau êxito; gorar.

malogro (ma.lo.gro) [ô] s.m. Efeito de malograr falta de êxito; insucesso; fracasso.

maloqueiro (ma.lo.quei.ro) s.m. **1.** Pessoa que mora em maloca. adj. **2.** (Pej.) Diz-se de moleques que andam em grupos pelas ruas, sujos e descalços pedindo dinheiro e praticando pequenos furtos **3.** Bandido, marginal.

malote (ma.lo.te) [ó] s.m. **1.** Pequena mala; maleta **2.** Serviço oficial ou particular para transporte entrega rápida de correspondência ou encomenda de pequenos volumes.

malparar (mal.pa.rar) v.t.d. **1.** Submeter a mau destino. **2.** Aventurar; arriscar.

malpropício (mal.pro.pí.ci.o) adj. Inoportuno pouco adequado; impróprio; fora de tempo ou de ocasião conveniente.

malquerença (mal.que.ren.ça) s.f. Qualidade ou estado de malquerente; briga; rivalidade antiga inimizade; má vontade.

malquerente (mal.que.ren.te) adj.2g. Que quer mal a alguém; malevolente; inimigo.

malquerer (mal.que.rer) v.t.d. Querer mal a alguém ou alguma coisa.

malquistar (mal.quis.tar) v.t.d. Causar inimizade ou malquerença.

malquisto (mal.quis.to) adj. Malvisto; mal-afamado odiado; que é objeto de antipatia.

malsão (mal.são) adj. Doentio; mal curado insalubre.

malsinar (mal.si.**nar**) v.t.d. **1.** Agourar. **2.** Denunciar; caluniar; condenar. **3.** Censurar.
malsoante (mal.so.**an**.te) *adj.2g.* Que soa mal. O mesmo que *malsonante*.
malsonante (mal.so.**nan**.te) *adj.2g.* O mesmo que *malsoante*.
malsucedido (mal.su.ce.**di**.do) *adj.* Que teve um insucesso; malogrado; frustrado.
malta (**mal**.ta) *s.f.* **1.** Conjunto ou reunião de gente de baixa condição. **2.** Bando; grupo; súcia. **3.** Grupo de pessoas que, no século XIX e princípio do século XX, era contratado por políticos para provocar desordens em desfiles, festas e aglomerações.
maltado (mal.**ta**.do) *adj.* Que tem malte; que está maltado; a que se adicionou malte.
maltagem (mal.**ta**.gem) *s.f.* Ato de maltar.
maltar (mal.**tar**) v.t.d. **1.** Transformar (a cevada) em malte. **2.** Acrescentar malte a.
malte (**mal**.te) *s.m.* Produto da germinação das sementes da cevada, para emprego industrial, utilizado na fabricação das cervejas, farináceos e outros produtos alimentícios.
maltês (mal.**tês**) *adj.* **1.** De Malta, país da Europa. *s.m.* **2.** Pessoa natural ou habitante desse lugar. **3.** Cavaleiro da Ordem de Malta.
malthusianismo (mal.thu.si.a.**nis**.mo) *s.m.* (*Econ.*) Doutrina ou prática associada à teoria do economista inglês T. R. Malthus (1766-1834) sobre o crescimento da população, que aumenta em progressão geométrica, enquanto os meios de existência seguem uma progressão aritmética, de modo que fome e miséria só poderiam ser evitadas pela queda da natalidade.
malthusiano (mal.thu.si.**a**.no) *adj.* Relativo ao malthusianismo.
maltose (mal.**to**.se) [ó] *s.f.* (*Quím.*) **1.** Açúcar do malte. **2.** Sacarídeo cristalino, incolor, que se obtém pela decomposição enzimática do amido, usado na fabricação de alimentos e bebidas fermentadas e destiladas.
maltrapilho (mal.tra.**pi**.lho) *s.m. e adj.* (Aquele) que anda malvestido; esfarrapado; esmolambado.
maltratado (mal.tra.**ta**.do) *adj.* Que é ou foi vítima de maus-tratos; insultado; ultrajado; destratado.
maltratar (mal.tra.**tar**) v.t.d. **1.** Tratar com violência; infligir maus-tratos a; bater em, espancar. **2.** Lesar fisicamente; mutilar. **3.** Tratar com palavras rudes; tratar mal; receber mal; ofender; humilhar; insultar, ultrajar, vexar. **4.** Danificar; estragar; arruinar. **5.** Bater; açoitar. **6.** Causar dano ou prejuízo a.
malucar (ma.lu.**car**) v.i. Ficar maluco, agir como maluco; dizer ou praticar maluquices. O mesmo que *maluquear*.
maluco (ma.**lu**.co) *s.m. e adj.* **1.** (Pessoa) alienada mental, endoidecida, louca; idiota. **2.** (Indivíduo) extravagante, excêntrico, esquisito.
malungo (ma.**lun**.go) *s.m.* **1.** Entre os escravos africanos que vinham para o Brasil, camarada, companheiro. **2.** Irmão de criação.

maluquear (ma.lu.que.**ar**) v.i. O mesmo que *malucar*.
maluqueira (ma.lu.**quei**.ra) *s.f.* Loucura; maluquice.
maluquice (ma.lu.**qui**.ce) *s.f.* **1.** Qualidade, ato ou dito de maluco. **2.** Extravagância, excentricidade, esquisitice. **3.** Idiotice, tolice, bobagem.
malva (**mal**.va) *s.f.* (*Bot.*) Planta herbácea da Europa e Ásia, cujas folhas encerram mucilagem com propriedades medicinais.
malvadeza (mal.va.**de**.za) [ê] *s.f.* Qualidade ou ato de malvado; maldade; ruindade.
malvado (mal.**va**.do) *adj.* Que pratica atos cruéis, ou é capaz de praticá-los; cruel; mau; celerado; perverso.
malvar (mal.**var**) *s.m.* Campo de malvas; terreno onde crescem malvas.
malventuroso (mal.ven.tu.**ro**.so) [ô] *adj.* Mal-aventurado; infeliz. ▣ Pl. *malventurosos* [ó].
malversação (mal.ver.sa.**ção**) *s.f.* Má administração ou gerência; desvio de dinheiro no exercício de um cargo.
malversado (mal.ver.**sa**.do) *adj.* Mal administrado ou mal gerido; desviado.
malversador (mal.ver.sa.**dor**) [ô] *s.m. e adj.* (Aquele) que malversa ou administra mal, que dilapida.
malversar (mal.ver.**sar**) v.t.d. **1.** Administrar mal. **2.** Fazer desvios abusivos ou subtrações de; dilapidar.
malvestido (mal.ves.**ti**.do) *s.m. e adj.* (Pessoa) que se veste mal, com desleixo ou mau gosto; mal-ajambrado.
malvisto (mal.**vis**.to) *adj.* Mal conceituado; mal-afamado; suspeito.
mama (**ma**.ma) *s.f.* **1.** (*Anat.*) Órgão glandular característico dos mamíferos e que, na fêmea, segrega leite, sendo normalmente atrofiado no macho. **2.** Leite que as crianças sugam do seio da mãe ou da ama.
mamã (ma.**mã**) *s.f.* Mãe, na linguagem das criancinhas; mamãe.
mamada (ma.**ma**.da) *s.f.* Ação de mamar; tempo que geralmente dura a amamentação; mamadura.
mamadeira (ma.ma.**dei**.ra) *s.f.* Garrafinha provida de chupeta, para amamentar crianças artificialmente.
mamado (ma.**ma**.do) *adj.* **1.** Desapontado; desiludido. **2.** Enganado; logrado. **3.** (*Gír.*) Embriagado; ébrio.
mamadura (ma.ma.**du**.ra) *s.f.* **1.** Ato de mamar. **2.** Tempo que dura a amamentação; mamada.
mamãe (ma.**mãe**) *s.f.* (*Fam.*) Mãe.
mamangava (ma.man.**ga**.va) *s.f.* (*Zoo.*) Abelha sociável muito comum no Brasil de abdome preto e amarelo.
mamão (ma.**mão**) *adj.* **1.** Que ainda mama. *s.m.* **2.** (*Bot.*) Fruto do mamoeiro, de cor amarela e polpa espessa e suculenta; papaia.
mamar (ma.**mar**) v.t.d. **1.** Sugar ou chupar (o leite da mãe ou da ama de leite ou daquilo que se encontra na mamadeira). **2.** (*Fig.*) Obter, extorquir; ter

percentagens ou lucros desabonadores de alguma empresa ou administração pública. **3.** Enganar; lograr; ludibriar.

mamário (ma.**má**.ri.o) *adj.* Relativo às mamas.

mamata (ma.**ma**.ta) *s.f.* **1.** (*Fig.*) Empresa ou administração pública em que mamam os políticos e funcionários desonestos. **2.** Roubo; negociata. **3.** (*Gír.*) Moleza; coisa fácil.

mambembe (mam.**bem**.be) *s.m.* **1.** Lugar afastado; ermo. *adj.2g.* **2.** (Ator ou grupo de circo ou teatro amador) de má qualidade. **3.** Nômade; itinerante. **4.** De pouquíssimo valor.

mambo (**mam**.bo) *s.m.* Música e dança originária da América Central.

mameluco (ma.me.**lu**.co) *s.m.* Filho de índio com europeu.

mamífero (ma.**mí**.fe.ro) *s.m. e adj.* (Animal), cuja fêmea possui mamas e alimenta o filhote com leite, que forma uma grande classe de vertebrados que inclui roedores, equinos, primatas e outros.

mamilar (ma.mi.**lar**) *adj.2g.* **1.** Pertencente ou relativo a mamilo. **2.** Que tem forma de mamilo.

mamilo (ma.**mi**.lo) *s.m.* (*Anat.*) O bico da mama.

maminha (ma.**mi**.nha) *s.f.* **1.** Pequena mama; mama masculina. **2.** Parte mais macia da alcatra.

mamite (ma.**mi**.te) *s.f.* (*Med.*) Mastite.

mamoeiro (ma.mo.**ei**.ro) *s.m.* (*Bot.*) Planta originária da América Central, com alguns metros de altura, sem ramos, com flores masculinas, femininas e hermafroditas, e que dá o mamão.

mamografia (ma.mo.gra.**fi**.a) *s.f.* (*Med.*) Exame radiológico das mamas.

mamógrafo (ma.**mó**.gra.fo) *s.m.* Equipamento para fazer mamografia.

mamona (ma.**mo**.na) [ô] *s.f.* (*Bot.*) **1.** Planta do grupo das euforbiáceas; mamoneira, carrapateira, carrapato, caturra. **2.** Fruto dessa planta, do qual se extrai o óleo de rícino, de uso industrial e farmacêutico.

mamoneira (ma.mo.**nei**.ra) *s.f.* (*Bot.*) Mamona.

mamorana (ma.mo.**ra**.na) *s.f.* (*Bot.*) Planta amazônica que nasce em touceiras à beira d'água e cujas folhas fazem um ruído peculiar quando venta sobre elas.

mamulengo (ma.mu.**len**.go) *s.m.* (*Folc.*) Boneco articulado movimentado por fios, semelhante ao fantoche e à marionete, com o qual se representam peças: *teatro de mamulengos*.

mamute (ma.**mu**.te) *s.m.* (*Bio.*) Animal semelhante ao elefante que viveu no período pré-histórico Plistoceno, em estepes e tundras, dotado de longas presas muito curvas, longos pelos, crânio menor e mais alto que o dos atuais elefantes.

maná (ma.**ná**) *s.m.* **1.** (*Relig.*) Alimento que Deus fez cair do céu sobre os hebreus durante a travessia do deserto, salvando-os da fome. **2.** (*Fig.*) Alimento muito delicioso; dádiva divina.

manacá (ma.na.**cá**) *s.m.* (*Bot.*) Arbusto muito usado na ornamentação de praças e ruas, com flores grandes, de corola esbranquiçada ou azul, em várias tonalidades na mesma planta, e cujo fruto é uma baga verde, a eratataca.

manação (ma.na.**ção**) *s.f.* Ação de manar.

mana-chica (ma.na-**chi**.ca) *s.f.* (*Folc.*) Dança coreografada com vários pares, semelhante à quadrilha magatô. ▪ Pl. *mana-chicas* e *manas-chicas*.

manada (ma.**na**.da) *s.f.* Bando, grupo de animais quadrúpedes que vivem juntos: *manada de cavalos, manada de elefantes*.

manancial (ma.nan.ci.**al**) *s.m.* **1.** Nascente de água olho-d'água; fonte. **2.** Fonte perene e abundante **3.** (*Fig.*) Origem; princípio.

manar (ma.**nar**) *v.i.* Verter sem cessar, abundantemente; brotar.

manauara (ma.nau.**a**.ra) *adj.2g.* **1.** Do município de Manaus, capital do estado do Amazonas; baré manauense. *s.2g.* **2.** Pessoa natural ou habitante desse lugar; baré, manauense.

manauê (ma.nau.**ê**) *s.m.* (*Folc.*) Manuê.

manauense (ma.nau.**en**.se) *s.2g. e adj.2g.* Manauara.

mancada (man.**ca**.da) *s.f.* (*Pop.*) **1.** Erro; lapso; falha vacilo. **2.** Gafe.

mancal (man.**cal**) *s.m.* Dispositivo comum em certos maquinismos, em geral de ferro ou de bronze sobre o qual se apoia um eixo girante, deslizante ou oscilante, sendo permitido o movimento com um mínimo de atrito.

mancar (man.**car**) *v.i.* **1.** Ficar manco; coxear; claudicar; manquejar. **2.** Falhar em relação a compromisso.

mancebia (man.ce.**bi**.a) *s.f.* Vida desregrada, dissoluta.

mancebo (man.**ce**.bo) [ê] *s.m.* **1.** Jovem; rapaz **2.** Cabide para roupa, formado de uma haste com diversos braços.

mancha (**man**.cha) *s.f.* **1.** Mácula; nódoa. **2.** Descrédito na reputação. **3.** (*Gráf.*) A parte impressa da página, por oposição às margens. **4.** Certa doença que ataca o fumo.

manchado (man.**cha**.do) *adj.* **1.** Sujo; enodoado **2.** Desacreditado; denegrido; maculado.

manchar (man.**char**) *v.t.d.* **1.** Sujar; enodoar **2.** Denegrir; macular.

mancheia (man.**chei**.a) *s.f.* Porção de coisas; tudo o que a mão pode abranger; punhado; mão-cheia

manchete (man.**che**.te) [é] *s.f.* Título principal, em letras garrafais, na primeira página de um jornal notícia mais importante do dia.

manchineri (man.chi.ne.**ri**) *s.2g.* **1.** Indivíduo dos manchineris, povo indígena que vive hoje no Acre *adj.2g.* **2.** Relacionado a esse povo.

manchu (man.**chu**) *adj.2g.* **1.** Da Manchúria, região da China. *s.2g.* **2.** Pessoa natural ou habitante desse lugar.

manco (**man**.co) *s.m. e adj.* (Aquele) que é coxo defeituoso, claudicante.

mancomunação (man.co.mu.na.**ção**) *s.f.* **1.** Ato ou efeito de mancomunar-se. **2.** Trama ou tramoia combinação; velhacaria.

mancomunado (man.co.mu.**na**.do) *adj.* Feito de conchavo ou conluio; combinado; ajustado.

mancomunar-se (man.co.mu.**nar**-se) *v.p.* Fazer conchavo; combinar-se.

mandacaru (man.da.ca.**ru**) *s.m.* (*Bot.*) Cacto arborescente nativo do Brasil, que tem flores brancas e propriedades medicinais.

mandachuva (man.da.**chu**.va) *s.2g.* **1.** Indivíduo importante ou influente; figurão. **2.** Chefe, cabeça, líder.

mandadeiro (man.da.**dei**.ro) *adj.* **1.** Relativo a mandado ou ordem judicial. *s.m.* **2.** Aquele que cumpre mandados ou leva mensagens. **3.** Mensageiro.

mandado (man.**da**.do) *adj.* **1.** Diz-se daquele a quem mandaram. **2.** Orientado; comandado. *s.m.* (*Dir.*) **3.** Ordem ou determinação imperativa. **Mandado de segurança:** garantia constitucional para proteção e direito individual líquido e certo, não amparado por *habeas-corpus*, contra ilegalidade ou abusos de poder, seja qual for a autoridade que os cometa. **4.** Mandamento.

mandamento (man.da.**men**.to) *s.m.* **1.** Ato ou efeito de mandar; mandado, mando. **2.** Prescrição, preceito, regra. **3.** A ordem contida em um mandado ou preceito legal. **4.** (*Relig.*) Cada um dos preceitos do decálogo.

mandante (man.**dan**.te) *s.2g. e adj.2g.* **1.** (Aquele) que manda. *s.2g.* **2.** (*Dir.*) Pessoa que outorga um mandato.

mandão (man.**dão**) *s.m.* Aquele que manda com arrogância, ou que gosta de mandar; mandachuva; chefe ou chefão.

mandar (man.**dar**) *v.t.d.* **1.** Exigir que se faça; ordenar. *v.i.* **2.** Exercer poder ou autoridade.

mandarim (man.da.**rim**) *s.m.* **1.** Alto funcionário público, na antiga China. **2.** Conjunto de dialetos falados ao norte do rio Yangtzé (China) e que se subdivide em quatro grupos.

mandarina (man.da.**ri**.na) *s.f.* **1.** Mulher de mandarim. **2.** (*Bot.*) Mexerica.

mandatário (man.da.**tá**.ri.o) *s.m.* **1.** Aquele que recebe mandato. **2.** Executor de ordens ou mandatos. **3.** Representante; procurador; delegado.

mandato (man.**da**.to) *s.m.* **1.** Autorização que alguém confere a outrem para praticar em seu nome certos atos; procuração; delegação. **2.** Poder político outorgado pelo povo a um cidadão, por meio de voto. **3.** Período de duração de um mandato.

mandê (man.**dê**) *s.2g.* Mandinga.

mandi (man.**di**) *s.m.* (*Zoo.*) Designação comum a várias espécies de peixes cujos primeiros aguilhões das nadadeiras peitorais e dorsal são rijos e geralmente serrilhados; costumam emitir, ao sair da água, um som semelhante a um choro.

mandíbula (man.**dí**.bu.la) *s.f.* Queixo, maxila.

mandibular (man.di.bu.**lar**) *adj.2g.* Pertencente ou relativo à mandíbula.

mandinga (man.**din**.ga) *s.2g.* **1.** Indivíduo dos mandingas, povo na maioria muçulmano que vive no norte da África ocidental e do qual foram trazidos muitos indivíduos para o Brasil; mandê. *s.f.* **2.** Magia, bruxaria, feitiço maléfico.

mandingar (man.din.**gar**) *v.t.d.* Fazer mandinga a; enfeitiçar; fazer despachos.

mandingaria (man.din.ga.**ri**.a) *s.f.* Prática de mandinga; feitiçaria.

mandingueiro (man.din.**guei**.ro) *s.m. e adj.* **1.** (Pessoa) que faz mandinga. *s.m.* **2.** Feiticeiro; bruxo.

mandinguento (man.din.**guen**.to) *s.m. e adj.* Mandingueiro.

mandioca (man.di.**o**.ca) [ó] *s.f.* **1.** (*Bot.*) Planta originária da América, que dá tubérculos brancos e leitosos, comestíveis cozidos, fritos e utilizados para fazer farinhas variadas, de grande importância na alimentação indígena e brasileira; aipi, aipim, macaxeira, maniva, maniveira, pão-de-pobre: *a mandioca é uma planta de fácil cultivo*. **2.** Tubérculo dessa planta: *carne-seca com mandioca frita*. **3.** (*Bot.*) Planta muito semelhante, porém cujos tubérculos são tóxicos e só podem ser utilizados para fazer farinhas; mandioca-brava.

mandioca-brava (man.di.o.ca-bra.va) *s.f.* Uma das espécies de mandioca.

mandiocal (man.di.o.**cal**) *s.m.* Plantação de mandioca.

mandioquinha (man.di.o.**qui**.nha) *s.f.* (*Bot.*) Erva cuja raiz apresenta tubérculos amarelos, macios depois de cozidos e apreciados na alimentação, por seu sabor agradável; batata-baroa.

mando (**man**.do) *s.m.* Poder ou direito de mandar; autoridade; comando.

mandonismo (man.do.**nis**.mo) *s.m.* **1.** Costume e abuso do mando. **2.** Prepotência.

mandrião (man.dri.**ão**) *adj.* Preguiçoso; ocioso; indolente; vadio.

mandriar (man.dri.**ar**) *v.i.* Levar vida de mandrião; viver ociosamente.

mandriice (man.dri.**i**.ce) *s.f.* Ociosidade; vadiagem.

mandril (man.**dril**) *s.m.* **1.** Peça cilíndrica que tem regulagem e na qual se introduzem certas cânulas (brocas de furadeira), para dar-lhes firmeza ao furar. **2.** (*epiceno*) (*Zoo.*) Babuíno africano que tem o focinho vermelho, estrias azuis ao lado do nariz e pelos do pescoço e da barba amarelos.

mandu (man.**du**) *adj.2g.* Tolo; bobo.

manducar (man.du.**car**) *v.t.d.* (*Gír.*) Comer, ingerir.

mané (ma.**né**) *s.m. e adj.* **1.** (*Pop.*) (Indivíduo) inepto, tolo, bobo, palerma: *ele é muito mané*. **2.** Mané-gostoso.

manear (ma.ne.**ar**) *v.t.d.* Mover, movimentar, balançar: *maneou a cabeça dizendo que não*.

mané-gostoso (ma.né-gos.**to**.so) [ô] *s.m.* (*Folc.*) Boneco com movimentos nas pernas e braços puxados por cordões; mané. ▫ Pl. *manés-gostosos* [ó].

maneira (ma.**nei**.ra) *s.f.* **1.** Modo ou forma particular de ser ou de agir. **2.** Estilo de vida. **3.** Modo; estilo; feição.

maneirar (ma.nei.**rar**) *v.t.d.* **1.** Remediar, contornar temporariamente ou resolver (embaraço, dificuldade, problema), mediante expedientes ou recursos hábeis. **2.** Acomodar as coisas; dar um jeito. **3.** Abrandar, melhorar.

maneirismo (ma.nei.**ris**.mo) s.m. Ausência de naturalidade e de espontaneidade nas atitudes.

maneirista (ma.nei.**ris**.ta) adj.2g. Próprio do maneirismo.

maneiro (ma.**nei**.ro) adj. Que exige pouco esforço (para manejar); de fácil manejo; leve.

maneiroso (ma.nei.**ro**.so) [ô] adj. Que tem boas maneiras; afável; delicado. ▫ Pl. *maneirosos* [ó].

manejar (ma.ne.**jar**) v.t.d. **1.** Mover ou executar com as mãos; manusear. **2.** (Fig.) Administrar; governar; dirigir.

manejo (ma.**ne**.jo) [ê] s.m. Ato de manejar; manuseio; administração; gerência; direção.

manequim (ma.ne.**quim**) s.m. **1.** Boneco que representa uma pessoa, usado para trabalhos de artes, ciências, costura ou exposição de roupas. **2.** Modelo que desfila em passarela, para apresentar moda e vestuário. **3.** Tamanho de roupa: *os manequins de 36 a 40 são tamanho pequeno*.

manes (ma.nes) s.m.pl. Entre os antigos romanos, as almas dos mortos, consideradas como divindades e invocadas sobre os túmulos.

maneta (ma.**ne**.ta) [ê] s.2g. e adj.2g. (Pessoa) a quem falta um braço ou uma das mãos.

manga (man.ga) s.f. **1.** Cada uma das duas partes do vestuário onde se enfiam os braços. **2.** (Bot.) O fruto da mangueira, de polpa amarela, suculenta e fibrosa, com um caroço.

mangaba (man.**ga**.ba) s.f. (Bot.) Fruto da mangabeira, do tamanho de um limão, de polpa doce.

mangabarana (man.ga.ba.**ra**.na) s.f. (Bot.) Árvore do grupo da sapota.

mangabeira (man.ga.**bei**.ra) s.f. (Bot.) Árvore frequente em cerrados e no litoral nordestino, que produz a mangaba e cuja seiva ou leite tem propriedades aromáticas, medicinais e é empregado para fazer borrachas.

mangação (man.ga.**ção**) s.f. (Pop.) Ação de mangar; caçoada, zombaria.

mangador (man.ga.**dor**) [ô] adj. Gozador; que gosta de mangar ou caçoar dos outros.

manga-larga (man.ga-**lar**.ga) s.m. e adj.2g. (Zoo.) (Cavalo) de uma raça brasileira própria para trabalho no campo e para o lazer, marchador. ▫ Pl. *mangas-largas*.

manganês (man.ga.**nês**) s.m. (Quím.) Elemento químico metálico, cinzento, mole, denso, usado em diversas ligas, de símbolo Mn, peso atômico 54,94 e número atômico 25.

mangânico (man.**gâ**.ni.co) adj. Relativo a manganês ou que contém manganês.

manganífero (man.ga.**ní**.fe.ro) adj. Que tem ou produz manganês.

manganoso (man.ga.**no**.so) [ô] adj. Referente aos compostos de manganês. ▫ Pl. *manganosos* [ó].

mangar (man.**gar**) v.i. e v.t.i. (Pop.) Caçoar; zombar; escarnecer.

mango (man.go) s.m. **1.** Uma das varas do mangual. **2.** (Pop.) Dinheiro.

mangonguê (man.gon.**guê**) s.m. (Mús.) Tambor cilíndrico, com quase 1 m, percutido com os dedos unidos de ambas as mãos, alternadamente, popular no Ceará e Rio Grande do Norte.

mangual (man.**gual**) s.m. Instrumento que serve para malhar cereais, composto de dois paus (o mango e o pírtigo) ligados por uma correia.

mangue (**man**.gue) s.m. **1.** (Bio.) Ecossistema com lama escura e mole, habitado por caranguejos e vegetação característica; manguezal, pântano. **2.** (Bot.) Planta com raízes aparentes, que cresce nesse ecossistema.

mangueira (man.**guei**.ra) s.f. **1.** Tubo flexível para condução de água ou de ar; manga: *ligou a mangueira na torneira e foi regar o jardim*. **2.** Curral com um corredor, por onde passa um animal por vez. **3.** (Bot.) Árvore grande, de folhas finas e escuras, que dá a manga.

mangueiral (man.guei.**ral**) s.m. Quantidade mais ou menos considerável de mangueiras plantadas em um terreno.

mangueirão (man.guei.**rão**) s.m. Curral muito grande para animais e tropas.

mangueiro (man.**guei**.ro) s.m. **1.** Pequeno curral. **2.** Cilindro de madeira usado para passar a ferro as mangas das roupas.

manguezal (man.gue.**zal**) s.m. (Bio.) Mangue.

mangusta (man.**gus**.ta) s.f. (Culin.) Purê doce de manga com leite, prato típico da região do Cariri, no Ceará.

manguzá (man.gu.**zá**) s.m. O mesmo que *munguzá*.

manha (ma.nha) s.f. **1.** Choro infantil sem causa; birra; choradeira. (Fig.) **2.** Destreza; desembaraço; habilidade; desenvoltura. **3.** Malícia; ardil; artimanha.

manhã (ma.**nhã**) s.f. **1.** Tempo que vai do nascer do Sol ao meio-dia. **2.** O alvorecer; o amanhecer.

manhãzinha (ma.nhã.**zi**.nha) s.f. Princípio da manhã.

manhosidade (ma.nho.si.**da**.de) s.f. Modo, arte ou qualidade de manhoso.

manhoso (ma.**nho**.so) [ô] adj. Que tem ou revela manha. ▫ Pl. *manhosos* [ó].

mania (ma.**ni**.a) s.f. **1.** Gosto exagerado, muito forte; compulsão: *tinha mania de velocidade*. **2.** Excentricidade, extravagância, esquisitice: *uma pessoa cheia de manias*. **3.** (Med.) Estado mental caracterizado por euforia, agitação e insônia.

maníaco (ma.**ní**.a.co) adj. **1.** Relacionado a mania, que tem mania. s.m. e adj. **2.** (Doente) que apresenta manias.

maniatar (ma.ni.a.**tar**) v.t.d. **1.** Atar as mãos de; prender pelas mãos. **2.** Impedir os movimentos de; amarrar. **3.** Privar da liberdade; forçar; constranger; subjugar. O mesmo que *manietar*.

maniçoba (ma.ni.**ço**.ba) [ó] s.f. **1.** (Bot.) Arvoreta do grupo das euforbiáceas. **2.** (Culin.) Prato típico do

Nordeste, feito de grelos de mandioca cozidos com carne de porco, paca ou peixe, temperado com sal e pimenta.

manicômio (ma.ni.cô.mi.o) *s.m.* Estabelecimento para internação de doentes mentais; hospício.

manicórdio (ma.ni.cór.di.o) *s.m.* (*Mús.*) Instrumento musical de teclado, do grupo do clavicórdio, que já existia no fim do século XV; monocórdio.

manícula (ma.ní.cu.la) *s.f.* Manivela.

manicure (ma.ni.cu.re) *s.f.* Feminino de *manicuro*.

manicuro (ma.ni.cu.ro) *s.m.* Aquele que se dedica ao tratamento das mãos ou das unhas das mãos.

manidestro (ma.ni.des.tro) [é] *s.2g. e adj.2g.* (Aquele) que é mais hábil com a mão direita, ou que se serve preferencialmente dela.

manietar (ma.ni.e.tar) *v.t.d.* O mesmo que *maniatar*.

manifestação (ma.ni.fes.ta.ção) *s.f.* Ato ou efeito de manifestar ou de tornar manifesto.

manifestado (ma.ni.fes.ta.do) *adj.* Declarado; revelado; divulgado.

manifestante (ma.ni.fes.tan.te) *s.2g. e adj.2g.* (Aquele) que manifesta.

manifestar (ma.ni.fes.tar) *v.t.d.* Declarar; revelar; divulgar; opinar.

manifesto (ma.ni.fes.to) [é] *s.m.* **1.** Declaração pública ou solene das razões que justificam certos atos ou em que se fundamentam certos direitos. **2.** Programa político, religioso etc. **3.** Rol ou inventário da carga que um navio mercante traz a bordo. *adj.* **4.** Patente; claro; evidente.

maniforme (ma.ni.for.me) *adj.2g.* Que tem forma de mão.

manilha (ma.ni.lha) *s.f.* **1.** Argola com que se enfeitam os pulsos e, entre alguns povos, a parte mais delgada da perna. **2.** Tubo de cerâmica, de concreto ou de aço, usado para canalizações e escoamento de águas e esgotos. **3.** Jogo de cartas antigo, de origem portuguesa.

manilheiro (ma.ni.lhei.ro) *s.m.* Fabricante de manilhas.

manipanço (ma.ni.pan.ço) *s.m.* **1.** Ídolo africano; fetiche. **2.** Indivíduo obeso.

manipulação (ma.ni.pu.la.ção) *s.f.* Ato ou modo de manipular; preparação.

manipulado (ma.ni.pu.la.do) *adj.* **1.** Que se manipula; preparado manualmente. **2.** Engendrado, preparado, forjado. **3.** Acionado, controlado, dominado.

manipulador (ma.ni.pu.la.dor) [ô] *s.m. e adj.* (Pessoa) que manipula.

manipular (ma.ni.pu.lar) *v.t.d.* **1.** Preparar com as mãos, fazer manualmente. **2.** Engendrar; forjar; acionar. **3.** Controlar, conduzir, dominar.

manípulo (ma.ní.pu.lo) *s.m.* Feixe de ervas, de flores, ou de qualquer coisa semelhante, que a mão pode abranger, formando um arco com os dedos polegar e indicador.

maniqueísmo (ma.ni.que.ís.mo) *s.m.* **1.** (*Filos.*) Doutrina que se funda em princípios opostos, do persa Mani ou Manes (século III), sobre a qual se criou um grupo religioso que teve adeptos na Índia, China, África, Itália e sul da Espanha e segundo a qual o universo foi criado e é dominado por dois princípios antagônicos e irredutíveis: o bem e o mal. **2.** Costume ou tendência de classificar tudo e todos em bem ou mal, bons ou maus.

maniqueísta (ma.ni.que.ís.ta) *adj.2g.* **1.** Relativo ao maniqueísmo. *s.2g. e adj.2g.* **2.** (Aquele) que é adepto do maniqueísmo.

maniva (ma.ni.va) *s.f.* Mandioca.

maniveira (ma.ni.vei.ra) *s.f.* Mandioca.

manivela (ma.ni.ve.la) [é] *s.f.* Peça de máquina a que se imprime movimento de rotação com a mão.

manja (man.ja) *s.f.* (*Folc.*) Jogo em que as crianças fogem do pegador até chegar a um ponto determinado. **Bater a manja:** chegar a esse ponto e ficar livre de ser perseguido.

manjado (man.ja.do) *adj.* (*Gír.*) Que é perfeita ou amplamente conhecido; conhecido demais.

manjar (man.jar) *s.m.* **1.** (*Fig.*) Qualquer substância alimentícia. **2.** (*Fig.*) Iguaria delicada e apetitosa. **3.** (*Culin.*) Pudim de leite de vaca e leite de coco, em geral com calda de ameixas. *v.t.d.* **4.** (*Gír.*) Ter conhecimento; entender.

manjar-branco (man.jar-bran.co) *s.m.* (*Culin.*) Espécie de pudim típico brasileiro, feito com leite de vaca e de coco, açúcar, amido de milho ou de arroz, servido gelado, em geral com compota de frutas ou calda de ameixa-preta. ▫ Pl. *manjares-brancos*.

manjedoura (man.je.dou.ra) *s.f.* Lugar em que se põe comida para os animais nas estrebarias.

manjericão (man.je.ri.cão) *s.m.* (*Bot.*) Erva muito aromática, de folhas pequenas muito usadas como condimento ou com fins medicinais.

manjerona (man.je.ro.na) [ô] *s.f.* (*Bot.*) Erva europeia cultivada em hortas e jardins, usada como tônico e tempero culinário.

manjuba (man.ju.ba) *s.f.* (*Zoo.*) **1.** Designação comum a várias espécies de peixes teleósteos. **2.** Peixe marinho bem pequeno, muito apreciado como aperitivo, quando frito.

mano (ma.no) *s.m.* (*Fam.*) Irmão.

manobra (ma.no.bra) [ó] *s.f.* **1.** Ação de fazer funcionar a mão um aparelho, máquina etc. **2.** Conjunto de ações ou movimentos para alcançar um fim desejado. **3.** (*Fig.*) Habilidade; astúcia; meio de iludir.

manobrado (ma.no.bra.do) *adj.* Encaminhado; executado; dirigido; governado; trabalhado; exercitado.

manobrar (ma.no.brar) *v.t.d.* **1.** Encaminhar, dirigir; governar. **2.** Empregar os meios e diligências necessários para conseguir certo resultado.

manobreiro (ma.no.brei.ro) *s.m.* Manobrista.

manobrista (ma.no.bris.ta) *s.2g.* Pessoa que manobra veículos; manobreiro.

manojo (ma.**no**.jo) [ô] s.m. **1.** Molho ou feixe que se pode pegar com a mão. **2.** Novelo que se faz com cada um dos tentos da trança ou laço.

manometria (ma.no.me.**tri**.a) s.f. Medição com manômetro.

manômetro (ma.**nô**.me.tro) s.m. Instrumento para medir a pressão de gases e vapores.

manopla (ma.**no**.pla) [ó] s.f. **1.** Peça colocada sobre um cano para facilitar a pegada, como no guidão da bicicleta ou em uma alavanca. **2.** Luva de ferro que fazia parte de antigas armaduras usadas nas guerras.

manossolfa (ma.nos.**sol**.fa) [ó] s.f. (Mús.) Sistema de orientar o solfejo pelas diversas disposições dos dedos e das mãos.

manqueira (man.**quei**.ra) s.f. Defeito de manco; ato de mancar ou manquejar.

manquejante (man.que.**jan**.te) adj.2g. Que manqueja.

manquejar (man.que.**jar**) v.i. Estar manco; ser defeituoso; claudicar; mancar.

manquitola (man.qui.**to**.la) [ó] s.2g. e adj.2g. Coxo; manco; que manca.

manquitolar (man.qui.to.**lar**) v.i. Coxear; mancar; claudicar.

mansão (man.**são**) s.f. Residência de grandes dimensões e luxo requintado; palacete.

mansarda (man.**sar**.da) s.f. **1.** Morada simples, pobre, miserável. **2.** (Const.) Telhado com duas águas com duas inclinações, sendo a inferior quase vertical e a superior quase horizontal.

mansidão (man.si.**dão**) s.f. Qualidade ou estado de manso.

manso (**man**.so) adj. **1.** Pacato; sereno; sossegado; tranquilo; quieto. **2.** Domesticado; amansado.

mansuetude (man.su.e.**tu**.de) s.f. Mansidão; brandura; quietude; serenidade.

manta (**man**.ta) s.f. Grande pano de lã, do feitio de um cobertor e que serve para agasalhar.

manteiga (man.**tei**.ga) s.f. **1.** Substância alimentícia gordurosa, sólida e mais ou menos cremosa, formada pela nata ou creme de leite batido. **2.** Qualquer gordura vegetal. **3.** Vantagem concedida por um competidor. Manteiga de garrafa ou do sertão: manteiga derretida e coada, líquida em clima quente, usada para acompanhar a tapioca e outros pratos da culinária nordestina.

manteigoso (man.tei.**go**.so) [ô] adj. Que tem muita manteiga; gorduroso. ▫ Pl. *manteigosos* [ó].

manteigueira (man.tei.**guei**.ra) s.f. Recipiente adequado para guardar e servir a manteiga.

manteigueiro (man.tei.**guei**.ro) s.m. **1.** Fabricante ou vendedor de manteiga. **2.** Que gosta muito de manteiga.

mantelete (man.te.**le**.te) [ê] s.m. **1.** Veste curta usada sobre o roquete pelos dignatários eclesiásticos. **2.** Pequena capa, leve e com rendas, para senhora.

mantenedor (man.te.ne.**dor**) [ô] s.m. e adj. **1.** (Aquele) que mantém, protege ou sustenta. s.m. **2.** Antigo cavaleiro principal nos torneios.

manter (man.**ter**) v.t.d. e v.p. **1.** Dar ou obter o necessário à subsistência; sustentar(-se). **2.** Conservar(-se); preservar(-se). v.t.d. **3.** Abastecer, alimentar.

mantido (man.**ti**.do) adj. **1.** Provido, sustentado, alimentado. **2.** Conservado, preservado, observado. **3.** Amparado; socorrido.

mantilha (man.**ti**.lha) s.f. **1.** Manta para a proteção dos ombros e da cabeça. **2.** Véu fino de seda, rendas etc., com que as mulheres adornam a cabeça e os ombros.

mantimento (man.ti.**men**.to) s.m. O que mantém o sustento; víveres; comida.

manto (**man**.to) s.m. **1.** Vestimenta larga e desprovida de mangas, para abrigar a cabeça e o tronco. **2.** Capa de cauda e roda que se prende nos ombros (manto real).

mantô (man.**tô**) s.m. **1.** Vestimenta semelhante ao manto que as mulheres usam por cima de outro vestuário. **2.** Casacão; capote.

manual (ma.nu.**al**) adj.2g. **1.** Relativo às mãos: *habilidade manual*. **2.** Feito com as mãos: *trabalho manual*. s.m. **3.** Pequeno livro que contém noções essenciais, muito úteis: *manual de instruções do aparelho*, *manual de escotismo*.

manuê (ma.nu.**ê**) s.m. (Culin.) **1.** Bolo de fubá de milho; manuê de fubá. **2.** Bolo de mandioca fresca com leite de coco, assado em pequenas porções enroladas em folhas de bananeira; manauê.

manufator (ma.nu.fa.**tor**) [ô] s.m. Aquele que manufatura; que é proprietário de indústria manufatureira; fabricante.

manufatura (ma.nu.fa.**tu**.ra) s.f. **1.** Estabelecimento industrial; fábrica; indústria. **2.** Produto desse estabelecimento.

manufaturado (ma.nu.fa.tu.**ra**.do) adj. Produzido ou fabricado à mão ou de modo artesanal. **2.** Produto desse estabelecimento.

manufaturar (ma.nu.fa.tu.**rar**) v.t.d. Produzir com trabalho manual; fazer à mão; fabricar manualmente.

manufatureiro (ma.nu.fa.tu.**rei**.ro) adj. Relativo à manufatura.

manuscrever (ma.nus.cre.**ver**) v.t.d. Escrever à mão.

manuscrito (ma.nus.**cri**.to) adj. **1.** Escrito à mão: *carta manuscrita*. s.m. **2.** Papel, papiro etc. com texto escrito à mão: *os manuscritos encontrados perto do mar Morto são da época de Jesus Cristo*.

manuseação (ma.nu.se.a.**ção**) s.f. Ato de manusear; manuseio, manuseamento.

manuseado (ma.nu.se.**a**.do) adj. Que foi objeto de manuseio.

manuseamento (ma.nu.se.a.**men**.to) s.f. Manuseação.

manusear (ma.nu.se.**ar**) v.t.d. Pegar ou mover com a mão; manejar.

manuseio (ma.nu.**sei**.o) s.m. Ato de pegar ou mover com a mão, de manusear; manuseação, manuseamento.

manutenção (ma.nu.ten.**ção**) s.f. **1.** Ato ou efeito de manter(-se). **2.** As medidas necessárias para a conservação ou a permanência de alguma coisa ou de uma situação. **3.** Cuidados técnicos para manter o funcionamento regular e permanente de motores e máquinas.

manutérgio (ma.nu.**tér**.gi.o) s.m. Toalha com que o sacerdote enxuga as mãos depois de lavá-las, durante a missa.

manzorra (man.**zor**.ra) [ô] s.f. Mão grande.

mão s.f. **1.** (*Anat.*) Parte do corpo na extremidade do braço que se segue ao punho, dotada de grande mobilidade e apurada sensibilidade, que se destina à pressão e ao tato. **2.** Camada de tinta ou de verniz; demão. **3.** Domínio, mando, autoridade, controle. **4.** Cada rodada de um jogo. **5.** Cada uma das direções ou sentidos do trânsito em uma via: *na rua de mão única, todos os veículos devem circular no mesmo sentido, indo para o mesmo lado; nas vias de mão dupla, há dois sentidos*. **6.** Controle, domínio, poder: *tinha tudo nas mãos*. **7.** Mão de milho. **À/a mão:** usando a ou as mãos, manualmente; artesanalmente: *a máquina de costura quebrou e foi preciso costurar a mão; uma peça feita à mão é sempre única*. **Dar uma mão:** participar de um trabalho; ajudar, colaborar, contribuir.

mão-aberta (mão-a.**ber**.ta) s.2g. Pessoa esbanjadora; muito gastadora. ▪ Pl. *mãos-abertas*.

mão-cheia (mão-**chei**.a) s.f. Porção de coisas que se pega com uma mão; punhado, mancheia. **De mão-cheia:** muito bom, excelente; completa ou totalmente bom: *era um cozinheiro de mão-cheia e adoraram o banquete*. ▪ Pl. *mãos-cheias*.

mão de milho (mão de **mi**.lho) s.f. (NE) Medida que compreende 50 ou 52 espigas de milho; mão.

mão de obra (mão de **o**.bra) [ó] s.f. **1.** Trabalho manual. **2.** Custo do trabalho manual, em oposição à matéria-prima ou peças; serviço. **3.** Trabalhador que executa trabalho manual.

mão de vaca (mão de **va**.ca) s.2g. **1.** Pessoa que tem muito apego ao dinheiro e não gasta; avarento, unha de fome, pão-duro: *um mão de vaca jamais compraria um carro de luxo*. **2.** Mocotó.

mão-francesa (mão-fran.**ce**.sa) s.f. Peça em forma de L, que é presa à parede ou outro elemento vertical para sustentar uma estante ou algo semelhante: *fiz uma estante com mãos-francesas para meu escritório*. ▪ Pl. *mãos-francesas*.

maometano (ma.o.me.**ta**.no) adj. **1.** Relacionado a Maomé, profeta árabe que no século VII fundou o Islã; maomético. s.m. *e* adj. **2.** Muçulmano, islâmico.

maomético (ma.o.**mé**.ti.co) adj. Maometano.

maometismo (ma.o.me.**tis**.mo) s.m. Religião fundada por Maomé ou a doutrina e os ensinamentos dessa religião; islamismo, muçulmanismo.

mão-mole (mão-**mo**.le) [ó] s.f. (Folc.) Brincadeira que se faz balançando a mão de uma criança e esbarrando nos outros, dizendo "mão-mole, mão-mole e... pá". ▪ Pl. *mãos-moles*.

mão-pelada (mão-pe.**la**.da) s.m. **1.** (Zoo.) Guaxinim. **2.** (Folc.) Animal fabuloso do folclore mineiro, que seria um grande lobo avermelhado, com uma pata dianteira encolhida e pelada. ▪ Pl. *mãos-peladas*.

maori (ma.**o**.ri) [ô] s.2g. **1.** Indivíduo dos maoris, povo da Nova Zelândia de origem polinésia. adj.2g. **2.** Relacionado a esse povo.

mãos-atadas (mãos-a.**ta**.das) s.2g.2n. Pessoa acanhada, indecisa, sem expediente. ▪ Pl. *mãos-atadas*.

mãos-largas (mãos-**lar**.gas) s.2g.2n. Pessoa generosa; dadivosa; liberal; mão-aberta. ▪ Pl. *mãos-largas*.

mãos-rotas (mãos-**ro**.tas) [ô] s.2g.2n. Indivíduo perdulário; gastador; pródigo; esbanjador; mão-furada. ▪ Pl. *mãos-rotas*.

mãozada (mão.**za**.da) s.f. **1.** Aperto forte de mão. **2.** Porção de coisas que se pode segurar em uma mão.

mãozinha (mão.**zi**.nha) s.f. **1.** Mão pequena. **2.** Haste terminada em garra, para coçar as costas.

mapa (**ma**.pa) s.m. Representação, em superfície plana e em escala menor, de um terreno, país, território etc.; carta geográfica.

mapa-múndi (ma.pa-**mún**.di) s.m. Mapa do mundo; mapa que representa toda a superfície da Terra, os hemisférios Norte e Sul, os lados Ocidental e Oriental. ▪ Pl. *mapas-múndi*.

mapeamento (ma.pe.a.**men**.to) s.m. **1.** Ato ou efeito de mapear. **2.** Levantamento detalhado. **3.** Rastreamento geográfico.

mapear (ma.pe.**ar**) v.t.d. Fazer ou levantar o mapa de.

mapinguari (ma.pin.gua.**ri**) s.m. (Folc.) Animal fantástico com forma de homem muito peludo, no qual os tiros só penetram no umbigo e que devora a cabeça das pessoas.

mapoteca (ma.po.**te**.ca) [é] s.f. **1.** Coleção de mapas e cartas geográficas. **2.** Móvel onde se guardam esses papéis ou outros de formato grande.

maquete (ma.**que**.te) [é] s.f. Miniatura de projeto arquitetônico, cenográfico ou de engenharia.

maquiado (ma.qui.**a**.do) adj. Pintado; enfeitado; produzido.

maquiador (ma.qui.a.**dor**) [ô] s.m. Pessoa que faz maquiagem, para eventos ou espetáculos. O mesmo que *maquilador*.

maquiagem (ma.qui.**a**.gem) s.f. **1.** Ato ou efeito de maquiar(-se); pintura. **2.** Conjunto de produtos de beleza, como base, pó de arroz, ruge, batom, sombra, rímel etc., utilizados para maquiar(-se). **3.** Pintura com efeitos especiais para filmes, espetáculos etc. O mesmo que *maquilagem*.

maquiar (ma.qui.**ar**) v.t.d. **1.** Pintar o rosto. v.p. **2.** Pintar-se, enfeitar-se; enfeitar-se. O mesmo que *maquilar(-se)*.

maquiavelice (ma.qui.a.ve.**li**.ce) s.f. Ato ou dito maquiavélico; astúcia; manha ardil.

maquiavélico (ma.qui.a.**vé**.li.co) adj. **1.** Referente a Maquiavel ou ao maquiavelismo. **2.** Inescrupuloso, que age com má-fé.

maquiavelismo (ma.qui.a.ve.lis.mo) s.m. **1.** Doutrina política exposta por Nicolau Maquiavel (1469-1527), de Florença, segundo a qual os fins justificam os meios. **2.** Ação ou política inescrupulosa, de má-fé, em que há perfídia e dolo.

maquilador (ma.qui.la.dor) [ô] s.m. O mesmo que *maquiador*.

maquilagem (ma.qui.la.gem) s.f. O mesmo que *maquiagem*.

maquilar (ma.qui.lar) v.t.d. e v.p. O mesmo que *maquiar*.

máquina (má.qui.na) s.f. **1.** Aparelho ou instrumento que aumenta a força manual, muda sua direção ou aproveita uma força natural; engenho. **2.** Motor. **3.** Equipamento elétrico ou eletrônico que tem algum movimento ou executa um trabalho: *máquina de fotografia, máquina de lavar*. **4.** (Fig.) Entidade ou organismo complexo: *máquina do Estado*. **5.** (Fig.) Robô, autômato. **6.** (Gír.) Revólver.

maquinação (ma.qui.na.ção) s.f. Ato ou efeito de maquinar; trama; manobra; enredo; conluio.

maquinado (ma.qui.na.do) *adj*. Traçado; planejado; tramado; conjurado; engendrado.

maquinador (ma.qui.na.dor) [ô] s.m. *e adj*. (Aquele) que maquina ou que trama algo.

maquinal (ma.qui.nal) *adj.2g*. **1.** Que é relativo a máquinas. **2.** (Fig.) Inconsciente; automático; reflexo; mecânico.

maquinar (ma.qui.nar) v.t.d. Projetar, planejar com artifícios; urdir, tramar: *maquinaram um plano para enganar o bandido*.

maquinaria (ma.qui.na.ri.a) s.f. **1.** Conjunto de máquinas; maquinário. **2.** Conjunto dos maquinistas ou operários que trabalham em máquinas.

maquinário (ma.qui.ná.ri.o) s.m. Maquinaria.

maquinismo (ma.qui.nis.mo) s.m. **1.** Conjunto das peças de um aparelho; mecanismo. **2.** O conjunto dos cenários móveis, projetores, refletores, alçapões e demais efeitos e dispositivos mecânicos, visuais e sonoros de um teatro.

maquinista (ma.qui.nis.ta) *s.2g*. Pessoa que inventa, constrói ou conduz máquinas, principalmente locomotivas e máquinas a vapor.

mar s.m. **1.** A massa de águas salgadas do globo terrestre; oceano. **2.** (Fig.) Monte de coisas; imensidão: *um mar de dúvidas*. **Mar de rosas**: período de felicidade, sem problemas ou conflitos, sereno.

marabaixo (ma.ra.bai.xo) s.m. (Folc.) Dança e festa popular do Amapá, de influência africana, cuja coreografia evoca pés presos por correntes e é acompanhada por tambores e canto.

maraca (ma.ra.ca) s.f. O mesmo que *maracá*.

maracá (ma.ra.cá) s.m. (Mús.) **1.** Instrumento de percussão de origem indígena, formado por uma cabaça com sementes ou pedrinhas em seu interior, segurada por um cabo; maracaxá. **2.** Chocalho que acompanha certas músicas e danças populares. O mesmo que *maraca*.

maracajá (ma.ra.ca.já) s.m. (Zoo.) Felídeo selvagem da América do Sul, semelhante a uma pequena onça, que tem habilidade para subir em árvores; gato-do-mato.

maracanã (ma.ra.ca.nã) s.f. (Zoo.) Ave semelhante a um papagaio pequeno; ararinha.

maracatu (ma.ra.ca.tu) s.m. (Folc.) **1.** Tradição popular de Pernambuco, em que um cortejo desfila tocando e dançando, com uma boneca, ou calunga, na extremidade de um bastão. **2.** Ritmo que acompanha esse desfile. **3.** Grupo ou nação que sai às ruas no Carnaval com esses elementos.

maracaxá (ma.ra.ca.xá) s.m. Maracá.

maracujá (ma.ra.cu.já) s.m. (Bot.) Fruto do maracujazeiro, de perfume bem característico, muito saboroso e um pouco ácido, bastante consumido como refresco e como ingrediente de sobremesas, tido também como calmante.

maracujazeiro (ma.ra.cu.ja.zei.ro) s.m. (Bot.) Planta trepadeira de várias espécies, que dá o maracujá.

marafa (ma.ra.fa) s.f. (Pop.) Aguardente de cana; cachaça.

marafo (ma.ra.fo) s.m. (Pop.) Cachaça oferecida a Exu no candomblé. Obs.: de origem iorubana.

marafona (ma.ra.fo.na) [ô] s.f. **1.** (Pop.) Meretriz. **2.** Em Portugal, boneca de trapo.

maragato (ma.ra.ga.to) s.m. **1.** (Hist.) Na Revolução Federalista de 1893-1895, rebelde partidário do parlamentarismo, do grupo liderado por Gaspar da Silveira Martins e Gumercindo Saraiva: *os maragatos eram inimigos dos chimangos*. **2.** (RS) Oposicionista. **3.** (Folc.) Traje folclórico dos pampas, masculino, com lenço vermelho, bombachas, chapéu de abas largas e botas.

marajá (ma.ra.já) s.m. **1.** Título dos príncipes ou potentados da Índia. **2.** (Fig.) Homem muito rico. **3.** (Fig.) Pessoa que exerce ou exerceu cargo público, recebendo salário vultoso.

marajoara (ma.ra.jo.a.ra) *adj.2g*. **1.** Da ilha de Marajó, no estado do Pará. **2.** Pessoa natural ou habitante desse lugar. *adj.2g*. **3.** Diz-se de uma cultura hoje desaparecida, que se desenvolveu na ilha de Marajó. **4.** Diz-se dos motivos decorativos geométricos, característicos dessa cultura: *cerâmica marajoara*.

marambiré (ma.ram.bi.ré) s.m. (Folc.) Dança paraense de cunho religioso e influência africana, bastante popular no município de Alenquer.

maranha (ma.ra.nha) s.f. **1.** Porção de fibras ou fios enredados ou emaranhados. **2.** Intriga; embrulhada; confusão.

maranhão (ma.ra.nhão) s.m. **1.** Mentira, intriga, mexerico, fofoca. **2.** Pipa. **3.** (Zoo.) Flamingo.

maranhar (ma.ra.nhar) v.t.d. **1.** Emaranhar; embaraçar. **2.** Mentir.

maranhense (ma.ra.nhen.se) *adj.2g*. **1.** Do Maranhão, estado brasileiro. *s.2g*. **2.** Pessoa natural ou habitante desse lugar.

marapoama (ma.ra.po.**a**.ma) s.f. (Bot.) Árvore ou arbusto de que se extrai uma substância com propriedades aromáticas e medicinais.

marapuama (ma.ra.pu.**a**.ma) s.f. (Bot.) Planta amazônica com propriedades estimulantes e tônicas. O mesmo que *muirapuama*.

marasca (ma.**ras**.ca) s.f. (Bot.) Variedade de cereja amarga, empregada na fabricação do marasquino.

marasmar (ma.ras.**mar**) v.t.d. **1.** Causar marasmo em. v.i. **2.** Cair em marasmo.

marasmático (ma.ras.**má**.ti.co) s.m. e adj. (Aquele) que tem marasmo; que tem fraqueza extrema; debilitado; extenuado.

marasmo (ma.**ras**.mo) s.m. Estado de muita tristeza, melancolia profunda, falta de atividade.

marasquino (ma.ras.**qui**.no) s.m. Licor branco, fabricado com a cereja marasca.

maratona (ma.ra.**to**.na) [ô] s.f. **1.** (Hist.) Corrida pedestre de cerca de 42 km, distância da cidade de Maratona a Atenas, comemorativa do feito dos soldados de Maratona. **2.** (P. ext.) Modalidade de corrida de longo percurso.

maravalhas (ma.ra.**va**.lhas) s.f.pl. **1.** Aparas de madeira; lascas; cavacos. **2.** Gravetos para acender fogo. **3.** (Fig.) Ninharia.

maravilha (ma.ra.**vi**.lha) s.f. **1.** Ato ou fato extraordinário; algo surpreendente, admirável, assombroso. **2.** (Bot.) Planta herbácea originária do México. **3.** (Culin.) Espécie de empada.

maravilhado (ma.ra.vi.**lha**.do) adj. Admirado; pasmado; encantado.

maravilhador (ma.ra.vi.lha.**dor**) [ô] adj. Que causa maravilha ou admiração.

maravilhamento (ma.ra.vi.lha.**men**.to) s.m. Ato ou efeito de maravilhar(-se); admiração; espanto; pasmo; encantamento.

maravilhar (ma.ra.vi.**lhar**) v.t.d. **1.** Provocar admiração, assombro, pasmo em; causar espanto. v.p. **2.** Encher-se de admiração, ficar pasmo.

maravilhoso (ma.ra.vi.**lho**.so) [ô] adj. Que maravilha, que provoca admiração; surpreendente, espantoso; excelente; primoroso; magnífico; belo; encantador. ▪ Pl. *maravilhosos* [ó].

marca (**mar**.ca) s.f. **1.** Ato ou efeito de marcar. **2.** Sinal, vestígio: *tinha uma marca na perna*. **3.** Nome ou símbolo colocado em um produto como identificação do fabricante ou garantia de qualidade. **4.** Categoria, qualidade, espécie, tipo. **Marca-d'água**: marca feita na massa do papel durante sua fabricação, visível contra a luz, usada como identificação do fabricante ou autenticação em cédulas de dinheiro e selos; filigrana. **Marca registrada**: nome ou imagem com registro e proteção legal.

marcação (mar.ca.**ção**) s.f. Ato ou efeito de marcar.

marcado (mar.**ca**.do) adj. **1.** Que recebeu marca; assinalado, registrado, indicado. **2.** Separado; reservado.

marcador (mar.ca.**dor**) [ô] s.m. Aquilo que serve para marcar: *marcador de livros*.

marcante (mar.**can**.te) adj.2g. **1.** Que marca ou deixa marcas. **2.** Que assinala; que distingue. **3.** Que se sobressai ou se evidencia.

marcapasso (mar.ca.**pas**.so) s.m. (Med.) Instrumento que, mediante impulsos elétricos, estimula a contração muscular cardíaca, limitada a uma certa frequência.

marcar (mar.**car**) v.t.d. **1.** Pôr marca ou sinal em; assinalar. **2.** Apontar, indicar. **3.** Demarcar, delimitar. **4.** Caracterizar, identificar.

marcenaria (mar.ce.na.**ri**.a) s.f. **1.** Oficina onde se trabalha principalmente com madeiras. **2.** Arte ou obras de marceneiro.

marceneiro (mar.ce.**nei**.ro) s.m. Oficial artesão que trabalha a madeira com mais arte do que o carpinteiro.

marcha (**mar**.cha) s.f. **1.** Ato ou efeito de marchar; jornada a pé, andada, caminhada. **2.** Modo de andar; andadura; passo marcado. **3.** (Mús.) Gênero com o ritmo bastante marcado: *da marcha militar e da marcha carnavalesca até a marcha fúnebre e a marcha nupcial*. **4.** Cada uma das posições de câmbio que dá a um motor ou automóvel diferentes velocidades e força. **Marcha a ré**: a que faz andar para trás; (fig.) movimento para trás. **5.** Andamento especial ensinado a cavalos: *era uma égua boa de marcha*.

marchador (mar.cha.**dor**) [ô] s.m. e adj. (Zoo.) (Cavalo) que sabe marchar, a que foi ensinado um andamento especial: *viajaram em cavalos marchadores*.

marchand [francês: "marchã"] s.2g. Pessoa que vende obras de arte, que agencia as obras de um artista plástico.

marchante (mar.**chan**.te) s.2g. Comerciante que compra gado para vendê-lo abatido aos açougues.

marchar (mar.**char**) v.i. Andar; andar no compasso; marcar o passo; caminhar; progredir; ir avante; ir em busca; procurar.

marchetado (mar.che.**ta**.do) adj. **1.** Que se marchetou; que tem obra ou lavor de marchetaria; tauxiado. **2.** (Fig.) Que foi matizado, adornado. s.m. **3.** Obra de marchetaria.

marchetar (mar.che.**tar**) v.t.d. **1.** Adornar peças de madeira com manchas coloridas. **2.** Embutir na madeira. **3.** Matizar; esmaltar; tauxiar; realçar; salientar.

marchetaria (mar.che.ta.**ri**.a) s.f. Arte de incrustar, embutir ou aplicar peças recortadas de madeira, marfim, tartaruga, bronze etc. em obra de marcenaria, formando desenhos.

marchete (mar.**che**.te) [ê] s.m. Cada uma das peças que se marchetam ou embutem na madeira.

marcheteiro (mar.che.**tei**.ro) s.m. Oficial artesão que trabalha em marchetaria; embutidor.

marchinha (mar.**chi**.nha) s.f. Marcha carnavalesca popular para dançar em salão.

marcial (mar.ci.**al**) adj.2g. Relativo ou próprio da guerra; bélico.

marcializar (mar.ci.a.li.**zar**) v.t.d. Tornar marcial; belicoso; aguerrido.
marciano (mar.ci.**a**.no) adj. **1.** Relativo ao planeta Marte. s.m. e adj. **2.** (Aquele) que supostamente habita esse planeta.
marciático (mar.ci.**á**.ti.co) adj. (*Raro*) Marciano.
marco (**mar**.co) s.m. **1.** Sinal de demarcação; poste; estaca; placa; tabuleta. **2.** Fronteira; limite. **3.** Qualquer acidente natural que se aproveita para sinal de demarcação. **4.** Antiga moeda da Alemanha, substituída pelo euro entre 1999 e 2002.
março (**mar**.ço) s.m. Terceiro mês do ano, com 31 dias.
maré (ma.**ré**) s.f. (*Geo.*) **1.** Movimento periódico das águas do mar, pelo qual elas se elevam ou se abaixam, como efeito de ação conjunta da Lua e do Sol e, em menor escala, dos planetas. **2.** Cada um dos momentos ou movimentos das águas: *maré alta, maré baixa, vazante, cheia.* **3.** (*Pop.*) Período bom ou ruim na vida de uma pessoa.
mareação (ma.re.a.**ção**) s.f. Enjoo em viagem por mar; mareagem.
mareado (ma.re.**a**.do) adj. Enjoado por viagem por mar.
mareagem (ma.re.**a**.gem) s.f. Mareação.
mareante (ma.re.**an**.te) s.2g. **1.** Navegante; navegador; marinheiro. adj.2g. **2.** Que mareia.
marear (ma.re.**ar**) v.t.d. **1.** Mover-se com embarcação; navegar. **2.** Manobrar ou manejar (uma embarcação a vela). v.i. **3.** Sentir enjoo no mar. v.p. **4.** Orientar-se no mar.
marechal (ma.re.**chal**) s.m. Chefe supremo do exército em caso de guerra.
marechalado (ma.re.cha.**la**.do) s.m. Marechalato.
marechalato (ma.re.cha.**la**.to) s.m. Cargo ou dignidade de marechal; marechalado.
maré-cheia (ma.ré-**chei**.a) s.f. Maré no ponto máximo; maré alta. ▫ Pl. *marés-cheias.*
marejada (ma.re.**ja**.da) s.f. Leve agitação das ondas do mar; marulho.
marejar (ma.re.**jar**) v.i. **1.** Verter; gotejar; destilar. **2.** Ressumar pelos poros (um líquido). **3.** Borbulhar; borbotar. v.p. **4.** Cobrir-se de lágrimas.
maremoto (ma.re.**mo**.to) [ó] s.m. (*Geo.*) Grande agitação do mar provocada por oscilações sísmicas.
mareografista (ma.re.o.gra.**fis**.ta) s.m.2g. Aquele que maneja o mareógrafo.
mareógrafo (ma.re.**ó**.gra.fo) s.m. Aparelho usado para registrar automaticamente a altura das águas do mar, em função do tempo; mareômetro.
mareômetro (ma.re.**ô**.me.tro) s.m. Mareógrafo.
maresia (ma.re.**si**.a) s.f. Cheiro característico vindo do mar, por ocasião da vazante, sobretudo em praias onde abundam algas ou onde há lama.
mareta (ma.**re**.ta) [ê] s.f. Movimento ou ondulação na água; onda pequena.
marfim (mar.**fim**) s.m. Substância de que são constituídas as presas ou defesas do elefante, de um branco leitoso, resistente e antigamente usada para fazer enfeites e objetos valiosos.

marfíneo (mar.**fí**.ne.o) adj. De marfim; feito com marfim; que contém marfim.
marfinizar-se (mar.fi.ni.**zar**-se) v.p. Tomar aspecto de marfim, ficar com aparência de marfim.
margarida (mar.ga.**ri**.da) s.f. (*Bot.*) Planta baixa, cujas flores têm pétalas brancas, radiadas, e miolo amarelo.
margarina (mar.ga.**ri**.na) s.f. Substância gordurosa, semelhante à manteiga, feita com óleos vegetais.
margarita (mar.ga.**ri**.ta) s.f. **1.** (*Zoo.*) Molusco do gênero *Margarites*; concha. **2.** (*Min.*) Mineral monoclínico do grupo das micas frágeis, silicato ácido de alumínio e cálcio. **3.** Pérola.
margeante (mar.ge.**an**.te) adj.2g. Que margeia.
margear (mar.ge.**ar**) v.t.d. **1.** Fazer margem em. **2.** Ir pela margem; seguir ao longo ou ao lado de; flanquear. **3.** Pautar; dobrar.
margem (**mar**.gem) s.f. **1.** Parte em branco ao redor de uma folha manuscrita ou impressa. **2.** Linha ou faixa que limita ou circunda alguma coisa. **3.** (*Econ.*) Depósito de garantia feito pelo investidor em operações a termo, nas bolsas de valores e de mercadorias. **4.** (*Fig.*) Ensejo; oportunidade.
marginado (mar.gi.**na**.do) adj. **1.** Que tem margem. **2.** Escrito na margem de livro ou de manuscrito.
marginal (mar.gi.**nal**) adj.2g. **1.** Pertencente ou relativo a margem. s.2g. e adj.2g. **2.** (*Fig.*) (Pessoa) que vive à margem da sociedade ou da lei, como o vagabundo, mendigo ou delinquente; fora da lei.
marginalidade (mar.gi.na.li.**da**.de) s.f. Condição do indivíduo marginalizado ou marginal.
marginalização (mar.gi.na.li.za.**ção**) s.f. **1.** Ato ou efeito de marginalizar(-se). **2.** Discriminação; afastamento.
marginalizado (mar.gi.na.li.**za**.do) adj. **1.** Posto à margem de uma sociedade, de um grupo, da vida pública etc. **2.** Discriminado; afastado.
marginalizar (mar.gi.na.li.**zar**) v.t.d. **1.** Impedir a participação em; pôr à margem de uma sociedade, de um grupo, da vida pública etc. v.p. **2.** Tornar-se marginal.
marginar (mar.gi.**nar**) v.t.d. Margear.
maria-chiquinha (ma.ria-chi.**qui**.nha) s.f. Penteado infantil em que se dividem os cabelos ao meio, do alto até a nuca, formando duas madeixas laterais, amarradas junto à cabeça. ▫ Pl. *marias-chiquinhas.* O mesmo que *chiquinhas.*
maria-é-dia (ma.ria-é-**di**.a) s.f.2n. (*Zoo.*) Pássaro que canta bem cedo, comum em todo o Brasil. ▫ Pl. *maria-é-dia.*
maria-fumaça (ma.ria-fu.**ma**.ça) s.f. **1.** Trem com locomotiva a vapor. **2.** (*Fig.*) Pessoa que fuma muito, que fuma demasiadamente. ▫ Pl. *marias-fumaça, marias-fumaças.*
maria-isabel (ma.ria-i.sa.**bel**) s.f. (*Folc.*) (NE) Carne-seca cozida com arroz, popular no Piauí. ▫ Pl. *marias-isabéis, maria-isabéis.*
maria-mole (ma.ria-**mo**.le) [ó] s.f. **1.** (*Culin.*) Doce de cor branca semelhante ao *marshmallow*, cujos ingredientes básicos são manteiga, clara de

ovo, gelatina, glucose e açúcar, batidos até tomarem consistência cremosa e elástica, sendo depois cobertos com raspas de coco ralado fininho ou coco queimado. **2.** Espécie de sapato muito macio e de sola fina. ▪ Pl. *marias-moles*.
marianismo (ma.ri.a.**nis**.mo) *s.m.* (*Relig.*) Promoção do culto à Virgem Maria, na Igreja Católica.
mariano (ma.ri.**a**.no) *adj.* **1.** Pertencente ou relativo à Virgem Maria, ou ao seu culto. *s.m.* **2.** Aquele que pertence à congregação mariana.
maria-sem-vergonha (ma.ri.a-sem-ver.**go**.nha) [ô] *s.f.* (*Bot.*) Erva que dá flores de colorido vivo e cresce com facilidade em qualquer lugar. ▪ Pl. *marias-sem-vergonha*.
maria vai com as outras (ma.ri.a vai com as **ou**.tras) *s.2g.2n.* Pessoa que segue as outras, que não tem vontade ou opinião própria.
marica (ma.**ri**.ca) *s.m.* **1.** Maricas. *s.f.* **2.** (*Gír.*) Espécie de cachimbo ou pinça para segurar ponta de cigarro de maconha.
maricas (ma.**ri**.cas) *s.m.2n.* (*Gír. Pej.*) Homem afeminado; marica, xibungo. ▪ Pl. *maricas*.
maridar (ma.ri.**dar**) *v.t.d.* **1.** Casar (uma mulher). **2.** Unir; enlaçar; juntar.
marido (ma.**ri**.do) *s.m.* Homem casado em relação à mulher a quem se uniu; cônjuge do sexo masculino; esposo.
marimã (ma.ri.**mã**) *s.2g.* **1.** Indivíduo dos marimãs, povo indígena que vive hoje no Amazonas. *adj.2g.* **2.** Relacionado a esse povo.
marimacho (ma.ri.**ma**.cho) *s.m.* **1.** Mulher com aparência e trejeitos de homem; mulher de aspecto e atitudes masculinas. **2.** (*Gír.*) Sapatão.
marimba (ma.**rim**.ba) *s.f.* (*Mús.*) Instrumento de percussão formado por lâminas de madeira ou metal, dispostas sobre cabaças ou tubos, que funcionam como caixa de ressonância e tocadas com duas baquetas.
marimbo (ma.**rim**.bo) *s.m.* (*Folc.*) Jogo de baralho popular no sertão, jogado com três cartas.
marimbondo (ma.rim.**bon**.do) *s.m.* (*Zoo.*) Inseto himenóptero do grupo das vespas, grande e de picada dolorosa.
marina (ma.**ri**.na) *s.f.* (*Mar.*) Local à beira-mar provido de instalações para manutenção e guarda de embarcações de esporte e lazer.
marinha (ma.**ri**.nha) *s.f.* **1.** Conjunto de navios. **2.** Pintura que mostra o mar ou paisagem de praia. **3.** Conjunto dos navios armados para guerra e do pessoal ligado às forças armadas navais; diz-se também **marinha de guerra**. **Marinha mercante**: conjunto dos navios, empresas e pessoal dedicados à navegação comercial ou particular. **Marinha do Brasil** ou **a Marinha**: uma das três forças armadas nacionais, ao lado do Exército Brasileiro e da Força Aérea Brasileira.
marinhagem (ma.ri.**nha**.gem) *s.f.* **1.** O conjunto dos marinheiros; maruja. **2.** Arte de navegar ou marinhar.

marinhar (ma.ri.**nhar**) *v.i.* Executar serviços necessários à manobra da embarcação, o que compete aos marinheiros.
marinheiro (ma.ri.**nhei**.ro) *adj.* **1.** Relativo à marinhagem. *s.m.* **2.** Homem do mar; tripulante de convés; membro da marinha. **3.** (*Fig.*) Indivíduo sem prática, que faz uma coisa pela primeira vez (marinheiro de primeira viagem).
marinho (ma.**ri**.nho) *adj.* **1.** Pertencente ou relativo ao mar. **2.** Que vive no mar. **3.** Que provém do mar. O mesmo que *marino*.
marinismo (ma.ri.**nis**.mo) *s.m.* (*Lit.*) Estilo literário que floresceu na Itália no século XVII, caracterizado pela afetação e pelo preciosismo.
marinista (ma.ri.**nis**.ta) *adj.2g.* **1.** Relativo a ou próprio do marinismo. *s.2g.* **2.** Autor que segue esse estilo.
marino (ma.**ri**.no) *adj.* O mesmo que *marinho*.
mariola (ma.ri.**o**.la) [ó] *s.f.* (*Culin.*) Doce de goiaba ou outra fruta, em barras pequenas geralmente revestidas de açúcar cristalizado.
marionete (ma.ri.o.**ne**.te) [é] *s.f.* Fantoche; boneco que se movimenta por meio de cordões.
mariposa (ma.ri.**po**.sa) [ô] *s.f.* **1.** (*Zoo.*) Designação comum aos insetos lepidópteros noturnos ou crepusculares, com antenas, cujas larvas tecem casulos onde vivem, quando se transformam em ninfas; borboleta noturna. **2.** (*Pop.*) Meretriz.
mariscador (ma.ris.ca.**dor**) [ô] *adj.* Que marisca ou que sabe mariscar; marisqueiro.
mariscar (ma.ris.**car**) *v.t.d. e v.i.* Pegar (mariscos ou crustáceos) à beira-mar.
marisco (ma.**ris**.co) *s.m.* (*Zoo.*) Designação comum a todos os animais invertebrados marinhos que podem servir de alimento ao homem; em sentido restrito, designa apenas os moluscos e crustáceos (lagosta, camarão, mexilhão, amêijoa etc.).
marisma (ma.**ris**.ma) *s.f.* Terreno alagadiço à beira de mar ou rio.
marisqueiro (ma.ris.**quei**.ro) *adj.* Que marisca; mariscador.
marista (ma.**ris**.ta) *s.2g.* **1.** Religioso da Congregação dos Maristas, consagrada ao ensino e fundada em 1817 por Marcellin Champagnat (1789-1840), eclesiástico francês. *adj.2g.* **2.** Relativo aos maristas.
maritaca (ma.ri.**ta**.ca) *s.f.* (*Zoo.*) Ave de corpo atarracado, cauda curta e voz estridente, semelhante ao papagaio, encontrada principalmente em São Paulo e Minas Gerais, em extinção; maitaca.
marital (ma.ri.**tal**) *adj.2g.* Relativo a marido ou ao matrimônio; conjugal.
mariticida (ma.ri.ti.**ci**.da) *s.f.* Mulher que mata o marido.
mariticídio (ma.ri.ti.**cí**.di.o) *s.m.* Crime que a mulher comete ao matar o marido.
marítimo (ma.**rí**.ti.mo) *adj.* Relativo ao mar ou à marinha.
marketing [inglês: "márquetim"] *s.m.* **1.** Propaganda, publicidade; conjunto de estratégias de

venda. **2.** Pesquisa para desenvolver produtos adequados ao mercado; mercadologia.

marmanjão (mar.man.**jão**) s.m. **1.** Homem abrutalhado. **2.** Moço corpulento; rapagão.

marmanjo (mar.**man**.jo) s.m. Homem adulto.

marmelada (mar.me.**la**.da) s.f. **1.** (Culin.) Doce de marmelo. **2.** (Culin.) Doce de marmelo com chuchu, vendido como sendo feito somente de marmelo. **3.** (Fig.) Enganação, trapaça, tramoia: *fizeram marmelada no sorteio; aquilo foi marmelada*.

marmeleiral (mar.me.lei.**ral**) s.m. Campo ou bosque de marmelos; plantação de marmelo.

marmeleiro (mar.me.**lei**.ro) s.m. (Bot.) Árvore com ramos em forma de longas varas flexíveis, que dá o marmelo.

marmelo (mar.**me**.lo) [é] s.m. (Bot.) Fruta semelhante à maçã, carnosa e de sabor ácido, usada para fazer doce.

marmita (mar.**mi**.ta) s.f. **1.** Panela de alumínio ou outro metal com tampa geralmente hermética, para evitar que o alimento se esfrie. **2.** Vasilha em que se leva a refeição individual para o local de trabalho ou estudo e que pode ser aquecida.

marmiteiro (mar.mi.**tei**.ro) s.m. **1.** Funcionário encarregado da entrega domiciliar de marmitas com comida fornecida por pensões ou cozinha especializada. **2.** Operário que, no trabalho, come de sua marmita.

marmoraria (mar.mo.ra.**ri**.a) s.f. Estabelecimento ou oficina onde se fazem trabalhos em mármore.

mármore (**már**.mo.re) s.m. (Min.) Calcário duro e compacto, branco, rosa etc. e que se pode polir, muito usado em pias, pisos nobres e esculturas.

marmorear (mar.mo.re.**ar**) v.t.d. Dar a aparência de mármore a.

marmoreiro (mar.mo.**rei**.ro) s.m. Marmorista.

marmóreo (mar.**mó**.re.o) adj. Semelhante ou relativo ao mármore; feito de mármore.

marmorista (mar.mo.**ris**.ta) s.2g. **1.** Serrador ou polidor de mármore; marmoreiro. **2.** Escultor que trabalha com mármore.

marmorização (mar.mo.ri.za.**ção**) s.f. **1.** Transformação do calcário em mármore. **2.** (Med.) Estado patológico de um órgão cuja superfície externa toma o aspecto do mármore, apresentando-se com raias e veias que imitam essa rocha.

marmorizado (mar.mo.ri.**za**.do) adj. Transformado em mármore; que tem a aparência, a cor, ou a brancura do mármore.

marmorizar (mar.mo.ri.**zar**) v.t.d. Transformar em mármore; dar o aspecto de mármore.

marmota (mar.**mo**.ta) [ó] s.f. (Zoo.) Pequeno roedor.

marnota (mar.**no**.ta) [ó] s.f. **1.** Porção baixa de terra que pode ser alagada pela água do mar ou de um rio. **2.** Parte da salina onde é acumulada a água para o fabrico do sal.

marnoteiro (mar.no.**tei**.ro) s.m. **1.** Marnoto. adj. **2.** Relativo às salinas.

marnoto (mar.**no**.to) [ô] s.m. Pessoa que trabalha nas salinas; marnoteiro.

marola (ma.**ro**.la) [ó] s.f. Ondulação na superfície do mar.

maromba (ma.**rom**.ba) s.f. **1.** Vara comprida que os equilibristas usam para andar na corda bamba. **2.** (Gír.) Levantamento de pesos; musculação. **3.** Balsa improvisada para passar gado sobre o rio.

marombado (ma.rom.**ba**.do) adj. (Gír.) Musculoso, malhado, sarado.

marombeiro (ma.rom.**bei**.ro) s.m. (Gír.) Pessoa que faz levantamento de pesos, para ficar musculosa.

maronita (ma.ro.**ni**.ta) adj.2g. (Relig.) Pertencente à Igreja Maronita: igreja cristã fundada por São Maron no final do século IV, que segue o rito oriental.

marosca (ma.**ros**.ca) [ó] s.f. Trapaça, ardil, logro.

marotagem (ma.ro.**ta**.gem) s.f. Multidão de espertos ou marotos.

maroteira (ma.ro.**tei**.ra) s.f. Atitude de maroto; esperteza; patifaria; malandragem.

maroto (ma.**ro**.to) [ô] adj. **1.** Ladino; esperto; brejeiro. **2.** Velhaco; tratante; malandro; patife.

marquês (mar.**quês**) s.m. **1.** Título de nobreza inferior a duque e superior a conde, que se acompanha de um marquesado. **2.** Pessoa que tem esse título.

marquesa (mar.**que**.sa) [ê] s.f. **1.** Senhora que tem um marquesado. **2.** Mulher de marquês. **3.** Tipo de banco sem encosto.

marquesado (mar.que.**sa**.do) s.m. Cargo ou dignidade de marquês.

marquise (mar.**qui**.se) s.f. (Const.) Laje saliente; alpendre ou cobertura saliente, na parte externa de um edifício.

marra (**mar**.ra) s.f. **1.** Martelo de ferro grande e pesado próprio para arrebentar pedras; marrão. **2.** Rego ou valeta ao lado do caminho. Na marra: à força, por coação.

marrada (mar.**ra**.da) s.f. Ato de marrar.

marrafa (mar.**ra**.fa) s.f. (Folc.) Dança de par do litoral sudeste, semelhante à quadrilha.

marrão (mar.**rão**) s.m. **1.** Pequeno porco desmamado. **2.** Grande martelo de ferro com que se quebram pedras; marra.

marrar (mar.**rar**) v.i. **1.** Bater com força, como se faz com uma marra ou martelo grande. **2.** Encontrar-se ou topar de frente com alguma coisa; defrontar; deparar. **3.** Arremeter (o gado) com o chifre. **4.** Bater com o marrão.

marreco (mar.**re**.co) [é] s.m. (Zoo.) Ave pouco menor que o pato.

marreta (mar.**re**.ta) [ê] s.f. **1.** Marrão pequeno, de cabo comprido. **2.** Cacete grande.

marretada (mar.re.**ta**.da) s.f. Batida com marreta; pancada de marreta.

marretar (mar.re.**tar**) v.t.d. **1.** Bater com uma marreta. **2.** (Pop.) Fazer um serviço de qualquer forma, sem capricho.

marreteiro (mar.re.**tei**.ro) s.m. **1.** Operário braçal que trabalha usando marreta. **2.** (Pop.) Camelô; vendedor ambulante.

marroada (mar.ro.**a**.da) s.f. Batida ou pancada com marrão.

marrom (mar.**rom**) s.m. e adj.2g. (Tom) castanho.
marroquim (mar.ro.**quim**) s.m. Pele de cabra ou de bode, tingida do lado da flor e já preparada para artefatos, como se faz no Marrocos.
marroquino (mar.ro.**qui**.no) adj. **1.** Do Marrocos, país da África. s.m. **2.** Pessoa natural ou habitante desse lugar.
marruá (mar.ru.**á**) s.m. e adj.2g. **1.** (Novilho ou boi) que fugiu para o mato, pouco domesticado: *o vaqueiro foi buscar um (boi) marruá perto do rio*. **2.** Indivíduo desajeitado ou grosseiro, inexperiente; calouro.
marrueiro (mar.ru.**ei**.ro) s.m. Domador de touros ou marruás.
marselhês (mar.se.**lhês**) adj. De Marselha, região da França.
marshmallow [inglês: "marximélou"] s.m. Massa de açúcar com consistência de esponja ou geleia, consumida como doce ou cobertura de sorvete, muito popular nos EUA.
marsupial (mar.su.pi.**al**) adj.2g. **1.** Relativo a marsúpio, que tem marsúpio. s.m. **2.** (Zoo.) Animal como o gambá e o canguru, cuja fêmea amamenta e protege os filhotes em uma bolsa na barriga, chamada marsúpio.
marsúpio (mar.**sú**.pi.o) s.m. Bolsa no ventre da fêmea de alguns mamíferos como o canguru e os gambás, onde os filhotes são amamentados e protegidos.
marta (mar.ta) s.f. (Zoo.) Animal silvestre mustelídeo europeu, de pelo castanho ou avermelhado muito macio, caçado para fazer casaco, e parente da doninha.
Marte (mar.te) s.m. (próprio) **1.** (*Astron.*) O quarto planeta em ordem de afastamento do Sol e o único do sistema solar que apresenta aspectos e características análogos aos da Terra; o planeta vermelho. **2.** (Mit.) O deus da guerra, entre os antigos romanos.
martelação (mar.te.la.**ção**) s.f. **1.** Ação de martelar. **2.** (Fig.) Repetição desagradável.
martelada (mar.te.**la**.da) s.f. Pancada com martelo.
martelado (mar.te.**la**.do) adj. Batido com martelo.
martelador (mar.te.la.**dor**) [ô] s.m. e adj. (Aquele) que usa o martelo.
martelar (mar.te.**lar**) v.t.d. **1.** Bater seguidamente com o martelo. **2.** (Fig.) Insistir; teimar, tentar persuadir. **3.** Fazer soar: *o relógio martela as horas*.
martelo (mar.**te**.lo) [é] s.m. **1.** Instrumento para bater pregos, folhas de metal etc., em geral de ferro e de uso manual. **2.** Pequeno malho usado por juízes e leiloeiros. **3.** (*Folc.*) Verso de dez sílabas, usado pelos cantadores do Nordeste em desafios e cantorias.
martim-pescador (mar.tim-pes.ca.**dor**) [ô] s.m. (Zoo.) Ave dos rios e lagos do Brasil, azul ou verde-metálica, que só se alimenta de peixes. ▫ Pl. *martins-pescadores*.
martinete (mar.ti.**ne**.te) [ê] s.m. **1.** Martelo grande e pesado, movido por água ou vapor e utilizado para distender barras de ferro e malhar a frio o ferro ou o aço. (Zoo.) **2.** Ave semelhante ao gavião. **3.** Ave da Europa e Ásia semelhante à andorinha.
martinicano (mar.ti.ni.**ca**.no) adj. **1.** Da Martinica, país da América Central. s.m. **2.** Pessoa natural ou habitante desse lugar.
mártir (**már**.tir) s.2g. **1.** Pessoa que sofreu tormentos, torturas ou a morte por sustentar a fé cristã. **2.** (P. ext.) Quem se sacrifica, sofre ou perde a vida por um ideal.
martírio (mar.**tí**.ri.o) s.m. Sofrimento ou suplício de mártir.
martirizado (mar.ti.ri.**za**.do) adj. Atormentado; torturado; supliciado; sacrificado.
martirizante (mar.ti.ri.**zan**.te) adj.2g. Que martiriza; torturante.
martirizar (mar.ti.ri.**zar**) v.t.d. **1.** Torturar; supliciar; atormentar. v.p. **2.** Mortificar-se; afligir-se.
martirológio (mar.ti.ro.**ló**.gi.o) s.m. Lista dos mártires, com a narração dos seus martírios.
marubo (ma.**ru**.bo) s.2g. **1.** Indivíduo dos marubos, povo indígena que vive hoje no Amazonas. adj.2g. **2.** Relacionado a esse povo. s.m. **3.** Idioma falado por esse povo.
maruja (ma.**ru**.ja) s.f. O conjunto dos marinheiros; marinhagem.
marujada (ma.ru.**ja**.da) s.f. **1.** Grupo de marujos ou marinheiros. (Folc.) **2.** Dança em que homens e mulheres ficam em fila, segurando bastões, e dramatizam as lutas contra os árabes na península Ibérica; chegança de marujos, fandango. **3.** Festa paraense em homenagem a São Benedito, em que as mulheres dançam o retumbão, com acompanhamento de percussão feito por homens.
marujo (ma.**ru**.jo) s.m. Marinheiro.
marulhar (ma.ru.**lhar**) v.i. **1.** Formar ondas, agitando o mar. **2.** Imitar o ruído das ondas.
marulheiro (ma.ru.**lhei**.ro) adj. Diz-se de vento que provoca marulho.
marulho (ma.**ru**.lho) s.m. Barulho do mar; ruído causado pela agitação das ondas do mar; tumulto; movimento do mar.
marxismo (mar.**xis**.mo) [cs] s.m. (Filos.) Doutrina política, econômica e filosófica desenvolvida por Karl Marx e Friedrich Engels no século XIX.
marxista (mar.**xis**.ta) [cs] adj.2g. **1.** Relativo ao marxismo. s.2g. e adj.2g. **2.** (Pessoa) que é adepta do marxismo.
marzipã (mar.zi.**pã**) s.m. (Culin.) Massa doce de amêndoas, que pode ser colorida e moldada em formatos variados; maçapão.
mas conj. Exprime oposição ou restrição; porém; todavia; entretanto; no entanto; contudo.
mascado (mas.**ca**.do) adj. Mastigado.
mascar (mas.**car**) v.t.d. Mastigar sem engolir.
máscara (**más**.ca.ra) s.f. **1.** Objeto de papelão, pano etc., que representa uma cara, ou parte dela e é destinado a cobrir o rosto, para disfarçar a pessoa que o põe. **2.** Equipamento de borracha com viseira de vidro, destinado a proteger os olhos e o nariz

dos mergulhadores. **3.** (*Med.*) Peça retangular, de pano ou de outro material, destinada a cobrir boca e nariz de médicos, como proteção de certas doenças infecciosas. **4.** Camada de creme, pasta ou qualquer cosmético, a qual se aplica ao rosto, com as mais variadas finalidades.
mascarada (mas.ca.**ra**.da) *s.f.* **1.** Grupo de pessoas com máscara. **2.** Festa de que participam pessoas mascaradas; baile de máscaras.
mascarado (mas.ca.**ra**.do) *s.m. e adj.* **1.** (Pessoa) que está disfarçada com máscara: *foliões mascarados*. *adj.* **2.** Disfarçado, fingido, camuflado: *um choro mascarado de riso*.
mascarar (mas.ca.**rar**) *v.p.* **1.** Disfarçar-se com máscara; colocar uma máscara. *v.t.d.* **2.** Disfarçar; dissimular.
mascataria (mas.ca.ta.**ri**.a) *s.f.* Profissão de mascate; mascateagem.
mascate (mas.**ca**.te) *s.m.* Antigo mercador ambulante que percorria as ruas e estradas para vender objetos manufaturados, panos, joias etc.; hoje em dia, geralmente são fixos e conhecidos como camelôs ou marreteiros.
mascateação (mas.ca.te.a.**ção**) *s.f.* Ação de mascatear; mascateagem.
mascateagem (mas.ca.te.**a**.gem) *s.f.* Mascateação.
mascatear (mas.ca.te.**ar**) *v.i.* Exercer a profissão de mascate (camelô ou marreteiro); vender (mercadorias) pelas ruas.
mascavado (mas.ca.**va**.do) *adj.* **1.** Mascavo. **2.** (*Fig.*) Bruto, impuro.
mascavar (mas.ca.**var**) *v.t.d.* **1.** Falsificar; adulterar. **2.** Pronunciar ou escrever em linguagem cheia de erros, impura.
mascavo (mas.**ca**.vo) *adj.* Açúcar mascavo, açúcar que não foi refinado; açúcar mascavado.
mascote (mas.**co**.te) [ó] *s.2g.* Pessoa, animal ou coisa a que se atribui o dom de dar sorte, de trazer felicidade.
masculinidade (mas.cu.li.ni.**da**.de) *s.f.* Qualidade de masculino ou de másculo; virilidade.
masculinizado (mas.cu.li.ni.**za**.do) *adj.* Que tem aparência ou modos masculinos.
masculinizar (mas.cu.li.ni.**zar**) *v.t.d.* **1.** Dar aparência masculina a. *v.p.* **2.** Tornar-se masculino; masculinizar-se.
masculino (mas.cu.**li**.no) *adj.* **1.** Que é do sexo dos animais machos; macho. **2.** Relativo a macho; másculo; viril. **3.** (*Gram.*) Diz-se do vocábulo que, pela terminação e por sua concordância, designa seres masculinos ou que como tal são considerados.
másculo (**más**.cu.lo) *adj.* **1.** Relativo ao homem ou ao animal macho. **2.** Que é próprio de macho; forte; viril.
masmorra (mas.**mor**.ra) [ô] *s.f.* **1.** Prisão subterrânea; lugar nos castelos medievais onde prisioneiros eram tratados com crueldade. **2.** (*Fig.*) Aposento frio e triste; lugar sombrio.
masoquismo (ma.so.**quis**.mo) *s.m.* **1.** Perversão sexual em que a pessoa só tem prazer ao ser maltratada física ou moralmente. **2.** (*Psi.*) Prazer com o próprio sofrimento.
masoquista (ma.so.**quis**.ta) *s.2g. e adj.2g.* **1.** (Pessoa) que se deleita com o próprio sofrimento, que gosta de sofrer. *adj.2g.* **2.** Relativo ao masoquismo: *práticas masoquistas*.
massa (**mas**.sa) *s.f.* **1.** Quantidade mais ou menos considerável de matéria sólida ou pastosa, em geral de forma indefinida. **2.** Turba; multidão. **3.** Alimento de origem italiana, feito basicamente de farinha de trigo e ovos. **4.** Cérebro; inteligência (massa cinzenta). **5.** (*Fís.*) Grandeza que indica a quantidade de matéria que constitui um corpo, medida por quilogramas. **6.** (*Gír.*) Legal.
massacrado (mas.sa.**cra**.do) *adj.* **1.** Que sofreu massacre ou chacina; torturado, esmagado. **2.** Cansado; fatigado; estafado.
massacrar (mas.sa.**crar**) *v.t.d.* **1.** Matar cruelmente; chacinar. **2.** (*Fig.*) Cansar (física ou moralmente); fatigar; estafar.
massacre (mas.**sa**.cre) *s.m.* Ato ou efeito de massacrar; carnificina; matança; assassinato; chacina.
massageado (mas.sa.ge.**a**.do) *adj.* Que recebeu massagens.
massagear (mas.sa.ge.**ar**) *v.t.d.* Dar massagens em; fazer massagens.
massagem (mas.**sa**.gem) *s.f.* Compressão metódica do corpo ou de partes musculares dele, para melhorar a circulação ou para que se obtenham outras vantagens terapêuticas.
massagista (mas.sa.**gis**.ta) *s.2g. e adj.2g.* (Terapeuta) que faz massagens.
massapê (mas.sa.**pê**) *s.m.* Solo que contém argila e é de boa qualidade para cultivo de cana-de-açúcar.
masseira (mas.**sei**.ra) *s.f.* Mesa grande, própria para fazer pão; grande tabuleiro, onde se amassa a farinha para fabricar o pão.
masseiro (mas.**sei**.ro) *s.m.* Profissional encarregado de preparar a massa nas padarias.
masseter (mas.se.**ter**) [é] *s.m.* (*Anat.*) Cada um dos dois músculos faciais, que se estendem de cada maxilar superior à metade correspondente da mandíbula.
massificação (mas.si.fi.ca.**ção**) *s.f.* **1.** Ato ou efeito de massificar. **2.** Divulgação.
massificado (mas.si.fi.**ca**.do) *adj.* **1.** Que se massificou. **2.** Divulgado à multidão; comunicado ao povo. **3.** Transmitido.
massificar (mas.si.fi.**car**) *v.t.d.* **1.** Orientar ou influenciar por meio da comunicação de massa, no sentido de transformar as reações e a conduta. **2.** Divulgar; transmitir.
massudo (mas.**su**.do) *adj.* **1.** Que tem muito volume ou massa. **2.** Volumoso; encorpado; espesso; corpulento; grosseiro.
mastaréu (mas.ta.**réu**) *s.m.* (*Náut.*) Mastro suplementar fixado ao mastro real, para aumentar-lhe a altura.
masticatório (mas.ti.ca.**tó**.ri.o) *s.m.* Mastigatório.

mastigação (mas.ti.ga.**ção**) *s.f.* Ato ou efeito de mastigar.
mastigado (mas.ti.**ga**.do) *adj.* **1.** Triturado com os dentes. **2.** (*Fig. Pop.*) Fácil; quase resolvido; facilitado.
mastigador (mas.ti.ga.**dor**) [ô] *adj.* Que mastiga ou tritura.
mastigar (mas.ti.**gar**) *v.t.d.* **1.** Triturar com os dentes, em movimentos seguidos. **2.** (*Fig.*) Pronunciar algo indistintamente; dizer por entre os dentes; resmungar.
mastigatório (mas.ti.ga.**tó**.ri.o) *adj.* **1.** Relacionado a mastigação. *s.m.* **2.** Aquilo que se mastiga para provocar a salivação ou desodorizar a boca; masticatório.
mastim (mas.**tim**) *s.m.* **1.** Cão grande, criado para tomar conta de gado. **2.** (*Fig.*) Pessoa maledicente, difamadora.
mastite (mas.**ti**.te) *s.f.* (*Med.*) Inflamação de mama; mamite.
mastodonte (mas.to.**don**.te) *s.m.* (*Bio.*) Animal semelhante ao elefante, de que só existem fósseis.
mastoide (mas.**toi**.de) [ó] *adj.2g.* (*Med.*) Que tem forma de mama. O mesmo que *mastóideo*.
mastóideo (mas.**tói**.de.o) *adj.* (*Med.*) O mesmo que *mastoide*.
mastoidite (mas.toi.**di**.te) *s.f.* (*Med.*) Inflamação na apófise mastoide.
mastreação (mas.tre.a.**ção**) *s.f.* **1.** Ato ou efeito de mastrear. **2.** O conjunto dos mastros de uma embarcação.
mastrear (mas.tre.**ar**) *v.t.d.* Pôr mastros em (embarcação).
mastro (**mas**.tro) *s.m.* **1.** Haste na qual se iça uma bandeira. **2.** (*Náut.*) Longa peça de madeira ou de ferro, que se ergue acima do convés de uma embarcação, para suster as velas. **3.** (*Folc.*) Longa haste com imagens de santos em uma bandeira, erguida nas festas juninas.
mastruço (mas.**tru**.ço) *s.m.* (*Bot.*) Pequena erva do grupo das crucíferas, que aparece ocasionalmente em canteiros e vasos e tem propriedades medicinais. O mesmo que *mastruz*.
mastruz (mas.**truz**) *s.m.* O mesmo que *mastruço*.
masturbação (mas.tur.ba.**ção**) *s.f.* Ato de masturbar(-se).
masturbar (mas.tur.**bar**) *v.t.d.* **1.** Provocar prazer sexual usando as mãos ou um instrumento. **2.** Agradar (uma parte do corpo) com a mão. *v.p.* **3.** Provocar o prazer sexual em si mesmo.
masúrio (ma.**sú**.ri.o) *s.m.* (*Quím.*) Nome dado por algum tempo ao tecnécio.
mata (**ma**.ta) *s.f.* Terreno onde medram árvores silvestres; floresta; charneca, selva, bosque, mato. (*Geo.*) Mata ciliar: faixa de vegetação ao longo de um curso d'água, de largura variável, geralmente em ambas as margens.
mata-bicho (ma.ta-**bi**.cho) *s.m.* (*Pop.*) Dose de aguardente ou de outra bebida alcoólica. ◘ Pl. *mata-bichos*.

mata-borrão (ma.ta-bor.**rão**) *s.m.* **1.** Papel para absorver tinta ou qualquer outro líquido. **2.** (*Pop.*) Pessoa que bebe muito; bêbado, pinguço, ébrio. ◘ Pl. *mata-borrões*.
mata-burro (ma.ta-**bur**.ro) *s.m.* Ponte com traves espaçadas, destinada a impedir o trânsito de animais. ◘ Pl. *mata-burros*.
matação (ma.ta.**ção**) *s.m.* **1.** Fragmento de rocha cujo diâmetro máximo está compreendido entre 25 cm e 1 m. **2.** Suíças, costeleta ou talhe de barba que deixa o queixo a descoberto.
matado (ma.**ta**.do) *adj.* **1.** Morto; assassinado. **2.** (*Pop.*) Malfeito, mal-acabado: *trabalho matado*. **3.** Diz-se do fruto colhido antes do tempo e amadurecido artificialmente.
matador (ma.ta.**dor**) [ô] *s.m.* **1.** Aquele que mata. **2.** Nas touradas, aquele que mata o touro.
matadouro (ma.ta.**dou**.ro) *s.m.* **1.** Local onde se abatem reses para consumo público. **2.** Lugar hostil ou insalubre.
matagal (ma.ta.**gal**) *s.m.* Terreno coberto de plantas bravas; mato.
matalotagem (ma.ta.lo.**ta**.gem) *s.f.* Provisão de mantimentos para a marinhagem ou para outras pessoas que embarcam.
matalote (ma.ta.**lo**.te) [ó] *s.m.* **1.** Marinheiro; marujo. **2.** Companheiro de viagem no mar. **3.** Companheiro de serviço. **4.** (*Náut.*) Navio que navega próximo de outro, servindo de baliza nas manobras.
mata-mosquito (ma.ta-mos.**qui**.to) *s.m.* Funcionário dos departamentos de higiene e saúde, cuja função é destruir os focos de larvas de mosquitos que infestam as cidades. ◘ Pl. *mata-mosquitos*.
matança (ma.**tan**.ça) *s.f.* **1.** Assassínio de muitas pessoas; morticínio; mortandade; carnificina. **2.** Abatimento de reses para consumo.
matão (ma.**tão**) *adj.* Que executa mal o seu serviço; lambão.
mata-piolho (ma.ta-pi.**o**.lho) [ô] *s.m.* (*Pop.*) O dedo polegar. ◘ Pl. *mata-piolhos*.
matar (ma.**tar**) *v.i.* **1.** Acabar com a vida, causar a morte: *algumas doenças matam*. *v.t.d.* **2.** Tirar a vida de propósito; assassinar: *matar uma pessoa é crime*; *matar uma planta*. **3.** Fazer cessar; extinguir. **4.** (*Pop.*) Fazer mal, depressa, sem capricho: *matou a lição de casa*. **5.** Decifrar, adivinhar: *matou a charada*. **6.** (*Gír.*) Deixar de comparecer; cabular: *matar aula*. **7.** (*Esp.*) Amortecer a bola. *v.p.* **8.** Cansar-se, fatigar-se, exaurir-se.
mata-rato (ma.ta-**ra**.to) *s.m.* **1.** Veneno que mata ratos; raticida. **2.** Bebida de má qualidade. ◘ Pl. *mata-ratos*.
matareú (ma.ta.**réu**) *s.m.* Mato grande, matagal, selva; mataria.
mataria (ma.ta.**ri**.a) *s.f.* Grande extensão de mata ou mato; mataréu.
mate (ma.te) *s.m.* **1.** Bebida feita com a infusão das folhas de erva-mate; chá-mate. **2.** Essas folhas,

preparadas para consumo. **3.** Essa planta; erva-mate. Mate amargo: chimarrão.

mateador (ma.te.a.**dor**) [ô] s.m. e adj. (Folc.) (Pessoa) que gosta muito de tomar mate amargo, ou chimarrão.

mateiro (ma.**tei**.ro) adj. Que guarda matas ou florestas; que explora a erva-mate.

matejar (ma.te.**jar**) v.i. Andar no mato; passar o dia no mato.

matemática (ma.te.**má**.ti.ca) s.f. **1.** Ciência que investiga relações entre entidades definidas abstrata e logicamente. **2.** Disciplina escolar em que são estudados números, cálculos, geometria e outros. **3.** (Fig.) Contas, cálculos.

matemático (ma.te.**má**.ti.co) adj. **1.** Relacionado a matemática ou a números. s.m. **2.** Pessoa que se dedica à matemática.

matéria (ma.**té**.ri.a) s.f. **1.** (Fís.) Qualquer substância sólida, líquida ou gasosa que ocupa lugar no espaço. **2.** Assunto, tema, área. **3.** Disciplina escolar. **4.** Conteúdo passado aos alunos em aula. **5.** Texto publicado em jornal, revista etc.

material (ma.te.ri.**al**) adj.2g. **1.** Pertencente ou relativo à matéria, feito de matéria; concreto, físico. s.m. **2.** Conjunto de substâncias usadas para fazer alguma coisa; matéria-prima: *material de construção, material pedagógico*. **3.** Conjunto de livros, apostilas, lápis, canetas, borrachas, cadernos etc. a ser usado durante uma aula.

materialidade (ma.te.ri.a.li.**da**.de) s.f. **1.** Qualidade do que é material. **2.** Conjunto de sentimentos vis, baixos, vulgares; qualidade de bruto; estupidez. **3.** Ausência de sensibilidade, de finura, de compreensão.

materialismo (ma.te.ri.a.**lis**.mo) s.m. Sistema idealista dos que negam a existência da alma e vivem unicamente para os gozos de bens materiais, em oposição ao espiritualismo.

materialista (ma.te.ri.a.**lis**.ta) adj.2g. **1.** Relativo ao materialismo. s.2g. e adj.2g. **2.** (Aquele) que é partidário do materialismo.

materialização (ma.te.ri.a.li.za.**ção**) s.f. **1.** Ato ou efeito de materializar(-se), de tornar-se material ou corpóreo. **2.** (Fís.) Transformação de energia em matéria.

materializado (ma.te.ri.a.li.**za**.do) adj. **1.** Tornado consistente; que tomou forma. **2.** Que passou a ter uma forma palpável. **3.** Real; concretizado; realizado; acontecido.

materializar (ma.te.ri.a.li.**zar**) v.t.d. **1.** Tornar consistente. **2.** Embrutecer. v.p. **3.** (Relig.) Manifestar-se (o espírito) por materialização.

matéria-prima (ma.té.ri.a-**pri**.ma) s.f. Substância, matéria com que se faz alguma coisa: *a matéria-prima do pão é a farinha*. ▫ Pl. *matérias-primas*.

maternal (ma.ter.**nal**) adj.2g. **1.** Próprio de mãe; materno. s.m. **2.** Antigo nome de um curso pré-escolar, para crianças com menos de cinco anos de idade.

maternidade (ma.ter.ni.**da**.de) s.f. **1.** Qualidade ou condição de mãe. **2.** Laço de parentesco que une a mãe ao filho. **3.** Hospital, ou setor hospitalar, para mulheres no último período de gravidez.

materno (ma.**ter**.no) adj. Relativo a mãe; maternal: *cuidados maternos*.

matetê (ma.te.**tê**) s.m. (Culin.) (PE) Mingau salgado, ou caldo gordo temperado e engrossado com farinha.

matilha (ma.**ti**.lha) s.f. **1.** Grupo de cães de caça ou de animais ferozes. **2.** (Fig.) Bando de vadios; corja; súcia; malta.

matina (ma.**ti**.na) s.f. (Pop.) Manhã, parte do dia entre o nascer do sol e o meio-dia.

matinada (ma.ti.**na**.da) s.f. (Raro) **1.** Madrugada; alvorada; matina. **2.** Ruído forte; algazarra; vozearia pela manhã.

matinal (ma.ti.**nal**) adj.2g. **1.** Relativo a manhã; matutino; madrugador. s.m. **2.** Produto consumido no café da manhã, como achocolatados e cereais.

matinê (ma.ti.**nê**) s.f. Apresentação, festa ou espetáculo realizado à tarde; vesperal.

matintapereira (ma.tin.ta.pe.**rei**.ra) s.f. (Zoo. Folc.) Coruja pequena, considerada agourenta e associada ao saci-pererê; matitaperê.

matipu (ma.ti.**pu**) s.2g. **1.** Indivíduo dos matipus, povo indígena que vive hoje no Mato Grosso. adj.2g. **2.** Relacionado a esse povo.

matis (ma.**tis**) s.2g.2n. **1.** Indivíduo dos matis, povo indígena que vive hoje no Amazonas. adj.2g.2n. **2.** Relacionado a esse povo. ▫ Pl. *matis*. Cf. *matiz*.

matitaperê (ma.ti.ta.pe.**rê**) s.f. Matintapereira.

matiz (ma.**tiz**) s.m. Combinação de cores diversas; gradação de cores. Cf. *matis*.

matizar (ma.ti.**zar**) v.t.d. Dar diferentes gradações ou nuanças às cores.

mato (**ma**.to) s.m. **1.** Terreno onde crescem plantas naturais da região, que não foi cultivado; brenha, mata, selva: *a capivara vive no mato*. **2.** Planta, erva que cresce espontaneamente: *o jardim estava cheio de mato*. (Pop.) Ficar no mato sem cachorro: ficar em situação difícil, embaraçosa, sem ajuda.

mato-grossense (ma.to-gros.**sen**.se) adj.2g. **1.** Do Mato Grosso, estado brasileiro. s.2g. **2.** Pessoa natural ou habitante desse lugar. ▫ Pl. *mato-grossenses*.

mato-grossense-do-sul (ma.to-gros.sen.se-do-**sul**) s.2g. e adj.2g. Sul-mato-grossense. ▫ Pl. *mato-grossenses-do-sul*.

matoso (ma.**to**.so) [ô] adj. Coberto de mato; onde há mato. ▫ Pl. *matosos* [ó].

matraca (ma.**tra**.ca) s.f. **1.** (Mús.) Instrumento de percussão formado por tabuinhas movediças que, ao serem agitadas, produzem uma sucessão de estalos secos. **2.** (Fig.) Pessoa loquaz, que fala muito; tagarela. **3.** (Zoo.) Ave semelhante ao martim-pescador.

matracar (ma.tra.**car**) v.i. **1.** Insistir em alguma coisa muito repetidamente. **2.** Falar muito, matraqueando.

matraqueado (ma.tra.que.**a**.do) *adj.* **1.** Experiente; experimentado; matreiro. *s.m.* **2.** Ruído de matraca ou semelhante ao de matraca.
matraqueador (ma.tra.que.a.**dor**) [ô] *s.m. e adj.* (Aquele) que matraqueia.
matraquear (ma.tra.que.**ar**) *v.i.* Matracar; falar sem parar.
matraz (ma.**traz**) *s.m.* (*Quím.*) Balão de vidro, de fundo chato, cujo colo pode ser fechado e que permite efetuar reações sob pressão e temperaturas inferiores a 100 graus.
matreiro (ma.**trei**.ro) *adj.* Experiente; astuto; sabido.
matriarca (ma.tri.**ar**.ca) *s.f.* **1.** Mulher que lidera um grupo familiar grande, de maneira mais ou menos autoritária. **2.** Mulher que concentra muito poder em sua família. ▫ Masc. *patriarca*.
matriarcado (ma.tri.ar.**ca**.do) *s.m.* Ordem ou regime de organização social caracterizado pela preponderância da autoridade materna ou feminina.
matriarcal (ma.tri.ar.**cal**) *adj.2g.* Referente ou relativo a matriarca ou a matriarcado.
matricida (ma.tri.**ci**.da) *s.2g.* Pessoa que matou a própria mãe.
matricídio (ma.tri.**cí**.di.o) *s.m.* Crime de matar a própria mãe.
matrícula (ma.**trí**.cu.la) *s.f.* **1.** Ato ou efeito de matricular(-se); inscrição; registro. **2.** Taxa que se paga no ato da inscrição.
matriculado (ma.tri.cu.**la**.do) *adj.* Que se matriculou; inscrito; registrado; alistado.
matricular (ma.tri.cu.**lar**) *v.t.d. e v.p.* Inscrever(-se) nos registros de matrícula; alistar(-se).
matrilinear (ma.tri.li.ne.**ar**) *adj.2g.* Estabelecido pela linhagem ou descendência materna. Cf. *patrilinear*.
matrimonial (ma.tri.mo.ni.**al**) *adj.2g.* Relativo ao matrimônio; conjugal.
matrimônio (ma.tri.**mô**.ni.o) *s.m.* União, laço conjugal registrado em cartório ou instituição religiosa; casamento.
mátrio (**má**.tri.o) *adj.* Pertencente à mãe.
matriz (ma.**triz**) *s.f.* **1.** Fonte; origem; base. **2.** Manancial; nascente; fonte. **3.** Molde para a fundição de qualquer peça. **4.** (*Anat.*) Útero. **5.** (*Zoo.*) Animal reprodutor.
matrona (ma.**tro**.na) [ô] *s.f.* Mulher respeitada pela idade e por seu procedimento.
matronal (ma.tro.**nal**) *adj.2g.* Relativo a matrona.
matuiú (ma.tui.**ú**) *s.m.* (*Folc.*) Indígena de um povo amazônico lendário, que teria os pés invertidos, com os calcanhares para a frente, semelhante ao curupira.
matula (ma.**tu**.la) *s.f.* **1.** Multidão de gente ordinária ou de vadios; súcia; corja; matulagem. **2.** Bolsa com provisões para viagem; farnel.
matulagem (ma.tu.**la**.gem) *s.f.* Vida de vadios ou matula; vadiagem.
matungo (ma.**tun**.go) *s.m.* (*Folc.*) **1.** Instrumento musical formado por uma cuia com ponteiros de ferro. **2.** Cavalo comum, sem grandes qualidades. **3.** Cavalo velho e muito lento.
maturação (ma.tu.ra.**ção**) *s.f.* Ato ou efeito de maturar; amadurecimento.
maturado (ma.tu.**ra**.do) *adj.* Amadurecido; sazonado.
maturar (ma.tu.**rar**) *v.i.* Amadurecer; sazonar.
maturidade (ma.tu.ri.**da**.de) *s.f.* Amadurecimento.
maturrango (ma.tur.**ran**.go) *s.m. e adj.* (Pessoa) que monta mal.
matusalém (ma.tu.sa.**lém**) *s.m.* Indivíduo muito idoso; ancião, macróbio).
matusalêmico (ma.tu.sa.**lê**.mi.co) *adj.* Longevo; muito idoso.
matutagem (ma.tu.**ta**.gem) *s.f.* Matutice.
matutar (ma.tu.**tar**) *v.i.* **1.** Pensar ou refletir; cismar, ruminar. *v.t.d.* **2.** Planejar, pretender: *matutou um jeito de pegar a fruta no alto da árvore*.
matutice (ma.tu.**ti**.ce) *s.f.* Aparência, modos ou ação de matuto; matutagem.
matutino (ma.tu.**ti**.no) *adj.* **1.** Relativo à manhã; matinal. *s.m.* **2.** Jornal da manhã.
matuto (ma.**tu**.to) *s.m. e adj.* **1.** (Aquele) que vive no mato ou na roça; caipira. *adj.* **2.** (*Pej.*) Ignorante, grosseiro, mal-educado.
mau *adj.* **1.** Que não é bom; que faz mal, que causa prejuízo ou moléstia; ruim: *maus hábitos, mau comportamento*. **2.** Irregular, desigual, imperfeito: *má distribuição de renda*. **3.** De qualidade ruim; inferior: *maus serviços*. **4.** Triste, nefasto, funesto: *más notícias*. **5.** Malvado, cruel: *uma menina má bateu no gato*. **6.** Que não cumpre seus deveres: *mau motorista, mau aluno*. **7.** Rude, áspero, grosseiro: *mau humor, mau gênio*. **8.** Desagradável, ruim: *mau tempo, mau gosto*. *s.m.* **9.** Pessoa que pratica o mal, pessoa de caráter ou índole ruim; malvado: *os maus foram punidos no fim do filme*. *interj.* **10.** Exprime desapontamento ou desaprovação. Cf. *mal, maus-tratos, má-fé*.
mau-caráter (mau-ca.**rá**.ter) *s.m. e adj.2g.* (Aquele) que possui má índole e nenhum escrúpulo. ▫ Pl. *maus-caráteres*.
mau-caratismo (mau-ca.ra.**tis**.mo) *s.m.* Qualidade ou condição de quem é mau-caráter, apresenta má índole, falta de escrúpulo.
maué (mau.**é**) *s.2g.* **1.** Indivíduo dos maués, povo indígena que vive hoje no Amazonas. *adj.2g.* **2.** Relacionado a esse povo.
mau-olhado (mau-o.**lha**.do) *s.m.* (*Folc.*) Influência negativa e maléfica causada pelo olhar de certas pessoas ou pela inveja; olho gordo, quebranto. ▫ Pl. *maus-olhados*.
mauriciano (mau.ri.ci.**a**.no) *adj.* **1.** Da Maurícia, país da África. *s.m.* **2.** Pessoa natural ou habitante desse lugar.
mauritano (mau.ri.**ta**.no) *adj.* **1.** Da Mauritânia, país da África. *s.m.* **2.** Pessoa natural ou habitante desse lugar.

máuser (máu.ser) s.f. **1.** Fuzil usado pelo exército alemão até 1945. **2.** Pistola automática pequena. Obs.: do nome do inventor e primeiro fabricante.

mausoléu (mau.so.léu) s.m. **1.** Sepulcro de Mausolo (rei da Cária, no século IV a.C.), em Halicarnasso, tido como uma das sete maravilhas do mundo antigo. **2.** Qualquer sepultura suntuosa.

maus-tratos (maus-tra.tos) s.m.pl. (Dir.) Crime de humilhar, agredir ou negar alimentos a quem está sob seus cuidados.

maviosidade (ma.vi.o.si.da.de) s.f. Qualidade de mavioso; sonoridade; harmonia.

mavioso (ma.vi.o.so) [ô] adj. **1.** Brando; suave; doce; harmonioso. **2.** Que enternece ou comove; enternecedor. ◙ Pl. *maviosos* [ó].

maxacali (ma.xa.ca.li) s.2g. **1.** Indivíduo dos maxacalis, povo indígena que vive hoje em Minas Gerais. adj.2g. **2.** Relacinado a esse povo. s.m. **3.** Idioma falado por esse povo.

maxambomba (ma.xam.bom.ba) s.f. (PE) Pequena locomotiva a vapor, sem cobertura.

maxidesvalorização (ma.xi.des.va.lo.ri.za.ção) [cs] s.f. (Econ.) Desvalorização substancial de uma moeda em relação a outra.

maxidesvalorizado (ma.xi.des.va.lo.ri.za.do) [cs] adj. Muito desvalorizado.

maxidesvalorizar (ma.xi.des.va.lo.ri.zar) [cs] v.t.d. Desvalorizar demais a moeda corrente de um país de uma só vez.

maxila (ma.xi.la) [cs] s.f. **1.** Queixo, mandíbula. **2.** (Anat.) Cada um dos ossos em que se implantam os dentes. **3.** (Zoo.) Nos insetos e artrópodes, cada um dos dois apêndices articulados situados atrás das mandíbulas.

maxilar (ma.xi.lar) [cs] adj.2g. **1.** Relativo à maxila. s.m. **2.** (Anat.) Cada um dos três ossos da face.

maxilite (ma.xi.li.te) [cs] s.f. (Med.) Inflamação de maxila.

máxima (má.xi.ma) s.f. **1.** Princípio básico e indiscutível de ciência ou arte; provérbio; axioma. **2.** Sentença moral. **3.** Conceito; aforismo; pensamento.

máxime (má.xi.me) adv. (Raro) Principalmente, especialmente: *a população, máxime os atingidos pelas cheias, pedia providências ao governo*.

maximizar (ma.xi.mi.zar) [cs] v.t.d. Aumentar; elevar ao máximo.

máximo (má.xi.mo) adj. **1.** Maior que todos; que está acima de todos. **2.** Absoluto; rigoroso; estrito; mais alto; ainda maior.

maxixar (ma.xi.xar) v.i. Dançar o maxixe.

maxixe (ma.xi.xe) s.m. **1.** (Bot.) O fruto do maxixeiro. **2.** (Folc.) Dança de salão, de par unido, originária da cidade do Rio de Janeiro, onde apareceu entre 1870 e 1880, com influências da polca e ritmos centro-americanos. **3.** (Mús.) Gênero quase sempre instrumental que acompanhava essa dança, com uma adaptação do ritmo sincopado africano.

maxixeiro (ma.xi.xei.ro) s.m. **1.** (Bot.) Planta hortense do grupo da abobrinha, de origem africana, que dá o maxixe. s.m. e adj. **2.** (O) que dança ou gosta de dançar o maxixe.

mazela (ma.ze.la) [é] s.f. Ferida ou enfermidade.

mazelar (ma.ze.lar) v.t.d. **1.** Encher de mazelas ou chagas; ferir, machucar. **2.** Afligir; atormentar. v.p. **3.** Condoer-se; amargurar-se.

mazelento (ma.ze.len.to) adj. Cheio de mazelas ou chagas; ferido.

mazombo (ma.zom.bo) s.m. (Ant.) No período colonial, filho de portugueses ou outros europeus nascido no Brasil.

mazurca (ma.zur.ca) s.f. (Folc.) Dança e canção popular de origem polonesa, em compasso ternário, que foi dança de salão no Brasil do século XIX.

Mb Símbolo de *megabit*.

MB Símbolo de *megabyte*.

mbiá s.2g. e adj.2g. O mesmo que *guarani-mbiá*.

Mbps Símbolo de *megabit* por segundo.

Md Símbolo do elemento químico mendelévio.

MDS Sigla da expressão *meu Deus*. É usada para expressar sentimentos como espanto, surpresa, reprovação etc.

me pron. Forma oblíqua do pronome pessoal "eu", usada como objeto direto e objeto indireto. Cf. *mi*. Obs.: suas formas tônicas são *mim* e *comigo*.

mê s.m. Nome da letra M.

meação (me.a.ção) s.f. Divisão de uma parede ou de um muro em duas partes iguais, cada uma delas pertencente a um proprietário.

meada (me.a.da) s.f. Porção de fios enrolados.

meado (me.a.do) adj. Chegado ao meio ou próximo do meio.

meados (me.a.dos) s.m.pl. Dias, meses ou anos que estão no meio de um mês, ano ou século: *meados de julho*; *meados dos anos 1960*; *meados do século XX*.

mealheiro (me.a.lhei.ro) s.m. Cofrinho ou caixinha com uma fenda, por onde se põe dinheiro a juntar.

meandro (me.an.dro) s.m. Sinuosidade; complicação; dificuldade.

meão (me.ão) s.m. e adj. (Aquele) que está no meio; intermediário.

mear (me.ar) v.t.d. **1.** Dividir ou partir ao meio. v.i. e v.p. **2.** Chegar à metade.

mebengocre (me.ben.go.cre) [ô] s.2g. **1.** Indivíduo dos mebengocres, povo indígena do grupo caiapó, que vive hoje na Amazônia. adj.2g. **2.** Relacionado a esse povo. s.m. **3.** Idioma falado por esse povo.

meato (me.a.to) s.m. Abertura, orifício, caminho, via, conduto.

mec adj. (Gír.) Ficar tranquilo, suave. Obs.: esta palavra não consta no *Volp*.

MEC **1.** Sigla de *Ministério da Educação*. **2.** Órgão do Governo Federal responsável por regular as políticas públicas de educação e por fiscalizar a qualidade de ensino das instituições do país.

mecânica (me.câ.ni.ca) s.f. **1.** (Fís.) Parte da física que investiga os movimentos e as forças que os provocam. **2.** Obra, atividade ou teoria que trata de tal ciência. **3.** O conjunto das leis do movimento.

4. Atividade que estuda, constrói ou conserta máquinas e motores.
mecanicismo (me.ca.ni.**cis**.mo) s.m. (*Filos.*) Doutrina filosófica para a qual determinado conjunto de fenômenos (ou mesmo toda a natureza) reduz-se a um sistema de determinações mecânicas.
mecanicista (me.ca.ni.**cis**.ta) adj.2g. Adepto ou relativo ao mecanicismo.
mecânico (me.**câ**.ni.co) adj. **1.** Pertencente ou relativo à mecânica. **2.** Executado por máquina ou mecanismo. s.m. **3.** Profissional da mecânica; trabalhador que lida com conserto, limpeza e com a conservação de motores.
mecanismo (me.ca.**nis**.mo) s.m. Conjunto de partes ou peças que formam uma máquina ou motor; maquinismo.
mecanização (me.ca.ni.za.**ção**) s.f. Ação ou efeito de mecanizar.
mecanizado (me.ca.ni.**za**.do) adj. Em que houve mecanização; automatizado.
mecanizar (me.ca.ni.**zar**) v.t.d. Prover de máquinas e meios mecânicos; automatizar.
mecanografia (me.ca.no.gra.**fi**.a) s.f. Uso de máquinas para escrever e reproduzir a escrita, com máquinas de datilografia ou impressoras.
mecanoterapia (me.ca.no.te.ra.**pi**.a) s.f. (*Med.*) Emprego de aparelho mecânico no tratamento de doenças ou como auxiliar em exercícios de reabilitação.
mecanoterápico (me.ca.no.te.**rá**.pi.co) adj. Referente à mecanoterapia.
mecatrônica (me.ca.**trô**.ni.ca) s.f. Ramo da engenharia que desenvolve máquinas controladas por computador e robôs industriais.
mecatrônico (me.ca.**trô**.ni.co) adj. Relacionado à mecatrônica.
mecenas (me.**ce**.nas) [ê] s.m. (*próprio*) **1.** (*Hist.*) Ministro de Augusto, protetor de artistas e homens de letras, patrocinador generoso, protetor das letras, ciências e artes ou dos artistas e sábios. (*comum*) **2.** (*P. ext.*) Protetor das letras, das artes e dos sábios.
mecha (me.cha) [é] s.f. **1.** Rastilho; estopim. **2.** Pequena madeixa tingida de cor mais clara que a do cabelo. **3.** Pavio de vela ou lampião.
mecônio (me.**cô**.ni.o) s.m. (*Med.*) Substância escura e viscosa excretada pelo recém-nascido.
medalha (me.**da**.lha) s.f. **1.** Peça metálica, de ordinário redonda ou oval, com emblema, efígie e inscrição. **2.** Prêmio que se confere aos vencedores de concursos, torneios, competições. **3.** Objeto de devoção religiosa.
medalhão (me.da.**lhão**) s.m. **1.** Medalha grande. **2.** (*Culin.*) Bife geralmente de filé bovino, mas também de peixe, lagosta, presunto etc., alto e redondo, lembrando um medalhão.
medalhário (me.da.**lhá**.ri.o) s.m. Lugar onde se guardam medalhas.
medalhista (me.da.**lhis**.ta) s.2g. **1.** Especialista em medalhística. **2.** Pessoa que coleciona medalhas.

medalhística (me.da.**lhís**.ti.ca) s.f. Estudo de medalhas, do seu simbolismo e história.
médão (**mé**.dão) s.m. Duna; monte de areia ao longo da costa.
média (**mé**.di.a) s.f. **1.** (*Mat.*) Em uma distribuição estatística, valor que se determina segundo uma regra estabelecida *a priori* e que se utiliza para representar todos os valores da distribuição. **2.** Nota estipulada para aprovação escolar. **3.** Café com leite, servido em copo de 120 ml ou xícara média. **Fazer média:** procurar agradar, criar para si uma boa situação junto a alguém, visando a tirar proveito disso.
mediação (me.di.a.**ção**) s.f. **1.** Ato ou efeito de mediar. **2.** Intervenção; intercessão; intermédio.
mediado (me.di.**a**.do) adj. Dividido; julgado; intermediado.
mediador (me.di.a.**dor**) [ô] s.m. e adj. **1.** (Aquele) que media, que intervém. **2.** Árbitro, juiz.
medial (me.di.**al**) adj.2g. **1.** Que ocupa o meio; que está no meio; central; médio. **2.** (*Gram.*) Diz-se da letra que fica no meio da palavra.
mediana (me.di.**a**.na) s.f. (*Geom.*) Em um triângulo, segmento de reta que une um vértice ao meio do lado oposto.
medianeiro (me.di.a.**nei**.ro) s.m. e adj. (Aquele) que intervém; intercessor; mediador.
mediania (me.di.a.**ni**.a) s.f. **1.** Qualidade ou condição de mediano. **2.** Meio-termo entre a riqueza e a pobreza.
mediano (me.di.**a**.no) adj. **1.** Que está no meio; médio. **2.** Medíocre; que não é bom nem mau.
mediante (me.di.**an**.te) adj.2g. **1.** Que medeia; que intervém. prep. **2.** Por meio de.
mediar (me.di.**ar**) v.t.d. **1.** Dividir ao meio; repartir. **2.** Intervir como árbitro ou mediador: *uma boa diplomacia medeia um conflito para que não seja necessário lutar com armas*. Obs.: conjuga-se como *intermediar*.
mediato (me.di.**a**.to) adj. Que depende de uma terceira pessoa (ou coisa) para chegar a outra; indireto; dependente.
mediatriz (me.di.a.**triz**) s.f. (*Geom.*) Perpendicular ao meio de um segmento de reta.
medicação (me.di.ca.**ção**) s.f. **1.** Ato de medicar. **2.** Tratamento mediante o uso de medicamentos.
medicado (me.di.**ca**.do) adj. Tratado; que recebeu medicamentos.
medical (me.di.**cal**) adj.2g. Relativo a médico ou a medicina.
medicamentação (me.di.ca.men.ta.**ção**) s.f. Medicação.
medicamentar (me.di.ca.men.**tar**) v.t.d. Tratar com medicamento; medicar.
medicamento (me.di.ca.**men**.to) s.m. Substância medicinal, prescrita por médico para tratar uma doença; remédio. Cf. *remédio*.
medicamentoso (me.di.ca.men.**to**.so) [ô] adj. **1.** Relativo a medicamento. **2.** Que tem propriedade medicinal. ▪ Pl. *medicamentosos* [ó].

medição (me.di.**ção**) s.f. Ato ou efeito de medir.
medicar (me.di.**car**) v.t.d. **1.** Tratar com medicamentos; aplicar remédios. v.p. **2.** Tomar remédios.
medicável (me.di.**cá**.vel) adj.2g. Que se pode medicar; que se pode tratar com remédios.
medicina (me.di.**ci**.na) s.f. **1.** Arte e ciência de cuidar da saúde e das doenças ou males. **2.** Conjunto de conhecimentos de saúde: *medicina científica, medicina indígena*.
medicinal (me.di.ci.**nal**) adj.2g. **1.** Relativo à medicina; medical. **2.** Que serve de medicamento ou de remédio; que cura.
médico (**mé**.di.co) s.m. **1.** Profissional habilitado a exercer a medicina; clínico. **2.** Pertencente a esse profissional ou à medicina; que pode restabelecer a saúde: *cuidados médicos, área médica*.
médico-hospitalar (mé.di.co-hos.pi.ta.**lar**) adj.2g. Relativo ao serviço médico e ao atendimento hospitalar. ▣ Pl. *médico-hospitalares*.
médico-legal (mé.di.co-le.**gal**) adj.2g. Relativo à medicina legal. ▣ Pl. *médico-legais*.
médico-legista (mé.di.co-le.**gis**.ta) s.m. Médico que se dedica à medicina legal; legista. ▣ Pl. *médicos-legistas*.
medida (me.**di**.da) s.f. **1.** Medição. **2.** Limite; alcance. **3.** Grau. **4.** Regra; norma. **5.** Moderação; comedimento. **6.** Dimensão; tamanho. **7.** Disposição; providência.
medidor (me.di.**dor**) [ô] s.m. Qualquer instrumento destinado a efetuar medições.
medieval (me.di.e.**val**) adj.2g. **1.** Da Idade Média, período da história europeia entre os séculos V e XV. **2.** (*Fig.*) Antigo, ultrapassado.
medievalismo (me.di.e.va.**lis**.mo) s.m. Conjunto de ideais, costumes e características próprios da Idade Média e da civilização medieval.
medievalista (me.di.e.va.**lis**.ta) s.2g. e adj.2g. Especialista em assuntos relativos à Idade Média.
médio (**mé**.di.o) adj. **1.** Que está no meio ou entre dois pontos. **2.** Que ocupa ou exprime o meio-termo. **3.** Que se calcula tirando a média. **4.** Diz-se do ensino e dos cursos situados entre o nível fundamental e o superior.
medíocre (me.**dí**.o.cre) adj.2g. **1.** Que não se destaca; comum, mediano. **2.** Ordinário, vulgar, insignificante.
mediocridade (me.di.o.cri.**da**.de) s.f. Característica de medíocre; insignificância.
medir (me.**dir**) v.t.d. **1.** Determinar ou verificar, tendo por base uma escala fixa, a extensão, medida, ou grandeza de; comensurar. **2.** Pensar, refletir nas consequências; ponderar: *medir as palavras, as ações*.
meditabundo (me.di.ta.**bun**.do) adj. Que medita profundamente; pensativo, meditativo.
meditação (me.di.ta.**ção**) s.f. **1.** Ato ou efeito de meditar. **2.** Estado de contemplação ou concentração mental profunda.
meditado (me.di.**ta**.do) adj. Refletido; pensado; contemplado.

meditador (me.di.ta.**dor**) [ô] adj. Que medita.
meditar (me.di.**tar**) v.i. **1.** Ficar absorto em pensamentos; refletir. **2.** Concentrar-se em abstrações; considerar o mundo interior; orar, rezar.
meditativo (me.di.ta.**ti**.vo) adj. **1.** Relativo a meditação. **2.** Que medita ou cogita; pensativo, meditabundo.
mediterrâneo (me.di.ter.**râ**.ne.o) adj. **1.** Situado no meio de terras; situado entre terras; interior. **2.** Mediterrânico: *comida mediterrânea*. (próprio) **3.** Mar entre a Europa e a África.
mediterrânico (me.di.ter.**râ**.ni.co) adj. Relativo ao mar Mediterrâneo.
médium (**mé**.dium) s.2g. (*Relig.*) Pessoa supostamente capaz de agir como intermediário, de ser um meio de comunicação entre seres humanos e deuses, espíritos de pessoas falecidas ou outros seres imateriais.
mediúnico (me.di.**ú**.ni.co) adj. (*Relig.*) Relativo a médium ou ao estado em que o médium se comunica com espíritos.
mediunidade (me.di.u.ni.**da**.de) s.f. (*Relig.*) Poder de se comunicar com deuses, espíritos e almas dos mortos; qualidade de médium.
medível (me.**dí**.vel) adj.2g. Que pode ser medido; mensurável.
medo[1] (**me**.do) [ê] s.m. Sentimento de grande inquietação ante perigo real ou imaginário; temor.
medo[2] (**me**.do) [é] s.m. Indivíduo dos medos, povo antigo que vivia a noroeste de onde hoje é o Irã, no Oriente.
medonho (me.**do**.nho) [ô] adj. Que causa medo; excessivamente feio; pavoroso.
medrar (me.**drar**) v.i. **1.** Aumentar; ampliar. **2.** Alcançar bom êxito; ser bem aceito; prosperar. **3.** Crescer; desenvolver. **4.** (*Gír.*) Sentir medo.
medroso (me.**dro**.so) [ô] adj. **1.** Que tem medo, acovardado, hesitante. **2.** Tímido, acanhado. ▣ Pl. *medrosos* [ó].
medula (me.**du**.la) s.f. (*Anat.*) **1.** Substância no interior de alguns ossos que produz células sanguíneas, também chamada **medula óssea**. **2.** Substância no interior da coluna vertebral por onde passam os neurônios, que fazem a comunicação entre o cérebro e o corpo, também chamada **medula espinhal**. **3.** (*Fig.*) Interior, âmago.
medular (me.du.**lar**) adj.2g. **1.** Relativo à medula. **2.** (*Fig.*) Essencial; fundamental; principal.
medusa (me.**du**.sa) s.f. **1.** (*Zoo.*) Corpo da água-viva e de outros invertebrados marinhos de vida livre, cnidários. (próprio) **2.** (*Mit.*) Monstro com serpentes no lugar dos cabelos; quando morreu, de sua cabeça saiu um cavalo alado, de nome Pégaso.
meeiro (me.**ei**.ro) adj. **1.** Que pode ser dividido em duas partes iguais. **2.** Que tem direito à metade dos bens. s.m. **3.** Lavrador que trabalha ou vive nas terras de outrem, com quem deve dividir ou mear sua produção.
mefistofélico (me.fis.to.**fé**.li.co) adj. **1.** Próprio de Mefistófeles, personagem que encarna o

Diabo, no livro *Fausto*, do escritor alemão Goethe (1749-1832). **2.** (*Fig.*) Diabólico, infernal.

mega- Prefixo que significa "muito grande" ou, junto a uma unidade de medida, "um milhão".

megabit [inglês: "megabíti"] s.m. Um milhão de bits, de símbolo Mb. **Megabits por segundo:** medida para velocidade de transferência de dados, de símbolo Mbps.

megabyte [inglês: "megabáiti"] s.m. Um milhão de *bytes*, de símbolo MB, medida usada para tamanho de arquivos: *o arquivo da foto ficou com mais de 1 megabyte*.

megafone (me.ga.**fo**.ne) s.m. Aparelho que amplifica o som do que se fala, funcionando, ao mesmo tempo, como microfone e alto-falante. O mesmo que *megafono*.

megafono (me.ga.**fo**.no) s.m. (*Raro*) O mesmo que *megafone*.

mega-hertz (me.ga.**hertz**) s.m. Unidade de frequência equivalente a um milhão de hertz, de símbolo MHz.

megalítico (me.ga.**lí**.ti.co) *adj.* Relativo aos monumentos pré-históricos feitos de grandes blocos de pedra, como o menir, atribuídos aos druidas, gauleses e bretões e que são formados de grandes pedras chatas postas sobre duas outras verticais.

megalocéfalo (me.ga.lo.**cé**.fa.lo) *adj.* Que tem a cabeça muito grande.

megalomania (me.ga.lo.ma.**ni**.a) s.f. (*Psi.*) Mania de grandeza.

megalomaníaco (me.ga.lo.ma.**ní**.a.co) *adj.* **1.** Relativo a megalomania. **2.** (*Fig.*) Exagerado, irrealizável, fantasioso: *projetos megalomaníacos*. s.m. **3.** Megalômano.

megalômano (me.ga.**lô**.ma.no) s.m. Pessoa que tem megalomania; megalomaníaco.

megâmetro (me.**gâ**.me.tro) s.m. Instrumento para determinar longitudes marítimas e distâncias angulares entre os astros.

megatério (me.ga.**té**.ri.o) s.m. (*Bio.*) Gênero de mamíferos desdentados que viveram na América do Sul e que podiam atingir mais de 5 m de comprimento.

megera (me.**ge**.ra) [é] s.f. Mulher má, de gênio ruim; pessoa cruel.

meia (**mei**.a) s.f. **1.** Peça tecida para cobrir o pé e a perna ou parte dela: *calçou as meias e os sapatos*. **2.** Meia-entrada. *num.* **3.** (*Pop.*) Meia dúzia; seis. Cf. *meio*.

meia-água (mei.a-**á**.gua) s.f. **1.** Telhado de um só plano. **2.** Habitação com esse telhado. ▣ Pl. *meias-águas*.

meia-calça (mei.a-**cal**.ça) s.f. Meia que vai até a cintura. ▣ Pl. *meias-calças*.

meia-cana (mei.a-**ca**.na) s.f. **1.** Barra metálica ou tira de madeira que tem um lado plano e outro em forma de cilindro ou tubo cortado. **2.** (*Folc.*) Uma das danças que integram o fandango no Rio Grande do Sul. ▣ Pl. *meias-canas*.

meia-direita (mei.a-di.**rei**.ta) *s.2g.* (*Esp.*) No futebol, jogador que fica entre o ataque e a defesa, do lado direito. ▣ Pl. *meias-direitas*.

meia-entrada (mei.a-en.**tra**.da) s.f. Ingresso ou entrada com metade do preço, em cinema, teatro etc. ▣ Pl. *meias-entradas*.

meia-esquerda (mei.a-es.**quer**.da) *s.2g.* (*Esp.*) No futebol, jogador que fica entre o ataque e a defesa, do lado esquerdo. ▣ Pl. *meias-esquerdas*.

meia-estação (mei.a-es.**ta**.ção) s.f. Época do ano entre verão e inverno, em que os dias não são muito quentes nem muito frios. ▣ Pl. *meias-estações*.

meia-idade (mei.a-i.**da**.de) s.f. A idade compreendida entre os 40 e os 60 anos; período chamado de transição entre a maturidade humana e a velhice. ▣ Pl. *meias-idades*.

meia-lua (mei.a-**lu**.a) s.f. **1.** Aspecto da Lua quando, em quarto crescente ou quarto minguante, tem forma de um semicírculo iluminado. **2.** Essa forma. ▣ Pl. *meias-luas*.

meia-luz (mei.a-**luz**) s.f. Penumbra, luz fraca. ▣ Pl. *meias-luzes*.

meia-noite (mei.a-**noi**.te) s.f. A hora ou momento que divide a noite em duas partes iguais; 24 horas; zero hora. ▣ Pl. *meias-noites*.

meia-tinta (mei.a-**tin**.ta) s.f. Técnica de gravura que faz graduações de tom, ou degradês. ▣ Pl. *meias-tintas*.

meia-vida (mei.a-**vi**.da) s.f. (*Quím.*) Tempo que uma substância leva para perder metade de sua radiatividade. ▣ Pl. *meias-vidas*.

meigo (**mei**.go) *adj.* Carinhoso; terno; afetuoso; amável.

meiguice (mei.**gui**.ce) s.f. Qualidade daquele que é meigo; carinho; brandura; suavidade.

meinaco (mei.**na**.co) *s.2g.* **1.** Indivíduo dos meinacos, povo indígena que vive hoje no Mato Grosso. *adj.2g.* **2.** Relacionado a esse povo.

meio (**mei**.o) s.m. **1.** Ponto equidistante dos extremos; metade: *o meio do caminho*. **2.** Lugar onde se vive, com suas características e condicionamentos geofísicos; ambiente: *meio terrestre, meio aquático*. **3.** Conjunto de pessoas e instituições; área, ambiente, círculo: *meio acadêmico, meio artístico*. **4.** Arte, conhecimento, tecnologia ou instrumento para se fazer algo: *meio de comunicação, meio de expressão*. *adj.* **5.** Médio; que indica metade: *meia dúzia*. *adv.* **6.** Um pouco, não de todo: *ela andava meio cansada*. *num.* **7.** Numeral fracionário que corresponde a ½; metade).

meio ambiente (mei.o am.bi.**en**.te) s.m. Conjunto das condições ambientais que influencia e cerca os seres vivos e também recebe sua influência.

meio-busto (mei.o-**bus**.to) s.m. Retrato ou efígie em que se representa unicamente a cabeça e o pescoço; estatueta. ▣ Pl. *meios-bustos*.

meio-corpo (mei.o-**cor**.po) [ô] s.m. A parte superior de uma figura humana, desde a cintura. ▣ Pl. *meios-corpos* [ó].

meio-dia (mei.o-**di**.a) s.m. **1.** A hora ou momento que divide ao meio o dia; doze horas. **2.** (*Astron.*) Instante em que o centro do Sol está no meridiano superior. ▫ Pl. *meios-dias*.

meio-fio (mei.o-**fi**.o) s.m. **1.** Arremate entre o plano do passeio e o da pista de rolamento de um logradouro. **2.** (*Const.*) Corte ou sulco no batente da porta ou em caixilhos. **3.** (*Náut.*) Anteparo que vai da popa à proa, no porão, e serve para equilibrar a carga. ▫ Pl. *meios-fios*.

meio-relevo (mei.o-re.**le**.vo) [ê] s.m. Figura ou ornamento em que metade do vulto ressai de um plano, no sentido da espessura. ▫ Pl. *meios-relevos*.

meiose (mei.**o**.se) [ó] s.f. (*Bio.*) Processo de divisão celular que produz células geneticamente diferentes.

meio-soprano (mei.o-so.**pra**.no) s.m. (*Mús.*) **1.** Gênero de voz feminina entre soprano e contralto. **2.** Cantora que tem essa voz, que corresponde à voz masculina de barítono. ▫ Pl. *meios-sopranos*.

meio-termo (mei.o-**ter**.mo) [ê] s.m. **1.** Termo a igual distância de dois extremos. **2.** Prudência; moderação. ▫ Pl. *meios-termos*.

meio-tom (mei.o-**tom**) s.m. **1.** (*Mús.*) Semitom. **2.** Som emitido com nuanças doces, suaves ou abafadas. ▫ Pl. *meios-tons*.

meirinho (mei.**ri**.nho) s.m. **1.** Antigo magistrado, de nomeação régia e que governava amplamente um território ou comarca. **2.** Antigo funcionário judicial, correspondente ao oficial de justiça de hoje.

meitnério (meit.**né**.ri.o) s.m. (*Quím.*) Elemento de símbolo Mt, número atômico 109.

meizinha (mei.**zi**.nha) s.f. Mezinha.

mel s.m. **1.** Substância doce elaborada pelas abelhas a partir do néctar das flores, a qual lhes serve de alimento e é depositada em favos (alvéolos especiais), tendo alto valor nutritivo e propriedades medicinais. **2.** (*Fig.*) Doçura, candura. **Mel de engenho:** melado.

melaço (me.**la**.ço) s.m. Líquido viscoso; resíduos de cristalização do açúcar.

melado (me.**la**.do) s.m. **1.** Calda grossa, feita com caldo de cana cozido ou com rapadura derretida, usada como sobremesa; mel de engenho. adj. **2.** Sujo ou lambuzado de mel ou de qualquer substância pegajosa.

melancia (me.lan.**ci**.a) s.f. (*Bot.*) Fruta de polpa vermelha muito suculenta, com casca verde, que cresce em uma planta herbácea rasteira de origem africana.

melancial (me.lan.ci.**al**) s.m. **1.** Plantação de melancias. **2.** Colheita ou produção de melancias.

melancolia (me.lan.co.**li**.a) s.f. **1.** (*Med.*, *Psi.*) Distúrbio mental que é caracterizado por depressão em grau variável, dando sensação de incapacidade, perda de interesse pela vida, podendo evoluir para ansiedade, insônia e tendência ao suicídio. **2.** Desgosto; pesar; tristeza.

melancólico (me.lan.**có**.li.co) adj. Que tem melancolia; triste; deprimido; desgostoso; desinteressado.

melancolizar (me.lan.co.li.**zar**) v.t.d. e v.p. Tornar(-se) melancólico.

melanésio (me.la.**né**.si.o) adj. **1.** Da Melanésia, um dos três grandes agrupamentos de ilhas do Pacífico. s.m. **2.** Pessoa natural ou habitante desse lugar.

melanina (me.la.**ni**.na) s.f. (*Anat.*) Pigmento negro encontrado em locais diversos do corpo, como pele, pelos e em certos tumores; pigmentação que dá cor à pele e aos cabelos.

melanismo (me.la.**nis**.mo) s.m. Melanose.

melanodermia (me.la.no.der.**mi**.a) s.f. (*Med.*) Aumento excessivo da quantidade de melanina na pele (hiperpigmentação), que acaba por determinar um escurecimento na pele e mucosas.

melanoma (me.la.**no**.ma) [ô] s.m. (*Med.*) Tumor canceroso caracterizado por uma ou mais manchas escuras na pele.

melanose (me.la.**no**.se) [ó] s.f. (*Med.*) Pigmentação por excesso de melanina; melanismo; escurecimento na pele.

melanúria (me.la.**nú**.ri.a) s.f. (*Med.*) Emissão de urina negra ou de urina que, posta em repouso, se torna escura, azul-escuro ou negra.

melão (me.**lão**) s.m. (*Bot.*) Fruta redonda, de polpa suculenta e doce, amarela ou esverdeada, comestível crua, que é fruto do meloeiro.

melar (me.**lar**) v.t.d. **1.** Adoçar demais. **2.** Untar ou cobrir com mel.

meleca (me.**le**.ca) [é] s.f. (*Pop.*) **1.** Secreção nasal ressequida. **2.** Sujeira feita por substância grudenta e pastosa.

meleira (me.**lei**.ra) s.f. Sujeira produzida por mel ou por outra substância.

meleiro (me.**lei**.ro) s.m. **1.** Aquele que tira mel ou negocia com ele. **2.** Pessoa que lida com um apiário, que cria abelhas; apicultor.

melena (me.**le**.na) [ê] s.f. **1.** Cabelos longos e soltos; cabelos despenteados; crina; juba. **2.** (*Med.*) Eliminação de fezes enegrecidas por pigmentos sanguíneos.

melhor (me.**lhor**) [ó] adj. **1.** Que supera outro em qualidade; que agrada mais: *o gosto de chocolate é melhor que o de remédio.* **2.** Que tem mais valor: *falar a verdade é melhor que mentir.* s.m. **3.** O que é superior a tudo ou todos: *os melhores ganharão prêmios.* adv. **4.** Comparativo de superioridade de *bem*: *jogou melhor e ganhou o jogo.* interj. **4.** Exprime satisfação ou indiferença.

melhora (me.**lho**.ra) [ó] s.f. Transição para melhor estado ou melhor condição.

melhorado (me.lho.**ra**.do) adj. Que melhorou; que foi corrigido.

melhorador (me.lho.ra.**dor**) [ô] s.m. Aquele que faz melhoramentos.

melhoramento (me.lho.ra.**men**.to) s.m. Progresso, melhoria.

melhorar (me.lho.**rar**) v.t.d. **1.** Tornar melhor ou mais próspero. v.i. e v.t.i. **2.** Adquirir melhores condições; passar para uma situação mais próspera.
melhoria (me.lho.**ri**.a) s.f. Mudança para melhor condição.
meliante (me.li.**an**.te) s.2g. Malandro, vadio, vagabundo, bandido.
melífero (me.**lí**.fe.ro) adj. Que produz mel.
melificação (me.li.fi.ca.**ção**) s.f. Ato ou efeito de melificar.
melificador (me.li.fi.ca.**dor**) [ô] s.m. Vaso onde se aquecem os favos para que o mel possa ser removido mais facilmente.
melificar (me.li.fi.**car**) v.t.d. Transformar em mel; converter em mel; adoçar com mel; tornar doce como o mel.
melifluidade (me.li.flu.i.**da**.de) s.f. Suavidade; harmonia; doçura.
melífluo (me.**lí**.fluo) adj. Que flui como o mel; brando, doce, suave, agradável.
melindrado (me.lin.**dra**.do) adj. Que se melindrou; ofendido, magoado, amuado, ressentido.
melindrar (me.lin.**drar**) v.t.d. e v.p. Ofender(-se); suscetibilizar(-se), magoar(-se).
melindre (me.**lin**.dre) s.m. Delicadeza no trato; recato; suscetibilidade.
melindrice (me.lin.**dri**.ce) s.f. Qualidade, caráter ou temperamento de quem se melindra com facilidade; recato; melindre.
melindrismo (me.lin.**dris**.mo) s.m. Melindrice.
melindrosa (me.lin.**dro**.sa) [ó] s.f. Mocinha afetada, exagerada nas maneiras e no vestir.
melindroso (me.lin.**dro**.so) [ô] adj. **1.** Delicado; sensível; mimoso. **2.** Difícil; complicado; arriscado. ▫ Pl. *melindrosos* [ó].
meliorativo (me.li.o.ra.**ti**.vo) adj. Que exprime ou envolve melhora, que faz melhoramentos.
melissa (me.**lis**.sa) s.f. (Bot.) Erva-cidreira.
melívoro (me.**lí**.vo.ro) adj. Que se alimenta de mel.
melodia (me.lo.**di**.a) s.f. (Mús.) Sucessão de notas; parte da música que se consegue assobiar.
melodiar (me.lo.di.**ar**) v.t.d. **1.** Modular (a voz ou o canto) com suavidade. v.i. **2.** Cantar ou tocar; soar melodiosamente.
melódica (me.**ló**.di.ca) s.f. (Mús.) Instrumento musical que produz sons pelo atrito de pontas de metal sobre um cilindro de aço.
melódico (me.**ló**.di.co) adj. **1.** Relativo a melodia. **2.** Que diz respeito ao intervalo cujos sons se ouvem sucessivamente.
melodioso (me.lo.di.**o**.so) [ô] adj. Em que há melodia; relativo a melodia. ▫ Pl. *melodiosos* [ó].
melodista (me.lo.**dis**.ta) s.2g. Compositor de melodias.
melodrama (me.lo.**dra**.ma) s.m. Gênero dramático originário da França, no qual os diálogos são entremeados de música sentimental e romântica, que se desenvolveu no teatro a partir do século XVIII, graças principalmente ao dramaturgo italiano Pietro Metastasio (1698-1782).

melodramático (me.lo.dra.**má**.ti.co) adj. **1.** Relacionado a melodrama. **2.** Que exprime, envolve ou apresenta situações de melodrama.
meloeiro (me.lo.**ei**.ro) s.m. (Bot.) Planta rasteira e herbácea cultivada pelo fruto, o melão.
melófilo (me.**ló**.fi.lo) adj. Que gosta muito de música; que coleciona músicas ou tudo que se relaciona à música; que tem paixão pela música; melomaníaco.
melofobia (me.lo.fo.**bi**.a) s.f. Aversão à música.
melófobo (me.**ló**.fo.bo) adj. Que tem aversão, horror à música.
melofone (me.lo.**fo**.ne) s.m. (Mús.) Espécie de acordeão com fole duplo e com a forma de viola. O mesmo que *melofono*.
melofono (me.lo.**fo**.no) s.m. O mesmo que *melofone*.
melografia (me.lo.gra.**fi**.a) s.f. Arte de escrever música.
melógrafo (me.**ló**.gra.fo) adj. **1.** Que escreve ou copia música. s.m. **2.** Mecanismo que se adapta ao órgão ou ao piano para fixar no papel o que se toca ou improvisa no teclado.
melomania (me.lo.ma.**ni**.a) s.f. Paixão quase doentia, exagerada, pela música e por tudo a ela relacionado.
melomaníaco (me.lo.ma.**ní**.a.co) adj. **1.** Relacionado a melomania. **2.** (Fig.) Melófilo. s.m. **3.** Melômano.
melômano (me.**lô**.ma.no) s.m. Pessoa que tem melomania; melomaníaco.
melopeia (me.lo.**pei**.a) [é] s.f. **1.** Peça musical adequada para o acompanhamento de declamação. **2.** Toada monótona; cantilena.
meloso (me.**lo**.so) [ô] adj. Doce como mel, excessivamente sentimental. ▫ Pl. *melosos* [ó].
melro (**mel**.ro) s.m. **1.** (Zoo.) Designação comum às aves do tipo passeriformes especialmente o *Turdus merula*, cujo macho é preto, com bico amarelo-alaranjado. **2.** (Fig.) Indivíduo esperto, sagaz, finório.
membrana (mem.**bra**.na) s.f. Camada fina de tecido ou pele que recobre uma superfície ou divide um órgão. (Bio.) **Membrana plasmática** ou **membrana celular:** a membrana que envolve uma célula.
membranáceo (mem.bra.**ná**.ce.o) adj. Que tem a consistência de membrana, fino, flexível e translúcido; membranoso.
membraniforme (mem.bra.ni.**for**.me) [ó] adj.2g. Que tem forma de membrana.
membranoso (mem.bra.**no**.so) [ô] adj. **1.** Relacionado a membrana; fino, flexível. **2.** Membranáceo. ▫ Pl. *membranosos* [ó].
membrânula (mem.**brâ**.nu.la) s.f. Pequena membrana.
membro (**mem**.bro) s.m. **1.** (Anat.) Cada um dos apêndices do tronco, ligados a este por meio de articulações, tanto nos seres humanos quanto nos animais e que realizam movimentos diversos, entre os quais a locomoção. **2.** Pessoa que pertence a uma

família, corporação, associação, agrupamento etc. **3.** Parte de um todo. **4.** Membro viril; pênis.
memento (me.**men**.to) *s.m.* **1.** Livrinho em que se acham resumidas as partes essenciais de uma questão, memorando. **2.** (*Relig.*) Cada uma das duas preces do cânone da missa.
memorado (me.mo.**ra**.do) *adj.* Lembrado, recordado.
memorando (me.mo.**ran**.do) *s.m.* **1.** Aviso por escrito; recado; comunicação breve; informativo. **2.** Nota diplomática de uma nação para outra sobre o estado de uma questão.
memorar (me.mo.**rar**) *v.t.d.* Lembrar, recordar; comemorar, solenizar.
memorativo (me.mo.ra.**ti**.vo) *adj.* Comemorativo.
memorável (me.mo.**rá**.vel) *adj.2g.* Digno de ser lembrado; célebre, notável.
memória (me.**mó**.ri.a) *s.f.* **1.** Faculdade de reter as ideias, impressões e conhecimentos adquiridos anteriormente. **2.** Lembrança, reminiscência, recordação. **3.** (*Inf.*) Dispositivo de um computador que armazena informações. Memória RAM: memória temporária, que é perdida quando se desliga o computador. Memória ROM: memória permanente do computador.
memorial (me.mo.ri.**al**) *s.m.* **1.** Escrito que relata fatos memoráveis; memórias. **2.** Petição escrita.
memorialista (me.mo.ri.a.**lis**.ta) *s.2g. e adj.2g.* (Aquele) que escreve memórias; autor de memórias.
memorização (me.mo.ri.za.**ção**) *s.f.* Ato ou efeito de memorizar.
memorizado (me.mo.ri.**za**.do) *adj.* **1.** Guardado ou retido na memória; lembrado. **2.** Decorado; aprendido; estudado.
memorizar (me.mo.ri.**zar**) *v.t.d.* Reter na memória; aprender de cor.
menarca (me.**nar**.ca) *s.f.* (*Med.*) A primeira menstruação.
menção (men.**ção**) *s.f.* Referência, citação, distinção.
mencionado (men.ci.o.**na**.do) *adj.* Referido, citado, posto em evidência.
mencionar (men.ci.o.**nar**) *v.t.d.* Fazer menção de, ou referência a; referir; relatar; expor; narrar.
mendaz (men.**daz**) *adj.2g.* (*Raro*) **1.** Mentiroso, falso. **2.** Desleal, traiçoeiro.
mendelévio (men.de.**lé**.vi.o) *s.m.* (*Quím.*) Elemento de símbolo Md, número atômico 101 e massa atômica 256.
mendelismo (men.de.**lis**.mo) *s.m.* (*Bio.*) Doutrina de Gregor J. Mendel, cientista austríaco (1822-1884), que estabelece as leis da hereditariedade dos caracteres biológicos, as quais se fundam na teoria cromossômica.
mendicância (men.di.**cân**.ci.a) *s.f.* Mendicidade; qualidade ou estado de mendigo.
mendicante (men.di.**can**.te) *s.2g. e adj.2g.* (Aquele) que mendiga; pedinte.
mendicidade (men.di.ci.**da**.de) *s.f.* **1.** Ato de mendigar. **2.** Conjunto de mendigos ou pedintes.

mendigação (men.di.ga.**ção**) *s.f.* Ato de mendigar.
mendigar (men.di.**gar**) *v.t.d.* **1.** Pedir por esmola; pedir humildemente. *v.i.* **2.** Viver de esmolas; esmolar.
mendigo (men.**di**.go) *s.m.* Pessoa esfarrapada, marginalizada, que vive da caridade alheia; pedinte; indigente.
meneador (me.ne.a.**dor**) [ô] *s.m.* Aquele que meneia.
meneamento (me.ne.a.**men**.to) *s.m.* Movimento do corpo, ou de alguma parte dele, para um lado e para o outro.
menear (me.ne.**ar**) *v.t.d.* Saracotear; mover-se de um lado para o outro com desenvoltura; agitar-se.
meneio (me.**nei**.o) *s.m.* **1.** Ato ou efeito de menear; balanço; oscilação; meneamento. **2.** (*Fig.*) Trejeito, ardil, astúcia, manobra.
menestrel (me.nes.**trel**) *s.m.* **1.** (*Hist.*) Cantor medieval, de origem plebeia, a serviço de um rei, de um nobre ou de um trovador. **2.** Cantor; poeta ambulante.
menina (me.**ni**.na) *s.f.* **1.** Criança do sexo feminino; feminino de *menino*. **2.** Moça, garota, mulher jovem. **3.** Tratamento familiar e afetuoso dado a pessoas de sexo feminino de qualquer idade.
meninada (me.ni.**na**.da) *s.f.* Grupo de crianças; criançada.
menina-moça (me.ni.na-**mo**.ça) [ô] *s.f.* Menina no início da puberdade. ▣ Pl. *meninas-moças*.
meninge (me.**nin**.ge) *s.f.* (*Anat.*) Cada uma das três membranas que envolvem o encéfalo e a medula espinhal e que são, a partir da mais externa para a mais interna, a dura-máter, a aracnoide e a pia-máter.
meníngeo (me.**nín**.ge.o) *adj.* (*Anat.*) Relativo a meninge.
meningite (me.nin.**gi**.te) *s.f.* (*Med.*) Inflamação meníngea (em especial da membrana aracnoide).
meninice (me.ni.**ni**.ce) *s.f.* **1.** Comportamento de criança; infantilidade; criancice. **2.** Infância.
menino (me.**ni**.no) *s.m.* **1.** Criança do sexo masculino. **2.** Tratamento afetuoso entre parentes e amigos, mesmo quando adultos.
meninota (me.ni.**no**.ta) [ó] *s.f.* Menina crescida, quase moça; menina-moça.
menir (me.**nir**) *s.m.* Monumento megalítico druídico, que consiste em um bloco de pedra levantado verticalmente.
menisco (me.**nis**.co) *s.m.* **1.** Lente delgada, de vidro, constituída de uma face convexa e outra côncava. **2.** (*Anat.*) Cartilagem fibrosa em forma de meia-lua, presente entre algumas superfícies articulares.
menopausa (me.no.**pau**.sa) *s.f.* (*Med.*) Cessação da menstruação.
menor (me.**nor**) [ó] *adj.2g.* **1.** Que tem menos tamanho, menos idade, menos importância ou menos gravidade; comparativo de *pequeno*. **2.** Ínfimo, mínimo. **3.** Inferior, subordinado. *s.2g.* **4.** Pessoa que ainda não atingiu a maioridade.

menoridade (me.no.ri.**da**.de) s.f. Estado ou condição da pessoa abaixo da idade legal para exercer seus direitos e responder pelos atos; minoridade. No Brasil, a menoridade termina aos 18 anos para efeitos criminais e aos 21 anos para efeitos civis. Cf. *maioridade*.

menorragia (me.nor.ra.**gi**.a) s.f. Perda excessiva de sangue uterino, mais que o habitual na menstruação.

menorreia (me.nor.**rei**.a) [éi] s.f. (*Med.*) Menstruação.

menos (**me**.nos) *pron. indef.* **1.** Inferior em número e quantidade: *dois é menos do que quatro*. *adv.* **2.** Com menor valor, menor quantidade, intensidade etc.: *custar menos, correr menos, brilhar menos*. *prep.* **3.** Exceto: *caíram todos menos um*. *s.m.* **4.** Aquilo que é mínimo.

menoscabar (me.nos.ca.**bar**) v.t.d. **1.** Reduzir a menos; deixar incompleto; tornar imperfeito. **2.** Fazer pouco de; ter em pouca consideração; depreciar; desprezar.

menoscabo (me.nos.**ca**.bo) s.m. Ato ou efeito de menoscabar, menosprezo.

menosprezador (me.nos.pre.za.**dor**) [ô] adj. Que menospreza ou desprezar.

menosprezar (me.nos.pre.**zar**) v.t.d. Levar menos em conta ou não levar em conta; ter pouco apreço; não fazer caso de; desprezar.

menosprezível (me.nos.pre.**zí**.vel) adj.2g. Desprezível.

menosprezo (me.nos.**pre**.zo) [ê] s.m. Ato ou efeito de menosprezar.

mensageiro (men.sa.**gei**.ro) adj. **1.** Que leva e traz mensagens. s.m. **2.** Pessoa que entrega mensagens, encomendas etc.

mensagem (men.**sa**.gem) s.f. **1.** Comunicação, notícia ou recado verbal ou escrito. **2.** Felicitação; ato escrito e solene.

mensal (men.**sal**) adj.2g. **1.** Que dura um mês. **2.** Que se efetua de mês em mês.

mensalidade (men.sa.li.**da**.de) s.f. **1.** Quantia em dinheiro referente a um mês; mesada. **2.** Quantia que se paga mensalmente a uma instituição.

mensalista (men.sa.**lis**.ta) s.2g. e adj.2g. **1.** (Pessoa) que é contratada e remunerada por mês de trabalho. s.2g. **2.** Pessoa que contrata um serviço por mês: *o estacionamento tinha vaga para mensalistas*.

mensário (men.**sá**.ri.o) s.m. Publicação periódica lançada todos os meses.

menstruação (mens.tru.a.**ção**) s.f. **1.** (*Med.*) Perda cíclica de sangue de origem uterina, que marca o início da puberdade entre as mulheres; menorreia. **2.** Esse sangue; mênstruo.

menstrual (mens.tru.**al**) adj.2g. Relativo a mênstruo ou a menstruação.

menstruar (mens.tru.**ar**) v.i. **1.** Ter o fluxo menstrual. **2.** Ter a primeira menstruação.

mênstruo (**mêns**.truo) s.m. (*Med.*) Menstruação.

mensurabilidade (men.su.ra.bi.li.**da**.de) s.f. Qualidade de mensurável.

mensuração (men.su.ra.**ção**) s.f. Ato de medir ou mensurar; medição.

mensurado (men.su.**ra**.do) adj. Medido.

mensurador (men.su.ra.**dor**) [ô] s.m. e adj. (Aquilo) que mede ou mensura; medidor.

mensurar (men.su.**rar**) v.t.d. Medir.

mensurável (men.su.**rá**.vel) adj.2g. Que se pode medir; comensurável.

menta (**men**.ta) s.f. (*Bot.*) **1.** Planta herbácea labiada, com espécies usadas como tempero. **2.** Espécie desse grupo de plantas, semelhante à hortelã, cultivada em hortas para tempero ou condimento e de uso medicinal.

mental (men.**tal**) adj.2g. **1.** Relativo a mente ou que se passa na mente. **2.** Espiritual.

mentalidade (men.ta.li.**da**.de) s.f. **1.** Qualidade de mental. **2.** Conjunto dos hábitos intelectuais e psíquicos de um indivíduo ou de um grupo; mente; inteligência.

mentalização (men.ta.li.za.**ção**) s.f. Imaginação; visualização mental; concentração; estado mental ou espiritual.

mentalizado (men.ta.li.**za**.do) adj. Imaginado; visualizado com a mente; fantasiado.

mentalizar (men.ta.li.**zar**) v.t.d. Figurar na mente; conceber; fantasiar; imaginar.

mente (**men**.te) s.f. **1.** Local do cérebro onde se desenvolvem as atividades psíquica e intelectual. **2.** Capacidade de compreender e criar; imaginação. **3.** Intenção.

mentecapto (men.te.**cap**.to) adj. **1.** (Pessoa) que tem pouca capacidade intelectual; idiota. **2.** Bobo, tonto.

mentido (men.**ti**.do) adj. Falso; enganoso; mentiroso; ilusório; vão.

mentir (men.**tir**) v.i. Afirmar algo que se sabe ser contrário à verdade; tentar enganar ou tentar iludir.

mentira (men.**ti**.ra) s.f. **1.** Ato de mentir; afirmação falsa, inverdade dita de propósito; embuste, engodo, lorota, cascata, invencionice, peta. **2.** Engano, ilusão, erro. **Dia da mentira**: o dia primeiro de abril, em que se brinca de contar mentiras.

mentiroso (men.ti.**ro**.so) [ô] s.m. e adj. (Aquele) que mente, que diz mentiras; enganador. ⬛ Pl. *mentirosos* [ó].

mento (**men**.to) s.m. (*Anat.*) Queixo, saliência carnuda abaixo do lábio inferior.

mentol (men.**tol**) [ó] s.m. Substância odorífera usada como antisséptico, extraída da essência da hortelã ou da menta.

mentolado (men.to.**la**.do) adj. Que contém mentol em sua formulação.

mentor (men.**tor**) [ô] s.m. Mestre; guia ou conselheiro; pessoa que aconselha, planeja, lidera; chefe; o cabeça.

menu (me.**nu**) s.m. **1.** Cardápio; lista dos pratos servidos em um restaurante. **2.** (*Inf.*) Grupo de comandos de um programa agrupados sob uma palavra: *no menu Editar, selecione a opção Recortar.*

mequém (me.**quém**) *s.2g.* **1.** Indivíduo dos mequéns, povo indígena que vive hoje em Rondônia. *adj.2g.* **2.** Relacionado a esse povo.

mequetrefe (me.que.**tre**.fe) [é] *s.2g. e adj.2g.* (Indivíduo) que se mete onde não é chamado; abelhudo, intrometido.

mercadão (mer.ca.**dão**) *s.m.* Mercado central, mercado que abastece o comércio varejista.

mercadejar (mer.ca.de.**jar**) *v.t.d. e v.i.* Ser mercador ou negociante; comerciar; negociar.

mercadinho (mer.ca.**di**.nho) *s.m.* Diminutivo de *mercado* ou de *supermercado*; mercado pequeno; mercado de bairro; quitanda.

mercado (mer.**ca**.do) *s.m.* **1.** Lugar onde se comerciam gêneros alimentícios e outras mercadorias; empório. **2.** Atividade de compra e venda; comércio: *lançar no mercado.* **3.** Pessoas interessadas em um produto ou serviço: *pesquisa de mercado, encontrar novos mercados.* (Econ.) **Mercado de capitais:** bolsa de valores e mercadorias. **Mercado de trabalho:** relação entre a oferta de trabalho e a procura de emprego pelos trabalhadores.

mercadologia (mer.ca.do.lo.**gi**.a) *s.f.* Conjunto de estratégias e ações para oferecer ao mercado um produto ou serviço; *marketing*.

mercador (mer.ca.**dor**) [ô] *s.m.* Negociante ou vendedor.

mercadoria (mer.ca.do.**ri**.a) *s.f.* Aquilo que é comercializado, vendido ou comprado.

mercante (mer.**can**.te) *adj.2g.* **1.** Relativo ao comércio ou ao movimento comercial. **2.** Relacionado à navegação para transporte de pessoas ou cargas, que não está ligada a defesa ou ataque naval: *marinha mercante, navio mercante.*

mercantil (mer.can.**til**) *adj.2g.* **1.** Relativo a mercadores ou a mercadorias. **2.** Relativo ao comércio; comercial.

mercantilidade (mer.can.ti.li.**da**.de) *s.f.* Qualidade de mercantil.

mercantilismo (mer.can.ti.**lis**.mo) *s.m.* **1.** Tendência para subordinar tudo ao comércio, ao interesse, ao lucro, ao ganho. **2.** (Hist.) Sistema econômico que vigorou na Europa entre os séculos XV a XVIII.

mercar (mer.**car**) *v.t.d.* Comprar para vender; comerciar.

mercatório (mer.ca.**tó**.ri.o) *adj.* Próprio para mercar; mercantil.

mercê (mer.**cê**) *s.f.* **1.** Preço ou recompensa de trabalho; remuneração paga. **2.** Favor, graça, benefício. **3.** Nomeação para emprego público. **Vossa Mercê:** antigo tratamento dado à pessoa de cerimônia, de que se originaram vossemecê, vosmecê e finalmente você.

mercearia (mer.ce.a.**ri**.a) *s.f.* Loja onde se vendem, no varejo, gêneros alimentícios; armazém; venda.

merceeiro (mer.ce.**ei**.ro) *s.m.* Designação para dono de mercearia.

mercenário (mer.ce.**ná**.ri.o) *s.m. e adj.* **1.** (Aquele) que trabalha apenas por interesse financeiro; interesseiro. **2.** (Soldado) que luta não por um ideal, mas mediante pagamento.

mercenarismo (mer.ce.na.**ris**.mo) *s.m.* Qualidade ou atitude de mercenário.

merceologia (mer.ce.o.lo.**gi**.a) *s.f.* Descrição e classificação de mercadorias.

mercerização (mer.ce.ri.za.**ção**) *s.f.* Tratamento de fibras de algodão pela lixívia de sódio ou de potássio, a frio, com o intuito de se conseguir aspecto sedoso, brilhante e mais bonito.

mercúrico (mer.**cú**.ri.co) *adj.* (Quím.) Diz-se dos compostos que encerram o mercúrio divalente.

mercúrio (mer.**cú**.ri.o) *s.m.* **1.** (Quím.) Elemento de símbolo Hg, peso atômico 200,59 e número atômico 80, metal líquido, denso e venenoso. *(próprio)* **2.** (Astron.) O menor planeta do sistema solar e o mais próximo do Sol. **3.** (Mit.) Deus romano protetor do comércio e da comunicação.

mercuriocromo (mer.cu.rio.**cro**.mo) *s.m.* (Quím.) Substância alcalina de cor vermelho-esverdeada, usada como antisséptico local e germicida. O mesmo que *mercurocromo*.

mercurioso (mer.cu.ri.**o**.so) [ô] *adj.* Que contém mercúrio. ▪ Pl. *mercuriosos* [ó].

mercurocromo (mer.cu.ro.**cro**.mo) *s.m.* O mesmo que *mercuriocromo*.

mercuroso (mer.cu.**ro**.so) [ô] *adj.* (Quím.) Relativo aos compostos que encerram mercúrio monovalente. ▪ Pl. *mercurosos* [ó].

merda (**mer**.da) *s.f.* (Chul.) **1.** Matéria fecal, fezes, excremento. **2.** Coisa suja; imundície, porcaria. **3.** Coisa ou valor insignificante; merreca. *s.m.* (Pej.) **4.** Homem sem valor, incapaz, inútil. *interj.* **5.** Exprime desprezo, desagrado ou repulsa. **6.** Exprime dor, incômodo ou mal-estar.

merecedor (me.re.ce.**dor**) [ô] *adj.* Digno de merecimento.

merecer (me.re.**cer**) *v.t.d.* **1.** Ser digno de; conseguir em virtude de seus méritos. *v.i.* **2.** Tornar-se merecedor.

merecido (me.re.**ci**.do) *adj.* Que se mereceu; devido; justo.

merecimento (me.re.ci.**men**.to) *s.m.* Qualidade que torna alguém digno de premiação; mérito, importância, valor.

merencório (me.ren.**có**.ri.o) *adj.* (Raro) Melancólico, triste: *um final merencório.*

merenda (me.**ren**.da) *s.f.* **1.** Refeição leve, que se toma entre o almoço e o jantar; lanche. **2.** Lanche que as crianças levam para comer na escola, em geral durante o recreio.

merendar (me.ren.**dar**) *v.i. e v.t.d.* Comer a merenda; lanchar.

merendeira (me.ren.**dei**.ra) *s.f.* **1.** Maleta para guardar a merenda; lancheira. **2.** Funcionária que prepara ou distribui merendas nas escolas.

merendeiro (me.ren.dei.ro) s.m. Pessoa que prepara, vende ou distribui merendas ou lanches nas escolas ou em outros estabelecimentos.

merengue (me.**ren**.gue) s.m. **1.** (Culin.) Pasta de claras de ovo batidas com açúcar, utilizada para coberturas e recheios de tortas. **2.** Suspiro. **3.** Doce feito com essa pasta levada ao forno.

meretrício (me.re.**trí**.ci.o) s.m. **1.** Local de prostituição. **2.** Profissão das prostitutas; prostituição.

meretriz (me.re.triz) s.f. Mulher que se dedica à prostituição; prostituta.

mergulhador (mer.gu.lha.dor) [ô] s.m. e adj. (Aquele) que mergulha por esporte ou por profissão; escafandrista.

mergulhão (mer.gu.lhão) s.m. **1.** Mergulho grande. **2.** (Zoo.) Ave de cabeça cinzenta, capuz negro, bico avermelhado e patas vermelhas e que mergulha para conseguir seu alimento.

mergulhar (mer.gu.lhar) v.t.i. **1.** Submergir na água ou outro líquido; afundar. **2.** (Fig.) Esconder-se, embrenhar-se.

mergulho (mer.**gu**.lho) s.m. **1.** Ato ou efeito de mergulhar. **2.** (Esp.) Salto na água de grande altura e em variadas posições. **3.** Voo em que uma aeronave executa uma descida acentuada.

meridiana (me.ri.di.**a**.na) s.f. Interseção do plano do meridiano com o plano do horizonte, ou com outro plano qualquer.

meridiano (me.ri.di.**a**.no) s.m. **1.** (Geo.) Círculo máximo da esfera terrestre que passa pelos Polos, dividindo a Terra em hemisfério oriental e hemisfério ocidental. **2.** (Geom.) Em uma superfície de revolução, a interseção da superfície com um plano que passa pelo eixo de rotação. **3.** (Náut.) Círculo de longitude. adj. **4.** Relativo ao meio-dia; meridio. (Astron.) **Meridiano de Greenwich:** meridiano que passa pela antiga sede do Observatório Real de Greenwich, na Inglaterra, e é considerado referência para o tempo universal.

merídio (me.**rí**.di.o) adj. Meridiano.

meridional (me.ri.di.o.**nal**) adj.2g. **1.** Que está do lado do sul; austral. s.m. **2.** Habitante do sul; região do sul.

merino (me.**ri**.no) s.m. e adj. (Carneiro) de raça espanhola que produz lã de boa qualidade.

meritíssimo (me.ri.**tís**.si.mo) adj. **1.** De muito mérito. pron. **2.** Tratamento dado a juízes de direito. s.m. **3.** Juiz de direito.

mérito (**mé**.ri.to) s.m. Merecimento.

meritocracia (me.ri.to.cra.**ci**.a) s.f. **1.** Predomínio, numa sociedade, daqueles que têm mais méritos (os mais trabalhadores, mais dedicados, mais inteligentes). **2.** Forma de seleção baseada no mérito pessoal.

meritório (me.ri.**tó**.ri.o) adj. Que merece prêmio ou louvor; louvável.

merluza (mer.**lu**.za) s.f. (Zoo.) Pequeno gênero de peixes marinhos, de grande valor comercial e alimentício.

mesmerismo

mero (**me**.ro) [é] s.m. (Zoo.) Peixe teleósteo, do Atlântico tropical, de carne apreciada.

merovíngio (me.ro.**vín**.gi.o) adj. Pertencente ou relativo à primeira dinastia francesa, fundada por Meroveu, que reinou de 448 a 458.

merreca (mer.**re**.ca) [é] s.f. (Pop.) Coisa pouca, valor pequeno: *custava uma merreca*. Obs.: derivado de *mil-réis*, antigo padrão monetário brasileiro.

mertiolate (mer.ti.o.**la**.te) s.m. Nome comercial do produto, semelhante ao mercúrio cromo, que é usado como antisséptico local e germicida, antes de se aplicar um curativo.

mês s.m. **1.** Cada uma das 12 divisões do ano, sendo sete com 31 dias, quatro com 30 dias e um, fevereiro, com 28 ou, nos anos bissextos, 29 dias. **2.** Período de 30 dias. **Mês lunar:** período de 28 ou 29 dias, entre duas luas novas.

mesa (**me**.sa) [ê] s.f. **1.** Móvel, comumente de madeira, sobre o qual se come, escreve, trabalha, joga etc. **2.** (Relig.) Grade ou altar para realizar a comunhão. **3.** Balcão de atendimento ao público. **4.** Conjunto do presidente e secretários de uma assembleia.

mesada (me.**sa**.da) s.f. **1.** Quantia que se paga ou se dá em cada mês; mensalidade, pensão. **2.** (Fam.) Quantia que os pais dão periodicamente aos filhos. **3.** Golpe dado com uma mesa.

mesa-redonda (me.sa-re.**don**.da) [ê] s.f. Reunião de pessoas que discutem, em pé de igualdade, sobre determinado assunto. ◘ Pl. *mesas-redondas*.

mesário (me.**sá**.ri.o) s.m. **1.** Membro da mesa de uma empresa ou entidade. **2.** Que trabalha ou faz parte de mesa de seção eleitoral.

mescla (**mes**.cla) [é] s.f. **1.** Mistura de elementos diversos. **2.** Mistura de substâncias da mesma natureza para se obter um todo homogêneo.

mesclado (mes.**cla**.do) adj. Misturado; composto; variado; ligado; amalgamado; homogeneizado.

mesclar (mes.**clar**) v.t.d. Misturar; compor; variar; ligar; amalgamar; homogeneizar; incorporar.

mesencéfalo (me.sen.**cé**.fa.lo) s.m. (Anat.) Parte média do encéfalo.

mesentério (me.sen.**té**.ri.o) s.m. (Anat.) Formação semelhante a um leque, que prende o jejuno e o íleo à parede abdominal posterior e se compõe de duas camadas, que proporcionam extensão suficiente e considerável mobilidade ao intestino delgado.

mesenterite (me.sen.te.**ri**.te) s.f. (Med.) Inflamação do mesentério.

meseta (me.**se**.ta) [ê] s.f. (Geo.) Planalto de pequena conformação.

mesmerismo (mes.me.**ris**.mo) s.m. Teoria de Franz Anton Mesmer (1733-1815), médico austríaco, segundo a qual todo ser vivo seria dotado de um fluido magnético capaz de se transmitir a outros indivíduos, estabelecendo-se, assim, influências psicossomáticas recíprocas, inclusive com fins terapêuticos.

mesmice (mes.**mi**.ce) s.f. Ausência de mudança ou variedade; falta de progresso; marasmo; chatice.
mesmíssimo (mes.**mís**.si.mo) adj. Absolutamente igual.
mesmo (mes.mo) pron. **1.** Idêntico, exatamente igual: *torciam para o mesmo time*. **2.** Em pessoa, pessoalmente: *ele mesmo iria fazer o lanche*. adv. **3.** Com certeza, exatamente, precisamente: *queria mesmo ir dormir*. s.m. **4.** A mesma coisa.
mesocarpo (me.so.**car**.po) s.m. **1.** (*Bot.*) Porção do pericarpo dos frutos, a qual, quando estes são carnosos, constitui a polpa; miolo. **2.** (*Anat.*) Série inferior dos ossos do carpo, porção do esqueleto localizada entre o antebraço e a mão.
mesóclise (me.**só**.cli.se) s.f. (*Gram.*) Intercalação de pronome átono entre a raiz e a terminação do verbo e que só ocorre no futuro do presente e no futuro do pretérito, como em "vê-lo-ei amanhã".
mesolítico (me.so.**lí**.ti.co) s.m. (*próprio*) **1.** (*Hist.*) Período pré-histórico entre o Paleolítico e Neolítico, no qual o homem descobriu o fogo. adj. (*comum*) **2.** Relativo a esse período.
mesologia (me.so.lo.**gi**.a) s.f. (*Bio.*) Parte da biologia que estuda as relações entre os seres vivos e o meio ou ambiente em que vivem; ecologia.
mesológico (me.so.**ló**.gi.co) adj. Relativo à mesologia.
mesopotâmico (me.so.po.**tâ**.mi.co) adj. (*Hist.*) Da Mesopotâmia, região da Antiguidade entre os rios Tigre e Eufrates, na região do atual Iraque.
Mesozoico (Me.so.**zoi**.co) [ói] s.m. (*próprio*) (*Geo.*) Era da história da Terra em que os dinossauros se desenvolveram e desapareceram, surgiram as aves, os mamíferos e as flores.
mesquinhar (mes.qui.**nhar**) v.t.d. Recusar; negar, por mesquinharia.
mesquinharia (mes.qui.nha.**ri**.a) s.f. **1.** Ato ou ação de mesquinho; sovinice, avareza. **2.** Insignificância, pequenez, miudeza.
mesquinhez (mes.qui.**nhez**) [ê] s.f. Qualidade de mesquinho; mesquinharia.
mesquinho (mes.**qui**.nho) adj. **1.** Insignificante. **2.** Privado do essencial; pobre. **3.** Avarento; avaro. s.m. **4.** Pessoa infeliz; indivíduo sórdido.
mesquita (mes.**qui**.ta) s.f. Templo muçulmano.
messe (**mes**.se) [é] s.f. **1.** Seara, campo pronto para colheita. **2.** (*Fig.*) Colheita, resultados.
messiânico (mes.si.**â**.ni.co) adj. (*Relig.*) **1.** Relativo ao Messias. **2.** Diz-se de alguns grupos cristãos.
messianismo (mes.si.a.**nis**.mo) s.m. **1.** (*Relig.*) Culto, crença no Messias. **2.** Expectativa de que uma pessoa salve a todos por milagre.
messias (mes.**si**.as) s.m. (*próprio*) **1.** O Salvador, o Redentor prometido pelo Antigo Testamento. **2.** (*Relig.*) Para os cristãos, Jesus Cristo. (*comum*) **3.** (*Fig.*) Pessoa que se espera ansiosamente.
mestiçagem (mes.ti.**ça**.gem) s.f. Cruzamento de raças ou de espécies diferentes; miscigenação.
mestiçamento (mes.ti.ça.**men**.to) s.m. Miscigenação; mestiçagem.

mestiçar (mes.ti.**çar**) v.t.d. e v.p. **1.** Cruzar(-se) com outra etnia ou raça; miscigenar(-se): *mestiçou os cães e depois apurou uma nova raça*. **2.** Mesclar, misturar.
mestiço (mes.**ti**.ço) s.m. e adj. **1.** (Animal) que resulta de mistura de raças: *gado mestiço, cachorro labrador mestiço*. **2.** (Pessoa) que tem pais de etnias diferentes: *o Brasil é um país de mestiços*. **3.** (SP) Descendente de orientais e brasileiros.
mestrado (mes.**tra**.do) s.m. **1.** Dignidade de mestre, na ordem militar. **2.** O exercício dessa dignidade. **3.** Função de mestre. **4.** Reunião ou conjunto de mestres. **5.** Curso de pós-graduação, mais avançado que a especialização.
mestre (**mes**.tre) [é] s.m. **1.** Pessoa que ensina; professor: *um mestre chegou; a mestra deu aula na manhã toda*. **2.** Diretor espiritual, mentor. **3.** Pessoa que tem o grau de mestrado. **4.** Pessoa que domina um ofício: *um trabalho de mestre; os mestres medievais faziam arquitetura e escultura*.
mestre-cuca (mes.tre-**cu**.ca) s.m. Cozinheiro ou chefe de cozinha. ▫ Pl. *mestres-cucas*.
mestre de cerimônias (mes.tre de ce.ri.**mô**.nias) s.m. Aquele que dirige um cerimonial; mestre-sala.
mestre-escola (mes.tre-es.**co**.la) s.m. Professor de instrução primária; mestre de meninos; mestre de primeiras letras. ▫ Pl. *mestres-escolas*.
mestre-sala (mes.tre-**sa**.la) s.m. **1.** (*Folc.*) Na escola de samba, o que acompanha a porta-bandeira. **2.** Mestre de cerimônias. ▫ Pl. *mestres-salas*.
mestria (mes.**tri**.a) s.f. Qualidade de mestre; grande saber, habilidade ou destreza. O mesmo que *maestria*.
mesura (me.**su**.ra) s.f. Cortesia; cumprimento; reverência.
mesurado (me.su.**ra**.do) adj. Comedido; reverenciado.
mesurar (me.su.**rar**) v.i. Fazer ou dirigir mesuras; cumprimentar.
mesureiro (me.su.**rei**.ro) adj. **1.** Que faz muitas mesuras; polido, cortês. s.m. e adj. **2.** (Pessoa) que faz mesuras em excesso; bajulador, adulador.
meta (**me**.ta) [é] s.f. **1.** Ponto que se quer acertar; alvo, mira. **2.** Objetivo, fim, finalidade. **3.** (*Esp.*) Gol, baliza. **4.** Marca, limite.
metabólico (me.ta.**bó**.li.co) adj. Relativo ao metabolismo.
metabolismo (me.ta.bo.**lis**.mo) s.m. (*Bio.*) Conjunto das transformações físicas, químicas e biológicas com as quais os seres vivos assimilam ou eliminam substâncias vitais.
metacarpo (me.ta.**car**.po) s.m. (*Anat.*) Parte da mão entre o carpo e os dedos, formada por cinco ossos.
metade (me.**ta**.de) s.f. **1.** Cada uma das partes de um todo dividido igualmente em dois: *metade de seis é três*. **2.** Lado, porção, região.
metafalange (me.ta.fa.**lan**.ge) s.f. (*Anat.*) Osso do dedo parcialmente recoberto por unha; falangeta; falange distal.

metafísica (me.ta.**fí**.si.ca) s.f. (*Filos.*) Parte da filosofia que estuda a essência das coisas e a natureza da existência, do saber e da verdade.
metafísico (me.ta.**fí**.si.co) *adj.* **1.** Relativo ou pertencente à metafísica. **2.** Difícil de compreender; sutil; nebuloso; complexo. s.m. **3.** Indivíduo versado em metafísica.
metafonia (me.ta.fo.**ni**.a) s.f. (*Gram.*) Alteração de uma vogal tônica, por influência de uma postônica ou final, como em *durmo* em vez de *dormo* e *tusso* em vez de *tosso*.
metafônico (me.ta.**fô**.ni.co) *adj.* Referente a metafonia.
metáfora (me.**tá**.fo.ra) s.f. **1.** Figura de linguagem que consiste em usar palavras ou expressões em sentido figurado, como em "marcar um gol" para "atingir um objetivo". **2.** Figura de expressão em que se associa a realidade que se quer explicar a outra, já conhecida, como chamar o sistema de arquivo do computador de pasta, lixo etc.
metafórico (me.ta.**fó**.ri.co) *adj.* Relativo a metáfora; figurado.
metais (me.**tais**) s.m.pl. (*Mús.*) Grupo de instrumentos de sopro feitos de metal. Cf. *metal*.
metástase (me.**tás**.ta.se) s.f. (*Med.*) Surgimento de um segundo foco de tumor ou de inflamação.
metal (me.**tal**) s.m. Elemento químico que conduz eletricidade e calor, em geral brilhante e sólido na temperatura ambiente, que forma um importante grupo em que se incluem ferro, ouro, chumbo. Cf. *metais*.
metálico (me.**tá**.li.co) *adj.* **1.** Relativo a metal, feito de metal. **2.** Semelhante, na cor e aparência, ao metal; que soa como metal.
metalífero (me.ta.**lí**.fe.ro) *adj.* Que contém metal ou minérios metálicos.
metalificação (me.ta.li.fi.ca.**ção**) s.f. **1.** Ato ou efeito de reduzir uma substância ao estado metálico. **2.** Formação natural dos metais na Terra.
metaliforme (me.ta.li.**for**.me) [ó] *adj.2g.* Que tem a estrutura ou aparência de metal.
metalização (me.ta.li.za.**ção**) s.f. Ato, operação ou efeito de metalizar; transformação em metal.
metalizado (me.ta.li.**za**.do) *adj.* Que sofreu metalização.
metalizar (me.ta.li.**zar**) v.t.d. **1.** Transformar em metal. **2.** Guarnecer ou recobrir com leve capa de metal. **3.** Cromar; niquelar.
metalografia (me.ta.lo.gra.**fi**.a) s.f. Ciência que trata do estudo da estrutura dos metais e das ligas metálicas.
metalográfico (me.ta.lo.**grá**.fi.co) *adj.* Relativo à metalografia.
metalógrafo (me.ta.**ló**.gra.fo) s.m. Especialista em metalografia.
metaloide (me.ta.**loi**.de) [ó] s.m. (*Quím.*) Grupo dos elementos que têm brilho, dureza ou alguma semelhança com os metais, mas não todas as características; semimetal.
metalurgia (me.ta.lur.**gi**.a) s.f. Ciência e arte de construir estruturas metálicas.
metalúrgica (me.ta.**lúr**.gi.ca) s.f. Oficina de metalurgia.
metalúrgico (me.ta.**lúr**.gi.co) s.m. Aquele que tem como profissão o ramo da metalurgia.
metameria (me.ta.me.**ri**.a) s.f. (*Quím.*) Fenômeno apresentado por duas ou mais substâncias que têm os mesmos átomos na molécula, mas com diferentes disposições espaciais ou com diferentes ligações; isomerismo.
metamorfismo (me.ta.mor.**fis**.mo) s.m. Faculdade de transformar-se, de passar por metamorfose.
metamorfose (me.ta.mor.**fo**.se) [ó] s.f. **1.** Mudança, transformação. **2.** (*Bio.*) Processo de mudança de forma muito acentuada, por exemplo de larva ou lagarta para borboleta.
metamorfosear (me.ta.mor.fo.se.**ar**) v.t.d. **1.** Mudar ou trocar a forma de; transformar; modificar; alterar. v.p. **2.** Transformar-se.
metano (me.**ta**.no) s.m. (*Quím.*) O mais simples dos hidrocarbonetos, gasoso, incolor.
metanol (me.ta.**nol**) s.m. (*Quím.*) Tipo de álcool que queima com chama invisível, usado como combustível na Fórmula 1, como solvente na indústria etc.; álcool metílico.
metapausa (me.ta.**pau**.sa) s.f. (*Raro*) Climatério masculino; andropausa.
metaplasmo (me.ta.**plas**.mo) s.m. (*Gram.*) Figura que acrescenta, suprime, permuta ou transpõe fonemas nas palavras.
metatarso (me.ta.**tar**.so) s.m. (*Anat.*) Porção do esqueleto de cada pé, situada entre o tarso e os pododáctilos.
metátese (me.**tá**.te.se) s.f. **1.** (*Gram.*) Transposição de fonemas dentro de um mesmo vocábulo. **2.** (*Filos.*) Em lógica, transposição dos termos em um raciocínio.
metazoário (me.ta.zo.**á**.ri.o) s.m. (*Zoo.*) Espécime dos metazoários, divisão que abrange todos os animais pluricelulares.
metazoico (me.ta.**zoi**.co) [ói] *adj.* (*Geo.*) Diz-se do terreno que se formou depois do aparecimento dos animais.
metediço (me.te.**di**.ço) *adj.* Metido; que se mete.
metempsicose (me.tem.psi.**co**.se) s.f. (*Relig.*) Doutrina segundo a qual uma mesma alma pode animar sucessivamente diversos corpos, seja de homens, animais ou até vegetais; transmigração.
meteórico (me.te.**ó**.ri.co) *adj.* **1.** (*Astron.*) Referente a ou produzido por meteoro. **2.** (*Fig.*) Brilhante, rápido e efêmero: *o sucesso meteórico da banda mudou sua vida*.
meteorismo (me.te.o.**ris**.mo) s.m. Excesso de gases no intestino; flatulência excessiva.
meteorito (me.te.o.**ri**.to) s.m. (*Astron.*) Fragmento que cai na superfície terrestre proveniente do espaço sideral.
meteoro (me.te.**o**.ro) [ó] s.m. (*Astron.*) Fenômeno luminoso de curta duração que resulta do atrito de

um meteoroide com gases da atmosfera terrestre; estrela cadente.

meteorografia (me.te.o.ro.gra.**fi**.a) s.f. (*Astron.*) Ramo da astronomia que estuda os meteoros; astronomia meteórica.

meteorográfico (me.te.o.ro.**grá**.fi.co) *adj.* (*Astron.*) Relativo à meteorografia.

meteorógrafo (me.te.o.**ró**.gra.fo) s.m. **1.** (*Astron.*) Instrumento meteorológico destinado ao registro da pressão, umidade relativa e temperatura do ar. **2.** Pessoa que escreve acerca de meteoros.

meteoroide (me.te.o.**roi**.de) [ói] s.m. (*Astron.*) Corpo que vaga no espaço e, ao entrar na atmosfera, torna-se um meteoro.

meteorologia (me.te.o.ro.lo.**gi**.a) s.f. Ciência que investiga os fenômenos atmosféricos e cujas observações possibilitam a previsão do tempo.

meteorológico (me.te.o.ro.**ló**.gi.co) *adj.* Relativo à meteorologia.

meteorologista (me.te.o.ro.lo.**gis**.ta) s.2g. Especialista em meteorologia.

meteoroscópio (me.te.o.ros.**có**.pi.o) s.m. Instrumento para observações meteorológicas.

meter (me.**ter**) v.t.d. **1.** Guardar; depositar; pôr; colocar. v.p. **2.** Aventurar-se, arriscar-se, tentar fazer, experimentar ser. v.i. **3.** (*Chul.*) Praticar, fazer sexo.

meticulosidade (me.ti.cu.lo.si.**da**.de) s.f. Qualidade ou maneiras de meticuloso.

meticuloso (me.ti.cu.**lo**.so) [ô] *adj.* **1.** Suscetível de pequenos receios ou escrúpulos. **2.** Cuidadoso; detalhista. ▫ Pl. *meticulosos* [ó].

metido (me.**ti**.do) *adj.* **1.** Intrometido; convencido; orgulhoso. **2.** Colocado; posto.

metila (me.**ti**.la) s.f. (*Quím.*) Grupo monovalente de carbono e hidrogênio, derivado do metano.

metilação (me.ti.la.**ção**) s.f. (*Quím.*) **1.** Ato ou efeito de metilar. **2.** Inserção de um grupo metila numa molécula.

metilar (me.ti.**lar**) v.t.d. (*Quím.*) Introduzir um grupo metila numa molécula.

metílico (me.**tí**.li.co) *adj.* Álcool metílico: tipo de álcool também chamado metanol.

metódico (me.**tó**.di.co) *adj.* Que tem método.

metodismo (me.to.**dis**.mo) s.m. Doutrina e grupo cristãos da Igreja Anglicana, fundados no século XVIII por John Wesley (1703-1791), que pregava rigor na observância dos preceitos bíblicos.

metodista (me.to.**dis**.ta) *adj.2g.* **1.** Relativo ao metodismo. s.2g. **2.** Adepto do metodismo.

metodizar (me.to.di.**zar**) v.t.d. Tornar metódico.

método (**mé**.to.do) s.m. **1.** Caminho pelo qual se atinge um objetivo. **2.** Programa que regula previamente uma série de operações que se devem realizar, apontando erros evitáveis, em vista de um resultado determinado.

metodologia (me.to.do.lo.**gi**.a) s.f. **1.** A arte de dirigir o espírito na investigação da verdade. **2.** Orientação para o ensino de certa disciplina.

metodológico (me.to.do.**ló**.gi.co) *adj.* Relativo à metodologia.

metonímia (me.to.**ní**.mi.a) s.f. Figura que consiste em designar um objeto pelo nome de outro objeto que tem com o primeiro uma relação, que pode ser: de continente e conteúdo (*tomar uma garrafa de vinho*), marca e produto (*Kodak, por câmera fotográfica*), matéria e objeto (*mármore, por pia de mármore*), de lugar e produto (*tomar um Porto*), entre muitas outras.

metonímico (me.to.**ní**.mi.co) *adj.* Relativo à metonímia.

metragem (me.**tra**.gem) s.f. **1.** Medição em metros. **2.** Número de metros.

metralha (me.**tra**.lha) s.f. Aquilo com que se recheiam projéteis ocos (cacos, pedaços de ferro etc.).

metralhado (me.tra.**lha**.do) *adj.* Ferido ou atacado com tiros de metralhadora.

metralhador (me.tra.lha.**dor**) [ô] s.m. e *adj.* (Aquele) que metralha.

metralhadora (me.tra.lha.**do**.ra) [ô] s.f. Arma de fogo automática, que em pouco tempo dispara numerosos projéteis análogos aos dos fuzis.

metralhar (me.tra.**lhar**) v.t.d. Ferir ou atacar com tiros de metralha ou de metralhadora.

métrica (**mé**.tri.ca) s.f. **1.** Maneira de medir. **2.** (*Lit.*) Estudo e medida de ritmo dos versos. **3.** (*Mús.*) Parte da teoria musical que trata da alternação dos tempos fortes e fracos, dentro de um compasso ou de um grupo de compassos.

métrico (**mé**.tri.co) *adj.* Pertencente ao metro, ao sistema de medida que tem por base o metro.

metrificação (me.tri.fi.ca.**ção**) s.f. Ato, efeito ou arte de metrificar; versificação.

metrificador (me.tri.fi.ca.**dor**) [ô] s.m. Aquele que metrifica; versejador.

metrificar (me.tri.fi.**car**) v.i. **1.** Compor versos medidos. v.t.d. **2.** Pôr em versos medidos.

metro (**me**.tro) [é] s.m. **1.** Unidade fundamental de medida de comprimento (m), no Sistema Internacional. **2.** Vara, fita ou qualquer outro objeto de medir, subdividido em centímetros.

metrô (me.**trô**) s.m. Sistema de transporte urbano coletivo, com trens elétricos que circulam em vias subterrâneas ou elevadas; metropolitano.

metrografia (me.tro.gra.**fi**.a) s.f. Tratado acerca dos pesos e medidas.

metrologia (me.tro.lo.**gi**.a) s.f. Conhecimento dos pesos e medidas e dos sistemas de unidades de todos os povos antigos e modernos.

metrológico (me.tro.**ló**.gi.co) *adj.* Relativo à metrologia.

metrologista (me.tro.lo.**gis**.ta) s.2g. Especialista em metrologia.

metrônomo (me.**trô**.no.mo) s.m. (*Mús.*) Instrumento que emite batidas para regular ou medir o andamento das músicas.

metrópole (me.**tró**.po.le) s.f. Cidade principal ou capital de província ou de estado que, por suas atividades financeiras, de gestão e de informação, alcança uma esfera de influência nacional e internacional, como São Paulo, Tóquio, Nova York, Paris etc.

metropolitano (me.tro.po.li.**ta**.no) *adj.* **1.** Pertencente ou relativo a metrópole. *s.m.* **2.** Metrô.

metroviário (me.tro.vi.**á**.ri.o) *adj.* **1.** Relativo ao metrô. *s.m.* **2.** Funcionário do metrô.

meu *pron.* Que pertence a mim, à pessoa que fala. ▣ Pl. *meus.* Fem. *minha, minhas.* Obs.: é o pronome possessivo da primeira pessoa do singular.

meus *s.m.pl.* Os meus: a minha família, meus pais e meus filhos, meus familiares e parentes.

mexediço (me.xe.**di**.ço) *adj.* Que se mexe muito, com frequência; movediço; inquieto.

mexedor (me.xe.**dor**) [ô] *adj.* **1.** Que se mexe. *s.m.* **2.** O objeto com que se mexe.

mexer (me.**xer**) *v.t.d.* **1.** Dar ou imprimir movimento a; agitar; mover. *v.p.* **2.** Locomover-se. *v.i.* **3.** Bulir; tocar; provocar.

mexerica (me.xe.**ri**.ca) *s.f.* (Bot.) Fruta cítrica semelhante a laranja, menor e de gomos mais soltos; tangerina, bergamota, mandarina, mimosa.

mexericar (me.xe.ri.**car**) *v.i.* Fazer intrigas; bisbilhotar.

mexerico (me.xe.**ri**.co) *s.m.* Ato de mexericar; intriga; fofoca; bisbilhotice; diz que diz que.

mexeriqueiro (me.xe.ri.**quei**.ro) *adj.* Que mexerica.

mexicano (me.xi.**ca**.no) *adj.* **1.** Do México, país da América do Norte. *s.m.* **2.** Pessoa natural ou habitante desse lugar.

mexida (me.**xi**.da) *s.f.* Confusão; desordem; balbúrdia.

mexido (me.**xi**.do) *adj.* **1.** Que mexeu; agitado. **2.** (Culin.) Uma das maneiras de se fazer o ovo frito.

mexilhão (me.xi.**lhão**) *s.m.* (Zoo.) Molusco bivalve de concha oval ou triangular, que se fixa nas pedras e é apreciado na alimentação.

mezanino (me.za.**ni**.no) *s.m.* Andar pouco elevado, entre dois andares; sobreloja avarandada.

mezinha (me.**zi**.nha) *s.f.* Remédio caseiro, recurso de medicina popular; meizinha.

mezinheiro (me.zi.**nhei**.ro) *s.m. e adj.* (Pessoa) que faz ou usa mezinhas.

mg Símbolo de miligrama.

Mg Símbolo do elemento químico magnésio.

MG Sigla de Minas Gerais, estado brasileiro.

mi *s.m.* (Mús.) Terceira nota da escala de dó, situada entre o ré e o fá. Cf. *me.*

miada (mi.**a**.da) *s.f.* Conjunto de miados de muitos gatos ao mesmo tempo.

miadela (mi.a.**de**.la) *s.f.* O ato de miar um de cada vez; miado isolado.

miado (mi.**a**.do) *s.m.* A voz do gato; mio, miada.

miador (mi.a.**dor**) [ô] *s.m.* Gato que mia muito.

mialgia (mi.al.**gi**.a) *s.f.* (Med.) Dor em um ou mais músculos.

mianmarense (mi.an.ma.**ren**.se) *adj.2g.* **1.** De Mianmar ou Myanmar, país da Ásia que antes de 1989 chamava-se Birmânia. *s.2g.* **2.** Pessoa natural ou habitante desse lugar. O mesmo que *myanmense.*

Obs.: as duas formas estão registradas no *Volp.* O nome do país aparece também escrito *Mianmá.*

miar (mi.**ar**) *v.i.* **1.** Dar ou soltar miados. **2.** Soltar ou emitir som que lembra um miado. **3.** (Fig.) Choramingar.

miasma (mi.**as**.ma) *s.m.* Emanação fétida do solo, a que se atribuía a causa de pestes e epidemias antes da descoberta dos micróbios.

miasmático (mi.as.**má**.ti.co) *adj.* **1.** Que produz miasmas. **2.** Diz-se da moléstia resultante de miasmas.

miau (mi.**au**) *s.m.* **1.** Onomatopeia do som do gato, do miado. **2.** (Infant.) Gato.

mica (**mi**.ca) *s.f.* (Min.) Designação comum aos minerais do grupo das micas, silicatos de alumínio e de metais alcalinos, aos quais frequentemente se associam magnésio e ferro; malacacheta.

micado (mi.**ca**.do) *s.m.* **1.** Título do soberano do Japão. **2.** Antigo título da suprema autoridade religiosa japonesa.

micagem (mi.**ca**.gem) *s.f.* **1.** Careta própria de mico. **2.** Trejeito, macaquice.

miçanga (mi.**çan**.ga) *s.f.* Conta miúda e de cores variadas, com que se fazem colares e pulseiras e também bordados nos vestidos.

micante (mi.**can**.te) *adj.2g.* Que brilha; brilhante; luzidio.

micareta (mi.ca.**re**.ta) [ê] *s.f.* (Folc.) **1.** Festa de Carnaval de rua realizada depois da Páscoa ou a partir de abril, em várias cidades do interior da Bahia. **2.** Folia carnavalesca fora da época do Carnaval, em várias capitais.

micção (mic.**ção**) *s.f.* (Med.) Emissão de urina; ato de urinar.

micélio (mi.**cé**.li.o) *s.m.* (Bio.) Rede de hifas.

micetografia (mi.ce.to.gra.**fi**.a) *s.f.* (Bio.) Micologia.

micetologia (mi.ce.to.lo.**gi**.a) *s.f.* (Bio.) Estudo dos fungos; micologia.

micetológico (mi.ce.to.**ló**.gi.co) *adj.* Relativo ao estudo de fungos; micológico.

michê (mi.**chê**) *s.m.* (Chul.) **1.** Ato sexual pago. **2.** Valor pago por ato sexual. **3.** Homem que se prostitui.

mico (**mi**.co) *s.m.* **1.** (Zoo.) Macaco pequeno ou médio de regiões tropicais, como o mico-leão e o sagui. **2.** (Zoo.) Macaco pequeno de pelo preto; mico-preto. **3.** (Folc.) Jogo de cartas com baralho especial de dezessete casais de bichos e uma carta sem par, o mico, que dá derrota e castigo a quem ficar com ela; mico-preto. **4.** (Gír.) Situação embaraçosa, desagradável ou vergonhosa: *sair com aquela doida ia ser um grande mico.* **Pagar mico:** ficar em situação desagradável ou embaraçosa.

micoderma (mi.co.**der**.ma) *s.m.* (Bio.) Grupo de fungos que causam micose.

mico-leão (mi.co.le.**ão**) *s.m.* (Zoo.) Pequeno primata com pelos longos na cabeça, quase em extinção, frugívoro, da América tropical. ▣ Pl. *micos-leões.*

mico-leão-dourado (mi.co.le.ão-dou.**ra**.do) *s.m.* Espécie de mico-leão com juba dourada, em

extinção. ▫ Pl.: *micos-leões-dourados* e *micos-leão--dourados*.
micologia (mi.co.lo.**gi**.a) s.f. (Bio.) Estudo dos fungos; micetografia, micetologia.
micológico (mi.co.**ló**.gi.co) adj. (Bio.) Micetológico; que se refere aos fungos.
micologista (mi.co.lo.**gis**.ta) s.2g. e adj.2g. (Bio.) (Pessoa) que se dedica ao estudo dos fungos.
micólogo (mi.**có**.lo.go) s.m. (Bio.) Especialista em fungos; micologista.
mico-preto (mi.co-**pre**.to) [ê] s.m. Mico. ▫ Pl. *micos-pretos*.
micose (mi.**co**.se) [ó] s.f. (Med.) Infecção causada por algumas espécies de fungo que são parasitas.
micótico (mi.**có**.ti.co) adj. (Med.) 1. Relativo à micose. 2. Que é causado por fungo.
micracústico (mi.cra.**cús**.ti.co) adj. (Fís.) Diz-se de instrumentos que reforçam os sons.
micro (**mi**.cro) s.m. 1. Milésima parte do milímetro; unidade de medida do microscópio. 2. Forma reduzida de microcomputador.
microbial (mi.cro.bi.**al**) adj.2g. Microbiano.
microbiano (mi.cro.bi.**a**.no) adj. Em que há micróbios; provocado por micróbios.
microbicida (mi.cro.bi.**ci**.da) s.m. Germicida que mata micróbios.
micróbio (mi.**cró**.bi.o) s.m. 1. (Bio.) Organismo que só pode ser visto pelo microscópio. 2. (Gír.) Indivíduo que vive à custa de outro.
microbiologia (mi.cro.bi.o.lo.**gi**.a) s.f. Parte da biologia que estuda os micróbios.
microbiológico (mi.cro.bi.o.**ló**.gi.co) adj. Relativo à microbiologia.
microbiologista (mi.cro.bi.o.lo.**gis**.ta) s.2g. e adj.2g. Especialista em microbiologia; microbiólogo.
microbiólogo (mi.cro.bi.**ó**.lo.go) s.m. Microbiologista.
microcefalia (mi.cro.ce.fa.**li**.a) s.f. (Med.) Malformação que, com grande frequência, é acompanhada de deficiência mental; nanocefalia.
microcefálico (mi.cro.ce.**fá**.li.co) adj. Relativo à microcefalia ou a microcéfalo; nanocefálico.
microcéfalo (mi.cro.**cé**.fa.lo) adj. 1. Que tem a cabeça muito pequena ou a massa encefálica reduzida. 2. (Fig.) Pouco inteligente; idiota.
microcirurgia (mi.cro.ci.rur.**gi**.a) s.f. Procedimento cirúrgico feito com instrumento muito pequeno, que pode ser inserido no organismo por um pequeno corte.
microcomputador (mi.cro.com.pu.ta.**dor**) [ô] s.m. (Inf.) Computador que pode ser usado por uma só pessoa, sem estar ligado a uma rede ou a um computador central; computador de pequeno porte, computador pessoal. Obs.: usa-se também a redução *micro*.
microcósmico (mi.cro.**cós**.mi.co) adj. Relativo ao microcosmo.
microcosmo (mi.cro.**cos**.mo) s.m. Universo dos pequenos seres; mundo pequeno; resumo do universo; o homem. Cf. *macrocosmo*.

microdáctilo (mi.cro.**dác**.ti.lo) adj. (Zoo.) Que tem dedos curtos. O mesmo que *microdátilo*.
microdátilo (mi.cro.**dá**.ti.lo) adj. (Zoo.) O mesmo que *microdáctilo*.
microdonte (mi.cro.**don**.te) adj.2g. (Zoo.) Que tem dentes pequenos.
microempresa (mi.cro.em.**pre**.sa) s.f. Empresa ou firma que fatura até 240 mil reais por ano.
microempresário (mi.cro.em.pre.**sá**.ri.o) s.m. Proprietário, sócio de uma microempresa.
microfilmar (mi.cro.fil.**mar**) v.t.d. Fotografar em microfilme; fazer microfilme de.
microfilme (mi.cro.**fil**.me) s.m. Microfotografia positiva ou negativa feita em tira ou rolo de filme.
micrófilo (mi.**cró**.fi.lo) s.m. (Bot.) Vegetal que tem folhas pequenas.
micrófita (mi.**cró**.fi.ta) s.f. (Bot.) Micrófito.
micrófito (mi.**cró**.fi.to) s.f. (Bot.) Vegetal muitíssimo pequeno; micrófita.
microflora (mi.cro.**flo**.ra) s.f. (Bot.) Flora constituída por vegetais microscópicos, como certas algas marinhas.
microfone (mi.cro.**fo**.ne) s.m. (Fís.) Aparelho que capta a voz ou outro som e o transforma em sinal elétrico, para que seja amplificado, transmitido, gravado etc.
microfonia (mi.cro.fo.**ni**.a) s.f. Perturbação na transmissão de sinais de som ou de vídeo, causada por vibração mecânica do sistema de transmissão, ocorrendo quando o microfone é colocado muito perto do alto-falante.
micrófono (mi.**cró**.fo.no) adj. Que tem voz fraca.
microfotografia (mi.cro.fo.to.gra.**fi**.a) s.f. Fotografia em tamanho microscópico, empregada no final do século XIX, para transmissão de mensagens secretas e outros fins. Cf. *macrofotografia*.
microftalmia (mi.crof.tal.**mi**.a) s.f. (Med.) Olho cujo volume é inferior ao normal.
microftalmo (mi.crof.**tal**.mo) adj. Que apresenta microftalmia.
micrografia (mi.cro.gra.**fi**.a) s.f. 1. Tudo quanto diz respeito ao emprego do microscópio. 2. Redução involuntária do tamanho das letras manuscritas de uma pessoa, em comparação com as de sua escrita normal.
micrologia (mi.cro.lo.**gi**.a) s.f. Tratado sobre os corpos microscópicos.
micrológico (mi.cro.**ló**.gi.co) adj. Relativo à micrologia.
micrólogo (mi.**cró**.lo.go) s.m. Especialista em micrologia.
micrometria (mi.cro.me.**tri**.a) s.f. A técnica da aplicação do micrômetro.
micrométrico (mi.cro.**mé**.tri.co) adj. 1. Relacionado à micrometria ou ao micrômetro. 2. Muito pequeno.
micrômetro (mi.**crô**.me.tro) s.m. (Fís.) Instrumento para medida de comprimentos ou de ângulos muito pequenos, baseado em dispositivos mecânicos ou em sistemas ópticos.

micromicete (mi.cro.mi.**ce**.te) [ê] s.m. (Bot.) Planta que produz fermentação alcoólica.

micronésio (mi.cro.**né**.si.o) adj. **1.** Da Micronésia, país da Ásia. s.m. **2.** Pessoa natural ou habitante desse lugar.

micronutriente (mi.cro.nu.tri.**en**.te) s.m. (Bio.) Nutriente, como vitaminas ou minerais, que não fornece energia mas é necessário para completar as reações químicas. Cf. *macronutriente*.

micro-onda (mi.cro-**on**.da) s.f. (Fís.) Onda eletromagnética com frequência compreendida entre 500 MHz e 300 GHz. Forno de micro-ondas, o mesmo que *micro-ondas*.

micro-ondas (mi.cro-**on**.das) s.m.2n. Aparelho eletrodoméstico que emprega micro-ondas para aquecer ou preparar alimentos: *a cozinha tinha um micro-ondas e um fogão convencional*. (Diz-se também forno de micro-ondas.) ▪ Pl. *micro-ondas*.

micro-ônibus (mi.cro-**ô**.ni.bus) s.m.2n. Veículo de transporte coletivo em geral com uma só porta e menor que o ônibus. ▪ Pl. *micro-ônibus*.

micro-organismo (mi.cro-or.ga.**nis**.mo) s.m. (Bio.) Designação comum a organismos microscópicos, como bactérias, vírus, fungos e protozoários. O mesmo que *microrganismo*.

microprocessador (mi.cro.pro.ces.sa.**dor**) [ô] s.m. (Inf.) Processador miniaturizado de circuitos, fabricados em uma pastilha de silício.

microrganismo (mi.cror.ga.**nis**.mo) s.m. O mesmo que *micro-organismo*.

microrregião (mi.cror.re.gi.**ão**) s.f. Subdivisão de uma região.

microscopia (mi.cros.co.**pi**.a) s.f. Arte de empregar o microscópio.

microscópico (mi.cros.**có**.pi.co) adj. **1.** Relacionado a microscópio, visível somente ao microscópio. **2.** Minúsculo, muito pequeno.

microscópio (mi.cros.**có**.pi.o) s.m. Instrumento óptico destinado à observação e estudo de objetos de dimensões muito pequenas.

microscopista (mi.cros.co.**pis**.ta) s.2g. Pessoa que se ocupa de microscopia.

microsmia (mi.cros.**mi**.a) s.f. Baixa sensibilidade olfativa.

microssomatia (mi.cros.so.ma.**ti**.a) s.f. (Med.) Microssomia.

microssomia (mi.cros.so.**mi**.a) s.f. (Med.) Doença rara em que ocorre extrema pequenez do corpo ou de um órgão; microssomatia.

microzoário (mi.cro.zo.**á**.ri.o) s.m. (Zoo.) Animal diminuto que só pode ser visto com a ajuda do microscópio.

micruro (mi.**cru**.ro) adj. (Zoo.) **1.** Que tem cauda curta. s.m. **2.** Gênero de pequenas serpentes.

mictório (mic.**tó**.ri.o) s.m. **1.** Peça de banheiro ou instalação sanitária própria para urinar. **2.** Local para urinar; banheiro, sanitário.

micuim (mi.cu.**im**) [u-i] s.m. (Zoo.) Carrapato-estrela.

mídia (**mí**.di.a) s.f. **1.** Conjunto dos meios de comunicação em massa, como jornal, rádio, televisão, cinema, *outdoor*, internet e outros: *a mídia noticiou que o casal havia brigado, mas não era verdade*. **2.** Meio de comunicação: *o livro foi a primeira mídia industrializada*. **3.** Suporte de comunicação: *o CD é uma mídia magnética*.

mielina (mi.e.**li**.na) s.f. (Bio.) Substância gordurosa que envolve o axônio, protegendo o neurônio.

mielite (mi.e.**li**.te) s.f. (Med.) Inflamação da medula espinhal.

mielocite (mi.e.lo.**ci**.te) s.m. (Bio.) Célula da medula vermelha dos ossos, responsável pela formação dos glóbulos brancos granulosos.

mieloma (mi.e.**lo**.ma) s.m. (Med.) Qualquer tumor medular.

migalha (mi.**ga**.lha) s.f. **1.** Pequeno fragmento ou fração de algo, como o pão. **2.** (Fig.) Pouquíssima coisa; quase nada; nada.

migar (mi.**gar**) v.t.d. Esmigalhar; esfarelar.

migração (mi.gra.**ção**) s.f. **1.** Passagem de pessoas de uma região para outra. **2.** Viagens periódicas, em busca de melhor clima, feitas por certas espécies de animais, como as andorinhas.

migrante (mi.**gran**.te) s.2g. e adj.2g. (Aquele) que migra, vai para outra região: *os migrantes contribuem para a riqueza cultural*.

migrar (mi.**grar**) v.t.i. e v.i. Mudar ou passar de uma região para outra, definitiva ou periodicamente: *na época da seca, muitos agricultores migram para a cidade*.

migratório (mi.gra.**tó**.ri.o) adj. Referente a migração; que migra: *as aves migratórias fazem longas viagens*.

mijada (mi.**ja**.da) s.f. (Pop.) Ação de mijar.

mijado (mi.**ja**.do) adj. (Pop.) Molhado ou manchado de urina.

mijão (mi.**jão**) s.m. (Chul.) Pessoa muito medrosa, que não se arrisca.

mijar (mi.**jar**) v.i. (Pop.) Expelir, verter mijo ou urina; urinar.

mijo (**mi**.jo) s.m. (Pop.) Urina.

mil num. **1.** Numeral cardinal que corresponde a 1.000, ou dez centenas. s.m. **2.** Esse número, escrito em algarismos romanos com a letra M.

milagre (mi.**la**.gre) s.m. **1.** Ocorrência extraordinária, que não se explica pelas leis da natureza. **2.** Acontecimento admirável ou espantoso. **3.** (Relig.) Qualquer manifestação da presença ativa de Deus entre os homens.

milagreiro (mi.la.**grei**.ro) s.m. e adj. (Aquele) que realiza milagres.

milagroso (mi.la.**gro**.so) [ô] adj. Que faz milagres; miraculoso; maravilhoso. ▪ Pl. *milagrosos* [ó].

milanês (mi.la.**nês**) adj. **1.** Relativo a Milão, cidade italiana. s.m. **2.** Pessoa natural ou habitante desse lugar. Cf. *milanesa*.

milanesa (mi.la.**ne**.sa) [ê] s.f. À milanesa: diz-se de alimento empanado em farinha e frito. Cf. *milanês*.

milenar (mi.le.**nar**) *adj.2g.* Que existe há mais de um milênio.

milenário (mi.le.ná.ri.o) *s.m.* **1.** Milênio. *adj.* **2.** Que tem mil anos; milenar.

milênio (mi.lê.ni.o) *s.m.* Período de mil anos; milenário.

milésimo (mi.lé.si.mo) *num.* **1.** Numeral ordinal que corresponde à posição do número 1.000, ou mil. **2.** Numeral fracionário correspondente a 1/1.000. Cf. *milionésimo*.

milha (**mi**.lha) *s.f.* **1.** Antiga medida itinerária brasileira, equivalente a mil braças, ou 2.200 metros. **2.** Medida itinerária inglesa e norte-americana, equivalente a 1.609 metros.

milhal (mi.**lhal**) *s.m.* Milharal.

milhão (mi.**lhão**) *num.* **1.** Numeral cardinal que corresponde a 1.000.000, ou mil milhares. *s.m.* **2.** Esse número: *um milhão tem sete dígitos*.

milhar (mi.**lhar**) *num.* Mil unidades, ou 1.000: *mais de dois milhares de pessoas foram para a praia no feriado*.

milharada (mi.lha.**ra**.da) *s.f.* **1.** Grande porção de milho. **2.** Milharal.

milharal (mi.lha.**ral**) *s.m.* Plantação de milho; milharada.

milheiro (mi.**lhei**.ro) *s.m.* **1.** (*Bot.*) Pé de milho. **2.** Milhar.

milho (**mi**.lho) *s.m.* (*Bot.*) **1.** Cereal amarelo que cresce em espigas, com várias espécies importantes na alimentação humana e de animais. **2.** Planta que dá esse cereal, gramínea originária das Américas.

mil-homens (mil-**ho**.mens) *s.m.2n.* (*Bot.*) Cipó de que se extrai uma substância com propriedades aromáticas e medicinais. ◘ Pl. *mil-homens*.

miliampere (mi.li.am.**pe**.re) [é] *s.m.* (*Fís.*) Unidade de medida de energia igual à milésima parte do ampere.

miliamperímetro (mi.li.am.pe.**rí**.me.tro) *s.m.* (*Fís.*) Instrumento para medir correntes elétricas de alguns miliamperes.

miliamperômetro (mi.li.am.pe.**rô**.me.tro) *s.m.* Miliamperímetro.

miliário (mi.li.**á**.ri.o) *adj.* **1.** Relativo a milhas. *s.m.* **2.** Marco que assinala distâncias em estrada.

milícia (mi.**lí**.ci.a) *s.f.* Grupo ou organização armado, com disciplina semelhante à militar porém sem ligação com o exército ou com a polícia.

miliciano (mi.li.ci.**a**.no) *s.m.* Soldado de milícia.

milico (mi.**li**.co) *s.m.* (*Pej.*) Membro do exército ou das forças armadas; reco.

miligrama (mi.li.**gra**.ma) *s.m.* Medida equivalente à milésima parte do grama, de símbolo mg.

mililitro (mi.li.**li**.tro) *s.m.* Unidade de capacidade que equivale à milésima parte do litro, de símbolo ml.

milimetrado (mi.li.me.**tra**.do) *adj.* **1.** Que é medido em milímetros. **2.** Que está marcado em milímetros.

milimetrar (mi.li.me.**trar**) *v.t.d.* Medir ou marcar em milímetros.

milimétrico (mi.li.**mé**.tri.co) *adj.* **1.** Relacionado ao milímetro. **2.** Dividido ou graduado em milímetros. **3.** (*Fig.*) Muito pequeno.

milímetro (mi.**lí**.me.tro) *s.m.* Unidade de medida que equivale a um milésimo do metro, de símbolo mm.

milindô (mi.lin.**dô**) *s.m.* (*Folc.*) Dança popular cearense executada apenas por mulheres, em roda semelhante ao coco.

milionário (mi.li.o.**ná**.ri.o) *adj.* **1.** Que tem ou custa mais de um milhão: *contrato milionário*. *s.m.* **2.** Pessoa que tem mais de um milhão. **3.** (*Fig.*) Rico.

milionésimo (mi.li.o.**né**.si.mo) *num.* **1.** Numeral ordinal que corresponde ao número 1.000.000, ou um milhão. **2.** Numeral fracionário correspondente a 1/1.000.000. Cf. *milésimo*.

milípede (mi.**lí**.pe.de) *s.m. e adj.2g.* (*Zoo.*) Miriápode.

milissegundo (mi.lis.se.**gun**.do) *s.m.* (*Fís.*) A milésima parte de um segundo.

militância (mi.li.**tân**.ci.a) *s.f.* Ação de militante; exercício, prática, atuação.

militante (mi.li.**tan**.te) *adj.2g. e s.2g.* Que ou aquele que milita, luta ou defende uma causa, ideologia ou organização: *os militantes do partido reuniram-se para votar um código de ética*.

militar (mi.li.**tar**) *adj.* **1.** Relativo às forças armadas: *as organizações militares brasileiras são o Exército, a Marinha e a Força Aérea*. *s.2g.* **2.** Pessoa que é membro de exército, marinha, aeronáutica: *os militares têm cargos e hierarquia bem definidos*. *v.i. e v.t.i.* **3.** Atuar, lutar, trabalhar por uma causa, ideologia ou partido: *militamos pela defesa do ambiente; muitos ativistas militam a vida toda*.

militarismo (mi.li.ta.**ris**.mo) *s.m.* Sistema político duro, ditatorial, em que os militares ocupam os mais altos cargos executivos, fortalecendo os exércitos para eventuais conflitos.

militarista (mi.li.ta.**ris**.ta) *adj.2g.* **1.** Que se refere ao militarismo. *s.2g. e adj.2g.* **2.** (Aquele) que defende o militarismo.

militarização (mi.li.ta.ri.za.**ção**) *s.f.* Ato ou efeito de militarizar(-se).

militarizar (mi.li.ta.ri.**zar**) *v.t.d. e v.p.* Tornar(-se) militar; armar(-se) como militar.

militofobia (mi.li.to.fo.**bi**.a) *s.f.* Aversão a militares.

milk-shake [inglês: "miuquixeiqui"] *s.m.* Leite batido com sorvete ou achocolatado.

milonga (mi.**lon**.ga) *s.f.* **1.** (*Pop. NE*) Palavrório, embrulho, rodeio. **2.** (*Pop. AM*) Feitiço, remédio. **3.** (*Folc.*) Dança de par e gênero musical populares na Argentina e Uruguai no fim do século XIX, uma das raízes do tango argentino.

milorde (mi.**lor**.de) *s.m.* **1.** Designação que se dá aos lordes da Inglaterra, quando se lhes dirige a palavra. **2.** (*Pop.*) Homem muito rico, que vive com ostentação; figurão.

mil-réis (mil-**réis**) *s.m.2n.* **1.** Unidade monetária brasileira até 1º de novembro de 1942, quando foi substituída pelo cruzeiro. **2.** Unidade monetária portuguesa até 1911, quando foi substituída pelo escudo. ▪ Pl. *mil-réis*.

mim *pron.* Forma oblíqua do pronome pessoal "eu", sempre usada com preposição: *coube a mim anunciar o vencedor*.

mimado (mi.**ma**.do) *adj.* Tratado com mimo, com carinho.

mimar (mi.**mar**) *v.t.d.* Tratar com mimo ou carinho excessivo.

mimeografado (mi.me.o.gra.**fa**.do) *adj.* Copiado; reproduzido em mimeógrafo.

mimeografar (mi.me.o.gra.**far**) *v.t.d.* Tirar cópias no mimeógrafo.

mimeógrafo (mi.me.**ó**.gra.fo) *s.m.* Aparelho para tirar cópias em folhas de papel estêncil.

mimético (mi.**mé**.ti.co) *adj.* **1.** Relacionado a mimetismo, que faz mimetismo. **2.** Que imita, que tenta parecer.

mimetismo (mi.me.**tis**.mo) *s.m.* (Bio.) Faculdade que certos animais têm de adquirir a cor e o aspecto do meio em que se encontram, como o camaleão.

mimetizar (mi.me.ti.**zar**) *v.t.d.* **1.** (Bio.) Apresentar mimetismo. **2.** (Fig.) Imitar, parecer muito.

mímica (**mí**.mi.ca) *s.f.* **1.** Arte de expressar em gestos e expressões faciais uma ideia ou sentimento, de representar ou atuar sem palavras; pantomima. **2.** Gestos, gesticulação.

mímico (**mí**.mi.co) *s.m.* **1.** Ator que representa unicamente por meio de mímica. *adj.* **2.** Relativo à mímica ou gesticulação.

mimo (**mi**.mo) *s.m.* **1.** Coisa delicada, fina, com que se presenteia alguém; presente; oferenda. **2.** Delicadeza; afago.

mimosa (mi.**mo**.sa) [ó] *s.f.* (Bot.) **1.** Árvore ornamental das regiões tropicais. **2.** Mexerica. Cf. *mimoso*.

mimosear (mi.mo.se.**ar**) *v.t.d.* Tratar com regalias; presentear; mimar; agradar alguém.

mimoso (mi.**mo**.so) [ô] *adj.* Sensível, meigo, agradável, carinhoso, acostumado com mimos. ▪ Pl. *mimosos* [ó]. Cf. *mimosa*.

mina (**mi**.na) *s.f.* **1.** Cavidade artificial na terra, para extração de pedras, metais ou outros minérios. **2.** Material bélico explosivo. **3.** Fonte de água, nascente. **4.** (Gír.) Menina, mulher jovem. *s.2g. e adj.2g.* **5.** (Pessoa) de um grupo étnico africano trazida para o Brasil durante o tráfico: *há vários ritmos, danças e instrumentos dos minas no folclore, além dos cultos*.

minadouro (mi.na.**dou**.ro) *s.m.* Olho-d'água, oriundo de um ribeirão, córrego ou do fundo de uma grota.

minar (mi.**nar**) *v.t.d.* **1.** Abrir mina; cavar; escavar. **2.** Destruir; explodir. **3.** Corroer pouco a pouco, consumir. **4.** Lançar ou espalhar material explosivo. *v.i.* **5.** Espalhar-se. **6.** Brotar.

minarete (mi.na.**re**.te) [ê] *s.m.* Pequena torre de mesquita de três ou quatro andares e balcões salientes, de onde se anunciam aos muçulmanos a hora das orações; almádena.

minaz (mi.**naz**) *adj.2g.* (Raro) Ameaçador.

mindinho (min.**di**.nho) *s.m.* (Pop.) O dedo mínimo; minguinho.

mineirada (mi.nei.**ra**.da) *s.f.* Porção ou grupo de mineiros.

mineiro (mi.**nei**.ro) *adj.* **1.** Relativo a mina ou mineração. **2.** De Minas Gerais, estado brasileiro. *s.m.* **3.** Aquele que trabalha em uma mina. **4.** Pessoa natural ou habitante de Minas Gerais. (Culin.) **Mineiro de botas:** sobremesa feita com banana em geral frita, queijo e goiabada.

mineiro-pau (mi.nei.ro-**pau**) *s.m.* (Folc.) Dança de roda de origem indígena, ritmada com palmas, popular no Nordeste. ▪ Pl. *mineiros-paus*.

mineração (mi.ne.ra.**ção**) *s.f.* Exploração; purificação, depuração de minérios.

minerador (mi.ne.ra.**dor**) [ô] *s.m.* Pessoa que trabalha com mineração.

mineradora (mi.ne.ra.**do**.ra) [ô] *s.f.* Empresa que se dedica à mineração.

mineral (mi.ne.**ral**) *s.m.* **1.** Substância inorgânica que ocorre naturalmente na crosta terrestre, seja um elemento químico ou um composto: *alguns minerais são importantes na alimentação*. Cf. *minério*. *adj.2g.* **2.** Relativo a essas substâncias; extraído da terra: *água mineral, substâncias minerais*.

mineralização (mi.ne.ra.li.za.**ção**) *s.f.* Processo de substituição dos constituintes orgânicos por inorgânicos, pela deposição de minerais de origem magmática, que facilitam a cristalização e a concentração, resultando em jazidas de minerais de considerável valor industrial e econômico.

mineralizar (mi.ne.ra.li.**zar**) *v.t.d.* Transformar ou converter em mineral.

mineralizável (mi.ne.ra.li.**zá**.vel) *adj.2g.* Que pode ser convertido em mineral.

mineralogia (mi.ne.ra.lo.**gi**.a) *s.f.* (Geo.) Parte da geologia que estuda os minerais.

mineralógico (mi.ne.ra.**ló**.gi.co) *adj.* Relativo à mineralogia.

mineralogista (mi.ne.ra.lo.**gis**.ta) *s.2g. e adj.* Especialista em mineralogia.

mineralurgia (mi.ne.ra.lur.**gi**.a) *s.f.* Arte que ensina a aplicação dos minerais e metais às indústrias.

mineralúrgico (mi.ne.ra.**lúr**.gi.co) *adj.* Relativo à mineralurgia.

minerar (mi.ne.**rar**) *v.i.* Garimpar; explorar minas.

minério (mi.**né**.ri.o) *s.m.* Substância mineral da qual se extrai um metal ou outro elemento químico para exploração econômica. Cf. *mineral*.

minerografia (mi.ne.ro.gra.**fi**.a) *s.f.* Descrição dos minerais.

minerográfico (mi.ne.ro.**grá**.fi.co) *adj.* Relativo a minerografia.

minerógrafo (mi.ne.**ró**.gra.fo) *s.m.* Especialista em minerografia.

mingau (min.**gau**) *s.m.* (Culin.) Papa de consistência pastosa, feita com farinha de aveia, amido de milho

ou outros cereais, em geral doce e com leite: *mingau de aveia, mingau de milho*.
míngua (mín.gua) s.f. Falta do necessário; escassez, privação, penúria.
minguado (min.**gua**.do) adj. Que minguou; escasso; limitado; parco.
minguamento (min.gua.**men**.to) s.m. Ato de minguar; diminuição.
minguante (min.**guan**.te) adj.2g. **1.** Que míngua ou declina; decrescente. s.f. **2.** (*Astron.*) Fase da Lua minguante (veja *Lua*).
minguar (min.**guar**) v.i. Tornar-se menor, ou menos abundante; diminuir; reduzir-se.
minguinho (min.**gui**.nho) s.m. (*Pop.*) O dedo mínimo; mindinho.
minha (**mi**.nha) pron. Feminino de *meu*.
minhoca (mi.**nho**.ca) [ó] s.f. **1.** (*Zoo.*) Animal invertebrado de corpo alongado e segmentado, que vive sob a terra, se alimenta de matéria orgânica e fertiliza o solo. **2.** (*Pop.*) Ideia ou pensamento revolucionário, novo, original: *aquele filme encheu sua cabeça de minhocas*.
minhocão (mi.nho.**cão**) s.m. **1.** (*Folc.*) Verme fantástico e gigantesco, que vive nos açudes ou banhados. **2.** (*Zoo.*) Cobra-cega. **3.** Malha usada sob a calça, para aquecer.
minhoto (mi.**nho**.to) [ô] adj. **1.** Do Minho, região de Portugal. s.m. **2.** Pessoa natural ou habitante desse lugar.
míni (**mí**.ni) s.2g. Forma reduzida de "minissaia", "minidicionário" etc.: *vestia uma míni azul e camiseta branca; o míni tem o mesmo nome do grande dicionário*.
mini- Elemento de composição que significa "mínimo", aquilo que, em uma graduação, é menor que o pequeno e maior que o micro.
miniatura (mi.ni.a.**tu**.ra) s.f. Objeto feito em tamanho reduzido: *os carrinhos são miniaturas de carros*.
miniaturista (mi.ni.a.tu.**ris**.ta) s.2g. e adj.2g. (Pessoa) que faz miniaturas.
miniaturizado (mi.ni.a.tu.ri.**za**.do) adj. Feito em miniatura.
miniblusa (mi.ni.**blu**.sa) s.f. Blusa curta, acima do umbigo.
minidicionário (mi.ni.di.ci.o.**ná**.ri.o) s.m. Dicionário com a mesma linguagem, recursos e grau de dificuldade de um grande dicionário, porém com número de verbetes reduzido.
minifundiário (mi.ni.fun.di.**á**.ri.o) s.m. **1.** Proprietário de minifúndio. adj. **2.** Relacionado a minifúndio.
minifúndio (mi.ni.**fún**.di.o) s.m. **1.** Propriedade rural pequena. **2.** Propriedade rural pequena, de produção voltada para a subsistência, em geral com baixa produtividade e técnicas rudimentares.
mínima (**mí**.ni.ma) s.f. (*Mús.*) Figura que vale a metade da nota musical semibreve.

minimização (mi.ni.mi.za.**ção**) s.f. Processo pelo qual se determina o menor valor que uma grandeza pode assumir; redução; depreciação.
minimizado (mi.ni.mi.**za**.do) adj. Tornado mínimo; diminuído, reduzido.
minimizar (mi.ni.mi.**zar**) v.t.d. Proceder à minimização de; tornar mínimo.
mínimo (**mí**.ni.mo) s.m. **1.** A menor porção ou grau de alguma coisa: *a gata precisava de um mínimo de ração*. adj. **2.** Que é o menor.
mínio (**mí**.ni.o) s.m. (*Quím.*) Óxido vermelho de chumbo, usado como pigmento.
minissaia (mi.nis.**sai**.a) s.f. Saia muito curta, cerca de 30 cm acima do joelho, lançada em 1967 por Mary Quant, figurinista inglesa.
minissérie (mi.nis.**sé**.rie) s.f. Programa produzido para televisão e apresentado em poucos episódios.
ministerial (mi.nis.te.ri.**al**) adj.2g. Relativo ou pertencente a ministério ou a ministro.
ministério (mi.nis.**té**.ri.o) s.m. **1.** Conjunto dos ministros de Estado que constituem o gabinete. **2.** Função de ministro. **3.** Edifício em que funciona esse serviço público. **4.** Cargo; ofício.
ministração (mi.nis.tra.**ção**) s.f. Ação de ministrar, especialmente sacramentos.
ministrador (mi.nis.tra.**dor**) [ô] s.m. Aquele que ministra.
ministrar (mi.nis.**trar**) v.t.d. Dar; aplicar; administrar.
ministro (mi.**nis**.tro) s.m. **1.** Aquele que dirige um ministério. **2.** Juiz do Supremo Tribunal Federal, de todos os Tribunais Superiores e do Tribunal de Contas da União. **3.** Sacerdote.
minivestido (mi.ni.ves.**ti**.do) s.m. Vestido curto, acima dos joelhos.
minoração (mi.no.ra.**ção**) s.f. **1.** Ato ou efeito de minorar; diminuição. **2.** Atenuação; abrandamento; alívio.
minorado (mi.no.**ra**.do) adj. Tornado menor; diminuído.
minorar (mi.no.**rar**) v.t.d. e v.i. Tornar menor; diminuir.
minorativo (mi.no.ra.**ti**.vo) adj. **1.** Que minora, que diminui. s.m. e adj. **2.** (Medicamento) que purga suavemente; laxante.
minoria (mi.no.**ri**.a) s.f. Grupo em menor número, em inferioridade numérica.
minoridade (mi.no.ri.**da**.de) s.f. Menoridade.
minoritário (mi.no.ri.**tá**.ri.o) adj. Pertencente ou relativo à minoria.
Minotauro (mi.no.**tau**.ro) s.m. (*próprio*) (*Mit.*) Monstro da mitologia grega com corpo de homem e cabeça de touro.
minuano (mi.nu.**a**.no) s.m. Vento frio e seco, que sopra do sudoeste no inverno, em geral por três dias.
minúcia (mi.**nú**.ci.a) s.f. Pormenor; detalhe, coisa muito pequena ou insignificante.

minuciar (mi.nu.ci.**ar**) v.t.d. e v.t.d.i. Contar minúcias, contar com detalhes: *minuciou-lhe detalhes do plano*.
minucioso (mi.nu.ci.o.so) [ô] adj. **1.** Relativo a ou que considera minúcias, detalhes; minudente, detalhado: *uma lista minuciosa dos bens e obrigações*. **2.** Meticuloso, esmiuçador: *indivíduo minucioso*. ▫ Pl. *minuciosos* [ó].
minudência (mi.nu.**dên**.ci.a) s.f. **1.** Caráter ou condição de miúdo; insignificância. **2.** Coisa mínima, sem importância.
minudente (mi.nu.**den**.te) adj.2g. Minucioso, detalhado.
minuendo (mi.nu.**en**.do) s.m. (*Mat.*) Primeiro termo de uma subtração, do qual se retira o subtraendo; diminuendo: *na conta "cinco menos dois", cinco é o minuendo*.
minuete (mi.nu.**e**.te) [ê] s.m. O mesmo que *minueto*.
minueto (mi.nu.**e**.to) s.m. [ê] (*Mús.*) Antiga dança francesa e música que a acompanhava, associadas à nobreza. O mesmo que *minuete*.
minúscula (mi.**nús**.cu.la) s.f. **1.** Letra menor que as outras, não usada em iniciais de nomes próprios nem no começo de frases ou orações. adj. **2.** Muito pequena.
minúsculo (mi.**nús**.cu.lo) adj. **1.** Pequeno, miúdo. **2.** De pouco valor ou de merecimento; insignificante.
minuta (mi.**nu**.ta) s.f. Esboço ou conjunto de anotações que servem de base para dar feição definitiva a qualquer texto.
minutar (mi.nu.**tar**) v.t.d. Fazer ou ditar uma minuta de mensagem, carta, ofício etc.
minuto (mi.**nu**.to) s.m. **1.** Unidade de medida de tempo igual a 60 segundos: *sessenta minutos formam uma hora*. **2.** Um pouco de tempo, um momento, um instante: *espere um minuto, volto já*.
mio s.m. Som emitido pelo gato; miado.
miocárdio (mi.o.**cár**.di.o) s.m. (*Anat.*) A camada média e mais espessa da parede do coração, formada pelo músculo cardíaco.
miocardite (mi.o.car.**di**.te) s.f. (*Med.*) Inflamação do miocárdio.
Mioceno (mi.o.**ce**.no) [ê] s.m. (*próprio*) (*Geo.*) Época da história da Terra que sucede o Oligoceno e precede o Plioceno.
miolada (mi.o.**la**.da) s.f. Mioleira.
mioleira (mi.o.**lei**.ra) s.f. **1.** (*Culin.*) Prato feito com miolos de boi, que podem ser preparados cozidos ou fritos; miolada. **2.** (*Fig.*) Tino, juízo.
miolo (mi.**o**.lo) [ô] s.m. **1.** Parte interior e mais macia do pão. **2.** Parte de dentro da cabeça, o interior do crânio. **3.** Polpa, parte interior de. **4.** (*Fig.*) Inteligência, cabeça, juízo, razão, tino. ▫ Pl. *miolos* [ó].
mioma (mi.o.ma) [ô] s.m. (*Med.*) Qualquer tumor constituído de elementos musculares.
míope (**mí**.o.pe) s.2g. e adj.2g. (Pessoa) que sofre de miopia.

miopia (mi.o.**pi**.a) s.f. **1.** (*Med.*) Vício de refração em que os raios luminosos que entram em cada olho, paralelamente ao eixo óptico, são levados a um foco aquém da retina, dado o alongamento ântero-posterior que existe nesse olho. **2.** (*Pop.*) Vista curta.
miosótis (mi.o.**só**.tis) s.2g.2n. (*Bot.*) Planta herbácea com flores pequeninas, rosadas e azuis. ▫ Pl. *miosótis*.
miotomia (mi.o.to.**mi**.a) s.f. (*Anat.*) Corte muscular.
miotômico (mi.o.**tô**.mi.co) adj. Relativo a miotomia.
mira (**mi**.ra) s.f. **1.** Ato ou efeito de mirar. **2.** Pontaria. **3.** Apêndice metálico existente na extremidade do cano das armas de fogo, para dirigir a pontaria. **Mira telescópica:** espécie de luneta acoplada a uma arma de fogo, para melhorar a pontaria.
mirabolante (mi.ra.bo.**lan**.te) adj.2g. Ridiculamente vistoso ou pomposo; espalhafatoso.
miraculoso (mi.ra.cu.**lo**.so) [ô] adj. Milagroso. ▫ Pl. *miraculosos* [ó].
mirada (mi.**ra**.da) s.f. Ação de mirar; olhada, olhar.
mirado (mi.**ra**.do) adj. Observado; visto; olhado; na mira.
miragem (mi.**ra**.gem) s.f. **1.** Efeito óptico, frequente principalmente nos desertos, por causa do reflexo do sol nas areias, dando a impressão da existência de um lençol de água. **2.** (*Fig.*) Imagem fantástica, mas decepcionante, ilusória, irreal.
miramar (mi.ra.**mar**) s.m. Mirante voltado de frente para o mar.
miranha (mi.**ra**.nha) s.2g. **1.** Indivíduo dos miranhas, povo indígena que vive hoje no Amazonas. adj.2g. **2.** Relacionado a esse povo.
mirante (mi.**ran**.te) s.m. **1.** Local alto, com boa visão do horizonte. **2.** Local com bela paisagem para se apreciar do alto.
mirar (mi.**rar**) v.t.d. **1.** Apontar para; tomar como alvo; enxergar; olhar; observar. v.p. **2.** Olhar-se. v.i. **3.** Apontar uma arma.
miriada (mi.ri.**a**.da) s.f. Miríade.
miríade (mi.**rí**.a.de) s.f. **1.** Número de dez mil. **2.** (*Fig.*) Expressa uma quantidade muito grande e indeterminada.
miriagrama (mi.ri.a.**gra**.ma) s.m. Unidade de massa, equivalente a 10.000 gramas.
mirialitro (mi.ri.a.**li**.tro) s.m. Unidade de capacidade, equivalente a 10.000 litros.
miriâmetro (mi.ri.**â**.me.tro) s.m. Unidade de comprimento, equivalente a 10.000 metros.
miriápode (mi.ri.**á**.po.de) s.m. (*Zoo.*) Artrópode que tem dezenas de patas, como o piolho-de-cobra; miriópode, milípede.
mirificar (mi.ri.fi.**car**) v.t.d. Causar a admiração de.
mirífico (mi.**rí**.fi.co) adj. (*Raro*) Admirável, maravilhoso.
mirim (mi.**rim**) adj.2g. Diz-se do que é feito por ou para crianças.
miriópode (mi.ri.**ó**.po.de) s.m. (*Zoo.*) Miriápode.

miriti (mi.ri.**ti**) s.2g. **1.** Indivíduo dos miritis, povo indígena que vive hoje no Amazonas. adj.2g. **2.** Relacionado a esse povo. s.m. **3.** (Bot.) Palmeira amazônica com mais de 30 m.

mirra (**mir**.ra) s.f. (Bot.) Arbusto de que se extrai uma resina aromática, empregada como incenso desde a Antiguidade.

mirrado (mir.**ra**.do) adj. Seco, ressequido, murcho.

mirrar (mir.**rar**) v.i. e v.p. Emagrecer; secar; definhar.

misantropia (mi.san.tro.**pi**.a) s.f. Aversão à sociedade e aos homens.

misantrópico (mi.san.**tró**.pi.co) adj. **1.** Relativo à misantropia. **2.** Próprio de misantropo.

misantropo (mi.san.**tro**.po) [ô] s.m. Aquele que evita a convivência com outros, que prefere a solidão; eremita.

miscelânea (mis.ce.**lâ**.ne.a) s.f. **1.** Mistura de coisas diversas. **2.** Confusão; montoeira.

miscibilidade (mis.ci.bi.li.**da**.de) s.f. Qualidade de miscível.

miscigenação (mis.ci.ge.na.**ção**) s.f. Cruzamento interracial; mestiçamento.

miscigenado (mis.ci.ge.**na**.do) adj. Resultante de miscigenação.

miscigenar (mis.ci.ge.**nar**) v.t.d. Cruzar raças ou espécies.

miscível (mis.**cí**.vel) adj.2g. Que se pode misturar; misturável.

miseração (mi.se.ra.**ção**) s.f. O mesmo que *comiseração*.

miserando (mi.se.**ran**.do) adj. Digno de comiseração; lastimável, lamentável.

miserar (mi.se.**rar**) v.t.d. **1.** Tornar mísero; empobrecer; exaurir. v.p. **2.** Lamentar-se.

miserável (mi.se.**rá**.vel) adj.2g. **1.** Digno de compaixão; lastimável; deplorável. **2.** Muito pobre. **3.** Avarento. s.2g. **4.** Indigente; pessoa desgraçada e sem valor.

miséria (mi.**sé**.ri.a) s.f. **1.** Estado de pobreza extrema, abaixo da dignidade; indigência, penúria. **2.** Avareza.

misericórdia (mi.se.ri.**cór**.di.a) s.f. **1.** Compaixão que a miséria alheia desperta. **2.** Indulgência, graça, perdão. interj. **3.** Exprime pedido de piedade, socorro ou compaixão.

misericordioso (mi.se.ri.cor.di.**o**.so) [ô] adj. Que revela misericórdia ou que perdoa as ofensas que lhe fazem. ▣ Pl. *misericordiosos* [ó].

mísero (**mí**.se.ro) adj. Miserável.

misofobia (mi.so.fo.**bi**.a) s.f. Medo doentio de germes vindos de outras pessoas.

misófobo (mi.**só**.fo.bo) adj. Que sofre de misofobia.

misogamia (mi.so.ga.**mi**.a) s.f. Horror, aversão ao casamento.

misógamo (mi.**só**.ga.mo) s.m. Aquele que tem aversão ao casamento.

misoginia (mi.so.gi.**ni**.a) s.f. **1.** Aversão ou desprezo pelas mulheres. **2.** (Med., Psi.) Repulsa pelo contato sexual com as mulheres.

misógino (mi.**só**.gi.no) s.m. e adj. (Med., Psi.) Que ou aquele que tem misoginia.

misoneísmo (mi.so.ne.**ís**.mo) s.m. Atitude sistemática de hostilidade à mudança nos hábitos ou padrões estabelecidos.

misoneísta (mi.so.ne.**ís**.ta) s.2g. e adj.2g. Adepto do misoneísmo.

miss [inglês: "mis"] s.f. **1.** Tratamento dado em inglês a uma mulher solteira, em geral moça: *Miss Scarlet foi à festa*. **2.** Título da vencedora de um concurso de beleza: *as misses dos estados disputam o título de Miss Brasil*. Obs.: a forma aportuguesada é "misse", de uso raro.

missa (**mis**.sa) s.f. (Relig.) Culto católico de celebração da Eucaristia; renovação, sobre o altar, da Santa Ceia e do sacrifício de Jesus Cristo na cruz.

missal (mis.**sal**) s.m. Livro que encerra as orações da missa.

missão (mis.**são**) s.f. **1.** Obrigação, incumbência, dever a cumprir. **2.** Comissão diplomática. **3.** Compromisso, atribuição, objetivo.

misse (**mis**.se) s.f. *Miss*.

misseiro (mis.**sei**.ro) adj. Que vai sempre às missas.

míssil (**mís**.sil) s.m. Engenho com propulsão própria, lançado com o objetivo de alcançar um alvo terrestre, destinado a causar danos ao inimigo.

missionar (mis.si.o.**nar**) v.t.d. **1.** Pregar a fé a; catequizar. v.i. **2.** Participar de missões.

missionário (mis.si.o.**ná**.ri.o) adj. **1.** Relativo a missão religiosa. s.m. **2.** Pessoa que se dedica a uma missão; catequista.

missioneiro (mis.si.o.**nei**.ro) adj. (Hist.) Pertencente às missões jesuíticas implantadas nos limites de território entre Brasil, Uruguai e Argentina nos séculos XVII e XVIII.

missiva (mis.**si**.va) s.f. Bilhete ou carta.

missivista (mis.si.**vis**.ta) s.2g. Aquele que escreve ou entrega uma missiva.

mister[1] (mis.**ter**) [é] s.m. **1.** Ofício, trabalho, ocupação. **2.** Necessidade; urgência.

mister[2] [inglês: "míster"] s.m. **1.** Tratamento da língua inglesa correspondente a "senhor", usado em geral abreviado Mr.: *Mr. Lincoln, Mr. President*. **2.** Título masculino disputado em competições de fisiculturismo: *ele foi Mister Universo*. ▣ Fem. *miss* para "senhorita" e *madam* para "senhora".

mistério (mis.**té**.ri.o) s.m. **1.** Ideia ou acontecimento sem explicação; enigma. **2.** Ritual ou culto secreto, esotérico.

misterioso (mis.te.ri.**o**.so) [ô] adj. Tudo o que envolve mistério; oculto; secreto; estranho; inexplicável. ▣ Pl. *misteriosos* [ó].

mística (**mís**.ti.ca) s.f. **1.** O estudo das coisas divinas ou espirituais. **2.** Vida religiosa doutrinária ou contemplativa, ligada ao misticismo.

misticidade (mis.ti.ci.**da**.de) s.f. Qualidade de místico.

misticismo (mis.ti.**cis**.mo) s.m. Crença no sobrenatural e em forças espirituais.

místico (**mís**.ti.co) adj. **1.** Referente à vida espiritual e contemplativa. s.m. **2.** Pessoa de vida contemplativa.

mistificação (mis.ti.fi.ca.**ção**) s.f. Ato ou efeito de mistificar; engano; tapeação; engodo.
mistificado (mis.ti.fi.**ca**.do) adj. Iludido, burlado, logrado.
mistificador (mis.ti.fi.ca.dor) [ô] s.m. Aquele que mistifica.
mistificar (mis.ti.fi.**car**) v.t.d. Abusar da credulidade de; iludir; burlar; lograr.
mistifório (mis.ti.**fó**.ri.o) s.m. (Raro) Mistura, miscelânea: *foi mistifório de argumentos a favor e contra a obra*.
mistilíneo (mis.ti.**lí**.ne.o) adj. Que tem forma geométrica constituída por linhas retas e curvas.
misto (**mis**.to) adj. **1.** Que tem origem a partir da mistura de vários elementos; mesclado; misturado. s.m. **2.** (Culin.) Sanduíche de presunto e queijo, seja frio ou feito na chapa, chamado misto-quente.
misto-quente (mis.to-**quen**.te) s.m. (Culin.) Sanduíche quente de queijo e presunto, em geral no pão de forma ou francês. ▫ Pl. *mistos-quentes*.
mistral (mis.**tral**) s.m. Vento violento, frio e seco, que sopra no norte da região sudeste da França.
mistura (mis.**tu**.ra) s.f. **1.** Ato ou efeito de misturar. **2.** (Quím.) Associação de dois ou mais elementos, que poderão ser separados posteriormente, sendo que cada um deles conserva todas as suas propriedades.
misturada (mis.tu.**ra**.da) s.f. Monte de coisas misturadas; mixórdia.
misturado (mis.tu.**ra**.do) adj. Junto; confundido.
misturador (mis.tu.ra.**dor**) [ô] s.m. e adj. **1.** (O) que mistura. **2.** Betoneira.
misturar (mis.tu.**rar**) v.t.d. **1.** Juntar; confundir; amalgamar. v.p. **2.** Reunir-se; associar-se.
misturável (mis.tu.**rá**.vel) adj.2g. Que se pode misturar.
mítico (**mí**.ti.co) adj. Que é aceito como verdadeiro por força da tradição ou do mito.
mitificação (mi.ti.fi.ca.**ção**) s.f. Ato ou efeito de mitificar ou de transformar em mito.
mitificado (mi.ti.fi.**ca**.do) adj. Tornado mítico; convertido em mito.
mitificador (mi.ti.fi.ca.**dor**) [ô] s.m. e adj. (Aquele) que mitifica, que cria ou promove mitos.
mitificar (mi.ti.fi.**car**) v.t.d. Converter em mito.
mitigação (mi.ti.ga.**ção**) s.f. Ato ou efeito de mitigar.
mitigado (mi.ti.**ga**.do) adj. Que se mitigou.
mitigador (mi.ti.ga.**dor**) [ô] s.m. e adj. (O) que mitiga, suaviza, alivia.
mitigar (mi.ti.**gar**) v.t.d. Abrandar; amansar; suavizar; aliviar; diminuir; atenuar.
mitigativo (mi.ti.ga.**ti**.vo) adj. Que mitiga.
mitigável (mi.ti.**gá**.vel) adj.2g. Que se pode mitigar.
mito (**mi**.to) s.m. **1.** Representação de acontecimentos ou personagens reais, fabulosos ou heroicos, exagerada pela imaginação popular ou pela tradição; lenda. **2.** Ser ou objeto fabuloso, imaginário, lendário: *alguns mitos brasileiros são o saci, a mula sem cabeça, o caipora*. (Gír.) **Mitou:** (alguém que) fez algo sensacional, transformando-se em um mito.

mitografia (mi.to.gra.**fi**.a) s.f. Descrição de mitos.
mitográfico (mi.to.**grá**.fi.co) adj. Referente à mitografia.
mitógrafo (mi.**tó**.gra.fo) s.m. Quem escreve sobre mitos.
mitologia (mi.to.lo.**gi**.a) s.f. História fabulosa dos deuses, semideuses e heróis da Antiguidade greco-romana.
mitológico (mi.to.**ló**.gi.co) adj. Relativo à mitologia.
mitólogo (mi.**tó**.lo.go) s.m. Pessoa versada em mitologia.
mitomania (mi.to.ma.**ni**.a) s.f. (Med.) Mania doentia de mentir; tendência compulsiva para a mentira.
mitomaníaco (mi.to.ma.**ní**.a.co) adj. (Med.) **1.** Relativo a mitomania. s.m. **2.** Pessoa que mente compulsivamente; mitômano.
mitômano (mi.**tô**.ma.no) s.m. (Med.) Pessoa que sofre de mitomania, que mente compulsivamente; mitomaníaco.
mitose (mi.**to**.se) [ô] s.f. (Bio.) Processo mediante o qual material genético é duplicado com precisão, gerando dois novos conjuntos de cromossomos iguais ao original.
mitra (**mi**.tra) s.f. **1.** Barrete alto e pontudo usado pelos antigos persas, egípcios e assírios. **2.** Barrete alto e cônico, fendido, que o papa, os bispos, arcebispos e cardeais põem na cabeça em solenidades pontificais. **3.** (Fig.) O poder espiritual ou dignidade pontifical ou episcopal.
mitrado (mi.**tra**.do) adj. Que tem mitra ou o direito de usá-la.
mitral (mi.**tral**) adj.2g. Relativo a ou que tem forma de mitra. (Anat.) **Válvula mitral:** válvula que controla a passagem de sangue entre a aurícula e o ventrículo esquerdos do coração.
miuçalha (mi.u.**ça**.lha) s.f. **1.** (Pej.) Pessoas sem posses nem importância. **2.** Coisas miúdas, miudezas.
miudeza (mi.u.**de**.za) [ê] s.f. **1.** Qualidade de miúdo. **2.** (Fig.) Muito rigor, escrúpulo, minúcia na execução de algo.
miudinho (mi.u.**di**.nho) adj. **1.** Muitíssimo pequeno; miudíssimo. s.m. **2.** (Folc.) Dança de salão ou passo do samba de par, com passos muito pequenos.
miúdo (mi.**ú**.do) adj. Muito pequeno; pequenino; diminuto. Cf. *miúdos*.
miúdos (mi.**ú**.dos) s.m.pl. Vísceras. Cf. *miúdo*.
mixado¹ (mi.**xa**.do) [cs] adj. Que se mixou; mesclado.
mixado² (mi.**xa**.do) adj. (Pop.) Gorado; frustrado; fracassado.
mixagem (mi.**xa**.gem) [cs] s.f. Processo de combinação de sinais recebidos de fontes distintas, para obter efeito de fusão ou superposição; mescla.
mixar¹ (mi.**xar**) [cs] v.t.d. Misturar (sons ou imagens); mesclar.
mixar² (mi.**xar**) v.i. (Pop.) **1.** Não dar certo, gorar, dar zebra, furar: *a festa mixou*. **2.** Acabar, terminar, esgotar-se: *a fonte mixou*.
mixaria (mi.xa.**ri**.a) s.f. (Gír.) Coisa sem valor; insignificância; bagatela.

mixe (**mi**.xe) *adj.2g*. Pequeno, pouco, insignificante. Obs.: de origem tupi.
mixo (**mi**.xo) *adj*. **1.** Insignificante; sem valor. **2.** Desanimado; sem graça.
mixórdia (mi.**xór**.di.a) *s.f*. Mistura desordenada de coisas diversas; bagunça, misturada, confusão.
mm Símbolo de milímetro.
Mn Símbolo do elemento químico manganês.
mnêmico (**mnê**.mi.co) *adj*. Relativo a memória; mnemônico.
mnemônica (mne.**mô**.ni.ca) *s.f*. Arte e técnica de desenvolver e fortalecer a memória, mediante processos artificiais auxiliares próprios para esse fim.
mnemônico (mne.**mô**.ni.co) *adj*. **1.** Relativo à memória; mnêmico. **2.** Fácil de reter na memória; que ajuda a memória.
mnemonização (mne.mo.ni.za.**ção**) *s.f*. Ato de mnemonizar.
mnemonizar (mne.mo.ni.**zar**) *v.t.d*. Tornar mnemônico.
mnemonizável (mne.mo.ni.**zá**.vel) *adj.2g*. **1.** Que se pode mnemonizar. **2.** Que se fixa facilmente na memória.
mó *s.f*. **1.** Pedra com que se afiam instrumentos cortantes. **2.** Pedra de moinho.
mo Contração do pronome oblíquo "me" com o pronome "o".
Mo Símbolo do elemento químico molibdênio.
moagem (mo.**a**.gem) *s.f*. Ato ou efeito de moer; moedura.
móbil (**mó**.bil) *adj.2g*. **1.** Móvel; que induz, incita ou motiva alguém a uma ação. *s.m*. **2.** Causa; motivo; motivação.
móbile (**mó**.bi.le) *s.m*. Escultura feita de elementos suspensos, que se movem ao vento.
mobília (mo.**bí**.li.a) *s.f*. Objetos móveis para uso ou adorno interior de uma casa ou ambiente; mobiliário.
mobiliado (mo.bi.li.**a**.do) *adj*. Guarnecido com móveis.
mobiliar (mo.bi.li.**ar**) *v.t.d*. Guarnecer de móveis.
mobiliário (mo.bi.li.**á**.ri.o) *adj*. **1.** Relativo a bens móveis. *s.m*. **2.** Conjunto de móveis; mobília.
mobilidade (mo.bi.li.**da**.de) *s.f*. **1.** Qualidade ou propriedade do que é móvel ou obedece às leis do movimento. **2.** Facilidade de mover-se ou de ser movido. **3.** Facilidade de modificar-se ou variar.
mobilização (mo.bi.li.za.**ção**) *s.f*. **1.** Ato de mobilizar. **2.** Conjunto de medidas governamentais e militares destinadas à defesa de um país ou à preparação dele para alguma determinada ação militar.
mobilizado (mo.bi.li.**za**.do) *adj*. Convocado; recrutado; arregimentado; movimentado.
mobilizar (mo.bi.li.**zar**) *v.t.d*. **1.** Dar movimento a. **2.** Pôr em movimento para uma ação. **3.** Arregimentar tropas militares. *v.p*. **4.** Movimentar-se.
mobilizável (mo.bi.li.**zá**.vel) *adj.2g*. Que pode ser mobilizado.
moca (mo.ca) [ó] *s.m*. **1.** Variedade de café que só produz grãos com uma semente. **2.** Grão de café das outras variedades com alteração de formato. **3.** Asneira, bobagem, tolice.
moça (mo.**ça**) [ô] *s.f*. **1.** Mulher jovem; rapariga. **2.** Mulher solteira.
moçada (mo.**ça**.da) *s.f*. Grupo de pessoas moças, de jovens.
mocambeiro (mo.cam.**bei**.ro) *s.m. e adj*. (Aquele) que mora ou se refugia em mocambo.
moçambicano (mo.çam.bi.**ca**.no) *adj*. **1.** De Moçambique, país da África. *s.m*. **2.** Pessoa natural ou habitante desse lugar.
moçambique (mo.çam.**bi**.que) *s.m*. (*Folc*.) Dança popular no Centro-Oeste e Sudeste, parte dos festejos do Divino e outros santos, de coreografia movimentada, em filas ou arabescos, agitando bastões em lutas simuladas ou em provas de equilíbrio, precisão e segurança.
mocambo (mo.**cam**.bo) *s.m*. (*Hist*.) **1.** Habitação onde viviam escravos fugidos, em local de difícil acesso. **2.** Cabana improvisada, barraco.
moção (mo.**ção**) *s.f*. **1.** Ato ou efeito de mover(-se); movimento. **2.** Proposta apresentada em uma assembleia deliberativa.
moçárabe (mo.**çá**.ra.be) *s.2g*. (*Hist*.) Cristão que vivia em regiões dominadas pelos árabes, entre os séculos VIII e XI, na península Ibérica. *adj.2g*. **2.** Relativo a essas pessoas ou período.
mocetão (mo.ce.**tão**) *s.m*. (*Ant*.) Moço crescido, em geral forte; mancebo.
mochar (mo.**char**) *v.t.d*. Queimar a ponta do chifre logo que começa a surgir, para que não cresça: *sabia mochar bezerros e tirar leite de vacas*.
mochila (mo.**chi**.la) *s.f*. Espécie de saco onde os soldados ou excursionistas levam, às costas, roupas, mantimentos e outros objetos pessoais.
mocho (mo.cho) [ô] *s.m*. (*Zoo.*) **1.** Coruja ou caburé sem penacho ou tufo de penas na cabeça. *adj*. **2.** Diz-se de animal sem chifres.
mocidade (mo.ci.**da**.de) *s.f*. Período da vida do homem entre a infância e a idade madura; juventude.
mocinha (mo.**ci**.nha) *s.f*. Moça muito nova. *Ficar mocinha*: menstruar pela primeira vez; virar moça.
mocinho (mo.**ci**.nho) *s.m*. **1.** Diminutivo de *moço*. **2.** Herói de histórias e filmes de faroeste ou de aventuras.
moço (**mo**.ço) [ô] *adj*. **1.** Adolescente, jovem. **2.** De pouca idade; novo. *s.m*. **3.** Rapaz.
mocó (mo.**có**) *s.m*. **1.** (*Zoo.*) Pequeno roedor cinza com traseiro avermelhado, que vive em locais rochosos de Minas ao Piauí. **2.** Bolsa feita com a pele desse roedor. **3.** (*AM Folc.*) Saquinho com talismã, amuleto para atrair o amor das mulheres; patuá.
moçoila (mo.**çoi**.la) *s.f*. Diminutivo irregular de *moça*; mocinha.
mocororó (mo.co.ro.**ró**) *s.m*. (*Folc*.) Bebida de origem indígena, feita de suco de caju fermentado.

mocotó (mo.co.**tó**) s.m. (Culin.) **1.** Pata de animal bovino destituída do casco, cozida longamente até que o tutano se solte; mão de vaca. **2.** Tutano.

moda (mo.da) [ó] s.f. **1.** Estilo de vestir, calçar, pentear etc., que identifica grupos sociais e épocas: *moda caipira, moda dos anos 1960.* **2.** Maneira, modo, costume: *o boliche estava na moda.* **3.** Maneira de preparar um alimento: *churrasco à moda gaúcha, pizza à moda da casa.* **4.** (Folc.) Canção, canto, cantiga. **5.** (Mat.) Valor que ocorre mais vezes em uma sequência estatística. (Folc.) **Moda de viola**: música caipira ou rural, cantada em dupla acompanhada de viola ou violão, típico do Sudeste e Centro-Oeste.

modal (mo.**dal**) adj.2g. Relativo ao modo de execução de algo.

modalidade (mo.da.li.**da**.de) s.f. Maneira de ser peculiar a cada indivíduo; modo; maneira.

modelação (mo.de.la.**ção**) s.f. Ato de modelar; modelagem.

modelado (mo.de.**la**.do) adj. Moldado.

modelador (mo.de.la.**dor**) [ô] s.m. e adj. (Aquele) que modela.

modelagem (mo.de.**la**.gem) s.f. **1.** Ato de modelar. **2.** Operação pela qual o escultor faz em argila ou cera o modelo que deve ser executado em metal; moldagem. **3.** Na costura, processo de criação de um modelo, geralmente em papel, antes do corte do tecido.

modelar (mo.de.**lar**) adj.2g. **1.** Que serve de modelo; exemplar. v.t.d. **2.** Traçar; moldar. Obs.: pres. do ind.: *modelo* [é], *modelas* [é], *modela* [é] etc.; pres. do subj.: *modele* [é], *modeles* [é], *modele* [é] etc.

modelo (mo.**de**.lo) [ê] s.m. **1.** Forma que deve ser reproduzida; padrão: *seguir o modelo.* **2.** Reprodução em escala menor; miniatura. **3.** Aquilo que, pela importância ou qualidade, merece ser imitado; exemplo, padrão. **4.** Pessoa que posa para pintura ou fotografia. **5.** Manequim.

modem [inglês: "môdem"] s.m. (Inf.) Equipamento que se acopla a um computador para enviar e receber dados pela linha telefônica.

moderação (mo.de.ra.**ção**) s.f. Qualidade que consiste em evitar excessos; prudência; comedimento.

moderado (mo.de.**ra**.do) adj. Que se moderou; suave, temperado, ameno.

moderador (mo.de.ra.**dor**) [ô] adj. **1.** Que modera ou atenua. **2.** Que reduz ou restringe; moderativo. s.m. **3.** Aquele que modera.

moderar (mo.de.**rar**) v.t.d. **1.** Conter nos limites justos ou convenientes; pôr no meio-termo. **2.** Diminuir; modificar; regrar; regular. v.p. **3.** Controlar-se; ser comedido.

moderativo (mo.de.ra.**ti**.vo) adj. Moderável.

moderável (mo.de.**rá**.vel) adj.2g. Que se pode moderar.

modernice (mo.der.**ni**.ce) s.f. Gosto exagerado por coisas novas e modernas.

modernismo (mo.der.**nis**.mo) s.m. **1.** Preferência por tudo que é moderno. **2.** Tendência de aceitar inovações e adotar ideias e práticas modernas que o uso ainda nem consagrou. **3.** Movimento literário e artístico que no Brasil foi inaugurado com a Semana de Arte Moderna (1922), a qual deu início a uma nova fase na literatura e nas artes plásticas brasileiras.

modernista (mo.der.**nis**.ta) adj.2g. **1.** Relativo ao modernismo. s.2g. **2.** Adepto do modernismo.

modernização (mo.der.ni.za.**ção**) s.f. Ato ou efeito de modernizar(-se).

modernizado (mo.der.ni.**za**.do) adj. Moderno, atualizado, recente.

modernizar (mo.der.ni.**zar**) v.t.d. **1.** Tornar moderno; dar feição moderna a; adaptar aos usos ou às necessidades modernas. v.p. **2.** Adaptar-se às coisas modernas.

moderno (mo.**der**.no) adj. Dos tempos atuais ou mais próximos de nós; recente; atual; presente; que está na moda.

modéstia (mo.**dés**.ti.a) s.f. Ausência de vaidade; despretensão, simplicidade.

modesto (mo.**des**.to) [é] adj. Moderado nos desejos, ações ou aspirações; despretensioso; sem vaidade.

modicidade (mo.di.ci.**da**.de) s.f. Qualidade de módico.

módico (**mó**.di.co) adj. Exíguo; pequeno; reduzido; modesto.

modificação (mo.di.fi.ca.**ção**) s.f. **1.** Ato ou efeito de modificar(-se). **2.** Alteração, transformação, mudança. **3.** Mudança da maneira de ser.

modificado (mo.di.fi.**ca**.do) adj. Alterado; restrito; mudado.

modificador (mo.di.fi.ca.**dor**) [ô] adj. Que modifica ou altera; modificativo; modificante.

modificante (mo.di.fi.**can**.te) adj.2g. Que modifica ou altera; modificador.

modificar (mo.di.fi.**car**) v.t.d. **1.** Alterar; mudar; transformar. v.p. **2.** Sofrer modificação, alterar-se, mudar.

modificativo (modi.fi.ca.**ti**.vo) adj. Modificador, modificante.

modinha (mo.**di**.nha) s.f. (Folc.) Cantiga popular urbana brasileira, com acompanhamento de violão e temática amorosa, desenvolvida a partir de 1850.

modismo (mo.**dis**.mo) s.m. **1.** Modo de falar aceito pelo uso geral coletivo, se bem que seja ou pareça contrário às normas gramaticais corretas; gíria; idiotismo de linguagem. **2.** (Pej.) Moda.

modista (mo.**dis**.ta) s.2g. **1.** Pessoa que cria ou desenha modelos de vestuário. **2.** Pessoa que costura seguindo modelo.

modo (mo.do) [ó] s.m. **1.** Maneira, feição ou forma particular; jeito. **2.** (Geom.) As diferentes variações dos verbos. **3.** (Dir.) Encargo.

modorra (mo.**dor**.ra) [ô] s.f. **1.** Prostração mórbida ou sonolência em que caem certos doentes. **2.** Moleza; preguiça; soneira; sonolência.

modorrar (mo.do.**rrar**) v.t.d. Causar modorra a; tornar sonolento.

modorrento (mo.dor.**ren**.to) *adj.* Que tem ou sofre de modorra.

modulação (mo.du.la.**ção**) *s.f.* **1.** Ato ou efeito de modular. **2.** (*Fís.*) Variação de altura ou de intensidade na emissão de sons (amplitude, frequência ou fase). **3.** (*Mús.*) Passagem de um tom para outro, segundo as regras da harmonia.

modulado (mo.du.**la**.do) *adj.* **1.** Que se modulou. **2.** Harmonioso; coerente. **3.** Designação genérica de toda ou qualquer peça formada por módulos.

modular (mo.du.**lar**) *adj.2g.* **1.** Relativo a módulo. *v.t.d.* **2.** Tocar ou cantar mudando de tom melodiosamente. **3.** Formar ou construir usando módulos. **4.** Controlar, dominar.

módulo (**mó**.du.lo) *s.m.* Cada uma das partes (unidade habitacional, unidade destacável de um veículo espacial, unidade em uma disciplina escolar etc.) destinadas a reunir-se ou ajustar-se a outras unidades análogas, formando um todo homogêneo e funcional.

moeda (mo.e.da) *s.f.* **1.** Meio de pagamento, unidade monetária: *o real é a moeda brasileira*. **2.** Peça metálica, em geral circular, cunhada por autoridade soberana e que, desde a Antiguidade, serve como meio de troca e medida de valor: *guardou as moedas no bolso*. **3.** Papel-moeda e moedas metálicas; dinheiro.

moedagem (mo.e.**da**.gem) *s.f.* **1.** Fabricação de moeda. **2.** Direito que se paga por essa fabricação.

moeda-papel (mo.e.da-pa.**pel**) *s.f.* Dinheiro circulante sob a forma de cédulas, emitidas pela Casa da Moeda e fiscalizadas pelo Banco Central, instituição que regula a quantidade de dinheiro em circulação. ▪ Pl. *moedas-papéis*.

moedeira (mo.e.**dei**.ra) *s.f.* **1.** Instrumento para moer esmalte, utilizado em oficinas de ourivesaria. **2.** (*Fig.*) Trabalho fatigante, extenuante; fadiga; cansaço.

moedeiro (mo.e.**dei**.ro) *s.m.* **1.** Fabricante de moeda. **2.** Bolsinha para carregar moedas; porta--moedas.

moedor (mo.e.**dor**) [ô] *adj.* **1.** Que mói, tritura ou pisa. *s.m.* **2.** Aparelho de moer ou triturar. **3.** (*Fig.*) Pessoa chata, inoportuna, maçante.

moedura (mo.e.**du**.ra) *s.f.* Ato ou efeito de moer; moagem.

moela (mo.**e**.la) *s.f.* Estômago moedor das aves, dos insetos e de alguns moluscos, o qual tritura os alimentos ingeridos.

moenda (mo.**en**.da) *s.f.* Peça ou conjunto de peças que servem para triturar ou moer.

moendeiro (mo.en.**dei**.ro) *s.m.* Proprietário de moenda ou moinho; moleiro.

moente (mo.**en**.te) *adj.2g.* Que mói; que pode moer; moedor.

moer (mo.**er**) *v.t.d.* **1.** Reduzir a pó; esmagar; triturar; mastigar. **2.** (*Fig.*) Repetir muitas vezes; repisar insistentemente uma ideia. Obs.: pres. do ind.: *moo, móis, mói, moemos, moeis, moem*; pret. imperf.: *moía, moías, moía* etc.; pret. perf.: *moí, moeste, moeu* etc.; pres. do subj.: *moa, moas, moa, moamos* etc.; imperat. afirm.: *mói, moa, moamos, moei, moam*.

mofa (**mo**.fa) [ó] *s.f.* Manifestação irônica ou maliciosa, por meio do riso, de palavras, atitudes ou gestos, procurando levar ao ridículo ou menosprezo uma pessoa, instituição ou coisa; caçoada zombaria; sarcasmo.

mofar (mo.**far**) *v.t.d.* **1.** Cobrir ou encher de mofo embolorar. *v.i.* **2.** Criar mofo. **3.** (*Fig.*) Ficar à espera de quem não vem; permanecer em má situação, por desinteresse da parte de quem poderia modificá-la. Obs.: pres. do ind.: *mofo* [ó] *mofas* [ó], *mofa* [ó] etc.; pres. do subj.: *mofe* [ó] *mofes* [ó], *mofe* [ó] etc.

mofino (mo.**fi**.no) *adj.* **1.** Avarento; mesquinho, sovina. **2.** Infeliz, covarde. **2.** Doentio; enfermiço.

mofo (**mo**.fo) [ô] *s.m.* (*Bio.*) Fungo que parece floco de algodão e cresce em matérias orgânicas; bolor.

mogno (**mog**.no) [ó] *s.m.* (*Bot.*) Árvore avermelhada, cujos frutos são grandes cápsulas lenhosas, de sementes com amplas asas, de grande uso em construções e na fabricação de móveis de luxo.

moicano (mo.i.**ca**.no) *s.m.* **1.** Indivíduo dos moicanos, povo indígena extinto que habitava o vale do rio Hudson, nos EUA. **2.** Faixa de cabelo que vai da testa à nuca, com as laterais raspadas.

moído (mo.**í**.do) *adj.* Que se moeu; triturado, esmagado: *café moído*.

moinha (mo.**i**.nha) *s.f.* (*Raro*) **1.** Resíduo de moagem; pó. **2.** Aparelho de moer; moenda.

moinho (mo.**i**.nho) *s.m.* **1.** Engenho de duas mós sobrepostas e giratórias, movidas pelo vento, por queda-d'água, animais ou motor, destinado a moer cereais. **2.** Denominação do lugar onde se encontra instalado esse engenho.

moirão (moi.**rão**) *s.m.* O mesmo que *mourão*.

moita (**moi**.ta) *s.f.* **1.** Grupo de arbustos e plantas arborescentes. *interj.* **2.** Emprega-se para pedir silêncio, quando se esperava uma resposta.

moitão (moi.**tão**) *s.m.* Caixa de madeira ou de metal dentro da qual trabalha uma roldana, utilizada para levantar pesos.

moitar (moi.**tar**) *v.i.* (*Gír.*) Não responder ou não dizer o que sabe ou o que pensa; calar; ficar na moita.

mojica (mo.**ji**.ca) *s.f.* (*Culin.*) **1.** (*AM*) Caldo engrossado com farinha ou pedaços de mandioca. **2.** Peixada típica do Centro-Oeste, feita em geral com pintado e pedaços de mandioca.

mol [ó] *s.m.* (*Fís.*) Unidade de medida do número de átomos, moléculas ou íons em uma substância.

mola (**mo**.la) [ó] *s.f.* Objeto ou peça elástica, em geral metálica, espiralada ou helicoidal, que reage com flexibilidade e impulso quando vergada, distendida ou comprimida.

molambento (mo.lam.**ben**.to) *adj.* Indivíduo com má aparência, sujo, todo esfarrapado.

molambo (mo.**lam**.bo) *s.m.* Pano velho, rasgado e sujo, ou roupa velha e toda esfarrapada.

molar (mo.lar) adj.2g. **1.** Próprio para moer; que mói, moedor. **2.** Diz-se de cada um dos dentes situados depois dos caninos.

moldação (mol.da.ção) s.f. Ação de moldar; moldagem.

moldado (mol.da.do) adj. Que se moldou; adaptado a um molde; que foi modelado.

moldador (mol.da.dor) [ô] s.m. **1.** Aquele que molda ou faz moldes. **2.** Instrumento com que o entalhador trabalha para ornar molduras em madeira rija.

moldagem (mol.da.gem) s.f. Ato ou efeito de moldar; moldação; modelação; modelagem.

moldar (mol.dar) v.t.d. Formar os moldes de; dar forma ou contorno a; modelar.

moldável (mol.dá.vel) adj.2g. **1.** Que se pode moldar. **2.** Adaptável, mutável.

moldavo (mol.da.vo) adj. **1.** Da Moldávia, país da Europa. s.m. **2.** Pessoa natural ou habitante desse lugar.

molde (mol.de) [ó] s.m. **1.** Baixo-relevo em que se introduz matéria pastosa ou líquida que, ao solidificar-se, toma a forma dele. **2.** Impressão em gesso de objeto em relevo, com a qual se pode obter a reprodução desse objeto.

moldura (mol.du.ra) s.f. **1.** Caixilho para guarnecer quadros e pinturas. **2.** O que fica em torno de uma imagem.

molduragem (mol.du.ra.gem) s.f. **1.** Ato de moldurar. **2.** Conjunto de molduras que adornam uma peça de arquitetura.

moldurar (mol.du.rar) v.t.d. Meter em moldura; encaixilhar, engastar.

moldureiro (mol.du.rei.ro) s.m. Aquele que fabrica ou coloca molduras.

mole (mo.le) [ó] adj.2g. **1.** Que cede à pressão ou compressão; macio, tenro, fofo. **2.** Preguiçoso; sem energia; débil; fraco.

molear (mo.le.ar) v.t.d. e v.i. Tornar(-se) mole ou frouxo; amolecer.

molecada (mo.le.ca.da) s.f. Bando de moleques.

molecagem (mo.le.ca.gem) s.f. Ação própria de moleque; travessura, brincadeira.

molecar (mo.le.car) v.i. Agir como moleque.

molecote (mo.le.co.te) [ó] s.m. Pequeno moleque; molequinho.

molécula (mo.lé.cu.la) s.f. (Fís., Quím.) Grupo estável de dois ou mais átomos, que caracteriza quimicamente uma certa substância.

molécula-grama (mo.lé.cu.la-gra.ma) s.f. (Quím.) A quantidade de uma substância cuja massa em gramas é numericamente igual ao seu peso molecular.
▫ Pl. *moléculas-gramas*.

molecular (mo.le.cu.lar) adj.2g. Relativo a molécula ou a molécula-grama.

moleira (mo.lei.ra) s.f. **1.** Mulher do moleiro. **2.** Mulher que trabalha em moinho. **3.** Proprietária de moinho. **4.** (*Anat.*) A parte membranosa do crânio dos bebês, até os dezoito meses de idade; fontanela.

moleirão (mo.lei.rão) s.m. e adj. (Pessoa) mole, indolente.

moleiro (mo.lei.ro) s.m. **1.** Proprietário de moinho; moendeiro. **2.** Aquele que mói cereais profissionalmente.

moleirona (mo.lei.ro.na) s.f. Feminino de *moleirão*.

molejo (mo.le.jo) [ê] s.m. **1.** Conjunto de molas: *colchão com molejo*. **2.** (Fig.) Movimento harmonioso, gingado.

molenga (mo.len.ga) adj.2g. **1.** Mole; molengo. **2.** Indolente; preguiçoso; frouxo; moloide.

molengar (mo.len.gar) v.i. Ser preguiçoso.

molengo (mo.len.go) adj. **1.** Mole, macio. **2.** Lerdo, indolente, preguiçoso.

moleque (mo.le.que) [é] s.m. **1.** Menino travesso de pouca idade: *os moleques jogavam bola na rua*. **2.** Homem irresponsável, que não cumpre os compromissos: *era novo mas não era moleque e cumpriu a palavra*. adj.2g. **3.** Engraçado, divertido, brincalhão: *um jeito moleque de vestir*.

molestado (mo.les.ta.do) adj. **1.** Atacado de moléstia; doente. **2.** Lesado fisicamente; maltratado. **3.** Ofendido; melindrado; magoado.

molestador (mo.les.ta.dor) [ô] s.m. e adj. **1.** (Aquele) que molesta. **2.** (Aquele) que molesta sexualmente.

molestamento (mo.les.ta.men.to) s.m. Ato ou efeito de molestar(-se).

molestar (mo.les.tar) v.t.d. **1.** Incomodar, perturbar, causar dor ou desconforto: *o sapato apertado molestava o caminhante*. **2.** Maltratar, machucar, ferir: *o gato molestou o rato até matá-lo*. **3.** Incomodar com atos ou propostas de cunho sexual: *prenderam o senhor que molestava garotos*. v.p. **4.** Incomodar-se, perturbar-se: *molestou-se com o barulho da obra*.

moléstia (mo.lés.ti.a) s.f. Doença; incômodo ou sofrimento físico ou moral.

molesto (mo.les.to) [é] adj. **1.** Que causa moléstia ou doença; prejudicial à saúde; nocivo. **2.** Que causa aborrecimento; enfadonho, incômodo.

moletom (mo.le.tom) s.m. Agasalho de malha mais grossa, para dias frios.

moleza (mo.le.za) [ê] s.f. **1.** Falta de energia, de vigor, de vitalidade. **2.** Apatia. **3.** (Fig.) Coisa fácil e simples de se fazer.

molgão (mol.gão) s.m. Certo jogo de cartas.

molhadela (mo.lha.de.la) s.f. Ato de molhar(-se); banho rápido; molhadura.

molhado (mo.lha.do) adj. Umedecido; embebido de qualquer líquido.

molhadura (mo.lha.du.ra) s.f. **1.** Molhadela; molhamento. **2.** (Fig.) Gorjeta, gratificação.

molhamento (mo.lha.men.to) s.m. Ação de molhar(-se); banho; imersão.

molhar (mo.lhar) v.t.d. **1.** Embeber de líquido. (Fig.) Molhar a mão de: dar gorjeta, gratificar; subornar, corromper. v.p. **2.** Entornar ou receber líquido sobre si. Obs.: pres. do ind.: *molho* [ó], *molhas* [ó], *molha* [ó], *molham* [ó]; pres. do subj.: *molhe* [ó], *molhes* [ó], *molhe* [ó], *molhem* [ó].

molhe (mo.lhe) [ó] s.m. (*Náut.*) Estrutura marítima enraizada em terra, para servir de quebra-mar ou atracadouro; cais acostável.
molheira (mo.**lhei**.ra) s.f. Recipiente onde se servem molhos.
molho[1] (**mo**.lho) [ô] s.m. (*Culin.*) Preparação líquida ou cremosa, que acompanha carne, massa ou outro alimento sólido para avivar-lhe o sabor.
molho[2] (**mo**.lho) [ó] s.m. Conjunto de objetos reunidos em um só grupo; feixe; braçada.
molibdênio (mo.lib.**dê**.ni.o) s.m. (*Quím.*) Elemento metálico, branco, mole, resistente, utilizado em ligas, de símbolo Mo, número atômico 42 e peso atômico 95,94.
molificar (mo.li.fi.**car**) v.t.d. Tornar mole; amolecer; tirar a dureza.
molificativo (mo.li.fi.ca.**ti**.vo) adj. Que molifica; emoliente.
molinete (mo.li.**ne**.te) [ê] s.m. **1.** Peça composta de um carretel dotado de manivela e que se adapta ao caniço, para enrolar a linha de náilon e recolher o anzol atirado à água. **2.** Aparelho que enrola um cabo ou fio em um eixo horizontal. Cf. *cabrestante*.
moloide (mo.**loi**.de) [ói] s.m. e adj.2g. Molenga.
molusco (mo.**lus**.co) s.m. (*Zoo.*) Animal de corpo mole, sem vértebras nem articulações, com carapaça ou concha calcária e que respira por brânquias ou pulmões, como os caracóis.
momentaneamente (mo.men.ta.ne.a.**men**.te) adv. De modo passageiro; transitoriamente; rapidamente.
momentâneo (mo.men.**tâ**.ne.o) adj. **1.** Que dura um momento; instantâneo; rápido. **2.** Transitório; passageiro; efêmero.
momento (mo.**men**.to) s.m. **1.** Espaço pequeníssimo, mas indeterminado, de tempo; instante. **2.** Instante; hora; ocasião; circunstância; situação; oportunidade. **3.** (*Fís.*) Quantidade de movimento de um corpo que depende de sua massa e de sua velocidade.
momentoso (mo.men.**to**.so) [ô] adj. Grave, importante, ponderoso. ▪ Pl. *momentosos* [ó].
momice (mo.**mi**.ce) s.f. Macaquice, imitação boba.
momo (**mo**.mo) [ô] s.m. **1.** Farsa satírica. **2.** Rei do Carnaval.
monacal (mo.na.**cal**) adj.2g. Relativo a monge ou monja, ou à vida monástica.
mônada (**mô**.na.da) s.f. (*Bio.*) Organismo ou unidade orgânica diminuta e muito simples.
monantropia (mo.nan.tro.**pi**.a) s.f. Sistema antropológico segundo o qual o gênero humano se origina de uma só raça.
monarca (mo.**nar**.ca) s.2g. Soberano vitalício e, comumente, hereditário, de uma nação ou Estado; rei.
monarquia (mo.nar.**qui**.a) s.f. Forma de governo em que o poder supremo é exercido por um monarca; reinado.
monárquico (mo.**nár**.qui.co) adj. Relativo a monarca ou a monarquia.
monarquismo (mo.nar.**quis**.mo) s.m. Sistema político em que o poder supremo é exercido por um monarca.
monarquista (mo.nar.**quis**.ta) adj.2g. **1.** Relativo ao monarquismo ou à monarquia. s.2g. **2.** Adepto da monarquia.
monastério (mo.nas.**té**.ri.o) s.m. Mosteiro. Obs.: do inglês *monastery*.
monástico (mo.**nás**.ti.co) adj. Monacal; relativo a monge ou monja.
monatômico (mo.na.**tô**.mi.co) adj. Diz-se da molécula constituída por um átomo só.
monazita (mo.na.**zi**.ta) s.f. (*Min.*) Mineral monoclínico, amarelado, de poderes curativos, que se encontra presente na areia.
monazítico (mo.na.**zí**.ti.co) adj. Relativo à monazita.
monção (mon.**ção**) s.f. **1.** Época ou vento favorável à navegação. **2.** Boa oportunidade; ensejo. **3.** (*Hist.*) Expedição que seguia pelos rios das capitanias de São Paulo e Mato Grosso, nos séculos XVIII e XIX.
monco (**mon**.co) s.m. **1.** (*Pop.*) Muco nasal, ranho, meleca. **2.** Espécie de crista que nasce no bico do peru e de outras aves.
monegasco (mo.ne.**gas**.co) adj. **1.** De Mônaco, país da Europa. s.m. **2.** Pessoa natural ou habitante desse lugar.
monera (mo.**ne**.ra) [é] s.f. (*Bio.*) Organismo unicelular microscópico, sem núcleo organizado, que constitui um dos cinco reinos dos seres vivos, no qual se incluem as bactérias.
monetário (mo.ne.**tá**.ri.o) adj. Relativo a moeda; que pode ser convertido em dinheiro: *o valor afetivo é maior que o valor monetário*. **Unidade monetária:** moeda.
monetização (mo.ne.ti.za.**ção**) s.f. Ação de transformar em moedas.
monetizar (mo.ne.ti.**zar**) v.t.d. Transformar em moedas; cunhar moedas.
monge (**mon**.ge) s.m. **1.** Pessoa que dedica sua vida ao desenvolvimento espiritual e vive em comunidade religiosa: *monges e monjas viviam em mosteiros separados até pouco tempo atrás*. **2.** Frade, frei. ▪ Fem. *monja*.
mongol (mon.**gol**) [ó] adj.2g. **1.** Da Mongólia, país da Ásia; mongólico. **2.** Do Império Mongol, criado por Gêngis Khan no início do século XIII, ou dos reinos que o sucederam até o século XV. s.2g. **3.** Pessoa natural ou habitante desse país ou desse império. **4.** Indivíduo dos mongóis, povo asiático que vive hoje em territórios da Mongólia, Rússia e China. s.m. **5.** Língua desse povo.
mongólico (mon.**gó**.li.co) adj. Mongol.
mongolismo (mon.go.**lis**.mo) s.m. (*Med.*) Síndrome de Down.
mongoloide (mon.go.**loi**.de) [ói] s.m. e adj. (*Med.*) (Pessoa) que sofre de mongolismo, ou síndrome de Down.
monismo (mo.**nis**.mo) s.m. (*Filos.*) Doutrina filosófica segundo a qual o conjunto das coisas pode ser reduzido à unidade.

monístico (mo.**nís**.ti.co) *adj.* Referente ao monismo.

monitor (mo.ni.**tor**) [ô] *s.m.* **1.** Aluno que auxilia o professor, fora das aulas regulares. **2.** Oficial militar que tem a seu cargo instruir praças em determinada atividade. **3.** (Inf.) Dispositivo eletrônico com tela que exibe textos ou gráficos gerados por computador. **4.** Aparelho que acompanha as funções vitais de um doente, como pulso arterial, ritmo cardíaco etc.

monitoração (mo.ni.to.ra.**ção**) *s.f.* Ato ou efeito de monitorar; monitoramento.

monitorado (mo.ni.to.**ra**.do) *adj.* Acompanhado; controlado; observado; fiscalizado; dirigido; avaliado.

monitoramento (mo.ni.to.ra.**men**.to) *s.m.* Ação de monitorar; acompanhamento.

monitorar (mo.ni.to.**rar**) *v.t.d.* **1.** Acompanhar e avaliar (dados fornecidos por aparelhagem técnica): *monitorar o batimento cardíaco, os acessos de um site*. **2.** Acompanhar as atividades, o desenvolvimento: *monitorar uma pessoa, um processo*.

monitoria (mo.ni.to.**ri**.a) *s.f.* **1.** O conjunto de funções e de direitos ligados à atividade de um monitor. **2.** O cargo de monitor.

monitório (mo.ni.**tó**.ri.o) *adj.* (Dir.) Que contém advertência ou repreensão: *processo monitório*.

monja (**mon**.ja) *s.f.* Mulher que entrou em ordem monástica; freira. ▣ Masc. *monge*.

monjoleiro (mon.jo.**lei**.ro) *s.m.* Proprietário de um monjolo.

monjolo (mon.**jo**.lo) [ô] *s.m.* Antigo engenho rudimentar, movido a água, usado para pilar milho e, primitivamente, para descascar café.

mono (**mo**.no) [ô] *s.m.* Macaco, símio, bugio.

monobásico (mo.no.**bá**.si.co) *adj.* (Quím.) Diz-se do ácido que tem apenas um átomo de hidrogênio substituível por metal, formando, por isso, apenas uma série de sais.

monobloco (mo.no.**blo**.co) [ó] *s.m.* Aquilo que é formado por um só bloco.

monocarpo (mo.no.**car**.po) *adj.* (Bot.) Que só tem um fruto.

monocelular (mo.no.ce.lu.**lar**) *adj.2g.* (Bio.) Que é formado de uma só célula.

monociclo (mo.no.**ci**.clo) *s.m.* Veículo de uma só roda, com pedal: *o equilibrista subiu no monociclo com duas bailarinas nas costas*.

monoclínico (mo.no.**clí**.ni.co) *adj.* (Min.) Diz-se do sistema cristalino que se caracteriza essencialmente por três eixos cristalográficos desiguais, dois deles perpendiculares entre si e o terceiro perpendicular ao eixo horizontal, porém oblíquo em relação ao vertical.

monocórdio (mo.no.**cór**.di.o) *s.m.* Instrumento medieval, de uma só corda, que se tocava com uma varinha.

monocotilédone (mo.no.co.ti.**lé**.do.ne) *adj.2g.* (Bot.) Monocotiledôneo.

monocotiledônea (mo.no.co.ti.le.**dô**.ne.a) *s.f.* (Bot.) Planta cuja semente possui um só cotilédone.

monocotiledôneo (mo.no.co.ti.le.**dô**.ne.o) *adj.* (Bot.) Pertencente ou relativo às monocotiledôneas.

monocracia (mo.no.cra.**ci**.a) *s.f.* (Pol.) Monarquia que compreende diversas nações, em que apenas uma pessoa exerce o governo.

monocromático (mo.no.cro.**má**.ti.co) *adj.* **1.** Que tem uma só cor, ainda que em vários tons; monocrômico. **2.** Relativo a monocromia.

monocromia (mo.no.cro.**mi**.a) *s.f.* **1.** Uso de apenas uma cor, ainda que em vários tons. **2.** Objeto ou imagem em uma só cor.

monocrômico (mo.no.**crô**.mi.co) *adj.* Monocromático.

monocromo (mo.no.**cro**.mo) *adj.* De cor única; que tem somente uma cor.

monóculo (mo.**nó**.cu.lo) *adj.* **1.** Que tem um só olho. *s.m.* **2.** Lente para um olho só, que se usa encaixada entre os músculos de uma cavidade orbitária.

monocultura (mo.no.cul.**tu**.ra) *s.f.* Cultura de um único produto agrícola.

monodia (mo.no.**di**.a) *s.f.* (Mús.) Canto a uma só voz, sem acompanhamento.

monódico (mo.**nó**.di.co) *adj.* Relativo a monodia.

monofobia (mo.no.fo.**bi**.a) *s.f.* Horror mórbido à solidão.

monófobo (mo.**nó**.fo.bo) *s.m.* Aquele que sofre de monofobia.

monogamia (mo.no.ga.**mi**.a) *s.f.* Regra, costume ou prática socialmente regulamentada, segundo a qual cada pessoa deve ter apenas um cônjuge ou relacionar-se amorosamente com apenas uma pessoa.

monogâmico (mo.no.**gâ**.mi.co) *adj.* **1.** Relativo à monogamia. **2.** Que pratica a monogamia.

monogamista (mo.no.ga.**mis**.ta) *s.2g.* e *adj.2g.* (Pessoa) que segue a monogamia; monógamo.

monógamo (mo.**nó**.ga.mo) *adj.* Que tem somente uma esposa; monogamista.

monogenismo (mo.no.ge.**nis**.mo) *s.m.* Crença, hipótese ou teoria segundo a qual a humanidade foi constituída a partir de uma única espécie, descendente de um ancestral comum.

monogenista (mo.no.ge.**nis**.ta) *adj.2g.* **1.** Relativo ao monogenismo. *s.2g.* e *adj.2g.* **2.** (Pessoa) que crê no monogenismo.

monografar (mo.no.gra.**far**) *v.t.d.* Fazer a monografia de.

monografia (mo.no.gra.**fi**.a) *s.f.* Dissertação ou estudo muito minucioso sobre determinado tema.

monográfico (mo.no.**grá**.fi.co) *adj.* Referente a monografia.

monograma (mo.no.**gra**.ma) *s.m.* Escrita ou entrelaçamento das letras iniciais ou principais do nome da pessoa ou de alguma empresa, à guisa de emblema.

monogramático (mo.no.gra.**má**.ti.co) *adj.* Relativo a monograma.

monogramista (mo.no.gra.**mis**.ta) *s.2g.* **1.** Pessoa que faz monogramas. **2.** Artista que não assina as

monolíngue

suas obras com o nome por extenso mas sim com um monograma, uma abreviatura ou com suas iniciais.

monolíngue (mo.no.**lín**.gue) [ü] adj.2g. Que fala ou utiliza apenas uma língua: *texto monolíngue*. Cf. *poliglota*.

monolítico (mo.no.**lí**.ti.co) adj. **1.** Relativo a monólito. **2.** Diz-se da estrutura formada por uma só massa contínua de material. **3.** (*Fig.*) Diz-se do caráter, do sentimento, da crença etc., que não apresentam rupturas, que são íntegros.

monolito (mo.no.**li**.to) s.m. O mesmo que *monólito*.

monólito (mo.**nó**.li.to) s.m. Obra ou monumento feito de um só bloco inteiro de pedra. O mesmo que *monolito*, forma que é mais usada porém não consta no *Volp*.

monologar (mo.no.lo.**gar**) v.i. Recitar monólogos ou falar consigo próprio.

monólogo (mo.**nó**.lo.go) s.m. **1.** Cena em que um só ator fala ou representa. **2.** Discurso, fala de uma só pessoa; solilóquio.

monomania (mo.no.ma.**ni**.a) s.f. (*Med.*) Forma de insanidade mental em que o indivíduo dirige toda a atenção para um só assunto ou tema, para uma ideia fixa.

monomaníaco (mo.no.ma.**ní**.a.co) adj. (*Med.*) Relativo a monomania.

monômio (mo.**nô**.mi.o) (*Mat.*) s.m. Expressão algébrica de um só termo.

monomotor (mo.no.mo.**tor**) [ô] s.m. e adj. (*Avião*) com um só motor.

monopétalo (mo.no.**pé**.ta.lo) adj. (*Bot.*) Que tem uma só pétala.

monoplano (mo.no.**pla**.no) s.m. Espécie de aeroplano de um só plano de sustentação; avião.

monoplegia (mo.no.ple.**gi**.a) s.f. (*Med.*) Paralisia de um só membro.

monopólio (mo.no.**pó**.li.o) s.m. (*Econ.*) Exclusividade para vender um produto ou exercer certa atividade sem nenhuma concorrência.

monopolista (mo.no.po.**lis**.ta) s.2g. (*Econ.*) Pessoa ou entidade que monopoliza determinada atividade.

monopolização (mo.no.po.li.za.**ção**) s.f. Ação ou efeito de monopolizar; monopólio.

monopolizado (mo.no.po.li.**za**.do) adj. Explorado, tomado ou controlado exclusivamente por uma pessoa ou grupo, privando os outros da respectiva vantagem.

monopolizador (mo.no.po.li.za.**dor**) [ô] s.m. e adj. (Aquele) que monopoliza.

monopolizar (mo.no.po.li.**zar**) v.t.d. **1.** Fazer ou ter o monopólio de. **2.** Explorar de maneira abusiva; vender sem concorrência.

monorrimo (mo.nor.**ri**.mo) adj. Diz-se do poema (ou composição poética) cujos versos têm todos a mesma rima.

monossilábico (mo.nos.si.**lá**.bi.co) adj. Que tem uma só sílaba; monossílabo.

monossílabo (mo.nos.**sí**.la.bo) s.m. Vocábulo monossilábico.

monoteísmo (mo.no.te.**ís**.mo) s.m. Doutrin[a] daqueles que admitem a existência de um únic[o] Deus.

monoteísta (mo.no.te.**ís**.ta) s.2g. e adj.2g. **1.** (Pessoa) que crê em um Deus único. adj.2g. **2.** Relativo a[o] monoteísmo: *religiões monoteístas*.

monoteístico (mo.no.te.**ís**.ti.co) adj. Relativo a[o] monoteísmo; monoteísta.

monotipia (mo.no.ti.**pi**.a) s.f. (*Gráf.*) **1.** Arte e técnic[a] de compor em monotipo. **2.** Composição tipográ[fi]ca criada com monotipo. **3.** Lugar onde se traba[l]lha com a monotipo.

monótipo (mo.**nó**.ti.po) adj. (*Bio.*) Diz-se do gêner[o] que tem uma só espécie.

monotipo (mo.no.**ti**.po) s.f. Máquina de composi[ção] tipográfica comandada por um teclado e u[m] sistema de punções.

monotonia (mo.no.to.**ni**.a) s.f. Qualidade de monó[tono], fastidioso, tedioso, enfadonho.

monótono (mo.**nó**.to.no) adj. **1.** Que tem um únic[o] tom. **2.** (*Fig.*) Chato; cansativo; enfadonho.

monotremado (mo.no.tre.**ma**.do) s.m. (*Zoo.*) Mamífero que bota ovos, como o ornitorrinco.

monovalente (mo.no.va.**len**.te) adj.2g. (*Quím.*) Qu[e] tem uma só valência.

monóxido (mo.**nó**.xi.do) [cs] s.m. (*Quím.*) Óxid[o] com um só átomo de oxigênio por molécula.

monroísmo (mon.ro.**ís**.mo) s.m. Doutrin[a] do estadista norte-americano James Monro[e] (1759-1831), que não admite a intervençã[o] de potências europeias nas questões políticas d[a] América.

monsenhor (mon.se.**nhor**) [ô] s.m. **1.** Título hono[rí]rífico da Igreja Católica, concedido pelo papa [a] alguns eclesiásticos. **2.** (*Bot.*) Arbusto ornamenta[l] de flores amarelas, róseas ou alaranjadas, dispos[tas] em capítulos.

monstrengo (mons.**tren**.go) s.m. **1.** Aquele que [é] feio, desconforme, desproporcional ou contrári[o] à normalidade. **2.** Entidade fantástica; monstruo[si]sidade; monstro.

monstro (**mons**.tro) s.m. **1.** Ser fantástico, da mitologia ou da lenda, de conformação extravagant[e]. **2.** Pessoa ou animal cruel, desnaturado, horrend[o] ou de aspecto espantoso. Monstro sagrado: artist[a] excepcional, de grande talento, considerado refe[rência] rência ou mito em sua área.

monstruosidade (mons.tru.o.si.**da**.de) s.f. Quali[dade] dade de monstruoso; perversidade; crueldade.

monstruoso (mons.tru.**o**.so) [ô] adj. **1.** Que tem [a] conformação de monstro. **2.** Enorme ou feio em demasia. **3.** Que encerra maldade, crueldade, desu[manidade]. Pl. *monstruosos* [ó].

monta (**mon**.ta) s.f. Importância total de uma conta; montante, valor, soma.

montada (mon.**ta**.da) s.f. **1.** Ato de montar. **2.** Cavale [sic] de oficial.

montado (mon.**ta**.do) adj. Sentado sobre um cavalo ou qualquer outro animal.

montador (mon.ta.**dor**) [ô] s.m. Aquele que faz montagens.
montagem (mon.**ta**.gem) s.f. Ato ou efeito de montar.
montanha (mon.**ta**.nha) s.f. **1.** Grande elevação íngreme de terra ou terreno, terminada em cume, que se ergue em relação ao terreno que a cerca. **2.** (Fig.) Grande volume de papéis, roupa suja, livros etc. amontoados.
montanha-russa (mon.ta.nha-**rus**.sa) s.f. Armação gigantesca, com aclives e declives sucessivos e bruscos, sobre a qual uma série de carrinhos próprios desliza com grande rapidez, proporcionando diversão e muitas emoções violentas. ▣ Pl. *montanhas-russas*.
montanhês (mon.ta.**nhês**) adj. Que habita as montanhas ou é próprio delas; montês.
montanhismo (mon.ta.**nhis**.mo) s.m. Esporte de subir em montanhas; alpinismo.
montanhista (mon.ta.**nhis**.ta) adj.2g. **1.** Relacionado a montanhismo. s.2g. **2.** Praticante de montanhismo.
montanhoso (mon.ta.**nho**.so) [ô] adj. Em que há muitas montanhas. ▣ Pl. *montanhosos* [ó].
montante (mon.**tan**.te) s.m. Soma; importância em dinheiro.
montão (mon.**tão**) s.m. Acumulação; acúmulo; acervo; grande quantidade de coisas.
montar (mon.**tar**) v.t.d. e v.i. **1.** Pôr-se sobre (uma cavalgadura); cavalgar. v.t.d. **2.** Aprontar para funcionar; armar, preparar, dispor. **3.** Engastar; encaixar. **4.** Organizar; planejar. v.i. **5.** Importar, significar, representar, valer.
montaria (mon.ta.**ri**.a) s.f. **1.** Cavalgadura. **2.** (N) Canoa veloz.
monte (**mon**.te) s.m. **1.** Elevação de terreno acima do solo. **2.** (Fig.) Qualquer amontoado de coisas.
montear (mon.te.**ar**) v.i. Caçar nos montes.
monteiro (mon.**tei**.ro) s.m. Aquele que caça nos montes.
montenegrino (mon.te.ne.**gri**.no) adj. **1.** De Montenegro, país da Europa. s.m. **2.** Pessoa natural ou habitante desse lugar.
montepio (mon.te.**pi**.o) s.m. Instituição em que, mediante uma cota e satisfeitas outras peculiaridades, cada membro adquire o direito de, por morte, deixar pensão pagável a alguém de sua escolha.
montês (mon.**tês**) adj. Dos montes; montanhês.
montículo (mon.**tí**.cu.lo) s.m. Pequeno monte.
montoeira (mon.to.**ei**.ra) s.f. Miscelânea, bagunça, monte, acúmulo desordenado.
monturo (mon.**tu**.ro) s.m. Local onde se acumula lixo, entulho, coisas em desuso; aterro de lixo.
monumental (mo.nu.men.**tal**) adj.2g. Relativo a monumento, enorme; extraordinário; magnífico.
monumento (mo.nu.**men**.to) s.m. Qualquer obra notável, ou construção destinada a transmitir à posteridade a recordação de fato ou pessoa notável; edifício majestoso; mausoléu.

mood [inglês: "múdi"] s.m. (Gír. Int.) Termo usado por usuários de redes sociais em postagens, para expressar sua disposição ou seu estado de humor. Obs.: o sentido literal é "humor".
moquear (mo.que.**ar**) v.t.d. **1.** (NE) Secar (a carne ou o peixe) no moquém, para conservar. **2.** Assar em moquém.
moqueca (mo.**que**.ca) [é] s.f. (Culin.) **1.** Prato típico brasileiro preparado com peixe ou mariscos guisados em panela baixa, sem água, com salsa, coentro, limão, cebolas, leite de coco, azeite de dendê ou azeite etc. **2.** Prato semelhante, porém sem azeite.
moquém (mo.**quém**) s.m. Grelha de varas para assar ou secar a carne ou o peixe.
mor [ó] adj. Forma reduzida de maior.
mora (**mo**.ra) [ó] s.f. Multa ou acréscimo por atraso no pagamento.
morada (mo.**ra**.da) s.f. **1.** Lugar onde se mora; lar, habitação, moradia. **2.** Residência fixa ou permanente. **3.** (Lus.) Endereço de residência: *preencha o cadastro com nome, idade e morada para envio da encomenda*.
moradia (mo.ra.**di**.a) s.f. Morada; habitação; local onde se vive.
morador (mo.ra.**dor**) [ô] s.m. Aquele que mora em determinado local; habitante; inquilino; hóspede.
moral (mo.**ral**) s.f. **1.** (Filos.) Regras de conduta e valores de um grupo ou sociedade, como brio, pudor, vergonha, atitudes éticas, bons costumes: *a moral da época não aceitava que crianças falassem à mesa*. **2.** Conclusão ou ensinamento de uma fábula ou narrativa, como "devemos tratar os outros como queremos ser tratados". adj.2g. **3.** Que segue as regras e os valores éticos: *sentiu-se na obrigação moral de denunciar o vandalismo*. s.m. **4.** Estado de espírito, ânimo: *a vitória levantou o moral do time*.
moralidade (mo.ra.li.**da**.de) s.f. Qualidade do que é moral; conceito, doutrina ou intuito moral de certas fábulas ou narrativas.
moralismo (mo.ra.**lis**.mo) s.m. **1.** Sistema filosófico que trata exclusivamente da moral. **2.** Tendência a exagerar na observância de todos os preceitos morais que devem reger as atitudes humanas.
moralista (mo.ra.**lis**.ta) adj.2g. **1.** Relativo a ou que tem moralismo. s.2g. **2.** Pessoa que escreve sobre moral ou prega preceitos morais.
moralização (mo.ra.li.za.**ção**) s.f. Ato ou efeito de moralizar.
moralizado (mo.ra.li.**za**.do) adj. Corrigido moralmente.
moralizador (mo.ra.li.za.**dor**) [ô] adj. Que encerra ou preconiza doutrinas morais; moralizante.
moralizante (mo.ra.li.**zan**.te) adj.2g. Que moraliza, que estabelece regras morais; moralizador.
moralizar (mo.ra.li.**zar**) v.i. **1.** Pregar moral; fazer reflexões morais. v.t.d. **2.** Corrigir costumes; infundir boas ideias.
moranga (mo.**ran**.ga) s.f. (Bot.) Variedade de abóbora brasileira redonda e achatada, empregada para

fazer doces e para ser assada com camarão, carne-seca desfiada ou outro recheio.

morango (mo.**ran**.go) s.m. (*Bot.*) Fruta vermelha, de polpa com sabor levemente ácido, que é a infrutescência carnosa do morangueiro, coberta de grânulos que são os frutos e contêm as sementes da planta.

morangueiro (mo.ran.**guei**.ro) s.m. **1.** (*Bot.*) Erva rosácea de origem europeia, cultivada por sua infrutescência carnosa, o morango. **2.** Produtor, vendedor ou comerciante de morangos.

morar (mo.**rar**) v.t.d. **1.** Ter residência; habitar, residir. **2.** (*Gír.*) Entender; compreender; manjar; sacar.

moratória (mo.ra.**tó**.ri.a) s.f. (*Econ.*) Suspensão da exigibilidade das dívidas de um dado grupo de devedores, determinada por lei, com suspensão do curso de ações de cobrança e prolongamento do prazo de amortização.

moratório (mo.ra.**tó**.ri.o) adj. Que envolve demora ou dilação.

morbidade (mor.bi.**da**.de) s.f. (*Med.*) Capacidade de causar doença em um indivíduo ou grupo de indivíduos.

morbidez (mor.bi.**dez**) [ê] s.f. Qualidade ou caráter de mórbido.

mórbido (**mór**.bi.do) adj. Enfermo; doente; patológico; doentio.

morbo (**mor**.bo) [ô] s.m. Estado patológico; doença.

morcegar (mor.ce.**gar**) v.t.d. e v.i. **1.** Tirar partido de; explorar. **2.** (*Fig.*) Pegar ou descer de um veículo em movimento; pendurar-se atrás de um caminhão em movimento. **3.** Sair para farrear à noite.

morcego (mor.**ce**.go) [ê] s.m. **1.** (*Zoo.*) Roedor que é o único mamífero voador, que tem hábitos noturnos e algumas espécies que se alimentam do sangue de bois, cavalos etc. **2.** (*Fig.*) Pessoa de hábitos noturnos.

morcela (mor.**ce**.la) [é] s.f. Linguiça de origem portuguesa, feita com sangue de porco.

mordaça (mor.**da**.ça) s.f. Objeto com que se tapa a boca de alguém, para que não morda, fale ou grite.

mordacidade (mor.da.ci.**da**.de) s.f. **1.** Qualidade de mordaz; maledicente. **2.** Qualidade de crítico muito severo.

mordaz (mor.**daz**) adj.2g. **1.** Que morde; mordente. **2.** Satírico, maledicente.

mordedor (mor.de.**dor**) [ô] s.m. e adj. **1.** (Aquele) que morde. s.m. **2.** Objeto de borracha que os bebês mordem, para aliviar o incômodo do despontar dos primeiros dentinhos.

mordedura (mor.de.**du**.ra) s.f. Vestígio de dentada; marca; mordida.

mordente (mor.**den**.te) adj.2g. **1.** Que morde; mordaz. **2.** Provocante, excitante.

morder (mor.**der**) v.t.d. **1.** Apertar com os dentes: *o nenê mordeu o dedo*. **2.** Apertar, pressionar.

mordexim (mor.de.**xim**) [cs] s.f. (*Med.*) Doença infecciosa aguda, contagiosa, que pode manifestar-se sob forma epidêmica, caracterizada, em sua apresentação clássica, por diarreia abundante, prostração e cãibras; cólera-morbo.

mordida (mor.**di**.da) s.f. Dentada; mordedura.

mordido (mor.**di**.do) adj. Que sofreu mordedura.

mordimento (mor.di.**men**.to) s.m. **1.** Mordedura dentada. **2.** (*Fig.*) Remorso; arrependimento.

mordiscar (mor.dis.**car**) v.t.d. Morder de leve repetidas vezes, estimular.

mordomia (mor.do.**mi**.a) s.f. **1.** Cargo ou função de mordomo. **2.** Vantagens que advêm desse cargo como moradia, alimentação etc. **3.** (*Fig.*) Bem-estar, conforto; regalia.

mordomo (mor.**do**.mo) [ô] s.m. Serviçal muito refinado, de maneiras distintas e requintadas, encarregado da administração de uma casa e de orientar os outros empregados.

moreia (mo.**rei**.a) [éi] s.f. (*Zoo.*) Peixe dos mares quentes, sem nadadeiras peitorais, semelhante a uma grande enguia.

moreno (mo.**re**.no) s.m. e adj. (Indivíduo) que tem cor trigueira e cabelos castanhos ou pretos.

morfeia (mor.**fei**.a) [éi] s.f. (*Med.*) Hanseníase.

morfema (mor.**fe**.ma) s.m. (*Gram.*) Elemento linguístico com significado gramatical.

morfético (mor.**fé**.ti.co) adj. **1.** (*Mit.*) Relativo a Morfeu, deus dos sonhos, filho do Sono e da Noite. **2.** Hanseniano.

morfina (mor.**fi**.na) s.f. (*Quím.*) Alcaloide ativo do ópio, branco, cristalino, usado na medicina como sedativo.

morfogênese (mor.fo.**gê**.ne.se) s.f. (*Bio.*) Processo que desenvolve a forma adulta no ser vivo.

morfologia (mor.fo.lo.**gi**.a) s.f. **1.** (*Bio.*) Estudo da estrutura ou forma dos seres organizados. **2.** (*Gram.*) Estudo das palavras quanto a estrutura, formação, flexões e classificação em substantivos, adjetivos, pronomes, verbos, preposições, advérbios e conjunções.

morfológico (mor.fo.**ló**.gi.co) adj. Que se relaciona à morfologia.

morfologista (mor.fo.lo.**gis**.ta) s.2g. e adj.2g. Estudioso ou especialista em morfologia.

morgada (mor.**ga**.da) s.f. Senhora possuidora de títulos ou bens que constituem um morgado.

morgadio (mor.ga.**di**.o) s.m. Bens de morgado.

morgado (mor.**ga**.do) s.m. **1.** Filho herdeiro, herança e os bens deixados. **2.** (*Fig.*) Algo muito rendoso.

morgo (**mor**.go) [ô] s.m. Certo jogo de cartas.

moribundo (mo.ri.**bun**.do) s.m. e adj. (Aquele) que está morrendo.

morigerado (mo.ri.ge.**ra**.do) adj. Moderado, comedido: *uma pessoa morigerada no comer e no beber*.

morim (mo.**rim**) s.m. Pano branco e fino de algodão, de qualidade inferior, muito usado em roupas de cama.

moringa (mo.**rin**.ga) s.f. Talha; vaso de barro grande e bojudo, geralmente revestido de prata, para manter a água fresca.

mormaceira (mor.ma.**cei**.ra) s.f. Mormaço.

mormacento (mor.ma.**cen**.to) *adj.* Calorento e úmido.
mormaço (mor.**ma**.ço) *s.m.* Tempo abafado; mormacento.
mormente (mor.**men**.te) *adv.* Principalmente; sobretudo.
mormo (**mor**.mo) [ô] *s.m.* Doença infecciosa de bovinos e equinos, produzida por um bacilo, quase sempre fatal, quando transmitida ao homem.
mórmon (**mór**.mon) *s.m.2g.* Adepto do mormonismo.
mormonismo (mor.mo.**nis**.mo) *s.m.* Doutrina religiosa norte-americana fundada em 1827 por Joseph Smith (1805-1844), proibida pela lei americana desde 1887, uma vez que os mórmons eram adeptos da poligamia.
mormoso (mor.**mo**.so) [ô] *adj.* Infectado por mormo. ▫ Pl. *mormosos* [ó].
mornidão (mor.ni.**dão**) *s.f.* Qualidade do que é morno ou sem energia.
morno (**mor**.no) [ô] *adj.* **1.** Nem frio nem quente; tépido. **2.** (Fig.) Monótono, calmo, parado. ▫ Pl. *mornos* [ó].
morosidade (mo.ro.si.**da**.de) *s.f.* Qualidade de moroso; lentidão; frouxidão.
moroso (mo.**ro**.so) [ô] *adj.* Que faz tudo lentamente, morosamente, sem vontade. ▫ Pl. *morosos* [ó].
morraça (mor.**ra**.ça) *s.f.* **1.** Estrume vegetal dos pântanos ou de lamaçais. **2.** Vinho de má qualidade; vinho ruim ou estragado.
morrão (mor.**rão**) *s.m.* Mecha ou pedaço de corda queimada em uma das extremidades, para atear fogo às antigas peças de artilharia antes do disparo.
morraria (mor.ra.**ri**.a) *s.f.* Série contínua de morros.
morrediço (mor.re.**di**.ço) *adj.* Que está para morrer.
morredouro (mor.re.**dou**.ro) *s.m.* Local onde ocorrem muitas mortes; lugar sinistro, lúgubre.
morremorrer (mor.re.mor.**rer**) *v.i.* Morrer aos poucos, lentamente; definhar.
morrer (mor.**rer**) *v.i.* Perder a vida; falecer; perecer; extinguir-se.
morrinha (mor.**ri**.nha) *s.f.* **1.** Sarna epidêmica do gado. **2.** Ligeira enfermidade ou indisposição física. **3.** (Pop.) Fedor exalado por pessoa ou por animal; catinga; inhaca.
morrinhento (mor.ri.**nhen**.to) *adj.* Que tem morrinha; fedido; malcheiroso.
morro (**mor**.ro) [ô] *s.m.* **1.** Monte pouco elevado; colina. **2.** (Fig.) Favela.
morsa (**mor**.sa) [ó] *s.f.* **1.** Ferramenta para segurar firmemente uma peça que será trabalhada. **2.** (Zoo.) Mamífero marinho de zonas geladas, maior que a foca e com longas presas.
mortadela (mor.ta.**de**.la) [é] *s.f.* (Culin.) Produto feito com carne bovina magra condimentada e embutida, de origem italiana.
mortal (mor.**tal**) *s.2g. e adj.2g.* **1.** (Ser) sujeito à morte: *os mortais e suas obras imortais*. *adj.2g.* **2.** Que causa a morte; letal: *em excesso o medicamento pode ser mortal*. **3.** Ferrenho, encarniçado: *inimigo mortal, ódio mortal*.
mortalha (mor.**ta**.lha) *s.f.* Veste em que se envolve o cadáver que vai ser sepultado.
mortalidade (mor.ta.li.**da**.de) *s.f.* Número, ou proporção de óbitos em uma comunidade, em determinado período de tempo; mortandade.
mortandade (mor.tan.**da**.de) *s.f.* Mortalidade.
morte (**mor**.te) *s.f.* **1.** Ato de morrer; o fim da vida animal ou vegetal. **2.** O fim. **3.** Destruição; ruína.
morteiro (mor.**tei**.ro) *s.m.* **1.** Canhão curto que lança projéteis com grandes ângulos de elevação. **2.** Fogo de artifício constituído por um tubo de papelão reforçado, com uma carga de pólvora.
morticínio (mor.ti.**cí**.ni.o) *s.m.* Mortandade.
mortiço (mor.**ti**.ço) *adj.* **1.** Morrediço. **2.** Prestes a apagar-se, a extinguir-se. **3.** Sem brilho ou vivacidade; desanimado.
mortífero (mor.**tí**.fe.ro) *adj.* Que produz a morte; letal; mortal.
mortificação (mor.ti.fi.ca.**ção**) *s.f.* **1.** Ato ou efeito de mortificar(-se). **2.** Desgosto, sofrimento, tormento, aflição.
mortificado (mor.ti.fi.**ca**.do) *adj.* Sofrido; desgostoso; atormentado.
mortificador (mor.ti.fi.ca.**dor**) [ô] *adj.* Mortificante.
mortificante (mor.ti.fi.**can**.te) *adj.2g.* Que mortifica; mortificador.
mortificar (mor.ti.fi.**car**) *v.t.d.* **1.** Diminuir ou extinguir a vitalidade de. **2.** Causar muito desgosto ou dissabor a alguém querido. *v.p.* **3.** Torturar o corpo com penitências; atormentar-se.
morto (**mor**.to) [ô] *s.m. e adj.* **1.** (O) que morreu; defunto; falecido. *adj.* **2.** Extinto, apagado: *fogo morto*. **3.** Diz-se do vegetal murcho ou seco. ▫ Pl. *mortos* [ó].
mortualha (mor.tu.a.lha) *s.f.* **1.** Funeral. **2.** Grande porção de cadáveres.
mortuário (mor.tu.**á**.ri.o) *adj.* Fúnebre.
morubixaba (mo.ru.bi.**xa**.ba) *s.m.* Grande chefe temporal das tribos indígenas brasileiras; tuxaua; cacique.
mosaicista (mo.sai.**cis**.ta) *s.2g. e adj.2g.* (Aquele) que trabalha em obras de mosaico.
mosaico (mo.**sai**.co) *s.m.* **1.** Trabalho que se faz com pequenas pedras, pastilhas ou outras peças coloridas, formando desenhos. *adj.* **2.** Relacionado a Moisés, que liderou o povo hebreu na fuga do Egito e recebeu a revelação dos Dez Mandamentos. **3.** Hebraico, judeu.
mosca (**mos**.ca) [ô] *s.f.* **1.** (Zoo.) Inseto com duas asas, de que há numerosas espécies, algumas transmissoras de doenças e outras inofensivas. **2.** (Zoo.) Inseto desse grupo, de tamanho médio e que não pica; mosca-doméstica. **3.** Tufo de pelos entre o lábio inferior e o queixo: *ele cortou o cavanhaque e deixou a mosca*.
moscadeira (mos.ca.**dei**.ra) *s.f.* (Bot.) Planta cujo fruto é a noz-moscada, usado como condimento.

moscado (mos.**ca**.do) *adj.* Com cheiro doce, semelhante ao do almíscar.

mosca-doméstica (mos.ca-do.**més**.ti.ca) *s.f.* (Zoo.) Mosca. ▫ Pl. *moscas-domésticas.*

moscar (mos.**car**) *v.i.* e *v.p.* Desaparecer, sumir-se, safar-se. Obs.: pres. do ind.: *musco, muscas, musca, moscamos, moscais, muscam;* pres. do subj.: *musque, musques, musque, musquemos, musqueis, musquem;* imperat. afirm.: *musca, musque, moscai, musquem.* Nas formas rizotônicas, o *o* se transforma em *u.*

moscardo (mos.**car**.do) *s.m.* (Zoo.) **1.** Mutuca. **2.** Inseto díptero de grandes dimensões, que broca a madeira para criar suas larvas.

moscaria (mos.ca.**ri**.a) *s.f.* Grande porção de moscas; mosquedo; mosqueiro.

moscatel (mos.ca.**tel**) *adj.2g.* **1.** Diz-se de uva apreciadíssima, da qual existem várias espécies. **2.** Diz-se do vinho feito dessa uva.

moscovita (mos.co.**vi**.ta) *adj.2g.* **1.** De Moscou, capital da Rússia. *s.2g.* **2.** Pessoa natural ou habitante de Moscou.

mosqueado (mos.que.**a**.do) *adj.* Que tem malhas escuras; pintalgado; sarapintado.

mosquear (mos.que.**ar**) *v.t.d.* Salpicar de pintas ou manchas.

mosquedo (mos.**que**.do) [ê] *s.m.* Lugar onde há moscas em abundância; moscaria; mosqueiro.

mosqueiro (mos.**quei**.ro) *s.m.* Lugar onde há moscas em abundância; mosquedo; moscaria.

mosquetão (mos.que.**tão**) *s.m.* **1.** Fuzil pequeno usado pelos soldados de cavalaria. **2.** Peça metálica destinada a prender o relógio à respectiva corrente.

mosquetaria (mos.que.ta.**ri**.a) *s.f.* Grande porção de mosquetes, de mosqueteiros ou de tiros de mosquete.

mosquete (mos.**que**.te) [ê] *s.m.* Arma de fogo antiga, com o feitio da espingarda, porém muito mais pesada.

mosquetear (mos.que.te.**ar**) *v.i.* Dar tiros de mosquete.

mosqueteiro (mos.que.**tei**.ro) *s.m.* Antigo soldado armado de mosquete.

mosquitada (mos.qui.**ta**.da) *s.f.* Grande quantidade de mosquitos.

mosquiteiro (mos.qui.**tei**.ro) *s.m.* **1.** Cortinado ou rede para proteger contra os mosquitos. **2.** (Bot.) Árvore leguminosa de flores violáceas.

mosquito (mos.**qui**.to) *s.m.* (Zoo.) Mosca pequena de patas longas, com antenas longas e finas.

mossa (**mos**.sa) [ó] *s.f.* Vestígio de pancada ou de pressão.

mostarda (mos.**tar**.da) *s.f.* **1.** Semente da mostardeira. **2.** Pasta de preparação caseira ou industrial, feita com mostarda, vinagre, sal e substâncias aromatizadas, usada como condimento. **3.** Cor amarela em tom escuro, característica dessa pasta.

mostardeira (mos.tar.**dei**.ra) *s.f.* **1.** (Bot.) Erva crucífera cujas folhas, comestíveis, têm sabor picante e de cujas sementes se retira um pó amarelo, a mostarda, com que se preparam condimentos e cataplasmas medicinais. **2.** Recipiente onde se serve, à mesa, o molho de mostarda; mostardeiro.

mostardeiro (mos.tar.**dei**.ro) *s.m.* Mostardeira.

mosteiro (mos.**tei**.ro) *s.m.* **1.** Moradia de monges ou monjas; habitação de comunidade religiosa; monastério. **2.** Vida religiosa, clausura.

mosto (**mos**.to) [ô] *s.m.* Suco ou sumo, em fermentação, de qualquer fruta açucarada.

mostra (**mos**.tra) [ó] *s.f.* Exposição de obras de caráter artístico, literário, histórico etc.

mostrado (mos.**tra**.do) *adj.* Exposto; visto; exibido; apresentado.

mostrador (mos.tra.**dor**) [ô] *adj.* **1.** Que mostra. *s.m.* **2.** Parte do relógio onde estão indicadas as horas e os minutos. **3.** Parte de outro instrumento ou equipamento em que são mostradas informações.

mostrar (mos.**trar**) *v.t.d.i.* Expor a alguém; fazer ver; exibir, apresentar.

mostrengo (mos.**tren**.go) *s.m.* Aquilo que é desconforme, desproporcional ou contrário à normalidade; feio.

mostruário (mos.tru.**á**.ri.o) *s.m.* Lugar ou dispositivo para mostrar, expor artigos à venda.

mota (**mo**.ta) [ó] *s.f.* Aterro à beira de rio para proteger contra inundações os campos ou margens.

mote (**mo**.te) [ó] *s.m.* **1.** Divisa, lema. **2.** (Folc.) Tema de um desafio para canto improvisado como moda de viola ou repente: *o cantador de fora deu o mote e o da terra respondeu.* **3.** Tema, assunto.

motejador (mo.te.ja.**dor**) [ô] *s.m.* Aquele que moteja.

motejar (mo.te.**jar**) *v.t.d.* **1.** Fazer motejo ou zombaria de; troçar de. *v.i.* **2.** Escarnecer; dizer gracejos.

motejo (mo.**te**.jo) [ê] *s.m.* Zombaria; manifestação intencional, irônica ou maliciosa, por meio do riso, de palavras, atitudes ou gestos, com que se procura levar alguém ao ridículo.

motel (mo.**tel**) *s.m.* **1.** Hotel situado à beira de estradas. **2.** Hotel, de grande rotatividade, para encontros amorosos.

motete (mo.**te**.te) [ê] *s.m.* **1.** Dito engraçado ou satírico. **2.** (Mús.) Qualquer composição poética para ser cantada com música.

motilidade (mo.ti.li.**da**.de) *s.f.* (Bio.) Capacidade de mover-se espontaneamente, como os espermatozoides.

motim (mo.**tim**) *s.m.* Rebelião; desordem; revolta.

motivação (mo.ti.va.**ção**) *s.f.* Conjunto de fatores psicológicos (conscientes ou inconscientes) de ordem fisiológica, intelectual ou afetiva, os quais agem entre si e determinam a conduta de um indivíduo.

motivado (mo.ti.**va**.do) *adj.* Animado; fundamentado; entusiasmado.

motivador (mo.ti.va.**dor**) [ô] *s.m.* e *adj.* (Aquele ou aquilo) que motiva.

motivar (mo.ti.**var**) *v.t.d.* **1.** Dar motivo a; causar; produzir. **2.** Entusiasmar; animar.

motivo (mo.**ti**.vo) *s.m.* Causa; origem; o porquê.
moto (mo.to) [ó] *s.m.* **1.** Movimento; giro. *s.f.* **2.** Motocicleta.
motoboy (mo.to.**boy**) [bói] *s.m.* Portador de documentos ou pequenas encomendas que usa motocicleta. Obs.: consta com essa grafia no *Volp*, como palavra do português, e consta também com "motobói", aportuguesamento que é muito menos usado.
motoca (mo.**to**.ca) [ó] *s.f.* (*Ant.*) Motocicleta: *a turma ia de motoca para a festa do rock*.
motocicleta (mo.to.ci.**cle**.ta) *s.f.* Veículo de duas rodas, com motor a combustão e que pode transportar uma ou duas pessoas; motociclo.
motociclismo (mo.to.ci.**clis**.mo) *s.m.* Esporte praticado com motocicletas, com modalidades em pista pavimentada, trilhas etc.
motociclista (mo.to.ci.**clis**.ta) *s.2g. e adj.2g.* (Pessoa) que anda em motocicleta; motoqueiro.
motociclo (mo.to.**ci**.clo) *s.m.* **1.** Qualquer veículo de duas rodas com motor. **2.** Motocicleta.
motonáutica (mo.to.**náu**.ti.ca) *s.f.* Esporte praticado com embarcações a motor que atingem alta velocidade.
motoneta (mo.to.**ne**.ta) [ê] *s.f.* Veículo de duas rodas com motor menos potente que o da moto.
motoqueiro (mo.to.**quei**.ro) *s.m.* Motociclista.
motor (mo.**tor**) [ô] *adj.* **1.** Que faz mover. *s.m.* **2.** Tudo o que dá movimento a um maquinismo; máquina, máquina motriz.
motorista (mo.to.**ris**.ta) *s.2g. e adj.2g.* (Pessoa) que dirige um veículo de tração mecânica, ou seja, a motor; chofer.
motorizado (mo.to.ri.**za**.do) *adj.* Que é movido a motor.
motorizar (mo.to.ri.**zar**) *v.t.d. e v.p.* **1.** Adquirir para alguém ou para uso próprio veículo motorizado. *v.t.d.* **2.** Colocar motor em algo.
motorneiro (mo.tor.**nei**.ro) *s.m.* Antigo encarregado do motor de um bonde; condutor.
motriz (mo.**triz**) *adj.* Feminino de *motor*; motora: *máquina motriz*.
mouco (mou.co) *adj.* Que não ouve, ou que ouve pouco ou mal; surdo.
mouquice (mou.**qui**.ce) *s.f.* Estado ou afecção do mouco; mouquidão; surdez.
mouquidão (mou.qui.**dão**) *s.f.* Mouquice.
mourama (mou.**ra**.ma) *s.f.* **1.** Terra de mouros. **2.** Agrupamento de mouros.
mourão (mou.**rão**) *s.m.* **1.** Estaca fincada na terra, entre outros fins para sustentar uma parreira ou fazer uma cerca. **2.** (*Folc.*) Tipo de verso usado na cantoria sertaneja, em geral com cinco ou sete pés. O mesmo que *moirão*.
mouraria (mou.ra.**ri**.a) *s.f.* Bairro de mouros, em Portugal.
mourejar (mou.re.**jar**) *v.i.* Trabalhar muito, incessantemente.
mourejo (mou.**re**.jo) [ê] *s.m.* Trabalho cansativo e prolongado.

mouresco (mou.**res**.co) [ê] *adj.* Mourisco.
mourisca (mou.**ris**.ca) *s.f.* (*Folc.*) Danças e cantos praticados no século XVIII em Minas, que evocavam elementos ibéricos. Cf. *mourisco*.
mourisco (mou.**ris**.co) *adj.* Relativo a mouro; mouresco. Cf. *mourisca*.
mouro (**mou**.ro) *s.m.* **1.** Indivíduo que habitava a Mauritânia, no norte da África; mauritano, mauro, sarraceno. **2.** (*Folc.*) Personagem de várias danças e manifestações folclóricas: *as lutas de cristãos e mouros são representadas na cavalhada e outras festas*. *adj.* **3.** Mouresco; mourisco. **4.** (*Fig.*) Pessoa que trabalha demais.
mouse [inglês: "máuzi"] *s.m.* (*Inf.*) Dispositivo com que se dá comandos a um computador e move o ponteiro do cursor: *ela segura o mouse com a mão esquerda e clica bem rápido; dê um clique com o mouse*. Obs.: o sentido literal é "rato".
mouse pad [inglês: "máuzi pédi"] *s.m.* (*Inf.*) Superfície que serve de apoio para o *mouse* e facilita o seu movimento. Obs.: o sentido literal é "tapete de rato".
mousse [francês: "musse"] *s.2g.* Musse.
movediço (mo.ve.**di**.ço) *adj.* **1.** Que se move com facilidade. **2.** Pouco firme; instável (areia movediça). **3.** (*Fig.*) Volúvel; inconstante.
movedor (mo.ve.**dor**) [ô] *s.m.* Aquele que move; motor.
móvel (**mó**.vel) *s.m.* **1.** Corpo em movimento. **2.** Peça de mobília. **3.** Causa; motivo. *adj.2g.* **4.** Que se pode mover: *as partes móveis do carrinho eram direção e rodas*.
moveleiro (mo.ve.**lei**.ro) *adj.* **1.** Relacionado a móveis. *s.m.* **2.** Fabricante ou vendedor de móveis.
movente (mo.**ven**.te) *adj.2g.* Que (se) move.
mover (mo.**ver**) *v.t.d.* **1.** Fazer sair do lugar; impelir. *v.t.e v.p.* **2.** Mudar(-se) de lugar; deslocar(-se). **3.** Agitar(-se); alterar(-se); perturbar(-se).
movido (mo.**vi**.do) *adj.* **1.** Impelido; levado a. **2.** Deslocado; movimentado; removido.
movimentação (mo.vi.men.ta.**ção**) *s.f.* Ato de movimentar(-se); movimento.
movimentado (mo.vi.men.**ta**.do) *adj.* Em que há sensível movimento; agitado; animado.
movimentar (mo.vi.men.**tar**) *v.t.d.* **1.** Dar ou imprimir movimento a; mobilizar. *v.p.* **2.** Mover-se; agitar-se.
movimento (mo.vi.**men**.to) *s.m.* Ato ou processo de mover(-se); deslocamento.
movível (mo.**ví**.vel) *adj.2g.* Que se pode mover.
moxa (**mo**.xa) [cs] *s.f.* (*Med.*) Terapia de princípio semelhante à acupuntura, que utiliza fonte de calor para estimular determinados pontos do organismo.
mozarela (mo.za.**re**.la) *s.f.* Veja *muçarela*.
MS Sigla de Mato Grosso do Sul, estado brasileiro.
Ms Símbolo do elemento químico manganês.
MT Sigla de Mato Grosso, estado brasileiro.
Mt Símbolo do elemento químico meitnério.
mu *s.m.* **1.** (*Zoo.*) Animal mamífero resultante do cruzamento de jumento com égua ou de cavalo com

jumenta. **2.** Onomatopeia do som emitido pela vaca.
muamba (mu.**am**.ba) s.f. **1.** Mercadoria retirada de navios ancorados. **2.** Mercadoria contrabandeada; contrabando: *a barraca só vendia muamba*. **3.** Objeto roubado: *arrebentou o vidro, pegou a muamba e levou para o comprador*.
muambeiro (mu.am.**bei**.ro) s.m. Contrabandista.
muar (mu.**ar**) s.m. (*Zoo.*) Animal da raça dos mus.
mucama (mu.**ca**.ma) s.f. (*Ant.*) Escrava moça, de serviços domésticos.
muçarela (mu.ça.**re**.la) s.f. Queijo amarelo macio, que se derrete em pratos como *pizza* e lasanha. Obs.: do italiano *mozzarella*, que se pronuncia "mutzarela". As grafias *muçarela* e *mozarela* são indicadas pelo *Volp*; a forma mais usada é *mussarela*.
mucilagem (mu.ci.**la**.gem) s.f. Composto viscoso extraído de diversas plantas.
mucilaginoso (mu.ci.la.gi.**no**.so) [ô] adj. Que armazena mucilagem. ▣ Pl. *mucilaginosos* [ó].
mucker s.2g. [inglês: "múquer"] (*Hist.*) Membro de um grupo religioso radical, no município gaúcho de São Leopoldo, entre 1872 e 1874, liderado por um casal e que teve confrontos com a polícia. Obs.: consta do *Volp* com essa grafia, como vocábulo pertencente ao português do Brasil.
muco (mu.co) s.m. (*Bio.*) Secreção de membrana mucosa a que se juntam diversos sais inorgânicos, células descamadas e leucócitos; mucosidade.
mucosa (mu.**co**.sa) [ó] s.f. (*Bio.*) Membrana que reveste internamente diversos órgãos e que é umidificada por quantidade maior ou menor de muco.
mucosidade (mu.co.si.**da**.de) s.f. Muco.
mucoso (mu.**co**.so) [ô] adj. Que produz muco; semelhante ao muco. ▣ Pl. *mucosos* [ó]. Cf. *mucosa*.
muçuã (mu.çu.**ã**) s.f. (*Zoo.*) Tartaruga amazônica que vive em lagos rasos e na terra, ameaçada de extinção por ser apreciada na culinária; tartaruguinha-da-amazônia, jurará.
muçulmanismo (mu.çul.ma.**nis**.mo) s.m. Islamismo, religião muçulmana.
muçulmano (mu.çul.**ma**.no) s.m. e adj. Seguidor ou adepto do Islã e do islamismo, da religião muçulmana, do profeta Maomé; maometano.
muçum (mu.**çum**) s.m. (*Zoo.*) Peixe teleósteo de rios do Pantanal e Amazônia, sem nadadeiras nem escamas, cuja pele secreta muito muco; peixe-cobra.
mucura (mu.**cu**.ra) s.f. (*Zoo.*) (*AM*) Gambá.
muçurana (mu.çu.**ra**.na) s.f. (*Zoo.*) Cobra comum em todo o Brasil, de coloração preto-acinzentada e brilhante; limpa-pasto.
muda (mu.da) s.f. **1.** Planta tirada do viveiro para plantação definitiva. **2.** Renovação do pelo, das penas ou da pele de certos animais. **3.** Troca.
mudado (mu.**da**.do) adj. **1.** Transportado; deslocado. **2.** Diferente.
mudador (mu.da.**dor**) [ô] adj. Que causa mudança.
mudança (mu.**dan**.ça) s.f. Ato ou efeito de mudar(-se); transferência, renovação.

mudar (mu.**dar**) v.t.d. **1.** Pôr em outro lugar; remover; deslocar. v.p. **2.** Ir para outro local ou casa; transferir-se.
mudável (mu.**dá**.vel) adj.2g. Suscetível de mudança.
mudez (mu.**dez**) [ê] s.f. (*Med.*) Incapacidade de falar por motivo de patologia congênita, adquirida ou de nascença.
mudo (**mu**.do) s.m. e adj. (Indivíduo) impossibilitado de falar; privado do uso de palavra, por problema orgânico ou inibição.
mugido (mu.**gi**.do) s.m. A voz dos bovídeos em geral.
mugir (mu.**gir**) v.i. **1.** Dar mugidos. **2.** Soltar ruídos semelhantes a mugidos; gritar. Obs.: na 1ª acepção, este verbo só é conjugado na 3ª pes. sing. e na 3ª pes. pl. Pres. do ind.: *muge, mugem*; pret. imperf.: *mugia, mugiam* etc.
mugunzá (mu.gun.**zá**) s.m. O mesmo que *mungunzá*.
mui adv. (*Ant.*) Muito: *eram mui formosas as senhorinhas*.
muirapuama (mui.ra.pu.**a**.ma) s.f. (*Bot.*) O mesmo que *marapuama*.
muiraquitã (mui.ra.qui.**tã**) s.f. (*Folc.*) Artefato ou pequena escultura de jade, em forma de sapo, peixe etc., com furo para passar um cordão, encontrada na Amazônia e feita por um grupo já desaparecido: *o mistério das muiraquitãs é que não há jazidas dessa pedra na região*.
muito (**mui**.to) pron. indef. **1.** Que é em grande quantidade, intensidade ou grau: *muita alegria, muita gente*. adv. **2.** Excessivamente.
mula (**mu**.la) s.f. **1.** Burro. **2.** Burro do sexo feminino. (*Pop.*) Picar a mula: fugir, ir embora depressa; retirar-se.
mula sem cabeça (mu.la sem ca.**be**.ça) s.f. (*Folc.*) Assombração que surge nas noites de quinta para sexta-feira, como uma mula que, apesar de não ter cabeça, lança fogo pelas narinas e galopa batendo os cascos no chão com violência, sendo a maldição que recai sobre a mulher que se tornar concubina de padre ou outro sacerdote.
mulataria (mu.la.ta.**ri**.a) s.f. Grande quantidade de mulatos.
mulatinho (mu.la.**ti**.nho) s.m. **1.** Mulato pequeno. (*Bot.*) **2.** Arbusto do grupo das rubiáceas. **3.** Variedade de feijão.
mulato (mu.**la**.to) s.m. e adj. (Pessoa) que é filha ou descendente de negros e brancos; pardo.
muleta (mu.**le**.ta) [ê] s.f. **1.** Bastão de braço curvo, ao qual se apoiam os coxos. **2.** (*Fig.*) Tudo aquilo que serve de apoio.
muletada (mu.le.**ta**.da) s.f. **1.** Golpe dado com muleta. **2.** Manada de gado mular.
muleteiro (mu.le.**tei**.ro) s.m. **1.** Aquele que trata de mulas. **2.** Pessoa que fabrica ou vende muletas.
mulher (mu.**lher**) s.f. **1.** Pessoa do sexo feminino. **2.** Esposa, amante, companheira: *ele levou sua mulher para o baile*.

mulheraça (mu.lhe.**ra**.ça) *s.f.* **1.** Mulher de grande valor, admirável. **2.** Mulher muito bonita.
mulherada (mu.lhe.**ra**.da) *s.f.* **1.** Grande quantidade de mulheres; mulherio. **2.** A maioria das mulheres, em generalizações.
mulherão (mu.lhe.**rão**) *s.m.* **1.** Mulher grande. **2.** Mulher bonita e atraente.
mulherengo (mu.lhe.**ren**.go) *s.m. e adj.* (Aquele) que está sempre tentando conquistar as mulheres.
mulheril (mu.lhe.**ril**) *adj.2g.* Próprio de mulher.
mulherinha (mu.lhe.**ri**.nha) *s.f.* Mulher pequena; mulherzinha.
mulherio (mu.lhe.**ri**.o) *s.m.* Grande quantidade de mulheres; mulherada.
mulherona (mu.lhe.**ro**.na) *s.f.* Mulherão.
mulo (**mu**.lo) *s.m.* (*Zoo.*) Burro.
multa (**mul**.ta) *s.f.* Ato ou efeito de multar; pena; condenação.
multado (mul.**ta**.do) *adj.* Que recebeu multa; penalizado.
multangular (mul.tan.gu.**lar**) *adj.2g.* Multiangular; que tem mais de um ângulo.
multar (mul.**tar**) *v.t.d.* Aplicar multa.
multiangulado (mul.ti.an.gu.**la**.do) *adj.* (*Zoo.*) Diz-se do animal que tem mais de duas unhas em cada pé.
multiangular (mul.ti.an.gu.**lar**) *adj.2g.* Multangular.
multicapsular (mul.ti.cap.su.**lar**) *adj.2g.* (*Bot.*) Que tem muitas cápsulas.
multicelular (mul.ti.ce.lu.**lar**) *adj.2g.* (*Bio.*) Pluricelular.
multicolor (mul.ti.co.**lor**) [ô] *adj.2g.* Que tem muitas cores; multicolorido.
multicolorido (mul.ti.co.lo.**ri**.do) *adj.* Que tem muitas cores; colorido.
multicolorir (mul.ti.co.lo.**rir**) *v.t.d.* Dar muitas cores a; colorir.
multicor (mul.ti.**cor**) [ô] *adj.2g.* Multicolor.
multicultural (mul.ti.cul.tu.**ral**) *adj.2g.* Que tem várias culturas, que é formado por elementos de múltiplas culturas: *uma sociedade multicultural respeita as diferenças étnicas.*
multidão (mul.ti.**dão**) *s.f.* Grande quantidade ou ajuntamento de pessoas; povo.
multifário (mul.ti.**fá**.ri.o) *adj.* Que tem múltiplas faces ou lados; variado.
multifloro (mul.ti.**flo**.ro) [ó] *adj.* (*Bot.*) Que tem muitas flores.
multífluo (mul.**tí**.fluo) *adj.* Que flui ou corre abundantemente.
multifoliado (mul.ti.fo.li.**a**.do) *adj.* (*Bot.*) Que tem muitas folhas.
multiforme (mul.ti.**for**.me) [ó] *adj.2g.* Que tem muitas formas ou também se apresenta de muitas maneiras; polimorfo, multímodo.
multi-instrumentista (mul.ti-ins.tru.men.**tis**.ta) *s.2g.* Músico que toca diversos instrumentos.
multilateral (mul.ti.la.te.**ral**) *adj.2g.* Que tem múltiplos lados, que respeita os interesses dos vários participantes: *acordo multilateral.*

multilátero (mul.ti.**lá**.te.ro) *adj.* (*Geom.*) Figura plana que tem mais de quatro lados.
multilíngue (mul.ti.**lín**.gue) [ü] *adj.2g.* Que apresenta textos em várias línguas, em que estão representadas várias línguas: *folheto multilíngue*. Cf. *poliglota.*
multíloquo (mul.**tí**.lo.quo) *adj.* Que fala muito; loquaz.
multimídia (mul.ti.**mí**.di.a) *adj.2g.* **1.** Que utiliza vários meios de comunicação ou linguagens, como texto, desenho, filmes e sons: *uma enciclopédia multimídia, equipamentos multimídias. s.f.* **2.** Obra feita com esses recursos: *aprendeu a fazer multimídias.*
multimilenar (mul.ti.mi.le.**nar**) *adj.2g.* Que conta vários milênios: *a cultura chinesa é multimilenar.*
multimilionário (mul.ti.mi.li.o.**ná**.ri.o) *s.m. e adj.* (Aquele) que tem muitos milhões; muito rico.
multímodo (mul.**tí**.mo.do) *adj.* Multiforme; que se apresenta de muitas maneiras; polimorfo.
multinacional (mul.ti.na.ci.o.**nal**) *adj.2g.* **1.** Relativo ou pertencente a muitos países ou nações. *s.f.* **2.** Empresa com instalações produtivas em mais de um país e cujas linhas básicas de atuação são geralmente padronizadas e traçadas em um contexto global.
multinérveo (mul.ti.**nér**.ve.o) *adj.* (*Bot.*) Planta que tem muitas nervuras.
multiparidade (mul.ti.pa.ri.**da**.de) *s.f.* Qualidade de multíparo.
multíparo (mul.**tí**.pa.ro) *adj.* (*Zoo.*) Diz-se das fêmeas de certos animais que podem parir muitos filhotes de uma vez só.
multípede (mul.**tí**.pe.de) *adj.2g.* (*Zoo.*) Que tem muitos pés.
multipétalo (mul.ti.**pé**.ta.lo) *adj.* Polipétalo; que tem muitas pétalas.
multiplicação (mul.ti.pli.ca.**ção**) *s.f.* **1.** Ato ou efeito de multiplicar. **2.** (*Mat.*) Operação aritmética elementar em que se repete o multiplicando tantas vezes quantas são as unidades do multiplicador para se chegar ao produto.
multiplicado (mul.ti.pli.**ca**.do) *adj.* Repetido; crescido; aumentado.
multiplicador (mul.ti.pli.ca.**dor**) [ô] *s.m.* (*Mat.*) Na multiplicação, o fator que indica quantas vezes se há de tomar o multiplicando, para chegar ao produto.
multiplicando (mul.ti.pli.**can**.do) *s.m.* (*Mat.*) Na multiplicação, o número que se há de tomar tantas vezes quantas são as unidades do multiplicador.
multiplicar (mul.ti.pli.**car**) *v.i.* **1.** (*Mat.*) Realizar uma multiplicação. *v.p.* **2.** Propagar-se. *v.t.d.* **3.** Aumentar em número, importância ou intensidade. **4.** Repetir.
multiplicativo (mul.ti.pli.ca.**ti**.vo) *adj.* Que multiplica ou serve para multiplicar.
multiplicável (mul.ti.pli.**cá**.vel) *adj.2g.* Que se pode multiplicar.

multíplice (mul.**tí**.pli.ce) *adj.2g.* Variado; aquilo que se manifesta de várias maneiras.

multiplicidade (mul.ti.pli.ci.**da**.de) *s.f.* Qualidade de multíplice, abundância; um grande número de.

múltiplo (**múl**.ti.plo) *adj.* **1.** Que abrange muitas coisas. **2.** Que não é simples nem único. *s.m.* **3.** (*Mat.*) Número que contém um outro duas ou mais vezes.

multirracial (mul.tir.ra.ci.**al**) *adj.2g.* Relacionado a, ou constituído de muitas raças ou etnias: *a população brasileira é multirracial*.

multissecular (mul.tis.se.cu.**lar**) *adj.2g.* Que tem vários séculos.

multíssono (mul.**tís**.so.no) *adj.* Que produz muitos ou variados sons.

multívago (mul.**tí**.va.go) *adj.* Que vagueia a pé; vagabundo.

multívoco (mul.**tí**.vo.co) *adj.* Que pode ter muitos sentidos e é definido de várias maneiras, como o verbo *ver*, que, além da acepção de perceber algo pelo sentido da visão, pode significar, entre outros, "contemplar" e "presenciar"; plurívoco. **2.** Que significa muitas coisas; polissêmico.

mulungu (mu.lun.**gu**) *s.m.* (*Bot.*) Árvore do gênero *Erythrina*, cuja madeira é empregada no artesanato nordestino e as cascas, na medicina popular.

múmia (**mú**.mi.a) *s.f.* **1.** Corpo embalsamado pelos antigos egípcios, conforme costumes fúnebres da época. **2.** (*Fig.*) Pessoa de reações lentas ou impassível, apática.

mumificação (mu.mi.fi.ca.**ção**) *s.f.* Ato ou efeito de mumificar.

mumificado (mu.mi.fi.**ca**.do) *adj.* Convertido em múmia.

mumificador (mu.mi.fi.ca.**dor**) [ô] *s.m. e adj.* (Aquele) que mumifica.

mumificar (mu.mi.fi.**car**) *v.t.d.* Converter em múmia.

mumificável (mu.mi.fi.**cá**.vel) *adj.2g.* Que se pode mumificar.

mundana (mun.**da**.na) *s.f.* (*Pej.*) **1.** Mulher que mantém um relacionamento amoroso por interesse material ou financeiro. **2.** Prostituta.

mundanalidade (mun.da.na.li.**da**.de) *s.f.* **1.** Qualidade de mundano. **2.** Tendência para os gozos materiais. **3.** Vida sem regra; libertinagem.

mundanismo (mun.da.**nis**.mo) *s.m.* Hábito ou sistema de vida daqueles que só procuram e só dão valor aos gozos materiais.

mundano (mun.**da**.no) *adj.* Voltado para as coisas materiais; que busca a satisfação material.

mundão (mun.**dão**) *s.m.* **1.** Grande extensão de terra; mundaréu. **2.** Lugar longe e distante.

mundaréu (mun.da.**réu**) *s.m.* Mundão; mundo grande.

mundéu (mun.**déu**) *s.m.* Armadilha de caça constituída por um buraco disfarçado.

mundial (mun.di.**al**) *adj.2g.* Relativo ao mundo em geral.

mundo (**mun**.do) *s.m.* **1.** O espaço com todos os corpos e seres que o preenchem; o universo; cada planeta; o globo terrestre; a Terra. **2.** Cada classe social. **3.** A vida mundana.

mundurucu (mun.du.ru.**cu**) *s.2g.* **1.** Indivíduo dos mundurucus, povo indígena que vive hoje no Mato Grosso, no Pará e no Amazonas. *adj.2g.* **2.** Relacionado a esse povo.

mungir (mun.**gir**) *v.t.d.* Ordenhar; tirar leite de um animal.

mungunzá (mun.gun.**zá**) *s.m.* (*Culin.*) (NE) Prato doce feito de grãos de milho branco cozidos em leite de coco ou de vaca, com canela, chamado canjica no Sudeste. O mesmo que *mugunzá*, *munguzá* e *manguzá*.

munguzá (mun.gu.**zá**) *s.m.* (*Culin.*) (NE) O mesmo que *mungunzá*.

munheca (mu.**nhe**.ca) [é] *s.f.* A parte da mão que se liga ao braço; pulso.

munição (mu.ni.**ção**) *s.f.* **1.** Designação comum a projéteis, pólvora e demais artefatos explosivos, com que se carregam armas de fogo. **2.** Todo material de guerra ou de outra espécie com que se devem prover tropas, navios de guerra etc.

municiado (mu.ni.ci.**a**.do) *adj.* Munido, provido de munição.

municiador (mu.ni.ci.a.**dor**) [ô] *s.m. e adj.* (Aquele) que é encarregado de prover munições para a tropa.

municiamento (mu.ni.ci.a.**men**.to) *s.m.* **1.** Ato ou efeito de municiar. **2.** Provimento.

municiar (mu.ni.ci.**ar**) *v.t.d.* Prover ou abastecer de munições; munir, municionar. Obs.: pres. do ind.: *municio, municias, municia* etc.; pres. do subj.: *municie, municies, municie* etc.

municionar (mu.ni.ci.o.**nar**) *v.t.d.* Prover ou abastecer de munições; munir, municiar.

municipal (mu.ni.ci.**pal**) *adj.2g.* Relativo ao município.

municipalidade (mu.ni.ci.pa.li.**da**.de) *s.f.* O município; a Câmara Municipal; a prefeitura.

municipalismo (mu.ni.ci.pa.**lis**.mo) *s.m.* **1.** Sistema administrativo que atende em especial à organização e prerrogativas dos bairros e municípios. **2.** Descentralização da administração pública em favor dos municípios.

munícipe (mu.**ní**.ci.pe) *s.2g. e adj.2g.* (Cidadão ou cidadã) do município.

município (mu.ni.**cí**.pi.o) *s.m.* **1.** Divisão administrativa autônoma de um estado, cuja sede geralmente é uma cidade: *o município de São Paulo é a capital do estado de mesmo nome*. **2.** Território ocupado por essa unidade administrativa.

munido (mu.**ni**.do) *adj.* Armado; municiado.

munificência (mu.ni.fi.**cên**.ci.a) *s.f.* Qualidade de munificente; generosidade; magnanimidade; liberalidade.

munificente (mu.ni.fi.**cen**.te) *adj.2g.* Generoso; magnânimo; liberal.

munir (mu.**nir**) *v.p.* **1.** Armar-se; abastecer-se, prover-se. *v.t.d.* **2.** Municionar; prover.

múnus (mú.nus) s.m.2n. Função, encargo, responsabilidades. ▫ Pl. *munús*.
muque (mu.que) s.m. (*Pop.*) **1.** Força muscular. **2.** Bíceps.
muquirana (mu.qui.ra.na) s.f. **1.** (Zoo.) Inseto parasito do homem, que vive escondido nas suas vestes; piolho. s.2g. **2.** Indivíduo avaro; pão-duro; unha de fome etc.
mura (mu.ra) s.2g. **1.** Indivíduo dos muras, povo indígena que vive hoje no Amazonas. adj.2g. **2.** Relacionado a esse povo.
murado (mu.ra.do) adj. Que se vedou com muro ou tapume.
mural (mu.ral) adj.2g. **1.** Que diz respeito a muro. s.m. **2.** Quadro de informações que é afixado em muro ou parede.
muralha (mu.ra.lha) s.f. **1.** Muro que guarnece uma fortaleza ou uma praça de armas. **2.** Grande muro; paredão.
muramento (mu.ra.men.to) s.m. **1.** Ato ou efeito de murar. **2.** Muralha.
murar (mu.rar) v.t.d. **1.** Cercar ou vedar com muro ou tapume. **2.** Defender contra assaltos; fortificar.
murça (mur.ça) s.f. **1.** Capuz usado em cerimônias por clérigos. **2.** (*Ant.*) Peça de vestuário usada sobre os ombros.
murchar (mur.char) v.i. **1.** (Bot.) Perder água e ficar mole, flácido: *a flor murchou em três dias*. **2.** Ficar murcho; perder o viço; morrer. **3.** (*Fig.*) Tornar-se triste; abater-se, entristecer-se.
murchidão (mur.chi.dão) s.f. Estado que de murchou; flacidez.
murcho (mur.cho) adj. Que perdeu a frescura, o viço, a cor ou a beleza.
mureta (mu.re.ta) [ê] s.f. Muro pequeno ou baixo.
murici (mu.ri.ci) s.m. (Bot.) **1.** Árvore das regiões Norte e Nordeste, com frutos pequenos e amarelos, de que há várias espécies. **2.** Cipó de que se extrai uma substância com propriedades aromáticas e medicinais.
muriçoca (mu.ri.ço.ca) [ó] s.f. (Zoo.) Mosquito.
murmulhar (mur.mu.lhar) v.i. Produzir murmulho; murmurar.
murmulho (mur.mu.lho) s.m. **1.** Ruído das ondas ao arrebentarem. **2.** Barulho dos ramos das árvores ao vento.
murmuração (mur.mu.ra.ção) s.f. Ação de murmurar; murmúrio.
murmurado (mur.mu.ra.do) adj. Dito em voz baixa; sussurrado.
murmurador (mur.mu.ra.dor) [ô] s.m. e adj. (Aquele) que murmura.
murmurante (mur.mu.ran.te) adj.2g. Murmurador; murmurativo.
murmurar (mur.mu.rar) v.i. e v.t.d. **1.** Produzir murmúrio ou sussurro; sussurrar. **2.** Lastimar-se em voz baixa; resmungar.
murmurativo (mur.mu.ra.ti.vo) adj. Murmurante.
murmurejar (mur.mu.re.jar) v.i. Produzir murmúrio; rumorejar; murmurinhar.

murmurinhar (mur.mu.ri.nhar) v.i. e v.t.d. Produzir murmurinho; murmurejar.
murmurinho (mur.mu.ri.nho) s.m. **1.** Sussurro de muitas vozes. **2.** Ruído suave das folhas ao vento ou das águas.
murmúrio (mur.mú.ri.o) s.m. **1.** Ato de murmurar; murmuração. **2.** Ruído das ondas, da água corrente, das folhas agitadas pelo vento. **3.** Som plangente; queixa; lamento; sussurro.
murmuroso (mur.mu.ro.so) [ô] adj. Que murmura; lastimoso; triste. ▫ Pl. *murmurosos* [ó].
muro (mu.ro) s.m. Parede externa, que circunda um terreno.
murro (mur.ro) s.m. Soco; pancada com a mão fechada.
murucututu (mu.ru.cu.tu.tu) s.m. (Zoo.) Pequena coruja amazônica de pio peculiar, cantada nas cantigas de ninar.
mururé (mu.ru.ré) s.m. (Bot.) Árvore ou arbusto de que se extrai uma substância com propriedades aromáticas e medicinais.
musa (mu.sa) s.f. (Mit.) Cada uma das nove divindades que presidiam as artes liberais, inclusive a musa inspiradora da poesia.
musácea (mu.sá.ce.a) s.f. (Bot.) Planta que forma o grupo da bananeira.
musaranho (mu.sa.ra.nho) s.m. (Zoo.) Pequeno primata de hábitos noturnos que se alimenta de insetos.
muscívoro (mus.cí.vo.ro) adj. (Zoo.) Que se nutre de moscas.
musculação (mus.cu.la.ção) s.f. **1.** Exercícios para fortalecer ou recuperar a saúde dos músculos. **2.** Fisiculturismo. **3.** Halterofilismo.
musculado (mus.cu.la.do) adj. Que tem músculos fortes e bem pronunciados; musculoso; vigoroso.
muscular (mus.cu.lar) adj.2g. Relativo ou pertencente a músculos: *força muscular*.
musculatura (mus.cu.la.tu.ra) s.f. O conjunto dos músculos do corpo.
músculo (mús.cu.lo) s.m. **1.** (Bio.) Tecido animal com poder de contração e relaxamento, voluntário ou involuntário, que permite movimentos diversos, como a locomoção: *o coração é um músculo involuntário, o bíceps é do tipo voluntário*. **2.** Corte de carne bovina retirado da perna.
musculosidade (mus.cu.lo.si.da.de) s.f. Musculatura; vigor, força muscular.
musculoso (mus.cu.lo.so) [ô] adj. Que tem músculos grandes ou visíveis. ▫ Pl. *musculosos* [ó].
museologia (mu.se.o.lo.gi.a) s.f. Criação, organização e manutenção de museus, seus acervos, exposições e eventos.
museólogo (mu.se.ó.lo.go) s.m. Profissional de museologia; pessoa que cria, organiza ou mantém museus.
museu (mu.seu) s.m. **1.** Estabelecimento permanente para conservação e exposição de obras de arte, objetos e documentos ligados a um tema

histórico, tecnológico, científico etc. **2.** (Fig.) Depósito de objetos antigos.

musgo (mus.go) s.m. (Bot.) Planta briófita diminuta, sem flores ou raízes, que cresce em superfícies úmidas de rochas, troncos de árvores etc.

musgoso (mus.go.so) [ô] adj. Coberto de musgo ou semelhante a ele; musguento. ▫ Pl. *musgosos* [ó].

musguento (mus.guen.to) adj. Musgoso.

música (mú.si.ca) s.f. **1.** Arte e ciência de combinar sons produzidos pela voz ou por instrumentos, criando melodias e ritmos; linguagem musical: *a música e a dança são artes importantes em todos os grupos humanos*. **2.** Obra feita nessa linguagem: *ouvir uma música*. **3.** Aquilo que soa muito bem, que agrada aos ouvidos: *sua voz era música para mim*.

musicado (mu.si.ca.do) adj. Que se desenrola ao som de música.

musical (mu.si.cal) adj.2g. **1.** Relativo à música. s.m. **2.** Espetáculo ou filme em que há músicas ou um roteiro musical.

musicalidade (mu.si.ca.li.da.de) s.f. Qualidade de musical.

musicar (mu.si.car) v.t.d. **1.** Converter em música. v.i. **2.** Tocar instrumento musical; cantar.

musicata (mu.si.ca.ta) s.f. Execução de uma peça musical.

musicista (mu.si.cis.ta) s.2g. e adj.2g. **1.** Apreciador de música. **2.** Apaixonado por música. **3.** Especialista em música. **4.** Músico.

músico (mú.si.co) s.m. e adj. **1.** (Aquele) que é professor de música. **2.** (Aquele) que compõe peças. **3.** (Aquele) que pertence a uma banda, orquestra ou filarmônica. **4.** Musicista.

musicografia (mu.si.co.gra.fi.a) s.f. **1.** Arte ou atividade do musicógrafo. **2.** Tratado sobre música, sem caráter científico.

musicógrafo (mu.si.có.gra.fo) s.m. Compositor ou autor que escreve sobre música.

musicologia (mu.si.co.lo.gi.a) s.f. Tratado de assuntos musicais.

musicólogo (mu.si.có.lo.go) s.m. Músico erudito ou apreciador de música, que se consagra à musicologia ou que discorre e escreve versos ou letras para músicas; apaixonado pela música.

musicomania (mu.si.co.ma.ni.a) s.f. Paixão pela música.

musicômano (mu.si.cô.ma.no) s.m. e adj. (Aquele) que tem paixão pela música.

musiqueta (mu.si.que.ta) [ê] s.f. Música pequena, sem pretensão de grandeza.

musse (mus.se) s.f. (Culin.) Prato com consistência de espuma, doce ou salgado, de origem francesa; musselina. Obs.: em francês, *mousse*.

musselina (mus.se.li.na) s.f. **1.** Tecido leve e transparente, muito usado para roupa feminina. **2.** (Culin.) Tipo de musse.

mussitação (mus.si.ta.ção) s.f. Movimento dos lábios tentando pronunciar algo que mais se assemelha a um murmúrio ou cochicho.

mussitar (mus.si.tar) v.t.d. Dizer em voz baixa; murmurar; cochichar.

mustelídeo (mus.te.lí.de.o) adj. (Zoo.) Que pertence a um grupo de mamíferos carnívoros em que estão a ariranha, a fuinha, o furão e outros.

mutabilidade (mu.ta.bi.li.da.de) s.f. Qualidade de mutável; instabilidade; volubilidade.

mutação (mu.ta.ção) s.f. **1.** Mudança; alteração; modificação; transformação. **2.** (Bio.) Modificação na informação genética, que resulta em células ou indivíduos com alterações.

mutacismo (mu.ta.cis.mo) s.m. Vício de linguagem que consiste em trocar a pronúncia de certas letras.

mutamba (mu.tam.ba) s.f. (Bot.) Árvore cujas folhas, depois de secas, são usadas como substitutivo do tabaco ou misturadas com este, bem como em fumigações.

mutante (mu.tan.te) s.2g. e adj.2g. **1.** (Indivíduo) que apresenta características genéticas diferentes das de seus ascendentes. adj.2g. **2.** Que apresenta mutação genética: *células mutantes*. **3.** Diferente, cambiante, variável: *humor mutante*.

mutatório (mu.ta.tó.ri.o) adj. Que muda; que serve para fazer mudança.

mutável (mu.tá.vel) adj.2g. Suscetível de mudar; sujeito a mudança; volúvel.

mutilação (mu.ti.la.ção) s.f. Ato ou efeito de mutilar.

mutilado (mu.ti.la.do) s.m. e adj. (Aquele) a quem falta um membro ou alguma parte do corpo.

mutilador (mu.ti.la.dor) [ô] s.m. e adj. (Aquele) que mutila.

mutilar (mu.ti.lar) v.t.d. e v.p. Privar(-se) de algum membro ou de alguma parte do corpo.

mutirão (mu.ti.rão) s.m. Auxílio mútuo e gratuito entre os membros de um grupo ou comunidade, em trabalhos rurais, na construção de casas ou em benfeitorias para todos; adjutório: *fizeram um mutirão para limpar a escola*.

mutismo (mu.tis.mo) s.m. Estado ou condição de mudo; silêncio, sossego.

mutreta (mu.tre.ta) [ê] s.f. (Gír.) Ardil; logro; trapaça; treta; trama; tramoia; intriga.

mutuação (mu.tu.a.ção) s.f. Ato ou efeito de mutuar; troca; permuta.

mutualidade (mu.tu.a.li.da.de) s.f. Qualidade, condição de mútuo; reciprocidade, troca.

mutualismo (mu.tu.a.lis.mo) s.m. (Bio.) Relação simbiótica na qual as duas espécies envolvidas se beneficiam.

mutualista (mu.tu.a.lis.ta) s.2g. Aquele que participa de companhias de socorros mútuos.

mutuante (mu.tu.an.te) s.2g. e adj.2g. (Pessoa) que mutua, que dá em empréstimo.

mutuar (mu.tu.ar) v.t.d. Dar ou tomar de empréstimo (coisa fungível); trocar entre si; reciprocar. Obs.: verbo regular; pres. ind.: *mutuo, mutuas, mutua* etc.; pres. do subj.: *mutue, mutues, mutue* etc.

mutuário (mu.tu.á.ri.o) s.m. **1.** Aquele que recebe por empréstimo qualquer coisa fungível. **2.** Aquele que faz empréstimo para compra da casa própria.

mutuca (mu.tu.ca) s.f. (Zoo.) Mosca grande e hematófaga, de picada dolorosa; moscardo.

mutum (mu.tum) s.m. **1.** (Zoo.) Ave galinácea que tem as penas da crista curvas na extremidade. s.2g. **2.** Indivíduo dos mutuns, povo indígena que vive hoje em Rondônia. adj.2g. **3.** Relacionado a esse povo.

mútuo (mú.tuo) adj. Que se faz ou recebe de modo semelhante entre duas pessoas ou lados; recíproco: *elogios mútuos*.

muxiba (mu.xi.ba) s.f. **1.** Carne magra, de qualidade inferior. **2.** Pelanca.

muxinga (mu.xin.ga) s.f. (Raro. Ant.) Surra, sova.

muxoxo (mu.xo.xo) s.m. [ô] **1.** Estalo da língua no céu da boca, por vezes acompanhado da interjeição *ah*, para indicar desprezo ou desdém, beijo ou agrado. **2.** (Bot.) Árvore amazônica de 20 a 30 m de altura, dotada de copa baixa, mas globosa, e flores eretas de até 10 cm de comprimento.

muzuna (mu.zu.na) s.f. Moeda de prata do Marrocos.

muzungo (mu.zun.go) s.m. (Raro) **1.** Indivíduo branco. **2.** Indivíduo de boas maneiras. Obs.: vocábulo de origem moçambicana.

myanmense (my.an.men.se) s.2g. e adj.2g. O mesmo que *mianmarense*. Obs.: as duas formas estão registradas no *Volp*.

Nn

n, N s.m. Décima quarta letra do alfabeto, consoante, de nome "ene".
N 1. Símbolo do elemento químico nitrogênio. 2. Símbolo de newton.
na 1. Forma oblíqua do pronome pessoal "ela", quando vem depois de som nasal, como em *soltaram-na*. 2. Contração da preposição "em" com o artigo "a".
Na Símbolo do elemento químico sódio.
nababesco (na.ba.**bes**.co) [ê] adj. Próprio de nababo; muito rico.
nababo (na.**ba**.bo) s.m. 1. Governador de província na Índia. 2. (*P.ext.*) Aquele que vive com muito luxo e ostentação; milionário.
nabiça (na.**bi**.ça) s.f. (*Bot.*) Rama do nabo, ainda pouco desenvolvida.
nabo (**na**.bo) s.m. (*Bot.*) Planta hortense crucífera, de raízes brancas, carnudas e comestíveis.
nacada (na.**ca**.da) s.f. Um grande naco; pedaço ou fatia grande.
nação (na.**ção**) s.f. 1. Agrupamento de um ou mais povos em determinado território, ligado por costumes, origens, tradições, leis, língua e poder político central; pátria, país: *a nação brasileira*. 2. (*Pop. NE*) Grande grupo organizado para sair às ruas no Carnaval.
nácar (**ná**.car) s.m. 1. Substância esbranquiçada, com brilhos e reflexos, existente no interior das conchas. 2. Essa cor, entre pérola e rosa.
nacarado (na.ca.**ra**.do) adj. 1. Que tem aspecto brilhante e rosado. 2. Semelhante ao nácar.
nacarar (na.ca.**rar**) v.t.d. Dar aspecto de nácar; fazer brilhar.
nacela (na.**ce**.la) s.f. Cabine do avião.
nacional (na.ci.o.**nal**) adj.2g. 1. Da nação. 2. Natural do país. 3. Nativo.
nacionalidade (na.ci.o.na.li.**da**.de) s.f. 1. Qualidade de nacional. 2. Naturalidade. 3. País de nascimento; nação.
nacionalismo (na.ci.o.na.**lis**.mo) s.m. 1. Patriotismo; preferência por tudo o que pertence à sua nação de origem. 2. Política de nacionalização das atividades comerciais e industriais de um país.
nacionalista (na.ci.o.na.**lis**.ta) adj.2g. 1. Relativo ao nacionalismo. s.2g. e adj.2g. 2. Seguidor ou adepto do nacionalismo.
nacionalização (na.ci.o.na.li.za.**ção**) s.f. Ato de nacionalizar; naturalização.
nacionalizado (na.ci.o.na.li.**za**.do) adj. 1. Naturalizado. 2. Encampado.
nacionalizar (na.ci.o.na.li.**zar**) v.t.d. 1. Tornar nacional. 2. Estatizar, encampar. v.p. 3. Naturalizar-se; tornar-se nacional.
naco (**na**.co) s.m. Pedaço grande; fatia; porção.
nada (**na**.da) adv. 1. De modo algum. pron. indef. 2. Coisa alguma. s.m. 3. Aquilo que não existe. 4. Coisa insignificante; ninharia; inutilidade.
nadadeira (na.da.**dei**.ra) s.f. 1. (*Zoo.*) Órgão com que os peixes nadam; barbatana. 2. Pé de pato.
nadador (na.da.**dor**) [ô] s.m. e adj. (Aquele) que sabe nadar ou que pratica a natação.
nadar (na.**dar**) v.i. 1. Mover-se ou flutuar na água. 2. (*Fig.*) Ter abundância de.
nádega (**ná**.de.ga) s.f. (*Anat.*) Cada uma das duas partes carnudas e arredondadas localizadas na região de trás acima das coxas.
nádegas (**ná**.de.gas) s.f.pl. O conjunto dessas duas partes; traseiro, bunda.
nadinha (na.**di**.nha) s.m. Pouca coisa; quase nada.
nadir (na.**dir**) s.m. 1. Ponto do céu oposto ao zênite, ou seja, abaixo de nossos pés. 2. Local, o ponto mais baixo.
nado (**na**.do) s.m. 1. Natação. 2. Maneira, modo de nadar: *nado de peito, nado de costas*.
nafta (**naf**.ta) s.f. (*Quím.*) Betume líquido, resultante da purificação do petróleo.
naftalina (naf.ta.**li**.na) s.f. (*Quím.*) Hidrocarboneto aromático, composto de dois núcleos de benzeno, de larga utilização industrial.
naftol (naf.**tol**) s.m. (*Quím.*) Denominação dada aos fenóis derivados da naftalina.
nagô (na.**gô**) s.2g. e adj.2g. 1. (Indivíduo) iorubá trazido da África para o Brasil entre os séculos XVI e XIX: *os nagôs possuem forte influência nos cultos afro-brasileiros*. adj.2g. 2. Relativo a esse grupo étnico: *cultos nagôs*.
Náiade (**nái**.a.de) s.f. (*próprio*) (*Mit.*) Divindade grega, ninfa dos rios e das fontes.
náilon (**nái**.lon) s.m. Tipo de tecido sintético.
naipe (**nai**.pe) s.m. 1. Cada um dos quatro grupos de cartas do baralho: ouro, copas, paus e espadas. 2. (*Fig.*) Laia; espécie. 3. (*Mús.*) Grupo de instrumentos ou vozes que pertencem a uma mesma classificação: *naipe de tenores*.
naja (**na**.ja) s.f. (*Zoo.*) Serpente venenosa das regiões tropicais da Ásia e da África, que empina o corpo ao atacar sua presa; áspide, cuspideira.
nambiquara (nam.bi.**qua**.ra) s.2g. O mesmo que *nhambiquara*.
nambu (nam.**bu**) s.m. (*Zoo.*) O mesmo que *inhambu*.

namibiano (na.mi.bi.a.no) adj. **1.** Da Namíbia, país da África. s.m. **2.** Pessoa natural ou habitante desse lugar.
namíbio (na.mí.bi.o) s.m. Namibiano.
namoração (na.mo.ra.**ção**) s.f. Ato de namorar; namoro.
namorada (na.mo.**ra**.da) s.f. Garota a quem se namora.
namoradeiro (na.mo.ra.**dei**.ro) s.f. adj. Namorador.
namorado (na.mo.**ra**.do) s.m. **1.** Rapaz a quem se namora. **2.** (Zoo.) Peixe teleósteo do oceano Atlântico, de carne muito apreciada; batata.
namorador (na.mo.ra.**dor**) [ô] s.m. e adj. (Aquele) que namora muito; namoradeiro, galanteador.
namorar (na.mo.**rar**) v.t.d. **1.** Ser namorado de; cortejar. v.i. **2.** Fazer galanteios. Obs.: pres. do ind.: namoro [ó], namoras [ó], namora [ó] etc.
namoricar (na.mo.ri.**car**) v.t.d. e v.i. Namorar por pouco tempo, sem compromisso. O mesmo que namoriscar.
namorico (na.mo.**ri**.co) s.m. Namoro breve, sem compromisso.
namoriscar (na.mo.ris.**car**) v.t.d. e v.i. O mesmo que namoricar.
namorisco (na.mo.**ris**.co) s.m. O mesmo que namorico.
namoro (na.**mo**.ro) [ô] Ato de namorar.
nana (**na**.na) s.f. (Infant.) Voz para acalentar ou fazer dormir uma criança.
nanar (na.**nar**) v.i. (Infant.) Adormecer, dormir; fazer naninha.
nanico (na.**ni**.co) s.m. e adj. (Aquele) que é pequeno, de porte anão.
nanismo (na.**nis**.mo) s.m. Anomalia que impede prematuramente o crescimento.
nanocefalia (na.no.ce.fa.**li**.a) s.f. Microcefalia.
nanocefálico (na.no.ce.**fá**.li.co) adj. Microcéfalo.
nanomaterial (na.no.ma.te.ri.**al**) s.m. Material que contém nanopartículas, que usa nanotecnologia.
nanométrico (na.no.**mé**.tri.co) adj. **1.** Relacionado a nanômetro, medido em nanômetros. **2.** (Fig.) Muito pequeno, minúsculo.
nanômetro (na.**nô**.me.tro) s.m. **1.** Submúltiplo do metro, equivalente a a 10^{-9} e de símbolo nm: *um nanômetro é a bilionésima parte do metro.* **2.** (Fig.) Quantidade mínima, muito pequena.
nanopartícula (na.no.par.**tí**.cu.la) s.f. Partícula medida em nanômetros.
nanossegundo (na.nos.se.**gun**.do) s.m. (Fís.) Unidade de medida equivalente a um bilionésimo de segundo.
nanotecnologia (na.no.tec.no.lo.**gi**.a) s.f. Emprego de nanopartículas na fabricação de medicamentos e outros produtos.
nanquim (nan.**quim**) s.m. Tinta preta usada em pinturas e desenhos.
não adv. **1.** Exprime negação. s.m. **2.** Recusa; repulsa; negativa. **Não agressão**: intenção declarada de evitar atitudes agressivas ou belicosas. **Não intervenção**: princípio de direito internacional pelo qual não deve haver intromissão de um Estado nos negócios do outro. **Não peçonhento**: que não produz peçonha, cuja picada não é venenosa: *a jiboia é uma cobra não peçonhenta; ela mata sua presa estrangulando-a.* **Não renovável**: que não se renova, que pode se esgotar: *a gasolina e o óleo diesel são fontes de energia não renováveis.*
não-me-toques (não-me-**to**.ques) s.m.2n. Nome comum a várias plantas com espinhos. ▪ Pl. não--me-toques.
napa (**na**.pa) s.f. Material sintético semelhante a pelica ou couro fino.
napalm (na.**palm**) s.m. Tipo de gasolina em gel, usada em lança-chamas e bombas.
napoleônico (na.po.le.**ô**.ni.co) adj. (Hist.) Relativo ao general Napoleão Bonaparte (1769-1821), imperador da França de 1804 a 1815, ou ao seu governo.
napoleonismo (na.po.le.o.**nis**.mo) s.m. Regime político de Napoleão Bonaparte ou inspirado nele.
napolitano (na.po.li.**ta**.no) adj. **1.** De Nápoles, cidade italiana. s.m. **2.** Pessoa natural ou habitante desse lugar.
naquele (na.**que**.le) [ê] Contração da preposição "em" com o pronome demonstrativo "aquele".
naqueloutro (na.que.**lou**.tro) Contração da preposição "em" com o pronome demonstrativo "aquele" mais o pronome "outro".
naquilo (na.**qui**.lo) Contração da preposição "em" com o pronome demonstrativo "aquilo".
narceja (nar.**ce**.ja) [ê] s.f. (Zoo.) Espécie de ave ribeirinha.
narcisismo (nar.ci.**sis**.mo) s.m. **1.** (Psi.) Estado mórbido em que a libido se dirige ao próprio ego da pessoa. **2.** Amor excessivo a si mesmo.
narciso (nar.**ci**.so) s.m. **1.** Homem extremamente vaidoso. **2.** (Bot.) Erva ornamental de flores perfumadas; junquilho.
narcizar-se (nar.ci.**zar**-se) v.p. Enfeitar-se com exagero; envaidecer-se.
narcose (nar.**co**.se) [ó] s.f. Estado de inconsciência causado por narcóticos.
narcótico (nar.**có**.ti.co) s.m. Substância que paralisa as funções do cérebro e causa narcose.
narcotismo (nar.co.**tis**.mo) s.m. **1.** Dependência de narcóticos. **2.** Conjunto dos efeitos produzidos pelos narcóticos.
narcotizar (nar.co.ti.**zar**) v.t.d. **1.** Aplicar narcóticos. **2.** Drogar; entorpecer.
narcotráfico (nar.co.**trá**.fi.co) s.m. Tráfico de narcóticos.
nardo (**nar**.do) s.m. (Bot.) Planta aromática e balsâmica do grupo das gramíneas.
narícula (na.**rí**.cu.la) s.f. Cada uma das fossas nasais; venta; nariz.
narigada (na.ri.**ga**.da) s.f. Pancada com o nariz: *deu uma narigada na porta de vidro.*
narigão (na.ri.**gão**) s.m. **1.** Nariz grande. s.m. e adj. **2.** (Aquele) que tem nariz grande; narigudo.

narigudo (na.ri.**gu**.do) s.m. e adj. (Aquele) que tem nariz grande; narigão.
narina (na.**ri**.na) s.f. Cada uma das duas aberturas do nariz.
nariz (na.**riz**) s.m. 1. (*Anat.*) Parte saliente do rosto, integrante do aparelho respiratório. 2. Órgão do olfato. 3. Parte dianteira do avião.
narração (nar.ra.**ção**) s.f. Ato ou efeito de narrar; descrição; narrativa.
narrado (nar.**ra**.do) s.m. e adj. (Aquilo) que se narrou ou descreveu.
narrador (nar.ra.**dor**) [ô] s.m. e adj. (Aquele) que narra, que conta uma história.
narrar (nar.**rar**) v.t.d. 1. Contar; historiar; relatar. 2. Expor minuciosamente.
narrativa (nar.ra.**ti**.va) s.f. Ação de narrar; relato.
narrativo (nar.ra.**ti**.vo) adj. Que tem caráter de narração.
nas Contração da preposição "em" com o artigo definido plural "as".
nasal (na.**sal**) adj.2g. 1. Do nariz. 2. Que pertence ao nariz. 3. Diz-se do som modificado pelo nariz; fanhoso. 4. (*Gram.*) Diz-se das consoantes *m*, *n* e *nh*, em que parte do ar passa pelas fossas nasais.
nasalação (na.sa.la.**ção**) s.f. Efeito de nasalar; nasalização.
nasalar (na.sa.**lar**) v.t.d. Pronunciar de modo nasal; nasalizar.
nasalização (na.sa.li.za.**ção**) s.f. Efeito de nasalizar; nasalação.
nasalizar (na.sa.li.**zar**) v.t.d. Nasalar.
nascedouro (nas.ce.**dou**.ro) s.m. Local onde se nasce.
nascença (nas.**cen**.ça) s.f. 1. Ato de nascer; nascimento. 2. Origem; princípio. **De nascença:** congênito.
nascente (nas.**cen**.te) adj.2g. 1. Que nasce. s.m. 2. Local onde nasce o sol; oriente; leste. s.f. 3. Local onde nasce um rio.
nascer (nas.**cer**) v.i. 1. Vir à luz; começar a viver, a existir. 2. Aparecer, surgir, ter origem e princípio.
nascida (nas.**ci**.da) s.f. Abscesso; furúnculo; tumor.
nascido (nas.**ci**.do) adj. Que nasceu.
nascimento (nas.ci.**men**.to) s.m. 1. Ato de nascer. 2. Origem. 3. Estirpe; raça.
nascituro (nas.ci.**tu**.ro) s.m. e adj. (Aquele) que vai nascer, que já foi gerado e está para nascer.
nastro (**nas**.tro) s.m. Fita estreita de tecido.
nata (**na**.ta) s.f. 1. A gordura do leite usada para fazer creme, manteiga, requeijão. 2. (*Fig.*) O que há de melhor em um grupo ou categoria; a elite.
natação (na.ta.**ção**) s.f. 1. Ato de nadar; deslocamento na água; nado. 2. Atividade de recreação e esporte em que a pessoa se desloca na água com movimentos de mãos e pernas, segundo as regras de cada nado, e como esporte olímpico disputado em provas de velocidade.
natadeira (na.ta.**dei**.ra) s.f. Vasilha usada para coalhar o leite.
natado (na.**ta**.do) adj. Coberto de nata; gorduroso.

natal (na.**tal**) adj.2g. 1. Referente a nascimento. 2. Referente ao local de nascimento: *cantava sua terra natal*. s.m. (*próprio*) 3. Dia em que se comemora o nascimento de Jesus Cristo, em 25 de dezembro: *o Natal é feriado em todos os países de maioria cristã*.
natalense (na.ta.**len**.se) adj.2g. 1. Do município de Natal, capital do estado do Rio Grande do Norte. s.2g. 2. Pessoa natural ou habitante desse lugar.
natalício (na.ta.**lí**.ci.o) adj. 1. Referente ao dia do nascimento. s.m. 2. O aniversário.
natalidade (na.ta.li.**da**.de) s.f. Percentagem de nascimentos ocorridos em determinado lugar.
natalino (na.ta.**li**.no) adj. Relativo ao Natal: *festejos natalinos*.
natatório (na.ta.**tó**.ri.o) adj. 1. Referente à natação; que serve para nadar: *órgãos natatórios*. s.m. 2. Local próprio para nadar.
nateiro (na.**tei**.ro) s.m. Lodo depositado pelas enchentes nas margens dos rios.
natimorto (na.ti.**mor**.to) [ô] s.m. e adj. (Indivíduo) que nasce sem vida.
natividade (na.ti.vi.**da**.de) s.f. Nascimento, em especial o de Cristo, de Maria e dos Santos.
nativismo (na.ti.**vis**.mo) s.m. 1. Qualidade daquele que é nativista. 2. Aversão a estrangeiros.
nativista (na.ti.**vis**.ta) adj.2g. 1. Relativo aos indígenas. 2. Favorável aos indígenas. s.2g. 3. Pessoa que é favorável aos indígenas e sente aversão pelos estrangeiros.
nativo (na.**ti**.vo) s.m. e adj. (Aquele) que nasceu ou é natural de um lugar; nacional; não estrangeiro.
nato (**na**.to) adj. 1. Que nasceu; nascido; vivente. 2. Congênito.
natremia (na.tre.**mi**.a) s.f. (*Med.*) Teor de sódio no sangue.
natura (na.**tu**.ra) s.f. (*Ant.*) A natureza.
natural (na.tu.**ral**) adj.2g. 1. Relacionado à natureza, que existe na natureza; criado sem intervenção humana: *fontes naturais*. 2. Próprio, espontâneo, impensado: *um sorriso natural*. 3. Nascido, originário: *natural do Amazonas*.
naturalidade (na.tu.ra.li.**da**.de) s.f. 1. Qualidade do que é natural. 2. Nascimento; origem. 3. Naturalização. 4. Simplicidade; falta de afetação.
naturalismo (na.tu.ra.**lis**.mo) s.m. 1. Doutrina filosófica dos que atribuem tudo à natureza. 2. Escola ou corrente estética que propõe uma reprodução exata da natureza das pessoas e das sociedades, sem disfarçar ou omitir os aspectos feios. Cf. *naturismo*.
naturalista (na.tu.ra.**lis**.ta) adj.2g. 1. Referente ao naturalismo. s.2g. 2. Adepto do naturalismo. Cf. *naturista*.
naturalístico (na.tu.ra.**lís**.ti.co) adj. Referente aos naturalistas.
naturalização (na.tu.ra.li.za.**ção**) s.f. Efeito de naturalizar(-se).
naturalizado (na.tu.ra.li.**za**.do) s.m. e adj. (Indivíduo) que se naturalizou.

naturalizar (na.tu.ra.li.**zar**) v.t.d. **1.** Dar a um estrangeiro direitos iguais aos dos cidadãos de um país; nacionalizar. v.p. **2.** Adquirir os mesmos direitos dos cidadãos do país em que passou a viver; nacionalizar-se.

naturalmente (na.tu.ral.**men**.te) adv. De modo natural.

natureba (na.tu.**re**.ba) s.2g. e adj.2g. (Pop.) (Indivíduo) que optou por uma alimentação natural e sem química.

natureza (na.tu.**re**.za) s.f. **1.** Conjunto dos seres viventes que formam o Universo. **2.** Condição própria. **3.** Qualidade. **4.** Temperamento; caráter.

naturismo (na.tu.**ris**.mo) s.m. **1.** Corrente que propõe alimentação e medicina sem produtos artificiais. **2.** Prática de nudismo sem atos eróticos ou sexuais, em interiores ou ao ar livre, em atividades de lazer, esportivas etc. Cf. *naturalismo*.

naturista (na.tu.**ris**.ta) s.2g. e adj.2g. (Aquele) que é partidário do naturismo. Cf. *naturalista*.

nau s.f. **1.** Navio antigo de velas e casco redondos. **2.** (P. ext.) Navio. (Folc.) Nau Catarineta: narrativa popular sobre a travessia do Atlântico, no Brasil representada como um trecho do fandango.

naufragado (nau.fra.**ga**.do) adj. **1.** Que sofreu naufrágio; afundado. **2.** (Fig.) Arruinado.

naufragante (nau.fra.**gan**.te) adj.2g. **1.** Que naufraga ou afunda. **2.** (Fig.) Prestes a arruinar-se.

naufragar (nau.fra.**gar**) v.i. **1.** Afundar; ir a pique; soçobrar. **2.** (Fig.) Arruinar-se.

naufrágio (nau.**frá**.gi.o) s.m. **1.** Ato ou efeito de naufragar. **2.** Perda do navio no mar. **3.** (Fig.) Prejuízo; ruína; decadência.

náufrago (**náu**.fra.go) s.m. e adj. **1.** (Indivíduo) que naufragou. **2.** (Fig.) (Indivíduo) decadente.

nauruano (nau.ru.**a**.no) adj. **1.** De Nauru, país da Oceania. s.m. **2.** Pessoa natural ou habitante desse lugar.

náusea (**náu**.se.a) s.f. Ânsia, acompanhada de vômito; enjoo; nojo.

nauseabundo (nau.se.a.**bun**.do) adj. Que provoca náuseas; nauseante.

nauseado (nau.se.**a**.do) adj. Com náuseas; enjoado.

nauseante (nau.se.**an**.te) adj.2g. Que nauseia; nauseabundo.

nausear (nau.se.**ar**) v.t.d. **1.** Causar náusea; enjoar; entediar: *aquele cheiro nauseou a grávida*. v.i. e v.p. **2.** Sentir náuseas: *ele nauseou*.

nauta (**nau**.ta) s.m. Navegador.

náutica (**náu**.ti.ca) s.f. **1.** Estudo dos métodos e tecnologias para a construção e a condução de embarcações. **2.** Estudo de navegação marítima ou aérea.

náutico (**náu**.ti.co) adj. **1.** Relativo à navegação, à vida no mar ou a deslocamentos aquáticos. **2.** Relativo à navegação aérea.

náutilo (**náu**.ti.lo) s.m. (Zoo.) Molusco dos oceanos Pacífico e Índico.

nautografia (nau.to.gra.**fi**.a) s.f. Descrição dos aparelhos dos navios e de suas manobras.

nautógrafo (nau.**tó**.gra.fo) s.m. e adj. (Indivíduo) que se ocupa da nautografia.

naval (na.**val**) adj.2g. Referente a navios ou à marinha de guerra.

navalha (na.**va**.lha) s.f. Lâmina metálica cortante, presa a um cabo que se fecha, para protegê-la.

navalhada (na.va.**lha**.da) s.f. Golpe de navalha.

navalhar (na.va.**lhar**) v.t.d. Golpear com navalha.

nave (**na**.ve) s.f. **1.** Veículo para deslocamento no espaço; aeronave. **2.** Veículo para deslocamento ou navegação na água ou no ar. **3.** (Const.) Espaço que vai da entrada ao fundo, em uma igreja ou construção retangular.

navegabilidade (na.ve.ga.bi.li.**da**.de) s.f. Qualidade daquilo que é navegável.

navegação (na.ve.ga.**ção**) s.f. **1.** Ato, ação de navegar. **2.** Viagem marítima. **3.** (Inf.) Acesso a *sites* na internet ou a pontos em um arquivo de computador.

navegado (na.ve.**ga**.do) adj. Percorrido por navios e navegantes.

navegador (na.ve.ga.**dor**) [ô] s.m. e adj. **1.** Navegante. s.m. **2.** (Inf.) Programa para acessar endereços e páginas na internet; *browser*.

navegante (na.ve.**gan**.te) s.2g. e adj.2g. (Pessoa) que se dedica à navegação; navegador.

navegar (na.ve.**gar**) v.i. **1.** Viajar em embarcações ou aviões. **2.** (Inf.) Acessar endereços e páginas na internet. **3.** Percorrer de embarcação ou avião.

navegável (na.ve.**gá**.vel) adj.2g. Que tem condições de ser navegado.

naveta (na.**ve**.ta) [ê] s.f. **1.** Nau pequena. **2.** Vaso com formato de barco, onde se coloca incenso. **3.** Lançadeira de máquina de costura.

naviforme (na.vi.**for**.me) adj.2g. Que tem formato de navio.

navio (na.**vi**.o) s.m. Embarcação grande, para transporte de passageiros ou cargas.

navio-tanque (na.vio.**tan**.que) s.m. Navio com tanque para transporte de petróleo ou outros líquidos. ▣ Pl. *navios-tanques, navios-tanque*.

nazareno (na.za.**re**.no) adj. **1.** Da cidade de Nazaré na Galileia, no norte de Israel. s.m. **2.** Pessoa natural ou habitante desse lugar. **O Nazareno:** Jesus Cristo.

nazi (na.**zi**) s.2g. e adj.2g. Nazista.

nazifascismo (na.zi.fas.**cis**.mo) s.m. (Pol.) Doutrina ou regime político que une as características básicas do nazismo e do fascismo.

nazismo (na.**zis**.mo) s.m. Movimento nacionalista alemão liderado por Hitler, em meados do século XX.

nazista (na.**zis**.ta) adj.2g. **1.** Pertencente ao nazismo. s.2g. e adj.2g. **2.** Partidário do nazismo.

Nb Símbolo do elemento químico nióbio.

Nd Símbolo do elemento químico neodímio.

NE Símbolo de nordeste.

Ne Símbolo do elemento químico néon.

neandertalense (ne.an.der.ta.**len**.se) adj.2g. Relacionado ao homem de Neandertal, hominídeo que viveu na Europa e no oeste da Ásia durante o Paleolítico, ou Idade da Pedra Lascada.

nefrotomia

neblina (ne.**bli**.na) s.f. Névoa densa e rasteira.
neblinar (ne.bli.**nar**) v.i. Cair neblina. Obs.: verbo impessoal, só conjugado na 3ª pes. sing.
nebulização (ne.bu.li.za.**ção**) s.f. **1.** Ato de nebulizar. **2.** Névoa obtida por meio de nebulizador. **3.** Pulverização.
nebulizador (ne.bu.li.za.**dor**) [ô] s.m. Aparelho usado para fazer inalação; vaporizador; inalador.
nebulizar (ne.bu.li.**zar**) v.t.d. Transformar (um líquido) em vapor.
nebulosa (ne.bu.**lo**.sa) s.f. (*Astron.*) Nuvem de poeira e gás interestelar.
nebulosidade (ne.bu.lo.si.**da**.de) s.f. (*Geo.*) Conjunto de nuvens avaliadas quanto à quantidade e aos tipos.
nebuloso (ne.bu.**lo**.so) [ô] adj. **1.** Coberto de nuvens ou vapores; nublado. **2.** Turvo, opaco. **3.** (*Fig.*) Obscuro, incompreensível ◙ Pl. *nebulosos* [ó].
necedade (ne.ce.**da**.de) s.f. **1.** Ignorância; estupidez. **2.** Tolice; disparate.
nécessaire [francês: "necessér"] s.f. Estojo onde se colocam artigos básicos de toalete.
necessário (ne.ces.**sá**.ri.o) adj. **1.** Preciso, indispensável, essencial: *o ar e a água são necessários a todos os seres vivos*. **2.** Que se deve fazer; forçoso, requerido, obrigatório: *foi necessário pagar o ingresso*.
necessidade (ne.ces.si.**da**.de) s.f. **1.** Aquilo que é necessário ou indispensável, de que se precisa obrigatoriamente: *as necessidades básicas são alimentação, abrigo, saúde, trabalho, educação e lazer*. **2.** Vontade, disposição, desejo: *sentia necessidade de se exercitar pela manhã*. **3.** Carência, precisão, pobreza: *passou necessidades, uma vida de necessidades*.
necessitado (ne.ces.si.**ta**.do) adj. Carente; pobre; indigente.
necessitar (ne.ces.si.**tar**) v.t.i. Sofrer necessidade de; precisar; carecer.
necrofagia (ne.cro.fa.**gi**.a) s.f. Qualidade de necrófago.
necrófago (ne.**cró**.fa.go) s.m. e adj. (*Zoo.*) (Animal) que se alimenta de substâncias em decomposição.
necrólatra (ne.**cró**.la.tra) s.2g. Pessoa que adora os mortos.
necrolatria (ne.cro.la.**tri**.a) s.f. Culto aos mortos.
necrologia (ne.cro.lo.**gi**.a) s.f. Lista de pessoas falecidas; necrológio.
necrológio (ne.cro.**ló**.gi.o) s.m. Notícia fúnebre em jornal ou elogio a pessoas falecidas; necrologia.
necromancia (ne.cro.man.**ci**.a) s.f. Invocação de espíritos; magia, encantamento. O mesmo que *nigromancia*.
necromante (ne.cro.**man**.te) s.2g. e adj.2g. (Aquele) que pratica a necromancia. O mesmo que *nigromante*.
necrópole (ne.**cró**.po.le) s.f. Cemitério; cidade dos mortos.
necropsia (ne.crop.**si**.a) s.f. Exame médico feito em um cadáver; autópsia; necroscopia.
necrópsico (ne.**cróp**.si.co) adj. Relativo a necropsia.
necrosar (ne.cro.**sar**) v.t.d. (*Med.*) Produzir necrose em; gangrenar.
necroscopia (ne.cros.co.**pi**.a) s.f. Necropsia.
necrose (ne.**cro**.se) [ó] s.f. (*Med.*) Morte de um tecido ou célula de um organismo; gangrena.
necrotério (ne.cro.**té**.ri.o) s.m. Local onde os cadáveres são submetidos à necropsia ou autópsia, para que seja definida a causa da morte.
néctar (**néc**.tar) s.m. **1.** (*Bot.*) Líquido adocicado encontrado em certas plantas, com o qual as abelhas produzem o mel. **2.** (*Mit.*) Bebida dos deuses gregos.
nectáreo (nec.**tá**.re.o) adj. Relativo (ou semelhante) ao néctar.
nectarina (nec.ta.**ri**.na) s.f. (*Bot.*) Fruta híbrida, obtida da combinação do pêssego com a ameixa.
nectário (nec.**tá**.ri.o) s.m. (*Bot.*) Glândula que segrega o néctar.
necto (**nec**.to) s.m. (*Bio.*) O mesmo que *nécton*.
nécton (**néc**.ton) s.m. (*Bio.*) Conjunto de organismos aquáticos capazes de nadar independentemente da correnteza. O mesmo que *necto*.
nédio (**né**.di.o) adj. Luzidio; brilhante; lustroso.
neerlandês (ne.er.lan.**dês**) adj. **1.** Dos Países Baixos, país da Europa onde fica a Holanda. s.m. **2.** Pessoa natural ou habitante desse lugar. **3.** Língua falada nesse e em outros locais. Cf. *holandês*.
nefando (ne.**fan**.do) adj. Abominável; nocivo; torpe; indigno; perverso.
nefasto (ne.**fas**.to) adj. De mau agouro, má sorte; funesto.
nefelibata (ne.fe.li.**ba**.ta) s.2g. e adj.2g. (Pessoa) que sonha, que anda nas nuvens.
nefelibático (ne.fe.li.**bá**.ti.co) adj. Relativo a nefelibata.
nefralgia (ne.fral.**gi**.a) s.f. (*Med.*) Dor nos rins.
nefrite (ne.**fri**.te) s.f. (*Med.*) Inflamação nos rins.
nefrítico (ne.**frí**.ti.co) s.m. e adj. (Indivíduo) que sofre de nefrite.
nefrólito (ne.**fró**.li.to) s.m. Cálculo (ou pedra) que se forma nos rins.
nefrolitotomia (ne.fro.li.to.to.**mi**.a) s.f. (*Med.*) Intervenção cirúrgica para retirada de cálculos renais.
nefrologia (ne.fro.lo.**gi**.a) s.f. (*Med.*) Ramo da medicina que se dedica aos rins e às doenças renais.
nefrologista (ne.fro.lo.**gis**.ta) s.2g. Especialista em nefrologia.
néfron (**né**.fron) s.m. (*Anat.*) Elemento do rim responsável pela filtragem do sangue.
nefropatia (ne.fro.pa.**ti**.a) s.f. Designação genérica das doenças renais.
nefroptose (ne.frop.**to**.se) s.f. (*Med.*) Deslocamento da posição dos rins.
nefrorragia (ne.fror.ra.**gi**.a) s.f. Hemorragia renal.
nefrose (ne.**fro**.se) s.f. (*Med.*) Doença renal degenerativa não inflamatória.
nefrostomia (ne.fros.to.**mi**.a) s.f. (*Med.*) Drenagem do líquido renal.
nefrotomia (ne.fro.to.**mi**.a) s.f. (*Med.*) Cirurgia do rim.

nega (ne.ga) [ê] s.f. (Fam.) Negra.
negaça (ne.ga.ça) s.f. Engano; engodo; logro.
negação (ne.ga.ção) s.f. 1. Ato de negar. 2. Falta de vocação; inaptidão. 3. Ausência.
negacear (ne.ga.ce.ar) v.t.d. Fazer negaça; atrair por meio de negaça; enganar; lograr.
negado (ne.ga.do) adj. 1. Recusado. 2. Proibido. 3. Impedido.
negalho (ne.ga.lho) s.m. Pequena porção de linha para coser ou atar alguma coisa; cordel.
negar (ne.gar) v.t.d. 1. Afirmar que não. 2. Recusar. 3. Impedir. 4. Não permitir.
negativa (ne.ga.ti.va) s.f. Recusa; negação; impedimento.
negativismo (ne.ga.ti.vis.mo) s.m. Espírito de negação sistemática; pessimismo.
negativista (ne.ga.ti.vis.ta) adj.2g. 1. Relativo ao negativismo. s.2g. 2. Pessoa que demonstra negativismo.
negativo (ne.ga.ti.vo) adj. 1. Que exprime negação. 2. Que é menor que zero, que não é positivo: *número negativo, saldo negativo.* s.m. 3. Imagem que inverte o claro e o escuro, em fotografia ou filme.
negável (ne.gá.vel) adj.2g. Que se pode negar.
negligência (ne.gli.gên.ci.a) s.f. Omissão; preguiça; indolência; desleixo.
negligenciado (ne.gli.gen.ci.a.do) adj. Que se negligenciou, que não foi cuidado ou tratado.
negligenciar (ne.gli.gen.ci.ar) v.t.d. Tratar com negligência ou desleixo; descuidar, largar. Obs.: pres. do ind.: *negligencio, negligencias, negligencia* etc. pres. do subj.: *negligencie, negligencies, negligencie* etc.
negligente (ne.gli.gen.te) adj.2g. Que demonstra negligência; desleixado; descuidado.
nego (ne.go) [ê] s.m. (Fam.) 1. Negro. 2. Amigo; camarada.
negociação (ne.go.ci.a.ção) s.f. 1. Ato de negociar. 2. Conversação. 3. Ajuste.
negociante (ne.go.ci.an.te) s.2g. Aquele que negocia.
negociar (ne.go.ci.ar) v.i. 1. Fazer transação comercial ou negócio; comprar, vender, alugar etc. 2. Fazer um acordo. v.t.d. 3. Ajustar. Obs.: pres. do ind.: *negocio, negocias, negocia* etc. pres. do subj.: *negocie, negocies, negocie* etc.
negociata (ne.go.ci.a.ta) s.f. Negócio suspeito, em que pode haver trapaça.
negociável (ne.go.ci.á.vel) adj.2g. 1. Que se pode negociar: *o valor era fixo, mas a forma de pagamento era negociável.* 2. Que se pode comprar ou vender: *ações negociáveis na Bolsa de Valores.*
negócio (ne.gó.ci.o) s.m. 1. Relações comerciais. 2. Comércio. 3. Empresa. 4. Negociação.
negocista (ne.go.cis.ta) s.2g. e adj.2g. (Aquele) que é dado a negociatas.
negra (ne.gra) [ê] s.f. 1. Mulher de pele escura, da raça negra. 2. (Pop.) Em uma disputa, partida ou rodada definitiva.
negrada (ne.gra.da) s.f. Grupo de negros; negraria.

negraria (ne.gra.ri.a) s.f. Multidão de negros; negrada.
negregado (ne.gre.ga.do) adj. Infeliz; desgraçado.
negreiro (ne.grei.ro) adj. 1. Relativo ao aprisionamento e tráfico de negros da África para as colônias europeias na América: *tráfico negreiro, navio negreiro.* s.m. 2. Comerciante que se dedicava ao tráfico de negros escravizados: *as leis de 1850 coibiram a ação dos negreiros.*
negrejar (ne.gre.jar) v.i. 1. Ser negro. 2. Parecer negro. 3. Tornar-se negro.
negridão (ne.gri.dão) s.f. 1. Negrura; negrume. 2. Escuridão.
negrito (ne.gri.to) s.m. Tipo de letra de imprensa mais grosso e preto que os demais, usado para dar destaque a certas partes do texto.
negritude (ne.gri.tu.de) s.f. Sentimento de conscientização e valorização da raça negra.
negro (ne.gro) s.m. e adj. 1. Preto. 2. (Indivíduo) de etnia africana e pele escura; preto.
negrófilo (ne.gró.fi.lo) adj. Que gosta de negros.
negroide (ne.groi.de) [ói] adj.2g. Semelhante a negro: *traços negroides.*
negror (ne.gror) [ô] s.m. Negrura; escuridão.
negrume (ne.gru.me) s.m. 1. Negrura. 2. Trevas; escuridão. 3. Nevoeiro espesso.
negrura (ne.gru.ra) s.f. 1. Negridão; negrume. 2. Escuridão; trevas.
negus (ne.gus) s.m. Título de rei da Abissínia.
nele (ne.le) [ê] Contração da preposição "em" com o pronome pessoal "ele".
nelore (ne.lo.re) s.m. e adj. (Tipo de) gado indiano apropriado para o corte.
nem conj. 1. Também não, e sem: *ela não pediu para sair nem eu queria.* adv. 2. Não, até não: *não quero nem saber.*
nematódeo (ne.ma.tó.de.o) s.m. (Bio.) O mesmo que *nematoide.*
nematoide (ne.ma.toi.de) [ói] s.m. (Bio.) Verme cilíndrico com espécies que parasitam plantas e outras que parasitam o intestino de animais. O mesmo que *nematódeo.*
nenê (ne.nê) s.m. (Fam.) Criança recém-nascida ou de poucos meses; bebê, neném.
neném (ne.ném) s.m. (Fam.) Nenê.
nenhum (ne.nhum) pron. indef. Nem um (elemento ou ser); pessoa ou coisa alguma.
nênia (nê.ni.a) s.f. Canção fúnebre.
nenúfar (ne.nú.far) s.m. (Bot.) Planta aquática de belas flores; ninfeia.
neocatolicismo (ne.o.ca.to.li.cis.mo) s.m. Doutrina que tem por finalidade aproximar o catolicismo das ideias modernas de progresso e liberdade.
neoclassicismo (ne.o.clas.si.cis.mo) s.m. Movimento artístico-literário que reviveu os conceitos dos antigos clássicos greco-romanos.
neoclássico (ne.o.clás.si.co) adj. 1. Relativo ao neoclassicismo. s.m. e adj. 2. (Aquele) que é adepto do neoclassicismo.

neodímio (ne.o.**dí**.mi.o) s.m. (Quím.) Elemento químico de símbolo Nd, peso atômico 144,24 e número atômico 60.

neófito (ne.**ó**.fi.to) s.m. **1.** Aquele que recebeu o batismo. **2.** Novato; principiante.

neofobia (ne.o.fo.**bi**.a) s.f. Aversão a tudo o que é novo.

neoformação (ne.o.for.ma.**ção**) s.f. (Bio.) Formação de tecidos novos no organismo.

Neogeno (Ne.o.**ge**.no) s.m. (próprio) (Geo.) Período atual da história da Terra, posterior ao Paleogeno e dividido nas épocas Mioceno, Plioceno, Pleistoceno e Holoceno; antigamente chamado período quaternário.

neolatino (ne.o.la.**ti**.no) adj. Diz-se das línguas modernas derivadas do latim, como o português, o francês, o italiano, o espanhol, o provençal, o romeno etc.

Neolítico (ne.o.**lí**.ti.co) s.m. **1.** (Hist.) Último período da Pré-História, entre 12000 e 4000 a.C., em que o homem tornou-se sedentário, passou a criar animais e dedicar-se à agricultura; Idade da Pedra Polida. adj. **2.** Relativo a esse período.

neologismo (ne.o.lo.**gis**.mo) s.m. **1.** Palavra nova. **2.** Palavra antiga usada com sentido novo.

neologista (ne.o.lo.**gis**.ta) s.2g. e adj.2g. (Aquele) que emprega neologismos.

néon (**né**.on) s.m. (Quím.) Gás raro encontrado no ar, de símbolo Ne, de peso atômico 20,18 e de número atômico 10, muito utilizado em letreiros luminosos. O mesmo que *neônio*.

neonatal (ne.o.na.**tal**) adj.2g. Relacionado a neonato, a criança recém-nascida: *a unidade neonatal do hospital também é conhecida como berçário*.

neonato (ne.o.**na**.to) s.m. Criança recém-nascida.

neonazismo (ne.o.na.**zis**.mo) s.m. Movimento de extrema-direita que tenta reviver o nazismo de Hitler.

neonazista (ne.o.na.**zis**.ta) adj.2g. **1.** Referente ao neonazismo. s.2g. e adj.2g. **2.** Adepto do neonazismo.

neônio (ne.**ô**.ni.o) s.m. O mesmo que *néon*.

neoplasia (ne.o.pla.**si**.a) s.f. (Med.) Tumor, seja maligno ou benigno; neoplasma.

neoplásico (ne.o.**plá**.si.co) adj. Relativo a neoplasia.

neoplasma (ne.o.**plas**.ma) s.f. (Med.) Neoplasia.

neoplastia (ne.o.plas.**ti**.a) s.f. (Med.) Restauração de uma parte do organismo por cirurgia plástica.

neopreno (ne.o.**pre**.no) s.m. (Quím.) Borracha sintética usada em revestimentos elétricos, adesivos etc.

neozelandês (ne.o.ze.lan.**dês**) adj. **1.** Da Nova Zelândia, país da Oceania. s.m. **2.** Pessoa natural ou habitante desse lugar.

Neozoico (Ne.o.**zoi**.co) [ói] s.m. (próprio) (Geo.) Outro nome do Cenozoico.

nepalês (ne.pa.**lês**) adj. **1.** Do Nepal, país da Ásia. s.m. **2.** Pessoa natural ou habitante desse lugar.

nepotismo (ne.po.**tis**.mo) s.m. **1.** Prática de nomear parentes e familiares para cargos públicos ou em empresas. **2.** (Hist.) Autoridade que os parentes do papa exerciam na administração da Igreja.

nepotista (ne.po.**tis**.ta) s.2g. e adj.2g. **1.** (Aquele) que pratica o nepotismo. adj.2g. **2.** Relacionado ao nepotismo.

nerd [inglês: "nérdi"] adj.2g. e s.2g. (Gír. Pej.) (Pessoa) que é pouco sociável, que só se interessa por estudar ou trabalhar.

nereida (ne.**rei**.da) s.f. (Mit.) Cada uma das ninfas que presidiam o mar, entre os gregos.

nervação (ner.va.**ção**) s.f. (Bot.) Distribuição das nervuras nos vegetais.

nervo (**ner**.vo) [ê] s.m. (Anat.) Filamento que transmite estímulos e informações entre os diversos órgãos do corpo e controla a ação dos músculos. Cf. *nervos*.

nervos (**ner**.vos) s.m.pl. **1.** Estado, controle emocional e motor: *tinha nervos de aço*. **2.** Irritação, raiva, ira: *um ataque de nervos*.

nervosidade (ner.vo.si.**da**.de) s.f. **1.** Conjunto dos nervos. **2.** Qualidade do que é nervoso. **3.** Nervosismo.

nervosismo (ner.vo.**sis**.mo) s.m. **1.** Tensão nervosa; excitação. **2.** Emotividade exagerada.

nervoso (ner.**vo**.so) [ô] adj. **1.** Referente aos nervos. **2.** Que sofre de nervosismo. **3.** Irritado. ▫ Pl. *nervosos* [ó]. Obs.: em redes sociais, é comum o uso da forma *nervouser* para as acepções 2 e 3; é uma gíria que tem a intenção de expressar, através da grafia incorreta, esses sentidos.

nervura (ner.**vu**.ra) s.f. **1.** (Bot.) Feixe de fibras em algumas folhas ou pétalas. **2.** Prega fina e costurada de alguns tecidos.

néscio (**nés**.ci.o) s.m. e adj. (Aquele) que não sabe; (indivíduo) ignorante.

nesga (**nes**.ga) [ê] s.f. **1.** Pedaço de tecido em forma de triângulo, com que se amplia outro tecido ou peça do vestuário. **2.** Pequeno terreno entre outros maiores. **3.** Qualquer pequeno espaço: *ela conseguiu ver uma nesga do céu*.

nêspera (**nês**.pe.ra) s.f. (Bot.) Fruto amarelo ou alaranjado, de casca fina, polpa suculenta, e com várias sementes; ameixa.

nespereira (nes.pe.**rei**.ra) s.f. (Bot.) Árvore que dá nêsperas.

nesse (**nes**.se) [ê] Contração da preposição "em" com o pronome demonstrativo "esse".

neste (**nes**.te) [ê] Contração da preposição "em" com o pronome demonstrativo "este".

net [inglês: "néti"] s.f. (Inf.) Internet. Obs.: em inglês, significa "rede" e forma compostos como "intranet", rede interna.

netiqueta (ne.ti.que.ta) [ê] s.f. (Int.) Conjunto de boas maneiras e regras gerais de bom senso que proporcionam o uso da internet de maneira mais eficiente, amigável e agradável. Obs.: do inglês *netiquette*. Esta palavra não consta no Volp.

neto (**ne**.to) [é] s.m. Filho do filho ou da filha, em relação aos pais destes.

netuniano (ne.tu.ni.**a**.no) adj. Relativo ao oceano.

netúnio (ne.**tú**.ni.o) *s.m.* (*Quím.*) Elemento químico obtido artificialmente nos laboratórios, de símbolo Np, de número atômico 93 e massa atômica 237.
Netuno (ne.**tu**.no) *s.m.* (*próprio*) **1.** (*Mit.*) Divindade grega que preside o mar. **2.** (*Astron.*) Oitavo planeta por ordem de afastamento do Sol.
neuma (**neu**.ma) *s.m.* (*Mús.*) Sinal antigo que indicava onde a voz deveria elevar-se ou baixar-se.
neural (neu.**ral**) *adj.2g.* **1.** (*Anat.*) Referente a nervos ou próprio deles. **2.** Semelhante à rede de nervos ou neurônios; conectado em forma de rede.
neuralgia (neu.ral.**gi**.a) *s.f.* (*Med.*) O mesmo que *nevralgia*.
neurálgico (neu.**rál**.gi.co) *adj.* (*Med.*) O mesmo que *nevrálgico*.
neurastenia (neu.ras.te.**ni**.a) *s.f.* **1.** Estado doentio que se caracteriza por fraqueza, cefaleia e irritabilidade. **2.** (*Pop.*) Mau humor.
neurastênico (neu.ras.**tê**.ni.co) *s.m. e adj.* **1.** (Aquele) que sofre de neurastenia. *adj.* **2.** Que diz respeito à neurastenia.
neurite (neu.**ri**.te) *s.f.* (*Med.*) O mesmo que *nevrite*.
neurocirurgia (neu.ro.ci.rur.**gi**.a) *s.f.* Cirurgia no cérebro ou na medula espinhal.
neurologia (neu.ro.lo.**gi**.a) *s.f.* (*Med.*) Ramo da medicina que estuda o cérebro, o sistema nervoso central e periférico.
neurológico (neu.ro.**ló**.gi.co) *adj.* (*Med.*) Relacionado à neurologia ou ao sistema nervoso.
neurologista (neu.ro.lo.**gis**.ta) *s.2g.* (*Med.*) Especialista em neurologia.
neuroma (neu.**ro**.ma) *s.m.* (*Med.*) Tumor formado por células ou fibras nervosas.
neurônio (neu.**rô**.ni.o) *s.m.* (*Anat.*) Célula nervosa, com seus prolongamentos.
neurose (neu.**ro**.se) *s.f.* (*Med.*) Doença dos nervos sem causa aparente de lesão no sistema nervoso. O mesmo que *nevrose*.
neurótico (neu.**ró**.ti.co) *adj.* (*Med.*) **1.** Relativo a neurose. *s.m.* **2.** Aquele que sofre de neurose.
neurotomia (neu.ro.to.**mi**.a) *s.f.* (*Med.*) Secção ou dissecação de nervos.
nêuston (**nêus**.ton) *s.m.* (*Bio.*) Comunidade de organismos planctônicos que vivem sobre a superfície da água ou perto dela.
neutral (neu.**tral**) *adj.2g.* Neutro; indiferente.
neutralidade (neu.tra.li.**da**.de) *s.f.* Qualidade de neutro; imparcialidade; indiferença.
neutralização (neu.tra.li.za.**ção**) *s.f.* Ato ou efeito de neutralizar; desativação.
neutralizador (neu.tra.li.za.**dor**) [ô] *s.m. e adj.* (O) que neutraliza, que torna neutro.
neutralizar (neu.tra.li.**zar**) *v.t.d.* **1.** Tornar neutro; anular. **2.** Inutilizar; destruir.
neutro (**neu**.tro) *adj.* **1.** Que não toma partido de nenhuma das partes em discussão. **2.** Indeterminado, indiferente. **3.** (*Quím.*) Que não é ácido nem básico.

nêutron (**nêu**.tron) *s.m.* (*Fís.*) Partícula eletricamente neutra, que faz parte das partículas elementares que constituem os átomos.
nevada (ne.**va**.da) *s.f.* Queda de neve de uma só vez.
nevado (ne.**va**.do) *adj.* Branco como a neve; coberto de neve.
nevar (ne.**var**) *v.i.* Cair neve. *Obs.:* verbo impessoal, só conjugado na 3ª pes. sing.
nevasca (ne.**vas**.ca) *s.f.* Nevada acompanhada de temporal; tempestade de neve.
neve (**ne**.ve) *s.f.* Flocos de gelo formados pelo congelamento do vapor de água que está em suspensão no ar atmosférico.
neviscar (ne.vis.**car**) *v.i.* Cair neve em pouca quantidade.
névoa (**né**.vo.a) *s.f.* **1.** Vapor aquoso que turva a atmosfera. **2.** (*Med.*) Mancha formada na córnea e que embaça a visão.
nevoado (ne.vo.**a**.do) *adj.* Coberto de névoa; toldado.
nevoar-se (ne.vo.**ar**-se) *v.p.* **1.** Cobrir-se de névoa; enevoar-se. **2.** Obscurecer-se; toldar-se.
nevoeiro (ne.vo.**ei**.ro) *s.m.* **1.** Névoa espessa. **2.** Obscuridade.
nevoento (ne.vo.**en**.to) *adj.* Nublado.
nevoso (ne.**vo**.so) [ô] *adj.* Nevado. ▣ Pl. *nevosos* [ó].
nevralgia (ne.vral.**gi**.a) *s.f.* (*Med.*) Dor aguda ao longo de um nervo e de suas ramificações. O mesmo que *neuralgia*.
nevrálgico (ne.**vrál**.gi.co) *adj.* (*Med.*) Relativo à nevralgia. O mesmo que *neurálgico*.
nevrite (ne.**vri**.te) *s.f.* (*Med.*) Inflamação de um nervo. O mesmo que *neurite*.
nevrose (ne.**vro**.se) *s.f.* (*Med.*) O mesmo que *neurose*.
new age [inglês: "niu-êidji"] Estilo de música suave, com sons da natureza e pouca percussão.
newsletter [inglês: "niusléter"] *s.m.* Boletim informativo ou pequeno jornal editado por clube, empresa ou outro tipo de organização e enviado para seus membros ou clientes.
newton (**new**.ton) [nil] *s.m.* (*Fís.*) Unidade de medida de força do Sistema Internacional, de símbolo N.
nexo (**ne**.xo) [cs] *s.m.* Ligação ou conexão lógica; vínculo, coerência.
nhá *s.f.* (*Pop. Ant.*) **1.** Forma reduzida de sinhá. **2.** Nhanhá.
nhambiquara (nham.bi.**qua**.ra) *s.2g.* **1.** Indivíduo dos nhambiquaras, povo indígena que vive hoje no Mato Grosso e em Rondônia. *adj.2g.* **2.** Relacionado a esse povo. O mesmo que *nambiquara*.
nhambu (nham.**bu**) *s.m.* (*Zoo.*) O mesmo que *inhambu*.
nhandeva (nhan.**de**.va) *s.2g. e adj.2g.* O mesmo que *guarani-nhandeva*.
nhandu-guaçu (nhan.du-gua.**çu**) *s.m.* (*Zoo.*) Ema. ▣ Pl. *nhandus-guaçus*.
nhanhá (nha.**nhá**) *s.f.* Tratamento dado pelos escravos à senhora ou sinhá; nhá, iaiá.
nheengatu (nhe.en.ga.**tu**) *s.m.* Língua de origem tupi com influência latina, desenvolvida no Brasil

a partir do século XVI e falada hoje em vários estados. Obs.: também chamado língua geral, o nheengatu é o idioma de relações entre os vários povos indígenas e europeus na Amazônia, além de origem de numerosos vocábulos do português falado no Brasil.
nhenhenhém (nhe.nhe.**nhém**) s.m. (Pop.) Reclamação, implicância, ranzinzice.
nhô s.m. (Pop. Ant.) **1.** Forma reduzida de senhor. **2.** Nhonhô.
nhô-chico (nhô-**chi**.co) s.m. (Folc.) Dança popular no litoral paranaense, ligada à Marinha e acompanhada por violas. ▫ Pl. *nhô-chicos* e *nhôs-chicos*.
nhonhô (nho.**nhô**) s.m. Tratamento dado pelos escravos para seu senhor ou sinhô; nhô, ioiô.
nhoque (nho.**que**) s.m. (Culin.) Prato de origem italiana, feito com massa de batata e farinha de trigo, cozida e servida em geral com molho de carne moída e tomate.
ni s.m. Nome da décima letra do alfabeto grego, semelhante ao ene.
Ni Símbolo do elemento químico níquel.
nica (**ni**.ca) s.f. **1.** Impertinência. **2.** Ninharia.
nicaraguense (ni.ca.ra.**guen**.se) [ü] adj.2g. **1.** Da Nicarágua, país da América do Sul. s.2g. **2.** Pessoa natural ou habitante desse lugar.
nicho (**ni**.cho) s.m. **1.** Vão na parede onde se coloca estátua, imagem ou vaso. **2.** (Bio.) Lugar próprio onde vive determinado ser.
nicotina (ni.co.**ti**.na) s.f. Alcaloide existente no tabaco.
nicotínico (ni.co.**tí**.ni.co) adj. Relacionado com a nicotina.
nicotismo (ni.co.**tis**.mo) s.m. Intoxicação causada pelo uso abusivo do tabaco.
nictofobia (nic.to.fo.**bi**.a) s.f. Medo mórbido da noite.
nidificar (ni.di.fi.**car**) v.i. Fazer ninho.
nife (**ni**.fe) s.m. (Geo.) Barisfera.
nigeriano (ni.ge.ri.**a**.no) adj. **1.** Da Nigéria, país da África. s.m. **2.** Pessoa natural ou habitante desse lugar.
nigerino (ni.ge.**ri**.no) adj. **1.** De Níger, país da África. s.m. **2.** Pessoa natural ou habitante desse lugar.
nigérrimo (ni.**gér**.ri.mo) adj. Muito negro.
nigromancia (ni.gro.man.**ci**.a) s.f. O mesmo que *necromancia*.
nigromante (ni.gro.**man**.te) s.2g. O mesmo que *necromante*.
niilismo (ni.i.**lis**.mo) s.m. **1.** Redução a nada. **2.** Descrença total e absoluta. **3.** Doutrina política que prega a destruição do que existe socialmente, para que se construa o progresso da sociedade.
niilista (ni.i.**lis**.ta) s.2g. e adj.2g. (Aquele) que é partidário do niilismo.
nimbar (nim.**bar**) v.t.d. Cercar de nimbo; aureolar.
nimbo (**nim**.bo) s.m. **1.** (Geo.) Nuvem sombria e densa. **2.** Auréola. **3.** Chuva ligeira.
nimboso (nim.**bo**.so) [ô] adj. Coberto de nimbos; chuvoso. ▫ Pl. *nimbosos* [ó].

nímio (**ní**.mi.o) adj. Demasiado; excessivo.
ninar (ni.**nar**) v.t.d. Embalar ou acalentar para fazer adormecer; pôr a criança para nanar.
ninfa (**nin**.fa) s.f. **1.** (Mit.) Na Grécia, categoria de divindades femininas que viviam nos rios, bosques e montes. **2.** (Bio.) Estágio entre a larva e o inseto adulto; crisálida.
ninfeácea (nin.fe.**á**.ce.a) s.f. (Bot.) Planta que forma um grupo de grandes ervas aquáticas e floríferas, como a vitória-régia.
ninfeia (nin.**fei**.a) [éi] s.f. (Bot.) Planta aquática de belas flores; nenúfar.
ninfeta (nin.**fe**.ta) [ê] s.f. Menina-moça; adolescente.
ninfeu (nin.**feu**) adj. Que diz respeito às ninfas.
ninguém (nin.**guém**) pron. indef. Nenhuma pessoa.
ninhada (ni.**nha**.da) s.f. Todos os filhotes de qualquer animal ou ave que nascem de uma só vez.
ninharia (ni.nha.**ri**.a) s.f. Coisa de pouco valor; bagatela; insignificância; nica.
ninho (**ni**.nho) s.m. **1.** Abrigo construído pelas aves para a postura dos ovos, que aí são chocados, e para criação dos filhotes. **2.** Lugar onde se abrigam os animais; esconderijo, toca. **3.** (Fig.) Casa paterna.
nióbio (ni.**ó**.bi.o) s.m. (Quím.) Elemento químico de símbolo Nb, peso atômico 92,91 e número atômico 41.
niple (**ni**.ple) s.m. **1.** Peça cilíndrica, com roscas externas nas duas extremidades, para a ligação de canos. **2.** Peça semelhante para adorno corporal.
nipônico (ni.**pô**.ni.co) s.m. e adj. Japonês.
níquel (**ní**.quel) s.m. **1.** (Quím.) Elemento metal, de símbolo Ni, peso atômico 58,71 e número atômico 28. **2.** Moeda divisionária feita com esse metal. **3.** Qualquer moeda; troco. **4.** Pequeno valor: *custou poucos níqueis, mas valia bastante o chaveiro*.
niquelagem (ni.que.**la**.gem) s.f. Revestimento ou banho com níquel.
niquelar (ni.que.**lar**) v.t.d. Revestir, banhar ou guarnecer com níquel.
nirvana (nir.**va**.na) s.m. A extinção da individualidade no budismo, já que ela é absorvida pelo espírito supremo do Universo.
nissei (nis.**sei**) s.2g. e adj.2g. Filho de japoneses nascido fora do Japão. Cf. *sansei*.
nisso (**nis**.so) Contração da preposição "em" com o pronome demonstrativo "isso".
nisto (**nis**.to) Contração da preposição "em" com o pronome demonstrativo "isto".
nitente (ni.**ten**.te) adj.2g. (Raro) Resplandecente, brilhante, nítido.
niteroiense (ni.te.roi.**en**.se) adj.2g. **1.** De Niterói, cidade do Rio de Janeiro. s.2g. **2.** Pessoa natural ou habitante desse lugar.
nitescência (ni.tes.**cên**.ci.a) s.f. Esplendor; brilho.
nitidez (ni.ti.**dez**) [ê] s.f. Característica daquilo que é nítido; clareza; limpidez.
nítido (**ní**.ti.do) adj. Que se vê bem, que se percebe com clareza; definido, claro, distinto: *sinais nítidos*, *imagem nítida*.

nitrato (ni.**tra**.to) s.m. Sal formado pela ação do ácido nítrico sobre hidróxidos, carbonatos e óxidos metálicos.
nitreira (ni.**trei**.ra) s.f. Local onde se forma o nitro.
nítrico (**ní**.tri.co) adj. (Quím.) Diz-se do ácido muito reativo, oxidante e de muitas aplicações industriais.
nitrido (ni.**tri**.do) s.m. Ato de nitrir (ou rinchar).
nitridor (ni.tri.**dor**) [ô] s.m. e adj. (Zoo.) (Animal) que nitre, que rincha.
nitrir (ni.**trir**) v.i. Rinchar; relinchar. Obs.: no seu uso normal, este verbo só é conjugado na 3ª pes. do sing. e do pl.; pres. do ind.: *nitre, nitrem*.
nitrito (ni.**tri**.to) s.m. (Quím.) Sal ou éster do ácido nitroso ou ânion derivado dele.
nitro (**ni**.tro) s.m. Salitre.
nitrocelulose (ni.tro.ce.lu.**lo**.se) s.f. Celulose que entra na composição das pólvoras sem fumaça.
nitrogenado (ni.tro.ge.**na**.do) adj. (Quím.) Que contém nitrogênio.
nitrogênio (ni.tro.**gê**.ni.o) s.m. (Quím.) Elemento mais abundante na atmosfera, de símbolo N ou Az, peso atômico 14,01 e número atômico 7; azoto.
nitroglicerina (ni.tro.gli.ce.**ri**.na) s.f. (Quím.) Líquido usado na fabricação de explosivos.
nitrômetro (ni.**trô**.me.tro) s.m. Aparelho usado na medição e dosagem do nitrogênio.
nitroso (ni.**tro**.so) [ô] adj. Diz-se de um ácido instável, usado na preparação de corantes. ▫ Pl. *nitrosos* [ó].
nível (**ní**.vel) s.m. **1.** Instrumento para colocar dois objetos na mesma altura. **2.** Ponto, grau em relação à linha vertical: *nível de água do rio, piso no nível térreo*. **3.** Categoria, grupo em uma hierarquia: *nível de ensino, nível de qualidade*.
nivelado (ni.ve.**la**.do) adj. Igualado; aplainado.
nivelador (ni.ve.la.**dor**) [ô] adj. Que nivela, que elimina as diferenças ou irregularidades a fim de igualar o nível.
nivelamento (ni.ve.la.**men**.to) s.m. Ação de nivelar, de colocar no mesmo nível.
nivelar (ni.ve.**lar**) v.t.d. **1.** Colocar no mesmo nível; eliminar as irregularidades; deixar horizontal. **2.** Eliminar as diferenças; igualar.
níveo (**ní**.ve.o) adj. Relativo ou semelhante a neve; muito branco, gelado.
no Contração da preposição "em" com o artigo definido "o".
nó s.m. **1.** Laço muito apertado que se faz em linha, corda etc. **2.** Articulação das falanges dos dedos. **3.** Saliência anterior da garganta. **4.** (Bot.) Ponto em que as folhas se introduzem no caule. **5.** Parte mais dura da madeira. **6.** (Náut.) Milha percorrida pelas embarcações. **7.** Enlace; ligação. **8.** (Pop.) Grande dificuldade; problema.
No Símbolo do elemento químico nobélio.
nobélio (no.**bé**.li.o) s.m. (Quím.) Elemento químico transurânico, de símbolo No, número atômico 102 e massa atômica 254.
nobiliário (no.bi.li.**á**.ri.o) adj. **1.** Relativo à nobreza. s.m. **2.** Nobiliarquia.

nobiliarquia (no.bi.li.ar.**qui**.a) s.f. Registro das famílias nobres, com origens, armas e brasões; nobiliário.
nobiliárquico (no.bi.li.**ár**.qui.co) adj. Relativo à nobiliarquia.
nobilitação (no.bi.li.ta.**ção**) s.f. Ato de nobilitar; enobrecimento.
nobilitado (no.bi.li.**ta**.do) adj. Enobrecido; celebrado; exaltado.
nobilitante (no.bi.li.**tan**.te) adj.2g. Que nobilita, enobrece, que torna nobre; engrandecedor.
nobilitar (no.bi.li.**tar**) v.t.d. **1.** Tornar nobre. **2.** Dar título de nobreza a. **3.** Exaltar; engrandecer. v.p. **4.** Tornar-se nobre.
nobre (**no**.bre) s.2g. e adj.2g. **1.** (Pessoa) da nobreza; aristocrata, fidalgo. adj.2g. **2.** Precioso, valioso: *materiais nobres*. **3.** Digno, honrado: *gesto nobre*.
nobreak [inglês: "noubrêique"] s.m. (Fís., Inf.) Dispositivo abastecido por bateria que pode fornecer temporariamente energia elétrica a um sistema, em caso de falha ou interrupção de energia.
nobreza (no.**bre**.za) [ê] s.f. **1.** Qualidade de nobre. **2.** A classe dos nobres.
nobuck [grafia sem registro] s.m. *Nubuck*.
noção (no.**ção**) s.f. **1.** Ideia; conhecimento. **2.** Conceito; informação.
nocaute (no.**cau**.te) s.m. No pugilismo, situação em que um dos participantes é derrotado, após permanecer caído por mais de 10 segundos.
nocauteado (no.cau.te.**a**.do) adj. Derrubado; colocado a nocaute.
nocautear (no.cau.te.**ar**) v.t.d. Derrubar; derrotar; colocar a nocaute.
nocional (no.ci.o.**nal**) adj.2g. Relativo a noção.
nocivo (no.**ci**.vo) adj. Que prejudica; ruim; danoso.
noctambulação (noc.tam.bu.la.**ção**) s.f. Ato de andar durante o sono; sonambulismo.
noctâmbulo (noc.**tâm**.bu.lo) s.m. e adj. **1.** (Aquele) que anda durante o sono; sonâmbulo. **2.** Noctívago.
noctívago (noc.**tí**.va.go) s.m. e adj. (Aquele) que vagueia durante a noite; que tem maior atividade à noite; noctâmbulo.
nodal (no.**dal**) adj.2g. Referente a nó.
nodo (**no**.do) s.m. **1.** (*Astron.*) Ponto de intersecção da elíptica com a órbita de um planeta. **2.** (*Med.*) Gânglio, nódulo.
nódoa (**nó**.doa) s.f. **1.** Mancha. **2.** (Fig.) Mácula; desdouro; vergonha.
nodoar (no.do.**ar**) v.t.d. **1.** Manchar; sujar. **2.** (Fig.) Macular.
nodoso (no.**do**.so) [ô] adj. Que tem saliências ou nós. ▫ Pl. *nodosos* [ó].
nodular (no.du.**lar**) adj. Que tem nódulos.
nódulo (**nó**.du.lo) s.m. **1.** (*Med.*) Gânglio. **2.** Pequeno nó.
nogal (no.**gal**) s.m. Nogueiral.
nogueira (no.**guei**.ra) s.f. (Bot.) Árvore que dá a noz e cuja madeira é muito utilizada na fabricação de móveis.

nogueiral (no.guei.ral) (*Bot.*) s.m. Plantação de nogueiras; nogal.
noitada (noi.ta.da) s.f. **1.** Duração de uma noite. **2.** Insônia. **3.** Farra que dura toda a noite. **4.** Trabalho realizado durante a noite.
noite (noi.te) s.f. **1.** Espaço de tempo em que o sol está abaixo da linha do horizonte. **2.** (*Fig.*) Escuridão; trevas.
noitinha (noi.ti.nha) s.f. Crepúsculo da noite.
noiva (noi.va) s.f. Aquela que está para se casar; moça já comprometida.
noivado (noi.va.do) s.m. **1.** Dia em que se ajusta o compromisso do casamento. **2.** Período a partir de então e que antecede o dia do casamento.
noivar (noi.var) v.i. **1.** Tornar-se noivo. **2.** Cortejar a pessoa com quem se vai casar.
noivo (noi.vo) s.m. Aquele que já ajustou o casamento; homem já comprometido.
nojeira (no.jei.ra) s.f. **1.** Coisa que causa nojo; imundície, sujeira. **2.** Ato, gesto porco ou sem higiene; sujeira.
nojento (no.jen.to) *adj.* Que dá nojo; repulsivo; repugnante.
nojo (no.jo) [ô] s.m. **1.** Náusea; asco; enjoo; repugnância. **2.** Luto.
nolição (no.li.ção) s.f. Ato ou efeito de não querer.
nômade (nô.ma.de) s.2g. e adj.2g. **1.** (O) que vive se deslocando; errante: *povo nômade*. **2.** (Pessoa) que não tem residência; andarilho; vagabundo.
nomadismo (no.ma.dis.mo) s.m. Modo de vida nômade.
nomancia (no.man.ci.a) s.f. Adivinhação pelas letras de um nome próprio.
nome (no.me) s.m. **1.** Palavra com que se fazem conhecidas as pessoas, animais ou objetos. **2.** Apelido; pseudônimo. **3.** Sobrenome.
nomeação (no.me.a.ção) s.f. **1.** Ato de nomear. **2.** Designação para um cargo ou emprego.
nomeada (no.me.a.da) s.f. Reputação; renome.
nomear (no.me.ar) v.t.d. **1.** Chamar pelo nome. **2.** Designar para um cargo. **3.** Apelidar; denominar.
nomenclador (no.men.cla.dor) [ô] s.m. e adj. (Aquele) que nomeia ou classifica.
nomenclatura (no.men.cla.tu.ra) s.f. **1.** Lista de nomes. **2.** Conjunto de termos peculiares a uma arte ou ciência.
nominação (no.mi.na.ção) s.f. Ação de dar nome, de escolher o nome: *ritos indígenas de nominação*.
nominal (no.mi.nal) adj.2g. **1.** Relativo a nome. **2.** Diz-se do valor expresso em um título de crédito. **3.** Diz-se do cheque em que o nome do possuidor é declarado.
nominata (no.mi.na.ta) s.f. Lista de nomes.
nominativo (no.mi.na.ti.vo) adj. **1.** Relacionado a nome; que denomina, nominal. s.m. **2.** (*Gram.*) Caso reto; em latim, primeiro caso dos nomes que são declinados, correspondendo, em análise sintática, ao sujeito e predicativo das orações.

nona (no.na) [ô] s.f. **1.** (*Lit.*) Estrofe de nove versos. **2.** (*Mús.*) Intervalo que compreende uma oitava mais um tom ou semitom.
nonada (no.na.da) s.f. Ninharia; bagatela.
nonagenário (no.na.ge.ná.ri.o) s.m. e adj. (Aquele) que tem de noventa a cem anos de idade.
nonagésimo (no.na.gé.si.mo) num. Ordinal ou fracionário correspondente a noventa.
nonato (no.na.to) s.m. e adj. **1.** (Criança) nascida mediante operação cesariana. **2.** Terneiro que se retira do ventre da vaca, após ser esta abatida.
nonilhão (no.ni.lhão) num. Numeral cardinal que corresponde a mil octilhões.
noningentésimo (no.nin.gen.té.si.mo) num. **1.** (O) que está na posição do número 90; numeral ordinal que corresponde a esse número. **2.** Numeral fracionário correspondente a 1/90.
nônio (nô.ni.o) s.m. (*Fís.*) Instrumento de medida de alta precisão.
nono (no.no) [ô] num. **1.** (O) que está na posição do número 9; numeral ordinal que corresponde a esse número. **2.** Cada uma das partes de algo que foi dividido igualmente em nove; numeral fracionário correspondente a 1/9.
nônuplo (nô.nu.plo) s.m. num. (Quantidade) que é nove vezes maior (que outra).
nora (no.ra) s.f. **1.** Mulher do filho em relação aos pais dele. **2.** Aparelho com que se tira água dos poços.
nordeste (nor.des.te) s.m. **1.** Ponto situado entre o norte e o leste: *navegaram para nordeste*. (próprio) **2.** Região brasileira, de sigla NE, que abrange os estados de Alagoas, Bahia, Ceará, Maranhão, Paraíba, Pernambuco, Piauí, Rio Grande do Norte e Sergipe: *viajaram pelo Nordeste*.
nordestino (nor.des.ti.no) adj. **1.** Do Nordeste. s.m. **2.** Pessoa natural ou habitante dessa região.
nórdico (nór.di.co) adj. **1.** Diz-se dos povos dos países do norte da Europa (Dinamarca, Suécia e Noruega). s.m. **2.** Indivíduo de um desses países.
norma (nor.ma) s.f. Lei; padrão; regra; preceito; princípio.
normal (nor.mal) adj.2g. **1.** Que segue as normas. **2.** Habitual. **3.** Antiga designação do atual magistério, curso que forma professores para o ensino fundamental. **4.** (*Geom.*) Reta perpendicular a um plano.
normalidade (nor.ma.li.da.de) s.f. Qualidade do que é normal, estado normal.
normalista (nor.ma.lis.ta) s.2g. e adj.2g. (Pessoa) que estudava no antigo Curso Normal, que formava professores do ensino básico.
normalização (nor.ma.li.za.ção) s.f. Ato de normalizar.
normalizado (nor.ma.li.za.do) adj. Que se normalizou; regularizado.
normalizar (nor.ma.li.zar) v.t.d. Submeter a normas; estabelecer normas para.

normando (nor.**man**.do) adj.2g. **1.** Da Normandia, região da França. s.m. **2.** Pessoa natural ou habitante desse lugar.
normativo (nor.ma.**ti**.vo) adj. **1.** Relacionado a norma. **2.** Que contém ou prescreve normas: *gramática normativa*.
normatizar (nor.ma.ti.**zar**) v.t.d. Estabelecer normas para, submeter a normas: *vários produtos são normatizados quanto a volume nas embalagens e resistência de peças, para defesa do consumidor*. Cf. *normalizar*.
noroeste (no.ro.**es**.te) s.m. **1.** Ponto situado entre o norte e o oeste. **2.** Vento que sopra desse rumo.
noronhense (no.ro.**nhen**.se) s.2g. e adj.2g. De Fernando de Noronha, ilha do estado de Pernambuco.
nortada (nor.**ta**.da) s.f. Vento frio que sopra do norte.
norte (**nor**.te) s.m. **1.** Ponto cardeal que fica à esquerda do observador voltado para o leste: *a bússola aponta o norte*. **2.** Guia; rumo; direção. adj.2g. **3.** Situado nessa região ou rumo: *litoral norte*. (próprio) **4.** Região geográfica brasileira, de sigla N, que abrange os estados do Amazonas, Pará, Acre, Amapá, Rondônia, Roraima e Tocantins.
norteado (nor.te.**a**.do) adj. Orientado; dirigido.
norteador (nor.te.a.**dor**) [ô] adj. **1.** Que norteia, que estabelece o norte. **2.** Que estabelece o rumo a seguir; orientador.
norte-americano (nor.te-a.me.ri.**ca**.no) adj. **1.** Pertencente à América do Norte. **2.** Pertencente aos Estados Unidos da América; americano, estadunidense. s.m. **3.** Pessoa natural ou habitante de um desses lugares. ▣ Pl. *norte-americanos*.
nortear (nor.te.**ar**) v.t.d. **1.** Guiar; dirigir; orientar. v.p. **2.** Orientar-se; guiar-se.
norte-coreano (nor.te-co.re.**a**.no) adj. **1.** Da Coreia do Norte, país da Ásia. s.m. **2.** Pessoa natural ou habitante desse lugar. ▣ Pl. *norte-coreanos*.
norte-rio-grandense (nor.te-rio-gran.**den**.se) s.2g. e adj.2g. Potiguar. ▣ Pl. *norte-rio-grandenses*.
nortista (nor.**tis**.ta) adj.2g. **1.** Do Norte. s.m. **2.** Pessoa natural ou habitante dessa região.
norueguês (no.ru.e.**guês**) adj. **1.** Da Noruega, país da Europa. s.m. **2.** Pessoa natural ou habitante desse lugar.
nos 1. Contração da preposição "em" com o artigo definido plural "os". pron. **2.** Forma oblíqua do pronome pessoal "nós": *contou-nos uma história*.
nós pron. Pronome pessoal da primeira pessoa do plural, caso reto.
nosocômio (no.so.**cô**.mi.o) s.m. Hospital.
nosofobia (no.so.fo.**bi**.a) s.f. Horror a doenças.
nosófobo (no.**só**.fo.bo) s.m. Aquele que sofre de nosofobia.
nosografia (no.so.gra.**fi**.a) s.f. Descrição das doenças.
nosomania (no.so.ma.**ni**.a) s.f. Alteração que faz com que a pessoa julgue sofrer de alguma doença.
nosomaníaco (no.so.ma.**ní**.a.co) s.m. Aquele que sofre de nosomania.

nosso (**nos**.so) pron. **1.** Que pertence a nós. **2.** Próprio de nós. Obs.: é o pronome possessivo da primeira pessoa do plural.
nostalgia (nos.tal.**gi**.a) s.f. Melancolia; tristeza.
nostálgico (nos.**tál**.gi.co) adj. **1.** Que sente nostalgia; saudoso. **2.** Melancólico, triste.
nota (**no**.ta) s.f. **1.** Apontamento, anotação, ementa. **2.** Papel que representa moeda; cédula. **3.** Comunicação escrita sucinta. **4.** Som musical. **5.** Grau com que se avalia o aproveitamento na escola.
notabilidade (no.ta.bi.li.**da**.de) s.f. Qualidade do que é notável.
notabilizar (no.ta.bi.li.**zar**) v.t.d. e v.p. Tornar(-se) notável ou célebre; celebrizar(-se).
notação (no.ta.**ção**) s.f. Ato ou efeito de notar.
notação científica (no.ta.ção ci.en.**tí**.fi.ca) s.f. (Mat.) Método simplificado de representar números reais muito grandes ou muito pequenos, mediante o uso de uma potência de base dez.
notar (no.**tar**) v.t.d. **1.** Reparar. **2.** Pôr marca em. **3.** Anotar.
notário (no.**tá**.ri.o) s.m. Escrivão público; tabelião.
notável (no.**tá**.vel) adj.2g. **1.** Digno de nota ou de ser notado. **2.** Ilustre; insigne.
notebook [inglês: "nôuti-buque"] s.m. (Inf.) Computador com formato próximo de uma pasta ou caderno universitário; laptop. Cf. *desktop*.
notícia (no.**tí**.ci.a) s.f. **1.** Informação. **2.** Relato ou resumo de um acontecimento. **3.** Comunicação. **4.** Nota.
noticiar (no.ti.ci.**ar**) v.t.d. Dar notícia; informar; comunicar; divulgar. Obs.: pres. do ind.: *noticio, noticias, noticia* etc.; pres. do subj.: *noticie, noticies, noticie* etc.
noticiário (no.ti.ci.**á**.ri.o) s.m. **1.** Conjunto de notícias. **2.** Seção de um jornal que se ocupa das notícias. **3.** Programa de rádio ou televisão que transmite notícias.
noticiarista (no.ti.ci.a.**ris**.ta) s.2g. **1.** Redator de notícias. **2.** Pessoa que transmite essas notícias no rádio ou na televisão.
noticioso (no.ti.ci.**o**.so) [ô] adj. **1.** Relacionado com notícias ou noticiário. **2.** Que oferece notícias com menor rigor que o noticiário. ▣ Pl. *noticiosos* [ó].
notificação (no.ti.fi.ca.**ção**) s.f. **1.** Ato ou efeito de notificar; comunicação: *certas doenças são de notificação obrigatória à autoridade*. **2.** Intimação.
notificar (no.ti.fi.**car**) v.t.d.i. **1.** Comunicar, informar: *a escola notificou os pais dos alunos que ganharam prêmios*, noticiar. **2.** Dar conhecimento judicial; intimar.
notificável (no.ti.fi.**cá**.vel) adj.2g. Que se deve notificar ou informar; digno de ser comunicado, avisado ou anunciado.
noto (**no**.to) s.m. Vento sul.
notoriedade (no.to.ri.e.**da**.de) s.f. Qualidade do que é notório; fama.
notório (no.**tó**.ri.o) adj. Do conhecimento de todos; público.

noturno (no.tur.no) *adj.* **1.** Referente à noite. *s.m.* **2.** Trem que transita à noite.
noutro (nou.tro) Contração da preposição "em" com "outro" adjetivo ou substantivo.
nova (no.va) *s.f.* **1.** Notícia, novidade: *boas-novas, más novas.* **2.** (*Astron.*) Lua nova (veja Lua).
nova-iorquino (no.va-ior.qui.no) *adj.* **1.** De Nova York, cidade e estado dos Estados Unidos. *s.m.* **2.** Pessoa natural ou habitante desse lugar. ▫ Pl. *nova-iorquinos.*
novato (no.va.to) *adj.* Principiante; inexperiente; neófito.
nove (no.ve) *num.* **1.** Numeral cardinal que corresponde a 9, ou oito mais um. *s.m.* **2.** Esse número.
novecentos (no.ve.cen.tos) *num.* **1.** Numeral cardinal que corresponde a 900, ou nove centenas. *s.m.* **2.** Esse número.
nove-horas (no.ve-ho.ras) *s.f.pl.* Cheio de nove-horas: diz-se da pessoa que não aceita todos os convites, que dá desculpas para não participar de atividades; melindres, frescura.
novel (no.vel) *adj.2g.* Novo; principiante.
novela (no.ve.la) [é] *s.f.* **1.** Gênero literário mais extenso que o conto e menor que o romance. **2.** Na televisão e no rádio, romances narrados em capítulos. **3.** (*Fig.*) Acontecimento que se prolonga além do esperado.
noveleiro (no.ve.lei.ro) *s.m. e adj.* (*Pop.*) (Pessoa) que segue novelas na televisão ou, antigamente, no rádio.
novelesco (no.ve.les.co) [ê] *adj.* Próprio de novela.
novelista (no.ve.lis.ta) *s.2g.* Autor de novelas.
novelo (no.ve.lo) [ê] *s.m.* Bola ou rolo que se faz com lã ou outro tipo de fio.
novembro (no.vem.bro) *s.m.* Décimo primeiro mês do ano, com 30 dias.
novena (no.ve.na) [ê] *s.f.* **1.** Rezas feitas durante nove dias sucessivos, geralmente com a intenção de conseguir uma graça. **2.** Espaço de nove dias.
noventa (no.ven.ta) *num.* **1.** Numeral cardinal que corresponde a 90, ou nove dezenas. *s.m.* **2.** Esse número.
noviça (no.vi.ça) *s.f.* **1.** Jovem que se recolhe em um convento, preparando-se para ser freira. **2.** (*Fig.*) Aprendiz. *adj.* **3.** Principiante; inexperiente.
noviciado (no.vi.ci.a.do) *s.m.* Tempo de preparação de um noviço ou noviça, antes de fazerem seus votos religiosos definitivos.
noviço (no.vi.ço) *s.m.* **1.** Rapaz que se prepara, em um seminário, para ingressar na vida religiosa. **2.** (*Fig.*) Aprendiz. *adj.* **3.** Principiante; inexperiente.
novidade (no.vi.da.de) *s.f.* **1.** Aquilo que é novo. **2.** Inovação. **3.** Situação ou fato raro.
novidadeiro (no.vi.da.dei.ro) *s.m. e adj.* (Aquele) que gosta de contar novidades; mexeriqueiro.
novilha (no.vi.lha) *s.f.* Vaca nova; bezerra.
novilho (no.vi.lho) *s.m.* Bezerro; garrote.
novilúnio (no.vi.lú.ni.o) *s.m.* Lua nova.
novo (no.vo) [ô] *adj.* **1.** Que tem pouco tempo de existência. **2.** Moderno. **3.** Original. *s.m.* **4.** O que é recente. ▫ Pl. *novos* [ó].
novo-rico (no.vo-ri.co) [ô] *s.m.* Aquele que enriqueceu há pouco tempo e gosta de ostentar sua riqueza. ▫ Pl. *novos-ricos* [ó].
noz [ó] *s.f.* **1.** (*Bot.*) Fruto da nogueira. **2.** Qualquer fruto seco e duro, com uma só semente, como a amêndoa, avelã etc. **3.** (*Fig.*) O centro, o cerne, o que há dentro de algum objeto.
noz-moscada (noz-mos.ca.da) *s.f.* (*Bot.*) Fruto da moscadeira, muito usado como condimento. ▫ Pl. *nozes-moscadas.*
noz-vômica (noz-vô.mi.ca) *s.f.* (*Bot.*) **1.** Semente que contém substâncias tóxicas e medicinais, de uma árvore de mesmo nome. **2.** Tintura extraída dessa semente, como a estricnina. ▫ Pl. *nozes--vômicas.*
Np Símbolo do elemento químico netúnio.
NSFW (*Gír. Int.*) Sigla do inglês *not safe for work*, "não seguro para o trabalho", usada quando se compartilha algo que não é recomendado que seja visto em ambiente de trabalho.
nu *adj.* **1.** Sem roupa, pelado, despido. **2.** Descoberto; exposto. **3.** Sem vegetação.
nuança (nu.an.ça) *s.f.* Graduação sutil de uma cor; matiz. Obs.: do francês *nuance.*
nuance [francês: "nuance"] *s.f.* Nuança.
nubente (nu.ben.te) *s.2g. e adj.2g.* (Pessoa) que está noiva ou prestes a se casar.
núbil (nú.bil) *adj.2g.* Que está em idade de se casar.
nublado (nu.bla.do) *adj.* Coberto de nuvens; obscuro.
nublar (nu.blar) *v.t.d. e v.p.* Cobrir(-se) de nuvens; anuviar(-se).
nubuck [inglês: "niubáqui"] *s.m.* Couro tratado para ficar com superfície aveludada: *botas de nubuck.* Obs.: a pronúncia mais usada no Brasil é "nobuque" e a grafia mais comum é "nobuck", que não é registrada no *Volp.*
nuca (nu.ca) *s.f.* (*Anat.*) A parte posterior do pescoço, onde estão as vértebras cervicais; toitiço.
nucleação (nu.cle.a.ção) *s.f.* Formação de um núcleo.
nuclear (nu.cle.ar) *adj.2g.* Relativo a núcleo. **Energia nuclear**: energia resultante de transformações de núcleos de átomos; energia atômica.
núcleo (nú.cle.o) *s.m.* **1.** Parte central, interna de uma estrutura esférica como fruto ou planeta. **2.** Centro, parte central, de onde se irradiam os elementos: *núcleo urbano, núcleo familiar.* **3.** Ponto central, principal conteúdo: *o núcleo de uma ideia ou projeto.*
nucléolo (nu.clé.o.lo) *s.m.* **1.** Diminutivo de *núcleo.* **2.** Grânulos encontrados no interior do núcleo.
nudação (nu.da.ção) *s.f.* **1.** Ato ou efeito de desnudar; nudez. **2.** (*Fig.*) Privação.
nudez (nu.dez) [ê] *s.f.* **1.** Estado daquele (ou daquilo) que se acha nu. **2.** (*Fig.*) Simplicidade.
nudismo (nu.dis.mo) *s.m.* **1.** Falta de vestuário. **2.** Naturismo.

nudista (nu.**dis**.ta) s.2g. Pessoa adepta do nudismo; naturista.
nuga (**nu**.ga) s.f. Bobagem, insignificância.
nugá (nu.**gá**) s.m. (Culin.) Guloseima feita com amêndoas e caramelos.
nulidade (nu.li.**da**.de) s.f. **1.** Falta de aptidão ou talento. **2.** Insignificância. **3.** Falta de validade. **4.** (Fig.) Pessoa sem nenhum mérito.
nulificar (nu.li.fi.**car**) v.t.d. Tornar nulo; anular.
nulo (**nu**.lo) adj. **1.** Inútil; incapaz; vão. **2.** Sem validade.
num Contração da preposição "em" com o artigo indefinido "um".
numa Contração da preposição "em" com o artigo indefinido "uma".
nume (**nu**.me) s.m. (Mit.) Divindade mitológica.
numeração (nu.me.ra.**ção**) s.f. **1.** Ato de numerar. **2.** Processo de escrever ou representar os números. **3.** Parte da aritmética que ensina a formar, escrever e ler os números.
numerador (nu.me.ra.**dor**) [ô] adj. **1.** Que numera. s.m. **2.** (Mat.) Termo da fração que fica acima do traço ou antes dele e indica quantas partes do todo (denominador) foram tomadas.
numeral (nu.me.**ral**) adj.2g. **1.** Relativo a número. s.m. **2.** (Gram.) Palavra que expressa número, quantidade ou ordem, e pode ser um cardinal (como "dois"), ordinal ("segundo"), multiplicativo ("dobro") ou fracionário ("meio").
numerar (nu.me.**rar**) v.t.d. **1.** Indicar por números. **2.** Colocar em ordem numérica. **3.** Contar; enumerar.
numerário (nu.me.**rá**.ri.o) adj. **1.** Referente a dinheiro. s.m. **2.** Dinheiro efetivo; moeda.
numérico (nu.**mé**.ri.co) adj. Referente a números ou composto de números.
número (**nú**.me.ro) s.m. **1.** Palavra ou símbolo que expressa quantidade. **2.** Parcela; porção. **3.** Exemplar de uma publicação periódica. **4.** (Gram.) Flexão que expressa quantidade, sendo o **número** singular para um indivíduo ou uma unidade, como "a caneta" ou "ele canta", e o **número** plural para mais de uma unidade ou pessoa, como "as canetas" ou "eles cantam". **De dois números:** diz-se de palavras que usam a mesma forma para o singular e para o plural, como "o lápis, os lápis".
numeroso (nu.me.**ro**.so) [ô] adj. Em grande número; abundante; copioso. ▣ Pl. *numerosos* [ó].
numismata (nu.mis.**ma**.ta) s.2g. **1.** Especialista em numismática. **2.** Colecionador de cédulas, moedas ou medalhas.

numismática (nu.mis.**má**.ti.ca) s.f. **1.** Estudo das moedas, cédulas e medalhas. **2.** Coleção dessas peças.
numismático (nu.mis.**má**.ti.co) adj. **1.** Relacionado a numismática. **2.** Próprio, adequado para colecionadores: *selos numismáticos*, *série numismática*.
nunca (**nun**.ca) adv. Exprime negação; não, jamais, em tempo algum.
nunciatura (nun.ci.a.**tu**.ra) s.f. **1.** Dignidade do núncio apostólico. **2.** Sua residência. **3.** Local onde exerce suas funções.
núncio (**nún**.ci.o) s.m. **1.** Representante do Papa. **2.** (P. ext.) Mensageiro.
nuns Contração da preposição "em" com o artigo indefinido "uns".
nupcial (nup.ci.**al**) adj.2g. Relativo a núpcias.
núpcias (**núp**.cias) s.f.pl. Casamento; enlace matrimonial.
nuquini (nu.qui.**ni**) s.2g. **1.** Indivíduo dos nuquinis, povo indígena que vive hoje no Acre. adj.2g. **2.** Relacionado a esse povo. s.m. **3.** Idioma falado por esse povo.
nutrição (nu.tri.**ção**) s.f. **1.** Ato de nutrir. **2.** Processo de assimilação dos alimentos pelos seres vivos.
nutricional (nu.tri.ci.o.**nal**) adj.2g. Pertencente à nutrição.
nutricionismo (nu.tri.ci.o.**nis**.mo) s.m. Estudo da nutrição e das propriedades dos alimentos.
nutricionista (nu.tri.ci.o.**nis**.ta) s.2g. Pessoa especializada em nutrição.
nutrido (nu.**tri**.do) adj. **1.** Bem alimentado. **2.** Gordo, robusto.
nutridor (nu.tri.**dor**) [ô] s.m. Aquele ou aquilo que nutre.
nutriente (nu.tri.**en**.te) s.m. **1.** Substância nutritiva. adj.2g. **2.** Que nutre; nutritivo; alimentício.
nutrimento (nu.tri.**men**.to) s.m. Sustento; nutrição.
nutrir (nu.**trir**) v.t.d. e v.p. Sustentar(-se); alimentar(-se).
nutritivo (nu.tri.**ti**.vo) adj. Que nutre; nutriente; alimentício.
nutriz (nu.**triz**) s.f. Mulher que amamenta; ama de leite.
nuvem (**nu**.vem) s.f. **1.** Agregado de vapor de água condensado na atmosfera, sob forma de gotículas. **2.** Partículas de pó, fumaça, gases etc. suspensas no ar. **3.** Vapores condensados de qualquer líquido reduzido a gás. **4.** Turvação da vista. **5.** (Fig.) Tristeza; apreensão.

Oo

o, O s.m. **1.** Décima quinta letra de nosso alfabeto e quarta das vogais, de nome "ó". *art.* **2.** (*Gram.*) Artigo definido masculino singular: *o menino, o dia. pron.* **3.** Forma oblíqua do pronome pessoal "ele": *abraçou-o.* **4.** Pronome demonstrativo masculino e neutro: *pegou dois lápis do estojo e não o de cima da mesa.*
O 1. Símbolo do elemento oxigênio. **2.** (*Geo.*) Símbolo de oeste.
ó *interj.* **1.** Emprega-se para chamar, invocar ou atrair a atenção de. s.m. **2.** Nome da letra O.
ô *interj.* Emprega-se para chamar a atenção.
oásis (o.á.sis) s.m.2n. **1.** Região coberta de vegetação e provida de água, em meio a um deserto. **2.** (*Fig.*) Lugar aprazível. ▫ Pl. *oásis.*
oba (o.ba) [ô] *interj.* Exprime satisfação, alegria.
obcecação (ob.ce.ca.ção) s.f. **1.** Cegueira. **2.** (*Fig.*) Teimosia; insistência.
obcecado (ob.ce.ca.do) *adj.* De inteligência obscurecida; teimoso; obstinado.
obcecar (ob.ce.car) v.t.d. **1.** Cegar. **2.** (*Fig.*) Obscurecer; deslumbrar; induzir em erro. v.p. **3.** Tornar-se insistente no erro.
obedecer (o.be.de.cer) v.t.i. **1.** Cumprir as ordens de. **2.** Ceder. **3.** Estar sob a autoridade de. **4.** Estar sujeito a. v.i. **5.** Submeter-se à vontade de outrem.
obediência (o.be.di.ên.ci.a) s.f. **1.** Ato de obedecer. **2.** Submissão. **3.** Disposição para obedecer. **4.** Dependência.
obediente (o.be.di.en.te) *adj.2g.* Que obedece; humilde; submisso.
obelisco (o.be.lis.co) s.m. Monumento quadrangular e alongado, feito de uma só pedra sobre um pedestal.
obesidade (o.be.si.da.de) s.f. **1.** Qualidade ou característica de obeso. **2.** (*Med.*) Doença em que a pessoa acumula excesso de peso em forma de gordura e sofre vários problemas físicos e sociais: *alimentos industrializados com excesso de gordura e açúcar são uma das causas da obesidade.*
obeso (o.be.so) [ê] s.m. *e adj.* (Indivíduo) muito gordo, que sofre de obesidade: *os obesos podem ter dificuldade para usar equipamentos projetados para pessoas normais.*
obi (o.bi) s.m. (*Folc.*) Noz ou semente da cola, de grande importância em rituais do candomblé e outros ritos afro-brasileiros.
óbice (ó.bi.ce) s.m. Impedimento; empecilho; obstáculo.
óbito (ó.bi.to) s.m. Falecimento; morte.

obituário (o.bi.tu.á.ri.o) s.m. **1.** Registro de óbito. *adj.* **2.** Relativo a óbito.
objeção (ob.je.ção) s.f. **1.** Contestação. **2.** Restrição. **3.** Oposição; obstáculo.
objetar (ob.je.tar) v.t.d. **1.** Alegar em sentido oposto; opor. v.t.i. **2.** Opor-se; fazer objeção.
objetiva (ob.je.ti.va) s.f. **1.** Sistema de lentes ou câmera fotográfica voltada para o objeto que se quer examinar. **2.** Linha que tende para um ponto a que se quer chegar.
objetivar (ob.je.ti.var) v.t.d. **1.** Tornar objetivo. **2.** Considerar existente. **3.** Pretender.
objetividade (ob.je.ti.vi.da.de) s.f. Qualidade daquilo que é objetivo.
objetivo (ob.je.ti.vo) *adj.* **1.** Prático. **2.** Positivo. **3.** Direto. s.m. **4.** Fim que se quer atingir; meta.
objeto (ob.je.to) s.m. **1.** Tudo o que se pode sentir por meio de um dos sentidos. **2.** Matéria; assunto. **3.** Fim; propósito. **4.** Coisa; artigo. **5.** (*Gram.*) Complemento de um verbo transitivo direto ou indireto.
oblação (o.bla.ção) s.f. **1.** Oferenda a Deus (ou aos santos); oferta. **2.** Sacrifício.
oblata (o.bla.ta) s.f. Tudo o que se oferece a Deus ou aos santos; oferenda; oferta.
oblato (o.bla.to) s.m. Leigo que costumava oferecer-se para serviços em determinada ordem religiosa.
oblíqua (o.blí.qua) s.f. Reta que tem apenas um ponto de intersecção com um plano.
obliquar (o.bli.quar) v.i. **1.** Caminhar obliquamente. **2.** (*Fig.*) Agir dissimuladamente. Obs.: pres. do ind.: *obliquo* [ú] ou *oblíquo, obliquas* [ú] ou *oblíqua, obliquou* etc.; pres. do subj.: *oblique* [ú] ou *oblíque, obliques* [ú] ou *oblíques, oblique* [ú] ou *oblíque* etc.
obliquidade (o.bli.qui.da.de) [ü] s.f. **1.** Qualidade do que é oblíquo. **2.** Posição oblíqua.
oblíquo (o.blí.quo) *adj.* **1.** Não perpendicular. **2.** Inclinado; torto. **3.** (*Fig.*) Indireto; dissimulado. **4.** (*Gram.*) Diz-se da forma pronominal usada como complemento: *os pronomes oblíquos são me, mim, comigo, te, conosco, lhes etc.*
obliteração (o.bli.te.ra.ção) s.f. Ato ou efeito de obliterar(-se); eliminação; esquecimento.
obliterar (o.bli.te.rar) v.t.d. **1.** Fazer desaparecer aos poucos; destruir; eliminar. v.p. **2.** Apagar-se; extinguir-se.
oblongo (o.blon.go) *adj.* Alongado; elíptico; oval.
obnubilar (ob.nu.bi.lar) v.t.d. *e v.p.* Obscurecer(-se); pôr(-se) em trevas.

oboé (o.bo.é) s.m. (Mús.) Instrumento de sopro, confeccionado de madeira e cujo timbre é parecido com o da clarineta.
oboísta (o.bo.ís.ta) s.2g. Pessoa que toca oboé.
óbolo (ó.bo.lo) s.m. **1.** Pequena moeda grega. **2.** (Fig.) Donativo; esmola.
obra (o.bra) s.f. **1.** Efeito ou ação do trabalho. **2.** Edifício em construção. **3.** Trabalho literário. **4.** Trabalho manual. **5.** Trabalho de qualquer artista. **6.** Reparação de um edifício.
obra-prima (o.bra-pri.ma) s.f. A melhor obra de um autor. ▫ Pl. *obras-primas*.
obrar (o.brar) v.t.d. **1.** Executar; realizar; fabricar; construir. v.i. **2.** Agir; trabalhar; realizar uma ação. **3.** (Pop.) Defecar.
obreiro (o.brei.ro) s.m. *e adj.* (Aquele) que trabalha; operário.
obrigação (o.bri.ga.ção) s.f. **1.** Dever, compromisso, encargo. **2.** Título de dívida. **3.** No candomblé e em outros cultos afro-brasileiros, ritual de oferenda ao orixá ou santo, obrigatório para cada pessoa.
obrigado (o.bri.ga.do) adj. **1.** Agradecido; grato. **2.** Imposto por lei; obrigatório. **3.** Fórmula de agradecimento por gentileza ou favor recebido, devendo concordar em gênero e número com quem agradece: *ele diz "obrigado", ela diz "obrigada"*.
obrigar (o.bri.gar) v.t.d. **1.** Forçar; empenhar; sujeitar; impor. v.p. **2.** Sujeitar-se; empenhar-se.
obrigatoriedade (o.bri.ga.to.ri.e.da.de) s.f. Qualidade do que é obrigatório.
obrigatório (o.bri.ga.tó.ri.o) adj. Que obriga ou envolve obrigação.
obscenidade (obs.ce.ni.da.de) s.f. Qualidade do que é obsceno; imoralidade; pornografia.
obsceno (obs.ce.no) adj. Que fere a moral; impuro; imoral; desonesto.
obscurantismo (obs.cu.ran.tis.mo) s.m. **1.** Estado de ignorância. **2.** Doutrina que se opõe ao progresso intelectual e material. **3.** Ignorância.
obscurantista (obs.cu.ran.tis.ta) s.2g. *e adj.2g.* (Aquele) que se opõe a qualquer forma de progresso.
obscurecer (obs.cu.re.cer) v.t.d. **1.** Tornar obscuro; encobrir; toldar. **2.** Confundir. v.i. *e* v.p. **3.** Tornar-se obscuro ou sombrio.
obscurecido (obs.cu.re.ci.do) adj. **1.** Escurecido. **2.** Encoberto, escondido.
obscurecimento (obs.cu.re.ci.men.to) s.m. Ação de obscurecer; escurecimento.
obscuridade (obs.cu.ri.da.de) s.f. **1.** Qualidade de obscuro; escuridão. **2.** Esquecimento, falta de notoriedade ou fama: *a estrela foi esquecida e morreu na obscuridade*.
obscuro (obs.cu.ro) adj. **1.** Escuro; sombrio. **2.** Difícil de entender; confuso.
obsedar (ob.se.dar) v.t.d. **1.** Atormentar. **2.** Molestar. **3.** Importunar frequentemente; obsidiar.
obsequiar (ob.se.qui.ar) [z] v.t.d. **1.** Fazer obséquio a. **2.** Prestar serviços a. Obs.: pres. do ind.: *obsequio, obsequias, obsequia* etc. pres. do subj.: *obsequie, obsequies, obsequie* etc.
obséquio (ob.sé.qui.o) [zé] s.m. Favor; fineza; gentileza; graça.
obsequioso (ob.se.qui.o.so) [ze...ô] adj. Que presta obséquios; prestativo; solícito; serviçal. ▫ Pl. *obsequiosos* [ó].
observação (ob.ser.va.ção) s.f. **1.** Ato de observar. **2.** Reparo; admoestação; nota.
observado (ob.ser.va.do) adj. Examinado; estudado; olhado.
observador (ob.ser.va.dor) [ô] s.m. *e adj.* (Aquele) que observa.
observância (ob.ser.vân.ci.a) s.f. Disciplina, cumprimento, execução fiel.
observar (ob.ser.var) v.t.d. **1.** Examinar atentamente. **2.** Ponderar. **3.** Respeitar as prescrições. **4.** Espiar. **5.** Notar.
observatório (ob.ser.va.tó.ri.o) s.m. Edifício onde funcionam os serviços de observações astronômicas ou meteorológicas.
observável (ob.ser.vá.vel) adj.2g. Que merece ou pode ser observado.
obsessão (ob.ses.são) s.f. **1.** Impertinência excessiva. **2.** Perseguição. **3.** (Fig.) Ideia fixa.
obsessivo (ob.ses.si.vo) adj. Em que há ou o que causa obsessão.
obsidiar (ob.si.di.ar) v.t.d. **1.** Assediar. **2.** Estar à volta de. **3.** (Fig.) Importunar; molestar; obsedar.
obsoleto (ob.so.le.to) [ê] adj. **1.** Que saiu do uso diário; em desuso. **2.** Antiquado. **3.** Arcaico.
obstáculo (obs.tá.cu.lo) s.m. **1.** Impedimento; empecilho; barreira. **2.** (Fig.) Dificuldade; embaraço.
obstante (obs.tan.te) adj.2g. Que obsta. **Não obstante:** apesar de, apesar disso, contudo.
obstar (obs.tar) v.t.d. *e* v.i. Servir de obstáculo; causar embaraço; opor-se.
obstetra (obs.te.tra) s.2g. Especialista em obstetrícia.
obstetrícia (obs.te.trí.ci.a) s.f. Ramo da medicina especializada em gravidez e parto.
obstetriz (obs.te.triz) s.f. Médica obstetra; parteira.
obstinação (obs.ti.na.ção) s.f. Insistência; teimosia; birra.
obstinado (obs.ti.na.do) adj. Insistente; teimoso; pertinaz; inflexível.
obstinar (obs.ti.nar) v.t.d. *e* v.p. Tornar(-se) obstinado; teimar.
obstringir (obs.trin.gir) v.t.d. Apertar muito; comprimir; imprensar. Obs.: verbo defectivo, conjuga-se na 3ª pes. sing. e pl.; pres. do ind.: *obstringe, obstringem* etc.
obstrução (obs.tru.ção) s.f. **1.** Ato de obstruir; obturação. **2.** (Fig.) Oposição; impedimento.
obstruído (obs.tru.í.do) adj. Que se obstruiu; tapado, entupido, fechado.
obstruir (obs.tru.ir) v.t.d. **1.** Impedir com obstáculos a circulação ou passagem de. **2.** Impedir; fechar. v.p. **3.** Fechar-se; criar obstrução. Obs.: pres. do ind.: *obstruo, obstruis, obstrui, obstruímos, obstruís,*

obstruem; pres. do subj.: *obstrua, obstruas, obstrua* etc.
obstrutor (obs.tru.**tor**) [ô] *s.m. e adj.* (Aquele ou aquilo) que obstrui.
obtemperar (ob.tem.pe.**rar**) *v.t.d.* **1.** Responder com humildade. *v.i.* **2.** Obedecer.
obtenção (ob.ten.**ção**) *s.f.* Ato de obter; conquista.
obtentor (ob.ten.**tor**) [ô] *s.m. e adj.* (Aquele) que obtém (ou ganha); ganhador.
obter (ob.**ter**) *v.t.d.* **1.** Adquirir; ganhar. **2.** Conquistar; conseguir; alcançar. Obs.: conjuga-se como *ter*; pres. ind.: *obtenho, obténs, obtém, obtemos, obtendes, obtêm*.
obtido (ob.**ti**.do) *adj.* **1.** Adquirido; ganho. **2.** Conquistado; conseguido; alcançado.
obturação (ob.tu.ra.**ção**) *s.f.* Ato de obturar; obstrução.
obturador (ob.tu.ra.**dor**) [ô] *s.m. e adj.* (Instrumento) que obtura.
obturar (ob.tu.**rar**) *v.t.d.* **1.** Obstruir (cavidade dentária ou óssea). **2.** Tapar. **3.** Entupir.
obtusidade (ob.tu.si.**da**.de) *s.f.* **1.** Qualidade do que é obtuso. **2.** (Fig.) Rudeza.
obtuso (ob.**tu**.so) *adj.* **1.** Que não é agudo; arredondado. **2.** (Geom.) Diz-se do ângulo que tem mais de 90°. **3.** (Fig.) Rude; bronco.
obumbrado (o.bum.**bra**.do) *adj.* Toldado; coberto de sombras.
obumbrar (o.bum.**brar**) *v.t.d.* **1.** Toldar; ocultar. *v.p.* **2.** Cobrir-se de sombras; ocultar-se.
obus (o.**bus**) *s.m.* Pequena peça de artilharia semelhante a um morteiro comprido.
obviar (ob.vi.**ar**) *v.t.d.* **1.** Prevenir. **2.** Remediar. *v.t.i.* **3.** Opor-se; obstar.
óbvio (**ób**.vi.o) *adj.* **1.** Claro. **2.** Manifesto. **3.** Evidente.
oca (**o**.ca) *s.f.* Cabana ou construção para moradia de índios brasileiros; maloca.
ocar (o.**car**) *v.t.d.* Tornar oco.
ocara (o.**ca**.ra) *s.f.* Praça ou terreiro em uma aldeia indígena.
ocarina (o.ca.**ri**.na) *s.f.* (Mús.) Instrumento de sopro de formato oval, feito de barro e que emite som semelhante ao da flauta.
ocasião (o.ca.si.**ão**) *s.f.* **1.** Oportunidade. **2.** Momento. **3.** Causa. **4.** Circunstância. **5.** Tempo disponível.
ocasionado (o.ca.sio.**na**.do) *adj.* Causado, motivado, provocado por ocasião de.
ocasional (o.ca.si.o.**nal**) *adj.2g.* Que acontece em poucas ocasiões, de vez em quando; que não é frequente ou comum; raro: *uma visita ocasional*.
ocasionar (o.ca.si.o.**nar**) *v.t.d.* **1.** Dar ocasião a; causar; proporcionar. **2.** Motivar; provocar.
ocaso (o.**ca**.so) *s.m.* **1.** Momento em que o sol se põe; pôr do sol, poente. **2.** (Fig.) Decadência; declínio. **3.** Termo; fim.
occipício (oc.ci.**pí**.ci.o) *s.m.* (*Anat.*) Parte ínfero-posterior da cabeça.

occipital (oc.ci.pi.**tal**) *adj.2g.* (*Anat.*) **1.** Que diz respeito ao occipício ou à nuca. **2.** Diz-se do único osso situado na parte ínfero-posterior da cabeça.
oceânico (o.ce.**â**.ni.co) *adj.* Relacionado ao oceano.
oceano (o.ce.**a**.no) *s.m.* Cada uma das cinco vastas porções de água salgada que cobrem a Terra (Atlântico, Pacífico, Índico, Glacial Ártico e Glacial Antártico); mar.
oceanografia (o.ce.a.no.gra.**fi**.a) *s.f.* Estudo dos oceanos, em suas características físicas e biológicas.
oceanográfico (o.ce.a.no.**grá**.fi.co) *adj.* Relacionado à oceanografia ou ao estudo dos oceanos e suas formas de vida.
oceanógrafo (o.ce.a.**nó**.gra.fo) *s.m.* Aquele que se dedica à oceanografia.
ocidental (o.ci.den.**tal**) *adj.2g.* **1.** Pertencente ao Ocidente. *s.2g.* **2.** Pessoa natural ou habitante desse lugar. Cf. *oriental*.
ocidentalizar (o.ci.den.ta.li.**zar**) *v.t.d. e v.p.* **1.** Dar ou adquirir características ocidentais. **2.** Adaptar(-se) a costumes ocidentais.
ocidente (o.ci.**den**.te) *s.m.* **1.** Lado do horizonte onde o sol se põe; oeste, ocaso, poente. (*próprio*) **2.** Parte do globo terrestre em que estão os continentes Europa, América e África. Cf. *oriente*.
ócio (**ó**.ci.o) *s.m.* **1.** Folga do trabalho; lazer; descanso. **2.** Preguiça; ociosidade.
ociosidade (o.ci.o.si.**da**.de) *s.f.* **1.** Estado daquele que está ocioso; ócio; preguiça. **2.** Uso indevido do tempo.
ocioso (o.ci.o.so) [ô] Que não trabalha; desocupado; preguiçoso. ▣ Pl. *ociosos* [ó].
oclusão (o.clu.**são**) *s.f.* Obstrução; fechamento.
oclusiva (o.clu.**si**.va) *s.f. adj.* (Consoante) articulada com oclusão total do aparelho fonador, seguida de abertura rápida e explosiva, como o som de pe, be, me, ne, te, de, que, gue.
oclusivo (o.clu.**si**.vo) *adj.* Que produz oclusão ou fechamento.
ocluso (o.**clu**.so) *adj.* Em que há oclusão ou fechamento.
oco (**o**.co) [ô] *adj.* **1.** Vazio; sem miolo. **2.** (Fig.) Sem importância; vão. *s.m.* **3.** Local oco ou vazio.
ocorrência (o.cor.**rên**.ci.a) *s.f.* **1.** Ocasião; circunstância. **2.** Acontecimento.
ocorrer (o.cor.**rer**) *v.i.* Sobrevir; acontecer; suceder.
ocorrido (o.cor.**ri**.do) *s.m. e adj.* (Aquilo) que ocorreu.
OCR (*Inf.*) Sigla do inglês *optical character recognition*, "reconhecimento óptico de caracteres", processo que extrai o texto de um arquivo de imagem e o converte para um formato de texto legível por um computador.
ocra (**o**.cra) [ó] *s.f.* **1.** Argila colorida nas cores vermelha, amarela e castanha, utilizada em pintura. **2.** Cada uma dessas cores. O mesmo que *ocre*.
ocre (**o**.cre) [ó] *s.m.* O mesmo que *ocra*.
octaedro (oc.ta.**e**.dro) *s.m.* (*Geom.*) Sólido de oito faces.

octilhão (oc.ti.**lhão**) num. Numeral cardinal que corresponde a mil setilhões, ou 10 elevado à 27ª potência.

octingentésimo (oc.tin.gen.**té**.si.mo) num. **1.** (O) que está na posição do número 80; numeral ordinal que corresponde a esse número. **2.** Numeral fracionário correspondente a 1/80.

octogenário (oc.to.ge.**ná**.ri.o) s.m. e adj. (Indivíduo) que tem oitenta anos.

octogésimo (oc.to.**gé**.si.mo) num. Ordinal ou fracionário que corresponde a oitenta.

octogonal (oc.to.go.**nal**) adj.2g. (Geom.) Que tem oito lados.

octógono (oc.**tó**.go.no) s.m. (Geom.) Polígono de oito lados.

octossílabo (oc.tos.**sí**.la.bo) s.m. Que tem oito sílabas: *verso octossílabo*.

óctuplo (**óc**.tu.plo) num. Multiplicativo que corresponde a certa quantidade multiplicada por oito.

ocular (o.cu.**lar**) adj. Relacionado ao olho ou à vista.

oculista (o.cu.**lis**.ta) s.2g. Médico que trata das doenças dos olhos; oftalmologista.

óculo (**ó**.cu.lo) s.m. Qualquer instrumento com lente para ampliar a visão, como o telescópio.

óculos (**ó**.cu.los) s.m.pl. Armação com duas lentes, para auxiliar a visão ou para proteger os olhos.

ocultação (o.cul.ta.**ção**) s.f. Ato de ocultar, esconder ou encobrir.

ocultar (o.cul.**tar**) v.t.d. **1.** Não revelar; esconder. v.p. **2.** Encobrir-se; esconder-se.

ocultismo (o.cul.**tis**.mo) s.m. (Folc.) Estudo da manifestação de seres incorpóreos, fenômenos sobrenaturais etc., que não se podem explicar com conhecimentos científicos.

ocultista (o.cul.**tis**.ta) s.2g. **1.** Aquele que pratica o ocultismo. adj.2g. **2.** Que se refere ao ocultismo.

oculto (o.**cul**.to) adj. **1.** Encoberto; invisível. **2.** Misterioso; secreto.

ocupação (o.cu.pa.**ção**) s.f. **1.** Ato de ocupar. **2.** Posse. **3.** Trabalho; serviço.

ocupacional (o.cu.pa.ci.o.**nal**) adj.2g. **1.** Que diz respeito a ocupação. **2.** Relativo ao trabalho. **Terapia ocupacional**: terapia que propõe atividades, trabalhos e recreações para tratar de pessoas com dificuldades mentais, neurológicas, físicas ou sociais.

ocupado (o.cu.**pa**.do) adj. **1.** Que outra pessoa ocupou ou está usando: *o telefone da escola estava ocupado*. **2.** Que tem muitas ocupações, compromissos ou trabalho; que não tem tempo livre: *era uma pessoa muito ocupada e não tinha tempo para brincar com o cachorro*.

ocupante (o.cu.**pan**.te) s.2g. e adj.2g. **1.** (Pessoa) que ocupa legitimamente um lugar ou cargo. **2.** Invasor, usurpador.

ocupar (o.cu.**par**) v.t.d. **1.** Estar de posse de; ter direito a; tomar lugar: *ocuparam os lugares na frente da sala*. **2.** Invadir, entrar sem permissão: *ocupar um país*. **3.** Usar, empregar: *ocupou a linha de telefone*. v.p. **5.** Dedicar-se; cuidar de: *ocupou-se com a lição a tarde toda*.

odalisca (o.da.**lis**.ca) s.f. **1.** Escrava em um harém. **2.** Fantasia de Carnaval em estilo oriental.

ode (o.de) [ó] s.f. Composição poética, dividida em estrofes simétricas.

odiar (o.di.**ar**) v.t.d. **1.** Detestar; sentir aversão. v.p. **2.** Sentir ódio recíproco; detestar-se reciprocamente. Obs.: pres. do ind.: *odeio, odeias, odeia, odiamos, odiais, odeiam*; pres. do subj.: *odeie, odeies, odeie, odiemos, odieis, odeiem*; imperat. afirm.: *odeia tu, odeie você, odiai vós, odeiem vocês*.

odiável (o.di.**á**.vel) adj.2g. **1.** Que se pode odiar. **2.** Odioso.

odiento (o.di.**en**.to) adj. Que tem ou revela ódio; rancoroso.

ódio (**ó**.di.o) s.m. Rancor; raiva; aversão.

odioso (o.di.**o**.so) [ô] adj. **1.** Digno de ódio; detestável, repelente, odiável. s.m. **2.** O que provoca o ódio. ▣ Pl. *odiosos* [ó].

odisseia (o.dis.**sei**.a) [éi] s.f. Viagem ou situação cheia de aventuras extraordinárias e de peripécias.

odontologia (o.don.to.lo.**gi**.a) s.f. Parte da medicina que trata das afecções dentárias.

odontológico (o.don.to.**ló**.gi.co) adj. **1.** Relacionado à odontologia. **2.** Próprio para tratamento de dentes.

odontologista (o.don.to.lo.**gis**.ta) s.2g. Pessoa que trabalha na área odontológica; dentista.

odor (o.**dor**) [ô] s.m. Aroma; cheiro; fragrância; olor.

odorante (o.do.**ran**.te) adj.2g. Que exala odor; aromático; cheiroso.

odorífero (o.do.**rí**.fe.ro) adj. Que produz odor; odorante; aromático.

odorífico (o.do.**rí**.fi.co) adj. Que contém odor; aromático.

odre (**o**.dre) [ô] s.m. Saco feito de pele, próprio para o transporte de líquidos.

oeste (o.**es**.te) s.m. **1.** Ponto cardeal e lado onde o sol se põe; ocidente, poente. adj. **2.** Que diz respeito ao poente. **3.** (Vento) que sopra do poente.

ofaié (o.fai.**é**) s.2g. **1.** Indivíduo dos ofaiés, povo indígena que vive hoje no Mato Grosso do Sul. adj.2g. **2.** Relacionado a esse povo.

ofegante (o.fe.**gan**.te) adj.2g. Que ofega ou respira com dificuldade; cansado.

ofegar (o.fe.**gar**) v.i. Respirar com dificuldade; arquejar.

ofender (o.fen.**der**) v.t.d. **1.** Fazer ofensa a; injuriar; prejudicar. **2.** Ir contra preceitos e regras. v.p. **3.** Magoar-se; dar-se por ofendido.

ofendido (o.fen.**di**.do) s.m. e adj. (Aquele) que sofreu uma ofensa.

ofensa (o.**fen**.sa) s.f. **1.** Injúria; desacato. **2.** Mágoa; desconsideração. **3.** Dano; lesão.

ofensiva (o.fen.**si**.va) s.f. **1.** Ato de atacar. **2.** Ataque.

ofensivo (o.fen.**si**.vo) adj. Que ofende ou ataca; agressivo.

ofensor (o.fen.**sor**) [ô] s.m. e adj. (Pessoa) que causou ofensa, que ofendeu outra: *perdoar aos ofensores*.

oferecer (o.fe.re.**cer**) v.t.d.i. **1.** Dar como presente; presentear. **2.** Proporcionar; facultar. v.p. **3.** Entregar-se; dar-se; exibir-se.

oferecimento (o.fe.re.ci.**men**.to) s.m. Ato de oferecer; doação; dádiva; oferta.

oferenda (o.fe.**ren**.da) s.f. Dádiva; oferta; presente.

oferendar (o.fe.ren.**dar**) v.t.d.i. Ofertar; presentear; fazer oferenda de (algo) a (alguém).

oferta (o.**fer**.ta) s.f. Ato de oferecer; oferecimento; dádiva.

ofertar (o.fer.**tar**) v.t.d.i. **1.** Oferecer; fazer uma oferta a: *ofertei uma vela à santa.* v.p. **2.** Oferecer-se.

ofertório (o.fer.**tó**.ri.o) s.m. **1.** Oferecimento do pão e do vinho, durante a missa. **2.** Oferta; oferecimento.

off [inglês: "ófe"] adv. **1.** Desligado, fora de circuito. **2.** Fora de moda.

office-boy [inglês: "ófici-bói"] s.m. Pessoa que leva documentos e encomendas de um escritório, especialmente em serviços externos; auxiliar de escritório, bói. ◘ Pl. *office-boys.*

off-line [inglês: "ofiláini"] adj.2g. 2n. (Inf.) Desconectado de uma rede de computadores ou da internet: *estava off-line, por isso não enviou o e-mail.* Cf. *on-line.*

offshore [inglês: "ofichór"] adj.2g.2n. **1.** Que se situa ao largo da costa, no mar. **2.** (Econ.) Empresa cuja aplicação do capital é feita no exterior, normalmente em países cujas leis fiscais são brandas, facilitando maiores lucros financeiros.

oficial (o.fi.ci.**al**) adj.2g. **1.** Relacionado a autoridade ou que dela emana. **2.** Que diz respeito ao funcionalismo público. s.m. **3.** Militar de graduação superior à do sargento. **4.** Aquele que exerce um ofício. **5.** Funcionário judicial ou administrativo, que faz citações, intimações etc.

oficialato (o.fi.ci.a.**la**.to) s.m. Condição de oficial militar: *atingiu o oficialato aos 30 anos de idade.*

oficialização (o.fi.ci.a.li.za.**ção**) s.f. **1.** Ato que dá caráter oficial a uma instituição. **2.** Consagração.

oficializar (o.fi.ci.a.li.**zar**) v.t.d. Tornar oficial.

oficiante (o.fi.ci.**an**.te) s.2g. Celebrante, pessoa que preside a um ofício divino.

oficiar (o.fi.ci.**ar**) v.t.d. Celebrar ou dirigir o ofício divino.

oficina (o.fi.**ci**.na) s.f. **1.** Lugar onde se exerce um ofício artístico ou manual. **2.** Lugar onde se consertam veículos, máquinas ou equipamentos. **3.** Palestra com prática; aula prática, *workshop.*

ofício (o.**fi**.ci.o) s.m. **1.** Ocupação; profissão. **2.** Incumbência; dever. **3.** Tabelionato; cartório. **4.** Comunicação escrita e formal sobre assuntos de serviço público.

oficioso (o.fi.ci.**o**.so) [ô] adj. **1.** Obsequioso; serviçal. **2.** Que diz respeito a uma fonte de informação não oficial. ◘ Pl. *oficiosos* [ó].

ofídico (o.**fi**.di.co) adj. (Zoo.) Pertencente a ofídio, a cobra.

ofídio (o.**fi**.di.o) s.m. Cobra.

ofsete (of.**se**.te) s.m. (Gráf.) Sistema de impressão em que a tinta de uma chapa metálica é transferida para o papel por um cilindro de borracha. Do inglês *off-set.*

oftálmico (of.**tál**.mi.co) adj. (Med.) Próprio para uso nos olhos; oftalmológico: *pomada oftálmica.*

oftalmologia (of.tal.mo.lo.**gi**.a) s.f. Parte da medicina que trata das afecções nos olhos.

oftalmológico (of.tal.mo.**ló**.gi.co) adj. (Med.) **1.** Relativo à oftalmologia. **2.** Oftálmico.

oftalmologista (of.tal.mo.lo.**gis**.ta) s.2g. e adj.2g. (Médico) especialista em oftalmologia; (médico) oculista.

ofurô (o.fu.**rô**) s.m. Tina de madeira para banho de imersão, de origem japonesa.

ofuscação (o.fus.ca.**ção**) s.f. Ato de ofuscar; obscurecimento.

ofuscamento (o.fus.ca.**men**.to) s.m. Ação de ofuscar; ofuscação.

ofuscante (o.fus.**can**.te) adj.2g. **1.** Que ofusca, que perturba a visão. **2.** Que brilha muito; notável.

ofuscar (o.fus.**car**) v.t.d. **1.** Turvar (a vista); toldar. **2.** Obscurecer. **3.** Encobrir; esconder. v.i. **4.** Perturbar a visão. v.p. **5.** Apagar-se; perder o brilho ou o valor.

ogã (o.**gã**) s.m. **1.** No candomblé e em outros cultos afro-brasileiros, pessoa que auxilia a mãe de santo durante o ritual ou na organização do terreiro. **2.** Pessoa que toca atabaque durante o cerimonial; alabê.

ogiva (o.**gi**.va) s.f. **1.** Parte frontal afilada de um projétil ou foguete. **2.** (Const.) Figura formada por dois arcos que se cortam superiormente.

ogival (o.gi.**val**) adj.2g. Que tem forma de ogiva.

ogro (**o**.gro) s.m. (Folc.) Bicho-papão; ser fantástico que assusta as crianças.

Ogum (o.**gum**) s.m. (próprio) Orixá que preside as lutas e guerras.

oh interj. Exprime espanto, alegria, admiração, dó etc.

ohm s.m. (Fís.) Unidade prática de resistência elétrica, de símbolo Ω.

oi interj. **1.** (Pop.) Emprega-se como saudação; olá. **2.** Emprega-se como resposta a um chamamento: *oi? que disse?.*

oitão (oi.**tão**) s.m. **1.** Espaço lateral em uma construção. **2.** Oito.

oitava (oi.**ta**.va) s.f. **1.** (Mús.) Intervalo de oito graus entre duas notas do mesmo nome. **2.** (Lit.) Estrofe de oito versos.

oitavado (oi.ta.**va**.do) adj. Que tem oito faces.

oitavo (oi.**ta**.vo) num. **1.** (O) que está na posição do número 8; numeral ordinal que corresponde a esse número. **2.** Cada uma das partes de algo que foi dividido igualmente em oito; numeral fracionário correspondente a 1/8.

oitenta (oi.**ten**.ta) num. **1.** Numeral cardinal que corresponde a 80, ou oito dezenas. s.m. **2.** Esse número.

oiticica (oi.ti.**ci**.ca) s.f. (Bot.) Árvore alta do sertão, de madeira vermelha e clara.

oito (oi.to) num. **1.** Numeral cardinal que corresponde a 8, ou sete mais um. s.m. **2.** Esse número. **3.** Equipamento em forma de oito, usado para frear a descida em corda de montanhismo; oitão.
oitocentos (oi.to.cen.tos) num. **1.** Numeral cardinal que corresponde a 800, ou oito centenas. s.m. **2.** Esse número.
ojeriza (o.je.ri.za) s.f. Aversão; antipatia.
ojerizar (o.je.ri.zar) v.t.i. e v.t.d. Ter ojeriza de ou aversão a; odiar, repugnar: *ojerizava com a vizinha*; *ojerizava aquela gente*.
ok [inglês: "ó-quêi" ou "ouquei"] adv. e adj. Expressa concordância, aprovação; tudo certo, combinado: *vamos agora, ok? o equipamento estava ok*.
olá (o.lá) interj. Emprega-se como saudação ou, mais raramente, como chamamento.
olaria (o.la.ri.a) s.f. Fábrica de tijolos, telhas, manilhas e louça de barro.
olé (o.lé) s.m. (*Esp.*) Drible no futebol.
oleado (o.le.a.do) s.m. **1.** Tecido grosso impermeabilizado por uma camada de verniz. adj. **2.** Que tem óleo.
oleaginosa (o.le.a.gi.no.sa) s.f. (*Bot.*) Planta de cujos grãos se extrai óleo, como a soja.
oleaginoso (o.le.a.gi.no.so) [ô] adj. Que tem a natureza do óleo. ▣ Pl. *oleaginosos* [ó].
olear (o.le.ar) v.t.d. Revestir ou cobrir com óleo.
oleicultura (o.lei.cul.tu.ra) s.f. Fabricação, tratamento e conservação do azeite.
oleiro (o.lei.ro) s.m. **1.** Pessoa que trabalha em uma olaria. **2.** (*Zoo.*) João-de-barro.
óleo (ó.le.o) s.m. **1.** Produto ou substância gordurosa e inflamável, cuja origem pode ser animal ou vegetal. **2.** (*Bio.*) Lipídio líquido, comum nas plantas.
oleoduto (o.le.o.du.to) s.m. Canal conduzido para conduzir petróleo e seus derivados.
oleoso (o.le.o.so) [ô] adj. Que tem óleo; gorduroso; untuoso. ▣ Pl. *oleosos* [ó].
olfação (ol.fa.ção) s.f. Exercício do olfato.
olfativo (ol.fa.ti.vo) adj. Que diz respeito ao olfato.
olfato (ol.fa.to) s.m. Sentido com que se percebem os aromas; faro; olfação.
olhada (o.lha.da) s.f. Ação de olhar; espiada, olhadela, mirada.
olhadela (o.lha.de.la) s.f. Olhada.
olhar (o.lhar) v.t.d. **1.** Observar; ver. **2.** Fixar a vista em; contemplar. v.i. **3.** Exercer o sentido da visão. v.p. **4.** Mirar-se (no espelho). s.m. **5.** Maneira de olhar.
olheiras (o.lhei.ras) s.f.pl. Manchas escuras abaixo dos olhos, geralmente causadas pelo cansaço, insônia ou períodos de enfermidade.
olheiro (o.lhei.ro) s.m. **1.** Aquele que observa o trabalho dos outros; informante; capataz. **2.** Nascente de água.
olho (o.lho) [ô] s.m. **1.** Órgão da visão. **2.** Olhar; visão. **3.** Cuidado; atenção. **4.** Texto curto que informa o assunto e atrai o leitor, colocado no início de uma matéria de jornal, revista ou internet. (*Folc.*) **Olho gordo:** capacidade atribuída a algumas pessoas de provocar malefícios com o poder do olhar; mau-olhado, quebranto. ▣ Pl. *olhos* [ó].
olho de boi (o.lho de boi) s.m. Série de selos postais brasileira lançada em 1843, primeira do Brasil e segunda do mundo.
olho-de-boi (o.lho-de-boi) s.m. **1.** (*Bot.*) Planta trepadeira lenhosa, com três sementes grandes. **2.** (*Folc.*) Semente dessa planta, usada como amuleto contra a inveja e o mau-olhado.
olho de sogra (o.lho de so.gra) s.m. (*Culin.*) Docinho feito com ameixa seca recheada com massa de ovos, coco e açúcar.
oligarca (o.li.gar.ca) s.m. Partidário da oligarquia.
oligarquia (o.li.gar.qui.a) s.f. Governo de poucas pessoas, pertencentes ao mesmo partido ou família.
Oligoceno (O.li.go.ce.no) s.m. (próprio) (*Geo.*) Época da história da Terra entre o Eoceno e o Mioceno.
oligofrenia (o.li.go.fre.ni.a) s.f. (*Med.*) Antiga denominação de deficiência ou retardo no desenvolvimento mental.
oligofrênico (o.li.go.frê.ni.co) adj. (*Med.*) **1.** Relacionado a oligofrenia. s.m. **2.** Pessoa acometida de oligofrenia; deficiente mental.
oligopólio (o.li.go.pó.li.o) s.m. (*Econ.*) Situação em que um grupo restrito de empresas domina o mercado econômico.
olimpíada (o.lim.pí.a.da) s.f. **1.** Celebração dos jogos olímpicos. **2.** Disputa, competição: *olimpíada de matemática*.
Olimpíadas (o.lim.pí.a.das) s.f.pl. (próprio) Jogos olímpicos.
olímpico (o.lím.pi.co) adj. **1.** Relativo aos jogos esportivos das Olimpíadas: *esportes olímpicos*, *espírito olímpico*. **2.** Relativo ao monte Olimpo, onde viviam quase todos os deuses gregos: *as deusas e os deuses olímpicos tinham até filhos com os mortais*. **3.** Divino, sublime, majestoso. **Gola olímpica:** gola alta e enrolada em uma blusa.
oliva (o.li.va) s.f. (*Bot.*) Azeitona.
olival (o.li.val) s.m. Plantação de oliveiras.
oliveira (o.li.vei.ra) s.f. (*Bot.*) Árvore que dá a azeitona.
olmo (ol.mo) [ô] s.m. (*Bot.*) Árvore nativa da Europa.
olor (o.lor) [ô] s.m. Perfume; aroma; cheiro agradável.
oloroso (o.lo.ro.so) [ô] adj. Que tem olor; perfumado; aromático. ▣ Pl. *olorosos* [ó].
olvidar (ol.vi.dar) v.t.d. **1.** Esquecer. v.p. **2.** Esquecer-se.
olvido (ol.vi.do) s.m. Ato ou efeito de olvidar.
omanense (o.ma.nen.se) adj.2g. **1.** De Omã, país da África; omani. s.2g. **2.** Pessoa natural ou habitante desse lugar.
omani (o.ma.ni) adj. Omanense.
ombrear (om.bre.ar) v.t.i. Ficar ombro a ombro; igualar-se; equiparar-se.
ombreira (om.brei.ra) s.f. **1.** Parte acessória do vestuário, que dá um contorno mais acentuado aos ombros. **2.** Cada peça vertical das portas e janelas que sustenta as vergas; umbral.

ombro (om.bro) s.m. **1.** (*Anat.*) Região onde os braços se juntam ao corpo; espádua. **2.** (*Fig.*) Proteção; força.

ômega (ô.me.ga) s.m. Última letra do alfabeto grego, semelhante ao *o*.

omelete (o.me.**le**.te) [é] s.f. (*Culin.*) Ovos batidos e fritos, a que se acrescentam os mais variados recheios.

ominoso (o.mi.**no**.so) [ô] adj. Agourento; negativo; nefasto. ▪ Pl. *ominosos* [ó].

omissão (o.mis.**são**) s.f. Ação de omitir; ausência; falta.

omisso (o.**mis**.so) adj. Que se omite; descuidado; faltoso.

omitir (o.mi.**tir**) v.t.d. **1.** Deixar de mencionar. **2.** Deixar de fazer. **3.** Esquecer; olvidar. **4.** Postergar; adiar. v.p. **5.** Deixar de se manifestar.

omoplata (o.mo.**pla**.ta) s.m. (*Anat.*) Osso chato, delgado e triangular que forma a parte posterior do ombro; escápula.

onanismo (o.na.**nis**.mo) s.m. **1.** Masturbação masculina. **2.** (*Relig.*) Ejaculação fora da vagina, após coito ou após masturbação.

onanista (o.na.**nis**.ta) s.m. Pessoa que pratica o onanismo.

onça (on.ça) s.f. **1.** (*Zoo.*) Maior felídeo das matas das Américas, que às vezes caça animais nas fazendas e de que as espécies mais conhecidas são onça-pintada e suçuarana. **2.** Medida de peso inglesa que equivale a 28,349 gramas. **Ficar, virar uma onça:** ficar, tornar-se muito bravo e agressivo.

onça-parda (on.ça-**par**.da) s.f. (*Zoo.*) Suçuarana. ▪ Pl. *onças-pardas*.

onça-pintada (on.ça-pin.**ta**.da) s.f. (*Zoo.*) Maior onça brasileira, amarela com manchas escuras, caçadora muito temida nas florestas e em fazendas; canguçu, jaguar. ▪ Pl. *onças-pintadas*.

oncologia (on.co.lo.**gi**.a) s.f. (*Med.*) Ramo da medicina que se ocupa das neoplasias.

oncologista (on.co.lo.**gis**.ta) s.2g. Especialista em oncologia.

onda (on.da) s.f. **1.** Porção de água do mar, rio ou lago que se eleva; vaga. **2.** (*Fig.*) Confusão; complicação. **3.** Mania; moda. **4.** (*Fís.*) Variação de um campo energético dada pela passagem de um pulso de energia.

onde (on.de) adv. **1.** No lugar em que. pron. rel. **2.** Em que; no qual. pron. **3.** Em que lugar?

ondeado (on.de.**a**.do) adj. Que tem ondas; ondulado.

ondear (on.de.**ar**) v.t.d. **1.** Provocar ondas. v.i. **2.** Ondular. v.p. **3.** Mover-se com ondulações.

ondulação (on.du.la.**ção**) s.f. **1.** Movimento semelhante ao das ondas. **2.** Formação de ondas calmas.

ondulado (on.du.**la**.do) adj. Que tem ondas, que ondula: *cabelo ondulado*.

ondular (on.du.**lar**) v.i. **1.** Mover-se fazendo ondas; ondear: *a bandeira ondulava ao vento*. v.t.d. **2.** Fazer ondas em: *um produto para ondular os cabelos*.

ondulatório (on.du.la.**tó**.ri.o) adj. Relacionado ou semelhante a onda: *movimentos ondulatórios*.

onduloso (on.du.**lo**.so) [ô] adj. **1.** Semelhante a onda, com curvas: *estrada ondulosa*. **2.** Cheio de ondas: *águas ondulosas*. ▪ Pl. *ondulosos* [ó].

onerar (o.ne.**rar**) v.t.d. e v.p. Sobrecarregar(-se); sujeitar(-se) a ônus.

oneroso (o.ne.**ro**.so) [ô] adj. Que envolve gastos pesados; custoso; caro. ▪ Pl. *onerosos* [ó].

ONG Sigla de *organização não governamental*, organização que não está subordinada ao governo e não é empresa com fins lucrativos, em geral dedicada a causas públicas.

ônibus (ô.ni.bus) s.m. Veículo motorizado, com itinerário preestabelecido, para transporte público de passageiros.

onipotência (o.ni.po.**tên**.ci.a) s.f. Qualidade daquele que é onipotente.

onipotente (o.ni.po.**ten**.te) adj.2g. Que tudo pode; todo-poderoso.

onipresença (o.ni.pre.**sen**.ça) s.f. Qualidade de onipresente; capacidade de estar em todos os lugares ao mesmo tempo: *a onipresença é um atributo divino*.

onipresente (o.ni.pre.**sen**.te) adj.2g. Que está presente em todos os lugares: *inseto onipresente*.

onírico (o.**ní**.ri.co) adj. Relativo a ou próprio de sonho: *uma visão onírica*.

onisciência (o.nis.ci.**ên**.ci.a) s.f. (*Relig.*) Consciência, sabedoria absoluta, atribuída a divindades.

onisciente (o.nis.ci.**en**.te) adj.2g. (*Relig.*) Que tudo sabe; Deus.

onívoro (o.**ní**.vo.ro) adj. Que se alimenta de carnes e vegetais.

ônix (ô.nix) [cs] s.f. (*Min.*) Variedade de ágata de cores variadas.

on-line [inglês: "ouláini"] adj.2g.2n. (*Inf.*) Conectado a uma rede de computadores ou à internet: *jornais on-line*. Cf. *off-line*.

onomástica (o.no.**más**.ti.ca) s.f. Lista ou catálogo de nomes próprios.

onomástico (o.no.**más**.ti.co) adj. Que diz respeito aos nomes próprios.

onomatopaico (o.no.ma.to.**pai**.co) adj. Que diz respeito à onomatopeia. O mesmo que *onomatopeico*.

onomatopeia (o.no.ma.to.**pei**.a) [éi] s.f. Palavra que imita ou reproduz um som, como "o tique-taque do relógio" ou o "miau do gato".

onomatopeico (o.no.ma.to.**pei**.co) [éi] adj. O mesmo que *onomatopaico*.

ontem (on.tem) adv. No dia anterior ao de hoje.

ontogênese (on.to.**gê**.ne.se) s.f. (*Bio.*) Desenvolvimento de um indivíduo.

ontologia (on.to.lo.**gi**.a) s.f. Ciência que estuda o ser em toda a sua concepção e natureza.

ontológico (on.to.**ló**.gi.co) adj. Que diz respeito à ontologia.

ônus (ô.nus) s.m. Aquilo que sobrecarrega; encargo; obrigação.

onze (on.ze) num. **1.** Numeral cardinal que corresponde a 11, ou dez mais um. s.m. **2.** Esse número.

opa (o.pa) [ô] *interj.* **1.** Exprime espanto, admiração; epa! upa! *s.f.* **2.** Capa sem mangas usada por membros de irmandades religiosas.
opacidade (o.pa.ci.da.de) *s.f.* Qualidade daquilo que é opaco.
opaco (o.pa.co) *adj.* Que não deixa passar a luz; turvo, sem brilho, fosco.
opala (o.pa.la) *s.f.* **1.** (Min.) Pedra preciosa de coloração leitosa e azulada. **2.** Certo tipo de tecido de algodão.
opalescente (o.pa.les.cen.te) *adj.2g.* Opalino.
opalino (o.pa.li.no) *adj.* Que reflete as cores da opala; opalescente.
opção (op.ção) *s.f.* Ação ou faculdade de escolha; preferência.
opcional (op.ci.o.nal) *adj.2g.* Que se pode fazer ou não, que se pode escolher; facultativo.
ópera (ó.pe.ra) *s.f.* **1.** Drama musicado com diálogos cantados. **2.** Teatro onde se representam esses dramas.
operação (o.pe.ra.ção) *s.f.* **1.** Ato de operar. **2.** Intervenção cirúrgica; cirurgia. **3.** Manobra militar. **4.** Cálculo matemático.
operacional (o.pe.ra.ci.o.nal) *adj.2g.* **1.** Que diz respeito a operação. **2.** Que está em condições para funcionar.
operador (o.pe.ra.dor) [ô] *s.m. e adj.* **1.** (Aquele) que executa qualquer tipo de operação. *s.m.* **2.** Médico cirurgião.
operadora (o.pe.ra.do.ra) [ô] *s.f.* Empresa que explora determinada atividade de serviço: *as operadoras de telefonia são fiscalizadas pelo Estado.*
operante (o.pe.ran.te) *adj.2g.* Que opera ou produz.
operar (o.pe.rar) *v.t.d.* **1.** Executar; produzir; fazer realizar. *v.p.* **2.** Submeter-se a uma cirurgia.
operariado (o.pe.ra.ri.a.do) *s.m.* A classe operária.
operário (o.pe.rá.ri.o) *s.m.* **1.** Pessoa que faz um trabalho que exige habilidade manual ou força, em uma fábrica, oficina ou construção. **2.** Trabalhador, obreiro. *adj.* **3.** Relacionado a esses trabalhadores: *classe operária.*
operatório (o.pe.ra.tó.ri.o) *adj.* Relacionado a operação.
opereta (o.pe.re.ta) [ê] *s.f.* Gênero leve de teatro musicado, em que o tema é cômico ou sentimental e as estrofes cantadas se alternam com os diálogos falados.
operosidade (o.pe.ro.si.da.de) *s.f.* Qualidade do que é operoso.
operoso (o.pe.ro.so) [ô] *adj.* Trabalhoso; laborioso; difícil. ◘ Pl. *operosos* [ó].
opiáceo (o.pi.á.ce.o) *adj.* **1.** Relacionado ou semelhante a ópio. **2.** (Bot.) Diz-se de plantas como a papoula, da qual se extrai um narcótico chamado ópio.
opilação (o.pi.la.ção) *s.f.* Efeito de opilar; obstrução; amarelão.
opilar (o.pi.lar) *v.t.d.* **1.** Obstruir; causar opilação a. *v.p.* **2.** Inchar-se.
opimo (o.pi.mo) *adj.* Fértil; abundante.

opinante (o.pi.nan.te) *adj.2g.* Que opina.
opinar (o.pi.nar) *v.i.* **1.** Dar seu parecer; votar. *v.t.d* **2.** Ser de opinião; dizer, manifestando sua opinião
opinativo (o.pi.na.ti.vo) *adj.* Que contém opinião *texto opinativo.* Cf. *informativo.*
opinião (o.pi.ni.ão) *s.f.* **1.** Modo de pensar; conceito parecer. **2.** Capricho; teimosia.
opiniático (o.pi.ni.á.ti.co) *adj.* Orgulhoso; presunçoso; opinioso.
opinioso (o.pi.ni.o.so) [ô] *adj.* Teimoso; insistente em suas opiniões. ◘ Pl. *opiniosos* [ó].
ópio (ó.pi.o) *s.m.* **1.** Substância narcótica extraída das sementes de várias espécies de papoula. **2.** (Fig. Entorpecente, anestésico, calmante.
opíparo (o.pí.pa.ro) *adj.* Farto; pomposo.
oponente (o.po.nen.te) *s.2g.* Aquele que se opõe opositor; antagonista.
opor (o.por) [ô] *v.t.d.* **1.** Colocar em oposição **2.** Objetar; impugnar. *v.p.* **3.** Ser contrário manifestar-se em oposição. Obs.: conjuga-se como *pôr.*
oportunidade (o.por.tu.ni.da.de) *s.f.* Ocasião oportuna; ensejo.
oportunismo (o.por.tu.nis.mo) *s.m.* Prática ou hábito de explorar as oportunidades para benefícios apenas imediatos; adesismo, acomodação.
oportunista (o.por.tu.nis.ta) *adj.2g.* **1.** Referente ao oportunismo. *s.2g.* **2.** Pessoa que aproveita as oportunidades, que pratica o oportunismo.
oportuno (o.por.tu.no) *adj.* Que vem a tempo; apropriado; conveniente.
oposição (o.po.si.ção) *s.f.* **1.** Ato de opor(-se); objeção; antagonismo. **2.** (Pol.) Posição ocupada pelos partidos que não apoiam o governo (ou a situação)
oposicionismo (o.po.si.ci.o.nis.mo) *s.m.* Prática hábito, costume de opor-se a tudo.
oposicionista (o.po.si.ci.o.nis.ta) *adj.2g.* **1.** Relacionado ao que está na oposição a um governo ou autoridade: *grupos oposicionistas, tese oposicionista. s.2g.* **2.** Pessoa que pensa ou age dessa maneira.
opositor (o.po.si.tor) [ô] *s.m. e adj.* (Aquele) que se opõe; oposicionista.
oposto (o.pos.to) [ô] *adj.* **1.** Contrário; contraditório. *s.m.* **2.** O inverso; a coisa contrária. ◘ Pl. *opostos* [ó].
opressão (o.pres.são) *s.f.* Ato de oprimir; tirania sufocação.
opressivo (o.pres.si.vo) *adj.* Que oprime; sufocante
opresso (o.pres.so) *adj.* Oprimido.
opressor (o.pres.sor) [ô] *s.m. e adj.* (Aquele) que oprime; tirano.
oprimido (o.pri.mi.do) *adj.* **1.** Que sofre opressão oposto: *sentia o peito oprimido pelas angústias* **2.** Perseguido, humilhado: *o povo oprimido por carências e exclusões.*
oprimir (o.pri.mir) *v.t.d.* **1.** Causar pressão; apertar comprimir. **2.** Tiranizar; sufocar.

optante (op.**tan**.te) s.2g. e adj.2g. (O) que optou, que fez uma opção: *só empresas pequenas podem ser optantes da redução de impostos*.
opróbrio (o.**pró**.bri.o) s.m. Vergonha; desonra.
optar (op.**tar**) v.i. **1.** Escolher; decidir-se. v.t.i. **2.** Decidir-se por uma coisa.
optativo (op.ta.**ti**.vo) adj. Que indica opção; opcional.
óptica (**óp**.ti.ca) s.f. Parte da Física que trata da visão e da luz. Cf. *ótica*.
óptico (**óp**.ti.co) adj. **1.** Referente a vista, visão ou óptica. s.m. **2.** Aquele que é especializado em óptica. **3.** Fabricante de instrumentos ópticos. **4.** Oculista. Cf. *ótico*.
opulência (o.pu.**lên**.ci.a) s.f. Grande riqueza e abundância; fartura; luxo; esplendor.
opulento (o.pu.**len**.to) adj. Rico; farto; abundante.
opúsculo (o.**pús**.cu.lo) s.m. Pequena obra escrita; folheto.
ora (**o**.ra) conj. (alternativa) **1.** Ou. adv. **2.** Agora. interj. **3.** Exprime impaciência; menosprezo.
oração (o.ra.**ção**) s.f. **1.** Prece; súplica à divindade. **2.** (Gram.) Grupo de palavras com sentido completo, em geral com sujeito e predicado. **3.** Sermão; discurso.
oráculo (o.**rá**.cu.lo) s.m. **1.** Na Grécia antiga, divindade que respondia a consultas e dava orientação aos que a procuravam; orago. **2.** Local onde se davam essas consultas. **3.** Pessoa ou obra a que se dirigem perguntas e interpreta respostas; adivinho: *perguntou ao oráculo das cartas, do I Ching, dos astros*.
orador (o.ra.**dor**) [ô] s.m. Aquele que ora ou discursa; pregador.
orago (o.ra.go) s.m. **1.** Divindade ou santo a que se ora ou cultua. **2.** Construção simples para orações; capela, altar. **3.** Oráculo.
oral (o.**ral**) adj.2g. **1.** Referente à boca, que se usa na boca. **2.** Falado, vocal: *expressão oral*. Cf. *escrito*.
oralidade (o.ra.li.**da**.de) s.f. Qualidade do que é oral.
orangotango (o.ran.go.**tan**.go) s.m. (Zoo.) Grande macaco antropomorfo da Ásia.
orar (o.**rar**) v.i. **1.** Rezar; suplicar a Deus ou aos santos. **2.** Discursar.
oratória (o.ra.**tó**.ri.a) s.f. Arte de falar em público.
oratório (o.ra.**tó**.ri.o) s.m. **1.** Nicho ou armário com imagens religiosas. adj. **2.** Referente à oratória.
orbe (**or**.be) s.m. O globo; o mundo.
orbicular (or.bi.cu.**lar**) adj.2g. **1.** Que tem forma de orbe; esférico. **2.** (Anat.) Diz-se de músculo cuja ação fecha um orifício: *músculo orbicular do olho*. **3.** Diz-se de imagem que registra 360 graus: *imagens orbiculares*.
órbita (**ór**.bi.ta) s.f. **1.** (Astron.) Trajetória de um corpo celeste. **2.** (Anat.) Cavidade ocular.
orbital (or.bi.**tal**) adj.2g. Relacionado à órbita, que fica em órbita; orbitário: *estação orbital*.
orbitar (or.bi.**tar**) v.i. **1.** Girar, mover-se em uma órbita: *os asteroides orbitam na mesma direção*. **2.** Girar, mover-se em torno de: *dezenas de satélites orbitam a Terra*.
orbitário (or.bi.**tá**.ri.o) adj. **1.** Relacionado à órbita ocular. **2.** Orbital.
orçamentário (or.ça.men.**tá**.ri.o) adj. Referente a orçamento.
orçamento (or.ça.**men**.to) s.m. **1.** Ato de orçar. **2.** Planejamento dos gastos para um período ou para uma atividade: *a família tinha um orçamento mensal; orçamento para a festa*.
orçar (or.**çar**) v.t.d. Calcular, avaliar, estimar (custos); fazer um orçamento: *orçar uma obra*.
ordeiro (or.**dei**.ro) adj. Que preserva a ordem; conservador; organizado.
ordem (**or**.dem) s.f. **1.** Colocação, posição ou classificação seguindo um critério ou regra: *ordem alfabética, ordem de tamanho*. **2.** Regra ou lei estabelecida. **3.** Organização religiosa ou militar, com regras ou regulamentos próprios: *a Ordem de São Bento, as ordens de cavalaria*. **4.** (Bio.) Categoria da classificação que agrupa as famílias e participa de uma classe.
ordenação (or.de.na.**ção**) s.f. **1.** Ação de ordenar. **2.** Regulamento; lei. **3.** (Relig.) Colocação de ordens eclesiásticas.
ordenado (or.de.**na**.do) adj. **1.** Que segue uma ordem ou método, que se ordenou: *uma lista ordenada alfabeticamente*. **2.** Arrumado, organizado; sem bagunça. s.m. **3.** (Ant.) Valor que se ordena pagar a uma pessoa; pagamento; vencimento.
ordenador (or.de.na.**dor**) [ô] s.m. e adj. **1.** (Valor) usado para ordenar. s.m. **2.** Aquele que dá uma ordem, que autoriza. **3.** (Raro) Computador.
ordenança (or.de.**nan**.ça) s.2g. Soldado às ordens de um superior hierárquico.
ordenar (or.de.**nar**) v.t.d. **1.** Pôr em ordem; ordenar. **2.** (Relig.) Conferir o sacramento da ordem a. v.p. **3.** (Relig.) Receber o sacramento da ordem. v.t.d.i. **4.** Exigir que alguém faça alguma coisa.
ordenha (or.**de**.nha) s.f. Ação de ordenhar.
ordenhar (or.de.**nhar**) v.t.d. e v.i. Tirar leite de um animal; praticar a ordenha.
ordinal (or.di.**nal**) s.m. e adj.2g. (Gram.) (Numeral) que indica ordem ou posição em uma série, como "terceiro", "décimo", "centésimo".
ordinário (or.di.**ná**.ri.o) adj. **1.** Referente a ordem; habitual. **2.** De qualidade inferior; ruim. **3.** Vulgar; reles. s.m. **4.** O que é de hábito.
Ordoviciano (Or.do.vi.ci.**a**.no) s.m. (próprio) (Geo.) Período da história da Terra entre o Cambriano e o Siluriano, em que surgiram os vertebrados.
orégano (o.**ré**.ga.no) s.m. (Bot.) Erva usada na pizza e em outros pratos.
orelha (o.**re**.lha) [ê] s.f. **1.** (Anat.) Cada um dos dois órgãos da audição, situados nas laterais da cabeça; pavilhão auricular, ouvido. **2.** Parte exterior desse órgão. **3.** Prolongamento da capa de um livro.
orelha-de-padre (o.re.lha-de-**pa**.dre) [ê] s.f. (Bot.) Fava. ▪ Pl. *orelhas-de-padre*.

orelha-de-pau (o.re.lha-de-**pau**) [ê] s.f. (Bio.) Fungo ou cogumelo com corpo em forma de semicírculo ou orelha, que cresce em madeiras. ▣ Pl. *orelhas-de-pau*.
orelhão (o.re.**lhão**) s.m. Telefone público com cabine em forma de concha ou orelha.
orelhudo (o.re.**lhu**.do) adj. **1.** Que tem orelhas grandes. **2.** (Fig.) Sem inteligência ou bom pensamento, tolo.
orfanato (or.fa.**na**.to) s.m. Abrigo para órfãos.
orfandade (or.fan.**da**.de) s.f. **1.** Estado daquele que é órfão. **2.** (Fig.) Desamparo.
órfão (**ór**.fão) s.m. *e* adj. **1.** (Aquele) que perdeu, por morte, os pais ou um dos pais. **2.** (Fig.) (Pessoa) sem proteção, desamparada.
orfeão (or.fe.**ão**) s.m. Membro de uma sociedade dedicada ao canto.
orfeônico (or.fe.**ô**.ni.co) adj. Que diz respeito a orfeão.
organdi (or.gan.**di**) s.m. Pano leve e transparente.
orgânico (or.**gâ**.ni.co) adj. **1.** Que diz respeito a órgão, organismo ou a seres organizados. **2.** Profundo; arraigado. **3.** Em que se baseia uma instituição, base da organização: *lei orgânica*. **4.** Que não utiliza produtos químicos na agricultura. **5.** (Quím.) Diz-se do composto cuja molécula contém carbono.
organismo (or.ga.**nis**.mo) s.m. **1.** (Bio.) Ser vivo, em seu conjunto de órgãos e sistemas. **2.** Entidade que exerce funções de caráter social, político etc.
organista (or.ga.**nis**.ta) s.2g. Pessoa que toca órgão.
organização (or.ga.ni.za.**ção**) s.f. **1.** Ação de organizar. **2.** Estabelecimento ou firma. **3.** Associação ou instituição com objetivos definidos.
organizado (or.ga.ni.**za**.do) adj. **1.** Que se organizou; que pertence à organização. **2.** Que segue uma ordem; arrumado.
organizador (or.ga.ni.za.**dor**) [ô] s.m. *e* adj. (Aquele) que organiza ou serve para organizar.
organizar (or.ga.ni.**zar**) v.t.d. **1.** Formar; arranjar. **2.** Estabelecer as bases de. **3.** Constituir o organismo de. v.p. **4.** Constituir-se; tornar-se.
organograma (or.ga.no.**gra**.ma) s.m. Quadro de apresentação dos turnos de serviço e das atribuições de cada membro de uma organização.
organologia (or.ga.no.lo.**gi**.a) s.f. (Mús.) Ciência que descreve e analisa os instrumentos musicais.
órgão (**ór**.gão) s.m. **1.** Parte de um organismo, com suas atribuições específicas. **2.** Cada parte de um maquinismo. (Mús.) **3.** Grande instrumento musical de sopro, com tubos sonoros e um conjunto de teclas. **4.** Instrumento eletrônico de teclado.
orgasmo (or.**gas**.mo) s.m. Clímax de uma relação ou ato sexual.
orgástico (or.**gás**.ti.co) adj. Que diz respeito ao orgasmo.
orgia (or.**gi**.a) s.f. Festa licenciosa; bacanal; esbórnia.
orgulhar (or.gu.**lhar**) v.t.d. **1.** Causar orgulho; envaidecer. v.p. **2.** Sentir orgulho; ufanar-se.

orgulho (or.**gu**.lho) s.m. **1.** Amor-próprio, autoestima, altivez. **2.** Opinião exagerada sobre si mesmo; arrogância, soberba. **3.** Vaidade.
orgulhoso (or.gu.**lho**.so) [ô] adj. Que tem orgulho; altivo; vaidoso; soberbo. ▣ Pl. *orgulhosos* [ó].
orientação (o.ri.en.ta.**ção**) s.f. Ato de orientar; direção.
orientado (o.ri.en.**ta**.do) adj. **1.** Que se orienta por, voltado para: *uma casa orientada para o norte*. **2.** Que segue orientação; norteado: *orientado por princípios éticos e humanos*.
orientador (o.ri.en.ta.**dor**) [ô] adj. **1.** Que orienta, que dá orientação: *o princípio orientador de não fazer aos outros o que não se deseja para si*. s.m. **2.** Professor que orienta um aluno na elaboração de trabalho de pós-graduação.
oriental (o.ri.en.**tal**) adj.2g. **1.** Pertencente ao Oriente ou aos povos originários de lá, como chineses, japoneses, indianos, tibetanos etc.: *povos orientais*. **2.** Situado na porção leste: *a porção oriental do rio da Prata é hoje o Uruguai*. Cf. *cisplatino*. **3.** Da Igreja Ortodoxa. s.2g. **4.** Pessoa habitante ou natural do Oriente. **5.** Descendente de chineses, japoneses ou coreanos. Cf. *ocidental*.
orientalismo (o.ri.en.ta.**lis**.mo) s.m. Estudo ou conjunto de conhecimentos a respeito do povo oriental.
orientando (o.ri.en.**tan**.do) s.m. *e* adj. (Aluno) de pós-graduação em relação ao professor que o orienta: *o professor chamou seus orientandos para uma reunião*.
orientar (o.ri.en.**tar**) v.t.d. **1.** Encaminhar; dirigir; indicar o caminho. v.p. **2.** Situar-se.
oriente (o.ri.**en**.te) s.m. **1.** Lado do horizonte onde nasce o sol; leste, nascente, levante. *(próprio)* **2.** Parte do globo terrestre em que estão os continentes Ásia e Oceania, terra original de árabes, turcos, indianos, chineses, japoneses e outros. Cf. *ocidente*.
orifício (o.ri.**fi**.ci.o) s.m. Entrada ou abertura estreita.
origame (o.ri.**ga**.me) s.m. Dobradura. Obs.: do japonês *origami*.
origem (o.**ri**.gem) s.f. **1.** Princípio, surgimento: *origem da vida*. **2.** Procedência, proveniência: *da origem ao destino*. **3.** Naturalidade, pátria: *de origem brasileira*.
original (o.ri.gi.**nal**) adj.2g. **1.** Que diz respeito a origem; natural; primitivo. **2.** Inédito; extravagante. **3.** Inicial. s.m. **4.** Texto em que se baseia uma obra ou que ainda vai ser editado.
originalidade (o.ri.gi.na.li.**da**.de) s.f. Qualidade do que é original.
originar (o.ri.gi.**nar**) v.t.d. **1.** Dar origem ou início a. v.p. **2.** Ser proveniente; nascer; derivar-se.
originário (o.ri.gi.**ná**.ri.o) adj. Que teve origem em; oriundo, proveniente: *o milho é originário da América do Sul*.
Órion (**ó**.ri.on) s.m. *(próprio)* Constelação austral.
oriundo (o.ri.**un**.do) adj. Natural; originário.
orixá (o.ri.**xá**) s.m. Cada uma das divindades dos cultos afro-brasileiros e suas variações; santo, guia;

entre os orixás mais conhecidos estão Iemanjá, Xangô, Ogum e Oxóssi.
orixalá (o.ri.xa.**lá**) s.m. O maior dos orixás.
orizicultor (o.ri.zi.cul.**tor**) [ô] s.m. e adj. O mesmo que *rizicultor*.
orizicultura (o.ri.zi.cul.**tu**.ra) s.f. O mesmo que *rizicultura*.
orla (**or**.la) s.f. **1.** Margem; borda. **2.** Faixa; tira; debrum.
orlar (or.**lar**) v.t.d. **1.** Enfeitar a orla. **2.** Limitar.
ornado (or.**na**.do) adj. Dotado de ornamento; enfeitado, decorado.
ornamentação (or.na.men.ta.**ção**) s.f. Ato de decorar; decoração.
ornamental (or.na.men.**tal**) adj.2g. **1.** Relativo a ornamento. **2.** Que ornamenta ou efeita, que é feito ou criado para embelezar ou decorar o ambiente: *planta ornamental, peixe ornamental*.
ornamentar (or.na.men.**tar**) v.t.d. Decorar; enfeitar; adornar.
ornamento (or.na.**men**.to) s.m. Enfeite; adorno; ornato.
ornar (or.**nar**) v.t.d. **1.** Ornamentar; decorar; enfeitar. v.p. **2.** Enfeitar-se; embelezar-se.
ornato (or.**na**.to) s.m. Enfeite; adorno; ornamentação: *ornatos natalinos*.
ornear (or.ne.**ar**) v.i. Zurrar. O mesmo que *ornejar*.
ornejar (or.ne.**jar**) s.m. Emitir ornejos; zurrar. O mesmo que *ornear*.
ornejo (or.**ne**.jo) [ê] s.m. Som emitido pelo burro; zurro.
ornitologia (or.ni.to.lo.**gi**.a) s.f. Parte da zoologia que estuda as aves.
ornitológico (or.ni.to.**ló**.gi.co) adj. Relacionado à ornitologia ou às aves.
ornitólogo (or.ni.**tó**.lo.go) s.m. Pessoa que se dedica à ornitologia.
ornitorrinco (or.ni.tor.**rin**.co) s.m. (Zoo.) Mamífero natural da Austrália, aquático, ovíparo, dotado de bico semelhante ao do pato, cauda longa e dedos espalmados com garras.
orosfera (o.ros.**fe**.ra) s.f. A parte sólida da superfície terrestre; litosfera.
orquestra (or.**ques**.tra) s.f. Conjunto de músicos que executam uma peça musical.
orquestrador (or.ques.tra.**dor**) [ô] s.m. Músico que faz arranjos para orquestra. Cf. *arranjador*.
orquestral (or.ques.**tral**) adj.2g. Que diz respeito a orquestra.
orquestrar (or.ques.**trar**) v.t.d. **1.** Adaptar aos diversos instrumentos de uma orquestra. **2.** Reger. v.p. **3.** Harmonizar-se.
orquidácea (or.qui.**dá**.ce.a) s.f. (Bot.) Planta que pertence ao grupo das orquídeas.
orquidário (or.qui.**dá**.ri.o) s.m. Viveiro de orquídeas.
orquídea (or.**quí**.de.a) s.f. (Bot.) Planta de clima quente e úmido, de flores exuberantes, pelo colorido intenso e variado, com algumas espécies que crescem sobre as árvores.

orquite (or.**qui**.te) s.f. (Med.) Inflamação dos testículos.
órtese (**ór**.te.se) s.f. Uso de uma peça ou equipamento para melhorar o funcionamento de um órgão ou sentido: *os óculos são as órteses mais antigas que conhecemos*. Cf. *prótese*.
ortodontia (or.to.don.**ti**.a) s.f. (Med.) Parte da odontologia que cuida da prevenção e da correção dos defeitos de posição dos dentes.
ortodontista (or.to.don.**tis**.ta) s.2g. Especialista em ortodontia.
ortodoxia (or.to.do.**xi**.a) [cs] s.f. Qualidade de ortodoxo; conformidade, obediência às regras.
ortodoxo (or.to.**do**.xo) [cs] adj. **1.** (Relig.) Que segue a regras, que obedece à autoridade. **2.** Relacionado à Igreja Ortodoxa: grupo de igrejas cristãs lideradas pelo patriarca de Constantinopla, mas cuja autoridade máxima é o sínodo de patriarcas e arcebispos. s.m. **3.** Membro de uma dessas Igrejas; cristão ortodoxo, cristão oriental.
ortoépia (or.to.**é**.pi.a) s.f. **1.** Pronúncia correta das palavras; prosódia. **2.** Parte da Gramática que ensina a pronunciar corretamente as palavras. Usa-se também a forma *ortoepia*.
ortogonal (or.to.go.**nal**) adj.2g. Que forma ângulos retos.
ortografia (or.to.gra.**fi**.a) s.f. Parte da gramática que ensina a escrever de maneira correta as palavras.
ortográfico (or.to.**grá**.fi.co) adj. Que diz respeito a ortografia.
ortopedia (or.to.pe.**di**.a) s.f. Parte da medicina que se ocupa da prevenção e da correção das deformidades dos ossos.
ortopédico (or.to.**pé**.di.co) adj. Que diz respeito a ortopedia, usado em ortopedia. *Aparelho ortopédico*: aparelho para corrigir problema nos ossos, como os causados por paralisia ou acidente.
ortopedista (or.to.pe.**dis**.ta) s.2g. Médico especialista em ortopedia.
ortóptero (or.**tóp**.te.ro) s.m. e adj. (Zoo.) (Inseto) que tem asas retas, em ângulo com o corpo, e pernas posteriores longas, como barata, grilo e gafanhoto.
orvalhado (or.va.**lha**.do) adj. **1.** Molhado de orvalho. **2.** Coberto com gotas ou pingos.
orvalhar (or.va.**lhar**) v.i. **1.** Cair orvalho. v.t.d. **2.** Borrifar com gotículas de água; umedecer. v.p. **3.** Umedecer-se. Obs.: no sentido original, é impessoal, conjugado apenas na 3ª pes. sing.
orvalho (or.**va**.lho) s.m. Vapor atmosférico condensado que deposita gotículas sobre as superfícies durante a noite.
os art. (Gram.) **1.** Artigo definido masculino plural: *os meninos, os dias, os países*. pron. **2.** Forma oblíqua do pronome pessoal "eles": *abraçou-os*. **3.** Pronome demonstrativo; aqueles.
Os Símbolo do elemento químico ósmio.
oscilação (os.ci.la.**ção**) s.f. Ato ou efeito de oscilar; movimento de vaivém; balanço.
oscilante (os.ci.**lan**.te) adj.2g. Que oscila, que balança.

oscilar (os.ci.**lar**) v.i. **1.** Balançar-se; mover-se alternadamente para um lado e para o outro. **2.** Hesitar.
oscilatório (os.ci.la.**tó**.ri.o) adj. Relacionado a oscilação; que faz oscilação: *movimento oscilatório*.
oscitação (os.ci.ta.**ção**) s.f. Ato de oscitar.
oscitar (os.ci.**tar**) v.i. Bocejar.
osculação (os.cu.la.**ção**) s.f. Ato de oscular.
oscular (os.cu.**lar**) v.t.d. Dar ósculo em; beijar.
ósculo (**ós**.cu.lo) s.m. **1.** (Raro) Beijo: *era uma pessoa formal e, em vez de beijos e abraços, mandava ósculos e amplexos*. **2.** (Zoo.) Abertura no corpo da esponja por onde sai a água.
osfresia (os.fre.**si**.a) s.f. Grande sensibilidade de olfato; faculdade de sentir facilmente os cheiros; macrosmia.
ósmio (**ós**.mi.o) s.m. (Quím.) Elemento químico, metal branco-azulado e brilhante, de símbolo Os, de número atômico 76 e peso atômico 190,2.
osmose (os.**mo**.se) s.f. (Quím.) Fenômeno pelo qual dois líquidos de concentração diferente rompem a membrana que os separa, misturando-se.
osmótico (os.**mó**.ti.co) adj. **1.** Que diz respeito à osmose. **2.** Que ocorre por osmose.
ossada (os.**sa**.da) s.f. Os ossos de um cadáver; esqueleto.
ossário (os.**sá**.ri.o) s.m. Lugar ou depósito onde se guardam ossos.
ossatura (os.sa.**tu**.ra) s.f. Esqueleto; ossada.
ósseo (**ós**.se.o) adj. **1.** Relacionado a osso. **2.** Que possui ossos; formado por ossos: *esqueleto ósseo*. Cf. *cartilaginoso*.
ossículo (os.**sí**.cu.lo) s.m. **1.** Diminutivo de *osso*. **2.** (Anat.) Cada um dos três ossos pequenos que formam o ouvido médio: *bigorna, martelo e estribo*.
ossificação (os.si.fi.ca.**ção**) s.f. (Bio.) Processo de formação do osso.
ossificar (os.si.fi.**car**) v.t.d. **1.** Endurecer como osso. v.p. **2.** Converter-se em osso.
osso (**os**.so) [ô] s.m. Qualquer fragmento do esqueleto animal. ▣ Pl. *ossos* [ó]. Cf. *ossos*.
ossobuco [italiano: "ossobuco"] s.m. (Culin.) Guisado de carne bovina da perna, ou músculo, fatiada com osso, típico da cozinha italiana.
ossos (os.sos) [ó] s.m.pl. **1.** Restos mortais. **2.** (Fig.) Obstáculos; dificuldades: *ossos do ofício*. Cf. *osso*.
ossuário (os.su.**á**.ri.o) s.m. **1.** Depósito de ossos. **2.** Sepultura comum.
ossudo (os.**su**.do) adj. Que tem ossos aparentes, salientes: *um queixo ossudo*.
ostensivo (os.ten.**si**.vo) adj. Que se exibe ou ostenta; exibicionista.
ostensório (os.ten.**só**.ri.o) s.m. **1.** (Relig.) Peça onde se expõe a hóstia consagrada. adj. **2.** Ostensivo.
ostentação (os.ten.ta.**ção**) s.f. Ato de ostentar; exibição; pompa.
ostentar (os.ten.**tar**) v.t.d. **1.** Exibir; mostrar com orgulho. v.i. **2.** Fazer ostentação. v.p. **3.** Mostrar-se com ostentação.
ostentativo (os.ten.ta.**ti**.vo) adj. Que faz ostentação.

ostentoso (os.ten.**to**.so) [ô] adj. Que se faz com ostentação; soberbo. ▣ Pl. *ostentosos* [ó].
osteomielite (os.te.o.mi.e.**li**.te) s.f. (Med.) Inflamação da medula óssea.
osteoporose (os.te.o.po.ro.se) s.f. (Med.) Doença óssea caracterizada pela diminuição da quantidade de massa óssea e pelo comprometimento da estrutura do esqueleto, levando a fraturas.
ostra (os.tra) [ô] s.f. **1.** (Zoo.) Molusco acéfalo, hermafrodita e comestível, protegido por uma concha bivalve, que também oculta as pérolas. **2.** (Fig.) Pessoa introvertida.
ostracismo (os.tra.**cis**.mo) s.m. **1.** (Hist.) Na Grécia antiga, banimento por crimes políticos. **2.** (P. ext.) Exclusão; isolamento.
ostreicultura (os.trei.cul.**tu**.ra) s.f. Cultura de ostras.
otalgia (o.tal.**gi**.a) s.f. (Med.) Dor de ouvido.
otarídeo (o.ta.**rí**.de.o) s.m. (Zoo.) Mamífero que forma um grupo em que estão a foca e o leão-marinho.
otário (o.**tá**.ri.o) s.m. Indivíduo simplório, que se deixa enganar com facilidade.
ótica (**ó**.ti.ca) s.f. **1.** Estudo da audição e do ouvido. **2.** Loja que vende óculos e equipamentos ópticos. Cf. *óptica*.
ótico (**ó**.ti.co) adj. Relativo à audição e ao ouvido. Cf. *óptico*.
otimismo (o.ti.**mis**.mo) s.m. Tendência para esperar sempre bons acontecimentos, interpretar tudo da melhor maneira.
otimista (o.ti.**mis**.ta) adj.2g. **1.** Que acredita sempre no melhor possível; que não é pessimista: *em uma hipótese otimista, haveria sol durante as férias inteiras*. s.2g. **2.** Pessoa que age assim.
otimização (o.ti.mi.za.**ção**) s.f. Aproveitamento máximo do potencial de capacidade de alguém ou de algo.
otimizar (o.ti.mi.**zar**) v.t.d. Aproveitar da melhor forma possível o potencial de capacidade de alguém ou de algo.
ótimo (**ó**.ti.mo) adj. Muito bom; excelente. Obs.: é o grau superlativo absoluto sintético de bom.
otite (o.**ti**.te) s.f. (Med.) Inflamação do ouvido.
otologia (o.to.lo.**gi**.a) s.f. Parte da medicina que trata do ouvido e de suas afecções.
otomana (o.to.**ma**.na) s.f. Tipo de sofá sem encosto.
otomano (o.to.**ma**.no) adj. **1.** (Hist.) Pertencente ao Império Otomano, 1281-1923, que compreendia a Anatólia, o Médio Oriente e parte do norte de África e do sudeste europeu, e que posteriormente tornou-se a Turquia; turco. s.m. **2.** Indivíduo natural ou habitante desse império.
otorrino (o.tor.**ri**.no) s.m. e s.f. (Pop.) Redução de *otorrinolaringologista* ou de *otorrinolaringologia*.
otorrinolaringologia (o.tor.ri.no.la.rin.go.lo.**gi**.a) s.f. Parte da medicina que trata das afecções do ouvido, do nariz e da garganta. Diz-se também apenas otorrino.

otorrinolaringologista (o.tor.ri.no.la.rin.go.lo.**gis**.ta) s.2g. Médico especializado em otorrinolaringologia. Diz-se também apenas *otorrino*.

ou conj. (*alternativa*) De outro modo; por outra forma.

ourela (ou.**re**.la) s.f. Orla do tecido; debrum.

ouriçado (ou.ri.**ça**.do) adj. **1.** Que se ouriçou. **2.** (Gír.) Animado, excitado.

ouriçar (ou.ri.**çar**) v.t.d. **1.** Deixar semelhante ao ouriço; eriçar; tornar áspero. v.p. **2.** Encrespar-se. **3.** (Gír.) Animar-se, excitar-se: *ouriçaram-se com a ideia da festa*.

ouriço (ou.**ri**.ço) s.m. **1.** (Zoo.) Mamífero que tem o corpo coberto de espinhos e se alimenta de insetos; ouriço-cacheiro. **2.** (Zoo.) Ouriço-do-mar. **3.** Invólucro áspero da castanha.

ouriço-cacheiro (ou.ri.ço-ca.**chei**.ro) s.m. (Zoo.) Ouriço. ▫ Pl. *ouriços-cacheiros*.

ouriço-do-mar (ou.ri.ço-do-**mar**) s.m. (Zoo.) Animal marinho com o corpo coberto de espinhos que vive nas rochas. ▫ Pl. *ouriços-do-mar*.

ourives (ou.**ri**.ves) s.m.2n. Fabricante e vendedor de artefatos de ouro; joalheiro. ▫ Pl. *ourives*.

ourivesaria (ou.ri.ve.sa.**ri**.a) s.f. **1.** A arte do ourives. **2.** Sua oficina; joalheria.

ouro (**ou**.ro) s.m. **1.** (Quím.) Metal precioso, de símbolo Au, de número atômico 79 e peso atômico 196,97. **2.** Moeda ou objeto feito com esse metal. **3.** Primeiro lugar em competição esportiva. Cf. *ouros*.

ouropel (ou.ro.**pel**) s.m. **1.** Imitação de ouro, com latão, zinco ou cobre amarelo; falso ouro. **2.** (Fig.) Falsa aparência.

ouros (**ou**.ros) s.m.pl. Um dos quatro naipes do baralho, representado por um losango vermelho na vertical. Cf. *ouro*.

ousadia (ou.sa.**di**.a) s.f. Atrevimento, audácia; temeridade; coragem.

ousado (ou.**sa**.do) adj. Corajoso; audaz; atrevido.

ousar (ou.**sar**) v.t.d. e v.t.i. Atrever-se; ter coragem para; ter a ousadia de: *o gato ousou enfrentar o cão*; *ela ousou no decote*.

outdoor [inglês: "autidôr"] s.m. Propaganda ou publicidade fixada em grandes painéis ao ar livre.

outeiro (ou.**tei**.ro) s.m. Colina; pequeno monte.

outonal (ou.to.**nal**) adj.2g. Que diz respeito ao outono.

outono (ou.**to**.no) s.m. **1.** Estação do ano entre o verão e o inverno (de 21 de março a 21 de junho, no hemisfério Sul). **2.** (Fig.) Decadência; início da velhice.

outorga (ou.**tor**.ga) s.f. Ato de outorgar; consentimento; concessão.

outorgar (ou.tor.**gar**) v.t.d. **1.** Consentir em; aprovar; conceder. v.t.i. **2.** Consentir; concordar.

output [inglês: "autpúti"] s.m. Saída de dados ou informações de um sistema. Cf. *input*.

outrem (ou.trem) pron. indef. Outra pessoa.

outro (**ou**.tro) pron. ind. **1.** Diverso do primeiro. **2.** Mais um. **3.** Outrem. adj. **4.** Diferente. **5.** Seguinte; próximo.

outrora (ou.**tro**.ra) adv. Em outro tempo; antigamente.

outrossim (ou.tros.**sim**) adv. Igualmente, também; bem assim, dessa forma.

outubro (ou.**tu**.bro) s.m. Décimo mês do ano, com 31 dias.

ouvido (ou.**vi**.do) s.m. **1.** (*Anat.*) Conjunto de órgãos da audição. **2.** Sentido com o qual se ouvem os ruídos. **3.** Orelha. **4.** (Fig.) Facilidade de fixar músicas na memória.

ouvidor (ou.vi.**dor**) [ô] s.m. **1.** Juiz de Direito, no período colonial. **2.** Ouvinte; o que ouve.

ouvinte (ou.**vin**.te) s.2g. **1.** O que ouve. **2.** Assistente de uma conferência, discurso, recital de música etc. **3.** Estudante autorizado a assistir às aulas, sem estar matriculado em determinado curso.

ouvir (ou.**vir**) v.t.d. e v.i. **1.** Escutar; perceber um som; ter boa audição. v.t.d. **2.** Tomar um depoimento. Obs.: pres. do ind.: *ouço, ouves, ouve, ouvimos, ouvis, ouvem*; pret. imp.: *ouvia, ouvias, ouvia* etc. pres. do subj.: *ouça, ouças, ouça, ouçamos, ouçais, ouçam*. imperat. afirm.: *ouve, ouça, ouçamos, ouvi, ouçam*. imperat. neg.: *não ouças, não ouça, não ouçamos* etc.

ova (**o**.va) s.f. (Zoo.) Ovário dos peixes.

ovação (o.va.**ção**) s.f. Aclamação pública; aplauso.

ovacionar (o.va.ci.o.**nar**) v.t.d. Aplaudir; aclamar.

oval (o.**val**) adj.2g. **1.** De contorno semelhante ao do ovo; ovoide. s.f. **2.** (Geom.) Curva plana e fechada, com contorno semelhante a um ovo.

ovalar (o.va.**lar**) v.t.d. **1.** Tornar oval. adj. **2.** Oval, ovoide.

ovante (o.**van**.te) adj.2g. (Raro) Que recebe ovação; triunfante: *o herói brilhava ovante ao receber a medalha*.

ovariano (o.va.ri.**a**.no) adj. Que diz respeito ao ovário.

ovário (o.**vá**.ri.o) s.m. **1.** (Anat.) Cada um dos dois órgãos sexuais femininos responsáveis pela formação dos óvulos. **2.** (Zoo.) Órgão onde são formados os ovos ou óvulos nas fêmeas ovíparas. **3.** (Bot.) Parte da flor onde onde se encerram os óvulos.

ovelha (o.**ve**.lha) [ê] s.f. **1.** A fêmea do carneiro. **2.** (Fig.) O fiel de uma religião, membro de um rebanho que é guiado por um pastor espiritual.

ovelhum [latim: "ovêlhum"] s.2g. e adj.2g. Ovino.

overdose [inglês: "overdose"] s.f. Quantidade além da dose recomendada; dose excessiva, excesso.

oviário (o.vi.**á**.ri.o) s.m. Curral de ovelhas; ovil.

ovil (o.**vil**) s.m. Curral de ovelhas; oviário.

ovino (o.**vi**.no) adj. **1.** Relacionado a ou constituído por ovelhas e carneiros: *gado ovino*. s.m. **2.** Qualquer um desses animais. Obs.: do latim *ovelhum*.

ovinocultura (o.vi.no.cul.**tu**.ra) s.f. Criação de carneiros e ovelhas.

oviparidade (o.vi.pa.ri.**da**.de) s.f. Qualidade de ovíparo.

ovíparo (o.**ví**.pa.ro) s.m. e adj. (Zoo.) (Animal) que põe ovos. Cf. *ovovivíparo* e *vivíparo*.

OVNI Sigla de *objeto voador não identificado*. Nave de origem não identificada, que algumas pessoas acreditam pertencer a seres extraterrestres.
ovo (o.vo) [ô] s.m. **1.** Óvulo fertilizado e dotado de elementos nutrientes do embrião. **2.** (Bio.) Gameta feminino dos animais ovíparos muito utilizado na alimentação humana. Ovo de Páscoa: chocolate em forma de ovo, tradicional nos festejos da Páscoa. ▣ Pl. *ovos* [ó].
ovoide (o.voi.de) [ói] adj. **1.** Semelhante a ovo. **2.** Oval.
ovovivíparo (o.vo.vi.ví.pa.ro) adj. e s.m. (Zoo.) (Animal) que se reproduz por meio de ovos incubados e eclodidos dentro do corpo da mãe (geralmente invertebrados, alguns peixes e répteis). Cf. *ovíparo* e *vivíparo*.
ovulação (ovu.la.ção) s.f. (Bio.) Liberação de um óvulo do ovário; ação de ovular.
ovular (o.vu.lar) v.i. **1.** (Bio.) Liberar um óvulo. adj. **2.** Semelhante a um ovo. **3.** Que diz respeito a óvulo.
óvulo (ó.vu.lo) s.m. **1.** Diminutivo irregular de *ovo*. **2.** (Bio.) Célula sexual feminina. **3.** (Bot.) Corpúsculo de forma ovoide que irá transformar-se em semente.
oxalá (o.xa.lá) interj. Exprime desejo de que algo se realize: *oxalá o time ganhe o jogo! tomara!*.
oxidação (o.xi.da.ção) [cs] s.f. **1.** (Quím.) Reação química em que uma substância se combina com oxigênio. **2.** Ação de oxidar.
oxidante (o.xi.dan.te) [cs] adj.2g. Que tem a propriedade de oxidar.
oxidar (o.xi.dar) [cs] v.t.d. **1.** (Quím.) Converter em óxido; enferrujar. v.p. **2.** Enferrujar-se.
oxidável (o.xi.dá.vel) [cs] adj.2g. (Quím.) Que pode oxidar-se.
óxido (ó.xi.do) [cs] s.m. (Quím.) Combinação de oxigênio com outros elementos, como o metal e o metaloide.
oxigenação (o.xi.ge.na.ção) [cs] s.f. (Quím.) Ato ou efeito de oxigenar.
oxigenado (o.xi.ge.na.do) [cs] adj. **1.** (Quím.) Que contém oxigênio. **2.** Que sofreu a ação de água oxigenada.

oxigenar (o.xi.ge.nar) [cs] v.t.d. **1.** (Quím.) Ministrar oxigênio. **2.** Tratar (uma substância) pelo oxigênio. **3.** Oxidar. **4.** Clarear (o cabelo). v.p. **5.** Oxidar-se; misturar-se ao oxigênio.
oxigênio (o.xi.gê.ni.o) [cs] s.m. **1.** (Quím.) Elemento gasoso, de símbolo O, número atômico 8 e peso atômico 16, indispensável a quase todas as formas de vida. **2.** (Fig.) Ar, vida, energia, renovação.
oxítono (o.xí.to.no) [cs] s.m. e adj. (Gram.) (Vocábulo) que tem a última sílaba pronunciada com mais força ou acentuada, como *amanhã*, *café*, *caqui*, *vovô* ou *urubu*.
oxiúro (o.xi.ú.ro) [cs] s.m. (Zoo.) Tipo de verme que parasita o intestino grosso do homem.
oxiurose (o.xi.u.ro.se) [cs] s.f. (Med.) Infecção no aparelho digestivo causada pelos oxiúros.
Oxóssi (o.xós.si) s.m. (próprio) Orixá dos caçadores.
Oxum (o.xum) s.m. (próprio) Orixá das águas.
ozônio (o.zô.ni.o) s.m. (Quím.) Gás azulado, de cheiro penetrante, corrosivo, considerado uma forma alotrópica do oxigênio e que forma uma camada protetora da Terra contra as radiações ultravioleta do Sol.
ozonização (o.zo.ni.za.ção) s.f. (Quím.) Ação de ozonizar.
ozonizado (o.zo.ni.za.do) adj. (Quím.) Que foi combinado ou tratado com ozônio.
ozonizador (o.zo.ni.za.dor) [ô] s.m. (Quím.) Aparelho que produz ozônio.
ozonizar (o.zo.ni.zar) v.t.d. (Quím.) Combinar ou tratar com ozônio.
ozonômetro (o.zo.nô.me.tro) s.m. (Quím.) Aparelho que mede a quantidade de ozônio existente em outro gás.
ozonoscópico (o.zo.nos.có.pi.co) adj. (Quím.) Que evidencia a presença do ozônio.
ozonosfera (o.zo.nos.fe.ra) s.f. (Ecol., Geo.) Camada da atmosfera da Terra cuja concentração de ozônio é abundante; é responsável pela absorção de grande parte da radiação ultravioleta; camada de ozônio.

Pp

p, P s.m. Décima sexta letra do alfabeto, consoante, de nome "pê".
P Símbolo do elemento químico fósforo.
pá s.f. **1.** Instrumento agrícola achatado e com rebordos laterais, também utilizado em construção. **2.** Extremidade mais larga do remo.
PA sigla do Pará, estado brasileiro.
Pa Símbolo do elemento químico protactínio.
paca (pa.ca) s.f. (Zoo.) Roedor grande, típico da América do Sul, de pelo castanho-escuro malhado de branco, que vive em rios nas florestas e cujo macho se chama pacuçu.
pacatez (pa.ca.tez) [ê] s.f. Qualidade de pacato; paz, calma, tranquilidade.
pacato (pa.ca.to) adj. **1.** Cheio de paz; pacífico, calmo, sossegado. s.m. **2.** Pessoa com essa natureza.
pacau (pa.cau) s.m. **1.** (Pop.) Maconha. **2.** Certo jogo de cartas.
pachola (pa.cho.la) adj.2g. Vaidoso, gabola, orgulhoso.
pachorra (pa.chor.ra) [ô] s.f. Lentidão; vagar; fleuma; apatia.
pachorrento (pa.chor.ren.to) adj. Lento; vagaroso; molenga; apático.
paciência (pa.ci.ên.ci.a) s.f. **1.** Qualidade daquele que é paciente. **2.** Jogo de baralho para um só jogador, com numerosas variações. interj. **3.** Exprime resignação ou desistência.
paciente (pa.ci.en.te) adj.2g. **1.** Que tem paciência; resignado, conformado. **2.** Que recebe uma ação; passivo. s.2g. **3.** Pessoa que recebe um tratamento de saúde: *o médico atendeu seus pacientes*.
pacificação (pa.ci.fi.ca.ção) s.f. Ato de pacificar ou de restabelecer a paz.
pacificado (pa.ci.fi.ca.do) adj. Que teve a paz restabelecida; serenado; apaziguado.
pacificador (pa.ci.fi.ca.dor) [ô] s.m. e adj. (Aquele) que pacifica.
pacificar (pa.ci.fi.car) v.t.d. **1.** Restituir a paz; apaziguar; serenar. v.p. **2.** Voltar à paz; tranquilizar-se.
pacificidade (pa.ci.fi.ci.da.de) s.f. Qualidade de pacífico; serenidade; tranquilidade.
pacífico (pa.cí.fi.co) adj. **1.** Amante da paz; tranquilo; sossegado: *eram pessoas pacíficas e ordeiras*. s.m. (próprio) **2.** Oceano situado entre as Américas, a Ásia e a Oceania: *um cruzeiro pelo oceano Pacífico*.
pacifismo (pa.ci.fis.mo) s.m. Doutrina que prega a paz e o desarmamento das nações.
pacifista (pa.ci.fis.ta) s.2g. Praticante, adepto do pacifismo.

paco (pa.co) s.m. (Gír.) Pacote de pedaços de jornal, simulando dinheiro, tendo por cima notas de verdade, usado para aplicar o conto do vigário.
paço (pa.ço) s.m. **1.** Palácio. **2.** (P. ext.) A corte e os cortesãos.
pacoba (pa.co.ba) s.f. (Bot.) Fruto da pacobeira; banana.
pacobal (pa.co.bal) s.m. Plantação de pacobeiras (ou bananeiras).
pacobeira (pa.co.bei.ra) s.f. (Bot.) Bananeira.
paçoca (pa.ço.ca) [ó] s.f. (Culin.) **1.** Prato de origem indígena feito com carne-seca ou assada, socada com farinha de mandioca e em geral servida com banana. **2.** Doce feito com amendoim moído e farinha de mandioca, comum no Sul e no Sudeste.
pacote (pa.co.te) [ó] s.m. **1.** Embrulho; fardo. **2.** Medidas políticas tomadas de uma só vez, visando a sanar alguma crise.
pactar (pac.tar) v.t.d. Fazer pacto com; pactuar.
pactário (pac.tá.ri.o) s.m. e adj. (Aquele) que pactua; pactuário; pactuante.
pacto (pac.to) s.m. Contrato; ajuste; convenção.
pactuante (pac.tu.an.te) s.2g. e adj.2g. (Aquele) que pactua; pactuário.
pactuar (pac.tu.ar) v.t.d. **1.** Fazer pacto com; convencionar; ajustar. v.t.i. **2.** Compactuar.
pactuário (pac.tu.á.ri.o) s.m. e adj. **1.** Pactuante. adj. **2.** Pertencente a pacto.
pacu (pa.cu) s.m. (Zoo.) Certo peixe de água doce.
pacuçu (pa.cu.çu) s.m. (Zoo.) Macho da paca.
padaria (pa.da.ri.a) s.f. Local onde se fabricam e vendem pães, doces e salgados finos.
padecedor (pa.de.ce.dor) [ô] s.m. e adj. (Aquele) que padece; sofredor; padecente.
padecente (pa.de.cen.te) s.2g. e adj.2g. (Aquele) que sofre; padecedor; sofredor.
padecer (pa.de.cer) v.t.i. **1.** Ser acometido de; sofrer de. v.i. **2.** Sentir dores ou sofrimentos morais.
padecimento (pa.de.ci.men.to) s.m. Ato de padecer; sofrimento físico ou moral.
padeiro (pa.dei.ro) s.m. Fabricante, vendedor ou entregador de pães.
padiola (pa.di.o.la) [ó] s.f. **1.** Tipo de maca para transporte de doentes ou feridos. **2.** Tipo de tabuleiro, com quatro braços, em que se transporta material de construção.
padioleiro (pa.di.o.lei.ro) s.m. Aquele que ajuda a carregar a padiola.

padrão (pa.**drão**) s.m. **1.** Modelo oficial de pesos e medidas legais. **2.** Molde; modelo. **3.** Desenho usado em estamparia. **4.** Categoria; classe.
padrasto (pa.**dras**.to) s.m. Homem em relação aos filhos de outro matrimônio de sua mulher.
padre (pa.dre) s.m. (Relig.) Sacerdote católico; pessoa que recebeu ordenação de sacerdote da Igreja Católica.
padreação (pa.dre.a.**ção**) s.f. Ato de padrear.
padrear (pa.dre.**ar**) v.i. Reproduzir-se; cruzar (usado para animais).
padreco (pa.**dre**.co) [é] s.m. (Pej.) Padre sem importância, sem mérito.
padre-nosso (pa.dre-**nos**.so) s.m. (Relig.) O mesmo que pai-nosso. ▫ Pl. *padre-nossos, padres-nossos.*
padrinho (pa.**dri**.nho) s.m. **1.** Testemunha em um casamento, batismo ou formatura. **2.** (Fig.) Protetor.
padroeiro (pa.dro.**ei**.ro) s.m. e adj. (Aquele) que é considerado protetor ou defensor de uma paróquia ou comunidade; padrinho: *a festa do (santo) padroeiro é sempre alegre.*
padrófobo (pa.**dró**.fo.bo) s.m. Aquele que tem horror a padres.
padronização (pa.dro.ni.za.**ção**) s.f. **1.** Ato de padronizar. **2.** Realização em série, partindo de um padrão. **3.** Ação de reduzir as diferenças, de igualar.
padronizado (pa.dro.ni.**za**.do) adj. **1.** Reduzido a um só tipo. **2.** Realizado em série.
padronizar (pa.dro.ni.**zar**) v.t.d. **1.** Servir de padrão. **2.** Fixar um padrão.
paetê (pa.e.**tê**) s.m. Tipo de lantejoula colorida, usada para bordar vestidos ou acessórios femininos.
paga (pa.ga) s.f. Ato de pagar; pagamento; remuneração; retribuição.
pagador (pa.ga.**dor**) [ô] s.m. e adj. (Aquele) que efetua pagamentos.
pagadoria (pa.ga.do.**ri**.a) s.f. Repartição onde são feitos pagamentos.
pagamento (pa.ga.**men**.to) s.m. **1.** Ato de pagar. **2.** Quitação. **3.** Prestação.
paganismo (pa.ga.**nis**.mo) s.m. Culto de muitos deuses; politeísmo; idolatria.
paganizar (pa.ga.ni.**zar**) v.t.d. e v.p. Tornar(-se) pagão; retirar o caráter católico ou cristão de.
pagante (pa.**gan**.te) s.2g. e adj.2g. (Aquele) que paga: *a plateia era formada por mais convidados que pagantes.*
pagão (pa.**gão**) s.m. e adj. **1.** (Aquele) que não foi batizado, que não é cristão. adj. **2.** Que não diz respeito à religião cristã: *são pagãos tanto os crentes de outras religiões quanto os ateus.*
pagar (pa.**gar**) v.t.d. **1.** Quitar, saldar: *paguei a conta, pagou a entrada.* v.t.d.i. **2.** Reembolsar (alguém) do que lhe é devido: *pagamos ao professor cem reais pelas aulas.* Obs.: verbo abundante com dois particípios, *pagado* e *pago,* sendo que *pago* era usado tradicionalmente apenas com os auxiliares "ser" e "estar", porém hoje é aceito também com "ter" e "haver": *a conta estava paga; ele havia pagado / pago a dívida.*

pagará (pa.ga.**rá**) s.m. (Folc.) Dança popular do Rio Grande do Sul e de São Paulo, que faz parte do fandango.
pagável (pagá.vel) adj.2g. Que se pode pagar: *a dívida seria pagável em cinco parcelas.*
página (**pá**.gi.na) s.f. **1.** Cada uma das duas faces de uma folha de papel. **2.** (P. ext.) Trecho ou passagem de uma obra literária. **3.** (Inf.) Na internet, grupo de textos, imagens etc. mostrados ao mesmo tempo em um endereço.
paginação (pa.gi.na.**ção**) s.f. **1.** Ato de paginar. **2.** Ordem das páginas de um volume. **3.** Disposição dos artigos e seções de um jornal.
paginador (pa.gi.na.**dor**) [ô] s.m. Aquele que é encarregado de paginar um jornal ou livro; diagramador.
paginar (pa.gi.**nar**) v.t.d. **1.** Dispor em ordem as páginas de um livro. **2.** Dispor os artigos e as seções de um jornal. **3.** Diagramar.
pago (pa.go) adj. **1.** Dado para pagamento; quitado. **2.** (Fig.) Vingado. s.m. **3.** Terra natal.
pagode (pa.**go**.de) [ó] s.m. **1.** Templo no Extremo Oriente, com beira do telhado curva. **2.** Divertimento; farra. **3.** Roda de samba; reunião em que se cantam e dançam ritmos populares. **4.** Gênero musical popular próximo do samba, desenvolvido no fim do século XX.
pagodear (pa.go.de.**ar**) v.i. Farrear; viver na boemia.
pagodeiro (pa.go.**dei**.ro) s.m. Frequentador ou compositor de pagodes.
pai s.m. **1.** Homem em relação ao seu filho ou filha; genitor. **2.** (Fig.) Benfeitor; protetor. **3.** Criador ou autor. Cf. *pais.*
pai de santo (pai de **san**.to) s.m. (Relig.) Sacerdote do candomblé, umbanda e outras religiões afro-brasileiras; babalorixá, babalaô, pai de terreiro.
pai de terreiro (pai de ter.**rei**.ro) s.m. Pai de santo.
pai de todos (pai de **to**.dos) [ô] s.m. O dedo médio.
pai dos burros (pai dos **bur**.ros) s.m. (Fam.) Dicionário: *quem não sabia uma palavra perguntava ao pai e este, quando não sabia, procurava no pai dos burros.*
paina (**pai**.na) [ãi] s.f. (Bot.) Fibra semelhante ao algodão que envolve as sementes de algumas plantas.
painço (pa.**in**.ço) [a-i] s.m. (Bot.) Planta gramínea cujos grãos servem de alimentação para os pássaros; quirera.
paineira (pai.**nei**.ra) s.f. (Bot.) Árvore em cujos frutos se encontra a paina.
painel (pai.**nel**) s.m. **1.** Quadro; pintura. **2.** (Const.) Relevo em forma de moldura. **3.** Quadro em que são instalados mostradores ou instrumentos de controle.
pai-nosso (pai-**nos**.so) s.m. (Relig.) Oração ensinada por Jesus Cristo aos seus discípulos, que começa com essas palavras. O mesmo que *padre-nosso.* ▫ Pl. *pais-nossos.*
paio (**pai**.o) s.m. Carne de porco embutida na tripa do próprio animal e defumada.

paiol (pai.ol) s.m. **1.** Depósito de cereais ou outros produtos da lavoura. **2.** Depósito de petrechos de guerra.

pairar (pai.rar) v.i. **1.** Flutuar; voar lentamente. v.t.i. **2.** (Fig.) Ameaçar; estar para acontecer.

país (pa.ís) s.m. **1.** Terra, pátria; nação. **2.** O conjunto de seus habitantes.

pais s.m.pl. **1.** O pai e a mãe. **2.** Os antepassados. Cf. *pai*.

paisagem (pai.sa.gem) s.f. **1.** O que se capta de um território em um lance de vista. **2.** Quadro que retrata uma paisagem.

paisagismo (pai.sa.gis.mo) s.m. **1.** Representação de paisagens por pintura ou desenho. **2.** Planejamento de jardins e parques ornamentais.

paisagista (pai.sa.gis.ta) s.2g. **1.** Aquele que pinta ou desenha paisagens. **2.** Aquele que planeja e executa jardins e parques ornamentais.

paisagístico (pai.sa.gís.ti.co) adj. Que diz respeito a paisagem.

paisana (pai.sa.na) adj.2g. À paisana: com trajes normais, em trajes civis.

paisano (pai.sa.no) s.m. e adj. (Aquele) que não é militar; civil.

paixão (pai.xão) s.f. **1.** Amor excessivo e incontrolável. **2.** Sentimento forte que pode ir do amor ao ódio. **3.** (Fig.) Entusiasmo.

paixonite (pai.xo.ni.te) s.f. Paixão não muito forte; namorico; namoro passageiro.

pajé (pa.jé) s.m. Chefe espiritual, curandeiro e feiticeiro dos indígenas.

pajear (pa.je.ar) v.t.d. Tomar conta de; cuidar; acompanhar. Obs.: pres. do ind.: *pajeio, pajeias, pajeia, pajeamos, pajeais, pajeiam*; pres. do subj.: *pajeie, pajeies, pajeie, pajeemos, pajeeis, pajeiem*.

pajelança (pa.je.lan.ça) s.f. Arte de curar exercida pelo pajé.

pajem (pa.jem) s.m. **1.** Jovem que acompanhava reis e nobres. s.f. **2.** Babá; ama-seca.

pala (pa.la) s.f. **1.** Anteparo que, nos bonés, protege os olhos da claridade. **2.** Engaste de pedra preciosa. **3.** Parte superior de uma blusa ou saia, que é ajustada ao corpo. **4.** Cartão recoberto de tecido, com que os sacerdotes cobrem o cálice, durante as celebrações.

palacete (pa.la.ce.te) [ê] s.m. Residência luxuosa que se assemelha a um pequeno palácio.

palaciano (pa.la.ci.a.no) adj. **1.** Que diz respeito a palácio. s.m. **2.** Cortesão.

palácio (pa.lá.ci.o) s.m. **1.** Habitação de reis ou nobres; paço, corte. **2.** Sede de governo. **2.** Casa luxuosa.

paladar (pa.la.dar) s.m. **1.** Um dos cinco sentidos; gosto; sabor. **2.** O céu da boca ou palato.

paladino (pa.la.di.no) s.m. Defensor de grandes causas; homem corajoso e guerreiro.

paládio (pa.lá.di.o) s.m. Elemento químico, metal, de símbolo Pd, peso atômico 106,7 e número atômico 46.

palafita (pa.la.fi.ta) s.f. **1.** Cada uma das estacas que sustentam as casas lacustres. **2.** (P. ext.) Nome que se dá a esse tipo de casa.

palanque (pa.lan.que) s.m. Arquibancada de madeira instalada nas ruas, por ocasião de desfiles e comemorações populares.

palanquim (pa.lan.quim) s.m. Tipo de liteira usado para o transporte de pessoas.

palatal (pa.la.tal) adj.2g. Que se refere ao palato.

palatinado (pa.la.ti.na.do) s.m. **1.** Região dominada por um palatino. **2.** Dignidade de palatino.

palatino (pa.la.ti.no) s.m. **1.** Príncipe (ou senhor) que administrava a justiça. adj. **2.** Relativo ao palácio ou paço real. **3.** Relativo ao palato; palatal.

palatização (pa.la.ti.za.ção) s.f. Ato ou efeito de palatizar.

palatizar (pa.la.ti.zar) v.t.d. Tornar (um som) palatal, como de *folia* para *folha*.

palato (pa.la.to) s.m. O céu da boca; a cavidade bucal.

palauano (pa.lau.a.no) adj. **1.** De Palau, país da Oceania. s.m. **2.** Pessoa natural ou habitante desse lugar.

palavra (pa.la.vra) s.f. **1.** Som que se articula de uma ou mais vezes e que contém um significado; vocábulo, termo. **2.** Discurso; fala. **3.** Permissão para falar. **4.** (Fig.) Promessa. **Palavras cruzadas**: jogo em que se deve adivinhar palavras a partir de enigmas e escrevê-las cruzando as letras em quadrinhos nos sentidos horizontal e vertical.

palavração (pa.la.vra.ção) s.f. Método de alfabetização a partir de palavras.

palavrão (pa.la.vrão) s.m. **1.** Palavra de pronúncia complicada. **2.** Palavra grosseira e obscena.

palavreado (pa.la.vre.a.do) s.m. Conjunto de palavras sem nexo ou importância; lábia.

palavrear (pa.la.vre.ar) v.i. Falar muito e levianamente; tagarelar.

palavrório (pa.la.vró.ri.o) s.m. Monte de palavras; palavreado, tagarelice.

palavroso (pa.la.vro.so) [ô] adj. Composto de muitas palavras sem nexo; loquaz. ▫ Pl. *palavrosos* [ó].

palco (pal.co) s.m. **1.** Parte mais elevada do teatro, onde os atores representam. **2.** (Fig.) Local onde se desenrolou algum acontecimento; cenário.

paleantropologia (pa.le.an.tro.po.lo.gi.a) s.f. Antropologia do homem primitivo.

Paleoceno (Pa.le.o.ce.no) s.m. (próprio) (Geo.) Época da história da Terra posterior ao Cretáceo e anterior ao Eoceno. Cf. *Paleogeno*.

Paleogeno (Pa.le.o.ge.no) s.m. (próprio) (Geo.) Período da história da Terra anterior ao atual, em que os mamíferos se diversificaram e surgiram os símios antropomorfos, dividido nas épocas Paleoceno, Eoceno e Oligoceno. Cf. *Paleoceno*.

paleografia (pa.le.o.gra.fi.a) s.f. Arte de decifrar escritas antigas.

paleolítico (pa.le.o.lí.ti.co) s.m. (próprio) **1.** (Hist.) Primeiro período da Idade da Pedra, em que os hominídeos eram nômades e faziam instrumentos de ossos e pedras; Idade da Pedra Lascada: *no*

Paleolítico, os homens se abrigavam em cavernas. adj. (comum) **2.** Relativo a esse período: *culturas paleolíticas.*

paleologia (pa.le.o.lo.**gi**.a) s.f. Estudo das línguas antigas.

paleontologia (pa.le.on.to.lo.**gi**.a) s.f. Parte da biologia que estuda animais e vegetais fossilizados.

paleontólogo (pa.le.on.**tó**.lo.go) s.m. Aquele que se dedica à paleontologia.

Paleozoico (Pa.le.o.**zoi**.co) [ói] s.m. (próprio) (Geo.) Era da história da Terra da qual se encontraram os primeiros fósseis, e que compreendeu os períodos Cambriano, Ordoviciano, Siluriano, Devoniano, Carbonífero e Permiano.

paleozoologia (pa.le.o.zo.o.lo.**gi**.a) s.f. Tratado sobre os animais fossilizados.

palerma (pa.**ler**.ma) [é] s.2g. e adj.2g. (Pessoa) idiota, imbecil, tola, paspalhona.

palermice (pa.ler.**mi**.ce) s.f. Atitude ou dito de palerma.

palestino (pa.les.**ti**.no) adj. **1.** Da Palestina, região no Oriente Médio hoje dividida entre Israel, um Estado soberano, a Faixa de Gaza e a Cisjordânia, territórios em disputa. s.m. **2.** Indivíduo que nasceu ou vive nesse lugar. **3.** Indivíduo de origem árabe e religião muçulmana, nascido nesse lugar.

palestra (pa.**les**.tra) s.f. Conversa ou discussão sobre referido tema.

palestrador (pa.les.tra.**dor**) [ô] s.m. e adj. (Aquele) que faz uma palestra; palestrante.

palestrante (pa.les.**tran**.te) s.2g. Pessoa que faz uma palestra.

palestrar (pa.les.**trar**) v.i. **1.** Fazer palestra; discorrer sobre determinado tema. **2.** Conversar.

paleta (pa.**le**.ta) [ê] s.f. **1.** Placa de madeira, com um orifício para passar o polegar, onde os pintores misturam as tintas com que vão trabalhar. **2.** Corte de carne bovina ou suína que fica na parte dianteira.

paletó (pa.le.**tó**) s.m. Casaco que os homens vestem sobre a camisa.

palha (pa.lha) s.f. **1.** Haste seca das gramíneas, depois de retirados os grãos. **2.** Junco seco, com que se tece o assento das cadeiras.

palhaçada (pa.lha.**ça**.da) s.f. **1.** Atitude ou dito de palhaço. **2.** (P. ext.) Atitude ridícula ou cena engraçada, típica de palhaço.

palhaço (pa.**lha**.ço) s.m. **1.** Artista típico de circo, que faz brincadeiras para divertir o público. **2.** (P. ext.) Aquele que diz ou faz coisas engraçadas. **3.** (Fig.) Pessoa ridícula ou tola.

palheiro (pa.**lhei**.ro) s.m. Local onde se acumula a palha.

palheta (pa.**lhe**.ta) [ê] s.f. **1.** (Mús.) Lâmina com que se tocam as cordas de alguns instrumentos; plectro. **2.** Tipo de chapéu de palha. **3.** Cada uma das lâminas que formam a veneziana. **4.** Peça que limpa o para-brisa dos carros.

palhinha (pa.**lhi**.nha) s.f. **1.** Palha usada para tecer cadeiras ou cestos. **2.** Chapéu de palha; palheta.

palhoça (pa.**lho**.ça) [ó] s.f. **1.** Casa coberta de palha. **2.** (P. ext.) Casa simples e rústica; casebre.

paliar (pa.li.**ar**) v.t.d. **1.** Disfarçar; dissimular; atenuar. v.i. **2.** Usar pretextos ou paliativos.

paliativo (pa.li.a.**ti**.vo) adj. **1.** Que serve para paliar ou atenuar. s.m. **2.** Medicamento que apenas atenua a dor, sem, contudo, curar.

paliçada (pa.li.**ça**.da) s.f. Tapume feito sobre estacas, onde, inclusive, são realizados torneios e lutas.

palicure (pa.li.**cu**.re) s.2g. **1.** Indivíduo dos palicures, povo indígena que vive hoje no Amapá. adj.2g. **2.** Relacionado a esse povo.

palidez (pa.li.**dez**) [ê] s.f. Estado de quem está pálido; palor.

pálido (**pá**.li.do) adj. Descorado; esmaecido; sem cor.

palimpsesto (pa.limp.**ses**.to) [ê] s.m. Pergaminho ou outro suporte antigo da escrita manual que foi escrito, apagado e reutilizado.

pálio (**pá**.li.o) s.m. Armação recoberta de tecido e sustentada por varas, levada nas procissões para proteger o padre e a custódia, com a hóstia consagrada, por ele conduzida.

palitar (pa.li.**tar**) v.t.d. Limpar (os dentes) com palito.

paliteiro (pa.li.**tei**.ro) s.m. Utensílio de plástico, madeira, metal etc., onde se guardam os palitos.

palito (pa.**li**.to) s.m. **1.** Pedacinho de madeira, com as pontas afiadas, usado para limpar os dentes. **2.** (Fig.) Pessoa muito magra. **Palito de fósforo:** palito de madeira com uma das extremidades coberta com um composto químico, que se inflama ao atrito com a caixa, utilizado para atear fogo.

palma (**pal**.ma) s.f. **1.** (Bot.) A folha da palmeira. **2.** A parte côncava da mão. Cf. *palmas.*

palmácea (pal.**má**.ce.a) s.f. (Bot.) Árvore monocotiledônea de regiões tropicais, com tronco sem ramificações e de cujo topo saem grandes folhas, que forma uma família a que pertencem as palmeiras e coqueiros.

palmada (pal.**ma**.da) s.f. Pancada que se dá com a palma da mão.

palmar (pal.**mar**) adj.2g. Pertencente à palma da mão.

palmas (**pal**.mas) s.f.pl. **1.** Gesto de bater a palma de uma mão na outra, produzindo som característico: *ouviu palmas e foi ver o que era.* **2.** Esse gesto, feito repetidas vezes, para expressar aprovação; aplausos: *as palmas da plateia.* Cf. *palma.*

palmatória (pal.ma.**tó**.ri.a) s.f. Instrumento de madeira antigamente usado nas escolas para castigar as crianças, batendo na palma da mão; férula.

palmear (pal.me.**ar**) v.i. **1.** Aplaudir. v.t.d. **2.** Percorrer palmo a palmo.

palmeira (pal.**mei**.ra) s.f. (Bot.) Árvore de tronco cilíndrico e reto, sem ramos, típica de regiões quentes, cujo fruto é o coco e de que há várias espécies.

palmeiral (pal.mei.**ral**) s.m. Plantação de palmeiras.

palmense (pal.**men**.se) adj.2g. **1.** Do município de Palmas, capital do estado de Tocantins. s.2g. **2.** Pessoa natural ou habitante desse lugar.

palmilha (pal.**mi**.lha) s.f. Revestimento interno da sola dos sapatos.
palmilhar (pal.mi.**lhar**) v.t.d. **1.** Colocar palmilhas em. **2.** Percorrer a pé.
palmípede (pal.**mí**.pe.de) adj.2g. (Zoo.) Que tem os dedos dos pés unidos por membranas.
palmital (pal.mi.**tal**) s.m. Bosque de palmeiras produtoras de palmito.
palmito (pal.**mi**.to) s.m. (Bot.) Parte do caule de algumas palmeiras; polpa branca que se come cozida quando a planta atinge alguns anos de vida.
palmo (**pal**.mo) s.m. Medida equivalente à distância que vai da extremidade do dedo polegar até a ponta do dedo mínimo, estando a mão bem estendida.
palmtop [inglês: "palmitópi"] s.m. (Inf.) Microcomputador que cabe na palma da mão.
palor (pa.**lor**) [ô] s.m. Palidez.
palpação (pal.pa.**ção**) s.f. Ato de palpar.
palpar (pal.**par**) v.t.d. e v.p. Tocar(-se) com a mão; apalpar(-se).
palpável (pal.**pá**.vel) adj.2g. **1.** Que pode ser apalpado. **2.** (Fig.) Evidente, óbvio.
pálpebra (**pál**.pe.bra) s.f. (Anat.) Cada uma das duas membranas, providas de pestanas, que, ao se fecharem, protegem o globo ocular.
palpebrite (pal.pe.**bri**.te) s.f. (Med.) Inflamação das pálpebras.
palpitação (pal.pi.ta.**ção**) s.f. **1.** Ato de palpitar; pulsação; batimento. **2.** (Med.) Conjunto de pulsações do coração mais aceleradas que as normais.
palpitante (pal.pi.**tan**.te) adj.2g. **1.** Que palpita; que tem vida. **2.** (Fig.) Que desperta muito interesse.
palpitar (pal.pi.**tar**) v.i. **1.** Ter palpitações; pulsar. **2.** Dar palpites.
palpite (pal.**pi**.te) s.m. **1.** Pressentimento; intuição. **2.** (Gír.) Intromissão.
palpiteiro (pal.pi.**tei**.ro) s.m. e adj. (Aquele) Que gosta de dar palpites; intrometido.
palpo (**pal**.po) s.m. (Zoo.) Apêndice articulado do maxilar ou lábio dos insetos e aracnídeos.
palrador (pal.ra.**dor**) [ô] s.m. e adj. (Aquele) Que gosta de palrar; tagarela; falador.
palrar (pal.**rar**) v.i. Falar muito (coisas sem sentido); tagarelar. O mesmo que *palrear*.
palrear (pal.re.**ar**) v.i. O mesmo que *palrar*.
palude (pa.**lu**.de) s.m. Pântano; lagoa; paul.
paludismo (pa.lu.**dis**.mo) s.m. Malária; impaludismo.
paludoso (pa.lu.**do**.so) [ô] adj. Em que há pântanos ou pauis; pantanoso. ◘ Pl. *paludosos* [ó].
palustre (pa.**lus**.tre) adj.2g. Que diz respeito a pântano; paludoso; pantanoso.
pamonha (pa.**mo**.nha) s.f. **1.** (Culin.) Iguaria doce ou salgada feita com creme de milho verde embrulhado e cozido na palha do milho: *a festa junina tinha pamonha e paçoca*. s.2g. **2.** (Fig.) Pessoa sem iniciativa e preguiçosa; lerdo.
pampa (**pam**.pa) adj.2g. **1.** Diz-se do cavalo com manchas de cor diferente do pelo. s.m. **2.** Planície extensa e rica em pastagens, como no Rio Grande do Sul.
pâmpano (**pâm**.pa.no) s.m. Ramo tenro de videira; parra; sarmento.
pampeiro (pam.**pei**.ro) s.m. Vento forte que sopra dos pampas argentinos.
pampo (**pam**.po) s.m. (Zoo.) Peixe teleósteo do Atlântico ocidental, de carne apreciada.
panaca (pa.**na**.ca) s.2g. e adj.2g. (Pessoa) simplória, trouxa, tonta.
panaceia (pa.na.**cei**.a) [éi] s.f. **1.** Planta imaginária a que se atribuía a cura de todos os males. **2.** (P. ext.) Remédio milagroso, indicado para todos os males.
panamá (pa.na.**má**) s.m. Chapéu de abas flexíveis, tecido com a fibra de um arbusto. O mesmo que *chapéu-panamá*.
panamenho (pa.na.**me**.nho) adj. **1.** Do Panamá, país da América Central; panamense. s.m. **2.** Pessoa natural ou habitante desse lugar.
panamense (pa.na.**men**.se) s.2g. e adj.2g. Panamenho.
pan-americanismo (pan-a.me.ri.ca.**nis**.mo) s.m. Sentimento de solidariedade entre todos os países das Américas. ◘ Pl. *pan-americanismos*.
pan-americano (pan-a.me.ri.**ca**.no) adj. Relativo a todos os países das Américas. ◘ Pl. *pan-americanos*.
panará (pa.na.**rá**) s.2g. **1.** Indivíduo dos panarás, povo indígena que vive hoje no Mato Grosso e no Pará. adj.2g. **2.** Relacionado a esse povo. s.m. **3.** Idioma falado por esse povo. O mesmo que *crenacarore*.
pan-arabismo (pan-a.ra.**bis**.mo) s.m. (Pol.) Proposta de reunir os povos árabes em uma mesma unidade ou entidade. ◘ Pl. *pan-arabismos*.
panarício (pa.na.**rí**.ci.o) s.m. (Med.) Inflamação aguda e purulenta do tecido conjuntivo da falangeta, perto da unha; panariz.
panariz (pa.na.**riz**) s.m. (Med.) Panarício.
panca (**pan**.ca) s.f. **1.** Alavanca de madeira. **2.** (Fig.) Afetação.
pança (**pan**.ça) s.f. **1.** O maior dos quatro estômagos dos ruminantes. **2.** Barriga grande, volumosa; pandulho, bandulho.
pancada (pan.**ca**.da) s.f. **1.** Golpe dado com algum objeto. **2.** Colisão; choque. **3.** Chuva forte e inesperada. adj.2g. (Fig.) **4.** Desequilibrado; louco; amalucado.
pancadaria (pan.ca.da.**ri**.a) s.f. Desordem com muitas pancadas; briga generalizada.
pancararé (pan.ca.ra.**ré**) s.2g. **1.** Indivíduo dos pancararés, povo indígena que vive hoje na Bahia. adj.2g. **2.** Relacionado a esse povo.
pancararu (pan.ca.ra.**ru**) s.2g. **1.** Indivíduo dos pancararus, povo indígena que vive hoje em São Paulo, em Minas Gerais, na Bahia e em Pernambuco. adj.2g. **2.** Relacionado a esse povo.
pâncreas (**pân**.cre.as) s.m.2n. (Anat.) Glândula de secreção externa (de função digestiva) e interna, que produz a insulina, cuja insuficiência causa o diabetes. ◘ Pl. *pâncreas*.

pancreatalgia (pan.cre.a.tal.**gi**.a) s.f. (Med.) Dor no pâncreas.
pancreatectomia (pan.cre.a.tec.to.**mi**.a) s.f. (Med.) Extirpação cirúrgica do pâncreas.
pancreático (pan.cre.**á**.ti.co) adj. Relativo ao pâncreas.
pancreatina (pan.cre.a.**ti**.na) s.f. Extrato do pâncreas, que contém fermentos digestivos do próprio órgão.
pancreatite (pan.cre.a.**ti**.te) s.f. (Med.) Inflamação do pâncreas.
pançudo (pan.**çu**.do) adj. (Pop.) Que tem a pança grande; barrigudo.
panda (**pan**.da) s.m. (Zoo.) Grande mamífero malhado de branco e preto, que só come bambus e vive em florestas da Rússia e da China.
pandarecos (pan.da.**re**.cos) s.m.pl. Cacos; frangalhos; pedaços.
pândega (**pân**.de.ga) s.f. Farra; folia; patuscada.
pândego (**pân**.de.go) s.m. e adj. (Indivíduo) farrista, brincalhão e que gosta de pândegas.
pandeiro (pan.**dei**.ro) s.m. (Mús.) Instrumento de percussão feito com um aro revestido de couro e rodeado de lâminas metálicas, que se toca com a mão, no samba, no chorinho e em vários outros ritmos brasileiros.
pandemia (pan.de.**mi**.a) s.f. Epidemia que se alastra por toda uma região.
pandêmico (pan.**dê**.mi.co) adj. Que tem caráter de pandemia.
pandemônio (pan.de.**mô**.ni.o) s.m. Reunião de desordeiros; tumulto; balbúrdia.
pando (**pan**.do) adj. (Raro) Estufado, cheio.
pandorga (pan.**dor**.ga) s.f. Papagaio de papel.
pandulho (pan.**du**.lho) s.m. (Pop.) Pança, barriga. O mesmo que *bandulho*.
pane (**pa**.ne) s.f. Parada de um motor de avião ou carro, devido a algum defeito.
panegírico (pa.ne.**gí**.ri.co) adj. **1**. Feito para louvar; laudatório. s.m. **2**. Discurso em louvor de alguém; encômio. **3**. (P. ext.) Elogio.
panela (pa.**ne**.la) s.f. **1**. Recipiente de metal, barro ou vidro, em que se cozem os alimentos. **2**. O conteúdo desse recipiente.
panelada (pa.ne.**la**.da) s.f. **1**. Panela cheia (de alimento). **2**. Grande quantidade de panelas.
panelinha (pa.ne.**li**.nha) s.f. **1**. Pequena panela. **2**. (Fig.) Grupo fechado de pessoas, em torno de um interesse comum.
panetone (pa.ne.**to**.ne) s.m. Bolo natalino, de origem italiana, feito de farinha de trigo, ovos, passas e frutas cristalizadas.
panfletar (pan.fle.**tar**) v.i. Fazer ou distribuir panfletos. Obs.: pres. do ind.: *panfleto, panfletas, panfleta* etc.; pres. do subj.: *panflete, panfletes, panflete* etc.
panfletário (pan.fle.**tá**.ri.o) adj. **1**. Que diz respeito a panfleto. **2**. Que usa linguagem de panfleto, ousada e violenta. s.m. **3**. Aquele que escreve panfletos.
panfletista (pan.fle.**tis**.ta) s.2g. Autor de panfleto.

panfleto (pan.**fle**.to) [ê] s.m. Impresso veemente e ousado, geralmente com críticas de cunho político.
pangaré (pan.ga.**ré**) adj. **1**. Diz-se de cavalo de pelos ruivos e focinho avermelhado. s.m. e adj. **2**. (Cavalo) ruim.
Pangeia (pan.**gei**.a) [éi] s.f. (próprio) (Geo.) Segundo pesquisadores, provável continente primitivo que teria dado origem aos continentes atuais depois do movimento de fissuração da Terra.
pânico (**pâ**.ni.co) s.m. Terror súbito, às vezes infundado; pavor repentino e incontrolável.
panificação (pa.ni.fi.ca.**ção**) s.f. Fabricação de pães; panifício.
panificadora (pa.ni.fi.ca.**do**.ra) [ô] s.f. Estabelecimento onde se fazem e vendem pães; padaria, panifício.
panifício (pa.ni.**fí**.ci.o) s.m. **1**. Panificadora. **2**. Panificação.
pano (**pa**.no) s.m. **1**. Tecido de algodão, linho, lã etc.; fazenda. **2**. Mancha clara ou escura na pele.
panorama (pa.no.**ra**.ma) s.m. **1**. Cenário; vista; paisagem. **1**. Visão geral, quadro.
panorâmico (pa.no.**râ**.mi.co) adj. Relativo a panorama.
panqueca (pan.**que**.ca) [é] s.f. (Culin.) Massa fina feita com farinha de trigo, ovos e leite, frita em rodelas servidas enroladas com recheio de carne, queijo, doces etc.; crepe.
pantagruélico (pan.ta.gru.**é**.li.co) adj. Que se refere ou assemelha a Pantagruel, personagem comilão do autor francês Rabelais.
pantalona (pan.ta.**lo**.na) s.f. Calça comprida, cujas pernas largas e longas ultrapassam os pés.
pantanal (pan.ta.**nal**) s.m. Pântano de grande extensão.
pantaneiro (pan.ta.**nei**.ro) adj. Relacionado ou pertencente a pantanal.
pântano (**pân**.ta.no) s.m. Extensão de terra alagadiça; brejo; paul; charco.
pantanoso (pan.ta.**no**.so) [ô] adj. Relativo a pântano; alagadiço; paludoso. ▪ Pl. *pantanosos* [ó].
panteão (pan.te.**ão**) s.m. Local solene onde se depositam os restos mortais de grandes vultos da humanidade.
panteísmo (pan.te.**ís**.mo) s.m. Sistema filosófico ou religioso no qual Deus é definido como o conjunto de tudo o que existe.
panteísta (pan.te.**ís**.ta) adj.2g. **1**. Relativo ao panteísmo. s.2g. **2**. Aquele que é adepto do panteísmo.
pantera (pan.**te**.ra) [é] s.f. (epiceno) **1**. (Zoo.) Felídeo selvagem do sudeste da Ásia, semelhante à onça-pintada. **2**. (Gír.) Mulher sensual e atraente.
pantofobia (pan.to.fo.**bi**.a) s.f. Medo de tudo; fobia generalizada.
pantófobo (pan.**tó**.fo.bo) s.m. Aquele que sofre de pantofobia.
pantógrafo (pan.**tó**.gra.fo) s.m. Instrumento que serve para copiar mecanicamente desenhos e gravuras.

pantomima (pan.to.**mi**.ma) s.f. **1.** Arte de se expressar por meio de gestos; mímica. **2.** (Fig.) Encenação.
pantufa (pan.**tu**.fa) s.f. Chinelo fechado, acolchoado e quente, que se usa dentro de casa.
panturrilha (pan.tur.**ri**.lha) s.f. (*Anat.*) Parte de trás da perna, oposta à canela; barriga da perna.
pão s.m. **1.** (Culin.) Alimento feito com farinha de trigo, água e sal e que se leva a assar no forno. **2.** (Relig.) A hóstia consagrada. **3.** (Fig.) Alimento diário; sustento. **4.** (Gír.Ant.) Homem muito bonito.
pão de ló (pão de **ló**) s.m. (Culin.) Bolo de massa leve e fofa, feito com ovos, farinha de trigo e açúcar em porções iguais.
pão de mel (pão de **mel**) s.m. (Culin.) Bolo doce de massa consistente, feito com mel e especiarias, assado, em geral coberto com chocolate.
pão de queijo (pão de **quei**.jo) s.m. (Culin.) Pão típico de Minas Gerais, com massa de polvilho de mandioca e queijo.
pão-duro (pão-**du**.ro) s.m. (*sobrecomum*) (Pop.) **1.** Indivíduo muito avarento. adj.2g. **2.** Sovina; avaro; avarento; muquirana; mão de vaca; unha de fome. ▪ Pl. *pães-duros*.
papa (**pa**.pa) s.m. **1.** Chefe supremo da Igreja Católica Apostólica Romana, bispo e patriarca de Roma, chefe do Estado do Vaticano; sumo pontífice. **2.** Chefe supremo da Igreja Ortodoxa; patriarca. **3.** (Fig.) Pessoa que, por seus conhecimentos e desempenho, é considerada uma autoridade em sua área. **4.** Mingau doce feito com leite e amido de milho.
papa-arroz (pa.pa-ar.**roz**) s.2g. e adj.2g. Apelido dos naturais do estado do Maranhão. ▪ Pl. *papa-arrozes*.
papa-banana (pa.pa-ba.**na**.na) s.m. (Zoo.) Trinca-ferro. ▪ Pl. *papa-bananas*.
papa-capim (pa.pa-ca.**pim**) s.m. (Zoo.) Ave de canto muito apreciado, que vive nos capinzais, encontrada desde a Bahia até o Rio Grande do Sul; coleira. ▪ Pl. *papa-capins*.
papada (pa.**pa**.da) s.f. Acúmulo de matéria adiposa abaixo do queixo.
papado (pa.**pa**.do) s.m. **1.** Dignidade de papa. **2.** Tempo em que um papa permanece no cargo. **3.** Território sob a jurisdição do papa.
papa-figo (pa.pa-**fi**.go) s.m. (Folc.) Pessoa que mataria crianças para comer-lhes o fígado e assim curar-se da lepra. ▪ Pl. *papa-figos*.
papagaiada (pa.pa.gai.**a**.da) s.f. Farsa; brincadeira; atitude engraçada.
papagaiar (pa.pa.gai.**ar**) v.i. Falar como papagaio; tagarelar.
papagaio (pa.pa.**gai**.o) s.m. (*epiceno*) **1.** (Zoo.) Ave trepadora que imita a voz do homem; louro. s.m. (*sobrecomum*) **2.** Pessoa que repete, até mesmo sem entender, tudo o que ouve; tagarela: *ela é um papagaio*. s.m. **3.** Armação de varetas revestida de papel, presa a um cordão, que as crianças empinam ao vento; arraia, maranhão, pandorga, pipa, quadrado. **4.** (Pop.) Letra de câmbio ou promissória. interj. **5.** Exprime espanto.

papaguear (pa.pa.gue.**ar**) v.i. Tagarelar; repetir o que ouve, sem pensar. Obs.: pres. do ind.: *papagueio, papagueias, papagueia, papagueamos, papagueais, papagueiam*; pres. do subj.: *papagueie, papagueies, papagueie, papagueemos, papagueeis, papagueiem*.
papai (pa.**pai**) s.m. Tratamento carinhoso dado ao pai.
papaia (pa.**pai**.a) s.m. (Bot.) Tipo de mamão pequeno e bem doce, de regiões quentes.
papal (pa.**pal**) adj.2g. Que diz respeito ao papa.
papão (pa.**pão**) s.m. (Folc.) Ser imaginário com que se amedrontam as criancinhas. O mesmo que *bicho-papão*.
papa-peixe (pa.pa-**pei**.xe) adj.2g. Cuiabano. ▪ Pl. *papa-peixes*.
papar (pa.**par**) v.t.d. e v.i. **1.** (Fam.) Comer, devorar: *papou todo o jantar*. **2.** (Gír.) Conseguir obter; faturar, ganhar.
paparicar (pa.pa.ri.**car**) v.t.d. Tratar com paparicos; bajular; mimar.
paparicos (pa.pa.**ri**.cos) s.m.pl. Mimos e afagos excessivos.
papa-terra (pa.pa-**ter**.ra) s.m. (Zoo.) Jurupari. ▪ Pl. *papa-terras*.
papável (pa.**pá**.vel) adj.2g. **1.** Que se pode papar (ou comer). **2.** Relativo ao cardeal que pode vir a ser eleito papa.
papa-vento (pa.pa-**ven**.to) s.m. (Folc.) Cata-vento. ▪ Pl. *papa-ventos*.
papear (pa.pe.**ar**) v.i. Falar muito; papaguear; tagarelar. Obs.: conjuga-se como *papaguear*.
papeira (pa.**pei**.ra) s.f. **1.** Papo; bócio. **2.** Caxumba.
papéis (pa.**péis**) s.m.pl. Documentos; papelada. Cf. *papel*.
papel (pa.**pel**) s.m. **1.** Produto que se obtém industrialmente das fibras de celulose, sob a forma de folhas finas, usadas para escrever, embrulhar etc. **2.** Função; cargo. **3.** Parte que cabe a um ator, na interpretação de uma peça, filme etc. Cf. *papéis*.
papelada (pa.pe.**la**.da) s.f. **1.** Conjunto de papéis em desordem. **2.** Conjunto de documentos; papéis.
papel-alumínio (pa.pel-a.lu.**mí**.ni.o) s.m. Tipo de papel revestido de fina camada de alumínio, muito usado na execução de receitas culinárias. ▪ Pl. *papéis-alumínio, papéis-alumínios*.
papelão (pa.pe.**lão**) s.m. **1.** Papel mais encorpado que o comum. **2.** (Fig.) Fiasco; vergonha.
papelaria (pa.pe.la.**ri**.a) s.f. Estabelecimento onde se vende material escolar e de escritório.
papel-carbono (pa.pel-car.**bo**.no) [ô] s.m. Tipo de papel com tinta em um dos lados, usado para tirar cópia do que se escreve; carbono. ▪ Pl. *papéis-carbono, papéis-carbonos*.
papeleta (pa.pe.**le**.ta) [ê] s.f. **1.** Tira de papel. **2.** Papel impresso, com algum tipo de aviso, que se afixa em local visível por todos. **3.** Impresso em que se anotam as prescrições médicas e estado dos doentes nos hospitais.
papel-moeda (pa.pel-mo.**e**.da) s.m. Papel emitido pelo governo, para servir de dinheiro. ▪ Pl. *papéis-moeda*.

papelotes (pa.pe.**lo**.tes) [ó] s.m.pl. Pedacinhos de papel em que se enrola o cabelo, para deixá-lo ondulado.

papelucho (pa.pe.**lu**.cho) s.m. Pedaço de papel sem importância.

papila (pa.**pi**.la) s.f. Saliência formada na superfície da pele ou das membranas mucosas, como a língua, onde ficam as papilas gustativas.

papilar (pa.pi.**lar**) adj.2g. Referente a papila.

papiro (pa.**pi**.ro) s.m. (Bot.) Planta em que os antigos egípcios escreviam.

papo (pa.po) s.m. 1. (Zoo.) Nas aves, bolsa formada por uma dilatação do esôfago, onde fica o alimento antes de passar para a moela. (Pop.) 2. Região do rosto entre o queixo e peito; gogó. 3. Conversa, colóquio, diálogo: *o papo foi ótimo*. 4. Mentira, exagero, invenção: *era tudo papo, nada aconteceu*.

papo de anjo (pa.po de **an**.jo) s.m. (Culin.) Doce tradicional feito de massa de gemas em forma de nuvens cozidas e servidas em calda de açúcar.

papo-furado (pa.po-fu.**ra**.do) s.2g. e adj.2g. (Aquele) que não cumpre o que diz. ▣ Pl. *papos-furados*.

papoula (pa.**pou**.la) s.f. (Bot.) Planta que dá flores coloridas e de cuja semente é extraído o ópio.

páprica (**pá**.pri.ca) s.f. Tempero picante feito com pimentão vermelho em pó, usado em molhos e carnes.

papua (pa.**pu**.a) adj.2g. 1. De Papua-Nova Guiné, país da Oceania. s.2g. 2. Pessoa natural ou habitante desse lugar.

papudo (pa.**pu**.do) adj. 1. Que tem papo grande. 2. (Fig.) Que gosta de contar vantagem.

paquera (pa.**que**.ra) [é] s.2g. 1. Pessoa que gosta de paquerar; paquerador. s.f. 2. Ato de paquerar.

paquerador (pa.que.ra.**dor**) [ô] s.m. Aquele que gosta de paquerar; paquera; namorador.

paquerar (pa.que.**rar**) v.t.d. e v.i. Olhar e aproximar-se de alguém, com intenção de namoro.

paquete (pa.**que**.te) [ê] s.m. 1. Grande navio a vela que transportava passageiros e carga no rio São Francisco. 2. (RJ) Balsa com mercadorias que ia uma vez por mês para Niterói. 3. (Pop. RJ) Menstruação.

paquiderme (pa.qui.**der**.me) [é] s.m. 1. Animal grande e de pele espessa, como o hipopótamo e o elefante. adj.2g. 2. Que tem a pele espessa.

paquidérmico (pa.qui.**dér**.mi.co) adj. 1. Relacionado a paquiderme. 2. Muito grande e gordo.

paquistanês (pa.quis.ta.**nês**) adj. 1. Do Paquistão, país da Ásia. s.m. 2. Pessoa natural ou habitante desse lugar.

par adj. 1. (Mat.) Que é divisível por dois: *oito é um número par*. 2. Igual; similar. s.m. 3. Casal. 4. Conjunto de dois objetos da mesma espécie. 5. Aquele que se iguala a outro de sua mesma posição social. 6. Conjunto de duas coisas que se usam sempre ao mesmo tempo, como luvas, sapatos, meias etc.

para (pa.ra) prep. Exprime relações de direção, destino, lugar, fim, tempo, proporcionalidade etc. Para que: a fim de que.

parabenizar (pa.ra.be.ni.**zar**) v.t.d. Felicitar; cumprimentar; dar parabéns a.

parabéns (pa.ra.**béns**) s.m.pl. Felicitações; congratulações; cumprimentos.

parábola (pa.**rá**.bo.la) s.f. 1. Narração alegórica, sempre encerrando um preceito moral. 2. (Geom.) Curva plana, cujos pontos distam com igualdade de um ponto fixo (foco) e de uma reta fixa (diretriz).

parabólica (pa.ra.**bó**.li.ca) s.f. Antena com superfície côncava, que recebe e envia sinais transmitidos por satélite. Cf. *parabólico*.

parabólico (pa.ra.**bó**.li.co) adj. 1. Relativo a parábola. 2. Que tem uma curva côncava, como o gráfico de uma parábola. Cf. *parabólica*.

para-brisa (pa.ra-**bri**.sa) s.m. Vidro da frente dos veículos, cuja finalidade é impedir a passagem do vento. ▣ Pl. *para-brisas*.

paracanã (pa.ra.ca.**nã**) s.2g. 1. Indivíduo dos paracanãs, povo indígena que vive hoje no Pará. adj.2g. 2. Relacionado a esse povo.

para-choque (pa.ra-**cho**.que) s.m. Peça de metal ou plástico resistente, colocada na parte dianteira e na traseira dos veículos, para amortecer os choques. ▣ Pl. *para-choques*.

parada (pa.**ra**.da) s.f. 1. Ato de parar. 2. Local onde param os ônibus, táxis etc. 3. Desfile de tropas, escolas ou outras agremiações, em comemoração a datas cívicas. 4. Pausa; espera; demora.

paradeiro (pa.ra.**dei**.ro) s.m. 1. Local onde alguém ou algo se encontra: *ninguém sabia o paradeiro do fugitivo*. 2. Destino, fim: *uma aventura de paradeiro incerto*.

paradigma (pa.ra.**dig**.ma) s.m. 1. Modelo, padrão: *o senador era um paradigma de honestidade*. 2. (Gram.) Modelo de conjugação ou declinação gramatical: *"partir" é o paradigma da terceira conjugação*.

paradisíaco (pa.ra.di.**sí**.a.co) adj. 1. Que diz respeito ao Paraíso; edênico. 2. Muito bom, divino, celestial.

parado (pa.**ra**.do) adj. 1. Que parou; estacionado. 2. Sem movimento, uso ou acontecimento.

paradoxal (pa.ra.do.**xal**) [cs] adj.2g. Que encerra um paradoxo; contraditório.

paradoxo (pa.ra.**do**.xo) [cs] s.m. Opinião contrária à comum; contrassenso.

paraense (pa.ra.**en**.se) adj.2g. 1. Do Pará, estado brasileiro. s.2g. 2. Pessoa natural ou habitante desse lugar.

paraestatal (pa.ra.es.ta.**tal**) adj.2g. Diz-se de empresa autárquica que recebe, mesmo assim, intervenção do Estado.

parafernália (pa.ra.fer.**ná**.li.a) s.f. Conjunto de equipamentos necessários para executar certa atividade; tralha; tranqueira.

parafina (pa.ra.**fi**.na) s.f. (Quím.) Substância branca e sólida, com que se fazem velas, resultante da destilação do petróleo ou dos xistos betuminosos.

parafinado (pa.ra.fi.**na**.do) adj. Revestido ou tratado com parafina.

parafínico (pa.ra.fi.ni.co) *adj.* Relacionado ou semelhante a parafina.
paráfrase (pa.rá.fra.se) *s.f.* **1.** Desenvolvimento de um texto, sem fugir da ideia original. **2.** Tradução livre.
parafrasear (pa.ra.fra.se.ar) *v.t.d.* Explicar (ou traduzir) por paráfrase.
parafusar (pa.ra.fu.sar) *v.t.d.* Fixar; atarraxar; apertar por meio de parafuso.
parafuso (pa.ra.fu.so) *s.m.* Prego sulcado em hélice e com uma fenda na cabeça.
paragem (pa.ra.gem) *s.f.* **1.** Local onde se para; parada. **2.** Sítio; região.
parágrafo (pa.rá.gra.fo) *s.m.* **1.** Conjunto de um ou mais períodos, encerrando um sentido completo. **2.** Cada subdivisão de um capítulo ou discurso. **3.** Cada disposição secundária de um artigo de lei, representada pelo sinal §.
paraguaio (pa.ra.guai.o) *adj.* **1.** Do Paraguai, país da América do Sul. *s.m.* **2.** Pessoa natural ou habitante desse lugar.
paraibano (pa.ra.i.ba.no) *adj.* **1.** Da Paraíba, estado brasileiro. *s.m.* **2.** Pessoa natural ou habitante desse lugar.
paraíso (pa.ra.í.so) *s.m.* (*próprio*) **1.** (*Relig.*) Segundo a Bíblia, lugar em que Adão e Eva viviam, antes do pecado original. **2.** (*Relig.*) Lugar para onde se dirigem as almas dos justos, após a morte. (*comum*) **3.** (*P. ext.*) Lugar tranquilo e aprazível.
para-lama (pa.ra-la.ma) *s.m.* Anteparo que protege as rodas dos veículos contra respingos de lama. ▫ Pl. *para-lamas*.
paralela (pa.ra.le.la) [é] *s.f.* (*Geom.*) Linha equidistante de outra em toda a sua extensão.
paralelepípedo (pa.ra.le.le.pí.pe.do) *s.m.* (*Geom.*) Hexaedro cujas faces opostas são paralelas e congruentes.
paralelismo (pa.ra.le.lis.mo) *s.m.* **1.** Posição de linhas (ou superfícies) paralelas. **2.** Coincidência de ideias entre as pessoas.
paralelo (pa.ra.le.lo) [é] *s.m.* **1.** (*Geo.*) Cada um dos círculos menores de uma esfera, perpendiculares ao meridiano e paralelos do Equador. *adj.* **2.** Que fica ao lado, à mesma distância, de uma reta ou direção: *rua paralela, reta paralela*.
paralelogramo (pa.ra.le.lo.gra.mo) *s.m.* (*Geom.*) Quadrilátero de lados opostos iguais (e paralelos dois a dois) e ângulos opostos iguais.
paralisação (pa.ra.li.sa.ção) *s.f.* Ato de paralisar; parada; suspensão; interrupção.
paralisar (pa.ra.li.sar) *v.t.d.* **1.** Tornar paralítico; imobilizar. *v.i. e v.p.* **2.** Estacionar; não progredir.
paralisia (pa.ra.li.si.a) *s.f.* (*Med.*) Redução ou paralisação dos movimentos dos órgãos, músculos ou nervos.
paralítico (pa.ra.lí.ti.co) *adj.* Que sofre de paralisia.
paramédico (pa.ra.mé.di.co) *adj.* **1.** Relacionado a áreas próximas da medicina, como a fisioterapia, a fonoaudiologia etc. *s.m.* **2.** Pessoa que se dedica a uma dessas áreas.

paramentado (pa.ra.men.ta.do) *adj.* **1.** Que se paramentou. **2.** Enfeitado; adornado.
paramentar (pa.ra.men.tar) *v.t.d. e v.p.* Vestir(-se) com paramentos; adornar(-se).
paramento (pa.ra.men.to) *s.m.* Veste usada pelos padres durante a celebração.
parâmetro (pa.râ.me.tro) *s.m.* **1.** (*Geom.*) Medida auxiliar com que se faz a representação analítica de curvas e superfícies. **2.** Padrão; medida.
paramilitar (pa.ra.mi.li.tar) *adj.2g.* Diz-se de organizações armadas que não fazem parte dos quadros das forças militares.
paramnésia (pa.ram.né.si.a) *s.f.* Distúrbio da memória em que a pessoa julga lembrar de fatos que não aconteceram ou não se lembra do significado das palavras.
páramo (pá.ra.mo) *s.m.* **1.** Planície deserta ou com pouca vegetação: *os páramos andinos.* **2.** (*Fig.*) Campo ou área distante; confins, limites.
paraná (pa.ra.ná) *s.m.* Curso d'água que se separa de outro maior.
paranaense (pa.ra.na.en.se) *adj.2g.* **1.** Do Paraná, estado brasileiro. *s.2g.* **2.** Pessoa natural ou habitante desse lugar.
paraninfar (pa.ra.nin.far) *v.t.d.* Servir como paraninfo (ou padrinho) de uma cerimônia.
paraninfo (pa.ra.nin.fo) *s.m.* Padrinho; protetor; patrono.
paranoia (pa.ra.noi.a) [ói] *s.f.* Doença mental, não acompanhada de alucinações, caracterizada por desconfiança, ideias de grandeza, perseguição e reivindicações.
paranoico (pa.ra.noi.co) [ói] *adj.* **1.** Que se refere à paranoia. *s.m. e adj.* **2.** (Aquele) que sofre de paranoia.
paranormal (pa.ra.nor.mal) *adj.2g.* **1.** Diz-se de um fenômeno que não é explicado cientificamente e ao qual se atribuem causas psíquicas, como telepatia, levitação e outros. *s.2g. e adj.2g.* **2.** (Pessoa) que causa ou sofre fenômenos assim: *o paranormal entortava metais com o poder da mente.*
paranormalidade (pa.ra.nor.ma.li.da.de) *s.f.* **1.** Qualidade de paranormal. **2.** Estudo de fenômenos psíquicos sem explicações científicas.
parapeito (pa.ra.pei.to) *s.m.* Parede baixa de proteção, que se eleva mais ou menos até a altura do peito; peitoril.
paraplegia (pa.ra.ple.gi.a) *s.f.* (*Med.*) Paralisia das pernas, ou da cintura para baixo.
paraplégico (pa.ra.plé.gi.co) *adj.* **1.** Que diz respeito à paraplegia. *s.m. e adj.* **2.** (Pessoa) que não mexe as pernas, que tem paraplegia.
paraplexia (pa.ra.ple.xi.a) [cs] *s.f.* (*Med.*) Paraplegia; paralisia.
parapsicologia (pa.ra.psi.co.lo.gi.a) *s.f.* Ciência que estuda os fenômenos psíquicos inabituais, como a telepatia, a premonição, a clarividência etc.
parapsicólogo (pa.ra.psi.có.lo.go) *s.m.* Aquele que é especializado em parapsicologia.

paraquedas (pa.ra.que.das) s.m.2n. Aparelho que se destina a diminuir a velocidade dos corpos em queda no ar.

paraquedismo (pa.ra.que.**dis**.mo) s.m. Atividade de saltar de paraquedas, por esporte ou outro motivo.

paraquedista (pa.ra.que.**dis**.ta) s.2g.2n. Pessoa que salta de paraquedas, que pratica o paraquedismo.

parar (pa.**rar**) v.i. e v.t. **1.** Cessar de; imobilizar-se: *ele parou em frente ao espelho*; *pare de correr antes que se canse demais*. v.t.d. **2.** Imobilizar; diminuir a intensidade de: *parar um processo*. Obs.: pres. do ind.: *paro, paras, para* etc.

para-raios (pa.ra-**rai**.os) s.m.2n. Dispositivo formado por uma haste metálica usada para atrair as descargas elétricas da atmosfera, evitando assim riscos maiores. ▪ Pl. *para-raios*.

parasita (pa.ra.**si**.ta) s.m. e adj. **1.** (Bio.) Ser vivo que retira seu alimento de outro organismo, dito hospedeiro, que pode ser prejudicado por isso: *o piolho é um parasita*. **2.** (Fig.) (Pessoa) que explora outras; aproveitador, explorador, preguiçoso. O mesmo que *parasito*.

parasitar (pa.ra.si.**tar**) v.t.d. **1.** Viver à custa de; sugar; explorar. v.i. **2.** Viver como parasita.

parasitário (pa.ra.si.**tá**.ri.o) adj. Relacionado a parasita ou a infecção por parasita.

parasiticida (pa.ra.si.ti.**ci**.da) s.m. e adj.2g. (Substância) que combate ou mata parasitas.

parasitismo (pa.ra.si.**tis**.mo) s.m. (Bio.) Relação em que um ser vivo retira seu alimento de outro organismo, que pode ser prejudicado por isso. Cf. *comensalismo*.

parasito (pa.ra.**si**.to) s.m. O mesmo que *parasita*.

parasitologia (pa.ra.si.to.lo.**gi**.a) s.f. Estudo científico dos parasitas.

parasitológico (pa.ra.si.to.**ló**.gi.co) adj. Que diz respeito à parasitologia.

parasitologista (pa.ra.si.to.lo.**gis**.ta) s.2g. Estudioso da parasitologia.

parati (pa.ra.**ti**) s.m. Aguardente de cana; cachaça; pinga; caninha.

parceiro (par.**cei**.ro) adj. **1.** Igual; similar; semelhante. s.m. **2.** Pessoa com quem se executa uma atividade em condição de igualdade; par, companheiro. **3.** Aquele com quem se estabelece parceria, com quem se divide uma atividade. Obs.: a forma reduzida *parça* é de uso popular.

parcela (par.**ce**.la) [é] s.f. **1.** Parte; fragmento; fração. **2.** Parte de um pagamento. **3.** (Mat.) Cada um dos elementos que se devem somar em uma adição.

parcelado (par.ce.**la**.do) adj. Dividido em parcelas.

parcelamento (par.ce.la.**men**.to) s.m. Divisão em parcelas ou em prestações.

parcelar (par.ce.**lar**) v.t.d. Dividir em parcelas ou prestações.

parceria (par.ce.**ri**.a) s.f. **1.** Reunião ou associação de pessoas com um interesse comum; sociedade. **2.** Trabalho feito dessa maneira.

parcial (par.ci.**al**) adj.2g. **1.** Que faz parte de um todo. **2.** Favorável a uma parte apenas.

parcialidade (par.ci.a.li.**da**.de) s.f. Tendência a favorecer apenas uma parte; prevenção contra ou a favor.

parcimônia (par.ci.**mô**.ni.a) s.f. Ato de poupar; economia; poupança.

parcimonioso (par.ci.mo.ni.**o**.so) [ô] adj. Que age com parcimônia; frugal; econômico. ▪ Pl. *parcimoniosos* [ó].

parco (**par**.co) adj. Econômico; frugal; parcimonioso.

pardacento (par.da.**cen**.to) adj. Quase pardo.

pardal (par.**dal**) s.m. (Zoo.) Pequeno pássaro de origem africana, cuja fêmea é a pardoca.

pardieiro (par.di.**ei**.ro) s.m. Casa ou edifício em ruínas.

pardo (**par**.do) s.m. e adj. (Aquele) cuja cor não é nem branca nem preta; mulato.

pardoca (par.**do**.ca) [ó] s.f. (Zoo.) Fêmea do pardal.

parecença (pa.re.**cen**.ça) s.f. Semelhança; similaridade.

parecer (pa.re.**cer**) v.lig. **1.** Dar a aparência de; ser provável. s.m. **2.** Opinião; conceito.

pareci (pa.re.**ci**) s.m.2g. **1.** Indivíduo dos parecis, povo indígena que vive hoje no Mato Grosso. adj.2g. **2.** Relacionado a esse povo.

parecido (pa.re.**ci**.do) adj. Semelhante; que se parece com.

paredão (pa.re.**dão**) s.m. **1.** Grande parede ou muro; muralha. **2.** Encosta de uma serra.

parede (pa.**re**.de) [ê] s.f. Muro com que se fecha ou divide internamente uma casa.

parelha (pa.**re**.lha) [ê] s.f. **1.** Par formado por animais, principalmente os de tração. **2.** (P. ext.) Qualquer par ou dupla.

parelheiro (pa.re.**lhei**.ro) s.m. e adj. **1.** (Cavalo) acostumado a correr em parelha. **2.** Cavalo de corrida.

parelho (pa.**re**.lho) [ê] adj. Semelhante; similar; igual.

parenta (pa.**ren**.ta) s.f. Parente do sexo feminino: *uma parenta distante veio nos visitar no Natal*.

parental (pa.ren.**tal**) adj.2g. **1.** Relacionado a pai e mãe, aos pais. **2.** Relacionado a parente.

parente (pa.**ren**.te) s.2g. Pessoa da mesma família, com o mesmo sangue, mesmo que o parentesco seja remoto: *convidaram todos os parentes para o batizado*; *Maria era uma parente distante*. Obs.: alguns gramáticos registram o feminino "a parenta".

parentela (pa.ren.**te**.la) [é] s.f. Conjunto formado pelos parentes.

parentesco (pa.ren.**tes**.co) s.m. Qualidade daquele que é parente; laços de sangue.

parêntese (pa.**rên**.te.se) s.m. Cada um dos dois sinais (estes) usados para isolar uma expressão verbal de sentido distinto no período ou para agrupar trechos em expressões de matemática ou química. O mesmo que *parêntesis*.

parêntesis (pa.**rên**.te.sis) s.m.2n. O mesmo que *parêntese*.

páreo (**pá**.re.o) s.m. **1.** Corrida a cavalo. **2.** (P. ext.) Qualquer competição ou disputa.

pária (pá.ri.a) s.f. **1.** A casta mais inferior dos hindus. **2.** (*P. ext.*) Pessoa excluída da sociedade.

parição (pa.ri.ção) s.f. **1.** Parto, principalmente de animais. (N, NE) **2.** Reprodução anual do gado. **3.** Época em que ela ocorre.

paridade (pa.ri.da.de) s.f. **1.** Qualidade de par. **2.** Igualdade; equivalência.

parideira (pa.ri.dei.ra) *adj.* Relativo à fêmea que está em idade de parir.

parietal (pa.ri.e.tal) *adj.2g.* **1.** Que diz respeito a parede. s.m. **2.** (*Anat.*) Cada um dos dois ossos laterais e superiores do crânio.

parintintim (pa.rin.tin.tim) *s.2g.* **1.** Indivíduo dos parintintins, povo indígena que vive hoje no Mato Grosso e no Amazonas. *adj.2g.* **2.** Relacionado a esse povo.

parir (pa.rir) v.i. **1.** Dar à luz o feto. v.t.d. **2.** Dar à luz. **3.** (*Fig.*) Produzir; criar. Obs.: verbo irregular, só conjugado nas formas em que o *r* da raiz for seguido de *i*. Pres. do ind.: *parimos, paris*; não tem o pres. do subj. nem o imperat. neg. Imperat. afirm.: *pari*.

parisiense (pa.ri.si.en.se) *adj.2g.* **1.** De Paris, capital da França. *s.2g.* **2.** Pessoa natural ou habitante desse lugar.

paritário (pa.ri.tá.ri.o) *adj.* Constituído de elementos pares, de mesmo valor na hierarquia: *em uma votação paritária, todos os votos têm o mesmo valor*.

Parkinson s.m. (próprio) (*Med.*) Doença ou mal de Parkinson: doença neurológica degenerativa, sem causa conhecida, que ocorre em geral depois dos 50 anos, caracterizada por comprometimento da mobilidade e tremor exagerado.

parlamentação (par.la.men.ta.ção) s.f. Ato de parlamentar.

parlamentar (par.la.men.tar) v.i. e v.t.i. **1.** Entrar em negociações para chegar a um acordo. *adj.2g.* **2.** Que diz respeito ao parlamento. *s.2g.* **3.** Membro do parlamento.

parlamentarismo (par.la.men.ta.ris.mo) s.m. Regime político em que os ministros de Estado estão submetidos ao parlamento.

parlamentarista (par.la.men.ta.ris.ta) *adj.2g.* **1.** Que diz respeito ao parlamentarismo. *s.2g.* **2.** Aquele que é adepto do parlamentarismo.

parlamento (par.la.men.to) s.m. Assembleia dos representantes eleitos pelos cidadãos de um país, para estabelecer leis.

parlenda (par.len.da) s.f. (*Folc.*) Verso de cinco ou seis sílabas, recitado para entreter crianças, memorizar noções etc., como "cadê o toicinho que estava aqui?".

parmesão (par.me.são) *adj.* **1.** De Parma, na Itália. **2.** Relativo ao queijo italiano, que, ralado, acompanha os pratos de massa. s.m. **3.** Aquele que é natural ou habitante de Parma. **4.** Tipo de queijo produzido em Parma, na Itália.

parnasianismo (par.na.si.a.nis.mo) s.m. (*Lit.*) Escola literária responsável por uma poesia mais objetiva e trabalhada em sua forma, em contraposição ao lirismo então dominante.

parnasiano (par.na.si.a.no) *adj.* **1.** Relativo ao parnasianismo. s.m. e *adj.* **2.** (Aquele) que é adepto do parnasianismo.

parnaso (par.na.so) s.m. Montanha localizada na Grécia antiga, consagrada a Apolo e que teria dado nome ao parnasianismo.

pároco (pá.ro.co) s.m. Sacerdote responsável por uma paróquia.

paródia (pa.ró.di.a) s.f. Imitação burlesca de uma música ou composição literária.

parodiar (pa.ro.di.ar) v.t.d. Imitar satiricamente; arremedar. Obs.: pres. do ind.: *parodio, parodias, parodia* etc.; pres. do subj.: *parodie, parodies, parodie* etc.

parolar (pa.ro.lar) v.i. Tagarelar.

paronímia (pa.ro.ní.mi.a) s.f. Qualidade de parônimo.

parônimo (pa.rô.ni.mo) s.m. e *adj.* (Vocábulo) que se parece com outro, na escrita ou na pronúncia, como "inflação" e "infração", "escarola" e "caçarola".

paróquia (pa.ró.qui.a) s.f. **1.** Região em volta de uma igreja e sob a orientação espiritual de um pároco. **2.** Igreja.

paroquial (pa.ro.qui.al) *adj.2g.* Que diz respeito ao pároco ou à paróquia.

paroquiano (pa.ro.qui.a.no) s.m. e *adj.* **1.** (Pessoa) que é membro de uma paróquia. *adj.* **2.** Pertencente a essas pessoas ou à paróquia.

parótida (pa.ró.ti.da) s.f. (*Anat.*) Cada uma das glândulas salivares localizadas perto das orelhas.

par ou ímpar (par ou ím.par) s.m. (*Folc.*) Jogo para dois participantes, que depois de escolher par ou ímpar apresentam simultaneamente um número de dedos, vencendo quem acertou o resultado. Pl. *pares ou ímpares*.

paroxismo (pa.ro.xis.mo) [cs] s.m. (*Med.*) A maior intensidade de um sofrimento; estertor; agonia.

paroxítono (pa.ro.xí.to.no) [cs] *adj.* (Vocábulo) que tem a penúltima sílaba pronunciada com mais força ou acentuada, como "batata", "piscina", "bicicleta".

parque (par.que) s.m. **1.** Jardim murado, com área verde extensa, geralmente de uso público. **2.** Região selvagem preservada pelo Estado. **3.** Depósito de petrechos de artilharia.

parquímetro (par.quí.me.tro) s.m. Mecanismo destinado a regularizar o estacionamento dos automóveis nas vias públicas.

parquinho (par.qui.nho) s.m. Área para lazer das crianças, com brinquedos, poço de areia etc.; *playground*.

parra (par.ra) s.f. Folha da videira.

parreira (par.rei.ra) s.f. (*Bot.*) Videira; planta trepadeira, que se desenvolve em caramanchões.

parricida (par.ri.ci.da) *s.2g.* Criminoso que mata o próprio pai, a mãe ou ambos.

parricídio (par.ri.**cí**.di.o) s.m. Crime de matar o próprio pai ou um dos pais.
parte (par.te) s.f. **1.** Porção; lote; fração. **2.** (Dir.) Litigante. **3.** Cada uma das pessoas que fazem um contrato.
parteira (par.**tei**.ra) s.f. Mulher que assiste parturientes.
parteiro (par.**tei**.ro) adj. Diz-se do médico que realiza partos; obstetra.
partejar (par.te.**jar**) v.t.d. **1.** Auxiliar o parto, servir de parteiro. **2.** (Fig.) Acompanhar; ajudar; servir.
partenogênese (par.te.no.**gê**.ne.se) s.f. (Bio.) Reprodução assexuada, a partir das células sexuais femininas que não foram fertilizadas.
partição (par.ti.**ção**) s.f. Ato de partir ou dividir; divisão.
participação (par.ti.ci.pa.**ção**) s.f. Ato de participar ou comunicar; comunicação.
participante (par.ti.ci.**pan**.te) s.2g. e adj.2g. (Aquele) que participa.
participar (par.ti.ci.**par**) v.t.i. **1.** Tomar parte de. v.t.d. e v.t.d.i. **2.** Comunicar; fazer saber; anunciar.
participável (par.ti.ci.**pá**.vel) adj.2g. Que se pode participar.
partícipe (par.**tí**.ci.pe) adj.2g. Que participa.
particípio (par.ti.**cí**.pi.o) s.m. (Gram.) Forma nominal do verbo, que expressa passado e pode ser regular, como em *tinha estudado, havia entregado, tinha morrido*, ou irregular, como *foi feito, será entregue, está morta*.
partícula (par.**tí**.cu.la) s.f. **1.** Parte pequena; corpúsculo. **2.** (Gram.) Palavra geralmente monossilábica, invariável e que serve, por exemplo, para dar mais realce (ou força) à construção: *foram-se as últimas pombas*. **3.** (Fís.) Unidade básica que constitui a matéria. **Partícula elementar**: partícula que não é composta de outras menores.
particular (par.ti.cu.**lar**) adj.2g. **1.** Que é peculiar só a algumas pessoas ou coisas. **2.** Que é de uso privado ou reservado. **3.** Raro; incomum. s.m. **4.** Pormenor, minúcia.
particularidade (par.ti.cu.la.ri.**da**.de) s.f. Qualidade do que é particular; característica; pormenor.
particularizar (par.ti.cu.la.ri.**zar**) v.t.d. **1.** Individualizar; distinguir. **2.** Narrar com pormenores. v.p. **3.** Distinguir-se.
partida (par.**ti**.da) s.f. **1.** Ato de partir; saída. **2.** Jogo. **3.** Certa quantidade de mercadorias que se compra ou vende de uma só vez; remessa.
partidário (par.ti.**dá**.ri.o) adj. **1.** Relacionado a partido: *vida partidária, interesses partidários*. s.m. **2.** Membro de um partido; correligionário.
partidarismo (par.ti.da.**ris**.mo) s.m. Ardor partidário, defesa ardente dos interesses ou posições de um partido.
partidarista (par.ti.da.**ris**.ta) s.2g. Pessoa que defende acirradamente seu partido.
partido (par.**ti**.do) s.m. **1.** Associação de que fazem parte pessoas com as mesmas ideias políticas e sociais. **2.** (Fig.) Proveito; vantagem. adj. **3.** Quebrado; dividido; fracionado.
partilha (par.**ti**.lha) s.f. **1.** Ato de partilhar. **2.** Divisão dos bens de uma herança ou dos lucros de uma empresa.
partilhar (par.ti.**lhar**) v.t.d. Fazer partilha; dividir em partes.
partir (par.**tir**) v.t.d. e v.p. **1.** Quebrar(-se); fazer ou ficar em pedaços. v.i. **2.** Ir-se embora; retirar-se. Obs.: verbo que constitui paradigma para a 3ª conjugação. Pres. do ind.: *parto, partes, parte, partimos, partis, partem*. Pret. imp.: *partia, partias* etc. Pret. perf.: *parti, partiste, partiu* etc. Pret. mqp.: *partira, partiras* etc. Fut. do pres.: *partirei* etc. Fut. do pret.: *partiria* etc. Pres. do subj.: *parta, partas* etc. Imp. do subj.: *partisse, partisses* etc. Fut. do subj.: *partir, partires, partir* etc. Imperat. afirm.: *parte, parta, partamos, parti, partam*. Imperat. neg.: *não partas, não parta* etc. Ger.: *partindo*. Part.: *partido*. Na 2ª acepção, a forma do pretérito perfeito *partiu* é uma gíria de uso popular, para situações que envolvem fazer algo de imediato.
partitivo (par.ti.**ti**.vo) adj. Que reparte; fracionário.
partitura (par.ti.**tu**.ra) s.f. (Mús.) Disposição gráfica de uma peça sinfônica, em cada uma de suas partes vocais e instrumentais.
parto (**par**.to) s.m. Ato de parir; nascimento.
parturiente (par.tu.ri.**en**.te) s.f. Mulher que acabou de dar à luz ou está prestes a fazê-lo.
parvalhão (par.va.**lhão**) s.m. Tonto; parvo; idiota.
parvalhice (par.va.**lhi**.ce) s.f. Atitude de parvo; idiotice.
parvo (**par**.vo) s.m. e adj. (Aquele) que é tolo, idiota, tonto.
parvoíce (par.vo.**í**.ce) s.f. Atitude de parvo; parvalhice; idiotice.
pascal (pas.**cal**) adj.2g. O mesmo que *pascoal*.
Páscoa (**pás**.coa) s.f. **1.** (Relig.) Festa cristã que celebra a ressurreição de Jesus. **2.** Feriado desse dia, marcado anualmente pela Igreja Católica. **3.** (Relig.) Festa judaica que celebra a saída do Egito.
pascoal (pas.co.**al**) adj.2g. Relacionado a Páscoa. O mesmo que *pascal*.
pascoela (pas.co.**e**.la) s.f. Primeiro domingo após a Páscoa.
pasmaceira (pas.ma.**cei**.ra) s.f. Apatia; marasmo; indiferença.
pasmado (pas.**ma**.do) adj. Admirado; espantado; impressionado.
pasmar (pas.**mar**) v.t.d. **1.** Causar pasmo ou admiração a. v.i. **2.** Ficar pasmo. v.p. **3.** Admirar-se. Obs.: verbo abundante, com dois particípios: *pasmado*, usado com os auxiliares "ter" e "haver", e *pasmo*, usado com os auxiliares "ser" e "estar".
pasmo (**pas**.mo) s.m. Espanto; assombro; admiração.
paspalhão (pas.pa.**lhão**) s.m. e adj. (Indivíduo) tolo, parvo, paspalho.
paspalho (pas.**pa**.lho) s.m. e adj. (Indivíduo) tolo, parvo, paspalhão.

pasquim (pas.**quim**) s.m. Jornal ou folheto com sátiras e calúnias, que circula de mão em mão.
passa (pas.sa) s.f. Uva (ou outra fruta) seca.
passa-anel (pas.sa-a.**nel**) s.m. (Folc.) Brincadeira em que uma pessoa, o passador, coloca um anel ou outro objeto pequeno entre as palmas das mãos e finge que o passa para os participantes, em fila e com as mãos juntas, depois pergunta ao adivinhador com quem está o anel. ▣ Pl. *passa-anéis*. Obs.: esta palavra não consta do *Volp*.
passada (pas.**sa**.da) s.f. Movimento que se faz com os pés para caminhar; passo.
passadeira (pas.sa.**dei**.ra) s.f. Tapete estreito e longo, usado em passagens e corredores.
passadiço (pas.sa.**di**.ço) adj. **1.** Transitório. s.m. **2.** Corredor ou passagem. **3.** Passeio lateral nas vias públicas. **4.** Ponte na parte superior do navio, onde fica o comandante.
passadio (pas.sa.**di**.o) s.m. (Raro) Alimentação, comida diária: *na fazenda tinham bom passadio*.
passadismo (pas.sa.**dis**.mo) s.m. Culto ao passado, idealização do passado.
passadista (pas.sa.**dis**.ta) adj.2g. **1.** Que diz respeito ao passado ou ao passadismo. s.2g. e adj.2g. **2.** (Aquele) que é adepto do passadismo.
passado (pas.**sa**.do) s.m. **1.** O tempo que já passou. **2.** (Gram.) Pretérito. adj. **3.** Que acaba de decorrer; findo. **4.** (Fig.) Velho; estragado. **5.** (Fig.) Desapontado; pasmado.
passador (pas.sa.**dor**) [ô] s.m. e adj. **1.** (Aquele) que passa. s.m. **2.** Alça para passar o cinto, no cós da calça ou outro local de roupa. **3.** (Gír.) Revendedor.
passageiro (pas.sa.**gei**.ro) adj. **1.** Transitório; efêmero; sem importância. s.m. **2.** Pessoa que viaja em um veículo; viajante.
passagem (pas.**sa**.gem) s.f. **1.** Ato de passar. **2.** Lugar por onde se passa. **3.** Bilhete que dá direito a uma viagem. **4.** Trecho de uma obra.
passamanaria (pas.sa.ma.na.**ri**.a) s.f. **1.** Arte de fabricar fitas ou galões usados para enfeitar roupas. **2.** Objeto assim fabricado: *pompons e fitas são passamanarias*.
passamento (pas.sa.**men**.to) s.m. Falecimento; óbito; morte.
passaporte (pas.sa.**por**.te) s.m. Documento oficial usado por pessoas que querem sair do país.
passar (pas.**sar**) v.t.d. **1.** Ir além de; ultrapassar. **2.** Coar; filtrar. **3.** Alisar (roupa) com o ferro. **4.** Expedir (um telegrama). **5.** Gastar (tempo). v.i. **6.** Morrer. **7.** Ser aprovado na escola. **8.** Transitar. **9.** Percorrer (sem se deter) certo lugar. v.p. **10.** Acontecer. **11.** Cessar, parar, ter fim: *a chuva passou*. **12.** Estar em exibição: *passar um filme na TV*.
passarada (pas.sa.**ra**.da) s.f. Bando ou revoada de pássaros.
passaredo (pas.sa.**re**.do) [ê] s.m. Agrupamento de pássaros; passarada.
passarela (pas.sa.**re**.la) s.f. **1.** Estrado por onde desfilam manequins e modelos. **2.** Passagem de pedestres em vias e estradas.
passarinha (pas.sa.**ri**.nha) s.f. (Pop.) Baço de animal.
passarinheiro (pas.sa.ri.**nhei**.ro) s.m. **1.** Caçador, criador ou vendedor de pássaros. adj. **2.** Diz-se do cavalo que se espanta e sai a galope.
passarinho (pas.sa.**ri**.nho) s.m. (epiceno) (Zoo.) Pássaro pequeno, com dedos preênseis, capazes de agarrar firmemente a um galho e de que há numerosas espécies, ditas passeriformes.
pássaro (**pás**.sa.ro) s.m. (Zoo.) Ave cujas patas têm três dedos virados para a frente e um para trás, que forma um grande grupo no qual é classificada metade das aves do mundo.
passatempo (pas.sa.**tem**.po) s.m. Diversão; divertimento; entretenimento.
passável (pas.**sá**.vel) adj.2g. Tolerável; aceitável.
passe (**pas**.se) s.m. **1.** Licença ou permissão para passar. **2.** Bilhete que se usa nos meios de transporte coletivos. **3.** (Esp.) Ação de o jogador passar a bola para o companheiro. **4.** (Esp.) Contrato de exclusividade de um jogador com determinado clube. **5.** (Relig.) Tipo de bênção ou benefício espiritual que se obtém para uma pessoa, passando a mão sobre sua cabeça.
passeador (pas.se.a.**dor**) [ô] s.m. e adj. (Pessoa) que gosta de passear.
passear (pas.se.**ar**) v.i. Ir a algum lugar, a pé ou não, a passeio. Obs.: pres. do ind.: *passeio, passeias, passeia, passeamos, passeais, passeiam*; pres. do subj.: *passeie, passeies, passeie, passeemos, passeeis, passeiem*.
passeata (pas.se.**a**.ta) s.f. Passeio ou marcha coletiva, para festejar ou reivindicar alguma coisa.
passeio (pas.**sei**.o) s.m. **1.** Ato de passear, de ir a determinado lugar por divertimento ou de percorrer certo trecho para exercitar-se; caminhada. **2.** Calçada.
passeriforme (pas.se.ri.**for**.me) adj.2g. (Zoo.) (Ave) do grupo dos pássaros; passarinho.
passional (pas.si.o.**nal**) adj.2g. Que diz respeito à paixão.
passista (pas.**sis**.ta) s.2g. Pessoa que participa de desfiles de escolas de samba.
passiva (pas.**si**.va) s.f. (Gram.) Voz dos verbos em que o sujeito sofre a ação, que é praticada pelo agente da passiva, como em "a janela foi quebrada pelo moleque".
passível (pas.**sí**.vel) adj.2g. Sensível a; suscetível de.
passividade (pas.si.vi.**da**.de) s.f. Qualidade de passivo; inércia; indiferença.
passivo (pas.**si**.vo) adj. **1.** Que sofre uma ação; inerte, indiferente. **2.** Que não age ou não reage. s.m. **3.** (Econ.) Registro das dívidas e obrigações financeiras de uma pessoa. Cf. *ativo*.
passo (**pas**.so) s.m. **1.** Ato de deslocar o ponto de apoio do corpo de um pé para o outro, ao caminhar; passada. **2.** Andadura mais ou menos lenta do cavalo. **3.** Passagem estreita entre montanhas; desfiladeiro. **4.** (Fig.) Procedimento; atitude. **5.** (Relig.) Cada um dos episódios da Paixão de Cristo. **6.** Medida antiga de comprimento, equivalendo

a 1,65 m. **7.** Cada um dos movimentos de uma dança: *aprender um passo novo, aprender os primeiros passos de valsa.*

password [inglês: "passuôrdi"] s.f. (Inf.) Código usado para restringir o acesso somente a usuários autorizados; senha.

pasta (pas.ta) s.f. **1.** Massa semissólida e moldável, com vários usos na culinária. **2.** Cargo de ministro ou secretário de Estado. **3.** Bolsa de couro ou plástico, em que se carregam papéis e documentos.

pastagem (pas.ta.gem) s.f. Local onde se leva o gado para pastar; pasto.

pastar (pas.tar) v.i. Comer (o gado) erva no próprio pasto.

pastaria (pas.ta.ri.a) s.f. Área de pastagem.

pastel (pas.tel) s.m. **1.** (Culin.) Iguaria que se faz com massa de farinha de trigo, recheada das mais diversas formas e frita. **2.** (Gráf.) Caracteres confusos e misturados; erro de digitação. **3.** Bastão feito com giz e pigmentos de muitas cores. **4.** Pintura que se faz com este bastão.

pastelão (pas.te.lão) s.m. **1.** (Culin.) Tipo de pastel grande ou torta, semelhante ao empadão. **2.** Gênero de comédias do cinema mudo com o enredo cheio de confusões, como "guerras" de torta de creme.

pastelaria (pas.te.la.ri.a) s.f. **1.** Estabelecimento onde são feitos e vendidos pastéis. **2.** A arte de fazer pastéis.

pasteleiro (pas.te.lei.ro) s.m. Aquele que fabrica e vende pastéis.

pasteurização (pas.teu.ri.za.ção) s.f. Ato de pasteurizar.

pasteurizado (pas.teu.ri.za.do) adj. Que passou pelo processo de pasteurização.

pasteurizar (pas.teu.ri.zar) v.t.d. Esterilizar (o leite, por exemplo) pelo calor, submetendo a uma temperatura de 70°C e resfriando rapidamente em seguida.

pastichar (pas.ti.char) v.i. Fazer pasticho.

pasticho (pas.ti.cho) s.m. Imitação grosseira de uma obra de arte ou literária; plágio.

pastifício (pas.ti.fi.ci.o) s.m. Fábrica de massas alimentícias.

pastilha (pas.ti.lha) s.f. **1.** Pasta de açúcar transformada em um tipo de bala, onde são acrescidos medicamentos específicos, geralmente para a garganta. **2.** Guloseima que segue o mesmo processo de fabricação, só que é enriquecida por essências e sabores de frutas. **3.** Peça pequena vitrificada, com que se revestem as paredes dos edifícios. **4.** (Inf.) Chip.

pasto (pas.to) s.m. Campo coberto de ervas, onde se leva o gado a pastar; pastagem; pastaria.

pastor (pas.tor) [ô] s.m. **1.** Guardador de gado. **2.** Guia espiritual, líder religioso em relação aos fiéis. **3.** Sacerdote das religiões protestantes. s.m. e adj. **4.** (Cão) treinado para trabalhar com gado: *trouxeram cães pastores para reunir as ovelhas.*

pastor-alemão (pas.tor-a.le.**mão**) s.m. Cão de raça grande, com pelo preto nas costas e amarelado nas patas, que já foi criado para trabalhar com gado e hoje é treinado como guarda e cão policial. ▪ Pl. *pastores-alemães.*

pastoral (pas.to.ral) adj.2g. **1.** Que diz respeito a pastor. s.f. **2.** (Relig.) Circular enviada pelos bispos aos sacerdotes e fiéis, estimulando campanhas em prol dos menos favorecidos. **3.** Poesia bucólica.

pastorar (pas.to.rar) v.t.d. Pastorear.

pastorear (pas.to.re.ar) v.i. **1.** Exercer a atividade de pastor. **2.** Cuidar do gado, pastorar: *ela pastoreava muito bem.* v.t.d. **3.** Conduzir, apascentar, cuidar; pastorar: *pastorear o rebanho.* Obs.: pres. do ind.: *pastoreio, pastoreias, pastoreia, pastoreamos, pastoreais, pastoreiam;* pres. do subj.: *pastoreie, pastoreies, pastoreie, pastoreemos, pastoreeis, pastoreiem.*

pastoreio (pas.to.rei.o) s.m. **1.** Atividade de conduzir o gado pelo pasto. **2.** Atividade, ocupação de cuidar do gado; pecuária em pequena escala. (Folc.) Negrinho do Pastoreio: história muito popular na região Sul, em que um negrinho escravo perde os animais que estavam sob sua guarda, é castigado até a morte e se torna um espírito que cavalga pelos pastos.

pastoril (pas.to.ril) adj.2g. **1.** Relativo a pastor ou aos cuidados manuais com o gado. **2.** (Fig.) Bucólico, rústico. s.m. **3.** (Folc.) Festa e dança em que se representa a visita dos pastores ao menino Jesus recém-nascido; pastorinhas.

pastorinhas (pas.to.ri.nhas) s.f.pl. (Folc.) Pastoril.

pastoso (pas.to.so) [ô] adj. **1.** Que tem a consistência de pasta; viscoso. **2.** Diz-se de voz arrastada e pouco compreensível. ▪ Pl. *pastosos* [ó].

pastrame (pas.tra.me) s.m. (Culin.) Carne do peito de boi em conserva temperada, servida em fatias muito finas.

pata (pa.ta) s.f. **1.** Fêmea do pato. **2.** Pé dos animais. **3.** (P. ext.) Pé muito grande.

pataca (pa.ta.ca) s.f. Moeda antiga de prata brasileira, que valia 320 réis.

patacão (pa.ta.cão) s.m. Moeda antiga brasileira, que valia 2.000 réis.

pata-choca (pa.ta-cho.ca) [ó] s.f. Pessoa gorda e desengonçada. ▪ Pl. *patas-chocas.*

patacoada (pa.ta.co.a.da) s.f. **1.** Afirmação errônea; inverdade, erro, bobagem. **2.** Piada, brincadeira, pilhéria.

patada (pa.ta.da) s.f. **1.** Pancada dada com a pata. **2.** (Fig.) Grosseria; atitude agressiva.

pata de elefante (pa.ta de e.le.**fan**.te) s.f. Modelo de calça com a boca larga e justa na coxa, usada nos anos 1960.

patamar (pa.ta.mar) s.m. Espaço mais largo entre os vários lances de uma escada.

patativa (pa.ta.ti.va) s.f. **1.** (Zoo.) Pássaro cinza de canto mavioso. **2.** (Fig.) Pessoa que canta muito bem.

patavina (pa.ta.vi.na) pron. ind. Nada, coisa alguma.

pataxó (pa.ta.**xó**) s.2g. **1.** Indivíduo dos pataxós, povo indígena que vive hoje em Minas Gerais e na Bahia. adj.2g. **2.** Relacionado a esse povo.
pataxó-hã-hã-hãe (pa.ta.xó-hã-hã-hãe) s.2g. **1.** Indivíduo dos pataxós-hã-hã-hães, povo indígena que vive hoje na Bahia. adj.2g. **2.** Relacionado a esse povo. ▣ Pl. *pataxós-hã-hã-hães*.
patchuli (pat.chu.**li**) s.m. **1.** (Bot.) Erva da qual se extrai um óleo aromático. **2.** Perfume feito com esse aroma.
patê (pa.**tê**) s.m. (Culin.) Pasta que se faz com os mais variados ingredientes (queijo, fígado, atum, ervas etc.) e que se passa sobre torradas ou canapés.
patear (pa.te.**ar**) v.t.d. **1.** Pisar com as patas: *os cães patearam a roupa*. v.i. **2.** Pisar no chão com força, bater os pés: *bufava e pateava em sinal de protesto*.
patela (pa.**te**.la) s.f. (Anat.) Osso situado na parte anterior do joelho; rótula.
patena (pa.**te**.na) s.f. (Relig.) Prato pequeno com que se cobre o cálice e apara as hóstias, na hora da comunhão. Obs.: admite-se também a forma *pátena*.
patente (pa.**ten**.te) adj.2g. **1.** Evidente; claro. s.f. **2.** Título oficial de uma concessão ou privilégio. **3.** Posto militar.
patenteado (pa.ten.te.**a**.do) adj. Registrado oficialmente.
patentear (pa.ten.te.**ar**) v.t.d. **1.** Tornar patente. **2.** Registrar oficialmente.
paternal (pa.ter.**nal**) adj.2g. Semelhante ao do pai, próprio de pai. Cf. *paterno*.
paternalismo (pa.ter.na.**lis**.mo) s.m. **1.** Autoridade paternal ou patriarcal. **2.** Protecionismo; sistema social em que o autoritarismo se disfarça de proteção e concessão de benefícios.
paternalista (pa.ter.na.**lis**.ta) adj.2g. **1.** Que diz respeito ao paternalismo. s.2g. **2.** Adepto do paternalismo.
paternidade (pa.ter.ni.**da**.de) s.f. Qualidade de pai.
paterno (pa.**ter**.no) adj. **1.** Relacionado ao pai. Cf. *paternal*. **2.** Relacionado ao país em que se nasceu.
pateta (pa.**te**.ta) s.2g. Pessoa tola, boba, idiota.
patetice (pa.te.**ti**.ce) s.f. Atitude de pateta; idiotice; tolice.
patético (pa.**té**.ti.co) adj. Comovedor; tocante; enternecedor.
patibular (pa.ti.bu.**lar**) adj.2g. Referente a patíbulo.
patíbulo (pa.**tí**.bu.lo) s.m. Estrado da forca; cadafalso; forca.
patifaria (pa.ti.fa.**ri**.a) s.f. Atitude de patife; sem-vergonhice.
patife (pa.**ti**.fe) s.m. e adj. (sobrecomum) (Indivíduo) desavergonhado, cafajeste, velhaco, gabiru.
patim (pa.**tim**) s.m. Calçado provido de rodinhas ou de uma lâmina embaixo, para deslizar, respectivamente, no solo ou no gelo.
pátina (**pá**.ti.na) s.f. **1.** Oxidação das tintas, pela ação do tempo. **2.** Camada verde que se forma sobre o bronze ou o cobre, causada pela umidade atmosférica; azinhavre. **3.** Pintura que visa a dar aos objetos um aspecto envelhecido.
patinação (pa.ti.na.**ção**) s.f. Ato de patinar.
patinar (pa.ti.**nar**) v.i. **1.** Deslizar sobre patins: *aprendeu a patinar aos dez anos*. **2.** Deslizar, derrapar, escorregar; patinhar: *as rodas patinaram e o carro rodou*.
patinete (pa.ti.**ne**.te) s.m. Prancha com rodas e um longo guidão, utilizada por uma pessoa em pé, como meio de transporte ou brinquedo.
patinhar (pa.ti.**nhar**) v.i. Patinar.
patinho (pa.**ti**.nho) s.m. **1.** Carne retirada da parte dianteira da coxa do boi. **2.** Diminutivo de *pato*.
pátio (**pá**.ti.o) s.m. Local descoberto no interior de uma casa, prédio ou escola e que pode destinar-se ao lazer ou à prática de algum esporte.
pato (**pa**.to) s.m. **1.** (Zoo.) Ave doméstica palmípede, que nada bem; ipeca. **2.** (Fig.) Pessoa ingênua e fácil de ser enganada.
patogênese (pa.to.**gê**.ne.se) s.f. Patogenia.
patogenia (pa.to.ge.**ni**.a) s.f. Mecanismo pelo qual as doenças são causadas por agentes mórbidos; patogênese.
patogênico (pa.to.**gê**.ni.co) adj. **1.** Relacionado a patogenia ou a patógeno. **2.** Que causa doenças: *germe patogênico*.
patógeno (pa.**tó**.ge.no) s.m. (Med.) Organismo que provoca doenças invadindo o corpo e destruindo algumas células.
patologia (pa.to.lo.**gi**.a) s.f. **1.** Ramo da medicina que estuda as alterações causadas por doenças. **2.** (Med.) Doença.
patológico (pa.to.**ló**.gi.co) adj. **1.** Que se refere à patologia. **2.** Que faz parte da doença; doentio: *medo patológico*. **3.** Que causa doença: *níveis patológicos de poluição*.
patologista (pa.to.lo.**gis**.ta) s.2g. Médico que estuda o efeito das doenças no organismo.
patota (pa.**to**.ta) s.f. (Gír.Ant.) Grupo; turma.
patranha (pa.**tra**.nha) s.f. História mentirosa; lorota.
patrão (pa.**trão**) s.m. Chefe ou proprietário de um estabelecimento, fábrica ou firma.
pátria (**pá**.tri.a) s.f. **1.** País em que nascemos. **2.** Terra de nossos pais ou antepassados.
patriarca (pa.tri.**ar**.ca) s.m. **1.** Homem que lidera um grupo familiar grande, de maneira mais ou menos autoritária. **2.** Homem que concentra muito poder na família. **3.** (Relig.) Chefe da Igreja Ortodoxa do Oriente; papa. ▣ Fem. *matriarca*.
patriarcado (pa.tri.ar.**ca**.do) s.m. Forma de organização social e familiar que concentra poder na figura do patriarca.
patriarcal (pa.tri.ar.**cal**) adj.2g. **1.** Relativo a patriarca ou patriarcado. **2.** (Fig.) Autoritário, imperativo. **3.** Bondoso; venerando; respeitável.
patriciado (pa.tri.ci.**a**.do) s.m. O mesmo que *patriciato*.
patriciato (pa.tri.ci.**a**.to) s.m. (Hist.) Condição dos patrícios entre os romanos antigos; nobreza. O mesmo que *patriciado*.

patrício (pa.**trí**.ci.o) s.m. **1.** Homem pertencente à classe dos nobres, na Roma antiga. s.m. e adj. **2.** Conterrâneo.
patrilinear (pa.tri.li.ne.**ar**) adj.2g. Estabelecido pela linhagem ou descendência paterna.
patrimonial (pa.tri.mo.ni.**al**) adj.2g. Que diz respeito a patrimônio.
patrimônio (pa.tri.**mô**.ni.o) s.m. Conjunto dos bens móveis, imóveis, financeiros etc. de uma pessoa ou organização.
pátrio (**pá**.tri.o) adj. **1.** Da pátria. **2.** (Dir.) Do pai.
patriota (pa.tri.**o**.ta) s.2g. Pessoa que ama e serve à pátria.
patriotada (pa.tri.o.**ta**.da) s.f. Rebelião imbuída de patriotismo, mas que não resulta em nada.
patriótico (pa.tri.**ó**.ti.co) adj. **1.** Que diz respeito à pátria. **2.** Imbuído de patriotismo.
patriotismo (pa.tri.o.**tis**.mo) s.m. Sentimento de amor e devoção à pátria.
patroa (pa.**tro**.a) s.f. **1.** Feminino de patrão. **2.** A dona da casa. **3.** (Pop.) Esposa.
patrocinado (pa.tro.ci.**na**.do) adj. Financiado; favorecido.
patrocinador (pa.tro.ci.na.**dor**) [ô] s.m. e adj. (Aquele) que patrocina ou financia um evento.
patrocinar (pa.tro.ci.**nar**) v.t.d. Dar patrocínio a; financiar; favorecer (algum evento ou pessoa).
patrocínio (pa.tro.**cí**.ni.o) s.m. **1.** Proteção, amparo. **2.** Custeio, financiamento.
patronal (pa.tro.**nal**) adj.2g. Que diz respeito a patrão.
patronato (pa.tro.**na**.to) s.m. **1.** Patrocínio. **2.** Estabelecimento onde se acolhem e instruem menores.
patronesse (pa.tro.**nes**.se) s.f. Aquela que patrocina movimentos beneficentes.
patronímico (pa.tro.**ní**.mi.co) adj. **1.** Relativo a pai e ao nome de família. s.m. **2.** Sobrenome derivado do nome do pai, como Fernandes, que vem de Fernando.
patrono (pa.**tro**.no) s.m. **1.** Padroeiro. **2.** Advogado; defensor.
patrulha (pa.**tru**.lha) s.f. Ronda, vigia feita por soldados; patrulhamento.
patrulhamento (pa.tru.lha.**men**.to) s.m. Ato de patrulhar; vigilância, ronda, patrulha.
patrulhar (pa.tru.**lhar**) v.t.d. **1.** Vigiar com patrulha; rondar. v.i. **2.** Fazer a ronda.
patrulheiro (pa.tru.**lhei**.ro) s.m. Aquele que patrulha.
patuá (pa.tu.**á**) s.m. **1.** (Folc.) Amuleto constituído por um saquinho ou breve, com oração ou objetos, que se usa pendurado no pescoço ou junto ao corpo. **2.** Cesta de palha ou balaio.
patuscada (pa.tus.**ca**.da) s.f. (Ant.) **1.** Festa, farra, brincadeira de adultos. **2.** Mentira, engano, engodo.
pau s.m. **1.** Qualquer pedaço de madeira, utilizado para vários fins. **2.** (Pop.) Pênis. **3.** Golpe com pau; paulada: *o invasor levou pau, saíram a pau*. **4.** (Gír.) Conflito violento, atrito, problema: *teve um pau na torcida no fim do jogo*. **5.** Problema, ou erro que trava o funcionamento de um computador ou rede. (Gír.) Levar pau: ser reprovado em exame ou repetir o ano. Cf. *paus*.
pau a pique (pau a **pi**.que) s.m. Parede que é feita de ripas ou varas cruzadas e barro; taipa. ▫ Pl. *paus a pique*.
pau-brasil (pau-bra.**sil**) s.m. (Bot.) Árvore brasileira, de madeira avermelhada, de que se extrai um corante para tecidos. ▫ Pl. *paus-brasis*.
pau-d'água (pau-d'**á**.gua) s.2g. Pessoa que bebe muito; alcoólatra; bêbado. ▫ Pl. *paus-d'água*.
pau de arara (pau de a.**ra**.ra) s.m. **1.** Caminhão com bancos para transportar pessoas. s.2g. **2.** Pessoa que se retirava do Nordeste em um desses caminhões, fugindo da seca, e vinha para o Sudeste. s.m. **3.** Tortura em que a pessoa é pendurada de cabeça para baixo. Cf. *pau-de-arara*.
pau-de-arara (pau-de-a.**ra**.ra) s.m. Certa árvore. Cf. *pau de arara*.
pau de fita (pau de **fi**.ta) s.m. (Folc.) **1.** Mastro com fitas presas no alto, usado em uma dança. **2.** Essa dança, de origem portuguesa, em que os pares seguram as fitas presas no alto do mastro e giram, ora em um sentido, ora em outro.
pau de sebo (pau de **se**.bo) [ê] s.m. (Folc.) **1.** Mastro liso, untado com sebo. **2.** Jogo ou prova de agilidade em que se disputa quem consegue subir nesse mastro, para pegar uma prenda colocada no topo. ▫ Pl. *paus de sebo*.
pau-ferro (pau-**fer**.ro) s.m. (Bot.) Árvore alta de tronco manchado e flores amarelas, de madeira apreciada na marcenaria. ▫ Pl. *paus-ferro, paus-ferros*.
paul (pa.**ul**) s.m. Pântano, brejo, palude.
paulada (pau.**la**.da) s.f. Pancada que se dá com um pedaço de pau.
paulatino (pau.la.**ti**.no) adj. Feito lenta e gradativamente.
paulista (pau.**lis**.ta) adj.2g. **1.** De São Paulo, estado brasileiro. s.2g. **2.** Pessoa natural ou habitante desse lugar. Cf. *paulistano*.
paulistano (pau.lis.**ta**.no) adj. **1.** Do município de São Paulo, capital do estado de mesmo nome. s.m. **2.** Pessoa natural ou habitante desse lugar. Cf. *paulista*.
paumari (pau.ma.**ri**) s.2g. **1.** Indivíduo dos paumaris, povo indígena que vive hoje no Amazonas. adj.2g. **2.** Relacionado a esse povo.
pau-para-tudo (pau-pa.ra-**tu**.do) s.m. (Bot.) Cipó de que se extrai uma substância com propriedades aromáticas e medicinais. ▫ Pl. *paus-para-tudo*.
pauperismo (pau.pe.**ris**.mo) s.m. Pobreza extrema; miséria.
pau-rosa (pau-**ro**.sa) s.m. (Bot.) Árvore ou arbusto de que se extrai óleo com propriedades aromáticas e medicinais. ▫ Pl. *paus-rosa, paus-rosas*.
paus s.m.pl. Um dos quatro naipes do baralho, marcado com árvore estilizada em preto. Cf. *pau*.
pausa (**pau**.sa) s.f. **1.** Interrupção temporária. **2.** (Mús.) Sinal que indica interrupções.

pausado (pau.sa.do) adj. Que é feito com pausas; vagaroso; lento; moderado.
pauta (pau.ta) s.f. **1.** Papel riscado com traços paralelos. **2.** (Mús.) Traçado com cinco linhas pararelas, onde se escrevem as notas musicais; pentagrama. **3.** Lista dos temas que serão tratados em uma reunião ou em um jornal, revista, programa etc.
pautado (pau.ta.do) adj. **1.** Com pautas ou traços paralelos, para facilitar a escrita. **2.** (Fig.) Metódico, disciplinado. **3.** Marcado em pauta, baseado em regras.
pautar (pau.tar) v.t.d. **1.** Traçar pautas no papel. **2.** (Fig.) Tornar metódico ou moderado; regrar. **3.** Pôr em pauta; relacionar.
pavão (pa.vão) s.m. (Zoo.) Grande ave galinácea, famosa pela plumagem muito bonita e vistosa e pelos pés muito feios.
pavê (pa.vê) s.m. (Culin.) Bolo gelado, que se faz alternando camadas de biscoito umedecido e creme.
pávido (pá.vi.do) adj. Que tem medo; apavorado; medroso; assustado.
pavilhão (pa.vi.lhão) s.m. **1.** Edificação geralmente de madeira e isolada. **2.** A bandeira. **3.** (Anat.) Parte externa do canal auditivo.
pavimentação (pa.vi.men.ta.ção) s.f. Ato de pavimentar.
pavimentado (pa.vi.men.ta.do) adj. Asfaltado; calçado; cimentado.
pavimentar (pa.vi.men.tar) v.t.d. Colocar pavimento em; asfaltar.
pavimento (pa.vi.men.to) s.m. **1.** Recobrimento do chão com algum tipo de revestimento. **2.** Cada um dos andares de um prédio.
pavio (pa.vi.o) s.m. Mecha de algodão recoberta de cera e embebida em algum tipo de combustível, usada para iluminação.
pavonear (pa.vo.ne.ar) v.t.d. **1.** Ostentar, exibir. v.p. **2.** Enfeitar-se; adornar-se. **3.** Contar vantagem.
pavor (pa.vor) [ô] s.m. Susto; terror; medo muito grande.
pavoroso (pa.vo.ro.so) [ô] adj. Que espalha pavor; horroroso; medonho. ▣ Pl. *pavorosos* [ó].
paxá (pa.xá) s.m. Título dado aos governadores das províncias turcas.
paxalato (pa.xa.la.to) s.m. Território sob a jurisdição de um paxá.
paz s.f. Cessação de hostilidades; concórdia.
pazada (pa.za.da) s.f. **1.** Pancada dada com uma pá. **2.** O conteúdo de uma pá.
PB Sigla de Paraíba, estado brasileiro.
Pb Símbolo do elemento químico chumbo.
PC Sigla do inglês *personal computer*, "computador pessoal"; microcomputador.
Pd Símbolo do elemento químico paládio.
PDF (Inf.) Sigla do inglês *portable document format*, "formato portátil de documento". Formato de arquivo que gera documentos que são independentes do sistema operacional, do *hardware* ou do aplicativo usado para criá-lo, e permite que seja necessário apenas de um leitor de PDF.

PE Sigla de Pernambuco, estado brasileiro.
pé s.m. **1.** (Anat.) Parte do corpo que fica no fim da perna e se apoia no chão, permitindo o caminhar. **2.** Base, apoio, pedestal: *pé da cama*. **3.** Aquilo que fica do lado oposto ao lado de cima ou da cabeça: *pé da página*. **4.** Planta, vegetal: *pés de alface, pé de laranja*. **5.** (Fig.) Antiga unidade de medida próxima de 30 cm. **6.** Situação, condições, estado: *fomos ver em que pé está a construção da nova quadra*. **7.** (Lit.) Sílaba poética, que é a unidade rítmica de um poema ou canção. (Folc.) **Pé de coelho:** amuleto constituído por um pé de coelho embalsamado, para atrair boa sorte. **Em pé de guerra:** em conflito ou desentendimento agressivo: *os índios do litoral estavam em pé de guerra com os portugueses*.
pê s.m. Nome da letra P.
peanha (pe.a.nha) s.f. **1.** Apoio ou suporte, em geral de parede, para estátua de santo. **2.** Pedestal.
peão (pe.ão) s.m. **1.** Homem que conduz uma tropa. **2.** Cada uma das peças do xadrez que são colocadas na frente. **3.** Amansador de animais. Cf. *pião*.
pear (pe.ar) v.t.d. Prender com peia; embaraçar.
pecã (pe.cã) s.f. (Bot.) Certa noz de uso culinário.
peça (pe.ça) s.f. **1.** Cada uma das partes de um todo. **2.** Cada uma das pedras de jogo de tabuleiro. **3.** Composição artística. **4.** (Fig.) Logro; tapeação. **5.** (Dir.) Documento que faz parte de um processo.
pecadilho (pe.ca.di.lho) s.m. Pecado sem muita gravidade.
pecado (pe.ca.do) s.m. Transgressão de um preceito religioso; culpa; falha.
pecador (pe.ca.dor) [ô] s.m. *e* adj. (Aquele) que comete um pecado.
pecaminoso (pe.ca.mi.no.so) [ô] adj. Que tem a natureza do pecado; culposo. ▣ Pl. *pecaminosos* [ó].
pecar (pe.car) v.i. Cometer um pecado.
pecha (pe.cha) s.f. Defeito; falha; erro.
pechincha (pe.chin.cha) s.f. Aquilo que se compra por um preço muito baixo.
pechinchar (pe.chin.char) v.i. Pedir abatimento de preço; regatear.
pechincheiro (pe.chin.chei.ro) s.m. *e* adj. (Aquele) que gosta de pechinchar.
pechisbeque (pe.chis.be.que) s.m. **1.** Liga metálica que imita o ouro. **2.** Imitação de joia. **3.** (Fig.) Objeto sem valor; ninharia.
pecilotermo (pe.ci.lo.ter.mo) s.m. *e* adj. (Zoo.) (Animal) cuja temperatura corporal varia de acordo com o meio, e que pode ficar com o sangue e o corpo frios, como os répteis. Cf. *homeotermo*.
pecíolo (pe.cí.o.lo) s.m. (Bot.) Parte da folha junto ao caule.
peçonha (pe.ço.nha) [ô] s.f. **1.** Veneno produzido por cobra, escorpião ou outro animal, para injetar na presa. **2.** (Fig.) Maldade, malícia.
peçonhento (pe.ço.nhen.to) adj. **1.** (Zoo.) Diz-se de animal que produz peçonha e a inocula na presa: *nem todas as cobras são peçonhentas*. **2.** Que

contém peçonha; venenoso: *picada peçonhenta*. **3.** (*Fig.*) Maldoso; malicioso.
pecuária (pe.cu.á.ri.a) s.f. Criação e industrialização do gado.
pecuário (pe.cu.á.ri.o) adj. Que diz respeito a gado.
pecuarista (pe.cu.a.ris.ta) s.2g. Aquele que se dedica à pecuária; criador.
peculatário (pe.cu.la.tá.ri.o) s.m. (*Dir.*) Pessoa que comete peculato, que desvia dinheiro público.
peculato (pe.cu.la.to) s.m. (*Dir.*) Desvio de dinheiro público feito por funcionário encarregado de administrá-lo.
peculiar (pe.cu.li.ar) adj.2g. **1.** Que diz respeito a pecúlio. **2.** Característico de uma coisa ou pessoa.
peculiaridade (pe.cu.li.a.ri.da.de) s.f. Qualidade do que é peculiar; característica.
pecúlio (pe.cú.li.o) s.m. Reserva de dinheiro proveniente de economia ou que é fruto de anos de trabalho.
pecúnia (pe.cú.ni.a) s.f. Dinheiro.
pecuniário (pe.cu.ni.á.ri.o) adj. Que diz respeito a dinheiro.
pé-d'água (pé-d'á.gua) s.m. Chuva muito forte; temporal; aguaceiro. ▣ Pl. *pés-d'água*.
pedaço (pe.da.ço) s.m. Porção; bocado; fatia.
pedágio (pe.dá.gi.o) s.m. **1.** Taxa cobrada aos usuários das estradas. **2.** Posto fiscal encarregado de arrecadar essa taxa.
pedagogia (pe.da.go.gi.a) s.f. Ciência e teoria do ensino e da educação.
pedagógico (pe.da.gó.gi.co) adj. **1.** Relacionado à pedagogia ou ao estudo da educação. **2.** Que serve para ensinar; educativo.
pedagogo (pe.da.go.go) s.m. Pessoa que estudou pedagogia.
pedal (pe.dal) s.m. Peça acionada com os pés e que se encontra nos veículos, máquinas e certos instrumentos musicais.
pedalada (pe.da.la.da) s.f. Impulso que se dá ao pedal; ato de pedalar.
pedalar (pe.da.lar) v.i. **1.** Dar impulso aos pedais de. **2.** Andar de bicicleta.
pedalinho (pe.da.li.nho) s.m. Espécie de barco pequeno acionado a pedais, próprio para passeios em represas ou lagoas.
pedante (pe.dan.te) adj.2g. Presunçoso; convencido; pretensioso.
pedantismo (pe.dan.tis.mo) s.m. Atitude de quem é pedante; convencimento; presunção; vaidade.
pé de atleta (pé de a.tle.ta) s.f. (*Med.*) Micose nos pés, causada por fungos.
pé de boi (pé de boi) s.2g. Pessoa muito trabalhadora e cumpridora de suas obrigações.
pé de cabra (pé de ca.bra) s.m. Alavanca de ferro com uma das extremidades fendida, como se fosse um pé de cabra, e que é usada para abrir caixas e outros objetos.
pé de chumbo (pé de chum.bo) s.m. (*sobrecomum*) **1.** Pessoa que não tem habilidade para danças de par ou danças de salão. **2.** Pessoa que conduz um veículo depressa demais.
pé de galinha (pé de ga.li.nha) s.m. Ruga que surge no canto externo do olho.
pé-de-meia (pé-de-mei.a) s.m. Poupança; economia. ▣ Pl. *pés-de-meia*. Obs.: segundo o Acordo Ortográfico de 1990, emprega-se o hífen neste vocábulo por tratar-se de uma exceção consagrada pelo uso (Base XV, art. 6º).
pé de moleque (pé de mo.le.que) s.m. (*Culin.*) Doce em tabletes feito com amendoim e calda de açúcar ou mel.
pé de pato (pé de pa.to) s.m. Dispositivo flexível colocado nos pés para melhorar o nado ou o mergulho.
pé-de-pau (pé-de-pau) s.m. (NE) Qualquer árvore. ▣ Pl. *pés-de-pau*.
pederasta (pe.de.ras.ta) s.m. Aquele que pratica a pederastia.
pederastia (pe.de.ras.ti.a) s.f. Homossexualismo; prática sexual entre homens.
pederneira (pe.der.nei.ra) s.f. Pedra muito dura que produz faíscas, quanto atingida por fragmentos; pedra de fogo.
pedestal (pe.des.tal) s.m. Peça que sustenta uma coluna, uma estátua etc.; base.
pedestre (pe.des.tre) s.2g. e adj.2g. **1.** (Aquele) que anda a pé. adj.2g. **2.** Que se faz a pé.
pedestrianismo (pe.des.tri.a.nis.mo) s.m. Grande marcha ou corrida a pé.
pé de vento (pé de ven.to) s.m. Vento forte ou de curta duração; ventania.
pediatra (pe.di.a.tra) s.2g. Médico que se especializou em cuidar de crianças, em pediatria.
pediatria (pe.di.a.tri.a) s.f. Parte da medicina que cuida das doenças infantis.
pedículo (pe.dí.cu.lo) s.m. Suporte (ou pé) dos órgãos vegetais.
pedicure (pe.di.cu.re) s.f. **1.** Feminino de *pedicuro*. **2.** Cuidados com as unhas dos pés.
pedicuro (pe.di.cu.ro) s.m. Pessoa que cuida dos pés, especialmente pintando as unhas. Cf. *calista* e *podólogo*.
pedido (pe.di.do) s.m. **1.** Ato de pedir. **2.** Requerimento; petição. adj. **3.** Solicitado; requerido.
pedigree [inglês: "pedigri"] s.m. Registro dos ancestrais de animais de raça, como cães e cavalos; linhagem.
pedímano (pe.dí.ma.no) adj. Relativo aos animais que usam as patas posteriores como mãos.
pedinchão (pe.din.chão) adj. Que pede muito; chorão, pidão.
pedinte (pe.din.te) s.2g. e adj.2g. (Pessoa) que pede esmola; mendigo ou mendiga.
pedir (pe.dir) v.t.d.i. Rogar; solicitar; suplicar. Obs.: verbo irregular; pres. do ind.: *peço, pedes, pede, pedimos, pedis, pedem*; pres. do subj.: *peça, peças, peça, peçamos, peçais, peçam*; imperat. afirm.: *pede, peça, peçamos, pedi, peçam*.

pé-direito (pé-di.rei.to) s.m. Altura de um andar, do soalho ao teto. ◘ Pl. *pés-direitos*.
peditório (pe.di.tó.ri.o) s.m. Ato de pedir a várias pessoas, para fins de caridade.
pedofilia (pe.do.fi.li.a) s.f. Atração sexual por crianças.
pedófilo (pe.dó.fi.lo) s.m. e adj. (Aquele) que sente atração sexual por crianças.
pedologia (pe.do.lo.gi.a) s.f. 1. Estudo sistemático da vida e do desenvolvimento das crianças; contém o estudo biológico, psicológico e social da infância. 2. (Geo.) Parte da geologia que estuda o solo do ponto de vista morfológico, genético e classificatório.
pedra (pe.dra) s.f. 1. Mineral duro e sólido, com a mesma natureza das rochas. 2. Qualquer fragmento desse mineral. 3. Rochedo. 4. Peça de qualquer jogo de tabuleiro. 5. (Fig.) Pessoa dura e insensível. 6. (Gír.) Craque: *fumar pedra*.
pedrada (pe.dra.da) s.f. Pancada com pedra.
pedra de fogo (pe.dra de fo.go) [ô] s.f. Pederneira; sílex.
pedra de raio (pe.dra de rai.o) s.f. Sílex neolítico ou aerólito.
pedra-ímã (pe.dra-í.mã) s.f. Ímã natural. ◘ Pl. *pedras-ímãs*.
pedra-pomes (pe.dra-po.mes) [ô] s.f. Pedra leve e porosa, com que se amacia a pele; pomes. ◘ Pl. *pedras-pomes*.
pedraria (pe.dra.ri.a) s.f. Grande quantidade de pedras preciosas.
pedra-sabão (pe.dra-sa.bão) s.f. Tipo de pedra mole, ideal para esculturas; esteatita. ◘ Pl. *pedras-sabão, pedras-sabões*.
pedra-ume (pe.dra-u.me) s.f. Sulfato de alumínio e potássio. ◘ Pl. *pedras-umes*.
pedregoso (pe.dre.go.so) [ô] adj. Em que há muitas pedras. ◘ Pl. *pedregosos* [ó].
pedregulho (pe.dre.gu.lho) s.m. 1. Pedra miúda. 2. Grande quantidade desse tipo de pedra.
pedreira (pe.drei.ra) s.f. Rocha de onde se retiram pedras para construção.
pedreiro (pe.drei.ro) s.m. 1. Operário que levanta paredes com pedras, cimento e tijolos, que trabalha com alvenaria. 2. (Zoo.) João-de-barro.
pedrento (pe.dren.to) adj. Semelhante a pedra; pedregoso.
pedrês (pe.drês) adj.2g. Salpicado de preto e branco; carijó.
pedrisco (pe.dris.co) s.m. Granito ou outra pedra em pedaços pequenos: *jogaram pedriscos na estrada de terra para diminuir o barro*.
pedroso (pe.dro.so) [ô] adj. Com a natureza da pedra; pedregoso. ◘ Pl. *pedrosos* [ó].
pedúnculo (pe.dún.cu.lo) s.m. (Bot.) Estrutura que sustenta e serve de base a uma flor ou conjunto de flores.
pé-frio (pé-fri.o) s.m. (sobrecomum) Pessoa azarada ou azarenta. ◘ Pl. *pés-frios*.
pega (pe.ga) [é] s.f. 1. Ato de pegar. s.m. 2. Discussão; briga; desordem. interj. 3. Emprega-se para pedir ou ordenar que prendam, capturem; também para incitar cães ao ataque: *pega ladrão!*
pega (pe.ga) [ê] s.f. (epiceno) Ave europeia do grupo dos corvos.
pegada (pe.ga.da) s.f. 1. Marca que o pé deixa no chão; pisada. 2. (Fig.) Marca; vestígio. 3. Caminho, trilha: *seguia as pegadas do pai*.
pegado (pe.ga.do) adj. 1. Contíguo; colado; vizinho. 2. (Fig.) Íntimo; inseparável.
pegador (pe.ga.dor) [ô] adj. 1. Que pega. s.m. 2. Pega-pega. 3. No jogo de pega-pega, aquele que deve pegar os demais.
pegajoso (pe.ga.jo.so) [ô] adj. 1. Viscoso, grudento. 2. (Fig.) Chato; importuno. ◘ Pl. *pegajosos* [ó].
pega-pega (pe.ga-pe.ga) s.m. 1. Brincadeira infantil em que uma pessoa, o pegador, deve correr para pegar alguém do grupo, que se torna o novo pegador; pegador. 2. Correria para pegar um ladrão. ◘ Pl. *pegas-pegas, pega-pegas*.
pegar (pe.gar) v.t.d. 1. Segurar; agarrar: *pegou a bola*. 2. Capturar, alcançar: *o cachorro pegou o gato; o gato foi pego pelo cachorro*. 3. Adquirir (doença) por contágio: *peguei uma gripe*. 4. Colar, grudar: *o adesivo não pega em lugar molhado*. 5. Tomar, entrar em: *pegou um ônibus; havia pegado um navio*. v.i. 6. Lançar raízes, viver: *a mudinha pegou*. 7. (Pop.) Fixar-se, manter-se em uso: *o uso de tênis pegou*. 8. Acender (o fogo). v.p. 9. Procurar proteção em: *pegava-se com Deus*. Obs.: verbo com dois particípios: *pegado*, usado com os auxiliares "ter" e "haver"; e *pego*, usado com os auxiliares "ser" e "estar". A forma *pego* admite duas pronúncias, com [é] ou com [ê].
pega-rapaz (pe.ga-ra.paz) s.m. Cacho de cabelos ou topete caído no meio da testa. ◘ Pl. *pega-rapazes*.
peia (pei.a) s.f. 1. Laço com que se amarram os pés dos animais. 2. Chicote. 3. (Fig.) Impedimento; estorvo.
peidar (pei.dar) v.i. (Pop.) Expelir gases pelo ânus.
peido (pei.do) s.m. (Pop.) Gás emitido pelo ânus; flato.
peignoir [francês: "penhoar"] s.m. Penhoar.
peita (pei.ta) s.f. Suborno.
peitar (pei.tar) v.t.d. Subornar; tentar conseguir algo com peitas; enfrentar.
peitica (pei.ti.ca) s.f. 1. (Zoo.) Certa ave de canto monótono e insistente. 2. Pessoa impertinente, obstinada, importuna, mesquinha. 3. Brincadeira, pilhéria repetida para irritar ou azucrinar.
peito (pei.to) s.m. 1. Parte de cima e da frente do tronco, onde se localizam o coração e os pulmões. 2. Mama. 3. (Fig.) Coragem.
peitoral (pei.to.ral) adj.2g. 1. Relativo ao peito. 2. Situado na parte da frente do corpo e próxima da cabeça: *nadadeiras peitorais*. s.m. 3. (Anat.) Músculo par no tórax. 4. Correia sobre o peito do cavalo.
peitoril (pei.to.ril) s.m. Parapeito.
peitudo (pei.tu.do) adj. 1. Que tem muito peito. 2. (Fig.) Corajoso; destemido.
peixada (pei.xa.da) s.f. (Culin.) Peixe cozido com cebola, tomate, ervas, azeite etc.

peixão (pei.**xão**) s.m. **1.** (*Fig.*) Mulher muito bonita. **2.** Peixe grande.

peixaria (pei.xa.**ri**.a) s.f. Estabelecimento onde se compra peixe.

peixe (pei.xe) s.m. (*epiceno*) (*Zoo.*) Animal vertebrado que vive na água e respira por meio de guelras ou brânquias. Cf. *peixes*.

peixe-boi (pei.xe-**boi**) s.m. (*Zoo.*) Mamífero que vive nos rios da Amazônia e atinge mais de 2,5 m de comprimento; juauará. ▪ Pl. *peixes-boi*, *peixes-bois*.

peixe-cobra (pei.xe-**co**.bra) s.m. (*Zoo.*) Muçum. ▪ Pl. *peixes-cobra*, *peixes-cobras*.

peixe-elétrico (pei.xe-e.**lé**.tri.co) s.m. (*Zoo.*) Peixe que dá descargas elétricas; poraquê. ▪ Pl. *peixes--elétricos*.

peixeira (pei.**xei**.ra) s.f. **1.** Faca grande que se usa para cortar peixe. **2.** Mulher que vende peixe. **3.** Travessa própria para servir peixe.

peixeiro (pei.**xei**.ro) s.m. Vendedor de peixe.

Peixes (**Pei**.xes) s.m. (*próprio*) **1.** (*Mit.*) Décimo segundo signo astrológico, de 19 de fevereiro a 20 de março, correspondente aos piscianos. **2.** (*Astron.*) Constelação. Cf. *peixe*.

peixe-voador (pei.xe-vo.a.**dor**) [ô] s.m. Voador. ▪ Pl. *peixes-voadores*.

peixinho (pei.**xi**.nho) s.m. **1.** (*Esp.*) Salto com barriga no solo, para tentar alcançar a bola com as mãos, no vôlei, e com a cabeça, no futebol. **2.** (*Pop.*) Indivíduo protegido de outrem.

pejado (pe.**ja**.do) adj. Que sente pejo; envergonhado.

pejar (pe.**jar**) v.t.d. **1.** Envergonhar; embaraçar. v.p. **2.** Envergonhar-se; acanhar-se.

pejo (pe.jo) [ê] s.m. Pudor; acanhamento; vergonha.

pejorativo (pe.jo.ra.**ti**.vo) adj. Relativo ao vocábulo que adquiriu um significado desagradável, agressivo ou inconveniente, como os diminutivos "jornaleco" e "padreco".

pela (pe.la) [ê] Contração da preposição "per", forma antiga de "por", com o artigo feminino "a": *andou pela calçada; pediu pela segunda vez*.

pela (pe.la) [ê] s.f. **1.** Modalidade de jogo em que a bola é jogada contra a parede. **2.** A bola usada nesse jogo.

pelada (pe.**la**.da) s.f. **1.** Partida de futebol amador, realizada em um campinho ou terreno baldio. **2.** (*Med.*) Afecção do couro cabeludo, causada por placas de alopecia. adj. **3.** Feminino de *pelado*.

pelado (pe.**la**.do) adj. Sem cobertura de pelos, pele, penas ou roupas; nu.

pelagem (pe.**la**.gem) s.f. Pelo dos animais; pelame.

pelágico (pe.**lá**.gi.co) adj. (*Geo.*) Diz-se do depósito marinho profundo que se forma longe do litoral.

pélago (**pé**.la.go) s.m. **1.** Alto-mar. **2.** Abismo marítimo; profundidade do mar.

pelame (pe.**la**.me) s.m. Porção de pele, pelo e couro.

pelanca (pe.**lan**.ca) s.f. Pele (ou carne) mole e enrugada.

pelar (pe.**lar**) v.t.d. **1.** Tirar o pelo de. **2.** Tirar a casca ou a pele de. v.i. **3.** Ferver muito.

pele (pe.le) [é] s.f. **1.** Membrana que reveste externamente o corpo dos vertebrados. **2.** Casca de certos frutos e tubérculos. **3.** Pele de animais usada para adornar vestuário.

pelé s.m. (pe.**lé**) adj.2g. e s.2g. (Aquele) que é extraordinário, incomparável; Edson Arantes do Nascimento (1940-2022), cujo apelido transformou-se em substantivo e em adjetivo comum de dois gêneros. Obs.: o termo é também marca registrada pela Fundação Pelé. Esta palavra não consta no Volp.

pelega (pe.**le**.ga) [ê] s.f. (*Pop.*) Cédula de dinheiro.

pelego (pe.**le**.go) [ê] s.m. **1.** Pele do carneiro com a lã. **2.** (*Fig.*) Pessoa servil; submissa.

peleja (pe.**le**.ja) [ê] s.f. **1.** Combate; contenda; briga. **2.** (*Folc.*) Disputa poética entre cantadores; desafio.

pelejador (pe.le.ja.**dor**) [ô] s.m. Aquele que peleja; batalhador; lutador.

pelejar (pe.le.**jar**) v.t.d. e v.t.i. **1.** Travar (uma luta). v.i. **2.** Lutar; brigar; batalhar. Obs.: a pronúncia do segundo e do radical é fechada nas formas rizotônicas. Pres. do ind.: *pelejo* [ê], *pelejas* [ê], *peleja* [ê], *pelejam* [ê]; pres. do subj.: *peleje* [ê], *pelejes* [ê], *peleje* [ê], *pelejem* [ê]; imperat. afirm.: *peleja* [ê], *peleje* [ê], *pelejai* [ê], *pelejem* [ê].

pelerine (pe.le.**ri**.ne) s.f. Capa feminina de tecido espesso, que cobre apenas os ombros e o colo ou até o joelho, com aberturas laterais para os braços.

peleteria (pe.le.te.**ri**.a) s.f. Estabelecimento onde se vendem peles.

pele-vermelha (pe.le-ver.**me**.lha) [ê] s.2g. e adj.2g. Indígena de qualquer povo nativo da América do Norte. ▪ Pl. *peles-vermelhas*.

pelica (pe.**li**.ca) s.f. Pele fina de animais, tratada para se utilizar na confecção de calçados, bolsas e luvas.

peliça (pe.**li**.ça) s.f. Qualquer peça do vestuário feita ou revestida de pelica.

pelicano (pe.li.**ca**.no) s.m. (*Zoo.*) Ave palmípede aquática de pernas curtas e que se alimenta de peixes.

película (pe.**lí**.cu.la) s.f. **1.** Pele muito fina e delicada, como a que se encontra na base das unhas. **2.** Filme; fita cinematográfica.

pelintra (pe.**lin**.tra) s.2g. e adj.2g. (Pessoa) que tem origem humilde e veste-se de modo rebuscado, com ares importantes.

pelintrão (pe.lin.**trão**) s.m. Indivíduo maltrapilho, mas pretensioso.

pelintrice (pe.lin.**tri**.ce) s.f. Ação, qualidade de pelintra.

pelo (pe.lo) [ê] Contração da preposição "per", forma antiga de "por", com o artigo masculino "o": *andava pelo caminho da praia; olhou pelo visor da porta*.

pelo (pe.lo) [ê] s.m. **1.** Fio delicado que cresce na pele dos animais; cabelo; penugem. **2.** Filamento que recobre algumas plantas ou frutas.

pelota (pe.**lo**.ta) [ó] s.f. **1.** Bola ou pela pequena. **2.** Bola de futebol. **3.** Bolinha de barro que se arremessa com o estilingue. **Pelota basca:** esporte em que os jogadores ou duplas atiram uma bola de couro contra o frontão, formado por duas paredes

em ângulo reto, usando as mãos ou uma raquete especial e fazendo que a bola só bata uma vez no solo; *jai-alai*.
pelotão (pe.lo.**tão**) *s.m.* A terça parte de uma companhia de soldados.
pelourinho (pe.lou.**ri**.nho) *s.m.* Coluna com correntes, onde se prendiam criminosos para serem castigados.
pelouro (pe.**lou**.ro) *s.m.* Bola de ferro usada como munição em canhões antigos.
pelúcia (pe.**lú**.ci.a) *s.f.* Tecido em que um dos lados é felpudo ou aveludado.
peludo (pe.**lu**.do) *adj.* Que tem muito pelo.
pelugem (pe.**lu**.gem) *s.f.* Reunião de pelos.
peluginoso (pe.lu.gi.**no**.so) [ô] *adj.* Que tem pelugem. ▪ Pl. *peluginosos* [ó].
pelve (**pel**.ve) *s.f.* (*Anat.*) Cavidade óssea da bacia. O mesmo que *pélvis*.
pélvico (**pél**.vi.co) *adj.* Relativo à pelve.
pélvis (**pél**.vis) *s.f.2n.* (*Anat.*) O mesmo que *pelve*. ▪ Pl. *pélvis*.
pena (**pe**.na) [ê] *s.f.* **1.** (*Zoo.*) Cada uma das peças cobertas de fios, que cobrem o corpo das aves, de formatos variados; pluma. **2.** Essa peça, usada antigamente para escrever mergulhando-se o bico na tinta. **3.** (*P. ext.*) A caneta e a própria escrita: *da pena de Camões saíram lindos poemas.* **4.** Dó, piedade: *tinha pena dos cães abandonados.* **5.** Punição, condenação, castigo: *pena de prisão, pena de multa.*
penacho (pe.**na**.cho) *s.m.* **1.** Crista de algumas aves. **2.** Penas para enfeite de chapéu ou penteado.
penada (pe.**na**.da) *s.f.* **1.** Traço feito com a pena. **2.** (*Fig.*) Opinião.
penado (pe.**na**.do) *adj.* Que tem penas ou plumas; emplumado. *Alma penada*: alma que está penando, sofrendo penas, que não foi para o céu.
penal (pe.**nal**) *adj.2g.* Que diz respeito a penas judiciais, às determinações da Justiça de um país. *Código penal*: legislação que prevê as penas para os crimes e delitos.
penalidade (pe.na.li.**da**.de) *s.f.* **1.** Sistema de penas impostas pela lei. **2.** Punição; pena; castigo.
penalista (pe.na.**lis**.ta) *s.m.2g. e adj.2g.* (*Dir.*) Especialista em direito penal; criminalista.
penalização (pe.na.li.za.**ção**) *s.f.* **1.** Ato de penalizar; punição; penalidade. **2.** (*Fig.*) Entristecimento; comoção.
penalizado (pe.na.li.**za**.do) *adj.* **1.** Que sofreu uma penalidade; castigado. **2.** (*Fig.*) Triste; condoído.
penalizar (pe.na.li.**zar**) *v.t.d.* **1.** Aplicar penalidade. **2.** Entristecer; causar pena. *v.p.* **3.** Sentir pena; condoer-se.
pênalti (**pê**.nal.ti) *s.m.* (*Esp.*) Penalidade máxima do futebol, que assegura a cobrança por tiro direto, sem barreira, a 11 m de distância.
penar (pe.**nar**) *v.i.* Padecer; sofrer; entristecer-se.
penca (**pen**.ca) *s.f.* **1.** Galho de árvore ou planta semelhante, de onde pendem vários frutos ou flores: *a banana dá em penca.* **2.** Grande quantidade, monte: *desfiou uma penca de motivos para não ir.*

pendão (pen.**dão**) *s.m.* **1.** Estandarte, bandeira. **2.** Emblema ou símbolo de um partido ou causa. **3.** (*Bot.*) Inflorescência do milho e de outras plantas.
pendência (pen.**dên**.ci.a) *s.f.* Qualidade daquilo que está pendente; litígio; contenda; rixa.
pendenga (pen.**den**.ga) *s.f.* Pendência.
pendente (pen.**den**.te) *adj.2g.* **1.** Que pende. **2.** Que está suspenso ou inclinado. **3.** Que está para ser resolvido. *s.m.* **4.** Pingente.
pender (pen.**der**) *v.i.* **1.** Estar pendurado, suspenso ou inclinado. *v.t.i.* **2.** Ter tendência ou propensão. *v.p.* **3.** Inclinar-se.
pendor (pen.**dor**) [ô] *s.m.* Propensão; inclinação; tendência.
pendular (pen.du.**lar**) *adj.2g.* **1.** Relativo a pêndulo. **2.** Em forma de pêndulo.
pêndulo (**pên**.du.lo) *s.m.* Corpo pesado e suspenso na extremidade inferior de um fio, oscilando pela ação do próprio peso e regulando, assim, o movimento de um mecanismo.
pendura (pen.**du**.ra) *s.f.* **1.** Ato de pendurar. **2.** Coisa pendurada. **3.** (*Gír.*) Falta de dinheiro. **4.** (*Gír.*) Calote; dependura.
pendurado (pen.du.**ra**.do) *adj.* Pendente; suspenso.
pendurar (pen.du.**rar**) *v.t.d.* **1.** Suspender; prender a certa altura do chão. **2.** Penhorar. **3.** (*Gír.*) Deixar de pagar uma conta.
penduricalho (pen.du.ri.**ca**.lho) *s.m.* Enfeite ou adorno que se pendura.
penedia (pe.ne.**di**.a) *s.f.* Série de penedos.
penedo (pe.**ne**.do) [ê] *s.m.* Pedra alta; penhasco; rochedo.
peneira (pe.**nei**.ra) *s.f.* Utensílio cujo fundo é formado por fios entrelaçados e que se usa para separar substâncias fragmentadas de outras mais grossas.
peneirar (pe.nei.**rar**) *v.t.d.* **1.** Fazer passar pela peneira. **2.** (*Fig.*) Fazer uma triagem; selecionar.
penetra (pe.**ne**.tra) [é] *s.2g.* (*Gír.*) Pessoa que participa de festas, espetáculos etc. sem ser convidada.
penetrabilidade (pe.ne.tra.bi.li.**da**.de) *s.f.* Qualidade daquilo que é penetrável.
penetração (pe.ne.tra.**ção**) *s.f.* **1.** Ato de penetrar. **2.** Perspicácia; facilidade de compreensão.
penetrante (pe.ne.**tran**.te) *adj.2g.* **1.** Que penetra ou entra; invasivo: *cheiro penetrante.* **2.** Intenso, profundo; forte: *olhar penetrante.*
penetrar (pe.ne.**trar**) *v.t.d.* **1.** Transpor; invadir. *v.i.* **2.** Embrenhar-se; introduzir-se.
penetrável (pe.ne.**trá**.vel) *adj.2g.* **1.** Que se pode penetrar. **2.** Que se pode entender.
pênfigo (**pên**.fi.go) *s.m.* (*Med.*) Tipo de dermatose com bolhas.
penha (**pe**.nha) *s.f.* Pedra alta e isolada; penhasco.
penhasco (pe.**nhas**.co) *s.m.* Pedra elevada; penha; rocha.
penhoar (pe.nho.**ar**) *s.m.* Vestimenta feminina usada sobre a camisola. Obs.: do fr. *peignoir*.

penhor (pe.**nhor**) [ô] s.m. **1.** Garantia de um pagamento. **2.** Objeto dado como garantia de um empréstimo. **3.** (Fig.) Prova; sinal.

penhora (pe.**nho**.ra) [ó] s.f. **1.** Apreensão de bens de um devedor para pagamento judicial. **2.** Execução judicial para pagamento de certa quantia.

penhorado (pe.nho.**ra**.do) adj. **1.** Que foi tomado em penhor. **2.** (Fig.) Agradecido; reconhecido.

penhorar (pe.nho.**rar**) v.t.d. **1.** Dar como garantia. **2.** Apreender judicialmente. v.p. **3.** Mostrar-se grato.

penicilina (pe.ni.ci.**li**.na) s.f. **1.** (Bio.) Substância extraída de determinados fungos, usada na fabricação de medicamentos e de queijos. **2.** (Med.) Medicamento antibiótico que contém essa substância, usado no tratamento de tuberculose e outras doenças causadas por bactérias.

penico (pe.**ni**.co) s.m. Vaso com asa próprio para se urinar; urinol. Cf. *pinico*.

penífero (pe.**ní**.fe.ro) adj. Que tem penas.

peniforme (pe.ni.**for**.me) adj.2g. Que tem forma de pena.

penígero (pe.**ní**.ge.ro) adj. Que possui penas; penífero.

península (pe.**nín**.su.la) s.f. (Geo.) Porção de terra cercada de água por todos os lados, exceto por um, que a liga ao continente.

peninsular (pe.nin.su.**lar**) adj.2g. **1.** Que diz respeito à península. s.2g. **2.** Pessoa que é habitante ou natural de uma península.

pênis (**pê**.nis) s.m.2n. Órgão sexual masculino. ▣ Pl. *pênis*.

penitência (pe.ni.**tên**.ci.a) s.f. **1.** Pena imposta pelo confessor para remissão dos pecados. **2.** Sacrifício para expiar um pecado cometido. **3.** (Fig.) Tormento; sacrifício.

penitenciar (pe.ni.ten.ci.**ar**) v.t.d. **1.** Impor uma penitência. v.p. **2.** Fazer sacrifícios por algum pecado cometido; arrepender-se.

penitenciária (pe.ni.ten.ci.**á**.ri.a) s.f. Prisão pública onde os criminosos condenados vão cumprir pena.

penitenciário (pe.ni.ten.ci.**á**.ri.o) adj. **1.** Relativo à pena de prisão ou à penitenciária; penitencial. s.m. **2.** Indivíduo preso em penitenciária.

penitente (pe.ni.**ten**.te) s.2g. e adj.2g. (Aquele) que faz confissão ou penitência de seus pecados.

penosa (pe.**no**.sa) [ó] s.f. (Pop.) Galinha.

penoso (pe.**no**.so) [ô] adj. Que causa pena; custoso; difícil. ▣ Pl. *penosos* [ó].

pensador (pen.sa.**dor**) [ô] s.m. **1.** Aquele que pensa. **2.** Aquele que tenta entender a realidade da vida, em toda a sua profundidade; filósofo.

pensamento (pen.sa.**men**.to) s.m. **1.** Ato ou efeito de pensar. **2.** Faculdade de pensar. **3.** Reflexão; ideia. **4.** Imaginação; fantasia.

pensante (pen.**san**.te) adj.2g. Que pensa ou faz uso da razão.

pensão (pen.**são**) s.f. **1.** Pequeno hotel de porte familiar. **2.** Renda mensal paga a alguém: *recebia pensão para cuidar dos filhos*. **3.** Fornecimento de comida em domicílio.

pensar (pen.**sar**) v.t.d. **1.** Julgar; acreditar. **2.** Fazer curativo ou pôr penso em. v.i. **3.** Raciocinar; fazer uso da razão. v.t.i. **4.** Ter no espírito; cogitar.

pensativo (pen.sa.**ti**.vo) adj. Que pensa; que está absorto em pensamentos; meditativo.

pênsil (**pên**.sil) adj.2g. Que se pode suspender: *ponte pênsil*.

pensionato (pen.si.o.**na**.to) s.m. Pensão destinada a colegiais, universitários ou religiosos; internato.

pensionista (pen.si.o.**nis**.ta) s.2g. **1.** Pessoa que recebe pensão do Estado. **2.** Pessoa que mora em uma pensão. **3.** Pessoa que recebe comida de pensão.

penso (**pen**.so) adj. **1.** Que pende, que é inclinado para um lado. s.m. **2.** Curativo.

pentacórdio (pen.ta.**cór**.di.o) s.m. (Mús.) Instrumento musical de cinco cordas.

pentadecágono (pen.ta.de.**cá**.go.no) s.m. (Geom.) Polígono de quinze lados.

pentaedro (pen.ta.**e**.dro) s.m. (Geom.) Poliedro de cinco faces.

pentagonal (pen.ta.go.**nal**) adj.2g. Que tem cinco lados.

pentágono (pen.**tá**.go.no) s.m. (Geom.) Polígono de cinco lados.

pentagrama (pen.ta.**gra**.ma) s.m. **1.** (Mús.) Pauta musical formada por cinco linhas paralelas. **2.** Figura formada por cinco letras.

pentangular (pen.tan.gu.**lar**) adj.2g. Que tem cinco ângulos.

pentassílabo (pen.tas.**sí**.la.bo) s.m. e adj. (Vocábulo ou verso) que tem cinco sílabas; quinário.

Pentateuco (pen.ta.**teu**.co) s.m. (próprio) Os cinco primeiros livros da Bíblia.

pentatlo (pen.**ta**.tlo) s.m. **1.** Esporte olímpico composto de cinco provas: de equitação, esgrima, natação, tiro e corrida. **2.** (Hist.) Nos jogos olímpicos da Grécia antiga, disputa com provas de corrida, arremesso de disco, salto, lançamento de dardo e luta.

pentavalente (pen.ta.va.**len**.te) adj.2g. (Quím.) Que tem cinco valências.

pente (**pen**.te) s.m. **1.** Objeto com dentes com que se penteia o cabelo. **2.** Peça onde se encaixam as balas nas armas automáticas. **3.** Peça de ferro com que cardam as lãs.

penteadeira (pen.te.a.**dei**.ra) s.f. Móvel com espelho, diante do qual as pessoas se sentam e se penteiam; toucador.

penteadela (pen.te.a.**de**.la) s.f. Ato de pentear(-se) às pressas.

penteado (pen.te.**a**.do) s.m. **1.** Arranjo que se faz no cabelo. adj. **2.** Com os cabelos arranjados.

pentear (pen.te.**ar**) v.t.d. **1.** Alisar, desembaraçar, arrumar o cabelo, com a ajuda de um pente. v.p. **2.** Arrumar os próprios cabelos.

pentecostal (pen.te.cos.**tal**) adj.2g. Relativo a Pentecostes.

Pentecostes (pen.te.**cos**.tes) s.m.pl. Festa cristã que comemora a descida do Espírito Santo sobre os apóstolos, no sétimo domingo depois da Páscoa.

pentecostalismo (pen.te.cos.ta.**lis**.mo) s.m. Movimento evangélico surgido nos Estados Unidos no início do século XX, com várias Igrejas e cultos que valorizam a comunicação com o Espírito Santo.

pente-fino (pen.te-**fi**.no) s.m. **1.** Pente de dentes bem finos, usado para tirar piolhos e lêndeas. **2.** (Fig.) Triagem rigorosa, exame profundo. ▣ Pl. *pentes-finos*.

pentelho (pen.**te**.lho) [ê] s.m. **1.** Conjunto dos pelos pubianos. **2.** (Gír.) Pessoa chata e inconveniente.

penugem (pe.**nu**.gem) s.f. **1.** Primeiras penas das aves. **2.** Pelos finos e macios. **3.** Pelos existentes nas cascas de alguns frutos e plantas.

penúltimo (pe.**núl**.ti.mo) adj. Que vem imediatamente antes do último.

penumbra (pe.**num**.bra) s.f. Sombra produzida por um corpo que intercepta parte dos raios luminosos; meia-luz; gradação entre a luz e a sombra.

penumbroso (pe.num.**bro**.so) [ô] adj. Em que há penumbra; sombrio; quase escuro. ▣ Pl. *penumbrosos* [ó].

penúria (pe.**nú**.ri.a) s.f. Indigência; miséria; pobreza; privação do necessário.

penurioso (pe.nu.ri.**o**.so) [ô] adj. Em que há penúria; miserável. ▣ Pl. *penuriosos* [ó].

pepinal (pe.pi.**nal**) s.f. (Bot.) Plantação de pepinos.

pepineiro (pe.pi.**nei**.ro) s.m. (Bot.) Planta do grupo das cucurbitáceas, que dá o pepino.

pepino (pe.**pi**.no) s.m. (Bot.) Fruto alongado, verde-escuro por fora e claro por dentro, apreciado cru em saladas.

pepita (pe.**pi**.ta) s.f. Grão de metal nativo, inclusive de ouro.

pepsia (pep.**si**.a) s.f. (Bio.) Conjunto dos fenômenos da digestão.

pepsina (pep.**si**.na) s.f. (Bio.) Enzima do suco gástrico, segregado pelas mucosas do estômago.

péptico (**pép**.ti.co) adj. Que facilita a digestão.

peptona (pep.**to**.na) s.f. Proteína resultante da degradação de outra e que é solúvel em água e ácidos.

peptonúria (pep.to.**nú**.ri.a) s.f. Presença de peptona na urina.

pé-quebrado (pé-que.**bra**.do) s.m. (Folc.) Quebra da rima ou da métrica em geral com efeito satírico ou jocoso. ▣ Pl. *pés-quebrados*.

pequena (pe.**que**.na) s.f. **1.** Moça; menina. **2.** (Fam.) Namorada.

pequenez (pe.que.**nez**) [ê] s.f. **1.** Qualidade de pequeno. **2.** (Fig.) Mesquinhez; insignificância.

pequenino (pe.que.**ni**.no) s.m. **1.** Criança. adj. **2.** Diminutivo de *pequeno*.

pequeno (pe.**que**.no) adj. **1.** Que é de tamanho ou volume diminutos; que não é grande: *o osso do dedo é pequeno, o da perna é grande*. **2.** Que ainda não cresceu, que está em desenvolvimento: *quando era pequeno, se alimentava com leite*. s.m. **3.** Criança. **4.** Criança menor que outras crianças: *o recreio dos pequenos era separado*.

pequeno-burguês (pe.que.no-bur.**guês**) s.m. e adj. **1.** (Aquele) que é preconceituoso, de ideias curtas, pertencente à classe média rica. adj. **2.** Que diz respeito à pequena burguesia. ▣ Pl. *pequenos-burgueses*.

pequenote (pe.que.**no**.te) s.m. e adj. (Rapaz ou menino) um tanto pequeno.

pé-quente (pé-**quen**.te) s.2g. Pessoa com muita sorte. ▣ Pl. *pés-quentes*.

pequerrucho (pe.quer.**ru**.cho) s.m. **1.** Menino. adj. **2.** Muito pequeno.

pequi (pe.**qui**) s.m. (Bot.) Fruto da árvore de mesmo nome, que cresce nos cerrados e é ingrediente de vários pratos típicos do Centro-Oeste.

pequinês (pe.qui.**nês**) s.m. e adj. **1.** De Pequim, capital da China. s.m. **2.** Pessoa natural ou habitante desse lugar. s.m. **3.** (Zoo.) Cão de raça pequeno, de pelo longo e abundante, em cores variadas, excelente guarda.

per prep. Forma arcaica da preposição "por", que forma com os artigos "o" e "a" as contrações "pelo" e "pela".

pera (**pe**.ra) [pê] s.f. **1.** (Bot.) Fruta de polpa branca, doce e suculenta, na forma de cilindro arredondado com a base mais larga. **2.** Porção de barba no queixo.

peralta (pe.**ral**.ta) s.2g. e adj.2g. (Menino) travesso, traquinas, arteiro.

peraltice (pe.ral.**ti**.ce) s.f. Atitude de peralta.

perambeira (pe.ram.**bei**.ra) s.f. Precipício; abismo. O mesmo que *pirambeira*.

perambulação (pe.ram.bu.la.**ção**) s.f. Ato de perambular ou andar a esmo.

perambular (pe.ram.bu.**lar**) v.i. Andar sem rumo; vagar; vaguear.

perante (pe.**ran**.te) prep. Diante de; na presença de.

pé-rapado (pé-ra.**pa**.do) s.m. Homem de baixa condição; pobretão. ▣ Pl. *pés-rapados*.

percal (per.**cal**) s.m. Tecido fino (e sem nenhum pelo) de algodão.

percalço (per.**cal**.ço) s.m. Transtorno; inconveniência.

percalina (per.ca.**li**.na) s.f. Tecido mais forte (e sem pelos) de algodão, usado em encadernações.

perceber (per.ce.**ber**) v.t.d. **1.** Entender; compreender. **2.** Formar ideia por meio dos sentidos. **3.** Receber (dinheiro).

percebido (per.ce.**bi**.do) adj. **1.** Que se percebeu. **2.** Recebido.

percebimento (per.ce.bi.**men**.to) s.m. Ato de perceber; percepção.

percentagem (per.cen.**ta**.gem) s.f. (Mat.) O mesmo que *porcentagem*.

percentual (per.cen.tu.**al**) adj.2g. Que se refere a percentagem.

percepção (per.cep.**ção**) s.f. Ato ou faculdade de perceber.

perceptível (per.cep.**tí**.vel) adj.2g. Que se pode perceber.

perceptivo (per.cep.**ti**.vo) adj. **1.** Que diz respeito à percepção. **2.** Que tem a faculdade de perceber.

percevejo (per.ce.**ve**.jo) [ê] s.m. (*epiceno*) **1.** (Zoo.) Inseto hemíptero parasito, típico das regiões temperadas e tropicais. s.m. **2.** Tipo de prego de cabeça chata, com que se afixam cartazes ou avisos.

percorrer (per.cor.**rer**) v.t.d. **1.** Correr através de; passar ao longo de. **2.** Esquadrinhar. **3.** Visitar detalhadamente (feira, exposição etc.).

percuciente (per.cu.ci.**en**.te) adj.2g. Penetrante; agudo; profundo.

percurso (per.**cur**.so) s.m. **1.** Ato de percorrer. **2.** Trajeto percorrido.

percussão (per.cus.**são**) s.f. **1.** Ato de percutir ou bater. **2.** (Mús.) Categoria dos instrumentos como tambores, caixa, pratos, chocalhos e outros, que são tocados batendo-se neles com as mãos ou com baquetas.

percussionista (per.cus.si.o.**nis**.ta) s.2g. Aquele que toca algum instrumento de percussão.

percussor (per.cus.**sor**) [ô] adj. **1.** Que percute. s.m. **2.** Tipo de agulha metálica que, nas armas, é responsável pela transmissão de fogo à pólvora.

percutido (per.cu.**ti**.do) adj.2g. (Mús.) Que se toca com um dispositivo para bater.

percutir (per.cu.**tir**) v.t.d. (Mús.) Tocar, bater, ferir.

perda (**per**.da) [ê] s.f. **1.** Ato de perder. **2.** (Fig.) Falta de alguém pela morte.

perdão (per.**dão**) s.m. Ato de perdoar; desculpa; indulto.

perdedor (per.de.**dor**) [ô] s.m. e adj. (Aquele) que perde.

perde-ganha (per.de-**ga**.nha) s.m.2n. (Folc.) Jogo de cartas ou de pedras em que ganha aquele que perder todas as cartas ou pedras. ▣ Pl. *perde-ganha*.

perder (per.**der**) v.t.d. **1.** Ficar privado de. **2.** Deixar de tomar (uma condução). **3.** Deixar de gozar (um passeio). **4.** Esquecer-se de (um compromisso). **5.** Ser vencido (em um jogo). v.p. **6.** Desorientar-se. **7.** Corromper-se. **8.** Extraviar-se. Obs.: pres. do ind.: *perco* [ê], *perdes* [é], *perde* [é], *perdemos*, *perdeis*, *perdem* [é]; pres. do subj.: *perca* [ê], *percas* [ê], *perca* [ê], *percamos* [ê], *percais* [ê], *percam* [ê].

perdição (per.di.**ção**) s.f. **1.** Ato de perder(-se); desgraça; desonra. **2.** Ruína. **3.** Desastre.

perdida (per.**di**.da) s.f. **1.** Rota ou trilha errada; desvio do caminho certo. **2.** Prostituta.

perdido (per.**di**.do) adj. **1.** Que se perdeu; sumido; extraviado. **2.** Devasso; imoral. s.m. **3.** Aquilo que foi perdido.

perdigão (per.di.**gão**) s.m. (Zoo.) Macho da perdiz.

perdigoto (per.di.**go**.to) [ô] s.m. **1.** (Zoo.) Filhote de perdiz e perdigão. **2.** Salpico de saliva.

perdigueiro (per.di.**guei**.ro) s.m. e adj. **1.** (Cão) que foi treinado para caçar perdizes. s.m. **2.** Cão de raça grande, criado antigamente para caça.

perdível (per.**dí**.vel) adj.2g. Que pode ser perdido.

perdiz (per.**diz**) s.f. (Zoo.) Ave galinácea da família do faisão, muito apreciada para caça.

perdoar (per.do.**ar**) v.t.d., v.t.i. e v.t.d.i. **1.** Desculpar; desculpar as faltas (de). v.p. **2.** Poupar-se.

perdoável (per.do.**á**.vel) adj.2g. Digno de perdão; desculpável.

perdulário (per.du.**lá**.ri.o) s.m. e adj. (Aquele) que gasta em excesso; esbanjador; consumista.

perdurar (per.du.**rar**) v.i. Durar por muito tempo.

perdurável (per.du.**rá**.vel) adj.2g. Que pode durar por muito tempo; duradouro.

pereba (pe.**re**.ba) [é] s.f. Erupção cutânea; ferida.

perebento (pe.re.**ben**.to) adj. Que tem perebas.

perecedor (pe.re.ce.**dor**) [ô] adj. Que perece; mortal, perecedouro.

perecedouro (pe.re.ce.**dou**.ro) adj. Que pode perecer; mortal, perecedor.

perecer (pe.re.**cer**) v.i. Morrer, deixar de existir.

perecimento (pe.re.ci.**men**.to) s.m. Ato de perecer; extinção; esgotamento.

perecível (pe.re.**cí**.vel) adj.2g. **1.** Que pode extinguir-se; perecedouro. **2.** Que pode estragar-se em pouco tempo, como certos alimentos.

peregrinação (pe.re.gri.na.**ção**) s.f. **1.** Ato de peregrinar; romaria. **2.** (Fig.) Ida a vários lugares, na tentativa de resolver um problema.

peregrinar (pe.re.gri.**nar**) v.i. e v.t.i. **1.** Viajar por lugares distantes. **2.** Sair em romaria a lugares santos.

peregrino (pe.re.**gri**.no) s.m. e adj. (Aquele) que viaja por terras santas ou longínquas.

pereira (pe.**rei**.ra) s.f. (Bot.) Árvore que dá a pera.

peremptório (pe.remp.**tó**.ri.o) adj. Decisivo; terminante.

perene (pe.**re**.ne) [ê] adj.2g. **1.** Sem fim, eterno, perpétuo. **2.** Que se mantém; constante: *um interesse perene pela arte*. **3.** (Bot.) Diz-se da planta que vive por mais de dois anos, como as árvores e os arbustos.

perenidade (pe.re.ni.**da**.de) s.f. Qualidade do que é perene.

perenizar (pe.re.ni.**zar**) v.t.d. e v.p. **1.** Tornar(-se) perene. v.t.d. **2.** Eternizar, fixar para sempre.

perereca (pe.re.**re**.ca) s.f. (*epiceno*) **1.** (Zoo.) Animal anfíbio, do grupo da rã e do sapo, de pele verde, brilhante e lisa, com ventosas nas pontas dos dedos. **2.** (Pop.) Vulva.

pererecar (pe.re.re.**car**) v.i. Andar de um lado para o outro; não parar; agitar-se.

perfazer (per.fa.**zer**) v.t.d. **1.** Concluir, executar, fazer. **2.** Completar, somar. Obs.: conjuga-se como *fazer*.

perfeccionismo (per.fec.ci.o.**nis**.mo) s.m. Mania doentia de perfeição.

perfeccionista (per.fec.ci.o.**nis**.ta) adj.2g. **1.** Que diz respeito ao perfeccionismo. s.2g. e adj.2g. **2.** (Aquele) que age com perfeccionismo.

perfectível (per.fec.**tí**.vel) adj.2g. Que pode ser aperfeiçoado.

perfeição (per.fei.**ção**) s.f. **1.** Ausência de defeitos; correção. **2.** Primor. **3.** Excelência.

perfeito (per.**fei**.to) adj. Sem defeito; correto, primoroso. (Gram.) *Pretérito perfeito*: tempo verbal que exprime uma ação passada, como "fui".

perfídia (per.**fi**.di.a) *s.f.* Atitude de pérfido; traição; deslealdade; falsidade.
pérfido (pér.fi.do) *adj.* Infiel; traidor; falso; desleal.
perfil (per.**fil**) *s.m.* **1.** Delineamento de um rosto ou objeto visto de lado. **2.** Conjunto das características de uma pessoa. **3.** Caráter, personalidade, jeito, alma: *perfil de inventor, perfil de artista.*
perfilado (per.fi.**la**.do) *adj.* Aprumado; endireitado.
perfilar (per.fi.**lar**) *v.t.d.* **1.** Traçar o perfil de. **2.** Endireitar; aprumar; colocar em linha. *v.p.* **3.** Endireitar-se; aprumar-se.
perfilhação (per.fi.lha.**ção**) *s.f.* **1.** Ato de perfilhar. **2.** Ato de receber legalmente como filho; adoção. **3.** Ato de aderir a uma causa; adesão.
perfilhar (per.fi.**lhar**) *v.t.d.* **1.** Receber legalmente como filho; adotar. **2.** Aderir a uma causa.
performance [inglês: "perfórmance"] *s.f.* **1.** Desempenho; atuação. **2.** Apresentação artística que não se classifica como teatro, dança ou música, realizada em espaços públicos.
performático (per.for.**má**.ti.co) *s.m.* Artista que faz *performances.*
perfulgência (per.ful.**gên**.ci.a) *s.f.* Qualidade de perfulgente; brilho; esplendor.
perfulgente (per.ful.**gen**.te) *adj.2g.* Brilhante; resplandecente.
perfumado (per.fu.**ma**.do) *adj.* Que exala ou tem perfume próprio; aromático; cheiroso; perfumoso.
perfumar (per.fu.**mar**) *v.t.d.* **1.** Colocar perfume em. *v.p.* **2.** Colocar perfume em si próprio.
perfumaria (per.fu.ma.**ri**.a) *s.f.* **1.** Estabelecimento onde se fabricam e vendem perfumes. **2.** Conjunto de perfumes.
perfume (per.**fu**.me) *s.m.* **1.** Cheiro agradável; aroma. **2.** Preparado aromático; colônia.
perfumista (per.fu.**mis**.ta) *s.2g.* Aquele que prepara ou vende perfumes.
perfumoso (per.fu.**mo**.so) [ô] *adj.* Que exala perfume; perfumado. ▫ Pl. *perfumosos* [ó].
perfunctório (per.func.**tó**.ri.o) *adj.* **1.** Feito por obrigação ou por rotina. **2.** Superficial; ligeiro.
perfuração (per.fu.ra.**ção**) *s.f.* Ato de perfurar.
perfurador (per.fu.ra.**dor**) [ô] *s.m. e adj.* (Aquele ou aquilo) que perfura.
perfuradora (per.fu.ra.**do**.ra) [ô] *s.f.* Máquina de perfurar; perfuratriz.
perfurar (per.fu.**rar**) *v.t.d.* Fazer furos em.
perfuratriz (per.fu.ra.**triz**) *s.f.* Máquina de perfurar.
pergaminho (per.ga.**mi**.nho) *s.m.* **1.** Pele de carneiro preparada com alume e usada em encadernações e para escrever. **2.** Documento escrito em pergaminho.
pérgola (**pér**.go.la) *s.f.* O mesmo que *pérgula.*
pérgula (**pér**.gu.la) *s.f.* **1.** Construção nos jardins, com colunas laterais e trepadeiras. **2.** Borda da piscina. O mesmo que *pérgola.*
pergunta (per.**gun**.ta) *s.f.* Palavra ou frase com que se interroga; interrogação, questão.
perguntar (per.gun.**tar**) *v.t.i. e v.t.d.i.* **1.** Fazer perguntas a; pedir informação a; indagar, questionar: *perguntei ao porteiro onde fica a entrada.* **2.** Procurar saber notícias de alguém: *todos perguntaram por você.*

pericárdio (pe.ri.**cár**.di.o) *s.m.* (*Anat.*) Membrana que envolve o coração.
pericardite (pe.ri.car.**di**.te) *s.f.* (*Med.*) Inflamação do pericárdio.
pericarpo (pe.ri.**car**.po) *s.m.* (*Bot.*) Conjunto dos invólucros de uma semente; fruto.
perícia (pe.**rí**.ci.a) *s.f.* **1.** Qualidade de perito. **2.** Destreza; habilidade. **3.** (*Dir.*) Exames de que se serve o perito, para elaborar um laudo.
pericial (pe.ri.ci.**al**) *adj.2g.* Que diz respeito a perícia.
periclitante (pe.ri.cli.**tan**.te) *adj.2g.* Que corre perigo.
periclitar (pe.ri.cli.**tar**) *v.i.* Correr perigo; perigar.
periculosidade (pe.ri.cu.lo.si.**da**.de) *s.f.* Característica daquilo que oferece perigo.
periélio (pe.ri.**é**.li.o) *s.m.* (*Astron.*) Ponto da órbita de um planeta que mais se aproxima do Sol. Cf. *afélio.*
periferia (pe.ri.fe.**ri**.a) *s.f.* **1.** Linha que delimita externamente um corpo. **2.** (*Geom.*) Contorno de uma figura curvilínea. **3.** (P. ext.) Região além do perímetro urbano; subúrbio.
periférico (pe.ri.**fé**.ri.co) *adj.* **1.** Relativo a periferia. *s.m.* **2.** (*Inf.*) Dispositivo, como teclado, *mouse* ou caixas de som, que recebe ou envia informações para o processador.
perífrase (pe.**rí**.fra.se) *s.f.* **1.** Frase com sentido equivalente ao de outra: *"deslocar-se no ar" é uma perífrase para "voar".* **2.** Rodeio, circunlóquio.
perifrasear (pe.ri.fra.se.**ar**) *v.t.d.* Explicar por perífrase.
perigar (pe.ri.**gar**) *v.i.* Correr perigo; periclitar.
perigeu (pe.ri.**geu**) *s.m.* (*Astron.*) Ponto em que a órbita de um planeta está mais próxima da Terra.
perigo (pe.**ri**.go) *s.m.* Situação de risco ou ameaçadora.
perigoso (pe.ri.**go**.so) [ô] *adj.* Que oferece perigo. ▫ Pl. *perigosos* [ó].
perimétrico (pe.ri.**mé**.tri.co) *adj.* Que diz respeito a perímetro.
perímetro (pe.**rí**.me.tro) *s.m.* (*Geom.*) **1.** Linha que contorna uma figura. **2.** Soma dos lados de um polígono.
períneo (pe.**rí**.ne.o) *s.m.* (*Anat.*) Região localizada entre o ânus e os órgãos genitais.
periodicidade (pe.ri.o.di.ci.**da**.de) *s.f.* Qualidade daquilo que é periódico.
periódico (pe.ri.**ó**.di.co) *adj.* **1.** Que diz respeito a período. **2.** Que ocorre em intervalos regulares. *s.m.* **3.** Jornal que é publicado em datas fixas.
periodismo (pe.ri.o.**dis**.mo) *s.m.* **1.** Estado do que ocorre periodicamente. **2.** Jornalismo.
periodista (pe.ri.o.**dis**.ta) *s.2g.* Redator de periódicos.
período (pe.**rí**.o.do) *s.m.* **1.** Qualquer espaço de tempo. **2.** (*Gram.*) Oração ou grupo de orações formando um sentido completo. **3.** (*Mat.*) Número que se repete indefinidamente na dízima. **4.** (*Geo.*) Divisão do tempo geológico menor que era e maior que época.

periodontite (pe.ri.o.don.**ti**.te) s.f. (*Med.*) Inflamação da membrana que circunda o dente.
perioftalmia (pe.ri.of.tal.**mi**.a) s.f. (*Med.*) Inflamação dos tecidos que rodeiam os olhos.
periosteíte (pe.ri.os.te.**í**.te) s.f. (*Med.*) Inflamação do perióstea.
periósteo (pe.ri.**ós**.te.o) s.m. (*Anat.*) Membrana fibrosa que reveste externamente os ossos.
peripécia (pe.ri.**pé**.ci.a) s.f. **1.** Acontecimento, no teatro ou em literatura, que muda o desenrolar dos fatos. **2.** (*P. ext.*) Imprevisto; incidente.
périplo (**pé**.ri.plo) s.m. Navegação em torno de um país ou continente.
periquito (pe.ri.**qui**.to) s.m. (*Zoo.*) Ave psitaciforme, semelhante ao papagaio, porém menor, de que há várias espécies.
periscópio (pe.ris.**có**.pi.o) s.m. Tubo óptico, utilizado em submarinos e que permite ver por cima de um obstáculo.
perispírito (pe.ris.**pí**.ri.to) s.m. (*Relig.*) No espiritismo, organismo que realiza todas as funções da vida psíquica e da vida separada do corpo.
perissístole (pe.ris.**sís**.to.le) s.f. (*Med.*) Intervalo entre a sístole e a diástole.
perissodáctilo (pe.ris.so.**dác**.ti.lo) s.m. *e adj.* (*Zoo.*) (Mamífero) que tem número ímpar de dedos protegido por casco, como o cavalo, a anta e o rinoceronte.
peristalse (pe.ris.**tal**.se) s.f. (*Anat.*) Movimento muscular que faz com que um órgão expila ou expulse o conteúdo para o exterior; peristaltismo.
peristáltico (pe.ris.**tál**.ti.co) *adj.* (*Anat.*) Que diz respeito à peristalse ou ao peristaltismo.
peristaltismo (pe.ris.tal.**tis**.mo) s.m. (*Anat.*) Peristalse.
peristilo (pe.ris.**ti**.lo) s.m. (*Const.*) Conjunto de colunas em volta de um pátio ou prédio. Cf. *pistilo*.
peritagem (pe.ri.**ta**.gem) s.f. Ação realizada pelo perito; perícia.
perito (pe.**ri**.to) s.m. *e adj.* **1.** (Aquele) que é especializado ou experimentado em algum assunto. s.m. **2.** Aquele que é designado judicialmente para realizar uma perícia.
peritônio (pe.ri.**tô**.ni.o) s.m. (*Anat.*) Membrana serosa que reveste as paredes do abdome.
peritonite (pe.ri.to.**ni**.te) s.f. (*Med.*) Inflamação do peritônio.
perjurar (per.ju.**rar**) v.t.d. **1.** Abjurar. v.i. **2.** Cometer perjúrio; jurar falso; quebrar um juramento.
perjúrio (per.**jú**.ri.o) s.m. Ação de perjurar; juramento falso.
perjuro (per.**ju**.ro) s.m. *e adj.* (Aquele) que jura falso ou quebra um juramento.
perlífero (per.**lí**.fe.ro) *adj.* Perolífero.
perlongar (per.lon.**gar**) v.t.d. **1.** Dilatar; adiar. **2.** Costear; ir ao longo de.
perlustrar (per.lus.**trar**) v.t.d. (*Raro*) **1.** Passar os olhos em: *perlustrar páginas de poesia.* **2.** Percorrer, passar: *perlustrar a senda do conhecimento.*

permanecer (per.ma.ne.**cer**) v.lig. **1.** Continuar no mesmo estado em que se encontrava. v.i. **2.** Continuar no mesmo local.
permanência (per.ma.**nên**.ci.a) s.f. Ato de permanecer; estada.
permanente (per.ma.**nen**.te) *adj.2g.* **1.** Que permanece; duradouro; ininterrupto. s.f. **2.** Bilhete que dá direito ao seu possuidor de frequentar casas de diversão, estádios etc., sem pagar o ingresso.
permanganato (per.man.ga.**na**.to) s.m. (*Quím.*) Qualquer tipo de sal ou éster com o ânion MnO^-.
permeabilidade (per.me.a.bi.li.**da**.de) s.f. Qualidade do que é permeável.
permeabilizado (per.me.a.bi.li.**za**.do) *adj.* Que ficou permeável.
permeabilizar (per.me.a.bi.li.**zar**) v.t.d. Deixar permeável.
permear (per.me.**ar**) v.t.d. **1.** Penetrar; atravessar entremear. v.i. **2.** Ocorrer; sobrevir.
permeável (per.me.**á**.vel) *adj.2g.* Que pode ser penetrado ou transpassado pelo ar, luz, água ou outro líquido.
permeio (per.**mei**.o) s.m. **De permeio:** no meio.
permiano (Per.mi.a.no) s.m. (*Geo.*) **1.** (*próprio*) Período da história da Terra em que os répteis se diversificaram e houve proliferação das samambaias e coníferas, situado após o Carbonífero e no final da era Paleozoica, seguido pelo período Triássico e pela era Mesozoica. *adj.* **2.** (*comum*) Que pertence a esse período.
permissão (per.mis.**são**) s.f. **1.** Ato de permitir **2.** Licença; consentimento.
permissível (per.mis.**sí**.vel) *adj.2g.* Que pode ser permitido; admissível.
permissivo (per.mis.**si**.vo) *adj.* Que permite demais tolerante; liberal.
permitido (per.mi.**ti**.do) *adj.* Tolerado; admitido autorizado.
permitir (per.mi.**tir**) v.t.d. **1.** Admitir; tolerar; consentir. v.p. **2.** Conceder-se; tomar a liberdade de.
permuta (per.**mu**.ta) s.f. Ato de permutar; troca câmbio, permutação.
permutabilidade (per.mu.ta.bi.li.**da**.de) s.f. Qualidade do que é permutável.
permutação (per.mu.ta.**ção**) s.f. Ação de permutar permuta.
permutar (per.mu.**tar**) v.t.d. Trocar; dar, recebendo algo em troca.
permutável (per.mu.**tá**.vel) *adj.2g.* Que pode ser permutado; substituível.
perna (**per**.na) s.f. **1.** Cada um dos dois membros inferiores do homem. **2.** Cada um dos membros locomotores dos animas. **3.** Cada uma das hastes do compasso. **4.** Peça de suporte de mesas, cadeiras etc. **5.** Haste de uma letra.
pernaça (per.**na**.ça) s.f. Perna gorda ou grossa.
pernada (per.**na**.da) s.f. **1.** Passo largo. **2.** Pontapé coice. **3.** Caminhada longa e cansativa. **4.** Golpe da capoeira dado com a perna.

perna de pau (per.na de **pau**) s.f. **1.** (Folc.) Cada um dos dois paus altos com apoio para os pés, usados por palhaços. **2.** (Pop.) Pessoa que joga bola muito mal ou é incompetente em outras áreas.
pernalta (per.**nal**.ta) s.f. Denominação antiga da ordem de aves em que se incluíam as garças e os cisnes.
pernambucano (per.nam.bu.**ca**.no) adj. **1.** De Pernambuco, estado brasileiro. s.m. **2.** Pessoa natural ou habitante desse lugar.
pernear (per.ne.**ar**) v.i. Agitar as pernas com força; espernear.
perneiras (per.**nei**.ras) s.f.pl. **1.** Botas usadas no sertão. **2.** Polainas de couro ou tecido.
perneta (per.**ne**.ta) [ê] s.2g. Pessoa com uma perna só ou que apresenta lesão em uma delas.
pernicioso (per.ni.ci.**o**.so) [ô] adj. Prejudicial; nocivo; ruim. ▪ Pl. *perniciosos* [ó].
pernil (per.**nil**) s.m. Coxa de animal, principalmente de porco, carneiro, cabrito etc.
pernilongo (per.ni.**lon**.go) s.m. **1.** (Zoo.) Tipo de mosquito. adj. **2.** Que tem pernas longas.
pernoitamento (per.noi.ta.**men**.to) s.m. Ato de pernoitar; pernoite.
pernoitar (per.noi.**tar**) v.i. Passar a noite; dormir.
pernoite (per.**noi**.te) s.m. **1.** Ação de pernoitar; pernoitamento. **2.** Taxa para passar a noite em hotel ou hospedaria.
pernóstico (per.**nós**.ti.co) adj. Pedante; presunçoso; metido.
peroba (pe.**ro**.ba) [ó] s.f. (Bot.) **1.** Árvore cuja madeira é muito usada na fabricação de móveis; perobeira. **2.** A madeira dessa árvore.
perobal (pe.ro.**bal**) s.m. Plantação de perobeiras.
perobeira (pe.ro.**bei**.ra) s.f. (Bot.) Peroba.
pérola (**pé**.ro.la) s.f. **1.** Glóbulo duro de calcário, brilhante, nacarado e que se forma dentro das conchas das ostras. **2.** (Fig.) Pessoa de muitas qualidades.
perolar (pe.ro.**lar**) v.t.d. Enfeitar com pérolas ou deixar com o aspecto de pérolas.
perolífero (pe.ro.**lí**.fe.ro) adj. Que produz pérolas; perlífero.
perolizar (pe.ro.li.**zar**) v.t.d. Dar cor ou aparência de pérola a.
perônio (pe.**rô**.ni.o) s.m. (Anat.) Antigo nome da fíbula, osso que fica ao lado da tíbia, na perna.
peroração (pe.ro.ra.**ção**) s.f. A parte final de um discurso ou de uma sinfonia; epílogo.
perorar (pe.ro.**rar**) v.i. Discursar afetadamente.
peróxido (pe.**ró**.xi.do) [cs] s.m. Designação dos óxidos que contêm mais oxigênio que os demais, como a água oxigenada.
perpassado (per.pas.**sa**.do) adj. **1.** Preterido. **2.** Postergado; adiado. **3.** Decorrido.
perpassar (per.pas.**sar**) v.t.d. **1.** Preterir. **2.** Postergar; adiar. v.i. **3.** Decorrer.
perpendicular (per.pen.di.cu.**lar**) s.f. e adj. (Reta) que forma com outra reta dois ângulos retos.
perpendicularidade (per.pen.di.cu.la.ri.**da**.de) s.f. Posição ocupada por uma perpendicular.

perpetrado (per.pe.**tra**.do) adj. Cometido; realizado; feito.
perpetrar (per.pe.**trar**) v.t.d. Fazer; realizar; cometer (geralmente um ato condenável).
perpétua (per.**pé**.tu.a) s.f. (Bot.) Nome dado a diversas plantas e a sua flor.
perpetuação (per.pe.tu.a.**ção**) s.f. Ato de perpetuar(-se); duração eterna.
perpetuado (per.pe.tu.**a**.do) adj. Que se perpetuou; imortalizado.
perpetuar (per.pe.tu.**ar**) v.t.d. **1.** Imortalizar; eternizar. v.p. **2.** Eternizar-se; durar para sempre.
perpetuidade (per.pe.tu.i.**da**.de) s.f. Duração perpétua; eternidade; imortalidade.
perpétuo (per.**pé**.tuo) adj. **1.** Eterno; imortal. **2.** Vitalício; até a morte.
perplexidade (per.ple.xi.**da**.de) [cs] s.f. **1.** Espanto; surpresa. **2.** Irresolução; indecisão; hesitação.
perplexo (per.**ple**.xo) [cs] adj. **1.** Surpreso; espantado; pasmo. **2.** Irresoluto; indeciso.
perquirição (per.qui.ri.**ção**) s.f. Pesquisa; investigação minuciosa; inquirição.
perquiridor (per.qui.ri.**dor**) [ô] s.m. e adj. (Aquele) que pesquisa, investiga, indaga.
perquirir (per.qui.**rir**) v.t.d. Inquirir; investigar minuciosamente; perscrutar.
perrengue (per.**ren**.gue) adj.2g. **1.** Fraco; adoentado. **2.** Frouxo; covarde. **3.** Manco; capenga.
persa (**per**.sa) s.2g. **1.** Indivíduo dos persas, povo da Antiguidade que vivia no reino da Pérsia. adj.2g. **2.** Da Pérsia, reino que em 1935 tornou-se o Irã. s.2g. **3.** Indivíduo natural ou habitante desse lugar. s.m. **4.** Língua indo-europeia falada por esse povo na Antiguidade. **5.** Raça de gato.
perscrutação (pers.cru.ta.**ção**) s.f. Ato de perscrutar; busca; investigação.
perscrutador (pers.cru.ta.**dor**) [ô] s.m. e adj. (Aquele) que investiga; investigador.
perscrutar (pers.cru.**tar**) v.t.d. Investigar minuciosamente; perquirir.
perscrutável (pers.cru.**tá**.vel) adj.2g. Que se pode perscrutar ou indagar; pesquisável.
persecução (per.se.cu.**ção**) s.f. Perseguição; caça.
persecutório (per.se.cu.**tó**.ri.o) adj. Diz-se do procedimento com que se demanda alguém por algo que possui.
perseguição (per.se.gui.**ção**) s.f. Ato de perseguir; persecução; importunação.
perseguido (per.se.**gui**.do) adj. Acossado; importunado; caçado.
perseguidor (per.se.gui.**dor**) [ô] s.m. e adj. (Aquele) que persegue; caçador; molestador.
perseguir (per.se.**guir**) v.t.d. **1.** Seguir de perto; ir no encalço de. **2.** Importunar; atormentar. **3.** Prejudicar. Obs.: pres. do ind.: *persigo, persegues, persegue, perseguimos, perseguis, perseguem*; pres. do subj.: *persiga, persigas, persiga, persigamos, persigais, persigam*; imperat. afirm.: *persegue, persiga, persigamos, persegui, persigam*; imperat. neg.: *não persigas, não persiga, não persigamos* etc.

perseverança (per.se.ve.**ran**.ça) *s.f.* Qualidade de perseverante.
perseverante (per.se.ve.**ran**.te) *adj.2g.* Que persevera; constante; persistente; firme; tenaz.
perseverar (per.se.ve.**rar**) *v.t.i.* **1.** Persistir; manter-se firme. *v.i.* **2.** Perdurar; ter perseverança.
persiana (per.si.**a**.na) *s.f.* Caixilho de lâminas plásticas ou de alumínio que se coloca nas janelas e que se pode movimentar, para deixar passar (ou impedir) a claridade.
persignação (per.sig.na.**ção**) *s.f.* Ato de persignar-se ou benzer-se.
persignar-se (per.sig.**nar**-se) *v.p.* Benzer-se, fazendo três sinais da cruz, um na testa, outro na boca e o último no peito.
persistência (per.sis.**tên**.ci.a) *s.f.* Ato de persistir; perseverança; insistência.
persistente (per.sis.**ten**.te) *adj.2g.* Que persiste; perseverante; firme; insistente.
persistir (per.sis.**tir**) *v.t.i.* **1.** Insistir; perseverar. *v.i.* **2.** Durar; perdurar; ter persistência.
personagem (per.so.**na**.gem) *s.2g.* **1.** Ser que participa de uma narrativa ou história: *a cigarra e a formiga são personagens de fábula; esse desenho tem carros como personagens.* **2.** Pessoa importante, figura notável: *personagens da história do Brasil.*
personalidade (per.so.na.li.**da**.de) *s.f.* Conjunto das características exclusivas de uma pessoa; o que distingue uma pessoa de outra; sua individualidade.
personalismo (per.so.na.**lis**.mo) *s.m.* **1.** Sistema filosófico que considera a personalidade humana como valor supremo. **2.** Qualidade do que é subjetivo, pessoal.
personalista (per.so.na.**lis**.ta) *adj.2g.* **1.** Pertencente a personalismo; subjetivo, pessoal. *s.2g.* **2.** Pessoa que defende o personalismo.
personalização (per.so.na.li.za.**ção**) *s.f.* Ato de personalizar; personificação.
personalizado (per.so.na.li.**za**.do) *adj.* Tornado pessoal; personificado.
personalizar (per.so.na.li.**zar**) *v.t.d.* Tornar pessoal; personificar.
personificação (per.so.ni.fi.ca.**ção**) *s.f.* **1.** Ato de personificar. **2.** Pessoa que representa uma qualidade ou uma ideia; simbolização; personalização.
personificado (per.so.ni.fi.**ca**.do) *adj.* Que se representou por meio de uma pessoa; simbolizado.
personificar (per.so.ni.fi.**car**) *v.t.d.* **1.** Simbolizar; representar. **2.** Considerar como pessoa; atribuir qualidades de pessoa.
perspectiva (pers.pec.**ti**.va) *s.f.* **1.** Probabilidade. **2.** Arte de representar figuras respeitando as três dimensões e a profundidade.
perspicácia (pers.pi.**cá**.ci.a) *s.f.* Qualidade de perspicaz; sagacidade; agudeza.
perspicaz (pers.pi.**caz**) *adj.2g.* Sagaz; esperto; penetrante; fino; perspícuo.
perspícuo (pers.**pí**.cuo) *adj.* Que pode ver com clareza; perspicaz.

perspiração (pers.pi.ra.**ção**) *s.f.* Ato de perspirar; transpiração excessiva.
perspirar (pers.pi.**rar**) *v.i.* Transpirar em demasia.
persuadir (per.su.a.**dir**) *v.t.d.i.* **1.** Induzir alguém a; convencer; induzir. *v.p.* **2.** Convencer-se; estar ciente.
persuasão (per.su.a.**são**) *s.f.* Ato de persuadir(-se); crença; convicção.
persuasivo (per.su.a.**si**.vo) *adj.* Que persuade; convincente.
pertence (per.**ten**.ce) *s.m.* **1.** Algo que pertence a uma pessoa. **2.** Designação constante de alguns títulos, passando a propriedade destes a certa pessoa. Cf. *pertences*.
pertencente (per.ten.**cen**.te) *adj.2g.* Que pertence; relativo; concernente.
pertencer (per.ten.**cer**) *v.t.i.* **1.** Fazer parte ou ser propriedade de. **2.** Ser próprio ou característico de.
pertences (per.**ten**.ces) *s.m.pl.* Conjunto de coisas que pertencem a uma pessoa ou que fazem parte de um prato: *pertences da feijoada*. Cf. *pertence*.
pertinácia (per.ti.**ná**.ci.a) *s.f.* Qualidade de pertinaz; tenacidade; teimosia; obstinação.
pertinaz (per.ti.**naz**) *adj.2g.* Teimoso; obstinado; insistente.
pertinência (per.ti.**nên**.ci.a) *s.f.* Qualidade de pertinente.
pertinente (per.ti.**nen**.te) *adj.2g.* Próprio; apropriado; concernente; válido; relevante.
perto (**per**.to) *adv.* **1.** Próximo de; nas proximidades. **2.** A ponto de; prestes a. **3.** Brevemente. **4.** Em comparação com, comparado a.
perturbação (per.tur.ba.**ção**) *s.f.* **1.** Ato de perturbar(-se); alteração. **2.** Mal-estar; tontura.
perturbado (per.tur.**ba**.do) *adj.* Embaraçado; confuso; agitado.
perturbador (per.tur.ba.**dor**) [ô] *s.m. e adj.* (Aquele ou aquilo) que perturba; agitador.
perturbar (per.tur.**bar**) *v.t.d.* **1.** Causar perturbação; alterar. **2.** Comover; envergonhar. **3.** Desnortear; confundir. *v.p.* **4.** Alterar-se. **5.** Comover-se. **6.** Confundir-se.
perturbativo (per.tur.ba.**ti**.vo) *adj.* Que perturba; perturbador; perturbatório.
perturbatório (per.tur.ba.**tó**.ri.o) *adj.* Perturbativo; perturbador.
perturbável (per.tur.**bá**.vel) *adj.2g.* Que se pode perturbar.
peru (pe.**ru**) *s.m.* (*Zoo.*) Ave galinácea cuja carne é muito apreciada.
perua (pe.**ru**.a) *s.f.* **1.** Fêmea do peru. **2.** Automóvel utilitário para transporte de cargas ou pessoas: *uma das peruas mais famosas é a Kombi*. **3.** (*Gír.*) Pessoa enfeitada demais em estilo espalhafatoso. **1.** Meretriz, prostituta.
peruano (pe.ru.a.no) *adj.* **1.** Do Peru, país da América do Sul. *s.m.* **2.** Pessoa natural ou habitante desse lugar.
peruar (pe.ru.**ar**) *v.i.* **1.** Bisbilhotar (alguma coisa); xeretar (um jogo); dar palpite. **2.** Saçaricar.

peruca (pe.**ru**.ca) s.f. Cabeleira postiça.
perueiro (pe.ru.**ei**.ro) s.m. Pessoa que dirige uma perua ou veículo semelhante e faz transporte coletivo: *a prefeitura quer regulamentar a atividade dos perueiros*.
pervagar (per.va.**gar**) v.i. (*Raro*) Vagar, percorrer, circular: *pervagaram 40 dias pela Europa*.
perversão (per.ver.**são**) s.f. Ato de perverter(-se); depravação; corrupção; decadência moral.
perversidade (per.ver.si.**da**.de) s.f. Qualidade de quem é perverso; ruindade; maldade.
perversivo (per.ver.**si**.vo) s.m. *e adj.* (Aquele) que perverte; corruptor; perversor.
perverso (per.**ver**.so) adj. Mau; maldoso; ruim.
perversor (per.ver.**sor**) [ô] s.m. *e adj.* (Aquele) que perverte; corruptor; perversivo.
perverter (per.ver.**ter**) v.t.d. **1.** Tornar perverso; corromper; depravar. v.p. **2.** Corromper-se; depravar-se; tornar-se mau.
pervertido (per.ver.**ti**.do) s.m. *e adj.* (Aquele) que se perverteu; corrompido; depravado.
pesadelo (pe.sa.**de**.lo) [ê] s.m. **1.** Sonho ruim, que causa agitação ou agonia durante o sono. **2.** (*Fig.*) Qualquer acontecimento ruim, que causa aflição.
pesado (pe.**sa**.do) adj. **1.** Que tem muito peso. **2.** De difícil digestão. **3.** Sem agilidade ou elegância. **4.** Grosseiro. **5.** (*Gír.*) Azarado.
pesagem (pe.**sa**.gem) s.f. Ato ou operação de pesar.
pêsames (**pê**.sa.mes) s.m.pl. Expressão de condolência por algum infortúnio, sobretudo pela morte de alguém.
pesar (pe.**sar**) s.m. **1.** Tristeza; desgosto. v.t.d. **2.** Verificar o peso de. **3.** Considerar; examinar (um assunto). v.i. **3.** Ser pesado. **4.** Magoar; afligir. Obs.: pres. do ind.: *peso* [é], *pesas* [é], *pesa* [é], *pesamos*, *pesais*, *pesam* [é]; pres. do subj.: *pese* [é], *peses* [é], *pese* [é], *pesemos*, *peseis*, *pesem* [é]. No sentido de magoar ou afligir (4), é conjugado apenas na 3ª pes. sing. e na 3ª pes. pl.
pesaroso (pe.sa.**ro**.so) [ô] adj. Triste; desgostoso. ▣ Pl. *pesarosos* [ó].
pesca (**pes**.ca) [é] s.f. **1.** Ato de pescar; pescaria. **2.** O que se conseguiu pescar. **3.** Ato de retirar qualquer coisa da água.
pescada (pes.**ca**.da) s.f. (*Zoo.*) Peixe marinho valorizado na alimentação.
pescadinha (pes.ca.**di**.nha) s.f. (*Zoo.*) Peixe marinho de carne clara.
pescado (pes.**ca**.do) adj. **1.** Que se pescou. s.m. **2.** Peixe já retirado da água.
pescador (pes.ca.**dor**) [ô] s.m. Aquele que vive da pesca (ou que pesca por lazer).
pescar (pes.**car**) v.t.d. **1.** Apanhar (peixe) da água. **2.** Retirar (qualquer coisa) da água. **3.** (*Gír.*) Entender. v.i. **4.** Perceber.
pescaria (pes.ca.**ri**.a) s.f. Ato de pescar; pesca.
pescoçada (pes.co.**ça**.da) s.f. Pancada que se dá no pescoço.
pescoção (pes.co.**ção**) s.m. Pescoçada; safanão; tabefe.
pescoço (pes.**co**.ço) s.m. **1.** (*Anat.*) Parte do corpo que liga a cabeça ao tronco. **2.** (*P. ext.*) Gargalo de uma garrafa.
pescoçudo (pes.co.**çu**.do) adj. Que tem o pescoço longo (ou grosso).
peseta (pe.**se**.ta) [ê] s.f. Antiga moeda da Espanha, substituída pelo euro em 1999 e 2002.
peso (**pe**.so) [ê] s.m. **1.** (*Fís.*) Resultado da ação da gravidade sobre os corpos. **2.** (*Fig.*) Tudo o que pressiona. **3.** Nome da moeda de vários países de língua espanhola, como Argentina, Uruguai, Colômbia, México, Cuba, Bolívia e outros. **4.** Força; autoridade. **5.** Falta de sorte; azar.
pespegar (pes.pe.**gar**) v.t.d. *e v.t.d.i.* Pôr ou aplicar com violência; impor: *pespegou-lhe um tabefe*.
pespontar (pes.pon.**tar**) v.t.d. Fazer pesponto em; costurar. O mesmo que *pospontar*.
pesponto (pes.**pon**.to) s.m. Ponto de costura, usado em geral como detalhe ou enfeite e que é semelhante ao que se obtém na máquina de costura. O mesmo que *posponto*.
pesqueiro (pes.**quei**.ro) adj. **1.** Que diz respeito a pesca. s.m. **2.** Abrigo natural ou viveiro de peixes, procurado para pescarias.
pesquisa (pes.**qui**.sa) s.f. Ato de pesquisar; investigação; exame.
pesquisador (pes.qui.sa.**dor**) [ô] s.m. *e adj.* (Aquele) que pesquisa; investigador; estudioso.
pesquisar (pes.qui.**sar**) v.t.d. Buscar com profundidade; examinar minuciosamente; investigar.
pesquisável (pes.qui.**sá**.vel) adj.2g. Que se pode pesquisar; perscrutável.
pessegada (pes.se.**ga**.da) s.f. (*Culin.*) Doce feito de pêssegos.
pessegal (pes.se.**gal**) s.m. (*Bot.*) Plantação de pessegueiros.
pêssego (**pês**.se.go) s.m. (*Bot.*) Fruto do pessegueiro, de polpa doce, de cor laranja-escura ou avermelhada, com a casca coberta de penugem macia.
pessegueiro (pes.se.**guei**.ro) s.m. (*Bot.*) Árvore rosácea, que dá o pêssego.
pessimismo (pes.si.**mis**.mo) s.m. Opinião ou hábito de esperar sempre o pior de qualquer situação; negativismo.
pessimista (pes.si.**mis**.ta) adj.2g. **1.** Que espera o pior; que não é otimista; negativista: *em uma visão pessimista, choveria na festa*. s.2g. **2.** Pessoa que é assim.
péssimo (**pés**.si.mo) adj. Muito mau, muito ruim.
pessoa (pes.**so**.a) s.f. (*sobrecomum*) **1.** Criatura humana, homem ou mulher. **2.** (*Gram.*) Cada um dos sujeitos da comunicação ou do discurso, sendo a **primeira pessoa** a pessoa que fala ou escreve (*eu*, *nós*), a **segunda pessoa** a que se dirige a fala ou texto (*tu*, *você*, *vós*, *vocês*) e a **terceira pessoa** aquela de quem se fala ou escreve (*ele*, *ela*, *eles*, *elas*).
pessoal (pes.so.**al**) adj.2g. **1.** Relativo a pessoa. s.m. **2.** Conjunto de pessoas incumbidas de um serviço.

pessoense (pes.so.**en**.se) *adj.2g.* **1.** Do município de João Pessoa, capital do estado da Paraíba. *s.2g.* **2.** Pessoa natural ou habitante desse lugar.
pestana (pes.**ta**.na) *s.f.* **1.** Cada um dos pelos das pálpebras; cílio. **2.** (*Fam.*) Soneca; cochilo.
pestanejante (pes.ta.ne.**jan**.te) *adj.2g.* **1.** Que pestaneja. **2.** (*Fig.*) Indeciso; vacilante.
pestanejar (pes.ta.ne.**jar**) *v.i.* **1.** Piscar; abrir e fechar os olhos. **2.** (*Fig.*) Vacilar.
pestanejo (pes.ta.**ne**.jo) [ê] *s.m.* **1.** Ato de pestanejar; piscada. **2.** (*Fig.*) Indecisão.
peste (**pes**.te) [é] *s.f.* **1.** Doença contagiosa grave; epidemia. *s.2g.* **2.** (*Fig.*) Pessoa travessa, levada.
pestear (pes.te.**ar**) *v.t.d.* **1.** Empestear; contagiar com peste. *v.i.* **2.** Ser atacado de peste.
pesticida (pes.ti.**ci**.da) *s.m. e adj.2g.* (Substância) que combate ou mata alguma peste; praguicida.
pestífero (pes.**tí**.fe.ro) *adj.* Que causa a peste; pestilento.
pestilência (pes.ti.**lên**.ci.a) *s.f.* **1.** Contágio. **2.** Peste.
pestilento (pes.ti.**len**.to) *adj.* **1.** Que diz respeito à peste; pestífero. **2.** (*Fig.*) Que corrompe ou avilta.
peta (**pe**.ta) [ê] *s.f.* **1.** Patranha; mentira. **2.** (*Culin.*) Bolo de mandioca típico da Bahia.
pétala (**pé**.ta.la) *s.f.* (*Bot.*) Cada uma das peças que formam a corola das flores.
petaliforme (pe.ta.li.**for**.me) *adj.2g.* Que tem a forma de uma pétala.
petaloide (pe.ta.**loi**.de) [ói] *adj.2g.* Que é semelhante a uma pétala.
petardo (pe.**tar**.do) *s.m.* Engenho explosivo portátil; bomba.
peteca (pe.**te**.ca) [é] *s.f.* **1.** Espécie de bolinha de couro achatada, de onde sai um maço de penas e que se lança ao ar (ou ao outro jogador) com a palma das mãos. **2.** (*Fig.*) Joguete; escárnio.
peteleco (pe.te.**le**.co) [é] *s.m.* Pancadinha que se dá com a ponta dos dedos médio e indicador.
petição (pe.ti.**ção**) *s.f.* **1.** Ato de pedir. **2.** (*Dir.*) Requerimento.
peticionar (pe.ti.ci.o.**nar**) *v.i.* Fazer uma petição.
peticionário (pe.ti.ci.o.**ná**.ri.o) *s.m.* Aquele que faz (ou assina) uma petição.
petiscar (pe.tis.**car**) *v.i.* **1.** Comer pouco ou sem muita vontade. **2.** Experimentar. **3.** Saborear.
petisco (pe.**tis**.co) *s.m.* Iguaria que se serve como aperitivo.
petitório (pe.ti.**tó**.ri.o) *adj.* **1.** Que diz respeito a petição. **2.** (*Dir.*) Diz-se do procedimento em que se pede uma posse ou propriedade.
petiz (pe.**tiz**) *s.m.* **1.** Menino; guri; moleque. *adj.* **2.** Pequeno.
petizada (pe.ti.**za**.da) *s.f.* Reunião de crianças; molecada; gurizada.
petrechar (pe.tre.**char**) *v.t.d.* Prover dos petrechos necessários; apetrechar.
petrechos (pe.**tre**.chos) [ê] *s.m.pl.* **1.** Instrumentos e munições de guerra. **2.** (*P. ext.*) Objetos necessários para a execução de determinada tarefa. **3.** Apetrechos.

pétreo (**pé**.tre.o) *adj.* De pedra; que tem a natureza da pedra.
petrificação (pe.tri.fi.ca.**ção**) *s.f.* Ato de petrificar ou de transformar em pedra.
petrificado (pe.tri.fi.**ca**.do) *adj.* Que se transformou em pedra.
petrificador (pe.tri.fi.ca.**dor**) [ô] *adj.* Que petrifica.
petrificar (pe.tri.fi.**car**) *v.t.d.* **1.** Transformar em pedra. **2.** (*Fig.*) Espantar; gelar. *v.p.* **3.** Assombrar-se; perder os movimentos devido a um susto muito grande.
petrografia (pe.tro.gra.**fi**.a) *s.f.* (*Geo.*) Estudo descritivo, sistemático e microscópico das rochas.
petroleiro (pe.tro.**lei**.ro) *adj.* **1.** Que diz respeito a petróleo. *s.m.* **2.** Navio que transporta petróleo.
petróleo (pe.**tró**.le.o) *s.m.* Líquido negro extraído do subsolo, refinado para a produção de gasolina, óleo diesel, plásticos e outros produtos derivados.
petrolífero (pe.tro.**lí**.fe.ro) *adj.* Que produz ou contém petróleo.
petrologia (pe.tro.lo.**gi**.a) *s.f.* (*Geo.*) Estudo das rochas com relação à sua origem, desenvolvimento e decadência.
petulância (pe.tu.**lân**.ci.a) *s.f.* Qualidade daquele que é petulante; ousadia; atrevimento.
petulante (pe.tu.**lan**.te) *adj.2g.* Atrevido; ousado; insolente.
pevide (pe.**vi**.de) *s.f.* **1.** (*Bot.*) Semente achatada, como as da abóbora. **2.** (*Med.*) Dificuldade de articular o "r". **3.** Pavio queimado.
pexotada (pe.xo.**ta**.da) *s.f.* O mesmo que *pixotada*.
pexote (pe.xo.te) *s.2g.* O mesmo que *pixote*.
pez [ê] *s.f.* **1.** (*Bot.*) Resina extraída de várias árvores, como o pinheiro. **2.** Resíduo de destilação de líquidos densos; breu, alcatrão, piche.
PFV (*Gír. Int.*) Sigla de *por favor*, usada para encurtar textos informais e instantâneos da internet. *Obs.*: também é usada a variação PFVR, e para ambas as variantes também é comum a grafia de todas as letras em minúscula.
pH *s.m.* (*Quím.*) Medida de acidez das substâncias, em escala decrescente de 0 a 14, na qual o 7 é neutro, ou centro da escala.
ph.D. Sigla do título acadêmico que, nos países de língua inglesa, corresponde a doutor, curso superior de pós-graduação.
phishing [inglês: "fíxim"] *s.m.* (*Inf.*) Mensagem de correio eletrônico com tentativa de roubo e fraude.
pi *s.m.* **1.** Nome da décima sexta letra do alfabeto grego, de valor semelhante ao do pê. **2.** (*Mat.*) Valor resultante da divisão da circunferência pelo seu diâmetro (3,1416), cujo símbolo é a letra grega π.
PI sigla do Piauí, estado brasileiro.
pia (**pi**.a) *s.f.* **1.** Recipiente para líquidos fixo à parede. **2.** Recipiente para líquidos sob uma torneira e ligado a um cano de escoamento, para lavar utensílios ou para higiene pessoal.
piá (pi.**á**) *s.m.* (*Pop. RS*) Menino, moleque.
piaba (pi.**a**.ba) *s.f.* **1.** (*Zoo.*) Peixe pequeno abundante em rios e lagoas. **2.** (*Gír.*) Surra.

piaçaba (pi.a.ça.ba) s.f. (Bot.) O mesmo que *piaçava*.
piaçabal (pi.a.ça.bal) s.m. Plantação de piaçabas.
piaçava (pi.a.ça.va) s.f. 1. (Bot.) Palmeira nordestina, de frutos comestíveis. 2. Fibra dessa planta, usada na fabricação de vassouras. O mesmo que *piaçaba*.
piada (pi.a.da) s.f. Pequena história engraçada; anedota.
piadeira (pi.a.dei.ra) s.f. (Zoo.) Tipo de ave palmípede; assobiadeira.
piadista (pi.a.dis.ta) s.2g. Pessoa que conta piadas.
piado (pi.a.do) s.m. Voz dos passarinhos; pio.
pia-máter (pi.a-má.ter) s.f. (Anat.) Membrana mais interna que recobre o cérebro e a medula. ▫ Pl. *pias-máteres*.
pianista (pi.a.nis.ta) s.2g. Pessoa que toca piano.
pianística (pi.a.nís.ti.ca) s.f. Arte de tocar piano.
piano (pi.a.no) s.m. (Mús.) Instrumento de cordas e teclado, com 88 teclas.
piano de cuia (pi.a.no de cui.a) s.m. (Folc.) Afoxé.
pianola (pi.a.no.la) s.f. Tipo de piano mecânico.
pião (pi.ão) s.m. (Folc.) Brinquedo em forma de pera e com uma ponta de ferro, que se faz girar puxando um barbante, dito fieira, nele enrolado; pinhão; carrapeta. Cf. *peão*.
piar (pi.ar) v.i. Dar pios (como as aves).
piauiense (pi.au.i.en.se) adj.2g. 1. Do Piauí, estado brasileiro. s.2g. 2. Pessoa natural ou habitante desse lugar.
pica (pi.ca) s.f. (Chul.) Pênis.
picada (pi.ca.da) s.f. 1. Ato e efeito de picar; picadura. 2. Ferimento produzido por um objeto pontudo. 3. Mordedura de inseto ou cobra. 4. Caminho aberto no mato.
picadeiro (pi.ca.dei.ro) s.m. Local onde, nos circos, são feitas as apresentações artísticas.
picadela (pi.ca.de.la) s.f. Leve picada.
picadinho (pi.ca.di.nho) s.m. (Culin.) Guisado de carne em pedaços pequenos com temperos e legumes, de origem portuguesa.
picado (pi.ca.do) adj. 1. Que se picou: *fumo picado*. 2. Que sofreu picada: *cavalo picado de cobra*. adv. 3. A retalho, no varejo.
picadura (pi.ca.du.ra) s.f. Picada.
picanha (pi.ca.nha) s.f. Corte nobre de carne bovina, usado para churrasco e formado por uma parte da alcatra coberta com capa de gordura.
picante (pi.can.te) adj.2g. 1. Que ativa o paladar. 2. (Fig.) Malicioso; mordaz.
picão (pi.cão) s.m. 1. Instrumento pontudo com que se pica ou lavra pedra. 2. (Bot.) Erva de folhas serrilhadas e flores amarelas.
pica-pau (pi.ca-pau) s.m. (Zoo.) Ave com bico reto e forte, que pica o tronco das árvores para se alimentar de insetos e tem penachos de cores variadas, conforme a espécie. ▫ Pl. *pica-paus*.
pica-pau-amarelo (pi.ca-pau-a.ma.re.lo) s.m. (Zoo.) Pica-pau grande, de penacho alto, plumagem amarela com asas e cauda pretas. ▫ Pl. *pica-paus-amarelos*.
picape (pi.ca.pe) s.f. Aportuguesamento de *pickup*.

picar (pi.car) v.t.d. e v.p. 1. Ferir(-se) com objeto pontiagudo. v.t.d. 2. Atacar com presa ou ferrão; morder: *a cobra picou o cavalo; o mosquito picou meu braço*. 3. Cortar, fragmentar: *picou a carta em pedacinhos*. v.i. 4. (Fig.) Irritar, incomodar; produzir ardor.
picardia (pi.car.di.a) s.f. Ato de pícaro; desfeita; pirraça; astúcia; ardil.
picaresco (pi.ca.res.co) [ê] adj. 1. (Lit.) Diz-se de histórias com personagens ardilosos, que exploram pessoas das classes mais abastadas. 2. Burlesco, cômico.
picareta (pi.ca.re.ta) [ê] s.f. 1. Instrumento de ferro com que se escava a terra e retiram pedras. s.2g. e adj.2g. 2. (Pop.) (Pessoa) que ganha dinheiro enganando os outros.
picaretagem (pi.ca.re.ta.gem) s.f. (Fig.) Atitude de picareta; safadeza; desonestidade.
pícaro (pí.ca.ro) s.m. e adj. (Indivíduo) ardiloso; astuto; esperto; velhaco.
pichação (pi.cha.ção) s.f. 1. Ato e efeito de pichar. 2. Inscrição em muro ou prédio, feita sem autorização. Cf. *grafite*.
pichador (pi.cha.dor) [ô] s.m. Aquele que picha.
pichamento (pi.cha.men.to) s.m. Ato de pichar; rabiscos e desenhos feitos nas paredes e nos muros; pichação.
pichar (pi.char) v.t.d. 1. Revestir com piche. 2. Pintar ou escrever em muros e paredes. 3. (Fig.) Falar mal de alguém.
piche (pi.che) s.m. Resina negra resultante da destilação do alcatrão; pez.
pickup [inglês: "picápi"] s.m. 1. Toca-discos. 2. Caminhonete. 3. Automóvel com carroceria própria para carregar cargas. ▫ Pl. *pickups*. Obs.: aportuguesamento *picape*.
picles (pi.cles) s.m.pl. (Culin.) Legumes cozidos e conservados em vinagre.
pic-nic [inglês: "piqueníque"] s.m. Piquenique.
pico (pi.co) s.m. 1. Ponto mais alto de uma elevação; cume. 2. Ponto máximo ou de maior valor, apogeu. 3. Ponto acima da média; excesso: *picos de energia, de movimento*.
picolé (pi.co.lé) s.f. Sorvete bem solidificado e espetado em um palito.
picotagem (pi.co.ta.gem) s.f. 1. Ato de picotar. 2. Picote.
picotar (pi.co.tar) v.t.d. 1. Fazer pequenos furos. 2. Picar em pedaços.
picote (pi.co.te) s.m. Recorte dentado que se faz em talões de cheques, selos, blocos de papel etc., para facilitar o destaque de uma parte deles; picotagem.
picrato (pi.cra.to) s.m. (Quím.) Sal derivado do ácido pícrico.
pícrico (pí.cri.co) adj. (Quím.) Diz-se de ácido orgânico muito usado como desinfetante e no tratamento de queimaduras.
pictografia (pic.to.gra.fi.a) s.f. Sistema de escrita em que as ideias são representadas por desenhos

ou figuras simbólicas, como os das cavernas muito antigas.
pictográfico (pic.to.grá.fi.co) *adj.* Que diz respeito à pictografia.
pictograma (pic.to.gra.ma) *s.m.* **1.** Escrita antiga que contém desenhos e pinturas rústicas, normalmente datados da era pré-histórica ou da Antiguidade. **2.** Qualquer tipo de desenho ou pintura usada em pictografia.
pictórico (pic.tó.ri.co) *adj.* Que diz respeito à pintura.
picuá (pi.cu.á) *s.m.* **1.** Cesto, balaio. **2.** Recipiente cilíndrico, de bambu ou chifre, para guardar pedras preciosas. **Encher os picuás**: amolar, aborrecer, encher a paciência.
picuinha (pi.cu.i.nha) *s.f.* Provocação; desaforo; pirraça.
picumã (pi.cu.mã) *s.m.* Teia de aranha escurecida por fuligem.
pidão (pi.dão) *s.m. e adj.* (Aquele) que sempre pede algo; pedinchão; filante.
piedade (pi.e.da.de) *s.f.* **1.** Compaixão; dó; misericórdia. **2.** Religiosidade; devoção.
piedoso (pi.e.do.so) [ô] *adj.* **1.** Que tem piedade; misericordioso. **2.** Devoto. ▣ Pl. *piedosos* [ó].
piegas (pi.e.gas) [é] *s.2g.2n. e adj.2g.* (Pessoa) que é muito sentimental. ▣ Pl. *piegas*.
pieguice (pi.e.gui.ce) *s.f.* Qualidade de piegas; sentimentalismo exagerado, afetação.
piemontês (pi.e.mon.tês) *adj.* **1.** Do Piemonte, região da Itália. *s.m.* **2.** Pessoa natural ou habitante desse lugar.
píer (pí.er) *s.m.* (*Mar.*) Estrutura construída sobre o mar, feita de madeira, pedra ou ferro, para atracação de embarcações.
piercing [inglês: "pírcim"] *s.m.* Enfeite corporal colocado através de um furo (na orelha, no umbigo ou em outro lugar).
pierrete [francês: "pierréti"] *s.f.* Fantasia feminina de pierrô.
pierrô (pi.er.rô) *s.m.* Fantasia de carnaval que reproduz a roupa de Pierrô, personagem ingênuo e sentimental das pantomimas.
piezoeletricidade (pi.e.zo.e.le.tri.ci.da.de) *s.f.* Eletricidade produzida por cristais.
pífano (pí.fa.no) *s.m.* (*Mús.*) Pífaro.
pifão (pi.fão) *s.m.* Bebedeira; porre; pileque.
pifar (pi.far) *v.i.* **1.** (*Pop.*) Deixar de funcionar, quebrar, estragar-se: *o rádio pifou.* **2.** (*Raro*) Beber demais, tomar um pifão, embriagar-se.
pífaro (pí.fa.ro) *s.m.* (*Mús.*) Flauta pequena de madeira, taquara ou bambu; pífano, pife. **Banda de pífaros**: banda nordestina com vários desses instrumentos, zabumba e triângulo.
pife (pi.fe) *s.m.* (*Mús.*) Pífaro.
pife-pafe (pi.fe-pa.fe) *s.m.* Certo jogo de baralho. ▣ Pl. *pife-pafes*.
pífio (pí.fi.o) *adj.* **1.** Insignificante; apagado. **2.** Grosseiro; vil.
pigarrear (pi.gar.re.ar) *v.i.* Ter pigarros; tossir devido a pigarros.

pigarrento (pi.gar.ren.to) *adj.* Que sofre de pigarros.
pigarro (pi.gar.ro) *s.m.* Excesso de mucosidade na garganta, provocando tosse.
pigmentação (pig.men.ta.ção) *s.f.* Coloração com determinado pigmento.
pigmentar (pig.men.tar) *v.t.d.* Colorir com certo pigmento; dar cor a.
pigmento (pig.men.to) *s.m.* (*Anat.*) Nome dado às substâncias que impregnam e colorem os líquidos e tecidos orgânicos.
pigmeu (pig.meu) *s.m. e adj.* (Indivíduo) bem pequeno; anão.
pijama (pi.ja.ma) *s.m.* Roupa para dormir, formada por calças e camisa ou camiseta.
pilado (pi.la.do) *adj.* Moído, socado, descascado com o pilão.
pilador (pi.la.dor) [ô] *s.m. e adj.* (Aquilo) que pila; socador.
pilantra (pi.lan.tra) *s.2g. e adj.2g.* (Indivíduo) safado, mau-caráter, malandro.
pilão (pi.lão) *s.m.* Instrumento para socar grãos de café, arroz, milho etc.
pilar (pi.lar) *v.t.d.* **1.** Descascar e socar no pilão. *s.m.* **2.** (*Const.*) Coluna para sustentar uma construção.
pilastra (pi.las.tra) *s.f.* (*Const.*) Pilar de quatro lados, sendo que um geralmente é encostado na parede.
pileque (pi.le.que) [é] *s.m.* Bebedeira; pifão; porre.
pilha (pi.lha) *s.f.* **1.** Conjunto de coisas amontoadas umas sobre as outras. **2.** (*Fís.*) Dispositivo que gera eletricidade a partir da energia química dos seus constituintes.
pilhagem (pi.lha.gem) *s.f.* Ato de pilhar; saque; roubo.
pilhar (pi.lhar) *v.t.d.* **1.** Furtar; saquear. **2.** Surpreender; encontrar. *v.p.* **3.** Encontrar-se; surpreender-se.
pilhéria (pi.lhé.ri.a) *s.f.* Brincadeira, gozação, facécia, chiste.
pilheriador (pi.lhe.ri.a.dor) [ô] *s.m.* Aquele que gosta de contar piadas.
pilheriar (pi.lhe.ri.ar) *v.i. e v.t.i.* Dizer pilhérias; fazer graças. Obs.: pres. do ind.: *pilherio, pilherias, pilheria* etc.; pres. do subj.: *pilherie, pilheries, pilherie* etc.
pilhérico (pi.lhé.ri.co) *adj.* Irônico; zombador; zombeteiro.
pilórico (pi.ló.ri.co) *adj.* Que diz respeito ao piloro.
piloro (pi.lo.ro) *s.m.* (*Anat.*) Orifício de ligação do estômago com o duodeno.
pilosidade (pi.lo.si.da.de) *s.f.* Qualidade do que é piloso.
piloso (pi.lo.so) [ô] *adj.* Que tem pelos; peludo. ▣ Pl. *pilosos* [ó].
pilotagem (pi.lo.ta.gem) *s.f.* Ação, arte e técnica de conduzir um barco, avião ou carro de corrida.
pilotar (pi.lo.tar) *v.t.d.* **1.** Dirigir (barco, avião, carro de corrida); levar como piloto. *v.i.* **2.** Exercer as funções de piloto.
piloti (pi.lo.ti) *s.m.* (*Const.*) Cada uma das colunas de sustentação de um edifício, deixando aberto o pavimento térreo.

piloto (pi.lo.to) [ô] s.m. (sobrecomum) **1.** Pessoa que pilota, que dirige um avião ou um carro de corrida ou uma embarcação. **2.** Bico principal de um acendedor a gás, que propaga a chama para os demais bicos. ▫ Pl. *pilotos* [ô].

pílula (pí.lu.la) s.f. **1.** Dose de medicamento em porção sólida que deve ser engolida: *as pílulas podem ser cápsulas ou comprimidos*. **2.** (Fig.) Porção pequena; dose. **3.** Anticoncepcional.

pimenta (pi.men.ta) s.f. (Bot.) Fruto de sabor picante, usado como condimento, que nasce em algumas plantas das famílias *Piperaceae* e *Solanaceae*.

pimenta-do-reino (pi.men.ta-do-rei.no) s.f. (Bot.) Fruto do arbusto de mesmo nome e que é, depois de seco e moído, usado como condimento. ▫ Pl. *pimentas-do-reino*.

pimental (pi.men.tal) s.m. Plantação de pimenteiras.

pimenta-malagueta (pi.men.ta-ma.la.gue.ta) [ê] s.f. (Bot.) Variedade de pimenta muito ardida; malagueta. ▫ Pl. *pimentas-malagueta, pimentas-malaguetas*.

pimentão (pi.men.tão) s.m. (Bot.) Fruto leguminoso de um arbusto do grupo das solanáceas.

pimenteira (pi.men.tei.ra) s.f. **1.** (Bot.) Pé de pimenta. **2.** Recipiente onde se serve o molho de pimenta.

pimpão (pim.pão) s.m. *e adj.* (Indivíduo) vaidoso, valentão.

pimpolho (pim.po.lho) [ô] s.m. **1.** Rebento da videira; sarmento. **2.** Criança pequena e robusta.

pinacoteca (pi.na.co.te.ca) s.f. Museu, galeria ou coleção de quadros.

pináculo (pi.ná.cu.lo) s.m. **1.** O ponto mais elevado de um monte ou de um prédio; cume; píncaro. **2.** (P. ext.) O auge; o apogeu.

pinça (pin.ça) s.f. **1.** Instrumento formado de duas hastes que apertam, seguram e arrancam sob pressão; tenaz. **2.** Apêndice com essa forma, presente na pata ou na cauda de alguns animais, como o siri e o escorpião.

pinçar (pin.çar) v.t.d. **1.** Prender ou apertar com uma pinça. **2.** Pegar, selecionar, destacar um a um: *pinçou pontos interessantes do filme para discutir com os alunos*.

píncaro (pín.ca.ro) s.m. **1.** Pináculo; cume; pico. **2.** (Fig.) Apogeu; auge.

pincel (pin.cel) s.m. Utensílio formado por um tufo de pelos preso à extremidade de um cabo, usado para aplicar tinta, verniz, esmalte etc.

pincelada (pin.ce.la.da) s.f. Toque ou traço com o pincel.

pincelado (pin.ce.la.do) adj. Esboçado; delineado; traçado.

pincelar (pin.ce.lar) v.t.d. Pintar com pincel; passar o pincel em.

pinchar (pin.char) v.t.d. Empurrar, impelir, jogar: *pinchou-a do alto da escada*.

pincho (pin.cho) s.m. Salto, pulo.

pinda (pin.da) s.f. (Pop.) Pindaíba.

pindaíba (pin.da.í.ba) s.f. (Pop.) Falta de dinheiro, miséria, dureza; pinda.

pindoba (pin.do.ba) s.f. (Bot.) Palmeira que produz nozes duras e um tipo de óleo comestível.

pindorama (pin.do.ra.ma) s.m. Região ou país cheio de palmeiras.

pineal (pi.ne.al) adj.2g. **1.** Que tem forma de pinha. s.f. **2.** (Anat.) Glândula de secreção interna situada atrás do terceiro ventrículo do cérebro.

ping [inglês: "pingue"] s.m. **1.** Pulso, sinal sonoro intermitente emitido pelo sonar, que retorna ao ponto de emissão ao encontrar um corpo e assim permite estabelecer sua localização. **2.** (Inf.) Sinal enviado de um ponto na rede, a fim de verificar se há conexão, entre outras coisas.

pinga (pin.ga) s.f. (SP) Cachaça; aguardente de cana.

pingado (pin.ga.do) s.m. **1.** Xícara de leite a que se acrescentam alguns pingos de café ou o contrário. adj. **2.** Que se pingou.

pingar (pin.gar) v.t.d. **1.** Colocar pingos em; borrifar. v.i. **2.** Começar a chover. **3.** Cair em pingos. **4.** (Fig.) Ocorrer em pouca quantidade.

pingente (pin.gen.te) s.m. **1.** Objeto que se usa pendurado e tem forma de pingo, como um brinco ou pedra de colar; pendente. s.2g. **2.** Pessoa que viaja dependurada na porta das conduções.

pinga-pinga (pin.ga-pin.ga) s.m. *e adj.2g.2n.* **1.** (Veículo) de transporte coletivo que faz muitas paradas ao longo do trajeto: *fomos no ônibus pinga-pinga por falta de passagem na linha direta*. s.m. **2.** Rendimento que pinga sucessivamente, que rende pouco e sempre. ▫ Pl. do s.m.: *pingas-pingas* e *pinga-pingas*.

pingo (pin.go) s.m. Porção diminuta; gota.

pingo-d'água (pin.go-d'á.gua) s.m. (Geo.) Quartzo hialino ou topázio incolor. ▫ Pl. *pingos-d'água*.

pinguço (pin.gu.ço) adj. Que bebe muito; beberrão; bêbado.

pinguela (pin.gue.la) s.f. Tronco de árvore ou prancha de madeira que se coloca de uma margem à outra de um córrego, para servir de ponte.

pingue-pongue (pin.gue-pon.gue) s.m. Jogo que se pratica a dois com duas raquetes e uma bolinha, sobre uma mesa dividida em dois campos por uma rede; tênis de mesa. ▫ Pl. *pingue-pongues*.

pinguim (pin.guim) [ü] s.m. (Zoo.) Ave de asas curtas, com penas em forma de escamas e que vive nas regiões frias.

pinha (pi.nha) s.f. (Bot.) Fruta comestível e muito doce, que cresce na pinheira; fruta-do-conde, araticum, ata.

pinhal (pi.nhal) s.m. Bosque de pinheiros.

pinhão (pi.nhão) s.m. **1.** (Bot.) Semente do pinheiro-do-paraná, ou araucária, que se come cozida. **2.** (Bot.) Semente de qualquer pinheiro. **3.** Pião.

pinheira (pi.nhei.ra) s.f. (Bot.) Árvore do grupo do pinheiro, que produz a pinha.

pinheiral (pi.nhei.ral) s.m. **1.** Plantação de pinheiros. **2.** Grande quantidade de pinheiros ou pinhas; pinhal.

pinheiro (pi.**nhei**.ro) s.m. (*Bot.*) **1.** Árvore conífera com folhas em forma de agulhas, de clima temperado, de que há várias espécies como o cedro e o pinheiro-do-paraná. **2.** Árvore conífera do gênero *Pinus*, que fornece madeira para móveis e construção.
pinheiro-do-paraná (pi.nhei.ro-do-pa.ra.**ná**) s.m. (*Bot.*) Árvore conífera nativa do sul do Brasil, do grupo das araucárias, um dos símbolos do estado do Paraná; araucária. ▫ Pl. *pinheiros-do-paraná*.
pinho (**pi**.nho) s.m. **1.** A madeira do pinheiro. **2.** (P. ext.) Viola; violão.
pinicada (pi.ni.**ca**.da) s.f. Ação de pinicar; pinico, beliscão, espetada, picão.
pinicão (pi.ni.**cão**) s.m. Pinicada.
pinicar (pi.ni.**car**) v.t.d. e v.i. **1.** Espetar; beliscar. v.i. **2.** (*Pop.*) Ir-se embora.
pinico (pi.**ni**.co) s.m. Pinicada. Cf. *penico*.
pino (**pi**.no) s.m. **1.** Peça que firma as duas partes de uma dobradiça. **2.** Haste metálica que se usa para fixar objetos. **3.** O ponto mais alto que o Sol pode atingir; zênite. **4.** Auge; apogeu.
pinoia (pi.**noi**.a) [ói] s.f. Coisa sem valor; bagatela.
pinote (pi.**no**.te) s.m. **1.** Salto dado pelo cavalo, ao mesmo tempo em que escoiceia. **2.** (P. ext.) Salto; pulo.
pinotear (pi.no.te.**ar**) v.i. Dar pinotes; saltar; pular.
pinscher [alemão: "pincher"] s.2g. (*Zoo.*) Cão de raça pequeno, de pelo liso e curto, preto ou caramelo, criado para companhia, mas com hábitos de guarda.
pinta (**pin**.ta) s.f. **1.** Marca, sinal em forma de bolinha ou ponto. **2.** (*Gír.*) Jeito; modo.
pintado (pin.**ta**.do) adj. **1.** Que se pintou; colorido. **2.** Que tem pintas; manchado. s.m. **3.** (*Zoo.*) Grande peixe de água doce, sem escamas, apreciado na culinária.
pintainho (pin.ta.**i**.nho) s.m. Pintinho ainda sem penas.
pintalgado (pin.tal.**ga**.do) adj. Que tem pintas ou pontos de várias cores.
pintalgar (pin.tal.**gar**) v.t.d. Pintar de cores variadas; sarapintar.
pintar (pin.**tar**) v.t.d. **1.** Cobrir de tinta. **2.** Colorir (com lápis de cor). v.p. **3.** Usar cosméticos no rosto; maquilar-se. v.i. **4.** Fazer travessuras. **5.** Exercer a profissão de pintor. **6.** (*Gír.*) Surgir; aparecer.
pintarroxo (pin.tar.**ro**.xo) [ô] s.m. (*Zoo.*) Passarinho de origem europeia.
pintassilgo (pin.tas.**sil**.go) s.m. (*Zoo.*) Ave canora, muito semelhante ao canário.
pinto (**pin**.to) s.m. **1.** Pintainho quando começa a cobrir-se de penas; franguinho. **2.** (*Chul.*) Pênis.
pintor (pin.**tor**) [ô] s.m. Aquele que pinta, por profissão ou como arte.
pintura (pin.**tu**.ra) s.f. **1.** Arte do pintor. **2.** Obra do pintor; quadro. **3.** Maquilagem. **4.** (*Fig.*) Pessoa muito formosa.

pio (**pi**.o) adj. **1.** Piedoso; devoto. s.m. **2.** Ato de piar. **3.** Voz da coruja e de outras aves. **4.** Apito usado pelos caçadores para atrair as aves.
piogênico (pi.o.**gê**.ni.co) adj. Que produz ou lança pus.
piolhada (pi.o.**lha**.da) s.f. Grande quantidade de piolhos; piolheira.
piolheira (pi.o.**lhei**.ra) s.f. Piolhada.
piolhento (pi.o.**lhen**.to) s.m. e adj. (Aquele) que tem piolhos.
piolho (pi.o.lho) [ô] s.m. (*epiceno*) **1.** (*Zoo.*) Inseto parasita que pode crescer no cabelo, a partir das lêndeas. **2.** Nome dado a vários parasitas encontrados no homem, em outros animais e nas plantas.
piolho-de-cobra (pi.o.lho-de-**co**.bra) s.m. (*Zoo.*) Artrópode de corpo alongado, com dois pares de patas em cada segmento e sem pinças, que se alimenta de matéria orgânica e plantas. Cf. *lacraia*. ▫ Pl. *piolhos-de-cobra*.
pioneiro (pi.o.**nei**.ro) s.m. **1.** Explorador dos sertões ou de regiões ainda não desbravadas; desbravador. **2.** (*Fig.*) Precursor. adj. **3.** Relativo a uma iniciativa que abre caminho para outras.
pior (pi.**or**) [ó] adj. **1.** Comparativo de mau. adv. **2.** Comparativo de mal.
piora (pi.**o**.ra) [ó] s.f. Ato de piorar; agravamento; recaída.
piorar (pi.o.**rar**) v.t.d. **1.** Tornar pior, inferior, mais errado. v.i. **2.** Tornar-se mais doente, mais errado, mais inferior.
piorreia (pi.or.**rei**.a) [éi] s.f. (*Med.*) Inflamação do alvéolo dentário.
pipa (**pi**.pa) s.f. **1.** Tipo de tonel de menor porte onde se coloca vinho. **2.** Papagaio de papel; quadrado. **3.** Tipo de cachimbo. **4.** (*Gír.*) Pessoa que bebe muito. **5.** (*Pop.*) Pessoa baixa e gorda.
piparote (pi.pa.**ro**.te) [ó] s.m. Pancada que se dá soltando com força o dedo indicador (ou médio) que estava apoiado no polegar.
pipeta (pi.**pe**.ta) [ê] s.f. (*Quím.*) Tubo de vidro usado nos laboratórios para transporte e dosagem de substâncias.
pipi (pi.**pi**) s.m. (*Infant.*) **1.** Urina, micção. **2.** Pênis ou vulva.
pipilante (pi.pi.**lan**.te) adj.2g. Que pipila.
pipilar (pi.pi.**lar**) v.i. **1.** Piar ou imitar o som das aves. s.m. **2.** O piar de uma ave.
pipilo (pi.**pi**.lo) s.m. Ato de pipilar; chilro; pio; pipilar.
pipo (**pi**.po) s.m. Barril ou pipa pequena.
pipoca (pi.**po**.ca) s.f. **1.** Milho que estoura ao ser levado ao fogo, em geral com óleo ou manteiga. **2.** (*Fig.*) Tipo de bolha na pele.
pipocar (pi.po.**car**) v.i. Estourar como pipoca; estalar; crepitar; arrebentar.
pipoqueira (pi.po.**quei**.ra) s.f. **1.** Panela ou utensílio onde se faz pipoca. **2.** Feminino de *pipoqueiro*.
pipoqueiro (pi.po.**quei**.ro) s.m. Aquele que faz e vende pipoca.

pique (pi.que) s.m. **1.** Corte pequeno; picote. **2.** (Folc.) Brincadeira em que uma criança tem de pegar as outras antes que alcancem um ponto. **3.** Local para onde se corre, nessa e em outras brincadeiras: *apostaram corrida até o pique*. **4.** (Fig.) Muita disposição; energia, entusiasmo: *as crianças estavam cheias de pique*.

piquenique (pi.que.ni.que) s.m. Refeição ao ar livre durante um passeio a parque, excursão ou viagem, em que são servidos alimentos variados como sanduíches, bolos, frutas, refrigerantes, tortas etc. Obs.: do inglês *pic-nic*.

piqueta (pi.que.ta) [ê] s.f. Estaca usada para demarcar terrenos; piquete.

piquetagem (pi.que.ta.gem) [ê] s.f. Ato de piquetar ou fincar piquetas.

piquetar (pi.que.tar) [ê] v.t.d. Fincar ou cravar piquetas em um terreno.

piquete (pi.que.te) [ê] s.m. **1.** Grupo de soldados formando uma guarda avançada. **2.** Grupo de grevistas incumbidos de impedir que os companheiros trabalhem e rompam a greve. **3.** Piqueta.

piquiá (pi.qui.á) s.m. (Bot.) Árvore ou arbusto de que se extrai uma substância com propriedades aromáticas e medicinais.

pira (pi.ra) s.f. **1.** Fogueira em que se queimavam os cadáveres. **2.** (P. ext.) Qualquer fogueira. **3.** Vaso onde arde um fogo perene e simbólico, como a pira olímpica ou as piras existentes em homenagem a heróis mortos.

piracema (pi.ra.ce.ma) [ê] s.f. **1.** Cardume de peixes. **2.** Época em que os peixes, com grande alvoroço, sobem para as nascentes dos rios para desovar.

piracuí (pi.ra.cu.í) s.m. Farinha de peixe, que é seco e moído para se conservar.

pirajuba (pi.ra.ju.ba) s.f. (Zoo.) Dourado.

pirambeira (pi.ram.bei.ra) s.f. Abismo; despenhadeiro. O mesmo que *perambeira*.

piramidal (pi.ra.mi.dal) adj.2g. **1.** Que tem forma de pirâmide. **2.** (Fig.) Monumental; colossal.

pirâmide (pi.râ.mi.de) s.f. **1.** (Geom.) Sólido formado por triângulos com um vértice comum e um polígono por base. **2.** Monumento egípcio em que os faraós eram sepultados.

piranha (pi.ra.nha) s.f. (*epiceno*) **1.** (Zoo.) Peixe amazônico voraz e de dentes afiados, que vive em cardumes. **2.** (Gír.) Mulher que seduz um homem casado para depois extorquir-lhe dinheiro. **3.** (Gír.) Vagabunda, vadia. **4.** Prendedor de cabelos com dentes, que se fecha por pressão.

pirão (pi.rão) s.m. (Culin.) Papa ou mingau de farinha de mandioca cozido, em geral com caldo de carne ou peixe.

piraquara (pi.ra.qua.ra) s.2g. Habitante das margens do rio Paraíba do Sul.

pirar (pi.rar) v.i. (Gír.) **1.** Enlouquecer. **2.** Desaparecer; escapulir.

pirarucu (pi.ra.ru.cu) s.m. (Zoo.) Peixe amazônico que chega a atingir 2 m, de sabor muito apreciado e cuja língua é usada para ralar o guaraná.

pirata (pi.ra.ta) s.2g. **1.** Aquele que cortava os mares, exclusivamente para saquear navios e cidades. adj.2g. **2.** Diz-se de filme, fita etc. que é uma cópia ilegal, não autorizada. **3.** Diz-se da emissora de rádio ou de televisão que funciona na informalidade ou de modo clandestino, sem registro legal.

piratagem (pi.ra.ta.gem) s.f. Atitude de pirata; ato de piratear; pirataria.

piratapuia (pi.ra.ta.pui.a) s.2g. **1.** Indivíduo dos piratapuias, povo indígena que vive hoje no Amazonas. adj.2g. **2.** Relacionado a esse povo.

pirataria (pi.ra.ta.ri.a) s.f. **1.** Ato de piratear. **2.** Atitude de pirata. **3.** Extorsão; roubo. **4.** Produção ilegal. **5.** Funcionamento ilegal. **6.** Piratagem.

piratear (pi.ra.te.ar) v.t.d. **1.** Roubar; extorquir. **2.** Produzir ilegalmente cópias de filmes, fitas, programas de computador etc. v.i. **3.** Fazer pirataria.

pires (pi.res) s.m.2n. Pratinho sobre o qual se coloca a xícara. ⬛ Pl. *pires*.

piriforme (pi.ri.for.me) adj.2g. Que tem forma de pera.

pirilampear (pi.ri.lam.pe.ar) v.i. Brilhar como pirilampo. O mesmo que *pirilampejar*. Obs.: conjuga-se apenas na 3ª pes., sing. e pl.

pirilampejar (pi.ri.lam.pe.jar) v.i. O mesmo que *pirilampear*. Obs.: conjuga-se apenas na 3ª pes., sing. e pl.

pirilâmpico (pi.ri.lâm.pi.co) adj. Que tem o brilho do pirilampo.

pirilampo (pi.ri.lam.po) (Zoo.) s.m. Inseto que emite luz fosforescente; vaga-lume; luze-luze.

pirita (pi.ri.ta) s.f. (Min.) Mineral com que se fabrica ácido sulfúrico.

piroca (pi.ro.ca) [ó] s.f. (Chul.) Pênis.

pirofobia (pi.ro.fo.bi.a) s.f. Medo doentio do fogo.

piróf0bo (pi.ró.fo.bo) s.m. *e* adj. (Aquele) que tem medo mórbido do fogo.

piroga (pi.ro.ga) [ó] s.f. Embarcação estreita e veloz, geralmente feita de um só tronco escavado e usada pelos indígenas da África e da América.

pirogalato (pi.ro.ga.la.to) s.m. (Quím.) Designação genérica dos sais e ésteres do ácido pirogálico.

pirogálico (pi.ro.gá.li.co) adj. Diz-se do ácido de largo uso nas afecções de pele.

pirogenação (pi.ro.ge.na.ção) s.f. Reação que se obtém com o uso do fogo.

pirogênico (pi.ro.gê.ni.co) adj. Produzido pela ação do fogo ou do calor.

pirógrafo (pi.ró.gra.fo) s.m. Aparelho elétrico usado em pirogravura.

pirogravar (pi.ro.gra.var) v.t.d. Desenhar (ou gravar) utilizando uma ponta de metal incandescente.

pirogravura (pi.ro.gra.vu.ra) s.f. **1.** Processo de desenhar (ou gravar) utilizando uma ponta de metal incandescente. **2.** Gravura obtida por esse processo.

pirólatra (pi.ró.la.tra) s.2g. Aquele que adora o fogo.
pirolatria (pi.ro.la.tri.a) s.f. Ato de adorar o fogo.
pirologia (pi.ro.lo.gi.a) s.f. Tratado sobre o fogo.

piromancia (pi.ro.man.**ci**.a) s.f. Adivinhação pela observação do fogo.
piromante (pi.ro.**man**.te) s.2g. Pessoa que pratica a piromancia.
piromântico (pi.ro.**mân**.ti.co) adj. Que diz respeito à piromancia.
pirometria (pi.ro.me.**tri**.a) s.f. Técnica de avaliar altas temperaturas.
pirométrico (pi.ro.**mé**.tri.co) adj. Que diz respeito à pirometria.
pirômetro (pi.**rô**.me.tro) s.m. Aparelho para avaliar altas temperaturas.
pirose (pi.**ro**.se) [ó] s.f. Sensação de ardor no estômago; azia.
pirosfera (pi.ros.**fe**.ra) s.f. (Geo.) Parte mais interna (e ígnea) da Terra.
pirotecnia (pi.ro.tec.**ni**.a) s.f. 1. Arte de empregar o fogo. 2. Arte de preparar e soltar artefatos explosivos como bombas, rojões e fogos de artifício.
pirotécnico (pi.ro.**téc**.ni.co) adj. 1. Que diz respeito à pirotecnia. s.m. 2. Aquele que fabrica ou solta fogos de artifício.
pirraça (pir.**ra**.ça) s.f. Manha; desfeita; desaforo.
pirraçar (pir.ra.**çar**) v.i. e v.t.d. Fazer pirraça (a); contrariar de propósito: *pirraçava o avô*; *ficava pirraçando*.
pirracento (pir.ra.**cen**.to) s.m. e adj. (Aquele) que gosta de pirraçar; manhoso.
pirralhada (pir.ra.**lha**.da) s.f. 1. Grupo de pirralhos (ou crianças). 2. Atitude de pirralho.
pirralho (pir.**ra**.lho) s.m. 1. Criança. 2. Indivíduo de baixa estatura.
pirrônico (pir.**rô**.ni.co) s.m. e adj. 1. (Aquele) que segue a doutrina do pirronismo. 2. (P.ext.) (Aquele) que duvida de tudo. 3. Teimoso.
pirronismo (pir.ro.**nis**.mo) s.m. 1. Sistema do filósofo grego Pirron (século IV a.C.), que se baseava na dúvida absoluta. 2. (P.ext.) Atitude de duvidar de tudo. 3. Teimosia.
pírtigo (**pír**.ti.go) s.m. Um dos dois paus ou varas que formam o mangual, instrumento para malhar cereais.
pirueta (pi.ru.**e**.ta) [ê] s.f. 1. Rodopio sobre um só pé. 2. Volta que o cavalo dá sobre uma pata. 3. Acrobacia feita por um avião.
piruetar (pi.ru.e.**tar**) v.i. Fazer piruetas.
pirulito (pi.ru.**li**.to) s.m. Bala ou caramelo preso a um palito.
pisa (**pi**.sa) s.f. 1. Ato de pisar; pisada. 2. Ato de macerar as uvas com os pés.
pisada (pi.**sa**.da) s.f. 1. Ato de pisar. 2. Pegada.
pisadela (pi.sa.**de**.la) s.f. Ato de pisar; pisada leve.
pisado (pi.**sa**.do) adj. Que se pisou; calcado; pisoteado.
pisadura (pi.sa.**du**.ra) s.f. 1. Vestígio de pisadas. 2. Contusão; machucado.
pisa-mansinho (pi.sa-man.**si**.nho) s.m.2n. Aquele que é sonso; manhoso; maneiroso. ▫ Pl. *pisa-mansinho*.

pisante (pi.**san**.te) adj.2g. e s.m. (Gír.) Qualquer calçado ou sapato.
pisão (pi.**são**) s.m. Pisada; pisadela.
pisar (pi.**sar**) v.t.d. 1. Pôr o pé sobre; calcar; andar sobre; pisotear. 2. (Fig.) Magoar; ofender. v.i. 3. Caminhar; andar. 4. (Pop.) Acelerar um veículo. (Gír.) **Pisa menos:** expressão hiperbólica, derivada da acepção 2, dirigida a alguém que agiu de forma extraordinária, que debateu um argumento em uma discussão.
piscada (pis.**ca**.da) s.f. 1. Ação de piscar; piscadela. 2. Sinal feito com os olhos.
piscadela (pis.ca.**de**.la) s.f. Ato de piscar.
pisca-pisca (pis.ca-**pis**.ca) s.m. Luz intermitente de um veículo, que, acionada, indica a direção que este vai tomar. ▫ Pl. *pisca-piscas*.
piscar (pis.**car**) v.t.d. e v.i. 1. Abrir e fechar (os olhos) rapidamente. v.t.i. 2. Trocar sinais, abrindo e fechando rapidamente os olhos. v.i. 3. Acender e apagar um foco de luz, intermitentemente.
piscatório (pis.ca.**tó**.ri.o) adj. Que diz respeito à pesca ou aos pescadores.
písceo (**pís**.ce.o) adj. Que diz respeito a peixe.
pisciano (pis.ci.**a**.no) s.m. (Mit.) Pessoa que nasceu sob o signo astrológico de Peixes, o décimo segundo do Zodíaco, que vai de 19 de fevereiro a 20 de março.
piscicultor (pis.ci.cul.**tor**) [ô] s.m. Aquele que se dedica à piscicultura.
piscicultura (pis.ci.cul.**tu**.ra) s.f. Arte de criar peixes.
pisciforme (pis.ci.**for**.me) adj.2g. Que tem forma de peixe.
piscina (pis.**ci**.na) s.f. 1. Tanque artificial, revestido e tratado, para natação. 2. Tanque para criação de peixes.
piscosidade (pis.co.si.**da**.de) s.f. Qualidade de piscoso.
piscoso (pis.**co**.so) [ô] adj. Em que há bastante peixe. ▫ Pl. *piscosos* [ó].
piso (**pi**.so) s.m. 1. Terreno em que se anda. 2. Chão. 3. Pavimento; andar. 4. Revestimento de cerâmica ou pedra que se usa para o chão.
pisoteado (pi.so.te.**a**.do) adj. Pisado; calcado.
pisotear (pi.so.te.**ar**) v.t.d. 1. Calcar com os pés; pisar. 2. (Fig.) Humilhar; espezinhar.
pisoteio (pi.so.**tei**.o) s.m. Ato de pisotear.
pista (**pis**.ta) s.f. 1. Indício; vestígio. 2. Procura; encalço. 3. Parte de um aeroporto onde pousam e de onde decolam as aeronaves. 4. Parte de um salão onde se dança. 5. Espaço para trânsito de um veículo: *a estrada tinha quatro pistas*. 6. Espaço para a prática de corridas: *pista de atletismo, pista de cavalos*.
pistache (pis.**ta**.che) s.m. (Bot.) Semente verde, que se come torrada e se emprega na fabricação de sorvetes, semelhante ao amendoim. O mesmo que *pistácia, pistacho*.
pistacheiro (pis.ta.**chei**.ro) s.m. (Bot.) Árvore que dá o pistache.
pistacho (pis.**ta**.cho) s.m. O mesmo que *pistache*.
pistácia (pis.**tá**.ci.a) s.f. O mesmo que *pistache*.

pistão (pis.**tão**) s.m. **1.** (*Mús.*) Instrumento de sopro semelhante ao trompete. **2.** Peça mecânica do motor de explosão. O mesmo que *pistom*.

pistilo (pis.**ti**.lo) s.m. (*Bot.*) Parte da flor que contém o óvulo, formada pelos carpelos (ovário, estilete e estigma); gineceu. Cf. *peristilo*.

pistola (pis.**to**.la) s.f. **1.** Arma de fogo de pequeno porte. **2.** Aparelho de ar comprimido usado em pintura. (*Gír.*) **Ficar pistola:** ficar muito irado com alguma ação ou situação.

pistolaço (pis.to.**la**.ço) s.m. Tiro de pistola.

pistolão (pis.to.**lão**) s.m. **1.** Espécie de fogo de artifício. **2.** (*Fig.*) Recomendação de pessoa importante para se conseguir um favor. **3.** A pessoa que consegue esse favor.

pistoleiro (pis.to.**lei**.ro) s.m. Assassino profissional; facínora; matador.

pistom (pis.**tom**) s.m. O mesmo que *pistão*.

pit bull [inglês: "pitibul"] s.2g. (*Zoo.*) Cão de raça médio, musculoso, com hábitos de guarda, criado para companhia e luta.

pita (**pi**.ta) s.f. **1.** Fio da piteira. **2.** Trança que se faz com vários destes fios.

pitaco (pi.**ta**.co) s.m. (*Gír. Pop.*) **Dar pitaco:** Expressar opinião ou julgamento, dar uma sugestão ou palpite: *muitos gostam de dar pitaco na vida alheia*.

pitada (pi.**ta**.da) s.f. **1.** Pequena porção de qualquer substância, que se pode pegar com a ponta dos dedos indicador e polegar. **2.** Ação de pitar ou fumar: *saiu para dar uma pitada*.

pitagórico (pi.ta.**gó**.ri.co) adj. Que diz respeito a Pitágoras, matemático e filósofo grego do século VI a.C. e à doutrina por ele pregada.

pitagorismo (pi.ta.go.**ris**.mo) s.m. Doutrina criada por Pitágoras.

pitagorista (pi.ta.go.**ris**.ta) s.2g. Seguidor do pitagorismo.

pitaguari (pi.ta.gua.**ri**) s.2g. **1.** Indivíduo dos pitaguaris, povo indígena que vive hoje no Ceará. adj.2g. **2.** Relacionado a esse povo.

pitanga (pi.**tan**.ga) s.f. (*Bot.*) Frutinha vermelha agridoce, de aroma característico, muito apreciada em sucos e sorvetes.

pitangueira (pi.tan.**guei**.ra) s.f. (*Bot.*) Planta que dá a pitanga.

pitar (pi.**tar**) v.i. e v.t.d. Fumar; aspirar fumaça de vegetais enrolados em forma de tubo: *jurou nunca mais pitar; pitava fumo caipira*.

piteira (pi.**tei**.ra) s.f. **1.** Tubo, geralmente com filtro, ao qual se adapta o cigarro ou cigarrilha. **2.** (*Bot.*) Erva de cujas folhas se extrai a fibra da pita.

pitéu (pi.**téu**) s.m. Petisco; prato que atrai o paladar.

piti (pi.**ti**) s.m. (*Pop.*) **1.** Ataque, chilique. **2.** Discussão, atrito verbal.

pitinga (pi.**tin**.ga) s.f. (*Culin.*) Mingau salgado feito com massa de mandioca, alho e pimenta.

pitiríase (pi.ti.**rí**.a.se) s.f. (*Med.*) Dermatose causadora do aparecimento de sardas escamosas.

pito (**pi**.to) s.m. **1.** Cachimbo. **2.** (*Fig.*) Repreensão; censura.

pitomba (pi.**tom**.ba) s.f. **1.** (*Bot.*) Fruto da pitombeira. **2.** (*Gír.*) Sopapo.

pitombeira (pi.tom.**bei**.ra) s.f. (*Bot.*) Árvore sapindácea e frutífera natural do Brasil.

píton (**pí**.ton) s.m. **1.** (*Zoo.*) Serpente do grupo da jiboia e da sucuri. (*próprio*) **2.** (*Mit.*) Serpente morta por Apolo. (*comum*) **3.** Adivinho; mago.

pitonisa (pi.to.**ni**.sa) s.f. Mulher que prediz o futuro; feminino de *píton*.

pitoresco (pi.to.**res**.co) [ê] adj. **1.** Próprio para ser pintado; pictórico. **2.** Agradável; recreativo; ameno.

pitu (pi.**tu**) s.m. (*Zoo.*) Camarão grande de água doce.

pituíta (pi.tu.**í**.ta) s.f. (*Anat.*) Humor viscoso e de cor branca, segregado principalmente pelo nariz e pelos brônquios; muco nasal.

pituitária (pi.tu.i.**tá**.ri.a) s.f. (*Anat.*) Hipófise.

pituitário (pi.tu.i.**tá**.ri.o) adj. (*Anat.*) **1.** Referente à pituíta, ao muco nasal. **2.** Referente à pituitária, à hipófise.

pivete (pi.**ve**.te) [é] s.m. (*sobrecomum*) **1.** Criança esperta. **2.** (*Gír.*) Menor delinquente.

pivô (pi.**vô**) s.m. **1.** Haste metálica que suporta uma coroa nas raízes de um dente. **2.** A coroa assim implantada. **3.** (*Fig.*) Sustentáculo; base. **4.** (*Esp.*) Jogador que, no futebol de salão e no basquete, arma as jogadas.

pixaim (pi.xa.**im**) s.m. e adj. (Cabelo) encarapinhado; carapinha.

pixarro (pi.**xar**.ro) s.m. (*Zoo.*) Trinca-ferro.

pixel [inglês: "pícsel"] s.m. (*Inf.*) Menor área retangular de uma imagem na tela, cuja cor pode ser identificada. Obs.: acrônimo de *picture element*, "elemento de imagem".

pixotada (pi.xo.**ta**.da) s.f. Ato, ação de pixote. O mesmo que *pexotada*.

pixote (pi.**xo**.te) [ó] s.2g. Criança, moleque. O mesmo que pexote.

pizza [italiano: "pítsa"] s.f. (*Culin.*) Prato de origem italiana que foi aprimorado no Brasil e consiste de um disco de massa feita de farinha de trigo, ao qual se acrescentam as mais variadas coberturas, além de queijo mozarela, tomates, azeitonas, orégano etc., levando-se em seguida ao forno.

pizzaria (piz.za.**ri**.a) [tsa] s.f. Restaurante especializado na preparação de *pizzas*; cantina.

Pl Símbolo do elemento químico platina.

placa (**pla**.ca) s.f. **1.** Folha de metal; chapa; lâmina. **2.** Chapa de metal com a numeração e o licenciamento de um veículo. **3.** (*Fís.*) Eletrodo de acumulador ou de bateria. **4.** Sinal de sinalização de trânsito ou da estrada. **5.** (*Inf.*) Peça plana com circuitos impressos, chips e programas: *placa de vídeo, placa de som*.

placa-mãe (pla.ca-**mãe**) s.f. (*Inf.*) Peça que interliga todos os *chips* e dispositivos de um computador como memória, processador, placas etc. ▫ Pl. *placas-mãe, placas-mães*.

placar (pla.**car**) s.m. **1.** Quadro que mostra o resultado de um jogo. **2.** Aviso dirigido ao público.

placenta (pla.**cen**.ta) s.f. (*Anat.*) Órgão que se cria no útero, durante a gestação, estabelecendo comunicação biológica entre mãe e filho, através do cordão umbilical.
placentário (pla.cen.**tá**.ri.o) adj. 1. Que se refere à placenta. 2. (*Zoo.*) Diz-se de mamífero em que se desenvolve uma placenta.
placidez (pla.ci.**dez**) [ê] s.f. Qualidade do que é plácido; serenidade; tranquilidade.
plácido (**plá**.ci.do) adj. Sossegado; sereno; tranquilo.
plaga (**pla**.ga) s.f. Lugar; região; país.
plagiado (pla.gi.**a**.do) adj. Que se plagiou; copiado; imitado.
plagiador (pla.gi.a.**dor**) [ô] s.m. Aquele que plagiou; plagiário, imitador.
plagiar (pla.gi.**ar**) v.t.d. Fazer passar por seu trabalho artístico alheio; imitar; copiar. Obs.: pres. do ind.: *plagio, plagias, plagia* etc.; pres. do subj.: *plagie, plagies, plagie* etc.
plagiário (pla.gi.**á**.ri.o) s.m. Aquele que plagia ou copia; copiador, imitador.
plágio (**plá**.gi.o) s.m. Apropriação de trabalho artístico alheio; cópia; imitação.
plaina (**plai**.na) s.f. Instrumento usado pelos marceneiros para alisar a madeira.
planador (pla.na.**dor**) [ô] s.m. 1. Tipo de avião sem motor, que flutua ao sabor dos ventos. s.m. *e* adj. 2. (Aquele) que plana.
planalto (pla.**nal**.to) s.m. Terreno ao mesmo tempo plano e elevado; altiplano, platô.
planar (pla.**nar**) v.i. Voar em um planador.
planária (pla.**ná**.ri.a) s.f. (*Zoo.*) Verme chato que vive na água ou em lugares úmidos.
plancto (**planc**.to) s.m. (*Bio.*) O mesmo que *plâncton*.
plâncton (**plânc**.ton) s.m. (*Bio.*) Conjunto de micro-organismos aquáticos, que podem ser algas, plantas ou animais microscópicos. O mesmo que *plancto*.
planctônico (planc.**tô**.ni.co) adj. Relativo a plâncton.
planejado (pla.ne.**ja**.do) adj. Que se planejou; projetado; planificado.
planejamento (pla.ne.ja.**men**.to) s.m. Ato de planejar; elaboração; preparação; planificação.
planejar (pla.ne.**jar**) v.t.d. Fazer o plano de; projetar; planificar.
planeta (pla.**ne**.ta) [ê] s.m. (*Astron.*) Cada um dos astros que giram em torno do Sol, dele recebendo luz e calor: *os planetas Mercúrio, Vênus, Terra, Marte são os mais próximos do Sol*.
planetário (pla.ne.**tá**.ri.o) adj. 1. Que diz respeito a planeta. s.m. 2. Anfiteatro em cúpula, com projeções que simulam o movimento dos planetas e estrelas, constelações, o nascer e o pôr do Sol etc.
planetoide (pla.ne.**toi**.de) [ói] s.m. (*Astron.*) Planeta de pequeno porte.
planeza (pla.**ne**.za) [ê] s.f. 1. Qualidade do que é plano. 2. Planície.
plangência (plan.**gên**.ci.a) s.f. Qualidade ou estado do que é plangente; tristeza; melancolia.
plangente (plan.**gen**.te) adj.2g. Lastimoso; triste; melancólico.
planger (plan.**ger**) v.i. 1. Chorar; lastimar-se. 2. Soar ou anunciar tristemente.
planície (pla.**ní**.cie) s.f. Terreno plano; campina.
planificação (pla.ni.fi.ca.**ção**) s.f. 1. Ato de planificar. 2. Planejamento.
planificar (pla.ni.fi.**car**) v.t.d. 1. Reproduzir em um plano: *para planificar o cubo, desenhe seis quadrados*. 2. Fazer planos, planejar.
planiforme (pla.ni.**for**.me) adj.2g. Que tem forma achatada.
planilha (pla.**ni**.lha) s.f. 1. Formulário impresso para que nele sejam inseridos dados. 2. (*Inf.*) Cálculo e programa de fazer cálculos. 3. Tabela com cálculos.
planimetria (pla.ni.me.**tri**.a) s.f. Medida da área de uma superfície plana.
planimétrico (pla.ni.**mé**.tri.co) adj. Que diz respeito à planimetria.
planímetro (pla.**ní**.me.tro) s.m. Instrumento com que se mede a área de uma superfície plana.
planisfério (pla.nis.**fé**.ri.o) s.m. Mapa que representa toda a superfície da Terra em um plano.
plano (**pla**.no) adj. 1. Liso; sem desigualdades de nível. s.m. 2. Superfície plana. 3. Mapa das ruas da cidade ou da rede de transporte. 4. Categoria. 5. Intento; projeto; planificação.
planta (**plan**.ta) s.m. 1. (*Bio.*) Organismo que faz alimento por meio de fotossíntese e constitui um dos cinco reinos; vegetal. 2. Representação gráfica de uma casa ou de um lugar, respeitada uma escala. 3. (*Anat.*) Parte do pé que assenta no chão.
plantação (plan.ta.**ção**) s.f. 1. Ato de plantar. 2. Local onde se plantou.
plantador (plan.ta.**dor**) [ô] s.m. Aquele que planta; cultivador; agricultor; lavrador.
plantão (plan.**tão**) s.m. 1. Horário de serviço escalado em hospitais, delegacias, farmácias, fábricas etc. 2. Pessoal escalado.
plantar (plan.**tar**) v.t.d. 1. Semear; colocar na terra para que germine ou crie raízes. 2. (*Fig.*) Incutir (uma ideia) para que se propague. v.p. 3. Colocar-se; ficar. adj. 4. Relativo à planta do pé.
plantel (plan.**tel**) s.m. 1. Grupo de animais escolhidos para reprodução. 2. Grupo de atletas, técnicos ou artistas de primeira linha.
plantio (plan.**ti**.o) s.m. Ato de plantar; plantação.
plantonista (plan.to.**nis**.ta) s.2g. Aquele que está de plantão.
planura (pla.**nu**.ra) s.f. Superfície plana; planície.
plaqueta (pla.**que**.ta) [ê] s.f. 1. Placa pequena de metal. 2. (*Anat.*) Um dos corpúsculos existentes no sangue, ao lado das hemácias e dos leucócitos.
plasma (**plas**.ma) s.m. 1. (*Anat.*) Parte líquida do sangue e da linfa, que pode formar coágulos e na qual se encontram as substâncias necessárias à nutrição dos tecidos orgânicos. 2. (*Fís.*) Matéria na forma de partículas atômicas carregadas.
plasmado (plas.**ma**.do) adj. Que se plasmou; feito; modelado.

plasmar (plas.**mar**) v.t.d. Modelar; dar forma a.
plasmático (plas.**má**.ti.co) adj. Relacionado a plasma.
plástica (**plás**.ti.ca) s.f. **1.** Arte de plasmar ou modelar. **2.** Cirurgia plástica.
plasticidade (plas.ti.ci.**da**.de) s.f. Maleabilidade.
plástico (**plás**.ti.co) s.m. **1.** Substância orgânica moldável, de larga utilização industrial, utilizada inclusive no preparo de tintas e vernizes. adj. **2.** Relacionado às formas visuais, à estética: *artes plásticas, cirurgia plástica*. **3.** Que pode mudar de forma; moldável: *uma matéria com propriedades plásticas*. **4.** Que tem formas belas, harmoniosas.
plastificação (plas.ti.fi.ca.**ção**) s.f. Ato de plastificar.
plastificado (plas.ti.fi.**ca**.do) adj. Transformado ou recoberto de plástico.
plastificar (plas.ti.fi.**car**) v.t.d. Recobrir (papéis, tecidos) com algum tipo de plástico.
plastrão (plas.**trão**) s.m. (*Zoo.*) Parte de baixo do casco da tartaruga.
plataforma (pla.ta.**for**.ma) s.f. **1.** Construção feita para o lançamento de foguetes. **2.** Local em que os passageiros embarcam e desembarcam, nas estações de trem, ônibus ou metrô. **3.** Programa de governo anunciado pelos candidatos antes das eleições. **4.** Terraço.
plateia (pla.**tei**.a) [éi] s.f. **1.** Local destinado ao público em uma sala de espetáculos. **2.** Conjunto dos espectadores que aí se encontram.
platibanda (pla.ti.**ban**.da) s.f. **1.** Grade ou muro que limita um terraço ou jardim. **2.** Borda de canteiros.
platina (pla.**ti**.na) s.f. **1.** (*Quím.*) Elemento químico, metal, de símbolo Pt, peso atômico 195,09 e número atômico 78. **2.** Placa do microscópio sobre a qual se assenta a lâmina com o material a ser examinado.
platinado (pla.ti.**na**.do) adj. **1.** Louro quase branco. s.m. **2.** Peça dos carros que distribui a corrente elétrica para as velas dos cilindros do motor.
platinar (pla.ti.**nar**) v.t.d. Dar um aspecto de platina; branquear.
platino (pla.**ti**.no) adj. **1.** Da região do rio da Prata, que banha Argentina, Bolívia, Brasil, Paraguai e Uruguai. s.m. **2.** Pessoa natural ou habitante dessa região.
platô (pla.**tô**) s.m. Planalto.
platônico (pla.**tô**.ni.co) adj. **1.** Que diz respeito à filosofia de Platão. **2.** Alheio aos aspectos materiais. s.m. e adj. **3.** Adepto do platonismo.
platonismo (pla.to.**nis**.mo) s.m. **1.** (*Filos.*) Doutrina de Platão, filósofo grego que viveu de 429 a 347 a.C. **2.** Característica do que é platônico.
plausibilidade (plau.si.bi.li.**da**.de) s.f. Qualidade daquilo que é plausível; aceitação.
plausível (plau.**sí**.vel) adj.2g. Que se pode aceitar; razoável, aceitável.
playboy [inglês: "plêi-bói"] s.f. Homem rico, em geral jovem, que ostenta luxo em carros, roupas etc.: *os "playboys" encostaram o carro no ponto de ônibus e chamaram as meninas para entrar*.

playground [inglês: "plêi-gráundi"] s.m. Parquinho, local com brinquedos.
plebe (ple.be) s.f. **1.** Na Roma antiga e em outras sociedades aristocráticas, a classe popular, oposta à nobreza; povo. **2.** (*P. ext.*) Povão, ralé.
plebeísmo (ple.be.**ís**.mo) s.m. Atitude típica da plebe, no falar ou no agir.
plebeu (ple.**beu**) s.m. e adj. **1.** (Aquele) que pertence à plebe. adj. **2.** Que diz respeito à plebe.
plebiscitário (ple.bis.ci.**tá**.ri.o) adj. Que diz respeito a plebiscito.
plebiscito (ple.bis.**ci**.to) s.m. **1.** Entre os antigos romanos, decreto feito pelo povo. **2.** Nos dias atuais, resolução do governo submetida à vontade do povo, por votação.
plectro (**plec**.tro) s.m. (*Mús.*) Palheta.
plêiade (**plêi**.a.de) s.f. (*próprio*) **1.** (*Astron.*) Cada uma das estrelas formadoras da constelação das Plêiades, também conhecida como Sete-Cabrinhas ou Sete-Estrelas. (*comum*) **2.** Reunião de homens, poetas ou pessoas célebres.
Pleistoceno (Pleis.to.**ce**.no) s.m. (*próprio*) (*Geo.*) Época da história da Terra posterior ao Plioceno e anterior ao Holoceno, em que surge o *Homo sapiens*, o ser humano atual. O mesmo que *Plistoceno*.
pleitear (plei.te.**ar**) v.t.d. e v.i. **1.** Demandar em juízo; litigar. **2.** Tentar obter alguma coisa. Obs.: pres. do ind.: *pleiteio, pleiteias, pleiteia, pleiteamos, pleiteais, pleiteiam*; pres. do subj.: *pleiteie, pleiteies, pleiteie, pleiteemos, pleiteeis, pleiteiem*.
pleito (**plei**.to) s.m. **1.** Disputa eleitoral. **2.** Questão judicial; litígio.
plenária (ple.**ná**.ri.a) s.f. Sessão em que se reúnem os membros de um plenário.
plenário (ple.**ná**.ri.o) s.m. **1.** Tribunal ou assembleia que reúne os membros de uma organização. adj. **2.** Pleno, completo. **3.** (*Relig.*) Que concede remissão plena das penas temporais: *o papa pode dar indulgência plenária*.
plenilúnio (ple.ni.**lú**.ni.o) s.m. (*Astron.*) Lua cheia.
plenipotência (ple.ni.po.**tên**.ci.a) s.f. Pleno poder.
plenipotenciário (ple.ni.po.ten.ci.**á**.ri.o) adj. **1.** Que tem plenos poderes. s.m. **2.** Enviado de um governo com plenos poderes de negociação junto a outro governo.
plenitude (ple.ni.**tu**.de) s.f. Estado daquilo que é pleno; totalidade; perfeição.
pleno (**ple**.no) [ê] adj. Cheio; inteiro; completo.
pleonasmo (ple.o.**nas**.mo) s.m. (*Gram.*) Figura de sintaxe que consiste em dar mais ênfase à frase pela redundância de termos, como em "escrever com as próprias mãos".
pleonástico (ple.o.**nás**.ti.co) adj. Que diz respeito a pleonasmo.
pletora (ple.**to**.ra) [ó] s.f. (*Med.*) Aumento da massa sanguínea.
pletórico (ple.**tó**.ri.co) adj. **1.** Que diz respeito a pletora. **2.** (*Fig.*) Exuberante.
pleura (**pleu**.ra) s.f. (*Anat.*) Cada uma das membranas serosas que envolvem os pulmões.

pleural (pleu.**ral**) *adj.2g.* Relativo a pleura.
pleurisia (pleu.ri.**si**.a) *s.f. (Med.)* Pleuriz.
pleurite (pleu.**ri**.te) *s.f. (Med.)* Pleuriz.
pleuriz (pleu.**riz**) *s.f. (Med.)* Inflamação da pleura; pleurisia, pleurite.
plexo (**ple**.xo) [cs] *s.m. (Anat.)* Entrelaçamento de ramificações de nervos ou vasos sanguíneos.
Plioceno (pli.o.**ce**.no) *s.m. (próprio) (Geo.)* Época da história da Terra que sucede o Mioceno e precede o Pleistoceno.
plissado (plis.**sa**.do) *adj.* **1.** Que se plissou; pregueado, plissê. *s.m.* **2.** Série de pregas que se faz em um tecido ou roupa; plissê.
plissar (plis.**sar**) *v.t.d.* Fazer pregas em; preguear.
plissê (plis.**sê**) *s.m. e adj.* Plissado.
plistocênico (plis.to.**cê**.ni.co) *adj.* Pertencente ao Pleistoceno.
Plistoceno (plis.to.**ce**.no) *s.m. (próprio)* O mesmo que *Pleistoceno*.
plotadora (plo.ta.**do**.ra) [ô] *s.f. (Inf.)* Tipo de impressora gráfica que trabalha com imagens de grande extensão, como plantas arquitetônicas, mapas cartográficos etc. O mesmo que *plotter*.
plotagem (plo.**ta**.gem) *s.f.* **1.** Ato ou efeito de plotar. **2.** *(Inf.)* Impressão de desenhos, mapas e gráficos de grandes dimensões. **3.** *(Mar.)* Localização de embarcação ou aeronave em mapa ou carta náutica, mediante coordenadas que ajudam a determinar a velocidade, o rumo etc.
plotar (plo.**tar**) *v.t.d.* **1.** *(Inf.)* Imprimir usando plotadora. **2.** *(Mar.)* Localizar embarcação, alvo, aeronave com ajuda de mapa, desenho em escala etc. **3.** *(Gír. Ant.)* Entender, compreender.
plotter [inglês: plóter] *s.f. (Inf.)* O mesmo que *plotadora*.
plugar (plu.**gar**) *v.t.d.* Conectar por meio de plugue: *plugou a guitarra no amplificador*.
plugin [inglês: "pluguím"] *s.m.* Programa que se instala em outro programa, para acrescentar funções: *plugin do navegador, plugin do processador de texto*.
plugue (**plu**.gue) *s.m.* Peça com um ou mais pinos que se introduz na tomada ou abertura, para estabelecer a passagem da corrente elétrica ou a conexão de um circuito.
pluma (**plu**.ma) *s.f.* **1.** Pena de ave. **2.** Pena com que se escreve ou desenha.
plumacho (plu.**ma**.cho) *s.m.* Enfeite de plumas; plumagem.
plumagem (plu.**ma**.gem) *s.f.* **1.** Conjunto das penas de uma ave. **2.** Enfeite feito de penas; plumacho.
plumário (plu.**má**.ri.o) *adj.* Relacionado a pluma, feito de plumas: *adorno plumário, arte plumária*.
plumbato (plum.**ba**.to) *s.m. (Quím.)* Designação de diferentes compostos em que o radical plúmbico funciona com valência eletronegativa.
plumbear (plum.be.**ar**) *v.t.d.* Dar a cor ou a aparência do chumbo.
plúmbeo (**plúm**.be.o) *adj.* Relativo a chumbo; que tem sua cor ou composição; plúmbico.

plúmbico (**plúm**.bi.co) *adj.* Plúmbeo.
plural (plu.**ral**) *s.m. (Gram.)* **1.** Flexão nominal e verbal referente a mais de uma pessoa ou coisa. *adj.2g.* **2.** Relativo ao número que indica mais de uma pessoa ou coisa.
pluralidade (plu.ra.li.**da**.de) *s.f.* Multiplicidade; variedade.
pluralizar (plu.ra.li.**zar**) *v.t.d.* **1.** Colocar no plural. **2.** Multiplicar.
plurianual (plu.ri.a.nu.**al**) *adj.2g.* Relacionado a três ou mais anos.
pluriarticulado (plu.ri.ar.ti.cu.**la**.do) *adj.* Que tem várias articulações.
pluricelular (plu.ri.ce.lu.**lar**) *adj.2g. (Bio.)* Que contém um grande número de células.
pluridentado (plu.ri.den.**ta**.do) *adj.* Que tem um grande número de dentes.
plurifloro (plu.ri.**flo**.ro) *adj.* Que tem muitas flores.
plurilíngue (plu.ri.**lín**.gue) [ü] *adj.2g.* **1.** Referente a várias línguas. **2.** Que fala muitos idiomas; poliglota.
pluripartidário (plu.ri.par.ti.**dá**.ri.o) *adj.* Referente a vários partidos.
pluripartidarismo (plu.ri.par.ti.da.**ris**.mo) *s.m.* Regime político que admite a existência de vários partidos.
plurissecular (plu.ris.se.cu.**lar**) *adj.2g.* Que tem muitos séculos; antiquíssimo; multisecular.
plurívoco (plu.**rí**.vo.co) *adj.* Que permite muitas significações; que tem várias acepções ou sentidos; multívoco.
Plutão (plu.**tão**) *s.m. (próprio)* **1.** *(Astron.)* Astro que foi considerado planeta desde sua descoberta, em 1930, até 2006. **2.** *(Mit.)* O deus do fogo entre os romanos.
plutocracia (plu.to.cra.**ci**.a) *s.f.* Predomínio do poder econômico.
plutocrata (plu.to.**cra**.ta) *s.2g.* Pessoa que se sobressai por sua riqueza; capitalista.
plutônio (plu.**tô**.ni.o) *s.m. (Quím.)* Elemento químico transurânico de propriedades radioativas (originado da desintegração radioativa do netúnio), de símbolo Pu, número atômico 94 e peso atômico 242.
pluvial (plu.vi.**al**) *adj.2g.* Relativo à chuva ou que dela provém.
pluviometria (plu.vi.o.me.**tri**.a) *s.f.* Estudo da quantidade e distribuição da chuva.
pluviométrico (plu.vi.o.**mé**.tri.co) *adj.* Que diz respeito à pluviometria ou à chuva.
pluviômetro (plu.vi.**ô**.me.tro) *s.m.* Instrumento para medir a quantidade de chuvas, ou o índice pluviométrico.
Pm Símbolo do elemento químico promécio.
pneu *s.m.* Aro de borracha que envolve as rodas dos carros, das bicicletas e de outros veículos; pneumático.
pneumática (pneu.**má**.ti.ca) *s.f.* Ciência que estuda as propriedades físicas do ar e dos outros gases.

pneumático (pneu.má.ti.co) s.m. **1.** Pneu. adj. **2.** Relativo ao ar e a outros gases. s.m. e adj. **3.** (Máquina) operada pela força do ar comprimido.
pneumatologia (pneu.ma.to.lo.gi.a) s.f. (Relig.) Tratado dos espíritos ou dos seres intermediários que fazem a ligação entre Deus e os homens.
pneumatologista (pneu.ma.to.lo.gis.ta) s.2g. Pessoa que se dedica à pneumatologia.
pneumatose (pneu.ma.to.se) s.f. (Med.) Tumor que se forma pelo acúmulo de ar.
pneumococo (pneu.mo.co.co) s.m. Micróbio causador da pneumonia.
pneumogástrico (pneu.mo.gás.tri.co) adj. Que é comum aos pulmões e ao estômago.
pneumologia (pneu.mo.lo.gi.a) s.f. (Med.) Parte da medicina que estuda os pulmões.
pneumologista (pneu.mo.lo.gis.ta) s.2g. (Med.) Médico especializado em pneumologia.
pneumônico (pneu.mô.ni.co) adj. Que diz respeito à pneumonia.
pneumonia (pneu.mo.ni.a) s.f. (Med.) Inflamação no interior do pulmão, causada por vírus, bactérias, parasitas ou fungos.
pneumorragia (pneu.mor.ra.gi.a) s.f. (Med.) Hemorragia pulmonar.
pneumotórax (pneu.mo.tó.rax) [cs] s.m. (Med.) Presença de gás na cavidade pleural.
pó s.m. **1.** Partícula diminuta de terra ou outra substância; poeira: *havia pó nos móveis*. **2.** Substância pulverizada, reduzida a pequenos grãos: *chocolate em pó, pó de café*. **3.** (Fig.) Nada, coisa insignificante, coisa nenhuma: *reduziu a cidade a pó*. **4.** (Gír.) Cocaína.
Po Símbolo do elemento químico polônio.
poaia (po.ai.a) s.f. (Bot.) Planta de cuja raiz se extrai uma substância com propriedades aromáticas e medicinais; poaieiro.
poaieiro (po.ai.ei.ro) s.m. (Bot.) Poaia.
pobre (po.bre) adj.2g. **1.** Que tem poucos elementos, que não é rico: *ideias pobres*. s.2g. **2.** Pessoa que tem poucas posses, pouco dinheiro.
pobre-diabo (po.bre-di.a.bo) s.m. **1.** Indivíduo sem eira nem beira. **2.** Pessoa digna de compaixão. ▣ Pl. *pobres-diabos*.
pobretão (po.bre.tão) s.m. Indivíduo que é muito pobre.
pobreza (po.bre.za) [ê] s.f. Estado da pessoa pobre; miséria; carência; indigência.
poça (po.ça) [ô ou ó] s.f. Depressão rasa, natural ou artificial, onde se acumula água.
poção (po.ção) s.f. Bebida a que se atribuem poderes mágicos ou curativos.
poceiro (po.cei.ro) s.m. Aquele que cava poços. Cf. *posseiro*.
pocilga (po.cil.ga) s.f. **1.** Curral de porcos; chiqueiro. **2.** (P. ext.) Lugar muito sujo.
poço (po.ço) [ô] s.m. **1.** Abertura feita na terra, à procura de água; cisterna. **2.** Perfuração feita no solo, em busca de minerais, como o petróleo. ▣ Pl. *poços* [ó].

poda (po.da) [ó] s.f. Ato de podar ou cortar os ramos inúteis de uma árvore, para que ela se desenvolva melhor.
podadeira (po.da.dei.ra) s.f. Tesoura usada para podar plantas; podão.
podador (po.da.dor) [ô] s.m. Aquele que faz a poda das plantas.
podão (po.dão) s.m. Instrumento recurvado para podar árvores ou cortar madeira; podadeira.
podar (po.dar) v.t.d. **1.** Cortar (as ramas inúteis) de uma planta: *podou a árvore*. **2.** (P. ext.) Cortar as pretensões de.
pó de arroz (pó de ar.roz) s.m. Pó muito fino e perfumado, usado antigamente como higiene e maquilagem.
poder (po.der) s.m. **1.** Faculdade. **2.** Autoridade. **3.** Posse. **4.** Possibilidade. v.t.d. **5.** Ter a faculdade de. **6.** Ser autorizado para. **7.** Ter capacidade de aguentar. **8.** Ter o direito de. v.i. **9.** Ter força física ou moral. **10.** Ter possibilidade. Obs.: pres. do ind.: *posso, podes, pode, podemos* etc.; pret. imperf.: *podia, podias, podia* etc.; pret. perf.: *pude, pudeste, pôde, pudemos, pudestes, puderam*. Pret. mqp.: *pudera, puderas, pudera* etc.; fut. do pres.: *poderei* etc.; fut. do pret.: *poderia* etc.; pres. do subj.: *possa, possas, possa* etc.; imperf. do subj.: *pudesse, pudesses* etc.; fut. do subj.: *puder, puderes, puder* etc.; ger.: *podendo*. part.: *podido*. Não é conjugado no imperat.
poderes (po.de.res) s.m.pl. Mandato; procuração.
poderio (po.de.ri.o) s.m. Poder; domínio; autoridade.
poderoso (po.de.ro.so) [ô] adj. Que tem poder; enérgico; influente. ▣ Pl. *poderosos* [ó].
pododáctilo (po.do.dác.ti.lo) s.m. Dedo do pé; artelho.
podologia (po.do.lo.gi.a) s.f. Atividade de podólogo.
podólogo (po.dó.lo.go) s.m. Profissional que cuida dos pés, trata unhas encravadas e calos, apara as unhas, para que não encravem. Cf. *pedicuro* e *calista*.
podre (po.dre) [ô] adj.2g. **1.** Em decomposição; deteriorado, estragado. **2.** (Fig.) Corrupto, desonesto. s.m. **3.** O lado ruim, estragado. Cf. *podres*.
podres (po.dres) [ô] s.m.pl. O lado sem força moral, condenável; os defeitos e vícios. Cf. *podre*.
podridão (po.dri.dão) s.f. **1.** Estado daquilo que está podre. **2.** (Fig.) Degeneração; desmoralização.
poedeira (po.e.dei.ra) s.f. e adj. (Ave) que põe ovos: *galinha poedeira*.
poeira (po.ei.ra) s.f. Terra ressecada e pulverizada pela ação do sol; pó.
poeirada (po.ei.ra.da) s.f. Nuvem de pó ou de poeira.
poeirento (po.ei.ren.to) adj. Que está cheio de poeira.
poejo (po.e.jo) [ê] s.m. (Bot.) Erva rasteira, com folhas pequenas ricas em mentol e propriedades medicinais.

poema (po.e.ma) [ê] s.m. (Lit.) Composição poética de certa extensão e com enredo.
põe-mesa (põe-me.sa) s.m. (N, NE) (Zoo.) Louva-a-deus. ◘ Pl. *põe-mesas*.
poemeto (po.e.me.to) [ê] s.m. Poema curto.
poente (po.en.te) adj.2g. **1.** Que (se) põe. s.m. **2.** O lado onde o sol se põe; ocidente; ocaso.
poesia (po.e.si.a) s.f. **1.** Arte de escrever em versos. **2.** Composição poética. **3.** (Fig.) Tudo o que comove ou enleva.
poeta (po.e.ta) s.m. **1.** Aquele que faz versos. **2.** (Fig.) Indivíduo sonhador.
poetar (po.e.tar) v.t.d. **1.** Cantar em versos. v.i. **2.** Compor versos; poetizar.
poética (po.é.ti.ca) s.f. Arte de fazer versos.
poético (po.é.ti.co) adj. Que tem poesia; encantador; sublime.
poetisa (po.e.ti.sa) s.f. Mulher que escreve poesias.
poetização (po.e.ti.za.ção) s.f. Ato de poetizar.
poetizar (po.e.ti.zar) v.i. **1.** Fazer versos; poetar. v.t.d. **2.** Tornar poético.
poianaua (poi.a.nau.a) s.2g. **1.** Indivíduo dos poianauas, povo indígena que vive hoje no Acre. adj.2g. **2.** Relacionado a esse povo.
pois conj. **1.** Logo; portanto. **2.** Porque; uma vez que: *corremos, pois ia chover*.
polaco (po.la.co) s.m. e adj. Polonês.
polainas (po.lai.nas) s.f.pl. Peças do vestuário que se usavam sobre as calças, cobrindo parte dos sapatos.
polar (po.lar) adj.2g. Dos Polos.
polaridade (po.la.ri.da.de) s.f. (Fís.) Propriedade que a agulha magnética e o ímã têm de se voltar sempre para um ponto fixo do horizonte.
polarismo (po.la.ris.mo) s.m. Característica do que tem polos ou aspectos opostos.
polarização (po.la.ri.za.ção) s.f. **1.** (Fís.) Diminuição da intensidade da corrente de uma pilha após reações químicas interiores. **2.** (Fig.) Concentração de atenção sobre um único ponto.
polarizado (po.la.ri.za.do) adj. Que se submeteu a polarização.
polarizador (po.la.ri.za.dor) [ô] adj. **1.** Que polariza ou atrai. s.m. **2.** Aparelho que produz luz polarizada.
polarizar (po.la.ri.zar) v.t.d. **1.** Submeter a polarização. **2.** (Fig.) Atrair para si mesmo a atenção dos outros.
polarizável (po.la.ri.zá.vel) adj.2g. Que se pode polarizar.
polca (pol.ca) s.f. (Mús.) Ritmo e dança de par originários da Polônia, muito alegres e populares a partir de 1845, que influenciaram a quadrilha.
poldro (pol.dro) [ô] s.m. Cavalo ainda novo; potro.
polegada (po.le.ga.da) s.f. Medida inglesa de comprimento, equivalente a 0,0254 m.
polegar (po.le.gar) s.m. e adj. (Dedo) que é o mais curto e grosso da mão.
poleiro (po.lei.ro) s.m. Vara em que as aves pousam e dormem no galinheiro ou no viveiro.
polêmica (po.lê.mi.ca) s.f. Controvérsia; disputa.

polêmico (po.lê.mi.co) adj. Controverso; discutível; questionável.
polemista (po.le.mis.ta) s.2g. e adj.2g. (Aquele) que gosta de polemizar ou discutir; debatedor.
polemizar (po.le.mi.zar) v.i. Discutir; debater; gerar polêmicas.
pólen (pó.len) s.m. (Bot.) Pó muito fino, produzido pelas flores masculinas para fecundar as flores femininas. ◘ Pl. *polens* (**po**.lens).
polenta (po.len.ta) s.f. (Culin.) Prato de origem italiana que se faz com fubá cozido em água e sal.
polia (po.li.a) s.f. Roda transmissora de movimento com um sulco na borda, por onde passa uma correia.
poliandra (po.li.an.dra) s.f. e adj. (Mulher) que tem mais de um marido.
poliandria (po.li.an.dri.a) s.f. Estado da mulher que tem mais de um marido.
poliarquia (po.li.ar.qui.a) s.f. Governo exercido por muitos.
policárpico (po.li.cár.pi.co) adj. Que dá flores e frutos mais de uma vez.
policarpo (po.li.car.po) adj. Que tem muitos frutos.
polichinelo (po.li.chi.ne.lo) s.m. **1.** Palhaço corcunda das farsas italianas. **2.** Boneco que o representa. **3.** (Fig.) Homem bobo ou sem dignidade.
polícia (po.lí.ci.a) s.f. **1.** Corporação incumbida de manter a ordem e a segurança públicas. s.2g. **2.** Pessoa que pertence a essa corporação.
policiado (po.li.ci.a.do) adj. **1.** Vigiado pela polícia. **2.** (Fig.) Comedido; equilibrado.
policial (po.li.ci.al) adj.2g. **1.** Relacionado à polícia ou à segurança pública: *investigação policial*. s.2g. **2.** Membro da polícia, agente da justiça, guarda. s.m. **3.** Cão treinado para trabalhar com a polícia, da raça pastor-alemão ou outra.
policiamento (po.li.ci.a.men.to) s.m. Ato de policiar.
policiar (po.li.ci.ar) v.t.d. **1.** Vigiar; patrulhar. **2.** Refrear; conter. v.p. **3.** Conter-se; controlar-se.
policlínica (po.li.clí.ni.ca) s.f. Clínica em que atendem médicos de várias especialidades.
policlínico (po.li.clí.ni.co) s.m. Clínico geral.
policromia (po.li.cro.mi.a) s.f. Multiplicidade de cores; conjunto de várias cores.
policrômico (po.li.crô.mi.co) adj. De várias cores; multicolorido, multicolor. multicor.
policromo (po.li.cro.mo) adj. Que tem várias cores.
policultura (po.li.cul.tu.ra) s.f. Cultura de vários produtos em uma mesma região.
polidez (po.li.dez) [ê] s.f. Qualidade de quem é polido; cortesia; delicadeza.
polido (po.li.do) adj. **1.** Cortês; educado. **2.** Brilhante; lustrado; envernizado.
polidor (po.li.dor) [ô] s.m. O que dá lustro; lustrador.
polidura (po.li.du.ra) s.f. Ato de polir; polimento.
poliédrico (po.li.é.dri.co) adj. Que tem forma de poliedro.

política

poliedro (po.li.e.dro) [é] s.m. (Geom.) Sólido limitado por superfícies planas: *o dado é um poliedro de seis faces*.
poliéster (po.li.és.ter) s.m. (Quím.) Éster que se utiliza na fabricação de fibras têxteis e outras, resinas e plásticos.
poliestireno (po.li.es.ti.re.no) s.m. (Quím.) Polímero com propriedades de isolante térmico, elétrico e acústico, vendido com o nome comercial de isopor.
polietileno (po.li.e.ti.le.no) s.m. (Quím.) Polímero usado na fabricação de tubos, isolantes, próteses etc.
polífago (po.lí.fa.go) s.m. e adj. (Aquele) que come de tudo.
polifonia (po.li.fo.ni.a) s.f. Uso simultâneo de vários instrumentos na execução de uma música.
polifônico (po.li.fô.ni.co) adj. Que diz respeito a polifonia.
poligamia (po.li.ga.mi.a) s.f. Casamento de um mesmo homem com várias mulheres (ou vice-versa).
polígamo (po.lí.ga.mo) s.m. e adj. (Aquele) que se casa com várias mulheres ao mesmo tempo.
poliglota (po.li.glo.ta) adj.2g. 1. Que fala ou utiliza quatro ou mais línguas. s.2g. e adj.2g. 2. (Pessoa) que fala vários idiomas. Cf. *monolíngue* e *multilíngue*.
poligonal (po.li.go.nal) adj.2g. (Geom.) 1. Relativo a polígono. 2. Que tem muitos ângulos. 3. Que tem com base um polígono. s.f. 4. Redução de linha poligonal.
polígono (po.lí.go.no) s.m. (Geom.) Figura plana fechada e constituída por vários ângulos e lados.
poligrafia (po.li.gra.fi.a) s.f. 1. Qualidade daquele que é polígrafo. 2. Coleção de obras variadas, de científicas a literárias.
polígrafo (po.lí.gra.fo) s.m. 1. Aquele que escreve sobre as mais variadas matérias. 2. Aparelho que tira cópias.
polimento (po.li.men.to) s.m. Ato de polir.
polimérico (po.li.mé.ri.co) adj. Relativo a polímero; formado por polímeros.
polimerização (po.li.me.ri.za.ção) s.f. (Quím.) Transformação em polímero.
polímero (po.lí.me.ro) s.m. (Quím.) Composto como plástico, borracha etc., formado por moléculas muito grandes.
polimorfia (po.li.mor.fi.a) s.f. Qualidade do que é polimorfo; variação; polimorfismo.
polimorfismo (po.li.mor.fis.mo) s.m. 1. Qualidade daquilo que é polimorfo; polimorfia. 2. Propriedade inerente a certas substâncias que mudam de forma sem mudar de natureza.
polimorfo (po.li.mor.fo) [ó] adj. Que se apresenta sob as mais variadas formas; variado.
polinésio (po.li.né.si.o) adj. 1. Da Polinésia Francesa, país da Oceania. s.m. 2. Pessoa natural ou habitante desse lugar.
polineurite (po.li.neu.ri.te) s.f. (Med.) Inflamação que ataca vários nervos simultaneamente.
polínico (po.lí.ni.co) adj. Que diz respeito ao pólen.

polinífero (po.li.ní.fe.ro) adj. Que contém pólen.
polinização (po.li.ni.za.ção) s.f. (Bot.) Fecundação de uma flor feminina com o pólen de uma flor masculina.
polinizador (po.li.ni.za.dor) [ô] adj. e s.m. Diz-se de animal (inseto, pássaro) que poliniza.
polinizar (po.li.ni.zar) v.t.d. Realizar a polinização, de modo natural ou artificial.
polinômio (po.li.nô.mi.o) s.m. (Mat.) Expressão algébrica composta de vários termos, separados pelos sinais mais (+) ou menos (-).
pólio (pó.li.o) s.f. Forma reduzida de poliomielite.
poliomielite (po.li.o.mi.e.li.te) s.f. (Med.) Inflamação da substância cinzenta da medula espinhal, o que provoca a paralisia infantil.
polipétalo (po.li.pé.ta.lo) adj. (Bot.) Que tem várias pétalas.
pólipo (pó.li.po) s.m. 1. (Zoo.) Corpo dos cnidários que vivem fixos ao substrato, como os corais. 2. (Med.) Tipo de tumor que se forma na membrana mucosa.
polir (po.lir) v.t.d. 1. Lustrar; envernizar; encerar. 2. (Fig.) Aperfeiçoar; civilizar. Obs.: pres. do ind.: *pulo, pules, pule, polimos, polis, pulem*; pres. do subj.: *pula, pulas, pula, pulamos, pulais, pulam*.
polirrítmico (po.lir.rít.mi.co) adj. De ritmo variado.
polirrizo (po.lir.ri.zo) adj. Que tem várias raízes.
polispermo (po.lis.per.mo) adj. (Bot.) Que tem vários grãos ou sementes.
polissacarídeo (po.lis.sa.ca.rí.de.o) s.m. (Quím.) Hidrato de carbono com mais de três moléculas de açúcar simples.
polissemia (po.lis.se.mi.a) s.f. Variedade de sentidos de uma mesma palavra.
polissêmico (po.lis.sê.mi.co) adj. 1. Relacionado a polissemia. 2. Que tem mais de um significado; multívoco: *ponto é uma palavra polissêmica*.
polissilábico (po.lis.si.lá.bi.co) adj. Diz-se do vocábulo que tem mais de três sílabas.
polissílabo (po.lis.sí.la.bo) s.m. Vocábulo com mais de três sílabas.
polissíndeto (po.lis.sín.de.to) s.m. Repetição desnecessária, com o intuito de dar mais ênfase à frase, de uma mesma conjunção, como em "saí e fui ao parque e passei pelo supermercado e voltei bem tarde para casa".
politeama (po.li.te.a.ma) s.m. Teatro para gêneros variados de representações.
politécnica (po.li.téc.ni.ca) s.f. Escola politécnica, em que se estudam todos os ramos da engenharia.
politécnico (po.li.téc.ni.co) adj. Que se relaciona com muitas técnicas, artes ou ciências.
politeísmo (po.li.te.ís.mo) s.m. Religião pagã, em que se adoram vários deuses; paganismo.
politeísta (po.li.te.ís.ta) s.2g. Pessoa que segue o politeísmo.
política (po.lí.ti.ca) s.f. 1. Ciência dos fenômenos relativos ao Estado. 2. Arte de bem governar. 3. (P. ext.) Plano de ação. 4. (Fig.) Maneira hábil de agir; diplomacia.

politicagem (po.li.ti.**ca**.gem) s.f. Exercício de uma política degradante, em que predominam os interesses e lucros pessoais.
politicalho (po.li.ti.**ca**.lho) s.m. Termo de natureza pejorativa, que define o político que visa a seus interesses pessoais e não ao bem-estar do Estado.
político (po.**lí**.ti.co) s.m. **1.** Aquele que se ocupa da política. *adj.* **2.** Que diz respeito à política ou aos negócios públicos.
politiqueiro (po.li.ti.**quei**.ro) *s.m. e adj.* (Indivíduo) que é mau político ou que se preocupa mais com a política partidária do que com os problemas de Estado.
politização (po.li.ti.za.**ção**) s.f. Ato de politizar.
politizado (po.li.ti.**za**.do) adj. **1.** Que se interessa por assuntos políticos. **2.** Que tem consciência de seus direitos e deveres políticos.
politizar (po.li.ti.**zar**) v.t.d. Conscientizar (alguém) de seus direitos e deveres políticos.
politraumatismo (po.li.trau.ma.**tis**.mo) s.m. Traumatismo generalizado em várias partes do corpo.
poliuretano (po.li.u.re.**ta**.no) s.m. (Quím.) Polímero usado como isolante e na fabricação de adesivos.
polivalente (po.li.va.**len**.te) *adj.2g.* **1.** Que tem habilidades diversas. **2.** Que oferece oportunidades variadas.
polo (**po**.lo) [ó] s.m. **1.** (*Geo.*) Cada uma das duas extremidades do eixo de rotação da Terra; o Polo Norte e o Polo Sul. **2.** Cada uma das regiões vizinhas dessas extremidades. **3.** Esporte olímpico em que duas equipes a cavalo jogam uma bola com tacos. **4.** Terminal de um gerador, bateria ou circuito elétrico, podendo ser positivo ou negativo. Polo aquático: esporte olímpico em que duas equipes de sete pessoas tentam, em uma piscina, jogar a bola no gol do adversário. Obs.: em inglês, *water polo*. (*Geo.*) Polo geomagnético: cada um dos dois pontos da superfície da Terra em que a inclinação magnética é de 90°. (*Fís.*) Polo magnético: num ímã, ponto de onde saem ou para onde se convergem as linhas de força do seu campo magnético.
polonês (po.lo.**nês**) adj. **1.** Da Polônia, país da Europa. *s.m.* **2.** Pessoa natural ou habitante desse lugar; polaco. **3.** Língua desse país.
polônio (po.**lô**.ni.o) s.m. (Quím.) Semimetal radioativo, de símbolo Po, número atômico 84 e peso atômico 210.
polpa (**pol**.pa) [ó] s.f. **1.** Parte carnuda dos frutos. **2.** (*Anat.*) Substância central de certos órgãos.
polpudo (pol.**pu**.do) adj. **1.** Que tem muita polpa. **2.** (*Fig.*) Rendoso; considerável.
poltrão (pol.**trão**) *s.m. e adj.* Covarde, fujão.
poltrona (pol.**tro**.na) s.f. **1.** Cadeira grande e confortável, estofada e provida de braços. **2.** Cadeira de avião, ônibus ou casa de espetáculos. *adj.* **3.** Feminino de *poltrão*; covarde; medrosa.
poluição (po.lu.**ção**) s.f. Emissão involuntária de esperma.
poluente (po.lu.**en**.te) *s.m. e adj.2g.* (Aquilo) que causa poluição.

poluição (po.lu.i.**ção**) s.f. **1.** Acúmulo de elementos (partículas, radiações, ruídos, substâncias etc.) que contaminam e prejudicam o ambiente. **2.** Ato de poluir.
poluído (po.lu.**í**.do) adj. **1.** Contaminado; sujo. **2.** Irrespirável (ar). **3.** (*Fig.*) Corrompido; profanado.
poluidor (po.lu.i.**dor**) [ô] adj. Que polui.
poluir (po.lu.**ir**) v.t.d. **1.** Contaminar; sujar. **2.** (*Fig.*) Profanar; conspurcar; corromper.
polvilhado (pol.vi.**lha**.do) adj. A que se salpicou polvilho (ou pó).
polvilhar (pol.vi.**lhar**) v.t.d. Salpicar polvilho (ou pó) sobre.
polvilho (pol.**vi**.lho) s.m. **1.** Pó muito fino. **2.** Pó fino obtido da mandioca ou de outros tubérculos, rizomas etc., de uso culinário; fécula. **3.** Medicamento em pó para fins antissépticos.
polvo (**pol**.vo) [ô] s.m. (*epiceno*) (Zoo.) Molusco marinho com oito tentáculos providos de ventosas.
pólvora (**pól**.vo.ra) s.f. (Quím.) Composto obtido da mistura de salitre, carvão e enxofre, altamente inflamável e explosivo.
polvorosa (pol.vo.**ro**.sa) s.f. Grande agitação; correria; atropelo.
pomada (po.**ma**.da) s.f. Preparado para fins medicinais ou de perfumaria obtido da mistura de uma gordura animal com substâncias medicinais ou aromáticas.
pomar (po.**mar**) s.m. Terreno onde estão plantadas várias árvores frutíferas.
pomba (**pom**.ba) s.f. **1.** (Zoo.) Ave comum nas cidades, de asas arredondadas, nas cores branca, cinza ou marrom. **2.** (*Pop.*) Vulva.
pombal (pom.**bal**) s.m. Viveiro de pombos.
pomba-rola (pom.ba-**ro**.la) [ô] s.f. (Zoo.) Rola. ▪ Pl. *pombas-rolas*.
pombo (**pom**.bo) s.m. (Zoo.) Macho da pomba.
pombo-correio (pom.bo-cor.**rei**.o) s.m. Variedade de pombo que leva e traz correspondência. ▪ Pl. *pombos-correio, pombos-correios*.
pomes (**po**.mes) s.m.2n. Pedra-pomes. ▪ Pl. *pomes*.
pomicultura (po.mi.cul.**tu**.ra) s.f. Cultura de árvores frutíferas.
pomo (**po**.mo) [ô] s.m. Fruto. Pomo de discórdia: elemento que gera discórdia, por alusão a uma narrativa da mitologia grega.
pomo de adão (po.mo de a.**dão**) s.m. Proeminência da cartilagem da tireoide; nó da garganta, gogó.
pompa (**pom**.pa) s.f. Ostentação; luxo; gala.
pompear (pom.pe.**ar**) v.i. e v.t.d. Ostentar; exibir; mostrar (algo) com orgulho.
pompom (pom.**pom**) s.m. Enfeite de passamanaria feito com uma bola de fios curtos. Cf. *borla*.
pomposo (pom.**po**.so) [ô] adj. Em que há pompa; luxuoso; de gala. ▪ Pl. *pomposos* [ó].
pômulo (**pô**.mu.lo) s.m. Maçã do rosto.
poncã (pon.**cã**) s.f. (*Bot.*) Variedade de mexerica com a casca bem solta, originária do Japão.

ponche (pon.che) s.m. **1.** Bebida que se faz geralmente com vinho e frutas picadas. **2.** (NE) Qualquer refresco de frutas.
poncheira (pon.chei.ra) s.f. Recipiente, geralmente de vidro e acompanhado de canequinhas e uma concha, onde se faz e serve o ponche.
poncho (pon.cho) s.m. Agasalho de tecido, lã etc. quadrado com uma abertura no centro, por onde se passa a cabeça.
ponderação (pon.de.ra.ção) s.f. Ato de ponderar; prudência; reflexão.
ponderado (pon.de.ra.do) adj. **1.** Que tem ponderação; prudente; ajuizado. **2.** (Mat.) Diz-se da média em que cada parcela é multiplicada por um peso previamente estabelecido.
ponderador (pon.de.ra.dor) [ô] s.m. Aquele que pondera; prudente; sério; equilibrado.
ponderar (pon.de.rar) v.t.d. e v.i. Refletir sobre; avaliar ou considerar (algo).
ponderável (pon.de.rá.vel) adj.2g. Digno de ser avaliado.
ponderoso (pon.de.ro.so) [ô] adj. Grave; sério; digno de ponderação. ▪ Pl. *ponderosos* [ó].
pônei (pô.nei) s.m. (Zoo.) Cavalo pequeno, ágil e de pelos longos, originário da Bretanha.
ponta (pon.ta) s.f. **1.** Extremidade. **2.** Extremidade aguçada de qualquer objeto pontiagudo. **3.** (Geo.) Rocha ou terra que avança pelo mar. **4.** Papel pequeno ou sem importância em um filme, peça ou novela. **5.** Princípio ou fim de uma série.
ponta-cabeça (pon.ta-ca.be.ça) [ê] s.f. De ponta-cabeça: de cabeça para baixo: *caiu de ponta-cabeça e ficou tonto.*
pontada (pon.ta.da) s.f. Dor rápida e aguda.
ponta-direita (pon.ta-di.rei.ta) s.m. (Esp.) Jogador que ocupa a extremidade direita da linha dianteira. ▪ Pl. *pontas-direitas.*
ponta-esquerda (pon.ta-es.quer.da) s.m. (Esp.) Jogador que ocupa a extremidade esquerda da linha dianteira. ▪ Pl. *pontas-esquerdas.*
pontal (pon.tal) s.m. Ponta de terra que avança sobre o mar ou sobre um rio.
pontalete (pon.ta.le.te) [ê] s.m. Escora de madeira ou metal; pontão; espeque.
pontão (pon.tão) s.m. **1.** Pontalete; espeque. **2.** Barcaça chata que pode servir de ponte.
pontapé (pon.ta.pé) s.m. **1.** Pancada com a ponta do pé; chute. **2.** (Fig.) Ingratidão; ofensa.
pontaria (pon.ta.ri.a) s.f. **1.** Ato de apontar (uma arma). **2.** O alvo. **3.** Habilidade em acertar o alvo.
ponta-seca (pon.ta-se.ca) [ê] s.f. Técnica ou processo de gravura em metal que produz linhas de tom intenso com rebarbas laterais. ▪ Pl. *pontas-secas.*
ponte (pon.te) s.f. **1.** Qualquer tipo de construção destinada a unir os dois lados de um rio ou de um vale. **2.** Conjunto de dentes postiços que se prendem aos naturais por meio de uma placa. **3.** (Fig.) Intermediário.

pontear (pon.te.ar) v.i. **1.** Tocar um instrumento de corda: *ponteio minha viola.* **2.** Ir à frente, caminhar na frente.
ponteio (pon.tei.o) s.m. Ato de pontear.
ponteira (pon.tei.ra) s.f. Ponta, geralmente de metal (ou borracha), que se coloca na extremidade de piteiras, bengalas etc.
ponteiro (pon.tei.ro) s.m. Haste pequena usada em relógios, balanças, painéis dos carros, aeronaves etc., com a finalidade de marcar as horas, o peso ou a velocidade, a temperatura, a altitude etc. dos veículos e aviões.
pontiagudo (pon.ti.a.gu.do) adj. Cuja ponta é aguçada.
pontificado (pon.ti.fi.ca.do) s.m. **1.** Dignidade do pontífice; papado. **2.** Duração do papado.
pontifical (pon.ti.fi.cal) adj.2g. Que diz respeito ao pontífice e à sua dignidade; pontifícial, pontifício.
pontificar (pon.ti.fi.car) v.t.i. Doutrinar; ensinar; discorrer sobre.
pontífice (pon.tí.fi.ce) s.m. **1.** Dignatário eclesiástico. **2.** Bispo; prelado. **3.** Ministro de uma religião. **4.** Líder religioso. O Sumo Pontífice: o Papa.
pontifícial (pon.ti.fi.ci.al) adj.2g. Pontifical.
pontifício (pon.ti.fi.ci.o) adj. Pontifical.
pontilhado (pon.ti.lha.do) adj. **1.** Marcado com pontos. s.m. **2.** Sequência de pontos.
pontilhão (pon.ti.lhão) s.m. Ponte larga e forte, como nas estradas de ferro.
pontilhar (pon.ti.lhar) v.t.d. Marcar com pontinhos.
pontilhismo (pon.ti.lhis.mo) s.m. Técnica de pintura feita com pequenos pontos ou manchas próximas umas das outras ou justapostas.
pontilhista (pon.ti.lhis.ta) s.2g. Adepto do pontilhismo.
ponto (pon.to) s.m. **1.** Cada furo que se faz com a agulha para passar a linha. **2.** Linha compreendida entre dois desses furos sucessivos. **3.** Laçada feita em tricô ou crochê. **4.** (Gram.) Sinal de pontuação que indica o fim de um período ou uma abreviação. **5.** Sinal redondo colocado sobre as letras *i* e *j*; pingo. **6.** Parada de ônibus. **7.** Local determinado. **8.** Livro ou dispositivo onde se marca a entrada e a saída dos funcionários. **9.** Consistência certa de doces e massas. **10.** Assunto, matéria. **11.** Fio firmado por nó, com que se facilita a união dos tecidos após uma cirurgia. Ponto cardeal: as quatro direções principais, que são norte, sul, leste e oeste.
ponto de exclamação (pon.to de ex.cla.ma.ção) s.m. (Gram.) Sinal de pontuação (!) colocado após exclamação ou afirmação, para dar ênfase.
ponto de interrogação (pon.to de in.ter.ro.ga.ção) s.m. (Gram.) Sinal de pontuação (?) colocado após interrogação, para expressar pergunta, indagação ou dúvida.
ponto e vírgula (pon.to e vír.gu.la) s.m. (Gram.) Sinal de pontuação (;) que indica pausa maior que a da vírgula e semelhante à do ponto.
ponto-final (pon.to-fi.nal) s.m. (Gram.) Sinal de pontuação (.) que indica o fim de um período.

pontuação (pon.tu.a.**ção**) *s.f.* **1.** Ato de pontuar. **2.** (*Gram.*) Sistema e conjunto de sinais usados para indicar pausas ou mudanças de timbre na leitura.
pontual (pon.tu.**al**) *adj.2g.* Que tem noção de pontualidade.
pontualidade (pon.tu.a.li.**da**.de) *s.f.* Qualidade de quem faz tudo no horário marcado; presteza.
pontuar (pon.tu.**ar**) *v.t.d.* **1.** Usar pontuação: *pontuar um texto*. *v.i.* **2.** Fazer pontos: *no segundo jogo ele não pontuou*.
pontudo (pon.**tu**.do) *adj.* Que tem a ponta aguçada.
poodle [inglês: "púdou"] *s.2g.* Cão de raça pequeno ou médio, de pelo encaracolado, tosado em formatos variados e criado para companhia.
pop [inglês: "pópi"] *adj.2g.* **1.** Pertencente a um estilo norte-americano de forte divulgação nas mídias: *uma cantora pop*. **2.** Pertencente a um estilo de artes plásticas do século XX: *Andy Warhol foi um dos criadores da arte pop*.
popa (**po**.pa) [ô] *s.f.* A parte posterior do navio e que se opõe à proa.
pope (**po**.pe) *s.m.* (*Relig.*) Sacerdote da Igreja Ortodoxa.
popelina (po.pe.**li**.na) *s.f.* Tipo de tecido de algodão.
população (po.pu.la.**ção**) *s.f.* **1.** Todos os habitantes de determinado território; povo: *a população do estado*. **2.** A maioria da população. **3.** Todos os seres de uma espécie: *a população de tigres*.
populacho (po.pu.**la**.cho) *s.m.* (*Pej.*) A população pobre; a plebe.
populacional (po.pu.la.ci.o.**nal**) *adj.2g.* Que diz respeito à população.
popular (po.pu.**lar**) *adj.2g.* **1.** Que diz respeito ao povo. **2.** Que se desenvolveu ou se pratica por costume; tradicional: *medicina popular, festas populares*. **3.** (*Fig.*) Querido e conhecido por todos: *uma pessoa popular*. *s.m.* **4.** Pessoa do povo, dos grupos mais numerosos da população.
popularidade (po.pu.la.ri.**da**.de) *s.f.* Qualidade daquele (ou daquilo) que é popular.
popularização (po.pu.la.ri.za.**ção**) *s.f.* Ato de popularizar(-se).
popularizar (po.pu.la.ri.**zar**) *v.t.d.* **1.** Tornar popular; divulgar. *v.p.* **2.** Tornar-se popular ou conhecido.
populismo (po.pu.**lis**.mo) *s.m.* Simpatia do (ou pelo) povo.
populista (po.pu.**lis**.ta) *s.2g. e adj.2g.* **1.** (Aquele) que se diz amigo do povo ou parte do povo. *adj.2g.* **2.** Que diz respeito ao populismo.
populoso (po.pu.**lo**.so) [ô] *adj.* Muito habitado. ▣ Pl. *populosos* [ó].
pop-up [inglês: "popape"] *s.m.* (*Inf.*) Janela que aparece dentro de outra janela, em um *site* ou programa: *menu pop-up, pop-up com anúncios*.
pôquer (**pô**.quer) *s.m.* Jogo de cartas de origem norte-americana, em que as apostas são feitas a cada rodada, depois que a banca dá as cartas, e vence quem formar a combinação de maior pontuação.

por *prep.* Indicando relações de tempo (*por ocasião de...*), modo (*por gentileza*), lugar (*passar por um lugar*), preço (*por dez reais*) e outras.
pôr *v.t.d.* **1.** Colocar; depositar. **2.** Apoiar. **3.** Dar (nome). **4.** Expor. **5.** Usar como vestimenta. **6.** Introduzir nos pés ou nas mãos. *v.p.* **7.** Desaparecer no ocaso. **8.** Vestir-se. **9.** Situar-se. **10.** Supor-se. *v.i.* **11.** Botar ovos. *v.t.d.i.* **12.** Infundir; incutir. *v.t.i.* **13.** Traduzir. Obs.: pres. do ind. *ponho, pões, põe, pomos, pondes, põem*; pret. imperf.: *punha, punhas* etc.; pret. perf.: *pus, puseste, pôs, pusemos* etc.; pret. mqp.: *pusera, puseras* etc.; fut. do pres.: *porei* etc.; fut. do pret.: *poria, porias* etc.; pres. do subj.: *ponha, ponhas* etc.; imperf. do subj.: *pusesse, pusesses* etc.; fut. do subj.: *puser, puseres* etc.; imperat. afirm.: *põe, ponha, ponhamos, ponde, ponham*; imperat. neg.: *não ponha, não ponhas* etc.; ger.: *pondo*; part.: *posto. s.m.* **14.** Ação de pôr(-se): *o pôr anel deve ser disfarçado, para melhorar a brincadeira*.
porão (po.**rão**) *s.m.* **1.** Parte de uma casa abaixo do térreo; subsolo. **2.** Parte interior e abaixo do convés do navio.
poraquê (po.ra.**quê**) *s.m.* (*Zoo.*) Peixe-elétrico.
porca (**por**.ca) *s.f.* **1.** (*Zoo.*) Fêmea do porco. **2.** Aro com rosca interna, para se fixar a um parafuso.
porcada (por.**ca**.da) *s.f.* Bando, vara de porcos.
porcalhão (por.ca.**lhão**) *s.m. e adj.* **1.** (Aquele) que é muito sujo. **2.** (*Fig.*) (Aquele) que trabalha mal ou sem capricho.
porção (por.**ção**) *s.f.* Parte de alguma coisa; fração; bocado; dose.
porcaria (por.ca.**ri**.a) *s.f.* **1.** Imundície; sujeira. **2.** (*Fig.*) Trabalho malfeito.
porcelana (por.ce.**la**.na) *s.f.* Cerâmica feita de argila fina e cozida até a vitrificação.
porcentagem (por.cen.**ta**.gem) *s.m.* (*Mat.*) Parte proporcional calculada sobre cem unidades, de símbolo %: *uma portentagem de 10% (dez por cento) em 100 é dez*. O mesmo que *percentagem*.
porcino (por.**ci**.no) *adj.* Que diz respeito a porco ou leitão; suíno.
porco (**por**.co) [ô] *s.m.* **1.** (*Zoo.*) Nome comum a várias espécies de mamíferos quadrúpedes, de pernas curtas e focinho grande, com o qual buscam no chão vegetais e animais para comer; suíno. **2.** Animal desse grupo, doméstico, criado para consumo de carne e gordura; suíno. *s.m. e adj.* **3.** (*Fig.*) (Indivíduo) repulsivo, desprezível, nojento. **4.** Sujo, imundo. **5.** Malfeito, sem qualidade ▣ Pl. *porcos* [ó].
porco-do-mato (por.co-do-**ma**.to) [ô] *s.m.* (*Zoo.*) **1.** Javali. **2.** Queixada. ▣ Pl. *porcos-do-mato* [ó].
porco-espinho (por.co-es.**pi**.nho) [ô] *s.m.* (*Zoo.*) Mamífero roedor, cujo corpo é todo coberto de espinhos. ▣ Pl. *porcos-espinho, porcos-espinhos* [ó].
pôr do sol (pôr do **sol**) *s.m.* Momento em que o sol se põe; ocaso.
porejar (po.re.**jar**) *v.t.d.* **1.** Eliminar pelos poros. *v.i.* **2.** Sair pelos poros.

porém (po.**rém**) *conj.* **1.** Denotando oposição; mas; contudo; todavia; entretanto; no entanto. *s.m.* **2.** Obstáculo; impedimento.
porfia (por.**fi**.a) *s.f.* Discussão; insistência; obstinação.
porfiador (por.fi.a.**dor**) [ô] *s.m.* Aquele que porfia; insistente; obstinado; pertinaz.
porfiar (por.fi.**ar**) *v.t.i.* **1.** Insistir; teimar; contender; rivalizar. *v.t.d.* **2.** Disputar.
porfioso (por.fi.**o**.so) [ô] *adj.* Teimoso; obstinado; persistente. ▣ Pl. *porfiosos* [ó].
pormenor (por.me.**nor**) *s.m.* Particularidade; detalhe; minúcia.
pormenorização (por.me.no.ri.za.**ção**) *s.f.* Ato de pormenorizar.
pormenorizado (por.me.no.ri.**za**.do) *adj.* Em pormenores; detalhado; minucioso.
pormenorizar (por.me.no.ri.**zar**) *v.t.d.* Detalhar; expor com minúcias.
pornô (por.**nô**) *adj.2g.* Pornográfico.
pornochanchada (por.no.chan.**cha**.da) *s.f.* Filme de entretenimento com enredo baseado em encontros e desencontros sexuais, sem cenas de sexo explícito.
pornografia (por.no.gra.**fi**.a) *s.f.* Foto, filme ou outro material produzido para provocar excitação sexual mostrando genitália ou atos sexuais.
pornográfico (por.no.**grá**.fi.co) *adj.* **1.** Relacionado a ou que contém pornografia. **2.** Obsceno, libidinoso, libertino.
pornógrafo (por.**nó**.gra.fo) *s.m.* Indivíduo que se ocupa de pornografia, criando ou distribuindo material pornográfico.
poro (**po**.ro) [ó] *s.m.* **1.** (Bio.) Cada um dos pequenos furos na superfície da pele ou da folha. **2.** (Zoo.) Orifício no corpo da esponja.
porongo (po.**ron**.go) *s.m.* **1.** (Bot.) Trepadeira do grupo das abóboras, que dá um fruto esférico, grande e de casca dura depois de seco, usado para fazer recipientes. **2.** Recipiente feito com esse fruto; cuia, cabaça, purunga.
pororoca (po.ro.ro.ca) [ó] *s.f.* **1.** Fenômeno observado no rio Amazonas, quando a maré ou correntes contrárias produzem uma grande onda que sobe o rio e pode destruir embarcações e construções nas margens. **2.** (Fig.) Agitação, discussão, conflito.
pororocar (po.ro.ro.**car**) *v.i.* Produzir pororocas.
porosidade (po.ro.si.**da**.de) *s.f.* Qualidade daquilo que é poroso.
poroso (po.**ro**.so) [ô] *adj.* Que tem poros. ▣ Pl. *porosos* [ó].
porquanto (por.**quan**.to) *conj.* Pois; porque; visto que; uma vez que.
porque (por.**que**) *conj.* Designa causa; porquanto; visto que; uma vez que.
porquê (por.**quê**) *s.m.* Usado em companhia do artigo: *o porquê*; a causa; o motivo; a razão.
porqueira (por.**quei**.ra) *s.f.* **1.** Mulher que toma conta de porcos. **2.** Chiqueiro. **3.** Porcaria. **4.** (Fig.) Casa muito suja. *s.2g. e adj.2g.* **5.** (Fig.) (Pessoa) inútil.

porqueiro (por.**quei**.ro) *s.m.* Aquele que cuida de porcos.
porquinho-da-índia (por.qui.nho-da-**ín**.di.a) *s.m.* (Zoo.) Pequeno roedor usado como cobaia nos laboratórios; cobaia. ▣ Pl. *porquinhos-da-índia*.
porra (**por**.ra) [ô] *s.f.* (Chul.) **1.** Esperma. **2.** Coisa indefinida; treco, negócio qualquer.
porrada (por.**ra**.da) *s.f.* (Chul.) **1.** Pancada, golpe, batida, paulada. **2.** Grande quantidade; milhões.
porre (**por**.re) [ó] *s.m.* Bebedeira; pileque.
porretada (por.re.**ta**.da) *s.f.* Pancada que se dá com um porrete; cacetada; bordoada.
porrete (por.**re**.te) [ê] *s.m.* Cacete com uma das extremidades arredondada.
porta (**por**.ta) *s.f.* **1.** Abertura que se faz em muro ou parede para entrada e saída das pessoas. **2.** Peça de madeira (vidro, metal, alumínio etc.) com que se fecha essa abertura. **3.** (Fig.) Acesso; ligação.
porta-agulhas (por.ta-a.**gu**.lhas) *s.m.2n.* Estojo onde se guardam agulhas. ▣ Pl. *porta-agulhas*.
porta-aviões (por.ta-a.vi.**ões**) *s.m.2n.* Embarcação, muito usada em época de guerra, destinada ao transporte, aterrissagem e decolagem de aviões. ▣ Pl. *porta-aviões*.
porta-bagagem (por.ta-ba.**ga**.gem) *s.m.* Bagageiro. ▣ Pl. *porta-bagagens*.
porta-bandeira (por.ta-ban.**dei**.ra) *s.2g.* Pessoa que conduz a bandeira em um desfile militar, escolar ou de escola de samba; porta-estandarte. ▣ Pl. *porta-bandeiras*.
porta-chapéus (por.ta-cha.**péus**) *s.m.2n.* Tipo de cabide para pendurar chapéus. ▣ Pl. *porta-chapéus*.
porta-chaves (por.ta-**cha**.ves) *s.m.2n.* **1.** Placa em que se penduram as chaves. **2.** Chaveiro. ▣ Pl. *porta-chaves*.
portada (por.**ta**.da) *s.f.* **1.** Fachada. **2.** Porta grande e ornamentada; portão. **3.** Folha de rosto de um livro.
portador (por.ta.**dor**) [ô] *s.m. e adj.* **1.** (Aquele) que leva, porta ou transporta (algo que em geral não é seu): *era portador de boas notícias*. **2.** Mensageiro, entregador. **Ao portador:** diz-se de cheque ou título que não traz o nome do beneficiário e pode ser pago a quem o apresentar.
porta-estandarte (por.ta-es.tan.**dar**.te) *s.2g.* Pessoa que conduz o estandarte; porta-bandeira. ▣ Pl. *porta-estandartes*.
porta-joias (por.ta-**joi**.as) [ói] *s.m.2n.* Caixinha ou recipiente onde se guardam joias. ▣ Pl. *porta-joias*.
portal (por.**tal**) *s.m.* **1.** Portada. **2.** (Inf.) *Site* que oferece serviços e indicação para outras páginas ou *sites* da internet.
porta-lápis (por.ta-**lá**.pis) *s.m.2n.* Recipiente onde se guardam lápis. ▣ Pl. *porta-lápis*.
portaló (por.ta.**ló**) *s.m.* Abertura na lateral do navio por onde os passageiros e as bagagens de mão entram e saem.
porta-luvas (por.ta-**lu**.vas) *s.m.2n.* Compartimento no painel de um veículo, para guardar objetos pequenos. ▣ Pl. *porta-luvas*.

porta-malas (por.ta-**ma**.las) s.m.2n. Compartimento de um veículo, geralmente na traseira, destinado a malas; bagageiro. ▪ Pl. *porta-malas*.

porta-moedas (por.ta-mo.**e**.das) s.m.2n. Espécie de bolsinha para guardar moedas; porta-níqueis. ▪ Pl. *porta-moedas*.

porta-níqueis (por.ta-**ní**.queis) s.m.2n. Porta-moedas. ▪ Pl. *porta-níqueis*.

portanto (por.**tan**.to) conj. Logo; por conseguinte; por consequência; consequentemente.

portão (por.**tão**) s.m. Portada ou porta larga que permite, nas residências, a passagem dos carros.

portar (por.**tar**) v.t.d. 1. Levar; carregar; usar (como vestimenta). v.p. 2. Comportar-se; agir.

porta-retratos (por.ta-re.**tra**.tos) s.m.2n. Moldura em que se colocam retratos. ▪ Pl. *porta-retratos*.

portaria (por.ta.**ri**.a) s.f. Porta principal de um prédio ou estabelecimento (ou mesa de recepção), onde há sempre um funcionário identificando ou atendendo as pessoas.

portátil (por.**tá**.til) adj.2g. Nem muito volumoso nem pesado; fácil de transportar.

porta-toalhas (por.ta-to.**a**.lhas) s.m.2n. Suporte para pendurar toalhas, em geral ao lado da pia ou no banheiro. ▪ Pl. *porta-toalhas*.

porta-voz (por.ta-**voz**) s.2g. Pessoa que fala em nome de outra. ▪ Pl. *porta-vozes*.

porte (**por**.te) [ó] s.m. 1. Ato de portar. 2. Transporte. 3. Taxa de franquia no correio. 4. Postura; apresentação; aparência. 5. Capacidade. 6. Estatura. 7. (Fig.) Importância.

porteira (por.**tei**.ra) s.f. 1. Portão de acesso a propriedades rurais. 2. Feminino de *porteiro*.

porteiro (por.**tei**.ro) s.m. Funcionário que guarda a porta ou portaria de um prédio ou firma.

portenho (por.**te**.nho) adj. 1. De Buenos Aires, capital da Argentina. s.m. 2. Pessoa natural ou habitante desse lugar.

portento (por.**ten**.to) s.m. 1. Prodígio; fenômeno. 2. (*sobrecomum*) Pessoa muito inteligente.

portentoso (por.ten.**to**.so) [ô] adj. Prodigioso; assombroso; maravilhoso. ▪ Pl. *portentosos* [ó].

portfólio (port.**fó**.li.o) s.m. 1. Pasta de papelão onde se guardam documentos, prospectos, gravuras etc. 2. Exemplos de trabalhos realizados por pessoa ou empresa.

pórtico (**pór**.ti.co) s.m. Entrada suntuosa.

portinhola (por.ti.**nho**.la) [ó] s.f. Porta pequena.

porto (**por**.to) [ô] s.m. 1. Lugar de ancoradouro ou abrigo de navios e de embarque e desembarque de passageiros e carga. 2. (Fig.) Local seguro; proteção. ▪ Pl. *portos* [ó].

porto-alegrense (por.to-a.le.**gren**.se) adj.2g. 1. Do município de Porto Alegre, capital do estado do Rio Grande do Sul. s.2g. 2. Pessoa natural ou habitante desse lugar. ▪ Pl. *porto-alegrenses*.

porto-franco (por.to-**fran**.co) s.m. Porto livre para a entrada de todos os gêneros ou produtos. ▪ Pl. *portos-francos*.

porto-riquenho (por.to-ri.**que**.nho) [ê] adj. 1. De Porto Rico, país da América Central. s.m. 2. Pessoa natural ou habitante desse lugar. ▪ Pl. *porto-riquenhos*. Obs.: a forma "porto-riquense" tem o mesmo sentido, mas é pouco usada.

porto-riquense (por.to-ri.**quen**.se) s.2g. e adj.2g. Porto-riquenho. ▪ Pl. *porto-riquenses*.

porto-velhense (por.to-ve.**lhen**.se) adj.2g. 1. Do município de Porto Velho, capital do estado de Rondônia. s.2g. 2. Pessoa natural ou habitante desse lugar. ▪ Pl. *porto-velhenses*.

portuário (por.tu.**á**.ri.o) s.m. 1. Aquele que trabalha no porto. adj. 2. Que diz respeito ao porto.

português (por.tu.**guês**) adj. 1. De Portugal, país da Europa. s.m. 2. Pessoa natural ou habitante desse lugar. 3. Língua falada no Brasil, em Portugal e outros países.

portuguesismo (por.tu.gue.**sis**.mo) s.m. 1. Palavra usada na língua portuguesa. 2. Modo de pensar ou de agir dos portugueses; lusitanismo.

porventura (por.ven.**tu**.ra) adv. Talvez; por acaso.

porvir (por.**vir**) s.m. Futuro; o tempo que está por vir.

posar (po.**sar**) v.i. Fazer pose, ficar em uma posição. Cf. *pousar*.

pós-data (pós-**da**.ta) s.f. Data falsa (e posterior) que se coloca em documentos. ▪ Pl. *pós-datas*.

pós-datar (pós-da.**tar**) v.t.d. Colocar pós-data; datar para depois.

pós-diluviano (pós-di.lu.vi.**a**.no) adj. Que ocorreu ou teve existência após o dilúvio. ▪ Pl. *pós-diluvianos*.

pós-dorsal (pós-dor.**sal**) adj.2g. Que se situa atrás das costas. ▪ Pl. *pós-dorsais*.

pose (**po**.se) [ô] s.f. 1. Posição, postura em que alguém se põe para ser pintado, fotografado etc. 2. (Fig.) Afetação, empáfia: *uma senhora cheia de pose*. 3. Cada uma das fotos que se pode tirar com um filme: *filme de 36 poses*.

poser [inglês: "pôuzer"] s.2g. (Gír. Pej.) Pessoa que gosta de aparentar ser algo que não é; que finge uma personalidade para ter aprovação social.

pós-escrito (pós-es.**cri**.to) s.m. e adj. (Aquilo) que é escrito depois ou no fim de uma mensagem ou texto. ▪ Pl. *pós-escritos*.

posfácio (pos.**fá**.ci.o) s.m. Comentário, observação ou advertência colocado no final do livro.

pós-glacial (pós-gla.ci.**al**) adj.2g. (Geo.) Que ocorreu após uma glaciação, em fase do período Plistocênico. ▪ Pl. *pós-glaciais*.

pós-graduação (pós-gra.du.a.**ção**) s.f. Curso de aperfeiçoamento ou especialização para aqueles que já têm o curso superior. ▪ Pl. *pós-graduações*.

pós-graduado (pós-gra.du.**a**.do) s.m. e adj. (Aquele) que fez um curso de pós-graduação. ▪ Pl. *pós-graduados*.

pós-graduar (pós-gra.du.**ar**) v.t.d. 1. Conferir o título de pós-graduação. v.p. 2. Concluir um curso de pós-graduação.

pós-guerra (pós-**guer**.ra) *s.m. e adj.2g.* (Período) logo após uma guerra, posterior à guerra. ▣ Pl. *pós-guerras*.

posição (po.si.**ção**) *s.f.* **1.** Lugar que uma pessoa (ou coisa) ocupa; colocação. **2.** Classe social ou econômica. **3.** Categoria. **4.** Postura do corpo; pose.

posicionar (po.si.ci.o.**nar**) *v.t.d.* **1.** Colocar em determinada posição. *v.p.* **2.** Situar-se.

positivar (po.si.ti.**var**) *v.t.d.* Concretizar; decidir; precisar.

positividade (po.si.ti.vi.**da**.de) *s.f.* (*Fís.*) Condição dos corpos que são eletrizados positivamente.

positivismo (po.si.ti.**vis**.mo) *s.m.* **1.** Sistema filosófico que só admite os princípios conhecidos pela experiência e observação. **2.** (*P. ext.*) Tendência em viver a vida apenas por seu lado prático.

positivista (po.si.ti.**vis**.ta) *s.2g. e adj.2g.* Adepto do positivismo.

positivo (po.si.**ti**.vo) *adj.* **1.** Que afirma, que diz sim: *uma resposta positiva*. **2.** (*Mat.*) Que é maior que zero, que não é negativo: *saldo positivo*. **3.** (*Fís.*) Diz-se da carga elétrica que atrai o negativo e fica no próton, e do fio ou polo que a transmite: *a pilha tem um polo positivo e outro negativo*. *s.m.* **4.** Aquilo que é certo ou real. **5.** (*Fís.*) Polo ou fio com carga positiva.

pós-moderno (pós-mo.**der**.no) *adj.* **1.** Relacionado a uma corrente de pensamento, estética e estilo que se propõe como sucessora dos modernos e dos valores de mercado capitalistas. **2.** Diz-se de criação artística que valoriza a contradição e a mistura de estilos e de gêneros.

posologia (po.so.lo.**gi**.a) *s.f.* Indicação do modo de usar ou da dosagem em que determinado medicamento deve ser ingerido.

pós-operatório (pós-o.pe.ra.**tó**.ri.o) *adj.* **1.** Que ocorre após uma cirurgia. *s.m.* **2.** O período pós-operatório. ▣ Pl. *pós-operatórios*.

pospontar (pos.pon.**tar**) *v.t.d.* O mesmo que *pespontar*.

posponto (pos.**pon**.to) *s.m.* O mesmo que *pesponto*.

pospor (pos.**por**) [ô] *v.t.d.* **1.** Pôr depois. **2.** Adiar; postergar; preterir. Obs.: conjuga-se como *pôr*.

posposição (pos.po.si.**ção**) *s.f.* Ato de pospor; postergação; adiamento.

posposto (pos.**pos**.to) [ô] *adj.* Posto após ou depois. ▣ Pl. *pospostos* [ó].

possante (pos.**san**.te) *adj.2g.* Que tem poder; vigoroso; forte; robusto.

posse (**pos**.se) [ó] *s.f.* **1.** Retenção (ou fruição) de uma coisa ou direito. **2.** Domínio. Cf. *posses*.

posseiro (pos.**sei**.ro) *s.m. e adj.* **1.** (Aquele) que está na posse legal de algum imóvel. **2.** Ocupante; invasor. Cf. *poceiro*.

posses (**pos**.ses) [ó] *s.f.pl.* Bens, haveres. Cf. *posse*.

possessão (pos.ses.**são**) *s.f.* **1.** Região pertencente a um Estado, porém situada fora de seu âmbito geográfico. **2.** Estado de quem está possesso (por demônio ou espírito mau).

possessividade (pos.ses.si.vi.**da**.de) *s.f.* Qualidade de quem é possessivo.

possessivo (pos.ses.**si**.vo) *adj.* **1.** Que tem um forte sentimento de posse; dominador. **2.** (*Gram.*) Diz-se do pronome que indica posse.

possesso (pos.**ses**.so) *adj.* **1.** Possuído pelo demônio. **2.** (*P. ext.*) Furioso; fora de si.

possessor (pos.ses.**sor**) [ô] *s.m. e adj.* (Aquele) que possui; proprietário; dono; possuidor.

possessório (pos.ses.**só**.ri.o) *adj.* Que diz respeito a posse.

possibilidade (pos.si.bi.li.**da**.de) *s.f.* **1.** Qualidade do que é possível. **2.** Probabilidade.

possibilitar (pos.si.bi.li.**tar**) *v.t.d. e v.t.d.i.* Tornar possível ou acessível.

possível (pos.**sí**.vel) *s.m. e adj.2g.* (Aquilo) que pode ser ou acontecer.

possuidor (pos.su.i.**dor**) [ô] *s.m.* Proprietário; dono; possessor.

possuir (pos.su.**ir**) *v.t.d.* **1.** Ter a posse de. **2.** Conter; encerrar. **3.** Ser dotado de. **4.** Subjugar. Obs.: pres. do ind.: *possuo, possuis, possui, possuímos, possuís, possuem*; pres. do subj.: *possua, possuas, possua, possuamos, possuais, possuam*.

post [inglês: "pôusti"] *s.m.* (*Int.*) Conteúdo publicado na internet, em formato de imagem, vídeo, áudio, texto etc.; postagem; publicação.

posta (**pos**.ta) [ó] *s.f.* **1.** Pedaço de peixe. **2.** (*P. ext.*) Pedaço de carne, frango etc. **3.** Correio.

postado (pos.**ta**.do) *adj.* Pronto para ser despachado pelo correio; selado.

postagem (pos.**ta**.gem) *s.f.* Ato ou efeito de postar; publicação; *post*.

postal (pos.**tal**) *adj.2g.* **1.** Relativo ao correio. *s.m.* **2.** Cartão-postal.

postalista (pos.ta.**lis**.ta) *s.2g.* Funcionário dos Correios.

postar (pos.**tar**) *v.t.d.* **1.** Colocar em certo lugar ou posto. **2.** Colocar no correio ou caixa do correio. *v.p.* **3.** Colocar-se; pôr-se.

posta-restante (pos.ta-res.**tan**.te) *s.f.* **1.** Indicação em carta ou encomenda, para que permaneça no correio, até que seja procurada. **2.** Local onde ficam, no correio, as cartas ou encomendas, até que sejam retiradas. ▣ Pl. *postas-restantes*.

poste (**pos**.te) [ó] *s.m.* Coluna de madeira ou cimento cravada no chão, para receber os arames de uma cerca ou os fios de iluminação, telefone etc.

pôster (**pôs**.ter) *s.m.* Cartaz decorativo, geralmente com fotos ou paisagens. ▣ Pl. *pôsteres*.

postergação (pos.ter.ga.**ção**) *s.f.* Ato de postergar; adiamento.

postergado (pos.ter.**ga**.do) *adj.* **1.** Adiado. **2.** Desprezado; preterido.

postergar (pos.ter.**gar**) *v.t.d.* **1.** Pospor; atrasar. **2.** Preterir; desprezar; não fazer caso de.

posteridade (pos.te.ri.**da**.de) *s.f.* **1.** Tempo futuro. **2.** Gerações que hão de vir. **3.** (*Fig.*) Celebridade ou glória futura.

posterior (pos.te.ri.**or**) [ô] *adj.2g.* **1.** Que vem depois, que acontece depois. **2.** Que está na parte de trás; traseiro: *um quadrúpede tem dois membros ou patas posteriores e dois anteriores.*

posterioridade (pos.te.ri.o.ri.**da**.de) *s.f.* Característica do que é posterior.

póstero (**pós**.te.ro) *adj.* Que está por vir; vindouro: *a reforma aconteceria em um futuro póstero; no presente tudo seria mantido como antes.*

posteroexterior (pos.te.ro.ex.te.ri.**or**) [pós...ô] *adj.* Que se localiza atrás e por fora.

posteroinferior (pos.te.ro.in.fe.ri.**or**) [pós...ô] *adj.* Que se localiza atrás e por baixo.

posterointerior (pos.te.ro.in.te.ri.**or**) [pós...ô] *adj.* Que se localiza atrás e por dentro.

posterossuperior (pos.te.ros.su.pe.ri.**or**) [pós...ô] *adj.* Que se localiza atrás e por cima.

postiço (pos.**ti**.ço) *adj.* Que não é natural; artificial.

postigo (pos.**ti**.go) *s.m.* Porta pequena na abertura na porta para ver quem está do lado de fora.

posto (**pos**.to) [ô] *s.m.* **1.** Cargo; dignidade; função. **2.** Graduação. *adj.* **3.** Colocado; situado. **Posto que:** embora, ainda que. ▫ Pl. *postos* [ó].

postônico (pos.**tô**.ni.co) *adj.* (*Gram.*) Que fica depois da vogal tônica de uma palavra.

postulação (pos.tu.la.**ção**) *s.f.* Ato de postular; pedido; solicitação.

postulado (pos.tu.**la**.do) *adj.* **1.** Solicitado; pedido. *s.m.* **2.** Proposição admitida sem demonstração.

postulante (pos.tu.**lan**.te) *s.2g. e adj.2g.* (Aquele) que postula; aspirante.

postular (pos.tu.**lar**) *v.t.d.* **1.** Pedir insistentemente. **2.** Requerer com documentação.

póstumo (**pós**.tu.mo) *adj.* Posterior à morte de.

postura (pos.**tu**.ra) *s.f.* **1.** Posição do corpo. **2.** Conjunto de ovos postos por uma ave em um período. **3.** (*Fig.*) Atitude.

potamologia (po.ta.mo.lo.**gi**.a) *s.f.* Parte da geografia que estuda os rios.

potassa (po.**tas**.sa) *s.f.* (*Quím.*) Composto de potássio; mineral de que se extrai potássio.

potássio (po.**tás**.si.o) *s.m.* (*Quím.*) Elemento químico, metal alcalino, de símbolo K, peso atômico 39,10 e número atômico 19.

potável (po.**tá**.vel) *adj.2g.* Que é próprio para beber: *água potável.*

pote (**po**.te) [ó] *s.m.* Vaso de barro, louça, vidro etc., para líquidos, grãos etc.

potência (po.**tên**.ci.a) *s.f.* **1.** Qualidade do que é potente; vigor; força. **2.** Nação poderosa e soberana. **3.** Vigor sexual. **4.** (*Mat.*) Produto de *n* fatores iguais. **5.** (*Fís.*) Taxa de transformação de energia de uma forma em outra.

potenciação (po.ten.ci.a.**ção**) *s.f.* (*Mat.*) Elevação a potência.

potencial (po.ten.ci.**al**) *s.m.* **1.** Capacidade. **2.** (*Fís.*) Quantidade de eletricidade existente em um corpo. *adj.2g.* **3.** Que diz respeito a potência; possível.

potencialidade (po.ten.ci.a.li.**da**.de) *s.f.* Virtualidade; possibilidade; capacidade.

potenciômetro (po.ten.ci.**ô**.me.tro) *s.m.* Aparelho destinado a medir as diferenças de potencial elétrico.

potentado (po.ten.**ta**.do) *s.m.* **1.** Príncipe soberano com muito poder material e autoridade. **2.** (*P. ext.*) Pessoa poderosa.

potente (po.**ten**.te) *adj.2g.* **1.** Que pode; que produz. **2.** Enérgico; poderoso.

potestade (po.tes.**ta**.de) *s.f.* Potência, poder, autoridade.

poti (po.**ti**) *s.m.* (*epiceno*) (*Zoo.*) Camarão.

potiguar (po.ti.**guar**) *adj.2g.* **1.** Do Rio Grande do Norte, estado brasileiro; norte-rio-grandense, rio-grandense-do-norte. *s.2g.* **2.** Pessoa natural ou habitante desse lugar.

potiguara (po.ti.**gua**.ra) *s.2g.* **1.** Indivíduo dos potiguaras, povo indígena que vive hoje na Paraíba e no Ceará. *s.m.* **2.** O idioma tupi falado por esse povo, com algumas particularidades. *adj.2g.* **3.** Relacionado a esse povo.

potoca (po.**to**.ca) *s.f.* Mentira, patranha, peta, lorota.

potra (**po**.tra) [ô] *s.f.* (*Zoo.*) Égua nova; fêmea do potro.

potranca (po.**tran**.ca) *s.f.* (*Zoo.*) Potra até os dois anos de idade.

potro (**po**.tro) [ô] *s.m.* (*Zoo.*) Cavalo novo, até os quatro anos de idade.

poturu (po.**tu**.ru) *s.2g.* **1.** Indivíduo dos poturus, povo indígena que vive hoje no Pará. *adj.2g.* **2.** Relacionado a esse povo.

pouca-vergonha (pou.ca-ver.**go**.nha) [ô] *s.f.* Falta de vergonha; ato vergonhoso; descaramento. ▫ Pl. *poucas-vergonhas.*

pouco (**pou**.co) *pron. indef.* **1.** Em pequena quantidade, intensidade ou grau: *pouca coisa, pouco perigo. s.m.* **2.** Aquilo que existe em pouca quantidade; coisa insignificante. *adv.* **3.** De modo insuficiente ou em pequena quantidade: *estudar pouco, custar pouco.*

pouco-caso (pou.co-**ca**.so) *s.m.* Desdém; desprezo. ▫ Pl. *poucos-casos.*

pound [inglês: "páundi"] *s.m.* Libra.

poupado (pou.**pa**.do) *adj.* **1.** Que se poupou; economizado. **2.** Que não é gastador; econômico.

poupador (pou.pa.**dor**) [ô] *s.m. e adj.* **1.** (Aquele) que poupa. *s.m.* **2.** Aquele que aplica dinheiro em contas de poupança.

poupança (pou.**pan**.ça) *s.f.* **1.** Ato de poupar. **2.** Tipo de aplicação financeira.

poupar (pou.**par**) *v.t.d. e v.i.* **1.** Gastar com moderação; economizar. *v.t.d.* **2.** (*Fig.*) Preservar alguém; tratá-lo indulgentemente. *v.p.* **3.** Esquivar-se; preservar-se.

pousada (pou.**sa**.da) *s.f.* **1.** Ato de pousar. **2.** Hospedaria; pequeno hotel ou pensão; albergue.

pousar (pou.**sar**) *v.i. e v.t.i.* **1.** Parar no fim do voo; descer: *o avião já pousou; as pombas pousaram na estátua.* **2.** Parar para descansar ou dormir: *vamos pousar no caminho; a viagem é longa. v.t.d.*

3. Colocar; pôr: *pousou o braço no ombro da amiga.* Cf. *posar.*

pouso (pou.so) *s.m.* **1.** Ato de pousar ou de aterrissar: *o avião fez um pouso tranquilo.* **2.** Lugar onde se pousa ou aterrissa. **3.** Local onde se descansa e pernoita.

pot-pourri [francês: "pu-purri"] *s.m.* **1.** Música que mistura trechos de várias outras, ou sequência de músicas. **2.** Mistura de folhas, flores, raízes etc. aromatizadas.

povaréu (po.va.**réu**) *s.m.* Grande número de pessoas; povão, plebe.

povo (**po**.vo) [ô] *s.m.* **1.** Conjunto dos habitantes de um país ou local; população. **2.** Parte mais numerosa e pobre de uma população, por oposição aos ricos ou aos governantes; plebe: *o povo de Roma cultuava o Imperador.* **3.** Grande multidão de pessoas: *o povo foi às ruas.* ▫ Pl. *povos* [ó].

póvoa (**pó**.voa) *s.f.* Povoação pequena.

povoação (po.vo.a.**ção**) *s.f.* **1.** Conjunto de habitantes de um lugar. **2.** Povoado; lugarejo.

povoado (po.vo.**a**.do) *s.m.* **1.** Lugarejo; vilarejo. *adj.* **2.** Habitado.

povoador (po.vo.a.**dor**) [ô] *s.m. e adj.* (Aquele) que povoa; colonizador; desbravador.

povoamento (po.vo.a.**men**.to) *s.m.* **1.** Ação, processo de povoar. **2.** Assentamento de habitantes. **3.** (Bio.) Conjunto de seres vivos.

povoar (po.vo.**ar**) *v.t.d.* Tornar povoado ou habitado. Obs.: pres. do ind.: *povoo, povoas* [ô], *povoa* [ô] etc. pres. do subj.: *povoe* [ô], *povoes* [ô], *povoe* [ô] etc.

poxa (**po**.xa) [ô] *interj.* Exprime espanto, admiração; puxa!, epa!, opa!.

PR Sigla de Paraná, estado brasileiro.

Pr Símbolo do elemento químico prazeodímio.

praça (pra.**ça**) *s.f.* **1.** Local público, com árvores, bancos de cimento, circundado de casas, estabelecimentos comerciais, prédios etc. **2.** Conjunto de negociantes de uma cidade. **3.** Local onde ficam táxis ou carros de aluguel. *s.m.* **4.** Militar sem patente; soldado raso.

praça-forte (pra.ça-**for**.te) *s.f.* Cidade fortificada. ▫ Pl. *praças-fortes*.

pracinha (pra.**ci**.nha) *s.m.* **1.** Soldado da Força Expedicionária Brasileira durante a II Guerra Mundial. **2.** Soldado; praça.

pracista (pra.**cis**.ta) *s.2g.* Vendedor de uma firma em determinada cidade.

pradaria (pra.da.**ri**.a) *s.f.* Grande planície ou prado.

prado (**pra**.do) *s.m.* Campo coberto de ervas, ideal para pastagem; pradaria.

praga (**pra**.ga) *s.f.* **1.** Maldição ou imprecação de algum mal contra alguém. **2.** Qualquer espécie de inseto ou vegetal que invade uma plantação e a prejudica. **3.** Doença infecciosa. **4.** (*sobrecomum*) (Fig.) Pessoa muito ruim: *ele é uma praga.*

pragmática (prag.**má**.ti.ca) *s.f.* Conjunto de regras ou formalidades; etiqueta.

pragmático (prag.**má**.ti.co) *adj.* **1.** Que diz respeito à pragmática. **2.** Prático; objetivo.

pragmatismo (prag.ma.**tis**.mo) *s.m.* **1.** Doutrina filosófica que identifica o verdadeiro com o útil, adotando como verdade a utilidade prática. **2.** (P. ext.) Senso prático.

pragmatista (prag.ma.**tis**.ta) *adj.2g.* **1.** Relativo ao pragmatismo. *s.2g.* **2.** Adepto do pragmatismo.

praguejar (pra.gue.**jar**) *v.t.d.* **1.** Amaldiçoar; maldizer. *v.i.* **2.** Rogar pragas. **3.** Proferir imprecações.

praguicida (pra.gui.**ci**.da) *s.m. e adj.2g.* (Substância) que combate ou elimina alguma praga; pesticida.

praia (**prai**.a) *s.f.* Faixa de terra coberta de areia, que se limita com o mar; litoral; beira-mar; costa.

praiano (prai.**a**.no) *s.m.* Habitante do litoral; praieiro.

praieiro (prai.**ei**.ro) *s.m. e adj.* (Aquele) que habita o litoral; praiano.

prancha (**pran**.cha) *s.f.* **1.** Tábua larga e resistente de usos variados, por exemplo desembarque de passageiros de uma embarcação. **2.** Placa comprida, de madeira ou material sintético, provida de quilha, usada para a prática do surfe. **3.** Placa de papel resistente, sobre a qual se faz uma ilustração; quadro.

prancheta (pran.**che**.ta) [ê] *s.f.* **1.** Mesa apropriada para desenhar. **2.** Prancha pequena. **3.** Instrumento usado no levantamento de plantas topográficas.

pranteado (pran.te.**a**.do) *adj.* Que deixou saudades; saudoso.

pranteador (pran.te.a.**dor**) [ô] *s.m.* Aquele que pranteia.

prantear (pran.te.**ar**) *v.t.d.* **1.** Derramar lágrimas por; lamentar. *v.i.* **2.** Chorar; derramar lágrimas.

pranto (**pran**.to) *s.m.* Ato de prantear; choro; lamúria; lamentação.

prata (**pra**.ta) *s.f.* **1.** (Quím.) Metal branco, precioso, de símbolo Ag, número atômico 47 e peso atômico 107,87. **2.** Prataria. **3.** (Pop.) Dinheiro.

prataria (pra.ta.**ri**.a) *s.f.* Conjunto de objetos de prata de uma casa.

pratarraz (pra.tar.**raz**) *s.m.* Aumentativo de *prato*; prato grande ou muito cheio.

prateação (pra.te.a.**ção**) *s.f.* Ato de pratear.

prateado (pra.te.**a**.do) *adj.* **1.** Da cor da prata. **2.** Que recebeu banho de prata. *s.m.* **3.** A cor da prata.

pratear (pra.te.**ar**) *v.t.d.* Dar um banho de prata; deixar com a aparência de prata.

prateiro (pra.**tei**.ro) *s.m.* Aquele que fabrica ou vende objetos de prata.

prateleira (pra.te.**lei**.ra) *s.f.* **1.** Tábua que se fixa à parede para colocar livros etc. **2.** Cada uma das tábuas horizontais, com a mesma finalidade, que fazem parte de uma estante ou armário.

prática (**prá**.ti.ca) *s.f.* **1.** Ato de praticar. **2.** Exercício; experiência. **3.** Transformação da teoria em experiência. **4.** Conversação (na aprendizagem de um idioma).

praticabilidade (pra.ti.ca.bi.li.**da**.de) *s.f.* Qualidade do que é praticável.

praticante (pra.ti.**can**.te) *s.2g.* Aquele que pratica; aprendiz.

praticar (pra.ti.**car**) v.t.d. **1.** Realizar, executar. **2.** Exercitar; treinar. **3.** Exercer. v.i. **4.** Adquirir conhecimentos práticos. v.t.i. **5.** Conversar; fazer conversação com. Obs.: pres. do ind.: *pratico, praticas, pratica* etc.; pres. do subj.: *pratique, pratiques, pratique* etc.

praticável (pra.ti.**cá**.vel) adj.2g. Que se pode praticar.

praticidade (pra.ti.ci.**da**.de) s.f. Qualidade do que é prático; conveniência, comodidade.

prático (**prá**.ti.co) adj. **1.** Que diz respeito à prática. **2.** Experiente; experimentado. **3.** Objetivo. s.m. **4.** Indivíduo experimentado e com bastante prática no que faz, exercendo sua profissão sem ser diplomado.

praticultor (pra.ti.cul.**tor**) [ô] s.m. Aquele que exerce a praticultura.

praticultura (pra.ti.cul.**tu**.ra) s.f. Cultura dos prados, pastos e forragens.

prato (**pra**.to) s.m. **1.** Utensílio de louça, metal, cerâmica etc., em que se colocam os alimentos para que uma pessoa os coma: *colocou duas colheres de arroz no prato*. **2.** O conteúdo de um prato: *comeu dois pratos de macarrão; fez um prato com arroz, feijão, bife e salada*. **3.** Cada preparação culinária ou iguaria que faz parte de uma refeição ou cardápio: *o prato principal era peixe assado*. **4.** Parte da balança onde se coloca o que vai ser pesado. **5.** (Mús.) Instrumento de percussão constituído de um grande disco de metal, que se percute com baqueta; címbalo. Cf. *pratos*.

prato-feito (pra.to-**fei**.to) s.m. Prato individual, refeição servida em um prato: *o bar da esquina servia lanches, pratos-feitos e pratos que serviam duas pessoas*. ▣ Pl. *pratos-feitos*.

pratos (**pra**.tos) s.m.pl. (Mús.) Instrumento formado por duas peças metálicas e circulares, que se toca batendo uma contra a outra. Cf. *prato*.

praxe (**pra**.xe) s.f. O que se pratica habitualmente; prática; uso; rotina. Cf. *práxis*.

práxis (**prá**.xis) [cs] s.f.2n. **1.** Prática, ação, atividade. **2.** (Filos.) No marxismo, atividade humana concreta, objetiva, que supera a teorização e permite ao indivíduo atuar diretamente no campo político, cultural e social, contribuindo para mudar as relações entre pessoas e grupos. Cf. *praxe*.

prazentear (pra.zen.te.**ar**) v.t.d. Adular; bajular; mostrar-se prazenteiro a.

prazenteiro (pra.zen.**tei**.ro) adj. Que demonstra prazer; alegre; simpático.

prazeodímio (pra.ze.o.**dí**.mi.o) s.m. (Quím.) Elemento metal de símbolo Pr, número atômico 59 e massa atômica 140,91.

prazer (pra.**zer**) s.m. **1.** Júbilo; alegria; satisfação. v.t.i. **2.** Agradar; aprazer. Obs.: verbo defectivo, só conjugado na 3ª pes. sing. e pl.; no pres. do ind. perde o *e* final na 3ª pes. do sing.: *praz, prazem*.

prazeroso (pra.ze.**ro**.so) [ô] adj. Que dá (ou em que há) prazer; agradável; festivo. ▣ Pl. *prazerosos* [ó].

prazo (**pra**.zo) s.m. Tempo determinado em que se deverá realizar alguma coisa.

preá (pre.**á**) s.2g. *(epiceno)* (Zoo.) Pequeno roedor semelhante ao porquinho-da-índia.

pré-adolescência (pré-a.do.les.**cên**.ci.a) s.f. Fase do desenvolvimento psicológico e físico pouco anterior à adolescência; puberdade.

pré-adolescente (pré-a.do.les.**cen**.te) s.2g. e adj.2g. **1.** (Pessoa) que está na pré-adolescência. adj.2g. **2.** Relacionado a essa fase ou período.

preamar (pre.a.**mar**) s.f. Ponto mais alto da maré; maré cheia.

preambular (pre.am.bu.**lar**) adj.2g. **1.** Que diz respeito a preâmbulo. **2.** Que serve de prefácio.

preâmbulo (pre.**âm**.bu.lo) s.m. **1.** Prefácio. **2.** (Fig.) Rodeio. **3.** Parte preliminar de uma lei ou decreto.

pré-antepenúltimo (pré-an.te.pe.**núl**.ti.mo) adj. Que vem antes do antepenúltimo. ▣ Pl. *pré-antepenúltimos*.

preanunciação (pre.a.nun.ci.a.**ção**) s.f. Ato de anunciar previamente.

preanunciar (pre.a.nun.ci.**ar**) v.t.d. Anunciar previamente.

preaquecer (pre.a.que.**cer**) v.t.d. Aquecer antes, de antemão.

prear (pre.**ar**) v.t.d. e v.i. Aprisionar; prender; fazer presa.

prebenda (pre.**ben**.da) s.f. Rendimento de cargo religioso; salário pastoral.

pré-cabralino (pré-ca.bra.**li**.no) adj. Diz-se do período anterior à descoberta do Brasil por Pedro Álvares Cabral. ▣ Pl. *pré-cabralinos*.

precação (pre.ca.**ção**) s.f. Rogação; pedido.

Pré-Cambriano (Pré-Cam.bri.a.no) s.m. *(próprio)* (Geo.) Era entre o surgimento da Terra e o aparecimento dos fósseis, que inicia o período Cambriano e o Paleozoico. ▣ Pl. *Pré-Cambrianos*.

precariedade (pre.ca.ri.e.**da**.de) s.f. Qualidade do que é precário; fragilidade, efemeridade.

precário (pre.**cá**.ri.o) adj. **1.** Que pode acabar ou sumir a qualquer momento; frágil, instável, inseguro. **2.** Escasso, pouco, parco, pobre.

pré-carnavalesco (pré-car.na.va.**les**.co) [ê] adj. Um pouco anterior ao Carnaval.

precata (pre.**ca**.ta) s.f. (NE) O mesmo que *alpargata*.

precatado (pre.ca.**ta**.do) adj. Que demonstra precaução; cauteloso; cuidadoso.

precatar (pre.ca.**tar**) v.t.d. **1.** Prevenir; pôr de sobreaviso. v.p. **2.** Prevenir-se; preparar-se.

precatória (pre.ca.**tó**.ri.a) s.f. (Dir.) Carta que o juiz de uma circunscrição dirige ao de outra, pedindo certas diligências judiciais.

precatório (pre.ca.**tó**.ri.o) s.m. e adj. (Documento) em que se pede algo.

precaução (pre.cau.**ção**) s.f. Cautela prévia ou antecipada; cuidado; prevenção; prudência.

precaver (pre.ca.**ver**) v.t.d. e v.p. Precatar(-se); prevenir(-se); acautelar(-se). Obs.: pres. do ind.: *precavemos, precaveis*. Não tem pres. do subj. nem imperat. neg. No imperat. afirm. apenas *precavei*. Pret. imperf. ind.: *precavia, precavias, precavia* etc.; pret. perf.: *precavi, precaveste, precaveu* etc.;

pret. mqp.: *precavera, precaveras, precavera* etc.; imperf. do subj.: *precavesse, precavesses, precavesse* etc.; fut. do subj.: *precaver, precaveres, precaver* etc. O uso como transitivo direto é bastante raro.
precavido (pre.ca.**vi**.do) *adj.* Cuidadoso; cauteloso; previdente.
prece (pre.ce) *s.f.* Oração; súplica; pedido.
precedência (pre.ce.**dên**.ci.a) *s.f.* Qualidade do que é precedente; antecedência.
precedente (pre.ce.**den**.te) *adj.2g.* **1.** Que precede, que vem antes; antecedente. *s.m.* **2.** Caso anterior.
preceder (pre.ce.**der**) *v.t.d.* **1.** Estar, existir ou chegar antes. *v.t.i.* **2.** Anteceder a.
preceito (pre.**cei**.to) *s.m.* Regra; norma; prescrição; cláusula.
preceituar (pre.cei.tu.**ar**) *v.i.* **1.** Estabelecer regras ou preceitos. *v.t.d.* **2.** Estabelecer como preceito.
preceituário (pre.cei.tu.**á**.ri.o) *s.m.* Conjunto ou reunião de preceitos ou regras.
preceptor (pre.cep.**tor**) [ô] *s.m.* Aquele que transmite preceitos; mentor; educador; orientador.
precessão (pre.ces.**são**) *s.f.* (Fís.) Movimento lateral do eixo de um corpo que ocorre enquanto ele gira.
preciosa (pre.ci.**o**.sa) *s.f.* (Bot.) Árvore amazônica de madeira nobre.
preciosidade (pre.ci.o.si.**da**.de) *s.f.* Qualidade do que é precioso; raridade.
preciosismo (pre.ci.o.**sis**.mo) *s.m.* **1.** Rebuscamento da linguagem. **2.** Estilo sutil e delicado usado nos salões literários franceses, no século XVII.
precioso (pre.ci.**o**.so) [ô] *adj.* **1.** De muito preço (valor ou importância). **2.** Suntuoso; magnífico. **Metais preciosos:** o ouro, a prata e outros, de grande brilho, maleabilidade e que não enferrujam, usados para fazer joias. ▣ Pl. *preciosos* [ó].
precipício (pre.ci.**pí**.ci.o) *s.m.* **1.** Despenhadeiro; abismo. **2.** (Fig.) Desgraça; ruína.
precipitação (pre.ci.pi.ta.**ção**) *s.f.* **1.** Ato de precipitar(-se); afobação; pressa. **2.** (Quím.) Separação de um corpo sólido do líquido em que se encontrava. **3.** Quantidade de chuva, neve, granizo acumulada sobre o solo em determinado período.
precipitado (pre.ci.pi.**ta**.do) *adj.* **1.** Que age sem refletir; afobado; apressado. *s.m.* **2.** (Quím.) Substância insolúvel resultante da precipitação.
precipitar (pre.ci.pi.**tar**) *v.t.d.* **1.** Atirar, jogar, lançar (de um precipício ou lugar elevado). **2.** Apressar; desencadear. *v.p.* **3.** Atirar-se. **4.** Agir com precipitação; arrojar-se. **5.** (Quím.) Proceder à precipitação.
precípite (pre.**cí**.pi.te) *adj.2g.* **1.** Que pode precipitar(-se). **2.** Veloz, rápido.
precípuo (pre.**cí**.puo) *adj.* Fundamental; essencial; principal.
precisado (pre.ci.**sa**.do) *adj.* Carente; pobre; necessitado.
precisão (pre.ci.**são**) *s.f.* **1.** Necessidade; falta; carência. **2.** Exatidão. **3.** Pontualidade. **4.** Concisão.
precisar (pre.ci.**sar**) *v.t.i.* **1.** Necessitar; carecer. *v.t.d.* **2.** Calcular com exatidão. *v.i.* **3.** Ser preciso.

preciso (pre.**ci**.so) *adj.* **1.** Necessário; indispensável. **2.** Certo; exato. **3.** Resumido; lacônico; conciso.
preclaro (pre.**cla**.ro) *adj.* Famoso; notável; ilustre; célebre.
preço (**pre**.ço) [ô] *s.m.* **1.** Custo unitário de algo que está à venda. **2.** Ônus, custo: *o preço de uma vitória na guerra são muitas vidas.* **3.** Compensação. **4.** (Fig.) Merecimento.
precoce (pre.**co**.ce) [ó] *adj.2g.* **1.** Prematuro, antecipado. **2.** Desenvolvido antes do tempo; avançado, adiantado.
precocidade (pre.co.ci.**da**.de) *s.f.* Qualidade do que é precoce (ou prematuro).
pré-colombiano (pré-co.lom.bi.**a**.no) *adj.* Que diz respeito à América antes da chegada de Cristóvão Colombo, em 1492. ▣ Pl. *pré-colombianos*.
pré-colonial (pré-co.lo.ni.**al**) *adj.2g.* **1.** Que é anterior à condição ou época de colônia. **2.** (Hist.) No Brasil, diz-se do período que vai de 1500, data da chegada da esquadra de Pedro Álvares Cabral, até 1530. ▣ Pl. *pré-coloniais*.
preconceber (pre.con.ce.**ber**) *v.t.d.* **1.** Conceber antecipadamente. **2.** Presumir; pressupor.
preconcebido (pre.con.ce.**bi**.do) *adj.* Pressuposto; presumido.
preconceito (pre.con.**cei**.to) *s.m.* **1.** Ideia preconcebida. **2.** Intolerância; prevenção; suspeita.
preconceituoso (pre.con.cei.tu.**o**.so) [ô] *adj.* **1.** Que contém preconceito, ligado a preconceito. *s.m.* **2.** Pessoa que age com preconceitos. ▣ Pl. *preconceituosos* [ó].
preconização (pre.co.ni.za.**ção**) *s.f.* Ato de preconizar, apregoar com louvor.
preconizado (pre.co.ni.**za**.do) *adj.* Recomendado; aconselhado; indicado.
preconizador (pre.co.ni.za.**dor**) [ô] *s.m. e adj.* (Aquele) que preconiza.
preconizar (pre.co.ni.**zar**) *v.t.d.* **1.** Apregoar com louvor. **2.** Recomendar. **3.** Propalar; divulgar.
precursor (pre.cur.**sor**) [ô] *s.m. e adj.* (Aquele) que precede alguém, anunciando-o ou antecipando algo que está por ser feito.
predação (pre.da.**ção**) *s.f.* **1.** Ato ou efeito de predar. **2.** Rapina; pilhagem.
predador (pre.da.**dor**) [ô] *s.m. e adj.* **1.** (Bio.) (Animal) que preda, que caça outro animal (a presa) para se alimentar. **2.** (Fig.) (Aquele) que agride ou prejudica outra pessoa.
predar (pre.**dar**) *v.t.d.* Caçar, matar para comer: *a onça preda animais menores.*
pré-datado (pré-da.**ta**.do) *adj.* **1.** Datado com antecipação. *adj. e s.m.* **2.** (Cheque) emitido para pagamento futuro: *comprou a roupa dando um cheque à vista e dois pré-datados.* ▣ Pl. *pré-datados*.
pré-datar (pré-da.**tar**) *v.t.d.* Datar antecipadamente.
predatório (pre.da.**tó**.ri.o) *adj.* **1.** Que depreda ou destrói. **2.** Que diz respeito a roubo ou pilhagem.
predecessor (pre.de.ces.**sor**) [ô] *s.m.* O que precede; antecessor.

predestinação (pre.des.ti.na.**ção**) s.f. **1.** Ato de predestinar ou destinar com antecipação. **2.** (*Relig.*) Desígnio de Deus que concede a bem-aventurança eterna a alguém.

predestinado (pre.des.ti.**na**.do) s.m. *e adj.* **1.** (Aquele) que foi destinado a grandes feitos. **2.** (Aquele) que é eleito de Deus.

predestinar (pre.des.ti.nar) v.t.d.i. Destinar antecipadamente (alguém) (a um grande feito).

predeterminação (pre.de.ter.mi.na.**ção**) s.f. Ato de predeterminar; preestabelecimento.

predeterminar (pre.de.ter.mi.**nar**) v.t.d. Determinar antecipadamente; preestabelecer.

predial (pre.di.**al**) adj.2g. Que diz respeito a prédio.

prédica (**pré**.di.ca) s.f. Pregação; sermão; discurso.

predicado (pre.di.**ca**.do) s.m. **1.** (*Gram.*) Tudo o que se diz do sujeito em uma oração. **2.** Qualidade; virtude; atributo.

predição (pre.di.**ção**) s.f. Ato de predizer; profecia; prognóstico; vaticínio.

predicar (pre.di.**car**) v.t.d. Fazer uma prédica; aconselhar; pregar.

predicativo (pre.di.ca.**ti**.vo) s.m. *e adj.* (*Gram.*) (Qualidade ou estado) que se atribui ao sujeito ou objeto direto da oração.

predicatório (pre.di.ca.**tó**.ri.o) adj. Que atribui um predicado; lisonjeiro.

predileção (pre.di.le.**ção**) s.f. Preferência por alguém ou alguma coisa.

predileto (pre.di.**le**.to) s.m. *e adj.* (Aquele) que se prefere; preferido.

prédio (**pré**.di.o) s.m. Edificação; edifício; casa.

predispor (pre.dis.**por**) v.t.d. **1.** Dispor com antecipação. v.p. **2.** Dispor-se com antecipação; inclinar-se. Obs.: conjuga-se como *pôr*.

predisposição (pre.dis.po.si.**ção**) s.f. Tendência; queda; vocação.

predisposto (pre.dis.**pos**.to) [ô] adj. Que se predispôs, que contém predisposição. ▣ Pl. *predispostos* [ó].

predito (pre.**di**.to) adj. Dito anteriormente; profetizado; vaticinado.

predizer (pre.di.**zer**) v.t.d. Prognosticar; dizer com antecipação. Obs.: conjuga-se como *dizer*.

predominância (pre.do.mi.**nân**.ci.a) s.f. Predomínio; superioridade.

predominante (pre.do.mi.**nan**.te) adj.2g. Que predomina; prevalecente.

predominar (pre.do.mi.**nar**) v.t.d. **1.** Superar; sobrepujar. v.i. **2.** Prevalecer; sobressair.

predomínio (pre.do.**mí**.ni.o) s.m. Supremacia; predominância; superioridade.

pré-eleitoral (pré-e.lei.to.**ral**) adj.2g. Que precede as eleições. ▣ Pl. *pré-eleitorais*.

preeminência (pre.e.mi.**nên**.ci.a) s.f. Primazia; superioridade; qualidade daquele que é preeminente.

preeminente (pre.e.mi.**nen**.te) adj.2g. Que ocupa lugar mais elevado (ou de destaque); superior.

preencher (pre.en.**cher**) v.t.d. **1.** Encher completamente; completar. **2.** Cumprir plenamente; desempenhar a contento. **3.** Ocupar.

preenchimento (pre.en.chi.**men**.to) s.m. **1.** Ato de preencher. **2.** Cumprimento.

preensão (pre.en.**são**) s.f. Ato de segurar ou agarrar.

preênsil (pre.**ên**.sil) adj.2g. **1.** Que pode agarrar. **2.** Que pode ser agarrado.

pré-escola (pré-es.**co**.la) s.f. **1.** Curso de educação infantil para crianças de menos de seis ou sete anos de idade, antes do ensino fundamental, com duração de oito ou nove anos. **2.** Escola que oferece esse curso. ▣ Pl. *pré-escolas*.

pré-escolar (pré-es.co.**lar**) adj.2g. Que frequenta a pré-escola; que está em idade de frequentar a pré-escola. ▣ Pl. *pré-escolares*.

preestabelecer (pre.es.ta.be.le.**cer**) v.t.d. Estabelecer previamente; predispor.

preestabelecido (pre.es.ta.be.le.**ci**.do) adj. Estabelecido previamente; predisposto, predeterminado.

preestabelecimento (pre.es.ta.be.le.ci.**men**.to) s.m. Ação de preestabelecer; predisposição.

pré-estreia (pré-es.**trei**.a) [éi] s.f. **1.** Apresentação fechada de um filme ou peça de teatro para um grupo especial, antes da estreia propriamente dita. **2.** Exibição de filme em horário restrito, antes da estreia em horários normais. ▣ Pl. *pré-estreias*.

preexistência (pre.e.xis.**tên**.ci.a) [z] s.f. Qualidade do que é preexistente; existência anterior.

preexistente (pre.e.xis.**ten**.te) [z] adj.2g. Que preexiste; que tem uma existência anterior a outra.

preexistir (pre.e.xis.**tir**) [z] v.i. Existir em tempo anterior; existir primeiro.

pré-fabricado (pré-fa.bri.**ca**.do) adj. Em construção civil, diz-se de módulo de concreto ou outro elemento que é feito na fábrica e levado pronto para a obra. ▣ Pl. *pré-fabricados*.

prefaciado (pre.fa.ci.**a**.do) adj. Que apresenta um prefácio.

prefaciador (pre.fa.ci.a.**dor**) [ô] s.m. Aquele que prefacia (uma obra); apresentador (do autor ou da obra).

prefaciar (pre.fa.ci.**ar**) v.t.d. Escrever o prefácio de: *prefaciar um livro*.

prefácio (pre.**fá**.ci.o) s.m. Texto que precede uma obra, à guisa de advertência ou apresentação; prólogo; preâmbulo.

prefeito (pre.**fei**.to) s.m. Aquele que se investe do poder executivo de uma municipalidade.

prefeitura (pre.fei.**tu**.ra) s.f. **1.** Local onde funciona a administração municipal. **2.** O cargo do prefeito.

preferência (pre.fe.**rên**.ci.a) s.f. Ato de preferir; predileção. **De preferência**: com prioridade ou escolha; de modo preferencial: *ela pediu uma viagem, de preferência para a praia*.

preferencial (pre.fe.ren.ci.**al**) adj.2g. **1.** Que tem preferência; prioritário. s.f. **2.** Via pública em que os veículos têm preferência de passagem com relação à outra via.

preferido (pre.fe.**ri**.do) *adj*. Que se preferiu; escolhido; predileto; prioritário.
preferir (pre.fe.**rir**) *v.t.d. e v.t.i.* **1.** Querer mais que os outros; ter predileção por: *ele preferia sorvete de morango ao de chocolate*. **2.** Escolher, eleger: *ela preferiu ir para a praia*. Obs.: pres. do ind.: *prefiro, preferes, prefere, preferimos, preferis, preferem*; pret. perf.: *preferi, preferiste* etc.; pres. do subj.: *prefira, prefiras, prefira, prefiramos, prefirais, prefiram*.
preferível (pre.fe.**rí**.vel) *adj.2g.* Que se deve preferir.
prefiguração (pre.fi.gu.ra.**ção**) *s.f.* Ato de prefigurar uma coisa que, embora ainda não exista, pode vir a existir.
prefigurado (pre.fi.gu.**ra**.do) *adj.* Que foi representado antes de existir.
prefigurar (pre.fi.gu.**rar**) *v.t.d.* Representar (ou figurar) antecipadamente algo que ainda vai acontecer.
prefixação (pre.fi.xa.**ção**) [cs] *s.f.* Ato de prefixar.
prefixal (pre.fi.**xal**) [cs] *adj.2g.* Que diz respeito a prefixo.
prefixar (pre.fi.**xar**) [cs] *v.t.d.* **1.** Fixar antecipadamente. **2.** (*Gram.*) Colocar prefixo.
prefixo (pre.**fi**.xo) [cs] *s.m.* (*Gram.*) Elemento que se junta à raiz de uma palavra para formar uma nova palavra, como o prefixo *mini* + *blusa* com o resultado *miniblusa*.
pré-franqueado (pré-fran.que.**a**.do) *adj.* Que teve a franquia paga previamente: *aerograma pré-franqueado*. ▫ Pl. *pré-franqueados*.
prefulgente (pre.ful.**gen**.te) *adj.2g.* Que prefulge; muito brilhante; resplandecente.
prefulgir (pre.ful.**gir**) *v.i.* Resplandecer; brilhar.
prega (**pre**.ga) [é] *s.f.* **1.** Dobra do tecido. **2.** Ruga. **3.** Depressão do terreno.
pregação (pre.ga.**ção**) *s.f.* **1.** Prédica; sermão. **2.** (*Fig.*) Repreensão; censura.
pregado (pre.**ga**.do) *adj.* **1.** Fixado com prego. **2.** (*Fig.*) Muito cansado; exausto.
pregador (pre.ga.**dor**) [ô] *s.m.* **1.** Aquele que faz pregações. **2.** Aquilo que prende; prendedor.
pregão (pre.**gão**) *s.m.* **1.** Anúncio em voz alta de lances em leilões. **2.** Anúncio de mercadorias por vendedores ambulantes etc.
pregar (pre.**gar**) *v.t.d.* **1.** Prender com pregos. *v.p.* **2.** Permanecer firme em um lugar. *v.i.* **3.** Transmitir a fé. **4.** Fazer sermão. **5.** Ficar exausto; exaurir-se.
pregaria (pre.ga.**ri**.a) *s.f.* **1.** Fábrica de pregos. **2.** Grande quantidade de pregos.
pré-glacial (pré-gla.ci.**al**) *adj.2g.* Que ocorreu antes da glaciação, no período Plistocênico. ▫ Pl. *pré-glaciais*.
prego (**pre**.go) [é] *s.m.* **1.** Haste de metal pontiaguda e com uma cabeça no lado oposto, destinada a prender objetos ou a cravar-se na parede. **2.** Casa de penhores. **3.** (*Fig.*) Exaustão, cansaço.
pregoar (pre.go.**ar**) *v.t.d.* Oferecer em pregão; apregoar.
pregoeiro (pre.go.**ei**.ro) *s.m.* Aquele que apregoa em um leilão; leiloeiro.

pregresso (pre.**gres**.so) *adj.* Passado; decorrido.
pregueado (pre.gue.**a**.do) *adj.* Que se pregueou, que contém pregas.
preguear (pre.gue.**ar**) *v.t.d.* Fazer pregas em.
preguiça (pre.**gui**.ça) *s.f.* **1.** Falta de vontade de se mexer ou de fazer qualquer esforço; indolência, moleza. (*epiceno*) **2.** (*Zoo.*) Mamífero desdentado, de pelos espessos e movimentos bem lentos, que vive dependurado nas árvores e é nativo da América do Sul e Central; bicho-preguiça.
preguiçosa (pre.gui.**ço**.sa) [ó] *s.f.* Cadeira de descanso, geralmente forrada de lona; espreguiçadeira.
preguiçoso (pre.gui.**ço**.so) [ô] *s.m. e adj.* (Aquele) que tem preguiça; indolente; vadio. ▫ Pl. *preguiçosos* [ó].
pré-história (pré-his.**tó**.ri.a) *s.f.* Período da história compreendido entre o aparecimento do homem e a invenção da escrita. ▫ Pl. *pré-histórias*.
pré-histórico (pré-his.**tó**.ri.co) *adj.* Que pertence à pré-história ou ocorreu nesse período. ▫ Pl. *pré-históricos*.
pré-incaico (pré-in.**cai**.co) *adj.* Anterior aos incas. ▫ Pl. *pré-incaicos*.
preito (**prei**.to) *s.m.* **1.** Respeito; homenagem. **2.** Sujeição; vassalagem.
prejudicado (pre.ju.di.**ca**.do) *adj.* Que sofreu prejuízo; lesado.
prejudicar (pre.ju.di.**car**) *v.t.d.* **1.** Causar prejuízo a; lesar. *v.p.* **2.** Sofrer prejuízo.
prejudicial (pre.ju.di.ci.**al**) *adj.2g.* Que prejudica; nocivo; danoso.
prejuízo (pre.ju.**í**.zo) *s.m.* Ato de prejudicar(-se); perda; dano.
prejulgado (pre.jul.**ga**.do) *s.m. e adj.* (Aquilo) que foi julgado antecipadamente.
prejulgar (pre.jul.**gar**) *v.t.d.* Julgar antecipadamente.
prelado (pre.**la**.do) *s.m.* Título honorífico eclesiástico, como bispo, arcebispo ou outro: *prelados de várias igrejas cristãs foram ao culto ecumênico*.
pré-lançamento (pré-lan.ça.**men**.to) *s.m.* Oferta de um produto para venda antes que esteja pronto ou disponível; venda antecipada. ▫ Pl. *pré-lançamentos*.
prelazia (pre.la.**zi**.a) *s.f.* Cargo, dignidade de prelado.
preleção (pre.le.**ção**) *s.f.* Lição; discurso; conferência.
prelibação (pre.li.ba.**ção**) *s.f.* Ato de prelibar.
prelibar (pre.li.**bar**) *v.t.d.* Provar, degustar, experimentar (uma bebida, um sorvete).
preliminar (pre.li.mi.**nar**) *adj.2g.* **1.** Prévio; preambular; que antecede o assunto principal. *s.f.* **2.** Condição prévia.
prélio (**pré**.li.o) *s.m.* Luta; combate; batalha.
prelo (**pre**.lo) [é] *s.m.* Máquina tipográfica; prensa. *No prelo*: situação do livro que ainda não está impresso, quando o texto já foi aceito por uma editora.
preludiar (pre.lu.di.**ar**) *v.i.* Ensaiar antes de cantar ou tocar algum instrumento. Obs.: pres. do ind.: *preludio, preludias, preludia, preludiamos, preludiais,*

preludiam; pres. do subj.: *preludie, preludies, preludie, preludiemos, preludieis, preludiem*.
prelúdio (pre.**lú**.di.o) s.m. (Mús.) **1.** Ensaio da voz ou de algum instrumento, antes de começar a cantar ou a tocar. **2.** Introdução apenas instrumental de uma obra musical.
prematuridade (pre.ma.tu.ri.**da**.de) s.f. Característica do que é prematuro; precocidade.
prematuro (pre.ma.**tu**.ro) adj. **1.** Precoce. s.m. **2.** Criança que nasce antes do tempo.
premeditação (pre.me.di.ta.**ção**) s.f. Ato de premeditar.
premeditado (pre.me.di.**ta**.do) adj. Meditado (ou pensado) com antecipação.
premeditar (pre.me.di.**tar**) v.t.d. Planejar; arquitetar; resolver com antecipação.
premência (pre.**mên**.ci.a) s.f. Característica do que é premente; pressa; urgência.
pré-menstrual (pré-mens.tru.**al**) adj.2g. Que antecede a menstruação. ▣ Pl. *pré-menstruais*.
premente (pre.**men**.te) adj.2g. Que faz pressão; urgente; que requer pressa.
premer (pre.**mer**) v.t.d. **1.** Fazer pressão; calcar; apertar. **2.** Oprimir. O mesmo que *premir*.
premiação (pre.mi.a.**ção**) s.f. Ato de premiar; recompensa, condecoração.
premiado (pre.mi.**a**.do) adj. Que recebeu um prêmio ou condecoração; recompensado.
premiador (pre.mi.a.**dor**) [ô] adj. Que dá prêmios.
premiar (pre.mi.**ar**) v.t.d. Conceder prêmio a. Obs.: pres. do ind.: *premio, premias, premia, premiamos, premiais, premiam*; pres. do subj.: *premie, premies, premie, premiemos, premieis, premiem*.
premido (pre.**mi**.do) adj. **1.** Apertado; pressionado. **2.** Oprimido.
premier [francês: "premiê"] s.m. Primeiro-ministro.
première [francês: "premiér"] s.f. Primeira apresentação de um espetáculo ao público, que pode ter sido precedida por uma pré-estreia.
prêmio (**prê**.mi.o) s.m. **1.** Presente ou recompensa, em dinheiro ou troféu, que se dá ao vencedor de uma competição. **2.** Dinheiro recebido pelos ganhadores da loteria.
premir (pre.**mir**) v.t.d. O mesmo que *premer*.
premissa (pre.**mis**.sa) s.f. Cada uma das duas primeiras proposições de um silogismo.
pré-molar (pré-mo.**lar**) s.m. *e* adj.2g. (Dente) situado entre o canino e os molares. ▣ Pl. *pré-molares*.
premonição (pre.mo.ni.**ção**) s.f. Conhecimento antecipado de algo que vai acontecer; previsão, profecia, pressentimento.
premonitório (pre.mo.ni.**tó**.ri.o) adj. Que diz respeito a premonição; que deve ser considerado como um aviso.
premunir (pre.mu.**nir**) v.t.d. *e* v.p. Precaver(-se); prevenir(-se); acautelar(-se).
pré-natal (pré-na.**tal**) adj.2g. Relativo ao período anterior ao nascimento de uma criança. s.m. Conjunto de exames e cuidados feitos com a gestante para prevenir problemas no parto. ▣ Pl. *pré-natais*.

prenda (**pren**.da) s.f. **1.** Objeto oferecido como presente. **2.** Predicado, qualidade. **3.** Prêmio conquistado pelo vencedor de um jogo.
prendedor (pren.de.**dor**) [ô] s.m. Objeto para prender outro: *prendedor de gravata, prendedor de roupa*.
prender (pren.**der**) v.t.d. **1.** Manter seguro, fixo ou imóvel: *prender o cabelo*. **2.** Segurar em um local; fixar por algum tempo: *prender a roupa no varal*. **3.** Manter preso, colocar na prisão: *prenderam os assaltantes*.
prenhe (pre.nhe) adj.2g. **1.** Que diz respeito a uma fêmea grávida: *ventre prenhe*. **2.** (Fig.) Pleno, repleto.
prenhez (pre.**nhez**) [ê] s.f. Estado de uma fêmea prenhe; gravidez.
prenoção (pre.no.**ção**) s.f. Noção antecipada e, por isso mesmo, imperfeita.
prenome (pre.**no**.me) s.m. Nome de batismo de uma pessoa; seu primeiro nome.
prensa (**pren**.sa) s.f. **1.** Aparelho que se destina a comprimir ou achatar algum objeto. **2.** Aparelho que imprime; prelo.
prensado (pren.**sa**.do) adj. Que se prensou; espremido; comprimido; achatado.
prensagem (pren.**sa**.gem) s.f. Ato de prensar; compressão.
prensar (pren.**sar**) v.t.d. Colocar em prensa; comprimir; achatar; esmagar.
prensista (pren.**sis**.ta) s.2g. Aquele que trabalha na prensa; impressor.
prenunciação (pre.nun.ci.a.**ção**) s.f. Ato de prenunciar; profecia; vaticínio.
prenunciador (pre.nun.ci.a.**dor**) [ô] adj. Que prenuncia ou anuncia com antecipação; premonitório.
prenunciar (pre.nun.ci.**ar**) v.t.d. Anunciar com antecedência; predizer; profetizar; vaticinar.
prenúncio (pre.**nún**.ci.o) s.m. Prognóstico; previsão.
pré-nupcial (pré-nup.ci.**al**) adj.2g. Que antecede as núpcias. ▣ Pl. *pré-nupciais*.
preocupação (pre.o.cu.pa.**ção**) s.f. Ato de preocupar(-se); ideia fixa; inquietação.
preocupado (pre.o.cu.**pa**.do) adj. Que se preocupou; aflito; apreensivo; inquieto.
preocupante (pre.o.cu.**pan**.te) adj.2g. Que causa preocupação; inquietante.
preocupar (pre.o.cu.**par**) v.t.d. **1.** Tornar inquieto ou apreensivo. v.p. **2.** Tornar-se inquieto ou apreensivo; inquietar-se.
pré-operatório (pré-o.pe.ra.**tó**.ri.o) adj. Que antecede uma operação cirúrgica. ▣ Pl. *pré-operatórios*.
preparação (pre.pa.ra.**ção**) s.f. **1.** Ato de preparar; planejamento; preparo. **2.** Aquilo que se prepara, em geral seguindo uma receita: *preparação culinária, preparação de farmácia*.
preparado (pre.pa.**ra**.do) adj. **1.** Feito; pronto; planejado. **2.** Que tem preparo intelectual; culto. **3.** Produto manipulado em farmácia (ou indústria química).

preparador (pre.pa.ra.**dor**) [ô] s.m. e adj. **1.** (Aquele) que prepara. s.m. **2.** Treinador de uma pessoa ou de uma equipe.
preparar (pre.pa.**rar**) v.t.d. **1.** Aprontar. **2.** Planejar. **3.** Manipular (um medicamento). **4.** Habilitar; tornar apto. v.p. **5.** Vestir-se; aprontar-se. **6.** Habilitar-se; tornar-se apto.
preparativo (pre.pa.ra.**ti**.vo) adj. **1.** Que prepara; preparatório. s.m. **2.** Preparação.
preparatório (pre.pa.ra.**tó**.ri.o) adj. Que prepara; preliminar; preparativo.
preparo (pre.**pa**.ro) s.m. **1.** Preparação. **2.** Cultura; competência; conhecimento.
preponderância (pre.pon.de.**rân**.ci.a) s.f. Predomínio; superioridade; supremacia.
preponderante (pre.pon.de.**ran**.te) adj.2g. Que prepondera; predominante; mais importante.
preponderar (pre.pon.de.**rar**) v.i. e v.t.d. Predominar; prevalecer; ter mais importância.
prepor (pre.**por**) v.t.d. **1.** Anunciar. **2.** Nomear; escolher. v.t.d.i. **3.** Antepor. **4.** Escolher (alguém) para ocupar o cargo de. Obs.: conjuga-se como *pôr*.
preposição (pre.po.si.**ção**) s.f. **1.** (Gram.) Palavra invariável que liga dois termos, estabelecendo entre eles diferentes relações. **2.** Ato de prepor.
preposicionado (pre.po.si.ci.o.**na**.do) adj. (Gram.) Que é regido por uma preposição.
prepositivo (pre.po.si.**ti**.vo) adj. **1.** (Gram.) Que diz respeito à preposição. **2.** Posto em primeiro lugar.
preposto (pre.**pos**.to) [ô] adj. **1.** Posto antes; preferido. s.m. **2.** Indivíduo escolhido para um serviço especial. ▣ Pl. *prepostos* [ó].
prepotência (pre.po.**tên**.ci.a) s.f. Qualidade daquele que é prepotente; despotismo; opressão; tirania.
prepotente (pre.po.**ten**.te) adj.2g. Que abusa de sua autoridade; déspota; tirano; opressor.
pré-primário (pré-pri.**má**.ri.o) s.m. Antigo curso de educação infantil que era feito antes do primário, hoje equivalente ao primeiro ano do curso fundamental. ▣ Pl. *pré-primários*.
prepúcio (pre.**pú**.ci.o) s.m. (Anat.) Pele que recobre a glande do pênis.
prerrogativa (prer.ro.ga.**ti**.va) s.f. Vantagem; privilégio; regalia; direito assegurado.
presa (pre.sa) [ê] s.f. **1.** (Zoo.) Dente com canal para inocular veneno, com que as cobras caçam. **2.** Dente canino: *as presas do elefante são de marfim*. **3.** Animal que o predador mata para comer. **4.** Pessoa, bem ou objeto tomado pela força: *presa de guerra*. **5.** Pessoa que é vítima de ataque: *foi presa fácil para os ladrões*.
presar (pre.**sar**) v.t.d. Apresar; apreender; aprisionar; capturar.
presbiterianismo (pres.bi.te.ri.a.**nis**.mo) s.m. (Relig.) Um dos ramos do protestantismo que só aceita a autoridade do presbítero ou ancião.
presbiteriano (pres.bi.te.ri.**a**.no) adj. (Relig.) **1.** Que diz respeito ao presbiterianismo. s.m. **2.** Seguidor do presbiterianismo.

presbitério (pres.bi.**té**.ri.o) s.m. **1.** Corporação dos presbíteros. **2.** Residência paroquial. **3.** Igreja ou capela-mor.
presbítero (pres.**bí**.te.ro) s.m. **1.** Dirigente da Igreja Presbiteriana; ancião. **2.** Sacerdote; padre.
presciência (pres.ci.**ên**.ci.a) s.f. **1.** Ciência inata, bem anterior a qualquer tipo de estudo. **2.** Intuição; pressentimento; premonição.
presciente (pres.ci.**en**.te) adj.2g. **1.** Que prevê o futuro. **2.** (Fig.) Previdente.
prescindir (pres.cin.**dir**) v.t.i. Dispensar; abrir mão de; renunciar.
prescindível (pres.cin.**dí**.vel) adj.2g. De que se pode prescindir; dispensável; renunciável.
prescrever (pres.cre.**ver**) v.t.d. **1.** Determinar; ordenar. **2.** Ministrar; receitar. v.i. **3.** (Dir.) Ficar sem efeito depois de decorrido certo espaço de tempo. Obs.: conjuga-se como *escrever*, sendo seu particípio *prescrito*.
prescrição (pres.cri.**ção**) s.f. **1.** Ato de prescrever. **2.** Ordem (expressa). **3.** Receita (médica). **4.** (Dir.) Extinção do direito, por ter decorrido mais tempo do que o legalmente permitido.
prescritível (pres.cri.**tí**.vel) adj.2g. **1.** Que (se) pode prescrever. **2.** (Dir.) Suscetível de prescrição.
prescrito (pres.**cri**.to) adj. **1.** Ordenado expressamente. **2.** Receitado. **3.** (Dir.) Que prescreveu.
presença (pre.**sen**.ça) s.f. **1.** Comparecimento a certo lugar. **2.** Frequência. **3.** (Fig.) Influência; prestígio; importância.
presenciar (pre.sen.ci.**ar**) v.t.d. Ver; estar presente; testemunhar.
presente (pre.**sen**.te) s.m. **1.** O tempo atual. **2.** Prenda; brinde; mimo. **3.** (Gram.) Tempo verbal que indica os dias atuais. s.m.2g. **4.** O que comparece (a algum evento). adj. **5.** Que acontece nos dias de hoje. **6.** Que comparece (a algum evento).
presenteador (pre.sen.te.a.**dor**) [ô] s.m. Aquele que gosta de dar presentes.
presentear (pre.sen.te.**ar**) v.t.d. Oferecer presentes; doar; ofertar.
presepada (pre.se.**pa**.da) s.f. Cena grotesca.
presépio (pre.**sé**.pi.o) s.m. **1.** Local onde se abriga o gado; estábulo. **2.** Representação da cena do nascimento de Jesus Cristo no estábulo, com as pessoas e animais: *fizeram um presépio com esculturas de barro*.
preservação (pre.ser.va.**ção**) s.f. Ato de preservar; conservação; defesa.
preservado (pre.ser.**va**.do) adj. Conservado; protegido; resguardado (até mesmo por leis, como os parques nacionais).
preservador (pre.ser.va.**dor**) [ô] s.m. Aquele que preserva; protetor.
preservar (pre.ser.**var**) v.t.d. Proteger; conservar; resguardar contra algum dano.
preservativo (pre.ser.va.**ti**.vo) adj. **1.** Que preserva ou ajuda a preservar. s.m. **2.** Camisa de vênus; camisinha.

presidência (pre.si.**dên**.ci.a) s.f. **1.** Ato de presidir. **2.** Cargo de presidente. **3.** Duração de seu cargo. **4.** Residência do presidente.

presidencial (pre.si.den.ci.**al**) adj.2g. Que diz respeito ao presidente ou dele emana.

presidencialismo (pre.si.den.ci.a.**lis**.mo) s.m. Regime político em que o chefe do governo é o presidente, que escolhe o Ministério mantendo-se independentes os Poderes Legislativo, Executivo e Judiciário.

presidencialista (pre.si.den.ci.a.**lis**.ta) adj.2g. **1.** Que diz respeito ao presidencialismo. s.2g. e adj.2g. **2.** (Aquele) que é adepto do presidencialismo.

presidenciável (pre.si.den.ci.**á**.vel) adj.2g. Que é ou pretende ser candidato à presidência.

presidente (pre.si.**den**.te) s.2g. e adj.2g. **1.** (Aquele) que preside. s.m. **2.** Chefe de um Estado republicano: *o presidente dos EUA se reuniu com o primeiro-ministro do Reino Unido.*

presidiário (pre.si.di.**á**.ri.o) adj. **1.** Pertencente ao presídio. s.m. **2.** Indivíduo que cumpre pena em presídio.

presídio (pre.**sí**.di.o) s.m. Penitenciária; prisão; cadeia.

presidir (pre.si.**dir**) v.t.d. **1.** Atuar como presidente. **2.** Dirigir os trabalhos.

presilha (pre.**si**.lha) s.f. **1.** Tira de pano com que se prende algo. **2.** Fivela para prender os cabelos.

preso (**pre**.so) [ê] adj. **1.** Encarcerado. **2.** Aprisionado. **3.** Amarrado. s.m. **4.** Aquele que cumpre pena; presidiário.

pressa (**pres**.sa) s.f. **1.** Rapidez; ligeireza. **2.** Aflição; aperto; embaraço.

pressagiar (pres.sa.gi.**ar**) v.t.d. Profetizar; prenunciar; vaticinar; adivinhar.

presságio (pres.**sá**.gi.o) s.m. Previsão; prognóstico; pressentimento; prenúncio.

pressagioso (pres.sa.gi.**o**.so) [ô] adj. Em que existe presságio; profético. ▪ Pl. *pressagiosos* [ó].

pressago (pres.**sa**.go) adj. Pressagioso.

pressão (pres.**são**) s.f. **1.** Aperto, força, tensão. **2.** Coação, opressão. **3.** (Fís.) Quantidade de força exercida por uma unidade de superfície.

pressentimento (pres.sen.ti.**men**.to) s.m. Sentimento inconsciente que permite pressentir (ou prever) um acontecimento futuro; intuição; presciência.

pressentir (pres.sen.**tir**) v.t.d. Sentir por antecipação; prever; pressagiar; intuir. Obs.: conjuga-se como *sentir*.

pressionar (pres.si.o.**nar**) v.t.d. Fazer pressão sobre; coagir; obrigar.

pressupor (pres.su.**por**) v.t.d. **1.** Supor por antecipação. **2.** Presumir; subentender. Obs.: conjuga-se como *pôr*.

pressuposição (pres.su.po.si.**ção**) s.f. Ato de pressupor; hipótese; conjetura.

pressuposto (pres.su.**pos**.to) [ô] adj. **1.** Que se pressupõe. s.m. **2.** Pressuposição; hipótese; conjetura. ▪ Pl. *pressupostos* [ó].

pressurização (pres.su.ri.za.**ção**) s.f. Ação de pressurizar.

pressurizado (pres.su.ri.**za**.do) adj. Que se pressurizou; cuja pressão atmosférica é controlada artificialmente: *cabine pressurizada*.

pressurizar (pres.su.ri.**zar**) v.t.d. Manter a pressão atmosférica da superfície da Terra dentro de compartimentos de avião, espaçonave, submarinos etc.

pressuroso (pres.su.**ro**.so) [ô] adj. Que tem pressa; apressado; impaciente. ▪ Pl. *pressurosos* [ó].

prestação (pres.ta.**ção**) s.f. **1.** Ato de prestar, executar. **2.** Cada uma das parcelas em que se divide um pagamento a prazo.

prestador (pres.ta.**dor**) [ô] s.m. e adj. (Aquele) que presta (um serviço).

prestamista (pres.ta.**mis**.ta) s.2g. **1.** Pessoa que empresta dinheiro a juros. **2.** Pessoa que compra a prestação.

prestar (pres.**tar**) v.t.d. **1.** Apresentar (uma conta). **2.** Executar (um serviço). **3.** Render (uma homenagem). v.i. **4.** Ter boas qualidades. v.t.i. **5.** Ser útil. v.p. **6.** Ser adequado para. **7.** Ter disposição para.

prestativo (pres.ta.**ti**.vo) adj. Pronto para servir; solícito; prestimoso.

prestável (pres.**tá**.vel) adj.2g. Que presta; útil.

prestes (**pres**.tes) adj.2g.2n. Pronto; preparado; a ponto de. ▪ Pl. *prestes*.

presteza (pres.**te**.za) [ê] s.f. Agilidade; ligeireza; prontidão; rapidez.

prestidigitação (pres.ti.di.gi.ta.**ção**) s.f. Habilidade e técnica do prestidigitador; ilusionismo.

prestidigitador (pres.ti.di.gi.ta.**dor**) [ô] s.m. Aquele que, graças à sua habilidade e extrema ligeireza, movimenta os objetos de um lugar para outro, dando a impressão de que eles desapareceram; ilusionista.

prestigiado (pres.ti.gi.**a**.do) adj. Que tem prestígio; valorizado; considerado; respeitado.

prestigiar (pres.ti.gi.**ar**) s.m. Dar prestígio a; valorizar; considerar. Obs.: pres. do ind.: *prestigio, prestigias, prestigia, prestigiamos, prestigiais, prestigiam*; pres. do subj.: *prestigie, prestigies, prestigie, prestigiemos, prestigieis, prestigiem*.

prestígio (pres.**tí**.gi.o) s.m. **1.** Consideração; respeito; crédito. **2.** Fascinação; atração. **3.** Efeito visual obtido por ilusionismo ou prestidigitação.

prestigioso (pres.ti.gi.**o**.so) [ô] adj. Influente; respeitado; considerado. ▪ Pl. *prestigiosos* [ó].

préstimo (**prés**.ti.mo) s.m. Proveito; serventia; ajuda.

prestimoso (pres.ti.**mo**.so) [ô] adj. Que oferece seus préstimos; útil; prestativo. ▪ Pl. *prestimosos* [ó].

préstito (**prés**.ti.to) s.m. Desfile; cortejo; procissão.

presto (**pres**.to) s.m. e adj. (Mús.) (Trecho de andamento) muito rápido.

presumido (pre.su.**mi**.do) adj. **1.** Que se presumiu; suposto. **2.** s.m. e adj. (Aquele) que é convencido, vaidoso, afetado, presunçoso.

presumidor (pre.su.mi.dor) [ô] s.m. Aquele que presume.
presumir (pre.su.mir) v.t.d. Julgar; conjeturar; supor. Obs.: conjuga-se como *sumir*.
presumível (pre.su.mí.vel) adj.2g. Que se pode presumir; provável.
presunção (pre.sun.ção) s.f. 1. Vaidade, afetação, convencimento, ganja. 2. Suspeita.
presunçoso (pre.sun.ço.so) [ô] s.m. e adj. Vaidoso; convencido; afetado. ▣ Pl. *presunçosos* [ó].
presuntivo (pre.sun.ti.vo) adj. Que se presume; presumível; pressuposto.
presunto (pre.sun.to) s.m. 1. Pernil e espádua de porco, salgados e defumados. 2. (Gír.) Cadáver; defunto.
pretejar (pre.te.jar) v.i. 1. Ficar preto; escurecer. 2. (Fig.) Ficar perigoso.
pretendedor (pre.ten.de.dor) [ô] s.m. Aquele que pretende; aspirante.
pretendente (pre.ten.den.te) s.m. e adj.2g. 1. (Aquele) que pretende; aspirante; candidato. s.m. 2. Candidato a namorado ou marido: *era fácil arrumar pretendente com aquela beleza, mas com aquela burrice era impossível manter o relacionamento*.
pretender (pre.ten.der) v.t.d. 1. Desejar; intentar; solicitar. v.p. 2. Considerar-se.
pretensão (pre.ten.são) s.f. 1. Ato de pretender; aspiração. 2. Presunção.
pretensioso (pre.ten.ci.o.so) [ô] s.m. e adj. 1. (Aquele) que tem pretensões. 2. Vaidoso; soberbo; presunçoso; presumido. ▣ Pl. *pretensiosos* [ó].
pretenso (pre.ten.so) adj. Que (se) supõe ser alguma coisa.
preterição (pre.te.ri.ção) s.f. Ato de preterir; desprezo.
preterido (pre.te.ri.do) adj. 1. Que se preteriu, que não foi escolhido: *os candidatos preteridos aplaudiram a vencedora sem muito entusiasmo*. 2. Esquecido, ignorado.
preterir (pre.te.rir) v.t.d. Desprezar; pôr de parte; ignorar. Obs.: troca-se o *e* da raiz por *i* na 1ª pes. do sing. do pres. do ind., *pretiro*, e em todas as pessoas do pres. do subj.: *pretira, pretiras, pretira* etc.
pretérito (pre.té.ri.to) s.m. 1. (Gram.) Tempo verbal que indica uma ação passada. adj. 2. Que passou; passado.
preterível (pre.te.rí.vel) adj.2g. Que se pode preterir.
pretextar (pre.tex.tar) [ês] v.t.d. Tomar como pretexto; dar como desculpa.
pretexto (pre.tex.to) [ês] s.m. Razão aparente (ou imaginária) dada como desculpa; alegação.
pretidão (pre.ti.dão) s.f. Negrume; negridão.
preto (pre.to) [ê] adj. 1. Negro. 2. (Fig.) Complicado; difícil. s.m. 3. Indivíduo de cor negra.
pretor (pre.tor) [ô] s.m. Magistrado de alçada inferior à do juiz de Direito.
pretoria (pre.to.ri.a) s.f. 1. Jurisdição de pretor. 2. Repartição do pretor. 3. Cartório que realiza casamentos.

pretório (pre.tó.ri.o) s.m. 1. Tribunal de um pretor. 2. Outros tribunais. adj. 3. Que diz respeito a pretor.
pretume (pre.tu.me) s.m. Escuridão; negrume.
prevalecente (pre.va.le.cen.te) adj.2g. Que prevalece; preponderante; predominante.
prevalecer (pre.va.le.cer) v.i. 1. Exceder em importância. v.t.i. 2. Preponderar. v.p. 3. Aproveitar-se. Obs.: pres. do ind.: *prevaleço, prevaleces* etc.; pres. do subj.: *prevaleça, prevaleças* etc.
prevalecido (pre.va.le.ci.do) adj. Que se prevalece de privilégios; ousado.
prevalecimento (pre.va.le.ci.men.to) s.m. Ato de prevalecer; predomínio; superioridade.
prevalência (pre.va.lên.ci.a) s.f. Superioridade; supremacia; predominância.
prevaricação (pre.va.ri.ca.ção) s.f. Ato de prevaricar; corrupção.
prevaricador (pre.va.ri.ca.dor) [ô] s.m. Aquele que prevarica; corrupto; desonesto.
prevaricar (pre.va.ri.car) v.i. 1. Proceder mal. 2. Fugir aos compromissos de seu cargo. 3. Cometer adultério. v.t.d. 4. Corromper; perverter. v.t.i. 5. Fugir dos seus compromissos.
prevenção (pre.ven.ção) s.f. Ato de prevenir(-se); preconceito; precaução.
prevenido (pre.ve.ni.do) adj. Cauteloso; desconfiado; receoso.
prevenir (pre.ve.nir) v.t.d. 1. Evitar; impedir que aconteça. 2. Aconselhar. 3. Preparar com antecipação. v.p. 4. Precaver-se. Obs.: pres. do ind.: *previno, prevines, previne, prevenimos, prevenis, previnem*; pret. imp.: *prevenia* etc.; pret. perf.: *preveni* etc.; pres. do subj.: *previna, previnas, previna, previnamos, previnais, previnam*.
preventivo (pre.ven.ti.vo) s.m. e adj. (Aquilo) que previne (ou evita).
prever (pre.ver) v.t.d. 1. Ver antecipadamente, antever, pressupor: *prever as consequências de um ato*. 2. Profetizar, adivinhar: *prever o resultado do jogo*. Obs.: conjuga-se como *ver*.
pré-vestibular (pré-ves.ti.bu.lar) adj.2g. 1. Que precede o vestibular. s.m. e adj. 2. (Curso) preparatório para vestibular; cursinho. ▣ Pl. *pré-vestibulares*.
prévia (pré.vi.a) s.f. 1. Pesquisa para sondar a preferência dos eleitores antes de uma eleição. adj. 2. Feminino de *prévio*.
previdência (pre.vi.dên.ci.a) s.f. 1. Qualidade de quem é previdente. 2. Instituição que cuida das aposentadorias e pensões dos segurados, também chamada de **previdência social**. 3. Faculdade de prever.
previdenciário (pre.vi.den.ci.á.ri.o) adj. 1. Que diz respeito à previdência. s.m. 2. Funcionário da previdência social.
previdente (pre.vi.den.te) adj.2g. Prudente; cauteloso; precavido.
prévio (pré.vi.o) adj. Antecipado; anterior; feito antes.
previsão (pre.vi.são) s.f. Ato de prever ou antecipar; presciência.

previsibilidade (pre.vi.si.bi.li.**da**.de) s.f. Qualidade do que é previsível.

previsível (pre.vi.**sí**.vel) adj.2g. Que se pode prever; calculável.

previsto (pre.**vis**.to) adj. Visto antes; calculado.

prezado (pre.**za**.do) adj. Que se preza; querido; estimado: *prezados amigos*.

prezar (pre.**zar**) v.t.d. **1.** Estimar; ter em apreço; apreciar. v.p. **2.** Respeitar-se; dar-se valor. Obs.: pres. do ind.: *prezo* [é], *prezas* [é], *preza* [é] etc.; pres. do subj.: *preze* [é], *prezes* [é], *preze* [é] etc.; part.: *prezado*.

prezável (pre.**zá**.vel) adj.2g. Digno de ser prezado; apreciável.

prima (pri.ma) s.f. **1.** Feminino de *primo*. **2.** (Pop.) Prostituta.

primacial (pri.ma.ci.**al**) adj.2g. De qualidade superior.

primado (pri.**ma**.do) s.m. Prioridade; primazia; superioridade.

prima-dona (pri.ma-**do**.na) s.f. Cantora mais importante de uma ópera. ▫ Pl. *primas-donas*.

primar (pri.**mar**) v.t.i. Ser o primeiro; ter a primazia; distinguir-se.

primário (pri.**má**.ri.o) adj. **1.** Relacionado ao primeiro, ao início: *a função primária do xampu é a limpeza*. **2.** Primitivo, sem desenvolvimento. s.m. e adj. **3.** (Curso) primário: antigo curso equivalente hoje às quatro primeiras séries ou aos anos do segundo ao quinto.

primata (pri.**ma**.ta) s.m. (Zoo.) Mamífero que tem dedos flexíveis, olhos frontais e forma um grupo em que estão os macacos e o homem.

primavera (pri.ma.**ve**.ra) s.f. **1.** Estação do ano que vai de 22 de setembro a 21 de dezembro em nosso hemisfério. **2.** (Bot.) Planta trepadeira; buganvília. **3.** (Fig.) A juventude.

primaveril (pri.ma.ve.**ril**) adj.2g. Que diz respeito à primavera.

primaz (pri.**maz**) s.m. **1.** Prelado de classe superior à dos bispos e arcebispos. adj. **2.** Que tem primazia; superior.

primazia (pri.ma.**zi**.a) s.f. **1.** Dignidade de primaz. **2.** Superioridade; prioridade.

primeira (pri.**mei**.ra) s.f. Jogo de baralho popular na Europa a partir do século XVI.

primeira-dama (pri.mei.ra-**da**.ma) s.f. Esposa de um presidente, governador ou prefeito. ▫ Pl. *primeiras-damas*.

primeiranista (pri.mei.ra.**nis**.ta) s.2g. Aluno que frequenta o primeiro ano de uma escola ou faculdade; calouro.

primeiro (pri.**mei**.ro) num. **1.** (O) que está antes de todos, na posição do número 1: *o primeiro lugar*; *ela foi a primeira a chegar*. adv. **2.** Antes dos outros: *elas chegaram primeiro*.

primeiro de abril (pri.mei.ro de a.**bril**) s.m. (Folc.) **1.** Dia da mentira, em que se brinca de dizer mentiras. **2.** Mentira contada por brincadeira, tradição do dia primeiro de abril: *o cruzamento de boi com tomate foi um primeiro de abril muito engraçado*.

primeiro-ministro (pri.mei.ro-mi.**nis**.tro) s.m. Chefe de governo em um regime parlamentarista, cargo equivalente ao de presidente em um regime presidencialista. ▫ Pl. *primeiros-ministros*.

primevo (pri.**me**.vo) adj. Que diz respeito aos tempos primitivos; arcaico; antigo.

primícias (pri.**mí**.cias) s.f.pl. A origem ou o começo; os primeiros (frutos da terra, animais de um rebanho, produções etc.).

primípara (pri.**mí**.pa.ra) adj. Relativo à mulher em seu primeiro parto.

primitivismo (pri.mi.ti.**vis**.mo) s.m. **1.** Característica do que é primitivo. **2.** Doutrina que apregoa a bondade do ser humano em seu estado primitivo. **3.** Inclinação artística para a ingenuidade e simplicidade da arte primitiva, em sua forma e conteúdo.

primitivista (pri.mi.ti.**vis**.ta) adj.2g. **1.** Relativo ao primitivismo. s.2g. e adj.2g. **2.** (Aquele) que é adepto do primitivismo.

primitivo (pri.mi.**ti**.vo) adj. **1.** Que surgiu, apareceu primeiro ou antes. **2.** Original. **3.** (Fig.) Rudimentar; simples. **4.** (Gram.) Diz-se do vocábulo de que outros derivam: *pedra é a palavra primitiva e "pedreira", "pedrada", "pedreiro" são derivadas*.

primo (pri.mo) s.m. **1.** Filho de tio ou tia, em relação a sobrinho ou sobrinha, ou vice-versa. **2.** Primeiro. adj. **3.** (Mat.) Diz-se do número que só é divisível por si mesmo e pela unidade, como o 7, o 11, o 13 etc.

primogênito (pri.mo.**gê**.ni.to) s.m. e adj. (Aquele) que nasceu antes de seus irmãos; (filho) mais velho.

primogenitura (pri.mo.ge.ni.**tu**.ra) s.f. Qualidade de primogênito.

primoglacial (pri.mo.gla.ci.**al**) adj.2g. (Geo.) Uma das cinco fases do período Plistocênico.

primor (pri.**mor**) [ô] s.m. **1.** Excelência; perfeição. **2.** Beleza.

primordial (pri.mor.di.**al**) adj.2g. Que diz respeito a primórdio; fundamental; essencial.

primórdio (pri.**mór**.di.o) s.m. Fonte; origem; princípio.

primoroso (pri.mo.**ro**.so) [ô] adj. Com primor; perfeito; distinto. ▫ Pl. *primorosos* [ó].

princesa (prin.**ce**.sa) s.f. **1.** Filha do rei ou esposa do príncipe. **2.** Nos concursos de beleza, aquela que tira o segundo lugar.

principado (prin.ci.**pa**.do) s.m. **1.** Dignidade de príncipe. **2.** Território cujo soberano é um príncipe (ou princesa).

principal (prin.ci.**pal**) adj.2g. **1.** Que é o primeiro ou o mais importante, fundamental; essencial. s.m. **2.** O capital de uma dívida.

príncipe (**prín**.ci.pe) s.m. **1.** Soberano de um principado. **2.** Filho do rei. **3.** Filho primogênito do rei (em alguns Estados). **4.** Marido da rainha (em alguns Estados). **5.** (Fig.) Pessoa notável por seu talento.

principesco (prin.ci.**pes**.co) [ê] *adj.* **1.** Que diz respeito a príncipe. **2.** Opulento; luxuoso.

principiante (prin.ci.pi.**an**.te) *s.2g. e adj.2g.* (Aquele) que está principiando em alguma atividade; aprendiz; calouro.

principiar (prin.ci.pi.**ar**) *v.t.d.* Dar princípio a; iniciar. Obs.: pres. do ind.: *principio, principias, principia, principiamos, principiais, principiam*; pres. do subj.: *principie, principies, principie, principiemos, principieis, principiem*.

princípio (prin.**cí**.pi.o) *s.m.* **1.** Ato de principiar; começo; início; origem. **2.** Preceito moral. Cf. *princípios*.

princípios (prin.**cí**.pios) *s.m.pl.* Rudimentos, fundamentos, preceitos. Cf. *princípio*.

prior (pri.**or**) [ô] *s.m.* **1.** Superior de convento. **2.** Pároco de algumas freguesias.

priora (pri.**o**.ra) [ô] *s.f.* Feminino de *prior*; prioresa.

prioresa (pri.o.**re**.sa) [ê] *s.f.* Priora.

priori [latim] **A priori:** Que se admite ou considera verdadeiro como ponto de partida, sem necessidade de prova ou comprovação: *a igualdade de direitos é reconhecida a priori na nossa época.*

prioridade (pri.o.ri.**da**.de) *s.f.* **1.** Primazia. **2.** Direito de ser atendido em primeiro lugar.

prioritário (pri.o.ri.**tá**.ri.o) *adj.* Que tem prioridade sobre os demais; precedente; essencial.

priorizado (pri.o.ri.**za**.do) *adj.* A que se deu prioridade; considerado em primeiro lugar.

priorizar (pri.o.ri.**zar**) *v.t.d.* Dar prioridade; considerar em primeiro lugar; valorizar.

priprioca (pri.pri.**o**.ca) *s.f.* (*Bot.*) Erva de cujas raízes se extrai um dos aromas mais tradicionais da perfumaria amazônica.

prisão (pri.**são**) *s.f.* **1.** Ato de prender; captura. **2.** Cadeia; cárcere; presídio.

prisco (**pris**.co) *adj.* Que pertence ao passado; antigo: *desde as mais priscas eras.*

prisioneiro (pri.si.o.**nei**.ro) *s.m.* Preso; recluso; cativo; aquele que se encontra privado da liberdade.

prisma (**pris**.ma) *s.m.* **1.** (*Geom.*) Sólido formado por paralelogramos laterais e dois polígonos paralelos superior e inferiormente. **2.** (*Fís., Geo.*) Cristal com duas faces planas inclinadas e que decompõe a luz. **3.** (*Fig.*) Ponto de vista; opinião.

prismático (pris.**má**.ti.co) *adj.* Que diz respeito a prisma.

privação (pri.va.**ção**) *s.f.* Ato de privar(-se); carência; necessidade.

privacidade (pri.va.ci.**da**.de) *s.f.* Intimidade; privatividade.

privada (pri.**va**.da) *s.f.* Latrina; vaso sanitário.

privado (pri.**va**.do) *adj.* **1.** Particular; privatizado. **2.** Desprovido; destituído.

privar (pri.**var**) *v.t.i.* **1.** Ser íntimo de; conviver intimamente. *v.t.d.i.* **2.** Despojar alguém de. *v.p.* **3.** Abster-se; abrir mão de.

privatividade (pri.va.ti.vi.**da**.de) *s.f.* Privacidade; intimidade.

privativo (pri.va.**ti**.vo) *adj.* Restrito; particular; peculiar; exclusivo.

privatização (pri.va.ti.za.**ção**) *s.f.* Ato de privatizar ou de passar à iniciativa privada qualquer empresa pertencente ao governo.

privatizado (pri.va.ti.**za**.do) *adj.* Que passou das mãos do governo para a iniciativa privada.

privatizar (pri.va.ti.**zar**) *v.t.d.* Passar à iniciativa privada qualquer empresa pertencente ao governo.

privilegiado (pri.vi.le.gi.**a**.do) *adj.* Que goza de privilégios, prerrogativas ou imunidades; favorecido; beneficiado.

privilegiar (pri.vi.le.gi.**ar**) *v.t.d.* Conceder privilégios a; favorecer; beneficiar. Obs.: pres. do ind.: *privilegio, privilegias, privilegia, privilegiamos, privilegiais, privilegiam*; pres. do subj.: *privilegie, privilegies, privilegie, privilegiemos, privilegieis, privilegiem*.

privilégio (pri.vi.**lé**.gi.o) *s.m.* Direito exclusivo; vantagem; prerrogativa; imunidade; favorecimento.

pró *prep.* Em defesa de; a favor de.

proa (**pro**.a) [ô] *s.f.* Parte dianteira de uma embarcação e que se opõe à popa.

probabilidade (pro.ba.bi.li.**da**.de) *s.f.* **1.** Qualidade do que é provável. **2.** Possibilidade; indício. **3.** (*Mat.*) Chance estimada de um evento ocorrer.

probatório (pro.ba.**tó**.ri.o) *adj.* Que serve de prova.

probidade (pro.bi.**da**.de) *s.f.* Qualidade de quem é probo; honradez; integridade; honestidade.

probiótico (pro.bi.**ó**.ti.co) *adj. e s.m.* (*Bio.*) Que ou o que é capaz de melhorar o equilíbrio do intestino humano (diz-se de microrganismos vivos). Obs.: do latim *pro*, "a favor", e *bios* "vida".

problema (pro.**ble**.ma) *s.m.* **1.** (*Mat.*) Questão proposta para ser solucionada. **2.** (*P. ext.*) Situação difícil de se resolver.

problemática (pro.ble.**má**.ti.ca) *s.f.* Conjunto de problemas envolvendo uma questão.

problemático (pro.ble.**má**.ti.co) *adj.* Que tem características de um problema; difícil; duvidoso; incerto.

problematizar (pro.ble.ma.ti.**zar**) *v.t.d.* Propor um problema; transformar em problema.

probo (**pro**.bo) [ô] *adj.* Que tem probidade; honrado; íntegro; honesto.

probóscide (pro.**bós**.ci.de) *s.f.* Tromba do elefante.

proboscídeo (pro.bos.**cí**.de.o) *s.m. e adj.* (Mamífero) de focinho prolongado, em forma de tromba.

procedência (pro.ce.**dên**.ci.a) *s.f.* Local de que se procede; origem; proveniência.

procedente (pro.ce.**den**.te) *adj.2g.* **1.** Proveniente; originário; oriundo. **2.** Lógico; consequente.

proceder (pro.ce.**der**) *s.m.* **1.** Comportamento; conduta. *v.t.i.* **2.** Descender; originar-se de. **3.** Dar início; executar. *v.i.* **4.** Agir; comportar-se. **5.** Ter fundamento.

procedimento (pro.ce.di.**men**.to) *s.m.* Ato de proceder; comportamento; proceder; conduta.

procela (pro.**ce**.la) *s.f.* Temporal; tormenta; tempestade no mar.

procelária (pro.ce.lá.ri.a) s.f. (*epiceno*) (*Zoo.*) Ave palmípede que prenuncia tempestade quando sobrevoa o mar.
proceloso (pro.ce.**lo**.so) [ô] *adj.* Que diz respeito a procela; tempestuoso. ◘ Pl. *procelosos* [ó].
prócer (**pró**.cer) *s.m.* (*sobrecomum*) Figura de destaque.
processado (pro.ces.**sa**.do) *adj.* 1. Verificado; conferido. *s.m.* 2. O réu com um processo.
processador (pro.ces.sa.**dor**) [ô] *s.m. e adj.* 1. (Aquele) que processa. *s.m.* 2. Aparelho eletrodoméstico que corta, rala, pica, descasca e liquefaz alimentos. 3. (*Inf.*) Unidade central de processamento no computador.
processamento (pro.ces.sa.**men**.to) *s.m.* Ato de processar. (*Inf.*) **Processamento de dados**: organização de dados do computador.
processar (pro.ces.**sar**) *v.t.d.* 1. Submeter a processamento. 2. (*Dir.*) Instaurar processo contra.
processo (pro.**ces**.so) *s.m.* 1. Ato de proceder. 2. (*Dir.*) Ação judicial. 3. Cada um dos períodos de evolução de um fenômeno. 4. Modo de operar; técnica.
processologia (pro.ces.so.lo.**gi**.a) *s.f.* Estudo dos processos aplicáveis a uma ciência ou determinada área.
processual (pro.ces.su.**al**) *adj.2g.* Que diz respeito a processo judicial.
processualística (pro.ces.su.a.**lís**.ti.ca) *s.f.* (*Dir.*) Teoria do processo judicial.
procissão (pro.cis.**são**) *s.f.* Cortejo religioso; séquito.
proclama (pro.**cla**.ma) *s.m.* Pregão ou edital de casamento, respectivamente lido na igreja ou publicado no jornal.
proclamação (pro.cla.ma.**ção**) *s.f.* Ato de proclamar; anunciação; promulgação. (*Hist.*) **Proclamação da República**: momento da assinatura do documento que transformou o Brasil de monarquia em república, pelo marechal Deodoro da Fonseca, no dia 15 de novembro de 1889.
proclamado (pro.cla.**ma**.do) *adj.* Declarado publicamente; anunciado solenemente; promulgado.
proclamador (pro.cla.ma.**dor**) [ô] *s.m. e adj.* (Aquele) que proclama.
proclamar (pro.cla.**mar**) *v.t.d.* 1. Anunciar solenemente e em público; declarar. 2. Promulgar. *v.p.* 3. Tomar para si o título de.
próclise (**pró**.cli.se) *s.f.* (*Gram.*) Colocação do pronome átono antes do verbo, como em "eu *o* vi".
proclítico (pro.**clí**.ti.co) *adj.* Colocado antes (do verbo).
procrastinação (pro.cras.ti.na.**ção**) *s.f.* Ato de procrastinar (ou adiar); adiamento; dilação.
procrastinar (pro.cras.ti.**nar**) *v.i.* 1. Usar de delongas. *v.t.d.* 2. Adiar; dilatar; delongar.
procriação (pro.cri.a.**ção**) *s.f.* Ato de procriar; reprodução; germinação (vegetais).
procriar (pro.cri.**ar**) *v.t.d.* 1. Gerar; produzir; germinar. *v.i.* 2. Reproduzir-se; multiplicar-se; germinar.
proctologia (proc.to.lo.**gi**.a) *s.f.* Ramo da medicina que estuda e trata patologias do reto e do ânus.
proctológico (proc.to.**ló**.gi.co) *adj.* Relacionado a proctologia, reto ou ânus.
proctologista (proc.to.lo.**gis**.ta) *s.2g.* Médico especialista em proctologia.
procura (pro.**cu**.ra) *s.f.* Ato de procurar; busca; demanda.
procuração (pro.cu.ra.**ção**) *s.f.* 1. Incumbência dada a uma pessoa por outra para que trate de seus negócios. 2. Documento em que se legaliza (ou oficializa) essa incumbência.
procurador (pro.cu.ra.**dor**) [ô] *s.m.* Aquele que recebeu procuração para tratar dos negócios de outra pessoa.
procuradoria (pro.cu.ra.do.**ri**.a) *s.f.* 1. Cargo de procurador. 2. Repartição em que o procurador trabalha.
procurar (pro.cu.**rar**) *v.t.d.* 1. Esforçar-se por achar ou conseguir algo. 2. Ir ao encontro de. 3. Empenhar-se por.
prodigalidade (pro.di.ga.li.**da**.de) *s.f.* Qualidade de quem é pródigo; generosidade; liberalidade; desperdício.
prodigalizado (pro.di.ga.li.**za**.do) *adj.* Gasto em excesso; esbanjado.
prodigalizador (pro.di.ga.li.za.**dor**) [ô] *s.m.* Pródigo; esbanjador.
prodigalizar (pro.di.ga.li.**zar**) *v.i.* Gastar excessivamente; esbanjar; desperdiçar.
prodígio (pro.**dí**.gi.o) *s.m.* 1. Algo sobrenatural; milagre. 2. (*Fig.*) Pessoa de qualidades especiais.
prodigioso (pro.di.gi.**o**.so) [ô] *adj.* Milagroso; maravilhoso; admirável. ◘ Pl. *prodigiosos* [ó].
pródigo (**pró**.di.go) *s.m. e adj.* 1. (Aquele) que gasta sem necessidade ou além dela, que dissipa recursos; esbanjador. 2. (Indivíduo) generoso.
pródromo (**pró**.dro.mo) *s.m.* 1. Preâmbulo; prefácio. 2. (*Med.*) Indisposição que prenuncia uma doença.
produção (pro.du.**ção**) *s.f.* 1. Ato de produzir; elaboração, feitura. 2. Obra; produto. 3. Realização do cinema, teatro ou televisão. **Meios de produção**: os fatores necessários para produzir um bem, que incluem matéria-prima, tecnologia, equipamentos, financiamento etc.
producente (pro.du.**cen**.te) *adj.2g.* Que produz; que apresenta lucros.
produtibilidade (pro.du.ti.bi.li.**da**.de) *s.f.* Qualidade do que é produtível; rentabilidade.
produtível (pro.du.**tí**.vel) *adj.2g.* Que se pode produzir; rentável; produzível.
produtividade (pro.du.ti.vi.**da**.de) *s.f.* 1. Qualidade do que é produtivo. 2. Fertilidade.
produtivo (pro.du.**ti**.vo) *adj.* 1. Que produz. 2. Fértil. 3. Lucrativo.
produto (pro.**du**.to) *s.m.* 1. Resultado de qualquer tipo de produção. 2. (*Mat.*) O resultado da multiplicação. 3. Lucro; benefício.
produtor (pro.du.**tor**) [ô] *s.m. e adj.* 1. (Aquele) que produz ou obtém produtos do solo, da indústria

etc. **2.** (Aquele) que supervisiona uma produção (filme, novela etc.).
produzido (pro.du.**zi**.do) *adj.* **1.** Realizado; preparado. **2.** *(Pop.)* Vestido com apuro.
produzir (pro.du.**zir**) *v.t.d.* **1.** Criar, fazer: *as abelhas produzem mel.* **2.** Causar, gerar: *produzir um efeito.* **3.** Fazer em indústria; fabricar: *produzir chocolate, automóveis. v.i.* **4.** Ser fecundo: *o solo produzia muito. v.p.* **5.** *(Pop.)* Vestir-se com apuro.
produzível (pro.du.**zí**.vel) *adj.2g.* Que se pode produzir; fabricável; produtível.
proeminência (pro.e.mi.**nên**.ci.a) *s.f.* **1.** Qualidade daquilo que é proeminente; superioridade. **2.** Saliência; relevo.
proeminente (pro.e.mi.**nen**.te) *adj.2g.* **1.** Elevado; alto; saliente. **2.** Preeminente; distinto; superior.
proêmio (pro.**ê**.mi.o) *s.m.* Prefácio; prólogo; introdução; pródromo.
proeza (pro.**e**.za) [ê] *s.f.* **1.** Façanha; feito de valor. **2.** Ato censurável.
profanação (pro.fa.na.**ção**) *s.f.* Ato de profanar; violação; sacrilégio.
profanado (pro.fa.**na**.do) *adj.* Que se profanou; violado; maculado; tratado sem o respeito devido.
profanador (pro.fa.na.**dor**) [ô] *s.m. e adj.* (Aquele) que profanou algo tido como sagrado ou digno de respeito.
profanar (pro.fa.**nar**) *v.t.d.* Tratar sem o devido respeito coisas sagradas; macular; violar.
profano (pro.**fa**.no) *adj.* Que não é sagrado, que não é de uso apenas religioso; leigo, secular.
prófase (**pró**.fa.se) *s.f.* (Bio.) Primeira fase da divisão celular indireta.
profecia (pro.fe.**ci**.a) *s.f.* Previsão do futuro; vaticínio; presságio.
proferido (pro.fe.**ri**.do) *adj.* Dito em voz alta e clara; pronunciado; falado.
proferir (pro.fe.**rir**) *v.t.d.* Dizer em voz alta e inteligível; pronunciar. Obs.: pres. do ind.: *profiro, proferes, profere, proferimos, proferis, proferem*; pres. do subj.: *profira, profiras, profira, profiramos, profirais, profiram*.
professado (pro.fes.**sa**.do) *adj.* Adotado; pregado; preconizado.
professar (pro.fes.**sar**) *v.t.d.* **1.** Seguir os preceitos de; preconizar. **2.** Adotar uma doutrina. *v.i.* **3.** Fazer os votos (em um convento).
professo (pro.**fes**.so) *adj.* Que professou; que fez seus votos (um religioso).
professor (pro.fes.**sor**) [ô] *s.m.* **1.** Aquele que ensina; mestre. **2.** (Fig.) Aquele que é perito em alguma atividade.
professorado (pro.fes.so.**ra**.do) *s.m.* **1.** Cargo ou carreira de professor; magistério. **2.** Classe dos professores.
professoral (pro.fes.so.**ral**) *adj.2g.* Que diz respeito ao professor ou ao professorado.
profeta (pro.**fe**.ta) *s.m.* Aquele que prevê e prediz o futuro; adivinho; vidente.

profético (pro.**fé**.ti.co) *adj.* Que diz respeito a profeta (ou a profecia).
profetisa (pro.fe.**ti**.sa) *s.f.* Mulher que prevê o futuro; adivinha; vidente.
profetismo (pro.fe.**tis**.mo) *s.m.* Doutrina religiosa que se baseia nas profecias.
profetizado (pro.fe.ti.**za**.do) *adj.* Que foi anunciado em profecia.
profetizador (pro.fe.ti.za.**dor**) [ô] *s.m.* Aquele que profetiza.
profetizar (pro.fe.ti.**zar**) *v.i.* **1.** Fazer profecias. *v.t.d. e v.t.d.i.* **2.** Vaticinar; prever, predizer: *profetizou a derrota do time no campeonato.*
proficiência (pro.fi.ci.**ên**.ci.a) *s.f.* Qualidade de quem é proficiente; competência; proficuidade; capacidade.
proficiente (pro.fi.ci.**en**.te) *adj.2g.* Capaz; competente; hábil.
proficuidade (pro.fi.cui.**da**.de) *s.f.* Qualidade do que é profícuo; utilidade; vantagem; proveito.
profícuo (pro.**fi**.cuo) *adj.* Vantajoso; útil; proveitoso.
profilático (pro.fi.**lá**.ti.co) *adj.* Que diz respeito à profilaxia.
profilaxia (pro.fi.la.**xi**.a) [cs] *s.f.* Parte da Medicina que trata da prevenção das doenças.
profissão (pro.fis.**são**) *s.f.* Atividade especializada; ofício; emprego; ocupação.
profissional (pro.fis.si.o.**nal**) *s.m.2g.* **1.** Aquele que exerce uma atividade como profissão. *adj.2g.* **2.** Que diz respeito a profissão.
profissionalismo (pro.fis.si.o.na.**lis**.mo) *s.m.* **1.** Carreira de profissional. **2.** Conjunto dos profissionais. **3.** (Fig.) Seriedade e competência no trabalho.
profissionalização (pro.fis.si.o.na.li.za.**ção**) *s.f.* **1.** Transformação de uma pessoa em profissional. **2.** Aperfeiçoamento de trabalhadores.
profissionalizante (pro.fis.si.o.na.li.**zan**.te) *adj.2g.* Que profissionaliza (ou aperfeiçoa) alguém para determinada função.
profissionalizar (pro.fis.si.o.na.li.**zar**) *v.t.d.* **1.** Tornar profissional, contratar profissional para o trabalho: *profissionalizou a administração da empresa. v.p.* **2.** Tornar-se profissional, preparar-se para o exercício de uma profissão.
profligar (pro.fli.**gar**) *v.t.d.* (Raro) **1.** Atacar com palavras, condenar, reprovar: *profligou as pessoas que jogam lixo na rua.* **2.** Atacar militarmente, invadir, arrasar: *as bombas profligaram a cidade.* **3.** Destruir, anular.
prófugo (**pró**.fu.go) *s.m.* Fugitivo, retirante: *os prófugos se amontoavam em campos de refugiados.*
profundas (pro.**fun**.das) *s.f.pl.* **1.** A parte mais profunda; profundidade; profundeza. **2.** (Fig.) O inferno.
profundeza (pro.fun.**de**.za) [ê] *s.f.* Profundidade; profundas.
profundidade (pro.fun.di.**da**.de) *s.f.* **1.** Qualidade do que é profundo. **2.** (Fig.) Qualidade daquilo que é difícil de se entender.

profundo (pro.**fun**.do) *adj.* **1.** Que é muito fundo. **2.** Que vem do íntimo. **3.** (Fig.) De grande alcance. **4.** De difícil compreensão. **5.** Escuro (o tom de uma cor). **6.** Que penetrou muito.
profusão (pro.fu.**são**) *s.f.* Grande quantidade; abundância; desperdício.
profuso (pro.**fu**.so) *adj.* Que dá em quantidade (ou profusão); copioso; exuberante.
progênie (pro.**gê**.nie) *s.f.* Ascendência, linhagem, procedência; progenitura.
progênito (pro.**gê**.ni.to) *s.m. e adj.* (Aquele) que é descendente.
progenitor (pro.ge.ni.**tor**) [ô] *s.m.* **1.** Ascendente; avô. **2.** (P. ext.) Pai.
progenitura (pro.ge.ni.**tu**.ra) *s.f.* Progênie.
progesterona (pro.ges.te.**ro**.na) [ô] *s.f.* (Bio.) Hormônio segregado pelos ovários, que estimula a produção de leite e mantém as células de revestimento do útero.
prognatismo (prog.na.**tis**.mo) *s.m.* (Med.) Conformação anormal da face, apresentando as maxilas alongadas para a frente.
prognato (prog.**na**.to) *adj.* Que tem as maxilas alongadas e salientes.
prognosticado (prog.nos.ti.**ca**.do) *adj.* **1.** Pressagiado; profetizado; predito. **2.** Previsto por exame laboratorial ou prognóstico médico.
prognosticador (prog.nos.ti.ca.**dor**) [ô] *s.m.* Aquele que faz prognósticos.
prognosticar (prog.nos.ti.**car**) *v.t.d. e v.i.* **1.** Fazer o prognóstico de: *o médico prognosticou que estaria curado em seis meses*. **2.** Prever, predizer, pressagiar.
prognóstico (prog.**nós**.ti.co) *s.m.* **1.** Parecer de especialista sobre o desenvolvimento de uma doença ou situação; previsão: *o prognóstico era de cura após seis meses de tratamento*. **2.** Presságio, profecia, predição.
programa (pro.**gra**.ma) *s.m.* **1.** Planejamento, plano, sequência ordenada ou prevista de atividades: *programa de um curso, programa de exercícios, programa de um espetáculo*. **2.** Transmissão em rádio ou televisão; *programa jornalístico, programa educativo*. **3.** (Inf.) Conjunto de informações e instruções que um computador pode executar: *cada programa é feito em uma linguagem e abre um tipo de arquivo*.
programação (pro.gra.ma.**ção**) *s.f.* **1.** Ato de programar ou fazer um programa. **2.** Conjunto de programas de uma televisão ou rádio. **3.** Escolha das músicas de uma rádio.
programado (pro.gra.**ma**.do) *adj.* Preparado; planejado; organizado.
programador (pro.gra.ma.**dor**) [ô] *s.m.* Profissional que faz programação.
programar (pro.gra.**mar**) *v.t.d.* **1.** Organizar; preparar um programa. **2.** (Inf.) Alimentar um computador com informações e dados necessários para executar as tarefas desejadas.
programático (pro.gra.**má**.ti.co) *adj.* Que está inserido em um programa.

programável (pro.gra.**má**.vel) *adj.2g.* Que se pode programar.
progredir (pro.gre.**dir**) *v.i.* **1.** Ir adiante; desenvolver-se; evoluir. *v.t.i.* **2.** Adiantar-se em alguma coisa. Obs.: pres. do ind.: *progrido, progrides, progride, progredimos, progredis, progridem*; pres. do subj.: *progrida, progridas, progrida, progridamos, progridais, progridam*.
progressão (pro.gres.**são**) *s.f.* **1.** Avanço progressivo e constante. **2.** (Mat.) Determinada série de números (ou termos).
progressista (pro.gres.**sis**.ta) *s.2g. e adj.2g.* (Aquele) que é favorável ao progresso.
progressivo (pro.gres.**si**.vo) *adj.* Que progride gradual e sucessivamente.
progresso (pro.**gres**.so) *s.m.* Desenvolvimento; evolução; adiantamento.
proibição (pro.i.bi.**ção**) [o-i] *s.f.* Ato de proibir; interdição; vedação.
proibido (pro.i.**bi**.do) [o-i] *adj.* Que não é permitido; vedado; defeso.
proibidor (pro.i.bi.**dor**) [o-i...ô] *adj.* Que proíbe.
proibir (pro.i.**bir**) [o-i] *v.t.d.i.* Impedir que se faça algo; opor-se a que se faça alguma coisa.
proibitivo (pro.i.bi.**ti**.vo) [o-i] *adj.* **1.** Em que há proibição; que proíbe. **2.** Diz-se de preço alto, inacessível.
projeção (pro.je.**ção**) *s.f.* **1.** Ato de projetar. **2.** Exibição de um filme. **3.** Saliência; proeminência. **4.** (Fig.) Destaque; importância. **5.** Cálculo. **6.** Representação geográfica de parte da Terra sobre um plano.
projetado (pro.je.**ta**.do) *adj.* **1.** Lançado; arremessado. **2.** Exibido. **3.** Calculado.
projetar (pro.je.**tar**) *v.t.d.* **1.** Arremessar. **2.** Planejar. **3.** Exibir. *v.p.* **4.** Cair sobre; arremessar-se. **5.** Distinguir-se; salientar-se.
projetável (pro.je.**tá**.vel) *adj.2g.* Que se pode calcular, com base em projeções.
projétil (pro.**jé**.til) *s.m.* **1.** Corpo arremessado por arma de fogo; bala; cápsula: *dois projéteis o atingiram*. *adj.2g.* **2.** Que pode ser arremessado.
projetista (pro.je.**tis**.ta) *s.2g.* Aquele que faz, que cria projetos.
projeto (pro.**je**.to) [é] *s.m.* **1.** Planejamento, plano, ideia geral de onde sair e quais objetivos atingir: *um projeto de vida*. **2.** Redação provisória de uma lei. **3.** Plano geral, concepção de uma obra de construção, artística ou social.
projetor (pro.je.**tor**) [ô] *s.m.* Aparelho de projeção de imagens.
prol *s.m.* **Em prol de:** em defesa de, para a vantagem ou lucro de, com o objetivo de: *uma campanha em prol de jovens carentes*.
prolação (pro.la.**ção**) *s.f.* **1.** Ato de proferir. **2.** (Dir.) Ato de prolatar (ou proferir) uma sentença. **3.** (Mús.) Prolongação de um som. **4.** Delonga; demora.

prolactina (pro.lac.**ti**.na) s.f. (*Bio.*) Hormônio feminino que prepara o corpo para o aleitamento, produzido pela glândula pituitária.
prolapso (pro.**lap**.so) s.m. (*Med.*) Saída de um órgão (ou parte dele) de seu lugar.
prolatar (pro.la.**tar**) v.t.d. (*Dir.*) Proferir uma sentença.
prole (**pro**.le) s.f. Descendência, filho ou filhos.
prolegômenos (pro.le.**gô**.me.nos) s.m.pl. **1.** Exposição preliminar dos princípios gerais de uma ciência ou de um estudo. **2.** Prefácio detalhado.
prolepse (pro.**lep**.se) s.f. (*Gram.*) Figura de linguagem pela qual as objeções do adversário são refutadas antecipadamente.
proletariado (pro.le.ta.ri.**a**.do) s.m. Classe ou categoria social formada pelos trabalhadores assalariados; operariado.
proletário (pro.le.**tá**.ri.o) s.m. **1.** Pessoa que tem como único meio de sobrevivência a remuneração pelo seu trabalho por mês, dia ou hora; operário: *era proletário com orgulho e dedicava todo o seu salário para a criação dos filhos*. adj. **2.** Que diz respeito a essas pessoas ou ao proletariado: *vida proletária*.
proliferação (pro.li.fe.ra.**ção**) s.f. Ato de proliferar; multiplicação; reprodução.
proliferar (pro.li.fe.**rar**) v.i. Reproduzir-se; multiplicar-se; formar prole.
prolífero (pro.**lí**.fe.ro) adj. Que forma prole; fecundo; fértil: prolífico.
prolificar (pro.li.fi.**car**) v.i. Ter prole; reproduzir-se; multiplicar-se; proliferar.
prolífico (pro.**lí**.fi.co) adj. Prolífero; fecundo; fértil.
prolixidade (pro.li.xi.**da**.de) [cs] s.f. Qualidade do que é prolixo.
prolixo (pro.**li**.xo) [cs] adj. Longo; extenso; enfadonho.
prólogo (**pró**.lo.go) s.m. Prefácio; preâmbulo; proêmio; prolegômenos.
prolongação (pro.lon.ga.**ção**) s.f. Ato de prolongar; prolongamento.
prolongado (pro.lon.**ga**.do) adj. Que se prolongou; duradouro; demorado.
prolongamento (pro.lon.ga.**men**.to) s.m. Ato de prolongar; prolongação.
prolongar (pro.lon.**gar**) v.t.d. **1.** Tornar mais longo; encompridar. v.p. **2.** Alongar-se; demorar-se.
promanar (pro.ma.**nar**) v.t.i. Proceder; derivar; originar-se.
promécio (pro.**mé**.ci.o) s.m. (*Quím.*) Elemento de símbolo Pm, número atômico 61 e massa atômica 145.
promessa (pro.**mes**.sa) s.f. **1.** Ato ou efeito de prometer; compromisso, voto. **2.** Sacrifício oferecido a uma divindade, em agradecimento ou retribuição a uma graça: *cumprir uma promessa em Aparecida*.
prometedor (pro.me.te.**dor**) [ô] s.m. e adj. **1.** (Aquele) que promete. adj. **2.** Promissor.
prometer (pro.me.**ter**) v.t.d. **1.** Assegurar; asseverar. **2.** Obrigar-se a. v.i. **3.** (Fig.) Dar sinal de bons frutos.

prometida (pro.me.**ti**.da) s.f. **1.** Noiva; comprometida. adj. **2.** Feminino de *prometido*.
prometido (pro.me.**ti**.do) adj. **1.** Que se prometeu; combinado. s.m. **2.** Noivo. **3.** Aquilo que se prometeu.
promiscuidade (pro.mis.cui.**da**.de) s.f. Qualidade do que é promíscuo; reunião desordenada; confusão.
promiscuir-se (pro.mis.cu.**ir**-se) [u-i] v.p. **1.** Misturar-se desordenadamente e sem distinção. **2.** (*P. ext.*) Conviver intimamente com mais de uma pessoa sem nenhum compromisso mais sério.
promíscuo (pro.**mís**.cuo) adj. **1.** Que se mistura desordenadamente com os outros, sem nenhuma distinção. **2.** Que se relaciona sexualmente com várias pessoas.
promissor (pro.mis.**sor**) [ô] adj. **1.** Que promete; auspicioso; feliz. s.m. **2.** Promitente.
promissória (pro.mis.**só**.ri.a) s.f. Título de crédito nominativo, em que alguém se compromete a pagar a quantia especificada a outrem, na data determinada.
promitente (pro.mi.**ten**.te) s.2g. e adj.2g. (Aquele) que promete; promissor.
promoção (pro.mo.**ção**) s.f. **1.** Ato de promover. **2.** Elevação de cargo; graduação. **3.** Estímulo para venda de um produto; liquidação.
promocional (pro.mo.ci.o.**nal**) adj.2g. Que diz respeito a promoção.
promontório (pro.mon.**tó**.ri.o) s.m. (*Geo.*) Cabo formado por rochas elevadas.
promotor (pro.mo.**tor**) [ô] s.m. **1.** (*Dir.*) Membro do Ministério Público (promotor público). **2.** Aquele que promove (ou dá o primeiro impulso) a campanhas, vendas etc. adj. **3.** Que promove ou determina.
promotoria (pro.mo.to.**ri**.a) s.f. **1.** Cargo de promotor. **2.** Órgão a que pertence o promotor. **3.** Seu local de trabalho.
promover (pro.mo.**ver**) v.t.d. **1.** Executar. **2.** Causar; provocar. **3.** Elevar a cargo ou função superior.
promovido (pro.mo.**vi**.do) adj. **1.** Feito; fomentado. **2.** Elevado profissionalmente.
promulgação (pro.mul.ga.**ção**) s.f. Ato de promulgar; proclamação; publicação.
promulgado (pro.mul.**ga**.do) adj. Proclamado; publicado; divulgado.
promulgador (pro.mul.ga.**dor**) [ô] s.m. e adj. (Aquele) que promulga.
promulgar (pro.mul.**gar**) v.t.d. Fazer a promulgação de; tornar público; apregoar solenemente.
pronome (pro.**no**.me) s.m. (*Gram.*) Palavra que substitui ou acompanha o substantivo, esclarecendo-lhe o significado.
pronominal (pro.no.mi.**nal**) adj.2g. Que diz respeito a pronome.
prontidão (pron.ti.**dão**) s.f. **1.** Característica do que é (ou está) pronto; presteza; desembaraço. **2.** Estado de alerta. **3.** (Fig.) Falta de dinheiro.

prontificar (pron.ti.fi.**car**) v.t.d. **1.** Aprontar; aviar. v.p. **2.** Oferecer seus préstimos; dispor-se a.
pronto (pron.to) adj. **1.** Acabado; concluído. **2.** Que não se demora; rápido, ligeiro, ágil. adv. **3.** Prontamente; rapidamente.
pronto-socorro (pron.to-so.**cor**.ro) [ô] s.m. Ambulatório para casos de emergência. ▣ Pl. *prontos-socorros* [ó].
prontuário (pron.tu.**á**.ri.o) s.m. **1.** Manual de informações úteis. **2.** Ficha médica, policial, escolar etc. com dados de uma pessoa.
pronúncia (pro.**nún**.ci.a) s.f. **1.** Modo de pronunciar; sotaque; pronunciação. **2.** (Dir.) Decisão judicial indiciando alguém em um crime.
pronunciação (pro.nun.ci.a.**ção**) s.f. Ato ou modo de pronunciar.
pronunciado (pro.nun.ci.**a**.do) adj. Dito; acentuado; anunciado publicamente.
pronunciamento (pro.nun.ci.a.**men**.to) s.m. Ato de pronunciar-se publicamente sobre algum fato.
pronunciar (pro.nun.ci.**ar**) v.t.d. **1.** Proferir; articular. v.p. **2.** Fazer um pronunciamento; expressar publicamente sua opinião (ou ideia) sobre determinado acontecimento.
pronunciável (pro.nun.ci.**á**.vel) adj.2g. Que se pode pronunciar.
propagação (pro.pa.ga.**ção**) s.f. Ato de propagar; difusão; divulgação.
propagador (pro.pa.ga.**dor**) [ô] s.m. **1.** Aquele que propaga; divulgador. adj. **2.** Que difunde ou propaga.
propaganda (pro.pa.**gan**.da) s.f. **1.** Anúncio em televisão, impressos etc.; publicidade, *marketing*. **2.** Divulgação, comunicação.
propagandista (pro.pa.gan.**dis**.ta) s.2g. Pessoa que faz propagandas.
propagar (pro.pa.**gar**) v.t.d. **1.** Multiplicar; reproduzir; espalhar. v.p. **2.** Alastrar-se (doença). **3.** Multiplicar-se (pela reprodução). **4.** Difundir-se (a luz, o som).
propagativo (pro.pa.ga.**ti**.vo) adj. Que se propaga.
propalado (pro.pa.**la**.do) adj. Anunciado; divulgado; difundido.
propalar (pro.pa.**lar**) v.t.d. Apregoar; divulgar; difundir.
proparoxítono (pro.pa.ro.**xí**.to.no) [cs] s.m. e adj. (*Gram.*) (Vocábulo) que tem a antepenúltima sílaba pronunciada com mais força ou acentuada, como "mágica", "árvore" e "último".
propedêutico (pro.pe.**dêu**.ti.co) adj. **1.** Feito antes de outro; preliminar, preparatório: *estudo propedêutico*. s.m. **2.** Curso preparatório ou introdutório a outro.
propelir (pro.pe.**lir**) v.t.d. Impelir para a frente; arremessar. Obs.: pres. do ind.: *propilo, propeles, propele, propelimos, propelis, propelem*; pres. do subj.: *propila, propilas, propila, propilamos, propilais, propilam*.
propendente (pro.pen.**den**.te) adj.2g. Que propende; inclinado.
propender (pro.pen.**der**) v.t.i. **1.** Pender para a frente. **2.** Ter pendor ou inclinação para.
propensão (pro.pen.**são**) s.f. Inclinação; vocação; tendência.
propenso (pro.**pen**.so) adj. Que tem propensão para; inclinado; disposto; favorável.
propiciação (pro.pi.ci.a.**ção**) s.f. Ato de tornar propício; favorecimento.
propiciador (pro.pi.ci.a.**dor**) [ô] s.m. e adj. (O) que propicia ou favorece.
propiciar (pro.pi.ci.**ar**) v.t.d.i. Tornar propício; possibilitar; proporcionar. Obs.: pres. do ind.: *propicio, propicias, propicia, propiciamos, propiciais, propiciam*.
propício (pro.**pí**.ci.o) adj. Que favorece; favorável; oportuno.
propina (pro.**pi**.na) s.f. Gorjeta; gratificação; suborno.
propinar (pro.pi.**nar**) v.t.d. (*Raro*) Dar, impor, administrar: *propinou um medicamento*.
propinquidade (pro.pin.qui.**da**.de) [ü] s.f. Qualidade do que é propínquo; proximidade; vizinhança; parentesco.
propínquo (pro.**pín**.quo) adj. Próximo; vizinho. Cf. *propínquos*.
propínquos (pro.**pín**.quos) s.m.pl. Parentes. Cf. *propínquo*.
própolis (**pró**.po.lis) s.2g.2n. (*Bio.*) Substância segregada pelas abelhas, com propriedades bactericidas e uso medicinal. ▣ Pl. *própolis*.
proponente (pro.po.**nen**.te) s.2g. e adj.2g. (Aquele) que propõe.
propor (pro.**por**) v.t.d. **1.** Oferecer para apreciação. **2.** Sugerir. **3.** Oferecer como lance. v.p. **4.** Oferecer-se para algum fim. **5.** Candidatar-se. Obs.: conjuga-se como *pôr*.
proporção (pro.por.**ção**) s.f. **1.** Relação entre medidas ou tamanhos. **2.** Dimensão; tamanho. **3.** Simetria. **4.** (*Quím.*) Relação entre quantidades de elementos. **5.** (*Mat.*) Igualdade entre duas razões.
proporcionado (pro.por.ci.o.**na**.do) adj. Harmonioso; simétrico.
proporcionador (pro.por.ci.o.na.**dor**) [ô] s.m. e adj. (O) que proporciona.
proporcional (pro.por.ci.o.**nal**) adj.2g. **1.** Que guarda proporção. **2.** (*Mat.*) Relativo à variável cujo quociente por outra é constante.
proporcionalidade (pro.por.ci.o.na.li.**da**.de) s.f. Característica do que é proporcional.
proporcionar (pro.por.ci.o.**nar**) v.t.d.i. **1.** Dar ensejo; tornar viável; propiciar. v.t.d. **2.** Harmonizar; tornar proporcional.
proporções (pro.por.**ções**) s.f.pl. Intensidade; importância.
proposição (pro.po.si.**ção**) s.f. **1.** Ato de propor; proposta. **2.** Afirmativa; máxima; asserção. **3.** (*Mat.*) Problema; teorema.
propositado (pro.po.si.**ta**.do) adj. Intencional, deliberado, acintoso; proposital.

proposital (pro.po.si.**tal**) *adj.2g.* Feito com propósito; propositado.
propósito (pro.**pó**.si.to) *s.m.* **1.** Intenção; deliberação. **2.** Objetivo; finalidade. **De propósito:** por querer, propositadamente.
propositura (pro.po.si.**tu**.ra) *s.f.* Ato de propor (uma ação).
proposta (pro.**pos**.ta) *s.f.* **1.** Ato de propor. **2.** O que se propõe. **3.** Oferta ou promessa.
proposto (pro.**pos**.to) [ô] *adj.* **1.** Que se propôs. *s.m.* **2.** Pessoa escolhida para exercer as funções de outra.
propriedade (pro.pri.e.**da**.de) *s.f.* **1.** Qualidade daquilo que é próprio. **2.** Coisas que se possuem, como casas, terrenos, bens móveis ou imóveis. **3.** Emprego apropriado da linguagem.
proprietário (pro.pri.e.**tá**.ri.o) *s.m. e adj.* (Aquele) que tem a propriedade de alguma coisa; possuidor.
próprio (**pró**.pri.o) *adj.* **1.** Privativo; particular. **2.** Adequado. **3.** Autêntico. **4.** (*Mat.*) Diz-se da fração ordinária cujo numerador é menor que o denominador, como ¾ (três quartos). **5.** (*Gram.*) Diz-se do substantivo que designa um ser individual, escrito com maiúscula e sem plural: *são nomes próprios Luís, Brasil, Vênus, Fusca, Escola Tom Jobim.*
propugnador (pro.pug.na.**dor**) [ô] *s.m. e adj.* (Aquele) que propugna.
propugnar (pro.pug.**nar**) *v.t.d.* **1.** Defender lutando. *v.t.i.* **2.** Lutar por.
propulsão (pro.pul.**são**) *s.f.* Ato de propulsar.
propulsar (pro.pul.**sar**) *v.t.d.* Impelir energicamente para a frente.
propulsionado (pro.pul.si.o.**na**.do) *adj.* Impulsionado; impelido; empurrado.
propulsionar (pro.pul.si.o.**nar**) *v.t.d.* Empurrar; impulsionar; impelir.
propulsivo (pro.pul.**si**.vo) *adj.* Propulsor.
propulsor (pro.pul.**sor**) [ô] *adj.* **1.** Que propulsa ou propulsiona; propulsivo. *s.m.* **2.** Peça que transmite movimento a um mecanismo.
prorrogação (pror.ro.ga.**ção**) *s.f.* Ato de prorrogar; adiamento; dilação; delonga.
prorrogado (pror.ro.**ga**.do) *adj.* Adiado; dilatado (um prazo).
prorrogador (pror.ro.ga.**dor**) [ô] *adj.* Que prorroga ou adia.
prorrogar (pror.ro.**gar**) *v.t.d.* Prolongar ou estender; dilatar (um prazo).
prorrogativo (pror.ro.ga.**ti**.vo) *adj.* Que prorroga.
prorrogável (pror.ro.**gá**.vel) *adj.2g.* Que pode ser prorrogado; adiável.
prorromper (pror.rom.**per**) *v.i.* **1.** Ocorrer repentinamente. *v.t.i.* **2.** Irromper impetuosamente.
prós *s.m.pl.* Vantagens; conveniências.
prosa (**pro**.sa) *s.f.* **1.** A maneira natural de se falar, em oposição a verso. **2.** Conversa; bate-papo. **3.** (*Fig.*) Lábia. *s.2g. e adj.2g.* **4.** (Aquele) que é esnobe, cheio de si.

prosador (pro.sa.**dor**) [ô] *s.m.* Aquele que escreve em prosa.
prosaico (pro.**sai**.co) *adj.* **1.** Que diz respeito a prosa. **2.** Sem elevação. **3.** Simples; trivial.
prosaísmo (pro.sa.**ís**.mo) *s.m.* **1.** Característica do que é prosaico. **2.** Falta de ideal ou poesia. **3.** Trivialidade.
prosápia (pro.**sá**.pi.a) *s.f.* Progênie; linhagem; genealogia.
prosar (pro.**sar**) *v.i.* Prosear.
proscênio (pros.**cê**.ni.o) *s.m.* A parte anterior do palco; o próprio palco.
proscrever (pros.cre.**ver**) *v.t.d.* Condenar; banir; degredar. Obs.: part.: *proscrito.*
proscrição (pros.cri.**ção**) *s.f.* **1.** Ato de proscrever; desterro; exílio. **2.** Proibição. **3.** Abolição.
proscrito (pros.**cri**.to) *s.m. e adj.* (Aquele) que sofreu proscrição; exilado; desterrado; degredado.
proseador (pro.se.a.**dor**) [ô] *s.m. e adj.* (Aquele) que gosta de uma boa prosa.
prosear (pro.se.**ar**) *v.i.* Conversar, bater papo; prosar.
proselitismo (pro.se.li.**tis**.mo) *s.m.* **1.** Preocupação em fazer prosélitos. **2.** Conjunto de prosélitos. **3.** Partidarismo.
proselitista (pro.se.li.**tis**.ta) *adj.2g.* Relacionado a proselitismo ou a prosélitos.
prosélito (pro.**sé**.li.to) *s.m.* **1.** Aquele que se converteu a uma seita ou doutrina. **2.** Partidário, sectário.
prosênquima (pro.**sên**.qui.ma) *s.m.* (*Bot.*) Tecido celular fibroso dos vegetais.
prosista (pro.**sis**.ta) *s.2g.* **1.** Aquele que escreve em prosa. *s.2g. e adj.2g.* **2.** (Pessoa) que gosta de falar, gracejar ou contar piadas.
prosódia (pro.**só**.di.a) *s.f.* (*Gram.*) Pronúncia correta das palavras.
prosódico (pro.**só**.di.co) *adj.* Que diz respeito à prosódia.
prosoplegia (pro.so.ple.**gi**.a) *s.f.* (*Med.*) Paralisia facial.
prosopopaico (pro.so.po.**pai**.co) *adj.* Que diz respeito a prosopopeia. O mesmo que *prosopopeico.*
prosopopeia (pro.so.po.**pei**.a) [éi] *s.f.* **1.** (*Gram.*) Figura que dá vida (ação, movimento e voz) a coisas inanimadas (ou irracionais). **2.** (*Fig.*) Discurso enfático e inflamado.
prosopopeico (pro.so.po.**pei**.co) [éi] *adj.* O mesmo que *prosopopaico.*
prospecção (pros.pec.**ção**) *s.f.* Sondagem para descobrir veios e jazidas.
prospectivo (pros.pec.**ti**.vo) *adj.* Que faz ver adiante; que diz respeito ao futuro.
prospecto (pros.**pec**.to) *s.m.* Folheto em que se anuncia alguma coisa; programa.
prosperar (pros.pe.**rar**) *v.i.* **1.** Tornar-se próspero; enriquecer. **2.** (*Fig.*) Crescer; desenvolver-se.
prosperidade (pros.pe.ri.**da**.de) *s.f.* Estado do que é próspero; enriquecimento; desenvolvimento; progresso.
próspero (**prós**.pe.ro) *adj.* **1.** Rico; afortunado. **2.** Desenvolvido; bem-sucedido.

prosseguidor (pros.se.gui.**dor**) [ô] s.m. Indivíduo que prossegue ou continua; continuador.

prosseguimento (pros.se.gui.**men**.to) s.m. Ato de prosseguir; continuação; continuidade; andamento.

prosseguir (pros.se.**guir**) v.i. **1.** Ir adiante; continuar. v.t.d. **2.** Dar seguimento a. v.t.i. **3.** Continuar a (fazer alguma coisa): *prosseguiram nos estudos.* Obs.: conjuga-se como *seguir*.

prossímio (pros.**sí**.mi.o) s.m. (*Bio.*) Primata primitivo, de tamanho pequeno, mãos preênseis e hábitos noturnos, como os musaranhos e os lêmures.

próstata (**prós**.ta.ta) s.f. (*Anat.*) Glândula existente apenas nos homens e situada na união da bexiga com a uretra.

prostático (pros.**tá**.ti.co) adj. Que diz respeito à próstata.

prostatite (pros.ta.**ti**.te) s.f. (*Med.*) Inflamação da próstata.

prosternação (pros.ter.na.**ção**) s.f. Ato de prosternar; humilhação.

prosternar (pros.ter.**nar**) v.t.d. **1.** Humilhar; deitar por terra. v.p. **2.** Humilhar-se; curvar-se até o chão, em sinal de humildade; prostrar-se.

prostíbulo (pros.**tí**.bu.lo) s.m. Casa de prostituição ou de tolerância; bordel; lupanar.

prostilo (pros.**ti**.lo) s.m. A fachada de uma igreja, com suas colunas e demais ornamentos.

prostituição (pros.ti.tu.i.**ção**) s.f. Ato de prostituir(-se); comércio do sexo.

prostituído (pros.ti.tu.**í**.do) adj. **1.** Que se prostituiu. **2.** Aviltado; corrompido.

prostituidor (pros.ti.tu.i.**dor**) [ô] s.m. **1.** Aquele que prostitui. **2.** Aquele que corrompe; corruptor.

prostituir (pros.ti.tu.**ir**) v.t.d. **1.** Levar à prostituição. **2.** Aviltar; desmoralizar; desonrar. v.p. **3.** Entregar-se à prostituição. **4.** Aviltar-se; desonrar-se.

prostituta (pros.ti.**tu**.ta) s.f. Aquela que pratica a prostituição; meretriz.

prostração (pros.tra.**ção**) s.f. Ato de prostrar-se; debilidade; enfraquecimento; abatimento.

prostrado (pros.**tra**.do) adj. Abatido; enfraquecido; debilitado.

prostrar (pros.**trar**) v.t.d. e v.p. **1.** Jogar(-se) no chão, abaixar(-se), humilhar(-se). v.t.d. **2.** Derrubar, abater, derrotar.

protactínio (pro.tac.**tí**.ni.o) s.m. (*Quím.*) Elemento de símbolo Pa, número atômico 91 e massa atômica 231.

protagonista (pro.ta.go.**nis**.ta) s.2g. **1.** Personagem principal em filme, peça etc. **2.** (*P. ext.*) Pessoa que ocupa o lugar de destaque em um acontecimento.

protagonizar (pro.ta.go.ni.**zar**) v.t.d. Ser protagonista; fazer o papel principal.

prótase (**pró**.ta.se) s.f. Exposição do assunto de um drama.

proteção (pro.te.**ção**) s.f. Ato de proteger; amparo; resguardo.

protecionismo (pro.te.ci.o.**nis**.mo) s.m. (*Econ.*) Política econômica de proteção à indústria nacional, que tem como base o aumento das taxas de importação de produtos estrangeiros.

protecionista (pro.te.ci.o.**nis**.ta) adj.2g. **1.** Que diz respeito ao protecionismo. s.2g. **2.** Adepto do protecionismo.

protegedor (pro.te.ge.**dor**) [ô] s.m. e adj. (Aquele) que protege; protetor.

proteger (pro.te.**ger**) v.t.d. **1.** Dar proteção; socorrer. **2.** Beneficiar; favorecer. v.t.d. e v.p. **3.** Abrigar(-se); resguardar(-se). Obs.: troca-se o *g* por *j* antes do *a* e do *o*; pres. do ind.: *protejo, proteges, protege* etc.; pres. do subj.: *proteja, protejas, proteja, protejamos, protejais, protejam*.

protegido (pro.te.**gi**.do) s.m. e adj. (Aquele) que recebe proteção de alguém; favorecido, favorito.

proteico (pro.**tei**.co) [éi] adj. **1.** Relacionado a proteína. **2.** (*Quím.*) Diz-se de aminoácido que se decompõe em novos aminoácidos, por ação da água.

proteína (pro.te.**í**.na) s.f. **1.** (*Quím.*) Designação das substâncias orgânicas nitrogenadas, com alto peso molecular, por vezes ricas em fósforo e enxofre, que são essenciais nas células dos seres vivos. **2.** Essa substância, presente em alimentos como carnes e feijões.

protelação (pro.te.la.**ção**) s.f. Ato de protelar; adiamento; prorrogação; dilação; delonga.

protelado (pro.te.**la**.do) adj. Adiado; prorrogado; dilatado.

protelador (pro.te.la.**dor**) [ô] s.m. e adj. (Aquele) que protela ou adia; prorrogador.

protelar (pro.te.**lar**) v.t.d. Prorrogar; adiar; deixar para mais tarde; dilatar.

protelatório (pro.te.la.**tó**.ri.o) adj. Que protela; protelador.

prótese (**pró**.te.se) s.f. **1.** Peça ou equipamento para substituir um órgão ou parte dele: *o Capitão Gancho usa prótese na mão*. Cf. *órtese*. **2.** (*Gram.*) Acréscimo de uma letra ou sílaba no início de uma palavra, sem alteração de significado, como em *levantar* e *alevantar*; *pernear* e *espernear*.

protestação (pro.tes.ta.**ção**) s.f. Ato de protestar; reclamação; manifestação.

protestante (pro.tes.**tan**.te) adj.2g. **1.** Que protesta. **2.** Ligado ao protestantismo. s.2g. e adj.2g. **3.** (Membro) de uma das Igrejas Cristãs surgidas na Europa a partir do século XVI, como Luterana e Calvinista, Anglicana, Batista, Metodista e outras.

protestantismo (pro.tes.tan.**tis**.mo) s.m. **1.** Reforma religiosa ocorrida no século XVI e que, rompendo com a Igreja Católica, criou as bases de uma nova religião. **2.** A religião criada pelos protestantes; luteranismo. **3.** O conjunto de todos os protestantes.

protestar (pro.tes.**tar**) v.t.i. **1.** Declarar discordância, fazer crítica; insurgir-se: *protestavam contra a corrupção dos governantes*. v.t.d. **2.** (*Dir.*) Fazer o protesto (de uma dívida ou título). v.i. **3.** Insurgir-se contra uma injustiça.

protestatório (pro.tes.ta.**tó**.ri.o) *adj.* Que envolve protesto.
protesto (pro.**tes**.to) *s.m.* **1.** Ato de protestar; protestação; reclamação. **2.** (Dir.) Ato pelo qual se declara que uma pessoa inadimplente é responsável pelas despesas e prejuízos que causou.
protético (pro.**té**.ti.co) *adj.* **1.** Que diz respeito a prótese. *s.m.* **2.** Profissional que faz próteses dentárias.
protetor (pro.te.**tor**) [ô] *s.m. e adj.* (Aquele) que protege; padrinho. **Protetor solar:** fotoprotetor.
protetorado (pro.te.to.**ra**.do) *s.m.* **1.** Apoio que um país poderoso dá a outro menos privilegiado. **2.** O Estado que recebe essa proteção.
proteu (pro.**teu**) *s.m.* Aquele que muda com facilidade de lado (ou de opinião).
protista (pro.**tis**.ta) *s.m.* (Bio.) Organismo que constitui um dos cinco reinos de seres vivos, que tem características vegetais e animais, no qual se incluem os protozoários.
protocolar (pro.to.co.**lar**) *v.t.d.* **1.** Dar entrada no protocolo. *adj.2g.* **2.** Que se refere a protocolo.
protocolo (pro.to.**co**.lo) [ó] *s.m.* **1.** Registro de atos públicos. **2.** Registro de entrada e saída de documentos de uma repartição. **3.** Local onde se protocolam documentos. **4.** Formalidade; etiqueta.
proto-história (pro.to-his.**tó**.ri.a) *s.f.* História primitiva; primeiros tempos históricos. ▣ Pl. *proto-histórias.*
proto-histórico (pro.to-his.**tó**.ri.co) *adj.* Relativo à proto-história. ▣ Pl. *proto-históricos.*
protomártir (pro.to.**már**.tir) *s.m.* Aquele que foi o primeiro mártir de uma causa.
próton (**pró**.ton) *s.m.* (Fís.) Partícula positiva que forma o núcleo do sistema atômico.
protoplasma (pro.to.**plas**.ma) *s.m.* (Bio.) Substância transparente e granulosa, que constitui o material da célula.
protoplasmático (pro.to.plas.**má**.ti.co) *adj.* (Bio.) Que diz respeito ao protoplasma.
prototípico (pro.to.**tí**.pi.co) *adj.* Que diz respeito a protótipo.
protótipo (pro.**tó**.ti.po) *s.m.* Primeiro exemplar; modelo; original.
protóxido (pro.**tó**.xi.do) [cs] *s.m.* (Quím.) Óxido com menor quantidade de oxigênio.
protozoário (pro.to.zo.**á**.ri.o) *s.m.* (Bio.) Ser constituído de uma só célula, que faz parte do reino dos protistas.
protozoologia (pro.to.zo.o.lo.**gi**.a) *s.f.* Ramo da zoologia que se dedica aos protozoários.
protuberância (pro.tu.be.**rân**.ci.a) *s.f.* Saliência; eminência.
protuberante (pro.tu.be.**ran**.te) *adj.2g.* Que apresenta protuberância; saliente.
prova (**pro**.va) *s.f.* **1.** Avaliação escolar; exame. **2.** Testemunho; demonstração. **3.** Indício. **4.** Competição esportiva. **5.** Provação. **6.** Verificação de uma operação aritmética: *prova real, prova dos nove.* **7.** Experimentação (de roupa, comida, bebida). **8.** (Gráf.) Página impressa para controlar a qualidade de um trabalho em execução, na qual se anotam correções de texto, ilustração, impressão etc.
provação (pro.va.**ção**) *s.f.* Situação aflitiva; fase de sofrimento; transe.
provado (pro.**va**.do) *adj.* **1.** Experimentado. **2.** Demonstrado. **3.** Testemunhado.
provador (pro.va.**dor**) [ô] *s.m.* **1.** Aquele que prova ou degusta alimentos ou bebidas; degustador; experimentador. **2.** Cabine onde se experimentam roupas em uma loja.
provar (pro.**var**) *v.t.d.* **1.** Demonstrar. **2.** Experimentar. **3.** Degustar. **4.** Testemunhar. **5.** Verificar.
provável (pro.**vá**.vel) *adj.2g.* **1.** Que pode ser provado. **2.** Possível; verossímil.
provecto (pro.**vec**.to) *adj.* **1.** Com idade muito avançada; velho. **2.** (Fig.) Experimentado; conhecedor das coisas.
provedor (pro.ve.**dor**) [ô] *s.m.* **1.** Aquele que provê. **2.** Chefe de instituições de caridade. **3.** (Inf.) Empresa que vende acesso à internet.
provedoria (pro.ve.do.**ri**.a) *s.f.* **1.** Cargo do provedor. **2.** Jurisdição do provedor. **3.** Repartição onde ele trabalha.
proveito (pro.**vei**.to) *s.m.* Lucro; ganho; vantagem; benefício.
proveitoso (pro.vei.**to**.so) [ô] *adj.* Útil; profícuo; que dá proveito. ▣ Pl. *proveitosos* [ó].
provençal (pro.ven.**çal**) *adj.2g.* **1.** Da Provença, região francesa. *s.2g.* **2.** Aquele que é natural ou habitante da Provença.
proveniência (pro.ve.ni.**ên**.ci.a) *s.f.* Local de que se provém; procedência; origem.
proveniente (pro.ve.ni.**en**.te) *adj.2g.* Que provém; procedente; originário; oriundo.
provento (pro.**ven**.to) *s.m.* Rendimento; lucro. Cf. *proventos.*
proventos (pro.**ven**.tos) *s.m.pl.* Honorários. Cf. *provento.*
prover (pro.**ver**) *v.t.d.* **1.** Regular; dispor. **2.** Nomear para um cargo. **3.** Abastecer; suprir. *v.i.* **4.** Acorrer; acudir. *v.p.* **5.** Suprir-se; abastecer-se. Obs.: são regulares o pret. perf.: *provi, proveste, proveu, provemos, provestes, proveram;* o pret. mqp.: *provera, proveras, provera, provêramos, provêreis, proveram;* o imperf. do subj.: *provesse, provesses, provesse* etc.; part.: *provido.* Os demais tempos seguem a conjugação do verbo *ver:* pres. do ind.: *provejo, provês, provê, provemos, provedes, proveem.;* fut. do pres.: *proverei, proverás, proverá* etc.; fut. do pret.: *proveria, proverias, proveria* etc.; pres. do subj.: *proveja, provejas, proveja, provejamos, provejais, provejam.*
proverbial (pro.ver.bi.**al**) *adj.2g.* **1.** Que se refere a provérbio. **2.** Notório; sabido.
provérbio (pro.**vér**.bi.o) *s.m.* Sentença ou dito popular; ditado, adágio, rifão, anexim.
proveta (pro.**ve**.ta) [ê] *s.f.* **1.** Tubo de ensaio. **2.** Vaso graduado usado em laboratórios. **3.** Redoma pequena para conter gases.

providência (pro.vi.**dên**.ci.a) s.f. **1.** (Relig.) A sabedoria suprema de Deus ao encaminhar todas as coisas; o próprio Deus (inicial maiúscula). **2.** (Fig.) Acontecimento feliz. Cf. *providências*.

providencial (pro.vi.den.ci.**al**) adj.2g. **1.** Que diz respeito à Providência; inspirado pela Providência. **2.** Oportuno; conveniente; muito favorável.

providencialismo (pro.vi.den.ci.a.**lis**.mo) s.m. Sistema em que se atribui tudo à Providência divina.

providencialista (pro.vi.den.ci.a.**lis**.ta) s.2g. Pessoa que crê no providencialismo.

providenciar (pro.vi.den.ci.**ar**) v.t.d. Tomar providências; promover; aprontar.

providências (pro.vi.**dên**.ci.as) s.f.pl. Preparativos. Cf. *providência*.

providente (pro.vi.**den**.te) adj.2g. **1.** Que provê. **2.** Precavido; prudente; próvido.

provido (pro.**vi**.do) adj. Abastecido; suprido; sortido.

próvido (**pró**.vi.do) adj. Providente; prudente.

provimento (pro.vi.**men**.to) s.m. **1.** Ato de prover. **2.** (Dir.) Recebimento de um recurso. **3.** Nomeação (ou promoção) de funcionário público. **4.** Abastecimento; provisão.

província (pro.**vín**.ci.a) s.f. **1.** Divisão territorial de alguns países como a França, equivalente aos estados brasileiros. **2.** A parte de um país que não é a capital; o interior.

provincial (pro.vin.ci.**al**) adj.2g. **1.** Relacionado ou pertencente a província. **2.** Provinciano. s.m. **3.** Superior de casa religiosa.

provincianismo (pro.vin.ci.a.**nis**.mo) s.m. O modo de ser, de agir e de falar das pessoas provincianas, da província.

provinciano (pro.vin.ci.**a**.no) adj. **1.** Da província, semelhante ao que há na província; provincial, interiorano. s.m. **2.** Pessoa que nasceu ou mora nesse lugar.

provindo (pro.**vin**.do) adj. Proveniente; oriundo; originário.

provir (pro.**vir**) v.t.i. Proceder; originar-se; advir. Obs.: conjuga-se como *vir*.

provisão (pro.vi.**são**) s.f. **1.** Ato de prover; fornecimento. **2.** Documento em que o governo concede um cargo ou passa instruções.

provisor (pro.vi.**sor**) [ô] s.m. e adj. **1.** (Aquele) que faz provisões. s.m. **2.** Magistrado eclesiástico.

provisoria (pro.vi.so.**ri**.a) s.f. Cargo ou jurisdição do provisor.

provisório (pro.vi.**só**.ri.o) adj. Temporário; passageiro; interino.

provocação (pro.vo.ca.**ção**) s.f. Ato do provocar; desafio; tentação.

provocado (pro.vo.**ca**.do) adj. Desafiado; injuriado; insultado.

provocador (pro.vo.ca.**dor**) [ô] s.m. (Aquele) que provoca; provocante.

provocante (pro.vo.**can**.te) adj.2g. Sedutor; tentador; provocador.

provocar (pro.vo.**car**) v.t.d. **1.** Desafiar; insultar; incitar. v.i. **2.** Dirigir provocações.

provocativo (pro.vo.ca.**ti**.vo) adj. Que provoca; provocante.

proxeneta (pro.xe.**ne**.ta) [cs-ê] s.2g. Pessoa que explora a prostituição.

proximal (pro.xi.**mal**) [ss] adj.2g. (Bio.) Que está mais próximo do centro de um organismo ou órgão. Cf. *distal*.

proximidade (pro.xi.mi.**da**.de) [ss] s.f. **1.** Condição do que está próximo; contiguidade: *a proximidade do casamento a deixava nervosa*. **2.** Local próximo; cercania. Cf. *proximidades*.

proximidades (pro.xi.mi.**da**.des) [ss] s.f.pl. Vizinhanças, arredores. Cf. *proximidade*.

próximo (**pró**.xi.mo) [ss] adj. **1.** Que está perto; vizinho. **2.** Que se segue; seguinte. s.m. **3.** Cada pessoa ou a humanidade. adv. **4.** Perto; nas redondezas.

prozoico (pro.**zoi**.co) [ói] adj. Que antecedeu o aparecimento do ser humano.

prudência (pru.**dên**.ci.a) s.f. Virtude que se caracteriza pela moderação, juízo, tino, precaução etc.

prudente (pru.**den**.te) adj.2g. Que demonstra prudência; moderado; precavido; ajuizado.

prumo (**pru**.mo) s.m. (Const.) Pedra ou peça de metal, presa a um fio e que indica a direção vertical.

prurido (pru.**ri**.do) s.m. **1.** Comichão; coceira. **2.** (Fig.) Vontade incontrolável; sofreguidão.

pruriginoso (pru.ri.gi.**no**.so) [ô] adj. Em que há prurido; que provoca coceira. ◙ Pl. *pruriginosos* [ó].

prurir (pru.**rir**) v.t.d. **1.** Causar comichão a. v.i. **2.** Coçar. Obs.: verbo defectivo, não se conjuga nas formas em que o *r* da raiz seria seguido de *o* ou *a*.

prussiano (prus.si.**a**.no) adj. Da Prússia, região que hoje pertence à Alemanha, mas já constituiu reinos e Estados, como o que terminou em 1918 ou a unidade do Império Alemão extinta em 1947.

prussiato (prus.si.**a**.to) s.m. (Quím.) Nome dado aos sais do ácido prússico.

prússico (**prús**.si.co) adj. (Quím.) Diz-se do ácido orgânico (cianídrico), que é formado de um átomo de hidrogênio, um de nitrogênio e um de carbono.

pseudociência (pseu.do.ci.**ên**.ci.a) s.f. Ciência ou conhecimento que se pretende científico, mas não segue o método.

pseudofruto (pseu.do.**fru**.to) s.m. (Bot.) Parte que sustenta o fruto de um vegetal, algumas vezes apreciada como fruta: *o caju e o morango são pseudofrutos*.

pseudônimo (pseu.**dô**.ni.mo) s.m. **1.** Nome falso adotado, geralmente, por um artista ou escritor. adj. **2.** Que adota um nome que não lhe pertence. **3.** Diz-se da obra escrita com nome suposto.

pseudópode (pseu.**dó**.po.de) s.m. (Bio.) Saliência existente nos leucócitos e protozoários, útil na sua locomoção e alimentação.

psi s.m. Vigésima terceira letra do alfabeto grego, equivalente a ps.

psicanalisado (psi.ca.na.li.**sa**.do) adj. Que se submeteu a psicanálise.

psicanalisar (psi.ca.na.li.**sar**) v.t.d. e v.p. Submeter(-se) à psicanálise.
psicanálise (psi.ca.**ná**.li.se) s.f. **1.** Conjunto dos trabalhos do médico austríaco Sigmund Freud (1846-1939), sobre a mente ou psiquismo humano; ciência do inconsciente. **2.** Método de psicoterapia criado por Freud e desenvolvido por vários seguidores, que explora o subconsciente pela análise psicológica.
psicanalista (psi.ca.na.**lis**.ta) s.2g. Psicoterapeuta especializado em psicanálise; analista.
psicanalítico (psi.ca.na.**lí**.ti.co) adj. Relacionado a psicanálise.
psicastenia (psi.cas.te.**ni**.a) s.f. Tipo de psicose que se caracteriza por fases de ansiedade, ideias fixas, tiques nervosos, obsessões e depressão.
psicastênico (psi.cas.**tê**.ni.co) adj. Que sofre de psicastenia.
psicodélico (psi.co.**dé**.li.co) adj. **1.** Alucinógeno (com relação a drogas). **2.** Colorido (com relação a roupas, decoração etc.). **3.** Exótico (com relação às pessoas que fogem aos padrões tradicionais de comportamento).
psicodiagnóstico (psi.co.diag.**nós**.ti.co) s.m. Diagnóstico da saúde psicológica.
psicodrama (psi.co.**dra**.ma) s.m. Técnica que, por meio da representação teatral, procura tratar dos problemas ou conflitos psíquicos.
psicofísico (psi.co.**fí**.si.co) adj. Que diz respeito simultaneamente ao espírito e à matéria.
psicografado (psi.co.gra.**fa**.do) adj. (Relig.) Ditado por um espírito ao médium.
psicografar (psi.co.gra.**far**) v.t.d. (Relig.) No espiritismo, redigir (o médium) um texto ditado por um espírito.
psicografia (psi.co.gra.**fi**.a) s.f. **1.** Descrição da alma e de suas faculdades. **2.** (Relig.) No espiritismo, texto ditado por um espírito e escrito por um médium.
psicográfico (psi.co.**grá**.fi.co) adj. Que diz respeito a psicografia.
psicógrafo (psi.**có**.gra.fo) s.m. **1.** Aquele que se dedica à psicografia. **2.** (Relig.) No espiritismo, médium que escreve o que um espírito lhe ditou.
psicologia (psi.co.lo.**gi**.a) s.f. **1.** Ciência que estuda as causas e as leis dos fatos psíquicos. **2.** (P. ext.) Conhecimento do ser humano e tática para lidar com as pessoas.
psicológico (psi.co.**ló**.gi.co) adj. Que diz respeito à psicologia.
psicólogo (psi.**có**.lo.go) s.m. Profissional especializado em psicologia.
psicomancia (psi.co.man.**ci**.a) s.f. Adivinhação pela evocação das almas dos mortos.
psicomante (psi.co.**man**.te) s.2g. Pessoa que se dedica à psicomancia.
psicometria (psi.co.me.**tri**.a) s.f. Registro e avaliação da capacidade e eficiência intelectual e psicológica das pessoas, por meio de testes mentais.
psicométrico (psi.co.**mé**.tri.co) adj. Que diz respeito à psicometria.

psicopata (psi.co.**pa**.ta) s.2g. Pessoa que sofre de distúrbios mentais.
psicopatia (psi.co.pa.**ti**.a) s.f. Nome genérico dado às doenças mentais.
psicopático (psi.co.**pá**.ti.co) adj. Que diz respeito à psicopatia.
psicopatologia (psi.co.pa.to.lo.**gi**.a) s.f. **1.** Parte de medicina e da psicologia que estuda doenças mentais. **2.** Doença mental.
psicopatológico (psi.co.pa.to.**ló**.gi.co) adj. Que diz respeito à psicopatologia.
psicose (psi.**co**.se) s.f. (Med.) Psicopatia; obsessão.
psicossomático (psi.cos.so.**má**.ti.co) adj. Que diz respeito aos problemas físicos cuja origem é psíquica.
psicotécnica (psi.co.**téc**.ni.ca) s.f. Emprego prático da psicologia, como a psicoterapia, por exemplo.
psicotécnico (psi.co.**téc**.ni.co) adj. Que diz respeito à psicotécnica.
psicoterapeuta (psi.co.te.ra.**peu**.ta) s.2g. Profissional que conduz ou executa uma psicoterapia.
psicoterapia (psi.co.te.ra.**pi**.a) s.f. (Med.) Tratamento que utiliza técnicas psicológicas para promover a saúde mental ou auxiliar em dificuldades, ministrado por psicólogo ou médico; terapia: *a psicanálise é uma das formas de psicoterapia*.
psicoterápico (psi.co.te.**rá**.pi.co) adj. Que diz respeito à psicoterapia.
psicótico (psi.**có**.ti.co) s.m. e adj. (Indivíduo) psicopata; louco.
psicotrópico (psi.co.**tró**.pi.co) s.m. e adj. (Droga) que age na psique, que afeta o funcionamento da mente.
psicrometria (psi.cro.me.**tri**.a) s.f. (Fís.) Medição da umidade atmosférica pelo psicrômetro.
psicrômetro (psi.**crô**.me.tro) s.m. (Fís.) Instrumento usado para identificar a quantidade de vapor presente na atmosfera.
psique (**psi**.que) s.f. **1.** A alma; a mente; o espírito. **2.** O psiquismo, a mente.
psiquiatra (psi.qui.**a**.tra) s.2g. Médico especializado em psiquiatria.
psiquiatria (psi.qui.a.**tri**.a) s.f. (Med.) Ramo da medicina que se dedica às doenças mentais.
psiquiátrico (psi.qui.**á**.tri.co) adj. Que diz respeito à psiquiatria.
psíquico (**psí**.qui.co) adj. Relativo à psique, ou à alma e às faculdades morais e intelectuais.
psiquismo (psi.**quis**.mo) s.m. Conjunto dos fenômenos psíquicos; espiritualismo, psique.
psitaciforme (psi.ta.ci.**for**.me) s.m. e adj. (Zoo.) (Ave) da mesma ordem a que pertencem as araras e papagaios.
psitacismo (psi.ta.**cis**.mo) s.m. Vício de linguagem que consiste em usar palavras e frases vazias de sentido.
psiu interj. Emprega-se para pedir silêncio ou chamar a atenção.

psoríase (pso.rí.a.se) s.f. (Med.) Escamação da pele, com placas secas e brancas sobre uma base semelhante a eritema.
pterígio (p.te.rí.gi.o) s.m. (Med.) Espessamento da conjuntiva, formando um triângulo em direção da córnea, que às vezes chega a ser coberta.
pterossauro (p.te.ros.sau.ro) s.m. (Zoo.) Réptil extinto, grande e com asas, do grupo dos arcossauros.
ptialina (p.ti.a.li.na) s.f. (Bio.) Fermento existente na saliva e que transforma o amido de batata, cereais etc. em carboidratos mais simples.
ptialismo (p.ti.a.lis.mo) s.m. (Med.) Secreção abundante da saliva; sialismo.
ptilose (p.ti.lo.se) s.f. (Med.) Queda dos cílios em decorrência de inflamação crônica da borda livre das pálpebras.
ptiríase (pti.rí.a.se) s.f. (Med.) Doença aguda de pele, com lesões sucessivas curáveis, que afeta principalmente adolescentes e adultos jovens.
ptose (pto.se) s.f. (Med.) Deslocamento ou queda de um órgão.
Pu Símbolo do elemento químico plutônio.
pua (pu.a) s.f. 1. Instrumento para fazer furos na madeira. 2. Ponta aguçada; bico; ferrão.
puba (pu.ba) s.f. Mandioca crua amolecida em água por alguns dias, com a qual se prepara a goma para tapioca e a farinha-d'água.
puberdade (pu.ber.da.de) s.f. Idade em que as pessoas atingem a maturidade sexual e se tornam aptas para procriar; pubescência.
púbere (pú.be.re) adj.2g. Que atingiu a puberdade; que começa a ter pelos finos ou barba, prenunciando a adolescência.
pubescência (pu.bes.cên.ci.a) s.f. Estado de pubescente.
pubescente (pu.bes.cen.te) adj.2g. Púbere; que começa a ter pelos finos e curtos.
pubescer (pu.bes.cer) v.i. Chegar à puberdade.
pubiano (pu.bi.a.no) adj. Que diz respeito ao púbis; púbico.
púbico (pú.bi.co) adj. Pubiano.
púbis (pú.bis) s.m.2n. (Anat.) Parte inferior do abdome, frontal, onde ficam os genitais e em geral crescem pelos a partir da puberdade. ▫ Pl. *púbis*.
publicação (pu.bli.ca.ção) s.f. 1. Ato de publicar. 2. Tudo o que se publica; folheto; revista; livro; *post*; postagem.
publicado (pu.bli.ca.do) adj. Editado; impresso.
publicador (pu.bli.ca.dor) [ô] s.m. Aquele que publica; editor.
pública-forma (pú.bli.ca-for.ma) [ó] s.f. (Dir.) Cópia autêntica de um documento que foi lavrada em cartório. ▫ Pl. *públicas-formas*.
publicano (pu.bli.ca.no) s.m. Entre os antigos romanos, cobrador dos rendimentos públicos.
publicar (pu.bli.car) v.t.d. 1. Divulgar; tornar público. 2. Editar. 3. Anunciar. v.p. 4. Declarar-se.
publicidade (pu.bli.ci.da.de) s.f. 1. Qualidade daquilo que é público. 2. Propaganda na imprensa falada, escrita e televisionada ou ainda de cartazes, de qualquer produto.
publicismo (pu.bli.cis.mo) s.m. Profissão exercida pelo publicista.
publicista (pu.bli.cis.ta) s.2g. Pessoa que escreve sobre política ou direito público.
publicitário (pu.bli.ci.tá.ri.o) s.m. 1. Pessoa especializada em publicidade e propaganda. adj. 2. Que diz respeito à publicidade.
público (pú.bli.co) adj. 1. Que é do uso de todos. 2. Que diz respeito ao governo. 3. Que é do conhecimento geral. s.m. 4. A plateia.
puçá (pu.çá) s.m. 1. Rede de dormir muito simples. 2. Rede de pesca presa a um aro de metal, própria para pegar crustáceos em águas rasas.
púcaro (pú.ca.ro) s.m. 1. Vaso pequeno e com asas com que se retira líquido de outros vasos maiores. 2. Recipiente onde se guarda o pó de arroz.
pudendo (pu.den.do) adj. 1. Vergonhoso. 2. Envergonhado, pudico.
pudera (pu.de.ra) interj. Exprime concordância enfática.
pudicícia (pu.di.cí.ci.a) s.f. Virtude de quem é pudico; pudor; castidade; inocência.
pudico (pu.di.co) adj. Envergonhado; casto; inocente; ingênuo.
pudim (pu.dim) s.m. (Culin.) Doce gelado, com consistência de gelatina cremosa, feito de leite, ovos e outros ingredientes, em geral servido com calda.
pudor (pu.dor) [ô] s.m. Sentimento de vergonha, causado por algum acontecimento contrário à decência; pundonor; recato.
puerícia (pu.e.rí.ci.a) s.f. Infância; idade pueril.
puericultura (pu.e.ri.cul.tu.ra) s.f. Conjunto de meios visando a proporcionar à criança, desde a gestação, desenvolvimento físico, moral e intelectual adequado.
pueril (pu.e.ril) adj.2g. Típico de criança; infantil; ingênuo.
puerilidade (pu.e.ri.li.da.de) s.f. Ato ou dito de criança; infantilidade.
puérpera (pu.ér.pe.ra) s.f. (Mulher) parturiente.
puerperal (pu.er.pe.ral) adj.2g. Que diz respeito à puérpera (ou ao parto).
puerpério (pu.er.pé.ri.o) s.m. 1. Tempo que vai do momento do parto até quando a mulher volta ao seu estado normal. 2. Fenômenos que ocorrem durante esse período.
puf interj. Exprime cansaço ou enfado.
pufe (pu.fe) s.m. Almofadão que se usa como poltrona.
pug [inglês: "púgue"] s.2g. (Zoo.) Cão de raça pequeno, com pelo curto, bege com preto no focinho, muito enrugado na cara.
pugilato (pu.gi.la.to) s.m. 1. Luta com os punhos; boxe. 2. (Fig.) Discussão acalorada e prestes a virar luta corporal.
pugilismo (pu.gi.lis.mo) s.m. Esporte do pugilato; boxe.

pugilista (pu.gi.**lis**.ta) *s.2g.* Aquele que pratica o pugilismo; boxeador.
pugna (pug.na) *s.f.* Ato de pugnar; briga; contenda.
pugnacidade (pug.na.ci.**da**.de) *s.f.* Qualidade de quem é pugnaz; valentia.
pugnador (pug.na.dor) [ô] *s.m. e adj.* (Aquele) que combate; lutador; batalhador.
pugnar (pug.**nar**) *v.i. e v.t.i.* Discutir violentamente; pelejar; brigar.
pugnaz (pug.**naz**) *adj.2g.* Pessoa que gosta de brigar; valente; belicoso.
puído (pu.**í**.do) *adj.* Que se puiu; gasto, esgarçado.
puir (pu.**ir**) *v.t.d.* Desgastar pelo uso; esgarçar. Obs.: este verbo não é conjugado quando o *u* da raiz for seguido de *o* ou *a*; pres. do ind.: *puis, pui, puímos, puís, puem*. Não é conjugado no pres. do subj. nem no imperat. neg.; no imperat. afirm.: *pui, puí*.
pujança (pu.**jan**.ça) *s.f.* Qualidade do que é pujante; exuberância; poderio.
pujante (pu.**jan**.te) *adj.2g.* **1.** Exuberante. **2.** Poderoso; arrojado.
pulação (pu.la.**ção**) *s.f.* Ato de pular; pulo.
pulado (pu.**la**.do) *adj.* Transposto com um pulo; saltado.
pulador (pu.la.**dor**) [ô] *adj.* Que pula ou salta; saltador.
pular (pu.**lar**) *v.t.d.* **1.** Transpor com um pulo. *v.i.* **2.** Elevar-se do chão com um impulso; saltar.
pulcro (**pul**.cro) *adj.* (*Raro*) Formoso, gentil, em alguns poemas.
pule (**pu**.le) *s.f.* **1.** Bilhete de aposta em corrida de cavalo. **2.** Aposta no jogo do bicho.
pulga (**pul**.ga) *s.f.* (*epiceno*) **1.** (*Zoo.*) Inseto hematófago, pequeno e saltador, que parasita os homens e animais domésticos. **2.** Coisa pequena, insignificante.
pulgão (pul.**gão**) *s.m.* (*epiceno*) (*Zoo.*) Inseto que parasita os vegetais.
pulgueiro (pul.**guei**.ro) *s.m.* Lugar infestado de pulgas: *aquele cinema era um pulgueiro*.
pulguento (pul.**guen**.to) *adj.* Repleto de pulgas.
pulha (**pu**.lha) *s.m. e adj.2g.* **1.** (*Pessoa*) desprezível, sem dignidade, indecente. *s.f.* **2.** Brincadeira; gracejo. **3.** Mentira, engodo.
pulhice (pu.**lhi**.ce) *s.f.* Atitude (ou dito) de pulha.
pulmão (pul.**mão**) *s.m.* **1.** (*Anat.*) Cada um dos dois principais órgãos respiratórios situados no tórax. **2.** (*Fig.*) Voz forte.
pulmonar (pul.mo.**nar**) *adj.2g.* Que diz respeito aos pulmões.
pulo (**pu**.lo) *s.m.* **1.** Ato de pular; salto. **2.** (*Fig.*) Ida bem rápida a um lugar.
pulôver (pu.**lô**.ver) *s.m.* Agasalho fechado de lã.
púlpito (**púl**.pi.to) *s.m.* Tribuna de onde os padres se dirigem aos fiéis na ora da pregação.
pulsação (pul.sa.**ção**) *s.f.* **1.** Ato de pulsar. **2.** (*Anat.*) Movimento de contração e dilatação feito pelo coração e pelas artérias; pulso, batimento.
pulsar (pul.**sar**) *v.i.* **1.** Palpitar; latejar. *v.t.d.* **2.** Tocar; tanger. *s.m.* **3.** (*Astron.*) Fonte de ondas de rádio situada no espaço, cujos impulsos têm duração e intervalos sempre iguais.
pulsátil (pul.**sá**.til) *adj.2g.* Que pulsa.
pulsativo (pul.sa.**ti**.vo) *adj.* Que faz pulsar; que provoca pulsações.
pulseira (pul.**sei**.ra) *s.f.* Enfeite circular que se usa nos pulsos.
pulsímetro (pul.**sí**.me.tro) *s.m.* Instrumento que avalia o número de pulsações arteriais ocorridas em um minuto.
pulso (**pul**.so) *s.m.* **1.** (*Anat.*) Região em que o antebraço se articula com a mão. **2.** (*Fig.*) Vigor, força. **3.** (*Med.*) Batimento das artérias. **4.** Sinal intermitente, como o *ping* do sonar.
pululância (pu.lu.**lân**.ci.a) *s.f.* Força dos vegetais; pujança.
pululante (pu.lu.**lan**.te) *adj.2g.* Que pulula; fervilhante; pujante.
pulular (pu.lu.**lar**) *v.i.* **1.** Germinar com rapidez (planta). **2.** Fervilhar. *v.t.i.* **3.** Ter grande quantidade de.
pulvéreo (pul.**vé**.re.o) *adj.* **1.** Que diz respeito ao pó. **2.** Reduzido a pó.
pulveriforme (pul.ve.ri.**for**.me) *adj.2g.* Que tem aspecto de pó.
pulverização (pul.ve.ri.za.**ção**) *s.f.* Ato de pulverizar, transformar em pó; fragmentação.
pulverizado (pul.ve.ri.**za**.do) *adj.* **1.** Que se pulverizou. **2.** Reduzido a pó; fragmentado.
pulverizador (pul.ve.ri.za.**dor**) [ô] *s.m. e adj.* (Aparelho) que pulveriza ou reduz a pó.
pulverizar (pul.ve.ri.**zar**) *v.t.d.* **1.** Reduzir a pó; fragmentar. **2.** Borrifar um líquido em gotas minúsculas. *v.p.* **3.** Transformar-se em pó; fragmentar-se.
pulverulento (pul.ve.ru.**len**.to) *adj.* Coberto de pó.
pum *interj.* **1.** Representa um estrondo ou detonação: *pum! estourou outra bomba*. *s.m.* **2.** (*Pop.*) Emissão de gases pelo ânus; flato.
puma (**pu**.ma) *s.m.* (*Zoo.*) Suçuarana.
punção (pun.**ção**) *s.f.* **1.** Ato de pungir (ou puncionar). **2.** Estilete cirúrgico. **3.** Lâmina de aço com letras ou desenhos em relevo e usada em tipografia ou impressão de medalhas.
punçar (pun.**çar**) *v.t.d.* Puncionar.
puncionar (pun.ci.o.**nar**) *v.t.d.* Abrir ou furar com punção.
punctiforme (punc.ti.**for**.me) *adj.2g.* Que tem forma de um ponto; pequeno como um ponto.
punctura (punc.**tu**.ra) *s.f.* Ferida ou picada feita com punção ou outro instrumento pontiagudo.
pundonor (pun.do.**nor**) [ô] *s.m.* Sentimento de dignidade; honra; brio; decoro.
pundonoroso (pun.do.no.**ro**.so) [ô] *adj.* Que tem pundonor; honrado; brioso; digno. ▫ Pl. *pundonorosos* [ó].
punga (**pun**.ga) *adj.* **1.** Ordinário, ruim. **2.** Moleirão. *s.m.* **3.** Último cavalo a chegar em uma corrida. **4.** (*Gír.*) Ladrão; punguista. *s.f.* **5.** (*Gír.*) Ação do punguista. **6.** (*Gír.*) Objeto do furto. **7.** (*Folc.*) Passo

semelhante à umbigada que faz parte de uma dança maranhense de mesmo nome.
pungência (pun.**gên**.ci.a) s.f. Qualidade de pungente.
pungente (pun.**gen**.te) adj.2g. Que punge; doloroso, aflitivo.
pungidor (pun.gi.**dor**) [ô] s.m. e adj. (O) que punge, atormenta ou aflige.
pungimento (pun.gi.**men**.to) s.m. 1. Ato de pungir. 2. Aflição; tortura. 3. Picada; ferimento.
pungir (pun.**gir**) v.t.d. 1. Torturar; afligir; atormentar. 2. Picar; ferir; incitar. Obs.: não se conjuga na 1ª pes. sing. do pres. do ind., no pres. do subj. e imperat. neg. inteiros. Imperat. afirm.: *punge, pungi*.
punguear (pun.gue.**ar**) v.t.d. (Gír.) Furtar nas ruas ou em coletivos.
punguista (pun.**guis**.ta) s.2g. (Gír.) Ladrão; batedor de carteiras; gatuno.
punhado (pu.**nha**.do) s.m. 1. Aquilo que se pode pegar com uma mão; mancheia. 2. Quantidade pequena.
punhal (pu.**nhal**) s.m. Tipo de arma branca pequena, com cabo e lâmina.
punhalada (pu.nha.**la**.da) s.f. 1. Golpe dado com o punhal; facada. 2. (Fig.) Ofensa moral; traição.
punho (pu.nho) s.m. 1. Pulso. 2. A mão fechada. 3. Tira que arremata a manga comprida de uma roupa. 4. Corda em forma de elo, pela qual se prende uma rede ao gancho. 5. Parte de uma arma ou de outro instrumento em que se segura.
punição (pu.ni.**ção**) s.f. Ato de punir; pena; castigo.
púnico (**pú**.ni.co) adj. Que diz respeito à cidade grega de Cartago e aos cartagineses; cartaginês.
punido (pu.**ni**.do) adj. 1. Que se puniu; castigado. 2. Contido, reprimido.
punidor (pu.ni.**dor**) [ô] s.m. e adj. (Aquele) que pune.
punir (pu.**nir**) v.t.d. 1. Impor pena ou castigo: *punir os criminosos*. 2. Castigar, fazer sofrer: *o remorso a punia*. 3. Reprimir, coibir.
punitivo (pu.ni.**ti**.vo) adj. Que pune ou castiga.
punível (pu.**ní**.vel) adj.2g. Que se pode punir.
punk [inglês: "panque"] s.m. 1. Conjunto de ideias, estilo musical e formas de comportamento que protestam contra a sociedade de consumo de forma agressiva e violenta: *o punk nasceu na Inglaterra*. s.2g. 2. Pessoa que tem essas ideias, estilos ou comportamento. adj.2g. 3. Ligado a esse estilo: *moda punk, roupas punks*.
pupa (pu.pa) s.f. (Bio.) Fase da vida de alguns insetos em que eles mudam de forma.
pupila (pu.**pi**.la) s.f. 1. (Anat.) Abertura circular existente no meio da íris por onde passam os raios luminosos; menina dos olhos. 2. Órfã que se encontra sob tutela. 3. Aluna. 4. (Fig.) Protegida.
pupilar (pu.pi.**lar**) adj.2g. Que diz respeito a pupila (ou a pupilo).
pupilo (pu.**pi**.lo) s.m. 1. Órfão que se encontra sob tutela. 2. Aluno. 3. (Fig.) Protegido.
purê (pu.**rê**) s.m. (Culin.) Prato feito com legumes ou frutas cozidos e amassados.

pureza (pu.**re**.za) [ê] s.f. 1. Qualidade do que é puro, do que não tem misturas. 2. Limpidez; transparência. 3. Nitidez. 4. Virgindade, falta de malícia.
purga (**pur**.ga) s.f. 1. (Bot.) Nome de diversas plantas medicinais. 2. Preparado farmacêutico que faz purgar; purgante.
purgação (pur.ga.**ção**) s.f. 1. Ato de purgar; supuração; corrimento. 2. (Fig.) Purificação.
purgado (pur.**ga**.do) adj. 1. Supurado. 2. (Fig.) Purificado.
purgante (pur.**gan**.te) s.m. e adj.2g. (Preparado farmacêutico) que faz purgar; purga.
purgar (pur.**gar**) v.t.d. 1. Livrar de impurezas; purificar. 2. Tratar com purgante. 3. (Fig.) Expiar; purificar-se. v.i. 4. Expelir pus.
purgativo (pur.ga.**ti**.vo) s.m. 1. Purga; purgante. adj. 2. Que purga; purificativo.
purgatório (pur.ga.**tó**.ri.o) s.m. 1. (Relig.) Lugar de purificação das almas. 2. (Fig.) Local onde se sofre. 3. (Fig.) Sofrimento; expiação. adj. 4. Purgante.
purificação (pu.ri.fi.ca.**ção**) s.f. 1. Ato de purificar(-se). 2. Limpeza; esterilização. 3. Ablução litúrgica. 4. Festa da Igreja Católica.
purificado (pu.ri.fi.**ca**.do) adj. 1. Limpo; esterilizado. 2. Sem pecados; santificado.
purificador (pu.ri.fi.ca.**dor**) [ô] s.m. e adj. 1. (O) que purifica. s.m. 2. Pano com que os sacerdotes limpam o cálice, após a comunhão.
purificante (pu.ri.fi.**can**.te) adj.2g. Purificador.
purificar (pu.ri.fi.**car**) v.t.d. 1. Tornar puro material ou espiritualmente. 2. Esterilizar. 3. Livrar de culpa; santificar. v.p. 4. Tornar-se puro.
purificativo (pu.ri.fi.ca.**ti**.vo) adj. Purificador; purificante.
purismo (pu.**ris**.mo) s.m. Escrúpulo exagerado ao defender a pureza da linguagem.
purista (pu.**ris**.ta) s.2g. e adj. Diz-se de ou pessoa que pratica o purismo: *argumentos puristas*.
puritanismo (pu.ri.ta.**nis**.mo) s.m. 1. Grupo de Igrejas Protestantes que simplificaram os ritos litúrgicos, nos séculos XVI e XVII. 2. Atitude daquele que se diz guardião dos princípios.
puritano (pu.ri.**ta**.no) s.m. 1. Seguidor do puritanismo, como religião. 2. Adepto do puritanismo, que alardeia o respeito aos princípios morais. adj. 3. Que diz respeito ao puritanismo e aos seus adeptos.
puro (pu.ro) adj. 1. Sem nenhuma mistura. 2. Casto; inocente; virginal, lirial. 3. Castiço (com relação à linguagem). 4. Genuíno.
puro-sangue (pu.ro-**san**.gue) s.m. e adj. 1. (Animal) de raça pura: *cavalo puro-sangue*. 2. (Cavalo) da raça **puro-sangue inglês**, criada para corrida e equitação. ◘ Pl. *puros-sangues*.
púrpura (**púr**.pu.ra) s.f. 1. Substância extraída da cochonilha. 2. Cor vermelho-escura. 3. Vestuário, dignidade real. 4. Dignidade de cardeal.
purpúreo (pur.**pú**.re.o) adj. Vermelho; purpurino; que tem cor de púrpura.

purpurina (pur.pu.**ri**.na) s.f. **1.** Substância corante, extraída da raiz da ruiva. **2.** Pó metálico dourado, prateado ou colorido, usado em tipografia, trabalhos artísticos e maquiagem.
purpurino (pur.pu.**ri**.no) adj. Purpúreo.
purpurizar (pur.pu.ri.**zar**) v.t.d. **1.** Dar cor de púrpura; avermelhar. v.p. **2.** Avermelhar-se.
purulência (pu.ru.**lên**.ci.a) s.f. Qualidade do que é purulento.
purulento (pu.ru.**len**.to) adj. Que segrega pus.
purunga (pu.**run**.ga) s.f. Porongo.
pururuca (pu.ru.**ru**.ca) s.f. **1.** Pele de porco (ou frango) frita e crocante. adj. **2.** Quebradiço.
pus s.m. (Med.) Substância patológica líquida, de aspecto opaco, com leucócitos alterados em suspensão e que se origina de uma inflamação.
pusilânime (pu.si.**lâ**.ni.me) adj.2g. Fraco; covarde; tímido.
pusilanimidade (pu.si.la.ni.mi.**da**.de) s.f. Qualidade de pusilânime; covardia; fraqueza; timidez.
pústula (**pús**.tu.la) s.f. **1.** Tumor com líquido purulento; chaga, ferida. **2.** (Fig.) Perversão, vício.
pustulento (pus.tu.**len**.to) adj. Que tem pústulas.
pustuloso (pus.tu.**lo**.so) [ô] adj. Que tem natureza de pústula; pustulento. ▣ Pl. *pustulosos* [ó].
puta (**pu**.ta) s.f. **1.** (Pop.) Meretriz, prostituta. **2.** (Pop.) Mulher promíscua, devassa. **3.** (Pop. Pej.) Mulher indigna, vil. adj.2g. **4.** (Chul.) Grande, fantástico, fenomenal: *caiu um puta aguaceiro*.
putativo (pu.ta.**ti**.vo) adj. Que se supõe ou pensa que é; suposto. **Casamento putativo**: aquele em que um dos cônjuges ignora fatos graves sobre o outro.
puto (**pu**.to) s.m. **1.** (Pop.) Pessoa promíscua, devassa. **2.** (Pop. Pej.) Pessoa indigna, vil.
putrefação (pu.tre.fa.**ção**) s.f. **1.** Ato de putrefazer(-se); apodrecimento; decomposição de matérias orgânicas. **2.** (Fig.) Corrupção.
putrefato (pu.tre.**fa**.to) adj. Que apodreceu ou putrefez-se; putrefeito, podre.
putrefazer (pu.tre.fa.**zer**) v.t.d., v.p. e v.i. **1.** Tornar(-se) podre. **2.** Corromper(-se).
putrefeito (pu.tre.**fei**.to) adj. Que apodreceu ou putrefez-se; podre, putrefato.

putrescência (pu.tres.**cên**.ci.a) s.f. Estado do que está putrescente; podridão.
putrescente (pu.tres.**cen**.te) adj.2g. Que começa a apodrecer.
putrescível (pu.tres.**cí**.vel) adj.2g. Que pode apodrecer.
pútrido (**pú**.tri.do) adj. **1.** Podre; putrefato; infecto. **2.** Corrupto.
putrificar (pu.tri.fi.**car**) v.t.d. Apodrecer; putrefazer.
puxa (**pu**.xa) interj. Exprime espanto, admiração ou impaciência.
puxação (pu.xa.**ção**) s.f. **1.** Ato de puxar. **2.** (Gír.) Adulação; bajulação; lisonja exagerada.
puxada (pu.**xa**.da) s.f. **1.** Ato de puxar. **2.** Construção visando a ampliar uma casa, puxado. **3.** Caminhada cansativa.
puxado (pu.**xa**.do) adj. **1.** Esticado. **2.** (Pop.) Elevado: *preço puxado*. **3.** Exaustivo: *serviço puxado*. s.m. **4.** Puxada; ampliação de uma casa.
puxador (pu.xa.**dor**) [ô] s.m. **1.** Peça de metal ou madeira que se usa para abrir uma gaveta ou porta. s.m. e adj. **2.** (Pop.) (Pessoa) que puxa a fila, ou inicia a ação de um grupo: *puxador de samba, de reza*. **3.** (Pop.) Ladrão de carros.
puxão (pu.**xão**) s.m. Ato de puxar violentamente.
puxa-puxa (pu.xa-**pu**.xa) s.m. (Culin.) Bala ou doce de consistência elástica, pegajosa ou grudenta. ▣ Pl. *puxa-puxas, puxas-puxas*.
puxar (pu.**xar**) v.t.d. **1.** Mover, fazer mexer-se, tracionar, arrastar: *o burro puxava a carroça*. **2.** Mover (uma parte do próprio corpo) para junto de si; trazer. **3.** Sacar, retirar de onde estava guardado: *puxou o lenço do bolso; puxou da lembrança o nome dele*. v.t.i. **4.** Herdar traços de, parecer, lembrar: *puxou ao pai*.
puxa-saco (pu.xa-**sa**.co) s.2g. e adj.2g. (Gír.) (Pessoa) que bajula outra, visando a obter algum favor. ▣ Pl. *puxa-sacos*.
puxe (**pu**.xe) interj. Emprega-se para pedir que alguém suma, que desapareça.
puxo (**pu**.xo) s.m. **1.** Esforço doloroso da parturiente ao dar à luz. **2.** Mesma sensação durante uma evacuação difícil.
puzzle [inglês: "pâzou"] s.m. Quebra-cabeça.

Q q

q, Q s.m. Décima sétima letra do nosso alfabeto, consoante, de nome "quê". Obs.: só se usa junto com a letra *u*, que é sempre pronunciada em casos como *quadrado*, *quota*, *frequente*, *tranquilo* e nunca é pronunciada em casos como *quente* ou *quinto*.

quacre (qua.cre) s.m. Membro da seita religiosa fundada por George Fox na Inglaterra e depois levada aos Estados Unidos, a qual não admitia hierarquia eclesiástica nem sacramentos.

quadra (qua.dra) s.f. **1.** Compartimento quadrado. **2.** Distância entre uma esquina e outra, do mesmo lado da rua; quarteirão. **3.** Campo de esportes, especialmente preparado para tênis, basquete, vôlei etc. **4.** (*Lit.*) Estrofe de quatro versos. **5.** No jogo de bingo ou víspora, série de quatro pedras marcadas lado a lado, nos sentidos horizontal, vertical ou diagonal.

quadrado (qua.dra.do) s.m. **1.** (*Geom.*) Figura geométrica com quatro lados iguais e quatro ângulos retos. **2.** (*Mat.*) O resultado de um número elevado à segunda potência. **3.** Pipa; papagaio; raia. *adj.* **4.** Da forma do quadrilátero. **5.** (*Mat.*) Diz-se da raiz de um número que, elevada à segunda potência, dá esse número (a raiz quadrada de 4 é 2 × 2 × 2 = 4). **6.** (*Fig.*) Diz-se da pessoa presa aos padrões tradicionais; bitolado.

quadragenário (qua.dra.ge.ná.ri.o) s.m. e adj. (Aquele) que tem quarenta anos de idade; quarentão.

quadragésimo (qua.dra.gé.si.mo) num. **1.** O que está na posição do número 40; numeral ordinal que corresponde a esse número. **2.** Numeral fracionário correspondente a 1/40.

quadrangulado (qua.dran.gu.la.do) adj. Que tem quatro ângulos; quadrangular.

quadrangular (qua.dran.gu.lar) adj.2g. Quadrangulado.

quadrângulo (qua.drân.gu.lo) s.m. (*Geom.*) Figura que possui quatro ângulos.

quadrante (qua.dran.te) s.m. **1.** (*Geom.*) Cada uma das quatro partes iguais em que se pode dividir um círculo. **2.** Mostrador do relógio.

quadrão (qua.drão) s.m. (*Folc.*) Verso dialogado dos cantadores nordestinos, elaborado previamente e com métrica e rimas diferentes do desafio.

quadrar (qua.drar) v.t.d. **1.** Dar forma de quadrado a. **2.** (*Mat.*) Elevar um número à segunda potência. v.t.i. **3.** Adaptar-se; enquadrar-se.

quadratim (qua.dra.tim) s.m. (*Gráf.*) Quadrado de metal usado pelos tipógrafos para determinar parágrafos ou outras medidas.

quadratura (qua.dra.tu.ra) s.f. (*Geom.*) **1.** Operação com a qual se calcula a área de uma figura. **2.** Transformação de qualquer figura curvilínea em um quadrado de área equivalente. **3.** (*Astron.*) Posição de dois astros que distam 90° entre si. **4.** Quarto da lua.

quadrela (qua.dre.la) [é] s.f. Lance de edifício; muro; parede.

quadricelular (qua.dri.ce.lu.lar) adj.2g. (*Bio.*) Que é formado por quatro células.

quadricêntrico (qua.dri.cên.tri.co) adj. Que apresenta quatro centros.

quadríceps (qua.drí.ceps) s.m. (*Anat.*) Músculo da coxa, que é constituído por quatro feixes.

quadricolor (qua.dri.co.lor) [ô] adj.2g. Que apresenta quatro cores diferentes.

quadrícula (qua.drí.cu.la) s.f. Pequena quadra ou quadrado; quadrículo.

quadriculado (qua.dri.cu.la.do) adj. Que é dividido em quadrículas; quadricular.

quadricular (qua.dri.cu.lar) adj.2g. **1.** Quadriculado. v.t.d. **2.** Dividir em quadrículas (ou quadrículos).

quadrículo (qua.drí.cu.lo) s.m. Quadrado pequeno, quadradinho; quadrícula.

quadricúspide (qua.dri.cús.pi.de) adj.2g. (*Bot.*) Que apresenta quatro pontas agudas.

quadrienal (qua.dri.e.nal) adj.2g. O mesmo que *quatrienal*.

quadriênio (qua.dri.ê.ni.o) s.m. O mesmo que *quatriênio*.

quadrifólio (qua.dri.fó.li.o) adj. (*Bot.*) Que tem quatro folhas ou cujas folhas estão dispostas quatro a quatro.

quadriforme (qua.dri.for.me) [ó] adj.2g. Que tem quatro formas.

quadriga (qua.dri.ga) s.f. Carro puxado por quatro cavalos.

quadrigêmeo (qua.dri.gê.me.o) s.m. **1.** Cada um dos quatro irmãos gêmeos. adj. **2.** Que se refere a quadrigêmeo.

quadril (qua.dril) s.m. (*Anat.*) Cada uma das regiões laterais do corpo, entre a cintura e a articulação superior da coxa; anca.

quadrilátero (qua.dri.lá.te.ro) s.m. **1.** (*Geom.*) Polígono de quatro lados. adj. **2.** Que tem quatro lados.

quadrilha (qua.dri.lha) s.f. **1.** Bando de ladrões; súcia; corja. **2.** (*Folc.*) Dança de salão e respectiva música, típicas das festas juninas, em que vários pares executam coreografia previamente ensaiada.

quadrilheiro (qua.dri.**lhei**.ro) s.m. e adj. (Aquele) que faz parte de uma quadrilha.

quadrilongo (qua.dri.**lon**.go) adj. Que tem quatro lados paralelos, dois a dois, sendo que dois deles são mais longos que os outros.

quadrimestral (qua.dri.mes.**tral**) adj.2g. Que ocorre de quatro em quatro meses.

quadrimestre (qua.dri.**mes**.tre) [é] s.m. Espaço de tempo que corresponde a quatro meses.

quadrimotor (qua.dri.mo.**tor**) [ô] s.m. e adj. (Avião) que tem quatro motores.

quadringentésimo (qua.drin.gen.**té**.si.mo) num. 1. Numeral ordinal que corresponde à posição do número 400. 2. Numeral fracionário correspondente a 1/400.

quadrinha (qua.**dri**.nha) s.f. (Folc.) Forma de poesia folclórica das mais antigas e conhecidas, com estrofes de quatro versos setessilábicos e rimas em ABCB.

quadrinhos (qua.**dri**.nhos) s.m.pl. História contada em pequenos quadros, com desenhos e legendas; história em quadrinhos.

quadrissilábico (qua.dris.si.**lá**.bi.co) adj. Que tem quatro sílabas; quadrissílabo.

quadrissílabo (qua.dris.**sí**.la.bo) s.m. (Gram.) 1. Vocábulo ou verso que tem quatro sílabas: *fez uma lista de quadrissílabos para usar no poema*. adj. 2. Quadrissilábico.

quadrivalve (qua.dri.**val**.ve) adj.2g. (Zoo.) Diz-se do molusco que tem quatro valvas ou conchas.

quadro (qua.dro) s.m. 1. O que tem forma de quadrilátero. 2. Moldura. 3. Tela pintada. 4. Quadro-negro; lousa. 5. Superfície em que se afixam informações. 6. Conjunto de associados de um clube. 7. Conjunto de empregados de uma empresa. 8. Divisão de um ato de peça teatral.

quadro-negro (qua.dro-**ne**.gro) [ê] s.m. Superfície originariamente de cor preta (hoje, verde) usada nas escolas; lousa. ▫ Pl. *quadros-negros*.

quadrúmano (qua.**drú**.ma.no) adj. 1. Que tem quatro mãos. s.m. 2. Designação ultrapassada dos símios.

quadrúpede (qua.**drú**.pe.de) s.m. e adj.2g. 1. (Zoo.) (Animal) que tem quatro patas: *a girafa e a vaca são quadrúpedes*. s.m. 2. (Fig.) Pessoa grosseira, mal-educada, estúpida.

quadruplicado (qua.dru.pli.**ca**.do) adj. Multiplicado por quatro.

quadruplicar (qua.dru.pli.**car**) v.t.d. 1. Multiplicar por quatro. v.p. e v.i. 2. Multiplicar-se por quatro.

quádruplo (**quá**.dru.plo) num. 1. Multiplicativo de quatro. adj. 2. Que é quatro vezes maior. s.m. 3. Quantidade quatro vezes maior que outra.

qual pron. inter. 1. Que pessoa ou coisa? conj. 2. Conjunção que liga orações conformativas ou comparativas. pron. rel. 3. Precedido de artigo definido. interj. 4. Exprime espanto, dúvida, oposição.

qualidade (qua.li.**da**.de) s.f. 1. Característica de uma pessoa ou coisa. 2. Atributo. 3. Casta; condição social. 4. Condição civil ou jurídica. 5. Espécie.

qualificação (qua.li.fi.ca.**ção**) s.f. Ato de qualificar ou classificar; classificação.

qualificado (qua.li.fi.**ca**.do) adj. 1. Que tem certas qualidades. 2. Nobre; de posição elevada. 3. Habilitado para certa função.

qualificador (qua.li.fi.ca.**dor**) [ô] s.m. e adj. (O) que qualifica.

qualificar (qua.li.fi.**car**) v.t.d. 1. Classificar. 2. Atribuir qualidade. 3. Tornar nobre ou ilustre. 4. Avaliar.

qualificativo (qua.li.fi.ca.**ti**.vo) adj. Que qualifica ou atribui qualidade.

qualificável (qua.li.fi.**cá**.vel) adj.2g. Que pode ser qualificado.

qualitativo (qua.li.ta.**ti**.vo) adj. Que diz respeito à qualidade ou natureza dos objetos.

qualquer (qual.**quer**) pron. indef. Pessoa, coisa ou lugar indeterminado; alguém, algum, todo, cada.

quando (**quan**.do) adv. 1. Em que ocasião. conj. 2. No momento em que.

quantia (quan.**ti**.a) s.f. Quantidade ou importância em dinheiro; porção.

quântico (**quân**.ti.co) adj. (Fís.) Diz-se de sistemas quantificados.

quantidade (quan.ti.**da**.de) s.f. 1. Grandeza expressa em números. 2. Qualidade do que pode ser medido ou numerado. 3. Abundância.

quantificar (quan.ti.fi.**car**) v.t.d. Avaliar a quantidade ou o valor de.

quantitativo (quan.ti.ta.**ti**.vo) adj. Indicativo de quantidade.

quanto (**quan**.to) pron. inter. 1. Que quantidade, qual número: *quanto é? foi ver quantas flores se abriram*. pron. rel. 2. Precedido de "tanto" ou "tudo": *ignoro tudo quanto se diz por aí*. adv. 3. De que modo: *quanto se sofre por amor!*

quantum (**quan**.tum) s.m. (Fís.) Quantidade indivisível de energia eletromagnética. ▫ Pl. *quanta*.

quão adv. Quanto; como.

quarador (qua.ra.**dor**) [ô] s.m. Lugar onde se põe a roupa para quarar (ou corar).

quarar (qua.**rar**) v.t.d. Expor roupa branca ensaboada ao sol; alvejar; corar.

quarenta (qua.**ren**.ta) num. 1. Numeral cardinal que corresponde a 40, ou quatro dezenas. s.m. 2. Esse número.

quarentão (qua.ren.**tão**) s.m. Indivíduo que já completou quarenta anos.

quarentena (qua.ren.**te**.na) [ê] s.f. 1. Espaço de quarenta dias. 2. Período de isolamento, quando a pessoa está acometida de doença contagiosa. 3. Quaresma.

Quaresma (qua.**res**.ma) [é] s.f. (Relig.) No cristianismo, período de quarenta dias que começa na quarta-feira de Cinzas e termina no domingo de Páscoa, em que tradicionalmente não se faziam festas ou comemorações, se jejuava nas quartas e sextas.

quaresmeira (qua.res.**mei**.ra) *s.f.* (*Bot.*) Árvore brasileira que se enche de flores roxas no período da Quaresma.

quark [inglês: "quárqui"] *s.m.* (*Fís.*) Tipo de partícula atômica elementar.

quartã (quar.**tã**) *adj.* Diz-se da febre intermitente, que se repete a cada quatro dias.

quarta (**quar**.ta) *s.f.* **1.** Uma das quatro partes iguais em que se divide algo. **2.** Forma reduzida de quarta-feira. **3.** Numeral ordinal, feminino de *quarto*.

quarta de final (quar.ta de fi.**nal**) *s.f.* (*Esp.*) Etapa de quatro jogos de futebol em que oito equipes disputam um lugar nas semifinais.

quarta-feira (quar.ta-**fei**.ra) *s.f.* O quarto dia da semana, começada no domingo, e o terceiro dos dias úteis. ▫ Pl. *quartas-feiras*.

quartanista (quar.ta.**nis**.ta) *s.2g.* Aluno que frequenta o quarto ano de um curso.

quartear (quar.te.**ar**) *v.t.d.* Dividir em quatro partes (ou quatro cores).

quarteirão (quar.tei.**rão**) *s.m.* **1.** Um quarto de cem. **2.** Grupo de casas (ou prédios) formando um quadrilátero; quadra.

quartel (quar.**tel**) *s.m.* **1.** Alojamento de tropas; caserna. **2.** Um quarto de século (vinte e cinco anos).

quartelada (quar.te.**la**.da) *s.f.* Motim ou rebelião de militares.

quartel-general (quar.tel-ge.ne.**ral**) *s.m.* **1.** Lugar ocupado pelos oficiais generais e seu estado-maior, em caso de prontidão. **2.** Repartição onde fica o general comandante e de onde emanam as ordens superiores. ▫ Pl. *quartéis-generais*.

quarteto (quar.**te**.to) [ê] *s.m.* **1.** (*Lit.*) Estrofe de quatro versos. (*Mús.*) **2.** Conjunto de quatro vozes ou quatro instrumentos. **3.** Banda formada por quatro pessoas.

quartilho (quar.**ti**.lho) *s.m.* Medida antiga que correspondia a pouco mais de meio litro.

quartinha (quar.**ti**.nha) *s.f.* (*Folc.*) Utensílio de barro cozido para guardar água; moringa, bilha.

quartinho (quar.**ti**.nho) *s.m.* **1.** Quarto pequeno; cubículo. **2.** Banheiro.

quarto (**quar**.to) *num.* **1.** (O) que está na posição do número 4; numeral ordinal que corresponde a esse número: *chegou em quarto lugar*. **2.** Cada uma das partes de algo que foi dividido igualmente em quatro; numeral fracionário correspondente a 1/4: *um quarto de 100 é 25; um quarto de hora é 15 minutos*. *s.m.* **3.** Compartimento onde se dorme. **4.** (*Astron.*) Fase da Lua entre a cheia e a nova: *quarto crescente e quarto minguante*.

quarto de milha (quar.to de **mi**.lha) *s.m. e adj.* (Cavalo) de uma raça criada nos EUA para disputar corridas em percurso de um quarto de milha, aprox. 400 metros, e cuidar de gado.

quartzífero (quart.**zí**.fe.ro) *adj.* Que contém quartzo.

quartzo (**quart**.zo) *s.m.* Mineral, óxido de silício, também conhecido como cristal de rocha.

Quarup (Qua.**rup**) *s.m.* Ritual dos indígenas da região do rio Xingu, em homenagem a falecidos importantes, com várias danças.

quase (**qua**.se) *adv.* Aproximadamente; perto de; por pouco; pouco menos.

quásia (**quá**.si.a) *s.f.* (*Bot.*) Árvore de pequeno porte, originária da Amazônia e da América Central.

quasímodo (qua.**sí**.mo.do) *s.m.* (*próprio*) **1.** Personagem principal do livro *O corcunda de Notre Dame*, de Victor Hugo. **2.** (*P. ext.*) Monstro; monstrengo.

quaternário (qua.ter.**ná**.ri.o) *adj.* **1.** Que tem quatro unidades ou é formado por quatro elementos. **2.** (*Mús.*) Diz-se do compasso de quatro tempos. *s.m.* **3.** (*Geo.*) Período da história da Terra hoje chamado Neogeno.

quaterno (qua.**ter**.no) *adj.* Que se compõe de quatro coisas.

quati (qua.**ti**) *s.m.* (*Zoo.*) Mamífero carnívoro que vive em bandos.

quatorze (qua.**tor**.ze) *num.* O mesmo que *catorze*.

quatrienal (qua.tri.e.**nal**) *adj.2g.* **1.** Relacionado a quatriênio. **2.** Que ocorre a cada quatro anos. O mesmo que *quadrienal*.

quatriênio (qua.tri.**ê**.ni.o) *s.m.* Período de quatro anos sucessivos. O mesmo que *quadriênio*.

quatrilhão (qua.tri.**lhão**) *num.* **1.** Numeral cardinal que corresponde a mil trilhões. *s.m.* **2.** Esse número.

quatro (**qua**.tro) *num.* **1.** Numeral cardinal que corresponde a 4, ou três mais um. *s.m.* **2.** Esse número.

quatrocentão (qua.tro.cen.**tão**) *s.m. e adj.* (Paulista) que pertence a uma família tradicional.

quatrocentista (qua.tro.cen.**tis**.ta) *adj.2g.* **1.** Relativo ao período de 1401 a 1500. *s.2g.* **2.** Pessoa, em especial escritor ou outro artista, que viveu nesse período.

quatrocentos (qua.tro.**cen**.tos) *num.* **1.** Numeral cardinal que corresponde a 400, ou quatro centenas. *s.m.* **2.** Esse número.

quatro-olhos (qua.tro-**o**.lhos) *s.2g. e 2n.* (*Pop.*) Pessoa que usa óculos.

que *conj.* **1.** Liga orações coordenadas explicativas: *venha, que já é tarde*. **2.** Liga uma oração subordinada consecutiva ao período: *comeu tanto que passou mal*. **3.** Liga uma oração subordinada ao período: *quero que você venha*. *pron. rel.* **4.** O qual, a qual, os quais, as quais: *é essa a flor que colhi*. *pron. indef. e inter.* **5.** Qual: *que flor é esta? adv.* **6.** Quão, quanto: *que quente está a noite! que coisa!*

quê *s.m.* **1.** Nome da letra Q. **2.** Alguma coisa; algo: *não sei o quê da questão*. *interj.* **3.** Exprime espanto, admiração: *quê! pron. rel. e inter.* **4.** Qual coisa: *ele ria e ninguém sabia de quê*.

quebra (**que**.bra) *s.f.* **1.** Ato de quebrar. **2.** Diminuição. **3.** Falência. **4.** Dobra; vinco. **5.** Transgressão.

quebra-cabeça (que.bra-ca.**be**.ça) [ê] *s.m.* **1.** Jogo com pecinhas que se encaixam formando figuras. **2.** (*Fig.*) Problema difícil de resolver. **3.** Adivinhação; passatempo. ▫ Pl. *quebra-cabeças*.

quebra-coco (que.bra-**co**.co) [ô] s.m. (*Folc.*) Coco. ▣ Pl. *quebra-cocos*. Obs.: este vocábulo não consta do *Volp*.
quebrada (que.**bra**.da) s.f. **1.** Curva no caminho. **2.** Declive. **3.** Depressão. **4.** (*Fig.*) Lugar perigoso.
quebradeira (que.bra.**dei**.ra) s.f. **1.** Cansaço; desânimo. **2.** (*Fig.*) Falta de dinheiro.
quebradiço (que.bra.**di**.ço) *adj*. Que se quebra com facilidade; frágil.
quebrado (que.**bra**.do) *adj*. **1.** Que se quebrou; partido. (*Fig.*) **2.** Cansado, desanimado. **3.** Sem dinheiro; falido.
quebradouro (que.bra.**dou**.ro) s.m. Parte da praia onde as ondas se quebram; rebentação.
quebra-galho (que.bra-**ga**.lho) s.m. **1.** O que ajuda a eliminar uma dificuldade, mesmo que provisoriamente. **2.** Suplente, substituto temporário. ▣ Pl. *quebra-galhos*.
quebra-gelos (que.bra-**ge**.los) [ê] s.m.2n. Navio construído especialmente para navegar em mares congelados. ▣ Pl. *quebra-gelos*.
quebra-luz (que.bra-**luz**) s.m. Peça que protege os olhos da luz forte; abajur. ▣ Pl. *quebra-luzes*.
quebra-mar (que.bra-**mar**) s.m. Paredão construído para conter a força das ondas e das correntezas nos ancoradouros. ▣ Pl. *quebra-mares*.
quebra-nozes (que.bra-**no**.zes) s.m.2n. Tipo de alicate especialmente feito para quebrar nozes, amêndoas etc. ▣ Pl. *quebra-nozes*.
quebrantado (que.bran.**ta**.do) *adj*. Abatido; desanimado; debilitado.
quebrantar (que.bran.**tar**) v.t.d. **1.** Quebrar. **2.** Destruir. **3.** Amansar. **4.** Abater. **5.** Debilitar. v.p. **6.** Enfraquecer-se.
quebranto (que.**bran**.to) s.m. **1.** Prostração; desânimo. **2.** (*Folc.*) Influência negativa ou maléfica causada por olho-gordo; mau-olhado.
quebra-pau (que.bra-**pau**) s.m. Briga muito violenta. ▣ Pl. *quebra-paus*.
quebra-pedra (que.bra-**pe**.dra) s.m. (*Bot.*) Planta medicinal diurética. ▣ Pl. *quebra-pedras*.
quebra-quebra (que.bra-**que**.bra) s.m. Tumulto, confusão em geral de rua, com depredação. ▣ Pl. *quebra-quebras*.
quebrar (que.**brar**) v.t.d. **1.** Despedaçar; partir. **2.** Infringir. **3.** Interromper. **4.** Debilitar. v.i. **5.** Rachar-se; romper-se. **6.** Falir. **7.** Enguiçar. v.p. **8.** Partir-se; fazer-se em pedaços.
quebra-vento (que.bra-**ven**.to) s.m. Dispositivo que visa desviar (ou impedir a passagem de) o vento, como a janelinha existente nas portas dianteiras dos automóveis. ▣ Pl. *quebra-ventos*.
queda (**que**.da) s.f. **1.** Ato de cair; tombo. **2.** Descida; declive. **3.** Decadência. **4.** Tendência; inclinação.
queda-d'água (que.da-**d'á**.gua) s.f. Catarata, cachoeira, salto, cascata. ▣ Pl. *quedas-d'água*.
queda de braço (que.da de **bra**.ço) s.f. **1.** Luta de força vencida por aquele que encostar o antebraço do adversário na mesa; luta de braço. **2.** (*Fig.*) Conflito demorado, com equilíbrio de forças.

quedar (que.**dar**) v.i. e v.p. **1.** Ficar quedo. **2.** Deter-se. **3.** Conservar-se. v.lig. **4.** Permanecer; continuar. Obs.: pres. do ind.: *quedo* [é], *quedas* [é], *queda* [é] etc.; pres. do subj.: *quede* [é], *quedes* [é], *quede* [é] etc.
quedo (**que**.do) [ê] *adj*. Sem movimento; imóvel.
quefazeres (que.fa.**ze**.res) s.m.pl. Ocupações; negócios; afazeres.
queijadinha (quei.ja.**di**.nha) s.f. (*Culin.*) Doce que se faz com queijo, coco, leite, açúcar e ovos.
queijar (quei.**jar**) v.i. Preparar queijos.
queijeira (quei.**jei**.ra) s.f. **1.** Aquele que fabrica queijos. **2.** Recipiente onde se guarda o queijo.
queijo (**quei**.jo) s.m. Produto derivado do leite e obtido com a fermentação da caseína, depois de coalhado o leite: *existem queijos frescos, como o típico de Minas, e queijos curados, que ficam amarelos*. Queijo branco: queijo fresco mineiro.
queima (**quei**.ma) s.f. **1.** Ato de queimar. **2.** Combustão. **3.** Incêndio. **4.** Espetáculo pirotécnico. **5.** Liquidação. **6.** Queimação. Cf. *queima-roupa*.
queimação (quei.ma.**ção**) s.f. **1.** Queima. **2.** Sensação de ardor.
queimada (quei.**ma**.da) s.f. **1.** Queima, incêndio proposital de mato ou pastos a fim de prepará-los para novo plantio. **2.** Local onde ocorre esse incêndio controlado. **3.** (*Folc.*) Disputa em que se tenta acertar os jogadores da outra equipe jogando a bola com as mãos, em que perde o ponto quem for atingido e não segurar a bola e ganha o time do último a ser atingido.
queimado (quei.**ma**.do) *adj*. **1.** Incendiado; consumido pelo fogo. **2.** Tostado. **3.** Bronzeado. s.m. **4.** Cheiro de mato (ou comida) que queimou. **5.** (*Fig.*) Aborrecido, ofendido, zangado.
queimador (quei.ma.**dor**) [ô] *adj*. **1.** Que queima. s.m. **2.** Boca do fogão em que se acende o fogo.
queimadura (quei.ma.**du**.ra) s.f. Lesão, que pode variar de branda a seriíssima, causada pela ação do fogo ou pela exposição longa ao sol.
queimar (quei.**mar**) v.t.d. **1.** Pôr fogo; incendiar; destruir pelo fogo. **2.** Reduzir a cinzas. **3.** Produzir queimaduras. **4.** Perder o viço (uma planta). v.p. **5.** Sofrer queimaduras; incendiar-se. **6.** (*Fig.*) Ofender-se, irritar-se. **7.** Perder o prestígio; ficar malvisto.
queima-roupa (quei.ma-**rou**.pa) s.f. À queima-roupa: de muito perto: *tomou um tiro à queima-roupa e morreu logo*. Obs.: segundo o Acordo Ortográfico de 1990, emprega-se o hífen neste vocábulo por tratar-se de uma exceção consagrada pelo uso (Base XV, art. 6°). Cf. *queima*.
queixa (**quei**.xa) s.f. **1.** Ato de queixar-se. **2.** Censura. **3.** Mágoa; lamentação. **4.** Reivindicação feita a uma autoridade por danos ou ofensas recebidas.
queixada (quei.**xa**.da) s.f. **1.** Queixo grande. s.m. (*epiceno*). **2.** (*Zoo.*) Suíno selvagem da América do Sul, que bate o queixo quando perseguido; caititu, porco-do-mato.

queixar-se (quei.**xar**-se) *v.p.* **1.** Lamentar-se; lastimar-se. **2.** Manifestar dor. **3.** Mostrar-se ofendido. **4.** Censurar. **5.** Denunciar formalmente ofensas ou danos recebidos.

queixo (quei.xo) *s.m.* Mandíbula; maxila inferior.

queixoso (quei.**xo**.so) [ô] *adj.* **1.** Que se queixa. *s.m.* **2.** O ofendido; aquele que fez queixa contra o ofensor. ▣ Pl. *queixosos* [ó].

queixudo (quei.**xu**.do) *adj.* Que tem o queixo grande.

queixume (quei.**xu**.me) *s.m.* Lamentação; lamúria; queixa.

queloide (que.**loi**.de) [ói] *s.m.* Cicatriz com pele mais espessa e de cor diferente.

quelônio (que.**lô**.ni.o) *s.m.* (Zoo.) Réptil que tem um casco ou estojo ósseo protegendo o corpo, como a tartaruga, o cágado e o jabuti.

quem *pron. indef. e rel.* **1.** Uma ou mais pessoas. *pron. inter.* **2.** Qual pessoa?

quenga (**quen**.ga) *s.f.* (Pop.) Meretriz; prostituta.

queniano (que.ni.**a**.no) *adj.* **1.** Do Quênia, país da África. *s.m.* **2.** Pessoa natural ou habitante desse lugar.

quenopodiácea (que.no.po.di.**á**.ce.a) *s.f.* (Bot.) Planta que forma um grupo de ervas floríferas, com fruto semelhante a uma noz.

quentão (quen.**tão**) *s.m.* (Culin.) Bebida forte e quente, típica das festas juninas, feita com chá de gengibre, cachaça, especiarias e calda de açúcar.

quentar (quen.**tar**) *v.t.d.* Esquentar; aquecer; requentar.

quente (**quen**.te) *adj.2g.* **1.** Que transmite calor; cálido. **2.** De temperatura elevada. **3.** Ardente. **4.** (Fig.) Entusiasmado. **5.** (Fig.) Sensual. **6.** (Fig.) Legítimo; original. *s.m.* **7.** Lugar aconchegante.

quentura (quen.**tu**.ra) *s.f.* (Pop.) Qualidade do que está quente; calor.

quepe (**que**.pe) [é] *s.m.* Boné usado pelos militares.

quer *conj.* (alternativa). Unindo alternativas; ou; ora: *quer você queira, quer não queira, isso irá acontecer um dia*.

querela (que.**re**.la) [é] *s.f.* **1.** Acusação criminal apresentada em juízo contra alguém. **2.** Queixa; discussão.

querelante (que.re.**lan**.te) *s.2g. e adj.2g.* (Aquele) que querela.

querelar (que.re.**lar**) *v.t.i.* **1.** Entrar com queixa criminal em juízo. **2.** Promover querela contra. *v.p.* **3.** Duelar-se. **4.** Queixar-se.

querena (que.**re**.na) [ê] *s.f.* (Náut.) Parte do navio que fica mergulhada na água.

querença (que.**ren**.ça) *s.f.* Ato de querer; afeição; afeto.

querência (que.**rên**.ci.a) *s.f.* **1.** Lugar onde o gado é criado ou pasta. **2.** Local onde se nasceu ou onde se mora.

querer (que.**rer**) *v.t.d.* **1.** Desejar; ambicionar; cobiçar. **2.** Exigir; ordenar. **3.** Apetecer. *v.t.d. e v.t.i.* **4.** Gostar de; sentir afeição por. *v.p.* **5.** Amar-se mutuamente. *s.m.* **6.** Afeto; afeição. Obs.: pres. do ind.: *quero, queres, quer, queremos, quereis, querem*; pret. imperf.: *queria, querias, queria* etc.; pret. perf.: *quis, quiseste, quis* etc.; pret. mqp.: *quisera, quiseras, quisera* etc.; fut. do pres.: *quererei, quererás, quererá* etc.; fut. do pret.: *quereria, quererias, quereria* etc.; pres. do subj.: *queira, queiras, queira* etc.; imperf. do subj.: *quisesse, quisesses, quisesse* etc.; fut. do sub.: *quiser, quiseres, quiser* etc. ger.: *querendo*; part.: *querido*.

querido (que.**ri**.do) *s.m. e adj.* **1.** (Aquele) a quem se quer muito bem. **2.** (Aquilo) que se ambiciona ou apetece.

quermesse (quer.**mes**.se) *s.f.* Feira geralmente beneficente e realizada no mês de junho, com barraquinhas, comidas típicas, brincadeiras, jogos e muitas prendas.

quero-quero (que.ro-**que**.ro) *s.m.* (Zoo.) Ave pernalta de penacho, muito comum no Rio Grande do Sul, no Nordeste e em outras regiões brasileiras. ▣ Pl. *quero-queros*.

querosene (que.ro.**se**.ne) *s.m.* Derivado do petróleo que se usa como combustível e no preparo de inseticidas.

querubim (que.ru.**bim**) *s.m.* **1.** (Relig.) Anjo de primeira hierarquia. **2.** (P. ext.) Criança bonita.

quesito (que.**si**.to) *s.m.* **1.** Ponto (ou questão) que deve ser julgado. **2.** Requisito. **3.** Opinião.

questão (ques.**tão**) *s.f.* **1.** Pergunta. **2.** Problema. **3.** Discussão. **4.** Discórdia. **5.** Tese.

questionamento (ques.ti.o.na.**men**.to) *s.m.* Ação de questionar; controvérsia.

questionar (ques.ti.o.**nar**) *v.t.d., v.t.i., v.t.d.i. e v.i.* **1.** Perguntar; interrogar. **2.** Duvidar, discutir, discordar. *v.p.* **3.** Interrogar a si mesmo; investigar-se.

questionário (ques.ti.o.**ná**.ri.o) *s.m.* Lista ou série de questões; interrogatório.

questionável (ques.ti.o.**ná**.vel) *adj.2g.* **1.** Suscetível de se questionar; duvidoso. **2.** Problemático; incerto.

questiúncula (ques.ti.**ún**.cu.la) *s.f.* **1.** Questão (ou discussão) sem importância. **2.** Diminutivo de *questão*.

quiabeiro (qui.a.**bei**.ro) *s.m.* (Bot.) Planta de origem africana que dá o quiabo.

quiabo (qui.**a**.bo) *s.m.* (Bot.) Fruto hortense longo e facetado, verde e peludo, muito utilizado na culinária, sobretudo baiana.

quibe (**qui**.be) *s.m.* (Culin.) Alimento de origem árabe, preparado com carne moída, temperos e trigo integral.

quibebe (qui.**be**.be) [é] *s.m.* (Culin.) Prato típico brasileiro, que consiste em um creme salgado feito de abóbora e temperos.

quiçá (qui.**çá**) *adv.* Talvez; porventura; por acaso.

quicar (qui.**car**) *v.i.* Saltar; pular; repicar: *as bolinhas de gude quicaram pela calçada*.

quíchua (**quí**.chua) *s.2g.* **1.** Indivíduo dos quíchuas, povo indígena que vive no Peru. *adj.2g.* **2.** Relacionado a esse povo. *s.m.* **3.** Língua desse povo.

quietação (qui.e.ta.**ção**) s.f. Tranquilidade; sossego; calma; quietude.

quietar (qui.e.**tar**) v.t.d. **1.** Tranquilizar; acalmar. v.p. e v.i. **2.** Tranquilizar-se; aquietar-se.

quietismo (qui.e.**tis**.mo) s.m. **1.** Doutrina mística observada na Espanha e na França (século XVII), segundo a qual a perfeição moral estava na anulação da própria vontade. **2.** Indiferença; apatia.

quieto (qui.**e**.to) [é] adj. **1.** Sem movimentos; que não se mexe. **2.** Tranquilo; pacífico.

quietude (qui.e.**tu**.de) s.f. Tranquilidade; paz; sossego; quietação.

quilate (qui.**la**.te) s.m. **1.** Pureza e perfeição que se atribuem ao ouro e às pedras preciosas. **2.** Peso que equivale a 199 miligramas. **3.** (Fig.) Qualidade; perfeição.

quilha (**qui**.lha) s.f. (Náut.) Peça reforçada de madeira que sustenta todo o casco de uma embarcação, da popa à proa.

quilo (**qui**.lo) s.m. **1.** Líquido leitoso a que ficam reduzidos os alimentos no final da digestão. **2.** Forma reduzida (e muito utilizada) de quilograma.

quilobyte (qui.lo.**by**.te) s.m. Mil *bytes*, símbolo KB. Obs.: do inglês *kilobyte [quilobáite]*.

quilograma (qui.lo.**gra**.ma) s.m. Unidade de massa que equivale a mil gramas (kg); quilo.

quilogrâmetro (qui.lo.**grâ**.me.tro) s.m. (Fís.) Unidade de medida de trabalho que corresponde à energia necessária para erguer um peso de um quilograma a uma altura de um metro, em apenas um segundo, de símbolo kgm.

quilo-hertz (qui.lo-**hertz**) s.m.2n. (Fís.) Unidade de medida de frequência correspondente a mil hertz, de símbolo *kHz*.

quilombo (qui.**lom**.bo) s.m. **1.** Lugar, no meio do mato onde os escravos se escondiam após a fuga; mocambo. **2.** (Folc.) Certa dança dramática pernambucana.

quilombola (qui.lom.**bo**.la) s.2g. Nome dado ao escravo negro que se refugiava em um quilombo.

quilometragem (qui.lo.me.**tra**.gem) s.f. **1.** Total de quilômetros percorridos. **2.** Ato de quilometrar.

quilometrar (qui.lo.me.**trar**) v.t.d. Medir (ou marcar) os quilômetros percorridos. Obs.: pres. do ind.: *quilometro, quilometras, quilometra* etc.; pres. do subj.: *quilometre, quilometres, quilometre* etc.

quilométrico (qui.lo.**mé**.tri.co) adj. **1.** Relacionado a quilômetro, medido em quilômetro. **2.** (Fig.) Muito grande.

quilômetro (qui.**lô**.me.tro) s.m. Unidade de comprimento que corresponde a mil metros (km).

quilowatt (qui.lo.**watt**) [uót] s.m. Unidade de potência que corresponde a mil watts, de símbolo kW.

quilowatt-hora (qui.lo.watt-**ho**.ra) [uót] s.m. Unidade de energia que se usa para designar o consumo de instalações elétricas, de símbolo kWh. ▫ Pl. *quilowatts-hora*.

quimbanda (quim.**ban**.da) s.f. **1.** Ritual de macumba. **2.** Lugar onde se realiza o ritual. **3.** Grão-sacerdote do ritual banto.

quimbundo (quim.**bun**.do) s.m. **1.** Indivíduo dos quimbundos, povo negro de Angola de que foram trazidos para o Brasil numerosos elementos. adj. **2.** Relacionado a esse povo. s.m. **3.** Língua banta que deu origem a numerosas palavras do português falado no Brasil.

quimera (qui.**me**.ra) [é] s.f. **1.** (Mit.) Monstro que tinha cabeça de leão, corpo de cabra e cauda de dragão. **2.** (Fig.) Fruto da imaginação; fantasia.

quimérico (qui.**mé**.ri.co) adj. Que diz respeito a quimera; imaginário; fantástico; utópico.

quimiatria (qui.mi.a.**tri**.a) s.f. Sistema médico que defende a adoção de agentes químicos.

química (**quí**.mi.ca) s.f. Ciência que estuda a natureza, transformações e propriedades das substâncias químicas.

químico (**quí**.mi.co) adj. **1.** Que diz respeito à química. s.m. **2.** Especialista em química.

químico-industrial (quí.mi.co-in.dus.tri.**al**) s.2g. Aquele que exerce a profissão de químico em indústrias. ▫ Pl. *químicos-industriais*.

quimificação (qui.mi.fi.ca.**ção**) s.f. (Bio.) Elaboração do quimo.

quimificar (qui.mi.fi.**car**) v.t.d. (Bio.) Transformar em quimo.

quimiluminescência (qui.mi.lu.mi.nes.**cên**.ci.a) s.f. (Quím.) O mesmo que *quimioluminescência*.

quimioluminescência (qui.mi.o.lu.mi.nes.**cên**.ci.a) s.f. (Quím.) Fenômenos luminosos gerados por algumas reações químicas. O mesmo que *quimiluminescência*.

quimioterapia (qui.mi.o.te.ra.**pi**.a) s.f. Tratamento de doenças com substâncias químicas.

quimioterápico (qui.mi.o.te.**rá**.pi.co) adj. Que diz respeito à quimioterapia.

quimo (**qui**.mo) s.m. (Bio.) Pasta em que os alimentos se transformam após a primeira elaboração no estômago.

quimono (qui.**mo**.no) [ô] s.m. **1.** Túnica de mangas largas e sem costuras, usada no Japão. **2.** Tipo de roupão que se assemelha ao quimono japonês.

quina (**qui**.na) s.f. **1.** Série de cinco números, no jogo de bingo ou víspora. **2.** Ângulo, esquina. **3.** (Bot.) Árvore de cuja casca se extrai uma substância com propriedades medicinais.

quinar (qui.**nar**) v.i. Fazer uma quina.

quinarana (qui.na.**ra**.na) s.f. (Bot.) Árvore ou arbusto de que se extrai uma substância com propriedades aromáticas e medicinais.

quinário (qui.**ná**.ri.o) adj. **1.** Que tem ou contém cinco. **2.** Divisível por cinco. **3.** Composto de cinco. **4.** Diz-se de verso ou vocábulo de cinco sílabas; pentassílabo. **5.** (Mús.) Diz-se de compasso que tem cinco tempos. s.m. **6.** Moeda de prata da terceira grandeza.

quinau (qui.**nau**) s.m. (Raro) Correção de erro acintosa; corretivo, lição.

quindênio (quin.dê.ni.o) [ü] s.m. **1.** Porção de quinze. **2.** Período de quinze dias seguidos; quinzena. **3.** Pagamento por quinze dias de trabalho; quinzena.

quindim (quin.dim) s.m. (Culin.) **1.** Doce tradicional de refeições solenes, preparado com coco, gemas e açúcar. **2.** (Fig.) Meiguice; encanto.

quingentésimo (quin.gen.té.si.mo) [ü] num. **1.** Numeral ordinal que corresponde à posição do número 500. **2.** Numeral fracionário correspondente a 1/500.

quinhão (qui.nhão) s.m. A parte de um todo que cabe a cada um (dos que dividem); cota; porção.

quinhentismo (qui.nhen.tis.mo) s.m. (Lit.) Movimento literário compreendido entre 1500 e 1599.

quinhentista (qui.nhen.tis.ta) adj.2g. **1.** Que diz respeito ao quinhentismo. s.2g. **2.** Escritor (ou artista) que viveu entre 1500 e 1599 (século XVI).

quinhentos (qui.nhen.tos) num. **1.** Numeral cardinal que corresponde a 500, ou cinco centenas. s.m. **2.** Esse número.

quinhoar (qui.nho.ar) v.t.d. Aquinhoar; compartilhar; dividir em quinhões.

quinhoeiro (qui.nho.ei.ro) s.m. Aquele que tem um quinhão a receber em uma partilha.

quinina (qui.ni.na) s.f. (Quím.) Alcaloide vegetal extraído da casca da quina.

quinino (qui.ni.no) s.m. Sulfato extraído da quinina.

quinquagenário (quin.qua.ge.ná.ri.o) [ü] s.m. e adj. (Aquele) que está na casa dos cinquenta anos; cinquentão.

quinquagésima (quin.qua.gé.si.ma) [ü] s.f. Período de cinquenta dias.

quinquagésimo (quin.qua.gé.si.mo) [ü] num. **1.** (O) que está na posição do número 50; numeral ordinal que corresponde a esse número. **2.** Numeral fracionário correspondente a 1/50.

quinquenal (quin.que.nal) [ü...ü] adj.2g. Que dura um quinquênio.

quinquênio (quin.quê.ni.o) [ü...ü] s.m. Período de cinco anos.

quinquídio (quin.quí.di.o) [ü...ü] s.m. Período de cinco dias.

quinquilharia (quin.qui.lha.ri.a) s.f. **1.** Objeto de pouco valor. **2.** Bagatela, miudeza. **3.** Tralha, brinquedos de criança.

quinta (quin.ta) s.f. **1.** Propriedade rústica. **2.** Fazenda; chácara. **3.** Forma reduzida de quinta-feira. **4.** Numeral ordinal, feminino de *quinto*.

quinta-coluna (quin.ta-co.lu.na) s.2g. Pessoa que colabora com o invasor; traidor. ▣ Pl. *quinta-colunas*.

quinta-essência (quin.ta-es.sên.ci.a) s.f. O mesmo que *quintessência*. ▣ Pl. *quinta-essências*.

quinta-feira (quin.ta-fei.ra) s.f. Quinto dia da semana, que começa no domingo, e o quarto dos dias úteis. ▣ Pl. *quintas-feiras*.

quintal (quin.tal) s.m. **1.** Antigo peso de quatro arrobas. **2.** Área em geral atrás da casa e que pode ter jardim, horta etc.

quintessência (quin.tes.sên.ci.a) s.f. Essência mais pura, espírito profundo: *a quintessência de um ensinamento religioso*. O mesmo que *quinta-essência*.

quinteto (quin.te.to) [ê] s.m. (Mús.) **1.** Composição para cinco vozes ou cinco instrumentos. **2.** Conjunto ou banda formada de cinco pessoas.

quintilha (quin.ti.lha) s.f. Estrofe de cinco versos; quinteto.

quintilhão (quin.ti.lhão) num. Numeral cardinal que corresponde a mil quatrilhões.

quinto (quin.to) num. **1.** (O) que está na posição do número 5; numeral ordinal que corresponde a esse número. **2.** Cada uma das partes de algo que foi dividido igualmente em cinco; numeral fracionário correspondente a 1/5: *um quinto de 10 é 2*. s.m. **3.** (Hist.) No período colonial, imposto de 20% que era cobrado pela Coroa portuguesa sobre o ouro extraído em Minas Gerais.

quintuplicação (quin.tu.pli.ca.ção) s.f. Ato de quintuplicar ou de multiplicar por cinco.

quintuplicar (quin.tu.pli.car) v.t.d. e v.p. Multiplicar(-se) por cinco.

quíntuplo (quín.tu.plo) num. **1.** Multiplicativo de cinco. s.m. **2.** Quantidade cinco vezes maior que outra.

quinze (quin.ze) num. **1.** Numeral cardinal que corresponde a 15, ou uma dezena mais cinco. s.m. **2.** Esse número.

quinzena (quin.ze.na) s.f. **1.** Período de quinze dias. **2.** Pagamento por quinze dias de trabalho; quindênio

quinzenal (quin.ze.nal) adj.2g. Que ocorre de quinze em quinze dias.

quinzenário (quin.ze.ná.ri.o) s.m. Periódico quinzenal; jornal que é editado a cada quinze dias.

quiosque (qui.os.que) [ó] s.m. Pequeno pavilhão de palha ou madeira, instalado nas praças, praias etc., para venda de flores, revistas, bebidas, lanches rápidos etc.

quipá (qui.pá) s.m. Cobertura redonda para a cabeça, semelhante a um solidéu, usada pelos homens judeus em certas cerimônias religiosas.

quiproquó (qui.pro.quó) [ü] s.m. Confusão; equívoco; engano.

quirera (qui.re.ra) [é] **1.** Parte mais grossa de uma substância pulverizada que não passa pela peneira. **2.** Milho partido usado na alimentação de aves e pintos.

quirguiz (quir.guiz) adj.2g. **1.** Do Quirguistão, país da Ásia. s.2g. **2.** Pessoa natural ou habitante desse lugar.

quiribatiano (qui.ri.ba.ti.a.no) adj. **1.** De Quiribati, país insular da Oceania. s.m. **2.** Pessoa natural ou habitante desse lugar.

quiriri (qui.ri.ri) s.2g. **1.** Indivíduo dos quiriris, povo indígena que vive hoje na Bahia. adj.2g. **2.** Relacionado a esse povo.

quiromancia (qui.ro.man.ci.a) s.f. Adivinhação pela leitura das linhas da palma da mão.

quiromante (qui.ro.**man**.te) *s.2g.* Pessoa que pratica a quiromancia.
quisto (**quis**.to) *s.m.* (*Med.*) O mesmo que *cisto*.
quitação (qui.ta.**ção**) *s.f.* Ato de quitar ou de pagar o que se deve.
quitado (qui.**ta**.do) *adj.* Que se quitou; pago, saldado.
quitanda (qui.**tan**.da) *s.f.* Estabelecimento de pequeno porte, onde se vendem frutas, doces, legumes etc.
quitandeiro (qui.tan.**dei**.ro) *s.m.* O dono de uma quitanda, ou aquele que nela trabalha.
quitar (qui.**tar**) *v.t.d.* **1.** Perdoar, saldar, desobrigar: *quitar uma dívida*. *v.t.i.* **2.** Ser dispensado de fazer algo; livrar-se, desembaraçar-se: *quitou-o de ir à missa*. Obs.: verbo com dois particípios: *quitado*, usado com os auxiliares "ter" e "haver", e *quite*, usado com os auxiliares "ser" e "estar".
quite (**qui**.te) *adj.2g.* Desobrigado; livre de uma dívida; desembaraçado.
quitinete (qui.ti.**ne**.te) [é] *s.f.* **1.** Cozinha bem pequena. **2.** Apartamento formado de um pequeno quarto conjugado com a sala, banheiro e pequena cozinha. Obs.: do inglês *kitchenette*.
quitute (qui.**tu**.te) *s.m.* Comida apetitosa; petisco.
quituteiro (qui.tu.**tei**.ro) *s.m. e adj.* (Aquele) que faz iguarias delicadas ou quitutes.
quixaba (qui.**xa**.ba) *s.f.* (*Bot.*) Fruto comestível da quixabeira.
quixabeira (qui.xa.**bei**.ra) *s.f.* (*Bot.*) Árvore que dá a quixaba.
quixotada (qui.xo.**ta**.da) *s.f.* Atitude quixotesca; fanfarrice, bravata.
quixote (qui.**xo**.te) [ó] *s.m.* **1.** Personagem de Miguel de Cervantes, em *Dom Quixote de la Mancha*, pessoa ingênua, lutando por causas utópicas ou contra monstros imaginários. **2.** (*P. ext.*) Indivíduo sonhador; romântico; aventureiro.
quixotesco (qui.xo.**tes**.co) [ê] *adj.* **1.** Que diz respeito a Dom Quixote. **2.** (*P. ext.*) Sonhador; pretensioso.
quiz [inglês: "kuíz"] *s.m.* Espécie de questionário ao qual os participantes geralmente respondem ao vivo em um programa de TV, e que contém perguntas de conhecimentos gerais ou específicos: *ganhou 1 milhão respondendo ao quiz no programa*. ▫ Pl. *quizzes*
quizila (qui.**zi**.la) *s.f.* **1.** Antipatia, inimizade. **2.** Irritação, zanga. O mesmo que *quizília*.
quizilar (qui.zi.**lar**) *v.t.d.* **1.** Causar quizila a; incomodar, aborrecer; enquizilar. *v.i. e v.p.* **2.** Incomodar-se, aborrecer-se, enquizilar.
quizília (qui.**zí**.li.a) *s.f.* O mesmo que *quizila*.
quizumba (qui.**zum**.ba) *s.f.* (*Gír.*) Rolo, briga, confusão.
quociente (quo.ci.**en**.te) *s.m.* **1.** (*Mat.*) Resultado de uma divisão; número que indica quantas vezes o divisor está contido no dividendo: *o quociente de 100 dividido por 2 é 50*. **2.** Resultado de um cálculo ou fórmula com divisão. O mesmo que *cociente*.
quórum (**quó**.rum) *s.m.* Quantidade mínima de membros para que uma assembleia possa funcionar ou votar determinado assunto.
quota (**quo**.ta) [ó] *s.f.* O mesmo que *cota*.
quotidiano (quo.ti.di.**a**.no) *s.m. e adj.* O mesmo que *cotidiano*.
quotização (quo.ti.za.**ção**) *s.f.* O mesmo que *cotização*.
quotizado (quo.ti.**za**.do) *adj.* O mesmo que *cotizado*.
quotizar (quo.ti.**zar**) *v.t.d.* O mesmo que *cotizar*.

Rr

r, R s.m. Décima oitava letra do alfabeto português, consoante, de nome "erre" ou "rê". Obs.: um só *r* entre duas vogais tem som como em *caro* ou *parada*; dois, como em *carro* ou *arredores*.
rã s.f. (Zoo.) Anfíbio de pele lisa, verde ou cinza, com patas fortes e sem cauda, que vive em beiras de lagos e rios, de carne muito apreciada.
Ra Símbolo do elemento químico rádio.
rabada (ra.**ba**.da) s.f. **1.** Pancada com o rabo. **2.** (Culin.) Prato preparado com o rabo bovino em pedaços, cozido até amolecer e servido com pirão ou angu, antigamente tradição para domingo. **3.** Rabadela.
rabadela (ra.ba.**de**.la) [é] s.f. A parte imediatamente posterior do corpo dos peixes, aves e mamíferos; rabada, rabadilha.
rabadilha (ra.ba.**di**.lha) s.f. Rabadela.
rabanada (ra.ba.**na**.da) s.f. **1.** (Culin.) Rodela de pão que se frita, depois de embebida em leite com açúcar e passada em ovos batidos, cobrindo-se com canela antes de servir (doce tradicional típico natalino). **2.** Pancada com o rabo de algum animal. **3.** Rajada forte de vento.
rabanete (ra.ba.**ne**.te) [ê] s.m. (Bot.) Espécie de rábano de raiz curta e carnosa de uma grande variedade.
rábano (**rá**.ba.no) s.m. **1.** (Bot.) Planta hortense do grupo das couves. **2.** A raiz dessas plantas, comestível.
rabdologia (rab.do.lo.**gi**.a) s.f. Método de cálculo com pauzinhos (varetinhas apropriadas) nas quais se acham gravados números simples.
rabdológico (rab.do.**ló**.gi.co) adj. Relacionado à rabdologia.
rabdomancia (rab.do.man.**ci**.a) s.f. Tipo de adivinhação feita por meio de pêndulo ou vareta.
rabdomante (rab.do.**man**.te) s.2g. Aquele que pratica ou se dedica à rabdomancia.
rabdomântico (rab.do.**mân**.ti.co) adj. Referente à rabdomancia.
rabeadura (ra.be.a.**du**.ra) s.f. Ato de rabear; rabeio.
rabear (ra.be.**ar**) v.i. Mexer, balançar ou abanar o rabo ou a cauda.
rabeca (ra.**be**.ca) [é] s.f. **1.** (Mús.) Instrumento de quatro cordas com arco, de timbre mais grave que o do violino. **2.** Vara longa com apoio em forma de cruz, para apoiar o taco no jogo de bilhar. **3.** (Zoo.) Peixe da Amazônia e Guianas, de dorso plúmbeo, abdome claro e cerca de 22 cm de comprimento.
rabecão (ra.be.**cão**) s.m. **1.** (Mús.) Contrabaixo. **2.** Carro público para transporte de cadáveres indigentes.
rabeira (ra.**bei**.ra) s.f. **1.** Parte posterior de um veículo. **2.** A cauda de um vestido. **3.** (Pop.) O último lugar em uma classificação.
rabejar (ra.be.**jar**) v.t.d. **1.** Segurar um touro pelo rabo. v.i. **2.** Arrastar com a cauda do vestido pelo chão, ao caminhar.
rabelaisiano (ra.be.lai.si.**a**.no) [lé] adj. **1.** Referente a François Rabelais (1494-1553), escritor renascentista francês, ou a sua obra. **2.** Picante, satírico e libertino.
rabequista (ra.be.**quis**.ta) s.2g. Músico que toca rabeca.
rabi (ra.**bi**) s.m. **1.** Rabino. **2.** Mês do calendário muçulmano.
rábia (**rá**.bi.a) s.f. **1.** (Med.) Hidrofobia, raiva. **2.** Zanga, ira, rancor, ódio.
rabiar (ra.bi.**ar**) v.i. Raivar; perder a paciência; impacientar-se; zangar-se.
rabicho (ra.**bi**.cho) s.m. **1.** Rabo ou cauda pequena. **2.** Trança de cabelo pendente da nuca. **3.** (Pop.) Amor, paixão, namoro. **4.** Parte dos arreios que passam por baixo da cauda do cavalo e se prendem à sela.
rabicó (ra.bi.**có**) adj. Que não tem rabo ou que tem o rabo cortado; cotó.
rábico (**rá**.bi.co) adj. Relativo à rábia ou hidrofobia.
rabínico (ra.**bí**.ni.co) adj. Relacionado aos rabinos.
rabinismo (ra.bi.**nis**.mo) s.m. Conjunto de princípios que servem de base ao sistema religioso dos rabinos, seu estudo e suas leis.
rabino (ra.**bi**.no) s.m. (Relig.) Doutor das leis religiosas israelitas, sacerdote dos cultos nas sinagogas e conselheiro espiritual de uma comunidade judaica; rabi.
rabiola (ra.bi.**o**.la) s.f. Rabo do papagaio de papel.
rabiscado (ra.bis.**ca**.do) adj. **1.** Que se rabiscou; riscado, traçado. **2.** Mal escrito ou escrito ao acaso. **3.** Desenhado, delineado, esboçado distraidamente.
rabiscador (ra.bis.ca.**dor**) [ô] adj. **1.** Que rabisca, risca ou borra. s.m. **2.** Mau escritor ou redator.
rabiscar (ra.bis.**car**) v.t.d. **1.** Riscar, traçar. **2.** Escrevinhar, escrever apressadamente ou ao acaso.
rabisco (ra.**bis**.co) s.m. **1.** Risco tortuoso, mal traçado; garatuja. **2.** Desenho sem significado. **3.** Letras malfeitas.
rabo (ra.bo) s.m. **1.** (Zoo.) Prolongamento da coluna vertebral de alguns animais, de comprimento

variável; cauda. **2.** Parte final, fim, término. **3.** (Chul.) Ânus. **4.** (Pop.) Sorte.

rabo de arraia (ra.bo de ar.**rai**.a) s.m. Golpe de capoeira em que o lutador gira o tronco com uma das pernas no ar, atingindo o tronco ou cabeça do adversário com o calcanhar ou com o dorso do pé.

rabo de cavalo (ra.bo de ca.**va**.lo) s.m. Penteado em que se prende os cabelos compridos em um só ponto, na nuca ou no alto da cabeça, deixando o resto dos fios soltos.

rabo de galo (ra.bo de **ga**.lo) s.m. Coquetel feito de cachaça e vermute. Cf. *rabo-de-galo*.

rabo-de-galo (ra.bo-de-**ga**.lo) s.m. Certa flor. Cf. *rabo de galo*.

rabo de palha (ra.bo de **pa**.lha) s.m. (Pop.) Mancha na reputação, por motivo qualquer; histórico de ato censurável, contra a ética ou contra a moral. Cf. *rabo-de-palha*.

rabo-de-palha (ra.bo-de-**pa**.lha) s.m. (Zoo.) Designação comum a várias espécies de pássaros da família *Cuculidae*, principalmente do gênero *Piaya*. ▪ Pl. *rabos-de-palha*. Cf. *rabo de palha*.

rabo de saia (ra.bo de **sai**.a) s.m. (Pop.) **1.** Moça, mulher atraente: *ele não pode ver um rabo de saia que já quer saber quem é*. **2.** Paquera, caso, namorada: *ela desistiu do casamento por causa dos rabos de saia do marido*.

rabotar (ra.bo.**tar**) v.t.d. Alisar ou limpar o excesso de madeira com o robote.

rabote (ra.**bo**.te) s.m. Plaina grande usada por carpinteiro para desbastar madeira, retirando o excesso e deixando-a lisa.

rabudo (ra.**bu**.do) adj. **1.** Que tem rabo ou cauda grande. **2.** (Pop.) Que tem muita sorte, sortudo.

rabugem (ra.**bu**.gem) s.f. **1.** Doença de cães e porcos semelhante à sarna. **2.** Rabugice, mau humor, impertinência, arrufo.

rabugento (ra.bu.**gen**.to) adj. **1.** Impertinente que se queixa de tudo, reclama contra tudo; ranzinza; ranheta. **2.** Que sofre de rabugem.

rabugice (ra.bu.**gi**.ce) s.f. Qualidade de rabugento, impertinência, ranhetice, mau humor.

rabujar (ra.bu.**jar**) v.i. Ter rabugice, ralhar, teimar choramingando lentamente (em especial as crianças).

rábula (**rá**.bu.la) s.m. **1.** Pessoa que advoga sem possuir o diploma; fanfarrão. **2.** (Pej.) Advogado ruim, que procura impressionar falando muito ou com palavras técnicas. **3.** No teatro, personagem breve e sem destaque; ponta.

rabular (ra.bu.**lar**) v.i. Advogar com limitações, na condição de rábula.

rabularia (ra.bu.la.**ri**.a) s.f. Palavrório em que nada se prova nem se conclui; rabulice.

rabulice (ra.bu.**li**.ce) s.f. Rabularia.

raça (ra.ça) s.f. **1.** (Bio.) Conjunto de características genéticas, como forma física, habilidades, traços psicológicos etc., selecionadas e padronizadas pelos criadores de animais: *cão de raça, raça de gado leiteiro*. **2.** Grupo humano com traços físicos e genéticos semelhantes; etnia, povo: *vários povos africanos eram chamados de raça negra, assim como na raça branca podem ser incluídos vários povos europeus*. **3.** (Pop.) Determinação, coragem, persistência: *não teve treinamento e aprendeu a fazer o trabalho na raça*. **4.** Estirpe, classe, origem, casta.

ração (ra.**ção**) s.f. **1.** Porção de alimento calculada para refeição de uma pessoa ou animal. **2.** Produto alimentar para animais.

racemiforme (ra.ce.mi.**for**.me) adj.2g. Que tem forma de cacho ou é semelhante a um cacho; racemoso.

racemo (ra.**ce**.mo) s.m. **1.** Cacho de uvas. **2.** (Bot.) Inflorescência em cachos, com flores inseridas em pedúnculo.

racemoso (ra.ce.**mo**.so) [ô] adj. Racemiforme. ▪ Pl. *racemosos* [ó].

racha (**ra**.cha) s.f. **1.** Fenda; abertura; rachadura. **2.** Partilha, divisão. **3.** (Gír.) Corrida, disputa ilegal de velocidade ou destreza de pilotagem.

rachadeira (ra.cha.**dei**.ra) s.f. Instrumento adequado para fender ramos e fazer a enxertia.

rachado (ra.**cha**.do) adj. Fendido, trincado, aberto, cortado.

rachador (ra.cha.**dor**) [ô] adj. **1.** Que racha. s.m. **2.** Lenhador.

rachadura (ra.cha.**du**.ra) s.f. Fenda, trinca, abertura, greta.

rachar (ra.**char**) v.t.d. **1.** Dividir, lascar no sentido do comprimento. **2.** Fender; abrir; trincar. **3.** Dividir, distribuir, repartir algo, partilhar lucros etc.

racial (ra.ci.**al**) adj.2g. Relacionado à raça, próprio da raça.

raciocinado (ra.ci.o.ci.**na**.do) adj. Que foi pensado, ponderado, calculado antecipadamente.

raciocinador (ra.ci.o.ci.na.**dor**) [ô] s.m. e adj. (Aquele) que raciocina; pensador.

raciocinar (ra.ci.o.ci.**nar**) v.i. Fazer uso da razão, formar um raciocínio, pensar, refletir, meditar.

raciocinativo (ra.ci.o.ci.na.**ti**.vo) adj. Referente ao raciocínio, em que há reflexão.

raciocínio (ra.ci.o.**cí**.ni.o) s.m. Encadeamento, supostamente lógico, de juízos ou pensamentos para refletir e considerar o seu conteúdo por meio do entendimento, que permite a consideração atenta dos argumentos em observação para chegar a alguma conclusão.

racionabilidade (ra.ci.o.na.bi.li.**da**.de) s.f. Qualidade de racional; racionalidade.

racionado (ra.ci.o.**na**.do) adj. Repartido em rações, limitado a porções; de consumo controlado.

racional (ra.ci.o.**nal**) adj.2g. **1.** Que faz uso da razão, que raciocina. **2.** Razoável, lógico. **3.** (Mat.) Número que pode ser expresso pelo cociente de dois números inteiros.

racionalidade (ra.ci.o.na.li.**da**.de) s.f. Qualidade de ser racional ou racionável.

racionalismo (ra.ci.o.na.**lis**.mo) s.m. **1.** Modo de observar todas as coisas baseando-se exclusivamente na razão, como sendo a única forma quanto à maneira de pensar ou de agir. **2.** Doutrina filosófica segundo a qual as ideias universais não resultam das percepções, mas sim, são determinadas por princípios racionais.

racionalista (ra.ci.o.na.**lis**.ta) *adj.2g.* **1.** Referente ao racionalismo. *s.2g. e adj.2g.* **2.** Partidário do racionalismo.

racionalização (ra.ci.o.na.li.za.**ção**) *s.f.* **1.** Ato ou efeito de racionalizar. **2.** Otimização.

racionalizado (ra.ci.o.na.li.**za**.do) *adj.* Tornado racional, organizado, eficiente, metódico.

racionalizar (ra.ci.o.na.li.**zar**) *v.t.d.* Tornar racional, organizar (trabalhos, processos), utilizando melhores métodos, otimizar.

racionamento (ra.ci.o.na.**men**.to) *s.m.* Ato ou efeito de racionar; limitar o consumo.

racionar (ra.ci.o.**nar**) *v.t.d.* **1.** Limitar a distribuição ou a venda de (bens de consumo, energia etc.): *racionar o combustível.* **2.** Distribuir em rações, limitar em cotas, poupar.

racionável (ra.ci.o.**ná**.vel) *adj.2g.* Que pode ser racionado, economizado, limitado.

racismo (ra.**cis**.mo) *s.m.* **1.** Conjunto de ideias e crença na existência de raças humanas com habilidades e capacidades diferentes. **2.** Ato de atribuir a uma pessoa limitações ou capacidades determinadas pela raça. **3.** Segregacionismo.

racista (ra.**cis**.ta) *adj.2g.* **1.** Relacionado ao racismo, que dá mostras ou provas do racismo. *s.2g. e adj.2g.* **2.** (Aquele) que crê ou age com racismo.

radar (ra.**dar**) *s.m.* Aparelho eletrônico que emite ondas eletromagnéticas, que, ao entrarem em contato com um determinado obstáculo (navio, aeronave, míssil), permitem analisar e detectar a forma, a velocidade e posição exata da sua localização.

radiação (ra.di.a.**ção**) *s.f.* **1.** (*Fís.*) Transmissão de energia através do espaço, em linha reta, seja por intermédio de fenômenos ondulatórios, ou por meio de partículas dotadas de energia cinética. **2.** Infravermelho. **3.** Ultravioleta.

radiado (ra.di.**a**.do) *adj.* Que tem estrias que partem de um centro; disposto em forma de raios.

radiador (ra.di.a.**dor**) [ô] *s.m.* **1.** Dispositivo para espalhar o calor e assim esfriar ou refrigerar alguns modelos de motor usados em carros. **2.** Aquecedor de ambiente. *adj.* **3.** Que radia, que espalha (calor ou outra forma de energia).

radial (ra.di.**al**) *adj.2g.* **1.** Relativo ou semelhante a raio; que sai de um ponto, formando ou seguindo a linha dos raios: *simetria radial.* **2.** Diz-se de rua, avenida etc. que vai do centro para a periferia da cidade. **3.** (*Anat.*) Pertencente ao osso rádio.

radialista (ra.di.a.**lis**.ta) *s.2g. e adj.2g.* (Aquele) que trabalha em empresa de radiodifusão, locutor de rádio, profissional do rádio.

radiano (ra.di.**a**.no) *s.m.* (*Geom.*) Arco de circunferência plana, ou unidade de circunferência angular plana.

radiante (ra.di.**an**.te) *adj.2g.* **1.** Que brilha muito; fulgurante, espetacular. **2.** Alegre, feliz, belo, esplêndido.

radiar (ra.di.**ar**) *v.i.* **1.** Emitir raios de luz ou de calor. **2.** Brilhar; cintilar; resplandecer.

radiatividade (ra.di.a.ti.vi.**da**.de) *s.f.* (*Fís.*) O mesmo que *radioatividade.*

radiativo (ra.di.a.**ti**.vo) *adj.* O mesmo que *radioativo.*

radicação (ra.di.ca.**ção**) *s.f.* Ato ou efeito de radicar(-se); consolidação; fixação.

radicado (ra.di.**ca**.do) *adj.* Consolidado; fixado; firmado; enraizado; estabelecido.

radical (ra.di.**cal**) *adj.2g.* **1.** Que diz respeito a raiz. **2.** Fundamental, essencial, profundo. **3.** Que atinge a raiz, que muda de maneira irreversível: *uma mudança radical. s.m. e adj.* **4.** (Pessoa) que propõe mudanças profundas ou soluções extremas; extremista. *s.m.* **5.** (*Gram.*) Parte invariável de uma palavra. **6.** (*Quím.*) Substância instável de ação oxidante.

radicalismo (ra.di.ca.**lis**.mo) *s.m.* Qualidade, ato ou opinião de radical.

radicalizar (ra.di.ca.li.**zar**) *v.t.d. e v.p.* Tornar(-se) radical, levar (ou ir) a extremos, acirrar: *os moleques radicalizaram a discussão; o conflito radicalizou-se.*

radicando (ra.di.**can**.do) *s.m.* **1.** (*Gram.*) Parte invariável de uma palavra. **2.** (*Mat.*) Sinal que se coloca antes das quantidades a que se deve extrair alguma raiz. **3.** (*Fís.*) Quantidade de átomos agrupados, que tem valência própria.

radicar (ra.di.**car**) *v.t.d.* **1.** Consolidar, enraizar, aprofundar; infundir; firmar-se moralmente. *v.p.* **2.** Fixar residência; estabelecer-se.

radiciação (ra.di.ci.a.**ção**) *s.f.* (*Mat.*) Operação matemática onde se calcula a potência fracionária de um número e se determina a raiz.

radicoso (ra.di.**co**.so) [ô] *adj.* (*Bot.*) Que tem muitas raízes; cheio de raízes. ▫ Pl. *radicosos* [ó].

radícula (ra.**dí**.cu.la) *s.f.* (*Bot.*) **1.** Raiz pequena, minúscula. **2.** Pequena raiz do embrião de certas plantas, que formará a futura raiz.

radiculado (ra.di.cu.**la**.do) *adj.* Que possui raízes ou tem radículas.

radicular (ra.di.cu.**lar**) *adj.2g.* **1.** (*Bot.*) Pertencente ou relativo à radícula. **2.** (*Anat.*) Relativo à raiz do nervo espinhal que nasce da medula espinhal e do qual há 31 pares no corpo humano.

radieletricidade (ra.die.le.tri.ci.**da**.de) *s.f.* O mesmo que *radioeletricidade.*

radielétrico (ra.die.**lé**.tri.co) *adj.* O mesmo que *radioelétrico.*

rádio (**rá**.di.o) *s.m.* **1.** Meio de comunicação sonora, entre aparelhos que emitem e recebem sinais radiofônicos; aparelho que faz essa comunicação: *as conversas com navios e aviões são feitas pelo rádio.* **2.** Meio de comunicação em massa que transmite programas sonoros: *acompanhava a final do campeonato pelo rádio ou pela televisão. s.f.* **3.** Empresa que cria esses programas: *trabalhava na rádio da universidade. s.m.* **4.** (*Quím.*)

Elemento de peso atômico 226 e número atômico 88, radioativo, metálico, bivalente, de cor prateada, alcalino-terroso, que emite radiação. **5.** (*Anat.*) Osso longo que, junto com o cúbito, forma o esqueleto do antebraço.

radioamador (ra.di.o.a.ma.**dor**) [ô] s.m. **1.** Pessoa que mantém e opera uma estação de rádio para comunicação pessoal, sem fins comerciais. **2.** Equipamento para essa atividade. **3.** Essa atividade ou frequência de rádio.

radioamadorismo (ra.dio.a.ma.do.**ris**.mo) s.m. Atividade de radioamador.

radioatividade (ra.di.o.a.ti.vi.**da**.de) s.f. Emissão de raios radioativos, característicos de qualquer sistema que irradia espontaneamente partículas ou radiação eletromagnética e que é uma particularidade da instabilidade dos seus núcleos. O mesmo que *radiatividade*.

radioativo (ra.di.o.a.**ti**.vo) adj. Que possui radioatividade, que emite radiação. O mesmo que *radiativo*.

radioator (ra.di.o.a.**tor**) [ô] s.m. Ator que trabalha no rádio.

radiocomunicação (ra.di.o.co.mu.ni.ca.**ção**) s.f. Comunicação feita por ondas de rádio, ou ondas eletromagnéticas.

radiocondutor (ra.di.o.con.du.**tor**) [ô] s.m. Tubo de limalha utilizado na telegrafia sem fio; radiotelegrafia.

radiodermite (ra.di.o.der.**mi**.te) s.f. (*Med.*) Lesão cutânea resultante da ação da radiação ionizante de raios X ou pelo rádio.

radiodiagnóstico (ra.di.o.di.ag.**nós**.ti.co) s.m. (*Med.*) Exame radiológico para diagnóstico, feito mediante uso de raios X.

radiodifusão (ra.di.o.di.fu.**são**) s.f. **1.** Difusão de programas culturais, noticiários e músicas por meio da radiofonia. **2.** Emissão e transmissão de som e de imagens (rádio e televisão) por meio de ondas radioelétricas. **3.** Estação de radiodifusão; radiocomunicação.

radiodifusor (ra.di.o.di.fu.**sor**) [ô] adj. **1.** Que diz respeito a radiodifusão. **2.** Que transmite programas de rádio: *estação radiodifusora*.

radioeletricidade (ra.di.o.e.le.tri.ci.**da**.de) s.f. (*Fís.*) Estudo das aplicações das ondas hertzianas, em telefonia sem fio, rádio e na televisão. O mesmo que *radieletricidade*.

radioelétrico (ra.di.o.e.**lé**.tri.co) adj. Relacionado a radioeletricidade. O mesmo que *radielétrico*.

radioemissora (ra.di.o.e.mis.**so**.ra) s.f. **1.** Estação que emite ou transmite sinais de rádio; transmissora de rádio. **2.** Estação que cria e emite programas de rádio; estação radiofônica.

radiofone (ra.di.o.**fo**.ne) s.m. Aparelho que converte radiação térmica ou luminosa em energia mecânica sob forma sonora.

radiofonia (ra.di.o.fo.**ni**.a) s.f. Transmissão de sons por meio da telegrafia sem fio fazendo-se uso das ondas eletromagnéticas.

radiofônico (ra.di.o.**fô**.ni.co) adj. Relativo ou pertencente à radiofonia ou que faz uso dela.

radiofonização (ra.di.o.fo.ni.za.**ção**) s.f. Ato de criar, escrever, ou adaptar peças para a transmissão por meio da radiofonia, para programas de rádio.

radiofoto (ra.di.o.**fo**.to) s.f. Fotografia transmitida por meio de ondas hertzianas pelas ondas do rádio.

radiografar (ra.di.o.gra.**far**) v.t.d. Sistema que permite observar, analisar, reproduzir e enviar à distância, notícias, fotos na forma de radiograma.

radiografia (ra.di.o.gra.**fi**.a) s.f. **1.** Estudo dos raios luminosos. **2.** (*Med.*) Imagem de ossos ou órgãos internos obtida pelos raios X ou raios gama; chapa, raio X. **3.** (*Fig.*) Análise profunda de um acontecimento, fato, conjunto de circunstâncias etc.

radiográfico (ra.di.o.**grá**.fi.co) adj. Relativo ou pertencente à radiografia ou que faz uso dela.

radiograma (ra.di.o.**gra**.ma) s.m. **1.** Comunicação pela telegrafia sem fio. **2.** (*Fís.*) Imagem que se forma e se registra em uma emulsão à ação de radiação luminosa e é utilizada em chapas e filmes fotográficos.

radioisótopo (ra.di.o.i.**só**.to.po) s.m. (*Fís.*) Forma radioativa de um elemento.

radiola (ra.di.**o**.la) [ó] s.f. Antigo aparelho, muito popular em sua época, que conjugava rádio e vitrola; radiovitrola.

radiolário (ra.di.o.**lá**.ri.o) s.m. (*Zoo.*) Protozoário marinho com carapaça e corpo esférico, com o protoplasma dividido, radiado.

radiologia (ra.di.o.lo.**gi**.a) s.f. (*Med.*) Parte da medicina que aplica a energia dos raios X para diagnosticar doenças ou para fins terapêuticos.

radiológico (ra.di.o.**ló**.gi.co) adj. Relativo ou pertencente à radiologia ou que faz uso dela.

radiologista (ra.di.o.lo.**gis**.ta) s.2g. Profissional especialista em radiologia.

radiometria (ra.di.o.me.**tri**.a) s.f. (*Fís.*) Utilização do radiômetro.

radiômetro (ra.di.**ô**.me.tro) s.m. (*Fís.*) Instrumento medidor da intensidade dos raios luminosos, da radiação eletromagnética ou acústica.

radionovela (ra.di.o.no.**ve**.la) s.f. Novela encenada e transmitida pelo rádio.

radiopatrulha (ra.di.o.pa.**tru**.lha) s.f. Viatura provida de policiais militares ou civis para o serviço de ronda, equipada com aparelhos transmissores e receptores.

radioquimografia (ra.di.o.qui.mo.gra.**fi**.a) s.f. Processo para se fixar, em uma radiografia, a imagem obtida de um órgão nas fases de contração e dilatação.

radioquimógrafo (ra.di.o.qui.**mó**.gra.fo) s.m. **1.** (*Med.*) Profissional capacitado para executar a radioquimografia. **2.** Aparelho próprio para realizar a radioquimografia.

radioquimograma (ra.di.o.qui.mo.**gra**.ma) s.m. Radiografia feita usando-se o aparelho para radioquimografia.

radioscopia (ra.di.os.co.**pi**.a) s.f. (*Med.*) Maneira pela qual a medicina se utiliza da radiologia para realizar exames de órgãos, mediante o emprego de raios X, através de uma tela fluorescente.

radioscópico (ra.di.os.**có**.pi.co) *adj.* Relativo ou pertencente à radioscopia ou que faz uso dela.

radioso (ra.di.**o**.so) [ô] *adj.* **1.** Que emite raios de luz; luminoso. **2.** Muito alegre; resplandecente; radiante. ▣ Pl. *radiosos* [ó].

radioteatro (ra.di.o.te.**a**.tro) *s.m.* **1.** Irradiação de peça de teatro. **2.** Representação teatral pelo rádio.

radiotécnica (ra.di.o.**téc**.ni.ca) *s.f.* **1.** Ciência que estuda a utilização geral das ondas eletromagnéticas. **2.** Empresa onde se consertam aparelhos de rádio e similares.

radiotécnico (ra.di.o.**téc**.ni.co) *adj.* **1.** Relativo ou pertencente à radiotécnica ou que faz uso dela. *s.m.* **2.** Profissional especialista em rádios.

radiotelefonia (ra.di.o.te.le.fo.**ni**.a) *s.f.* **1.** Telefonia por meio de ondas radioelétricas. **2.** Emissão e transmissão de sons mediante sinais eletromagnéticos. **3.** Telefonia sem fio; telefonia celular; radiofonia.

radiotelefônico (ra.di.o.te.le.**fô**.ni.co) *adj.* Relativo ou pertencente à radiotelefonia ou que faz uso dela; radiofônico.

radiotelegrafia (ra.di.o.te.le.gra.**fi**.a) *s.f.* **1.** Sistema que utiliza as propriedades das ondas eletromagnéticas para a transmissão de sinais. **2.** Telegrafia sem fio.

radiotelegráfico (ra.di.o.te.le.**grá**.fi.co) *adj.* Relativo ou pertencente à radiotelegrafia ou que faz uso dela.

radiotelegrafista (ra.di.o.te.le.gra.**fis**.ta) *s.2g.* Profissional encarregado de operar a radiotelegrafia.

radioterapêutico (ra.di.o.te.ra.**pêu**.ti.co) *adj.* Relativo ou pertencente à radioterapia; radioterápico.

radioterapia (ra.di.o.te.ra.**pi**.a) *s.f.* (*Med.*) Tratamento que emprega radiação ou raios X para a cura de determinadas doenças.

radioterápico (ra.di.o.te.**rá**.pi.co) *adj.* (*Med.*) Radioterapêutico.

radiovitrola (ra.di.o.vi.**tro**.la) *s.f.* Radiola.

radônio (ra.**dô**.ni.o) *s.m.* (*Quím.*) Elemento de símbolo Rn, número atômico 86 e massa atômica 222.

rafa (ra.fa) *s.f.* **1.** (*Bot.*) Palmeira de folhas grandes e frutos escamosos, que fornecem fibra com numerosas aplicações industriais; ráfia. **2.** (*Min.*) Corte feito nos veios de carvão de pedra, para o desmonte da jazida. **3.** (*Gír.*) Fome; penúria; miséria.

rafado (ra.**fa**.do) *adj.* **1.** Gasto pelo uso; sovado; surrado; pisado. **2.** (*Gír.*) Faminto; pobre; sujo.

rafaelesco (ra.fa.e.**les**.co) *adj.* Pertencente ou relativo a Rafael Sanzio (1483-1520), pintor renascentista italiano, à sua arte ou ao estilo por ele criados; rafaelista.

rafaelista (ra.fa.e.**lis**.ta) *s.2g.* Pintor pertencente à escola de Rafael; rafaelita.

rafaelita (ra.fa.e.**li**.ta) *s.2g.* Rafaelista.

rafeiro (ra.**fei**.ro) *s.m. e adj.* (Cão de raça) treinado para guardar gado.

ráfia (rá.fi.a) *s.f.* Rafa.

ragu (ra.**gu**) *s.m.* **1.** (*Culin.*) Ensopado ou guisado com muito molho. **2.** (*Gír.*) Denominação genérica de qualquer comida, alimento ou refeição; rango.

raia (**rai**.a) *s.f.* **1.** Risca; traço; linha. **2.** Linha da palma da mão. **3.** Limite; fronteira. **4.** (*Zoo.*) Peixe de corpo achatado, com nadadeiras peitorais desenvolvidas em forma de asas, cauda longa e afilada, com um ou mais ferrões peçonhentos; arraia. **5.** Cada divisão longitudinal das piscinas, demarcada por meio de cordas e boias. **6.** Divisão das pistas de corrida de cavalos. **7.** Pipa; papagaio de papel.

raiado (rai.**a**.do) *adj.* **1.** Que tem raias ou riscas; entremeado. **2.** Relativo ao cano de arma de fogo, que possui estrias interiormente e em espiral.

raiar (rai.**ar**) *v.i.* **1.** Surgir, despontar no horizonte; começar a aparecer (o sol, a lua.). **2.** Emitir raios luminosos; brilhar; luzir; cintilar. *v.t.d.* **3.** Traçar riscas ou raias em; demarcar; cobrir de riscas.

raigota (rai.**go**.ta) [ó] *s.f.* (*Bot.*) Radícula; inflorescência em forma de espinho.

raigotoso (rai.go.**to**.so) [ô] *adj.* Que tem raigotas. ▣ Pl. *raigotosos* [ó].

rainha (ra.**i**.nha) *s.f.* **1.** Mulher que é líder de um reino ou monarquia. **2.** Esposa do rei; a primeira-dama de um país monarquista. **3.** No jogo de xadrez, peça de maior valor abaixo do rei, que pode se mover em todas as direções. **4.** A abelha-mestra, líder de uma colmeia.

raio (**rai**.o) *s.m.* **1.** Luz que sai de um foco luminoso e segue em linha reta: *raios solares*. **2.** (*Geom.*) Distância do centro de uma circunferência até o círculo. **3.** Descarga elétrica na atmosfera, percebida como risco irregular de luz, ou relâmpago, e som forte, ou trovão. **4.** (*Fig.*) Fatalidade; desgraça. **5.** Indício; sinal. (*Fís.*) **Raios alfa**: radiação formada por partículas alfa. **Raios beta**: radiação formada por partículas beta. **Raios gama**: radiação eletromagnética que se comprova quando um núcleo atômico instável emite fótons em um determinado nível energético.

raiom (rai.**om**) *s.m.* Polímero com o qual se faz fibra sintética, usada na fabricação de tecidos.

raiva (**rai**.va) *s.f.* **1.** Fúria; ódio; ira; rancor. **2.** (*Med.*) Doença causada por vírus, transmitido pela saliva, que ataca o sistema nervoso de mamíferos e se não for tratada pode matar: *a raiva ataca cães, gatos, morcegos e também pessoas*. O mesmo que hidrofobia.

raivar (rai.**var**) *v.i.* Ter raiva; enfurecer-se; ficar muito bravo; raivejar.

raivejar (rai.ve.**jar**) *v.i.* Esbravejar; raivar; enfurecer.

raivoso (rai.**vo**.so) [ô] *adj.* Furioso; nervoso. ▣ Pl. *raivosos* [ó].

raiz (ra.**iz**) *s.f.* **1.** (*Bot.*) Porção do eixo das plantas superiores que cresce para baixo, em geral dentro do solo e cuja função fundamental é fixar o organismo vegetal e retirar os nutrientes e a água necessários à vida da planta. **2.** A base oculta, inferior ou invisível: *raiz do dente*. **3.** (*Gram.*) Elemento que encerra o significado de uma palavra e a partir do qual se formam novas palavras. **4.** (*Mat.*) Número que, elevado à potência do mesmo índice, reproduz esse número: *raiz quadrada, raiz cúbica*.

raizada (ra.i.**za**.da) s.f. O conjunto das raízes de uma planta; grande porção de raízes; raizama; raizame.

raizama (ra.i.**za**.ma) s.f. Raizada. O mesmo que *raizame*.

raizame (ra.i.**za**.me) s.f. Raizada. O mesmo que *raizama*.

raizeiro (ra.i.**zei**.ro) s.m. **1.** Curandeiro; grande conhecedor das plantas e de suas raízes, a quem é atribuída a função de curar. **2.** Que cura sem título nem habilitações, em geral por meio de rezas e feitiçarias, para tal empregando raízes vegetais.

rajá (ra.**já**) s.m. **1.** Potentado ou príncipe indiano. **2.** Soberano de um Estado indiano. **3.** Soberano de grande autoridade ou poder material. **4.** Pessoa muito influente ou poderosa.

rajada (ra.**ja**.da) s.f. **1.** Aumento repentino, violento, temporário e de forte intensidade com que o vento sopra. **2.** Série ininterrupta de tiros rápidos, de metralhadora ou de outra arma automática qualquer. **3.** Rasgo de eloquência.

rajado (ra.**ja**.do) adj. **1.** Que tem raias, riscos ou traços que não completam as listras, como o tigre. **2.** Que tem manchas pequenas: *o ovo de codorna é rajado*.

rajar (ra.**jar**) v.t.d. **1.** Raiar; estriar. **2.** Entremear, intercalar.

ralação (ra.la.**ção**) s.f. **1.** Ato de ralar ou esfarelar. **2.** Canseira; moedeira; exaustão.

ralador (ra.la.**dor**) [ô] adj. **1.** Que rala. s.m. **2.** Utensílio para ralar, formado por uma lâmina com rebordos arrebitados; ralo. **3.** Espécie de colher com bordas dentadas, que serve para raspar ou arranhar.

raladura (ra.la.**du**.ra) s.f. Resíduos do que já passou pelo ralador.

ralar (ra.**lar**) v.t.d. **1.** Ação de esfarelar, reduzir a pequenos fragmentos, friccionando ou raspando com ralador, ou objeto similar. **2.** (*Pop.*) Trabalhar duro, sem trégua. **3.** Atormentar; inquietar; afligir; consumir-se.

ralé (ra.**lé**) s.f. **1.** Parte pior de um grupo ou sociedade; escória. **2.** Parte mais pobre de uma população; populacho, povão, gentalha.

ralear (ra.le.**ar**) v.t.d. Tornar ralo, menos espesso ou menos denso; esfarelar.

ralhação (ra.lha.**ção**) s.f. Ato de ralhar; ralho.

ralhador (ra.lha.**dor**) [ô] s.m. e adj. (Aquele) que sempre manifesta descontentamento e ralha por tudo.

ralhar (ra.**lhar**) v.i. e v.t.i. **1.** Repreender em voz alta; desabafar com repreensão. **2.** Vociferar; repreender. **3.** Falar colericamente; zangar-se.

ralho (ra.**lho**) s.m. **1.** Ato de ralhar; bronquear. **2.** Ato de dirigir censuras ou reclamações; reprimenda; discussão acalorada.

ralo (ra.**lo**) s.m. **1.** Ralador. **2.** O crivo da peneira. **3.** Utensílio cheio de orifícios que serve para coar água e outros líquidos e que se adapta à abertura dos encanamentos das pias e dos tanques. adj. **4.** Pouco espesso; pouco denso.

rama (ra.**ma**) s.f. **1.** (*Bot.*) Os ramos ou as folhagens de uma planta; ramada; ramagem; ramaria. **2.** Caixilho em que se estiram os panos fabricados. **3.** (*Gráf.*) Caixilho retangular de metal onde se colocam as guarnições e os cunhos da forma tipográfica, para deitá-los na prensa.

ramada (ra.**ma**.da) s.f. **1.** Rama; ramagem; cobertura de ramos de árvores, para sombra ou para abrigo. **2.** Abrigo para o gado.

ramagem (ra.**ma**.gem) s.f. **1.** Ramos de árvore ou de arvoredo; rama, ramada. **2.** Desenho representando ramos e folhas sobre um tecido, papel.

ramal (ra.**mal**) s.m. **1.** Conjunto de fios próprios para fazer cordas. **2.** Fileira; enfiada. **3.** Caminho subsidiário de estradas de rodagem ou de ferro. **4.** Ramo; ramificação; divisão. **5.** Número interno de uma rede de comunicação telefônica.

ramalhar (ra.ma.**lhar**) v.i. Sussurrar (os ramos) com o vento.

ramalhete (ra.ma.**lhe**.te) [ê] s.m. Pequeno buquê de flores.

ramalheteira (ra.ma.lhe.**tei**.ra) s.f. Vendedora de ramalhetes ou ramos de flores.

ramalho (ra.**ma**.lho) s.m. Grande ramo cortado de uma árvore.

ramalhoso (ra.ma.**lho**.so) [ô] adj. Variação de ramalhudo. ▣ Pl. *ramalhosos* [ó].

ramalhudo (ra.ma.**lhu**.do) adj. **1.** Que tem muita rama; ramalhoso. **2.** (*Pop.*) Diz-se dos olhos que têm grandes pestanas.

ramaria (ra.ma.**ri**.a) s.f. Grande porção de ramos.

rameira (ra.**mei**.ra) s.f. (*Pej.*) Prostituta, meretriz.

ramela (ra.**me**.la) [é] s.f. Remela.

ramerrão (ra.mer.**rão**) s.m. Repetição fastidiosa, enfadonha e cansativa; rotina; uso constante.

rami (ra.**mi**) s.m. (*Bot.*) Planta têxtil de caule e folhas grandes e pilosas e de pequenas flores verdes, importante por fornecer uma fibra valiosa, com aplicação em decoração, fabricação de móveis, cortinas etc.

ramicultor (ra.mi.cul.**tor**) [ô] s.m. Aquele que se dedica à ramicultura.

ramicultura (ra.mi.cul.**tu**.ra) s.f. (*Bot.*) Cultura de rami.

ramificação (ra.mi.fi.ca.**ção**) s.f. **1.** Ato de ramificar. **2.** Bifurcação; divisão; ramo; ramal. **3.** Propagação; difusão. **4.** (*Bot.*) Subdivisão do eixo do caule ou radicular em partes menores, da qual resultam os ramos de várias ordens. **5.** (*Quím.*) Parte da cadeia carbônica de uma molécula onde um átomo de carbono se liga a outros.

ramificado (ra.mi.fi.**ca**.do) adj. Dividido em ramos; espalhado; subdividido; bifurcado; irradiado.

ramificar (ra.mi.fi.**car**) v.t.d. e v.p. Dividir(-se) em ramos, ramais; espalhar(-se) em partes; subdividir(-se).
ramiforme (ra.mi.**for**.me) [ó] adj.2g. Que tem forma de ramo; ramificado.
ramo (**ra**.mo) s.m. **1.** Divisão ou subdivisão de um caule; ramificação. **2.** Ramalhete de flores ou de folhagens. **3.** Palma benta; raminho que se distribui tradicionalmente nos Domingos de Ramos. **4.** Objetos arrematados em lote em um leilão. **5.** Atividade específica em qualquer trabalho ou profissão.
ramosidade (ra.mo.si.**da**.de) s.f. Abundância de ramos; qualidade de ramoso; ramificação.
ramoso (ra.**mo**.so) [ô] adj. Que tem ramos em grande abundância; ramificado. ◘ Pl. *ramosos* [ó].
rampa (ram.pa) s.f. **1.** Ladeira; plano inclinado considerado no sentido ascendente. **2.** Disposto em subida; terreno em aclive.
rampear (ram.pe.**ar**) v.t.d. Cortar um terreno em rampa.
rampeiro (ram.**pei**.ro) adj. (*Pop.*) Sujeito reles, sem valor; vadio; vagabundo.
ranário (ra.**ná**.ri.o) s.m. Local para criação de rãs.
rançar (ran.**çar**) v.i. Criar ranço; tornar-se rançoso.
ranchada (ran.**cha**.da) s.f. **1.** Grande rancho. **2.** Grupo ou bloco carnavalesco; agrupamento de pessoas.
rancharia (ran.cha.**ri**.a) s.f. **1.** Grande número de ranchos. **2.** Povoado pobre.
rancheira (ran.**chei**.ra) s.f. (*Folc.*) Dança (e música) popular, originária da Argentina, comum no Rio Grande do Sul, posteriormente divulgada em salões de baile.
rancheiro (ran.**chei**.ro) adj. **1.** Relativo a rancho. Calça rancheira: jeans. s.m. **2.** Pessoa que reside no rancho ou cuida dele; caseiro. **3.** Encarregado que prepara o rancho ou comida para soldados ou presidiários.
rancho (ran.cho) s.m. **1.** Grupo de pessoas reunidas a passeio, marcha, jornada ou trabalho: *rancho de colonos*; *rancho de romeiros*. **2.** Acampamento ou barraca; ranchada. **3.** Refeitório nos quartéis: *almoçou no rancho, com os soldados*. **4.** Refeição para muitos. **5.** (*Folc.*) Grupo de pessoas que cantam, dançam e representam os reisados. **6.** (*Folc.*) Dança dramática popular com que se festeja a véspera e o dia de Reis. **7.** Abrigo provisório em canteiros de obra, para descanso dos trabalhadores. **8.** Choupana; choça. **9.** Bloco carnavalesco. (*Pop.*) Hora do rancho: hora de comer.
râncido (**rân**.ci.do) adj. Rançoso, râncio.
râncio (**rân**.ci.o) adj. Variação de rançoso e râncido.
ranço (**ran**.ço) s.m. **1.** Alteração que o contato com o ar produz nas substâncias gordas, caracterizada por cheiro muito forte e sabor acre. **2.** Decomposição; bolor; mofo; cheiro de coisa velha ou estragada. **3.** (*Fig.*) Pessoa desagradável, antipática.
rancor (ran.**cor**) [ô] s.m. **1.** Ressentimento amargo, não manifestado, geralmente reprimido. **2.** Ódio profundo ocasionado por algum ato alheio causador de danos ou ressentimentos.
rancoroso (ran.co.**ro**.so) [ô] adj. **1.** Cheio de rancor, de ressentimentos. **2.** Que guarda rancor e não perdoa as ofensas; melindrado; lastimoso. ◘ Pl. *rancorosos* [ó].
rançoso (ran.**ço**.so) [ô] adj. Que tem ranço; mofado; embolorado. ◘ Pl. *rançosos* [ó].
rangedor (ran.ge.**dor**) [ô] adj. Que range.
ranger (ran.**ger**) v.i. e v.t.d. **1.** Causar ou produzir ruído aflitivo, áspero, penetrante, como o do atrito de um objeto duro sobre outro; chiar: *a porta rangia*. **2.** Roçar os dentes uns contra os outros; roer; rilhar. **3.** (*Fig.*) Encolerizar-se; enraivecer-se; zangar-se.
rangido (ran.**gi**.do) s.m. Ato de ranger; chiado.
rango (**ran**.go) s.m. (*Gír.*) Comida, alimento ou refeição; ragu.
ranheta (ra.**nhe**.ta) [ê] s.2g. e adj.2g. (Pessoa) muito inconveniente, que se queixa de tudo; ranzinza.
ranhetice (ra.nhe.**ti**.ce) s.f. Qualidade ou ato de ranheta; ranzinzice.
ranho (**ra**.nho) s.m. Humor mucoso das fossas nasais; muco, monco.
ranhoso (ra.**nho**.so) [ô] adj. Que tem ranho; que segrega muito monco; mucoso. ◘ Pl. *ranhosos* [ó].
ranhura (ra.**nhu**.ra) s.f. **1.** Entalhe ou encaixe. **2.** Escavação que risca ou estria uma superfície plana.
ranicultura (ra.ni.cul.**tu**.ra) s.f. Criação de rãs com propósito científico, comercial ou culinário.
ranídeo (ra.**ní**.de.o) adj. Relativo ou pertencente à rã.
rânula (**rã**.nu.la) s.f. (*Med.*) Tumor situado sob a língua e formado em consequência de obstrução de canal excretor de glândula salivar ou de glândula mucosa.
ranúnculo (ra.**nún**.cu.lo) s.m. (*Bot.*) Planta que tem flores primitivas e folhas divididas, como a anêmona.
ranzinza (ran.**zin**.za) adj. Rabugento; impertinente; ranheta.
ranzinzar (ran.zin.**zar**) v.i. Ficar ou mostrar-se ranzinza; tornar-se mal-humorado; tornar-se ranheta.
ranzinzice (ran.zin.**zi**.ce) s.f. Qualidade ou ato de ranzinza: *era uma pessoa cheia de ranzinzices*.
rap [inglês: "répi"] s.m. Música ou manifestação cultural popular urbana surgida nos EUA, em que se declama um texto com ritmo marcado.
rapper [inglês: "réper"] s.2g. Aquele que faz *raps*.
rapa (**ra**.pa) s.f. **1.** Ação de rapar; aquilo que se rapa. **2.** Sobra de comida no fundo da panela. **3.** Guloso; comilão. **4.** Jogo com um dado que traz, em cada face, uma letra que corresponde a um resultado, sendo R de rapa, T de tira, D de deixa e P de põe. **5.** (*Pop.*) Carro de fiscalização da prefeitura que percorre a cidade para apreender a mercadoria dos ambulantes (marreteiros) e vendedores que negociam sem pagar licença; policial que executa esta tarefa.

rapace (ra.**pa**.ce) adj.2g. **1.** Que rouba, furta, subtrai coisas alheias; ávido por lucro fácil. **2.** (Zoo.) Que persegue a presa obstinadamente; rapinante.

rapacidade (ra.pa.ci.**da**.de) s.f. Qualidade de rapace; propensão para o roubo, ou para o lucro fácil; hábito de roubar.

rapadela (ra.pa.**de**.la) s.f. Ato de rapar.

rapado (ra.**pa**.do) adj. **1.** Que se rapou. **2.** Que foi cortado bem rente. **3.** (Pop.) Homem de condição muito humilde; pobretão; pé-rapado.

rapadouro (ra.pa.**dou**.ro) s.m. Lugar sem pastagem para o gado; campo rapado.

rapadura (ra.pa.**du**.ra) s.f. (Culin.) Doce típico do Nordeste, composto de açúcar mascavo em pequenos blocos ou tijolos.

rapagão (ra.pa.**gão**) s.m. **1.** Rapaz forte, vigoroso, corpulento. **2.** Rapaz bonito, formoso, agradável (aos olhos); belo.

rapante (ra.**pan**.te) adj.2g. Que rapa; ladrão; gatuno.

rapapé (ra.pa.**pé**) s.m. **1.** Ato de arrastar o pé ao cumprimentar, em uma forma de saudação exagerada. **2.** Bajulação; lisonja.

rapar (ra.**par**) v.t.d. **1.** Raspar; papar (comer sobras do fundo da panela); comer tudo. **2.** Escanhoar; pelar. **3.** Arranhar; desgastar. **4.** Cortar rente; cortar pela raiz. **5.** Extorquir; furtar; roubar.

rapariga (ra.pa.**ri**.ga) s.f. **1.** Adolescente do sexo feminino. **2.** Moça do campo. (Pop.) **3.** Prostituta; meretriz. **4.** Concubina; amante.

rapaz (ra.**paz**) s.m. Homem jovem, no período intermediário à infância e adolescência.

rapaziada (ra.pa.zi.**a**.da) s.f. Grupo ou reunião de rapazes.

rapazinho (ra.pa.**zi**.nho) s.m. **1.** Diminutivo de *rapaz*. **2.** Menino; garoto.

rapazola (ra.pa.**zo**.la) [ó] s.m. Rapaz já crescido; garotão.

rapé (ra.**pé**) s.m. Tabaco ou fumo em pó (antigamente vendido em elegantes caixinhas) que serve para ser cheirado e não fumado da forma tradicional.

rapidez (ra.pi.**dez**) [ê] s.f. Qualidade do que é rápido; alta velocidade; premência; urgência; ligeireza; pressa.

rápido (**rá**.pi.do) adj. **1.** Ligeiro; veloz; urgente; que se move depressa; com muita velocidade. **2.** Que dura pouco; breve; passageiro; transitório; efêmero. **3.** Que se efetua em pouco tempo; instantâneo.

rapina (ra.**pi**.na) s.f. **1.** Ato de rapinar. **2.** Pilhagem; furto; predação; roubo violento. Ave de rapina: ave que caça animais, que é um predador como o carcará e a águia.

rapinador (ra.pi.na.**dor**) [ô] s.m. e adj. (Aquele) que rapina; rapinante.

rapinagem (ra.pi.**na**.gem) s.f. **1.** Qualidade de rapinante. **2.** Prática de rapinar. **3.** Série de roubos.

rapinante (ra.pi.**nan**.te) s.2g. e adj.2g. (Aquele) que rapina; rapinador.

rapinar (ra.pi.**nar**) v.t.d. **1.** Roubar; tirar; subtrair violentamente. **2.** Furtar ardilosamente. **3.** Cometer rapinagem.

raposa (ra.**po**.sa) [ô] s.f. **1.** (Zoo.) Canídeo selvagem de focinho pontudo e curto, cauda espessa e felpuda, que vive em matilhas. **2.** (Pop.) Sujeito sabido manhoso; tipo esperto; velhaco.

raposeiro (ra.po.**sei**.ro) adj. Astuto; manhoso; malicioso; esperto.

raposia (ra.po.**si**.a) s.f. Astúcia; manha; malícia; raposice.

raposice (ra.po.**si**.ce) s.f. Variação de raposia.

raposo (ra.**po**.so) [ô] s.m. **1.** Macho da raposa. **2.** Indivíduo manhoso; esperto; astuto.

rapsódia (rap.**só**.di.a) s.f. (Mús.) **1.** Trecho de uma composição poética. **2.** Entre os gregos, fragmentos de poemas épicos cantados pelo rapsodo. **3.** Fantasia instrumental que utiliza temas e processos de composição improvisada, tirados de cantos folclóricos ou populares de um país.

rapsódico (rap.**só**.di.co) adj. **1.** Relativo à rapsódia. s.m. **2.** Composição poética de quaisquer trechos literários.

rapsodo (rap.**so**.do) [ô] s.m. Autor de rapsódias.

raptado (rap.**ta**.do) adj. **1.** Vítima de rapto. **2.** Sequestrado; roubado; arrebatado.

raptar (rap.**tar**) v.t.d. Praticar o crime de rapto contra alguém; roubar; arrebatar.

rapto (**rap**.to) s.m. Ato criminoso que consiste em sequestrar alguém, por meio de violência ou sedução.

raptor (rap.**tor**) [ô] s.m. e adj. **1.** (Aquele) que rapta; sequestrador; criminoso. s.m. **2.** (Zoo.) Espécime dos raptores, ordem de aves de hábitos predatórios.

raque (**ra**.que) s.f. (Anat.) **1.** Espinha dorsal. **2.** Conjunto formado por coluna vertebral e partes moles dispostas posteriormente a ela. **3.** (Zoo.) Eixo da pena das aves.

raqueta (ra.**que**.ta) [ê] s.f. O mesmo que *raquete*.

raquetada (ra.que.**ta**.da) s.f. Arremesso ou pancada de raquete.

raquete (ra.**que**.te) [é] s.f. (Esp.) Instrumento para bater na bola no jogo de tênis, pingue-pongue, frescobol e outros. O mesmo que *raqueta*.

raquialgia (ra.qui.al.**gi**.a) s.f. (Med.) Dor variável em intensidade, extensão e localização, produzida pelas terminações nervosas especiais na coluna vertebral.

raquianestesia (ra.qui.a.nes.te.**si**.a) s.f. (Med.) Método de anestesia por meio de injeção de anestésico no canal vertebral.

raquiano (ra.qui.**a**.no) adj. Relativo à espinha dorsal.

raquicentese (ra.qui.cen.**te**.se) s.f. Raquiocentese.

raquidiano (ra.qui.di.**a**.no) adj. Relativo ou pertencente à raque; raquiano.

raquiocentese (ra.qui.o.cen.**te**.se) s.f. (Med.) Punção do canal vertebral para a retirada do líquido da medula espinhal; raquicentese.

raquítico (ra.**quí**.ti.co) adj. **1.** (Med.) Que tem raquitismo. **2.** Pouco desenvolvido; fraco; magro.

raquitismo (ra.qui.**tis**.mo) s.m. (*Med.*) Doença que se manifesta sobretudo na infância devido principalmente à deficiência de vitamina D e que se caracteriza por deformidades e alterações no esqueleto.
rarear (ra.re.**ar**) v.t.d. **1.** Tornar raro. v.i. **2.** Tornar-se raro. **3.** Estar em pequeno número. **4.** Tornar-se menos espesso, menos denso.
rarefação (ra.re.fa.**ção**) s.f. Ato de rarear ou de rarefazer(-se).
rarefato (ra.re.**fa**.to) adj. Rarefeito; pouco denso; escasso; reduzido.
rarefator (ra.re.fa.**tor**) [ô] s.m. e adj. (Aparelho) que rarefaz.
rarefazer (ra.re.fa.**zer**) v.t.d. e v.p. Tornar(-se) menos denso; rarear; dilatar(-se). Obs.: conjuga-se como *fazer*.
rarefeito (ra.re.**fei**.to) adj. Pouco denso; rarefato.
rareza (ra.**re**.za) [ê] s.f. Qualidade do que é raro; raridade.
raridade (ra.ri.**da**.de) s.f. Característica do que é raro; algo pouco comum; preciosidade.
raro (**ra**.ro) adj. **1.** Que não é frequente; pouco usado: *palavras raras*. **2.** Invulgar, incomum, extraordinário: *um talento raro*. **3.** Que há sem abundância; escasso: *metais raros*.
rasante (ra.**san**.te) adj.2g. **1.** Que está próximo do chão. s.m. e adj. **2.** (Voo) muito próximo ao solo: *o avião deu um (voo) rasante sobre a praia*.
rasar (ra.**sar**) v.t.d. **1.** Acertar as medidas com uma rasoura. **2.** Nivelar; igualar. **3.** Encher até a borda. **4.** Medir com cautela.
rascada (ras.**ca**.da) s.f. Enrascada; embaraço; dificuldade; apuros; aperto.
rascadeira (ras.ca.**dei**.ra) s.f. Instrumento semelhante a um pente de dentes bem curtos, passado nos pelos dos cavalos para embelezá-los.
rascador (ras.ca.**dor**) [ô] s.m. Instrumento usado por ourives, gravadores ou serralheiros para rascar ou desbastar.
rascante (ras.**can**.te) adj.2g. **1.** Que rasca. **2.** Relativo ao vinho que produz travo na garganta. s.m. **3.** Vinho rascante.
rascar (ras.**car**) v.t.d. Raspar; desbastar; desgastar.
rascunhado (ras.cu.**nha**.do) adj. Esboçado; delineado; redigido; traçado; esquematizado.
rascunhar (ras.cu.**nhar**) v.t.d. Esboçar; delinear; redigir; traçar; esquematizar.
rascunho (ras.**cu**.nho) s.m. **1.** Conjunto de anotações em esboço; rabiscos. **2.** Primeira versão de um texto, que será depois melhorada e finalizada; minuta. **3.** Papel para fazer essas anotações.
rasgadela (ras.ga.**de**.la) [é] s.f. Pequeno rasgo.
rasgado (ras.**ga**.do) adj. **1.** Que apresenta rasgo ou rasgão. **2.** Esfarrapado; dilacerado. **3.** Relativo a olhos bonitos, grandes e amendoados. s.m. **4.** (*Mús.*) Forma de acompanhamento peculiar a certos instrumentos populares como a guitarra, o violão e a viola e que consiste em passar as unhas, rápida e sucessivamente, sobre as cordas.

rasgadura (ras.ga.**du**.ra) s.f. Ato ou efeito de rasgar(-se); abertura; fenda.
rasgamento (ras.ga.**men**.to) s.m. Variação de rasgadura.
rasgão (ras.**gão**) s.m. Rasgamento; rasgadura; rasgo; rasgadela.
rasgar (ras.**gar**) v.t.d. **1.** Abrir rasgão em. **2.** Separar, dividir em pedaços ou fragmentos irregulares; romper. **3.** Golpear; ferir; lacerar. **4.** (*Mús.*) Tocar viola. **5.** (*Fig.*) Magoar; pungir. v.i. **6.** Surgir de súbito; aparecer. v.p. **7.** Rasgar as próprias roupas. **8.** Dilacerar-se.
rasgo (**ras**.go) s.m. **1.** Rasgão; fenda; abertura. **2.** Ação exemplar, sem rodeios; atitude nobre. **3.** Demonstração de eloquência, de audácia, de desprendimento.
raso (**ra**.so) adj. **1.** Relativo a uma superfície lisa, plana. **2.** Diz-se de recipiente (xícara, colher etc.) tomado como medida. **3.** Rasteiro; cortado rente. **4.** De pouca profundidade; que não é fundo.
rasoura (ra.**sou**.ra) s.f. **1.** Pau roliço usado para rasar ou nivelar quando se tira a medida de produtos secos. **2.** Instrumento de entalhador formado por uma lâmina de aço com cabo, próprio para tirar asperezas da madeira. **3.** Instrumento para alisar chapas em certos tipos de gravura em metal.
rasourar (ra.sou.**rar**) v.t.d. Nivelar com a rasoura; igualar; aplainar.
raspa (**ras**.pa) s.f. Pequena lasca ou apara tirada de um objeto que se raspou; rapa.
raspadeira (ras.pa.**dei**.ra) s.f. **1.** Espécie de pente para cavalos ou outros animais. **2.** Instrumento próprio de pedreiros e assentadores de azulejos, usado para raspar ou alisar a massa em que trabalham.
raspadela (ras.pa.**de**.la) [é] s.f. Raspagem leve, pouco profunda.
raspado (ras.**pa**.do) adj. Desbastado; rapado; alisado.
raspador (ras.pa.**dor**) [ô] s.m. e adj. (Aquilo) que raspa ou que se usa para raspar; raspadeira.
raspadura (ras.pa.**du**.ra) s.f. Raspa; raspagem.
raspagem (ras.**pa**.gem) s.f. **1.** Ato de raspar. **2.** (*Med.*) Curetagem; biópsia.
raspança (ras.**pan**.ça) s.f. **1.** Descompostura. **2.** Reprimenda; repreensão; bronca. **3.** (*Pop.*) Corretivo; escovadela; esfrega.
raspão (ras.**pão**) s.m. Arranhadura; pequeno ferimento; ferimento ligeiro, produzido por atrito superficial; arranhão.
raspar (ras.**par**) v.t.d. **1.** Alisar; desbastar ou apagar com a raspadeira. **2.** Limpar, esfregando. **3.** Roçar; rapar. v.i. e v.p. **4.** (*Pop.*) Sair; fugir; retirar-se.
raspe (**ras**.pe) s.m. **1.** Repreensão. **2.** Descompostura. **3.** Advertência.
rasqueado (ras.que.**a**.do) s.m. (*Folc.*) Técnica para tocar viola e ritmo típicos do Mato Grosso.
rasquear (ras.que.**ar**) v.t.d. **1.** Rasgar, raspar. **2.** (*RS*) Passar a rascadeira no pelo de (cavalgadura). **3.** (*Mús. SP*) Correr os dedos pelas cordas de (violão, viola), tangendo-as em pontilhado.

rastafári (ras.ta.**fá**.ri) *adj.2g.* **1.** Relacionado a um movimento religioso jamaicano divulgado pelo cantor Bob Marley (1945-1981), caracterizado pelo uso ritual da maconha, adoração do líder etíope Hailê Selassiê (1892-1975) e influência do ativista jamaicano Marcus Garvey (1887-1940). **2.** Diz-se do estilo de cabelos com madeixas enroladas em si mesmas, em tubos. *s.2g.* **2.** Pessoa que segue esse movimento religioso.

rastaquera (ras.ta.**que**.ra) [ü] *s.2g. e adj.2g.* (Pessoa) que enriqueceu e gosta de ostentar luxo e gastos, mas é mal-educada, de mau gosto e sem instrução.

rastear (ras.te.**ar**) *v.t.d.* Rastejar; seguir um rastro; procurar.

rasteira (ras.**tei**.ra) *s.f.* **1.** Golpe rápido de capoeira em que se usa a perna para provocar a queda do oponente. **2.** Enganação, traição. **3.** Sandália baixa, sem salto nenhum.

rasteiro (ras.**tei**.ro) *adj.* **1.** Que se eleva a pouca altura; raso, baixo. **2.** Que se desloca ou anda pelo chão; rastejante.

rastejador (ras.te.ja.**dor**) [ô] *s.m. e adj.* (Aquele) que segue o rasto ou pista de.

rastejante (ras.te.**jan**.te) *adj.2g.* Rastejador; rasteiro.

rastejar (ras.te.**jar**) *v.i.* **1.** Andar de rastos. *v.t.d.* **2.** Seguir um rasto ou pista. **3.** Investigar; rastrear. *v.p.* **4.** (Fig.) Rebaixar-se; humilhar-se.

rastejo (ras.**te**.jo) [ê] *s.m.* Ato de rastejar.

rastelar (ras.te.**lar**) *v.t.d.* Passar o rastelo; limpar com o rastelo; aplainar a terra lavrada.

rastelo (ras.**te**.lo) [é] *s.m.* **1.** Instrumento agrícola semelhante a um ancinho, com grandes dentes, para preparar o plantio. **2.** Instrumento para limpar o linho, com uma fileira de dentes de ferro por onde se passa a fibra para retirar-lhe a estopa.

rastilho (ras.**ti**.lho) *s.m.* **1.** Fio ou cordão embebido em pólvora ou em outra substância, para propagar fogo. **2.** Razão aparente ou imaginária para dar início a um conflito social violento, como greve, revolução ou guerra.

rasto (**ras**.to) *s.m.* Sinal, vestígio de passagem; pegada, pista. O mesmo que *rastro*.

rastreado (ras.tre.**a**.do) *adj.* Seguido; assinalado; procurado; caçado.

rastreamento (ras.tre.a.**men**.to) *s.m.* **1.** (*Astron.*) Processo de acompanhamento de satélites, mísseis, aeronaves ou veículos espaciais pelo radar, rádio ou fotografia. **2.** Rastreio.

rastrear (ras.tre.**ar**) *v.t.d.* **1.** Rastejar; farejar (cão de caça). **2.** Seguir um rastro, uma pista. **3.** Procurar; percorrer; buscar.

rastreio (ras.**trei**.o) *s.m.* Ação de rastrear, de perseguir um rastro.

rastro (**ras**.tro) *s.m.* O mesmo que *rasto*.

rasura (ra.**su**.ra) *s.f.* Ato de apagar ou emendar palavras de um texto, com a finalidade de corrigi-lo ou alterá-lo.

rasurado (ra.su.**ra**.do) *adj.* **1.** Que apresenta rasura; riscado; raspado. **2.** Emendado; falsificado; modificado; imperfeito.

rasurar (ra.su.**rar**) *v.t.d.* **1.** Fazer rasuras; rabiscar. **2.** Falsificar, alterando ou substituindo palavras de um texto.

rata (**ra**.ta) *s.f.* **1.** (*Zoo.*) A fêmea do rato; ratazana. **2.** Mulher muito fecunda. **3.** (*Pop.*) Fiasco; falha; mancada.

ratão (ra.**tão**) *s.m.* Grande rato; ratazana.

rataplã (ra.ta.**plã**) *s.m.* Onomatopeia, imitação do som de um tambor.

ratazana (ra.ta.**za**.na) *s.f.* **1.** (*Zoo.*) Roedor cosmopolita, maior que o rato e mais comum na região litorânea do Brasil. *s.2g.* **2.** (*Fig.*) Ladrão.

ratear (ra.te.**ar**) *v.t.d.* Dividir proporcionalmente; repartir.

rateio (ra.**tei**.o) *s.m.* Ato de ratear; partilha.

rateiro (ra.**tei**.ro) *s.m. e adj.* Diz-se de ou animal que é bom caçador de ratos.

raticida (ra.ti.**ci**.da) *s.m. e adj.2g.* (Veneno) que combate ou mata ratos.

ratificação (ra.ti.fi.ca.**ção**) *s.f.* Ato ou efeito de ratificar.

ratificado (ra.ti.fi.**ca**.do) *adj.* Que se ratificou; confirmado.

ratificar (ra.ti.fi.**car**) *v.t.d.* **1.** Tornar autêntica a aprovação de. **2.** Confirmar ou reafirmar o que foi dito. **3.** Comprovar; consolidar. Cf. *retificar*.

ratificável (ra.ti.fi.**cá**.vel) *adj.2g.* Que se pode ratificar.

ratinhar (ra.ti.**nhar**) *v.i. e v.t.d.* **1.** Economizar em exagero, em excesso. **2.** Dar com parcimônia; regatear; pechinchar.

rato (**ra**.to) *s.m.* **1.** (*Zoo.*) Roedor com dentes pontudos e rabo comprido, que vive em esgotos, depósitos e no lixo. **2.** (*Fig.*) Ladrão; gatuno.

ratoeira (ra.to.**ei**.ra) *s.f.* **1.** Armadilha para caçar ou capturar ratos. **2.** Ardil, armadilha, cilada.

ratona (ra.**to**.na) [ô] *s.f.* **1.** Mulher esquisita, ridícula, extravagante. **2.** Ratazana.

ratoneiro (ra.to.**nei**.ro) *s.m.* Gatuno; larápio; ladrão que faz pequenos furtos.

ravina (ra.**vi**.na) *s.f.* **1.** Torrente de água; enxurrada. **2.** (*Geo.*) Sulco formado pela erosão; barranco.

raviólí (ra.vi.**ó**.li) *s.m.* (*Culin.*) Prato italiano de massa com forma de pequenos semicírculos ou pastéis, recheada com carne moída, queijo ou outro ingrediente, e servida geralmente com molho.

razão (ra.**zão**) *s.f.* **1.** O conjunto de faculdades que o ser humano tem de avaliar, julgar, ponderar; raciocínio; juízo. **2.** Faculdade de estabelecer relações lógicas, de conhecer, de compreender, de raciocinar. **3.** Fundamento ou causa justificativa de uma ação, atitude, ponto de vista etc. **4.** (*Mat.*) Resultado da divisão entre dois números ou expressões.

razia (ra.**zi**.a) *s.f.* Invasão predatória em território inimigo; saque; ataque; destruição.

razoamento (ra.zo.a.**men**.to) *s.m.* Ato ou efeito de razoar; raciocínio.

razoar (ra.zo.**ar**) *v.i.* Raciocinar; arrazoar; defender.

razoável (ra.zo.**á**.vel) *adj.2g.* Conforme a razão; satisfatório; aceitável; sensato.

Rb Símbolo do elemento químico rubídio.

ré s.f. **1.** Feminino de *réu*. **2.** Marcha para trás; marcha a ré. **3.** A metade traseira da embarcação; popa. **4.** (Mús.) Segunda nota da escala de dó, antes do mi.

Re Símbolo do elemento químico rênio.

reabastecer (re.a.bas.te.**cer**) v.t.d. Tornar a abastecer; recompor.

reabastecido (re.a.bas.te.**ci**.do) adj. Abastecido de novo; refeito; reposto.

reabastecimento (re.a.bas.te.ci.**men**.to) s.m. Ato de reabastecer; reposição.

reaberto (re.a.**ber**.to) adj. Reinaugurado; aberto de novo.

reabertura (re.a.ber.**tu**.ra) s.f. Ato de reabrir; reinauguração.

reabilitação (re.a.bi.li.ta.**ção**) s.f. **1.** Recuperação do crédito, da estima ou do bom conceito perante a sociedade. **2.** (Med.) Volta à normalidade da forma ou função alteradas por algum tipo de lesão.

reabilitado (re.a.bi.li.**ta**.do) adj. Regenerado; recuperado.

reabilitador (re.a.bi.li.ta.**dor**) [ô] s.m. e adj. (O) que reabilita; regenerador.

reabilitar (re.a.bi.li.**tar**) v.t.d. **1.** Restituir a alguém os direitos que tinha perdido anteriormente. **2.** Restituir à normalidade do convívio social ou das atividades profissionais. v.p. **3.** Recuperar a dignidade.

reabitar (re.a.bi.**tar**) v.t.d. Habitar de novo; morar novamente; reocupar.

reabrir (re.a.**brir**) v.t.d. **1.** Abrir novamente. v.p. **2.** Tornar a abrir-se. Obs.: part.: *reaberto*.

reabsorção (re.ab.sor.**ção**) s.f. Ato de reabsorver.

reabsorver (re.ab.sor.**ver**) v.t.d. Tornar a absorver.

reação (re.a.**ção**) s.f. **1.** Ato ou efeito de reagir. **2.** Resposta, efeito, resultado: *a notícia teve reações favoráveis e contrárias*. **3.** Resposta ao ataque ou provocação: *não teve nenhuma reação durante o assalto*.

reacender (re.a.cen.**der**) v.t.d. **1.** Tornar a acender. **2.** Estimular; desenvolver. **3.** Promover; ativar; animar. Cf. *reascender*.

reacionário (re.a.ci.o.**ná**.ri.o) adj. **1.** Que contém reação. **2.** Que é contrário a mudanças sociais ou políticas: *comportamento reacionário*. s.m. **3.** Pessoa que pensa ou age dessa maneira.

reacomodar (re.a.co.mo.**dar**) v.t.d. e v.p. **1.** Acomodar(-se) novamente. **2.** Readaptar(-se); readequar(-se).

reacusação (re.a.cu.sa.**ção**) s.f. Ato de reacusar.

reacusar (re.a.cu.**sar**) v.t.d. Tornar a acusar; recriminar.

readaptação (re.a.dap.ta.**ção**) s.f. **1.** Adaptação a uma nova situação. **2.** (Dir.) Investidura em função pública mais compatível com a capacidade física, intelectual ou vocacional do funcionário.

readaptado (re.a.dap.**ta**.do) adj. Adaptado a uma nova situação ou função; reabilitado.

readaptar (re.a.dap.**tar**) v.t.d. e v.p. Adaptar(-se) de novo.

readequação (re.a.de.qua.**ção**) s.f. Ação de readequar(-se).

readequar (re.a.de.**quar**) v.t.d. e v.p. Adequar de novo.

readmissão (re.ad.mis.**são**) s.f. **1.** Reintegração. **2.** Reingresso. **3.** Volta de funcionário anteriormente demitido ou exonerado, para o mesmo local de trabalho ou mesma empresa.

readmitido (re.ad.mi.**ti**.do) adj. Reempregado; contratado de novo.

readmitir (re.ad.mi.**tir**) v.t.d. Admitir; acolher novamente; permitir o reingresso do mesmo funcionário anteriormente demitido.

readquirido (re.ad.qui.**ri**.do) adj. Adquirido novamente.

readquirir (re.ad.qui.**rir**) v.t.d. Tornar a adquirir.

reafirmado (re.a.fir.**ma**.do) adj. Reiterado; confirmado.

reafirmar (re.a.fir.**mar**) v.t.d. Afirmar de novo.

reagente (re.a.**gen**.te) adj.2g. **1.** Que reage. s.m. **2.** (Quím.) Substância ou produto químico de alta pureza, destinado, geralmente, ao uso em laboratório ou à produção em pequena escala.

reagir (re.a.**gir**) v.i. e v.t.i. **1.** Exercer reação; opor-se a uma ação que lhe é contrária. **2.** Lutar; resistir. **3.** (Quím.) Entrar em reação. Obs.: pres. do ind.: *reajo, reages, reage* etc.; pres. do subj.: *reaja, reajas, reaja, reajamos, reajais, reajam*.

reagradecer (re.a.gra.de.**cer**) v.t.d.i. Tornar a agradecer (algo a alguém).

reagravação (re.a.gra.va.**ção**) s.f. Ato ou efeito de reagravar.

reagravar (re.a.gra.**var**) v.t.d., v.i. e v.p. Agravar(-se) novamente; exacerbar(-se).

reajustado (re.a.jus.**ta**.do) adj. Readaptado; acertado; corrigido.

reajustamento (re.a.jus.ta.**men**.to) s.m. Ato de reajustar.

reajustar (re.a.jus.**tar**) v.t.d. **1.** Tornar a ajustar. **2.** Corrigir.

reajuste (re.a.**jus**.te) s.m. Reajustamento; correção.

real (re.**al**) adj.2g. **1.** Que existe de fato; verdadeiro: *histórias reais, perigos reais*. s.m. **2.** O que existe, a realidade: *o planejamento partia das intenções para chegar ao real*. **3.** Antiga moeda portuguesa. **4.** Unidade monetária brasileira a partir de 1º de julho 1994, de símbolo R$ e dividida em centavos. s.f. **5.** (Gír.) A situação ou condição real, a realidade: *queria sempre coisas impossíveis, até que um dia caiu na real*.

realçado (re.al.**ça**.do) adj. Salientado; destacado.

realçar (re.al.**çar**) v.t.d. **1.** Atribuir especial merecimento a alguma coisa. **2.** Salientar; destacar; pôr em lugar elevado.

realce (re.**al**.ce) s.m. Destaque; distinção; relevo; maior brilho.

realegrar (re.a.le.**grar**) v.t.d. **1.** Tornar a alegrar. v.p. **2.** Readquirir alegria.

realejo (re.a.**le**.jo) [ê] s.m. **1.** (Mús.) Acordeão. (Folc.) **2.** Aparelho portátil que toca a mesma música quando se gira a manivela. **3.** Pessoa que leva esse aparelho a um local público e oferece bilhetes de sorte tirados por um mico, papagaio, periquito etc.

realeza (re.a.**le**.za) [ê] s.f. **1.** Dignidade de rei ou de rainha. **2.** Suntuosidade; grandeza; magnificência; sublimidade. **3.** As pessoas reais.

realidade (re.a.li.**da**.de) s.f. **1.** Qualidade de real. **2.** Tudo aquilo que efetivamente existe. (Inf.) Realidade virtual: ambiente artificial e tridimensional gerado pelo computador, que permite aos usuários interagirem entre si e com o computador.

realismo (re.a.**lis**.mo) s.m. **1.** Qualidade ou estado do que é real. **2.** Procedimento ou posição de quem se prende fiel e firmemente ao que é real. **3.** (Lit.) Movimento literário que sucedeu o romantismo e em que se representa a vida como ela é, sem a preocupação de suavizar aspectos desagradáveis. **4.** Sistema político em que o chefe de Estado é o rei.

realista (re.a.**lis**.ta) adj.2g. **1.** Relacionado ao realismo. s.2g. **2.** Pessoa que procura considerar a realidade, que decide considerando mais a realidade do que os ideais. **3.** Partidário do realismo.

realístico (re.a.**lis**.ti.co) adj. Relativo ao realismo.

realização (re.a.li.za.**ção**) s.f. Ato de realizar(-se).

realizado (re.a.li.**za**.do) adj. **1.** Que se realizou; efetuado; executado; feito. **2.** De objetivo alcançado.

realizador (re.a.li.za.**dor**) [ô] s.m. e adj. (Aquele) que realiza grandes empreendimentos; empreendedor.

realizar (re.a.li.**zar**) v.t.d. **1.** Pôr em prática; fazer acontecer; tornar realidade. v.p. **2.** Atingir as metas desejadas.

realizável (re.a.li.**zá**.vel) adj.2g. Que se pode realizar, que pode ser feito.

reanimação (re.a.ni.ma.**ção**) s.f. Ato ou efeito de reanimar(-se); tonificação.

reanimado (re.a.ni.**ma**.do) adj. Que voltou à vida; que readquiriu energia.

reanimador (re.a.ni.ma.**dor**) [ô] s.m. e adj. (O) que reanima ou estimula.

reanimar (re.a.ni.**mar**) v.t.d. **1.** Restituir o uso dos sentidos, o movimento, o vigor. v.p. **2.** Recuperar o ânimo.

reaparecer (re.a.pa.re.**cer**) v.i. Ressurgir; aparecer de novo.

reaparecimento (re.a.pa.re.ci.**men**.to) s.m. Ressurgimento; reaparição.

reaparição (re.a.pa.ri.**ção**) s.f. Ato ou efeito de reaparecer; reaparecimento.

reaproveitamento (re.a.pro.vei.ta.**men**.to) s.m. Ato ou efeito de reaproveitar.

reaproveitar (re.a.pro.vei.**tar**) v.t.d. Aproveitar de novo.

reaproximação (re.a.pro.xi.ma.**ção**) s.f. Ação de reaproximar; nova aproximação.

reaproximar (re.a.pro.xi.**mar**) v.t.d. Aproximar de novo, aproximar outra vez.

reascender (re.as.cen.**der**) v.t.d. Fazer subir de novo; tornar a elevar. Cf. *reacender*.

reassumir (re.as.su.**mir**) v.t.d. Assumir de novo; tomar novamente posse de.

reassunção (re.as.sun.**ção**) s.f. Ato de reassumir.

reatado (re.a.**ta**.do) adj. Reconciliado; aceito.

reatamento (re.a.ta.**men**.to) s.m. Ato de reatar; reconciliação; aceitação.

reatar (re.a.**tar**) v.t.d. **1.** Atar novamente. **2.** Continuar aquilo que se tinha interrompido.

reativação (re.a.ti.va.**ção**) s.f. **1.** Ato ou efeito de reativar(-se). **2.** Retorno ao estado ativo.

reativado (re.a.ti.**va**.do) adj. **1.** Que se reativou. **2.** Em que se deu reativação. **3.** Que voltou a ser ativado.

reativar (re.a.ti.**var**) v.t.d. e v.p. **1.** Tornar(-se) novamente ativo. v.t.d. **2.** Acionar de novo.

reatividade (re.a.ti.vi.**da**.de) s.f. **1.** Qualidade do que é reativo. **2.** (Fís.) Parâmetro que mede o afastamento de qualquer sistema ou processo em que se opera uma reação em.

reativo (re.a.**ti**.vo) s.m. e adj. (Quím.) (Aquilo) que reage; reagente.

reator (re.a.**tor**) [ô] s.m. Dispositivo em que ocorre uma reação química em geral com grandes quantidades de substâncias.

reavaliar (re.a.va.li.**ar**) v.t.d. Avaliar outra vez, fazer nova avaliação.

reaver (re.a.**ver**) v.t.d. Haver de novo; recobrar; recuperar; readquirir. Obs.: pres. do ind.: *reavemos, reaveis*. Não se conjuga no pres. do subj. nem no imperat. neg. Imper. afirm.: *reavei*. Nos demais tempos, segue a conjugação do verbo haver, sempre que houver um *v*.

reavisar (re.a.vi.**sar**) v.t.d. Avisar novamente, dar novo aviso.

reavivado (re.a.vi.**va**.do) adj. Reanimado; estimulado; impulsionado.

reavivar (re.a.vi.**var**) v.t.d. **1.** Fazer reviver; tornar vivo no espírito. **2.** Estimular a memória de; relembrar.

rebabe (re.**ba**.be) s.m. (Mús.) Instrumento de uma ou duas cordas e caixa retangular, do norte da África.

rebaixa (re.**bai**.xa) s.f. Remarcação; ato de baixar o preço.

rebaixado (re.bai.**xa**.do) adj. **1.** Desacreditado; aviltado. **2.** Que se rebaixou.

rebaixador (re.bai.xa.**dor**) [ô] s.m. Instrumento usado pelo carpinteiro, para rebaixar os ângulos de peças de madeira.

rebaixamento (re.bai.xa.**men**.to) s.m. Ato de rebaixar; descrédito; humilhação.

rebaixar (re.bai.**xar**) v.t.d. **1.** Tornar mais baixo. **2.** Diminuir o preço. **3.** Diminuir na altura. v.p. **4.** Praticar atos indignos; aviltar-se; humilhar-se.

rebaixe (re.**bai**.xe) s.m. **1.** Rebaixamento. **2.** Abertura longitudinal em madeira, ou noutro material, para encaixe de uma peça; rebaixo.

rebaixo (re.**bai**.xo) s.m. Variação de rebaixe.

rebanho (re.**ba**.nho) s.m. **1.** Porção de gado lanígero. **2.** O total de qualquer espécie que constitui gado para corte. **3.** Porção de animais como carneiros, cabras etc., guardados por pastor. **4.** Conjunto de fiéis de uma determinada religião, em relação a seu pastor. **5.** (Fig.) Grupo de pessoas que se deixam levar sem manifestar opinião e vontade próprias.

rebarba (re.**bar**.ba) s.f. **1.** Saliência angulosa, excrescência irregular no corte de uma chapa de metal, peças de madeira etc. **2.** Excesso, sobra.

rebarbar (re.bar.**bar**) v.t.d. **1.** Tirar as rebarbas de. v.i. **2.** Reclamar contra algo que lhe pareça injusto, ou prejudicial aos seus próprios direitos ou interesses.

rebarbativo (re.bar.ba.**ti**.vo) adj. **1.** Repelente por ser desagradável; rude; agreste; carrancudo. **2.** Diz-se de quem está sempre a rebarbar; reclamador.

rebate (re.**ba**.te) s.m. Ato de rebater; refutação; incursão.

rebatedor (re.ba.te.**dor**) [ô] s.m. e adj. **1.** (O) que rebate ou refuta. **2.** Em iluminação, elemento semelhante a um guarda-chuva que se emprega para redirecionar a luz.

rebater (re.ba.**ter**) v.t.d. **1.** Bater novamente, bater outra vez. **2.** Bater de volta, devolver: *rebater a bola*. **3.** Afastar com violência; repelir, rechaçar. **4.** Aparar um golpe. **5.** Responder, refutar, replicar.

rebatida (re.ba.**ti**.da) s.f. Ação de rebater; refutação; censura.

rebatido (re.ba.**ti**.do) adj. **1.** Muito batido. **2.** Calcado.

rebatimento (re.ba.ti.**men**.to) s.m. **1.** Ato de rebater; rebate. **2.** Sobreposição de uma figura sobre um plano, por movimento de rotação.

rebatizar (re.ba.ti.**zar**) v.t.d. Tornar a batizar.

rebeca (re.**be**.ca) [é] s.f. Variação de rabeca.

rebelado (re.be.**la**.do) adj. Revoltado; insurgido; revoltoso.

rebelar (re.be.**lar**) v.t.d. e v.p. Tornar(-se) rebelde; insurgir(-se); revoltar(-se).

rebelde (re.**bel**.de) s.2g. e adj.2g. **1.** (Pessoa) que se rebela contra a autoridade formada; insurgente, revoltoso. adj.2g. **2.** Que não obedece ou que protesta: *um ar rebelde*.

rebeldia (re.bel.**di**.a) s.f. Qualidade de rebelde.

rebelião (re.be.li.**ão**) s.f. **1.** Ato de se rebelar; revolta; sublevação. **2.** Oposição violenta ou veemente.

rebenque (re.**ben**.que) s.m. Pequeno chicote; chicotinho.

rebenquear (re.ben.que.**ar**) v.t.d. Vergastar; açoitar com rebenque.

rebentação (re.ben.ta.**ção**) s.f. **1.** O quebrar das ondas na praia ou contra os rochedos. **2.** O local onde isto ocorre; arrebentação.

rebentado (re.ben.**ta**.do) adj. **1.** Estourado; quebrado violentamente. **2.** (Fig.) Falido; sem recursos. **3.** Surgido; nascido; desabrochado.

rebentar (re.ben.**tar**) v.t.d. **1.** Quebrar; partir com violência. **2.** Quebrar com estrondo; fazer estalar. v.i. **3.** Estourar; explodir.

rebento (re.**ben**.to) s.m. **1.** (Bot.) Broto que dá origem a outra planta; refilho, renovo. **2.** Filho. **3.** (Fig.) Produto final.

rebimboca (re.bim.**bo**.ca) [ó] s.f. (Gír.) **Rebimboca da parafuseta:** peça inexistente à qual um mecânico desonesto atribui o defeito de um veículo e propõe um orçamento para troca; (fig.) falha técnica desconhecida.

rebitado (re.bi.**ta**.do) adj. Preso; unido; anexado com rebites; arrebitado.

rebitamento (re.bi.ta.**men**.to) s.m. Ato de rebitar ou prender com rebites.

rebitar (re.bi.**tar**) v.t.d. Unir com rebites; arrebitar.

rebite (re.**bi**.te) s.m. Cilindro de metal com cabeça, para unir permanentemente duas chapas de madeira, metal etc.

reboante (re.bo.**an**.te) adj.2g. Que reboa ou ecoa; retumbante.

reboar (re.bo.**ar**) v.i. Fazer eco; repercutir; retumbar; estrondear; ribombar; ressoar.

rebobinar (re.bo.bi.**nar**) v.t.d. **1.** Enrolar novamente a fita ou o papel na bobina ou no carretel onde estava antes enrolado. **2.** Voltar uma fita ao seu início.

rebocado (re.bo.**ca**.do) adj. Revestido de reboco.

rebocador (re.bo.ca.**dor**) [ô] s.m. e adj. **1.** (Veículo) potente, equipado para puxar ou empurrar outro; reboque: *barco rebocador, carro rebocador*. s.m. **2.** Profissional que aplica reboco nas paredes de uma construção. **3.** Embarcação apropriada para puxar, empurrar ou levar outras a reboque.

rebocadura (re.bo.ca.**du**.ra) s.f. Ato de rebocar; reboco.

rebocar (re.bo.**car**) v.t.d. **1.** Puxar (um veículo) com outro veículo. **2.** Revestir com reboco.

reboco (re.**bo**.co) [ô] s.m. Argamassa de cal ou de cimento e areia aplicada sobre paredes a fim de preparar a superfície para receber pintura ou outro material de revestimento; reboque.

rebojo (re.**bo**.jo) [ô] s.m. **1.** Repercussão ou redemoinho do vento, provocado pela mudança repentina de direção. **2.** Corrente contrária causada pela tortuosidade do rio ou pelos acidentes do seu leito ou das suas margens. **3.** Espuma que a água faz no mar e nos rios.

rebolada (re.bo.**la**.da) s.f. **1.** Área ocupada por uma só espécie de plantas nativas. **2.** Grupo de árvores ou de vegetação arbustiva que sobressai na mata ou campo; moita.

rebolado (re.bo.**la**.do) s.m. Movimento de quadris; meneio; dança; requebrado; saracoteio.

rebolar (re.bo.**lar**) v.t.d. **1.** Mexer (os quadris). v.i. e v.p. **2.** Saracotear-se; bambolear-se. Obs.: pres. do ind.: rebolo [ó], rebolas [ó], rebola [ó] etc.; pres. do subj.: rebole [ó], reboles [ó], rebole [ó] etc.

rebolear (re.bo.le.**ar**) v.t.d. **1.** Dar movimento de rotação ao laço ou à boleadeira para arremessá-los contra algum animal que se quer prender. v.p. **2.** Rebolar; saracotear(-se).

reboleira (re.bo.**lei**.ra) s.f. Reboleiro.

reboleiro (re.bo.**lei**.ro) s.m. Chocalho grande; reboleira.

reboliço (re.bo.**li**.ço) adj. Que tem forma de rebolo; arredondado. Cf. *rebuliço*.

rebolir (re.bo.**lir**) v.i. Andar depressa; girar; agitar-se; rebolar.

rebolo (re.bo.lo) [ô] s.m. **1.** Pedra redonda giratória, para amolar e afiar. **2.** Mó de arenito, fixada em um eixo giratório.
rebombar (re.bom.bar) v.i. Retumbar; ecoar.
reboo (re.bo.o) [bô] s.m. Som retumbante; batida forte percutida; sonoridade abafada; som de caixa surda; eco.
reboque (re.bo.que) [ó] s.m. **1.** Veículo potente, para puxar outro. **2.** Ato de rebocar, de cobrir com reboco.
rebordagem (re.bor.da.gem) s.f. **1.** Prejuízo causado aos navios que abalroam. **2.** Indenização paga por esse prejuízo.
rebordar (re.bor.dar) v.t.d. **1.** Bordar de novo, ou bordar demoradamente. **2.** Alisar as arestas ou os cantos dos vidros polidos. v.i. **3.** Fazer bordado cheio, muito ornado, com muitos fios sobrepostos.
rebordo (re.bor.do) [ô] s.m. Borda revirada.
rebordosa (re.bor.do.sa) [ó] s.f. **1.** Admoestação. **2.** (Fig.) Situação desagradável. **3.** Doença grave com reincidência.
rebotalho (re.bo.ta.lho) s.m. Refugo; algo sem valor; insignificância; resto.
rebote (re.bo.te) [ó] s.m. **1.** O segundo salto que a bola faz ao bater no chão. **2.** Salto que qualquer corpo elástico dá, ao se chocar contra um obstáculo. **3.** Resposta.
rebramar (re.bra.mar) v.i. Bramar intensamente; rebramir.
rebramir (re.bra.mir) v.i. Variação de rebramar; ribombar; retumbar.
rebrilhante (re.bri.lhan.te) adj.2g. Que rebrilha; resplandecente.
rebrilhar (re.bri.lhar) v.i. Resplandecer; brilhar de novo; brilhar muito.
rebrilho (re.bri.lho) s.m. Brilho intenso.
rebrotar (re.bro.tar) v.i. Tornar a brotar.
rebu (re.bu) s.m. **1.** Confusão; bagunça; rebuliço. **2.** (Gír.) Zona.
rebuçado (re.bu.ça.do) s.m. Doce de açúcar em ponto vítreo.
rebuçar (re.bu.çar) v.i. Disfarçar; dissimular; esconder; encobrir; ocultar.
rebuço (re.bu.ço) s.m. **1.** Lapela; parte da capa que cobre o rosto. **2.** (Fig.) Disfarce; dissimulação.
rebuliço (re.bu.li.ço) s.m. Agitação, desordem, confusão. Cf. *reboliço*.
rebusca (re.bus.ca) s.f. Ato de rebuscar; rebuscamento.
rebuscado (re.bus.ca.do) adj. **1.** Que se tornou a buscar. **2.** (Fig.) Empolado; requintado.
rebuscamento (re.bus.ca.men.to) s.m. **1.** Ato de rebuscar; rebusca. **2.** Ornamento, enfeite, requinte.
rebuscar (re.bus.car) v.t.d. **1.** Tornar a buscar, catar. **2.** Tornar empolado; requintar.
recadeiro (re.ca.dei.ro) adj. **1.** Relacionado a recados. s.m. **2.** Indivíduo que traz ou leva recados; recadista. **3.** Quem escreve recados; recadista.
recadista (re.ca.dis.ta) s.2g. Recadeiro.

recado (re.ca.do) s.m. Comunicação escrita ou oral; mensagem.
recaída (re.ca.í.da) s.f. **1.** Ato de recair. **2.** (Med.) Agravamento ou reaparecimento do quadro clínico de uma doença.
recaidiço (re.ca.i.di.ço) adj. Que recai com facilidade; que não se restabeleceu.
recair (re.ca.ir) v.i. **1.** Cair de novo. **2.** Voltar a ser acometido de uma doença. v.t.i. **3.** Incorrer de novo em um erro.
recalcado (re.cal.ca.do) adj. **1.** Que sofre de recalque. **2.** Bem calcado, concentrado.
recalcador (re.cal.ca.dor) [ô] adj. **1.** Que recalca. s.m. **2.** Instrumento adequado para se recalcar a balsa.
recalcamento (re.cal.ca.men.to) s.m. Ato de recalcar; recalque.
recalcar (re.cal.car) v.t.d. **1.** Calcar de novo. **2.** Refrear; conter.
recalcificação (re.cal.ci.fi.ca.ção) s.f. Ato de recalcificar.
recalcificante (re.cal.ci.fi.can.te) adj.2g. Que proporciona recalcificação.
recalcificar (re.cal.ci.fi.car) v.t.d. Repor no organismo o cálcio de que ele necessita.
recalcitração (re.cal.ci.tra.ção) s.f. Ato de recalcitrar; recalcitrância; teimosia; obstinação.
recalcitrância (re.cal.ci.trân.ci.a) s.f. Qualidade de recalcitrante; recalcitração; obstinação; teimosia.
recalcitrante (re.cal.ci.tran.te) adj.2g. Teimoso desobediente, obstinado.
recalcitrar (re.cal.ci.trar) v.i. **1.** Não ceder; resistir teimar. v.t.i. **2.** Desobedecer.
recalcular (re.cal.cu.lar) v.t.d. Calcular novamente, refazer o cálculo.
recálculo (re.cál.cu.lo) s.m. Ação de recalcular; novo cálculo, recontagem.
recalque (re.cal.que) s.m. **1.** Recalcamento. **2.** (Psi.) Exclusão do campo da consciência de certas ideias, sentimentos e desejos insatisfeitos do indivíduo, os quais, no entanto, continuam a fazer parte de sua vida psíquica, podendo gerar graves distúrbios. **3.** Rebaixamento de terra ou parede após construção da obra.
recamador (re.ca.ma.dor) [ô] adj. Que recama.
recamar (re.ca.mar) v.t.d. **1.** Enfeitar com bordado em relevo: *recamou a toalha de mesa e os guardanapos*. **2.** Adornar, enfeitar, ornamentar.
recâmara (re.câ.ma.ra) s.f. Câmara interior, recanto.
recambiar (re.cam.bi.ar) v.t.d. **1.** Devolver uma letra de câmbio não paga ou não aceita. **2.** Devolver ao local de origem. Obs.: pres. do ind.: *recambio, recambias, recambia* etc.; pres. do subj.: *recambie, recambies, recambie* etc.
recanto (re.can.to) s.m. **1.** Lugar retirado ou oculto. **2.** Local agradável, confortável.
recapeado (re.ca.pe.a.do) adj. Que se recapeou ou refez a cobertura asfáltica.
recapeamento (re.ca.pe.a.men.to) s.m. Ação de recapear; recuperação da cobertura asfáltica.

recapear (re.ca.pe.**ar**) v.t.d. Recobrir o pavimento de ruas ou estradas, em geral com asfalto.
recapitulação (re.ca.pi.tu.la.**ção**) s.f. Ato de recapitular, repetição.
recapitulado (re.ca.pi.tu.**la**.do) adj. Repetido sumariamente; resumido ou sintetizado de novo.
recapitular (re.ca.pi.tu.**lar**) v.t.d. Repetir sumariamente; resumir ou sintetizar novamente.
recapturado (re.cap.tu.**ra**.do) adj. Capturado novamente.
recapturar (re.cap.tu.**rar**) v.t.d. Tornar a capturar.
recarga (re.**car**.ga) s.f. Segunda investida; réplica; novo ataque.
recargar (re.car.**gar**) v.t.d. Voltar à carga.
recarregar (re.car.re.**gar**) v.t.d. Carregar de novo, dar nova carga: *recarregar uma bateria*.
recasar (re.ca.**sar**) v.i. Tornar a casar.
recatado (re.ca.**ta**.do) adj. Que tem recato ou pudor; casto, pudico; discreto.
recatar (re.ca.**tar**) v.t.d. e v.p. Resguardar(-se), acautelar(-se).
recativar (re.ca.ti.**var**) v.t.d. Cativar ou prender de novo.
recato (re.**ca**.to) s.m. Resguardo; prudência; simplicidade.
recauchutado (re.cau.chu.**ta**.do) adj. Recapeado; reparado; reconstituído.
recauchutagem (re.cau.chu.**ta**.gem) s.f. Ato ou efeito de recauchutar.
recauchutar (re.cau.chu.**tar**) v.t.d. 1. Reconstituir a banda de rodagem de um pneumático, aplicando-lhe uma nova camada de borracha. 2. (Fig.) Remodelar; melhorar.
recavar (re.ca.**var**) v.t.d. 1. Cavar novamente. 2. Extrair repetidas vezes, cavando. 3. Rebuscar.
recear (re.ce.**ar**) v.t.d. Temer; ter medo ou receio de.
recebedor (re.ce.be.**dor**) [ô] adj. 1. Que recebe. s.m. 2. Funcionário encarregado de receber e arrecadar impostos.
recebedoria (re.ce.be.do.**ri**.a) s.f. 1. Repartição onde se recebem os impostos. 2. Tesouraria de finanças.
receber (re.ce.**ber**) v.t.d. 1. Aceitar em pagamento, obter como recompensa ou favor. 2. Hospedar, acolher. 3. Admitir. 4. Aceitar por esposo ou esposa. 5. Padecer, sofrer, suportar. v.i. 6. Oferecer uma recepção.
recebimento (re.ce.bi.**men**.to) s.m. Ato de receber.
receio (re.**cei**.o) s.m. Dúvida acompanhada de temor; medo.
receita (re.**cei**.ta) s.f. 1. Quantia de dinheiro recebida, apurada ou arrecadada. 2. Papel em que o médico prescreve o tratamento. 3. Órgão público que recebe impostos e tributos.
receitado (re.cei.**ta**.do) adj. Prescrito, formulado.
receitante (re.cei.**tan**.te) adj.2g. Que receita.
receitar (re.cei.**tar**) v.t.d. 1. Passar receita de. 2. Prescrever como médico.
receituário (re.cei.tu.**á**.ri.o) s.m. 1. Formulário para receita. 2. Conjunto de receitas.

recém-casado (re.cém-ca.**sa**.do) s.m. e adj. (Aquele) que se casou há pouco. ▣ Pl. *recém-casados*.
recém-formado (re.cém-for.**ma**.do) s.m. e adj. (Aquele) que se formou há pouco. ▣ Pl. *recém-formados*.
recém-nascido (re.cém-nas.**ci**.do) s.m. e adj. (Aquele) que nasceu há pouco. ▣ Pl. *recém-nascidos*.
recendência (re.cen.**dên**.ci.a) s.f. 1. Qualidade de recendente. 2. Aroma, perfume.
recendente (re.cen.**den**.te) adj.2g. 1. Que recende. 2. Aromático, cheiroso.
recender (re.cen.**der**) v.t.d. e v.i. Emitir, exalar aroma penetrante.
recensão (re.cen.**são**) s.f. 1. Recenseamento. 2. Cotejo do texto de uma edição com o respectivo manuscrito.
recenseado (re.cen.se.**a**.do) adj. Que teve o nome incluído em um arrolamento.
recenseador (re.cen.se.a.**dor**) [ô] s.m. e adj. (Aquele) que recenseia.
recenseamento (re.cen.se.a.**men**.to) s.m. 1. Enumeração ou arrolamento de pessoas ou de animais. 2. Contagem periódica de habitantes; censo.
recensear (re.cen.se.**ar**) v.t.d. Fazer a contagem da população de um local.
recente (re.**cen**.te) adj.2g. Que aconteceu há pouco.
receoso (re.ce.**o**.so) [ô] adj. Que tem receio, medroso, tímido, acanhado. ▣ Pl. *receosos* [ó].
recepção (re.cep.**ção**) s.f. 1. Ato ou efeito de receber. 2. Seção, em escritório, hotel, hospital, em congressos etc., que se encarrega de receber as pessoas, receber e distribuir a correspondência e encomendas, dar informações etc. 3. Ato de receber convidados, visitas ou cumprimentos em casa. 4. Festa.
recepcionado (re.cep.ci.o.**na**.do) adj. Recebido, festejado.
recepcionar (re.cep.ci.o.**nar**) v.i. 1. Dar recepção; receber; festejar. v.t.d. 2. Aguardar (em aeroporto, estação etc.) alguém com atenção.
recepcionista (re.cep.ci.o.**nis**.ta) s.2g. Profissional de hotéis, de hospitais, de empresas etc., encarregado da recepção.
receptação (re.cep.ta.**ção**) s.f. Ato de receptar.
receptáculo (re.cep.**tá**.cu.lo) s.m. 1. Lugar ou objeto onde se recolhe ou guarda alguma coisa; recipiente. 2. Abrigo, refúgio, esconderijo.
receptado (re.cep.**ta**.do) adj. 1. Recebido. 2. Diz-se de objeto furtado e que, em seguida, foi comprado por um terceiro.
receptador (re.cep.ta.**dor**) [ô] s.m. e adj. 1. (Aquele) que recepta. 2. Comprador de objetos roubados.
receptar (re.cep.**tar**) v.t.d. Comprar ou esconder coisas furtadas por outrem.
receptibilidade (re.cep.ti.bi.li.**da**.de) s.f. 1. Receptividade. 2. Tendência para receber impressões ou influência de determinados agentes.
receptível (re.cep.**tí**.vel) adj.2g. Que se pode receber; aceitável.

receptividade (re.cep.ti.vi.**da**.de) s.f. **1.** Qualidade ou caráter de receptivo. **2.** Receptibilidade, aceitação.

receptivo (re.cep.**ti**.vo) adj. **1.** Que recebe (informação nervosa e sensitiva). **2.** Que tem comportamento compreensivo e acolhedor.

receptor (re.cep.**tor**) [ô] s.m. e adj. **1.** (O) que recebe; recebedor. s.m. **2.** Qualquer aparelho que recebe, registra, grava etc. sinais acústicos, elétricos, eletromagnéticos ou luminosos.

recessão (re.ces.**são**) s.f. Período de queda na produção econômica de um país.

recessivo (re.ces.**si**.vo) adj. Relativo à recessão, ou próprio dela.

recesso (re.**ces**.so) s.m. **1.** Período de suspensão temporária das atividades do legislativo e do judiciário. **2.** Retiro.

rechaçado (re.cha.**ça**.do) adj. Repelido, rebatido, afastado.

rechaçar (re.cha.**çar**) v.t.d. Repelir, rebater, afastar.

rechaço (re.**cha**.ço) s.m. Ato de rechaçar, rebate.

recheado (re.che.**a**.do) adj. **1.** Que tem recheio. **2.** Muito cheio, repleto.

rechear (re.che.**ar**) v.t.d. **1.** Encher bem. **2.** Colocar recheio; encher com preparado culinário.

recheio (re.**chei**.o) s.m. Aquilo que se põe dentro de pão, bolo, frango ou outra preparação culinária.

rechinante (re.chi.**nan**.te) adj.2g. Que rechina.

rechinar (re.chi.**nar**) v.i. **1.** Produzir som agudo ou áspero. **2.** Produzir som semelhante ao do ferro em brasa estalando sobre a carne.

rechonchudo (re.chon.**chu**.do) adj. Gorducho, roliço.

recibo (re.**ci**.bo) s.m. Declaração escrita de se haver recebido alguma coisa; comprovante: *recibo de entrega, recibo de pagamento*.

reciclado (re.ci.**cla**.do) adj. Atualizado, reaproveitado.

reciclagem (re.ci.**cla**.gem) s.f. **1.** Atualização (cultural, profissional etc.) de conhecimentos. **2.** Tratamento de resíduos, ou de material usado, de forma a possibilitar sua reutilização; reaproveitamento.

reciclar (re.ci.**clar**) v.t.d. **1.** Atualizar conhecimentos. **2.** Reaproveitar material usado.

recidiva (re.ci.**di**.va) s.f. Reincidência, recaída.

recidivo (re.ci.**di**.vo) adj. Que torna a aparecer ou incidir; reincidente.

recife (re.**ci**.fe) s.m. **1.** Rochedo ou série de rochedos situados próximos à costa ou a ela diretamente ligados, submersos ou a pequena altura do nível do mar; penhascos no mar. **2.** Essa formação rochosa coberta de corais, também chamada recife de corais.

recifense (re.ci.**fen**.se) adj.2g. **1.** Do município de Recife, capital do estado de Pernambuco. s.2g. **2.** Pessoa natural ou habitante desse lugar.

recinto (re.**cin**.to) s.m. **1.** Certo espaço ou lugar. **2.** Espaço ou local murado.

recipiente (re.ci.pi.**en**.te) s.m. Vasilha para conter, receber líquidos ou sólidos; receptáculo.

recíproca (re.**cí**.pro.ca) s.f. **1.** Aquilo que acontece em reciprocidade, de maneira mútua ou alternada: *ela o ama mas a recíproca não é verdadeira*. **2.** Ideia ou situação oposta, inversa; inverso.

reciprocidade (re.ci.pro.ci.**da**.de) s.f. Qualidade do que é recíproco ou mútuo; alternância.

recíproco (re.**cí**.pro.co) adj. **1.** Que implica troca ou permuta, ou que se permuta entre duas pessoas ou dois grupos; mútuo.

récita (**ré**.ci.ta) s.f. **1.** Espetáculo de declamação. **2.** Representação teatral.

recitação (re.ci.ta.**ção**) s.f. Ato de recitar, declamação.

recitado (re.ci.**ta**.do) adj. Lido ou repetido de cor e em voz alta; declamado.

recitador (re.ci.ta.**dor**) [ô] s.m. e adj. (Aquele) que recita; declamador.

recital (re.ci.**tal**) s.m. Espetáculo de audição musical, realizado em geral por um só artista.

recitar (re.ci.**tar**) v.t.d. Ler em voz alta, declamar.

recitativo (re.ci.ta.**ti**.vo) s.m. **1.** (*Mús.*) Canto declamado, em ópera, cantata ou oratório e que se caracteriza pela liberdade do ritmo e da melodia e pelo assunto narrativo. adj. **2.** Apropriado para se recitar.

reclamação (re.cla.ma.**ção**) s.f. Ato de reclamar, exigência, reivindicação, demanda.

reclamado (re.cla.**ma**.do) adj. **1.** Exigido, pedido. **2.** Que se reivindica ou demanda; que se busca obter.

reclamador (re.cla.ma.**dor**) [ô] s.m. e adj. (Aquele) que reclama, reivindicador.

reclamante (re.cla.**man**.te) s.2g. e adj.2g. (Aquele) que reclama ou propõe reclamação.

reclamar (re.cla.**mar**) v.t.d. e v.t.i. **1.** Queixar-se, opor-se, lamentar-se. **2.** Exigir, reivindicar.

reclamável (re.cla.**má**.vel) adj.2g. Que pode ser reclamado ou exigido.

reclame (re.**cla**.me) s.m. Anúncio publicitário; propaganda. O mesmo que *reclamo*.

reclamo (re.**cla**.mo) s.m. (*Ant. Raro*) O mesmo que *reclame*.

reclinação (re.cli.na.**ção**) s.f. Ato ou efeito de reclinar(-se).

reclinado (re.cli.**na**.do) adj. Inclinado, encostado, recurvado.

reclinar (re.cli.**nar**) v.t.d. e v.p. Afastar(-se) da posição perpendicular; dobrar(-se), recurvar(-se).

reclinatório (re.cli.na.**tó**.ri.o) s.m. Leito, encosto, almofada etc., para alguém se reclinar, recostar ou descansar; recosto.

reclusão (re.clu.**são**) s.f. **1.** Pena rigorosa, para ser cumprida em penitenciária com estágios diversos e que a lei prescreve aos crimes de maior gravidade. **2.** Prisão, cárcere.

recluso (re.**clu**.so) adj. **1.** Que vive em convento, encerrado. **2.** Preso, encarcerado.

reco (**re**.co) s.m. (*Pej. Pop.*) Membro do Exército; milico.

recoberto (re.co.**ber**.to) adj. Que tornou a cobrir(-se); coberto novamente.

recobrado (re.co.**bra**.do) *adj.* Recuperado, retomado, restabelecido, reanimado.
recobramento (re.co.bra.**men**.to) *s.m.* Ato ou efeito de recobrar(-se).
recobrar (re.co.**brar**) *v.t.d.* **1.** Adquirir de novo, receber o que se havia perdido; retomar. *v.t.d. e v.p.* **2.** Recuperar(-se).
recobrável (re.co.**brá**.vel) *adj.2g.* Que pode ser recobrado.
recobrimento (re.co.bri.**men**.to) *s.m.* (*Geo.*) Superposição de dobras de terrenos mais antigos.
recobrir (re.co.**brir**) *v.t.d.* Tornar a cobrir. Obs.: pres. do ind.: *recubro, recobres, recobre* etc.; pres. do subj.: *recubra, recubras, recubra* etc.
recobro (re.**co**.bro)[ô] *s.m.* Ato de recobrar.
recognição (re.cog.ni.**ção**) *s.f.* Reconhecimento, identificação.
recognitivo (re.cog.ni.**ti**.vo) *adj.* Próprio para reconhecer ou averiguar determinada coisa.
recolhedor (re.co.lhe.**dor**) [ô] *s.m. e adj.* (O) que recolhe, que sai ao campo para recolher os cavalos até o curral.
recolher (re.co.**lher**) *v.t.d. e v.p.* **1.** Pôr(-se) ao abrigo; guardar(-se). **2.** Fazer a colheita de. **3.** Cobrar, receber, arrecadar. **4.** Reunir, juntar (coisas dispersas). **5.** Guardar dentro de si, conter. **6.** Obter como resultado ou recompensa. **7.** Dar hospitalidade a, abrigar, receber. **8.** Juntar; coligir, colher. **9.** Retrair, encolher. **10.** Retirar de circulação.
recolhido (re.co.**lhi**.do) *adj.* Que se recolheu, afastado do movimento, concentrado.
recolhimento (re.co.lhi.**men**.to) *s.m.* **1.** Ato de recolher. **2.** Lugar onde se recolhe alguém.
recolonizado (re.co.lo.ni.**za**.do) *adj.* Repovoado.
recolonizar (re.co.lo.ni.**zar**) *v.t.d.* Povoar novamente, repovoar.
recomeçar (re.co.me.**çar**) *v.t.d.* Começar de novo, reiniciar.
recomeço (re.co.**me**.ço) [ê] *s.m.* Novo começo, reinício.
recomendação (re.co.men.da.**ção**) *s.f.* **1.** Ato ou efeito de recomendar. **2.** Conselho, aviso, advertência.
recomendado (re.co.men.**da**.do) *adj.* Que é objeto de recomendação, aviso, conselho; aconselhado.
recomendar (re.co.men.**dar**) *v.t.d.* **1.** Aconselhar elogiosamente. **2.** Aconselhar com encarecimento ou empenho; pedir, inculcar. **3.** Apresentar como bom; indicar; revelar.
recomendatório (re.co.men.da.**tó**.ri.o) *adj.* Que serve para recomendar.
recomendável (re.co.men.**dá**.vel) *adj.2g.* Digno de ser recomendado; aconselhável, bom para apresentar.
recompensa (re.com.**pen**.sa) *s.f.* Ato ou efeito de recompensar; prêmio, gratificação; recompensação.
recompensação (re.com.pen.sa.**ção**) *s.f.* Recompensa.
recompensado (re.com.pen.**sa**.do) *adj.* Premiado, gratificado.

reconduzir

recompensador (re.com.pen.sa.**dor**) [ô] *s.m. e adj.* (Aquele) que recompensa.
recompensar (re.com.pen.**sar**) *v.t.d.* Reconhecer os serviços de alguém, dando-lhe recompensa; premiar; gratificar.
recompensável (re.com.pen.**sá**.vel) *adj.2g.* Digno de recompensa.
recompor (re.com.**por**) *v.t.d.* **1.** Tornar a compor. **2.** Reorganizar; restabelecer; reordenar. **3.** Congraçar, harmonizar. Obs.: conjuga-se como *pôr*.
recomposição (re.com.po.si.**ção**) *s.f.* **1.** Ato ou efeito de recompor. **2.** Congraçamento, reconciliação, reajuste.
recomposto (re.com.**pos**.to)[ô] *adj.* Reconciliado, reajustado. ◙ Pl. *recompostos* [ó]. Fem. *recomposta* [ó].
recôncavo (re.**côn**.ca.vo) *s.m.* Cavidade funda; gruta natural, antro, lapa.
reconcentração (re.con.cen.tra.**ção**) *s.f.* Ato ou efeito de reconcentrar; reunião.
reconcentrado (re.con.cen.**tra**.do) *adj.* Recolhido, concentrado, pensativo, reunido.
reconcentrar (re.con.cen.**trar**) *v.t.d.* **1.** Reunir em um ponto. **2.** Encerrar ou recolher dentro de si (um sentimento). **3.** Fazer convergir para um centro.
reconciliação (re.con.ci.li.a.**ção**) *s.f.* **1.** Ato de reconciliar. **2.** Reatamento de um laço. **3.** Restabelecimento de amizade.
reconciliado (re.con.ci.li.**a**.do) *adj.* **1.** Diz-se daquele que se reconciliou. **2.** Diz-se do penitente que se confessou e recebeu absolvição.
reconciliador (re.con.ci.li.a.**dor**) [ô] *s.m. e adj.* (Aquele) que reconcilia.
reconciliar (re.con.ci.li.**ar**) *v.t.d. e v.p.* **1.** Restabelecer a paz. **2.** Restituir as boas relações. **3.** Restituir à graça de Deus. **4.** Conciliar coisas que parecem opostas.
reconciliatório (re.con.ci.li.a.**tó**.ri.o) *adj.* Que serve para reconciliar.
reconciliável (re.con.ci.li.**á**.vel) *adj.2g.* Que se pode reconciliar.
recondicionado (re.con.di.ci.o.**na**.do) *adj.* Recuperado por meio de recondicionamento, retificado.
recondicionamento (re.con.di.cio.na.**men**.to) *s.m.* Ato ou efeito de recondicionar.
recondicionar (re.con.di.ci.o.**nar**) *v.t.d.* Retificar, colocar (uma peça ou equipamento usado) novamente em condições de funcionamento; recuperar.
recôndito (re.**côn**.di.to) *adj.* Oculto, escondido, ignorado, desconhecido.
recondução (re.con.du.**ção**) *s.f.* **1.** Ato de reconduzir, readmissão. **2.** (*Dir.*) Prolongamento do prazo de um contrato, com as mesmas condições e sem renovação de ajuste.
reconduzido (re.con.du.**zi**.do) *adj.* Readmitido, reconduzido novamente, encaminhado.
reconduzir (re.con.du.**zir**) *v.t.d.* Remeter novamente para o lugar de onde tinha vindo; conduzir de novo; readmitir, devolver.

reconfortado (re.con.for.**ta**.do) *adj.* Revigorado, consolado.
reconfortante (re.con.for.**tan**.te) *adj.2g.* Que reconforta, revigorante.
reconfortar (re.con.for.**tar**) *v.t.d.* Confortar muito; dar novo alento a; revigorar; consolar.
reconforto (re.con.**for**.to) [ô] *s.m.* Ato de reconfortar, dar ânimo, consolo.
reconhecer (re.co.nhe.**cer**) *v.t.d.* **1.** Conhecer de novo quem se tinha conhecido em outro tempo. **2.** Certificar-se de; constatar, verificar. **3.** Admitir como certo. **4.** Mostrar-se agradecido por. **5.** Confessar.
reconhecido (re.co.nhe.**ci**.do) *adj.* **1.** Agradecido. **2.** Identificado.
reconhecimento (re.co.nhe.ci.**men**.to) *s.m.* **1.** Ato ou efeito de reconhecer; recognição. **2.** Agradecimento, gratidão. **3.** Identificação.
reconhecível (re.co.nhe.**cí**.vel) *adj.2g.* Que se pode reconhecer.
reconquista (re.con.**quis**.ta) *s.f.* **1.** Ato ou efeito de reconquistar. **2.** Que se reconquistou.
reconquistado (re.con.quis.**ta**.do) *adj.* Conquistado novamente, recuperado, recobrado.
reconquistar (re.con.quis.**tar**) *v.t.d.* Conquistar de novo; recuperar por conquista; recobrar.
reconsertar (re.con.ser.**tar**) *v.t.d.* Consertar de novo.
reconsideração (re.con.si.de.ra.**ção**) *s.f.* Ato ou efeito de reconsiderar, ponderação.
reconsiderado (re.con.si.de.**ra**.do) *adj.* Repensado, ponderado novamente.
reconsiderar (re.con.si.de.**rar**) *v.i.* **1.** Pensar melhor; arrepender-se. *v.t.d.* **2.** Ponderar; considerar de novo.
reconstituição (re.cons.ti.tu.i.**ção**) *s.f.* **1.** Ato ou efeito de reconstituir; restauração. **2.** Em uma investigação criminal, tentativa de recriar a cena do crime, a partir de evidências, testemunhos etc.
reconstituído (re.cons.ti.tu.**í**.do) *adj.* Recomposto, restabelecido, restaurado, evidenciado.
reconstituir (re.cons.ti.tu.**ir**) *v.t.d.* Tornar a constituir; recompor; restaurar.
reconstrução (re.cons.tru.**ção**) *s.f.* Ato de reconstruir, reformar.
reconstruído (re.cons.tru.**í**.do) *adj.* Construído de novo, reformado.
reconstruir (re.cons.tru.**ir**) *v.t.d.* Construir de novo, reorganizar, reformar.
recontado (re.con.**ta**.do) *adj.* Contado de novo, recalculado.
recontagem (re.con.**ta**.gem) *s.f.* Nova contagem, recálculo.
recontar (re.con.**tar**) *v.t.d.* Tornar a contar; contar minuciosamente.
recontratar (re.con.tra.**tar**) *v.t.d.* Contratar outra vez.
reconvalescença (re.con.va.les.**cen**.ça) *s.f.* Ato de reconvalescer.
reconvalescente (re.con.va.les.**cen**.te) *s.2g. e adj.2g.* (Aquele) que reconvalesce.

reconvalescer (re.con.va.les.**cer**) *v.i.* Convalescer de novo.
recopilar (re.co.pi.**lar**) *v.t.d.* Compilar; compendiar, coligir; resumir.
recordação (re.cor.da.**ção**) *s.f.* **1.** Ato ou efeito de recordar. **2.** Objeto que relembra algum lugar, pessoa ou coisa; lembrança.
recordado (re.cor.**da**.do) *adj.* Lembrado, relembrado, recapitulado.
recordador (re.cor.da.**dor**) [ô] *s.m. e adj.* (Aquele) que recorda.
recordar (re.cor.**dar**) *v.t.d.* Lembrar novamente; fazer vir de novo à memória.
recordativo (re.cor.da.**ti**.vo) *adj.* Que faz recordar.
recorde (re.**cor**.de) [ó] *s.m.* **1.** Proeza esportiva observada e registrada: *o recorde de velocidade da pista*; *bateu o recorde na corrida*. **2.** Maior valor já registrado: *foi um recorde de público*. **3.** Proeza, façanha, feito. Obs.: aportuguesamento do inglês *record* ["récor"].
recordista (re.cor.**dis**.ta) *s.2g.* Detentor de um recorde.
reco-reco (re.co-**re**.co) [é] *s.m.* (Mús.) **1.** Instrumento de percussão formado por cilindro metálico ou de bambu, com ranhuras transversais, que se toca atritando a vareta. **2.** Ganzá. ▪ Pl. *reco-recos*.
recorrente (re.cor.**ren**.te) *adj.* **1.** Que recorre. *s.2g.* **2.** (Dir.) Aquele que interpõe recurso judicial.
recorrer (re.cor.**rer**) *v.t.i.* **1.** (Dir.) Interpor recurso judicial; apelar, agravar. **2.** Lançar mão; valer-se, apelar.
recorrido (re.cor.**ri**.do) *adj.* (Dir.) **1.** Diz-se do juízo de cuja sentença se recorreu. **2.** Diz-se do despacho ou decisão que é objeto de recurso; reconsiderado.
recorrível (re.cor.**rí**.vel) *adj.2g.* Que é passível de recurso; de que se pode recorrer.
recortado (re.cor.**ta**.do) *adj.* **1.** Cortado em miúdos. **2.** Com bordas que apresentam ondulações ou recortes. **3.** Adornado com recortes miúdos; talhado.
recortar (re.cor.**tar**) *v.t.d.* **1.** Fazer recortes. **2.** Separar, cortando.
recorte (re.**cor**.te) [ó] *s.m.* **1.** Ato ou efeito de recortar. **2.** Artigo, notícia etc., recortados de jornal ou revista.
recostar (re.cos.**tar**) *v.t.d.* **1.** Afastar obliquamente da posição vertical. *v.p.* **2.** Apoiar-se em alguma coisa; inclinar-se; reclinar-se.
recosto (re.**cos**.to) [ô] *s.m.* Parte de um assento próprio para alguém se recostar; reclinatório.
récova (**ré**.co.va) *s.f.* Grupo de cavalgaduras de carga presas umas às outras; récua.
recozer (re.co.**zer**) *v.t.d.* Cozer ou cozinhar longamente.
recozido (re.co.**zi**.do) *adj.* Cozido por longo tempo, ou duas vezes.
recozimento (re.co.zi.**men**.to) *s.m.* Ato de cozer longamente ou por uma segunda vez.
recravar (re.cra.**var**) *v.t.d.* Cravar de novo.

recreação (re.cre.a.**ção**) s.f. Recreio, lazer, divertimento.
recrear (re.cre.**ar**) v.t.d. **1.** Proporcionar recreio a; divertir. v.p. **2.** Sentir prazer ou satisfação; folgar, brincar.
recreativo (re.cre.a.**ti**.vo) adj. **1.** Que diverte. **2.** Próprio ou destinado ao recreio, à diversão.
recreio (re.**crei**.o) s.m. **1.** Período para se recrear. **2.** Nas escolas, o intervalo livre entre as aulas. **3.** Descanso, lazer.
recrescência (re.cres.**cên**.ci.a) s.f. **1.** Recrescimento. **2.** Qualidade ou estado de recrescente.
recrescente (re.cres.**cen**.te) adj.2g. Que recresce.
recrescer (re.cres.**cer**) v.i. **1.** Tornar a crescer. **2.** Aumentar ou dobrar de intensidade.
recrescido (re.cres.**ci**.do) adj. Que aumentou; que recresceu.
recrescimento (re.cres.ci.**men**.to) s.m. Ato ou efeito de recrescer; recrescência.
recriação (re.cri.a.**ção**) s.f. Ato ou efeito de recriar.
recriar (re.cri.**ar**) v.t.d. Criar novamente; tornar a criar.
recriminação (re.cri.mi.na.**ção**) s.f. **1.** Ato ou efeito de recriminar. **2.** Censura, queixa, crítica.
recriminado (re.cri.mi.**na**.do) adj. Censurado, inculpado, admoestado, criticado.
recriminador (re.cri.mi.na.**dor**) [ô] adj. Que recrimina.
recriminar (re.cri.mi.**nar**) v.t.d. **1.** Responder ou defender-se com acusações. **2.** Acusar de falta ou crime; censurar.
recriminatório (re.cri.mi.na.**tó**.ri.o) adj. Que contém recriminação.
recrudescência (re.cru.des.**cên**.ci.a) s.f. Qualidade do que recrudesce, se intensifica, fortalece ou renova com maior intensidade.
recrudescente (re.cru.des.**cen**.te) adj.2g. Que recrudesce.
recrudescer (re.cru.des.**cer**) v.i. Tornar-se mais intenso; agravar-se, aumentar, exacerbar-se, recrescer.
recruta (re.**cru**.ta) s.m. **1.** Soldado que assentou praça recentemente e ainda está na fase inicial da instrução militar. **2.** Grupo de peões que percorrem estância por estância, arrebanhando o gado tresmalhado de determinada fazenda. **3.** A porção de gado arrebanhado.
recrutado (re.cru.**ta**.do) adj. Inscrito ou arrolado para o serviço militar, arregimentado.
recrutador (re.cru.ta.**dor**) [ô] s.m. **1.** Aquele que recruta. **2.** Peão encarregado de recrutar os animais tresmalhados.
recrutamento (re.cru.ta.**men**.to) s.m. Ato de recrutar, alistamento.
recrutar (re.cru.**tar**) v.t.d. Arregimentar, arrolar para o serviço militar.
récua (**ré**.cua) s.f. **1.** Manada de cavalgaduras; récova. **2.** Súcia, bando, quadrilha, matula.
recuado (re.cu.**a**.do) adj. Afastado, impelido para trás.

recuar (re.cu.**ar**) v.i. **1.** Andar para trás; retroceder. **2.** Perder ou ceder terreno para um adversário. **3.** Tentar fugir a um compromisso assumido; hesitar. **4.** Desistir de um intento; voltar atrás; reconsiderar. v.t.d. **2.** Fazer retroceder. v.t.i. **3.** Voltar atrás no que se fez ou disse.
recuo (re.**cu**.o) s.m. Ato de recuar, retrocesso.
recuperação (re.cu.pe.ra.**ção**) s.f. Ato de recuperar(-se); restauração.
recuperado (re.cu.pe.**ra**.do) adj. **1.** Achado; recobrado; readquirido. **2.** Restaurado.
recuperador (re.cu.pe.ra.**dor**) [ô] s.m. e adj. (Aquele) que recupera, restaurador.
recuperar (re.cu.pe.**rar**) v.t.d. **1.** Recobrar; readquirir. **2.** Reabilitar, restaurar. v.p. **3.** Recobrar-se; reabilitar-se.
recuperável (re.cu.pe.**rá**.vel) adj.2g. Que se pode recuperar.
recurso (re.**cur**.so) s.m. **1.** Elemento que se pode utilizar para satisfazer uma necessidade, realizar um trabalho ou ação: *a água é um importante recurso natural*. **2.** Meio financeiros ou tecnológicos. **3.** (Dir.) Apelação; ato de recorrer ao juiz. **Recursos Humanos:** conjunto de pessoas ligadas a um trabalho ou empresa; pessoal, trabalhadores.
recurvar (re.cur.**var**) v.t.d. e v.p. Tornar a curvar(-se); reclinar(-se).
recusa (re.**cu**.sa) s.f. Ato de recusar; rejeição; negativa.
recusar (re.cu.**sar**) v.t.d. **1.** Rejeitar; negar; não admitir ou conceder. v.p. **2.** Negar-se; omitir-se.
recusável (re.cu.**sá**.vel) adj.2g. Que se deve (ou pode) recusar.
redação (re.da.**ção**) s.f. **1.** Ato de redigir. **2.** Conjunto de redatores de um jornal ou revista. **3.** Local onde trabalham os redatores. **4.** Composição literária.
redarguir (re.dar.**guir**) [ü] v.t.d. e v.t.i. Argumentar, replicar (arguindo). Obs.: conjuga-se como *arguir*.
redatilografar (re.da.ti.lo.gra.**far**) v.t.d. Datilografar de novo, em geral para fazer alterações anotadas à mão.
redator (re.da.**tor**) [ô] s.m. **1.** Pessoa que escreve um texto. **2.** Profissional que redige em jornal, revista, agência de publicidade etc.
rede (**re**.de) [ê] s.f. **1.** Tecido de malhas mais ou menos largas, para pegar peixes ou outras finalidades. **2.** (NE Folc.) Tecido retangular que é pendurado pelos lados menores e usado como cama ou balanço: *a rede é de origem indígena; os índios usam rede de dormir e rede de pesca*. **3.** Canalização de água, gás ou esgoto. **4.** Conjunto de agências ou unidades de uma instituição. **5.** (Fís.) Circuito que distribui a corrente elétrica. **6.** (Inf.) Série de computadores e outros equipamentos interligados. **7.** Internet.
rédea (**ré**.de.a) s.f. **1.** Correia que serve para guiar as cavalgaduras. **2.** (Fig.) Governo; direção.
redemoinhar (re.de.mo.i.**nhar**) v.i. Mover-se em espirais; dar voltas; remoinhar.

redemoinho (re.de.mo.i.nho) s.m. **1.** Ato de redemoinhar; movimento em espiral; remoinho. **2.** Massas circulares muito rápidas de água ou ar.

redenção (re.den.**ção**) s.f. **1.** Ato de redimir; perdão; salvação. **2.** (*Relig.*) O sacrifício de Jesus Cristo na cruz, para redimir os pecados da humanidade.

redentor (re.den.**tor**) [ô] s.m. e adj. **1.** (Aquele) que redime. s.m. **2.** Jesus Cristo.

redescobrir (re.des.co.**brir**) v.t.d. Tornar a descobrir. Obs.: conjuga-se como *cobrir*.

redesconto (re.des.**con**.to) s.m. (*Econ.*) Operação pela qual um banco desconta em outra instituição bancária um título de crédito adquirido por ele mesmo por desconto, com o objetivo de lucrar a diferença entre a taxa cobrada ao cliente e a que será paga.

redigir (re.di.**gir**) v.t.d. **1.** Escrever. **2.** Escrever para um jornal ou periódico. **3.** Fazer uma redação. Obs.: pres. do ind.: *redijo, rediges, redige* etc.; pres. do subj.: *redija, redijas, redija* etc.

redigitar (re.di.gi.**tar**) v.t.d. Digitar algo que já foi digitado; digitar uma segunda vez.

redil (re.**dil**) s.m. Cercado, curral para carneiros e ovelhas.

redimir (re.di.**mir**) v.t.d. e v.p. **1.** Salvar(-se). **2.** Tirar (ou sair) do cativeiro. **3.** Resgatar(-se); reabilitar(-se). **4.** Remir(-se).

redingote (re.din.**go**.te) [ó] s.m. Tipo de casaco largo, comprido e ajustado atrás com um cinto.

redirecionar (re.di.re.ci.o.**nar**) v.t.d. Dar nova direção, mudar o rumo ou direção de: *redirecionou os esforços para não perder tempo com o que não valia a pena*.

redistribuição (re.dis.tri.bu.i.**ção**) s.f. Ato de redistribuir (ou distribuir de novo).

redistribuir (re.dis.tri.bu.**ir**) v.t.d. Distribuir de novo. Obs.: pres. do ind.: *redistribuo, redistribuis, redistribui, redistribuímos, redistribuís, redistribuem*; pres. do subj.: *redistribua, redistribuas, redistribua* etc.

redivivo (re.di.**vi**.vo) adj. Ressuscitado; remoçado; renovado.

redizer (re.di.**zer**) v.t.d. Dizer novamente, dizer várias vezes; repetir. Obs.: conjuga-se como *dizer*.

redobrado (re.do.**bra**.do) adj. Multiplicado; aumentado; muito mais intenso.

redobrar (re.do.**brar**) v.t.d. **1.** Tornar a dobrar. **2.** Reforçar. v.i. **3.** Soar (o sino). v.p. **4.** Intensificar. Obs.: pres. do ind.: *redobro* [ó], *redobras* [ó], *redobra* [ó] etc.; pres. do subj.: *redobre* [ó], *redobres* [ó], *redobre* [ó] etc.

redobro (re.**do**.bro) [ô] s.m. **1.** Ato de redobrar. **2.** Quádruplo.

redoma (re.**do**.ma) [ô] s.f. Campânula de vidro usada para proteger objetos de valor.

redondeza (re.don.**de**.za) [ê] s.f. **1.** Característica do que é redondo. **2.** Arredores; cercanias; arrabaldes.

redondilha (re.don.**di**.lha) s.f. (*Lit.*) Verso de cinco ou sete sílabas (redondilha menor ou maior).

redondo (re.**don**.do) adj. **1.** Esférico; cilíndrico. **2.** Gordo; rechonchudo. **3.** Diz-se da conta que não tem frações ou centavos.

redor (re.**dor**) [ó] s.m. Contorno; volta. **Ao (em) redor:** em volta, em torno, nos lados.

redução (re.du.**ção**) s.f. **1.** Ato de reduzir; resumo. **2.** Abreviação. **3.** Abatimento; desconto. **4.** (*Quím.*) Reação em que uma substância perde oxigênio.

redundância (re.dun.**dân**.ci.a) s.f. Característica do que é redundante; repetição; pleonasmo; prolixidade.

redundante (re.dun.**dan**.te) adj.2g. Excessivo; repetitivo; prolixo.

redundar (re.dun.**dar**) v.i. **1.** Sobejar; transbordar. v.t.i. **2.** Resultar; tornar-se.

reduplicar (re.du.pli.**car**) v.t.d. Dobrar de novo; multiplicar; aumentar.

redutível (re.du.**tí**.vel) adj.2g. **1.** Que pode ser reduzido. **2.** (*Mat.*) Diz-se da fração ordinária cujos termos têm um divisor comum. O mesmo que *reduzível*.

redutivo (re.du.**ti**.vo) adj. Que pode reduzir.

reduto (re.**du**.to) s.m. **1.** Refúgio; abrigo; baluarte. **2.** Lugar alto e livre de inundações.

redutor (re.du.**tor**) [ô] s.m. e adj. (Aquele ou aquilo) que reduz.

reduzida (re.du.**zi**.da) s.f. **1.** Ação de reduzir, de tornar menor; diminuição. **2.** Em um motor, marcha de menor velocidade e maior potência: *engatou uma reduzida para subir a ladeira*.

reduzido (re.du.**zi**.do) adj. **1.** Que sofreu redução; diminuído. **2.** Parco, escasso.

reduzir (re.du.**zir**) v.t.d. **1.** Tornar menor; diminuir. **2.** Simplificar. **3.** (*Mat.*) Simplificar uma fração. v.p. **4.** Limitar-se; transformar-se.

reduzível (re.du.**zí**.vel) adj.2g. O mesmo que *redutível*.

reedição (re.e.di.**ção**) s.f. Nova edição.

reedificação (re.e.di.fi.ca.**ção**) s.f. Ato de reedificar; reconstrução.

reedificar (re.e.di.fi.**car**) v.t.d. Edificar de novo; reconstruir; restaurar.

reeditar (re.e.di.**tar**) v.t.d. Editar ou publicar de novo.

reeducação (re.e.du.ca.**ção**) s.f. Ação de reeducar.

reeducar (re.e.du.**car**) v.t.d. Complementar (ou refazer) a educação.

reeleger (re.e.le.**ger**) v.t.d. e v.p. Eleger(-se) de novo, para um segundo mandato.

reelegível (re.e.le.**gí**.vel) adj.2g. Que pode ser reeleito.

reeleição (re.e.lei.**ção**) s.f. Ato de reeleger.

reeleito (re.e.**lei**.to) s.m. e adj. (Aquele) que foi eleito de novo.

reembarcar (re.em.bar.**car**) v.i. Embarcar novamente.

reembarque (re.em.**bar**.que) s.m. Ato de reembarcar.

reflorescência

reembolsar (re.em.bol.**sar**) *v.t.d.* **1.** Embolsar de novo. **2.** Restituir a alguém uma quantia que tinha sido desembolsada.

reembolso (re.em.**bol**.so) [ô] *s.m.* **1.** Ato de reembolsar. **2.** Pagamento de quantia devida. **3.** Indenização; ressarcimento.

reempossar (re.em.pos.**sar**) *v.t.d.* Reconduzir à posse, dar posse novamente.

reempregado (re.em.pre.**ga**.do) *adj.* Readmitido como empregado; contratado de novo.

reempregar (re.em.pre.**gar**) *v.t.d.* **1.** Usar ou empregar de novo; reciclar. **2.** Contratar de novo como empregado; readmitir.

reencarnação (re.en.car.na.**ção**) *s.f.* (*Relig.*) Ato de reencarnar ou de voltar (o espírito) à Terra tantas vezes quantas forem necessárias para atingir a perfeição.

reencarnar (re.en.car.**nar**) *v.i.* e *v.p.* (*Relig.*) Voltar (o espírito) à Terra, para viver novas vidas.

reencontrar (re.en.con.**trar**) *v.t.d.* e *v.p.* Encontrar(-se) de novo.

reencontro (re.en.**con**.tro) *s.m.* Ato de reencontrar.

reentrância (re.en.**trân**.ci.a) *s.f.* Curva ou ângulo para dentro, em oposição a saliência.

reentrante (re.en.**tran**.te) *adj.2g.* Que forma um ângulo ou curva para dentro.

reentrar (re.en.**trar**) *v.i.* **1.** Formar um ângulo ou curva para dentro. *v.t.i.* **2.** Entrar de novo.

reenviar (re.en.vi.**ar**) *v.t.d.* **1.** Devolver. **2.** Enviar de novo.

reerguer (re.er.**guer**) *v.t.d.* e *v.p.* Erguer(-se) de novo; refazer(-se).

reescrever (re.es.cre.**ver**) *v.t.d.* Escrever de novo.

reestruturar (re.es.tru.tu.**rar**) *v.t.d.* **1.** Fazer nova estrutura, mudar a estrutura original. **2.** Repensar, mudar, reformar.

reexaminar (re.e.xa.mi.**nar**) [z] *v.t.d.* Examinar de novo.

refazer (re.fa.**zer**) *v.t.d.* **1.** Tornar a fazer. **2.** Reformar; consertar. **3.** Emendar. *v.p.* **4.** Recuperar-se. Obs.: conjuga-se como *fazer*.

refego (re.**fe**.go) [ê] *s.m.* **1.** Dobra ou prega em vestuário. **2.** Dobra na pele de pessoa obesa.

refeição (re.fei.**ção**) *s.f.* Porção de alimentos que se toma em horas determinadas do dia.

refeito (re.**fei**.to) *adj.* **1.** Feito de novo. **2.** Restaurado, recuperado.

refeitório (re.fei.**tó**.ri.o) *s.m.* Salão próprio para servir as refeições em colégios, hospitais, empresas etc.

refém (re.**fém**) *s.2g.* Pessoa que fica em poder do assaltante ou do sequestrador, para garantir a vida (ou liberdade) do primeiro ou o pagamento do resgate ao segundo.

referência (re.fe.**rên**.ci.a) *s.f.* **1.** Ação de referir(-se); alusão, menção: *qualquer referência ao nome da amada o fazia suspirar*. **2.** Ponto conhecido ou fácil de encontrar; marco, elemento orientador: *a referência para encontrar a barraca na praia era uma árvore muito alta*.

referencial (re.fe.ren.ci.**al**) *adj.2g.* Que diz respeito a referência; que é usado como tal.

referências (re.fe.**rên**.cias) *s.f.pl.* Informações sobre os antecedentes de (uma pessoa).

referendar (re.fe.ren.**dar**) *v.t.d.* **1.** Estar de acordo; concordar. **2.** Assinar um documento ou decreto.

referente (re.fe.**ren**.te) *adj.2g.* Que se refere a; relativo.

referido (re.fe.**ri**.do) *adj.* Alegado; mencionado.

referir (re.fe.**rir**) *v.t.d.* **1.** Narrar, citar, mencionar, indicar: *referiu os costumes antigos*. *v.p.* **2.** Reportar-se, aludir: *referia-se ao livro sagrado com muito respeito*. Obs.: pres. do ind.: *refiro, referes, refere, referimos, referis, referem*; pres. do subj.: *refira, refiras, refira, refiramos, refirais, refiram*.

referver (re.fer.**ver**) *v.t.d.* Tornar a ferver; ferver bastante.

refestelar-se (re.fes.te.**lar**-se) *v.p.* Esparramar-se; ficar bem à vontade; acomodar-se.

refil (re.**fil**) *s.m.* Produto que se compra para substituir um seu similar que foi gasto; nova carga de determinado produto, quando já se tem o suporte.

refilho (re.**fi**.lho) *s.m.* (*Bot.*) Rebento, broto.

refinado (re.fi.**na**.do) *adj.* **1.** Que se refinou, submetido a refinaria: *açúcar refinado*. **2.** Requintado; apurado.

refinamento (re.fi.na.**men**.to) *s.m.* Ato de refinar; requinte.

refinar (re.fi.**nar**) *v.t.d.* **1.** Tornar mais fino ou mais puro; apurar. **2.** Desenvolver, aperfeiçoar. *v.i.* e *v.p.* **3.** Tornar-se mais fino ou exigente; requintar-se.

refinaria (re.fi.na.**ri**.a) *s.f.* **1.** Usina que transforma óleo bruto em petróleo. **2.** Usina que purifica açúcar.

refle (re.**fle**) [é] *s.m.* **1.** Espingarda curta, semelhante ao bacamarte. **2.** Sabre usado por policiais.

refletido (re.fle.**ti**.do) *adj.* Prudente; sensato; ajuizado.

refletir (re.fle.**tir**) *v.t.d.* **1.** Reproduzir a imagem de. *v.i.* **2.** Meditar; pensar com profundidade. *v.t.i.* **3.** Recair; incidir. *v.p.* **4.** Reproduzir-se. Obs.: pres. do ind.: *reflito, refletes, reflete, refletimos, refletis, refletem*; pres. do subj.: *reflita, reflitas, reflita* etc.

refletor (re.fle.**tor**) [ô] *s.m.* **1.** Aparelho usado para refletir a luz. *adj.* **2.** Que reflete.

reflexão (re.fle.**xão**) [cs] *s.f.* **1.** Ato de refletir; meditação. **2.** (*Fís.*) Forma como os raios de luz são refletidos nas superfícies.

reflexivo (re.fle.**xi**.vo) [cs] *adj.* **1.** Que reflete. **2.** Que medita. **3.** Que se comunica. **4.** (*Gram.*) Que expressa ação que recai sobre o sujeito: *os pronomes oblíquos "se", "si", "consigo" são reflexivos*; *a frase "coçar-se" está na voz reflexiva*.

reflexo (re.**fle**.xo) [cs] *s.m.* **1.** Efeito de uma luz refletida. **2.** Influência indireta. **3.** Consequência. **4.** (*Med.*) Reação imediata a um estímulo nervoso. *adj.* **5.** Refletido, projetado.

reflorescência (re.flo.res.**cên**.ci.a) *s.f.* Qualidade ou estado de reflorescente.

reflorescente (re.flo.res.**cen**.te) *adj.2g.* Que refloresce; que se enche de flores.
reflorescer (re.flo.res.**cer**) *v.i.* **1.** Florescer de novo; encher-se de flores. **2.** (Fig.) Revigorar-se; remoçar.
reflorescimento (re.flo.res.ci.**men**.to) *s.m.* Ato de reflorescer.
reflorestamento (re.flo.res.ta.**men**.to) *s.m.* Ato de reflorestar.
reflorestar (re.flo.res.**tar**) *v.t.d.* Replantar árvores; repor árvores que foram derrubadas ou queimadas.
reflorir (re.flo.**rir**) *v.i.* Florir de novo; reflorescer.
refluente (re.flu.**en**.te) *adj.2g.* Que reflui; que corre para trás.
refluir (re.flu.**ir**) *v.i.* Que flui, que corre para trás.
refluxo (re.**flu**.xo) [cs] *s.m.* **1.** Ato de refluir; movimento feito em direção oposta à normal. **2.** (Med.) Fluxo em direção contrária à habitual, ou seja, do estômago para o esôfago; vômito; golfada.
refocilar (re.fo.ci.**lar**) *v.t.d.* **1.** Recrear; divertir. *v.p.* **2.** Recrear-se; refestelar-se.
refogado (re.fo.**ga**.do) *adj.* (Culin.) **1.** Cozido com temperos. *s.m.* **2.** Molho feito com tomate, cebola e outros temperos.
refogar (re.fo.**gar**) *v.t.d.* Fritar (ou cozinhar) com temperos.
reforçado (re.for.**ça**.do) *adj.* A que se deu reforço; robusto; fortalecido.
reforçar (re.for.**çar**) *v.t.d.* **1.** Tornar mais forte; robustecer; fortificar. *v.p.* **2.** Reanimar-se.
reforço (re.**for**.ço) [ô] *s.m.* **1.** Ato ou efeito de reforçar. **2.** Ajuda suplementar. ▫ Pl. *reforços* [ó].
reforma (re.**for**.ma) [ó] *s.f.* **1.** Ato de reformar; modificação. (próprio) **2.** (Hist.) Movimento religioso iniciado no século XVI, com mudanças na Igreja Católica e que deu origem às diversas Igrejas protestantes atuais.
reformado (re.for.**ma**.do) *adj.* **1.** Que sofreu reforma; consertado. *s.m. e adj.* **2.** Diz-se do militar que se aposentou.
reformador (re.for.ma.**dor**) [ô] *s.m. e adj.* (Aquele) que reforma ou reorganiza.
reformar (re.for.**mar**) *v.t.d.* **1.** Reorganizar; remodelar; reconstruir. **2.** Alterar; modificar. *v.p.* **3.** Aposentar-se.
reformatório (re.for.ma.**tó**.ri.o) *s.m.* Instituto disciplinar para menores delinquentes.
reformista (re.for.**mis**.ta) *adj.2g.* Que prefere uma reforma e não uma revolução; que não pretende mudar as estruturas.
reformular (re.for.mu.**lar**) *v.t.d.* Submeter a nova formulação; reestruturar; refazer.
refração (re.fra.**ção**) *s.f.* **1.** Ato e efeito de refratar. **2.** (Fís.) Mudança de direção dos raios de luz, quando passam de um meio para outro em que a velocidade de propagação é diferente.
refrangente (re.fran.**gen**.te) *adj.2g.* Que refrange ou refrata.
refranger (re.fran.**ger**) *v.t.d. e v.p.* Refratar(-se).
refrão (re.**frão**) *s.m.* **1.** Versos que se repetem regularmente em uma canção ou outra forma de poema. **2.** Estribilho. **3.** Provérbio; adágio; dito popular. ▫ Pl. *refrões, refrãos*.
refratar (re.fra.**tar**) *v.t.d.* **1.** Provocar refração. **2.** Desviar a direção de. *v.p.* **3.** (Fís.) Sofrer refração; refletir-se.
refratário (re.fra.**tá**.ri.o) *adj.* **1.** Que resiste a determinadas influências químicas ou físicas. **2.** Que resiste a modificações de temperatura. *s.m.* **3.** Material resistente à mudança de temperaturas. *s.m. e adj.* **4.** (Pessoa) indisciplinada e não cumpridora de suas obrigações.
refrator (re.fra.**tor**) [ô] *adj.* Que serve para refratar.
refreado (re.fre.**a**.do) *adj.* Moderado; reprimido; dominado.
refreamento (re.fre.a.**men**.to) *s.m.* Ato de refrear(-se); repressão.
refrear (re.fre.**ar**) *v.t.d.* **1.** Conter; reprimir; subjugar. *v.p.* **2.** Controlar-se, comedir-se. Obs.: conjuga-se como *frear*.
refrega (re.**fre**.ga) [é] *s.f.* Luta; combate; contenda; faina.
refrescante (re.fres.**can**.te) *adj.2g.* Que refresca ou refrigera; refrigerante.
refrescar (re.fres.**car**) *v.t.d.* **1.** Tornar (mais) fresco; suavizar. *v.i.* **2.** Tornar-se mais fresco. *v.p.* **3.** Refrigerar-se.
refresco (re.**fres**.co) [ê] *s.m.* **1.** Aquilo que refresca. **2.** Suco de frutas servido geralmente gelado.
refri (re.**fri**) *s.m.* (Pop.) Refrigerante.
refrigeração (re.fri.ge.ra.**ção**) *s.f.* Ato de refrigerar; refrigeramento; refrigério.
refrigerador (re.fri.ge.ra.**dor**) [ô] *adj.* **1.** Que refrigera; refrigerante. *s.m.* **2.** Aparelho usado para refrigerar alimentos; geladeira.
refrigeramento (re.fri.ge.ra.**men**.to) *s.m.* Refrigeração.
refrigerante (re.fri.ge.**ran**.te) *adj.2g.* **1.** Que refrigera. *s.m.* **2.** Bebida ou refresco não alcoólico e em geral com gás.
refrigerar (re.fri.ge.**rar**) *v.t.d. e v.p.* **1.** Esfriar(-se). **2.** Tornar(-se) mais frio. **3.** Refrescar(-se). **4.** (Fig.) Suavizar.
refrigério (re.fri.**gé**.ri.o) *s.m.* **1.** Alívio, bem-estar. **2.** Consolo; conforto.
refugado (re.fu.**ga**.do) *adj.* **1.** Que se refugou. **2.** Rejeitado; desprezado.
refugar (re.fu.**gar**) *v.t.d.* **1.** Desprezar; pôr de lado; rejeitar. *v.i.* **2.** Esquivar-se (um animal) ao trabalho ou a uma situação de perigo.
refugiado (re.fu.gi.**a**.do) *s.m. e adj.* (Aquele) que se refugiou; banido; expatriado; exilado.
refugiar-se (re.fu.gi.**ar**-se) *v.p.* **1.** Esconder-se; abrigar-se. **2.** Exilar-se; expatriar-se.
refúgio (re.**fú**.gi.o) *s.m.* **1.** Abrigo; amparo; asilo. **2.** Exílio; degredo.
refugo (re.**fu**.go) *s.m.* O que foi refugado ou rejeitado; rebotalho; resto.
refulgência (re.ful.**gên**.ci.a) *s.f.* Característica de refulgente; brilho intenso; resplandecência.

refulgente (re.ful.**gen**.te) *adj.2g.* Que refulge; resplandecente; brilhante.
refulgir (re.ful.**gir**) *v.i.* Resplandecer; brilhar; reluzir. Obs.: pres. do ind.: *refuljo, refulges, refulge* etc.; pres. do subj.: *refulja, refuljas, refulja* etc.
refundir (re.fun.**dir**) *v.t.d.* Fundir de novo.
refutação (re.fu.ta.**ção**) *s.f.* **1.** Ato de refutar; negação. **2.** Contestação. **3.** Parte de um discurso em que a argumentação contrária é refutada.
refutar (re.fu.**tar**) *v.t.d.* **1.** Dizer o contrário; negar. **2.** Contestar. **3.** Desaprovar.
refutável (re.fu.**tá**.vel) *adj.2g.* Que se pode (ou deve) refutar.
rega (**re**.ga) [é] *s.f.* Ato de regar; regadura.
regabofe (re.ga.**bo**.fe) [ó] *s.m.* Festa com muita comida e bebida.
regaço (re.**ga**.ço) *s.m.* **1.** Cavidade que uma veste forma entre a cintura e os joelhos de uma pessoa sentada; colo. **2.** (Fig.) Abrigo; proteção.
regador (re.ga.**dor**) [ô] *s.m.* **1.** Utensílio com um bico terminando em chuveirinho, que se usa para regar plantas. *adj.* **2.** Que rega.
regadura (re.ga.**du**.ra) *s.f.* Ato de regar ou jogar água em (plantas); rega.
regalar (re.ga.**lar**) *v.t.d.* **1.** Causar regalo. **2.** Satisfazer; alegrar. *v.t.d.i.* **3.** Presentear; oferecer um regalo a: *ele regalou uma flor à amiga. v.p.* **4.** Satisfazer-se, alegrar-se: *eles se regalaram com o passeio.*
regalia (re.ga.**li**.a) *s.f.* **1.** Direito ou privilégio de rei. **2.** (P. ext.) Imunidade; privilégio; prerrogativa.
regalo (re.**ga**.lo) *s.m.* **1.** Vida tranquila; sensação de bem-estar. **2.** Presente; mimo.
regar (re.**gar**) *v.t.d.* **1.** Molhar (as plantas). **2.** Umedecer (um assado) com vinho ou outra bebida. Obs.: pres. do ind.: *rego* [é], *regas* [é], *rega* [é], *regam* [é]; pres. do subj.: *regue* [é], *regues* [é], *regue* [é], *reguemos, regueis, reguem* [é].
regata (re.**ga**.ta) *s.f.* **1.** Competição de iatismo ou vela, competição de barcos. **2.** Camiseta sem mangas.
regatão (re.ga.**tão**) *s.m. e adj.* (Aquele) que regateia.
regatear (re.ga.te.**ar**) *v.t.d.* Pechinchar; pedir abatimento.
regateio (re.ga.**tei**.o) *s.m.* **1.** Ato de regatear. **2.** Pechincha.
regato (re.**ga**.to) *s.m.* Rio pequeno; riacho; ribeiro.
regedor (re.ge.**dor**) [ô] *adj.* **1.** Que rege. *s.m.* **2.** Autoridade administrativa de uma freguesia.
regência (re.**gên**.ci.a) *s.f.* **1.** Ato de reger. **2.** Cargo (ou qualidade) de quem rege. **3.** (*Gram.*) Relação de dependência dos termos de uma oração entre si ou entre as várias orações de um mesmo período. **4.** (Hist.) Período da História do Brasil (de 1831 a 1840), em que o governo esteve entregue a regentes, aguardando a maioridade de Pedro II.
regeneração (re.ge.ne.ra.**ção**) *s.f.* Ato de regenerar(-se); reabilitação; transformação.
regenerador (re.ge.ne.ra.**dor**) [ô] *adj.* Que ou o que regenera.

regenerar (re.ge.ne.**rar**) *v.t.d.* **1.** Corrigir; renovar moralmente. **2.** Reorganizar; restaurar. *v.p.* **3.** Corrigir-se; emendar-se; reabilitar-se.
regenerativo (re.ge.ne.ra.**ti**.vo) *adj.* Que regenera.
regente (re.**gen**.te) *s.m.* **1.** Aquele que rege uma nação em caráter provisório. **2.** Aquele que rege uma orquestra; maestro. *adj.2g.* **3.** Que rege.
reger (re.**ger**) *v.t.d.* **1.** Dirigir. **2.** Administrar. **3.** Governar. **4.** Reinar. *v.p.* **5.** Controlar-se; regular-se. Obs.: pres. do ind.: *rejo* [ê], *reges* [é], *rege* [é], *regemos* [ê], *regeis* [ê], *regem* [é]; pres. do subj.: *reja* [ê], *rejas* [ê], *reja* [ê], *rejamos* [ê], *rejais* [ê], *rejam* [ê].
reggae [inglês: "régui"] *s.m.* Ritmo jamaicano sincopado surgido no fim dos anos 1960.
região (re.gi.**ão**) *s.f.* **1.** Grande extensão de território com características peculiares e distintas de outras: *região tropical, região de fronteira.* **2.** Parte, área, pedaço de um todo: *região das costas.* **3.** Cada uma das cinco regiões em que se divide o Brasil: *Norte, Nordeste, Centro-Oeste, Sudeste e Sul.*
regicida (re.gi.**ci**.da) *s.2g.* Aquele que pratica um regicídio.
regicídio (re.gi.**cí**.di.o) *s.m.* Homicídio de rei ou rainha.
regime (re.**gi**.me) *s.m.* **1.** Modo de viver. **2.** Sistema que regula a administração e distribuição dos bens de um casal. **3.** Dieta. **4.** Sistema político seguido em um país.
regimental (re.gi.men.**tal**) *adj.2g.* Que diz respeito a regimento; regimentar.
regimentar (re.gi.men.**tar**) *adj.2g.* Regimental.
regimento (re.gi.**men**.to) *s.m.* **1.** Tropa sob o comando de um coronel. **2.** Conjunto de normas que regem uma instituição; estatuto; regulamento.
régio (**ré**.gi.o) *adj.* Digno de rei; real; suntuoso.
regional (re.gi.o.**nal**) *adj.2g.* **1.** Relativo ou pertencente a uma região. *s.m.* **2.** Conjunto musical que executa músicas próprias de uma região.
regionalismo (re.gi.o.na.**lis**.mo) *s.m.* Conjunto de atitudes que visam a proteger a individualidade de uma região, pelo modo de falar peculiar, do entusiasmo pela terra (bairrismo) e da literatura, quando descreve os costumes e hábitos de uma determinada região.
regionalista (re.gi.o.na.**lis**.ta) *s.2g. e adj.2g.* **1.** (Aquele) que é simpatizante do regionalismo. *adj.2g.* **2.** Que diz respeito ao regionalismo.
registradora (re.gis.tra.**do**.ra) [ô] *s.f.* Máquina usada em casas comerciais para o registro dos valores das mercadorias comercializadas.
registrar (re.gis.**trar**) *v.t.d.* **1.** Fazer o registro de. **2.** Anotar. **3.** Lançar em livro especial. **4.** Memorizar. **5.** Fazer o registro em máquina registradora.
registro (re.**gis**.tro) *s.m.* **1.** Ato de registrar. **2.** Repartição onde se faz a inscrição de fatos ou documentos; cartório. **3.** Certidão de nascimento. **4.** Torneira que regula a passagem de um fluido.
rego (**re**.go) [ê] *s.m.* **1.** Sulco ou valeta, geralmente feito por arado, por onde escoa a água em

um campo cultivado. **2.** (*Pop.*) Sulco no final das nádegas.
regorjear (re.gor.je.**ar**) v.i. Gorjear muito; trinar.
regorjeio (re.gor.**jei**.o) s.m. Ato de regorjear; trinado.
regozijar (re.go.zi.**jar**) v.t.d. e v.p. Alegrar(-se); rejubilar(-se).
regozijo (re.go.**zi**.jo) s.m. Grande contentamento; satisfação; júbilo.
regra (**re**.gra) s.f. **1.** Norma. **2.** Estatuto. **3.** Economia; moderação. **4.** Método. Cf. *regras*.
regrado (re.**gra**.do) adj. **1.** Moderado; metódico. **2.** Sensato. **3.** Econômico.
regrar (re.**grar**) v.t.d. **1.** Moderar; comedir; economizar. v.p. **2.** Conter-se; moderar-se.
regras (**re**.gras) s.f.pl. Menstruação.
regra-três (re.gra-**três**) s.m. **1.** (*Esp.*) Jogador que fica no banco de reservas. **2.** Suplente, substituto.
▫ Pl. *regras-três*.
regravar (re.gra.**var**) v.t.d. **1.** Gravar de novo. **2.** Gravar de novo, com inovações: *regravou canções antigas com novos arranjos*.
regredir (re.gre.**dir**) v.i. Retroceder; voltar atrás. Obs.: pres. do ind.: *regrido, regrides, regride, regredimos, regredis, regridem*; pres. do subj.: *regrida, regridas, regrida, regridamos* etc.
regressão (re.gres.**são**) s.f. Ato de regredir; volta; retrocesso, involução.
regressar (re.gres.**sar**) v.t.i. Voltar ao ponto de saída; voltar; retornar.
regressivo (re.gres.**si**.vo) adj. Que regressa; retroativo.
regresso (re.**gres**.so) [é] s.m. Ato de regressar; retorno; volta.
régua (**ré**.gua) s.f. Instrumento plano e retangular, usado para medir ou traçar linhas retas.
reguada (re.**gua**.da) s.f. Pancada com régua.
regulado (re.gu.**la**.do) adj. Que se regulou; regulamentado.
regulador (re.gu.la.**dor**) [ô] s.m. e adj. **1.** (Dispositivo) com que se regula o funcionamento de uma máquina. **2.** (Medicamento) que regula uma disfunção do organismo.
regulagem (re.gu.**la**.gem) s.f. **1.** Ação de regular. **2.** Valores para regular.
regulamentação (re.gu.la.men.ta.**ção**) s.f. **1.** Ato de regulamentar. **2.** Aprovação de estatutos.
regulamentado (re.gu.la.men.**ta**.do) adj. Dotado de regulamento ou legislação, regido por regulamento: *jornalista é uma atividade profissional regulamentada*.
regulamentar (re.gu.la.men.**tar**) v.t.d. **1.** Regularizar. **2.** Aprovar um estatuto. adj.2g. **3.** Que regulamenta.
regulamento (re.gu.la.**men**.to) s.m. **1.** Conjunto de normas ou regras. **2.** Disposição oficial que explica a execução de uma lei ou decreto.
regular (re.gu.**lar**) v.t.d. **1.** Regulamentar. **2.** Sujeitar a regras (ou a leis). **3.** Fazer com que funcione com exatidão. adj.2g. **4.** Que segue a regra. **5.** Legal. **6.** Natural. **7.** Que se repete com intervalos iguais.

regularidade (re.gu.la.ri.**da**.de) s.f. Qualidade do que é regular.
regularização (re.gu.la.ri.za.**ção**) s.f. Tornar regular; normalizar, regulamentar.
regularizar (re.gu.la.ri.**zar**) v.t.d. **1.** Tornar regular ou normal; sanar as irregularidades, colocar em ordem, normalizar. **2.** Eliminar os desníveis de: *regularizar o piso para colocar o carpete*. **3.** Tornar conforme o regulamento ou legislação; seguir a lei. **4.** Regular. v.p. **5.** Corrigir-se; regular-se.
regurgitação (re.gur.gi.ta.**ção**) s.f. Ato de regurgitar; refluxo, golfada.
regurgitar (re.gur.gi.**tar**) v.t.d. e v.i. Lançar para fora; vomitar, expelir.
rei s.m. **1.** Soberano; monarca. **2.** Carta do baralho marcada com uma figura de rei, a letra K e situada entre a dama e o ás. **3.** Peça decisiva do xadrez, que determina a vitória nesse jogo.
reich [alemão: "raiche", que significa "império, reino"] s.m. **Terceiro Reich**: o Estado alemão entre 1933 e 1945, sob o governo nazista.
reide (**rei**.de) s.m. **1.** Incursão de avião em território inimigo. **2.** Longa excursão a pé, de carro, a cavalo etc.
reimpressão (re.im.pres.**são**) s.f. Ato de reimprimir; reedição.
reimprimir (re.im.pri.**mir**) v.t.d. Imprimir de novo; reeditar.
reinação (rei.na.**ção**) s.f. Travessura; pândega; folguedo; folgança.
reinado (rei.**na**.do) s.m. Tempo de governo de um rei ou rainha. **Primeiro Reinado**: período da história do Brasil que começou em 1922, com a Independência, e terminou em 1831, com a abdicação de D. Pedro I. **Segundo Reinado**: período em que reinou D. Pedro II, iniciado em 1840 e encerrado com a Proclamação da República, em 1889.
reinador (rei.na.**dor**) [ô] adj. Que faz artes; travesso; levado; traquinas.
reinante (rei.**nan**.te) s.2g. e adj.2g. (Pessoa) que reina.
reinar (rei.**nar**) v.i. **1.** Governar (como rei). **2.** Mandar. **3.** Destacar-se. v.t.i. **4.** Ter influência no poder.
reinauguração (rei.nau.gu.ra.**ção**) s.f. Ato de tornar a inaugurar.
reinaugurar (rei.nau.gu.**rar**) v.t.d. Inaugurar de novo.
reincidência (re.in.ci.**dên**.ci.a) [e-i] s.f. Ato de reincidir; teimosia; obstinação.
reincidente (re.in.ci.**den**.te) [e-i] adj.2g. Que reincide; teimoso; obstinado.
reincidir (re.in.ci.**dir**) [e-i] v.t.i. Incidir de novo; voltar a praticar ato da mesma espécie.
reincorporação (re.in.cor.po.ra.**ção**) [e-i] s.f. Ato de reincorporar.
reincorporar (re.in.cor.po.**rar**) v.t.d. Voltar a incorporar.
reingressar (re.in.gres.**sar**) v.t.i. Ingressar de novo.
reingresso (re.in.**gres**.so) [é] s.m. Ato de reingressar.
reiniciar (re.i.ni.ci.**ar**) v.t.d. e v.p. Iniciar(-se) de novo.
reinício (re.i.**ní**.ci.o) s.m. Ato ou efeito de reiniciar; recomeço.

reino (rei.no) s.m. **1.** Estado governado por um rei ou uma rainha. **2.** (Bio.) Maior grupo da classificação dos seres vivos, que são cinco: *reino animal, reino vegetal, reino dos fungos, dos protistas e das moneras.* (próprio) **3.** (Hist.) Portugal, no período em que o Brasil era colônia: *ordens do Reino.*

reinol (rei.nol) adj.2g. Natural ou próprio de um reino.

reinscrever (re.ins.cre.ver) v.t.d. e v.p. **1.** Inscrever(-se) de novo. v.t.d. **2.** Inscrever outra vez, fazer nova inscrição.

reinscrito (re.ins.cri.to) adj. Que se reinscreveu, que se inscreveu de novo.

reinstalação (re.ins.ta.la.ção) s.f. Ação de reinstalar(-se).

reinstalar (re.ins.ta.lar) v.t.d. **1.** Tornar a instalar, instalar de novo, fazer nova instalação. v.p. **2.** Tornar a instalar-se.

reintegração (re.in.te.gra.ção) [e-i] s.f. Ato de reintegrar; readmissão.

reintegrar (re.in.te.grar) [e-i] v.t.d. **1.** Integrar de novo. **2.** Reempossar. v.p. **3.** Reempossar-se.

reinterpretação (re.in.ter.pre.ta.ção) [e-i] s.f. Nova interpretação, interpretação diversa da original; ação de reinterpretar: *pela reinterpretação da Bíblia, um fiel pode se relacionar com Deus sem depender da aprovação dos sacerdotes.*

reinterpretar (re.in.ter.pre.tar) [e-i] v.t.d. Dar nova interpretação, criar uma interpretação diversa da inicial: *reinterpretou a Bíblia para que os fiéis pudessem se relacionar com Deus sem a intermediação dos sacerdotes.*

reinvestir (re.in.ves.tir) [e-i] v.t.d. Investir de novo, investir outra vez.

réis s.m.pl. Antigo padrão monetário brasileiro originado do real português, que na prática circulava em moedas de mil-réis até 1942, quando foi substituído pelo cruzeiro: *a nota de 50 réis é uma raridade.*

reisado (rei.sa.do) s.m. (Folc.) Dança dramática popular feita no dia dos Reis Magos (6 de janeiro), com acompanhamento de violas, principalmente no Sudeste.

reiteração (rei.te.ra.ção) s.f. Ato ou efeito de reiterar; repetição.

reiterar (rei.te.rar) v.t.d. Fazer de novo, repetir.

reiterativo (rei.te.ra.ti.vo) adj. Que reitera; repetitivo; renovador.

reitor (rei.tor) [ô] s.m. Autoridade máxima, diretor de uma universidade.

reitoria (rei.to.ri.a) s.f. **1.** Cargo ou dignidade de reitor. **2.** Local onde o reitor exerce suas funções.

reivindicação (re.i.vin.di.ca.ção) s.f. Ato de reivindicar; reclamação; exigência.

reivindicador (re.i.vin.di.ca.dor) [ô] s.m. e adj. (Aquele) que reivindica, que faz reivindicação.

reivindicar (re.i.vin.di.car) v.t.d. **1.** Recuperar aquilo que está em poder de outrem. **2.** Exigir; reclamar (direitos).

rejeição (re.jei.ção) s.f. Ato de rejeitar; recusa.

rejeitado (re.jei.ta.do) adj. Que sofreu rejeição.

rejeitar (re.jei.tar) v.t.d. **1.** Recusar, não aceitar, não usar: *rejeitar uma peça estragada.* **2.** Repelir, repudiar: *rejeitar uma atitude violenta.* **3.** Expelir, vomitar: *o estômago rejeitou o molho de mostarda.*

rejeito (re.jei.to) s.m. Aquilo que foi rejeitado, que não se quis usar: *os rejeitos industriais são encaminhados para reciclagem.*

rejubilação (re.ju.bi.la.ção) s.f. Ato de rejubilar(-se); grande júbilo ou contentamento.

rejubilar (re.ju.bi.lar) v.t.d. e v.p. Causar (ou ter) um grande júbilo; alegrar(-se).

rejuntar (re.jun.tar) v.t.d. Cobrir as juntas de azulejos e pisos colocados.

rejuvenescer (re.ju.ve.nes.cer) v.t.d. **1.** Tornar (alguém) mais jovem. v.i. e v.p. **2.** Remoçar; parecer mais jovem.

rejuvenescido (re.ju.ve.nes.ci.do) adj. Que rejuvenesceu; remoçado.

rejuvenescimento (re.ju.ve.nes.ci.men.to) s.m. Ato de rejuvenescer.

relação (re.la.ção) s.f. **1.** Lista; rol. **2.** Ligação, vínculo. **3.** Relacionamento entre pessoas. **4.** Relacionamento sexual. Cf. *relações.*

relacionado (re.la.ci.o.na.do) adj. Que tem relações (ou conhecimentos).

relacionamento (re.la.ci.o.na.men.to) s.m. **1.** Ato ou efeito de relacionar(-se). **2.** Capacidade de conviver com os seus semelhantes. **3.** Ligação afetiva, profissional ou de amizade; relação.

relacionar (re.la.ci.o.nar) v.t.d. **1.** Fazer relação; arrolar. **2.** Ligar. **3.** Referir; relatar. v.p. **4.** Manter relacionamento.

relações (re.la.ções) s.f.pl. **1.** Convivência entre as pessoas. **2.** As pessoas com quem se mantêm estas relações. Cf. *relação.*

relâmpago (re.lâm.pa.go) s.m. **1.** Luz rápida produzida por descarga elétrica entre nuvens. **2.** (Fig.) Aquilo que é passageiro.

relampaguear (re.lam.pa.gue.ar) v.i. Cair relâmpagos; coriscar, faiscar; relampear, relampejar.

relampear (re.lam.pe.ar) v.i. Relampaguear.

relampejar (re.lam.pe.jar) v.i. **1.** Relampaguear. **2.** (Fig.) Surgir ou passar rapidamente: *as ideias relampejavam.*

relançar (re.lan.çar) v.t.d. Voltar a lançar; reeditar; regravar.

relance (re.lan.ce) s.m. **1.** Ato de relancear. adv. **2.** De relance: *rapidamente.*

relancear (re.lan.ce.ar) v.t.d. Olhar de relance.

relancim (re.lan.cim) s.m. Certo jogo de baralho.

relapso (re.lap.so) s.m. e adj. **1.** (Aquele) que reincide em um erro. **2.** (Aquele) que não cumpre suas obrigações.

relar (re.lar) v.t.d. Roçar; tocar levemente.

relatar (re.la.tar) v.t.d. **1.** Fazer relatório. **2.** Narrar; descrever; expor.

relatividade (re.la.ti.vi.da.de) s.f. **1.** Qualidade do que é relativo. **2.** (Fís.) Teoria segundo a qual o tempo e o espaço, a luz e a velocidade são grandezas relativas entre si.

relativo (re.la.**ti**.vo) *adj.* **1.** Que indica relação; referente; proporcional. **2.** Que não é absoluto. **3.** (*Gram.*) Diz-se do pronome que se refere a palavra contida na oração anterior.

relato (re.**la**.to) *s.m.* Narração; descrição de um fato.

relator (re.la.**tor**) [ô] *s.m.* Aquele que escreve um relatório ou o parecer de uma comissão; narrador.

relatório (re.la.**tó**.ri.o) *s.m.* Exposição de fatos decididos em uma reunião.

relax [inglês: "rilécs"] *s.m.* Distensão voluntária dos músculos e abstração mental, gerando uma sensação de descanso; relaxação.

relaxação (re.la.xa.**ção**) *s.f.* **1.** Ato de relaxar; *relax*. **2.** (*Fig.*) Desleixo.

relaxado (re.la.**xa**.do) *s.m. e adj.* **1.** (Aquele) que não cumpre seus deveres; negligente; desleixado; relapso. *adj.* **2.** Descontraído.

relaxamento (re.la.xa.**men**.to) *s.m.* **1.** Ato de relaxar; relaxação; descontração. **2.** Desmazelo.

relaxante (re.la.**xan**.te) *adj.2g.* Que relaxa ou descontrai.

relaxar (re.la.**xar**) *v.t.d.* **1.** Afrouxar. **2.** Diminuir a pressão. *v.i. e v.p.* **3.** Tornar-se menos tenso. **4.** Tornar-se negligente. *v.t.i.* **5.** Condescender; transigir.

release [inglês: "rilis"] *s.m.* Texto informativo sobre um produto ou acontecimento, oferecido pelo interessado para divulgação nos meios de comunicação.

relegar (re.le.**gar**) *v.t.d.* **1.** Desprezar; ignorar. **2.** Desterrar; expatriar; degredar.

reeleger (re.e.le.**ger**) *v.t.d.* Eleger de novo.

relembrar (re.lem.**brar**) *v.t.d.* Lembrar de novo; recordar; rememorar.

relento (re.**len**.to) *s.m.* Umidade da noite; orvalho; sereno.

reler (re.**ler**) *v.t.d.* **1.** Ler outra vez. **2.** Ler repetidas vezes.

reles (**re**.les) [é] *adj.2g.2n.* **1.** Muito ordinário. **2.** Desprezível; grosseiro. ◙ Pl. *reles*.

relevância (re.le.**vân**.ci.a) *s.f.* Importância muito grande; destaque; interesse.

relevante (re.le.**van**.te) *adj.2g.* Que releva; importante; de interesse.

relevar (re.le.**var**) *v.t.d.* **1.** Dar relevo a. **2.** Perdoar; desculpar. *v.p.* **3.** Destacar-se; salientar-se.

relevo (re.**le**.vo) [ê] *s.m.* **1.** Saliência; destaque. **2.** Importância. **3.** Parte de escultura que sobressai da superfície. **4.** Superfície da Terra.

relha (**re**.lha) [ê] *s.f.* A parte do arado que fende o solo.

relho (**re**.lho) [ê] *s.m.* Chicote feito de couro torcido.

relicário (re.li.**cá**.ri.o) *s.m.* Caixa, urna ou qualquer outro local apropriado para guardar relíquias.

religar (re.li.**gar**) *v.t.d.* Ligar de novo.

religião (re.li.gi.**ão**) *s.f.* **1.** Crença em uma força sobrenatural que teria criado o Universo. **2.** Devoção a essa força sobrenatural. **3.** Conjunto de práticas e princípios em que se baseia essa devoção.

religiosidade (re.li.gi.o.si.**da**.de) *s.f.* **1.** Qualidade de religioso. **2.** Devoção religiosa.

religioso (re.li.gi.**o**.so) [ô] *s.m. e adj.* **1.** (Aquele) que professa uma religião ou que faz votos monásticos. *adj.* **2.** Que diz respeito a religião. ◙ Pl. *religiosos* [ó].

relinchar (re.lin.**char**) *v.i.* **1.** Rinchar; soltar rinchos; soltar a voz (o cavalo) *s.m.* **2.** Relincho. Obs.: em seu uso normal, só é conjugado na 3ª pes. sing. e na 3ª pes. pl.

relincho (re.**lin**.cho) *s.m.* Rincho; relinchar.

relíquia (re.**lí**.qui.a) *s.f.* **1.** Parte do corpo, do vestuário ou objeto que pertenceu a um santo ou pessoa venerada. **2.** Coisa de valor. **3.** Objeto de estimação.

relógio (re.**ló**.gi.o) *s.m.* **1.** Maquinismo que serve para medir intervalos de tempo. **2.** Aparelho apropriado para registrar o consumo de água, luz, gás; registro.

relojoaria (re.lo.jo.a.**ri**.a) *s.f.* Estabelecimento onde se fabricam ou vendem relógios.

relojoeiro (re.lo.jo.**ei**.ro) *s.m.* Aquele que fabrica, conserta e vende relógios.

relutância (re.lu.**tân**.ci.a) *s.f.* Ato de relutar; resistência; hesitação.

relutante (re.lu.**tan**.te) *adj.2g.* Que reluta; hesitante; obstinado.

relutar (re.lu.**tar**) *v.t.i. e v.i.* **1.** Hesitar; teimar. **2.** Opor resistência.

reluzente (re.lu.**zen**.te) *adj.2g.* Que reluz; brilhante; resplandecente.

reluzir (re.lu.**zir**) *v.i.* Brilhar; resplandecer; luzir. Obs.: normalmente conjugado na 3ª pes. sing. e na 3ª pes. pl.

relva (**rel**.va) *s.f.* (*Bot.*) Erva rasteira e fina.

relvado (rel.**va**.do) *s.m.* Terreno coberto de relva.

relvoso (rel.**vo**.so) [ô] Que contém relva. ◙ Pl. *relvosos* [ó].

remada (re.**ma**.da) *s.f.* **1.** Ato de remar. **2.** Pancada dada com um remo.

remador (re.ma.**dor**) [ô] *s.m. e adj.* (Aquele) que rema.

remanchar (re.man.**char**) *v.i.* Andar ou trabalhar lentamente; ser pachorrento.

remanejamento (re.ma.ne.ja.**men**.to) *s.m.* Ato de remanejar; substituição, transferência.

remanejar (re.ma.ne.**jar**) *v.t.d.* Substituir; redistribuir; transferir.

remanescente (re.ma.nes.**cen**.te) *adj.2g.* Que remanesceu; restante.

remanescer (re.ma.nes.**cer**) *v.i.* Restar; sobrar; sobejar.

remansado (re.man.**sa**.do) *adj.* **1.** Tranquilo; sossegado. **2.** Lento; vagaroso.

remanso (re.**man**.so) *s.m.* **1.** Tranquilidade; quietação. **2.** Local tranquilo. **3.** Água estagnada.

remar (re.**mar**) *v.i.* **1.** Movimentar os remos. *v.t.d.* **2.** Impelir (uma embarcação) remando.

remarcação (re.mar.ca.**ção**) *s.f.* Ato de remarcar; colocação de outro preço.

remarcar (re.mar.**car**) v.t.d. **1.** Colocar novo preço em. **2.** Marcar de novo.
rematado (re.ma.**ta**.do) adj. Pronto; acabado; concluído.
rematar (re.ma.**tar**) v.t.d. Dar remate; concluir; acabar.
remate (re.**ma**.te) s.m. **1.** Ato de rematar. **2.** Finalização (de uma obra de arquitetura, costura, pintura etc.).
remedar (re.me.**dar**) v.t.d. Arremedar.
remediado (re.me.di.**a**.do) adj. **1.** Que não é rico, nem pobre e vive sem grandes apertos. **2.** Emendado.
remediar (re.me.di.**ar**) v.t.d. **1.** Minorar com remédio. **2.** Corrigir; emendar. Obs.: pres. do ind.: *remedeio, remedeias, remedeia, remediamos, remediais, remedeiam*; pres. do subj.: *remedeie, remedeies, remedeie, remediemos, remedieis, remedeiem*.
remediável (re.me.di.**á**.vel) adj.2g. Que se pode remediar ou consertar.
remédio (re.**mé**.di.o) s.m. **1.** Aquilo que pode combater uma dor ou doença; tratamento: *experimentou chás, repouso e outros remédios caseiros*. **2.** Substância medicinal, prescrita por médico para tratar uma doença; medicamento. **3.** (Fig.) Recurso, solução, ajuda.
remela (re.**me**.la) [é] s.f. Secreção acumulada nas bordas das pálpebras; ramela.
remelento (re.me.**len**.to) adj. Que tem remelas; remeloso.
remelexo (re.me.**le**.xo) [ê] s.m. Movimento dos quadris; requebro; saracoteio; bamboleio.
remeloso (re.me.**lo**.so) [ô] adj. Remelento. ▪ Pl. *remelosos* [ó].
rememoração (re.me.mo.ra.**ção**) s.f. Ato de rememorar; comemoração; recordação.
rememorar (re.me.mo.**rar**) v.t.d. Relembrar; recordar; comemorar.
rememorativo (re.me.mo.ra.**ti**.vo) adj. Que (se) rememora; comemorativo.
remendado (re.men.**da**.do) adj. **1.** Que possui remendos. **2.** Emendado; reparado.
remendão (re.men.**dão**) s.m. e adj. **1.** (Indivíduo) pouco hábil em seu ofício. **2.** (Aquele) que faz remendos.
remendar (re.men.**dar**) v.t.d. **1.** Colocar remendos em. **2.** Emendar. **3.** Reparar; consertar.
remendo (re.**men**.do) s.m. **1.** Pedaço de tecido com que se conserta parte da roupa que foi danificada. **2.** Recorte de madeira, couro etc. com que se conserta um objeto.
remessa (re.**mes**.sa) [é] s.f. **1.** Ato de remeter. **2.** Aquilo que foi remetido; encomenda.
remetente (re.me.**ten**.te) s.2g. e adj.2g. (Pessoa) que remete, envia uma mensagem ou encomenda.
remeter (re.me.**ter**) v.t.d.i. **1.** Enviar, expedir, mandar (algo para alguém). v.p. **2.** Referir-se a.
remexer (re.me.**xer**) v.t.d. **1.** Mexer de novo. **2.** Misturar; agitar. v.t.i. **3.** Bulir. v.p. e v.i. **4.** Agitar-se; mover-se.

remexido (re.me.**xi**.do) adj. **1.** Revirado; mexido. **2.** Traquinas; buliçoso.
remição (re.mi.**ção**) s.f. Ato de remir; quitação; resgate; libertação.
remido (re.**mi**.do) adj. **1.** Desobrigado; quitado. **2.** Libertado.
remígio (re.**mí**.gi.o) s.m. Voo das aves.
reminiscência (re.mi.nis.**cên**.ci.a) s.f. Lembrança; recordação; memória.
reminiscente (re.mi.nis.**cen**.te) adj.2g. Que traz ou contém reminiscência ou lembrança; que lembra ou faz lembrar: *costumes reminiscentes dos antepassados*.
remir (re.**mir**) v.t.d. **1.** Libertar. **2.** Resgatar. **3.** Tirar do cativeiro. **4.** Alforriar. v.p. **5.** Reabilitar-se. Obs.: pres. do ind.: *remimos, remis*. Não se conjuga no pres. do subj. nem no imperat. neg. Imperat. afirm.: *remi*. Pode-se suprir a falta destas pessoas e tempos com o uso do verbo *redimir*.
remirar (re.mi.**rar**) v.t.d. Mirar de novo ou mirar atentamente.
remissão (re.mis.**são**) s.f. Ato de remitir(-se); perdão, clemência.
remissiva (re.mis.**si**.va) s.f. **1.** Ação de remeter, enviar para outro local de um texto, livro ou *site*. **2.** Frase ou símbolo com que se faz essa remissão.
remissivo (re.mis.**si**.vo) adj. **1.** Que remite. **2.** Que remete para outro lugar. **3.** Alusivo; referente.
remisso (re.**mis**.so) adj. **1.** Que tarda em fazer ou dizer alguma coisa. **2.** Descuidado, negligente. **3.** Indolente, frouxo, sem atividade. **4.** Pouco intenso.
remitente (re.mi.**ten**.te) adj.2g. **1.** Que remite. **2.** Diz-se da doença que apresenta remitência. Cf. *remetente*.
remitir (re.mi.**tir**) v.t.d. **1.** Dar por pago, renunciar ao direito de receber, perdoar uma dívida: *se o credor remite uma parte da dívida, não é necessário pagá-la*. **2.** Conceder indulto, perdoar: *remitir os pecados*. v.i. e v.p. **3.** Abrandar, ceder, diminuir de intensidade: *a doença remitiu*.
remo (re.mo) [ê] s.m. **1.** Haste longa com uma pá na ponta, puxada manualmente para impulsionar uma embarcação. **2.** Esporte em que o atleta maneja esse instrumento, em barcos individuais ou de equipe, em disputas de velocidade.
remoçado (re.mo.**ça**.do) adj. Que se remoçou; rejuvenescido.
remoção (re.mo.**ção**) s.f. Ato de remover; transferência.
remoçar (re.mo.**çar**) v.t.d. **1.** Tornar mais moço; rejuvenescer. v.p. **2.** Renovar-se.
remodelação (re.mo.de.la.**ção**) s.f. Ato de remodelar; reforma; remodelamento.
remodelamento (re.mo.de.la.**men**.to) s.m. Remodelação.
remodelar (re.mo.de.**lar**) v.t.d. **1.** Modelar de novo. **2.** Reformar; fazer modificações.

remoer (re.mo.**er**) v.t.d. **1.** Moer de novo. **2.** Ruminar. **3.** Repisar. **4.** Refletir muito. v.p. **5.** Afligir-se; encher-se de rancor.

remoinhar (re.mo.i.**nhar**) [o-i] v.i. **1.** Mover-se em espirais, fazer remoinho, andar em círculos. v.t.d. **2.** Fazer girar; rodar.

remoinho (re.mo.i.**nho**) [o-i] s.m. **1.** Movimento em espiral das águas de um rio. **2.** Tufão.

remolhar (re.mo.**lhar**) v.t.d. Molhar de novo ou em grande quantidade.

remonta (re.**mon**.ta) s.f. Suprimento de gado muar e cavalar para uso do exército.

remontado (re.mon.**ta**.do) adj. Que se elevou muito; muito alto.

remontar (re.mon.**tar**) v.t.d. **1.** Elevar muito; erguer. **2.** Montar de novo; consertar. v.t.i. **3.** Ter origem em; volver bem atrás no passado. v.p. **4.** Aludir; referir-se.

remoque (re.**mo**.que) [ó] s.m. Zombaria; insinuação maliciosa.

remoquear (re.mo.que.**ar**) v.t.d. **1.** Ferir alguém com remoques (ou zombarias). v.i. **2.** Proferir remoques.

remorder (re.mor.**der**) v.t.d. **1.** Morder de novo. **2.** Falar mal de. **3.** Remoer; insistir. v.p. **4.** Enraivecer-se.

remordimento (re.mor.di.**men**.to) s.m. Ato de remorder.

remorso (re.**mor**.so) [ó] s.m. Arrependimento; sentimento de culpa por erro ou omissão.

remoto (re.**mo**.to) [ó] adj. **1.** Que ocorreu há muito tempo. **2.** Que está afastado; longínquo, distante: *influências remotas*. **3.** Que atua à distância: *controle remoto, sensor remoto*.

removedor (re.mo.ve.**dor**) [ô] s.m. e adj. (O) que remove tinta, esmalte ou outra substância.

remover (re.mo.**ver**) v.t.d. Mudar de um local para outro; deslocar.

removível (re.mo.**ví**.vel) adj.2g. Que se remove ou retira com facilidade; que não é fixo: *o CD é um dispositivo de armazenamento removível do computador*.

remuneração (re.mu.ne.ra.**ção**) s.f. **1.** Ato de remunerar. **2.** Pagamento por serviço prestado. **3.** Gratificação; recompensa.

remunerar (re.mu.ne.**rar**) v.t.d.i. Compensar, gratificar, premiar, pagar (alguém por um serviço prestado).

rena (**re**.na) [ê] s.f. (Zoo.) Veado de áreas frias do hemisfério Norte, com grandes galhos na cabeça.

renal (re.**nal**) adj.2g. Que diz respeito a rim ou rins.

renascença (re.nas.**cen**.ça) s.f. **1.** Ato de renascer; vida nova. **2.** Renascimento. (*próprio*) **3.** Movimento artístico e científico dos séculos XV e XVI, que evocava a Antiguidade clássica; Renascimento.

renascentista (re.nas.cen.**tis**.ta) adj.2g. Que diz respeito ao Renascimento e à época em que este se deu.

renascer (re.nas.**cer**) v.i. Nascer de novo; renovar-se.

renascimento (re.nas.ci.**men**.to) s.m. Renascença.

renda (**ren**.da) s.f. **1.** Remuneração; rendimento. **2.** Tecido de fios entrelaçados que formam desenhos, usado em trajes femininos, guarnições de cama e mesa. **Renda de bilros**: renda delicada feita com esses instrumentos.

rendado (ren.**da**.do) s.m. e adj. (Trabalho) feito com renda ou que imita a renda.

rendar (ren.**dar**) v.t.d. Guarnecer de renda, cobrir com renda.

rendeira (ren.**dei**.ra) s.f. Mulher que faz a renda de bilros ou de outro tipo, típica no Nordeste e presente também em outros estados.

rendeiro (ren.**dei**.ro) s.m. e adj. **1.** (Pessoa) que faz ou vende rendas. adj. **2.** Relacionado a rendas ou à rendeira. s.m. **3.** Aquele que dá a propriedade à renda. **4.** Aquele que arrenda uma propriedade. **5.** Aquele que cobra rendas.

render (ren.**der**) v.t.d. **1.** Submeter; sujeitar. **2.** Substituir; trocar. **3.** Dar como lucro. v.t.d.i. **4.** Prestar, dedicar (homenagem a). v.i. **5.** Dar lucro; ser útil ou proveitoso. v.p. **6.** Entregar-se; dar-se por vencido; subjugar-se.

rendição (ren.di.**ção**) s.f. **1.** Ato de render(-se). **2.** Substituição de ronda militar ou plantão médico.

rendido (ren.**di**.do) adj. **1.** Subjugado; vencido. **2.** Substituído; trocado.

rendilha (ren.**di**.lha) s.f. Renda delicada.

rendilhado (ren.di.**lha**.do) adj. Feito com rendilha ou que imita a rendilha.

rendilhar (ren.di.**lhar**) v.t.d. Enfeitar com rendilha.

rendimento (ren.di.**men**.to) s.m. **1.** Ato de render; rendição. **2.** Produtividade; lucro; renda.

rendoso (ren.**do**.so) [ô] adj. Lucrativo. ▪ Pl. *rendosos* [ó].

renegado (re.ne.**ga**.do) s.m. e adj. (Aquele) que renega sua religião, sua ideologia política ou suas opiniões antigas; traidor.

renegar (re.ne.**gar**) v.t.d. **1.** Negar. **2.** Trair. **3.** Renunciar. v.t.i. **4.** Abjurar; descrer.

renhido (re.**nhi**.do) adj. Encarniçado; disputado.

renhir (re.**nhir**) v.t.d. **1.** Disputar; lutar; combater. v.i. **2.** Combater intensamente. Obs.: pres. do ind.: *renhimos, renhis*. Não é conjugado no pres. do subj. nem no imperat. neg. Imper. afirm.: *renhi do*.

rênio (**rê**.ni.o) s.m. (Quím.) Elemento que é um metal branco e brilhante de símbolo Re, número atômico 75 e massa atômica 186,2.

renitência (re.ni.**tên**.ci.a) s.f. Característica do renitente; teimosia; obstinação; insistência.

renitente (re.ni.**ten**.te) adj.2g. Teimoso; obstinado; insistente.

renomado (re.no.**ma**.do) adj. Que tem renome; famoso.

renome (re.**no**.me) s.m. Fama, reputação, notabilidade.

renomear (re.no.me.**ar**) v.t.d. **1.** Dar renome a. **2.** Nomear de novo.

renovação (re.no.va.**ção**) s.f. Ato de renovar; restauração.

renovado (re.no.**va**.do) *adj.* Que se renovou, que passou por renovação.
renovador (re.no.va.dor) [ô] *s.m. e adj.* (Aquele) que renova.
renovar (re.no.var) *v.t.d.* **1.** Tornar novo. **2.** Reformar. **3.** Restaurar. *v.i.* **4.** Deitar renovos, novos rebentos. *v.p.* **5.** Revigorar-se.
renovável (re.no.**vá**.vel) *adj.2g.* Que pode se renovar, que não acaba: *o vidro e a madeira são matérias-primas renováveis, o petróleo e a gasolina não.*
renovo (re.**no**.vo) [ô] *s.m.* **1.** Rebento. **2.** (P.ext.) Descendência. ▣ Pl. *renovos* [ó].
renque (**ren**.que) *s.m.* Fileira; alinhamento, série.
rentabilidade (ren.ta.bi.li.**da**.de) *s.f.* Caráter do que é rentável.
rentável (ren.**tá**.vel) *adj.2g.* Que rende, dá lucro.
rente (**ren**.te) *adj.2g.* **1.** Próximo. **2.** Curto. *adv.* **3.** Pela raiz.
renúncia (re.**nún**.ci.a) *s.f.* Ato de renunciar; abdicação.
renunciador (re.nun.ci.a.dor) [ô] *adj.* Renunciante.
renunciante (re.nun.ci.**an**.te) *adj.2g.* Que renuncia; renunciador.
renunciar (re.nun.ci.**ar**) *v.t.d. e v.t.i.* **1.** Desistir. **2.** Recusar. **3.** Abdicar; resignar cargo ou função. *v.i.* **4.** Privar-se de alguma coisa.
renunciável (re.nun.ci.**á**.vel) *adj.2g.* Que pode ser objeto de renúncia, a que se pode renunciar: *uma responsabilidade renunciável.*
reocupar (re.o.cu.**par**) *v.t.d.* Ocupar de novo.
reordenação (re.or.de.na.**ção**) *s.f.* Ato de reordenar.
reordenar (re.or.de.**nar**) *v.t.d.* **1.** Ordenar de novo. **2.** Reorganizar.
reorganização (re.or.ga.ni.za.**ção**) *s.f.* Ato de reorganizar; reordenação.
reorganizar (re.or.ga.ni.**zar**) *v.t.d.* Organizar de novo; reestruturar; reordenar.
reostato (re.os.**ta**.to) *s.m.* Estabilizador da corrente elétrica.
repaginar (re.pa.gi.**nar**) *v.t.d.* **1.** (*Gráf.*) Fazer nova paginação. **2.** (*Fig.*) Melhorar a apresentação, o visual.
reparação (re.pa.ra.**ção**) *s.f.* Ato de reparar; restauração; correção; reforma.
reparador (re.pa.ra.dor) [ô] *s.m. e adj.* (Aquele) que repara; observador.
reparar (re.pa.**rar**) *v.t.d.* **1.** Restaurar. **2.** Corrigir. **3.** Renovar. **4.** Notar. *v.t.i.* **5.** Dar importância ou atenção a.
reparo (re.**pa**.ro) *s.m.* **1.** Restauração; conserto. **2.** Observação; análise.
reparte (re.**par**.te) *s.m.* Aquilo que se repartiu ou dividiu; parte.
repartição (re.par.ti.**ção**) *s.f.* **1.** Ato de repartir; partilha. **2.** Seção ou departamento de uma diretoria geral.
repartido (re.par.**ti**.do) *adj.* **1.** Dividido; fragmentado. **2.** Compartilhado.

repartir (re.par.**tir**) *v.t.d. e v.p.* **1.** Separar(-se) em grupos. **2.** Dividir(-se) em partes. **3.** Dispersar(-se). **4.** Ramificar(-se).
repassado (re.pas.**sa**.do) *adj.* **1.** Passado de novo. **2.** Passado adiante. **3.** Embebido; impregnado.
repassar (re.pas.**sar**) *v.t.d.* **1.** Passar de novo. **2.** Passar adiante. **3.** Ensopar; embeber. *v.i. e v.p.* **4.** Ensopar-se; encharcar-se.
repasse (re.**pas**.se) *s.m.* Ato de repassar.
repastar (re.pas.**tar**) *v.t.d.* **1.** Levar de novo à pastagem. **2.** Alimentar. *v.p.* **3.** Banquetear-se.
repasto (re.**pas**.to) *s.m.* **1.** Pasto abundante. **2.** (P.ext.) Refeição; banquete.
repatriação (re.pa.tri.a.**ção**) *s.f.* Ato de repatriar ou de fazer retornar ao país de origem; expatriação.
repatriar (re.pa.tri.**ar**) *v.t.d. e v.p.* (Fazer) voltar à pátria; expatriar (ou ser expatriado).
repelão (re.pe.**lão**) *s.m.* Encontrão; esbarrão; empurrão.
repelente (re.pe.**len**.te) *adj.2g.* **1.** Que repele; repugnante. *s.m.* **2.** Produto próprio para repelir insetos.
repelido (re.pe.**li**.do) *adj.* Rejeitado; expulso.
repelir (re.pe.**lir**) *v.t.d.* **1.** Rejeitar. **2.** Recusar. **3.** Impelir para longe. **4.** Expulsar. *Obs.*: pres. do ind.: *repilo, repeles, repele, repelimos, repelis, repelem*; pres. do subj.: *repila, repilas, repila, repilamos, repilais, repilam.*
repenicar (re.pe.ni.**car**) *v.t.d.* **1.** Produzir sons agudos em; repicar. *v.i.* **2.** Vibrar; produzindo sons agudos.
repenique (re.pe.**ni**.que) *s.m.* **1.** Ação de repenicar; repique. **2.** (Mús.) Repinique.
repensar (re.pen.**sar**) *v.t.d.* Tornar a pensar; reconsiderar; reavaliar.
repente (re.**pen**.te) *s.m.* **1.** O que se diz ou faz sem pensar ou planejar: *num repente jogou tudo pela janela; tinha repentes de coragem e outros de medo.* **2.** (Folc.) Versos improvisados em um desafio ou disputa de cantadores, típico do Nordeste. *De repente:* em pouco tempo e sem preparo, de modo súbito: *começou a chover de repente.*
repentino (re.pen.**ti**.no) *adj.* Que surge ou é feito de repente; súbito, inesperado, imprevisto, abrupto.
repentista (re.pen.**tis**.ta) *s.2g.* (Folc.) Cantador que faz repente, que faz versos improvisados em desafios, típicos do Nordeste.
repercussão (re.per.cus.**são**) *s.f.* **1.** Ato ou efeito de repercutir. **2.** (Fig.) Bom êxito, prestígio.
repercutir (re.per.cu.**tir**) *v.i.* **1.** Soar novamente, repetir-se, ecoar: *as palavras repercutiam na memória.* **2.** Ter efeitos, influenciar: *a vitória do time repercutiu na escola inteira.*
repertório (re.per.**tó**.ri.o) *s.m.* **1.** Conjunto de obras de um ator, cantor ou companhia teatral. **2.** Coleção; índice.
repetência (re.pe.**tên**.ci.a) *s.f.* Ato de repetir; repetição.
repetente (re.pe.**ten**.te) *adj.2g.* **1.** Que repete. *s.2g.* **2.** Aluno que não foi aprovado e tem de repetir a mesma série em que se encontrava.

repetição (re.pe.ti.ção) s.f. Ato de repetir.
repetir (re.pe.tir) v.t.d. **1.** Fazer de novo. **2.** Repisar. **3.** Reproduzir. v.i. e v.p. **4.** Tornar a acontecer. Obs.: pres. do ind.: *repito, repetes, repete, repetimos, repetis, repetem*; pres. do subj.: *repita, repitas, repita, repitamos, repitais, repitam*.
repetitivo (re.pe.ti.ti.vo) adj. **1.** Que (se) repete. **2.** Em que ocorrem muitas repetições.
repicar (re.pi.car) v.t.d. **1.** Picar de novo. **2.** Fazer soar festivamente (o sino). v.i. **3.** Soar festivamente: *os sinos repicaram às oito horas*.
repimpado (re.pim.pa.do) adj. Refestelado; abarrotado; farto.
repimpar (re.pim.par) v.t.d. e v.p. Fartar(-se); refestelar-se.
repinique (re.pi.ni.que) s.m. (Mús.) Tambor pequeno de som agudo, tocado com uma baqueta e a outra mão diretamente sobre a pele, importante nas escolas de samba; repique, repenique.
repique (re.pi.que) s.m. **1.** Efeito de repicar. **2.** Toque festivo dos sinos. **3.** Repinique.
repisar (re.pi.sar) v.t.d. **1.** Pisar de novo. **2.** Fazer de novo. **3.** Falar com insistência.
replantar (re.plan.tar) v.t.d. **1.** Voltar a plantar. **2.** Preencher vazios deixados pela derrubada de árvores.
replay [inglês: "riplêi"] s.m. Ato de reprisar ou repetir; repetição.
repleção (re.ple.ção) s.f. Estado daquilo que está repleto.
repleto (re.ple.to) [é] adj. Muito cheio; farto; completo.
réplica (ré.pli.ca) s.f. **1.** Ato de replicar. **2.** (Dir.) Resposta a uma contestação. **3.** Exemplar não autêntico de uma obra de arte; cópia.
replicar (re.pli.car) v.t.d. **1.** Argumentar. **2.** Responder. **3.** Refutar. v.i. **4.** Responder a uma objeção.
repolho (re.po.lho) [ô] s.m. (Bot.) Espécie de couve cujas folhas crescem muito grudadas, em forma de novelo, e são comestíveis cruas ou cozidas.
repolhudo (re.po.lhu.do) adj. **1.** Que tem a forma de um repolho. **2.** Rechonchudo.
repoltrear-se (re.pol.tre.ar-se) v.p. Sentar-se confortavelmente; refestelar-se; repimpar-se.
reponta (re.pon.ta) s.f. Início da subida da maré.
repontar (re.pon.tar) v.i. **1.** Aparecer de novo; ressurgir; raiar. **2.** Responder asperamente.
repor (re.por) [ô] v.t.d. **1.** Pôr de novo; restituir; devolver. v.p. **2.** Restabelecer-se; reconstituir-se. Obs.: conjuga-se como *pôr*.
reportagem (re.por.ta.gem) s.f. **1.** Relato jornalístico de um evento: *entregou a reportagem para o editor*. **2.** Matéria que narra eventos, divulgada por rádio, televisão, jornal, revistas ou internet. Cf. *fotorreportagem*.
reportar (re.por.tar) v.t.d. **1.** Contar; relatar. v.p. **2.** Referir-se; aludir.
repórter (re.pór.ter) s.2g. Jornalista que investiga, busca acontecimentos para fazer reportagens. ▪ Pl. *repórteres*.

reposição (re.po.si.ção) s.f. Ato de repor.
repositório (re.po.si.tó.ri.o) s.m. Local onde se guardam coisas; depósito.
reposteiro (re.pos.tei.ro) s.m. Espécie de cortina que protege as portas interiores das casas.
repousar (re.pou.sar) v.t.d. **1.** Colocar em repouso. **2.** Proporcionar descanso. v.i. **3.** Relaxar; descansar; estar em repouso. **4.** Jazer.
repouso (re.pou.so) s.m. Ato de repousar; descanso; relaxamento.
repovoar (re.po.vo.ar) v.t.d. e v.p. Povoar(-se) de novo.
repreender (re.pre.en.der) v.t.d. Admoestar, advertir, censurar, reprovar.
repreensão (re.pre.en.são) s.f. **1.** Ato ou efeito de repreender; reprimenda; censura. **2.** Advertência feita a alguém por mau procedimento.
repreensível (re.pre.en.sí.vel) adj.2g. Que se deve repreender; passível de repreensão; censurável.
represa (re.pre.sa) [ê] s.f. Construção para conter as águas de um rio; barragem, açude.
represália (re.pre.sá.li.a) s.f. Desforra; vingança.
represamento (re.pre.sa.men.to) s.m. Ato ou efeito de represar.
represar (re.pre.sar) v.t.d. **1.** Reter o curso de; conter. **2.** (Fig.) Refrear. Obs.: pres. do ind.: *represo* [é], *represas* [é], *represa* [é], *represam* [é] etc.; pres. do subj.: *represe* [é], *represes* [é], *represe* [é], *represem* [é].
representação (re.pre.sen.ta.ção) s.f. Ato de representar; exibição.
representante (re.pre.sen.tan.te) s.2g. Aquele que representa alguém, alguma firma, seu país; procurador; ministro plenipotenciário; embaixador.
representar (re.pre.sen.tar) v.t.d. **1.** Ser a imagem de. **2.** Significar; denotar. **3.** Apresentar queixa contra. **4.** Reproduzir; descrever. **5.** Pintar. **6.** Ser procurador; ministro; embaixador. v.i. **7.** Interpretar um papel teatral. v.p. **8.** Aparecer sob nova forma.
representatividade (re.pre.sen.ta.ti.vi.da.de) s.f. Qualidade do que é representativo: *um líder eleito tem maior representatividade do que um nomeado*.
representativo (re.pre.sen.ta.ti.vo) adj. Que representa.
repressão (re.pres.são) s.f. Ato de reprimir ou coibir; opressão.
repressivo (re.pres.si.vo) adj. Que reprime; opressivo.
repressor (re.pres.sor) [ô] s.m. e adj. (Aquele) que reprime.
reprimenda (re.pri.men.da) s.f. Censura; repreensão; admoestação rígida.
reprimir (re.pri.mir) v.t.d. **1.** Conter. **2.** Refrear. **3.** Proibir. **4.** Oprimir. v.p. **5.** Moderar-se; conter-se; controlar as próprias ações.
reprisar (re.pri.sar) v.t.d. Passar ou exibir de novo (um filme).
reprise (re.pri.se) s.f. **1.** Ação de reprisar. **2.** Filme que volta a ser exibido, que não é estreia.

réprobo (ré.pro.bo) s.m. e adj. **1.** (Aquele) que foi banido da sociedade, condenado. **2.** (Indivíduo) mau, perverso.
reprochar (re.pro.**char**) v.t.d. Censurar; repreender.
reproche (re.**pro**.che) [ó] s.m. Censura; repreensão; reprimenda.
reprodução (re.pro.du.**ção**) s.f. Ato de reproduzir; cópia.
reprodutivo (re.pro.du.**ti**.vo) adj. Que se relaciona com a reprodução, que serve para reprodução: *a semente tem função reprodutiva nas plantas*.
reprodutor (re.pro.du.**tor**) [ô] adj. **1.** Que reproduz. s.m. **2.** Animal que se destina à reprodução.
reproduzir (re.pro.du.**zir**) v.t.d. **1.** Produzir em grande número; copiar. **2.** Representar com exatidão. **3.** Proliferar. v.p. **4.** Procriar.
reprografia (re.pro.gra.**fi**.a) s.f. Qualquer processo mecânico para reprodução de imagens, como fotocópia ou xerografia.
reprográfico (re.pro.**grá**.fi.co) adj. Relacionado a ou feito por reprografia: *tirar xerox é um procedimento reprográfico*.
reprovação (re.pro.va.**ção**) s.f. **1.** Ato de reprovar. **2.** Crítica; censura.
reprovado (re.pro.**va**.do) s.m. e adj. **1.** (Aquele) que foi considerado incapaz (após se submeter a um exame). adj. **2.** Censurado.
reprovar (re.pro.**var**) v.t.d. **1.** Não aprovar em um exame; julgar incapaz ou inapto. **2.** Censurar. **3.** Desaprovar; rejeitar.
reprovável (re.pro.**vá**.vel) adj.2g. **1.** Indigno de aprovação. **2.** Censurável.
reptar (rep.**tar**) v.t.d. Provocar; desafiar; acuar.
réptil (**rép**.til) s.m. **1.** (Zoo.) Animal vertebrado que tem escamas, se arrasta pelo chão e mantém o corpo na mesma temperatura do ambiente, como cobra, jacaré e tartaruga. **2.** (Fig.) Pessoa desprezível, fria e que não se emociona. ▣ Pl. *répteis*.
repto (**rep**.to) s.m. Ato de reptar; desafio; provocação.
república (re.**pú**.bli.ca) s.f. **1.** Forma de governo em que pessoas eleitas pelo povo exercem o poder supremo por tempo determinado. **2.** Casa em que moram vários estudantes, sem autoridade da família. **3.** (Hist.) Período da história do Brasil que se iniciou com a Proclamação da República, em 1889, e se estende até hoje.
republicanizar (re.pu.bli.ca.ni.**zar**) v.t.d. e v.p. **1.** Tornar(-se) republicano. **2.** (Fazer) aderir aos ideais republicanos.
republicano (re.pu.bli.**ca**.no) adj. **1.** Que diz respeito a república. s.m. e adj. **2.** (Aquele) que é partidário da república.
republicar (re.pu.bli.**car**) v.t.d. Publicar de novo.
republiqueta (re.pu.bli.**que**.ta) [ê] s.f. República pequena e de pouco valor e, por isso mesmo, sempre ameaçada por potências.
repudiar (re.pu.di.**ar**) v.t.d. **1.** Rejeitar; recusar. **2.** Abandonar; desamparar.
repúdio (re.**pú**.di.o) s.m. Ato de repudiar; abandono; recusa.

repugnância (re.pug.**nân**.ci.a) s.f. Aversão; nojo.
repugnante (re.pug.**nan**.te) adj.2g. Que causa repugnância; repelente; repulsivo.
repugnar (re.pug.**nar**) v.t.d. **1.** Não aceitar; recusar. v.t.i. **2.** Enojar a; causar aversão a. v.i. **3.** Inspirar nojo ou antipatia.
repulsa (re.**pul**.sa) s.f. Ato de repelir; repulsão, aversão, nojo.
repulsão (re.pul.**são**) s.f. Repulsa.
repulsivo (re.pul.**si**.vo) adj. Que causa repulsa; repelente; nojento.
reputação (re.pu.ta.**ção**) s.f. Fama; renome; celebridade.
reputado (re.pu.**ta**.do) adj. Que goza de grande fama; considerado, famoso; renomado.
reputar (re.pu.**tar**) v.t.d. **1.** Dar crédito ou fama. **2.** Avaliar; considerar. v.p. **3.** Considerar-se; julgar-se.
repuxar (re.pu.**xar**) v.t.d. **1.** Puxar com força; esticar. **2.** Puxar para trás.
repuxo (re.**pu**.xo) s.m. **1.** Ato de repuxar. **2.** Tubo por onde a água se eleva em um jato; esguicho; fonte.
requebrado (re.que.**bra**.do) s.m. **1.** Requebro; bamboleio; saracoteio; remelexo. adj. **2.** Lânguido; sensual.
requebrar (re.que.**brar**) v.t.d. **1.** Mover languidamente (os quadris), enquanto anda. v.p. **2.** Mover os quadris; rebolar.
requebro (re.**que**.bro) [ê] s.m. **1.** Ato de requebrar; requebrado. **2.** Movimento lânguido com os quadris; remelexo.
requeijão (re.quei.**jão**) s.m. **1.** Queijo pouco curado, feito com o creme coagulado pela ação do calor. **2.** Certo tipo de queijo cremoso industrializado.
requeimar (re.quei.**mar**) v.t.d. **1.** Queimar de novo ou em excesso. **2.** Ressecar pela ação do fogo ou dos raios do sol. **3.** Torrar, tostar. **4.** Ter sabor picante; arder. v.p. **5.** Magoar-se, ressentir-se.
requentar (re.quen.**tar**) v.t.d. Esquentar de novo.
requerente (re.que.**ren**.te) s.2g. e adj.2g. (Pessoa) que requer.
requerer (re.que.**rer**) v.t.d. **1.** Pedir por requerimento. **2.** (Dir.) Pedir em juízo. **3.** Pedir; demandar. v.i. **4.** Dirigir petição a alguém. Obs.: pres. do ind.: *requeiro, requeres, requer, requeremos, requereis, requerem*; pres. do subj.: *requeira, requeiras, requeira, requeiramos, requeirais, requeiram*. Os demais tempos são regulares.
requerimento (re.que.ri.**men**.to) s.m. **1.** Ato de requerer. **2.** Pedido por escrito que se faz a uma autoridade, seguindo as formalidades legais.
requestar (re.ques.**tar**) v.t.d. **1.** Suplicar; solicitar. **2.** Pretender o amor de alguém.
réquiem (**ré**.qui.em) s.m. (Relig.) Ofício que se faz aos mortos, na liturgia católica. Obs.: do latim *requiem*, descanso.
requintado (re.quin.**ta**.do) adj. Refinado; fino; apurado; aprimorado.
requintar (re.quin.**tar**) v.t.d. **1.** Dar requinte a; refinar; aprimorar. v.i. e v.p. **2.** Refinar-se; aprimorar-se.

requinte (re.**quin**.te) s.m. Ato de requintar(-se); refinamento; aprimoramento; apuro.
requisição (re.qui.si.**ção**) s.f. Ato de requisitar; solicitação; exigência.
requisitar (re.qui.si.**tar**) v.t.d. **1.** Exigir formalmente. **2.** Convocar. **3.** Requerer.
requisito (re.qui.**si**.to) s.m. Condição necessária no cumprimento de um objetivo.
requisitório (re.qui.si.**tó**.ri.o) adj. Que requisita; precatório, rogatório.
rés adj. **1.** Raso; rente. adv. **2.** Pela raiz.
rês s.f. (epiceno) Quadrúpede usado para abate.
rescaldar (res.cal.**dar**) v.t.d. Escaldar ou aquecer em demasia.
rescaldo (res.**cal**.do) s.m. **1.** Ato de jogar água no local do incêndio, para eliminar qualquer foco existente. **2.** Calor irradiado pelo incêndio. **3.** Cinza que pode esconder brasas.
rescindir (res.cin.**dir**) v.t.d. Romper; desfazer; tornar sem efeito; anular.
rescisão (res.ci.**são**) s.f. Ato de rescindir; anulação; rompimento.
rescisório (res.ci.**só**.ri.o) adj. Que rescinde, que anula.
rés do chão (rés do **chão**) s.m.2n. (Lus.) Pavimento térreo: *moravam no rés do chão e seus pais no andar de cima*.
resedá (re.se.**dá**) s.m. (Bot.) Planta e flor de origem africana.
resenha (re.**se**.nha) [ê] s.f. Relato minucioso ou resumo crítico de uma obra ou acontecimento.
resenhar (re.se.**nhar**) v.t.d. **1.** Enumerar. **2.** Resumir.
reserva (re.**ser**.va) s.f. **1.** Ato de reservar. **2.** Aquilo que se guarda para uma situação imprevista. **3.** Recato. **4.** Aposentadoria dos militares. **5.** (Esp.) Jogador substituto; regra-três. **6.** Área preservada para conservação das espécies animais e vegetais. **7.** Restrição.
reservado (re.ser.**va**.do) adj. **1.** Que tem ou em que há reserva. **2.** Discreto, calado, circunspecto: *homem reservado*. **3.** Que não se expõe; oculto, íntimo: *assunto reservado*. **4.** Cauteloso, prudente. s.m. **5.** Privada, latrina.
reservar (re.ser.**var**) v.t.d. **1.** Guardar. **2.** Garantir. **3.** Separar. **4.** Conservar. v.p. **5.** Guardar-se; preservar-se.
reservatório (re.ser.va.**tó**.ri.o) s.m. **1.** Lugar onde se reserva algo. **2.** Reservatório de água; açude; represa. adj. **3.** Próprio para reservar.
reservista (re.ser.**vis**.ta) s.m. **1.** Soldado que está na reserva. **2.** Aquele que prestou o serviço militar.
resfolegar (res.fo.le.**gar**) v.i. **1.** Tomar fôlego. **2.** Respirar. v.t.d. **3.** Expelir; golfar. Obs.: pres. do ind.: *resfólego* ou *resfolego, resfólegas* ou *resfolegas, resfólega* ou *resfolega, resfolegamos, resfolegais, resfólegam* ou *resfolegam*; pres. do subj.: *resfólegue* ou *resfolegue, resfólegues* ou *resfolegues, resfólegue* ou *resfolegue, resfoleguemos, resfolegueis, resfóleguem* ou *resfoleguem*.

resfriado (res.fri.**a**.do) s.m. **1.** Constipação; gripe. adj. **2.** Que se resfriou. **3.** Gripado.
resfriamento (res.fri.a.**men**.to) s.m. Ato de resfriar(-se); diminuição do calor.
resfriar (res.fri.**ar**) v.t.d. **1.** Tornar a esfriar. **2.** Baixar a temperatura de. **3.** (Fig.) Tirar o ânimo de. v.i. e v.p. **4.** Pegar um resfriado.
resgatar (res.ga.**tar**) v.t.d. **1.** Libertar; alforriar; remir. **2.** Pagar uma dívida; ficar quite. **3.** Fazer retirada de dinheiro aplicado. v.p. **4.** Livrar-se de uma falta.
resgate (res.**ga**.te) s.m. **1.** Liberação; alforria; socorro. **2.** Retirada de uma aplicação bancária. **3.** Quitação de uma dívida.
resguardar (res.guar.**dar**) v.t.d. **1.** Guardar com cuidado. **2.** Abrigar; proteger. v.p. **2.** Defender-se; proteger-se.
resguardo (res.**guar**.do) s.m. **1.** Ato de resguardar(-se). **2.** Dieta. **3.** Precaução; cuidado.
residência (re.si.**dên**.ci.a) s.f. **1.** Domicílio; habitação. **2.** (Med.) Período que o médico recém-formado passa em hospitais ou prontos-socorros, adquirindo prática e escolhendo uma especialização.
residencial (re.si.den.ci.**al**) adj.2g. Diz-se da casa que não tem finalidade comercial ou do bairro próprio para moradia.
residente (re.si.**den**.te) adj.2g. **1.** Que reside; habitante. s.2g. **2.** Estudante de medicina ou médico recém-formado que está fazendo residência.
residir (re.si.**dir**) v.t.i. **1.** Morar; habitar. **2.** Consistir.
residual (re.si.du.**al**) adj.2g. Que diz respeito a resíduo.
resíduo (re.**sí**.duo) s.m. O que resta de uma substância; sobra; resto.
resignação (re.sig.na.**ção**) s.f. Ato de resignar(-se); conformismo.
resignar (re.sig.**nar**) v.t.d. **1.** Exonerar-se; demitir-se. v.p. **2.** Conformar-se; aceitar um sofrimento.
resignatário (re.sig.na.**tá**.ri.o) s.m. e adj. (Aquele) que resigna, que renuncia a cargo ou dignidade.
resiliência (re.si.li.**ên**.ci.a) s.f. **1.** (Fís.) Propriedade que alguns corpos possuem de retornar à forma original após serem expostos a uma deformação elástica. **2.** (Ecol.) Capacidade de um ecossistema retornar à condição inicial de equilíbrio. **3.** (Fig.) Capacidade de se adaptar às mudanças ou à má sorte.
resiliente (re.si.li.**en**.te) adj.2g. **1.** Que apresenta resiliência. **2.** Que possui elasticidade.
resina (re.**si**.na) s.f. **1.** Substância inflamável e consistente, de origem vegetal ou animal. **2.** Produto da reação de compostos químicos, usado para fazer plástico: *fio de resina sintética*.
resinoso (re.si.**no**.so) [ô] adj. **1.** Relacionado a resina. **2.** Diz-se de vegetal que produz resina ou é recoberto de resina. **3.** Semelhante a resina. ▪ Pl. *resinosos* [ó].
resistência (re.sis.**tên**.ci.a) s.f. **1.** Capacidade de resistir, de suportar um ataque ou sofrimento. **2.** Capacidade de manter uma corrida ou outro esforço contínuo. **3.** (Fís.) Dificuldade que um

material condutor opõe à passagem da corrente elétrica, gerando calor ou luz.

resistente (re.sis.**ten**.te) *adj.2g.* Que resiste; forte; sólido.

resistir (re.sis.**tir**) *v.i.* **1.** Oferecer resistência; durar; aguentar. *v.t.i.* **2.** Opor-se; não ceder; recusar-se a.

resistor (re.sis.**tor**) [ô] *s.m.* Componente elétrico que tem uma resistência particular.

resma (**res**.ma) [ê] *s.f.* Quinhentas folhas de papel.

resmungão (res.mun.**gão**) *s.m. e adj.* (Aquele) que resmunga; ranzinza; mal-humorado; impertinente.

resmungar (res.mun.**gar**) *v.i. e v.t.d.* Falar (algo) baixo, de mau humor; rezingar; dizer (algo) entre dentes.

resmungo (res.**mun**.go) *s.m.* Ato de resmungar; grunhido.

resolução (re.so.lu.**ção**) *s.f.* **1.** Ato de resolver; solução. **2.** Deliberação; propósito; decisão.

resoluto (re.so.**lu**.to) *adj.* Decidido; corajoso; atrevido; enérgico.

resolutório (re.so.lu.**tó**.ri.o) *adj.* Que leva a uma resolução.

resolver (re.sol.**ver**) *v.t.d.* **1.** Solucionar; explicar; esclarecer. **2.** Decidir; deliberar. *v.p.* **3.** Decidir-se; tomar uma decisão.

resolvido (re.sol.**vi**.do) *adj.* Combinado; deliberado; solucionado.

respaldar (res.pal.**dar**) *s.m.* **1.** Espaldar. *v.t.d.* **2.** Aplanar, alisar. **3.** Dar respaldo a; apoiar.

respaldo (res.**pal**.do) *s.m.* **1.** Encosto; espaldar. **2.** (Fig.) Apoio; proteção.

respectivo (res.pec.**ti**.vo) *adj.* Que diz respeito a; próprio; devido.

respeitabilidade (res.pei.ta.bi.li.**da**.de) *s.f.* Característica daquilo que é respeitável; idoneidade.

respeitador (res.pei.ta.**dor**) [ô] *adj.* Que trata com respeito.

respeitante (res.pei.**tan**.te) *adj.2g.* Referente; relativo; concernente.

respeitar (res.pei.**tar**) *v.t.d.* **1.** Reverenciar; honrar. **2.** Cumprir; observar. **3.** Não causar dano; preservar. *v.t.i.* **4.** Dizer respeito; concernir.

respeitável (res.pei.**tá**.vel) *adj.2g.* Digno de ser respeitado ou reverenciado; venerável.

respeito (res.**pei**.to) *s.m.* **1.** Ato de respeitar; acatamento. **2.** Veneração; reverência. **3.** Submissão.

respeitoso (res.pei.**to**.so) [ô] *adj.* **1.** Cheio de respeito ou que infunde respeito. **2.** Submisso. ▣ Pl. *respeitosos* [ó].

respigar (res.pi.**gar**) *v.i. e v.t.d.* **1.** Apanhar no campo as espigas ali deixadas após a colheita. **2.** Catar de novo. **3.** Recolher, apanhar daqui e dali; compilar.

respingar (res.pin.**gar**) *v.t.d. e v.i.* Lançar pingos (ou borrifos); salpicar; molhar; borrifar.

respingo (res.**pin**.go) *s.m.* Ato de respingar; borrifo.

respiração (res.pi.ra.**ção**) *s.f.* **1.** Ato de respirar. **2.** (Bio.) Troca do oxigênio do ar absorvido pelos pulmões pelo gás carbônico que resulta das queimas orgânicas.

respirador (res.pi.ra.**dor**) [ô] *adj.* **1.** Que ajuda na respiração; respiratório. *s.m.* **2.** Aparelho que possibilita (ou facilita) a respiração.

respiradouro (res.pi.ra.**dou**.ro) *s.m.* Orifício que facilita a entrada de ar dentro de um recinto fechado.

respirar (res.pi.**rar**) *v.i.* **1.** (Bio.) Absorver o oxigênio do ar nos pulmões, expelindo o gás carbônico, resultante das queimas orgânicas. **2.** (P. ext.) Ter vida. **3.** (Fig.) Ter descanso; parar para descansar. *v.t.d.* **4.** Exalar. **5.** Aspirar.

respiratório (res.pi.ra.**tó**.ri.o) *adj.* Que diz respeito à respiração.

respirável (res.pi.**rá**.vel) *adj.2g.* Que se pode respirar.

respiro (res.**pi**.ro) *s.m.* **1.** Respiração. **2.** Respiradouro. **3.** (Fig.) Descanso.

resplandecência (res.plan.de.**cên**.ci.a) *s.f.* Ato de resplandecer.

resplandecente (res.plan.de.**cen**.te) *adj.2g.* Que resplandece ou brilha; brilhante; luminoso.

resplandecer (res.plan.de.**cer**) *v.i.* **1.** Brilhar muito; resplender. *v.t.d.* **2.** Refletir o brilho de; resplender.

resplender (res.plen.**der**) *v.i. e v.t.d.* Resplandecer.

resplendor (res.plen.**dor**) [ô] *s.m.* **1.** Claridade ou brilho intenso. **2.** (Fig.) Glória.

resplendoroso (res.plen.do.**ro**.so) [ô] *adj.* Resplandecente. ▣ Pl. *resplendorosos* [ó].

respondão (res.pon.**dão**) *s.m. e adj.* (Aquele) que responde grosseiramente; grosseirão.

responder (res.pon.**der**) *v.t.d. e v.t.i.* **1.** Dizer em resposta; objetar; replicar. *v.t.i.* **2.** Responsabilizar-se.

responsabilidade (res.pon.sa.bi.li.**da**.de) *s.f.* **1.** Qualidade de quem é responsável. **2.** Obrigação; dever.

responsabilizar (res.pon.sa.bi.li.**zar**) *v.t.d. e v.p.* Tornar(-se) responsável.

responsável (res.pon.**sá**.vel) *s.2g. e adj.2g.* (Pessoa) que responde (ou deve responder) por seus atos.

responso (res.**pon**.so) *s.m.* **1.** Versículos cantados ou rezados alternadamente por uma ou mais vozes, em ritos da Igreja Católica. **2.** Livro de cânticos. **3.** Repreenda, descompostura.

resposta (res.**pos**.ta) *s.f.* Ato de responder; réplica; refutação.

resquício (res.**quí**.ci.o) *s.m.* Vestígio; resíduo; marca.

ressabiado (res.sa.bi.a.do) *adj.* Desconfiado; ressentido; melindrado.

ressabiar (res.sa.bi.**ar**) *v.i. e v.p.* Ofender-se; melindrar-se; ressentir-se.

ressaca (res.**sa**.ca) *s.f.* **1.** Movimento de fluxo e defluxo das ondas do mar. **2.** Agitação anormal do mar. **3.** Sensação de mal-estar depois de uma bebedeira ou noite mal dormida.

ressaibo (res.**sai**.bo) *s.m.* **1.** Gosto ruim, residual em um recipiente. **2.** Mágoa, ressentimento, rancor.

ressair (res.sa.**ir**) *v.i.* Ressaltar, aparecer, destacar-se.

ressaltar (res.sal.**tar**) *v.t.d.* Dar destaque; realçar; salientar.

ressalto (res.**sal**.to) *s.m.* Parte em destaque; saliência.

ressalva (res.sal.va) s.f. **1.** Correção de erro; errata. **2.** Observação; cláusula. **3.** Certificado de isenção.
ressalvar (res.sal.var) v.t.d. Fazer uma ressalva; excetuar: *garantiu que daria a festa, ressalvando-se em caso de chuva forte.*
ressarcimento (res.sar.ci.men.to) s.m. Ato de ressarcir; indenização.
ressarcir (res.sar.cir) v.t.d. e v.t.d.i. Indenizar; compensar. Obs.: embora hoje em dia esteja sendo aceita a conjugação de todas as pessoas e tempos, habitualmente este verbo só é conjugado quando o c do radical for seguido de i. Pres. do ind.: *ressarcimos, ressarcis.* Não seria, assim, conjugado no pres. do subj. nem no imperat. neg.; imperat. afirm.: *ressarci.*
ressecado (res.se.ca.do) adj. **1.** Que se ressecou. **2.** Muito seco.
ressecamento (res.se.ca.men.to) s.m. Ato ou efeito de ressecar(-se).
ressecar (res.se.car) v.t.d. **1.** Secar muito ou secar outra vez. v.i. e v.p. **2.** Ficar excessivamente seco.
ressentido (res.sen.ti.do) adj. Magoado; melindrado.
ressentimento (res.sen.ti.men.to) s.m. Ato de ressentir(-se); mágoa por uma ofensa.
ressentir (res.sen.tir) v.t.d. **1.** Sentir de novo. v.p. **2.** Magoar-se; ofender-se; melindrar-se.
ressequido (res.se.qui.do) adj. Muito seco; esturricado.
ressequir (res.se.quir) v.t.d. Secar excessivamente; esturricar; mirrar. Obs.: este verbo só é conjugado quando o *qu* do radical for seguido de i. Pres. do ind.: *ressequimos, ressequis.* Não seria, assim, conjugado no pres. do subj. nem no imperat. neg.; imperat. afirm.: *ressequi.*
ressoar (res.so.ar) v.t.d. **1.** Entoar; cantar; tocar. v.i. **2.** Soar de novo. **3.** Ecoar.
ressonância (res.so.nân.ci.a) s.f. **1.** Qualidade do que é ressonante. **2.** Fenômeno no qual são transmitidas ondas sonoras. **3.** (Fís.) Aumento da amplitude de oscilações causado por uma força aplicada na frequência natural de um corpo.
ressonante (res.so.nan.te) adj.2g. Que ressona (ou ressoa).
ressonar (res.so.nar) v.t.d. **1.** Ressoar. v.i. **2.** Dormir. **3.** Respirar ruidosamente enquanto dorme.
ressumar (res.su.mar) v.t.d. **1.** Deixar cair gota a gota (um líquido); gotejar, destilar. v.i. **2.** Dar passagem a um líquido; filtrar, coar. **3.** Transparecer, manifestar-se.
ressupino (res.su.pi.no) adj. Deitado de costas; voltado para cima.
ressurgimento (res.sur.gi.men.to) s.m. Ato de ressurgir; renascimento; ressurreição.
ressurgir (res.sur.gir) v.i. Surgir de novo; renascer; ressuscitar. Obs.: pres. do ind.: *ressurjo, ressurges, ressurge, ressurgimos* etc.; pres. do subj.: *ressurja, ressurjas, ressurja, ressurjamos, ressurjais, ressurjam;* particípio: *ressurgido.*
ressurreição (res.sur.rei.ção) s.f. Ato de ressuscitar (ou ressurgir).
ressuscitado (res.sus.ci.ta.do) adj. Que ressuscitou.
ressuscitar (res.sus.ci.tar) v.t.d. **1.** Fazer ressurgir; dar vida de novo. v.i. **2.** Voltar à vida; ressurgir.
restabelecer (res.ta.be.le.cer) v.t.d. **1.** Estabelecer de novo; restaurar. v.p. **2.** Readquirir saúde. **3.** Readquirir as condições anteriores.
restabelecido (res.ta.be.le.ci.do) adj. Que se restabeleceu; recuperado; restaurado.
restabelecimento (res.ta.be.le.ci.men.to) s.m. Ato de restabelecer(-se).
restante (res.tan.te) s.m. e adj.2g. (Aquilo) que resta; resto.
restar (res.tar) v.i. **1.** Subsistir; sobreviver. **2.** Sobrar.
restauração (res.tau.ra.ção) s.f. Ato de restaurar; restabelecimento; renovação.
restaurador (res.tau.ra.dor) [ô] s.m. e adj. (Aquele) que restaura.
restaurante (res.tau.ran.te) s.m. Estabelecimento comercial onde são feitas e servidas refeições.
restaurar (res.tau.rar) v.t.d. **1.** Instaurar de novo. **2.** Recuperar. **3.** Instaurar o regime anterior. v.p. **4.** Recuperar-se.
réstia (rés.ti.a) s.f. **1.** Trança que se faz de junco, caules finos ou da folhagem seca de cebolas ou alhos. **2.** Feixe de luz.
restinga (res.tin.ga) s.f. **1.** Banco de pedra ou areia em alto-mar. **2.** Terreno arenoso entre o mar e uma lagoa. **3.** Faixa de terra, com vegetação própria, ao longo de um rio. **4.** Terra e plantas trazidas pelas inundações.
restituição (res.ti.tu.i.ção) s.f. Ato de restituir ou devolver ao verdadeiro dono; devolução.
restituir (res.ti.tu.ir) v.t.d. **1.** Devolver. **2.** Ressarcir; indenizar. **3.** Restaurar. Obs.: pres. do ind.: *restituo, restituis, restitui, restituímos* etc.; pres. do subj.: *restitua, restituas, restitua* etc.
resto (res.to) [é] s.m. **1.** O que restou; resíduo; detrito. **2.** (Mat.) O resultado de uma subtração. Cf. *restos.*
restolho (res.to.lho) [ô] s.m. **1.** Parte do caule das gramíneas que ficou enterrada, depois da ceifa. **2.** (Fig.) O que sobrou; resto (com sentido pejorativo). ▪ Pl. *restolhos* [ó].
restos (res.tos) [é] s.m.pl. **1.** Ruínas. **2.** Despojos mortais. Cf. *resto.*
restrição (res.tri.ção) s.f. Ato de restringir; limitação.
restringente (res.trin.gen.te) adj.2g. Que restringe ou limita.
restringir (res.trin.gir) v.t.d. e v.p. Limitar(-se); moderar(-se); conter(-se).
restritivo (res.tri.ti.vo) adj. Que restringe ou limita.
restrito (res.tri.to) adj. Limitado; específico.
resultado (res.sul.ta.do) s.m. **1.** Consequência; efeito. **2.** (Mat.) Resposta ou conclusão de uma operação matemática como soma ou adição; resto ou diferença; produto e quociente.
resultante (re.sul.tan.te) adj.2g. **1.** Que resulta. s.f. **2.** (Fís.) Força resultante da reunião de outras forças aplicadas a um determinado ponto.

resultar (re.sul.**tar**) v.t.i. Provir; originar-se; proceder; derivar.
resumir (re.su.**mir**) v.t.d. **1.** Abreviar; encurtar. v.p. **2.** Consistir; exprimir-se em menos palavras.
resumo (re.**su**.mo) s.m. Ato de resumir; sinopse; síntese, ementa.
resvaladiço (res.va.la.**di**.ço) adj. Que resvala; escorregadio, perigoso.
resvaladouro (res.va.la.**dou**.ro) s.m. Local perigoso; abismo; despenhadeiro.
resvalar (res.va.**lar**) v.i. **1.** Escorregar; deslizar; cair em um declive. v.t.i. **2.** Incorrer.
reta (re.ta) [é] s.f. Linha mais curta entre dois pontos.
retábulo (re.**tá**.bu.lo) s.m. Peça ornamental pintada ou entalhada em madeira ou pedra, colocada sobre um altar ou atrás dele.
retaco (re.**ta**.co) adj. Diz-se de pessoa ou animal baixo e reforçado; atarracado.
retaguarda (re.ta.**guar**.da) s.f. **1.** A parte posterior (em oposição a vanguarda). **2.** As últimas tropas de um exército.
retal (re.**tal**) adj.2g. Que se refere ao reto e ao intestino grosso.
retalhado (re.ta.**lha**.do) adj. Que foi cortado em pedaços ou ferido com objeto cortante.
retalhar (re.ta.**lhar**) v.t.d. **1.** Cortar em pedaços. **2.** Ferir com objeto cortante. Cf. *retaliar*.
retalhista (re.ta.**lhis**.ta) s.2g. e adj.2g. **1.** (Pessoa) que vende a retalho; varejista. adj.2g. **2.** Que diz respeito ao comércio a retalho ou a varejo.
retalho (re.**ta**.lho) s.m. **1.** Pedaço de algo que foi retalhado; fração. **2.** Pedaço de tecido que ficou na peça, após a venda do restante. A **retalho**: aos pedaços; a varejo.
retaliação (re.ta.li.a.**ção**) s.f. Ato de retaliar; vingança; revide; represália.
retaliar (re.ta.li.**ar**) v.t.d. e v.i. Praticar retaliação; vingar(-se). Cf. *retalhar*.
retangular (re.tan.gu.**lar**) adj.2g. Que tem a forma de um retângulo.
retângulo (re.**tân**.gu.lo) s.m. **1.** Quadrilátero com quatro ângulos retos e quatro lados iguais dois a dois: *o caderno tem forma de retângulo*. adj. **2.** Que tem um ângulo reto: *triângulo retângulo*.
retardado (re.tar.**da**.do) adj. **1.** Que se retardou; atrasado, demorado. s.m. e adj. **2.** (Med.) (Indivíduo) que tem desenvolvimento mental abaixo da expectativa para a sua idade.
retardar (re.tar.**dar**) v.t.d. **1.** Demorar; adiar; atrasar. v.p. **2.** Chegar atrasado; atrasar-se.
retardatário (re.tar.da.**tá**.ri.o) s.m. e adj. (Aquele) que chega tarde; atrasado.
retemperar (re.tem.pe.**rar**) v.t.d. **1.** Temperar de novo; dar nova têmpera a. **2.** Fortificar, fortalecer, revigorar. v.p. **3.** Criar novas forças; revigorar-se.
retenção (re.ten.**ção**) s.f. **1.** Ato de reter. **2.** Cárcere; detenção. **3.** Acumulação de substâncias que devem ser expelidas.
retentiva (re.ten.**ti**.va) s.f. Faculdade de memorizar as impressões recebidas.

retentor (re.ten.**tor**) [ô] s.m. e adj. (Aquele) que retém; detentor.
reter (re.**ter**) v.t.d. **1.** Não deixar que escape. **2.** Deter. **3.** Refrear. **4.** Não devolver algo. **5.** Reprovar (um aluno). v.p. **6.** Conter-se; refrear-se. **7.** Não avançar. Obs.: conjuga-se como *ter*.
retesar (re.te.**sar**) v.t.d. e v.p. Tornar(-se) teso (ou tenso); esticar(-se); endireitar(-se).
reticência (re.ti.**cên**.ci.a) s.f. Omissão de algo que não se quer dizer. Cf. *reticências*.
reticências (re.ti.**cên**.ci.as) s.f.pl. (*Gram.*) Sinal de pontuação (…) que pode indicar omissão do que se diz ou transcreve, ou interrupção do pensamento. Cf. *reticência*.
reticente (re.ti.**cen**.te) adj.2g. Em que há reticência(s).
retícula (re.**tí**.cu.la) s.f. Rede muito fina.
reticulado (re.ti.cu.**la**.do) adj. Que tem forma de rede; reticular.
reticular (re.ti.cu.**lar**) adj.2g. Reticulado.
retículo (re.**tí**.cu.lo) s.m. **1.** Rede fina; retícula. **2.** (*Zoo.*) Segunda cavidade do estômago dos ruminantes. **3.** (*Bot.*) Conjunto de filamentos presente em certos órgãos vegetais.
retidão (re.ti.**dão**) s.f. **1.** Característica do que é reto. **2.** Integridade; honestidade.
retido (re.**ti**.do) adj. **1.** Detido. **2.** Memorizado. **3.** Refreado.
retífica (re.**tí**.fi.ca) s.f. Oficina mecânica onde são retificados os motores dos veículos.
retificação (re.ti.fi.ca.**ção**) s.f. **1.** Ato de retificar. **2.** (*Fís.*) Conversão de uma corrente alternada em contínua. **3.** (*Quím.*) Segunda destilação de um líquido, a fim de purificá-lo.
retificado (re.ti.fi.**ca**.do) adj. **1.** Que foi submetido à retificação. **2.** Expurgado de erros; consertado, corrigido.
retificar (re.ti.fi.**car**) v.t.d. **1.** Corrigir; emendar. **2.** (*Quím.*) Destilar novamente, para obter a purificação. **3.** Recondicionar motores. v.p. **4.** Corrigir-se; retratar-se. Cf. *ratificar*.
retilíneo (re.ti.**lí**.ne.o) adj. Formado por retas.
retina (re.**ti**.na) s.f. (*Anat.*) A membrana mais interna do olho, onde se formam as imagens.
retinir (re.ti.**nir**) v.i. **1.** Produzir um som muito alto; ressoar. v.t.d. **2.** Fazer soar.
retinto (re.**tin**.to) adj. De cor muito escura, como se tivesse sido tinto duas vezes.
retirada (re.ti.**ra**.da) s.f. **1.** Ato de retirar(-se). **2.** Fuga; debandada. **3.** Saída dos nordestinos fugindo da seca. **4.** Ato de retirar dinheiro do banco. **5.** Movimento das tropas fugindo do inimigo.
retirante (re.ti.**ran**.te) adj.2g. **1.** Que se retira. s.2g. **2.** Camponês nordestino que sai de seu sítio, sua propriedade para fugir da seca ou da miséria e vai procurar trabalho em outro local.
retirar (re.ti.**rar**) v.t.d. **1.** Recolher. **2.** Puxar para si. **3.** Desdizer. **4.** Fazer uma retirada. v.i. e v.p.

5. Marchar em retirada. 6. Isolar-se; refugiar-se. 7. Ir-se embora.
retiro (re.**ti**.ro) s.m. 1. (*Relig.*) Ato de manter-se em local isolado, repensando valores e rezando. 2. Local solitário, onde as pessoas se refugiam do barulho e do convívio social.
reto (re.to) [é] *adj.* 1. Sem curvas; direito. 2. Íntegro, honesto, justo. 3. (*Geom.*) Diz-se do ângulo de 90°. s.m. 4. (*Anat.*) A parte final do intestino grosso.
retocar (re.to.**car**) v.t.d. Fazer retoques; corrigir; aperfeiçoar.
retomar (re.to.**mar**) v.t.d. Recuperar; reaver; recobrar.
retoque (re.**to**.que) [ó] s.m. Ato de retocar; correção; emenda.
retorcer (re.tor.**cer**) v.t.d. 1. Torcer duas ou muitas vezes. v.p. 2. Contorcer-se. Obs.: pres. do ind.: *retorço* [ô], *retorces* [ó], *retorce* [ó] etc.; pres. do subj.: *retorça* [ô], *retorças* [ô], *retorça* [ô] etc.
retorcido (re.tor.**ci**.do) *adj.* 1. Torcido mais de uma vez. 2. (*Fig.*) Rebuscado; pomposo.
retórica (re.**tó**.ri.ca) s.f. 1. Conjunto de regras que dizem respeito à eloquência. 2. Arte de bem falar. 3. Eloquência e estilo afetados.
retornar (re.tor.**nar**) v.t.i. 1. Regressar; voltar. v.t.d. 2. Restituir; devolver. Obs.: pres. do ind.: *retorno* [ó], *retornas* [ó], *retorna* [ó], *retornamos*, *retornais*, *retornam* [ó]; pres. do subj.: *retorne* [ó], *retornes* [ó], *retorne* [ó], *retornemos*, *retorneis*, *retornem* [ó].
retornável (re.tor.**ná**.vel) *adj.2g.* Que retorna para o fabricante usar de novo: *com vasilhame retornável a bebida fica mais barata, porque só se compra o conteúdo.*
retorno (re.**tor**.no) [ô] s.m. Ato de retornar; volta; regresso.
reto-romanche (re.to-ro.**man**.che) s.m. Romanche. ▪ Pl. *reto-romanches.*
retorquir (re.tor.**quir**) v.t.d. 1. Objetar; replicar. v.i. 2. Responder; retrucar. Obs.: verbo defectivo; pres. do ind.: *retorquimos*, *retorquis*. Não é conjugado no pres. do subj. nem no imperat. neg.; imperat. afirm.: *retorqui.*
retorta (re.**tor**.ta) [ó] s.f. Vaso de vidro com o gargalo torto e virado para baixo, utilizado em operações químicas.
retração (re.tra.**ção**) s.f. 1. Ato de retrair(-se); contração. 2. (*Econ.*) Limitação em operações comerciais e de crédito.
retraído (re.tra.**í**.do) *adj.* Encolhido; acanhado; reservado.
retraimento (re.tra.i.**men**.to) s.m. Procedimento de retraído; retração; acanhamento.
retrair (re.tra.**ir**) v.t.d. e v.p. Contrair(-se); encolher(-se).
retranca (re.**tran**.ca) s.f. 1. Culatra de uma arma de fogo. 2. Correia que prende a sela à cauda do animal. 3. (*Esp.*) Jogo excessivamente defensivo.

retransmissor (re.trans.mis.**sor**) [ô] *adj.* 1. Que retransmite. s.m. 2. Aparelho de telecomunicação que retransmite os sinais captados.
retransmissora (re.trans.mis.**so**.ra) s.f. Estação que recebe e retransmite ondas radioelétricas.
retransmitir (re.trans.mi.**tir**) v.t.d. 1. Transmitir ondas radioelétricas recebidas. 2. Transmitir de novo.
retrasado (re.tra.**sa**.do) *adj.* 1. Diz-se de data imediatamente anterior: *dia retrasado.* 2. Anterior ao passado: *pagamento retrasado.*
retratação (re.tra.ta.**ção**) s.f. Ato de retratar(-se), desdizer(-se) ou retirar uma calúnia.
retratar (re.tra.**tar**) v.t.d. 1. Fotografar. 2. Representar com exatidão. 3. Tratar de novo. v.p. 4. Desdizer--se. 5. Corrigir-se. 6. Fotografar-se a si mesmo.
retrátil (re.**trá**.til) *adj.2g.* Que se retrai.
retratista (re.tra.**tis**.ta) s.2g. Pessoa que faz retratos.
retrato (re.**tra**.to) s.m. 1. Representação de alguma pessoa por fotografia ou pintura. 2. Descrição de uma situação; panorama.
retretra (re.**tre**.tra) [ê] s.f. Audição de banda de música em coretos ou praças públicas.
retribuição (re.tri.bu.i.**ção**) s.f. 1. Ato de retribuir; agradecimento. 2. Prêmio; gratificação; remuneração.
retribuir (re.tri.bu.**ir**) v.t.d. 1. Agradecer; corresponder. 2. Gratificar; remunerar. Obs.: pres. do ind.: *retribuo*, *retribuis*, *retribui*, *retribuímos*, *retribuís*, *retribuem*; pres. do subj.: *retribua*, *retribuas*, *retribua* etc.
retro (re.tro) [é] s.m. Lado de uma folha que se opõe ao verso.
retroação (re.tro.a.**ção**) s.f. Ação de retroagir, de agir sobre o passado.
retroagir (re.tro.a.**gir**) v.i. 1. Voltar ao passado; recuar. 2. Modificar o que já foi feito. Obs.: pres. do ind.: *retroajo*, *retroages*, *retroage* etc.; pres. do subj.: *retroaja*, *retroajas*, *retroaja* etc.
retroativo (re.tro.a.**ti**.vo) *adj.* Que pode retroagir (ou voltar ao passado, modificando o que já estava feito).
retroceder (re.tro.ce.**der**) v.i. 1. Recuar; retornar. 2. Desistir; ceder. v.t.d. 3. Fazer voltar para trás.
retrocesso (re.tro.**ces**.so) [é] s.m. 1. Ato de retroceder (ou voltar ao estado anterior). 2. Tecla que, nas máquinas de escrever, faz voltar à letra anteriormente batida. 3. (*Fig.*) Decadência.
retrogradar (re.tro.gra.**dar**) v.i. Retroceder; recuar; retornar.
retrógrado (re.**tró**.gra.do) *adj.* 1. Que retrograda. 2. Que vive no passado, ignorando o progresso atual.
retroprojetor (re.tro.pro.je.**tor**) [ô] s.m. Aparelho que projeta na parede ou em tela a imagem impressa em uma transparência.
retrós (re.**trós**) s.m. 1. Fio de costura torcido. 2. Carretel com este fio enrolado. ▪ Pl. *retroses.*
retrospecção (re.tros.pec.**ção**) s.f. Retrospecto.

retrospectiva (re.tros.pec.**ti**.va) s.f. Vista de olhos para o passado; retrospecto.
retrospectivo (re.tros.pec.**ti**.vo) adj. Que diz respeito a coisas passadas.
retrospecto (re.tros.**pec**.to) s.m. Vista de olhos para o passado; retrospectiva, retrospecção.
retroversão (re.tro.ver.**são**) s.f. Versão para a língua original de um texto que tinha sido traduzido.
retroverter (re.tro.ver.**ter**) v.t.d. **1.** Fazer a retroversão de. **2.** Fazer recuar.
retrovisor (re.tro.vi.**sor**) [ô] s.m. Espelho usado em automóveis para permitir uma visão do que se passa atrás do veículo.
retrucar (re.tru.**car**) v.t.d. e v.t.i. Replicar; retorquir; redarguir.
retumbante (re.tum.**ban**.te) adj.2g. Que retumba.
retumbão (re.tum.**bão**) s.m. (Folc.) Ritmo e dança que acompanham a marujada paraense.
retumbar (re.tum.**bar**) v.i. **1.** Repercutir; ecoar; ribombar. v.t.d. **2.** Fazer soar.
returno (re.**tur**.no) s.m. (Esp.) Segunda série de partidas de um campeonato, disputadas contra os mesmos adversários do primeiro turno.
réu s.m. Indivíduo contra quem se move processo judicial; acusado. ▪ Fem. **ré**.
reumático (reu.**má**.ti.co) adj. Relacionado a reumatismo: *dores reumáticas*.
reumatismo (reu.ma.**tis**.mo) s.m. (Med.) Afecção que causa dor nos músculos, tendões e articulações e, nos casos mais graves, infecção e febre.
reumatologia (reu.ma.to.lo.**gi**.a) s.f. Ramo da medicina que trata das doenças reumáticas e articulares.
reumatológico (reu.ma.to.**ló**.gi.co) adj. Relacionado a reumatologia ou a doenças reumáticas e articulares.
reumatologista (reu.ma.to.lo.**gis**.ta) s.2g. Médico especialista em reumatologia.
reunião (re.u.ni.**ão**) s.f. Encontro de pessoas para tratar de fins diversos, profissionais ou sociais.
reunir (re.u.**nir**) v.t.d. **1.** Unir de novo. **2.** Agrupar; promover o encontro de. v.p. **3.** Encontrar-se; congregar-se.
reurbanização (re.ur.ba.ni.za.**ção**) s.f. Ato de reurbanizar.
reurbanizar (re.ur.ba.ni.**zar**) v.t.d. Fazer nova urbanização.
reutilização (re.u.ti.li.za.**ção**) s.f. Ação de reutilizar; novo uso, aproveitamento.
reutilizar (re.u.ti.li.**zar**) v.t.d. **1.** Usar, utilizar de novo; usar algo que já foi usado: *reutilizou a embalagem*. **2.** Reaproveitar, aproveitar.
revacinação (re.va.ci.na.**ção**) s.f. Ato de revacinar(-se).
revacinar (re.va.ci.**nar**) v.t.d. e v.p. **1.** Vacinar(-se) de novo. **2.** Aplicar (ou tomar) a segunda dose de uma vacina.
revalidar (re.va.li.**dar**) v.t.d. Tornar válido de novo; confirmar; legitimar.

revalorização (re.va.lo.ri.za.**ção**) s.f. Ação de revalorizar; revitalização.
revalorizar (re.va.lo.ri.**zar**) v.t.d. Dar novo valor ou recuperar o valor que tinha; voltar a valorizar.
revanche (re.**van**.che) s.f. Desforra.
revanchismo (re.van.**chis**.mo) s.m. Sentimento ou hábito de buscar desforra ou revanche.
revanchista (re.van.**chis**.ta) adj.2g. **1.** Que diz respeito ao revanchismo. s.2g. **2.** Pessoa que tem esse sentimento ou hábito.
réveillon [francês: "reveiom"] s.m. Festa de Ano-Novo; passagem de 31 de dezembro para 1º de janeiro; despertar do Ano-Novo.
revel (re.**vel**) s.2g. **1.** (Dir.) Pessoa que não comparece em juízo em cumprimento a uma citação. adj.2g. **2.** Insubordinado; rebelde.
revelação (re.ve.la.**ção**) s.f. **1.** Ato de revelar(-se). **2.** Ação divina, comunicando aos homens os verdadeiros desígnios de Deus. **3.** Descoberta reveladora de um fato, vocação de um artista talentoso etc. **4.** Denúncia. **5.** Prova; testemunho. **6.** Processo que transfere a imagem capturada por uma câmera fotográfica para o papel, por tratamento químico do filme ou por impressão de arquivo digital.
revelador (re.ve.la.**dor**) [ô] s.m. e adj. **1.** (O) que revela. **2.** (Banho ou líquido) que faz surgir a imagem fotográfica no papel.
revelar (re.ve.**lar**) v.t.d. **1.** Tirar o véu a. **2.** Divulgar. **3.** Fazer conhecer. **4.** Fazer conhecer sobrenaturalmente. **5.** Fazer com que apareça a imagem fotográfica sobre o papel. v.p. **6.** Manifestar-se; mostrar-se.
revelia (re.ve.**li**.a) s.f. Estado de revel; rebeldia. (Dir.) **À revelia**: na ausência do réu: *foi julgado à revelia*.
revenda (re.**ven**.da) s.f. **1.** Ato de revender. **2.** Estabelecimento comercial de revenda.
revendedor (re.ven.de.**dor**) [ô] s.m. e adj. (Aquele) que revende.
revender (re.ven.**der**) v.t.d. Tornar a vender.
rever (re.**ver**) v.t.d. **1.** Ver de novo. **2.** Examinar com atenção. **3.** Ler fazendo correções.
reverberação (re.ver.be.ra.**ção**) s.f. Ato de reverberar; reflexão de luz, som ou calor.
reverberar (re.ver.be.**rar**) v.t.d. **1.** Refletir luz, som ou calor. v.i. **2.** Brilhar; cintilar.
revérbero (re.**vér**.be.ro) s.m. Reflexo luminoso; efeito da luz refletida.
reverdecer (re.ver.de.**cer**) v.t.d. e v.i. **1.** Tornar(-se) verde. v.i. **2.** (Fig.) Remoçar; renascer.
reverência (re.ve.**rên**.ci.a) s.f. **1.** Respeito; veneração. **2.** Tratamento que se dá aos eclesiásticos. **3.** Respeito ao que é sagrado. **4.** Mesura; cumprimento respeitoso.
reverencial (re.ve.ren.ci.**al**) adj.2g. **1.** Relativo a reverência. **2.** Reverente.
reverenciar (re.ve.ren.ci.**ar**) v.t.d. Honrar; venerar; respeitar; adorar.
reverendíssimo (re.ve.ren.**dís**.si.mo) s.m. Tratamento e título dado aos dignatários eclesiásticos e padres em geral.

reverendo (re.ve.**ren**.do) *adj.* **1.** Digno de reverência. *s.m.* **2.** Tratamento de respeito dado a pastor, padre e outros sacerdotes ou pessoas religiosas.
reverente (re.ve.**ren**.te) *adj.2g.* Que reverencia; respeitoso.
reversão (re.ver.**são**) *s.f.* **1.** Volta ao estado primitivo. **2.** Devolução.
reversível (re.ver.**sí**.vel) *adj.2g.* Que se pode reverter; reversivo.
reversivo (re.ver.**si**.vo) *adj.* Reversível.
reverso (re.**ver**.so) [é] *adj.* **1.** Revirado; adverso; contrário. *s.m.* **2.** Lado oposto ao principal; lado avesso. **3.** Lado da moeda oposto à efígie; coroa.
reverter (re.ver.**ter**) *v.t.i.* **1.** Voltar ao ponto anterior. **2.** Converter.
revertério (re.ver.**té**.ri.o) *s.m.* Reviravolta; situação em que tudo sai errado.
revés (re.**vés**) *s.m.* **1.** Vicissitude, infortúnio. **2.** O lado contrário, reverso; avesso.
revesso (re.**ves**.so) [ê] *adj.* **1.** Reverso. **2.** (Fig.) Que não está de acordo com a verdade; distorcido, tortuoso. *s.m.* **3.** Avesso, reverso.
revestido (re.ves.**ti**.do) *adj.* Que se revestiu.
revestimento (re.ves.ti.**men**.to) *s.m.* **1.** Ato de revestir(-se). **2.** Tudo o que serve para revestir (ou cobrir) alguma coisa; forração.
revestir (re.ves.**tir**) *v.t.d.* **1.** Vestir de novo. **2.** Cobrir; forrar; guarnecer. *v.p.* **3.** Munir-se. Obs.: pres. do ind.: *revisto, revestes, reveste, revestimos, revestis, revestem*; pres. do subj.: *revista, revistas, revista* etc.
revezamento (re.ve.za.**men**.to) *s.m.* Ato de revezar(-se); substituição.
revezar (re.ve.**zar**) *v.t.d.* **1.** Substituir alternadamente. *v.i.* e *v.p.* **2.** Alternar-se; substituir-se alternadamente.
revidar (re.vi.**dar**) *v.t.d.* **1.** Retrucar; enfrentar. *v.i.* **2.** Objetar; contradizer. **3.** Vingar ofensa com outra maior.
revide (re.**vi**.de) *s.m.* Ato de revidar; desforra; vingança.
revigorante (re.vi.go.**ran**.te) *adj.2g.* Que revigora.
revigorar (re.vi.go.**rar**) *v.t.d.* **1.** Devolver o vigor; fortalecer. *v.i.* e *v.p.* **2.** Fortalecer-se; robustecer-se.
revirar (re.vi.**rar**) *v.t.d.* **1.** Virar de novo. **2.** Virar do lado avesso. **3.** Remexer. *v.p.* **4.** Mudar de posição; virar para o outro lado.
reviravolta (re.vi.ra.**vol**.ta) *s.f.* **1.** Giro sobre si mesmo; pirueta. **2.** Mudança repentina; alteração radical.
revisão (re.vi.**são**) *s.f.* **1.** Ato de rever ou revisar. **2.** Correção. **3.** Equipe de revisores de uma editora. **4.** Atualização; aperfeiçoamento.
revisar (re.vi.**sar**) *v.t.d.* **1.** Fazer a revisão de; corrigir. **2.** Atualizar; aperfeiçoar.
revisionismo (re.vi.si.o.**nis**.mo) *s.m.* **1.** Doutrina que propõe a revisão de uma crença, ideia, lei etc. **2.** (Hist.) Corrente que defende e pratica a revisão de questões históricas polêmicas, principalmente o Holocausto e a Segunda Guerra Mundial.

revisionista (re.vi.si.o.**nis**.ta) *adj.2g.* **1.** Pertencente ao revisionismo. *s.2g.* **2.** Adepto do revisionismo.
revisor (re.vi.**sor**) [ô] *s.m.* **1.** Aquele que examina e corrige provas tipográficas e originais a serem impressos. *adj.* **2.** Que revê.
revista (re.**vis**.ta) *s.f.* **1.** Ato de revistar; inspeção; exame. **2.** Inspeção militar. **3.** Peça teatral variada, com números de dança e canto, anedotas e sátiras dos problemas políticos atuais. **4.** Publicação periódica ilustrada, com seções e reportagens sobre os fatos da atualidade ou assuntos específicos.
revistar (re.vis.**tar**) *v.t.d.* **1.** Passar em revista. **2.** Examinar. **3.** Revirar; remexer.
revistinha (re.vis.**ti**.nha) *s.f.* Revista para público infantil, com histórias em quadrinhos e atividades como colorir, ligar pontos, recortar e colar: *Rute tem uma linda coleção de revistinhas.*
revitalização (re.vi.ta.li.za.**ção**) *s.f.* Ação de revitalizar; revalorização, renovação: *revitalização das áreas centrais.*
revitalizar (re.vi.ta.li.**zar**) *v.t.d.* Dar nova vida, recuperar a vida ou o valor de; revalorizar: *revitalizar as práticas tradicionais.*
reviver (re.vi.**ver**) *v.t.d.* **1.** Recordar, lembrar. **2.** Reconstituir, refazer. *v.i.* **3.** Voltar à vida, recuperar a vivacidade; revivescer.
revivescer (re.vi.ves.**cer**) *v.t.d.* e *v.i.* Reviver.
revivificar (re.vi.vi.fi.**car**) *v.t.d.* e *v.i.* Dar (ou adquirir) nova vida; reviver.
revoada (re.vo.**a**.da) *s.f.* **1.** Ato de revoar. **2.** Bando de pássaros em pleno voo. **3.** Exibição de aviões.
revoar (re.vo.**ar**) *v.i.* **1.** Voar de novo. **2.** Adejar, esvoaçar. **3.** Voar de volta ao ponto de partida.
revocar (re.vo.**car**) *v.t.d.* **1.** Chamar de volta. **2.** Tornar a chamar. **3.** Relembrar, evocar. **4.** Anular, revogar.
revocatório (re.vo.ca.**tó**.ri.o) *adj.* O mesmo que *revogatório.*
revogação (re.vo.ga.**ção**) *s.f.* Ato de revogar; cancelamento; anulação.
revogar (re.vo.**gar**) *v.t.d.* Tornar nulo ou sem efeito; anular.
revogatório (re.vo.ga.**tó**.ri.o) *adj.* **1.** Relativo à revogação. **2.** Que revoga ou que contém revogação. O mesmo que *revocatório.*
revolta (re.**vol**.ta) [ó] *s.f.* **1.** Ato de revoltar(-se); sublevação; rebelião. **2.** Rebeldia; inconformismo.
revoltado (re.vol.**ta**.do) *s.m.* e *adj.* **1.** (Pessoa) que se revoltou; rebelde, revoltoso, insubmisso. *adj.* **2.** Indignado, colérico. **3.** Diz-se de indivíduo amargo, inconformado.
revoltante (re.vol.**tan**.te) *adj.2g.* Que causa revolta; que indigna; repulsivo.
revoltar (re.vol.**tar**) *v.t.d.* **1.** Indignar; sublevar; levar à revolta. *v.p.* **2.** Indignar-se; rebelar-se. Obs.: pres. do ind.: *revolto* [ó], *revoltas* [ó], *revolta* [ó], etc.; pres. do subj.: *revolte* [ó], *revoltes* [ó], *revolte* [ó] etc.
revolto (re.**vol**.to) [ó] *adj.* **1.** Agitado. **2.** Furioso. **3.** Desgrenhado.
revoltoso (re.vol.**to**.so) [ô] *s.m.* e *adj.* Revolucionário; rebelde. ◘ Pl. *revoltosos* [ó].

revolução (re.vo.lu.**ção**) s.f. **1.** Sublevação; revolta; rebelião armada. **2.** Transformação dos conceitos no meio artístico, literário, científico etc. **3.** Rotação em volta de um eixo imóvel. **4.** (*Astron.*) Movimento de um astro em redor de outro.
revolucionar (re.vo.lu.ci.o.**nar**) v.t.d. **1.** Causar uma mudança radical em. **2.** Incitar à revolução. **3.** Agitar.
revolucionário (re.vo.lu.ci.o.**ná**.ri.o) s.m. e adj. **1.** (Aquele) que participa de uma revolução. adj. **2.** Que diz respeito a revolução.
revolutear (re.vo.lu.te.**ar**) v.i. **1.** Agitar-se em várias direções, dando voltas; revolver-se. **2.** Esvoaçar, voejar.
revólver (re.**vól**.ver) s.m. Arma de fogo portátil, com um só cano e um tambor giratório com local para várias balas.
revolver (re.vol.**ver**) v.t.d. **1.** Agitar. **2.** Examinar cuidadosamente. **3.** Revirar. **4.** Cavar. **5.** Meditar sobre. v.p. **6.** Agitar-se.
revoo (re.**vo**.o) [vô] s.m. Ato de revoar.
reza (re.za) [é] s.f. Ato de rezar; prece; oração.
rezador (re.za.**dor**) [ô] s.m. e adj. (Aquele) que reza; curador.
rezar (re.**zar**) v.t.d. **1.** Recitar orações. **2.** Ler orações. v.i. **3.** Orar; fazer orações; dirigir-se a Deus ou aos santos.
rezingar (re.zin.**gar**) v.t.d. e v.i. Dizer entre dentes (ou de mau humor); resmungar; altercar; disputar.
Rf Símbolo do elemento químico rutherfórdio.
RG Sigla de *Registro Geral*, documento de identidade emitido pelo Ministério da Justiça; carteira de identidade, cédula de identidade.
RGB Sigla do inglês *red, green and blue*, "vermelho, verde e azul", processo de criação de imagem em cores usando variação de intensidade do vermelho, verde e azul.
RH Sigla de *recursos humanos*. **1.** Departamento de uma empresa que cuida do pessoal, dos funcionários. **2.** Área de trabalho dedicada aos recursos humanos.
Rh s.m. Fator Rh: classificação de antígenos do sangue nas categorias A, B, AB e O, cuja incompatibilidade em uma transfusão pode ser fatal.
Rh Símbolo do elemento químico ródio.
riacho (ri.**a**.cho) s.m. Pequeno rio, regato, ribeiro.
riba (**ri**.ba) s.f. **1.** Ribanceira, barranco. **2.** Margem alta de rio ou lago.
ribalta (ri.**bal**.ta) s.f. **1.** Fila de lâmpadas à frente do palco no proscênio. **2.** O proscênio. **3.** (Fig.) O palco.
ribamar (ri.ba.**mar**) s.m. **1.** Beira do mar. **2.** Faixa de terreno à borda do mar.
ribanceira (ri.ban.**cei**.ra) s.f. **1.** Riba, barranco. **2.** Margem alta de rio ou lago. **3.** Precipício, despenhadeiro.
ribeira (ri.**bei**.ra) s.f. **1.** Curso de água menos largo e profundo que um rio. **2.** Lugar ou terreno à beira de um rio. **3.** Porção de terreno banhada por um rio.
ribeirão (ri.bei.**rão**) s.m. Curso de água maior que um riacho e menor que um rio.
ribeirão-pretano (ri.bei.rão-pre.**ta**.no) s.m. e adj. Do município de Ribeirão Preto, no estado de São Paulo. ▣ Pl. *ribeirão-pretanos*.
ribeirinha (ri.bei.**ri**.nha) s.f. (*Zoo.*) Ave pernalta que vive nas ribeiras.
ribeirinho (ri.bei.**ri**.nho) adj. Que se encontra ou vive nas margens de rios ou ribeiras.
ribeiro (ri.**bei**.ro) s.m. Pequeno rio, regato, riacho.
ribombar (ri.bom.**bar**) v.i. **1.** Estrondear (o trovão). **2.** Retumbar; ressoar fortemente; rimbombar.
ribombo (ri.**bom**.bo) s.m. Ato ou efeito de ribombar; estampido; rimbombo.
ricaço (ri.**ca**.ço) s.m. e adj. (*Pop.*) (Aquele) que é muito rico.
riçar (ri.**çar**) v.t.d. **1.** Tornar riço. **2.** Encaracolar (o cabelo). v.i. **3.** Eriçar.
rícino (**rí**.ci.no) s.m. (*Bot.*) Grupo a que pertence a mamona.
rico (**ri**.co) adj. **1.** Que possui riquezas. **2.** Abundante, fértil. **3.** Belo, bonito. **4.** Opulento, pomposo. s.m. **5.** Indivíduo que possui riquezas, endinheirado.
riço (**ri**.ço) adj. **1.** Encarapinhado. s.m. **2.** Tecido de lã com pelo encrespado e curto.
ricochetar (ri.co.che.**tar**) v.i. Ricochetear, fazer ricochete.
ricochete (ri.co.**che**.te) [ê] s.m. Desvio de um corpo após chocar-se com o chão ou com outro corpo.
ricochetear (ri.co.che.te.**ar**) v.i. Ricochetar, fazer ricochete.
ricota (ri.**co**.ta) [ó] s.f. (*Culin.*) Queijo branco que se prepara coalhando leite fervido.
ricto (**ric**.to) s.m. **1.** Abertura da boca. **2.** Contração dos lábios ou da face.
ridente (ri.**den**.te) adj.2g. **1.** Alegre. **2.** Que ri.
ridicularia (ri.di.cu.la.**ri**.a) s.f. **1.** Ninharia. **2.** Ato ou dito ridículo.
ridicularizar (ri.di.cu.la.ri.**zar**) v.t.d. Pôr em ridículo; zombar de: *os moleques viviam ridicularizando a velha mendiga*.
ridiculizar (ri.di.cu.li.**zar**) v.t.d. **1.** Ridicularizar. **2.** Pôr em ridículo. **3.** Zombar de; ridicularizar.
ridículo (ri.**di**.cu.lo) adj. **1.** Que provoca riso ou escárnio. **2.** Insignificante. s.m. **3.** Pessoa ou coisa ridícula.
rifa (**ri**.fa) s.f. Sorteio de objetos por meio de bilhetes numerados.
rifão (ri.**fão**) s.m. Adágio, provérbio.
rifar (ri.**far**) v.t.d. Fazer rifa de.
rifle (**ri**.fle) s.m. Espingarda de repetição.
rigidez (ri.gi.**dez**) [ê] s.f. **1.** Qualidade de rígido, rigor. **2.** Austeridade, severidade. **3.** Aspereza, inflexibilidade.
rígido (**rí**.gi.do) adj. **1.** Rijo, teso. **2.** Forte, robusto. **3.** Austero, severo. **4.** Áspero, inflexível.
rigor (ri.**gor**) [ô] s.m. **1.** Dureza, rigidez. **2.** Força, vigor. **3.** Exatidão, precisão. **4.** Severidade extrema. **5.** Intransigência. **6.** A maior intensidade do frio, calor etc.

rigoroso (ri.go.ro.so) [ô] *adj.* **1.** Que procede com rigor. **2.** Inflexível. **3.** Muito intenso. ▪ Pl. *rigorosos* [ó].

rijeza (ri.je.za) [ê] *s.f.* Rigidez, qualidade do que é rígido.

rijo (ri.jo) *adj.* **1.** Duro, rígido. **2.** Forte, vigoroso. **3.** Inflexível. **4.** Intenso.

rilhar (ri.lhar) *v.t.d.* **1.** Ranger (os dentes). **2.** Roer. **3.** Trincar.

rim *s.m.* (*Anat.*) Cada um dos dois órgãos secretores da urina e filtradores do sangue, que estão situados na parte inferior da região lombar. Cf. *rins*.

rima (ri.ma) *s.f.* **1.** (*Lit.*) Igualdade sonora no final de dois ou mais versos. **2.** Identidade de som na terminação de duas ou mais palavras. **3.** Palavra que rima com outra. **4.** Montão, pilha, ruma.

rimado (ri.ma.do) *adj.* Que apresenta rima.

rimar (ri.mar) *v.t.d.* **1.** Pôr em versos rimados. *v.t.i.* **2.** Formar rima. *v.i.* **3.** Formar rima entre si.

rimbombar (rim.bom.bar) *v.i.* **1.** Estrondear (o trovão). **2.** Retumbar; ressoar fortemente; ribombar.

rimbombo (rim.bom.bo) *s.m.* Ato ou efeito de rimbombar, estampido; ribombo.

rímel (rí.mel) *s.m.* Cosmético utilizado para pintar os cílios.

rincão (rin.cão) *s.m.* **1.** Recanto. **2.** Região.

rinchar (rin.char) *v.i.* **1.** Soltar sua voz; relinchar, nitrir: *a égua rinchou com alegria.* **2.** Fazer barulho, ranger. Obs.: no sentido normal, só é conjugado na 3ª pes., sing. e pl.

rincho (rin.cho) *s.m.* Relincho, a voz do cavalo.

ringir (rin.gir) *v.t.d.* **1.** Fazer ranger. *v.i.* **2.** Ranger. Obs.: pres. do ind.: *rinjo, ringes, ringe* etc. pres. do subj.: *rinja, rinjas* etc.

ringue (rin.gue) *s.m.* Tablado quadrado, alto e cercado de cordas, onde se realizam lutas esportivas.

rinha (ri.nha) *s.f.* **1.** Briga de galos. **2.** Lugar onde se realizam brigas de galos. **3.** Peleja.

rinite (ri.ni.te) *s.f.* (*Med.*) Inflamação da mucosa do nariz.

rinoceronte (ri.no.ce.ron.te) *s.m.* (*Zoo.*) Paquiderme com um ou dois chifres no focinho.

rinque (rin.que) *s.m.* Pista de patinação.

rins (rins) *s.m.* **1.** Veja *rim*. **2.** (*Pop.*) A parte inferior da região lombar.

rio (ri.o) *s.m.* **1.** Curso de água natural que deságua no mar, em um lago ou rio. **2.** Aquilo que corre como um rio. **3.** (*Fig.*) Grande quantidade (de líquido).

rio-branquense (ri.o-bran.quen.se) *adj.2g.* **1.** Do município de Rio Branco, capital do estado do Acre. *s.2g.* **2.** Pessoa natural ou habitante desse lugar. ▪ Pl. *rio-branquenses*.

rio-grandense-do-norte (ri.o-gran.den.se-do--nor.te) *s.2g. e adj.2g.* Potiguar. ▪ Pl. *rio-grandenses--do-norte*.

rio-grandense-do-sul (ri.o-gran.den.se-do-sul) *s.2g. e adj.2g.* Gaúcho. ▪ Pl. *rio-grandenses-do-sul*.

ripa (ri.pa) *s.f.* **1.** Ação de ripar. **2.** Sarrafo, peça de madeira estreita e comprida.

ripada (ri.pa.da) *s.f.* **1.** Golpe com ripa. **2.** Bordoada, cacetada. **3.** (*Fig.*) Descompostura.

ripado (ri.pa.do) *s.m.* **1.** Gradeamento de ripas. **2.** Construção feita de ripas para abrigar plantas.

ripar (ri.par) *v.t.d.* **1.** Pregar ripas em. **2.** Gradear com ripas. **3.** Serrar, formando ripas. **4.** (*Pop.*) Meter a ripa em, falar mal de.

ripostar (ri.pos.tar) *v.i.* **1.** (*Esp.*) Rebater a estocada no jogo de esgrima. *v.t.d.* **2.** Replicar, retrucar.

riqueza (ri.que.za) [ê] *s.f.* **1.** Qualidade de rico. **2.** Abundância. **3.** Ostentação. **4.** A classe dos ricos.

rir *v.i. e v.p.* **1.** Exprimir alegria ao contrair os músculos faciais, sorrir. **2.** Gracejar. *v.t.i.* **3.** Zombar. **4.** Parecer alegre. *v.t.d.* **5.** Emitir riso. Obs.: pres. do ind.: *rio, ris, ri, rimos, rides, riem*; imperat. afirm.: *ri, ria, riamos, ride, riam*; pres. do subj.: *ria, rias, ria* etc.

risada (ri.sa.da) *s.f.* **1.** Gargalhada. **2.** Riso coletivo.

risca (ris.ca) *s.f.* **1.** Ato ou efeito de riscar; risco. **2.** Listra, traço. **3.** Separação dos cabelos feita com o pente.

riscado (ris.ca.do) *adj.* **1.** Que se riscou. **2.** Listrado. *s.m.* **3.** Tecido com listras.

riscar (ris.car) *v.t.d.* **1.** Fazer riscos em. **2.** Traçar. **3.** Apagar com traços. **4.** Acender, friccionando. **5.** Eliminar. *v.i.* **6.** Perder a amizade (de alguém).

risco (ris.co) *s.m.* **1.** Risca. **2.** Traço. **3.** Esboço. **4.** Perigo iminente.

risível (ri.sí.vel) *adj.2g.* **1.** Que faz rir, cômico, burlesco. **2.** Aquilo que é digno de riso, que é ridículo.

riso (ri.so) *s.m.* **1.** Ato ou efeito de rir. **2.** Alegria. **3.** Zombaria.

risonho (ri.so.nho) [ô] *adj.* **1.** Que ri ou sorri. **2.** Alegre. **3.** (*Fig.*) Próspero.

risota (ri.so.ta) [ó] *s.f.* **1.** (*Pop.*) Risada. **2.** Zombaria.

risoto (ri.so.to) [ô] *s.m.* (*Culin.*) Prato feito com arroz bastante cozido com temperos, ou galinha desfiada, camarão etc.

rispidez (ris.pi.dez) [ê] *s.f.* Qualidade de ríspido.

ríspido (rís.pi.do) *adj.* Intratável, áspero.

rissole (ris.so.le) [ó] *s.m.* (*Culin.*) Pastel pequeno de massa cozida e frita, com casca crocante e em geral recheado com queijo etc.

riste (ris.te) *s.m.* Peça metálica da armadura na qual o cavaleiro apoia a extremidade inferior da lança, para investir.

ritidoplastia (ri.ti.do.plas.ti.a) *s.f.* (*Med.*) Intervenção cirúrgica para eliminar rugas.

ritmado (rit.ma.do) *adj.* Em que há ritmo.

ritmar (rit.mar) *v.t.d.* Cadenciar; dar ritmo a.

rítmico (rít.mi.co) *adj.* **1.** Relativo a ritmo. **2.** Que possui ritmo.

ritmista (rit.mis.ta) *s.2g.* (*Mús.*) Músico especialista em instrumentos de percussão.

ritmo (rit.mo) *s.m.* **1.** Movimento ou som que se repete a intervalos regulares com acentos fortes e fracos. **2.** Variação periódica no curso de um processo. **3.** (*Mús.*) Marcação de tempo própria de cada forma musical. **4.** (Lit.) Sucessão regular das sílabas acentuadas em um verso ou frase.

rito (ri.to) s.m. **1.** Conjunto de regras e cerimônias de uma religião. **2.** Culto, religião. **3.** Sistema de organizações de uma religião ou entidade. **Rito de passagem:** celebração de acontecimentos que marcam a passagem de um estado, condição ou etapa a outro, como nascimento, maturidade, casamento etc.: *a passagem de criança a adulto é marcada por ritos e provas em vários povos.*

ritual (ri.tu.al) adj.2g. **1.** Relativo a rito. s.m. **2.** Culto. **3.** Cerimonial. **4.** Livro de observância das práticas de um culto.

ritualismo (ri.tu.a.**lis**.mo) s.m. **1.** Conjunto de ritos. **2.** Apego a cerimônias.

ritualista (ri.tu.a.**lis**.ta) s.2g. e adj.2g. **1.** (Pessoa) que tem apego a cerimônias. s.2g. **2.** Pessoa que trata acerca de ritos.

rival (ri.**val**) adj.2g. **1.** Que rivaliza. s.2g. **2.** Competidor. **3.** Pessoa rival.

rivalidade (ri.va.li.**da**.de) s.f. **1.** Qualidade de quem é rival. **2.** Oposição. **3.** Ciúme.

rivalizar (ri.va.li.**zar**) v.t.d. **1.** Ser rival de. v.t.i. **2.** Competir. **3.** Sentir ciúme. **4.** Tentar igualar-se (a alguém).

rixa (ri.xa) s.f. **1.** Disputa, briga ou desavença mais ou menos constante entre pessoas ou grupos: *havia uma rixa entre as famílias de Romeu e Julieta; a rixa entre as apresentadoras é antiga.* **2.** Desordem, briga, confusão.

rixar (ri.xar) v.i. **1.** Ter rixa com alguém; entrar em disputa. **2.** Ser desordeiro.

rixento (ri.**xen**.to) adj. (Pop.) Dado a rixas.

rixoso (ri.**xo**.so) [ô] adj. **1.** Que rixa, que disputa. **2.** Desordeiro. ▫ Pl. *rixosos* [ó].

rizes (ri.zes) s.m.pl. (Náut.) Pedaços de cabo para amarrar a vela à verga.

rizicultor (ri.zi.cul.**tor**) [ô] s.m. e adj. (Aquele) que cultiva arroz, que planta arroz. O mesmo que *orizicultor*.

rizicultura (ri.zi.cul.**tu**.ra) s.f. Cultura do arroz. O mesmo que *orizicultura*.

rizoma (ri.**zo**.ma) [ô] s.m. (Bot.) Caule em forma de raiz, geralmente subterrâneo, como o do gengibre, e capaz de dar origem a novas plantas.

rizotônico (ri.zo.**tô**.ni.co) adj. (Gram.) Diz-se da forma verbal que possui o acento tônico no radical.

RJ Sigla de Rio de Janeiro, estado brasileiro.

RLY (Gír. Int.) Sigla do inglês *really*, "sério", usada em frases de espanto, surpresa ou irônicas.

RN Sigla de Rio Grande do Norte, estado brasileiro.

Rn Símbolo do elemento químico radônio.

rô (rô) s.m. Nome da décima sétima letra do alfabeto grego, equivalente ao erre.

RO Sigla de Rondônia, estado brasileiro.

roaz (ro.az) adj.2g. Que rói muito.

robalo (ro.**ba**.lo) s.m. (Zoo.) Grande peixe de coloração plúmbea e carne saborosa.

robe (ro.be) [ó] s.m. **1.** Roupão. **2.** Chambre.

roble (ro.ble) [ô] s.m. (Bot.) Carvalho.

robledo (ro.**ble**.do) [ê] s.m. (Bot.) Carvalhal.

robô (ro.**bô**) s.m. **1.** Máquina imaginária com forma humana, capaz de se mexer, pensar e falar como uma pessoa; homem de lata, ser automático. **2.** Brinquedo que imita essa máquina ou personagem. **3.** Conjunto de máquinas e programas capazes de executar algumas tarefas como pintar um carro e tomar decisões como decidir a quantidade de tinta. **4.** (Fig.) Pessoa que age mecanicamente, que não pensa por si mesma.

roborar (ro.bo.**rar**) v.t.d. **1.** Fortalecer, aumentar as forças de. **2.** Corroborar, comprovar.

robótica (ro.**bó**.ti.ca) s.f. (Inf.) Parte da ciência tecnológica que se dedica aos estudos de robôs.

robustecer (ro.bus.te.**cer**) v.t.d. **1.** Tornar robusto. **2.** Corroborar. v.i. e v.p. **3.** Tornar-se robusto. **4.** Corroborar-se.

robustez (ro.bus.**tez**) [ê] s.f. Qualidade de robusto.

robusto (ro.**bus**.to) adj. **1.** Vigoroso. **2.** Sólido. **3.** Saudável. **4.** (Fig.) Enérgico.

roca (**ro**.ca) [ó] s.f. **1.** Haste de madeira em que se enrola o fio para tecer. **2.** Armação de madeira das imagens dos santos. **3.** Rocha.

roça (**ro**.ça) [ó] s.f. **1.** Roçadeira. **2.** Terreno de pequena lavoura. **3.** Terreno onde se roçou o mato. **4.** Campo, zona rural.

roçadeira (ro.ça.**dei**.ra) s.f. Foice ou enxada de cabo alto, para roçar mato.

roçado (ro.**ça**.do) adj. **1.** Que se roçou. s.m. **2.** Roça. **3.** Terreno onde se roçou o mato. **4.** Clareira entre o mato.

roçadura (ro.ça.**du**.ra) s.f. **1.** Ato ou efeito de roçar(-se). **2.** Leve atrito. **3.** Roça.

rocambole (ro.cam.**bo**.le) [ó] s.m. **1.** (Culin.) Bolo doce ou salgado, enrolado com recheio. (Folc.) **2.** Variedade de fandango, bailado. **3.** Caracol.

rocambolesco (ro.cam.bo.**les**.co) [ê] adj. Cheio de peripécias, enredado.

roçar (ro.**çar**) v.t.d. **1.** Cortar (o mato). **2.** Atritar, esfregar. **3.** Tocar de leve. v.t.d.i. **4.** Esfregar. v.i. **5.** Resvalar. v.p. **6.** Tocar de leve.

roceiro (ro.**cei**.ro) adj. **1.** Relativo à roça. s.m. **2.** Pequeno lavrador. **3.** (Pop.) Caipira.

rocha (**ro**.cha) [ó] s.f. **1.** Massa mineral compacta e muito dura. **2.** Rochedo. **3.** Roca. **4.** (Fig.) Coisa firme.

rochedo (ro.**che**.do) [ê] s.m. **1.** Grande rocha escarpada. **2.** Penhasco. **3.** (Anat.) Parte do osso temporal onde se encontra o ouvido interno.

rochoso (ro.**cho**.so) [ô] adj. **1.** Formado de rochas ou rochedos. **2.** Em que há rochas ou rochedos. **3.** Da natureza da rocha ou do rochedo. ▫ Pl. *rochosos* [ó].

rociar (ro.ci.ar) v.t.d. Borrifar.

rocim (ro.**cim**) s.m. (Zoo.) Cavalo pequeno e fraco (ou magro); rocinante.

rocinante (ro.ci.**nan**.te) s.m. (Zoo.) Rocim, cavalo pequeno e fraco (ou magro).

rocinha (ro.**ci**.nha) s.f. **1.** Pequena roça. **2.** Pequena chácara.

rocio (ro.ci.o) s.m. Orvalho.
rock [inglês: "róqui"] s.m. (*Mús.*) Forma abreviada de *rock-and-roll*, música e dança de origem norte-americana, muito popular entre jovens a partir dos anos 1950, em geral executada com guitarra, baixo e bateria.
rococó (ro.co.có) adj. **1.** Extremamente enfeitado. s.m. **2.** Estilo artístico de origem francesa.
roda (ro.da) [ó] s.f. **1.** Peça ou máquina em formato circular, que se movimenta ao redor de um eixo ou de seu centro. **2.** Qualquer objeto que possui forma circular. **3.** A roda de qualquer veículo, que permite seu movimento. **4.** Grupo de pessoas em círculo. **5.** Círculo de amigos. **6.** Brincadeira infantil. **7.** (*Folc.*) Caixa giratória, para depositar algo que se quer remeter para o interior.
rodada (ro.da.da) s.f. **1.** Giro completo de uma roda. **2.** Conjunto de partidas de um campeonato esportivo. **3.** Cada uma das vezes que se serve bebida a um grupo de pessoas.
rodado (ro.da.do) adj. **1.** Que tem roda. **2.** Que já percorreu muitos quilômetros.
rodagem (ro.da.gem) s.f. **1.** Ato de rodar. **2.** Conjunto de rodas de um maquinismo.
roda-gigante (ro.da-gi.gan.te) s.f. Brinquedo de parque de diversões, constituído de cadeirinhas montadas em uma roda. ▫ Pl. *rodas-gigantes*.
rodamoinho (ro.da.mo.i.nho) s.m. Redemoinho, remoinho, massas rápidas e circulares de água ou de ar.
rodante (ro.dan.te) adj.2g. Que roda.
rodapé (ro.da.pé) s.m. **1.** Faixa de proteção na parte inferior das paredes. **2.** Margem inferior de uma página impressa. **3.** Escrito que se insere na margem inferior de uma página.
rodar (ro.dar) v.t.d. **1.** Rodear. **2.** Fazer andar à roda. **3.** Percorrer. **4.** Andar (o veículo). **5.** (*Gráf.*) Imprimir em gráfica. v.t.i. **6.** Dirigir-se em um veículo a. v.i. **7.** Girar, rodopiar. **8.** (*Inf.*) Executar (um programa). (*Pop.*) **9.** Perder um cargo ou posto. **10.** Frustrar-se em um objetivo.
roda-viva (ro.da-vi.va) s.f. **1.** Azáfama. **2.** Movimento incessante. ▫ Pl. *rodas-vivas*.
rodeado (ro.de.a.do) adj. Cercado, circulado, cingido.
rodear (ro.de.ar) v.t.d. **1.** Rodar. **2.** Cingir. **3.** Circular. **4.** Andar, desviando-se de. **5.** Fazer companhia a. v.p. **6.** Cercar-se.
rodeio (ro.dei.o) s.m. **1.** Ato ou efeito de rodear(-se). **2.** Desculpa, subterfúgio. **3.** Meio indireto para a obtenção de um fim. **4.** Vaquejada, reunião do gado para certo fim. **5.** Competição de peões.
rodela (ro.de.la) [é] s.f. **1.** Pequena roda. **2.** Pedaço circular de fruta ou de outro alimento. **3.** (*Anat.*) Rótula.
rodilha (ro.di.lha) s.f. **1.** Pano enrolado como rosca, para se assentar o fardo transportado na cabeça. **2.** Trapo para limpeza.

ródio (ró.di.o) s.m. (*Quím.*) Elemento de símbolo Rh, metálico, de número atômico 45 e massa atômica igual a 102,91.
rodízio (ro.dí.zi.o) s.m. **1.** Rodinha afixada nos pés de móveis ou eletrodomésticos, para deslocá-los. **2.** Pequeno gancho afixado nas cortinas, para deslocá-las. **3.** Revezamento em trabalhos ou funções. **4.** Alternância de pessoas ou fatos. **5.** Sistema em que são servidos pratos em certos restaurantes. **6.** Sistema de circulação alternada de veículos nas grandes cidades.
rodo (ro.do) [ô] s.m. **1.** Utensílio de madeira, usado para juntar cereais nas eiras ou sal nas salinas. **2.** Utensílio de madeira ou metal, guarnecido de tira de borracha na base, usado para puxar água de superfícies molhadas.
rodologia (ro.do.lo.gi.a) s.f. Parte da botânica que estuda as rosas.
rodopiar (ro.do.pi.ar) v.i. **1.** Girar muito. **2.** Andar ou correr, descrevendo círculos.
rodopio (ro.do.pi.o) s.m. Ato ou efeito de rodopiar.
rodovia (ro.do.vi.a) s.f. Estrada de rodagem, via extensa para tráfego de veículos sobre rodas.
rodoviária (ro.do.vi.á.ri.a) s.f. **1.** Estação de embarque e desembarque de passageiros de ônibus (intermunicipais, interestaduais e internacionais). **2.** Empresa de transporte rodoviário.
rodoviário (ro.do.vi.á.ri.o) adj. **1.** Relativo a rodovia. s.m. **2.** Empregado de rodovia.
roedor (ro.e.dor) [ô] adj. **1.** Que rói. s.m. **2.** (*Zoo.*) Espécime que pertence a um grupo de mamíferos em que estão rato, coelho, capivara, gambá, porco-espinho, paca e outros.
roedura (ro.e.du.ra) s.f. **1.** Ato ou efeito de roer. **2.** Ferimento causado por atrito.
roentgenfotografia (ro.ent.gen.fo.to.gra.fi.a) s.f. (*Med.*) Nome antigo da abreugrafia.
roer (ro.er) v.t.d. **1.** Cortar com os dentes. **2.** Corroer. **3.** Devorar ou destruir lentamente. **4.** (*Fig.*) Atormentar. v.t.i. **5.** Morder. **6.** (*Fig.*) Falar mal. v.p. **7.** Estar com ciúme. Obs.: pres. do ind.: *roo, róis, rói, roemos, roeis, roem*; pret. perf.: *roí, roeste, roeu* etc.; pret. imp.: *roía, roías, roía* etc.; pres. do subj.: *roa, roas, roa* etc.
rogação (ro.ga.ção) s.f. Ato de rogar, rogativa, súplica.
rogar (ro.gar) v.t.d.i. **1.** Suplicar, pedir com instância. v.i. **2.** Fazer súplicas.
rogativa (ro.ga.ti.va) s.f. Rogo, súplica.
rogatória (ro.ga.tó.ri.a) s.f. **1.** Rogo, súplica. **2.** (*Dir.*) Solicitação feita à Justiça de outro país, para determinar o cumprimento de certos atos.
rogo (ro.go) [ô] s.m. **1.** Ato ou efeito de rogar, súplica. **2.** Oração, prece.
rojão (ro.jão) s.m. **1.** Fogo de artifício em forma de foguete. **2.** (*Pop.*) Ritmo intenso de vida ou de trabalho. **3.** (*Mús.*) Certo tipo de baião.
rojar (ro.jar) v.t.d. **1.** Arremessar. **2.** Arrastar. v.i. e v.p. **3.** Rastejar.

rojo (ro.jo) [ô] s.m. **1.** Ato ou efeito de rojar(-se). **2.** Som assim produzido.
rol s.m. Lista, relação.
rola (ro.la) [ô] s.f. **1.** (Zoo.) Ave pequena, semelhante à pomba; pomba-rola, rolinha. **2.** (Chul.) Pênis.
rolagem (ro.la.gem) s.f. **1.** Ato ou efeito de rolar. **2.** Rolamento.
rolamento (ro.la.men.to) s.m. **1.** Ato ou efeito de rolar. **2.** Peça constituída de esferas ou cilindros de aço, que diminui o atrito de um eixo giratório. **3.** (Fig.) Fluxo de tráfego.
rolante (ro.lan.te) adj.2g. Diz-se de escada, esteira etc. colocada sobre rolamentos e movida por um motor, para transportar pessoas ou cargas.
rolar (ro.lar) v.t.d. **1.** Rodar, fazer avançar girando: *rolou a bola pelo gramado*. **2.** (Fig.) Negociar o pagamento de uma dívida. **3.** Cortar em toras (um tronco). v.i. e v.p. **4.** Avançar, girando sobre si próprio: *a bola veio rolando pela grama*.
roldana (rol.da.na) s.f. (Fís.) Maquinismo formado por uma roda girante pela qual passam cabos, correias ou cordas.
roldão (rol.dão) s.m. Confusão, desordem, bagunça. De roldão: desordenadamente, atropeladamente.
rolé (ro.lé) s.m. (Gír.) Passeio rápido; volta.
roleta (ro.le.ta) [ê] s.f. **1.** Jogo de azar no qual o número sorteado é indicado pela parada de uma bolinha em uma das 37 casas numeradas de uma roda. **2.** A roda desse jogo de azar. **3.** (Fig.) Coisa incerta.
roleta-russa (ro.le.ta-rus.sa) [ê] s.f. **1.** Ato de girar o tambor do revólver com uma só bala dentro e puxar o gatilho com a arma apontada para si próprio, tendo em geral uma chance em seis de tomar um tiro. **2.** (Fig.) Situação de forte risco. ▣ Pl. *roletas-russas*.
rolete (ro.le.te) [ê] s.m. **1.** Pequeno rolo. **2.** Entrenó de cana. **3.** Rodela de cana descascada.
rolha (ro.lha) [ô] s.f. **1.** Peça, geralmente de cortiça e cilíndrica, usada para tampar a boca ou o gargalo de frascos e garrafas. **2.** (Pop.) Indivíduo velhaco. **3.** (Fig.) Imposição de silêncio.
roliço (ro.li.ço) adj. **1.** Cilíndrico, em forma de rolo. **2.** Redondo, de forma arredondada. **3.** Gordo.
rolimã (ro.li.mã) s.m. **1.** Roda ou anel encaixado dentro de outro, com pequenas esferas de aço entre eles; rolamento. **2.** Tábua montada sobre esses rolamentos: *os moleques adoravam fazer corrida de rolimã; o carrinho de rolimã tinha seis sócios*.
rolinha (ro.li.nha) s.f. (Zoo.) Ave pequena, semelhante à pomba; rola.
rolo (ro.lo) [ô] s.m. **1.** Qualquer objeto de forma cilíndrica e alongada. **2.** Máquina composta de um ou mais cilindros, usada em obras. **3.** Qualquer objeto enrolado em forma de cilindro. **4.** (Culin.) Cilindro de madeira para dar forma a massas. **5.** Peça cilíndrica com cabo, usada para pinturas. **6.** Almofada, que serve de apoio em camas e divãs. **7.** Formato dos antigos manuscritos. **8.** Massa gasosa, mais ou menos densa, em forma cilíndrica. **9.** Aquilo que gira, formando rolo. **10.** Grande quantidade de pessoas. **11.** (Pop. Gír.) Confusão, desordem; quizumba.
romã (ro.mã) s.f. (Bot.) O fruto da romãzeira.
romaico (ro.mai.co) adj. **1.** Relativo aos gregos modernos ou ao seu idioma. s.m. **2.** O idioma moderno dos gregos.
romance (ro.man.ce) s.m. **1.** Narração em prosa, mais extensa que o conto e a novela. **2.** Enredo extenso e fantasioso. **3.** (Pop.) Aventura amorosa.
romancear (ro.man.ce.ar) v.t.d. Contar ou descrever em forma de romance: *romancear o caso entre o índio e a alemã*.
romanceiro (ro.man.cei.ro) adj. **1.** Romântico. s.m. **2.** (Lit.) Coleção de romances ou de poesias e canções populares de um país.
romanche (ro.man.che) s.m. Uma das quatro línguas oficiais da Suíça; reto-romanche.
romancista (ro.man.cis.ta) s.2g. Autor de romances.
romanesco (ro.ma.nes.co) [ê] adj. **1.** Que tem caráter de romance. **2.** Romântico. s.m. **3.** Caráter romântico. **4.** Gênero romanesco.
români (ro.mâ.ni) s.m. Língua falada pelos ciganos da Europa Oriental.
românico (ro.mâ.ni.co) adj. **1.** Relacionado aos territórios que integravam o Império Romano. **2.** Diz-se das línguas que evoluíram do latim, como português, espanhol, italiano etc.; neolatino. s.m. **3.** (Const.) Estilo dominante entre os séculos V e XII.
romanizar (ro.ma.ni.zar) v.t.d. **1.** Tornar romano. **2.** Influenciar, usando o estilo romano. **3.** Adaptar ao estilo das línguas românicas.
romano (ro.ma.no) adj. **1.** Pertencente à cidade de Roma, hoje capital da Itália e na Antiguidade capital do Império do mesmo nome, bem como de um reino e uma república. Império Romano: império que existiu de 27 a.C. a 476 d.C. e conquistou grande parte da Europa e Oriente Próximo. **2.** Pertencente a esse império ou a essa civilização: *exército romano*. s.m. e adj. **3.** (Mat.) (Número e sistema de numeração) que usa as letras I, V, X, L, C, D e M para representar 1, 5, 10, 50, 100, 500 e 1000 unidades. s.m. e adj. **4.** (Pessoa) natural ou habitante da cidade de Roma.
romântico (ro.mân.ti.co) adj. **1.** Relativo a romance. **2.** Romanesco. **3.** Sonhador. **4.** Partidário do romantismo. s.m. **5.** Indivíduo romântico.
romantismo (ro.man.tis.mo) s.m. **1.** Movimento artístico do início do século XIX, que valorizou o lirismo, o individualismo e a história nacional. **2.** Qualidade de romântico ou romanesco.
romantizar (ro.man.ti.zar) v.t.d. **1.** Tornar romântico. **2.** Narrar de maneira romântica.
romaria (ro.ma.ri.a) s.f. **1.** Peregrinação de caráter religioso. **2.** (Fig.) Grupo de pessoas que se dirigem ao mesmo local. **3.** (Folc.) Grupo que vai, a cavalo ou a pé, até uma igreja.
romãzeira (ro.mã.zei.ra) s.f. (Bot.) Árvore ornamental e medicinal que produz a romã.

rombo (rom.bo) *adj.* **1.** Que não é agudo ou aguçado. **2.** (Fig.) Obtuso, estúpido. *s.m.* **3.** Grande buraco. **4.** (Fig.) Desfalque. **5.** (Geom.) Losango.

romboédrico (rom.bo.é.dri.co) *adj.* Relacionado a romboedro, que tem forma de romboedro.

romboedro (rom.bo.e.dro) [é] *s.m.* (Geom.) Prisma formado por paralelogramos.

romboide (rom.boi.de) [ói] *s.m.* (Geom.) Paralelogramo.

rombudo (rom.bu.do) *adj.* Que não é aguçado, que tem dificuldade em penetrar.

romeiro (ro.mei.ro) *s.m.* Peregrino, indivíduo que segue em romaria.

romeno (ro.me.no) *adj.* **1.** Da Romênia, país da Europa. *s.m.* **2.** Pessoa natural ou habitante desse lugar. **3.** Língua desse país.

rompante (rom.pan.te) *s.m.* **1.** Arrogância, orgulho. **2.** Reação arrogante ou violenta.

romper (rom.per) *v.t.d.* **1.** Despedaçar. **2.** Rasgar. **3.** Penetrar. **4.** Iniciar. **5.** Arar. **6.** Desfazer. **7.** Interromper. *v.t.i.* **8.** Surgir. **9.** Cortar relações. *v.i.* **10.** Despontar. *v.p.* **11.** Partir-se, quebrar-se. **12.** Rasgar-se.

rompimento (rom.pi.men.to) *s.m.* Ato ou efeito de romper(-se), ruptura.

roncadura (ron.ca.du.ra) *s.f.* Ato ou efeito de roncar, ronco.

roncar (ron.car) *v.t.d.* **1.** (Fig.) Dizer com arrogância. *v.i.* **2.** Ressonar. **3.** Bramir.

ronceiro (ron.cei.ro) *adj.* **1.** Lento. **2.** Preguiçoso.

ronco (ron.co) *s.m.* **1.** Som produzido pela respiração de quem ronca durante o sono. **2.** Roncadura. **3.** Ruído cavernoso. **4.** O grunhir dos porcos.

roncolho (ron.co.lho) [ô] *adj.* **1.** Que só tem um testículo. **2.** Que não foi bem castrado.

ronda (ron.da) *s.f.* **1.** Patrulha, grupo de vigilância. **2.** Inspeção acerca da boa ordem de alguma coisa. **3.** Dança de roda. **3.** Certo jogo de cartas.

rondar (ron.dar) *v.t.d.* **1.** Fazer ronda a. **2.** Vigiar. *v.i.* **3.** Fazer ronda. **4.** Passear, observando.

rondó (ron.dó) *s.m.* **1.** (Lit.) Certa composição com um estribilho constante. **2.** (Mús.) Ária com um tema repetitivo.

rondoniense (ron.do.ni.en.se) *s.2g. e adj.2g.* Rondoniano.

rondoniano (ron.do.ni.a.no) *adj.* **1.** De Rondônia, estado brasileiro; rondoniense. *s.m.* **2.** Pessoa natural ou habitante desse lugar.

ronha (ro.nha) *s.f.* **1.** Sarna que ataca ovinos e equinos. **2.** (Pop.) Manha.

ronqueira (ron.quei.ra) *s.f.* **1.** Ruído produzido pela respiração quando as vias respiratórias se encontram obstruídas. **2.** Cano de ferro cheio de pólvora, usado para detonar.

ronrom (ron.rom) *s.m.* Ruído contínuo produzido pela respiração do gato durante o descanso.

ronronar (ron.ro.nar) *v.i.* Emitir ronrom.

roque (ro.que) [ó] *s.m.* **1.** (Ant.) A torre do jogo de xadrez. **2.** Movimento duplo do rei e da torre no xadrez. **3.** (Mús.) Música e dança de origem norte-americana; *rock*.

roqueira (ro.quei.ra) *s.f.* **1.** Espécie antiga de canhão, para atirar pedras. **2.** Ronqueira.

roqueiro (ro.quei.ro) *s.m.* Cantor, instrumentista ou compositor de roque.

roquete (ro.que.te) [ê] *s.m.* Manto usado sobre a batina, com mangas, rendas e pregas.

ror *s.m.* **1.** Abundância. **2.** Multidão.

roraimense (ro.rai.men.se) *adj.2g.* **1.** De Roraima, estado brasileiro. *s.2g.* **2.** Pessoa natural ou habitante desse lugar.

rorejante (ro.re.jan.te) *adj.2g.* Que roreja.

rorejar (ro.re.jar) *v.t.d.* **1.** Orvalhar. **2.** Destilar. *v.i.* **3.** Brotar em gotas.

rosa (ro.sa) *s.f.* **1.** (Bot.) Flor ornamental que tem pétalas acetinadas sobrepostas, um cabo longo, firme, e existe em várias cores. *s.m.* **2.** Cor entre vermelho e branco; cor-de-rosa. *adj.2g.2n.* **3.** Que é dessa cor: *um tênis rosa, duas camisetas rosa.* ▫ Pl.: do *s. rosas*, do *adj. rosa*.

rosácea (ro.sá.ce.a) *s.f.* **1.** Ornato em forma de rosa. **2.** Vitral de igreja semelhante a esse ornato. **3.** (Bot.) Planta que pertence a um grande grupo em que são incluídas a rosa, a maçã, a ameixa e outras.

rosáceo (ro.sá.ce.o) *adj.* **1.** Semelhante à rosa. **2.** (Bot.) Relacionado às rosáceas.

rosa-cruz (ro.sa-cruz) *s.m.* **1.** Sétimo grau do rito maçônico francês. *s.f.* **2.** Associação esotérica proveniente do Egito. ▫ Pl. *rosa-cruzes, rosas-cruzes*.

rosado (ro.sa.do) *adj.* **1.** Róseo, cor-de-rosa. **2.** Que contém essência de rosas.

rosa dos ventos (ro.sa dos ven.tos) *s.f.* Desenho que representa a posição dos pontos cardeais (norte, sul, leste e oeste) e, às vezes, colaterais.

rosal (ro.sal) *s.m.* (Bot.) Roseiral.

rosário (ro.sá.ri.o) *s.m.* **1.** (Relig.) Objeto de devoção formado por contas em um fio: *o rosário cristão tem 165 contas divididas em 15 dezenas, para a ave-maria, mais 15 unidades, para o padre-nosso.* **2.** (Fig.) Sucessão, série.

rosbife (ros.bi.fe) *s.m.* (Culin.) Carne bovina servida em fatias, com o interior malpassado, sangrento, e o lado de fora tostado.

rosca (ros.ca) [ô] *s.f.* **1.** Espiral de parafuso e de certos objetos. **2.** Giro em hélice dado em um objeto. **3.** Cada volta da serpente enrolada. **4.** (Culin.) Certo tipo de pão em formato de argola. **5.** (Pop.) Bebedeira.

roseira (ro.sei.ra) *s.f.* (Bot.) Arbusto de galhos espinhosos que produz a rosa.

roseiral (ro.sei.ral) *s.m.* (Bot.) Rosal, plantação de roseiras.

róseo (ró.se.o) *adj.* **1.** Rosado, cor-de-rosa. **2.** Próprio da rosa. **3.** Perfumado como a rosa.

roséola (ro.sé.o.la) *s.f.* **1.** (Med.) Erupção cutânea que resulta em manchas róseas. **2.** (Anat.) Mamilo.

roseta (ro.se.ta) [ê] *s.f.* **1.** Pequena rosa. **2.** Roda dentada da espora. **3.** Enfeite em forma de rosa pendente de uma fita, usado na lapela. **4.** Qualquer objeto em forma de rosa.

rosetar (ro.se.**tar**) v.t.d. **1.** Rosetear. v.i. **2.** (Pop.) Levar vida agradável.
rosetear (ro.se.te.**ar**) v.t.d. Esporear o cavalo com a roseta da espora; rosetar.
rosicler (ro.si.**cler**) adj.2g. **1.** De tom rosa muito claro, como da aurora. s.m. **2.** Essa cor.
rosilho (ro.**si**.lho) adj. De pelo avermelhado e branco (cavalo).
rosmaninho (ros.ma.**ni**.nho) s.m. (Bot.) Erva com flores azuis e aromáticas.
rosnar (ros.**nar**) v.i. **1.** Emitir som baixo, rouco e ameaçador, arreganhando os dentes: *o cachorro rosnou e depois tentou morder.* v.t.d. **2.** Dizer por entre dentes com voz baixa.
rosqueado (ros.que.**a**.do) adj. **1.** Que se rosqueou. **2.** Provido de rosca.
rosquear (ros.que.**ar**) v.t.d. **1.** Fazer roscas em. **2.** Fixar por rosca; atarraxar.
rosquinha (ros.**qui**.nha) s.f. (Culin.) Biscoito em forma de aro ou argola.
rossio (ros.**si**.o) s.m. Praça espaçosa.
rosto (ros.to) [ô] s.m. **1.** Parte anterior da cabeça; cara, face. **2.** Fisionomia. **3.** Parte dianteira. **4.** Anverso da medalha. ▣ Pl. *rostos* [ó].
rostro (ros.tro) [ô] s.m. **1.** (Zoo.) Bico das aves. **2.** (Bot.) Esporão dos vegetais. **3.** (Zoo.) Sugadouro de certos insetos.
rota (ro.ta) [ó] s.f. **1.** Direção, rumo. **2.** Itinerário percorrido em viagens aéreas e marítimas.
rotação (ro.ta.**ção**) s.f. Movimento de um corpo em torno de um eixo.
rotariano (ro.ta.ri.**a**.no) adj. **1.** Relativo ao Rotary Club, entidade filantrópica. s.m. **2.** Membro dessa organização.
rotativa (ro.ta.**ti**.va) s.f. (Gráf.) Máquina de impressão composta de formas cilíndricas que se pressionam, própria para grandes tiragens.
rotatividade (ro.ta.ti.vi.**da**.de) s.f. **1.** Qualidade de rotativo. **2.** Alternância de pessoas, de coisas ou de fatos.
rotativo (ro.ta.**ti**.vo) adj. Que faz rodar.
rotatória (ro.ta.**tó**.ri.a) s.f. Via redonda ou giratória, utilizada como retorno ou acesso a outra via.
rotatório (ro.ta.**tó**.ri.o) adj. **1.** Relativo a ou que faz rotação: *movimento rotatório*. **2.** Em forma de roda; giratório.
roteirista (ro.tei.**ris**.ta) s.2g. Pessoa que escreve roteiros para cinema, televisão ou outra forma de audiovisual.
roteiro (ro.**tei**.ro) s.m. **1.** Sequência de lugares; rota, itinerário, caminho. **2.** Relação de etapas, tópicos ou passos de um trabalho ou estudo: *roteiro para o trabalho de ciências*. **3.** Texto básico de um filme.
rotina (ro.**ti**.na) s.f. **1.** Caminho conhecido e trilhado habitualmente. **2.** Hábito de proceder maquinalmente. **3.** (Inf.) Módulo de um programa. **4.** Praxe. **5.** (Fig.) Monotonia.
rotineiro (ro.ti.**nei**.ro) adj. **1.** Relativo à rotina. **2.** Que segue a rotina.

roto (ro.to) [ô] adj. **1.** Que se rompeu. **2.** Rasgado: *perdeu as moedas no bolso roto*. **3.** Maltrapilho. s.m. **4.** Indivíduo maltrapilho.
rotor (ro.**tor**) [ô] s.m. **1.** Parte giratória de certas máquinas ou de certos motores. **2.** Mecanismo giratório de helicópteros, com as respectivas pás.
rottweiler [alemão: "roti-váiler"] s.2g. (Zoo.) Cão de raça grande, com pelagem preta e dourada, curta, criado para guarda e policiamento.
rótula (**ró**.tu.la) s.f. **1.** Grade em geral de madeira para janelas; gelosia. **2.** (Anat.) Osso chato e circular da face anterior do joelho; patela.
rotulado (ro.tu.**la**.do) adj. **1.** Que se rotulou. **2.** Que tem rótula.
rotulador (ro.tu.la.**dor**) [ô] s.m. Aparelho para afixar rótulos.
rotular (ro.tu.**lar**) adj.2g. **1.** Relativo à rótula. v.t.d. **2.** Colocar rótulo em. **3.** Tachar. Obs.: pres. do ind.: *rotulo, rotulas, rotula* etc.; pres. do subj.: *rotule, rotules, rotule* etc.
rótulo (**ró**.tu.lo) s.m. **1.** Informações sobre o conteúdo colocadas em uma garrafa, recipiente ou outra embalagem. **2.** Classificação simplista.
rotunda (ro.**tun**.da) s.f. **1.** Construção circular terminada em cúpula. **2.** Praça ou largo circular.
rotundo (ro.**tun**.do) adj. **1.** Redondo. **2.** (Fig.) Obeso.
rotura (ro.**tu**.ra) s.f. Ruptura.
roubalheira (rou.ba.**lhei**.ra) s.f. **1.** Roubo escandaloso. **2.** Trapaça. **3.** (Pop.) Preço abusivo.
roubar (rou.**bar**) v.t.d. **1.** Subtrair bens alheios. **2.** Tomar por meio de violência. **3.** Despojar de bens materiais. **4.** Saquear. **5.** Raptar. v.i. **6.** Praticar roubo. v.p. **7.** Esquivar-se.
roubo (**rou**.bo) s.m. **1.** Ato ou efeito de roubar. **2.** Aquilo que se roubou.
rouco (**rou**.co) adj. **1.** De fala áspera e cavernosa de difícil entendimento. **2.** Diz-se do som semelhante a fala rouca.
roufenho (rou.**fe**.nho) adj. Que tem som fanhoso.
round [inglês: "ráundi"] s.m. (Esp.) Cada um dos tempos de uma luta de boxe.
roupa (**rou**.pa) s.f. **1.** Traje, peça de vestuário. **2.** Peça de pano para uso doméstico.
roupagem (rou.**pa**.gem) s.f. **1.** Conjunto de roupas. **2.** (Fig.) Aparência.
roupão (rou.**pão**) s.m. Casaco grande, abaixo dos quadris, usado ao sair do banho; robe.
rouparia (rou.pa.**ri**.a) s.f. **1.** Compartimento para guardar roupas. **2.** Porção de roupas.
roupa-velha (rou.pa-**ve**.lha) s.f. (Culin.) Prato feito com sobras de carne da refeição anterior. ▣ Pl. *roupas-velhas*.
roupeiro (rou.**pei**.ro) s.m. Indivíduo encarregado de uma rouparia.
roupeta (rou.**pe**.ta) [ê] s.f. Batina sacerdotal.
rouquejar (rou.que.**jar**) v.t.d. **1.** Emitir som rouquejando. v.i. **2.** Emitir sons roucos.
rouquenho (rou.**que**.nho) adj. Roufenho.
rouquidão (rou.qui.**dão**) s.f. Estado de rouco.

rouxinol (rou.xi.**nol**) *s.m.* **1.** (*Zoo.*) Certo pássaro de canto melodioso. **2.** (*Fig.*) Pessoa de voz melodiosa.
roxo (ro.xo) [ô] *adj.* **1.** De cor resultante da mistura do azul com o vermelho. **2.** (*Fig.*) Desmedido. *s.m.* **3.** A cor roxa.
RR Sigla de Roraima, estado brasileiro.
RS Sigla de Rio Grande do Sul, estado brasileiro.
Ru Símbolo do elemento químico rutênio.
rua (ru.a) *s.f.* **1.** Via pública urbana ladeada de construções. **2.** Os habitantes de uma rua.
ruandense (ru.an.den.se) *s.2g. e adj.2g.* Ruandês.
ruandês (ruan.dês) *adj.* **1.** Da Ruanda, país da África; ruandense. *s.m.* **2.** Pessoa natural ou habitante desse lugar; ruandense.
rubefação (ru.be.fa.ção) *s.f.* **1.** Vermelhidão na pele. **2.** (*Med.*) Tipo de inflamação acompanhada de vermelhidão.
rubéola (ru.bé.o.la) *s.f.* (*Med.*) Virose que se manifesta por febre e erupção cutânea rosa.
rubi (ru.bi) *s.m.* (*Min.*) Pedra preciosa de cor vermelha.
rubiácea (ru.bi.á.ce.a) *s.f.* (*Bot.*) Planta da mesma família a que pertence o café.
rubicundo (ru.bi.cun.do) *adj.* De cor rubra.
rubídio (ru.bí.di.o) *s.m.* (*Quím.*) Elemento de símbolo Rb, metal alcalino, de número atômico 37 e massa atômica igual a 85,47.
rubificar (ru.bi.fi.car) *v.t.d.* Tornar rubro.
rubim (ru.bim) *s.m.* Rubi.
rublo (ru.blo) *s.m.* Unidade monetária e moeda da Rússia e de outros países da antiga União Soviética.
rubor (ru.bor) [ô] *s.m.* **1.** Qualidade de rubro. **2.** A cor rubra. **3.** Vermelhidão. **4.** (*Fig.*) Vergonha.
ruborização (ru.bo.ri.za.ção) *s.f.* Ato ou efeito de ruborizar(-se).
ruborizar (ru.bo.ri.zar) *v.t.d.* **1.** Enrubescer. **2.** Envergonhar. *v.i. e v.p.* **3.** Enrubescer-se.
rubrica (ru.bri.ca) *s.f.* **1.** Assinatura ou firma abreviada. **2.** Título usado como indicação geral de um assunto.
rubricar (ru.bri.car) *v.t.d.* Colocar rubrica em.
rubro (ru.bro) *adj.* Vermelho muito vivo.
ruçar (ru.çar) *v.t.d.* **1.** Tornar ruço. *v.i.* **2.** Tornar-se ruço.
ruço (ru.ço) *adj.* **1.** Pardacento. **2.** Grisalho. **3.** Desbotado pelo uso. **4.** (*Pop.*) Que tem cabelo castanho muito claro. **5.** (*Pop.*) Complicado. *s.m.* **6.** Névoa densa, própria da serra do Mar.
rúcula (rú.cu.la) *s.f.* (*Bot.*) Planta crucífera de folhas escuras e sabor um pouco picante, consumidas em saladas.
rude (ru.de) *adj.2g.* **1.** Rústico. **2.** Grosseiro. **3.** Inculto. **4.** Descortês. **5.** Rigoroso.
rudeza (ru.de.za) [ê] *s.f.* **1.** Qualidade de rude. **2.** Indelicadeza. **3.** Severidade.
rudimentar (ru.di.men.tar) *adj.2g.* **1.** Que tem caráter elementar. **2.** Que não se desenvolveu.
rudimento (ru.di.men.to) *s.m.* Princípio, elemento inicial. Cf. *rudimentos*.

rudimentos (ru.di.men.tos) *s.m.pl.* Primeiras noções, conhecimento rudimentar. Cf. *rudimento*.
rueiro (ru.ei.ro) *adj.* **1.** Da rua. **2.** Que gosta de andar pelas ruas. *s.m.* **3.** Indivíduo que gosta da rua.
ruela (ru.e.la) [é] *s.f.* Pequena rua, viela.
rufar (ru.far) *v.t.d.* **1.** Tocar, dando rufos. *v.i.* **2.** Produzir rufos.
rufião (ru.fi.ão) *s.m.* **1.** Indivíduo brigão. **2.** Cáften.
ruflar (ru.flar) *v.t.d.* **1.** Agitar (as asas) para alçar voo. *v.i.* **2.** Agitar-se como ave que voa.
rufo (ru.fo) *s.m.* **1.** Toque do tambor com batidas rápidas e sucessivas. **2.** Som análogo a esse toque.
ruga (ru.ga) *s.f.* **1.** Vinco na pele, marca da idade. **2.** Prega ou dobra em qualquer superfície.
rúgbi (rúg.bi) *s.m.* (*Esp.*) Jogo entre duas equipes de 15 componentes, cujo objetivo é fazer pontos, fazendo a bola oval passar através da baliza adversária. Obs.: do inglês *rugby*.
ruge (ru.ge) *s.m.* Cosmético usado para ruborizar as faces.
ruge-ruge (ru.ge-ru.ge) *s.m.* **1.** Ruído de saias roçando o chão. **2.** Qualquer rumor semelhante a esse. ▣ Pl. *ruges-ruges*.
rugido (ru.gi.do) *s.m.* **1.** Ação de rugir. **2.** O urro dos leões.
rugir (ru.gir) *v.i.* **1.** Urrar. **2.** (*Fig.*) Bramir. **3.** Fazer ruge-ruge.
rugosidade (ru.go.si.da.de) *s.f.* Característica ou qualidade do que é rugoso.
rugoso (ru.go.so) [ô] *adj.* Que tem rugas. ▣ Pl. *rugosos* [ó].
ruído (ru.í.do) [u-í] *s.m.* **1.** Rumor. **2.** Qualquer som. **3.** (*Fig.*) Boato.
ruidoso (ru.i.do.so) [u-í…ô] *adj.* **1.** Rumoroso. **2.** Escandaloso. ▣ Pl. *ruidosos* [ó].
ruim (ru.im) [u-ím] *adj.2g.* **1.** Mau. **2.** Estragado. **3.** Inútil. **4.** Defeituoso. **5.** Ordinário. **6.** Nocivo.
ruína (ru.í.na) [u-í] *s.f.* **1.** Ato ou efeito de ruir. **2.** Restos de construções. **3.** Destruição. **4.** Decadência moral ou material. **5.** Derrocada.
ruindade (ru.in.da.de) *s.f.* **1.** Qualidade de ruim. **2.** Maldade.
ruinoso (ru.i.no.so) [u-í…ô] *adj.* Que causa ruína. ▣ Pl. *ruinosos* [ó].
ruir (ru.ir) *v.i.* Desmoronar-se, desabar. Obs.: não se conjuga na 1ª pes. sing. do pres. do ind. nem do subj. e imperat. neg.; pres. do ind.: *ruis, rui, ruímos, ruís, ruem*; imperat. afirm.: *rui, ruí*.
ruivo (rui.vo) *adj.* **1.** Amarelo-avermelhado. **2.** Diz-se do cabelo ruivo. *s.m.* **3.** Indivíduo de cabelo ruivo.
rum *s.m.* Aguardente feita do melaço da cana-de-açúcar, típica de Cuba e outros países da América Central.
ruma (ru.ma) *s.f.* Pilha, montão, rima.
rumar (ru.mar) *v.t.d.* **1.** Dirigir, pôr em rumo. *v.t.i.* **2.** Dirigir-se, encaminhar-se.
rumba (rum.ba) *s.f.* (*Mús.*) Música e dança originárias de Cuba.
ruminante (ru.mi.nan.te) *adj.2g.* **1.** Que rumina. **2.** Relativo aos ruminantes. *s.m.* **3.** (*Zoo.*) Espécime

de mamíferos ruminantes e herbívoros, como bois, cabras, carneiros, que possuem estômago duplo.
ruminar (ru.mi.**nar**) v.t.d. e v.i. **1.** Remoer os alimentos, mastigar novamente. **2.** (Fig.) Refletir muito.
rumo (**ru**.mo) s.m. **1.** Direção. **2.** Cada uma das direções da rosa dos ventos. **3.** (Fig.) Método.
rumor (ru.**mor**) [ô] s.m. **1.** Ruído. **2.** Burburinho. **3.** Fama. **4.** Boato.
rumorejar (ru.mo.re.**jar**) v.i. Produzir rumor.
rumoroso (ru.mo.**ro**.so) [ô] adj. Que provoca rumor, que é alvo de comentários: *um caso rumoroso*. ▣ Pl. *rumorosos* [ó].
runa (**ru**.na) s.f. **1.** Resina de pinheiro. **2.** Caractere de uma escrita usada na Escandinávia, na Grã-Bretanha e na Islândia entre os séculos III e XVIII.
rupestre (ru.**pes**.tre) adj.2g. **1.** Que cresce sobre os rochedos. **2.** Feito ou gravado na rocha: *pintura rupestre*.
rupia (ru.**pi**.a) s.f. Nome da unidade monetária e moeda da Índia, do Paquistão, do Nepal e de outros países.
rupícola (ru.**pí**.co.la) adj.2g. Que se desenvolve ou ocorre sobre a rocha: *plantas rupícolas*, *ambiente rupícola*.
ruptura (rup.**tu**.ra) s.f. Rompimento.
rural (ru.**ral**) adj.2g. **1.** Que pertence ao campo. **2.** Próprio do campo. **3.** Agrícola. **4.** Rústico.
ruralismo (ru.ra.**lis**.mo) s.m. **1.** Conjunto das coisas rurais. **2.** Predomínio do campo em relação à cidade. **3.** A ação dos ruralistas. **4.** Emprego de cenas rurais nas artes.
ruralista (ru.ra.**lis**.ta) adj.2g. **1.** Relativo ao ruralismo. **2.** Diz-se da pessoa que se interessa pelo campo. s.2g. **3.** Aquele que tem propriedade rural. **4.** Indivíduo ruralista.
rurícola (ru.**rí**.co.la) adj.2g. Que vive no ambiente rural, no campo; camponês.
rusga (**rus**.ga) s.f. **1.** Pequeno desentendimento. **2.** (Pop.) Diligência policial.
rusgar (rus.**gar**) v.i. Fazer rusga.
rusguento (rus.**guen**.to) adj. **1.** Que vive metido em rusgas. **2.** Implicante.
rush [inglês: "râche"] s.m. Congestionamento de trânsito; tráfego lento pelo excesso de veículos.
russo (**rus**.so) adj. **1.** Da Rússia, país do leste da Europa e da Ásia. s.m. **2.** Pessoa natural ou habitante desse lugar.
rústico (**rús**.ti.co) adj. **1.** Campestre. **2.** Rude. **3.** Mal-acabado. s.m. **4.** Camponês.
rutênio (ru.**tê**.ni.o) s.m. (Quím.) Elemento de símbolo Ru, metal, de número atômico 44 e massa atômica igual a 101,07.
rutherfórdio (ru.ther.**fór**.di.o) s.m. (Quím.) Elemento metal, de símbolo Rf e número atômico 106.
rutilante (ru.ti.**lan**.te) adj.2g. Que rutila.
rutilar (ru.ti.**lar**) v.t.d. **1.** Fazer brilhar muito. v.i. **2.** Resplandecer.
rútilo (**rú**.ti.lo) adj. Rutilante.

Ss

S s.m. Décima nona letra do nosso alfabeto, consoante, de nome "esse" ("ésse"). Obs.: um só s entre vogais soa como z sempre: *asa, meses, visita, gasoso, usual*; o grupo ss tem sempre o mesmo som do s inicial: *massa, soubesse, isso* etc.

S Símbolo do elemento químico enxofre.

sã adj. Feminino de *são*; ilesa, sadia.

saariano (sa.a.ri.a.no) adj. Relacionado ao Saara, deserto no norte da África.

sabá (sa.**bá**) s.m. **1.** No judaísmo, descanso ritual a ser observado desde o pôr do sol de sexta-feira ao pôr do sol de sábado. **2.** No folclore europeu, reunião de bruxas e feiticeiros à meia-noite de sábado, para cultuar Satanás.

sábado (sá.ba.do) s.m. Sétimo dia da semana, iniciada no domingo: *para muitas pessoas o sábado é dia de descanso ou passeio*.

sabão (sa.**bão**) s.m. **1.** Produto que se usa misturado à água para fazer limpeza, em barra, pó ou líquido. **2.** (Quím.) Sal de potássio ou sódio proveniente de ação básica sobre um ácido graxo. **3.** (Pop.) Censura; repreensão.

sabático (sa.**bá**.ti.co) adj. **1.** Referente ao sábado; que se faz aos sábados. **2.** Referente ao sabá. s.m. e adj. **2.** (Período) em que um profissional suspende suas atividades e se dedica totalmente a outras atividades: *tirou um ano sabático para viajar pelo Oriente*.

sabatina (sa.ba.**ti**.na) s.f. **1.** Arguição; discussão; debate. **2.** Verificação do aproveitamento.

sabatinar (sa.ba.ti.**nar**) v.t.d. **1.** Arguir; recapitular; debater. v.i. **2.** Discutir detalhadamente.

sabedor (sa.be.**dor**) [ô] s.m. e adj. (Aquele) que sabe; sábio; erudito.

sabedoria (sa.be.do.**ri**.a) s.f. Grande conhecimento; saber; erudição.

sabeísmo (sa.be.**ís**.mo) s.m. Adoração dos astros.

sabeísta (sa.be.**ís**.ta) s.2g. Aquele que é adepto do sabeísmo.

sabença (sa.**ben**.ça) s.f. (Pop.) Saber; sabedoria; erudição.

saber (sa.**ber**) s.m. **1.** Sabedoria; erudição; sabença. v.t.d. **2.** Conhecer; ter conhecimento. Obs.: pres. do ind.: *sei, sabes, sabe, sabemos, sabeis, sabem*; pret. imperf.: *sabia, sabias, sabia* etc.; pret. perf.: *soube, soubeste, soube* etc.; pret. mqp.: *soubera, souberas, soubera* etc.; fut. do pres.: *saberei* etc.; fut. do pret. *saberia* etc.; pres. do subj.: *saiba, saibas, saiba* etc.; imperf. do subj.: *soubesse, soubesses, soubesse* etc.; fut. do subj.: *souber, souberes, souber* etc.; ger.: *sabendo*; part.: *sabido*.

sabe-tudo (sa.be-**tu**.do) s.2g.2n. Sabichão. ▫ Pl. *sabe-tudo*.

sabiá (sa.bi.**á**) s.m. (Zoo.) Pássaro canoro do grupo do tordo, de peito amarelo ou alaranjado.

sabichão (sa.bi.**chão**) s.m. e adj. (Aquele) que se acha muito sábio; sabe-tudo.

sabido (sa.**bi**.do) adj. **1.** Que se sabe; conhecido. **2.** Erudito. **3.** (Fig.) Esperto; astuto; finório.

Sabinada (Sa.bi.**na**.da) s.f. (*próprio*) Revolução pela independência da Bahia, na época da Regência.

sabino (sa.**bi**.no) s.m. e adj. **1.** (*Raro*) (Indivíduo) que pertencia a um dos povos antigos de Roma. s.m. **2.** (Hist.) Indivíduo que participou da Sabinada.

sábio (**sá**.bi.o) s.m. e adj. (Aquele) que sabe muito; filósofo; erudito.

sabível (sa.**bí**.vel) adj.2g. Fácil de se saber.

saboaria (sa.bo.a.**ri**.a) s.f. Local onde se fabrica e vende sabão.

saboeiro (sa.bo.**ei**.ro) s.m. Aquele que fabrica ou vende sabão.

sabonete (sa.bo.**ne**.te) [ê] s.m. Sabão perfumado para lavar o rosto, as mãos ou o corpo, em barra ou líquido.

saboneteira (sa.bo.ne.**tei**.ra) s.f. Recipiente onde se guarda ou deposita o sabonete.

sabor (sa.**bor**) [ô] s.m. **1.** Impressão que as substâncias sápidas provocam na língua; gosto, paladar; qualidade do que é sápido. **2.** (Fig.) Evocação, associação; caráter, estilo: *sabor de aventura*.

saborear (sa.bo.re.**ar**) v.t.d. **1.** Sentir o sabor de. **2.** Degustar. v.p. **3.** Deliciar-se com o que se come (ou bebe).

saboroso (sa.bo.**ro**.so) [ô] adj. Muito gostoso; agradável de se saborear. ▫ Pl. *saborosos* [ó].

sabotado (sa.bo.**ta**.do) adj. Criminosamente danificado ou estragado.

sabotador (sa.bo.ta.**dor**) [ô] s.m. e adj. (Aquele) que sabota alguma coisa.

sabotagem (sa.bo.**ta**.gem) s.f. Ato de sabotar ou de danificar criminosamente alguma coisa.

sabotar (sa.bo.**tar**) v.t.d. **1.** Estragar propositada e criminosamente alguma coisa. **2.** (P.ext.) Prejudicar.

sabre (**sa**.bre) s.m. Tipo de espada mais curta e que corta só de um lado.

sabugal (sa.bu.**gal**) s.m. Local onde crescem sabugueiros.

sabugo (sa.**bu**.go) *s.m.* **1.** Espiga de milho de que se retiraram os grãos, áspera quando seca. **2.** Miolo do sabugueiro.

sabugueiro (sa.bu.**guei**.ro) *s.m.* (*Bot.*) Arbusto florífero e medicinal.

sabujar (sa.bu.**jar**) *v.t.d.* Adular; bajular; paparicar.

sabujice (sa.bu.**ji**.ce) *s.f.* Atitude de sabujo; servilismo; bajulação.

sabujo (sa.**bu**.jo) *s.m.* **1.** Cão de caça. **2.** (*Fig.*) Pessoa muito servil e bajuladora.

saburra (sa.**bur**.ra) *s.f.* Camada esbranquiçada que cobre a língua em determinadas doenças.

saburrento (sa.bur.**ren**.to) *adj.* Que se assemelha a saburra; saburroso.

saburroso (sa.bur.**ro**.so) [ô] *adj.* Que tem saburra; saburrento. ▫ Pl. *saburrosos* [ó].

saca (**sa**.ca) *s.f.* Saco grande, usado para embalar grãos: *o feijão é vendido em sacas de 60 quilos*.

sacaca (sa.**ca**.ca) *s.f.* (*Bot.*) Árvore ou arbusto de que se extrai uma substância com propriedades aromáticas e medicinais.

sacada (sa.**ca**.da) *s.f.* **1.** Construção na lateral de um prédio: *colocou a cadeira de praia na sacada*. **2.** (*Gír.*) Ação de sacar; percepção, entendimento.

sacana (sa.**ca**.na) *s.2g. e adj.2g.* (*Gír.*) (Indivíduo) de más qualidades; libertino; sem-vergonha; safado.

sacanagem (sa.ca.**na**.gem) *s.f.* Atitude do sacana; safadeza; tapeação.

sacanear (sa.ca.ne.**ar**) *v.t.d.* Enganar; tapear; prejudicar.

sacar (sa.**car**) *v.t.d.* **1.** Tirar, retirar de onde estava guardado. **2.** Dar o primeiro lance de bola no tênis, vôlei e outros esportes. **3.** Retirar de uma conta: *sacar um cheque*. **4.** (*Gír.*) Compreender, captar.

sacaria (sa.ca.**ri**.a) *s.f.* **1.** Porção de sacos. **2.** Depósito de sacos.

saçaricar (sa.ça.ri.**car**) *v.i.* **1.** (*Pop.*) Divertir-se. **2.** Dançar. **3.** Requebrar; saracotear.

saçarico (sa.ça.**ri**.co) *s.m.* Ato de saçaricar; saracoteio.

sacarídeo (sa.ca.**rí**.de.o) *adj.* **1.** Semelhante ao açúcar. *s.m.* **2.** (*Quím.*) Combinação obtida pela ação dos ácidos orgânicos sobre os açúcares; hidrato de carbono.

sacarífero (sa.ca.**rí**.fe.ro) *adj.* Que produz açúcar.

sacarímetro (sa.ca.**rí**.me.tro) *s.m.* (*Quím.*) Instrumento que verifica a dosagem de açúcar existente em uma solução.

sacarina (sa.ca.**ri**.na) *s.f.* (*Quím.*) Substância orgânica que, por ser bem doce, é usada em substituição ao açúcar.

sacarino (sa.ca.**ri**.no) *adj.* Em que existe açúcar.

sacarívoro (sa.ca.**rí**.vo.ro) *adj.* Que se alimenta de açúcar.

sacaroide (sa.ca.**roi**.de) [ói] *adj.* Relativo à textura que se assemelha à do açúcar cristalizado.

saca-rolhas (sa.ca-**ro**.lhas) [ô] *s.m.2n.* Instrumento que se usa para tirar a rolha das garrafas. ▫ Pl. *saca-rolhas*.

sacarose (sa.ca.**ro**.se) [ó] *s.f.* Açúcar.

saca-trapo (sa.ca-**tra**.po) *s.m.* Instrumento com que se retira a bucha das armas de fogo. ▫ Pl. *saca-trapos*.

sacerdócio (sa.cer.**dó**.ci.o) *s.m.* **1.** Ocupação de quem se dedica à religião; vida de sacerdote ou sacerdotisa. **2.** (*Fig.*) Profissão espinhosa e digna *para ela, exercer a medicina é um sacerdócio*.

sacerdotal (sa.cer.do.**tal**) *adj.2g.* Que diz respeito ao sacerdócio ou ao sacerdote.

sacerdote (sa.cer.**do**.te) *s.m.* Pessoa que se dedica à vida religiosa, ao sacerdócio; membro do clero; líder espiritual.

sacerdotisa (sa.cer.do.**ti**.sa) *s.f.* Mulher que se dedica à vida religiosa; líder religiosa.

sachar (sa.**char**) *v.t.d.* Cavar com um sacho.

sachê (sa.**chê**) *s.m.* Saquinho de pano com substância aromatizada, para perfumar armários, gavetas etc.

sacho (**sa**.cho) *s.m.* Tipo de enxada, em forma de lança.

saci (sa.**ci**) *s.m.* (*Folc.*) O mesmo que *saci-pererê*.

saciado (sa.ci.**a**.do) *adj.* Que se saciou; satisfeito cheio.

saciar (sa.ci.**ar**) *v.t.d. e v.p.* Fartar(-se); encher(-se) satisfazer(-se); satisfazer a fome ou a sede. Obs. pres. do ind.: *sacio, sacias, sacia* etc.; pres. do subj. *sacie, sacies, sacie* etc.

saciável (sa.ci.**á**.vel) *adj.2g.* Que pode ser saciado.

saciedade (sa.ci.e.**da**.de) *s.f.* Satisfação da sede ou da fome.

saci-pererê (sa.ci-pe.re.**rê**) *s.m.* (*Folc.*) Ser encantado que é um negrinho de uma perna só, com gorro vermelho e cachimbo, que faz travessuras, esconde objetos, assusta pessoas etc. O mesmo que *saci*. ▫ Pl. *sacis-pererês, saci-pererês*.

saco (**sa**.co) *s.m.* **1.** Recipiente de plástico, tecido etc. aberto no lado de cima e que se usa para transportar mercadorias em geral. (*Gír.*) **2.** Chateação; perturbação. **3.** Bolsa que contém os testículos.

sacola (sa.**co**.la) *s.f.* Saco com alças, de tecido, plástico, lona etc., usado para carregar compras.

sacolejado (sa.co.le.**ja**.do) *adj.* Sacudido; chacoalhado.

sacolejar (sa.co.le.**jar**) *v.t.d.* Sacudir; agitar; chacoalhar.

sacolejo (sa.co.**le**.jo) [ê] *s.m.* Ato de sacolejar; agitação; sacudidela.

saco-roto (sa.co-**ro**.to) [ô] *s.m.* Pessoa que não consegue guardar segredos; linguarudo, falador. ▫ Pl. *sacos-rotos*.

sacral (sa.**cral**) *adj.2g.* (*Anat.*) Relativo ao osso sacro.

sacralizar (sa.cra.li.**zar**) *v.t.d.* **1.** Tornar sacro ou sagrado; consagrar: *oração para sacralizar o alimento*. **2.** Tratar como sagrado ou perfeito. **3.** Perpetuar, consagrar, fixar: *hábitos sacralizados*.

sacramentado (sa.cra.men.**ta**.do) *adj.* Que recebeu um sacramento.

sacramental (sa.cra.men.**tal**) *adj.2g.* Que diz respeito a sacramento.

sacramentar (sa.cra.men.**tar**) v.t.d. **1.** Sagrar. **2.** Ministrar um sacramento: *comunhão, confissão, extrema-unção etc.* v.p. **3.** Receber um sacramento.
sacramentário (sa.cra.men.**tá**.ri.o) s.m. (*Relig.*) Livro que contém as cerimônias de administração dos sacramentos.
sacramento (sa.cra.**men**.to) s.m. (*Relig.*) Cada um dos sete sinais instituídos por Jesus Cristo visando à purificação das almas dos fiéis: *batismo, crisma, confissão, comunhão, ordem, matrimônio, extrema-unção*.
sacrário (sa.**crá**.ri.o) s.m. (*Relig.*) Local onde se guardam as hóstias consagradas.
sacrificado (sa.cri.fi.**ca**.do) adj. Oferecido em sacrifício; vitimado; martirizado.
sacrificador (sa.cri.fi.ca.**dor**) [ô] s.m. e adj. (Aquele) que se oferece em sacrifício.
sacrifical (sa.cri.fi.**cal**) adj.2g. Que diz respeito a sacrifício.
sacrificante (sa.cri.fi.**can**.te) s.2g. e adj.2g. **1.** (Aquele) que sacrifica; sacrificador. **2.** (Aquele) que celebra a missa.
sacrificar (sa.cri.fi.**car**) v.t.d. **1.** Oferecer em sacrifício. **2.** Renunciar a algo. **3.** Matar. **4.** Matar um animal doente. v.t.i. **5.** Oferecer sacrifício a alguma divindade. v.t.d.i. **6.** Desprezar alguma coisa em detrimento de outra. v.p. **7.** Sujeitar-se; oferecer-se em sacrifício.
sacrificável (sa.cri.fi.**cá**.vel) adj.2g. Que pode ser sacrificado.
sacrifício (sa.cri.**fí**.ci.o) s.m. **1.** Oferenda religiosa; oferta de objetos, animais e seres humanos a Deus ou às divindades. **2.** Privação de alguma coisa que dá prazer; renúncia, abnegação. **3.** Trabalho penoso, esforço desagradável.
sacrilégio (sa.cri.**lé**.gi.o) s.m. Ato (ou dito) não religioso, com que se profanam ou ultrajam pessoas ou instituições sagradas.
sacrílego (sa.**crí**.le.go) s.m. e adj. (Aquele) que cometeu sacrilégio; profanador.
sacripanta (sa.cri.**pan**.ta) adj.2g. Falso; hipócrita; fingido.
sacristania (sa.cris.ta.**ni**.a) s.f. Cargo de sacristão.
sacristão (sa.cris.**tão**) s.m. Aquele que cuida da sacristia e da arrumação da igreja e ajuda o padre na celebração da missa. ▪ Pl. *sacristãos, sacristães*.
sacristia (sa.cris.**ti**.a) s.f. Cômodo anexo à igreja, onde são atendidos os fiéis e guardados os paramentos e demais objetos de culto.
sacro (**sa**.cro) adj. **1.** Sagrado; venerável. s.m. **2.** (*Anat.*) Osso triangular situado na base da coluna vertebral.
sacrossanto (sa.cros.**san**.to) adj. Sagrado e santo.
sacudida (sa.cu.**di**.da) s.f. Ato de sacudir; sacudidela; sacudidura.
sacudidela (sa.cu.di.**de**.la) s.f. Ato de sacudir; sacudida; sacudidura.
sacudido (sa.cu.**di**.do) adj. **1.** Que se sacudiu. (*Fig.*) **2.** Saudável; forte. **3.** Desembaraçado; esperto.
sacudidura (sa.cu.di.**du**.ra) s.f. Ato de sacudir; sacudida; sacudidela.

sacudir (sa.cu.**dir**) v.t.d. **1.** Agitar diversas vezes. **2.** Fazer tremer. **3.** (*Fig.*) Abalar. v.p. **4.** Estremecer. **5.** Balançar os quadris; saracotear; rebolar.
sáculo (**sá**.cu.lo) s.m. (*Bio.*) Órgão que os mamíferos têm no ouvido interno e com o qual percebem a força da gravidade.
sádico (**sá**.di.co) adj. **1.** Que diz respeito a sadismo. **2.** Que sente prazer com o sofrimento alheio. **3.** Cruel; perverso. s.m. **4.** Aquele que se alegra com o sofrimento alheio; adepto do sadismo.
sadio (sa.**di**.o) adj. **1.** Saudável; são. **2.** Higiênico; salutar.
sadismo (sa.**dis**.mo) s.m. **1.** (*Psi.*) Tipo de perversão sexual que consiste em sentir prazer com o sofrimento alheio. Termo derivado de Sade, ou Marquês de Sade, que escreveu vários romances sobre a perversão e agressão no sexo. **2.** Prazer com a dor alheia.
sadomasoquismo (sa.do.ma.so.**quis**.mo) s.m. (*Psi.*) Manifestação conjunta de sadismo e masoquismo; tipo de perversão sexual em que só é obtido o prazer com sofrimento mútuo dos dois parceiros.
sadomasoquista (sa.do.ma.so.**quis**.ta) adj. **1.** Que se refere ao sadomasoquismo. s.m. **2.** Praticante do sadomasoquismo.
safadagem (sa.fa.**da**.gem) s.f. Atitude de safado; safadeza.
safadeza (sa.fa.**de**.za) [ê] s.f. Qualidade, ato de safado.
safado (sa.**fa**.do) s.m. e adj. **1.** (Indivíduo) traquinas; levado. **2.** Sem-vergonha. **3.** Velhaco; malicioso. **4.** Pornográfico; imoral.
safanão (sa.fa.**não**) s.m. Sacudida; empurrão; repelão.
safar (sa.**far**) v.t.d. **1.** Tirar com força; furtar. v.p. **2.** Livrar-se; escapar; fugir.
safardana (sa.far.**da**.na) s.2g. Indivíduo safado; desprezível; velhaco.
safári (sa.**fá**.ri) s.m. Expedição de caça realizada nas selvas africanas.
sáfaro (**sá**.fa.ro) adj. Agreste; distante; estéril.
safena (sa.**fe**.na) [ê] s.f. (*Anat.*) Cada uma das duas veias existentes em cada perna e que são muito usadas em substituição às artérias entupidas do coração.
safenado (sa.fe.**na**.do) s.m. Indivíduo que sofreu cirurgia de implantação de safenas no coração.
sáfico (**sá**.fi.co) adj. **1.** Que diz respeito a Safo, poetisa grega. **2.** Diz-se do verso decassílabo cujas acentuações caem na quarta, oitava e décima sílabas.
safira (sa.**fi**.ra) s.f. **1.** Pedra semipreciosa azul. **2.** A cor azul.
safismo (sa.**fis**.mo) s.m. Lesbianismo; homossexualismo feminino.
safo (**sa**.fo) adj. Que se safou; desembaraçado; livre; solto.
safra (**sa**.fra) s.f. Época do ano em que determinados produtos são produzidos com fartura na agricultura; colheita; ceifa.
safreiro (sa.**frei**.ro) s.m. Trabalhador contratado apenas para a época da safra; boia-fria.

saga (sa.ga) s.f. **1.** História de uma família, ao longo de várias gerações. **2.** Lenda escandinava.
sagacidade (sa.ga.ci.**da**.de) s.f. Característica de quem é sagaz; perspicácia; astúcia.
sagaz (sa.**gaz**) adj.2g. Astuto; esperto; perspicaz.
sagital (sa.gi.**tal**) adj.2g. Que tem forma de seta.
sagitariano (sa.gi.ta.ri.**a**.no) s.m. e adj. (Mit.) (Pessoa) do signo astrológico de Sagitário.
sagitário (sa.gi.**tá**.ri.o) s.m. **1.** (*Astron.*) Constelação do Zodíaco. **2.** (Mit.) Nono signo astrológico, de 23 de novembro a 21 de dezembro, correspondente aos sagitarianos e simbolizado por um centauro.
sagração (sa.gra.**ção**) s.f. Ato de sagrar ou consagrar; consagração.
sagrado (sa.**gra**.do) adj. **1.** Dedicado à divindade, a Deus ou aos deuses e deusas; santo. **2.** Que se deve tratar com respeito e proteger; puro.
sagrar (sa.**grar**) v.t.d. Dedicar a Deus ou ao serviço divino; consagrar; santificar.
sagu (sa.**gu**) s.m. **1.** Amido extraído da parte central dos sagueiros. **2.** (Culin.) Doce feito com grãos desse amido cozidos com calda de frutas.
saguão (sa.**guão**) s.m. Salão de entrada nos grandes edifícios e hotéis, onde se encontram a recepção, os elevadores e escadas; vestíbulo.
sagueiro (sa.**guei**.ro) [ü] s.m. (Bot.) Planta de que se extrai o sagu.
sagui (sa.**gui**) [ü] s.m. (*epiceno*) (Zoo.) Macaco pequenino, de cauda comprida e peluda.
saí (sa.**í**) s.m. (*epiceno*) (Zoo.) **1.** Espécie de pássaro. **2.** Espécie de macaco.
saia (**sai**.a) s.f. Vestuário feminino de comprimento variável, que cobre da cintura até os joelhos ou pernas.
saia-balão (sai.a-ba.**lão**) s.f. Saia rodada e bem armada, assemelhando-se a um balão. ▣ Pl. *saias-balão*.
saia-calça (sai.a-**cal**.ça) s.f. Calça mais larga que as normais, indo até a altura dos joelhos, assemelhando-se a uma saia. ▣ Pl. *saias-calças*.
saia-justa (sai.a-**jus**.ta) s.f. (Pop.) Situação embaraçosa. ▣ Pl. *saias-justas*.
saibro (**sai**.bro) s.m. Mistura de areia e argila.
saibroso (sai.**bro**.so) [ô] adj. Que contém saibro. ▣ Pl. *saibrosos* [ó].
saída (sa.**í**.da) s.f. **1.** Ato de sair. **2.** Local por onde se sai. **3.** (Fig.) Expediente; recurso; desculpa.
saída de banho (sa.**í**.da de **ba**.nho) s.f. Veste usada por cima do traje de banho, para ir à piscina em um clube, hotel etc.
saída de praia (sa.**í**.da de **prai**.a) s.f. Veste usada por cima da roupa de banho, para ir à praia.
saideira (sa.i.**dei**.ra) s.f. (Pop.) Última dose de bebida alcoólica.
saído (sa.**í**.do) adj. Desembaraçado; saliente; desinibido.
saimento (sa.i.**men**.to) [a-í] s.m. **1.** Ato de sair; saída. **2.** Cortejo fúnebre, funeral.
sainete (sai.**ne**.te) [ê] s.m. **1.** Atrativo, graça, sabor. **2.** Comédia curta com poucos personagens.
saiote (sai.o.te) [ó] s.f. Saia mais curta e de tecido fino ou *lingerie*, que faz parte do vestuário íntimo feminino.
sair (sa.**ir**) v.i. **1.** Ir para fora. **2.** Deixar de fazer parte de; demitir-se. **3.** Nascer; brotar. **4.** Ser publicado. v.t.i. **5.** Passar de dentro para fora. v.lig. **6.** Tornar-se; transformar-se. v.p. **7.** Desempenhar-se. **8.** Escapar. Obs.: pres. do ind.: *saio, sais, sai, saímos, saís, saem*; pret. imperf.: *saía, saías, saía, saíamos, saíeis, saíam*; pret. perf.: *saí, saíste, saiu, saímos, saístes, saíram*; fut. do pres.: *sairei, sairás, sairá* etc.; fut. do pret.: *sairia, sairias, sairia* etc.; pres. do subj.: *saia, saias, saia, saiamos, saiais, saiam*.
saíra (sa.**í**.ra) s.f. (Zoo.) Espécie de pássaro do Brasil de cores variadas.
sal s.m. **1.** Mineral constituído por cloreto de sódio, pó branco usado na alimentação; sal de cozinha. **2.** (Quím.) Composto iônico formado a partir da reação entre uma base e um ácido. **3.** (Fig.) Interesse, graça, sutileza.
sala (sa.la) s.f. **1.** Compartimento de uma casa onde se recebem as visitas e onde se dá o convívio familiar. **2.** Cada uma das peças de um prédio comercial, onde funcionam escritórios ou consultórios.
salacidade (sa.la.ci.**da**.de) s.f. Qualidade daquele que é salaz; devassidão; libertinagem.
salada (sa.**la**.da) s.f. (Culin.) **1.** Prato que se faz com verduras ou legumes, crus ou cozidos, e molhos dos mais diversos. **2.** Sobremesa feita com frutas variadas picadas ou em forma de suco e açúcar. **3.** (Fig.) Confusão.
saladeira (sa.la.**dei**.ra) s.f. Recipiente onde se coloca (e se leva à mesa) a salada.
salafrário (sa.la.**frá**.ri.o) s.m. e adj. (Pop.) (Indivíduo) safado, ordinário, patife, velhaco.
salamaleque (sa.la.ma.**le**.que) s.m. **1.** Saudação entre os árabes, que vem sempre acompanhada de mesuras e gestos. **2.** (P. ext.) Toda saudação exagerada.
salamandra (sa.la.**man**.dra) s.f. (*epiceno*) **1.** (Zoo.) Anfíbio de corpo longo e cauda cilíndrica. **2.** Gênio que governa o fogo, para os cabalistas. **3.** Aparelho colocado sobre fonte de calor, para defumar ou manter alimentos aquecidos.
salame (sa.la.me) s.m. Espécie de paio, de origem italiana, feito com carne de porco e temperos, que se come cru.
salão (sa.**lão**) s.m. **1.** Sala grande destinada a bailes, festas etc. **2.** Barbearia. **3.** Local onde são feitas exposições de quadros, pinturas, automóveis etc.
salariado (sa.la.ri.**a**.do) s.m. e adj. (Aquele) que trabalha mediante salário; assalariado.
salarial (sa.la.ri.**al**) adj.2g. Que diz respeito ao salário.
salário (sa.**lá**.ri.o) s.m. Remuneração do trabalho prestado, em geral mensal; ordenado, vencimento.
salário-família (sa.**lá**.ri.o-fa.**mí**.li.a) s.m. Salário adicional que é pago ao trabalhador por cada filho menor que ele possua. ▣ Pl. *salários-família, salários-famílias*.

salário-mínimo (sa.lá.rio-mí.ni.mo) s.m. Valor mínimo legal que se deve pagar aos trabalhadores de uma região. ▣ Pl. *salários-mínimos*.
salaz (sa.**laz**) adj.2g. Libertino; devasso; impróprio.
saldado (sal.**da**.do) s.m. Pago; ajustado; quitado; liquidado.
saldar (sal.**dar**) v.t.d. Liquidar; pagar; quitar; ajustar.
saldo (**sal**.do) s.m. **1.** Diferença existente entre o débito e o crédito; resto: *o saldo de cinco menos dois é três*. **2.** Valor, número. **3.** Resultado, efeito: *o saldo da campanha foi positivo*. **4.** Mercadoria que sobra, vendida em liquidação.
sale [inglês: "seiu"] s.f. Promoção de venda; liquidação.
saleiro (sa.**lei**.ro) s.m. Recipiente onde se guarda ou serve o sal.
salesiano (sa.le.si.**a**.no) adj. **1.** Relativo à ordem salesiana, fundada por São João Bosco. s.m. **2.** Frade que pertence a essa ordem.
saleta (sa.**le**.ta) [ê] s.f. Sala pequena.
salga (**sal**.ga) s.f. Processo para conservação de carnes que usa sal para desidratar: *fazer a salga do bacalhau*.
salgadinho (sal.ga.**di**.nho) s.m. **1.** Iguaria salgada pequena, frita ou assada, servida em festa ou coquetel. **2.** Biscoito industrializado muito pequeno e salgado: *comeu um pacote de salgadinhos*.
salgado (sal.**ga**.do) adj. **1.** Que contém sal: *água salgada*. **2.** Que contém excesso de sal. **3.** Conservado por salga. **4.** (Pop.) Que custa muito; caro. s.m. e adj. **5.** Comida com sal: *doces e salgados*. **6.** Iguaria com sal, feita em uma porção, servida como lanche ou em festas; salgadinho: *coloque a esfirra e a coxinha no balcão de salgados*.
salgadura (sal.ga.**du**.ra) s.f. Salga.
salgar (sal.**gar**) v.t.d. **1.** Colocar sal em, para comer: *salgar o arroz*. **2.** Guardar, conservar em sal: *salgar a carne para fazer charque*.
sal-gema (sal-**ge**.ma) [ê] s.m. Sal comum, cloreto de sódio, extraído de minas terrestres. ▣ Pl. *sais-gemas*.
salgueiral (sal.guei.**ral**) s.m. Plantação de salgueiros.
salgueiro (sal.**guei**.ro) s.m. (Bot.) Arbusto ornamental.
salicilato (sa.li.ci.**la**.to) s.m. (Quím.) Designação genérica dada aos sais e ésteres do ácido salicílico.
salicílico (sa.li.**cí**.li.co) adj. (Quím.) Diz-se do ácido orgânico que, pela ação do anidrido acético, produz o ácido acetilsalicílico, ou aspirina.
salicultura (sa.li.cul.**tu**.ra) s.f. Produção do sal.
saliência (sa.li.**ên**.ci.a) s.f. **1.** Protuberância; proeminência. **2.** Assanhamento.
salientar (sa.li.en.**tar**) v.t.d. e v.p. Tornar(-se) saliente; evidenciar(-se); distinguir(-se).
saliente (sa.li.**en**.te) adj.2g. **1.** Que se destaca; notável. **2.** Assanhado; atrevido.
salífero (sa.**lí**.fe.ro) adj. Que contém ou produz sal.
salificação (sa.li.fi.ca.**ção**) s.f. Formação ou preparação de um sal.
salificar (sa.li.fi.**car**) v.t.d. Transformar (uma substância) em sal.
salina (sa.**li**.na) s.f. **1.** Monte de sal. **2.** Local onde se represa a água do mar para, evaporando, extrair o sal.
salinação (sa.li.na.**ção**) s.f. Formação natural do sal.
salinável (sa.li.**ná**.vel) adj.2g. Que pode ser transformado em sal.
salineiro (sa.li.**nei**.ro) s.m. **1.** Aquele que trabalha em uma salina. adj. **2.** Que diz respeito a salina.
salinidade (sa.li.ni.**da**.de) s.f. (Quím.) Teor de sal e outros componentes encontrados em um líquido.
salinizar (sa.li.ni.**zar**) v.t.d. e v.p. Tornar(-se) salino. Obs.: esta palavra não consta no *Volp*.
salino (sa.**li**.no) adj. **1.** Que contém sal. **2.** Que é da mesma natureza do sal.
salinômetro (sa.li.**nô**.me.tro) s.m. Aparelho usado para calcular a densidade de uma solução salina.
salitração (sa.li.tra.**ção**) s.f. Ato de salitrar.
salitrado (sa.li.**tra**.do) adj. Que contém salitre; salitroso.
salitrar (sa.li.**trar**) v.t.d. **1.** Transformar em salitre. **2.** Acrescentar salitre.
salitraria (sa.li.tra.**ri**.a) s.f. Usina de extrair e purificar salitre.
salitre (sa.**li**.tre) s.m. (Quím.) Nome dado a diversos nitratos; nitrato de potássio, nitro.
salitreira (sa.li.**trei**.ra) s.f. Jazida de salitre.
salitrização (sa.li.tri.za.**ção**) s.f. Ato de salitrar.
salitroso (sa.li.**tro**.so) [ô] adj. Que contém salitre; salitrado. ▣ Pl. *salitrosos* [ó].
saliva (sa.**li**.va) s.f. Líquido transparente segregado pelas glândulas salivares e que exerce um papel fundamental na digestão; cuspe.
salivação (sa.li.va.**ção**) s.f. Ato de salivar.
salivar (sa.li.**var**) v.i. **1.** Produzir e expelir saliva; cuspir. adj.2g. **2.** Que diz respeito à saliva. **3.** Diz-se da glândula que segrega a saliva.
salmão (sal.**mão**) s.m. **1.** (Zoo.) Peixe das regiões frias, de carne valorizada e cuja cor é uma mistura de vermelho, laranja e rosa. **2.** Essa cor.
salmista (sal.**mis**.ta) s.2g. Aquele que faz salmos.
salmo (**sal**.mo) s.m. Cântico de louvor a Deus, atribuído a Davi.
salmodiar (sal.mo.di.**ar**) v.i. Cantar ou ler salmos.
salmoura (sal.**mou**.ra) s.f. Mistura de água e sal marinho, utilizada para conservar carnes e outras substâncias e para aliviar um local contundido.
salobre (sa.**lo**.bre) [ô] adj.2g. O mesmo que *salobro*.
salobro (sa.**lo**.bro) [ô] adj. **1.** Um pouco salgado; salobre. **2.** Diz-se da água que contém sais, o que a torna imprópria para o uso. O mesmo que *salobre*.
salomônico (sa.lo.**mô**.ni.co) adj. Que diz respeito a Salomão (século X a.C.), rei hebreu, famoso por sua sabedoria.
salpicado (sal.pi.**ca**.do) adj. **1.** Coberto de pingos: *a barra da calça ficou salpicada de lama*. **2.** Pintado com pingos: *um cão branco salpicado de preto*.
salpicão (sal.pi.**cão**) s.m. (Culin.) Prato frio feito com frango desfiado, presunto, salsão, cenoura etc.

salpicar (sal.pi.**car**) v.t.d. **1.** Espalhar pitadas de sal ou outros temperos. **2.** Espargir borrifos de água, de molho, de lama etc.

salpico (sal.**pi**.co) s.m. Borrifo de água, gordura, lama que espirra.

salpimenta (sal.pi.**men**.ta) *adj.2g.2n.* Que é de cor branca e cinzenta; grisalho.

salpingite (sal.pin.**gi**.te) s.f. (*Med.*) Inflamação da tuba auditiva ou uterina.

salsa (**sal**.sa) s.f. (*Bot.*) Hortaliça cujas folhas, de um verde intenso e escuro, são muito usadas para fazer molho e como tempero; salsinha: *o maço de cheiro--verde tem salsa e cebolinha.*

salsada (sal.**sa**.da) s.f. Desordem; confusão; salseiro.

salsão (sal.**são**) s.m. (*Bot.*) Hortaliça cujos talos são comidos crus ou usados no preparo de caldos e molhos, por seu sabor marcante.

salsaparrilha (sal.sa.par.**ri**.lha) s.f. (*Bot.*) Erva liliácea de uso culinário.

salseiro (sal.**sei**.ro) s.m. Briga; rolo; desordem; confusão; salsada.

salsicha (sal.**si**.cha) s.f. Embutido feito com pasta de carne, em geral de porco, que se come cozido no cachorro-quente e de outras formas.

salsichão (sal.si.**chão**) s.m. Salsicha grande semelhante ao paio.

salsicharia (sal.si.cha.**ri**.a) s.f. Estabelecimento onde se fabrica e vende salsicha.

salsicheiro (sal.si.**chei**.ro) s.m. Fabricante ou vendedor de salsicha.

salsinha (sal.**si**.nha) s.f. (*Bot.*) Salsa.

salsugem (sal.**su**.gem) s.f. Lodo impregnado de substâncias salinas.

salsuginoso (sal.su.gi.**no**.so) [ô] adj. Que contém salsugem. ▫ Pl. *salsuginosos* [ó].

saltado (sal.**ta**.do) adj. Saliente, ressaltado.

saltador (sal.ta.**dor**) [ô] s.m. e adj. (Aquele) que salta.

saltão (sal.**tão**) s.m. **1.** Mosquito, antes de completar sua metamorfose. **2.** Tipo de verme que se instala no charque.

saltar (sal.**tar**) v.t.d. **1.** Ultrapassar, pulando. **2.** Omitir. v.i. **3.** Dar saltos; pular.

salteado (sal.te.**a**.do) adj. Que não segue uma sequência; pulado; omitido; entremeado.

salteador (sal.te.a.**dor**) [ô] s.m. e adj. (Aquele) que assalta (ou salteia); ladrão; bandido; assaltante.

saltear (sal.te.**ar**) v.t.d. Assaltar; roubar; saquear.

saltério (sal.**té**.ri.o) s.m. **1.** (*Mús.*) Instrumento de cordas semelhante à lira. **2.** Hinário de Israel composto dos 150 salmos do Velho Testamento.

saltimbanco (sal.tim.**ban**.co) s.m. (*sobrecomum*) Artista que se apresenta em circos, feiras ou na rua.

saltitante (sal.ti.**tan**.te) *adj.2g.* Que saltita ou dá pulinhos sucessivos.

saltitar (sal.ti.**tar**) v.i. Dar pulinhos sucessivos.

salto (**sal**.to) s.m. **1.** Ato de saltar; pulo. **2.** Transição rápida. **3.** Cachoeira; catarata. **4.** Parte do calçado que sustenta o calcanhar. (*Esp.*) **5.** Modalidade ou prova de atletismo em que o atleta salta em altura, distância etc. **6.** Prova olímpica em que o atleta pula do trampolim e faz acrobacias antes de cair na piscina.

salubre (sa.**lu**.bre) *adj.2g.* Apropriado para a saúde; sadio; saudável.

salubridade (sa.lu.bri.**da**.de) s.f. Qualidade do que é salubre.

salubrificar (sa.lu.bri.fi.**car**) v.t.d. Tornar salubre; sanear; higienizar.

salutar (sa.lu.**tar**) *adj.2g.* **1.** Higiênico; saudável; bom para a saúde. **2.** (*Fig.*) Moralizador.

salutífero (sa.lu.**tí**.fe.ro) adj. Que faz bem à saúde; salutar.

salva (**sal**.va) s.f. **1.** Tipo de bandeja. **2.** Descarga de armas de fogo, em homenagem a alguém ou a algum fato digno de se festejar.

salvação (sal.va.**ção**) s.f. Ato de salvar; libertação; redenção.

salvador (sal.va.**dor**) [ô] s.m. e adj. **1.** (Aquele) que salva. (*próprio*) **2.** Jesus Cristo.

salvadorenho (sal.va.do.**re**.nho) [ê] adj. **1.** De El Salvador, país da América Central. s.m. **2.** Pessoa natural ou habitante desse lugar.

salvadorense (sal.va.do.**ren**.se) *s.2g. e adj.2g.* (*Raro*) Soteropolitano.

salvados (sal.**va**.dos) s.m.pl. Tudo o que restou de um incêndio, inundação ou outra catástrofe.

salvaguarda (sal.va.**guar**.da) s.f. O que protege de um perigo; salvo-conduto; proteção.

salvaguardado (sal.va.guar.**da**.do) adj. Protegido; resguardado; acautelado.

salvaguardar (sal.va.guar.**dar**) v.t.d. Proteger; resguardar; acautelar.

salvamento (sal.va.**men**.to) s.m. Ato de salvar; salvação; proteção.

salvar (sal.**var**) v.t.d. **1.** Livrar de algum perigo ou da morte. **2.** Pôr a salvo. **3.** Preservar; proteger; resguardar. **4.** Cumprimentar; saudar. v.i. **5.** Dar salvas de artilharia. v.p. **6.** Pôr-se a salvo. **7.** Obter a salvação eterna. Obs.: verbo abundante, com dois particípios: *salvado*, usado com os auxiliares "ter" e "haver", e *salvo*, usado com os auxiliares "ser" e "estar".

salvável (sal.**vá**.vel) *adj.2g.* Que pode ser salvo.

salva-vidas (sal.va-**vi**.das) *s.m.2n.* **1.** Pessoa que tem como função zelar pela segurança dos banhistas. **2.** Bote ou boia usados no socorro a náufragos. ▫ Pl. *salva-vidas.*

salve (**sal**.ve) interj. Exprime saudação; ave, olá.

salve-rainha (sal.ve-ra.**i**.nha) s.f. (*Relig.*) Oração que os católicos dedicam à Virgem Maria. ▫ Pl. *salve--rainhas.*

salvo (**sal**.vo) adj. **1.** Livre de perigo. prep. **2.** Exceto. A salvo: fora de perigo.

salvo-conduto (sal.vo-con.**du**.to) s.m. Permissão por escrito para que alguém possa viajar livremente. ▫ Pl. *salvo-condutos, salvos-condutos.*

samambaia (sa.mam.**bai**.a) s.f. **1.** (*Bot.*) Planta sem flor com folhas verdes que se desenvolvem em ambientes úmidos, com espécies cultivadas como ornamentais. **2.** Xaxim.

samambaial (sa.mam.bai.al) s.m. Local onde crescem muitas samambaias.
samário (sa.má.ri.o) s.m. (Quím.) Elemento de símbolo Sm, peso atômico 150,35 e número atômico 62, metal.
samaritano (sa.ma.ri.ta.no) adj. **1.** Da Samaria, cidade antiga da Palestina. **2.** Pertencente a um grupo de judeus descendentes desse povo e que vivem hoje em Israel. s.m. **3.** Pessoa desse povo. Bom samaritano: história narrada por Jesus em que um samaritano ajuda um judeu, embora na época esses povos estivessem em conflito; (p. ext.) pessoa caridosa.
samba (sam.ba) s.m. (Mús.) Dança e música típicos do Brasil, com ritmo sincopado e influências africanas. Escola de samba: grêmio, agremiação que no Carnaval faz desfiles com bateria e passistas, tocando e dançando samba, em meio a fantasias.
samba-canção (sam.ba-can.ção) s.m. **1.** (Mús.) Samba com letras e melodias elaboradas, dançado em par. **2.** Roupa íntima masculina parecida com calção. ▣ Pl. *sambas-canção, sambas-canções*.
samba-enredo (sam.ba-en.re.do) [ê] s.m. (Mús.) Samba de ritmo acelerado, que apresenta o enredo do desfile de uma escola de samba e é dançado individualmente. ▣ Pl. *sambas-enredo, sambas-enredos*.
sambaqui (sam.ba.qui) s.m. Ruína pré-histórica do litoral brasileiro, formada por montes de conchas e esqueletos.
sambar (sam.bar) v.i. Dançar o samba.
sambista (sam.bis.ta) s.2g. e adj.2g. **1.** (Aquele) que dança o samba; passista de escola de samba. **2.** Compositor ou cantor de sambas.
sambódromo (sam.bó.dro.mo) s.m. Local existente nas grandes cidades e onde são feitos os desfiles de escolas de samba.
samburá (sam.bu.rá) s.m. Cesto feito com cipó ou taquara.
samoano (sa.mo.a.no) adj. **1.** De Samoa, país da Oceania. s.m. **2.** Pessoa natural ou habitante desse lugar.
samovar (sa.mo.var) s.m. Bule de metal em que se faz chá.
samurai (sa.mu.rai) s.m. Guerreiro nobre da tradição japonesa.
sanado (sa.na.do) adj. **1.** Curado; sarado. **2.** (Fig.) Consertado; remediado.
sanar (sa.nar) v.t.d. **1.** Curar; sarar. **2.** (Fig.) Consertar; remediar.
sanativo (sa.na.ti.vo) adj. Próprio para sanar.
sanatório (sa.na.tó.ri.o) s.m. Hospital ou casa especializada para acolher doentes e convalescentes de doenças nervosas ou de tuberculose.
sanável (sa.ná.vel) adj.2g. Que pode ser sanado; curável; remediável.
sanção (san.ção) s.f. **1.** Aprovação que um chefe de Estado dá à lei. **2.** Confirmação; ratificação. **3.** Parte da lei em que se indicam as penas para cada transgressão. **4.** Pena ou recompensa buscando assegurar o cumprimento de uma lei.
sancionado (san.ci.o.na.do) adj. Que obteve sanção; confirmado; ratificado; assegurado.
sancionador (san.ci.o.na.dor) [ô] adj. Que sanciona.
sancionar (san.ci.o.nar) v.t.d. Dar sanção a; confirmar; assegurar; ratificar.
sandália (san.dá.li.a) s.f. Calçado aberto, preso ao pé por tiras; alpercata, alpargata, alpercata.
sândalo (sân.da.lo) s.m. **1.** (Bot.) Árvore de origem indiana, de madeira perfumada e largamente aproveitada na fabricação de essências. **2.** A essência extraída da madeira dessa árvore.
sandeu (san.deu) s.m. e adj. (Aquele) que é idiota, pateta. ▣ Fem. *sandia*.
sandice (san.di.ce) s.f. Atitude de sandeu; tolice; patetice; idiotice.
sanduíche (san.du.í.che) s.m. Lanche rápido que se faz com duas fatias de pão e o recheio preferido.
saneador (sa.ne.a.dor) [ô] adj. Que saneia.
saneamento (sa.ne.a.men.to) s.m. Ato de sanear.
sanear (sa.ne.ar) v.t.d. **1.** Tornar saudável e habitável. **2.** Sanar; curar. **3.** Remediar; reparar.
saneável (sa.ne.á.vel) adj.2g. Que pode ser saneado.
sanefa (sa.ne.fa) [é] s.f. Faixa de tecido que se prende na parte superior da cortina, como acabamento e destaque.
sanfona (san.fo.na) [ô] s.f. (Mús.) Instrumento com teclado e fole; acordeão, harmônica.
sanfoneiro (san.fo.nei.ro) s.m. Músico que toca sanfona.
sangradeira (san.gra.dei.ra) s.f. Tipo de formão com que se sangram as árvores para retirar o látex.
sangrador (san.gra.dor) [ô] s.m. **1.** Aquele que sangra ou abate animais no matadouro. **2.** Dispositivo para sangrar ou cortar.
sangradouro (san.gra.dou.ro) s.m. **1.** Local onde os animais abatidos são colocados para que o sangue escorra. **2.** Local por onde escorre um líquido: *o sangradouro da represa*.
sangradura (san.gra.du.ra) s.f. Ato de sangrar.
sangramento (san.gra.men.to) s.m. Perda de sangue; hemorragia.
sangrar (san.grar) v.i. **1.** Perder sangue. v.t.d. **2.** Ferir alguém, tirando sangue. **3.** (Fig.) Extorquir; esgotar. **4.** Cortar, escoriar.
sangrento (san.gren.to) adj. **1.** Que sangra; ensanguentado. **2.** Cruel, feroz.
sangria (san.gri.a) s.f. **1.** Ato de sangrar. **2.** Bebida que se faz com vinho, água e açúcar. **3.** (Fig.) Extorsão; desfalque.
sangue (san.gue) s.m. **1.** (Bio.) Líquido vermelho e espesso, que percorre as veias e artérias de um organismo animal. **2.** (P. ext.) Família; prole; descendência. **3.** (Fig.) Vida.
sangue-frio (san.gue-fri.o) s.m. **1.** Frieza. **2.** Autocontrole; calma. **3.** Crueldade. ▣ Pl. *sangues-frios*.
sangueira (san.guei.ra) s.f. Grande quantidade de sangue derramado.

sanguessuga (san.gues.**su**.ga) s.m. (Zoo.) Verme aquático que gruda no corpo dos animais, pelas ventosas, para sugar seu sangue. **2.** (Fig.) Pessoa que gosta de explorar outras.

sanguífero (san.guí.fe.ro) adj. Que tem ou produz sangue.

sanguinário (san.gui.**ná**.ri.o) [ü ou u] adj. Feroz, violento, sangrento, sicário.

sanguíneo (san.**guí**.ne.o) [ü ou u] adj. (Bio.) Que diz respeito a sangue.

sanguinolento (san.gui.no.**len**.to) [ü ou u] adj. **1.** Que tem sangue, misturado com sangue, coberto de sangue. **2.** Cruento.

sanguissedento (san.guis.se.**den**.to) [ü ou u] adj. Que tem sede de sangue; sanguinário.

sanha (**sa**.nha) s.f. Furor, ira, rancor.

sanhaço (sa.**nha**.ço) s.m. (Zoo.) Pássaro brasileiro azul-celeste.

sanidade (sa.ni.**da**.de) s.f. **1.** Estado ou característica de são; saúde. **2.** Salubridade.

sanificador (sa.ni.fi.ca.**dor**) [ô] adj. Que saneia ou sanifica.

sanificar (sa.ni.fi.**car**) v.t.d. Tornar são ou saudável; sanear.

sanitário (sa.ni.**tá**.ri.o) s.m. **1.** Banheiro. adj. **2.** Que diz respeito à saúde e à higiene: *o médico tomou medidas sanitárias*.

sanitarista (sa.ni.ta.**ris**.ta) s.2g. Médico ou técnico especializado em saúde pública; higienista.

sanscrítico (sans.**crí**.ti.co) adj. Que diz respeito ao sânscrito.

sanscritista (sans.cri.**tis**.ta) s.2g. Aquele que é especialista em sânscrito.

sânscrito (**sâns**.cri.to) s.m. Língua indo-europeia da Índia na Antiguidade, hoje usada em rituais do bramanismo.

sansei (san.**sei**) s.2g. e adj.2g. Neto de japoneses nascido fora do Japão. Cf. *nissei*.

santa (**san**.ta) s.f. **1.** Mulher que foi canonizada. **2.** (P. ext.) Mulher muito bondosa. **3.** Imagem de uma santa.

santa-bárbara (san.ta-**bár**.ba.ra) s.f. (Bot.) Cinamomo. ▣ Pl. *santas-bárbaras*.

santa-catarinense (san.ta-ca.ta.ri.**nen**.se) adj.2g. **1.** De Santa Catarina, estado brasileiro; catarinense, barriga-verde. s.2g. **2.** Pessoa natural ou habitante desse lugar. ▣ Pl. *santa-catarinenses*.

santa-helenense (san.ta-he.le.**nen**.se) adj.2g. **1.** De Santa Helena, país da Europa. s.2g. **2.** Pessoa natural ou habitante desse lugar. ▣ Pl. *santa-helenenses*.

santa-maria (san.ta-ma.**ri**.a) s.f. (Bot.) Árvore ou arbusto de que se extrai uma substância com propriedades aromáticas e medicinais. ▣ Pl. *santas-marias*.

santarrão (san.tar.**rão**) s.m. e adj. **1.** (Aquele) que passa por santo sem ser. **2.** (Indivíduo) hipócrita.

santeiro (san.**tei**.ro) s.m. Escultor ou vendedor de imagens de santos.

santelmo (san.**tel**.mo) s.m. Chama azulada causada pela eletricidade atmosférica, que aparece sobre os mastros dos navios durante a tempestade.

santidade (san.ti.**da**.de) s.f. **1.** Qualidade de quem é santo. **2.** Pureza; perfeição. **3.** Tratamento e título dado ao Papa.

santificação (san.ti.fi.ca.**ção**) s.f. Ato de santificar; canonização.

santificado (san.ti.fi.**ca**.do) adj. Que se tornou santo; canonizado.

santificador (san.ti.fi.ca.**dor**) [ô] s.m. e adj. (Aquele ou aquilo) que santifica.

santificar (san.ti.fi.**car**) v.t.d. **1.** Tornar santo; canonizar; sagrar. v.p. **2.** Tornar-se santo.

santificável (san.ti.fi.**cá**.vel) adj.2g. Que deve (ou pode) ser santificado.

santíssimo (san.**tís**.si.mo) adj. **1.** Muito santo. Obs.: é o grau superlativo absoluto sintético de *santo*. s.m. **2.** (Relig.) Redução de Santíssimo Sacramento: o sacramento cristão da Eucaristia, em que o fiel toma a hóstia consagrada.

santista (san.**tis**.ta) adj.2g. **1.** De Santos, cidade no litoral paulista. s.2g. **2.** Pessoa natural ou habitante desse lugar. **3.** Torcedor do Santos Futebol Clube.

santo (**san**.to) s.m. **1.** Aquele que foi canonizado. **2.** (P. ext.) Homem muito bondoso. **3.** Imagem de um santo. adj. **4.** Puro; inocente; imaculado. **5.** Diz-se do feriado decretado pela Igreja, tornando obrigatório o comparecimento à missa. **6.** (Fig.) Diz-se do medicamento (ou de alguma medida) que é eficaz.

santuário (san.tu.**á**.ri.o) s.m. Lugar consagrado pela religião; capela; igreja; templo; basílica.

são s.m. e adj. **1.** (Aquele) que tem saúde; sadio. s.m. **2.** Forma reduzida de santo, usada antes de nomes começados por consoantes, como São Pedro.

são-bernardo (são-ber.**nar**.do) s.m. (Zoo.) Cão de raça grande, com pelo abundante e sempre tricolor, criado para companhia e resgate de pessoas na neve. ▣ Pl. *são-bernardos*.

são-luisense (são-lui.**sen**.se) adj.2g. **1.** Do município de São Luís, capital do estado do Maranhão; ludovicense. s.2g. **2.** Pessoa natural ou habitante desse lugar. ▣ Pl. *são-luisenses*.

são-tomé (são-to.**mé**) s.f. (Bot.) Tipo de bananeira originária da ilha de São Tomé. ▣ Pl. *são-tomés*.

são-tomense (são-to.**men**.se) adj.2g. **1.** De São Tomé e Príncipe, país da África. s.2g. **2.** Pessoa natural ou habitante desse lugar. ▣ Pl. *são-tomenses*.

sapa (**sa**.pa) s.f. **1.** Pá com que se retira a terra escavada de buracos. **2.** (Zoo.) Feminino de *sapo*.

sapador (sa.pa.**dor**) [ô] s.m. e adj. (Indivíduo) que cava trincheiras em operações militares.

sapar (sa.**par**) v.i. Trabalhar com uma sapa.

saparia (sa.pa.**ri**.a) s.f. **1.** Grande quantidade de sapos. **2.** (Fig.) Corja; bando.

sapata (sa.**pa**.ta) s.f. **1.** Sapato de couro sem salto. **2.** Calço que se coloca em um pilar, para equilibrar uma trave. **3.** (Const.) Fundação constituída por bloco de concreto armado. **4.** (Pop.) Sapatão.

sapatada (sa.pa.**ta**.da) s.f. Pancada que se dá com um sapato.
sapatão (sa.pa.tão) s.m. **1.** Sapato grande. **2.** (Pop.) Mulher homossexual; sapata.
sapataria (sa.pa.ta.**ri**.a) s.f. **1.** Estabelecimento onde se fabricam, consertam ou vendem sapatos. **2.** O ofício do sapateiro.
sapateado (sa.pa.te.**a**.do) s.m. Dança em que usam sapatos especiais, com chapas metálicas nas solas, com a intenção de fazer um ruído ritmado.
sapateador (sa.pa.te.a.**dor**) [ô] s.m. e adj. (Aquele) que dança o sapateado.
sapatear (sa.pa.te.**ar**) v.i. **1.** Bater nervosamente com os pés no chão. **2.** Executar o sapateado.
sapateio (sa.pa.**tei**.o) s.m. Ato de sapatear.
sapateira (sa.pa.**tei**.ra) s.f. **1.** Móvel onde se guardam sapatos e calçados em geral. **2.** Feminino de *sapateiro*.
sapateiro (sa.pa.**tei**.ro) s.m. Homem que faz, conserta ou vende sapatos.
sapatilha (sa.pa.**ti**.lha) s.f. **1.** Calçado sem salto. **2.** Calçado usado por dançarinos: *sapatilhas de balé, sapatilhas de jazz*.
sapato (sa.**pa**.to) s.m. Calçado que cobre o pé, com solado em couro ou plástico e cabedal de couro, tecido, material sintético etc.
sapé (sa.**pé**) s.m. (Bot.) Capim, planta gramínea usada para fazer cobertura de cabanas. O mesmo que *sapê*.
sapê (sa.**pê**) s.m. (Bot.) O mesmo que *sapé*.
sapear (sa.pe.**ar**) v.t.d. (Pop.) Assistir a um jogo sem participar; xeretar; dar palpite; peruar.
sapeca (sa.**pe**.ca) [é] adj. **1.** Que se mexe muito; arteiro, traquina, buliçoso: *jeitinho sapeca, criança sapeca*. **2.** Namoradeiro, assanhado: *menina sapeca, rapaz sapeca*.
sapecar (sa.pe.**car**) v.t.d. Queimar de leve; chamuscar.
sápido (**sá**.pi.do) adj. Que tem sabor ou gosto, de sabor perceptível.
sapiência (sa.pi.**ên**.ci.a) s.f. Qualidade daquele que é sapiente; sabedoria.
sapiente (sa.pi.**en**.te) adj.2g. Sábio; sabedor; erudito.
sapinho (sa.**pi**.nho) s.m. **1.** (Med.) Mancha esbranquiçada na mucosa da boca, produzida por um fungo, muito comum em bebês em fase de amamentação. **2.** Diminutivo de *sapo*.
sapo (**sa**.po) s.m. (Zoo.) Anfíbio sem cauda, de pernas fortes sempre dobradas, com pele seca e coberta de verrugas, que em algumas espécies lançam veneno.
sapo-cururu (sa.po-cu.ru.**ru**) s.m. (Zoo.) Sapo grande, de pele áspera e enrugada, com coloração verde-amarelada. ▣ Pl. *sapos-cururu, sapos-cururus*.
sapólio (sa.**pó**.li.o) s.m. Tipo de sabão mineral, muito usado em limpeza doméstica.
saponáceo (sa.po.**ná**.ce.o) s.m. e adj. (Preparado) que tem a mesma natureza do sabão.
sapota (sa.**po**.ta) s.f. (Bot.) Sapotizeiro.

sapoti (sa.po.**ti**) s.m. (Bot.) Fruto carnudo e muito doce da sapota, ou sapotizeiro.
sapotizeiro (sa.po.ti.**zei**.ro) s.m. (Bot.) Árvore nativa da América Central, que dá o sapoti e de cujo látex se faz chiclete; sapota.
saprófago (sa.**pró**.fa.go) s.m. e adj. (Bio.) (Ser) que se alimenta de matéria putrefata, em decomposição.
saprófilo (sa.**pró**.fi.lo) adj. (Bio.) Que gosta de coisas podres.
saprófita (sa.**pró**.fi.ta) s.m. (Bio.) Organismo, como os fungos, capaz de absorver restos de seres vivos e decompô-los, reciclando os nutrientes. O mesmo que *saprófito*.
saprófito (sa.**pró**.fi.to) s.m. (Bio.) O mesmo que *saprófita*.
sapucaia (sa.pu.**cai**.a) s.f. **1.** (Bot.) Árvore originária da mata Atlântica. **2.** Seu fruto.
saque (**sa**.que) s.m. **1.** Ato de sacar (ou de saquear). **2.** Retirada de uma conta bancária. **3.** Título de crédito emitido. **4.** Jogada inicial de tênis, tênis-de--mesa, pingue-pongue ou vôlei. **5.** Assalto; roubo.
saquê (sa.**quê**) s.m. Tipo de aguardente japonesa, feita com arroz.
saqueado (sa.que.**a**.do) adj. Roubado; assaltado; extorquido.
saqueador (sa.que.a.**dor**) [ô] s.m. e adj. (Aquele) que saqueia; assaltante; ladrão.
saquear (sa.que.**ar**) v.t.d. **1.** Assaltar; roubar. **2.** Devastar; assolar.
sarabanda (sa.ra.**ban**.da) s.f. **1.** Dança antiga espanhola. **2.** (Fig.) Repreensão; descompostura.
sarabatana (sa.ra.ba.**ta**.na) s.f. O mesmo que *zarabatana*.
saracotear (sa.ra.co.te.**ar**) v.t.d. **1.** Requebrar; mexer os quadris; rebolar. v.i. **2.** Vaguear de um lugar para outro. v.p. **3.** Rebolar-se.
saracoteio (sa.ra.co.**tei**.o) s.m. Ato de saracotear; saçarico.
saracura (sa.ra.**cu**.ra) s.f. (Zoo.) Ave pernalta que vive nos rios, pântanos e lagos.
sarado (sa.**ra**.do) adj. **1.** Que sarou, que foi curado. **2.** (Pop.) Forte, sacudido. s.m. e adj. **3.** (Gír.) (O) que tem os músculos cultivados e visíveis: *barriguinha sarada, o bloco dos sarados*.
saraiva (sa.**rai**.va) s.f. **1.** Chuva de pedra, saraivada. **2.** Granizo; pedrisco.
saraivada (sa.rai.**va**.da) s.f. **1.** Chuva de pedra. **2.** (Fig.) Grande quantidade de coisas que caem sucessivamente ou de tiros.
saraivar (sa.rai.**var**) v.i. **1.** Cair como saraiva. v.t.d. **2.** Açoitar com pedrinhas de gelo.
sarampão (sa.ram.**pão**) s.m. (Med.) Sarampo.
sarampelo (sa.ram.**pe**.lo) [ê] s.m. (Med.) Tipo de sarampo benigno.
sarampento (sa.ram.**pen**.to) s.m. e adj. (Aquele) que está com sarampo.
sarampo (sa.**ram**.po) s.m. (Med.) Doença infecciosa que se caracteriza por estado febril e catarral, conjuntivite e exantema em vários locais do corpo.

sarapantar (sa.ra.pan.**tar**) v.t.d. e v.p. Espantar(-se); assustar(-se); atordoar(-se).

sarapatel (sa.ra.pa.**tel**) s.m. (Culin.) Prato preparado com miúdos e sangue de porco ou carneiro.

sarapintado (sa.ra.pin.**ta**.do) adj. Que tem pintas variadas; pintado; mosqueado; pintalgado.

sarapintar (sa.ra.pin.**tar**) v.t.d. Fazer pintas variadas ou de várias cores.

sarar (sa.**rar**) v.t.d. **1.** Restituir a saúde; curar. **2.** Sanear. v.p. e v.i. **3.** Recuperar a saúde; curar-se. v.t.i. **4.** Curar-se de.

sarará (sa.ra.**rá**) s.f. **1.** Tipo de formiga. s.2g. e adj.2g. **2.** Albino. **3.** (Pessoa) morena ou descendente de negros com cabelo louro, ruivo ou arruivado.

sarau (sa.**rau**) s.m. Encontro, reunião, festa em que os participantes fazem apresentações de poesia, música ou outras artes.

sarça (**sar**.ça) s.f. Arbusto; matagal; silva.

sarcasmo (sar.**cas**.mo) s.m. Ironia; zombaria; escárnio.

sarcástico (sar.**cás**.ti.co) adj. Que diz respeito a sarcasmo; irônico; crítico; zombador.

sarcófago (sar.**có**.fa.go) s.m. **1.** Túmulo em que os antigos colocavam os cadáveres que não seriam queimados. **2.** Parte de monumento que representa o ataúde. **3.** (P. ext.) O ataúde.

sarcoma (sar.**co**.ma) [ô] s.m. (Med.) Tumor maligno que se forma no tecido conjuntivo.

sarda (**sar**.da) s.f. Mancha amarelo-avermelhada que aparece no corpo de algumas pessoas de pele clara.

sardento (sar.**den**.to) s.m. e adj. (Aquele) que tem sardas.

sardinha (sar.**di**.nha) s.f. (Zoo.) Peixe marinho com cerca de 13cm, de grande importância econômica, consumido principalmente os comercializados em lata.

sardônico (sar.**dô**.ni.co) adj. **1.** Que foi atacado de tétano. **2.** Irônico; sarcástico.

sargaço (sar.**ga**.ço) s.m. (Bot.) Tipo de algas arrancadas pelo mar dos rochedos onde crescem.

sargento (sar.**gen**.to) s.m. Graduação militar entre cabo e suboficial.

sariguê (sa.ri.**guê**) [ü] s.m. (Zoo.) Mamífero marsupial cuja fêmea é dotada de uma bolsa no ventre, onde carrega os filhotes; gambá.

sarilho (sa.**ri**.lho) s.m. Apetrecho para puxar água de poço ou multiplicar a força para outros fins, composto por duas rodas acopladas a um eixo ou ligadas por engrenagens.

sarja (**sar**.ja) s.f. Tecido de algodão entremeado de seda ou lã.

sarjar (sar.**jar**) v.t.d. Fazer pequeno corte na superfície de (tumor): *sarjou o furúnculo*.

sarjeta (sar.**je**.ta) [ê] s.f. **1.** Escoadouro de água, junto ao meio-fio. **2.** Valeta. **3.** (Fig.) Degradação, indigência.

sarmento (sar.**men**.to) s.m. **1.** (Bot.) Ramo ou broto de videira. **2.** (P. ext.) Ramo comprido, lenhoso e flexível. **3.** Graveto para atear fogo à lenha.

sarmentoso (sar.men.**to**.so) [ô] adj. Que desenvolve ramos flexíveis ou sarmentos.

sarna (**sar**.na) s.f. **1.** (Med.) Doença de pele que dá muita coceira, causada por um parasita chamado ácaro. **2.** (Fig.) Pessoa inconveniente ou importuna.

sarnento (sar.**nen**.to) adj. (Med.) Que tem sarna.

sarrabulho (sar.ra.**bu**.lho) s.m. **1.** Sangue de porco coagulado, usado em culinária. **2.** (Fig.) Bagunça, desordem.

sarraceno (sar.ra.**ce**.no) s.m. e adj. (Indivíduo) pertencente aos povos árabes que dominaram a Espanha, a Sicília e parte da África; árabe; mouro; mourisco.

sarrafo (sar.**ra**.fo) s.m. Tira estreita de tábua, mais larga que a ripa.

sarro (**sar**.ro) s.m. **1.** Borra deixada pelo vinho no fundo das garrafas. **2.** Resto de nicotina acumulada nos cachimbos ou piteiras. **3.** (Gír.) Pessoa, coisa ou dito engraçado e divertido.

Satã (sa.**tã**) s.m. (próprio) Satanás.

Satanás (sa.ta.**nás**) s.m. (próprio) **1.** Anjo que se rebelou e foi enviado por Deus para o inferno; Satã, Lúcifer. (comum) **2.** Demônio, personificação ou espírito do mal.

satânico (sa.**tâ**.ni.co) adj. **1.** Que diz respeito a Satã ou Satanás. **2.** Diabólico; tentador; infernal.

satanismo (sa.ta.**nis**.mo) s.m. **1.** Culto a Satã. **2.** Qualidade do que é satânico.

satélite (sa.**té**.li.te) s.f. **1.** Astro sem luz própria que gira em torno de um planeta. **2.** (P. ext.) Mineral que acompanha um diamante. adj. **3.** Diz-se de uma cidade dependente de outra que lhe é vizinha ou de um país que depende economicamente de outro.

sateré-maué (sa.te.ré-mau.**é**) s.2g. **1.** Indivíduo dos sateré-maués, povo indígena que vive hoje no Amazonas. adj.2g. **2.** Relacionado a esse povo. ▫ Pl. *saterés-maués*.

sátira (**sá**.ti.ra) s.f. **1.** (Lit.) Composição literária que ridiculariza pessoas, usos e costumes de uma época. **2.** (P. ext.) Qualquer censura irônica.

satírico (sa.**tí**.ri.co) adj. Que diz respeito à sátira.

satirista (sa.ti.**ris**.ta) s.2g. Pessoa que faz sátiras.

satirizar (sa.ti.ri.**zar**) v.t.d. **1.** Fazer sátiras de; ironizar; zombar; criticar. v.i. **2.** Escrever sátiras.

sátiro (**sá**.ti.ro) s.m. **1.** (Mit.) Deus dos bosques, com pernas e pés de bode, habitante das florestas. **2.** (Fig.) Homem devasso.

satisfação (sa.tis.fa.**ção**) s.f. **1.** Alegria; prazer; contentamento. **2.** Explicação; desculpa. **3.** Pagamento. **4.** Desempenho.

satisfatório (sa.tis.fa.**tó**.ri.o) adj. **1.** Que satisfaz. **2.** Aceitável; regular.

satisfazer (sa.tis.fa.**zer**) v.t.d. **1.** Realizar; cumprir. **2.** Pagar. **3.** Saciar. v.i. **4.** Ser bastante ou suficiente. v.p. **5.** Saciar-se; contentar-se. v.t.i. **6.** Cumprir; atender. Obs.: conjuga-se como *fazer*.

satisfeito (sa.tis.**fei**.to) adj. **1.** Contente; feliz. **2.** Saciado; repleto. **3.** Realizado.

saturabilidade (sa.tu.ra.bi.li.**da**.de) s.f. Característica do que pode chegar à saturação.

saturação (sa.tu.ra.ção) s.f. **1.** Ato de saturar(-se); saciedade. **2.** Estado de um vapor em equilíbrio com seu líquido.
saturado (sa.tu.ra.do) adj. **1.** Farto; cheio; saciado. **2.** Impregnado; embebido. **3.** (Quím.) Diz-se de um composto orgânico que contém ligações simples entre seus átomos de carbono.
saturar (sa.tu.rar) v.t.d. **1.** Levar à saturação; encher completamente. v.t.d. e v.p. **2.** Impregnar(-se), saciar(-se), fartar(-se).
saturnal (sa.tur.nal) adj.2g. **1.** Relacionado ao deus romano Saturno ou às festas em sua homenagem; saturnino. **2.** Saturnino.
saturnino (sa.tur.ni.no) adj.2g. **1.** Relacionado ao planeta Saturno. **2.** Saturnal. **3.** Relacionado ao chumbo.
saturnismo (sa.tur.nis.mo) s.m. Intoxicação por chumbo.
Saturno (Sa.tur.no) s.m. (próprio) **1.** (Astron.) Planeta do Sistema Solar que é o segundo em tamanho e o sexto em órbita a partir do Sol, rodeado por anéis de partículas luminosas. **2.** Certo deus romano.
saudação (sau.da.ção) s.f. **1.** Ato de saudar. **2.** Palavra ou expressão usada para saudar, no início de uma conversa ou mensagem escrita: *"oi"* e *"boa noite"* são saudações populares. Cf. *saudações*.
saudações (sau.da.ções) s.f.pl. Cumprimentos; felicitações. Cf. *saudação*.
saudade (sau.da.de) s.f. **1.** Recordação nostálgica de pessoas e coisas que estão longe ou se foram para sempre. **2.** Cumprimento dado a pessoas que partiram.
saudar (sau.dar) v.t.d. **1.** Cumprimentar; aclamar. **2.** Felicitar; louvar. Obs.: pres. do ind.: *saúdo, saúdas, saúda, saudamos, saudais, saúdam*; pres. do subj.: *saúde, saúdes, saúde, saudemos, saudeis, saúdem*.
saudável (sau.dá.vel) adj.2g. **1.** Bom para a saúde; salutar; benéfico. **2.** Que goza de saúde; sadio; são.
saúde (sa.ú.de) s.f. **1.** Estado do que (ou de quem) é são; vigor; robustez. **2.** Brinde ou saudação.
saudita (sau.di.ta) adj.2g. **1.** Da Arábia Saudita, país da África. s.2g. **2.** Pessoa natural ou habitante desse lugar.
saudosismo (sau.do.sis.mo) s.m. Apego às coisas passadas, ao que já passou.
saudosista (sau.do.sis.ta) adj.2g. **1.** Que expressa saudosismo. s.2g. e adj.2g. **2.** (Pessoa) cheia de saudosismo.
saudoso (sau.do.so) [ô] adj. **1.** Que sente saudades. **2.** Que inspira saudades. ▣ Pl. *saudosos* [ó].
sauna (sau.na) s.f. **1.** Compartimento cheio de vapor ou com calor seco, onde se permanece por alguns minutos para suar: *entrar na sauna.* **2.** Ação de ficar um tempo nesse local: *tomar uma sauna.*
sáurio (sáu.ri.o) s.m. (Bio.) Réptil fóssil semelhante a lagarto.
saúva (sa.ú.va) s.f. (Zoo.) Formiga muito voraz, de organização social complexa, que ameaça as lavouras; carregadeira.
sauval (sa.u.val) s.m. Sauveiro.
sauveiro (sa.u.vei.ro) s.m. (Zoo.) Formigueiro de saúvas; sauval.
savana (sa.va.na) s.f. (Geo.) Terreno plano com árvores esparsas e mato rasteiro.
saveiro (sa.vei.ro) s.m. **1.** (Naút.) Barco à vela, estreito e comprido, usado na travessia de rios e na pesca com linha. **2.** Aquele que dirige o saveiro.
savitu (sa.vi.tu) s.m. Macho da saúva.
sax [cs] s.m. (Mús.) Saxofone.
saxão (sa.xão) [cs] adj. e s.m. **1.** Anglo-saxão. adj. **2.** Que diz respeito à Saxônia, região da Alemanha. s.m. e adj. **3.** (Pessoa) natural ou habitante desse lugar.
saxofone (sa.xo.fo.ne) [cs] s.m. (Mús.) Instrumento de sopro, metálico, com chaves e embocadura; sax.
saxofonista (sa.xo.fo.nis.ta) [cs] s.2g. Aquele que toca saxofone.
saxônio (sa.xô.ni.o) [cs] s.m. e adj. Saxão.
sazão (sa.zão) s.f. **1.** Estação do ano. **2.** (Fig.) Ocasião; oportunidade.
sazonado (sa.zo.na.do) adj. Pronto para ser colhido; amadurecido; maduro.
sazonal (sa.zo.nal) adj.2g. Que ocorre em certa estação do ano.
sazonar (sa.zo.nar) v.t.d. **1.** Amadurecer; ficar maduro. v.i. e v.p. **2.** Tornar-se maduro.
Sb Símbolo do elemento químico antimônio.
SC Sigla de Santa Catarina, estado brasileiro.
Sc Símbolo do elemento químico escândio.
scanner [inglês: "iscâner"] s.m. Escâner.
script [inglês: "escrípti"] s.m. Texto com os diálogos e indicações cênicas de um filme, peça, novela etc.
sé s.f. Igreja ou jurisdição episcopal.
se conj. **1.** Liga uma oração subordinada que expressa condição ou que integra outra oração: *irei se puder*; *não sei se poderei.* pron. **2.** Pronome de realce: *as aves se foram.* **3.** Pronome que expressa a voz passiva: *compram-se carros usados.* **4.** Pronome pessoal que expressa ação reflexiva, que recai sobre o sujeito: *ele se cortou.* **5.** Pronome pessoal que indica reciprocidade: *eles se abraçaram.* Cf. *si*.
Se Símbolo do elemento químico selênio.
SE Sigla de Sergipe, estado brasileiro.
seara (se.a.ra) s.f. **1.** Campo semeado. **2.** Campo de cereais. **3.** (Fig.) Partido; agremiação.
sebáceo (se.bá.ce.o) adj. **1.** Que tem a natureza do sebo. **2.** Que segrega sebo.
sebe (se.be) [é] s.f. Tapume ou cerca de ramos ou varas, com que se cerca um terreno.
sebento (se.ben.to) adj. **1.** Que tem a natureza do sebo; seboso. **2.** Sujo; imundo; gorduroso.
sebo (se.bo) [ê] s.m. **1.** Substância gordurosa extraída das vísceras de certos quadrúpedes. **2.** Estabelecimento que compra e vende livros usados.
seborreia (se.bor.rei.a) [éi] s.f. (Med.) Secreção excessiva das glândulas sebáceas.
seborreico (se.bor.rei.co) [éi] adj. Que diz respeito a seborreia.

seboso (se.**bo**.so) [ô] *adj.* Sebento; gorduroso; sujo. ▣ Pl. *sebosos* [ó].
seca (**se**.ca) [ê] *s.f.* **1.** Falta de chuvas; estiagem. **2.** Falta de abastecimento de água por longo tempo, com redução da quantidade de alimentos produzidos, morte de plantações e animais.
secador (se.ca.**dor**) [ô] *adj.* **1.** Que seca. *s.m.* **2.** Aparelho para secar os cabelos que lança jato de ar quente.
secadora (se.ca.**do**.ra) [ô] *s.f.* Máquina utilizada para secar roupas.
secagem (se.**ca**.gem) *s.f.* Processo para secar: *passe um produto para acelerar a secagem da pintura.*
secante (se.**can**.te) *adj.2g.* **1.** Que seca; secativo. *s.f. e adj.* **2.** (*Geom.*) (Reta) que corta a circunferência em dois pontos. *s.m. e adj.* **3.** (Óleo) passado sobre esmalte ou tinta para acelerar a secagem.
seção (se.**ção**) *s.f.* **1.** Ato de cortar. **2.** Corte vertical. **3.** Cada uma das divisões de uma obra; capítulo. **4.** Divisão de uma organização ou de uma loja de departamentos: *a seção de achados e perdidos; seção de laticínios; a seção paraibana da ordem dos advogados.* O mesmo que *secção.* Cf. *cessão* e *sessão.*
secar (se.**car**) *v.t.d.* **1.** Tornar seco; enxugar; estancar. *v.i. e v.p.* **2.** Ficar seco. **3.** Murchar; fenecer.
secarrão (se.car.**rão**) *adj.* Muito seco; pouco falante; rude.
secativo (se.ca.**ti**.vo) *adj.* Secante.
secção (sec.**ção**) *s.f.* O mesmo que *seção.* Cf. *sessão* e *cessão.*
seccional (sec.ci.o.**nal**) *adj.2g.* Relativo a secção ou seção: *o conselho seccional de uma ordem profissional.*
seccionar (sec.ci.o.**nar**) *v.t.d.* Cortar, talhar: *usou o bisturi para seccionar a veia.*
secessão (se.ces.**são**) *s.f.* Ato de separar; separação.
secional (se.ci.o.**nal**) *adj.2g.* Que diz respeito a seção.
secionar (se.ci.o.**nar**) *v.t.d. e v.p.* Dividir(-se) em seções.
seco (**se**.co) [ê] *adj.* **1.** Que não contém líquido; enxuto. **2.** Que contém pouca água; árido. **3.** De poucas palavras; rude; áspero. **4.** (*Fig.*) Sequioso, ansioso: *estava seco para tomar um sorvete.*
secreção (se.cre.**ção**) *s.f.* **1.** Ato de segregar. **2.** Líquido segregado pelas glândulas.
secreta (se.**cre**.ta) *s.f.* **1.** Oração que o celebrante diz em voz baixa na missa, antes do prefácio. *s.m.* **2.** Investigador de polícia secreta.
secretar (se.cre.**tar**) *v.t.d.* (*Med.*) Expelir um líquido ou secreção: *o rim secreta a urina.*
secretaria (se.cre.ta.**ri**.a) *s.f.* **1.** Departamento, setor ou pessoa que, em uma empresa, faz serviços como redação, digitação, arquivo etc. **2.** Divisão, parte de um governo municipal ou estadual com funções específicas: *Secretaria de Educação, Secretaria de Obras.*
secretária (se.cre.**tá**.ri.a) *s.f.* **1.** Mulher encarregada da secretaria de uma empresa. **2.** Titular de uma secretaria de governo. **3.** Mesa com compartimentos fechados a chave, para guardar papéis e documentos; escrivaninha. Secretária eletrônica: dispositivo que atende chamadas telefônicas e grava recados.
secretariado (se.cre.ta.ri.**a**.do) *s.m.* **1.** Curso técnico de preparação de secretárias. **2.** Conjunto dos secretários de Estado. **3.** Cargo e dignidade de secretário. **3.** Tempo de duração de suas funções.
secretariar (se.cre.ta.ri.**ar**) *v.i. e v.t.d.* Exercer as funções de secretário (junto a). Obs.: pres. do ind.: *secretario, secretarias, secretaria, secretariam.* Pres. do subj.: *secretarie, secretaries, secretarie, secretariem.*
secretário (se.cre.**tá**.ri.o) *s.m.* **1.** Pessoa encarregada da secretaria. **2.** Titular de uma secretaria. **3.** Aquele que escreve as atas de uma reunião.
secreto (se.**cre**.to) [é] *adj.* Que não é do conhecimento público; oculto.
secretor (se.cre.**tor**) [ô] *s.m. e adj.* (*Bio.*) (Aquele) que segrega: *o epitélio tem função secretora.*
sectário (sec.**tá**.ri.o) *adj.* **1.** Que diz respeito a seita. *s.m.* **2.** Membro de uma seita.
sectarismo (sec.ta.**ris**.mo) *s.m.* Espírito de seita ou de partido; partidarismo.
secular (se.cu.**lar**) *adj.2g.* **1.** Que diz respeito a século. **2.** Que existe há séculos. **3.** Que se faz de cem em cem anos. **4.** Muito antigo. **5.** Que não é religioso; leigo.
secularização (se.cu.la.ri.za.**ção**) *s.f.* Transformação de religiosos em leigos.
secularizar (se.cu.la.ri.**zar**) *v.t.d.* Transformar em leigos ou seculares.
século (**sé**.cu.lo) *s.m.* **1.** Período de cem anos; centúria. **2.** (*Fig.*) Muito tempo. **3.** (*Relig.*) O mundo e a vida fora de uma ordem religiosa; o mundo temporal: *sempre que saía do convento, a freira estranhava o ritmo da vida no século.*
secundado (se.cun.**da**.do) *adj.* Assessorado; auxiliado; ajudado.
secundar (se.cun.**dar**) *v.t.d.* Assessorar; auxiliar; ajudar.
secundário (se.cun.**dá**.ri.o) *adj.* **1.** Que está em posição de menor importância. **2.** (*Ant.*) Relacionado ao ensino de segundo grau, designação antiga do curso de nível médio, que vinha depois do ginásio e antes da faculdade.
secundarista (se.cun.da.**ris**.ta) *s.2g. e adj.2g.* (*Ant.*) (Aluno) de curso secundário, do ensino de segundo grau, mais ou menos equivalente ao atual nível médio.
secundogênito (se.cun.do.gê.ni.to) *s.m. e adj.* (O) que foi gerado em segundo lugar; segundo filho.
secura (se.**cu**.ra) *s.f.* **1.** Estado daquilo que está seco; aridez. **2.** Sede. **3.** (*Fig.*) Contenção de emoções; frieza.
securitário (se.cu.ri.**tá**.ri.o) *adj.* **1.** Que diz respeito a seguro. *s.m.* **2.** Funcionário de uma companhia de seguro.
seda (**se**.da) [ê] *s.f.* **1.** Substância filamentosa produzida pelo bicho-da-seda, a larva da borboleta *Bombyx.* **2.** Tecido feito com essa substância.

3. Tecido sintético imitando o natural. (*sobrecomum*) **4.** (Fig.) Pessoa muito amável e delicada.

sedã (se.**dã**) *s.m.* Tipo de carro para cinco passageiros, com capota fixa.

sedação (se.da.**ção**) *s.f.* Ato de sedar.

sedado (se.**da**.do) *adj.* Dopado; drogado; tranquilizado.

sedar (se.**dar**) *v.t.d.* Dopar, drogar, tranquilizar com o auxílio de sedativos.

sedativo (se.da.**ti**.vo) *adj.* **1.** Que acalma ou seda. *s.m.* **2.** Medicamento que seda, acalmando e aliviando as dores.

sede¹ (**se**.de) [ê] *s.f.* **1.** Sensação que a necessidade de beber água (ou outro líquido) provoca. **2.** (Fig.) Desejo; avidez.

sede² (**se**.de) [é] *s.f.* **1.** Local onde se estabelece um governo, administração, empresa ou associação; matriz. **2.** Local onde se realiza um acontecimento.

sedentariedade (se.den.ta.ri.e.**da**.de) *s.f.* Estado de quem vive uma vida sedentária; inatividade.

sedentário (se.den.**tá**.ri.o) *adj.* **1.** Diz-se de um povo que se fixou em um local, que não é nômade: *povos sedentários*. *s.m. e adj.* **2.** (Pessoa) que tem reduzida atividade física, que se exercita pouco ou quase nada, que permanece muito tempo sentada: *pessoas sedentárias engordam e envelhecem mais depressa*.

sedentarismo (se.den.ta.**ris**.mo) *s.m.* Condição de sedentário, de quem tem pouca atividade física: *o sedentarismo é prejudicial ao bem-estar do corpo e da mente*.

sedento (se.**den**.to) *adj.* Que está com sede.

sediado (se.di.**a**.do) *adj.* Localizado; situado.

sediar (se.di.**ar**) *v.t.d.* **1.** Servir de sede para. *v.i.* **2.** Ter por sede.

sedição (se.di.**ção**) *s.f.* Revolta; sublevação; rebeldia.

sedicioso (se.di.ci.**o**.so) [ô] *adj.* Revoltoso; sublevado; rebelde. ▣ Pl. *sediciosos* [ó].

sedimentação (se.di.men.ta.**ção**) *s.f.* **1.** Ação de sedimentar(-se). **2.** Formação de sedimentos, acúmulo de substâncias minerais na superfície terrestre.

sedimentado (se.di.men.**ta**.do) *adj.* **1.** Que se sedimentou. **2.** Fixado, preservado.

sedimentar (se.di.men.**tar**) *adj.2g.* **1.** Que se originou de sedimentação. *v.i. e v.p.* **2.** Formar sedimento; solidificar(-se).

sedimento (se.di.**men**.to) *s.m.* **1.** Partícula que se deposita no fundo de um líquido. **2.** (Geo.) Camada de lama, areia etc. deixada pelas águas, após as inundações.

sedimentoso (se.di.men.**to**.so) [ô] *adj.* Que contém sedimentos; sedimentar. ▣ Pl. *sedimentosos* [ó].

sedoso (se.**do**.so) [ô] *adj.* Semelhante à seda; macio. ▣ Pl. *sedosos* [ó].

sedução (se.du.**ção**) *s.f.* **1.** Ato de seduzir. **2.** Qualidade daquele que seduz; atração.

sedutor (se.du.**tor**) [ô] *s.m. e adj.* (Aquele) que seduz; atraente.

seduzir (se.du.**zir**) *v.t.d.* **1.** Desencaminhar. **2.** Desonrar. **3.** Atrair; encantar. **4.** Subornar. Obs.: pres. do ind.: *seduzo, seduzes, seduz* etc.; perde o *e* na 3ª pes. sing.

sefardita (se.far.**di**.ta) *s.2g. e adj.2g.* **1.** Judeu descendente dos grupos que saíram da Espanha e de Portugal entre os séculos XV e XIX. *adj.2g.* **2.** Relacionado a esses grupos ou sua cultura: *música sefardita, sinagogas sefarditas*.

sega (**se**.ga) *s.f.* Ato de segar; ceifa; segadura.

segadeira (se.ga.**dei**.ra) *s.f.* Tipo de foice grande; ceifeira.

segador (se.ga.**dor**) [ô] *s.m. e adj.* (Aquele) que sega; ceifeiro.

segadura (se.ga.**du**.ra) *s.f.* Sega.

segar (se.**gar**) *v.t.d.* **1.** Ceifar; cortar. **2.** Pôr fim; eliminar. Cf. *cegar*.

sege (**se**.ge) *s.f.* Carro ou coche de luxo com um só lugar coberto, em que o condutor vai montado no cavalo.

segmentação (seg.men.ta.**ção**) *s.f.* Ato de segmentar.

segmentar (seg.men.**tar**) *v.t.d.* **1.** Dividir em segmentos; seccionar; fracionar. *adj.* **2.** Formado por segmentos.

segmento (seg.**men**.to) *s.m.* **1.** Parte de um todo; seção. **2.** (Geom.) Porção de um círculo compreendida entre a corda e o arco respectivo.

segredar (se.gre.**dar**) *v.t.d.* **1.** Dizer em voz baixa. *v.i.* **2.** Contar segredos. Cf. *segregar*. Obs.: pres. do ind.: *segredo* [é], *segredas* [é], *segreda* [é], *segredam* [é]; pres. do subj.: *segrede* [é], *segredes* [é], *segrede* [é], *segredem* [é].

segredo (se.**gre**.do) [ê] *s.m.* **1.** Aquilo que não deve ser divulgado. **2.** Confidência. **3.** Mistério. **4.** Sequência de movimentos ou giros que se devem dar à maçaneta de um cofre, para abri-lo.

segregação (se.gre.ga.**ção**) *s.f.* **1.** Ação de segregar ou isolar; separação. **2.** Separação, isolamento de um grupo; discriminação: *a segregação dos sexos existe em várias religiões*. Segregação racial: crime de separar pessoas ou locais de acordo com a cor da pele, formato dos olhos ou do cabelo etc.

segregacionismo (se.gre.ga.ci.o.**nis**.mo) *s.m.* Opinião de que algum grupo social deve ser isolado da sociedade.

segregacionista (se.gre.ga.ci.o.**nis**.ta) *s.2g. e adj.2g.* Que defende o segregacionismo, que propõe o isolamento de algum grupo da sociedade.

segregado (se.gre.**ga**.do) *adj.* Isolado; confinado; separado.

segregar (se.gre.**gar**) *v.t.d.* **1.** Separar; desligar. **2.** Afastar do convívio dos outros. **3.** (Med.) Secretar, expelir secreção. *v.p.* **3.** Isolar-se; separar-se. Cf. *segredar*.

seguida (se.**gui**.da) *s.f.* **1.** Ato de seguir; seguimento. **2.** Série, sucessão. Em seguida: imediatamente, logo depois.

seguido (se.**gui**.do) *adj.* Que vem logo depois; imediato; contínuo.

seguidor (se.gui.**dor**) [ô] s.m. e adj. (Pessoa) que segue as ideias de um profeta, uma religião, as propostas de uma doutrina, um programa de ação etc.

seguimento (se.gui.**men**.to) s.m. Ato de seguir (ou prosseguir); continuação; sequência; consequência.

seguinte (se.**guin**.te) s.2g. e adj.2g. (Aquele ou aquilo) que vem em seguida; imediato.

seguir (se.**guir**) v.t.d. **1.** Ir atrás de; acompanhar. **2.** Tomar o partido de; aderir a. **3.** Tomar como exemplo. **4.** Exercer; professar. v.i. **5.** Prosseguir; continuar. v.t.i. **6.** Tomar certa direção. Obs.: pres. do ind.: *sigo, segues, segue* etc.; pres. do subj.: *siga, sigas, siga, sigamos, sigais, sigam*.

segunda (se.**gun**.da) s.f. **1.** Forma reduzida de segunda-feira. **2.** Forma reduzida de segunda classe. **3.** Segunda marcha nos automóveis.

segunda-feira (se.gun.da-**fei**.ra) s.f. Segundo dia da semana, sendo o domingo o primeiro, e o primeiro dos dias úteis. ▣ Pl. *segundas-feiras*.

segundanista (se.gun.da.**nis**.ta) s.2g. Aluno que se encontra no segundo ano de qualquer curso.

segundo (se.**gun**.do) num. **1.** (O) que está na posição do número 2; numeral ordinal que corresponde a esse número: *o segundo lugar ganha medalha de prata*. adj. **2.** Secundário; imediato ao primeiro. s.m. **3.** A sexagésima parte de um minuto. **4.** (Fig.) Curtíssimo espaço de tempo. prep. **5.** De acordo com. conj. **6.** Conforme, consoante.

segurado (se.gu.**ra**.do) s.m. **1.** Aquele que paga o prêmio a uma seguradora, contando, assim, com seus serviços. adj. **2.** Que está no seguro.

segurador (se.gu.ra.**dor**) [ô] s.m. e adj. (Aquele) que, em um contrato de seguro, está obrigado a indenizar os prejuízos do segurado.

seguradora (se.gu.ra.**do**.ra) [ô] s.f. Companhia de seguros.

segurança (se.gu.**ran**.ça) s.f. **1.** Ato de segurar. **2.** Condição do que está seguro. **3.** Certeza; confiança. s.m. **4.** Aquele que é encarregado de dar proteção a firmas, residências e pessoas.

segurar (se.gu.**rar**) v.t.d. **1.** Amparar. **2.** Prender. **3.** Pegar. **4.** Colocar no seguro. v.p. **5.** Apoiar-se. **6.** Fazer seguro de vida ou qualquer tipo de contrato que lhe assegure direitos.

seguridade (se.gu.ri.**da**.de) s.f. Seguridade social: conjunto de medidas e leis para assegurar que os membros de uma sociedade tenham garantias mínimas em serviços de saúde, trabalho, alimentação, educação e outros.

seguro (se.**gu**.ro) s.m. **1.** Amparo; garantia. **2.** Contrato pelo qual o segurador se obriga a indenizar o segurado por algum prejuízo. adj. **3.** Garantido. **4.** Firme; preso. **5.** Eficaz; infalível. **6.** Avarento; avaro.

seguro-desemprego (se.gu.ro-de.sem.**pre**.go) [ê] s.m. Pagamento de benefício a trabalhadores que estejam desempregados. ▣ Pl. *seguros-desempregos*.

seio (**sei**.o) s.m. (Anat.) **1.** Cada uma das duas partes do corpo feminino onde estão as glândulas mamárias. **2.** Cavidade existente em alguns ossos da face e crânio. **3.** (Fig.) Parte de dentro; interior, íntimo, âmago.

seis num. **1.** Numeral cardinal que corresponde a 6, ou cinco mais um. s.m. **2.** Esse número.

seiscentismo (seis.cen.**tis**.mo) s.m. Escola artístico-literária do século XVII; gongorismo.

seiscentista (seis.cen.**tis**.ta) s.2g. e adj.2g. **1.** (Artista) ligado ao movimento artístico-literário do século XVII. adj.2g. **2.** Que diz respeito ao século XVII ou ao seiscentismo.

seiscentos (seis.**cen**.tos) num. **1.** Numeral cardinal que corresponde a 600, ou seis centenas. s.m. **2.** Esse número.

seita (**sei**.ta) s.f. Sistema fechado religioso, filosófico ou político, de cunho radical, geralmente oposto à opinião geral.

seiva (**sei**.va) s.f. **1.** (Bot.) Substância líquida dos vegetais que transporta os nutrientes absorvidos do solo para as folhas. **2.** (Fig.) Vigor; energia.

seixal (sei.**xal**) s.m. Local onde se encontram muitos seixos.

seixo (**sei**.xo) s.m. Pedra pequena; pedregulho; calhau.

seja (**se**.ja) conj. **1.** Usa-se como alternativa; ou; quer; ora. interj. **2.** Expressa concordância, acordo.

sela (**se**.la) [é] s.f. Arreio e assento colocado nas cavalgaduras. Cf. *cela*.

selado (se.**la**.do) adj. **1.** Em que se colocou sela. **2.** Em que se colou selo.

selagem (se.**la**.gem) s.f. Ato de selar, de se colocar sela ou selo.

seláquio (se.**lá**.qui.o) adj. (Zoo.) Que tem cartilagens; cartilaginoso.

selar (se.**lar**) v.t.d. **1.** Colocar sela. **2.** Colar selo. v.i. **3.** Fechar; concluir; cerrar.

selaria (se.la.**ri**.a) s.f. **1.** Estabelecimento onde se fazem selas. **2.** Ofício do seleiro. **3.** Grande quantidade de selas.

seleção (se.le.**ção**) s.f. **1.** Ato de selecionar ou escolher; escolha. **2.** Aquilo que selecionou. **3.** Grupo de atletas chamados para constituir um time ou equipe.

selecionado (se.le.ci.o.**na**.do) adj. **1.** Escolhido. s.m. **2.** Representação formada pelos melhores elementos dos clubes esportivos; seleção.

selecionar (se.le.ci.o.**nar**) v.t.d. Fazer seleção; escolher criteriosamente.

seleiro (se.**lei**.ro) s.m. Aquele que fabrica selas. Cf. *celeiro*.

selênico (se.**lê**.ni.co) adj. **1.** Que diz respeito à Lua; lunar. **2.** Que diz respeito ao selênio.

selênio (se.**lê**.ni.o) s.m. (Quím.) Elemento de símbolo Se, número atômico 34 e peso atômico 78,96.

selenita (se.le.**ni**.ta) s.2g. **1.** Habitante hipotético da Lua. s.f. **2.** Pedra lunar.

selenografia (se.le.no.gra.**fi**.a) s.f. Parte da astronomia que descreve a Lua.

selenomancia (se.le.no.man.**ci**.a) *s.f.* Adivinhação que se faz baseada nas fases da Lua.
seleta (se.**le**.ta) [é] *s.f.* Livro que encerra trechos literários de vários autores e escolas; antologia.
seletivo (se.le.**ti**.vo) *adj.* Que seleciona.
seleto (se.**le**.to) [é] *adj.* Escolhido; selecionado; especial.
seletor (se.le.**tor**) [ô] *s.m.* **1.** Dispositivo para selecionar um canal ou outro comando. **2.** Dispositivo que, nos televisores sem controle remoto de teclas, fazia a seleção do canal a ser assistido.
self-service [inglês: "sélfi-sérvice"] *s.m.* Estabelecimento comercial em que o próprio cliente se serve.
selim (se.**lim**) *s.m.* **1.** Assento, banco de bicicleta. **2.** Sela pequena.
selo (**se**.lo) [ê] *s.m.* **1.** Estampilha que se cola nas cartas como franquia. **2.** Sinete; carimbo. **3.** Cunho; sinal.
selva (**sel**.va) *s.f.* Floresta; matagal; mata; bosque.
selvagem (sel.**va**.gem) *adj.2g.* **1.** Que diz respeito ou pertence à selva; agreste; inculto. *s.2g.* **2.** Aquele que vive longe da civilização; silvícola.
selvageria (sel.va.ge.**ri**.a) *s.f.* Ato de selvagem; barbárie.
sem *prep.* Indica exclusão, exceção, ausência, falta.
semáforo (se.**má**.fo.ro) *s.m.* **1.** Poste de sinalização nos cruzamentos de ruas e avenidas; farol; sinaleiro. **2.** Poste de sinalização das linhas férreas. **3.** Telégrafo aéreo usado nas costas, para viabilizar a comunicação com os navios.
semana (se.**ma**.na) *s.f.* Espaço de sete dias, que vai do domingo ao sábado.
semanada (se.ma.**na**.da) *s.f.* Quantia que se paga semanalmente a alguém.
semanal (se.ma.**nal**) *adj.2g.* **1.** Que acontece a cada semana. **2.** Que diz respeito a semana.
semanário (se.ma.**ná**.ri.o) *s.m.* **1.** Publicação semanal; hebdomadário. *adj.* **2.** Semanal.
semântica (se.**mân**.ti.ca) *s.f.* (*Gram.*) Estudo do significado das palavras e da mudança desse significado com o decorrer dos tempos.
semblante (sem.**blan**.te) *s.m.* Fisionomia; rosto; aparência.
sem-cerimônia (sem-ce.ri.**mô**.ni.a) *s.f.* Falta de cerimônia, polidez ou respeito às convenções sociais. ▪ Pl. *sem-cerimônias*.
semeador (se.me.a.**dor**) [ô] *s.m. e adj.* (Indivíduo ou máquina) que semeia.
semeadouro (se.me.a.**dou**.ro) *s.m.* Terreno preparado para ser semeado.
semeadura (se.me.a.**du**.ra) *s.f.* Ato de semear.
semear (se.me.**ar**) *v.t.d.* **1.** Espalhar sementes para que brotem. *v.i.* **2.** Fazer a semeadura.
semelhança (se.me.**lhan**.ça) *s.f.* Característica do que é semelhante; similitude; parecença.
semelhante (se.me.**lhan**.te) *s.2g. e adj.2g.* **1.** (O) que se parece com outro ou outra: *os semelhantes se atraem.* *adj.2g.* **2.** Similar; análogo: *um veículo semelhante a carro.*

sêmen (**sê**.men) *s.m.* **1.** (*Bio.*) Esperma. **2.** Semente. ▪ Pl. *sêmens, sêmenes*.
semente (se.**men**.te) *s.f.* **1.** (*Bot.*) Grão que, lançado à terra, germina e dá origem a novos vegetais; estrutura reprodutiva que contém o embrião e uma reserva alimentar. **2.** (*Fig.*) Início, ponto inicial, origem.
sementeira (se.men.**tei**.ra) *s.f.* Local protegido onde se colocam as sementes para germinar até que sejam transplantadas para o local onde irão se desenvolver.
semestral (se.mes.**tral**) *adj.2g.* **1.** Que diz respeito a semestre. **2.** Que ocorre a cada seis meses.
semestralidade (se.mes.tra.li.**da**.de) *s.f.* **1.** Semestre. **2.** Pagamento feito a cada semestre.
semestre (se.**mes**.tre) *s.m.* Espaço de seis meses sucessivos.
sem-fim (sem-**fim**) *s.m.* **1.** Quantidade indefinida ou ilimitada. **2.** Vastidão, amplidão. ▪ Pl. *sem-fins*.
semianalfabeto (se.mi.a.nal.fa.**be**.to) *s.m.* Aquele que não foi totalmente alfabetizado. ▪ Pl. *semianalfabetos*.
semianual (se.mi.a.nu.**al**) *adj.2g.* Semestral. ▪ Pl. *semianuais*.
semianular (se.mi.a.nu.**lar**) *adj.2g.* Em forma de meio anel. ▪ Pl. *semianulares*.
semiárido (se.mi.**á**.ri.do) *adj.* **1.** Quase árido, com pouca umidade. ▪ Pl. *semiáridos*. *s.m.* (*próprio*) **2.** Região caracterizada por chuvas irregulares e torrenciais que evaporam rapidamente, que se estende pela maioria dos estados do Nordeste (90% do território), norte de Minas Gerais e do Espírito Santo.
semibárbaro (se.mi.**bár**.ba.ro) *adj.* Quase selvagem.
semibreve (se.mi.**bre**.ve) *s.f.* (*Mús.*) Figura que equivale a meia breve ou duas mínimas.
semicircular (se.mi.cir.cu.**lar**) *adj.2g.* Em forma de semicírculo.
semicírculo (se.mi.**cír**.cu.lo) *s.m.* Metade de um círculo.
semicircunferência (se.mi.cir.cun.fe.**rên**.ci.a) *s.f.* Meia circunferência.
semicolcheia (se.mi.col.**chei**.a) *s.f.* (*Mús.*) Figura que vale meia colcheia.
semicondutor (se.mi.con.du.**tor**) [ô] *s.m. e adj.* (*Quím.*) (Material) que varia em condutividade elétrica, como o silício.
semiconsciência (se.mi.cons.ci.**ên**.ci.a) *s.f.* Estado intermediário à consciência e à inconsciência.
semideus (se.mi.**deus**) *s.m.* (*Mit.*) Entidade intermediária aos deuses e aos mortais.
semiescravidão (se.mi.es.cra.vi.**dão**) *s.f.* Escravidão incompleta: *se o trabalhador é obrigado a trocar seu pagamento por alimentos e abrigo, caracteriza--se regime de semiescravidão.*
semiescravo (se.mi.es.**cra**.vo) *s.m. e adj.* Que é quase escravo: *o trabalho semiescravo é proibido por lei.*
semifinal (se.mi.fi.**nal**) *s.f. e adj.2g.* (Partida) que se realiza imediatamente antes da final.

semifinalista (se.mi.fi.na.**lis**.ta) *s.2g. e adj.2g.* (Competidor) que participa de uma semifinal.
semifusa (se.mi.**fu**.sa) *s.f.* (Mús.) Nota que dura a metade de uma fusa.
semi-internato (se.mi-in.ter.**na**.to) *s.m.* **1.** Estabelecimento de ensino em que os alunos permanecem quase todo o dia. **2.** Regime adotado por esse estabelecimento. ▣ Pl. *semi-internatos.*
semi-interno (se.mi-in.**ter**.no) *s.m. e adj.* (Aluno) que se submete ao regime de semi-internato. ▣ Pl. *semi-internos.*
semilíquido (se.mi.**lí**.qui.do) *adj.* Que não é totalmente líquido; cremoso, pastoso.
semilunar (se.mi.lu.**nar**) *adj.2g.* Que tem forma de meia-lua.
semimetal (se.mi.me.**tal**) *adj.2g.* (Quím.) Metaloide.
semimorto (se.mi.**mor**.to) [ô] *adj.* **1.** Que está quase morto. **2.** (Fig.) Muito cansado; exaurido. ▣ Pl. *semimortos* [ó].
seminal (se.mi.**nal**) *adj.2g.* Que diz respeito a sêmen.
seminário (se.mi.**ná**.ri.o) *s.m.* **1.** Estabelecimento de ensino para o sacerdócio. **2.** Simpósio; congresso. **3.** Exposição feita por um grupo de estudos sobre determinado assunto.
seminarista (se.mi.na.**ris**.ta) *s.m.* Aluno de um seminário.
semínima (se.**mí**.ni.ma) *s.f.* (Mús.) Figura que vale meia mínima.
seminu (se.mi.**nu**) *adj.* Meio nu; quase nu.
semiologia (se.mi.o.lo.**gi**.a) *s.f.* Estudo dos símbolos e sentidos.
semiótica (se.mi.**ó**.ti.ca) *s.f.* Estudo dos símbolos, signos e códigos de significação: *a semiótica da arquitetura, semiótica verbal.*
semipermeável (se.mi.per.me.**á**.vel) *adj.2g.* Que é meio permeável, que deixa passar alguns elementos ou substâncias e filtra outros.
semiprecioso (se.mi.pre.ci.**o**.so) [ô] *adj.* Quase precioso. ▣ Pl. *semipreciosos* [ó].
semirreta (se.mir.**re**.ta) *s.f.* Parte de uma reta que é limitada por um ponto.
semissólido (se.mis.**só**.li.do) *adj.* Que é sólido em parte mas não completamente; pastoso, cremoso.
semita (se.**mi**.ta) *adj.2g.* **1.** Que pertence a um grupo de povos em que se incluem hebreus, assírios, árabes e outros: *na Bíblia, os semitas são descendentes de Sem, filho de Noé.* *s.2g.* **2.** (Pessoa) de um desses povos.
semítico (se.**mí**.ti.co) *adj.* Que diz respeito aos semitas.
semitismo (se.mi.**tis**.mo) *s.m.* Caráter do que é semítico.
semitom (se.mi.**tom**) *s.m.* (Mús.) Intervalo de meio tom, menor intervalo empregado na música ocidental.
semivogal (se.mi.vo.**gal**) *s.f.* (Gram.) Vogal *i* ou *u* que, juntando-se a outra, dita vogal fundamental, forma um ditongo, como em *pai* e *chapéu.*
sem-nome (sem-**no**.me) *adj.2g.2n.* Anônimo, sem nome ou identificação. ▣ Pl. *sem-nome.*

sem-número (sem-**nú**.me.ro) *s.m.* Número ou quantidade indeterminada. ▣ Pl. *sem-números.*
sêmola (**sê**.mo.la) *s.f.* **1.** Grãos de trigo ou outro cereal, triturados em tamanho determinado por peneiras: *um prato feito com sêmola de trigo.* **2.** Semolina.
semolina (se.mo.**li**.na) *s.f.* Grãos de trigo ou outro cereal triturados em tamanho menor que a sêmola: *uma sopa com semolina.*
sempiterno (sem.pi.**ter**.no) *adj.* **1.** Eterno. **2.** Contínuo, perpétuo. **3.** Muito antigo.
sempre (**sem**.pre) *adv.* **1.** Constantemente; a todo o tempo. **2.** Sem cessar; incessantemente. **3.** Todas as vezes.
sempre-verde (sem.pre-**ver**.de) *adj.2g.* (Bot.) Diz-se da planta que está sempre com folhas, que se renovam algumas por vez. Cf. *decíduo.* ▣ Pl. *sempre-verdes.*
sempre-viva (sem.pre-**vi**.va) *s.f.* (Bot.) Certa planta cultivada pelas flores ornamentais. ▣ Pl. *sempre-vivas.*
sem-sal (sem-**sal**) *adj.2g.2n.* Insosso; sem gosto ou sabor. ▣ Pl. *sem-sal.*
sem-terra (sem-**ter**.ra) *s.2g.2n. e adj.2g.* **1.** (Pessoa) que não possui terra ou terreno. **2.** (Pessoa) que participa de um movimento para distribuição de propriedades rurais a famílias pobres. ▣ Pl. *sem-terra.*
sem-teto (sem-**te**.to) *s.2g.2n. e adj.2g.* (Pessoa) que não tem um lugar para morar. ▣ Pl. *sem-teto.*
sem-vergonha (sem-ver.**go**.nha) [ô] *s.2g.2n. e adj.2g.* **1.** (Pessoa) sem brio, sem pudor. *adj.* **2.** (Fig.) Diz-se da planta que pega com facilidade. ▣ Pl. *sem-vergonha.*
sem-vergonhice (sem-ver.go.**nhi**.ce) *s.f.* Característica ou atitude de sem-vergonha. ▣ Pl. *sem-vergonhices.*
sena (**se**.na) [ê] *s.f.* **1.** Tipo de loteria, em que são sorteadas seis dezenas de cada vez. **2.** Peça de dominó ou dado de seis pontos. Cf. *cena.*
senáculo (se.**ná**.cu.lo) *s.m.* Local (até mesmo praça pública) onde o senado romano realizava suas sessões.
senado (se.**na**.do) *s.m.* **1.** Câmara alta nos países com duas assembleias. **2.** Local onde se reúnem os senadores. **3.** Conjuntos dos senadores. **4.** Antiga magistratura romana. **5.** Local onde ela atuava.
senador (se.na.**dor**) [ô] *s.m.* Membro do senado, eleito pelo povo.
senadoria (se.na.do.**ri**.a) *s.f.* Cargo (ou funções) do senador; senatoria.
senão (se.**não**) *prep.* **1.** Exceto; a não ser. *conj.* **2.** Mas, porém, ou. *s.m.* **3.** Defeito; mancha.
senatoria (se.na.to.**ri**.a) *s.f.* Senadoria.
senatorial (se.na.to.ri.**al**) *adj.2g.* Que diz respeito ao senado ou a senador.
senda (**sen**.da) *s.f.* Atalho; caminho estreito; vereda.
sendeiro (sen.**dei**.ro) *s.m. e adj.* (Cavalo ou burro) que está velho ou doente.

senectude (se.nec.**tu**.de) *s.f.* Envelhecimento; velhice; decrepitude; senilidade.
senegalês (se.ne.ga.**lês**) *adj.* **1.** Do Senegal, país da África. *s.m.* **2.** Pessoa natural ou habitante desse lugar.
senescência (se.nes.**cên**.ci.a) *s.f.* **1.** Qualidade ou característica de senescente; senilidade, velhice. (*Bio.*) **2.** Processo de envelhecimento. **3.** Processo que acontece com determinadas plantas, antes da queda das folhas.
senescente (se.nes.**cen**.te) *adj.2g.* Que está ficando velho; que está passando pelo processo de envelhecimento.
senha (se.nha) *s.f.* Sinal, gesto, código ou bilhete com que é autorizada a admissão de alguém a uma reunião; *password*.
senhor (se.**nhor**) [ô] *s.m.* **1.** Tratamento cerimonioso. **2.** Tratamento dado a homens idosos. **3.** Tratamento dado a homens distintos. **4.** Dono, proprietário, amo. **5.** Com inicial maiúscula, Deus ou Cristo.
senhora (se.**nho**.ra) *s.f.* **1.** Tratamento cerimonioso. **2.** Tratamento dado a mulheres idosas. **3.** Tratamento dado a mulheres distintas. **4.** Dona, proprietária, ama. Nossa Senhora: para os cristãos, a mãe de Jesus, a Virgem Maria.
senhorear (se.nho.re.**ar**) *v.t.d.* **1.** Conquistar. *v.i.* **2.** Exercer mando ou domínio. *v.p.* **3.** Assenhorear-se.
senhoria (se.nho.**ri**.a) *s.f.* **1.** Proprietária de um imóvel que se aluga; senhorio. **2.** Tratamento correspondente a senhor, usado em cartas comerciais.
senhorial (se.nho.ri.**al**) *adj.2g.* Que diz respeito a senhorio.
senhoril (se.nho.**ril**) *adj.2g.* Que diz respeito a, próprio de senhor ou senhoria; autoritário: *falava em tom senhoril*. Cf. *senhorio*.
senhorinha (se.nho.**ri**.nha) *s.f.* (*Ant.*) Senhora jovem.
senhorio (se.nho.**ri**.o) *s.m.* **1.** Proprietário de um imóvel que se aluga. **2.** Direito de senhor. **3.** Autoridade. **4.** Propriedade; posse. Cf. *senhoril*.
senhorita (se.nho.**ri**.ta) *s.f.* **1.** Moça solteira. **2.** Tratamento respeitoso a ela dado.
senil (se.**nil**) *adj.2g.* **1.** Que diz respeito à velhice. **2.** Idoso; velho. **3.** Decrépito.
senilidade (se.ni.li.**da**.de) *s.f.* **1.** Velhice; decrepitude; senescência. **2.** Enfraquecimento intelectual ou físico característico da velhice.
sênior (sê.nior) *adj.2g.* **1.** Que atingiu o ponto máximo em uma carreira ou competição: *estilista sênior, atletas seniores*. **2.** (*Esp.*) Que se enquadra na categoria das pessoas mais idosas, de faixa etária mais avançada. ▫ Pl. *seniores*.
seno (se.no)[ê] *s.m.* (*Mat.*) **1.** Perpendicular que vai de um dos extremos de um arco de círculo até o raio que se encontra no outro extremo. **2.** Relação existente entre os citados raio e perpendicular.
sensabor (sen.sa.**bor**) [ô] *adj.* Que não tem gosto, atrativo ou graça; desinteressante.
sensação (sen.sa.**ção**) *s.f.* **1.** Impressão produzida nos órgãos dos sentido e levada ao sistema nervoso central. **2.** Emoção; comoção moral. **3.** Impressão causada por um acontecimento surpreendente.
sensacional (sen.sa.ci.o.**nal**) *adj.2g.* Que causa sensação; incrível; espetacular.
sensacionalismo (sen.sa.ci.o.na.**lis**.mo) *s.m.* Divulgação de notícias sensacionais, visando a impressionar as pessoas.
sensacionalista (sen.sa.ci.o.na.**lis**.ta) *s.2g. e adj.2g.* (Aquele) que explora o sensacionalismo.
sensatez (sen.sa.**tez**) [ê] *s.f.* Característica de quem é sensato; prudência; discrição.
sensato (sen.**sa**.to) *adj.* Que tem bom senso; prudente; discreto, assisado.
sensibilidade (sen.si.bi.li.**da**.de) *s.f.* **1.** Característica de sensível. **2.** Capacidade de sentir ou perceber com os sentidos; estesia. **3.** Precisão de instrumentos musicais.
sensibilização (sen.si.bi.li.za.**ção**) *s.f.* Ato de sensibilizar(-se); comoção.
sensibilizador (sen.si.bi.li.za.**dor**) [ô] *adj.* Que sensibiliza; que deixa sensível.
sensibilizar (sen.si.bi.li.**zar**) *v.t.d. e v.p.* Tornar(-se) sensível; comover(-se); abalar(-se) emocionalmente.
sensitiva (sen.si.**ti**.va) *s.f.* **1.** Pessoa que é facilmente abalada emocionalmente. **2.** (*Bot.*) Planta leguminosa cujas folhas se retraem quando tocadas.
sensitivo (sen.si.**ti**.vo) *adj.* **1.** Que diz respeito aos sentidos. *s.m. e adj.* **2.** (Aquele) que tem mais aguçada a faculdade de sentir.
sensível (sen.**si**.vel) *adj.2g.* **1.** Que sente. **2.** Que tem sensibilidade. **3.** Impressionável. **4.** Melindroso. **5.** Delicado. **6.** Dolorido. **7.** Que indica qualquer alteração (instrumento).
senso (sen.so) *s.m.* **1.** Faculdade de julgar. **2.** Discernimento. **3.** Juízo; siso. Cf. *censo*.
sensor (sen.**sor**) [ô] *s.m.* Dispositivo utilizado para identificar alvos, como o radar, ou para advertir de algum movimento inusitado, como nos alarmes contra invasores.
sensorial (sen.so.ri.**al**) *adj.2g.* **1.** Que diz respeito às sensações, aos órgãos dos sentidos ou aos nervos sensitivos. **2.** Que se percebe com esses elementos.
sensório (sen.**só**.ri.o) *adj.* **1.** Que diz respeito à sensibilidade e à transmissão de sensações; sensitivo. *s.m.* **2.** Centro nervoso sensorial; cérebro.
sensual (sen.su.**al**) *adj.2g.* Atraente, voluptuoso, lascivo, excitante.
sensualidade (sen.su.a.li.**da**.de) *s.f.* Qualidade do que é sensual; luxúria; volúpia; concupiscência, lubricidade.
sentar (sen.**tar**) *v.t.d.* **1.** Fixar; assentar. *v.p.* **2.** Assentar-se; tomar assento.
sentença (sen.**ten**.ça) *s.f.* **1.** Julgamento proferido por um juiz ou tribunal; decisão. **2.** Frase que contém um pensamento moral; provérbio; máxima. **3.** (*Gram.*) Frase; oração.
sentenciado (sen.ten.ci.**a**.do) *s.m. e adj.* (Aquele) que foi condenado por sentença.

sentenciador (sen.ten.ci.a.**dor**) [ô] s.m. e adj. (Aquele) que sentencia; julgador; juiz.
sentenciar (sen.ten.ci.**ar**) v.t.d. **1.** Julgar; condenar por sentença. v.i. **2.** Pronunciar sentença. **3.** Dizer; proferir. Obs.: pres. do ind.: *sentencio, sentencias, sentencia, sentenciam*; pres. do subj.: *sentencie, sentencies, sentencie, sentenciem*.
sentencioso (sen.ten.ci.**o**.so) [ô] adj. Que tem a força de uma sentença; judicioso. ▣ Pl. *sentenciosos* [ó].
sentido (sen.**ti**.do) s.m. **1.** Cada uma das cinco faculdades com as quais o homem vê (visão), ouve (audição), sente aromas (olfato), sente o gosto (paladar) e diferencia formas, texturas, temperaturas etc. pela pele (tato). **2.** Direção. **3.** Significado. **4.** Nexo; razão. adj. **5.** Que se sentiu. **6.** Triste; pesaroso. interj. **7.** Emprega-se como comando militar para exigir atenção.
sentimental (sen.ti.men.**tal**) adj.2g. Que diz respeito ao sentimento; romântico; amoroso.
sentimentalidade (sen.ti.men.ta.li.**da**.de) s.f. Característica de quem é sentimental.
sentimentalismo (sen.ti.men.ta.**lis**.mo) s.m. Exagero na demonstração dos sentimentos; sentimentalidade.
sentimentalista (sen.ti.men.ta.**lis**.ta) s.2g. e adj.2g. **1.** (Aquele) que é dado ao sentimentalismo. adj.2g. **2.** Que diz respeito ao sentimentalismo.
sentimento (sen.ti.**men**.to) s.m. **1.** Ato de sentir. **2.** Sensibilidade. Cf. *sentimentos*.
sentimentos (sen.ti.**men**.tos) s.m.pl. **1.** Pêsames. **2.** Índole, qualidades morais. Cf. *sentimento*.
sentina (sen.**ti**.na) s.f. Latrina.
sentinela (sen.ti.**ne**.la) s.2g. **1.** Guarda; vigia; atalaia. s.f. **2.** Ato de vigiar.
sentir (sen.**tir**) v.t.d. **1.** Ser sensível a. **2.** Perceber pelos sentidos. **3.** Pressentir. **4.** Afligir-se. v.i. **5.** Ter pesar. v.p. **6.** Magoar-se. **7.** Julgar-se. Obs.: pres. do ind.: *sinto, sentes, sente, sentimos, sentis, sentem*; pres. do subj.: *sinta, sintas, sinta, sintamos, sintais, sintam*. s.m. **8.** Opinião; sentimento; modo de ver.
senzala (sen.**za**.la) s.f. (Hist.) Alojamento, quarto ou habitação coletiva para escravos.
sépala (**sé**.pa.la) s.f. (Bot.) Parte mais externa da flor, entre a pétala e o caule, que serve como proteção do botão.
separação (se.pa.ra.**ção**) s.f. **1.** Ato de separar. **2.** Aquilo que separa; divisória. **3.** Afastamento. **4.** Divisão.
separado (se.pa.**ra**.do) adj. Isolado; afastado; posto de lado.
separar (se.pa.**rar**) v.t.d. **1.** Desunir; apartar. **2.** Dividir. **3.** Desfazer (um casamento). **4.** Promover a discórdia; afastar. v.p. **5.** Distanciar-se; desligar-se. **6.** Dissolver o próprio casamento; divorciar-se.
separata (se.pa.**ra**.ta) s.f. Publicação à parte sobre um trabalho publicado, aproveitando a mesma composição tipográfica.
separatismo (se.pa.ra.**tis**.mo) s.m. Tendência de uma parte do território a querer separar-se do Estado a que pertence, formando um novo Estado independente.
separatista (se.pa.ra.**tis**.ta) s.2g. Pessoa adepta ou favorável ao separatismo.
separável (se.pa.**rá**.vel) adj.2g. Que pode ser separado, que se pode separar.
sépia (**sé**.pi.a) s.f. **1.** (Zoo.) Molusco dotado de uma bolsa de tinta, que, industrializada, é muito utilizada em desenho e pintura; siba. **2.** Nome dado à essa tinta. **3.** A cor dessa tinta. **4.** Desenho ou pintura feito com ela.
septena (sep.**te**.na) s.f. Estrofe com sete versos.
septenal (sep.te.**nal**) adj.2g. Realizado de sete em sete anos.
septênio (sep.**tê**.ni.o) s.m. Período de sete anos.
septicemia (sep.ti.ce.**mi**.a) s.f. (Med.) Estado infeccioso generalizado, em que um ou mais focos lançam germes na circulação sanguínea.
séptico (**sép**.ti.co) adj. Que contém germes patogênicos e pode causar infecção.
septo (**sep**.to) s.m. (Anat.) Membrana cartilaginosa que divide duas cavidades, como o septo nasal, por exemplo.
septuagenário (sep.tu.a.ge.**ná**.ri.o) s.m. e adj. (Aquele) que está na casa dos setenta anos. O mesmo que *setuagenário*.
septuagésimo (sep.tu.a.**gé**.si.mo) num. **1.** (O) está na posição do número 70; numeral ordinal que corresponde a esse número. **2.** Numeral fracionário correspondente a 1/70. O mesmo que *setuagésimo*.
sepulcral (se.pul.**cral**) adj.2g. **1.** Que diz respeito a sepulcro. **2.** Sombrio, funéreo. **2.** Excessivamente pálido.
sepulcro (se.**pul**.cro) s.m. Sepultura.
sepultação (se.pul.ta.**ção**) s.f. Ação de sepultar; sepultamento.
sepultado (se.pul.**ta**.do) adj. Enterrado; inumado; sepulto.
sepultamento (se.pul.ta.**men**.to) s.m. **1.** Ato de sepultar; sepultação. **2.** Enterro, inumação.
sepultar (se.pul.**tar**) v.t.d. Enterrar; inumar; soterrar.
sepulto (se.**pul**.to) adj. Sepultado.
sepultura (se.pul.**tu**.ra) s.f. **1.** Cova em que são colocados os mortos; sepulcro; túmulo. **2.** (Fig.) Ruína; morte; fim.
sequaz (se.**quaz**) adj.2g. **1.** Que segue. s.2g. **2.** Adepto; partidário; sectário.
sequela (se.**que**.la) [ü] s.f. **1.** Consequência. **2.** Lesão residual de alguma moléstia ou ferimento.
sequência (se.**quên**.ci.a) [ü] s.f. **1.** Ato de seguir ou de dar seguimento. **2.** Seguimento; continuação. **3.** Série. **4.** Nos jogos de cartas, série de cartas sucessivas, do mesmo naipe ou não. **5.** (Mat.) Conjunto de números que têm entre si uma relação particular.
sequencial (se.quen.ci.**al**) [ü] adj.2g. Que respeita uma sequência ou série.
sequer (se.**quer**) adv. Pelo menos; ao menos; ainda.

sequestrado (se.ques.**tra**.do) [ü] s.m. e adj. **1.** (Aquele) que foi mantido em cárcere privado, contra sua vontade, até pagamento de resgate. **2.** (Dir.) (Aquele) que é proprietário da coisa que foi objeto de sequestro.

sequestrador (se.ques.tra.**dor**) [ü...ô] s.m. e adj. (Aquele) que sequestra.

sequestrante (se.ques.**tran**.te) [ü] s.2g. **1.** (Dir.) Aquele que requer ou promove um sequestro judicial de bens. **2.** Sequestrador.

sequestrar (se.ques.**trar**) [ü] v.t.d. **1.** Fazer o sequestro de; manter em cárcere privado, geralmente sob a exigência de resgate. **2.** (Dir.) Apreender judicialmente bens no decorrer de uma lide.

sequestro (se.**ques**.tro) [ü] s.m. **1.** Retenção ilegal de uma pessoa em cárcere privado. **2.** (Dir.) Apreensão judicial de bens no decorrer de uma lide, de um litígio. **3.** Tomada, retirada, apreensão ilegítima.

sequestro-relâmpago (se.ques.tro-re.**lâm**.pa.go) [ü] s.m. Crime em que a vítima é obrigada a sacar dinheiro em caixa eletrônico ou semelhante, sendo depois libertada.

sequidão (se.qui.**dão**) s.f. **1.** Secura. **2.** (Fig.) Desapego; frieza.

sequilho (se.**qui**.lho) s.m. (Culin.) Biscoito seco e esfarelento, em geral de araruta ou polvilho.

sequioso (se.qui.**o**.so) [ô] adj. **1.** Que está sedento. **2.** (Fig.) Que deseja muito, que cobiça; ávido. ▣ Pl. *sequiosos* [ó].

séquito (**sé**.qui.to) s.m. **1.** Grupo de pessoas que segue um nobre ou pessoa célebre. **2.** Cortejo, acompanhamento.

sequoia (se.**quoi**.a) [ói] s.f. (Bot.) Árvore conífera semelhante ao pinheiro, originária da Califórnia, EUA, de grande longevidade e que chega a 100 metros de altura.

ser v.lig. **1.** Liga o sujeito ao predicativo: *ele é bondoso*. **2.** Indica tempo (dia e horas): *hoje é dia seis; são cinco horas da tarde*. **3.** Significa custar: *quanto é esta saia?* v. aux. **4.** Ajuda a formar a voz passiva: *Pedro foi visto na aula*. Obs.: pres. do ind.: *sou, és, é, somos, sois, são*; pret. imperf.: *era, eras, era, éramos, éreis, eram*; pret. perf.: *fui, foste* [ô], *foi, fomos, fostes* [ô], *foram*; pret. mqp.: *fora* [ô], *foras* [ô], *fora* [ô], *fôramos, fôreis, foram* [ô]; fut. pres.: *serei, serás, será* etc.; fut. pret.: *seria, serias, seria* etc.; pres. do subj.: *seja, sejas, seja* etc.; imperf. subj.: *fosse, fosses, fosse* etc.; fut. subj.: *for, fores, for* etc.; imperat. afirm. *sê, seja, sejamos, sede, sejam*; imperat. neg.: *não sejas, não seja, não sejamos* etc.; ger.: *sendo*; part: *sido*. s.m. **5.** Ente, ser: *seres vivos e seres inanimados*. **6.** Todo ou qualquer ente vivo: *seres aquáticos e seres terrestres*.

seráfico (se.**rá**.fi.co) adj. Que diz respeito a serafim; angelical; beatífico.

serafim (se.ra.**fim**) s.m. Anjo da primeira hierarquia.

serão (se.**rão**) s.m. **1.** Trabalho noturno. **2.** Reunião familiar noturna.

sere¹ (**se**.re) [ê] adj. e s.2g. Relativo à ou habitante da Ásia Oriental (atual China).

sere² (**se**.re) [é] s.f. (Ecol.) Cada estágio da sucessão ecológica animal ou vegetal de uma comunidade.

sereia (se.**rei**.a) s.f. **1.** Ser mitológico, metade mulher, metade peixe, que atrai os marinheiros e pescadores com seu canto maravilhoso. **2.** (P. ext.) Mulher sedutora. **3.** Aparelho de som estridente usado por viaturas especiais (ambulância, carro da polícia ou de bombeiros), para abrir passagem; sirena ou sirene.

serelepe (se.re.**le**.pe) s.2g. e adj.2g. **1.** (Pessoa) esperta, ágil, buliçosa. s.m. **2.** (Zoo.) Pequeno mamífero da ordem dos roedores; caxinguelê.

serenar (se.re.**nar**) v.t.d. **1.** Acalmar; apaziguar. v.i. **2.** Cair sereno. v.p. **3.** Acalmar-se.

serenata (se.re.**na**.ta) s.f. Concerto musical noturno, geralmente sob a janela da amada; seresta.

serenidade (se.re.ni.**da**.de) s.f. Característica de sereno; tranquilidade; suavidade.

sereno (se.**re**.no) [ê] s.m. **1.** Vapor atmosférico formado durante a noite. adj. **2.** Calmo; sossegado; tranquilo.

seresta (se.**res**.ta) [é] s.f. Serenata.

seresteiro (se.res.**tei**.ro) s.m. Aquele que faz serenatas ou serestas.

sergipano (ser.gi.**pa**.no) adj. **1.** De Sergipe, estado brasileiro; sergipense. s.m. **2.** Pessoa natural ou habitante desse lugar.

sergipense (ser.gi.**pen**.se) s.2g. e adj.2g. Sergipano.

seriação (se.ri.a.**ção**) s.f. Colocação em série; classificação.

seriado (se.ri.**a**.do) adj. **1.** Colocado em série. s.m. **2.** Série que é passada em capítulos ou episódios na televisão.

serial (se.ri.**al**) adj.2g. Disposto em séries.

seriar (se.ri.**ar**) v.t.d. Dispor em série; classificar. Obs.: pres. do ind.: *serio, serias, seria, seriam*; pres. do subj.: *serie, series, serie, seriem*.

sericicultor (se.ri.ci.cul.**tor**) [ô] s.m. e adj. O mesmo que *sericultor*.

sericicultura (se.ri.ci.cul.**tu**.ra) s.f. O mesmo que *sericultura*.

sericultor (se.ri.cul.**tor**) [ô] adj. **1.** Relacionado à sericultura. s.m. **2.** Aquele que se dedica à indústria da seda. O mesmo que *sericicultor*.

sericultura (se.ri.cul.**tu**.ra) s.f. Criação do bicho-da-seda, visando à industrialização da seda. O mesmo que *siricicultura*.

seridó (se.ri.**dó**) s.m. **1.** Zona nordestina dos estados de Rio Grande do Norte e Paraíba, entre o campo e a caatinga, com vasto cultivo de algodão. **2.** Algodão produzido nessa zona.

série (**sé**.rie) s.f. **1.** Sequência de elementos da mesma natureza. **2.** Sucessão, gama. **3.** Ano ou curso escolar. **4.** Conjunto de livros lançados por uma editora, com quantidade indefinida de livros. Cf. *coleção*.

seriedade (se.ri.e.**da**.de) s.f. Característica de sério; gravidade; idoneidade.

seriema (se.ri.**e**.ma) s.f. (*epiceno*) (Zoo.) Tipo de ema.

serigrafia (se.ri.gra.fi.a) s.f. **1.** Processo para reprodução de imagens sobre tecido, metal, vidro, papel etc., em que para cada cor do desenho se faz uma matriz em tela; *silk-screen*.

serigráfico (se.ri.grá.fi.co) adj. Relacionado a serigrafia, feito por serigrafia.

seringa (se.**rin**.ga) s.f. Aparelho cilíndrico dotado de um êmbolo e onde se encaixa uma agulha, para aplicar injeções.

seringal (se.rin.**gal**) s.m. Plantação de seringueiras.

seringalista (se.rin.ga.**lis**.ta) s.2g. Pessoa que possui um seringal ou nele trabalha.

seringueira (se.rin.**guei**.ra) s.f. (Bot.) Árvore euforbiácea da qual se extrai o látex, com que é feita a borracha.

seringueiro (se.rin.**guei**.ro) s.m. Indivíduo que retira o látex da seringueira e o prepara, para que se transforme em borracha.

sério (**sé**.ri.o) adj. **1.** Que não costuma sorrir; sisudo. **2.** Honesto. **3.** Perigoso. adv. **4.** Seriamente.

sermão (ser.**mão**) s.m. **1.** Palavras ditas pelo sacerdote no decorrer da missa. **2.** (Fig.) Censura; advertência.

serosidade (se.ro.si.**da**.de) s.f. **1.** Líquido que se assemelha ao soro sanguíneo. **2.** Característica do que é seroso.

seroso (se.**ro**.so) [ô] adj. Que apresenta serosidade; aquoso. ▪ Pl. *serosos* [ó].

serotonina (se.ro.to.**ni**.na) s.f. (Quím.) Substância presente no cérebro dos vertebrados e invertebrados, de importante ação tanto neurotransmissora (responsável pelas sensações de bem-estar e prazer) como vasoconstritora, com propriedades que parecem com as de algumas drogas alucinógenas.

serpear (ser.pe.**ar**) v.i. O mesmo que *serpentear*.

serpentário (ser.pen.**tá**.ri.o) s.m. Local onde se criam serpentes.

serpente (ser.**pen**.te) s.f. **1.** Cobra. **2.** Cobra peçonhenta. **3.** (Fig.) Pessoa traiçoeira e má.

serpentear (ser.pen.te.**ar**) v.i. **1.** Deslocar-se fazendo curvas no chão, como algumas serpentes. **2.** Ser tortuoso: *a estrada serpenteava pela serra*. O mesmo que *serpear*.

serpentina (ser.pen.**ti**.na) s.f. **1.** Tira de papel estreita e colorida, comercializada em rolos, muito usada no Carnaval. **2.** Tubo espiralado em que se passa um fluido, para esfriá-lo ou aquecê-lo.

serra (**ser**.ra) s.f. **1.** Montanha ou cadeia de montanhas, com picos destacados. **2.** Lâmina dentada de aço, usada para serrar madeira.

serrador (ser.ra.**dor**) [ô] s.m. e adj. (O) que serve para serrar.

serragem (ser.**ra**.gem) s.f. Pó desprendido da madeira que é serrada.

serra-leonês (ser.ra-le.o.**nês**) adj. **1.** De Serra Leoa, país da África. s.m. **2.** Pessoa natural ou habitante desse lugar. ▪ Pl. *serra-leoneses*.

serralha (ser.**ra**.lha) s.f. (Bot.) Erva de flores roxas, vermelhas ou alaranjadas, cultivada como ornamental e medicinal.

serralharia (ser.ra.lha.**ri**.a) s.f. O mesmo que *serralheria*.

serralheiro (ser.ra.**lhei**.ro) s.m. Indivíduo que executa trabalhos em ferro.

serralheria (ser.ra.lhe.**ri**.a) s.f. Oficina de trabalho do serralheiro. O mesmo que *serralharia*.

serrania (ser.ra.**ni**.a) s.f. Grupo de serras; cordilheira.

serrano (ser.**ra**.no) adj. **1.** Que diz respeito a serra. s.m. e adj. **2.** (Aquele) que habita as serras; montanhês.

serrar (ser.**rar**) v.t.d. Cortar com serra ou serrote.

serraria (ser.ra.**ri**.a) s.f. Estabelecimento industrial onde a madeira é cortada.

serrilha (ser.**ri**.lha) s.f. Orla com pequenos dentes em objetos, moedas, medalhas etc.

serrilhado (ser.ri.**lha**.do) adj. Que apresenta serrilhas, que tem a beira com recorte em forma de pequenos dentes, como o serrote.

serrilhar (ser.ri.**lhar**) v.t.d. Fazer serrilhas em.

serro (**ser**.ro) [ê] s.m. Serra, cordilheira.

serrote (ser.**ro**.te) s.m. Lâmina dentada provida de um cabo para facilitar seu manuseio.

sertanejo (ser.ta.**ne**.jo) [ê] s.m. e adj. **1.** (Aquele) que vive no sertão. adj. **2.** Pertencente ao sertão. **3.** (Mús.) Que é de um estilo rural, com duas vozes e viola: *modinha sertaneja, música sertaneja*.

sertanista (ser.ta.**nis**.ta) s.2g. **1.** Pessoa que penetrou o sertão em busca de riquezas. **2.** Pessoa que penetra o sertão para conviver com os índios, estudando seu comportamento.

sertão (ser.**tão**) s.m. Região geralmente inculta de um território e longe do litoral; interior.

serva (**ser**.va) [é] s.f. Feminino de *servo*.

servente (ser.**ven**.te) s.2g. **1.** Pessoa que executa serviços gerais, sem especialização. **2.** Operário que trabalha como ajudante do oficial.

serventia (ser.ven.**ti**.a) s.f. Utilidade; uso; emprego.

serventuário (ser.ven.tu.**á**.ri.o) s.m. Funcionário auxiliar da justiça em um ofício ou cartório; tabelião; escrivão.

serviçal (ser.vi.**çal**) adj.2g. **1.** Diligente; prestativo. s.2g. **2.** Pessoa que serve, que faz o serviço.

serviço (ser.**vi**.ço) s.m. **1.** Ato de servir. **2.** Desempenho de um trabalho. **3.** Préstimo; obséquio. **4.** Conjunto de peças de jantar, chá, café etc. **5.** Percentagem que se acrescenta ao valor das compras, para remunerar quem serviu em um restaurante, hotel etc. **6.** Trabalho encomendado de feitiçaria.

servidão (ser.vi.**dão**) s.f. **1.** Escravidão; sujeição; dependência. **2.** Passagem para uso público de terreno que pertencia a particular.

servido (ser.**vi**.do) adj. Gasto; usado.

servidor (ser.vi.**dor**) [ô] adj. **1.** Que serve. s.m. **2.** Aquele que serve. **3.** Funcionário público. **4.** Empregado; criado. (Inf.) **5.** Computador destinado a armazenar arquivos de dados e programas para outros computadores da rede. **6.** Computador que oferece acesso à internet.

servil (ser.**vil**) adj.2g. **1.** Que diz respeito a servo. **2.** Bajulador.
servilidade (ser.vi.li.**da**.de) s.f. **1.** Qualidade de servil; subserviência; bajulação. **2.** Condição de servo; servilismo.
servilismo (ser.vi.**lis**.mo) s.m. Qualidade de servil; servilidade.
sérvio (**sér**.vi.o) adj. **1.** Da Sérvia, país da Europa que se separou de Montenegro em 2006. s.m. **2.** Pessoa natural ou habitante desse lugar.
servir (ser.**vir**) v.t.d. **1.** Colocar à mesa: *serviu o almoço*. **2.** Colocar à disposição, oferecer (alimento ou bebida): *serviu bolo para as visitas*. v.t.i. **3.** Convir, ser útil: *a faca serve para cortar*. **4.** Prestar serviço: *servir à pátria*. **5.** Executar trabalhos domésticos; cuidar, trabalhar: *serviu à família por várias décadas*. v.i. **6.** Vestir, cair bem: *ele cresceu e a calça não serve mais*. v.p. **7.** Fazer uso; utilizar-se. **8.** Tomar para si uma porção de: *serviu-se de bolo*. Obs.: pres. do ind.: *sirvo*, *serves*, *serve* etc.; pres. do subj.: *sirva*, *sirvas*, *sirva*, *sirvamos*, *sirvais*, *sirvam*.
servo (**ser**.vo) [é] s.m. **1.** Pessoa que não é livre, que deve servir a um senhor: *os servos medievais tinham por nascimento uma terra para cultivar e residir*. **2.** Escravo, cativo. **3.** Criado, serviçal.
servomecanismo (ser.vo.me.ca.**nis**.mo) s.m. Dispositivo para aumentar a potência usada para operar uma máquina.
sésamo (**sé**.sa.mo) s.m. (Bot.) Gergelim.
sesmaria (ses.ma.**ri**.a) s.f. Terreno inculto concedido pelos reis de Portugal aos sesmeiros.
sesmeiro (ses.**mei**.ro) s.m. Aquele que recebia uma sesmaria para cuidar.
sesquicentenário (ses.qui.cen.te.**ná**.ri.o) s.m. Comemoração dos cento e cinquenta anos de um evento.
sessão (ses.**são**) s.f. **1.** Tempo que dura um evento que se repete ou pode se repetir: *sessão de cinema*, *sessão do congresso*. **2.** Encontro com profissional para tratamento: *sessão de fisioterapia*. Cf. *cessão* e *seção*.
sessenta (ses.**sen**.ta) num. **1.** Numeral cardinal que corresponde a 60, ou seis dezenas. s.m. **2.** Esse número.
sessentão (ses.sen.**tão**) s.m. e adj. (Aquele) que chegou aos sessenta anos de idade; sexagenário.
séssil (**sés**.sil) adj.2g. (Bio.) Diz-se do animal que vive fixo no mesmo lugar, como os corais.
sesta (**ses**.ta) [é] s.f. Momento de descanso, após o almoço. Cf. *cesta*.
sestro (**ses**.tro) [é] s.m. **1.** Força do destino; fatalidade. **2.** Característica, traço. **3.** Trejeito, cacoete, mania. adj. **4.** Que está à esquerda; esquerdo, sinistro.
set [inglês: "séti"] s.m. **1.** Local com cenários onde são realizadas ou gravadas cenas no teatro e na televisão. **2.** (Esp.) Divisão de uma partida de vôlei, tênis, tênis de mesa etc.
seta (**se**.ta) s.f. **1.** Flecha que se atira com um arco. **2.** Sinal que indica direção.

setada (se.**ta**.da) s.f. Ferimento causado por seta; flechada.
sete (**se**.te) num. **1.** Numeral cardinal que corresponde a 7, ou seis mais um. s.m. **2.** Esse número.
setecentismo (se.te.cen.**tis**.mo) s.m. Escola artístico-literária do século XVIII.
setecentista (se.te.cen.**tis**.ta) s.2g. e adj.2g. **1.** Seguidor do setecentismo como movimento artístico-literário. adj.2g. **2.** Que diz respeito ao século XVIII ou ao setecentismo.
setecentos (se.te.**cen**.tos) num. **1.** Numeral cardinal que corresponde a 700, ou sete centenas. s.m. **2.** Esse número.
sete e meio (**se**.te e **mei**.o) s.m.2n. Jogo de baralho cujo objetivo é fazer, a cada rodada, sete pontos e meio.
setembro (se.**tem**.bro) s.m. Nono mês do ano, com 30 dias.
setênio (se.**tê**.ni.o) s.m. Período de sete anos.
setenta (se.**ten**.ta) num. **1.** Numeral cardinal que corresponde a 70, ou sete dezenas. s.m. **2.** Esse número.
setentrião (se.ten.tri.**ão**) s.m. **1.** As regiões do Norte da Terra; o Polo Norte. **2.** O vento norte.
setentrional (se.ten.tri.o.**nal**) adj.2g. Que diz respeito ao setentrião ou ao norte.
setilhão (se.ti.**lhão**) num. Numeral cardinal que corresponde a mil sextilhões.
sétimo (**sé**.ti.mo) num. **1.** (O) que está na posição do número 7; numeral ordinal que corresponde a esse número. **2.** Cada uma das partes de algo que foi dividido igualmente em sete; numeral fracionário correspondente a 1/7.
setingentésimo (se.tin.gen.**té**.si.mo) num. **1.** Ordinal ou fracionário correspondente a setecentos. s.m. **2.** A setingentésima parte; o setingentésimo colocado.
setissílabo (se.tis.**sí**.la.bo) s.m. e adj. (Vocábulo ou verso) que tem sete sílabas.
setor (se.**tor**) [ô] s.m. **1.** Circunscrição. **2.** Parte do círculo localizada entre um arco e os dois raios que o limitam. **3.** Ramo de atividade. **4.** (Geom.) Porção de superfície plana localizada entre duas retas que se cortam.
setorizado (se.to.ri.**za**.do) adj. Dividido em setores ou departamentos.
setorizar (se.to.ri.**zar**) v.t.d. Dividir em setores ou departamentos.
setuagenário (se.tu.a.ge.**ná**.ri.o) s.m. e adj. O mesmo que *septuagenário*.
setuagésimo (se.tu.a.**gé**.si.mo) num. O mesmo que *septuagésimo*.
setuplicar (se.tu.pli.**car**) v.t.d. Multiplicar por sete.
sétuplo (**sé**.tu.plo) num. **1.** Multiplicativo de sete. s.m. **2.** Resultado de uma multiplicação por sete.
seu pron. **1.** Que pertence a ele, a ela, a eles ou a elas; dele, dela, deles ou delas. **2.** Que pertence a você ou a vocês. **3.** Forma reduzida de *senhor*. ▪ Pl. *seus*. Fem. *sua*, *suas*. Obs.: é o pronome possessivo da terceira pessoa, singular e plural. Cf. *seus*.

seus s.m.pl. Os seus: seus familiares, seus parentes. Cf. *seu*.
severidade (se.ve.ri.**da**.de) s.f. Atitude de quem é severo; austeridade; firmeza; rigidez.
severo (se.**ve**.ro) *adj*. Rígido; inflexível; austero; firme.
sevícia (se.**ví**.ci.a) s.f. Tratamento cruel, trato ruim.
seviciar (se.vi.ci.**ar**) v.t.d. Praticar sevícias em; torturar; maltratar.
sevícias (se.**ví**.cias) s.f.pl. Maus-tratos; tortura.
sexagenário (se.xa.ge.**ná**.ri.o) [cs] s.m. e *adj*. (Aquele) que está na casa dos sessenta anos.
sexagesimal (se.xa.ge.si.**mal**) [cs] *adj.2g*. Que diz respeito a sessenta.
sexagésimo (se.xa.**gé**.si.mo) [cs] num. **1**. (O) que está na posição do número 60; numeral ordinal que corresponde a esse número. **2**. Numeral fracionário correspondente a 1/60.
sexcentésimo (sex.cen.**té**.si.mo) [cs] num. **1**. Ordinal e fracionário correspondente a seiscentos. s.m. **2**. A sexcentésima parte; o sexcentésimo colocado.
sexdigitário (sex.di.gi.**tá**.ri.o) [cs] *adj*. Que tem seis dedos nos pés ou nas mãos.
sexênio (se.**xê**.ni.o) [cs] s.m. Período de seis anos.
sexismo (se.**xis**.mo) [ks] s.m. Crença ou opinião de que qualidades como inteligência ou habilidades e capacidades como cuidar dos outros, amar são determinadas pelo sexo.
sexista (se.**xis**.ta) [ks] *adj*. Atitude ou opinião de quem atribui certas qualidades, habilidades ou capacidades a um dos sexos: *achar que homens não conseguem cuidar da casa ou das crianças e que mulheres são incapazes de ganhar ou cuidar do dinheiro são atitudes sexistas.*
sexo (se.xo) [cs] s.m. **1**. Conformação característica que distingue o homem da mulher ou o macho da fêmea, entre os demais animais. **2**. (P. ext.) Os órgãos genitais externos. **3**. Cópula, coito, relação sexual.
sexologia (se.xo.lo.**gi**.a) [cs] s.f. Ciência que estuda os problemas da sexualidade.
sexólogo (se.**xó**.lo.go) [cs] s.m. Aquele que se especializou em sexologia.
sexta (**sex**.ta) [ês] s.f. Forma reduzida de sexta-feira.
sexta-feira (sex.ta-**fei**.ra) [ês] s.f. Sexto dia da semana, sendo o domingo o primeiro, e o quinto dia útil: *para muitas pessoas a sexta é o último dia de trabalho na semana.* (Gír. Int.) Sextou: forma de uso mais popular e informal para anunciar com empolgação a chegada da sexta-feira e do final de semana; o infinitivo *sextar* e outras contrações dessa forma verbal também são utilizadas. ▫ Pl. *sextas-feiras*.
sextanista (sex.ta.**nis**.ta) [ês] *s.2g*. Estudante do sexto ano de qualquer curso.
sextante (sex.**tan**.te) [ês] s.m. Instrumento usado em navegação marítima e aérea para medir a altura dos astros.
sextavado (sex.ta.**va**.do) [ês] *adj*. Que tem seis lados; hexágono.

sextavar (sex.ta.**var**) [ês] v.t.d. Talhar (ou desenhar) em forma de hexágono.
sexteto (sex.**te**.to) [ês...ê] s.m. **1**. Grupo de seis elementos. **2**. (Mús.) Composição ou conjunto para seis vozes ou instrumentos.
sextilha (sex.**ti**.lha) [s] s.f. Estrofe composta de seis versos.
sextilhão (sex.ti.**lhão**) [s] num. Numeral cardinal que corresponde a mil quintilhões.
sexto (**sex**.to) [ês] num. **1**. (O) que está na posição do número 6; numeral ordinal que corresponde a esse número. **2**. Cada uma das partes de algo que foi dividido igualmente em seis; numeral fracionário correspondente a 1/6.
sêxtuplo (**sêx**.tu.plo) [ês] num. **1**. Multiplicativo de seis. s.m. **2**. Resultado de uma multiplicação por seis.
sexual (se.xu.**al**) [cs] *adj.2g*. Que diz respeito ao sexo.
sexualidade (se.xu.a.li.**da**.de) [cs] s.f. Característica do que é sexual; volúpia; luxúria.
sexualismo (se.xu.a.**lis**.mo) [cs] s.m. Apego às coisas sexuais.
sexy [inglês: "séquici"] *adj.2g*. Que evoca atividade sexual; sensual: *roupa sexy, pessoa sexy.*
sezão (se.**zão**) s.m. Febre intermitente; febre palustre; malária; maleita.
sezonático (se.zo.**ná**.ti.co) *adj*. Que ocasiona sezões; maleitoso; palustre.
sezonismo (se.zo.**nis**.mo) s.m. Malária; paludismo; febre palustre.
shake [inglês: "xeique"] s.m. **1**. Bebida nutritiva batida no liquidificador; vitamina. **2**. Produto dietético para preparo de bebida que substitui refeição.
shakespeariano (sha.kes.pe.a.ri.**a**.no) [chêiquispiriano] *adj*. Que diz respeito a William Shakespeare (1564-1616), poeta e dramaturgo inglês de projeção mundial.
shampoo [inglês: "xampu"] s.m. Xampu.
shanenaua [indígena: "xanenauá"] *s.2g*. **1**. Indivíduo dos *shanenaua*, povo indígena que vive hoje no Acre. **2**. Relacionado a esse povo. s.m. **3**. Idioma falado por esse povo.
shipar (shi.**par**) v.t.d. (Gír. Int.) Demonstrar simpatia ou torcer por um casal; geralmente, forma-se uma palavra a partir da junção das sílabas iniciais ou finais dos nomes do casal: *shipava o casal Bru-Mar*. Obs.: do inglês *ship*, forma de reduzida de *relationship*, "relacionamento". Esta palavra não consta no *Volp*.
shofar [inglês: "chofar"] s.m. (Mús.) Trombeta de chifre de carneiro usada em rituais hebraicos para anunciar ocasiões importantes.
shopping [inglês: "chópin"] s.m. Centro comercial com lojas, área de alimentação, cinemas etc. Usa-se também *shopping center*.
shopping center O mesmo que *shopping*.
short [inglês: "xórti"] *adj*. Calção curto.
show [inglês: "xôu"] s.m. Apresentação, espetáculo de música, dança, mágica etc.

shoyu [japonês: "choio"] s.m. Molho de soja, típico da culinária oriental.
si s.m. **1.** Forma oblíqua dos pronomes pessoais *ele, ela, eles, elas*, empregada após preposição: *ele só pensa em si, elas só falam de si*. **2.** (*Mús.*) Sétima nota da escala de dó, depois do lá e antes de um novo dó. Cf. *se*.
Si Símbolo do elemento químico silício.
sialismo (si.a.**lis**.mo) s.m. Salivação excessiva.
siamês (si.a.**mês**) s.m. *e adj.* **1.** (Gato) de uma raça de pelo curto, claro, com focinho, cauda e patas escuras. **2.** Xifópago.
siba (**si**.ba) s.f. (*epiceno*) (*Zoo.*) Sépia.
siberiano (si.be.ri.**a**.no) *adj.* **1.** Da Sibéria, região no norte da Rússia. s.m. **2.** Pessoa natural ou habitante desse lugar.
sibila (si.**bi**.la) s.f. Profetisa; bruxa.
sibilação (si.bi.la.**ção**) s.f. Ato de sibilar; silvo.
sibilante (si.bi.**lan**.te) (*Gram.*) *adj.2g.* **1.** Que sibila. s.f. *e adj.* **2.** (*Gram.*) (Consoante) como o *s* e o *z*, ou de pronúncia semelhante.
sibilar (si.bi.**lar**) *v.i.* Produzir som agudo e longo; assobiar; silvar.
sibilino (si.bi.**li**.no) *adj.* Referente a sibila; enigmático; de difícil compreensão.
sibilo (si.**bi**.lo) s.m. Silvo; sibilação.
sicário (si.**cá**.ri.o) *adj.* Cruel, sanguinário.
siciliano (si.ci.li.**a**.no) *adj.* **1.** Da Sicília, ilha da Itália no sul da península. s.m. **2.** Pessoa natural ou habitante desse lugar.
sicófago (si.**có**.fa.go) s.m. *e adj.* (Aquele) que se alimenta de figos.
sicômoro (si.**cô**.mo.ro) s.m. (*Bot.*) Tipo de figueira mediterrânea (ou egípcia).
sicrano (si.**cra**.no) s.m. Pessoa indeterminada, usada geralmente entre *fulano* e *beltrano*, quando não se quer citar nomes.
Sida Sigla de síndrome de imunodeficiência adquirida; aids.
sideração (si.de.ra.**ção**) s.f. Influência causada pelos astros sobre as pessoas.
sideral (si.de.**ral**) *adj.2g.* Que diz respeito aos astros e ao céu; celeste, sidéreo.
sidéreo (si.**dé**.re.o) *adj.* Sideral.
siderurgia (si.de.rur.**gi**.a) s.f. **1.** Área da metalurgia ligada à produção e tratamento do aço. **2.** Estabelecimento que se dedica a essa atividade.
siderúrgica (si.de.**rúr**.gi.ca) s.f. Empresa ou usina que produz aço.
siderúrgico (si.de.**rúr**.gi.co) s.m. **1.** Aquele que trabalha em siderurgia. *adj.* **2.** Que diz respeito à siderurgia.
sidra (**si**.dra) s.f. Tipo de vinho espumante feito com o suco da maçã. Cf. *cidra*.
sifão (si.**fão**) s.m. **1.** Tubo de curvatura dupla colocado em pias e esgotos. **2.** Qualquer tubo em forma de *s* para escoamento de líquidos. **3.** Recipiente onde se colocam bebidas gasosas sob pressão.
sífilis (**sí**.fi.lis) s.f. (*Med.*) Doença infectocontagiosa causada pelo treponema e transmitida por contato sexual.
sifilítico (si.fi.**lí**.ti.co) *adj.* **1.** Que diz respeito à sífilis. s.m. **2.** Doente portador de sífilis.
sifiloma (si.fi.**lo**.ma) [ô] s.m. (*Med.*) Tumor de origem sifilítica.
sigilo (si.**gi**.lo) s.m. Segredo.
sigiloso (si.gi.**lo**.so) [ô] *adj.* Que exige sigilo; secreto. ▪ Pl. *sigilosos* [ó].
sigla (**si**.gla) s.f. Grupo de letras ou sílabas que abreviam um nome ou expressão, como SP, RG, ONU, Unicamp etc. Obs.: quando a sigla forma uma palavra pronunciável, como *Unicamp* ou *modem*, torna-se um acrônimo.
sigma (**sig**.ma) s.m. Nome da décima oitava letra do alfabeto grego, semelhante ao esse.
sigmático (sig.**má**.ti.co) *adj.* Que tem a letra *s*.
sigmatismo (sig.ma.**tis**.mo) s.m. Repetição viciosa da letra *s* ou *z*, como em "a casa em que Zizi mora com Rosa é azulada".
signatário (sig.na.**tá**.ri.o) s.m. *e adj.* (Aquele) que assina uma carta (ou qualquer documento).
significação (sig.ni.fi.ca.**ção**) s.f. **1.** Sentido do que se diz; acepção; significado. **2.** Importância, significância.
significado (sig.ni.fi.**ca**.do) s.m. Significação; sentido.
significância (sig.ni.fi.**cân**.ci.a) s.f. Qualidade do que é significante; importância, significação.
significante (sig.ni.fi.**can**.te) *adj.2g.* Que significa alguma coisa; significativo.
significar (sig.ni.fi.**car**) *v.t.d.* **1.** Exprimir; denotar. **2.** Dar a entender; querer dizer.
significativo (sig.ni.fi.ca.**ti**.vo) *adj.* Que tem significação; expressivo; significante.
signo (**sig**.no) s.m. **1.** Símbolo, sinal. **2.** Unidade de um código simbólico: *signo linguístico, signos visuais*. **3.** Cada uma das doze divisões do Zodíaco segundo a astrologia: *Áries, Touro, Gêmeos, Câncer, Leão, Virgem, Libra, Escorpião, Sagitário, Capricórnio, Aquário* e *Peixes*.
signo de Salomão (sig.no de sa.lo.**mão**) s.m. Estrela de Davi.
sílaba (**sí**.la.ba) s.f. Som emitido de uma só vez, formado pelo menos uma vogal acompanhada ou não de uma ou mais consoantes: *a palavra "ilha" tem duas sílabas*.
silabação (si.la.ba.**ção**) s.f. Processo de aprendizagem da leitura que começa com as sílabas.
silabada (si.la.**ba**.da) s.f. (*Gram.*) Erro de pronunciar uma palavra com acentuação trocada, como em "*pa*lato" em vez de "pa*la*to".
silabar (si.la.**bar**) *v.i.* **1.** Ler sílaba por sílaba de uma palavra. **2.** Cometer o erro da silabada.
silabário (si.la.**bá**.ri.o) s.m. **1.** Conjunto de símbolos que representam sílabas, utilizados em uma escrita silábica. **2.** Cartilha para o ensino da escrita a partir do estudo das sílabas, ou método silábico.

silábico (si.**lá**.bi.co) *adj.* **1.** Que diz respeito a sílaba: *no método de alfabetização silábica, aprende-se primeiro as sílabas e depois as letras e palavras.* **2.** Diz-se da escrita que representa cada sílaba por um sinal: *o japonês tem uma escrita silábica ao lado da por ideogramas.*

silabismo (si.la.**bis**.mo) *s.m.* Sistema de escrita em que as sílabas são representadas por sinais próprios.

silagem (si.**la**.gem) *s.f.* Armazenamento em silo.

silenciador (si.len.ci.a.**dor**) [ô] *s.m.* **1.** Aparelho que abafa o som. **2.** Peça de automóvel com essa mesma função; silencioso.

silenciar (si.len.ci.**ar**) *v.t.d.* Fazer calar, impor silêncio: *silenciar é importante em hospitais.*

silêncio (si.**lên**.ci.o) *s.m.* **1.** Privação de falar. **2.** Falta de ruído. **3.** Sossego. **4.** Falta de notícias.

silencioso (si.len.ci.**o**.so) [ô] *adj.* **1.** Que não faz barulho. **2.** Sossegado. ▣ Pl. *silenciosos* [ó].

silente (si.**len**.te) *adj.2g.* Silencioso.

silepse (si.**lep**.se) *s.f.* (*Gram.*) Figura gramatical em que a concordância (de gênero, de número ou de pessoa) se faz com um elemento que não aparece na frase, como em "vossa excelência é bondoso".

sílex (**sí**.lex) [cs] *s.m.* (*Min.*) Pedra muito dura, composta de sílica cristalizada e sílica hidratada.

silfo (**sil**.fo) *s.m.* (*Mit.*) Gênio do ar, entre os celtas e germanos da Idade Média.

silhão (si.**lhão**) *s.m.* Equipamento para montaria no qual a pessoa vai sentada de lado, com as duas pernas do mesmo lado, apoiadas em um só estribo: *o silhão era usado por mulheres trajando saias.* Cf. *cilha.*

silhueta (si.lhu.**e**.ta) [ê] *s.f.* Desenho representando apenas o contorno de uma pessoa; perfil.

sílica (**sí**.li.ca) *s.f.* (*Quím.*) Dióxido de silício.

silicato (si.li.**ca**.to) *s.m.* (*Quím.*) Sal obtido da combinação de ácido de silício com uma base.

silício (si.**lí**.ci.o) *s.m.* (*Quím.*) Elemento de símbolo Si, número atômico 14 e peso atômico 28,09.

silicone (si.li.**co**.ne) *s.m.* Substância líquida, gelatinosa ou sólida, feita com oxigênio e silício, usada como isolante, lubrificante e na fabricação de próteses e implantes.

silk-screen [inglês: "siuquis-crim"] *s.f.* Serigrafia.

silo (**si**.lo) *s.m.* Depósito onde se armazenam os cereais.

silogismo (si.lo.**gis**.mo) *s.m.* Raciocínio formado de três proposições das quais a última é uma conclusão das duas primeiras (chamadas premissa maior e premissa menor), como em "o homem é um animal racional", "Pedro é um homem", "logo ele é um animal racional".

Siluriano (Si.lu.ri.**a**.no) *s.m.* (*próprio*) (*Geo.*) Período da história da Terra entre o Ordoviciano e o Devoniano, em que se desenvolveram as plantas terrestres e os primeiros moluscos cefalópodes, precursores das lulas.

silva (**sil**.va) *s.f.* (*Bot.*) Denominação dada a várias plantas rosáceas, de uso medicinal.

silvado (sil.**va**.do) *s.m.* Moita de silvas.

silvar (sil.**var**) *v.i.* Provocar um som agudo e prolongado; sibilar, apitar.

silveira (sil.**vei**.ra) *s.f.* Moita de silvas; silvado.

silvestre (sil.**ves**.tre) *adj.2g.* **1.** Que vive nas selvas: *animais silvestres.* **2.** Que nasce ou cresce espontaneamente, que não foi cultivado ou plantado; agreste: *frutas silvestres.*

silvícola (sil.**ví**.co.la) *s.2g. e adj.2g.* (Aquele) que nasceu ou vive nas selvas; selvagem.

silvicultor (sil.vi.cul.**tor**) [ô] *s.m.* Indivíduo que se dedica à silvicultura.

silvicultura (sil.vi.cul.**tu**.ra) *s.f.* Estudo, exploração das matas e cultura de árvores florestais.

silvo (**sil**.vo) *s.m.* **1.** Som produzido pelas serpentes; sibilo. **2.** Apito.

sim *adv.* **1.** Exprime afirmação, acordo ou permissão. *s.m.* **2.** Ato de afirmar, concordar ou permitir.

simbiose (sim.bi.**o**.se) *s.f.* **1.** (*Bio.*) Associação de dois ou mais organismos, que vivem muito juntos com benefícios recíprocos. **2.** (*Fig.*) União muito forte, em que quase não se distinguem os participantes.

simbiótico (sim.bi.**ó**.ti.co) *adj.* (*Bio.*) Pertencente a, que se relaciona por simbiose.

simbólico (sim.**bó**.li.co) *adj.* **1.** Que diz respeito a símbolo. **2.** Figurado, alegórico. **3.** Que só tem valor como símbolo, não intrínseco: *o prêmio era uma quantia de valor simbólico.*

simbolismo (sim.bo.**lis**.mo) *s.m.* **1.** Interpretação de símbolos. **2.** Escola artístico-literária do final do século XIX, que reagiu contra as tendências do Parnasianismo, dando ênfase ao subjetivismo, ao misticismo religioso e usando uma maneira vaga e imprecisa de expressar os sentimentos.

simbolista (sim.bo.**lis**.ta) *adj.2g.* **1.** Que diz respeito ao simbolismo. *s.2g.* **2.** Adepto ou seguidor do simbolismo.

simbolização (sim.bo.li.za.**ção**) *s.f.* Ato de simbolizar.

simbolizar (sim.bo.li.**zar**) *v.t.d.* **1.** Representar ou exprimir por meio de símbolos. **2.** Ser o símbolo de.

símbolo (**sím**.bo.lo) *s.m.* **1.** Emblema ou sinal que representa alguma coisa. **2.** Representação de um elemento químico, de uma unidade de medida etc., que mesmo feita com letras não segue as regras de ortografia dos idiomas.

simbologia (sim.bo.lo.**gi**.a) *s.f.* Estudo dos símbolos.

simetria (si.me.**tri**.a) *s.f.* Disposição com harmonia de coisas semelhantes; proporcionalidade.

simétrico (si.**mé**.tri.co) *adj.* Que tem simetria.

simiesco (si.mi.**es**.co) [ê] *adj.* Que diz respeito a macaco.

símil (**sí**.mil) *adj.2g.* (*Raro*) Semelhante, parecido.

similar (si.mi.**lar**) *adj.2g.* **1.** Semelhante; parecido; congênere. *s.m.* **2.** Objeto ou produto similar.

similaridade (si.mi.la.ri.**da**.de) *s.f.* Característica do que é similar.

símile (**sí**.mi.le) *adj.2g.* **1.** Semelhante; análogo. *s.m.* **2.** Característica do que é semelhante; analogia.

similitude (si.mi.li.**tu**.de) *s.f.* Semelhança.

símio (sí.mi.o) s.m. (Zoo.) Macaco sem cauda, como o chipanzé, o gorila e outros antropoides.

simonia (si.mo.ni.a) s.f. Comércio de coisas sagradas ou espirituais, como indulgências.

simpatia (sim.pa.ti.a) s.f. **1.** Inclinação recíproca entre duas pessoas ou inclinação de uma pessoa por determinada coisa. **2.** Pessoa simpática. **3.** (Pop.) Benzedura, superstição para afastar uma doença.

simpático (sim.pá.ti.co) adj. **1.** Que inspira simpatia. s.m. **2.** O sistema nervoso simpático.

simpatizante (sim.pa.ti.zan.te) s.2g. e adj.2g. (Aquele) que simpatiza.

simpatizar (sim.pa.ti.zar) v.t.i. **1.** Sentir simpatia por. v.p. **2.** Ter simpatia mútua.

simpatria (sim.pa.tri.a) s.f. (Ecol., Gen.) Existência simultânea em uma mesma área geográfica de duas ou mais populações sem a ocorrência de cruzamento entre seus indivíduos.

simples (**sim**.ples) adj.2g.2n. **1.** Sem complicação. **2.** Sem composição. **3.** Sem enfeites. **4.** Sem mistura. **5.** Fácil de se compreender. **6.** Que não gosta de luxo; humilde. **7.** Único. **8.** Singelo. s.2g.2n. **9.** Aquele que é simples. ▫ Pl. simples.

simplicidade (sim.pli.ci.da.de) s.f. Característica do que é simples.

simplificação (sim.pli.fi.ca.ção) s.f. Ato de simplificar.

simplificado (sim.pli.fi.ca.do) adj. Esclarecido; facilitado; reduzido.

simplificador (sim.pli.fi.ca.dor) [ô] s.m. e adj. (O) que simplifica.

simplificar (sim.pli.fi.car) v.t.d. Tornar simples ou mais simples; tornar mais fácil, mais preciso; retirar a complicação.

simplismo (sim.plis.mo) s.m. Vício de raciocínio que consiste em simplificar e acaba ignorando elementos necessários à solução do problema.

simplista (sim.plis.ta) s.2g. e adj.2g. **1.** (Aquele) que raciocina (ou age) com simplismo. adj.2g. **2.** Em que há simplismo.

simplório (sim.pló.ri.o) s.m. e adj. (Indivíduo) crédulo e sem malícia; beócio.

simpósio (sim.pó.si.o) s.m. Congresso sobre temas literários, científicos, filosóficos etc.

simulação (si.mu.la.ção) s.f. Ato de simular; fingimento; falsidade; disfarce.

simulacro (si.mu.la.cro) s.m. Arremedo; simulação; fingimento.

simulado (si.mu.la.do) adj. **1.** Aparente; fingido. s.m. **2.** Cada uma das provas que antecedem o vestibular e que preparam o aluno para ele.

simulador (si.mu.la.dor) [ô] s.m. e adj. **1.** (O) que simula. s.m. **2.** (Inf.) Programa que simula situações reais para treinamento ou entretenimento: simulador de voo; simulador de corrida.

simular (si.mu.lar) v.t.d. Fazer com que pareça quase real; fingir.

simultaneidade (si.mul.ta.nei.da.de) s.f. Característica do que é simultâneo ou concomitante; coincidência.

simultâneo (si.mul.tâ.ne.o) adj. Que ocorre ao mesmo tempo que outra coisa; concomitante; coincidente.

sina (**si**.na) s.f. Sorte; destino; fado, sestro.

sinagoga (si.na.go.ga) s.f. Templo judaico.

sinal (si.**nal**) s.m. **1.** Mancha; marca; pinta. **2.** Vestígio; presságio; indício. **3.** Aceno. **4.** Quantia que se dá como segurança de um contrato. **5.** Letreiro; placa com advertência.

sinal da cruz (si.nal da **cruz**) s.m. Gesto católico em forma de uma ou três cruzes sobre o rosto e/ou os ombros, para invocar a proteção de Cristo.

sinaleira (si.na.**lei**.ra) s.f. Aparelho com sinais luminosos; semáforo, farol.

sinaleiro (si.na.**lei**.ro) s.m. **1.** Indivíduo que faz sinais para os motoristas dos trens, nas estações. **2.** Semáforo.

sinalização (si.na.li.za.**ção**) s.f. **1.** Ato de sinalizar. **2.** Sistema de sinais usados na legislação do trânsito.

sinalizar (si.na.li.**zar**) v.t.d. **1.** Colocar sinais em. v.i. **2.** Fazer sinais.

sinapismo (si.na.**pis**.mo) s.m. Cataplasma que se faz com semente de mostarda ou outras sementes e que se usa sobre locais inflamados.

sinapse (si.**nap**.se) s.f. (Bio.) Junção de dois neurônios que permite que um transmita sinais ao outro.

sinceridade (sin.ce.ri.**da**.de) s.f. Característica de quem é sincero; franqueza; autenticidade.

sincero (sin.**ce**.ro) adj. Franco; autêntico; verdadeiro.

sínclise (**sín**.cli.se) s.f. (Gram.) Uso do pronome oblíquo intercalado ao verbo, como em "vê-lo-ei amanhã".

sincopado (sin.co.**pa**.do) adj. **1.** (Mús.) Diz-se da música em que uma nota musical foi omitida ou prolongada. **2.** (Gram.) Diz-se do vocábulo em que aconteceu síncope.

síncope (**sín**.co.pe) s.f. **1.** (Mús.) Omissão de uma nota em um tempo fraco pelo seu prolongamento em um tempo forte. **2.** (Gram.) Corte de um ou mais fonemas dentro de um vocábulo: "paço" é resultado de síncope na palavra "palácio". **3.** (Med.) Perda dos sentidos; desmaio.

sincrético (sin.**cré**.ti.co) adj. Relacionado a, ou em que há sincretismo: cultos sincréticos reúnem elementos de várias religiões.

sincretismo (sin.cre.**tis**.mo) s.m. Reunião ou fusão de elementos de várias doutrinas ou religiões em uma só; ecletismo.

sincronia (sin.cro.**ni**.a) s.f. Combinação de fatos simultâneos; sincronismo.

sincrônico (sin.**crô**.ni.co) adj. Relacionado a sincronia; que se realiza simultaneamente.

sincronismo (sin.cro.**nis**.mo) s.m. Relação existente entre dois (ou mais) fatos sincrônicos; sincronia.

sincronizar (sin.cro.ni.**zar**) v.t.d. **1.** Ajustar fatos entre si, para que fiquem sincrônicos. **2.** Combinar ou ajustar com precisão exercícios ou movimentos à música.

síncrono (sín.cro.no) *adj.* Que trabalha com sincronia.

sindética (sin.dé.ti.ca) *adj.* (*Gram.*) Diz-se da oração coordenada que é introduzida por conjunção coordenativa, como em: *saí e voltei bem tarde*.

sindical (sin.di.cal) *adj.2g.* Que diz respeito a sindicato.

sindicalismo (sin.di.ca.lis.mo) *s.m.* Atividade sindical.

sindicalista (sin.di.ca.lis.ta) *s.2g. e adj.2g.* Participante de atividades sindicais.

sindicalização (sin.di.ca.li.za.ção) *s.f.* Ato de sindicalizar(-se).

sindicalizado (sin.di.ca.li.za.do) *adj.* Inscrito em sindicato.

sindicalizar (sin.di.ca.li.zar) *v.t.d. e v.p.* Organizar(-se) em sindicato.

sindicância (sin.di.cân.ci.a) *s.f.* Conjunto de investigações levadas a cabo quando se quer esclarecer alguma irregularidade em uma empresa ou repartição.

sindicante (sin.di.can.te) *s.2g.* Aquele que sindica.

sindicar (sin.di.car) *v.i. e v.t.d.* Fazer sindicância (em); colher informações (em).

sindicato (sin.di.ca.to) *s.m.* Associação de uma determinada classe de profissionais, visando à defesa dos interesses e direitos comuns.

síndico (sín.di.co) *s.m.* Aquele que é eleito para defender os interesses e direitos de uma associação ou condomínio.

síndrome (sín.dro.me) *s.f.* (*Med.*) Quadro sintomático de uma doença.

sinecologia (si.ne.co.lo.gi.a) *s.f.* (*Ecol.*) Divisão da ecologia que estuda as relações entre comunidades vegetais ou animais e o meio ambiente.

sinecura (si.ne.cu.ra) *s.f.* Atividade profissional que exige pouco esforço e garante bons vencimentos.

sinédrio (si.né.dri.o) *s.m.* Conselho judeu, constituído de anciãos, sacerdotes e escribas, destinado a julgar crimes.

sineiro (si.nei.ro) *s.m.* Fabricante (ou tocador) de sinos.

sinérese (si.né.re.se) *s.f.* (*Lit.*) Contração de duas sílabas em uma, sem alteração na escrita ou na pronúncia, a fim de satisfazer à métrica do verso; por exemplo, em "se_eu/ ti/ves/se_a/cer/te/za" há sinérese no "za", formando um verso hexassílabo.

sinergismo (si.ner.gis.mo) *s.m.* **1.** Ação cooperativa de forças simultâneas, sendo o efeito resultante superior à soma dos efeitos individuais. **2.** (*Relig.*) Doutrina protestante que sustenta que o homem, apesar do pecado original, detém o livre-arbítrio na obra de sua salvação.

sineta (si.ne.ta) [ê] *s.f.* Sino pequeno ou campainha.

sinete (si.ne.te) [ê] *s.m.* Carimbo ou chancela com assinatura ou divisa gravada.

sinfonia (sin.fo.ni.a) *s.f.* **1.** (*Mús.*) Obra composta para orquestra. **2.** Trecho instrumental que antecede uma ópera. **3.** Orquestra.

sinfônica (sin.fô.ni.ca) *s.f.* Formação de músicos para executar sinfonias; orquestra para música sinfônica.

sinfônico (sin.fô.ni.co) *adj.* **1.** Que diz respeito a sinfonia. **2.** Diz-se da música composta para orquestra e dos grupos que a executam.

singapurense (sin.ga.pu.ren.se) *adj.2g.* e *s.2g.* **1.** De Singapura (ou Cingapura), país da Ásia. *s.m.* **2.** Pessoa natural ou habitante desse lugar. Obs.: as formas "Singapura" e "singapurense" são mais utilizadas internacionalmente.

singeleza (sin.ge.le.za) [lê] *s.f.* Característica daquilo que é singelo; simplicidade; delicadeza.

singelo (sin.ge.lo) *adj.* Simples; delicado; sincero.

singrar (sin.grar) *v.i.* Velejar; navegar.

singular (sin.gu.lar) *adj.2g.* **1.** Que se refere a uma só coisa ou pessoa. **2.** Diferente; excêntrico. *s.m.* **3.** (*Gram.*) O número singular em algumas classes de palavras (substantivos, adjetivos, artigos, pronomes e verbos).

singularidade (sin.gu.la.ri.da.de) *s.f.* Característica do que é singular; excentricidade; extravagância.

singularizar (sin.gu.la.ri.zar) *v.t.d.* Tornar singular, único; distinguir, diferenciar.

sinhá (si.nhá) *s.f.* Tratamento dado pelos escravos à senhora ou à esposa do senhor.

sinhá-moça (si.nhá-mo.ça) *s.f.* Tratamento dado pelos escravos à filha da sinhá ou do sinhô, à filha de seu senhor; sinhazinha. ▪ Pl. *sinhás-moças*.

sinhazinha (si.nha.zi.nha) *s.f.* Sinhá ou senhora pequena; sinhá-moça.

sinhô (si.nhô) *s.m.* Tratamento dado pelos escravos ao senhor.

sinhozinho (si.nho.zi.nho) *s.m.* Sinhô ou senhor pequeno; tratamento dado pelos escravos ao filho do sinhô ou da sinhá, ao filho de seu senhor.

sinistra (si.nis.tra) *s.f.* A mão esquerda.

sinistrado (si.nis.tra.do) *s.m. e adj.* (Aquele) que sofreu um sinistro.

sinistrar (si.nis.trar) *v.i.* Sofrer um sinistro.

sinistro (si.nis.tro) *s.m.* **1.** Desastre; acidente; incêndio. **2.** Ruína. *adj.* **3.** Mau; de má índole. **4.** Agourento; funesto. **5.** Esquerdo.

sino (si.no) *s.m.* Cone oco, provido de um badalo que, movimentado, produz sons.

sínodo (sí.no.do) *s.m.* (*Relig.*) **1.** Assembleia de patriarcas das Igrejas orientais. **2.** Assembleia de párocos, por convocação superior.

sinologia (si.no.lo.gi.a) *s.f.* Estudo de tudo o que se refere à China.

sinonímia (si.no.ní.mi.a) *s.f.* **1.** Uso de sinônimos. **2.** Característica do que é sinônimo.

sinônimo (si.nô.ni.mo) *s.m. e adj.* (Vocábulo) que tem a mesma significação de outro.

sinopse (si.nop.se) *s.f.* Resumo; síntese; sumário.

sinóptico (si.nóp.ti.co) *adj.* Que diz respeito a sinopse; resumido; condensado.

sintático (sin.tá.ti.co) *adj.* Que diz respeito a sintaxe. O mesmo que *sintáxico*.

sintaxe (sin.**ta**.xe) [cs ou ss] s.f. Parte da Gramática que estuda a função das palavras dentro da oração e das orações dentro do período, tratando ainda da boa construção gramatical.

sintáxico (sin.**tá**.xi.co) [cs ou ss] adj. O mesmo que *sintático*.

sinteco (sin.**te**.co) s.m. Tipo de verniz transparente, com que se revestem os assoalhos.

síntese (**sín**.te.se) s.f. **1.** Resumo; sinopse. **2.** (*Mat.*) Demonstração de uma proposição pela simples dedução de outra já provada. **3.** Operação mental que vai do simples para o mais complexo. **4.** (*Quím.*) Formação de um composto a partir de elementos ou compostos simples.

sintético (sin.**té**.ti.co) adj. **1.** Em que há síntese; resumido; sinóptico. **2.** Que não é natural; feito em laboratório.

sintetismo (sin.te.**tis**.mo) s.m. Conjunto de operações utilizadas em uma síntese.

sintetizado (sin.te.ti.**za**.do) adj. Resumido; sintético; sinóptico.

sintetizador (sin.te.ti.za.**dor**) [ô] s.m. (*Mús.*) Instrumento eletrônico capaz de reproduzir vários instrumentos e criar timbres ou sons.

sintetizar (sin.te.ti.**zar**) v.t.d. Resumir; condensar.

sintoma (sin.**to**.ma) [ô] s.m. **1.** (*Med.*) Qualquer fenômeno que revele lesão ou disfunção de um órgão. **2.** (*Fig.*) Presságio; indício.

sintomático (sin.to.**má**.ti.co) adj. Que diz respeito a sintoma.

sintomatologia (sin.to.ma.to.lo.**gi**.a) s.f. Ramo da medicina que estuda os sintomas das doenças.

sintonia (sin.to.**ni**.a) s.f. **1.** (*Fís.*) Frequência idêntica nas oscilações elétricas de dois sistemas. **2.** Harmonia. **3.** Coexistência.

sintonização (sin.to.ni.za.**ção**) s.f. Ato de sintonizar; sintonia.

sintonizar (sin.to.ni.**zar**) v.t.d. **1.** Ajustar (um aparelho) ao comprimento das ondas transmitidas por determinada estação. v.p. **2.** Harmonizar-se.

sinuca (si.**nu**.ca) s.f. **1.** Tipo de bilhar que se joga com oito bolas, em mesa com seis buracos ditos caçapas. **2.** (*Fig.*) Situação embaraçosa.

sinuosidade (si.nu.o.si.**da**.de) s.f. Característica do que é sinuoso; curva.

sinuoso (si.nu.**o**.so) [ô] adj. Que apresenta sinuosidades; tortuoso; ondulado. ▣ Pl. *sinuosos* [ó].

sinusite (si.nu.**si**.te) s.f. (*Med.*) Inflamação dos seios ou cavidades ósseas do rosto.

sionismo (si.o.**nis**.mo) s.m. **1.** Nome dado ao movimento que queria o estabelecimento de Israel nas terras em que se acha agora. **2.** Estudo de tudo o que se relaciona com Jerusalém.

sionista (si.o.**nis**.ta) adj.2g. **1.** Relacionado ao sionismo. s.2g. **2.** Militante do sionismo.

sirena (si.**re**.na) s.f. Aparelho de som estridente usado em veículos especiais, como ambulâncias, carros de bombeiro e da polícia, com a finalidade de advertir as pessoas e abrir passagem entre os demais veículos; sereia. O mesmo que *sirene*.

sirene (si.**re**.ne) s.f. O mesmo que *sirena*.

siri (si.**ri**) s.m. (*Zoo.*) Caranguejo marinho cuja carne e casca são empregadas na culinária.

siríaco (si.**rí**.a.co) adj. **1.** Que diz respeito aos sírios; sírio. s.m. **2.** Língua dos antigos povos da Síria.

sirigaita (si.ri.**gai**.ta) s.f. Mulher assanhada.

sírio (**sí**.ri.o) adj. **1.** Da Síria, país da Ásia. s.m. **2.** Pessoa natural ou habitante desse lugar.

sírio-libanês (sí.rio-li.ba.**nês**) adj. Pertencente à Síria e ao Líbano, na Ásia. ▣ Pl. *sírio-libaneses* [ê].

siriri (si.ri.**ri**) s.m. **1.** Tipo de cupim. **2.** (*Folc.*) Dança e ritmo típicos do Mato Grosso, em círculos ou em fileiras.

siririca (si.ri.**ri**.ca) s.f. (*Chul.*) Estimulação manual do clitóris.

siroco (si.**ro**.co) [ô] s.m. Vento quente do Mediterrâneo.

sisa (**si**.sa) s.f. Tipo de imposto pago pelo comprador, na aquisição de bem imóvel.

sisal (si.**sal**) s.m. **1.** (*Bot.*) Planta de cujas fibras se fazem cordas, tapetes etc. **2.** Tecido ou fio feito com essa fibra.

sísmico (**sís**.mi.co) adj. Que diz respeito a sismo.

sismo (**sis**.mo) s.m. Abalo; terremoto.

sismógrafo (sis.**mó**.gra.fo) s.m. Instrumento que registra os fenômenos sísmicos.

sismologia (sis.mo.lo.**gi**.a) s.f. Ciência que estuda os tremores e demais movimentos do globo.

siso (**si**.so) s.m. **1.** Bom-senso; juízo; prudência; circunspecção. **2.** (*Anat.*) Cada um dos últimos quatro dentes molares.

sistema (sis.**te**.ma) s.f. **1.** Conjunto de elementos que mantêm alguma relação entre si. **2.** Forma de governo. **3.** Plano; método. **4.** Modo; costume. **5.** Conjunto de computadores que executam um serviço: *a escola tem um sistema que controla notas e frequência dos alunos*; *quando cai o sistema do banco, os caixas param de atender o público*. (*Inf.*) Sistema operacional: conjunto dos programas que gerenciam as placas, monitor, teclado etc. e todos os programas de um computador.

sistemática (sis.te.**má**.ti.ca) s.f. Classificação científica ou sistematização de noções, princípios etc.; taxonomia, taxologia.

sistemático (sis.te.**má**.ti.co) adj. **1.** Que diz respeito a sistema. **2.** Que segue um sistema ou método, que é previsível ou regular; metódico, ordenado.

sistematização (sis.te.ma.ti.za.**ção**) s.f. Ato de sistematizar; sistemática.

sistematizar (sis.te.ma.ti.**zar**) v.t.d. Reduzir vários elementos a um sistema.

sístole (**sís**.to.le) s.f. (*Bio.*) Estado de contração das fibras musculares do coração, oposto à dilatação, que é a diástole.

sisudez (si.su.**dez**) [ê] s.m. Característica de quem é sisudo; seriedade; gravidade.

sisudo (si.**su**.do) adj. Sério; grave; discreto.

site [inglês: "saite"] s.m. Página ou conjunto de páginas relacionadas, em determinado local na internet;

sítio: *o site mudou de endereço, mas continua oferecendo os mesmos textos e imagens.*
sitiado (si.ti.**a**.do) *s.m. e adj.* (Aquele) que está cercado por forças militares.
sitiante (si.ti.**an**.te) *s.2g.* Proprietário ou morador de um sítio.
sitiar (si.ti.**ar**) *v.t.d.* Cercar; assediar; colocar em estado de sítio.
sítio (**sí**.ti.o) *s.m.* **1.** Local; espaço; localidade. **2.** Pequena propriedade rural. **3.** (*Inf.*) *Site*.
situação (si.tu.a.**ção**) *s.f.* **1.** Ato de situar(-se). **2.** Estado; posição. **3.** Quem está no poder.
situacionismo (si.tu.a.ci.o.**nis**.mo) *s.m.* Partido de quem está no poder.
situacionista (si.tu.a.ci.o.**nis**.ta) *adj.2g.* **1.** Que diz respeito ao situacionismo. *s.2g.* **2.** Integrante do situacionismo.
situar (si.tu.**ar**) *v.t.d. e v.p.* Localizar(-se); estabelecer(-se); colocar(-se).
skate [inglês: "isqueite"] *s.m.* **1.** Prancha geralmente de madeira com quatro rodas, sobre a qual alguém se desloca. **2.** Atividade de lazer e esporte praticados com essa prancha.
slide [inglês: "isláide"] *s.m.* **1.** Fotografia em diapositivo. **2.** Efeito ao tocar guitarra deslizando o dedo sobre as cordas.
slogan [inglês: "islôgan"] *s.m.* Frase curta repetida em campanha publicitária.
Sm Símbolo do elemento químico samário.
smoking [inglês: "ismôquin"] *s.m.* Traje masculino para cerimônias, constando de paletó com lapela de cetim e calças pretas, camisa branca e uma faixa também de cetim para a cintura.
Sn Símbolo do elemento químico estanho.
só *adv.* **1.** Somente. *adj.2g.* **2.** Sem companhia ou par; solitário, sozinho. **3.** Ermo; desolado. **4.** Único. **5.** Desamparado.
soabrir (so.a.**brir**) *v.t.d.* Abrir um pouco; entreabrir.
soada (so.**a**.da) *s.f.* Toada; cantiga.
soalha (so.**a**.lha) *s.f.* Cada um dos pequenos discos metálicos colocados em volta do pandeiro.
soalhado (so.a.**lha**.do) *s.m.* Soalho; assoalho.
soalhar (so.a.**lhar**) *v.t.d.* Colocar assoalho; assoalhar.
soalheira (so.a.**lhei**.ra) *s.f.* Luz mais forte do sol.
soalho (so.a.**lho**) *s.m.* Piso de madeira; assoalho.
soante (so.**an**.te) *adj.2g.* Que soa; sonante.
soar (so.**ar**) *v.t.d.* **1.** Indicar por sons; tocar. **2.** Indicar as horas. *v.t.i.* **3.** Convir. *v.i.* **4.** Retumbar; ecoar; emitir som. Obs.: pres. do ind.: *soo, soas* [ô], *soa* [ô] etc.; pres. do subj.: *soe* [ô], *soes* [ô], *soe* [ô] etc. Em seu sentido original, é conjugado apenas na 3ª pes., sing. e pl.
sob *prep.* **1.** Debaixo de. **2.** Sob a autoridade de. **3.** No tempo de. **4.** Ao abrigo de.
sobejar (so.be.**jar**) *v.i.* **1.** Ser em excesso. *v.p.* **2.** Ter em excesso.
sobejo (so.**be**.jo) [ê] *adj.* **1.** Que sobra; demasiado; excessivo. *s.m.* **2.** A sobra; o resto.
soberania (so.be.ra.**ni**.a) *s.f.* **1.** Qualidade e autoridade de soberano. **2.** Propriedade do Estado que não depende de qualquer outra potência. **3.** Poder supremo. **4.** (*Fig.*) Magnitude; altivez; excelência.
soberano (so.be.**ra**.no) *s.m. e adj.* **1.** (Aquele) que exerce o poder supremo. *s.m.* **2.** Rei; imperador. *adj.* **3.** Magnífico; supremo.
soberba (so.**ber**.ba) [ê] *s.f.* Orgulho excessivo, arrogância, presunção, altivez; soberbia.
soberbia (so.ber.**bi**.a) *s.f.* Soberba.
soberbo (so.**ber**.bo) [ê] *s.m. e adj.* **1.** (Indivíduo) que é arrogante, orgulhoso, presunçoso. *adj.* **2.** Magnífico, grandioso.
sobra (so.bra) *s.f.* Aquilo que sobra; resto; sobejo.
sobraçar (so.bra.**çar**) *v.t.d.* **1.** Colocar sob o braço. **2.** (*Fig.*) Proteger; amparar.
sobrado (so.**bra**.do) *s.m.* **1.** Casa de dois pavimentos. **2.** Casa usada pelo senhor de engenho.
sobranceiro (so.bran.**cei**.ro) *adj.* **1.** Que está acima; superior. **2.** (*Fig.*) Orgulhoso; arrogante.
sobrancelha (so.bran.**ce**.lha) [ê] *s.f.* Conjunto de pelos dispostos de forma arqueada sobre o olho; supercílio; sobrolho.
sobranceria (so.bran.ce.**ri**.a) *s.f.* Característica de sobranceiro; altivez; orgulho; arrogância.
sobrar (so.**brar**) *v.i. e v.t.i.* Existir em excesso; exceder; restar; sobejar.
sobre (so.bre) [ô] *prep.* **1.** Em cima de. **2.** A respeito de.
sobreagudo (so.bre.a.**gu**.do) *adj.* Muito agudo.
sobreaviso (so.bre.a.**vi**.so) *s.m.* Prevenção; precaução; alerta.
sobrecapa (so.bre.**ca**.pa) *s.f.* Cobertura usada para proteger a capa de um livro.
sobrecarga (so.bre.**car**.ga) *s.f.* **1.** Carga excessiva. **2.** (P. ext.) Encargos excessivos.
sobrecarregar (so.bre.car.re.**gar**) *v.t.d.* **1.** Carregar além do limite. **2.** (P. ext.) Dar mais encargos que o aceitável. *v.p.* **3.** Aceitar mais encargos do que o suportável.
sobrecarta (so.bre.**car**.ta) *s.f.* Envelope; sobrescrito.
sobrecasaca (so.bre.ca.**sa**.ca) *s.f.* Vestimenta masculina mais larga e comprida que a casaca, envolvendo quem a veste com as abas.
sobrecenho (so.bre.**ce**.nho) *s.m.* Carranca; semblante fechado.
sobrecéu (so.bre.**céu**) *s.m.* Dossel.
sobrecomum (so.bre.co.**mum**) *s.m. e adj.* (*Gram.*) (Substantivo) que mantém a mesma forma e os mesmos adjuntos para seres masculinos ou femininos, como *a criança, a testemunha, um animal*. Cf. *comum-de-dois* ("o/a cientista, o/a atleta, o/a jovem") e *epiceno* ("um jacaré fêmea, uma cobra macho").
sobrecostura (so.bre.cos.**tu**.ra) *s.f.* Costura dupla ou reforçada; costura sobre duas peças que já estavam costuradas uma à outra.
sobredito (so.bre.**di**.to) *adj.* Dito em outro lugar; já aludido.
sobreerguer (so.bre.er.**guer**) *v.t.d.* Erguer além de.
sobreexceder (so.bre.ex.ce.**der**) *v.t.d.* Exceder bastante; ultrapassar.

sobreexcitar (so.bre.ex.ci.**tar**) v.t.d. Estimular, agitar ou excitar demasiadamente.

sobre-humano (so.bre-hu.**ma**.no) adj. **1.** Superior à condição humana ou acima do nível dos homens. **2.** Muito elevado ou intenso; excessivo: *construir as pirâmides seria um esforço sobre-humano sem os recursos de engenharia.* ▣ Pl. *sobre-humanos.*

sobreiro (so.**brei**.ro) s.m. (Bot.) Árvore das florestas temperadas que fornece a cortiça.

sobrejacente (so.bre.ja.**cen**.te) adj.2g. Que jaz, se situa sobre outro: *rochas sobrejacentes.*

sobrelevar (so.bre.le.**var**) v.t.d. **1.** Destacar, ressaltar, realçar. **2.** Superar, passar, sobrepujar. v.p. **3.** Elevar-se, erguer-se.

sobreloja (so.bre.**lo**.ja) s.f. Pavimento que, em um prédio, fica entre o andar térreo e o primeiro andar.

sobremaneira (so.bre.ma.**nei**.ra) adv. Muito; em demasia; bastante; excessivamente; sobremodo.

sobremesa (so.bre.**me**.sa) [ê] s.f. Doce ou fruta que se come ao final de uma refeição.

sobremodo (so.bre.**mo**.do) adv. Sobremaneira; excessivamente; muito.

sobrenadar (so.bre.na.**dar**) v.t.i. e v.i. Nadar sobre; flutuar: *a nata sobrenadava no leite.*

sobrenatural (so.bre.na.tu.**ral**) s.m. e adj.2g. (Aquilo) que supera o natural, que não tem explicação científica, que é milagroso.

sobrenome (so.bre.**no**.me) s.m. Nome de família, último nome: *Silva é um sobrenome muito comum no Brasil.*

sobrepairar (so.bre.pai.**rar**) v.t.d. Pairar sobre; sobrepor-se, ficar acima.

sobrepeliz (so.bre.pe.**liz**) s.f. Manto branco que os padres usam sobre a batina.

sobrepeso (so.bre.**pe**.so) [ê] s.m. **1.** Peso excessivo, além do normal; sobrecarga. **2.** Condição da pessoa ou animal que está acima do peso mas não é obesa.

sobrepor (so.bre.**por**) [ô] v.t.d. e v.p. Pôr(-se) em cima de; justapor(-se); juntar(-se). Obs.: conjuga-se como *pôr.*

sobreposição (so.bre.po.si.**ção**) s.f. **1.** Ato de sobrepor. **2.** Superposição; acréscimo.

sobreposto (so.bre.**pos**.to) [ô] adj. Posto em cima de. ▣ Pl. *sobrepostos* [ó].

sobrepujamento (so.bre.pu.ja.**men**.to) s.m. Ato de sobrepujar; superação.

sobrepujar (so.bre.pu.**jar**) v.t.d. **1.** Superar; ultrapassar; exceder. v.t.i. **2.** Sobressair; levar vantagem.

sobrescritar (so.bres.cri.**tar**) v.t.d. Fazer o sobrescrito; escrever o endereço; endereçar. Obs.: part.: *sobrescrito.*

sobrescrito (so.bres.**cri**.to) s.m. O que se escreve no envelope: *destinatário, remetente, endereço de ambos.*

sobressair (so.bres.sa.**ir**) v.i. Ressaltar; chamar a atenção; distinguir-se. Obs.: conjuga-se como *sair.*

sobressalente (so.bres.sa.**len**.te) adj.2g. **1.** Que sobressai. **2.** Excedente. **3.** Substituto; de reserva. s.m. **4.** Peça mantida como reserva para substituir outra congênere.

sobressaltado (so.bres.sal.**ta**.do) adj. Surpreso, assustado.

sobressaltar (so.bres.sal.**tar**) v.t.d. e v.p. Surpreender(-se); assustar(-se).

sobressalto (so.bres.**sal**.to) s.m. Acontecimento imprevisto e inquietante; susto; medo; temor.

sobrestar (so.bres.**tar**) v.t.d. **1.** Parar; sustar. v.i. **2.** Não prosseguir; cessar. Obs.: conjuga-se como *estar.*

sobretaxa (so.bre.**ta**.xa) s.f. Quantia que se acrescenta a uma tarifa normal; acréscimo.

sobretaxar (so.bre.ta.**xar**) v.t.d. Acrescentar uma quantia extra a uma tarifa já fixada.

sobretoalha (so.bre.to.a.**lha**) s.f. Toalha que se usa sobre outra, com a finalidade de protegê-la.

sobretudo (so.bre.**tu**.do) s.m. **1.** Casaco abotoado na frente, usado por cima de outro para proteger do frio. adv. **2.** Acima de tudo; especialmente; principalmente.

sobrevida (so.bre.**vi**.da) s.f. Tempo de vida que excede o limite previsto.

sobrevindo (so.bre.**vin**.do) s.m. e adj. (Aquele) que chegou inesperadamente.

sobrevir (so.bre.**vir**) v.i. **1.** Acontecer inesperadamente. **2.** Acontecer em seguida. Obs.: conjuga-se como *vir.*

sobrevivência (so.bre.vi.**vên**.ci.a) s.f. Qualidade ou estado daquele que sobrevive; resistência; sobrevida.

sobrevivente (so.bre.vi.**ven**.te) s.2g. e adj.2g. (Aquele) que sobrevive.

sobreviver (so.bre.vi.**ver**) v.i. **1.** Continuar a viver depois de outrem ou de algo que poderia ter determinado seu fim. v.t.i. **2.** Escapar; resistir.

sobrevoar (so.bre.vo.**ar**) v.t.d. Voar por cima de. Obs.: conjuga-se como *voar.*

sobrevoo (so.bre.**vo**.o) [vô] s.m. Ato de sobrevoar.

sobriedade (so.bri.e.**da**.de) s.f. Característica de quem é sóbrio; moderação; comedimento.

sobrinho (so.**bri**.nho) s.m. Filho do irmão, da irmã ou de cunhados.

sóbrio (só.bri.o) adj. **1.** Moderado; frugal; comedido. **2.** Que não ingeriu bebida alcoólica.

sobrolho (so.bro.lho) [ô] s.m. Sobrancelha; supercílio. ▣ Pl. *sobrolhos* [ó].

socado (so.**ca**.do) adj. **1.** Que levou socos; sovado. **2.** Que se socou; colocado à força.

socador (so.ca.**dor**) [ô] s.m. e adj. (Dispositivo) para socar, semelhante a uma mão de pilão: *socador de alho.*

socapa (so.**ca**.pa) s.f. À socapa: de maneira escondida ou disfarçada, ocultamente.

socar (so.**car**) v.t.d. **1.** Dar socos em. **2.** Colocar à força. v.p. **3.** Esmurrar-se um ao outro. Obs.: pres. do ind.: *soco* [ó], *socas* [ó], *soca* [ó], *socam* [ó]; pres. do subj.: *soque* [ó], *soques* [ó], *soque* [ó], *soquem* [ó].

socavar (so.ca.**var**) v.t.d. **1.** Escavar por baixo: *socavar um túnel por baixo do muro.* **2.** Abalar, minar, solapar.

sociabilidade (so.ci.a.bi.li.**da**.de) *s.f.* Característica de quem é sociável; urbanidade.

sociabilizar (so.ci.a.bi.li.**zar**) *v.t.d. e v.p.* Tornar(-se) sociável; socializar(-se); reunir(-se) em sociedade.

social (so.ci.**al**) *adj.2g.* **1.** Que diz respeito à sociedade; constituído por pessoas, feito em grupo. **2.** Que gosta de viver em sociedade; sociável. Tecnologia social: solução que promove desenvolvimento humano e melhora permanente para um grupo ou comunidade.

socialdemocracia (so.ci.al.de.mo.cra.**ci**.a) *s.f.* Socialismo com características reformistas e parlamentares.

socialdemocrata (so.ci.al.de.mo.**cra**.ta) *s.2g. e adj.2g.* Relacionado à socialdemocracia.

socialismo (so.ci.a.**lis**.mo) *s.m.* Sistema político que prega a criação de uma sociedade sem classes sociais e a incorporação dos meios de produção à coletividade.

socialista (so.ci.a.**lis**.ta) *s.2g. e adj.2g.* **1.** Defensor do socialismo. *adj.2g.* **2.** Que diz respeito ao socialismo.

socialite [inglês: "socialaite"] *s.2g.* Pessoa que frequenta a alta sociedade e é sempre citada nas colunas sociais.

socialização (so.ci.a.li.za.**ção**) *s.f.* Ato de socializar(-se); integração dos indivíduos ao grupo.

socializar (so.ci.a.li.**zar**) *v.t.d. e v.p.* Tornar(-se) social; reunir(-se) em sociedade; sociabilizar(-se).

sociável (so.ci.**á**.vel) *adj.2g.* Que gosta de viver em sociedade; social.

sociedade (so.ci.e.**da**.de) *s.f.* **1.** Agrupamento de seres em estado gregário. **2.** Meio ao qual o homem está integrado. **3.** Contrato consensual pelo qual as pessoas reúnem esforços e recursos para a obtenção de um fim comum a todas elas.

societário (so.ci.e.**tá**.ri.o) *adj.* Relativo a sociedade comercial ou aos sócios.

sócio (**só**.ci.o) *s.m.* Membro de qualquer sociedade com ou sem fins lucrativos; associado.

sociocultural (so.ci.o.cul.tu.**ral**) *adj.2g.* Que diz respeito simultaneamente a um determinado grupo social e à sua cultura.

socioeconômico (so.ci.o.e.co.**nô**.mi.co) *adj.* Que diz respeito às questões sociais e econômicas de certo grupo.

sociologia (so.ci.o.lo.**gi**.a) *s.f.* Ciência que estuda os fenômenos sociais ou os agrupamentos humanos e as leis que os regem.

sociólogo (so.ci.**ó**.lo.go) *s.m.* Aquele que se dedica ao estudo da sociologia.

soco (**so**.co) [ô] *s.m.* Pancada que se dá com a mão fechada; murro.

socó (so.**có**) *s.m.* (Zoo.) Certa ave ribeirinha.

soçobrar (so.ço.**brar**) *v.i.* **1.** Naufragar. **2.** (Fig.) Arruinar-se.

soçobro (so.**ço**.bro) [ô] *s.m.* **1.** Ato de soçobrar; naufrágio. **2.** (Fig.) Ruína.

socorrer (so.cor.**rer**) *v.t.d.* **1.** Prestar socorro; auxiliar; salvar. **2.** Proteger; defender. *v.p.* **3.** Valer-se; lançar mão de.

socorro (so.**cor**.ro) [ô] *s.m.* Ato de socorrer; proteção; auxílio. ▣ Pl. *socorros* [ó].

soda (**so**.da) *s.f.* **1.** Hidróxido de sódio; soda cáustica. **2.** (Quím.) Carbonato de sódio. **3.** Água gasosa; refrigerante.

sódio (**só**.di.o) *s.m.* (Quím.) Elemento químico, metal alcalino monovalente, de símbolo Na, peso atômico 22,99 e número atômico 11.

soer (so.**er**) *v.i.* Ter por hábito, costumar. Obs.: pres. do ind.: *sóis, sói, soemos, soeis, soem*; pret. imperf.: *soía, soías, soía* etc.; pret. perf.: *soí, soeste, soeu* etc.; pret. mqp: *soera, soeras, soera* etc.; fut. pres.: *soerei, soerás, soerá* etc.; fut. pret.: *soeria, soerias, soeria* etc.; não possui o pres. do subj.; imperf. subj.: *soesse, soesses, soesse* etc.; fut. subj.: *soer, soeres, soer* etc.; imperat. afirm. *sói, soei*.; não tem imperat. neg.; ger.: *soendo*; part.: *soído*.

soerguer (so.er.**guer**) *v.t.d. e v.p.* Levantar(-se) um pouco; erguer(-se) com sacrifício.

soerguimento (so.er.gui.**men**.to) *s.m.* Ato de soerguer(-se).

soez (so.**ez**) [ê] *adj.2g.* (Raro) Indigno, vil, baixo: *ataques soezes*.

sofá (so.**fá**) *s.f.* Móvel estofado com encosto e braços, com vários lugares.

sofá-cama (so.fá-**ca**.ma) *s.f.* Sofá que pode ser aberto e transformar-se em cama. ▣ Pl. *sofás-cama*.

sofisma (so.**fis**.ma) *s.m.* **1.** (Filos.) Método de argumentação que parece lógico mas é incorreto e enganoso. **2.** (P. ext.) Argumentação capciosa, feita com má-fé, para enganar; mentira.

sofismar (so.fis.**mar**) *v.i.* Fazer uso de sofismas.

sofista (so.**fis**.ta) *s.2g.* Aquele que usa sofismas.

sofisticação (so.fis.ti.ca.**ção**) *s.f.* **1.** Refinamento, requinte. **2.** Artificialidade; afetação; esnobação.

sofisticado (so.fis.ti.**ca**.do) *adj.* **1.** Requintado; refinado. **2.** Artificial; esnobe; afetado.

sofisticar (so.fis.ti.**car**) *v.t.d.* **1.** Dar um toque de originalidade; refinar. **2.** Esnobar.

sofístico (so.**fis**.ti.co) *adj.* Pertencente a sofisma ou a sofista.

sofreamento (so.fre.a.**men**.to) *s.m.* Ato de sofrear; repressão; contenção.

sofrear (so.fre.**ar**) *v.t.d.* **1.** Puxar ou retesar as rédeas. **2.** Conter; reprimir.

sofredor (so.fre.**dor**) [ô] *s.m. e adj.* (Aquele) que sofre; paciente; resignado.

sôfrego (**sô**.fre.go) *adj.* Ávido; impaciente; ambicioso.

sofreguidão (so.fre.gui.**dão**) *s.f.* Impaciência; avidez; ambição.

sofrer (so.**frer**) *v.i.* **1.** Sentir dor moral ou física. *v.t.i.* **2.** Ter dores ou padecer com. *v.t.d.* **3.** Tolerar; suportar.

sofrido (so.**fri**.do) *adj.* Que sofreu bastante; paciente; resignado.

sofrimento (so.fri.**men**.to) *s.m.* Ato de sofrer; padecimento; dor; amargura; resignação.

sofrível (so.**frí**.vel) *adj.2g.* **1.** Que se pode tolerar; tolerável. **2.** Medíocre; razoável.

oftware [inglês: "sófti-uér"] s.m. (Inf.) Programa de computador; parte lógica de um sistema de informática, por oposição ao *hardware*, os equipamentos ou partes físicas.
ogra (so.gra) [ó] s.f. Mãe do marido (ou da mulher) em relação à mulher (ou ao marido).
ogro (so.gro) [ô] s.m. Pai do marido (ou da mulher) em relação à mulher (ou ao marido).
oja (so.ja) s.f. (Bot.) Leguminosa cujo grão é de grande importância para extração de óleo usado na indústria de alimentos, entre eles a alimentação de animais e usada também na culinária natural. O mesmo que *feijão-soja*.
sol s.m. (*próprio*) **1.** Centro do Sistema Solar, estrela em torno da qual giram os planetas, entre eles a Terra: *a Terra gira em torno do Sol*. (comum) **2.** Luz e calor recebidos dessa estrela: *o sol entrava por todas as janelas*. **3.** (Mús.) Quinta nota da escala de dó, entre o fá e o lá. **4.** Moeda do Peru.
sola (so.la) s.f. **1.** Parte do pé ou da pata que assenta sobre o chão; palma, planta. **2.** Solado.
solado (so.la.do) s.m. Parte do calçado sobre a qual se pisa; sola. Cf. *cabedal*.
solanácea (so.la.ná.ce.a) s.f. (Bot.) Planta que pertence a um grupo em que estão batata, tomate, berinjela, pimenta e outras plantas, algumas venenosas.
solapar (so.la.par) v.t.d. **1.** Escavar por baixo; socavar. **2.** Desestabilizar, abalar, balançar.
solar (so.lar) adj.2g. **1.** Que diz respeito ao Sol. s.m. **2.** Morada de família aristocrata. v.i. **3.** (Mús.) Executar um solo.
solário (so.lá.ri.o) s.m. Área ou varanda onde se toma banho de sol.
solavanco (so.la.van.co) s.m. Tranco forte e inesperado de um veículo em movimento.
solda (sol.da) s.f. Substância metálica e fusível usada para unir outras peças metálicas.
soldadesca (sol.da.des.ca) [ê] s.f. **1.** Grupo de soldados; a classe militar. **2.** (Pej.) Soldados indisciplinados.
soldado (sol.da.do) s.m. **1.** Militar sem graduação; praça. **2.** Aquele que entrou para o exército. adj. **3.** Que se soldou ou ligou com solda.
soldador (sol.da.dor) [ô] s.m. e adj. (O) que solda.
soldadura (sol.da.du.ra) s.f. **1.** Ato de soldar. **2.** Parte que se soldou; solda.
soldagem (sol.da.gem) s.f. Técnica de junção de metais por aquecimento.
soldar (sol.dar) v.t.d. **1.** Ligar com solda. v.i. e v.p. **2.** Cicatrizar; unir; fechar.
soldo (sol.do) [ô] s.m. **1.** Vencimento dos militares. **2.** (P. ext.) Salário; remuneração.
solecismo (so.le.cis.mo) s.m. (Gram.) Erro de sintaxe.
solecista (so.le.cis.ta) s.2g. Aquele que comete solecismos.
soledade (so.le.da.de) s.f. Solidão; tristeza.
soleira (so.lei.ra) s.f. Parte inferior do vão da porta junto ao chão.
solene (so.le.ne) adj.2g. Majestoso; pomposo; grave.

sólido

solenidade (so.le.ni.da.de) s.f. **1.** Característica do que é solene. **2.** Festividade; ato solene.
solenizar (so.le.ni.zar) v.t.d. Tornar solene; celebrar solenemente.
solércia (so.lér.ci.a) s.f. Argúcia; ardil; esperteza; astúcia.
solerte (so.ler.te) adj.2g. Esperto; ardiloso; astucioso; sagaz.
soletração (so.le.tra.ção) s.f. **1.** Ato de soletrar. **2.** Método de alfabetização que parte da letra.
soletrar (so.le.trar) v.t.d. e v.i. **1.** Ler letra por letra. **2.** Ler mal.
solfejar (sol.fe.jar) v.t.d. e v.i. (Mús.) Ler entoando as notas musicais de um trecho.
solfejo (sol.fe.jo) [ê] s.m. (Mús.) Ato de solfejar; leitura (cantada) de um trecho musical.
solferino (sol.fe.ri.no) s.m. A cor que se situa entre o encarnado e o roxo.
solicitação (so.li.ci.ta.ção) s.f. Ato de solicitar; pedido; rogo; requerimento.
solicitador (so.li.ci.ta.dor) [ô] s.m. e adj. (Aquele) que solicita; solicitante.
solicitante (so.li.ci.tan.te) s.2g. e adj.2g. (Pessoa) que solicita ou requer algo.
solicitar (so.li.ci.tar) v.t.d. **1.** Requerer. **2.** Pedir insistentemente. v.i. **3.** (Dir.) Promover negócios forenses como solicitador.
solicitável (so.li.ci.tá.vel) adj.2g. Que pode ser solicitado.
solícito (so.lí.ci.to) adj. Prestativo; zeloso; ativo.
solicitude (so.li.ci.tu.de) s.f. Característica de quem é solícito; diligência; préstimo.
solidão (so.li.dão) s.f. **1.** Situação de quem está ou se sente só. **2.** Local ermo.
solidariedade (so.li.da.ri.e.da.de) s.f. Qualidade, característica de solidário; sensibilidade aos problemas ou sofrimentos de outras pessoas, com tentativa de auxílio.
solidário (so.li.dá.ri.o) adj. Que se comove com os problemas, causa ou sofrimentos dos outros e tenta ajudar, apoiar: *gesto solidário, pessoas solidárias*.
solidarizar-se (so.li.da.ri.zar-se) v.p. Ser solidário; apoiar, ajudar.
solidéu (so.li.déu) s.m. **1.** Barrete usado pelos bispos cobrindo apenas o alto da cabeça. **2.** Quipá.
solidez (so.li.dez) [ê] s.f. Característica do que é sólido; durabilidade; resistência; consistência.
solidificação (so.li.di.fi.ca.ção) s.f. **1.** Ato de solidificar. **2.** Passagem de um corpo do estado líquido para o sólido.
solidificado (so.li.di.fi.ca.do) adj. Tornado sólido.
solidificar (so.li.di.fi.car) v.t.d. **1.** Tornar sólido. **2.** Tornar estável ou firme. **3.** Congelar. v.p. **4.** Tornar-se firme ou estável. **5.** Congelar-se.
sólido (só.li.do) s.m. **1.** Corpo que apresenta como características forma e rigidez: *um sólido bateu na janela*. adj. **2.** (Quím.) Diz-se de um estado no qual a matéria apresenta volume e forma definidos: *o gelo é água em estado sólido; chocolate sólido*.

3. Consistente, firme: *sólidos argumentos*. **3.** Íntegro, duradouro: *um relacionamento sólido*.
solilóquio (so.li.**ló**.qui.o) *s.m.* Fala, discurso ordenado de uma pessoa sozinha; monólogo.
solista (so.**lis**.ta) *s.2g.* (*Mús.*) Pessoa que executa solos.
solitária (so.li.**tá**.ri.a) *s.f.* **1.** Cela onde o preso é mantido isolado do convívio dos demais. **2.** (*Zoo.*) Tênia. *adj.* **3.** Feminino de *solitário*; só; sozinha.
solitário (so.li.**tá**.ri.o) *adj.* **1.** Que vive na solidão; só; sozinho. *s.m.* **2.** Pessoa que vive longe do convívio dos outros. **3.** Anel com um só brilhante.
solitude (so.li.**tu**.de) *s.f.* Solidão.
solo (**so**.lo) *s.m.* **1.** Chão; terra. **2.** (*Mús.*) Trecho musical para uma só pessoa. **3.** Bailado executado por um único bailarino. **4.** Primeiro voo desacompanhado de um piloto iniciante. **5.** Certo jogo de baralho que, no século XVIII, foi popular no sertão.
solstício (sols.**tí**.ci.o) *s.m.* (*Geo., Astron.*) Período do ano em que o Sol, depois de afastar-se o máximo do Equador, dá a impressão de estar parado, antes de iniciar seu percurso de volta ao referido círculo. No hemisfério Sul, o solstício do dia 22 para 23 de junho marca o início do inverno e o solstício de 22/23 de dezembro marca o princípio do verão.
soltar (sol.**tar**) *v.t.d.* **1.** Dar a liberdade a. **2.** Desprender. **3.** Exalar (odor). **4.** Dizer; exclamar. *v.p.* **5.** Libertar-se; desprender-se. Obs.: pres. do ind.: *solto* [ó], *soltas* [ó], *solta* [ó], *soltam* [ó]; pres. do subj.: *solte* [ó], *soltes* [ó], *solte* [ó], *soltem* [ó].
solteirão (sol.tei.**rão**) *s.m. e adj.* (Aquele) que passou da meia-idade e não se casou; celibatário. ▪ Fem. *solteirona*.
solteiro (sol.**tei**.ro) *s.m. e adj.* (Aquele) que ainda não se casou.
solto (**sol**.to) [ô] *adj.* **1.** Desprendido; desatado. **2.** Libertado. **3.** (*Lit.*) (Verso) sem rima. Cf. *souto*.
soltura (sol.**tu**.ra) *s.f.* Ato de soltar.
solubilidade (so.lu.bi.li.**da**.de) *s.f.* Característica do que é solúvel.
soluçante (so.lu.**çan**.te) *adj.2g.* Que soluça.
solução (so.lu.**ção**) *s.f.* **1.** Ato de solucionar ou solver. **2.** Resolução; resultado. **3.** Desfecho; conclusão. **4.** Ato de dissolver. **5.** (*Quím.*) Líquido em que se dissolveu uma substância: *o refrigerante é uma solução do xarope em água*.
soluçar (so.lu.**çar**) *v.i.* **1.** Soltar soluços. *v.t.d.* **2.** Dizer entre soluços.
solucionar (so.lu.ci.o.**nar**) *v.t.d.* Resolver; encontrar a solução de.
soluço (so.**lu**.ço) *s.m.* **1.** (*Med.*) Contração espasmódica do diafragma, fazendo com que o ar passe pela glote parcialmente fechada e provoque um ruído. **2.** Choro acompanhado de suspiros.
solutivo (so.lu.**ti**.vo) *adj.* Que pode solver ou dissolver.
soluto (so.**lu**.to) *s.m.* **1.** (*Quím.*) Solução química. *adj.* **2.** Resolvido. **3.** Dissolvido.
solúvel (so.**lú**.vel) *adj.2g.* **1.** Que pode ser resolvido. **2.** Que pode ser dissolvido.
solvência (sol.**vên**.ci.a) *s.f.* Característica do que é solvente; solução; solvibilidade.

solvente (sol.**ven**.te) *adj.2g.* **1.** Que resolve. **2.** Que dissolve. **3.** Que paga suas dívidas. *s.m.* **4.** (*Quím.*) Líquido capaz de dissolver outra substância.
solver (sol.**ver**) *v.t.d.* **1.** Resolver. **2.** Dissolver. **3.** Quitar; pagar.
solvibilidade (sol.vi.bi.li.**da**.de) *s.f.* Característica d que é solvível.
solvível (sol.**ví**.vel) *adj.2g.* Que se pode solver (resol ver, dissolver ou pagar).
som *s.m.* **1.** Efeito produzido pela vibração de corpo sonoros. **2.** Tudo o que impressiona a audição. **3.** (*ext.*) Música; equipamento sonoro.
soma (**so**.ma) *s.f.* **1.** (*Mat.*) Operação de adiçã **2.** Resultado dessa operação. **3.** Quantia em dinheiro.
somali (so.ma.**li**) *adj.* **1.** Da Somália, país da África *s.m.* **2.** Pessoa natural ou habitante desse lugar.
somaliano (so.ma.li.**a**.no) *adj.* Somali.
somar (so.**mar**) *v.t.d.* Fazer a soma de; adicionar.
somático (so.**má**.ti.co) *adj.* Que diz respeito ao corp
somatizar (so.ma.ti.**zar**) *v.t.d. e v.i.* Adoecer em decorrência de problemas emocionais.
somatologia (so.ma.to.lo.**gi**.a) *s.f.* Tratado sobre corpo humano.
somatológico (so.ma.to.**ló**.gi.co) *adj.* Que diz respeito à somatologia.
somatório (so.ma.**tó**.ri.o) *adj.* **1.** Que diz respeito soma. *s.m.* **2.** Soma total; totalidade.
sombra (**som**.bra) *s.f.* **1.** Espaço sem (ou com menos) luz, pela interposição de um corpo opaco **2.** Reprodução do contorno de uma figura situada entre o foco luminoso e uma superfície clara **3.** Local onde não bate sol. **4.** Escuridão. **5.** Vestígio (*Fig.*) **6.** Noite. **7.** Amigo inseparável. **8.** Guarda--costas.
sombreado (som.bre.**a**.do) *s.m.* **1.** Gradação do escuro em um desenho ou pintura. *adj.* **2.** Em que há sombras.
sombreamento (som.bre.a.**men**.to) *s.m.* Ação de fazer sombra ou sombrear: *durante o eclipse ocorre o sombreamento de um astro*.
sombrear (som.bre.**ar**) *v.t.d.* **1.** Cobrir com sombra. **2.** Dar sombreado em um desenho ou pintura.
sombreiro (som.**brei**.ro) *s.m.* Chapéu de aba bem larga usado pelos mexicanos.
sombrinha (som.**bri**.nha) *s.f.* Guarda-sol (ou guarda-chuva) feminino.
sombrio (som.**bri**.o) *adj.* **1.** Em que há sombra. **2.** Triste; melancólico.
sombroso (som.**bro**.so) [ô] *adj.* Cheio de sombra; umbroso. ▪ Pl. *sombrosos* [ó].
somenos (so.**me**.nos) *adj.2g.2n.* De menor valor; inferior; ordinário. ▪ Pl. *somenos*.
somente (so.**men**.te) *adv.* Unicamente; exclusivamente; apenas.
sonambúlico (so.nam.**bú**.li.co) *adj.* Que diz respeito a sonambulismo ou a sonâmbulo.
sonambulismo (so.nam.bu.**lis**.mo) *s.m.* Estado ou doença do sonâmbulo.
sonâmbulo (so.**nâm**.bu.lo) *s.m. e adj.* (Pessoa) que anda e fala enquanto dorme.

onância (so.**nân**.ci.a) s.f. Som; música; melodia.
onante (so.**nan**.te) adj.2g. Que soa; que produz som.
onar (so.**nar**) s.m. Dispositivo para localização em meio aquático, pela emissão de pulsos, ou sinal sonoro intermitente que retorna ao ponto de partida ao encontrar um obstáculo.
onata (so.**na**.ta) s.f. (*Mús.*) Peça musical composta de várias partes, sendo cada uma delas de caráter diferente.
onda (**son**.da) s.f. **1.** Tipo de broca com que se perfura o terreno em busca de água, petróleo etc. **2.** (*Med.*) Instrumento cirúrgico com que se examina um órgão ou ferimento. **3.** Qualquer dispositivo para fazer sondagens: *sonda espacial*.
ondagem (son.**da**.gem) s.f. **1.** Ato de sondar; investigação; pesquisa. **2.** Perfuração de um terreno para pesquisas geológicas.
ondar (son.**dar**) v.t.d. **1.** Fazer sondagem. **2.** Examinar com sonda. **3.** Investigar; pesquisar; analisar.
ondável (son.**dá**.vel) adj.2g. Que pode ser sondado.
oneca (so.**ne**.ca) s.f. **1.** Sono curto. **2.** Sonolência; soneira.
onegação (so.ne.ga.**ção**) s.f. Ato de sonegar; inadimplência; omissão.
onegador (so.ne.ga.**dor**) [ô] s.m. *e adj.* (Aquele) que sonega.
onegar (so.ne.**gar**) v.t.d. Deixar de pagar; omitir; furtar; subtrair.
oneira (so.**nei**.ra) s.f. Sonolência.
onetear (so.ne.te.**ar**) v.i. Compor sonetos.
onetilho (so.ne.**ti**.lho) s.m. Soneto de versos curtos.
onetista (so.ne.**tis**.ta) s.2g. Aquele que compõe sonetos.
oneto (so.**ne**.to) [ê] s.m. Composição poética com dois quartetos e dois tercetos.
ongamonga (son.ga.**mon**.ga) s.2g. (*Pop.*) Pessoa sonsa ou falsa.
onhador (so.nha.**dor**) [ô] s.m. *e adj.* (Aquele) que gosta de sonhar, fantasiar ou devanear.
onhar (so.**nhar**) v.t.i. **1.** Ver em sonhos. **2.** Imaginar constantemente. v.i. **3.** Ter sonhos; fantasiar; devanear.
onho (so.nho) s.m. **1.** Conjunto de imagens que podem surgir durante o sono. **2.** Fantasia. **3.** Utopia. **4.** Ficção. **5.** (*Culin.*) Bolinho frito de farinha de trigo e ovos, servido com recheio de goiabada etc. e polvilhado de açúcar.
sônico (**sô**.ni.co) adj. Que diz respeito ao som.
sonido (so.**ni**.do) s.m. Som; ruído; rumor.
sonífero (so.**ní**.fe.ro) s.m. *e adj.* (Medicamento) que provoca o sono.
soníloquo (so.**ní**.lo.quo) s.m. Indivíduo que fala dormindo.
sono (**so**.no) s.m. Estado de quem dorme, provocado pelo adormecimento dos sentidos.
sonolência (so.no.**lên**.ci.a) s.f. Transição entre a vigília e o sono; entorpecimento; inércia; soneira.
sonolento (so.no.**len**.to) adj. Que tem sonolência; moroso; inerte.
sonoplasta (so.no.**plas**.ta) s.2g. Pessoa que estuda a sonoplastia ou a ela se dedica.

sonoplastia (so.no.plas.**ti**.a) s.f. Técnica de produzir sons acústicos e musicais.
sonoridade (so.no.ri.**da**.de) s.m. Característica do que é sonoro.
sonorização (so.no.ri.za.**ção**) s.f. Ato de sonorizar.
sonorizar (so.no.ri.**zar**) v.i. **1.** Produzir som, soar. v.t.d. **2.** Deixar sonoro.
sonoro (so.**no**.ro) adj. **1.** Que produz som. **2.** Suave; harmonioso. **3.** Diz-se do fonema que, ao ser pronunciado, faz vibrar as cordas vocais, como *b*/*g*/*d* etc.
sonoroso (so.no.**ro**.so) [ô] adj. (*Raro*) Que soa bem, que é muito sonoro. ▪ Pl. *sonorosos* [ó].
sonoterapia (so.no.te.ra.**pi**.a) s.f. (*Med.*) Terapia de problemas psíquicos pelo sono prolongado induzido.
sonsice (son.**si**.ce) s.f. Característica de quem é sonso; manha; dissimulação.
sonso (**son**.so) adj. Falso, velhaco, dissimulado, manhoso.
sopa (**so**.pa) s.f. **1.** (*Culin.*) Caldo preparado com carne, legumes, algum tipo de massa, muito apreciado no inverno. **2.** (*Fig.*) Coisa fácil de se fazer.
sopapear (so.pa.pe.**ar**) v.t.d. Dar sopapos ou bofetões; esbofetear; esmurrar.
sopapo (so.**pa**.po) s.m. Bofetada; murro; bofetão.
sopé (so.**pé**) s.m. Parte inferior de uma montanha ou paredão; base, falda.
sopeira (so.**pei**.ra) s.f. Vasilha onde se serve sopa.
sopesar (so.pe.**sar**) v.t.d. Avaliar o peso com a mão.
sopitar (so.pi.**tar**) v.t.d. *e v.p.* (*Raro*) **1.** Conter, controlar, regular: *sopitar a curiosidade*. **2.** Entorpecer, amolecer, vencer: *o sono o sopitou*.
sopor (so.**por**) [ô] s.m. Estado comatoso; sono profundo; sonolência.
soporativo (so.po.ra.**ti**.vo) s.m. *e adj.* (Substância) que faz dormir; soporífero.
soporífero (so.po.**rí**.fe.ro) s.m. *e adj.* (Substância) que faz dormir; soporativo; soporífico.
soporífico (so.po.**rí**.fi.co) adj. Soporífero.
soprano (so.**pra**.no) s.2g. **1.** (*Mús.*) Voz feminina mais aguda que possa existir. **2.** Mulher ou criança que tem esse tipo de voz.
soprar (so.**prar**) v.t.d. **1.** Apagar assoprando. **2.** Encher de ar, assoprando. **3.** Segredar. v.i. **4.** (*Fig.*) Cochichar a resposta em uma prova. **5.** Agitar-se (o vento).
sopro (**so**.pro) [ô] s.m. **1.** Ar que se expele pela boca. **2.** Influência; insinuação.
soquear (so.que.**ar**) v.t.d. Dar socos; socar; esmurrar.
soquete[1] (so.**que**.te) [ê] s.m. **1.** Utensílio com que se soca alguma coisa; pilão. **2.** Base para lâmpadas elétricas.
soquete[2] (so.**que**.te) [é] s.f. Meia curta, até o tornozelo.
sordidez (sor.di.**dez**) [ê] s.f. Característica de quem é sórdido; baixeza; indignidade.
sórdido (**sór**.di.do) adj. Baixo; indigno; torpe; nojento; vil; asqueroso.
sorna (**sor**.na) adj.2g. (*Raro*) Aborrecido, maçante.

soro (so.ro) [ô] s.m. **1.** (Med.) Parte de um fluido orgânico, como o sangue, que permanece líquida, após a coagulação. **2.** Parte líquida que se separa do leite, quando este coagula. **3.** Solução orgânica ou mineral, de fins terapêuticos.

sorologia (so.ro.lo.**gi**.a) s.f. **1.** Estudo dos anticorpos no soro sanguíneo. **2.** Exame que detecta reações dos anticorpos: *se a sorologia dá positiva para um vírus, significa que o sistema imunológico teve contato com esse vírus.*

sorológico (so.ro.**ló**.gi.co) adj. Relacionado ao soro ou à sorologia: *o exame sorológico descreve os anticorpos.*

soronegativo (so.ro.ne.ga.**ti**.vo) adj. **1.** Diz-se de resultado de exame em que não se comprova presença de anticorpo: *o resultado soropositivo significa que o sistema imunológico dessa pessoa teve contato com o vírus.* s.m. **2.** Pessoa com esse resultado.

soropositivo (so.ro.po.si.**ti**.vo) adj. **1.** Diz-se de resultado de exame em que se comprova presença de anticorpo: *o resultado soropositivo significa que o sistema imunológico dessa pessoa teve contato com o vírus.* s.m. **2.** Pessoa com esse resultado: *ser soropositivo para um vírus não significa estar doente mas sim ter anticorpos para ele, pois a doença pode ter sido superada ou não se desenvolver.*

sóror (**só**.ror) s.f. **1.** Feminino de *frei*. **2.** Tratamento que se dá a freira.

sororoca (so.ro.**ro**.ca) [ó] s.f. **1.** Som, grunhido de quem agoniza; estertor. **2.** (Zoo.) Peixe do grupo das cavalas, do norte do Atlântico, que tem dorso azulado com nódoas douradas nas laterais e ventre prateado.

sorrateiro (sor.ra.**tei**.ro) adj. Matreiro; velhaco; esperto.

sorrelfa (sor.**rel**.fa) s.f. Dissimulação, disfarce, engodo.

sorridente (sor.ri.**den**.te) adj.2g. Que sorri; risonho; alegre.

sorrir (sor.**rir**) v.i. **1.** Rir discretamente. **2.** Esboçar um sorriso. v.t.i. **3.** Zombar de. Obs.: conjuga-se como *rir*.

sorriso (sor.**ri**.so) s.m. Ato de sorrir, expressando alegria, simpatia, benevolência ou mesmo ironia.

sorte (**sor**.te) s.f. **1.** Força que conduz a vida de cada um; destino; fado. **2.** Felicidade. **3.** Fatalidade. **4.** Tipo; espécie. **5.** Sucesso em um jogo ou loteria: *tirar a sorte grande.*

sorteado (sor.te.**a**.do) adj. **1.** Escolhido por sorte. **2.** Variado; sortido.

sortear (sor.te.**ar**) v.t.d. **1.** Escolher à sorte; rifar. **2.** Sortir; variar.

sorteio (sor.**tei**.o) s.m. Ato de sortear.

sortido (sor.**ti**.do) adj. **1.** Variado. **2.** Provido; abastecido.

sortilégio (sor.ti.**lé**.gi.o) s.m. **1.** Bruxaria; feitiço; mandinga. **2.** Trama.

sortimento (sor.ti.**men**.to) s.m. **1.** Ato de sortir. **2.** Variedade. **3.** Provisão de mercadorias.

sortir (sor.**tir**) v.t.d. **1.** Prover; abastecer. **2.** Variar; misturar. Obs.: pres. do ind.: *surto, surtes, surte, sortimos, sortis, surtem*; pres. do subj.: *surta, surtas, surta, surtamos, surtais, surtam*; imperat. afirm.: *surte, surta, surtamos, sorti, surtam*.

sortudo (sor.**tu**.do) adj. Que tem sorte.

sorumbático (so.rum.**bá**.ti.co) s.m. e adj. (Indivíduo) triste, carrancudo.

sorvedouro (sor.ve.**dou**.ro) s.m. **1.** Redemoinho na águas do mar ou do rio; turbilhão. **2.** Abismo.

sorver (sor.**ver**) v.t.d. **1.** Beber; beber aos poucos. **2.** Chupar. **3.** Absorver; assimilar. **4.** Atrair; tragar. **5.** Subverter.

sorvete (sor.**ve**.te) [ê] s.m. Massa ou suco congelado de frutas variadas, cremes, chocolate etc.

sorveteira (sor.ve.**tei**.ra) s.f. **1.** Aparelhagem em que se faz sorvete. **2.** Mulher que fabrica ou vende sorvetes.

sorveteiro (sor.ve.**tei**.ro) s.m. Fabricante ou vendedor de sorvetes.

sorveteria (sor.ve.te.**ri**.a) s.f. Estabelecimento que faz ou vende sorvetes.

sorvo (**sor**.vo) [ô] s.m. Ato de sorver; gole; trago.

sósia (**só**.si.a) s.m. Pessoa muito parecida, quase igual a outra.

soslaio (sos.**lai**.o) s.m. Lado, lateral, obliquidade. De soslaio: obliquamente.

sossegado (sos.se.**ga**.do) adj. Calmo; tranquilo; quieto.

sossegador (sos.se.ga.**dor**) [ô] adj. Que sossega; tranquilizador.

sossegar (sos.se.**gar**) v.t.d., v.i. e v.p. Tranquilizar(-se); acalmar(-se). Obs.: pres. do ind.: *sossego* [é], *sossegas* [é], *sossega* [é], *sossegam* [é]; pres. do subj.: *sossegue* [é], *sossegues* [é], *sossegue* [é], *sosseguem* [é].

sossego (sos.**se**.go) [ê] s.m. Ato de sossegar; calma; tranquilidade.

sotaina (so.**tai**.na) s.f. Batina de padre.

sótão (**só**.tão) s.m. Compartimento de uma casa localizado logo abaixo do telhado.

sotaque (so.**ta**.que) s.m. Pronúncia típica de uma região (ou pessoa).

sotavento (so.ta.**ven**.to) s.m. Borda do navio oposta ao barlavento, que é onde sopra o vento.

soteropolitano (so.te.ro.po.li.**ta**.no) adj. **1.** Do município de Salvador, capital do estado da Bahia. s.m. **2.** Pessoa natural ou habitante desse lugar. Obs.: possui o sinônimo "salvadorense", de uso muito raro.

soterração (so.ter.ra.**ção**) s.f. Ato de soterrar; soterramento.

soterramento (so.ter.ra.**men**.to) s.m. Soterração.

soterrar (so.ter.**rar**) v.t.d. e v.p. Colocar ou ficar debaixo da terra.

soturno (so.**tur**.no) adj. Sombrio; silencioso; tristonho; lúgubre.

souto (sou.to) *s.m.* Mata que fica ao longo de um rio. Cf. *solto*.

sova (so.va) *s.f.* Ato de sovar; pancadaria; surra; tunda.

sovaco (so.va.co) *s.m.* (*Pop.*) axila.

sovado (so.va.do) *adj.* **1.** Amassado; socado; pisado. **2.** Gasto; surrado.

sovaqueira (so.va.quei.ra) *s.f.* (*Pop.*) **1.** Suor e cheiro típicos do sovaco. **2.** Sovaco.

sovar (so.var) *v.t.d.* **1.** Surrar; espancar. **2.** Bater a massa. **3.** Pisotear uvas. **4.** Usar muito; desgastar.

sovela (so.ve.la) *s.f.* (*Zoo.*) Mosquito pequeno, hematófago, que transmite doenças comuns no ser humano.

soverter (so.ver.ter) *v.i.* (*Raro*) Sumir, desaparecer.

soviete (so.vi.e.te) *s.m.* (*Hist.*) Conselho de operários, camponeses e soldados, formado em vários locais na Rússia em 1905 e com poder deliberativo depois da Revolução Russa, de 1917.

soviético (so.vi.é.ti.co) *adj.* **1.** Da antiga União das Repúblicas Socialistas Soviéticas, ou URSS, Estado que existiu de 1922 a 1991. *s.m.* **2.** Indivíduo natural ou habitante desse lugar.

sovietizar (so.vi.e.ti.zar) *v.t.d.* Impor o sistema político soviético ou bolchevique.

sovina (so.vi.na) *s.2g. e adj.2g.* (Indivíduo) avaro, mesquinho, miserável.

sovinice (so.vi.ni.ce) *s.f.* Característica de sovina; avareza, mesquinharia.

sozinho (so.zi.nho) *adj.* Só; solitário; abandonado.

SP Sigla de São Paulo, estado brasileiro.

spam [inglês: "ispã"] Mensagem de correio eletrônico enviada simultaneamente para muitas pessoas, sem autorização dos destinatários.

spoiler [inglês: "ispóiler"] *s.m.* Contar desfecho ou outra informação importante de um filme, uma série, um livro etc.; estragar a experiência de quem vai assistir ou ler algo pela primeira vez. Obs.: do inglês *to spoil*, que significa "estragar". Esta palavra não consta no *Volp*.

spot [inglês: "ispóti"] *s.m.* Refletor; luminária direcionável.

spray [inglês: "isprei"] *s.m.* Aerosol.

SQN (*Gír.*) Sigla de *só que não*, expressão usada no contexto de deboche ou sarcasmo.

Sr Símbolo do elemento químico estrôncio.

stalker [inglês: "istálquer"] *s.m.* (Aquele) que acompanha ou tenta contato com outra pessoa de forma insistente e perturbadora; a vítima geralmente é uma pessoa famosa ou alguém com quem o *stalker* já teve um relacionamento.

stand [inglês: "istande"] *s.m.* Estande.

status [latim: "istátus"] *s.m.* **1.** Conjunto de direitos e deveres de uma pessoa, em relação a outras. **2.** Posição social.

stradivarius [latim: "istradivárius"] *s.m.* Estradivário.

stress [inglês: "istrés"] *s.m.* Estresse.

strip-tease [inglês: "estriptize"] Espetáculo em que um/uma artista de corpo muito bonito tira a roupa aos poucos, enquanto dança e provoca a plateia.

suã (su.ã) *s.f.* Carne que reveste as costelas do porco.

sua (su.a) *s.f.* Feminino de *seu*.

suado (su.a.do) *adj.* **1.** Que suou ou transpirou. **2.** (*Fig.*) Que deu muito trabalho.

suadouro (su.a.dou.ro) *s.m.* **1.** Ato de suar muito. **2.** Processo ou situação que provoca o suor: *tomou chá quente e ficou sob a coberta, no suadouro*. **3.** (*Fig.*) Situação difícil e constrangedora: *para receber o pagamento foi um suadouro*.

suar (su.ar) *v.i.* **1.** Transpirar. *v.t.i.* **2.** (*Fig.*) Trabalhar à exaustão. Obs.: pres. do ind.: *suo, suas, sua* etc.; pres. do subj.: *sue, sues, sue* etc.

suarento (su.a.ren.to) *adj.* Muito suado; coberto de suor.

suástica (su.ás.ti.ca) *s.f.* **1.** Símbolo formado por uma cruz com braços dobrados, presente em numerosas culturas e épocas: *na Índia e no budismo, a suástica é símbolo da boa sorte*. **2.** Símbolo semelhante, adotado pelos nazistas.

suave (su.a.ve) *adj.2g.* Agradável; ameno; brando.

suavidade (su.a.vi.da.de) *s.f.* Característica do que é suave; amenidade; brandura.

suavização (su.a.vi.za.ção) *s.f.* Ato de suavizar ou amenizar; abrandamento.

suavizar (su.a.vi.zar) *v.t.d. e v.p.* Tornar(-se) suave; amenizar(-se); abrandar(-se); tranquilizar(-se).

suazilandês (su.a.zi.lan.dês) *adj.* **1.** Da Suazilândia, país da África. *s.m.* **2.** Pessoa natural ou habitante desse lugar.

subaéreo (su.ba.é.re.o) *adj.* Localizado abaixo de primeira camada da atmosfera.

subafluente (su.ba.flu.en.te) *s.m. e adj.2g.* (Rio) que deságua em outro, que é afluente de um rio maior.

subagudo (su.ba.gu.do) *adj.* Que saiu da fase aguda; que ainda não atingiu a fase aguda.

subalimentação (su.ba.li.men.ta.ção) *s.f.* Insuficiência alimentar; subnutrição.

subalimentar (su.ba.li.men.tar) *v.t.d.* Submeter a subalimentação, alimentar de modo insuficiente.

subalterno (su.bal.ter.no) *s.m. e adj.* (Indivíduo) que se encontra em posição de inferioridade com relação aos outros; subordinado; inferior hierárquico.

subalugar (su.ba.lu.gar) *v.t.d.* Sublocar; alugar a um terceiro o que estava alugado a si próprio.

subaquático (su.ba.quá.ti.co) *adj.* Que se encontra debaixo da água.

subarbusto (su.bar.bus.to) *s.m.* (*Bot.*) Planta menor que um arbusto, com caule lenhoso na base, da qual nascem várias ramificações.

subarrendamento (su.bar.ren.da.men.to) *s.m.* Ação de subarrendar; sublocação.

subarrendar (su.bar.ren.dar) *v.t.d.* Arrendar a um terceiro; subalugar; sublocar.

subarrendatário (su.bar.ren.da.tá.ri.o) *s.m. e adj.* (Aquele) que subarrendou uma propriedade.

subaxilar (su.ba.xi.lar) [cs] *adj.2g.* Que se situa sob ou debaixo da axila.

sub-bibliotecário (sub-bi.bli.o.te.cá.ri.o) *s.2g.* Bibliotecário assistente, bibliotecário subordinado ao bibliotecário titular.

subchefe (sub.che.fe) s.m. Funcionário imediatamente abaixo do chefe e que o substitui, quando necessário.
subclasse (sub.clas.se) s.f. Cada uma das divisões de uma classe.
subcomissão (sub.co.mis.são) s.f. Cada uma das divisões de uma comissão.
subcomissário (sub.co.mis.sá.ri.o) s.m. Cargo imediatamente abaixo de comissário.
subconjunto (sub.con.jun.to) s.m. **1.** Cada uma das divisões de um conjunto. **2.** (*Mat.*) Conjunto contido em outro.
subconsciência (sub.cons.ci.ên.ci.a) s.f. Estado entre a consciência e a inconsciência; consciência obscura; semiconsciência.
subconsciente (sub.cons.ci.en.te) s.m. (*Psi.*) **1.** Conjunto de vivências pouco conscientes; instância psíquica entre o inconsciente e a consciência. *adj.2g.* **2.** Pertencente a essa instância: *desejos subconscientes.*
subcutâneo (sub.cu.tâ.ne.o) *adj.* Que fica por baixo da pele.
subdelegação (sub.de.le.ga.ção) s.f. **1.** Ato de subdelegar. **2.** Função de subdelegado. **3.** Equipe de subdelegados.
subdelegado (sub.de.le.ga.do) s.m. Aquele que atua como substituto do delegado.
subdelegar (sub.de.le.gar) *v.t.d.* Transmitir a outra pessoa um encargo recebido por delegação.
subdesenvolvido (sub.de.sen.vol.vi.do) *v.t.d.* Que se encontra em estado de subdesenvolvimento.
subdesenvolvimento (sub.de.sen.vol.vi.men.to) s.m. **1.** Desenvolvimento abaixo do normal. **2.** Estado de uma região que não atingiu o equilíbrio socioeconômico; miséria.
subdireção (sub.di.re.ção) s.f. Cargo ou local de trabalho do subdiretor.
subdiretor (sub.di.re.tor) [ô] s.m. Substituto do diretor; vice-diretor.
subdividir (sub.di.vi.dir) *v.t.d.* e *v.p.* Separar(-se) em novas divisões.
subdivisão (sub.di.vi.são) s.f. Resultado de uma nova divisão.
subemprego (su.bem.pre.go) [ê] s.m. Emprego não qualificado e de baixa remuneração; biscate; bico.
subentender (su.ben.ten.der) *v.t.d.* Entender o que não está bem claro; supor; admitir.
subentendido (su.ben.ten.di.do) *adj.* **1.** Que se subentendeu; admitido; suposto. s.m. **2.** Aquilo que está apenas na mente.
subespécie (su.bes.pé.cie) s.f. **1.** Subtipo, subdivisão de uma categoria. **2.** (*Bio.*) Divisão de uma espécie com indivíduos de características diferentes: *as raças de cães e os tipos de banana são subespécies.*
subestação (su.bes.ta.ção) s.f. Estação subordinada a outra, ou de menor porte.
subestimar (su.bes.ti.mar) *v.t.d.* Desdenhar; desvalorizar; desprezar.

subestrutura (su.bes.tru.tu.ra) s.f. Parte inferior de uma estrutura.
subfamília (sub.fa.mí.li.a) s.f. (*Bio.*) Subdivisão de uma família em grupos com maiores afinidades.
subfaturamento (sub.fa.tu.ra.men.to) s.m. Logro fiscal em que a fatura registra um preço menor, sendo a diferença cobrada por fora; caixa dois.
subfaturar (sub.fa.tu.rar) *v.t.d.* **1.** Fazer um subfaturamento. **2.** Declarar ao Imposto de Renda menos do que realmente recebeu.
subgênero (sub.gê.ne.ro) s.m. Divisão de um gênero.
subgerente (sub.ge.ren.te) s.2g. Aquele que auxilia ou substitui o gerente.
subgrupo (sub.gru.po) s.m. Cada uma das divisões de um grupo.
sub-humano (sub-hu.ma.no) *adj.* **1.** Que é inferior ao humano, que está abaixo da humanidade. **2.** Que aviltra a natureza ou a dignidade humana; desumano. O mesmo que *subumano.*
subida (su.bi.da) s.f. **1.** Ato de subir. **2.** Ladeira; encosta.
subido (su.bi.do) *adj.* **1.** Alto; elevado. **2.** Caro. **3.** Nobre.
subinspetor (su.bins.pe.tor) [ô] s.m. Funcionário imediatamente abaixo do inspetor.
subintendente (su.bin.ten.den.te) s.2g. Funcionário que auxilia ou substitui o intendente.
subir (su.bir) *v.i.* **1.** Elevar-se; erguer-se; ir para cima. **2.** Atingir uma cotação mais alta. *v.t.i.* **3.** Montar. **4.** Entrar (em um veículo). **5.** Ascender. *v.t.d.* **6.** Transportar-se (para local mais alto). **7.** Percorrer (indo para o alto). **8.** Aumentar (o preço). Subir pelas paredes: estar ou ficar irado ou muito agitado. Obs.: pres. do ind.: *subo, sobes, sobe, subimos, subis, sobem*; pres. do subj.: *suba, subas, suba* etc.
súbito (sú.bi.to) *adj.* **1.** Que aparece inesperadamente: *sentiu uma tontura súbita e sentou-se. adv.* **2.** De modo inesperado, sem planejamento: *súbito caiu uma chuva.* De súbito: inesperadamente; subitamente: *as abelhas surgiram de súbito.*
subjacente (sub.ja.cen.te) *adj.2g.* **1.** Que jaz, se encontra por baixo. **2.** (*Fig.*) Subentendido, oculto.
subjazer (sub.ja.zer) *v.i.* Estar ou ficar subjacente; jazer abaixo ou sob: *a linha de metrô subjaz à avenida.* Obs.: conjuga-se como *jazer.*
subjetivar (sub.je.ti.var) *v.t.d.* (*Raro*) Tornar subjetivo, representar para si mesmo, perceber.
subjetividade (sub.je.ti.vi.da.de) s.f. Característica do que é subjetivo.
subjetivismo (sub.je.ti.vis.mo) s.m. **1.** (*Filos.*) Sistema filosófico que só admite a realidade do sujeito pensante. **2.** Tendência para analisar tudo sob um ponto de vista estritamente pessoal ou subjetivo.
subjetivo (sub.je.ti.vo) *adj.* **1.** Que diz respeito a sujeito. **2.** Existente no sujeito. **3.** Existente apenas no espírito do próprio sujeito. **4.** Existente apenas no sujeito e não na coisa. s.m. **5.** O que é subjetivo.
subjugação (sub.ju.ga.ção) s.f. Ato de subjugar; dominação; domínio.

subjugado (sub.ju.ga.do) *adj.* Dominado pela força; sujeitado; contido.
subjugador (sub.ju.ga.dor) [ô] *s.m. e adj.* (Aquele) que subjuga ou domina; dominador; vencedor.
subjugar (sub.ju.gar) *v.t.d.* **1.** Submeter pela força; dominar; conquistar. **2.** Domesticar. **3.** Refrear.
subjuntivo (sub.jun.ti.vo) *s.m. e adj.* (*Gram.*) (Modo) verbal que exprime probabilidade ou dúvida e está sempre em dependência de outro modo, como "seria", "correriam". Cf. *indicativo, imperativo*.
sublevação (sub.le.va.ção ou su.ble.va.ção) [sub-le ou su-ble] *s.f.* Ato de sublevar(-se); motim; rebelião; revolta.
sublevado (sub.le.va.do ou su.ble.va.do) [sub-le ou su-ble] *adj.* Que se sublevou; revoltado, rebelado.
sublevar (sub.le.var ou su.ble.var) [sub-le ou su-ble] *v.t.d. e v.p.* Amotinar(-se); revoltar(-se); rebelar(-se).
sublimação (su.bli.ma.ção) *s.f.* **1.** Ato de sublimar. **2.** (*Quím.*) Passagem direta de um corpo do estado sólido para o gasoso. **3.** (*Psi.*) Processo mental pelo qual o impulso sexual se transforma em outros impulsos, como o artístico e o religioso, tornando viável, por ex., a vida em um convento.
sublimado (su.bli.ma.do) *adj.* **1.** Volatizado. **2.** Engrandecido; elevado à maior altura.
sublimar (su.bli.mar) *v.t.d.* **1.** Engrandecer; tornar sublime. **2.** (*Quím.*) Fazer com que um corpo passe diretamente do estado sólido para o gasoso. *v.p.* **3.** Tornar-se sublime; engrandecer-se; exaltar-se.
sublime (su.bli.me) *adj.2g.* **1.** Majestoso; esplêndido. *s.m.* **2.** O grau mais elevado da perfeição.
sublimidade (su.bli.mi.da.de) *s.f.* Característica do que é sublime; perfeição; excelência.
subliminar (sub.li.mi.nar) [sub-li] *adj.2g.* Subconsciente; que não excede os limites da consciência.
sublingual (sub.lin.gual) [sub-li] *adj.2g.* Que se realiza ou ministra sob a língua: *medicamento sublingual, absorção sublingual*.
sublinha (sub.li.nha) [sub-li] *s.f.* Linha que se traça embaixo de uma palavra, para dar destaque à mesma.
sublinhado (sub.li.nha.do ou su.bli.nha.do) [sub-li ou su-bli] *adj.* Grifado; destacado; salientado.
sublinhar (sub.li.nhar ou su.bli.nhar) [sub-li ou su-bli] *v.t.d.* Traçar uma linha embaixo de uma palavra; salientar; destacar; grifar.
sublocação (sub.lo.ca.ção) [sub-lo] *s.f.* Ato de sublocar.
sublocador (sub.lo.ca.dor) [sub-lo...ô] *s.m. e adj.* (Aquele) que subloca.
sublocar (sub.lo.car) [sub-lo] *v.t.d.* Alugar a outrem o que se tinha alugado; subarrendar.
sublocatário (sub.lo.ca.tá.ri.o) [sub-lo] *s.m. e adj.* (Aquele) que recebe por sublocação.
sublunar (sub.lu.nar) [sub-lu] *adj.2g.* Que se situa entre a Terra e a Lua.
submarino (sub.ma.ri.no) *adj.* **1.** Que fica imerso no mar. *s.m.* **2.** Navio de guerra que pode navegar submerso.

submaxilar (sub.ma.xi.lar) [cs] *adj.2g.* Que está situado abaixo das maxilas.
submergir (sub.mer.gir) *v.t.d.* **1.** Mergulhar; cobrir de água; afundar. *v.i. e v.p.* **2.** Ir ao fundo; ficar inteiramente mergulhado na água. Obs.: apresenta dois particípios, *submergido*, com os auxiliares "ter" e "haver", e *submerso*, com os auxiliares "ser" e "estar".
submersão (sub.mer.são) *s.f.* Ato de submergir; mergulho.
submerso (sub.mer.so) *adj.* Submergido; coberto de água.
submeter (sub.me.ter) *v.t.d.* **1.** Subjugar; vencer; subordinar. *v.p.* **2.** Entregar-se; sujeitar-se. Obs.: conjuga-se como *meter*.
submissão (sub.mis.são) *s.f.* Ato de submeter(-se); sujeição; obediência.
submisso (sub.mis.so) *adj.* Obediente; dócil; respeitoso.
submúltiplo (sub.múl.ti.plo) *s.m.* Número que divide exatamente um outro; divisor; alíquota.
subnutrição (sub.nu.tri.ção) *s.f.* Nutrição deficiente; subalimentação.
subnutrido (sub.nu.tri.do) *adj.* Que não ingeriu ou ingere quantidade de nutrientes suficientes para manter boa saúde.
subnutrir (sub.nu.trir) *v.t.d.* Nutrir insuficientemente; subalimentar.
suboficial (su.bo.fi.ci.al) *s.m.* Graduação militar acima de primeiro-sargento e abaixo de aspirante a oficial ou guarda-marinha.
subordinação (su.bor.di.na.ção) *s.f.* **1.** Ato de subordinar; dependência; obediência. **2.** (*Gram.*) Dependência das orações de um período composto com relação à oração principal, exercendo, com relação a esta, funções sintáticas variadas, tais como sujeito, predicativo, objetos direto e indireto, complemento nominal, aposto, vocativo, adjuntos adverbiais etc.
subordinada (su.bor.di.na.da) *s.f.* (*Gram.*) Oração que complementa a oração principal, exercendo funções sintáticas dentro do período.
subordinado (su.bor.di.na.do) *adj.* Secundário; subalterno; inferior.
subordinador (su.bor.di.na.dor) [ô] *adj.* Que subordina.
subordinar (su.bor.di.nar) *v.t.d. e v.p.* Pôr(-se) sob a dependência de; sujeitar(-se); submeter(-se).
subordinativo (su.bor.di.na.ti.vo) *adj.* Que subordina, que estabelece subordinação.
subornar (su.bor.nar) *v.t.d.* Dar dinheiro ou semelhante em troca de algo ilegal; corromper, peitar: *tentou subornar o guarda para não ser multado*.
suborno (su.bor.no) [ô] *s.m.* Ato de subornar.
subprefeito (sub.pre.fei.to) *s.m.* Encarregado de uma subprefeitura.
subprefeitura (sub.pre.fei.tu.ra) *s.f.* **1.** Departamento com encargos municipais de um distrito ou circunscrição. **2.** Prédio onde funciona esse departamento.

subproduto (sub.pro.**du**.to) s.m. Produto que se obtém a partir de outro; derivado.

sub-raça (sub-**ra**.ça) s.f. (*Pej.*) **1.** Categoria ou subgrupo de uma raça: *os criadores de cães nunca oferecem ao mercado animais de sub-raça*. **2.** Grupo humano diferenciado em relação a uma suposta raça: *o homem que chamou os gaúchos de sub-raça foi vaiado pela plateia.* ▣ Pl. *sub-raças*.

sub-repção (sub-rep.**ção**) s.f. **1.** Uso de meios fraudulentos para obter bens. **2.** Furto; subtração. ▣ Pl. *sub-repções*.

sub-reptício (sub-rep.**tí**.ci.o) adj. Fraudulento; desonesto. ▣ Pl. *sub-reptícios*.

sub-rogação (sub-ro.ga.**ção**) s.f. Ato de sub-rogar; nomeação de um substituto em uma ação judicial. ▣ Pl. *sub-rogações*.

sub-rogado (sub-ro.**ga**.do) s.m. *e adj.* (Aquele) que se investiu na qualidade e direitos de outrem. ▣ Pl. *sub-rogados*.

sub-rogador (sub-ro.ga.**dor**) [ô] s.m. *e adj.* (Aquele) que sub-roga; sub-rogante. ▣ Pl. *sub-rogadores*.

sub-rogante (sub-ro.**gan**.te) s.2g. *e adj.2g.* Sub-rogador. ▣ Pl. *sub-rogantes*.

sub-rogar (sub-ro.**gar**) v.t.d. Transferir direito ou encargo; substituir.

subscrever (subs.cre.**ver**) v.t.d. *e v.p.* Assinar; firmar; aceitar; participar de uma subscrição.

subscrição (subs.cri.**ção**) s.f. Compromisso de contribuição com uma certa quantia; rateio; lista de donativos.

subscritar (subs.cri.**tar**) v.t.d. Subscrever; assinar embaixo.

subscrito (subs.**cri**.to) s.m. *e adj.* **1.** (O) que está escrito embaixo. *adj.* **2.** Assinado. **3.** Rateado.

subscritor (subs.cri.**tor**) [ô] s.m. *e adj.* (Aquele) que subscreve; assinante.

subseção (sub.se.**ção**) s.f. Divisão de uma seção.

subsecretário (sub.se.cre.**tá**.ri.o) s.m. Imediato do ministro de Estado.

subsequência (sub.se.**quên**.ci.a) [ü] s.f. Continuação; seguimento; sequência.

subsequente (sub.se.**quen**.te) [ü] adj.2g. Seguinte; imediato; posterior.

subserviência (sub.ser.vi.**ên**.ci.a) s.f. Característica de quem é subserviente; bajulação; servilismo.

subserviente (sub.ser.vi.**en**.te) adj.2g. Servil; humilde; condescendente.

subsidência (sub.si.**dên**.ci.a) s.f. **1.** (*Quím.*) Reação natural de separação de um líquido em líquido, ou de um sólido em líquido, apenas como resultado de um estado de repouso. **2.** (*Geo.*) Afundamento súbito ou lento de um terreno devido a processos geológicos naturais ou a atividades como mineração, extração de petróleo etc.

subsidiado (sub.si.di.**a**.do) s.m. *e adj.* (Aquele) que recebe subsídio do Estado.

subsidiar (sub.si.di.**ar**) v.t.d. Oferecer subsídio a; ajudar.

subsidiária (sub.si.di.**á**.ri.a) s.f. Empresa que é controlada por outra que possui a maioria de suas ações.

subsidiário (sub.si.di.**á**.ri.o) adj. **1.** Que subsidia. **2.** Que fortalece (com subsídios).

subsídio (sub.**sí**.di.o) s.m. **1.** Quantia subscrita por obra de interesse público. **2.** Benefício. **3.** Ajuda; auxílio. **4.** Vencimentos dos parlamentares. **5.** Informação, dados, elementos: *a pesquisa forneceu importantes subsídios para o livro; aquele dado era um subsídio valioso*.

subsistência (sub.sis.**tên**.ci.a) s.f. Conjunto daquilo que é necessário para a sobrevivência.

subsistente (sub.sis.**ten**.te) adj.2g. Que continua a subsistir; que sobrevive; sobrevivente.

subsistir (sub.sis.**tir**) v.i. Manter-se; conservar sua força; persistir.

subsolo (sub.**so**.lo) s.m. **1.** Camada da crosta terrestre imediatamente abaixo do solo. **2.** Em uma edificação, pavimento abaixo do térreo.

substabelecer (subs.ta.be.le.**cer**) v.t.d. Nomear um substituto; transferir um encargo a outrem.

substabelecimento (subs.ta.be.le.ci.**men**.to) s.m. Ato de substabelecer; sub-rogação.

substância (subs.**tân**.ci.a) s.f. **1.** Matéria, essência; natureza de alguma coisa. **2.** (*Quím.*) Porção de matéria com propriedades determinadas: *o ouro é uma substância simples, feita de um só elemento; a água é uma substância composta*. **3.** A parte nutritiva dos alimentos.

substancial (subs.tan.ci.**al**) adj.2g. **1.** Nutritivo; substancioso. **2.** Fundamental.

substancialidade (subs.tan.ci.a.li.**da**.de) s.f. Característica do que é substancial.

substanciar (subs.tan.ci.**ar**) v.t.d. Nutrir; fortalecer; reforçar.

substancioso (subs.tan.ci.**o**.so) [ô] adj. Nutritivo; alimentício; que contém muita substância. ▣ Pl. *substanciosos* [ó].

substantivação (subs.tan.ti.va.**ção**) s.f. (*Gram.*) Ato de substantivar ou de usar como se fosse um substantivo.

substantivado (subs.tan.ti.**va**.do) adj. Usado como se fosse um substantivo.

substantivar (subs.tan.ti.**var**) v.t.d. Usar como substantivo.

substantivo (subs.tan.**ti**.vo) s.m. *e adj.* **1.** (*Gram.*) (Palavra) que pode ser antecedida de artigo e nomeia seres, ações, processos etc.: *a palavra "jantar" em "o jantar" é substantivo, em "vamos jantar" é verbo.* *adj.* **2.** Que tem substância; substancioso, concreto.

substituição (subs.ti.tu.i.**ção**) s.f. Ato de substituir; troca; permuta.

substituir (subs.ti.tu.**ir**) v.t.d. **1.** Fazer as vezes de. **2.** Colocar (coisa ou pessoa) no lugar de. **3.** Trocar; permutar. Obs.: pres. do ind.: *substituo, substituis, substitui, substituímos, substituís, substituem*; pres. do subj.: *substitua, substituas, substitua* etc.

ubstituível (subs.ti.tu.í.vel) *adj.2g.* Que se pode substituir ou trocar.
ubstitutivo (subs.ti.tu.**ti**.vo) *s.m. e adj.* **1.** (Aquele ou aquilo) que substitui: *o adoçante é um substitutivo do açúcar. s.m.* **2.** Projeto de lei apresentado em lugar de outro não adequado.
ubstituto (subs.ti.**tu**.to) *s.m. e adj.* (Aquele) que substitui ou faz as vezes de outro.
ubstrato (subs.**tra**.to) *s.m.* **1.** Camada inferior ou que serve de base: *o coral vive fixo em um substrato.* **2.** O que constitui a parte essencial de um ser, sobre a qual repousam as qualidades.
ubstrutura (subs.tru.**tu**.ra) *s.f.* Estrutura das partes inferiores; alicerce, base.
ubtenente (sub.te.**nen**.te) *s.2g.* Graduação militar imediatamente inferior à do tenente.
ubterfúgio (sub.ter.**fú**.gi.o) *s.m.* Evasiva; ardil; pretexto; saída.
ubterrâneo (sub.ter.**râ**.ne.o) *s.m. e adj.* **1.** (Compartimento, lugar) que fica debaixo da terra. *adj.* **2.** Que é feito ou se situa sob a terra.
ubtítulo (sub.**tí**.tu.lo) *s.m.* Título complementar; subdivisão do título.
ubtônica (sub.**tô**.ni.ca) *adj.f.* (*Gram.*) Diz-se da sílaba acentuada secundariamente, como ca*fe*zinho, a*ma*velmente.
ubtotal (sub.to.**tal**) *s.m.* Total parcial.
ubtração (sub.tra.**ção**) *s.f.* **1.** (*Mat.*) Uma das quatro operações; diminuição. **2.** (*Fig.*) Roubo; furto.
ubtraendo (sub.tra.**en**.do) *s.m.* (*Mat.*) Segundo termo de uma subtração; o que se retira do minuendo (primeiro termo), para chegar ao resto ou diferença, que é o resultado da subtração.
ubtraído (sub.tra.**í**.do) *adj.* **1.** Que se subtraiu. **2.** Roubado, furtado.
ubtrair (sub.tra.**ir**) *v.t.d.* **1.** (*Mat.*) Efetuar uma subtração; diminuir. **2.** Furtar, roubar. *v.p.* **3.** Esquivar-se; escapar. Obs.: pres. do ind.: *subtraio, subtrais, subtrai, subtraímos, subtraís, subtraem*; pres. do subj.: *subtraia, subtraias, subtraia* etc.
ubumano (su.bu.**ma**.no) *adj.* O mesmo que *sub--humano*.
uburbano (su.bur.**ba**.no) *s.m. e adj.* **1.** (Pessoa) que mora no subúrbio. *adj.* **2.** Que diz respeito a subúrbio.
ubúrbio (su.**búr**.bi.o) *s.m.* Periferia; arrabalde da cidade.
ubvenção (sub.ven.**ção**) *s.f.* Auxílio pecuniário ou subsídio concedido pelos poderes públicos.
ubvencionado (sub.ven.ci.o.**na**.do) *s.m. e adj.* (Aquele) que recebe uma subvenção.
ubvencionador (sub.ven.ci.o.na.**dor**) [ô] *s.m. e adj.* (Aquele) que concede uma subvenção.
ubvencionar (sub.ven.ci.o.**nar**) *v.t.d.* Conceder uma subvenção.
ubversão (sub.ver.**são**) *s.f.* Ato de subverter(-se); rebeldia; revolta; insubordinação.
ubversivo (sub.ver.**si**.vo) *adj.* Que subverte; revolucionário; rebelde.

sucupira

subversor (sub.ver.**sor**) [ô] *s.m. e adj.* (Aquele) que subverte; subversivo.
subverter (sub.ver.**ter**) *v.t.d.* **1.** Revolver; desorganizar. **2.** Destruir; arruinar. **3.** Revolucionar. *v.p.* **4.** Arruinar-se; destruir-se.
sucata (su.**ca**.ta) *s.f.* Artefato, utensílio, objeto usado e jogado fora, que pode ser reaproveitado ou reciclado: *as latas de alumínio são uma sucata bem valorizada.*
sucção (suc.**ção**) *s.f.* Ato de sugar; aspiração.
sucedâneo (su.ce.**dâ**.ne.o) *s.m. e adj.* **1.** (Qualquer coisa) que pode substituir outra. **2.** (Medicamento) que pode substituir outro, por ter as mesmas propriedades que ele; genérico.
suceder (su.ce.**der**) *v.i.* **1.** Ocorrer; acontecer. *v.p.* **2.** Ocorrer sucessivamente. *v.t.i.* **3.** Ocupar o lugar de outrem; ser seu substituto.
sucedido (su.ce.**di**.do) *s.m.* **1.** Aquilo que sucedeu; acontecimento; realização. *adj.* **2.** Que sucedeu; acontecido; realizado.
sucessão (su.ces.**são**) *s.f.* **1.** Ato de suceder; continuidade; sequência. **2.** Descendência. **3.** Herança. **4.** Substituição.
sucessivo (su.ces.**si**.vo) *adj.* Que vem em seguida; consecutivo.
sucesso (su.**ces**.so) *s.m.* **1.** O que sucede; acontecimento; resultado. **2.** Resultado positivo; êxito. **3.** Conclusão.
sucessor (su.ces.**sor**) [ô] *s.m. e adj.* (Aquele) que sucede a outro; herdeiro.
sucessório (su.ces.**só**.ri.o) *adj.* Que diz respeito a sucessão.
súcia (**sú**.ci.a) *s.f.* Agrupamento de malfeitores.
sucinto (su.**cin**.to) *adj.* Resumido; conciso; de poucas palavras.
suco (su.co) *s.m.* **1.** Polpa de fruta espremida: *suco de laranja.* **2.** Polpa de fruta batida com leite ou água: *suco de morango.* **3.** Seiva de vegetais. **4.** (*Bio.*) Qualquer líquido secretado por glândulas ou mucosas: *suco gástrico.*
suçuarana (su.çu.a.**ra**.na) *s.f.* **1.** (*Zoo.*) Onça de cor amarela ou parda, pouco menor que onça-pintada, encontrada em toda a América e temida por caçar muito bem; onça-parda, puma. **2.** (*Fig.*) Pessoa que se irrita com facilidade, agressiva.
sucuba (su.**cu**.ba) *s.f.* (*Bot.*) Árvore amazônica com casca de uso medicinal.
súcubo (**sú**.cu.bo) *s.m.* **1.** No folclore europeu, demônio feminino que iria à noite copular com um homem adormecido, causando-lhe pesadelos. **4.** Indivíduo sem força de vontade.
suculência (su.cu.**lên**.ci.a) *s.f.* Característica do que é suculento.
suculento (su.cu.**len**.to) *adj.* **1.** Que contém suco, que não é seco: *a melancia é um fruto suculento.* **2.** Substancial, nutritivo. **3.** Apetitoso, gostoso.
sucumbir (su.cum.**bir**) *v.t.i.* **1.** Não resistir; dobrar-se sob o peso de. *v.i.* **2.** Ser vencido; morrer.
sucupira (su.cu.**pi**.ra) *s.m.* (*Bot.*) Árvore que fornece madeira de lei.

sucuri (su.cu.ri) s.f. (Zoo.) Cobra que vive em pântanos ou rios e pode atingir 10 metros de comprimento.

sucursal (su.cur.sal) s.f. adj.2g. (Estabelecimento) que depende da matriz; filial.

sudação (su.da.ção) s.f. Ato de suar; transpiração.

sudanês (su.da.nês) adj. 1. Do Sudão, país da África. s.m. 2. Pessoa natural ou habitante desse lugar.

sudário (su.dá.ri.o) s.m. Pano com que, antigamente, se limpava o suor ou envolvia os cadáveres. Santo Sudário: pano que teria envolvido Jesus Cristo depois de morto, tendo, por isso, impressos os Seus traços ensanguentados.

sudeste (su.des.te) s.m. 1. Ponto entre o sul e o leste. 2. Região aí localizada: *o sudeste da Ásia.* (próprio) 3. Região brasileira, de sigla SE, que abrange os estados de Minas Gerais, Espírito Santo, Rio de Janeiro e São Paulo: *viajaram pelo Sudeste.* O mesmo que *sueste.*

súdito (sú.di.to) s.m. e adj. (Aquele) que está sujeito às ordens de outrem; vassalo.

sudoeste (su.do.es.te) s.m. 1. Ponto colateral, situado entre o sul e o oeste. 2. Região aí localizada. 3. Vento que sopra dessa direção. adj.2g. 4. Situado nessa região ou rumo.

sudorese (su.do.re.se) s.f. Suor excessivo; sudação; transpiração.

sudorífero (su.do.rí.fe.ro) s.m. e adj. (O) que estimula a produção de suor, a transpiração: *substância sudorífera.*

sudorífico (su.do.rí.fi.co) s.m. e adj. (O) que faz suar ou transpirar.

sudoríparo (su.do.rí.pa.ro) adj. Que produz suor: *glândula sudorípara.*

sueca (su.e.ca) s.f. Certo jogo de cartas. Cf. *sueco.*

sueco (su.e.co) adj. 1. Da Suécia, país da Europa. s.m. 2. Pessoa natural ou habitante desse lugar. 3. Língua falada pelos suecos. Cf. *sueca.*

sueste (su.es.te) s.m. O mesmo que *sudeste.*

suéter (su.é.ter) s.m. Blusa de malha fechada.

suficiência (su.fi.ci.ên.ci.a) s.f. 1. Característica do que é suficiente. 2. Habilitação; habilidade.

suficiente (su.fi.ci.en.te) adj.2g. 1. Apto; capaz. 2. Bastante.

sufixal (su.fi.xal) [cs] adj.2g. Que diz respeito a sufixo.

sufixar (su.fi.xar) [cs] v.t.d. Acrescentar sufixo.

sufixo (su.fi.xo) [cs] s.m. (Gram.) Elemento posposto à raiz da palavra no processo de derivação, como "eira" e "ejo" em "pedr*eira*" e "lugar*ejo*".

suflê (su.flê) s.m. (Culin.) Prato de origem francesa, de consistência leve, feito com legumes, ovos, leite e levado ao forno.

sufocação (su.fo.ca.ção) s.f. Ato de sufocar(-se); asfixia.

sufocador (su.fo.ca.dor) [ô] s.m. e adj. (O) que sufoca.

sufocante (su.fo.can.te) adj.2g. Que sufoca ou asfixia; asfixiante.

sufocar (su.fo.car) v.t.d. 1. Provocar sufocação; asfixiar. 2. (Fig.) Reprimir; abafar. v.p. 3. Respirar com dificuldade; asfixiar-se. v.i. 4. Deixar de respirar.

sufoco (su.fo.co) [ô] s.m. 1. Asfixia; sufocação. 2. (Gír.) Dificuldade; aperto; ansiedade.

sufragar (su.fra.gar) v.t.d. 1. Apoiar com sufrágio ou voto; eleger; escolher; votar. 2. Orar pela alma de.

sufrágio (su.frá.gi.o) s.m. 1. Apoio; voto. 2. Oração prece pelos mortos.

sufragista (su.fra.gis.ta) adj.2g. 1. Relacionado a sufrágio. 2. Relacionado à campanha para extensão do direito de voto a mulheres e pessoas sem posses, no início do século XX. s.2g. 3. Pessoa que participou dessa campanha.

sugador (su.ga.dor) [ô] s.m. e adj. 1. (Aparelho) que suga. 2. (Zoo.) Animal que se alimenta sugando líquidos.

sugadouro (su.ga.dou.ro) [ô] s.m. Órgão de que são providos certos insetos para o ato de sugar.

sugar (su.gar) v.t.d. 1. Chupar. 2. Extrair. 3. (Fig.) Extorquir; explorar.

sugerir (su.ge.rir) v.t.d. Insinuar; lembrar; inspirar Obs.: pres. do ind.: *sugiro, sugeres, sugere, sugerimos, sugeris, sugerem*; pres. do subj.: *sugira, sugiras, sugira* etc.

sugestão (su.ges.tão) s.f. Ato de sugerir; insinuação; palpite.

sugestionar (su.ges.ti.o.nar) v.t.d. Provocar sugestão em; influenciar.

sugestionável (su.ges.ti.o.ná.vel) adj.2g. Que se deixa sugestionar com facilidade.

sugestivo (su.ges.ti.vo) adj. Que sugere, influencia ou insinua.

suiá (sui.á) s.2g. 1. Indivíduo dos suiás, povo indígena que vive hoje no Mato Grosso. adj.2g. 2. Relacionado a esse povo.

suíça (su.í.ça) s.f. Barba que se deixa crescer nas laterais do rosto (mais usado no plural). Cf. *suíço.*

suicida (su.i.ci.da) s.2g. 1. Pessoa que mata a si mesma. adj.2g. 2. Que diz respeito a essa pessoa ou a suicídio: *um ataque suicida.* 3. Que foi usado na execução do suicídio.

suicidar-se (su.i.ci.dar-se) v.p. Matar-se; causar a própria morte; cometer suicídio.

suicídio (su.i.cí.di.o) s.m. 1. Ato de suicidar-se, matar a si mesmo. 2. Autodestruição.

suíço (su.í.ço) adj. 1. Da Suíça, país da Europa. s.m. 2. Pessoa natural ou habitante desse lugar. Cf. *suíça.*

suindara (su.in.da.ra) s.f. (Zoo.) Coruja da América do Sul, de plumagem branca, face em forma de coração e costas com manchas marrons.

suíno (su.í.no) s.m. 1. Porco. s.m. e adj. 2. (Animal) que pertence a um grupo de mamíferos artiodáctilos em que se incluem porco, javali e queixada. adj. 3. Relacionado a porco ou a esse grupo de animais.

suinocultor (sui.no.cul.tor) [ô] s.m. Criador de porcos.

suinocultura (su.i.no.cul.tu.ra) s.f. Criação de porcos.

suíte (su.í.te) s.f. Quarto com banheiro privativo.

sujar (su.**jar**) v.t.d. e v.p. **1.** Emporcalhar(-se); tornar(-se) sujo. **2.** (Fig.) Perverter(-se); desmoralizar(-se).
sujeição (su.jei.**ção**) s.f. Ato de sujeitar(-se); dependência; subordinação.
sujeira (su.**jei**.ra) s.f. **1.** Imundície; sujidade. **2.** (Fig.) Ação indigna; procedimento sujo.
sujeitar (su.jei.**tar**) v.t.d. e v.p. Reduzir(-se) à sujeição; submeter(-se); render(-se). Obs.: verbo abundante, com dois particípios, *sujeitado*, com os auxiliares "ter" e "haver", e *sujeito*, com os auxiliares "ser" e "estar".
sujeito (su.**jei**.to) s.m. **1.** Indivíduo, pessoa. **2.** (Gram.) Termo da oração ligado ao verbo como *ele* nas frases: *ele correu, ele pegou a bola, ele é legal, ele foi para casa*. **2.** (Pej.) Tipo; indivíduo qualquer. adj. **3.** Dependente de: *passeio sujeito a confirmação*. **4.** Exposto.
sujidade (su.ji.**da**.de) s.f. Característica do que é sujo; sujeira; imundície.
sujo (su.jo) adj. **1.** Que não está limpo; emporcalhado; encardido. (Fig.) **2.** Que perdeu o crédito. **3.** Imoral; indecoroso; sem brio.
sul s.m. **1.** Ponto cardeal oposto ao norte. **2.** Região aí localizada. (próprio) **3.** Região brasileira, de sigla S, que abrange os estados do Paraná, Rio Grande do Sul e Santa Catarina. **4.** Polo austral.
sul-africano (sul-a.fri.**ca**.no) adj. **1.** Da África do Sul, país da África. s.m. **2.** Pessoa natural ou habitante desse lugar. ▣ Pl. *sul-africanos*.
sul-americano (sul-a.me.ri.**ca**.no) adj. **1.** Pertencente ao continente da América do Sul: *o Brasil é um país sul-americano*. s.m. **2.** Pessoa natural ou habitante desse lugar. ▣ Pl. *sul-americanos*.
sulcar (sul.**car**) v.t.d. **1.** Fazer sulcos em. **2.** Navegar; singrar. **3.** Enrugar; fazer vincos.
sulco (**sul**.co) s.m. **1.** Rego traçado pelo arado. **2.** Depressão deixada nas águas pelo navio. **3.** Vinco; ruga.
sul-coreano (sul-co.re.**a**.no) adj. **1.** Da Coreia do Sul, país da Ásia. s.m. **2.** Pessoa natural ou habitante desse lugar. ▣ Pl. *sul-coreanos*.
sulfa (**sul**.fa) s.f. (Quím.) Substância antibacteriana poderosa no combate às infecções; sulfamida; sulfonamida.
sulfamida (sul.fa.**mi**.da) s.f. (Quím.) Sulfa.
sulfanilamida (sul.fa.ni.la.**mi**.da) s.f. (Quím.) Substância antisséptica, que combate infecções.
sulfato (sul.**fa**.to) s.m. (Quím.) Designação genérica dos sais e ésteres do ácido sulfúrico.
sulfite (sul.**fi**.te) adj. Diz-se do papel sem pauta usado para impressão.
sulfonamida (sul.fo.na.**mi**.da) s.f. (Quím.) Sulfa.
súlfur (**súl**.fur) s.m. (Quím.) Enxofre.
sulfúrico (sul.**fú**.ri.co) adj. Que diz respeito ao enxofre ou ao ácido que se obtém pela combinação do enxofre com o oxigênio e o hidrogênio.
sulfurino (sul.fu.**ri**.no) adj. Que tem cor de enxofre; amarelo-claro.
sulfuroso (sul.fu.**ro**.so) [ô] adj. (Quím.) Relacionado a enxofre, que contém enxofre. ▣ Pl. *sulfurosos* [ó].
sulino (su.**li**.no) s.m. e adj. Sulista.
sulista (su.**lis**.ta) s.2g. e adj.2g. **1.** Natural ou habitante da região Sul. adj.2g. **2.** Do sul; sulino.
sul-mato-grossense (sul-ma.to-gros.**sen**.se) adj.2g. **1.** Do Mato Grosso do Sul, estado brasileiro; mato-grossense-do-sul. s.2g. **2.** Pessoa natural ou habitante desse lugar. ▣ Pl. *sul-mato-grossenses*.
sul-rio-grandense (sul-rio-gran.**den**.se) s.2g. e adj.2g. Do Rio Grande do Sul; gaúcho. ▣ Pl. *sul-rio-grandenses*.
sultão (sul.**tão**) s.m. **1.** Título usado por imperadores turcos e príncipes maometanos ou tártaros. **2.** (P. ext.) Homem poderoso, rico ou com muitas amantes.
sul-vietnamita (sul-vi.et.na.**mi**.ta) adj.2g. **1.** Do antigo Vietnam do Sul, país da Ásia. **2.** Que pertence ou se refere a esse país. s.2g. **3.** O natural ou habitante desse país. ▣ Pl.: *sul-vietnamitas*.
suma (**su**.ma) s.f. Resumo, súmula. Em suma: em resumo.
sumarento (su.ma.**ren**.to) adj. Que tem muito sumo.
sumariar (su.ma.ri.**ar**) v.t.d. Sintetizar, abreviar, resumir.
sumário (su.**má**.ri.o) s.m. **1.** Suma, resumo, síntese. **2.** Índice que traz o conteúdo resumido de uma obra. adj. **3.** Resumido. **4.** Realizado sem formalidades.
sumério (su.**mé**.ri.o) s.m. **1.** Indivíduo dos sumérios, povo da Antiguidade que viveu na Mesopotâmia, região hoje chamada de Oriente Médio: *os sumérios criaram uma das mais antigas civilizações que conhecemos*. **2.** A língua falada pelos sumérios. adj. **3.** Relacionado aos sumérios ou à sua língua.
sumiço (su.**mi**.ço) s.m. Desaparecimento; fuga.
sumidade (su.mi.**da**.de) s.f. **1.** Característica do que é alto ou eminente. **2.** Cume; cimo. **3.** (Fig.) Grande conhecedor de algum assunto.
sumidiço (su.mi.**di**.ço) adj. Que desaparece com facilidade.
sumido (su.**mi**.do) adj. **1.** Desaparecido. **2.** Que se ouve mal; fraco; distante. **3.** Magro.
sumidouro (su.mi.**dou**.ro) s.m. Fenda por onde escoam líquidos.
sumir (su.**mir**) v.i. **1.** Desaparecer. **2.** Ir embora sem dizer o motivo. v.t.i. **3.** Dar sumiço em; esconder; ocultar: *sumiu com todas as bagunças do quarto*. v.p. **4.** Fugir; submergir: *sumiu-se no trânsito*. Obs.: pres. do ind.: *sumo, somes, some, sumimos, sumis, somem*; pres. do subj.: *suma, sumas, suma* etc.; imperat. afirm.: *some, suma, sumamos, sumi, sumam*.
sumo (su.mo) s.m. **1.** Suco; seiva. adj. **2.** Supremo; máximo; elevado.
sumô (su.**mô**) s.m. Variedade de luta japonesa.
súmula (**sú**.mu.la) s.f. Suma pequena; resumo; sinopse.

sundae [inglês: "sândei"] s.m. Taça com muitas bolas de sorvete e coberturas variadas.

sunga (sun.ga) s.f. Calção de banho (ou cueca) de tamanho reduzido.

sungar (sun.gar) v.t.d. (Raro) 1. Puxar para cima. v.i. 2. Fungar.

suntuosidade (sun.tu.o.si.da.de) s.f. Característica do que é suntuoso; luxo excessivo.

suntuoso (sun.tu.o.so) [ô] adj. Luxuoso; aparatoso; magnificente. ▪ Pl. *suntuosos* [ó].

suor (su.or) [ó] s.m. 1. Humor aquoso destilado pelos poros; transpiração; sudação. 2. (Fig.) Trabalho estafante.

superabundância (su.pe.ra.bun.dân.ci.a) s.f. Grande abundância; fartura.

superabundante (su.pe.ra.bun.dan.te) adj.2g. Excessivo; demasiado; farto.

superabundar (su.pe.ra.bun.dar) v.i. Existir em grande abundância.

superação (su.pe.ra.ção) s.f. Ação de superar, de ir além ou mais adiante.

superado (su.pe.ra.do) adj. 1. Que se superou ou passou: *as dificuldades superadas o deixaram mais forte*. 2. Que não se usa mais; ultrapassado, obsoleto.

superalimentação (su.pe.ra.li.men.ta.ção) s.f. Ato de superalimentar; alimentação em excesso.

superalimentar (su.pe.ra.li.men.tar) v.t.d. e v.p. Alimentar(-se) em excesso.

superaquecer (su.pe.ra.que.cer) v.t.d. e v.p. Aquecer(-se) excessivamente.

superaquecimento (su.pe.ra.que.ci.men.to) s.m. 1. Aquecimento excessivo. 2. (Fig.) Exaltação de ânimo.

superar (su.pe.rar) v.t.d. 1. Vencer; sobrepujar. 2. Levar vantagem.

superável (su.pe.rá.vel) adj.2g. Que pode ser superado: *muitas dificuldades são superáveis com paciência e força de vontade, mas nem todas*.

superávit (su.pe.rá.vit) s.m. O excedente em favor da receita; saldo favorável; lucro.

superbem (su.per.bem) adv. Muito bem, de maneira ótima ou excelente: *eles se davam superbem, eram muito amigos*.

supercílio (su.per.cí.li.o) s.m. Sobrancelha; sobrolho.

superdotado (su.per.do.ta.do) s.m. e adj. (Indivíduo) dotado de muita inteligência.

superego (su.pe.re.go) s.m. (Psi.) Para a psicanálise, instância psíquica que inibe os impulsos do id e do ego.

superestimar (su.pe.res.ti.mar) v.t.d. Supervalorizar; dar valor excessivo a.

superestrutura (su.pe.res.tru.tu.ra) s.f. 1. Construção feita sobre outra. 2. (Const.) Conjunto de obras ou parte de obra que fica visível acima do nível do chão. 3. (Fig.) Ideias, cultura, instituições etc. que prevalecem em uma sociedade, por oposição à infraestrutura econômica.

superexcitar (su.pe.rex.ci.tar) v.t.d. Excitar em demasia; sobre-excitar.

superfaturado (su.per.fa.tu.ra.do) adj. Que foi faturado com ágio muito alto e ilegal.

superfaturamento (su.per.fa.tu.ra.men.to) s.m Ato de superfaturar.

superfaturar (su.per.fa.tu.rar) v.t.d. Fazer constar d fatura um preço muito acima do verdadeiro, send que essa diferença se transforma em lucro crimi noso para o autor da operação.

superficial (su.per.fi.ci.al) adj.2g. 1. Que se encontr na superfície. 2. Pouco profundo; leviano.

superficialidade (su.per.fi.ci.a.li.da.de) s.f. Caracte rística do que é superficial; leviandade.

superfície (su.per.fí.cie) s.f. 1. A parte superior d um corpo. 2. Área. 3. (Fig.) Aparência.

superfluidade (su.per.flui.da.de) s.f. Característic do que é supérfluo; inutilidade; redundância.

supérfluo (su.pér.fluo) s.m. e adj. (Aquilo) que é inú til, redundante, desnecessário.

super-herói (su.per-he.rói) s.m. Personagem de his tória em quadrinhos ou filme dotado de podere especiais, que defende o bem e combate o mal. ▪ Pl. *super-heróis*.

super-homem (su.per-ho.mem) s.m. Homem con capacidade bem acima das possibilidades humanas ▪ Pl. *super-homens*.

superintendência (su.pe.rin.ten.dên.ci.a) s.f 1. Cargo do superintendente. 2. Local onde ele exerce suas funções.

superintendente (su.pe.rin.ten.den.te) adj.2g. Aquele que superintende; diretor; chefe; inspetor.

superintender (su.pe.rin.ten.der) v.t.d. Dirigir chefiar; inspecionar.

superior (su.pe.ri.or) [ô] adj. 1. Mais elevado; de excelente qualidade; preeminente. s.m. 2. Aquele que dirige um convento. 3. Aquele que exerce qualquer tipo de autoridade sobre os outros.

superiora (su.pe.ri.o.ra) s.f. 1. Freira que dirige um convento. adj. 2. Feminino de *superior*.

superioridade (su.pe.ri.o.ri.da.de) s.f. Característica do que é superior; vantagem; preeminência.

superlativo (su.per.la.ti.vo) adj. 1. Que exprime uma qualidade em grau muito elevado ou no seu mais elevado grau. s.m. 2. O grau superlativo.

superlotação (su.per.lo.ta.ção) s.f. Lotação excessiva.

superlotado (su.per.lo.ta.do) adj. Com lotação excessiva.

superlotar (su.per.lo.tar) v.t.d. Exceder a lotação máxima estipulada.

supermercado (su.per.mer.ca.do) s.m. Estabelecimento comercial de autosserviço de grande porte, com mercadorias e seções das mais variadas.

súpero (sú.pe.ro) adj. Situado, localizado na parte de cima; superior.

súpero-exterior (sú.pe.ro-ex.te.ri.or) [ô] adj. Que se localiza na parte de cima e por fora. ▪ Pl. *súpero-exteriores*.

súpero-interior (sú.pe.ro-in.te.ri.or) [ô] adj. Que se localiza na parte de cima e por dentro. ▪ Pl. *súpero-interiores*.

superpor (su.per.**por**) [ô] v.t.d. Sobrepor; pôr em cima. Obs.: conjuga-se como *pôr*.

superposição (su.per.po.si.**ção**) s.f. Ato de superpor; sobreposição.

superpotência (su.per.po.**tên**.ci.a) s.f. Potência militarmente superior às demais.

superproteção (su.per.pro.te.**ção**) s.f. Ato ou efeito de superproteger; proteção excessiva e prejudicial.

superproteger (su.per.pro.te.**ger**) v.t.d. Proteger em excesso, além do necessário ou do conveniente: *se a mãe superprotege os filhotes, eles não aprendem a resolver problemas e enfrentar dificuldades*.

supersafra (su.per.**sa**.fra) s.f. Safra muito acima da normal.

supersensível (su.per.sen.**sí**.vel) adj.2g. Muito sensível.

supersecreto (su.per.se.**cre**.to) adj. Secreto ao máximo grau.

supersônico (su.per.**sô**.ni.co) adj. Que é mais veloz que o som: *avião supersônico, velocidade supersônica*.

superstição (su.pers.ti.**ção**) s.f. 1. Crença popular; crendice. 2. Preconceito. 3. Presságio infundado. 4. Fanatismo.

supersticioso (su.pers.ti.ci.**o**.so) [ô] s.m. e adj. (Aquele) que crê em superstição. ▣ Pl. *supersticiosos* [ó].

supervalorizar (su.per.va.lo.ri.**zar**) v.t.d. 1. Valorizar em excesso, atribuir valor excessivo. 2. Superar o valor anterior; aumentar de valor; superestimar.

superveniente (su.per.ve.ni.**en**.te) adj.2g. Que sobrevém a outra coisa.

supervisão (su.per.vi.**são**) s.f. Ato de supervisionar; inspeção; orientação; coordenação.

supervisionar (su.per.vi.sio.**nar**) v.t.d. Acompanhar, vigiar para que corra bem; controlar: *a diretora supervisiona o trabalho dos professores e estes supervisionam o trabalho dos monitores*.

supervisor (su.per.vi.**sor**) [ô] s.m. Pessoa encarregada de supervisionar, acompanhar o trabalho de outrem.

supetão (su.pe.**tão**) s.m. De supetão: repentinamente; subitamente.

supimpa (su.**pim**.pa) adj. (*Pop. Raro*) Excelente; ótimo; muito bom.

supino (su.**pi**.no) adj. 1. Deitado de costas: *posições supinas*. s.m. 2. Exercício de levantamento de peso feito nessa posição. 3. Banco ou suporte para esse exercício.

suplantar (su.plan.**tar**) v.t.d. Pisar; derrubar; vencer; humilhar.

suplementar (su.ple.men.**tar**) v.t.d. 1. Acrescentar um suplemento. adj.2g. 2. Que diz respeito a suplemento. 3. Adicional. 4. (*Geom.*) Diz-se do ângulo que, somado a outro, perfaz 180° ou uma semicircunferência.

suplemento (su.ple.**men**.to) s.m. 1. Aquilo que se dá a mais. 2. (*Geom.*) Ângulo que, somado a outro, perfaz uma semicircunferência (180°). 3. Caderno com matéria especial que se acrescenta a um jornal.

suplência (su.**plên**.ci.a) s.f. 1. Ato de suprir. 2. Substituição. 3. Cargo de suplente.

suplente (su.**plen**.te) s.2g. e adj.2g. (Aquele) que supre a falta de outrem; substituto.

supletivo (su.ple.**ti**.vo) adj. 1. Que supre. s.m. 2. Curso condensado destinado àqueles que não estudaram na época apropriada.

súplica (**sú**.pli.ca) s.f. 1. Ato de suplicar; pedido. 2. Prece; oração.

suplicante (su.pli.**can**.te) s.2g. e adj.2g. 1. (Aquele) que suplica. s.2g. 2. (Dir.) Requerente; impetrante.

suplicar (su.pli.**car**) v.t.d. 1. Pedir insistentemente; rogar. 2. Rezar; orar.

súplice (**sú**.pli.ce) adj.2g. Que suplica; suplicante.

supliciado (su.pli.**cia**.do) adj. Que sofreu suplício; torturado, atormentado.

supliciar (su.pli.ci.**ar**) v.t.d. 1. Submeter a suplícios; torturar. 2. (*Fig.*) Afligir.

suplício (su.**plí**.ci.o) s.m. 1. Ato de supliciar. 2. Punição corporal; tortura. 3. Pena de morte.

supor (su.**por**) v.t.d. 1. Presumir; imaginar. v.p. 2. Ter-se na conta de; julgar-se. Obs.: conjuga-se como *pôr*.

suportar (su.por.**tar**) v.t.d. 1. Sustentar por baixo. 2. Aguentar; tolerar; sofrer.

suportável (su.por.**tá**.vel) adj.2g. Que se pode suportar.

suporte (su.**por**.te) s.m. Aquilo em que algo se apoia ou firma; apoio, base. Cf. *assistência, ajuda*.

suposição (su.po.si.**ção**) s.f. Ato de supor; conjetura.

supositório (su.po.si.**tó**.ri.o) s.m. Medicamento sólido que se insere no ânus ou na vagina.

suposto (su.**pos**.to) [ô] s.m. e adj. (Coisa) hipotética, fictícia, presumida. ▣ Pl. *supostos* [ó].

supra [latim: "supra"] adv. Acima ou antes; em posição superior ou anterior: *consulte as legendas supra ilustrações*.

supracitado (su.pra.ci.**ta**.do) adj. Já citado acima ou anteriormente.

supradito (su.pra.**di**.to) adj. Dito anteriormente.

suprarrenal (su.prar.re.**nal**) adj.2g. 1. Situado acima dos rins. s.f. 2. Glândula suprarrenal.

suprassumo (su.pras.**su**.mo) s.m. O requinte; o mais alto grau; o auge.

supremacia (su.pre.ma.**ci**.a) s.f. Poder supremo; superioridade; hegemonia.

supremo (su.**pre**.mo) [ê] adj. 1. Que está acima de tudo. 2. Que diz respeito a Deus. 3. Sumo; superior.

supressão (su.pres.**são**) s.f. 1. Ato de suprimir; corte, eliminação. 2. Aquilo que se suprimiu.

supressivo (su.pres.**si**.vo) adj. Que suprime; supressor.

supressor (su.pres.**sor**) [ô] s.m. e adj. (Aquilo) que suprime ou elimina: *supressor do apetite*.

suprimento (su.pri.**men**.to) s.m. Ato de suprir; fornecimento.

suprimido (su.pri.**mi**.do) adj. Que se suprimiu; supresso, eliminado, omitido: *os trechos suprimidos de uma citação costumam ser indicados com reticências dentro de colchetes retos*.

suprimir (su.pri.**mir**) v.t.d. Omitir; eliminar; cortar. Obs.: possui dois particípios: *suprimido*, usado com os auxiliares "ter" e "haver", e *supresso*, usado com os auxiliares "ser" e "estar".

suprir (su.**prir**) v.t.d. 1. Prover; abastecer. 2. Complementar. 3. Substituir.

supuração (su.pu.ra.**ção**) s.f. Ato de supurar.

supurado (su.pu.**ra**.do) adj. Que supurou.

supurar (su.pu.**rar**) v.i. (Med.) Formar ou expelir pus: *a ferida supurou*.

supurativo (su.pu.ra.**ti**.vo) adj. Que supura, que produz ou expele pus.

surata (su.**ra**.ta) s.f. Versículo, verso do Corão, livro sagrado do Islã e dos muçulmanos.

surdez (sur.**dez**) [ê] s.f. Diminuição ou perda da audição.

surdina (sur.**di**.na) s.f. (Mús.) Peça móvel dos instrumentos, que se aciona para obter som abafado, surdo. Em surdina: sem alarde, discretamente: *pediram-lhe em surdina que se retirasse*.

surdir (sur.**dir**) v.t.d. e v.i. Aparecer, surgir, emergir: *surdiram águas do solo; as águas surdiram e o bote afundou*.

surdo (**sur**.do) s.m. e adj. 1. (Aquele) que não ouve ou ouve pouco. adj. 2. Feito em silêncio. 3. Diz-se do fonema produzido sem a vibração das cordas vocais, como *p*, *q* ou *t* (por oposição aos sonoros). s.m. 4. (Mús.) Tambor tocado com uma mão segurando a baqueta e a outra na pele, importante no samba e outros ritmos.

surdo-mudez (sur.do-mu.**dez**) [ê] s.f. Estado do surdo-mudo. ▫ Pl. *surdo-mudezes*.

surdo-mudo (sur.do-**mu**.do) s.m. e adj. (Indivíduo) que é surdo e mudo. ▫ Pl. *surdos-mudos*.

surfar (sur.**far**) v.i. 1. Praticar surfe; pegar onda. 2. (Gír.) Visitar páginas da internet, passear por vários *sites*.

surfe (**sur**.fe) s.m. Esporte em que se desliza sobre as ondas do mar, em cima de uma prancha.

surfista (sur.**fis**.ta) s.2g. Aquele que pratica surfe.

surgimento (sur.gi.**men**.to) s.m. Ação de surgir; aparecimento, manifestação.

surgir (sur.**gir**) v.i. Aparecer; despontar; manifestar-se. Obs.: pres. do ind.: *surjo*, *surges*, *surge* etc.; pres. do subj.: *surja*, *surjas*, *surja* etc.

suriana (su.ri.**a**.na) s.2g. 1. Indivíduo dos surianas, povo indígena que vive hoje no Amazonas. adj.2g. 2. Relacionado a esse povo.

surinamense (su.ri.na.**men**.se) s.2g. e adj.2g. Surinamês.

surinamês (su.ri.na.**mês**) adj. 1. Do Suriname, país da América do Sul; surinamense. s.m. 2. Pessoa natural ou habitante desse lugar; surinamense.

surpreendente (sur.pre.en.**den**.te) adj.2g. Que surpreende; admirável; maravilhoso.

surpreender (sur.pre.en.**der**) v.t.d. 1. Pegar em flagrante. 2. Causar surpresa; espantar. v.p. 3. Espantar-se; admirar-se. Obs.: verbo abundante, com dois particípios; *surpreendido*, usado com os auxiliares "ter" e "haver", e *surpreso*, usado com os auxiliares "ser" e "estar".

surpresa (sur.**pre**.sa) [ê] s.f. Ato de surpreender(-se); espanto; sobressalto.

surpreso (sur.**pre**.so) [ê] adj. Admirado; espantado; perplexo.

surra (**sur**.ra) s.f. Ato de surrar; sova, pancadaria, fubecada.

surrado (sur.**ra**.do) adj. 1. Espancado; batido. 2. Gasto pelo uso.

surrão (sur.**rão**) s.m. Saco ou bolsa grande, em geral de couro.

surrar (sur.**rar**) v.t.d. 1. Espancar; sovar; bater; fustigar. 2. Gastar pelo uso.

surrealismo (sur.re.a.**lis**.mo) s.m. Escola artístico-literária iniciada na França e que rejeitava a lógica do pensamento, as normas estéticas e morais, apegando-se ao inconsciente.

surrealista (sur.re.a.**lis**.ta) adj.2g. 1. Que diz respeito ao surrealismo. s.2g. e adj.2g. 2. (Artista) que se inspirou no surrealismo.

surripiar (sur.ru.pi.**ar**) v.t.d. Surrupiar.

surrupiar (sur.ru.pi.**ar**) v.t.d. Roubar; furtar; tirar sorrateiramente; surripiar.

sursis (sur.**sis**) s.m. (Dir.) Suspensão ou adiamento de pena leve, em determinados casos, a critério do juiz.

surtir (sur.**tir**) v.t.d. Dar origem; ter como resultado; originar. Obs.: conjugado apenas na 3ª pes., sing. e pl., de todos os tempos e nas formas nominais (particípio, gerúndio, infinitivo).

surto (**sur**.to) s.m. 1. Tendência. 2. Epidemia; irrupção.

surubi (su.ru.**bi**) s.m. (Zoo.) O mesmo que *surubim*.

surubim (su.ru.**bim**) s.m. (Zoo.) Bagre que é um dos maiores peixes fluviais brasileiros, de carne muito apreciada. O mesmo que *surubi*.

surucucu (su.ru.cu.**cu**) s.f. 1. (Zoo.) Cobra venenosíssima, do grupo da víbora e da jararaca. 2. (Fig.) Mulher de gênio muito ruim.

suruí (su.ru.**í**) s.2g. 1. Indivíduo dos suruís, povo indígena que vive hoje em Rondônia e no Pará. adj.2g. 2. Relacionado a esse povo.

sururu (su.ru.**ru**) s.m. 1. (Zoo.) Molusco de água doce muito apreciado em culinária nordestina. 2. (Fig.) Briga; desordem.

sus interj. (Ant.) Emprega-se para dar coragem, para animar. Cf. *SUS*.

SUS Sigla de *Sistema Único de Saúde*, serviço de saúde pública do governo brasileiro, previsto pela Constituição de 1988 e criado em 1990.

susceptibilizar (sus.cep.ti.bi.li.**zar**) v.t.d. O mesmo que *suscetibilizar*.

susceptível (sus.cep.**tí**.vel) adj.2g. O mesmo que *suscetível*.

suscetibilidade (sus.ce.ti.bi.li.**da**.de) s.f. Característica do que é suscetível; tendência; melindre.

suscetibilizar (sus.ce.ti.bi.li.**zar**) v.t.d. e v.p. Tornar(-se) suscetível; melindrar(-se); magoar(-se). O mesmo que *susceptibilizar*.

suscetível (sus.ce.**tí**.vel) *adj.2g.* **1.** Apto; capaz. **2.** Melindroso; sensível. O mesmo que *susceptível*.
suscitar (sus.ci.**tar**) *v.t.d.* **1.** Dar origem; causar. **2.** Opor dificuldade; levantar como impedimento.
suserano (su.se.**ra**.no) *s.m.* (*Hist.*) Senhor feudal; dono de um feudo de que outros feudos dependiam, em relação de vassalagem.
suspeição (sus.pei.**ção**) *s.f.* Ato de suspeitar; desconfiança; suspeita.
suspeita (sus.**pei**.ta) *s.f.* Desconfiança; receio; suspeição.
suspeitar (sus.pei.**tar**) *v.t.i.* Ter suspeitas de; desconfiar; recear.
suspeito (sus.**pei**.to) *s.m. e adj.* (Aquele) que inspira desconfiança.
suspeitoso (sus.pei.**to**.so) [ô] *adj.* Ligado a ou que lembra suspeita. ▣ Pl. *suspeitosos* [ó].
suspender (sus.pen.**der**) *v.t.d.* **1.** Pendurar; deixar pender no ar. **2.** Sustar; impedir. **3.** Privar provisoriamente alguém de exercer suas funções. **4.** Impedir o funcionamento. *v.p.* **5.** Pendurar-se. Obs.: verbo abundante, com dois particípios, *suspendido*, usado com os auxiliares "ter" e "haver", e *suspenso*, usado com os auxiliares "ser" e "estar".
suspensão (sus.pen.**são**) *s.f.* **1.** Ato de suspender. **2.** Conjunto de dispositivos para amortecer as trepidações em um veículo. **3.** (*Quím.*) Líquido com partículas sólidas facilmente separáveis.
suspense (sus.**pen**.se) *s.m.* Momento de forte tensão emocional ou expectativa.
suspensivo (sus.pen.**si**.vo) *adj.* Que pode suspender.
suspenso (sus.**pen**.so) *adj.* **1.** Pendurado. **2.** Interrompido; parado; sustado. **3.** Impedido de exercer suas funções.
suspensórios (sus.pen.**só**.rios) *s.m.pl.* Alças que passam pelos ombros e seguram as calças, prendendo-se no cós.
suspicaz (sus.pi.**caz**) *adj.2g.* (*Raro*) **1.** Que suspeita, que desconfia: *pessoa suspicaz*. **2.** Que desperta ou causa suspeita: *gesto suspicaz*.
suspirar (sus.pi.**rar**) *v.i.* **1.** Dar suspiros. *v.t.i.* **2.** Desejar ansiosamente. **3.** Ter saudades de.
suspiro (sus.**pi**.ro) *s.m.* **1.** Respiração entrecortada e prolongada, devido à tristeza ou mal-estar físico. **2.** Múrmurio, lamento. **3.** (*Culin.*) Doce que se faz com claras de ovos batidas em neve e açúcar, levando-se ao forno.
suspiroso (sus.pi.**ro**.so) [ô] *adj.* Que suspira; arfante. ▣ Pl. *suspirosos* [ó].
sussurrante (sus.sur.**ran**.te) *adj.2g.* Que sussurra ou faz rumor; murmurante.
sussurrar (sus.sur.**rar**) *v.i. e v.t.d.* Dizer em voz baixa, murmurar, segredar (algo).
sussurro (sus.**sur**.ro) *s.m.* Ato de sussurrar; murmúrio.

sustado (sus.**ta**.do) *adj.* Diz-se de cheque cuja compensação foi suspensa.
sustar (sus.**tar**) *v.t.d.* **1.** Interromper, fazer parar, suspender. *v.p. e v.i.* **2.** Parar; deter-se.
sustenido (sus.te.**ni**.do) *s.m.* (*Mús.*) Figura (#) que indica elevação de um semitom da nota que fica à direita.
sustentabilidade (sus.ten.ta.bi.li.**da**.de) *s.f.* **1.** Qualidade ou condição de sustentável. **2.** (*Ecol., Econ.*) Modelo de desenvolvimento que busca adequar as necessidades ambientais, econômicas e sociais a fim de garantir seu atendimento indeterminadamente e promover a preservação dos recursos naturais, a inclusão social e o bem-estar econômico.
sustentação (sus.ten.ta.**ção**) *s.f.* **1.** Ato de sustentar. **2.** Base, sustentáculo, apoio.
sustentáculo (sus.ten.**tá**.cu.lo) *s.m.* Aquilo que sustenta; base; alicerce; apoio.
sustentar (sus.ten.**tar**) *v.t.d.* **1.** Suster; suportar; impedir que caia. **2.** Afirmar categoricamente. **3.** Alimentar; prover de víveres. **4.** Confirmar. *v.p.* **5.** Manter-se. **6.** Equilibrar-se.
sustentável (sus.ten.**tá**.vel) *adj.2g.* Que se pode sustentar, manter por longo tempo: *desenvolvimento sustentável*.
sustento (sus.**ten**.to) *s.m.* **1.** Ato de sustentar(-se). **2.** Apoio. **3.** Alimento.
suster (sus.**ter**) *v.t.d. e v.p.* Deter(-se); refrear(-se); reprimir(-se). Obs.: conjuga-se como *ter*; pres. do ind.: *sustenho, susténs, sustém, sustemos, sustendes, sustêm*; pres. do subj.: *sustenha, sustenhas, sustenha* etc.
susto (**sus**.to) *s.m.* Sobressalto; medo repentino.
sutiã (su.ti.**ã**) *s.f.* Peça íntima feminina para sustentar e modelar os seios. Obs.: aportuguesamento do francês *soutien*.
sutil (su.**til**) *adj.2g.* **1.** Tênue; gracioso. **2.** Perspicaz; hábil.
sutileza (su.ti.**le**.za) [ê] *s.f.* Característica do que é sutil; delicadeza; perspicácia.
sutilizar (su.ti.li.**zar**) *v.t.d. e v.p.* Tornar(-se) sutil; aprimorar(-se).
sutra (**su**.tra) *s.m.* (*Relig.*) **1.** No islamismo, cada um dos versos ou versículos que formam o Corão. **2.** No budismo, discurso ou ensinamento de Buda a seus discípulos. **3.** No hinduísmo, tratado ou ensaio filosófico-religioso sobre assuntos variados.
sutura (su.**tu**.ra) *s.f.* **1.** (*Med.*) Cirurgia que une as bordas de um corte, costurando-as. **2.** (*Bot.*) Linha da ruptura do fruto ou de seu invólucro.
suturar (su.tu.**rar**) *v.t.d.* Fazer sutura; dar pontos em um ferimento.
suvenir (su.ve.**nir**) *s.m.* Presente que turistas costumam comprar em suas viagens, para guardar ou dar aos amigos como recordação. Obs.: aportuguesamento do francês *souvenir*.

Tt

t, T s.m. Vigésima letra do alfabeto, consoante, de nome "tê".
t Símbolo internacional da tonelada, mil quilos.
ta Contração do pronome "te" com o artigo "a".
Ta Símbolo do elemento químico tântalo.
tá *interj.* (Pop.) Redução de "está bem", empregada para expressar concordância, confirmação: *tá, já vou*. Obs.: é a forma sincopada de "está".
taba (ta.ba) s.f. Aldeia indígena.
tabacal (ta.ba.cal) s.m. Plantação de tabaco.
tabacaria (ta.ba.ca.**ri**.a) s.f. Estabelecimento onde se vendem cigarros, charutos e outros artigos para fumantes.
tabaco (ta.**ba**.co) s.m. (Bot.) Planta cujas folhas são dessecadas e usadas para fazer cigarros, charutos ou fumo para cachimbo.
tabagismo (ta.ba.**gis**.mo) s.m. 1. Abuso do tabaco. 2. Intoxicação causada pelo abuso do tabaco.
tabagista (ta.ba.**gis**.ta) adj.2g. Relacionado ao tabaco ou ao hábito de fumar.
tabajara (ta.ba.**ja**.ra) adj.2g. 1. Indivíduo dos tabajaras, povo indígena que vive hoje no Ceará. adj.2g. 2. Relacionado a esse povo.
tabaquear (ta.ba.que.**ar**) v.t.d. e v.i. Fumar, tomar pitadas de tabaco. Obs.: pres. do ind. *tabaqueio, tabaqueias* etc.; pres. do subj. *tabaqueie, tabaqueies* etc.
tabaqueira (ta.ba.**quei**.ra) s.f. Caixa ou bolsa para tabaco.
tabaréu (ta.ba.**réu**) s.m. Caipira, matuto.
tabaroa (ta.ba.**ro**.a) [ô] s.f. Feminino de *tabaréu*.
tabatinga (ta.ba.**tin**.ga) s.f. Argila sedimentar mole e untuosa.
tabefe (ta.**be**.fe) [é] s.m. 1. Soco, bofetada. 2. (Culin.) Espécie de gemada.
tabela (ta.**be**.la) [é] s.f. 1. Pequena tábua, quadro ou folha de papel, onde se registram nomes de pessoas ou coisas. 2. Escala de serviço. 3. Lista. 4. Relação oficial de preços máximos de mercadorias. 5. Relação de partidas de um campeonato. 6. Certo tipo de jogada no futebol. 7. Borda interna da mesa de bilhar. 8. Suporte retangular da cesta de basquete.
tabelado (ta.be.**la**.do) adj. 1. Alistado. 2. Controlado (preço).
tabelamento (ta.be.la.**men**.to) s.m. 1. Ato ou efeito de tabelar. 2. Controle oficial de preços de mercadorias com tabelas.
tabelar (ta.be.**lar**) v.t.d. 1. Fazer tabela de. 2. Sujeitar a uma tabela de preços. 3. (Esp.) Fazer tabela no futebol.

tabelião (ta.be.li.**ão**) s.m. Notário público que reconhece assinaturas, faz escrituras e outros documentos. ▫ Pl. *tabeliães*.
tabelionato (ta.be.li.o.**na**.to) s.m. 1. Ofício ou cartório de tabelião. 2. Corpo de tabeliães. 3. Conjunto de normas concernentes ao ofício de tabelião.
taberna (ta.**ber**.na) [é] s.f. O mesmo que *taverna*.
tabernáculo (ta.ber.**ná**.cu.lo) s.m. 1. Templo transportável que os hebreus usavam nos seus primórdios nômades. 2. Mesa de ourives. 3. (Relig.) Sacrário.
taberneiro (ta.ber.**nei**.ro) s.m. O mesmo que *taverneiro*.
tabes (ta.bes) s.f.2n. (Med.) Doença rara que pode surgir em pessoas acometidas de sífilis sem tratamento, caracterizada por degeneração da medula espinhal. ▫ Pl. *tabes*.
tabescente (ta.bes.**cen**.te) adj.2g. (Med.) Que sofre de tabes.
tábido (**tá**.bi.do) adj. 1. Podre. 2. (Med.) Que sofre de tabes.
tabique (ta.**bi**.que) s.m. Parede fina, geralmente de madeira, que serve para dividir ambientes de casas ou escritórios.
tablado (ta.**bla**.do) s.m. 1. Palco para exibição de lutas ou peças teatrais. 2. Palanque. 3. Estrado.
tablete (ta.**ble**.te) [é] s.m. Produto alimentício ou farmacêutico, solidificado, em forma de placa.
tablita (ta.**bli**.ta) s.f. Certo tipo de tabela de desconto de dívidas assumidas.
tabloide (ta.**bloi**.de) [ói] adj.2g. 1. Que tem forma de pastilha. s.m. 2. Publicação em formato de meio jornal.
taboa (ta.**bo**.a) [ô] s.f. (Bot.) Certa planta que cresce em águas rasas e paradas, de cujas folhas se fazem esteiras e cestos.
taboca (ta.**bo**.ca) [ó] s.f. (Bot.) Bambu.
tabocal (ta.bo.**cal**) s.m. Lugar onde há muita taboca.
tabu (ta.**bu**) adj.2g. 1. Proibido, que não se pode tocar. s.m. 2. Característica atribuída a pessoa, objeto ou comportamento que proíbe qualquer contato com eles. 3. Proibição determinada pelos costumes de um povo.
tabua (ta.**bu**.a) s.f. (Bot.) Erva de folhas resistentes.
tábua (**tá**.bua) s.f. 1. Peça plana de madeira. 2. Quadro.
tabuada (ta.bu.**a**.da) s.f. (Mat.) Tabela usada no ensino das quatro operações elementares.
tabuado (ta.bu.**a**.do) s.m. Estrado, armação de tábuas.

tabual (ta.bu.**al**) s.m. Chão coberto de tábuas.
tabuão (ta.bu.**ão**) s.m. **1.** Tábua grande. **2.** Ponte rústica, de madeira, que serve para atravessar pequenos cursos de água.
tabuinha (ta.bu.**i**.nha) s.f. Tábua pequena e fina.
tábula (**tá**.bu.la) s.f. Pequena peça circular usada em jogos de tabuleiro.
tabulação (ta.bu.la.**ção**) s.f. Comando ou caractere que alinha letras e números nas colunas das tabelas ou que recua a primeira linha do parágrafo.
tabulado (ta.bu.**la**.do) adj. **1.** Alinhado pelo tabulador. s.m. **2.** Soalho.
tabular (ta.bu.**lar**) adj.2g. **1.** Relativo a tábua. **2.** Que tem forma de tábua. v.t.d. **3.** Ajustar o tabulador. **4.** Dispor em tabela (certos dados).
tabule (ta.**bu**.le) s.m. (Culin.) Certo prato de origem árabe, com trigo, cebola, hortelã e tomate.
tabuleiro (ta.bu.**lei**.ro) s.m. **1.** Bandeja. **2.** Quadro, geralmente de madeira, onde se joga xadrez, damas etc. **3.** (Geo.) Planalto arenoso e de vegetação esparsa.
tabuleta (ta.bu.**le**.ta) [ê] s.f. **1.** Tábua de madeira ou de outro material, com letreiro indicativo. **2.** Aviso.
taça (ta.**ça**) s.f. **1.** Vaso raso e largo, com pé, usado para beber. **2.** Troféu com esse formato.
tacacá (ta.ca.**cá**) s.m. (Culin.) Certo prato da cozinha brasileira feito com tapioca temperada.
tacada (ta.**ca**.da) s.f. **1.** Pancada, lance com o taco. **2.** Golpe imprevisto. **3.** Grande quantidade. **4.** Ganho de soma vultosa.
tacanhez (ta.ca.**nhez**) [ê] s.f. **1.** Avareza. **2.** Manha.
tacanhice (ta.ca.**nhi**.ce) s.f. Qualidade ou ato de tacanho.
tacanho (ta.**ca**.nho) adj. **1.** De pequena estatura. **2.** Avaro. **3.** Manhoso. **4.** Estúpido.
tacaniça (ta.ca.**ni**.ça) s.f. Parte do telhado que resguarda os lados de uma construção.
tacão (ta.**cão**) s.m. Salto de calçado.
tacape (ta.**ca**.pe) s.m. Espécie de clava, usada pelos índios como arma ofensiva.
tacar (ta.**car**) v.t.d. **1.** Dar com o taco em; bater. **2.** (Pop.) Lançar, atirar, jogar. Obs.: pret. perf. *taquei*, *tacaste* etc.; pres. do subj. *taque*, *taques* etc.
tacha (ta.**cha**) s.f. **1.** Pequeno prego de cabeça chata. **2.** Mancha. **3.** (Fig.) Defeito moral.
tachado (ta.**cha**.do) adj. **1.** Manchado. **2.** Criticado, desqualificado.
tachador (ta.cha.**dor**) [ô] adj. Que tacha.
tachão (ta.**chão**) s.m. **1.** Tacha grande. **2.** Tacho grande.
tachar (ta.**char**) v.t.d. Pôr tacha em, desqualificar.
tachear (ta.che.**ar**) v.t.d. **1.** Pregar tachas em. **2.** Enfeitar com tachas. Obs.: pres. do ind. *tacheio*, *tacheias* etc.; pres. do subj. *tacheie*, *tacheies* etc.
tacheiro (ta.**chei**.ro) s.m. O que cuida dos tachos.
tachismo (ta.**chis**.mo) s.m. Certo tipo de pintura, caracterizado pela pincelada rápida, que forma manchas.

tacho (ta.**cho**) s.m. **1.** Vaso largo e pouco fundo, geralmente de asas, feito de metal ou barro. **2.** (Pop.) Piano ruim.
tácito (**tá**.ci.to) adj. **1.** Silencioso. **2.** Implícito.
taciturnidade (ta.ci.tur.ni.**da**.de) s.f. Qualidade do que é taciturno.
taciturno (ta.ci.**tur**.no) adj. **1.** Silencioso. **2.** Tristonho.
taco (ta.**co**) s.m. **1.** Pequeno pedaço de madeira, para revestimento de pisos. **2.** Pau roliço e longo, para impelir a bola no jogo de bilhar, de golfe etc. **3.** (Esp.) Bastão usado para rebater bolas. **4.** (Folc.) Jogo em que se tenta, atirando uma bola pequena, acertar uma armação chamada casinha, que é defendida com bastão.
tacômetro (ta.**cô**.me.tro) s.m. Aparelho que mede a velocidade de máquinas ou veículos.
tactear (tac.te.**ar**) v.t.d. e v.i. O mesmo que *tatear*. Obs.: pres. do ind. *tacteio*, *tacteias* etc.; pres. do subj. *tacteie*, *tacteies* etc.
táctil (**tác**.til) adj.2g. O mesmo que *tátil*.
tacto (tac.**to**) s.m. O mesmo que *tato*.
tadjique (tad.**ji**.que) adj.2g. **1.** Do Tadjiquistão, país da Ásia; tadjiquistanês. s.2g. **2.** Pessoa natural ou habitante desse lugar; tadjiquistanês.
tadjiquistanês (tad.ji.quis.ta.**nês**) s.m. e adj. Tadjique.
tafetá (ta.fe.**tá**) s.m. Tecido lustroso de seda.
tafiá (ta.fi.**á**) s.m. Aguardente de cana-de-açúcar.
tafofobia (ta.fo.fo.**bi**.a) s.f. Medo mórbido de ser enterrado vivo.
tagalo (ta.**ga**.lo) adj. **1.** Das Filipinas. s.m. **2.** Filipino. **3.** Dialeto falado nas Filipinas.
tagarela (ta.ga.**re**.la) [é] adj.2g. **1.** Diz-se da pessoa que fala muito e à toa. s.2g. **2.** Pessoa muito faladora.
tagarelar (ta.ga.re.**lar**) v.i. Falar muito, matraquear.
tagarelice (ta.ga.re.**li**.ce) s.f. **1.** Costume de tagarelar. **2.** Indiscrição.
tágide (**tá**.gi.de) s.f. (Mit.) Ninfa do rio Tejo (Portugal).
taifa (**tai**.fa) s.f. Serviço de cozinha, arrumação, estética etc. a bordo de uma embarcação ou aeronave.
taifeiro (tai.**fei**.ro) s.m. Pessoa que faz serviços de taifa.
taiga (**tai**.ga) s.f. Vegetação das regiões próximas dos Polos, com florestas de coníferas.
tailandês (tai.lan.**dês**) adj. **1.** Da Tailândia, país da Ásia. s.m. **2.** Pessoa natural ou habitante desse lugar.
tailleur [francês: "taiê"] s.m. Traje feminino composto de saia e casaco.
tainha (ta.**i**.nha) s.f. (Zoo.) Nome comum a várias espécies de peixes do oceano Atlântico.
taioba (tai.**o**.ba) [ó] s.f. (Bot.) Certa planta herbácea usada na alimentação.
taiobal (tai.o.**bal**) s.m. Terreno onde há muita taioba.
taipa (**tai**.pa) s.f. Parede feita de barro ou de cal e areia entre estacas e ripas, pau-a-pique.
taipar (tai.**par**) v.t.d. Construir com taipas.
taipeiro (tai.**pei**.ro) adj. **1.** Que faz taipas. s.m. **2.** Indivíduo que faz taipas.

taitiano (tai.ti.a.no) *adj.* **1.** Do Taiti, maior ilha da Polinésia Francesa, país situado em uma das ilhas da Polinésia, conjunto de ilhas no oceano Pacífico. *s.m.* **2.** Pessoa habitante ou natural desse lugar.

taiuanês (tai.u.a.**nês**) *s.m. e adj.* Taiwanês.

taiuiá (tai.ui.**á**) *s.m.* (*Bot.*) Trepadeira que dá frutos usados como purgativo.

taiwanês (tai.wa.**nês**) [uâ] *adj.* **1.** De Taiwan, ou Formosa, país da Ásia. *s.m.* **2.** Pessoa natural ou habitante desse lugar. Obs.: esta forma não consta do *Volp*, como também não o aportuguesamento hipotético "taiuanês".

tal *adj.2g.* **1.** Semelhante. **2.** Tão grande. **3.** Tão bom. *pron. dem.* **4.** Este, aquele. **5.** Isto, aquilo. *s.2g.* **6.** (*Pop.*) Notável, pessoa de grande valor.

tala (**ta**.la) *s.f.* **1.** Pedaço de madeira usado como reforço em certos objetos. **2.** Lâmina de madeira, impregnada de goma e gesso, usada para imobilizar um membro do corpo fraturado. **3.** Chicote de uma só tira de couro. **4.** Largura das rodas de um veículo: *os carros de corrida usam rodas de tala bem larga*.

talabarte (ta.la.**bar**.te) *s.m.* **1.** Correia para segurar um instrumento musical. **2.** Boldrié.

talagada (ta.la.**ga**.da) *s.f.* Gole, trago.

talagarça (ta.la.**gar**.ça) *s.f.* Tecido de fios ralos, onde se borda.

tálamo (**tá**.la.mo) *s.m.* **1.** (*Bot.*) Receptáculo das plantas. **2.** (*Anat.*) Parte da massa cinzenta do cérebro. **3.** Leito conjugal.

talante (ta.**lan**.te) *s.m.* Arbítrio, vontade.

talão (ta.**lão**) *s.m.* **1.** Parte posterior do pé. **2.** Parte traseira do calçado. **3.** Bloco de folhas destacáveis, com uma parte fixa na qual se anota o que foi escrito na outra: *talão de cheques*.

talar (ta.**lar**) *adj.2g.* **1.** Relativo ao talão. **2.** Que desce até o calcanhar. *v.t.d.* **3.** Abrir sulcos em. **4.** Devastar.

talássico (ta.**lás**.si.co) *adj.* Relativo ao mar.

talassofobia (ta.las.so.fo.**bi**.a) *s.f.* Medo mórbido do mar.

talassografia (ta.las.so.gra.**fi**.a) *s.f.* Descrição dos mares.

talassômetro (ta.las.**sô**.me.tro) *s.m.* Sonda marítima.

talassoterapia (ta.las.so.te.ra.**pi**.a) *s.f.* Tratamento à base de banhos ou climas marítimos.

talco (**tal**.co) *s.m.* **1.** (*Min.*) Mineral derivado do magnésio, que se apresenta em forma de placa fina ou lamela. **2.** Pó feito desse mineral e acrescido de medicamentos ou perfumes, usado sobre a pele para tratamento ou higiene.

talcoso (tal.**co**.so) [ô] *adj.* Da natureza do talco. ▪ Pl. *talcosos* [ó].

talento (ta.**len**.to) *s.m.* **1.** Peso e moeda usados na Antiguidade. **2.** Habilidade. **3.** Inteligência. **4.** (*Fig.*) Pessoa que tem talento.

talentoso (ta.len.**to**.so) [ô] *adj.* Que tem talento.

talha (**ta**.lha) *s.f.* **1.** Ato ou efeito de talhar. **2.** Entalhe. **3.** Certa quantidade de feixes de lenha. **4.** Pote de barro.

talhada (ta.**lha**.da) *s.f.* **1.** Fatia, lasca. **2.** (*Culin.*) Doce de rapadura, gengibre e farinha de mandioca.

talhadeira (ta.lha.**dei**.ra) *s.f.* Instrumento para talhar.

talhado (ta.**lha**.do) *adj.* **1.** Cortado. **2.** Gravado. **3.** Coagulado. **4.** Preparado. *s.m.* **5.** Trecho de rio apertado entre ribanceiras. **6.** Despenhadeiro.

talhador (ta.lha.**dor**) [ô] *adj.* **1.** Que talha. *s.m.* **2.** Indivíduo que talha. **3.** Cutelo de cortar carne. **4.** Certo prato, usado para trinchar carne.

talha-frio (ta.lha-**fri**.o) *s.m.* Instrumento de marceneiro, para lavrar madeira. ▪ Pl. *talha-frios*.

talhamento (ta.lha.**men**.to) *s.m.* Ato de talhar.

talhão (ta.**lhão**) *s.m.* Trecho delimitado, unidade para cultivo comercial: *dois talhões de eucaliptos*.

talhar (ta.**lhar**) *v.t.d.* **1.** Fazer talho em. **2.** Cortar (o tecido), para costurar. **3.** Gravar. *v.t.i.* **4.** Fazer à imitação. **5.** Amoldar. **6.** Predispor. *v.i.* **7.** Coagular-se (o leite). **8.** Rachar-se.

talharim (ta.lha.**rim**) *s.m.* (*Culin.*) Massa alimentícia em forma de tiras.

talhe (**ta**.lhe) *s.m.* Feitio ou feição do corpo ou de qualquer objeto.

talher (ta.**lher**) *s.m.* **1.** Conjunto de garfo, faca e colher. **2.** Cada uma dessas peças. **3.** (*Fig.*) Lugar de cada pessoa à mesa.

talho (**ta**.lho) *s.m.* **1.** Golpe dado com instrumento cortante. **2.** Talhe. **3.** Poda. **4.** Corte de carne (no açougue). **5.** Cepo sobre o qual se corta a carne.

talião (ta.li.**ão**) *s.m.* **1.** Castigo equivalente ao erro. **2.** Desforra equivalente à ofensa.

talim (ta.**lim**) *s.m.* Boldrié.

tálio (**tá**.li.o) *s.m.* (*Quím.*) Elemento metálico, de símbolo Tl, com número atômico 81 e massa atômica igual a 204,39.

talismã (ta.lis.**mã**) *s.m.* **1.** Amuleto. **2.** (*Fig.*) Encanto.

talismânico (ta.lis.**mâ**.ni.co) *adj.* **1.** Que se refere ao talismã. **2.** Que tem efeitos mágicos.

Talmude (Tal.**mu**.de) *s.m.* (*próprio*) (*Relig.*) Livro que contém a lei e as tradições judaicas.

talmúdico (tal.**mú**.di.co) *adj.* Relativo ao Talmude.

talmudista (tal.mu.**dis**.ta) *s.2g.* Especialista no estudo do Talmude.

talo (**ta**.lo) *s.m.* **1.** Fuste de coluna. (*Bot.*) **2.** Caule. **3.** Aparelho vegetativo das plantas inferiores, como as algas.

talonário (ta.lo.**ná**.ri.o) *s.m.* Bloco ou livro de folhas destacáveis.

taludar (ta.lu.**dar**) *v.t.d.* Fazer talude.

talude (ta.**lu**.de) *s.m.* **1.** Rampa. **2.** Inclinação na superfície de um terreno ou de uma obra qualquer.

taludo (ta.**lu**.do) *adj.* **1.** Que tem talo. **2.** Corpulento.

talvegue (tal.**ve**.gue) *s.m.* **1.** Parte mais funda de um vale. **2.** Sulco, pequeno canal.

talvez (tal.**vez**) [ê] *adv.* Porventura, quem sabe.

tamanca (ta.**man**.ca) *s.f.* **1.** Soco. **2.** Certo tipo de tamanco baixo e largo. **3.** Parte do freio de veículos, que adere às rodas.

tamancada (ta.man.**ca**.da) *s.f.* Pancada dada com tamanco.

tamancar (ta.man.**car**) v.t.d. Alinhavar, trabalhar mal. Obs.: pret. perf. *tamanquei, tamancaste* etc.; pres. do subj. *tamanque, tamanques* etc.

tamancaria (ta.man.ca.**ri**.a) s.f. Estabelecimento onde se fabricam ou vendem tamancos.

tamanco (ta.**man**.co) s.m. Calçado com solado grosso, geralmente de madeira.

tamanduá (ta.man.du.**á**) s.m. (Zoo.) Mamífero de focinho longo, nativo da América do Sul e Central, que se alimenta de formigas, as quais pega com sua língua comprida.

tamanduá-bandeira (ta.man.du.á-ban.**dei**.ra) s.m. (Zoo.) Tamanduá de cauda longa e peluda. ▪ Pl. *tamanduás-bandeiras*.

tamanduá-colete (ta.man.du.á-co.**le**.te) s.m. (Zoo.) Tamanduá de cor amarela com banda escura em forma de colete. ▪ Pl. *tamanduás-coletes*.

tamanho (ta.**ma**.nho) adj. **1.** Tão grande. **2.** Tão notável. s.m. **3.** Grandeza, volume.

tamanqueiro (ta.man.**quei**.ro) s.m. Fabricante ou vendedor de tamancos.

tâmara (tâ.ma.ra) s.f. (Bot.) Fruto da tamareira.

tamareira (ta.ma.**rei**.ra) s.f. (Bot.) Palmeira característica dos oásis dos desertos africanos.

tamarindal (ta.ma.rin.**dal**) s.m. Terreno onde crescem tamarindos.

tamarindeiro (ta.ma.rin.**dei**.ro) s.m. (Bot.) Tamarindo.

tamarindo (ta.ma.**rin**.do) s.m. (Bot.) **1.** Árvore leguminosa. **2.** O fruto dessa árvore, comestível e medicinal.

tambaqui (tam.ba.**qui**) s.m. (Zoo.) Peixe amazônico de carne saborosa.

também (tam.**bém**) [ê] adv. **1.** Igualmente. **2.** Além disso. conj. **3.** Por outro lado.

tambetá (tam.be.**tá**) s.m. Vaso de cerâmica indígena.

tambor (tam.**bor**) [ô] s.m. **1.** (Mús.) Caixa cilíndrica, com bases de pele esticada, em uma das quais se percute com baquetas. **2.** Nome comum a vários objetos de forma cilíndrica. **3.** Peça do revólver, onde se localizam as balas. **4.** (Anat.) Tímpano do ouvido.

tamborete (tam.bo.**re**.te) [ê] s.m. **1.** Assento sem braços nem encosto. **2.** Pequeno tambor que se usa para impelir a bola de jogo de praia.

tamboril (tam.bo.**ril**) s.m. (Mús.) Tambor pequeno.

tamborilada (tam.bo.ri.**la**.da) s.m. Toque de tambor.

tamborilar (tam.bo.ri.**lar**) v.i. **1.** Tocar tambor. **2.** Percutir com os dedos ou com um objeto em uma superfície qualquer, imitando o rufar do tambor.

tamborileiro (tam.bo.ri.**lei**.ro) adj. **1.** Diz-se de quem toca tambor. s.m. **2.** Indivíduo que toca tambor.

tamborim (tam.bo.**rim**) s.m. (Mús.) Tambor pequeno segurado em uma mão e percutido com uma vareta na outra, importante no samba.

tamburutaca (tam.bu.ru.**ta**.ca) s.f. (Zoo.) Certo tipo de crustáceo semelhante à lagosta.

tamis (ta.**mis**) s.m. **1.** Peneira de seda. **2.** Tipo de tecido de lã.

tamisar (ta.mi.**sar**) v.t.d. (Raro) Peneirar, triar.

tamoio (ta.**moi**.o) adj. **1.** Indivíduo dos tamoios, povo indígena extinto que vivia na baía de Guanabara. s.m. **2.** Relacionado a esse povo.

tampa (tam.pa) s.f. **1.** Peça movediça, para tampar vasilha, panela ou caixa. **2.** Peça apropriada para fechar garrafas ou frascos.

tampado (tam.**pa**.do) adj. Coberto com tampa. Cf. *tapado*.

tampão (tam.**pão**) s.m. **1.** Tampa grande. **2.** Peça usada para tampar a saída do esgoto. **3.** Rolha grande. **4.** Porção de gaze ou algodão, usada em curativos.

tampar (tam.**par**) v.t.d. Pôr tampa em: *tampei o vidro de perfume*. Cf. *tapar*.

tampinha (tam.**pi**.nha) s.f. **1.** Tampa pequena. **2.** Tampa de garrafa. s.2g. **3.** (Pej.) Pessoa de estatura muito baixa.

tampo (tam.po) s.m. **1.** Parte de cima ou superfície de mesa, cômoda, balcão etc. **2.** Peça circular onde se entalham as aduelas das tinas e cascos. **3.** Peça que cobre a bacia dos aparelhos sanitários.

tamponamento (tam.po.na.**men**.to) s.m. Ato de tamponar.

tamponar (tam.po.**nar**) v.t.d. Obstruir com tampão.

tampouco (tam.**pou**.co) adv. Também não.

tanado (ta.**na**.do) adj. **1.** Que tem cor de castanha. **2.** Trigueiro.

tanajura (ta.na.**ju**.ra) s.f. (Zoo.) Fêmea da formiga saúva, com um grande abdome, que no início do verão cria asas e vai formar um novo formigueiro, perdendo as asas após a fecundação; içá.

tanante (ta.**nan**.te) adj.2g. **1.** Que se usa para curtir o couro. **2.** Que contém tanino.

tanatofobia (ta.na.to.fo.**bi**.a) s.f. Medo exagerado da morte.

tanatologia (ta.na.to.lo.**gi**.a) s.f. **1.** Teoria sobre a morte. **2.** (Med.) Estudo que trata das causas da morte.

Tanatos (Ta.**na**.tos) s.m. (próprio) (Mit.) Deus da morte na mitologia grega.

tandem (tan.dem) s.m. Bicicleta de dois acentos, um atrás do outro.

tanga (tan.ga) s.f. **1.** Veste semelhante a avental curto, usada como única peça por alguns povos indígenas. **2.** Calcinha ou biquíni bem reduzido, com as laterais finas e mais elevadas. **3.** Modelo de cueca ou traje de banho masculino formado por uma peça inteiriça e justa.

tangapema (tan.ga.**pe**.ma) s.f. Certa arma indígena.

tangará (tan.ga.**rá**) s.m. (Zoo.) Nome comum a várias aves canoras.

tangedor (tan.ge.**dor**) [ô] s.m. Aquele que tange ou toca.

tangência (tan.**gên**.ci.a) s.f. **1.** Ato ou efeito de tangenciar. **2.** Qualidade de tangente.

tangencial (tan.gen.ci.**al**) adj.2g. Relativo a tangência ou a tangente.

tangenciar (tan.gen.ci.**ar**) v.t.d. **1.** Seguir a tangente de. **2.** Roçar. **3.** Relacionar-se com.
tangente (tan.**gen**.te) adj.2g. **1.** Que tange. s.f. **2.** (Geom.) Linha ou superfície que toca outra em um só ponto. **3.** (Fig.) Meio para escapar de uma dificuldade ou problema sem confronto direto: *sair pela tangente*.
tanger (tan.**ger**) v.t.d. **1.** Tocar, pôr os dedos em: *tangia as cordas da harpa com maestria*. **2.** Tocar para prosseguir a marcha: *tanger ovelhas*. v.t.i. **3.** Referir-se: *o assunto tangia a todos*. v.i. **4.** Ressoar. Obs.: muda o *g* para *j* antes de *o/a*: *tanjo*, *tanja* etc.
tangerina (tan.ge.**ri**.na) s.f. (Bot.) **1.** Mexerica. **2.** Mexerica maior, de sabor mais suave e gomos mais soltos.
tangerineira (tan.ge.ri.**nei**.ra) s.f. (Bot.) Árvore que dá a tangerina.
tangível (tan.**gí**.vel) adj.2g. Que se pode tanger ou tocar; concreto, sensível.
tango (**tan**.go) s.m. (Mús.) **1.** Música e dança popular de origem espanhola, executada por homens. **2.** Música e dança de par de origem argentina.
tangrama (tan.**gra**.ma) [â] s.m. (Mat.) Antigo quebra-cabeça chinês que baseia-se na formação de figuras e desenhos por meio de sete peças (cinco triângulos, um quadrado e um paralelogramo). Obs.: do inglês *tangram*.
tanguista (tan.**guis**.ta) s.2g. Dançarino de tango.
tanino (ta.**ni**.no) s.m. Substância adstringente e amarga, que se extrai da casca de árvores e arbustos.
taninoso (ta.ni.**no**.so) [ô] adj. Que tem tanino. ◘ Pl. *taninosos* [ó].
tankar (tan.**kar**) v.i. (Gír. Int.) Aguentar uma situação, se controlar por muito tempo: *tankei essa partida, hein? Apanhei muito, mas ganhamos!* Obs.: do inglês *tank*, tipo de personagem comum em jogos on-line disputados em equipe, que atua como um "tanque" (sentido literal da palavra). O termo é usado de forma geral, principalmente em redes sociais. Esta palavra não consta no *Volp*.
tanoaria (ta.no.a.**ri**.a) s.f. **1.** Fabricação de tonéis, pipas, barris; ofício de tanoeiro. **2.** Oficina de tanoeiro.
tanoeiro (ta.no.**ei**.ro) adj. **1.** Relacionado a tanoaria, à fabricação de tonéis e pipas. s.m. **2.** Aquele que faz ou conserta tonéis, pipas, barris etc.
tanque (**tan**.que) s.m. **1.** Reservatório para conter água ou outros líquidos. **2.** Reservatório para lavar roupas. **3.** Pequeno açude. **4.** Carro de guerra blindado.
tantã (tan.**tã**) adj.2g. **1.** Maluco. **2.** (Mús.) Instrumento de percussão.
tantálico (tan.**tá**.li.co) adj. **1.** De Tântalo. **2.** Relativo a Tântalo.
tantalizar (tan.ta.li.**zar**) v.t.d. Torturar, provocando desejos irrealizáveis.
tântalo (**tân**.ta.lo) s.m. **1.** (Quím.) Elemento químico, metal, de símbolo Ta, com número atômico 73 e massa atômica igual a 180,95. (próprio) **2.** (Mit.) Personagem que foi condenado ao suplício da sede e da fome por roubar os manjares dos deuses. (comum) **3.** (Fig.) Indivíduo que não pode usufruir daquilo que o rodeia.
tanto (**tan**.to) adv. **1.** De tal modo. **2.** Em tal quantidade. **3.** Em tão alto grau. pron. **4.** Tão grande. **5.** Tão numeroso. s.m. **6.** Volume. **7.** Porção indeterminada. **8.** Igual quantidade.
tanzaniano (tan.za.ni.a.no) adj. **1.** Da Tanzânia, país da África. s.m. **2.** Pessoa natural ou habitante desse lugar.
tão adv. Tanto (usado só com adjetivos e advérbios).
taoísmo (ta.o.**ís**.mo) s.m. Doutrina mística e filosófica chinesa que prega a integração do ser humano com o cosmos, em uma vida natural, espontânea e serena.
taoísta (ta.o.**ís**.ta) adj.2g. **1.** Relacionado ao taoísmo. s.2g. **2.** Praticante, seguidor do taoísmo.
tão só (tão **só**) adv. Forma reforçada de *só*.
tão somente (tão so.**men**.te) adv. Forma reforçada de *somente*.
tapa (**ta**.pa) s.f. **1.** Ato ou efeito de tapar. **2.** Rolha de madeira, para tapar a boca das peças de artilharia. **3.** Pano usado para tapar olhos de burro pouco manso. s.m. **4.** Pancada com a mão aberta. **5.** Bofetada. **6.** (Pop.) Tragada em cigarro de maconha.
tapa-boca (ta.pa-**bo**.ca) s.m. Bofetada na boca para fazer calar. ◘ Pl. *tapa-bocas*.
tapa-buraco (ta.pa-bu.**ra**.co) s.m. Pessoa que substitui outra em uma emergência. ◘ Pl. *tapa-buracos*.
tapada (ta.**pa**.da) s.f. **1.** Cerca. **2.** Terreno murado. **3.** Parque.
tapado (ta.**pa**.do) adj. **1.** Coberto, oculto, fechado. **2.** (Pop. Fig.) Que não tem visão, que tem a mente estreita; ignorante. Cf. *tampado*.
tapador (ta.pa.**dor**) [ô] s.m. O que tapa.
tapadouro (ta.pa.**dou**.ro) s.m. Tampa.
tapadura (ta.pa.**du**.ra) s.f. **1.** Tapamento. **2.** Tecedura.
tapagem (ta.**pa**.gem) s.f. **1.** Tapamento. **2.** Tapume para apanhar peixe em rio. **3.** Barragem (de terra) para represar rios.
tapaiuna (ta.pai.**u**.na) adj.2g. **1.** Indivíduo dos tapaiunas, povo indígena que vive hoje no Mato Grosso. adj.2g. **2.** Relacionado a esse povo.
tapajó (ta.pa.**jó**) s.2g. Indivíduo dos tapajós, povo indígena extinto que viveu à beira do rio Tapajós, próximo da cidade de Santarém, no Pará, e deixou a cerâmica tapajônica.
tapajônico (ta.pa.**jô**.ni.co) adj. Relacionado aos tapajós: *cerâmica tapajônica*.
tapamento (ta.pa.**men**.to) s.m. Ação de tapar; tapadura, tapagem.
tapa-olho (ta.pa-**o**.lho) s.m. Venda para um olho. ◘ Pl. *tapa-olhos*.
tapar (ta.**par**) v.t.d. Fechar, vedar, cobrir: *tapou as aberturas da parede*. Cf. *tampar*.
tapeação (ta.pe.a.**ção**) s.f. **1.** Ato de tapear. **2.** Engano.
tapeado (ta.pe.**a**.do) adj. Enganado.
tapeador (ta.pe.a.**dor**) [ô] s.m. Aquele que tapeia.

tapear (ta.pe.**ar**) v.t.d. **1.** Enganar. **2.** Dar tapa em. Obs.: pres. do ind. *tapeio, tapeias* etc.; pres. do subj. *tapeie, tapeies* etc.

tapeba (ta.**pe**.ba) [é] s.2g. **1.** Indivíduo dos tapebas, povo indígena que vive hoje no Ceará. *adj.2g.* **2.** Relacionado a esse povo.

tapeçar (ta.pe.**çar**) v.t.d. Tapetar, cobrir com tapete. Obs.: pret. perf. *tapecei, tapeçaste* etc.; pres. do subj. *tapeceie, tapeceies* etc.

tapeçaria (ta.pe.ça.**ri**.a) s.f. **1.** Obra de tecido bordado ou lavrado, para soalhos, paredes ou móveis. **2.** Loja ou fábrica de tapetes. **3.** Ofício de tapeceiro.

tapeceiro (ta.pe.**cei**.ro) s.m. Indivíduo que fabrica ou vende tapetes.

tapera (ta.**pe**.ra) [é] s.f. **1.** Casa em ruínas. **2.** Habitação ou local abandonado.

taperebá (ta.pe.re.**bá**) s.m. (Bot.) Cajá.

tapetar (ta.pe.**tar**) v.t.d. Atapetar, cobrir com tapete.

tapete (ta.**pe**.te) [ê] s.m. Peça de estofo ou outro material, para cobrir soalhos, escadas ou mesas.

tapichi (ta.**pi**.chi) s.m. Novilho encontrado no ventre da vaca abatida.

tapioca (ta.pi.**o**.ca) [ó] s.f. **1.** Fécula alimentícia extraída da mandioca. **2.** (Culin.) Beiju recheado com coco ralado ou outros ingredientes.

tapir (ta.**pir**) s.m. (Zoo.) Anta.

tapirapé (ta.pi.ra.**pé**) s.2g. **1.** Indivíduo dos tapirapés, povo indígena que vive hoje no Mato Grosso e no Tocantins. *adj.2g.* **2.** Relacionado a esse povo. *s.m.* **3.** Idioma falado por esse povo.

tapiti (ta.pi.**ti**) s.m. (Zoo.) Coelho selvagem encontrado em toda a América Latina.

tapona (ta.**po**.na) [ô] s.f. Bofetada.

tapuia (ta.**pui**.a) s.2g. e adj.2g. **1.** (Hist.) (Indígena) de qualquer grupo inimigo dos tupis, nos séculos XVI e XVII. *s.2g.* **2.** Indivíduo de um povo indígena que vive hoje em Goiás.

tapuio (ta.**pui**.o) s.m. **1.** Nome dado pelos tupis aos inimigos. **2.** Indivíduo bravo. **3.** Mestiço de índio.

tapume (ta.**pu**.me) s.m. **1.** Vedação provisória, feita de tábuas. **2.** Vedação de terreno feita com madeira ou outro material.

taquara (ta.**qua**.ra) s.f. (Bot.) Bambu.

taquaral (ta.qua.**ral**) s.m. Terreno onde crescem taquaras.

taquear (ta.que.**ar**) v.t.d. Revestir de tacos. Obs.: pres. do ind. *taqueio, taqueias* etc.; pres. do subj. *taqueie, taqueies* etc.

taqueira (ta.**quei**.ra) s.f. **1.** Peça para guardar tacos de bilhar. **2.** (Bot.) Certa variedade de abóbora.

taquicardia (ta.qui.car.**di**.a) s.f. (Med.) Aumento do número de batimentos cardíacos por minuto.

taquicardíaco (ta.qui.car.**dí**.a.co) s.m. (Med.) Aquele que sofre de taquicardia.

taquifagia (ta.qui.fa.**gi**.a) s.f. Ato de comer apressadamente.

taquigrafar (ta.qui.gra.**far**) v.t.d. Estenografar.

taquigrafia (ta.qui.gra.**fi**.a) s.f. Estenografia.

taquígrafo (ta.**quí**.gra.fo) s.m. **1.** Estenógrafo. **2.** Aparelho que registra velocidade.

taquímetro (ta.**quí**.me.tro) s.m. Instrumento para medir velocidade.

taquipneia (ta.quip.**nei**.a) [éi] s.f. (Med.) Respiração curta e acelerada.

tara (ta.ra) s.f. **1.** Desconto no peso de mercadorias, equivalente à embalagem do recipiente. **2.** Substância em pequenos fragmentos, usada em duplas pesagens. **3.** Peso de um veículo sem a carga. **4.** (Fig.) Defeito físico ou moral. **5.** (Fig.) Depravação. **6.** (Pop.) Atração.

tarado (ta.**ra**.do) adj. **1.** Que tem o peso da tara marcado. *s.m. e adj.* **2.** Desequilibrado. **3.** (Fig.) Depravado. **4.** (Pop.) Fascinado.

taramela (ta.ra.**me**.la) [é] s.f. **1.** Tramela. **2.** (Fig.) Pessoa tagarela.

taramelar (ta.ra.me.**lar**) v.i. Tagarelar.

tarantela (ta.ran.**te**.la) s.f. (Mús.) Música e dança de origem napolitana com movimentos rápidos.

tarântula (ta.**rân**.tu.la) s.f. (Zoo.) Certa espécie de aranha grande, peluda e venenosa.

tarar (ta.**rar**) v.t.d. Pesar, para abater a tara.

tardador (tar.da.**dor**) [ô] s.m. e adj. Que ou quem tarda, demora.

tardança (tar.**dan**.ça) s.f. Ato ou efeito de tardar, demora.

tardar (tar.**dar**) v.t.d. **1.** Adiar. v.t.i. **2.** Demorar. v.i. **3.** Ir ou vir tarde.

tarde (tar.de) adv. **1.** Depois do tempo ajustado. **2.** Perto da noite. s.f. **3.** Espaço de tempo entre o meio-dia e a noite.

tardígrado (tar.**dí**.gra.do) s.m. (Zoo.) Micróbio de corpo cilíndrico e não segmentado, que vive em superfícies úmidas.

tardinha (tar.di.nha) s.f. Fim da tarde.

tardio (tar.**di**.o) adj. **1.** Tardo. **2.** Fora do tempo.

tardo (tar.do) adj. Vagaroso, lento.

tareco (ta.**re**.co) [é] s.m. (Pej.) Cacareco.

tarefa (ta.**re**.fa) s.f. **1.** Empreitada. **2.** Encargo. **3.** Trabalho com prazo determinado e, às vezes, por castigo.

tarefeiro (ta.re.**fei**.ro) s.m. Empreiteiro, aquele que se encarrega de tarefas.

tariana (ta.ri.**a**.na) s.2g. **1.** Indivíduo dos tarianas, povo indígena que vive hoje no Amazonas. *adj.2g.* **2.** Relacionado a esse povo.

tarifa (ta.**ri**.fa) s.f. **1.** Tabela de direitos alfandegários. **2.** Tabela de preços de serviços públicos. **3.** (Pop.) Preço.

tarifado (ta.ri.**fa**.do) adj. Submetido à tarifa.

tarifar (ta.ri.**far**) v.t.d. **1.** Submeter à tarifa. **2.** Aplicar a tarifa a.

tarifário (ta.ri.**fá**.ri.o) adj. Relativo a tarifas.

tarimba (ta.**rim**.ba) s.f. **1.** Estrado de madeira onde dormem os soldados, nos quartéis e nos postos de guarda. **2.** (Fig.) Vida de caserna. **3.** (Pop.) Experiência.

tarimbado (ta.rim.**ba**.do) adj. Experiente.

tarimbar (ta.rim.**bar**) v.i. Servir no exército.

tarimbeiro (ta.rim.**bei**.ro) *adj.* Diz-se do oficial que, sem estudos superiores, passou pelos postos de soldado, cabo e sargento.
tarja (**tar**.ja) *s.f.* **1.** Enfeite de pintura, desenho ou escultura no contorno de algum objeto. **2.** Guarnição.
tarjado (tar.**ja**.do) *adj.* Guarnecido de tarja.
tarjar (tar.**jar**) *v.t.d.* Guarnecer de tarja.
tarjeta (tar.**je**.ta) [ê] *s.f.* Pequena tarja.
tarlatana (tar.la.**ta**.na) *s.f.* Tecido transparente e encorpado, usado para forrar vestuários.
tarô (ta.**rô**) *s.m.* **1.** Baralho de 78 cartas, com diversas figuras, usado para ler o futuro. **2.** Arte de ler o futuro nas cartas.
tarrafa (tar.**ra**.fa) *s.f.* **1.** Rede de pesca circular. **2.** Espécie de renda.
tarrafear (tar.ra.fe.**ar**) *v.t.d.* e *v.i.* Pescar com tarrafa.
tarraxa (tar.**ra**.xa) *s.f.* **1.** Parafuso. **2.** Cunha. **3.** Utensílio de serralheiro com que se fazem as roscas dos parafusos.
tarro (**tar**.ro) *s.m.* Balde para a ordenha do leite.
tarso (**tar**.so) *s.m.* (*Anat.*) Parte posterior do esqueleto do pé, composta de sete ossos curtos.
tartamudear (tar.ta.mu.de.**ar**) *v.i.* **1.** Gaguejar. **2.** Falar com voz trêmula, por susto ou medo. Obs.: pres. do ind. *tartamudeio*, *tartamudeias* etc.; pres. do subj. *tartamudeie*, *tartamudeies* etc.
tartamudez (tar.ta.mu.**dez**) [ê] *s.f.* Gagueira.
tartamudo (tar.ta.**mu**.do) *s.m.* e *adj.* Gago.
tartárico (tar.**tá**.ri.co) *adj.* **Ácido tartárico**: ácido usado na fabricação de xaropes e refrescos.
tártaro (**tár**.ta.ro) *s.m.* (*próprio*) **1.** Região profunda e escura abaixo do reino dos mortos, na mitologia grega. (*comum*) **2.** Acúmulo ou depósito de resíduos solidificados nos dentes. **3.** Indivíduo dos tártaros, povo asiático próximo dos turcos e dos mongóis. *adj.* **4.** Relacionado ao povo asiático. **Molho tártaro**: molho de creme de leite azedo ou maionese e picles.
tartaruga (tar.ta.**ru**.ga) *s.f.* (*Zoo.*) Réptil quelônio com o corpo protegido por uma carapaça óssea.
tartaruguinha-da-amazônia (tar.ta.ru.gui.nha-da-a.ma.**zô**.ni.a) *s.f.* (*Zoo.*) Muçuã. ▪ Pl. *tartaruguinhas-da-amazônia*.
tartufo (tar.**tu**.fo) *s.m.* **1.** Homem hipócrita. **2.** Falso devoto. **3.** (*Culin.*) Tipo de sorvete italiano.
tarugo (ta.**ru**.go) *s.m.* **1.** Espécie de torno com que se ligam duas peças de madeira. **2.** (*Fig.*) Homem atarracado.
tasca (**tas**.ca) *s.f.* **1.** Taberna. **2.** (*Pop.*) Surra.
tascar (tas.**car**) *v.t.d.* **1.** Dar um pedaço de (algo que se está comendo). **2.** (*Pop.*) Surrar. Obs.: pret. perf. *tasquei*, *tascaste* etc.; pres do subj. *tasque*, *tasques* etc.
tasco (**tas**.co) *s.m.* (*Pop.*) Pedaço.
tasmaniano (tas.ma.ni.**a**.no) *adj.* **1.** Da Tasmânia. *s.m.* **2.** Habitante ou natural da Tasmânia.
tasquinha (tas.**qui**.nha) *s.f.* (*Pop.*) Tasco pequeno.
tassalho (tas.**sa**.lho) *s.m.* Fatia grande.

tatajuba (ta.ta.**ju**.ba) *s.f.* (*Bot.*) Árvore ou arbusto de que se extrai uma substância com propriedades aromáticas e medicinais.
tatame (ta.**ta**.me) *s.m.* Placa de palha de arroz revestida de lona, colocada sobre o piso para a prática de artes marciais como judô, caratê, jiu-jítsu e outros.
tatarana (ta.ta.**ra**.na) *s.f.* (*Zoo.*) O mesmo que *taturana*.
tataraneto (ta.ta.ra.**ne**.to) [é] *s.m.* Filho do trineto ou da trineta. O mesmo que *tetraneto*.
tataravó (ta.ta.ra.**vó**) *s.f.* Mãe do trisavô ou da trisavó. O mesmo que *tetravó*.
tataravô (ta.ta.ra.**vô**) *s.m.* Pai do trisavô ou da trisavó. O mesmo que *tetravô*.
tatear (ta.te.**ar**) *v.t.d.* **1.** Aplicar o tato a. **2.** (*Fig.*) Examinar com cautela. *v.i.* **3.** Tocar nas coisas (para se guiar). O mesmo que *tactear*. Obs.: pres. do ind. *tateio*, *tateias* etc.; pres. do subj. *tateie*, *tateies* etc.
tatibitate (ta.ti.bi.**ta**.te) *s.2g.* e *adj.2g.* **1.** (Pessoa) que fala como uma criança, trocando certas consoantes. *adj.2g.* **2.** Infantil, pueril: *conversa tatibitate*.
tática (**tá**.ti.ca) *s.f.* **1.** Arte de dispor e manobrar as forças durante o combate. **2.** Maneira hábil para sair-se bem de qualquer situação.
tático (**tá**.ti.co) *adj.* **1.** Relativo a tática. *s.m.* **2.** Indivíduo perito em tática.
tátil (**tá**.til) *adj.2g.* **1.** Relativo ao tato. **2.** Que se pode tatear. O mesmo que *táctil*.
tato (**ta**.to) *s.m.* **1.** Sentido pelo qual os animais percebem sensações térmicas, dolorosas, de contato e pressão, cujo órgão é a pele. **2.** Ato de apalpar. **3.** (*Fig.*) Prudência. **4.** (*Fig.*) Habilidade. O mesmo que *tacto*.
tatu (ta.**tu**) *s.m.* **1.** (*Zoo.*) Mamífero que tem uma carapaça de placas ósseas, típico da América do Sul, que cava buracos e se alimenta de insetos ou plantas. **2.** (*Zoo.*) Tatuzinho.
tatuado (ta.tu.**a**.do) *s.m.* e *adj.* (Aquele) que apresenta tatuagens: *braços tatuados*.
tatuador (ta.tu.a.**dor**) [ô] *s.m.* Aquele que faz tatuagens.
tatuagem (ta.tu.**a**.gem) *s.f.* **1.** Processo de fazer desenhos e pinturas na pele, introduzindo substâncias corantes sob a epiderme. **2.** Desenho e pintura tatuados.
tatuar (ta.tu.**ar**) *v.t.d.* Fazer tatuagens em.
tatu-bola (ta.tu-**bo**.la) *s.m.* (*Zoo.*) Espécie de tatu, pequeno, que se enrola como bola, quando atacado. ▪ Pl. *tatus-bolas*, *tatus-bola*.
tatu-canastra (ta.tu-ca.**nas**.tra) *s.m.* (*Zoo.*) Maior espécie de tatu. ▪ Pl. *tatus-canastra*, *tatus-canastras*.
tatuí (ta.tu.**í**) *s.m.* (*Zoo.*) Espécie de crustáceo, pequeno, que vive enterrado na areia.
tatupeba (ta.tu.**pe**.ba) [é] *s.m.* (*Zoo.*) Espécie de tatu, comum em todo o Brasil.
taturana (ta.tu.**ra**.na) *s.f.* (*Zoo.*) Lagarta que causa queimadura. O mesmo que *tatarana*.

tatuzinho (ta.tu.**zi**.nho) s.m. **1.** Tatu pequeno. **2.** (Zoo.) Artrópode com menos de 2 cm, que vive em jardins e se enrola formando uma bola; tatu.

tau s.m. Nome da décima nona letra do alfabeto grego, semelhante ao tê.

taumaturgia (tau.ma.tur.**gi**.a) s.f. Obra de taumaturgo.

taumaturgo (tau.ma.**tur**.go) s.m. e adj. Que ou aquele que faz milagres.

taurepangue (tau.re.**pan**.gue) s.2g. **1.** Indivíduo dos taurepangues, povo indígena que vive hoje em Roraima. adj.2g. **2.** Relacionado a esse povo.

tauricéfalo (tau.ri.**cé**.fa.lo) adj. Que tem cabeça de touro.

tauricórneo (tau.ri.**cór**.ne.o) adj. Que tem cornos de touro.

tauriforme (tau.ri.**for**.me) adj. Em forma de touro, semelhante ao touro.

taurino (tau.**ri**.no) adj. **1.** Próprio de touro. s.m. e adj. **2.** (Mit.) (Pessoa) do signo astrológico de Touro.

tauromaquia (tau.ro.ma.**qui**.a) s.f. Arte de tourear.

tautocronismo (tau.to.cro.**nis**.mo) s.m. Qualidade ou estado de sincrônico; simultaneidade.

tautofonia (tau.to.fo.**ni**.a) s.f. Repetição excessiva do mesmo som.

tautologia (tau.to.lo.**gi**.a) s.f. **1.** Vício de linguagem que consiste em dizer a mesma coisa repetidas vezes, por formas diferentes. **2.** Repetição de um mesmo conceito.

tautomeria (tau.to.me.**ri**.a) s.f. (Quím.) Caso de isomeria em que uma certa substância orgânica pode reagir segundo duas fórmulas diferentes.

tautossilabismo (tau.tos.si.la.**bis**.mo) s.m. Repetição de sílabas idênticas, formando termos de apelido.

tauxia (tau.**xi**.a) [cs] s.f. Obra com ouro, prata etc., embutida em outras peças.

tauxiar (tau.xi.**ar**) [cs] v.t.d. Enfeitar com tauxia.

taverna (ta.**ver**.na) [é] s.f. Bodega, estabelecimento onde se vende bebida alcoólica a varejo. O mesmo que *taberna*.

taverneiro (ta.ver.**nei**.ro) s.m. **1.** Proprietário de taverna. **2.** Vendedor de bebida em taverna. O mesmo que *taberneiro*.

távola (**tá**.vo.la) s.f. Mesa.

tavolagem (ta.vo.**la**.gem) s.f. **1.** Casa de jogo. **2.** Vício de jogar.

taxa (**ta**.xa) s.f. **1.** Remuneração para um serviço prestado pelo Estado. **2.** Imposto. **3.** Preço regulamentar. **4.** Razão de juro. **5.** (Mat.) Razão entre duas grandezas: *a taxa de aprovação da sala foi de 98%*.

taxação (ta.xa.**ção**) s.f. Ato ou efeito de taxar.

taxar (ta.**xar**) v.t.d. **1.** Estabelecer a taxa de. **2.** Lançar imposto sobre. **3.** Moderar. v.t.d.i. **4.** Conceder regularmente. **5.** Fixar a quantidade.

taxativo (ta.xa.**ti**.vo) adj. **1.** Que taxa. **2.** Que limita. **3.** Categórico.

táxi (**tá**.xi) [cs] s.m. Carro de praça, automóvel para transporte de passageiro (com taxímetro).

taxiar (ta.xi.**ar**) [cs] v.i. Deslocar (a aeronave) na pista ou na água, antes de decolar ou após o pouso.

taxidermia (ta.xi.der.**mi**.a) [cs] s.f. Arte de empalhar animais.

taxidermista (ta.xi.der.**mis**.ta) [cs] s.2g. Profissional que pratica a taxidermia.

taxímetro (ta.**xí**.me.tro) [cs] s.m. Aparelho que marca o preço da corrida efetuada em táxis.

taxionomia (ta.xi.o.no.**mi**.a) [cs] s.f. **1.** Classificação científica. **2.** (Bio.) Classificação dos seres vivos em reinos, filos, classes, ordens, famílias, gêneros e espécies. **3.** (Gram.) Classificação das palavras. O mesmo que *taxonomia*.

taxionômico (ta.xi.o.**nô**.mi.co) [ks] adj. Relacionado à taxionomia.

taxista (ta.**xis**.ta) [cs] s.2g. Motorista de táxi.

taxologia (ta.xo.lo.**gi**.a) [cs] s.f. Sistemática.

taxonomia (ta.xo.no.**mi**.a) [cs] s.f. O mesmo que *taxionomia*.

TBT (Gír.Int.) Sigla da expressão em inglês *throwback Thursday*, que significa algo como "quinta-feira das lembranças": tendência de postagens, nas redes sociais, de conteúdos antigos, geralmente fotos, às quintas-feiras; a sigla é comumente postada como palavra-chave, através da adição do símbolo de cerquilha: #TBT.

tchã s.m. (Pop.) Toque especial, charme.

tchau interj. (Pop.) Emprega-se como despedida informal; até logo, até mais.

tcheco (tche.co) s.m. e adj. **1.** Da República Tcheca, país da Europa. s.m. **2.** Pessoa natural ou habitante desse lugar. O mesmo que *checo*.

tchecoslovaco (tche.cos.lo.**va**.co) s.m. e adj. **1.** Da República Tchecoslovaca, país europeu que existiu de 1918 a 1o de janeiro de 1993 e depois foi dividido em República Tcheca e República Eslovaca. s.m. **2.** Pessoa natural ou habitante desse lugar. O mesmo que *checoslovaco*.

te pron. Forma oblíqua do pronome "*tu*", usada como objeto direto e objeto indireto, com o sentido de "a ti, de ti, em ti".

Te Símbolo do elemento químico telúrio.

té prep. **1.** Aférese de até. interj. **2.** Até logo.

tê s.m. Nome da letra T.

teáceo (te.**á**.ce.o) adj. (Bot.) Que pertence ao grupo de plantas em que se classificam o chá e a camélia.

tear (te.**ar**) s.m. **1.** Aparelho de tecer. **2.** Conjunto das rodas de um relógio.

teatral (te.a.**tral**) adj.2g. **1.** Relativo a teatro. **2.** Espetaculoso.

teatralidade (te.a.tra.li.**da**.de) s.f. Qualidade do que é teatral.

teatralizar (te.a.tra.li.**zar**) v.t.d. **1.** Adaptar ao teatro. **2.** Tornar teatral.

teatro (te.**a**.tro) s.m. **1.** Arte de representar. **2.** Casa onde se representam obras dramáticas. **3.** Coleção de obras dramáticas de um autor ou de uma região. **4.** (Fig.) Lugar onde se realiza algum acontecimento memorável.

teatrólogo (te.a.tró.lo.go) s.m. Aquele que escreve peças teatrais.
tebaida (te.bai.da) s.f. Retiro, solidão.
tebano (te.ba.no) adj. **1.** De Tebas. s.m. **2.** Habitante ou natural de Tebas.
teca (te.ca) s.f. (Bot.) Certa árvore de madeira de lei.
tecar (te.car) v.i. Acertar uma bolinha de gude na outra. Obs.: pret. perf. *tequei, tecaste* etc.; pres. do subj. *teque, teques* etc.
tecedeira (te.ce.dei.ra) s.f. Tecelã.
tecedura (te.ce.du.ra) s.f. **1.** Ato de tecer. **2.** Conjunto de fios que se cruzam com a urdidura. **3.** (Fig.) Intriga.
tecelagem (te.ce.la.gem) s.f. **1.** Ofício de tecelão. **2.** Indústria de tecido.
tecelão (te.ce.lão) s.m. **1.** Pessoa que tece ou trabalha em teares. **2.** (Zoo.) Pássaro amarelo africano que faz um ninho em forma de novelo.
teceloa (te.ce.lo.a) [ô] s.f. Feminino de *tecelão*.
tecer (te.cer) v.t.d. **1.** Entrelaçar os fios de. **2.** Fazer teias ou tecidos (com fios). **3.** Fazer intrigas. **4.** (Fig.) Compor (obra) com trabalho e cuidado. v.i. **5.** Exercer o ofício de tecelão. v.p. **6.** Enredar-se. Obs.: pres. do ind. *teço, teces* etc.; pres. do subj. *teça, teças* etc.
tecido (te.ci.do) adj. **1.** Que se teceu. s.m. **2.** Tela usada para fazer vestes, estofados etc. **3.** (Bio.) Conjunto de células vivas reunidas para desempenhar certas funções em um organismo.
tecla (te.cla) s.f. **1.** Alavanca basculante que se aciona pressionando e soltando o dedo, para produzir som em instrumentos como piano, órgão etc. **2.** Dispositivo acionado da mesma maneira, para dar comandos a uma máquina: *a tecla de ligar a televisão, a tecla de apagar no computador*. **3.** (Fig.) Assunto, tema.
tecladista (te.cla.dis.ta) s.2g. Aquele que toca instrumentos de teclado.
teclado (te.cla.do) s.m. **1.** Conjunto de teclas. **2.** (Mús.) Aparelho eletrônico para acompanhamento musical. **3.** (Inf.) Dispositivo que, conectado ao computador, permite a entrada de informações e o acionamento de programas.
teclar (te.clar) v.t.d. **1.** Acionar um teclado. **2.** (Inf.) Digitar.
tecnécio (tec.né.ci.o) s.m. (Quím.) Elemento radioativo, metal, de símbolo Tc, com número atômico 43 e massa atômica igual a 99, por algum tempo chamado de masúrio.
técnica (téc.ni.ca) s.f. **1.** Conjunto de processos de uma arte ou ciência. **2.** Prática.
tecnicismo (tec.ni.cis.mo) s.m. **1.** Qualidade ou caráter do que é técnico. **2.** Uso excessivo de recursos com dificuldade técnica na tentativa de criar efeito estético.
técnico (téc.ni.co) adj. **1.** Próprio de uma arte ou ciência. s.m. **2.** Perito em determinada área.
tecnicolor [inglês: "tecnicólor"] adj. **1.** Diz-se do processo cinematográfico que produz filme em cores. s.m. **2.** Processo cinematográfico em cores. **3.** Qualquer filme colorido.
tecnocracia (tec.no.cra.ci.a) s.f. **1.** Sistema político e social baseado no predomínio dos técnicos. **2.** Conjunto dos tecnocratas.
tecnocrata (tec.no.cra.ta) s.2g. **1.** Aquele que defende a tecnocracia. **2.** Alto funcionário que faz prevalecer o aspecto técnico de um problema.
tecnografia (tec.no.gra.fi.a) s.f. Descrição das artes e dos seus processos.
tecnologia (tec.no.lo.gi.a) s.f. Aplicação prática do conhecimento científico aos ramos de atividade.
tecnológico (tec.no.ló.gi.co) adj. Relativo à tecnologia.
teco-teco (te.co-te.co) s.m. Monomotor. ◙ Pl. *teco-tecos*.
tectônica (tec.tô.ni.ca) s.f. (Geo.) Parte da geologia que estuda as estruturas rochosas que constituem os continentes.
tectônico (tec.tô.ni.co) adj. Relativo à tectônica. **Placas tectônicas**: as placas rochosas que formam os continentes.
tectonismo (tec.to.nis.mo) s.f. Processo de formação da crosta terrestre pela formação de continentes, baías, platôs, montanhas, dobras e demais forças internas.
te-déum (te-dé.um) s.m. (Relig.) Cântico católico de ação de graças. ◙ Pl. *te-déuns*.
tédio (té.di.o) s.m. Aborrecimento, enfado.
tedioso (te.di.o.so) [ô] adj. **1.** Que produz tédio. **2.** Aborrecido, enfadonho. ◙ Pl. *tediosos* [ó].
tegumento (te.gu.men.to) s.m. **1.** (Bio.) Tudo o que reveste o corpo do homem e dos animais, como pele, pelo, escama etc. **2.** (Bot.) Invólucro da semente.
teia (tei.a) s.f. **1.** Trama feita pelas aranhas. **2.** Tecido (de algodão, linho etc.). **3.** Estrutura. **4.** Intriga.
teima (tei.ma) s.f. Ato de teimar.
teimar (tei.mar) v.t.d. **1.** Insistir em. v.t.i. **2.** Obstinar-se. v.i. **3.** Ser teimoso.
teimosa (tei.mo.sa) [ó] s.f. (Pop.) Cachaça.
teimosia (tei.mo.si.a) s.f. **1.** Qualidade do que é teimoso. **2.** Teima exagerada.
teimoso (tei.mo.so) [ô] s.m. e adj. Que ou aquele que teima. ◙ Pl. *teimosos* [ó].
teína (te.í.na) s.f. Substância estimulante presente no chá preto e em outras ervas.
teipe (tei.pe) s.m. Fita cassete.
teísmo (te.ís.mo) s.m. (Relig.) Doutrina das religiões monoteístas, que afirmam a existência de um único Deus soberano.
teísta (te.ís.ta) s.2g. e adj.2g. (Pessoa) que defende o teísmo.
teiú (tei.ú) s.m. (Zoo.) Grande lagarto comestível.
tejadilho (te.ja.di.lho) s.m. Teto de veículo.
tela (te.la) s.f. **1.** Tecido, teia. **2.** Tecido sobre o qual se pintam os quadros. **3.** Quadro pintado sobre tela. **4.** Tecido de arame, para cercados. **5.** Painel sobre o qual se projetam filmes. **6.** (Inf.) Visor.

telão (te.lão) s.m. Tela de grandes dimensões, para projeção de imagens.

teleator (te.le.a.tor) [ô] s.m. Ator de televisão.

telecomunicação (te.le.co.mu.ni.ca.ção) s.f. Processo de comunicação a longa distância, que utiliza as micro-ondas, os satélites, as linhas telefônicas e telegráficas.

teleconferência (te.le.con.fe.rên.ci.a) s.f. Conferência na qual os interlocutores se utilizam de telecomunicação.

teledifusão (te.le.di.fu.são) s.f. Difusão, por meio de televisão, de informação, divertimento etc.

teledinâmico (te.le.di.nâ.mi.co) adj. Que transmite a força ao longe.

teleférico (te.le.fé.ri.co) s.m. **1.** Cabo para transporte de uma carga ao longe. **2.** Espécie de ascensor suspenso por cabos, para o transporte aéreo de pessoas ou cargas.

telefonada (te.le.fo.na.da) s.f. Telefonema.

telefonar (te.le.fo.nar) v.t.d. **1.** Comunicar pelo telefone. v.t.i. **2.** Fazer comunicações pelo telefone. v.i. **3.** Usar o telefone.

telefone (te.le.fo.ne) s.m. Aparelho para transmitir a palavra falada a grandes distâncias.

telefonema (te.le.fo.ne.ma) s.m. **1.** Ato de telefonar. **2.** Telefonada.

telefonia (te.le.fo.ni.a) s.f. Processo de transmissão de sons a grandes distâncias.

telefônico (te.le.fô.ni.co) adj. Que se refere a telefone ou à telefonia.

telefonista (te.le.fo.nis.ta) s.2g. Quem transmite e recebe telefonemas profissionalmente.

telefoto (te.le.fo.to) s.m. Fotografia transmitida e reproduzida por ondas radioelétricas.

telefotografia (te.le.fo.to.gra.fi.a) s.f. Arte de fotografar a grandes distâncias.

telegrafar (te.le.gra.far) v.t.d. **1.** Comunicar pelo telégrafo. v.t.i. **2.** Fazer comunicações pelo telégrafo. v.i. **3.** Mandar telegrama.

telegrafia (te.le.gra.fi.a) s.f. **1.** Ato de telegrafar. **2.** Arte de construir telégrafo.

telegráfico (te.le.grá.fi.co) adj. **1.** Relativo a telégrafo. **2.** Enviado pelo telégrafo. **3.** (Fig.) Muito resumido.

telegrafista (te.le.gra.fis.ta) s.2g. Quem transmite e recebe telegramas profissionalmente.

telégrafo (te.lé.gra.fo) s.m. **1.** Sistema de transmissão de mensagens, por meio de sinais, a grandes distâncias. **2.** Posto telegráfico.

telegrama (te.le.gra.ma) s.m. Comunicação telegráfica.

teleguiado (te.le.gui.a.do) adj. Guiado ou dirigido à distância: *os mísseis teleguiados podem ser lançados de muito mais longe*.

teleguiar (te.le.gui.ar) v.t.d. Guiar a distância.

telejornal (te.le.jor.nal) s.m. Noticiário de televisão.

telejornalismo (te.le.jor.na.lis.mo) s.m. Jornalismo de televisão.

telemarketing [inglês: "telemárquetim"] s.m. Uso do telefone para venda de produtos ou serviços, relacionamento com os clientes ou outras ações de *marketing*.

telemetria (te.le.me.tri.a) s.f. Arte de medir distâncias com o telêmetro.

telêmetro (te.lê.me.tro) s.m. Dispositivo para medir a distância do observador a um ponto.

telenovela (te.le.no.ve.la) s.f. Novela de televisão.

teleobjetiva (te.le.ob.je.ti.va) s.f. Objetiva de longo alcance, para fotografar ou filmar.

teleologia (te.le.o.lo.gi.a) s.f. Estudo de finalidades.

teleósteo (te.le.ós.te.o) s.m. e adj. (Zoo.) (Peixe) que apresenta esqueleto totalmente ossificado.

telepata (te.le.pa.ta) s.2g. e adj.2g. Que ou quem tem a faculdade da telepatia.

telepatia (te.le.pa.ti.a) s.f. **1.** Transmissão de pensamentos ou sensações entre pessoas, a distância, sem o uso dos sentidos. **2.** Capacidade de ver o que se passa a distância, sem o uso da visão.

telepático (te.le.pá.ti.co) adj. Relativo à telepatia.

teleprompter [inglês: "teleprômpiter"] s.m. Dispositivo que apresenta, em frente do noticiarista da televisão, o texto a ser transmitido.

telescopia (te.les.co.pi.a) s.f. Aplicação do telescópio.

telescópico (te.les.có.pi.co) adj. **1.** Relativo a telescópio. **2.** Realizado por telescópio.

telescópio (te.les.có.pi.o) s.m. Instrumento óptico para observação de corpos longínquos.

telespectador (te.les.pec.ta.dor) [ô] s.m. Espectador de televisão.

teleteatro (te.le.te.a.tro) s.m. Peça teatral apresentada pela televisão.

teletipo (te.le.ti.po) s.m. Antigo sistema de comunicação escrita a distância.

televisão (te.le.vi.são) s.f. **1.** Tecnologia para transmissão e recepção de imagens a longa distância **2.** Linguagem visual em que são feitos esses programas: *programa de televisão*. **3.** Aparelho para receber essas imagens; televisor. **3.** Televisora. O mesmo que *tevê* e *TV*.

televisionado (te.le.vi.si.o.na.do) adj. Transmitido pela televisão.

televisionar (te.le.vi.si.o.nar) v.t.d. Transmitir pela televisão.

televisivo (te.le.vi.si.vo) adj. Relacionado a televisão.

televisor (te.le.vi.sor) [ô] s.m. Aparelho receptor de imagens de tevê.

televisora (te.le.vi.so.ra) s.f. Estação de televisão.

televisual (te.le.vi.su.al) adj.2g. Pertencente ou relativo a televisão.

telex (te.lex) [cs] s.m. **1.** Sistema de serviço telegráfico bilateral. **2.** Mensagem recebida por telex.

telha (te.lha) [ê] s.f. **1.** Peça, geralmente feita de barro, usada para a cobertura de edifícios. **2.** (Fig.) Cabeça.

telhado (te.lha.do) s.m. **1.** Parte externa da cobertura de um edifício. **2.** Conjunto das telhas que cobrem uma construção.

telhar (te.lhar) v.t.d. Cobrir com telhas.

telha-vã (te.lha-vã) s.f. Telhado sem forro. ▫ Pl *telhas-vãs*.

telheira (te.lhei.ra) s.f. Fábrica de telhas.
telheiro (te.lhei.ro) s.m. **1.** Fabricante de telhas. **2.** Alpendre com telhado sem forro.
telúrico (te.lú.ri.co) adj. **1.** Relativo ao telúrio. **2.** Relativo à Terra. **3.** Relativo ao solo.
telúrio (te.lú.ri.o) s.m. (Quím.) Elemento químico, metaloide, de símbolo Te, com número atômico 52 e massa atômica igual a 127,60.
tema (te.ma) s.m. **1.** Assunto. **2.** Texto que serve de base para um debate, sermão etc. **3.** (Gram.) Radical de uma palavra. **4.** (Mús.) Motivo sobre o qual se desenvolve a composição. **5.** Música de fundo em filme, novela etc.
temário (te.má.ri.o) s.m. Conjunto de assuntos a serem tratados em reunião, congresso etc.
temática (te.má.ti.ca) s.f. Conjunto de temas que caracterizam um autor ou uma escola.
temático (te.má.ti.co) adj. Que se refere ao tema das palavras.
tembé (tem.bé) s.2g. **1.** Indivíduo dos tembés, povo indígena que vive hoje em Minas Gerais e no Pará. adj.2g. **2.** Relacionado a esse povo.
temente (te.men.te) adj.2g. Que teme.
temer (te.mer) v.t.d. **1.** Ter medo de. **2.** Tributar grande respeito a. v.t.i. e v.i. **3.** Sentir temor.
temerário (te.me.rá.ri.o) adj. Arriscado, audaz.
temeridade (te.me.ri.da.de) s.f. Ousadia.
temeroso (te.me.ro.so) [ô] adj. **1.** Que tem medo. **2.** Que causa temor. ▣ Pl. *temerosos* [ó].
temido (te.mi.do) adj. **1.** Que causa temor. **2.** Destemido.
temiminó (te.mi.mi.nó) s.2g. **1.** Indivíduo dos temiminós, povo indígena extinto que vivia na Ilha do Governador, na baía de Guanabara, e no sul do Espírito Santo. adj.2g. **2.** Relacionado a esse povo.
temível (te.mí.vel) adj.2g. Que se deve temer.
temor (te.mor) [ô] s.m. **1.** Ato ou efeito de temer. **2.** Sentimento de reverência.
tempão (tem.pão) s.m. (Pop.) Grande espaço de tempo.
têmpera (têm.pe.ra) s.f. **1.** Técnica de mergulhar metais candentes em água fria, para que fiquem mais resistentes. **2.** Técnica de pintura que dissolve os pigmentos em uma mistura de cal e cola. **3.** Obra feita com essa técnica. **4.** (Fig.) Temperamento, caráter, personalidade.
temperado (tem.pe.ra.do) adj. **1.** Que recebeu tempero. **2.** Moderado. **3.** Agradável. **4.** Próprio das zonas terrestres que ficam entre um dos trópicos e o círculo polar. **5.** Relativo a temperamento.
temperamental (tem.pe.ra.men.tal) adj.2g. **1.** Relativo a temperamento. **2.** Impulsivo. s.2g. **3.** Pessoa temperamental.
temperamento (tem.pe.ra.men.to) s.m. **1.** Estado fisiológico do corpo. **2.** Caráter, personalidade. **3.** (Mús.) Divisão da oitava em 12 semitons iguais, usados nos instrumentos de som fixo.
temperança (tem.pe.ran.ça) s.f. **1.** Qualidade de quem é moderado. **2.** Sobriedade.
temperar (tem.pe.rar) v.t.d. **1.** Colocar tempero em. **2.** Misturar proporcionalmente. **3.** Moderar. **4.** Dar consistência a (metais). **5.** (Mús.) Afinar instrumentos. v.p. **6.** Moderar-se.
temperatura (tem.pe.ra.tu.ra) s.f. **1.** Quantidade de calor que existe no ambiente. **2.** Estado febril. **3.** (Fís.) Grandeza física que expressa a quantidade de calor que existe em um corpo.
tempero (tem.pe.ro) [ê] s.m. Ingrediente que realça o sabor dos alimentos.
tempestade (tem.pes.ta.de) s.f. **1.** Agitação violenta da atmosfera, acompanhada de chuvas, trovões etc. **2.** (Fig.) Agitação moral.
tempestivo (tem.pes.ti.vo) adj. Oportuno.
tempestuoso (tem.pes.tu.o.so) [ô] adj. **1.** Que traz tempestade. **2.** Sujeito a tempestade. **3.** (Fig.) Violento. ▣ Pl. *tempestuosos* [ó].
templário (tem.plá.ri.o) s.m. Cavaleiro do Templo, certa ordem fundada em 1118 e suprimida em 1312.
templo (tem.plo) s.m. **1.** Edifício público destinado ao culto religioso. **2.** Monumento em honra de uma divindade. **3.** Local onde se realizam seções de maçonaria.
tempo (tem.po) s.m. **1.** Sucessão das horas, dias, anos etc. **2.** Época, era, idade. **3.** Ocasião, momento. **4.** (Mús.) Cada um dos pulsos que forma o compasso: *o samba é em dois tempos, a valsa tem três tempos*. **5.** Estado atmosférico: *tempo bom, tempo ruim*. **6.** (Esp.) Cada uma das partes de um jogo de futebol ou outras disputas. **7.** (Gram.) Flexão verbal que expressa as noções de passado, presente e futuro.
tempo-quente (tem.po-quen.te) s.m. (Pop.) Confusão. ▣ Pl. *tempos-quentes*.
têmpora (têm.po.ra) s.f. (Anat.) Cada uma das duas partes laterais e superiores da cabeça. Cf. *têmporas*.
temporada (tem.po.ra.da) s.f. **1.** Certo espaço de tempo. **2.** Estação artística.
temporal (tem.po.ral) adj.2g. **1.** Relativo a tempo. **2.** Secular. **3.** Relacionado às têmporas. s.m. **4.** Tempestade. **5.** (Anat.) Cada um dos dois ossos laterais e inferiores do crânio, que contém os órgãos da audição.
temporalidade (tem.po.ra.li.da.de) s.f. Efemeridade.
temporão (tem.po.rão) adj. **1.** Que ou quem vem antes ou depois do tempo próprio. **2.** Que amadurece muito cedo ou muito tarde.
temporário (tem.po.rá.ri.o) adj. **1.** Que tem o tempo marcado, de duração limitada; transitório. **2.** Provisório.
têmporas (têm.po.ras) s.f.pl. (Relig.) Os três dias de jejum no início de cada estação do ano, segundo o rito católico. Cf. *têmpora*.
temporização (tem.po.ri.za.ção) s.f. **1.** Adiamento. **2.** Demora.
temporizador (tem.po.ri.za.dor) [ô] s.m. Dispositivo para acionar um comando a tempos ou intervalos determinados; *timer*.
temporizar (tem.po.ri.zar) v.t.d. **1.** Demorar. v.t.i. **2.** Contemporizar. v.i. **3.** Adiar.

tenacidade

tenacidade (te.na.ci.**da**.de) s.f. 1. Firmeza. 2. (Fig.) Apego.
tenaz (te.**naz**) adj.2g. 1. Muito aderente. 2. Que segura com firmeza. 3. Obstinado. s.m. 4. Instrumento semelhante a uma tesoura, para trabalhar o ferro em brasa ou peças nas forjas.
tença (ten.**ça**) s.f. (Dir.) Pensão periódica dada para o sustento de alguém.
tenção (ten.**ção**) s.f. Plano, resolução.
tencionar (ten.ci.o.**nar**) v.t.d. Planejar, resolver.
tenda (ten.da) s.f. 1. Barraca de campanha. 2. Barraca de feira. 3. Pequena oficina de artesão. 4. Local onde se realizam sessões espíritas.
tendal (ten.**dal**) s.m. 1. (Ant.) Varal ou local onde eram expostos os animais abatidos, para venda aos açougues. 2. Lugar onde se tosquiam ovelhas.
tendão (ten.**dão**) s.m. (Anat.) Feixe de fibras em que terminam os músculos e que se inserem nos ossos.
tendeiro (ten.**dei**.ro) s.m. 1. Dono de tenda. 2. Homem que revende em tenda.
tendência (ten.**dên**.ci.a) s.f. 1. Vocação. 2. Força que faz um corpo mover-se.
tendencioso (ten.den.ci.**o**.so) [ô] adj. Que revela alguma intenção oculta. ◘ Pl. *tendenciosos* [ó].
tênder (tên.der) s.m. 1. Vagão engatado à locomotiva, que transporta a água e o carvão. 2. (Culin.) Pernil de porco defumado.
tender (ten.**der**) v.t.d. 1. Estender. v.t.i. 2. Ter vocação. 3. Propender. v.p. 4. Estender.
tendinite (ten.di.**ni**.te) s.f. (Med.) Inflamação dos tendões.
tenebroso (te.ne.**bro**.so) [ô] adj. 1. Coberto de trevas. 2. Horrível. 3. Indigno. ◘ Pl. *tenebrosos* [ó].
tenência (te.**nên**.ci.a) s.f. 1. Cargo de tenente. 2. Firmeza. 3. (Pop.) Prudência.
tenente (te.**nen**.te) s.2g. Posto militar imediatamente inferior ao de capitão.
tenente-brigadeiro (te.nen.te-bri.ga.**dei**.ro) s.m. Posto da hierarquia militar. ◘ Pl. *tenentes-brigadeiros*.
tenente-coronel (te.nen.te-co.ro.**nel**) s.2g. Posto da hierarquia militar. ◘ Pl. *tenentes-coronéis*.
tenesmo (te.**nes**.mo) [ê] s.m. (Med.) Sensação dolorosa na bexiga ou no reto, com desejo constante de urinar ou evacuar.
tenharim (te.nha.**rim**) s.2g. 1. Indivíduo dos tenharins, povo indígena que vive hoje no Amazonas. adj.2g. 2. Relacionado a esse povo.
tênia (tê.ni.a) s.f. (Zoo.) Verme parasita que pode chegar a metros de comprimento; solitária.
teníase (te.**ní**.a.se) s.f. (Med.) Verminose provocada pela tênia.
tenífugo (te.**ní**.fu.go) adj. Diz-se do medicamento que expulsa a tênia do organismo.
tênis (tê.nis) s.m. 1. Calçado esportivo, de couro ou lona com sola de borracha. 2. (Esp.) Jogo de quadra em que se bate na bola com uma raquete, para que passe sobre a rede, disputado por dois jogadores ou por duas duplas. **Tênis de mesa**: jogo semelhante praticado sobre uma mesa, com bola e raquete menores, semelhante ao pingue-pongue.
tenista (te.**nis**.ta) s.2g. (Esp.) Pessoa que joga tênis.
tenor (te.**nor**) [ô] s.m. (Mús.) 1. Voz masculina mais aguda. 2. Homem que possui essa voz.
tenorino (te.no.**ri**.no) s.m. (Mús.) Tenor que canta em falsete, com voz mais aguda.
tenro (ten.ro) adj. 1. Macio. 2. Delicado. 3. Novo 4. Fresco.
tensão (ten.**são**) s.f. 1. Estado de tenso. 2. Rigidez em certas partes do corpo. 3. Grande concentração física ou mental. 4. (Fig.) Nervosismo. 5. (Fís.) Voltagem. 6. (Fís.) Força elástica dos gases e vapores.
tenso (ten.so) adj. 1. Retesado. 2. Em estado de tensão. 3. (Fig.) Nervoso.
tensor (ten.**sor**) [ô] adj. 1. Que estende, que puxa s.m. 2. (Anat.) Músculo que puxa um órgão ou membro.
tenta (ten.ta) s.f. (Med.) Instrumento cirúrgico para dilatar aberturas ou sondar feridas.
tentação (ten.ta.**ção**) s.f. 1. Ato ou efeito de tentar 2. Desejo ardente. 3. Pessoa ou coisa que tenta.
tentaculado (ten.ta.cu.**la**.do) adj. Que tem tentáculos.
tentáculo (ten.**tá**.cu.lo) s.m. (Zoo.) Apêndice móvel não articulado, dos animais, que serve de órgão do tato ou de preensão.
tentado (ten.**ta**.do) adj. Seduzido.
tentador (ten.ta.**dor**) [ô] s.m. e adj. Sedutor.
tentame (ten.**ta**.me) s.m. Tentativa.
tentar (ten.**tar**) v.t.d. 1. Empregar meios para conseguir (algo). 2. Pretender. 3. Empreender 4. Arriscar-se. 5. Seduzir. 6. Buscar.
tentativa (ten.ta.**ti**.va) s.f. Tentame, ensaio.
tentear (ten.te.**ar**) v.t.d. 1. Dar tento a. 2. Examinar 3. Calcular com atenção. 4. Entreter. Obs.: pres. do ind. *tenteio, tenteias* etc.; pres. do subj. *tenteie, tenteies* etc.
tentilhão (ten.ti.**lhão**) s.m. (Zoo.) Certo pássaro canoro.
tento (ten.to) s.m. 1. Atenção. 2. Cálculo. 3. Ponto marcado em um jogo. 4. Peça com que se marcam pontos no jogo. 5. Pauzinho que serve de apoio para a mão na pintura.
tênue (tê.nue) adj. 1. Delgado. 2. Delicado. 3. Frágil.
teocêntrico (te.o.**cên**.tri.co) adj. Que crê em Deus como o centro do universo, o criador e autor de todas as ações e fenômenos, ou que coloca a ação divina no centro de todas as preocupações, leis e ações.
teocracia (te.o.cra.**ci**.a) s.f. 1. Forma de governo exercido pela classe sacerdotal. 2. Estado com essa forma de governo.
teocrata (te.o.**cra**.ta) s.2g. 1. Líder ou membro de uma teocracia. adj. 2. Que defende a teocracia.
teocrático (teo.**crá**.ti.co) adj. Relativo a teocracia ou a teocrata.
teodiceia (te.o.di.**cei**.a) [éi] s.f. 1. Parte da teologia que se ocupa da justiça divina. 2. Parte da filosofia que trata da existência e dos atributos de Deus.

teodolito (te.o.do.**li**.to) s.m. Instrumento óptico para medir ângulos horizontais e verticais.

teofania (te.o.fa.**ni**.a) s.f. Aparição ou revelação da divindade.

teogonia (te.o.go.**ni**.a) s.f. (Relig.) Descrição do surgimento dos deuses.

teologal (te.o.lo.**gal**) adj.2g. Relativo à teologia: *virtudes teologais*.

teologia (te.o.lo.**gi**.a) s.f. **1.** Ciência que se ocupa do estudo das coisas divinas. **2.** (Relig.) Doutrina da religião cristã. **3.** Conjunto de obras teológicas de um autor.

teológico (te.o.**ló**.gi.co) adj. Relacionado à teologia.

teólogo (te.**ó**.lo.go) s.m. **1.** Aquele que se ocupa da teologia. **2.** Pessoa que escreve tratados teológicos.

teomania (te.o.ma.**ni**.a) s.f. (Psi.) Distúrbio mental em que a pessoa acredita ser Deus ou profeta de Deus, crê agir inspirado por Deus.

teor (te.**or**) [ô] s.m. **1.** Conteúdo de uma escrita. **2.** Norma. **3.** Modo. **4.** Proporção de uma determinada substância em uma composição.

teorema (te.o.**re**.ma) s.m. Proposição que necessita de demonstração para ser aceita.

teorético (te.o.**ré**.ti.co) adj. Teórico.

teoria (te.o.**ri**.a) s.f. **1.** Conhecimento especulativo de uma ciência ou arte, por oposição à prática. **2.** Conjunto de princípios fundamentais de uma ciência ou arte. **3.** Sistema acerca desses princípios.

teórico (te.**ó**.ri.co) adj. **1.** Relativo a teoria. s.m. e adj. **2.** (Pop.) Que ou aquele que não possui senso prático. s.m. **3.** Autor de teoria.

teorização (te.o.ri.za.**ção**) s.f. Ato ou efeito de teorizar.

teorizar (te.o.ri.**zar**) v.t.d. **1.** Expor teorias sobre. **2.** Reduzir a teoria. v.i. **3.** Tratar um assunto teoricamente.

teosofia (te.o.so.**fi**.a) s.f. **1.** Ciência de Deus. **2.** Filosofia que tem por objetivo alcançar o conhecimento de Deus pelo esforço espiritual.

teosófico (te.o.**só**.fi.co) adj. Relativo à teosofia.

teósofo (te.**ó**.so.fo) s.m. Aquele que se dedica às teorias teosóficas.

tepidez (te.pi.**dez**) [ê] s.f. **1.** Estado de tépido. **2.** Tibieza.

tépido (**té**.pi.do) adj. **1.** Que tem pouco calor. **2.** Tíbio.

tequila (te.**qui**.la) s.f. Aguardente de origem mexicana.

ter v.t.d. **1.** Possuir. **2.** Conter. **3.** Reter. **4.** Ser dotado de. **5.** Conquistar. **6.** Segurar (nas mãos). **7.** Dar à luz. **8.** Sofrer de, padecer, sentir. v.i. **9.** Ser possuidor de bens. v.p. **10.** Segurar-se. Obs.: pres. do ind. *tenho, tens, tem, temos, tendes, têm*; pret. perf. *tive, tiveste, teve, tivemos, tivestes, tiveram*; pret. imp. *tinha, tinhas* etc.; pret. mqp. *tivera, tiveras* etc.; fut. do pres. *terei, terás* etc.; fut. do pret. *teria, terias* etc.; pres. do subj. *tenha, tenhas* etc.; pret. do subj. *tivesse, tivesses* etc.; fut do subj. *tiver, tiveres* etc.

terabyte [inglês: "terabáiti"] s.m. (Inf.) Unidade de medida de informação, correspondente a cerca de 1,1 bilhão de *bytes*, de símbolo TB.

terapeuta (te.ra.**peu**.ta) s.2g. (Med.) Profissional que conduz uma terapia.

terapêutica (te.ra.**pêu**.ti.ca) s.f. (Med.) Parte da medicina que estuda e administra os meios de curar doenças.

terapêutico (te.ra.**pêu**.ti.co) adj. Relativo à terapêutica.

terapia (te.ra.**pi**.a) s.f. **1.** Tratamento, procedimento que cura uma doença. **2.** (Med.) Terapêutica. **3.** Psicoterapia.

teratologia (te.ra.to.lo.**gi**.a) s.f. (Med.) Estudo das monstruosidades.

teratose (te.ra.**to**.se) [ó] s.f. (Med.) Deformidade congênita.

térbio (**tér**.bi.o) s.m. (Quím.) Elemento químico, metal, de símbolo Tb, com número atômico 65 e massa atômica 158,93.

terça (**ter**.ça) [ê] s.f. **1.** A terça parte de um todo. **2.** Forma reduzida de terça-feira. **3.** (Mús.) Intervalo musical entre duas notas separadas por outra. **4.** (Relig.) Hora canônica nos ofícios divinos.

terçã (ter.**çã**) s.f. e adj. (Med.) (Febre) com acessos que se repetem de três em três dias.

terçado (ter.**ça**.do) s.m. **1.** Espada de lâmina curta. **2.** Facão, faca grande.

terça-feira (ter.ça-**fei**.ra) s.f. Terceiro dia da semana começava no domingo e segundo dia útil. ▪ Pl. *terças-feiras*.

terçar (ter.**çar**) v.t.d. **1.** Misturar três coisas. **2.** Dividir em três partes. **3.** Cruzar. v.t.i. **4.** Intervir. **5.** Combater. Obs.: pret. perf. *tercei, terçaste* etc.; pres. do subj. *terce, terces* etc.

terceirização (ter.cei.ri.za.**ção**) s.f. Atribuição a outros de tarefas ligadas à atividade de uma empresa.

terceirizado (ter.cei.ri.**za**.do) adj. **1.** Que se terceirizou, que é executado por trabalhador de outra empresa: *a faxina da escola é um serviço terceirizado*. s.m. **2.** Pessoa que trabalha em uma empresa mas tem vínculos com outra: *o faxineiro é terceirizado, não é funcionário da escola*.

terceirizar (ter.cei.ri.**zar**) v.t.d. Passar (um trabalho) para que seja feito por outra pessoa ou empresa: *a escola terceirizou a faxina, mas nunca terceirizaria o ensino*.

terceiro (ter.**cei**.ro) num. **1.** (O) que está na posição do número 3; numeral ordinal que corresponde a esse número. s.m. **2.** Intercessor.

terceiros (ter.**cei**.ros) s.m. Os outros.

terceiro-sargento (ter.cei.ro-sar.**gen**.to) s.m. Posto da hierarquia militar. ▪ Pl. *terceiros-sargentos*.

terceto (ter.**ce**.to) [ê] s.m. **1.** (Lit.) Estrofe de três versos. **2.** (Mús.) Composição musical para três vozes ou três instrumentos.

terciário (ter.ci.**á**.ri.o) adj. **1.** Que está ou vem em terceiro lugar. s.m. e adj. **2.** (Geo.) Antigo nome do Paleogeno.

terço (ter.ço) [ê] num. **1.** Cada uma das partes de um todo que foi dividido igualmente em três; numeral fracionário correspondente a 1/3: *dois terços de 99 são 66.* s.m. **2.** (Relig.) Objeto de devoção que é a terça parte do rosário: *a penitência foi de rezar um terço de Ave-Maria toda manhã.*

terçol (ter.çol) s.m. (Med.) Pequeno abscesso na borda das pálpebras.

terebintina (te.re.bin.ti.na) s.f. Resina extraída de certa planta do grupo do pinheiro.

terena (te.re.na) s.2g. **1.** Indivíduo dos terenas, povo indígena que vive hoje em São Paulo, no Mato Grosso do Sul e no Mato Grosso. adj.2g. **2.** Relacionado a esse povo. s.m. **3.** Idioma falado por esse povo.

teres (te.res) [ê] s.m. Posses, bens.

teresinense (te.re.si.nen.se) adj.2g. **1.** Do município de Teresina, capital do estado do Piauí. s.2g. **2.** Pessoa natural ou habitante desse lugar.

tergal (ter.gal) adj.2g. **1.** Relativo ao dorso dos insetos. s.m. **2.** Fibra sintética e tecido feito com essa fibra. Obs.: na acepção de substantivo, é marca registrada e nome comercial.

tergiversação (ter.gi.ver.sa.ção) s.f. Evasiva, rodeio.

tergiversar (ter.gi.ver.sar) v.i. Fazer evasivas, rodeios.

termal (ter.mal) adj.2g. Diz-se da água cuja temperatura é mais alta do que a do ambiente.

termas (ter.mas) [é] s.f. **1.** Estabelecimento onde se faz uso de águas termais. **2.** Águas termais.

termelétrica (ter.me.lé.tri.ca) adj. O mesmo que *termoelétrica*.

termeletricidade (ter.me.le.tri.ci.da.de) s.f. O mesmo que *termoeletricidade*.

termelétrico (ter.me.lé.tri.co) adj. O mesmo que *termoelétrico*.

térmico (tér.mi.co) adj. Relativo a termas ou calor.

terminação (ter.mi.na.ção) s.f. **1.** Ato ou efeito de terminar. **2.** (Gram.) Parte final de uma palavra.

terminador (ter.mi.na.dor) [ô] s.m. e adj. (Dispositivo) para terminar um circuito eletrônico.

terminal (ter.mi.nal) adj.2g. **1.** Relativo ao término, que está no fim ou na ponta. **2.** Diz-se do doente que está para morrer. s.m. **3.** Estação final de uma linha de transporte. **4.** (Inf.) Periférico ligado a um computador, que permite acesso às informações.

terminante (ter.mi.nan.te) adj.2g. **1.** Que termina, põe fim ou acaba. **2.** Decisivo, conclusivo, final.

terminar (ter.mi.nar) v.t.d. **1.** Pôr termo a, finalizar. v.i. **2.** Findar. v.p. **3.** Findar-se.

terminativo (ter.mi.na.ti.vo) adj. Que termina, que constitui término.

término (tér.mi.no) s.m. **1.** Termo, fim. **2.** Baliza, limite.

terminologia (ter.mi.no.lo.gi.a) s.f. Nomenclatura, conjunto dos termos de uma arte ou ciência.

térmita (tér.mi.ta) s.f. (Zoo.) Cupim.

termo (ter.mo) [ê] s.m. **1.** Término, fim. **2.** Baliza, limite. **3.** Maneira, forma. **4.** Palavra quanto a sua significação. **5.** Declaração em processo. **6.** (Gram.) Elemento da oração. **7.** (Mat.) Cada um dos elementos de uma fração, proporção etc.

termodinâmica (ter.mo.di.nâ.mi.ca) s.f. (Fís.) Parte da física que trata das relações entre os fenômenos caloríficos e as outras formas de energia mecânica.

termoelétrica (ter.mo.e.lé.tri.ca) s.f. Usina que produz energia elétrica a partir do calor, pela queima de combustíveis como lenha, carvão, óleo ou de origem nuclear. O mesmo que *termelétrica*.

termoeletricidade (ter.mo.e.le.tri.ci.da.de) s.f. (Fís.) Eletricidade produzida pelo calor. O mesmo que *termeletricidade*.

termoelétrico (ter.mo.e.lé.tri.co) adj. (Fís.) Relativo a ou produzido por termoeletricidade. O mesmo que *termelétrico*.

termogênese (ter.mo.gê.ne.se) s.f. (Bio.) Produção de calor nos seres vivos.

termologia (ter.mo.lo.gi.a) s.f. (Fís.) **1.** Parte da física que se dedica ao estudo do calor e da energia térmica. **2.** Tratado acerca do calor.

termometria (ter.mo.me.tri.a) s.f. (Fís.) Área da termologia que estuda e define padrões para a medição de temperaturas.

termômetro (ter.mô.me.tro) s.m. **1.** Instrumento de medição da temperatura. **2.** (Fig.) Indicação de certas condições físicas ou morais.

termonuclear (ter.mo.nu.cle.ar) adj.2g. (Fís.) Diz-se da usina geradora de energia a partir de um reator nuclear.

termoquímica (ter.mo.quí.mi.ca) s.f. (Quím.) Parte da química que trata dos fenômenos térmicos a partir das reações químicas.

termorregulação (ter.mor.re.gu.la.ção) s.f. (Bio.) Controle e ajuste da temperatura corporal.

termostato (ter.mos.ta.to) s.m. (Fís.) Dispositivo automático que mantém constante a temperatura de um sistema.

ternário (ter.ná.ri.o) adj. Formado de três unidades.

terneiro (ter.nei.ro) s.m. **1.** Bezerro que ainda mama, ou de até um ano. **2.** (PE) Vitela.

terno (ter.no) [ê] adj. **1.** Meigo. **2.** Suave. s.m. **3.** Traje masculino composto de calça e paletó.

ternura (ter.nu.ra) s.f. **1.** Meiguice. **2.** Suavidade.

terra (ter.ra) s.f. (próprio) **1.** O planeta que habitamos: *a Terra gira em torno do Sol.* (comum) **2.** Solo: *colocou terra no vaso.* **3.** Parte continental do globo. **4.** Terreno, área: *comprou terras no interior.* **5.** Pátria, torrão, localidade. **6.** Fio neutro, ligado ao solo para descarregar excessos de energia em um circuito elétrico.

terra a terra (ter.ra a ter.ra) adj.2g.2n. Trivial, cotidiano, comum, diário.

terraço (ter.ra.ço) s.m. **1.** Varanda. **2.** Plataforma.

terracota (ter.ra.co.ta) s.f. **1.** Argila modelada e cozida em forno. **2.** Objeto feito de terracota.

terral (ter.ral) s.m. Vento da terra para o mar.

terra-nova (ter.ra-no.va) s.m. (Zoo.) Grande cão de pelo longo e sedoso. ▫ Pl. *terras-novas*.

terraplanagem (ter.ra.pla.na.gem) s.f. Ato de terraplanar, nivelar a terra. O mesmo que *terraplenagem*.

terraplanar (ter.ra.pla.**nar**) v.t.d. Tornar (um terreno) plano. O mesmo que *terraplenar*.
terraplenagem (ter.ra.ple.**na**.gem) s.f. O mesmo que *terraplanagem*.
terraplenar (ter.ra.ple.**nar**) v.t.d. O mesmo que *terraplanar*.
terráqueo (ter.**rá**.que.o) adj. **1.** Relativo à Terra; terrestre. s.m. e adj. **2.** Habitante da Terra.
terrário (ter.**rá**.ri.o) s.m. Recipiente com terra para o cultivo de plantas ou criação de animais.
terras-raras (ter.ras-**ra**.ras) s.f.pl. (*Quím.*) Grupo de elementos químicos de número atômico entre 57 e 71.
terreal (ter.re.**al**) adj.2g. Terrestre.
terreiro (ter.**rei**.ro) s.m. **1.** Espaço de terra plano e largo. **2.** Local amplo, onde se realizam cultos afro-brasileiros.
terremoto (ter.re.**mo**.to) s.m. (*Geo.*) Sismo, tremor de terra.
terreno (ter.**re**.no) adj. **1.** Terrestre. **2.** Mundano. s.m. **3.** Espaço de terra. **4.** Pedaço de terra cultivável. **5.** (*Fig.*) Setor.
térreo (**tér**.re.o) adj. **1.** Relativo à Terra. **2.** Diz-se de piso ou construção no nível do solo: *uma casa térrea, abaixo do piso térreo há o subsolo, acima fica o primeiro andar*. s.m. **3.** O piso que fica ao nível do solo; rés do chão: *a garagem fica no térreo*.
terrestre (ter.**res**.tre) adj.2g. **1.** Relativo ao planeta Terra, que é deste planeta. **2.** Próprio da terra, do solo, da parte seca do planeta.
terrificante (ter.ri.fi.**can**.te) adj.2g. Apavorante.
terrificar (ter.ri.fi.**car**) v.t.d. Apavorar. Obs.: pret. perf. *terrifiquei, terrificaste* etc.; pres. do subj. *terrifique, terrifiques* etc.
terrina (ter.**ri**.na) s.f. Vasilha em que se serve sopa ou caldo.
territorial (ter.ri.to.ri.**al**) adj.2g. Relativo a território.
territorialidade (ter.ri.to.ri.a.li.**da**.de) s.f. **1.** Característica de territorial. **2.** (*Dir.*) Princípio que limita a aplicação de normas, leis e regulamentos ao território do Estado que os estabeleceu. **3.** (*Ecol., Zoo.*) Comportamento animal relacionado à defesa do território contra invasores.
território (ter.ri.**tó**.ri.o) s.m. **1.** Extensão de terra. **2.** Área de um país, cidade etc. **3.** Base geográfica do Estado.
terrível (ter.**rí**.vel) adj.2g. **1.** Que causa terror. **2.** Horrível. **3.** Extraordinário. **4.** Péssimo. **5.** Enorme.
terror (ter.**ror**) [ô] s.m. Grande pavor.
terrorismo (ter.ro.**ris**.mo) s.m. **1.** Sistema de governar pelo terror. **2.** Modo de combater ou ameaçar pelo uso do terror.
terrorista (ter.ro.**ris**.ta) adj.2g. **1.** Relativo a terrorismo. s.2g. **2.** Pessoa que pratica o terrorismo.
terroso (ter.**ro**.so) [ô] adj. **1.** Que tem cor, aparência, mistura ou natureza de terra. **2.** Embaçado.
▣ Pl. *terrosos* [ó].
tertúlia (ter.**tú**.li.a) s.f. **1.** Reunião de família. **2.** Agrupamento de amigos. **3.** Assembleia literária.

tesão (te.**são**) s.m. **1.** Força. **2.** (*Pop.*) Desejo sexual. **3.** (*Fig.*) Pessoa que desperta desejo sexual. **4.** Prazer intelectual.
tesar (te.**sar**) v.t.d. Retesar.
tese (**te**.se) s.f. **1.** Proposição para ser defendida. **2.** Proposição formulada nos doutorados, para ser defendida em público. **3.** Publicação que contém uma tese.
tesla (**tes**.la) s.m. (*Fís.*) Unidade de medida de indução magnética e densidade do fluxo magnético, de símbolo T, correspondente a um fluxo magnético de 1 weber por metro quadrado.
teso (**te**.so) [ê] adj. **1.** Retesado. **2.** Ereto. **3.** Rijo. **4.** Imóvel.
tesoura (te.**sou**.ra) s.f. **1.** Instrumento cortante formado por duas lâminas reunidas por um eixo, sobre o qual se movem. **2.** (*Const.*) Tipo de armação que sustenta a cobertura de um edifício. **3.** (*Fig.*) Pessoa maledicente.
tesourada (te.sou.**ra**.da) s.f. **1.** Ato de tesourar. **2.** Golpe com tesoura.
tesourar (te.sou.**rar**) v.t.d. **1.** Cortar com tesoura. **2.** (*Fig.*) Falar mal de.
tesouraria (te.sou.ra.**ri**.a) s.f. **1.** Cargo ou repartição do tesoureiro. **2.** Lugar onde se guarda e administra o tesouro público. **3.** Lugar onde se administram as finanças de um banco, empresa etc.
tesoureiro (te.sou.**rei**.ro) s.m. **1.** Funcionário superior da administração do tesouro público. **2.** Encarregado da tesouraria de um banco, empresa etc.
tesouro (te.**sou**.ro) s.m. **1.** Grande quantidade de dinheiro ou de objetos valiosos. **2.** Erário. **3.** (*Fig.*) Coisa ou pessoa de grande valia.
tessitura (tes.si.**tu**.ra) s.f. **1.** (*Mús.*) Abrangência dos sons de uma voz ou instrumento: *o piano tem grande tessitura*. **2.** (*Fig.*) Organização.
testa (**tes**.ta) s.f. **1.** (*Anat.*) Fronte, parte do rosto entre os olhos e a raiz dos cabelos. **2.** (*Fig.*) Dianteira.
testada (tes.**ta**.da) s.f. **1.** Parte da rua ou estrada que fica à frente de um prédio. **2.** Pancada com a testa.
testa de ferro (tes.ta de **fer**.ro) s.2g. Pessoa que se apresenta legalmente como responsável por um negócio ou empresa que na verdade pertence a outra pessoa ou empresa. Cf. *laranja*.
testado (tes.**ta**.do) adj. Que foi submetido a teste, verificado.
testador (tes.ta.**dor**) [ô] s.m. e adj. **1.** Que ou quem faz testamento. **2.** Que ou aquele que testa.
testamentário (tes.ta.men.**tá**.ri.o) adj. **1.** Relativo a testamento. s.m. **2.** Herdeiro por testamento.
testamenteiro (tes.ta.men.**tei**.ro) s.m. Aquele que cumpre ou faz cumprir um testamento.
testamento (tes.ta.**men**.to) s.m. (*Dir.*) Declaração legal com a qual alguém dispõe de seu patrimônio, para depois de sua morte.
testar (tes.**tar**) v.t.d. **1.** Submeter a teste. **2.** Experimentar. **3.** Deixar em testamento a. v.i. **4.** Fazer testamento.
teste (**tes**.te) s.m. **1.** Exame para determinar a qualidade, natureza ou comportamento de algo.

2. Exame com que se avalia um indivíduo. 3. Método que serve para esses exames.

testemunha (tes.te.**mu**.nha) s.f. **1.** Pessoa chamada a assistir a certos atos, para torná-los válidos. **2.** Pessoa que viu ou ouviu alguma coisa. **3.** Pessoa chamada a depor por ver ou ouvir alguma coisa.

testemunhal (tes.te.mu.**nhal**) adj.2g. **1.** Relativo a testemunha. **2.** Fornecido por testemunha.

testemunhar (tes.te.mu.**nhar**) v.t.d. **1.** Dar testemunho acerca de. **2.** Presenciar. **3.** Manifestar. v.t.i. **4.** Servir de testemunha. v.t.d.i. **5.** Comprovar.

testemunho (tes.te.**mu**.nho) s.m. **1.** (Dir.) Depoimento em juízo. **2.** Prova. **3.** Vestígio.

testículo (tes.**tí**.cu.lo) s.m. (Anat.) Cada uma das duas glândulas sexuais masculinas.

testificar (tes.ti.fi.**car**) v.t.d. **1.** Testemunhar. **2.** Comprovar. Obs.: pret. perf. *testifiquei*, *testificaste* etc.; pres. do subj. *testifique*, *testifiques* etc.

testo (**tes**.to) [ê] s.m. Tampa de barro ou de ferro.

testosterona (tes.tos.te.**ro**.na) s.f. (Bio.) Hormônio masculino que prepara o corpo para a reprodução, produzido nos testículos.

tesura (te.**su**.ra) s.f. **1.** Qualidade ou estado de teso. **2.** (Fig.) Orgulho.

teta[1] (**te**.ta) [ê] s.f. (Pop.) Mama; conjunto formado por mamilo, glândula mamária, pele e carne circundantes: *a vaca tem quatro tetas*.

teta[2] (**te**.ta) [é] s.f. Nome da oitava letra do alfabeto grego, equivalente a *th*.

tetânico (te.**tâ**.ni.co) adj. **1.** Relativo ao tétano. **2.** Da natureza do tétano.

tétano (**té**.ta.no) s.m. (Med.) Doença infecciosa, caracterizada pela rigidez dos músculos, que incide principalmente no homem e no cavalo.

teteia (te.**tei**.a) [éi] s.f. **1.** Enfeite. **2.** Pessoa ou coisa muito graciosa.

teto (**te**.to) s.m. **1.** Parte superior e interna de uma construção. **2.** Altura da parte inferior de uma camada de nuvens. (Fig.) **3.** Abrigo. **4.** Limite máximo.

tetracampeão (te.tra.cam.pe.**ão**) s.m. Indivíduo (ou time) quatro vezes campeão.

tetradátilo (te.tra.**dá**.ti.lo) adj. Que tem quatro dedos.

tetraedro (te.tra.**e**.dro) s.m. (Geom.) Poliedro de quatro faces.

tetragonal (te.tra.go.**nal**) adj.2g. Que tem forma de tetrágono; que tem quatro ângulos e quatro lados.

tetrágono (te.**trá**.go.no) s.m. (Geom.) Polígono de quatro ângulos e quatro lados.

tetragrama (te.tra.**gra**.ma) adj.2g. **1.** Que tem quatro letras. s.m. **2.** (Mús.) Pauta musical de quatro linhas.

tetraneto (te.tra.**ne**.to) s.m. O mesmo que *tataraneto*.

tetraplegia (te.tra.ple.**gi**.a) s.f. (Med.) Paralisia dos braços e das pernas, ou do pescoço para baixo.

tetraplégico (te.tra.**plé**.gi.co) adj. **1.** Que diz respeito à tetraplagia. s.m. e adj. **2.** (Pessoa) que não mexe os braços nem as pernas, que tem tetraplegia.

tetrápode (te.**trá**.po.de) adj.2g. Que tem quatro pés

tetráptero (te.**tráp**.te.ro) adj.2g. Que tem quatro asas.

tetrassílabo (te.tras.**sí**.la.bo) adj. **1.** Que tem quatro sílabas. s.m. **2.** Palavra ou verso de quatro sílabas.

tetravó (te.tra.**vó**) s.f. O mesmo que *tataravó*.

tetravô (te.tra.**vô**) s.m. O mesmo que *tataravô*.

tétrico (**té**.tri.co) adj. **1.** Lúgubre. **2.** Medonho.

teu pron. De ti, próprio de ti, que te pertence ▫ Pl. *teus*. Fem. *tua*, *tuas*. Obs.: é o pronome possessivo da segunda pessoa do singular, masculino.

teurgia (te.ur.**gi**.a) s.f. **1.** Certa magia fundada no contato com os espíritos. **2.** Arte de fazer milagres.

teutão (teu.**tão**) s.m. (Hist.) Indivíduo de um povo antigo que vivia na Germânia, cujos descendentes são alemães, suíços e austríacos.

teuto (**teu**.to) adj. (Hist.) Teutônico.

teuto-brasileiro (teu.to-bra.si.**lei**.ro) adj. **1.** Relacionado ao Brasil e à Alemanha. s.m. e adj. **2.** (Pessoa) descendente de alemães, suíços ou austríacos imigrados para o Brasil. ▫ Pl. *teuto-brasileiros*.

teutônico (teu.**tô**.ni.co) adj. **1.** Pertencente aos teutões; germânico. **2.** Relativo à Alemanha; alemão.

tevê (te.**vê**) s.f. O mesmo que *televisão*.

têxtil (**têx**.til) [ês] adj.2g. **1.** Relativo a tecelão ou à tecelagem. **2.** Que se pode tecer. ▫ Pl. *têxteis*.

texto (**tex**.to) [ês] s.m. **1.** As próprias palavras de um autor ou de uma obra escrita. **2.** Palavras citadas para demonstrar alguma coisa.

textual (tex.tu.**al**) [ês] adj.2g. **1.** Relativo ao texto. **2.** Conforme o texto. **3.** Fielmente transcrito.

textura (tex.**tu**.ra) [ês] s.f. **1.** Efeito de relevo em paredes, papel ou outra superfície. **2.** Ato ou efeito de tecer. **3.** Trama.

texturização (tex.tu.ri.za.**ção**) [ês] s.f. **1.** Ação de texturizar. **2.** Processo para criação de texturas.

texturizar (tex.tu.ri.**zar**) [ês] v.t.d. Criar uma textura em, fazer com que tenha uma textura: *texturizar uma parede*.

texugo (te.**xu**.go) s.m. (Zoo.) Certo mamífero carnívoro.

tez [ê] s.f. **1.** Epiderme do rosto. **2.** Cútis.

Th Símbolo do elemento químico tório.

ti pron. Forma oblíqua de "tu", quando precedido de preposição; pronome pessoal, do caso oblíquo, segunda pessoa do singular dos dois gêneros.

Ti Símbolo do elemento químico titânio.

tia (**ti**.a) s.f. **1.** Irmã dos pais em relação aos filhos destes. **2.** Mulher do tio em relação aos sobrinhos deste. **3.** (Pop.) Tratamento carinhoso para mulher madura.

tia-avó (ti.a-a.**vó**) s.f. Irmã dos avós em relação aos netos destes. ▫ Pl. *tias-avós*.

tiamina (ti.a.**mi**.na) s.f. (Bio.) Vitamina B1.

tiara (ti.**a**.ra) s.f. **1.** Mitra do pontífice. **2.** Aro para enfeitar ou segurar os cabelos.

tibetano (ti.be.**ta**.no) adj. **1.** Do Tibete, região autônoma da Ásia invadida pela China em 1950. s.m. **2.** Pessoa natural ou habitante desse lugar. **3.** Língua falada nesse lugar.

tíbia (tí.bi.a) s.f. (*Anat.*) Osso mais volumoso da perna, abaixo do joelho.
tibial (ti.bi.al) adj.2g. Relativo à tíbia.
tibieza (ti.bi.e.za) [ê] s.f. 1. Fraqueza. 2. Indolência.
tíbio (tí.bi.o) adj. 1. Tépido. 2. Fraco. 3. Indolente. 4. Escasso.
ticado (ti.ca.do) adj. Assinalado, vistado.
tição (ti.ção) s.m. 1. Pedaço de lenha acesa ou meio queimada. 2. Carvão. 3. (*Pej.*) Pessoa negra.
ticar (ti.car) v.t.d. Assinalar, dar visto em. Obs.: pret. perf. *tiquei*, *ticaste* etc.; pres. do subj. *tique*, *tiques* etc.
tico (ti.co) s.m. (*Pop.*) Pedacinho.
tico-tico (ti.co-ti.co) s.m. (*Zoo.*) Passarinho pardo do grupo dos canários. ▫ Pl. *tico-ticos*.
ticuna (ti.cu.na) s.2g. 1. Indivíduo dos ticunas, grupo indígena do Mato Grosso. adj.2g. 2. Relacionado a esse povo.
tido (ti.do) adj. Considerado, suposto.
tié (ti.é) s.m. (*Zoo.*) Pássaro pequeno, de canto apreciado, de que há várias espécies. O mesmo que *tiê*.
tiê (ti.ê) s.m. (*Zoo.*) O mesmo que *tié*.
tié-sangue (ti.é-san.gue) s.m. (*Zoo.*) Pássaro da Mata Atlântica cujo macho é de um vermelho muito vivo e a fêmea, parda. ▫ Pl. *tiés-sangue*, *tiés-sangues*.
tiete (ti.e.te) s.2g. (*Pop.*) Fã.
tifo (ti.fo) s.m. (*Med.*) Nome comum a várias doenças infecciosas causadas por parasitos.
tifoide (ti.foi.de) [ói] adj.2g. Da natureza do tifo.
tifoso (ti.fo.so) [ô] s.m. Indivíduo atacado pelo tifo. ▫ Pl. *tifosos* [ó].
tigela (ti.ge.la) s.f. 1. Vasilha redonda, semelhante a uma xícara grande. 2. Vaso sem gargalo.
tigelada (ti.ge.la.da) s.f. Conteúdo de uma tigela.
tigrado (ti.gra.do) adj. Que tem listras como as do tigre, pretas sobre fundo amarelo ou castanho.
tigre (ti.gre) s.m. (*Zoo.*) Felídeo selvagem originário da Ásia, grande e de pelagem avermelhada ou branca com listras pretas características, que caça animais nas florestas ou em fazendas.
tigresa (ti.gre.sa) [ê] s.f. (*Zoo.*) Fêmea do tigre.
tiguera (ti.gue.ra) [ü] s.f. Roça depois de realizada a colheita.
tijolada (ti.jo.la.da) s.f. Pancada com tijolo.
tijolado (ti.jo.la.do) adj. Revestido de tijolos.
tijolar (ti.jo.lar) v.t.d. Revestir de tijolos.
tijoleiro (ti.jo.lei.ro) s.m. Fabricante de tijolos.
tijolo (ti.jo.lo) [ô] s.m. 1. Peça de barro cozido, geralmente em forma de paralelepípedo, utilizada em construções. 2. (*Pop.*) Doce ou pedaço de doce de formato retangular. ▫ Pl. *tijolos* [ó].
tijuco (ti.ju.co) s.m. 1. Lama. 2. Pântano.
tijupá (ti.ju.pá) s.m. 1. Cabana pequena de índios. 2. Palhoça construída no meio da mata.
til s.m. (*Gram.*) Sinal gráfico usado para nasalar a vogal a que se sobrepõe.
tílburi (tíl.bu.ri) s.m. Carruagem ou charrete de duas rodas, aberta, puxada por um só animal.
tília (tí.li.a) s.f. (*Bot.*) Certa árvore cujas folhas se usam para chá.

tilim (ti.lim) s.m. Voz imitativa do sino.
tilintar (ti.lin.tar) v.i. Fazer barulho semelhante ao de peças de metais se batendo ou de guizos: *as moedas tilintavam no bolso*.
timão (ti.mão) s.m. Roda que controla o leme e o rumo em embarcações grandes.
timbira (tim.bi.ra) s.2g. 1. Indivíduo dos timbiras, povo indígena que vive hoje no Pará. adj.2g. 2. Relacionado a esse povo.
timbó (tim.bó) s.m. (*Bot.*) 1. Planta de cuja raiz se extrai uma substância com propriedades aromáticas e medicinais. 2. Essa substância, preparada pelos indígenas para pescar.
timbrado (tim.bra.do) adj. Marcado com timbre.
timbrar (tim.brar) v.t.d. 1. Colocar timbre em. 2. Qualificar, atribuir valor, julgar: *timbrou-o de sábio*.
timbre (tim.bre) s.m. 1. Insígnia, selo, chancela. 2. (*Fís.*) Qualidade do som determinada pelo tipo de onda pela qual o som se propaga: *o timbre do piano, o da voz*.
time (ti.me) s.m. 1. Grupo de atletas da mesma equipe, que disputam juntos um jogo ou partida. 2. Grupo de pessoas empenhadas em uma atividade comum.
timer [inglês: "táimer"] s.m. Temporizador.
timidez (ti.mi.dez) [ê] s.f. 1. Qualidade, caráter ou característica de tímido. 2. Inibição, acanhamento.
tímido (tí.mi.do) s.m. e adj. (Indivíduo) inibido; acanhado.
timing [inglês: "táimin"] s.m. Noção do ritmo dos acontecimentos, harmonia de ritmo das ações; sincronia.
timo (ti.mo) s.m. 1. (*Med.*) Glândula localizada entre o pescoço e o tórax, que funciona até o final da puberdade e desempenha importante papel na imunidade do organismo. 2. (*Bot.*) Planta cultivada como ornamental ou usada como condimento, como o tomilho.
timoneiro (ti.mo.nei.ro) s.m. Aquele que controla o timão.
timorato (ti.mo.ra.to) adj. Que sente temor; medroso, tímido.
timorense (ti.mo.ren.se) adj.2g. 1. Do Timor-Leste, país da Ásia. s.2g. 2. Pessoa natural ou habitante desse lugar.
tímpano (tím.pa.no) s.m. 1. (*Anat.*) Membrana que separa o ouvido externo do médio; tambor. 2. (*Mús.*) Instrumento de percussão de orquestra, formado de uma estrutura de cobre ou latão em forma de meia esfera e coberto por uma pele esticada que é percutida com baquetas.
tina (ti.na) s.f. Recipiente grande para líquidos; bacia de bordas altas.
tíner (tí.ner) s.m. Derivado de petróleo usado como solvente de tinta.
tingido (tin.gi.do) adj. 1. Pintado. 2. Colorido.
tingimento (tin.gi.men.to) s.m. 1. Pintura. 2. Coloração.

tingir (tin.gir) v.t.d. 1. Mergulhar em tinta, alterando a cor primitiva. 2. Colorir. 3. Enrubescer. v.p. 4. Tomar certa cor. Obs.: muda o *g para j* antes de *o/a*: *tinjo, tinja* etc.

tingui (tin.gui) s.m. (*Bot.*) Árvore de que se extrai uma substância tóxica que os indígenas usam para atordoar os peixes e depois recolhê-los da água; timbó.

tingui-botó (tin.gui-bo.tó) s.2g. 1. Indivíduo dos tinguis-botós, povo indígena que vive hoje em Alagoas. adj.2g. 2. Relacionado a esse povo. ▫ Pl. *tinguis-botós*.

tinha (ti.nha) s.f. (*Med.*) Micose de pele e do couro cabeludo.

tinhorão (ti.nho.rão) s.m. (*Bot.*) Planta ornamental.

tinhoso (ti.**nho**.so) [ô] adj. 1. Que sofre de tinha. 2. (*Fig.*) Repugnante. s.m. 3. Teimoso. 4. (*Pop.*) Diabo. ▫ Pl. *tinhosos* [ó].

tinido (ti.**ni**.do) s.m. Som vibrante de vidro ou metal.

tinir (ti.nir) v.i. 1. Soar agudamente (vidro ou metal). 2. Zunir. 3. Tiritar (de frio ou medo). 4. Ficar furioso. Obs.: não se conjuga nas formas em que ao *n* da raiz se seguiria *o/a*.

tino (**ti**.no) s.m. 1. Juízo. 2. Prudência. 3. Intuição.

tinta (tin.ta) s.f. 1. Substância corante, aderente a uma superfície, usada para pintura. 2. Líquido usado para escrever, imprimir ou tingir.

tinteiro (tin.**tei**.ro) s.m. Recipiente para guardar tinta de escrever.

tintim (tin.tim) s.m. Tintim por tintim: com todos os detalhes, sem esquecer nada, minuciosamente.

tinto (tin.to) adj. 1. Tingido. 2. Diz-se do vinho feito de uva escura. 3. (*Fig.*) Manchado.

tintura (tin.**tu**.ra) s.f. 1. Ato ou efeito de tingir. 2. Tinta. 3. Solução de substâncias coloridas. 4. Solução alcoólica dos princípios ativos de uma ou mais substâncias.

tinturaria (tin.tu.ra.**ri**.a) s.f. 1. Ofício de tintureiro. 2. Estabelecimento onde se tingem roupas. 3. Lavandaria.

tintureiro (tin.tu.**rei**.ro) s.m. 1. Aquele que tinge roupas. 2. Dono ou empregado de tinturaria. 3. (*Pop.*) Carro para transporte de presos.

tio (**ti**.o) s.m. 1. Irmão dos pais em relação aos filhos destes. 2. Marido da tia em relação aos sobrinhos desta.

tio-avô (ti.o-a.**vô**) s.m. Irmão do avô ou da avó em relação aos netos destes. ▫ Pl. *tios-avós*.

típico (**tí**.pi.co) adj. 1. Que serve de tipo, característico. 2. Simbólico.

tipiti (ti.pi.**ti**) s.m. Cesto cilíndrico de palha, em que se põe a mandioca que se vai espremer.

tiple (**ti**.ple) s.2g. (*Mús.*) Soprano.

tipo (**ti**.po) s.m. 1. Espécie. 2. Modelo. 3. Símbolo. 4. Conjunto de caracteres que distinguem uma classe. 5. Qualquer indivíduo. 6. (*Fig.*) Pessoa esquisita. 7. (*Gráf.*) Desenho de uma letra; fonte. 8. (*Gráf.*) Cada uma das letras, feita em uma peça de metal, na antiga tecnologia de impressão.

tipocromia (ti.po.cro.**mi**.a) s.f. (*Gráf.*) Impressão tipográfica em cores.

tipografar (ti.po.gra.**far**) v.t.d. Reproduzir pela tipografia.

tipografia (ti.po.gra.**fi**.a) s.f. 1. Arte de imprimir textos sobre papel. 2. Tecnologia de impressão que utiliza a prensa desenvolvida pelo alemão J. Gutenberg (c. 1390-1468). 3. Estabelecimento que oferece esse serviço de impressão; gráfica.

tipográfico (ti.po.**grá**.fi.co) adj. Pertencente a tipografia ou a tipógrafo.

tipógrafo (ti.**pó**.gra.fo) s.m. Aquele que trabalha com tipografia.

tipoia (ti.**poi**.a) [ói] s.f. Faixa de pano, presa ao pescoço, para descansar braço ou mão doente.

tipologia (ti.po.lo.**gi**.a) s.f. Conjunto de características gráficas ou estruturais de um texto.

tique (**ti**.que) s.m. Sinal, marca escrita em forma de vê com a segunda haste mais longa: *ponha um tique nos filmes que já assistiu*. Tique nervoso: contração muscular espasmódica; cacoete, mania.

tique-taque (ti.que-**ta**.que) s.m. 1. Voz imitativa de som repetitivo e cadenciado. 2. Bater do relógio, do coração etc. ▫ Pl. *tique-taques*.

tíquete (**tí**.que.te) s.m. Bilhete, cartão ou papel impresso que confere determinado direito.

tiquinho (ti.**qui**.nho) s.m. (*Pop.*) Pouquinho.

tiquira (ti.**qui**.ra) s.f. Aguardente de mandioca.

tira (**ti**.ra) s.f. 1. Pedaço de pano ou de outro material mais comprido que largo. 2. Faixa. 3. História em quadrinhos contada em poucos quadros, geralmente na mesma linha; tirinha. s.m. 4. (*Pop.*) Agente de polícia.

tiracolo (ti.ra.**co**.lo) s.m. A tiracolo: preso ao corpo por uma tira que cruza o tronco e se apoia no ombro: *carregava uma bolsa a tiracolo para manter as mãos livres*.

tirada (ti.**ra**.da) s.f. 1. Ato ou efeito de tirar. 2. Caminhada. 3. Frase espirituosa.

tirado (ti.**ra**.do) adj. 1. Extraído. 2. Retirado.

tira-dúvidas (ti.ra-**dú**.vi.das) s.m.2n. 1. O que explica as dúvidas. 2. Vade-mécum. ▫ Pl. *tira-dúvidas*.

tiragem (ti.**ra**.gem) s.f. 1. (*Gráf.*) Impressão tipográfica. 2. Número de exemplares de uma obra impressos por vez: *a primeira tiragem do livro foi de 5 mil exemplares*. 3. Fluxo de ar em uma fornalha.

tira-gosto (ti.ra-**gos**.to) [ô] s.m. Aperitivo, salgadinho. ▫ Pl. *tira-gostos*.

tira-linhas (ti.ra-**li**.nhas) s.m. Instrumento que serve para traçar linhas uniformes com tinta. ▫ Pl. *tira-linhas*.

tira-manchas (ti.ra-**man**.chas) s.m. Substância química para tirar manchas. ▫ Pl. *tira-manchas*.

tirania (ti.ra.**ni**.a) s.f. 1. Domínio ou poder de tirano. 2. Governo opressor. 3. Opressão.

tirânico (ti.**râ**.ni.co) adj. 1. Relativo a tirano ou à tirania. 2. Próprio de tirano ou de tirania.

tiranizar (ti.ra.ni.zar) v.t.d. **1.** Tratar ou governar com tirania. v.i. **2.** Proceder como tirano.
tirano (ti.ra.no) adj. **1.** Cruel. s.m. **2.** Governante opressor. **3.** Indivíduo cruel.
tirante (ti.ran.te) adj.2g. **1.** Que tira. **2.** Excetuado. **3.** Que tem aparência de, que se parece ou se aproxima de: *tingiu o cabelo de preto tirante a castanho*. s.m. **4.** Cada uma das correias que prendem os veículos às cavalgaduras que os puxam. **5.** Viga que sustenta o madeiramento de um teto. prep. **6.** Exceto.
tira-prosa (ti.ra-pro.sa) [ó] s.m. Valentão. ▪ Pl. *tira-prosas*.
tirar (ti.rar) v.t.d. **1.** Fazer sair de, extrair. **2.** Libertar, soltar. **3.** Despir, retirar; descalçar. **4.** Excetuar, não contar, excluir. **5.** Fazer (foto, cópia etc.). **6.** Obter, conseguir. **7.** Furtar, tomar, despojar.
tira-teima (ti.ra-tei.ma) s.m. **1.** Argumento decisivo. **2.** (Pop.) Dicionário. **3.** Qualquer instrumento de castigo. ▪ Pl. *tira-teimas*. O mesmo que *tira-teimas*, que é substantivo de dois números.
tira-teimas (ti.ra-tei.mas) s.m.2n. O mesmo que *tira-teima*. ▪ Pl. *tira-teimas*.
tireoide (ti.re.oi.de) [ói] s.f. O mesmo que *tiroide*.
tireoidite (ti.re.oi.di.te) s.f. (Med.) Inflamação da tireoide.
tirinha (ti.ri.nha) s.f. Tira.
tirió (ti.ri.ó) s.2g. **1.** Indivíduo dos tiriós, povo indígena que vive hoje no Pará. adj.2g. **2.** Relacionado a esse povo.
tiririca (ti.ri.ri.ca) adj.2g. **1.** Furioso. s.f. **2.** (Bot.) Certa erva daninha.
tiritante (ti.ri.tan.te) adj.2g. Trêmulo.
tiritar (ti.ri.tar) v.i. Tremer de frio ou medo.
tiro (ti.ro) s.m. **1.** Ato ou efeito de atirar. **2.** Disparo de uma arma de fogo. **3.** Projétil disparado. **4.** Distância que o projétil alcança. **5.** Correia atrelada a veículo ou animal. **6.** Esporte olímpico disputado em duas modalidades, uma com arma de fogo e outra com arco.
tirocínio (ti.ro.cí.ni.o) s.m. **1.** Aprendizado. **2.** Exercício militar. **3.** Experiência.
tiro de guerra (ti.ro de guer.ra) s.m. Centro de instrução militar que forma reservistas do Exército.
tiroide (ti.roi.de) [ó] s.f. (Anat.) **1.** Glândula endócrina localizada na parte anterior e inferior do pescoço. **2.** Cartilagem na parte anterior e superior da laringe. O mesmo que *tireoide*.
tirolês (ti.ro.lês) adj. **1.** Do Tirol. s.m. **2.** Habitante ou natural do Tirol, região da Áustria.
tirolesa (ti.ro.le.sa) [ê] s.f. Dispositivo para deslocamento de cargas ou pessoas pelo ar, formado por roldana e corda: *montaram a tirolesa para atravessar o rio*.
tiroteio (ti.ro.tei.o) s.m. **1.** Fogo de fuzilaria. **2.** Fogo de guerrilhas. **3.** Sucessão de disparos. **4.** (Fig.) Fogo cruzado (em uma discussão).
tisana (ti.sa.na) s.f. (Med.) Infusão que se serve a um doente.
tisanuro (ti.sa.nu.ro) s.m. (Zoo.) Inseto sem asas que come papel e pano, como a traça.

tísica (tí.si.ca) s.f. (Med.) Tuberculose pulmonar.
tísico (tí.si.co) s.m. e adj. Tuberculoso.
tisiologia (ti.si.o.lo.gi.a) s.f. (Med.) Médico especialista em tísica.
tisna (tis.na) s.f. **1.** Ação de tisnar(-se); mancha. **2.** Mácula, tom.
tisnar (tis.nar) v.t.d. **1.** Tornar negro como carvão. **2.** Manchar. v.p. **3.** Enegrecer-se. **4.** Manchar-se.
titã (ti.tã) s.m. **1.** (Mit.) Cada um dos gigantes que quiseram escalar o céu, para destronar Júpiter. (Fig.) **2.** Pessoa de grandeza intelectual ou moral. **3.** Gigante. ▪ Fem. *titânide*.
titânico (ti.tâ.ni.co) adj. **1.** Relativo aos titãs. **2.** (Fig.) Que revela grandeza física, moral ou intelectual.
titânide (ti.tâ.ni.de) s.f. (Mit.) Feminino de *titã*.
titânio (ti.tâ.ni.o) s.m. (Quím.) Elemento químico, metal, de símbolo Ti, com número atômico 22 e massa atômica igual a 47,90.
títere (tí.te.re) s.m. **1.** Boneco articulado, que se manipula ou move puxando os cordões aos quais está preso; marionete. **2.** (Fig.) Pessoa sem vontade própria; bonifrate.
titia (ti.ti.a) s.f. (Fam.) Designação carinhosa de tia.
titica (ti.ti.ca) s.f. **1.** (Pop.) Excremento de ave. **2.** (Fig.) Coisa insignificante.
titilação (ti.ti.la.ção) s.f. **1.** Ato de titilar. **2.** Palpitação. **3.** Estremecimento.
titilante (ti.ti.lan.te) adj.2g. Que titila.
titilar (ti.ti.lar) v.t.d. **1.** Fazer cócegas em. **2.** Afagar. v.i. **3.** Palpitar. **4.** Ter estremecimentos.
titio (ti.ti.o) s.m. Designação carinhosa de tio.
tititi (ti.ti.ti) s.m. (Pop.) **1.** Discussão. **2.** Confusão.
titubeação (ti.tu.be.a.ção) s.f. Hesitação, vacilação.
titubeante (ti.tu.be.an.te) adj.2g. Hesitante, vacilante.
titubear (ti.tu.be.ar) v.t.i. **1.** Ter dúvidas. v.i. **2.** Cambalear. **3.** Hesitar, vacilar. Obs.: pres. do ind. *titubeio*, *titubeias* etc.; pres. do subj. *titubeie*, *titubeies* etc.
titulação (ti.tu.la.ção) s.f. **1.** Conjunto de títulos acadêmicos de uma pessoa. **2.** (Quím.) Determinação do grau de normalidade de uma solução.
titular (ti.tu.lar) adj.2g. **1.** Que tem título. **2.** Efetivo. s.2g. **3.** Ocupante efetivo de cargo ou função. **4.** Fidalgo. v.t.d. **5.** Intitular. **6.** Registrar em títulos. **7.** (Quím.) Determinar o grau de normalidade de uma solução.
título (tí.tu.lo) s.m. **1.** Designação colocada no início de um texto, para indicar o nome ou o assunto: *título do livro*. **2.** Nome de obra: *o poema tinha um longo título*. **3.** Letreiro. **4.** Documento que autentica um direito: *título de posse*. **Título de crédito**: documento pelo qual o emitente garante ao beneficiário o direito a um crédito. **Título de eleitor**: documento emitido por cartório eleitoral, que atesta o direito de votar e o cumprimento dessa obrigação. **Título de nobreza** ou **título nobiliárquico**: concessão de direitos e privilégios legais dada pelo rei a um vassalo, como duque, marquês, conde, barão etc.
tiziu (ti.ziu) s.m. (Zoo.) Certa ave canora.

Tl Símbolo do elemento químico tálio.
TKS (Gír. Int.) Sigla para a expressão do inglês *thanks*, variação informal de *thank you*, "obrigado(a)", utilizada para encurtar mensagens de agradecimento em contextos coloquiais.
Tm Símbolo do elemento químico túlio.
to Contração do pronome "te" com o artigo definido "o".
TO Sigla do Tocantins, estado brasileiro.
toa (to.a) [ô] s.f. Corda com que uma embarcação reboca outra. **À toa:** adv. Sem rumo, sem direção, ao acaso: *caminharam à toa pela cidade*. adj.2g.2n. **1.** De pouco valor, de baixo custo: *compraram por um precinho à toa*. **2.** Sem ocupação, vadio, desprezível: *ofendeu a moça chamando-a de mulher à toa*.
toada (to.a.da) s.f. **1.** Cantiga de melodia simples e monótona. **2.** Entoação. **3.** Rumor.
toalete (to.a.le.te) [é] s.f. **1.** Ato de se aprontar. **2.** Traje feminino requintado. s.m. **3.** Reservado sanitário. **4.** (Pop.) Banheiro.
toalha (to.a.lha) s.f. **1.** Peça de tecido felpudo para enxugar o corpo ou parte dele. **2.** Peça de tecido usada para cobrir mesas, altares etc.
toalheiro (to.a.lhei.ro) s.m. Utensílio usado para pendurar toalhas.
toar (to.ar) v.i. **1.** Soar alto; troar. v.t.d. **2.** Combinar, harmonizar-se: *aquilo toava com seu caráter*.
tobaguino (to.ba.gui.no) adj. **1.** De Trinidad e Tobago. s.m. **2.** Habitante ou natural de Trinidad e Tobago.
tobogã (to.bo.gã) s.m. **1.** Trenó baixo para deslizar nas encostas cobertas de neve. **2.** Grande rampa, para deslizar, comum em parque de diversões.
toca (to.ca) [ó] s.f. **1.** Buraco onde se abrigam certos animais. **2.** Esconderijo. **3.** (Fig.) Habitação miserável.
toca-discos (to.ca-dis.cos) s.m. Aparelho para tocar discos de vinil; *pickup*. ▫ Pl. *toca-discos*.
tocado (to.ca.do) adj. (Gír.) **1.** Levemente embriagado. **2.** Meio maluco.
tocador (to.ca.dor) [ô] s.m. e adj. **1.** Que ou aquele que toca. s.m. **2.** Peão.
toca-fitas (to.ca-fi.tas) s.m. Aparelho para reproduzir o som de fitas magnéticas. ▫ Pl. *toca-fitas*.
tocaia (to.cai.a) s.f. Emboscada, cilada.
tocaiar (to.cai.ar) v.t.d. **1.** Emboscar-se para atacar. **2.** Espreitar a chegada de.
tocandira (to.can.di.ra) s.f. (Zoo.) Certa formiga cuja picada é muito dolorosa.
tocante (to.can.te) adj.2g. **1.** Comovente. **2.** Referente.
tocantinense (to.can.ti.nen.se) adj.2g. **1.** De Tocantins, estado brasileiro. s.2g. **2.** Pessoa natural ou habitante desse lugar.
tocar (to.car) v.t.d. **1.** Apalpar. **2.** Ter contato com. **3.** Roçar. **4.** Fazer ouvir (um som). **5.** Executar (uma música). **6.** Fazer soar. **7.** Tirar sons de (instrumentos). **8.** Ter contato com. **9.** Comunicar-se por telefone. **10.** Comover. **11.** Conduzir (o gado). v.t.i. **12.** Caber em partilha. **13.** Interessar. v.i. **14.** Produzir som. **15.** Aplicar o sentido do tato. v.p. **16.** Pôr-se em contato. **17.** Sensibilizar-se. **18.** Ofender-se. Obs.: pret. perf. *toquei, tocaste* etc.; pres. do subj. *toque, toques* etc.
tocata (to.ca.ta) s.f. (Mús.) **1.** Composição de andamento rápido, geralmente para instrumentos de teclado. **2.** Toque de instrumentos.
tocha (to.cha) [ó] s.f. **1.** Grande vela de cera. **2.** Archote.
tocheiro (to.chei.ro) s.m. Castiçal para tocha.
toco (to.co) [ô] s.m. **1.** Parte do tronco que fica ligada à terra, depois da árvore cortada. **2.** Pedaço de vela. **3.** Resto de coisa partida ou consumida.
tocologia (to.co.lo.gi.a) s.f. (Med.) Obstetrícia.
toda (to.da) [ô] adj. e pron. Feminino de *todo*.
todavia (to.da.vi.a) conj. Entretanto, porém, contudo.
todeiro (to.dei.ro) s.m. (Zoo.) Pássaro de bico curto, largo e fendido.
todo (to.do) [ô] adj. **1.** Completo. **2.** Inteiro. pron. indef. **3.** Qualquer. **4.** Cada. s.m. **5.** Totalidade. adv. **6.** Completamente. **7.** Inteiramente.
todo-poderoso (to.do-po.de.ro.so) [ô] adj. **1.** Onipotente. s.m. **2.** Deus. **3.** Aquele que pode tudo. ▫ Pl. *todo-poderosos* [ó].
todos (to.dos) [ô] pron. pl. **1.** Plural de *todo*. **2.** Toda a gente.
toesa (to.e.sa) [ê] s.f. Antiga medida equivalente a 6 pés, correspondente a 1,98 m.
tô-fraco (tô-fra.co) s.m. (Zoo.) Galinha-d'angola. ▫ Pl. *tô-fracos*.
tofu (to.fu) s.m. (Culin.) Alimento de origem japonesa, feito de soja e com consistência próxima à do queijo branco.
toga (to.ga) s.f. **1.** Peça do vestuário; beca. **2.** (Dir.) A magistratura. **3.** Manto usado pelos antigos romanos.
togado (to.ga.do) adj. **1.** Que usa toga. **2.** (Dir.) Que exerce a magistratura judicial. s.m. **3.** (Dir.) Magistrado judicial.
togolês (to.go.lês) adj. **1.** Do Togo, país da África. s.m. **2.** Pessoa natural ou habitante desse lugar.
toiceira (toi.cei.ra) s.f. O mesmo que *touceira*.
toicinho (toi.ci.nho) s.m. Gordura dos porcos, subjacente à pele, com o respectivo couro. O mesmo que *toucinho*.
toitiço (toi.ti.ço) s.m. O mesmo que *toutiço*.
toldado (tol.da.do) adj. **1.** Coberto com toldo. **2.** Obscurecido.
toldar (tol.dar) v.t.d. **1.** Cobrir com toldo. **2.** Obscurecer.
toldo (tol.do) [ô] s.m. Coberta de lona ou de outro tecido destinada a abrigar do sol e da chuva.
toleirão (to.lei.rão) s.m. e adj. Que ou aquele que é muito tolo.
tolerância (to.le.rân.ci.a) s.f. **1.** Qualidade de tolerante. **2.** Ato de tolerar.
tolerante (to.le.ran.te) adj.2g. **1.** Que tolera. **2.** Que aceita a opinião alheia.
tolerar (to.le.rar) v.t.d. **1.** Ser indulgente para com. **2.** Consentir. **3.** Suportar.

tolerável (to.le.rá.vel) *adj.2g.* **1.** Que se pode ou deve tolerar. **2.** Suportável.
tolete (to.le.te) [ê] *s.m.* **1.** Pequena haste que serve de apoio ao remo nas embarcações. **2.** Rolo de qualquer coisa.
tolher (to.lher) *v.t.d.* **1.** Dificultar. **2.** Proibir. **3.** Privar. *v.p.* **4.** Ficar imóvel.
tolhido (to.lhi.do) *adj.* **1.** Impedido. **2.** Entrevado.
tolice (to.li.ce) *s.f.* Asneira, bobagem.
tolo (to.lo) [ô] *adj.* **1.** Que diz ou faz tolices. **2.** Simplório. **3.** Bobo. **4.** Ridículo. *s.m.* **5.** Indivíduo tolo.
tolueno (to.lu.e.no) *s.m.* (*Quím.*) Substância líquida e incolor derivada do benzeno.
tom *s.m.* **1.** Inflexão da voz. **2.** Altura de um som. **3.** Som quanto a sua gravidade ou acuidade. **4.** (*Mús.*) Intervalo formado por dois semitons. **5.** Tonalidade.
tomada (to.ma.da) *s.f.* **1.** Ato ou efeito de tomar. **2.** Ramificação de uma instalação elétrica para ligar aparelhos elétricos.
tomador (to.ma.dor) [ô] *s.m.* **1.** Beneficiário de um saque ou de ordem de pagamento. **2.** Aquele que opera créditos a seu favor.
tomar (to.mar) *v.t.d.* **1.** Pegar em. **2.** Agarrar. **3.** Tirar. **4.** Apoderar-se. **5.** Adotar (atitude, resolução etc.). **6.** Seguir (caminho). **7.** Gastar (tempo). **8.** Conquistar. **9.** Ocupar. **10.** Ingerir. *v.p.* **11.** Ser invadido. **12.** Deixar-se dominar.
tomara (to.ma.ra) *interj.* Emprega desejo de que algo aconteça; oxalá.
tomara que caia (to.ma.ra que cai.a) *s.m.2n.* e *adj.2g.* Blusa ou parte superior de vestido etc. sem alça.
tomate (to.ma.te) *s.m.* (*Bot.*) Fruto do tomateiro, vermelho, comestível cru e muito apreciado para fazer molhos, originário do continente americano.
tomateiro (to.ma.tei.ro) *s.m.* (*Bot.*) Planta hortense cujo fruto é usado como tempero, salada etc.
tombada (tom.ba.da) *s.f.* Vertente de montanha.
tombadilho (tom.ba.di.lho) *s.m.* (*Náut.*) Parte mais alta de um navio, entre a popa e o mastro.
tombado (tom.ba.do) *adj.* **1.** Derrubado. **2.** Registrado. **3.** Declarado como patrimônio.
tombamento (tom.ba.men.to) *s.m.* **1.** Ato ou efeito de tombar ou derrubar. **2.** Registro. **3.** Inventário de terrenos demarcados; tombo.
tombar (tom.bar) *v.t.d.* **1.** Derrubar. **2.** Inventariar. **3.** Declarar como patrimônio. *v.i.* **4.** Cair no chão. **5.** Declinar. *v.p.* **6.** Virar-se.
tombo (tom.bo) *s.m.* **1.** Ato ou efeito de tombar ou cair; queda. **2.** Registro, inscrição em inventário. **3.** Tombamento.
tômbola (tôm.bo.la) *s.f.* Espécie de loteria, em que se faz necessário completar um cartão numerado.
tomento (to.men.to) *s.m.* (*Bio.*) Conjunto de pelos curtos que revestem certos órgãos.
tomentoso (to.men.to.so) [ô] *adj.* Que tem tomento. ▫ *Pl. tomentosos* [ó].
tomilho (to.mi.lho) *s.m.* (*Bot.*) Certa erva aromática, usada como condimento e medicamento.

tomismo (to.mis.mo) *s.m.* Sistema filosófico e religioso de São Tomás de Aquino.
tomista (to.mis.ta) *adj.2g.* **1.** Relativo ao tomismo. *s.2g.* **2.** Pessoa adepta ao tomismo.
tomo (to.mo) [ô] *s.m.* **1.** Divisão bibliográfica de uma obra. **2.** (*Fig.*) Importância.
tomografia (to.mo.gra.fi.a) *s.f.* (*Med.*) Exame radiológico realizado com o auxílio do computador.
tomógrafo (to.mó.gra.fo) *s.m.* (*Med.*) Aparelho para fazer tomografias.
tona (to.na) *s.f.* Película.
tonal (to.nal) *adj.2g.* Relativo ao tom.
tonalidade (to.na.li.da.de) *s.f.* **1.** (*Mús.*) Conjunto de fenômenos que regem os tipos de escalas e seu encadeamento. **2.** Matiz de uma cor.
tonalizar (to.na.li.zar) *v.t.d.* Dar tonalidade a.
tonante (to.nan.te) *adj.2g.* **1.** Vibrante. **2.** Trovejante.
tonel (to.nel) *s.m.* Grande recipiente de madeira para armazenar líquidos.
tonelada (to.ne.la.da) *s.f.* **1.** Conteúdo de um tonel. **2.** Medida de massa equivalente a mil quilos.
tonelagem (to.ne.la.gem) *s.f.* **1.** Capacidade de um transporte de carga. **2.** Medida dessa capacidade.
tonganês (ton.ga.nês) *adj.* **1.** De Tonga. *s.m.* **2.** Habitante ou natural de Tonga.
tônica (tô.ni.ca) *s.f.* **1.** (*Gram.*) Vogal ou sílaba tônica. **2.** (*Mús.*) Primeira nota de uma escala musical. **3.** Certo tipo de refrigerante. **4.** (*Fig.*) Tema predominante.
tonicidade (to.ni.ci.da.de) *s.f.* Qualidade de tônico.
tônico (tô.ni.co) *adj.* **1.** Relacionado a tom. **2.** Que tonifica. **3.** (*Gram.*) Diz-se do elemento que se pronuncia com mais intensidade: *a primeira sílaba de "pato" é tônica; o pronome "mim" é uma palavra tônica.* *s.m.* **4.** Remédio ou cosmético que tonifica.
tonificação (to.ni.fi.ca.ção) *s.f.* Ação de tonificar; fortalecimento.
tonificante (to.ni.fi.can.te) *adj.2g.* **1.** Que tonifica, que aumenta o tônus: *creme de ação tonificante.* **2.** Que aumenta o vigor; revigorante.
tonificar (to.ni.fi.car) *v.t.d.* **1.** Aumentar a firmeza, a força ou o tônus de; fortificar. *v.p.* **2.** Fortificar-se. Obs.: pret. perf. *tonifiquei, tonificaste* etc.; pres. do subj. *tonifique, tonifiques* etc.
toninha (to.ni.nha) *s.f.* (*Zoo.*) Atum (peixe) de pouca idade.
tonitruante (to.ni.tru.an.te) *adj.2g.* Que faz muito barulho; estrondoso.
tonitruar (to.ni.tru.ar) *v.i.* Soar muito alto; atroar, estrondear, trovejar.
tonsila (ton.si.la) *s.f.* (*Anat.*) Amígdala.
tonsilite (ton.si.li.te) *s.f.* (*Med.*) Amigdalite, inflamação da tonsila.
tonsura (ton.su.ra) *s.f.* (*Relig.*) Coroa de clérigo, certo corte circular no cabelo.
tonsurado (ton.su.ra.do) *s.m.* (*Relig.*) Clérigo.
tonsurar (ton.su.rar) *v.t.d.* Praticar tonsura em.
tontear (ton.te.ar) *v.i.* **1.** Proceder como tonto, dizer ou fazer tolices. **2.** Estar tonto. **3.** Ter tonturas. Obs.:

pres. do ind. *tonteio, tonteias* etc.; pres. do subj. *tonteie, tonteies* etc.
tonteira (ton.**tei**.ra) s.f. Tontura, vertigem.
tontice (ton.**ti**.ce) s.f. Tolice.
tonto (ton.to) adj. **1.** Zonzo. **2.** Tolo. **3.** Perturbado. **4.** Idiota. **5.** (Pop.) Embriagado. s.m. **6.** Indivíduo tonto.
tontura (ton.**tu**.ra) s.f. Vertigem, zonzeira.
tônus (tô.nus) s.m. **1.** Contração leve e permanente de um músculo. **2.** (Fig.) Disposição.
top [inglês: "tópi"] s.m. **1.** Bustiê. *s.2g. e adj.2g.* **2.** (O) que está no topo, no ponto mais elevado; máximo.
topada (to.**pa**.da) s.f. **1.** Tropeço. **2.** Encontrão.
topar (to.**par**) v.t.d. **1.** Encontrar. **2.** Ir de encontro. **3.** (Pop.) Aceitar (proposta). v.t.i. **4.** Dar topada em. v.i. **5.** (Pop.) Concordar. v.p. **6.** Encontrar-se.
topázio (to.**pá**.zi.o) s.m. (Min.) Pedra preciosa de cor amarela.
tope (to.pe) s.m. **1.** Topo. **2.** (Pop.) Altura. **3.** O grau mais alto. **4.** Laço de fita de chapéu.
topete (to.**pe**.te) [ê ou é] s.m. **1.** Cabelo levantado à frente da cabeça. **2.** Penas que se levantam na cabeça de algumas aves. **3.** (Fig.) Atrevimento.
topetudo (to.pe.**tu**.do) adj. **1.** Que tem topete. **2.** (Fig.) Atrevido.
tópico (tó.pi.co) adj. **1.** Relativo a lugar. **2.** Diz-se do medicamento de uso externo. s.m. **3.** Ponto principal. **4.** Pequeno comentário de jornal. **5.** Medicamento tópico.
topless [inglês: "topilés"] s.m. **1.** Vestimenta feminina sem a parte superior, que deixa o tronco nu. **2.** Ato de ficar em local público com os seios descobertos: *naquela praia era proibido fazer topless.*
topo (to.po) [ô] s.m. **1.** Cume. **2.** Extremidade.
topofobia (to.po.fo.**bi**.a) s.f. Medo mórbido a lugares altos.
topografia (to.po.gra.**fi**.a) s.f. **1.** Descrição minuciosa de uma localidade. **2.** Arte de representar no papel uma porção de terreno com todos os pormenores.
topográfico (to.po.**grá**.fi.co) adj. Da topografia: *levantamento topográfico.*
topógrafo (to.**pó**.gra.fo) s.m. Pessoa que se dedica à topografia.
topologia (to.po.lo.**gi**.a) s.f. **1.** Topografia. **2.** (Gram.) Estudo da colocação das palavras na frase.
toponímia (to.po.**ní**.mi.a) s.f. Estudo linguístico ou histórico dos nomes dos lugares.
topônimo (to.**pô**.ni.mo) s.m. Nome próprio de lugar.
toque (to.que) s.m. **1.** Ato ou efeito de tocar. **2.** Contato. **3.** Pancada. **4.** Som. **5.** Ação de tocar instrumentos musicais. **6.** Som que determina a execução de certos atos. **7.** Aperto de mão. **8.** Retoque (em pintura). **9.** Esmero artístico. **10.** Sabor ou cheiro especial (em alimentos ou bebidas): *um toque de especiarias.* (Gír.) **Dar** ou **receber um toque**: dar ou receber um sinal, uma sugestão.
toque-toque (to.que-to.que) s.m. Onomatopeia do som repetido de pancadas. ▫ Pl. *toque-toques.*

tora (to.ra) s.f. **1.** Grande tronco de madeira. **2.** Pedaço de tronco de madeira.
Torá (To.**rá**) s.f. (próprio) (Relig.) Texto sagrado do judaísmo, com as revelações de Deus a Moisés.
torácico (to.**rá**.ci.co) adj. Relativo ao tórax.
toranja (to.**ran**.ja) s.f. (Bot.) Fruto da toranjeira.
toranjeira (to.ran.**jei**.ra) s.f. (Bot.) Certa árvore de fruto cítrico comestível.
torar (to.**rar**) v.t.d. **1.** Partir em toros. **2.** (Pop.) Fazer em pedaços.
tórax (**tó**.rax) [cs] s.m. (Anat.) **1.** Parte do tronco coberta pelas costelas, entre o pescoço e o abdome. **2.** Cavidade do peito.
torçal (tor.**çal**) s.m. Cordão de seda com ou sem fios de ouro.
torção (tor.**ção**) s.f. **1.** Torcedura. **2.** Cólica de certos animais. **3.** (Fís.) Deformação de um corpo depois que forças torceram suas extremidades.
torcedor (tor.ce.**dor**) [ô] adj. **1.** Que torce. s.m. **2.** Instrumento para torcer. **3.** Aquele que torce nos esportes.
torcedura (tor.ce.**du**.ra) s.f. **1.** Ato ou efeito de torcer. **2.** (Fig.) Evasiva.
torcer (tor.**cer**) v.t.d. **1.** Fazer girar sobre si mesmo, enrolando: *torceu a roupa.* **2.** Entortar, distorcer: *torceu a história.* **3.** Deslocar, machucar (os ligamentos de): *torceu o tornozelo.* v.t.d.i. **4.** Desejar a vitória de (no esporte): *torcia para o mesmo time há anos.* Obs.: pres. do ind. *torço, torces* etc.; pres. do subj. *torça, torças* etc.
torcicolo (tor.ci.**co**.lo) s.m. (Med.) Espasmo ou contração contínua e dolorosa de músculos do pescoço.
torcida (tor.**ci**.da) s.f. **1.** Pavio de vela ou de candeeiro. **2.** (Esp.) Grupo de torcedores.
torcido (tor.**ci**.do) adj. **1.** Que se torceu. **2.** Torto.
torço (**tor**.ço) [ô] s.m. Xale que se enrola na cabeça feito turbante.
tordilho (tor.**di**.lho) adj. Diz-se do cavalo de pelo negro com manchas brancas.
tordo (tor.do) [ô] s.m. (Zoo.) Certo pássaro de plumagem branca com manchas escuras.
tório (**tó**.ri.o) s.m. (Quím.) Elemento químico, metal, de símbolo Th, com número atômico 90 e massa atômica igual a 232,04.
tormenta (tor.**men**.ta) s.f. **1.** Tempestade. **2.** (Fig.) Agitação.
tormento (tor.**men**.to) s.m. **1.** Tortura. **2.** Aflição.
tormentório (tor.men.**tó**.ri.o) adj. Relativo a tormenta, cheio de tormenta.
tormentoso (tor.men.**to**.so) [ô] adj. **1.** Aflitivo. **2.** Trabalhoso. ▫ Pl. *tormentosos* [ó].
tornado (tor.**na**.do) s.m. Ciclone devastador que se desloca com grande velocidade.
tornar (tor.**nar**) v.t.d. e p. **1.** Fazer virar, transformar: *tornou o dia mais alegre; tornou-se médico.* **2.** Fazer de novo, voltar a fazer: *tornou a pedir ajuda.*
tornassol (tor.nas.**sol**) s.m. (Quím.) Substância usada como indicador para reconhecimento da reação de um meio.

torna-viagem (tor.na-vi.**a**.gem) *s.f.* Viagem de volta de um veículo contratado; regresso, retorno. ▣ Pl. *torna-viagens*.
tornear (tor.ne.**ar**) *v.t.d.* **1.** Fabricar ao torno. **2.** Dar forma arredondada a. **3.** (*Fig.*) Aprimorar. Obs.: pres. do ind. *torneio, torneias* etc.; pres. do subj. *torneie, torneies* etc.
torneio (tor.**nei**.o) *s.m.* **1.** Ato ou efeito de tornear. **2.** Elegância de frase. **3.** Conjunto de competições esportivas.
torneira (tor.**nei**.ra) *s.f.* Espécie de tubo com registro, para controlar a saída de um líquido contido em pipa, reservatório etc.
torneiro (tor.**nei**.ro) *s.m.* Aquele que trabalha ao torno.
torniquete (tor.ni.**que**.te) [ê] *s.m.* **1.** Catraca. **2.** Peça móvel, em forma de cruz, colocada à entrada de uma via, para controlar o fluxo. **3.** Instrumento para apertar (peças). **4.** Antigo instrumento de tortura. **5.** (*Med.*) Instrumento para deter hemorragias.
torno (**tor**.no) [ô] *s.m.* **1.** Engenho em que se faz girar uma peça de madeira, ferro etc. para lavrá-la ou arredondá-la. **2.** Registro de torneira. **3.** Cavilha.
tornozeleira (tor.no.ze.**lei**.ra) *s.f.* **1.** Peça de malha para proteger o tornozelo. **2.** Corrente usada no tornozelo.
tornozelo (tor.no.**ze**.lo) [ê] *s.m.* (*Anat.*) Saliência óssea na articulação do pé com a perna.
toro (**to**.ro) *s.m.* **1.** Pedaço de tronco de madeira. **2.** Forma de um anel oco, ou câmara de pneu.
toró (to.**ró**) *s.m.* (*Pop.*) Chuva forte e curta.
torpe (**tor**.pe) [ô] *adj.2g.* **1.** Desonesto. **2.** Nojento. **3.** Infame.
torpedear (tor.pe.de.**ar**) *v.t.d.* **1.** Lançar torpedos contra. **2.** Destruir com torpedos. **3.** (*Fig.*) Empenhar-se para frustrar (projeto, plano etc.). Obs.: pres. do ind. *torpedeio, torpedeias* etc.; pres. do subj. *torpedeie, torpedeies* etc.
torpedeiro (tor.pe.**dei**.ro) *s.m.* Navio de guerra que lança torpedos.
torpedo (tor.**pe**.do) [ê] *s.m.* **1.** Engenho explosivo lançado de um navio ou de um submarino, para atingir outra embarcação. **2.** (*Gír.*) Bilhete entregue em mãos. **3.** Mensagem de texto enviada para telefone celular.
torpeza (tor.**pe**.za) [ê] *s.f.* **1.** Desonestidade. **2.** Infâmia.
torpor (tor.**por**) [ô] *s.m.* **1.** Entorpecimento. **2.** Indiferença moral.
torque (**tor**.que) *s.m.* **1.** Força útil de motor ou máquina. **2.** (*Fís.*) Par de forças paralelas de sentido contrário, com suportes diferentes, que atuam sobre um corpo. **3.** Bracelete, corrente de metal ou colar usado por alguns povos antigos, como os gregos, romanos, persas etc.
torquês (tor.**quês**) *s.f.* Ferramenta com a ponta em pinça, para segurar ou cortar outra peça, semelhante a alicate ou tenaz.
torrada (tor.**ra**.da) *s.f.* Fatia de pão torrado.

torradeira (tor.ra.**dei**.ra) *s.f.* Aparelho usado para tostar pão.
torrado (tor.**ra**.do) *adj.* **1.** Tostado. **2.** Ressecado. **3.** (*Fig.*) Esbanjado.
torrão (tor.**rão**) *s.m.* **1.** Pedaço de terra endurecido. **2.** Bocado. **3.** Pedaço endurecido de açúcar, sal etc. **4.** (*Fig.*) Pátria.
torrar (tor.**rar**) *v.t.d.* **1.** Tostar, ressequir pelo calor. **2.** Secar muito. **3.** (*Pop.*) Liquidar (mercadoria). **4.** (*Fig.*) Esbanjar.
torre (**tor**.re) [ô] *s.f.* **1.** Edificação das antigas construções erguida para defesa em caso de guerra. **2.** Construção alta e estreita nas igrejas, onde ficam os sinos. **3.** Peça do jogo de xadrez.
torreão (tor.re.**ão**) *s.m.* **1.** Torre larga sobre um castelo. **2.** Torre no ângulo ou no alto de uma edificação.
torrefação (tor.re.fa.**ção**) *s.f.* Ato ou efeito de torrefazer.
torrefato (tor.re.**fa**.to) *adj.* Que se torrefez.
torrefazer (tor.re.fa.**zer**) *v.t.d.* Fazer torrar. Obs.: conjuga-se como *fazer*.
torrencial (tor.ren.ci.**al**) *adj.2g.* **1.** Relativo a torrente. **2.** Caudaloso.
torrente (tor.**ren**.te) *s.f.* **1.** Curso de água temporário e impetuoso. **2.** (*Fig.*) Grande abundância. **3.** (*Pop.*) Multidão em atropelo.
torresmo (tor.**res**.mo) [ê] *s.m.* Toucinho frito em pequenos pedaços.
tórrido (**tór**.ri.do) *adj.* Muito quente, ardente.
torrificar (tor.ri.fi.**car**) *v.t.d.* **1.** Tornar tórrido. **2.** Torrar. Obs.: pret. perf. *torrifiquei, torrificaste* etc.; pres. do subj. *torrifique, torrifiques* etc.
torso (**tor**.so) [ô] *s.m.* **1.** Busto de pessoa ou de estátua. **2.** (*Anat.*) Tronco.
torta (**tor**.ta) *adj.* **1.** Feminino de *torto*. *s.f.* **2.** (*Culin.*) Grande pastel recheado, doce ou salgado.
tortilha (tor.**ti**.lha) *s.f.* (*Culin.*) **1.** Torta pequena. **2.** Fritada de ovos batidos com rodelas de batata cozida, cebola e temperos, com a forma arredondada da torta.
torto (**tor**.to) [ô] *adj.* **1.** Que se desvia do reto, que tem curvas onde deveria ser reto; tortuoso. **2.** Que tem erros; incorreto. ▣ Pl. *tortos* [ó].
tortuosidade (tor.tu.o.si.**da**.de) *s.f.* Caráter do que é tortuoso; sinuosidade.
tortuoso (tor.tu.**o**.so) [ô] *adj.* Torto, sinuoso. ▣ Pl. *tortuosos* [ó].
tortura (tor.**tu**.ra) *s.f.* **1.** Tormento. **2.** (*Fig.*) Grande mágoa. **3.** (*Fig.*) Lance difícil.
torturador (tor.tu.ra.**dor**) [ô] *adj.* **1.** Torturante. *s.m.* **2.** Aquele que tortura.
torturante (tor.tu.**ran**.te) *adj.2g.* Que tortura.
torturar (tor.tu.**rar**) *v.t.d.* **1.** Submeter a tortura. **2.** Atormentar.
torvar (tor.**var**) *v.t.d.* **1.** Perturbar. *v.i.* e *v.p.* **2.** Irritar-se. **3.** Tornar-se carrancudo.
torvelinho (tor.ve.**li**.nho) *s.m.* **1.** Redemoinho. **2.** (*Fig.*) Grande agitação.
torvo (**tor**.vo) [ô] *adj.* **1.** Carrancudo. **2.** Pavoroso.

tosa (to.sa) [ó] s.f. **1.** Operação de tosar a lã ou aparar os pelos. **2.** Surra, sova.
tosar (to.sar) v.t.d. **1.** Tosquiar. **2.** Aparar. **3.** Surrar.
toscanejar (tos.ca.ne.jar) v.i. (Raro) Cabecear de sono.
toscano (tos.ca.no) adj. **1.** Da Toscana, região da Itália. s.m. **2.** Pessoa natural ou habitante desse lugar.
tosco (tos.co) [ô] adj. **1.** Malfeito. **2.** Rude. **3.** Sem instrução.
tosquia (tos.qui.a) s.f. Ato ou efeito de tosquiar.
tosquiar (tos.qui.ar) v.t.d. **1.** Cortar rente (lã, pelo ou cabelo). **2.** Cortar as extremidades de.
tosse (tos.se) s.f. (Med.) Expiração súbita e ruidosa de ar pela boca.
tossir (tos.sir) v.i. Ter tosse. Obs.: pres. do ind. *tusso, tosses, tosse, tossimos, tossis, tossem*; pres. do subj. *tussa, tussas* etc.
tostão (tos.tão) s.m. Antiga moeda brasileira que valia cem réis.
tostar (tos.tar) v.t.d. **1.** Crestar. **2.** Tisnar. **3.** Dourar. v.p. **4.** Crestar-se.
total (to.tal) adj.2g. **1.** Completo. **2.** Inteiro. s.m. **3.** (Mat.) Resultado da adição.
totalidade (to.ta.li.da.de) s.f. Soma, conjunto das partes que formam um todo.
totalitário (to.ta.li.tá.ri.o) adj. Diz-se do governo que quer o poder total, que centraliza o poder ou as decisões e atividades.
totalitarismo (to.ta.li.ta.ris.mo) s.m. Qualidade de totalitário, governo totalitário.
totalitarista (to.ta.li.ta.ris.ta) adj.2g. Relacionado ao totalitarismo, que defende ou pratica a centralização de poderes.
totalizar (to.ta.li.zar) v.t.d. **1.** Calcular o total de. **2.** Apreciar em conjunto. **3.** Perfazer.
totem (to.tem) [ó] s.m. **1.** Objeto venerado como símbolo divino, em alguns povos e tribos. **2.** Objeto com informações de interesse público, colocado em ruas, centro comercial etc.: *totem de informações turísticas*. ▣ Pl. *totens* [ó].
touca (tou.ca) s.f. Peça de pano, plástico ou lã para proteger ou esconder os cabelos.
touça (tou.ça) s.f. Moita.
toucado (tou.ca.do) s.m. Coleção de adornos da cabeça das mulheres.
toucador (tou.ca.dor) [ô] s.m. Espécie de cômoda com espelho.
toucar (tou.car) v.t.d. **1.** Pôr touca em. **2.** Pentear e dispor o cabelo. v.p. **3.** Enfeitar-se. Obs.: pret. perf. *touquei, toucaste* etc.; pres. do subj. *touque, touques* etc.
touceira (tou.cei.ra) s.f. Grande moita. O mesmo que *toiceira*.
toucinho (tou.ci.nho) s.m. Gordura dos porcos subjacente à pele, com o respectivo couro. O mesmo que *toicinho*.
toupeira (tou.pei.ra) s.f. **1.** (Zoo.) Mamífero insetívoro que vive debaixo da terra. **2.** (Pop.) Pessoa de pouca inteligência.
tourada (tou.ra.da) s.f. Corrida de touros.
tourear (tou.re.ar) v.i. Correr touros. Obs.: pres. do ind. *toureio, toureias* etc.; pres. do subj. *toureie, toureies* etc.
toureiro (tou.rei.ro) s.m. Aquele que toureia.
touril (tou.ril) s.m. **1.** Curral de gado bovino. **2.** Local onde ficam os touros, antes da tourada.
touro (tou.ro) s.m. **1.** (Zoo.) Macho da vaca; bovino não castrado. **2.** (Fig.) Homem forte, musculoso, robusto. (próprio) **3.** (Mit.) Segunda constelação do Zodíaco. **4.** (Mit.) Segundo signo astrológico, de 21 de abril a 20 de maio, correspondente aos taurinos.
toutiço (tou.ti.ço) s.m. **1.** Nuca. **2.** Cabeça. O mesmo que *toitiço*.
toutinegra (tou.ti.ne.gra) [ê] s.f. (Zoo.) Certo pássaro de canto ameno.
toxemia (to.xe.mi.a) [cs] s.f. (Med.) Intoxicação do sangue.
toxicidade (to.xi.ci.da.de) [cs] s.f. Caráter do que é tóxico.
tóxico (tó.xi.co) [cs] adj. **1.** Que intoxica. s.m. **2.** Veneno. **3.** (Pop.) Droga.
toxicologia (to.xi.co.lo.gi.a) [cs] s.f. Ciência que estuda os tóxicos.
toxicomania (to.xi.co.ma.ni.a) [cs] s.f. Consumo compulsivo de drogas que têm ação sobre a psique, como álcool, maconha, cocaína etc.
toxicômano (to.xi.cô.ma.no) [cs] s.m. Pessoa viciada em tóxicos.
toxina (to.xi.na) [cs] s.f. Substância venenosa segregada por seres vivos.
toxoplasmose (to.xo.plas.mo.se) [cs] s.f. (Med.) Infecção causada por protozoário, que atinge o sistema nervoso central.
trabalhadeira (tra.ba.lha.dei.ra) s.f. Aquela que trabalha sempre e com gosto.
trabalhador (tra.ba.lha.dor) [ô] adj. **1.** Que trabalha. s.m. **2.** Aquele que trabalha. **3.** Operário.
trabalhão (tra.ba.lhão) s.m. Grande trabalho.
trabalhar (tra.ba.lhar) v.t.d. **1.** Aplicar trabalho a. **2.** Pôr em obra. **3.** Aperfeiçoar. **4.** Esforçar-se por. v.t.i. **5.** Empenhar-se. v.i. **6.** Ocupar-se de uma atividade. **7.** Estar em funcionamento.
trabalheira (tra.ba.lhei.ra) s.f. **1.** Trabalhão. **2.** Trabalho cansativo.
trabalhismo (tra.ba.lhis.mo) s.m. Doutrina sobre as questões de interesse dos trabalhadores.
trabalhista (tra.ba.lhis.ta) adj.2g. **1.** Relativo ao trabalhismo. **2.** Relativo ao trabalho. s.2g. **3.** Pessoa partidária do trabalhismo.
trabalho (tra.ba.lho) s.m. **1.** Aplicação da atividade física ou intelectual. **2.** Atividade necessária para a realização de uma tarefa. **3.** Ocupação, atividade, emprego. **4.** Atividade escolar; pesquisa. **5.** Obra realizada: *trabalhos de música*. **6.** (Pop.) Feitiço, magia. **7.** (Fís.) Energia ou força empregada sobre um corpo para que ele se movimente. Cf. *trabalhos*.
trabalhos (tra.ba.lhos) s.m. **1.** Empreendimento. **2.** Sessão, reunião, encontro: *trabalhos da assembleia*. **3.** (Fig.) Cuidados. Cf. *trabalho*.

trabalhoso (tra.ba.**lho**.so) [ô] *adj.* Que dá muito trabalho. ◘ Pl. *trabalhosos* [ó].
trabucar (tra.bu.**car**) *v.t.d.* **1.** Atacar com trabuco. *v.i.* **2.** Esforçar-se, trabalhar com afinco.
trabuco (tra.**bu**.co) *s.m.* Antiga arma de fogo, de apoiar sobre o ombro, de cano pouco menor que o bacamarte.
traça (tra.ça) *s.f.* (*Zoo.*) Inseto sem asas que rói papel e tecidos.
traçado (tra.**ça**.do) *adj.* **1.** Que se traçou. **2.** (*Pop.*) Consumido com avidez. *s.m.* **3.** Ato ou efeito de traçar, traço. **4.** Projeto, plano.
tracajá (tra.ca.**já**) *s.m.* (*Zoo.*) Certa espécie de quelônio da Amazônia.
tração (tra.**ção**) *s.f.* Ação de uma força que desloca um objeto móvel.
traçar (tra.**çar**) *v.t.d.* **1.** Fazer ou representar por meio de traços. **2.** Riscar. **3.** Demarcar. **4.** Planejar. **5.** Compor. **6.** Pôr de través. **7.** (*Pop.*) Comer ou beber com avidez. Obs.: pret. perf. *tracei, traçaste* etc.; pres. do subj. *trace, traces* etc.
tracejar (tra.ce.**jar**) *v.t.d.* **1.** Formar com pequenos traços. **2.** Delinear.
tracionar (tra.ci.o.**nar**) *v.t.d.* **1.** Puxar, fazer tração, fazer mover-se puxando: *o arado pode ser tracionado por bois ou por trator.* **2.** Puxar, esticar: *tracionaram o elástico até se partir.*
traço (**tra**.ço) *s.m.* **1.** Ato ou efeito de traçar. **2.** Risco. **3.** Esboço. **4.** Vestígio. **5.** Feição.
traço de união (tra.ço de u.ni.**ão**) *s.m.* **1.** Hífen. **2.** Traço um pouco maior que o hífen.
tracoma (tra.**co**.ma) *s.m.* (*Med.*) Doença infecciosa dos olhos.
tradição (tra.di.**ção**) *s.f.* **1.** Ato de transmitir. **2.** Transmissão oral de conhecimentos de geração em geração. **3.** Conhecimento ou prática proveniente de transmissão oral ou de hábitos inveterados. **4.** Costume.
tradicional (tra.di.ci.o.**nal**) *adj.2g.* **1.** Relativo à tradição. **2.** Conservado na tradição.
tradicionalismo (tra.di.ci.o.na.**lis**.mo) *s.m.* Apego às tradições.
tradicionalista (tra.di.cio.na.**lis**.ta) *adj.2g.* **1.** Pertencente a tradicionalismo ou a tradição. *s.2g.* **2.** Pessoa que tem apego às tradições.
trado (**tra**.do) *s.m.* Grande verruma usada por carpinteiros.
tradução (tra.du.**ção**) *s.f.* **1.** Ato de traduzir. **2.** Obra traduzida.
tradutor (tra.du.**tor**) [ô] *s.m.* Aquele que faz tradução.
traduzido (tra.du.**zi**.do) *adj.* Que se traduziu, que não foi originalmente escrito na língua em que está: *textos traduzidos.*
traduzir (tra.du.**zir**) *v.t.d.* **1.** Verter, transpor de uma língua para outra. **2.** Representar. **3.** Manifestar. *v.p.* **4.** Manifestar-se. Obs.: conjuga-se como *aduzir.*
traduzível (tra.du.**zí**.vel) *adj.2g.* Que se pode traduzir.

trafegar (tra.fe.**gar**) *v.i.* Andar no tráfego. Obs.: pret. perf. *trafeguei, trafegaste* etc.; pres. do subj. *trafegue, trafegues* etc.
tráfego (**trá**.fe.go) *s.m.* **1.** Trânsito. **2.** Transporte de mercadorias. **3.** Repartição ou pessoal que trata desse transporte.
traficância (tra.fi.**cân**.ci.a) *s.f.* **1.** Ato ou efeito de traficar. **2.** (*Pop.*) Negócio fraudulento.
traficante (tra.fi.**can**.te) *s.2g.* **1.** Pessoa que pratica negócios fraudulentos. **2.** Comerciante de drogas.
traficar (tra.fi.**car**) *v.t.i. e v.i.* **1.** Mercadejar. **2.** Fazer negócios fraudulentos. **3.** Comercializar drogas. Obs.: pret. perf. *trafiquei, traficaste* etc.; pres. do subj. *trafique, trafiques* etc.
tráfico (**trá**.fi.co) *s.m.* **1.** Comércio. **2.** Negociação indecorosa. **3.** Comércio de drogas.
tragada (tra.**ga**.da) *s.f.* Ato de tragar.
tragar (tra.**gar**) *v.t.d.* **1.** Devorar, absorver, consumir: *o mar tragou o barquinho.* **2.** Engolir um trago. **3.** Aguentar, suportar. *v.t.d. e v.i.* **4.** Aspirar, inspirar: *tragou a fumaça; não queria tragar.* Obs.: pret. perf. *traguei, tragaste* etc.; pres. do subj. *trague, tragues* etc.
tragédia (tra.**gé**.di.a) *s.f.* **1.** Gênero teatral ou peça que sempre termina com mortes, acontecimentos muito ruins ou dolorosos. **2.** Encenação. **3.** Acontecimento doloroso, triste, ruim: *o acidente foi uma tragédia que atingiu a todos nós.* **4.** Peça de teatro grego com protagonistas ilustres e conflitos nobres, com final funesto próprio para provocar catarse.
trágico (**trá**.gi.co) *adj.* **1.** Relativo a tragédia. **2.** Que tem acontecimento ruins; desgraçado, funesto: *um encontro trágico.* *s.m.* **3.** Autor ou ator de tragédias.
tragicomédia (tra.gi.co.**mé**.di.a) *s.f.* Peça teatral ou filme que envolve a tragédia e a comédia.
tragicômico (tra.gi.**cô**.mi.co) *adj.* **1.** Relativo à tragicomédia. **2.** Trágico ou funesto e cômico ao mesmo tempo.
trago (**tra**.go) *s.m.* **1.** Gole; hausto. **2.** Aflição.
traição (tra.i.**ção**) *s.f.* **1.** Ato ou efeito de trair. **2.** Deslealdade.
traiçoeiro (trai.ço.**ei**.ro) *adj.* **1.** Que usa de traição. **2.** Em que há traição. **3.** Desleal.
traído (tra.**í**.do) *adj.* Que alguém traiu, que sofreu traição.
traidor (tra.i.**dor**) [ô] *adj.* **1.** Que pratica traição. *s.m.* **2.** Aquele que trai.
trailer [inglês: "trêiler"] *s.m.* **1.** Exibição de trechos de um filme a ser apresentado. **2.** Tipo de reboque adaptado à traseira do carro, que serve de casa para acampar.
traineira (trai.**nei**.ra) *s.f.* **1.** Pequena embarcação de pesca. **2.** Rede usada na pesca da sardinha.
training [inglês: "trêinim"] *s.m.* Agasalho esportivo composto de calça e blusão ou jaqueta.
trair (tra.**ir**) *v.t.d.* **1.** Atraiçoar. **2.** Ser infiel a. **3.** Delatar. **4.** Não corresponder a. *v.p.* **5.** Denunciar-se. Obs.: pres. do ind. *traio, trais, trai, traímos, traís,*

traem; pret. perf. *traí, traíste, traiu* etc.; pret. imp. *traía, traías* etc.
traíra (tra.í.ra) s.f. (Zoo.) Certo peixe carnívoro de água doce.
trajado (tra.ja.do) adj. Vestido.
trajar (tra.jar) v.t.d. **1.** Usar vestuário. v.t.i. **2.** Vestir-se (de certa maneira). v.p. **3.** Vestir-se.
traje (tra.je) s.m. **1.** Vestuário. **2.** Uniforme de uma profissão. **3.** Roupa.
trajeto (tra.je.to) [é] s.m. Itinerário, caminho, trajetória, percurso.
trajetória (tra.je.tó.ri.a) s.f. **1.** Linha descrita por um corpo em movimento. **2.** Trajeto.
tralha (tra.lha) s.f. **1.** Pequena rede de pesca. **2.** Cacareco.
trama (tra.ma) s.f. **1.** Conjunto de fios passados entre os fios da urdidura. **2.** Tela. **3.** (Fig.) Tramoia.
tramar (tra.mar) v.t.d. **1.** Tecer. **2.** Maquinar. v.t.i. **3.** (Fig.) Intrigar.
trambique (tram.bi.que) s.m. (Pop.) **1.** Negócio fraudulento. **2.** Safadeza.
trambiqueiro (tram.bi.quei.ro) adj. **1.** Que faz trambiques. **2.** Safado. s.m. **3.** Pessoa safada.
trambolhão (tram.bo.lhão) s.m. Queda com estrondo.
trambolho (tram.bo.lho) [ô] s.m. **1.** Corpo pesado que se usa atado aos pés de animais domésticos para que não se afastem para longe. **2.** (Fig.) Estorvo.
tramela (tra.me.la) [é] s.f. Peça de madeira para trancar porta, portão etc.
tramitação (tra.mi.ta.ção) s.f. Ação de tramitar, de seguir os trâmites: *o pedido estava em tramitação nos órgãos públicos.*
tramitar (tra.mi.tar) v.i. Seguir determinada sequência (projeto, documento etc.).
trâmite (trâ.mi.te) s.m. Caminho ou atalho determinado.
trâmites (trâ.mi.tes) s.m. **1.** Vias apropriadas à consecução de um fim. **2.** (Dir.) Curso de um processo.
tramoia (tra.moi.a) [ói] s.f. **1.** Trapaça. **2.** Intriga.
trampa (tram.pa) s.f. **1.** (Pop.) Excremento. **2.** (Fig.) Armadilha.
trampo (tram.po) s.m. (Pop.) Trabalho.
trampolim (tram.po.lim) s.m. Prancha que serve de impulso para os saltos.
trampolinar (tram.po.li.nar) v.i. Trapacear.
trampolineiro (tram.po.li.nei.ro) s.m. e adj. Trapaceiro.
tranca (tran.ca) s.f. **1.** Barra de ferro ou madeira colocada internamente em portas e janelas para trancá-las. **2.** Trava de veículos, portas etc. **3.** Certo jogo de baralho.
trança (tran.ça) s.f. **1.** Conjunto de três ou mais fios entrelaçados. **2.** (Fig.) Intriga.
trançaço (tran.ca.ço) s.m. Coriza, defluxo.
trançado (tran.ça.do) adj. **1.** Entrelaçado. s.m. **2.** Obra trançada.
trancado (tran.ca.do) adj. Que se trancou; fechado.
trancafiar (tran.ca.fi.ar) v.t.d. Encarcerar, prender.

trancar (tran.car) v.t.d. **1.** Fechar com tranca. **2.** Prender. **3.** Cancelar (matrícula). v.p. **4.** Encerrar-se em um lugar. Obs.: pret. perf. *tranquei, trancaste* etc.; pres. do subj. *tranque, tranques* etc.
trançar (tran.çar) v.t.d. Fazer trança, pôr em trança. Obs.: pret. perf. *trancei, trançaste* etc.; pres. do subj. *trance, trances* etc.
trancelim (tran.ce.lim) s.m. **1.** Cordão de ouro fino. **2.** Trança fina para obras de costura.
tranco (tran.co) s.m. **1.** Salto que o cavalo dá. **2.** Solavanco, balanço ou movimento brusco em um veículo. **3.** Recurso para forçar um motor a entrar em funcionamento quando falha a partida, que o faz dar um salto.
tranqueira (tran.quei.ra) s.f. **1.** Trincheira. **2.** Empecilho. **3.** Cacareco.
tranquilidade (tran.qui.li.da.de) [ü] s.f. **1.** Paz. **2.** Calma.
tranquilizador (tran.qui.li.za.dor) [ü...uô] adj. Que tranquiliza, feito para tranquilizar: *palavras tranquilizadoras.*
tranquilizante (tran.qui.li.zan.te) [ü] adj.2g. **1.** Que tranquiliza. **2.** Diz-se do medicamento sedativo. s.m. **3.** Medicamento tranquilizante.
tranquilizar (tran.qui.li.zar) [ü] v.t.d. **1.** Tornar tranquilo. **2.** Pacificar. v.p. **3.** Acalmar-se.
tranquilo (tran.qui.lo) [ü] adj. **1.** Calmo. **2.** Pacífico. **3.** Quieto. **4.** Seguro.
transa (tran.sa) [za] s.f. (Pop.) **1.** Acordo. **2.** Tramoia. **3.** (Gír.) Relação sexual.
transação (tran.sa.ção) [za] s.f. **1.** Combinação. **2.** Operação comercial.
transacionar (tran.sa.ci.o.nar) [za] v.i. Fazer transação ou negócio.
transalpino (tran.sal.pi.no) [z] adj. Que está situado além dos Alpes.
transandino (tran.san.di.no) [z] adj. Que atravessa os Andes ou está além deles.
transamazônico (tran.sa.ma.zô.ni.co) [za] adj. Que atravessa a Amazônia.
transar (tran.sar) [za] v.t.d. **1.** Combinar. **2.** Ter transa com. v.t.i. e v.i. **3.** (Gír.) Ter relação sexual.
transatlântico (tran.sa.tlân.ti.co) [za] adj. **1.** Que atravessa o Atlântico. **2.** Que fica além do Atlântico. s.m. **3.** Navio que atravessa o Atlântico.
transato (tran.sa.to) [za] adj. **1.** Passado. **2.** Anterior.
transbordamento (trans.bor.da.men.to) s.m. Ato ou efeito de transbordar.
transbordante (trans.bor.dan.te) adj.2g. **1.** Que transborda. **2.** Cheio, repleto: transbordante de alegria.
transbordar (trans.bor.dar) v.t.d. **1.** Sair fora das bordas de. **2.** Derramar. v.t.i. **3.** (Fig.) Estar possuído (de sentimentos). v.i. **3.** Lançar fora.
transbordo (trans.bor.do) [ô] s.m. Baldeação.
transcendência (trans.cen.dên.ci.a) s.f. **1.** Qualidade ou estado de transcendente. **2.** Superioridade, grande importância.
transcendental (trans.cen.den.tal) adj.2g. **1.** Que transcende ou supera, que vai além: *assuntos de*

transcendental importância. **2.** Que vai além do mundo ou nível de consciência habitual, das formas e conceitos racionais: *seres transcendentais.*
transcendentalismo (trans.cen.den.ta.**lis**.mo) s.m. Doutrina de Immanuel Kant (1724-1804), que investiga as formas e conceitos fundamentais da consciência humana.
transcendente (trans.cen.**den**.te) *adj.2g.* **1.** Superior. **2.** Metafísico. *s.m.* **3.** Aquilo que é transcendente.
transcender (trans.cen.**der**) *v.t.d.* **1.** Exceder. **2.** Ultrapassar. **3.** Elevar-se acima de. *v.t.i.* **4.** Distinguir-se.
transcontinental (trans.con.ti.nen.**tal**) *adj.2g.* Que atravessa um continente.
transcorrer (trans.cor.**rer**) *v.i.* **1.** Decorrer. **2.** Passar além de.
transcrever (trans.cre.**ver**) *v.t.d.* Reproduzir copiando.
transcrição (trans.cri.**ção**) *s.f.* **1.** Ato ou efeito de transcrever. **2.** Trecho reproduzido.
transcrito (trans.**cri**.to) *adj.* **1.** Que se transcreveu. *s.m.* **2.** Cópia.
transcurso (trans.**cur**.so) *s.m.* Decurso.
transdutor (trans.du.**tor**) [ô] *s.m.* (*Fís.*) Dispositivo que converte energia de uma forma em outra.
transe (tran.se) [ze] *s.m.* **1.** Estado hipnótico. **2.** Momento aflitivo. **3.** Lance. **4.** Falecimento. **5.** Crise de angústia.
transecular (tran.se.cu.**lar**) *adj.2g.* Que atravessa os séculos.
transeunte (tran.se.**un**.te) [ze] *adj.2g.* **1.** Que passa. **2.** Que vai passando. *s.2g.* **3.** Pessoa transeunte.
transexual (tran.se.xu.**al**) [cs] *adj.2g.* **1.** Que muda de sexo por cirurgia. *s.2g.* **2.** Pessoa transexual.
transexualismo (tran.se.xu.a.**lis**.mo) [cs] *s.m.* Mudança de sexo por cirurgia.
transferência (trans.fe.**rên**.ci.a) *s.f.* **1.** Ação de transferir; passagem, troca, deslocamento: *transferência de energia.* **2.** Envio, remessa. **3.** Mudança, alteração.
transferidor (trans.fe.ri.**dor**) [ô] *adj.* **1.** Que transfere. *s.m.* **2.** Instrumento para medição de ângulos.
transferir (trans.fe.**rir**) *v.t.d.* **1.** Deslocar. **2.** Adiar. **3.** Transmitir. *v.p.* **4.** Mudar-se. Obs.: conjuga-se como *ferir.*
transfigurar (trans.fi.gu.**rar**) *v.t.d.* **1.** Transformar. *v.p.* **2.** Transformar-se.
transfixar (trans.fi.**xar**) [cs] *v.t.d.* Perfurar.
transformação (trans.for.ma.**ção**) *s.f.* **1.** Alteração. **2.** Metamorfose.
transformador (trans.for.ma.**dor**) [ô] *adj.* **1.** Que transforma. *s.m.* **2.** (*Fís.*) Aparelho usado para converter a tensão da corrente elétrica.
transformar (trans.for.**mar**) *v.t.d.* **1.** Alterar. **2.** Converter. *v.p.* **3.** Transfigurar.
transformismo (trans.for.**mis**.mo) *s.m.* **1.** (*Bio.*) Doutrina que admite que os organismos vegetais e animais evoluem a partir da transformação de organismos anteriores. **2.** (*Geo.*) Teoria que esclarece a formação de rochas magmáticas por meio de atividades metamórficas. **3.** Atividade de transformista.
transformista (trans.for.**mis**.ta) *s.2g. e adj.2g.* **1.** **1.** (*Bio.,Geo.*) Relacionado ao transformismo. **2.** Ator cuja atuação é feita por meio de diferentes caricaturas e trocas de roupa. **3.** Artista que interpreta um personagem do sexo oposto. **4.** Pessoa que se comporta e usa vestes características do sexo oposto; travesti.
trânsfuga (**trâns**.fu.ga) *s.2g.* Desertor.
transfundir (trans.fun.**dir**) *v.t.d.* **1.** Transvasar. **2.** Fazer transfusão de.
transfusão (trans.fu.**são**) *s.f.* **1.** Ato ou efeito de transfundir. **2.** (*Med.*) Introdução de sangue ou plasma na corrente sanguínea do paciente.
transgênero (trans.**gê**.ne.ro) *adj.2g.2n. e s.2g.* (*Med., Psi.*) Próprio da pessoa cuja identidade de gênero é diferente daquela definida em seu nascimento.
transgênico (trans.**gê**.ni.co) *adj.* **1.** Diz-se do organismo geneticamente modificado. *s.m.* **2.** Alimento transgênico.
transgredir (trans.gre.**dir**) *v.t.d.* **1.** Atravessar. **2.** Infringir. Obs.: pres. do ind. *transgrido, transgredes* etc.; pres. do subj. *transgrida, transgridas* etc.
transgressão (trans.gres.**são**) *s.f.* Infração.
transgressor (trans.gres.**sor**) [ô] *s.m. e adj.* Infrator.
transiberiano (tran.si.be.ri.a.no) *adj.* **1.** Que fica além da Sibéria. **2.** Que atravessa a Sibéria.
transição (tran.si.**ção**) [zi] *s.f.* **1.** Ato ou efeito de transitar. **2.** Passagem de um ponto para outro. **3.** Mudança.
transido (tran.**si**.do) [zi] *adj.* Esmorecido.
transigência (tran.si.**gên**.ci.a) [zi] *s.f.* Tolerância.
transigente (tran.si.**gen**.te) [zi] *adj.2g.* **1.** Que transige. *s.2g.* **2.** Pessoa tolerante.
transigir (tran.si.**gir**) [zi] *v.t.d.* **1.** Conciliar. *v.t.i.* **2.** Contemporizar. *v.i.* **3.** Ceder. Obs.: muda o *g* para *j* antes de *o/a*, em *transijo, transija* etc.
transistor (tran.sis.**tor**) [zi] *s.m.* **1.** (*Fís.*) Dispositivo ou componente eletrônico que controla ou amplifica uma corrente, empregado em computador, amplificador etc. **2.** (*Pop.*) Rádio com esse dispositivo.
transistorizado (tran.sis.to.ri.**za**.do) [zi] *adj.* Equipado com transistor: *rádio transistorizado.*
transitar (tran.si.**tar**) [zi] *v.t.d.* **1.** Percorrer. *v.t.i.* **2.** Andar. **3.** Mudar (de lugar ou estado).
transitável (tran.si.**tá**.vel) [zi] *adj.2g.* Que se pode transitar.
transitivo (tran.si.**ti**.vo) [zi] *adj.* Diz-se do verbo que necessita de complemento.
trânsito (**trân**.si.to) [zi] *s.m.* **1.** Ato ou efeito de caminhar. **2.** Tráfego.
transitório (tran.si.**tó**.ri.o) [zi] *adj.* Passageiro, efêmero.
translação (trans.la.**ção**) *s.f.* **1.** Movimento de um corpo. **2.** Movimento de um astro em redor do centro de seu sistema. Cf. *traslação.*

transladação (trans.la.da.**ção**) s.f. **1.** Ação, ato ou efeito de transladar; mudança de um lugar para outro. **2.** Tradução. **3.** Transcrição. Cf. *trasladação*.

transladado (trans.la.**da**.do) adj. Que se transladou. Cf. *trasladado*.

transladar (trans.la.**dar**) v.t.d. **1.** Mudar, transferir de um lugar para outro. **2.** Traduzir. **3.** Transcrever. O mesmo que *trasladar*.

translato (trans.**la**.to) adj. **1.** Transcrito. **2.** Metafórico.

transliteração (trans.li.te.ra.**ção**) s.f. Ato ou efeito de transliterar: *as palavras do japonês ou do chinês são representadas por transliterações, porque essas línguas não são escritas com letras*.

transliterar (trans.li.te.**rar**) v.t.d. Escrever (uma palavra) usando outro alfabeto, escrever com as letras de outra língua: *transliterar um texto em árabe*.

translúcido (trans.**lú**.ci.do) adj. Diáfano, que deixa passar a luz.

transluzir (trans.lu.**zir**) v.t.d. **1.** Transparecer. **2.** Luzir (através de um corpo). Obs.: conjuga-se como *luzir*.

transmigração (trans.mi.gra.**ção**) s.f. Ato ou efeito de transmigrar.

transmigrar (trans.mi.**grar**) v.i. **1.** Passar de uma região para outra. **2.** Passar de um corpo para outro (alma). v.p. **3.** Mudar-se de um lugar para outro.

transmissão (trans.mis.**são**) s.f. **1.** Ato ou efeito de transmitir(-se). **2.** Transferência. **3.** Instrumento para transmitir movimento. **4.** Trabalho efetuado por um transmissor.

transmissível (trans.mis.**sí**.vel) adj.2g. Que se pode transmitir.

transmissivo (trans.mis.**si**.vo) adj. Relacionado a transmissão, que transmite.

transmissor (trans.mis.**sor**) [ô] adj. **1.** Que transmite. s.m. **2.** Equipamento que transmite sinais (telefônicos, telegráficos etc.).

transmissora (trans.mis.**so**.ra) [ô] s.f. Estação que transmite programas de rádio ou televisão feitos em outra empresa, dita emissora.

transmitir (trans.mi.**tir**) v.t.d. **1.** Transferir. **2.** Expedir. **3.** Conduzir. **4.** Propagar. **5.** Comunicar. **6.** Enviar. v.p. **7.** Propagar-se.

transmontano (trans.mon.**ta**.no) adj. Que se situa além dos montes.

transmudar (trans.mu.**dar**) v.t.d. e v.p. O mesmo que *transmutar*.

transmutação (trans.mu.ta.**ção**) s.f. Transformação de um elemento em outro.

transmutar (trans.mu.**tar**) v.t.d. e v.p. Transformar(-se), mudar. O mesmo que *transmudar*.

transoceânico (trans.o.ce.**â**.ni.co) [zo] adj. Ultramarino.

transparecer (trans.pa.re.**cer**) v.t.i. **1.** Transluzir. **2.** Manifestar-se. Obs.: pres. do ind. *transpareço, transpareces* etc.; pres. do subj. *transpareça, transpareças* etc.

transparência (trans.pa.**rên**.ci.a) s.f. **1.** Qualidade do que é transparente, do que deixa passar a luz. **2.** Imagem ou texto impressos sobre filme transparente, para projeção na parede por equipamento específico.

transparente (trans.pa.**ren**.te) adj.2g. **1.** Que deixa passar a luz ou a visão; diáfano: *o vidro incolor e a água limpa são transparentes*. **2.** (Fig.) Que se vê com facilidade; evidente, claro: *uma verdade transparente*. **3.** Que não tem segredos, que não esconde nada.

transpassado (trans.pas.**sa**.do) adj. **1.** Que se transpassou. **2.** Que passa de um lado a outro, que se cruza: *blusa com decote transpassado*.

transpassar (trans.pas.**sar**) v.t.d. **1.** Transpor, atravessar, traspassar. **2.** Penetrar, trespassar. **3.** Afligir, trespassar. v.p. **4.** Morrer.

transpiração (trans.pi.ra.**ção**) s.f. **1.** Ato ou efeito de transpirar. **2.** Secreção para resfriar um corpo; suor. **3.** (Fig.) Trabalho.

transpirar (trans.pi.**rar**) v.t.d. **1.** Exalar. **2.** Manifestar. v.t.i. **3.** Divulgar-se. v.i. **4.** Exalar suor. **5.** Divulgar-se.

transplantar (trans.plan.**tar**) v.t.d. **1.** Arrancar de um lugar e plantar em outro: *transplantar os pés de alface*. **2.** Fazer passar de um país a outro. **3.** (Med.) Transferir para outro órgão ou outro indivíduo: *transplantar o coração*.

transplante (trans.**plan**.te) s.m. **1.** Ato ou efeito de transplantar. **2.** Colocação de um órgão em outro local ou organismo: *transplante de rim*. **3.** Colocação de uma planta em lugar diferente de onde nasceu.

transpor (trans.**por**) v.t.d. **1.** Colocar em lugar diferente daquele que estava. **2.** Ultrapassar. **3.** Inverter a ordem de. Obs.: conjuga-se como *pôr*.

transportador (trans.por.ta.**dor**) [ô] adj. Que transporta, que leva.

transportadora (trans.por.ta.**do**.ra) [ô] s.f. Empresa especializada em transporte.

transportar (trans.por.**tar**) v.t.d. **1.** Levar de um lugar a outro: *o sangue transporta nutrientes pelo organismo; o ônibus transporta pessoas pela cidade*. **2.** Carregar, portar. v.p. **3.** Passar de um lugar a outro: *transportou-se de carro e avião até seu destino*.

transportável (trans.por.**tá**.vel) adj.2g. Que se pode transportar.

transporte (trans.**por**.te) s.m. **1.** Ato ou efeito de transportar(-se). **2.** Veículo. **3.** Arrebatamento.

transposição (trans.po.si.**ção**) s.f. Ato ou efeito de transpor.

transposto (trans.**pos**.to) [ô] adj. Que se transpôs; varado. ▫ Pl. *transpostos* [ó].

transtornado (trans.tor.**na**.do) adj. Tomado pelo transtorno; confuso, perturbado.

transtornar (trans.tor.**nar**) v.t.d. **1.** Desorganizar. **2.** Perturbar. v.p. **3.** Perturbar-se.

transtorno (trans.**tor**.no) [ô] s.m. **1.** Desordem. **2.** Perturbação. **3.** Contrariedade.

transubstanciação (tran.subs.tan.ci.a.**ção**) s.f. **1.** Transformação de uma substância em outra. **2.** (*Relig.*) Dogma católico da transformação do pão e do vinho, durante a missa, em corpo e sangue de Cristo.

transubstanciar (tran.subs.tan.ci.**ar**) v.t.d. **1.** Transformar uma substância em outra. v.p. **2.** Converter-se.

transurânico (tran.su.**râ**.ni.co) adj. (*Quím.*) Elemento de número atômico maior que o do urânio, 92.

transvasar (trans.va.**sar**) v.t.d. Fazer passar de um recipiente para outro.

transvazar (trans.va.**zar**) v.t.d. Fazer vazar ou transbordar; derramar, entornar.

transversal (trans.ver.**sal**) adj.2g. **1.** Que passa ou está de través; diagonal. s.f. **2.** Via que corta ou atravessa outra.

transversalidade (trans.ver.sa.li.**da**.de) s.f. Qualidade do que é transversal.

transverso (trans.**ver**.so) [é] adj. Atravessado.

transviado (trans.vi.**a**.do) adj. **1.** Que se transviou; desencaminhado, extraviado. **2.** Desviado do caminho da moral e da justiça.

transviar (trans.vi.**ar**) v.t.d. **1.** Tirar da via ou rumo; extraviar. **2.** Corromper, desencaminhar. v.p. **3.** Sair da via ou rumo; desencaminhar-se.

trapaça (tra.**pa**.ça) s.f. **1.** Dolo. **2.** Logro.

trapacear (tra.pa.ce.**ar**) v.i. Fazer trapaças ou embustes; trampolinar. Obs.: pres. do ind. *trapaceio, trapaceias* etc.; pres. do subj. *trapaceie, trapaceies* etc.

trapaceiro (tra.pa.**cei**.ro) s.m. e adj. Que ou aquele que trapaceia; trampolineiro.

trapalhada (tra.pa.**lha**.da) s.f. Confusão.

trapalhão (tra.pa.**lhão**) s.m. e adj. **1.** Que ou quem se atrapalha. **2.** Que ou quem faz confusão.

trapeiro (tra.**pei**.ro) s.m. **1.** Negociante de trapos. **2.** Homem que apanha trapos, papéis etc. nas ruas, para vendê-los.

trapézio (tra.**pé**.zi.o) s.m. **1.** (*Geom.*) Quadrilátero com dois lados paralelos. **2.** Aparelho para ginástica ou acrobacias, formado por uma barra suspensa por duas peças verticais. **3.** (*Anat.*) Músculo da região dorsal.

trapezista (tra.pe.**zis**.ta) s.2g. Acrobata que se exibe em trapézio.

trapezoidal (tra.pe.**zoi**.dal) adj.2g. Relativo a trapézio, que tem forma de trapézio.

trapiche (tra.**pi**.che) s.m. **1.** Armazém de mercadorias fora do porto, com cais improvisado. **2.** Cais.

trapo (**tra**.po) s.m. **1.** Pedaço de pano velho ou usado. **2.** Roupa velha.

traque (tra.que) s.m. **1.** Estouro. **2.** Pequeno artefato pirotécnico.

traqueia (tra.**quei**.a) [éi] s.f. (*Anat.*) Canal que estabelece comunicação entre a laringe e os brônquios.

traquejar (tra.que.**jar**) v.t.d. **1.** Tornar apto. **2.** Perseguir.

traquejo (tra.**que**.jo) [ê] s.m. Experiência, aptidão.

traqueostomia (tra.que.os.to.**mi**.a) s.f. (*Med.*) Operação para introdução de uma cânula após a traqueotomia.

traqueotomia (tra.que.o.to.**mi**.a) s.f. (*Med.*) Incisão realizada na traqueia.

traquete (tra.**que**.te) [ê] s.m. Mastro frontal de um veleiro de mais de dois mastros.

traquina (tra.**qui**.na) s.2g. e adj.2g. Travesso, sapeca, peralta, reinador, arteiro. O mesmo que *traquinas*.

traquinagem (tra.qui.**na**.gem) s.f. Ação de traquina ou resultado dessa ação; travessura, arte.

traquinar (tra.qui.**nar**) v.i. Fazer travessura.

traquinas (tra.**qui**.nas) s.2g.2n. e adj.2g. O mesmo que *traquina*. ▣ Pl. *traquinas*.

traquitana (tra.qui.**ta**.na) s.f. **1.** Carruagem de quatro rodas para duas pessoas, coberta. **2.** (*Pop.*) Carro muito velho. **3.** Invento, aparelho, equipamento engenhoso.

trás prep. **1.** Após. adv. **2.** Atrás.

trasanteontem (tra.san.te.**on**.tem) adv. No dia anterior ao de anteontem.

traseira (tra.**sei**.ra) s.f. Parte posterior.

traseiro (tra.**sei**.ro) adj. **1.** Que fica na parte posterior. s.m. **2.** (*Pop.*) Nádegas.

traslação (tras.la.**ção**) s.f. Trasladação. Cf. *translação*.

trasladado (tras.la.**da**.do) adj. Que se trasladou, que se levou ou foi para outro lado. Cf. *transladado*.

trasladar (tras.la.**dar**) v.t.d. **1.** Levar para outro lado ou outro local; transpor, transpassar. **2.** Transcrever, copiar. v.p. **3.** Morrer. O mesmo que *transladar*.

traslado (tras.**la**.do) adj. **1.** Ato ou efeito de trasladar; mudança. **2.** Transporte de viajante com bagagem, entre aeroporto e hotel.

traspassado (tras.pas.**sa**.do) adj. **1.** Cruzado, atravessado, varado. **2.** Diz-se de roupa que se fecha com uma parte passando sobre a outra: *casaco traspassado*.

traspassar (tras.pas.**sar**) v.t.d. **1.** Passar de través; transpassar. **2.** Cruzar, varar, atravessar.

traspasse (tras.**pas**.se) s.m. **1.** Subarrendamento. **2.** Morte.

traste (**tras**.te) s.m. **1.** Móvel ou utensílio sem valor. **2.** Pessoa inútil. **3.** (*Mús.*) Cada uma das divisões no braço dos instrumentos de cordas, para orientar a posição dos dedos.

tratadista (tra.ta.**dis**.ta) s.2g. Autor de tratados.

tratado (tra.**ta**.do) s.m. **1.** Contrato internacional relativo a comércio, paz etc.: *tratado de Tordesilhas*. **2.** Convênio. **3.** Estudo ou obra acerca de uma arte ou ciência.

tratador (tra.ta.**dor**) [ô] s.m. e adj. Que ou quem trata de algo, em especial, de animais.

tratamento (tra.ta.**men**.to) s.m. **1.** Ação de tratar(-se). **2.** Maneira, modo de tratar alguém ou relacionar-se: *recebeu um tratamento muito gentil*. **3.** (*Med.*) Medicamento, operação ou outro procedimento que trata uma doença; terapia. **4.** (*Gram.*) Maneira de tratar outra pessoa, de dirigir-se a outrem: *davam-lhe o tratamento de "senhora"*.

5. Procedimento, operação. 6. Processamento, utilização: *tratamento de imagens*.
tratante (tra.**tan**.te) *adj*.2g. 1. Que procede com velhacaria. *s*.2g. 2. Pessoa tratante, velhaco.
tratar (tra.**tar**) *v.t.d*. 1. Fazer uso de. 2. Cuidar de. 3. Manejar. 4. Travar relações com. 5. Discorrer sobre. 6. Dar certo título ou tratamento a. *v.t.i*. 7. Ocupar-se. 8. Versar. *v.p*. 9. Cuidar-se.
tratável (tra.**tá**.vel) *adj*.2g. 1. Que se pode tratar, que tem tratamento ou cura: *doença tratável*. Diz-se de pessoa acessível, afável: *pessoa tratável*.
trato (**tra**.to) *s.m*. 1. Ato ou efeito de tratar(-se). 2. Modo, maneira de relacionar-se; modos, educação: *acostumada a bons tratos; uma pessoa de trato difícil*. 3. Acordo, combinado, pacto: *fizemos um trato*. 4. (*Med.*) Trecho, série de órgãos ligados: *trato digestivo*.
trator (tra.**tor**) [ô] *s.m*. Veículo de tração, motorizado, para rebocar cargas ou realizar serviços agrícolas.
tratorista (tra.to.**ris**.ta) *s*.2g. Pessoa que dirige trator.
trauma (**trau**.ma) *s.m*. 1. (*Med.*) Traumatismo. 2. Abalo emocional causado por agentes externos.
traumático (trau.**má**.ti.co) *adj*. 1. Relativo a trauma, associado a trauma. 2. Traumatizante.
traumatismo (trau.ma.**tis**.mo) *s.m*. (*Med.*) Conjunto das perturbações causadas por um ferimento ou choque.
traumatizante (trau.ma.ti.**zan**.te) *adj*.2g. Que provoca traumatismo ou trauma; traumático.
traumatizar (trau.ma.ti.**zar**) *v.t.d*. 1. Causar traumatismo a. *v.p*. 2. Sofrer traumatismo.
traumatologia (trau.ma.to.lo.**gi**.a) *s.f*. (*Med.*) Parte da medicina que se ocupa das lesões traumáticas.
trautear (trau.te.**ar**) *v.t.d. e v.i*. Cantarolar.
trava (**tra**.va) *s.f*. 1. Ato de travar. 2. Travão.
trava-língua (tra.va-**lín**.gua) *s.m*. Frase difícil de pronunciar, como "três tristes tigres". ▫ Pl. *trava-línguas*.
travamento (tra.va.**men**.to) *s.m*. Ação de travar(-se); acionamento de travas, supressão de movimento.
travanca (tra.**van**.ca) *s.f*. Empecilho.
travão (tra.**vão**) *s.m*. Espécie de alavanca que impede o movimento (de máquinas ou veículos).
travar (tra.**var**) *v.t.d*. 1. Fazer parar com trava. 2. Prender com trava. 3. Tolher. 4. Entabular. *v.t.i*. 5. Segurar. *v.i*. 6. Frear. 7. Ter travo. *v.p*. 7. Confundir-se.
trave (**tra**.ve) *s.f*. 1. Viga de madeira usada para sustentar partes elevadas de uma construção. 2. Os postes laterais do gol. 3. Aparelho de ginástica onde se realizam exercícios de equilíbrio.
travejamento (tra.ve.ja.**men**.to) *s.m*. Conjunto de traves; fundações.
través (tra.**vés**) *s.m*. Esguelha.
travessa (tra.**ves**.sa) *s.f*. 1. Peça de madeira atravessada sobre outra. 2. Viga. 3. Prato oblongo, para servir iguarias. 4. Rua estreita entre duas outras principais. 5. Espécie de tiara, para segurar o cabelo.

travessão (tra.ves.**são**) *s.m*. 1. Travessa grande. 2. Os dois braços da balança. 3. (*Gram.*) Sinal de pontuação (–) para indicar interlocutor, separar frases etc. 4. (*Mús.*) Traço que separa os compassos.
travesseiro (tra.ves.**sei**.ro) *s.m*. Espécie de almofada para apoio da cabeça de quem se deita.
travessia (tra.ves.**si**.a) *s.f*. Ato ou efeito de atravessar região, mar etc.
travesso (tra.**ves**.so) [ê] *adj*. 1. Traquinas. 2. Atravessado.
travessura (tra.ves.**su**.ra) *s.f*. 1. Ação de travesso; traquinagem. 2. Maldade de criança. 3. Malícia.
travesti (tra.ves.**ti**) *s*.2g. 1. Artista que se traveste, que encena uma personagem do sexo oposto. 2. Homem homossexual com aparência a mais próxima possível de mulher, obtida com roupas, maquiagem e implantes.
travestir (tra.ves.**tir**) *v.i. e v.p*. Disfarçar(-se) com roupas do sexo oposto. Obs.: conjuga-se como *vestir*.
travo (**tra**.vo) *s.m*. Sabor adstringente de comida ou bebida.
trazer (tra.**zer**) *v.t.d*. 1. Transportar ou conduzir para cá, aproximar deste lugar. 2. Vestir, portar, usar. 3. Ocasionar, produzir, causar. 4. Oferecer. 5. Atrair. Obs.: pres. do ind. *trago, trazes, traz, trazemos, trazeis, trazem*; pret. perf. *trouxe, trouxeste* etc. Pret. mqp. *trouxera, trouxeras* etc. Fut. do pres. *trarei, trarás* etc. Fut. do pret. *traria, trarias* etc. Pres. do subj. *traga, tragas* etc. Pret. do subj. *trouxesse, trouxesses* etc. Fut. do subj. *trouxer, trouxeres* etc.
trecentésimo (tre.cen.**té**.si.mo) *num*. 1. Ordinal e fracionário correspondente a trezentos. *s.m*. 2. Trecentésima parte.
trecho (**tre**.cho) [ê] *s.m*. 1. Intervalo. 2. Parte. 3. Fragmento de uma obra (literária ou musical).
treco (**tre**.co) *s.m*. (*Pop*.) 1. Cacareco. 2. Chilique.
trêfego (**trê**.fe.go) *adj*. Turbulento.
trégua (**tré**.gua) *s.f*. Suspensão temporária de hostilidades entre forças opostas em uma disputa.
treinador (trei.na.**dor**) [ô] *s.m*. Aquele que adestra ou que dirige um treino.
treinamento (trei.na.**men**.to) *s.m*. Ato de treinar; exercício.
treinar (trei.**nar**) *v.t.d*. 1. Adestrar. *v.i*. 2. Submeter a treinos. *v.p*. 3. Exercitar-se para uma atividade.
treino (**trei**.no) *s.m*. Ato de treinar ou de adestrar pessoas ou animais para torneios ou festas.
trejeito (tre.**jei**.to) *s.m*. 1. Gesto. 2. Careta.
trela (**tre**.la) *s.f*. Correia, corda etc. que se amarra à coleira do cão para conduzi-lo.
treliça (tre.**li**.ça) *s.f*. Trabalho de ripas de madeira cruzadas para fins funcionais ou ornamentais.
trem *s.m*. 1. Comboio ferroviário. 2. Conjunto de objetos que formam a bagagem de um viajante. 3. Bateria de cozinha. 4. Mobiliário de uma casa. 5. (*Pop*.) Objeto qualquer.
trema (**tre**.ma) [ê] *s.m*. (*Gram.*) Sinal (¨) que era colocado sobre o *u* após *q* ou *g* para indicar que é pronunciado como nas palavras *freqüência, lingüiça*

ou *tranquilo*, e que foi abolido pelo Acordo Ortográfico de 1990 das palavras da língua portuguesa. Obs.: o trema permanece em nomes próprios e em palavras estrangeiras, como *Müller, Bündchen* ou *Kümmel*. Este dicionário indica todos os casos em que o *u* após *q* ou *g* deve ser pronunciado, como em *antiguidade* [ü], *aguentar* [ü].

tremedeira (tre.me.**dei**.ra) s.f. Tremor.

tremelicar (tre.me.li.**car**) v.i. **1.** Tremer de frio ou susto. **2.** Tremer repetidamente. Obs.: pret. perf. *tremeliquei, tremelicaste* etc.; pres. do subj. *tremelique, tremeliques* etc.

tremelique (tre.me.**li**.que) s.m. Ato de tremelicar.

tremeluzir (tre.me.lu.**zir**) v.i. Brilhar com luz trêmula. Obs.: conjuga-se como *luzir*.

tremembé (tre.mem.**bé**) s.2g. **1.** Indivíduo dos tremembés, povo indígena que vive hoje no Ceará. adj.2g. **2.** Relacionado a esse povo.

tremendo (tre.**men**.do) adj. **1.** Que causa temor. **2.** Que faz tremer. **3.** Horroroso. **4.** Respeitável. **5.** Extraordinário.

tremer (tre.**mer**) v.t.d. **1.** Ter medo de. **2.** Estremecer. v.t.i. **3.** Ter medo. v.i. **4.** Tiritar por causa de. **5.** Tremular. **6.** Assustar-se.

tremido (tre.**mi**.do) adj. Produzido com tremor; pouco nítido: *letra tremida, imagem tremida*.

tremoceiro (tre.mo.**cei**.ro) s.m. (Bot.) Planta leguminosa, cujas vagens dão grãos comestíveis.

tremoço (tre.**mo**.ço) [ô] s.m. (Bot.) Grão comestível do tremoceiro.

tremor (tre.**mor**) [ô] s.m. **1.** Ato ou efeito de tremer. **2.** Agitação convulsiva. **3.** Abalo sísmico.

trempe (**trem**.pe) s.f. Arco de ferro para sustentar panelas ao fogo.

tremular (tre.mu.**lar**) v.i. Mover-se com tremor (bandeira etc.).

trêmulo (**trê**.mu.lo) adj. **1.** Que treme. **2.** Vacilante.

tremura (tre.**mu**.ra) s.f. Tremor.

trena (**tre**.na) s.f. Fita métrica para medição de terrenos.

trenó (tre.**nó**) s.m. Veículo provido de esquis, usado para deslizar sobre neve ou gelo.

trepada (tre.**pa**.da) s.f. **1.** Ladeira. **2.** (Gír.) Ato sexual; coito, cópula.

trepadeira (tre.pa.**dei**.ra) s.f. (Bot.) Diz-se da planta que cresce apoiada em outra planta ou em um suporte, como o chuchu.

trepador (tre.pa.**dor**) [ô] adj. **1.** Que trepa. s.m. **2.** (Zoo.) Espécime de aves como a arara, o tucano etc.

trépano (**tré**.pa.no) s.m. (Med.) Instrumento cirúrgico para perfurar ossos.

trepar (tre.**par**) v.t.i. **1.** Subir em, galgar, segurando com mãos ou pés: *trepou na árvore*. v.t.i. e v.i. **2.** Elevar-se ao longo de: *o pé de chuchu trepa pela cerca; o maracujá precisa de um apoio para trepar*. v.t.d. e v.i. **3.** (Pop.) Fazer sexo; copular.

trepa-trepa (tre.pa-**tre**.pa) s.m. Brinquedo para se subir ou trepar entre barras e escadas entrelaçadas, geralmente instalado em parques ou áreas abertas. ▣ Pl. *trepa-trepas*.

trepidação (tre.pi.da.**ção**) s.f. **1.** Ato ou efeito de trepidar. **2.** Certo movimento vibratório. **3.** Ligeiro abalo sísmico.

trepidar (tre.pi.**dar**) v.i. **1.** Ter ou causar trepidação. **2.** Hesitar. **3.** Tremer com medo ou susto.

tréplica (**tré**.pli.ca) s.f. Resposta a uma réplica.

treplicar (tre.pli.**car**) v.i. Responder a uma réplica. Obs.: pret. perf. *trepliquei, treplicaste* etc.; pres. do subj. *treplique, trepliques* etc.

treponema (tre.po.**ne**.ma) s.m. (Bio.) Nome de vários micro-organismos, um dos quais pode causar a sífilis.

três num. **1.** Numeral cardinal que corresponde a 3, ou dois mais um. **2.** Esse número.

tresandar (tre.san.**dar**) v.t.d. **1.** Desandar. **2.** Exalar mau cheiro.

tresloucado (tres.lou.**ca**.do) adj. Louco.

tresloucar (tres.lou.**car**) v.t.d. **1.** Desvairar. v.i. **2.** Enlouquecer. Obs.: pret. perf. *treslouquei, tresloucaste* etc.; pres. do subj. *treslouque, tresloques* etc.

tresmalhado (tres.ma.**lha**.do) adj. Que tresmalhou; debandado, desgarrado.

tresmalhar (tres.ma.**lhar**) v.t.d. **1.** Debandar. v.p. **2.** Desgarrar-se.

tresnoitar (tres.noi.**tar**) v.i. Passar a noite em claro.

trespassar (tres.pas.**sar**) v.t.d. Penetrar, passar por dentro; transpassar.

três-setes (três-**se**.tes) s.m.2n. Certo jogo de baralho. ▣ Pl. *três-setes*.

tresvariar (tres.va.ri.**ar**) v.i. Cometer, dizer desvarios; delirar.

treta (**tre**.ta) [ê] s.f. **1.** Ardil, estratagema. **2.** Mentira, engodo, enganação.

trevas (**tre**.vas) [é] s.f. **1.** Escuridão completa. **2.** (Fig.) Ignorância.

trevo (**tre**.vo) [ê] s.m. **1.** (Bot.) Planta cujas folhas se dividem em três partes. **2.** Entroncamento de vias que se entrelaçam, elevando-se ou rebaixando-se. (Mit.) *Trevo da sorte*: trevo raro, com folhas divididas em quatro partes, a que se atribui o poder de dar boa sorte.

treze (**tre**.ze) [ê] num. **1.** Numeral cardinal que corresponde a 13, ou doze mais um. s.m. **2.** Esse número.

trezena (tre.**ze**.na) s.f. **1.** Conjunto de treze unidades. **2.** Espaço de treze dias. **3.** (Relig.) Reza que se repete durante treze dias.

trezentos (tre.**zen**.tos) num. **1.** Numeral cardinal que corresponde a três centenas. s.m. **2.** Esse número.

tríade (**trí**.a.de) s.f. **1.** Trindade. **2.** (Mús.) Acorde de três sons.

triagem (tri.a.**gem**) s.f. Seleção, escolha.

triangulação (tri.an.gu.la.**ção**) s.f. Método pelo qual se levanta a planta de um terreno, dividindo-o em triângulos.

triangular (tri.an.gu.lar) adj.2g. **1.** Que tem forma de triângulo. **2.** Que tem por base um triângulo. v.t.d. **3.** Dividir em triângulos.
triângulo (tri.ân.gu.lo) s.m. **1.** (Geom.) Polígono de três lados. **2.** (Mús.) Instrumento em formato de triângulo feito com barra metálica, que se percute com uma vareta metálica.
triar (tri.ar) v.t.d. Separar, selecionar, escolher: *triou os morangos mais bonitos para enfeitar a torta.*
triássico (tri.ás.si.co) s.m. (Geo.) **1.** Período da história da Terra em que surgiram os dinossauros, os mamíferos e as florestas de coníferas e samambaias, posterior ao Permiano e anterior ao Jurássico. adj. **2.** Relativo ou pertencente a esse período.
triatleta (tri.a.tle.ta) s.2g. Atleta que pratica o triatlo.
triatlo (tri.a.tlo) s.m. (Esp.) Conjunto de três provas do atletismo, constituído por natação, ciclismo e corrida.
tribal (tri.bal) adj.2g. Pertencente à tribo.
tribalismo (tri.ba.lis.mo) s.m. Modo de vida em tribos; organização tribal.
tribalista (tri.ba.lis.ta) adj.2g. Relacionado ao tribalismo.
tribo (tri.bo) s.f. **1.** Grupo étnico unido por língua, costumes e tradições, que vive em comunidade, sob um mesmo chefe. **2.** Grupo indígena.
tribulação (tri.bu.la.ção) s.f. Adversidade, contrariedade.
tribuna (tri.bu.na) s.f. **1.** Lugar elevado de onde falam os oradores. **2.** Lugar de honra nos palanques. **3.** Veículo de comunicação usado para defesa de causa.
tribunal (tri.bu.nal) s.m. (Dir.) **1.** Jurisdição de um juiz ou de um conjunto de juízes. **2.** Magistrados que compõem um tribunal. **3.** Entidade moral que pode formar juízo e considerar-se juiz. **4.** Lugar onde se administra a justiça.
tribuno (tri.bu.no) s.m. **1.** Orador de assembleias políticas. **2.** Orador revolucionário.
tributar (tri.bu.tar) v.t.d. **1.** Impor tributo a. v.t.d.i. **2.** Dedicar a alguém ou a algo, como tributo.
tributário (tri.bu.tá.ri.o) adj. **1.** Que paga tributo, relacionado ao pagamento de impostos. s.m. **2.** Afluente.
tributarista (tri.bu.ta.ris.ta) adj.2g. Especialista no cálculo de impostos e no planejamento ou organização de atividades em função dos enquadramentos fiscais.
tributo (tri.bu.to) s.m. **1.** Imposto. **2.** Homenagem. **3.** O que se concede por hábito ou necessidade.
trica (tri.ca) s.f. **1.** Trapaça. **2.** Intriga.
tricampeão (tri.cam.pe.ão) s.m. Indivíduo (ou clube) que venceu três campeonatos.
tricenal (tri.ce.nal) adj.2g. Que dura trinta anos.
tricentenário (tri.cen.te.ná.ri.o) adj. **1.** Que tem trezentos anos. s.m. **2.** Comemoração de fato sucedido há trezentos anos.
tricentésimo (tri.cen.té.si.mo) num. **1.** Numeral ordinal que corresponde à posição do número 300. **2.** Numeral fracionário correspondente a 1/300.

triciclo (tri.ci.clo) s.m. Velocípede de três rodas.
tricô (tri.cô) s.m. Tecido de malhas entrelaçadas a mão ou a máquina.
tricoline (tri.co.li.ne) s.f. Tecido fino de algodão.
tricolor (tri.co.lor) [ô] adj.2g. De três cores.
tricórnio (tri.cór.ni.o) s.m. Chapéu de três bicos.
tricotar (tri.co.tar) v.i. Fazer tricô.
tricotomia (tri.co.to.mi.a) s.f. (Med.) Remoção dos pelos de área a ser operada.
tridente (tri.den.te) adj.2g. **1.** Que tem três dentes. s.m. **2.** Espécie de forcado. **3.** (Mit.) Cetro mitológico de Netuno.
tridimensional (tri.di.men.si.o.nal) adj.2g. Relativo às três dimensões: *comprimento, largura e altura.*
tríduo (trí.duo) s.m. **1.** Espaço de três dias sucessivos. **2.** Festa que dura três dias.
triedro (tri.e.dro) s.m. (Geom.) Poliedro formado de três faces.
trienal (tri.e.nal) adj.2g. **1.** Que dura três anos. **2.** Que se realiza de três em três anos.
triênio (tri.ê.ni.o) s.m. Espaço de três anos.
trifásico (tri.fá.si.co) adj. Diz-se das correntes elétricas de três fases.
trifólio (tri.fó.li.o) s.m. **1.** (Bot.) Trevo. **2.** Ornato em forma de trevo.
trigal (tri.gal) s.m. Campo de trigo.
trigêmeo (tri.gê.me.o) s.m. e adj. **1.** Diz-se de ou cada um dos bebês que nascem do mesmo parto. **2.** Diz-se de ou nervo da face que se divide em três ramos.
trigésimo (tri.gé.si.mo) num. **1.** (O) que está na posição do número 30; numeral ordinal que corresponde a esse número. **2.** Numeral fracionário correspondente a 1/30.
trigo (tri.go) s.m. (Bot.) **1.** Planta gramínea. **2.** Grão dessa planta, com o qual se faz farinha e numerosas massas.
trigonometria (tri.go.no.me.tri.a) s.f. (Mat.) Parte da matemática que estuda os cálculos acerca dos triângulos.
trigrama (tri.gra.ma) s.m. **1.** Palavra de três letras. **2.** Sinal composto de três caracteres.
trigueiro (tri.guei.ro) adj. Da cor do trigo maduro; moreno.
trilar (tri.lar) v.i. Cantar como passarinho; chilrear, gorjear.
trilateral (tri.la.te.ral) adj.2g. Que tem três lados.
trilha (tri.lha) s.f. **1.** Rastro, vestígio, impressões da passagem: *seguir a trilha de um animal.* **2.** Vereda, caminho rústico. **3.** Atividade ou competição esportiva de percorrer caminhos rústicos, com veículos ou a pé. **4.** (Fig.) Caminho, passos, modelo: *seguiu a trilha do pai.*
trilhão (tri.lhão) num. **1.** Numeral cardinal que corresponde a mil bilhões. s.m. **2.** Esse número.
trilhar (tri.lhar) v.t.d. **1.** Debulhar com trilho. **2.** Seguir (direção). **3.** Abrir caminho por.
trilho (tri.lho) s.m. **1.** Cada uma das duas barras metálicas sobre as quais andam trens, bondes etc.; carril. **2.** Trilha. **3.** Suporte para cortinas.

trilíngue (tri.lín.gue) [ü] *adj.2g.* Que fala ou utiliza três línguas: *curso trilíngue.* Cf. *monolíngue* e *poliglota.*
trilo (tri.lo) *s.m.* (*Mús.*) Repetição rápida de duas notas próximas; trinado.
trilogia (tri.lo.gi.a) *s.f.* **1.** Tríade. **2.** Peça científica ou literária em três partes. **3.** (*Lit.*) Poema dramático composto de três tragédias, comum na antiga Grécia.
trimensal (tri.men.sal) *adj.2g.* Que se realiza três vezes por mês: *viagem trimensal.*
trimestral (tri.mes.tral) *adj.2g.* **1.** Que dura três meses. **2.** Que se realiza de três em três meses.
trimestre (tri.mes.tre) *s.m.* Período de três meses.
trinado (tri.na.do) *s.m.* **1.** Ato de trinar. **2.** (*Mús.*) Articulação rápida e alternada de duas notas.
trinar (tri.nar) *v.i.* Soltar trinados, gorjear.
trinca (trin.ca) *s.f.* **1.** Reunião de três elementos análogos. **2.** Em jogos de baralho, grupo de três cartas de mesmo valor. **3.** Rachadura, fenda, fissura.
trinca-ferro (trin.ca-fer.ro) *s.m.* (*Zoo.*) Ave canora de 30 cm, de bico forte, corpo esverdeado com peito claro, que ocorre em todo o Brasil; pixarro, papa-banana. ▪ Pl. *trincas-ferro.*
trincar (trin.car) *v.t.d.* **1.** Cortar com os dentes. *v.i.* **2.** Rachar. *v.p.* **3.** Fender-se. Obs.: pret. perf. *trinquei, trincaste* etc.; pres. do subj. *trinque, trinques* etc.
trincha (trin.cha) *s.f.* **1.** Enxó de carpinteiro. **2.** Pincel espalmado. **3.** Ferramenta para arrancar pregos.
trinchante (trin.chan.te) *s.m.* Grande faca para trinchar.
trinchar (trin.char) *v.t.d.* Cortar em pedaços (carne).
trincheira (trin.chei.ra) *s.f.* Escavação feita no solo, para proteger combatentes.
trinco (trin.co) *s.m.* **1.** Pequena tranca que se levanta por meio de chave. **2.** Fechadura por onde se introduz a chave que levanta a tranca.
trindade (trin.da.de) *s.f.* **1.** Grupo de três elementos; tríade. (próprio) **2.** (*Relig.*) Dogma católico das três pessoas divinas que formam o Deus único, que são o Criador, ou Deus-Pai; Jesus Cristo, seu filho, e o Espírito Santo.
trinitário-tobaguense (tri.ni.tá.ri.o-to.ba.guen.se) *adj.2g.* **1.** De Trinidad e Tobago, país da América Central. *s.2g.* **2.** Pessoa natural ou habitante desse lugar. ▪ Pl. *trinitário-tobaguenses.*
trineto (tri.ne.to) *s.m.* Filho do bisneto ou da bisneta.
trino (tri.no) *adj.* **1.** Composto de três. *s.m.* **2.** Trinado.
trinômio (tri.nô.mi.o) *s.m.* **1.** (*Mat.*) Polinômio composto por três termos. **2.** (*Bio.*) Nome de gênero, subespécie, espécie ou variedade formado por um substantivo e dois adjetivos do latim. *adj.* **3.** Que tem três termos ou partes.
trinque (trin.que) *s.m.* Elegância. **Nos trinques:** em ótimo estado.
trinta (trin.ta) *num.* **1.** Numeral cardinal que corresponde a 30, ou três dezenas. *s.m.* **2.** Esse número.
trinta e um (trin.ta e um) *s.m.2n.* Jogo de baralho popular na Espanha.
trintão (trin.tão) *adj.* (*Pop.*) Que está na casa dos trinta anos.
trio (tri.o) *s.m.* **1.** Grupo de três pessoas ou coisas. **2.** (*Mús.*) Composição musical para três vozes ou três instrumentos.
tripa (tri.pa) *s.f.* Intestino, víscera.
tripanossomo (tri.pa.nos.so.mo) *s.m.* (*Bio.*) Protozoário parasito que vive no sangue de diversos vertebrados e causa várias doenças.
tripartir (tri.par.tir) *v.t.d.* e *v.p.* Partir(-se) em três.
tripé (tri.pé) *s.m.* **1.** Banco com três pés; tripeça. **2.** Suporte portátil que se escora em três pés, para apoiar diversos objetos.
tripeça (tri.pe.ça) [é] *s.f.* Tripé.
triplex (tri.plex) [cs] *s.m.2n.* e *adj.2g.* (Apartamento) de três andares.
triplicar (tri.pli.car) *v.t.d.* **1.** Tornar triplo. *v.i.* e *v.p.* **2.** Tornar-se triplo. Obs.: pret. perf. *tripliquei, triplicaste* etc.; pres. do subj. *triplique, tripliques* etc.
triplicata (tri.pli.ca.ta) *s.f.* Terceira cópia.
tríplice (trí.pli.ce) *adj.2g.* **1.** Formado por três elementos: *lista tríplice.* **2.** Triplo.
triplicidade (tri.pli.ci.da.de) *s.f.* Qualidade do que é tríplice.
triplo (tri.plo) *num.* **1.** Três vezes maior que outro. *s.m.* **2.** Quantidade três vezes maior que outra.
trípode (trí.po.de) *adj.2g.* Que tem três pés.
tripsina (trip.si.na) *s.f.* (*Bio.*) Principal enzima produzida pelo pâncreas.
tripudiar (tri.pu.di.ar) *v.i.* **1.** Sapatear. **2.** Levar vantagem sobre alguém, humilhando-o.
tripúdio (tri.pú.di.o) *s.m.* **1.** Ato ou efeito de tripudiar. **2.** (*Fig.*) Libertinagem.
tripulação (tri.pu.la.ção) *s.f.* Pessoal que trabalha em uma aeronave ou embarcação.
tripulante (tri.pu.lan.te) *s.2g.* Cada pessoa da tripulação.
tripular (tri.pu.lar) *v.t.d.* **1.** Prover de tripulação. **2.** Dirigir (aeronave ou embarcação).
triquina (tri.qui.na) *s.f.* (*Bio.*) Verme que vive nos músculos do porco e de outros animais.
trisavô (tri.sa.vô) *s.m.* Pai do bisavô ou da bisavó. No feminino, trisavó.
trismo (tris.mo) *s.m.* (*Med.*) Cerração involuntária da boca, pela contração espasmódica dos músculos da mandíbula.
trissilábico (tris.si.lá.bi.co) *adj.* Que tem três sílabas; trissílabo.
trissílabo (tris.sí.la.bo) *adj.* **1.** Trissilábico. *s.m.* **2.** Palavra de três sílabas.
triste (tris.te) *adj.2g.* **1.** Sem alegria, infeliz. **2.** Melancólico, abatido, deprimido. **3.** Lastimoso, choroso, magoado.
tristeza (tris.te.za) *s.f.* **1.** Sentimento de infelicidade, melancolia ou pesar; falta de prazer, de alegria: *uma tristeza o invadiu.* **2.** Qualidade ou condição de triste; mágoa, desconsolo.

tristonho (tris.to.nho) [ô] adj. Que infunde ou revela tristeza.
tritão (tri.tão) s.m. (Zoo.) Anfíbio aquático de corpo alongado, semelhante à salamandra.
tritíceo (tri.tí.ce.o) adj. Relativo a trigo ou a triticultura.
triticultor (tri.ti.cul.tor) [ô] s.m. Aquele que cultiva trigo.
triticultura (tri.ti.cul.tu.ra) s.f. Cultura do trigo.
tritongo (tri.ton.go) s.m. (Gram.) Grupo de uma vogal cercada de duas semivogais na mesma sílaba.
trituração (tri.tu.ra.ção) s.f. Ato ou efeito de triturar: *os dentes do fundo servem para a trituração dos alimentos*.
triturador (tri.tu.ra.dor) [ô] adj. **1.** Que tritura. s.m. **2.** Aparelho triturador.
triturar (tri.tu.rar) v.t.d. **1.** Reduzir a fragmentos. **2.** Converter em massa.
triunfador (tri.un.fa.dor) [ô] adj. **1.** Triunfante. s.m. **2.** Aquele que triunfa.
triunfal (tri.un.fal) adj.2g. **1.** Relativo a triunfo. **2.** Em que há triunfo.
triunfante (tri.un.fan.te) adj.2g. **1.** Que triunfa. **2.** Radiante de alegria.
triunfar (tri.un.far) v.i. **1.** Conseguir triunfo. **2.** Exultar. **3.** Prevalecer.
triunfo (tri.un.fo) s.m. **1.** Vitória. **2.** Esplendor. **3.** Êxito brilhante. **4.** Grande alegria.
triunvirato (tri.un.vi.ra.to) s.m. **1.** (Hist.) Aliança entre três líderes políticos ou entre três governantes da Roma antiga, no século I a.C. **2.** (Fig.) Liderança exercida por três pessoas.
triúnviro (tri.ún.vi.ro) s.m. Membro de um triunvirato.
trivial (tri.vi.al) adj.2g. **1.** Notório. **2.** Vulgar. s.m. **3.** Conjunto dos pratos simples das refeições cotidianas e familiares.
trivialidade (tri.vi.a.li.da.de) s.f. Coisa trivial.
trívio (trí.vi.o) s.m. Na Idade Média, nome dado ao curso em que se estudavam gramática, retórica e dialética.
triz s.m. Por um triz: por pouco, quase.
troar (tro.ar) v.i. Trovejar. Obs.: pres. do ind. *troo, troas* etc.
troça (tro.ça) s.f. **1.** Zombaria. **2.** Farra.
troca (tro.ca) s.f. Ato ou efeito de trocar.
trocadilho (tro.ca.di.lho) s.m. Jogo de palavras semelhantes no som, que dão margem a equívocos.
trocado (tro.ca.do) adj. **1.** Que se trocou. **2.** Dinheiro de pequeno valor, recebido como troco.
trocador (tro.ca.dor) [ô] adj. **1.** Que troca. s.m. **2.** Aquele que troca. **3.** Cobrador de coletivo.
trocar (tro.car) v.t.d. **1.** Dar em troca. **2.** Substituir uma coisa por outra. **3.** Dar o troco. **4.** Alterar. v.t.d.i. **5.** Permutar entre si. Obs.: pret. perf. *troquei, trocaste* etc.; pres. do subj. *troque, troques* etc.
troçar (tro.çar) v.t.d. **1.** Zombar de. v.t.i. **2.** Fazer troça. Obs.: pret. perf. *trocei, troçaste* etc.; pres. do subj. *troce, troces* etc.
trocista (tro.cis.ta) adj.2g. Que gosta de troçar.

troco (tro.co) [ô] s.m. **1.** Troca. **2.** Quantia que o vendedor devolve ao comprador, que pagou com valor maior que o ajustado. **3.** (Pop.) Revide, retaliação, resposta: *espere só até eu dar o troco*.
troço (tro.ço) [ô] s.m. **1.** Qualquer coisa. **2.** Coisa imprestável. **3.** Pedaço de madeira. **4.** Multidão. **5.** Corpo de tropas.
troféu (tro.féu) s.m. **1.** Objeto que simboliza e comemora uma vitória ou um prêmio: *ganhou taças, estatuetas, placas e outros troféus*. **2.** Despojos de inimigo vencido.
troglodita (tro.glo.di.ta) adj.2g. **1.** Que vive em caverna. s.2g. **2.** Pessoa troglodita. **3.** (Fig.) Pessoa primitiva.
trolar (tro.lar) v.t.d. ou v.i. (Gír. Int.) Tirar sarro, perturbar ou enganar alguém, pela internet ou não: *eles trolaram muito o novato*. Obs.: do inglês *troll*, que significa "provocador". Esta palavra não consta no *Volp*.
trole (tro.le) s.m. Vagão descoberto que é movido manualmente.
trólebus (tró.le.bus) s.m. Ônibus elétrico. O mesmo que *tróleibus*.
trolha (tro.lha) [ô] s.f. **1.** Espécie de pá de pedreiro, para retirar a argamassa que vai ser usada. s.m. **2.** Servente de pedreiro. **3.** (Fig.) Indivíduo desqualificado.
trololó (tro.lo.ló) s.m. (Mús.) Música de caráter ligeiro e fácil.
trom s.m. Som de trovão ou canhão.
tromba (trom.ba) s.f. **1.** (Zoo.) Órgão comprido no focinho do elefante, da anta e de outros animais, com o qual pegam alimentos e sentem cheiros. **2.** Sugadouro de inseto. **3.** (Pop.) Cara amarrada.
tromba-d'água (trom.ba-d'á.gua) s.f. **1.** Tornado que ocorre no mar. **2.** (Fig.) Aguaceiro. ▪ Pl. *trombas-d'água*.
trombada (trom.ba.da) s.f. **1.** Pancada com tromba ou focinho. **2.** Colisão.
trombadinha (trom.ba.di.nha) s.2g. (Pop.) Menor delinquente.
trombar (trom.bar) v.t.d.i. **1.** Dar trombada. **2.** Colidir.
trombeta (trom.be.ta) [ê] s.f. (Mús.) **1.** Instrumento de sopro, em geral de cobre. **2.** Espécie de corneta sem voltas.
trombetear (trom.be.te.ar) v.t.d. (Fig.) Alardear. Obs.: pres. do ind. *trombeteio, trombeteias* etc.; pres. do subj. *trombeteie, trombeteies* etc.
trombicar (trom.bi.car) v.i. Burlar. Obs.: pret. perf. *trombiquei, trombicaste* etc.; pres. do subj. *trombique, trombiques* etc.
trombo (trom.bo) s.m. (Med.) Coágulo sanguíneo no interior dos vasos.
trombone (trom.bo.ne) s.m. (Mús.) Instrumento de sopro feito de metal com longo tubo cilíndrico, usado em fanfarras, bandas e orquestras.
trombonista (trom.bo.nis.ta) s.2g. (Mús.) Indivíduo que toca trombone.

trombose (trom.**bo**.se) *s.m.* (*Med.*) Coagulação do sangue dentro do aparelho circulatório.
trombudo (trom.**bu**.do) *adj.* **1.** Que tem tromba. **2.** (*Fig.*) Carrancudo.
trompa (trom.pa) *s.f.* **1.** (*Mús.*) Instrumento de sopro com longo tubo em espiral, terminado em largo pavilhão. **2.** (*Quím.*) Instrumento de vidro, usado em laboratórios, para a aspiração do ar.
trompaço (trom.**pa**.ço) *s.m.* **1.** Empurrão. **2.** Bofetada.
trompete (trom.**pe**.te) *s.m.* (*Mús.*) Instrumento de sopro com tubo alongado que termina em pavilhão cônico.
trompetista (trom.pe.**tis**.ta) *s.2g.* (*Mús.*) Indivíduo que toca trompete.
trompista (trom.**pis**.ta) *s.2g.* Músico que toca trompa.
troncho (tron.cho) *adj.* **1.** Mutilado. **2.** Torto. *s.m.* **3.** Membro cortado. **4.** Talo de couve tronchuda.
tronchudo (tron.**chu**.do) *adj.* Que tem talos grossos.
tronco (tron.co) *s.m.* **1.** (*Bot.*) Caule das árvores. **2.** (*Anat.*) Parte do corpo que sustenta a cabeça e a qual estão articulados os membros. **3.** Antigo instrumento de tortura. **4.** Origem de família, raça etc. **5.** (*Geom.*) Parte do sólido geométrico separado por um corte perpendicular ao respectivo eixo.
troncudo (tron.**cu**.do) *adj.* Que tem tronco robusto.
trono (tro.no) *s.m.* **1.** Assento elevado dos soberanos em ocasiões solenes. **2.** (*Fig.*) Poder soberano.
tronos (tro.nos) *s.m.* (*Relig.*) Um dos nove coros de anjos.
tropa (tro.pa) *s.f.* **1.** Multidão. **2.** Conjunto de militares. **3.** O exército. **4.** Caravana de animais de carga.
tropeção (tro.pe.**ção**) *s.m.* Ato de tropeçar, cambaleando.
tropeçar (tro.pe.**çar**) *v.t.i.* **1.** Dar com o pé involuntariamente. **2.** Encontrar empecilho. **3.** Hesitar. *v.i.* **4.** Dar tropeção. Obs.: pret. perf. *tropecei, tropeçaste* etc.; pres. do subj. *tropece, tropeces* etc.
tropeço (tro.**pe**.ço) [ê] *s.m.* **1.** Coisa em que se tropeça. **2.** (*Fig.*) Empecilho.
trôpego (trô.**pe**.go) *adj.* **1.** Que anda com dificuldade. **2.** Que não pode ou mal pode mover os membros.
tropeiro (tro.**pei**.ro) *s.m.* Condutor de tropa.
tropel (tro.**pel**) *s.m.* **1.** Ruído ou tumulto produzido pelo movimento de multidão. **2.** Andar ruidoso de cavalgadura.
tropelia (tro.pe.**li**.a) *s.f.* **1.** Efeito de tropel. **2.** (*Fig.*) Travessura.
tropical (tro.pi.**cal**) *adj.2g.* **1.** Relativo aos trópicos ou às regiões por eles delimitadas. **2.** Diz-se de clima quente e úmido, mais ameno que o equatorial. **3.** Certo tecido leve.
tropicalismo (tro.pi.ca.**lis**.mo) *s.m.* Movimento artístico brasileiro da década de 1960, forte especialmente na música, que unia elementos tradicionais da cultura popular a elementos da arte pop e da vanguarda erudita.

tropicalista (tro.pi.ca.**lis**.ta) *adj.2g.* **1.** Relacionado ao tropicalismo. *s.2g.* **2.** Artista ligado ao tropicalismo: *Gilberto Gil e Caetano Veloso foram célebres tropicalistas.*
tropicão (tro.pi.**cão**) *s.m.* Tropeço grande; topada.
tropicar (tro.pi.**car**) *v.i.* Tropeçar várias vezes. Obs.: pret. perf. *tropiquei, tropicaste* etc.; pres. do subj. *tropique, tropiques* etc.
trópico (**tró**.pi.co) *s.m.* **1.** Cada um dos dois paralelos que distam 23°27' do Equador, respectivamente o Trópico de Câncer, no hemisfério Norte, e o Trópico de Capricórnio, no hemisfério Sul. **2.** Cada uma das regiões limitadas pelos trópicos.
tropismo (tro.**pis**.mo) *s.m.* (*Bio.*) Reação de aproximação ou afastamento de um organismo mediante uma fonte de estímulo.
tropo (tro.po) *s.m.* (*Gram.*) Emprego de palavra ou expressão em sentido figurado.
trotão (tro.**tão**) *s.m.* e *adj.* **1.** (Cavalo ou mula) que trota; trotador. **2.** Montaria ruim, inferior.
trotar (tro.**tar**) *v.i.* **1.** Andar a trote. **2.** Andar a cavalo trotando.
trote (tro.te) *s.m.* **1.** Andadura natural das cavalgaduras. **2.** Troça feita pelos veteranos das escolas com os calouros. **3.** Troça feita por telefone.
trouxa (trou.xa) *s.2g.* e *adj.2g.* **1.** (*Pop.*) (Pessoa) tola. *s.f.* **2.** Fardo de roupa.
trova (tro.va) *s.f.* (*Lit.*) **1.** Composição lírica, ligeira e de caráter popular. **2.** Quadra popular.
trovador (tro.va.**dor**) [ô] *s.m.* (*Lit.*) **1.** Poeta lírico provençal dos séculos XII e XIII. **2.** Poeta lírico português do fim da Idade Média. **3.** Menestrel.
trovadoresco (tro.va.do.**res**.co) *adj.* Relacionado a trovador ou a sua atividade.
trovão (tro.**vão**) *s.m.* Estrondo causado por descarga elétrica do ar.
trovar (tro.**var**) *v.i.* Fazer ou cantar trovas.
trovejante (tro.ve.**jan**.te) *adj.2g.* Que troveja.
trovejar (tro.ve.**jar**) *v.i.* **1.** Estrondear o trovão; trovoar, haver trovoada. **2.** Soar muito forte; tonitruar.
trovoada (tro.vo.**a**.da) *s.f.* **1.** Trovão. **2.** Tempestade com trovões.
trovoar (tro.vo.**ar**) *v.i.* Trovejar.
truanice (tru.a.**ni**.ce) *s.f.* Trejeito ou dito de truão.
truão (tru.**ão**) *s.m.* Bobo, palhaço.
trucá (tru.**cá**) *s.2g.* **1.** Indivíduo dos trucás, povo indígena que vive hoje em Pernambuco. *adj.2g.* **2.** Relacionado a esse povo.
trucar (tru.**car**) *v.i.* Propor a primeira parada no truque. Obs.: pret. perf. *truquei, trucaste* etc.; pres. do subj. *truque, truques* etc.
trucidar (tru.ci.**dar**) *v.t.d.* Matar barbaramente.
truco (tru.co) *s.m.* Certo jogo de cartas, bastante popular no Sudeste; truque: *jogavam truco fazendo muita algazarra.*
truculento (tru.cu.**len**.to) *adj.* Cruel, brutal.
trufa (tru.fa) *s.f.* **1.** (*Bio.*) Cogumelo subterrâneo comestível, branco ou preto, que nasce sob a neve, em algumas regiões da Itália. **2.** Bombom fino recheado com creme de chocolate.

truísmo (tru.**ís**.mo) s.m. Verdade evidente.
trumaí (tru.ma.**í**) s.2g. **1.** Indivíduo dos trumaís, povo indígena que vive hoje no Mato Grosso. *adj.2g.* **2.** Relacionado a esse povo.
trumbicar (trum.bi.**car**) v.i. (Pop.) **1.** Sair-se mal. v.p. **2.** Estrepar-se. Obs.: pret. perf. *trumbiquei, trumbicaste* etc.; pres. do subj. *trumbique, trumbiques* etc.
truncar (trun.**car**) v.t.d. **1.** Mutilar. **2.** Separar do tronco. **3.** (Fig.) Omitir. Obs.: pret. perf. *trunquei, truncaste* etc.; pres. do subj. *trunque, trunques* etc.
trunfa (trun.fa) s.f. **1.** Certo tipo de toucado. **2.** Cabelo em desalinho.
trunfo (trun.fo) s.m. **1.** Certo jogo de cartas. **2.** Naipe que prevalece aos outros em certos jogos de cartas. **3.** (Fig.) Pessoa de grande influência ou importância.
trupe (tru.pe) s.f. Grupo teatral ou de artistas.
truque (tru.que) s.m. **1.** Ardil, recurso hábil para criar um efeito. **2.** Mágica, prestidigitação. **3.** Engano, ilusão. **4.** Truco.
truste (trus.te) s.m. Sociedade que suprime a concorrência e impõe os preços no mercado.
truta (tru.ta) s.f. (Zoo.) Peixe de águas frias, do grupo do salmão, de carne muito valorizada.
truz interj. **1.** Termo imitativo do som de queda ou explosão. s.m. **2.** Pancada.
tsé-tsé (tsé-**tsé**) s.f. (Zoo.) Mosca africana que transmite a doença do sono. ▫ Pl. *tsé-tsés*.
tu pron. Pronome pessoal da segunda pessoa do singular, que indica a pessoa com quem se fala. ▫ Pl. *vós*.
tua pron. Feminino de *"teu"*.
tuba (tu.ba) s.f. **1.** (Mús.) Instrumento de sopro mais grave entre os metais, provido de embocadura e pistões. **2.** (Anat.) Nome dado a certos canais do corpo humano que ligam dois órgãos.
tubagem (tu.ba.**gem**) s.f. **1.** Tubulação. **2.** Sistema de funcionamento ou disposição de certos tubos.
tubarão (tu.ba.**rão**) s.m. **1.** (Zoo.) Peixe marinho cartilaginoso, muito voraz. **2.** (Fig.) Produtor ou comerciante ganancioso.
tubérculo (tu.**bér**.cu.lo) s.m. **1.** (Bot.) Caule subterrâneo semelhante a uma raiz, às vezes com fécula, como a mandioca. **2.** (Med.) Saliência natural em qualquer parte do corpo.
tuberculose (tu.ber.cu.**lo**.se) s.f. (Med.) Infecção causada pelo bacilo de Koch, que pode atacar vários órgãos, em especial, os pulmões.
tuberculoso (tu.ber.cu.**lo**.so) [ô] adj. **1.** Atacado de tuberculose. **2.** Relativo a tubérculo. s.m. **3.** Indivíduo tuberculoso. ▫ Pl. *tuberculosos* [ó].
tuberosa (tu.be.**ro**.sa) s.f. (Bot.) **1.** Qualquer planta que tem tubérculos, como a mandioca ou a beterraba. **2.** Angélica.
tuberosidade (tu.be.ro.si.**da**.de) s.f. Saliência em forma de tubérculo.
tuberoso (tu.be.**ro**.so) [ô] adj. **1.** Relacionado a tubérculo, que tem tubérculo: *a porção tuberosa de uma planta*. **2.** Que tem forma de tubérculo. ▫ Pl. *tuberosos* [ó].

tubinho (tu.**bi**.nho) s.m. Certo tipo de vestido de corte reto.
tubo (tu.bo) s.m. **1.** Canal cilíndrico, reto ou curvo, por onde passam ou saem líquidos ou fluidos. **2.** Vaso cilíndrico de vidro. **3.** Qualquer canal de organismo animal.
tubulação (tu.bu.la.**ção**) s.f. **1.** Conjunto de tubos. **2.** Colocação de tubos.
tubulão (tu.bu.**lão**) s.m. (Const.) Fundação constituída por grande tubo enterrado, para suportar pontes ou outras obras.
tubular (tu.bu.**lar**) adj.2g. Que tem forma de tubo.
tucaninho (tu.ca.**ni**.nho) s.m. (Zoo.) Araçari.
tucano (tu.**ca**.no) s.m. **1.** (Zoo.) Ave de grande bico recurvo. *adj.2g.* **2.** Indivíduo dos tucanos, povo indígena que vive hoje no Amazonas. *adj.2g.* **3.** Relacionado a esse povo. s.m. **4.** Idioma desse povo.
tucum (tu.**cum**) s.m. **1.** (Bot.) Certa palmeira de cujas folhas se extrai fibra e da semente se faz óleo comestível. **2.** Fibra do tucum.
tucumã (tu.cu.**mã**) s.m. **1.** (Bot.) Certa palmeira de frutos comestíveis. **2.** (Zoo.) Cágado da região do rio Tocantins.
tucuna (tu.**cu**.na) s.2g. **1.** Indivíduo dos tucunas, povo indígena que vive hoje no Amazonas. *adj.2g.* **2.** Relacionado a esse povo.
tucunaré (tu.cu.na.**ré**) s.m. (Zoo.) Peixe amazônico de carne apreciada.
tucupi (tu.cu.**pi**) s.m. (Culin.) Tempero ou molho feito com suco de mandioca com jambu e outras ervas, apimentado, típico da cozinha amazônica.
tudo (tu.do) pron. indef. **1.** Totalidade das pessoas e coisas que existem. **2.** Coisa essencial. **3.** Todas as coisas.
tudo-nada (tu.do-**na**.da) s.m. Porção muito pequena. ▫ Pl. *tudo-nadas, tudos-nadas*.
tufão (tu.**fão**) s.m. Vento muito forte e tempestuoso.
tufar (tu.**far**) v.t.d. **1.** Aumentar o volume. v.i. e v.p. **2.** Tornar-se mais volumoso.
tufo (tu.fo) s.m. **1.** Porção de plantas, flores, pelos ou penas agrupados. **2.** Montículo. **3.** Saliência formada pelo tecido de um vestuário.
tugir (tu.**gir**) v.i. Falar baixinho, murmurar. Obs.: não se conjuga nas formas em que o *g* transformado em *j* se seguiria *o* ou *a*.
tugúrio (tu.**gú**.ri.o) s.m. **1.** Refúgio. **2.** Cabana.
tuim (tu.**im**) s.m. (Zoo.) Pequeno periquito que vive em bandos.
tuíste (tu.**ís**.te) s.m. (Mús.) Tipo de música e dança de origem norte-americana.
tuiuca (tui.**u**.ca) s.2g. **1.** Indivíduo dos tuiucas, povo indígena que vive hoje no Amazonas. *adj.2g.* **2.** Relacionado a esse povo.
tuiuiú (tui.ui.**ú**) s.m. (Zoo.) Grande pássaro de plumagem branca, cabeça pelada e bico largo.
tule (tu.le) s.m. Filó, tecido leve e transparente.
tulha (tu.lha) s.f. **1.** Celeiro. **2.** Montão de cereais.
túlio (**tú**.li.o) s.m. (Quím.) Elemento químico, metal, de símbolo Tm, com número atômico 69 e massa atômica igual a 168,93.

tulipa (tu.li.pa) s.f. **1.** (*Bot.*) Certa erva de flores viçosas. **2.** Flor dessa erva. **3.** (*Pop.*) Copo alto, para chope ou cerveja.
tumba (tum.ba) s.f. **1.** Lápide sepulcral. **2.** Sepultura.
tumefação (tu.me.fa.ção) s.f. (*Bio.*) Ato ou efeito de tumefazer(-se).
tumefato (tu.me.fa.to) adj. (*Bio.*) Intumescido, inchado.
tumefazer (tu.me.fa.zer) v.i. e v.p. (*Bio.*) Intumescer(-se), inchar. Obs.: conjuga-se como *fazer*.
tumescência (tu.mes.cên.ci.a) s.f. (*Bio.*) Inchaço, tumefação.
túmido (tú.mi.do) adj. **1.** Tumefato. **2.** Saliente. **3.** (*Fig.*) Arrogante.
tumor (tu.mor) [ô] s.m. (*Bio.*) **1.** Aumento de volume anormal em um órgão ou outra parte do corpo. **2.** Massa formada pela multiplicação anômala e em desordem das células de um tecido.
tumoral (tu.mo.ral) adj.2g. Que tem caráter de tumor.
tumular (tu.mu.lar) adj.2g. **1.** De túmulo. **2.** Relativo a túmulo.
túmulo (tú.mu.lo) s.m. **1.** Sepultura. **2.** Monumento funerário erguido em memória de alguém no lugar onde se acha sepultado.
tumulto (tu.mul.to) s.m. **1.** Movimento desordenado. **2.** Confusão. **3.** Briga.
tumultuado (tu.mul.tu.a.do) adj. **1.** Perturbado. **2.** Desordenado.
tumultuar (tu.mul.tu.ar) v.t.d. **1.** Incitar à desordem. **2.** Desarrumar. v.i. **3.** Fazer grande tumulto.
tumultuário (tu.mul.tu.á.ri.o) adj. Relacionado a tumulto; feito com tumulto.
tumultuoso (tu.mul.tu.o.so) [ô] adj. Em que há tumulto. ▣ Pl. *tumultuosos* [ó].
tunda (tun.da) s.f. **1.** Surra. **2.** (*Fig.*) Crítica severa.
tundra (tun.dra) s.f. (*Bio.*) Formação vegetal de regiões frias, com vegetação herbácea, arbustos, musgos e liquens.
túnel (tú.nel) s.m. Caminho ou passagem subterrânea.
tungar (tun.gar) v.t.d. (*Raro*) **1.** Iludir, enganar. **2.** Roubar.
tungstênio (tun.gs.tê.ni.o) s.m. (*Quím.*) Elemento químico, metal, de símbolo W, com número atômico 74 e massa atômica igual a 183,85, empregado em filamentos de lâmpadas incandescentes.
túnica (tú.ni.ca) s.f. **1.** Vestuário comprido e ajustado ao corpo. **2.** Tipo de casaco comum em certos uniformes. **3.** (*Anat.*) Membrana que forma as paredes de um órgão. **4.** (*Bot.*) Invólucro de certos vegetais.
tunisiano (tu.ni.si.a.no) adj. **1.** Da Tunísia, país da África. s.m. **2.** Pessoa natural ou habitante desse lugar; tunisino.
tunisino (tu.ni.si.no) adj. Tunisiano.
tupã (tu.pã) s.m. **1.** Designação tupi do trovão. **2.** Nome empregado pelos jesuítas para designar Deus.
tupari (tu.pa.ri) s.2g. **1.** Indivíduo dos tuparis, povo indígena que vive hoje em Rondônia. adj.2g. **2.** Relacionado a esse povo.

tupi (tu.pi) s.2g. **1.** Indivíduo dos tupis, grupo de povos indígenas de língua semelhante que, no século XV, viviam nas regiões hoje correspondentes ao Norte e Centro-Oeste do Brasil. adj.2g. **2.** Relacionado a um desses povos ou línguas. s.m. **3.** Língua falada por esses povos, que deu origem ao nheengatu.
tupi-guarani (tu.pi-gua.ra.ni) adj.2g. **1.** Dos tupis e guaranis. s.2g. **2.** Indivíduo dos tupis e guaranis. s.m. **3.** Família linguística indígena da região sul-americana. ▣ Pl. *tupis-guaranis*.
tupinambá s.2g. **1.** Indivíduo dos tupinambás, que habitavam o litoral do Brasil. adj.2g. **2.** Relacionado a esse povo. s.m. **3.** (*Fig.*) Mandachuva.
tupiniquim (tu.pi.ni.quim) s.2g. **1.** Indivíduo dos tupiniquins, povo indígena que vive hoje no Espírito Santo. adj.2g. **2.** Relacionado a esse povo. **3.** (*Fig.*) Que é originário, próprio do Brasil; que não tem influência europeia: *hábitos tupiniquins*.
turba (tur.ba) s.f. **1.** Multidão. **2.** Multidão em desordem.
turbante (tur.ban.te) s.m. **1.** Cobertura de cabeça usada pelos povos do Oriente. **2.** Toucado feminino semelhante ao turbante.
turbar (tur.bar) v.t.d. e v.p. **1.** Turvar(-se). **2.** (*Fig.*) Inquietar(-se).
turbilhão (tur.bi.lhão) s.m. **1.** Redemoinho de vento. **2.** Movimento forte e giratório das águas. **3.** Aquilo que impele ou excita com violência.
turbilhonar (tur.bi.lho.nar) v.i. **1.** Fazer turbilhão. **2.** Voltear como um turbilhão.
turbina (tur.bi.na) s.f. Máquina ou motor que transforma em trabalho mecânico a energia de um fluido em movimento.
turbo (tur.bo) s.m. **1.** Sistema que aumenta a quantidade de mistura de ar e combustível que entra no cilindro do motor para queimar. **2.** (*Inf.*) Dispositivo que aumenta a velocidade de processamento nos microcomputadores.
turbulência (tur.bu.lên.ci.a) s.f. **1.** Ato ou qualidade de turbulento. **2.** Agitação. **3.** (*Fís.*) Fluxo desordenado de um fluido, como o ar atmosférico, que perturba uma aeronave.
turbulento (tur.bu.len.to) adj. **1.** Que tem disposição para a desordem. **2.** Agitado. s.m. **3.** Indivíduo turbulento.
turco (tur.co) adj. **1.** Da Turquia, país da Ásia. s.m. **2.** Pessoa natural ou habitante desse lugar. **3.** Idioma desse povo. **4.** (*Pop.*) Nome comum a árabes e sírios no Brasil.
turcomano (tur.co.ma.no) adj. **1.** Do Turcomenistão. s.m. **2.** Habitante ou natural do Turcomenistão.
turfa (tur.fa) s.f. Matéria vegetal, escura e esponjosa, que resulta da fermentação de restos de musgos e plantas aquáticas em pântanos.
turfe (tur.fe) s.m. (*Esp.*) **1.** Hipódromo. **2.** Hipismo.
turfista (tur.fis.ta) s.2g. Pessoa aficionada do turfe.
túrgido (túr.gi.do) adj. **1.** Dilatado (por conter grande porção de humores). **2.** Inchado.
turíbulo (tu.rí.bu.lo) s.m. Vaso para queimar incenso.

turismo (tu.**ris**.mo) *s.m.* **1.** Viagem de recreio. **2.** Movimento de turistas. **3.** Gosto por viagens.
turista (tu.**ris**.ta) *s.2g.* Pessoa que faz turismo.
turístico (tu.**rís**.ti.co) *adj.* Relativo a turismo ou turista.
turiuara (tu.riu.**a**.ra) *s.2g.* **1.** Indivíduo dos turiuaras, povo indígena que vive hoje no Pará. *adj.2g.* **2.** Relacionado a esse povo.
turma (**tur**.ma) *s.f.* **1.** Cada um dos grupos de pessoas que se revezam em certas tarefas. **2.** Cada um dos grupos em que se divide uma classe numerosa de alunos. **3.** Bando. **4.** (*Pop.*) Grupo de amigos.
turmalina (tur.ma.**li**.na) *s.f.* (*Min.*) Pedra semipreciosa encontrada nas cores verde, azul ou preta.
turnê (tur.**nê**) *s.f.* Viagem de apresentação artística em diferentes localidades.
turno (**tur**.no) *s.m.* **1.** Cada uma das divisões do horário de trabalho ou estudo. **2.** Cada um dos grupos de pessoas que se revezam em certas tarefas. **3.** Cada um dos períodos de disputa de campeonatos esportivos.
turquemenistanês (tur.que.me.nis.ta.**nês**) *adj.* **1.** Do Turquemenistão, país da Ásia. *s.m.* **2.** Pessoa natural ou habitante desse lugar.
turquesa (tur.**que**.sa) [ê] *adj.2g.* **1.** Da cor turquesa. *s.f.* **2.** (*Min.*) Pedra preciosa, opaca, de cor azul. **3.** A cor turquesa.
turra (**tur**.ra) *s.f.* **1.** Pancada forte com a testa. **2.** Birra. **3.** Discussão.
turrão (tur.**rão**) *s.m. e adj.* Teimoso.
turrar (tur.**rar**) *v.i.* **1.** Bater com a testa. **2.** (*Fig.*) Teimar. **3.** (*Fig.*) Discutir.
turvação (tur.va.**ção**) *s.f.* Ação de turvar(-se), de ficar turvo, opaco.
turvar (tur.**var**) *v.t.d. e v.p.* **1.** Tornar(-se) turvo. **2.** Transtornar(-se).
turvo (**tur**.vo) *adj.* **1.** Opaco. **2.** Confuso, transtornado.
tussor (tus.**sor**) [ô] *s.m.* Tecido fino de seda.
tuta e meia (tu.ta e **mei**.a) *s.f.* Tutameia.
tutameia (tu.ta.**mei**.a) [éi] *s.f.* Ninharia, bagatela; tuta e meia.

tutano (tu.**ta**.no) *s.m.* (*Anat.*) Medula óssea.
tutear (tu.te.**ar**) *v.t.d. e v.p.* Tratar(-se) por *tu*. Obs.: pres. do ind. *tuteio, tuteias* etc.; pres. do subj. *tuteie, tuteies* etc.
tutela (tu.**te**.la) [é] *s.f.* **1.** Autoridade conferida a uma pessoa, por lei, para cuidar de um menor ou interdito e de seus bens. **2.** Proteção.
tutelado (tu.te.**la**.do) *adj.* **1.** Sujeito a tutela. **2.** Protegido. *s.m.* **3.** Aquele que está sob tutela.
tutelar (tu.te.**lar**) *adj.2g.* **1.** Relativo a tutela. **2.** Protetor. *v.t.d.* **3.** Exercer tutela sobre; proteger.
tutor (tu.**tor**) [ô] *s.m.* Pessoa legalmente encarregada de cuidar de alguém, de protegê-lo.
tutoria (tu.to.**ri**.a) *s.f.* Cargo ou autoridade de tutor.
tutorial (tu.to.ri.**al**) *adj.2g.* **1.** Relativo a tutor. *s.m.* **2.** (*Inf.*) Conjunto de lições automatizadas, que ensinam o uso de um programa.
tutu (tu.**tu**) *s.m.* **1.** (*Culin.*) Prato feito com feijão, toucinho, carne de porco salgada e farinha de mandioca. **2.** (*Pop.*) Bicho-papão. **3.** (*Pop.*) Dinheiro.
tuvaluano (tu.va.lu.**a**.no) *adj.* **1.** De Tuvalu. *s.m.* **2.** Habitante ou natural de Tuvalu (Pacífico sul-ocidental).
tuxá (tu.**xá**) *s.2g.* **1.** Indivíduo dos tuxás, povo indígena que vive hoje na Bahia e em Pernambuco. *adj.2g.* **2.** Relacionado a esse povo.
tuxaua (tu.**xau**.a) *s.m.* **1.** Cacique. **2.** (*Pop.*) Chefe político.
TV Sigla de televisão.
tweed [inglês: "tuídi"] *s.m.* Tecido de origem escocesa, feito de lã natural.
tzar *s.m.* Título do imperador da Rússia. O mesmo que *czar*.
tzarina (tza.**ri**.na) *s.f.* Feminino de *tzar*. O mesmo que *czarina*.
tzarismo (tza.**ris**.mo) *s.m.* Sistema político da Rússia no tempo dos tzares. O mesmo que *czarismo*.
tzarista (tza.**ris**.ta) *adj.2g.* **1.** Relativo ao tzarismo. **2.** Que é partidário do tzarismo. *s.2g.* **3.** Partidário do tzarismo. O mesmo que *czarista*.
tzigano (tzi.**ga**.no) *s.m. e adj.* Diz-se de ou aquele músico cigano ou vestido com trajes ciganos e que toca músicas ciganas.

Uu

u, U s.m. Vigésima primeira letra de nosso alfabeto e quinta vogal, de nome "u".
U Símbolo do elemento químico urânio.
uaçu (ua.**çu**) s.2g. **1.** Indivíduo dos uaçus, povo indígena que vive hoje em Alagoas. adj.2g. **2.** Relacionado a esse povo.
uai interj. (*Centro-Oeste e Sudeste, Portugal*) Exprime espanto ou surpresa: *uai! já acabou o pão de queijo?*
uaiana (ua.**ia**.na) [ua-iã] s.2g. **1.** Indivíduo dos uaianas, povo indígena que vive hoje no Pará e no Amapá. adj.2g. **2.** Relacionado a esse povo.
uaimiri-atroari (ua.mi.ri-a.tro.a.**ri**) s.2g. e adj.2g. O mesmo que *vaimiri-atroari*. ▣ Pl. *uaimiris-atroaris*.
uaiuai (uai.**uai**) [i-u] s.2g. e adj.2g. O mesmo que *vaivai*.
uanano (ua.**na**.no) s.2g. **1.** Indivíduo dos uananos, povo indígena que vive hoje no Amazonas. adj.2g. **2.** Relacionado a esse povo.
uapixana (ua.pi.**xa**.na) s.2g. **1.** Indivíduo dos uapixanas, povo indígena que vive hoje em Roraima. adj.2g. **2.** Relacionado a esse povo.
uarequena (ua.re.**que**.na) s.2g. **1.** Indivíduo dos uarequenas, povo indígena que vive hoje no Amazonas e na Venezuela. adj.2g. **2.** Relacionado a esse povo. s.m. **3.** Idioma falado por esse povo.
uaurá (ua.u.**rá**) s.2g. **1.** Indivíduo dos uaurás, povo indígena que vive hoje em Roraima. adj.2g. **2.** Relacionado a esse povo.
ubá (u.**bá**) s.m. Canoa feita de um só lenho e usado pelos índios das margens do Amazonas.
uberdade (u.ber.**da**.de) s.f. Característica do que é úbere; abundância; fertilidade.
úbere (**ú**.be.re) adj.2g. **1.** Fértil; farto; produtivo. s.m. **2.** Conjunto das tetas em vaca, cabra etc.
ubiguidade (u.bi.gui.**da**.de) [ü] s.f. Característica de ubíquo; onipresença.
ubiquidade (u.bi.qui.**da**.de) [ü] s.f. Qualidade de ubíquo.
ubíquo (u.**bí**.quo) adj. Que está em toda parte ao mesmo tempo; onipresente.
uca (**u**.ca) s.f. Cachaça.
ucraniano (u.cra.ni.**a**.no) adj. **1.** Da Ucrânia, país da Europa. s.m. **2.** Pessoa natural ou habitante desse lugar.
ué (u.**é**) interj. Exprime surpresa, admiração.
ufa (**u**.fa) interj. Exprime cansaço ou alívio.
ufanar (u.fa.**nar**) v.t.d. e v.p. Envaidecer(-se); tornar(-se) ufano ou vaidoso.
ufania (u.fa.**ni**.a) s.f. Vanglória; soberba; ostentação; vaidade descabida.
ufanismo (u.fa.**nis**.mo) s.m. Patriotismo exagerado; chauvinismo.
ufanista (u.fa.**nis**.ta) adj.2g. **1.** Que é exageradamente patriótico; chauvinista. s.2g. **2.** Pessoa que pensa ou age dessa maneira.
ufano (u.**fa**.no) adj. Que se orgulha de algo; vaidoso; soberbo.
ugandense (u.gan.**den**.se) adj.2g. **1.** De Uganda, país da África. s.2g. **2.** Pessoa natural ou habitante desse lugar. O memo que *ugandês*.
ugandês (u.gan.**dês**) adj. O mesmo que *ugandense*.
ui interj. Exprime susto, surpresa, dor.
uiara (ui.**a**.ra) s.f. (*Folc.*) Iara, mãe d'água.
uirapuru (ui.ra.pu.**ru**) s.m. (*Zoo., Folc.*) Pássaro da Amazônia, de canto maravilhoso, que traz sorte aos que o ouvem cantar.
uísque (u.**ís**.que) s.m. Bebida alcoólica, de origem escocesa, feita de cevada e outros cereais destilados.
uivar (ui.**var**) v.i. **1.** Dar uivos. **2.** (*Fig.*) Gritar; berrar. Obs.: no seu sentido normal, verbo defectivo, só conjugado na 3ª pes. sing. e pl.
uivo (**ui**.vo) s.m. **1.** Voz, em tom de lamento, do cão e do lobo. **2.** (*Fig.*) Grito ou berro humano.
úlcera (**úl**.ce.ra) s.f. (*Med.*) Ulceração crônica ou aguda da mucosa, acompanhada de inflamação; ferida.
ulceração (ul.ce.ra.**ção**) s.f. (*Med.*) Ato de ulcerar; formação de úlcera.
ulcerar (ul.ce.**rar**) v.t.d. **1.** Produzir ulceração em. v.p. e v.i. **2.** Adquirir úlceras.
ulceroso (ul.ce.**ro**.so) [ô] adj. **1.** Relacionado a úlcera. **2.** Que tem úlcera. ▣ Pl. *ulcerosos* [ó].
ulna (**ul**.na) s.f. (*Anat.*) Cúbito.
ulterior (ul.te.ri.**or**) [ô] adj.2g. Que se situa ou chega depois.
ulterioridade (ul.te.ri.o.ri.**da**.de) s.f. Característica do que é ulterior.
última (**úl**.ti.ma) s.f. Manchete ou notícia de impacto mais recente.
ultimação (ul.ti.ma.**ção**) s.f. Ato de ultimar; acabamento; conclusão.
ultimado (ul.ti.**ma**.do) adj. Terminado; concluído; aperfeiçoado.
ultimar (ul.ti.**mar**) v.t.d. Concluir; acabar; aperfeiçoar; rematar.
últimas (**úl**.ti.mas) s.f.pl. **Nas últimas:** em extremo desespero; no momento final; na aproximação da morte.

ultimato (ul.ti.**ma**.to) s.m. **1.** Decisão final e irrevogável. **2.** Chance derradeira para que seja tomada uma atitude ou feita uma retratação.

último (**úl**.ti.mo) s.m. e adj. **1.** (O) que vem depois de todos; (o) derradeiro. **2.** (O) que ocupa a posição mais humilde e menos importante. **3.** (O) que é considerado o pior.

ultracorreção (ul.tra.cor.re.**ção**) s.f. Preocupação em falar bem e corretamente, o que leva a pessoa a cometer um erro de linguagem, como em *de maneiras que* em vez de *de maneira que*, que é a forma correta.

ultrajante (ul.tra.**jan**.te) adj.2g. Que ultraja ou ofende; difamante, insultante, ultrajoso.

ultrajar (ul.tra.**jar**) v.t.d. Ofender; difamar; insultar; injuriar; afrontar.

ultraje (ul.**tra**.je) s.m. Ato de ultrajar; ofensa; afronta; injúria.

ultrajoso (ul.tra.**jo**.so) [ô] adj. Em que há ultraje; ofensivo, injurioso. ▪ Pl. *ultrajosos* [ó].

ultraleve (ul.tra.**le**.ve) s.m. Avião pequeno, com um ou dois lugares abertos, para voos curtos.

ultramar (ul.tra.**mar**) s.m. **1.** Região que se localiza além do mar. **2.** Possessão territorial aí situada.

ultramarino (ul.tra.ma.**ri**.no) adj. Que diz respeito ao ultramar; transoceânico.

ultramicroscópio (ul.tra.mi.cros.**có**.pi.o) s.m. Microscópio que permite ver coisas da ordem de grandeza de décimo de micro, infinitamente menores que as vistas nos microscópios comuns.

ultramontanismo (ul.tra.mon.ta.**nis**.mo) s.m. Sistema dos que são favoráveis à autoridade absoluta do Papa, em matéria de fé e disciplina.

ultramontano (ul.tra.mon.**ta**.no) s.m. e adj. (Aquele) que defende o poder absoluto do Papa na ordem espiritual e temporal; transmontano.

ultrapassagem (ul.tra.pas.**sa**.gem) s.f. Ação de ultrapassar, de passar na frente.

ultrapassado (ul.tra.pas.**sa**.do) adj. **1.** Que se ultrapassou. **2.** Antiquado.

ultrapassar (ul.tra.pas.**sar**) v.t.d. **1.** Ir além de; superar, transpor: *ultrapassou o limite de velocidade*. **2.** Colocar-se na frente de (outro veículo), deixar para trás, passar: *ultrapassou um carro*.

ultrassensível (ul.tras.sen.**sí**.vel) adj.2g. Muito sensível.

ultrassom (ul.tra-**som**) s.m. (Fís.) Som de alta frequência, além do que se consegue ouvir.

ultrassonografia (ul.tra-so.no.gra.**fi**.a) s.f. (Med.) Método de diagnóstico com o qual se vê os órgãos internos.

ultravioleta (ul.tra.vi.o.**le**.ta) s.m. (Fís.) **1.** Raio ou radiação inferior ao violeta, invisível na decomposição da luz solar pelo prisma, predominante na luz solar ao nascer e pôr do sol: *raios ultravioleta, radiação ultravioleta*. adj.2g.2n. **2.** Referente a esse raio ou radiação. ▪ Pl. *ultravioleta*.

ululante (u.lu.**lan**.te) adj.2g. Que ulula; lamurioso.

ulular (u.lu.**lar**) v.i. Gritar; uivar; produzir um som lamurioso e triste.

ululo (u.**lu**.lo) s.m. Ato ou efeito de ulular; uivo, grito.

um num. **1.** Numeral cardinal que corresponde a uma unidade, ao primeiro de todos os números inteiros. s.m. **2.** Esse número. adj. **3.** Único; singular. art. **4.** Artigo indefinido masculino singular: *um dia desses, um objeto qualquer, um homem*.

uma (**u**.ma) num. e art. Feminino de *um*: *compre uma dúzia de ovos*; *usava umas roupas esquisitas*.

umbanda (um.**ban**.da) (Relig.) s.f. Manifestação religiosa de origem africana.

umbandista (um.ban.**dis**.ta) adj.2g. **1.** Relacionado à umbanda. s.2g. **2.** Pessoa que segue ou pratica a umbanda.

umbela (um.**be**.la) s.f. **1.** (Relig.) Pálio arredondado que, nas procissões cristãs, protege o sacerdote que leva a Eucaristia. **2.** Guarda-sol ou guarda-chuva pequeno; sombrinha.

umbigada (um.bi.**ga**.da) s.f. **1.** Pancada que se dá com o umbigo, ou a barriga. **2.** Dança com esse passo.

umbigo (um.**bi**.go) s.m. **1.** (Anat.) Ponto no abdome dos mamíferos que, durante a vida uterina, está ligado ao organismo materno e após o parto é cortado. **2.** Ponto central, centro.

umbilical (um.bi.li.**cal**) adj.2g. Que diz respeito ao umbigo.

umbral (um.**bral**) s.m. **1.** (Const.) Cada uma das duas peças verticais que, nas portas e janelas, sustentam as vergas; ombreira. **2.** Entrada; limiar.

umbroso (um.**bro**.so) [ô] adj. **1.** Que produz sombra; sombrio. **2.** Frondoso. ▪ Pl. *umbrosos* [ó].

umbu (um.**bu**) s.m. (Bot.) Fruta pequena, amarela e alongada, muito suculenta e levemente ácida, das regiões Norte e Nordeste, apreciada crua e em compotas. O mesmo que *imbu*.

umbu-cajá s.m. (um.bu-ca.**já**) (Bot.) Fruta típica da caatinga, redonda e arroxeada, resultante do cruzamento de umbu e cajá, de polpa apreciada em sucos e sorvetes. ▪ Pl. *umbus-cajás*. Obs.: este vocábulo não consta do *Volp*, mas é bastante corrente.

umbu-cajazeiro (um.bu-ca.ja.**zei**.ro) s.m. (Bot.) Árvore típica da caatinga, resultante do cruzamento de umbuzeiro e cajazeiro, que dá o umbu-cajá. ▪ Pl. *umbu-cajazeiros*.

umburana (um.bu.**ra**.na) s.f. (Bot.) Árvore que ocorre no Nordeste, com resina de propriedades medicinais e madeira nobre, clara e uniforme, empregada em construção e artesanato; cerejeira.

umbuzeiro (um.bu.**zei**.ro) s.m. (Bot.) Árvore alta e frondosa do grupo da manga, muito comum na caatinga, com flores róseas e que dá o umbu. O mesmo que *imbuzeiro*.

ume (**u**.me) s.m. Pedra-ume.

umectante (u.mec.**tan**.te) adj.2g. Que umecta; hidratante.

umectar (u.mec.**tar**) v.t.d. Hidratar; molhar; umedecer.

umedecer (u.me.de.**cer**) v.t.d. e v.p. Tornar(-se) úmido; molhar(-se) levemente; umidificar(-se).

umedecimento (u.me.de.ci.**men**.to) s.m. Ato de umedecer.
umente (u.**men**.te) adj.2g. Que umedece; úmido.
úmero (**ú**.me.ro) s.m. (Anat.) Osso do braço que vai do ombro até o cotovelo.
umidade (u.mi.**da**.de) s.f. Característica do que é úmido.
umidificar (u.mi.di.fi.**car**) v.t.d. e v.p. Tornar(-se) ou manter(-se) úmido; molhar(-se) um pouco.
úmido (**ú**.mi.do) adj. Levemente molhado; orvalhado; umente.
umutina (u.mu.**ti**.na) s.2g. **1.** Indivíduo dos umutinas, povo indígena que vive hoje no Mato Grosso. adj.2g. **2.** Relacionado a esse povo.
unânime (u.**nâ**.ni.me) adj.2g. **1.** Que resulta de acordo comum. **2.** Que expressa a opinião geral.
unanimidade (u.na.ni.mi.**da**.de) s.f. Característica do que é unânime.
unção (un.**ção**) s.f. **1.** Ato de ungir ou untar. **2.** Sentimento de piedade.
undécimo (un.**dé**.ci.mo) num. **1.** (O) que está na posição do número 11; numeral ordinal que corresponde a esse número. **2.** Numeral fracionário correspondente a 1/11.
ungido (un.**gi**.do) s.m. e adj. (Aquele) que se ungiu ou untou.
ungir (un.**gir**) v.t.d. **1.** Passar óleo ou substâncias aromáticas. **2.** Dar extrema-unção. Obs.: verbo defectivo, sem a 1ª pes. sing.; pres. do ind.: *unges*, *unge*, *ungimos*, *ungis*, *ungem*. Não tem, consequentemente, o pres. do subj. nem o imperat. neg.; imperat. afirm.: *unge*, *ungi*.
ungueal (un.gue.**al**) adj.2g. Pertencente a unha, garra ou casco.
unguento (un.**guen**.to) [ü] s.m. Medicamento pastoso, que tem por base uma substância gordurosa, geralmente usado para aliviar dores traumáticas.
ungulado (un.gu.**la**.do) adj. **1.** (Zoo.) Diz-se dos mamíferos portadores de casco. s.m. **2.** Espécime dos ungulados, ordem dos mamíferos ungulados, como o boi, o cavalo etc., que possuem casco.
unha (**u**.nha) s.f. **1.** Lâmina córnea que reveste a ponta dos dedos. **2.** Garra das feras. À unha: à força, com uso de força ou violência.
unhada (u.**nha**.da) s.f. Arranhão feito com a unha.
unha de fome (u.nha de **fo**.me) s.2g. e adj.2g. (Indivíduo) avarento; mesquinho, sovina.
unhar (u.**nhar**) v.t.d. Arranhar com a unha.
unheiro (u.**nhei**.ro) s.m. Inflamação aguda da última falange perto da unha; panarício superficial.
união (u.ni.**ão**) s.f. **1.** Junção de coisas ou pessoas. **2.** Aliança. **3.** Associação. **4.** Adesão. **5.** Harmonia. **6.** Casamento.
uniata (u.ni.**a**.ta) s.2g. Igreja ou fiel cristão ortodoxo que se submete à autoridade do papa.
unicelular (u.ni.ce.lu.**lar**) adj.2g. (Bio.) Que é formado por uma única célula.
unicidade (u.ni.ci.**da**.de) s.f. Característica do que é único.

univalve

único (**ú**.ni.co) adj. **1.** Exclusivo; singular. **2.** Superior aos demais; incomparável.
unicolor (u.ni.co.**lor**) [ô] adj.2g. Que só possui uma cor.
unicórnio (u.ni.**cór**.ni.o) s.m. (Mit.) Animal fabuloso, representado por um cavalo com um só chifre no meio da testa.
unidade (u.ni.**da**.de) s.f. **1.** O número um. **2.** Característica do que é único. **3.** Uniformidade; homogeneidade. **4.** Elemento, objeto básico de uma contagem. **5.** O princípio da numeração. **6.** Departamento; centro. **7.** Cada uma das partes de um livro ou currículo escolar.
unidimensional (u.ni.di.men.si.o.**nal**) adj.2g. Que tem ou envolve uma só dimensão.
unidirecional (u.ni.di.re.ci.o.**nal**) adj.2g. **1.** Que tem apenas uma direção. **2.** Que se desloca apenas em um sentido.
unido (u.**ni**.do) adj. Que se uniu; atado; ligado.
unificação (u.ni.fi.ca.**ção**) s.f. Ato de unificar; união; adesão: *a unificação dos países reuniu muitas famílias*.
unificar (u.ni.fi.**car**) v.t.d. e v.p. Unir(-se); reunir(-se) a um todo.
uniforme (u.ni.**for**.me) adj.2g. **1.** Que tem uma só forma; invariável. s.m. **2.** Vestuário que segue um modelo oficial e comum e é adotado por uma corporação ou classe; farda.
uniformidade (u.ni.for.mi.**da**.de) s.f. Característica do que é uniforme.
uniformização (u.ni.for.mi.za.**ção**) s.f. Ato de uniformizar; padronização.
uniformizar (u.ni.for.mi.**zar**) v.t.d. **1.** Tornar uniforme ou padrão. v.p. **2.** Vestir uniforme.
unigênito (u.ni.**gê**.ni.to) s.m. e adj. **1.** (Filho) único. **2.** (Relig.) Jesus Cristo.
unilateral (u.ni.la.te.**ral**) adj.2g. **1.** Que tem um só lado. **2.** Que diz respeito a um só lado. **3.** (Dir.) Diz-se do contrato em que só uma parte tem obrigações.
unipolar (u.ni.po.**lar**) adj.2g. (Fís.) Que só possui um polo.
unipolaridade (u.ni.po.la.ri.**da**.de) s.f. Característica de um corpo unipolar.
unir (u.**nir**) v.t.d. e v.p. **1.** Ligar(-se); juntar(-se). **2.** Casar(-se); tornar(-se) um só. **3.** Associar(-se).
unissex [u.nis.**sex**] [cs] adj.2g.2n. Que serve para os dois sexos. ▫ Pl. *unissex*.
unissexuado (u.nis.se.xu.**a**.do) [cs] adj. (Bio.) Que tem um sexo apenas; unissexual.
unissexual (u.nis.se.xu.**al**) [cs] adj.2g. (Bio.) Unissexuado.
uníssono (u.**nís**.so.no) adj. Que é dito ou tocado junto com os outros: *todos responderam que sim em uníssono; juntinhos; tocaram em uníssono*.
unitário (u.ni.**tá**.ri.o) adj. Que diz respeito à unidade; unificado; único.
univalve (u.ni.**val**.ve) adj.2g. (Zoo.) Diz-se das conchas que são formadas por uma só peça, ao contrário das bivalves, como a ostra, que são duplas.

universal (u.ni.ver.**sal**) *adj.2g.* **1.** Que diz respeito ao Universo; que abrange tudo; que vem de todos. **2.** Que está presente em todos os lugares do mundo, que é o mesmo em todos os lugares.
universalidade (u.ni.ver.sa.li.**da**.de) *s.f.* Característica do que é universal; totalidade.
universalismo (u.ni.ver.sa.**lis**.mo) *s.m.* Tendência ou tentativa de tornar universal uma ideia, religião ou costume etc.
universalização (u.ni.ver.sa.li.za.**ção**) *s.f.* Ato de universalizar; generalização; globalização.
universalizar (u.ni.ver.sa.li.**zar**) *v.t.d. e v.p.* Tornar(-se) universal ou global; generalizar(-se).
universidade (u.ni.ver.si.**da**.de) *s.f.* **1.** Conjunto de faculdades que se destinam à formação superior e especialização dos alunos. **2.** Local em que funcionam essas faculdades.
universitário (u.ni.ver.si.**tá**.ri.o) *adj.* **1.** Que diz respeito à universidade. *s.m. e adj.* **2.** (Aquele) que estuda em uma faculdade.
universo (u.ni.**ver**.so) *s.m.* **1.** Conjunto do que se conhece, do mundo em que se vive: *o universo da criança*. (próprio) **2.** (*Astron.*) Conjunto de todos os corpos celestes e tudo o que neles existe; cosmos: *os planetas, estrelas e galáxias ficam no Universo*.
univitelino (u.ni.vi.te.**li**.no) *adj.* Diz-se de cada um dos gêmeos nascidos de um único óvulo: *gêmeos univitelinos são idênticos, gêmeos fraternos podem ser parecidos ou até diferentes*.
unívoco (u.**ní**.vo.co) *adj.* **1.** Que tem apenas um significado. **2.** (*Mat.*) Na comparação de dois conjuntos, diz-se de elementos de um conjunto que têm invariavelmente elementos equivalentes no outro.
uno (u.no) *adj.* Único; singular; um.
uns *art.* Artigo indefinido masculino plural: *fez uns desenhos lindos*.
untar (un.**tar**) *v.t.d.* Friccionar; esfregar ou cobrir com unto; ungir; besuntar.
unto (**un**.to) *s.m.* Gordura; banha de porco ou óleo.
untuoso (un.tu.**o**.so) [ô] *adj.* Que contém unto; gorduroso; lubrificado. ▪ Pl. *untuosos* [ó].
untura (un.**tu**.ra) *s.f.* **1.** Ato ou efeito de untar; unção. **2.** Unguento. **3.** (*Fig.*) Conhecimento superficial.
upa (**u**.pa) *interj.* Usada para estimular animais a andar ou fazer algum esforço físico.
upgrade [inglês: "âpi-grêidi"] *s.m.* **1.** Versão de um programa mais moderna ou atualizada: *a empresa lança upgrades todos os anos*. **2.** Produto melhor, mais recente ou de uma categoria superior.
upload [inglês: "âpi-lôudi"] *s.m.* (*Inf.*) Transmissão ou cópia de arquivos do computador do usuário para a rede. Cf. *download*.
urânio (u.**râ**.ni.o) *s.m.* (*Quím.*) Metal radioativo empregado em reatores nucleares e na fórmula da bomba atômica, elemento de símbolo U, peso atômico 238,03 e número atômico 92.
Urano (u.**ra**.no) *s.m.* (próprio) **1.** (*Astron.*) O sétimo planeta do sistema solar (na ordem da distância do sol). **2.** (*Mit.*) Personificação do Céu, entre os gregos.

uranografia (u.ra.no.gra.**fi**.a) *s.f.* Descrição do céu ou firmamento.
uranologia (u.ra.no.lo.**gi**.a) *s.f.* Tratado sobre o céu; uranografia.
urbanidade (ur.ba.ni.**da**.de) *s.f.* Característica de quem é urbano; delicadeza; amabilidade.
urbanismo (ur.ba.**nis**.mo) *s.m.* Conjunto de técnicas aplicadas no melhoramento e embelezamento de uma cidade, visando ao conforto de seus habitantes.
urbanista (ur.ba.**nis**.ta) *s.2g. e adj.2g.* (Aquele) que especializou em urbanismo.
urbanístico (ur.ba.**nís**.ti.co) *adj.* Relacionado ao urbanismo ou à vida em cidades.
urbanização (ur.ba.ni.za.**ção**) *s.f.* Ato de urbanizar (uma cidade), embelezando-a e criando toda a infraestrutura necessária para seu progresso.
urbanizar (ur.ba.ni.**zar**) *v.t.d.* Proceder à urbanização de; tornar urbano.
urbano (ur.**ba**.no) *adj.* **1.** Que diz respeito a cidade; civilizado. **2.** (*Fig.*) Cortês; afável.
urbe (**ur**.be) *s.f.* Cidade.
urdideira (ur.di.**dei**.ra) *s.f.* **1.** Máquina utilizada para urdir ou tecer. **2.** Mulher que urde; tecedeira.
urdidura (ur.di.**du**.ra) *s.f.* Ato de urdir; urdume.
urdir (ur.**dir**) *v.t.d.* **1.** Tecer os fios para fazer um tecido. **2.** (*Fig.*) Tramar, maquinar.
urdume (ur.**du**.me) *s.m.* Urdidura.
ureia (u.**rei**.a) [éi] *s.f.* (*Quím.*) Substância cristalina e incolor que se encontra na urina ou é obtida sinteticamente para uso na indústria ou medicina.
uremia (u.re.**mi**.a) *s.f.* (*Med.*) Intoxicação provocada pelo mau funcionamento dos rins, provocando retenção de ureia no sangue.
ureter (u.re.**ter**) [tér] *s.m.* (*Anat.*) Cada um dos dois canais pelos quais a urina vai dos rins à bexiga.
uretra (u.**re**.tra) *s.f.* (*Anat.*) Canal pelo qual a urina é expelida da bexiga para o exterior.
urgência (ur.**gên**.ci.a) *s.f.* Característica do que é urgente.
urgente (ur.**gen**.te) *adj.2g.* Que urge; inadiável.
urgir (ur.**gir**) *v.i.* Ser urgente ou iminente; ser necessário. Obs.: verbo defectivo, só conjugado na 3ª pes. sing. e pl.; Pres. do ind.: *urge, urgem*; pret. imp.: *urgia, urgiam*; pret. perf.: *urgiu, urgiram* etc.; não é conjugado no pres. do subj. nem no imperat.
úrico (**ú**.ri.co) *adj.* (*Quím.*) Diz-se do ácido existente na urina.
urina (u.**ri**.na) *s.f.* Líquido segregado pelos rins.
urinação (u.ri.na.**ção**) *s.f.* Ato de urinar; micção.
urinar (u.ri.**nar**) *v.i.* **1.** Expelir urina. *v.t.d.* **2.** Expelir como urina.
urinário (u.ri.**ná**.ri.o) *adj.* Que diz respeito à urina.
urinol (u.ri.**nol**) *s.m.* Vaso próprio para se urinar.
urna (**ur**.na) *s.f.* **1.** Vaso onde se guardam as cinzas dos mortos. **2.** Caixa onde são depositados os votos em uma eleição.
urologia (u.ro.lo.**gi**.a) *s.f.* Parte da medicina que se ocupa das doenças do sistema urinário dos dois sexos e do sistema reprodutor masculino.

urológico (u.ro.ló.gi.co) *adj*. Que diz respeito à urologia, ao sistema urinário ou ao sistema reprodutor masculino.
urologista (u.ro.lo.**gis**.ta) *s.2g*. Especialista em urologia.
uropígio (u.ro.**pí**.gi.o) *s.m*. (*Zoo.*) Saliência triangular sobre as últimas vértebras das aves, donde saem as penas da cauda.
urrar (ur.**rar**) *v.i*. Soltar urros; rugir; bramir.
urro (**ur**.ro) *s.m*. Rugido ou bramido de algumas feras.
ursa (**ur**.sa) *s.f*. 1. Fêmea do urso. (*próprio*) 2. (*Astron.*) Nome dado a duas constelações: *Ursa Maior* e *Ursa Menor*.
ursada (ur.**sa**.da) *s.f*. Mau procedimento; traição; deslealdade.
ursino (ur.**si**.no) *adj*. Que diz respeito a urso.
urso (**ur**.so) *s.m*. 1. (*Zoo.*) Mamífero selvagem muito grande, peludo e de rabo curto, que vive em florestas de regiões frias. 2. (*Gír.*) Homem grande e peludo.
urso-panda (ur.so-**pan**.da) *s.m*. Panda.
ursulina (ur.su.**li**.na) *s.f*. Religiosa pertencente à ordem de Santa Úrsula.
urticante (ur.ti.**can**.te) *adj.2g*. Que causa urticária ou ardor sobre a pele.
urticária (ur.ti.**cá**.ri.a) *s.f*. 1. Ardor, coceira irritação sobre a pele. 2. (*Med.*) Erupção cutânea com placas salientes, semelhantes às alterações produzidas pela urtiga.
urtiga (ur.**ti**.ga) *s.f*. (*Bot.*) Planta cujas folhas produzem ardência e erupção na pele.
uru (u.**ru**) *s.m*. 1. (*Zoo.*) Ave galinácea de bico curto, encontrada no Brasil, na Argentina e no Paraguai. 2. Cesto de palha de carnaúba ou piaçaba com alça.
uruá (u.ru.**á**) *s.m*. (*Zoo.*) Aruá.
urubu (u.ru.**bu**) *s.m*. 1. (*Zoo.*) Ave preta que se alimenta de carnes em decomposição. *s.2g*. 2. Indivíduo dos urubus, povo indígena que vive hoje em Rondônia. *adj.2g*. 3. Relacionado a esse povo.
uruca (u.**ru**.ca) *s.f*. Urucubaca.
urucu (u.ru.**cu**) *s.m*. O mesmo que *urucum*.
urucubaca (u.ru.cu.**ba**.ca) *s.f*. Má sorte, azar, caiporismo, uruca.
urucum (u.ru.**cum**) *s.m*. 1. (*Bot.*) Fruto do urucuzeiro, de cuja polpa se extrai uma tintura vermelha e cuja semente moída é utilizada como tempero em culinária. 2. O corante avermelhado extraído dessas sementes. O mesmo que *urucu*.
urucuzeiro (u.ru.cu.**zei**.ro) *s.m*. (*Bot.*) Árvore da América tropical, cultivada como ornamental e por suas sementes, que têm propriedades medicinais e produzem corante.
uruguaio (u.ru.**guai**.o) *adj*. 1. Do Uruguai, país da América do Sul. *s.m*. 2. Pessoa natural ou habitante desse lugar.
urupá (u.ru.**pá**) *s.2g*. 1. Indivíduo dos urupás, povo indígena que vive hoje em Rondônia. *adj.2g*. 2. Relacionado a esse povo.

urupema (u.ru.**pe**.ma) [ê] *s.f*. Espécie de peneira feita com fibra vegetal.
urutau (u.ru.**tau**) *s.m*. (*Folc.*) Mãe-da-lua.
urutu (u.ru.**tu**) *s.m*. (*Zoo.*) Cobra de veneno fortíssimo, que ocorre em toda a América do Sul e chega a 2 m de comprimento.
urze (**ur**.ze) *s.f*. Qualquer planta ou arbusto silvestre; mato: *um jardim invadido de urzes*.
usado (u.**sa**.do) *s.m*. *e adj*. 1. (Aquilo) que se usou. *adj*. 2. Habitualmente empregado. 3. Que não é mais novo: *carro usado, livro usado*.
usança (u.**san**.ça) *s.f*. Uso; costume; hábito.
usar (u.**sar**) *v.t.d*. 1. Fazer uso de; servir-se de. 2. Vestir; trajar. 3. Empregar.
usbequistanês (us.be.quis.ta.**nês**) *adj*. 1. Do Usbequistão, país da Ásia. *s.m*. 2. Pessoa natural ou habitante desse lugar.
useiro (u.**sei**.ro) *adj*. Que costuma fazer alguma coisa.
usina (u.**si**.na) *s.f*. 1. Estabelecimento industrial. 2. Engenho de açúcar. 3. Complexo de instalações visando a gerar energia hidrelétrica, atômica etc.
usineiro (u.si.**nei**.ro) *adj*. 1. Que diz respeito a usina. *s.m*. 2. Dono de usina.
uso (**u**.so) *s.m*. 1. Ato de usar; aplicação; emprego. 2. Costume; hábito.
usual (u.su.**al**) *adj.2g*. Que é usado com frequência; rotineiro; habitual.
usuário (u.su.**á**.ri.o) *s.m*. *e adj*. 1. (Aquele) que usa habitualmente um bem ou serviço. *adj*. 2. Adequado para nosso uso.
usucapião (u.su.ca.pi.**ão**) *s.m*. (*Dir.*) Aquisição de propriedade (de um bem imóvel ou móvel) pela posse ininterrupta, por tempo estabelecido em lei.
usucapir (u.su.ca.**pir**) *v.t.d*. 1. (*Dir.*) Adquirir por usucapião. *v.i*. 2. Adquirir-se por uso. Obs.: conjuga-se apenas na 1ª e na 2ª pes. pl. do pres. do ind.: *usucapimos, usucapis*. Não é conjugado, consequentemente, no pres. do subj. nem no imperat. neg. No imperat. afirm.: *usucapi*.
usufruir (u.su.fru.**ir**) *v.t.i*. 1. Desfrutar; aproveitar. *v.t.d*. 2. (*Dir.*) Ter a posse e o gozo de algo que não se pode alienar. Obs.: pres. do ind.: *usufruo, usufruis, usufrui, usufruímos, usufruís, usufruem*.
usufruto (u.su.**fru**.to) *s.m*. (*Dir.*) Ato de usufruir.
usufrutuário (u.su.fru.tu.**á**.ri.o) *s.m*. (*Dir.*) Aquele que usufrui.
usura (u.**su**.ra) *s.f*. 1. Juro de capital. 2. Juro excessivo; ágio. 3. (*Fig.*) Sovinice; mesquinhez.
usurário (u.su.**rá**.ri.o) *s.m*. *e adj*. 1. (Aquele) que empresta dinheiro com usura ou juros altos; agiota. 2. Avarento; mesquinho.
usurpação (u.sur.pa.**ção**) *s.f*. Ato de usurpar.
usurpador (u.sur.pa.**dor**) [ô] *s.m*. *e adj*. (Aquele) que usurpa.
usurpar (u.sur.**par**) *v.t.d*. 1. Adquirir fraudulentamente. 2. Apossar-se à força. 3. Alcançar sem direito.

utensílio (u.ten.sí.li.o) s.m. **1.** Instrumento de trabalho; ferramenta. **2.** Objeto usado para executar alguma tarefa (utensílio de cozinha).
uterino (u.te.ri.no) adj. Que diz respeito a útero.
útero (ú.te.ro) s.m. (*Anat.*) Órgão oco, musculoso e elástico, das fêmeas dos mamíferos onde se desenvolve o feto.
útil (ú.til) adj.2g. **1.** Que tem algum proveito ou uso; vantajoso; proveitoso. s.m. **2.** Utilidade.
utilidade (u.ti.li.da.de) s.f. **1.** Característica do que é útil. **2.** Objeto útil: *utilidades domésticas*.
utilitário (u.ti.li.tá.ri.o) adj. **1.** Que diz respeito a utilidade. s.m. **2.** (*Inf.*) Programa que executa tarefas relacionadas com o funcionamento do sistema operacional e da máquina.
utilitarismo (u.ti.li.ta.ris.mo) s.m. Sistema que coloca o proveito acima de tudo.
utilitarista (u.ti.li.ta.ris.ta) s.2g. e adj.2g. Adepto do utilitarismo.
utilização (u.ti.li.za.ção) s.f. Ato de utilizar; uso; emprego; aproveitamento.
utilizado (u.ti.li.za.do) adj. **1.** Que se utilizou, usou. **2.** Que é empregado; usado.
utilizar (u.ti.li.zar) v.t.d. **1.** Fazer uso de. **2.** Tornar útil. v.p. **3.** Servir-se de; lançar mão de.
utilizável (u.ti.li.zá.vel) adj.2g. Que se pode utilizar, usar ou empregar.

utopia (u.to.pi.a) s.f. **1.** Mundo ou sociedade ideais, imaginados como modelo ou proposta de desenvolvimento: *o socialismo e o comunismo são utopias*. **2.** Projeto ou plano irrealizável; fantasia; quimera.
utópico (u.tó.pi.co) adj. **1.** Que diz respeito a utopia. **2.** Fantástico; irrealizável.
utopista (u.to.pis.ta) s.2g. e adj.2g. (Aquele) que concebe projetos fantásticos e irrealizáveis.
uva (u.va) s.f. **1.** (*Bot.*) Fruto da videira, de cor verde, rosada, rubra, azulada ou preta, que dá em cachos, é comestível ao natural ou em geleias, doces etc. e em algumas espécies pode ser usado para fazer vinho. **2.** (*Fig.*) Mulher bonita. s.m. **3.** Cor entre azul e vermelho-escuro, mais escura que roxo, como de algumas uvas.
úvea (ú.ve.a) s.f. (*Anat.*) Parte posterior e pigmentada da íris.
úvula (ú.vu.la) s.f. (*Anat.*) Saliência em forma de cone na parte posterior do véu palatino, próximo da garganta, conhecida popularmente como campainha.
uxoricida (u.xo.ri.ci.da) [cs] s.m. Aquele que assassinou a própria esposa.
uxoricídio (u.xo.ri.cí.di.o) [cs] s.m. Assassinato da própria esposa.
uxório (u.xó.ri.o) [cs] adj. Que diz respeito à mulher casada.

Vv

v, V s.m. **1.** Vigésima segunda letra do alfabeto, consoante, de nome "vê". **2.** Na numeração romana, representa cinco unidades ou quinto.
V 1. Símbolo do elemento químico vanádio. **2.** Símbolo do volt.
vã adj. Flexão feminina de *vão*.
vaca (va.ca) s.f. Fêmea do boi ou do touro.
vacada (va.ca.da) s.f. Corrida ou multidão de vacas.
vaca-fria (va.ca-fri.a) s.f. Tema ou assunto já bastante discutido, de pouco interesse. ▣ Pl. *vacas-frias*.
vacância (va.cân.ci.a) s.f. **1.** Tempo durante o qual um cargo não está preenchido; vaga. **2.** Estado do que está vago.
vacante (va.can.te) adj.2g. Que está vago.
vaca-preta (va.ca-pre.ta) [ê] s.f. Sorvete de creme ou chocolate batido com refrigerante do tipo cola. ▣ Pl. *vacas-pretas*.
vacar (va.car) v.i. **1.** Estar ou ficar vago. **2.** Ficar desocupado. **3.** Cessar temporariamente as suas funções. **4.** Estar de férias.
vacaria (va.ca.ri.a) s.f. **1.** Vacada. **2.** Curral de vacas. **3.** Estabelecimento onde se retira o leite das vacas ali criadas.
vacilação (va.ci.la.ção) s.f. Ato de vacilar; oscilação. **2.** Dúvida; perplexidade; hesitação.
vacilada (va.ci.la.da) s.f. (Pop.) Bobeada; cochilada; descuido; vacilo.
vacilante (va.ci.lan.te) adj.2g. **1.** Que vacila; hesitante. **2.** Pouco firme; instável. **3.** Perplexo.
vacilar (va.ci.lar) v.i. **1.** Não se sentir firme; cambalear; oscilar; tremer. v.t.i. **2.** Ter dúvidas; hesitar.
vacilatório (va.ci.la.tó.ri.o) adj. Que produz vacilação; vacilante; hesitante.
vacilo (va.ci.lo) s.m. Ação de vacilar; hesitação.
vacina (va.ci.na) s.f. **1.** (Med.) Substância de origem microbiana ministrada para que um organismo produza anticorpos e fique imune a uma doença. **2.** (Fig.) Procedimento que imuniza ou protege: *queria uma vacina contra o estresse e outra contra o tédio*.
vacinação (va.ci.na.ção) s.f. (Med.) Ato de vacinar; imunização; vacina.
vacinado (va.ci.na.do) adj. Imunizado por vacina.
vacinar (va.ci.nar) v.t.d. e v.p. Imunizar(-se) por vacina.
vacinoterapia (va.ci.no.te.ra.pi.a) s.f. (Med.) Emprego sistemático de vacinas para fins terapêuticos.
vacuidade (va.cu.i.da.de) s.f. Característica do que está vazio.

vacum (va.cum) adj. Diz-se do gado constituído de vacas, bois e novilhos.
vácuo (vá.cuo) s.m. e adj. **1.** (Espaço) que não contém matéria; (espaço) oco; vão; vazio. s.m. **2.** Lacuna; espaço imaginário completamente vazio.
vacúolo (va.cú.o.lo) s.m. (Bio.) Espaço ou cavidade preenchido por ar ou líquido e formado no protoplasma ou qualquer parte de uma célula.
vadear (va.de.ar) v.t.d. Cruzar (um trecho de rio ou mar) andando, sem embarcação.
vade-mécum (va.de-mé.cum) s.m. Livro de consulta rápida e frequente; tira-dúvidas. ▣ Pl. *vade-mécuns*.
vadiação (va.di.a.ção) s.f. Ato de vadiar; vadiagem.
vadiagem (va.di.a.gem) s.f. **1.** Vida de vadio; vagabundagem. **2.** (Dir.) Contravenção penal que consiste em entregar-se alguém, por hábito, à ociosidade, recusando-se a procurar trabalho, apesar de ser apto para o mesmo; não contando, assim, com renda que lhe assegure a subsistência, esta passa a ser garantida por meio de ocupação ilícita.
vadiar (va.di.ar) v.i. Andar ociosamente; viver na ociosidade; vagabundar; vagabundear. Obs.: pres. do ind.: *vadio, vadias, vadia, vadiamos, vadiais, vadiam*; pres. do subj.: *vadie, vadies, vadie* etc.
vadio (va.di.o) s.m. e adj. **1.** (Indivíduo) que não tem ocupação; ocioso, desocupado, gaudério. **2.** (Indivíduo) que é pouco aplicado ou pouco dedicado aos deveres.
vaga (va.ga) s.f. **1.** Cada uma das elevações da superfície do mar, produzidas sucessivamente pela ação do vento; onda. **2.** Lugar vazio ou vago. **3.** Lugar disponível em hotel, pensão etc. **4.** Cargo não preenchido.
vagabundagem (va.ga.bun.da.gem) s.f. Vida ou atitude de vagabundo; vadiagem.
vagabundar (va.ga.bun.dar) v.i. Vadiar.
vagabundear (va.ga.bun.de.ar) v.i. Levar vida de vagabundo; vadiar.
vagabundo (va.ga.bun.do) s.m. e adj. **1.** (Aquele) que leva uma vida errante; nômade, vagamundo. **2.** (Aquele) que não tem ocupação; vadio, desocupado. adj. **3.** De qualidade inferior; ordinário.
vágado (vá.ga.do) s.m. (Med.) Estado de enfraquecimento doentio em que o indivíduo tem a impressão de que tudo gira em torno de si (vertigem objetiva), ou de que ele próprio está girando (vertigem subjetiva); desfalecimento; desmaio; vertigem.

vagalhão (va.ga.lhão) s.m. Grande vaga; onda gigantesca.

vaga-lume (va.ga-lu.me) s.m. **1.** (Zoo.) Inseto coleóptero que, em virtude de uma reação entre substâncias químicas, apresenta órgãos fosforescentes localizados na parte inferior dos segmentos abdominais. **2.** Empregado que, munido de pequena lanterna, acompanha o espectador até a poltrona, na sala dos cinemas ou teatros; lanterninha. ▫ Pl. *vaga-lumes*.

vagamundo (va.ga.mun.do) s.m. e adj. Vagabundo.

vagante (va.gan.te) adj.2g. **1.** Que vagueia; errante. **2.** Que não está ocupado ou preenchido; vago.

vagão (va.gão) s.m. Carro puxado por uma locomotiva, em trens do metrô ou de superfície.

vagar (va.gar) v.i. **1.** Andar sem destino; vaguear. **2.** Ficar ou deixar vago. s.m. **3.** Falta de ocupação; ócio. **4.** Lentidão.

vagareza (va.ga.re.za) [ê] s.f. Característica do vagaroso; lentidão; demora; lerdeza.

vagaroso (va.ga.ro.so) [ô] adj. Que não tem pressa; lento; demorado. ▫ Pl. *vagarosos* [ó].

vagem (va.gem) s.f. (Bot.) **1.** Invólucro dos grãos ou sementes da ervilha, do feijão e demais leguminosas; fava. **2.** Fruto hortense de formato comprido e coloração verde, comestível cozido.

vagido (va.gi.do) s.m. **1.** Choro de criança recém-nascida. **2.** Gemido; lamento.

vagina (va.gi.na) s.f. (Anat.) Canal que liga a vulva ao útero.

vaginal (va.gi.nal) adj.2g. Que diz respeito à vagina.

vaginismo (va.gi.nis.mo) s.m. (Med.) Contração involuntária e espasmódica do músculo vaginal.

vaginite (va.gi.ni.te) s.f. (Med.) Inflamação da vagina.

vagir (va.gir) v.i. **1.** Gemer; lamentar-se. **2.** Dar vagidos (o bebê). Obs.: não é conjugado na 1ª pes. sing. do pres. do ind. nem, consequentemente, no pres. do subj. e imperat. neg. No imperat. afirm.: *vage, vagi*.

vago (va.go) adj. **1.** Vazio; desocupado; não preenchido. **2.** Indeciso; indeterminado.

vagueação (va.gue.a.ção) s.f. **1.** Vadiagem; vagabundagem. **2.** Devaneio. **3.** Ócio, falta de ocupação.

vaguear (va.gue.ar) v.i. Andar ao acaso; vagar, vagabundar. O mesmo que *vaguejar*.

vaguejar (va.gue.jar) v.i. O mesmo que *vaguear*.

vagueza (va.gue.za) [ê] s.f. Qualidade ou caráter de vago.

vaia (vai.a) s.f. Motejo; apupo; zombaria.

vaiar (vai.ar) v.t.d. Dar vaias; motejar; zombar; apupar.

vaidade (va.i.da.de) s.f. **1.** Desejo muito grande de atrair a admiração dos outros. **2.** Futilidade; presunção, ganja. **3.** Ostentação; orgulho.

vaidoso (va.i.do.so) [ô] adj. **1.** Que tem vaidade. **2.** Orgulhoso; presunçoso; fútil. ▫ Pl. *vaidosos* [ó].

vaimiri-atroari (vai.mi.ri-a.tro.a.ri) s.2g. **1.** Indivíduo dos vaimiris-atroaris, povo indígena que vive hoje no Amazonas e em Roraima. adj.2g. **2.** Relacionado a esse povo. O mesmo que *uaimiri-atroari*. ▫ Pl. *vaimiris-atroaris*.

vaivai (vai.vai) s.2g. **1.** Indivíduo dos vaivais, povo indígena que vive hoje no Pará, no Amazonas e em Roraima. adj.2g. **2.** Relacionado a esse povo. O mesmo que *uaiuai*.

vaivém (vai.vém) s.m. **1.** Movimento oscilatório. **2.** Movimento alternado de objetos ou pessoas que vão e que vêm. **3.** (Fig.) Vicissitude.

vala (va.la) s.f. Escavação para receber encanamento de água, gás ou esgoto. **Vala comum:** cova larga e profunda em que se reúnem vários cadáveres, provenientes de catástrofes ou epidemias ou ainda por não haver recursos para sepultamento em separado (sepultura de indigentes).

valado (va.la.do) s.m. **1.** (Ant.) Vala, fosso ou escavação construída em torno de uma propriedade. **2.** Terreno com essa escavação: *cavou um valado para misturar o esterco com a terra*.

valar (va.lar) v.t.d. Fazer valas em; circundar com valas.

vale (va.le) s.m. **1.** Depressão alongada entre montes ou à beira de rios; várzea. **2.** Adiantamento que se faz nas empresas do salário mensal. **3.** Empréstimo sem formalidade legal. **4.** Espécie de ordem postal para transferência de fundos, entre particulares, de um lugar para outro.

valeira (va.lei.ra) s.f. Vala de pequenas proporções; valeta.

valência (va.lên.ci.a) s.f. (Quím.) Quantidade de ligações estáveis que um átomo (ou um grupo de átomos de substância simples) tem a capacidade de efetuar com outros átomos de hidrogênio.

valenciano (va.len.ci.a.no) adj. **1.** De Valência, comunidade autônoma que integra a Espanha. s.m. **2.** Pessoa natural ou habitante desse lugar.

valentão (va.len.tão) s.m. e adj. (Indivíduo) que é muito valente, briguento, desordeiro.

valente (va.len.te) s.2g. e adj.2g. **1.** (Pessoa) que tem valor ou valentia. **2.** (Pessoa) audaz, corajosa, intrépida.

valentia (va.len.ti.a) s.f. Característica de quem é valente; coragem; vigor.

valer (va.ler) v.i. **1.** Ter certo valor ou ser de certo preço. v.t.d. **2.** Ser equivalente; ser igual em valor ou em preço. **3.** Ser digno; ter merecimento. Obs.: pres. do ind.: *valho, vales, vale, valemos, valeis, valem*; pres. do subj.: *valha, valhas, valha* etc.

vale-refeição (va.le-re.fei.ção) s.m. Tipo de tíquete que representa parte do pagamento de um funcionário e que se destina à sua alimentação. ▫ Pl. *vales-refeições*.

valeriana (va.le.ri.a.na) s.f. (Bot.) Gênero de ervas perenes nativas da Europa, cujas raízes, de efeito hipnógeno, têm uso clássico na medicina.

valeta (va.le.ta) [ê] s.f. **1.** Vala pequena, para escoamento de águas, à beira de ruas ou estradas; valeira. **2.** Afundamento no solo; vala, valo: *o caminhão caiu na valeta*. **3.** Abertura no chão de oficina, posto etc., na qual se entra para fazer manutenção na parte inferior de um veículo.

valete (va.le.te) [é] s.m. **1.** Manobrista. **2.** Empregado doméstico abaixo do mordomo. **3.** Carta do baralho marcada com a letra J, de valor entre o dez e a dama.

vale-transporte (va.le-trans.**por**.te) s.m. Tipo de tíquete que representa parte do pagamento de um funcionário e que se destina ao seu transporte. ▣ Pl. *vales-transportes*.

vale-tudo (va.le-**tu**.do) s.m.2n. **1.** Variedade de luta livre de natureza muito violenta, na qual se permitem todos os tipos de golpes. **2.** (Fig.) Situação, momento em que se recorre a qualquer expediente para se conseguir o que se deseja, em que não há regras: *entrar no trem era um vale-tudo*. ▣ Pl. *vale-tudo*.

valia (va.**li**.a) s.f. **1.** Valor inerente a um objeto; valor estimado. **2.** (Fig.) Mérito.

validação (va.li.da.**ção**) s.f. Ato de validar; legalização; legitimação.

validade (va.li.**da**.de) s.f. Qualidade de válido; legalidade: *o prazo de validade deve ser indicado na embalagem dos alimentos*.

validado (va.li.**da**.do) adj. Legalizado, legitimado.

validar (va.li.**dar**) v.t.d. **1.** Dar validade a; tornar válido. **2.** Tornar legítimo ou legal; legitimar.

validez (va.li.**dez**) [ê] s.f. Condição de válido; validade.

validismo (va.li.**dis**.mo) s.m. Regime de imposição do favoritismo; protecionismo; nepotismo.

válido (**vá**.li.do) adj. **1.** Que tem valor ou valia. **2.** Que tem saúde; sadio; são; vigoroso; forte; sólido; robusto. **3.** Legítimo; lídimo; legal; lícito; correto. **4.** Que surte efeito; eficaz. **5.** Que é formalmente correto e verdadeiro em todas as interpretações de um sistema lógico.

valido (va.**li**.do) s.m. Indivíduo que tem mais proteção ou estima que os demais; protegido, favorito, favorecido.

valimento (va.li.**men**.to) s.m. Ato de valer; valor; préstimo; influência.

valioso (va.li.**o**.so) [ô] adj. **1.** Que tem valor ou valia; válido. **2.** Que vale muito. **3.** Que tem importância ou muitos merecimentos. ▣ Pl. *valiosos* [ó].

valise (va.**li**.se) s.f. Mala de mão, ou maleta, flexível com alças grandes.

valo (**va**.lo) s.m. Fosso comprido e estreito, cavado para proteger um campo.

valor (va.**lor**) [ô] s.m. **1.** Importância estimada de certa coisa; preço. **2.** Coragem; valentia. **3.** Legitimidade; validade. **4.** Qualidade que torna alguém (ou algo) estimável. **5.** Duração de uma nota musical. **6.** Significado exato de um termo.

valorização (va.lo.ri.za.**ção**) s.f. **1.** Ato de valorizar(-se). **2.** (Econ.) Alta deliberada (e fictícia) de preço de mercadoria, especialmente quando promovida pelo governo.

valorizado (va.lo.ri.**za**.do) adj. Realçado, destacado.

valorizador (va.lo.ri.za.**dor**) [ô] s.m. e adj. (Aquele) que valoriza.

valorizar (va.lo.ri.**zar**) v.t.d. **1.** Dar valor a. **2.** Aumentar o valor de. v.p. **3.** Destacar-se; aumentar de valor.

valorosidade (va.lo.ro.si.**da**.de) s.f. Característica do que é valoroso.

valoroso (va.lo.**ro**.so) [ô] adj. Que tem valor ou coragem; destemido; corajoso; esforçado. ▣ Pl. *valorosos* [ó].

valsa (**val**.sa) s.f. **1.** Dança de salão rodada e a dois, em compasso de três por quatro. **2.** Música apropriada para essa dança.

valsar (val.**sar**) v.i. Dançar valsa.

valsista (val.**sis**.ta) s.2g. e adj.2g. (Pessoa) que dança valsa.

valva (**val**.va) s.f. **1.** (Zoo.) Cada uma das peças sólidas que formam a concha e revestem o corpo de um molusco. **2.** (Bot.) Cada uma das partes duras que envolvem e protegem um fruto seco.

válvula (**vál**.vu.la) s.f. **1.** Valva pequena. **2.** (Anat.) Designação genérica de prega membranosa que, presente dentro do órgão oco, normalmente aí regula o fluxo e evita o refluxo de algum tipo de matéria (sangue, urina, fezes). **3.** Dispositivo mecânico destinado a controlar um fluxo (de ar, água, vapor, gases etc.) em caldeiras, panelas de pressão, máquinas a vapor etc., só o permitindo em uma dada direção, evitando, assim, uma explosão.

valvulado (val.vu.**la**.do) adj. Que tem válvula; valvular.

valvular (val.vu.**lar**) adj.2g. Valvulado.

vampírico (vam.**pí**.ri.co) adj. Que diz respeito a vampiro.

vampirismo (vam.pi.**ris**.mo) s.m. **1.** Crença nos vampiros. **2.** Qualidade de vampiro. **3.** (Fig.) Ambição demasiada.

vampiro (vam.**pi**.ro) s.m. **1.** (Folc.) Entidade lendária que, segundo a superstição popular, sai das sepulturas à noite, para sugar o sangue dos seres vivos. **2.** (Zoo.) Designação do morcego hematófago. **3.** (Fig.) Aquele que explora os pobres em benefício próprio. **4.** Aquele que enriquece à custa alheia ou por meios ilícitos.

vanádio (va.**ná**.di.o) s.m. (Quím.) Elemento metálico duro, leve, cinza-prateado, de símbolo V, número atômico 23, massa atômica 50,94, usado em ligas especiais e como catalisador.

vandálico (van.**dá**.li.co) adj. Relacionado aos vândalos.

vandalismo (van.da.**lis**.mo) s.m. **1.** Ação própria de vândalo. **2.** (P.ext.) Estrago em ou destruição de uma propriedade ou de algo que, por antiguidade, valor artístico, raridade ou utilidade pública, merece respeito e conservação.

vandalizar (van.da.li.**zar**) v.t.d. Causar estrago ou destruição em; cometer vandalismo.

vândalo (**vân**.da.lo) s.m. **1.** Indivíduo dos vândalos, povo germânico bárbaro que, por volta do século V, devastou o sul da Europa e o norte da África. **2.** (P.ext.) Indivíduo que destrói ou picha monumentos ou objetos respeitáveis ou de utilidade pública.

vanglória (van.**gló**.ri.a) s.f. **1.** Glória vã; presunção infundada. **2.** Jactância; orgulho; bazófia; vaidade.

vangloriar (van.glo.ri.**ar**) v.t.d. **1.** Tornar vaidoso; inspirar vanglória. v.p. **2.** Tornar-se vaidoso; ufanar-se; envaidecer-se.

vanglorioso (van.glo.ri.o.so) [ô] *adj.* Que demonstra vanglória; jactancioso; vaidoso; orgulhoso. ▣ Pl. *vangloriosos* [ó].
vanguarda (van.**guar**.da) *s.f.* **1.** Dianteira; frente. **2.** Atitude artística de ruptura com as tradições e experimentação de novas formas de expressão.
vanguardeiro (van.guar.**dei**.ro) *s.m. e adj.* (Aquele) que marcha na vanguarda.
vanguardista (van.guar.**dis**.ta) *s.2g. e adj.* Adepto da vanguarda na arte.
vanilina (va.ni.**li**.na) *s.f.* (Quím.) Substância orgânica cristalina, com odor característico, encontrada nas favas da baunilha e também preparada sinteticamente, sob forma de essência; baunilha.
vantagem (van.**ta**.gem) *s.f.* **1.** Característica do que está adiante ou do que é superior. **2.** Lucro, proveito. **3.** Benefício.
vantajoso (van.ta.**jo**.so) [ô] *adj.* Que dá proveito; útil, lucrativo; proveitoso. ▣ Pl. *vantajosos* [ó].
vão *adj.* **1.** Vazio; oco. **2.** Sem valor; fútil; insignificante. *s.m.* **3.** (*Const.*) Espaço vazio entre dois pontos ou intervalo entre dois apoios de uma estrutura.
vapor (va.**por**) [ô] *s.m.* **1.** Estado gasoso de uma substância. **2.** Navio a vapor.
vaporação (va.po.ra.**ção**) *s.f.* Ato de vaporar(-se); evaporação.
vaporar (va.po.**rar**) *v.t.d.* **1.** Exalar ou lançar vapores. *v.p.* **2.** Vaporizar-se, evaporar-se.
vaporífero (va.po.**rí**.fe.ro) *adj.* Que contém e exala vapores.
vaporização (va.po.ri.za.**ção**) *s.f.* **1.** Ato de vaporizar. **2.** Passagem para o estado gasoso; evaporação.
vaporizador (va.po.ri.za.**dor**) [ô] *s.m.* **1.** Utensílio próprio para borrifar perfumes, desodorantes, inseticidas etc. Cf. *spray, aerosol. adj.* **2.** Que vaporiza.
vaporizar (va.po.ri.**zar**) *v.t.d.* **1.** Converter em vapor; evaporar; volatilizar. **2.** Aspergir líquidos em gotas finíssimas; borrifar.
vaporoso (va.po.**ro**.so) [ô] *adj.* **1.** Em que há vapores; vaporífero. **2.** Delicado; muito tênue; leve. **3.** Transparente; diáfano. ▣ Pl. *vaporosos* [ó].
vapt *interj.* Indica rapidez; em um instante; rapidamente.
vaqueirada (va.quei.**ra**.da) *s.f.* Grupo de vaqueiros.
vaqueirama (va.quei.**ra**.ma) *s.f.* Reunião de vaqueiros para realização da vaquejada ou rodeio.
vaqueiro (va.**quei**.ro) *s.m.* Guarda ou condutor do gado; tocador de boiada; peão.
vaquejada (va.que.**ja**.da) *s.f.* **1.** Rodeio ou reunião do gado de uma fazenda no final do inverno. **2.** Ato de procurar o gado que se encontra espalhado, reunindo-o nos currais da fazenda para apartação, ferra, vacinação etc.
vaqueta (va.**que**.ta) [ê] *s.f.* Couro com pouca espessura e macio, usado sobretudo para forros; baqueta; vareta.
vaquinha (va.**qui**.nha) *s.f.* (*Pop.*) Coleta de dinheiro entre várias pessoas de comum acordo, para a compra ou realização de algo.

vara (**va**.ra) *s.f.* **1.** Ramo fino e flexível de árvore ou arbusto. **2.** O cargo de juiz. **3.** Jurisdição. **4.** Insígnia de alguns magistrados. **5.** Coletivo de porcos.
varada (va.**ra**.da) *s.f.* Pancada que se dá com a vara.
varado (va.**ra**.do) *adj.* **1.** Atravessado; traspassado transposto. **2.** (*Fig.*) Com muita fome.
varadouro (va.ra.**dou**.ro) *s.m.* **1.** Lugar raso, à beira--mar ou à margem de um rio, onde se recolhem e consertam embarcações. **2.** Canal aberto às pressas para permitir a passagem de uma embarcação de um rio para outro em curtíssimo espaço de tempo, evitando, assim, um acidente de curso.
varal (va.**ral**) *s.m.* **1.** Fio esticado em que se penduram as roupas lavadas para que sequem; estendal. **2.** Cada uma das varas onde se expõe ao sol o charque para secar. **3.** Cada uma das duas varas que saem dos lados de uma carroça e às quais se atrela o animal.
varanda (va.**ran**.da) *s.f.* Balcão; terraço; sacada; espécie de alpendre à frente ou em volta de uma casa.
varão (va.**rão**) *s.m. e adj.* **1.** (Indivíduo) do sexo masculino. **2.** (Homem) respeitável.
varapau (va.ra.**pau**) *s.m.* **1.** Pau comprido; cajado; bordão. **2.** (*Fig.*) Pessoa alta e magra.
varar (va.**rar**) *v.t.d.* **1.** Bater com vara. **2.** Furar de lado a lado; traspassar. **3.** Passar além de; embrenhar-se.
vareja (va.**re**.ja) [ê] *s.f.* **1.** Ato de varejar. **2.** (*Zoo.*) Varejeira.
varejador (va.re.ja.**dor**) [ô] *s.m. e adj.* (Aquele) que vareja.
varejão (va.re.**jão**) *s.m.* **1.** Mercadão de hortifrutigranjeiros. **2.** Vara comprida, com que se impelem barcos no rio.
varejar (va.re.**jar**) *v.t.d.* **1.** Agitar ou sacudir com varas. **2.** Atacar; fustigar; investir. **3.** Impelir barcos com um varejão.
varejeira (va.re.**jei**.ra) *s.f.* (*Zoo.*) Mosca que coloca ovos esbranquiçados na carne ou em feridas; vareja.
varejista (va.re.**jis**.ta) *s.2g. e adj.2g.* **1.** (Negociante) que vende a varejo; retalhista. *adj.2g.* **2.** Relativo ao comércio a varejo.
varejo (va.**re**.jo) [ê] *s.m.* Comércio de mercadorias em pequenas quantidades; venda por miúdo; venda a retalho. **A varejo:** em pequena quantidade.
vareta (va.**re**.ta) [ê] *s.f.* **1.** Pequena vara, de usos variados. **2.** Perna de compasso. **3.** Vara fina de pau ou de ferro, com que se limpa o cano das armas de fogo. **4.** Cada uma das hastes metálicas que compõem a armação do guarda-chuva.
varfarina (var.fa.**ri**.na) *s.f.* Warfarina.
varge (**var**.ge) *s.f.* O mesmo que *várzea*.
várgea (**vár**.ge.a) *s.f.* O mesmo que *várzea*.
vargedo (var.**ge**.do) [ê] *s.m.* Conjunto de vargens ou várzeas; várzea grande.
vargem (**var**.gem) *s.f.* O mesmo que *várzea*.
variabilidade (va.ri.a.bi.li.**da**.de) *s.f.* Característica do que é variável; volubilidade.
variação (va.ri.a.**ção**) *s.f.* **1.** Ato de variar; mudança; variedade. **2.** Forma musical em que a melodia,

sem perder a sua essência, recebe novo ritmo, compasso, tonalidade, harmonização etc.
variado (va.ri.a.do) *adj.* Diverso; sortido; vário.
variante (va.ri.an.te) *adj.2g.* **1.** Que varia ou difere. *s.f.* **2.** Alternativa que substitui ou modifica um plano ou parte de um plano original. **3.** Desvio que, em uma estrada, substitui um trecho interrompido ou fornece uma alternativa para o mesmo destino.
variar (va.ri.ar) *v.t.d.* **1.** Tornar vário ou diverso; alterar; diversificar; mudar. **2.** Dar nova direção, novo rumo ou nova orientação. *v.i.* **3.** Apresentar mudança. **4.** Ficar doido. Obs.: pres. do ind.: *vario, varias, varia* etc; pres. do subj.: *varie, varies, varie* etc.
variável (va.ri.á.vel) *adj.2g.* **1.** Que pode mudar, sujeito a variações: *humor variável*. *s.f.* **2.** Fator cuja mudança pode mudar o resultado de fenômeno: *a água é uma variável importante para o crescimento das plantas*.
varicela (va.ri.ce.la) *s.f.* (*Med.*) Doença infecciosa geralmente benigna, causada por vírus, contagiosa e caracterizada por febre e máculas, que evoluem para pequenas bolhas e posteriormente crostas; catapora.
varicocele (va.ri.co.ce.le) *s.f.* (*Med.*) Dilatação varicosa das veias do cordão espermático.
varicoso (va.ri.co.so) [ô] *adj.* Que tem varizes. ▣ Pl. *varicosos* [ó].
variedade (va.ri.e.da.de) *s.f.* **1.** Característica do que é variado; diversidade; multiplicidade. **2.** Inconstância; instabilidade; volubilidade. **3.** (*Bio.*) Subespécie ou subdivisão de uma espécie, com características próprias. Cf. *variedades*.
variedades (va.ri.e.da.des) *s.f.pl.* Apresentação ou programa com números de várias artes e tipos, como dança, música, entrevistas e outros. Cf. *variedade*.
variegação (va.ri.e.ga.ção) *s.f.* Ato ou efeito de variegar; variedade de cores; matiz.
variegado (va.ri.e.ga.do) *adj.* **1.** De várias cores; matizado. **2.** Diversificado, alternado, variado.
variegar (va.ri.e.gar) *v.t.d.* **1.** Dar cores variadas a; matizar. **2.** Diversificar; alternar; variar.
varinha (va.ri.nha) *s.f.* Vara pequena; vareta, bastão.
vário (vá.ri.o) *adj.* **1.** De várias cores ou feitios; diverso. **2.** Inconstante; contraditório. *pron. indef.* Vários; alguns, diversos.
varíola (va.rí.o.la) *s.f.* (*Med.*) Doença infectocontagiosa, causada por vírus, com período de incubação de aproximadamente 12 dias, seguindo-se uma etapa febril e erupção macular do tronco, que desaparece ao surgirem erupções nas face, mãos e pés, e que evolui para a formação de pústulas, cujas crostas se desprendem ao longo de 7 a 10 dias, originando cicatrizes despigmentadas; bexiga.
variólico (va.ri.ó.li.co) *adj.* Que diz respeito à varíola.
varioloide (va.ri.o.loi.de) [ói] *s.f.* (*Med.*) Forma atenuada de varíola, podendo ocorrer em indivíduo que já teve essa doença ou foi vacinado contra ela.

varioloso (va.ri.o.lo.so) [ô] *adj.* **1.** Variólico. **2.** Atacado de varíola. ▣ Pl. *variolosos* [ó].
variz (va.riz) *s.f.* (*Med.*) Dilatação permanente de vaso arterial, linfático ou venoso. Mais usado na forma plural, *varizes*.
varonil (va.ro.nil) *adj.2g.* **1.** Que diz respeito a varão; viril. **2.** Forte; potente.
varonilidade (va.ro.ni.li.da.de) *s.f.* Característica de quem é varonil; virilidade.
varrão (var.rão) *s.m.* Porco que serve de reprodutor.
varredela (var.re.de.la) *s.f.* Ato de varrer de leve; varredura.
varredor (var.re.dor) [ô] *s.m. e adj.* (Aquele) que varre; gari.
varredouro (var.re.dou.ro) *s.m.* Espécie de vassoura adequada para varrer o forno.
varredura (var.re.du.ra) *s.f.* **1.** Ato de varrer; varredela. **2.** Ato de examinar ou vasculhar uma área com radar ou com sonar.
varrer (var.rer) *v.t.d.* **1.** Limpar com vassoura, principalmente o solo ou o soalho. **2.** Roçar; arrastar. **3.** Fazer varredura com um radar ou sonar, à procura de obstáculos ou alvos.
varrição (var.ri.ção) *s.f.* Ato de varrer; varredura; varredela.
varrido (var.ri.do) *adj.* **1.** Limpo com vassoura. **2.** Que perdeu o juízo; louco, doido.
várzea (vár.ze.a) *s.f.* **1.** Planície fértil e cultivada; terra chã. **2.** Terreno baixo e plano nas margens de rio ou córrego. O mesmo que *varge, vargem, várgea*.
varzeano (var.ze.a.no) *adj.* **1.** Que diz respeito a várzea. *s.m.* **2.** Pessoa que nasceu ou vive em várzea.
vasa (va.sa) *s.f.* **1.** Depósito do fundo do rio ou do mar; lodaçal. **2.** (*Fig.*) Degradação moral. Cf. *vaza*.
vasca (vas.ca) *s.f.* **1.** Convulsão; ânsia; estertor. **2.** Náusea.
vascolejador (vas.co.le.ja.dor) [ô] *adj.* Que vascoleja.
vascolejamento (vas.co.le.ja.men.to) *s.m.* Ato de vascolejar ou agitar; agitação.
vascolejar (vas.co.le.jar) *v.t.d.* Agitar (um líquido em um vaso); revolver; agitar.
vascular (vas.cu.lar) *adj.2g.* **1.** Relativo a vaso ou canal. **2.** (*Anat.*) Relativo aos vasos sanguíneos.
vascularidade (vas.cu.la.ri.da.de) *s.f.* (*Anat.*) Existência de vasos em organismos tanto animais quanto vegetais.
vascularização (vas.cu.la.ri.za.ção) *s.f.* (*Anat.*) Formação de vasos sanguíneos, ainda que cirurgicamente, em um tecido que não os possuía.
vasculha (vas.cu.lha) *s.f.* Ato de vasculhar; busca, procura, pesquisa, investigação, rastreamento, esquadrinhamento.
vasculhado (vas.cu.lha.do) *adj.* Buscado; procurado; pesquisado; investigado; rastreado; esquadrinhado.
vasculhar (vas.cu.lhar) *v.t.d.* **1.** Varrer com vasculho. **2.** Buscar; pesquisar; procurar; rastrear; investigar; esquadrinhar.

vasculho (vas.cu.lho) s.m. **1.** Vassoura ou varredouro para fornos. **2.** Busca; procura; investigação.
vasectomia (va.sec.to.mi.a) s.f. (Med.) Esterilização masculina por cirurgia.
vaselina (va.se.li.na) s.f. (Quím.) Parafina de baixo ponto de fusão, aplicada na farmácia e na indústria.
vasilha (va.si.lha) s.f. **1.** Recipiente de uso doméstico utilizado para guardar ou cozer alimentos. **2.** Barril, tonel, pipa.
vasilhame (va.si.lha.me) s.m. Conjunto de vasilhas ou recipientes: *antigamente, todas as bebidas eram vendidas em vasilhame retornável, hoje a maioria usa vasilhame descartável.*
vaso (va.so) s.m. **1.** Qualquer objeto côncavo próprio para conter substâncias líquidas ou sólidas ou para se plantarem flores. **2.** Bacia sanitária; latrina; privada. **3.** Navio de guerra. **4.** (Anat.) Tubo orgânico, como veias ou artérias.
vasoconstrição (va.so.cons.tri.ção) s.f. (Med.) Diminuição do calibre dos vasos sanguíneos, causada pelo uso de medicamentos ou pela ação dos nervos vasoconstritores.
vasoconstritor (va.so.cons.tri.tor) [ô] adj. **1.** Relativo a vasoconstrição: *efeito vasoconstritor.* s.m. e adj. **2.** (Substância) que provoca vasoconstrição.
vasodilatação (va.so.di.la.ta.ção) s.f. (Med.) Alargamento dos vasos sanguíneos, causado pelo uso de medicamentos, calor ou pela ação do sistema nervoso autônomo.
vasodilatador (va.so.di.la.ta.dor) s.m. e adj. (Substância) que alarga os vasos sanguíneos.
vasomotor (va.so.mo.tor) [ô] adj. (Bio.) Diz-se de nervo que preside a contração e dilatação dos vasos sanguíneos.
vasquejar (vas.que.jar) v.i. Ter vascas ou convulsões; agonizar; contorcer-se.
vassalagem (vas.sa.la.gem) s.f. **1.** Estado ou condição de vassalo. **2.** Conjunto de vassalos. **3.** Sujeição; submissão. **4.** Tributo que o vassalo devia ao senhor feudal.
vassalo (vas.sa.lo) s.m. **1.** Na Idade Média, aquele que dependia do senhor feudal, a quem devia o pagamento de um tributo. adj. **2.** Subordinado; submisso.
vassoura (vas.sou.ra) s.f. Utensílio para varrer o chão, feito com cerdas vegetais ou artificiais.
vassourada (vas.sou.ra.da) s.f. **1.** Pancada dada com vassoura. **2.** Varrição rápida, ligeira; varredela.
vassourar (vas.sou.rar) v.t.d. Varrer com vassoura.
vassoureiro (vas.sou.rei.ro) s.m. Fabricante ou vendedor de vassouras.
vastidão (vas.ti.dão) s.f. Característica do que é vasto; amplidão, desenvolvimento.
vasto (vas.to) adj. Muito extenso; amplo; grande; considerável.
vatapá (va.ta.pá) s.m. (Culin.) Prato típico da cozinha afro-baiana, feito com peixe, camarão, leite de coco, amendoim e castanha de caju torrados e moídos de azeite de dendê, além dos temperos habituais como sal, cebola, pimentão, coentro, cheiro-verde e pimenta.
vate (va.te) s.m. Aquele que faz vaticínios; profeta.
vaticano (va.ti.ca.no) **1.** Do Vaticano, país da Europa situado dentro da cidade de Roma. s.m. **2.** Pessoa natural ou habitante desse lugar. *(próprio)* **3.** Palácio papal na colina do Vaticano, em Roma. **4.** Governo pontifício. **5.** Cúria romana.
vaticinação (va.ti.ci.na.ção) s.f. Vaticínio; previsão.
vaticinado (va.ti.ci.na.do) adj. Que foi previsto ou profetizado.
vaticinador (va.ti.ci.na.dor) [ô] s.m. e adj. (Aquele) que vaticina; profeta.
vaticinar (va.ti.ci.nar) v.t.d. Profetizar; predizer; prever; prenunciar.
vaticínio (va.ti.cí.ni.o) s.m. Ato de vaticinar; profecia; vaticinação; previsão.
vau s.m. Trecho raso do rio ou do mar, que se pode transitar a pé ou a cavalo.
vaza (va.za) s.f. **1.** Conjunto de cartas jogadas pelos parceiros em cada lance e que são recolhidas pelo ganhador. **2.** Escoamento; vazão. Cf. *vasa*.
vazado (va.za.do) adj. **1.** Entornado; despejado. **2.** Furado; perfurado.
vazador (va.za.dor) [ô] s.m. Instrumento próprio para abrir furos ou ilhós em couro, pano etc.
vazadouro (va.za.dou.ro) s.m. Lugar por onde escoam detritos ou qualquer outro líquido.
vazamento (va.za.men.to) s.m. Ato de vazar.
vazante (va.zan.te) adj.2g. **1.** Que vaza. s.f. **2.** Maré descendente. **3.** Saída; escoamento; vazão. **4.** Terreno baixo e úmido.
vazão (va.zão) s.f. **1.** Vazamento; escoamento. **2.** Porção de líquido ou de gás fornecida por uma corrente fluida, na unidade de tempo.
vazar (va.zar) v.t.d. **1.** Tornar vazio; esvaziar; despejar; verter. v.i. **2.** Esgotar-se pouco e pouco. **3.** Tornar-se conhecida (uma notícia) por descuido ou indiscrição.
vazio (va.zi.o) adj. **1.** Que não contém nada; desocupado; desabitado. **2.** (Fig.) Fútil. s.m. **3.** Vácuo. **4.** Sentimento indefinível de angústia, saudade, solidão.
vê s.m. Nome da letra V.
veadeiro (ve.a.dei.ro) s.m. Cachorro adestrado para caçar veados.
veado (ve.a.do) s.m. **1.** (Zoo.) Mamífero ruminante provido de cornos ramificados, tímido e muito veloz; cervo. Cf. *viado*.
vedação (ve.da.ção) s.f. **1.** Ato ou efeito de vedar. **2.** Tapume. **3.** Proibição.
vedado (ve.da.do) adj. **1.** Murado; cercado por tapume. **2.** Proibido; interditado.
vedante (ve.dan.te) adj.2g. Que veda ou serve para vedar.
vedar (ve.dar) v.t.d. **1.** Fechar; tapar; murar. **2.** Impedir; proibir; interditar. **3.** Não permitir; não consentir. **4.** Estorvar; embaraçar; tolher. v.p. e v.i. **5.** Estancar.
vedável (ve.dá.vel) adj.2g. Que se pode vedar.

vedete (ve.**de**.te) s.f. Atriz que se sobressai do elenco de uma companhia de teatro de revista; corista.
vedetismo (ve.de.**tis**.mo) s.m. Comportamento de vedete; estrelismo; esnobismo.
veemência (ve.e.**mên**.ci.a) s.f. **1.** Característica de veemente; eloquência. **2.** Ânimo; energia; vigor. **3.** Impetuosidade; intensidade; vivacidade.
veemente (ve.e.**men**.te) adj.2g. **1.** Impetuoso; animado; arrojado. **2.** Entusiástico; fervoroso; caloroso. **3.** Vivo; forte; vigoroso.
veganismo (ve.ga.**nis**.mo) s.m. Estilo de vida em que não se consome qualquer tipo de produto ou serviço que tenha como base a exploração animal, em que entende-se que os animais têm direito à vida e ao respeito.
vegano (ve.**ga**.no) adj. **1.** Referente ao veganismo. s.m. **2.** Pessoa que segue o veganismo.
vegetabilidade (ve.ge.ta.bi.li.**da**.de) s.f. Característica do que é vegetável.
vegetação (ve.ge.ta.**ção**) s.f. (Bot.) **1.** Conjunto de plantas que cobre uma região (cerrado, caatinga, floresta etc.). **2.** Ato de vegetar. **3.** Força vegetativa.
vegetal (ve.ge.**tal**) s.m. **1.** (Bot.) Planta; corpo orgânico que vegeta. adj. **2.** Que diz respeito às plantas.
vegetante (ve.ge.**tan**.te) adj.2g. Que vegeta; vegetativo.
vegetar (ve.ge.**tar**) v.i. **1.** Viver, nutrir-se e desenvolver-se (a planta). **2.** (Fig.) Viver sem interesse ou sem emoções. **3.** (Fig.) Viver na inércia. **4.** Ter uma sobrevida em que apenas as funções primordiais do organismo se realizam.
vegetariano (ve.ge.ta.ri.**a**.no) adj. **1.** Que é constituído de vegetais, que não contém alimentos de origem animal ou, pelo menos, que não contém carne, apenas leite e ovos: *alimentação vegetariana, prato vegetariano*. s.m. e adj. **2.** (Pessoa) que se alimenta assim.
vegetarianismo (ve.ge.ta.ri.a.**nis**.mo) s.m. Forma de alimentação vegetariana, hábito de comer principalmente vegetais e evitar animais ou comer apenas com ovos, leite e derivados.
vegetativo (ve.ge.ta.**ti**.vo) adj. **1.** Que faz vegetar. **2.** Que funciona involuntariamente, como a respiração ou a circulação. **3.** Que se limita à manutenção das funções vitais, sem o uso da função intelectual. **4.** Relativo a vegetal, a planta.
vegetável (ve.ge.**tá**.vel) adj.2g. Que vegeta.
vegetomineral (ve.ge.to.mi.ne.**ral**) adj.2g. Que participa da natureza dos minerais e dos vegetais.
veia (**vei**.a) s.f. **1.** (Anat.) Cada vaso sanguíneo que conduz o sangue com baixo teor de oxigênio das partes periféricas do corpo até o coração. **2.** (Fig.) Tendência; inclinação. **3.** Via de comunicação. **4.** (Bot.) Nervura de uma folha.
veiculação (ve.i.cu.la.**ção**) s.f. **1.** Ato ou efeito de veicular. **2.** Conjunto de meios de comunicação usados em uma campanha publicitária.
veiculado (ve.i.cu.**la**.do) adj. Transmitido; propagado; difundido.

veiculador (ve.i.cu.la.**dor**) [ô] s.m. e adj. Vetor; portador; transmissor.
veicular (ve.i.cu.**lar**) v.t.d. **1.** Transmitir; propagar. **2.** Distribuir; difundir (anúncios). adj.2g. **3.** Que se refere a veículo.
veículo (ve.**í**.cu.lo) s.m. **1.** Qualquer dos meios utilizados para transportar ou conduzir pessoas, objetos etc., de um lugar para outro; meio de transporte; transporte. **2.** Tudo aquilo que transmite, auxilia, promove. **3.** Excipiente líquido.
veiga (**vei**.ga) s.f. Várzea; planície cultivada e fértil.
veio (**vei**.o) s.f. **1.** Faixa de terra ou de rocha que se diferencia da restante pela natureza ou pela cor. **2.** Parte da mina onde está o mineral; filão. **3.** Rachadura; defeito; estria.
vela (**ve**.la) s.f. **1.** Peça de substância gordurosa e combustível, com um pavio no centro acompanhando todo o seu comprimento, usada para iluminação; círio. **2.** Peça responsável pela ignição nos motores de explosão. **3.** Pano de lona ou de brim que, recebendo o sopro do vento, impele as embarcações. **4.** Esporte olímpico praticado em embarcação à vela; iatismo.
velacho (ve.**la**.cho) s.m. Vela dos mastros da proa.
velado (ve.**la**.do) adj. Coberto com véu; oculto, disfarçado.
velame (ve.**la**.me) s.m. Conjunto das velas de um navio.
velar (ve.**lar**) v.t.d. **1.** Encobrir com véu. **2.** Esconder; ocultar. **3.** Passar a noite junto à cabeceira de um doente, para tratar ou cuidar dele, ou ao lado de um morto. **4.** Expor um filme à ação da luz, inutilizando-o, inadvertidamente. v.i. **5.** Vigiar; passar a noite acordado.
veleidade (ve.lei.**da**.de) s.f. Intenção fugaz; leviandade; capricho.
veleiro (ve.**lei**.ro) s.m. Barco a vela.
velejador (ve.le.ja.**dor**) [ô] s.m. e adj. (Aquele) que veleja.
velejar (ve.le.**jar**) v.i. Navegar a vela.
velha (**ve**.lha) s.f. Mulher de idade avançada; mulher idosa.
velhacada (ve.lha.**ca**.da) s.f. Reunião (ou atitude) de velhacos.
velhacar (ve.lha.**car**) v.i. Proceder como velhaco; ludibriar; não pagar dívidas; velhaquear.
velhacaria (ve.lha.ca.**ri**.a) s.f. Atitude de velhaco; maldade; patifaria; velhacada.
velhaco (ve.**lha**.co) s.m. e adj. (Indivíduo) que ludibria os outros; traiçoeiro, fraudulento, patife, cafajeste, gabiru.
velhada (ve.**lha**.da) s.f. Reunião ou grupo de velhos; velharia.
velhaquear (ve.lha.que.**ar**) v.i. Proceder como velhaco; enganar, velhacar; ludibriar.
velharia (ve.lha.**ri**.a) s.f. **1.** Atitude de velho. **2.** Objeto antigo. **3.** Antiguidade.
velhice (ve.**lhi**.ce) s.f. Estado ou condição do velho.
velho (ve.**lho**) adj. **1.** De muita idade; idoso. **2.** De época remota; antigo. **3.** Desgastado, gasto pelo

uso. **4.** Antiquado, obsoleto. s.m. **5.** Homem idoso. **6.** (Fam.) Pai ou marido.
velhote (ve.**lho**.te) s.m. Homem um tanto velho; velhusco.
velhusco (ve.**lhus**.co) s.m. e adj. Velho; velhusco; velhote.
velino (ve.**li**.no) adj. Diz-se do papel semelhante a um pergaminho fino, branco e consistente.
velo (**ve**.lo) s.m. **1.** Lã cardada de carneiro, ovelha ou cordeiro. **2.** Velocino.
velocidade (ve.lo.ci.**da**.de) s.f. **1.** Característica do que é veloz; rapidez; pressa. **2.** Relação entre o espaço percorrido e o tempo gasto.
velocímetro (ve.lo.**cí**.me.tro) s.m. Instrumento indicador da velocidade de um veículo.
velocino (ve.lo.**ci**.no) s.m. Pele e lã de carneiro, ovelha ou cordeiro; velo. Velocino de ouro: pele de um carneiro alado da mitologia grega.
velocípede (ve.lo.**cí**.pe.de) s.m. Triciclo infantil, um tipo de bicicleta com três rodas.
velódromo (ve.**ló**.dro.mo) s.m. Pista para corridas de bicicletas.
velório (ve.**ló**.ri.o) s.m. **1.** Ato de velar, ao lado de outras pessoas, um defunto. **2.** Local onde se realiza este ato.
veloso (ve.**lo**.so) [ô] adj. Que tem muito cabelo ou pelo; peludo; felpudo.
veloz (ve.**loz**) adj.2g. Que anda ou corre com rapidez; rápido; ligeiro.
veludilho (ve.lu.**di**.lho) s.m. Veludo de algodão.
veludo (ve.**lu**.do) s.m. Tecido de seda, algodão ou lã, natural ou sintético, tendo o lado direito mais macio e felpudo que o avesso.
veludoso (ve.lu.**do**.so) [ô] adj. Semelhante ao veludo; aveludado. ▩ Pl. *veludosos* [ó].
venal (ve.**nal**) adj.2g. **1.** Diz-se do valor de mercado. **2.** (Fig.) Que se deixa subornar ou corromper por dinheiro; corruptível.
venalidade (ve.na.li.**da**.de) s.f. Característica do que é venal.
venatório (ve.na.**tó**.ri.o) adj. (Raro) Pertencente a caça, a atividade de caçadores.
vencedor (ven.ce.**dor**) [ô] s.m. e adj. (Aquele) que vence (ou venceu); triunfante.
vencer (ven.**cer**) v.t.d. **1.** Conseguir vitória sobre; controlar; dominar: *venceu o medo da água e aprendeu a nadar*. **2.** Ter primazia sobre. **3.** Sujeitar. v.i. **4.** Triunfar: *a bondade venceu*. **5.** Expirar, terminar: *o prazo de validade venceu no dia dez*. Obs.: o *c* do radical transforma-se em *ç* antes de *o* ou *a*, Pres. do ind.: *venço*; pres. do subj.: *vença, venças, vença, vençamos, vençais, vençam*.
vencido (ven.**ci**.do) s.m. e adj. (Aquele) que sofreu uma derrota.
vencimento (ven.ci.**men**.to) s.m. **1.** Ato de vencer. **2.** Término do prazo para pagamento de um título ou para cumprimento de um encargo. **3.** Data em que se extingue esse prazo. Cf. *vencimentos*.

vencimentos (ven.ci.**men**.tos) s.m.pl. Salário; ordenado; proventos pelo trabalho regular. Cf. *vencimento*.
vencível (ven.**cí**.vel) adj.2g. Que se pode vencer.
venda (**ven**.da) s.f. **1.** Ato de vender. **2.** Pequeno estabelecimento comercial de secos e molhados. **3.** Tira de pano com que se cobrem os olhos.
vendado (ven.**da**.do) adj. Coberto com venda, tapado. Cf. *vendido*.
vendagem (ven.**da**.gem) s.f. Resultado da venda: *obras de grande vendagem*.
vendar (ven.**dar**) v.t.d. Tapar os olhos com uma venda.
vendaval (ven.da.**val**) s.m. **1.** Vento tempestuoso e violento; ciclone; furacão. **2.** Temporal.
vendável (ven.**dá**.vel) adj.2g. Que se vende com facilidade.
vendedor (ven.de.**dor**) [ô] s.m. e adj. (Aquele) que tem como profissão vender; representante comercial.
vendeiro (ven.**dei**.ro) s.m. Dono de venda; taberneiro.
vender (ven.**der**) v.t.d. **1.** Ceder por certo preço; trocar por dinheiro. **2.** Não conceder gratuitamente. **3.** (Fig.) Trair; entregar por dinheiro ou interesse. v.i. **4.** Negociar. v.p. **5.** Corromper-se.
vendição (ven.di.**ção**) s.f. Ato de vender; venda.
vendido (ven.**di**.do) s.m. e adj. **1.** (Aquilo) que vendeu. **2.** (Aquele) que se vendeu; traidor. Cf. *vendado*.
vendilhão (ven.di.**lhão**) s.m. Vendedor ambulante; mascate; feirante.
vendível (ven.**dí**.vel) adj.2g. Que se pode vender.
venefício (ve.ne.**fí**.ci.o) s.m. Ato (ou crime) de preparar um veneno com a finalidade de matar alguém.
venéfico (ve.**né**.fi.co) adj. **1.** Que diz respeito a venefício. **2.** Maléfico; venenoso.
veneno (ve.**ne**.no) s.m. **1.** Substância que, ao entrar em um organismo, causa algum mal, intoxica ou mata; peçonha, tóxico. **2.** (Fig.) O que faz mal ou prejudica: *as brigas eram um veneno para o namoro*. **3.** (Fig.) O que oferece perigo, risco e emoção.
venenosidade (ve.ne.no.si.**da**.de) s.f. Característica do que é venenoso.
venenoso (ve.ne.**no**.so) [ô] adj. Que contém veneno; tóxico. ▩ Pl. *venenosos* [ó].
veneração (ve.ne.ra.**ção**) s.f. **1.** Ato de venerar, reverência, respeito, admiração, consideração. **2.** Devoção, culto, adoração.
venerado (ve.ne.**ra**.do) adj. Que é objeto de veneração.
venerando (ve.ne.**ran**.do) adj. Digno de ser venerado; venerável.
venerar (ve.ne.**rar**) v.t.d. Tratar com respeito e afeição; render culto a; reverenciar; acatar.
venerável (ve.ne.**rá**.vel) adj.2g. **1.** Digno de veneração; respeitável; venerando. **2.** (Relig.) Diz-se

comumente de pessoa virtuosa já falecida, cujo processo de beatificação já teve começo.

venéreo (ve.né.re.o) *adj.* **1.** Diz-se de doença adquirida em uma relação sexual. **2.** Referente a Vênus, deusa da formosura. **3.** Sensual; erótico.

venereologia (ve.ne.re.o.lo.**gi**.a) *s.f.* Parte da medicina que trata das doenças venéreas.

venerífero (ve.ne.**rí**.fe.ro) *adj.* Que contém veneno; venéfico; tóxico; venenoso.

veneta (ve.**ne**.ta) [ê] *s.f.* Impulso ou fúria repentina; capricho.

veneziana (ve.ne.zi.**a**.na) *s.f.* Janela de lâminas de madeira ou metal, que, fechada, deixa penetrar o ar, mas escurece o ambiente; persiana.

veneziano (ve.ne.zi.**a**.no) *adj.* **1.** De Veneza, região da Itália. *s.m.* **2.** Pessoa natural ou habitante desse lugar. **3.** Dialeto do norte da Itália.

venezuelano (ve.ne.zu.e.**la**.no) *adj.* **1.** Da Venezuela, país da América do Sul. *s.m.* **2.** Pessoa natural ou habitante desse lugar.

vênia (**vê**.ni.a) *s.f.* **1.** Licença; permissão; consentimento. **2.** Reverência com a cabeça em sinal de cortesia. **3.** Absolvição; desculpa.

venial (ve.ni.**al**) *adj*.2g. Diz-se de falta ou pecado leve; perdoável; desculpável.

venoso (ve.**no**.so) [ô] *adj.* Relativo a veia; venal. ▣ Pl. *venosos* [ó].

venta (**ven**.ta) *s.f.* Cada uma das duas aberturas para as fossas nasais.

ventana (ven.**ta**.na) *s.f.* Janela; abertura na parede acima do solo.

ventania (ven.ta.**ni**.a) *s.f.* Vento forte e contínuo.

ventar (ven.**tar**) *v.i.* Haver vento; soprar o vento. Obs.: no seu sentido próprio, verbo impessoal, só conjugado na 3ª pes. sing.: *venta, ventou, ventava, ventará* etc.

ventarola (ven.ta.**ro**.la) *s.f.* Espécie de leque que não se fecha, com um cabo e sem varetas; abano.

ventilação (ven.ti.la.**ção**) *s.f.* Ato de ventilar; arejamento.

ventilado (ven.ti.**la**.do) *adj.* Arejado; fresco.

ventilador (ven.ti.la.**dor**) [ô] *s.m.* **1.** Aparelho elétrico ou a pilha destinado a ventilar; ventoinha. *adj.* **2.** Que ventila.

ventilar (ven.ti.**lar**) *v.t.d.* Arejar; renovar o ar; refrescar.

vento (**ven**.to) *s.m.* Corrente de ar atmosférico; o ar em movimento.

ventoinha (ven.to.**i**.nha) *s.f.* Cata-vento; ventilador.

ventosa (ven.**to**.sa) *s.f.* **1.** Vaso cônico de vidro que se aplica sobre a pele, depois de ter sido o ar rarefeito, para estimular a circulação local. **2.** (*Zoo.*) Sugadouro de certos animais aquáticos, como a sanguessuga.

ventosidade (ven.to.si.**da**.de) *s.f.* **1.** Flatulência. **2.** Acúmulo de gases no estômago ou nos intestinos. **3.** Saída ruidosa desses gases.

ventoso (ven.**to**.so) [ô] *adj.* Cheio de vento. ▣ Pl. *ventosos* [ó].

ventral (ven.**tral**) *adj*.2g. **1.** Que diz respeito ao ventre. **2.** Situado no ventre, na barriga.

ventre (**ven**.tre) *s.m.* **1.** Cavidade abdominal. **2.** Proeminência externa do abdome; barriga.

ventricular (ven.tri.cu.**lar**) *adj*.2g. Que diz respeito ao ventrículo.

ventriculite (ven.tri.cu.**li**.te) *s.f.* (*Med.*) Inflamação dos ventrículos.

ventrículo (ven.**trí**.cu.lo) *s.m.* (*Anat.*) **1.** Cada uma das duas cavidades do coração, uma direita (responsável pela injeção do sangue na artéria pulmonar) e outra esquerda (responsável pela injeção do sangue na artéria aorta), ambas dotadas de grossas paredes musculares. **2.** Denominação comum a cavidades existentes em outros órgãos.

ventriloquia (ven.tri.lo.**qui**.a) *s.f.* Arte ou habilidade do ventríloquo.

ventríloquo (ven.**trí**.lo.quo) *s.m.* (Ator) que fala sem abrir a boca, dando a impressão de que a voz vem de um boneco ou de outra pessoa.

ventrudo (ven.**tru**.do) *adj.* Barrigudo; pançudo.

ventura (ven.**tu**.ra) *s.f.* Fortuna boa ou má; acaso; destino; sorte.

venturoso (ven.tu.**ro**.so) [ô] *adj.* Em que há ventura; ditoso; feliz; sortudo; afortunado. ▣ Pl. *venturosos* [ó].

Vênus (**vê**.nus) *s.f.* (*próprio*) **1.** (Mit.) Deusa do amor e da beleza, entre os romanos. **2.** (*Astron.*) O mais brilhante dos planetas, com órbita situada entre a de Mercúrio e a da Terra. **3.** Estrela vespertina; estrela-d'alva; estrela do pastor.

venusto (ve.**nus**.to) *adj.* Muito formoso.

ver *v.t.d.* **1.** Olhar para; contemplar. **2.** Alcançar com a vista; enxergar; divisar; distinguir, avistar. **3.** Ser espectador ou testemunha de; assistir a; presenciar. **4.** Percorrer; viajar; visitar. **5.** Prestar serviços médicos a; examinar; notar; perceber. **6.** Deduzir; concluir; imaginar; fantasiar. **7.** Calcular; prever; antever; ponderar; considerar. **8.** Ler; estudar. *v.i.* **9.** Perceber algo pelo sentido da visão. *v.p.* **10.** Reconhecer-se. Obs.: verbo irregular: pres. do ind.: *vejo, vês, vê, vemos, vedes* [ê], *veem*; pret. imperf.: *via, vias, via* etc.; pret. perf.: *vi, viste, viu* etc.; pret. mqp.: *vira, viras, vira* etc.; fut. do pres.: *verei, verás, verá* etc.; fut. do pret.: *veria, verias, veria* etc.; pres. do subj.: *veja, vejas, veja* etc.; imperf. do subj.: *visse, visses, visse* etc.; fut. do subj.: *vir, vires, vir* etc.; imperat. afirm.: *vê, veja, vejamos, vede, vejam*; imperat. neg.: *não vejas, não veja, não vejamos, não vejais, não vejam*; ger.: *vendo*; part.: *visto*.

veracidade (ve.ra.ci.**da**.de) *s.f.* Característica do que é veraz; verdade; fidelidade; exatidão.

veranear (ve.ra.ne.**ar**) *v.i.* Passar o verão em.

veraneio (ve.ra.**nei**.o) *s.m.* Temporada de verão.

veranico (ve.ra.**ni**.co) *s.m.* **1.** Verão fraco. **2.** Estiada com dias de muito calor, durante a estação chuvosa.

veranista (ve.ra.**nis**.ta) *s*.2g. Pessoa que veraneia.

verão (ve.**rão**) *s.m.* Estação do ano que sucede a primavera e antecede o outono, principiando, no hemisfério Sul, quando o Sol alcança o solstício de dezembro (dia 21) e terminando quando ele atinge o equinócio de março (dia 20); no hemisfério Norte, ao contrário, principia quando o Sol alcança o solstício de junho (dia 21) e termina quando ele atinge o equinócio de setembro (dia 21).

veraz (ve.**raz**) *adj.2g.* Que diz a verdade; em que há verdade.

verba (**ver**.ba) *s.f.* **1.** Soma de dinheiro; quantia. **2.** Cada uma das cláusulas ou artigos de uma escritura ou documento.

verbal (ver.**bal**) *adj.2g.* **1.** Que diz respeito a linguagem das palavras; linguístico. **2.** (*Gram.*) Relacionado aos verbos. **3.** Oral, falado, de viva voz.

verbalismo (ver.ba.**lis**.mo) *s.m.* Transmissão de conhecimentos apenas pelo uso da palavra ou pela explicação oral.

verbalização (ver.ba.li.za.**ção**) *s.f.* Ato de verbalizar; exposição verbal; expressão oral.

verbalizado (ver.ba.li.**za**.do) *adj.* **1.** Transformado em verbo. **2.** Exposto verbalmente ou em voz alta.

verbalizar (ver.ba.li.**zar**) *v.t.d.* **1.** Expor verbalmente. **2.** Expressar um pensamento em voz alta.

verberação (ver.be.ra.**ção**) *s.f.* Ato de verberar ou censurar; censura.

verberador (ver.be.ra.**dor**) [ô] *adj.* Que verbera ou censura; verberante.

verberante (ver.be.**ran**.te) *adj.2g.* Que verbera; verberador.

verberar (ver.be.**rar**) *v.t.d.* **1.** Açoitar; fustigar; flagelar. **2.** Reprovar; censurar energicamente.

verbete (ver.**be**.te) [ê] *s.m.* **1.** Nota; apontamento. **2.** Cada um dos artigos de um dicionário ou enciclopédia, formado por uma entrada, que é a palavra que vai ser definida, e as informações sobre ela, como definição, classificação etc.

verbo (**ver**.bo) *s.m.* **1.** (*Gram.*) Palavra que indica ação, processo, estado ou qualidade relacionados ao sujeito. (*próprio*) **2.** (*Relig.*) A segunda pessoa da Santíssima Trindade católica. (*Gram.*) **Verbo transitivo direto:** verbo que requer um objeto direto, como em "ela cortou o bolo". **Verbo transitivo indireto:** verbo que requer um objeto indireto, como em "todos gostaram do bolo". **Verbo intransitivo:** verbo que não requer objeto, como em "o bolo acabou". **Verbo de ligação:** verbo que liga uma qualidade ao sujeito, como em "o bolo estava ótimo".

verborragia (ver.bor.ra.**gi**.a) *s.f.* Característica daquele que exprime poucas ideias com muitas palavras; falatório; prolixidade; verborreia.

verborrágico (ver.bor.**rá**.gi.co) *adj.* Em que há verborragia; verborreico.

verborreia (ver.bor.**rei**.a) [éi] *s.f.* Verborragia; prolixidade; falatório.

verborreico (ver.bor.**rei**.co) [éi] *adj.* Verborrágico.

verbosidade (ver.bo.si.**da**.de) *s.f.* Grande fluência verbal; prolixidade.

verboso (ver.**bo**.so) [ô] *adj.* **1.** Que fala muito; tagarela; loquaz. **2.** Que fala com facilidade; eloquente. ▫ Pl. *verbosos* [ó].

verdacho (ver.**da**.cho) *adj.* **1.** Tirante a verde; verdolengo; esverdeado. *s.m.* **2.** Tinta cuja cor se assemelha ao verde. **3.** Cor verde-escura.

verdade (ver.**da**.de) *s.f.* **1.** Conformidade com o real; exatidão, realidade. **2.** Franqueza; sinceridade. **3.** Representação exata de alguma coisa existente na natureza.

verdadeiro (ver.da.**dei**.ro) *adj.* **1.** Em que há verdade; real; exato; autêntico. **2.** Genuíno; sincero; leal.

verdasco (ver.**das**.co) *adj.* Diz-se do vinho verde muito ácido.

verde (**ver**.de) [ê] *adj.* **1.** Diz-se da cor que resulta da mistura do azul e do amarelo. **2.** Diz-se do fruto que ainda não está maduro. **3.** Diz-se da planta que ainda contém seiva. **4.** Diz-se da carne fresca. **5.** (*Fig.*) Inexperiente; imaturo. *s.m.* **6.** A cor verde.

verde-amarelo (ver.de-a.ma.**re**.lo) *adj.* Que é verde e amarelo; auriverde. ▫ Pl. *verde-amarelos*.

verdear (ver.de.**ar**) *v.i.* Verdejar; tornar-se verde.

verdejante (ver.de.**jan**.te) *adj.2g.* Que se torna verde, em que crescem plantas.

verdejar (ver.de.**jar**) *v.i.* **1.** Crescer (plantas) após chuva, em local antes seco: *os pastos verdejaram.*

verde-oliva (ver.de-o.**li**.va) *adj.2g.* Que é de um tom verde próximo ao das azeitonas verdes, usado no uniforme do exército. ▫ Pl. *verde-olivas*.

verdoengo (ver.do.**en**.go) *adj.* **1.** Esverdeado. **2.** Que não amadureceu por completo; verdolengo.

verdolengo (ver.do.**len**.go) *adj.* Verdoengo.

verdor (ver.**dor**) [ô] *s.m.* Característica do que é verde; viço, vigor.

verdugo (ver.**du**.go) *s.m.* **1.** Executor da pena de morte; carrasco, algoz. **2.** (*Fig.*) Indivíduo cruel, desumano.

verdura (ver.**du**.ra) *s.f.* **1.** Verdor. **2.** Nome genérico dado aos vegetais ou hortaliças.

verdureiro (ver.du.**rei**.ro) *s.m.* Aquele que vende verduras e frutas; quitandeiro.

vereador (ve.re.a.**dor**) [ô] *s.m.* Membro da Câmara Municipal, eleito pelo povo; edil.

vereança (ve.re.**an**.ça) *s.f.* Cargo, mandato e conjunto dos vereadores.

vereda (ve.**re**.da) [ê] *s.f.* **1.** Caminho estreito; atalho; senda. **2.** No Nordeste, região mais abundante em água e de vegetação mais fértil na zona da caatinga, localizada entre as montanhas e os vales dos rios.

veredicto (ve.re.**dic**.to) *s.m.* **1.** (*Dir.*) Decisão de um júri; sentença; resolução. **2.** (*P.ext.*) Solução ou juízo a respeito de qualquer questão proposta.

verga (**ver**.ga) [ê] *s.m.* **1.** Peça alongada de madeira; ripa. **2.** Viga horizontal de porta ou janela. **3.** (*Náut.*) Peça longa de madeira ou metal, transversal ao mastro, à qual se prende uma vela.

vergal (ver.**gal**) *s.m.* Denominação da correia que prende os animais ao carro.

vergalhada (ver.ga.**lha**.da) s.f. Pancada que se dá com o vergalho; chicotada; chibatada.
vergalhão (ver.ga.**lhão**) s.m. (*Const.*) Barra de metal cuja seção reta pode ser quadrada, hexagonal, octogonal ou de meia-cana.
vergalhar (ver.ga.**lhar**) v.t.d. Bater com vergalho ou chibata; chicotear.
vergalho (ver.ga.lho) s.m. Chicote, chibata.
vergão (ver.**gão**) s.m. Marca ou vinco na pele produzido por golpe de vergasta.
vergar (ver.**gar**) v.t.d. **1.** Curvar; dobrar; envergar. v.p. **2.** Ceder ao peso de alguma coisa. **3.** Ceder à influência de alguém; submeter-se, sujeitar-se. Obs.: pres. do ind.: *vergo* [é], *vergas* [é], *verga* [é], *vergam* [é]; pres. do subj.: *vergue* [é], *vergues* [é], *vergue* [é], *verguem* [é].
vergasta (ver.**gas**.ta) s.f. Chicote; chibata; açoite.
vergastada (ver.gas.**ta**.da) s.f. Pancada com vergasta; chicotada; vergalhada.
vergastar (ver.gas.**tar**) v.t.d. Bater com vergasta ou chibata em; açoitar; fustigar.
vergê (ver.**gê**) s.m. Tipo de papel espesso e enrugado.
vergel (ver.**gel**) s.m. (*Raro*) Pomar.
vergoada (ver.go.**a**.da) s.f. Vergão; equimose.
vergonha (ver.**go**.nha) s.f. **1.** Sentimento penoso que desperta o receio da desonra, humilhação ou rebaixamento diante dos outros. **2.** Pudor; timidez; acanhamento. **3.** Dignidade; brio; honra.
vergonheira (ver.go.**nhei**.ra) s.f. Grande vergonha; vexame.
vergonhoso (ver.go.**nho**.so) [ô] adj. **1.** Que tem vergonha; tímido; acanhado; pudico. **2.** Que desperta vergonha; indigno; infame; obsceno; indecoroso.
▪ Pl. *vergonhosos* [ó].
vergôntea (ver.**gôn**.te.a) s.f. (*Raro*) Ramo de árvore.
veridicidade (ve.ri.di.ci.**da**.de) s.f. Característica do que é verídico; veracidade; verdade.
verídico (ve.**rí**.di.co) adj. Em que há verdade; exato; verdadeiro; veraz.
verificação (ve.ri.fi.ca.**ção**) s.f. **1.** Ato de verificar. **2.** Averiguação; prova. **3.** Cumprimento; realização.
verificado (ve.ri.fi.**ca**.do) adj. Examinado; averiguado; investigado; analisado.
verificador (ve.ri.fi.ca.**dor**) [ô] adj. Que verifica, averigua ou analisa.
verificar (ve.ri.fi.**car**) v.t.d. **1.** Comprovar a verdade ou exatidão de. **2.** Investigar; observar; confirmar. v.p. **3.** Ocorrer; acontecer; realizar-se.
verificativo (ve.ri.fi.ca.**ti**.vo) adj. Que verifica.
verificável (ve.ri.fi.**cá**.vel) adj.2g. Suscetível de verificação.
verme (**ver**.me) s.m. **1.** (*Zoo.*) Designação comum à larva de muitos insetos, de corpo longo, mole e sem pernas. **2.** (*Zoo.*) Animal de corpo semelhante, que forma um grande grupo de invertebrados. **3.** (*Fig.*) Pessoa vil, desprezível, imunda, ignóbil.
vermelhaço (ver.me.**lha**.ço) adj. Muito vermelho.
vermelhão (ver.me.**lhão**) s.m. **1.** Vermelhidão, rubor da face. **2.** (*Quím.*) Sulfato de mercúrio pulverizado, de cor vermelha, utilizado no fabrico de tinta.
vermelhidão (ver.me.lhi.**dão**) s.f. **1.** Característica do que é vermelho; vermelhão. **2.** Rubor da pele.
vermelhinha (ver.me.**lhi**.nha) s.f. Jogo de baralho com três cartas.
vermelho (ver.**me**.lho) [ê] adj. **1.** Da cor do sangue; escarlate; rubro. **2.** Diz-se das notas abaixo da média no boletim escolar. s.m. **3.** A cor vermelha. **4.** (*Fig.*) Condição de pessoa ou empresa com saldo devedor, em dificuldades financeiras. **5.** Comunista, marxista ou socialista.
vermicida (ver.mi.**ci**.da) s.m. e adj.2g. (Substância) que combate ou mata vermes; vermífugo.
vermicular (ver.mi.cu.**lar**) adj.2g. Que diz respeito ou se assemelha aos vermes.
vermículo (ver.**mí**.cu.lo) s.m. Verme pequeno.
vermiforme (ver.mi.**for**.me) adj.2g. Que tem forma de verme.
vermifugar (ver.mi.fu.**gar**) v.t.d. Dar vermífugo a, eliminar os vermes de: *vermifugar o gado*.
vermífugo (ver.**mí**.fu.go) s.m. e adj. (Substância) que afugenta ou destrói os vermes; vermicida.
vérmina (**vér**.mi.na) s.f. (*Med.*) Verminose.
verminação (ver.mi.na.**ção**) s.f. Proliferação de vermes nos intestinos.
verminar (ver.mi.**nar**) v.i. **1.** Criar vermes. **2.** (*Fig.*) Corromper-se; deteriorar-se; estragar-se.
vermineira (ver.mi.**nei**.ra) s.f. Local apropriado para a criação de vermes que serão utilizados na alimentação de galinhas e outras aves.
verminose (ver.mi.**no**.se) s.f. (*Med.*) Doença causada pela proliferação de vermes no intestino.
vermívoro (ver.**mí**.vo.ro) adj. Que se alimenta de vermes.
vermute (ver.**mu**.te) s.m. Vinho composto, muito usado em coquetéis, ao qual se adicionam extratos de plantas aromáticas ou amargas.
vernaculidade (ver.na.cu.li.**da**.de) s.f. **1.** Característica do que é vernáculo; purismo, vernaculismo. **2.** Correção dos termos e da construção gramatical e frasal de uma língua. **3.** Restrição do uso de estrangeirismos. **4.** Culto da linguagem vernácula.
vernaculismo (ver.na.cu.**lis**.mo) s.m. Vernaculidade.
vernaculista (ver.na.cu.**lis**.ta) s.2g. e adj.2g. (Pessoa) que fala ou escreve de modo rigorosamente correto.
vernáculo (ver.**ná**.cu.lo) adj. **1.** Próprio do país ou região em que está. **2.** Diz-se da linguagem genuína, castiça, correta, pura, isenta de estrangeirismos, sem mescla. s.m. **3.** Idioma de um certo país.
vernissage (ver.nis.**sa**.ge) s.m. Inauguração de uma exposição de quadros ou outra arte plástica; vernissagem. Do francês *vernissage*. A forma *vernissagem* é recomendada pelo *Volp*, porém menos usada.
vernissagem (ver.nis.**sa**.gem) s.f. Vernissage.
verniz (ver.**niz**) s.m. **1.** Solução de goma ou de resina em álcool, essência ou óleo secativo, usada

para recobrir e proteger metais, madeiras etc. **2.** Esmalte. **3.** (*Fig.*) Polidez.
vero (ve.ro) *adj.* Verdadeiro, real, exato: *veras palavras*.
verônica (ve.rô.ni.ca) *s.f.* (*Relig.*) Relíquia guardada pela Igreja Católica, toalha em que ficou estampado o rosto de Jesus Cristo, após uma mulher de nome Verônica ter enxugado Seu rosto, enquanto Ele carregava a cruz até o Calvário.
verossímil (ve.ros.sí.mil) *adj.2g.* Semelhante à verdade; verossimilhante; plausível.
verossimilhança (ve.ros.si.mi.lhan.ça) *s.f.* Característica do que é verossímil ou verossimilhante; verdade; coerência.
verossimilhante (ve.ros.si.mi.lhan.te) *adj.2g.* Verossímil.
verrina (ver.ri.na) *s.f.* Discurso de censura, crítica ou condenação: *lançou violentas verrinas contra o rival*.
verrucoso (ver.ru.co.so) [ô] *adj.* **1.** Que diz respeito a verrugas. **2.** Caracterizado por verrugas: *dermatite verrucosa*. ▣ Pl. *verrucosos* [ó].
verruga (ver.ru.ga) *s.f.* (*Med.*) Pequena saliência consistente na pele. O mesmo que *berruga*.
verrugoso (ver.ru.go.so) [ô] *adj.* Que tem verrugas; verruguento. ▣ Pl. *verrugosos* [ó].
verruguento (ver.ru.guen.to) *adj.* Verrugoso.
verruma (ver.ru.ma) *s.f.* Espécie de broca, cuja extremidade inferior é lavrada em hélice e acaba em ponta, sendo usada para abrir furos na madeira.
verrumar (ver.ru.mar) *v.t.d.* **1.** Furar com verruma. **2.** (*Fig.*) Afligir; torturar; espicaçar. *v.i.* **3.** Fazer furos com verruma.
versado (ver.sa.do) *s.m. e adj.* (Indivíduo) culto, que tem certas habilitações científicas ou literárias; perito; experimentado.
versal (ver.sal) *s.f.* (*Gráf.*) Letra maiúscula; capital.
versalete (ver.sa.le.te) [ê] *s.m.* (*Gráf.*) Letra com o desenho da maiúscula e a altura da minúscula.
versão (ver.são) *s.f.* **1.** Tradução literal de um texto. **2.** Cada uma das várias interpretações de um mesmo fato.
versar (ver.sar) *v.t.d.* **1.** Manejar. **2.** Exercitar; considerar. *v.t.i.* **3.** Incidir; constar de.
versátil (ver.sá.til) *adj.2g.* **1.** Que tem qualidades variadas; flexível; maleável. **2.** (*Fig.*) Inconstante; volúvel.
versatilidade (ver.sa.ti.li.da.de) *s.f.* Característica do que é versátil; flexibilidade; maleabilidade.
versejador (ver.se.ja.dor) [ô] *s.m. e adj.* (Indivíduo) que conhece a técnica de fazer versos.
versejar (ver.se.jar) *v.i.* Fazer versos; versificar.
verseto (ver.se.to) [ê] *s.m.* Trecho bíblico de duas ou três linhas, com sentido completo; versículo.
versicolor (ver.si.co.lor) [ô] *adj.2g.* (*Raro*) De diversas cores.
versículo (ver.sí.cu.lo) *s.m.* **1.** Divisão de artigos ou parágrafos. **2.** Cada um dos parágrafos que dividem um texto sagrado; verseto.

versificação (ver.si.fi.ca.ção) *s.f.* Ato ou arte de versificar; metrificação.
versificador (ver.si.fi.ca.dor) [ô] *s.m. e adj.* (Aquele) que versifica.
versificar (ver.si.fi.car) *v.i.* Fazer versos; versejar.
verso (ver.so) *s.m.* **1.** Cada uma das linhas de um poema. **2.** Página oposta à da frente. **3.** Lado posterior de um objeto.
versus [latim: "vérsus"] *prep.* Contra.
vértebra (vér.te.bra) *s.f.* (*Anat.*) Cada um dos ossos que formam a coluna vertebral do homem e de outros vertebrados.
vertebrado (ver.te.bra.do) *adj.* **1.** Que tem vértebras. *s.m. e adj.* **2.** (Animal) que possui um esqueleto interno, para sustentação do corpo, e forma uma divisão oposta à dos invertebrados.
vertebral (ver.te.bral) *adj.2g.* Que diz respeito à vértebras; formado de vértebras.
vertedouro (ver.te.dou.ro) *s.m.* Espécie de balde usado para despejar a água para fora das embarcações.
vertedura (ver.te.du.ra) *s.f.* Ato de verter.
vertente (ver.ten.te) *adj.2g.* **1.** Que verte. *s.f.* **2.** Declive de uma montanha, por onde escoam as águas pluviais. **3.** Nascente (de rio).
verter (ver.ter) *v.t.d.* **1.** Fazer transbordar; entornar; derramar; fazer sair com ímpeto. *v.i.* **2.** Jorrar; transbordar. *v.t.d.i.* **3.** Trasladar; traduzir. Obs.: pres. do ind.: *verto* [ê], *vertes*, *verte* etc.; pres. do subj.: *verta* [ê], *vertas* [ê], *verta* [ê], *vertamos* [ê], *vertais* [ê], *vertam* [ê].
vertical (ver.ti.cal) *s.f.* **1.** Reta perpendicular ao plano horizontal. *adj.2g.* **2.** Que segue a direção do fio de prumo; aprumado.
verticalidade (ver.ti.ca.li.da.de) *s.f.* Qualidade de vertical.
verticalizar (ver.ti.ca.li.zar) *v.t.d.* **1.** Dar posição vertical a. *v.i.* e *v.p.* **2.** Construir prédios, crescer em sentido vertical: *o bairro verticalizou-se nas últimas décadas e as casinhas desapareceram*.
vértice (vér.ti.ce) *s.m.* **1.** O ponto culminante; cimo; cume; ápice. (*Geom.*) **2.** Ponto onde se reúnem os dois lados de um ângulo. **3.** Ponto onde se reúnem as faces de uma pirâmide. **4.** Ponto comum a duas ou mais retas.
vertigem (ver.ti.gem) *s.f.* (*Med.*) Estado mórbido em que uma pessoa tem a impressão de que tudo gira em torno de si (vertigem objetiva), ou de que ela própria está girando (vertigem subjetiva); tontura; tonteira; beriberi.
vertiginoso (ver.ti.gi.no.so) [ô] *adj.* **1.** Que causa vertigens. **2.** Que gira com uma rapidez muito grande. **3.** Que perturba a serenidade do espírito. ▣ Pl. *vertiginosos* [ó].
verve (ver.ve) *s.f.* Facilidade em falar ou escrever. **2.** Imaginação alimentadora do artista, orador, poeta ou escritor. **3.** Vigor.
vesgo (ves.go) [ê] *s.m. e adj.* (Indivíduo) estrábico ou zarolho.
vesguice (ves.gui.ce) *s.f.* Estrabismo.

vesical (ve.si.**cal**) *adj.2g.* (*Anat.*) Que diz respeito à bexiga.

vesícula (ve.**sí**.cu.la) *s.f.* **1.** Pequena bexiga ou cavidade em que se concentra um líquido: *vesícula biliar*. **2.** Bolha.

vesicular (ve.si.cu.**lar**) *adj.2g.* Que diz respeito à vesícula.

vesiculoso (ve.si.cu.**lo**.so) [ô] *adj.* **1.** Pertencente a vesícula. **2.** Que forma vesícula. ◘ Pl. *vesiculosos* [ó].

vespa (**ves**.pa) [ê] *s.f.* **1.** (*Zoo.*) Inseto himenóptero, com quatro asas membranosas e cuja fêmea tem um ferrão na extremidade do abdome. **2.** (*Fig.*) Pessoa intratável e ferina. (*próprio*) **3.** Marca e modelo de lambreta.

vespeiro (ves.**pei**.ro) *s.m.* **1.** Ninho ou casa de vespas. **2.** (*Fig.*) Lugar perigoso.

vésper (**Vés**.per) *s.f.* **1.** (*próprio*) O planeta Vênus, visto à tarde. **2.** (*comum*) O oeste; o ocaso.

véspera (**vés**.pe.ra) *s.f.* **1.** A tarde. **2.** O dia imediatamente anterior. Cf. *vésperas*.

vesperal (ves.pe.**ral**) *adj.2g.* **1.** Que diz respeito à tarde. *s.f.* **2.** Qualquer tipo de evento realizado à tarde; matinê.

vésperas (**vés**.pe.ras) *s.f.pl.* Os dias que antecedem algum acontecimento. Cf. *véspera*.

vespertino (ves.per.**ti**.no) *adj.* Que diz respeito à tarde, que se realiza de tarde.

vestal (ves.**tal**) *s.f.* **1.** Sacerdotisa de Vesta, deusa do fogo dos romanos. **2.** Mulher muito honesta, casta ou virgem.

veste (**ves**.te) *s.f.* Vestuário; roupa; vestido; vestimenta.

vestiário (ves.ti.**á**.ri.o) *s.m.* **1.** Compartimento onde os membros de uma equipe, os alunos de uma escola, os funcionários de uma empresa etc. trocam a vestimenta comum por uniformes e vice-versa ou guardam seus pertences. **2.** Compartimento nas casas de espetáculo ou restaurantes onde as pessoas guardam casacos, chapéus, sobretudos etc.; chapelaria.

vestibulando (ves.ti.bu.**lan**.do) *s.m. e adj.* (Estudante) que vai prestar exame vestibular.

vestibular (ves.ti.bu.**lar**) *s.m.* Exame de admissão a curso de nível superior.

vestíbulo (ves.**tí**.bu.lo) *s.m.* **1.** Entrada de um edifício; átrio. **2.** (*Anat.*) Uma das cavidades situadas no ouvido interno.

vestido (ves.**ti**.do) *s.m.* **1.** Tipo de roupa feminina que cobre o tronco e as pernas ou parte delas. *adj.* **2.** Coberto com algum tipo de vestimenta. **3.** Revestido.

vestidura (ves.ti.**du**.ra) *s.f.* **1.** (*Raro*) Vestuário, veste. **2.** (*Relig.*) Cerimônia em que se toma o hábito de uma ordem.

vestígio (ves.**tí**.gi.o) *s.m.* **1.** Marca que os pés deixam por onde passam; rastro; pegada; pista. **2.** Sinal de alguma coisa que ocorreu.

vestimenta (ves.ti.**men**.ta) *s.f.* **1.** Vestes sacerdotais em cerimônias solenes. **2.** Aquilo que serve para vestir; vestuário; traje.

vestir (ves.**tir**) *v.t.d.* **1.** Cobrir com roupa ou veste. *v.p.* **2.** Cobrir-se com roupa; trajar-se. Obs.: pres. do ind.: *visto, vestes, veste, vestimos, vestis, vestem*; pres. do subj.: *vista, vistas, vista, vistamos, vistais, vistam*.

vestuário (ves.tu.**á**.ri.o) *s.m.* O conjunto das variadas peças de roupa com que alguém se veste; traje; indumentária.

vetado (ve.**ta**.do) *adj.* Proibido, impedido.

vetar (ve.**tar**) *v.t.d.* Opor o veto a uma lei; proibir; impedir.

veterano (ve.te.**ra**.no) *s.m. e adj.* **1.** (Aquele) que é antigo no serviço militar ou em qualquer serviço ou ramo de atividade. **2.** (Estudante universitário ou de academia militar) que já passou do primeiro ano, que deixou de ser calouro.

veterinária (ve.te.ri.**ná**.ri.a) *s.f.* Parte da medicina que se ocupa dos animais.

veterinário (ve.te.ri.**ná**.ri.o) *s.m.* **1.** Especialista em veterinária. *adj.* **2.** Que diz respeito à veterinária.

veto (**ve**.to) *s.m.* **1.** Direito que tem o chefe de Estado de recusar sanção a uma lei votada pelas câmaras legislativas. **2.** Proibição; suspensão; oposição.

vetor (ve.**tor**) [ô] *s.m.* **1.** (*Fís.*) Grandeza que tem intensidade e direção. **2.** (*Bio.*) Ser vivo que transmite doenças a outro.

vetorial (ve.to.ri.**al**) *adj.2g.* (*Fís.*) Relacionado a vetor, em forma de vetor; que tem uma direção e uma intensidade: *grandezas vetoriais*.

vetustez (ve.tus.**tez**) [ê] *s.f.* Qualidade do que é muito antigo ou vetusto.

vetusto (ve.**tus**.to) *adj.* Muito velho; antigo.

véu *s.m.* Tecido fino e transparente com que as mulheres cobrem a cabeça ou o rosto em determinadas circunstâncias.

vexação (ve.xa.**ção**) *s.f.* Ato de vexar.

vexado (ve.**xa**.do) *adj.* Envergonhado; ultrajado; afrontado.

vexame (ve.**xa**.me) *s.m.* Tudo que causa vexação; vergonha; ultraje.

vexar (ve.**xar**) *v.t.d.* Maltratar; humilhar; envergonhar; afrontar. *v.p.* **2.** Envergonhar-se.

vexatório (ve.xa.**tó**.ri.o) *adj.* Que vexa ou provoca vexame; humilhante.

vez [ê] *s.f.* **1.** Ensejo; ocasião; oportunidade. **2.** Turno; hora.

vezeiro (ve.**zei**.ro) *adj.* Acostumado; reincidente; que tem vezo.

vezo (**ve**.zo) *s.m.* Costume censurável; hábito que merece crítica.

via (**vi**.a) *s.f.* **1.** Estrada; caminho.: *as ruas são vias públicas*. **2.** Meio de transporte. **3.** O original ou cada cópia de um documento. (*próprio*) *Via Láctea*: a galáxia onde estamos.

viabilidade (vi.a.bi.li.**da**.de) *s.f.* Característica do que é viável; possibilidade; exequibilidade.

viabilizar (vi.a.bi.li.zar) v.t.d. Possibilitar; tornar viável.
viação (vi.a.ção) s.f. **1.** Serviço de veículos de carreira para utilização pública. **2.** Conjunto de rotas aéreas, estradas ou ruas. **3.** Modo ou meio de deslocar-se de um lugar para outro, por rotas aéreas, caminhos ou ruas.
via-crúcis (vi.a-crú.cis) s.f. Via-sacra. ▣ Pl. *vias--crúcis*.
viado (vi.a.do) s.m. Homossexual masculino; bicha, gay. Obs.: redução de *transviado*. Cf. *veado*.
viaduto (vi.a.du.to) s.m. Ponte destinada a transpor uma depressão do terreno ou a servir de via de acesso acima das ruas.
viageiro (vi.a.gei.ro) adj. **1.** Que diz respeito a viagem. s.m. **2.** O que viaja; viajante.
viagem (vi.a.gem) s.f. Ato de ir de um a outro lugar relativamente afastado; passeio; excursão.
viajado (vi.a.ja.do) adj. **1.** Que viajou muito; que percorreu diversas terras ou países. **2.** Vivido.
viajante (vi.a.jan.te) s.2g. e adj.2g. **1.** (Aquele) que viaja. s.m. **2.** Representante comercial de uma fábrica ou loja, cuja função é viajar, oferecendo seus produtos; caixeiro-viajante.
viajar (vi.a.jar) v.i. **1.** Deslocar-se de um lugar para outro; conhecer lugares distantes. v.t.d. **2.** Percorrer em viagem.
vianda (vi.an.da) s.f. **1.** Carne de animais terrestres ou qualquer tipo de carne alimentar. **2.** Qualquer tipo de alimento.
viandante (vi.an.dan.te) s.2g. e adj.2g. Viajante.
viário (vi.á.ri.o) adj. Que diz respeito ao sistema de transporte por vias.
via-sacra (vi.a-sa.cra) s.f. **1.** (Relig.) Caminho que Jesus percorreu com a cruz até o Calvário; via--crúcis. **2.** (Fig.) Processo difícil, cheio de sofrimento. ▣ Pl. *vias-sacras*.
viatura (vi.a.tu.ra) s.f. **1.** Qualquer veículo ou meio de transporte. **2.** Carro da polícia.
viável (vi.á.vel) adj.2g. Que não apresenta obstáculos; possível; realizável.
víbora (ví.bo.ra) s.f. (Zoo.) **1.** Cobra com presas retráteis: *entre as víboras brasileiras temos a surucucu e a jararaca*. **2.** Certa espécie de cobra com presas retráteis e veneno mortal. **3.** (Fig.) Pessoa geniosa ou de má índole.
vibração (vi.bra.ção) s.f. Ato de vibrar; oscilação; balanço; tremor.
vibrador (vi.bra.dor) [ô] s.m. Aparelho que produz vibrações elétricas ou mecânicas.
vibrante (vi.bran.te) adj.2g. Que vibra; vibrátil, vibratório; sonoro.
vibrar (vi.brar) v.t.d. **1.** Brandir; tremular. **2.** Fazer soar. v.i. **3.** Entrar em vibração; estremecer. **4.** Abalar; pulsar. **5.** Produzir sons; soar; ecoar.
vibrátil (vi.brá.til) adj.2g. Vibrante; sonoro; vibratório.
vibratilidade (vi.bra.ti.li.da.de) s.f. Característica do que é vibrátil.

vibratório (vi.bra.tó.ri.o) adj. Que produz vibração; que é acompanhado de vibração; vibrátil; vibrante.
vibrião (vi.bri.ão) s.m. (Bio.) Gênero de bactérias móveis e em forma de bastonetes recurvos.
viçar (vi.çar) v.i. Vicejar; desenvolver-se; alastrar-se.
vicário (vi.cá.ri.o) adj. Que faz as vezes de; que substitui.
vice-almirantado (vi.ce-al.mi.ran.ta.do) s.m. Cargo ou dignidade de vice-almirante. ▣ Pl. *vice--almirantados*.
vice-almirante (vi.ce-al.mi.ran.te) s.m. Oficial da marinha que detém o posto imediatamente inferior ao de almirante. ▣ Pl. *vice-almirantes*.
vice-campeão (vi.ce-cam.pe.ão) s.m. Clube ou atleta que conquistou o segundo lugar no campeonato. ▣ Pl. *vice-campeões*.
vice-campeonato (vi.ce-cam.pe.o.na.to) s.m. O segundo lugar em um campeonato. ▣ Pl. *vice--campeonatos*.
vice-chanceler (vi.ce-chan.ce.ler) s.m. Substituto do chanceler. ▣ Pl. *vice-chanceleres*.
vice-cônsul (vi.ce-côn.sul) s.m. Aquele que substitui o cônsul na sua ausência ou impedimento. ▣ Pl. *vice-cônsules*.
vice-diretor (vi.ce-di.re.tor) [ô] s.m. Subdiretor. ▣ Pl. *vice-diretores*.
vice-governador (vi.ce-go.ver.na.dor) [ô] s.m. Aquele que substitui o governador na sua ausência ou impedimento. ▣ Pl. *vice-governadores*.
vicejante (vi.ce.jan.te) adj.2g. Cheio de viço.
vicejar (vi.ce.jar) v.i. **1.** Ter viço. v.t.d. **2.** Dar viço ao.
vicejo (vi.ce.jo) [ê] s.m. Ato ou efeito de vicejar; viço; vigor.
vicentino (vi.cen.ti.no) adj. Que diz respeito a Gil Vicente, escritor humanista português (1470-1540).
vice-prefeito (vi.ce-pre.fei.to) s.m. Aquele que substitui o prefeito em caso de impedimento ou ausência. ▣ Pl. *vice-prefeitos*.
vice-presidência (vi.ce-pre.si.dên.ci.a) s.f. Cargo ou dignidade de vice-presidente. ▣ Pl. *vice--presidências*.
vice-presidente (vi.ce-pre.si.den.te) s.2g. Pessoa eleita para exercer o cargo de presidente, no caso de impedimento ou ausência deste. ▣ Pl. *vice--presidentes*.
vice-rei (vi.ce-rei) s.m. Governador de uma colônia ou de um Estado subordinado a um reino. ▣ Pl. *vice-reis*.
vice-reinado (vi.ce-rei.na.do) s.m. **1.** Cargo de vice--rei. **2.** Tempo de duração desse cargo. **3.** Território governado pelo vice-rei. ▣ Pl. *vice-reinados*.
vice-reitor (vi.ce-rei.tor) [ô] s.m. Aquele que faz as vezes do reitor em caso de ausência ou impedimento deste. ▣ Pl. *vice-reitores*.
vice-versa (vi.ce-ver.sa) adv. Às avessas; em sentido inverso; ao contrário.
viciado (vi.ci.a.do) s.m. *e* adj. (Indivíduo) dependente de drogas ou entorpecentes.
viciar (vi.ci.ar) v.t.d. *e* v.p. Corromper(-se); perverter(-se); depravar(-se).

vicinal (vi.ci.**nal**) adj.2g. Diz-se do caminho ou estrada que liga ou dá acesso a cidades próximas; vizinho; próximo.

vício (**ví**.ci.o) s.m. **1.** Conduta prejudicial que uma pessoa não consegue evitar; mania. **2.** Dependência química. **3.** Erro que se repete sempre: *a fiscalização era cheia de vícios*. **4.** Costume ou conduta censurável: *falar mal e mentir são vícios muito comuns*.

viciosidade (vi.ci.o.si.**da**.de) s.f. Característica do que é vicioso.

vicioso (vi.ci.**o**.so) [ô] adj. **1.** Que tem vício. **2.** Corrompido; desmoralizado. **3.** Defeituoso; imperfeito. **4.** Contrário a certos preceitos ou regras. ▣ Pl. *viciosos* [ó].

vicissitude (vi.cis.si.**tu**.de) s.f. Instabilidade; contratempo; revés.

viço (**vi**.ço) s.m. **1.** Exuberância vegetal; verdor. **2.** Vigor. **3.** (Fig.) Juventude.

viçoso (vi.**ço**.so) [ô] adj. Que tem viço; vicejante; exuberante. ▣ Pl. *viçosos* [ó].

vicunha (vi.**cu**.nha) s.f. (Zoo.) Mamífero camelídeo ruminante de pelagem marrom-claro esbranquiçada no ventre, que produz lã finíssima e vive nos Andes, do Equador à Bolívia.

vida (**vi**.da) s.f. **1.** Conjunto de propriedades e qualidades que mantêm um ser vivo em contínua atividade. **2.** Espaço de tempo que vai do nascimento à morte; existência. **3.** História dos acontecimentos entre o nascimento e a morte; biografia. **4.** (Fig.) Força; vitalidade. **5.** Tempo de existência ou de funcionamento: *a vida útil de um automóvel, a vida de uma estrela*.

vidão (vi.**dão**) s.m. Boa vida; vida cheia de prazeres e conforto.

vide¹ (**vi**.de) s.f. (Bot.) Braço ou ramo de videira.

vide² [latim: "vide"] Fórmula que significa "veja, ver, veja-se", usada para remeter a outro ponto da mesma obra ou a outra obra: *vide verso o endereço do remetente*.

videira (vi.**dei**.ra) s.f. (Bot.) Arbusto sarmentoso que produz uvas.

vidência (vi.**dên**.ci.a) s.f. Qualidade de vidente.

vidente (vi.**den**.te) s.2g. e adj.2g. (Pessoa) capaz de ver cenas futuras ou distantes, e de fazer profecias: *quase ninguém acredita em videntes*.

vídeo (**ví**.de.o) s.m. **1.** A parte do equipamento do circuito de televisão que atua sobre os sinais de imagem, em oposição aos sinais sonoros, permitindo a percepção visual das emissões. **2.** Videoteipe. **3.** Videocassete.

videocassete (vi.de.o.cas.**se**.te) [é] s.m. **1.** Equipamento que permite gravar e projetar filmes na tela da televisão. **2.** Cassete cuja fita é gravada pelo processo de videoteipe.

videoclipe (vi.de.o.**cli**.pe) s.m. Vídeo ou filme em que o intérprete apresenta uma música, em geral com coreografia e efeitos visuais; clipe.

videoclube (vi.de.o.**clu**.be) s.m. Clube para pessoas que querem assistir, emprestar, alugar etc. filmes de videocassete ou jogos de *videogame*.

videogame [inglês: "vídeo-gueime"] s.m. **1.** Aparelho que se acopla à televisão para executar jogos eletrônicos. **2.** Jogo para esse aparelho.

videolocadora (vi.de.o.lo.ca.**do**.ra) [ô] s.f. Estabelecimento comercial que aluga fitas de *videogame* ou de videocassete aos seus associados.

videomaker [inglês: "vídeo-mêiquer"] s.2g. Pessoa que cria, dirige etc. um filme de vídeo.

videoteipe (vi.de.o.**tei**.pe) s.m. Gravação de imagens de televisão em fita de vídeo; teipe, VT. Obs.: do inglês *videotape*, "fita de vídeo".

videotexto (vi.de.o.**tex**.to) [ês] s.m. (Inf.) Dados em forma de texto que são enviados, por telefone, para a tela de um monitor.

vidraça (vi.**dra**.ça) s.f. Caixilho com vidro para janela ou porta.

vidraçaria (vi.dra.ça.**ri**.a) s.f. Estabelecimento onde se cortam e vendem vidros; vidraria.

vidraceiro (vi.dra.**cei**.ro) s.m. Aquele que fabrica, vende ou coloca vidros.

vidrado (vi.**dra**.do) adj. **1.** Coberto ou revestido de substância vitrificável. **2.** Diz-se do olho embaciado ou sem brilho. **3.** (Gír.) Apaixonado.

vidralhada (vi.dra.**lha**.da) s.f. Grande quantidade de vidros.

vidrar (vi.**drar**) v.t.d. **1.** Cobrir com substância vitrificável. **2.** Fazer perder o brilho; embaciar; embaçar. v.t.i. **3.** (Gír.) Ficar encantado: *o garoto vidrou na bicicleta*. v.p. **4.** Perder o brilho; embaciar-se; embaçar-se.

vidraria (vi.dra.**ri**.a) s.f. **1.** Estabelecimento que fabrica ou vende vidros; vidraçaria. **2.** Arte de fabricar vidros. **3.** Conjunto de objetos de vidro.

vidreiro (vi.**drei**.ro) adj. Pertencente a vidro ou a vidraceiro.

vidrento (vi.**dren**.to) adj. Semelhante ao vidro.

vidrilho (vi.**dri**.lho) s.m. Espécie de conta ou miçanga de vidro, com a forma de um pequeno cilindro oco, usada na confecção de colares e pulseiras e em bordados finos sobre tecidos.

vidro (**vi**.dro) s.m. **1.** Substância sólida, transparente e quebradiça, que se obtém pela fusão e solidificação de uma mistura de quartzo, carbonato de cálcio e carbonato de sódio. **2.** Frasco; garrafa; litro.

viela (vi.**e**.la) s.f. Rua ou via estreita.

vienense (vi.e.**nen**.se) adj.2g. **1.** De Viena, capital da Áustria. s.2g. **2.** Pessoa natural ou habitante desse lugar.

viés (vi.**és**) s.m. **1.** Direção oblíqua. **2.** Tira estreita de pano cortada no sentido diagonal da peça.

vietnamita (vi.et.na.**mi**.ta) adj.2g. **1.** Do Vietnã, país da Ásia. s.2g. **2.** Pessoa natural ou habitante desse lugar. Cf. *sul-vietnamita*.

viga (**vi**.ga) s.f. (Constr.) Peça de sustentação horizontal constituída por peça ou tronco grosso de madeira ou por uma barra de ferro em forma de T ou, ainda, por um conjunto de concreto armado; trave.

vigamento (vi.ga.**men**.to) s.m. Conjunto das vigas de uma construção.

vigário (vi.gá.ri.o) s.m. Padre responsável por uma paróquia; pároco.

vigarista (vi.ga.ris.ta) s.2g. Ladrão que conta uma história falsa e tenta convencer a vítima a lhe dar dinheiro, para ajudá-lo, para comprar algo que não está a venda ou como maneira de ganhar muito dinheiro de modo fácil.

vigência (vi.gên.ci.a) s.f. Tempo durante o qual algo vigora, está em vigor, está valendo: *a vigência de uma lei, a vigência de uma moda.*

vigente (vi.gen.te) adj.2g. Que está em vigor: *regras vigentes.*

viger (vi.ger) v.i. Estar em vigor, em vigência; vigorar.

vigésimo (vi.gé.si.mo) num. **1.** (O) que está na posição do número 20; numeral ordinal que corresponde a esse número. **2.** Numeral fracionário correspondente a 1/20.

vigia (vi.gi.a) s.f. **1.** Ato de vigiar; vigília. **2.** Abertura, em geral circular, fixa, de vidro grosso, na estrutura das grandes embarcações. **3.** Guarita. s.2g. **4.** Pessoa que vigia; guarda; sentinela.

vigiado (vi.gi.a.do) adj. Observado; espreitado.

vigiar (vi.gi.ar) v.t.d. **1.** Observar atentamente; estar atento a. **2.** Observar ocultamente; espreitar. **3.** Velar por. v.i. **4.** Estar de sentinela; estar alerta. v.p. **4.** Precaver-se; acautelar-se. O mesmo que *vigilar.*

vigilância (vi.gi.lân.ci.a) s.f. **1.** Ato de vigiar; cuidado. **2.** Precaução; cuidado; prevenção.

vigilante (vi.gi.lan.te) s.2g. e adj.2g. **1.** (Aquele) que vigia ou guarda. s.m. **2.** Guarda; vigia.

vigilar (vi.gi.lar) v.t.d. O mesmo que *vigiar.*

vigília (vi.gí.li.a) s.f. **1.** Privação ou falta de sono; insônia. **2.** Estado de quem, durante a noite, permanece acordado, velando por alguém ou vigiando algo. **3.** Véspera de festa.

vigor (vi.gor) [ô] s.m. **1.** Força; robustez; energia. **2.** Valor; vigência.

vigorante (vi.go.ran.te) adj.2g. Que vigora.

vigorar (vi.go.rar) v.t.d. **1.** Dar vigor a; fortalecer; tornar mais vigoroso. v.i. **2.** (Dir.) Estar em vigor; não estar prescrito. **3.** Adquirir vigor.

vigorizar (vi.go.ri.zar) v.t.d. e v.p. Fortalecer(-se); tornar(-se) forte; robustecer(-se).

vigoroso (vi.go.ro.so) [ô] adj. Que tem vigor; forte; robusto; enérgico. ▣ Pl. *vigorosos* [ó].

vil s.2g. e adj.2g. (Pessoa) ordinária, mesquinha, reles, miserável, desprezível, infame.

vila (vi.la) s.f. **1.** Povoação de categoria superior à de aldeia ou arraial e inferior à cidade. **2.** Conjunto de pequenas habitações independentes, em geral idênticas, dispostas de modo que formem rua ou praça particular. **3.** Habitação elegante, requintada, no campo ou na cidade.

vilanesco (vi.la.nes.co) [ê] adj. Que diz respeito a vilão; rude; rústico; grosseiro.

vilania (vi.la.ni.a) s.f. Característica de vilão; vileza.

vilão (vi.lão) s.m. e adj. **1.** (Indivíduo) baixo, vil, desprezível. **2.** (Indivíduo) que mora em uma vila. **3.** (Aquele) que é cruel e desapiedado.

vilarejo (vi.la.re.jo) [ê] s.m. Vila pequena.

vilegiatura (vi.le.gi.a.tu.ra) s.f. Temporada que habitantes da cidade passam no campo ou na praia.

vileza (vi.le.za) [ê] s.f. Qualidade de vil, baixeza; mesquinharia; crueldade.

vilipendiado (vi.li.pen.di.a.do) adj. Considerado vil; tratado com vilipêndio; desprezado; humilhado.

vilipendiador (vi.li.pen.di.a.dor) [ô] s.m. e adj. (Aquele) que vilipendia.

vilipendiar (vi.li.pen.di.ar) v.t.d. Tratar com vilipêndio; desprezar; humilhar.

vilipêndio (vi.li.pên.di.o) s.m. Desprezo; pouco-caso; desdouro; humilhação.

vime (vi.me) s.m. (Bot.) Vara tenra e flexível, usada para fazer cestas e móveis.

vimeiro (vi.mei.ro) s.m. (Bot.) Árvore que dá o vime.

vináceo (vi.ná.ce.o) adj. Que tem a natureza ou a cor do vinho tinto.

vinagre (vi.na.gre) s.m. Líquido resultante da fermentação acética de várias bebidas, como o vinho.

vinagreira (vi.na.grei.ra) s.f. **1.** (Bot.) Planta cujas folhas são comidas cozidas em vários pratos; azedinha. **2.** Recipiente onde se prepara, guarda ou serve o vinagre.

vinagreiro (vi.na.grei.ro) s.m. Fabricante ou vendedor de vinagre.

vinagrete (vi.na.gre.te) s.m. (Culin.) Tipo de molho preparado basicamente com vinagre, sal, pimenta-do-reino, tomate, salsinha e cebola bem picadinhas e que acompanha saladas ou carnes.

vincado (vin.ca.do) adj. Em que se fizeram vincos; enrugado; marcado.

vincar (vin.car) v.t.d. Fazer vincos ou dobras; marcar; enrugar.

vinco (vin.co) s.m. **1.** Aresta ou marca produzida por uma dobra ou friso. **2.** Sulco ou sinal produzido por pancada, aperto de um cordão, unhada etc.

vinculação (vin.cu.la.ção) s.f. Ação de vincular; vínculo.

vinculado (vin.cu.la.do) adj. Ligado por um vínculo; fortemente preso ou enlaçado; atrelado.

vincular (vin.cu.lar) v.t.d. **1.** Ligar ou prender com vínculos. **2.** Ligar ou prender moralmente. **3.** Anexar; submeter; sujeitar. v.p. **4.** Ligar-se; unir-se.

vínculo (vín.cu.lo) s.m. **1.** Tudo que ata, liga ou aperta; nó; liame. **2.** Ligação moral. **3.** Ônus; restrição; subordinação.

vinda (vin.da) s.f. Ato de vir; chegada; regresso; volta; reaparecimento.

vindicação (vin.di.ca.ção) s.f. (Dir.) Ato de vindicar; reclamação; pedido judicial.

vindicador (vin.di.ca.dor) [ô] adj. Que vindica.

vindicar (vin.di.car) v.t.d. **1.** Exigir em nome da lei; reclamar; exigir. **2.** Justificar. **3.** Castigar.

vindicativo (vin.di.ca.ti.vo) adj. Que defende ou que vinga.

vindícia (vin.dí.ci.a) s.f. Ato de vindicar; vindicação.

vindima (vin.di.ma) s.f. **1.** Ato de colher uvas; colheita. **2.** Conjunto das uvas apanhadas. **3.** (Fig.) Conquista.

vindimador (vin.di.ma.dor) [ô] adj. Que vindima.

vindimar (vin.di.**mar**) v.t.d. Fazer a vindima.
vindita (vin.**di**.ta) s.f. **1.** Vingança; represália. **2.** Punição legal.
vindo (**vin**.do) adj. Que veio; procedente; proveniente.
vindouro (vin.**dou**.ro) adj. Que há de vir ou acontecer, futuro.
vingado (vin.**ga**.do) adj. Que se vingou; desforrado.
vingador (vin.ga.**dor**) [ô] s.m. e adj. (Aquele) que vinga.
vingança (vin.**gan**.ça) s.f. **1.** Ato de vingar; revide; desforra; represália. **2.** Punição; castigo.
vingar (vin.**gar**) v.t.d. **1.** Tirar desforra de; castigar. **2.** Promover a reparação de. v.i. **3.** Ter sucesso; prosperar. **4.** Atingir a maturidade; desenvolver-se. v.p. **5.** Desforrar-se.
vingativo (vin.ga.**ti**.vo) adj. **1.** Em que há vingança. **2.** Que se vinga ou sente satisfação com a vingança.
vinha (**vi**.nha) s.f. Terreno onde crescem videiras; plantação de uvas.
vinhaça (vi.**nha**.ça) s.f. Resíduo líquido da produção de álcool.
vinháceo (vi.**nhá**.ce.o) adj. Semelhante ao vinho.
vinha-d'alhos (vi.nha-d'**a**.lhos) s.f. (Culin.) Molho para macerar carnes, feito com vinagre ou vinho, alho, sal, pimenta e outras especiarias. ▣ Pl. *vinhas-d'alhos*.
vinhal (vi.**nhal**) s.m. Vinha; vinhedo.
vinhataria (vi.nha.ta.**ri**.a) s.f. Cultura de vinhas e fabricação de vinho.
vinhateiro (vi.nha.**tei**.ro) adj. **1.** Relativo à cultura de vinhas. s.m. **2.** Cultivador de vinhas e fabricante de vinhos.
vinhedo (vi.**nhe**.do) [ê] s.m. Grande extensão de vinhas.
vinheta (vi.**nhe**.ta) [ê] s.f. **1.** Desenho ou ilustração que se repete para marcar seções em uma publicação impressa. **2.** Trecho curto de áudio ou imagem que se repete durante a programação de rádio ou TV, como identificação de programa, estação, patrocinador etc.; *jingle*.
vinhetista (vi.nhe.**tis**.ta) s.2g. Artista plástico ou gráfico que faz vinhetas.
vinho (**vi**.nho) s.m. Bebida alcoólica feita pela fermentação total ou parcial do mosto da uva, ou ainda do sumo de outros frutos, como a maçã.
vinhoto (vi.**nho**.to) [ô] s.m. O produto da fermentação do álcool da cana-de-açúcar.
vinícola (vi.**ní**.co.la) adj. **1.** Relativo à vinicultura ou a vinho. s.f. **2.** Empresa que produz vinhos.
vinicultor (vi.ni.cul.**tor**) [ô] s.m. Aquele que se ocupa da vinicultura.
vinicultura (vi.ni.cul.**tu**.ra) s.f. Conjunto de processos usados para produzir uvas e vinho.
vinífero (vi.**ní**.fe.ro) adj. Que produz vinho.
vinificação (vi.ni.fi.ca.**ção**) s.f. Arte de fabricar e tratar os vinhos; enologia.
vinificador (vi.ni.fi.ca.**dor**) [ô] s.m. Aparelho com que se fabrica vinho.
vinificar (vi.ni.fi.**car**) v.t.d. Reduzir a vinho.

vinil (vi.**nil**) s.m. (Quím.) Certo polímero de que eram feitos os discos, empregado hoje em outros objetos: *plástico de vinil, resina de vinil*.
vinte (**vin**.te) num. **1.** Numeral cardinal que corresponde a 20, ou duas dezenas. s.m. **2.** Esse número.
vinte e um (vin.te e um) s.m.2n. Jogo de cartas em que ganha aquele que, pedindo cartas, completa 21 pontos exatos.
vintém (vin.**tém**) s.m. **1.** Antiga moeda de cobre de Portugal e do Brasil, que equivalia a vinte réis. **2.** (Pop.) Dinheiro: *vintém poupado, vintém ganhado* (provérbio popular).
vintena (vin.**te**.na) s.f. Grupo de vinte.
viola (vi.**o**.la) s.f. (Mús.) **1.** Instrumento com cinco ou seis cordas duplas dedilháveis, muito usado na música sertaneja brasileira. **2.** Instrumento do grupo do violino, com quatro cordas e tocado com arco, usado em música erudita.
violação (vi.o.la.**ção**) s.f. **1.** Ato de violar; transgressão. **2.** Estupro. **3.** Ofensa ao direito alheio. **4.** Atentado. **5.** Profanação.
violáceo (vi.o.**lá**.ce.o) adj. Da cor da violeta; arroxeado.
violado (vi.o.**la**.do) adj. **1.** Que se violou ou infringiu; transgredido. **2.** Estuprado. **3.** Profanado.
violador (vi.o.la.**dor**) [ô] s.m. e adj. (Aquele) que viola algo ou transgride normas; transgressor.
violão (vi.o.**lão**) s.m. (Mús.) Instrumento de madeira, com seis cordas dedilháveis e caixa de ressonância em forma de oito.
violar (vi.o.**lar**) v.t.d. **1.** Ofender com violência. **2.** Infringir; transgredir. **3.** Profanar. **4.** Revelar (um segredo). **5.** Estuprar.
violável (vi.o.**lá**.vel) adj.2g. Que se pode violar.
violeiro (vi.o.**lei**.ro) s.m. **1.** Fabricante ou vendedor de instrumentos de cordas. **2.** Tocador de viola. **3.** (Zoo.) Um certo tipo de passarinho.
violência (vi.o.**lên**.ci.a) s.f. **1.** Característica de quem é violento. **2.** Ato violento; agressão.
violentado (vi.o.len.**ta**.do) adj. Constrangido; forçado; agredido.
violentador (vi.o.len.ta.**dor**) [ô] s.m. e adj. (Aquele) que violenta.
violentar (vi.o.len.**tar**) v.t.d. **1.** Exercer violência sobre; forçar. **2.** Coagir; constranger. **3.** Violar. **4.** Estuprar. v.p. **5.** Ir contra sua própria vontade; forçar-se.
violento (vi.o.**len**.to) adj. **1.** Que age com violência; agressivo; brutal. **2.** Em que há emprego de força bruta; impetuoso; tumultuoso. **3.** Contrário ao direito e à justiça.
violeta (vi.o.**le**.ta) [ê] s.f. **1.** (Bot.) Pequena planta herbácea de folhas arredondadas e flores isoladas e pequenas, cultivada por seu valor decorativo e por seu perfume peculiar. s.m. **2.** A cor dessa flor.
violeta-tricolor (vi.o.le.ta-tri.co.**lor**) [ê...ô] s.f. (Bot.) Amor-perfeito. ▣ Pl. *violetas-tricolores*.
violinista (vi.o.li.**nis**.ta) s.2g. Músico que toca violino.

violino (vi.o.**li**.no) s.m. (Mús.) Instrumento de quatro cordas, tocado principalmente com arco, tendo-se a base apoiada sobre a clavícula do instrumentista, muito usado na música erudita.

violoncelista (vi.o.lon.ce.**lis**.ta) s.2g. Músico que toca violoncelo.

violoncelo (vi.o.lon.**ce**.lo) s.m. (Mús.) Instrumento de quatro cordas tocado com um arco, tendo-se a base apoiada no chão, muito usado na música erudita.

violonista (vi.o.lo.**nis**.ta) s.2g. Músico que toca violão.

VIP sigla do inglês *Very Important Person*, que significa "pessoa muito importante", usada para salas, convites etc. com algum privilégio.

viperino (vi.pe.**ri**.no) adj. **1.** Que diz respeito a víbora ou serpente. **2.** (Fig.) Que tem a natureza da víbora; venenoso; peçonhento; perverso.

vir v.t.i. **1.** Regressar; voltar; chegar. **2.** Proceder; resultar; advir. v.i. **3.** Ser trazido; chegar-se; aparecer; surgir. Obs.: verbo irregular: pres. do ind.: *venho, vens, vem, vimos, vindes, vêm*; pret. imperf.: *vinha, vinhas, vinha* etc.; pret. perf.: *vim, vieste, veio, viemos, viestes, vieram*; pret. mqp.: *viera, vieras, viera, viéramos, viéreis, vieram*; fut. do pres.: *virei, virás, virá* etc.; fut. do pret.: *viria, virias, viria* etc.; pres. do subj.: *venha, venhas, venha* etc.; imperf. do subj.: *viesse, viesses, viesse* etc.; fut. do subj.: *vier, vieres, vier* etc.; imperat. afirm.: *vem, venha, venhamos, vinde, venham*; imperat. neg.: *não venhas, não venha, não venhamos, não venhais, não venham*; ger. e part.: *vindo*.

vira (**vi**.ra) s.f. Dobra, virada.

vira-bosta (vi.ra-**bos**.ta) s.m. (Zoo.) Chupim. ▪ Pl. *vira-bostas*.

virabrequim (vi.ra.bre.**quim**) s.m. Peça que possibilita o movimento alternado dos pistões, em um motor de explosão.

viração (vi.ra.**ção**) s.f. **1.** Vento brando e fresco; aragem; brisa. (Gír.) **2.** Trabalho temporário; bico. **3.** Prostituição.

vira-casaca (vi.ra-ca.**sa**.ca) s.2g. Indivíduo que troca de partido, de clube ou de opinião, de acordo com sua conveniência. ▪ Pl. *vira-casacas*.

virada (vi.**ra**.da) s.f. Ação de virar ou mudar; inversão, troca, mudança brusca: *virada de tempo, virada no jogo*.

viradinho (vi.ra.**di**.nho) s.m. (Culin.) Prato tradicional da cozinha paulista, que se compõe de tutu de feijão, guarnecido com torresmos, costeletas de porco fritas, linguiça frita, couve mineira e ovos estrelados; virado; virado a paulista.

virado (vi.**ra**.do) adj. **1.** Colocado às avessas. **2.** (Fig.) Endiabrado. s.m. **3.** (Culin.) Virado a paulista; viradinho.

virago (vi.**ra**.go) s.f. Mulher de atitudes varonis, com gestos e palavras masculinos.

viral (vi.**ral**) adj.2g. Que diz respeito a vírus; virótico.

vira-lata (vi.ra-**la**.ta) adj.2g. **1.** Diz-se de cão sem dono, que busca alimento virando latas nas ruas. **2.** Que não tem raça definida: *gato vira-lata*. s.m. **3.** Cão de rua ou sem raça. ▪ Pl. *vira-latas*.

virar (vi.**rar**) v.t.d. **1.** Inverter a direção ou a posição de; pôr do avesso; revirar. **2.** Despejar; entornar. **3.** Fazer dobrar em. **4.** Dar a volta a; circundar. **5.** Fazer girar em torno de um eixo. v.p. **6.** Diligenciar, esforçar-se para sair, por seus próprios recursos, de uma situação difícil ou para conseguir alguma coisa. **7.** (Gír.) Viver de bico. **8.** Pôr-se em posição oposta àquela em que se encontrava. **9.** (Gír.) Prostituir-se.

viravolta (vi.ra.**vol**.ta) s.f. **1.** Volta completa. **2.** Cambalhota. **3.** (Fig.) Subterfúgio; rodeio. **3.** Mudança radical.

virgem (**vir**.gem) s.2g. e adj.2g. **1.** (Pessoa) que nunca teve relações sexuais. adj.2g. **2.** Que não foi tocado, conhecido ou usado: *mata virgem, discos virgens*. s.f. (*próprio*) **3.** Maria, a mãe de Jesus Cristo. **4.** (Astron.) Constelação do Zodíaco. **5.** (Mit.) Sexto signo astrológico, de 23 de agosto a 22 de setembro, correspondente aos virginianos.

virginal (vir.gi.**nal**) adj.2g. Que diz respeito a virgem; casto; inocente; puro; intocado.

virgindade (vir.gin.**da**.de) s.f. Característica do que é virgem.

virgíneo (vir.**gí**.ne.o) adj. Virginal.

virginiano (vir.gi.ni.**a**.no) s.m. e adj (Mit.) (Pessoa) do signo astrológico de Virgem.

vírgula (**vír**.gu.la) s.f. **1.** Sinal de pontuação (,) que indica a menor de todas as pausas. **2.** Expressão que se emprega para fazer uma objeção, restrição ou comentário malicioso: *robusto uma vírgula, estava era gordo mesmo*. (Mat.) **Vírgula decimal**: vírgula que indica a posição da unidade na representação decimal de um número: *3,5 cm é o mesmo que três centímetros e meio*.

virgulação (vir.gu.la.**ção**) s.f. Ação de virgular, de pôr vírgulas.

virgular (vir.gu.**lar**) v.i. e v.t.d. Pôr vírgulas (nos lugares apropriados).

viricida (vi.ri.**ci**.da) s.m. Produto que extermina vírus.

viril (vi.**ril**) adj.2g. **1.** Próprio de homem; varonil; másculo. **2.** Enérgico; vigoroso.

virilha (vi.**ri**.lha) s.f. (Anat.) Área ou ponto de junção da coxa com o abdome.

virilidade (vi.ri.li.**da**.de) s.f. **1.** Qualidade de quem é viril; masculinidade. **2.** Idade do homem situada entre a adolescência e a velhice. **3.** (Fig.) Vigor, energia.

virilismo (vi.ri.**lis**.mo) s.m. Predominância de caracteres físicos e mentais masculinos.

virilizar (vi.ri.li.**zar**) v.t.d. e v.p. Tornar(-se) viril; fortalecer(-se), robustecer(-se).

virologia (vi.ro.lo.**gi**.a) s.f. Parte da biologia que estuda os vírus.

virologista (vi.ro.lo.**gis**.ta) s.2g. Pessoa que é especializada em virologia.

virose (vi.**ro**.se) s.f. (Med.) Moléstia provocada por um vírus.

virótico (vi.ró.ti.co) *adj.* Que diz respeito a vírus; causado por vírus; virulento.

virtual (vir.tu.**al**) *adj.2g.* **1.** Que pode se realizar, mas ainda não é real; potencial. **2.** Que existe apenas em termos ópticos ou de representação; que não é concreto: *o que vemos no espelho é uma imagem virtual*. (Inf.) **Realidade virtual**: simulação que busca ser bastante próxima do real.

virtualidade (vir.tu.a.li.**da**.de) *s.f.* Qualidade de virtual.

virtude (vir.**tu**.de) *s.f.* **1.** Disposição para a prática do bem. **2.** Qualidade moral. **3.** Prática do bem. **4.** Força; vigor.

virtuose (vir.tu.**o**.se) [ô] *s.2g.* Artista de muito talento.

virtuosidade (vir.tu.o.si.**da**.de) *s.f.* Característica de quem é virtuoso.

virtuosismo (vir.tu.o.**sis**.mo) *s.m.* Virtuosidade; qualidade de virtuoso.

virtuoso (vir.tu.**o**.so) [ô] *s.m.* **1.** Músico ou artista de grande talento. *adj.* **2.** Que tem virtudes. **3.** Honesto; probo. ▣ Pl. *virtuosos* [ó].

virulência (vi.ru.**lên**.ci.a) *s.f.* Qualidade ou estado de virulento.

virulento (vi.ru.**len**.to) *adj.* **1.** (Med.) Que diz respeito a vírus. **2.** Que tem a natureza do vírus. **3.** Que é causado por vírus. **4.** Venenoso; peçonhento.

vírus (**ví**.rus) *s.m.2n.* **1.** (Bio.) Agente microscópico que só vive e se reproduz no interior das células do organismo que infecta, e pode causar doenças. **2.** (Inf.) Programa que se instala no computador e pode alterar arquivos sem a permissão do usuário. ▣ Pl. *vírus*.

visado (vi.**sa**.do) *adj.* **1.** Que recebeu um visto (documento, cheque, passaporte etc.). **2.** Rubricado. **3.** Mirado; desejado; almejado.

visagem (vi.**sa**.gem) *s.f.* **1.** (Fig.) Gesto exagerado para impressionar; careta. **2.** Assombração; visão; aparição sobrenatural.

visão (vi.**são**) *s.f.* **1.** Ato de ver. **2.** Um dos cinco sentidos. **3.** Imagem vã, que aparece em sonhos ou como produto do medo, loucura ou superstição; visagem.

visar (vi.**sar**) *v.t.d.* **1.** Olhar fixamente para. **2.** Apontar arma de fogo; mirar. **3.** Pôr o sinal de visto em. *v.t.i.* **4.** Ter por objetivo; ter em vista.

víscera (**vís**.ce.ra) *s.f.* (Anat.) Designação comum a qualquer órgão alojado nas cavidades craniana, torácica e abdominal. Cf. *vísceras*.

visceral (vis.ce.**ral**) *adj.2g.* **1.** Que diz respeito às vísceras; visceroso. **2.** (Fig.) Íntimo. **3.** Essencial.

vísceras (**vís**.ce.ras) *s.f.pl.* **1.** Entranhas. **2.** (Fig.) A parte mais íntima; o âmago. Cf. *víscera*.

visceroso (vis.ce.**ro**.so) [ô] *adj.* Visceral. ▣ Pl. *viscerosos* [ó].

visco (**vis**.co) *s.m.* **1.** (Bot.) Certa planta parasita. **2.** Suco vegetal pegajoso muito usado para apanhar pássaros; gosma. **3.** (Fig.) Isca, engodo, chamariz. O mesmo que *visgo*.

viscondado (vis.con.**da**.do) *s.m.* Título ou dignidade de visconde.

visconde (vis.**con**.de) *s.m.* **1.** Título de nobreza inferior a conde e superior a barão, que se acompanha de um viscondado. **2.** Funcionário que substituía o conde no governo do respectivo condado.

viscondessa (vis.con.**des**.sa) [ê] *s.f.* Feminino de *visconde*.

viscose (vis.**co**.se) *s.f.* Tecido sintético muito usado em confecção.

viscosidade (vis.co.si.**da**.de) *s.f.* **1.** Característica do que é viscoso. **2.** Capacidade de um líquido fluir lentamente. **3.** Propriedade pela qual as partículas de uma substância se aderem reciprocamente.

viscoso (vis.**co**.so) [ô] *adj.* Que tem visco; pegajoso. ▣ Pl. *viscosos* [ó].

viseira (vi.**sei**.ra) *s.f.* **1.** A parte anterior do capacete, a qual resguarda, encobre e defende o rosto. **2.** Aba presa a um suporte, para proteger o rosto do sol.

visgo (**vis**.go) *s.m.* O mesmo que *visco*.

visguento (vis.**guen**.to) *adj.* Viscoso; pegajoso.

visibilidade (vi.si.bi.li.**da**.de) *s.f.* Característica do que é visível.

visibilizar (vi.si.bi.li.**zar**) *v.t.d.* Tornar visível.

visigodo (vi.si.**go**.do) [ô] *adj.* **1.** Pertencente ao povo germânico descendente dos godos, que viveram próximo ao rio Danúbio, hoje Alemanha. *s.m.* **2.** Indivíduo desse povo.

visionar (vi.si.o.**nar**) *v.t.d.* **1.** Entrever como se fosse uma visão. *v.i.* **2.** Ter visões.

visionário (vi.si.o.**ná**.ri.o) *s.m. e adj.* **1.** (Aquele) que tem visões. **2.** (Indivíduo) que devaneia; sonhador. *adj.* **3.** Que diz respeito a visões.

visita (vi.**si**.ta) *s.f.* **1.** Ato de visitar. **2.** Pessoa que visita; visitante. **3.** Inspeção.

visitação (vi.si.ta.**ção**) *s.f.* Ato de visitar; visita.

visitador (vi.si.ta.**dor**) [ô] *s.m. e adj.* **1.** (Aquele) que visita ou que faz muitas visitas. **2.** Inspetor.

visitante (vi.si.**tan**.te) *s.2g. e adj.2g.* **1.** (Aquele) que visita. **2.** (Aquele) que vem de outro lugar. **3.** (Aquele) que percorre uma exposição, um museu, uma cidade ou outro país, com intenção de conhecer coisas novas.

visitar (vi.si.**tar**) *v.t.d.* **1.** Ir ver uma pessoa por cortesia ou amizade. **2.** Ir conhecer regiões, museus, monumentos etc. por interesse ou curiosidade. **3.** Inspecionar; vistoriar; fiscalizar.

visível (vi.**sí**.vel) *adj.2g.* Que pode ser visto; claro; perceptível.

vislumbrado (vis.lum.**bra**.do) *adj.* Entrevisto; visto superficialmente.

vislumbrar (vis.lum.**brar**) *v.t.d.* **1.** Ver imperfeitamente. **2.** Conjeturar. *v.i.* **3.** Começar a surgir. **4.** Deixar-se entrever; entremostrar-se.

vislumbre (vis.**lum**.bre) *s.m.* **1.** Luz tênue, frouxa. **2.** Pequeno clarão; reflexo. **3.** Aparência ou ideia vaga. **4.** Sinal; vestígio.

viso (**vi**.so) *s.m.* **1.** Aspecto; fisionomia. **2.** Indício; sinal; vestígio; vislumbre.

visom (vi.**som**) s.m. **1.** (Zoo.) Mamífero mustelídeo de pele pardacenta, macia e lustrosa, semelhante no tamanho e no aspecto ao furão ou à lontra. **2.** Pele desse mamífero, de grande valor comercial. **3.** (P. ext.) Casaco, estola ou outra peça feita com essa pele.

visor (vi.**sor**) [ô] adj. **1.** Que permite ver ou ajuda a ver. s.m. **2.** Dispositivo da câmera fotográfica que mostra o enquadramento da imagem. **3.** Pequena tela que mostra informações em aparelhos eletrônicos; *display*.

víspora (vís.po.ra) s.f. Loto; tômbola.

vista (vis.ta) s.f. **1.** Ato de ver. **2.** Faculdade de ver ou de perceber a forma, a cor ou o relevo das coisas materiais; visão. **3.** Órgão visual; os olhos. **4.** Aquilo que se vê. **5.** Panorama; paisagem. **6.** Quadro ou fotografia de uma paisagem. **7.** Aparência; aspecto. **8.** Maneira de julgar ou apreciar um assunto; ponto de vista.

vistado (vis.**ta**.do) adj. Que tem visto.

vistas (vis.tas) s.f.pl. Planos, metas, objetivos que se têm em vista.

visto (vis.to) adj. **1.** Percebido pelo sentido da visão. **2.** Acolhido; aceito; recebido. **3.** Visado. s.m. **4.** Declaração de autoridade em um documento, atestando que foi examinado e aceito.

vistoria (vis.to.**ri**.a) s.f. Ato de vistoriar; revista; inspeção; fiscalização.

vistoriado (vis.to.ri.**a**.do) adj. Inspecionado; fiscalizado; revistado.

vistoriar (vis.to.ri.**ar**) v.t.d. Fazer vistoria a; inspecionar, revistar; fiscalizar.

vistoso (vis.**to**.so) [ô] adj. Que dá na vista; ostentoso; aparatoso; atraente. ▪ Pl. *vistosos* [ó].

visual (vi.su.**al**) adj.2g. **1.** Que diz respeito à vista ou à visão. s.m. **2.** Aparência; aspecto.

visualização (vi.su.a.li.za.**ção**) s.f. **1.** Ação de visualizar, de criar uma imagem mental. **2.** Visão.

visualizado (vi.su.a.li.**za**.do) adj. **1.** Visto. **2.** Que concebe ou idealiza; imaginado.

visualizar (vi.su.a.li.**zar**) v.t.d. **1.** Criar uma imagem mental, ver na mente ou em representação. **2.** Imaginar, inventar: *visualizou uma saída*.

vital (vi.**tal**) adj.2g. **1.** Que diz respeito à vida: *ciclo vital*. **2.** De muita importância; capital, essencial: *era vital que conseguissem água para o rebanho*.

vitaliciedade (vi.ta.li.ci.e.**da**.de) s.f. Característica do que é vitalício.

vitalício (vi.ta.**lí**.ci.o) adj. Que dura toda a vida.

vitalidade (vi.ta.li.**da**.de) s.f. **1.** Característica do que é vital. **2.** Força vital; vigor.

vitalismo (vi.ta.**lis**.mo) s.m. **1.** (Filos.) Doutrina que afirma a necessidade de uma força vital irredutível à físico-química para explicar os fenômenos vitais geradores das funções orgânicas. **2.** Vitalidade.

vitalista (vi.ta.**lis**.ta) s.2g. e adj.2g. **1.** Seguidor, defensor do vitalismo. adj.2g. **2.** Que diz respeito ao vitalismo.

vitalizado (vi.ta.li.**za**.do) adj. Animado; energizado; cheio de vida.

vitalizar (vi.ta.li.**zar**) v.t.d. **1.** Dar força, vigor ou vitalidade a. **2.** Dar nova vida.

vitamina (vi.ta.**mi**.na) s.f. **1.** Substância orgânica necessária ao organismo em pequena quantidade, para completar processos metabólicos: *a laranja contém vitamina C*. **2.** (Culin.) Bebida preparada com frutas, cereais, leite etc. batidos no liquidificador.

vitaminado (vi.ta.mi.**na**.do) adj. Enriquecido ou reforçado com vitaminas.

vitaminar (vi.ta.mi.**nar**) v.t.d. Adicionar vitaminas a um alimento, para enriquecê-lo.

vitela (vi.**te**.la) s.f. **1.** Novilha com menos de um ano. **2.** Sua carne. **3.** Sua pele, muito usada industrialmente, inclusive no fabrico de calçados.

vitelina (vi.te.**li**.na) s.f. **1.** Substância que se encontra na gema do ovo. **2.** A membrana que envolve a gema do ovo das aves.

vitelino (vi.te.**li**.no) adj. **1.** Que diz respeito à gema do ovo. **2.** Amarelo como a gema do ovo.

vitelo (vi.**te**.lo) s.m. Novilho até a idade de um ano.

vitícola (vi.**tí**.co.la) adj. Que diz respeito à viticultura.

viticultor (vi.ti.cul.**tor**) [ô] s.m. Aquele que se dedica à cultura de vinhas.

viticultura (vi.ti.cul.**tu**.ra) s.f. Cultura de vinhas.

vitífero (vi.**tí**.fe.ro) adj. Que diz respeito a videiras ou à viticultura.

vitiligem (vi.ti.**li**.gem) s.f. (Med.) O mesmo que *vitiligo*.

vitiligo (vi.ti.**li**.go) s.m. (Med.) Dermatose que se caracteriza pelo aparecimento de placas esbranquiçadas e de bordas escuras na pele. O mesmo que *vitiligem*.

vítima (**ví**.ti.ma) s.f. **1.** Criatura sacrificada aos deuses. **2.** Pessoa sacrificada em virtude de interesses ou erros próprios ou alheios. **3.** Pessoa morta, ferida ou que foi alvo de qualquer tipo de crime (ou contravenção). **4.** Pessoa que sofre uma desgraça.

vitimado (vi.ti.**ma**.do) adj. **1.** Prejudicado; danificado. **2.** Assassinado; ferido; sacrificado.

vitimar (vi.ti.**mar**) v.t.d. **1.** Transformar em vítima. **2.** Sacrificar; matar; ferir. **3.** Prejudicar; danificar.

vitivinicultor (vi.ti.vi.ni.cul.**tor**) [ô] s.m. **1.** Cultivador de vinhas. **2.** Fabricante de vinho.

vitivinicultura (vi.ti.vi.ni.cul.**tu**.ra) s.f. Atividade que diz respeito tanto à cultura da vinha quanto à fabricação do vinho.

vitória (vi.**tó**.ri.a) s.f. Ato de vencer; triunfo; êxito.

vitoriano (vi.to.ri.**a**.no) adj. Que diz respeito à rainha Vitória da Inglaterra, ao período de seu reinado, aos escritores ou artistas de sua época etc.

vitória-régia (vi.tó.ria-**ré**.gi.a) s.f. (Bot.) Planta aquática amazônica, do grupo das ninfeáceas, cuja flor atinge proporções enormes. ▪ Pl. *vitórias-régias*.

vitoriense (vi.to.ri.**en**.se) adj.2g. **1.** Do município de Vitória, capital do estado do Espírito Santo. s.2g. **2.** Pessoa natural ou habitante desse lugar. Cf. *capixaba*.

vitorioso (vi.to.ri.**o**.so) [ô] *s.m. e adj.* (Aquele) que conseguiu uma vitória; vencedor. ◘ Pl. *vitoriosos* [ó].
vitral (vi.**tral**) *s.m.* Vidraça em que se fazem pinturas coloridas, como nas igrejas.
vítreo (**ví**.tre.o) *adj.* **1.** Que diz respeito ao vidro; hialino. **2.** Semelhante ao vidro.
vitrificação (vi.tri.fi.ca.**ção**) *s.f.* **1.** Ação de vitrificar(-se). **2.** Processo para converter em vidro ou revestir de vidro.
vitrificado (vi.tri.fi.**ca**.do) *adj.* Convertido em vidro; que tem a natureza ou o aspecto de vidro.
vitrificar (vi.tri.fi.**car**) *v.t.d., v.i. e v.p.* **1.** Transformar(-se) em vidro. **2.** Dar, adquirir ou apresentar aspecto de vidro..
vitrificável (vi.tri.fi.**cá**.vel) *adj.2g.* Que se pode vitrificar, que pode se transformar em vidro.
vitrina (vi.**tri**.na) *s.f.* **1.** Vidraça de loja atrás da qual são expostos objetos destinados à venda. **2.** Armário envidraçado com a mesma finalidade. O mesmo que *vitrine*, que é a forma mais usada.
vitrine (vi.**tri**.ne) *s.f.* O mesmo que *vitrina*.
vitrinista (vi.tri.**nis**.ta) *s.2g.* Profissional especializado em decorar vitrines.
vitríolo (vi.**trí**.o.lo) *s.m.* Designação comum a vários sulfatos, principalmente o ácido sulfúrico.
vitrô (vi.**trô**) *s.m.* Janela com pelo menos uma folha de vidro móvel, acionada por alavanca.
vitrola (vi.**tro**.la) *s.f.* Aparelho de som antigo para ouvir discos; eletrola.
vituperação (vi.tu.pe.ra.**ção**) *s.f.* Ato ou efeito de vituperar; injúria; afronta; vitupério.
vituperador (vi.tu.pe.ra.**dor**) [ô] *s.m. e adj.* (Aquele) que vitupera, afronta ou difama.
vituperar (vi.tu.pe.**rar**) *v.t.d.* **1.** Tratar com vitupérios; injuriar; insultar. **2.** Repreender asperamente; censurar.
vitupério (vi.tu.**pé**.ri.o) *s.m.* Vituperação; insulto; injúria; acusação grave.
viúva (vi.**ú**.va) *s.f.* Mulher cujo esposo morreu. Cf. *viúvo*.
viúva-negra (vi.**ú**.va-**ne**.gra) *s.f.* (Zoo.) Aranha grande e negra, muito peçonhenta, que come o macho após o acasalamento. ◘ Pl. *viúvas-negras*.
viuvez (vi.u.**vez**) [ê] *s.f.* **1.** Estado de quem é viúvo. **2.** (Fig.) Desamparo; solidão; privação.
viúvo (vi.**ú**.vo) *s.m.* **1.** Homem cuja esposa morreu e que ainda não se casou de novo. *adj.* **2.** Que perdeu o cônjuge pela morte.
viva (**vi**.va) *interj.* Exprime aplauso, aclamação, entusiasmo ou felicitação.
vivacidade (vi.va.ci.**da**.de) *s.f.* Característica do que é vivaz; viveza; atividade.
vivaldino (vi.val.**di**.no) *s.m.* (Gír.) Indivíduo que se acha muito esperto; malandro; espertalhão.
vivaz (vi.**vaz**) *adj.2g.* **1.** Ativo; forte; vigoroso; enérgico. **2.** (Bot.) Diz-se da planta herbácea que dura bastante.
viveiro (vi.**vei**.ro) *s.m.* **1.** Lugar onde se criam e reproduzem animais. **2.** Local onde se criam aves. **3.** Aquário natural ou artificial, onde se criam peixes ou plantas aquáticas. **4.** Recinto onde se semeiam espécies vegetais mais tarde transplantadas para outro lugar.
vivência (vi.**vên**.ci.a) *s.f.* Experiência de vida.
vivenciado (vi.ven.ci.**a**.do) *adj.* **1.** Que se vivenciou ou viveu. **2.** Experimentado; vivido; experiente.
vivenciar (vi.ven.ci.**ar**) *v.t.d.* Experimentar, sentir ou viver uma situação.
vivenda (vi.**ven**.da) *s.f.* Residência; habitação; casa.
vivente (vi.**ven**.te) *s.2g. e adj.2g.* (Aquele) que vive; ser vivo; ser humano.
viver (vi.**ver**) *v.i.* **1.** Ter vida; existir. *v.t.d.* **2.** Gozar ou passar a vida. *v.t.i.* **3.** Conviver. **4.** Alimentar-se. *v.aux.* **5.** Fazer sempre: *vivia treinando para a corrida*. *s.m.* **6.** Vida; existência.
víveres (**ví**.ve.res) *s.m.pl.* Gêneros alimentícios; provisões; mantimentos.
viveza (vi.**ve**.za) [ê] *s.f.* Característica do que é vivo; vivacidade; brilho.
vívido (**ví**.vi.do) *adj.* Dotado de vivacidade; ardente; luminoso.
vivido (**vi**.vi.do) *adj.* Que viveu muito ou que tem grande experiência da vida; vivenciado; experiente.
vivificação (vi.vi.fi.ca.**ção**) *s.f.* Ato de vivificar ou de dar vida.
vivificante (vi.vi.fi.**can**.te) *adj.2g.* **1.** Que vivifica. **2.** Que fecunda.
vivificar (vi.vi.fi.**car**) *v.t.d.* **1.** Dar vida ou existência a. **2.** Fecundar. *v.i.* **3.** Adquirir ou gerar vida.
viviparidade (vi.vi.pa.ri.**da**.de) *s.f.* (Zoo.) Modo de reprodução dos animais vivíparos, ou por gestação.
vivíparo (vi.**ví**.pa.ro) *s.m. e adj.* (Zoo.) (Animal) que dá à luz embriões já formados, ao contrário dos ovíparos, que colocam ovos. Cf. *ovíparo* e *ovovivíparo*.
vivisseção (vi.vis.se.**ção**) *s.f.* O mesmo que *vivissecção*.
vivissecção (vi.vis.sec.**ção**) *s.f.* Operação para estudo dos fenômenos fisiológicos de animais vivos. O mesmo que *vivisseção*.
vivisseccionista (vi.vis.sec.ci.o.**nis**.ta) *s.2g.* Pessoa que pratica a vivissecção.
vivo (**vi**.vo) *adj.* **1.** Que tem vida. **2.** Animado; ativo; vivaz. *s.m.* **3.** Ser vivo. **4.** Debrum que se coloca em roupas.
vivório (vi.**vó**.ri.o) *s.m.* **1.** Saudação com muitos vivas. **2.** (Folc.) No vale do Paraíba (SP), homenagem feita a pessoa proeminente, no fim de uma refeição festiva.
vizinhança (vi.zi.**nhan**.ça) *s.f.* **1.** Conjunto de pessoas ou famílias vizinhas. **2.** Arrabaldes; arredores. **3.** (Fig.) Semelhança.
vizinho (vi.**zi**.nho) *s.m. e adj.* (Aquele ou aquilo) que mora perto ou está próximo de outrem.
vizir (vi.**zir**) *s.m.* Ministro de príncipe muçulmano.
vizirado (vi.zi.**ra**.do) *s.m.* **1.** Cargo ou dignidade de vizir. **2.** Tempo que dura esse cargo; vizirato.
vizirato (vi.zi.**ra**.to) *s.m.* Vizirado.
voador (vo.a.**dor**) [ô] *s.m. e adj.* **1.** (Aquele) que voa. **2.** (Acrobata) que salta de um trapézio para outro.

s.m. **3.** (*Zoo.*) Peixe marinho nordestino que dá grandes saltos sobre a água; peixe-voador.

voar (vo.**ar**) v.i. **1.** Sustentar-se ou mover-se no ar por meio de asas (pássaro). **2.** Desaparecer com rapidez; dispersar-se. **3.** Viajar de avião. **4.** (*Fig.*) Propagar-se rapidamente (notícia). Obs.: pres. do ind.: *voo*, *voas* [ô], *voa* [ô], etc.; pres. do subj.: *voe* [ô], *voes* [ô], *voe* [ô] etc.

vocabular (vo.ca.bu.**lar**) *adj.2g.* Que diz respeito a vocábulo.

vocabulário (vo.ca.bu.**lá**.ri.o) *s.m.* Conjunto das palavras de uma língua, de determinada atividade técnica, de um dialeto, do linguajar específico de um autor, de uma região etc.; glossário.

vocabularista (vo.ca.bu.la.**ris**.ta) *s.2g.* Autor de vocabulário; dicionarista, lexicógrafo.

vocábulo (vo.**cá**.bu.lo) *s.m.* Cada uma das palavras que fazem parte de uma língua; termo.

vocação (vo.ca.**ção**) *s.f.* Talento; aptidão; tendência; inclinação.

vocacional (vo.ca.ci.o.**nal**) *adj.2g.* Que diz respeito a vocação.

vocal (vo.**cal**) *adj.2g.* Que diz respeito a voz; oral; verbal.

vocálico (vo.**cá**.li.co) *adj.* Que diz respeito às vogais.

vocalismo (vo.ca.**lis**.mo) *s.m.* Estudo das vogais.

vocalização (vo.ca.li.za.**ção**) *s.f.* **1.** Ato de vocalizar. **2.** (*Gram.*) Transformação de uma consoante em vogal, no processo de formação do idioma, como a palavra latina *nocte* deu origem à palavra portuguesa *noite*.

vocalizar (vo.ca.li.**zar**) v.t.d. e v.i. **1.** (*Mús.*) Cantar sem articular palavras ou notas, apenas modulando a voz sobre uma determinada vogal. v.i. **2.** (*Gram.*) Transformar consoantes em vogais.

vocativo (vo.ca.**ti**.vo) *s.m.* Palavra ou expressão que se usa para chamar ou advertir alguém, como "Maria" em "*Maria*, venha cá!".

você (vo.**cê**) *pron.* Contração de Vossa Mercê, geralmente empregada entre pessoas que se tratam com intimidade. Obs.: é uma contração das formas *vosmecê*, *vossemecê* e *vossa mercê*.

vociferação (vo.ci.fe.ra.**ção**) *s.f.* Ato de vociferar; gritaria; clamor.

vociferado (vo.ci.fe.**ra**.do) *adj.* Dito com raiva; gritado; berrado; clamado.

vociferador (vo.ci.fe.ra.**dor**) [ô] *s.m. e adj.* (Aquele) que vocifera ou que fala colericamente.

vociferante (vo.ci.fe.**ran**.te) *adj.2g.* Vociferador.

vociferar (vo.ci.fe.**rar**) v.t.d. **1.** Dizer em voz alta. **2.** Dizer coisas desagradáveis. v.i. **3.** Falar colericamente; gritar; berrar.

voçoroca (vo.ço.**ro**.ca) *s.f.* Erosão provocada pela ação de águas pluviais que se infiltram em terrenos permeáveis e atingem regiões de menor permeabilidade.

vodca (**vod**.ca) *s.f.* Aguardente de origem russa, feita de cereais.

vodu (vo.**du**) *s.m.* **1.** (*Relig.*) Tradição africana jeje que influenciou cultos no Brasil e no Haiti, presente hoje no Togo e Benim. **2.** (*Relig.*) Divindade, orixá ou santo desse culto. **3.** (*Pop.*) Boneco que representa uma pessoa e tem o poder mágico de lhe transmitir sensações ou más influências.

voejar (vo.e.**jar**) v.i. Voar (o inseto), adejar, esvoaçar. Obs.: verbo usado na 3ª pes., sing. e pl.: *voeja*, *voejam*; *voejava*, *voejavam*; *voejou*, *voejaram*; *voejará*, *voejarão* etc.

voejo (vo.**e**.jo) [ê] *s.m.* Ato de voejar; adejo; voo.

voga (**vo**.ga) *s.f.* **1.** Ato de vogar, remar ou flutuar. **2.** Uso atual; moda; popularidade; aceitação. *s.m.* **3.** Remador de um barco. **4.** Aquele que bate o ritmo das remadas.

vogal (vo.**gal**) *s.f.* e *adj.2g.* **1.** (Fonema) que é produzido sem obstrução à corrente de ar, que são "a", "e", "i", "o" e "u". *s.2g.* **2.** Pessoa que tem voto em uma assembleia. **3.** Membro de uma corporação, junta ou júri.

vogar (vo.**gar**) v.i. **1.** Estar em voga (ou em uso). **2.** Prevalecer; predominar. **3.** Remar. **4.** Flutuar. **5.** Navegar.

voile [francês: "voáu"] *s.m.* Tecido leve, fino e transparente.

volante (vo.**lan**.te) *s.m.* **1.** Peça circular que controla um eixo, como a direção de um automóvel. **2.** Impresso onde se marcam apostas de jogos. *adj.2g.* **3.** Que pode voar. **4.** Flutuante; mutável; transitório.

volatear (vo.la.te.**ar**) v.i. Esvoaçar; voejar; volitar.

volátil (vo.**lá**.til) *adj.2g.* **1.** Que pode voar; voador. **2.** (*Quím.*) Que se evapora com facilidade, que se transforma em gás ou vapor à temperatura ambiente. **3.** Que diz respeito a aves.

volatilidade (vo.la.ti.li.**da**.de) *s.f.* Característica do que é volátil.

volatilizar (vo.la.ti.li.**zar**) v.t.d. **1.** Tornar volátil. **2.** Evaporar.

volatização (vo.la.ti.za.**ção**) *s.f.* Ato de volatizar; vaporização; evaporação.

volatizante (vo.la.ti.**zan**.te) *adj.2g.* Que volatiliza.

volatizar (vo.la.ti.**zar**) v.t.d., v.i. e v.p. Reduzir(-se) a gás ou vapor.

vôlei (**vô**.lei) *s.m.* (*Esp.*) Esporte olímpico praticado entre duas equipes de seis jogadores, que jogam com as mãos e punho uma bola por cima da rede, sem que toque o chão; voleibol.

voleibol (vo.lei.**bol**) *s.m.* (*Esp.*) Vôlei.

volição (vo.li.**ção**) *s.f.* Ato de querer.

volitar (vo.li.**tar**) v.i. Esvoaçar; volatear.

volitivo (vo.li.**ti**.vo) *adj.* Que diz respeito à volição ou à vontade.

Volp Sigla de *Vocabulário Ortográfico da Língua Portuguesa*. Obra que contém a lista de vocábulos, palavras e expressões escritas conforme recomenda a Academia Brasileira de Letras quanto a grafia, classificação gramatical e ortoépia; além disso, o *Volp* discrimina quais vocábulos pertencem ao português do Brasil, como *internet* e *dísel*, e quais são consideradas palavras estrangeiras, como *diesel*.

volt s.m. (Fís.) Unidade de medida de diferença de potencial elétrico, igual à diferença de potencial existente entre duas seções transversais de um condutor percorrido por uma corrente elétrica variável de um ampère, quando a potência dissipada entre as duas seções é igual a um watt, símbolo V.

volta (vol.ta) s.f. **1.** Ato de voltar; regresso; retorno. **2.** Ato de virar ou girar; giro. **3.** Movimento que completa um percurso fechado; circuito. **4.** Passeio, caminhada, giro; rolé. **5.** Réplica, troco. **6.** Curva de rua ou de estrada; sinuosidade: *estrada cheia de voltas*. **Por volta de:** mais ou menos em, aproximadamente: *a escrita foi inventada por volta de 4000 a.C.*

voltado (vol.ta.do) adj. Virado, dirigido: *os olhos voltados para o mar*.

voltagem (vol.ta.gem) s.f. **1.** Força motriz medida em volts. **2.** Número de volts utilizados por um aparelho elétrico em funcionamento; tensão.

voltâmetro (vol.tâ.me.tro) s.m. Aparelho que efetua a decomposição da água com a passagem de uma corrente elétrica.

voltar (vol.tar) v.i. **1.** Dirigir-se ao ponto de partida; regressar; retornar. **2.** Ir (ou vir) pela segunda vez; tornar; retornar. v.t.d. **3.** Pôr do lado avesso; virar. **4.** Devolver; restituir. v.p. **5.** Virar-se.

voltarete (vol.ta.re.te) [ê] s.m. Certo jogo de baralho.

volteador (vol.te.a.dor) [ô] s.m. e adj. (Aquele) que volteia.

volteadura (vol.te.a.du.ra) s.f. Ato de voltear; volteio.

voltear (vol.te.ar) v.t.d. **1.** Andar à volta de; contornar. **2.** Fazer girar ou dar muitas voltas a. **3.** Mexer; revolver; remexer. v.i. **4.** Dar voltas; rodopiar.

volteio (vol.tei.o) s.m. **1.** Volteadura, rodopio. **2.** Prova de equitação em que o cavaleiro se equilibra sobre o cavalo em diversas posições, pulando do solo à sela etc.

voltejar (vol.te.jar) v.t.d. e v.i. Voltear.

voltímetro (vol.tí.me.tro) s.m. (Fís.) Instrumento para medir a força eletromotriz de uma corrente. O mesmo que *voltômetro*.

voltômetro (vol.tô.me.tro) s.m. (Fís.) O mesmo que *voltímetro*.

volubilidade (vo.lu.bi.li.da.de) s.f. Característica de quem é volúvel; inconstância.

volume (vo.lu.me) s.m. **1.** (Fís.) Espaço ocupado por um sólido. **2.** (Fís.) Massa de água contida em um reservatório natural ou artificial. **3.** Tamanho. **4.** Intensidade do som ou da voz. **5.** Tomo; livro. **6.** Pacote; embrulho; fardo.

volumetria (vo.lu.me.tri.a) s.f. (Quím.) Processo de análise quantitativa que consiste em despejar um volume mensurável de solução titulada em volume conhecido da solução que se vai dosar, até o momento em que um indicador possibilite reconhecer o término da reação.

volumétrico (vo.lu.mé.tri.co) adj. Que diz respeito à determinação do volume ou à volumetria.

volumoso (vo.lu.mo.so) [ô] adj. **1.** Que tem grande volume. **2.** Que tem grandes proporções; avantajado. **3.** Intenso; forte. ▣ Pl. *volumosos* [ó].

voluntariado (vo.lun.ta.ri.a.do) s.m. **1.** Qualidade ou condição de voluntário nas forças armadas. **2.** A classe dos voluntários.

voluntariedade (vo.lun.ta.ri.e.da.de) s.f. **1.** Qualidade de voluntário; capricho; teima; birra. **2.** Espontaneidade.

voluntário (vo.lun.tá.ri.o) adj. **1.** Que age espontaneamente. **2.** Que é derivado da vontade própria de alguém. **3.** Sem coação; espontâneo. s.m. **4.** Aquele que se alista espontaneamente nas forças armadas. **5.** Aquele que se oferece por vontade própria para fazer alguma coisa.

voluntarioso (vo.lun.ta.ri.o.so) [ô] adj. Que age só por vontade própria; caprichoso; teimoso. ▣ Pl. *voluntariosos* [ó].

volúpia (vo.lú.pi.a) s.f. **1.** Grande prazer dos sentidos; voluptuosidade, volutuosidade. **2.** Prazer sexual. **3.** Sensualidade; erotismo.

voluptuosidade (vo.lup.tu.o.si.da.de) s.f. Volúpia.

voluptuoso (vo.lup.tu.o.so) [ô] adj. Em que há prazer ou volúpia; sensual; erótico. O mesmo que *volutuoso*. ▣ Pl. *voluptuosos* [ó].

voluta (vo.lu.ta) s.f. Ornamento em espiral usado no acabamento de colunas, corrimãos etc.

volutear (vo.lu.te.ar) v.i. Voltear; girar.

volutuosidade (vo.lu.tu.o.si.da.de) s.f. Volúpia.

volutuoso (vo.lu.tu.o.so) [ô] adj. O mesmo que *voluptuoso*. ▣ Pl. *volutuosos* [ó].

volúvel (vo.lú.vel) adj.2g. Inconstante; instável; variável.

volver (vol.ver) v.t.i. **1.** Voltar; regressar. v.t.d. **2.** Agitar. **3.** Retrucar; replicar. **4.** Devolver; restituir. v.p. **5.** Voltar-se; virar-se. **6.** Agitar-se; revirar-se. s.m. **7.** Volta; retorno.

volvo (vol.vo) s.m. (Med.) Obstrução intestinal, chamada popularmente de nó nas tripas.

vômer (vô.mer) s.m. (Anat.) Osso pequeno e chato que forma a parte posteroinferior da parede divisória das fossas nasais.

vomeriano (vo.me.ri.a.no) adj. Que diz respeito ao vômer.

vomitado (vo.mi.ta.do) s.m. **1.** Matéria expelida pelo vômito. adj. **2.** Sujo ou manchado de vômito.

vomitar (vo.mi.tar) v.t.d. **1.** Expelir, lançar pela boca. **2.** Expelir com ímpeto; jorrar. **3.** Sujar de vômito. **4.** Falar (coisas vergonhosas ou irreverentes). **5.** Contar segredo; desembuchar. v.i. **6.** Pôr para fora o que se tinha ingerido anteriormente.

vomitativo (vo.mi.ta.ti.vo) adj. Vomitivo.

vomitivo (vo.mi.ti.vo) adj. Que causa vômitos; vomitativo.

vômito (vô.mi.to) s.m. **1.** Ato de vomitar. **2.** O que se vomitou.

vomitório (vo.mi.tó.ri.o) s.m. **1.** Medicamento que provoca vômito. adj. **2.** Vomitivo; que provoca o vômito.

vôngole (vôn.go.le) s.m. (Zoo.) Molusco bivalve bastante usado na culinária.

vontade (von.ta.de) s.f. **1.** Faculdade de querer; aspiração; anseio; desejo. **2.** Capacidade de escolha, de decisão. **3.** Necessidade física, moral ou fisiológica; apetite; sede.

voo (vo.o) [vô] s.m. **1.** Modo de locomoção no ar próprio das aves, de muitos insetos ou de aeronaves. **2.** Distância ou trajeto que uma ave ou aeronave percorre ou faz voando. **3.** (Fig.) Elevação do pensamento; êxtase, arroubo.

voracidade (vo.ra.ci.da.de) s.f. Característica de quem é voraz; avidez.

voragem (vo.ra.gem) s.f. **1.** Aquilo que sorve; sorvedouro. **2.** Redemoinho. **3.** Abismo. **4.** (Fig.) Aquilo que consome ou subverte.

voraginoso (vo.ra.gi.no.so) [ô] adj. **1.** Em que há voragem. **2.** Que atrai. **3.** Que destrói. **4.** (Fig.) Que consome ou subverte. ▣ Pl. *voraginosos* [ó].

voraz (vo.raz) adj.2g. **1.** Que devora ou come com avidez: *o tubarão é voraz*. **2.** Ansioso, insatisfeito, nervoso. **3.** Que consome, corrói ou destrói; destrutivo. **4.** (Fig.) Ambicioso, desejoso.

vórtice (vór.ti.ce) s.m. Voragem; turbilhão; redemoinho; furacão.

vós pron. **1.** Pronome pessoal de caso reto da segunda pessoa do plural, usado para uma ou mais pessoas. **2.** Tratamento de grande cerimônia quando dirigido a uma só pessoa.

vos pron. Forma oblíqua do pronome pessoal "vós", usada como objeto direto ou indireto: *deu-vos a bênção*.

vosear (vo.se.ar) v.t.d. Tratar por vós.

vosmecê (vos.me.cê) s.m. (Pop.) Antigo tratamento formal, abaixo de senhor. Obs.: é redução de *vossemecê* e deu origem a *você*.

vossemecê (vos.se.me.cê) s.m. (Pop.) Antigo tratamento formal, abaixo de senhor. Obs.: é contração de *vossa mercê* e deu origem a *vosmecê* e *você*.

vosso (vos.so) pron. Que pertence a vós. Obs.: é o pronome possessivo da segunda pessoa do plural. O feminino é usado em formas de tratamento como *Vossa Senhoria, Vossa Majestade, Vossa Alteza*.

votação (vo.ta.ção) s.f. **1.** Ato de votar; eleição. **2.** O conjunto dos votos obtidos.

votar (vo.tar) v.t.i. **1.** Dar seu voto. **2.** Eleger por meio de voto. v.i. **3.** Dar o seu voto; manifestar-se pelo voto.

votivo (vo.ti.vo) adj. **1.** Relativo a voto ou promessa religiosa. **2.** Oferecido em cumprimento de um voto religioso ou promessa: *velas votivas*.

voto (vo.to) s.m. **1.** Ato de votar; votação. **2.** Promessa solene a Deus: *voto de castidade, pobreza, obediência*. **3.** Promessa solene; juramento. **4.** Modo de expressar a opinião em um ato eleitoral; apoio; adesão. **5.** Cédula de votação.

vovó (vo.vó) s.f. Avó, em linguagem infantil ou afetiva.

vovô (vo.vô) s.m. Avô, em linguagem infantil ou afetiva.

voyeur [francês: "voaiér"] s.m. **1.** (Psi.) Pessoa que só tem prazer erótico observando outras em atos sexuais, sem deles participar. **2.** Pessoa que observa outras em beijos ou práticas amorosas, por prazer ocasional.

voyeurismo (voy.eu.ris.mo) [óieu] s.m. (Psi.) Prazer sexual atingido pela observação de pessoas em sua intimidade, sem participação.

voz s.f. **1.** Som ou conjunto de sons emitidos pelos órgãos da fala. **2.** Faculdade de falar; fala. **3.** Manifestação verbal; palavra. **4.** Forma pela qual se expressa a ação do verbo, seja a **voz ativa**, voz que expressa uma ação ativa: *ela pintou o rosto*; **voz passiva**, voz que expressa uma ação passiva: *o rosto foi pintado*; **voz reflexiva**, a que expressa uma ação reflexa: *ela pintou-se*.

vozear (vo.ze.ar) v.i. Falar em voz alta; clamar; gritar; bradar.

vozearia (vo.ze.a.ri.a) s.f. Clamor de muitas vozes juntas; gritaria; vozerio.

vozeio (vo.zei.o) s.m. **1.** Ato de vozear; falatório. **2.** Ruído surdo de vozes.

vozeirão (vo.zei.rão) s.m. Voz muito forte ou muito grossa.

vozerio (vo.ze.ri.o) s.m. Vozearia; gritaria; falatório.

VT Sigla de *videoteipe*.

vulcânico (vul.câ.ni.co) adj. Que diz respeito a vulcão.

vulcanismo (vul.ca.nis.mo) s.m. Ação dos vulcões.

vulcanite (vul.ca.ni.te) s.f. Borracha endurecida por vulcanização; ebonite.

vulcanização (vul.ca.ni.za.ção) s.f. (Quím.) Processo que torna a borracha natural, elástica e resistente, a fim de deixá-la insensível ao calor, ao frio e à ação de ácidos e solventes, baseando-se, para tanto, na introdução de átomos de enxofre na cadeia do polímero natural.

vulcanizado (vul.ca.ni.za.do) adj. Submetido à vulcanização; calcinado.

vulcanizar (vul.ca.ni.zar) v.t.d. Submeter ao processo de vulcanização; calcinar.

vulcanologia (vul.ca.no.lo.gi.a) s.f. Ramo da geologia que estuda os vulcões.

vulcão (vul.cão) s.m. **1.** Conduto que liga um foco em ignição, lançando material magmático (lavas, cinzas e gazes) à superfície da crosta terrestre, através de uma abertura, a grande velocidade e com grande força. **2.** Montanha que expele ou já expeliu (no caso do vulcão extinto) material magmático. **3.** (Fig.) Pessoa exaltada e que consequentemente se irrita com facilidade.

vulgacho (vul.ga.cho) s.m. (Pej.) Parte mais pobre de uma população; ralé.

vulgar (vul.gar) s.2g. e adj.2g. **1.** (Aquilo) que é comum, conhecido por todos. adj.2g. **2.** (Pej.) Baixo, reles, muito comum, medíocre.

vulgaridade (vul.ga.ri.da.de) s.f. Característica do que é vulgar; futilidade.

vulgarismo (vul.ga.**ris**.mo) *s.m.* Qualidade de vulgar; modo de falar ou pensar próprio de pessoas vulgares; plebeísmo, vulgaridade.
vulgarização (vul.ga.ri.za.**ção**) *s.f.* **1.** Ato de vulgarizar. **2.** Ato de divulgar; divulgação.
vulgarizado (vul.ga.ri.**za**.do) *adj.* **1.** Tornado vulgar; popularizado. **2.** Divulgado; conhecido.
vulgarizar (vul.ga.ri.**zar**) *v.t.d. e v.p.* **1.** Tornar(-se) vulgar. **2.** Tornar(-se) muito conhecido. **3.** Popularizar(-se). *v.t.d.* **4.** Divulgar.
vulgo (**vul**.go) *s.m.* **1.** O povo, a plebe, a parte mais pobre e numerosa de uma população: *o governante distribuía alimentos para conquistar o vulgo. adv.* **2.** Do modo que é mais conhecido pelo povo; na linguagem popular: *Evangelina Maria, vulgo Vange.*
vulnerabilidade (vul.ne.ra.bi.li.**da**.de) *s.f.* **1.** Qualidade ou condição de vulnerável. **2.** Fraqueza, debilidade, ponto fraco.
vulneração (vul.ne.ra.**ção**) *s.f.* Ato de vulnerar.
vulnerante (vul.ne.**ran**.te) *adj.2g.* Que vulnera, fere ou melindra.
vulnerar (vul.ne.**rar**) *v.t.d.* Ferir; melindrar; ofender.
vulnerável (vul.ne.**rá**.vel) *adj.2g.* **1.** Que se pode vulnerar ou melindrar. **2.** Relacionado a ponto ou lado fraco de uma questão ou pessoa, por onde pode ser atingida.
vulpino (vul.**pi**.no) *adj.* **1.** Que diz respeito à raposa. **2.** (*Fig.*) Astuto; manhoso; esperto.
vulto (**vul**.to) *s.m.* **1.** Rosto; aspecto. **2.** Corpo. **3.** Figura indistinta. **4.** Tamanho; volume. **5.** Importância; notabilidade. **6.** Pessoa importante; personalidade histórica ou política.
vultoso (vul.**to**.so) [ô] *adj.* De grande vulto; volumoso; considerável; polpudo. ▣ Pl. *vultosos* [ó].
vultuosidade (vul.tu.o.si.**da**.de) *s.f.* (*Med.*) Estado mórbido que se caracteriza por intumescimento e vermelhidão do rosto e dos lábios.
vultuoso (vul.tu.**o**.so) [ô] *adj.* Atacado de vultuosidade. ▣ Pl. *vultuosos* [ó].
vulturino (vul.tu.**ri**.no) *adj.* Que diz respeito ao abutre.
vulva (**vul**.va) *s.f.* (*Anat.*) Parte externa dos órgãos genitais femininos.
vulvar (vul.**var**) *adj.2g.* Que diz respeito à vulva.
vulvite (**vul**.vi.**te**) *s.f.* (*Med.*) Inflamação da vulva.
vurmo (**vur**.mo) *s.m.* Pus de úlcera ou chaga; sangue purulento.
vurmoso (vur.**mo**.so) [ô] *adj.* Que tem vurmo. ▣ Pl. *vurmosos* [ó].

w, W s.m. Vigésima terceira letra do alfabeto, de nome "dáblio" ou "vê duplo", que tem som de *v* ou de *u* e que é empregada em nomes próprios, como *Wagner* (v), *William* (u); palavras estrangeiras, como *website* (u); ou derivadas de nomes próprios, como *wagneriano*.

W 1. Símbolo internacional do *watt*. **2.** Símbolo do elemento químico tungstênio.

wafer [inglês: "uêifer"] s.m. Bolacha de massa muito fina e crocante, semelhante à da hóstia, com recheio em várias camadas, em geral industrializada.

waffle [inglês: "uafou"] s.m. Bolo ou massa semelhante à panqueca, preparado em forma própria e servido ainda quente, com calda, mel etc. Obs.: a pronúncia "uafou" é correta em inglês, mas difere da pronúncia corrente no Brasil, "uêi-fou".

wagneriano (wag.ne.ri.**a**.no) [va] adj. Que diz respeito a Wilhelm Richard Wagner, compositor alemão (1813-1873).

wagnerismo (wag.ne.**ris**.mo) s.m. (Mús.) Sistema musical de Wagner.

waiver [inglês: "uêivâr"] s.m. Documento que dispensa do cumprimento de uma condição contratual, especialmente em contratos de empréstimo com instituições financeiras internacionais.

walkie-talkie [inglês: "uóqui-tóqui"] s.m. Aparelho para comunicação entre pessoas a curta distância.

walkman [inglês: "uóqui-men"] s.m. Aparelho portátil para ouvir música de rádio ou CD por fone auricular.

walkover [inglês: "uócôvâr"] s.m. Competição em que um adversário desiste da luta, sendo dada vitória ao outro. Obs.: diz-se também W.O.

warfarina (war.fa.**ri**.na) s.f. (Quím.) Substância cristalina, incolor ou amarelada, de caráter ácido, derivada da cumarina, tóxica, usada como medicamento anticoagulante e como raticida.

warrant [inglês: "uórranti"] s.m. (Econ.) Título de crédito negociável, emitido por empresa ou cooperativa que recebe mercadorias em depósito, sob garantia do penhor das mesmas.

warrantado (war.ran.**ta**.do) adj. (Econ.) Garantido por *warrant*.

warrantagem (war.ran.**ta**.gem) s.f. (Econ.) Ato de warrantar ou garantir.

warrantar (war.ran.**tar**) v.t.d. (Econ.) Garantir uma mercadoria depositada por meio de warrant.

water polo [inglês: "uótâr-polo"] s.m. Polo aquático.

water-closet [inglês: "uóter-clôseti"] s.m. **1.** Latrina com descarga. **2.** (P.ext.) Banheiro, lavatório, toalete. Obs.: escreve-se também *water closet* e *W.C.*

watt s.m. [uót] Unidade de medida para potência elétrica ou mecânica. Obs.: originou-se do nome do descobridor.

watt-hora (watt-**ho**.ra) [uót] s.m. (Fís.) Unidade de medida de energia de símbolo Wh e que é igual a 3.600 J. ▪ Pl. *watts-hora*.

watt-horímetro (watt-ho.**rí**.me.tro) [uót] s.m. Medidor de watt-hora. ▪ Pl. *watt-horímetros*.

wattímetro (wat.**tí**.me.tro) [uót] s.m. Aparelho que serve para determinar a potência de uma corrente elétrica.

watt-segundo (watt-se.**gun**.do) [uót] s.m. (Fís.) Unidade de energia igual a um J. ▪ Pl. *watts-segundo*.

wavellita (wa.vel.**li**.ta) s.m. (Min.) Mineral de alumínio que contém flúor.

w.c. Sigla do inglês *water-closet*, "banheiro".

web [inglês: "uébi"] s.f. (Inf.) Rede das páginas na internet que são vistas ou acessadas com programa navegador. O mesmo que *www*. Obs.: o nome vem da expressão inglesa *world wide web*, "rede de alcance mundial".

webcam [inglês: "uébi-cam" (é)] s.m. Câmera digital conectada a um computador, para fazer fotografias, filmes ou transmitir imagens pela internet.

webdesign [inglês: "uébi-dizáim"] s.m. Linguagem visual ou apresentação dos textos e imagens de um site, programa etc. na tela do computador; *design* para mídia digital.

webdesigner [inglês: "uébi-dizáiner"] s.2g. Pessoa que faz *webdesign*, que desenha, projeta ou cria a apresentação de textos e imagens para a tela do computador ou semelhante; *designer* de mídia digital.

weber (we.ber) [vé] s.m. (Fís.) Unidade de medida para fluxo de indução magnética, do Sistema Internacional (SI), de símbolo Wb, equivalente à corrente que percorre uma espira, provocando nela uma força eletromotriz igual a 1 volt e, de maneira uniforme, reduzida a zero em um segundo.

website [inglês: "uébi-saiti"] s.m. Página ou conjunto de páginas de internet interligadas; *site*.

weberiano (we.be.ri.**a**.no) [uê] adj. Que diz respeito a Max Weber (1864-1920), sociólogo, economista e político alemão.

western [inglês: "uéstern"] s.m. Faroeste.

wildiano (wil.di.**a**.no) *adj.* [ua-il] Que diz respeito a Oscar Wilde (1854-1900), escritor irlandês.

winchester [inglês: "vinchéster"] *s.m.* (Inf.) Nome que se dava ao disco rígido dos microcomputadores, tirado de um fabricante de espingardas.

Windows [inglês: "uíndous"] *s.m.* (*próprio*) Certo sistema operacional, ou grupo de programas que controlam o funcionamento das várias partes e programas de um computador. Obs.: marca registrada.

windsurfe (wind.**sur**.fe) *s.m.* Esporte aquático bastante difundido em países de clima quente e que consiste de uma prancha com uma vela, sendo impulsionada pelo vento. Obs.: do inglês *windsurf*; *wind* significa "vento", em inglês.

windsurfista (wind.sur.**fis**.ta) [ui] *s.2g.* Praticante de *windsurf*.

workaholic [inglês: "uôrca-rólique"] *s.2g.* e *adj.2g.* (Psi.) (Indivíduo) que trabalha compulsivamente, relegando outras atividades.

workshop [inglês: "uôrqui-xópi"] *s.m.* Oficina.

wulfenita (wul.fe.**ni**.ta) *s.f.* (Min.) Mineral tetragonal, minério de molibdênio.

wutzita (wut.**zi**.ta) *s.f.* (Min.) Mineral preto tirante a castanho.

www Sigla do inglês *world wide web*, "rede de alcance mundial". O mesmo que *web*.

Wysiwyg ("visivígue") Sigla do inglês *what you see is what you get*, "o que você vê é o que obtém", recurso dos programas que mostram na tela o resultado mais próximo possível das cores e formas que sairão no impresso.

Xx

x, X s.m. **1.** Vigésima quarta letra do alfabeto, consoante. **2.** Na numeração romana, representa dez unidades ou décimo lugar: *em números romanos, XX significa* 20. **3.** (Mat.) Incógnita de uma equação. **4.** (P. ext.) Tudo o que se desconhece. Obs.: quase sempre o x tem som como em *xícara* ou *baixo*; algumas vezes, entre duas vogais, tem som de *cs*, como em *fixo* ou *fluxo*; outras vezes tem som de *z*, como em *exercício*; e outras tem som de *ss*, como em *máximo*.

xá s.m. Título dado ao soberano do Irã, antiga Pérsia.

xácara (xá.ca.ra) s.f. (Folc.) Narrativa popular em verso, algumas vezes cantada, de origem portuguesa. Cf. *chácara*.

xacriabá (xa.cri.a.bá) s.2g. **1.** Indivíduo dos xacriabás, povo indígena que vive hoje em Minas Gerais. adj.2g. **2.** Relacionado a esse povo.

xador (xa.dor) [ó] s.m. Certo tipo de véu, usado pelas mulheres muçulmanas, que deixa apenas os olhos à mostra.

xadrez (xa.drez) [ê] s.m. **1.** Jogo sobre um tabuleiro de 64 casas, de cores alternadas entre pretas e brancas, no qual dois parceiros movimentam um total de 32 figuras de diferentes tipos e valores (1 rei, 1 rainha, 2 torres, 2 bispos, 2 cavalos e 8 peões). **2.** O tabuleiro desse jogo. **3.** Tecido com estampa semelhante ao tabuleiro de xadrez. **4.** Prisão; cadeia.

xadrezar (xa.dre.zar) v.t.d. Dar a forma de xadrez.

xadrezista (xa.dre.zis.ta) s.2g. Jogador de xadrez; enxadrista.

xairel (xai.rel) s.m. Cobertura de cavalgadura, sobre a qual se coloca a sela.

xale (xa.le) s.m. Manto de lã, seda ou outro tecido, com que as mulheres agasalham ou adornam os ombros e o tronco.

xamã (xa.mã) s.m. (Relig.) Mago xamanista.

xamanismo (xa.ma.nis.mo) s.m. (Relig.) Certa religião que faz uso da magia, praticada por povos primitivos.

xamanista (xa.ma.nis.ta) adj.2g. **1.** Relativo ao xamanismo. s.2g. **2.** Pessoa que pratica o xamanismo.

xampu (xam.pu) s.m. Sabão líquido para lavar os cabelos e a cabeça. Obs.: do inglês *shampoo*.

xangô (xan.gô) s.m. (Relig.) Orixá relacionado com o raio e o fogo na religião afro-brasileira.

xantina (xan.ti.na) s.f. (Bio.) Certa substância orgânica encontrada na urina, nos músculos, em vários órgãos e em algumas plantas.

xantofila (xan.to.fi.la) s.f. (Bot.) Substância corante amarela das folhas dos vegetais.

xantogênico (xan.to.gê.ni.co) adj. (Med.) (Ant.) Que causa a febre amarela.

xantopsia (xan.top.si.a) s.f. (Med.) Doença ocular em que os objetos aparentam cor amarela.

xantóptero (xan.tóp.te.ro) adj. Que tem asas amarelas.

xantorrizo (xan.tor.ri.zo) adj. Que tem raízes amarelas.

xantospermo (xan.tos.per.mo) adj. Que tem sementes amarelas.

xantungue (xan.tun.gue) s.m. Tecido de seda de origem chinesa, com relevos, próprio para blusas e vestidos.

xará (xa.rá) s.2g. **1.** Pessoa que tem o mesmo nome de batismo que outra. **2.** (Pop.) Companheiro; parceiro; amigo.

xarelete (xa.re.le.te) [ê] s.m. (Zoo.) Certo peixe que ocorre no oceano Atlântico.

xaréu (xa.réu) s.m. **1.** (Zoo.) Peixe marinho de importância para pesca. **2.** Capa de couro usada pelos vaqueiros para cobrir as ancas do cavalo.

xaropada (xa.ro.pa.da) s.f. **1.** Porção de xarope tomada de uma vez. **2.** Qualquer medicamento contra a tosse. **3.** (Fig.) Coisa enfadonha.

xarope (xa.ro.pe) s.m. **1.** Medicamento líquido, concentrado e viscoso contra a tosse. **2.** Remédio caseiro; tisana. **3.** Calda apurada. s.m.2g. e adj.2g. **4.** (Fig.) (Pessoa) enfadonha ou chata.

xaroposo (xa.ro.po.so) [ô] adj. **1.** Da consistência do xarope. **2.** (Fig.) Enfadonho. ▣ Pl. *xaroposos* [ó].

xarrasca (xar.ras.ca) s.f. Aparelho para pesca de peixes de beiços carnudos, com linha e anzol.

xavante (xa.van.te) adj.2g. **1.** Indivíduo dos xavantes, povo indígena que vive hoje no Mato Grosso. adj.2g. **2.** Relacionado a esse povo.

xavecar (xa.ve.car) v.t.d. (Gír.) Agradar interessadamente; paquerar.

xaveco (xa.ve.co) s.m. **1.** Barco velho ou mal construído. **2.** (Fig.) Pessoa ou coisa sem importância. **3.** (Pop.) Patifaria. **4.** (Gír.) Argumentação forte, para convencer ou seduzir: *jogou um xaveco na menina*.

xaxado (xa.xa.do) s.m. (Folc.) Dança masculina e estilo musical com ritmo semelhante ao baião, surgida no sertão pernambucano e divulgada pelos cangaceiros, com o pé direito dando passos para frente e para o lado e o esquerdo apenas acompanhando.

xaxim (xa.**xim**) s.m. (Bot.) Tipo de samambaia bem grande, cujo tronco arborescente é muito usado em floricultura, servindo de vaso a outras plantas.

Xe Símbolo do elemento químico xenônio.

xelim (xe.**lim**) s.m. **1.** Moeda de prata que representou a vigésima parte da libra esterlina até 1971. **2.** Antiga moeda da Áustria, substituída pelo euro. **3.** Nome da moeda da Somália, Tanzânia, Quênia e Uganda. Obs.: do inglês: *shilling*. ◘ Pl. *xelins*.

xenartro (xe.**nar**.tro) adj. (Zoo.) **1.** Pertencente ou relativo aos xenartros. **2.** Espécime dos xenartros, ordem de mamíferos desdentados a qual pertencem preguiças, tatus e tamanduás.

xenofilia (xe.no.fi.**li**.a) s.f. Estima às pessoas e coisas estrangeiras.

xenófilo (xe.**nó**.fi.lo) adj. Que tem xenofilia.

xenofobia (xe.no.fo.**bi**.a) s.f. Aversão às pessoas e coisas estrangeiras.

xenófobo (xe.**nó**.fo.bo) adj. Que tem xenofobia.

xenofonia (xe.no.fo.**ni**.a) s.f. Sotaque estrangeiro na pronúncia.

xenomania (xe.no.ma.**ni**.a) s.f. Mania de valorizar o que tem origem estrangeira.

xenônio (xe.**nô**.ni.o) s.m. (Quím.) Elemento do grupo dos gases nobres, de símbolo Xe, número atômico 54 e peso atômico 130.

xepa (**xe**.pa) [ê] s.f. **1.** Comida de quartel. **2.** (Pop.) Produtos de fim de feira. **3.** Jornal já lido e reposto na banca.

xepeiro (xe.**pei**.ro) s.m. **1.** Soldado que come em quartel. **2.** (Pop.) Comprador ou catador de xepa nas feiras livres. **3.** Aquele que vive de esmolas, abrigando-se onde pode.

xeque (**xe**.que) s.m. **1.** No jogo de xadrez, lance em que o rei fica em uma casa atacada por uma peça adversária. **2.** (Fig.) Risco; perigo eminente; contratempo. **3.** Chefe de tribo ou soberano árabe.

xeque-mate (xe.que-**ma**.te) s.m. No jogo de xadrez, xeque em que o rei atacado não pode escapar, o que põe fim à partida. ◘ Pl. *xeques-mates*, *xeques-mate*.

xequerê (xe.que.**rê**) s.m. (Mús.) Afoxé.

xerasia (xe.ra.**si**.a) s.f. (Med.) Doença que impede o desenvolvimento dos cabelos e das sobrancelhas.

xeré (xe.**ré**) s.m. (Folc.) Chocalho de metal com forma variada.

xerelete (xe.re.**le**.te) [ê] s.m. (Zoo.) Peixe encontrado no Atlântico norte e sul, pescado com redes, de dorso cinza-azulado, abdome branco, desenhos pretos e amarelos na cauda e mancha próxima da guelra.

xerém (xe.**rém**) s.m. **1.** Milho pilado ou quebrado grosso. **2.** (Folc.) Dança nordestina de roda, acompanhada com sanfona.

xerengue (xe.**ren**.gue) s.m. (Pop.) Faca velha.

xerente (xe.**ren**.te) s.2g. **1.** Indivíduo dos xerentes, povo indígena que vive hoje no Tocantins. adj.2g. **2.** Relacionado a esse povo.

xereta (xe.**re**.ta) [ê] s.2g. Bisbilhoteiro; importuno; abelhudo; fofoqueiro; intrometido.

xeretar (xe.re.**tar**) v.t.d. Bisbilhotar; esquadrinhar; meter o bedelho onde não é chamado. Obs.: pres. do ind.: *xereto* [é], *xeretas* [é], *xereta* [é], *xeretam* [é]; pres. do subj.: *xerete* [é], *xeretes* [é], *xerete* [é], *xeretem* [é].

xerez (xe.**rez**) [ê] s.m. **1.** Espécie de uva tinta. **2.** Vinho fino, de alto teor alcoólico, produzido na região andaluza da Espanha.

xerife (xe.**ri**.fe) s.m. **1.** Nos EUA, o funcionário mais graduado de um município, investido de poder policial e de certo poder judicial. **2.** Título dado a príncipes mouros descendentes de Maomé. **3.** Título de muçulmano que já fez três ou mais visitas ao templo de Meca.

xerocar (xe.ro.**car**) v.t.d. Reproduzir texto ou imagem por meio de uma máquina de xerox; xerocopiar.

xerocópia (xe.ro.**có**.pi.a) s.f. Cópia xerox.

xerocopiar (xe.ro.co.pi.**ar**) v.t.d. Fazer xerocópia de; tirar cópias; xerocar.

xeroftalmia (xe.rof.tal.**mi**.a) s.f. (Med.) Doença com redução da visão em ambientes escuros, também chamada cegueira noturna.

xerografia (xe.ro.gra.**fi**.a) s.f. **1.** (Geo.) Estudo das regiões secas do planeta Terra. **2.** Processo de impressão eletrostática que produz as cópias xerox, por impressão eletrostática; xerox, fotocópia.

xerográfico (xe.ro.**grá**.fi.co) adj. Que diz respeito à xerografia.

xerox (xe.**rox**) [ócs] s.2g.2n. **1.** Cópia de imagem feita por um processo de mesmo nome; fotocópia, xerox, xerocópia: *tirar uma xerox*. **2.** Máquina que executa esse processo; copiadora. O mesmo que *xérox*. Obs.: o processo foi patenteado pela empresa Xerox, que em inglês se pronuncia "zírocs". ◘ Pl. *xerox*.

xérox (**xé**.rox) [ócs] s.m. O mesmo que *xerox*.

xexelento (xe.xe.**len**.to) adj. De má qualidade ou de mau aspecto.

xexéu (xe.**xéu**) s.m. **1.** (Zoo.) Certa ave também conhecida por japi. **2.** (Pop.) Cheiro ruim, transpiração malcheirosa.

xi interj. Exprime surpresa, alegria ou inquietação.

xiba (**xi**.ba) s.2g. (Folc.) Reunião popular caiçara, com dança de par; bate-pé.

xibungo (xi.**bun**.go) s.m. (Gír. Pej.) Maricas.

xícara (**xí**.ca.ra) s.f. Pequena vasilha com asa de um dos lados, em que se servem bebidas quentes, como café, chá e leite; chávena.

xicarada (xi.ca.**ra**.da) s.f. O conteúdo de uma xícara.

xifoide (xi.**foi**.de) [ói] s.m. e adj.2g. (Anat.) (Apêndice) alongado na parte inferior do esterno; xifóideo.

xifóideo (xi.**fói**.de.o) [ói] adj. Xifoide.

xifoidiano (xi.foi.di.**a**.no) adj. Que diz respeito ao apêndice xifoide.

xifopagia (xi.fo.pa.**gi**.a) s.f. Qualidade dos que são xifópagos.

xifópago (xi.**fó**.pa.go) s.m. e adj. (Med.) (Gêmeo) que nasceu ligado a outro, com quem partilha algum órgão; siamês.

xiita (xi.i.ta) adj.2g. **1.** Pertencente ou referente aos xiitas. s.2g. **2.** Muçulmano do grupo fundamentalista que tomou o partido de Ali (600-661) na liderança do Islã e é tradicionalista. **3.** (Pop.) Pessoa extremista.
xilindró (xi.lin.dró) s.m. (Pop.) Cadeia, prisão.
xilofagia (xi.lo.fa.gi.a) s.f. Ato de roer a madeira.
xilófago (xi.ló.fa.go) s.m. e adj. (Zoo.) (Inseto) que rói ou come madeira.
xilófilo (xi.ló.fi.lo) adj. Que vive na madeira.
xilofone (xi.lo.fo.ne) s.m. (Mús.) Instrumento de percussão, composto de lâminas de madeira.
xilografia (xi.lo.gra.fi.a) s.f. Arte de gravar em madeira (textos e imagens).
xilográfico (xi.lo.grá.fi.co) adj. Que diz respeito à xilografia.
xilógrafo (xi.ló.gra.fo) s.m. Aquele que grava em madeira.
xilogravura (xi.lo.gra.vu.ra) s.f. Gravura cuja matriz é feita de madeira, muito usada para a impressão dos cordéis.
xilogravurista (xi.lo.gra.vu.ris.ta) s.2g. Artista que cria xilogravuras.
xilologia (xi.lo.lo.gi.a) s.f. Tratado ou história das madeiras.
xilólogo (xi.ló.lo.go) s.m. Especialista em xilologia.
xiloma (xi.lo.ma) [ô] s.m. (Bot.) Tumor lenhoso em árvore ou planta.
xilomancia (xi.lo.man.ci.a) s.f. Adivinhação pela observação de gravetos pelo caminho.
xilomante (xi.lo.man.te) s.2g. Pessoa que pratica a xilomancia.
xilomicete (xi.lo.mi.ce.te) adj.2g. Diz-se dos cogumelos que crescem sobre a madeira ou nas árvores.
ximango (xi.man.go) s.m. (Zoo.) Certa ave de rapina.
ximbica (xim.bi.ca) s.f. **1.** Certo jogo de cartas. **2.** Casa de apostas de corridas de cavalo. **3.** Indivíduo que recebe essas apostas.
xingação (xin.ga.ção) s.f. **1.** Ato de xingar; xingamento. **2.** Xingo.
xingadela (xin.ga.de.la) s.f. Xingo ou insulto leve.
xingado (xin.ga.do) adj. Insultado, ofendido.
xingamento (xin.ga.men.to) s.m. Xingo, ofensa, xingação.
xingar (xin.gar) v.t.d. **1.** Insultar, ofender; dirigir palavras injuriosas a: *xingaram o juiz*. v.i. **2.** Ofender com palavras injuriosas: *caminhava agitando os braços e xingando*.
xingo (xin.go) s.m. Palavra ou expressão usada para xingar, para ofender; ofensa, insulto, palavrão, xingamento.
xinguano (xin.gu.a.no) adj. **1.** Que pertence ou se refere ao Parque Nacional do Xingu, reserva indígena na região do alto rio Xingu. s.m. **2.** O natural ou habitante desse parque.
xintoísmo (xin.to.ís.mo) s.m. (Relig.) Religião japonesa anterior ao budismo.
xintoísta (xin.to.ís.ta) adj.2g. **1.** Relativo ao xintoísmo. **2.** Diz-se do adepto do xintoísmo. s.2g. **3.** Pessoa adepta do xintoísmo.

xinxim (xin.xim) s.m. (Culin.) Prato baiano feito com galinha em pedaços refogada e cozida com camarões, amendoim, abóbora, castanha de caju e azeite de dendê.
xipaia (xi.pai.a) s.2g. **1.** Indivíduo dos xipaias, povo indígena que vive hoje no Pará. adj.2g. **2.** Relacionado a esse povo.
xiquexique (xi.que.xi.que) s.m. (Bot.) Cacto característico da caatinga, que em épocas de seca é tratado para alimentar os animais. Cf. *xique-xique*.
xique-xique (xi.que-xi.que) s.m. **1.** (Mús.) Agogô. **2.** (Folc.) Espécie de chocalho usado nas congadas. Cf. *xiquexique*. ▫ Pl. *xique-xiques*.
xiririca (xi.ri.ri.ca) s.f. **1.** Trecho de rio com água rápida e murmurante. **2.** (Pop.) Lugar distante.
xis s.m. **1.** Nome da letra X. **2.** (Pop.) Enigma.
xisto (xis.to) s.m. (Min.) Rocha cuja textura folheada lembra a ardósia e de que há vários tipos.
xistoide (xis.toi.de) [ói] adj.2g. Diz-se das rochas cuja textura é semelhante à da ardósia.
xistose (xis.to.se) s.f. (NE) Esquistossomose.
xistoso (xis.to.so) [ô] adj. **1.** Semelhante a xisto. **2.** Que contém xisto. ▫ Pl. *xistosos* [ó].
xixi (xi.xi) s.m. (Fam.) Urina, micção.
xixica (xi.xi.ca) s.f. Pequena quantia que se dá como gratificação; gorjeta; propina.
xô interj. Emprega-se para enxotar galinhas e outros animais; fora!
xó interj. Emprega-se para fazer parar cavalgaduras.
xoclengue (xo.clen.gue) adj.2g. **1.** Indivíduo dos xoclengues, povo indígena que vive hoje em Santa Catarina. adj.2g. **2.** Relacionado a esse povo.
xocó (xo.có) s.2g. **1.** Indivíduo dos xocós, povo indígena que vive hoje em Sergipe. adj.2g. **2.** Relacionado a esse povo.
xodó (xo.dó) s.m. **1.** (Fam.) Preferido, queridinho, predileto: *o bichinho virou o xodó da casa*. **2.** Cuidado, zelo, estima: *ter um xodó por alguém*. **3.** Namorado, bem, amor: *sentia falta de um xodó*.
xogum (xo.gum) s.m. No Japão do início do século XIX, chefe muito poderoso.
xonga (xon.ga) s.f. (Pop.) Nada, coisa alguma.
xororó (xo.ro.ró) s.m. (Zoo.) Inhambuxororó.
xota (xo.ta) s.f. (Chul.) Vulva.
xote (xo.te) s.m. (Folc.) Ritmo e dança de par de origem europeia, semelhantes à polca, muito populares no Nordeste e presentes também no Rio Grande do Sul.
xoxota (xo.xo.ta) s.f. (Chul.) Vulva.
X.P.T.O. [xis-pê-tê-ó] (Pop.) Excelente, de qualidade muito boa. Obs.: provém das letras gregas para o nome de Cristo, equivalentes no alfabeto latino a CH.R.T.O.
xucrice (xu.cri.ce) s.f. Característica de quem é xucro; grosseria, falta de educação; xucrismo.
xucrismo (xu.cris.mo) s.m. Xucrice; grosseria.
xucro (xu.cro) adj. **1.** Diz-se do cavalo que ainda não foi domesticado. **2.** (P. ext.) Diz-se da pessoa que custa a compreender as coisas ou que ainda não aprendeu bem um serviço.

xucuru (xu.cu.ru) s.2g. **1.** Indivíduo dos xucurus, povo indígena que vive hoje em Pernambuco. adj.2g. **2.** Relacionado a esse povo.

xucuru-cariri (xu.cu.ru-ca.ri.ri) s.2g. **1.** Indivíduo dos xucurus-cariris, povo indígena que vive hoje em Minas Gerais, na Bahia e em Alagoas. adj.2g. **2.** Relacionado a esse povo. Pl. *xucurus-cariris*.

xuri (xu.ri) s.m. (Zoo.) Espécie de avestruz.

xurumbambo (xu.rum.bam.bo) s.m. Coisa velha, sem utilidade e de pouco valor.

Yy

y, Y [ípsilon] s.m. **1.** Vigésima quinta letra do alfabeto, com valor de *i*, empregada em nomes próprios, como *Yolanda* e *York*; em palavras estrangeiras, como *boy* e *spray*; e delas derivadas, como *motoboy*. **2.** (*Mat.*) Símbolo da segunda incógnita em uma equação.
Y Símbolo do elemento químico ítrio.
yagi [inglês: "iágui"] s.f. (*Raro*) Antena de ondas curtas, altamente direcional e seletiva, criada por Hidetsugu Yagi, engenheiro eletricista japonês.
yakisoba [japonês: "iaquissôba"] s.m. (*Culin.*) Macarrão de origem japonesa, com legumes em fatias bem finas e molho de soja.
yang [internacional: "iângui"] s.m. (*Relig., Filos.*) Princípio ou força do taoísmo que corresponde ao que é masculino, ativo, celeste, quente e luminoso, em oposição ao *yin*.
Yb Símbolo do elemento químico itérbio.
yd Símbolo da jarda. Obs.: do inglês *yard*.
yearling [inglês: "íârlim"] s.m. (*Esp.*) Cavalo de corrida que tem de um a dois anos de idade.
yin [internacional: "iím"] s.m. (*Relig., Filos.*) Princípio ou força do taoísmo que corresponde ao que é feminino, passivo, terrestre, frio e escuro, em oposição ao *yang*.
yin-yang [internacional: "iím-iangue"] s.m. (*Relig., Filos.*) Dualidade taoísta das forças complementares *yin* e *yang*, cuja interação produz todos os fenômenos do Universo.
yué [chinês: "iué"] s.m. Conjunto de dialetos chineses falados nas províncias de Kwangtung (ou Guangdong) e Kwangsi (ou Guangxi), bem como em Macau e Hong Kong; cantonês.
yuppie [inglês: "iúpi"] s.2g. **1.** Profissional jovem e bem-sucedido na área financeira ou próxima, que ostenta objetos de consumo caros. adj.2g.2n. **2.** Pertencente a esse tipo urbano.

Zz

z, Z s.m. **1.** Vigésima sexta letra do alfabeto, de nome "zê". **2.** (Mat.) Símbolo da terceira incógnita.
zabumba (za.bum.ba) s.m. (Mús.) Bombo ou tambor grande, muito importante no baião, xaxado, coco e outros ritmos nordestinos; bumbo.
zabumbar (za.bum.bar) v.t.d. e v.i. Tocar zabumba.
zaburro (za.bur.ro) adj. (Bot.) **1.** Diz-se de certa variedade de milho indiano. **2.** Diz-se de certa variedade de milho vermelho-escuro.
zaga (za.ga) s.f. **1.** (Bot.) Espécie de palmeira. **2.** (Esp.) No futebol, posição dos dois jogadores de defesa, entre a linha média e o gol.
zagaia (za.gai.a) s.f. Lança curta. O mesmo que *azagaia*.
zagal (za.gal) s.m. (Raro) Pastor.
zagueiro (za.guei.ro) s.m. (Esp.) Jogador que ocupa a zaga no futebol; beque.
zaino (zai.no) adj. **1.** Diz-se do cavalo castanho-escuro, sem mescla ou mancha. **2.** De pelo negro e pouco brilhante. **3.** (Fig.) Dissimulado.
zairense (zai.ren.se) adj.2g. Do Zaire, país da África que desde 1997 chama-se Congo. Veja *congolês*.
zambaio (zam.bai.o) s.m. e adj. Estrábico.
zambê (zam.bê) s.m. **1.** (Mús.) Tambor grande, percutido com ambas as mãos. (Folc.) **2.** Dança de roda com umbigada, semelhante ao coco. **3.** Baile popular, função, pagode.
zambiano (zam.bi.a.no) adj. **1.** Da Zâmbia, país da África. s.m. **2.** Pessoa natural ou habitante desse lugar.
zambo (zam.bo) adj. Diz-se do mestiço de negro e índio.
zambro (zam.bro) adj. **1.** Torto. **2.** Estrábico. **3.** Que tem pernas tortas.
zanga (zan.ga) s.f. **1.** Aborrecimento. **2.** Irritação. **3.** Cólera. **4.** Desavença.
zangado (zan.ga.do) adj. **1.** Aborrecido. **2.** Irritado. **3.** De relações cortadas.
zangão (zan.gão) s.m. **1.** (Zoo.) O macho da abelha. **2.** Agente de negócios particulares. **3.** (Fig.) Explorador.
zangar (zan.gar) v.t.d. **1.** Aborrecer, causar zanga a. v.t.i. **2.** Romper relações. v.i. e v.p. **3.** Aborrecer-se. **4.** Irritar-se. Obs.: pret. perf.: *zanguei*, *zangaste* etc.; pres. do subj.: *zangue*, *zangues* etc.
zanguizarra (zan.gui.zar.ra) s.f. **1.** Algazarra. **2.** Toque desafinado de viola.
zanzar (zan.zar) v.i. **1.** Vaguear, andar à toa. **2.** Vagabundear.
zap s.m. (Gír. Int.) Forma reduzida de WhatsApp, aplicativo de mensagens instantâneas e chamadas de voz e vídeo. **Vem de zap**: pedir o número do celular de uma pessoa para que se possa conversar pelo WhatsApp. Obs.: marca registrada. Esta palavra não consta no *Volp*.
zape (za.pe) interj. **1.** Exprime som de pancada. s.m. **2.** Pancada.
zarabatana (za.ra.ba.ta.na) s.f. Tubo comprido, pelo qual se sopra para lançar setas ou projéteis, usado como arma por indígenas. O mesmo que *sarabatana*.
zaragata (za.ra.ga.ta) s.f. Desordem, confusão.
zaranza (za.ran.za) adj.2g. **1.** Perturbado. s.2g. **2.** Pessoa atrapalhada.
zarcão (zar.cão) s.m. **1.** (Quím.) Substância vermelha, cuja base é o óxido de chumbo, utilizada como primeira demão nas peças de ferro ou aço. **2.** Cor-de-laranja muito viva.
zarco (zar.co) adj. Que tem olhos azul-claros.
zarelhar (za.re.lhar) v.i. Intrometer-se em tudo.
zargo (zar.go) adj. Diz-se do cavalo que tem olho branco.
zarolho (za.ro.lho) [ô] adj. **1.** Cego de um olho; caolho. **2.** Estrábico. s.m. **3.** Indivíduo zarolho.
zarpar (zar.par) v.i. **1.** Levantar âncora (a embarcação). **2.** (Fig.) Partir.
zarzuela (zar.zu.e.la) s.f. Obra teatral espanhola, com declamação e canto.
zás-trás (zás-trás) interj. Exprime pancada ou movimento rápido. ▪ Pl. *zás-trás*.
zê s.m. Nome da letra Z.
zebra (ze.bra) [ê] s.f. **1.** (Zoo.) Mamífero africano com pelo listrado de preto sobre fundo branco. **2.** (Fig.) Pessoa estúpida. **3.** (Pop.) Resultado inesperado em loterias.
zebrado (ze.bra.do) adj. Listrado como as zebras.
zebrar (ze.brar) v.t.d. Listrar, dando o aspecto de pele de zebra.
zebroide (ze.broi.de) [ói] adj.2g. **1.** Semelhante à zebra. s.m. **2.** Híbrido de cavalo com zebra. **3.** (Fig.) Indivíduo tolo.
zebruno (ze.bru.no) adj. Diz-se do cavalo meio escuro.
zebu (ze.bu) s.m. (Zoo.) Espécie de gado bovino, de origem indiana, com grande corcova no pescoço e chifres pequenos.
zebuzeiro (ze.bu.zei.ro) s.m. Criador ou negociante de gado zebu.
zefir (ze.fir) s.m. Tecido leve e transparente de algodão.
zéfiro (zé.fi.ro) s.m. Vento suave e fresco.

zelador (ze.la.**dor**) [ô] *adj.* **1.** Que zela. *s.m.* **2.** Homem encarregado de tomar conta de um edifício. **3.** Empregado fiscal de um município.
zelar (ze.**lar**) *v.t.d.* **1.** Ter zelo por. **2.** Tratar com zelo. **3.** Administrar com dedicação. *v.t.i.* **4.** Velar.
zelo (**ze**.lo) [ê] *s.m.* **1.** Desvelo. **2.** Afeição íntima. **3.** Dedicação no serviço. Cf. *zelos*.
zelos (**ze**.los) [ê] *s.m.pl.* Ciúme. Cf. *zelo*.
zeloso (ze.**lo**.so) [ô] *adj.pl.* **1.** Cuidadoso. **2.** Escrupuloso. **3.** Ciumento. ▣ Pl. *zelosos* [ó].
zelote (ze.**lo**.te) *s.m.* **1.** (Hist.) Membro de um grupo político radical e fanático, que existiu na Galileia na época de Jesus. **2.** Fanático radical.
zen *s.m.2n.* (Relig.) Estado de contemplação. ▣ Pl. *zen*.
zen-budismo (zen-bu.**dis**.mo) *s.m.* (Relig.) Ramo do budismo que valoriza a contemplação e o autoconhecimento. ▣ Pl. *zen-budismos*.
Zendavesta (Zen.da.**ves**.ta) *s.m.* (próprio) (Relig.) Conjunto dos livros sagrados dos persas.
zé-ninguém (zé-nin.**guém**) *s.m.* (Pop.) Pessoa de pouco ou nenhum valor. ▣ Pl. *zés-ninguém*.
zenital (ze.ni.**tal**) *adj.2g.* **1.** Relacionado a zênite. **2.** Que vem de cima: *iluminação zenital*.
zênite (**zê**.ni.te) *s.m.* **1.** (Astron.) Ponto mais elevado da abóbada celeste. **2.** (Fig.) Apogeu.
zepelim (ze.pe.**lim**) *s.m.* Grande aeronave dirigível, em forma de charuto e de carcaça metálica.
zé-pereira (zé-pe.**rei**.ra) *s.m.* **1.** (Folc.) Certo ritmo carnavalesco, executado no bombo ou zabumba na véspera do Carnaval, para anunciar a festa. **2.** Grupo que executa esse ritmo. ▣ Pl. *zé-pereiras*.
zé-povinho (zé-po.**vi**.nho) *s.m.* Ralé, povo, gentalha. ▣ Pl. *zé-povinhos*.
zerado (ze.**ra**.do) *adj.* **1.** Reduzido a zero. **2.** Liquidado. **3.** Sem dinheiro.
zerar (ze.**rar**) *v.t.d.* **1.** Reduzir a zero; pagar, liquidar: *zerou a conta*. **2.** Fazer voltar ao zero ou fazer marcar zero: *zerou os contadores*. *v.i.* **3.** Tirar zero: *zerou em matemática*.
zero (**ze**.ro) *num.* **1.** Cardinal dos conjuntos vazios. *s.m.* **2.** Ponto inicial da escala da maioria dos instrumentos de medição, como o termômetro. **3.** Nada. **4.** (Fig.) Pessoa ou coisa sem valor. *Zero absoluto*: a temperatura mais baixa possível.
zero-quilômetro (ze.ro-qui.**lô**.me.tro) *adj.2g.2n.* **1.** Diz-se do automóvel novo. **2.** (Fig.) Novo, sem uso. ▣ Pl. *zero-quilômetro*.
zeugma (**zeug**.ma) *s.2g.* (Gram.) Figura de retórica pela qual se subentende uma palavra anteriormente enunciada na frase.
zeta (**ze**.ma) *s.m.* Nome da sétima letra do alfabeto grego, de som semelhante ao zê.
zibelina (zi.be.**li**.na) *s.f.* **1.** (Zoo.) Pequeno mamífero, espécie de marta. **2.** Peliça feita da pele da zibelina.
zigoma (zi.**go**.ma) [ô] *s.m.* (Anat.) Cada um dos dois ossos quadrangulares que ligam estruturas da face.
zigomático (zi.go.**má**.ti.co) *adj.* (Anat.) Pertencente a zigoma. *Osso zigomático*: o maxilar superior; malar.

zigoto (zi.**go**.to) [ô] *s.m.* (Bio.) Célula que resulta da união dos gametas.
ziguezague (zi.gue.**za**.gue) *s.m.* **1.** Linha quebrada que forma ângulos alternadamente salientes e reentrantes. **2.** Modo de andar descrevendo esse tipo de linha. **3.** Sinuosidade.
ziguezagueante (zi.gue.za.gue.**an**.te) *adj.2g.* **1.** Que ziguezagueia. **2.** Cambaleante.
ziguezaguear (zi.gue.za.gue.**ar**) *v.i.* **1.** Fazer ziguezagues: *a estrada ziguezagueava morro acima*. **2.** Andar aos ziguezagues; cambalear. Obs.: pres. do ind.: *ziguezagueio, ziguezagueias* etc.; pres. do subj.: *ziguezagueie, ziguezagueies* etc.
zigurate (zi.gu.**ra**.te) *s.2g.* Templo da Babilônia em forma de torre piramidal, com degraus externos e um santuário no topo.
zimbabuano (zim.ba.bu.**a**.no) *adj.* Zimbabuense.
zimbabuense (zim.ba.bu.**en**.se) *adj.2g.* **1.** De Zimbabué ou Zimbábue, país da África. *s.2g.* **2.** Pessoa natural ou habitante desse lugar; zimbabuano.
zimbório (zim.**bó**.ri.o) *s.m.* (Const.) A parte superior que exteriormente remata a cúpula de um edifício.
zimbrar (zim.**brar**) *v.t.d.* Açoitar, fustigar.
zimbro (**zim**.bro) *s.m.* (Bot.) Planta cujos frutos são utilizados na preparação do gim, da genebra e de algumas conservas.
zinabre (zi.**na**.bre) *s.m.* Azinhavre.
zincar (zin.**car**) *v.t.d.* Revestir de zinco. Obs.: pret. perf.: *zinquei, zincaste* etc.; pres. do subj.: *zinque, zinques* etc.
zinco (**zin**.co) *s.m.* **1.** (Quím.) Elemento químico, metal, de símbolo Zn, com número atômico 30 e massa atômica igual a 65,38. **2.** Folha desse metal, ondulada, usada para cobrir casas, galpões etc.
zincografar (zin.co.gra.**far**) *v.t.d.* Gravar ou imprimir em lâmina de zinco.
zincografia (zin.co.gra.**fi**.a) *s.f.* Arte ou processo de zincografar.
zincogravura (zin.co.gra.**vu**.ra) *s.f.* Processo de gravura em zinco.
zíngaro (**zín**.ga.ro) *s.m.* Cigano músico.
zinho (**zi**.nho) *s.m.* (Pop.) Indivíduo qualquer.
zínia (**zí**.ni.a) *s.f.* (Bot.) **1.** Certa planta ornamental. **2.** A flor dessa planta.
zinir (zi.**nir**) *v.i.* Zunir.
zinzilular (zin.zi.lu.**lar**) *s.m.* **1.** Voz da andorinha. *v.i.* **2.** Soltar a voz (andorinha).
zip [inglês: "zípi"] *s.m.* (Inf.) Procedimento de compactação de arquivos por meio de programas específicos. Cf. *zip drive*.
zipar (zi.**par**) *v.t.d.* (Inf.) Compactar arquivos usando um programa específico.
zip drive [inglês: "zípi dráivi"] *s.m.* (Inf.) **1.** Aparelho ou dispositivo para armazenamento de dados que usa discos com capacidade de 100 MB, aproximadamente. **2.** Disco em que esses dados são armazenados. Cf. *zip*.
zíper (**zí**.per) *s.m.* Fecho corrediço dentado.

zircônio (zir.cô.ni.o) s.m. (*Quím.*) Elemento químico, metal, de símbolo Zr, com número atômico 40 e massa atômica igual a 91,22.
ziziar (zi.zi.ar) s.m. **1.** Canto da cigarra. v.i. **2.** Soltar o canto (cigarra).
Zn Símbolo do elemento químico zinco.
zoada (zo.a.da) s.f. **1.** Zoeira, zumbido. **2.** (*Pop.*) Caçoada, zombaria.
zoantropia (zo.an.tro.pi.a) s.f. (*Med.*) Doença mental em que a pessoa se julga convertida em animal.
zoar (zo.ar) v.t.i. **1.** (*Pop.*) Caçoar, troçar, zombar, debochar. v.i. **2.** Zumbir. Obs.: pres. do ind.: *zoo, zoas* etc.
zodiacal (zo.di.a.cal) adj.2g. Relativo ao Zodíaco.
Zodíaco (zo.dí.a.co) s.m. **1.** (*Astron.*) Zona da esfera celeste em que se observa o aparente movimento do Sol, de várias das 88 constelações conhecidas etc. **2.** Na astrologia, representação dessa faixa, com as 12 constelações tradicionais, que correspondem aos doze signos.
zoeira (zo.ei.ra) s.f. **1.** Zoada, zumbido. **2.** (*Pop.*) Confusão, desordem.
zombador (zom.ba.dor) [ô] adj. Que zomba ou caçoa; que faz gracejos.
zombar (zom.bar) v.t.i. **1.** Caçoar. v.i. **2.** Gracejar.
zombaria (zom.ba.ri.a) s.f. Caçoada, chacota.
zombeteiro (zom.be.tei.ro) s.m. e adj. (Aquele) que zomba.
zona (zo.na) s.f. **1.** Região, área, campo, lugar: *uma zona cheia de animais e plantas.* **2.** Área delimitada ou regulamentada: *zona eleitoral, zona franca.* **3.** (*Geo.*) Cada uma das cinco divisões do globo terrestre determinadas pelos círculos paralelos ao Equador: *zona equatorial, zonas intertropicais e temperadas sul e norte.* (*Pop.*) **4.** Local onde há prostituição; área de meretrício. **5.** Grande bagunça, confusão, desordem.
zoneamento (zo.ne.a.men.to) s.m. Divisão de uma área urbana em zonas.
zonear (zo.ne.ar) v.t.d. **1.** Dividir uma área urbana em zonas. **2.** (*Pop.*) Bagunçar.
zonzar (zon.zar) v.i. Ficar zonzo.
zonzeira (zon.zei.ra) s.f. Tonteira, vertigem.
zonzo (zon.zo) adj. **1.** Tonto. **2.** Tolo.
zoo (zo.o) [zô] s.m. Forma reduzida de zoológico.
zoofilia (zo.o.fi.li.a) s.f. Qualidade de quem gosta de animais.
zoófilo (zo.ó.fi.lo) adj. Que gosta de animais.
zoofobia (zo.o.fo.bi.a) s.f. Medo doentio, ojeriza a animais.
zoófobo (zo.ó.fo.bo) s.m. Aquele que sofre de medo mórbido ou ojeriza a qualquer animal.
zoogenia (zo.o.ge.ni.a) s.f. Geração ou formação dos animais.
zoogeografia (zo.o.ge.o.gra.fi.a) s.f. Ciência que estuda a distribuição geográfica dos animais.
zoografia (zo.o.gra.fi.a) s.f. Descrição, desenho ou pintura de animais.
zooide (zo.oi.de) [ói] adj.2g. Que tem aspecto de animal ou de uma parte de um animal.

zoolatria (zo.o.la.tri.a) s.f. Adoração de animais.
zoologia (zo.o.lo.gi.a) s.f. Parte da biologia que estuda os animais.
zoológico (zo.o.ló.gi.co) adj. **1.** Relativo à zoologia. **2.** Que diz respeito aos animais. s.m. **3.** Lugar onde vivem animais expostos à visitação pública, também chamado *zoo e jardim zoológico.*
zoologista (zo.o.lo.gis.ta) s.2g. e adj. Que ou aquele que é especialista em zoologia; zoólogo.
zoólogo (zo.ó.lo.go) s.m. Especialista em zoologia; zoologista.
zoom [inglês: "zum"] s.m. **1.** Lente objetiva que tem distância focal variável e produz efeitos de afastamento e aproximação. **2.** Efeito de aproximação, usado em fotografia e filmagens. Obs.: o aportuguesamento "zum" é pouco utilizado.
zoomancia (zo.o.man.ci.a) s.f. Suposta adivinhação por meio dos animais.
zoomorfismo (zo.o.mor.fis.mo) s.m. **1.** Culto religioso que dá às divindades a forma de animais. **2.** Crença na transformação dos homens em animais.
zoonose (zo.o.no.se) s.f. Qualquer doença que afeta os animais.
zooparasito (zo.o.pa.ra.si.to) s.m. Parasito dos animais.
zoopatologia (zo.o.pa.to.lo.gi.a) s.f. (*Med.*) Parte da medicina veterinária que estuda as doenças dos animais.
zoopedia (zo.o.pe.di.a) s.f. Conjunto de regras e preceitos que ensinam a domar e domesticar animais.
zooplâncton (zo.o.plânc.ton) s.m. (*Bio.*) Grupo de plânctons constituído por protozoários e pequenos animais.
zoossemia (zo.os.se.mi.a) s.f. Capítulo da semântica que tem como fonte de palavras e expressões a observação do aspecto e da postura de animais.
zootaxia (zo.o.ta.xi.a) [cs] s.f. Classificação dos animais.
zootecnia (zo.o.tec.ni.a) s.f. Estudo científico e área de atuação sobre a criação e o aperfeiçoamento de animais domésticos.
zootécnico (zo.o.téc.ni.co) adj. Relacionado à zootecnia ou à criação de animais domésticos.
zootecnista (zo.o.tec.nis.ta) s.2g. Pessoa que se dedica à zootecnia.
zootomia (zo.o.to.mi.a) s.f. Dissecação ou corte anatômico dos animais.
zorate (zo.ra.te) adj.2g. Doido, maluco.
zoró (zo.ró) s.2g. **1.** Indivíduo dos zorós, povo indígena que vive hoje no Mato Grosso. adj.2g. **2.** Relacionado a esse povo.
zoroastrismo (zo.ro.as.tris.mo) s.m. (*Relig.*) Religião de Zoroastro ou Zaratustra.
zorra (zor.ra) [ô] s.f. **1.** Pedaço de tronco bifurcado para arrastar pedras. **2.** Pequena rede de arrasto para pescar caranguejos. **3.** Carro de quatro rodas, bem baixo, para cargas de grande peso. **4.** Raposa velha. **5.** (*Fig.*) Pessoa ou coisa lenta. **6.** (*Pop.*) Confusão.

zorro (zor.ro) [ô] s.m. **1.** Raposo. **2.** Indivíduo manhoso. **3.** Filho bastardo.
Zr Símbolo do elemento químico zircônio.
zuarte (zu.ar.te) s.m. Tecido de algodão, rústico, azul ou preto.
zuído (zu.í.do) s.m. **1.** Zoeira. **2.** Sussurro no ouvido.
zum s.m. Aportuguesamento de *zoom*.
zumba (zum.ba) interj. Representação do som de pancada ou queda.
zumbaia (zum.bai.a) s.f. Rapapé, salamaleque.
zumbi (zum.bi) s.m. **1.** (Folc.) Espectro, fantasma, espírito de morto que vagueia à noite. **2.** (Fig.) Pessoa que está com muito sono ou que só sai de casa à noite. Obs.: é também o apelido do líder do Quilombo dos Palmares.
zumbido (zum.bi.do) s.m. **1.** Ato ou efeito de zumbir. **2.** Qualquer som semelhante ao que produzem os insetos. **3.** Ruído que a pessoa acredita ouvir, por causa orgânica ou psicológica.
zumbidor (zum.bi.dor) [ô] adj. **1.** Que zumbe, que produz zumbido. s.m. **2.** (Folc.) Pedaço de madeira, osso etc. amarrado a um cordel e girado para produzir zumbido. **3.** (Zoo.) Certo beija-flor.
zumbir (zum.bir) v.i. **1.** Zunir, fazer ruído (insetos). **2.** Sussurrar. **3.** Sentir ruído (na orelha).

zum-zum (zum-zum) s.m. s.m. (Pop.) **1.** Rumor, boato. **2.** Zumbido, zunido.
zunido (zu.ni.do) s.m. Ato ou efeito de zunir, zumbido.
zunir (zu.nir) v.i. **1.** Sibilar, produzir som agudo e sibilante (vento). **2.** Zumbir, fazer ruído (insetos); zinir.
zura (zu.ra) s.2g. e adj.2g. (Pop.) Avaro.
zureta (zu.re.ta) [ê] s.2g. Adoidado, imbecil.
zurrapa (zur.ra.pa) s.f. Vinho de pouca qualidade ou estragado.
zurrar (zur.rar) v.t.d. **1.** (Fig.) Proferir tolices. v.i. **2.** Emitir zurro.
zurro (zur.ro) s.m. Voz do burro.
zuruaã (zu.ru.a.ã) s.2g. **1.** Indivíduo dos zuruaãs, povo indígena que vive hoje no Amazonas. adj.2g. **2.** Relacionado a esse povo.
zurzidela (zur.zi.de.la) s.f. Ato de zurzir de leve.
zurzir (zur.zir) v.t.d. **1.** Açoitar. **2.** Castigar. **3.** (Fig.) Criticar com severidade.
zwinglianismo (zwin.gli.a.nis.mo) s.m. (Relig.) Doutrina religiosa reformista, que nega a presença corporal de Cristo na Eucaristia.

Gramática

Língua portuguesa

Fonética é o estudo dos sons da fala em sua realização, isto é, o estudo de como são articulados ou emitidos os sons.

Fonema é a unidade sonora mínima capaz de estabelecer diferenças no significado das palavras.

Letra é a unidade gráfica capaz de estabelecer diferenças no significado das palavras, com correspondência a um ou mais fonemas.

Fonologia é a ciência que estuda os fonemas de uma língua, isto é, como esses fonemas se diferenciam.

Os fonemas são classificados em: *vogais* e *consoantes*.

Vogais
a, e, i, o, u, y, w

As vogais são sons musicais produzidos pelas vibrações das cordas vocais. São também chamadas de fonemas silábicos, pois constituem o fonema central de toda sílaba.

O *w* é vogal em casos como *Washington* e consoante em casos como *watt*.

As **vogais** são classificadas conforme:

1. *Função das cavidades bucal e nasal*
   – orais: a, e, i, o, u, y, w
   – nasais: ã, e, i, õ, u

2. *Zona de articulação*
   – anteriores: e, i, y, w
   – média: a
   – posteriores: o, u, w

3. *Timbre*
   – abertas: á, é, ó
   – fechadas: ê, ô, w
   – reduzidas: i, y

4. *Intensidade*
   – tônicas: o *e* em *bicicleta*
   – átonas: o *e* em *aniversário*

Consoantes
b, c, d, f, g, h, j, k, l, m, n, p, q, r, s, t, v, x, z

As consoantes são fonemas que soam com alguma vogal ou com alguma outra consoante, e que devem ser escritas ainda que não sejam pronunciadas, como o *h* de *hora*. Portanto, são na maioria fonemas assilábicos, isto é, fonemas que não formam sílabas quando sozinhos.

O *w* é consoante em casos como *watt* e vogal em casos como *Washington*.

Sílaba

Dá-se o nome de sílaba ao fonema ou grupo de fonemas pronunciados em uma só emissão de voz. A quantidade de sílabas é usada para classificar os vocábulos em:

Monossílabo: vocábulo que possui uma só sílaba, como *pé*;
Dissílabo: vocábulo que possui duas sílabas, como *dedo*;
Trissílabo: vocábulo que possui três sílabas, como *cabeça*;
Polissílabo: vocábulo que possui mais de três sílabas, *cotovelo*.

Alfabeto

O alfabeto português é formado por 26 letras, sendo 7 vogais (**a, e, i, o, u, y, w**), 1 consoante muda (**h**), que isoladamente não representa nenhum som, e outras 18 consoantes (**b, c, d, f, g, j, k, l, m, n, p, q, r, s, t, v, x, z**).

gramática

As letras **k**, **w** e **y** voltaram a ser contadas como as demais do alfabeto com o Acorto Ortográfico. São usadas em nomes próprios (*Kubitscheck, Washington, Yamamoto*) ou em vocábulos deles derivados (*kardecismo*), bem como em símbolos e siglas de uso internacional (*kg*, de *quilograma*; *km*, de *quilômetro*) – além das palavras estrangeiras que são de uso corrente internacional em várias línguas (*yakisoba, marketing, web*).

Estrutura das palavras

Os vários elementos que compõem uma palavra quanto à estrutura são chamados de elementos mórficos.

Radical é o elemento mórfico que contém o significado da palavra, em sua forma mínima.

Tema é o radical acrescido de uma vogal, chamada de vogal temática. Nos substantivos e adjetivos ela nem sempre aparece, mas, nos verbos, sempre existe.

Vogal temática é a última vogal do tema. Nos verbos, a vogal temática indica a conjugação a que pertence o verbo:
 – *cantar*: vogal temática *a* (1ª conjugação)
 – *beber*: vogal temática *e* (2ª conjugação)
 – *partir*: vogal temática *i* (3ª conjugação)

Desinência é um elemento acrescido ao final da palavra para indicar aspectos como gênero (masculino ou feminino) e número (singular ou plural) dos nomes, bem como o número e a pessoa dos verbos. As desinências podem ser: *nominais* e *verbais*.

Afixos são elementos que se unem ao radical para formar novas palavras. São considerados afixos: os prefixos (que aparecem antes do radical, como *anti* em *antirruído*) e os sufixos (que aparecem depois do radical, como *oso* em *ruidoso*).

Vogais e consoantes de ligação são fonemas que não têm valor significativo, mas aparecem nas palavras para facilitar a pronúncia.

gramática

Formação de palavras

As palavras podem ser formadas por:

Composição: união de duas ou mais palavras para formarem uma terceira, de sentido diverso do de seus elementos. Essa união pode ser feita por:
  a) justaposição: unem-se as palavras sem que haja perda fonética de qualquer um dos elementos: *amor-perfeito*;
  b) aglutinação: unem-se as palavras com alteração fonética: *planalto* (*plano* + *alto*);
  c) hibridismo: unem-se palavras de radicais vindos de línguas diferentes: *alcoômetro* = *álcool* (árabe) + *metro* (grego).

Derivação: quando há a formação de uma palavra nova a partir de outro vocábulo. A derivação pode ser: *prefixal*, *sufixal*, *parassintética* (a palavra recebe um prefixo e um sufixo, simultaneamente), *imprópria* (a palavra muda de classe gramatical) ou *regressiva* (quando há a supressão do final da palavra).

Classificação dos verbos

Regular: segue o modelo de sua conjugação, mantendo o radical; por exemplo, *amar*.

Irregular: altera o radical, a terminação ou ambos; por exemplo, *caber*.

Auxiliar: usado para formar os tempos compostos e a voz passiva; por exemplo, *estar*.

Anômalo: troca o radical; por exemplo, *ir*.

Defectivo: deixa de ser conjugado em alguns tempos ou pessoas; por exemplo, *reaver*.

Abundante: possui mais de uma forma para a mesma flexão; por exemplo, *pagar*, pelo duplo particípio.

Impessoal: não tem sujeito; por exemplo, *haver*, no sentido de tempo.

Pronominal: acompanhado de pronome pessoal oblíquo; por exemplo, *arrepender-se*.

Conjugação dos verbos regulares

Os verbos regulares mantêm o radical e as desinências regulares em todos os modos.

AMAR – 1ª conjugação

MODO INDICATIVO

presente: amo, amas, ama, amamos, amais, amam.
pretérito perfeito: amei, amaste, amou, amamos, amastes, amaram.
pretérito imperfeito: amava, amavas, amava, amávamos, amáveis, amavam.
pretérito mais-que-perfeito: amara, amaras, amara, amáramos, amáreis, amaram.
futuro do presente: amarei, amarás, amará, amaremos, amareis, amarão.
futuro do pretérito: amaria, amarias, amaria, amaríamos, amaríeis, amariam.

MODO SUBJUNTIVO

presente: ame, ames, ame, amemos, ameis, amem.
pretérito imperfeito: amasse, amasses, amasse, amássemos, amásseis, amassem.
futuro: amar, amares, amar, amarmos, amardes, amarem.

MODO IMPERATIVO

afirmativo: ama, ame, amemos, amai, amem.
negativo: não ames, não ame, não amemos, não ameis, não amem.

FORMAS NOMINAIS

infinitivo impessoal: amar.
infinitivo pessoal: amar, amares, amar, amarmos, amardes, amarem.
gerúndio: amando.
particípio: amado.

VENDER – 2ª conjugação

MODO INDICATIVO

presente: vendo, vendes, vende, vendemos, vendeis, vendem.
pretérito perfeito: vendi, vendeste, vendeu, vendemos, vendestes, venderam.
pretérito imperfeito: vendia, vendias, vendia, vendíamos, vendíeis, vendiam.

pretérito mais-que-perfeito: vendera, venderas, vendera, vendêramos, vendêreis, venderam.
futuro do presente: venderei, venderás, venderá, venderemos, vendereis, venderão.
futuro do pretérito: venderia, venderias, venderia, venderíamos, venderíeis, venderiam.

MODO SUBJUNTIVO

presente: venda, vendas, venda, vendamos, vendais, vendam.
pretérito imperfeito: vendesse, vendesses, vendesse, vendêssemos, vendêsseis, vendessem.
futuro: vender, venderes, vender, vendermos, venderdes, venderem.

MODO IMPERATIVO

afirmativo: vende, venda, vendamos, vendei, vendam.
negativo: não vendas, não venda, não vendamos, não vendais, não vendam.

FORMAS NOMINAIS

infinitivo impessoal: vender.
infinitivo pessoal: vender, venderes, vender, vendermos, venderdes, venderem.
gerúndio: vendendo.
particípio: vendido.

PARTIR – 3ª conjugação

MODO INDICATIVO

presente: parto, partes, parte, partimos, partis, partem.
pretérito perfeito: parti, partiste, partiu, partimos, partistes, partiram.
pretérito imperfeito: partia, partias, partia, partíamos, partíeis, partiam.
pretérito mais-que-perfeito: partira, partiras, partira, partíramos, partíreis, partiram.
futuro do presente: partirei, partirás, partirá, partiremos, partireis, partirão.
futuro do pretérito: partiria, partirias, partiria, partiríamos, partiríeis, partiriam.

MODO SUBJUNTIVO

presente: parta, partas, parta, partamos, partais, partam.

pretérito imperfeito: partisse, partisses, partisse, partíssemos, partísseis, partissem.
futuro: partir, partires, partir, partimos, partirdes, partirem.

MODO IMPERATIVO

afirmativo: parte, parta, partamos, parti, partam.
negativo: não partas, não parta, não partamos, não partais, não partam.

FORMAS NOMINAIS

infinitivo impessoal: partir.
infinitivo pessoal: partir, partires, partir, partirmos, partirdes, partirem.
gerúndio: partindo.
particípio: partido.

Conjugação de verbos auxiliares

Os verbos auxiliares ajudam na conjugação de tempos compostos, juntando-se a uma das formas nominais do verbo principal.

SER

MODO INDICATIVO

presente: sou, és, é, somos, sois, são.
pretérito imperfeito: era, eras, era, éramos, éreis, eram.
pretérito perfeito: fui, foste, foi, fomos, fostes, foram.
pretérito mais-que-perfeito: fora, foras, fora, fôramos, fôreis, foram.
futuro do presente: serei, serás, será, seremos, sereis, serão.
futuro do pretérito: seria, serias, seria, seríamos, seríeis, seriam.

MODO SUBJUNTIVO

presente: seja, sejas, seja, sejamos, sejais, sejam.
pretérito imperfeito: fosse, fosses, fosse, fôssemos, fôsseis, fossem.
futuro: for, fores, for, formos, fordes, forem.

MODO IMPERATIVO

afirmativo: sê, seja, sejamos, sede, sejam.
negativo: não sejas, não seja, não sejamos, não sejais, não sejam.

FORMAS NOMINAIS

infinitivo impessoal: ser.
infinitivo pessoal: ser, seres, ser, sermos, serdes, serem.
gerúndio: sendo.
particípio: sido.

ESTAR

MODO INDICATIVO

presente: estou, estás, está, estamos, estais, estão.
pretérito imperfeito: estava, estavas, estava, estávamos, estáveis, estavam.
pretérito perfeito: estive, estiveste, esteve, estivemos, estivestes, estiveram.
pretérito mais-que-perfeito: estivera, estiveras, estivera, estivéramos, estivéreis, estiveram.
futuro do presente: estarei, estarás, estará, estaremos, estareis, estarão.
futuro do pretérito: estaria, estarias, estaria, estaríamos, estaríeis, estariam.

MODO SUBJUNTIVO

presente: esteja, estejas, esteja, estejamos, estejais, estejam.
pretérito imperfeito: estivesse, estivesses, estivesse, estivéssemos, estivésseis, estivessem.
futuro: estiver, estiveres, estiver, estivermos, estiverdes, estiverem.

MODO IMPERATIVO

afirmativo: está, esteja, estejamos, estai, estejam.
negativo: não estejas, não esteja, não estejamos, não estejais, não estejam.

FORMAS NOMINAIS

infinitivo impessoal: estar.
infinitivo pessoal: estar, estares, estar, estarmos, estardes, estarem.
gerúndio: estando.
particípio: estado.

HAVER

MODO INDICATIVO

presente: hei, hás, há, havemos, haveis, hão.

pretérito imperfeito: havia, havias, havia, havíamos, havíeis, haviam.
pretérito perfeito: houve, houveste, houve, houvemos, houvestes, houveram.
pretérito mais-que-perfeito: houvera, houveras, houvera, houvéramos, houvéreis, houveram.
futuro do presente: haverei, haverás, haverá, haveremos, havereis, haverão.
futuro do pretérito: haveria, haverias, haveria, haveríamos, haveríeis, haveriam.

MODO SUBJUNTIVO

presente: haja, hajas, haja, hajamos, hajais, hajam.
pretérito imperfeito: houvesse, houvesses, houvesse, houvéssemos, houvésseis, houvessem.
futuro: houver, houveres, houver, houvermos, houverdes, houverem.

MODO IMPERATIVO

afirmativo: há, haja, hajamos, havei, hajam.
negativo: não hajas, não haja, não hajamos, não hajais, não hajam.

FORMAS NOMINAIS

infinitivo impessoal: haver.
infinitivo pessoal: haver, haveres, haver, havermos, haverdes, haverem.
gerúndio: havendo.
particípio: havido.

TER

MODO INDICATIVO

presente: tenho, tens, tem, temos, tendes, têm.
pretérito imperfeito: tinha, tinhas, tinha, tínhamos, tínheis, tinham.
pretérito perfeito: tive, tiveste, teve, tivemos, tivestes, tiveram.
pretérito mais-que-perfeito: tivera, tiveras, tivera, tivéramos, tivéreis, tiveram.
futuro do presente: terei, terás, terá, teremos, tereis, terão.
futuro do pretérito: teria, terias, teria, teríamos, teríeis, teriam.

MODO SUBJUNTIVO

presente: tenha, tenhas, tenha, tenhamos, tenhais, tenham.
pretérito imperfeito: tivesse, tivesses, tivesse, tivéssemos, tivésseis, tivessem.
futuro: tiver, tiveres, tiver, tivermos, tiverdes, tiverem.

MODO IMPERATIVO

afirmativo: tem, tenha, tenhamos, tenhais, tenham.
negativo: não tenhas, não tenha, não tenhamos, não tenhais, não tenham.

FORMAS NOMINAIS

infinitivo impessoal: ter.
infinitivo pessoal: ter, teres, ter, termos, terdes, terem.
gerúndio: tendo.
particípio: tido.

Pontuação

Ponto (.): assinala graficamente o fim da frase, desde que ela não seja exclamativa ou interrogativa.

Vírgula (,): indica que há uma pausa e separa orações ou termos dentro de uma oração.

Ponto e vírgula (;): representa uma pausa mais forte que aquela que marca uma simples vírgula.

Dois-pontos (:): indicam uma citação, uma explicação ou enumeração; um esclarecimento ou uma exemplificação.

Ponto de interrogação (?): é empregado no final da oração enunciada em tom de pergunta.

Ponto de exclamação (!): é empregado no final da oração para exprimir surpresa, admiração, alegria, temor.

Parênteses ( ): isolam palavras ou termos dentro da oração ou do discurso.

Aspas (" "): usam-se no princípio e no fim das citações, para distingui-las da parte restante do discurso; para realçar os termos ou expressões como estrangeirismos, gírias etc.; em transcrições literárias.

Reticências (...): indicam interrupção do pensamento ou hesitação em exprimi-lo; ideia incompleta ou omissão de certos dizeres.

Travessão e traço (— e –): precedem as palavras de cada interlocutor; empregam-se no diálogo, evitando-se o uso repetido de expressões.

Conheça outras obras de referência da Global Editora

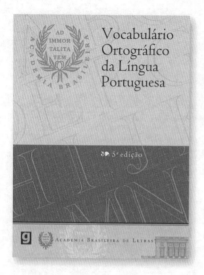

VOCABULÁRIO ORTOGRÁFICO DA LÍNGUA PORTUGUESA – VOLP

Academia Brasileira de Letras
878 páginas
ISBN 978-85-260-1363-6
5ª edição

Referência brasileira para concursos e redação oficial, o *Volp* oferece 340 mil vocábulos da língua portuguesa, com a grafia e a classificação gramatical aprovadas pela Academia Brasileira de Letras (ABL), com os trabalhos conduzidos pelo professor Evanildo Bechara. Incorpora as alterações do Acordo Ortográfico assinado em 1990 e em vigência no Brasil a partir de 1º de janeiro de 2009. Contém, ainda, entre outros, o texto integral do Acordo e uma lista de 1.500 vocábulos estrangeiros de uso corrente no Brasil.

PEQUENO VOCABULÁRIO ORTOGRÁFICO DA LÍNGUA PORTUGUESA – PEQUENO VOLP

Academia Brasileira de Letras
382 páginas
ISBN 978-85-260-1506-7
3ª edição

Elaborado para uso escolar e consulta rápida em geral, o *Pequeno Volp* apresenta 61.451 vocábulos, com a classificação gramatical e mais: flexão de adjetivos e substantivos simples e compostos; distinção entre parônimos; hífen em substantivos compostos e expressões; pronúncia de palavras que perderam o trema (como equestre, consanguíneo), hiatos e ditongos (como ruim, fluido), da letra x (anexo, exíguo) e outros pontos que costumam causar dificuldade. Nos anexos, uma lista com 946 termos estrangeiros e um siglário com 335 entradas.